Limmer
Handbuch
der Unternehmensumwandlung
5. Auflage

Limmer

Handbuch der Unternehmens- umwandlung

Herausgegeben von

Prof. Dr. Peter Limmer
Notar, Honorarprofessor an der Universität Würzburg

Bearbeitet von

Achim Ahrendt · Andrea Bilitewski · Holger Dietrich · Peter Limmer · Astrid Pohlmann-Weide · Werner Tiedtke

5. Auflage

Carl Heymanns Verlag 2016

Zitiervorschlag: Limmer/Bearbeiter, Handbuch der Unternehmensumwandlung, Teil Rdn.

Bibliografische Information Der Deutschen Nationalbibliothek

Die Deutsche Nationalbibliothek verzeichnet diese Publikation in der Deutschen Nationalbibliografie; detaillierte bibliografische Daten sind im Internet über http://d-nb.ddb.de abrufbar.

ISBN 978-3-452-28251-4

www.wolterskluwer.de
www.carl-heymanns.de

Umschlagkonzeption: Martina Busch, Grafikdesign, Homburg Kirrberg
Satz: Satz-Offizin Hümmer GmbH, Waldbüttelbrunn
Druck und Weiterverarbeitung: Williams Lea & Tag GmbH, München

Gedruckt auf säurefreiem, alterungsbeständigem und chlorfreiem Papier.

Vorwort

Die vorliegende fünfte Auflage des Handbuchs der Unternehmensumwandlung hält an der grundlegenden Konzeption des Werkes fest: Dem Leser soll eine kompakte, praxisorientierte, aber auch wissenschaftlich vertiefte Darstellung des Umwandlungsrechts an die Hand gegeben werden. Es soll allen Angehörigen der rechts-, steuer- und wirtschaftsberatenden Berufe, den Gerichten und Notaren, aber auch allen anderen an der Materie Interessierten bei der Gestaltung und Durchführung der Umwandlungen fundierte Hilfestellung leisten. Neben dem monographischen Teil, der die verschiedenen Umwandlungsformen für alle Gesellschafts- und Rechtsträgerformen erläutert, wurden Checklisten, Übersichten und eine Vielzahl von Vertragsmustern aufgenommen. Hierdurch soll dem Praktiker die Arbeit mit dieser aufgrund der komplizierten Verweisungstechnik des Umwandlungsgesetzes nicht ganz einfachen Materie erleichtert werden. Der Aufbau des Handbuchs – systematische Erläuterungen mit anschließenden Vertragsmustern – soll eine kritische Prüfung der nachfolgenden Muster ermöglichen und verhindern, dass die Muster und Formulare, die nur als Formulierungsvorschläge gedacht sind, und im Einzelfall an die Besonderheiten des Falles aber auch an registerrechtliche Usancen, unkritisch, ohne Berücksichtigung der Einzelfallumstände übernommen werden.

Die Neuauflage berücksichtigt unter anderem:
- Die Änderung durch das 2. Kostenrechtsmodernisierungsgesetz (GNotKG).
- Einführung der Partnerschaftsgesellschaft mit beschränkter Berufshaftung.
- Die Unternehmergesellschaft bei der Umwandlung.
- Die neueste EuGH-Rechtsprechung (insbes. Vale-Entscheidung) und die damit verbundenen Neuerungen im Bereich des grenzüberschreitenden Formwechsels mit Sitzverlegung.

Diese und andere Änderungen aus der Gesetzgebung sowie neuere Erkenntnisse aus Rechtsprechung, Wissenschaft und Praxis waren bei der Neuauflage zu berücksichtigen.

Herr Ministerialrat Dr. Hans-Werner Neye ist aus dem Autorenteam leider ausgeschieden. Die steuerrechtlichen Aspekte der Umwandlung sind bearbeitet worden von Herrn Rechtsanwalt Dr. Holger Dietrich, der neu zum Autorenteam hinzugekommen ist.

Die Autoren hoffen auch für die Neuauflage, dass das Handbuch der Unternehmensumwandlung bei der Konzipierung und Gestaltung der Umwandlungsvorgänge verlässliche Dienste erweist. Für Hinweise und Anregungen sind wir auch zukünftig dankbar.

Würzburg, im Oktober 2015   Prof. Dr. Peter Limmer

Bearbeiterverzeichnis

Dr. Achim Ahrendt
Rechtsanwalt, Hamburg

Andrea Bilitewski
Steuerberaterin/Wirtschaftsprüferin, Hamburg

Dr. Holger Dietrich
Rechtsanwalt/Steuerberater, Bonn

Prof. Dr. Peter Limmer
Notar, Honorarprofessor an der Universität Würzburg

Dr. Astrid Pohlmann-Weide
Rechtsanwältin, Hamburg

Werner Tiedtke
Notariatsoberrat, München

Im Einzelnen haben bearbeitet

Teil 1:	Limmer/Ahrendt/Pohlmann-Weide
Teil 2:	Limmer/Ahrendt/Pohlmann-Weide
Teil 3:	Limmer
Teil 4:	Limmer
Teil 5:	Limmer
Teil 6:	Limmer
Teil 7:	Dietrich/Bilitewski
Teil 8:	Tiedtke

Inhaltsverzeichnis

Teil 8: Kostenrechtliche Behandlung von Umwandlungsvorgängen nach dem UmwG 1241

Inhaltsverzeichnis

Abkürzungsverzeichnis

A

a. A.	andere Ansicht
a. a. O.	am angegebenen Ort
Abl.	Amtsblatt
Abs.	Absatz
abzgl.	abzüglich
AcP	Archiv für die civilistische Praxis (Zs.)
a. F.	alte Fassung
AfA	Absetzung für Abnutzung
AG	Aktiengesellschaft/Amtsgericht/Die Aktiengesellschaft (Zs.)
AiB	Arbeitsrecht im Betrieb (Zs.)
AktG	Aktiengesetz
Alt.	Alternative
Anm.	Anmerkung
AnwBl.	Anwaltsblatt (Zs.)
AO	Abgabenordnung
AP	Arbeitsrechtliche Praxis (Nachschlagewerk des BAG)
ArbG	Arbeitsgericht
ArbGG	Arbeitsgerichtsgesetz
Art.	Artikel
AStG	Außensteuergesetz
AuA	Arbeit und Arbeitsrecht (Zs.)
Aufl.	Auflage
AuR	Arbeit und Recht (Zs.)
AV	Anlagevermögen

B

BAG	Bundesarbeitsgericht
BAGE	Entscheidungen des Bundesarbeitsgerichts
BAnZ	Bundesanzeiger
BayGemO	Bayerische Gemeindeordnung
BayObLG	Bayerisches Oberstes Landesgericht
BB	Betriebs-Berater (Zs.)
BBK	Betrieb und Rechnungswesen (Zs.)
Bd.	Band
Beschl.	Beschluss
BetrAV	Betriebliche Altersversorgung (Zs.)
BetrAVG	Gesetz zur Verbesserung der betrieblichen Altersversorgung (Betriebsrentengesetz)
BetrVG	Betriebsverfassungsgesetz
BFH	Bundesfinanzhof
BFHE	Sammlung der Entscheidungen des BFH
BGB	Bürgerliches Gesetzbuch
BGBl.	Bundesgesetzblatt
BGH	Bundesgerichtshof
BGHZ	Entscheidungen des Bundesgerichtshofes in Zivilsachen
BMF	Bundesministerium der Finanzen
BMJ	Bundesministerium der Justiz
BNotK	Bundesnotarkammer
BRD	Bundesrepublik Deutschland
BR-Drucks.	Bundesrats-Drucksache
bspw.	beispielsweise
BStBl.	Bundessteuerblatt
BT-Drucks.	Bundestags-Drucksache
Buchst.	Buchstabe
BVerfG	Bundesverfassungsgericht
BWNotZ	Mitteilungen aus der Praxis. Zeitschrift für die Notariate in Baden-Württemberg
bzgl.	bezüglich
bzw.	beziehungsweise

C

ca.	circa
CD	Compact-Disk
CD-ROM	Compact-Read Only Memory
CR	Computer und Recht (Zs.)

D

dass.	dasselbe
DB	Der Betrieb (Zs.)
DBA	Doppelbesteuerungsabkommen
ders.	derselbe
d. h.	das heißt
dies.	dieselben
DiskE	Diskussionsentwurf
DM	Deutsche Mark
DNotl	Deutsches Notar Institut
DNotZ	Deutsche Notar Zeitschrift
D spezial Ost	Deutschland spezial Ost (Zs.)
DStR	Deutsches Steuerrecht (Zs.)
DStZ	Deutsche Steuer-Zeitung
DZWiR	Deutsche Zeitschrift für Wirtschaftsrecht

E

e. G.	eingetragene Genossenschaft
EG	Europäische Gemeinschaft
EGInso	Einführungsgesetz zur Insolvenzordnung
EHUG	Gesetz über elektronische Handelsregister und Genossenschaftsregister sowie das Unternehmensregister
e. K.	eingetragener Kaufmann/Einzelkaufmann
EK	Eigenkapital
EL	Ergänzungslieferung
ErfK	Erfurter Kommentar
EstG	Einkommensteuergesetz
EstR	Einkommensteuer-Richtlinien
etc.	et cetera
EU	Europäische Union
EuGH	Europäischer Gerichtshof
EuZW	Europäische Zeitschrift für Wirtschaftsrecht (Zs.)
e. V.	eingetragener Verein
EV	Einigungsvertrag
EWIV	Europäische Wirtschaftliche Interessenvereinigung

F

f.	folgende
ff.	fortfolgende
FG	Finanzgericht
FGG	Gesetz betreffend die freiwillige Gerichtsbarkeit
FinMin	Finanzminister
Fn.	Fußnote
FR	Finanz-Rundschau (Zs.)
FS	Festschrift

G

GBO	Grundbuchordnung
GbR	Gesellschaft Bürgerlichen Rechts
gem.	gemäß
GemO	Gemeindeordnung
GenG	Gesetz betreffend die Erwerbs- und Wirtschaftsgenossemschaften
GewStG	Gewerbesteuergesetz
ggf.	gegebenenfalls
GK+Z	Gebietskörperschaften und deren Zusammenschlüsse
GKG	Gerichtskostengesetz

GmbH	Gesellschaft mit beschränkter Haftung
GmbHG	Gesetz betreffend die Gesellschaften mit beschränkter Haftung
GmbHR	GmbH-Rundschau (Zs.)
grds.	grundsätzlich
GS	Gedächtnisschrift

H

Halbs.	Halbsatz
HGB	Handelsgesetzbuch
h. L.	herrschende Lehre
h. M.	herrschende Meinung
HRA	Handelsregister Abteilung A
HRB	Handelsregister Abteilung B
HRefG	Handelsrechtsreformgesetz
Hrsg.	Herausgeber
HypBankG	Hypothekenbankgesetz

I

i. a. R.	in aller Regel
i. d. R.	in der Regel
IDW	Institut der Wirtschaftsprüfer
i. H. d.	in Höhe der/des
i. H. v.	in Höhe von
insbes.	insbesondere
InsO	Insolvenzordnung
i. R. d.	im Rahmen der/des/dieser
i. S. d.	im Sinne der/des
i. S. v.	im Sinne von
i. Ü.	im Übrigen
i. V. m.	in Verbindung mit

J

JbFfStR	Jahrbuch der Fachanwälte für Steuerrecht (Zs.)
JR	Juristische Rundschau (Zs.)
JuMiG	Justizmitteilungen und Gesetz zur Änderung kostenrechtlicher Vorschriften und anderer Gesetze
JurBüro	Das juristische Büro (Zs.)
JZ	Juristen-Zeitung

K

KapErhG	Kapitalerhöhungsgesetz
KG	Kammergericht/Kommanditgesellschaft
KGaA	Kommanditgesellschaft auf Aktien
KO	Konkursordnung
KÖSDI	Kölner Steuerdialog (Zs.)
KostO	Kostenordnung
KSchG	Kündigungsschutzgesetz
KStG	Körperschaftsteuergesetz
KStR	Körperschaftsteuer-Richtlinien

L

LAG	Landesarbeitsgericht
LG	Landgericht
LPG	Landwirtschaftliche Produktionsgenossenschaft
LwAnpG	Landwirtschaftsanpassungsgesetz

M

max.	maximal
MDR	Monatsschrift für Deutsches Recht (Zs.)
m. E.	meines Erachtens
MgVG	Gesetz über die Mitbestimmung der Arbeitnehmer bei einer grenzüberschreitenden Verschmelzung

Mio.	Million
MitbestG	Mitbestimmungsgesetz
MittBayNot	Mitteilungen der Bayerischen Notarkammer
MittBl.	Mitteilungsblatt
MittRhNotK	Mitteilungen der Rheinischen Notarkammer
Mm.	Mindermeinung
MoMiG	Gesetzes zur Modernisierung des GmbH-Rechts und zur Bekämpfung von Missbräuchen
Mrd.	Milliarde
MünchKomm	Münchener Kommentar
m. w. N.	mit weiteren Nachweisen

N

NaStraG	Gesetz zur Namensaktie und zur Erleichterung der Stimmrechtsausübung
n. F.	neue Fassung
NJW	Neue Juristische Wochenschrift (Zs.)
NJW-RR	NJW-Rechtsprechungsreport Zivilrecht
NotBZ	Zeitschrift für die notarielle Beratungs- und Beurkundungspraxis
Nr.	Nummer
n. v.	nicht veröffentlicht
NVwZ	Neue Zeitschrift für Verwaltungsrecht
NWB	Neue Wirtschaftsbriefe (Zs.)
NZA	Neue Zeitschrift für Arbeits- und Sozialrecht
NZG	Neue Zeitschrift für Gesellschaftsrecht

O

o. Ä.	oder Ähnliches
OFD	Oberfinanzdirektion
o. g.	oben genannt/e/er/es
OHG	Offene Handelsgesellschaft
OLG	Oberlandesgericht
o. V.	ohne Verfasser

P

PGH	Produktionsgenossenschaft des Handwerks

R

RefE	Referentenentwurf
RegE	Regierungsentwurf
RGZ	Entscheidungen des Reichsgerichts in Zivilsachen
RIW	Recht der Internationalen Wirtschaft (Zs.)
Rn.	Randnummer
Rpfleger	Der Deutsche Rechtspfleger (Zs.)
Rspr.	Rechtsprechung

S

s.	siehe
S.	Satz/Seite
s. a.	siehe auch
SA	Société Anonyme
SchiffsGB	Schiffsbankgesetz
SchlHOLG	Schleswig-Holsteinisches Oberlandesgericht
SEEG	Gesetz zur Einführung der Europäischen Gesellschaft
SEStEG	Gesetz über steuerliche Begleitmaßnahmen zur Einführung der Europäischen Gesellschaft und zur Änderung weiterer steuerrechtlicher Vorschriften
SLFB	Jahrbuch der Steuerberater
s. o.	siehe oben
sog.	sogenannte/es/er
SpTrUG	Gesetz über die Spaltung der von der Treuhandanstalt verwalteten Unternehmen (Spaltungsgesetz) v. 05.04.1991
Stbg	Die Steuerberatung (Zs.)
st. Rspr.	ständige Rechtsprechung

StMBG	Mißbrauchsbekämpfungs- und Steuerbereinigungsgesetz
str.	strittig
StW	Steuer Warte (Zs.)
s. u.	siehe unten

T

Tz.	Teilziffer

U

u. a.	unter anderem
UmwBerG	Umwandlungsbereinigungsgesetz
UmwG	Umwandlungsgesetz
UmwStG	Umwandlungssteuergesetz
UR.Nr.	Urkunden-Nummer
Urt.	Urteil
usw.	und so weiter
u. U.	unter Umständen
UV	Umlaufvermögen

V

v.	vom
v. a.	vor allem
VAG	Versicherungsaufsichtsgesetz
Vers.-AG	Versicherungs-Aktiengesellschaft
v. g.	vorne genannt/e/er/es
VGH	Verwaltungsgerichtshof
vgl.	vergleiche
VIZ	Zeitschrift für Vermögens- und Investitionsrecht
VO	Verordnung
VVaG	Versicherungsverein auf Gegenseitigkeit

W

WiB	Wirtschaftsrechtliche Beratung (Zs.)
WM	Wertpapier-Mitteilungen (Zs.)
WPg	Die Wirtschaftsprüfung (Zs.)
WPrax	Wirtschaftsrecht und Praxis (Zs.)
wirtschaftl.	wirtschaftlich/e/er

Z

ZAP	Zeitschrift für die Anwaltspraxis
z. B.	zum Beispiel
ZEV	Zeitschrift für Erbrecht und Vermögensnachfolge
ZfgG	Zeitschrift für das gesamte Genossenschaftswesen
ZGR	Zeitschrift für Unternehmens- und Gesellschaftsrecht
ZHR	Zeitschrift für das gesamte Handelsrecht und Wirtschaftsrecht
ZIAS	Zeitschrift für ausländisches und internationales Arbeits- und Sozialrecht
Ziff.	Ziffer
ZInsO	Zeitschrift für das gesamte Insolvenzrecht
ZIP	Zeitschrift für Wirtschaftsrecht
ZKF	Zeitschrift für Kommunalfinanzen
ZNotP	Zeitschrift für die Notarpraxis
ZPO	Zivilprozessordnung
Zs.	Zeitschrift
z. T.	zum Teil
zzgl.	zuzüglich
z.Zt.	zur Zeit

Literaturverzeichnis

Adler/Düring/Schmaltz,	Rechnungslegung und Prüfung der Unternehmen, 6. Aufl. 1996 ff.;
Altmeppen/Roth,	GmbHG, 6. Aufl. 2009;
Ammon/Görlitz,	Die kleine AG, 1995;
Armbrüster/Preuß/Renner,	BeurkG, 5. Aufl. 2008;
Ascheid/Preis/Schmidt,	Kündigungsrecht, 4. Aufl. 2012;
Assenmacher/Mathias,	KostO, 16. Aufl. 2008;
Autenrieth,	Umwandlung mittelständischer GmbH in Personengesellschaften – Gestaltungsüberlegungen, Bericht über die IDW-Fachtagung am 27./28.10.1994, 463;
Baumbach/Hopt,	Handelsgesetzbuch, 34. Aufl. 2010;
Baumbach/Hueck,	Kurzkommentar zum GmbHG, 19. Aufl. 2010;
Beck'scher Bilanz-Kommentar,	7. Aufl. 2010;
Beck'sches Handbuch der GmbH,	hrsg. von Müller W./Winkeljohann, 4. Aufl. 2009;
Beck'sches Notar-Handbuch,	Brambring/Jerschke (Hrsg.), 5. Aufl. 2009;
Beck'sche Steuerkommentare,	Umwandlungssteuergesetz, Haritz/Menner (Hrsg.), 3. Aufl. 2010;
Beck/Depré,	Praxis der Insolvenz, 2. Aufl. 2010;
Benz/Rosenberg,	Das SEStEG (2007), 2007;
Berliner Kommentar zum Genossenschaftsgesetz,	Hillebrandt/Kessler (Hrsg.), 2. Aufl. 2010;
Beuthien,	Genossenschaftsgesetz: GenG; 15. Aufl. 2011;
Bieber/Ingendoh,	Geschäftsraummiete, 2007;
Bilitewski/Jorde,	Checkliste Unternehmensumwandlung, Praxisleitfaden für den Berater, 2000;
Binz/Sorg,	Die GmbH & Co. KG, 11. Aufl. 2010;
Blaurock,	Handbuch der stillen Gesellschaft, 7. Aufl. 2010;
Blümich (Hrsg.),	EStG, KStG, GewStG, Loseblatt-Kommentar, 112. Aufl. 2011;
Boecken,	Unternehmensumwandlungen und Arbeitsrecht, 1996;
Bokelmann,	Das Recht der Firmen- und Geschäftsbezeichnungen, 5. Aufl. 2000;
Borchers,	Beteiligungscontrolling in der Management-Holding, 2002;
Bork,	Einführung in das neue Insolvenzrecht, 5. Aufl. 2009;
Bork/Schäfer,	GmbHG, 2010;
Bormann/Diehn/Sommerfeldt,	GNotKG-Kommentar, 1. Aufl. 2014;
Bracker/Dehn,	Gemeindeordnung für Schleswig-Holstein, 8. Aufl. 2010;
Bub/Treier,	Handbuch der Geschäfts- und Wohnraummiete, 3. Aufl. 1999;
Budde/Förschle/Winkeljohann (Hrsg.),	Sonderbilanzen, 4. Aufl. 2008;
Bühner,	Betriebswirtschaftliche Organisationslehre, 4. Aufl. 1989;
ders.,	Betriebswirtschaftliche Organisationslehre, 10. Aufl. 2004;
ders.,	Der Gläubigerschutz im Umwandlungsrecht, 2001;
ders.,	Die Managementholding, 1992;
ders.,	Management-Holding – Unternehmensstruktur der Zukunft, 2. Aufl. 1992;
Bürgers/Körber,	Aktiengesetz, 2. Aufl. 2011;
Bullinger/Spath/Warnecke/Westkämper,	Handbuch Unternehmensorganisation: Strategien, Planung, Umsetzung,
Buth/Herrmanns,	Restrukturierung, Sanierung, Insolvenz, 3. Aufl. 2009;
Dauner-Lieb/Simon,	Kölner Kommentar zum Umwandlungsgesetz, 2009;
Dehmer,	Die Schranken mitgliedschaftlicher Stimmrechtsmacht bei privatrechtlichen Personenverbänden, 1963;
ders.,	Gesellschaftsrecht, 2. Aufl. 1991,

ders.,	(Hrsg.), Umwandlungsgesetz, 3. Aufl. 2004;
ders.,	Umwandlungsgesetz, Umwandlungssteuerrecht, 1. Aufl. München 1994/2.Aufl. München 1996;
ders.,	Umwandlungssteuererlass 1998 – Erläuterungsbuch für die Steuerpraxis, 1998;
ders.,	Verschmelzung und Einbringung, 1993;
Deutsche Börse (Hrsg.),	Praxishandbuch Börsengang, 2006;
Diehn,	Notarkostenberechnungen, 3. Aufl. 2014;
Dötsch/Jost/Pung/Witt,	Die Körperschaftsteuer, Loseblatt, 73. Ergänzungslieferung (Stand 12/2011);
Dötsch/Patt/Pung/Möhlenbrock,	Umwandlungssteuerrecht, 7. Aufl. 2012;
Drukarczyk/Schüler,	Unternehmensbewertung, 6. Aufl. 2009;
Ebenroth/Boujong/Joost/ Strohn,	HGB, Bd. 1, 2. Aufl. 2008;
Ehlers/Jurcher,	Der Börsengang von Mittelstandsunternehmen, 1999;
Eickhoff,	Die Praxis der Gesellschafterversammlung bei GmbH und GmbH & Co. KG, 4. Aufl. 2006;
Ek,	Praxisleitfaden für die Hauptversammlung, 2. Aufl. 2010;
Emmerich/Habersack,	Aktien- und GmbH-Konzernrecht, 6. Aufl. 2010;
Emmerich/Sonnenschein,	Miete, 10. Aufl. 2011;
Ensthaler/Füller/Schmidt,	GmbHG, 2. Aufl. 2009;
Erfurter Kommentar zum Arbeitsrecht,	12. Aufl. 2012;
Erman,	Handkommentar zum Bürgerlichen Gesetzbuch, 13. Aufl. 2011;
Eylmann/Vassen,	BNotO, BeurkG, 3. Aufl. 2011;
Fackelmann/Heinemann,	GNotKG-Handkommentar, 1. Aufl. 2013;
Faden,	Das Pflichtangebot nach dem Wertpapiererwerbs- und Übernahmegesetz, 2008;
Fandrich/Graef/Bloehs,	Die Verschmelzung von Genossenschaften in der Praxis, 2005;
Filzek,	KostO – RA-Micro KostO-Kommentar, 4. Aufl. 2008;
Frege/Keller/Riedel,	Insolvenzrecht, 7. Aufl. 2008;
Frotscher/Maas,	Kommentar zum Körperschaft- und Umwandlungssteuergesetz, Loseblatt (Stand: 2010);
Ganske,	Der Weg vom Diskussionsentwurf zum Referentenentwurf eines Gesetzes zur Bereinigung des Umwandlungsrechts, in: Reform des Umwandlungsrechts – Institut der Wirtschaftsprüfer, 1993; ders., Die Reform des Umwandlungsrechts, in: Wassermeyer (Hrsg.), Grundfragen der Unternehmensbesteuerung, 1994;
ders.,	Umwandlungsrecht, 2. Aufl. 2000;
Geibel/Süssmann,	Wertpapiererwerbs- und Übernahmegesetz: WpÜG, 2. Aufl. 2008;
Gern,	Sächsisches Kommunalrecht, 2. Aufl. 2000;
Geßler/Hefermehl/Eckhardt/ Kropff,	Aktiengesetz, 1993;
Godin/Wilhelmi,	Aktiengesetz, 4. Aufl. 1971;
Goette/Habersack,	Das MoMIG in Wissenschaft und Praxis, 2009;
Goutier/Knopf/Tulloch,	Kommentar zum Umwandlungsrecht, 1996;
Groß,	Sanierung durch Fortführungsgesellschaften, 2. Aufl. 1988;
Großfeld,	Unternehmens- und Anteilsbewertung im Gesellschaftsrecht, 4. Aufl. 2002;
Gude,	Strukturänderungen und Unternehmensbewertung zum Börsenkurs, 2003;
Gutheil,	Die Auswirkungen von Umwandlungen auf Unternehmensverträge nach §§ 291, 292 AktG und die Rechte außenstehender Aktionäre, 2001;
Habersack/Koch/Winter (Hrsg.),	Die Spaltung im neuen Umwandlungsrecht und ihre Rechtsfolge, 1999;
Hachenburg (Hrsg.),	Großkommentar zum GmbH-Gesetz, 8. Aufl. 1992;
Happ,	Aktienrecht, 3. Aufl. 2007;

Haritz/Menner,	Umwandlungssteuergesetz, 3. Aufl. 2010;
Hartmann,	Kostengesetze, 45. Aufl. 2015;
Heckschen,	Das MoMiG in der notariellen Praxis, 2009;
ders.,	Verschmelzung von Kapitalgesellschaften, 1989;
Heckschen/Heidinger,	Die GmbH in der Gestaltungs- und Beratungspraxis, 2. Aufl. 2009;
Heckschen/Simon,	Umwandlungsrecht, 2002;
Heidelberger Kommentar zur Insolvenzordnung,	Kreft (Hrsg.), 5. Aufl. 2008;
Heidinger/Limmer/Holland/ Reul,	Gutachten zum Umwandlungsrecht – Deutsches Notarinstitut, 1998;
Hennrichs,	Formwechsel und Gesamtrechtsnachfolge bei Umwandlung, 1995;
Hense,	Umwandlungssymposium, 1992;
Henssler/Strohn,	Gesellschaftsrecht, 2011;
Herfs,	Einwirkung Dritter auf den Willensbildungsprozess der GmbH, 1994;
Hering,	Unternehmensbewertung, 2. Aufl. 2006;
Herzig,	Neues Umwandlungssteuerrecht, 1996;
ders.,	Steuerorientierte Umstrukturierung von Unternehmen, 1996;
Hess/Fechner,	Sanierungshandbuch, 5. Aufl. 2011;
Hess/Obermüller,	Insolvenzplan, Restschuldbefreiung und Verbraucherinsolvenz, 3. Aufl. 2003;
Heß/Schnitger,	Reform des Umwandlungssteuerrechts, 2007;
Hesselmann/Tillmann/ Mueller-Thuns,	Handbuch der GmbH & Co. KG, 20. Aufl. 2009;
Hettrich/Pöhlmann,	Genossenschaftsgesetz, 1995;
Heymann (Hrsg.),	Handelsgesetzbuch, 2. Aufl. 1999;
Hirte,	Bezugsrechtsausschuß und Konzernbildung, 1986;
Hölters/Deilmann/Buchta,	Die kleine Aktiengesellschaft, 2. Aufl. 2002;
Hohmut,	Die Kapitalherabsetzung bei der GmbH, 2007;
Hopt/Merkt,	Bilanzrecht, 2010;
Hopt/Wiedemann (Hrsg.),	Aktiengesetz, 4. Aufl. 2012;
Huber,	Vermögensanteil, Kapitalanteil und Gesellschaftsanteil, 1970;
Hübner,	Interessenkonflikt und Vertretungsmacht, 1977;
Hüffer,	Aktiengesetz, 9. Aufl. 2010;
Hügel,	Verschmelzung und Einbringung, 1991;
Huhn/v. Schuckmann,	Beurkundungsgesetz und Dienstordnung für Notare, 4. Aufl. 2003;
Immenga,	Die personalistische Kapitalgesellschaft, 1971;
Institut der Wirtschaftsprüfer (Hrsg.),	Reform des Umwandlungsrechts, 1992;
Institut der Wirtschaftsprüfer (Hrsg.),	WP-Handbuch, 13. Aufl. 2006;
Jaeger,	Insolvenzordnung, 1. Aufl. 2004 ff.;
Jakob,	Unternehmensorganisation, 1980;
Jansen,	Beurkundungsgesetz, 1971;
Kallmeyer,	Umwandlungsgesetz, 4. Aufl. 2010;
Katschinski,	Die Verschmelzung von Vereinen, 1999;
Kautz,	Die gesellschaftsrechtliche Neuordnung der GmbH mit künftigen Insolvenzrecht, 1995;
Keil,	Der Verschmelzungsbericht nach § 340a AktG, 1990;
Keller,	Unternehmensführung mit Holdingkonzepten, 1993;
Kessler/Kühnberger,	Umwandlungsrecht, 2009;
Kiem,	Die Eintragung der angefochtenen Verschmelzung, Köln 1991;
Kiem,	Unternehmensumwandlung, 2. Aufl. 2009;

Kley,	Die Rechtsstellung der außenstehenden Aktionäre bei der vorzeitigen Beendigung von Unternehmensverträgen, 1986;
Kölner Kommentar zum Aktiengesetz,	Zöllner/Noack (Hrsg.), 3. Aufl. 2004 ff. (zitiert als: KK-AktG);
Kölner Kommentar zum Umwandlungsgesetz,	Dauner-Lieb/Simon (Hrsg.), 1. Aufl. 2009 (zitiert als KK-UmwG);
Kölner Kommentar zum WpÜG,	Hirte/Bülow (Hrsg.), 2. Aufl. 2010, (zitiert als: KK-WpÜG);
Kölner Schrift zur Insolvenzordnung,	2. Aufl. 2000;
Koller/Roth/Morck,	HGB, 7. Aufl. 2011;
Kopp/Heidinger,	Notar und Euro, 2. Aufl. 2001;
Korintenberg,	GNotKG, 19. Aufl. 2014;
Krafka/Willer/Kühn,	Registerrecht, 8. Aufl. 2010;
Kreft (Hrsg.),	Insolvenzordnung (Heidelberger Kommentar), 5. Aufl. 2008;
Krüger,	Zweckmäßige Wahl der Unternehmensform, 7. Aufl. 2002;
Kübler/Prütting,	InsO, Kommentar zur Insolvenzordnung, 46. Ergänzungslieferung (Stand 11/11);
Küffer,	Der Gang eines mittelständischen Unternehmens an die Börse – Motive, Durchführung, Folgen, 1989;
Küting/Weber,	Handbuch der Rechnungslegung, Loseblatt, 5. Aufl. 2011, Stand: 07/2011;
Ländernotarkasse Leipzig,	Leipziger Kostenspiegel, 1. Aufl. 2013;
Lang/Weidmüller,	Genossenschaftsgesetz, 37. Aufl. 2011;
Lange,	Personengesellschaften im Steuerrecht, 8. Aufl. 2012;
Limmer,	Umwandlungsrecht, 1995;
Lühn,	Quantitative internationale Konzernsteuerplanung, 2009;
Lupp,	Die Auswirkungen einer Umwandlung auf Anstellungsverhältnisse von Vorständen und GmbH-Geschäftsführern, 2002;
Lutter (Hrsg.),	Holding-Handbuch, 4. Aufl. 2004;
ders., (Hrsg.),	Kölner Umwandlungsrechtstage (Verschmelzung, Spaltung, Formwechsel nach neuem Umwandlungsrecht und Umwandlungssteuerrecht), Köln 1995;
ders.,	Umwandlungsgesetz, 4. Aufl. 2009;
Lutter/Hommelhoff,	GmbH-Gesetz, 13. Aufl. 1991 (enthält Kommentierung des alten KapErhG)/17. Aufl. 2009;
Lutter/Jesse/Keller,	Holding-Handbuch,. 4. Aufl. 2004;
Masson/Samper,	Bayerische Kommunalgesetze, Loseblatt, 4. Aufl. (Stand: 03/2011);
Mayer/Vossius,	Spaltung und Kapitalneufestsetzung nach dem SpTrUG und dem DMBilG, 1991;
Mecke/Lerch,	Beurkundungsgesetz, Kommentar, 2. Aufl. 1991;
Mertens,	Umwandlung und Universalsukzession, 1993;
Metz/Werhahn,	Die Generalversammlung und die Vertreterversammlung der Genossenschaft, 8. Aufl. 2010;
Metzner,	Gaststättengesetz, 6. Aufl. 2002;
Meyer-Landrut,	GmbH-Gesetz, 7. Aufl. 1987;
Michalski,	GmbHG, 2. Aufl. 2010;
Miras,	Die neue Unternehmergesellschaft, 2. Aufl. 2011;
Mohrbutter/Ringstmeier,	Handbuch der Insolvenzverwaltung, 8. Aufl. 2007;
Müller,	Handbuch der Unternehmensbesteuerung, 1991;
Müller, H. F.,	Der Verband in der Insolvenz, 2002;
Müller, K.,	Genossenschaftsgesetz, Kommentar, 2. Aufl. 1998;
Münchener Anwaltshandbuch Sanierung und Insolvenz,	Nerlich/Kreplin (Hrsg.), 2006;
Münchener Handbuch des Gesellschaftsrechts,	Bd. 2 – Kommanditgesellschaft, Stille Gesellschaft, 1991; Bd. 3 – Gesellschaft mit beschränkter Haftung, 3. Aufl. 2009; Bd. 4 – Aktiengesellschaft, 3. Aufl. 2007;

Münchener Kommentar zum Aktiengesetz,	Bd. 1: §§ 1–75, hrsg. v. Goette/Habersack, 3. Aufl. 2008;
Münchener Kommentar zum Bürgerlichen Gesetzbuch,	5. Aufl. 2007 ff.;
Münchener Kommentar zum Gesetz betreffend die Gesellschaften mit beschränkter Haftung,	hrsg. v. Fleischer/Goette, 2010;
Münchener Kommentar zum Handelsgesetzbuch,	Bd. 1, 3. Aufl. 2010;
Münchener Kommentar zur Zivilprozessordnung,	Bd. 1, §§ 1–510c, hrsg. v. *Rauscher/Wax/Wenzel,* 3. Aufl. 2008;
Münchener Vertragshandbuch,	Bd. 1, Gesellschaftsrecht, Heidenhain/Meister (Hrsg.), 7. Aufl. 2011;
Müther,	Das Handelsregister in der Praxis, 2. Aufl. 2008;
Naraschewski,	Stichtage und Bilanzen bei der Verschmelzung, 2001;
Neye,	Umwandlungsgesetz, Umwandlungssteuergesetz, 2. Aufl. 1995;
Nitschke,	Die körperschaftlich strukturierte Personengesellschaft, 1970;
Notarkasse München,	Streifzug durch das GNotKG, 11. Aufl. 2015;
Obermüller/Werner/Winden/ Butzke,	Die Hauptversammlung der Aktiengesellschaft, 4. Aufl. 2008;
Oelmann,	Handels- und steuerrechtliche Bilanzierungsprobleme bei Verschmelzungen, 1993;
Ohlmeyer/Kuhn/Philipowski/ Tischbein,	Verschmelzung von Genossenschaften, 7. Aufl. 2004;
Ohlmeyer/Philipowski,	Verschmelzung von Genossenschaften, 5. Aufl. 1992;
Olfert,	Organisation, 15. Aufl. 2009;
Otto/Reimann/Tiedtke,	Notarkosten nach dem neuen GNotKG, 1. Aufl. 2013;
Palandt,	BGB, 71. Aufl. 2012;
Peter/Crezelius (Hrsg.),	Gesellschaftsverträge und Unternehmensformen, 6. Aufl. 1994;
Petersen,	Der Gläubigerschutz im Umwandlungsrecht, 2001;
Picot (Hrsg.),	Kauf und Reorganisation von Unternehmen, 1995;
Picot,	Unternehmenskauf und Restrukturierung, 3. Aufl. 2004;
Piltz,	Die Unternehmensbewertung in der Rechtsprechung, 3. Aufl. 1994;
Pohl,	Handelsbilanzen bei der Verschmelzung von Kapitalgesellschaften, 1995;
Pöhlmann/Fandrich/Bloehs,	Genossenschaftsgesetz: GenG, 3. Aufl. 2007;
Priester,	Umwandlung mittelständischer GmbH in Personengesellschaften, Zivilrechtliche Probleme, Bericht über IDW-Fachtagung am 27./28.10.1994;
PricewaterhouseCoopers AG (Hrsg.),	Reform des Umwandlungssteuerrechts, 2007;
Rädler/Raupach/Bezzenberger,	Vermögen in der ehemaligen DDR, Loseblatt, Stand: 33. Lieferung 2003);
Redeke,	Entlastungslücken nach einer Verschmelzung von Kapitalgesellschaften, 2007;
Renner/Otto/Heinze,	Leipziger Gerichts- & Notarkosten-Kommentar, 1. Aufl. 2013;
Reichert,	Handbuch des Vereins- und Verbandsrecht, 12. Aufl. 2009;
Reul,	Das Konzernrecht der Genossenschaften, 1997;
Robinsky/Sprenger-Richter,	Gewerberecht, 2. Aufl. 2002;
Rödder/Herlinghaus/van Lishaut,	UmwStG, 2008;
Röhricht,	Die Anwendung der gesellschaftsrechtlichen Gründungsvorschriften bei Umwandlungen, 2009;
Röhricht/Graf von Westphalen,	Handelsgesetzbuch: HGB, 3. Aufl. 2008;
Rohs/Wedewer,	Kostenordnung, Loseblatt (Stand: 109. Lieferung 11/2011);
Roitzsch,	Der Minderheitenschutz im Verbandsrecht, 1981;
Roth/Altmeppen,	GmbHG, 6. Aufl. 2009;

Literaturverzeichnis

Rowedder/Schmidt-Leithoff,	Gesetz betreffend die Gesellschaften mit beschränkter Haftung (GmbHG), Kommentar, 5. Aufl. 2012;
Rowedder/Zimmermann,	Gesetz betreffend die Gesellschaften mit beschränkter Haftung (GmbHG), Kommentar, 4. Aufl. 2002;
Rudolph,	Unternehmensfinanzierung und Kapitalmarkt, 2006;
Saenger/Inhester,	GmbHG, 2011;
Sagasser/Bula/Brünger,	Umwandlungen: Verschmelzung – Spaltung – Formwechsel –Vermögensübertragung, 4. Aufl. 2010;
Sauter/Schweyer/Waldner,	Der eingetragene Verein, 19. Aufl. 2010;
Schaaf,	Praxis der Hauptversammlung, 3. Aufl. 2011;
Schanz,	Börseneinführung, 3. Aufl. 2007;
Schaumburg/Rödder,	UmwG, UmwStG, 1995;
Scherrer/Heni,	Liquidationsrechnungslegung, 3. Aufl. 2009;
Schippel/Bracker,	Bundesnotarordnung, 9. Aufl. 2011;
Schlarb,	Die Verschmelzung eingetragener Genossenschaften, 1978;
Schlegelberger/Geßler/ Hefermehl,	Handelsgesetzbuch, 5. Aufl. 1973/86;
Schmidt K.,	Gesellschaftsrecht, 4. Aufl. 2004;
ders.,	Liquidationsbilanzen und Konkursbilanzen, 1989;
Schmidt/Sikora/Tiedtke,	Praxis des Handelsregister- und Kostenrechts, 7. Aufl. 2014;
Schmidt/Uhlenbruck,	Die GmbH in Krise, Sanierung und Insolvenz, 4. Aufl. 2009;
Schmitt/Hörtnagl/Stratz,	Umwandlungsgesetz, Umwandlungssteuergesetz: UmwG, UmwStG, 5.Aufl. 2009;
Scholz (Hrsg.),	GmbH-Gesetz, 10. Aufl. 2006 ff.;
Schöne,	Die Spaltung unter Beteiligung von GmbH gem. §§ 123 ff. UmwG, Grundlagen, Anteilsgewährung, Beschlußfassung, Informationspflichten, 1998;
Schöner/Stöber,	Grundbuchrecht, 14. Aufl. 2008;
Schreyögg,	Organisation, Grundlagen moderner Organisationsgestaltung, 5. Aufl. 2008;
Schubert/Steder,	Genossenschafts-Handbuch, Stand 10/2011;
Schumacher,	Beteiligungscontrolling in der Management-Holding, 2005;
Schwarte,	Das Pflichtangebot im Anschluss an Verschmelzung und Spaltung, 2006;
Schwedhelm,	Die Unternehmensumwandlung, 6. Aufl. 2008;
Seibert/Köster/Kiem,	Die Kleine AG, 3. Aufl. 1996;
Semler/Stengel,	Umwandlungsgesetz, 3. Aufl. 2012;
Semler/Volhardt/Reichert,	Arbeitshandbuch für die Hauptversammlung, 3. Aufl. 2011 (zitiert als HVHdb.);
Sikora,	DAI-Skript Elektronischer Rechtsverkehr, 2. Aufl. 2006;
Soergel,	Bürgerliches Gesetzbuch mit Einführungsgesetz und Nebengesetzen, Bd. 20, Familienrecht 4, §§ 1741–1921, 13. Aufl. 2000;
Sommer,	Die sanierende Kapitalherabsetzung bei der GmbH, 1993;
Spies,	Unternehmergesellschaft (haftungsbeschränkt): Verfassung – Gläubigerschutz – Alternativen, 2010;
Spindler/Stilz,	AktG, 2. Aufl. 2010;
Staub,	Handelsgesetzbuch, Bd. 3, §§ 105–160, 5. Aufl. 2009;
Staudinger,	Bürgerliches Gesetzbuch, 15. Aufl. 2009 ff.;
Steinmann/Schreyögg,	Management, 6. Aufl. 2005;
Stöber,	Handbuch zum Vereinsrecht, 17. Aufl. 2004;
Strobl,	WP-Handbuch der Unternehmensbesteuerung, 2. Aufl. 1994;
Strümpell,	Die übertragende Sanierung innerhalb und außerhalb der Insolvenz, 2006;
Teller,	Rangrücktrittsvereinbarung, 3. Aufl. 2003;
Thiel/Eversberg/van Lishaut/ Neumann,	Umwandlungssteuer-Erlass, 1998;
Tiedtke/Diehn,	Notarkosten im Grundstücksrecht, 3. Aufl. 2011;

Timm,	Die AG als Konzernspitze, 1980;
Uhlenbruck,	Das neue Insolvenzrecht, 1994;
ders.,	Die GmbH & Co. KG in Krise, Konkurs und Vergleich, 2. Aufl. 1988;
ders.,	Gläubigerberatung in der Insolvenz, 1983;
Ulmer/Habersack/Winter,	GmbHG, Großkommentar, 2008;
Veil,	Umwandlung einer AG in eine GmbH, 1996;
Wachter,	Handbuch des Fachanwalts für Handels- und Gesellschaftsrecht, 2. Aufl. 2010;
Wassermeyer (Hrsg.),	Grundfragen der Unternehmensbesteuerung, 1994;
Weitnauer,	Wohnungseigentumsgesetz, 9. Aufl. 2004;
Werhahn,	Die Generalversammlung und die Vertreterversammlung der Genossenschaft, 1993;
Wessel/Zwernemann/Kögel,	Die Firmengründung, 7. Aufl. 2001;
Wicke,	GmbHG, 2. Aufl. 2011;
Widmann/Mayer,	Umwandlungsrecht, UmwG, UmwStG, 127. Ergänzungslieferung 2012;
Widtmann/Grasser,	Bayerische Gemeindeordnung, 24. Aufl. 2011;
Wiedemann,	Gesellschaftsrecht, Bd. 1, 1980;
Willemsen/Hohenstatt/ Schweibert/Seibt,	Umstrukturierung und Übertragung von Unternehmen, Arbeitsrechtliches Handbuch, 4. Aufl. 2011;
Winkeljohann/Fuhrmann,	Handbuch Umwandlungssteuerrecht, 2007;
Winkler,	Beurkundungsgesetz, 16. Aufl. 2008;
Wirth,	Spaltung einer eingetragenen Genossenschaft, 1998;
Wolf/Eckert/Ball,	Handbuch des gewerblichen Miet-, Pacht- und Leasingrechts, 10. Aufl. 2009;
Zacharias,	Börseneinführung mittelständischer Unternehmen, 2000;
Zeiss,	Die Management-Holding: Anspruch, Wirklichkeit und Weiterentwicklung, 2006;
Zöllner,	Die Schranken mitgliedschaftlicher Stimmrechtsmacht bei privatrechtlichen Personenverbänden, 1963;
Zöllner/Noack (Hrsg.),	Kölner Kommentar zum Aktiengesetz, 3. Aufl. 2004 ff. (zitiert als: KKAktG).

Teil 1: Grundlagen

Kapitel 1: Einleitung

A. Entstehungsgeschichte

I. Anlass und Ziele der Reform

Die 1994 vollendete Gesamtreform des Umwandlungsrechts ging zurück auf einen Auftrag des Deutschen Bundestages aus dem Jahr 1980. Bei der Beratung der GmbH-Novelle 1980 stellte der Rechtsausschuss u. a. fest: **1**

»... der Rechtsausschuss hält es außerdem für erforderlich, die Verschmelzung und Umwandlung aller in Betracht kommenden Unternehmensformen in einem Gesetz zu regeln und bei dieser Gelegenheit inhaltlich und formal zu überprüfen.« (vgl. BT-Drucks. 8/3908, S. 77 zu Art. 1 Nr. 27).

Hintergrund dieses Reformauftrages war die starke **Zersplitterung** und **Unübersichtlichkeit** des früheren Rechts. Die Einzelregelungen waren verteilt auf **verschiedene Gesetze**: **2**
– UmwG 1969,
– Aktiengesetz,
– Gesetz über die Kapitalerhöhung aus Gesellschaftsmitteln und über die Verschmelzung von GmbH,
– Genossenschaftsgesetz,
– Versicherungsaufsichtsgesetz.

Die Bestimmungen waren in vielen Punkten **uneinheitlich**. Auch die Gesetzestechnik variierte. Der sich daraus ergebende Rechtszustand war unübersichtlich und für die Betroffenen unbefriedigend. Vor diesem Hintergrund bestand Veranlassung für eine grundlegende Rechtsbereinigung in einem neuen Gesetz. Zugleich sollten die im bis 1994 geltenden Umwandlungsrecht bestehenden **Lücken ge- **3

schlossen werden. Dies betraf einmal die Eröffnung der Umwandlung für Rechtsformen, die bisher gar nicht oder nicht generell von diesen Möglichkeiten Gebrauch machen konnten (vgl. dazu auch die tabellarischen Übersichten, Teil 1 Rdn. 131 ff.).

4   Folgende **Fallgruppen** sind hierzu nennen:
   – Umwandlung von Personenhandelsgesellschaften in Kapitalgesellschaften und umgekehrt,
   – Formwechsel von Kapitalgesellschaften in Genossenschaften,
   – Umwandlung von rechtsfähigen Vereinen in Kapitalgesellschaften und Genossenschaften,
   – Umwandlung von Stiftungen in Kapitalgesellschaften.

5   Ferner wurde in das deutsche Recht erstmals allgemein die Möglichkeit der **Spaltung** von Rechtsträgern eingeführt. Zuvor waren dafür Hilfskonstruktionen nötig. Häufig musste der umständliche und kostenträchtige Weg der Einzelübertragung gewählt werden. Für den Sonderbereich der wirtschaftlichen Umstrukturierung in den neuen Ländern waren Spaltungsregelungen bereits einige Jahre vorher im Landwirtschaftsanpassungsgesetz (i. d. F. der Bekanntmachung v. 03.07.1991, BGBl. 1991 I, S. 1418) und im Gesetz über die Spaltung der von der Treuhandanstalt verwalteten Unternehmen (v. 05.04.1991, BGBl. 1991 I, S. 854) eingeführt worden.

II. Gemeinschaftsrechtliche Grundlagen

6   Anstöße zu Rechtsänderungen im Bereich des Umwandlungsrechts kamen auch aus dem Bereich der Europäischen Gemeinschaft, allerdings beschränkt auf die Rechtsform der AG. So verpflichtete die **Dritte gesellschaftsrechtliche Richtlinie** (v. 09.10.1978, ABl. EG Nr. L 295 v. 20.10.1978) die Mitgliedstaaten zur Angleichung ihrer Regeln für die **Verschmelzung**. Die **Sechste Richtlinie** (v. 10.12.1982, ABl. EG Nr. L 378 v. 31.12.1982) betraf die **Spaltung**. Sie erlegte den Mitgliedstaaten zwar nicht die Einführung von Spaltungsregeln auf. Die Staaten, die bereits Spaltungsvorschriften hatten, waren aber gehalten, diese entsprechend den Vorgaben der Richtlinie anzupassen. In Deutschland waren seinerzeit entsprechende Regeln noch nicht eingeführt worden. Schließlich enthielt bereits Art. 13 der **Zweiten Richtlinie** (v. 13.12.1976, ABl. EG Nr. L 26 v. 31.01.1977) die Verpflichtung für die Mitgliedstaaten, bei Umwandlung einer Gesellschaft einer anderen Rechtsform in eine AG grundlegende Kapitalschutzgarantien zu erfüllen.

7   Entsprechend einer neueren Praxis wurde auf die genannten Richtlinien bei der Verkündung des neuen Umwandlungsrechts im Bundesgesetzblatt in einer **Fußnote** hingewiesen (vgl. BGBl. 1994 I, S. 3210).

III. Verlauf des Gesetzgebungsverfahrens

8   Nach umfangreichen internen Vorarbeiten legte das BMJ im Jahr 1988 einen ersten **DiskE** vor (veröffentlicht als Beilage Nr. 214a zum BAnz v. 15.11.1988; vgl. hierzu Ganske, DB 1992, 125). Dieser war Gegenstand ausführlicher Erörterung mit Vertretern aus Wissenschaft und Praxis (vgl. insb. Goerdeler/Hommelhoff/Lutter, Die Reform von Umwandlung und Fusion. 7. Symposion der ZGR am 19./20.01.1990 in Glashütten-Oberems [Taunus], ZGR 1990, 391). Zahlreiche Anregungen wurden bei der Überarbeitung des Entwurfs berücksichtigt, die sich wegen vordringlicher Gesetzgebungsaufgaben aus Anlass der Herstellung der deutschen Einheit allerdings länger als zunächst geplant hinzog.

9   Erst im Jahr 1992 konnte ein **RefE** vorgelegt werden (veröffentlicht als Beilage Nr. 112a zum BAnz v. 20.06.1992 mit einer ausführlichen Einleitung von Ganske; vgl. auch Ganske, WM 1993, 1117). Auch dieser wurde mit konstruktiver Kritik aufgenommen (vgl. das IDW-Umwandlungssymposion im Oktober 1992, dokumentiert in: Reform des Umwandlungsrechts, 1993; ferner die Vorschläge des von Lutter angeregten Arbeitskreises Umwandlungsrecht und die Einzelbeiträge von Zöllner, Bork, Karsten Schmidt, Teichmann, Schulze-Osterloh und Hommelhoff, ZGR 1993, 321).

10   Nach erneuter Überarbeitung durch das BMJ wurde Ende Januar 1994 vom Bundeskabinett der **Entwurf eines Gesetzes zur Bereinigung des Umwandlungsrechts** verabschiedet (vgl. BR-Drucks. 75/94). Der Kabinettbeschluss ließ fast ein halbes Jahr auf sich warten, weil innerhalb der Bundesregierung und in der sie tragenden Regierungskoalition unterschiedliche Auffassungen zu der Frage bestanden, welche Auswirkungen Umwandlungsvorgänge auf die Rechte der Arbeitnehmer der betroffenen Unternehmen, insb. auf die **Mitbestimmung im Aufsichtsrat** haben können. Es wurde intensiv darüber diskutiert, ob

es nötig sei, in den Entwurf mitbestimmungssichernde Regeln aufzunehmen für den Fall, dass nach einer Umwandlung die gesetzlichen Voraussetzungen für die Unternehmensmitbestimmung entfielen. Letztlich wurde im RegE auf solche Vorschriften verzichtet.

Um vor dem Hintergrund der zu Ende gehenden Legislaturperiode die Beratungen in den gesetzgebenden Körperschaften zu beschleunigen, wurde der Gesetzentwurf parallel auch als **Fraktionsinitiative** von der CDU/CSU und der FDP eingebracht (vgl. BT-Drucks. 12/6699, sachlich gleichlautend mit dem RegE in der BT-Drucks. 12/7265). **11**

Der **Bundesrat** schlug in seiner Stellungnahme (vgl. BT-Drucks. 12/7265, Anlage 2) eine Reihe von Änderungen vor. Sie hatten überwiegend das Ziel, die gerichtlichen Verfahren bei Umwandlungen zu beschleunigen und die Gerichte möglichst zu entlasten. Daneben fand aber auf Veranlassung des Ausschusses für Arbeit und Sozialpolitik auch die bereits bekannte Forderung Aufnahme in das Bundesratsvotum, besondere Mitbestimmungsregeln vorzusehen. Insb. zu dieser Problematik führte der **Rechtsausschuss** des Deutschen Bundestages eine Anhörung durch, in der sich namhafte Hochschullehrer und Vertreter der wirtschaftlichen Spitzenverbände gegen Vertreter der Gewerkschaften, aber für mitbestimmungssichernde Vorschriften aussprachen. Auch im Rechtsausschuss blieb die Frage zwischen der Regierungskoalition und den SPD-Vertretern streitig. Der Ausschuss verzichtete in seiner **Beschlussempfehlung** (vgl. BT-Drucks. 12/7850) auf Mitbestimmungsvorschriften. I. Ü. wurde die Grundkonzeption des Entwurfs beibehalten, aber in Einzelpunkten abgeändert. Insb. fanden die verfahrensrechtlichen Vorschläge des Bundesrates Berücksichtigung. Ihnen hatte bereits die Bundesregierung in ihrer **Gegenäußerung** zur Stellungnahme des Bundesrates zugestimmt (vgl. BT-Drucks. 12/7265, Anlage 3). **12**

Auf der Grundlage des Votums des Rechtsausschusses verabschiedete der **Deutsche Bundestag** das Gesetz in zweiter und dritter Lesung am 16.06.1994 (vgl. BR-Drucks. 599/94). Ebenfalls verabschiedet wurde das flankierende Gesetz zur Änderung des **Umwandlungsteuerrechts** (vgl. BR-Drucks. 587/94), das im Wesentlichen die gesellschaftsrechtlichen Änderungen für den Bereich des Steuerrechts nachvollzieht. **13**

Eine weitere Verzögerung des Gesetzgebungsverfahrens ergab sich, als am 08.07.1994 der **Bundesrat** beiden Gesetzen die Zustimmung verweigerte. Anlass war im Wesentlichen erneut die Forderung nach Aufnahme von mitbestimmungssichernden Vorschriften in das neue UmwG. Für die Empfehlung des Ausschusses für Arbeit und Sozialpolitik, diesbezüglich den Vermittlungsausschuss anzurufen (vgl. BR-Drucks. 599/1/94), kam allerdings keine Mehrheit zustande. In dieser Schwebesituation rief die Bundesregierung ihrerseits den **Vermittlungsausschuss** an, um den angesichts des nahenden Endes der Legislaturperiode und der wahlkampfbedingten Konfrontation mutigen Versuch zu wagen, das Gesetzgebungsverfahren doch noch zu einem erfolgreichen Abschluss zu bringen. Was wegen zunächst unversöhnlich erscheinender gegensätzlicher Standpunkte kaum noch jemand zu hoffen wagte, geschah: Im **Vermittlungsausschuss** kam am 31.08.1994 eine einstimmige Beschlussempfehlung für eine **Kompromisslösung** zustande. **14**

Neben einigen kleineren Änderungen bei den arbeitsrechtlichen Schlussvorschriften des neuen UmwG (vgl. Teil 1 Rdn. 194) verständigte man sich bei dem zentralen Streitpunkt **Mitbestimmung** auf folgende Regelung (vgl. BT-Drucks. 12/8415 = BR-Drucks. 843/94): **15**

> »Mitbestimmte Unternehmen, bei denen durch Abspaltung oder Ausgliederung die in den Mitbestimmungsgesetzen als Schwellenwerte festgelegte Arbeitnehmerzahl unterschritten wird, unterliegen regelmäßig noch fünf Jahre lang den zuvor geltenden Mitbestimmungsregeln. Dies gilt allerdings dann nicht, wenn bei der betreffenden Gesellschaft die Zahl der Arbeitnehmer auf weniger als 1/4 der im Mitbestimmungsrecht vorgeschriebenen Mindestzahl sinkt. Damit soll verhindert werden, dass auch ein Kleinunternehmen noch weiter über einen vielköpfigen mitbestimmten Aufsichtsrat verfügen muss, dessen Größe in keinem Verhältnis mehr zu dem Unternehmen selbst steht.«

Für den Bereich der **betrieblichen Mitbestimmung** wurde die sich weitgehend schon aus dem geltenden Recht und der Rechtsprechung des B AG (vgl. B AG, AP Nr. 23 zu § 77 BetrVG 1972; BAG, AP Nr. 53 zu § 99 BetrVG) ergebende Rechtslage für Betriebsspaltungen ausdrücklich festgeschrieben, wo- **16** nach durch Betriebsvereinbarung oder Tarifvertrag die Fortgeltung der Rechte und Beteiligungsrechte des Betriebsrats vereinbart werden kann, auch wenn sie an sich durch den Spaltungsvorgang entfallen sind. So kann z. B. vereinbart werden, dass wie im bisherigen Umfang weiterhin Arbeitnehmer für den Betriebsrat freigestellt werden, obwohl die in § 38 Abs. 1 BetrVG genannten Schwellenwerte nicht mehr erreicht sind.

17 In seiner Sitzung v. 06.09.1994 beschloss der Deutsche Bundestag die **Änderung des Gesetzes zur Bereinigung des Umwandlungsrechts** nach Maßgabe der Vorschläge des Vermittlungsausschusses (vgl. Plenarprotokoll 12/241, S. 21288 C). Am 23.09.1994 schließlich stimmte auch der Bundesrat nunmehr dem gesellschaftsrechtlichen ebenso wie dem steuerrechtlichen Reformgesetz zu (vgl. BR-Drucks. 843/94 [Beschluss] und 814/94 [Beschluss]). Beide Gesetze sind am 28.10.1994 im Bundesgesetzblatt verkündet worden (vgl. BGBl. 1994 I, S. 3210 mit Berichtigung in BGBl. 1995 I, S. 428 und BGBl. 1994 I, S. 3267) und am 01.01.1995 in Kraft getreten.

IV. Entwicklung seit 1995

18 **1. Erstes Gesetz zur Änderung des UmwG.** In der Endphase der Arbeiten an der Reform des Umwandlungsrechts wurde in der 12. Legislaturperiode recht kurzfristig die neue Rechtsform der **Partnerschaftsgesellschaft** in das deutsche Recht eingeführt. Grundlage war das Gesetz zur Schaffung von Partnerschaftsgesellschaften (und zur Änderung anderer Gesetze; v. 25.07.1994, BGBl. I, S. 1744). Seit Inkrafttreten dieses Gesetzes am 01.07.1995 können die Angehörigen freier Berufe Partnerschaftsgesellschaften gründen, um ihren Beruf in dieser Form auszuüben. Im Entwurf des UmwG konnte die neue Rechtsform seinerzeit nicht mehr berücksichtigt werden. Dieses wegen der Mitbestimmungsproblematik bis zuletzt vom Scheitern bedrohte Vorhaben sollte durch umfangreiche Ergänzungen nicht unnötig verzögert werden. Zudem erschien es ratsam, zunächst die Resonanz der **Praxis** auf die Neuschöpfung des Gesetzgebers abzuwarten.

Die neue Gesellschaftsform ist in der Praxis sehr gut angenommen worden. Mit zunehmender Verbreitung ist auch ein Bedürfnis entstanden, solche Gesellschaften in eine andere **Rechtsform** umwandeln zu können. Die verschiedensten Konstellationen sind hier denkbar. Wenn eine Freiberufler-Gesellschaft expandiert und dadurch erhöhter Kapitalbedarf entsteht, kann dies Veranlassung geben, in die Rechtsform der AG oder der GmbH zu wechseln. Umgekehrt kann sich ein Interesse ergeben, ein bisher in einer anderen Rechtsform geführtes Unternehmen in eine Partnerschaftsgesellschaft zu überführen. So mögen steuerliche Gründe und die Geltung bestimmter Rechnungslegungsvorschriften Anlass geben, bspw. eine GmbH in eine Partnerschaftsgesellschaft umzuwandeln. Die Zusammenarbeit zwischen verschiedenen Freiberuflern oder die Erfordernisse überörtlicher Kooperation können den Zusammenschluss von Partnerschaftsgesellschaften miteinander oder mit Rechtsträgern einer anderen Rechtsform zweckmäßig machen.

19 Auch für die **Teilnahme an Spaltungsvorgängen** ist ein Bedürfnis vorstellbar. Bereits in der Begründung zum Partnerschaftsgesellschaftsgesetz wurde seinerzeit darauf hingewiesen, dass die »Aufspaltung« in eine Kapitalgesellschaft (als Besitzgesellschaft) und eine Partnerschaftsgesellschaft (als Berufsausübungsgesellschaft) eine denkbare Gestaltungsalternative sei (vgl. BT-Drucks. 12/6152, S. 8).

In dem »**Entwurf eines Ersten Gesetzes zur Änderung des UmwG**« (vgl. BT-Drucks. 13/8808) hat die Bundesregierung daher vorgeschlagen, den Partnerschaftsgesellschaften, als »Schwesterfiguren« zu den Personenhandelsgesellschaften, im Wesentlichen dieselben Umwandlungsmöglichkeiten einzuräumen wie jenen. Neben den für die Aufnahme der Partnerschaftsgesellschaft in die Reihe der umwandlungsfähigen Rechtsträger notwendigen Regelungen enthielt der Entwurf einige weitere Änderungen anderer Bestimmungen des UmwG mit überwiegend klarstellendem Charakter. Betroffen sind die **Minderheitsschutzvorschriften** der §§ 29, 33 und 211 UmwG. Ferner war die Regelung über die **Mehrheitsumwandlung** von Personenhandelsgesellschaften in den §§ 43 und 217 UmwG an die Rechtslage bei den anderen Rechtsformen anzupassen. **Weitere Änderungen** wurden für die §§ 46, 80, 99, 104, 126, 131, 270, 282, 290 und 300 UmwG vorgeschlagen. Die Beteiligung des Bundesrates am Gesetzgebungsverfahren führte lediglich zu zwei die Registergerichte betreffenden Änderungsanregungen, denen die Bundesregierung in ihrer Gegenäußerung ohne Weiteres zustimmen konnte (vgl. BT-Drucks. 13/8808, Anlagen 2 und 3).

Nach der **ersten Lesung im Deutschen Bundestag** am 13.11.1997 verzögerte sich die Beratung im **20** Rechtsausschuss wegen zahlreicher anderer dort zur Beratung anstehender Gesetzgebungsvorhaben. Bei der Beschlussfassung am 27.05.1998 nahm der Ausschuss die Änderung des UmwG schließlich noch zum Anlass, bei dieser Gelegenheit das Partnerschaftsgesellschaftsgesetz in zwei Punkten zu ergänzen (vgl. Beschlussempfehlung und Bericht des Rechtsausschusses, BT-Drucks. 13/10955):

– Zum einen wurde in § 1 PartGG eine **Definition des Freien Berufs** eingeführt. In einer Typusbeschreibung wird dieser als solcher umschrieben, ohne auf den einzelnen Berufsangehörigen abzustellen. Entscheidendes Charakteristikum der **Freiberuflichkeit** ist die Zugehörigkeit zu bestimmten Tätigkeitsgruppen, die nach der Verkehrsanschauung als freiberuflich verstanden werden. Für den konkreten persönlichen Anwendungsbereich des PartGG soll es bei dem bisherigen Katalog in § 1 des Gesetzes bleiben.

– Zum anderen wurde die bisher gem. § 8 Abs. 2 PartGG nur vertraglich zu vereinbarende **Haftungsbeschränkung** auf den Handelnden **zum gesetzlichen Regelfall** erhoben.

Der Deutsche Bundestag hat den Gesetzentwurf am 18.06.1998 mit geänderter Überschrift als »**Gesetz** **21** **zur Änderung des UmwG, des Partnerschaftsgesellschaftsgesetzes und anderer Gesetze**« in Zweiter und Dritter Lesung verabschiedet (vgl. BR-Drucks. 585/98). Nach der abschließenden Billigung durch den Bundesrat am 10.07.1998 (vgl. BR-Drucks. 585/98 [Beschluss]) ist das Gesetz am 29.07.1998 verkündet worden (vgl. BGBl. 1998 I, S. 1878) und **am 01.08.1998 in Kraft getreten.**

2. Folgeänderungen des UmwG aufgrund anderer gesellschaftsrechtlicher Reformgesetze aus **22** **der 13. Legislaturperiode.** Neben den Erweiterungen durch das Gesetz zur Änderung des UmwG, des Partnerschaftsgesellschaftsgesetzes und anderer Gesetze hat das UmwG zahlreiche weitere Änderungen erfahren, die sich als Folge verschiedener gesellschaftsrechtlicher Reformgesetze ergeben, welche der Gesetzgeber ebenfalls 1998 erlassen hat.

a) Stückaktiengesetz. Durch das Gesetz über die Zulassung von Stückaktien (**Stückaktiengesetz –** **23** **StückAG**) v. 25.03.1998 sind im deutschen Recht nennbetragslose Aktien zugelassen worden. Als Folgeänderung musste durch Art. 2 dieses Gesetzes im UmwG der Begriff des Nennbetrags oder Gesamtnennbetrags überall dort, wo er sich auf Aktien und nicht auf Anteile an anderen Gesellschaftsformen wie z. B. einer GmbH bezieht, durch eine allgemeinere Formulierung ersetzt werden, die auch den auf die nennwertlose Aktie rechnerisch entfallenden anteiligen Betrag des Grundkapitals mit umfasst. Zugleich konnte die bereits durch das **Zweite Finanzmarktförderungsgesetz** v. 26.07.1994 (BGBl. I, S. 1749) eingeführte Absenkung des Aktienmindestnennbetrags auf 5,00 DM im UmwG nachvollzogen werden. Die Änderungen betreffen im Einzelnen folgende Vorschriften des UmwG: § 15 Abs. 1 Halbs. 2, § 46 Abs. 1 Satz 2, § 51 Abs. 2, § 67 Abs. 2, § 68 Abs. 1 und 3, § 69 Abs. 1 Satz 1, § 241 Abs. 1 Satz 1, § 242, § 243 Abs. 3, § 258 Abs. 2, § 263 Abs. 2 und 3, § 267 Abs. 1 Satz 1, § 269 Abs. 1 Satz 1, § 273, § 276 Abs. 2 Satz 2, § 291 Abs. 2, § 294 Abs. 2 und Abs. 3.

Das Stückaktiengesetz ist am 31.03.1998 im Bundesgesetzblatt verkündet worden (vgl. BGBl. I, **24** S. 590) und **am 01.04.1998 in Kraft getreten.**

b) Handelsrechtsreformgesetz. Durch das Gesetz zur Neuregelung des Kaufmanns- und Firmen- **25** rechts und zur Änderung anderer handels- und gesellschaftsrechtlicher Vorschriften (Handelsrechtsreformgesetz – HRefG) v. 22.06.1998 sind u. a. die strengen **Vorschriften über die Firmenbildung wesentlich liberalisiert** worden.

Durch Art. 7 dieses Gesetzes sind die Lockerungen auch bei den **firmenrechtlichen Regelungen des** **26** **UmwG** (vgl. §§ 18, 200) eingeführt worden.

Ferner wurde in § 122 Abs. 2 UmwG eine wichtige **Klarstellung für den Fall der Verschmelzung** einer **27** Kapitalgesellschaft auf ihren selbst nicht eintragungsfähigen Alleingesellschafter aufgenommen. In diesem Fall soll die Wirksamkeit der Verschmelzung durch die nach § 19 Abs. 1 UmwG vorgeschriebene Eintragung im Register des Sitzes des übertragenden Rechtsträgers herbeigeführt werden. Dies entspricht einer schon bisher ganz überwiegend vertretenen Auffassung in Rechtsprechung und Literatur. In einer aufgrund einer Vorlage des OLG Celle ergangenen Entscheidung (DB 1998, 1607) hat auch der BGH noch vor Wirksamwerden der gesetzlichen Neuregelung diese Lösung befürwortet.

28   Die Änderungen sind am 26.06.1998 im Bundesgesetzblatt verkündet worden (vgl. BGBl. I, S. 1474) und **am 01.07.1998 in Kraft getreten.**

29   **c) Euro-Einführungsgesetz.** Durch Art. 3 des **Gesetzes zur Einführung des Euro** (Einführungsgesetz – EuroEG) v. 09.06.1998 soll mit Beginn der dritten Stufe der Wirtschafts- und Währungsunion die Umstellung von Gesellschaftsverträgen auf Euro und die Verwendung des Euro bei der Gründung von Gesellschaften ermöglicht werden. Als Folge der Einführung des Euro müssen in den Bestimmungen des UmwG die bisher auf DM lautenden Betragsangaben auf Euro umgestellt werden. Durch Übergangsvorschriften wird gewährleistet, dass während der **Übergangzeit** auch bei Umwandlungen weiterhin die Angaben in DM möglich sind. Die entsprechenden Änderungen betreffen § 46 Abs. 1 Satz 3, § 54 Abs. 3 Satz 1, § 55 Abs. 1 Satz 2, § 258 Abs. 2, § 263 Abs. 3 Satz 1, § 273 sowie § 318 UmwG.

30   Das Euro-Einführungsgesetz ist am 15.06.1998 im Bundesgesetzblatt verkündet worden (vgl. BGBl. I, S. 1242) und in den hier maßgeblichen Teilen **am 01.01.1999 in Kraft getreten.**

31   **3. Folgeänderungen des UmwG aufgrund anderer Gesetze aus der 14. Legislaturperiode.** In der laufenden Legislaturperiode haben sich **weitere Änderungen des UmwG** ergeben, die hier kurz erwähnt werden sollen.

Durch Art. 5 des **Namensaktiengesetzes** v. 18.01.2001 ist die Euro-Umstellung des UmwG vervollständigt worden. Betroffen ist § 316 Abs. 1 Satz 2 UmwG. Das Gesetz ist einen Tag nach seiner Verkündung (vgl. BGBl. I, S. 123) **am 25.01.2001 in Kraft getreten.**

32   Durch Art. 3 des **Gesetzes zur Reform des Betriebsverfassungsgesetzes** v. 23.07.2001 sind die Vorschriften in § 321 und § 322 Abs. 1 UmwG über das Übergangsmandat des Betriebsrats bei einer Spaltung aufgehoben worden, weil entsprechende Regelungen jetzt im Betriebsverfassungsgesetz (vgl. § 21a BetrVG) enthalten sind. Das Gesetz ist ebenfalls einen Tag nach seiner Verkündung (vgl. BGBl. I, S. 1852) **am 28.01.2001 in Kraft getreten.**

33   Schließlich hat sich auch das **Gesetz zur Anpassung der Formvorschriften des Privatrechts und anderer Vorschriften an den modernen Rechtsgeschäftsverkehr** v. 13.07.2001 auf das UmwG ausgewirkt. Durch Art. 26 dieses Gesetzes ist in § 89 Abs. 2, § 182 Satz 1, § 216, § 230 Abs. 1, § 256 Abs. 3, § 260 Abs. 1 Satz 1 und § 267 die sog. Textform eingeführt worden. Das Gesetz ist **am 01.08.2001 in Kraft getreten** (vgl. BGBl. I, S. 1542).

34   **4. Zweites Gesetz zur Änderung des UmwG.** Am 15.12.2005 ist die **Richtlinie 2005/56/EG** über die Verschmelzung von Kapitalgesellschaften aus verschiedenen Mitgliedstaaten in Kraft getreten (veröffentlicht im ABl. EU v. 25.11.2005 Nr. L 310 S. 1 ff.). Damit hat ein wichtiges Harmonisierungsvorhaben, das die Organe der Gemeinschaft lange Zeit beschäftigt hat, einen erfolgreichen Abschluss gefunden.

35   Nach ihrem Art. 19 muss die Richtlinie 2005/56/EG innerhalb von 2 Jahren nach ihrem Inkrafttreten von den Mitgliedstaaten umgesetzt werden. In Deutschland erfolgt dies zum einen durch das besondere Gesetz zur Umsetzung der Regelungen über die **Mitbestimmung der Arbeitnehmer** bei einer Verschmelzung aus verschiedenen Mitgliedstaaten (v. 21.12.2006, BGBl. I, S. 3332), i. Ü. durch eine **Ergänzung des UmwG.** Dazu hat das BMJ bereits am 17.02.2006 einen entsprechenden **RefE** vorgelegt. Nach eingehender Beteiligung der Länder und der betroffenen Verbände ist dieser weiterentwickelt und am 09.08.2006 vom Kabinett als **RegE** (BR-Drucks. 548/06) verabschiedet worden. Zu diesem hat der Bundesrat am 22.09.2006 seine Stellungnahme abgegeben und eine Reihe überwiegend rechtstechnischer Änderungen angeregt (vgl. BR-Drucks. 548/06 [Beschluss] = Anlage 2 zur BT-Drucks. 16/2919). Die Bundesregierung ist den Änderungswünschen des Bundesrates in ihrer Gegenäußerung (Anlage 3 zur BT-Drucks. 16/2919) im Wesentlichen entgegengetreten. Entsprechend dem Votum des Rechtsausschusses (vgl. BT-Drucks. 16/4193) verabschiedete der Deutsche Bundestag den Gesetzentwurf in zweiter und dritter Lesung mit nur wenigen Änderungen am 01.02.2007 (vgl. BR-Drucks. 95/07). Nach der abschließenden Behandlung im Bundesrat am 09.03.2007 wurde das Gesetz am 24.04.2007 im Bundesgesetzblatt verkündet (BGBl. I, S. 542) und ist am folgenden Tag **in Kraft getreten.**

Um die an anderer Stelle (vgl. unten Teil 1 Rdn. 100 ff.) näher erläuterte Umsetzung in das deutsche **36** Recht verständlicher zu machen, sollen nachfolgend die **wesentlichen gesellschaftsrechtlichen Regelungen** der Richtlinie im Überblick dargestellt werden, soweit sie für das deutsche Recht von Bedeutung sind.

Nach Art. 1 Richtlinie 2005/56/EG gilt die Richtlinie für **Verschmelzungen von Kapitalgesellschaf- 37 ten**, die nach dem Recht eines Mitgliedstaats gegründet worden sind und ihren satzungsmäßigen Sitz, ihre Hauptverwaltung oder ihre Hauptniederlassung in der Gemeinschaft haben, sofern mindestens zwei von ihnen dem Recht verschiedener Mitgliedstaaten unterliegen.

Die Definition der **Verschmelzung** in Art. 2 Abs. 2 Richtlinie 2005/56/EG folgt im Grundsatz derje- **38** nigen in Art. 2 Buchst. a) der steuerlichen Fusionsrichtlinie (Richtlinie 90/434/EWG, geändert durch die Richtlinie 2005/19/EG v. 17.02.2005, ABl. EU Nr. L 58 S. 19 ff.).

Anders als noch im früheren Vorschlag von 1985 vorgesehen ist die Richtlinie nicht nur auf AG, son- **39** dern auf »Kapitalgesellschaften« anwendbar. Dies sind nach der Definition in Art. 2 Abs. 1 Richtlinie 2005/56/EG zunächst ausdrücklich alle Gesellschaften, die in der Publizitätsrichtlinie (68/151/EWG; ABl. EG Nr. L 65 v. 14.03.1968 S. 8 ff., geändert durch die Richtlinie 2003/58/EG, ABl. EU Nr. L 221 S. 13 ff.) aufgeführt sind, also neben AG auch GmbH sowie KGaA, und damit die Rechtsformen, die praktisch im Recht aller Mitgliedstaaten bekannt und weitgehend ähnlich strukturiert sind.

Darüber hinaus werden aber ganz generell auch Gesellschaften erfasst, wenn es sich bei diesen um **ju- 40 ristische Personen** handelt, **die über Haftkapital verfügen**, und für sie **Publizitätsvorschriften** gelten. Mit diesen Kriterien werden in einigen Mitgliedstaaten über den Bereich der in der Publizitätsrichtlinie erwähnten »klassischen« Kapitalgesellschaften hinaus auch andere Rechtsformen, insb. Genossenschaften, einbezogen. Um den von verschiedenen Delegationen bei den Verhandlungen in Brüssel geäußerten Bedenken Rechnung zu tragen, räumt die Richtlinie den Mitgliedstaaten aber in Art. 3 Abs. 2 Richtlinie 2005/56/EG das Recht ein, sie **nicht auf Genossenschaften** anzuwenden, selbst wenn die genannten Kriterien für die Definition der Kapitalgesellschaft erfüllt sein sollten (**opt-out-Lösung**). Eine weitere Ausnahme findet sich in Art. 3 Abs. 3 Richtlinie 2005/56/EG für die sog. **OGAW** (Organismen für gemeinsame Anlagen in Wertpapieren) i. S. d. Art. 1 Richtlinie 85/611/EWG (ABl. EG Nr. L 375 v. 31.12.1985 S. 3 ff.).

Art. 4 Richtlinie 2005/56/EG schreibt den Grundsatz fest, dass auf grenzüberschreitende Verschmel- **41** zungen soweit wie möglich das jeweils für die beteiligten Gesellschaften geltende **nationale Recht** maßgeblich ist. So sollen grenzüberschreitende Verschmelzungen nur zwischen solchen Rechtsformen möglich sein, die auch innerstaatlich verschmelzen können. Die Verschmelzungsmöglichkeiten sollen durch die neue Richtlinie also nicht erweitert werden. Auch für das Verfahren gelten primär die nationalen Vorschriften. Art. 4 Abs. 2 Richtlinie 2005/56/EG nennt zur Verdeutlichung insb. die Beschlussfassung über die Verschmelzung und den Schutz der Gläubiger, Gesellschafter und Arbeitnehmer der beteiligten Gesellschaften. Soweit notwendig, sind die Mitgliedstaaten allerdings berechtigt, **besondere Vorschriften zum Schutz von Minderheitsgesellschaftern** zu erlassen, die der Verschmelzung widersprochen haben.

Die Art. 5 ff. Richtlinie 2005/56/EG enthalten den Teil der Richtlinie, der **spezielle Regelungen** für **42** grenzüberschreitende Verschmelzungen enthält (vgl. dazu Eingangssatz in Art. 4 Richtlinie 2005/56/EG: »*Sofern diese Richtlinie nicht etwas anderes bestimmt,* [...]«).

Die Bestimmungen zum Inhalt des **Verschmelzungsplans** folgen zwar weitgehend den Vorbildern in **43** Art. 5 der Dritten Richtlinie (78/855/EWG, ABl. EG v. 20.10.1978 Nr. L 295 S. 36 ff.) und Art. 20 SE-Verordnung (VO [EG] Nr. 2157/2001, ABl. EU Nr. L 294 S. 1 ff.). Im Vergleich zu diesen Vorschriften schreibt Art. 5 Richtlinie 2005/56/EG aber **drei zusätzliche Angaben** für den Verschmelzungsplan vor.

Zunächst sind nach Art. 5 Buchst. d) Richtlinie 2005/56/EG die voraussichtlichen Auswirkungen auf **44** die **Beschäftigung** darzustellen. Einem Wunsch des Europäischen Parlaments entsprechend sind die Leitungen der beteiligten Gesellschaften gehalten, schon im Verschmelzungsplan zu künftigen Entwicklungen Stellung zu nehmen, die sich aus der Verschmelzung für die Beschäftigten ergeben können. Auf eine Initiative der französischen Delegation geht zurück die Einfügung des Art. 5 Buchst. k) Richtlinie 2005/56/EG (Angaben zur **Bewertung** der übertragenen Aktiva und Passiva) und des Art. 5 Buchst. l) Richtlinie 2005/56/EG (**Bilanzstichtage**), die zu einer größeren Transparenz schon im Verschmelzungsplan führen sollen.

45 Nach Art. 6 Abs. 1 Richtlinie 2005/56/EG ist der Verschmelzungsplan wie in den jeweiligen nationalen Vorschriften vorgesehen **bekannt zu machen**. Art. 6 Abs. 2 Richtlinie 2005/56/EG entspricht der Regelung in Art. 21 der SE-Verordnung und verlangt zusätzlich die ausdrückliche Bekanntmachung der **folgenden Angaben:**

– Rechtsform, Firma und Sitz der verschmelzenden Gesellschaften,
– die für sie zuständigen Register und die Nummern der dort vorgenommenen Eintragungen dieser Gesellschaften,
– Hinweise zu den Rechten der Gläubiger und Minderheitsgesellschafter.

46 Nach Art. 7 Richtlinie 2005/56/EG ist der **Verschmelzungsbericht**, der in erster Linie für die Unterrichtung und Meinungsbildung der Gesellschafter bestimmt ist, in derselben Frist wie diesen auch den Vertretern der Arbeitnehmer oder – in Ermangelung von Vertretern – den Arbeitnehmern selbst zur Verfügung zu stellen, damit sie möglichst frühzeitig und zum selben Zeitpunkt wie die Gesellschafter umfassend unterrichtet werden.

In Anlehnung an eine Regelung in Art. 9 Abs. 5 Satz 3 der Übernahmerichtlinie (2004/25/EG, ABl. EU Nr. L 142 v. 30.04.2004 S. 12 ff.) ist zusätzlich vorgesehen, dass dem Verschmelzungsbericht eine **Stellungnahme der Arbeitnehmervertreter** beizufügen ist, wenn das jeweilige nationale Recht die Abgabe einer solchen Stellungnahme vorsieht und diese rechtzeitig vorliegt.

47 Art. 8 Richtlinie 2005/56/EG betrifft die bereits aus der Dritten Richtlinie und der SE-Verordnung bekannte **Prüfung durch unabhängige Sachverständige**. Diese können für jede Gesellschaft gesondert oder nach gerichtlicher Bestellung auch gemeinsam tätig werden und den vorgeschriebenen Bericht gemeinsam erstellen. Prüfung und Bericht sind entbehrlich, wenn alle Gesellschafter aller beteiligten Gesellschaften darauf verzichten. Dies kann bei Einigkeit unter den Gesellschaftern Kosten sparen und das Verfahren erleichtern.

48 Nach Art. 9 Richtlinie 2005/56/EG müssen grds. die **Gesellschafterversammlungen** aller beteiligten Unternehmen der Verschmelzung zustimmen. Entsprechend der allgemeinen Verweisung in Art. 4 Abs. 1 Buchst. b) Richtlinie 2005/56/EG richten sich die Einberufungsmodalitäten und die Beschlussmehrheiten nach dem jeweiligen nationalen Recht. Wie auch schon in Art. 23 Abs. 2 Satz 2 SE-Verordnung vorgesehen, kann nach Art. 9 Abs. 2 Richtlinie 2005/56/EG das Zustimmungserfordernis ausdrücklich auf die Modalitäten der **Mitbestimmung** erstreckt werden. Damit bleibt den Gesellschaftern das Letztentscheidungsrecht insb. darüber, ob sie mit einer gem. Art. 16 Richtlinie 2005/56/EG zwischen den Unternehmensleitungen und den Arbeitnehmervertretern ausgehandelten Mitbestimmungsvereinbarung einverstanden sind.

49 Nach dem Vorbild der Art. 24 und 25 SE-Verordnung ist auch in der Verschmelzungsrichtlinie in den Art. 10 und 11 eine zweistufige **Rechtmäßigkeitskontrolle** vorgesehen. Diese wird entsprechend der Regelung im jeweiligen Mitgliedstaat durch ein Gericht, einen Notar oder eine zuständige Behörde durchgeführt.

50 **Im Sitzstaat der übertragenden Gesellschaften** wird zunächst v. a. geprüft, ob der gemeinsame Verschmelzungsplan wie vorgeschrieben aufgestellt und publiziert worden ist. Darüber wird gem. Art. 10 Abs. 2 Richtlinie 2005/56/EG eine entsprechende Bescheinigung ausgestellt. Auf der zweiten Stufe wird diese Bescheinigung im Sitzstaat der **übernehmenden** (oder **neuen**) **Gesellschaft** der dort jeweils zuständigen Stelle vorgelegt, die gem. Art. 11 Richtlinie 2005/56/EG insb. prüft, ob alle Gesellschaften einem gleichlautenden Verschmelzungsplan zugestimmt haben und ob eine Mitbestimmungsvereinbarung abgeschlossen wurde.

51 Auf Wunsch von Deutschland und Österreich ist in Art. 10 Abs. 3 Richtlinie 2005/56/EG eine Regelung nach dem Vorbild von Art. 25 Abs. 3 SE-Verordnung enthalten. Damit ist gemeinschaftsrechtlich sichergestellt, dass das in diesen beiden Staaten bekannte und bewährte **gerichtliche Verfahren zur Überprüfung** von Zuzahlungen und Barabfindungen bei Umstrukturierungen von Gesellschaften (in Deutschland: Spruchverfahren nach dem Spruchverfahrensgesetz) zugunsten der Gesellschafter übertragender Gesellschaften aus diesen Staaten Anwendung finden kann, wenn die Gesellschafter der Gesellschaften aus anderen Mitgliedstaaten, deren Recht ein solches Verfahren nicht kennt, dem zugestimmt haben.

Der **Zeitpunkt**, an dem die **grenzüberschreitende Verschmelzung wirksam** wird, richtet sich gem. **52** Art. 12 Richtlinie 2005/56/EG nach dem nationalen Recht, dem die übernehmende oder neue Gesellschaft unterliegt. Voraussetzung für das Wirksamwerden ist in jedem Fall, dass die Rechtmäßigkeitskontrolle nach Art. 11 Richtlinie 2005/56/EG abgeschlossen wurde. In aller Regel tritt die Wirksamkeit mit der **konstitutiven Registereintragung** ein. Zu diesem Zeitpunkt erfolgen gem. Art. 14 Richtlinie 2005/56/EG der Vermögensübergang, der Gesellschafterwechsel und das Erlöschen der übertragenden Gesellschaften.

Auch die **Offenlegung der Verschmelzung** erfolgt gem. Art. 13 Richtlinie 2005/56/EG nach dem je- **53** weiligen innerstaatlichen Recht, das für die verschiedenen beteiligten Gesellschaften gilt. Aus Gründen der Rechtssicherheit ist eine gegenseitige Unterrichtungspflicht der nationalen Register vorgesehen. Die Löschung im bisherigen Register darf erst erfolgen, wenn das neue Register mitgeteilt hat, dass dort die aus der Verschmelzung hervorgehende Gesellschaft eingetragen worden ist.

Auch insoweit den Vorbildern der Dritten Richtlinie und der SE-Verordnung folgend werden in Art. 15 **54** Richtlinie 2005/56/EG für die Aufnahme einer 100 %igen bzw. 90 %igen Tochtergesellschaft bestimmte **Verfahrenserleichterungen** eingeräumt.

So sind im ersten Fall (Art. 15 Abs. 1 Richtlinie 2005/56/EG) die **Angaben zum Umtausch der Gesell-** **55** **schaftsanteile** im Verschmelzungsplan (Art. 5 Abs. 1 Buchst. b), c und e Richtlinie 2005/56/EG) **entbehrlich**, da ein Anteilstausch nicht stattfindet. Demgemäß bedarf es auch keiner Prüfung durch Sachverständige nach Art. 8 Richtlinie 2005/56/EG. Ebenso wenig vollzieht sich der in Art. 14 Abs. 1 Buchst. b) Richtlinie 2005/56/EG vorgesehene Gesellschafterwechsel.

Beträgt die **Beteiligung** zwar nicht 100 %, aber **mindestens 90 %** (Art. 15 Abs. 2 Richtlinie 2005/56/EG), sind die Prüfungsberichte der Sachverständigen nach Art. 8 Richtlinie 2005/56/EG und die Vorlage der Unterlagen für die Rechtmäßigkeitskontrolle nur erforderlich, soweit dies nach dem für die beteiligten Gesellschaften jeweils geltenden nationalen Recht vorgesehen ist.

Anlässlich der Umsetzung der Richtlinie 2005/56/EG sind auch eine Reihe von **Änderungsvorschlä-** **56** **gen**, die aus der Praxis zu anderen Vorschriften des UmwG geäußert wurden, aufgegriffen worden. Im Wesentlichen betreffen sie **folgende Punkte:**

- Die im Gesetz zur Unternehmensintegrität und Modernisierung des Anfechtungsrechts (UMAG) erstmals eingeführte **Drei-Monats-Frist** für die gerichtliche Entscheidung im sog. **Freigabeverfahren** zur Durchsetzung der Eintragung einer gesellschaftsrechtlichen Maßnahme trotz erhobener Anfechtungsklage wurde auf Umstrukturierungsfälle ausgedehnt (§ 16 UmwG).
- Die Aktionäre einer AG, die an der Börse notiert ist und auf eine **nicht börsennotierte** Gesellschaft **verschmolzen** wird, haben künftig die Möglichkeit, gegen Abfindung aus der Gesellschaft auszuscheiden (§ 29 UmwG).
- Die Bezeichnung **unbekannter Aktionäre** in Umwandlungsverfahren wurde praxisgerechter geregelt (§§ 35, 213 UmwG).
- Zur Erleichterung der Verschmelzung von Schwestergesellschaften im Konzern, deren Anteile zu 100 % von der Muttergesellschaft gehalten werden, ist eine **Ausnahme** von der grds. Anteilsgewährungspflicht geschaffen worden (§§ 54, 68 UmwG).
- Die Verschmelzungsmöglichkeit für **genossenschaftliche Prüfungsverbände** wurde erweitert (§ 105 UmwG).
- Die für Spaltungen immer wieder als Hindernis kritisierte Regelung in **§ 132 UmwG** ist beseitigt worden.
- Das **generelle Spaltungsverbot** in der Nachgründungsphase (§ 141 UmwG) wurde gelockert.
- Beim Formwechsel wird künftig auf die Beifügung einer **Vermögensaufstellung** zum Umwandlungsbericht verzichtet (§ 192 UmwG).

Aufgrund der **Beratungen im BT-Rechtsausschuss** (vgl. BT-Drucks. 16/4193) sind noch die folgenden Punkte hinzugekommen:

- Die Rechtsprechung des BGH (vgl. BGHZ 168, 48), wonach im Freigabeverfahren die **Rechtsbeschwerde ausgeschlossen** ist, wird in § 16 Abs. 3 UmwG gesetzlich festgeschrieben.
- Die **Enthaftungsfrist** in § 133 UmwG wird für vor dem Wirksamwerden einer Spaltung begründete Versorgungsverpflichtungen aufgrund des Betriebsrentengesetzes von 5 auf 10 Jahre verdoppelt.

57 **5. Weitere Änderungen im UmwG in der 15. und 16. Legislaturperiode.** Durch das **Gesetz zur Neuordnung des gesellschaftsrechtlichen Spruchverfahrens** v. 12.06.2003 (BGBl. I, S. 838) ist das besondere gerichtliche Verfahren zur Überprüfung der Angemessenheit von Ausgleichs- und Abfindungsleistungen im Anschluss an Umstrukturierungen von Unternehmen einheitlich in dem neuen Spruchverfahrensgesetz geregelt worden. Durch Art. 4 dieses Gesetzes wurden die früher in den §§ 305 ff. UmwG enthaltenen Vorschriften zum **Spruchverfahren** aufgehoben sowie weitere Bestimmungen angepasst (vgl. §§ 10, 15, 34, 60, 196 und 212 UmwG).

58 Durch Art. 14 des **Gesetzes zur Einführung der Europäischen Genossenschaft** und zur Änderung des Genossenschaftsrechts v. 14.08.2006 (BGBl. I, S. 1911) sind zahlreiche die Rechtsform der **Genossenschaft** betreffende Vorschriften des UmwG an die neue Terminologie des Genossenschaftsrechts (v. a. Ersetzung der Begriffe »Genosse« durch »Mitglied« und »Statut« durch »Satzung«) angepasst worden.

59 Durch Art. 8 des **Gesetzes über elektronische Handelsregister und Genossenschaftsregister sowie das Unternehmensregister** (EHUG) v. 10.11.2006 (BGBl. I, S. 2553) sind alle **Bekanntmachungsvorschriften** im UmwG entsprechend der sich aus der Einführung der elektronischen Registerführung zum 01.01.2007 ergebenden neuen Rechtslage umgestellt worden.

60 Durch Art. 17 des **Gesetzes zur Modernisierung des GmbH-Rechts und zur Bekämpfung von Missbräuchen** (MoMiG) v. 23.10.2008 (BGBl. I, S. 2026) sind zahlreiche die Rechtsform der **GmbH** betreffende Vorschriften des UmwG an das geänderte GmbH-Recht angepasst worden.

61 Durch Art. 73 des **Gesetzes zur Reform des Verfahrens in Familiensachen und in den Angelegenheiten der freiwilligen Gerichtsbarkeit** (FGG-RG) v. 17.12.2008 (BGBl. I, S. 2586) sind einige **Folgeänderungen** zur FGG-Reform im UmwG nachvollzogen worden.

62 Durch Art. 4 des **Gesetzes zur Umsetzung der Aktionärsrechterichtlinie** (ARUG) v. 30.07.2009 (BGBl. I, S. 2479) ist neben einigen Änderungen beim **Freigabeverfahren** in § 16 UmwG v. a. die Möglichkeit, zur Vorbereitung von Gesellschafterbeschlüssen **Informationen elektronisch** zur Verfügung zu stellen, in Parallele zum AktG auch im Umwandlungsrecht eingeführt worden. Teilweise wurden dabei auch Regelungen antizipiert, die erst durch die dem Dritten Gesetz zur Änderung des UmwG zugrunde liegende EU-Richtlinie europarechtlich verbindlich vorgeschrieben wurden (vgl. dazu Teil 1 Rdn. 64).

63 **6. Drittes Gesetz zur Änderung des UmwG.** Am 02.10.2009 ist die **Richtlinie 2009/109/EG** des Europäischen Parlaments und des Rates v. 16.09.2009 über die Änderung der Richtlinien 77/91/EWG, 78/855/EWG und 82/891/EWG des Rates sowie der Richtlinie 2005/56/EG hinsichtlich der Berichts- und Dokumentationspflicht bei Verschmelzungen und Spaltungen (im Folgenden: Änderungs-richtlinie) im Amtsblatt der EU L 259 v. 02.10.2009, S. 14 ff. veröffentlicht worden und am 22.10.2009 in Kraft getreten. Sie war gemäß ihrem Art. 6 bis zum 30.06.2011 umzusetzen. Dies machte eine erneute Änderung des **UmwG** erforderlich.

Die geänderten Richtlinien betreffen die **Verschmelzung** und **Spaltung** unter Beteiligung von AG sowie – im Fall der grenzüberschreitenden Verschmelzung – auch unter Beteiligung von **Kommanditgesellschaften auf Aktien** und GmbH.

64 Bestimmten Vorgaben trug das deutsche Recht aber bereits Rechnung, sodass insoweit **keine** Umsetzung nötig war. Dies betrifft insb. drei Punkte:
- Hinsichtlich der **Offenlegung** des Verschmelzungsvertrages bleibt es bei der in § 61 UmwG und für grenzüberschreitende Fälle in § 122d UmwG getroffenen Regelung. Die Einreichung des Vertrags oder seines Entwurfs beim Registergericht wird als Hinweis bekannt gemacht. Dies erfolgt einerseits entsprechend § 10 HGB mittels der von den Landesjustizverwaltungen bestimmten **elektronischen** Informations- und Kommunikationssysteme. Darüber hinaus ist der Vertrag über die **Internetseite** des Unternehmensregisters zugänglich (§ 8b Abs. 2 Nr. 1 HGB). Letzteres entspricht der Form der

Veröffentlichung über die zentrale elektronische Plattform, die die Mitgliedstaaten gem. Art. 6 Abs. 3 Satz 1 der Dritten Richtlinie i. V. m. Art. 3 Abs. 4 der Ersten Richtlinie vorsehen können.

– Art. 11 Abs. 4 der geänderten Dritten Richtlinie **befreit** von der Pflicht zur Auslegung von Unterlagen, wenn sie während eines Zeitraums von einem Monat vor der Hauptversammlung fortlaufend auf den Internetseiten der Gesellschaft veröffentlich sind. In diesem Fall müssen den Aktionären auch keine Abschriften zur Verfügung gestellt werden. Diesen gemeinschaftsrechtlichen Vorgaben hat man durch die **§§ 62 Abs. 3 Satz 7, 63 Abs.** 4 UmwG Rechnung getragen, die bereits im Jahr 2009 durch das Gesetz zur Umsetzung der Aktionärsrichtlinie (ARUG) eingeführt worden sind (vgl. Teil 1 Rdn. 62).

– Das in Art. 13 Abs. 2 der Dritten Richtlinie geregelte Recht der Gesellschaftsgläubiger, eine **Sicherheitsleistung** zu verlangen, ist um die Pflicht der Mitgliedstaaten erweitert worden, ein behördliches oder gerichtliches Verfahren zu gewährleisten. Dem wird § 22 UmwG bereits gerecht, wobei sich das gerichtliche Verfahren nach allgemeinen Grundsätzen richtet.

Zur Umsetzung der noch nicht berücksichtigten Vorgaben der Änderungsrichtlinie hat das BMJ im 65 März 2010 einen entsprechenden **RefE** vorgelegt. Nach eingehender Beteiligung der Länder und der betroffenen Verbände ist dieser weiterentwickelt und am 07.07.2010 vom Kabinett als **RegE** (BR-Drucks. 485/10 = BT-Drucks. 17/3122) verabschiedet worden. In seiner am 24.09.2010 abgegebenen Stellungnahme hat der Bundesrat keinerlei inhaltliche Änderungen vorgeschlagen (vgl. BR-Drucks. 485/10 [Beschluss]). Die sonst übliche Gegenäußerung der Bundesregierung war daher entbehrlich.

Entsprechend dem einstimmig abgegebenen Votum des Rechtsausschusses (vgl. BT-Drucks. 17/5930) verabschiedete der Deutsche Bundestag den Gesetzentwurf in zweiter und dritter Lesung mit einigen Änderungen am 26.05.2011 (vgl. BR-Drucks. 287/11). Nach der abschließenden Behandlung im Bundesrat am 17.06.2011 wurde das Gesetz am 14.07.2011 im Bundesgesetzblatt verkündet (BGBl. I, S. 1338) und ist am folgenden Tag **in Kraft** getreten.

Die Änderungen des UmwG betreffen im Wesentlichen drei Bereiche:
– Vereinfachungen bei der Vorbereitung der Hauptversammlung,
– Modifikationen im Bereich der Konzernverschmelzung,
– sonstige Punkte.

Bei herkömmlicher Auslegung von Unterlagen im **Vorfeld einer Hauptversammlung** wird das Recht 66 des Aktionärs auf Erteilung von Abschriften durch die Möglichkeit der Übermittlung auf dem Wege **elektronischer** Kommunikation ergänzt (§§ 62 Abs. 3 Satz 7, 63 Abs. 3 Satz 2 UmwG). Dem liegen Art. 11 Abs. 3 Unterabs. 2 der Dritten Richtlinie und Art. 9 Abs. 3 Unterabs. 2 der Sechsten Richtlinie zugrunde. Die für das deutsche Recht gewählte Formulierung ist aus § 128 Abs. 1 Satz 2 AktG übernommen. Anstelle einer Papierkopie können die Dokumente zukünftig in ein druckfähiges Dateiformat (z. B. PDF) umgewandelt und als Anhang einer E-Mail versandt werden.

Zur Vorbereitung der Hauptversammlung ist grds. eine **Zwischenbilanz** zu erstellen und zugänglich zu 67 machen, falls das Geschäftsjahr des letzten Jahresabschlusses mehr als 6 Monate vor Abschluss des Verschmelzungsvertrages abgelaufen ist (§ 63 Abs. 1 Nr. 3, Abs. 2 UmwG). Der deutsche Gesetzgeber hat von der in der Änderungsrichtlinie eingeräumten Option für die Mitgliedstaaten Gebrauch gemacht, einen **Verzicht** der Aktionäre auf die Zwischenbilanz zu erlauben. Aus der Verweisung in § 63 Abs. 2 Satz 5 UmwG auf § 8 Abs. 3 UmwG ergibt sich danach, dass eine Zwischenbilanz nicht erforderlich ist, wenn alle Anteilsinhaber aller beteiligten Rechtsträger auf ihre Aufstellung verzichten. Die Verzichtserklärungen sind angesichts der Bedeutung der Zwischenbilanz notariell zu beurkunden.

Ferner ist als weitere Erleichterung vorgesehen, dass Gesellschaften, die innerhalb des bereits erwähnten 68 6-Monatszeitraums einen **Halbjahresfinanzbericht** nach § 37w WpHG erstellt haben, diesen anstelle der Zwischenbilanz zugänglich machen können (§ 63 Abs. 2 Satz 6 und 7 UmwG). Diese Neuregelung wird durch Art. 11 Abs. 1 Unterabs. 2 der Dritten Richtlinie ermöglicht, der wiederum auf Art. 5 der Transparenzrichtlinie (2004/109/EG) Bezug nimmt.

§ 62 UmwG trägt jetzt die Überschrift »**Konzernverschmelzungen**«. Damit sind die Fälle der Ver- 69 schmelzung einer Tochtergesellschaft auf die Muttergesellschaft bei mindestens 90 %iger Beteiligung gemeint (»**upstream merger**«). Die Muttergesellschaft muss die Rechtsform einer AG oder KGaA (§ 78 UmwG) aufweisen. Als Tochtergesellschaft kommen alle Formen der Kapitalgesellschaft in Betracht.

70 Bei der Konzernverschmelzung gibt es verschiedene Neuerungen:

Schon bisher war bei der übernehmenden AG ein Verschmelzungsbeschluss der Hauptversammlung entbehrlich, sofern nicht eine **Minderheit von 5 %** der Aktionäre eine Beschlussfassung verlangt (§ 62 Abs. 1 und 2 UmwG). Auf diese Weise wurde in Deutschland schon in der Vergangenheit Art. 27 der Dritten Richtlinie umgesetzt, der jetzt aber von einer Option zu einer zwingenden Regelung geworden ist.

71 Auch Art. 25 der Dritten Richtlinie wurde in eine für die Mitgliedstaaten zwingende Vorschrift umgewandelt. Er betrifft die Fälle der Verschmelzung einer **100 %igen Tochtergesellschaft** auf das Mutterunternehmen und sieht einen Verzicht auf den Verschmelzungsbeschluss auch bei der übertragenden Tochtergesellschaft vor. Von der bisherigen Option hatte das deutsche Recht keinen Gebrauch gemacht. Das geänderte Gemeinschaftsrecht zwang aber zu einer Durchbrechung der in Deutschland üblichen Kompetenzverteilung bei wichtigen Umstrukturierungsmaßnahmen.

§ 62 Abs. 4 UmwG erklärt daher einen Verschmelzungsbeschluss bei einer 100 %igen Tochtergesellschaft nicht mehr für erforderlich. Bei einer Verschmelzung handelt es sich folglich in diesem Fall um eine bloße **Geschäftsleitungsmaßnahme** des Vorstandes bzw. der Geschäftsführer der Tochtergesellschaft. Freilich müssen die Rechte der Aktionäre der Muttergesellschaft gewahrt bleiben. Daher bleibt § 62 Abs. 3 UmwG anwendbar, den § 62 Abs. 4 Satz 3 UmwG nun aber mit gewissen Modifikationen versieht.

72 Hinsichtlich der Auslegung bzw. des Zugänglichmachens der Unterlagen knüpft die **Monatsfrist** an den Abschluss des Verschmelzungsvertrages an. Gleiches gilt für die Bekanntmachung in den Gesellschaftsblättern, für die Einreichung des Vertrages oder seines Entwurfs beim Register sowie für den Hinweis auf das Minderheitenrecht nach § 62 Abs. 2 UmwG.

73 Durch § 62 Abs. 4 Satz 4 UmwG wird zusätzlich sichergestellt, dass die Pflicht zur Zuleitung des Verschmelzungsvertrages an die Betriebsräte der beteiligten Gesellschaften, die gem. § 5 Abs. 3 UmwG im Normalfall an die Gesellschafterversammlung anknüpft, auch dann fristgerecht erfüllt wird, wenn im Rahmen einer Konzernverschmelzung weder beim übernehmenden noch beim übertragenden Rechtsträger eine Versammlung der Anteilsinhaber stattfindet. Keiner zusätzlichen Regelung bedurfte es dagegen für den Fall, dass die Versammlung lediglich bei dem übernehmenden Rechtsträger entfällt. Insoweit erscheint die bisherige Handhabung der Praxis, für die Berechnung der Frist zur Erfüllung der Zuleitungsverpflichtung ggü. dem zuständigen Betriebsrat des übernehmenden Rechtsträgers an den Tag der Versammlung beim übertragenden Rechtsträger anzuknüpfen, nach wie vor sachgerecht.

74 Über § 125 Satz 1 UmwG gilt die Neuregelung auch für **Spaltungen** zur Aufnahme, bei denen die übernehmende AG alle Anteile an der sich spaltenden Kapitalgesellschaft hält. Bei dieser entfällt die Notwendigkeit eines Spaltungsbeschlusses.

75 Die wichtigste Neuregelung betrifft den sog. **umwandlungsspezifischen Squeeze-out** in § 62 Abs. 5 UmwG, durch den Art. 28 der Dritten Richtlinie umgesetzt wurde. Diese früher nur als Option ausgestaltete Vorschrift hatte der deutsche Gesetzgeber seinerzeit nicht übernommen. Nun ist sie durch die Änderungsrichtlinie aber zu einer verbindlichen Regelung geworden.

76 In Art. 28 der Dritten Richtlinie geht es um die Verschmelzung einer mindestens **90 %igen Tochtergesellschaft** auf das Mutterunternehmen. In diesem Fall sind der Verschmelzungsbericht, die Verschmelzungsprüfung und die Auslegung von Unterlagen entbehrlich, wenn im nationalen Recht bestimmte Bedingungen erfüllt sind.

Eine solche Voraussetzung bestand bislang, wenn von der Option des Art. 28 der Dritten Richtlinie Gebrauch gemacht werden sollte. Wie bereits erwähnt ist dies nunmehr obligatorisch. Zweck dieser Regelung ist es, einem mindestens mit 90 % beteiligten Mutterunternehmen zu ermöglichen, eine **100 %ige Beteiligung** zu erlangen und die Verschmelzung sodann unter **erleichterten** Bedingungen zu vollziehen.

Hierzu bietet der umgestaltete Art. 28 der Dritten Richtlinie dem nationalen Gesetzgeber zwei Möglichkeiten: Grds. sieht sein Abs. 1 in den Buchst. a) bis c) ein **Andienungsrecht** der Minderheitsaktionäre vor. Alternativ befreit der neu eingeführte Abs. 2 von der Umsetzungspflicht, wenn das nationale Recht eine **Ausschlussmöglichkeit** zugunsten des Hauptaktionärs vorsieht. Diese Vorschrift muss im Zusammenhang mit Art. 27 der Dritten Richtlinie (Abs. 2 verweist auf Abs. 1, der wiederum »eine Verschmelzung i. S. d. Art. 27« erwähnt) gesehen werden, meint also eine Übernahmemöglichkeit bei einem Anteil des Hauptaktionärs schon von 90 %.

Gegen die Einführung eines Andienungsrechts sprach zum einen, dass ein solches – abgesehen von der   77
kapitalmarktrechtlichen Spezialregelung in § 39c WpÜG – im deutschen Gesellschaftsrecht **nicht bekannt** ist und erst hätte geschaffen werden müssen. Dies erschien insb. unter dem Gesichtspunkt der mit der Änderungsrichtlinie bezweckten Deregulierung nicht sachgerecht.

Ferner hätte auch ein gerichtliches Verfahren eingeführt werden müssen, um im Streitfall den Ankaufs-   78
preis bestimmen zu können. Zwar hätte man hier auf das Spruchverfahren zurückgreifen können. Dennoch hätten sich schwer lösbare **rechtspraktische Probleme** ergeben. Im Streitfall wäre der Vollzug der Verschmelzung so lange gehemmt, wie nicht geklärt ist, ob und in welchem Umfang das Tochterunternehmen noch über Minderheitsgesellschafter verfügt.

Der deutsche Gesetzgeber hat sich daher im Grundsatz für die zweite nach Art. 28 zulässige Lösung   79
entschieden. Allerdings sollte **keine generelle Absenkung** der in § 327a Abs. 1 AktG vorgesehenen Schwelle erfolgen. Dies erschien – abgesehen von den damit verbundenen verfassungsrechtlichen Fragen – weder geboten noch rechtspolitisch durchsetzbar.

Der in § 62 Abs. 5 UmwG beschrittene »Mittelweg« bettet die Absenkung der Schwelle für den Squee-   80
ze-out in die Konzernverschmelzung ein und begründet neben § 12 Abs. 3 Nr. 1, Abs. 4 FMStBG einen weiteren **Sondertatbestand**.

Der zwangsweise Ausschluss der Minderheit soll einer mit 90 % beteiligten Muttergesellschaft nur dann   81
möglich sein, wenn er in **sachlichem und zeitlichem Zusammenhang** mit der Konzernverschmelzung erfolgt, sich also als Teil eines weiter gehenden Konzernumbaus darstellt. Um diese Verknüpfung verfahrensmäßig abzusichern und damit einen Missbrauch des erleichterten Squeeze-out zu verhindern, sieht das Gesetz verschiedene Regelungen vor:
– Zum einen muss der Squeeze-out-Beschluss der Hauptversammlung des Tochterunternehmens innerhalb von **3 Monaten** nach Abschluss des Verschmelzungsvertrages bzw. der Aufstellung des Entwurfs erfolgen. Diese Frist ist an § 39a Abs. 4 WpÜG angelehnt.
– Ferner hat der Verschmelzungsvertrag über § 5 Abs. 1 UmwG hinaus einen **Hinweis** auf den beabsichtigten Ausschluss der Minderheitsaktionäre zu enthalten. Diese Aktionäre erhalten von der geplanten Konzernverschmelzung – und damit den besonderen Voraussetzungen des § 62 Abs. 5 UmwG – spätestens **Kenntnis**, wenn der Verschmelzungsvertrag oder sein Entwurf mit den sonstigen in § 327c Abs. 3 AktG genannten Unterlagen ausgelegt wird bzw. zugänglich ist.
– Bei der Anmeldung des Squeeze-out zum Handelsregister (§ 327e Abs. 1 AktG) ist außerdem der **Verschmelzungsvertrag** als Ausfertigung oder Abschrift bzw. sein Entwurf vorzulegen. Auf diese Weise wird ggü. dem Handelsregister nachgewiesen, dass der Squeeze-out abweichend von § 327a Abs. 1 AktG erfolgt und insb. auch die Dreimonatsfrist beachtet worden ist.
– Auf Vorschlag des Rechtsausschusses wurde (im Anschluss an eine eingehende Erörterung mit Praktikern) schließlich zusätzlich noch geregelt, dass der Squeeze-out erst gleichzeitig mit der Verschmelzung wirksam wird. Dem dient ein entsprechender **Hinweisvermerk** bei der Eintragung des Übertragungsbeschlusses. Trotz der erst später eintretenden Wirksamkeit ist schon vorher keine Beschlussfassung bei der Tochtergesellschaft mehr erforderlich (§ 62 Abs. 4 Satz 2 UmwG).

Eine Muttergesellschaft, die ohnehin bereits mit **95 %** oder mehr an einer anderen AG beteiligt ist, kann   82
den Ausschluss der Minderheitsaktionäre dagegen mit einer Konzernverschmelzung verknüpfen, ohne an § 62 Abs. 5 UmwG gebunden zu sein. Insoweit bewegt sich die praktische Bedeutung der Neuregelung im Bereich zwischen den beiden Schwellenwerten von 90 % und 95 %.

83 Für **Spaltungen** enthält die Sechste Richtlinie keine dem Art. 28 der Dritten Richtlinie entsprechenden Vorgaben. Die Sonderregelung hätte bei Spaltungen schwierige Fragen aufgeworfen und musste daher im deutschen Recht auf Verschmelzungen beschränkt bleiben.

Nach der Systematik des UmwG wurde deshalb § 62 Abs. 5 UmwG in den Katalog der Vorschriften aufgenommen, die § 125 Satz 1 UmwG für nicht anwendbar erklärt. Auf- oder Abspaltungen zur Aufnahme mit Vermögensübertragungen auf eine mit 90 % oder mehr beteiligte Mutter-AG ermöglichen demnach keinen umwandlungsspezifischen Squeeze-out.

84 Weitere Änderungen im UmwG betreffen insb. die Nachunterrichtungspflicht bei Vermögensveränderungen, die Gründungs- und Sacheinlagenprüfung sowie Erleichterungen bei der verhältniswahrenden Spaltung zur Neugründung.

Die **Erläuterungs- und Berichtspflicht** des Vorstands in der Hauptversammlung wurde gem. § 64 Abs. 1 UmwG auf wesentliche Veränderungen des Vermögens ausgedehnt, die zwischen dem Abschluss des Verschmelzungsvertrages bzw. der Aufstellung des Entwurfs und der Beschlussfassung nach § 13 UmwG eintreten. Eine solche Pflicht war früher nur für Spaltungen unter Beteiligung einer AG vorgesehen (früher geregelt in § 143 UmwG). Die Änderung hat den neu eingefügten Art. 9 Abs. 2 der Dritten Richtlinie umgesetzt. Die erweiterte Berichtspflicht auf **alle Arten der Umwandlung** und für **alle Rechtsträger** zu erstrecken, wie dies der RegE durch die Aufnahme in § 8 UmwG vorgeschlagen hatte, hielt der BT-Rechtsausschuss nicht für angezeigt.

Der Bericht über Vermögensveränderungen ist unter denselben Voraussetzungen entbehrlich wie der ursprüngliche Verschmelzungsbericht. Dies ergibt sich aus dem Verweis auf § 8 Abs. 3 UmwG.

85 Die Kapitalrichtlinie 77/91/EWG ist insoweit geändert worden, als sie eine **Gründungs- und Einlagenprüfung** durch Sachverständige vorschreibt. Im deutschen Recht betrifft dies die §§ 33 ff. und 183 Abs. 3 AktG. Hier ergab sich für die Mitgliedstaaten durch die neu gestalteten Art. 10 Abs. 5 und Art. 27 Abs. 3 der Zweiten Richtlinie eine gestufte Option, wenn die Gründung durch Verschmelzung oder Spaltung bzw. die Kapitalerhöhung zur Durchführung einer Verschmelzung oder Spaltung erfolgt.

Entweder kann die in der Zweiten Richtlinie vorgesehene Prüfung ganz entfallen, wenn bereits ein Verschmelzungs- oder Spaltungsprüfer tätig werden muss, oder die Prüfung kann zumindest durch personenidentische Sachverständige erfolgen. Die Mitgliedstaaten sind allerdings nicht gezwungen, von den genannten Erleichterungen Gebrauch zu machen.

86 In §§ 69 Abs. 1 Satz 4, 75 Abs. 1 Satz 4 UmwG ist vorgesehen, dass der oder die Verschmelzungsprüfer auch mit der nach dem AktG erforderlichen Prüfung beauftragt werden können. Damit kann **ein und derselbe Sachverständige** tätig werden und es ergibt sich Einsparpotenzial für die beteiligten Unternehmen. Auf die Gründungs- und Einlagenprüfung völlig zu verzichten, erschien dagegen nicht sachgerecht, weil sie bekanntlich anderen Zwecken dienen als die Verschmelzungsprüfung.

87 An der in § 143 UmwG frei gewordenen Stelle ist die Umsetzung des Art. 22 Abs. 5 der Sechsten Richtlinie erfolgt. Diese Vorschrift war früher als Option ausgestaltet und vom deutschen Gesetzgeber nicht übernommen worden. Nunmehr gilt sie verbindlich und verlangt bei **verhältniswahrenden Aufspaltungen zur Neugründung** einen Verzicht auf den Spaltungsbericht, die Spaltungsprüfung und die Zwischenbilanz. Das gleiche gilt gem. Art. 25 der Sechsten Richtlinie bei verhältniswahrenden **Abspaltungen** zur Neugründung. Daher stellt der neue § 143 UmwG beide Formen von den Erfordernissen nach den §§ 8 bis 12, 63 Abs. 1 Nr. 3 bis 5 UmwG frei.

88 Aus Gründen der Rechtssicherheit ist in § 321 Abs. 3 UmwG ausdrücklich klargestellt, dass die wesentlichen Neuregelungen nur auf Umwandlungsfälle Anwendung finden, bei denen der entsprechende Vertrag **nach Inkrafttreten** des Änderungsgesetzes geschlossen wurde.

89 **7. Änderungen im UmwG in der 17. und 18. Legislaturperiode.** Am 01.03.2012 ist das Gesetz zur weiteren Erleichterung der Sanierung von Unternehmen (ESUG; BGBl. I, S. 2582, vgl. zum Entwurf BT-Drucks. 17/5712 v. 04.05.2011, BR-Drucks. 127/11) in Kraft getreten, mit dem die Fortführung von sanierungsfähigen Unternehmen erleichtert werden soll. Für Unternehmensumwandlungen hat das ESUG eine bedeutende Prinzipienänderung mit sich gebracht. Die überwiegende Meinung

ging früher davon aus, dass Sinn und Zweck des § 3 Abs. 3 bzw. § 191 Abs. 3 UmwG verlangt, dass während eines Insolvenzverfahrens eine Umwandlung nicht möglich sei (so Heckschen, DB 2005, 2283, 2284; ders., ZInsO 2008, 824, 825; Lutter/Drygala, 4. Aufl. § 3 UmwG Rn. 10) Das ESUG hat hier eine neue Lage geschaffen: Nach § 217 Satz 2 InsO gilt: »Ist der Schuldner keine natürliche Person, so können auch die Anteils- oder Mitgliedschaftsrechte der am Schuldner beteiligten Personen in den Plan einbezogen werden.« § 225a Abs. Absatz 2 InsO konkretisiert dies wie folgt: »Im gestaltenden Teil des Plans kann vorgesehen werden, dass Forderungen von Gläubigern in Anteils- oder Mitgliedschaftsrechte am Schuldner umgewandelt werden. Eine Umwandlung gegen den Willen der betroffenen Gläubiger ist ausgeschlossen. Insbesondere kann der Plan eine Kapitalherabsetzung oder -erhöhung, die Leistung von Sacheinlagen, den Ausschluss von Bezugsrechten oder die Zahlung von Abfindungen an ausscheidende Anteilsinhaber vorsehen.« § 225a InsO bestimmt weiter: »Im Plan kann jede Regelung getroffen werden, die gesellschaftsrechtlich zulässig ist, insbesondere die Fortsetzung einer aufgelösten Gesellschaft oder die Übertragung von Anteils- oder Mitgliedschaftsrechten.« Damit sind auch die Gesellschafter einer insolventen Gesellschaft planunterworfen, die Rechtsstellung der Gesellschafter kann in dem Insolvenzplan gegen ihren Willen geändert werden (vgl. Eidenmüller in: MünchKom/InsO, § 225a Rn. 1 f., 17 ff.; Hirte in: Uhlenbruch/Hirte/Vallender, § 225a InsO, Rn. 1 ff.; zu diesem Paradigmenwechsel vgl. ausführlich Eidenmüller/Engert, ZIP 2009, 541, 544 ff.). Möglich ist damit alles was gesellschaftsrechtlich zulässig ist (Eidenmüller in: MünchKom/InsO, § 225a Rn. 23; Hirte in: Uhlenbruch/Hirte/Vallender, § 225a InsO, Rn. 40 f.): Somit kann die Fortsetzung im Plan beschlossen werden. (Eidenmüller in: MünchKom/InsO, § 225a Rn. 84 ff.) und dies genügt um die Umwandlungsfähigkeit wieder herzustellen, damit sind dann – zumindest für den übertragenden insolventen Rechtsträger – grundsätzlich alle Formen der Umwandlung für den insolventen Rechtsträger als Ausgangsrechtsträger möglich: Verschmelzung, Spaltung; Ausgliederung Formwechsel, nicht jedoch Ausgliederung aus dem Vermögen eines Einzelkaufmanns (Widmann/Mayer/Heckschen, § 1 UmwG, Rn. 80.1; Heckschen in: Beck'sches Notar-Handbuch, DIV Rn. 136; Lutter/Drygala, § 3 UmwG Rn. 27; Madaus, ZIP 2012, 2134; Simon/Merkelbach, NZG 2012, 121, 128; Eidenmüller in: MünchKom/InsO, § 225a Rn. 97 ff.; Hirte in: Uhlenbruch/Hirte/Vallender, § 225a InsO, Rn. 44; Wellensiek/Schluck-Amend in: Römermann, Münchener Anwaltshandbuch GmbH-Recht, § 23 Rn. 337 ff.; Thies in: A. Schmidt: Hamburger Kommentar zum Insolvenzrecht, § 225a InsO, Rn. 50; speziell zur Ausgliederung KahlertKahlert/Gerke, DStR 2013, 975; Simon/Brünkmans, ZIP 2014, 657; Becker, ZInsO 2013, 1885; Kahlert/Gehrke, DStR 2013, 975; Rattunde, AnwBl. 2012 146, 148).

Mit Inkrafttreten des Gesetzes zur Einführung einer Partnerschaftsgesellschaft mit beschränkter Berufshaftung und zur Änderung des Berufsrechts der Rechtsanwälte, Patentanwälte, Steuerberater und Wirtschaftsprüfer am 19. Juli 2013 (BGBl. I S. 2386) wurde im Partnerschaftsgesellschaftsgesetz durch Einfügen der §§ 4 Abs. 3 und 8 Abs. 5 sowie der Neufassung des § 7 Abs. 5 die PartG mbB geschaffen. **90**

B. Überblick über den Aufbau des UmwG

I. Verschiedene Umwandlungsarten

In einer Eingangsvorschrift – systematisch als Erstes Buch bezeichnet – werden zunächst die folgenden **91** möglichen **Umwandlungsarten** aufgeführt:
– Verschmelzung,
– Spaltung mit den Unterfällen Aufspaltung, Abspaltung und Ausgliederung,
– Vermögensübertragung und
– Formwechsel.

Diese Aufzählung ist entsprechend dem **gesellschaftsrechtlichen Typenzwang** abschließend. Sonstige **92** Umwandlungen sind nach § 1 Abs. 2 UmwG nur aufgrund anderweitiger ausdrücklicher gesetzlicher Regelung zugelassen (sog. **Analogieverbot**).

Als **mögliche Umwandlungsobjekte** erfasst sind ausdrücklich nur **Rechtsträger mit Sitz im Inland**. Ob **93** von diesen ein Unternehmen im betriebswirtschaftlichen und rechtlichen Sinn betrieben wird, ist nicht entscheidend. Angeknüpft wird vielmehr daran, dass eine im Rechtsverkehr auftretende juristische Einheit an einem Umwandlungsvorgang beteiligt ist. Für die Einbeziehung grenzüberschreitender Vorgänge, die nicht durch einen Staat einseitig in seinen Rechtsvorschriften geregelt werden können, fehlt es bisher insb. im Bereich der EU an der notwendigen Rechtsvereinheitlichung als Basis.

94 Die **einzelnen Umwandlungsmöglichkeiten** werden im Zweiten bis Fünften Buch näher geregelt. Um den Aufbau übersichtlicher zu gestalten und die praktische Anwendung zu erleichtern, werden zunächst für jede Umwandlungsart die für alle Rechtsformen geltenden Vorschriften in einem **Allgemeinen Teil** zusammengefasst. Der nachfolgende **Besondere Teil** enthält jeweils abweichende und spezielle Regelungen, die nur für einzelne Rechtsformen von Bedeutung sind. Sind Rechtsträger verschiedener Rechtsform an einem Umwandlungsvorgang beteiligt, finden nach dieser »**Baukastentechnik**« die Vorschriften des Allgemeinen Teils und die für jede Rechtsform geltenden Regelungen des Besonderen Teils nebeneinander Anwendung.

95 **1. Verschmelzung.** Der im Zweiten Buch geregelte Vorgang der **Verschmelzung** ist sachlich nicht neu. Dabei übertragen ein oder mehrere Rechtsträger unter Auflösung ohne Abwicklung ihr Vermögen als Ganzes auf einen anderen schon bestehenden oder bei dieser Gelegenheit neu gegründeten Rechtsträger gegen Gewährung von Anteilen oder Mitgliedschaften dieses Rechtsträgers an die Anteilsinhaber der übertragenden Rechtsträger (vgl. § 2 UmwG).

96 **2. Spaltung.** Im Dritten Buch wird erstmals allgemein die Möglichkeit der **Spaltung** im deutschen Recht vorgesehen. Sie ist in **drei Formen** möglich (vgl. § 123 UmwG):
- Bei der **Aufspaltung** teilt ein übertragender Rechtsträger unter Auflösung ohne Abwicklung sein gesamtes Vermögen auf und überträgt im Wege der Sonderrechtsnachfolge die Vermögensteile auf mindestens zwei andere schon bestehende oder neu gegründete Rechtsträger. Als Gegenleistung werden Anteile der übernehmenden oder neuen Rechtsträger an die Anteilsinhaber des übertragenden Rechtsträgers gewährt.
- Bei der **Abspaltung** bleibt der übertragende Rechtsträger bestehen. Er überträgt nur einen Teil seines Vermögens, i. d. R. einen Betrieb oder mehrere Betriebe, auf einen anderen oder mehrere andere, bereits bestehende oder neue Rechtsträger, wiederum gegen Gewährung von Anteilen an die Anteilsinhaber des übertragenden Rechtsträgers.
- Wie bei der Abspaltung geht auch bei der **Ausgliederung** nur ein Teil des Vermögens eines Rechtsträgers auf andere Rechtsträger über. Ein wesentlicher Unterschied liegt aber darin, dass die als Gegenwert gewährten Anteile der übernehmenden oder der neuen Rechtsträger in das Vermögen des übertragenden Rechtsträgers selbst, nicht an seine Anteilsinhaber gelangen.

97 **3. Vermögensübertragung.** Im Vierten Buch wird die **Vermögensübertragung** geregelt. Sie ist in zwei Varianten möglich (vgl. § 174 UmwG):
- als **Vollübertragung** in Anlehnung an die Verschmelzung oder
- als **Teilübertragung** nach dem Vorbild der Spaltung.

Der sachliche Unterschied zu diesen Umwandlungsformen besteht darin, dass die **Gegenleistung** für Anteile an den übertragenden Rechtsträgern nicht in Anteilen an den übernehmenden Rechtsträgern, sondern in anderer Form – etwa durch Geldleistung – erbracht wird. Dies hat seinen Grund darin, dass teilweise die Struktur der beteiligten Rechtsträger (Öffentliche Hand, öffentlich-rechtliche Versicherungsunternehmen) einen Anteilstausch nicht zulässt.

98 **4. Formwechsel.** Beim **Formwechsel** nach dem Fünften Buch findet anders als bei den übrigen Umwandlungsarten **kein Übertragungsvorgang** statt. Vielmehr besteht die rechtliche und wirtschaftliche Identität eines Rechtsträgers in diesem Fall fort (vgl. § 190 UmwG). Es ändern sich lediglich seine Rechtsform und die rechtliche Struktur.

II. Ablauf des Umwandlungsverfahrens

99 Das **Verfahren** vollzieht sich bei allen Umwandlungsvorgängen im Wesentlichen in **drei Hauptschritten:**

---

1. Schritt:

Als **rechtsgeschäftliche Grundlage** für die Übertragung des Vermögens ist zunächst von den beteiligten Rechtsträgern ein **Vertrag** abzuschließen.

Wenn bei einer Spaltung erst neue Rechtsträger entstehen sollen, tritt an die Stelle des Vertrages ein **Spaltungsplan** als einseitiges Rechtsgeschäft.

Beim Formwechsel, wo es ebenfalls an einem Vertragspartner fehlt, wird diese vorbereitende Funktion durch den **Entwurf des Umwandlungsbeschlusses** erfüllt.

Für alle genannten Rechtsakte wird jeweils ein bestimmter **Mindestinhalt** vorgeschrieben.

2. Schritt:

Die Anteilsinhaber der beteiligten Rechtsträger sind grds. durch einen besonderen **Bericht** über die Einzelheiten der geplanten Umwandlung zu unterrichten.

Dem Schutz ihrer Interessen dient i.Ü. die – generell oder unter bestimmten Voraussetzungen – vorgeschriebene **Prüfung** durch unabhängige **Sachverständige**.

Auf der Grundlage der erhaltenen Informationen beschließen die Anteilsinhaber über die Umwandlung, i.d.R. mit der für Satzungsänderungen vorgeschriebenen Mehrheit. Für den **Beschluss** ist generell die notarielle Beurkundung vorgeschrieben.

3. Schritt:

Die Wirksamkeit der Umwandlung, insbes. der Vermögensübertragung bzw. beim Formwechsel das Fortbestehen in der neuen Rechtsform, wird durch die **Eintragung** im zuständigen Register herbeigeführt.

Für die Anteilsinhaber, die Inhaber von Sonderrechten und die Gläubiger der beteiligten Rechtsträger sind jeweils besondere **Schutzmechanismen**, insbes. auch Schadensersatz- und Haftungsvorschriften vorgesehen.

III. Grenzüberschreitende Verschmelzungen von Kapitalgesellschaften

Zur gesellschaftsrechtlichen Umsetzung der Richtlinie 2005/56/EG (vgl. oben Teil 1 Rdn. 34 ff.) ist **100** ein neuer **Zehnter Abschnitt** über die grenzüberschreitende Verschmelzung von Kapitalgesellschaften (§§ 122a bis 122l) in das neue UmwG eingefügt worden.

Im Einzelnen handelt es sich um **folgende Änderungen:**

1. Anwendungsbereich und Begriffsbestimmungen (§§ 122a, 122b UmwG n. F.). Als grenz- **101** überschreitende Verschmelzungen gelten Verschmelzungen, bei denen mindestens eine der beteiligten Gesellschaften dem Recht eines anderen Mitgliedstaats der EU oder (im Hinblick auf die erfolgte Ausdehnung der Richtlinie nach dem **EWR-Abkommen**) eines anderen Vertragsstaats dieses Abkommens unterliegt.

An einer grenzüberschreitenden Verschmelzung können nur **Kapitalgesellschaften** beteiligt sein. In **102** Deutschland sind dies die in § 3 Abs. 1 Nr. 2 UmwG genannten Gesellschaften, d. h. GmbH, AG und KGaA sowie Europäische Gesellschaften (SE) mit Sitz in Deutschland (vgl. Art. 9 Abs. 1 Buchst. c) ii) der VO [EG] Nr. 2157/2001, ABl. EG Nr. L 294 v. 10.11.2001 S. 1 ff.). Auf ihre Beteiligung an einer grenzüberschreitenden Verschmelzung finden grds. die für Kapitalgesellschaften einschlägigen Vorschriften über die innerstaatliche Verschmelzung Anwendung. Diese werden durch die Vorschriften des Zehnten Abschnitts über die grenzüberschreitende Verschmelzung ergänzt und teilweise ersetzt.

Die genannten deutschen Kapitalgesellschaften können sich mit ausländischen Kapitalgesellschaften **103** verschmelzen, sofern diese **nach dem Recht eines Mitgliedstaats der EU gegründet** worden sind und ihren satzungsmäßigen Sitz, ihre Hauptverwaltung oder ihre Hauptniederlassung in einem Mitgliedstaat der EU oder einem EWR-Staat haben. Für die Begriffsbestimmung der Kapitalgesellschaft wird auf Art. 2 Richtlinie 2005/56/EG verwiesen. Allerdings wird von der Möglichkeit Gebrauch gemacht, die Umsetzung der Richtlinie **nicht auf Genossenschaften zu erstrecken. Genossenschaften** können an einer grenzüberschreitenden Verschmelzung i. S. d. neu geschaffenen Vorschriften des UmwG folglich nicht beteiligt sein. Dies gilt auch dann, wenn sie nach ihrem Heimatrecht als Kapitalgesellschaften anzusehen sind. Ebenfalls in Übereinstimmung mit der Richtlinie vom Anwendungsbereich ausgenommen sind sog. Organismen zur gemeinsamen Anlage in Wertpapieren (**OGAW**) i. S. d. Art. 1 Richtlinie 85/611/EWG.

104 **2. Verschmelzungsplan (§ 122c UmwG n. F.).** Grundvoraussetzung einer grenzüberschreitenden Verschmelzung ist die Aufstellung eines **gemeinsamen Verschmelzungsplans** durch die beteiligten Gesellschaften. Die Verpflichtung zur Aufstellung kann im UmwG nur für die deutschen beteiligten Gesellschaften geregelt werden; dem trägt die Formulierung in § 122c Abs. 1 UmwG n. F. Rechnung.

105 Die **Anforderungen an den Inhalt des Verschmelzungsplans** sind so weit wie möglich wörtlich aus der Richtlinie 2005/56/EG (vgl. Teil 1 Rdn. 34) übernommen worden, um insofern einen Gleichlauf mit den Umsetzungsvorschriften in anderen Mitgliedstaaten zu gewährleisten. Die Mehrzahl der Angaben entspricht ohnehin der bei einer innerstaatlichen Verschmelzung für den **Verschmelzungsvertrag vorgeschriebenen Liste.** Zusätzlich sind im Verschmelzungsplan die Satzung der übernehmenden oder neuen Gesellschaft (§ 122c Abs. 2 Nr. 9 UmwG n. F.), Angaben zur Bewertung des übertragenen Aktiv- und Passivvermögens (§ 122c Abs. 2 Nr. 11 UmwG n. F.), die Bilanzstichtage der beteiligten Gesellschaften (§ 122c Abs. 2 Nr. 12 UmwG n. F.) sowie ggf. Angaben zu einem Verfahren zur Festlegung der Arbeitnehmermitbestimmung in der übernehmenden oder neuen Gesellschaft (§ 122c Abs. 2 Nr. 10 UmwG n. F.) aufzunehmen.

106 Befinden sich alle Anteile der übertragenden Gesellschaft in der Hand der übernehmenden Gesellschaft, können die **Angaben über das Umtauschverhältnis der Anteile** und ggf. die Höhe der baren Zuzahlung, über die Einzelheiten der Übertragung der Anteile und über den Zeitpunkt, ab dem die Anteile deren Inhabern das Recht auf Gewinn gewähren, **entfallen.** Dies entspricht auch der allgemeinen Regelung für Verschmelzungen (vgl. § 5 Abs. 2 UmwG).

107 Wie der Verschmelzungsvertrag (vgl. § 6 UmwG) ist auch der Verschmelzungsplan bei der grenzüberschreitenden Verschmelzung **notariell zu beurkunden.**

108 **3. Bekanntmachung (§ 122d UmwG n. F.).** Der Verschmelzungsplan ist spätestens einen Monat vor der Gesellschafterversammlung, die über die Zustimmung beschließt, zum Register einzureichen. Die **Bekanntmachung** erfolgt gem. § 10 HGB und damit ab 01.01.2007 **elektronisch.** Sie muss neben dem Hinweis darauf, dass der Verschmelzungsplan beim Handelsregister eingereicht worden ist, zusätzlich die durch Art. 6 Abs. 2 der Richtlinie 2005/56/EG (vgl. Teil 1 Rdn. 45) vorgegebenen Angaben enthalten.

109 **4. Verschmelzungsbericht (§ 122e UmwG n. F.).** Die Vertretungsorgane der deutschen beteiligten Gesellschaft müssen einen **Verschmelzungsbericht** erstellen. Die für die innerstaatliche Verschmelzung geltenden Vorschriften finden grds. entsprechende Anwendung. Eine **zusätzliche Regelung** enthält § 122e UmwG n. F. Danach sind im Verschmelzungsbericht auch die Auswirkungen der grenzüberschreitenden Verschmelzung auf die Gläubiger und Arbeitnehmer der an der Verschmelzung beteiligten Gesellschaften zu erläutern. Der Verschmelzungsbericht ist spätestens einen Monat vor der Versammlung der Anteilseigner, die über die Zustimmung zum Verschmelzungsplan entscheidet, den Anteilseignern, aber auch dem zuständigen Betriebsrat oder – falls es keinen Betriebsrat gibt – den Arbeitnehmern direkt zur Verfügung zu stellen. Dies entspricht den Vorgaben der Richtlinie 2005/56/EG (vgl. Teil 1 Rdn. 46). Die Regelung in § 8 Abs. 3 UmwG, wonach der Verschmelzungsbericht nicht erforderlich ist, wenn alle Anteilsinhaber aller beteiligten Gesellschaften auf ihn verzichten oder sich alle Anteile der übertragenden Gesellschaft bereits in der Hand der übernehmenden Gesellschaft befinden, kann nicht entsprechend angewandt werden, da die Richtlinie keine entsprechende Ausnahme vorsieht.

5. Verschmelzungsprüfung (§ 122f UmwG n. F.). Wie der Verschmelzungsvertrag bei einer inner- 110
staatlichen Verschmelzung ist auch der Verschmelzungsplan bei einer grenzüberschreitenden Verschmelzung gem. §§ 9 bis 12 UmwG durch einen oder mehrere **sachverständige Prüfer** zu prüfen.
Ausdrücklich für unanwendbar erklärt wird dagegen § 48 UmwG, der für GmbH vorsieht, dass eine
Verschmelzungsprüfung nur auf Verlangen eines ihrer Gesellschafter durchzuführen ist. Eine solche fakultative Verschmelzungsprüfung würde nicht den Vorgaben der Richtlinie 2005/56/EG (vgl. Teil 1
Rdn. 47) entsprechen.

Die **Bestellung eines gemeinsamen Verschmelzungsprüfers** ist möglich. Der Prüfungsbericht muss spä- 111
testens einen Monat vor der Versammlung der Anteilseigner, die über die Zustimmung zum Verschmelzungsplan entscheidet, vorliegen. Die Gesellschafter aller beteiligten Gesellschaften können
auf die Verschmelzungsprüfung und den Prüfungsbericht verzichten.

6. Zustimmung der Anteilsinhaber (§ 122g UmwG n. F.). Auf die **Zustimmung der Anteilsinha-** 112
ber der deutschen beteiligten Gesellschaft zum **gemeinsamen Verschmelzungsplan** finden grds. die
Vorschriften über die Zustimmung zu einem Verschmelzungsvertrag entsprechende Anwendung. Bei
einer grenzüberschreitenden Verschmelzung können die Anteilsinhaber ihre Zustimmung zusätzlich davon abhängig machen, dass die Regelung der Mitbestimmung der Arbeitnehmer in der übernehmenden
oder neuen Gesellschaft ausdrücklich von ihnen bestätigt wird.

Die **Zustimmung** der Anteilsinhaber ist **nicht erforderlich,** wenn sich alle Anteile der übertragenden
Gesellschaft ohnehin bereits in der Hand der übernehmenden Gesellschaft befinden. Dies ist eine zusätzliche verfahrensmäßige Erleichterung für grenzüberschreitende Verschmelzungen.

7. Schutz von Minderheitsgesellschaftern. a) Verbesserung des Umtauschverhältnisses (§ 122h 113
UmwG n. F.). Diese Regelung macht von der Ermächtigung des Art. 10 Abs. 3 Richtlinie
2005/56/EG Gebrauch (vgl. Teil 1 Rdn. 51). Die Anteilsinhaber einer deutschen übertragenden Gesellschaft können daher eine **Verbesserung des Umtauschverhältnisses** ihrer Anteile entsprechend
§ 14 Abs. 2 und § 15 UmwG nur unter den von der Richtlinie vorgesehenen Bedingungen verlangen.
Voraussetzung ist, dass die Rechtsordnung, der die beteiligten ausländischen Gesellschaften jeweils unterliegen, ebenfalls ein solches Verfahren zur Kontrolle und Änderung des Umtauschverhältnisses kennt
oder dass die Anteilsinhaber dieser Gesellschaften einem solchen Verfahren im Verschmelzungsbeschluss ausdrücklich zustimmen. Liegt keine dieser Voraussetzungen vor, verbleibt es für die Anteilsinhaber der deutschen Gesellschaft bei der Möglichkeit, den Verschmelzungsbeschluss auch mit der
Begründung anzufechten, dass das Umtauschverhältnis nicht angemessen ist.

§ 122h Abs. 2 UmwG n. F. eröffnet den Anteilsinhabern einer übertragenden **ausländischen Gesell-** 114
schaft die Möglichkeit, ein **Spruchverfahren zur Verbesserung des Umtauschverhältnisses** vor deut-
schen Gerichten einzuleiten oder sich an einem solchen zu beteiligen. Voraussetzung ist, dass die
Rechtsordnung, der die ausländische Gesellschaft unterliegt, ebenfalls ein solches Verfahren kennt
(wie bspw. Österreich) und dass die deutschen Gerichte international zuständig sind (aufgrund einer
Gerichtsstandsvereinbarung oder nach der Verordnung [EG] Nr. 44/2001 v. 22.12.2001, ABl. EG
Nr. L 12 S. 1 ff.). Durch diese Regelung, die dem Vorbild in § 6 Abs. 4 Satz 2 SE-Ausführungsgesetz
(BGBl. 2004 I, S. 3675 ff.) folgt, sollen Doppelarbeit und sich widersprechende Entscheidungen deut-
scher und ausländischer Gerichte vermieden werden.

b) Abfindungsangebot im Verschmelzungsplan (§ 122i UmwG n. F.). Ebenso wie bei Gründung 115
einer SE (vgl. § 7 SE-Ausführungsgesetz) wird auch bei der grenzüberschreitenden Verschmelzung den
Minderheitsgesellschaftern ein **Austrittsrecht** gewährt, wenn die aus der grenzüberschreitenden Verschmelzung hervorgegangene Gesellschaft nicht dem deutschen Recht unterliegt. Dem liegt der
Gedanke zugrunde, dass kein Anteilsinhaber gezwungen sein soll, die mit dem Wechsel in eine ausländische Rechtsform verbundene Änderung seiner Rechte und Pflichten hinnehmen zu müssen. **Europa-**
rechtliche Grundlage der Regelung in § 122i Abs. 1 UmwG n. F. ist Art. 4 Abs. 2 Satz 2 Richtlinie
2005/56/EG (vgl. Teil 1 Rdn. 41), wonach jeder Mitgliedstaat für seinem Recht unterliegende Gesellschaften Vorschriften zum Schutz derjenigen Minderheitsgesellschafter erlassen kann, die sich gegen
die Verschmelzung ausgesprochen haben.

116 Die Minderheitsgesellschafter einer deutschen beteiligten Gesellschaft können die Angemessenheit eines **Abfindungsangebots unter den Voraussetzungen des Art. 10 Abs. 3 Richtlinie 2005/56/EG** (s. o. Teil 1 Rdn. 51) in einem Spruchverfahren überprüfen lassen. Liegen diese Voraussetzungen nicht vor, verbleibt es bei der Möglichkeit, den Verschmelzungsbeschluss aus diesem Grund anzufechten. Für ein Spruchverfahren vor deutschen Gerichten durch die Gesellschafter einer ausländischen übertragenden Gesellschaft gelten die Hinweise unter Teil 1 Rdn. 114 entsprechend.

117 **8. Gläubigerschutz (§ 122j UmwG n. F.).** Der neue Zehnte Abschnitt enthält eine **gesonderte Vorschrift zum Gläubigerschutz**, da die Vorschriften des UmwG für innerstaatliche Verschmelzungen lediglich einen Gläubigerschutz nach Eintragung der Verschmelzung gewähren. Wenn die aus der Verschmelzung hervorgehende Gesellschaft ihren Sitz im Ausland hat oder einer anderen Rechtsordnung unterliegt, wird ein nachgeordneter Schutz den Interessen der Gläubiger jedoch möglicherweise nicht immer gerecht.

118 Die Gläubiger einer deutschen übertragenden Gesellschaft können daher bereits **binnen 2 Monaten nach der Bekanntmachung des Verschmelzungsplans** ihren Anspruch dem Grund und der Höhe nach schriftlich anmelden und Sicherheitsleistung verlangen. Das Recht auf **Sicherheitsleistung** bezieht sich auf Forderungen, die vor oder bis zu 15 Tagen nach Offenlegung des Verschmelzungsplans entstanden sind. Dieser Anspruch steht den Gläubigern allerdings nur zu, wenn sie nicht Befriedigung verlangen können. Sie müssen weiterhin glaubhaft machen, dass durch die Verschmelzung die Erfüllung ihrer Forderungen gefährdet ist. Mit dieser Einschränkung wird dem Umstand Rechnung getragen, dass nicht bei jeder grenzüberschreitenden Verschmelzung automatisch von einer Gefährdung der Gläubigerinteressen ausgegangen werden kann. Dies gilt auch dann, wenn die übernehmende oder neue Gesellschaft ihren Sitz in einem anderen Mitgliedstaat der EU oder des EWR hat oder ausländischem Recht unterliegt.

119 ▶ **Hinweis:**

§ 122j UmwG n. F. ist den Bestimmungen zum Gläubigerschutz bei Gründung einer Europäischen Gesellschaft (SE) nachgebildet. Ebenfalls nach dem Vorbild des SE-Ausführungsgesetzes sind die Regelungen in § 122k Abs. 1 Satz 2 UmwG n. F. und § 314a UmwG n. F. gestaltet, wonach bei Beantragung einer Verschmelzungsbescheinigung eine **strafbewehrte Versicherung** zum Gläubigerschutz abzugeben ist.

120 **9. Verschmelzungsbescheinigung (§ 122k UmwG n. F.).** Bei deutschen übertragenden Gesellschaften ist für die Ausstellung der **Verschmelzungsbescheinigung** das Register am Sitz der Gesellschaft zuständig. Dort hat das Vertretungsorgan der übertragenden Gesellschaft das Vorliegen der sie betreffenden Voraussetzungen zur Eintragung anzumelden. Es hat die in § 17 UmwG geforderten Unterlagen vorzulegen und eine Negativerklärung nach § 16 Abs. 2 UmwG sowie eine Erklärung zum Gläubigerschutz abzugeben.

121 Die **Nachricht über die Eintragung in das Register** gilt sodann als Verschmelzungsbescheinigung. Das Vertretungsorgan der übertragenden Gesellschaft hat diese Verschmelzungsbescheinigung binnen 6 Monaten zusammen mit dem gemeinsamen Verschmelzungsplan der zuständigen Stelle des Staates vorzulegen, in dem die übernehmende oder neue Gesellschaft eingetragen wird.

122 Die Einführung einer Verschmelzungsbescheinigung für grenzüberschreitende Verschmelzungen schafft eine **wesentliche Verfahrenserleichterung**. Die übertragende Gesellschaft muss sich lediglich an das für sie ohnehin zuständige Register wenden, um die Voraussetzungen der Verschmelzung nachzuweisen. Für die Eintragung der Durchführung der Verschmelzung in einem ausländischen Register reicht die Vorlage der Verschmelzungsbescheinigung. Hierdurch werden aufwendige administrative Doppelprüfungen vermieden.

123 **10. Eintragung, Bekanntmachung und Wirksamwerden (§ 122l UmwG n. F.).** Die **Eintragung** einer aus der grenzüberschreitenden Verschmelzung hervorgegangenen Gesellschaft, die deutschem Recht unterliegt, wird in § 122l UmwG n. F. geregelt. Bei der Prüfung der Eintragungsvoraussetzungen

erfolgt dabei die von der Richtlinie 2005/56/EG vorgesehene **zweite Stufe der Rechtmäßigkeitskontrolle** (vgl. Teil 1 Rdn. 49). Zuständig ist das Register am Sitz der übernehmenden oder neuen Gesellschaft.

Die **Anmeldung** ist bei einer Verschmelzung durch Aufnahme von dem Vertretungsorgan der deut- **124** schen übernehmenden Gesellschaft und bei Neugründung von den Vertretungsorganen der deutschen und ausländischen übertragenden Gesellschaften vorzunehmen. Diese haben den gemeinsamen Verschmelzungsplan und die höchstens 6 Monate alten Verschmelzungsbescheinigungen aller übertragenden Gesellschaften vorzulegen sowie die sonstigen Eintragungsvoraussetzungen nach deutschem Recht nachzuweisen. Für die übertragenden Gesellschaften nicht anzuwenden sind § 16 Abs. 2 und Abs. 3 und § 17 UmwG, da für die übertragenden deutschen und ausländischen Gesellschaften das Vorliegen der Voraussetzungen für eine grenzüberschreitende Verschmelzung bereits in der Verschmelzungsbescheinigung dokumentiert ist.

Vor der Eintragung prüft das Registergericht insb., ob die Gesellschafter aller an der grenzüberschrei- **125** tenden Verschmelzung beteiligten Gesellschaften einem gemeinsamen Verschmelzungsplan zugestimmt haben und ob ggf. eine Vereinbarung über die Beteiligung der Arbeitnehmer geschlossen worden ist. Die **Bekanntmachung** der Eintragung und das **Wirksamwerden** richten sich nach den allgemeinen Vorschriften des UmwG zur Verschmelzung (vgl. §§ 19 ff. UmwG).

IV. Weitere Regelungen

Das Sechste Buch enthält eine Reihe von **Strafvorschriften** und eine Bestimmung über die **Festsetzung** **126** **von Zwangsgeld** zur Ahndung von Gesetzesverstößen.

Im Siebenten Buch werden schließlich die erforderlichen **Übergangs- und Schlussvorschriften** zusam- **127** mengefasst. An dieser Stelle finden sich auch die arbeitsrechtlichen Vorschriften (vgl. Teil 1 Rdn. 15).

C. Umwandlungsmöglichkeiten

Die **Umwandlungsmöglichkeiten** sind für die Vorgänge der Verschmelzung, der Spaltung, der Ver- **128** mögensübertragung und des Formwechsels **in den folgenden Tabellen** getrennt überblickartig aufgeführt. Sofern eine Umwandlungsmöglichkeit nicht besteht, wird dies durch einen Strich gekennzeichnet.

Paragrafen bezeichnen die zur Durchführung des jeweiligen Vorgangs sowohl für den übertragenden **129** als auch für den übernehmenden oder neuen Rechtsträger anzuwendenden Vorschriften der jeweiligen **Besonderen Teile** des Zweiten bis Fünften Buches. Die bei jedem Vorgang stets ebenfalls zu beachtenden Vorschriften der **Allgemeinen Teile** dieser Bücher (Verschmelzung: §§ 4 bis 38 UmwG; Spaltung: §§ 126 bis 137 UmwG; Vermögensübertragung: §§ 174, 175 UmwG; Formwechsel: §§ 192 bis 213 UmwG) sind aus Gründen der besseren Lesbarkeit **nicht aufgeführt**. Soweit im tabellarischen Überblick über die **Spaltungsmöglichkeiten** nichts anderes ausdrücklich aufgeführt wird, sind die dort zitierten Vorschriften gleichermaßen für Vorgänge der Aufspaltung, der Abspaltung und der Ausgliederung anwendbar.

Aus den Tabellen kann auch ermittelt werden, ob an einem Vorgang mehrere übertragende Rechtsträger unterschiedlicher Rechtsformen beteiligt sein können und welche Vorschriften hierauf anzuwenden sind.

▶ **Beispiel:** 130

Die gleichzeitige Verschmelzung einer GmbH und einer Genossenschaft zur Aufnahme durch eine AG ist möglich; hierauf sind aus dem Besonderen Teil die §§ 46 bis 59 UmwG, 60 bis 77 UmwG und 79 bis 98 UmwG anzuwenden. Demgegenüber sind die gleichzeitige Abspaltung von einer GmbH und Ausgliederung aus einer rechtsfähigen Stiftung zur Neugründung einer Personenhandelsgesellschaft nicht möglich, da die Ausgliederung aus der rechtsfähigen Stiftung nur zur Aufnahme durch eine Personenhandelsgesellschaft zulässig ist.

I. Tabelle 1: Verschmelzungen (innerstaatlich und grenzüberschreitend)

131

Rechtsträger übertragender	übernehmender oder neuer									
	PGH	Partnerschaftsgesellschaft*	GmbH	AG	KGaA	e. G.	e. V./wirtschaftl. Verein	Genossenschaftliche Prüfungsverbände	VVaG	natürliche Personen
PGH	A/N §§ 39 bis45 neu	–	A/N §§ 39 bis 45, 46 bis 59 neu	A/N §§ 39 bis 45, 60 bis 77 neu	A/N §§ 39 bis 45, 78 neu	A/N §§ 39 bis 45, 79 bis 98 neu	–	–	–	–
Partnerschaftsgesellschaft *	A/N §§ 39 bis 45, 45a bis 45e neu	A/N §§ 45a bis 45e neu	A/N §§ 45a bis 45e, 46 bis 59 neu	A/N §§ 45a bis 45e, 60 bis 77 neu	A/N §§ 45a bis 45e, 60 bis 77, 78 neu	A/N §§ 45a bis 45e, 79 bis 98 neu	–	–	–	–
GmbH	A/N §§ 39 bis 45, 46 bis 59	A/N §§ 45a bis 45e, 49 bis 59 Dtsch-Arztebl-Int-108–27	A/N §§ 46 bis 59 grenzüberschreitend §§ 122a bis 122l neu	A/N §§ 46 bis 59, 60 bis 77 grenzüberschreitend §§ 122a bis 122l neu	A/N §§ 46 bis 59, 78 grenzüberschreitend §§ 122a bis 122l neu	A/N §§ 46 bis 59, 79 bis 98 neu	–	–	–	§§ 120 bis 122 i. V. m. §§ 46 bis 59
AG	A/N §§ 39 bis 45, 60 bis 77 neu	A/N §§ 45a bis e, 60 bis 77 neu	A/N §§ 46 bis 59, 60 bis 77 grenzüberschreitend §§ 122a bis 122l neu	A/N §§ 60 bis 77 grenzüberschreitend §§ 122a bis 122l neu	A/N §§ 60 bis 77, 78 grenzüberschreitend §§ 122a bis 122l neu	A/N §§ 60 bis 77, 79 bis 98	–	–	–	§§ 120 bis 122 i. V. m. §§ 60 bis 77
KGaA	A/N §§ 39 bis 45, 78	A/N §§ 45a bis 45e, 60 bis 77, 78 neu	A/N §§ 46 bis 59, 77, 78 grenzüberschreitend §§ 122a bis 122l neu	A/N §§ 60 bis 77, 78 grenzüberschreitend §§ 122a bis 122l neu	A/N § 78 grenzüberschreitend §§ 122a bis 122l neu	A/N §§ 78, 79 bis 98 neu	–	–	–	§§ 120 bis 122 i. V. m. § 78
e. G.	A/N §§ 39 bis 45, 79 bis 98 neu	A/N §§ 45a bis 45e, 79 bis 98 neu	A/N §§ 46 bis 59, 79 bis 98 neu	A/N §§ 60 bis 77, 79 bis 98 neu	A/N §§ 78, 79 bis 98 neu	A/N §§ 79 bis 98 neu	–	–	–	–
e. V./wirtschaftl. Verein	A/N §§ 39 bis 45, 99 bis 104a neu	A/N §§ 45a bis 45e, 99 bis 104a neu	A/N §§ 46 bis 59, 99 bis 104a neu	A/N §§ 60 bis 77, 99 bis 104a neu	A/N §§ 78, 99 bis 104a neu	A/N §§ 79 bis 98, 99 bis 104a neu	A/N §§ 99 bis 104a neu	A §§ 99 bis 104a, 105 bis 108 neu	–	–

Rechtsträger	übernehmender oder neuer									
übertragender	PGH	Partnerschaftsgesellschaft*	GmbH	AG	KGaA	e. G.	e. V./wirtschaftl. Verein	Genossenschaftliche Prüfungsverbände	VVaG	natürliche Personen
Genossenschaftliche Prüfungsverbände	–	–	–	–	–	–	–	A/N §§ 105 bis 108 neu	–	–
VVaG	–	–	–	A/N nur Versicherungs-AG §§ 60 bis 77, 109 bis 119 neu	–	–	–	–	A/N §§ 109 bis 119	–
natürliche Personen	–	–	–	–	–	–	–	–	–	–

Erläuterungen:
- **A**: Vorgang ist nur **zur Aufnahme** durch einen übernehmenden Rechtsträger (obere waagerechte Spalte) möglich.
- **N**: Vorgang ist nur **zur Neugründung** eines neuen Rechtsträgers (obere waagerechte Spalte) möglich.
- **neu**: Vorgang war nach früher geltendem Recht nicht möglich.

*Alle Anteilsinhaber der übertragenden Rechtsträger müssen natürliche Personen und Freiberufler sein.

II. Tabelle 2: Spaltung

Rechtsträger	übernehmender oder neuer							
übertragender	PGH	Partnerschaftsgesellschaft*	GmbH	AG/KGaA	e.G	e. V.	Genossenschaftliche Prüfungsverbände	VVaG
PGH	A/N §§ 125, 135	A/N §§ 125, 135	A/N §§ 125, 135; 138 bis 140	A/N §§ 125, 135; 141 bis 146	A/N §§ 125, 135; 147, 148	–	–	–
Partnerschaftsgesellschaft*	A/N §§ 125, 135	A/N §§ 125, 135	A/N §§ 125, 135; 138 bis 140	A/N §§ 125, 135; 141 bis 146	A/N §§ 125, 135; 147, 148	–	–	–
GmbH	A/N §§ 125, 135; 138 bis 140	A/N §§ 125, 135; 138 bis 140	A/N §§ 125, 135; 138 bis 140	A/N §§ 125, 135; 138 bis 140; 141 bis 146	A/N §§ 125, 135; 138 bis 140; 147, 148	–	–	–
AG/KGaA	A/N §§ 125, 135; 141 bis 146	A/N §§ 125, 135; 141 bis 146	A/N §§ 125, 135; 138 bis 140; 141 bis 146	A/N §§ 125, 135; 141 bis 146	A/N §§ 125, 135; 141 bis 146; 147, 148	–	–	–
e. G.	A/N §§ 125, 135; 147, 148	A/N §§ 125, 135; 147, 148	A/N §§ 125, 135; 138 bis 140; 147, 148	A/N §§ 125, 135; 141 bis 146; 147, 148	A/N §§ 125, 135; 147, 148	–	–	–
e. V./ wirtschaftl. Verein	A/N §§ 125, 135	A/N §§ 125, 135	A/N §§ 125, 135; 138 bis 140	A/N §§ 125, 135; 141 bis 146	A/N §§ 125, 135; 147, 148	–	–	–

132

Rechtsträger	übernehmender oder neuer							
übertragender	PGH	Partnerschaftsgesellschaft*	GmbH	AG/KGaA	e.G	e. V.	Genossenschaftliche Prüfungsverbände	VVaG
Genossenschaftliche Prüfungsverbände	–	–	nur Ausgliederung A/N §§ 125, 135; 141 bis 146; 150	nur Ausgliederung A/N §§ 125, 135; 141 bis 146; 150	–	–A §§ 125; 150	–	–
VVaG	–	–	nur Ausgliederung, keine Übertragung von Versicherungsverträgen A/N §§ 125, 135; 141 bis 146; 151	nur Vers.-AG nur Auf-/Abspaltung A/N §§ 125, 135; 141 bis 146; 151	–	–	–	nur Auf-/Abspaltung A/N §§ 125, 135; 151
Einzelkaufmann	nur Ausgliederung A §§ 125; 152 bis 157	–	nur Ausgliederung A/N * §§ 125, 135; 138 bis 140; 152 bis 160	nur Ausgliederung A/N * §§ 125, 135; 141 bis 146; 152 bis 160	nur Ausgliederung A/N * §§ 125; 147, 148; 152 bis 157	–	–	–
Stiftungen	nur Ausgliederung A §§ 125; 161 bis 167	–	nur Ausgliederung A/N §§ 125, 135; 138 bis 140; 161 bis 167	nur Ausgliederung A/N §§ 125, 135; 141 bis 146; 161 bis 167	–	–	–	–
Gebietskörperschaft(en)	nur Ausgliederung A §§ 125; 168 bis 173	–	nur Ausgliederung A/N * §§ 125, 135; 138 bis 140; 168 bis 173	nur Ausgliederung A/N * §§ 125, 135; 141 bis 146; 168 bis 173	nur Ausgliederung A/N §§ 125; 147, 148; 168 bis 173	–	–	–

Erläuterungen:
– nur bei den * gekennzeichneten Modalitäten war dieser Vorgang schon nach früherem Recht möglich.
– A: Vorgang ist nur zur Aufnahme durch einen übernehmenden Rechtsträger (obere waagerechte Spalte) möglich.
– N: Vorgang ist nur zur Neugründung eines neuen Rechtsträgers (obere waagerechte Spalte) möglich.

*Alle Anteilsinhaber der übertragenden Rechtsträger müssen natürliche Personen und Freiberufler sein. Ausnahme möglich bei nicht Verhältnis wahrender Spaltung. Eine Ausgliederung auf eine Partnerschaftsgesellschaft ist nicht möglich.

III. Tabelle 3: Vermögensübertragung

133

Rechtsträger		übernehmender			
übertragender		Öffentliche Hand	VVaG	öffentl.-rechtl. Versicherungsunternehmen	Vers.-AG
GmbH	Vollübertragung	§§ 175 Nr. 1, 176 neu	–	–	–
	Teilübertragung	§§ 175 Nr. 1, 177 neu	–	–	–
AG/KGaA	Vollübertragung	§§ 175 Nr. 1, 176	–	–	–

Rechtsträger übertragender		übernehmender Öffentliche Hand	VVaG	öffentl.-rechtl. Versicherungsun-ternehmen	Vers.-AG
	Teilübertragung	§§ 175 Nr. 1, 177 neu	–	–	–
Versicherungs-AG	Vollübertragung	–	§§ 175 Nr. 2 Buchst. a), 178	§§ 175 Nr. 2 Buchst. a), 178 neu	–
	Teilübertragung	–	§§ 175 Nr. 2 Buchst. a), 179 neu	§§ 175 Nr. 2 Buchst. a), 179 neu	–
VVAG	Vollübertragung	–	–	§§ 175 Nr. 2 Buchst. b), 180 bis 183, 185 bis 187	§§ 175 Nr. 2 Buchst. b), 180 bis 183, 185 bis 187
	Teilübertragung	–	–	§§ 175 Nr. 2 Buchst. b), 184 bis 187 neu	§§ 175 Nr. 2 Buchst. b), 184 bis 187 neu
öffentl.-rechtl. Ver-sicherungs- unter-nehmen	Vollübertragung	–	§§ 175 Nr. 2 Buchst. c), 188 neu	–	§§ 175 Nr. 2 Buchst. c), 188 neu
	Teilübertragung	–	§§ 175 Nr. 2 Buchst. c), 189 neu	–	§§ 175 Nr. 2 Buchst. c), 189 neu

Erläuterungen:
– neu: Vorgang war nach früher geltendem Recht nicht möglich.

IV. Tabelle 4: Formwechsel

Rechtsträger formwechseln-der	neue Rechtsform GbR	PGH	Partnerschafts-gesellschaft*	GmbH	AG	KGaA	e. G.
PGH	§ 190 Abs. 2	§ 190 Abs. 2	–	§§ 214 bis 25	§§ 214 bis 225	§§ 214 bis 225	§§ 214 bis 225
Partner-schaftsgesell-schaft *	–	–	–	§§ 225a bis 225c neu	§§ 225a bis 225c neu	§§ 225a bis 225c neu	§§ 225a bis 225c neu
GmbH	§§ 226, 228 bis 237	§§ 226, 228 bis 237	§§ 226, 228 bis 237 neu	–	§§ 226, 238 bis 250	§§ 226, 238 bis 250	§§ 226, 251 bis 257 neu
AG	§§ 226, 228 bis 237	§§ 226, 228 bis 237	§§ 226, 228 bis 237 neu	§§ 226, 238 bis 250	–	§§ 226, 238 bis 250	§§ 226, 251 bis 257 neu
KGaA	§§ 226 bis 237	§§ 226, 228 bis 237	§§ 226f., 228 bis 237	§§ 226, 227, 238 bis 250	§§ 226, 227, 238 bis 250	–	§§ 226, 227, 251 bis 257 neu
e. G.	–	–	–	§§ 258 bis 271 neu	§§ 258 bis 271	§§ 258 bis 271	–

Rechtsträger	neue Rechtsform						
formwechseln-der	GbR	PGH	Partnerschafts-gesellschaft*	GmbH	AG	KGaA	e. G.
e. V./wirt-schaftl. Verein	–	–	–	§§ 272 bis 290 neu	§§ 272 bis 290 neu	§§ 272 bis 290 neu	§§ 272, 283 bis 290 neu
VVaG	–	–	–	–	nur größere VVaG §§ 291 bis 300	–	–
Körperschaft/ Anstalten des öffentl. Rechts	–	–	–	§§ 301 bis 304	§§ 301 bis 304	§§ 301 bis 304	–

Kapitel 2: Grundfragen des Umwandlungsrechts in der Praxis – Überblick

Das Umwandlungsrecht stellt sich zunächst als technische Materie dar, durch die Gesellschaften und **135** sonstigen Rechtsformen die Möglichkeit gegeben werden soll, **im Wege der Gesamtrechtsnachfolge die Rechtsform zu ändern**. Es hat daher in erster Linie eine dienende Funktion und soll den Rechtsrahmen vorgeben, innerhalb dessen die Änderung der Rechtsform möglich ist. Dieser technische Aspekt der Umwandlung darf allerdings nicht den Blick auf die rechtlichen Grundfragen verstellen, die bei der Umwandlung eine erhebliche Rolle spielen.

Die bisherigen Erfahrungen zeigten, dass das Umwandlungsrecht aus dem Jahr 1995 zu einem **Um-** **136** **wandlungsschub** geführt hat. Das neue Gesetz wurde in der Praxis sehr gut aufgenommen, es entsprach einem Bedürfnis. Auch die wissenschaftliche Durchdringung hat seit Inkrafttreten des UmwG im Jahr 1995 deutlich zugenommen. Das UmwG hat eine Vielzahl von Einzelfragen geregelt, dennoch hat die Erfahrung in der täglichen Praxis gezeigt, dass eine Reihe von dogmatischen Grundfragen nur ansatzweise oder nicht geregelt waren, sodass eine wissenschaftliche Ergänzung notwendig war. Der nachfolgende Überblick gibt eine erste Übersicht über die Dogmatik und Praxisprobleme der Umwandlung.

A. Wirtschaftlicher Hintergrund der Umwandlung

I. Betriebswirtschaftliche Bedeutung der Unternehmensorganisation

Die Aufgabe der **betriebswirtschaftlichen Organisationslehre** wird v. a. darin gesehen, die komplexen **137** Zusammenhänge unternehmerischen Wirkens durch Bildung von Organisationseinheiten, d. h. die Zusammenfassung von personellen und sachlichen Mitteln eines Teils des Unternehmens zu einer abgegrenzten Einheit, nach rationalen Kriterien aufzuspalten, sodass sich die Aufgabenerfüllung als arbeitsteiliger, optimaler Prozess darstellt (vgl. zu diesen Aufgaben der Umschreibung der Organisationslehre Bühner, Betriebswirtschaftliche Organisationslehre, S. 5, 61 ff.; Jakob, Unternehmensorganisation, S. 106 ff.; Steinmann/Schreyögg, Management, S. 412 ff.; Schreyögg, Organisation, Grundlagen moderner Organisationsgestaltung, S. 25 ff.; Olfert, Organisation, S. 23 ff.). Während man in früheren Jahren davon ausging, dass die Organisation eines Unternehmens von großer Dauerhaftigkeit, ja von Ewigkeit sein kann, haben die Erkenntnisse vor einigen Jahren gezeigt, dass **eine aktive Unternehmensführung** ein **ständiges organisatorisches Anpassen** voraussetzt. Wie verschiedene betriebswirtschaftliche Untersuchungen gezeigt haben, hängt die Effizienz der Unternehmensorganisation von den jeweiligen Markt- und Umweltbedingungen ab. Jede Änderung dieser Umweltbedingungen bedarf daher zumindest einer Überprüfung hinsichtlich ihrer Auswirkungen auf die Organisationsstruktur. Insb. Zeiten tief greifenden Strukturwandels zwangen die Unternehmen zu einschneidenden Änderungen der Unternehmensstrategie und der Unternehmensstruktur. Im betriebswirtschaftlichen Schrifttum wurde daher auf die ständige Notwendigkeit einer strategischen und organisatorischen Änderung aufmerksam gemacht, die insb. auch der Einsatz neuer Technologien erfordert. Als Merkmal technologieorientierter Unternehmen werden die ständige Suche nach Fortschrittsfeldern und eine fortwährende Anpassung an neue Marktbedürfnisse und technische Entwicklungen gesehen. Eine solche strategische Flexibilität setzt Unternehmensstrukturen voraus, die diesem Wandel folgen können, also strukturelle Flexibilität. Schlanke Aufbaustrukturen, flache Hierarchien und kurze Entscheidungswege führen zudem zu Kostenvorteilen und einer schnellen Marktanpassung, die in Zeiten moderner Informationstechnologien und einer ständig beschleunigten Wirtschaft unabdingbar sind.

138 Die Betriebswirtschaftslehre fordert also die ständige Anpassung des Unternehmens an gewandelte wirtschaftliche Bedürfnisse, insb. an sich verändernde Umwelt-, Technologie- und Internationalisierungsbedingungen. Durch die Beschleunigung des Wettbewerbs und Verkürzung der Produktionszyklen lässt sich die Unternehmensorganisation nicht mehr als festes Datum verstehen, sondern die Organisation verlangt nach einer **ständigen Gestaltungsaufgabe**. Die betriebswirtschaftliche Organisationslehre hat daher insb. in den letzten Jahrzehnten eine Vielzahl von Organisationsmodellen und Gestaltungsmodellen entwickelt, die den unterschiedlichen Bedürfnissen der Unternehmen Rechnung tragen sollen und die durch eine hohe Flexibilität gekennzeichnet sind. Flexibilität bezeichnet die Fähigkeit, schnell auf veränderte Umweltbedingungen reagieren zu können. Flexibilität schafft die Voraussetzung, um wirtschaftliche Chancen wahrnehmen zu können und Risiken zu vermeiden. Die letzten Jahre waren daher ohne Zweifel von teilweise grds. unterschiedlichen Organisationsentwicklungen der Wirtschaft gekennzeichnet.

139 In den 80er Jahren des letzten Jahrhunderts sprach man vor einer »**Fusionswelle**«. Die Unternehmen gingen dazu über, eine Vielzahl von unterschiedlichen Produktionsbereichen zu betreiben und erwarben zu diesem Zweck Gesellschaften. Zur Organisation dieser Mischkonzerne wurde die sog. **Geschäftsbereichsorganisation** eingeführt. Dies war der Trend zu einem teilweise unkritischen Streben nach Größen- und Synergievorteilen. Im Gegensatz hierzu fand insb. in den ausgehenden 80ern und Anfang der 90er Jahre eine grundlegende Umorientierung der Organisation hin zu kleinen Einheiten statt. Mit einer weltweiten Verschärfung des Wettbewerbs war auch eine grundlegende Neuausrichtung der Unternehmensstrategie und -organisation notwendig. In der betriebswirtschaftlichen Wissenschaft wurden daher **moderne Organisationsformen** wie die »Management-Holding« (v. a. Bühner, Management-Holding, Unternehmensstruktur der Zukunft) oder auch »Lean-Production« entwickelt, die zeigen, dass im Organisationsbereich der Trend zu flexibleren kleineren Einheiten anhielt. Mittlerweile haben eine Vielzahl von Großunternehmen die ursprünglich stark hierarchisch und bürokratisch eingerichtete Unternehmensstruktur durch flexible Formen wie die Management-Holding ersetzt, die zu wirtschaftlich kleineren, rechtlich selbstständigen Einheiten führte. Mittlerweile spricht die Organisationstheorie von der Notwendigkeit permanenten Wandels oder lernenden Organisationen, um den technologischen Entwicklungen und den Globalisierungsbedingungen gerecht werden zu können.

II. Wirtschaftliche Anforderungen an ein modernes Umwandlungsrecht

140 Die Organisationsentwicklung der deutschen Industrie zeigt, dass ein erheblicher Bedarf besteht, Unternehmen **ohne große bürokratische Hemmnisse** grundlegend umzustrukturieren. In den letzten Jahren wurden darüber hinaus auch die Zusammenhänge zwischen rechtlicher Unternehmensorganisation und betriebswirtschaftlicher Organisation herausgearbeitet. Insb. Untersuchungen der letzten Jahre haben gezeigt, dass die betriebswirtschaftliche Organisationsstruktur und die rechtliche Unternehmensstruktur keineswegs selbstständig nebeneinander bestehen. Im Gegenteil, es bestehen vielfältige Interdependenzen, ohne deren Beachtung eine sinnvolle Gestaltung des Unternehmens gar nicht möglich ist (vgl. Bleicher, ZfO 1979, 243; von Werder, ZfbF 38 [1986] 586 ff.; ders., ZfO 1988, 104 ff.).

Das Beispiel, auf welche Weise eine Management-Holding gestaltet werden kann, zeigt, welche Bedeu- **141** tung hierbei das Umwandlungsrecht hat (vgl. hierzu Bühner, Die Management-Holding, S. 81 ff.; ders., Betriebswirtschaftliche Organisationslehre, S. 143 ff.; ders., DB1993, 285; Schumacher, Beteiligungscontrolling in der Management-Holding, S. 74 ff.; J. Mayer, Führungsinformationssysteme für die internationale Management-Holding, S. 3 ff.). Die Management-Holding kann reine Finanzholding, strategische (z. B. Metro-Gruppe) oder operative Holding (z. B. BMW) sein. So werden etwa in einem Einheitsunternehmen oder Stammhauskonzern die Geschäfte zur Einführung einer Management-Holding meist grundlegend neu geordnet. Hierfür sind Maßnahmen notwendig, die gleichartige Geschäfte zusammenfassen und die **Selbstständigkeit der Geschäftsbereiche** erhöhen. Bühner weist darauf hin, dass der Weg vom Einheitsunternehmen oder Stammhauskonzern mit gewachsener Geschäftsbereichsorganisation zur Management-Holding über gesellschaftsrechtliche Maßnahmen führt. Dabei gehe es um eine **Neuordnung der im Unternehmensverbund vorhandenen und neu zu erwerbenden Ressourcen**. Die Neuordnung erfordert unter Beachtung der unternehmensstrategischen und organisatorischen Ziele eine oder mehrere der folgenden Maßnahmen:

– Ausgliederung operativer Unternehmensteilbereiche,
– Ausgründung der Obergesellschaft,
– Neuordnung der unternehmerischen Teilbereiche und
– Unternehmenskauf.

Dass hier dem Umwandlungsrecht, als dem Recht der Unternehmensneuorganisation eine große Bedeutung zukommt, ist offensichtlich. In vielen Fällen lässt sich eine grundlegende Neuorganisation des Unternehmens nur erreichen, wenn auch eine rechtliche Umstrukturierung stattfindet, etwa durch Ausgliederung und rechtlicher Verselbstständigung bestimmter Teilbereiche, Verschmelzung anderer zu einheitlichen Unternehmensbereichen etc. Das **Umwandlungsrecht** stellt daher ohne Zweifel ein **wichtiges Gestaltungselement** der unternehmerischen Organisationsgestaltung dar und sollte demgemäß möglichst flexibel, unbürokratisch und kostenminimierend einsetzbar sein.

III. Umwandlungsrecht als Bindeglied zwischen der Vielfalt der Gesellschaftsformen

Das deutsche Gesellschaftsrecht bietet eine Vielfalt von unterschiedlichen Rechtsformen für Unterneh- **142** men an, die sich durch grundlegende Unterschiede kennzeichnen. Es herrscht ein numerus clausus der Gesellschaftsformen. Zulässig sind nur die Rechtsformen, die der Gesetzgeber den Unternehmen zur Verfügung stellt. Diese unterschiedlichen Rechtsformen haben auch unterschiedliche wirtschaftliche Bedeutung. Während etwa die **Personengesellschaften** in erster Linie für Unternehmer geeignet sind, bei denen das personenbezogene Element im Vordergrund steht, ist die AG nach ihrem Modell für Unternehmen geeignet, in denen der kapitalistische Aspekt im Vordergrund steht und bei denen es in erster Linie auf die Möglichkeit der Sammlung von Fremdkapital ankommt. Selbstverständlich gibt es eine Reihe von **Grundtypenvermischungen**, etwa kapitalistische Personengesellschaften oder personalistische AG. Dennoch stellen die rechtlich vorgegebenen Rahmenbedingungen eine Grenze dar, die innerhalb der einzelnen Gesellschaftsformen nur schwer zu überschreiten ist. Es entsteht daher im Lauf der Entwicklung eines Unternehmens unabhängig von der oben dargestellten Anpassung der betriebswirtschaftlichen Organisationsstruktur immer die Frage einer grundlegenden rechtlichen Neuorientierung des Unternehmens. Insb. im Zuge des internen Wachstums des Unternehmens kann etwa bei einer Personengesellschaft das Bedürfnis bestehen, dem **Unternehmen eine körperschaftsrechtliche Organisation** zu geben, wie sie nur die Kapitalgesellschaft bietet. Die Gründe hierfür können höchst unterschiedlich sein: etwa Generationswechsel, die Notwendigkeit der Aufnahme neuer Gesellschafter etc. Als weitere Gründe für einen Wechsel der Rechtsform sind auch die unterschiedlichen rechtlichen Rahmenbedingungen entscheidend, etwa die Frage der Haftungsbeschränkung, die Möglichkeit, Kapital über die Börse zu beschaffen etc. Auch diesen rechtlichen Entwicklungsmöglichkeiten muss durch ein Umwandlungsrecht Rechnung getragen werden.

IV. Funktion des Umwandlungsrechts

143 Diese relative Vielzahl der Rechtsformen für Unternehmen und die immer größer werdende Notwendigkeit, die Rechtsform im Lauf der Unternehmensentwicklung mehrmals zu wechseln, macht die Aufgabe des Umwandlungsrechts deutlich. Da der Wechsel innerhalb der Gesellschaftsform beschränkt ist, bliebe, das Fehlen eines Umwandlungsrechts unterstellt, im Einzelfall immer nur die Liquidation der bisherigen Gesellschaft und anschließende Neugründung der gewünschten Gesellschaftsform. Dass dieser Weg der **Liquidation und Neugründung** kosten- und zeitaufwendig ist, ist offensichtlich. Nach dem Grundsatz der Einzelübertragung müsste jeder Vermögensgegenstand auf die neue Gesellschaft übertragen werden, was z. B. im Bereich der §§ 414 ff. BGB grds. auch die Zustimmung der Gläubiger voraussetzt. Steuerrechtlich führt die Liquidation zur Auflösung stiller Reserven, wodurch im Einzelfall sogar die Existenz des Unternehmens beeinträchtigt werden kann. Die grundlegende Aufgabe des Umwandlungsrechts besteht also darin, den Unternehmen die Möglichkeit zu geben, ohne diese Nachteile der Einzelübertragung die Rechtsform für Unternehmen flexibel und unbürokratisch zu ändern. Umwandlungsrecht kann daher auch als **Rechtsformänderungsrecht** bezeichnet werden.

B. Dogmatik der Umwandlung

I. Frühere Rechtslage

144 Das bis 1995 geltende Umwandlungsrecht war gekennzeichnet durch eine **Dreiteilung der Umwandlungsarten:**
– die gesetzliche Umwandlung,
– die formwechselnde Umwandlung und
– die übertragende Umwandlung
(zur Dogmatik der Umwandlung allgemein vgl. Widmann/Mayer/Mayer, Umwandlungsrecht, Einf. UmwG Rn. 75 ff.; K. Schmidt, ZGR 1990, 580; ders., in: IDW, S. 42 ff.; ders., AcP 1991, 495; Zöllner, ZGR 1993, 334; Lutter, ZGR 1990, 392; Mertens, AG 1994, 66; Hennrichs, Formwechsel und Gesamtrechtsnachfolge bei Umwandlungen, 1995; ders., ZIP 1995, 794; K. Schmidt, in: FS für Ulmer, 2003, S. 557 ff.).

145 Im Recht der Personengesellschaft ist darüber hinaus der **identitätswahrende Wechsel** zwischen den Rechtsformen der GbR, der OHG und der KG zu nennen. Es handelt sich hierbei, im Gegensatz zur Umwandlung im engeren Sinn, um eine **gesetzliche Umwandlung**, die eintritt, wenn die bestimmten Voraussetzungen für die Rechtsform nicht mehr vorliegen. So kann insb. kraft Gesetzes ein Wechsel von der GbR in die OHG stattfinden, wenn eine bisher kein Gewerbe betreibende und auch nicht im Handelsregister eingetragene GbR einen Gewerbebetrieb i. S. d. § 1 Abs. 2 HGB betreibt. Darüber hinaus ist durch das **Handelsrechtsreformgesetz** (BGBl. 1998 I, S. 1474 ff.; »HRefG«) die Möglichkeit gegeben, dass kleingewerbliche Personengesellschaften, die nach früherem Handelsrecht lediglich als BGB-Gesellschaften am Rechtsverkehr teilnehmen konnten, durch Eintragung im Handelsregister in die Rechtsform einer OHG oder einer KG wechseln und hieraus durch Löschung wieder in die GbR zurück Form wechseln können (§ 105 Abs. 2, 1. Alt. HGB, sog. Kann-OHG bzw. Kann-KG). Das HRefG hat damit die Möglichkeit der gesetzlichen Umwandlung noch ausgeweitet, auch § 105 Abs. 2, 2. Alt. HGB ermöglicht die Option der Umwandlung in eine OHG oder KG durch Eintragung im Handelsregister auch für solche Gesellschaften, die nur eigenes Vermögen verwalten (vgl. allgemein zum HRefG Frenz, ZNotP 1998, 178 ff.; Gustavus, GmbHR 1998, 17 ff.; K. Schmidt, ZIP 1997, 909 ff.; Giehl, MittBayNot 1998, 293 ff.). Ebenfalls in den Bereich der gesetzlichen Umwandlung fällt die Umwandlung einer Personengesellschaft in eine Einzelperson, wenn alle Gesellschafter bis auf einen aus der Gesellschaft austreten.

146 Diese gesetzlichen Änderungen des Rechtskleides einer Gesellschaft können allerdings auch bewusst zur **Vertragsgestaltung** eingesetzt werden. So wird z. B. die Umwandlung einer GmbH & Co. KG auf ihre Komplementär-GmbH Wege des sog. **Anwachsungsmodells** vorgenommen (vgl. dazu Widmann/Mayer/Heckschen, Umwandlungsrecht, § 1 UmwG Rn. 368 ff.; OLG Frankfurt am Main, DB 2003, 2327 = RNotZ 2004, 97; Ege/Klett, DStR 2010, 2463 ff.; Schmid/Dietl, DStR 2008, 529 ff.; Nelißen, NZG 2010, 1291 ff.). Um Umwandlungen im engeren Sinn handelte es sich jedoch bei diesen Änderungen nicht. Hierunter werden in erster Linie solche Umwandlungen verstanden, die

aufgrund eines rechtsgeschäftlichen Aktes entstehen. Die Dogmatik des bis 1995 geltenden Umwandlungsrechts war gekennzeichnet durch die **Zweiteilung in formwechselnde und übertragende Umwandlung** (vgl. K. Schmidt, Gesellschaftsrecht, S. 292 ff.). Als **Umwandlung im technischen Sinn** wurde die Veränderung der Rechtsform eines Unternehmens ohne Liquidation und ohne Einzelübertragung, d. h. im Wege der **Universalsukzession des Vermögens** verstanden.

Bei einer **formwechselnden Umwandlung** ändert sich allein die äußere Form der Gesellschaft, die Identität der Gesellschaft als Verband bleibt unberührt. Von der **übertragenden Umwandlung** unterscheidet sich diese Form der Umwandlung dadurch, dass kein Rechtsträgerwechsel und auch keine Vermögensübertragung stattfindet; die Gesellschaft ändert nur bei gleichbleibender Identität ihre Rechtsform. Eine derartige formwechselnde Umwandlung war etwa nach dem bis 1995 geltenden Umwandlungsrecht bei der Umwandlung einer AG in eine GmbH (§ 372 AktG a. F.) oder einer GmbH in eine AG (§ 381 AktG a. F.) gegeben. Das alte Gesetz hat diese formwechselnde Umwandlung nur da zugelassen, wo alte und neue Rechtsform strukturähnlich sind. | 147

Bei der **übertragenden Umwandlung** wurde im vor 1995 geltenden Recht die übertragende Gesellschaft liquidiert und das Vermögen auf eine neue Gesellschaft übertragen, und zwar nicht im Wege der Einzelrechtsnachfolge, sondern im Wege der **Gesamtrechtsnachfolge**. Eine weitere Besonderheit der errichtenden Umwandlung war, dass auf die **Liquidation der Altgesellschaft** verzichtet wurde. Das bis 1995 geltende Umwandlungsrecht unterschied außerdem zwischen der sog. **errichtenden Umwandlung**, bei der der neue Rechtsträger, auf den umgewandelt wird, erst mit der Umwandlung gegründet wurde, und der **verschmelzenden Umwandlung**, bei der das Vermögen der umzuwandelnden Gesellschaft auf eine bereits bestehende Gesellschaft umgewandelt wurde. Die Besonderheit dieser übertragenen Umwandlung war, dass es sich im Grunde hierbei um eine **vereinfachte Form der Sachgründung** (errichtende Umwandlung) **oder Sachkapitalerhöhung** (verschmelzende Umwandlung) handelt. Deshalb waren auch bei dieser Form der Umwandlung die Gründungsvorschriften für den neuen Rechtsträger einzuhalten. | 148

II. Neuregelung im Umwandlungsbereinigungsgesetz v. 01.01.1995

K. Schmidt bezeichnete den **identitätswahrenden Formwechsel** als die reifste, technisch perfekte Lösung des Umwandlungsrechts (ZGR 1990, 594,). Wie dargelegt, war allerdings nach dem alten Recht die formwechselnde Umwandlung nur zwischen strukturähnlichen Gesellschaftsrechtsformen erlaubt. Das UmwG hat die **frühere Zweiteilung aufgegeben** und einheitlich in § 202 Abs. 1 Nr. 1 geregelt: | 149

>»Der formwechselnde Rechtsträger besteht in der in dem Umwandlungsbeschluss bestehenden Rechtsform weiter.«

Das UmwG verzichtet damit darauf, die übertragende Umwandlung zwischen Personen- und Kapitalgesellschaften aufrechtzuerhalten und ersetzt diese durch **einen einheitlichen Ansatz**: Die formwechselnde Umwandlung, mit der im Ergebnis auf die grds. Zweiteilung des deutschen Gesellschaftsrechts in juristische Person und Gesamthandsgemeinschaften für den Bereich des Umwandlungsrechts verzichtet wird (so Lutter/Bayer/Lutter, UmwG, Einleitung Rn. 52; Lutter, ZGR 1990, 395; Semler/Stengel in: Semler/Stengel, UmwG, Einleitung A Rn. 58 ff.; K. Schmidt, ZGR 1990, 595; ders., AcP 1991, 506 f.; vgl. auch ders., in: FS für Ulmer, 2003, S. 557 ff.). Die Umwandlung nach dem UmwG ist somit einheitlich für alle Rechtsformen – Kapitalgesellschaften und Personengesellschaften – **identitätswahrend**. | 150

III. Allgemeine und partielle Gesamtrechtsnachfolge

Es ist die **wichtigste Aufgabe des Umwandlungsrechts**, die Veränderung der Rechtsform und die Übertragung des vorhandenen Gesellschaftsvermögens zu erleichtern. Wichtigstes Instrument des Umwandlungsrechts stellt die Gesamtrechtsnachfolge dar. Im bis 1995 geltenden Recht war diese Gesamtrechtsnachfolge nur für den Fall der übertragenden Umwandlung und der Verschmelzung vorgesehen und im Teilbereich des **Spaltungsrechts der neuen Bundesländer**. Im Bereich der identitätswahrenden Umwandlung ist wegen der Beibehaltung der Rechtszuständigkeit grds. keine Vermögensübertragung notwendig und damit auch keine Gesamtrechtsnachfolge. Demgemäß ist durch den **Wegfall der errichtenden Umwandlung** die Frage der Gesamtrechtsnachfolge nur noch für die Fälle von Bedeutung, in | 151 denen der bisherige Unternehmensträger neben der neuen Gesellschaft fortbestehen soll. Eine der wesentlichen Wirkungen der Verschmelzung ist nach § 20 Abs. 1 Nr. 1 UmwG der **Übergang des Vermögens sämtlicher übertragender Rechtsträger** einschl. Verbindlichkeiten auf den übernehmenden Rechtsträger. Mit der Eintragung der Verschmelzung im Register des übernehmenden Rechtsträgers tritt die Gesamtrechtsnachfolge ein. Es ist dabei **nicht möglich, einzelne Vermögensobjekte** eines übertragenden Rechtsträgers im Verschmelzungsvertrag **von diesem Übergang auszunehmen** (Lutter/Grunewald, UmwG, § 20 Rn. 7 f.; Widmann/Mayer/Vossius, Umwandlungsrecht, § 20 UmwG Rn. 26 ff.; Kübler in: Semler/Stengel, § 20 UmwG Rn. 8; Heidinger in: Henssler/Strohn, § 20 UmwG Rn. 7). Die Gesamtrechtsnachfolge ist auch dadurch gekennzeichnet, dass das gesamte Vermögen im umfassenden Sinn ohne Einzelübertragung auf den aufnehmenden Rechtsträger übergeht. Die Rechtsänderung tritt kraft Gesetzes mit der Handelsregistereintragung ohne besondere Übertragungsakte ein (vgl. auch Heidinger/Limmer/Holland/Reul, Gutachten zum Umwandlungsrecht, S. 102). Sollten einzelne Vermögensgegenstände ausgenommen sein, so müssen diese vor Wirksamwerden der Verschmelzung mit dinglicher Wirkung aus dem Vermögen des übertragenden Rechtsträgers ausgeschieden sein (Lutter/Grunewald, UmwG, § 20 Rn. 8; Kübler in: Semler/Stengel, § 20 UmwG Rn. 8; Heidinger in: Henssler/Strohn, § 20 UmwG Rn. 7). Register und Grundbuch sind lediglich zu berichtigen, da die Eintragung deklaratorischer, nicht konstitutiver Natur ist. **Kennzeichen einer Universalsukzession** ist der Verzicht auf die Einhaltung der Vorschriften der Einzelübertragung, wobei in der Tendenz eine Vermögensgesamtheit oder zumindest ein Vermögensteil übertragen wird. Der letzte Teil der Definition wird allerdings durch die Möglichkeit der Spaltung verändert, da auch die Übertragung eines einzelnen Gegenstandes zugelassen wird (vgl. auch K. Schmidt, in: FS für Ulmer, 2003, S. 557 ff.).

152   Durch die **Einführung der Spaltung** hat der Gesetzgeber der Universalsukzession aber einen erheblich weiteren Anwendungsbereich eröffnet. Die Besonderheit der Gesamtrechtsnachfolge bei der Spaltung ist, dass es sich um eine **partielle Gesamtrechtsnachfolge** handelt, die bis zum Jahr 1995 nur in Teilbereichen verwirklicht war.

153   ▶ **Beispiel:**

§ 58 UmwG a. F.

Zentrale Norm der Spaltung oder Ausgliederung ist **§ 131 Abs. 1 Nr. 1 UmwG**. Danach gehen zum Zeitpunkt der Eintragung in das Handelsregister des Sitzes des übertragenden Rechtsträgers sämtliche ausgegliederten Teile des Vermögens im Wege der **partiellen Gesamtrechtsnachfolge** auf den aufnehmenden oder neu gegründeten Rechtsträger über (K. Schmidt, AcP 191, 1991, 475, 510; Lutter/Teichmann, UmwG, § 123 Rn. 6; § 131 Rn. 2; Widmann/Mayer/Vossius, Umwandlungsrecht, § 131 UmwG Rn. 21 ff.; Schmitt/Hörtnagl/Stratz, UmwG, UmwStG, § 131 Rn. 4). Auch bei der Ausgliederung findet also – wie bei der Verschmelzung nach § 20 UmwG – ein **umfassender Rechtsübergang** bzgl. der im Ausgliederungsplan bzw. Ausgliederungsvertrag bezeichneten Vermögensgegenstände statt (vgl. Schmitt/Hörtnagl/Stratz, § 20 Rn. 18 für die Verschmelzung). Bzgl. des Eigentumsübergangs an einem betroffenen Grundstück gelten nach § 131 UmwG für die Ausgliederung die gleichen Grundsätze wie für die Verschmelzung nach § 20 UmwG (s. der Verweis bei Widmann/Mayer/Vossius, Umwandlungsrecht, § 131 UmwG Rn. 105 auf § 20 UmwG). Diesbezüglich ist unbestritten, dass Grundstücke und grundstücksgleiche Rechte ohne Weiteres auf die Übernehmerin übergehen (vgl. ausführlich Teil 3 Rn. 76 ff.; Widmann/Mayer/Vossius, Umwandlungsrecht, § 131 UmwG Rn. 105 ff). Der Eigentumserwerb erfolgt außerhalb des Grundbuchs. Das Grundbuch, in dem noch die Überträgerin eingetragen ist, wird unrichtig und ist zu berichtigen (vgl. ausführlich Teil 3 Rn. 367 ff.; LG Ellwangen, RPfleger 1996, 154; Böhringer, RPfleger 2001, 59 ff., Widmann/Mayer/Vossius, Umwandlungsrecht, § 131 UmwG Rn. 38;; Kübler in: Semler/Stengel, § 20 UmwG Rn. 8).

154   Unklar war lange Zeit die **Bedeutung der einschränkenden Vorschrift des § 132 UmwG**, der die Beachtung allgemeinen Rechts forderte und damit einen Gegensatz zur partiellen Gesamtrechtsnachfolge postulierte. Mit dem **Zweiten Gesetz zur Änderung des UmwG** wurde § 132 UmwG ersatzlos gestrichen und damit die partielle Gesamtrechtsnachfolge aufgrund Spaltung der Gesamtrechtsnachfolge aufgrund Verschmelzung vollständig gleichgestellt. Die **Begründung zum RegE** (BT-Drucks. 16/2919,

S. 19) erläutert diese weitere Vereinfachung und Gleichstellung zur echten Gesamtrechtsnachfolge wie folgt:

> »Bei der grundlegenden Reform des Umwandlungsrechts im Jahr 1994 war erstmals die Möglichkeit der Spaltung von Rechtsträgern eingeführt worden. Vor dem Hintergrund der damals noch fehlenden Erfahrung mit diesem neuen Rechtsinstitut hatte der Gesetzgeber in § 132 eine Vorschrift über den generellen Vorrang der Übertragungsverbote nach allgemeinem Recht aufgenommen. Eine gewisse Rolle spielte dabei auch die latente Befürchtung, Spaltungen könnten dazu missbraucht werden, die bei einer Einzelrechtsübertragung bestehenden Beschränkungen zu umgehen. Bei der praktischen Anwendung der Regelung zeigten sich dann aber erhebliche Schwierigkeiten. Versuche, diesen durch Auslegung zu begegnen, blieben vielfach ohne Erfolg. Dies führte letztlich zu Rechtsunsicherheit. Wissenschaft und Praxis beurteilen die Regelung als »**Spaltungsbremse**« (vgl. jüngst wieder Heidenhain, ZHR 2004, 468 ff.). Es wird daher vorgeschlagen § 132 aufzuheben und damit die Gesamtrechtsnachfolge bei Verschmelzung und Spaltung künftig denselben Grundsätzen zu unterwerfen. Danach bleiben von der Rechtsnachfolge nur höchstpersönliche Rechte und Pflichten ausgenommen. Ob und inwieweit ein durch den Rechtsübergang betroffener Dritter, der sich durch die Gesamtrechtsnachfolge einem neuen Vertragspartner gegenübersieht, diesen Zustand akzeptieren muss oder sich dagegen durch Kündigung, Rücktritt, Berufung auf den Wegfall der Geschäftsgrundlage o. Ä. wehren kann, ergibt sich aus den insoweit geltenden allgemeinen Vorschriften.«

C. Analoge Anwendung des UmwG auf Umstrukturierungen außerhalb des UmwG

Nach Einführung des UmwG 1995 mit erheblicher Erweiterung der Verschmelzung, Spaltung und Formwechselarten, ist in der Literatur eine heftige Diskussion entstanden, inwieweit das Umwandlungsrecht **Auswirkungen auf Umwandlungen durch Einzelrechtsnachfolge** hat. Wie beschrieben, sind die Umwandlungen auf der Grundlage des UmwG u. a. dadurch gekennzeichnet, dass die Vermögensübertragung im Wege der allgemeinen oder partiellen Gesamtrechtsnachfolge stattfindet und es keiner Einzelübertragung nach allgemeinen Vorschriften bedarf. Das Umwandlungsrecht will die Vermögensübertragung in seinem Anwendungsbereich erheblich erleichtern und es den Beteiligten ersparen, Vermögensgegenstände einzeln nach den für sie geltenden Vorschriften zu übertragen und Schulden zu übernehmen (vgl. Kallmeyer/Kallmeyer, UmwG, § 1 Rn. 3; Lutter/Drygala, UmwG, § 2 Rn. 13). **155**

Es besteht Einigkeit, dass der **Numerus clausus der Umwandlungsarten**, den das UmwG in § 1 abschließend beschreibt, es nicht ausschließt, dass die Umwandlung außerhalb des UmwG unter Einsatz der allgemeinen Übertragungsvorschriften stattfindet, die Vermögensgegenstände also im Wege der Einzelrechtsnachfolge übertragen werden (vgl. Kallmeyer, ZIP 1994, 1747; Schmidt, in: Lutter, Kölner Umwandlungsrechtstage, S. 59, 65 f.; ders., in: Habersack/Koch/Winter, Die Spaltung im neuen Umwandlungsrecht und ihre Rechtsfolgen, S. 11; Lutter/Drygala, UmwG, § 1 Rn. 51; Widmann/Mayer/Heckschen, Umwandlungsrecht, § 1 UmwG Rn. 20, 393 ff.; J. Semler in: Semler/Stengel, § 1 UmwG Rn. 57, 59). Insofern bleibt es grds. den Beteiligten unbenommen, anstelle des Einsatzes der spezifischen Umwandlungsarten des UmwG mit der Gesamtrechtsnachfolge die Umwandlung dadurch zu erreichen, dass die Vermögensgegenstände im Wege der Einzelrechtsübertragung auch neu gegründet oder bestehende Rechtsträger übertragen werden. Die Übertragung kann entweder gegen Gewährung von Gesellschaftsanteilen oder im Wege des Verkehrsgeschäftes erfolgen (vgl. im Einzelnen dazu unter Teil 3 Rdn. 13 ff.; Widmann/Mayer/Heckschen, Umwandlungsrecht, § 1 UmwG Rn. 20, 393 ff.;). **156**

Dennoch ist in der Literatur die Frage diskutiert worden, inwieweit bei vergleichbaren wirtschaftlichen Übertragungssituationen das **UmwG** mit seinen Institutionen insgesamt oder zumindest teilweise **entsprechend anzuwenden** ist (vgl. K. Schmidt, in: FS für Ulmer, 2003, S. 557, 574 f.; Lutter/Bayer/Lutter, UmwG, Einleitung Rn. 57 f.; Kallmeyer, in: FS für Lutter, 2000, S. 1245 ff.; Schnorbus, DB 2001, 165; J. Semler in: Semler/Stengel, § 1 UmwG Rn. 63; Widmann/Mayer/Mayer, Umwandlungsrecht, **157**

Anhang 5 Einbringung Rn. 913 ff.; Widmann/Mayer/Heckschen, § 1 UmwG Rn. 397 ff.; 407 ff.). Die Frage wurde insb. im Hinblick auf die **Ausgliederung** durch **Einzelrechtsnachfolge** diskutiert.

158 Das OLG Stuttgart hatte in der sog. »**Modow-Meter**«-**Entscheidung** keinen Umgehungsfall darin gesehen, dass – anstelle einer Verschmelzung – die Auflösung der AG und die anschließende Übertragung ihres gesamten Vermögens auf eine zuvor gegründete Tochtergesellschaft beschlossen wurde (vgl. OLG Stuttgart, ZIP 1995, 1515; zustimmend Henze, ZIP 1995, 1473). Das LG Hamburg hatte im Fall »Wünsche« eine Erstreckung der Schutzmechanismen des UmwG auf einen Fall der Ausgliederung durch Einzelrechtsnachfolge verneint, in dem die beklagte Gesellschaft ihre sämtlichen Beteiligungen in drei Holding-Gesellschaften im Wege der Einzelübertragung ausgegliedert hatte (AG 1997, 238; krit. Veil, EWiR, § 119 AktG, 3/97). Demgegenüber war das LG Karlsruhe in der Entscheidung »Badenwerk« (ZIP 1998, 385) anderer Auffassung. In diesem Fall hatte die Hauptversammlung mit einer Mehrheit von fast 100 % der Einzelübertragung des nahezu gesamten unmittelbar unternehmerisch genutzten Vermögens der Gesellschaft auf drei zu diesem Zweck gegründeten Tochtergesellschaften zugestimmt. In einer Kostenentscheidung nach § 91a ZPO bejahte das LG Karlsruhe eine analoge Anwendung der Regelung des UmwG und entschied, dass es analog § 127 UmwG eines Spaltungsberichts und analog § 63 Abs. 2 Nr. 3 UmwG i. V. m. § 125 UmwG einer Zwischenbilanz bedurft hätte. Das LG Frankfurt am Main hatte im Fall »**Altana Milupa**« (ZIP 1997, 1698) für den Fall eines Zustimmungsbeschlusses der Hauptversammlung zur Veräußerung des gesamten Vermögens einer Tochtergesellschaft und der Beendigung einer Sparte des Konzerns das Erfordernis, einen Strukturbericht zu stellen, in der Hauptversammlung auszulegen und den Aktionären auf Wunsch zu übersenden, auch auf Bestimmung des UmwG gestützt. Eine weitere Entscheidung stammt vom BayObLG im Fall »**Magna media Verlag-AG Gruppe**« (AG 1999, 185). In diesem Fall wollte die Magna media AG, an der die WEKA KG zu mehr als 97 % beteiligt war, mit dieser einen Kauf- und Übertragungsvertrag schließen, nachdem das gesamte Gesellschaftsvermögen der AG vorbehaltlich der Zustimmung der Hauptversammlung gegen einen Kaufpreis von 150.000.000,00 DM auf die KG übergehen sollte. Die Hauptversammlung stimmte dem Kaufvertrag zu und beschloss die Auflösung der Gesellschaft. Das BayObLG war der Auffassung, dass kein Fall der Umwandlung nach dem UmwG vorliege. In Auseinandersetzung mit der teilweise eine andere Auffassung vertretenen Literatur, insb. der Entscheidung des LG Karlsruhe, lehnt es eine analoge Anwendung der Vorschriften des UmwG – insb. §§ 29, 34 UmwG ab –, da keine planwidrige Unvollständigkeit des Gesetzes vorliege, sondern allenfalls ein Fehler in rechtspolitischer Hinsicht. Das BayObLG weist zwar auf den Wertungswiderspruch hin, der darin liegt, dass das gleiche wirtschaftliche Ergebnis ohne Schutz des UmwG erreicht werden kann. Auch das BVerfG (DB 2000, 1905) hatte festgestellt, dass es verfassungsrechtlich unbedenklich ist, wenn der Mehrheitsanteilseigner eines Rechtsträgers, anstelle der Verschmelzung den Weg der sog. übertragenden Auflösung wählt. Es müsse nur gesichert sein, dass dem Anteilseigner eine volle Entschädigung gewährt wird. Dass sich im Einzelfall aus allgemeinen gesellschaftsrechtlichen Grundsätzen Einschränkungen ähnlich den Schutzmechanismen des UmwG ergeben können, hat der BGH in den Entscheidungen »**Gelantine I**« (NZG 2004, 575) und »**Gelantine II**« (DStR 2004, 922) unter Anwendung der Grundsätze des »**Holzmüller-Urteils**« (BGHZ 83, 122) festgestellt und ungeschriebene Mitwirkungsbefugnisse der Hauptversammlung bei Umstrukturierungen außerhalb des UmwG festgestellt. Auch das »**Macotron**«-Urt. v. 25.11.2002 des BGH (ZIP 2003, 387; Vorinstanz OLG München ZIP 2001, 700) deutete an, dass die **Vorschriften des UmwG nur eingeschränkt analogiefähig** seien. Im Urteil »**Macotron II**« vom 8.10.2013 (AG 2013, 877 = ZIP 2013, 2254 = DB 2013, 2672) hat der BGH entschieden, dass bei einem Widerruf der Zulassung der Aktie zum Handel im regulierten Markt auf Veranlassung der Gesellschaft die Aktionäre keinen Anspruch auf eine Barabfindung analog § 207 UmwG haben (so auch Drygala/Staake, ZIP 2013, 905, 912; anders Wackerbarth, WM 2012, WM 2012, 2078; Kiefner/Gillessen, AG 2012 Seite 645, 653).

159 Auch in der Literatur wird die Frage heftig diskutiert, von einer herrschenden Meinung kann zurzeit kaum gesprochen werden (vgl. die Diskussionsbeiträge von Aha, AG 1997, 345; Lutter/Drygala, in: FS für Kropp, 1997, S. 191 ff.; Lutter/Leinekugel, ZIP 1998, 225; Emmerich, AG 1998, 151; Heckschen, DB 1998, 1385; Bungert, NZG 1998, 367; sowie die verschiedenen Beiträge im Tagungsband Habersack/Koch/Winter, Die Spaltung im neuen Umwandlungsrecht und ihre Rechtsfolgen; Lutter/Bayer/Lutter, UmwG, Einleitung Rn. 57 ff.; K. Schmidt, in: FS für Ulmer, 2003, S. 557, 574 f.; Kallmeyer, in: FS für Lutter, 2000, S. 1245 ff.; Schnorbus, DB 2001, 165; Weißhaupt, AG 2004, 585 ff.;

Widmann/Mayer/Mayer, Umwandlungsrecht, Anhang 5 Einbringung Rn. 913 ff.; J. Semler in: Semler/Stengel, § 1 UmwG Rn. 63 ff.).

D. Schutzprobleme des Umwandlungsrechts

Insb. die Diskussion um das Umwandlungsrecht von 1994 hat gezeigt, dass eine Reihe von **zentralen** **160** **Schutzanliegen** berücksichtigt werden müssen. Im Wesentlichen handelt es sich um folgende Aspekte:
- Gläubigerschutz,
- Minderheitenschutz und
- Schutz der Arbeitnehmer.

I. Gläubigerschutz

1. Grundsatz. Unter **Gläubigerschutz** versteht man im Gesellschaftsrecht den Interessenschutz der- **161** jenigen Personen, die der Gesellschaft Kredite gewähren oder denen der Verband aus besonderen Gründen zur Leistung verpflichtet ist (vgl. Wiedemann, Gesellschaftsrecht, Bd. I, S. 514 f.). Der Gläubigerschutz verlangt, dass die **Haftungs- und Vermögensstruktur der Gesellschaft** so eingerichtet ist, dass ein **angemessener Interessenschutz** gewährleistet ist. Gläubigerschutz gehört zu den Grundprinzipien des deutschen Gesellschaftsrechts und findet sich in den verschiedensten Ausformungen verwirklicht.

Da bei den einzelnen **unterschiedlichen Gesellschaftsformen** der **Gläubigerschutz unterschiedlich** **162** **ausgestaltet** ist, können sich bei der Umwandlung Probleme ergeben. Insb. bei den Personengesellschaften ist der Gläubigerschutz in erster Linie durch eine persönliche Haftung gewährleistet, während dieser bei Kapitalgesellschaften durch Grundsätze der Kapitalaufbringung und Kapitalerhaltung garantiert wird. Es ist einsichtig, dass ein **Wechsel innerhalb der Gesellschaftsformen** zu **Friktionen mit dem** **Gläubigerschutz** führen kann. Aufgabe eines Umwandlungsrechts ist es daher, diese unterschiedlichen Gläubigerschutzbestimmungen im Umwandlungsvorgang angemessen zu berücksichtigen und einen **Ausgleich** vorzunehmen.

Eines der **Grundanliegen des Umwandlungsbereinigungsgesetzes** war demgemäß auch der Gläubiger **163** schutz (vgl. Niederleithinger, DStR 1991, 879, 881; K. Schmidt, in: IDW, S. 47 f.; Ganske, WM 1993, 1117, 1125; K. Schmidt, ZGR 1993, 366 ff.; zum Gläubigerschutz bei Verschmelzung vgl. Kalss, ZGR 2009, 74 ff.; eingehend Petersen, Gläubigerschutz im Umwandlungsrecht, 2001; Widmann/ Mayer/Heckschen, Umwandlungsrecht, Einf. UmwG Rn. 166 ff.). Das UmwG sichert den Gläubigerschutz durch eine Reihe unterschiedlicher Instrumente.

2. Anwendung des Gründungsrechts. In den Fällen, in denen es zur Neugründung von Gesellschaf **164** ten kommt, ist zusätzlich zu den speziellen Umwandlungsvorschriften das **individuelle Gründungsrecht des zu gründenden Rechtsträgers** anzuwenden. Das UmwG stellt dies durch eine Reihe von **Verweisungsvorschriften** sicher:

§ 36 Abs. 2 UmwG   Verschmelzung durch Neugründung,
§ 135 Abs. 2 UmwG   Spaltung zur Neugründung und
§ 197 UmwG   Formwechsel.

Durch diese Gesamtverweisung wird erreicht, dass die gesamten **Kapitalschutzvorschriften** des Gründungsrechts der jeweiligen Gesellschaft anzuwenden sind.

Der Gesetzgeber hat damit die bisher unterschiedlichen Regelungen bei den verschiedenen Umwand **165** lungsformen durch eine **Pauschalverweisung** auf das jeweilige Gründungsrecht vereinheitlicht.

▶ **Beispiele:** **166**

   Vgl. früher § 41 Abs. 2, § 47 Abs. 2, § 51 Abs. 1 UmwG a. F.

Dies auch dann, wenn bei einzelnen Umwandlungsformen im früheren Recht lediglich einige Gründungsvorschriften anwendbar waren.

167 ▶ **Beispiele:**

Vgl. dazu etwa § 353 Abs. 4 AktG a. F., § 32 Abs. 3 KapErhG a. F.

Bei der Gründung einer neuen Gesellschaft im Wege der Umwandlung, d. h. im Wege der Verschmelzung, Spaltung oder des Formwechsels handelt es sich um eine Sachgründung durch Leistung von Sacheinlagen, wobei die Sacheinlage das Vermögen der übertragenden Gesellschaft darstellt. Es sind daher insb. die **Vorschriften über die Sachgründung** zu berücksichtigen.

168 **3. Gläubigerschutz durch Kapitalerhöhung – Dogma der Anteilgewährungspflicht.** Die Erfahrungen in der Praxis haben die Diskussion aufgeworfen, inwieweit die bei der Verschmelzung und Spaltung notwendige **Kapitalerhöhung** zur Schaffung der an die Gesellschafter der übertragenden Gesellschaft zu gewährenden Anteile **auch Gläubigerschutzgesichtspunkte** erfüllt. Grds. sind den Gesellschaftern der übertragenden Gesellschaft als Ersatz für den Verlust ihrer Anteile an der übertragenden Gesellschaft Anteile an der übernehmenden Gesellschaft sowohl bei der Spaltung als auch bei der Verschmelzung zu gewähren (§ 2 und § 123 UmwG). Im Regelfall werden diese Anteile bei der Verschmelzung durch Aufnahme durch eine Kapitalerhöhung geschaffen (vgl. dazu unten Teil 2 Rdn. 307 ff.). Die Kapitalerhöhung hat insofern Gläubigerschutzwirkung, als das im Umfang der Kapitalerhöhung bei der aufnehmenden Gesellschaft nach § 27 AktG bzw. § 30 GmbHG den Kapitalbindungsregeln unterliegendes gebundenes Kapital geschaffen wird, welches dann Gläubigerschutzfunktion hat.

169 ▶ **Hinweis:**

In der **Praxis** ist daher die Frage entstanden, **ob und in welcher Höhe eine Kapitalerhöhung bei der aufnehmenden Gesellschaft** durchgeführt werden muss (vgl. zur Diskussion Naraschewski, GmbHR 1998, 356; DNotI, Gutachten zum Umwandlungsrecht, S. 126 ff.; Limmer, in: FS für Schippel, 1996, S. 415; Korte, WiB 1997, 953; Petersen, Gläubigerschutz im Umwandlungsrecht, S. 210; ders., GmbHR 2004, 728 ff.; Lutter, in: FS für Wiedemann, 2002, S. 1097, 1102 f.; Winter, in: FS für Lutter, 2000, S. 1279, 1284; Ihrig, ZHR 160, 1996, 317, 321; zu den Streitfragen nach der Neuregelung durch das **Zweite Gesetz zur Änderung des UmwG** Mayer/Weiler, DB 2007, 1235, 1239; Weiler, NZG 2008, 527 ff.; Kallmeyer, GmbHR 2006, 418 ff.; Drinhausen, BB 2006, 2313, 2315 ff.; Bayer/Schmidt, NZG 2006, 841; Roß/Drögermüller, DB 2009, 580 ff.; Keller/Klett, DB 2010, 1220 ff.; Krumm, GmbHR 2010, 24 ff.; Widmann/Mayer/Heckschen, Umwandlungsrecht, Einf. UmwG Rn. 34 ff.; Heckschen/Gassen, GWR 2010, 101; Stengel in: Semler/Stengel, § 2 UmwG Rn. 40 ff.; vgl. auch Simon, Der Konzern 2004, 191 ff.; Maier-Reimer, GmbHR 2004, 1128 ff.; Rodewald, GmbHR 2005, 515; eingehend die Monografie Huber, Anteilsgewährungspflicht im Umwandlungsrecht, 2005).

Die Verpflichtung, bei der Durchführung einer Verschmelzung Anteile zu gewähren, war bisher genauso wenig ausdrücklich im UmwG geregelt, wie die Möglichkeit, allgemein auf eine Anteilsgewährung zu verzichten. In § 2 UmwG wird aber für die Verschmelzung festgestellt, dass Rechtsträger »gegen Gewährung von Anteilen oder Mitgliedschaften« verschmolzen werden. Eine gleiche Formulierung findet sich in § 123 Abs. 1, Abs. 2 und Abs. 3 UmwG für alle Arten der Spaltung. Damit unterscheiden sich diese beiden Umwandlungsarten wesensmäßig von der Vermögensübertragung, die »gegen Gewährung einer Gegenleistung, die nicht in Anteilen oder Mitgliedschaften besteht«, erfolgt (vgl. § 174 Abs. 1 UmwG) und von dem Formwechsel, bei dem die bisherigen Anteilsinhaber an dem neuen formgewechselten Rechtsträger nach den neuen Vorschriften beteiligt bleiben (vgl. § 202 Abs. 1 Nr. 2 UmwG).

Als **wesentlicher Bestandteil eines Verschmelzungsvertrages** wird in § 5 Abs. 1 Nr. 2 UmwG die Aufnahme der Vereinbarung über die Übertragung des Vermögens jedes übertragenden Rechtsträgers »gegen Gewährung von Anteilen oder Mitgliedschaften« verlangt. In Nr. 3 bis Nr. 5 des § 5 Abs. 1 UmwG sind **weitere Angaben über die gewährten Anteile** genannt. § 20 Abs. 1 Nr. 3 Satz 1 UmwG bestimmt, dass die Anteilsinhaber der übertragenden Rechtsträger Anteilsinhaber des übernehmenden Rechtsträgers werden. Für die Spaltung finden sich entsprechende Regelungen in § 126 Abs. 1 Nr. 2 bis 5 und § 131 Abs. 1 Nr. 3 Satz 1 UmwG. Daraus wird allgemein darauf geschlossen, dass der Gesetzgeber sowohl bei der Verschmelzung, als auch bei der Spaltung grds. von einer **Anteilsgewährungspflicht** ausgegangen ist (vgl. Huber, Anteilsgewährungspflicht im Umwandlungsrecht, 2005; Heidinger/Limmer/Holland/Reul, Gutachten des Deutschen Notarinstitutes, Bd. IV, Gutachten zum Umwandlungsrecht, Nr. 18, S. 126 ff. zur Verschmelzung von Personengesellschaften sowie Nr. 39, S. 290 ff. zur Ausgliederung aus dem Vermögen einer Gebietskörperschaft, jeweils m. w. N. auch der Gegenmeinung; Widmann/Mayer/Mayer, Umwandlungsrecht, § 5 UmwG Rn. 20, der von einem Dogma der Anteilsgewährungspflicht spricht; Lutter/Drygala, UmwG, § 5 Rn. 17 ff.; Schröer in: Semler/Stengel, § 5 UmwG, Rn. 11; Heckschen/Gassen, GWR 2010, 101; Stengel in: Semler/Stengel, § 2 UmwG Rn. 40 ff.; Reichert in: Semler/Stengel, § 54 UmwG Rn. 19 ff.; s. dazu auch ausführlich Limmer, in: FS für Schippel, 1996, S. 415 ff.).

Heftig **umstritten** war die **Anteilsgewährungspflicht bei Schwestergesellschaften** (vgl. zuletzt Roß/Drögemüller, DB 2009, 580 ff.; Krumm, GmbHR 2010, 24 ff. insb. auch zu den steuerlichen Fragen). Obwohl der Gesetzgeber im Gesetzgebungsverfahren des Jahres 1994 den Vorschlag, die Schwester-Fusion von der Anteilsgewährungspflicht auszunehmen, bewusst nicht im UmwG aufgegriffen hat, vertritt ein beachtlicher Teil der Literatur (Kallmeyer, GmbHR 1996, 80; Ihrig, ZHR 1996, 317 ff.; Lutter/Winter, UmwG, § 54 Rn. 5 ff.; Bayer, ZIP 1997, 1613 ff., 1615; Baumann, BB 1998, 2321) weiterhin die Ansicht, dass eine Anteilsgewährungspflicht bei der Verschmelzung von Schwestergesellschaften entbehrlich ist oder zumindest sein sollte. Entgegen erster Instanzgerichtsurteile (LG München, GmbHR 1999, 35 für die Verschmelzung von Schwestergesellschaften ohne Kapitalerhöhung; LG Konstanz, ZIP 1998, 1226 für die Spaltung einer GmbH zu Null mit Begründung über § 128 UmwG, der eine Quoten abweichende Spaltung zulässt; LG Saarbrücken, DNotI-Report 1999, 163 für die nicht kapitalmäßig beteiligte Komplementär-GmbH der übertragenden GmbH & Co. KG) haben sich die Obergericht für die Anteilsgewährungspflicht ausgesprochen. Zwei obergerichtliche Entscheidungen (KG und OLG Frankfurt am Main, DNotZ 1999, 154 ff. m. Anm. Heidinger) stellen ausdrücklich klar, dass auch die Verschmelzung zur Aufnahme gem. § 2 Nr. 1 UmwG von Schwestergesellschaften *»gegen Gewährung von Anteilen«* erfolgt. Das KG stellt darauf ab, dass die Gewährung von Anteilen die Gegenleistung für die Übertragung des Vermögens des übertragenden Rechtsträgers ist. Sie sei wesentlicher Vertragsbestandteil und zwingendes Wesensmerkmal der Verschmelzung. Da sie auch öffentlichen Interessen des Kapitalschutzes diene, könne nicht auf sie verzichtet werden.

Der Gesetzgeber hat im Zweiten Gesetz zur Änderung des UmwG den **Grundsatz der Anteilsgewährung** bestätigt, indem er in § 54 und § 68 UmwG n. F. eine Ausnahme durch Verzicht festlegt (vgl. BR-Drucks. 548/06, S. 27 die Regierungsbegründung nennt den Grundsatz).   **170**

Noch weiter gehend wurde in der Literatur behauptet, das gebundene Kapital der übernehmenden Gesellschaft müsse zwingend um den Nennbetrag des gebundenen Kapitals der übertragenen Gesellschaft erhöht werden, um eine **»kalte Kapitalherabsetzung«** durch Verschmelzung zu verhindern (sog. »**Summengrundsatz«**; vgl. Petersen, Gläubigerschutz im Umwandlungsrecht, S. 210; ders., GmbHR 2004, 728 ff.; Winter, in: FS für Lutter, 2000, S. 1279, 1284; Ihrig, ZHR 160, 1996, 317, 321; dagegen Simon, Der Konzern 2004, 191 ff.; Maier-Reimer, GmbHR 2004, 1128 ff.; Rodewald, GmbHR 2005, 515). Die überwiegende Auffassung in der Literatur ging aber davon aus, dass die Anteilsgewährung nicht wertentsprechend, also nicht mindestens in der Höhe des Stammkapitals der übertragenen Gesellschaft durchgeführt werden muss (vgl. Lutter/Drygala, UmwG, § 5 Rn. 24; Kowalski, GmbHR 1996, 158, 159; Limmer, in: FS für Schippel, 1996, S. 415, 427; Widmann/Mayer/Mayer, Umwandlungsrecht, § 5 UmwG Rn. 46 f.;; Reichert, in: Semler/Stengel, § 54 UmwG Rn. 27 ff.; ausführlich Ihrig, ZHR 1996, 317; Lutter, in: FS für Wiedemann, 2002, S. 1097 ff.; Tillmann, GmbHR 2003, 740, 743 ff.; Kalss, ZGR 2009, 74 ff.).   **171**

Der Gesetzgeber hat im **Zweiten Gesetz zur Änderung des UmwG** aus dem Jahr 2007 diese herrschende Meinung bestätigt, indem er in den §§ 54 und 68 UmwG n. F. eine Ausnahme durch Verzicht festlegt (vgl. BR-Drucks. 548/06, S. 27). **§ 54 Abs. 1 Satz 3 UmwG n. F.** (für die GmbH) bzw. **§ 68 Abs. 1 Satz 3 UmwG n. F.** (für die AG) bestimmt, dass die Kapitalerhöhung bei der übernehmenden Kapitalgesellschaft zur Disposition **aller Anteilsinhaber des übertragenden Rechtsträgers** steht. Verzichten diese in notarieller Urkunde auf die Anteilsgewährung, darf die übernehmende Gesellschaft von der Anteilsgewährung absehen. Die Begründung zum RegE (BT-Drucks. 16/2919) weist darauf hin, dass von der grds. nach § 2 UmwG bestehenden Anteilsgewährungspflicht eine Ausnahme möglich   **172** sein solle, wenn alle Anteilsinhaber eines übertragenden Rechtsträgers, denen die Anteile zu gewähren wären, in notariell beurkundeter Form darauf verzichteten. Bedeutung habe dies insb. bei der Verschmelzung von Schwestergesellschaften innerhalb eines Konzerns, deren sämtliche Anteile von der Muttergesellschaft gehalten werden. Der Verzicht auf die grds. Erfordernisse des Verschmelzungsberichts und einer Prüfung durch Sachverständige, die in diesem Fall keinen Sinn machen, sei bereits nach geltendem Recht (§§ 8 und 9 UmwG) möglich. I. Ü. finde bei einer GmbH gem. § 48 UmwG eine Prüfung ohnehin nur auf Verlangen eines Gesellschafters statt. Bei der Verschmelzung im Konzern sei ein solches Verlangen der Muttergesellschaft nicht denkbar. Die Begründung bezieht sich auf die Verschmelzung von Schwestergesellschaften, nach dem klaren Gesetzeswortlaut ist der Verzicht aber in allen Fällen möglich. Mit dieser Verzichtsregelung hat der Gesetzgeber m. E. klargestellt, dass die **Anteilsgewährungspflicht keine gläubigerschützende Funktion** hat, sodass die doch teilweise sehr strengen Erwägungen der Literatur keine Grundlage mehr haben (auf Widersprüche der Summentheorie hat bereits Lutter hingewiesen in: FS für Wiedemann, 2002, S. 1097 ff.; vgl. zur Neuregelung Widmann/Mayer/Heckschen, Umwandlungsrecht, Einf. UmwG Rn. 34 ff.; Widmann/Mayer/Mayer, Umwandlungsrecht, § 5 UmwG Rn. 41 ff.; Lutter/Drygala, UmwG, § 5 Rn. 24; Mayer/Weiler, DB 2007, 1235, 1239; Weiler, NZG 2008, 527 ff.; Kallmeyer, GmbHR 2006, 418 ff.; Drinhausen, BB 2006, 2313, 2315 ff.; Bayer/Schmidt, NZG 2006, 841; Roß/Drögemüller, DB 2009, 580 ff.; Keller/Klett, DB 2010, 1220 ff.; Krumm, GmbHR 2010, 24 ff.; Kalss, ZGR 2009, 74, 80 ff.). Der Gläubigerschutz im Rahmen von Verschmelzung und Umwandlung wird nur über die spezifischen Gläubigerschutzbestimmungen wie z. B. § 22 UmwG gewährleistet.

173   Zu kritisieren ist an dieser an sich erfreulichen Klarstellung, dass sie aufgrund der systematischen Stellung **nur für Verschmelzung auf die AG und GmbH** gilt (vgl. auch Widmann/Mayer/Mayer, Umwandlungsrecht, UmwG Einf. Rn. 37 f.; Mayer/Weiler, DB 2007, 1235, 1238, die zu Recht §§ 54 und 68 UmwG n. F. als falschen Regelungsort ansehen), obwohl bei der Personengesellschaft oder anderen Rechtsträgern ähnliche Fragestellungen bestehen (vgl. Teil 2 Rdn. 737 ff. zur Personengesellschaft und Teil 2 Rdn. 1196 ff. zur Genossenschaft). M. E. kann man aber aus der gesetzlichen Neuregelung allgemein den Schluss ziehen, dass der **Anteilsgewährungsgrundsatz bei allen Rechtsträgern disponibel** ist, wenn alle Anteilsinhaber der übertragenden Rechtsträger darauf verzichten, denn was bei Kapitalgesellschaften gilt, muss erst recht bei Personengesellschaften oder bei einem anderen Rechtsträger mit geringeren Kapitalbindungen gelten (a. A. Widmann/Mayer/Mayer, Umwandlungsrecht, UmwG Einf. Rn. 37 f.; Widmann/Mayer/Mayer, Umwandlungsrecht, § 5 UmwG Rn. 22 f.; Widmann/Mayer/Fronhöfer, Umwandlungsrecht, § 80 UmwG Rn. 18.1, der einen Verzicht bei der Genossenschaft ablehnt). Solange der umfassende Verzicht nicht höchstrichterlich geklärt ist, empfiehlt es sich für die Praxis davon nur nach Rücksprache mit dem Registergericht davon Gebrauch zu machen. Ebenfalls klargestellt wurde dadurch, dass der Anteilsgewährungsgrundsatz keine gläubigerschützende Funktion hat. Daher kann das vorher bei der übertragenden Gesellschaft gebundene Kapital nach der Verschmelzung ohne Weiteres ausgeschüttet werden, wenn keine wertentsprechende Kapitalerhöhung erfolgt.

174 ▶ **Beispiel:**

Zwei GmbH mit jeweils einem Stammkapital von 50.000,00 € sollen verschmolzen werden. Bei der aufnehmenden B-GmbH soll keine wertentsprechende Erhöhung des Stammkapitals um 50.000,00 €, sondern um 25.000,00 € erfolgen. Die Gesellschafter der übertragenden Gesellschaft sind damit einverstanden. Nach der überwiegenden Literaturauffassung ist diese nicht wertentsprechende Kapitalerhöhung zulässig. Ungeklärt ist, ob bei der aufnehmenden GmbH nach der Verschmelzung das Kapital i. H. v. 25.000,00 €, das nicht mehr den Bindungen des § 30 GmbHG unterliegt, ohne Weiteres ausgeschüttet werden kann, oder ob die Regeln über das Sperrjahr entsprechend anzuwenden sind.

175   Offenbleibt, wie Aspekte des **Minderheitenschutzes** bei **Übertragung negativen Vermögens** auf der Ebene der übernehmenden Gesellschaft verwirklicht werden, da es nur auf den Verzicht der Gesellschafter der übertragenden Gesellschaft ankommt. Mangels Anteilsgewährung und damit einhergehender Kapitalerhöhung entfällt der bisherige Schutz durch registergerichtliche Kontrolle (krit. auch Mayer/Weiler, DB 2007, 1235, 1238 f.).

Vgl. dazu ausführlich auch Teil 2 Rdn. 96 ff.

Zu beachten ist, dass § 125 Satz 1 UmwG für die **Ausgliederung** nicht auf die §§ 54, 68 UmwG ver- 176
weist, sodass es bei der Ausgliederung beim Grundsatz der Anteilsgewährungspflicht ohne Verzichtsmöglichkeit verbleibt (Widmann/Mayer/Mayer, Umwandlungsrecht, UmwG Einf. Rn. 37 f.).

▶ **Hinweis:** 177

Steuerrechtlich ist zu beachten, dass ein Verzicht auf Anteilsgewährung bei Verschmelzung von Personengesellschaften auf Kapitalgesellschaft nach § 20 Abs. 1 UmwStG zum Wegfall der Buchwertfortführung führt; danach ist eine **Buchwertfortführung** nur möglich, wenn die Gesellschafter der
übertragenden Gesellschaft, neue Anteile an der aufnehmenden Kapitalgesellschaft erhalten. Im Bereich der Verschmelzung von Kapitalgesellschaften geht die überwiegende Meinung davon aus, dass
nach § 11 Abs. 2 Satz 1 UmwStG eine steuerneutrale Verschmelzung auch bei Verzicht auf die Anteilsgewährung durchgeführt werden kann. Verlustvorträge der übertragenden Kapitalgesellschaft
gehen allerdings unter (vgl. FG Berlin-Brandenburg, GmbHR 2009, 331; Dötsch/Jost/Pung/Witt,
UmwStG, § 12 Rn. 32; Ley/Bodden, FR 2007, 265, 273; Schmitt, in: Schmitt/Hörtnagl/Stratz,
UmwStG, § 12 Rn. 44; Mayer/Weiler, DB 2007, 1235, 1239; Haritz/von Wolff, GmbHR 2006,
340 345; Krumm, GmbHR 2010, 24 ff.; Widmann/Mayer/Mayer, Umwandlungsrecht, UmwG
Einf. Rn. 39 f.).

4. Schadensersatzhaftung der Organe. Das Kapitalschutzrecht des Gründungsrechts wird flankiert 178
durch eine **Schadensersatzhaftung der Verwaltungsträger der übertragenden Rechtsträger:**
§§ 25 ff. UmwG   Verschmelzung,
§ 125 i. V. m. §§ 25 ff. UmwG   Spaltung,
§§ 205 f. UmwG   Formwechsel.

5. Erhaltung der Haftungsmasse. Beim Formwechsel und der Verschmelzung wird allein durch die 179
Gesamtrechtsnachfolge, die auch die Verbindlichkeiten erfasst, gewährleistet, dass die **ursprüngliche
Haftungsmasse den Gläubigern erhalten** bleibt. Da dies bei der Spaltung nicht möglich ist, waren besondere **Schutzvorschriften im Bereich der Spaltung** notwendig (vgl. hierzu die Diskussion vor Verabschiedung des UmwG zur »richtigen« Lösung, Kleindiek, ZGR 1992, 513 ff.; Teichmann,
ZGR 1993, 396, 403 ff.; K. Schmidt, ZGR 1993, 383 ff.; Ihrig, GmbHR 1995, 622 ff.). Der Gesetzgeber hat sich hierbei in § 133 UmwG für eine **gesamtschuldnerische Haftung** ausgesprochen. Für
die Verbindlichkeiten des übertragenden Rechtsträgers, die vor dem Wirksamwerden der Spaltung begründet worden sind, haften die an der Spaltung beteiligten Rechtsträger als Gesamtschuldner.

▶ **Hinweis:** 180

Durch diese gesamtschuldnerische Haftung soll Missbräuchen des neuen Rechtsinstituts der Spaltung, etwa durch Zuweisung der Aktiva an einen und der Passiva an einen anderen übernehmenden
Rechtsträger, vorgebeugt werden. Darüber hinaus wird mit dieser Regelung zugleich die volle Parallele zur Verschmelzung hergestellt, bei der der übernehmende Rechtsträger auch kraft Gesamtrechtsnachfolge für Verbindlichkeiten der übertragenen Rechtsträger einzustehen hat.

6. Sicherheitsleistung. Ergänzt wird schließlich der Gläubigerschutz im neuen UmwG durch das In- 181
stitut der Sicherheitsleistung:
§ 22 UmwG   Verschmelzung,
§§ 125, 133 Abs. 1, 22 UmwG   Spaltung,
§§ 204, 22 UmwG   Formwechsel.

Nach der Grundvorschrift des § 22 UmwG ist den **Altgläubigern** der an der Umwandlung beteiligten 182
Rechtsträgern **Sicherheit zu leisten,** sofern sie innerhalb von 6 Monaten nach dem Wirksamwerden der
Umwandlung ihren Anspruch anmelden und glaubhaft machen, dass durch den Formwechsel die Er-
füllung ihrer Forderung gefährdet wird.

183 Die **Vorschriften über die Sicherheitsleistung** sind § 347 AktG i. d. F. vor 1995 nachgebildet, wobei allerdings nicht mehr der Nachweis, sondern nur noch die **Glaubhaftmachung der Gefährdung des Anspruchs** notwendig ist (vgl. allgemein zur Sicherheitsleistung Jaeger, DB 1996, 1069; Naraschewski, GmbHR 1998, 356; Schröer, DB 1999, 317).

II. Minderheitenschutz

184 **1. Grundsatz.** Auch der **Minderheitenschutz** ist eines der Grundprinzipien des deutschen Gesellschaftsrechts (vgl. Wiedemann, Gesellschaftsrecht, Bd. I, S. 404 ff.; Roitzsch, Der Minderheitenschutz im Verbandsrecht, 1981; K. Schmidt, Gesellschaftsrecht, § 16 Abs. 3). Der Minderheitenschutz wird v. a. als **Gegenstück zum Grundsatz der Mehrheitsherrschaft** im Gesellschaftsrecht angesehen. Im Grunde geht es um die Fragen der Begrenzung formaler Herrschaftsmacht in der Gesellschaft. Ebenso wie der Gläubigerschutz kann allerdings der Minderheitenschutz lediglich als allgemeiner Programmsatz des Gesellschaftsrechts verstanden werden, konkrete Ableitungen lassen sich aus diesem allgemeinen Grundsatz nicht finden. Das deutsche Gesellschaftsrecht ist vielmehr dadurch gekennzeichnet, dass es eine Vielzahl unterschiedlicher Instrumentarien zum Schutz der Minderheit vorsieht.

Umwandlung, Verschmelzung und Spaltung sind Strukturmaßnahmen der Gesellschaft, die die Interessen der Gesellschafter erheblich beeinträchtigen können. Es ist für einen Gesellschafter von großem Interesse, ob er an einer Personen- oder Kapitalgesellschaft beteiligt ist, denn die Mitbestimmungs- und Minderheitenrechte unterscheiden sich teilweise erheblich. Die Änderung der Rechtsform kann daher einen **qualitativen Verlust an Rechten für Minderheitsgesellschafter** zur Folge haben. Eine weitere Zielsetzung des Umwandlungsrechts ist es daher, durch ein Geflecht von unterschiedlichen Maßnahmen den notwendigen Minderheitenschutz zu gewährleisten. Der Gesetzgeber hatte bei der Bereinigung des Umwandlungsrechts aber auch die umgekehrte Problematik vor Augen: Ein zu weit getriebener Minderheitenschutz kann die Umwandlung verhindern oder erschweren (zu Recht Niederleithinger, DStR 1991, 879, 881), insb. die Frage der missbräuchlichen Anfechtungsklage macht die Problematik deutlich. Auch hier hat der Gesetzgeber durch ein Geflecht unterschiedlicher Instrumente versucht, diesen **Interessengegensatz zwischen Minderheitenschutz und Effektivität des Umwandlungsrechts** zu lösen (vgl. auch Widmann/Mayer/Heckschen, Umwandlungsrecht, Einf. UmwG Rn. 160 ff.).

185 **2. Information der Anteilseigner.** Zur Vorbereitung und Information der Gesellschafter ist in allen Fällen die Vorlage eines Berichts vorgesehen. Die Vorschriften verlangen, dass die Leitungsorgane der an der Umwandlung beteiligten Rechtsträger ausführlich einen **Bericht über die Umwandlung** zu erstatten haben:

§ 8 UmwG	Verschmelzungsbericht,
§ 127 UmwG	Spaltungsbericht,
§ 162 UmwG	Ausgliederungsbericht,
§ 176 UmwG	Übertragungsbericht,
§ 192 UmwG	Umwandlungsbericht.

186 Ergänzt wird diese Pflicht zur Aufstellung eines Umwandlungsberichts durch die **Pflicht zur Information der Anteilsinhaber** (vgl. Engelmeyer, BB 1998, 330; Schöne, GmbHR 1995, 325; zum alten § 340a AktG vgl. Keil, Der Verschmelzungsbericht nach § 340a AktG; Mertens, AG 1990, 20). Je nach Art der Gesellschaft sind entweder der Umwandlungsvertrag oder der Umwandlungsbericht zuzusenden oder zumindest Umwandlungsvertrag, Umwandlungsbericht und ggf. Prüfungsbericht in den Geschäftsräumen und später auch in der Hauptversammlung zur Einsichtnahme auszulegen und zu Beginn der Versammlung mündlich zu erläutern.

187 **3. Beschlussmehrheiten.** Die Umwandlung bedarf in allen Fällen eines **Beschlusses der Gesellschafter der beteiligten Rechtsträger.** Die Mehrheiten sind allerdings nicht generell festgelegt, sondern unterschiedlich geregelt und entsprechen i. d. R. den **Mehrheiten für Satzungsänderungen:**
– bei Personenhandelsgesellschaften bedarf es im Grundsatz eines einstimmigen Beschlusses,
– bei den Kapitalgesellschaften muss ein Beschluss mit mindestens einer 3/4-Mehrheit vorliegen.

188 In bestimmten Fällen schreibt das Gesetz darüber hinaus die **Zustimmung bestimmter einzelner Gesellschafter** vor, so wenn die Abtretung der Anteile eines übertragenden Rechtsträgers von der Zustim-

mung bestimmter Anteilsinhaber abhängt (§ 13 Abs. 2 UmwG). Nach § 65 Abs. 2 UmwG bedarf der Beschluss der Hauptversammlung zu einer Verschmelzung oder Spaltung der Zustimmung der stimmberechtigten Aktionäre jeder Gattung, wenn mehrere Gattungen von Aktien vorhanden sind. Über die Zustimmung haben die Aktionäre jeder Gattung einen Sonderbeschluss zu fassen (vgl. hierzu Widmann/Mayer/Rieger, Umwandlungsrecht, § 65 UmwG Rn. 13 ff.; Reichert, GmbHR 1995, 176; Naraschewski, DB 1997, 1653; Kiem, ZIP 1997, 1627).

4. Ausscheiden und Abfindung. Die Minderheitenrechte werden ergänzt durch das Recht jedes Gesellschafters aus der Gesellschaft gegen Abfindung auszuscheiden. Ein solcher **Anspruch auf Barabfindung** entsteht bspw., wenn sich infolge der Umwandlung die Rechtsform ändert und damit das Beteiligungsrecht verändert wird. Ein solches **Recht zum Ausscheiden** ist vorgesehen bei: **189**

§§ 29 ff. UmwG	Verschmelzung in andere Rechtsformen,
§ 125 i. V. m. §§ 29 ff. UmwG	Spaltung auf einen Rechtsträger anderer Rechtsform,
§ 207 UmwG	Barabfindung bei Formwechsel.

Voraussetzung für den Anspruch auf Abfindung ist, dass der Anteilsinhaber gegen den Umwandlungsbeschluss **Widerspruch zur Niederschrift der Versammlung** erklärt hat. **190**

Das **Abfindungsangebot** muss bereits im Verschmelzungsvertrag, Spaltungsvertrag bzw. -plan vorgesehen sein. Die **Angemessenheit der Abfindung** wird auch geprüft und unterliegt ebenfalls der gerichtlichen Nachprüfung im Spruchverfahren (vgl. allgemein zum Ausscheiden und Abfinden bei Umwandlungsmaßnahmen Widmann/Mayer/Wälzholz, Umwandlungsrecht, § 29 UmwG Rn. 4 ff.; Grunewald, in: FS für Boujong, 1996, S. 175; Schöne, GmbHR 1995, 325; Liebscher, AG 1996, 455; Reichert, GmbHR 1995, 176). **191**

5. Verbesserung des Umtauschverhältnisses und Spruchverfahren. Die Gesellschafter des übertragenden Rechtsträgers haben die Möglichkeit, das Umtauschverhältnis der Anteile auf die **Angemessenheit** hin überprüfen zu lassen: **192**

§ 15 UmwG	bare Zuzahlung bei Verschmelzung,
§ 125 i. V. m. § 15 UmwG	bare Zuzahlung bei Spaltung,
§ 176 i. V. m. § 15 UmwG	bare Zuzahlung bei Vermögensübertragung,
§ 196 UmwG	bare Zuzahlung bei Umwandlung.

Das **Spruchverfahren** richtet sich einheitlich nach dem SpruchG. Der Antrag auf gerichtliche Entscheidung ist binnen einer Frist von 2 Monaten nach dem Bekanntwerden der Umwandlung zu stellen, über ihn entscheidet das LG am Sitz des Rechtsträgers im **Verfahren der Freiwilligen Gerichtsbarkeit** (§ 1 Abs. 2 SpruchG). In diesem Spruchverfahren, das aus dem alten Umwandlungsrecht übernommen worden ist (§ 325c AktG, § 31a KapErhG, §§ 30 ff. UmwG a. F.), kann geltend gemacht werden, dass das Umtauschverhältnis nicht angemessen bzw. eine höhere Barabfindung zu zahlen ist. Wegen dieser Mängel kann dann eine **Klage gegen den Umwandlungsbeschluss** nicht erhoben werden (§ 14 Abs. 2 UmwG; vgl. zum Spruchverfahren Simon, SpruchG, 2007). **193**

E. Arbeitsrechtliche Aspekte im UmwG

Das UmwG enthält in seinem Schlussteil (Achtes Buch) einige **arbeits- und mitbestimmungsrechtliche Vorschriften** (vgl. ausführlich Willemsen/Hohenstatt/Schweibert/Seibt, Umstrukturierung und Übertragung von Unternehmen – Arbeitsrechtliches Handbuch; Simon/Zerres, Unternehmensspaltung und Arbeitsrecht, in: FS für Leinemann). Diese sind im Rahmen gesellschaftsrechtlicher Regelungen **an sich systemfremd.** Durch ihre Aufnahme in das Gesetz wollte der Gesetzgeber den Arbeitnehmerbelangen bei Umwandlungsvorgängen besonders Rechnung tragen. Die »unzureichende Verzahnung mit dem allgemeinen Arbeitsrecht« (Willemsen, NZA 1996, 791, 792), welches neben den Spezialnormen des UmwG anwendbar bleibt, hat die Rechtspraxis vor Probleme gestellt, deren Brisanz aber abgenommen hat. Allgemein bleibt die Kritik, dass zumindest Teile des Arbeitsrechts auf Veränderungen eines »lebendigen« Unternehmens, das sich wandelnden Wettbewerbsbedingungen anpasst, die wirtschaftlich notwendige Flexibilität zeigt und daher Rechtsform und Organisationsstrukturen überprüft, nicht angemessen reagieren. **194**

195 Der arbeitsrechtliche Begriff des Betriebs ist von den umwandlungsrechtlichen Begriffen Unternehmen und Rechtsträger zu unterscheiden. Ein **Betrieb im arbeitsrechtlichen Sinn** ist die organisatorische Einheit, innerhalb derer ein Arbeitgeber mithilfe von personellen, sächlichen und immateriellen Mitteln bestimmte arbeitstechnische Zwecke fortgesetzt verfolgt (st. Rspr., s. nur BAG, NJW 1987, 2036). Ein Unternehmen kann einerseits mehrere Betriebe unterhalten und ein Betrieb kann andererseits von mehreren Unternehmen geführt werden.

I. Übergang der Arbeitsverhältnisse (§ 324 UmwG)

196 Im Zuge der Neuordnung eines Unternehmens bei Umwandlungsvorgängen, insb. bei Spaltungen, sind die betroffenen Arbeitsverhältnisse den jeweiligen Rechtsträgern zuzuordnen. I. R. d. **Zuweisungsfreiheit** steht es den beteiligten Unternehmen grds. frei, welchem Rechtsträger die einzelnen Vermögensbestandteile zugeordnet werden (s. zur Zuordnung der Vermögensgegenstände Teil 3 Rdn. 49 ff.). Bei der Zuordnung der einzelnen Arbeitsverhältnisse sind die Parteien dagegen an § 324 UmwG i. V. m. § 613a BGB gebunden: Die Arbeitsverhältnisse gehen mit dem Betrieb oder Betriebsteil über, dem sie zugeordnet sind (s. sogleich Teil 1 Rdn. 203 ff.). Problematisch ist die Zuordnung bei sog. **Springern**, die in mehreren Betrieben tätig sind, oder bei Arbeitnehmern, die in sog. **Querschnittsbereichen** (z. B. Verwaltung) beschäftigt sind (s. sogleich Teil 1 Rdn. 217 ff.).

197 **1. Betriebsübergang nach § 613a BGB.** Trotz der etwas unklaren Formulierung der »Unberührtklausel« ist mit § 324 UmwG gesetzlich klargestellt, dass § 613a Abs. 1 und Abs. 4 bis Abs. 6 BGB bei Betriebsübergängen im Wege der **Gesamtrechtsnachfolge** nach dem UmwG uneingeschränkt Anwendung findet (s. nur BAG, NJW 1999, 812). **Ausgenommen** ist nur der **Formwechsel**, da dieser keinen Wechsel des Rechtsträgers mit sich bringt. Die Anwendung von § 613a BGB hat zunächst zur Konsequenz, dass die an der Umwandlung beteiligten Rechtsträger nur frei sind in der Entscheidung, welche Betriebe oder Betriebsteile anderen Rechtsträgern zuzuordnen sind, wobei der »Betrieb« nicht zwingend identisch ist mit dem übertragenen Rechtsträger oder den übertragenen Vermögensbestandteilen (s. a. Kallmeyer/Willemsen, UmwG, § 324 Rn. 11). Die Zuordnung der Arbeitsverhältnisse zu den Rechtsträgern richtet sich dagegen nach § 613a BGB: Die Arbeitsverhältnisse folgen per Gesetz mit allen Rechten und Pflichten den Betrieben oder Betriebsteilen, denen sie bisher zugeordnet waren. Einer Zustimmung der Arbeitnehmer bedarf es nicht. § 324 UmwG ist **Rechtsgrundverweisung**, sodass bei jedem Umwandlungsvorgang zu prüfen ist, ob ein Betriebsübergang i. S. d. § 613a BGB vorliegt (BAG, ZIP 2000, 1630).

198 **a) Betriebsübergang.** Ein **Betriebsübergang** i. S. d. § 613a BGB ist der rechtsgeschäftliche Übergang eines Betriebs oder Betriebsteiles auf einen anderen Inhaber unter Wahrung der Identität der betreffenden wirtschaftlichen Einheit. § 324 UmwG stellt klar, dass auch die Gesamtrechtsnachfolge nach dem UmwG ein **rechtsgeschäftlicher Übergang** i. d. S. ist. **Wirtschaftliche Einheit** bedeutet dabei die organisatorische Gesamtheit von Personen und Sachen zur auf Dauer angelegten Ausübung einer wirtschaftlichen Tätigkeit mit eigener Zielsetzung (s. nur BAG, ZIP 2006, 1695; st. Rspr. seit EuGH, ZIP 1997, 516 »Ayse Süzen«).

199 Es muss eine **Gesamtbeurteilung folgender Faktoren** erfolgen:
– Art des Unternehmens,
– Übergang der materiellen Betriebsmittel,
– Wert der immateriellen Aktiva,
– Übernahme der Hauptbelegschaft,
– Übergang der Kundschaft,
– Ähnlichkeit der Tätigkeit und
– Dauer der Unterbrechung der Betriebstätigkeit.

200 Die **Gewichtung der einzelnen Merkmale** hängt von der Art des Unternehmens ab (BAG, ZIP 2006, 1268). Die Rechtsprechung teilt die Betriebe hierbei in **betriebsmittelgeprägte** und **betriebsmittelarme** ein (s. nur BAG, ZIP 2009, 1976; BAG, ZIP 2010, 849). In Letzteren, in denen es im Wesentlichen auf die **menschliche Arbeitskraft** und/oder das Know-how ankommt, kann für einen Betriebsübergang die Übernahme der Arbeitsverhältnisse genügen (st. Rspr. seit EuGH, ZIP 1997, 516, »Ayse Süzen«). Hier-

von abzugrenzen ist die **reine Funktionsnachfolge bzw. Auftragsnachfolge**, also die Übernahme derselben Aufgabe durch ein anderes Unternehmen, aber mit anderem Personal (s. nur BAG, NZA 2009, 1267; BAG, ZIP 2008, 801; s. a. EuGH, NJW 1999, 1697). Auch ein sog. **Betriebsführervertrag** soll nicht zum Betriebsübergang führen, wenn der übertragende Rechtsträger den arbeitsrechtlichen Betrieb weiterhin im eigenen Namen, nun aber für Rechnung des übernehmenden Rechtsträgers führt (Kallmeyer/Willemsen, UmwG, § 324 Rn. 15 f.). In **betriebsmittelgeprägten Betrieben** kommt es dagegen im Wesentlichen auf den Übergang von Produktionsmitteln an. Hier kann ein Betriebsübergang sogar ohne Übernahme von Personal vorliegen (BAG ZIP 2010, 849).

Ausreichend ist der **Übergang eines Betriebsteils**. Ein Betriebsteil i. d. S. ist eine organisatorische Untergliederung, mit der innerhalb des betriebstechnischen Gesamtzwecks ein Teilzweck verfolgt wird. Die übernommenen Betriebsmittel müssen bereits beim übertragenden Unternehmen die Qualität eines Betriebsteils gehabt haben (BAG, NJW 2010, 1689; BAG, ZInsO 2003, 1010). Nicht erforderlich ist, dass der verbleibende Restbetrieb noch lebensfähig ist. Entscheidend ist die **Wahrung der Identität des Betriebsteils beim übernehmenden Rechtsträger** (BAG, NZA 2011, 1231). Die Identität ist gewahrt, wenn der Übernehmer die funktionelle Verknüpfung zwischen den übertragenen Produktionsmitteln beibehält und er einer gleichartigen wirtschaftlichen Tätigkeit nachgeht, selbst wenn der Betriebsteil vollständig in die Organisationsstruktur des übernehmenden Unternehmens eingegliedert wird (EuGH »Klarenberg«, NJW 2009, 2029; s. a. BAG, NJW 2010, 1689). Auch liegt dann ein (Teil-) Betriebsübergang vor, wenn ein ausgegliedertes Unternehmen als Leiharbeitsunternehmen seine Arbeitskräfte ausschließlich an den früheren Arbeitgeber verleiht, damit diese dort die ursprünglichen Funktionen erfüllen (BAG, NZA 2009, 144). **201**

Maßgeblicher Zeitpunkt ist der Wechsel des Betriebsinhabers, d. h. die tatsächliche Weiterführung oder Wiederaufnahme der Geschäftstätigkeit durch den übernehmenden Rechtsträger (BAG, NZA 2008, 825; BAG, ZIP 1999, 589). I. d. R. ist dies der Zeitpunkt der **Eintragung der Umwandlung** in das Handelsregister. Bei der Übernahme sächlicher Betriebsmittel ist es aber bspw. ausreichend, wenn der übernehmende Rechtsträger sie aufgrund einer Nutzungsvereinbarung (Pacht, Nießbrauch o. Ä.) für seine Betriebstätigkeit einsetzen kann (BAG, ZIP 2006, 1917; BAG, ZIP 1998, 663). Daher kann ein Betriebsübergang auch bereits vor dem gesellschaftsrechtlichen Vollzug der Umwandlung erfolgen (BAG, ZIP 2000, 1630; s. a. Kallmeyer/Willemsen, UmwG, § 324 Rn. 14). **202**

b) **Rechtsfolgen.** Primäre Rechtsfolge bei einem Betriebsübergang i. S. d. § 613a BGB ist der **Übergang der Arbeitsverhältnisse**, die im Zeitpunkt des Übergangs in dem Betrieb bestehen, auf den Rechtsträger, der den Betrieb übernimmt. Es kommt zu einem Wechsel des Arbeitgebers. **203**

Hiervon ausgenommen sind wegen ihrer besonderen Stellung die **Anstellungsverhältnisse der Organträger** (BAG, NJW 2003, 2473). Bei der Verschmelzung gehen diese Dienstverhältnisse gem. § 20 Abs. 1 Nr. 1 UmwG auf den übernehmenden Rechtsträger über (BAG, NJW 2003, 2473; Semler/Stengel/Simon, UmwG, § 20 Rn. 56; Lutter/Grunewald, UmwG, § 20 Rn. 28). Bei der Spaltung verbleiben sie beim bisherigen Rechtsträger, da eine Übertragung ohne Zustimmung des Organmitglieds nicht möglich ist (Semler/Stengel/Simon, UmwG, § 131 Rn. 57). In der Praxis sollte die Zuordnung der betroffenen Anstellungsverhältnisse der Organmitglieder also vertraglich und unter deren Mitwirkung geregelt werden. **204**

Die Arbeitsverhältnisse gehen mit dem Inhalt über, wie sie beim übertragenden Rechtsträger bestanden, mit **allen Rechten und Pflichten**, einschl. etwaiger Versorgungsanwartschaften (s. ausführlich Willemsen/Hohenstatt/Schweibert/Seibt, Umstrukturierung und Übertragung von Unternehmen, Teil J.). Ein Erlassvertrag kann wegen Umgehung des § 613a Abs. 1 BGB gem. § 134 BGB nichtig sein, wenn er allein abgeschlossen wird, um den Übergang von bestehenden Pflichten zu verhindern (BAG, NJW 2009, 3260). Die Fortgeltung von **Betriebsvereinbarungen oder Tarifverträgen** bestimmt § 613a Abs. 1 Satz 2 bis Satz 4 BGB ausdrücklich (s.ausf. Müller-Bonanni/Mehrens, ZIP 2012, 1217 ff.) . Diese Regelungen können vom übernehmenden Unternehmen i. d. R. erst nach Ablauf eines Jahres geändert werden. Die Weitergeltung erfolgt auf **individualrechtlicher** – nicht auf kollektivrechtlicher – Grundlage (sog. **Transformation**). Allerdings behalten die transformierten Normen ihren kollektivrechtlichen Charakter bei, sodass bspw. eine zeitliche Befristung oder Kündigung des Tarifvertrags **205** auch beim Erwerber gilt (ausf. zum rechtlichen Charakter der transformierten Normen BAG, ZIP 2009, 2461).

Es ist der Stand zum Zeitpunkt des Betriebsübergangs maßgebend, spätere Änderungen des Tarifvertrages bleiben unberücksichtigt (BAG, ZIP 2010, 2068; BAG, ZIP 2002, 721). Eine in einer statisch weiter geltenden Norm angelegte Dynamik bleibt aber erhalten (BAG, ZIP 2010, 2068). Die Fortgeltung nach § 613a Abs. 1 Satz 2 BGB kann – bspw. nach einer Verschmelzung – zu unterschiedlichen Arbeitsbedingungen der Arbeitnehmer führen. Dies stellt keinen Verstoß gegen den **Gleichbehandlungsgrundsatz** dar (BAG, ZIP 2005, 2225; zur Zulässigkeit konkurrierender Tarifverträge [»Tarifpluralität«] im Betrieb grdl. BAG ZIP 2010, 1618). Die alten Bedingungen gelten gem. § 613a Abs. 1 Satz 3 BGB dagegen nicht weiter, wenn **derselbe Gegenstand** bei dem übernehmenden Rechtsträger in einem Tarifvertrag oder einer Betriebsvereinbarung geregelt ist oder wird und – für Tarifverträge – beide Parteien tarifgebunden sind (BAG, ZIP 2010, 2068; BAG, ZIP 2005, 1889). Diese Regelung hat auch dann Vorrang, wenn sie für den Arbeitnehmer nachteilig ist (sog. **Ablösefunktion**, s. ausführlich Kallmeyer/Willemsen, UmwG, § 324 Rn. 26 ff.; s. a. BAG, BB 2010, 1787; BAG, ZIP 2005, 1889). Abweichende ungünstigere Regelungen in einer *Betriebsvereinbarung* des übernehmenden Rechtsträgers können dagegen gem. § 613a Abs. 1 Satz 2 BGB transformierte *tarifliche* Bestimmungen nicht ablösen (Verneinung der sog. »Überkreuzablösung«, s. BAG, ZIP 2010, 2068).

206 § 613a Abs. 1 Satz 2 bis Satz 4 BGB ist **Auffangnorm** und greift nicht, wenn Tarifverträge oder Betriebsvereinbarungen bereits auf **kollektivrechtlicher** Basis fortgelten (BAG, ZIP 2008, 611, 614; s. ausführlich Kallmeyer/Willemsen, UmwG, § 324 Rn. 24 f.). So gilt ein **Tarifvertrag** fort, wenn der neue Arbeitgeber ebenfalls an diesen Tarifvertrag gebunden ist, denn maßgeblich ist die **Verbandszugehörigkeit des übernehmenden Rechtsträgers.** Eine anderweitige Verbandszugehörigkeit des übertragenden Rechtsträgers geht wegen der negativen Koalitionsfreiheit nicht im Wege der Gesamtrechtsnachfolge auf den übernehmenden Rechtsträger über (BAG, ZIP 1998, 2180). Unterliegt der übernehmende Rechtsträger keiner Tarifbindung, gelten die Tarifbedingungen des übertragenden Rechtsträgers im Wege der **Nachwirkung** analog § 4 Abs. 5 TVG fort (BAG, NZA 1995, 479). Zugleich gilt für die Arbeitnehmer ein **befristeter Verschlechterungsschutz** nach § 324 UmwG i. V. m. § 613a Abs. 1 Satz 2 BGB. Eine **individualvertraglich** vereinbarte dynamische Verweisung auf einen Tarifvertrag gehört dagegen zu den nach § 613a Abs. 1 BGB übergehenden Rechten und Pflichten, selbst wenn der Erwerber nicht tarifgebunden ist (BAG, NJW 2010, 1831; BAG, BB 2010, 2245).

207 Die Weitergeltung von **Firmentarifverträgen** wird im Spaltungs- bzw. Übernahmevertrag geregelt oder ergibt sich bei der Verschmelzung aus § 20 UmwG (BAG, NZA 2010, 51; BAG, ZIP 2008, 611). Entsteht eine Konkurrenzsituation, geht ein Firmentarifvertrag einem Verbandstarifvertrag als speziellere Norm vor. Endet der Firmentarifvertrag aber, bspw. durch Kündigung oder Zeitablauf, gilt jedenfalls dann wieder der Verbandstarifvertrag, wenn wegen Wegfalls des Arbeitgebers im Zuge der Umwandlung ein Neuabschluss des Firmentarifvertrags unmöglich ist (BAG, ZIP 2008, 611). Fehlt eine Regelung im Spaltungsvertrag bleibt allein der übertragende Rechtsträger Vertragspartei, es kommt nicht zur »Duplizierung« der Vertragsparteien (BAG, ZIP 2013, 994; a. A. Semler/Stengel/Simon, § 131 Rn. 52). **Betriebsvereinbarungen** behalten Gültigkeit, wenn der **Betrieb seine Identität bewahrt** (BAG, ZIP 2003, 1059; Kallmeyer/Willemsen, UmwG, § 324 Rn. 25). Letzteres gilt auch für Gesamtbetriebsvereinbarungen. Werden nur einzelne Betriebe (identitätswahrend) ausgegliedert, gilt eine Gesamtbetriebsvereinbarung als Einzelbetriebsvereinbarung weiter (BAG, ZIP 2003, 1059; krit. Kallmeyer/Willemsen, UmwG, vor § 322 Rn. 74 ff.; Lutter/Joost, UmwG, § 324 Rn. 44 f.).

208 Der **übernehmende Rechtsträger haftet** gem. § 613a Abs. 1 BGB für die bestehenden und zukünftigen Ansprüche der Arbeitnehmer, deren Arbeitsverhältnisse auf ihn übergehen, insb. also für Löhne und Gehälter. Die Haftung der übrigen an der Spaltung beteiligten Rechtsträger, insb. des **übertragenden Rechtsträgers**, richtet sich wegen der fehlenden Verweisung auf § 613a Abs. 2 BGB dagegen nach Umwandlungsrecht, also nach §§ 133, 134 UmwG (Kallmeyer/Willemsen, UmwG, § 324 Rn. 22; Semler/Stengel/Simon, UmwG, § 324 Rn. 38; Lutter/Joost, UmwG, § 324 Rn. 77 ff.). Hiernach haften die an der Spaltung beteiligten Rechtsträger für die Verbindlichkeiten des übertragenden Rechtsträgers, die vor dem Wirksamwerden der Spaltung begründet worden sind, als Gesamtschuldner. Ansprüche aus Arbeitsverhältnissen sind mit Abschluss des Vertrages begründet i. d. S., auf die spätere Entstehung kommt es nicht an (BAG, NZA 2015, 106; Semler/Stengel/Maier-Reimer/Seulen, § 133 Rn. 12 f.;

für Ausgleichsanspruch des Handelsvertreters gem. §§ 92 Abs. 2, 89b Abs. 1 HGB: OLG Köln, Urt. v. 28.3.2014, Az. I-19 U 143/13 – juris). Daher haftet bspw. auch ein abgespaltener Rechtsträger für Ansprüche aus Arbeitsverhältnissen, die beim abspaltenden Rechtsträger verblieben sind, sofern sie im Zeitpunkt der Spaltung bereits bestanden (LAG Schleswig-Holstein, Urt. v. 25.9.2012, Az. 1 Sa 488/11). Enthaftung tritt fünf Jahre nach der Spaltung ein, § 133 Abs. 3, S. 1 UmwG. Für vor dem Wirksamwerden der Spaltung begründete Versorgungsverpflichtungen auf Grund des Betriebsrentengesetzes beträgt die Frist zehn Jahre, § 133 Abs. 3 S. 2 UmwG (s. a. BAG, NZA 2015, 106).

c) Unterrichtungspflicht. Der bisherige und der neue Arbeitgeber sind als Gesamtschuldner verpflichtet, jeden einzelnen Arbeitnehmer vor dem Übergang über die Einzelheiten des Übergangs gem. § 613a Abs. 5 BGB **in Textform zu unterrichten** (s. ausführlich BAG, ZIP 2006, 2050; Simon/Weniger, BB 2010, 117 ff.). Bei der Unterrichtung handelt es sich nicht nur um eine bloße Obliegenheit, sondern um eine **echte Rechtspflicht**, sodass bei fehlerhafter Unterrichtung ein Schadensersatzanspruch gem. § 280 BGB entstehen kann (BAG, NZA 2008, 1297, 1301; BAG, ZIP 2005, 1978). **209**

▶ **Hinweis:** **210**

Nicht ausreichend ist dabei die Wiederholung des Gesetzeswortlauts, sondern die Unterrichtung muss in einer für juristische Laien verständlichen Sprache unter Berücksichtigung etwaiger Besonderheiten des Arbeitsverhältnisses erfolgen (BAG, ZIP 2006, 2050).

Der übernehmende Betrieb ist mit Firma und Anschrift zu nennen. Ist die übernehmende Gesellschaft noch nicht gegründet, ist dies mitzuteilen (BAG, ZIP 2010, 46; zu etwaigen Nach-Unterrichtungspflichten s. Göpfert/Winzer, ZIP 2008, 761). Bei Konzernen ist darauf zu achten, genau den Rechtsträger zu benennen, der den Betrieb übernimmt und dessen Stellung im Konzern darzulegen (BAG, ZIP 2010, 46 »Siemens/BenQ«). Als **Grund des Betriebsübergangs** ist zunächst der Rechtsgrund zu nennen, wie bspw. die Verschmelzung oder Spaltung. Darüber hinaus müssen dem Arbeitnehmer jene unternehmerischen Gründe für den Betriebsübergang zumindest schlagwortartig mitgeteilt werden, die sich im Fall seines Widerspruchs auf den Arbeitsplatz auswirken können (BAG, ZIP 2010, 46 »Siemens/BenQ«), insb. also, ob nach dem Betriebsübergang Beschäftigungsmöglichkeiten beim übertragenden Rechtsträger verbleiben. **211**

Zu den anzugebenden **rechtlichen Folgen** gehört unmittelbar der Eintritt des Übernehmers in die Rechte und Pflichten aus dem bestehenden Arbeitsverhältnis (§ 613a Abs. 1 Satz 1 BGB). Das gesamte Haftungssystem ist juristisch korrekt darzustellen (BAG, ZIP 2010, 46). Bei einer Verschmelzung, Aufspaltung oder Vermögensübertragung ist darauf hinzuweisen, dass der übertragende Rechtsträger erlischt und bei diesem damit weder Beschäftigungsmöglichkeiten bestehen noch eine Haftung eintreten kann. Bei einer Abspaltung oder Ausgliederung richtet sich die gesamtschuldnerische Nachhaftung des Veräußerers für die bis zum Betriebsübergang begründeten Verbindlichkeiten nach §§ 133, 134 UmwG, deren Inhalt für einen Laien verständlich darzulegen ist. Ferner ist darüber zu unterrichten, welche Tarifverträge und/oder Betriebsvereinbarungen nach dem Betriebsübergang beim übernehmenden Rechtsträger Anwendung finden (s. hierzu oben Teil 1 Rdn. 205 ff.). Sofern Kündigungen im Raum stehen, ist auf die kündigungsrechtliche Situation hinzuweisen (s. ausführlich BAG, ZIP 2006, 2050). Als **wirtschaftliche Folge** soll mitzuteilen sein, ob Vermögenswerte von erheblichem Wert, bspw. das Grundvermögen, beim Veräußerer verbleiben und somit die Haftungsmasse beim Übernehmer signifikant geringer ist. Über die wirtschaftliche und finanzielle Lage des Übernehmers muss aber nicht im Einzelnen unterrichtet werden (BAG, ZIP 2008, 987; s. a. krit. Reinhard, NZA 2009, 63). Diese Rechtsprechung zeigt die trotz oder vielleicht gerade wegen der zahlreichen Urteile zum Umfang der Unterrichtungspflicht weiterhin bestehenden Unsicherheiten. Es bleibt unklar, ob und in welchem Umfang über die wirtschaftliche Situation des Übernehmers unterrichtet werden muss. Bei der klassischen Betriebsaufspaltung in eine Besitz- und eine Betriebsgesellschaft wird jedenfalls über diese Aufteilung der Vermögensgegenstände zu unterrichten sein. **212**

d) Widerspruchsrecht. Innerhalb eines Monats nach Zugang dieser Unterrichtung kann der Arbeitnehmer dem Übergang des Arbeitsverhältnisses ohne sachlichen Grund schriftlich **widersprechen** (§ 613a Abs. 6 BGB; zur Zulässigkeit kollektiver Widersprüche BAG, ZIP 2010, 46). Bei einer nicht **213**

ordnungsgemäßen Unterrichtung besteht das Widerspruchsrecht bis zur Grenze der Verwirkung unbefristet (BAG, NJW 2010, 1302; BAG, NZA 2008, 1294). Widerspricht der Arbeitnehmer, wird das Arbeitsverhältnis mit dem bisherigen Arbeitgeber fortgesetzt (vgl. nur BAG, NJW 1993, 3156). **Erlischt,** wie bei der Verschmelzung, der Aufspaltung oder der Vermögensübertragung, **der übertragende Rechtsträger,** besteht nach Auffassung des BAG kein Widerspruchsrecht. Das Arbeitsverhältnis geht über und ein ggf. erklärter Widerspruch entfaltet keine Wirkung. Die Berufsfreiheit des Arbeitnehmers gem. Art. 12 GG, welche die freie Wahl des Arbeitgebers umfasst, wird durch das Recht zur außerordentlichen Kündigung gem. § 626 BGB gewahrt (BAG, ZIP 2008, 1296 m. N. zur a. A.).

214 e) **Zulässigkeit von Kündigungen.** Kündigungen des alten und des neuen Arbeitgebers wegen des Betriebsüberganges sind gem. § 613a Abs. 4 BGB **unwirksam,** wenn der Betriebsübergang nicht nur der Anlass, sondern **der tragende Grund** für die Kündigung ist (s. nur BAG, ZIP 2007, 595; BAG, ZIP 2003, 1671). Zulässig sind dagegen Kündigungen, die der Veräußerer ausspricht, um den Betrieb »verkaufsfähig« zu machen (BAG, ZIP 2007, 595; BAG, ZIP 1996, 2028). Kündigungen erfolgen dann **nicht wegen des Betriebsübergangs,** wenn sie mit anderen betriebsbedingten Gründen zu rechtfertigen sind, also Sanierungskonzepte umgesetzt werden.

215 **Widerspricht** der Arbeitnehmer dem Betriebsübergang, kann der bisherige Arbeitgeber dem Arbeitnehmer häufig aus **betriebsbedingten Gründen** kündigen, da bei ihm kein Arbeitsplatz mehr vorhanden ist. § 613a Abs. 4 BGB steht einer Kündigung nicht entgegen, da der Arbeitnehmer seinen Schutz durch den Widerspruch verbraucht hat (BAG, NJW 1997, 410). Eine Kündigung ist auch nicht allein wegen **unzureichender Unterrichtung** unwirksam (BAG, ZIP 2005, 1978).

216 **Aufhebungsverträge** sind grds. zulässig. Eine Umgehung des § 613a Abs. 4 BGB stellen sie – wie auch Kündigungen – nur dann dar, wenn lediglich die Kontinuität des Arbeitsverhältnisses unterbrochen werden soll und dem Arbeitnehmer konkret ein Arbeitsplatz (zu schlechteren Konditionen) bei dem übernehmenden Unternehmen angeboten wird. Führt der Aufhebungsvertrag zum endgültigen Ausscheiden des Arbeitnehmers, liegt kein Verstoß gegen § 613a BGB vor (Stichwort: »Risikogeschäft«; BAG, ZIP 2011, 2426; BAG, NJW 2006, 938).

217 **2. Besonderheiten: Springer, Querschnittsbereiche.** Schwierigkeiten bereiten in Umwandlungsvorgängen Arbeitnehmer, die einzelnen Betrieben nicht eindeutig zugeordnet werden können. Soweit sie **in mehreren Betrieben oder Betriebsteilen** tätig sind (sog. Springer), sollten sie im Spaltungs- oder Übernahmevertrag dem Betrieb zugeteilt werden, in dem sie hauptsächlich beschäftigt sind. Diese, an objektiven Kriterien orientierte Zuordnung vollzieht sich dann nicht außerhalb des § 613a BGB, sondern in Ergänzung und Ausfüllung dieser Norm (s. a. Kallmeyer/Willemsen, UmwG, § 324 Rn. 54 f.; nach a. A. ist bei Zweifelsfällen nicht § 613a BGB anwendbar, sondern die Zuordnung erfolgt frei nach Umwandlungsrecht, wobei gem. § 613 Satz 2 BGB die Zustimmung der betroffenen Arbeitnehmer erforderlich ist, Boecken, ZIP 1994, 1087, 1091, 1093; nach a. A. findet überhaupt kein Übergang statt, wenn der Arbeitnehmer keinem Betrieb objektiv zugeordnet werden kann, Lutter/Joost, UmwG, § 323 Rn. 28 f.).

218 Arbeitnehmer in **Querschnittsbereichen/Stabsfunktionen** können dagegen häufig keinem Betrieb zugeordnet werden, da sie übergreifende Aufgaben **für andere Betriebe bzw. Betriebsteile** wahrnehmen, z. B. Personalverwaltung, Buchhaltung o. Ä. Ein Übergang gem. § 613a BGB findet dann statt, wenn die entsprechende Abteilung auf einen neuen Rechtsträger übergeht. Ein Übergang mit dem Betrieb oder Betriebsteil für den der Arbeitnehmer tätig ist, erfolgt nicht (BAG, NJW 1998, 1883).

219 ▶ **Beispiel:**

Das Arbeitsverhältnis eines Buchhalters geht auf den neuen Rechtsträger über, wenn die gesamte Buchhaltungsabteilung dort eingegliedert wird. Sein Arbeitsverhältnis geht aber nicht über, nur weil der Buchhalter aufgrund der internen Aufteilung in der Buchhaltung die Bücher für den ausgegliederten Betriebsteil geführt hat und die Buchhaltungsabteilung i. Ü. bei dem ausgliedernden Rechtsträger verbleibt.

Sollen diese Arbeitsverhältnisse trotzdem einem anderen Rechtsträger zugeteilt werden, erfolgt der Übergang außerhalb des § 613a BGB und bedarf gem. § 613 Satz 2 BGB der **Zustimmung der betroffenen Arbeitnehmer** (Kallmeyer/Willemsen, UmwG, § 324 Rn. 57; Lutter/Joost, UmwG, § 323 Rn. 30 f.). Eine Übertragung des Arbeitsverhältnisses im Einvernehmen mit dem Arbeitnehmer ist stets zulässig.

Bei Zweifelsfällen empfiehlt sich die Vereinbarung eines **Interessenausgleichs** mit dem Betriebsrat, in **220** dem mittels einer Namensliste die Zuordnung der Arbeitsverhältnisse geregelt wird. Ein solcher ist bei einer Verschmelzung, Spaltung oder Vermögensübertragung gem. § 323 Abs. 2 UmwG nur beschränkt arbeitsgerichtlich nachprüfbar. § 323 Abs. 2 UmwG hat sein Vorbild in § 125 InsO und der Gedanke wurde im allgemeinen Arbeitsrecht in § 1 Abs. 5 KSchG aufgenommen. Voraussetzung ist das Vorliegen einer Betriebsänderung i. S. d. § 111 BetrVG (s. u. Teil 1 Rdn. 225; Kallmeyer/Willemsen, UmwG, § 324 Rn. 58; Lutter/Joost, UmwG, § 323 Rn. 33; a. A. Semler/Stengel/Simon, UmwG, § 323 Rn. 20).

Beschränkte Nachprüfbarkeit bedeutet, dass der Arbeitnehmer bei Abschluss eines Interessenausgleichs **221** im Kündigungsschutzprozess für die »grobe Fehlerhaftigkeit« der Zuordnung beweispflichtig ist. **Grob fehlerhaft** ist eine Zuweisung, wenn ein Arbeitsverhältnis entgegen der eindeutigen Zuordnungsregel des § 613a BGB einem anderen Betrieb zugeordnet wird (Kallmeyer/Willemsen, UmwG, § 324 Rn. 60; Lutter/Joost, UmwG, § 323 Rn. 40). Lediglich bei Zweifelsfällen haben die Betriebsparteien tatsächlich eine freie Wahl, die nur dann grob fehlerhaft ist, wenn es für sie keinen, an § 613a BGB orientierten, sachlichen Grund gibt, der die Zuordnung wenigstens vertretbar erscheinen lässt (Kallmeyer/Willemsen, UmwG, § 324 Rn. 60 m. w. N.).

II. Beteiligung und Information der Arbeitnehmervertretungen bei der Umwandlung

Neben den umwandlungsrechtlichen Beteiligungs- und Informationsrechten der Arbeitnehmer und ihrer **222** Vertretungen, s. hierzu Teil 2 Rdn. 189 ff., sind die allgemeinen Normen des **BetrVG** zu beachten. Deren Voraussetzungen sind eigenständig zu prüfen. Bei Umwandlungen sind insb., ggf. kumulativ, einschlägig:

§§ 99 ff. BetrVG	die erforderliche Zustimmung des Betriebsrats bei personellen Einzelmaßnahmen (Einstellung, Eingruppierung, Umgruppierung und Versetzung),
§ 102 BetrVG	die Anhörung des Betriebsrats bei Kündigungen,
§§ 111 ff. BetrVG	die Unterrichtung des Betriebsrats vor Betriebsänderungen.

In Betrieben mit i. d. R. mehr als 20 wahlberechtigten Arbeitnehmern hat der Arbeitgeber vor jeder **per- 223 sonellen Einzelmaßnahme** den Betriebsrat zu unterrichten, der dann der Maßnahme zustimmen muss. Er kann die Zustimmung aus den in § 99 Abs. 2 BetrVG aufgeführten Gründen verweigern. Dann muss der Arbeitgeber die Ersetzung der Zustimmung beim ArbG einklagen.

Vor jeder Kündigung ist der Betriebsrat gem. § 102 BetrVG zu hören. Der Betriebsrat hat bei Vorliegen **224** einer der Gründe des § 102 Abs. 3 BetrVG ein Widerspruchsrecht, das als solches aber die Wirksamkeit der Kündigung nicht berührt. Erhebt der Arbeitnehmer Kündigungsschutzklage, hat er im Fall des Widerspruchs des Betriebsrats einen Weiterbeschäftigungsanspruchs für die Dauer des Kündigungsschutzprozesses (§ 102 Abs. 5 BetrVG).

Vor der Durchführung von **Betriebsänderungen** i. S. d. § 111 BetrVG ist der Betriebsrat zu unterrich- **225** ten. Betriebsänderungen sind hiernach:

- Einschränkung und Stilllegung des ganzen Betriebs oder von wesentlichen Betriebsteilen,
- Verlegung des ganzen Betriebs oder von wesentlichen Betriebsteilen,
- Zusammenschluss mit anderen Betrieben oder die Spaltung von Betrieben,
- grundlegende Änderungen der Betriebsorganisation, des Betriebszwecks oder der Betriebsanlagen, oder
- Einführung grundlegend neuer Arbeitsmethoden und Fertigungsverfahren.

Besteht **im Zeitpunkt der unternehmerischen Entscheidung** über die Betriebsänderung ein Betriebs- **226** rat, so ist dieser über die geplante Betriebsänderung zu **unterrichten** und der Arbeitgeber muss mit ihm aktiv **über den Abschluss eines Interessenausgleichs verhandeln** (s. a. BAG, ZIP 2004, 235). In einem Interessenausgleich werden die konkreten Modalitäten der Betriebsänderung vereinbart, insb.

sollen wirtschaftliche Nachteile für die Arbeitnehmer vermieden oder zumindest abgemildert werden. Die Unterrichtung des Betriebsrats muss den Umfang und die zu erwartenden Auswirkungen der geplanten Maßnahme sowie die Gründe für deren Zweckmäßigkeit erkennen lassen. Kommt **keine Einigung** zustande, kann nach § 112 Abs. 2 BetrVG zunächst der Vorstand der Bundesagentur für Arbeit um Vermittlung ersucht werden und ist auch dies erfolglos, ist die Einigungsstelle anzurufen.

227 ▶ **Hinweis:**

Bei Umwandlungen ist zu beachten, dass die Betriebsänderung, also die Veränderungen in der organisatorischen und personellen Zusammensetzung des Betriebs, zeitlich von der gesellschaftsrechtlichen Neuordnung abweichen kann und der Versuch des Abschlusses eines Interessenausgleichs **vor Beginn der Betriebsänderung** erfolgen muss. Wird das Verfahren nicht ordnungsgemäß eingehalten, der Betriebsrat überhaupt nicht beteiligt oder weicht der Unternehmer von einem vereinbarten Interessenausgleich ohne zwingenden Grund nachträglich ab, drohen **Nachteilsausgleichsansprüche** der Arbeitnehmer nach § 113 BetrVG. Bei der Frage, ob der Betriebsrat im einstweiligen Rechtsschutz **Unterlassungsverfügungen** erwirken kann, ist die Rechtsprechung uneinheitlich (bejahend: LAG Hamm, NZA-RR 2004, 80; Hess. LAG, NZA-RR 2010, 187; LAG München, BB 2010, 896; Thüringer LAG, ZIP 2004, 1118; LAG Hamburg, ZIP 1997, 2205; verneinend: LAG Köln, ZInsO 2010, 591; LAG Nürnberg, BB 2009, 1917; LAG München, NZA-RR 2004, 536; LAG Düsseldorf, DB 1997, 1286; LAG Baden-Württemberg, BB 1986, 1015; LAG Schleswig-Holstein, BB 1992, 1788; LAG Rheinland-Pfalz, NZA 1989, 863; s. a. Willemsen/Hohenstatt/Schweibert/Seibt-Schweibert, Umstrukturierung und Übertragung von Unternehmen, Rn. C 307 ff.).

III. Arbeitsrechtliche Folgen der Umwandlung

228 Wie aufgezeigt, besteht das Arbeitsverhältnis zwischen dem Arbeitnehmer und dem neuen Rechtsträger grds. mit dem bisherigen Inhalt fort. Umwandlungsvorgänge können sich aber auf den Kündigungsschutz auswirken (s. sogleich Teil 1 Rdn. 229 ff.) und Folgen für die betriebsverfassungsrechtliche Ordnung (s. Teil 1 Rdn. 237 ff.) sowie das Mitbestimmungsrecht (s. Teil 1 Rdn. 248 ff.) haben.

229 **1. Kündigungsrechtliche Stellung.** Die **Anwendung des KSchG**, dem wesentlichen Kündigungsschutzrecht, hängt von der Dauer der Betriebsangehörigkeit und der Anzahl der im Betrieb beschäftigten Arbeitnehmer ab: Das Arbeitsverhältnis muss in demselben Betrieb oder Unternehmen ohne Unterbrechung länger als 6 Monate bestanden haben (§ 1 Abs. 1 KSchG) und in dem Betrieb müssen i. d. R. mehr als zehn (für nach dem 31.12.2003 begonnene Arbeitsverhältnisse) bzw. fünf (für vor dem 31.12.2003 begonnene Arbeitsverhältnisse) Arbeitnehmer beschäftigt werden (§ 23 Abs. 1 KSchG). Teilzeitbeschäftigte Arbeitnehmer mit einer regelmäßigen wöchentlichen Arbeitszeit von nicht mehr als 20 Std. werden mit 0,5 und mit nicht mehr als 30 Std. mit 0,75 berücksichtigt. Insb. die Spaltung kann daher mittelbar Folgen für das Arbeitsverhältnis haben, wenn sich die Betriebsgröße verändert.

230 **a) Grundsatz: § 323 Abs. 1 UmwG.** Für eine Übergangszeit von 2 Jahren nach dem Wirksamwerden der Spaltung oder Teilübertragung eines Rechtsträgers soll sich nach § 323 Abs. 1 UmwG die **kündigungsrechtliche Stellung eines Arbeitnehmers nicht verschlechtern**. Über die Tragweite dieser Vorschrift hat sich eine wissenschaftliche Diskussion entwickelt, deren praktische Relevanz aber gering ist, da in den maßgeblichen Punkten weitgehend identische Ergebnisse erzielt werden. Nach einer weiten, am Wortlaut orientierten Ansicht sollen auch einzelvertragliche oder tarifliche Regelungen über den Ausschluss ordentlicher Kündigungen oder entsprechend vereinbarte günstigere Kündigungsfristen beim neuen Arbeitgeber weiter gelten (Wlotzke, DB 1995, 40, 44; Lutter/Joost, UmwG, § 323 Rn. 9). Nach einer restriktiven, vorzugswürdigen Ansicht sind lediglich solche negativen Statusveränderungen für die Dauer von 2 Jahren gehemmt, die **unmittelbar** bereits mit dem Wirksamwerden der Spaltung entstehen (Kallmeyer/Willemsen, UmwG, § 323 Rn. 2 ff. m. w. N.; s. a. BAG, ZIP 2006, 631). Namentlich soll sich die kündigungsrechtliche Stellung eines Arbeitnehmers nicht dadurch verschlechtern, dass bei dem neuen Rechtsträger die für die Anwendbarkeit kündigungsrechtlicher Regelungen notwendige **Beschäftigtenzahl** nicht erreicht wird, insb. § 23 Abs. 1 KSchG (s. a. BAG, ZIP 2007,

Ahrendt/Pohlmann-Weide

1227). Außerdem wird die beim alten Arbeitgeber abgeleistete **Beschäftigungszeit** bei der Mindestbeschäftigungsdauer von 6 Monaten, § 1 Abs. 1 KSchG, mitgerechnet.

▶ **Hinweis:** 231

Dies bedeutet für die **Praxis**, dass nach einer Spaltung (Teilübertragung) zwar auch dann die Normen des KSchG weiterhin Anwendung finden, wenn in dem abgespaltenen Betrieb die maßgeblichen Beschäftigtenzahlen nicht erreicht werden, sich die **Art und Weise** der Anwendung aber ausschließlich nach den **tatsächlichen und rechtlichen Verhältnissen** richtet, wie sie sich nach der Spaltung darstellen (BAG, ZIP 2006, 631; Kallmeyer/Willemsen, UmwG, § 323 Rn. 10 und Rn. 12 ff. zu einzelnen Normen; so auch die Gegenansicht, s. Lutter/Joost, UmwG, § 323 Rn. 17). So findet bspw. die Sozialauswahl nur unter den noch in dem abgespaltenen Betrieb Beschäftigten statt oder ein Betriebsratsmitglied genießt zwar den Kündigungsschutz des § 15 KSchG, aber sein Mandat gilt nicht wegen § 323 Abs. 1 UmwG fort.

Da § 323 Abs. 1 UmwG den **individuellen Schutz** betrifft, gelten **betriebsverfassungsrechtliche Normen** nicht weiter, auch wenn sie Kündigungen betreffen, wie bspw. § 95 BetrVG (Auswahlrichtlinie), § 99 BetrVG (Änderungskündigung), §§ 102, 103 BetrVG (Anhörung des Betriebsrats bei Kündigungen), §§ 111, 112, 112a BetrVG (Interessenausgleich/Sozialplan bei Betriebsänderung oder Massenentlassung) oder §§ 17, 18 KSchG (Massenentlassungsanzeige als arbeitsmarktpolitische Norm) (so auch Lutter/Joost, UmwG, § 323 Rn. 19). Die Fortgeltung von Regelungen in **Tarifverträgen** oder **Betriebsvereinbarungen** zu Kündigungsmodalitäten, wie Kündigungsfristen oder Unkündbarkeitsvereinbarungen, richtet sich ausschließlich nach § 613a Abs. 2 BGB (s. o. Teil 1 Rdn. 203 ff.). Die befristete Bestandsgarantie des § 323 Abs. 1 UmwG greift nicht (Kallmeyer/Willemsen, UmwG, § 323 Rn. 16; Semler/Stengel/Simon, UmwG, § 323 Rn. 16; a. A. Lutter/Joost, UmwG, § 323 Rn. 24, jeweils m. w. N.). 232

b) Ausnahme: Gemeinsamer Betrieb. Ausnahmsweise bleiben sämtliche kündigungsrechtlichen Normen anwendbar, wenn trotz der Spaltung oder Teilübertragung ein gemeinsamer Betrieb bestehen bleibt. Häufig wird bei der Spaltung oder Teilübertragung eines Rechtsträgers zwar formal der Betrieb aufgeteilt und die Betriebsteile werden rechtlich verselbstständigt, jedoch bleibt die bisherige **Betriebsorganisation** unangetastet. Während die Spaltung des Rechtsträgers z. B. aus Gründen des Steuerrechts oder des Wettbewerbs erfolgt, wird die **arbeitsorganisatorische Einheit** »Betrieb« beibehalten, um auch weiterhin die arbeitstechnischen Vorteile eines langjährigen, eingespielten Betriebes nutzen zu können. 233

In der **Rechtsprechung des BAG** war seit jeher anerkannt, dass mehrere Unternehmen einen einheitlichen Betrieb gemeinsam führen können (vgl. z. B. BAG, NJW 1987, 2036). Entscheidend ist, dass die beteiligten Rechtsträger eine **einheitliche Führung** des Betriebs einrichten. Die hierfür grds. geforderte **rechtliche Vereinbarung** (a. A. Lutter/Joost, UmwG, § 322 Rn. 11) muss nicht in einer ausdrücklichen vertraglichen Abmachung bestehen, sondern kann aus den tatsächlichen Umständen gefolgert werden (s. nur BAG, NZA 2002, 1349). 234

Für den Kündigungsschutz bestimmt **§ 322 UmwG**, dass bei Vorliegen eines gemeinsamen Betriebs dieser als Betrieb i. S. d. Kündigungsschutzrechts gilt, auch wenn die Arbeitsverhältnisse auf zwei oder mehr eigenständige Rechtsträger verteilt sind. So ist bspw. im Fall einer betriebsbedingten Kündigung für die Ermittlung der Arbeitnehmerzahlen gem. § 23 Abs. 1 KSchG, die Prüfung einer anderweitigen Beschäftigungsmöglichkeit oder bei der Sozialauswahl auf die **Verhältnisse des gemeinsamen Betriebes** abzustellen. § 322 UmwG dient nur der **Klarstellung**, da die Grundsätze des einheitlichen Betriebs auch außerhalb des UmwG Anwendung finden (vgl. grundlegend BAG, ZIP 1986, 730; BAG, DB 1999, 965). Dem **Arbeitnehmer** obliegt die **Darlegungs- und Beweislast** für das Vorliegen eines gemeinsamen Betriebs, da die Vermutungsregel des § 1 Abs. 2 Nr. 2 BetrVG im Bereich des Kündigungsschutzrechts nicht gilt (Kallmeyer/Willemsen, UmwG, § 322 Rn. 14; Semler/Stengel/Simon, UmwG, § 322 Rn. 7; a. A. Lutter/Joost, UmwG, § 322 Rn. 13). 235

236 ▶ **Hinweis:**

Jedoch können **keine strengen Maßstäbe an die Darlegungslast des Arbeitnehmers** gestellt werden, weil er regelmäßig nur unzureichende Kenntnis von dem Inhalt der zwischen den beteiligten Unternehmen getroffenen vertraglichen Vereinbarungen haben dürfte. Der Arbeitnehmer wird seiner Darlegungslast genügen, wenn er die äußeren Umstände schlüssig darlegt, die für die Führung eines gemeinsamen Betriebs sprechen. Zu diesen Umständen gehören z. B. die gemeinsame Nutzung der technischen und immateriellen Betriebsmittel, die gemeinsame räumliche Unterbringung, die personelle, technische und organisatorische Verknüpfung der Arbeitsabläufe oder das Vorhandensein einer unternehmensübergreifenden Leitungsstruktur zur Durchführung der arbeitstechnischen Zwecke, insb. zur Wahrnehmung der sich aus dem Direktionsrecht des Arbeitgebers ergebenden Weisungsbefugnisse (vgl. BAG, ZIP 1990, 1363).

237 **2. Betriebsverfassungsrecht.** Die betriebsverfassungsrechtlichen Folgen einer Umwandlung richten sich grds. nach dem BetrVG. Entscheidend sind die Verhältnisse in den Betrieben, wie sie sich nach der Umwandlung darstellen. Maßgebend ist hierbei der arbeitsrechtliche Betriebsbegriff (s. o. Teil 1 Rdn. 195). Ändert sich die **betriebliche Organisation** trotz der Umwandlung nicht, bleiben die bestehenden Betriebsräte mit gleichen Rechten und Pflichten im Amt. Dies ist regelmäßig bei einem Formwechsel der Fall. Aber auch, wenn nach einer Spaltung oder Vermögens(teil)übertragung die betriebsorganisatorische Einheit »Betrieb« unverändert bleibt, wird für die Anwendung des BetrVG gem. § 1 Abs. 2 Nr. 2 BetrVG **widerlegbar vermutet**, dass die an der Spaltung beteiligten Rechtsträger den zuvor einheitlichen Betrieb nunmehr als **gemeinsamen Betrieb** weiterführen (s. a. oben Teil 1 Rdn. 233 ff.).

238 **a) Übergangsmandat des Betriebsrats.** Führt die Umwandlung zu einer **Aufteilung oder Auflösung von Betrieben**, können die bisherigen Betriebsräte ihr Amt verlieren, weil bspw. in den neu gebildeten Betrieben die Anzahl der Mitglieder des Betriebsrats sinkt, vgl. § 9 BetrVG oder der Betriebsrat (die konkrete Person) einem anderen Betrieb angehört, § 8 BetrVG. Damit würden die betroffenen Arbeitnehmer gerade in der kritischen Übergangsphase bei einer Umstrukturierung den durch die Beteiligungsrechte des Betriebsrates bestehenden Schutz verlieren. Daher sehen die §§ 21a, 21b BetrVG ein **Übergangs- bzw. Restmandat** des Betriebsrats vor. Geht ein Betrieb unter, behält der Betriebsrat ein **Restmandat** gem. § 21b BetrVG zur Wahrnehmung der Mitwirkungs- und Mitteilungsrechte im Zuge der Umwandlung (hierzu s. o. Teil 1 Rdn. 222 ff.).

239 Wird der **Betrieb aufgespalten**, führt der bisherige Betriebsrat die Geschäfte für die ihm bis zu der Spaltung zugeordneten Betriebsteile als **Vollmandat** gem. § 21a BetrVG fort (s. a. Rieble, NZA 2002, 233 ff.). Die übertragenen Betriebsteile müssen **betriebsratsfähig** gem. § 1 Abs. 1 Satz 1 BetrVG sein, d. h. über mindestens fünf ständige wahlberechtigte Arbeitnehmer, von denen drei wählbar sind, verfügen. Ferner dürfen sie nicht in einen Betrieb eingegliedert werden, in dem ein Betriebsrat besteht, denn dann ist die Wahrung der Arbeitnehmerinteressen gesichert.

240 Hauptaufgabe des Betriebsrates während der Übergangszeit ist – neben der Ausübung der Beteiligungsrechte für alle Arbeitnehmer – die Vorbereitung von **Neuwahlen in den abgespalteten Betriebsteilen**. Um die zügige Durchführung der Neuwahlen zu gewährleisten, endet das Übergangsmandat **spätestens 6 Monate nach der Spaltung**. Das Übergangsmandat endet bereits vor Ablauf der Sechsmonatsfrist, wenn in den Betriebsteilen ein neuer Betriebsrat gewählt und das Wahlergebnis bekannt gegeben ist, § 21a Abs. 1 Satz 3 BetrVG. Es kann durch Tarifvertrag oder Betriebsvereinbarung um weitere 6 Monate verlängert werden, § 21a Abs. 1 Satz 4 BetrVG. Zur konkreten personellen Zusammensetzung s. Kallmeyer/Willemsen, UmwG, vor § 322 Rn. 37 ff.

241 Wenn anlässlich einer Spaltung Betriebe oder einzelne Betriebsteile, die bisher zu verschiedenen Betrieben gehörten, **zu einem Betrieb zusammengefasst** werden, wird nach § 21a Abs. 2 Satz 1 BetrVG das Übergangsmandat von dem Betriebsrat wahrgenommen, dem vorher der nach der Zahl der wahlberechtigten Arbeitnehmer größte Betriebsteil zugeordnet war. Ist der nach der Arbeitnehmeranzahl größte Betriebsteil ohne Betriebsrat, übernimmt der Betriebsrat das Übergangsmandat, der bisher die größte Arbeitnehmerzahl repräsentiert hat (Kallmeyer/Willemsen, UmwG, vor § 322 Rn. 30 ff. unter Verweis auf die Richtlinie 2001/23/EG [Betriebsübergangsrichtlinie]; a. A. Rieble, NZA 2002, 233, 237 f.).

Das Mandat bezieht sich auf den gesamten, neu gebildeten Betrieb, sodass auch solche Arbeitnehmer vertreten werden, die bislang ohne Vertretung waren (Kallmeyer/Willemsen, UmwG, vor § 322 Rn. 28 ff.).

b) Gesamtbetriebsrat. Ob und inwieweit Gesamtbetriebsräte bestehen bleiben oder neu zu bilden **242** sind, richtet sich nach den betrieblichen Verhältnissen nach der Umwandlung nach den allgemeinen Vorschriften der §§ 47 ff. BetrVG. Demnach ist ein Gesamtbetriebsrat aus den Einzelbetriebsräten zu bilden, wenn **in einem Unternehmen mehrere Betriebsräte** bestehen. Bleibt die **betriebsverfassungsrechtliche Identität** gewahrt, wie regelmäßig bei einem Formwechsel, führt die Umwandlung zu keinen Änderungen. Bestand vor einer Umwandlung kein Gesamtbetriebsrat, sondern sowohl bei dem übertragenden als auch bei dem übernehmenden Rechtsträger nur ein Einzelbetriebsrat, liegen die Voraussetzungen für die Bildung eines Gesamtbetriebsrates vor, wenn die bestehenden Betriebseinheiten nicht verändert werden. Wird ein Betrieb **ausgegliedert oder abgespalten**, ist der bisherige Gesamtbetriebsrat nicht mehr für diesen zuständig (ausführlich s. Willemsen/Hohenstatt/Schweibert/Seibt, Umstrukturierung und Übertragung von Unternehmen, Rn. D 97 ff.).

c) Wirtschaftsausschuss. Auch für einen evtl. bestehenden Wirtschaftsausschuss (§§ 106 ff. **243** BetrVG) sind die **Verhältnisse nach der Umwandlung** maßgeblich. Erreicht bspw. bei einer Verschmelzung der übernehmende Rechtsträger erstmals eine Zahl von 100 Arbeitnehmern, ist ein Wirtschaftsausschuss einzurichten (ausführlich s. Willemsen/Hohenstatt/Schweibert/Seibt, Umstrukturierung und Übertragung von Unternehmen, Rn. D 214 ff.).

d) Sprecherausschuss. Leitende Angestellte sind keine Arbeitnehmer i. S. d. BetrVG, § 5 Abs. 3 **244** BetrVG, sondern organisieren sich in Sprecherausschüssen gem. SprAuG. Inwieweit diese von der Umwandlung berührt werden, richtet sich wie beim Betriebsrat nach den betrieblichen Verhältnissen nach Vollzug der Umwandlung. Denkbar ist im Rahmen von Verschmelzungen, dass durch die Zusammenlegung von Betrieben erstmals die **notwendige Mindestzahl von zehn leitenden Angestellten** erreicht wird (ausführlich s. Willemsen/Hohenstatt/Schweibert/Seibt, Umstrukturierung und Übertragung von Unternehmen, Rn. D 205 ff.).

e) Fortbestand der Rechte der Betriebsräte. Führt die Spaltung oder Teilübertragung zu einer Be- **245** triebsspaltung im betriebsverfassungsrechtlichen Sinn, kann gem. **§ 325 Abs. 2 UmwG** durch Betriebsvereinbarung oder Tarifvertrag die **Fortgeltung der bisherigen Rechte** der Betriebsräte geregelt werden (Einzelheiten s. Semler/Stengel/Simon, UmwG, § 325 Rn. 27 ff.). Dies gilt aber gem. § 325 Abs. 2 Satz 2 UmwG nicht für die Bestimmung der Größe der Betriebsräte (§ 9 BetrVG) und das Recht zur Bildung eines Betriebsausschusses (§ 27 BetrVG). Auch müssen die einzelnen Betriebe betriebsratsfähig i. S. d. § 1 Abs. 1 BetrVG sein.

▶ **Hinweis:** **246**

Bedeutung können Fortgeltungsvereinbarungen v. a. dann erlangen, wenn beim bisherigen Rechtsträger die Mitbestimmungs- und Informationsrechte des Betriebsrats bei personellen Einzelmaßnahmen oder Betriebsänderungen gem. §§ 99 und 111 BetrVG zur Anwendung kommen, nach der Spaltung in den neuen Betrieben der hierfür erforderliche Schwellenwert (mehr als 20 wahlberechtigte Arbeitnehmer) jedoch verfehlt wird.

Zuständig für den Abschluss einer solchen Betriebsvereinbarung ist der jeweilige Betriebsrat der ent- **247** standenen Betriebe. Der Betriebsrat des übertragenden Rechtsträgers kann nach zutreffender Auffassung mit Wirkung für den übernehmenden Rechtsträger nur dann eine Vereinbarung abschließen, wenn ihm ein Übergangsmandat gem. § 21a BetrVG (s. o. Teil 1 Rdn. 238 ff.) zusteht (Kallmeyer/Willemsen, UmwG, § 325 Rn. 16; Semler/Stengel/Simon, UmwG, § 325 Rn. 36).

3. Mitbestimmungsrecht. Die Mitbestimmung der Arbeitnehmer ist in folgenden Gesetzen gere- **248** gelt: DrittelbeteiligungsG, MitbestimmungsG, Montan-MitbestimmungsG und Montan-Mitbestimmungs-ErgG. Da über deren Anwendung die **Rechtsform** (i. d. R. Kapitalgesellschaften, s. § 1 Abs. 1

MitbestG, § 1 Abs. 1 DrittelbG) und die **Anzahl der Arbeitnehmer** (i. d. R. mind. mehr als 500 bis 2.000 Arbeitnehmer, s. § 1 Abs. 1 DrittelbG, § 1 Abs. 1 MitbestG) entscheidet, können alle Umwandlungsfälle Auswirkungen auf die Arbeitnehmermitbestimmung haben.

249   Grds. sind für die weitere Mitbestimmung die **Verhältnisse nach der Umwandlung** maßgebend: Reduziert sich die Arbeitnehmerzahl eines Rechtsträgers bspw. von 2.200 auf 1.500 ist der Aufsichtsrat nicht mehr zur Hälfte nach § 7 MitbestG, sondern nur zu einem Drittel nach § 4 DrittelbG mit Arbeitnehmern zu besetzen. Einer Neubesetzung hat das **Statusverfahren** gem. §§ 97 ff. AktG voranzugehen. **Erlischt der übertragende Rechtsträger,** erlöschen auch die **Ämter** der Mitglieder von Leitungsorganen, also auch von Aufsichtsräten. Führt ein **Formwechsel** dagegen zu keiner Veränderung der maßgeblichen mitbestimmungsrechtlichen Vorschriften bleiben die bisherigen Aufsichtsratsmitglieder im Amt (**Grundsatz der Amtskontinuität**, § 203 UmwG, s. a. Leßmann/Glattfeld, ZIP 2013, 2390 ff.).

250   Für die Abspaltung und die Ausgliederung, § 123 Abs. 2 und Abs. 3 UmwG, bestimmt § 325 Abs. 1 UmwG zwingend die **5-jährige Fortgeltung** der bestehenden, gesetzlichen Mitbestimmungsvorschriften beim **übertragenden Rechtsträger.** Dies gilt nicht, wenn die Anzahl der Arbeitnehmer auf weniger als ein Viertel der gesetzlichen Mindestzahl sinkt oder der Betrieb erstmals der **Tendenzbindung** nach § 1 Abs. 4 MitbestG unterfällt (Kallmeyer/Willemsen, UmwG, § 325 Rn. 7; Semler/Stengel/Simon, UmwG, § 325 Rn. 13; a. A. Widmann/Mayer/Wißmann, Umwandlungsrecht, § 325 UmwG Rn. 23). Damit soll verhindert werden, dass Kleinunternehmen noch weiter über einen vielköpfigen, mitbestimmten Aufsichtsrat verfügen müssen, dessen Größe in keinem Verhältnis zu dem Unternehmen selbst steht. Eine analoge Anwendung auf andere Umwandlungsarten scheidet aus. Die Schutznorm greift nur, wenn sich allein aufgrund der Abspaltung oder Ausgliederung die Mitbestimmungsrechte verschlechtern. Rationalisierungsmaßnahmen nach der Umwandlung können dagegen zum sofortigen Verlust der Mitbestimmungsrechte führen (Kallmeyer/Willemsen, UmwG, § 325 Rn. 8; Lutter/Joost, UmwG, § 325 Rn. 23; Semler/Stengel/Simon, UmwG, § 325 Rn. 11; differenzierend Widmann/Mayer/Wißmann, Umwandlungsrecht, § 325 UmwG Rn. 17).

251   Soweit die Mitbestimmungsgesetze **eigene Fortgeltungsregelungen** enthalten (§ 1 Abs. 3 MontanMitbestG, § 16 Abs. 2 MontanMitbestGErgG) sind dies die ggü. § 325 UmwG spezielleren Normen (Kallmeyer/Willemsen, UmwG, § 325 Rn. 9; s. a. Widmann/Mayer/Wißmann, Umwandlungsrecht, § 325 UmwG Rn. 41 ff.). Die Mitbestimmung kann auch aufgrund von **Konzernzurechnungsbestimmungen** erhalten bleiben (vgl. § 5 MitbestG, §§ 1, 2 Abs. 2 DrittelbG).

252   Für Verschmelzungen mit **Bezug zu Mitgliedsländern der EU** ist mit dem Gesetz über die Mitbestimmung der Arbeitnehmer bei einer grenzüberschreitenden Verschmelzung (**MgVG**; vgl. auch Teil 6 Rdn. 150 ff.) die Fortgeltung der Mitbestimmung neu geregelt worden. Dieses Gesetz dient der Umsetzung des Art. 16 der Richtlinie 2005/56/EG über die Verschmelzung von Kapitalgesellschaften aus verschiedenen Mitgliedstaaten (ABl. EG Nr. L 310 S. 1). Das MgVG erklärt das Mitbestimmungsrecht des Sitzstaates für anwendbar und bestimmt ein Verfahren, nach dem die Betriebsparteien die weitere Geltung von Mitbestimmungsrechten vereinbaren können, falls die Verschmelzung zu Nachteilen für die Arbeitnehmermitbestimmung führt. Ob dieses komplizierte und detaillierte Regelungswerk in der Praxis überhaupt handhabbar ist, erscheint äußerst zweifelhaft (krit. auch Müller, ZIP 2004, 1790, 1795). Es wird aber auch vertreten, dass das MgVG derzeit die Möglichkeit bietet, die unternehmerische Mitbestimmung durch eine grenzüberschreitende Verschmelzung ohne Verhandlungen mit den Arbeitnehmervertretungen auf dem bestehenden Maß einzufrieren (s. Brandes, ZIP 2008, 2193).

F. Einsatz des UmwG in der Praxis

I. Allgemeines

253   Die Motive für den Einsatz des UmwG sind in der Praxis vielfältig und lassen sich nicht abschließend beschreiben. Vielfältige Einflüsse des Wirtschafts- und Rechtslebens führen dazu, dass Unternehmen im größeren Maße als früher Umwandlungsvorgängen unterworfen sind. Sieht man von Einzelfällen ab, lassen sich im Wesentlichen **folgende Schwerpunktmotivationen** finden, die mit dem Einsatz des Umwandlungsrechts verwirklicht werden sollen:
– Anpassung der betriebswirtschaftlichen Organisationsstruktur,

– Organisation des Konzerns unter Berücksichtigung betriebswirtschaftlicher Notwendigkeiten,
– steuerorientierte Umstrukturierungen,
– gesellschaftsrechtlich motivierte Umwandlungen,
– Umwandlung zur Lösung von Gesellschafterkonflikten.

II. Einzelfälle

1. Betriebswirtschaftlich motivierte Umwandlungen. Die Aufgabe der betriebswirtschaftlichen **254** Organisationslehre wird v. a. darin gesehen, die komplexen Zusammenhänge unternehmerischen Wirkens durch Bildung von Organisationseinheiten, d. h. die Zusammenfassung von personellen und sächlichen Mitteln eines Teilunternehmens zu einer abgegrenzten Einheit, nach rationalen Kriterien aufzuspalten, sodass die Aufgabenerfüllung sich als **arbeitsteiliger, optimaler Prozess** darstellt (vgl. zu diesen Aufgaben der Umschreibung der Organisationslehre Bühner, Betriebswirtschaftliche Organisationslehre, S. 91 ff.; Jakob, Unternehmensorganisation, S. 106 ff.; Steinmann/Schreyögg, Management, S. 412 ff.; Schreyögg, Organisation, Grundlagen moderner Organisationsgestaltung, S. 25 ff.; Olfert, Organisation, S. 23 ff.).

Die wirtschaftlichen Entwicklungen haben gezeigt, dass eine aktive Unternehmensführung ein ständiges organisatorisches Anpassen voraussetzt. Wie verschiedene betriebswirtschaftliche Untersuchungen gezeigt haben, hängt die Effizienz der Unternehmensorganisation von dem jeweiligen Markt und den Umweltbedingungen ab. Jede Änderung dieser Umweltbedingungen führt daher zumindest zu einer Überprüfung hinsichtlich der Auswirkungen auf die Organisationsstruktur. Insb. Jahre des tief greifenden Strukturwandels, eine ständige beschleunigte technologische, gesellschaftliche und globale Entwicklung zwingen die Unternehmen zu ständigen einschneidenden **Änderungen der Unternehmensstrategie und der Unternehmensstruktur.** Im betriebswirtschaftlichen Schrifttum wurde daher auf die ständige Notwendigkeit der strategischen und organisatorischen Änderung aufmerksam gemacht (vgl. Bühner, DB 1986, 2341; ders., BFuP 1987, 249). Die Betriebswirtschaftslehre fordert also die ständige Anpassung des Unternehmens an gewandelte wirtschaftliche Bedürfnisse. Durch die **Beschleunigung des Wettbewerbs** und die Verkürzung der Produktzyklen lässt sich die Unternehmensorganisation nicht mehr als festes Datum verstehen, sondern die Organisation verlangt nach ständiger Gestaltungsaufgabe. Die Organisationsentwicklung der letzten Jahre hat gezeigt, dass ein erheblicher Bedarf besteht, Unternehmen ohne große bürokratische Hemmnisse grundlegend umzustrukturieren. Mittlerweile spricht die Organisationstheorie von der Notwendigkeit permanenten Wandels oder lernenden Organisationen, um den technologischen Entwicklungen und den Globalisierungsbedingungen gerecht werden zu können.

In den 90er Jahren wurden darüber hinaus auch die **Zusammenhänge zwischen rechtlicher Unternehmensorganisation und betriebswirtschaftlicher Organisation** herausgearbeitet. Untersuchungen haben gezeigt, dass die betriebswirtschaftliche Organisationsstruktur und die rechtliche Unternehmensstruktur keineswegs nebeneinander bestehen, im Gegenteil, es bestehen vielfältige Interdependenzen, ohne deren Beachtung eine sinnvolle Gestaltung des Unternehmens nicht möglich ist (vgl. von Warda, ZfO 1988, 104). Die Beispiele der letzten Jahre haben verdeutlicht, dass Unternehmen vermehrt dazu übergehen, uneffiziente oder zur Produktstruktur nicht passende Unternehmensteile abzuspalten und zu veräußern, umgekehrt dem Unternehmenskonzept entsprechende Gesellschaften und Unternehmen im Wege des Unternehmenskaufes zu erwerben. Dieser Prozess des An- und Verkaufs von Unternehmenseinheiten betrifft nicht nur Großunternehmen, sondern auch die mittelständische Wirtschaft. Dass hierzu der Einsatz des Umwandlungsrechts erforderlich ist, ist offensichtlich.

2. Betriebswirtschaftliche Organisation der Konzernstruktur. Eng mit den Ausführungen zur all- **255** gemeinen betriebswirtschaftlichen Organisationslehre hängen die **Überlegungen zur Gestaltung eines Konzerns** zusammen. Auch die mittelständische Industrie beschränkt sich grds. nicht darauf, unternehmerische Aktivitäten nur in einer Rechtsform wahrzunehmen. I. d. R. haben auch kleinere und mittlere Unternehmen eine Konzernstruktur, die es ebenfalls häufig anzupassen gilt. Insb. das **Holdingkonzept** wurde in den letzten Jahren als Instrument zur erfolgreichen Neuausrichtung von Unternehmen diskutiert (vgl. dazu Lutter/Bayer, Holding-Handbuch, 5. Aufl. 2015; Keller, Unternehmensführung mit Holdingkonzepten, 2002; Lettel, DStR 1996, 2020; Bühner, Die Managementholding, 1992;

Schumacher, Beteiligungscontrolling in der Management-Holding, S. 74 ff.). Die Management-Holding kann reine Finanzholding, strategische (z. B. Metro-Gruppe) oder operative Holding (z. B. BMW) sein.

Das **Holdingkonzernkonzept** hat zum einen den Vorteil der Haftungstrennung der Betriebsteile eines Unternehmens und zum anderen aber auch die Flexibilität und größere Innovationskraft bei rechtlicher Selbstständigkeit der Organisationseinheiten (vgl. Bühner, DB 1986, 2341; ders., ZfO 1989, 223, 229). Darüber hinaus ermöglicht die rechtliche Selbstständigkeit von Produktionseinheiten die einfache Abtrennung einer Sparte »en bloc« durch Verkauf der rechtlichen Teileinheit. Schließlich fördert die rechtliche Selbstständigkeit die Kooperationsmöglichkeiten der Einzelsparten mit anderen Unternehmen. **Ziel** dieser Holdingstruktur ist, dass sie die Obergesellschaft ausschließlich auf das Halten der Beteiligungen an den Tochtergesellschaften beschränkt und die strategische Ausordnung des Konzerns vorgibt. Am Markt tätig sind allein die Tochtergesellschaften (vgl. Keller, Unternehmensführung mit Holdingkonzept; ders., DB 1991, 1633 ff.).

256 **3. Gesellschaftsrechtlich motivierte Umstrukturierung. Entwicklungen im allgemeinen Gesellschaftsrecht** führen weiter dazu, dass Gesellschaften ihr Rechtskleid ändern wollen. Grund hierfür ist zum einen die Tatsache, dass das einmal gewählte Rechtskleid nicht mehr dem unternehmerischen Konzept entspricht. Besonders prägnantes Beispiel die Umwandlung in die AG zur Vorbereitung von Börsengängen (vgl. hierzu Ehlers/Jurcher, Der Börsengang von Mittelstandsunternehmen; Steg, AG 1998, 460; Küffer, Der Gang eines mittelständischen Unternehmens an die Börse – Motive, Durchführung, Folgen; Ziegenhain/Helm, WM 1998, 1417; dies., AG 1998, 480; Deutsche Börse, Praxishandbuch Börsengang, S. 45 ff.). Gerade die Zahl der Neuemissionen in den letzten Jahren hat gezeigt, dass für innovative kleine Unternehmen der Börsengang erhebliche Möglichkeiten zur Kapitalsammlung bietet, sodass bei vielen derartigen Unternehmen das Bestreben des Going-Public besteht. Häufig erfolgt der Formwechsel aus der GmbH oder aus der GmbH & Co. KG in die AG zur Vorbereitung des Börsengangs.

257 **Unabhängig vom Börsengang** bietet die AG schließlich im Vergleich zu anderen Rechtsformen die besten Möglichkeiten zur Mitarbeiterbeteiligung. Beteiligungsmodelle für Mitarbeiter wirken motivationsfördernd und stellen daher für Unternehmen im Bereich mit hoch spezialisierten Arbeitnehmern eine wichtige Möglichkeit zur Mitarbeiterförderung dar. Umgekehrt wird das UmwG aber auch für den anderen Weg des sog. **Delisting** eingesetzt, d. h. der Beendigung der Notierung eines zum Börsenhandel zugelassenen Unternehmens, sog. **Going-Private** (vgl. dazu Steg, AG 1998, 460). Die Verschmelzung der börsennotierten Gesellschaft oder die Umwandlung in eine GmbH stellt eine interessante Alternative zum regulären Going-Private im Wege des Delisting dar.

258 **4. Steuerorientierte Umstrukturierung.** Besonders wichtig für die Praxis ist die sog. **steuerorientierte Umstrukturierung** (vgl. dazu Krebs, BB 1998, 1609; ders., BB 1998, 1771; Köster/Prinz, GmbHR 1997, 336; Herzig, Steuerorientierte Umstrukturierung von Unternehmen, 1997; Breithecker/Sava, Unternehmensumstrukturierung und Besteuerung, 2005; Brähler, Steuerlich optimale Gestaltungen von grenzüberschreitenden Umstrukturierungen, 2006; Lühn, Quantitative internationale Konzernsteuerplanung, S. 42 ff.). Ziel derartiger Maßnahmen ist eine möglichst steuergünstige Gestaltung von Konzernstrukturen oder des Unternehmenskaufes. Häufig geht es darum den **Verlustabzug**, der bei einer Gesellschaft entstanden ist, unter Einsatz des Umwandlungsrechts **zu nutzen**. Die durch das UmwG und UmwStG eingeräumten Kombinationsmöglichkeiten von Gesamt- und Sonderrechtsnachfolge mit und ohne Übertragung von Verlustverträgen ermöglichen die optimale Nutzung der Verluste innerhalb einer Unternehmensgruppe. Im Einzelfall werden in der Praxis zur Optimierung der Verlustnutzung Verschmelzungs- und Spaltungssequenzen angeboten (vgl. dazu Köster/Prinz, GmbHR 1997, 336). Der Gesetzgeber hat allerdings durch einige Korrekturen des UmwStG in den letzten Jahren die Verlustverwertung eingeschränkt (vgl. dazu unten Teil 7 Rdn. 252 ff.).

259 ▶ **Hinweis:**

Auch beim **Ankauf oder Verkauf eines Unternehmens** wird das Umwandlungsrecht als Gestaltungsmöglichkeit zur steuergünstigen Gestaltung unter Berücksichtigung der Interessen des Käufers und

Verkäufers eingesetzt (vgl. Schaumburg, in: Herzig, Steuerorientierte Umstrukturierung von Unternehmen, S. 113).

5. Einsatz des Umwandlungsrechts zur Lösung von Gesellschafterkonflikten. Insb. das Spal- 260
tungsrecht wurde in der Praxis als **Mittel zur Trennung von Familienstämmen** eingesetzt (vgl. dazu
AG 1997, 455; Armbrüster, GmbHR 1997, 60). Bereits in der Gesetzesbegründung zum UmwG
1995 findet sich der Hinweis, dass als Anlass für die Spaltung u. a. die Möglichkeit der Auseinandersetzung unter Mitinhabern wie Aktionärsgruppen oder Familienstämmen notwendig ist (vgl. BR-
Drucks. 75/94, S. 74).

6. Einsatz des Umwandlungsrechts zu Sanierungszwecken. Ebenfalls Bedeutung erlangt hat das 261
Umwandlungsrecht i. R. d. **Unternehmenssanierung** (vgl. dazu eingehend Limmer, in: Kölner Schrift
zur InsO). Dabei wird die Unternehmenssanierung durch Instrumentarien der **InsO** gefördert (vgl. Begründung zum RegE, BT-Drucks. 12/2443, S. 75). Besonders zu nennen sind die Beseitigung der Haftung des Vermögensübernehmers nach § 419 BGB und die Einführung der vereinfachten Kapitalherabsetzung bei der GmbH durch die §§ 58a ff. GmbHG. Von besonderer Bedeutung ist dabei, dass die
Durchführung der Insolvenz **auf drei** vom Gesetzgeber als **gleichrangig erachteten Wegen** erfolgen
kann, nämlich:
- Liquidation,
- Sanierung und
- Übertragung der Sanierung.

Das Instrument des Insolvenzplans soll die Sanierung erleichtern. Der Einsatz des Umwandlungsrechts,
insb. bei der Gestaltung von sog. **Sanierungsgesellschaften, Betriebsübernahmegesellschaften** oder
Auffanggesellschaften spielt in der Praxis eine große Rolle (vgl. im Einzelnen dazu unten Teil 5
Rdn. 35 ff.).

Teil 2: Verschmelzung

Kapitel 1: Grundlagen der Verschmelzung

A. Einführung

I. Grundsatz

Wie bereits dargelegt, folgt das UmwG dem Prinzip vom Allgemeinen zum Besonderen. Demgemäß **1** sind die Bücher über die einzelnen Umwandlungsarten in einen allgemeinen Teil und einen besonderen Teil aufgeteilt. In dem **allgemeinen Teil** sind, wie im Bürgerlichen Recht, gleichsam vor die Klammer gezogene allgemeine Vorschriften enthalten, die für alle Rechtsträger gelten, während im **besonderen Teil** die für die einzelnen Gesellschaftsformen und Rechtsträger spezifischen Regelungen enthalten sind. Den Vorschriften über die Verschmelzung kommt hierbei eine besondere Funktion zu. Sie sind gleichsam der allgemeine Teil des Umwandlungsrechts. Hier ist eine Reihe von für jede Umwandlung grundlegenden Rechtsfragen geregelt, auf die dann bei den anderen Umwandlungsarten verwiesen wird.

▶ **Beispiel:** **2**

Frage der Anfechtung der Verschmelzung (§ 14 UmwG).

II. Begriff und Wesenselemente der Verschmelzung

1. Überblick. § 2 UmwG definiert in Einklang mit den bis 1995 geltenden Verschmelzungsvorschrif- **3** ten den Begriff der Verschmelzung (vgl. vorher § 339 AktG, § 19 KapErhG, §§ 93a, 93s GenG, § 44a Abs. 1 VAG a. F.). Folgende Elemente sind die **Strukturmerkmale der Verschmelzung** (vgl. hierzu eingehend Hügel, Verschmelzung und Einbringung, S. 28 ff.; Widmann/Mayer/Fronhöfer, Umwandlungsrecht, § 2 UmwG Rn. 1 ff.; Lutter/Drygala, UmwG, § 2 Rn. 28 ff.; Kallmeyer/Marsch-Barner, UmwG, § 2 Rn. 2 ff.; Stengel in: Semler/Stengel, § 2 UmwG Rn. 34 ff.; OLG Celle, WM 1988, 1375; BayObLG, NJW 1984, 1693):

– Übertragung des Vermögens der übertragenen Gesellschaft im Wege der Gesamtrechtsnachfolge auf die übernehmende Gesellschaft,
– liquidationslose Vollbeendigung der übertragenen Gesellschaft,
– Abfindung der Gesellschafter der übertragenen Gesellschaft durch Anteile an der übernehmenden Gesellschaft.

Dabei unterscheidet § 2 UmwG die **Verschmelzung durch Aufnahme** (§ 2 Nr. 1 UmwG) und die **Ver- 4 schmelzung durch Neubildung** (§ 2 Nr. 2 UmwG). Bei der Verschmelzung durch Aufnahme erfolgt die Übertragung des Vermögens eines Rechtsträgers als Ganzes auf einen anderen Rechtsträger gegen Gewährung von Anteilen dieses Rechtsträgers. Die Überträgerin geht als Rechtsperson unter, die Mitgliedschaften erlöschen und das Vermögen, einschließlich der Verbindlichkeiten, geht im Wege der Gesamtrechtsnachfolge auf die Übernehmerin über. In dem bis 1995 geltenden Recht war die Verschmelzung zur Übertragung allerdings unterschiedlich definiert (vgl. einerseits § 19 KapErhG, andererseits § 339 AktG a. F.). Bei der GmbH war umstritten, ob die Verschmelzung zur Übertragung die Beteiligung von mehr als einer Überträgerin zulässt (vgl. Röllenberg, DNotZ 1988, 643; Lutter/Hommelhoff, GmbHG, 13. Aufl., § 19 KapErhG Rn. 9). § 2 UmwG lehnt sich eng an die bisherige Definition in § 339 AktG a. F. an, nach der eine Verschmelzung im Wege der Aufnahme auch durch Übertragung des Vermögens mehrerer Rechtsträger auf einen anderen Rechtsträger erfolgen kann.

5   Die zweite vom UmwG 1995 vorgesehene Variante ist die Möglichkeit einer **Verschmelzung durch Neubildung**. Durch diese Art der Verschmelzung gehen die übertragenden Rechtsträger als Rechtspersonen unter. Mitgliedschaftsrechte an ihnen erlöschen, ihr Vermögen einschließlich Verbindlichkeiten gehen im Wege der Gesamtrechtsnachfolge auf die neu gebildete Gesellschaft über. Beteiligt sein können an der Verschmelzung durch Neubildung, bei der eine neue Gesellschaft gegründet wird, mehrere Rechtsträger.

6   **2. Einzelfragen. a) Gesamtrechtsnachfolge.** § 20 Abs. 1 Nr. 1 UmwG ergänzt das in § 2 UmwG zum Ausdruck kommende Prinzip und Wesensmerkmal der Verschmelzung: die **Gesamtrechtsnachfolge** (vgl. dazu auch unten Teil 2 Rn. 626 ff.). Die Vorschrift bestimmt, dass das Vermögen der übertragenden Rechtsträger einschließlich der Verbindlichkeiten auf den übernehmenden Rechtsträger übergeht. Zeitpunkt des Vermögensübergangs ist nach § 20 Abs. 1 UmwG die Eintragung der Verschmelzung in das Register des Sitzes des übernehmenden Rechtsträgers. Die Gesamtrechtsnachfolge ist dadurch geprägt, dass das gesamte Vermögen, also alle Aktiva und Passiva, kraft Gesetzes auf den aufnehmenden Rechtsträger übergehen und es einer Einzelübertragung (z. B. nach § 929 BGB, Auflassung § 925 BGB, Abtretung, § 398 BGB) und auch der Genehmigung der Gläubiger nach §§ 414 ff. BGB nicht bedarf. Auch die für die Einzelübertragung etwa notwendigen öffentlich-rechtlichen und sonstigen **Genehmigungserfordernisse** bestehen bei der Gesamtrechtsnachfolge nicht (vgl. Widmann/Mayer/Vossius, Umwandlungsrecht, § 20 UmwG Rn. 26; Lutter/Grunewald, UmwG, § 20 Rn. 7; Lutter/Drygala, UmwG, § 2 Rn. 29; Kallmeyer/Marsch-Barner, UmwG, § 20 Rn. 4 ff.; zur Entwicklung vgl. K. Schmidt, AcP 191, 1991, 495, 502 ff.)). Die Eintragung im Handelsregister ist konstitutiv (vgl. BGH, NJW 1996, 659), sodass keine weiteren Schritte zur Rechtsübertragung nötig sind.

7   Die an sich bei der Einzelübertragung **notwendige Registereintragung**, bspw. im Grundbuch, ist bei der Gesamtrechtsnachfolge nicht erforderlich; der Rechtsübergang findet außerhalb des Grundbuchs bzw. Registers statt. Die anschließende Grundbucheintragung ist nur noch eine Grundbuchberichtigung und deklaratorischer Natur (vgl. dazu auch unten Teil 2 Rn. 628 ff.; Widmann/Mayer/Vossius, Umwandlungsrecht, § 20 UmwG Rn. 56, 217; Schöner/Stöber, Grundbuchrecht, Rn. 995a; Lutter/Grunewald, UmwG, § 20 Rn. 9; Kübler in: Semler/Stengel, § 20 UmwG Rn. 8). Im Grundbuch ist die Rechtsnachfolge durch Vorlage des beglaubigten Handelsregisterauszuges der übernehmenden Gesellschaft oder durch Verweisung auf das am gleichen Gericht geführte Register zu führen (§ 22 GBO).

8   Wegen des Prinzips der Gesamtrechtsnachfolge ist es auch nicht möglich, **einzelne Vermögensgegenstände** eines übertragenden Rechtsträgers im Verschmelzungsvertrag von dem Übergang auf den übernehmenden Rechtsträger **auszunehmen** (Widmann/Mayer/Vossius, Umwandlungsrecht, § 20 UmwG Rn. 32; Lutter/Grunewald, UmwG, § 20 Rn. 8; Kallmeyer/Marsch-Barner, UmwG, § 2 Rn. 9; Kübler in: Semler/Stengel, § 20 UmwG Rn. 8). Eine etwaige Vereinbarung wäre nichtig. Entweder muss der entsprechende Vermögensgegenstand vorher aus dem Vermögen des übertragenden Rechtsträgers mit dinglicher Wirkung ausgeschieden sein oder es muss nicht die Verschmelzung, sondern eine Spaltung eingesetzt werden.

9   ▶ **Hinweis:**

Allerdings kann es vom Prinzip der Gesamtrechtsnachfolge Ausnahmen geben, nämlich dann, wenn aufgrund anderer gesetzlicher Vorschriften eine Übertragung des Vermögensgegenstandes nicht mehr möglich ist (vgl. dazu unten Teil 2 Rdn. 687 ff.).

10   **b) Liquidationslose Vollbeendigung des übertragenden Rechtsträgers.** Nach § 20 Abs. 1 Nr. 2 UmwG erlischt der übertragende Rechtsträger; einer besonderen Auflösung bedarf es nicht.

Auch dies ist ein allgemeines Wesensmerkmal des Verschmelzungsrechts: die **liquidationslose Vollbeendigung** des oder der übertragenden Rechtsträger. Weiterhin ist der Untergang des übertragenden Rechtsträgers zwingend, sein Fortbestand kann nicht wirksam vereinbart werden (Lutter/Drygala, UmwG, § 2 Rn. 33; Widmann/Mayer/Vossius, Umwandlungsrecht, § 20 UmwG Rn. 325 ff.; Kübler in: Semler/Stengel, § 20 UmwG Rn. 73; Semler in: Semler/Stengel, § 2 UmwG Rn. 37). Ist der Fortbestand des übertragenden Rechtsträgers gewünscht, so muss der Weg der Spaltung gewählt werden, die auch zur Übertragung des wesentlichen Vermögens durchgeführt werden kann. Zum Fortbestand muss allerdings ein das Stammkapital vorhandenes **Mindestvermögen** beim übertragenden Rechtsträger vorhanden bleiben (vgl. dazu Teil 3 Rdn. 55).

Mit dem Erlöschen des übertragenden Rechtsträgers erlischt auch dessen **Firma** (Widmann/Mayer/ **11** Vossius, Umwandlungsrecht, § 20 UmwG Rn. 329).

c) Anteilsgewährungspflicht. Durch Untergang des übertragenden Rechtsträgers verlieren die Ge- **12** sellschafter bzw. Anteilsinhaber am übertragenden Rechtsträger ihre vermögenswerten Mitgliedschaftsrechte. Eines der Wesensmerkmale der Verschmelzung ist daher die **Gewährung von Geschäftsanteilen bzw. Anteilen** am übernehmenden Rechtsträger an die Gesellschafter bzw. Anteilsinhaber des übertragenden Rechtsträgers. Nach herrschender Meinung ist die Anteilsgewährungspflicht zur Abfindung der Gesellschafter bzw. Anteilsinhaber der übertragenden Gesellschaft ein **Strukturmerkmal** der Verschmelzung. Sie ist **Gegenleistung** für den Übergang des Vermögens der übertragenden Gesellschaft (vgl. im Einzelnen unter Teil 1 Rdn. 168 ff.; Teil 2 Rdn. 96 ff.; sowie Hügel, Verschmelzung und Einbringung, S. 46; Widmann/Mayer/Fronhöfer, Umwandlungsrecht, § 2 UmwG Rn. 38 ff.; Widmann/Mayer/Mayer, Umwandlungsrecht, § 5 UmwG Rn. 15 ff.; Lutter/Drygala, UmwG, § 2 Rn. 31; Kallmeyer/Marsch-Barner, UmwG, § 2 Rn. 12; Heckschen/Gassen, GWR 2010, 101; Stengel in: Semler/Stengel, § 2 UmwG Rn. 40 ff.; Reichert in: Semler/Stengel, § 54 UmwG Rn. 19 ff.). Allerdings sieht das Gesetz selbst in verschiedenen Vorschriften (§§ 54, 68 UmwG) eine Reihe von Ausnahmen vor. In der Literatur ist im Einzelnen umstritten, inwieweit darüber hinausgehend – z. B. bei der Verschmelzung von Schwestergesellschaften – ebenfalls eine **Ausnahme** von der Anteilsgewährungspflicht besteht (vgl. dazu unten Teil 1 Rdn. 242 ff.). Der Gesetzgeber hat im **Zweiten Gesetz zur Änderung des UmwG** v. 25.04.2007 (BGBl. I, S. 542) in den §§ 54 und 68 UmwG n. F. – allerdings nur für AG und GmbH – eine Ausnahme durch Verzicht festgelegt (vgl. BR-Drucks. 548/06, S. 27): § 54 Abs. 1 Satz 3 UmwG n. F. (für die GmbH) bzw. § 68 Abs. 1 Satz 3 UmwG n. F. (für die AG) bestimmt nunmehr, dass die Kapitalerhöhung bei der übernehmenden Kapitalgesellschaft zur Disposition **aller Anteilsinhaber des übertragenden Rechtsträgers** steht. **Verzichten alle Anteilsinhaber des übertragenden Rechtsträgers** in notarieller Urkunde auf die Anteilsgewährung, darf die übernehmende Gesellschaft von der Anteilsgewährung absehen. (zu den Fragen nach der Neuregelung Widmann/Mayer/Heckschen, Umwandlungsrecht, Einf. UmwG Rn. 34 ff.; Lutter/Drygala, UmwG, § 2 Rn. 31; Mayer/Weiler, DB 2007, 1235, 1239; Weiler, NZG 2008, 527 ff.; Kallmeyer, GmbHR 2006, 418 ff.; Drinhausen, BB 2006, 2313, 2315 ff.; Bayer/Schmidt, NZG 2006, 841; Roß/Drögermüller, DB 2009, 580 ff.; Keller/Klett, DB 2010, 1220 ff.; Krumm, GmbHR 2010, 24 ff.; Heckschen/Gassen, GWR 2010, 101; Stengel in: Semler/Stengel, § 2 UmwG Rn. 40 ff.; Reichert in: Semler/Stengel, § 54 UmwG Rn. 19 ff.).

§ 20 Abs. 1 Nr. 3 UmwG bestimmt, dass mit der Eintragung der Verschmelzung in das Register des **13** Sitzes des übernehmenden Rechtsträgers die Anteilsinhaber der übertragenden Rechtsträger Anteilsinhaber des übernehmenden Rechtsträgers werden, und zwar wie im Verschmelzungsvertrag festgelegt. Dies gilt allerdings nicht, soweit der übernehmende Rechtsträger oder ein Dritter, der im eigenen Namen jedoch für Rechnung dieses Rechtsträgers handelt, Anteilsinhaber des übertragenden Rechtsträgers ist oder der übertragende Rechtsträger eigene Anteile innehat oder ein Dritter, der im eigenen Namen, jedoch für Rechnung dieses Rechtsträgers handelt, dessen Anteilsinhaber ist. Auch dieser Wechsel in der Anteilsinhaberschaft erfolgt kraft Gesetzes, eines einzelnen Vollzugsaktes, der an sich zur einzelnen Übertragung erforderlich wäre (§ 15 GmbHG etc.), bedarf es nicht.

3. Identitätsgrundsatz. In der wissenschaftlichen Diskussion ist seit Inkrafttreten des UmwG 1995 **14** umstritten, inwieweit dem Umwandlungsrecht der Grundsatz der **Kontinuität der Mitgliedschaft** zugrunde liegt. Bei allen Umwandlungsarten, insb. beim **Formwechsel** (vgl. dazu unten Teil 4 Rdn. 16 ff.) stellt sich die Frage, inwieweit ein Wechsel des Gesellschafterbestandes vor und nach der Umwandlung erreicht werden kann. Die wohl herrschende Meinung im Schrifttum steht auf dem Standpunkt, dass der Gesellschafterbestand des Ausgangsrechtsträgers **identisch** sein muss mit dem Gesellschafterbestand des Zielrechtsträgers, wenn das Gesetz wie bei der Spaltung keine ausdrückliche Ausnahme zulässt. Allerdings wird dieser Grundsatz v. a. beim Formwechsel diskutiert (vgl. dazu Teil 4 Rdn. 14; Lutter/Decher, UmwG, § 202 Rn. 13 ff. m. w. N. in Fn. 20; Widmann/Mayer/Vossius, Umwandlungsrecht, § 228 UmwG Rn. 95; Kübler in: Semler/Stengel, § 202 UmwG Rn. 19; Priester, DNotZ 1995, 449; Decher, in: Lutter, Kölner Umwandlungsrechtstage, S. 214; Sigel, GmbHR 1998, 1208, 1210; Bärwaldt/Schabacker, ZIP 1998, 1293, 1294 f.; Heckschen, DB 1998, 1385, 1397; Usler, MittRhNotK 1998, 21, 55 f.; vgl. auch Heckschen, DB 2008, 2122 ff.; Baßler, GmbHR 2007, 1252 ff.).

15 I. R. d. Verschmelzung stellt sich aber auch das Problem, ob Gesellschafter, die am übertragenden Rechtsträger beteiligt sind, auf den ihnen an sich zustehenden Anteil an der aufnehmenden Gesellschaft verzichten können mit der Folge, dass sie nach Eintragung der Verschmelzung und Untergang ihrer Mitgliedschaft am übertragenden Rechtsträger ausscheiden und auch nicht am neuen Rechtsträger beteiligt sind. Umgekehrt bleibt die Frage, inwieweit i. R. d. Verschmelzung **Dritte** dergestalt beteiligt werden können, dass sie nachfolgend am neuen oder aufnehmenden Rechtsträger beteiligt sind, obwohl sie vorher an keinem der beteiligten Rechtsträger Anteile innehatten. Die Frage wurde v. a. im Zusammenhang eines Formwechsels zwischen GmbH und GmbH & Co. KG diskutiert (vgl. K. Schmidt, GmbHR 1995, 593; Kallmeyer, GmbHR 1996, 80; Priester, DB 1997, 560), sie betrifft allerdings ein **allgemeines Prinzip des Umwandlungsrechts**. Der gesetzliche Wortlaut des § 20 Abs. 1 Nr. 3 UmwG legt den Schluss nahe, dass bei der Verschmelzung der **Kreis der Anteilsinhaber** aller übertragenden und des übernehmenden Rechtsträgers vor dem Wirksamwerden der Verschmelzung mit dem Kreis der Anteilsinhaber des übernehmenden oder neuen Rechtsträgers ab Wirksamkeit der Verschmelzung notwendigerweise **identisch** ist (so die Interpretation der wohl überwiegenden Literatur Lutter/Decher, UmwG, § 202 Rn. 16, 18; ders., in: Lutter, Kölner Umwandlungsrechtstage, S. 214; Osten, GmbHR 1995, 438, 439; Widmann/Mayer/Vossius, Umwandlungsrecht, § 228 UmwG Rn. 95).

16 In der **Literatur** ist eine auf **K. Schmidt** zurückgehende (GmbHR 1995, 693; ders., ZIP 1998, 181, 186) Auffassung entwickelt worden, die eine Kombination des Umwandlungsrechts mit den allgemeinen Rechtsinstituten der **Anteilsübertragung** zulassen will (zustimmend auch Priester, DB 1997, 560; Kallmeyer, GmbHR 1996, 80; vgl. auch Bayer, ZGR-Sonderheft 14, 1998, 22, 41). Die Literaturauffassung erkennt den Grundsatz der Identität des Mitgliederkreises im Zeitpunkt des Wirksamwerdens der Umwandlungsmaßnahmen grds. an (vgl. ausdrücklich Priester, DB 1997, 562). Durch die Umwandlung – unabhängig davon, ob es sich um eine Verschmelzung, Spaltung oder einen Formwechsel handelt – soll keiner eintreten oder ausscheiden. Die Literaturauffassung weist allerdings darauf hin, dass das UmwG selbst für die Frage des Ein- und Austritts keinerlei Vorschriften, auch keine negativen, vorsieht. Es lässt im Gegenteil die Anwendung allgemeinen Zivilrechts zu und ermöglicht daher ohne Zweifel den Ein- und Austritt vor oder nach Wirksamwerden der Umwandlungsmaßnahme. Umstritten ist nur die Frage der Kombinierbarkeit beider Maßnahmen, d. h. des **Ein- und Austritts im Umwandlungszeitpunkt.**

I. R. d. Verschmelzung stellt sich dabei die Frage, inwieweit etwa der Beitritt eines Dritten dadurch erreicht werden kann, dass Anteile an der übernehmenden oder neuen Gesellschaft im Verschmelzungsvertrag nicht allein den Gesellschaftern der übertragenden Gesellschaft, sondern auch dem Dritten zugeteilt werden (so Priester, DB 1997, 566). Nach der bisher herrschenden Meinung ist dies unzulässig (Heidenhain, NJW 1995, 2873, 2878; Mayer, DB 1995, 861, 863). Die den Identitätsgrundsatz leugnende Auffassung will dies dadurch erreichen, dass unter Zustimmung des beitretenden Dritten und aller betroffenen Anteilsinhaber eine abweichende Zuteilung im Verschmelzungsvertrag möglich sein soll. Das Gleiche gilt für das Ausscheiden im Zeitpunkt der Umwandlungsmaßnahme. Die von der Literatur vorgetragenen Argumente, die gegen den Identitätsgrundsatz in seiner strengen Form sprechen und die die Möglichkeit der Kombination des Umwandlungsrechts mit den allgemeinen Ein- und Austritts- bzw. Anteilsübertragungsvorschriften befürworten, sind überzeugend. Es sprechen weder Gläubiger- noch Minderheitenschutzgesichtspunkte gegen den Ein- und Austritt im Umwandlungszeitpunkt, sofern die Zustimmung aller betroffenen Beteiligten vorliegt.

▶ **Hinweis:** 17

Für die Praxis ist allerdings darauf hinzuweisen, dass bis zur höchstrichterlichen Klärung der Ein- oder Austritt in der Umwandlungszeit äußerst riskant ist.

Die **Rechtsprechung** hat bisher die Frage noch nicht entschieden (vgl. allerdings LG Konstanz, 18 DB 1998, 1177; LG Essen, ZIP 2002, 853). Lediglich in einem Urteil des BGH v. 17.05.1999 (BB 1999, 1450) lehnt der BGH die Literaturauffassung nicht von vornherein ab und weist darauf hin, dass zwar dem UmwG das Prinzip der Kontinuität der Mitgliedschaft bei der umgewandelten Gesellschaft zugrunde liege, dass diesem Prinzip zwar nicht entgegenstehen möge, *»dass im Zuge des Formwechsels ein Gesellschafter neu hinzutritt«*. Im konkreten Fall lässt der BGH die Frage allerdings offen, da es in keinem Fall mit einer identitätswahrenden Umwandlung in Form des Formwechsels vereinbar sei, dass 512 Mitglieder nur noch mittelbar über einen Treuhandgesellschafter an der aufnehmenden Gesellschaft beteiligt sein sollten. Die Entscheidung erging allerdings zu dem Sonderproblem der LPG-Umwandlung in den neuen Bundesländern. Auch das BayObLG hat im Beschl. v. 04.11.1999 (DNotI-Report 2000, 7 = MittBayNot 2000, 124) die Frage offen gelassen.

Immer noch nicht völlig geklärt ist, welche Rechtsfolgen aus dem **BGH-Urt. v. 09.05.2005** 19 (NZG 2005, 722 dazu Simon/Leuering NJW-Spezial 2005, 459; Decher, Der Konzern 2005, 621 ff.; Heckschen, DNotZ 2007, 451; ders., DB 2008, 2122 ff.; Baßler, GmbHR 2007, 1252 ff.) zu ziehen sind. Die Entscheidung befasste sich im Kern mit der Stellung von Minderheitsgesellschaftern bei Umstrukturierungen durch Formwechsel. In einem obiter dictum hat der BGH aber festgestellt:

»Der Umwandlungsbeschluss entsprach inhaltlich dem aus §§ 194 Abs. 1 Nr. 3, 202 Abs. 1 Nr. 2 Satz 1 UmwG abzuleitenden Gebot der Kontinuität der Mitgliedschaft bei der umgewandelten Gesellschaft. Aus diesem Prinzip folgt lediglich, dass Berechtigte, die zum Zeitpunkt der Eintragung des Formwechsels Anteilsinhaber sind, auch Mitglieder des Rechtsträgers neuer Rechtsform werden. Dabei ist es für den Formwechsel der AG in eine GmbH & Co. KG ausreichend, wenn die Hauptversammlung, wie hier, mit einer Stimmenmehrheit von 3/4 einen der bisherigen Aktionäre – oder sogar einen im Zuge des Formwechsels neu hinzutretenden Gesellschafter (vgl. dazu BGHZ 142, 1, 5) – mit dessen Zustimmung zum Komplementär der formgewechselten zukünftigen KG wählt und die Aktionäre i. Ü. Kommanditisten werden.«

Der BGH scheint also den Identitätsgrundsatz in erster Linie als Minderheitenschutzelement zu sehen: Die Gesellschafter haben das Recht Mitglieder des neuen oder bei der Verschmelzung des aufnehmenden Rechtsträgers zu werden.

Umgekehrt kann man m. E. daraus folgern, dass mit deren Zustimmung der Grundsatz aufhebbar ist, also **Veränderungen im Gesellschafterbestand zulässig sind** (eine größere Meinung in der Literatur unterstützt dies: vgl. K. Schmidt, GmbHR 1995, 693, 695; ders., ZIP 1998, 181, 186; Priester, DB 1997, 565, 566; Kallmeyer, GmbHR 1996, 80, 82; Heckschen, DNotZ 2007, 451; ders.; DB 2008, 2122 ff.; Decher, in: Lutter, UmwG, § 202 Rn. 15; Stratz, in: Schmitt/Hörtnagl/Stratz, UmwG/UmwStG, § 226 Rn. 3; Baßler GmbHR 2007, 1252, 1254). Die auf *K. Schmidt* zurückgehende These (GmbHR 1995, 693; ders., ZIP 1998, 181, 186), die eine Kombination des Umwandlungsrechts mit den allgemeinen Rechtsinstituten der **Anteilsübertragung** zulassen will, ist durch dieses Urteil gestützt worden. Unklar bleibt allerdings die Frage, mit welcher Mehrheit der Ein- und Austritt erfolgen kann (vgl. Heckschen, DB 2008, 2122 ff.). Der BGH scheint die allgemeine Mehrheitsentscheidung und die Zustimmung des aus- oder eintretenden Gesellschafters als ausreichend anzusehen. Demgegenüber verlangt Heckschen (DB 2008, 2122 ff.) die Zustimmung aller Gesellschafter. Es bleibt aber letztendlich bis zur Klärung eine nicht unerhebliche Unsicherheit für die Praxis.

Diese Gestaltungsfreiheit ist auch durch das **Zweite Gesetz zur Änderung des UmwG** bestätigt worden, 20 indem der Gesetzgeber in den §§ 54 und 68 UmwG n. F. eine Ausnahme von der sog. Anteilsgewährungspflicht durch Verzicht festlegt (vgl. BR-Drucks. 548/06, S. 27): § 54 Abs. 1 Satz 3 UmwG n. F. (für die GmbH) bzw. § 68 Abs. 1 Satz 3 UmwG n. F. (für die AG) bestimmen nunmehr, dass die Kapitalerhöhung bei der übernehmenden Kapitalgesellschaft zur Disposition **aller Anteilsinhaber des übertragenden Rechtsträgers** steht. Verzichten diese in notarieller Urkunde auf die Anteilsgewährung, darf die übernehmende Gesellschaft von der Anteilsgewährung absehen. Daraus lässt sich das grds. **Prinzip der Vertragsfreiheit im Umwandlungsrecht** ableiten: Mit Zustimmung der betroffenen Gesellschafter kann auf die Schutzvorschriften – Identitätsgrundsatz und Anteilsgewährung – verzichtet werden. Wie der BGH feststellte, haben diese Grundsätze nur Schutzcharakter ggü. den Anteilsinhabern, es sind aber keine verzichtbaren oder drittschützenden Grundsätze.

III. Kettenumwandlung

21 In der Praxis ist häufig eine **Kombination verschiedener Umwandlungsarten** gewünscht (vgl. auch Gutachten DNotI-Report 2012, 124, zu den steuerliche Aspekte bei Kettenumwandlungen vgl. Pyszka DStR 2013, 1462).

22 ▶ **Beispiel:**

Die A- und B-GmbH sollen unter Neugründung der C-GmbH verschmolzen werden. Diese soll dann zur Vorbereitung eines Börsenganges in eine AG umgewandelt werden. Da zum einen ein baldiger Börsengang geplant ist und zum anderen die 8-Monats-Frist des § 17 UmwG für die erforderlichen Bilanzen eingehalten werden soll, sollen die Beurkundung des Verschmelzungsvertrages, der Zustimmungsbeschlüsse und des anschließenden Formwechselbeschlusses möglichst zeitnah aufeinanderfolgen. Wegen der vergleichsweise langen Registereintragungszeiten befürchten die Gesellschafter, dass ein Vollzug der Verschmelzung zu erheblichen Verzögerungen des Gesamtplans führen würde.

23 In derartigen Fällen stellt sich die Frage, inwieweit bereits vor Vollzug des ersten Schrittes (bspw. Verschmelzung der Gesellschaften) der zweite Schritt (Formwechselbeschluss) beurkundet werden kann. Das UmwG selbst regelt diese **Frage der Kettenumwandlung** nicht. Die Verkettung kann bei allen Arten der Umwandlung auftreten auch bei der Verschmelzung. Die Kettenverschmelzung beschreibt als gesetzlich nicht definierter Begriff die Verschmelzung von drei oder mehr Rechtsträgern, wobei vor Wirksamwerden der ersten Verschmelzung der übernehmende Rechtsträger im Rahmen eines weiteren Verschmelzungsvorganges als übertragender Rechtsträger einen Verschmelzungsvertrag mit einem dritten übernehmenden Rechtsträger abschließt (vgl. Gutachten DNotI-Report 2012, 124; Sagasser/Luke, in: Sagasser/Bula/Brünger, Umwandlungen, § 9 Rn. 379 ff.; Widmann/Mayer/Mayer, Umwandlungsrecht, § 5 UmwG Rn. 235.6; Schröer in: Semler/Stengel, § 5 UmwG Rn. 11). Die Möglichkeit einer sog. Kettenumwandlung, bei der mehrere Umwandlungsvorgänge aufeinanderfolgend gestaffelt werden, ist mittlerweile in Rechtsprechung und Literatur grundsätzlich anerkannt (Gutachten DNotI-Report 2012, 124; OLG Hamm DNotZ 2006, 378; Mayer, in: Widmann/Mayer, Umwandlungsrecht, § 5 UmwG Rn. 235.4 ff.; Heckschen/Simon, Umwandlungsrecht, § 5 Rn. 137 ff.; KölnKommUmwG/Simon, § 2 Rn. 205 ff.; Stoye- Benk/Cutura, Handbuch Umwandlungsrecht, Kap. 2, Rn. 26; Happ/Richter, Konzern- und Umwandlungsrecht, Muster 7.06, Rn. 1.3 ff.; Sagasser/Luke, in: Sagasser/Bula/Brünger, Umwandlungen, § 9 Rn. 379 ff.; Schlösser, in: Sagasser/Bula/Brünger, § 11 Rn. 35 ff.; Kallmeyer/Zimmermann, UmwG, § 13 Rn. 4, 8; Heidinger, in: Fachanwaltshandbuch Handels- und Gesellschaftsrecht, Teil 2, Kap. 6, § 1 Rn. 155; Ulrich/Böhle, GmbHR 2006, 64).

Ähnliche Fragen stellen sich im Zusammenhang mit anderen **Strukturänderungsmaßnahmen**, z. B. Satzungsänderungen, Kapitalerhöhungen etc., die zu ihrer Wirksamkeit der Eintragung im Handelsregister bedürfen. Die Problematik liegt darin, dass erst mit der Handelsregistereintragung die dinglichen Wirkungen der Verschmelzung bzw. allgemein der Umwandlung eintreten, sodass erst zu diesem Zeitpunkt der Rechtsträger in neuer Rechtsform oder als aufnehmender Rechtsträger das Vermögen des übertragenden Rechtsträgers erlangt. Erst mit der Eintragung sind damit die Voraussetzungen gegeben, die für die weitere Umwandlung nach dem Recht des neuen Rechtsträgers erforderlich sind.

24 ▶ **Beispiel:**

Die A-GmbH soll in die A-AG umgewandelt werden, anschließend soll ein Teilbetrieb auf eine neu zu gründende B-GmbH abgespalten werden. Auch hier stellt sich die Frage, ob bereits der Spaltungsplan aufgestellt werden kann, bevor der Umwandlungsbeschluss wirksam ist. Weitere Frage ist, ob das Spaltungsrecht der GmbH oder der AG anzuwenden ist.

Auch i. R. d. Kettenverschmelzung stellt sich die Frage, inwieweit Kapitalerhöhungswahlrechte oder   25
Kapitalerhöhungsverbote zu beachten sind, wenn **vorrangige Verschmelzungen** durchgeführt werden
müssen.

▶ **Beispiel:**   26

Die A-AG ist die 100 %ig Muttergesellschaft der B-GmbH und der C-GmbH. Die C-GmbH ist
100 %ig Muttergesellschaft der D-GmbH. Zunächst soll die C-GmbH auf die B-GmbH verschmolzen werden. Im Anschluss daran soll die Tochtergesellschaft der C-GmbH, die mit Eintragung der
Verschmelzung zur 100 %ig Tochter der B-GmbH wird, auf die B-GmbH verschmolzen werden. Es
stellt sich die Frage, ob im Zusammenhang mit der zweiten Verschmelzung der D-GmbH auf die
B-GmbH das Kapital der B-GmbH erhöht werden muss. Wäre zuvor die Verschmelzung C auf B
im Handelsregister eingetragen, bestünde ein Kapitalerhöhungsverbot gem. § 54 Abs. 1 Satz 1
Nr. 1 UmwG.

Erstes Problem in diesem Zusammenhang ist, ob eine **Verknüpfung aufeinanderfolgender gesell-**   27
schaftsrechtlicher Akte durch echte Bedingungen zulässig ist. Die herrschende Meinung in der Um-
wandlungsrechtsliteratur ist der Auffassung, dass der Verschmelzungsvertrag unter eine aufschiebende
Bedingung gestellt werden kann. Dies ergibt sich bereits aus § 7 Satz 1 UmwG (vgl. OLG Hamm
DNotZ 2005, 379 = GmbHR 2006, 255; Kallmeyer/Marsch-Barner, UmwG, § 5 Rn. 6; Lutter/Dry-
gala, UmwG, § 7 Rn. 3; Widmann/Mayer/Mayer, Umwandlungsrecht, § 5 UmwG Rn. 235.9.1; Wid-
mann/Mayer/Heckschen, Umwandlungsrecht, § 7 UmwG Rn. 17 ff.; Schröer in: Semler/Stengel, § 5
UmwG Rn. 11; ausführlich Körner/Rodewald, BB 1999, 853; Kiem, ZIP 1999, 173, 177 ff.). Das Gleiche gilt i. Ü. für Spaltungsverträge. Die Zustimmungsbeschlüsse zu derartigen durch die Voreintragung
des ersten Umwandlungsvorganges bedingten Umwandlungsverträgen können dann unbedingt erfolgen, da diese sich auf den aufschiebend bedingt abgeschlossenen Verschmelzungsvertrag beziehen. Weiteres Problem ist, ob der Nachweis über den Eintritt der Bedingung ggü. dem Registergericht i. R. d.
Frist des § 17 Abs. 2 Satz 4 UmwG erfolgen muss (vgl. dazu Widmann/Mayer/Heckschen, Umwandlungsrecht, § 7 UmwG Rn. 19). Hängt die Erfüllung der Frist von dem eigenen Tätigwerden des Registergerichts oder eines anderen Registergerichts ab, dann dürfte allein der Vertrauensschutzaspekt dagegen sprechen, dies zulasten des Anmeldenden auswirken zu lassen, sodass auch ein Überschreiten der
Frist des § 17 Abs. 2 UmwG unschädlich ist (so im Ergebnis auch Widmann/Mayer/Heckschen, Umwandlungsrecht, § 7 Rn. 20).

Die gleichen Erwägungen wird man auch beim Formwechsel annehmen müssen, wenn zuvor andere   28
Umwandlungsakte eingetragen werden müssen. Auch der Formwechselbeschluss kann aufschiebend
bedingt auf den Zeitpunkt des Wirksamwerdens der vorher einzutragenden Verschmelzung beschlossen werden. In diesem Zusammenhang stellt sich weiter die Frage der Mitwirkungsrechte der Gesellschafter des ersten übertragenden Rechtsträgers i. R. d. zweiten oder weiteren Verschmelzung. Dabei
wird grds. angenommen, dass eine Beteiligung der Gesellschafter der ersten übertragenden Gesellschaft
am zweiten Verschmelzungsvorgang nicht erforderlich ist. Vielmehr ergibt sich aus dem UmwG (§ 50
UmwG), dass es für die ordnungsgemäße Beschlussfassung allein auf die im Zeitpunkt der Versammlung der Gesellschaft angehörigen Anteilseigner ankommt (Sagasser/Luke, in: Sagasser/Bula/Brünger,
Umwandlungen, § 9 Rn. 379 ff.; Schlösser, in: Sagasser/Bula/Brünger, § 11 Rn. 35 ff.; Widmann/
Mayer/Mayer, Umwandlungsrecht, § 5 UmwG Rn. 235.6). Eine Ausnahme wird nur diskutiert,
wenn die Verschmelzungen gleichzeitig beschlossen werden und sie durch entsprechende Bedingungen
im Verschmelzungsvertrag verknüpft werden. Dann sollen die Gesellschafter der übertragenden ersten
Gesellschaft bereits am Verschmelzungsbeschluss der übertragenden zweiten Gesellschaft beteiligt werden (Widmann/Mayer/Mayer, Umwandlungsrecht, § 5 UmwG Rn. 235.6). Da ein derartiger Bedingungszusammenhang zwischen der Aufspaltung und der Verschmelzung nach unserem Verständnis
des Sachverhaltes vorliegend aber nicht besteht, kann diese Überlegung nicht übertragen werden. Dementsprechend ist die künftige Gesellschafterin der übertragenden GmbH auch vor dem Hintergrund
der Grundsätze einer Kettenumwandlung nicht am Verschmelzungsbeschluss zu beteiligen.

Ist der erste Umwandlungsschritt eine Verschmelzung oder Spaltung zur Neugründung, bleibt das wei-   29
tere Problem, inwieweit bei einer Verschmelzung oder Spaltung eine **Vorgesellschaft** beteiligt sein kann

(zur Entstehung bei Verschmelzung vgl. Teil 2 Rdn. 246 ff.; bei Spaltung Teil 3 Rdn. 409 ff.). Die Frage stellt sich insb. in dem Zusammenhang, in dem eine sog. **verschmelzende Spaltung** (vgl. zum Begriff Mayer, DB 1991, 1609; Priester, DB 1991, 2373; Weimar, ZIP 1991, 769, 776), d. h. die Spaltung und Verschmelzung in einem Schritt unter Beteiligung mehrerer Rechtsträger auf beiden Seiten, erreicht werden soll. Nach der herrschenden Meinung ist eine Kombination von Verschmelzung und Spaltung, bei denen sowohl auf Überträger- als Übernehmerseite mehrere Rechtsträger beteiligt sein sollen, in einem Rechtsakt nach § 3 Abs. 4 und § 174 Abs. 4 UmwG nicht möglich (vgl. dazu Widmann/Mayer/Fronhöfer, Umwandlungsrecht, § 3 UmwG Rn. 84; Kallmeyer/Marsch-Barner, UmwG, § 3 Rn. 30; Lutter/Drygala, UmwG, § 3 Rn. 41). In diesen Fällen müssen die Schritte nacheinander vollzogen werden.

30 ▶ **Beispiel:**

Die A-GmbH und die B-GmbH wollen jeweils Teile ihres Unternehmens auf eine neue C-GmbH abspalten. Da die verschmelzende Spaltung unter Beteiligung mehrerer abspaltender Gesellschaften nach herrschender Meinung nicht zulässig ist, muss zunächst die A-GmbH auf die A1-GmbH eine Spaltung zur Neugründung vornehmen, das Gleiche die B-GmbH auf die B1-GmbH. Anschließend sind die durch Neugründung entstandenen A1- und B1-GmbH wiederum zu verschmelzen.

31 In diesen Fällen stellt sich die Frage, ab welchem **Zeitpunkt** bereits die **Verschmelzungsverträge geschlossen** werden können. Bei der Abspaltung zur Neugründung handelt es sich um eine Sachgründung, sodass mit Abschluss des Spaltungsplans und Vorliegen des Zustimmungsbeschlusses eine Vor-GmbH entsteht. Nach richtiger Auffassung kann bereits die Vorgesellschaft an einer Verschmelzung beteiligt sein (so zu Recht Bayer, ZIP 1997, 1613, 1614; K. Schmidt, ZGR 1990, 580, 592; Widmann/Mayer/Fronhöfer, Umwandlungsrecht, § 3 UmwG Rn. 74 ff.; Heckschen, DB 1998, 1385, 1388; Stengel in: Semler/Stengel, § 3 UmwG Rn. 48; ausführlich auch K. Schmidt, in: FS für Zöllner, 1999, S. 521, 527 f.; er spricht von der vorweggenommenen Verschmelzung; a. A. Lutter/Drygala, UmwG, § 3 Rn. 7; Marsch-Barner, in: Kallmeyer, § 3 UmwG Rn. 10). Einigkeit besteht allerdings auch bei den Kritikern dieser Auffassung, dass die Vorgesellschaft in jedem Fall schon Vorbereitungshandlungen für eine Verschmelzung nach ihrem Entstehen treffen kann, wenn die rechtliche Wirkung erst nach Entstehung, d. h. Eintragung der Spaltung zur Neugründung eintritt (so ausdrücklich Lutter/Drygala, UmwG, § 3 Rn. 7). Bei diesen Umwandlungen im Vorgriff auf eine andere Eintragung (so K. Schmidt, in: FS für Zöllner, 1999) müssen allerdings beide Vorgänge angemeldet und nacheinander im Register eingetragen werden (K. Schmidt, in: FS für Zöllner, 1999, S. 521, 527 f., 528).

32 Die Entscheidung des **BayObLG** v. 04.11.1999 (BayObLGZ 1999 Nr. 73 = MittBayNot 2000, 124) befasst sich für den Rahmen des Formwechsels mit der Frage des **Zeitpunktes**, zu dem die **gesetzlichen Voraussetzungen für die Umwandlung vorliegen müssen**. In dieser Entscheidung ging es um den Formwechsel einer GmbH in eine GmbH & Co. KG. Zum Zeitpunkt des Formwechselbeschlusses war die zukünftige Komplementär-GmbH noch nicht an der formwechselnden GmbH beteiligt. Die zukünftige Komplementär-GmbH hatte zwar dem Umwandlungsbeschluss zugestimmt, wurde aber erst nach Fassung des Umwandlungsbeschlusses und vor Handelsregistereintragung Gesellschafterin der formwechselnden GmbH. Das **Registergericht verweigerte die Eintragung** mit der Begründung, dass die zukünftige Komplementär-GmbH z.Zt. der Beschlussfassung noch nicht Gesellschafterin gewesen sei.

33 Das BayObLG ist großzügiger und steht auf dem Standpunkt, dass allgemein im Verfahren der freiwilligen Gerichtsbarkeit **allein der Zeitpunkt der Handelsregistereintragung maßgebend** ist. Auch im Registerverfahren seien grds. die tatsächlichen Verhältnisse zugrunde zu legen, die z.Zt. der Entscheidung über die Handelsregistereintragung gelten. Sogar Veränderungen der Sachlage im Beschwerdeverfahren müssten noch Berücksichtigung finden. Auch der Schutzzweck des § 233 Abs. 2 Satz 3 UmwG verlange nicht, dass der zukünftige persönlich haftende Gesellschafter der KG bereits z.Zt. der Fassung des Umwandlungsbeschlusses Gesellschafter der GmbH sei. Es genüge, wenn dieser zur Verhinderung des aufgedrängten Haftungsrisikos dem Umwandlungsbeschluss bis zur Eintragung zustimmt.

Das BayObLG entschied **über den konkreten Fall hinausgehend**, dass für die Umwandlungen allgemein der **Zeitpunkt der Handelsregistereintragung** für die Beurteilung der Eintragungsgrundlagen maßgebend ist, sodass bis zu diesem Zeitpunkt die gesetzlichen Voraussetzungen noch erfüllt werden können. Dies dürfte auch für alle anderen Fragen der nachgeschobenen Tatbestandsvoraussetzungen gelten. Nach heute ganz überwiegender Auffassung kommt es für die Eintragung einer Umwandlungsmaßname hinsichtlich der materiellen Voraussetzungen nicht auf den Zeitpunkt der Anmeldung, sondern auf den Zeitpunkt unmittelbar vor Eintragung an: So ist etwa bei einer Verschmelzung ausreichend, aber auch erforderlich, dass im Zeitpunkt der Eintragung sämtliche gesetzlichen Voraussetzungen dieser Umwandlungsmaßnahme erfüllt sind (Semler/Stengel/Maier-Reimer, UmwG, § 120 Rn. 40; allgemein zum Handelsregisterrecht: Ebenroth/Boujong/Joost/Strohn/Schaub, HGB, § 12 Rn. 142).

Das **OLG Hamm** hat im Urt. v. 19.12.2005 (DNotZ 2006, 378 = RNotZ 2006, 127) ebenfalls die Kettenumwandlung zugelassen: Ein Verschmelzungsvertrag könne unter der **aufschiebenden Bedingung** geschlossen werden, dass ein früherer Verschmelzungsvertrag, an dem die nunmehr übertragende Gesellschaft als aufnehmender Rechtsträger beteiligt ist, **durch Eintragung im Handelsregister wirksam wird.** In einem solchen Vertrag müsse die übertragende Gesellschaft entsprechend ihrer gegenwärtigen Eintragung im Handelsregister ohne Berücksichtigung einer im Zusammenhang mit der Erstfusion vorgenommenen, erst mit deren Eintragung im Handelsregister wirksam werdenden Firmenänderung bezeichnet werden. Dabei sind bestimmte **Berichtspflichten** zu beachten. So sind die Gesellschafter über die Gesamtmaßnahme zu informieren (Lutter/Grunewald, UmwG, § 65 Rn. 3). **34**

Bei einer Kettenumwandlung stellt sich ferner die Frage, welches Recht auf die einzelnen Umwandlungsvorgänge anwendbar ist (vgl. Gutachten DNotI-Report 2012, 124; Widmann/Mayer/Mayer, Umwandlungsrecht, § 5 UmwG Rn. 235.10 f.; Simon, in: KölnerKomm § 2 UmwG Rn. 207 ff.). So kommt es nach allgemeiner Meinung für die Wirksamkeit und Rechtmäßigkeit der gefassten Beschlüsse hinsichtlich der zu beteiligenden Anteilsinhaber allein auf diejenigen Anteilsinhaber an, die der Gesellschaft im Zeitpunkt der Beschlussfassung angehören (Gutachten DNotI-Report 2012, 124; Stoye-Benk/Cutura, Kap. 2, Rn. 26; Heckschen/Simon, § 5 Rn. 104; Happ/Richter, Muster 7.06, Rn. 1.12). Gleiches gilt im Hinblick auf die formellen Anforderungen an die Beschlussfassung (Form und Frist der Ladung, Bekanntmachungspflichten, Erfordernis der Beschlussfeststellung u. Ä., vgl. Stoye-Benk/Cutura, Kap. 2, Rn. 26; Heckschen/Simon, § 5 Rn. 103; KölnKommUmwG/Simon, § 2 Rn. 212; Mayer, § 5 UmwG Rn. 235.4; Happ/Richter, Muster 7.06, Rn. 1.12 mit Verweis auf Muster 7.04, Rn. 1.8). Demgegenüber kommt es im Hinblick auf die materiell-rechtlichen Voraussetzungen der nachgelagerten Umwandlungsvorgänge (Vorliegen einer Konzernkonstellation, Erfordernis von Sonderbeschlüssen bei mehreren Aktiengattungen gem. § 65 Abs. 2 UmwG, Möglichkeit des Verzichts auf die Gewährung von Geschäftsanteilen/Aktien §§ 54 Abs. 1 S. 3, 68 Abs. 1 S. 3 UmwG etc.) auf den Zeitpunkt des Wirksamwerdens der betreffenden vorgelagerten Umwandlung durch ihre Eintragung in das Handelsregister an (so zu Recht Gutachten DNotI-Report 2012, 124). Denn eine Kettenumwandlung zeichnet sich gerade dadurch aus, dass durch Vereinbarung von aufschiebenden Bedingungen oder durch rein tatsächliche Steuerung der Handelsregistereintragungen sichergestellt wird, dass die vorgelagerte Umwandlung vor der nachgelagerten Umwandlungsvorgängen wirksam wird (so Gutachten DNotI-Report 2012, 124; Mayer, § 5 UmwG Rn. 235.4; Stoye-Benk/Cutura, Kap. 2, Rn. 26; Heckschen/Simon, § 5 Rn. 86 f.; KölnKommUmwG/Simon, § 2 Rn. 210). **35**

Bei Kettenumwandlungen ist ferner die Abstimmung der Stichtage wichtig (s. allgemein unten Teil 2 Rdn. 168 ff. und insb. Teil 2 Rdn. 680). Dabei stellt sich die Frage, ob eine Schlussbilanz zulässig ist, wenn der **beteiligte Rechtsträger zum Stichtag noch gar nicht existiert.** M. E. ist es zulässig, dass auch die Schlussbilanz rückwirkend auf einen Zeitpunkt erstellt wird, zu dem die zu verschmelzenden Rechtsträger noch nicht in umwandlungsfähiger Form existierten (Widmann/Mayer/Mayer, Umwandlungsrecht, § 5 UmwG Rn. 235.8 ff.; Stoye-Benk/Cutura, Handbuch Umwandlungsrecht, Kap. 2 Rn. 26; Gutachten DNotI-Report 2012, 124). Dass der Verschmelzungsstichtag von der gesetzlichen Konzeption her gesehen grds. nicht davon abhängig ist, dass zu seinem Zeitpunkt schon ein entsprechender Rechtsträger gesellschaftsrechtlich existiert, zeigt die ganz allgemein anerkannte Möglichkeit der Verschmelzung zur Neugründung mit bis zu achtmonatiger Rückwirkung. Der hierdurch neu entstehende Rechtsträger entsteht nach §§ 19, 20, 36 UmwG erst mit seiner Eintragung im Handelsregister. Dennoch wird seine Existenz mit obligatorischer und handelsrechtlicher Wirkung zwischen den Beteiligten auf einen bis zu 8 Monate vor der Anmeldung der Verschmelzung liegenden Zeitpunkt fingiert. Zu diesem Zeitpunkt kann der durch Verschmelzung durch Neugründung erst entstehende aufnehmende Rechtsträger aber überhaupt nicht existieren. Der genaue Zeitpunkt, wann generell die Voraussetzungen für eine zulässige Umwandlung vorliegen müssen, ist derzeit noch streitig. Eine immer stärker werdende Ansicht in der Literatur, die durch das zum Gesellschafterbestand beim Formwechsel ergangene Urteil des BayObLG (ZIP 2000, 230, 231) bestärkt wird, stellt auf den Eintragungszeitpunkt im Handelsregister ab. Daher ist es ausreichend, dass verschmelzungsfähige Rechtsträger zum Zeitpunkt des Abschlusses des Verschmelzungsvertrages bzw. der Zustimmungsbeschlüsse vorhanden ist. Teilweise wird die Möglichkeit einer Schlussbilanz für den noch nicht existenten Rechtsträger allerdings verneint, da der zum Stichtag noch nicht existente Rechtsträger nicht buchführungsfähig sei (KölnKommUmwG/Simon, § 2 Rn. 224).

36 Bei Kettenumwandlungen stellt sich die Problematik des zum **Zeitpunkt des Umwandlungsstichtages noch nicht bestehenden Rechtsträgers**.

37 ▶ **Beispiel:**

Der im Handelsregister eingetragene Kaufmann K hat mit Urkunde v. 12.08.2014 das gesamte Firmenvermögen auf eine von ihm dadurch gegründete GmbH durch Ausgliederung übertragen. Der Ausgliederung lag die Bilanz des Einzelunternehmens zum 31.05.2014 (Schlussbilanz) zugrunde. Die Übertragung des Vermögens des einzelkaufmännischen Unternehmens auf die dadurch neu gegründete GmbH erfolgte zum 01.06.2014 (Ausgliederungsstichtag). Die GmbH wurde am 18.11.2014 eingetragen, die Ausgliederung beim Einzelunternehmen am 30.11.2014. Mit Urkunde v. 01.12.2014 wurde die vorgenannte GmbH auf ihre Muttergesellschaft (100 %) übertragen, die die Anteile vom Einzelkaufmann in der Zwischenzeit erworben hatte. Verschmelzungsstichtag ist der 01.06.2014. Als Bilanz wurde die Bilanz der GmbH zum 31.05.2014 zugrunde gelegt.

38 Ob eine **rückwirkende Vereinbarung des Stichtages** möglich ist, wenn der aufnehmende Rechtsträger zum Zeitpunkt des fingierten Ausgliederungsstichtages noch nicht existiert, ist in der Rechtsprechung noch nicht erörtert worden. Von Heckschen/Simon (UmwG, § 5 Rn. 157 ff.) wird dies angezweifelt, da noch keine Buchführungspflicht bestehe. Mayer (Widmann/Mayer/Mayer, Umwandlungsrecht, § 5 UmwG Rn. 235.39 ff.; Steuerfachausschuss zum Entwurf eines Einführungsschreibens zum UmwStG 1995, WiP 1997, 439, 442 ff.) bejaht demgegenüber die Zulässigkeit. Diese Auffassung ist m. E. zutreffend, da eine derartige rückwirkende Vereinbarung das UmwG bei der Verschmelzung oder Spaltung zur Neugründung ausdrücklich vorsieht. Dementsprechend dürfte nichts anderes gelten bei einer Ausgliederung auf einen zwar gegründeten, aber noch nicht eingetragenen Rechtsträger. Mayer weist zu Recht darauf hin, dass eine Verschmelzung oder Spaltung zur Aufnahme auf einen übernehmenden Rechtsträger durchgeführt werden kann, der handelsrechtlich am steuerlichen Übertragungsstichtag bzw. Umwandlungsstichtag noch nicht existent war. Entscheidend sei, dass die beteiligten Rechtsträger zum Zeitpunkt des rechtsgeschäftlichen Umwandlungsvorgangs (Vertragsschluss, Umwandlungsbeschluss, Registeranmeldung etc.) existent sind, denn erst dann muss ein beteiligungsfähiger Rechtsträger i. S. v. § 3 UmwG vorhanden sein.

39 Auch im **Umwandlungsteuererlass Tz. 2.08** wird festgestellt, dass die steuerliche Rückwirkungsfiktion des § 2 Abs. 1 UmwStG nicht voraussetzt, dass auch die gesellschaftsrechtlichen Voraussetzungen am steuerlichen Übertragungsstichtag vorliegen. So sei z. B. eine rückwirkende Verschmelzung durch Aufnahme möglich, auch wenn die aufnehmende Gesellschaft am steuerlichen Übertragungsstichtag zivilrechtlich noch nicht bestehe.

IV. »Wirtschaftliche« Verschmelzung

40 Das UmwG lässt neben der Verschmelzung im Wege der Gesamtrechtsnachfolge die sog. »wirtschaftliche« Verschmelzung zu, wenn zwar **keine Verschmelzung nach dem UmwG** durchgeführt wird, aber mithilfe anderer Rechtsinstitute des allgemeinen Gesellschaftsrechts **dasselbe wirtschaftliche Ergebnis** erzielt wird.

41 Folgende **Möglichkeiten der wirtschaftlichen Verschmelzung** eröffnen sich hierbei:

- Eine Gesellschaft kann ihr Vermögen im Wege der Einzelrechtsnachfolge auf eine andere Gesellschaft gegen Gewährung von Geschäftsanteilen an dieser Gesellschaft übertragen. Es handelt sich hierbei um die **Einbringung von Vermögensgegenständen im Wege der Sachkapitalerhöhung** nach allgemeinen gesellschaftsrechtlichen Grundsätzen. Die Vermögensübertragung geschieht in Erfüllung der Sacheinlageverpflichtung.

Der **Unterschied zur Verschmelzung** liegt allerdings darin, dass die Anteile nicht den Gesellschaftern der übertragenen Gesellschaft gewährt werden, sondern der übertragenden Gesellschaft selbst. Es entsteht also ein Konzernverhältnis. Die übertragende Gesellschaft geht im Zuge der Einbringung nicht unter. Dieses Ergebnis könnte man nur durch eine Liquidation der übertragenen Gesellschaft erreichen.
- Eine andere Möglichkeit der wirtschaftlichen Verschmelzung liegt darin, dass die Gesellschafter der übertragenden Gesellschaft ihre Anteile in die übernehmende Gesellschaft gegen Gewährung von Anteilen an der übernehmenden Gesellschaft einbringen. Bei diesem Modell ist aber zur Erzielung des wirtschaftlichen Ergebnisses einer Verschmelzung die **Liquidation der übertragenden Gesellschaft** und die **Auskehrung ihres Betriebsvermögens an die übernehmende Gesellschaft** erforderlich.
- Eine weitere Form der Verschmelzung im wirtschaftlichen Sinne liegt vor, wenn eine **Personenhandelsgesellschaft** mit Betriebsvermögen infolge **Ausscheidens aller übrigen Gesellschafter** als alleiniger Gesellschafter dieser Personenhandelsgesellschaft übrig bleibt. Die Personenhandelsgesellschaft erlischt dadurch und ihr Vermögen wächst der Gesellschaft der Handelsgesellschaft nach § 738 BGB, §§ 105 Abs. 2, 142 HGB an.

V. Verschmelzungsfähige Rechtsträger

Die **verschmelzungsfähigen Rechtsformen** werden im Gesetz abschließend aufgezählt. Grds. ohne Einschränkung an Verschmelzungen können als übertragende, übernehmende oder neue Rechtsträger beteiligt sein (§ 3 Abs. 1 UmwG): **42**
- Personenhandelsgesellschaften (OHG, KG, dazu zählen auch GmbH & Co., vgl. Begründung des RegE, BT-Drucks. 12/6699, S. 97; abgedruckt in: Neye, UmwG, UmwStG, S. 171 f.); seit 01.08.1998 auch Partnerschaftsgesellschaften (diese Rechtsform wurde in das UmwG aufgenommen durch Art. 1 des Gesetzes zur Änderung des UmwG, des Partnerschaftsgesellschaftsgesetzes und anderer Gesetze v. 22.07.1998, BGBl. I, S. 1878; vgl. Teil 1 Rdn. 18 ff.); mit Inkrafttreten des Gesetzes zur Einführung einer Partnerschaftsgesellschaft mit beschränkter Berufshaftung und zur Änderung des Berufsrechts der Rechtsanwälte, Patentanwälte, Steuerberater und Wirtschaftsprüfer am 19. Juli 2013 (BGBl. I S. 2386) wurde im PartGG durch Einfügen der §§ 4 Abs. 3 und 8 Abs. 5 sowie der Neufassung des § 7 Abs. 5 die PartGmbB geschaffen. Das OLG Nürnberg (FGPrax 2014, 127 = DNotZ 2014, 468 = RNotZ 2014, 390) hat klargestellt, dass es sich dabei nicht um eine eigene Rechtsform, sondern nur eine Rechtsformvariante einer Partnerschaftsgesellschaft nach dem PartGG handelt und nicht um eine andere Rechtsform (ebenso Schäfer in: MünchKomm-BGB, § 8 PartGG Rn. 41, 42);
- Kapitalgesellschaften (AG, KGaA, GmbH); diese können auch an grenzüberschreitenden Verschmelzungen teilnehmen (vgl. § 122a Abs. 2 UmwG n. F.);
- Unternehmergesellschaft: Bei der durch das am 01.11.2008 in Kraft getretene Gesetz zur Modernisierung des GmbH-Rechts und zur Bekämpfung von Missbräuchen (MoMiG) neu eingeführten Unternehmergesellschaft handelt es sich nicht um die neue Rechtsform einer Kapitalgesellschaft, sondern um eine Variante der GmbH, die mit Ausnahme der Sonderregelung des § 5a GmbHG allen Vorschriften des gesamten deutschen Rechts, die die GmbH betreffen, unterliegt (vgl. BT-Drucks. 16/6140, S. 31 und BT-Drucks. 16/9737, S. 95). Da somit auf die Unternehmergesellschaft die für die GmbH geltenden Rechtsvorschriften Anwendung finden und lediglich die sich aus § 5a GmbHG ergebenden Besonderheiten zu beachten sind, können grds. auch die Vorschriften des UmwG auf die UG Anwendung finden. Deshalb ist sie auch wie die GmbH grds. umwandlungsfähig, obwohl sie nicht ausdrücklich im UmwG genannt ist (vgl. Kallmeyer/Marsch-Barner, § 3 UmwG Rn. 9; Lutter/Drygala, UmwG, § 3 Rn. 11; Widmann/Mayer/Heckschen, § 1 UmwG Rn. 48.1 ff.; Stengel, in: Semler/Stengel, § 3 UmwG Rn. 20a; Stratz, in: Stratz/Schmitt/Hörtnagl, § 3 UmwG Rn. 18; Bormann, GmbHR 2007, 897, 899; Freitag/Riemenschneider, ZIP 2007, 1485, 1491; Veil, GmbHR 2007, 1080, 1084; Berninger, GmbHR 2010, 63; Hennrichs, NZG 2009,

1161; Heinemann, NZG 2008, 820; Meister, NZG 2008, 767; Gasteyer, NZG 2009, 1364, 1367). Als **übertragender Rechtsträger** kann die UG grds. wie die GmbH an einer Verschmelzung beteiligt sein (Kallmeyer/Marsch-Barner, § 3 UmwG Rn. 9; Lutter/Drygala, UmwG, § 3 Rn. 12; Stengel, in: Semler/Stengel, § 3 UmwG Rn. 20a; Stratz, in: Stratz/Schmitt/Hörtnagl, § 3 UmwG Rn. 18; Wicke, GmbHG, § 5a Rn. 16; Freitag/Riemenschneider, ZIP 2007, 1485, 1491). Anders ist es für die UG als **Zielrechtsträger**: Bei dieser Variante ergeben sich deutliche **Einschränkungen aus der Vorschrift des § 5a Abs. 2 Satz 2 GmbHG**, die viele Umwandlungsvarianten mit der UG als Zielrechtsträger verhindern (vgl. Lutter/Drygala, UmwG, § 3 Rn. 12). Dort ist ausdrücklich bestimmt, dass bei der UG Sacheinlagen ausgeschlossen sind (zu den Konsequenzen vgl. Erläuterungen bei Teil 2 Rdn. 902 ff.);
– Genossenschaften und genossenschaftliche Prüfungsverbände;
– eingetragene Vereine;
– Versicherungsvereine auf Gegenseitigkeit.

43 Als Handelsgesellschaft, auf die nach § 1 des Gesetzes zur Ausführung der EWG-Verordnung über die Europäische wirtschaftliche Interessenvereinigung (BGBl. 1988 I, S. 514) die Vorschriften für eine OHG entsprechend anzuwenden sind, ist die **EWIV** in den Kreis der verschmelzungsfähigen Rechtsträger einbezogen.

44 Gleiches gilt für die Europäische Gesellschaft (**SE**). Aufgrund ihrer Gleichstellung mit einer deutschen AG (vgl. Art. 9 Abs. 1 Buchst. c) ii) und Art. 10 der Verordnung (EG) Nr. 2157/2001, ABl. EG Nr. L 294 v. 10.11.2001, S. 1 ff.) kann sie an innerstaatlichen und grenzüberschreitenden Verschmelzungen teilnehmen. Dies gilt allerdings nur, soweit dadurch nicht eine neue SE gegründet wird. Denn die Gründung einer SE durch Verschmelzung wird in der SE-Verordnung abschließend geregelt.

45 Eine aufgrund der Verordnung Nr. 1435/2003/EG (ABl. EG Nr. L 207 v. 18.08.2003, S. 1 ff.) gegründete Europäische Genossenschaft (**SCE**) kann im Hinblick auf die Gleichstellung mit einer deutschen Genossenschaft (vgl. Art. 9 der SCE-Verordnung) ebenfalls an einer innerstaatlichen Verschmelzung beteiligt sein, sofern dies nicht zur Gründung einer neuen SCE führt, weil auch hier die Gründungsmöglichkeiten durch das europäische Recht abschließend geregelt sind.

46 Eingeschränkte Möglichkeiten bestehen für **wirtschaftliche Vereine** und **natürliche Personen** als Alleingesellschafter einer Kapitalgesellschaft. Wirtschaftliche Vereine können nur **übertragende** Rechtsträger sein (§ 3 Abs. 2 Nr. 1 UmwG). Dagegen können sie nicht andere Rechtsträger im Wege einer Verschmelzung aufnehmen oder selbst aus einer Verschmelzung als neue Rechtsträger hervorgehen. Hinter dieser rechtspolitischen Entscheidung des Gesetzgebers steht die Erkenntnis, dass sich wirtschaftliche Vereine von den anderen Unternehmensträgern, insb. von den Handelsgesellschaften, in wesentlichen Punkten **unterscheiden** (vgl. Begründung zu § 3 UmwG, BT-Drucks. 12/6699 = BR-Drucks. 75/94, jeweils S. 81, abgedruckt auch bei Neye, UmwStG, S. 116):
– eingeschränkte Rechnungslegungspflicht nur nach dem Publizitätsgesetz,
– im Vereinsrecht keine Vorschriften über Kapitalaufbringung und -erhaltung,
– Kontrolle des Vorstandes durch die Mitglieder schwächer ausgestaltet,
– keine Anwendung der Mitbestimmungsgesetze.

47 Als **Sonderfall der Konzernverschmelzung** können **natürliche Personen** als Alleingesellschafter einer Kapitalgesellschaft deren Vermögen übernehmen (früher geregelt in § 15 UmwG 1969).

48 Wie nach dem bis 1994 geltenden Umwandlungsrecht ist auch die **Verschmelzung bereits aufgelöster Rechtsträger** zulässig, wenn ihre Fortsetzung beschlossen werden könnte (§ 3 Abs. 3 UmwG; vgl. dazu auch unten Teil 5, Rdn. 118 ff., Gutachten DNotI-Report 2014, 11). Wesentliche Voraussetzung dafür ist, dass noch nicht mit der Verteilung des Vermögens an die Anteilsinhaber begonnen worden ist (vgl. § 274 Abs. 1 AktG, § 79a GenG; allgemeine Meinung auch für die GmbH, vgl. Lutter/Hommelhoff, GmbHG, § 60 Rn. 29; Stengel in: Semler/Stengel, § 3 UmwG Rn. 36 ff.; Heckschen, Rpfleger 1999, 357, 358; ders., DB 1998, 1368 f.; nach K. Schmidt, Gesellschaftsrecht, S. 323, handelt es sich um ein allgemeines verbandsrechtliches Prinzip, das auch für Personenhandelsgesellschaften Anwendung findet). Nach ganz überwiegender Meinung ist nämlich ein Rechtsträger, der ohne Fortsetzungsmöglichkeit aufgelöst wurde, nicht mehr verschmelzungsfähig (KG DNotZ 1999, 148; Gutachten DNotI-Report 2014, 11; Widmann/Mayer/Fronhöfer, Umwandlungsrecht, § 3 UmwG Rn. 70; Lutter/Drygala,

UmwG, § 3 Rn. 31; Kallmeyer/Marsch-Barner, § 3 Rn. 26; s. auch BayObLG DNotZ 1999, 145 m. Anm. Limmer; krit. hierzu Heckschen, in: Heckschen/Simon, Umwandlungsrecht, 2003, § 2 Rn. 6).

Zu der im Gesetz nicht geregelten Frage der **Verschmelzung auf einen aufgelösten Rechtsträger** (vgl. **49** dazu auch unten Teil 5, Rdn. 118 ff., Gutachten DNotI-Report 2014, 11) wird in der Rechtsprechung und auch in der Literatur die Auffassung vertreten, bei diesem müsse gleichzeitig die Fortsetzung beschlossen werden (vgl. AG Erfurt, GmbHR 1996, 373; bestätigt durch OLG Naumburg, GmbHR 1997, 1152; Lutter/Drygala, § 31 Rn. 31; krit. dazu Heckschen, DB 1998, 1385, 1387; vgl. auch Bayer, EWiR 1997, 807). Die Literatur ist der Meinung, dass es genügt, wenn die Fortsetzung beschlossen werden könne (Stengel in: Semler/Stengel, § 3 UmwG Rn. 43; Kallmeyer/Marsch-Barner § 3 UmwG Rn. 24; Widmann/Mayer/Fronhöfer, Umwandlungsrecht, § 3 UmwG Rn. 45), wobei die Literatur der Auffassung ist, dass der Verschmelzungsbeschluss zugleich einen zumindest konkludenten Fortsetzungsbeschluss enthält (Kallmeyer/Marsch-Barner, § 3 Rn. 26 m. w. N. in Fn. 4; KölnKomm-UmwG/Simon, § 3 UmwG Rn. 58; Schmitt/Hörtnagl/Stratz, UmwG/UmwStG, 6. Aufl. 2013, § 3 UmwG Rn. 48: »naheliegender Gedanke«).

Nicht gesetzlich geregelt ist auch die Frage, ob auch eine **Vorgesellschaft** (Vor-GmbH, Vor-AG) einen **50** Verschmelzungsvertrag abschließen kann. Für die AG stellt § 76 Abs. 1 UmwG eine Grenze dar. Für die GmbH muss man diese Möglichkeit aus allgemeinen Rechtsgründen zulassen (vgl. auch K. Schmidt, ZGR 1990, 592). Nach richtiger Auffassung kann bereits die Vorgesellschaft an einer Verschmelzung beteiligt sein (so zu Recht Bayer, ZIP 1997, 1613, 1614; K. Schmidt, ZGR 1990, 580, 592; Widmann/Mayer/Fronhöfer, Umwandlungsrecht, § 3 UmwG Rn. 74 ff.; Heckschen, DB 1998, 1385, 1388; Stengel in: Semler/Stengel, § 3 UmwG Rn. 48; ausführlich auch K. Schmidt, in: FS für Zöllner, 1999, S. 521, 527 f.; er spricht von der vorweggenommenen Verschmelzung; a. A. Lutter/Drygala, UmwG, § 3 Rn. 7; Marsch-Barner, in: Kallmeyer, § 3 UmwG Rn. 10). Einigkeit besteht allerdings auch bei den Kritikern dieser Auffassung, dass die Vorgesellschaft in jedem Fall schon Vorbereitungshandlungen für eine Verschmelzung nach ihrem Entstehen treffen kann, wenn die rechtliche Wirkung erst nach Entstehung, d. h. Eintragung der Spaltung zur Neugründung eintritt (so ausdrücklich Lutter/Drygala, UmwG, § 3 Rn. 7). Bei diesen Umwandlungen im Vorgriff auf eine andere Eintragung (so K. Schmidt, in: FS für Zöllner, 1999) müssen allerdings beide Vorgänge angemeldet und nacheinander im Register eingetragen werden (K. Schmidt, in: FS für Zöllner, 1999, S. 521, 527 f., 528).

B. Checkliste für die Verschmelzung von Rechtsträgern nach dem UmwG

Verschmelzungsart **51**

• durch Aufnahme	→ § 2 Nr. 1
• durch Neugründung	→ § 2 Nr. 2

Verschmelzungsmöglichkeiten unter Beteiligung folgender Rechtsträger

• Offene Handelsgesellschaft (OHG) und Kommanditgesellschaft (KG)	→ §§ 3 Abs. 1 Nr. 1, 39
• Partnerschaft	→ §§ 3 Abs. 1 Nr. 1, 45a
• Gesellschaft mit beschränkter Haftung (GmbH)	→ § 3 Abs. 1 Nr. 2
• Grenzüberschreitend	→ § 122a Abs. 2
• Aktiengesellschaft (AG)	→ § 3 Abs. 1 Nr. 2
• Grenzüberschreitend	→ § 122a Abs. 2
• Kommanditgesellschaft auf Aktien (KGaA)	→ § 3 Abs. 1 Nr. 2
• Grenzüberschreitend	→ § 122a Abs. 2

• Eingetragene Genossenschaft (e. G.)	→ §§ 3 Abs. 1 Nr. 3, 79
• Eingetragener Verein (e. V.)	→ §§ 3 Abs. 1 Nr. 4 und Abs. 2, 99
• Genossenschaftliche Prüfungsverbände	→ §§ 3 Abs. 1 Nr. 5, 105
• Versicherungsvereine auf Gegenseitigkeit (VVaG)	→ §§ 3 Abs. 1 Nr. 6, 109
• Wirtschaftlicher Verein	→ §§ 3 Abs. 2 Nr. 1, 99
• Natürliche Personen als Alleingesellschafter einer Kapitalgesellschaft	→ §§ 3 Abs. 2 Nr. 2, 120

Abschluss eines Verschmelzungsvertrages (Verschmelzung zur Aufnahme; Verschmelzung zur Neugründung) oder Aufstellung eines Entwurfs

• Mindestinhalt sowie zusätzlich bei		→ §§ 5, 29 Abs. 1 Satz 1, 35, 36, 37
– OHG, KG	→ § 40	
– Partnerschaft	→ § 45b	
– GmbH	→ §§ 46, 56	
– e. G.	→ §§ 80, 96	
– VVaG	→ §§ 110, 114	
• Grenzüberschreitend zusätzlich		→ § 122i
• Notarielle Beurkundung		→ §§ 6, 36
• Kündigung des Vertrages		→ §§ 7, 36
• Zuleitung des Verschmelzungsvertrages an den Betriebsrat		→ §§ 5 Abs. 3, 36
• Grenzüberschreitend: **Aufstellung eines Verschmelzungsplans oder eines Entwurfs**		
• Mindestinhalt, notarielle Beurkundung		→ § 122c

Unterrichtungs- und Bekanntmachungspflichten betreffend den Verschmelzungsvertrag oder den Entwurf

• OHG, KG	→ § 42
• Partnerschaft	→ § 45c
• GmbH	→ §§ 47, 56
• AG	→ §§ 61, 73
• KGaA	→ § 78 i. V. m. §§ 61, 73
• VvaG	→ §§ 111, 114
• Natürliche Personen	→ § 121 i. V. m. § 61
• Grenzüberschreitend	→ § 122d

Erstattung eines Verschmelzungsberichts

• § 8	
• Grenzüberschreitend zusätzlich	→ § 122e

•	sowie zusätzlich bei OHG, KG	→ § 41
•	Partnerschaft	→ § 45c

Prüfung des Umtauschverhältnisses durch Verschmelzungsprüfer

•	§§ 9 bis 12, 36 sowie zusätzlich bei	
–	OHG, KG	→ § 44
–	Partnerschaft	→ § 45e i. V. m. § 44
–	GmbH	→ §§ 48, 56
–	AG	→ §§ 60, 73
–	KGaA	→ § 78 i. V. m. §§ 60, 73
–	e. G.	→ §§ 81, 96 (Gutachten des Prüfungsverbandes)
–	e. V.	→ § 100
–	wirtschaftlicher Verein	→ § 100
•	Grenzüberschreitend zusätzlich	→ § 122f

Vorbereitung des Verschmelzungsbeschlusses durch Unterrichtungspflichten

•	GmbH	→ §§ 49, 56
•	AG	→ §§ 61, 63, 73
•	KGaA	→ § 78 i. V. m. §§ 61, 63, 73
•	e. G.	→ §§ 82, 96
•	e. V.	→ § 101
•	genossenschaftliche Prüfungsverbände	→ § 106 i. V. m. § 101
•	VVaG	→ §§ 112, 114
•	wirtschaftlicher Verein	→ § 101

Durchführung der Versammlung der Anteilsinhaber

•	AG	→ §§ 64, 73
•	KGaA	→ § 78 i. V. m. §§ 64, 73
•	e. G.	→ §§ 83, 96
•	e. V.	→ § 102
•	genossenschaftliche Prüfungsverbände	→ § 106 i. V. m. § 102
•	VVaG	→ §§ 112, 114
•	wirtschaftlicher Verein	→ § 102

Beschluss der Anteilsinhaber, notariell beurkundet

•	§§ 13, 36 sowie zusätzlich bei	
–	OHG, KG	→ § 43

–	Partnerschaft	→ § 45d
–	GmbH	→ §§ 50, 56, 59
–	AG	→ §§ 65, 73 sowie §§ 62, 76
–	KGaA	→ § 78 i. V. m. §§ 65, 73 sowie §§ 62, 76
–	e. G.	→ §§ 84, 96
–	e. V.	→ § 103
–	genossenschaftliche Prüfungsverbände	→ § 106 i. V. m. § 103
–	VVaG	→ §§ 112, 116
–	wirtschaftlicher Verein	→ § 103
•	Grenzüberschreitend zusätzlich	→ § 122g

Zustimmungserklärungen einzelner Anteilsinhaber, notariell beurkundet

•	§ 13 Abs. 2 und Abs. 3, § 36 sowie zusätzlich bei	
–	GmbH	→ § 50 Abs. 2, §§ 51, 56
–	KGaA	→ § 78 Satz 3

Klage gegen Wirksamkeit des Verschmelzungsbeschlusses

§§ 14, 36

Anmeldung der Verschmelzung bei den zuständigen Registern

•	§§ 16, 35, 38 sowie zusätzlich bei	
–	GmbH	→ § 52
•	Grenzüberschreitend zusätzlich	→ § 122k

Anlagen der Anmeldung

•	§ 17 sowie zusätzlich bei	
–	e. G.	→ § 86

Eintragung und Bekanntmachung der Verschmelzung in den zuständigen Registern

•	§§ 19, 36 sowie zusätzlich bei	
–	GmbH	→ § 53
–	AG	→ §§ 66, 77
–	KGaA	→ § 78 i. V. m. §§ 66, 77
–	VVaG	→ §§ 117, 118, 119
•	Grenzüberschreitend zusätzlich	→ § 122l

Wirksamwerden und Wirkungen der Verschmelzung

•	§§ 20, 21 sowie zusätzlich bei	
–	e. G.	→ §§ 87, 88, 96

Eröffnungsbilanzen nach der Verschmelzung

•	§ 24

Beachte ferner:
Schutz der Anteilsinhaber

•	Nachbesserung des Umtauschverhältnisses sowie zusätzlich bei		→ § 15
	–	e. G.	→ § 85	
	–	VVaG	→ § 113	
•	Grenzüberschreitend zusätzlich		→ § 122h
•	Barabfindung bei Wechsel der Beteiligungsart sowie zusätzlich bei		→ §§ 29 bis 31, 34, 36
	–	KGaA	→ § 78 Satz 4	
	–	e. G.	→ §§ 90 bis 94 (Ausschlagungsrecht)	
	–	e. V.	→ § 104a	
•	Grenzüberschreitend zusätzlich		→ § 122i
•	Schadensersatzansprüche		
	–	gegen Mitglieder der Vertretungs- und Aufsichtsorgane	→ §§ 25 bis 27, 70	
	–	gegen Verschmelzungsprüfer	→ § 11 Abs. 2	

Schutz der Inhaber von Sonderrechten (»Verwässerungsschutz«)

•	§ 23

Schutz der Gläubiger

•	Sicherheitsleistung sowie zusätzlich bei		→ § 22
	–	OHG, KG	→ § 45	
	–	Partnerschaft	→ §§ 45e i. V. m. § 45	
	–	e. G.	→ §§ 95, 96	
•	Grenzüberschreitend zusätzlich		→ § 122j
•	Schadensersatzansprüche gegen Mitglieder der Vertretungs- und Aufsichtsorgane		→ §§ 25 bis 27, 70

Schutz des Rechtsverkehrs (Kapitalschutz)

•	Anwendung des Gründungsrechts sowie zusätzlich bei		→ § 36 Abs. 2
	–	GmbH	→ § 58	
	–	AG	→ §§ 67, 75	
	–	KGaA	→ § 78 i. V. m. §§ 67, 75	
•	im Fall von Kapitalerhöhungen bei		
	–	GmbH	→ §§ 53 bis 56	
	–	AG	→ §§ 66, 68, 69, 73	

–	KGaA	→ § 78 i. V. m. §§ 66, 68, 69, 73

Schutz der Arbeitnehmer

•	Betriebsübergang	→ § 324

C. Verschmelzungsvertrag

I. Allgemeines

52   **1. Rechtliche Charakterisierung des Vertrages.** Der Verschmelzungsvertrag bildet die Grundlage für die beabsichtigte Vermögensübertragung. Er ist ein **Organisationsakt**, der die Struktur und auch die Beteiligungen an den beteiligten Rechtsträgern ändert (vgl. Lutter/Drygala, UmwG, § 4 Rn. 4; Widmann/Mayer/Mayer, Umwandlungsrecht, § 4 UmwG Rn. 21 ff., 25; Kallmeyer/Marsch-Barner, UmwG, § 4 Rn. 2; Stratz, in: Schmitt/Hörtnagl/Stratz, § 4 UmwG Rn. 7 ff.). Bzgl. dieser organisationsrechtlichen Strukturwirkung ist er vergleichbar mit anderen Strukturentscheidungen im Gesellschaftsrecht: Satzungsänderung, Abschluss von Unternehmensverträgen, etc. Der Verschmelzungsvertrag ist die Grundlage für die Umstrukturierung und legt fest, wie sich die Rechtsverhältnisse der Gesellschafter und Anteilsinhaber untereinander und ggü. der Gesellschaft bzw. Rechtsträger ändern (Lutter/Drygala, UmwG, § 4 Rn. 4; Widmann/Mayer/Mayer, Umwandlungsrecht, § 4 UmwG Rn. 21 ff., 25; Kallmeyer/Marsch-Barner, UmwG, § 4 Rn. 2; Stratz, in: Schmitt/Hörtnagl/Stratz, § 4 UmwG Rn. 7 ff).

Die im Verschmelzungsvertrag vorgesehenen **Rechtswirkungen** treten mit Eintragung der Verschmelzung ein, es bedarf grds. **keiner weiteren Vollzugsakte**, etwa der Übertragung der im Verschmelzungsvertrag vorgesehenen Geschäftsanteile. Die einzelnen Regelungen und Wirkungen ergeben sich aus den in § 5 UmwG genannten Elementen, die im Verschmelzungsvertrag genannt sein müssen. Bei der **Verschmelzung zur Neugründung** hat der Verschmelzungsvertrag auch den **Gesellschaftsvertrag** des neu zu gründenden Rechtsträgers zum Inhalt (§ 37 UmwG).

53   Darüber hinausgehend kommen ihm auch **schuldrechtliche Wirkungen** zu, da mit dem Organisationsakt auch Ansprüche der Gesellschafter und der Gesellschaften begründet werden (Lutter/Drygala, UmwG, § 4 Rn. 5; Kallmeyer/Marsch-Barner, UmwG, § 4 Rn. 3; Stratz, in: Schmitt/Hörtnagl/Stratz, § 4 UmwG Rn. 9). Unmittelbar **dingliche Wirkung** hat der Verschmelzungsvertrag nicht, sondern erst die Handelsregistereintragung; er ist aber notwendige Voraussetzung hierfür (Lutter/Drygala, UmwG, § 4 Rn. 6; Widmann/Mayer/Mayer, Umwandlungsrecht, § 4 UmwG Rn. 26; Stratz, in: Schmitt/Hörtnagl/Stratz, § 4 UmwG Rn. 8).

54   Trotz der organisationsrechtlichen Einordnung bleibt zu berücksichtigen, dass er auch vertragsrechtliche Elemente hat und damit auch auf vertraglicher Grundlage beruht, sodass auch die **allgemeinen Vorschriften des Vertragsrechts** für den Verschmelzungsvertrag gelten (vgl. Lutter/Drygala, UmwG, § 4 Rn. 2; Widmann/Mayer/Mayer, Umwandlungsrecht, § 4 UmwG Rn. 21; Stratz, in: Schmitt/Hörtnagl/Stratz, § 4 UmwG Rn. 10; Körner/Rodewald BB 1999, 853).

55   Die **Auslegung von Verschmelzungs- und auch Spaltungsverträgen** ist noch nicht vollständig geklärt (vgl. Grunewald, ZGR 2009, 647 ff.). Ob diese objektiv oder subjektiv auszulegen sind, hat der BGH im Jahr 2004 (ZNotP 2004, 65 = MittBayNot 2004, 285 = NotBZ 2003, 471 = NJW-RR 2004, 12) offen gelassen, in einer Entscheidung aus dem Jahr 2008 (ZIP 2008, 600, dazu Grunewald, ZGR 2009, 647, 658) zu einem Abspaltungsvertrag spricht er sich im Grunde für eine subjektiven Auslegung aus (zustimmend wohl Stratz, in: Schmitt/Hörtnagl/Stratz, § 4 UmwG Rn. 10). In der Literatur wird eher objektive Auslegung befürwortet (Kallmeyer/Marsch-Barner, UmwG, § 4 Rn. 10; Schröer, in:, Semler/Stengel, UmwG, § 5 Rn. 4; offen gelassen in KG, Der Konzern 2004, 749, 759; zur Spaltung Priester, in: Lutter/Winter, UmwG, § 126 Rn. 14; Schröer, in: Semler/Stengel, UmwG, § 126 Rn. 25).

56   **2. Systematik.** Der Verschmelzungsvertrag ist auch **Vorbild für das Grundlagengeschäft i. R. d. Spaltung**: dem Spaltungsvertrag oder dem Spaltungsplan. Bei der Spaltung gilt die Besonderheit, dass bei der Spaltung zur Neugründung oder Ausgliederung nur ein Rechtsträger beteiligt ist, sodass es sich nicht um einen Vertrag, sondern um ein einseitiges Rechtsgeschäft handelt (Lutter/Drygala, UmwG, § 4 Rn. 2). Dennoch gelten die allgemeinen Grundsätze des Verschmelzungsvertrages auch für dieses einseitige Rechtsgeschäft. Der Verschmelzungsvertrag hat Vorbildcharakter für den Spaltungsvertrag bzw. Spaltungsplan, sodass die allgemeinen Grundsätze auch hier gelten.

3. Verschmelzungsvertrag und Zustimmungsbeschluss. a) Bedeutung. Nach § 13 Abs. 1 **57** UmwG wird der Verschmelzungsvertrag nur wirksam, wenn die Anteilsinhaber der beteiligten Rechtsträger ihm durch Beschluss (**Verschmelzungsbeschluss**) zustimmen. Auch diese Regelung macht deutlich, dass der Verschmelzungsvertrag ein die Grundlagen der beteiligten Rechtsträger betreffendes Rechtsgeschäft ist, das ebenso wie andere Grundlagenregelungen der Zustimmung der Beschlussorgane (Gesellschafterversammlung, Hauptversammlung, etc.) bedarf. Die satzungsmäßige Übertragung der Zuständigkeit auf andere Organe wie Beirat oder die Vertretungsorgane ist nach allgemeiner Meinung nicht möglich (Lutter/Drygala, UmwG, § 13 Rn. 4; Widmann/Mayer/Heckschen, Umwandlungsrecht, § 13 UmwG Rn. 42; Grunewald, AG 1990, 133; Stratz, in: Schmitt/Hörtnagl/Stratz, § 13 UmwG Rn. 15). Auch die **allgemeine Ermächtigung des Vertretungsorgans**, einen – unbestimmten – Verschmelzungsvertrag abzuschließen, ist nicht zulässig. Deshalb bestimmt § 4 Abs. 2 UmwG, dass, wenn der Vertrag noch nicht abgeschlossen ist, zwar der Zustimmungsbeschluss vor dem Vertragsabschluss erfolgen kann, diesem Beschluss aber ein schriftlicher Entwurf des Vertrages zugrunde liegen muss. Die Versammlung muss dabei einem konkreten vollständigen Vertrag oder Vertragsentwurf zustimmen und kann auch nicht Dritten die Ermächtigung erteilen, weitere Bestimmungen des Vertrages zu konkretisieren (Widmann/Mayer/Heckschen, Umwandlungsrecht, § 13 UmwG Rn. 42; Kallmeyer/Zimmermann, UmwG, § 13 Rn. 7; Lutter/Drygala, UmwG, § 13 Rn. 4; Stratz, in: Schmitt/Hörtnagl/Stratz, § 13 UmwG Rn. 15).

b) Zeitliche Reihenfolge von Vertrag und Zustimmungen. Die erforderlichen **Zustimmungs-** **58** **beschlüsse** können dem Abschluss des Vertrages vorausgehen oder nachfolgen (vgl. § 4 Abs. 2 UmwG). Zu beachten ist allerdings, dass bei dem durch das 3. UmwÄndG 2011 für AG eingeführten verschmelzungsrechtlichen Squeeze-out (vgl. dazu unten Rdn. 1087 ff.) die Hauptversammlung den Übertragungsbeschluss nur auf Grund eines bereits abgeschlossenen Verschmelzungsvertrages fassen kann (§ 62 Abs. 5 Satz 1 UmwG). Der Verschmelzungsvertrag muss daher in diesem Fall spätestens im Zeitpunkt der Beschlussfassung vorliegen (vgl. Bungert/Wettich, DB 2011, 1500, 1502; Austmann, NZG 2011, 684, 687).

aa) Zustimmungsbeschluss vor Vertragsabschluss. Ergeht zuerst der Zustimmungsbeschluss, ist **59** sehr sorgfältig darauf zu achten, dass der **abgeschlossene Vertragstext identisch** ist mit dem Text, der die **Beschlussgrundlage für die Zustimmung** gebildet hat. Die **Vertretungsmacht** der für die Rechtsträger beim Vertragsabschluss handelnden Vertreter ist nach herrschender Meinung (s. u. Teil 2 Rdn. 459) durch das Erfordernis der Zustimmungsbeschlüsse eingeschränkt. Bei **fehlender Identität** von Entwurf und beurkundetem Vertragstext müssen daher **nachträglich ergänzende Zustimmungsbeschlüsse** ergehen.

bb) Vertragsabschluss vor Zustimmungsbeschluss. Wird zunächst der Vertrag abgeschlossen, so **60** ist er **schwebend unwirksam**. Er wird wirksam, wenn bei allen beteiligten Rechtsträgern die Zustimmungsbeschlüsse vorliegen. Ein Rechtsträger ist an den Vertrag erst ab dem Zeitpunkt gebunden, zu dem auf seiner Seite der Zustimmungsbeschluss abgegeben ist; er wird aus seiner Bindung frei, wenn die Zustimmung bei den anderen Rechtsträgern nicht in **angemessener Frist** erteilt wird (Widmann/Mayer/Mayer, Umwandlungsrecht, § 4 UmwG Rn. 9). Vor dem Zustimmungsbeschluss können daher von den Vertretungsorganen noch Änderungen verlangt werden. Eine Änderung oder Aufhebung eines Zustimmungsbeschlusses nach Vertragsabschluss hat auf den Bestand des Vertrages keinen Einfluss (Kallmeyer, ZIP 1994, 1746 ff., 1754; Lutter/Drygala, UmwG, § 4 Rn. 26; Widmann/Mayer/Mayer, Umwandlungsrecht, § 4 UmwG Rn 10).

II. Form

61 Der Vertrag bedarf der **notariellen Beurkundung** (§ 6 UmwG). Zur Frage, ob die Beurkundung durch einen ausländischen Notar genügt vgl. unten Teil 2 Rdn. 496 ff. Ergänzend sei auf Folgendes hingewiesen: Die Gesetzesbegründung zu § 13 UmwG (abgedruckt in: Limmer, Umwandlungsrecht, S. 281) rechtfertigt das Beurkundungserfordernis mit **folgenden Erwägungen:**

   – Die Einhaltung der Form diene für die Zustimmungsbeschlüsse der Rechtssicherheit, die durch die Kontrolle des Notars erreicht werde, der die Verantwortung für den ordnungsgemäßen Ablauf der Versammlung übernimmt.

   – Soweit einzelne Anteilsinhaber zustimmen müssen, erfülle die Form zusätzlich eine Warnfunktion.

   – Außerdem werde dem Registerrichter die Überprüfung erleichtert, ob alle Voraussetzungen der Umwandlung erfüllt sind.

62 Jedenfalls mit der zuletzt genannten Funktion der notariellen Beurkundung sind Gesichtspunkte der mit ihr verbundenen **Richtigkeitsgewähr** angesprochen (zu der mit der notariellen Form verbundenen Richtigkeitsgewähr vgl. v. a. Goette, in: FS für Boujong, 1996, S. 131 f.; Limmer, in: FS Rheinisches Notariat, S. 15 ff.; Winkler, BeurkG, Einl. Rn. 19 ff.; Basty, in: FS für Schippel, S. 571 ff.; Staudinger/ Hertel, BGB, Vorbem. zu §§ 127a, 128 [BeurkG], Rn. 14 ff.; Armbrüster/Renner, in: Armbrüster/ Preuß/Renner, BeurkG Einl. Rn. 29 ff.; Frenz, in: FG für Weichler, 1997, S. 175 ff.; Krafka, DNotZ 2002, 677, 679 ff.). Die Beurkundung erleichtert – als Verfahren der Freiwilligen Gerichtsbarkeit – das gerichtliche Eintragungsverfahren, indem es aufgrund der für die Beurkundung geltenden Regelungen und der korrespondierenden Amtspflichten des Notars mögliche Fehlerquellen einer Umwandlung ausschließt. Dies setzt aber voraus, dass zum einen der Notar aufgrund seiner Vertrautheit mit dem Rechtssystem über die hierfür erforderlichen Kenntnisse verfügt und zum anderen, dass der Notar den Verfahrensbestimmungen der Beurkundung, die für die Erfüllung der Formzwecke wesentlich sind, unterworfen ist. Es gelten die gleichen Erwägungen wie zur Beurkundung des Verschmelzungsbeschlusses, sodass eine Auslandsbeurkundung nicht zulässig ist (vgl. unten Teil 2 Rdn. 496 ff.).

63 Das Formerfordernis umfasst **alle Vereinbarungen**, die nach dem Willen auch nur einer Partei eine **rechtliche Einheit mit der Verschmelzung** bilden (§ 139 BGB; Widmann/Mayer/Heckschen, Umwandlungsrecht, § 6 UmwG Rn. 19 ff.; Kallmeyer/Zimmermann, UmwG, § 6 Rn. 1, 7; Schröer, in:, Semler/Stengel, UmwG, § 6 UmwG Rn. 5; Lutter/Drygala, UmwG, § 6 Rn. 4; Stratz, in: Schmitt/ Hörtnagl/Stratz, § 6 UmwG Rn. 3 f.; KölnerKommUmwG/Simon, § 6 UmwG Rn. 2). **Nicht beurkundete Nebenabreden** können nach § 20 Abs. 1 Nr. 4 UmwG mit der Eintragung im Register des übernehmenden Rechtsträgers geheilt werden. Ist der Verschmelzungsvertrag als solcher nicht beurkundet, hat der Richter die Eintragung abzulehnen. Eine **Heilung** nach § 20 Abs. 1 Nr. 4 UmwG dürfte folglich in diesen Fällen eine eher theoretische Möglichkeit darstellen. Wegen der Auslegung im Einzelnen kann auf die Rechtsprechung zu § 311b BGB Bezug genommen werden (Widmann/Mayer/Heckschen, Umwandlungsrecht, § 6 UmwG Rn. 20; Lutter/Drygala, UmwG, § 6 Rn. 2). Beurkundungsbedürftig sind daher alle Vereinbarungen, aus denen sich nach dem Willen wenigstens eines Beteiligten der Vertrag zusammensetzt (vgl. zu § 311b BGB BGHZ 63, 359, 361; BGHZ 39, 266, 268; BGHZ 74, 346, 348; BGH, NJW 1981, 222; NJW 1981, 565; ausführlich Keim, DNotZ 2001, 827 ff.).

64 Sowohl der **Verschmelzungsvertrag** als auch der **Zustimmungsbeschluss** können **in einer Urkunde** beurkundet werden. Dabei ist allerdings zu beachten, dass der Verschmelzungsvertrag nach §§ 8 ff. BeurkG beurkundet werden muss, da es um die Beurkundung von Willenserklärungen geht. Für die Beurkundung eines Zustimmungsbeschlusses würde an sich eine Tatsachenbeurkundung nach §§ 36 ff. BeurkG genügen.

Ein **wichtiger Anwendungsbereich** der Niederschrift nach § 37 BeurkG sind **Gesellschafterversammlungen.** Es handelt sich dabei nicht um die Beurkundung von Willenserklärungen, sondern um die Beurkundung von sonstigen Tatsachen. Ein Beschluss in einer Gesellschafterversammlung ist ein mehrseitiges, aber nicht vertragliches Rechtsgeschäft eigener Art, das auf der Stimmabgabe der Gesellschafter beruht und auf eine verbindliche Willensbildung gerichtet ist (vgl. BGH, NJW 1976, 49). Bei der Beurkundung von Versammlungsbeschlüssen wird daher der tatsächliche Hergang der erfolgten Abstimmung als gesellschaftsrechtlicher Gesamtakt beurkundet (vgl. Jansen, BeurkG, § 37 Rn. 8; Eylmann/Vaasen/Limmer, BNotO, BeurkG, § 37 Rn. 11). Es besteht aber Einigkeit, dass die Beurkundungsform nach §§ 8 ff. BeurkG die strengere ist und damit anstelle einer Beurkundung nach § 36 BeurkG erfolgen kann. Insofern können Versammlungsbeschlüsse auch nach den §§ 8 ff. BeurkG beurkundet werden (vgl. OLG München, DNotZ 2011, 142 m. Anm. Priester; Röll, DNotZ 1979, 644, 650; Preuß, in: Armbrüster/Preuß/Renner, BeurkG/DONot, § 36 BeurkG Rn. 7; Limmer, in: Eylmann/Vaasen, BNotO/BeurkG, § 36 BeurkG Rn. 1; Scholz/Priester, GmbHG, § 53 Rn. 70, der darauf hinweist, dass gerade bei der Beurkundung von Gesellschafterbeschlüssen die Praxis i. d. R. die Vorschriften über die Beurkundung von Willenserklärungen anwendet).

III. Vertragsabschluss

Vertragspartner des Vertrages sind die **beteiligten Rechtsträger**, nicht deren Anteilsinhaber oder Gesellschafter (Lutter/Drygala, UmwG, § 4 Rn. 7; Widmann/Mayer/Mayer, Umwandlungsrecht, § 4 UmwG Rn. 32). Für die beteiligten Rechtsträger haben deren **Vertretungsorgane** beim Vertragsabschluss zu handeln (§ 4 Abs. 1 Satz 1 UmwG), und zwar in **vertretungsberechtigter Zahl** entsprechend den satzungsmäßigen Bestimmungen. 65

Prokuristen haben nur im Rahmen einer satzungsmäßigen vorgesehenen unechten Gesamtvertretung, z. B. neben einem Geschäftsführer einer GmbH, Abschlusskompetenz (vgl. Lutter/Drygala, UmwG, § 4 Rn. 8 f.; Widmann/Mayer/Mayer, Umwandlungsrecht, § 4 UmwG Rn. 35; Stratz, in: Schmitt/Hörtnagl/Stratz, § 4 UmwG Rn. 14). Aufgrund einer Prokura kann der Prokurist allein keinen Verschmelzungsvertrag abschließen, da dies nicht zum Betrieb eines Handelsgewerbes i. S. d. § 49 Abs. 1 HGB gehört (Kallmeyer/Marsch-Barner, UmwG, § 4 Rn. 5; Widmann/Mayer/Mayer, Umwandlungsrecht, § 4 UmwG Rn. 39; Schröer, in: Semler/Stengel, UmwG, § 4 UmwG Rn. 8; Lutter/Drygala, UmwG, § 4 Rn. 8; Stratz, in: Schmitt/Hörtnagl/Stratz, § 4 UmwG Rn. 14). 66

Nach allgemeiner Meinung können sich die Vertretungsorgane der beteiligten Gesellschaften und Rechtsträger durch **rechtsgeschäftlich Bevollmächtigte** vertreten lassen (vgl. ausführlich zu Vollmachts- und Vertretungsfällen Heidinger/Blath FS Spiegelberger, 2009, S. 692 ff.; Melchior GmbHR 199, 520 ff.; Lutter/Drygala, UmwG, § 4 Rn. 9; Kallmeyer/Marsch-Barner, UmwG, § 4 Rn. 5; Widmann/Mayer/Mayer, Umwandlungsrecht, § 4 UmwG Rn. 40; Schröer, in, Semler/Stengel, UmwG, § 4 UmwG Rn. 9; Stratz, in: Schmitt/Hörtnagl/Stratz, § 4 UmwG Rn. 15). I. d. R. wird der Vollmacht eine Spezialvollmacht zugrunde liegen. Generalvollmachten bei Gesellschaften können dann problematisch sein, wenn sie organvertretend sind (vgl. ausführlich DNotI-Report 1996, 76; BGH, NJW 1977, 199; Baumbach/Hueck/Zöllner, GmbHG, § 35 Rn. 36a; im Einzelnen str.: Lutter/Hommelhoff, GmbHG, § 35 Rn. 1). Nach § 167 BGB bedarf die Vollmacht grds. nicht der für das Grundgeschäft notwendigen **Form**. Etwas anderes gilt allerdings bei der Verschmelzung zur Neugründung, da i. R. d. Verschmelzungsvertrages auch die Satzung des neuen Rechtsträgers festgestellt wird, sodass die besonderen Formvorschriften für die Satzungsfeststellung gelten (§ 37 i. V. m. §§ 2 Abs. 2 GmbHG, 28 Abs. 1 Satz 2 AktG: notarielle Beglaubigung vgl. Lutter/Drygala, UmwG, § 4 Rn. 9; Kallmeyer/Marsch-Barner, UmwG, § 4 Rn. 5; Widmann/Mayer/Mayer, Umwandlungsrecht, § 4 UmwG Rn. 41; Schröer, in:, Semler/Stengel, UmwG, § 4 UmwG Rn. 6). Bei der Verschmelzung zur Aufnahme ist für die Vollmacht grdsl. keine Form erforderlich, auch nicht nach § 55 Abs. 1 GmbHG, da keine Übernehmerklärung erforderlich ist (Widmann/Mayer/Mayer, Umwandlungsrecht, § 4 UmwG Rn. 41). Auch das Grundbuchamt kann nicht im Rahmen der Berichtigung des Grundbuches nach Verschmelzung oder Spaltung für die Vollmacht die Form des § 29 GBO verlangen (OLG Hamm FGPrax 2014, 239). Zulässig ist auch der Abschluss des Verschmelzungsvertrages durch einen vollmachtlosen Vertreter mit nachträglicher Genehmigung (vgl. Widmann/Mayer/Mayer, Umwandlungsrecht, § 4 UmwG Rn. 41; Lutter/Drygala, UmwG, § 4 Rn. 10; Stratz, in: Schmitt/Hörtnagl/Stratz, § 4 UmwG Rn. 15)). Der von einem vollmachtlosen Vertreter abgeschlossene formbedürftige Vertrag kann formlos genehmigt werden (BGHZ 125, 218 = DNotZ 1994, 764; Widmann/Mayer/Mayer, Umwandlungsrecht, § 4 UmwG Rn. 41), umstritten ist, ob notarielle Beglaubigung der Genehmigung erforderlich ist, wenn es sich um eine Verschmelzung zur Neugründung handelt. Ein Teil der Literatur lehnt dies mit Hinweis auf den eindeutigen Wortlaut des § 182 Abs. 2 BGB und die Entscheidung des BGH v. 25.02.1994 (NJW 1994, 1344) ab (Widmann/Mayer/Mayer, Umwandlungsrecht, § 4 UmwG Rn. 41; Schröer, in: Semler/Stengel, UmwG, § 4 UmwG Rn. 16; Lutter/Drygala, UmwG, § 4 Rn. 10; a. A. bei der GmbH-Gründung Lutter/Hommelhoff/Bayer, GmbHG § 2 Rn. 17). 67

68 § 181 BGB gilt auch bei der Vertretung i. R. d. Verschmelzung, sodass, wenn auf beiden Seiten des Verschmelzungsvertrages dieselben Personen als Vertreter unterschiedlicher Gesellschaften tätig sind, ein unzulässiges Insichgeschäft vorliegt, wenn nicht die Befreiungsmöglichkeit von § 181 BGB in der Satzung der entsprechenden Gesellschaften vorgesehen und dann durch entsprechenden Befreiungsbeschluss konkretisiert wurde; dies gilt nach h. M. auch beim Verschmelzungsbeschluss, da dieser satzungsändernden Charaktet hat. (vgl. zum Ganzen Widmann/Mayer/Mayer, Umwandlungsrecht, § 4 UmwG Rn. 36 ff., § 50 UmwG Rn. 15 f.; Lutter/Winter/Vetter, § 50 UmwG Rn. 26; BayObLG, DB 1984, 1517; OLG Köln, GmbHR 1993, 37; Hachenburg/Mertens, GmbHG, § 35 Rn. 227; zur vergleichbaren Situation bei Satzungsänderung BGH ZIP 1988, 1047; Lutter/Hommelhoff/Bayer, GmbHG § 53, Rn. 9; Baumbach/Hueck/Zöllner, § 55 GmbHG Rn. 60).

69 ▶ **Hinweis:**

Sieht die Satzung des übertragenden oder übernehmenden Rechtsträgers die Mitwirkung weiterer Organe bei Abschluss des Verschmelzungsvertrages vor (z. B. Beirat), so ist auch deren Mitwirkung erforderlich, diese wirkt allerdings nur für das Innenverhältnis (Widmann/Mayer/Mayer, Umwandlungsrecht, § 4 UmwG Rn. 41; Lutter/Drygala, UmwG, § 4 Rn. 13).

IV. Bedingungen, Aufhebung und Vertragsänderungen

70 **1. Bedingungen.** Nach § 7 UmwG kann der Verschmelzungsvertrag unter einer **aufschiebenden Bedingung** abgeschlossen werden. Der Eintritt der Bedingung ist dann Voraussetzung für die Registereintragung und ggf. dem Registergericht nachzuweisen. In der Praxis sind derartige Bedingungen häufig: z. B. Regelungen, dass die Verschmelzung nicht wirksam wird, wenn die Versammlung der Gesellschafter des einen oder anderen Rechtsträgers nicht bis zu einem bestimmten Zeitpunkt der Verschmelzung zugestimmt hat (Widmann/Mayer/Heckschen, Umwandlungsrecht, § 7 UmwG Rn. 17 ff, Lutter/Drygala, UmwG, § 4 Rn. 34 f.; Lutter/Drygala, UmwG, § 7 Rn. 2; ausführlich Körner/Rodewald, BB 1999, 853 ff.).

Ein **besonderes Kündigungsrecht** sieht der Gesetzgeber in § 7 Satz 1 UmwG vor, wonach im Fall einer aufschiebenden Bedingung jeder Teil den Vertrag nach 5 Jahren mit halbjähriger Frist kündigen kann, wenn die aufschiebende Bedingung binnen 5 Jahren nach Abschluss des Vertrages nicht eingetreten ist. Im Verschmelzungsvertrag kann für dieses Kündigungsrecht auch eine kürzere Zeit als 5 Jahre vereinbart werden.

71 Unklar ist, ob der **Nachweis** über den Eintritt der aufschiebenden Bedingung ggü. dem Registergericht **i. R. d. 8-Monats-Frist nach § 17 Abs. 2 Satz 4 UmwG** erfolgen muss. Die Literatur differenziert z. T. danach, ob die Bedingung in der Hand des Registergerichts oder außerhalb seines Bereiches liegt (Widmann/Mayer/Heckschen, Umwandlungsrecht, § 7 UmwG Rn. 19;). Bedingungen, die nicht im Zuständigkeitsbereich des Registergerichts liegen, müssen nach dieser Auffassung bis zum Ablauf der 8-Monats-Frist vorliegen, wobei die Nachweise auch nach der Anmeldung nachgereicht werden können. Handelt es sich um eine Bedingung, deren Eintritt vom Registervollzug bei dem oder einem anderen Registergericht abhängt, so genügt es, dass dem Registergericht das Herbeiführen dieser Bedingung möglich war (so zu Recht Widmann/Mayer/Heckschen, Umwandlungsrecht, § 7 UmwG Rn. 20). Ein Teil der Literatur widerspricht dieser Auffassung. Denn das bedingte Rechtsgeschäft sei tatbestandlich vollendet und voll gültig, nur seine Rechtswirkungen seien bis zum Eintritt der Bedingung in der Schwebe. Dementsprechend genügt es nach dieser Auffassung, wenn die Bedingung später eintritt (Stratz, in: Schmitt/Hörtnagl/Stratz, § 7 UmwG Rn. 6; ähnlich auch OLG Frankfurt, DNotZ 1999, 154 = NZG 1999, 649).

72 Dies spielt vor allen Dingen eine Rolle bei den **Kettenumwandlungen** (vgl. oben Teil 2 Rdn. 246 ff.), wenn für einen nachfolgenden Umwandlungsakt Bedingung die Voreintragung eines anderen Umwandlungsaktes (z. B. eines Formwechsels) sein soll. Dann liegt es in der Hand des Registergerichts, etwaige Verzögerungen dürfen nicht zulasten der Beteiligten gehen, sodass es auch genügt, wenn die registergerichtlich bedingte Bedingung auch nach der 8-Monats-Frist eintritt. Das Gleiche gilt auch für die vom Gesetz vorgesehene Rechtsbedingung für die **Eintragung der Verschmelzung** bei dem übertragenden Rechtsträger, dass die vorherige Eintragung einer bei dem übernehmenden Rechtsträger er-

forderlichen Kapitalerhöhung durchgeführt ist (Widmann/Mayer/Heckschen, Umwandlungsrecht, § 7 UmwG Rn. 23).

2. Kündigungs- und Rücktrittsrechte. Auch **Kündigungsrechte und Rücktrittsrechte** können   73
nach allgemeiner Meinung in den Verschmelzungsvertrag aufgenommen werden (vgl. Widmann/Mayer/Heckschen, Umwandlungsrecht, § 7 UmwG Rn. 33 ff.; Stratz, in: Schmitt/Hörtnagl/Stratz, § 7 UmwG Rn. 28; Körner/Rodewald, BB 1999, 855). Ein gesetzliches Kündigungsrecht sieht bereits § 7 UmwG vor. Allerdings gilt auch hier die Regelung, dass die Ausübung eines vertraglich vereinbarten Kündigungsrechts bzw. Rücktrittsrechts nur solange möglich ist, wie die Verschmelzung noch nicht in das Handelsregister eingetragen ist (Widmann/Mayer/Heckschen, Umwandlungsrecht, § 7 UmwG Rn. 33; Stratz, in: Schmitt/Hörtnagl/Stratz, § 7 UmwG Rn. 4; Körner/Rodewald, BB 1999, 856; Lutter/Drygala, UmwG, § 4 Rn. 35; Kallmeyer/Marsch-Barner, UmwG, § 4 Rn. 24). Die überwiegende Meinung geht davon aus, dass die Kündigung oder die Rücktrittserklärung vom Vertretungsorgan **ohne Zustimmungsbeschluss der Anteilsinhaber** wirksam ausgeübt werden kann (Kallmeyer/Marsch-Barner, UmwG, § 7 Rn. 4; Lutter/Drygala, UmwG, § 7 Rn. 7; Stratz, in: Schmitt/Hörtnagl/Stratz, § 7 UmwG Rn. 29). Ein Teil der Literatur verlangt allerdings aus Gründen des Schutzes der Anteilsinhaber deren Zustimmung (so Widmann/Mayer/Heckschen, Umwandlungsrecht, § 7 UmwG Rn. 42 ff.; ders., in: FG für Weichler, 1997, S. 27 ff.).

3. Aufhebung und Abänderungen. **Nach Eintragung** ist die Verschmelzung vollzogen, Änderun-   74
gen sind nicht mehr möglich (Widmann/Mayer/Mayer, Umwandlungsrecht, § 4 UmwG Rn. 64; Schröer, in: Semler/Stengel, UmwG, § 4 UmwG Rn. 30; Stratz, in: Schmitt/Hörtnagl/Stratz, § 4 UmwG Rn. 19; a. A. Lutter/Drygala, UmwG, § 4 Rn. 28, der auch nach der Eintragung unter bestimmten Umständen eine Änderung zulässt). **Vor der Eintragung** kann der Vertrag aufgehoben oder abgeändert werden. Bzgl. der Abschlusskompetenz für derartige Maßnahmen ist zu unterscheiden, ob bereits ein Zustimmungsbeschluss vorliegt oder nicht. Nach Zustimmung der Gesellschafter bedürfen auch Aufhebungen und Änderungen der Zustimmung mit der gleichen Mehrheit (Kallmeyer/Marsch-Barner, UmwG, § 4 Rn. 17; Lutter/Drygala, UmwG, § 4 Rn. 19).

V. Mehrseitige Verschmelzungsverträge bei Beteiligung von mehreren Rechtsträgern/ alternative Verschmelzungsverträge

Das Gesetz geht im Ansatz von der **zweiseitigen Regelung** aus, d. h. der Verschmelzung eines Rechts-   75
trägers auf einen anderen zur Aufnahme oder zur Neugründung. Abstimmungsfragen können entstehen, wenn mehrere beteiligte Rechtsträger auf einen Rechtsträger zur Aufnahme oder zur Neugründung verschmolzen werden sollen. Dann stellt sich die Frage, inwieweit die einzelnen Rechtsverhältnisse voneinander abhängig sind und ob auch Regelungen möglich sind, wonach nur die Rechtsträger verschmolzen werden, deren Anteilsinhaber zustimmen.

Im Gegensatz zur Rechtslage beim bis 1995 geltenden Umwandlungsrecht hat der Gesetzgeber in § 2   76
Nr. 1 und Nr. 2 UmwG und § 3 Abs. 4 UmwG ausdrücklich die **Beteiligung mehrerer übertragender Rechtsträger** an ein und demselben Verschmelzungsvorgang **zugelassen.** Damit soll nach der Gesetzesbegründung eine möglichst große Regelungsfreiheit in das Recht der Unternehmensumstrukturierung eingeführt werden.

Es besteht Einigkeit, dass, wenn mehrere übertragende Rechtsträger verschmolzen werden, die Ver-   77
schmelzung nach § 3 Abs. 4 UmwG gleichzeitig durch einen **mehrseitigen Verschmelzungsvertrag** i. V. m. den jeweiligen Verschmelzungsbeschlüssen erfolgen kann. § 3 Abs. 4 UmwG regelt **zwei voneinander zu trennende Fragenkreise:**
– zum einen, inwieweit mehrere Rechtsträger desselben Rechts an einer Verschmelzung beteiligt sein können (**Mehrfachverschmelzung**) und
– zum anderen die Frage der **Mischverschmelzung.**

Das **Gesetz** geht nach der Formulierung des § 3 Abs. 4 UmwG und auch des § 2 UmwG i. d. R. davon aus, dass, wenn mehrere übertragende Rechtsträger an einer Verschmelzung beteiligt sind, diese Verschmelzung auch in einem einheitlichen Vorgang stattfindet. Das Gesetz hat die Frage nicht ausdrücklich geregelt, ob die Verschmelzung auch sukzessiv durch jeweils gesonderte Verträge erfolgen kann.

Die **Literatur**, soweit sie sich mit dieser Frage befasst, ist allerdings der Auffassung, dass, wenn mehrere Rechtsträger verschmolzen werden sollen, dies auch durch mehrere getrennte Verschmelzungen in Form von Einzelverschmelzungen erfolgen kann (vgl. Kallmeyer/Marsch-Barner, UmwG, § 2 Rn. 4); allerdings wird die Frage i. d. R. nur bei der Verschmelzung zur Aufnahme erörtert (Kallmeyer/Marsch-Barner, UmwG, § 2 Rn. 4). Hier lassen sich ohne Weiteres auch getrennte Verschmelzungsverträge mit dem übertragenden Rechtsträger auf der einen Seite und dem aufnehmenden Rechtsträger auf der anderen Seite durchführen. **Marsch-Barner** (Kallmeyer/Marsch-Barner, UmwG, § 2 Rn. 4) meint, dass die gemeinsame Verschmelzung bedeute, dass mit der Eintragung der Verschmelzung bei übernehmenden Rechtsträgern alle Verschmelzungen zur selben Zeit wirksam werden. Mehrere Einzelverschmelzungen würden dagegen unabhängig voneinander wirksam. Durch Vereinbarung entsprechender Bedingungen, können sie aber in einer bestimmten Reihenfolge wirksam werden. Andererseits sagt er nicht, dass nicht auch bei einer Einheitsverschmelzung eine getrennte Behandlung der verschiedenen Verschmelzungsvorgänge erfolgen kann. Schließlich weist er darauf hin, dass die gleichzeitige Beteiligung mehrerer Gesellschaften zur Komplizierung des Verschmelzungsverfahrens führen könnte (Kallmeyer/Marsch-Barner, UmwG, § 3 Rn. 29). Erforderlich seien außerdem die Verschmelzungsbeschlüsse aller beteiligten Rechtsträger, wobei die jeweils geltenden allgemeinen und besonderen Vorschriften zu beachten seien. Komme nur ein Verschmelzungsbeschluss nicht zustande, wirke sich dies auf die Verschmelzung insgesamt aus. Eine Verschmelzung unter Beteiligung von mehr als zwei Rechtsträgern dürfe deshalb nur bei einer überschaubaren Anzahl von Anteilsinhabern und einheitlichem Interesse in Betracht kommen. Als Alternative bleibe die Möglichkeit, mehrere Verschmelzungen zeitlich nacheinander durchzuführen. M. E. sind diese Schlussfolgerungen allerdings nicht zwingend. Gerade bei der Verschmelzung zur Neugründung zeigt sich, dass die nacheinander geschaltete Einzelverschmelzung relativ schwierig zu bewerkstelligen ist.

78 ▶ **Beispiel:**

> Es müsste also zunächst etwa die Gesellschaft A mit der Gesellschaft B eine Verschmelzung zur Neugründung durchführen. Mit der Eintragung der neu gegründeten Gesellschaft C könnten dann weitere Verschmelzungen durchgeführt werden. Eine derartige Aufspaltung in Einzelverträge ist bei der Verschmelzung zur Neugründung nicht unbedingt sachgerecht. Auch der Schluss von der Einheitsverschmelzung auf die einheitliche Beschlussfassung mit der Notwendigkeit der Zustimmung aller beteiligten Rechtsträger scheint nicht zwingend. Das Gesetz spricht nur allgemein davon, dass die Einheitsverschmelzung zulässig ist, und zwar auch zur Neugründung. Allgemein gilt, dass der Gesetzgeber große Vertragsfreiheit im Verschmelzungsrecht geschaffen hat, um insb. auch Misch- und Mehrfachverschmelzungen zu ermöglichen. Dass hieraus dann die zwingende Einheitlichkeit des Verschmelzungsvorganges folgt, lässt sich dem Gesetz so nicht ohne Weiteres entnehmen.

79 Von Vossius wird demgegenüber eine differenziertere Auffassung vertreten. **Vossius** (Widmann/Mayer/Vossius, Umwandlungsrecht, § 20 UmwG Rn. 14) weist zu Recht darauf hin, dass, wenn mehrere Überträgerinnen verschmolzen werden, dies gleichzeitig durch einen mehrseitigen Verschmelzungsvertrag und die jeweiligen Verschmelzungsbeschlüsse erfolgen könne. Auch in diesem Fall sei die Eintragung des Gesamtvorgangs in das Handelsregister der Übernehmerin maßgebend. I. R. d. Vertragsgestaltung seien aber die Folgen zu regeln, die sich aus der Versagung der Zustimmung bei einer Überträgerin für den Gesamtvorgang ergeben. Eine derartige Regelung entspricht eher dem Rechtsgedanken, der allgemein im Vertragsrecht gilt und in § 139 BGB seinen Ausdruck gefunden hat. Fehlt eine Regelung, so ist im Zweifel der Gesamtvorgang nach dem Rechtsgedanken des § 139 BGB nichtig. Kommt im Vertrag allerdings eine andere Regelung zum Ausdruck, nämlich die, dass der Vertrag auch bei Teilunwirksamkeit i. Ü. aufrechterhalten werden soll, so führt m. E. etwa der fehlende Zustimmungsbeschluss eines Rechtsträgers nicht zur Unwirksamkeit des gesamten Vorganges.

Heckschen (Widmann/Mayer/Heckschen, Umwandlungsrecht, § 13 UmwG Rn. 64.1 f.) hat zu Recht darauf hingewiesen, dass der Verschmelzungsvertrag nur mit **Zustimmung der Anteilseigner** wirksam werden kann, dass der Verschmelzungsvertrag alle Abreden, die die Beteiligten im untrennbaren rechtlichen Zusammenhang mit der Verschmelzung treffen, beinhalten muss. Als Beispiel führt er an, dass bei parallel zueinander erfolgenden mehreren Verschmelzungen auf ein Unternehmen zu untersuchen sei, ob diese Verschmelzungsvorgänge miteinander stehen und fallen sollen. Sei dies zu bejahen, so seien die Verschmelzungsvorgänge in einem einheitlichen Verschmelzungsvertrag niederzulegen. Etwas anderes gelte, wenn gerade die eine Verschmelzung unabhängig von einer anderen Wirksamkeit erlangen soll und könne. Dann seien im Verschmelzungsbericht und i. R. d. Erläuterung während der Versammlung der Anteilseigner Erklärungen abzugeben. Von **Heckschen** wird auch die Frage untersucht, ob alternative Verschmelzungsverträge zulässig seien, damit diese den Anteilseignern zur Beschlussfassung vorgelegt werden (Widmann/Mayer/Heckschen, Umwandlungsrecht, § 13 UmwG Rn. 53, 3 ff.). Von **besonderer praktischer Relevanz** sei die Problematik, wenn die Zustimmung eines der beteiligten Rechtsträgers ungewiss sei, die anderen beteiligten Rechtsträger aber dem Verschmelzungsvertrag auch in der einen oder anderen Variante zustimmen würden. Der Gesetzeswortlaut und der Sinn und Zweck des Gesetzes schließe es nicht aus, auch alternative Verschmelzungsverträge/-entwürfe dem Verschmelzungsvorgang zugrunde zu legen. Voraussetzung sei, dass die Arbeitnehmer oder ihre Vertretungen über die Alternativen jeweils vollumfänglich unterrichtet seien und die Informationspflichten ggü. den Anteilseignern hinsichtlich der hier geplanten Alternativen im vollen Umfang erfüllt werden. Die Alternativentwürfe müssten vollständig durchformulierte Vertragswerke sein. Dem ist m. E. zu folgen.

Zu beachten ist, dass nach dem **Wortlaut des § 13 Abs. 1 Satz 1 UmwG** der Verschmelzungsvertrag nur 80 wirksam wird, wenn die Anteilsinhaber der beteiligten Rechtsträger ihm durch **Beschluss** zustimmen. Die Vorschrift scheint dem Wortlaut nach von einer **einheitlichen Zustimmung** auszugehen. Andererseits enthält die Vorschrift nur die Grundlage der Zustimmungspflicht: Ohne Zustimmung kann ein Verschmelzungsvertrag nicht wirksam werden. Noch nicht gesagt ist damit, dass nicht ein mehrseitiger Verschmelzungsvertrag zumindest bzgl. einiger Verschmelzungspartner wirksam wird, wenn deren Gesellschafterversammlungen zustimmen. Im Grunde handelt es sich dann um alternative Verschmelzungsverträge, nämlich die Alternative, dass nicht alle geplanten Rechtsträger zustimmen, sondern nur ein Teil. Wenn man die Möglichkeit von alternativen Verschmelzungsentwürfen zulässt, dann wird man auch die Alternative in die Richtung zulassen müssen, dass nur ein Teil der geplanten Rechtsträger die Zustimmung erhalten.

Sachlich spricht dafür, dass u. U. ein Anteilsinhaber die Entscheidung der Zustimmung davon abhängig macht, dass auch die anderen Rechtsträger zustimmen würden. Würde nun in der Versammlung der Vertrag so vorgelegt werden, dass nur ein einheitlicher Vertrag mit Zustimmung aller zustande kommt, könnte insofern eine **Fehlvorstellung entstehen**. Insofern spricht einiges dafür, dass, wenn man die Gestaltung zulässt, dies jedenfalls nur dann möglich ist, wenn dem Verschmelzungsvertrag klar zu entnehmen ist, dass die Verschmelzung auch dann wirksam sein soll, wenn nicht alle beteiligten Rechtsträger die Zustimmung erlangen.

Dabei wäre weiter zu berücksichtigen, dass dann auch die **Frage der Mitgliedschaft an dem neuen** 82 **Rechtsträger** anders ausgestaltet sein kann, als wenn nur ein Teil zustimmt. Insofern sind die Fragen der Zuteilung der Mitgliedschaft im Verschmelzungsvertrag u. U. alternativ zu regeln. Bei Kapitalgesellschaften wäre die Frage klarer, da hier weniger Vermögen übertragen würde, als wenn alle Rechtsträger ihr Vermögen übertragen, sodass hier Alternativen bzgl. der zu gewährenden Anteile notwendig wären. Bei Vereinen ist dies weniger der Fall, da keine echte kapitalmäßige mitgliedschaftliche Beteiligung besteht, sondern nur eine Mitgliedschaft zugebilligt wird.

▶ **Hinweis:** 83

Zusammenfassend ist zu beachten, dass gerade bei der Verschmelzung zur Neugründung einiges dafür spricht, dass die Gestaltung zulässig ist, dass bei einem einheitlichen Verschmelzungsvertrag mit mehreren beteiligten Rechtsträgern die Regelung getroffen wird, dass die Verschmelzung auch dann wirksam werden soll, wenn nicht alle beteiligten Rechtsträger zustimmen. Weder der Sinn und Zweck noch der gesetzliche Wortlaut sprechen gegen diese Auslegung. Der Rechtsgedanke des § 139 BGB legt eher die Möglichkeit der Vertragsgestaltung in dieser Hinsicht nahe (sowohl auch Widmann/Mayer/Vossius, Umwandlungsrecht, § 20 UmwG Rn. 14). Gerade bei der Verschmelzung zur Neugründung wären Einzelverschmelzungen wesentlich komplizierter und in ihrer Einheitlichkeit kaum konzipierbar, sodass auch sachliche Gründe für die Lösung sprechen.

VI. Beteiligung Minderjähriger bei Verschmelzung

84 **1. Vormundschafts-/familiengerichtliche gerichtliche Genehmigung bei der Kapitalerhöhung.** Die Frage, ob die Beteiligung von Minderjährigen an einer Kapitalerhöhung bei einer GmbH der **vormundschafts-/familiengerichtlichen Genehmigung** bedarf, ist höchst umstritten (vgl. Bürger, RNotZ 2006, 156, 160 ff.; Pluskat, FamRZ 2004, 677, 678 f.; Hohaus/Eickmann, BB 2004, 1707, 1708). Die überwiegende Meinung neigt eher dazu, dass keine vormundschafts-/**familiengerichtlichen** Genehmigung erforderlich ist, wenn der Minderjährige bereits Gesellschafter des Rechtsträgers war. Dies ist jedoch im Hinblick auf die mögliche Ausfallhaftung des Minderjährigen für die Kapitalerbringung der anderen Gesellschafter bedenklich (vgl. unten Rn. 76 ff.).

85 Andererseits begründet **Priester** (Scholz/Priester, GmbHG, § 55 Rn. 106) seine Ablehnung des Erfordernisses einer vormundschafts-/familiengerichtlichen Genehmigung im Wesentlichen nicht damit, dass bereits einmal eine vormundschaftsgerichtliche Kontrolle stattgefunden hat, sondern damit, dass die evtl. Ausfallhaftung aus der Kapitalerhöhung nicht aufgrund der Kapitalerhöhung sondern aufgrund der Gesellschafterstellung des Minderjährigen entsteht.

86 **2. Vormundschafts-/familiengerichtliche Genehmigung für den Verschmelzungsbeschluss.** Für die Mitwirkung eines Minderjährigen **an dem reinen Verschmelzungsbeschluss** ohne Kapitalerhöhung wird danach differenziert ob es sich um eine Verschmelzung zur Aufnahme oder zur Neugründung handelt (Widmann/Mayer/Heckschen, Umwandlungsrecht, § 13 UmwG Rn. 138 ff.).

87 Bei der **Verschmelzung zur Aufnahme** stellt die Literatur darauf ob, den Minderjährigen eine Ausfallhaftung treffen kann (ausführlich Böhringer NotBZ 2014, 121, 123 ff.). Übernimmt der minderjährige Gesellschafter bei dem Umwandlungsvorgang eine Verbindlichkeit, für die im Innenverhältnis zu ihm der bisherige Schuldner haftet und ersatzpflichtig ist, so ist die Umwandlung nach § 1643 Abs. 1, § 1822 Nr. 10 BGB genehmigungsbedürftig. Ein solcher Fall liegt z. B. vor, wenn bei einer aufnehmenden OHG oder KG ein Minderjähriger unbeschränkt haftender Gesellschafter wird (Böhringer NotBZ 2014, 121, 124). Auch **Winter/Vetter** (in: Lutter, UmwG, § 50 Rn. 30) will § 1822 Nr. 10 BGB im Hinblick auf die im Zuge der Verschmelzung drohende Ausfallhaftung gem. § 24 GmbHG nur anwenden, soweit der andere an der Verschmelzung beteiligte Rechtsträger eine GmbH ist, bei der noch nicht sämtliche Einlagen geleistet sind (ebenso Böhringer, NotBz 2014, 121, 124). Letztlich sei eine vormundschafts-/familiengerichtliche Genehmigung also nur im Anwendungsbereich des § 51 Abs. 1 UmwG erforderlich. Aber auch **Heckschen** (Widmann/Mayer/Heckschen, Umwandlungsrecht, § 13 UmwG Rn. 138) bemerkt, dass eine vormundschaftsgerichtliche Genehmigung des Zustimmungsbeschlusses über §§ 1629 Abs. 2 Satz 1, 1795, 1821 Nr. 5 BGB nicht erforderlich sei. Beim übernehmenden Rechtsträger stehe die Stimmabgabe für den Minderjährigen nur dann unter einem Genehmigungsvorbehalt entsprechend § 1822 Nr. 3 BGB, wenn den Minderjährigen als Rechtsfolge der Verschmelzung eine persönliche Inanspruchnahme als Anteilsinhaber treffen könnte. Dies treffe wegen § 51 Abs. 1 Satz 3 UmwG zu, wenn die übertragende Gesellschaft eine GmbH sei und bei dieser nicht alle zu leistenden Einlagen bewirkt seien (Widmann/Mayer/Heckschen, Umwandlungsrecht, § 13 UmwG Rn. 140). Auch **Zimmermann** (Kallmeyer/Zimmermann, UmwG, § 43 Rn. 18) meint, dass gesetzliche Vertreter bei Verschmelzung zur Aufnahme keiner vormundschaftsgerichtlichen Genehmigung nach § 1822 Abs. 3 BGB bedürfen, es sei denn, bei Aufnehmen der Gesellschaft drohe z. B. unbeschränkte Haftung bei übernehmender Personenhandelsgesellschaft (vgl. § 40) oder Ausfallhaftung bei GmbH wegen nicht voll eingezahlter Anteile (§ 24 GmbHG). In letzterem Fall sei eine Genehmigung nach § 1822 Nr. 10 BGB erforderlich (Kallmeyer/Zimmermann, UmwG, § 13 Rn. 15). Stratz (in: Schmitt/Hörtnagl/Stratz, § 13 UmwG Rn. 52) ist allerdings der Meinung, dass bei der Verschmelzung zur Aufnahme eine familien-/vormundschaftsgerichtliche Genehmigung gem. § 1643 BGB hingegen nicht erforderlich sei. Weder § 1822 Nr. 3 BGB (Abschluss eines Gesellschaftsvertrages) noch § 1822 Nr. 10 BGB (Übernahme einer fremden Verbindlichkeit) treffe zu (ebenso Böhringer, NotBZ 2014, 121, 123).

88 Bei der **Verschmelzung zur Neugründung** ist nach überwiegender Meinung stets eine vormundschafts-/familiengerichtliche Genehmigung erforderlich, da den Minderjährigen die Gründerhaftung treffen kann (Widmann/Mayer/Heckschen, Umwandlungsrecht, § 13 UmwG Rn. 141; Stratz, in: Schmitt/Hörtnagl/Stratz, § 13 UmwG Rn. 53; Lutter/Winter/Vetter, § 59 UmwG Rn. 10; Kallmeyer/Zimmermann, § 59 UmwG Rn. 5; Böhringer, BNotBZ 2014, 121, 123).

3. Ergänzungspfleger bei der Verschmelzung. Gem. §§ 1629 Abs. 2 Satz 1, 1795 Abs. 2, 181 BGB 89
sind den gesetzlichen Vertretern **Insichgeschäfte** verboten. Der gesetzliche Vertreter ist an der Vornahme eines Rechtsgeschäfts verhindert, wenn er auf beiden Seiten desselben beteiligt ist. Ausgeschlossen ist die Vertretung folglich u. a. beim Geschäft der gesetzlichen Vertreter im Namen der minderjährigen Kinder mit sich im eigenen Namen (MünchKomm-BGB/Schwab, § 1795 Rn. 3).

Auf Gesellschafterbeschlüsse, die auf die **Bestellung eines mitstimmenden Gesellschafters zum Ge-** 90
schäftsführer gerichtet sind, findet § 181 BGB nach heute wohl überwiegender Meinung auch Anwendung (BGH, ZIP 1991, 25, aber für die GbR; Scholz/Winter, GmbHG, § 15 Rn. 202, ausdrücklich für
die Fälle der elterlichen Sorge; Palandt/Heinrichs, BGB, § 181 Rn. 11 mit Verweis auf BGHZ 51, 213;
Hübner, Interessenkonflikt und Vertretungsmacht, S. 281; Böhringer, NotBZ 2014, 121, 122; anders
wohl grds. noch BGHZ 51, 209, 217, wonach ein mehrere Geschäftsanteile verwaltender Testamentsvollstrecker bei seiner Wahl zum Geschäftsführer gem. § 181 BGB nur deswegen ausgeschlossen sei,
weil ihm der mitgliedschaftliche Bezug zu der Gesellschaft fehlte).

Zwar ist mit einer Verschmelzung durch Aufnahme nicht notwendig eine **Änderung der Satzung des** 91
übernehmenden Rechtsträgers verbunden. Da Verschmelzungsbeschlüsse als Grundlagenbeschlüsse
mit vertragsändernder Wirkung den formellen Satzungsänderungen gleichzustellen, mit der Folge,
dass § 181 BGB auch auf Verschmelzungsbeschlüsse Anwendung findet geht die Literatur ganz einhellig davon aus, dass bei dem Zustimmungsbeschluss zur Verschmelzung für die mitwirkenden minderjährigen Gesellschafter ein Ergänzungspfleger zu bestellen ist (Böhringer, NotBZ 2014, 121, 122;
Widmann/Mayer/Heckschen, Umwandlungsrecht, § 13 UmwG Rn. 98.1; 50 UmwG Rn. 15 f.; Lut-
ter/Winter/Vetter, § 50 UmwG Rn. 26; Reichert in: Semler/Stengel, § 50 UmwG Rn. 17; Stratz, in:
Schmitt/Hörtnagl/Stratz, § 13 UmwG Rn. 52; Kallmeyer/Zimmermann, § 43 UmwG Rn. 19; Rust,
DStR 2005, 1992, 1994; vgl. auch Erman/Holzhauer, BGB, § 1795 Rn 7; Soergel/Zimmermann,
BGB, § 1822 Rn 26; MünchKomm-BGB/Wagenitz, § 1822 Rn 28; Pluskat, FamRZ 2004, 677,
680 ff.; zur vergleichbaren Situation bei Satzungsänderung BGH ZIP 1988, 1047; Lutter/Hommel-
hoff/Bayer, GmbHG § 53, Rn. 9; Baumbach/Hueck/Zöllner, § 55 GmbHG Rn. 60). Die Vertretung
eines Mitgesellschafters ist daher nur bei Befreiung von den Beschränkungen des § 181 BGB möglich.).

VII. Notwendiger Vertragsinhalt

§ 5 UmwG enthält einen **Katalog von Mindestangaben** für den Vertragsinhalt, der je nach Verschmel- 92
zungsfall anzupassen, insb. um weitere Inhalte zu ergänzen ist (s. u. Teil 2 Rdn. 237 ff.). Es empfiehlt
sich, den **Wortlaut der Mindestangaben** genau nach den gesetzlichen Vorgaben zu formulieren.

1. Angaben zu den Vertragsparteien (§ 5 Abs. 1 Nr. 1 UmwG). Die Rechtsträger sind mit ihrem 93
Namen (bspw. bei Vereinen) bzw. ihrer Firma und unter Angabe ihres Sitzes (§ 5 Abs. 1 Nr. 1 UmwG)
anzugeben. Dies folgt beurkundungsverfahrensrechtlich bereits aus § 10 BeurkG. Soweit die Rechtsträger in Vereins- oder Handelsregistern oder sonstigen Registern eingetragen sind, sollte über den Wortlaut von § 5 Abs. 1 Nr. 1 UmwG hinaus auch ihre Registerbezeichnung angegeben werden. **Fehler oder**
Abweichungen bei der Bezeichnung der Rechtsträger können zur Anfechtbarkeit des Zustimmungsbeschlusses führen (LG Wiesbaden, AG 1999, 189). Fragen der Firmierung und Firmenfortführung
sind unten behandelt (s. Teil 5 Rdn. 1 ff.).

2. Vermögensübertragung (§ 5 Abs. 1 Nr. 2 UmwG). Der **Vertragswortlaut** muss die Übertra- 94
gung des Vermögens als Ganzes auf den übernehmenden Rechtsträger gegen Gewährung von Anteilen
oder Mitgliedschaften an dem übernehmenden Rechtsträger enthalten, also die Tatbestandsmerkmale
der Verschmelzung (Widmann/Mayer/Mayer, Umwandlungsrecht, § 5 UmwG Rn. 12 f.; Lutter/Dry-
gala, UmwG, § 5 Rn. 14) nennen (§ 5 Abs. 1 Nr. 2 UmwG).

Die Formulierung »*Übertragung des Vermögens als Ganzes*«, soll zum Ausdruck bringen, dass es sich 95
nicht um eine Einzelaktübertragung, sondern um eine **Gesamtrechtsnachfolge** handelt, die mit der Eintragung im Register des übernehmenden Rechtsträgers wirksam wird (§ 20 Abs. 1 Nr. 1 UmwG). Für
eine Abwicklung des übertragenden Rechtsträgers ist daher kein Raum. Der übertragende Rechtsträger
erlischt vielmehr mit dem vorgenannten Zeitpunkt des Vermögensübergangs auf den übernehmenden
Rechtsträger (§ 20 Abs. 1 Nr. 2 UmwG).

96 3. **Anteilsgewährung (§ 5 Abs. 1 Nr. 2 UmwG). a) Grundsatz.** Vgl. zunächst allgemein zur Anteilsgewährungspflicht oben Teil 1 Rdn. 168 ff.

97 Nach § 5 Abs. 1 Nr. 2 UmwG erfolgt die Vereinbarung über die Übertragung des Vermögens jedes übertragenden Rechtsträgers als Ganzes **gegen die Gewährung von Anteilen oder Mitgliedschaften** an dem übernehmenden Rechtsträger. Ergänzt wird diese Vorschrift durch § 5 Abs. 1 Nr. 3 UmwG, wonach genauere Angaben über die Anteile zu machen sind. Damit normiert der Gesetzgeber einen **Wesensgrundsatz des Verschmelzungsrechts**: Vermögensübertragung gegen Anteilsgewährung. Die herrschende Meinung geht daher auch grds. davon aus, dass bei allen Formen der Verschmelzung und auch bei der Spaltung eine sog. **Anteilsgewährungspflicht** besteht. Den Gesellschaftern der übertragenden Gesellschaft sind für das Vermögen der übertragenden Gesellschaft Anteile an der aufnehmenden Gesellschaft zu gewähren. Ohne die Gewährung von Anteilen soll eine Verschmelzung nicht vorliegen, ein gleichwohl geschlossener Verschmelzungsvertrag wegen Fehlens einer der Wesensmerkmale der Verschmelzung nichtig sein (vgl. zum früheren Umwandlungsrecht, BayObLG, DB 1989, 1558; BayObLG, DB 1984, 91; zum neuen Umwandlungsrecht, Limmer, in: FS für Schippel, 1996, 415; Korte, WiB 1997, 953; Widmann/Mayer/Mayer, Umwandlungsrecht, § 5 UmwG Rn. 15 ff.; Lutter/Drygala, UmwG, § 5 Rn. 17 ff.; Kallmeyer/Marsch-Barner, UmwG, § 2 Rn. 12; Baumann, BB 1998, 2321 ff.; D. Mayer, DB 1998, 913 ff.; Heidinger/Limmer/Holland/Reul, Gutachten des DNotI, Bd. IV, Gutachten zum Umwandlungsrecht, S. 126 ff.). Auch das OLG Frankfurt am Main (DNotZ 1999, 154 m. Anm. Heidinger) und das KG (DNotZ 1999, 157) bejahten auch für die umstrittene Schwesterfusion von Kapitalgesellschaften die vom Gesetzgeber vorgesehene Anteilsgewährungspflicht.

98 Zur Problematik und Zustimmungspflichten bei **nicht voll eingezahlten Geschäftsanteilen** vgl. unten Teil 2 Rdn. 576 ff.

99 Die Verpflichtung, bei der Durchführung einer Verschmelzung Anteile zu gewähren, war früher genauso wenig ausdrücklich im UmwG geregelt wie die **Möglichkeit, allgemein auf eine Anteilsgewährung zu verzichten** (Heidinger, m. Anm. zu OLG Frankfurt am Main, DNotZ 1999, 154 ff. und KG, DNotZ 1999, 157 ff.). In § 2 UmwG wird allerdings für die Verschmelzung festgestellt, dass Rechtsträger »*gegen Gewährung von Anteilen oder Mitgliedschaften*« verschmolzen werden; eine gleiche Formulierung findet sich in § 123 Abs. 1, Abs. 2 und Abs. 3 UmwG bei allen Arten der Verschmelzung. Damit unterscheiden sich diese beiden Umwandlungsarten wesensmäßig von der Vermögensübertragung, die »*gegen Gewährung einer Gegenleistung (. . .), die nicht in Anteilen oder Mitgliedschaften besteht*«, erfolgt (vgl. § 174 Abs. 1 UmwG), und von dem Formwechsel, bei dem die bisherigen Anteilsinhaber an dem neuen formgewechselten Rechtsträger nach den neuen Vorschriften beteiligt bleiben (vgl. § 202 Abs. 1 Nr. 2 UmwG).

100 Eine **Befreiung von der Anteilsgewährungspflicht** war im Gesetz nur für die Fälle der Verschmelzung oder Verschmelzung einer Tochter auf ihre Muttergesellschaft vorgesehen, da hierbei im Gesellschaftsrecht allgemein gerade auch unter Gläubigerschutzgesichtspunkten unerwünschte eigene Anteile der aufnehmenden Muttergesellschaft entstehen würden (vgl. §§ 5 Abs. 2, 20 Abs. 1 Nr. 3 Satz 1 Halbs. 2, 20 Abs. 1 Nr. 3 Satz 1 Halbs. 2 UmwG).

101 Umstritten war insb., ob die Anteilsgewährungspflicht auch bei der **Verschmelzung von Schwestergesellschaften** gilt (Roß/Drögemüller, DB 2009, 580 ff.; Krumm, GmbHR 2010, 24 ff. insb. auch zu den steuerlichen Fragen). Insoweit vertrat ein beachtlicher Teil der Literatur (Kallmeyer, GmbHR 1996, 80; Ihrig, ZHR 1996, 317 ff.; Lutter/Winter, UmwG, § 54 Rn. 5 ff.; Bayer, ZIP 1997, 1613 ff., 1615; Baumann, BB, 1998, 2321) trotz der Tatsache, dass der Gesetzgeber im Gesetzgebungsverfahren den Vorschlag, die Schwesterfusion von der Anteilsgewährungspflicht auszunehmen, bewusst nicht im UmwG aufgegriffen hat, die Ansicht, dass eine Anteilsgewährungspflicht bei der Verschmelzung von Schwestergesellschaften entbehrlich sei oder zumindest sein sollte.

Auch **erste Instanzgerichtsurteile** (LG München, GmbHR 1999, 35, für die Verschmelzung von Schwestergesellschaften ohne Kapitalerhöhung; LG Konstanz, ZIP 1998, 1226, für die Spaltung einer GmbH zu Null mit Begründung über § 128 UmwG, der eine quotenabweichende Spaltung zulässt) hatten sich von der Anteilsgewährungspflicht distanziert. Dabei setzte sich das **LG München** (GmbHR 1999, 35) ausdrücklich über die entgegenstehende Gesetzesbegründung zu § 54 UmwG (für Notwendigkeit der Kapitalerhöhung bei Schwesterverschmelzungen) hinweg. Demgegenüber hatten die **obergerichtlichen Entscheidungen** (OLG Frankfurt am Main, DNotZ 1999, 154 ff.; KG, DNotZ 1999, 157 ff.) ausdrücklich klargestellt, dass auch die Verschmelzung zur Aufnahme gem. § 2 Nr. 1 UmwG von Schwestergesellschaften *»gegen Gewährung von Anteilen«* erfolgen müsse. Das KG stellte darauf ab, dass die Gewährung von Anteilen die Gegenleistung für die Übertragung des Vermögens des übertragenden Rechtsträgers sei; sie sei wesentlicher Vertragsbestandteil und zwingendes Wesensmerkmal der Verschmelzung. Da sie auch öffentlichen **Interessen des Kapitalschutzes** diene, könne nicht auf sie verzichtet werden. Auch bei der Schwesterfusion bestehe die Pflicht zur Anteilsgewährung als zwingende gesetzliche Voraussetzung. In diesem Zusammenhang verweisen beide Obergerichte insb. auf die Gründe des Kapitalschutzes und die ebenfalls darauf abstellende Regierungsbegründung zu § 54 UmwG. Dem gefolgt ist auch das **OLG Hamm** (Der Konzern 2004, 805), und hat die Anteilsgewährungspflicht auch bei der **Verschmelzung von Schwestergesellschaften** angenommen (vgl. zusammenfassend Tillmann, GmbHR 2003, 740 ff.; Petersen, Der Gläubigerschutz im Umwandlungsrecht, S. 197 ff.; ders., GmbHR 2004, 728 ff.).

Noch weiter gehend wurde in der **neueren Literatur** behauptet, das gebundene Kapital der übernehmenden Gesellschaft müsse zwingend um den Nennbetrag des gebundenen Kapitals der übertragenen Gesellschaft erhöht werden, um eine »kalte Kapitalherabsetzung« durch Verschmelzung zu verhindern (sog. »**Summengrundsatz**«; vgl. Petersen, Gläubigerschutz im Umwandlungsrecht, S. 210; Winter, in: FS für Lutter, 2000, S. 1279, 1284; Ihrig, ZHR 160, 1996, 317, 321). Die überwiegende Auffassung in der Literatur ging aber davon aus, dass die Anteilsgewährung nicht wertentsprechend, also nicht mindestens in der Höhe des Stammkapitals der übertragenden Gesellschaft durchgeführt werden muss (vgl. Kowalski, GmbHR 1996, 158, 159; Limmer, in: FS für Schippel, 1996, S. 415, 427; Widmann/Mayer/ Mayer, Umwandlungsrecht, § 5 UmwG Rn. 46; ausführlich Ihrig, ZHR 1996, 317; Lutter, in: FS für Wiedemann, 2002, S. 1097 ff.; Lutter/Winter/Vetter, § 54 UmwG Rn. 21; Reichert, in: Semler/Stengel, § 54 UmwG Rn. 27 ff.; Tillmann, GmbHR 2003, 740, 743 ff.; Kalss, ZGR 2009, 74 ff.). **102**

Der Gesetzgeber hat im **Zweiten Gesetz zur Änderung des UmwG** v. 25.04.2007 (BGBl. I, S. 542) in den §§ 54 und 68 UmwG n. F. eine Ausnahme durch Verzicht festgelegt (vgl. BR-Drucks. 548/06, S. 27): § 54 Abs. 1 Satz 3 UmwG n. F. (für die GmbH) bzw. § 68 Abs. 1 Satz 3 UmwG n. F. (für die AG) bestimmt nunmehr, dass die Kapitalerhöhung bei der übernehmenden Kapitalgesellschaft zur Disposition **aller Anteilsinhaber des übertragenden Rechtsträgers** steht. **Verzichten alle Anteilsinhaber des übertragenden Rechtsträgers** in notarieller Urkunde auf die Anteilsgewährung, darf die übernehmende Gesellschaft von der Anteilsgewährung absehen. Zu kritisieren ist an dieser an sich erfreulichen Klarstellung, dass sie aufgrund der systematischen Stellung nur für Verschmelzung auf die AG und GmbH gilt, obwohl bei der Personengesellschaft oder anderen Rechtsträgern ähnliche Fragestellungen bestehen. M. E. kann man aber aus der gesetzlichen Neuregelung allgemein den Schluss ziehen, dass der Anteilsgewährungsgrundsatz disponibel ist, wenn alle Anteilsinhaber der übertragenden Rechtsträger darauf verzichten, denn was bei Kapitalgesellschaften gilt muss erst recht bei Personengesellschaften gelten. Ebenfalls dadurch klargestellt wurde m. E., dass der Anteilsgewährungsgrundsatz keine gläubigerschützende Funktion hat, denn sonst dürfte er nicht verzichtbar sein. Damit sind eine Reihe von Streitfragen und Praxisproblemen vom Gesetzgeber gelöst worden (auf Widersprüche der Summentheorie hat bereits Lutter hingewiesen in: FS für Wiedemann 2002, S. 1097 ff.; zu den Streitfragen nach der Neuregelung Widmann/Mayer/Heckschen Umwandlungsrecht, Einf. UmwG Rn. 34 ff.; Mayer/Weiler, DB 2007, 1235, 1239; Weiler, NZG 2008, 527 ff.; Kallmeyer, GmbHR 2006, 418 ff.; Drinhausen, BB 2006, 2313, 2315 ff.; Bayer/Schmidt, NZG 2006, 841; Roß/Drögemüller, DB 2009, 580 ff.; Keller/Klett, DB 2010, 1220 ff.; Krumm, GmbHR 2010, 24 ff.). Der Gläubigerschutz im Rahmen von Verschmelzung und Umwandlung wird nur über die spezifischen Gläubigerschutzbestimmungen wie z. B. § 22 UmwG gewährleistet. **103**

Offen bleibt, wie Aspekte des Minderheitenschutzes bei Übertragung negativen Vermögens auf der Ebene der übernehmenden Gesellschaft verwirklicht werden, da es nur auf den Verzicht der Gesellschafter der übertragenden Gesellschaft ankommt. Mangels Anteilsgewährung und damit einhergehender Kapitalerhöhung entfällt der bisherige Schutz durch registergerichtliche Kontrolle (vgl. dazu Keller/ Klett, DB 2010, 1220 ff.). **104**

Auch bei der Verschmelzung von Personengesellschaften, Genossenschaften und Vereinen ist davon auszugehen, dass aus dem allgemeinen Grundsatz die Pflicht zur Gewährung von Anteilen an die Mitglie- **105** der des übertragenden Rechtsträgers besteht (Heidinger/Limmer/Holland/Reul, Gutachten des DNotI, Bd. IV, Gutachten zum Umwandlungsrecht, S. 130). Bei **Personengesellschaften** ist aber **der Grundsatz der Einheitlichkeit der Beteiligung** zu beachten. Es besteht das Verbot der Mehrfachbeteiligung einer Personengesellschaft, sodass einem Gesellschafter einer Personengesellschaft, der bereits an der aufnehmenden Gesellschaft beteiligt ist, kein weiterer selbstständiger Anteil gewährt werden kann. M. E. muss auch bei diesen Rechtsträgern analog §§ 54 Abs. 1 Satz 3, 68 Abs. 1 Satz 3 UmwG n. F. ein Verzicht möglich sein (zustimmend Lutter/Drygala, UmwG, § 2 Rn. 31; a. A. aber Widmann/Mayer/Fronhöfer, Umwandlungsrecht, § 80 UmwG Rn. 18.1, der den Verzicht bei der Genossenschaft ablehnt). Solange die Frage aber nicht gerichtlich geklärt ist, empfiehlt es sich für die Praxis von der Anteilsgewährungspflicht auch insoweit auszugehen.

106 **b) Ausnahmen von der Anteilsgewährungspflicht, Verzicht (§§ 20 Abs. 1 Nr. 3, 54, 68 UmwG).** Geregelt sind die **Ausnahmen in § 20 Abs. 1 Nr. 3 UmwG.** Außerdem gelten bei der Verschmelzung unter Beteiligung von GmbH und AG die sog. **Kapitalerhöhungsverbote und -wahlrechte** nach § 125 Satz 1 i. V. m. §§ 54, 68 UmwG. In den Fällen, in denen danach also Kapitalerhöhungsverbote bestehen und nach § 20 Abs. 1 Nr. 3 Satz 1 UmwG die Anteilsinhaber des übertragenden Rechtsträgers nicht Gesellschafter des übernehmenden werden können, besteht auch eine Ausnahme von der Anteilsgewährungspflicht. In diesen Fällen müssen also keine Anteile gewährt werden.

107 **aa) Verschmelzung Tochter- auf Muttergesellschaft (up-stream-merger).** Aus § 20 Abs. 1 Nr. 3 UmwG folgt, dass bei der Verschmelzung Ausnahmen von der Anteilsgewährungspflicht bestehen, soweit der **übernehmende Rechtsträger Anteilsinhaber des übertragenden Rechtsträgers ist.** Für GmbH und AG wird diese Ausnahme von der Anteilsgewährungspflicht durch das sog. Kapitalerhöhungsverbot bestätigt (§ 54 Abs. 1 Satz 1 Nr. 1, § 68 Abs. 1 Satz 1 Nr. 1 UmwG). Insofern besteht auch in der Literatur Einigkeit, dass in diesen Fällen keine Anteilsgewährungspflicht besteht, diese sogar verboten ist, da sich sonst der übertragende Rechtsträger eigene Anteile gewähren müsste. Außerdem besteht Einigkeit, dass die Ausnahme auch für andere Gesellschaftsformen (Personengesellschaft, Verein, Genossenschaft) gilt (vgl. bereits BayObLG, DB 1984, 285; Limmer, in: FS für Schippel, 1996, S. 415, 429; Widmann/Mayer/Mayer, Umwandlungsrecht, § 5 UmwG Rn. 30 ff.; Lutter/Drygala, UmwG, § 5 Rn. 23; Lutter/Grunewald, UmwG, § 20 Rn. 63 ff.; Kallmeyer/Marsch-Barner, UmwG, § 5 Rn. 5 ff.; Baumann, BB 1998, 2321, 2322; Korte, WiB 1997, 953, 961; KG, DNotZ 1999, 157; Knott, DB 1996, 2423; Ihrig, ZHR 1996, 317, 326). Nach § 5 Abs. 2 UmwG entfallen bei 100 %iger Beteiligung sogar die Angaben über den Umtausch der Anteile, nach §§ 8 Abs. 3, 9 Abs. 3 UmwG auch Verschmelzungsberichte und Verschmelzungsprüfung (vgl. dazu Teil 2 Rdn. 416 f.).

108 ▶ **Beispiel: 100 %ige Konzernkonstellation**

Die A-GmbH ist zu 100 % an der B-GmbH beteiligt. Die B-GmbH verschmilzt auf die A-GmbH. Anteile dürfen nicht gewährt werden (§ 54 Abs. 1 Satz 1 Nr. 1 UmwG i. V. m. § 125 Satz 1 UmwG).

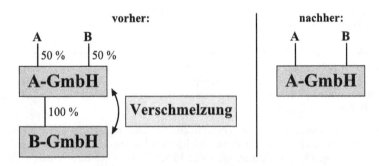

109 Damit ist nicht nur der Fall geregelt, dass sich **alle Anteile** eines übertragenden Rechtsträgers in **der Hand des übernehmenden Rechtsträgers** befinden, sondern auch der Fall der teilweisen Beteiligung des übernehmenden Rechtsträgers am übertragenden Rechtsträger (Widmann/Mayer/Mayer, Um-

wandlungsrecht, § 5 UmwG Rn. 30, § 54 UmwG Rn. 14; Reichert, in: Semler/Stengel, § 54 UmwG Rn. 5; Kallmeyer/Kallmeyer/Kocher, § 55 UmwG Rn. 5 ff.; Limmer, in: FS für Schippel, 1996, S. 415, 429; Lutter/Priester, UmwG, § 126 Rn. 21; Ittner, MittRhNotK 1997, 108).

bb) Übertragender Rechtsträger hält eigene Anteile. Der **zweite Fall einer Ausnahme** von der An- **110** teilsgewährungspflicht nach § 20 Abs. 1 Nr. 3 Satz 1 und §§ 54 Abs. 1 Satz 1 Nr. 2, 68 Abs. 1 Satz 1 Nr. 2 UmwG besteht, soweit der übertragende Rechtsträger eigene Anteile innehat. Auch in diesen Fällen ist eine Anteilsgewährungspflicht und damit auch eine Kapitalerhöhung verboten, soweit die übertragende Gesellschaft eigene Anteile innehat (Limmer, in: FS für Schippel, 1996, S. 415, 429 ff.; Widmann/Mayer/Mayer, Umwandlungsrecht, § 54 UmwG Rn. 19 ff.; Lutter/Winter/Vetter, § 54 UmwG Rn. 22 ff.; Reichert, in: Semler/Stengel, § 54 UmwG, Rn 7, Lutter/Drygala, UmwG, § 5 Rn. 23; Lutter/Grunewald, UmwG, § 20 Rn. 68; Kallmeyer/Marsch-Barner, UmwG, § 5 Rn. 5; Kallmeyer/Kallmeyer/Kocher, § 55 UmwG Rn. 8 f.; Korte, WiB 1997, 953, 961; Knott, DB 1996, 2423).

▶ **Beispiel:**   **111**

Die B-GmbH soll auf die A-GmbH verschmolzen werden. Die B-GmbH hält 30 % eigene Anteile. Hierfür dürfen keine Anteile an der A-GmbH gewährt werden. Die Anteile der B-GmbH gehen insoweit ersatzlos unter. Soll eine Wertverschiebung vermieden werden, müssen die eigenen Anteile vorher eingezogen werden (Korte, WiB 1997, 961).

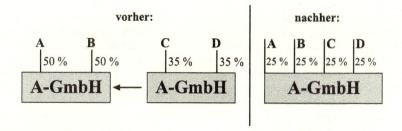

cc) Verschmelzung von der Mutter- auf die Tochtergesellschaft (down-stream-merger). Schwie- **112** riger zu beurteilen ist die Situation, wenn die **Mutter- auf die Tochtergesellschaft verschmolzen** wird (vgl. dazu auch Teil 2 Rdn. 327 f. und vgl. dazu Widmann/Mayer/Mayer, Umwandlungsrecht, § 5 UmwG Rn. 35 ff.; Lutter/Winter/Winter/Vetter, § 54 UmwG Rn. 53 ff.; Heckschen, GmbHR 2008, 802 ff.; Enneking/Heckschen, DB 2006, 1099 ff.; Mertens, AG 2005, 1099 ff.; Klein/Stephanblome, ZGR 2007, 369 ff.; Reichert, in: Semler/Stengel, § 54 UmwG Rn. 15; aus steuerlicher Sicht Rödder/Schumacher, DStR 2007, 369 ff.). Dieser Fall ist bei den Kapitalgesellschaften in § 54 Abs. 1 Satz 1 Nr. 3 UmwG und § 54 Abs. 1 Satz 2 Nr. 2 UmwG für die GmbH bzw. § 68 UmwG für die AG behandelt. Hat ein übertragender Rechtsträger Geschäftsanteile an der aufnehmenden Gesellschaft, auf welche die Einlagen bereits in voller Höhe bewirkt sind, braucht der aufnehmende Rechtsträger sein **Stammkapital insoweit nicht zu erhöhen** (§§ 54 Abs. 1 Satz 2 Nr. 2, 68 Abs. 1 Satz 2 Nr. 2 UmwG). Grund hierfür ist, dass in diesem Fall die übernehmende Gesellschaft die vorhandenen Anteile als Gegenleistung verwenden kann, sie muss dies aber nicht. Insofern stellt diese Vorschrift ein **Kapitalerhöhungswahlrecht** dar. Nach herrschender Meinung bleibt in diesen Fällen allerdings die Anteilsgewährungspflicht bestehen (Widmann/Mayer/Mayer, Umwandlungsrecht, § 5 UmwG Rn. 36 ff.; Korte, WiB 1997, 955, Ittner, MittRhNotK 1987, 108; ausführlich auch Middendorf/Stegmann, DStR 2005, 1082 ff.; vgl. auch Lutter/Priester, UmwG, § 126 Rn. 21). Der aufnehmende Rechtsträger kann daher nur entscheiden, ob er die Anteile im Wege der Kapitalerhöhung neu schafft oder die vorhandenen des übertragenden Rechtsträgers verwendet.

113 ▶ **Beispiel: 100 %iges Mutter-Tochter-Verhältnis**

Die A-GmbH ist zu 100 % an der B-GmbH beteiligt. Die A-GmbH soll auf ihre Tochter, die B-GmbH verschmolzen werden. In diesem Fall hat die B-GmbH das Wahlrecht: Entweder kann sie ihr Stammkapital erhöhen und den Gesellschaftern der A-GmbH neue Geschäftsanteile ausgeben. Es besteht aber auch die Möglichkeit, dass die A-GmbH ihre an der B-GmbH gehaltenen Anteile an ihre eigenen Gesellschafter im Wege der Verschmelzung ausgibt (Kapitalerhöhungswahlrecht).

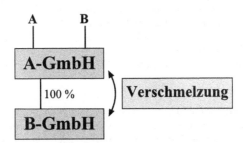

114   Eine Ausnahme sieht § 54 Abs. 1 Satz 1 Nr. 3 UmwG bzw. § 68 Abs. 1 Satz 1 Nr. 3 UmwG vor. Sind die Einlagen auf die **Geschäftsanteile**, die die Muttergesellschaft an der Tochtergesellschaft hält, **nicht in voller Höhe bewirkt**, dürfen sie nach §§ 54 Abs. 1 Satz 2 Nr. 2, 68 UmwG nicht für den Anteilstausch verwendet werden, außerdem besteht insoweit ein **Kapitalerhöhungsverbot**. Dann müssen neue Anteile im Wege der Kapitalerhöhung geschaffen werden. Es handelt sich dabei nach herrschender Meinung nicht um eine Ausnahme von der Anteilsgewährungspflicht, da die Vorschrift in § 20 Abs. 1 Nr. 3 UmwG keine Entsprechung hat (Widmann/Mayer/Mayer, Umwandlungsrecht, § 54 UmwG Rn. 35 ff.; Kallmeyer/Kallmeyer/Kocher, § 54 UmwG Rn. 10; Lutter/Winter/Vetter, § 54 UmwG Rn. 51 ff.; Reichert, in: Semler/Stengel, § 54 UmwG, Rn 8; Lutter/Winter, § 54 UmwG Rn. 9). Soll auch in Höhe dieser Anteile eine Kapitalerhöhung durchgeführt werden, muss entweder die Einlage noch vollständig erbracht werden oder der Geschäftsanteil einem Dritten veräußert werden (Widmann/Mayer/Mayer, Umwandlungsrecht, § 54 UmwG Rn. 35 ff.; Kallmeyer/Kallmeyer/Kocher, § 54 UmwG Rn. 10; Reichert, in: Semler/Stengel, § 54 UmwG, Rn 8; Lutter/Winter/Vetter, § 54 UmwG Rn. 54 ff.).

115   Es bedarf dabei **keiner Einzelrechtsübertragung der Anteile** durch Geschäftsanteilsabtretung oder Übertragung der Aktien. Es genügt, dass im Verschmelzungsvertrag die Anteile der Tochtergesellschaft an die Gesellschafter der Muttergesellschaft zugewiesen werden. Mit der Eintragung der Verschmelzung erwerben dann die Gesellschafter der Muttergesellschaft diese Anteile ohne Einzelrechtsübertragung (Widmann/Mayer/Mayer, Umwandlungsrecht, § 5 UmwG Rn. 38; Korte, WiB 1997, 955; Lutter/Grunewald, UmwG, § 20 Rn. 61; Lutter/Winter/Vetter, § 54 UmwG Rn. 52; Kallmeyer/Kallmeyer/Kocher, § 54 UmwG Rn. 11; Middendorf/Stegmann, DStR 2005, 1082; Reichert, in: Semler/Stengel, § 54 UmwG Rn. 15; Stratz, in: Schmitt/Hörtnagl/Stratz, § 20 UmwG Rn. 109; Kallmeyer/Marsch-Barner, § 20 UmwG Rn. 29; vgl. auch oben Teil 2 Rdn. 692 ff.). Nach der Neufassung des § 126 Abs. 1 Nr. 10 UmwG und § 131 Abs. 1 Nr. 3 Satz 1 UmwG besteht daran kein Zweifel mehr (Widmann/Mayer/Mayer, Umwandlungsrecht, § 5 UmwG Rn. 38).

116   Unklar ist, ob aus den §§ 30, 31 GmbHG bzw. § 57 AktG oder Gründen des Minderheitenschutzes **weitere Schranken** bei der Mutter-Tochter-Verschmelzung (down-stream-merger) aus Kapitalerhaltungsgrundsätzen folgen (vgl. zu diesen Fragen Heckschen, GmbHR 2008, 802 ff.; Widmann/Mayer/Mayer, Umwandlungsrecht, § 5 UmwG Rn. 40.1 ff.; Enneking/Heckschen, DB 2006, 1099 ff.; Mertens, AG 2005, 1099 ff.; Klein/Stephanblome, ZGR 2007, 369 ff.; Moszka, in: Semler/Stengel, § 24 UmwG Rn. 48; Stratz, in: Schmitt/Hörtnagl/Stratz, § 54 UmwG Rn. 11; Lutter/Winter/Vetter, § 54 UmwG Rn. 53 ff.; Lutter/Winter/Vetter, § 54 UmwG Rn. 55; Lutter/Priester, § 24 UmwG Rn. 62; Priester, in: FS Spiegelberger, 2009, S. 890 ff.).

▶ **Beispiel:** 117

Die A-GmbH, deren Stammkapital 50.000,00 € beträgt, ist an der B-GmbH, deren Stammkapital 12 Mio. € beträgt, mit einem Geschäftsanteil von 9.600.000,00 € beteiligt. Der Alleingesellschafter der A-GmbH hat dieser Gesellschaft Darlehen i. H. v. 5 Mio. € gewährt, was zu einem bilanziellen Fehlkapital dieser Gesellschaft i. H. v. 1.500.000,00 € geführt hat. Eine Überschuldung im insolvenzrechtlichen Sinn liegt bei der A-GmbH indessen nicht vor, da die Beteiligung an der B-GmbH stille Reserven beinhaltet, bei deren Berücksichtigung der wahre Wert des Nettovermögens das bilanzielle Fehlkapital übersteigt.

Nach obigen Ausführungen kann bzgl. der an der Tochter gehaltenen Anteile entweder die Anteilsgewährung durch Kapitalerhöhung oder durch Verwendung dieser Anteile erfolgen.

Im Fall der Kapitalerhöhung gilt aber, dass eigene **Anteile nicht Gegenstand einer Sacheinlage** sein kön- 118 nen (Lieder, in: Münch/Komm/GmbH, § 56 Rn. 16; Baumbach/Hueck/Zöllner, § 56 GmbHG Rn. 7; Lutter/Hommelhoff, § 56 GmbHG Rn. 5; Michalski/Hermanns, § 56 GmbHG Rn. 40; Rowedder/Schmidt-Leithoff/Zimmermann Rn. 7; Scholz/Priester, § 56 GmbHG Rn. 19). Sind keine das Stammkapital übersteigende Eigenmittel vorhanden, so steht schon § 33 Abs. 2 GmbHG einer Einlage entgegen. Verfügt die Gesellschaft über ausreichende Rücklagen, die für eine Kapitalerhöhung genutzt werden können, so scheidet die Verwendung von eigenen Anteilen zur Kapitalerhöhung aus, da im wirtschaftlichen Ergebnis eine Kapitalerhöhung aus Gesellschaftsmitteln vorliegen würde (Lutter/Hommelhoff, § 56 GmbHG Rn. 5; Scholz/Priester, § 56 GmbHG Rn. 19).

Bestünde das einzige **Aktiva** der übertragenden Mutter-GmbH in der **Beteiligung an der Tochter-** 119 **GmbH**, so würde durch die Einbringung der Mutter-GmbH in die Tochter-GmbH der Tochter-GmbH kein neues Vermögen zugeführt. Denn die stillen Reserven, die in der Beteiligung der Mutter-GmbH enthalten sind, resultieren gerade daraus, dass in der Tochter-GmbH entsprechende stille Reserven vorhanden sind. Ein echter Zufluss neuen Vermögens in die aufnehmende Tochter-GmbH findet nicht statt. Würde in diesem Fall zusätzlich zu der Gewährung der Anteile, die der Mutter-GmbH und der Tochter-GmbH bereits zustehen, durch die Einbringung der Mutter-GmbH eine Kapitalerhöhung aufgrund der stillen Reserven der Beteiligung zugelassen werden, so würden sich dadurch auch die Anteilsverhältnisse an der Tochter-GmbH zulasten der anderen Gesellschafter verschieben.

Auch wenn insoweit keine Kapitalerhöhung durchgeführt wird, würde i. R. d. Verschmelzung **nur ne-** 120 **gatives Vermögen** übertragen und den Gesellschaftern dafür Anteile gewährt. Das wäre nur zulässig, wenn die Kapitalerhaltungsvorschriften im konkreten Fall eingehalten sind (vgl. Widmann/Mayer/Mayer, Umwandlungsrecht, § 5 UmwG Rn. 40.1 ff.; Heckschen, GmbHR 2008, 802 ff.; Enneking/Heckschen, DB 2006, 1099 ff.; Mertens, AG 2005, 1099 ff.; mit weiteren Beispielen Klein/Stephanblome, ZGR 2007, 369 ff.; Moszka, in: Semler/Stengel, § 24 UmwG Rn. 48; Stratz, in: Schmitt/Hörtnagl/Stratz, § 54 UmwG Rn. 11; Lutter/Priester, § 24 UmwG Rn. 62; Priester, in: FS Spiegelberger, 2009, S. 890 ff.).

Eine weitere Schranke kann sich ergeben, wenn im Zuge einer Verschmelzung nur Verbindlichkeiten übergehen, wie dies z. B. bei fremdfinanzierten Unternehmenskäufen mit anschließender Verschmelzung der Fall sein kann (leverage buy out vgl. dazu Heckschen, GmbHR 2008, 802, 803). Es darf dabei zu keiner bilanziellen Überschuldung kommen. Nach einer Literaturmeinung kann dieser Vorgang »wirtschaftlich« als unzulässige Rückzahlung aus dem Gesellschaftsvermögen der aufnehmenden Tochtergesellschaft an die Gesellschafter der übertragenden Gesellschaft angesehen werden (Heckschen, GmbHR 2008, 802 ff.; Enneking/Heckschen, DB 2006, 1099 ff.; Mertens, AG 2005, 1099 ff.; Klein/Stephanblome, ZGR 2007, 369 ff.; vgl. auch Sauer ÖNotZ 1995, 169, 173). In der Literatur wird daher empfohlen, vor der Verschmelzung Maßnahmen zu treffen, die die Verletzung der §§ 30, 31 GmbHG von vornherein ausschließen (Heckschen, GmbHR 2008, 802, 803).

Auch aus Gründen des Minderheitenschutzes der übernehmenden Tochtergesellschaft können sich Einschränkungen ergeben. Die Literatur weist zu Recht darauf hin, dass Minderheitsgesellschafter die Entwertung ihrer Beteiligung als Folge der Zuführung negativen Vermögens nicht hinnehmen müssen (Lutter/Winter/Vetter, § 54 UmwG Rn. 58; vgl. auch Weiler, NZG 2008, 527, 530 ff.; Marsch-Barner, in: Kallmeyer, § 3 Rn. 22). Sie könnten den Zustimmungsbeschluss zum down-stream-Verschmelzungsvertrag wegen Unangemessenheit des Umtauschverhältnisses anfechten (§ 14 Abs. 2 UmwG). Unabhängig von einem Verstoß gegen Kapitalerhaltungsgrundsätze begründe in einem solchen Fall die Einbringung von Vermögen mit einem negativen Wert im Wege der Verschmelzung einen Treuepflichtverstoß und einen Sondervorteil zugunsten des Mehrheitsgesellschafters und zu Lasten der aufnehmenden Gesellschaft und ihrer Minderheitsgesellschafter analog § 243 Abs. 2 AktG (ausf. dazu Weiler, NZG 2008, 527, 530 ff.; ebenso Marsch-Barner, in: Kallmeyer, § 3 Rn. 22).

121   **dd) Verschmelzung bei Schwestergesellschaften.** Auf die Problematik bei Schwestergesellschaften wurde bereits hingewiesen (vgl. Teil 1 Rdn. 168, Teil 2 Rdn. 101). Es war früher umstritten, ob bei Schwestergesellschaften **auf die Anteilsgewährungspflicht verzichtet** werden kann, wenn alle einverstanden sind (vgl. zusammenfassend Tillmann, GmbHR 2003, 740 ff.; vgl. Widmann/Mayer/Mayer, Umwandlungsrecht, § 5 UmwG Rn. 41 ff.; zuletzt Roß/Drögemüller, DB 2009, 580 ff.; Krumm, GmbHR 2010, 24 ff. insb. auch zu den steuerlichen Fragen).

122   Die wohl **herrschende Meinung in der Literatur** hatte sich im Grundsatz insb. im Anschluss an die Regierungsbegründung zu § 54 UmwG für eine Anteilsgewährungspflicht auch bei Schwesterverschmelzungen zumindest bei Kapitalgesellschaften ausgesprochen (vgl. Teil 1 Rdn. 168, Teil 2 Rdn. 101; Limmer, in: FS für Schippel, 1996, S. 415; Schwedhelm, Die Unternehmensumwandlung, Rn. 1311; Widmann/Mayer/Mayer, Umwandlungsrecht, § 5 UmwG Rn. 15 ff.; Heidinger, DNotZ 2000, 161 ff.; so schon Heidinger/Limmer/Holland/Reul, Gutachten des DNotI, Bd. IV, Gutachten zum Umwandlungsrecht 1998, Nr. 18, S. 26 ff.; Lutter/Drygala UmwG, § 5 Rn. 9).

123   Auch die **obergerichtliche Rechtsprechung** (insb. KG, DNotZ 1999, 257 und OLG Frankfurt am Main, DNotZ 1999, 154 m. Anm. Heidinger; OLG Hamm, Der Konzern 2004, 805) stellte ausdrücklich klar, dass auch die Verschmelzung zur Aufnahme gem. § 2 Nr. 1 UmwG von Schwestergesellschaften *»gegen Gewährung von Anteilen«* zu erfolgen hat. Das KG stellte darauf ab, dass die Gewährung von Anteilen die Gegenleistung für die Übertragung des Vermögens des übertragenden Rechtsträgers ist. Sie sei wesentlicher Vertragsbestandteil und zwingendes Wesensmerkmal der Verschmelzung. Da sie auch öffentlichen Interessen des Kapitalschutzes diene, könne nicht auf sie verzichtet werden. Auch bei der Schwesterfusion bestehe die Pflicht zur Anteilsgewährung als zwingende gesetzliche Voraussetzung (Heidinger, DNotZ 1999, 163). Demgegenüber hatten sich **Instanzgerichtsurteile** (LG München, GmbHR 1999, 35) ausdrücklich beim Fall der Schwesterverschmelzung vom Grundsatz der Anteilsgewährungspflicht distanziert (vgl. auch LG Konstanz, ZIP 1998, 1226 für die Spaltung einer GmbH mit Begründung über § 128 UmwG, der eine quotenabweichende Spaltung zulässt). Dabei setzte sich das LG München ausdrücklich über die entgegenstehende Gesetzesbegründung zu § 54 UmwG zur Notwendigkeit der Kapitalerhöhung bei Schwesterverschmelzungen hinweg.

124   Um die Anteilsgewährung und eine deshalb u. U. erforderliche Kapitalerhöhung bei der Schwesterverschmelzung zu vermeiden, blieb vor der Gesetzesnovelle aus dem Jahr 2007 **im Zweiten Gesetz zur Änderung des UmwG** nur der Ausweg vor der Verschmelzung ein Mutter-Tochter-Verhältnis durch Anteilsübertragung herzustellen (vgl. dazu ausführlich Widmann/Mayer/Mayer, Umwandlungsrecht, § 5 UmwG Rn. 55). Auf diese Gestaltungsmöglichkeit wurde sogar ausdrücklich von der obergerichtlichen Rechtsprechung (OLG Frankfurt am Main, BB 1998, 970) hingewiesen. Der Gesetzgeber hat im Zweiten Gesetz zur Änderung des UmwG eine Erleichterung geschaffen, indem er in den §§ 54 und 68 UmwG n. F. eine Ausnahme durch Verzicht festlegt (vgl. BR-Drucks. 548/06, S. 27): § 54 Abs. 1 Satz 3 UmwG n. F. (für die GmbH) bzw. § 68 Abs. 1 Satz 3 UmwG n. F. (für die AG) bestimmt nunmehr, dass die Kapitalerhöhung bei der übernehmenden Kapitalgesellschaft zur Disposition **aller Anteilsinhaber des übertragenden Rechtsträgers** steht. Verzichten diese in notarieller Urkunde auf die Anteilsgewährung, darf die übernehmende Gesellschaft von der Anteilsgewährung absehen (vgl. Teil 2 Rdn. 128 ff.). Die Zustimmung der Gesellschafter der übernehmenden Gesellschaft ist nach dem klaren Wortlaut nicht erforderlich.

125   **ee) Verschmelzung Enkelgesellschaft auf Muttergesellschaft.** Bei der Verschmelzung einer Enkelgesellschaft auf die Muttergesellschaft, bei der z. B. die Anteile an der Enkelgesellschaft von einer

100 %igen Tochter der Muttergesellschaft gehalten werden, ergeben sich **zwei Probleme** (vgl. Widmann/Mayer/Mayer, Umwandlungsrecht, § 5 UmwG Rn. 56):

– Zunächst stellt sich die Frage, in **welchem Rahmen** bei einer derartigen Verschmelzung eine Kapitalerhöhung durchgeführt werden darf oder muss oder ob in entsprechender Anwendung von §§ 54 Abs. 1 Satz 1 Nr. 1 i. V. m. Abs. 2 und 68 Abs. 1 Satz 1 Nr. 1 i. V. m. Abs. 2 UmwG eine Kapitalerhöhung zwingend ausgeschlossen ist.

– Daneben stellt sich bei AG die Frage, ob eine ggf. nach dem UmwG zulässige bzw. gebotene Kapitalerhöhung bei AG auch im Hinblick auf § 71d Satz 2 AktG und § 71 Abs. 1 AktG **aktienrechtlich** im Hinblick auf das Verbot wechselseitiger Beteiligung zulässig ist. Bei GmbH ist die Frage des Verbotes wechselseitiger Beteiligung vor dem Hintergrund der analogen **Anwendung des § 33 GmbHG** zu diskutieren (vgl. Lutter/Hommelhoff, GmbHG § 33 Rn. 21; Emmerich, NZG 1998, 622 ff.; Baumbach/Hueck/Fastrich, GmbHG § 33 Rn. 16).

Teilweise wird in der Literatur (Kallmeyer/Marsch-Barner UmwG, § 20 Rn. 30) eine **100 %ige Tochtergesellschaft** auch als Dritte i. S. d. § 20 Abs. 1 Nr. 3 Satz 1 Halbs. 2 UmwG angesehen, der **keine Anteile gewährt werden dürfen** (anders aber offenbar ders. bei § 68 Rn. 10). Nach anderer wohl überwiegender Auffassung (vgl. Widmann/Mayer/Mayer, Umwandlungsrecht, § 5 UmwG Rn. 56 und § 54 Rn. 70; Widmann/Mayer/Rieger, Umwandlungsrecht, § 68 Rn. 20; Lutter/Winter/Vetter, UmwG, § 54 Rn. 110; Lutter/Grunewald, UmwG, § 20 Rn. 67; Diekmann in: Semler/Stengel, UmwG, § 68 Rn. 17 f.; Reichert in: Semler/Stengel, UmwG, § 54 Rn. 34; Stratz, in Schmitt/Hörtnagl/Stratz, § 54 UmwG Rn. 16) steht der verdeckten Anteilsinhaberschaft i. S. v. § 54 Abs. 2 UmwG der Besitz von Geschäftsanteilen der übernehmenden GmbH durch ein abhängiges oder ein im Mehrheitsbesitz der GmbH stehendes Unternehmen nicht gleich, sodass **kein Kapitalerhöhungsverbot** besteht. Dies wird insb. durch den Vergleich mit § 71d Satz 2 AktG deutlich. Grund für die Sonderregelung könnte der Schutz der außenstehenden Gesellschafter des abhängigen Unternehmens sein, in deren Vermögenssphäre für den Fall eines ersatzlosen Untergangs der Anteile im Fall der Verschmelzung eingegriffen würde. **126**

Unabhängig von diesen umwandlungsrechtlichen Vorgaben, geht die herrschende Meinung davon aus, dass das aktienrechtliche Schutzsystem der §§ 71a bis d AktG bzw. bei der GmbH § 33 GmbHG analog dennoch auch bei den durch Verschmelzung erworbenen Aktien bzw. Geschäftsanteilen der Muttergesellschaft in der Hand der Zwischengesellschaft eingreift (Widmann/Mayer/Mayer, Umwandlungsrecht, § 5 UmwG Rn. 56; Widmann/Mayer/Rieger, Umwandlungsrecht, § 68 Rn. 21). Erwirbt ein abhängiges oder ein in Mehrheitsbesitz der übernehmenden AG stehendes Unternehmen aufgrund der Verschmelzung Aktien an der übernehmenden AG, so sei dies nur unter den Voraussetzungen des § 71d Satz 2 AktG zulässig (Widmann/Mayer/Rieger, Umwandlungsrecht, § 68 Rn. 20). § 71 Abs. 1 Nr. 5 AktG kommt dabei nicht zum Tragen, weil der Anteilserwerb durch das abhängige bzw. in Mehrheitsbesitz befindliche Unternehmen nicht im Wege der Gesamtrechtsnachfolge erfolge. Ist der **Anteilserwerb nach § 71d Satz 2 AktG** nicht zulässig, so ergibt sich daraus eine Veräußerungs- bzw. Einziehungspflicht. **127**

ff) Verzicht auf Anteilsgewährung. Der Gesetzgeber hat im **Zweiten Gesetz zur Änderung des UmwG** v. 25.04.2007 in §§ 54 und 68 UmwG n. F. eine Ausnahme durch Verzicht festlegt (vgl. BR-Drucks. 548/06, S. 27): § 54 Abs. 1 Satz 3 UmwG n. F. (für die GmbH) bzw. § 68 Abs. 1 Satz 3 UmwG n. F. (für die AG) bestimmt nunmehr, dass die Kapitalerhöhung bei der übernehmenden Kapitalgesellschaft zur Disposition **aller Anteilsinhaber des übertragenden Rechtsträgers** steht. **Verzichten alle Anteilsinhaber des übertragenden Rechtsträgers** in notarieller Urkunde auf die Anteilsgewährung, darf die übernehmende Gesellschaft von der Anteilsgewährung absehen. Zu kritisieren ist an dieser an sich erfreulichen Klarstellung, dass sie aufgrund der systematischen Stellung nur für Verschmelzung auf die AG und GmbH gilt, obwohl bei der Personengesellschaft oder anderen Rechtsträgern ähnliche Fragestellungen bestehen. M. E. kann man aber aus der gesetzlichen Neuregelung allgemein den Schluss ziehen, dass der Anteilsgewährungsgrundsatz disponibel ist, wenn alle Anteilsinhaber der übertragenden Rechtsträger darauf verzichten, denn was bei Kapitalgesellschaften gilt muss erst recht bei Personengesellschaften oder Genossenschaften gelten (ebenso Lutter/Drygala, § 2 UmwG Rn. 31; a. A. Widmann/Mayer/Fronhöfer, Umwandlungsrecht, § 80 UmwG Rn. 18, 1). Zu dem aus Gläubigerschutzsicht entstehenden Problem vgl. oben Teil 1 Rdn. 175 (vgl. auch zu den Streitfragen nach der **128**

Neuregelung Mayer/Weiler, DB 2007, 1235, 1239; Weiler, NZG 2008, 527 ff.; Kallmeyer, GmbHR 2006, 418 ff.; Drinhausen, BB 2006, 2313, 2315 ff.; Bayer/Schmidt, NZG 2006, 841; Keller/Klett, DB 2010, 1220 ff.; Krumm, GmbHR 2010, 24 ff.; Roß/Drögemüller, DB 2009, 580 ff.; Keller/Klett, DB 2010, 1220 ff.).

129 ▶ Hinweis:

Aus steuerrechtlicher Sicht ist zu beachten, dass eine Anteilsgewährung zur Buchwertfortführung erforderlich sein kann (vgl. oben Teil 1 Rdn. 176; Mayer/Weiler, DB 2007, 1235, 1239; Krumm, GmbHR 2010, 24 ff.; Roß/Drögemüller, DB 2009, 580 ff.; Keller/Klett, DB 2010, 1220 ff.).

130 Nach § 54 Abs. 1 Satz 3 UmwG n. F. (für die GmbH) bzw. § 68 Abs. 1 Satz 3 UmwG n. F. (für die AG) ist erforderlich, dass alle Anteilsinhaber eines übertragenden Rechtsträgers in **notariell beurkundeter Verzichtserklärung** verzichtet haben, nicht erforderlich ist der Verzicht der Gesellschafter des übernehmenden Rechtsträgers (Lutter/Winter/Vetter, § 54 UmwG Rn. 64). Umstritten ist, ob von der Anteilsgewährung nur abgesehen werden kann, wenn alle Anteilsinhaber des übertragenden Rechtsträgers verzichten oder ob auch ein Verzicht durch einzelne Anteilsinhaber ausreicht, so dass nur diesbezüglich keine Anteilen gewährt werden. Dabei ist str. ob zumindest eine Zustimmung alle Anteilsinhaber zu dem Verzicht notwendig ist (so Widmann/Mayer/Mayer, § 54 UmwG Rn. 51.2; Widmann/Mayer/Rieger Umwandlungsrecht, § 68 UmwG Rn. 37.2; Heckschen, DB 2008, 1363, 1366). Nach anderer Ansicht ist dies nicht notwendig, auch teilweise Verzichte sind danach möglich (Lutter/Winter/Vetter, § 54 UmwG Rn. 95; Kallmeyer/Kallemeyer/Kocher, § 54 UmwG Rn. 21). Überwiegend wohl als zulässig angesehen wird der Teilverzicht, d. h. das nur eine teilweise Kapitalerhöhung erfolgt (Lutter/Winter/Vetter, § 54 UmwG Rn. 90 f.; Kallmeyer/Kallemeyer/Kocher, § 54 UmwG Rn. 21). Zum Schutz der Anteilsinhaber sollen die Verzichtserklärungen notariell beurkundet werden. Die Beurkundung muss nach den Vorschriften über die Beurkundung von Willenserklärungen (§§ 8 ff. BeurkG) erfolgen; eine Beurkundung nach den §§ 36 ff. BeurkG genügt nicht (vgl. zum vergleichbaren Fall des Verzichts nach § 8 UmwG Priester, DNotZ 1995, 427, 433; Widmann/Mayer/Mayer, Umwandlungsrecht, § 8 UmwG Rn. 58; Stratz, in Schmitt/Hörtnagl/Stratz, § 8 UmwG Rn. 71). Es reicht aus, wenn die Verzichtserklärungen spätestens bei der Anmeldung zum Handelsregister vorliegen (Widmann/Mayer/Mayer, Umwandlungsrecht, § 8 UmwG Rn. 60; Kallmeyer/Marsch-Barner, UmwG, § 8 Rn. 38). Ein genereller Verzicht, etwa bei Gründung der Gesellschaft, ist nicht ausreichend, eine Verzichtsbestimmung in der Satzung der Gesellschaft nicht zulässig (Stratz, in Schmitt/Hörtnagl/Stratz, § 8 UmwG Rn. 68; Lutter/Drygala, § 8 UmwG, Rn. 52; Simon in Kölner Komm., § 8 UmwG Rn. 61).

131 Der Verzicht ist als **Gestaltungsrecht bedingungsfeindlich** und kann nicht mehr einseitig zurückgenommen werden (Widmann/Mayer/Mayer, Umwandlungsrecht, § 8 Rn. 58; Widmann/Mayer/Rieger Umwandlungsrecht, § 68 Rn. 37.4; Stratz, in Schmitt/Hörtnagl/Stratz, § 8 UmwG Rn. 71; Lutter/Drygala, § 8 UmwG, Rn. 55). Die Verzichtserklärungen müssen nicht in einer gesonderten Urkunde erklärt werden, vielmehr können die Verzichtserklärungen aller Gesellschafter in einer Urkunde i. R. d. Beschlussfassung niedergelegt werden, sofern die Vorschriften über die Beurkundung von Willenserklärungen nach §§ 8 ff. BeurkG eingehalten sind und insb. das Protokoll von allen Gesellschaftern unterzeichnet wird (Widmann/Mayer/Mayer, Umwandlungsrecht, § 8 UmwG Rn. 58). **Stellvertretung** ist zulässig. Der Verzicht kann auch in der Versammlung erklärt und protokolliert werden, die über die Verschmelzung beschließt (Lutter/Drygala, UmwG, § 8 Rn. 55; Stratz, in Schmitt/Hörtnagl/Stratz, § 8 UmwG Rn. 71; Decher, in: Lutter, Kölner Umwandlungsrechtstage, S. 201 und 209 in Bezug auf den Formwechsel; ebenso: Priester, IDW Fachtagung 1994, S. 419 und 426). Dies kann aber nur für eine Vollversammlung, bei der sämtliche Anteilsinhaber anwesend sind, gelten.

132 Fraglich war, ob Dritte, die Rechte an den Anteilen der übertragenden Gesellschaft haben (z. B. Sicherungsrechte, Pfandrecht, Nießbrauch etc.) den Verzicht verhindern können. Soweit Rechte Dritter an den Anteilen oder Mitgliedschaften des übertragenden Rechtsträgers bestehen, findet dingliche Surrogation statt. Diese Rechte setzen sich an den Anteilen am übernehmenden Rechtsträger fort, die an die Stelle der Anteile am übertragenden Rechtsträger treten (vgl. Lutter/Grunewald, § 20 UmwG Rn. 71; Kübler, in: Semler/Stengel, § 20 UmwG Rn. 80; Stratz, in Schmitt/Hörtnagl/Stratz, § 20 UmwG Rn 19; Rieder/Ziegler ZIP 2004, 481; Teichmann FS Lutter, 2000, 1275 ff.). Daraus wird z. T. gefolgert, dass beim Anteilsverzicht auch diese Dritten zustimmen müssen, z. T. dass deshalb eine Negativerklärung analog § 16 Abs. 2 UmwG bei Handelsregister abgegeben werden müsse (Kallmeyer/Kocher § 54 UmwG Rn. 20; Köln/Komm/Simon/Nießen § 54 UmwG Rn. 47). Dem kann nicht gefolgt werden (ebenso Lutter/Winter/Vetter, § 46 UmwG Rn. 24, § 54 UmwG Rn. 105). Das UmwG sieht an keiner Stelle einen solchen Drittschutz vor. Auch in den anderen vom Gesetz vorgesehenen Fällen, in denen keine Anteile gewährt werden, tritt dieses Ergebnis ein, ohne dass der Gesetzgeber Zustimmungspflichten statuiert hat (Lutter/Grunewald, § 20 UmwG Rn. 71; Kübler, in: Semler/Stengel, § 20 UmwG Rn. 80; Kallmeyer/Marsch-Barner, § 20 UmwG Rn. 31; Stratz, in Schmitt/Hörtnagl/Stratz, § 20 UmwG Rn. 115). Deshalb kann bei § 54 Abs. 1 Satz 3 UmwG nichts anderes gelten. Der Schutz muss über andere Instrumente, insbesondere Schadensersatz erfolgen (vgl. auch Lutter/Grunewald, § 20 UmwG Rn. 71; Kübler, in: Semler/Stengel, § 20 UmwG Rn. 80; Lutter/Winter/Vetter, § 46 UmwG Rn. 24, § 54 UmwG Rn. 105).

c) Höhe der zu gewährenden Anteile (Umtauschverhältnis). Das Gesetz geht davon aus, dass eine **133** **wertentsprechende Anteilsgewährung** stattfindet. Die Vermögensgegenstände, die im Wege der Verschmelzung übertragen werden, sind mit den in den Anteilen verkörperten Vermögensgegenständen des aufnehmenden Rechtsträgers zu vergleichen und es ist ein angemessenes Wertverhältnis zu finden. Dazu ist grds. eine Unternehmensbewertung notwendig. Die gewährten Anteile müssen den Wert des übertragenden Vermögens entsprechen (vgl. zur Unternehmensbewertung Teil 2 Rdn. 436 ff.). Die Festlegung des **Bewertungsstichtag** ist streitig. Nach einem Teil der Literatur ist dies der Tag des Verschmelzungsbeschlusses (Widmann/Mayer/Mayer, Umwandlungsrecht, § 5 UmwG Rn. 131; Schröer, in: Semler/Stengel, § 5 UmwG Rn. 59; Bayer, AG 1989, 323, 329; Priester, BB 1992, 1594, 1596) Nach a. A. kann der Bewertungsstichtag von den Parteien frei gewählt werden, er müsse allerdings vor der Beschlussfassung liegen, so könne z. B. auf den Verschmelzungsstichtag abgestellt werden (Lutter/Drygala, § 5 UmwG Rn. 32, ähnlich wohl Stratz, in Schmitt/Hörtnagl/Stratz, § 5 UmwG Rn. 29). Dieses Leitbild entspricht dem **Minderheitenschutz**, da die Gesellschafter der übertragenden Gesellschaft bzw. die Mitglieder des übertragenden Rechtsträgers in ihren Rechten geschmälert werden, wenn sie keine wertentsprechenden Anteile erhalten würden. Wie bereits dargelegt (vgl. oben Teil 1 Rdn. 168 ff.; Teil 2 Rdn. 96 ff.), hat der Gesetzgeber keine unverzichtbaren Pflichten zur wertentsprechenden Anteilsgewährung vorgesehen. Die ganz herrschende Meinung ist daher der Auffassung, dass die Höhe der Kapitalerhöhung und der gewährten Anteile **in das Belieben der Parteien** gestellt ist.

Bei der Spaltung ergibt **die Gesetzesbegründung zu § 139 UmwG** (BT-Drucks. 75/94, abgedruckt bei **134** Limmer, Umwandlungsrecht, S. 320), dass bei Verschmelzung oder Ausgliederung auf eine Kapitalgesellschaft mit einem erheblich niedrigeren Stamm- oder Grundkapital, eine Festsetzung abweichend vom Nennkapital bzw. des den abgespaltenen oder ausgegliederten Teils entsprechenden Teil des Nennkapitals möglich ist. Hinzu kommt, dass auch auf Rechtsträger verschmolzen werden kann, für die keine gesetzlich normierten Kapitalaufbringungsvorschriften bestehen, wie etwa auf Personenhandelsgesellschaften (vgl. Limmer, in: FS für Schippel, 1996, S. 425; Kowalski, GmbHR 1996, 158, 159 ff.; Ittner, MittRhNotK 1997, 109; Widmann/Mayer/Mayer, Umwandlungsrecht, § 126 UmwG Rn. 70 f.; Baumann, BB 1998, 2321, 2324; Rodewald, GmbHR 1997, 19, 21; a. A. allerdings für die Verschmelzung Priester, DNotZ 1995, 429, 441; zweifelnd auch Bayer, ZIP 1997, 1615 in Fn. 39).

Zur **Milderung der von der Praxis ungeliebten Kapitalerhöhungsverpflichtung** bei Verschmelzungen **135** wurde vor dem Zweiten Gesetz zur Änderung des UmwG aus dem Jahr 2007 daher von der ganz herrschenden Meinung in der Literatur (Widmann/Mayer/Mayer, Umwandlungsrecht, § 5 UmwG Rn. 47; Kowalski, GmbHR 1996, 158, 159 ff.; Lutter/Winter, UmwG, § 54 Rn. 20; a. A. Priester, DNotZ 1995, 427, 441) vertreten, dass die Höhe der Kapitalerhöhung ins Belieben der Parteien gestellt ist. Danach soll es ausreichen, dass die Minimalkapitalerhöhung zur Schaffung eines zu gewährenden Geschäftsanteils i. H. v. damals 100,00 € ausreicht. Dabei wird mit der ausreichenden Sicherstellung der Gläubiger nach § 22 UmwG argumentiert.

Diese herrschende Meinung stieß jedoch auch dann auf Bedenken, wenn sie zum »**Wegverschmelzen**« **136** geschützten **Stammkapitals** i. V. m. einer kurzfristigen späteren Ausschüttung beim aufnehmenden Rechtsträger führt (vgl. Heidinger, DNotZ 1999, 164). Ein Teil der Literatur wollte die Frage nur de lege ferenda lösen (Mayer, DNotZ 1998, 177; vgl. auch Heckschen, DB 1998, 1385, 1389 unter Hinweis auf Goette, in der Podiumsdiskussion zum 25. Deutschen Notartag, DNotZ 1998, 207). Z. T. wurde überlegt, in einem solchen Fall die für die Kapitalherabsetzung bestehende Ausschüttungssperre analog anzuwenden. Ein Teil der Literatur schlug vor, in diesem Zusammenhang die frei gewordenen Verträge in eine **zeitlich gebundene Rücklage** bei der aufnehmenden Gesellschaft einzustellen (so Naraschewski, GmbHR 1998, 356, 360). Der Gesetzgeber hat jetzt auch im **Zweiten Gesetz zur Änderung des UmwG** diese herrschende Meinung bestätigt, indem er in den §§ 54 und 68 UmwG n. F. eine Ausnahme durch Verzicht festlegt (vgl. BR-Drucks. 548/06, S. 27): § 54 Abs. 1 Satz 3 UmwG n. F. (für die GmbH) bzw. § 68 Abs. 1 Satz 3 UmwG n. F. (für die AG) bestimmt nunmehr, dass die Kapitalerhöhung bei der übernehmenden Kapitalgesellschaft zur Disposition **aller Anteilsinhaber des übertragenden Rechtsträgers** steht. Verzichten diese in notarieller Urkunde auf die Anteilsgewährung, darf die übernehmende Gesellschaft von der Anteilsgewährung absehen. Dies bestätigt, dass der Gesetzgeber auch von der Freiheit der Kapitalerhöhung ausgeht, wenn alle Gesellschafter damit einverstanden sind.

137 **d) Erfüllung der Anteilsgewährungspflicht.** Bei der **Planung der Verschmelzung** sind grds. **zwei Fragen** zu klären:
– Besteht im konkreten Fall die Anteilsgewährungspflicht?
– Wie ist die Anteilsgewährungspflicht zu erfüllen?

138 Für die zweite Frage sind bei GmbH und AG die §§ 54 bzw. 68 UmwG zu beachten, die Kapitalerhöhungsverbote und Kapitalerhöhungswahlrechte enthalten. Es ist dann zu prüfen, wie die notwendigen Anteile geschaffen werden. **Folgende Wege** sind daher unter Beachtung der Kapitalerhöhungsverbote und -wahlrechte **zu berücksichtigen** (vgl. dazu oben Teil 2 Rdn. 107 ff., unten Teil 2 Rdn. 303 ff. und Widmann/Mayer/Mayer, Umwandlungsrecht, § 5 UmwG Rn. 56.1 ff.; Ittner, MittRhNotK 1997, 105, 109):
– die Anteile werden durch Kapitalerhöhung neu geschaffen (vgl. Teil 2 Rdn. 252 ff.),
– der übernehmende Rechtsträger verfügt bereits über eigene Anteile, die gewährt werden können (= Kapitalerhöhungswahlrechte der §§ 54 Abs. 1 Satz 2 Nr. 1 und 68 Abs. 1 Satz 2 Nr. 1 UmwG; vgl. Teil 2 Rdn. 106 ff., Teil 2 Rdn. 303 ff.),
– der übertragende Rechtsträger verfügt über voll eingezahlte Anteile an der übernehmenden Gesellschaft, die auf diesen übergehen und daher von ihm gewährt werden können (Kapitalerhöhungswahlrechte der §§ 54 Abs. 1 Satz 2 Nr. 2, 68 Abs. 1 Satz 2 Nr. 2 UmwG; vgl. Teil 2 Rdn. 316 ff.),
– Dritte übertragen Anteile (vgl. Teil 2 Rdn. 320).

139 **e) Personenidentität.** Weiter ist bei der Regelung der Anteilsgewährung im Verschmelzungsvertrag der **Grundsatz der Personenidentität** zu beachten. Dieser Grundsatz besagt, dass i. R. d. Verschmelzung grds. kein Anteilsinhaber oder Gesellschafter neu hinzutreten oder ausscheiden darf (vgl. im Einzelnen und zu den Ausnahmen Teil 2 Rdn. 14 ff., Teil 4 Rdn. 54 ff.). Keine Anteilsgewährungspflicht besteht für eigene Anteile einer übertragenden Gesellschaft und solche des übernehmenden Rechtsträgers an einer übertragenden Gesellschaft (§§ 20 Abs. 1 Nr. 3 Satz 1, 54 Abs. 1 Nr. 1 und Nr. 2, 68 Abs. 1 Nr. 1 und Nr. 2 UmwG).

140 **f) Art der Anteile.** Die **Art der zu gewährenden Anteile** richtet sich nach dem Recht des aufnehmenden Rechtsträgers. Inhaber von Sonderrechten sind nach § 23 UmwG geschützt (vgl. dazu unten Teil 2 Rdn. 568). Bei der **Mischverschmelzung** besteht außerdem die Möglichkeit des Austritts über ein Abfindungsangebot (§ 29 Abs. 1 Satz 1 UmwG). Das Gleiche gilt, wenn bei einer Verschmelzung von Rechtsträgern derselben Rechtsform die Anteile an dem übernehmenden Rechtsträger Verfügungsbeschränkungen unterworfen sind. Bei der Verschmelzung von AG stellt sich die Frage, **ob bei unterschiedlichen Aktiengattungen dieselben Aktiengattungen zu gewähren** sind. Nur § 23 UmwG bestimmt, dass für den Inhaber von Rechten in einem übertragenden Rechtsträger, die kein Stimmrecht gewähren, insbesondere den Inhabern von Anteilen ohne Stimmrecht, von Wandelschuldverschreibungen, von Gewinnschuldverschreibungen und von Genußrechten, gleichwertige Rechte in dem übernehmenden Rechtsträger zu gewähren sind. Das Gesetz regelt diese Frage im Übrigen aber nicht. Die überwiegende Meinung geht davon aus, dass es nicht erforderlich sei, dass die Gegenleistung in Aktien derselben Gattung erfolgt, wie sie die Aktionäre der übertragenden Gesellschaft besitzen. Es könnten vielmehr grds. Aktien jeder denkbaren Gattung gewährt werden, sofern dies nicht dem gesellschafts-

rechtlichen Gleichheitsgrundsatz widerspricht (Widmann/Mayer/Mayer, Umwandlungsrecht, § 5 UmwG Rn. 71 f.; Kallmeyer/Marsch-Barner, UmwG, § 5 Rn. 11; Lutter/Drygala, § 5 UmwG Rn. 19). Unbedenklich ist daher die Ausgabe von Inhaber- statt Namensaktien oder umgekehrt (Lutter/Drygala, § 5 UmwG Rn. 19; Widmann/Mayer/Mayer, Umwandlungsrecht, § 5 UmwG Rn. 73; Kallmeyer/Marsch-Barner, UmwG, § 5, Rn. 13). Die Gewährung von Stammaktien gegen stimmrechtslose Vorzugsaktien bei der übernehmenden AG ist problematisch und dann unzulässig, wenn den Aktionären nicht weitestgehend die vermögens- und herrschaftsmäßige Stellung erhalten bleibt, die sie vorher innehatten (ausführlich Lutter, in: FS für Mestmäcker, 1996, S. 943 ff.; Lutter/Drygala, UmwG, § 5 Rn. 20; Widmann/Mayer/Mayer, Umwandlungsrecht, § 5 UmwG Rn. 74). Auch die **Ausgabe von Stammaktien für Vorzugsaktien** der übertragenden Gesellschaft ist in den Einzelheiten umstritten. Ein Teil der Literatur verlangt einen Sonderbeschluss der betroffenen Vorzugsaktionäre nach § 141 AktG (Kiem, ZIP 1997, 1627, 1629). Der wohl überwiegende Teil lehnt dies ab (Lutter/Drygala, UmwG, § 5 Rn. 21; Kallmeyer/Marsch-Barner, UmwG, § 5 Rn. 13; Widmann/Mayer/Mayer, Umwandlungsrecht, § 5 UmwG Rn. 75). Dieser Meinung ist zu folgen.

g) Bezeichnung der Kapitalerhöhung, eigene Anteile. In vielen Fällen ist zur Schaffung der zu gewährenden Anteile eine **Kapitalerhöhung** erforderlich (§§ 5 f., 68 ff. UmwG). Es ist umstritten, ob diese Kapitalerhöhung im Verschmelzungsvertrag erwähnt werden muss (ablehnend Kallmeyer/Marsch-Barner, UmwG, § 5 Rn. 16; Stratz, in Schmitt/Hörtnagl/Stratz, § 46 UmwG Rn. 4; Reichert in: Semler/Stengel, UmwG, § 46 Rn. 16; a. A. Lutter/Winter/Vetter, UmwG, § 46 Rn. 12, 47 ff.; für eine Mittellösung: entweder im Vertrag oder in Verschmelzungsbeschluss Widmann/Mayer/Mayer, Umwandlungsrecht, § 46 UmwG Rn. 23.1). Zu beachten ist, dass jedenfalls bei der Verschmelzung unter Beteiligung von GmbH dann Angaben zu machen sind, wenn die zu gewährenden Geschäftsanteile im Wege der Kapitalerhöhung geschaffen und mit anderen Rechten und Pflichten als sonstige Geschäftsanteile der übernehmenden GmbH ausgestattet werden. Darüber hinausgehend verlangt ein Teil der Literatur, dass im Verschmelzungsvertrag eine zur Durchführung der Verschmelzung notwendige Kapitalerhöhung vorgesehen und für jeden Anteilsinhaber der Nennbetrag der ihm zuzuteilenden jungen Anteile festgesetzt wird (so Lutter/Winter/Vetter, UmwG, § 46 Rn. 48; a. A. Streck/Mack/Schwedhelm, GmbHR 1995, 163). 141

▶ **Hinweis:** 142

In der Praxis dürfte es sich aus Sicherheitsgründen empfehlen, die Kapitalerhöhung zu erwähnen.

Sollen Anteilsinhaber eines übertragenden Rechtsträgers schon vorhandene Geschäftsanteile einer übernehmenden Gesellschaft erhalten, so müssen die Anteilsinhaber und die Nennbeträge der Geschäftsanteile, die sie erhalten sollen, **im Verschmelzungsvertrag besonders bestimmt** werden (§ 46 Abs. 3 UmwG). Im Verschmelzungsvertrag muss daher angegeben werden, ob es sich bei den zum Anteilstausch verwendeten vorhandenen Anteile um eigene Anteile der übernehmenden GmbH (§ 54 Abs. 1 Nr. 2 UmwG), vom übertragenden Rechtsträger gehaltene (§ 54 Abs. 1 Satz 2 Nr. 2 UmwG) oder von einem Dritten bereitgestellte Geschäftsanteile (vgl. dazu unten Teil 2 Rdn. 320 ff.) handelt. 143

Bei **Personenhandelsgesellschaften** muss der Verschmelzungsvertrag für jeden Gesellschafter bestimmen, ob er bei der übernehmenden Gesellschaft die Stellung eines Komplementärs oder Kommanditisten erhalten soll (§ 40 Abs. 1 UmwG). Bei einer Komplementärstellung ist dies nur mit Zustimmung möglich (§ 40 Abs. 2 Satz 2 UmwG). 144

h) Teilbarkeit, Nennbeträge, mehrere Geschäftsanteile. Für die Anteilsgewährung sind die jeweiligen Vorschriften des aufnehmenden Rechtsträgers zu beachten, insb. die Vorschriften über Mindestnennbetrag und Teilbarkeit. Insofern bestehen allerdings Teilbarkeitserleichterungen (vgl. unten Teil 2 Rdn. 574). In § 54 Abs. 3 UmwG ist geregelt, dass die **Stückelungsvorschriften des § 5 GmbHG** insoweit unbeachtlich sind, als sie sonst bei der Teilung von Geschäftsanteilen gem. § 17 Abs. 4 GmbHG einzuhalten wären; jedoch muss der Nennbetrag jedes Teils der Geschäftsanteile auf volle Euro lauten. Zweck der Stückelungserleichterung ist es, möglichst jedem Inhaber des übertragenden Rechtsträgers die Möglichkeit zur Beteiligung an dem übernehmenden Rechtsträger zu eröffnen und nichtbeteiligungsfähige Spitzen weitgehend zu vermeiden. Nach § 46 Abs. 1 Satz 3 UmwG i. d. F. durch das Mo- 145

MiG v. 23.10.2008 (BGBl. I 2008, S. 2026) muss der Nennbetrag auf volle Euro lauten. Die überwiegende Meinung geht zu Recht davon aus, dass in dem Fall, in dem ein Gesellschafter des übertragenden Rechtsträgers mehrere Anteile hat, ihm die gleiche Anzahl von Anteilen an der übernehmenden Gesellschaft zu gewähren ist. Da § 5 Abs. 2 GmbHG i. d. F. durch das MoMiG es zulässt, dass ein Gesellschafter mehrere Geschäftsanteile übernehmen kann, stehen dem auch keine Beschränkungen des GmbHG entgegen (Lutter/Winter/Vetter, UmwG, § 46 Rn. 31; Widmann/Mayer/Mayer, Umwandlungsrecht, § 5 UmwG Rn. 88). Die herrschende Meinung geht zu Recht davon aus, dass, wenn dem Anteilsinhaber der übertragenden Gesellschaft mehrere Anteile gehören, diesem die entsprechende Anzahl Anteile an der übernehmenden Gesellschaft zu gewähren sind; nur mit seiner Zustimmung wäre eine Zusammenlegung der Anteile i. R. d. Verschmelzung zulässig (Widmann/Mayer/Mayer, Umwandlungsrecht, § 5 UmwG Rn. 88; Stratz, in Schmitt/Hörtnagl/Stratz, § 46 UmwG Rn. 9 f.; Kallmeyer/Kallmeyer/Kocher, UmwG, § 46 Rn. 6).

146 **i) Mehrere übertragende Rechtsträger.** Unklar ist die Vorgehensweise bei der **Beteiligung mehrerer übertragender Rechtsträger** (vgl. Tillmann, BB 2004, 673 ff.; Widmann/Mayer/Mayer, Umwandlungsrecht, § 5 UmwG Rn. 56.6 ff.). Bei der Gestaltung der Übertragung mehrerer übertragender Rechtsträger auf einen aufnehmenden Rechtsträger bestehen **zwei verschiedene Möglichkeiten** (vgl. auch Teil 2 Rdn. 75 ff. zu mehrseitigen Verschmelzungsverträgen bei Beteiligung mehrerer Rechtsträger):

– Entweder schließt man zwischen jeder einzelnen übertragenden Gesellschaft und aufnehmenden Gesellschaft einen gesonderten Verschmelzungsvertrag, wobei die verschiedenen Verschmelzungsverträge jeweils mit aufschiebender Bedingung mit der Eintragung der anderen Verschmelzung im Handelsregister miteinander verknüpft werden können oder aber

– man nutzt die Möglichkeit, die das UmwG bietet, einen einheitlichen Verschmelzungsvertrag mit mehreren übertragenden Gesellschaften abzuschließen. Dabei handelt es sich jedoch um einen mehrseitigen Verschmelzungsvertrag über einen einheitlichen Verschmelzungsvorgang.

147 Handelt es sich um übertragende Gesellschaften **mit unterschiedlichen Gesellschaftern**, so ist i. R. d. Kapitalerhöhung entsprechend den obigen Grundsätzen jedem Gesellschafter ein bestimmter Anteil zuzuordnen. Schwieriger und umstritten ist diese Frage, bei der Verschmelzung von Gesellschaften mit voll- oder zumindest teilweise **identischem Gesellschafterbestand**. In diesem Fall ist zu fragen, ob ein Geschäftsanteil an den gemeinsamen Gesellschafter der übertragenden Rechtsträger oder als Ersatz für den Verlust jeder der Beteiligungen an den mehreren übertragenden Rechtsträgern jeweils ein Geschäftsanteil gewährt werden muss. Das OLG Frankfurt am Main (DNotZ 1999, 154) verlangt unter Berufung auf § 5 Abs. 1 Nr. 1 und Nr. 3 und § 46 Abs. 1 Satz 1 UmwG, dass bei einer Schwesterfusion, bei der die übernehmende Gesellschaft eine GmbH ist, der Verschmelzungsvertrag für jeden übertragenden Rechtsträger die Angaben über die Gewährung von Anteilen enthalten muss. Insofern sei zwingend, bei der übernehmenden GmbH eine Kapitalerhöhung durchzuführen und für jeden Rechtsträger, der übertragen wird, einen Anteil an der übernehmenden Gesellschaft zu gewähren.

148 Die überwiegende **Literatur** hat dem widersprochen (Heckschen, DB 1998, 1385; Mayer, DB 1998, 913; Neye, EWiR § 46 UmwG 1/98, S. 517; Heidinger, DNotZ 1999, 165; Tillmann, BB 2004, 673; Reichert, in: Semler/Stengel, §§ 46 Rn. 3 und § 55 UmwG Rn. 9; Stratz, in: Schmitt/Hörtnagl/Stratz, § 46 UmwG Rn. 8; Lutter/Winter, § 46 UmwG Rn. 6; Widmann/Mayer/Mayer, Umwandlungsrecht, § 5 UmwG Rn. 56, 11 f.; Kallmeyer/Müller, § 5 UmwG Rn. 19). Dieser Widerspruch verdient Zustimmung, da keine sachlichen Gründe für die Gewährung mehrerer Geschäftsanteile an die gleichen Gesellschafter ersichtlich sind. Hinzu kommt, dass auch das allgemeine GmbH-Recht die Gewährung mehrerer Anteile an den gleichen Gesellschafter im Zuge einer einheitlichen Kapitalerhöhung nicht zulässt (ausführlich Widmann/Mayer/Mayer, Umwandlungsrecht, § 5 UmwG Rn. 56, 6 ff.). Dementsprechend kann auch negatives Vermögen durch positives der anderen Rechtsträger kompensiert werden (Tillmann, BB 2004, 673 ff.).

149 **j) Euroumstellung.** Sind an der Verschmelzung Rechtsträger beteiligt, deren Stammkapital und Geschäftsanteile noch in DM ausgewiesen sind, so ist immer die **Frage der Euroumstellung** zu prüfen. Die Einzelheiten sind bei Teil 5 Rdn. 122 ff. ausführlich dargestellt. Bei Kapitalgesellschaften sind die spezifischen Sondervorschriften des allgemeinen Gesellschaftsrechts für die Euroanpassung zu beachten.

4. Umtauschverhältnis und bare Zuzahlung (§ 5 Abs. 1 Nr. 3 UmwG). a) Umtauschverhältnis. Anzugeben ist nach § 5 Abs. 1 Nr. 3 UmwG weiterhin das **Umtauschverhältnis der Anteile.** Der Gesetzgeber hatte dabei wohl in erster Linie die Publikumsgesellschaften im Auge, bei deren Verschmelzung häufig nicht die einzelnen Gesellschafter namentlich erwähnt oder erwähnt werden können und auch eine konkrete Zuordnung der neuen Anteile ausscheidet, sodass abstrakt das Verhältnis des Austausches der Anteile an dem übernehmenden Rechtsträger gegen Anteile an den übertragenden Rechtsträger formuliert werden muss. Umtauschverhältnis meint nach dem Wortlaut den **abstrakten Maßstab** der angibt, wie viel Anteile des Übernehmers die Anteilsinhaber der Überträger als Gegenleistung erhalten (z. B. 1:10, 5:3, 1:2; vgl. Widmann/Mayer/Mayer, Umwandlungsrecht, § 5 UmwG Rn. 95; Lutter/Drygala, UmwG, § 5 Rn. 26; Kallmeyer/Müller, UmwG, § 5 Rn. 17). Es genügt aber auch, wenn der Verschmelzungsvertrag die Beteiligungsverhältnisse offen legt, aus denen sich das Umtauschverhältnis ergibt, dann ist dies das Umtauschverhältnis (so zu Recht Widmann/Mayer/Mayer, Umwandlungsrecht, § 5 UmwG Rn. 94). Das Umtauschverhältnis ist daher auch im **Verschmelzungsbericht** nach § 8 Abs. 1 UmwG zu erläutern.

Die Festlegung des Umtauschverhältnisses ist bei **Publikumsgesellschaften** »*das prinzipiell delikateste*« (Priester, DNotZ 1995, 427, 438; Lutter/Drygala, UmwG, § 5 Rn. 25) an der Verschmelzung, da im Grunde das Umtauschverhältnis die Wertrelationen und damit auch die Gegenleistung die jeder Gesellschafter der übertragenden Gesellschaft erhält, bestimmt. Während bei Austauschverträgen dieses Verhältnis zwischen Leistung und Gegenleistung im Wege des freien Aushandelns bestimmt wird, ist bei der Verschmelzung die Bestimmung des Umtauschverhältnisses zunächst in die Hand der Verwaltungsorgane gelegt, die i. R. d. Verschmelzungsvertrages dieses Umtauschverhältnis bestimmen müssen. Erst im zweiten Schritt stimmen die Anteilsinhaber, deren wirtschaftliche Position dadurch betroffen wird, über dieses Umtauschverhältnis und seine Richtigkeit ab. So wundert es daher nicht, dass das Gesetz dem Umtauschverhältnis einen großen Stellenwert einräumt. Ermittelt werden muss das Umtauschverhältnis durch die Unternehmensbewertung sämtlicher beteiligter Rechtsträger, also durch die Ermittlung des inneren (wirtschaftlichen) Wertes der getauschten Geschäftsanteile (vgl. im Einzelnen zur Bewertung unten Teil 2 Rdn. 427). Für die Bewertung aller beteiligten Rechtsträger ist von einem für alle Rechtsträger gleichen Stichtag (sog. **Bewertungsstichtag**) auszugehen, welcher vom Gesetz nicht vorgegeben ist (Lutter/Drygala, UmwG, § 5 Rn. 32; Widmann/Mayer/Mayer, Umwandlungsrecht, § 5 UmwG Rn. 131; Stratz, in: Schmitt/Hörtnagl/Stratz, § 5 UmwG Rn. 27). Fraglich ist, ob der Bewertungsstichtag frei – allerdings vor dem Verschmelzungsbeschluss – festgelegt werden kann (so Lutter/Drygala, UmwG, § 5 Rn. 32) oder ob dies der Tag ist, an dem die Anteilsinhaber des übertragenden Rechtsträgers dem Verschmelzungsvertrag zustimmen (so Widmann/Mayer/Mayer, Umwandlungsrecht, § 5 UmwG Rn. 131). Andere empfehlen, die Unternehmenswerte für die Bestimmung des Umtauschverhältnisses jeweils auf den Zeitpunkt des Abschluss des Verschmelzungsvertrages oder auf den Verschmelzungsstichtag zu ermitteln (Stratz, in: Schmitt/Hörtnagl/Stratz, § 5 UmwG Rn. 29). Die verschiedenen Methoden zur Ermittlung der Werte der beteiligten Rechtsträger und damit des Umtauschverhältnisses werden unten im Einzelnen erläutert (vgl. unten Teil 2 Rdn. 427).

Das Gesetz geht allerdings davon aus, dass **alle Gesellschafter** eine wertentsprechende Verschmelzung verlangen. Dies ist das gesetzliche Leitbild, da kein Anteilsinhaber durch die Verschmelzung wirtschaftlich benachteiligt werden soll. Dieser Grundsatz folgt aus der **Eigentumsgarantie des Art. 14 GG.** Dies schließt aber nicht aus, dass die Anteilsinhaber aller beteiligten Gesellschafter ein nicht angemessenes Umtauschverhältnis unter Zustimmung aller Gesellschafter akzeptieren können (Lutter/Drygala, UmwG, § 5 Rn. 20; Lutter/Grunewald, UmwG, § 20 Rn. 6). Deshalb ist das Umtauschverhältnis **nicht Gegenstand der registerrechtlichen Prüfung**, sondern liegt in der Hand der Anteilsinhaber und Gesellschafter (Widmann/Mayer/Mayer, Umwandlungsrecht, § 5 UmwG Rn. 94; Widmann/Mayer/Fronhöfer, Umwandlungsrecht, § 19 UmwG Rn. 26; Lutter/Grunewald, UmwG, § 20 Rn. 6; Stratz, in: Schmitt/Hörtnagl/Stratz, § 19 UmwG Rn. 24).

Gegenstand des Verschmelzungsvertrages sind weder die angewandten Methoden, noch die Gründe für ihre Anwendung und ein bestimmtes Umtauschergebnis. Im Verschmelzungsvertrag selbst ist nur das Umtauschergebnis in seiner abstrakten Definition festzulegen. Auf die Gründe und die Methoden ist vielmehr im Verschmelzungsbericht und ggf. auch in der Verschmelzungsprüfung einzugehen.

150

151

152

153

154 Ausgehend von den Unternehmenswerten aller beteiligten Rechtsträger wird ein Verhältnis zwischen den nominalen Kapitalanteilen, den sie repräsentierenden inneren (wirtschaftlichen) Werten zu denen der anderen beteiligten Rechtsträger gebildet. Aus dem Wertverhältnis der auf den gleichen Nennbetrag berechneten Anteile aller beteiligten Rechtsträger ergibt sich dann das Umtauschverhältnis (Lutter/Drygala, UmwG, § 5 Rn. 27 ff.; Widmann/Mayer/Mayer, Umwandlungsrecht, § 5 UmwG Rn. 97 ff.).

155 Befinden sich alle Anteile eines übertragenden Rechtsträgers in der Hand eines übernehmenden Rechtsträgers (100 %iges Mutter-Tochterverhältnis), so entfallen nach § 5 Abs. 2 UmwG die Angaben über den Umtausch der Anteile. Unklar ist dabei, auf welchen Zeitpunkt es dafür ankommt. Die Frage wird insb. bei § 62 UmwG und den Konzernerleichterungen bei AG diskutiert (vgl. dazu Teil 2 Rdn. 1089 ff.). In diesem Zusammenhang hat sich insb. die sog. »zweistufige« Konzernverschmelzung als strittig erwiesen (vgl. dazu Teil 2 Rdn. 1089 ff.; Henze, AG 1993, 341; vgl. auch Habersack, FS Horn, 2006, S. 337 ff.). Mit der wohl überwiegenden Meinung wird man auch i. R. d. § 5 UmwG der Meinung sein, dass es genügt wenn das **maßgebliche Beteiligungsverhältnis zum Zeitpunkt der Eintragung** der Verschmelzung vorliegt (so Schröer, in: Semler/Stengel, § 5 Rn. 129; Widmann/Mayer/Mayer, Umwandlungsrecht, § 5 UmwG Rn. 213; Kallmeyer/Marsch-Barner, § 5 UmwG Rn. 70; vgl. auch BayObLG, ZIP 2000, 230 beim Formwechsel; a. A. Lutter/Drygala, § 5 UmwG Rn. 141, der auf den Zeitpunkt der Beschlussfassung abstellt).

156 **b) Bare Zuzahlungen.** Nach § 5 Abs. 1 Nr. 3 UmwG ist »*ggf. die Höhe der baren Zuzahlung*« anzugeben. Bare Zuzahlungen sollen es – neben weiteren Erleichterungen bei der Anteilsfestlegung – ermöglichen, einen rechnerisch exakten Ausgleich zu gewähren. Nach allgemeiner Meinung sind bare Zuzahlungen in allen Fällen der Anteilsgewährung im Zuge der Verschmelzung zur Aufnahme oder Neugründung zulässig (vgl. Widmann/Mayer/Mayer, Umwandlungsrecht, § 54 UmwG Rn. 55; Lutter/Winter/Vetter, UmwG, § 54 Rn. 125 f.). Bare Zuzahlungen sind Leistungen der übernehmenden Gesellschaft, die zusätzlich zu den gewährten Geschäftsanteilen, Mitgliedschaftsrechten oder Aktien gewährt werden.

Umstritten ist, ob bare Zuzahlungen, wie der Begriff bereits sagt, nur zulässig sind, wenn auch Anteile gewährt werden (so Kallmeyer/Kallmeyer/Kocher, UmwG, § 54 Rn. 27 sowie die früher herrschende Meinung Lutter/Hommelhoff, 13. Aufl., § 23 KapErhG Rn. 5) oder ob auch eine reine Barabfindung, insb. für Inhaber von **Kleinstbeteiligungen**, erfolgen kann. Die mittlerweile im Vordringen befindliche **Literaturauffassung** lässt zu Recht eine Barabfindung auch dann zu, wenn trotz Ausnutzung der Teilbarkeits- und Stückelungsregelungen ein Anteilsinhaber nicht den gesetzlichen Mindestnennbetrag für einen Anteil an der aufnehmenden Gesellschaft erreicht; er ist dann auf eine Barabfindung als ultima ratio zu verweisen (so Lutter/Winter/Vetter, UmwG, § 54 Rn. 132 ff.; Winter, in: Lutter, Kölner Umwandlungsrechtstage, S. 48 ff.; Widmann/Mayer/Mayer, Umwandlungsrecht, § 50 UmwG Rn. 118).

I. Ü. gilt aber der Grundsatz, dass bare Zuzahlungen nur zulässig sind, wenn auch Anteile gewährt werden. Als bare Zuzahlungen sind nur **Geldleistungen** zulässig, nicht dagegen die Hingabe von Sachwerten, auch nicht die Begründung von Darlehensverbindlichkeiten der GmbH ggü. den Anteilsinhabern des übertragenden Rechtsträgers (Lutter/Winter/Vetter, UmwG, § 54 Rn. 142 ff.; Widmann/Mayer/Mayer, Umwandlungsrecht, § 54 UmwG Rn. 64; Reichert, in: Semler/Stengel, § 54 Rn. 42; vgl. auch Mayer, DB 1995, 861, 863). Z. T. wird allerdings eine Sachleistung bei allseitigem Einverständnis zugelassen (Stratz, in: Schmitt/Hörtnagl/Stratz, § 5 UmwG Rn. 66). Kontrovers diskutiert wird, ob eine Ausnahme vom Sachleistungsverbot für die Gewährung von Darlehen besteht (vgl. Lutter/Winter/Vetter, UmwG, § 54 Rn. 144). In der Literatur wird mittlerweile eine Ausnahme befürwortet, wenn die Anteilsinhaber zustimmen (so Lutter/Winter/Vetter, UmwG, § 54 Rn. 144 ff.; Stratz, in: Schmitt/Hörtnagl/Stratz, § 5 UmwG Rn. 66). Z. T. wird dies generell abgelehnt (Widmann/Mayer/Mayer, Umwandlungsrecht, § 54 UmwG Rn. 64; Mayer, DB 1995, 861, 863). M. E. kann der zulassenden Ansicht gefolgt werden. Zu berücksichtigen ist weiter, dass für die GmbH, die AG und die Genossenschaft als aufnehmender Rechtsträger **Höchstbeträge** von **10 % des gesamten Nennbetrags** der gewährten Gesellschaftsrechte oder Geschäftsanteile gelten (§§ 54 Abs. 4, 68 Abs. 3, 87 Abs. 2 UmwG). Für Personenhandelsgesellschaften als aufnehmende Gesellschaft gelten keine Höchstgrenzen.

c) **Angaben über die Mitgliedschaft.** Nach § 5 Abs. 1 Nr. 3 UmwG sind entweder Angaben über   157
das Umtauschverhältnis oder »*Angaben über die Mitgliedschaft bei dem übernehmenden Rechtsträger*«
zu machen. Damit hat der Gesetzgeber die Fälle geregelt, in denen es nicht zu einem Umtausch von
Anteilen an Gesellschaften, sondern zu dem Erlöschen einer Mitgliedschaft und dem gleichzeitigen Erwerb einer neuen Mitgliedschaft kommt, wie dies z. B. bei **Genossenschaften** und **Vereinen** der Fall ist.
Denn die Verschmelzung von Vereinen, Genossenschaften untereinander führt nicht zu einem Umtausch von Anteilen, sondern zum Erlöschen einer Mitgliedschaft und dem gleichzeitigen Erwerb einer
neuen Mitgliedschaft. Das Umtauschverhältnis bei der Verschmelzung von Idealvereinen und Genossenschaften ist daher i. d. R. vom Grundsatz der Einheit der Mitgliedschaft vorgegeben, bei der Genossenschaft gelten allerdings auch Abweichungen. Bei der Verschmelzung von Vereinen kann den Mitgliedern des übertragenden Vereins immer nur eine neue Mitgliedschaft an dem übernehmenden Verein für
den Verlust ihrer alten eingeräumt werden. Die Angabe des Umtauschverhältnisses im Verschmelzungsvertrag ist daher bei Verschmelzung von Vereinen überhaupt nicht und bei Genossenschaften nur in
bestimmten Fällen erforderlich. Vielmehr sind hier nach § 5 Abs. 1 Nr. 3, 2. Alt. UmwG Angaben
über die Mitgliedschaft bei dem übernehmenden Rechtsträger aufzunehmen. Sie sollen es den Mitgliedern des übertragenden Rechtsträgers ermöglichen, zu überprüfen, ob sich durch die Verschmelzung
ihre Rechtsposition verschlechtert (vgl. im Einzelnen Katschinski, Die Verschmelzung von Vereinen,
S. 82 f. sowie unten Teil 2 Rdn. 1297 ff.).

Bei der Genossenschaft ist darüber hinausgehend § 80 UmwG zu berücksichtigen, der die zwingenden   158
Angaben zum Umtauschverhältnis dahin gehend modifiziert, ob die Satzung der aufnehmenden eG nur
eine Beteiligung mit jeweils einem Geschäftsanteil oder eine Beteiligung mit mehreren Geschäftsanteilen zulässt (vgl. dazu unten Teil 2 Rdn. 1189 ff.).

5. Einzelheiten über die Übertragung der Anteile und den Erwerb von Mitgliedschaften (§ 5   159
Abs. 1 Nr. 4 UmwG). Nach § 5 Abs. 1 Nr. 4 UmwG sind für die Verschmelzung »*Einzelheiten für*
die Übertragung der Anteile des übernehmenden Rechtsträgers oder über den Erwerb der Mitgliedschaft
bei dem übernehmenden Rechtsträger« in den Vertrag aufzunehmen. Die Vorschrift steht auch im engen
Verhältnis zu § 5 Abs. 1 Nr. 2 UmwG, in dem allgemein die Anteilsgewährung geregelt ist. Da die Regelung ursprünglich für AG vorgesehen war (§ 340 Abs. 2 Nr. 4 AktG i. d. F. vor 1995), steht dem Gesetzgeber wohl die Regelung des Aktienrechts vor Augen, wo Angaben des Treuhänders für den Empfang der zu gewährenden Aktien erforderlich sind (§§ 71, 73, 78 UmwG). Der Verschmelzungsvertrag
muss daher diesen Treuhänder genau bezeichnen. Nicht erforderlich sind die weiteren Angaben über
den Aktientausch und die Einzelheiten des Umtauschverfahrens (Widmann/Mayer/Mayer, Umwandlungsrecht, § 5 UmwG Rn. 138; Kallmeyer/Marsch-Barner, UmwG, § 5 Rn. 24; Lutter/Drygala,
UmwG, § 5 Rn. 65; Schröer, in: Semler/Stengel, § 5 Rn. 37; Stratz, in: Schmitt/Hörtnagl/Stratz,
§ 5 UmwG Rn. 68).

Entsprechendes gilt für die **Verschmelzung unter Beteiligung von GmbH**; hier wurde bereits oben   160
(Teil 2 Rdn. 137) dargelegt, dass geregelt werden sollte, wie die zu gewährenden Geschäftsanteile geschaffen werden: Kapitalerhöhung, eigene Anteile oder Anteile Dritter. Sowohl bei der Schaffung neuer
Geschäftsanteile durch Kapitalerhöhung als auch bei der Verwendung von eigenen Geschäftsanteilen
der Gesellschaft geschieht die dingliche Übertragung dieser Anteile durch Eintragung der Verschmelzung i. V. m. dem Verschmelzungsvertrag, ohne dass es einer dinglichen Übertragung nach § 15
GmbHG bedarf (vgl. § 20 Abs. 1 Nr. 3 UmwG; vgl. Lutter/Grunewald, UmwG, § 20 Rn. 61; Kallmey-
er/Marsch-Barner, UmwG, § 20 Rn. 29). Auch wenn es sich um Anteile handelt, die vor der Verschmelzung dem übertragenden Rechtsträger gehörten, so erwirbt sie der Anteilsinhaber **ohne Durchgangs-**
erwerb des übernehmenden Rechtsträgers. Mit der Eintragung der Verschmelzung erwerben dann die
Gesellschafter diese Anteile ohne Einzelrechtsübertragung (Widmann/Mayer/Mayer, Umwandlungsrecht, § 5 UmwG Rn. 38; Korte, WiB 1997, 955; Lutter/Grunewald, UmwG, § 20 Rn. 61; Midden-
dorf/Stegmann, DStR 2005, 1082; Reichert, in: Semler/Stengel, § 54 UmwG Rn. 15; Stratz, in:
Schmitt/Hörtnagl/Stratz, § 54 UmwG Rn. 11; vgl. auch oben Teil 2 Rdn. 692 ff.). Nach der Neufassung des § 126 Abs. 1 Nr. 10 UmwG und § 131 Abs. 1 Nr. 3 Satz 1 UmwG besteht daran kein Zweifel
mehr (Widmann/Mayer/Mayer, Umwandlungsrecht, § 5 UmwG Rn. 38).

161   Etwas anderes gilt, wenn – was nach allgemeiner Meinung zulässig ist – **Dritte ihre Geschäftsanteile zur Verfügung stellen**; dann gilt § 20 Abs. 1 Nr. 3 UmwG bezogen auf diese nicht an der Verschmelzung beteiligten Personen nicht. In diesem Fall sollte die Angabe in den Verschmelzungsvertrag aufgenommen werden, dass die Geschäftsanteile durch Abtretung von den Dritten an die übernehmende Gesellschaft erfolgt, sodass sich anschließend ein Anteilserwerb gem. § 20 Abs. 1 Nr. 3 UmwG vollziehen kann (vgl. unten Teil 2 Rdn. 576 ff.; Lutter/Grunewald, UmwG, § 20 Rn. 61; Kallmeyer/Marsch-Barner, UmwG, § 5 Rn. 25; Widmann/Mayer/Mayer, Umwandlungsrecht, § 5 UmwG Rn. 56, 3 f.). Man wird es wohl auch mit der überwiegenden Meinung in der Literatur zulassen müssen, dass der Dritte seine Anteile aufschiebend bedingt unmittelbar an den Anteilsinhaber des übertragenden Rechtsträgers überträgt, der diese Anteile letztendlich erhalten soll (so Widmann/Mayer/Mayer, Umwandlungsrecht, § 5 UmwG Rn. 56, 5; Lutter/Winter, UmwG, § 54 Rn. 61; Kallmeyer/Kallmeyer, UmwG, § 54 Rn. 8; Reichert, in: Semler/Stengel, § 54 UmwG Rn. 18).

162   Handelt es sich bei dem übernehmenden Rechtsträger um eine **Personenhandelsgesellschaft**, so wird man keine zusätzlichen Anforderungen für einen Beteiligungserwerb aufstellen können. Eine besondere Übertragung der Gesellschaftsanteile entfällt, anzugeben ist vielmehr die künftige Rechtsstellung der übertragenden Gesellschafter an der aufnehmenden Gesellschaft (Kallmeyer/Marsch-Barner, UmwG, § 5 Rn. 26).

163   Sind aufnehmende Rechtsträger **Genossenschaften** und **Vereine**, so ist der Grundsatz zu berücksichtigen, dass hier kein echter Anteilstausch stattfindet, sondern die Anteile an dem übertragenden Rechtsträger erlöschen; an dem neuen Rechtsträger wird eine neue Mitgliedschaft erworben. Deshalb sind alternativ in diesen Fällen nach § 5 Abs. 1 Nr. 4 UmwG die Einzelheiten über den Erwerb der Mitgliedschaft anzugeben.

164   **6. Zeitpunkt und Besonderheiten des Gewinnanspruchs (§ 5 Abs. 1 Nr. 5 UmwG).** Festzusetzen ist der Zeitpunkt, von dem an die gewährten Anteile zum Gewinnbezug berechtigten (§ 5 Abs. 1 Nr. 5 UmwG). Regelmäßig ist dies der **Beginn des Geschäftsjahres des übernehmenden Rechtsträgers**, das auf den Stichtag der letzten Jahresbilanz des übertragenden Rechtsträgers folgt (vgl. Lutter/Drygala, UmwG, § 5 Rn. 68). Enthält der Vertrag keine ausdrückliche Festlegung des Zeitpunktes des Gewinnanspruches, so kann man ihn dahingehend auslegen, dass dies der Übertragungsstichtag ist.

165 ▶ **Hinweis:**

Da der Zeitpunkt des Wirksamwerdens der Verschmelzung nicht mit der erforderlichen Zuverlässigkeit vorausberechnet werden kann, kann sich eine gestaffelte Stichtagsregelung empfehlen, die den Beginn des Bezugsrechts von der Eintragung der Verschmelzung im Handelsregister des übernehmenden Rechtsträgers abhängig macht (vgl. Lutter/Drygala, UmwG, § 5 Rn. 69; Widmann/Mayer/Mayer, Umwandlungsrecht, § 5 UmwG Rn. 146, Schröer, in: Semler/Stengel, § 5 UmwG Rn. 47; Kallmeyer/Marsch-Barner, UmwG, § 5 Rn. 29; krit. Kiem, ZIP 1999, 173, 179). Der BGH hat die Möglichkeit des variablen Stichtages zugelassen (BGH AG 2013, 165 = DB 2013, 334).

166   Denkbar ist aber auch, dass der Beginn des Gewinnbezugsrechts **auf einen späteren Zeitpunkt verschoben** wird, weil Gewinnerwartungen bei der Festlegung des Austauschverhältnisses vorweggenommen wurden (vgl. Widmann/Mayer/Mayer, Umwandlungsrecht, § 5 UmwG Rn. 144; Lutter/Drygala, UmwG, § 5 Rn. 69 ff.; Schröer, in: Semler/Stengel, § 5 UmwG Rn. 35; Kallmeyer/Marsch-Barner, UmwG, § 5 Rn. 28; zur Festlegung des Bezugszeitpunktes s. Hoffmann-Becking, in: FS für Fleck, 1988, S. 105 ff.).

167   Bis zu diesem Zeitpunkt behalten die Anteilsinhaber ihren **Gewinnanspruch** gegen den übertragenden Rechtsträger. Jedenfalls bis zum Verschmelzungsbeschluss ist der übertragende Rechtsträger durch den Verschmelzungsvertrag (oder seinen Entwurf) bei seinem Ergebnisbeschluss nicht gebunden. Zu Recht geht aber die herrschende Meinung davon aus, dass nach einer Verschmelzungszustimmung für die Gewinnverwendung so zu verfahren ist, als sei die Verschmelzung bereits durchgeführt (Barz, AG 1972, 1, 4), da anderenfalls der Berechnung für das Umtauschverhältnis die Grundlage entzogen wäre.

7. Festlegung des Verschmelzungsstichtages (§ 5 Abs. 1 Nr. 6 UmwG). a) Allgemeines/Rech- 168 **nungslegung.** Anzugeben ist der Zeitpunkt, von dem an die Handlungen des übertragenden Rechtsträgers als für Rechnung des übernehmenden Rechtsträgers vorgenommen gelten (sog. Verschmelzungsstichtag, § 5 Abs. 1 Nr. 6 UmwG). Mit dem Verschmelzungsstichtag geht die **Rechnungslegung** auf den übernehmenden Rechtsträger über (vgl. Art. 5 Abs. 2e der Verschmelzungsrichtlinie). Mit dem Begriff des Übergehens der Rechnungslegung ist gemeint, dass ab dem Verschmelzungsstichtag die Geschäfte des übertragenden Rechtsträgers auf fremde Rechnung geführt werden (Kallmeyer/Müller, UmwG, § 5 Rn. 33; Widmann/Mayer/Mayer, Umwandlungsrecht, § 5 UmwG Rn. 153; Lutter/Drygala, UmwG, § 5 Rn. 74; Lutter/Priester, UmwG, § 24 Rn. 27; Schröer, in: Semler/Stengel, § 5 UmwG Rn. 51; Stratz, in: Schmitt/Hörtnagl/Stratz, § 5 UmwG Rn. 73). Die **Rechnungslegungspflicht** als solche des übertragenden Rechtsträgers bleibt grds. bis zur Eintragung der Verschmelzung bestehen (vgl. auch IDW, WPg 1996, 536, 537; vgl. Stellungnahme HFA 2/1997, Tz. 12; abgedruckt WPg 1997, 235, 236; W. Müller, WPg 1996, 857, 861; Widmann/Mayer/Mayer, Umwandlungsrecht, § 5 UmwG Rn. 153; Stratz, in: Schmitt/Hörtnagl/Stratz, § 5 UmwG Rn. 76). Der übernehmende Rechtsträger hat also bis zur Eintragung der Umwandlung handelsrechtlich ohne Berücksichtigung des künftigen Vermögensübergangs Rechnung zu legen. Mit der Eintragung der Umwandlung bzw. zum Zeitpunkt des Übergangs des wirtschaftlichen Eigentums (vgl. IDW HFA 1/97, 622) wären an sich alle Geschäftsvorfälle seit dem Verschmelzungsstichtag nachzubuchen. Da die übertragenden Rechtsträger aber ohnehin alle Geschäftsvorfälle erfassen, ist es nicht zu beanstanden, wenn die **Buchung der Jahresverkehrszahlen in einem Akt erfolgt** (Schmitt/Hörtnagl/Stratz, § 5 UmwG Rn. 76).

Priester (in: Lutter, UmwG, § 24 Rn. 26) differenziert diesbezüglich genauer. Die **Rechnungslegungspflicht** der übertragenden Gesellschaft bleibe grds. **bis zur Eintragung der Verschmelzung** bestehen. Dabei sei eine Erfassung ihrer Geschäftsvorfälle auch in Gestalt eines besonderen Buchungskreises beim übernehmenden Rechtsträger möglich (Verweis auf Budde/Förschle/Winkeljohann/Zerwas, Sonderbilanzen, Rn. H 50). Gleichwohl stelle die Schlussbilanz regelmäßig den letzten Abschluss der übertragenden Gesellschaft dar. Eine Bilanzierung auf den Eintragungstag sei nämlich nicht mehr vorzunehmen, da ihre Geschäfte ab Verschmelzungsstichtag als für Rechnung der übernehmenden Gesellschaft geführt gelten. Anders sehe es nur dann aus, wenn an dem nächsten ordentlichen Bilanzierungszeitpunkt der übertragenden Gesellschaft, also bei Ablauf ihres Geschäftsjahres noch nicht eingetragen sei. Dann müsse die übertragende Gesellschaft weiterhin einen Jahresabschluss nach den für Sie maßgeblichen Regeln aufstellen (OLG Hamm DB 1992, 417). Die Vermögensgegenstände und Verbindlichkeiten der übertragenden Gesellschaft können jedoch bei der übernehmenden Gesellschaft erfasst werden, wenn diese bereits **wirtschaftliches Eigentum** erlangt hat (Lutter/Priester, UmwG 24 Rn. 28; IDW HFA 2/1997, Abschn. 22a, WPg 1997, 235, wo die genauen Voraussetzungen festgelegt sind). Ab dem Stichtag können daher die Geschäftsvorfälle des übertragenden Rechtsträgers auch in Gestalt eines gesonderten Buchungskreises beim übernehmenden Rechtsträger erfasst werden.

Dinglich wird die Verschmelzung erst mit der Eintragung im Handelsregister wirksam (§ 20 Abs. 1 169 Nr. 1 UmwG), insofern ist der Verschmelzungsstichtag eine **obligatorische Regelung** zwischen den Beteiligten. Er legt den Zeitpunkt fest, von dem ab die Verschmelzung obligatorisch, d. h. im Innenverhältnis zwischen den beteiligten Rechtsträgern und ihren Anteilsinhabern oder Gesellschaftern wirkt (Lutter/Drygala, UmwG, § 5 Rn. 74; Kallmeyer/Müller, UmwG, § 5 Rn. 31; Schröer, in: Semler/Stengel, § 5 UmwG Rn. 51 ff.; Stratz, in: Schmitt/Hörtnagl/Stratz, § 5 UmwG Rn. 36). Der wegen der Regelung des 17 Abs. 2 Satz 4 UmwG bis zu 8 Monate vor der Anmeldung der Umwandlung mögliche Umwandlungsstichtag i. S. d. § 5 Abs. 1 Nr. 6 stellt nur eine **Fiktion** dergestalt dar, dass von diesem Tag an die Handlungen des übertragenden Rechtsträgers als für Rechnung des übernehmenden Rechtsträgers vorgenommen gelten. Meist wird dieser Stichtag auch als Tag definiert, zu dem die Rechnungslegung von dem übertragenden auf den übernehmenden Rechtsträger übergeht (krit. dazu Kallmeyer/Müller, UmwG, § 5 Rn. 33 m. w. N. zu dieser h. M.).

Zu beachten ist, dass § 17 Abs. 2 UmwG vorschreibt, dass der Handelsregisteranmeldung eine Schlussbilanz des übertragenden Rechtsträgers beizufügen ist, wobei diese höchstens auf einen 8 Monate vor der Anmeldung liegenden Stichtag aufgestellt worden sein darf. Insofern geht das Gesetz auch von einem **Schlussbilanzstichtag** aus.

170 ▶ **Hinweis:**

In den meisten Fällen stimmt der Stichtag der Schlussbilanz nach § 17 Abs. 2 UmwG mit dem Verschmelzungsstichtag überein. Allerdings geht aus bilanzrechtlichen Gründen der Stichtag der Schlussbilanz dem Verschmelzungsstichtag unmittelbar vor (vgl. IDW, Wirtschaftsprüfung 1997, 235).

171 ▶ **Beispiel:**

Verschmelzungsstichtag 01.01., Schlussbilanzstichtag 31.12.

172 Eine weitere Stichtagsregelung ergibt sich aus dem **Zeitpunkt der Gewinnberechtigung** (vgl. dazu oben Teil 2 Rdn. 164 ff.). In der Praxis stimmt der Zeitpunkt der Gewinnberechtigung nach § 5 Abs. 1 Nr. 5 UmwG mit dem Verschmelzungsstichtag überein. Zwingend ist dies allerdings nicht (Kallmeyer/Müller, UmwG, § 5 Rn. 35).

173 Zur Problematik des Stichtages, in dem der **Rechtsträger noch nicht existiert** s. o. Teil 2 Rdn. 21 ff. zur Kettenumwandlung.

174 b) **Verhältnis der Stichtage.** Das materielle Umwandlungsrecht selbst sieht überhaupt keine Umwandlungsbilanz vor. Erst bei der Anmeldung ist nach § 17 Abs. 2 UmwG eine **Schlussbilanz** vorzulegen. Das Registergericht darf die Verschmelzung nur eintragen, wenn die Bilanz auf einen höchstens 8 Monate vor der Anmeldung liegenden Stichtag aufgestellt worden ist.

175 Die Rechtsprechung hat sich zur Frage des Verhältnisses dieses **Schlussbilanzstichtages** und dem **Verschmelzungsstichtag** bisher noch nicht geäußert. Allerdings hat die Finanzverwaltung im Umwandlungssteuererlass Stellung genommen (vgl. BMF-Schreiben v. 25.03.1998, GmbHR 1998, 444 ff., Tz. 0203). Danach soll es nicht genügen, dass sowohl der Verschmelzungsstichtag als auch der Stichtag der Schlussbilanz innerhalb der 8-Monats-Frist des § 17 Abs. 2 UmwG vor der Anmeldung zum Handelsregister liegen. Vielmehr vertritt die Finanzverwaltung die Auffassung, dass der Stichtag der Schlussbilanz zwingend auf den dem Verschmelzungsstichtag vorangehenden Tag fallen muss (z. B. Schlussbilanz: 31.12., Verschmelzungsstichtag 01.01.). Ein Teil der Literatur (Widmann/Mayer/Mayer, Umwandlungsrecht, § 5 UmwG Rn. 158; Kallmeyer/Müller, UmwG, § 5 Rn. 34) weist allerdings darauf hin, dass dies auch bedeutet, dass bei Verwendung des 01.01. als Verschmelzungsstichtag die steuerlichen Folgen der Verschmelzung sich noch in dem vorangegangenen Veranlagungszeitraum auswirken. Will man also eine solche Rückwirkung in dem vergangenen Veranlagungszeitraum vermeiden, wird man den 02.01. eines Jahres als Verschmelzungsstichtag wählen müssen (vgl. Widmann/Mayer/Mayer, Umwandlungsrecht, § 5 UmwG Rn. 158; Schröer, in: Semler/Stengel, § 5 UmwG Rn. 57).

Mayer (Widmann/Mayer/Mayer, Umwandlungsrecht, § 5 Rn. 159) weist darauf hin, dass die **Verknüpfung zwischen dem Stichtag der Schlussbilanz** und dem Verschmelzungsstichtag zweckmäßig und üblich sein mag, zwingend sei es jedoch nicht. Auch die Gesetzesbegründung weist darauf hin, dass der Verschmelzungsstichtag von den Vertragsbeteiligten frei bestimmt werden kann. Mayer weist zu Recht darauf hin, dass eine irgendwie geartete zivilrechtliche Bindung zwischen Verschmelzungsstichtag und Stichtag der Schlussbilanz nicht erkennbar sei. Insb. die Sonderregelung für Genossenschaften in § 80 Abs. 2 UmwG, nach der der Stichtag der Schlussbilanz im Verschmelzungsvertrag gesondert anzugeben sei, wäre bei einer Identität vom Verschmelzungsstichtag und Stichtag der Schlussbilanz unverständlich. Mayer ist also der Auffassung, dass keine zwingende Übereinstimmung zwischen Verschmelzungsstichtag und Stichtag der Schlussbilanz besteht. Auch Müller (Kallmeyer/Müller, UmwG, 1997, § 5 Rn. 33 ff.) weist darauf hin, dass nach dem Wortlaut und dem Sinn der Bestimmung der Verschmelzungsstichtag jedenfalls zeitlich vor dem Stichtag der Schlussbilanz nach § 17 Abs. 2 UmwG liegen könne. Fraglich sei, ob der Verschmelzungsstichtag auch zeitlich nach dem Stichtag der Schlussbilanz liegen dürfe und diese Frage sei zu bejahen.

176 Demgegenüber ist ein **anderer Teil der Literatur** der Auffassung, dass der Verschmelzungsstichtag mit dem Stichtag der Schlussbilanz übereinstimmen müsse, weil der Termin im Innenverhältnis der Rechtsträger die Überleitung der Rechnungslegung betreffe (so Lutter/Drygala, UmwG, § 5 Rn. 74; zum alten

Recht Hoffmann-Becking, in: FS für Fleck, 1988, S. 105, 111). Allerdings ergibt sich weder aus dem Gesetz noch aus dem Sinn und Zweck der Vorschrift eine zwingende Übereinstimmung. Das Verhältnis von Verschmelzungsstichtag und besonders der steuerlichen Schlussbilanz kann genutzt werden, um bestimmte steuerliche Effekte zu erzielen, wie auch die Ausführungen von Mayer deutlich machen. Man könnte allerdings dieses Ergebnis auch dadurch erzielen, dass eine von der Steuerbilanz abweichende Handelsbilanz aufgestellt wird, die dann nach § 17 UmwG der Anmeldung beigefügt wird. An sich müssten nämlich **drei Übertragungszeitpunkte** unterschieden werden (so zu Recht Widmann/Mayer/Mayer, Umwandlungsrecht, § 5 UmwG Rn. 158):
– der Verschmelzungsstichtag,
– der steuerliche Übertragungsstichtag in der steuerlichen Schlussbilanz und
– der Stichtag der handelsrechtlichen Schlussbilanz.

Andererseits ist das Verhältnis von Schlussbilanzstichtag und steuerlichen Übertragungsstichtag nach   **177**
§ 2 Abs. 1 Satz 2 UmwStG zwingend danach geregelt, dass der Stichtag der handelsrechtlichen Schlussbilanz mit der steuerlichen Übertragungsbilanz übereinstimmt. Insofern bleibt steuerrechtlich eine zwingende Übereinstimmung erforderlich. Handelsrechtlich ergibt sich aber weder aus dem Gesetz noch aus dem Sinn und Zweck der Vorschrift die zwingende Verknüpfung von Verschmelzungsstichtag und Schlussbilanzstichtag.

▶ **Hinweis:**   **178**

Zusammenfassend ist also festzustellen, dass die Frage in der Literatur sehr umstritten ist. M. E. spricht einiges dafür, dass der Auffassung zu folgen ist, die keine zwingende Identität zwischen Verschmelzungs- und steuerlichem Schlussbilanzstichtag vorsieht. Die Frage ist allerdings bisher in der Rechtsprechung noch nicht entschieden, sodass erhebliche Rechtsunsicherheit besteht.

c) **Zukünftiger Verschmelzungsstichtag.** Die ganz herrschende Meinung in der Literatur hält es all-   **179**
gemein für möglich, dass der Abschluss eines Verschmelzungsvertrages und die diesbezüglichen Zustimmungsbeschlüsse dem **Stichtag der Schlussbilanz und dem Verschmelzungsstichtag** vorangehen und diese daher beim Beschluss noch gar nicht vorliegen (eingehend Heidinger, NotBZ 1998, 223; ders., NotBZ 2002, 86 ff.; Lutter/Drygala, UmwG, § 5 Rn. 74 f. mit Verweis auf Ihrig, GmbHR 1995, 622, 628; GK-AktG/Schilling, § 345 Anm. 7a; Hoffmann-Becking, in: FS für Fleck, 1988, S. 105, 117; Widmann/Mayer/Mayer, § 5 UmwG Rn. 163, § 24 Rn. 174; Schröer, in: Semler/Stengel, § 5 UmwG Rn. 42; Naraschewski, Stichtage und Bilanzen bei der Verschmelzung, S. 80 f.). Müller (Kallmeyer/Müller, UmwG, § 5 Rn. 34) will es entgegen der herrschenden Meinung darüber hinaus zulassen, dass der Verschmelzungsstichtag zeitlich vor dem Stichtag der Schlussbilanz nach § 17 Abs. 2 UmwG liegt. Bilanziell seien dann die Geschäfte des übertragenden Rechtsträgers wie ganz gewöhnliche Fremdrechnungsgeschäfte zu behandeln. Insofern könnte der Bilanzstichtag zum 31.12.1998 nach dieser Ansicht einen Umwandlungsstichtag schon vor dem 31.12.1998 ermöglichen. Letzteres ist aber äußerst umstritten. **Gewisse Einschränkungen** will man allgemein für die Wahl eines zukünftigen Umwandlungsstichtages machen, auch wenn er gleichlaufend mit dem Bilanzstichtag gewählt wird (Widmann/Mayer/Mayer, Umwandlungsrecht, § 24 UmwG Rn. 174). Da gesellschaftsrechtliche Vorgänge nicht von einer ungewissen Zukunftsentwicklung abhängig gemacht werden dürften, werde man nach dessen Ansicht fordern müssen, dass der Umwandlungsstichtag nicht mehr als einen Monat nach der maßgebenden Eintragung liege. Damit bringt Widmann m. E. zum Ausdruck, dass er sogar einen Umwandlungsstichtag nach Eintragung der Verschmelzung im Handelsregister zulassen würde.

Auch zur **Rechtslage** vor dem Jahr 1995 wurde wohl einheitlich die Vereinbarung eines zukünftigen   **180**
Verschmelzungsstichtages zugelassen (so z. B. GK-AktG/Schilling, § 345 Anm. 7a; Hoffmann-Becking, in: FS für Fleck, 1988, S. 107, 117). Darüber hinaus hatte § 341 AktG in dem dort geregelten Spezialfall ausdrücklich die Verschmelzung mit Wirkung für einen späteren Zeitpunkt zugelassen. Auch bei der Verschmelzung von Genossenschaften wurde der Abschluss eines Verschmelzungsvertrages und dessen Genehmigung durch die General- bzw. Vertreterversammlungen, dem eine Schlussbilanz mit einem späteren Stichtag zugrunde gelegt wurde, unproblematisch für zulässig gehalten (vgl. nur Ohlmeyer/Philipowski, Verschmelzung von Genossenschaften, S. 79). Für diesen Fall wurde es je-

doch für besonders wichtig gehalten, dass die Genossenschaften bis zum Stichtag der Schlussbilanz und weiter bis zum tatsächlichen Geschäftsübergang keine Verbindlichkeiten eingehen oder Geschäfte tätigen, die außerhalb des üblichen Geschäftsbetriebs liegen oder die nicht abgesprochen wurden.

181 **d) Zukünftiger Stichtag bei Genossenschaften.** Streitig ist die Zulässigkeit eines künftigen Verschmelzungsstichtages bei den **Genossenschaften**, da bei diesen der Schlussbilanz eine besondere Bedeutung für die Genossen bei der Beschlussfassung zukommt (für die Zulässigkeit weitgehend die genossenschaftsrechtliche Literatur Beuthien/Wolff, BB 2001, 2126; Bonow, Rpfleger 2002, 506; Röhrich, in: Hettrich/Pöhlmann/Gräser/Röhrich, GenG, § 80 UmwG Rn. 2; Beuthien, GenG §§ 2 ff. UmwG Rn. 55; dagegen die umwandlungsrechtliche Literatur Lutter/Bayer, UmwG, § 80 Rn. 27 f.; Widmann/Mayer/Fronhöfer, Umwandlungsrecht, § 80 UmwG Rn. 61 ff.; Heidinger, NotBZ 1998, 223; ders., NotBZ 2002, 86). Für die Zulässigkeit auch eines zukünftigen Verschmelzungsstichtags bei Genossenschaften plädiert aus der umwandlungsrechtlichen Literatur lediglich Scholderer (in: Semler/Stengel, Umwandlungsrecht, § 80 UmwG Rn. 48). Auch ein Urteil des LG Kassel (Rpfleger 2007, 668) hat den zukünftigen Verschmelzungsstichtag auch bei der Genossenschaftsverschmelzung für zulässig gehalten. Der wesentliche Unterschied in der Argumentation liegt darin, dass die umwandlungsrechtliche Literatur bei der Verschmelzung von Genossenschaften aufgrund der ausdrücklichen Regelung in §§ 80, 83 UmwG der Schlussbilanz eine besondere Bedeutung für die betroffenen Genossen zubilligt, sodass kein Zustimmungsbeschluss zur Verschmelzung aufgrund einer noch nicht vorhandenen Schlussbilanz zulässig ist. Nach dieser Meinung wäre davon auszugehen, dass es **bei der Verschmelzung von Genossenschaften nicht möglich** ist, einen **Zustimmungsbeschluss** bereits vor einem erst zukünftigen Verschmelzungsstichtag und **ohne Vorlage der entsprechenden Schlussbilanz** zu fassen. Zwar gelten nach dieser Meinung für die Verschmelzung der Genossenschaft weitestgehend auch die allgemeinen Regelungen für die Verschmelzung. Jedoch ist in den Sondervorschriften der §§ 79 bis 98 UmwG der Schlussbilanz bei Verschmelzung von Genossenschaften eine gesteigerte Bedeutung zuerkannt (vgl. Heidinger, NotBZ 1998, 223; Widmann/Mayer/Fronhöfer, Umwandlungsrecht, § 80 UmwG Rn. 61 ff.).

Über die Aussage des § 17 Abs. 2 UmwG hinaus, dass der Anmeldung der Verschmelzung eine Bilanz beizulegen ist, die auf einen höchstens 8 Monate vor der Anmeldung liegenden Stichtag aufgestellt worden ist, finden sich bei Verschmelzung von Genossenschaften **Sonderregelungen für die Schlussbilanz**. Danach ist nach § 87 Abs. 3 UmwG zur Berechnung des Umtauschverhältnisses bei der Verschmelzung das Geschäftsguthaben der Genossen maßgeblich. Für die Berechnung des Geschäftsguthabens, das den Genossen bei einer übertragenden Genossenschaft zugestanden hat, wird aber deren Schlussbilanz herangezogen. Ebenso wird nach § 93 Abs. 1 Satz 3 UmwG auf die Schlussbilanz der übertragenden Genossenschaft als maßgeblich verwiesen für die Auseinandersetzung der übernehmenden Genossenschaft mit einem wegen Ausschlagung nach § 90 Abs. 2 UmwG ausscheidenden Genossen der übertragenden Genossenschaft. Der ausscheidende Genosse kann die Auszahlung des Geschäftsguthabens, das er bei der übertragenden Genossenschaft hatte, verlangen. Die Funktion der Schlussbilanz erschöpft sich also nicht nur darin, die bisherigen Jahresabschlüsse der übertragenden Genossenschaft abzuschließen und den Übergang zu den Jahresbilanzen des übernehmenden Rechtsträgers darzustellen. Ohne Kenntnis der für den Umwandlungsstichtag maßgeblichen Schlussbilanz lassen sich weder von den Anteilsinhabern noch vom Prüfungsverband in der ihm nach § 81 UmwG obliegenden gutachterliche Äußerung die grundlegenden Feststellungen überprüfen (so auch Widmann/Mayer/Fronhöfer, Umwandlungsrecht, § 80 UmwG Rn. 15). Denn das **Gutachten des Prüfungsverbandes** soll sich v. a. auf die Fragen des Anteilstauschs und der Abfindung ausscheidender Genossen beziehen (Widmann/Mayer/Fronhöfer, Umwandlungsrecht, § 81 UmwG Rn. 11). Die Schlussbilanz muss daher Gegenstand des Verschmelzungsvertrages und damit auch des Verschmelzungsbeschlusses sein. Dies erfordert, dass sie spätestens im Zeitpunkt der General- oder Vertreterversammlung vorliegen muss (Lutter/Bayer, UmwG, § 80 Rn. 26; Widmann/Mayer/Fronhöfer, Umwandlungsrecht, § 80 UmwG Rn. 15). Eine Beschlussfassung über die Verschmelzung ohne Vorliegen einer Schlussbilanz ist daher nicht möglich (Lutter/Bayer, UmwG, § 80 Rn. 26).

▶ **Hinweis:**   182

Wegen der Funktion der Schlussbilanz für die Anteilsinhaber kann auch nicht einfach die Schlussbilanz des Vorjahres zum Gegenstand des Verschmelzungsbeschlusses gemacht werden. Denn diese
hat keinerlei Aussagekraft mehr für die wirtschaftlichen Verhältnisse zum Zeitpunkt des Umwandlungsstichtages ein ganzes Jahr später.

e) **Beweglicher Stichtag.** Als zulässig angesehen wird, auch für den Verschmelzungsstichtag einen   183
beweglichen Termin festzulegen (Lutter/Drygala, UmwG, § 5 Rn. 75; Widmann/Mayer/Mayer, Umwandlungsrecht, § 5 UmwG Rn. 164 f.; Kallmeyer/Müller, UmwG, § 5 Rn. 36; krit. dazu Schütz/Fett,
DB 2002, 2696). Damit könne dem Fall Rechnung getragen werden, dass die Eintragung der Verschmelzung und damit deren Wirksamkeit sich erheblich verzögert (Widmann/Mayer/Mayer, Umwandlungsrecht, § 5 UmwG Rn. 164). Dann ist allerdings dies bei der **Kapitalerhöhung** auch zu berücksichtigen. Auch der BGH hat die Möglichkeit des variablen Stichtages zugelassen (BGH AG 2013,
165 = DB 2013, 334).

▶ **Formulierungsbeispiel: Variabler Verschmelzungsstichtag**   184

Falls die Verschmelzung nicht bis zum 31.12. . . . . . in das Handelsregister in der übernehmenden Gesellschaft eingetragen wird, gilt abweichend von Abs. 1 der 31.12. des (laufenden Jahrs) als Stichtag
der Schlussbilanz und abweichend von Abs. 2 der Beginn des 01.01. des (Folgejahres) als Verschmelzungsstichtag. Bei einer weiteren Verzögerung des Wirksamwerdens der Verschmelzung über den
31.12. des Folgejahres hinaus verschieben sich der Stichtag der Schlussbilanz und der Verschmelzungsstichtag entsprechend um ein weiteres Jahr.

Im Fall der Verschiebung des Verschmelzungsstichtages nach vorstehenden Vorschriften sind die Parteien i. R. d. rechtlich zulässigen verpflichtet, nachhaltige Veränderungen des dem Umtauschverhältnis zugrunde gelegten Unternehmenswertes beider Gesellschaften zu vermeiden.

8. **Sonderrechte (§ 5 Abs. 1 Nr. 7 UmwG).** In den Verschmelzungsvertrag sind schließlich Sonder-   185
rechte aufzunehmen, die der übertragende Rechtsträger einzelnen Anteilsinhabern oder den Inhabern
besonderer Rechte gewährt oder die für diese Personen vorgesehenen Maßnahmen.

▶ **Beispiele:**   186

Besondere Rechte nach § 5 Abs. 1 Nr. 7 UmwG wie Anteile ohne Stimmrecht, Vorzugsaktien, Mehrstimmrechtsaktien, Schuldverschreibungen oder Genussrechte.

Die Angaben sollen es den nicht begünstigten Anteilsinhabern ermöglichen, die ihnen gewährten Vorteile mit denjenigen, die für andere Anteilsinhaber vorgesehen sind, zu vergleichen, um die **Einhaltung
des gesellschaftsrechtlichen Gleichbehandlungsgrundsatzes** überprüfen zu können (Lutter/Drygala,
UmwG, § 5 Rn. 76 ff.; Kallmeyer/Marsch-Barner, UmwG, § 5 Rn. 40 und § 21; Widmann/Mayer/
Mayer, § 5 UmwG Rn. 167 ff.; Schröer, in: Semler/Stengel, § 5 UmwG Rn. 49; Goutier/Knopf/Ber-
mel/Hannappel, Umwandlungsrecht, § 5 UmwG Rn. 61).

Die Formulierung des Gesetzes entspricht § 340 Abs. 2 Nr. 7 AktG a. F. Zu den **Sonderrechten** können
Vorrechte, die etwa die Geschäftsführungsbefugnis, die Stimmrechte, die Vererbung, die Übertragung
oder den Gewinnbezug betreffen, ferner statutarisch festgelegte Rechte, die die Bestellung des Geschäftsführers oder die eigene Übernahme der Geschäftsführung zum Inhalt haben, gehören.

9. **Vorteile für sonstige Beteiligte (§ 5 Abs. 1 Nr. 8 UmwG).** In den Vertrag sind alle **besonderen**   187
Vorteile aufzunehmen, die einem Vertretungs- oder Aufsichtsorgan der beteiligten Rechtsträger, dem
geschäftsführenden Gesellschafter, oder Partner einem Abschlussprüfer oder einem Verschmelzungsprüfer gewährt werden (§ 5 Abs. 1 Nr. 8 UmwG). Die Regelung will die Unterrichtung der Anteilsinhaber über Umstände sicherstellen, die die **erforderliche Objektivität der handelnden Personen** berühren
(Lutter/Drygala, UmwG, § 5 Rn. 79 ff.; Widmann/Mayer/Mayer, § 5 UmwG Rn. 171; Schröer, in:
Semler/Stengel, § 5 UmwG Rn. 52). Dies betrifft z. B. **Abfindungszahlungen**, die einem ausscheidenden Organmitglied geleistet werden sollen, nicht aber übliche Honorare der Verschmelzungs- oder Ab-

schlussprüfer (Lutter/Drygala, UmwG, § 5 Rn. 80; Kallmeyer/Marsch-Barner, UmwG, § 5 Rn. 46; Widmann/Mayer/Mayer, § 5 UmwG Rn. 173 ff.; Stratz, in: Schmitt/Hörtnagl/Stratz, § 5 UmwG Rn. 86). Nach Grunewald (in: Lutter, Kölner Umwandlungsrechtstage, S. 22 ff.) ist die Aufnahme solcher Leistungen in den Vertrag Voraussetzung für die Wirksamkeit der getroffenen Zusagen. Dafür spricht, dass nur bei einer solchen Unwirksamkeitssanktion die Unterrichtung der Anteilsinhaber sichergestellt ist. Wird ein Sondervorteil nicht angegeben, so wird überwiegend zu Recht von der Nichtigkeit ausgegangen (LAG Nürnberg, EWiR § 5 UmwG 1/05; 48 Fn. 9; Lutter/Drygala, UmwG, § 5 Rn. 82; Widmann/Mayer/Mayer, § 5 UmwG Rn. 175; Schröer, in: Semler/Stengel, § 5 UmwG Rn. 74). Ein anderer Teil geht davon aus dass die zivilrechtliche Wirksamkeit der Vergünstigung nicht berührt wird, da es an einer Regelung wie in § 26 Abs. 3 AktG fehlt, nur der Verschmelzungsbeschluss sei anfechtbar (vgl. Kallmeyer/Marsch-Barner, UmwG, § 5 Rn. 46a).

188   Umstritten ist, inwieweit **Zusagen über Organfunktionen im übernehmenden Rechtsträger** Gegenstand einer Zusage in einem **Verschmelzungsvertrag** sein können. Nach richtiger Ansicht obliegen solche Entscheidungen allein den gesetzlich und satzungsmäßig bestimmten Gremien, die durch Vorgaben im Vertrag nicht gebunden sind (Lutter/Drygala, UmwG, § 5 Rn. 81; Kallmeyer/Marsch-Barner, UmwG, § 5 Rn. 44). Sie als unverbindliche Willenserklärung aufzunehmen erscheint nicht besonders sinnvoll. Stimmen etwa die Anteilsinhaber dem Vertrag zu, folgen aber nicht den vertraglichen Erklärungen über die Organbesetzungen, könnte die Wirksamkeit der Zustimmung selbst zweifelhaft werden.

189   **10. Folgen der Verschmelzung für Arbeitnehmer und ihre Vertretungen sowie insoweit vorgesehene Maßnahmen. a) Allgemeines.** Nach § 5 Abs. 1 Nr. 9 UmwG sind zwingender Vertragsbestandteil Angaben zu den Folgen der Verschmelzung für die Arbeitnehmer und ihre Vertretungen und die insoweit vorgesehenen Maßnahmen. Ergänzt wird diese Regelung durch § 5 Abs. 3 UmwG. Hiernach ist der Vertrag oder sein Entwurf in vollständiger Fassung spätestens einen Monat vor den Versammlungen, auf denen der Verschmelzungsbeschluss gefasst werden soll, den **zuständigen Betriebsräten** (bei Unternehmen mit mehreren Betrieben dem Gesamtbetriebsrat, ansonsten dem (Einzel-) Betriebsrat) zuzuleiten. Findet bei Verschmelzungen innerhalb eines Konzerns nach § 62 Abs. 4 UmwG in keiner der beteiligten Gesellschaften eine Versammlung der Anteilseigner statt (s. hierzu Teil 2 Rdn. 1087 ff.), beginnt die Monatsfrist an dem Tag, an dem der Vorstand der übernehmenden Gesellschaft den Hinweis auf die bevorstehende Verschmelzung in der in § 62 Abs. 3 Satz 2 UmwG vorgesehenen Form veröffentlicht, § 62 Abs. 4 Satz 4 UmwG (s. hierzu Teil 2 Rdn. 1093). Gleiches gilt gemäß § 62 Abs. 5 UmwG, wenn nach einem Squeeze-out im Konzern kein Verschmelzungbeschluss bei der übernehmenden Gesellschaft gefasst werden muss (s. hierzu Teil 2 Rdn. 1100 ff.). Der **Nachweis** (Empfangsbestätigung) über die erfolgte Zuleitung ist der Anmeldung als Anlage beizufügen (§ 17 Abs. 1 UmwG). Das Gesetz enthält keine Regelung darüber, wie der Nachweis zu führen ist (s. o. Teil 2 Rdn. 211).

190   Die **Unterrichtungspflichten** über die Verschmelzung bestehen auch dann, wenn arbeitsrechtliche Auswirkungen nicht gegeben sind. Die Angaben gehören zwar sachlich eher in den Verschmelzungsbericht, sind aber **zum zwingenden Vertragsgegenstand »erhoben«** worden, um über §§ 5 Abs. 3, 17 Abs. 1 UmwG die Unterrichtung des Betriebsrates sicherzustellen, da auf die Erstellung eines Verschmelzungsberichts verzichtet werden kann.

191   Nach der Gesetzesbegründung soll durch die Regelung eine **möglichst frühzeitige Information der Arbeitnehmervertretungen** im Interesse des sozialen Friedens erreicht werden, um bereits im Vorfeld eine sozial verträgliche Durchführung der Verschmelzung zu erleichtern. Geschützt werden soll daher – wie auch § 5 Abs. 3 UmwG verdeutlicht – das **Mitbestimmungsrecht des Betriebsrates** und nicht etwa des einzelnen Arbeitnehmers, Interessen der Gesellschafter werden ohnehin nicht berührt (Joost, ZIP 1995, 976, 978 f.). Das **Fehlen eines Betriebsrats** entbindet aber nicht von der Verpflichtung, die Folgen der Verschmelzung für die Arbeitnehmer und ihre Vertretungen und die insoweit vorgesehenen Maßnahmen in dem Verschmelzungsvertrag aufzunehmen. Sind in keinem der beteiligten Rechtsträger Arbeitnehmer beschäftigt, sollte diese Tatsache kurz im Verschmelzungsvertrag angegeben werden. Richtigerweise ist über die Folgen für Arbeitsverhältnisse, die im **Ausland** angesiedelt sind, nicht zu berichten (s. Bungert/Leyendecker-Langner, ZIP 2014, 1112 ff.).

Über den **Umfang der Angaben** hat sich ein Meinungsstreit in der Literatur herausgebildet. Rechtsprechung hierzu gibt es kaum, sodass die Praxisrelevanz dieses Streits durchaus infrage gestellt werden kann (zu Beispielen aus der Praxis s. Semler/Stengel/Simon, UmwG, § 5 Rn. 82 Fn. 214). Dies gilt umso mehr, als dass unzureichende Angaben im Verschmelzungsvertrag im Grunde nicht sanktioniert werden (hierzu s. u. Teil 2 Rdn. 198 f.). **192**

Nach einer **engen Auffassung** sind nur die unmittelbaren Folgen der Verschmelzung anzugeben (so ausdrücklich Lutter/Drygala, § 5 Rn. 103 ff.; Dzida/Schramm, NZG 2008, 521; ähnlich: Hohenstatt/Schramm, in: FS zum 25-jährigen Bestehen der Arbeitsgemeinschaft Arbeitsrecht im Deutschen Anwaltverein, S. 629, 632 f.; Kreßel, BB 1995, 925, 926; Widmann/Mayer/Mayer, Umwandlungsrecht, § 5 UmwG Rn. 182 ff.). **193**

Nach einer **weiten Auffassung** sind auch die mittelbaren Folgen anzugeben, welche die betriebsverfassungsrechtlichen Strukturen betreffen oder konkrete Auswirkungen auf die Arbeitsverhältnisse haben (Hjort, NJW 1999, 750; Joost, ZIP 1995, 976, 979; Kallmeyer/Willemsen, UmwG, § 5 Rn. 55; Semler/Stengel/Simon, UmwG, § 5 Rn. 83 f.; Wlotzke, DB 1995, 40, 45; Gaul, DB 1995, 2265, 2266; Mayer, DB 1995, 861, 864). **194**

Zu den **unmittelbaren Folgen** gehören die durch den Umwandlungsvorgang direkt ausgelösten Veränderungen wie z. B. die Geltung von Tarifverträgen, der Wegfall oder die Neubildung eines mitbestimmten Aufsichtsrates, die Auswirkungen auf den Betriebsrat bzw. den Gesamtbetriebsrat. Zu den **mittelbaren Folgen** zählen z. B. Angaben über beabsichtigte Reduzierungen des Personalbestandes, Änderung der betrieblichen Strukturen, Umbesetzungen oder die sozialverträgliche Ausgestaltung dieser Maßnahmen (Abfindungen).

In der **Rechtsprechung** tendiert das OLG Düsseldorf zu einer weiten Auslegung (ZIP 1998, 1190). Jedenfalls sei ein schlichter Verweis darauf, dass sich die Folgen nach dem UmwG und § 613a BGB richten, nicht ausreichend und die Angabepflicht bestehe auch, wenn nur ein beteiligter Betrieb Arbeitnehmer hat und kein Betriebsrat besteht (OLG Düsseldorf, ZIP 1998, 1190). Nach dem LG Stuttgart ist dagegen eine restriktive Auslegung von § 5 Abs. 1 Nr. 9 UmwG dann geboten, wenn die Gesellschafter der übertragenden und der aufnehmenden Gesellschaft identisch seien und beide Gesellschaften keinen Betriebsrat hätten, da keine schützenswerten Adressaten vorhanden seien (LG Stuttgart, WIB 1996, 994). **195**

Die **enge Auffassung** hat die besseren Argumente auf ihrer Seite (s. ausführlich Lutter/Lutter/Drygala, UmwG, § 5 Rn. 105 ff.). Das Wortlautargument der weiten Auffassung, § 5 Abs. 1 Nr. 9 UmwG spreche nicht nur von Folgen, sondern auch von vorgesehenen **Maßnahmen**, ist nicht zwingend. § 194 Abs. 1 Nr. 7 UmwG enthält für den Formwechsel dieselbe Formulierung, obwohl durch einen reinen Rechtsträgerwechsel mittelbare Folgen für die Arbeitnehmer überhaupt nicht denkbar sind (Lutter/Lutter/Drygala, UmwG, § 5 Rn. 106). Eine Ausweitung des notwendigen Inhalts des Verschmelzungsvertrages würde diesen zudem überfrachten (Lutter/Lutter/Drygala, UmwG, § 5 Rn. 107; Hohenstatt/Schramm, in: FS zum 25-jährigen Bestehen der Arbeitsgemeinschaft Arbeitsrecht im Deutschen Anwaltverein, S. 629, 633). Für eine restriktive Auslegung spricht weiterhin, dass die arbeitsrechtlichen Informationspflichten der Nr. 9 im gesellschaftsrechtlichen Verschmelzungsvertrag schlicht systemfremd sind (so auch Vertreter der a. A. Semler/Stengel/Simon, UmwG, § 5 Rn. 76; Kallmeyer/Willemsen, UmwG, § 5 Rn. 47) und der Gesetzgeber sicherlich kein Beteiligungsrecht eigener Art schaffen wollte (Widmann/Mayer/Mayer, Umwandlungsrecht, § 5 UmwG Rn. 183). **196**

Einigkeit herrscht darüber, dass die **allgemeinen arbeitsrechtlichen Informations- und Mitwirkungsrechte** der Arbeitnehmer und ihrer Vertretungen neben § 5 Abs. 1 Nr. 9 UmwG zu beachten sind und dass die Angaben im Verschmelzungsvertrag reinen Berichtscharakter haben (s. nur Lutter/Lutter/Drygala, UmwG, § 5 Rn. 108 ff.; Semler/Stengel/Simon, UmwG, § 5 Rn. 80; Kallmeyer-Willemsen, § 5 Rn. 48 f.). **197**

Die **Rechtsfolgen** fehlender oder unvollständiger Angaben im Verschmelzungsvertrag sind im Gesetz nicht geregelt. Das **Registergericht** hat bei der Eintragung der Umwandlung lediglich ein formelles Prüfungsrecht, hinterfragt also die materielle Richtigkeit der Angaben nicht. Lediglich, wenn die Angaben offensichtlich unzureichend sind, es an jeder nachvollziehbaren Darstellung der arbeitsrechtlichen Fol- **198** gen fehlt, kann das Registergericht die Eintragung ablehnen (OLG Düsseldorf, ZIP 1998, 1190; s. a. Joost, ZIP 1995, 976, 986).

199 ▶ **Hinweis:**

In der Praxis sollte daher auch in einer sog. **Negativerklärung** angegeben werden, dass die Verschmelzung keine Auswirkung auf die Arbeitnehmer und ihre Vertretungen hat (OLG Düsseldorf, ZIP 1998, 1190; Kallmeyer/Willemsen, UmwG, § 5 Rn. 59).

200 Wegen des Berichtscharakters gilt bei unrichtigen Angaben das **objektive Recht**. Der Verschmelzungsvertrag ist bei unrichtigen, fehlenden oder unvollständigen Angaben **weder nichtig noch anfechtbar** (ausführlich Semler/Stengel/Simon, § 5 Rn. 97 ff.; Hohenstatt/Schramm, in: FS zum 25-jährigen Bestehen der Arbeitsgemeinschaft Arbeitsrecht im Deutschen Anwaltverein, S. 642; Bungert/Leyendecker-Langner, ZIP 2014, 1112, 1116; a. A. Anfechtungsklage der Anteilseigner gem. § 243 AktG [analog]: Engelmeyer, DB 1996, 2542, 2544).

201 ▶ **Hinweis:**

Für die Praxis empfiehlt sich zur Wahrung des sozialen Friedens, mit dem Betriebsrat bereits vor Durchführung der Umwandlung einen **Interessenausgleich** und ggf. einen Sozialplan zu vereinbaren. Auf diesen kann dann im Verschmelzungsvertrag verwiesen werden. I. Ü. sollten zur Sicherheit im Verschmelzungsvertrag neben den sogleich aufgeführten unmittelbaren Folgen zumindest solche Maßnahmen aufgeführt werden, die Auswirkungen für die Arbeitnehmer und/oder ihre Vertretungen haben und die bereits konkret geplant sind, wie bspw. Kündigungen, Umsetzungen, Zusammenlegung von Betrieben, Standortverlagerungen etc.

202 b) **Folgen und Maßnahmen bzgl. der Arbeitnehmer.** An dieser Stelle werden die notwendigen Angaben zu einzelnen Punkten dargestellt, wobei auch Spaltungsverträge und Verträge über Formwechsel im Interesse einer kompakten Darstellung miteinbezogen werden:

Arbeitsverhältnisse	Gem. § 324 UmwG i. V. m. **§ 613a BGB** gehen die Arbeitsverhältnisse eines Betriebs automatisch mit dem Betrieb auf den neuen Rechtsträger über. Bei einer **Verschmelzung** tritt der übernehmende Rechtsträger anstelle des übertragenden Rechtsträgers in die Rechte und Pflichten aus den zum Zeitpunkt der Eintragung der Verschmelzung im Handelsregister bestehenden Arbeitsverhältnissen ein. Bei einer **Spaltung** ist entscheidend, welchem Rechtsträger der Betrieb zugeordnet wird. Bei einem **Formwechsel** findet kein Betriebsübergang i. S. d. § 613a BGB statt, da die Rechtsträgerschaft des Arbeitgebers bestehen bleibt (s. a. oben Teil 1 Rdn. 203 ff.). Im Umwandlungsvertrag ist anzugeben, welcher Betrieb welchem Rechtsträger zugeordnet wird und unter Verweis auf § 613a BGB darzustellen, dass die Arbeitsverhältnisse mit dem jeweiligen Betrieb übergehen. Konkret geplante **Betriebsstilllegungen, Entlassungen, Versetzungen und Umgruppierungen** sind nach der weiten Ansicht als mittelbare Folgen ebenfalls anzugeben (Semler/Stengel/Simon, § 5 Rn. 86).
Betriebsvereinbarungen	Im Umwandlungsvertrag ist zu erläutern, dass Betriebsvereinbarungen entweder kollektivrechtlich oder individualrechtlich (§ 613a Abs. 1 Satz 2 bis 4 BGB) fortgelten, soweit sie nicht im Einzelfall durch vorrangige Regelungen beim übernehmenden Rechtsträger abgelöst werden. Durch eine Umwandlung werden Betriebsvereinbarungen nur berührt, wenn die **Identität der Betriebseinheit** betroffen ist (s. o. Teil 1 Rdn. 207). Nach der Umwandlung durchzuführende Änderungen auf Betriebsebene und deren Folgen für die Geltung von Betriebsvereinbarungen sind nur nach der weiten Auffassung anzugeben.
Tarifrecht	Anzugeben ist, ob und welcher Tarifvertrag nach der Verschmelzung gilt. Grds. geht die **Verbandszugehörigkeit** des übertragenden Rechtsträgers nicht auf den übernehmenden Rechtsträger über, sondern dessen Tarif-

bindung ist entscheidend. **Individualvertraglich** können die tariflichen Regelungen gem. § 613a Abs. 1 Satz 2 bis Satz 4 BGB im Wege der Transformation fortgelten. Ein **Firmentarifvertrag** geht im Wege der Gesamtrechtsnachfolge über (s. o. Teil 1 Rdn. 207). Hierauf und auf die ggf. anzuwendenden Grundsätze der Tarifkonkurrenz ist hinzuweisen.

c) Folgen und Maßnahmen bzgl. der Arbeitnehmervertretungen. 203

Betriebsrat	Auswirkungen auf den Betriebsrat können sich aus der Umwandlung nur ergeben, wenn die **Betriebe i. S. d. BetrVG geändert** werden (s. o. Teil 1 Rdn. 237). Sind daher Änderungen bzgl. der Betriebe vorgesehen, müssen die entsprechenden Angaben nach der weiten Auffassung in den Vertrag aufgenommen werden. Gleiches gilt, wenn sich durch vorgesehene Änderungen der Betriebe Auswirkungen auf **Beteiligungs- und Informationsrechte** ergeben, etwa weil in dem nach der Neustrukturierung verbleibenden Restbetrieb nicht mehr zwanzig Arbeitnehmer tätig sind (vgl. § 99 BetrVG, ausführlich s. o. Teil 1 Rdn. 237 ff.). Das Gesetz enthält Sonderregelungen insoweit für Spaltungen und Teilübertragungen (§ 325 Abs. 2 UmwG), nicht aber für Verschmelzungen (s. a. oben Teil 1 Rdn. 245 ff.).
Gesamtbetriebsrat	Auf Gesamtbetriebsräte kann die Umwandlung direkte Auswirkungen haben, die dann auch im Umwandlungsvertrag anzugeben sind. Besteht bisher kein Gesamtbetriebsrat, sondern sowohl bei dem übertragenden als auch bei dem übernehmenden Rechtsträger nur ein Betriebsrat, liegen mit der Verschmelzung die **zwingenden Voraussetzungen für die Bildung eines Gesamtbetriebsrates** vor, wenn die bestehenden Betriebseinheiten nicht verändert werden (vgl. § 47 BetrVG). Der Fall, dass bisher schon für beide Rechtsträger Gesamtbetriebsräte bestanden, ist im Gesetz nicht ausdrücklich geregelt. Man wird die vorgenannten Grundsätze entsprechend anzuwenden haben.
Wirtschaftsausschuss	Wird durch die Verschmelzung bei dem übernehmenden Rechtsträger erstmals eine Zahl von 100 Arbeitnehmern erreicht, ist nach § 106 BetrVG ein Wirtschaftsausschuss einzurichten. Die vorgesehene Einrichtung muss im **Verschmelzungsvertrag** angegeben werden.
Sprecherausschuss	Anders als beim Wirtschaftsausschuss ist nach SprAuG nicht auf das Unternehmen, sondern auf die Betriebseinheiten abzustellen, sodass Angaben im Umwandlungsvertrag nur nach der weiten Auffassung erforderlich sind. Denkbar ist im Rahmen von Verschmelzungen, dass durch die Zusammenlegung von Betriebseinheiten erstmals die **notwendige Mindestzahl von zehn leitenden Angestellten** erreicht wird.
Vertretung in Unternehmensorganen	Hat die Umwandlung Einfluss auf die Vertretungsrechte der Arbeitnehmer in Unternehmensorganen, ist dies im Verschmelzungsvertrag anzugeben. Erlischt der übertragende Rechtsträger im Zuge der Umwandlung, erlöschen auch die mitbestimmten Organe und die Organpositionen. Auswirkungen hat insb. die Verschmelzung, wenn erstmals die nach den Mitbestimmungsgesetzen **erforderliche Mindestzahl von Arbeitnehmern** erreicht wird (mindestens 501, § 1 Abs. 1 DrittelbG, mindestens 1001, § 1 Abs. 2 MontanMitbestG, mind. 2001 Arbeitnehmer, § 1 Abs. 1 MitbestG), s. a. oben Teil 1 Rdn. 248 ff. Daneben können Mitbestimmungsrechte entfallen, wenn etwa eine nach dem MitbestG mitbestimmte Kapitalgesellschaft (§ 1 Abs. 1 MitbestG) auf eine Personengesellschaft verschmolzen wird. Die Sonderregeln des § 325 UmwG für die Mitbestimmungsbeibehaltung gelten ausdrücklich nicht für Verschmelzungen.

204

11. Unterrichtung des Betriebsrates. a) Unterrichtung des Betriebsrates (§ 5 Abs. 3 UmwG). Nach § 5 Abs. 3 UmwG ist der Vertrag oder sein Entwurf spätestens **einen Monat vor dem Tag der Versammlung** der Anteilsinhaber jedes beteiligten Rechtsträgers, die über die Zustimmung zum Verschmelzungsvertrag beschließen soll, dem zuständigen Betriebsrat dieses Rechtsträgers zuzuleiten (vgl. Dzida, GmbHR 2009, 459 ff.; Blechmann, NZA 2005, 1143 ff.). Nach § 17 Abs. 1 UmwG ist i. R. d.

Handelsregisteranmeldung ein Nachweis über die rechtzeitige Zuleitung des Verschmelzungsvertrages und seines Entwurfs an den zuständigen Betriebsrat beizufügen.

205 ▶ **Hinweis:**

Zu beachten ist, dass die Vorschrift neben die arbeitsrechtlichen **Informations- und Unterrichtungspflichten** tritt und diese unberührt bleiben. So bestehen z. B. Mitbestimmungsrechte bei Unternehmensumstrukturierungen i. S. v. §§ 87, 99 BetrVG. Außerdem bestimmt § 111 BetrVG, dass bei Betriebsänderungen, wozu auch Umwandlungen gehören, der Betriebsrat rechtzeitig und umfassend zu unterrichten ist und die geplanten Betriebsänderungen mit dem Betriebsrat zu beraten sind. Nach der Rechtsprechung des BAG resultieren aus dieser Regelung Informations-, aber auch Verhandlungspflichten i. R. d. Betriebsverfassungsgesetzes, die auch zu Unterlassungsansprüchen des Betriebsrates führen können (BAG, AP Nr. 2 zu § 113 BetrVG 72).

206 Die Vorlagepflicht nach § 5 Abs. 3 UmwG umfasst den **gesamten Vertrag** und nicht etwa nur die Angaben nach § 5 Abs. 1 Nr. 9 UmwG (Kallmeyer/Willemsen, UmwG, § 5 Rn. 74; Simon in: Semler/Stengel, § 5 UmwG Rn. 140). Zu den **beizufügenden Anlagen** eines Verschmelzungsvertrages oder Spaltungsvertrages wird z. T. allerdings auf den Sinn und Zweck der Zuleitungspflicht abgestellt. Danach sollen diese nur mit zuzuleiten sein, wenn der Inhalt dieser Anlagen »Ausstrahlungswirkung« auf die Rechte der Arbeitnehmer hat (Widmann/Mayer/Mayer, Umwandlungsrecht, § 5 UmwG Rn. 251; Simon, in: Semler/Stengel, § 5 UmwG Rn. 141; LG Essen ZIP 2002, 893; ähnlich Blechmann, NZA 2005, 1143, 1148). Es sei nicht erforderlich, dass dem Entwurf des Verschmelzungsvertrages sämtliche Anlagen beigefügt werden (Simon in: Semler/Stengel, UmwG, § 5 Rn. 18). Dies gelte jedenfalls für Anlagen, die im Zeitpunkt der Zuleitung noch nicht vorliegen und – wie regelmäßig – keine Auswirkungen auf die Unternehmensstruktur für die Arbeitnehmer haben. Dabei wird mit den Erwägungen wie bei der nachträglichen Änderung des Entwurfs argumentiert. Hierbei wird nur für den Fall einer auf die Arbeitnehmer wirkenden Änderung eine erneute Zuleitung an den Betriebsrat gefordert (OLG Naumburg, DB 1997, 466; Schmitt/Hörtnagl/Stratz, § 5 UmwG, Rn. 53; zustimmend Müller, DB 1997, 713, 714; Willemsen, RdA 1998, 32, 33).

Strenger formuliert demgegenüber **Heckschen** (Heckschen/Simon, Umwandlungsrecht, § 2 Rn. 34). Seiner Ansicht nach ist zu beachten, dass nur durch die Zuleitung vollständiger und wirksamer Verträge/Vertragsentwürfe der Informationsanspruch des Betriebsrates erfüllt wird. Auch wenn einzelne Bestandteile des Vertragsteiles fehlen bzw. unwirksam sind, die die Interessen der Arbeitnehmer nicht tangieren, sei die Zuleitungspflicht nicht erfüllt. In diesem Sinne hat auch das **OLG Naumburg** im Beschl. v. 17.03.2003 (GmbHR 2003, 1433) entschieden. Danach kann hinsichtlich des Erfordernisses, dass Verschmelzungsverträge einen Monat vor Beschlussfassung der Gesellschafter der beteiligten Gesellschaften dem Betriebsrat zugeleitet worden sein müssen, nicht zwischen wichtigen und unwichtigen Bestandteilen der Urkunde unterschieden werden. Vielmehr sei alles, was Gegenstand der Anmeldung zur Eintragung sein soll, dem Betriebsrat zuzuleiten. Das LG Essen (NZG 2002, 736) hat entschieden, dass es nicht schädlich sei, wenn solche Anlagen nicht zugeleitet wurden, die auf die Bewertung durch den Betriebsrat keinen Einfluss haben können.

207 Wird nach der Zuleitung nach § 5 Abs. 3 UmwG der **Verschmelzungsvertrag geändert**, so löst dies nach herrschender Meinung eine erneute Zuleitungspflicht nur aus, wenn es sich um wesentliche Änderungen handelt, d. h. solche, die nicht rein rechtstechnischer oder redaktioneller Natur sind und die Interessen der Arbeitnehmer und ihrer Vertretung berühren können; andere, die die Belange der Arbeitnehmer nicht berühren sind nicht zuleitungspflichtig (OLG Naumburg, DB 1997, 466 = NZA-RR 1997, 177; Blechmann, NZA 2005, 1143, 1148 Kallmeyer/Willemsen, UmwG § 5 Rn. 77; Widmann/Mayer/Mayer, Umwandlungsrecht, § 5 UmwG Rn. 260; Simon, in: Semler/Stengel, § 5 UmwG Rn. 147).

208 Das Gesetz regelt nicht, **welcher Betriebsrat** zuständig ist, dies wird durch das BetrVG bestimmt (Lutter/Drygala, UmwG, § 5 Rn. 144; Widmann/Mayer/Mayer, Umwandlungsrecht § 5 UmwG Rn. 252; Müller, DB 1997, 713, 715; Dzida, GmbHR 2009, 459). Im Einzelnen ergibt sich die Zuständigkeit aus den §§ 50, 58 BetrVG. Hat der beteiligte Rechtsträger nur einen **Einzelbetriebsrat**, so ist der Vertrag ihm zuzuleiten. Hat der Rechtsträger mehrere Einzelbetriebsräte, etwa wegen verschiedener Betriebsstätten, ist in diesem Fall der Vertrag jedem Einzelbetriebsrat gesondert zuzuleiten (Widmann/

Mayer/Mayer, Umwandlungsrecht, § 5 UmwG Rn. 252; Joost, ZIP 1995, 976; Müller, DB 1997, 715; Lutter/Drygala, UmwG, § 5 Rn. 144; Stratz, in: Schmitt/Hörtnagl/Stratz, § 5 UmwG Rn. 99; Simon, in: Semler/Stengel, § 5 UmwG Rn. 142). § 50 Abs. 1 BetrVG bestimmt, dass der **Gesamtbetriebsrat** dann zuständig ist, wenn die jeweilige Maßnahme des Unternehmens nicht nur einen Einzelbetrieb betrifft und wenn die Angelegenheit nicht durch die Einzelbetriebsräte geregelt werden kann. Das liegt i. d. R. bei der Verschmelzung vor, sodass der Verschmelzungsvertrag in diesen Fällen nur dem Gesamtbetriebsrat zugeleitet werden muss (Widmann/Mayer/Mayer, Umwandlungsrecht, § 5 UmwG Rn. 252 f.; Lutter/Drygala, UmwG, § 5 Rn. 144; Müller, DB, 1997, 714, 715; Simon, in: Semler/Stengel, § 5 UmwG Rn. 142; Kallmeyer/Willemsen, § 5 UmwG Rn, 75). Bei Verschmelzung im Konzern stellt sich die Frage, ob auch der **Konzernbetriebsrat** den Vertrag erhalten muss. Diese Frage ist umstritten. In der Literatur besteht allerdings weitgehend Einigkeit, dass i. d. R. der Konzernbetriebsrat nicht zuständig ist, sodass im Regelfall nur die Einzelbetriebsräte den Vertrag erhalten müssen (Lutter/Drygala, UmwG, § 5 Rn. 144; Joost, ZIP 1995, 985; Widmann/Mayer/Mayer, Umwandlungsrecht, § 5 UmwG Rn. 254; Kallmeyer/Willemsen, UmwG, § 5 Rn. 75; Stratz, in: Schmitt/Hörtnagl/Stratz, § 5 UmwG Rn. 99; Simon, in: Semler/Stengel, § 5 UmwG Rn. 142; Blechmann, NZA 2005, 1148; a. A. allerdings Melchior, GmbHR 1996, 833, 835, Joost, ZIP 1995, 976, 985). Allenfalls dann, wenn ein herrschendes Unternehmen als übertragender Rechtsträger an der Verschmelzung beteiligt ist, könnte sich eine Zuständigkeit des Konzernbetriebsrates ergeben, der dann zusätzlich den Verschmelzungsvertrag erhalten sollte (so Müller, DB 1997, 713, 715).

Nach allgemeiner Meinung entfällt das **Zuleitungserfordernis**, wenn es bei dem betroffenen Rechtsträger oder bei der betroffenen Gesellschaft **keinen Betriebsrat** gibt (Dzida, GmbHR 2009, 459, 460; Kallmeyer/Willemsen, UmwG, § 5 Rn. 78; Lutter/Drygala, UmwG, § 5 Rn. 145; Widmann/Mayer/Mayer, Umwandlungsrecht, § 5 UmwG Rn. 262 ff.; Simon, in: Semler/Stengel, § 5 UmwG Rn. 148; Stratz, in: Schmitt/Hörtnagl/Stratz, § 5 UmwG Rn. 97; Müller, DB 1997, 716; Joost, ZIP 1995, 976, 985; Stohlmeier, BB 1999, 1394, 1395; im Ergebnis auch LG Stuttgart, WiB 1996, 994). I. R. d. Handelsregisteranmeldung genügt dann eine entsprechende Erklärung ggü. dem Registergericht oder auch ein gesondertes Schreiben der Vertretungsorgane der beteiligten Rechtsträger (Widmann/Mayer/Mayer, Umwandlungsrecht, § 5 UmwG Rn. 263; Simon, in: Semler/Stengel, § 5 UmwG Rn. 148; Stratz, in: Schmitt/Hörtnagl/Stratz, § 5 UmwG Rn. 97). Überwiegend abgelehnt wird zu Recht die Entscheidung des AG Duisburg, wonach das Fehlen des Betriebsrates durch eine eidesstattliche Versicherung des anmeldenden Vertretungsorgans glaubhaft gemacht werden muss (AG Duisburg, GmbHR 1996, 372; ablehnend Kallmeyer/Willemsen, UmwG, § 5 Rn. 78; Heckschen, DB 1998, 1388; Pfaff, BB 2002, 1604, 1609; Dehmer, DB 1998, 1385, 1388; Widmann/Mayer/Mayer, Umwandlungsrecht, § 5 UmwG Rn. 263; Bungert, NZG 1998, 733).

209

Umstritten ist, ob bei **Fehlen eines Betriebsrates** auch die **arbeitsrechtlichen Folgen** im Verschmelzungsvertrag nach § 5 Abs. 1 Nr. 9 UmwG entbehrlich sind (für Entbehrlichkeit Widmann/Mayer/Mayer, Umwandlungsrecht, § 5 UmwG Rn. 262; Simon, in: Semler/Stengel, § 5 UmwG Rn. 148; Stratz, in: Schmitt/Hörtnagl/Stratz, § 5 UmwG Rn. 97; Stohlmeier, BB 1999, 1394, 1395; Joost, ZIP 1995, 976, 985; LG Stuttgart, WiB 1996, 994; LG Stuttgart DNotZ 1996, 701; für Angabepflicht: Lutter/Drygala, § 5 Rn. 145; Kallmeyer/Willemsen, UmwG, § 5 Rn. 79; Pfarr, BB 2002, 1604; Engelmayer, DB 1996, 2542, 2544).

210

Die Zuleitungsfrist beträgt einen Monat, sie hat nach § 5 Abs. 3 UmwG *»spätestens einen Monat vor dem Tag«* zu erfolgen, an dem die Versammlung der Anteilsinhaber des Rechtsträgers den Verschmelzungsbeschluss fassen soll. Für die **Fristberechnung** gelten die allgemeinen Vorschriften der §§ 186 ff. BGB, wobei »rückwärts«, d. h. ab dem Datum der Versammlung als Frist auslösendes Ereignis zu rechnen ist; dieser Tag ist gem. § 187 Abs. 1 BGB für die Fristberechnung nicht mit zu zählen. Der letzte Tag, an dem die Zuleitung zu bewirken ist, ist daher der Tag des Vormonats, dessen Zahl dem Tag vor der Versammlung entspricht (im Einzelnen str., vgl. eingehend Lutter/Drygala, UmwG, § 5 Rn. 102.; Kallmeyer/Willemsen, UmwG § 5 Rn. 76; Stratz, in: Schmitt/Hörtnagl/Stratz, § 5 UmwG Rn. 104; Simon in: Semler/Stengel, § 5 UmwG Rn. 144; vgl. im Einzelnen zur Fristberechnung des § 5 Abs. 3 UmwG Krause, NJW 1999, 1448). Die rechtzeitige Zuleitung ist dem Register nach § 17 Abs. 1 UmwG nachzuweisen. Der Nachweis wird in der Praxis dadurch geführt, dass die erfolgte Zuleitung von dem jeweiligen Betriebsratsvorsitzenden durch **Empfangsbekenntnis** bestätigt wird, andere Nach-

211

weise sind allerdings möglich (Lutter/Drygala, UmwG, § 5 Rn. 147; Widmann/Mayer/Mayer, Umwandlungsrecht, § 5 UmwG Rn. 258; Simon, in: Semler/Stengel, § 5 UmwG Rn. 141).

212 Die Nichtbeachtung der Zuleitungspflicht und deren Frist führt zu einem **Eintragungshindernis** (Widmann/Mayer/Mayer, Umwandlungsrecht, § 5 UmwG Rn. 264; Lutter/Drygala, UmwG, § 5 Rn. 150). Vom Gesetz nicht geregelt und unklar ist, ob die **Überschreitung der Frist** oder auch das Fehlen der Zuleitung oder ein sonstiger Verstoß gegen die Zuleitungspflicht dadurch geheilt werden kann, dass der Betriebsrat auf sein Informationsrecht verzichtet oder zumindest einen Verzicht auf die Rechtzeitigkeit erklärt. Z. T. wird nur der Verzicht auf die Monatsfrist zugelassen (so Müller, DB 1997, 717; Melchior, GmbHR 1996, 833, 836), z. T. der generelle Verzicht auf die Zuleitung (so Widmann/Mayer/Mayer, Umwandlungsrecht, § 5 UmwG Rn. 266). Berücksichtigt man den **Schutzzweck der Vorschrift**, nämlich die Wahrung der Arbeitnehmerinteressen, dann muss der Betriebsrat generell auf diesen Schutz verzichten können (Einzelheiten allerdings str., vgl. OLG Naumburg, GmbHR 2003, 1443; LG Stuttgart, GmbHR 2000, 622; LG Giesen Der Konzern 2004, 633; Lutter/Drygala, UmwG, § 5 Rn. 150; Kallmeyer/Willemsen, UmwG § 5 Rn. 77; Widmann/Mayer/Mayer, Umwandlungsrecht, § 5 UmwG Rn. 266; Simon, in: Semler/Stengel, § 5 UmwG Rn. 145 ff.; Stratz, in: Schmitt/Hörtnagl/Stratz, § 5 UmwG Rn. 103; Stohlmeier, BB 1999, 1394, 1395; vgl. auch Heidinger/Limmer/Holland/Reul, Gutachten des DNotI, Bd. IV, Gutachten zum Umwandlungsrecht, S. 67 f.).

213 ▶ **Hinweis:**

In der Praxis könnte es sich empfehlen, die Zuleitung nachzuholen und nur den Verzicht auf die Frist vorzusehen, was der überwiegenden Meinung wohl entspricht.

Das LG Stuttgart (GmbHR 2000, 622) und auch das OLG Naumburg (FGPrax 2003, 275) haben hat zu Recht entschieden, dass der Betriebsrat ggü. dem Handelsregister auf die **Einhaltung der Monatsfrist verzichten kann** (ebenso die h. M. Kallmeyer/Willemsen, UmwG, § 5 Rn. 76; Widmann/Mayer/Mayer, Umwandlungsrecht, § 5 UmwG Rn. 259, 266; Melchior, GmbHR 1996, 836 f.; Müller, DB 1997, 713, 717; Lutter/Drygala, UmwG, § 5 Rn. 148; Simon, in: Semler/Stengel, § 5 UmwG Rn. 145 f.; Stratz, in: Schmitt/Hörtnagl/Stratz, § 5 UmwG Rn. 103). Streitig ist, ob er auf die Zuleitung als solche verzichten kann (bejahend Widmann/Maier/Maier, Umwandlungsrecht, § 5 Rn. 259, 266; Stohlmeier, BB 1999, 1396; verneinend Lutter/Drygala, UmwG, § 5 Rn. 148; Kallmeyer/Willemsen, UmwG § 5 Rn. 76; ders., RdA 1998, 23, 33; Pfaff, DB 2002, 686).

214 **b) Folgen der fehlenden oder unvollständigen oder falschen Angaben im Verschmelzungsvertrag nach § 5 Abs. 1 Nr. 9 UmwG.** Nach Auffassung von **Grunewald** (in: Lutter, Kölner Umwandlungsrechtstage, S. 22 f.) begründen mangelhafte Angaben im Verschmelzungsvertrag ein **Anfechtungsrecht der Gesellschafter** der beteiligten Rechtsträger. Diese Auffassung ist abzulehnen, da die Angabepflicht nicht im Interesse der Gesellschafter, sondern der Arbeitnehmer aufgestellt worden ist (Widmann/Mayer/Mayer, Umwandlungsrecht, § 5 UmwG Rn. 205; Simon, in: Semler/Stengel, § 5 UmwG Rn. 80; Kallmeyer/Willemsen, UmwG § 5 Rn. 57; Priester, DNotZ 1995, 427, 435; D. Mayer, DB 1995, 861, 864).

215 Ebenfalls umstritten ist, ob ein **Prüfungsrecht des Registergerichtes** bzgl. der Angaben i. S. d. § 5 Abs. 1 Nr. 9 UmwG besteht und welche Rechtsfolgen falsche oder unvollständige Angaben haben (vgl. die Übersicht über den Meinungsstand bei Heidinger/Limmer/Holland/Reul, Gutachten des DNotI, Bd. IV, Gutachten zum Umwandlungsrecht, S. 55).

216 Zu Recht wird in der Literatur angenommen, dass **kein materielles Prüfungsrecht des Registergerichtes** besteht, da die Vorschrift in erster Linie dem Schutz der Arbeitnehmer dient (so Widmann/Mayer/Mayer, Umwandlungsrecht, § 5 UmwG Rn. 205; Simon, in: Semler/Stengel, § 5 UmwG Rn. 95 f.; Bungert, DB 1997, 2209, 2212; Willemsen, NZA 1996, 791, 796). Aus dem Informationszweck und dem rein deskriptiven Charakters dieser arbeitsrechtlichen Angaben ist daher zu folgern, dass das Registergericht bei der Prüfung der Anmeldung zum Handelsregister lediglich allgemein das Vorhandensein der Angaben als solche im Verschmelzungsvertrag festzustellen (formelles Prüfungsrecht), nicht jedoch den Inhalt und die Richtigkeit und Vollständigkeit nachzuprüfen hat. Das Registergericht ist weder fachlich vorgebildet, noch im Ergebnis in der Lage, sich mit den schwierigen tarifrechtlichen

Fragen auseinanderzusetzen (so auch Joost, ZIP 1995, 976). Das OLG Düsseldorf war der Auffassung, dass dem Registergericht nur ein **formelles eingeschränktes Prüfungsrecht** zusteht. Der Registerrichter könne die Eintragung wegen unzureichender Angaben ablehnen, wenn es an jeder nachvollziehbaren Darstellung der arbeitsrechtlichen Folgen fehle (OLG Düsseldorf, DB 1998, 1399).

Arbeitnehmervertretungen, wie bspw. der Betriebsrat, haben kein gesellschaftsrechtliches Anfechtungsrecht wegen fehlender Angaben (OLG Naumburg, DB 1997, 466; Widmann/Mayer/Mayer, Umwandlungsrecht, § 5 UmwG Rn. 204). Umstritten ist, ob die Gesellschafter selbst die Anfechtung wegen fehlerhafter oder unvollständiger Angaben erklären können (so Grunewald, in: Kölner Umwandlungsrechtstage, S. 23). Die überwiegende Meinung lehnt ein Anfechtungsrecht auch aus Schutzzweckerwägungen ab (Widmann/Mayer/Mayer, Umwandlungsrecht, § 5 UmwG Rn. 204; Priester, DNotZ 1995, 435; Bungert, DB 1997, 2212; Stratz, in: Schmitt/Hörtnagl/Stratz, § 5 UmwG Rn. 49). **217**

Hinsichtlich der **Heilungsmöglichkeiten** gilt das Gleiche wie oben (Teil 2 Rdn. 212), sodass fehlende oder unvollständige Angaben auch nach Ablauf der 8-Monats-Frist des § 17 Abs. 2 UmwG durch einen Verzicht oder durch die Nachholung und einen Verzicht auf die Frist geheilt werden können (Widmann/Mayer/Mayer, Umwandlungsrecht, § 5 UmwG Rn. 206; German, GmbHR 1999, 591 ff.). **218**

c) Formulierungsbeispiel: Verschmelzung im Konzern – Folgen der Verschmelzung für die Arbeitnehmer und ihre Vertretungen

▶ **Formulierungsbeispiel: Verschmelzung im Konzern – Folgen der Verschmelzung für die Arbeitnehmer und ihre Vertretungen** **219**

(1) Die Folgen der Verschmelzung für die Arbeitnehmer . . . . . und der . . . . . ergeben sich aus §§ 20 Abs. 1 Nr. 1 und 2, 324 UmwG sowie § 613a Abs. 1 und Abs. 4 BGB.

(2) Die im Zeitpunkt des Wirksamwerdens der Verschmelzung (Eintragung in das Handelsregister der . . . . .) bei der . . . . . bestehenden Arbeitsverhältnisse gehen gem. § 324 UmwG i.V.m. § 613a Abs. 1 BGB auf die . . . . . über. Die . . . . . tritt in die Rechte und Pflichten aus diesen Arbeitsverhältnissen ein.

(3) Die Betriebseinheiten von . . . . . und . . . . . bleiben durch die Verschmelzung unberührt.

(4) Gem. § 324 UmwG i.V.m. § 613a Abs. 4 Satz 1 BGB erfolgen keine betriebsbedingten Kündigungen aus Anlass der Verschmelzung von Arbeitnehmern, deren Arbeitsverhältnisse gem. § 8 Abs. 1 dieses Vertrages auf die . . . . . übergehen. Maßnahmen gem. § 613a Abs. 4 Satz 2 BGB sind nicht geplant.

(5) Die . . . . . ist Mitglied des Arbeitgeberverbandes der Bauwirtschaft. Für die derzeitigen Arbeitnehmer der . . . . . gilt auch nach Wirksamwerden der Verschmelzung der zwischen den Gewerkschaften . . . . . und . . . . . mit dem Arbeitgeberverband abgeschlossene Tarifvertrag.

(6) Die für die übergehenden Arbeitsverhältnisse geltenden Betriebsvereinbarungen und sonstigen kollektivrechtlichen betrieblichen Vereinbarungen gelten auch nach Wirksamwerden der Verschmelzung fort. Gleiches gilt für Betriebsvereinbarungen und sonstigen kollektivrechtlichen betrieblichen Vereinbarungen für die derzeitigen bestehenden Arbeitsverhältnisse.

(7) Folgen für bestehende Vertretungen der Arbeitnehmer und deren Gremien (Betriebsräte, Konzernbetriebsrat, Wirtschaftsausschüsse und Sprecherausschüsse) treten durch die Verschmelzung nicht ein.

(8) Der Betriebsrat der . . . . . hat – wie derzeit nach Wirksamwerden der Verschmelzung entsprechend § 47 BetrVG-Mitglieder in den bereits bestehenden Gesamtbetriebsrat zu entsenden, der sich aus Mitgliedern der Einzelbetriebsräte der Unternehmen des . . . . . Konzerns zusammensetzt. Die Ämter der Mitglieder des Aufsichtsrats der . . . . ., der derzeit gem. Mitbestimmungsgesetz von 1976 paritätisch mitbestimmt ist, erlöschen mit Wirksamwerden der Verschmelzung.

(9) Mit Wirksamwerden der Verschmelzung wird die . . . . ., bei der derzeit ein nach §§ 95, 96 AktG, § 76 Abs. 1 BetrVG 1952, drittelmitbestimmter Aufsichtsrat besteht, mehr als 8.000 Arbeitnehmer beschäftigen. Der Aufsichtsrat der . . . . . ist dann nach den Regeln des Mitbestimmungsgesetzes von 1976 paritätisch mitbestimmt zusammenzusetzen. Die erforderlichen Maßnahmen werden gem. §§ 97 ff. AktG unverzüglich eingeleitet.

d) Formulierungsbeispiel: Verschmelzung ohne umfangreiche Änderungen für Arbeitnehmer

220 ▸ **Formulierungsbeispiel: Verschmelzung ohne umfangreiche Änderungen für Arbeitnehmer**

(1) Die Folgen der Verschmelzung für die Arbeitnehmer der A-GmbH ergeben sich aus §§ 20 Abs. 1 Nr. 1 und 2, 324 UmwG sowie § 613a Abs. 1 und 4 BGB.

(2) Die im Zeitpunkt des Wirksamwerdens der Verschmelzung (Eintragung in das Handelsregister der . . . . .) bei der . . . . . bestehenden Arbeitsverhältnisse gehen gem. § 324 UmwG i.V.m. § 613a Abs. 1 BGB auf die B-GmbH über. Die B-GmbH tritt in die Rechte und Pflichten aus diesen Arbeitsverhältnissen ein.

(3) Weitere arbeitsrechtliche Auswirkungen ergeben sich nicht. Bei beiden Gesellschaften bestehen keine Betriebsräte und auch keine tarifrechtliche Bindung. Weitere infolge der Verschmelzung sich ergebende arbeitsrechtliche Maßnahmen sind nicht vorgesehen.

221 12. **Weitere Angaben. a) Abfindungsangebot.** Bei der sog. **Mischverschmelzung** (Verschmelzung eines Rechtsträgers im Wege der Aufnahme durch einen Rechtsträger anderer Rechtsform) und bei der Verschmelzung, bei der die Anteile oder Mitgliedschaften an dem übernehmenden Rechtsträger **Verfügungsbeschränkungen** unterworfen sind, ist nach § 29 Abs. 1 UmwG zwingend ein sog. Abfindungsangebot zu machen. Die Einzelheiten werden unten dargestellt (vgl. unten Teil 2 Rdn. 580 ff.).

222 b) **Besonderheiten bei den einzelnen Rechtsformen.** Weiter zu berücksichtigen ist, dass bei der Verschmelzung der unterschiedlichen Rechtsformen **spezialgesetzliche Sonderregelungen** zu beachten sind:

AG, KGaA	Nennung unbekannter Aktionäre (vgl. unten Teil 2 Rdn. 1089),
GmbH	Angabe des Nennbetrags des Geschäftsanteils (§ 46 UmwG),
Personenhandelsgesellschaften	Bestimmung, ob den Anteilsinhabern des übertragenden Rechtsträgers die Stellung als persönlich haftender Gesellschafter oder Kommanditist gewährt wird. Dabei ist der Betrag der Einlage jedes Gesellschafters festzusetzen (§ 40 UmwG),
Genossenschaften	Sonderangaben über Geschäftsanteile (§ 80 UmwG),
Partnerschaftsgesellschaften	Angabe des Namens und des Vornamens, des ausgeübten Berufes und des Wohnortes jedes Partners (§ 45b UmwG).

VIII. Tochter-Mutter-Verschmelzung

223 Für die Verschmelzung einer 100 %igen Tochter auf ihre Mutter sieht § 5 Abs. 2 UmwG **Erleichterungen für den Vertragsinhalt** vor: Die Angaben über die Umtauschanteile entfallen, d. h. die Angaben nach § 5 Abs. 1 Nr. 2 bis 5. Für die Anwendung der Ausnahmeregelung ist unerheblich, wie lange sich die Anteile in der Hand der Muttergesellschaft befinden. Der Anteilserwerb kann in der Absicht erfolgen, die Erleichterungen von § 5 Abs. 2 UmwG auszunutzen. Die Anteile müssen direkt gehalten werden, ein Zurechnung nach § 16 Abs. 4 AktG erfolgt nicht (Widmann/Mayer/Mayer, Umwandlungsrecht, § 5 UmwG Rn. 211; Kallmeyer/Marsch-Barner, § 5 UmwG Rn. 69). Unklar ist dabei, auf welchen Zeitpunkt es dafür ankommt. Die Frage wird insb. bei § 62 UmwG und den Konzernerleichterungen bei AG diskutiert (vgl. dazu Teil 2 Rdn. 1089 ff.). In diesem Zusammenhang hat sich insb. die sog. »zweistufige« Konzernverschmelzung als strittig erwiesen (vgl. dazu Teil 2 Rdn. 1089 ff.; Henze, AG 1993, 341; vgl. auch Habersack, in: FS für Horn, 2006, S. 337 ff.). Mit der wohl überwiegenden Meinung wird man auch i. R. d. § 5 UmwG der Meinung sein, dass es genügt wenn das **maßgebliche Beteiligungsverhältnis zum Zeitpunkt der Eintragung** der Verschmelzung vorliegt (so Schröer in: Semler/Stengel, § 5 Rn. 129 und § 55 UmwG Rn. 9; Widmann/Mayer/Mayer, Umwandlungsrecht, § 5 UmwG Rn. 213; Kallmeyer/Marsch-Barner, § 5 UmwG Rn. 70; vgl. auch BayObLG ZIP 2000, 230 beim Formwechsel; a. A. Lutter/Drygala, § 5 UmwG Rn. 141, der auf den Zeitpunkt der Beschlussfassung abstellt).

Die Vorschrift differenziert nicht zwischen den Rechtsformen, sodass auch bei **Personenhandelsgesell-** 224 **schaften** die Vorschrift ausgenutzt werden kann. Da allerdings eine Einmann-Personenhandelsgesellschaft nicht denkbar ist, scheidet eine Anwendung aus, wenn die Personenhandelsgesellschaft Tochtergesellschaft sein sollte; dies gilt nach der überwiegenden Meinung auch bei der Verschmelzung einer GmbH & Co. KG mit ihrer Kommanditistin, und zwar auch dann, wenn die Komplementär-GmbH nicht am Gesellschaftsvermögen beteiligt ist (Widmann/Mayer/Mayer, Umwandlungsrecht, § 5 UmwG Rn. 208.1). Bei der Verschmelzung der GmbH auf die KG innerhalb der GmbH & Co. KG gilt § 5 Abs. 2 UmwG nur im Fall der Einheits-KG, wenn die GmbH Tochtergesellschaft der KG ist, also die KG sämtliche Anteile an ihrer eigenen Komplementär-GmbH hält (Lutter/Drygala, UmwG, § 5 Rn. 139; Widmann/Mayer/Mayer, Umwandlungsrecht, § 5 UmwG Rn. 208.1).

Nicht direkt anwendbar ist die Vorschrift dagegen bei der **Verschmelzung von Schwestergesellschaften** (Lutter/Drygala, UmwG, § 5 Rn. 140). Der Gesetzgeber hat allerding im Zweiten Gesetz zur Änderung des UmwG v. 25.04.2007 (BGBl. I, S. 542) in den §§ 54 und 68 UmwG n. F. – allerdings nur für AG und GmbH – eine Ausnahme durch Verzicht festgelegt (vgl. BR-Drucks. 548/06, S. 27): § 54 Abs. 1 Satz 3 UmwG n. F. (für die GmbH) bzw. § 68 Abs. 1 Satz 3 UmwG n. F. (für die AG) bestimmt, dass die Kapitalerhöhung bei der übernehmenden Kapitalgesellschaft zur Disposition aller Anteilsinhaber des übertragenden Rechtsträgers steht. Verzichten alle Anteilsinhaber des übertragenden Rechtsträgers in notarieller Urkunde auf die Anteilsgewährung, darf die übernehmende Gesellschaft von der Anteilsgewährung absehen (zu den Fragen nach der Neuregelung Widmann/Mayer/Heckschen, Umwandlungsrecht, Einf. UmwG Rn. 34 ff.; Lutter/Drygala, UmwG, § 2 Rn. 31; Mayer/Weiler, DB 2007, 1235, 1239; Weiler, NZG 2008, 527 ff.; Kallmeyer, GmbHR 2006, 418 ff.; Drinhausen, BB 2006, 2313, 2315 ff.; Bayer/Schmidt, NZG 2006, 841; Roß/Drögemüller, DB 2009, 580 ff.; Keller/Klett, DB 2010, 1220 ff.; Krumm, GmbHR 2010, 24 ff.; Heckschen/Gassen, GWR 2010, 101; Stengel in: Semler/Stengel, § 2 UmwG Rn. 40 ff.; Reichert in: Semler/Stengel, § 54 UmwG Rn. 19 ff.). In diesen Fällen sollte auch § 5 Abs. 2 UmwG analog angewendet werden, da Angaben über die Nichtanteilsgewährung überflüssig sind (Lutter/Drygala, UmwG, § 5 Rn. 140).

IX. Verschmelzung durch Neugründung

Für alle im Gesetz genannten Rechtsformen ist die Möglichkeit einer Verschmelzung durch Neugrün- 225 dung eines Rechtsträgers eröffnet. Dabei finden nach § 36 Abs. 1 UmwG die Vorschriften über die **Verschmelzung durch Aufnahme** entsprechende Anwendung, ausgenommen sind nur § 16 Abs. 1 UmwG (Anmeldung s. dazu unter Teil 2 Rdn. 334) und § 27 UmwG (Schadensersatzpflicht der Verwaltungsträger des übernehmenden Rechtsträgers). Auf den neu zu gründenden Rechtsträger finden die für ihn geltenden Gründungsvorschriften entsprechende Anwendung (§ 36 Abs. 2 Satz 1 UmwG). Ausnahmen sind bei den einzelnen Verschmelzungsfällen geregelt und sollen auch dort erörtert werden (s. u. Teil 2 Rdn. 334 ff.).

Eine nach dem für den neu gegründeten Rechtsträger geltende **Mindestzahl der Gründer** ist unbeacht- 226 lich (§ 36 Abs. 2 Satz 3 UmwG).

Der **Gesellschaftsvertrag** oder die **Satzung** des neuen Rechtsträgers muss zum **Gegenstand des Ver-** 227 schmelzungsvertrages gemacht und damit **mitbeurkundet** werden.

X. Verschmelzungsvertrag bei Mischverschmelzungen

Nach dem UmwG sind in größerem Maße als vor 1995 auch Mischverschmelzungen möglich, bei de- 228 nen **Rechtsträger unterschiedlicher Rechtsformen** verschmolzen werden. Für jeden der beteiligten Rechtsträger gelten in diesen Fällen neben den allgemeinen Vorschriften die für seine Rechtsform vorgesehenen besonderen Bestimmungen.

▶ **Beispiel:** 229

Bei der Verschmelzung einer GmbH auf eine Personengesellschaft durch Aufnahme sind die für die GmbH geltenden Vorschriften (§§ 46 ff. UmwG) anzuwenden, soweit die GmbH betroffen ist, und die für die Personengesellschaften bestehenden Regelungen (§§ 39 ff. UmwG) soweit die Personengesellschaft betroffen ist.

Im Folgenden soll auf einige **Besonderheiten** aufmerksam gemacht werden, und zwar **anhand der Verschmelzung einer GmbH auf eine Personenhandelsgesellschaft**.

230 **1. Rechtsstellung in der aufnehmenden Gesellschaft.** Da die **Gesellschafter der GmbH** bisher nicht in unbeschränkter Höhe solidarisch hafteten, ist ihnen nach § 40 Abs. 2 Satz 1 UmwG die **Stellung von Kommanditisten** einzuräumen. Handelt es sich bei der aufnehmenden Gesellschaft um eine OHG, so würde sie somit zu einer KG werden. Der Inhalt der notwendigen Änderungen des Gesellschaftsvertrages der aufnehmenden Personenhandelsgesellschaft ist gesetzlich nicht vorgegeben (vgl. unten bei Teil 2 Rdn. 487) und daher möglicherweise Anlass zu Streitigkeiten, die die Verschmelzung scheitern lassen können.

231 Die **Einräumung der Kommanditistenstellung** ist grds. nach § 40 Abs. 2 Satz 1 UmwG **zwingend.** Wird entgegen dieser Bestimmung für den **GmbH-Gesellschafter** in der aufnehmenden Personenhandelsgesellschaft die **Stellung eines Komplementärs** vorgesehen, ist eine solche Regelung nur wirksam, wenn der betroffene Anteilsinhaber dem Verschmelzungsbeschluss zustimmt (§ 40 Abs. 2 Satz 2 UmwG). Soll daher bei der Verschmelzung einer GmbH auf eine OHG gewährleistet sein, dass kein GmbH-Gesellschafter Kommanditist wird, ist der Verschmelzungsvertrag nicht nur unter die aufschiebende Bedingung eines (mehrheitlich möglichen) Zustimmungsbeschlusses zu stellen, sondern unter die Bedingung, dass alle GmbH-Gesellschafter zustimmen.

232 Sieht der **GmbH-Gesellschaftsvertrag** für einen Gesellschafter das **Sonderrecht der Geschäftsführung** für die Gesellschaft vor (vgl. § 50 Abs. 2 UmwG), ergeben sich weitere Probleme. Nach § 40 Abs. 2 Satz 1 UmwG wäre ihm ohne seine Zustimmung zwingend die Stellung eines Kommanditisten einzuräumen. Da aber der **Kommanditist** von der **Außengeschäftsführung** ausgeschlossen ist, bedarf die Verschmelzung wiederum, diesmal nach § 50 Abs. 2 UmwG, seiner Zustimmung.

233 Bei der **aufnehmenden Personengesellschaft** bedarf der **Zustimmungsbeschluss** grds. der Zustimmung aller Gesellschafter (§ 43 Abs. 1 UmwG). Ist gesellschaftsvertraglich eine Mehrheitsentscheidung vorgesehen, so kann auch ein bisher persönlich haftender Gesellschafter Widerspruch nach § 43 Abs. 2 Satz 3 Halbs. 2 UmwG zur Niederschrift erklären, mit der Folge, dass ihm ebenfalls in der aufnehmenden Gesellschaft die Stellung eines Kommanditisten einzuräumen ist. Soll dies vermieden werden, ist trotz der möglichen Mehrheitsentscheidung zur Bedingung des Verschmelzungsvertrages zu machen, dass die persönlich haftenden Gesellschafter der Verschmelzung zustimmen.

234 **2. Barabfindung.** Bei allen Fällen der Misch-Verschmelzung kann nach § 29 Abs. 1 Satz 1 UmwG durch **Erklärung eines Widerspruchs zur Niederschrift** über den **Zustimmungsbeschluss** die Aufnahme eines Abfindungsangebotes verlangt werden. Grundlage dieses Widerspruchs ist (anders als beim Widerspruch nach § 29 Abs. 1 Satz 2 UmwG) ausschließlich der Tatbestand der Misch-Verschmelzung (vgl. ausführlich Teil 2 Rdn. 580 ff.).

235 **3. Verschmelzung auf eine GmbH & Co. KG.** An der Verschmelzung kann sich auch eine Personenhandelsgesellschaft beteiligen, deren **Komplementär eine Kapitalgesellschaft** ist (vgl. Gesetzesbegründung, abgedruckt in: Limmer, Umwandlungsrecht, S. 293).

236 Erreicht werden kann im Wege der Verschmelzung etwa einer GmbH auf eine GmbH & Co. KG aber nur, dass die Gesellschafter der übertragenden GmbH Gesellschafter (Kommanditisten) in der KG werden. Damit ist nicht verbunden, dass sie eine Gesellschaftsbeteiligung an der Komplementär-GmbH erlangen. Hierzu bedarf es vielmehr **ergänzender Abtretungen vorhandener Geschäftsanteile** oder **Zulassung zur Übernahme von Anteilen** aus einer Kapitalerhöhung bei der Komplementär-GmbH. Dabei ist gleichzeitig sicherzustellen, dass

– die Gesellschafter mit Wirksamkeit der Verschmelzung Gesellschafter der Komplementär-GmbH werden,

– sie keine Gesellschafter der Komplementär-GmbH werden, wenn die Verschmelzung nicht wirksam wird.

XI. Möglicher weiterer Vertragsinhalt

1. Abfindungsangebote. Bei bestimmten Verschmelzungs-Konstellationen ist nach § 29 UmwG in 237 den Vertrag bzw. seinen Entwurf ein **Abfindungsangebot** aufzunehmen (s. hierzu unter Teil 2 Rdn. 580 ff.).

2. Kündigungsrechte, Bedingungen. Denkbar ist die **Vereinbarung von Kündigungsrechten**, etwa 238 für den Fall, dass die Zustimmungsbeschlüsse bis zu einem bestimmten Zeitpunkt vorliegen (vgl. ausführlich Teil 2 Rdn. 70 ff.). Ist z. B. bei einem Rechtsträger die Zustimmung bereits geklärt und damit der abgeschlossene Vertrag für ihn bindend, kann er sich durch eine vorbehaltene Kündigung von seiner Bindung wieder befreien. Möglich ist auch eine Regelung, die die Wirksamkeit des Vertrages unter die **aufschiebende Bedingung** stellt, dass die erforderlichen Zustimmungen bis zu einem bestimmten Zeitpunkt für beide Rechtsträger vorliegen müssen. Z. T. werden auch **auflösende Bedingungen** für möglich erachtet (vgl. oben Teil 2 Rdn. 72 m. w. N.). Hält man sie für zulässig, kann ihr Eintritt jedenfalls nur bis zum Vollzug der Verschmelzung im Handelsregister erfolgen. Ihr Nichteintritt muss bei der Anmeldung zum Handelsregister feststehen (Lutter/Drygala, UmwG, § 4 Rn. 21; Widmann/Mayer/ Heckschen, Umwandlungsrecht, § 7 UmwG Rn. 18).

Unabhängig von **vertraglichen Kündigungsrechten** gilt nach § 7 UmwG ein **gesetzliches Kündigungs-** 239 **recht,** wenn eine vertraglich vorgesehene Bedingung nicht binnen 5 Jahren nach Abschluss des Vertrages eingetreten ist.

▶ **Hinweis:** 240

Regelungsbedürftig ist bei allen Kündigungsrechten oder Bedingungslösungen die **Kostentragung**. Auch wenn i. Ü. die Vertretungsmacht der handelnden Organe von den Zustimmungsbeschlüssen abhängig ist, so gilt dies nicht für die Vereinbarung darüber, wer bei einem Scheitern der Verschmelzung die Kosten zu tragen hat.

3. Änderungen der Firma. Gegenstand des Verschmelzungsvertrages kann die Änderung der Firma 241 des übernehmenden Rechtsträgers sein. Nach § 18 Abs. 1 Satz 1 UmwG kann der übernehmende Rechtsträger die Firma des übertragenen, untergehenden Rechtsträgers fortführen und zwar **mit oder ohne Nachfolgezusatz** (vgl. ausführlich zur Firmenbildung Teil 5 Rdn. 3 ff.).

D. Verschmelzung zur Aufnahme und Verschmelzung zur Neugründung

I. Allgemeines

Das UmwG hat aus dem geltenden Recht die Zweiteilung der Verschmelzungsformen übernommen: 242 die Verschmelzung durch Aufnahme und die Verschmelzung durch Neugründung (§ 2 UmwG). Bei der **Verschmelzung durch Aufnahme** geht das Vermögen der übertragenden Gesellschaft als Ganzes auf eine andere bereits bestehende Gesellschaft über. Den Gesellschaftern der übertragenden Gesellschaft werden bei der Verschmelzung zur Aufnahme Geschäftsanteile oder Mitgliedschaften der übernehmenden Gesellschaft gewährt. Die übertragende Gesellschaft geht ohne Liquidation als Rechtsperson unter, Mitgliedschaftsrechte an ihr erlöschen.

Bei der **Verschmelzung durch Neubildung** geht das Vermögen der zwei oder mehreren sich verschmel- 243 zenden Gesellschaften jeweils als Ganzes auf eine i. R. d. Verschmelzung neu gegründete Gesellschaft über. Die Gesellschafter der sich verschmelzenden Gesellschaften erhalten Geschäftsanteile oder Mitgliedschaftsrechte an der neuen Gesellschaft (§ 2 Nr. 2 UmwG). Auch hier gehen die übertragenden Gesellschaften als Rechtspersonen unter, Mitgliedschaftsrechte an diesen erlöschen.

§ 2 UmwG hat die aus dem bis 1995 geltenden Recht bekannten **Begriffsbestimmungen** der beiden 244 Arten der Verschmelzung übernommen (vgl. § 339 AktG, § 19 KapErhG, §§ 93a, 93s GenG, § 44a Abs. 1 VAG i. d. F. vor dem Jahr 1995). Die Vorschriften stellen darüber hinaus nunmehr klar, dass an einer Verschmelzung nicht nur zwei Gesellschaften, sondern mehrere auch **unterschiedliche Rechtsformen** beteiligt sein können. Nach altem Recht war die Verschmelzung durch Aufnahme mehrerer Gesellschafter nur für die AG zulässig (§ 339 Abs. 1 AktG) nicht hingegen für die GmbH (§ 19 Abs. 1 KapErhG). § 339 Abs. 1 AktG war nicht für analogiefähig gehalten worden (vgl. Heckschen, Verschmelzung von Kapitalgesellschaften, S. 11; LG München I, DNotZ 1988, 642).

245 Die grds. vorzunehmenden Schritte sind sowohl bei der Verschmelzung zur Übertragung als auch bei der Verschmelzung zur Neugründung dieselben. Allerdings bedingt allein die Tatsache, dass bei der einen Form der Verschmelzung eine neue Gesellschaft gegründet wird, ergänzende Regelungen. Das Gesetz hat dem Rechnung getragen, indem es für die Verschmelzung durch Neugründung **ergänzende Vorschriften** in den §§ 36 bis 38 UmwG aufstellt.

II. Entstehung einer Vorgesellschaft bei Verschmelzung, Spaltung und Ausgliederung zur Neugründung

246 **1. Problem.**   Ein für die Praxis der Verschmelzung, Spaltung oder Ausgliederung zur Neugründung wichtiges Problem ist das der **Vorgesellschaft**. Das Problem stellt sich, wenn die in der Verschmelzung oder Spaltung neu gegründete Gesellschaft schon Rechtshandlungen (etwa auch weitere Umwandlungen, z. B. Kettenumwandlungen vgl. dazu oben Teil 2 Rdn. 21 ff.) oder Kapitalmaßnahmen (z. B. Kapitalerhöhungen) durchführen will.

247 Für die Verschmelzung zur Neugründung verweist § 36 Abs. 2 UmwG, für die Spaltung zur Neugründung § 135 Abs. 2 UmwG auf die Geltung der für die jeweilige Rechtsform des neuen Rechtsträgers bestehenden **Gründungsvorschriften**, soweit sich aus dem UmwG nichts anderes ergibt. So kann man aus dieser Formulierung des Gesetzgebers folgern, dass nicht schon mit der Beurkundung des Verschmelzungsvertrages und des Verschmelzungsbeschlusses bzw. mit der Beurkundung des Spaltungsplans und des Spaltungsbeschlusses, sondern erst wenn dieser Vertrag wirksam ist, also wenn die Zustimmungsbeschlüsse der Anteilsinhaber vorliegen, davon auszugehen ist, dass eine Vorgesellschaft entsprechend den allgemeinen Regeln zur Gründung einer Kapitalgesellschaft bis zur Eintragung der Spaltung/Ausgliederung oder Verschmelzung zur Neugründung im Handelsregister existiert (so D. Mayer, DB 1995, 862; Ihrig, GmbHR 1995, 633, 636; Kallmeyer/Zimmermann, UmwG, § 59 Rn. 3; Widmann/Mayer/Mayer, Umwandlungsrecht, § 59 UmwG Rn. 12; Lutter/Drygala, UmwG, § 4 Rn. 24; eingehend auch K. Schmidt, in: FS für Zöllner, 1999, S. 521 ff.; Schröer, in: Semler/Stengel, § 4 Rn 26; Reichert, in: Semler/Stengel, § 59 Rn. 6). Einigkeit besteht also, dass bei der Verschmelzung oder Spaltung zur Neugründung die Vorgesellschaft frühestens in dem Zeitpunkt entsteht, in dem der Vertrag (und die darin enthaltene Satzungsfeststellung) wirksam wird und die Vertragsparteien bindet, sodass die Zustimmungsbeschlüsse vorliegen müssen. Der Abschluss des Spaltungsplans oder der des Verschmelzungsvertrages soll nicht genügen (so ausdrücklich Lutter/Drygala, UmwG, § 4 Rn. 24; Widmann/Mayer/Mayer, Umwandlungsrecht, § 59 UmwG Rn. 12; Ihrig, GmbHR 1995, 622, 633).

Auch die **gesellschaftsrechtliche Literatur**, soweit sie sich mit diesen Fragen befasst, ist der Auffassung, dass im Fall der Umwandlung zu unterscheiden sei: der Formwechsel eines Rechtsträgers in die Rechtsform der GmbH lasse keine Vorgesellschaft entstehen. Anderes gelte für die Überführung eines Gesellschaftsvermögens auf eine als Rechtsträger neu entstehende Kapitalgesellschaft im Fall der Verschmelzung oder Spaltung zur Neugründung, denn dies sei der Sache nach eine vereinfachte Sachgründung (so auch Scholz/K. Schmidt, GmbHG, § 11 Rn. 22; bereits früher K. Schmidt, GmbHR 1987, 79). Die Frage ist allerdings insofern nicht ganz einfach zu beurteilen, da das Bedürfnis für die Anerkennung eines Rechtsträgers vor Eintragung der neuen Kapitalgesellschaften in den Umwandlungsfällen weniger offensichtlich ist als bei einer »normalen« Neugründung, weil die übertragenden Rechtsträger bis zur Eintragung der Umwandlung im Handelsregister als Zurechnungsobjekt existieren und die von diesem abgeschlossenen Rechtsgeschäfte mit der Eintragung der Verschmelzung oder Spaltung im Wege der Gesamtrechtsnachfolge auf die neue Kapitalgesellschaft übergehen können (Lutter/Winter/Vetter/Vetter, UmwG, § 56 Rn. 7 ist daher zweifelnd, stimmt aber jetzt der hM zu). **Wilken** (DStR 1999, 677; ders., ZIP 1999, 969) hat daher einschränkende Hinweise vorgebracht. Er weist darauf hin, dass der neue Rechtsträger bei der Spaltung zur Neugründung in das Handelsregister unter dem Registervorbehalt i. S. d. §§ 135 Abs. 1, 130 Abs. 1 Satz 2 UmwG eingetragen werde und dieser Registervorbehalt habe zur Folge, dass der neu eingetragene Rechtsträger bis zur Eintragung der Spaltung als nicht eingetragen gelte. Daher stehe fest, dass aufgrund der isolierten Eintragung des neuen Rechtsträgers weder ein vermögens- und subjektloser Rechtsträger noch eine Vorgesellschaft im herkömmlichen Sinne entstehe. Aufgrund seiner **Eintragung** erwerbe der neue Rechtsträger auch keinen Einlageanspruch, sondern er erwerbe das ihm zugewiesene Vermögen erst mit der konstitutiven Eintragung der Spaltung in das Handelsregister des übertragenden Rechtsträgers. Daraus folge zugleich, dass der neue Rechtsträger vor diesem Zeitpunkt kein Sondervermögen bilden könne. Ein Teil der Literatur lehnt daher wegen der Fähigkeit, Haftungsvermögen bis zur Eintragung der Spaltung zu bilden, jegliche Handlungs- und Verpflichtungsfähigkeit des neuen Rechtsträgers bis zur Eintragung der Spaltung oder Verschmelzung ab (so ausführlich Wilken, DStR 1999, 678; ähnlich auch Ihrig, GmbHR 1995, 622, 637; Lutter/Karollus, UmwG, § 159 Rn. 20, 30). **Karollus** (Lutter/Karollus, UmwG, § 159 Rn. 20) weist daher zu Recht auf Folgendes hin:

> »Da die Vorgesellschaft zunächst überhaupt kein Vermögen hat, spricht viel dafür, ein Handeln für die Vorgesellschaft generell als unzulässig bzw. gar – mangels Vertretungsmacht – als unmöglich anzusehen.«

In der Rechtsprechung hat bisher der **BGH** nur in einem Sonderfall der Umwandlung nach dem Treuhandgesetz und der Umwandlungsverordnung der DDR Folgendes festgestellt (BGH, NJW-RR 1999, 1554, 1555):

> »... ist dem jedenfalls für den hier in Betracht kommenden Fall einer aufgrund übertragender Umwandlung entstandenen Einmann-Vorgesellschaft nicht zu folgen. Bei dieser besteht nämlich die Besonderheit, dass die Vorgesellschaft nicht bereits Unternehmensträger sein kann, weil das Vermögen des umzuwandelnden Rechtsträgers erst im Zeitpunkt der Eintragung – in welchem die Umwandlung wirksam wird – auf den Rechtsnachfolger übergeht (...) Werden deshalb schon vor der Eintragung Rechtsgeschäfte abgeschlossen, so wird daraus – auch wenn bereits mit der Bezeichnung der Gründungsgesellschaft gehandelt wird – nach den Grundsätzen des betriebsbezogenen Geschäfts ... grds. der wirkliche Betriebsinhaber, mithin der ursprüngliche Unternehmensträger, berechtigt und verpflichtet.«

▶ **Hinweis:** 248

Diese in der Literatur vorgetragenen Bedenken könnten daher den Schluss nahelegen, dass, selbst wenn man von einer Vorgesellschaft der neu zu gründenden Kapitalgesellschaft ausgeht, jedenfalls noch keine Handlungsfähigkeit mangels separaten Vermögens gegeben ist. Man muss allerdings berücksichtigen, dass die einschränkenden Stellungnahmen v. a. die rechtsgeschäftlichen Handlungen des neu gegründeten Rechtsträgers betreffen. So weist z. B. Wilken (ZIP 1999, 969) darauf hin, dass, wenn nicht im Namen des künftigen neuen Rechtsträgers gehandelt werde, die §§ 177 ff. BGB Anwendung finden. Die Literatur will also insb. die Problematik der rechtsgeschäftlichen Handlung für die jetzige Vorgesellschaft ausschließen.

2. Handlungen im Vorgriff auf die Eintragung der Umwandlung. Davon zu unterscheiden ist die 249 Frage, inwieweit für die zukünftige neu entstehende Kapitalgesellschaft gehandelt werden kann. Diese Frage ist wiederum zu trennen von der Frage der Handlungsfähigkeit der Vorgesellschaft selber. Insofern wird die These von der Unfähigkeit, i. R. d. Umwandlung entstehende Vorgesellschaftsrechtsgeschäfte abzuschließen, dadurch bestätigt, dass die durch Spaltung oder Verschmelzung u. U. entstehende Vorgesellschaft selbst nicht verschmelzungs- oder spaltungsfähig ist. In der Literatur ist streitig, inwieweit auch die **Vorgesellschaft** bereits **verschmelzungs- oder spaltungsfähiger Rechtsträger** ist. Ein Teil lehnt dies ab (so Lutter/Drygala, UmwG, § 3 Rn. 7; Stratz in: Schmitt/Hörtnagl/Stratz, § 3 UmwG Rn. 23; Kallmeyer/Marsch-Barner, UmwG, § 3 Rn. 10). Nach anderer Auffassung kann bereits die Vorgesellschaft an einer Verschmelzung beteiligt sein (so Bayer, ZIP 1997, 1613, 1614; K. Schmidt, ZGR 1990, 580, 592; Widmann/Mayer/Fronhöfer, Umwandlungsrecht, § 3 UmwG Rn. 74 ff.; Heckschen, DB 1998, 1385, 1388; Stengel in: Semler/Stengel, § 3 UmwG Rn. 48; ausführlich auch K. Schmidt, in: FS für Zöllner, 1999, S. 521, 527 f.; er spricht von der vorweggenommenen Verschmelzung). Zum Zeitpunkt der Eintragung müssen allerdings die beteiligten Rechtsträger eingetragen sein (Stengel in: Semler/Stengel, § 3 UmwG Rn. 48).

Dies betrifft aber nur die Frage, ob die Verschmelzung oder Spaltung mit einer Vor-GmbH durchgeführt werden kann. Davon differenziert die Literatur wiederum die Frage, ob ein **noch nicht ver-**

schmelzungsfähiger Rechtsträger schon **Vorbereitungshandlungen** für eine Verschmelzung oder Spaltung nach Entstehen treffen kann (Widmann/Mayer/Fronhöfer, Umwandlungsrecht, § 3 UmwG Rn. 74). So ist die Literatur der Auffassung, dass dem nichts entgegenstehen dürfte, da die rechtliche Wirkung erst nach Entstehung eintritt (Lutter/Drygala, UmwG, § 3 Rn. 5; Widmann/Mayer/Fronhöfer, Umwandlungsrecht, § 3 UmwG Rn. 75). Dies betrifft jedoch nur die Frage, ob die Verschmelzung bzw. Spaltung durch Eintragung auch schon wirksam werden kann, bevor aus der aufnehmenden Vor-GmbH eine GmbH geworden ist. In der Literatur wird daher zu Recht angenommen, dass der Verschmelzungsvertrag oder Spaltungsplan und der Zustimmungsbeschluss der Anteilsinhaber der beteiligten Vor-GmbH bereits in diesem Stadium geschlossen bzw. gefasst werden kann (K. Schmidt, in: FS für Zöllner, 1999, S. 527 ff.; Lutter/Drygala, UmwG, § 3 Rn. 7; Stratz in: Schmitt/Hörtnagl/Stratz, § 3 UmwG Rn. 23; Kallmeyer/Marsch-Barner, UmwG, § 3 Rn. 10; Widmann/Mayer/Fronhöfer, Umwandlungsrecht, § 3 UmwG Rn. 75; Kallmeyer/Marsch-Barner, UmwG, § 3 Rn. 9; Widmann/Mayer/Mayer, Umwandlungsrecht, § 46 UmwG Rn. 83; Widmann/Mayer/Heckschen, Umwandlungsrecht, § 168 UmwG Rn. 88, der ausdrücklich ausführt, dass anders als die Vorgründungs-GmbH ein in Gründung befindlicher Rechtsträger, wie die Vor-GmbH oder die Vor-AG tauglicher aufnehmender Rechtsträger sein kann). Voraussetzung ist aber dann die Registereintragung beider Vorgänge nacheinander: Entstehung der Gesellschaft durch Verschmelzung zur Neugründung, zweiter Umwandlungsvorgang (K. Schmidt, in: FS für Zöllner, 1999, S. 528).

250 Mayer (Widmann/Mayer/Mayer, Umwandlungsrecht, Vor §§ 46 bis 59 UmwG Rn. 83) schlägt in diesem Fall ausdrücklich vor, dass der Verschmelzungsvertrag und der Zustimmungsbeschluss von der Vor-GmbH aufschiebend bedingt auf den Zeitpunkt der Entstehung der GmbH durch Eintragung in das Handelsregister abgeschlossen werden sollte. Diesbezüglich erscheint es unproblematisch, dass der Verschmelzungsvertrag selbst unter einer Bedingung gefasst wird (vgl. § 125 i. V. m. § 7 UmwG). Bedingte Satzungsänderungsbeschlüsse sind dagegen bei der GmbH im Grundsatz unzulässig (Scholz/Priester, GmbHG, § 54 Rn. 57). Der hier infrage stehende **Zustimmungsbeschluss zu einer Verschmelzung oder Spaltung** hat aber satzungsändernden Charakter. Daher sind im Grundsatz auch die Zustimmungsbeschlüsse zur Spaltung bedingungsfeindlich. Allgemein für zulässig gehalten werden, aber sog. Rechtsbedingungen. Im vorliegenden Fall könnte man die Entstehung der GmbH als Zulässigkeitsvoraussetzung für die Spaltung oder Verschmelzung als Rechtsbedingung dergestalt interpretieren, dass die Wirksamkeit der Spaltung davon abhängig ist, dass die GmbH zunächst als Rechtsträger eingetragen wird. Somit könnte der hier infrage stehende Zustimmungsbeschluss von dieser Bedingung abhängig gemacht werden. Allerdings dürfte im Ergebnis auch genügen, nur den infrage stehenden Verschmelzungs- oder Spaltungsvertrag aufschiebend bedingt zu schließen und die Zustimmungsbeschlüsse unbedingt zu fassen.

251 **3. »Umgründung« der Vorgesellschaft ohne vorherige Eintragung.** K. Schmidt (in: FS für Zöllner, 1999, S. 529 ff.) ist – soweit ersichtlich – als Einziger der Auffassung, dass auch eine Vorgesellschaft selbst mit sofortiger Wirkung umgewandelt werden kann, und zwar ohne Zwischeneintragung. Ob sich diese Auffassung in der **Praxis** durchsetzen wird, ist abzuwarten.

III. Verschmelzung zur Aufnahme und Kapitalerhöhung beim übernehmenden Rechtsträger

252 **1. Anteilsgewährungspflicht. a) Grundsatz.** Eines der Merkmale der Verschmelzung ist die **Gewährung von Geschäftsanteilen** an der übernehmenden Gesellschaft an die Gesellschafter der übertragenden Gesellschaft. Die Gewährung von Anteilen zur Abfindung der Gesellschafter der übertragenden Gesellschaft für den Verlust ihrer Anteile an der übertragenen Gesellschaft ist auch ein Strukturmerkmal der Verschmelzung (vgl. hierzu Hügel, Verschmelzung und Einbringung, S. 46; BayObLG, DB 1989, 1558 = DNotZ 1980, 127; OLG Frankfurt am Main, GmbHR 1998, 542 = DNotZ 1999, 154; KG, DNotZ 1999, 157 m. Anm. Heidinger; Widmann/Mayer/Fronhöfer, Umwandlungsrecht, § 2 UmwG Rn. 38 ff.; Widmann/Mayer/Mayer, Umwandlungsrecht, § 5 UmwG Rn. 15 ff.; Lutter/Drygala, UmwG, § 2 Rn. 31; Kallmeyer/Marsch-Barner, UmwG, § 2 Rn. 12; Heckschen/Gassen, GWR 2010, 101; Stengel in: Semler/Stengel, § 2 UmwG Rn. 40 ff.; Reichert in: Semler/Stengel, § 54 UmwG Rn. 19 ff.; Heidinger/Limmer/Holland/Reul, Gutachten des IDW, Bd. IV, Gutachten zum Umwandlungsrecht, S. 127;; Limmer, in: FS für Schippel, 1996, S. 415, 417). Die **Anteilsgewährung** ist dabei gleichsam die **Gegenleistung für die Übertragung des Vermögens der übertragenden**

Gesellschaft, insofern stellt die Verschmelzung ein gegenseitiges Austauschgeschäft dar. Die Gewährung von Geschäftsanteilen gehört daher zu den unabdingbaren Voraussetzungen der Verschmelzung. Der Gesetzgeber hat im **Zweiten Gesetz zur Änderung des UmwG** in den §§ 54 und 68 UmwG n. F. eine Ausnahme durch Verzicht festgelegt (vgl. BR-Drucks. 548/06, S. 27): § 54 Abs. 1 Satz 3 UmwG n. F. (für die GmbH) bzw. § 68 Abs. 1 Satz 3 UmwG n. F. (für die AG) bestimmt nunmehr, dass die Kapitalerhöhung bei der übernehmenden Kapitalgesellschaft zur Disposition **aller Anteilsinhaber des übertragenden Rechtsträgers** steht. **Verzichten alle Anteilsinhaber des übertragenden Rechtsträgers** in notarieller Urkunde auf die Anteilsgewährung, darf die übernehmende Gesellschaft von der Anteilsgewährung absehen. (zu den Fragen nach der Neuregelung Widmann/Mayer/Heckschen, Umwandlungsrecht, Einf. UmwG Rn. 34 ff.; Lutter/Drygala, UmwG, § 2 Rn. 31; Mayer/Weiler, DB 2007, 1235, 1239; Weiler, NZG 2008, 527 ff.; Kallmeyer, GmbHR 2006, 418 ff.; Drinhausen, BB 2006, 2313, 2315 ff.; Bayer/Schmidt, NZG 2006, 841; Roß/Drögemüller, DB 2009, 580 ff.; Keller/Klett, DB 2010, 1220 ff.; Krumm, GmbHR 2010, 24 ff.; Heckschen/Gassen, GWR 2010, 101; Stengel in: Semler/Stengel, § 2 UmwG Rn. 40 ff.; Reichert in: Semler/Stengel, § 54 UmwG Rn. 19 ff.). Zu kritisieren ist an dieser an sich erfreulichen Klarstellung, dass sie aufgrund der systematischen Stellung nur für Verschmelzung auf die AG und GmbH gilt, obwohl bei der Personengesellschaft oder anderen Rechtsträgern ähnliche Fragestellungen bestehen. M. E. kann man aber aus der gesetzlichen Neuregelung allgemein den Schluss ziehen, dass der Anteilsgewährungsgrundsatz disponibel ist, wenn alle Anteilsinhaber der übertragenden Rechtsträger darauf verzichten, denn was bei Kapitalgesellschaften gilt muss erst recht bei Personengesellschaften gelten. Solange dies allerdings nicht durch die Rechtsprechung bestätigt ist, empfiehlt es sich von dieser Möglichkeit nur nach Absprache mit dem zuständigen Registergericht Gebrauch zu machen.

Eine **weitere Ausnahme** vom Gebot der Anteilsgewährungspflicht stellt die Möglichkeit der **baren Zuzahlungen** dar, diese dürfen aber nach § 68 Abs. 3 UmwG den 10. Teil des gesamten Nennbetrages der gewährten Aktien der übernehmenden Gesellschaft bzw. nach § 54 Abs. 4 UmwG der gewährten Geschäftsanteile der übernehmenden Gesellschaft nicht übersteigen. Abgesehen von dieser Ausnahmevorschrift können allein Aktien bzw. Geschäftsanteile der übernehmenden oder der neu gebildeten Gesellschaft Gegenleistungen sein, Geschäftsanteile anderer Unternehmen kommen ebenso wenig infrage wie eine Entschädigung in Geld oder durch Sachleistungen. **253**

Bei der Verschmelzung zur Aufnahme stellt sich daher immer die Frage, **welche Geschäftsanteile** an die Gesellschafter der übertragenden Gesellschaft zu gewähren sind. Es muss geprüft werden, ob diese Geschäftsanteile erst im Wege der Kapitalerhöhung neu gebildet werden müssen oder ob eigene Anteile zur Verfügung stehen, die den Gesellschaftern der übertragenden Gesellschaft im Austausch gewährt werden können. Daraus folgt, dass die übernehmende Gesellschaft nicht zwangsläufig eine **Kapitalerhöhung** durchführen müsste (vgl. Limmer, in: FS für Schippel, 1996, S. 415, 418 ff.; RGZ 124, 279, 394: »*Die Kapitalerhöhung ist nicht wesentliches Tatbestandsmerkmal der Fusion als solcher*«). Hält sie jedoch keine eigenen Geschäftsanteile oder eigene Aktien, die sie den Anteilsinhabern der übertragenen Gesellschaft zum Austausch übertragen kann, so muss der zu leistende Geschäftsanteil oder die Aktien im Wege der Kapitalerhöhung bei der Verschmelzung zur Aufnahme geschaffen werden. Das **Problem der Schaffung der Anteile durch Kapitalerhöhung** stellt sich allerdings nur bei **Kapitalgesellschaften als übernehmende Gesellschaft**, nicht hingegen, wenn die übernehmende Gesellschaft eine Personengesellschaft ist. **254**

b) Zweifelsfragen. Die **Rechtsprechung** und auch die **Literatur** gehen immer noch vom Grundsatz der Anteilsgewährungspflicht aus (BayObLG, DNotZ 1990, 127; OLG Frankfurt am Main, DNotZ 1999, 154; KG, DNotZ 1999, 157; Widmann/Mayer/Fronhöfer, Umwandlungsrecht, § 2 UmwG Rn. 38 ff.; Widmann/Mayer/Mayer, Umwandlungsrecht, § 5 UmwG Rn. 15 ff.; Lutter/Drygala, UmwG, § 2 Rn. 31; Kallmeyer/Marsch-Barner, UmwG, § 2 Rn. 12; Heckschen/Gassen, GWR 2010, 101; Stengel in: Semler/Stengel, § 2 UmwG Rn. 40 ff.; Reichert in: Semler/Stengel, § 54 UmwG Rn. 19 ff.). **255**

Die Frage der Anteilsgewährung gehörte zu den umstrittensten des UmwG (vgl. eingehend oben Teil 1 Rdn. 168 ff., Teil 2 Rdn. 96 ff.).

256 Der Gesetzgeber hat im **Zweiten Gesetz zur Änderung des UmwG** in den §§ 54 und 68 UmwG n. F. eine Ausnahme durch Verzicht festgelegt (vgl. BR-Drucks. 548/06, S. 27): § 54 Abs. 1 Satz 3 UmwG n. F. (für die GmbH) bzw. § 68 Abs. 1 Satz 3 UmwG n. F. (für die AG) bestimmt nunmehr, dass die Kapitalerhöhung bei der übernehmenden Kapitalgesellschaft zur Disposition **aller Anteilsinhaber des übertragenden Rechtsträgers** steht. **Verzichten alle Anteilsinhaber des übertragenden Rechtsträgers** in notarieller Urkunde auf die Anteilsgewährung, darf die übernehmende Gesellschaft von der Anteilsgewährung absehen. (vgl. eingehend oben Teil 2 Rdn. 128 ff. und zu den Fragen nach der Neuregelung Lutter/Drygala, UmwG, § 2 Rn. 31; Mayer/Weiler, DB 2007, 1235, 1239; Heckschen/Gassen, GWR 2010, 101; Stengel in: Semler/Stengel, § 2 UmwG Rn. 40 ff.; Reichert in: Semler/Stengel, § 54 UmwG Rn. 19 ff.; Widmann/Mayer/Heckschen, Umwandlungsrecht, Einf. UmwG Rn. 34 ff.; Mayer/Weiler, DB 2007, 1235, 1239; Weiler, NZG 2008, 527 ff.; Kallmeyer, GmbHR 2006, 418 ff.; Drinhausen, BB 2006, 2313, 2315 ff.; Bayer/Schmidt, NZG 2006, 841; Roß/Drögemüller, DB 2009, 580 ff.; Keller/Klett, DB 2010, 1220 ff.; Krumm, GmbHR 2010, 24 ff.).

257 c) **Differenzhaftung.** Umstritten ist, ob bei der Anteilserhöhung bei der Verschmelzung zur Aufnahme eine **Differenzhaftung** z. B. nach § 9 GmbHG bzw. §§ 188 Abs. 2, 36a AktG **bei fehlender Werthaltigkeit** des übergehenden Vermögens besteht (ablehnend für AG Lutter/Grunewald, UmwG § 69, Rn. 28; Kallmeyer/Marsch-Barner, § 69 UmwG Rn. 18; bejahend Wälzholz, AG 2006, 469 ff.; Ihrig, GmbHR 1995, 622, 642). Auch das OLG München war bei der Verschmelzung von AG ablehnend (OLG München, ZIP 2005, 2108 = AG 2006, 209 = EWiR § 69 UmwG 1/06): Stelle sich nach der Verschmelzung zweier AG mit Kapitalerhöhung heraus, dass der Wert der übertragenden Gesellschaft hinter dem geringsten Ausgabebetrag der dafür ausgegebenen Aktien der übernehmenden Gesellschaft zurückgeblieben sei, seien die Aktionäre der übertragenden Gesellschaft nicht verpflichtet, die Wertdifferenz in bar einzuzahlen. Für eine entsprechende Anwendung der §§ 56 Abs. 2, 9 Abs. 1 GmbHG auf diesen Fall sei kein Raum. Die Begründung von (Nach-)zahlungspflichten für Aktionäre durch Mehrheitsentscheidungen in der Hauptversammlung, die in der Satzung keine Grundlage finden, sei dem Recht der AG fremd (zustimmend Grunewald, EWiR § 69 UmwG 1/06, ablehnend Wälzholz, AG 2006, 469 ff.). Der **BGH** hat mit **Urt. v. 12.03.2007** (DNotZ 2007, 854 = ZNotP 2007, 272 = NotBZ 2007, 256 = DB 2007, 1241 = DStR 2007, 1049) für die AG entschieden, dass bei einer Verschmelzung von AG die Aktionäre der beteiligten Rechtsträger im Fall einer Überbewertung des Vermögens des übertragenden Rechtsträgers **keine Differenzhaftung** trifft. Der BGH lehnt die Übertragung der Differenzhaftungsgrundsätze auf die Verschmelzung ab; der Zustimmungsbeschluss enthalte keine Kapitaldeckungszusage. § 69 Abs. 1 Satz 1 UmwG bestimme ausdrücklich, dass u. a. § 188 Abs. 2 AktG nicht anzuwenden ist. Damit entfällt auch dessen Verweisung auf § 36a Abs. 2 Satz 3 AktG als Grundlage für eine Differenzhaftung. Des Weiteren schließe § 69 Abs. 1 Satz 1 UmwG die Anwendung des § 185 AktG aus. Diese Vorschrift betreffe den Zeichnungsschein, der Grundlage für eine Einlageverpflichtung des zeichnenden Aktionärs ist. Der Ausschluss der beiden Vorschriften trage dem Umstand Rechnung, dass die Gesellschafter des übertragenden Rechtsträgers ihre Mitgliedschaft in der übernehmenden AG – anders als bei einer »normalen« Kapitalerhöhung – nicht durch Zeichnung der neuen Aktien, sondern durch den Verschmelzungsvertrag erlangen (§ 20 Abs. 1 Nr. 3 UmwG), und dass sie insb. auch keine Leistungspflicht hinsichtlich der »Sacheinlage« i. S. v. § 36a Abs. 2 AktG übernehmen. Sachinferent und Partner des Verschmelzungsvertrages mit der übernehmenden Gesellschaft sei vielmehr der übertragende Rechtsträger (§ 4 UmwG). In der Literatur wird trotzdem z. T. argumentiert, dass die Entscheidung des BGH nicht auf die GmbH übertragbar sei und daher eine Differenzhaftung der Gesellschafter der übertragenden GmbH bestehe, z. T. wird rechtspolitisch auf das fehlende Spruchverfahren für die Anteilsinhaber der übernehmenden Gesellschaft hingewiesen (eingehend Lutter/Winter/Vetter, UmwG § 55 Rn. 42 ff.; Kallmeyer/Kallmeyer/Kocher, § 55 UmwG Rn. 13; Stratz in: Schmitt/Hörtnagl/Stratz, § 5 UmwG Rn. 5; Kallmeyer GmbHR 2007, 1121; Reichert in: Semler/Stengel, § 55 UmwG Rn. 8, 11; Thoß NZG 2006, 376; Wälzholz AG 2006, 469; vgl. auch Wälzholz, AG 2006, 469 ff.; Ihrig, GmbHR 1995, 622, 642). Thoß verlangt, dass aus Gründen des Gläubigerschutzes eine Differenzhaftung erforderlich sei, wenn der Wert der Einlage den Nennbetrag der Geschäftsanteile nicht erreiche. Dass der übertragende Rechtsträger und nicht die Anteilseigner die Einlage schuldet, könne dem nicht entgegengehalten werden, da letztere die Anteile am übernehmenden Rechtsträger erhalten (Thoß NZG 2006, 376). Sowohl im GmbH- als auch im AG-Recht ist allerdings Rechtgrundlage der Bardeckungspflicht des Sacheinlegers dessen individuelle Übernahmeerklärung, so dass mE diese Haftungsgrundsätze nicht angewendet werden können (ebenso Heckschen, in: Beck'sche Notarhandbuch, Abschnitt D.IV. Umwandlung, Rn. 130).

d) (Höhe der Anteile) Umtauschverhältnis. Das Gesetz geht im Grundsatz davon aus, dass eine 258 wertentsprechende Anteilsgewährung stattfindet (vgl. dazu bereits Teil 2 Rdn. 133 ff.). Die Vermögensgegenstände, die im Wege der Verschmelzung übertragen werden, sind mit den in den Anteilen verkörperten Vermögensgegenständen des aufnehmenden Rechtsträgers zu vergleichen und es ist ein angemessenes Wertverhältnis zu finden. Dazu ist grds. eine Unternehmensbewertung notwendig. Die gewährten Anteile müssen dem Wert des übertragenen Vermögens entsprechen. (Zur Unternehmensbewertung vgl. Teil 2 Rdn. 436 ff.). Dieses Prinzip wird aber nur aus Gründen des entspr. Minderheitenschutz aufgestellt, da die Gesellschafter der übertragenden Gesellschaft bzw. die Mitglieder des übertragenden Rechtsträgers in ihren Rechten geschmälert werden, wenn sie keine wertentsprechenden Anteile erhalten würden. Wie bereits dargelegt (vgl. oben Teil 2 Rdn. 96 ff., Teil 1 Rdn. 168 ff.), hat der Gesetzgeber keine unverzichtbaren Pflichten zur wertentsprechenden Anteilsgewährung vorgesehen. Die ganz herrschende Meinung ist daher der Auffassung, dass die Höhe der Kapitalerhöhung und der gewährten Anteile in das Belieben der Parteien gestellt ist.

2. Erleichterte Kapitalerhöhung. Da sich die Problematik der Notwendigkeit einer Kapitalerhö- 259 hung bei der Verschmelzung zur Aufnahme nur bei Kapitalgesellschaften stellt, ist sie auch nur für Kapitalgesellschaften in den besonderen Vorschriften der Kapitalerhöhung geregelt. § 53 UmwG sieht daher für die GmbH, § 66 UmwG für die AG vor, dass im Fall der Kapitalerhöhung die Verschmelzung erst eingetragen werden darf, nachdem die Durchführung der Erhöhung des Grundkapitals im Register eingetragen worden ist. Zur Erleichterung sieht das Gesetz ein **vereinfachtes Verfahren** zur Erhöhung des Stammkapitals vor: § 55 UmwG für die GmbH, § 69 UmwG für die AG.

Dies bedeutet zum einen, dass die **Kapitalerhöhung nur im Zusammenhang mit der Verschmelzung** 260 und der dadurch begründeten Anteilsgewährungspflicht durchgeführt werden darf (Widmann/Mayer/Mayer, Umwandlungsrecht, § 55 UmwG Rn. 10; Lutter/Winter/Vetter, UmwG, § 55 Rn. 8 ff.; Stratz, in: Schmitt/Hörtnagl/Stratz, § 55 UmwG Rn. 3). Die Erleichterungen der §§ 55 bzw. 69 UmwG gelten daher nur, soweit die Kapitalerhöhung zur Durchführung der Verschmelzung erfolgt. Wird das Kapital nicht zu diesem Zweck erhöht, so sind die allgemeinen Kapitalerhöhungsvorschriften anzuwenden, die Besonderheiten der vereinfachten Kapitalerhöhung hingegen nicht. Voraussetzung ist also für die vereinfachte Kapitalerhöhung, dass die neuen Anteile für die Gesellschafter der alten Gesellschaft zur Verfügung gestellt werden und nicht für die bisherigen Gesellschafter.

Die wohl überwiegende Meinung geht davon aus, dass die Kapitalerhöhung für die Verschmelzung 261 ebenso wie die **Verschmelzung für die Kapitalerhöhung Wirksamkeitsvoraussetzung** ist (Kallmeyer/Kallmeyer/Kocher, UmwG, § 55 Rn. 1 f.; Widmann/Mayer/Mayer, Umwandlungsrecht, § 55 UmwG Rn. 108; Lutter/Winter/Vetter, UmwG, § 55 Rn. 8 ff.; Lutter/Hommelhoff, GmbHG, 13. Aufl., § 20 KapErhG Rn. 3). Die Frage ist dann von Bedeutung, wenn die Verschmelzung fehlschlägt, etwa weil eine Anfechtungsklage vorliegt. Es stellt sich dann die Frage, ob die Kapitalerhöhung auch ohne Verschmelzung im Handelsregister eingetragen werden darf oder nicht. Die Anhänger, die davon ausgehen, dass für die Kapitalerhöhung die Verschmelzung nicht Voraussetzung ist, sind daher der Auffassung, dass die Kapitalerhöhung auch ohne die Verschmelzung eingetragen werden kann (so noch zum alten Recht Kraft, in: KK-AktG, § 343 Rn. 25). Demgegenüber ist die überwiegende Meinung der Auffassung, dass bei Scheitern der Verschmelzung die Kapitalerhöhung nicht im Handelsregister eingetragen werden darf und ein dennoch gestellter Antrag abzulehnen ist (so Widmann/Mayer/Mayer, Umwandlungsrecht, § 55 UmwG Rn. 111; Lutter/Winter/Vetter, UmwG, § 55 Rn. 8 f.; Kallmeyer/Kallmeyer/Kocher, UmwG, § 55 Rn. 1).

Bei der Kapitalerhöhung nach § 55 bzw. § 69 UmwG handelt es sich um eine **Kapitalerhöhung** gegen 262 **Sacheinlage**, die Einlagepflicht wird erfüllt durch Übertragung des Vermögens der übertragenden Gesellschaft (vgl. etwa Lutter, DB 1980, 1318, 1319; Widmann/Mayer/Mayer, Umwandlungsrecht, § 55 UmwG Rn. 12; Lutter/Winter/Vetter, UmwG, § 55 Rn. 24; Kallmeyer/Kallmeyer/Kocher, UmwG, § 55 Rn. 2; Stratz, in: Schmitt/Hörtnagl/Stratz, § 55 UmwG Rn. 3; Reichert, in: Semler/Stengel, § 55 UmwG Rn. 7).

263 Da nach § 5 Abs. 1 Nr. 4 UmwG die Einzelheiten für die Übertragung der Anteile bereits im Verschmelzungsvertrag zu regeln sind, sollte bereits im Verschmelzungsvertrag geregelt werden, **ob und in welcher Weise die übernehmende Gesellschaft ihr Stammkapital zur Durchführung der Verschmelzung erhöht.** Es ist allerdings umstritten, ob diese Kapitalerhöhung im Verschmelzungsvertrag erwähnt werden muss (ablehnend Kallmeyer/Marsch-Barner, UmwG, § 5 Rn. 16; Kallmeyer/Kocher/Kallmeyer, § 46 UmwG Rn. 3; Stratz, in: Schmitt/Hörtnagl/Stratz, § 46 UmwG Rn. 4; Reichert, in: Semler/Stengel, § 46 UmwG Rn. 16; a. A. Lutter/Winter/Vetter, UmwG, § 46 Rn. 48, der verlangt, dass im Verschmelzungsvertrag die Kapitalerhöhung und für jeden Anteilsinhaber der Nennbetrag der ihm zuzuteilenden Geschäftsanteile festzusetzen sei; vgl. auch Widmann/Mayer/Mayer, Umwandlungsrecht, § 46 UmwG Rn. 23.1, der Angaben im Verschmelzungsvertrag oder zumindest im Verschmelzungsbeschluss verlangt.). Zu beachten ist, dass jedenfalls bei der Verschmelzung unter Beteiligung von GmbH dann nach § 46 Abs. 2 UmwG Angaben zu machen sind, wenn die zu gewährenden Geschäftsanteile im Wege der Kapitalerhöhung geschaffen und mit anderen Rechten und Pflichten als sonstige Geschäftsanteile der übernehmenden GmbH ausgestattet werden. Darüber hinausgehend verlangt ein Teil der Literatur, dass im Verschmelzungsvertrag eine zur Durchführung der Verschmelzung notwendige Kapitalerhöhung vorgesehen und für jeden Anteilsinhaber der Nennbetrag der ihm zuzuteilenden jungen Anteile festgesetzt wird (so Lutter/Winter/Vetter, UmwG, § 46 Rn. 48; a. A. Streck/Mack/Schwedhelm, GmbHR 1995, 163). Vgl. zu den Einzelheiten oben Teil 2 Rdn. 140 ff.

264 Die Literatur ist überwiegend der Meinung, dass keine bestimmte Reihenfolge vorgeschrieben ist, **ob der Kapitalerhöhungsbeschluss den Zustimmungsbeschlüssen vorauszugehen hat** oder umgekehrt (Widmann/Mayer/Mayer, Umwandlungsrecht, § 55 UmwG Rn. 4; Reichert, in: Semler/Stengel, § 55 UmwG Rn. 3).

265 ▶ **Hinweis:**

In der Praxis werden allerdings i. d. R. der Kapitalerhöhungsbeschluss und der Zustimmungsbeschluss zusammen in einer Gesellschafter- oder Hauptversammlung gefasst. Die Kapitalerhöhung i. R. d. Verschmelzung ist grds. eine Kapitalerhöhung gegen Sacheinlage nach allgemeinen Regeln. Die §§ 55, 69 UmwG sehen allerdings eine Reihe von Erleichterungen vor.

266 a) **Kapitalerhöhung bei der GmbH.** Bei der GmbH gelten nicht die **§§ 55 Abs. 1, 56a, 57 Abs. 2, Abs. 3 Nr. 1 GmbHG** (vgl. Widmann/Mayer/Mayer, Umwandlungsrecht, § 55 UmwG Rn. 41 ff.; Lutter/Winter/Vetter, UmwG, § 55 Rn. 50 ff.; Reichert, in: Semler/Stengel, § 55 UmwG Rn. 14 ff.; Stratz, in: Schmitt/Hörtnagl/Stratz, § 55 UmwG Rn. 8 f.; Gerold, MittRhNotK 1997, 205, 225). Das bedeutet, dass die nach § 55 Abs. 1 GmbHG erforderliche **Übernahmeerklärung entfällt.** Der Übernahmevertrag und die Übernahmeerklärung werden durch die Angaben des Verschmelzungsvertrages und die Zustimmungsbeschlüsse ersetzt. Die bei der GmbH geltenden Vorschriften über die Sicherung der Sacheinlage nach §§ 56a, 7 GmbHG gelten ebenfalls nicht, da durch die Gesamtrechtsnachfolge die Vorschriften über die Leistung der Einlage entbehrlich sind. Deshalb sind auch die **entsprechenden Erklärungen in der Anmeldung** der Kapitalerhöhung **entbehrlich.** Auch die **Versicherung des Geschäftsführers nach § 57 Abs. 2 und Abs. 3 Nr. 1 GmbHG** ist **nicht notwendig.**

267 I. Ü. bleibt es allerdings bei den allgemeinen Vorschriften des § 55 GmbHG, sodass **folgende Schritte bei der GmbH erforderlich** sind (vgl. Lutter/Bayer/Hommelhoff, GmbHG, § 55 Rn. 3; Widmann/Mayer/Mayer, Umwandlungsrecht, § 55 UmwG Rn. 20 ff.; 84 ff.; Reichert, in: Semler/Stengel, § 55 UmwG Rn. 3 ff., 23; Stratz, in: Schmitt/Hörtnagl/Stratz, § 55 UmwG Rn. 4 f.; Lutter/Winter/Vetter, UmwG, § 55 Rn. 14 ff.):

– **Satzungsändernder Erhöhungsbeschluss** mit einer Mehrheit von 3/4 der abgegebenen Stimmen, der Beschluss muss zum Inhalt haben, dass das Stammkapital der übernehmenden GmbH zur Durchführung der Verschmelzung erhöht werden soll und zwar in bestimmter Höhe; die Höhe der neuen Geschäftsanteile und die Namen der Gesellschafter müssen nicht angegeben werden, wenn sie im Verschmelzungsvertrag benannt sind;

– **Anmeldung** der Kapitalerhöhung durch sämtliche Geschäftsführer zum Handelsregister (§§ 57, 78 GmbHG);

– **Eintragung** der Kapitalerhöhung im Handelsregister;

– **Bekanntmachung** der Eintragung (§ 57b GmbHG).

Da der Erhöhungsbeschluss **Satzungsänderung** ist, muss durch ihn die Höhe der Kapitalveränderung **268** und die neue Ziffer des Stammkapitals festgelegt und der Wortlaut der bisherigen Satzung entsprechend korrigiert werden (Lutter/Hommelhoff, GmbHG, § 55 Rn. 8 f.; Widmann/Mayer/Mayer, Umwandlungsrecht, § 55 UmwG Rn. 31 ff. Stratz, in: Schmitt/Hörtnagl/Stratz, § 55 UmwG Rn. 4 f.). Im Beschluss ist weiter anzugeben, dass die Mittel für die Kapitalerhöhung durch die Verschmelzung, d. h. durch den Übergang des Vermögens der übertragenden Gesellschaft aufgebracht werden (vgl. Widmann/Mayer/Mayer, Umwandlungsrecht, § 55 UmwG Rn. 36; Reichert, in: Semler/Stengel, § 55 UmwG Rn. 7; Stratz, in: Schmitt/Hörtnagl/Stratz, § 55 UmwG Rn. 3; Lutter/Winter/Vetter, UmwG, § 55 Rn. 24).

In § 54 Abs. 3 UmwG ist geregelt, dass die **Stückelungs- und Teilungserschwerungsvorschriften des** **269** **Gesellschaftsvertrages** für die Kapitalerhöhung zur Verschmelzung unbeachtlich sind; jedoch muss der Nennbetrag jedes Teils der Geschäftsanteile auf volle Euro lauten. Zweck der Stückelungserleichterung ist es, möglichst jedem Inhaber des übertragenden Rechtsträgers die Möglichkeit zur Beteiligung an dem übernehmenden Rechtsträger zu eröffnen und nichtbeteiligungsfähige Spitzen weitgehend zu vermeiden. Nach § 46 Abs. 1 Satz 3 UmwG i. d. F. durch das MoMiG v. 23.10.2008 (BGBl. I 2008, 2026) muss der Nennbetrag auf volle Euro lauten.

Das Gesetz geht davon aus, dass neue Anteile im Wege der Kapitalerhöhung gebildet werden. Ist ein **270** Gesellschafter der übertragenden Gesellschaft bereits Gesellschafter der aufnehmenden GmbH, kann mit seiner Zustimmung auch eine **Aufstockung** seines Geschäftsanteils bei der übernehmenden GmbH erfolgen (Widmann/Mayer/Mayer, Umwandlungsrecht, § 5 UmwG Rn. 90, § 46 Rn. 12; Lutter/Winter/Vetter, UmwG, § 46 Rn. 34; Reichert, in: Semler/Stengel, § 46 UmwG Rn. 9b; Stratz, in: Schmitt/Hörtnagl/Stratz, § 46 UmwG Rn. 7). Voraussetzung dafür ist nach allgemeiner Auffassung, dass eine »Vormännerhaftung« nicht in Betracht kommt, weil die alten Anteile entweder voll eingezahlt sind und eine Nachschusspflicht nicht besteht oder sie sich noch in der Hand der Gründer befinden (vgl. Scholz/Priester, GmbHG, § 55 Rn. 25; Lutter/Bayer/Hommelhoff, GmbHG, § 55 Rn. 15; Widmann/Mayer/Mayer, Umwandlungsrecht, § 5 UmwG Rn. 90, § 46 Rn. 12; Lutter/Winter/Vetter, UmwG, § 46 Rn. 34; Reichert, in: Semler/Stengel, § 46 UmwG Rn. 9b; Stratz, in: Schmitt/Hörtnagl/Stratz, § 46 UmwG Rn. 7). Die Aufstockung muss allerdings im Kapitalerhöhungsbeschluss ausdrücklich festgestellt werden, weil es sonst bei der Regelung des § 55 Abs. 3 GmbHG, d. h. des Erwerbs eines zusätzlichen Anteils, verbleibt (Scholz/Priester, GmbHG, Rn. 26; Widmann/Mayer/Mayer, Umwandlungsrecht, § 5 UmwG Rn. 90, § 46 Rn. 12; Lutter/Winter/Vetter, UmwG, § 46 Rn. 34; Reichert, in: Semler/Stengel, § 46 UmwG Rn. 9b; Stratz, in: Schmitt/Hörtnagl/Stratz, § 46 UmwG Rn. 7). Bei einer **verschmelzungsbedingten Kapitalerhöhung** besteht nach allgemeiner Meinung kein Bezugsrecht in Anlehnung an § 186 AktG (Lutter/Winter/Vetter, UmwG, § 55 Rn. 58; Widmann/Mayer/Mayer, Umwandlungsrecht, § 55 UmwG Rn. 51; Reichert, in: Semler/Stengel, § 55 UmwG Rn. 20).

Die **Anmeldung der Kapitalerhöhung** samt der damit verbundenen Satzungsänderung bei der übernehmenden Gesellschaft ist neben der Verschmelzung gesondert vorzunehmen. Die Anmeldung der Kapitalerhöhung kann aber mit der Anmeldung der Verschmelzung durch die übernehmende GmbHG verbunden werden (so Widmann/Mayer/Mayer, Umwandlungsrecht, § 55 UmwG Rn. 84 ff.; Lutter/Winter/Vetter, UmwG, § 55 Rn. 60; Goutier/Knopf/Bermel, Umwandlungsrecht, § 55 UmwG Rn. 23). **271**

Die Eintragung der Verschmelzung ist aber erst zulässig, wenn die **Kapitalerhöhung eingetragen** ist **272** (§ 53 UmwG). Anmeldepflichtig sind alle Geschäftsführer der übernehmenden GmbH (§ 78 GmbHG). Mit der Anmeldung ist der Erhöhungsbetrag mit der Angabe des neuen Stammkapitals (Satzungsänderung) anzumelden sowie die Tatsache, dass es sich um eine Kapitalerhöhung zur Durchführung der Verschmelzung von bestimmten Gesellschaften handelt. Die Anmeldung des Erhöhungsbetrages mit der Angabe des neuen Stammkapitals genügt, dennoch empfiehlt sich eine **umfassende Formulierung, die auch die Tatsache der Satzungsänderung erfasst** (»[…] *der Gesellschaftsvertrag ist in § 3 [Stammkapital] geändert.*«).

Umstritten ist, ob die an sich nach § 57 Abs. 3 Nr. 2 und 3 GmbHG erforderliche **Liste der Übernehmer und die Einbringungsverträge** der Anmeldung beigefügt werden müssen, oder ob diesem Erfordernis durch Vorlage des Verschmelzungsvertrages Genüge getan ist (so Lutter/Winter/Vetter, UmwG, § 55 Rn. 64; Kallmeyer/Marsch-Barner, UmwG, § 55 Rn. 4). Sind die Übernehmer im Verschmelzungsvertrag genannt, ist nach einer Meinung eine Liste der Übernehmer überflüssig (so Lutter/Winter/Vetter, UmwG, § 55 Rn. 64; Stratz, in: Schmitt/Hörtnagl/Stratz, § 55 UmwG Rn. 25). Nach a. A. wird die Übernehmerliste nicht durch die Angaben im Vertrag ersetzt (Widmann/Mayer/Mayer, Umwandlungsrecht, § 55 UmwG Rn. 91; Reichert, in: Semler/Stengel, § 53 UmwG Rn. 6, § 55 UmwG Rn. 22; Kallmeyer/Kallmeyer/Kocher, UmwG, § 55 Rn. 4). Die nach § 57 Abs. 3 Nr. 3 GmbHG erforderlichen Verträge, die der Festsetzung der Sacheinlage zugrunde liegen, sind nicht notwendig (h. M. Lutter/Winter/Vetter, UmwG, § 55 Rn. 65; Kallmeyer/Kallmeyer/Kocher, UmwG, § 55 Rn. 4; Widmann/Mayer/Mayer, Umwandlungsrecht, § 55 UmwG Rn. 92; Stratz, in: Schmitt/Hörtnagl/Stratz, § 55 UmwG Rn. 25; Reichert, in: Semler/Stengel, § 55 UmwG Rn. 22).

273 Nach § 55 Abs. 2 UmwG i. V. m. § 57 Abs. 3 Nr. 2 und Nr. 3 GmbHG sind der **Anmeldung der Kapitalerhöhung zum Register** folgende Unterlagen beizufügen:
- beglaubigte Abschrift des Verschmelzungsvertrages,
- beglaubigte Abschriften der Zustimmungsbeschlüsse der übertragenden und der übernehmenden Gesellschaften,
- Beschluss über Erhöhung des Stammkapitals und entsprechende Änderung der Satzung,
- Schlussbilanz der übertragenden Gesellschaft (ergibt sich nicht aus UmwG, wohl aber aus Werthaltigkeitsprüfung durch Registergericht, vgl. Widmann/Mayer/Mayer, Umwandlungsrecht, § 55 UmwG Rn. 75; Lutter/Winter/Vetter, UmwG, § 55 Rn. 69; Kallmeyer/Zimmermann, § 53 UmwG Rn. 14; Reichert, in: Semler/Stengel, § 53 UmwG Rn. 9),
- bescheinigte Neufassung der Satzung gem. § 54 GmbHG,
- Gesellschafterliste, bescheinigt nach § 40 Abs. 2 Satz 1 GmbHG durch den Notar,
- Liste der Übernehmer der neuen Stammeinlagen (str., ob durch Angaben im Verschmelzungsvertrag ersetzt; vgl. Teil 2 Rdn. 272 und Widmann/Mayer/Mayer, Umwandlungsrecht, § 55 UmwG Rn. 91; Reichert, in: Semler/Stengel, § 53 UmwG Rn. 6, § 55 UmwG Rn. 22; Kallmeyer/Zimmermann, § 55 UmwG Rn. 4; Lutter/Winter/Vetter, UmwG, § 55 Rn. 64; Stratz, in: Schmitt/Hörtnagl/Stratz, § 55 UmwG Rn. 25).

Durch das MoMiG v. 23.10.2008 (BGBl. I 2008, S. 2026) wurde die Bedeutung der Gesellschafterliste nach § 40 GmbHG erweitert. Nach § 40 Abs. 2 GmbHG ist der Notar, der an der Veränderung in den Personen der Gesellschafter oder des Umfangs ihrer Beteiligung gem. § 40 Abs. 1 GmbHG mitgewirkt hat, verpflichtet, unverzüglich nach Wirksamwerden der Veränderungen eine Gesellschafterliste zu unterschreiben, mit einer Bescheinigung zu versehen und beim Handelsregister einzureichen (vgl. dazu Mayer DNotZ 2008, 403 ff.; Herrler, DNotZ 2008, 203 ff.; Tebben, RNotZ 2008, 441 ff.; Wachter, ZNotP 2009, 378 ff.). Das gilt auch bei einer Kapitalerhöhung. Das OLG München hat im Beschl. v. 07.07.2010 entschieden, dass die Beurkundung des Beschlusses zur Kapitalerhöhung eine solche Mitwirkung darstellt. In diesem Fall obliege dem Notar auch die Bescheinigungspflicht nach § 40 Abs. 2 Satz 2 GmbHG (DB 2010, 1983 = DNotZ 2011, 63 = DStR 2010, 1537, zustimmend Mayer, MittBayNot 2014, 114, 120). Dies gilt demnach auch bei einer Verschmelzung mit Kapitalerhöhung (vgl. Flik, NZG 2010, 170 ff.). Zwar besteht die notarielle Pflicht zur Einreichung einer aktualisierten Gesellschafterliste erst nach Wirksamwerden der beurkundeten Veränderungen (hier: der Kapitalerhöhung); der Notar ist aber nach wohl überwiegender Meinung nicht gehindert, die aktualisierte Liste bereits vor Wirksamwerden der Veränderungen zu erstellen und mit der erforderlichen Notarbescheinigung zu versehen (OLG Jena DNotZ 2011, 64 = RNotZ 2010, 662; Link, RNotZ 2009, 193; Hasselmann, NZG 2009, 468, 491; Herrler, DNotZ 2008, 903, 910). Streitig ist, ob der Notar die Gesellschafterliste erst dann beim Handelsregister einreichen darf, wenn die Veränderung wirksam geworden ist, also nach Eintragung der Kapitalerhöhung im Handelsregister. In der Literatur wird jedoch teilweise die Auffassung vertreten, der Notar sei zumindest berechtigt (Herrler, DNotZ 2008, 903, 910 f., 915; Gustavus, Handelsregisteranmeldung, 7. Aufl. 2009, A 108, S. 109) oder gar verpflichtet (Wicke, GmbHG, § 57 Rn. 5), schon mit der Anmeldung der Kapitalerhöhung eine Gesellschafterliste mit dem Stand nach der angemeldeten Kapitalerhöhung einzureichen. Z. T. wird dies abgelehnt (Mayer, MittBayNot 2014, 114, 121). Davon zu trennen ist die Liste bei Tochtergesellschaften: Fraglich ist, ob der Notar eine berichtigte Gesellschafterliste bei Tochter-GmbH-Beteiligungen der übertragenden Gesellschaft einzureichen hat (vgl. dazu Teil 2 Rn. 942).

Ein **Sachgründungsbericht** ist nicht erforderlich (vgl. Teil 2 Rdn. 297 f.). 274

b) Kapitalerhöhung bei der AG. Eine ähnliche **vereinfachte Kapitalerhöhung** im Zuge der Ver- 275
schmelzung sieht § 69 UmwG für die AG vor. Nach § 69 Abs. 1 UmwG sind insb. folgende Vorschriften über die Kapitalerhöhung des AktG nicht anzuwenden: § 182 Abs. 4 AktG, wonach das Grundkapital nicht erhöht werden soll, solange noch ausstehende Einlagen erlangt werden können; § 184 Abs. 1
S. 2 AktG, der die entsprechende Regelung bei der Anmeldung enthält. Ebenfalls **ausgeschlossen** sind
die Vorschriften über die Zeichnung der neuen Aktien, **das Bezugsrecht** und das **vorrangige Bezugsrecht der Aktionäre** (§§ 185, 186, 187 Abs. 1 AktG). Schließlich sind auch nicht § 188 Abs. 3
Nr. 1 AktG anzuwenden, der die Beifügung der Zweitschriften der Zeichnungsscheine bei der Anmel-
dung vorsieht und § 188 Abs. 2 AktG mit seiner Verweisung auf die §§ 36 Abs. 2, 36a, 37 Abs. 1 AktG.
I. Ü. sind die allgemeinen Vorschriften der §§ 182 ff. AktG bei der Kapitalerhöhung anzuwenden (vgl.
Widmann/Mayer/Rieger, Umwandlungsrecht, § 69 UmwG Rn. 3; Stratz, in: Schmitt/Hörtnagl/
Stratz, § 69 UmwG Rn. 5; Lutter/Grunewald, § 69 UmwG Rn. 3 ff.).

Da es sich auch bei der AG um eine **Kapitalerhöhung gegen Sacheinlagen** handelt, findet insb. § 183 276
AktG Anwendung. Eine **Prüfung der Sacheinlagen** durch einen vom Gericht nach §§ 183 Abs. 3, 33
Abs. 3 AktG nach Anhörung der IHK zu bestellenden Prüfer im Wege der externen Prüfung der Sacheinlage findet allerdings gem. § 69 Abs. 1 UmwG nur statt, soweit der übertragende Rechtsträger die
Rechtsform einer Personenhandelsgesellschaft, einer Partnerschaftsgesellschaft oder eines rechtsfähigen Vereins hat, wenn die Vermögensgegenstände in der Schlussbilanz eines der übertragenden Gesellschaft höher bewertet worden sind, als in dessen letzter Jahresbilanz oder wenn die in der Schlussbilanz
angesetzten Werte nicht als Anschaffungskosten in den Jahresbilanzen der übernehmenden Gesellschaft
angesetzt werden oder wenn das **Gericht Zweifel** hat, ob der Wert der Sacheinlage den geringsten Ausgabebetrag der dafür zu gewährenden Aktien erreicht (vgl. Lutter/Grunewald, § 69 UmwG Rn. 7 ff.).
Die Sacheinlageprüfung in diesem Fall beruht auf der Erwägung, dass in diesen Fällen stets die **Gefahr
einer Aushöhlung des Grundkapitals** und damit einer **Verletzung des Verbots der unter-pari-Emission**
besteht, weil das Vermögen der übertragenden Personenhandelsgesellschaft, Partnerschaftsgesellschaft
oder des Vereins erst zu prüfen ist, um seinen Wert festzustellen, oder weil die neue Bewertung so hoch
ausfallen kann, dass der reale Wert des bewerteten Anteils der Sacheinlage nicht mit dem Nennwert der
für sie neu begebenen Aktien entspricht. Die Vorschrift berücksichtigt ferner den nach § 24 UmwG
möglichen Fall, dass die übernehmende Gesellschaft die Buchwerte aus der Schlussbilanz des übertragenden Rechtsträgers nicht fortführt, sondern die übernommenen Wirtschaftsgüter neu bewertet.
Auch hier soll einer zu hohen Bewertung durch eine Sacheinlagenprüfung vorgebeugt werden (vgl. Wid-
mann/Mayer/Rieger, Umwandlungsrecht, § 69 UmwG Rn. 22 ff.; Lutter/Grunewald, § 69 UmwG
Rn. 10; Kallmeyer/Marsch-Barner, § 69 UmwG Rn. 5; Diekmann, in: Semler/Stengel, § 69 UmwG
Rn. 10; Bermel in: Goutier/Knopf/Tulloch, Umwandlungsrecht, § 69 UmwG Rn. 21 ff.). Durch das
3. UmwÄndG vom 11.07.2011 (BGBl. I, S. 1338) wurde in § 69 Abs. 1 Satz 4 geregelt, dass zum Prüfer
in diesem Sinne auch der Verschmelzungsprüfer bestellt werden kann. Die Begründung zum Gesetzentwurf weist darauf hin, dass die differenzierte Regelung zur Notwendigkeit einer Sacheinlagenprüfung
beibehalten werde. Zum Zwecke der Vereinfachung solle jedoch von der Option Gebrauch gemacht
werden, die durch Art. 1 Nr. 3 der Änderungsrichtlinie in Art. 27 Abs. 3 Unterabs. 3 der Richtlinie
77/91/EWG eingeführt wurde. Sie gestatte die Prüfung der Sacheinlagen und des Verschmelzungsvertrages durch dieselben Sachverständigen. Für die Auswahl der Prüfer gelten in diesem Fall § 11 Abs. 1
UmwG, § 319 Abs. 1 bis 4 und § 319a Abs. 1 HGB (BT-Drucks. 17/3122, S. 17).

Grds. ist daher das Verfahren der Kapitalerhöhung bei der Verschmelzung das Gleiche wie bei der **Ka-** 277
pitalerhöhung gegen Sacheinlagen (vgl. Widmann/Mayer/Rieger, Umwandlungsrecht, § 69 UmwG
Rn. 14 ff.; Lutter/Grunewald, UmwG, § 69 Rn. 7 ff.). Die **Einberufung der Hauptversammlung** hat
nach § 123 Abs. 1 AktG mindestens 30 Tage vor dem Tag der Versammlung zu erfolgen, sofern die Satzung keine andere Frist vorschreibt, und hat die Angaben nach § 121 AktG zu enthalten. Da die Verschmelzung eine Sacheinlage darstellt, sind in die **Tagesordnung** aufzunehmen und bekannt zu machen
(§§ 183 Abs. 1, 124 Abs. 2 AktG): Wortlaut der vorgeschlagenen Satzungsänderung (Grundkapital und
Erhöhungsbetrag, Zahl der neuen Aktien, Ausgabebetrag, Gattung und Art), Kapitalerhöhung zur
Durchführung der Verschmelzung, übertragende Gesellschaft mit genauem Namen, Wert des Vermögens der übertragenden Gesellschaft und deren Grundkapital, der Nennbetrag, bzw. bei Stückaktien

die Zahl der als Gegenleistung zu gewährenden Aktien sowie die Höhe etwaiger barer Zuzahlungen. Die Einberufung ist nach § 121 Abs. 4 AktG in den Gesellschaftsblättern bekannt zu machen. Sie muss die Firma, den Sitz der Gesellschaft, Zeit und Ort der Hauptversammlung angeben. Zudem ist die Tagesordnung anzugeben und bei börsennotierten Gesellschaften die in § 121 Abs. 3 Satz 2 AktG genannten Angaben (Voraussetzungen der Teilnahme an der Hauptversammlung und die Ausübung des Stimmrechts, ggf. Nachweisstichtag, Verfahren für Stimmabgabe bestimmter Rechte der Aktionäre, Nr. 3, Internetseite der Gesellschaft, Nr. 4). Sind die Aktionäre der Gesellschaft namentlich bekannt, so kann nach § 121 Abs. 4 AktG die Hauptversammlung mit eingeschriebenem Brief einberufen werden. Sind mehrere Gattungen von stimmberechtigten Aktien vorhanden, hat die Einladung auch die Bekanntmachung des Erfordernisses von Sonderbeschlüssen anzukündigen.

278 **Umstritten** ist, ob die Festsetzung eines Mindestausgabebetrages der neuen Aktien i. S. v. § 182 Abs. 3 möglich und sogar erforderlich ist (vgl. Widmann/Mayer/Rieger, Umwandlungsrecht, § 69 UmwG Rn. 17; Lutter/Grunewald, § 69 UmwG Rn. 6; Diekmann, in: Semler/Stengel, § 69 UmwG Rn. 5). Der Kapitalerhöhungsbeschluss ist nach § 69 Abs. 1 UmwG wegen der Nichtanwendbarkeit des § 182 Abs. 4 AktG unabhängig davon zulässig, ob noch Einlagen auf das bisherige Grundkapital ausstehen und noch erlangt werden können (Ihrig, GmbHR 1995, 622, 640; Widmann/Mayer/Rieger, Umwandlungsrecht, § 69 UmwG Rn. 6; Lutter/Grunewald, § 69 UmwG Rn. 5; Kallmeyer/Marsch-Barner, § 69 UmwG Rn. 5; Diekmann, in: Semler/Stengel, § 69 UmwG Rn. 10; Stratz, in: Schmitt/Hörtnagl/ Stratz, § 69 UmwG Rn. 6). Der **Kapitalerhöhungsbeschluss** hat den Inhalt der normalen Kapitalerhöhung, nach § 182 Abs. 1 AktG ist eine **Mehrheit**, die mindestens 3/4 des bei der Beschlussfassung vertretenen Grundkapitals umfasst, erforderlich. Der Beschlussinhalt entspricht den Angaben der Tagesordnung.

279 Existieren **zwei oder mehr stimmberechtigte Aktiengattungen**, so wird der Kapitalerhöhungsbeschluss nach § 182 Abs. 2 AktG nur wirksam, wenn die Aktionäre jeder Gattung in Form eines Sonderbeschlusses zustimmen (vgl. auch § 65 Abs. 2 AktG zu den Sonderbeschlüssen der Zustimmung zur Verschmelzung).

280 § 186 AktG ist nach § 69 Abs. 1 Satz 1 UmwG nicht anwendbar, sodass die **Altaktionäre kein Bezugsrecht** haben (vgl. Diekmann, in: Semler/Stengel, § 69 UmwG Rn. 15; Lutter/Grunewald, § 69 UmwG Rn. 17; Kallmeyer/Marsch-Barner, § 69 UmwG Rn. 12; Stratz, in: Schmitt/Hörtnagl/Stratz, § 69 UmwG Rn. 10).

281 Da bei der Kapitalerhöhung zur Durchführung einer Verschmelzung die Zeichner im Verschmelzungsvertrag und Verschmelzungsbeschluss genannt werden, erfolgt keine Zeichnung neuer Aktien (vgl. Diekmann, in: Semler/Stengel, § 69 UmwG Rn. 14; Widmann/Mayer/Rieger, Umwandlungsrecht, § 69 UmwG Rn. 36; Lutter/Grunewald, § 69 UmwG Rn. 16; Stratz, in: Schmitt/Hörtnagl/Stratz, § 69 UmwG Rn. 9). § 185 AktG ist nach § 69 Abs. 1 Satz 1 UmwG ausdrücklich ausgeschlossen. Grds. ist bei der **Anmeldung der Kapitalerhöhung** zum Handelsregister zu unterscheiden zwischen der Anmeldung der Kapitalerhöhung nach § 69 Abs. 1 Satz 1 UmwG i. V. m. § 184 Abs. 1 AktG, der Anmeldung der Durchführung der Kapitalerhöhung (§ 69 Abs. 1 Satz 1 UmwG i. V. m. § 188 Abs. 1 AktG) und der Anmeldung der Verschmelzung (§ 16 UmwG). Diese werden zweckmäßigerweise verbunden (Kallmeyer/Marsch-Barner, § 69 UmwG Rn. 19). Die Kapitalerhöhung ist durchgeführt, wenn der Verschmelzungsvertrag und die Verschmelzungsbeschlüsse vorliegen (Lutter/Grunewald, § 69 UmwG Rn. 21; Kallmeyer/Marsch-Barner, § 69 UmwG Rn. 23; Bayer, WM 1989, 121, 124).

282 Nach § 69 Abs. 2 UmwG i. V. m. § 188 Abs. 3 Nr. 2 bis Nr. 4 AktG sind der Anmeldung der Kapitalerhöhung zum **Register folgende Unterlagen** beizufügen:
- der Verschmelzungsvertrag,
- die Niederschriften der Verschmelzungsbeschlüsse (einschließlich eventueller Sonderbeschlüsse), in Ausfertigung oder öffentlich beglaubigter Abschrift,
- alle die Höhe der Gegenleistung betreffenden Nebenvereinbarungen (§ 188 Abs. 3 Nr. 2 AktG),
- eine Aufstellung aller der Übernehmerin durch die Ausgabe der neuen Aktie entstehenden Kosten (§ 188 Abs. 3 Nr. 3 AktG),
- ggf. der Prüfungsbericht der Sacheinlagen, wenn erforderlich (§ 69 Abs. 1 Satz 1 Halbs. 2 UmwG, § 183 Abs. 3 AktG),

– Schlussbilanz der übertragenden Gesellschaft, wegen Werthaltigkeitsprüfung (vgl. Widmann/Mayer/Rieger, Umwandlungsrecht, § 69 UmwG Rn. 39).

Die **Anmeldung** erfolgt durch den Vorstand – in vertretungsberechtigter Zahl – und den Vorsitzenden 283
des Aufsichtsrats (§ 184 Abs. 1 AktG; vgl. Diekmann, in: Semler/Stengel, § 69 UmwG Rn. 13). Die
Anmeldung und Eintragung von Kapitalerhöhungsbeschluss und Durchführung der Kapitalerhöhung
können nach § 188 Abs. 4 AktG verbunden werden. Mit der **Anmeldung** kann und sollte man darüber
hinaus die Anmeldung der Verschmelzung verbinden (Diekmann in: Semler/Stengel, § 69 UmwG
Rn. 25; Widmann/Mayer/Mayer, Umwandlungsrecht, § 69 UmwG Rn. 42; Lutter/Grunewald,
§ 69 UmwG Rn. 22).

Möglich ist auch die Durchführung einer **bedingten Kapitalerhöhung**. Dies ist dann sinnvoll, wenn die 284
Zahl der zu gewährenden Aktien noch nicht festgelegt werden kann und daher eine gewöhnliche Kapitalerhöhung gegen Sacheinlagen unmöglich ist. Soll die Kapitalerhöhung bereits in einem frühen Stadium zur Vorbereitung der Verschmelzung erfolgen und steht die Zahl der Aktien noch nicht fest, dann
kommt auch eine bedingte Kapitalerhöhung in Betracht. Ein anderer Anwendungsfall ist die Verschmelzung mehrerer Gesellschaften. Die wohl überwiegende Meinung geht davon aus, dass die bedingte Kapitalerhöhung nach § 192 Abs. 2 Nr. 2 AktG auch für die Verschmelzung anwendbar ist (vgl.
Widmann/Mayer/Rieger, Umwandlungsrecht, § 69 UmwG Rn. 49; Lutter/Grunewald, UmwG, § 69
Rn. 25; Diekmann in: Semler/Stengel, § 69 UmwG Rn. 21; Kallmeyer/Marsch-Barner, § 69 UmwG
Rn. 15; Stratz, in: Schmitt/Hörtnagl/Stratz, § 69 UmwG Rn. 27). Die bedingte Kapitalerhöhung findet i. d. R. statt, wenn die Kapitalerhöhung vor Abschluss des Verschmelzungsvertrages beschlossen
werden soll (Widmann/Mayer/Rieger, Umwandlungsrecht, § 69 UmwG Rn. 49; Diekmann, in: Semler/Stengel, § 69 UmwG Rn. 21, Kallmeyer/Marsch-Barner, § 69 UmwG Rn. 15).

Auf die bedingte Kapitalerhöhung werden daher die **§§ 192 ff.** AktG ohne Weiteres angewendet. Es bestand allerdings auch zum alten § 343 AktG Einigkeit, dass in Analogie zu § 343 Abs. 1 die nicht passenden Vorschriften der §§ 198, 200, 201 AktG nicht anzuwenden sind (vgl. KK-AktG/Kraft, § 343
Rn. 34). Der Gesetzgeber hat diese Frage in § 69 nicht ausdrücklich geregelt, es besteht aber Einigkeit,
dass auch hier § 69 UmwG anzuwenden ist und die genannten Erleichterungen gelten (vgl. Lutter/Grunewald, UmwG, § 69 Rn. 25; Stratz, in: Schmitt/Hörtnagl/Stratz, § 69 UmwG Rn. 27).

▶ **Hinweis:** 285

Auch **genehmigtes Kapital** kann zur Durchführung der Verschmelzung genutzt werden (Widmann/Mayer/Rieger, Umwandlungsrecht, § 69 UmwG Rn. 52; Lutter/Grunewald, UmwG, § 69
Rn. 24; Kallmeyer/Marsch-Barner, § 69 UmwG Rn. 15; Stratz, in: Schmitt/Hörtnagl/Stratz,
§ 69 UmwG Rn. 19; Diekmann, in: Semler/Stengel, § 69 UmwG Rn. 19). Allerdings muss in der
Ermächtigung vorgesehen sein, dass die Aktien gegen Sacheinlagen ausgegeben werden dürfen
(§ 205 Abs. 1 AktG), da die Verschmelzung eine Kapitalerhöhung gegen Sacheinlagen darstellt (vgl.
Lutter/Grunewald, UmwG. § 69 Rn. 24; Widmann/Mayer/Rieger, Umwandlungsrecht, § 69
UmwG Rn. 52; Kallmeyer/Marsch-Barner, § 69 UmwG Rn. 14; Stratz, in: Schmitt/Hörtnagl/
Stratz, § 69 UmwG Rn. 120). Weiter ist zu beachten, dass die Erhöhung des Grundkapitals oftmals
auch eine **Änderung des Aufsichtsrates** erforderlich macht, wenn die Satzung die Zahl der Aufsichtsratsmitglieder an § 95 AktG ausrichtet (vgl. Heckschen, Verschmelzung von Kapitalgesellschaften,
S. 34).

3. Festlegung des Kapitalerhöhungsbetrages. a) Verbot der Überbewertung. Wie bereits dargelegt, handelt es sich bei der Kapitalerhöhung zur Verschmelzung um eine **Kapitalerhöhung gegen** 286
Sacheinlage. Die Einlagepflicht wird durch Übertragung des Gesamtvermögens der übertragenden Gesellschaft erfüllt. Es gelten daher die gleichen Grundsätze wie bei jeder Kapitalerhöhung gegen eine
Sacheinlage. Aus Gründen des Gläubigerschutzes ist daher sowohl bei der AG als auch bei der
GmbH im Grundsatz eine **Überbewertung bzw. eine Unter-pari-Emission verboten** (vgl. § 9 Abs. 1
AktG bzw. §§ 9c, 57a GmbHG; vgl. BGHZ 68, 191; Widmann/Mayer/Mayer, Umwandlungsrecht,
§ 55 UmwG Rn. 12; Lutter/Winter/Vetter, UmwG § 55 Rn. 26; Reichert, in: Semler/Stengel, § 55
UmwG Rn. 7; Kallmeyer/Kallmeyer/Kocher, § 55 UmwG Rn. 10; Stratz, in: Schmitt/Hörtnagl/

Stratz, § 55 UmwG Rn. 9, 14, 27; ausführlich Korte, WiB 1997, 955, 957; § 69 Rn. 13; Ihrig, GmbHR 1995, 622; Limmer, in: FS für Schippel, 1996, S. 426; vgl. auch Lutter/Bayer, § 9c GmbHG Rn. 15).

287 Dem **Registergericht** obliegt die **Prüfung**, ob eine Überbewertung des eingebrachten Vermögens im Wege der Verschmelzung vorliegt und damit gegen das Verbot der sog. Unter-pari-Emission verstoßen wurde (vgl. unten Teil 2 Rdn. 294 und Stratz, in: Schmitt/Hörtnagl/Stratz, § 55 UmwG Rn. 27). Das MoMiG hat den Prüfungsstandard des Registergerichts bei der GmbH allerdings in Anlehnung an § 38 Abs. 2 Satz 2 AktG verringert. Nach dem neuen § 9c Abs. 1 GmbHG beschränkt sich die Prüfungspflicht des Registergerichts nunmehr auf »*nicht unwesentliche*« Überbewertungen der Sacheinlage. Unwesentliche Überbewertungen bleiben außer Betracht (Lutter/Hommelhoff/Bayer, § 9c GmbHG Rn. 17; Baumbach/Hueck/Fastrich, § 9c GmbHG Rn. 7a). Mit dem Begriff »nicht unwesentlich« soll den Bewertungsschwierigkeiten Rechnung getragen werden (Hüffer/Koch, § 38 AktG Rn. 9).

288 Grds. ist für die Höhe der notwendigen Kapitalerhöhung der **Wert der übertragenden Gesellschaft** maßgebend. Bereits bei der Bestimmung des Umtauschverhältnisses im Verschmelzungsvertrag erfolgt eine Festlegung der wahren Werte der beiden verschmolzenen Gesellschaften. Alle an der Verschmelzung beteiligten Unternehmen sind daher nach denselben betriebswirtschaftlichen Methoden i. d. R. in der Hinsicht auf ihren Ertragswert zu bewerten. Maßgebend für die Werte sind die wahren Werte, stille Reserven müssen aufgedeckt, auch der Firmenwert berücksichtigt werden (vgl. zur Bewertung; Widmann/Mayer/Mayer, Umwandlungsrecht, § 55 UmwG Rn. 60 ff.; Lutter/Winter/Vetter, UmwG, § 55 Rn. 26 ff.; Reichert, in: Semler/Stengel, § 55 UmwG Rn. 8 ff.; Kallmeyer/Kallmeyer/Kocher, § 55 UmwG Rn. 10; Stratz, in: Schmitt/Hörtnagl/Stratz, § 55 UmwG Rn. 26). Die Höhe der Kapitalerhöhung hängt damit vom Verhältnis des Wertes der übertragenden Gesellschaft zum Wert der übernehmenden Gesellschaft ab (vgl. Widmann/Mayer/Mayer, Umwandlungsrecht, § 55 UmwG Rn. 60 ff.). **Bewertungsstichtag** ist der Tag des Verschmelzungsbeschlusses (str., Widmann/Mayer/Mayer, Umwandlungsrecht, § 5 UmwG Rn. 131; Schröer, in: Semler/Stengel, § 5 UmwG, Rn. 59; Bayer, AG 1989, 323, 329; Priester, BB 1992, 1594, 1596; a. A. Lutter/Drygala, § 5 UmwG Rn. 32, der auf den Verschmelzungsstichtag abstellt).

289 ▶ **Beispiel:**

A-GmbH übertragende Gesellschaft:	
Stammkapital	50.000,00 €
A:	25.000,00 €
B:	25.000,00 €
Wahrer Wert der A-GmbH ermittelt nach Ertragswertverfahren:	50.000,00 €
B-GmbH aufnehmende Gesellschaft:	
Stammkapital:	100.000,00 €
Wahrer Wert:	200.000,00 €
Kapitalerhöhungs(-betrag)	**=Wert A**
Stammkapital B + Kapitalerhöhung	Wert A + Wert B
Kapitalerhöhung	**=50.000,00 €**
100.000,00 € + Kapitalerhöhung	250.000,00 €
Kapitalerhöhungsbetrag	= 25.000,00 €

290 **b) Zulässigkeit einer Unterbewertung.** Wenn im Grundsatz die wahren Werte für die Kapitalerhöhung ausschlaggebend sind, bleibt fraglich, ob nicht eine **Unterbewertung des Vermögens der übertragenen Gesellschaft zulässig ist.** Hierbei ist zu berücksichtigen, dass eine Unterbewertung in die **Rechte des einzelnen Gesellschafters** eingreift, wenn sie nicht in gleicher Weise und gleicher Relation auch beim Wertansatz der übernehmenden Gesellschaft geschieht (Lutter/Hommelhoff, GmbHG, 13. Aufl. 1991, § 21 KapErhG Rn. 7; Widmann/Mayer/Mayer, Umwandlungsrecht, § 55 UmwG Rn. 61). Sieht man allerdings in der Unterbewertung – mit der Folge geringer Anteilsgewährung – nur ein **Problem des Minderheitenschutzes**, dann muss eine solche zulässig sein, wenn alle Gesellschafter der Unterbewertung zustimmen. Allerdings haben das OLG Hamm (BB 1988, 1411) und das

BayObLG (BB 1989, 1779) bei der **Verschmelzung von Schwestergesellschaften** die Auffassung vertreten, dass ein Interesse der Gläubiger bestehe, dass das Stammkapital der übertragenden Gesellschaft weiterhin der Kapitalbindung unterliegen müsse, sodass auf die Kapitalerhöhung nicht verzichtet werden könne. Auf der Grundlage dieser Überlegungen müsste man folgerichtig das Stammkapital der aufnehmenden Gesellschaft mindestens i. H. d. Stammkapitals der übertragenden erhöhen, bei einer übertragenden AG sogar i. H. d. Verkehrswerte (vgl. Fischer, DB 1995, 485, 490).

Diese Folgerung findet allerdings im Gesetz keine Stütze, da auch das neue UmwG keine Verpflichtung   291
vorsieht, den Wert des Vermögens der übertragenden Gesellschaft in Haftkapital der übernehmenden zu binden, sodass auch eine geringere Stammkapitalerhöhung zulässig ist (so auch Kowalski, GmbHR 1996, 158, 159 ff.; Limmer, in: FS für Schippel, 1996, S. 415, 427; Hügel, Verschmelzung und Einbringung, S. 663; Heckschen, DB 1989, 1561).

Die Frage der wertentsprechenden Kapitalerhöhung oder auch der **Zulässigkeit einer Unterbewertung**   292
steht im engen Zusammenhang mit der oben behandelten Frage der **Anteilsgewährungspflicht** und der Zulässigkeit eines Verzichts, da es im Grunde bei der Unterbewertung um einen partiellen Verzicht der Gesellschafter der übertragenden Gesellschaft geht (vgl. im Einzelnen oben Teil 1 Rdn. 168 ff., Teil 2 Rdn. 96 ff.). Anders als bei der Frage des Verzichts ging auch vor dem Zweiten Gesetz zur Änderung des UmwG die überwiegende Literaturauffassung davon aus, dass bei einer Kapitalerhöhung der Erhöhungsbetrag von den beteiligten Rechtsträgern nach freiem Ermessen festgelegt werden kann (vgl. Widmann/Mayer/Mayer, Umwandlungsrecht, § 5 UmwG Rn. 47; Kowalski, GmbHR 1996, 158; Lutter/Winter, UmwG, § 54 Rn. 72 ff.; Limmer, in: FS für Schippel, 1996, S. 415 ff.). Die von einigen Registergerichten verlangte Mindestkapitalerhöhung i. H. v. 30 % des Stammkapitals der übertragenden Gesellschaft findet im Gesetz keine Stütze. Durch die in §§ 54 und 68 UmwG n. F. geregelte Verzichtsmöglichkeit (vgl. Teil 2 Rdn. 128 ff.) ist nunmehr klar bestimmt, dass bei Zustimmung der Anteilsinhaber des übertragenden Rechtsträgers ohne Weiteres eine Unterbewertung zulässig ist.

▶ **Hinweis:**   293

Findet eine Unterbewertung statt, dann ist der Mehrbetrag des Reinvermögens der übertragenden Gesellschaft in die freien Rücklagen einzustellen, eine Gutschrift als Darlehen ist nicht zulässig, und zwar auch nicht i. R. d. 10 %-Grenze des § 54 Abs. 4 UmwG, denn darin würde ein Verstoß gegen die ausschließliche Anteilsgewährungspflicht liegen (so Widmann/Mayer/Mayer, Umwandlungsrecht, § 5 UmwG Rn. 67, § 55 UmwG Rn. 67; Reichert, in: Semler/Stengel, § 55 UmwG Rn. 42; Lutter/Winter/Vetter, UmwG, § 54 Rn. 35; vgl auch OLG München DNotZ 2012, 308 = DStR 2012, 142, das diesen Grundsatz bestätigt, für die Ausgliederung aber eine Ausnahme zulässt.). Ein Teil der Literatur will aber in der 10 %-Grenze die Darlehensgewährung zulassen (Simon/Nüssen in: KölnKom § 54 UmwG Rn. 74).

4. Prüfung durch Registergericht. Da es sich bei der Verschmelzung mit Kapitalerhöhung im   294
Grundsatz um eine Sacheinlage handelt, stellt sich die weitere Frage, welche **Prüfungsbefugnis der Registerrichter** im Hinblick auf die Verschmelzung hat. Aus diesem Grund bestimmt auch § 69 Abs. 1 Satz 1 Halbs. 2 UmwG, dass eine **formalisierte externe Gründungsprüfung bei einer aufnehmenden AG** durch einen vom Gericht zu bestellenden Gründungsprüfer unter folgenden **Voraussetzungen** stattfindet:

– der übertragende Rechtsträger hat die Rechtsform einer **Personenhandelsgesellschaft**, einer Partnerschaftsgesellschaft oder eines **rechtsfähigen Vereins**;
– Vermögensgegenstände in der Schlussbilanz eines übertragenden Rechtsträgers werden **höher bewertet** als in dessen letzter Jahresbilanz;
– die in der Schlussbilanz angesetzten Werte werden **nicht als Anschaffungskosten** in die Jahresbilanzen der übernehmenden Gesellschaft angesetzt;
– das **Gericht hat Zweifel**, ob der Wert der Sacheinlage den Nennbetrag der dafür zu gewährenden Aktien erreicht.

Die **Begründung zum RegE** (BT-Drucks. 75/94, S. 104, abgedruckt in: Limmer, Umwandlungsrecht,   295
S. 299) weist darauf hin, dass diese Möglichkeit der Gründungsprüfung auf der Erwägung beruht, dass

in diesen Fällen stets die Gefahr einer Aushöhlung des Grundkapitals und damit der Verletzung des Verbots der unter-pari-Emission besteht, weil das Vermögen der übertragenden Personenhandelsgesellschaft oder des Vereins erst zu prüfen ist, um seinen Wert festzustellen, oder weil die neue Bewertung so hoch ausfallen kann, dass der reale Wert des bewerteten Teils der Sacheinlagen nicht mehr den Nennwert der für sie neu begebenen Aktien entspricht. Die Vorschrift berücksichtigt ferner den nunmehr nach § 24 UmwG möglichen Fall, dass die übernehmende Gesellschaft die Buchwerte aus der Schlussbilanz des übertragenden Rechtsträgers nicht fortführt, sondern die übernommenen Wirtschaftsgüter neu bewertet. Auch hier muss einer zu hohen Bewertung durch eine Sacheinlagenprüfung vorgebeugt werden.

296   Bei der **aufnehmenden AG** hat der Gesetzgeber dem **Registergericht** also **weitgehende Prüfungsbefugnisse** schon im Gesetz zugebilligt. Bereits wenn es Zweifel hat, ob der Wert der Sacheinlage den Nennbetrag der Kapitalerhöhung erreicht, kann eine zusätzliche Gründungsprüfung gem. § 33 Abs. 3 bis Abs. 5, § 34 Abs. 2 und Abs. 3 und § 35 AktG notwendig werden.

297   Für die **GmbH** sieht § 55 UmwG ausdrücklich keine vergleichbaren Befugnisse vor. Dies ist allerdings nicht nötig, da auf die Kapitalerhöhung mit Ausnahme der in § 55 Abs. 1 UmwG genannten Vorschriften die **allgemeinen Vorschriften der GmbHG über Kapitalerhöhung** anwendbar sind, und damit auch die §§ 57a, 9c GmbHG. Dementsprechend hat das Gericht auch Ablehnungsrecht und -pflicht, wenn Sacheinlagen überbewertet worden sind (§ 9c Satz 2 GmbHG; Widmann/Mayer/Mayer, Umwandlungsrecht, § 55 UmwG Rn. 75 ff.; Lutter/Winter/Vetter, UmwG, § 55 Rn. 26; Kallmeyer/Zimmermann, § 53 UmwG Rn. 15; Stratz, in: Schmitt/Hörtnagl/Stratz, § 55 UmwG Rn. 5 ff.). Das MoMiG hat den Prüfungsstandard des Registergerichts bei der GmbH allerdings in Anlehnung an § 38 Abs. 2 Satz 2 AktG verringert. Nach dem neuen § 9c Abs. 1 GmbHG beschränkt sich die Prüfungspflicht des Registergerichts nunmehr auf »*nicht unwesentliche*« Überbewertungen der Sacheinlage. Unwesentliche Überbewertungen bleiben außer Betracht (Lutter/Hommelhoff/Bayer, § 9c GmbHG Rn. 17; Baumbach/Hueck/Fastrich, § 9c GmbHG Rn. 7a). Mit dem Begriff »nicht unwesentlich« soll den Bewertungsschwierigkeiten Rechnung getragen werden (Hüffer/Koch, § 38 AktG Rn. 9).

Daher ist auch bei der Verschmelzung das Prüfungsrecht und die Prüfungspflicht des Registergerichts die gleiche, wie bei einer Gründung einer GmbH nach § 9c GmbHG. Bei der Sacheinlage hat das Registergericht den Wert zu prüfen. Da allerdings ein **Sachkapitalerhöhungsbericht** bei der Kapitalerhöhung gegen Sacheinlagen nicht vorgesehen ist, auch nicht bei der Verschmelzung, stellt sich die Frage, ob dennoch das Registergericht einen solchen in **Analogie zu § 5 Abs. 4 Satz 2 GmbHG** verlangen kann. Diese Frage ist bei der Kapitalerhöhung umstritten. Einige Autoren halten einen solchen Bericht schlechthin nicht für erforderlich (so Happ, BB 1985, 1927). Demgegenüber ist der wohl überwiegende Teil der Literatur und auch die Rechtsprechung der Auffassung, dass das Registergericht zwar keinen Sachgründungsbericht, aber zumindest im Einzelfall entsprechende Darlegungen verlangen kann (so OLG Köln, GmbHR 1996, 684; OLG Thüringen, GmbHr 1994, 710; Lutter/Hommelhoff/Lutter, GmbHG, § 56 Rn. 7; Bock, MittRhNotK 1981, 3; Ulmer/Ulmer, § 56 GmbHG Rn. 57; Baumbach/Hueck/Zöllner, GmbHG, § 56 Rn. 17; Michalski/Hermanns, § 56 GmbHG Rn. 64). Nach einer anderen Auffassung ist wiederum die Vorlage eines Sachkapitalerhöhungsberichts in jedem Fall notwendig (so Priester, DNotZ 1980, 526; Scholz/Priester, GmbHG, § 56 Rn. 90; Timm, GmbHR 1980, 290; Ehlke, GmbHR 1985, 290). Das OLG Stuttgart (GmbHR 1982, 112) war der Auffassung, dass das Registergericht im Rahmen seiner Amtsermittlungspflicht befugt und im Allgemeinen gehalten ist, einen Sachkapitalerhöhungsbericht zu verlangen. Das OLG Jena (GmbHR 1994, 710) stellt auf den Einzelfall ab.

298   Bei der Verschmelzung zur Aufnahme kann § 58 Abs. 2 UmwG analog angewendet werden mit der Folge, dass in jedem Fall ein **Sachgründungsbericht nicht erforderlich** ist, soweit eine Kapitalgesellschaft oder eine eingetragene Genossenschaft übertragender Rechtsträger ist. I. Ü. wird man wohl im Einzelfall entsprechende Darlegungen verlangen können, wenn das Registergericht Zweifel hat, ob das Kapital erreicht wird. Man wird sich hier wohl auch an § 69 Abs. 1 Satz 1 Halbs. 2 UmwG orientieren müssen (vgl. ausführlich Heidinger/Limmer/Holland/Reul, Gutachten des DNotI, Bd. IV, Gutachten zum Umwandlungsrecht, S. 134 ff.). Standardmäßig kann kein solcher Bericht verlangt werden (Lutter/Winter/Vetter, UmwG, § 55 Rn. 72).

Aus der Prüfungspflicht und dem Prüfungsrecht des Registergerichts bei der Kapitalerhöhung gegen 299
Sacheinlage folgt allerdings die überwiegende Meinung, die Notwendigkeit, der **Anmeldung** auch **Unterlagen beizufügen**, die eine Prüfung ermöglichen. Als geeignete Unterlagen kommen etwa die
Schlussbilanz der übertragenden Gesellschaft in Betracht (vgl. Goutier/Knopf/Bermel, Umwandlungsrecht, § 55 UmwG Rn. 28; Widmann/Mayer/Mayer, Umwandlungsrecht, § 55 UmwG Rn. 75; Lut-
ter/Winter/Vetter, UmwG, § 55 Rn. 69; Kallmeyer/Zimmermann, § 53 UmwG Rn. 14; Reichert,
in: Semler/Stengel, § 55 UmwG Rn. 9; allgemein zur Kapitalerhöhung Scholz/Priester, GmbHG,
§ 57a Rn. 6).

▶ **Hinweis:** 300

In der Praxis jedenfalls empfiehlt sich bei der Einbringung im Wege der Verschmelzung hinsichtlich
der Ordnungsmäßigkeit der Wertansätze eine »**bescheinigte**« **Schlussbilanz** der übertragenden Gesellschaft, die durch einen Angehörigen der wirtschaftsprüfenden oder steuerberatenden Berufe,
also nicht notwendig durch einen Wirtschaftsprüfer zu erteilen ist (vgl. Lutter/Winter/Vetter,
UmwG, § 55 Rn. 70; Reichert, in: Semler/Stengel, § 55 UmwG Rn. 24; Kallmeyer/Zimmermann,
§ 55 UmwG Rn. 15). Dabei ist nicht Voraussetzung, dass die **Einbringung zu Buchwerten** erfolgt.
Allerdings muss ggf. die **Aufdeckung stiller Reserven** dargelegt werden, was den Richter veranlassen
kann, insofern ein spezielles Gutachten zu verlangen (Scholz/Priester, GmbHG, § 57a Rn. 21, Ul-
mer/Ulmer, § 57 GmbHG Rn. 17; Lutter/Hommelhoff/Lutter, GmbHG, § 57 Rn. 14). Werden
die Wertansätze der Schlussbilanz fortgesetzt, kann dann wohl i. d. R. davon ausgegangen werden,
dass Wertdeckung erreicht ist. Lediglich bei Aufdeckung stiller Reserven wird das Registergericht
erhöhte Prüfungsanforderungen stellen können (so auch; Lutter/Hommelhoff, GmbHG, 13. Aufl.,
§ 22 KapErhG Rn. 4; Widmann/Mayer/Mayer, Umwandlungsrecht, § 55 UmwG Rn. 77; Lutter/
Winter/Vetter, UmwG, § 55 Rn. 29).

5. Bardeckungspflicht. Früher war umstritten, welche Möglichkeiten bestehen, wenn i. R. d. Ver- 301
schmelzung das übertragene Vermögen den Wert des Kapitalerhöhungsbetrages nicht erreicht. Bei
der Sachgründung oder bei der Kapitalerhöhung außerhalb des UmwG besteht die Möglichkeit,
dass der Einleger, d. h. die Gesellschafter der übertragenden Gesellschaft, die **Wertdifferenz in Form
einer Bareinlage** ausgleicht (vgl. Scholz/Priester, GmbHG, § 57a Rn. 12). Ob sich diese Regelung
auf die Verschmelzung übertragen lässt, wird bzgl. GmbH und AG unterschiedlich beantwortet. Problematisch hierbei ist, dass Einleger die übertragende Gesellschaft ist, die mit Wirksamwerden des Verschmelzungsvertrages aber nicht mehr besteht. Für die **GmbH** wurde zum alten vor 1995 geltenden
Umwandlungsrecht die Auffassung vertreten, dass eine **Nachschusspflicht der GmbH-Gesellschafter**
besteht (so Scholz/Priester, GmbHG, 7. Aufl., Anh. Umwandlung, § 22 KapErhG Rn. 11). Demgegenüber wurde für das alte **Aktienrecht** die Auffassung vertreten, dass **keine Bardeckungspflicht** infrage
kommt. Der Aktionär der übertragenden Gesellschaft habe auf die Bewertung des Gesellschaftsvermögens keinen Einfluss und stehe auch ferner als der GmbH-Gesellschafter. Aus diesem Grund wäre eine Bardeckungspflicht bei der AG nicht akzeptabel, da sie auch die überstimmten
Gesellschafter treffen müsste (so Grunewald, in: Geßler/Hefermehl, AktG, § 344 Rn. 20). Die zum
UmwG 1995 wohl herrschende Meinung geht davon aus, dass bei einer Verschmelzung die Verbindung
einer Sacheinlage mit einer Bareinlage zugelassen werden müsse, um den erforderlichen, aber noch bei
den abgespalteten Vermögensgegenständen fehlenden Wert der übernommenen Einlagen aufzufüllen
(Suppliet, NotBZ 1997, 141 ff., 146; Widmann/Mayer § 55 UmwG Rn. 79.1; Widmann/Mayer/Vos-
sius, § 20 UmwG Rn. 52; Kallmeyer/Kallmeyer/Kocher, § 55 UmwG Rn. 10 ff.; Lutter/Winter/Vet-
ter, UmwG, § 55 Rn. 73; Reichert, in: Semler/Stengel, § 55 UmwG Rn. 10). Auch zum alten Umwandlungsrecht hat die ganz herrschende Meinung eine solche »bare Zuzahlung« im Zusammenhang mit der
Sachkapitalerhöhung oder Sachgründung bei der Umwandlung durch Vermögensübertragung angenommen (OLG Oldenburg, DB 1994, 88; Priester, BB 1978, 1291).

Im **Steuerrecht** kann dies allerdings zur Aufdeckung stiller Reserven führen (s. u. Teil 7 Rdn. 705 ff.). 302

6. Kapitalerhöhungsverbote. Wie im bis 1995 geltenden Recht (§ 23 KapErhG, § 344 Abs. 1 303
AktG a. F.) sind für bestimmte Fälle **Kapitalerhöhungsverbote** und **Kapitalerhöhungswahlrechte** vor-

gesehen (§ 54 UmwG für die GmbH, § 68 UmwG für die AG). Diese Vorschriften sollen die Entstehung eigener Geschäftsanteile verhindern und den Abbau von derartigen Beständen erleichtern. § 54 Abs. 1 bzw. § 68 Abs. 1 UmwG nennt die Fälle, in denen eine Kapitalerhöhung grds. unzulässig ist. Die Vorgängervorschriften – § 23 KapErhG, § 346 AktG – beruhen auf dem Verschmelzungsrichtlinie-Gesetz (BGBl. 1982 I, S. 1425).

304 Die Vorschriften über Kapitalerhöhungsverbote und Kapitalerhöhungswahlrechte sind auch im Hinblick auf **§ 20 Abs. 1 Nr. 3 UmwG** zu beurteilen. Diese Vorschrift ergänzt die §§ 54 bzw. 68 UmwG. In § 20 UmwG ist allgemein geregelt, dass die Gesellschafter der übertragenden Gesellschaft durch die Verschmelzung entsprechend dem Verschmelzungsvertrag Gesellschafter der übernehmenden Gesellschaft werden. Dies gilt jedoch nicht, soweit der übernehmende Rechtsträger Anteilsinhaber des übertragenden Rechtsträgers ist oder der übertragende Rechtsträger eigene Anteile innehat. In diesem Fall würde die Gesamtrechtsnachfolge zur Entstehung von Anteilen der übernehmenden Gesellschaft an sich selbst führen, was der Gesetzgeber zum alten Recht für die AG für unzulässig erachtete und für die GmbH nun als unerwünscht ansieht. Auch wenn im GmbH-Recht im Gegensatz zum Aktienrecht der Erwerb eigener Anteile nicht verboten ist, so soll diesem rechtspolitisch unerwünschten Vorgang, durch den das Stammkapital der GmbH ausgehöhlt wird, jedenfalls nicht durch eine Verschmelzung Vorschub geleistet werden. Deshalb hat der Gesetzgeber in den Fällen, in denen durch den Anteilstausch aufgrund einer Verschmelzung **eigene Geschäftsanteile** entstehen können, wie im Aktienrecht den **Anteilstausch ausgeschlossen** (vgl. Begründung zum RegE, BR-Drucks. 75/94, S. 91, abgedruckt in: Limmer, Umwandlungsrecht, S. 286).

305 Es ist daher konsequent, dass in diesen Fällen auch die **Anteilsgewährungspflicht entfällt** und dementsprechend auch ein **Kapitalerhöhungsverbot** in § 54 Abs. 1 Nr. 1 und Nr. 2 bzw. § 68 Abs. 1 Nr. 1 und Nr. 2 UmwG vorgesehen ist.

306 Darüber hinaus enthält § 54 Abs. 1 Satz 2 UmwG ein sog. **Kapitalerhöhungswahlrecht**. In diesen Fällen muss die übernehmende Gesellschaft ihr Stammkapital nicht erhöhen, kann dies aber, wenn sie dies wünscht (vgl. allgemein auch oben Teil 2 Rdn. 106 ff.).

307 **a) Übernehmer besitzt Anteile an der übertragenden Gesellschaft (sog. up-stream-merger).** Es handelt sich zunächst um den Fall, dass die **übernehmende Gesellschaft Anteile an der übertragenen Gesellschaft besitzt** (§ 54 Abs. 1 Satz 1 Nr. 1 UmwG, § 68 Abs. 1 Satz 1 UmwG). In dem Fall, in dem die aufnehmende Gesellschaft selbst zu den Gesellschaftern der übertragenden Gesellschaft gehört, würde sie sowohl Schuldnerin als auch Gläubigerin des Anspruchs auf Gewährung der Anteile an der neuen Gesellschaft sein, sodass der Anspruch in einer Person zusammentrifft. Insofern besteht daher kein Bedürfnis zur Schaffung neuer Geschäftsanteile. Die übernehmende Gesellschaft würde durch eine solche Neuschaffung nur eigene Geschäftsanteile erwerben (vgl. BayObLG, AG 1984, 22 = BB 1984, 91; Korte, WiB 1997, 953, 961; Kallmeyer/Kallmeyer/Kocher, § 54 UmwG Rn. 5 f.; Widmann/Mayer/Mayer, Umwandlungsrecht, § 54 UmwG Rn. 12 ff.; Widmann/Mayer/Rieger Umwandlungsrecht, § 68 UmwG Rn. 9; Lutter/Winter/Vetter, UmwG, § 54 Rn. 17 ff.).

308 Der Gesetzgeber hat diesen Fall als Kapitalerhöhungsverbot ausgestaltet, um die – unerwünschte – **Schaffung eigener Anteile zu verhindern** (vgl. Kallmeyer/Kallmeyer/Kocher, § 54 UmwG Rn. 5 f.; Widmann/Mayer/Mayer, Umwandlungsrecht, § 5 UmwG Rn. 35 ff., § 54 UmwG Rn. 12 ff.; Widmann/Mayer/Rieger Umwandlungsrecht, § 68 UmwG Rn. 9; Lutter/Winter/Vetter, UmwG, § 54 Rn. 17 ff.). Dieses Verbot korrespondiert mit der Regelung in § 20 Abs. 1 Nr. 3 UmwG, dass in diesem Fall auch kein Anteilstausch stattfindet und auch demgemäß keine Anteilsgewährungspflicht besteht. Nach § 54 Abs. 2 UmwG gilt die Vorschrift entsprechend, wenn die Anteile treuhänderisch von einem Dritten für die übernehmende Gesellschaft gehalten werden.

309 Der Fall des § 54 Abs. 1 Satz 1 Nr. 1 UmwG kann bei der Berechnung der Kapitalerhöhung bei der Übernehmerin allerdings Probleme bereiten. Nach §§ 54 bzw. 68 UmwG darf die übernehmende Gesellschaft zur Durchführung der Verschmelzung ihr Stammkapital nicht erhöhen **soweit sie Anteile am übertragenden Rechtsträger innehat**. Die herrschende Meinung zum alten Recht war daher der Auffassung, dass der Wortlaut und die gesetzgeberische Wertung auch bei der Berechnung der Kapitalerhöhung berücksichtigt werden müssen. Sie darf nicht dazu führen, dass die Gesellschafter der

übernehmenden Gesellschaft einen nominell höheren Geschäftsanteil erhalten und auf diese Weise ein Ausgleich für den Anteil der übernehmenden Gesellschaft an der übertragenden Gesellschaft erfolgen würde, was aber rechtlich nicht zulässig ist (Widmann/Mayer/Mayer, Umwandlungsrecht, § 54 UmwG Rn. 17). Es muss also hierbei berücksichtigt werden, dass die Kapitalerhöhung nur in der Höhe erfolgen darf, die der Wertrelation der Anteile an der übertragenden Gesellschaft im Verhältnis zum Wert der übernehmenden Gesellschaft entspricht, die nicht im Eigentum der übernehmenden Gesellschaft stehen.

▶ **Beispiel:** 310

Die A-GmbH hat ein Stammkapital von 100.000,00 €, ihr wahrer Wert ist 200.000,00 €. Die B-GmbH soll auf die A-GmbH verschmolzen werden, die B-GmbH hat ein Stammkapital von 100.000,00 €, ihr Wert entspricht auch 100.000,00 €. An der B-GmbH ist die A-GmbH mit 50.000,00 € beteiligt. Einen weiteren Anteil i. H. v. 50.000,00 € erhält der Gesellschafter B. Bei gleicher Wertigkeit der Kapitalerhöhung darf daher das Kapital bei der A-GmbH nur um 25.000,00 € erhöht werden. Diesen Anteil i. H. v. 25.000,00 € würde B als Ausgleich für den Verlust seines Anteils an der B-GmbH erhalten.

b) Übertragende Gesellschaft hält eigene Anteile. Der zweite Fall (§§ 54 Abs. 1 Satz 1 Nr. 2, 68 311 Abs. 1 Nr. 2 UmwG) betrifft die Konstellationen, in denen die **übertragende Gesellschaft eigene Anteile** besitzt. Auch in diesen Fällen ist eine Kapitalerhöhung insofern verboten, soweit die übertragende Gesellschaft diese eigenen Geschäftsanteile innehat. Eigene Anteile der übertragenden Gesellschaft gehen mit der Verschmelzung ersatzlos unter. Da auch insoweit keine Geschäftsanteile der übernehmenden Gesellschaft als Gegenleistung zu gewähren sind, würde eine Kapitalerhöhung bei der übernehmenden Gesellschaft zum Entstehen eigener – neugeschaffener – Anteile führen. Auch dies soll durch die Vorschrift verhindert werden (Kallmeyer/Kallmeyer/Kocher, § 54 UmwG Rn. 8 f.; Widmann/Mayer/Mayer, Umwandlungsrecht, § 54 UmwG Rn. 19 ff.; Widmann/Mayer/Rieger Umwandlungsrecht, § 68 UmwG Rn. 12 ff.; Lutter/Winter/Vetter, § 54 UmwG Rn. 22; Reichert, in: Semler/Stengel, § 54 UmwG, Rn. 7). Die Vorschrift ergänzt § 20 Abs. 1 Nr. 3 UmwG, da in diesem Fall kein Anteilstausch stattfindet und daher auch keine Anteilsgewährungspflicht besteht.

▶ **Beispiel:** 312

Die A-GmbH hat ein Stammkapital von 100.000,00 €. Ihr wahrer Wert beträgt 200.000,00 €. Die B-GmbH soll auf die A-GmbH verschmolzen werden. Die B-GmbH hat ein Stammkapital von 100.000,00 € und eigene Anteile i. H. v. 50.000,00 €. Auch hier darf wiederum eine Kapitalerhöhung bei der A-GmbH nur um 25.000,00 € erfolgen. Der neu geschaffene Anteil darf nur an den einzigen Gesellschafter der B-GmbH ausgegeben werden. I. Ü. gehen die Eigenanteile der B-GmbH mit der Verschmelzung ersatzlos unter.

c) Übertragende Gesellschaft hält nicht voll einbezahlte Anteile der Übernehmerin. Nach 313 §§ 54 Abs. 1 Satz 1 Nr. 3, 68 Abs. 1 Satz 1 Nr. 3 UmwG ist schließlich auch eine Kapitalerhöhung nicht zulässig, **soweit die übertragende Gesellschaft Geschäftsanteile an der übernehmenden Gesellschaft besitzt, auf die die Einlagen nicht in voller Höhe bewirkt sind** (vgl. oben Teil 2 Rdn. 112). Auch in diesem Fall erwirbt die übernehmende Gesellschaft mit dem Vermögen der übertragenden Gesellschaft die in diesem Vermögen befindlichen eigenen Anteile. Die Vorschrift ist dahin gehend zu verstehen, dass die restliche Einlageforderung dann durch Konfusion erlöschen würde und damit eine Kapitalaufbringung insoweit nicht stattfinden würde. Würde man es in einem solchen Fall zulassen, dass die übernehmende GmbH neue Anteile schafft und sie den Gesellschaftern der übertragenden Gesellschaft zur Verfügung stellt, werden die neuen Anteile i. H. d. ausstehenden Alteinlagen nicht gedeckt (so Widmann/Mayer/Mayer, Umwandlungsrecht, § 54 UmwG Rn. 23 ff.; Kallmeyer/Kallmeyer/Kocher, § 54 UmwG Rn. 10 Lutter/Winter/Vetter, § 54 UmwG Rn. 25 ff.; Reichert, in: Semler/Stengel, § 54 UmwG, Rn. 8; Lutter/Winter/Vetter, § 54 UmwG Rn. 9 f.). Als Grund für diesen Ausschluss wird ausgeführt, dass ansonsten durch Konfusion wegen der Gesamtrechtsnachfolge die Einlageforderungen untergehen und damit ein Verstoß gegen § 33 Abs. 1 GmbHG vorliegen würde (Lutter/Winter/

Vetter, UmwG, § 54 Rn. 8). Es handelt sich dabei nach herrschender Meinung **nicht um eine Ausnahme von der Anteilsgewährungspflicht**, da die Vorschrift in § 20 Abs. 1 Nr. 3 UmwG keine Entsprechung hat (Widmann/Mayer/Mayer, Umwandlungsrecht, § 54 UmwG Rn. 23 ff.; Kallmeyer/Kallmeyer/Kocher, § 54 UmwG Rn. 10; Lutter/Winter/Vetter, § 54 UmwG Rn. 26; Reichert, in: Semler/Stengel, § 54 UmwG Rn. 8; kritisch zur Vorschrift Widmann/Mayer/Rieger Umwandlungsrecht, § 68 UmwG Rn. 15 ff.). Es sind also Anteile zu gewähren.

314 Soll auch in Höhe dieser Anteile eine Kapitalerhöhung durchgeführt werden, muss entweder die Einlage noch vollständig erbracht werden oder der Geschäftsanteil einem Dritten veräußert werden (Widmann/Mayer/Mayer, Umwandlungsrecht, § 54 UmwG Rn. 25; Kallmeyer/Kallmeyer/Kocher, § 54 UmwG Rn. 10; Reichert, in: Semler/Stengel, § 54 UmwG, Rn. 10; Lutter/Winter/Vetter, § 54 UmwG Rn. 40; Stratz, in: Schmitt/Hörtnagl/Stratz, § 54 UmwG Rn. 5). Ein Teil der Literatur lässt die Gewährung nicht voll eingezahlter Anteile auch dann zu, wenn der empfangende Gesellschafter des übertragenden Rechtsträgers ausdrücklich zustimmt (Kallmeyer/Kallmeyer/Kocher, § 54 UmwG Rn. 9; Lutter/Winter/Vetter, § 54 UmwG Rn. 39; KölnKomm/Simon/Nießen, § 54 UmwG Rn. 29). Dem ist mE zu folgen. Die Zustimmung erfolgt dann analog §§ 8 Abs. 3 S. 2, 9 Abs. 3, 13 Abs. 3, 54 Abs. 1 S. 3 UmwG).

315 **d) Treuhänderisch gehaltene Anteile.** Die Kapitalerhöhungsverbote bestehen auch dann, wenn ein **Dritter treuhänderisch für die übernehmende Gesellschaft einen Anteil an der übertragenden Gesellschaft hält** oder wenn der Dritte treuhänderisch für die übertragende Gesellschaft Anteile an der übertragenden Gesellschaft oder nicht voll eingezahlte Anteile an der übernehmenden Gesellschaft hält (§ 54 Abs. 2, 1. Alt. UmwG).

316 **7. Kapitalerhöhungswahlrechte.** Die §§ 54 Abs. 1 Satz 2, 68 Abs. 1 Satz 2 UmwG sehen Kapitalerhöhungswahlrechte vor, soweit die übernehmende Gesellschaft eigene Anteile bzw. Aktien besitzt oder eine übertragende Gesellschaft Geschäftsanteile dieser Gesellschaft innehat, auf welche die Einlagen bereits in voller Höhe bewirkt sind. Dieses Wahlrecht beruht auf der Erwägung, dass **von einer Kapitalerhöhung abgesehen werden** kann, wenn und soweit die übernehmende Gesellschaft den Gesellschaftern der übertragenden Gesellschaft entweder eigene Geschäftsanteile oder voll einbezahlte eigene Geschäftsanteile der übertragenden Gesellschaft an der übernehmenden Gesellschaft gewähren kann (vgl. Kallmeyer/Kallmeyer/Kocher, § 54 UmwG Rn. 11; Reichert, in: Semler/Stengel, § 54 UmwG, Rn. 12; Lutter/Winter/Vetter, § 54 UmwG Rn. 45 ff.; Korte, WiB 1997, 962; Widmann/Mayer/Mayer, Umwandlungsrecht, § 54 UmwG Rn. 43; Heckschen, GmbHR 2008, 802, 803). Im ersten Fall sind die eigenen Geschäftsanteile bereits im Vermögen der aufnehmenden Gesellschaft, im zweiten Fall werden sie durch die Gesamtrechtsnachfolge von der übernehmenden Gesellschaft erworben. Im Ergebnis stehen sie dann aber zur Verfügung, um den Gesellschaftern an der übertragenden Gesellschaft als Gegenleistung gewährt werden zu können. In beiden Fällen kann die übernehmende Gesellschaft diese Geschäftsanteile für die Gegenleistung verwenden, muss dies aber nicht. Eine **Kapitalerhöhung zur Durchführung der Verschmelzung** ist daher in diesem Fall trotzdem **zulässig**. Diese Frage war allerdings unter altem vor 1995 geltenden Recht nicht ganz unstreitig, die neue Gesetzesformulierung »*(. . .) braucht ihr Stammkapital nicht zu erhöhen*« hat diesen Streit i. S. d. früher herrschenden Meinung entschieden (vgl. Widmann/Mayer/Mayer, Umwandlungsrecht, § 54 UmwG Rn. 43; Kallmeyer/Kallmeyer/Kocher, UmwG, § 54 Rn. 11; Lutter/Winter/Vetter, § 54 UmwG Rn. 47). Die Vorschrift gilt auch für die **Unternehmergesellschaft** nach § 5a GmbHG (Heinemann, NZG 2008, 820, 822; Kallmeyer/Kallmeyer/Kocher, UmwG, § 54 Rn. 11). Die Literatur weist allerdings zu Recht darauf hin, dass die vorhandenen Anteile zur Gewährung nicht verwendet werden können, wenn diese mit Rechten Dritter belastet sind (Lutter/Winter/Vetter, § 54 UmwG Rn. 48; Kallmeyer/Kallmeyer/Kocher, UmwG, § 54 Rn. 12). Denn die Anteilsinhaber des übertragenden Rechtsträgers haben Anspruch auf unbelastete Anteile. Etwas anderes gilt mE, wenn der empfangende Gesellschafter des übertragenden Rechtsträgers ausdrücklich zustimmt. Die Zustimmung erfolgt dann analog §§ 8 Abs. 3 S. 2, 9 Abs. 3, 13 Abs. 3, 54 Abs. 1 S. 3 UmwG.

317 Der aufnehmenden Gesellschaft steht es daher frei im genannten Rahmen, ob sie in diesen Fällen ihr Stammkapital erhöht oder ob sie die eigenen Anteile verwendet, um der **Anteilsgewährungspflicht** nachzukommen. Sie kann die Anteile auch als Eigenbestand weiterhin behalten und zur Schaffung

der neuen Anteile eine Kapitalerhöhung durchführen (vgl. Reichert, in: Semler/Stengel, § 54 UmwG, Rn. 12; Lutter/Winter/Vetter, § 54 UmwG Rn. 47; Widmann/Mayer/Mayer, Umwandlungsrecht, § 54 UmwG Rn. 43 f.; Stratz, in: Schmitt/Hörtnagl/Stratz, § 54 UmwG Rn. 11). In diesem Bereich hat also der Gesetzgeber die weitere Konsequenz nicht gezogen, dass die Kapitalerhöhung in diesen Fällen nicht durchgeführt werden darf. Er lässt also die Entstehung von eigenen Anteilen bzw. die Beibehaltung von Eigenanteilen zu. Dies ergibt sich aus § 20 Abs. 1 Nr. 3 UmwG, der diesen Fall des Kapitalerhöhungswahlrechts nicht regelt und für diesen Fall den Anteilstausch ebenfalls nicht verbietet.

Sollen Gesellschafter der übertragenden Gesellschaft eigene Anteile der übernehmenden Gesellschaft als Gegenleistung erhalten, so muss dies allerdings im **Verschmelzungsvertrag** festgelegt werden. **318**

Ebenso wie beim sonstigen Anteilstausch in den Fällen der Verschmelzung findet auch gem. § 20 Abs. 1 Nr. 3 UmwG bei der Verwendung von eigenen Anteilen ohne Weiteres **mit der Eintragung** der Verschmelzung der **Anteilstausch** statt. Mit der Eintragung der Verschmelzung werden die Gesellschafter der übertragenden Gesellschaft Anteilsinhaber der Anteile der übernehmenden Gesellschaft, die im Verschmelzungsvertrag für sie vorgesehen wurde. Waren dies nach dem Verschmelzungsvertrag eigene Anteile, dann werden sie automatisch mit der Eintragung Inhaber dieser Anteile, die vorher der übertragenden Gesellschaft als eigene Anteile zustanden (Widmann/Mayer/Mayer, Umwandlungsrecht, § 5 UmwG Rn. 38; Korte, WiB 1997, 955; Lutter/Grunewald, UmwG, § 20 Rn. 60 f.; Middendorf/ Stegmann, DStR 2005, 1082; Reichert, in: Semler/Stengel, § 54 UmwG, Rn. 15; Stratz, in: Schmitt/ Hörtnagl/Stratz, § 54 UmwG Rn. 11; Kallmeyer/Marsch-Barner, § 20 UmwG, Rn. 29). **319**

Der **Wechsel der Aktionärsstellung bei der AG** vollzieht sich ebenfalls **unabhängig von der Übertragung der Aktienurkunde** (Korte, WiB 1997, 955; Lutter/Grunewald, UmwG, § 20 Rn. 60 f.; Kallmeyer/Marsch-Barner, § 20 UmwG, Rn. 29). Es ist hier belanglos, ob die gewährten Aktien oder Geschäftsanteile bereits zuvor bestanden haben, wie im Fall der eigenen Anteile, oder über die Kapitalerhöhung anlässlich der Verschmelzung erst gebildet werden. Auch bei der GmbH bedarf es daher in diesen Fällen keiner besonderen dinglichen Abtretung der Geschäftsanteile. Der Gesellschafterwechsel ist Wirkung der Verschmelzung.

8. Anteile Dritter. Bereits zum vor 1995 geltenden Umwandlungsrecht nicht geregelt war die Frage, ob auch Anteile eines Dritten verwendet werden können, um der **Anteilsgewährungspflicht** nachzukommen. Die zum alten Recht herrschende Meinung war der Auffassung, dass in den Fällen auf eine Kapitalerhöhung verzichtet werden kann, wenn die Anteile eines Dritten an der übernehmenden Gesellschaft, die dieser zur Verfügung stellt, den Gesellschaftern der übertragenden Gesellschaft übertragen werden. Voraussetzung war nach altem Recht allerdings, dass sich die Anteile spätestens bei Wirksamwerden der Verschmelzung im Vermögen der übernehmenden Gesellschaft befinden, damit ihr Übergang auf die – im Verschmelzungsvertrag namentlich festgelegten – Gesellschafter der übertragenden Gesellschaft sichergestellt war (so Scholz/Priester, GmbHG, Anh. Umwandlung, § 23 KapErhG Rn. 6; Lutter/Hommelhoff, GmbHG, 13. Aufl., Anh. Verschmelzung, § 23 KapErhG Rn. 3). Die herrschende Meinung hält diesen Weg auch nach dem UmwG 1995 für zulässig, da er kein Verstoß gegen grundsätzliche Regelungen des Verschmelzungsrechts darstellt und nur ein Verfahren beinhaltet, die Anteile im Vorfeld zu erwerben und anschließend zur Übertragung zu verwenden (so Goutier/ Knopf/Bermel, Umwandlungsrecht, § 5 UmwG Rn. 56.5; § 54 UmwG Rn. 18; Widmann/Mayer/ Mayer, Umwandlungsrecht, § 54 UmwG Rn. 46; Kallmeyer/Kallmeyer/Kocher UmwG, § 54 Rn. 17; Lutter/Winter/Vetter, UmwG, § 54 Rn. 61; Reichert, in: Semler/Stengel, § 54 UmwG Rn. 18). Die Sicherstellung der Übertragung nach der herrschenden Meinung kann zum einen dadurch geschehen, dass die übernehmende Gesellschaft die Anteile vor der Verschmelzung selbst erwirbt, wobei allerdings § 33 GmbHG berücksichtigt werden muss. Als zulässig erachtet werden sollte auch die Möglichkeit, dass der Dritte die Anteile direkt an die Gesellschafter der übertragenden Gesellschaft abtritt (so Widmann/Mayer/Mayer, Umwandlungsrecht, § 54 UmwG Rn. 47; Kallmeyer/Kallmeyer/Kocher, UmwG, § 54 Rn. 17; Lutter/Winter/Vetter, UmwG, § 54 Rn. 62; Reichert, in: Semler/Stengel, § 54 UmwG Rn. 18; a. A. Lutter/Grunewald UmwG § 20 Rn. 61). **320**

9. Verschmelzung von Schwestergesellschaften/Verzicht auf Kapitalerhöhung. In der Literatur war umstritten, ob bei der **Fusion von sog. Schwestergesellschaften** ebenfalls auf das Erfordernis einer **321**

Kapitalerhöhung verzichtet werden kann. Es handelt sich also um den Fall, in dem ein Dritter – i. d. R. eine Konzernobergesellschaft – 100 % der Anteile an zwei Konzernuntergesellschaften hält und diese miteinander verschmelzen will. Die früher vor 1995 herrschende Rspr. ging davon aus, dass in diesen Fällen eine **Kapitalerhöhung notwendig** ist (BayObLG, WM 1989, 1930; Lutter/Hommelhoff, GmbHG, 13. Aufl., § 23 KapErhG Rn. 2; a. A. Krieger, ZGR 1990, 522; Heckschen, DB 1989, 1561).

322   Die Begründung zum RegE (BT-Drucks. 75/74, S. 101; abgedruckt in: Limmer, Umwandlungsrecht, S. 296) weist darauf hin, dass in diesem Fall nicht auf das Erfordernis einer Kapitalerhöhung verzichtet werden kann. Der Verzicht auf eine Kapitalerhöhung bei der übernehmenden GmbH oder AG würde zu Problemen beim **Kapitalschutz** führen: Würde eine GmbH mit einem verhältnismäßig niedrigen Stammkapital eine andere GmbH mit hohem Stammkapital durch Verschmelzung aufnehmen, ohne dass die übernehmende GmbH ihr niedriges Kapital zur Übernahme des hohen Stammkapitals erhöhte, so würde das Rückzahlungsverbot des § 30 Abs. 1 GmbHG nach der Verschmelzung nur für das alte niedrige Stammkapital der übernehmenden GmbH gelten, während die Summe des alten hohen Stammkapitals der übertragenden GmbH nicht mehr unter § 30 Abs. 1 GmbHG fiele, also für eine Auszahlung an die Gesellschafter zur Verfügung stünde und damit den Gläubigern als Haftungsmasse entzogen würde. Deshalb könne auf das Erfordernis einer Kapitalerhöhung bei der übernehmenden GmbH über die geltende Regelung hinaus vom Gesetz nicht verzichtet und auch ein Verzicht durch die Beteiligten nicht ermöglicht werden. Zulässig ist aber eine nur geringfügige Kapitalerhöhung (vgl. oben Teil 1 Rdn. 168, Teil 2 Rdn. 121 ff.; vgl. auch Kowalski, GmbHR 1996, 158 ff.).

323   Der Gesetzgeber hat die Frage durch die Neuregelung im **Zweiten Gesetz zur Änderung des UmwG** v. 25.04.2007 (BGBl. I, S. 542) den Verzicht auf die Kapitalerhöhung in den §§ 54 und 68 UmwG n. F. zugelassen (vgl. ausführlich oben Teil 1 Rdn. 168, Teil 2 Rdn. 121, **Teil 2 Rdn. 128 ff.**).

324 ▶   **Hinweis:**

Bei der Verschmelzung von Schwestergesellschaften aber auch in anderen Fällen kann daher auf die Kapitalerhöhung verzichtet werden, wenn die Anteilsinhaber des übertragenden Rechtsträgers verzichten (Tillmann, GmbHR 2003, 740 ff. vgl. Lutter/Winter/Vetter, UmwG, § 54 Rn. 63 ff.; Widmann/Mayer/Mayer, Umwandlungsrecht, § 5 UmwG Rn. 41 ff.; Kallmeyer/Kallmeyer/Kocher, UmwG, § 54 Rn. 18 ff.; Stratz, in: Schmitt/Hörtnagl/Stratz, § 54 UmwG Rn. 12 ff.; Widmann/Mayer/Rieger Umwandlungsrecht, § 68 UmwG Rn. 33 ff.; Roß/Drögemüller, DB 2009, 580 ff.; Krumm, GmbHR 2010, 24 ff. insb. auch zu den steuerlichen Fragen).

325   **10. Sonstige Einzelfragen der Anteilsgewährungspflicht. a) Beteiligung mehrerer übertragender Rechtsträger.** In der Praxis ist die Frage entstanden, ob bei der **Beteiligung mehrerer übertragender Rechtsträger**, insb. bei der Verschmelzung mehrerer Schwestergesellschaften auf eine aufnehmende Schwestergesellschaft für jede einzelne übertragende Gesellschaft die Gegenleistung im Verschmelzungsvertrag festzusetzen ist und demzufolge auch der Kapitalerhöhungsbetrag in einzelne Geschäftsanteile aufgesplittert werden muss oder ob der Vorgang als einheitlicher Verschmelzungsvorgang betrachtet werden kann, sodass ein einheitlicher Geschäftsanteil i. R. d. Kapitalerhöhung geschaffen wird, wenn derselbe Gesellschafter an den übertragenden Gesellschaften beteiligt ist (vgl. dazu Widmann/Mayer/Mayer, Umwandlungsrecht, § 5 UmwG Rn. 56.6 ff.; dies., DB 1998, 913).

326   Das **OLG Frankfurt am Main** (DB 1998, 917 = DNotZ 1999, 154 m. Anm. Heidinger) hatte folgenden Fall zu entscheiden: Es sollten sieben Schwester-GmbHs auf eine weitere GmbH verschmolzen werden. Alleingesellschafterin aller Gesellschaften war eine G-AG. Dieser gewährte der übernehmenden Gesellschaft als Gegenleistung für die Übertragung des Vermögens der anderen Gesellschaften einen einheitlichen neuen Geschäftsanteil i. H. v. 4,8 Mio. €, der durch eine Kapitalerhöhung bei der übernehmenden Gesellschaft um denselben Betrag geschaffen wurde. Das OLG Frankfurt am Main war der Auffassung, dass bei einer Schwesterfusion bei der übernehmenden Gesellschaft der Verschmelzungsvertrag für jeden übertragenden Rechtsträger die Angaben nach den §§ 5 Abs. 1 Nr. 1 bis Nr. 3, 46 Abs. 1 Satz 1 UmwG enthalten muss und dementsprechend zwingend bei der übernehmenden GmbH eine Kapitalerhöhung durchzuführen und für jeden Rechtsträger, der übertragen wird, einen

gesonderten Anteil an der übernehmenden Gesellschaft zu gewähren ist. Diese Entscheidung ist abzulehnen, da dem Gesetz an keiner Stelle zu entnehmen ist, dass nicht ein einheitlicher Geschäftsanteil gewährt werden kann. Die Anteilsgewährungspflicht besteht allenfalls als Wertanspruch, nicht aber als Anspruch auf eine bestimmte Anzahl von Anteilen. Dies lässt sich im Gesetz nirgends entnehmen (so zu Recht Widmann/Mayer, DB 1998, 913; ebenfalls Neye, EWiR, § 46 UmwG, 1/98, 518). Die überwiegende **Literatur** hat dem widersprochen (Heckschen, DB 1998, 1385; Mayer, DB 1998, 913; Neye, EWiR § 46 UmwG 1/98, S. 517; Heidinger, DNotZ 1999, 165; Tillmann, BB 2004, 673; Reichert, in: Semler/Stengel, § 46 Rn. 3 und § 55 UmwG Rn. 9; Stratz, in: Schmitt/Hörtnagl/Stratz, § 46 UmwG Rn. 8; Lutter/Winter/Vetter, § 46 UmwG Rn. 23; Widmann/Mayer/Mayer, Umwandlungsrecht, § 5 UmwG Rn. 56.11 f.). Dieser Widerspruch verdient Zustimmung, da keine sachlichen Gründe für die Gewährung mehrerer Geschäftsanteile an die gleichen Gesellschafter ersichtlich sind. Hinzu kommt, dass auch das allgemeine GmbH-Recht die Gewährung mehrerer Anteile an den gleichen Gesellschafter im Zuge einer einheitlichen Kapitalerhöhung nicht zulässt (ausführlich Widmann/Mayer/Mayer, Umwandlungsrecht, § 5 UmwG Rn. 56. 6 ff.). Dementsprechend kann auch negatives Vermögen durch positives der anderen Rechtsträger kompensiert werden (Tillmann, BB 2004, 673 ff.). Insofern ist es zutreffend, dass nicht zwingend für jede Übertragung auch ein Geschäftsanteil gewährt werden muss, vielmehr können verschiedene Übertragungen bei gleichen Gesellschaftern zusammengefasst werden (ebenso Mayer, DB 1998, 913; Neye, EWiR, § 46 UmwG, 1/98, 518).

b) Anteilsgewährung und Kapitalerhöhung bei der Verschmelzung einer Mutter- auf die Toch- **327** **tergesellschaft (sog. down-stream-merger).** Bei der Verschmelzung einer Mutter- auf ihre Tochtergesellschaft (vgl. zunächst Teil 2 Rdn. 112 ff.; ausführlich auch Middendorf/Stegmann, DStR 2005, 1082 ff.; auch aus steuerrechtlicher Hinsicht, ferner Widmann/Mayer/Mayer, Umwandlungsrecht, § 5 UmwG Rn. 35 ff.; Heckschen, GmbHR 2008, 802 ff.; Enneking/Heckschen, DB 2006, 1099 ff.; Mertens, AG 2005, 1099 ff.; Klein/Stephanblome, ZGR 2007, 369 ff.; Reichert, in: Semler/Stengel, § 54 UmwG, Rn. 15; aus steuerlicher Sicht Rödder/Schumacher, DStR 2007, 369 ff.) besteht grds. eine Anteilsgewährungspflicht, § 54 UmwG sieht keine Ausnahme vor (a. A. allerdings Klein/Stephanblome, ZGR 2007, 35 ff.). Die Gegenleistung an die Gesellschafter der Muttergesellschaft kann allerdings bei einem 100 %igen Mutter-Tochter-Verhältnis allein mit den Geschäftsanteilen erfolgen, die der Muttergesellschaft an der übernehmenden Tochtergesellschaft zustehen. Dies folgt aus § 54 Abs. 1 Satz 2 Nr. 2 UmwG, wonach die übernehmende GmbH von einer Kapitalerhöhung absehen kann, soweit der übertragenden Gesellschaft Geschäftsanteile an der übernehmenden Gesellschaft gehören, sofern die Einlagen bereits in voller Höhe geleistet sind (vgl. Widmann/Mayer/Mayer, Umwandlungsrecht, § 5 UmwG Rn. 37; Lutter/Winter/Vetter, UmwG, § 54 Rn. 53 ff.; Middendorf/Stegmann, DStR 2005, 1082 ff.; vgl. auch Petersen, GmbHR 2004, 728 ff.; ders., Der Konzern 2004, 185, 188 ff.; Heidinger, in: Würzburger Notarhandbuch, 4. Aufl. 2015, Teil 5 Kap. Rn. 104). Der Übergang der Geschäftsanteile an der übernehmenden Tochter von der übertragenden Mutter auf die Gesellschafter der Mutter-GmbH erfolgt von Gesetzeswegen nach § 20 Abs. 1 Nr. 3 Satz 1 automatisch nach den Bestimmungen des Verschmelzungsvertrages ohne Durchgangserwerb bei der GmbH (vgl. Widmann/Mayer/Mayer, Umwandlungsrecht, § 5 UmwG Rn. 38; Kallmeyer/Kallmeyer/Kocher, UmwG, § 54 Rn. 13 ff.; Lutter/Grunewald, UmwG, § 20 Rn. 53; Lutter/Winter/Vetter, UmwG, § 54 Rn. 53 ff.). Soweit die eigenen Anteile zur Gewährung an die Anteilsinhaber nicht ausreichen, muss zusätzlich eine Kapitalerhöhung durchgeführt werden (Reichert, in: Semler/Stengel, UmwG, 3. Aufl. 2012, § 54 Rn. 13; M. Winter/J. Vetter, § 54 Rn. 45; Stratz, in: Schmitt/Hörtnagl/Stratz, UmwG, 6. Aufl. 2012, § 54 Rn. 11).

Fraglich ist, ob dies auch im vollen Umfang gilt, wenn **kein 100 %iges Mutter-Tochter-Verhältnis** zwi- **328** schen den an der Verschmelzung beteiligten Gesellschaften besteht. § 54 Abs. 1 Satz 2 Nr. 2 UmwG lässt das Kapitalerhöhungswahlrecht nur zu, soweit der übertragende Rechtsträger Geschäftsanteile dieser Gesellschaft innehat. Hieraus folgert Mayer müssen, dass bei nicht 100 %igen Mutter-Tochter-Verhältnissen eine Kapitalerhöhung durchgeführt werden muss (Widmann/Mayer/Mayer, Umwandlungsrecht, § 5 UmwG Rn. 38). Er will über die Verpflichtung zur Kapitalerhöhung gewährleisten, dass der Minderheitsgesellschafter gegen Übertragung von nur negativen Vermögens geschützt ist (zu dieser Problematik vgl. ausführlich Teil 2 Rdn. 116 ff.). M. E. ist kann auch in diesem Fall, der nicht 100 %-igen

Beteiligung auf die Kapitalerhöhung verzichtet werden, wenn die vorhandenen Anteile als Gegenleistung gewährt werden. Aufgabe der Kapitalerhöhung ist nicht der Schutz der Minderheitsgesellschafter der aufnehmenden Gesellschaft, zumal der Gesetzgeber durch die Neuregelung im **Zweiten Gesetz zur Änderung des UmwG** v. 25.04.2007 (BGBl. I, S. 542) den Verzicht auf die Kapitalerhöhung in den §§ 54 und 68 UmwG n. F. zugelassen hat. Der Minderheitenschutz muss hier auf andere Weise gewährleistet werden (so wohl auch Kallmeyer/Kallmeyer/Kocher, § 53 UmwG Rn. 13 ff.; vgl. zu diesem Problem Rdn. 329 und Teil 2 Rdn. 116 ff.)

329 Ob nicht aus den §§ 30, 31 GmbHG bzw. § 57 AktG weitere Schranken bei der Mutter-Tochter-Verschmelzung (down-stream-merger) aus Kapitalerhaltungsgrundsätzen folgen, wurde bereits erörtert (vgl. zunächst Teil 2 Rdn. 116 ff.; vgl. zu diesen Fragen auch Heckschen, GmbHR 2008, 802 ff.; Widmann/Mayer/Mayer, Umwandlungsrecht, § 5 UmwG Rn. 40.1 ff.; Enneking/Heckschen, DB 2006, 1099 ff.; Mertens, AG 2005, 1099 ff.; Klein/Stephanblome, ZGR 2007, 369 ff.; Moszka, in: Semler/Stengel, § 24 UmwG Rn. 48; Stratz, in: Schmitt/Hörtnagl/Stratz, § 54 UmwG Rn. 11; Lutter/Winter/Vetter, § 54 UmwG Rn. 53 ff.; Lutter/Winter/Vetter, § 54 UmwG Rn. 55; Lutter/Priester, § 24 UmwG Rn. 62; Priester, in: FS Spiegelberger, 2009, S. 890 ff.).

330 **11. Verschmelzung von überschuldeten Gesellschaften.** Die Verschmelzung von Gesellschaften, bei denen eine oder sogar beide Gesellschaften eine **Unterbilanz** haben oder gar **überschuldet sind**, hat das Gesetz ausdrücklich nicht geregelt. Die Frage wird in einem gesonderten Kapital i. R. d. Verschmelzung zu Sanierungszwecken behandelt (vgl. dazu unten Teil 5 Rdn. 30 ff.).

IV. Bare Zuzahlungen

331 §§ 54 Abs. 4 bzw. 68 Abs. 3 UmwG bestimmen, dass im Verschmelzungsvertrag **festgesetzte bare Zuzahlungen** nicht den zehnten Teil des Gesamtnennbetrages der gewährten Geschäftsanteile bzw. Aktien der übernehmenden Gesellschaft übersteigen dürfen. Die Vorschrift gilt nur für bare Zuzahlungen, die im Verschmelzungsvertrag festgesetzt sind, also nicht für spätere Erhöhungen oder Neufestsetzungen durch das Gericht aufgrund des § 15 UmwG (vgl. ausführlich Teil 2 Rdn. 156 ff.).

332 **Bare Zuzahlungen** sind Leistungen der übernehmenden Gesellschaft zusätzlich zu den gewährten Geschäftsanteilen. Sie haben die Aufgabe, Differenzen bei der Festsetzung des Umtauschverhältnisses der Geschäftsanteile die nicht ausgleichbaren Spitzenbeträge bei der Gegenleistung auszugleichen. Für die Zulässigkeit nach § 54 Abs. 4 bzw. § 68 Abs. 3 UmwG kommt es allerdings nicht darauf an, ob die baren Zuzahlungen im Einzelfall tatsächlich notwendig sind (vgl. Widmann/Mayer/Mayer, Umwandlungsrecht, § 54 UmwG Rn. 55; Kallmeyer/Kallmeyer/Kocher, UmwG, § 54 Rn. 20; Lutter/Winter/Vetter, § 54 UmwG Rn. 34; Reichert, in: Semler/Stengel, § 54 UmwG Rn. 40). Die Zuzahlungen dürfen jedoch nicht 10 % des Gesamtnennbetrages der gewährten Geschäftsanteile der übernehmenden Gesellschaft übersteigen. Die baren Zuzahlungen dürfen immer nur Zuzahlungen in Geld nicht in Sachleistung oder Darlehensgewährung sein, denn die Zuzahlungen sind ein Geldausgleich, der zum gewährten Anteil tritt, diesen aber weder ersetzt, noch in der Beteiligung der Gesellschaft erscheint (Widmann/Mayer/Mayer, Umwandlungsrecht, § 54 UmwG Rn. 60; Kallmeyer/Kallmeyer/Kocher, UmwG, § 54 Rn. 27; Lutter/Winter/Vetter, UmwG, § 54 Rn. 124; Reichert, in: Semler/Stengel, § 54 UmwG Rn. 42). Der **10 %-Satz** bemisst sich nach dem Gesamtbetrag aller vorhandenen Anteile der übernehmenden Gesellschaft, die sie tatsächlich zu gewähren hat. Die baren Zuzahlungen dürfen nicht zu einer Unterpari-Emission führen (Goutier/Knopf/Bermel, Umwandlungsrecht, § 54 UmwG Rn. 26; Kallmeyer/Kallmeyer, UmwG, § 54 Rn. 28 f.; Lutter/Winter/Vetter, UmwG, § 54 Rn. 128; a. A. Ihrig, GmbHR 1995, 641).

333 Im Steuerrecht kann dies allerdings zur **Aufdeckung stiller Reserven** führen (s. u. Teil 7 Rdn. 705).

V. Verschmelzung zur Neugründung

334 **1. Überblick.** Bei der Verschmelzung durch Neugründung wird das Vermögen von zwei oder mehreren übertragenden Gesellschaften auf eine neugegründete Gesellschaft übertragen und den Gesellschaftern der übertragenden Gesellschaft Anteile an dieser neuen Gesellschaft gewährt (§ 2 Nr. 2 UmwG). Die aufnehmende Gesellschaft wird dabei erst mit der Verschmelzung errichtet, wobei

das Vermögen der verschmelzenden Rechtsträger auf die neue Gesellschaft übergeht. Bei der Verschmelzung zur Neugründung gründen die übertragenden Gesellschaften eine neue übernehmende Gesellschaft. Die übertragenden Gesellschaften und nicht deren Gesellschafter sind daher die Gründer der neuen Gesellschaft (§ 36 Abs. 2 Satz 2 UmwG; vgl. Bärwaldt, in: Semler/Stengel, § 36 UmwG Rn. 68; Lutter/Grunewald, § 36 UmwG, Rn. 14). Die **Gründung** erfolgt im **Verschmelzungsvertrag.** Das UmwG sieht in den §§ 36 bis 38 UmwG ergänzende Vorschriften für die Verschmelzung zur Neugründung vor, verweist aber in § 36 Abs. 1 UmwG insgesamt auf die Vorschriften des Zweiten Abschnitts, die die Verschmelzung zur Aufnahme regeln. Darüber hinaus sieht § 36 Abs. 2 UmwG vor, dass auf die Gründung der neuen Gesellschaft die für dessen Rechtsform geltenden Gründungsvorschriften anzuwenden sind, soweit nicht besondere Vorschriften etwas anderes vorsehen.

Das Gesetz wählt damit **einen anderen Ansatz als die vor 1995 geltende Vorschrift** über Verschmelzung, die lediglich auf einzelne Vorschriften des jeweiligen Gründungsrechts der betroffenen Gesellschaft verwiesen (§ 353 AktG, § 32 KapErhG). Auch nach dem vor 1995 geltenden Recht war die Literatur der Auffassung, dass die Verweisungen »versehentlich unvollständig« waren und neben den ausdrücklich für anwendbar erklärten Vorschriften eine größere Zahl weiterer Vorschriften des jeweiligen Gründungsrechts anzuwenden waren, weil es sonst zu erheblichen Lücken bei den Gründungsvorgängen käme (vgl. Lutter/Hommelhoff, GmbHG, 13. Aufl., Anh. Verschmelzung § 32 Rn. 14).

Die Regierungsbegründung weist darauf hin, dass bereits nach altem Recht die Praxis der Unternehmen die Gründungsvorschriften jeweils in vollem Umfang bei der Verschmelzung beachtete, soweit nicht bestimmte Erfordernisse ausgeschlossen waren (vgl. BR-Drucks. 75/94, S. 6 abgedruckt in: Limmer, Umwandlungsrecht, S. 291). Deshalb solle die im UmwG befolgte Methode der allgemeinen Verweisung auf die Gründungsvorschriften bei den jeweils betroffenen Rechtsformen gewählt werden. Diese Verweisung ist in § 36 Abs. 2 Satz 1 UmwG enthalten. Soweit nicht die Besonderheiten des Verschmelzungsrechts etwas anderes ergeben, ist somit neben dem Verschmelzungsrecht das **gesamte Gründungsrecht des neuen Rechtsträgers anzuwenden** (vgl. Begründung zum RegE BR-Drucks. 75/94, S. 96; abgedruckt in: Limmer, Umwandlungsrecht, S. 291; vgl. auch Widmann/Mayer/Mayer, Umwandlungsrecht, § 36 UmwG Rn. 4 ff.; Kallmeyer/Marsch-Barner, UmwG, § 36 Rn. 8). **335**

2. Zeitpunkt der Entstehung der neuen Gesellschaft bzw. des neuen Rechtsträgers. Ähnlich wie bei der Gründung einer Gesellschaft bzw. eines neuen Rechtsträgers ist der **Ablauf einer Verschmelzung** zur Neugründung ein Prozess in mehreren Schritten: **336**
- Abschluss des Verschmelzungsvertrages,
- Zustimmungsbeschlüsse,
- Handelsregisteranmeldung,
- Eintragung im Register des Sitzes der übertragenden Rechtsträger (§ 19 Abs. 1 UmwG),
- Eintragung im Register des Sitzes des neu zu gründenden Rechtsträgers (§ 36 Abs. 1 i. V. m. § 19 Abs. 1 UmwG).

Mit Eintragung in den Registerbesitz des neuen Rechtsträgers treten die **Wirkungen der Verschmelzung** ein, der neue Rechtsträger erlangt Rechtsfähigkeit. Da nach § 37 UmwG im Verschmelzungsvertrag auch der Gesellschaftsvertrag, die Satzung des neuen Rechtsträgers enthalten oder festgestellt werden muss, ist der Verschmelzungsvertrag im Zusammenhang mit den Zustimmungsbeschlüssen (§ 59 Satz 1 UmwG) vergleichbar mit der Feststellung, dass, nach § 59 Satz 1 UmwG der Gesellschaftsvertrag der neuen Gesellschaft nur wirksam wird, wenn ihm die Anteilsinhaber jedes der übertragenden Rechtsträger des Verschmelzungsbeschlusses zustimmen, in diesem Zeitpunkt auch der Verschmelzungsvertrag wirksam wird und damit die neu zu gründende Gesellschaft als **Vorgesellschaft** entstanden ist (so Widmann/Mayer/Mayer, Umwandlungsrecht, § 59 UmwG Rn. 12; Kallmeyer/Zimmermann, UmwG, § 59 Rn. 3; Reichert, in: Semler/Stengel, 59 UmwG Rn. 6; Ihrig, GmbHR 1995, 633; Heidenhain, NJW 1995, 2873; Bruski, AG 1997, 17, 19; krit. Wilken, DStR 1999, 677). Die Besonderheit im Vergleich zur Vorgesellschaft bei der Gründung einer Gesellschaft ist allerdings, dass wegen der Gesamtrechtsnachfolge i. R. d. Verschmelzung an sich kein Bedarf für die Regeln der Vorgesellschaft besteht, wenn Rechtsgeschäfte im Zeitpunkt zwischen Verschmelzungsvertrag, Zustimmungsbeschluss und Registereintragung getätigt werden sollen. Insofern ist der Literatur zuzustimmen, die empfiehlt, dass der normale Geschäftsbetrieb und Verträge, die in diesem Zusammenhang geschlossen werden, **337** besser von den noch existenten übertragenden Rechtsträgern abgeschlossen werden sollten (vgl. Wilken, DStR 1999, 678 f.). Etwas anderes gilt nur, wenn Geschäftsabschlüsse getätigt werden, die erst für den **Zeitpunkt nach Eintragung der Spaltung** gelten sollen. Dies ist insb. i. R. d. Kettenverschmelzung und -umwandlung von Bedeutung (vgl. dazu oben Teil 2 Rdn. 21 ff.).

338   **3. Verschmelzungsvertrag und Gesellschaftsvertrag. a) Satzung bzw. Gesellschaftsvertrag als Inhalt des Verschmelzungsvertrages.** Vor 1995 war umstritten, ob der Gesellschaftsvertrag zum notwendigen Inhalt des Verschmelzungsvertrages zählt (vgl. Lutter/Hommelhoff, GmbHG, 13. Aufl., § 32 KapErhG Rn. 5; KK-AktG/Kraft, § 353 Rn. 10). § 37 UmwG regelt diese Frage klar dahin gehend, dass in dem Verschmelzungsvertrag der Gesellschaftsvertrag, Partnerschaftsvertrag oder die Satzung des neuen Rechtsträgers enthalten oder festgestellt werden muss. Hiermit ist klargestellt, dass der Gesellschaftsvertrag bzw. die **Satzung Teil des Verschmelzungsvertrages** ist und damit auch **durch die Vorstände bzw. Geschäftsführer der verschmelzenden Gesellschaften/Rechtsträger** festgestellt wird. Diese **verschmelzenden Gesellschaften/Rechtsträger** sind somit Gründer der neuen Gesellschaft (Widmann/Mayer/Mayer, Umwandlungsrecht, § 36 UmwG Rn. 46; Kallmeyer/Marsch-Barner, UmwG, § 37 Rn. 2; Stratz, in: Schmitt/Hörtnagl/Stratz, § 37 UmwG Rn. 2; Lutter/Grunewald, § 36 UmwG, Rn. 14; Bärwaldt, in: Semler/Stengel, § 36 UmwG Rn. 68).

339   Da die Satzung der neuen Gesellschaft Bestandteil des Verschmelzungsvertrages ist, bedarf sie ebenso wie diese der **notariellen Beurkundung.** Dabei genügt es, wenn die Vertretungsorgane der beteiligten Gesellschaften zunächst den schriftlichen Entwurf eines Verschmelzungsvertrages mit dem Entwurf einer Satzung anfertigen, über denen dann die Gesellschafterversammlung oder Hauptversammlung der beteiligten Gesellschaften entscheidet. Sodann können Verschmelzungsvertrag und Satzung notariell beurkundet werden (vgl. Lutter/Grunewald, UmwG, § 37 Rn. 5; vgl. Goutier/Knopf/Bermel, Umwandlungsrecht, § 37 UmwG Rn. 4).

340   Als **Inhalt des Verschmelzungsvertrages** ist anzugeben, dass die vereinigenden Gesellschaften zu einer neuen Gesellschaft, die neu gebildet wird, verschmolzen werden sollen.

341   Die **Beifügung des Gesellschaftsvertrages zum Verschmelzungsvertrag** gilt auch für Personengesellschaften, Genossenschaften und Vereine. Bei der Neugründung dieser Rechtsträger bedarf daher auch der Gesellschaftsvertrag bzw. die Satzung als Teil des Verschmelzungsvertrages der **notariellen Beurkundung** (Widmann/Mayer/Mayer, Umwandlungsrecht, § 37 UmwG Rn. 26; Lutter/Grunewald, UmwG, § 37 Rn. 5; Kallmeyer/Marsch-Barner, UmwG, § 37 Rn. 2; Schröer, in: Semler/Stengel, § 37 UmwG Rn. 4; Stratz, in: Schmitt/Hörtnagl/Stratz, § 37 UmwG Rn. 3).

342   **b) Inhalt der Satzung.** Bei der Abfassung des Gesellschaftsvertrages bzw. der Satzung ist bei den Kapitalgesellschaften darauf zu achten, dass es sich bei Verschmelzung zur Neugründung um eine **Sachgründung** handelt, sodass das Stammkapital durch das eingebrachte Vermögen der verschmelzenden Gesellschaft erbracht wird. Dies ist in der Satzung auszuweisen (Widmann/Mayer/Mayer, Umwandlungsrecht, § 36 UmwG Rn. 78; Stratz, in: Schmitt/Hörtnagl/Stratz, § 36 UmwG Rn. 25; Bärwaldt, in: Semler/Stengel, § 36 UmwG, Rn. 35; Kallmeyer/Marsch-Barner, UmwG, § 36 Rn. 10; vgl. auch Ihrig, GmbHR 1995, 622, 624). Im Gesellschaftsvertrag sind daher insb. anzugeben, der Betrag der Stammeinlage und die Tatsache, dass die Sacheinlage durch Verschmelzung des Vermögens der übertragenen Gesellschaft erbracht wird. Zur **Berechnung der Stammeinlagen** bei der neu gegründeten Gesellschaft gelten die **gleichen Grundsätze wie bei der Kapitalerhöhung bei der Verschmelzung zur Aufnahme** (vgl. oben Teil 2 Rdn. 286 ff.).

343   Es gilt auch hier das **Verbot der unter-pari-Emission,** sodass eine **Überbewertung** des Vermögens der sich verschmelzenden Gesellschaften **nicht zulässig** ist. Die Sacheinlagen, d. h. das Vermögen der übertragenden Gesellschaften, müssen daher die Stammeinlagen der neu gebildeten Gesellschaft decken (Ihrig, GmbHR 1995, 626 ff.; Kallmeyer/Marsch-Barner, UmwG, § 36 Rn. 11; Stratz, in: Schmitt/Hörtnagl/Stratz, § 36 UmwG Rn. 8; Widmann/Mayer/Mayer, Umwandlungsrecht, § 36 UmwG Rn. 28 ff. m. Beispielen).

344   Weiter ist zu berücksichtigen, dass **bare Zuzahlungen** den Wert des eingebrachten Vermögens vermindern und daher bei der Berechnung der Deckung abgezogen werden müssen (vgl. Widmann/Mayer/

Mayer, Umwandlungsrecht, § 36 UmwG Rn. 28; Ihrig, GmbHR 1995, 622, 631; Kallmeyer/Marsch-Barner, UmwG, § 74 Rn. 1; Diekmann in: Semler/Stengel, § 74 UmwG Rn. 4; Lutter/Grunewald, § 74 UmwG Rn. 4; Goutier/Knopf/Bermel, Umwandlungsrecht, § 36 UmwG Rn. 9). Bare Zuzahlungen dürfen nicht den zehnten Teil des gesamten Nennbetrags der gewährten Gesellschaftsanteile oder Aktien der neuen Gesellschaft übersteigen.

Bei der Festlegung der Höhe des Stammkapitals gilt allerdings auch hier wieder der Grundsatz, dass **345** eine Unterbewertung nicht unzulässig ist, wenn sie für alle verschmelzenden Gesellschaften gleichmäßig erfolgt. Das **Stammkapital der neuen Gesellschaft** muss nicht der Summe der Stammkapitalien der übertragenden Gesellschaften entsprechen (Widmann/Mayer/Mayer, Umwandlungsrecht, § 36 UmwG Rn. 59, Lutter/Grunewald, § 74 UmwG Rn. 4; vgl. auch oben Teil 2 Rdn. 290 ff.). I. d. R. wird allerdings auch hier der innere Wert der sich verschmelzenden Gesellschaften bestimmt und hieraus das Stammkapital gebildet.

Auch i. Ü. ergibt sich der **notwendige Inhalt der Satzung** aus den allgemeinen Vorschriften des **346** GmbHG bzw. des AktG (§§ 3 ff. GmbHG, § 23 AktG) bzw. des GenG oder des BGB für den Verein.

Der **Inhalt der Satzung** sieht also bei der AG (§ 23 AktG) und der GmbH (§ 3 GmbHG) wie folgt aus:

AG   Firma, Sitz, Gegenstand des Unternehmens, Höhe des Grundkapitals, ob Nennbetrags- oder Stückaktien ausgegeben werden; bei Nennbetragsaktien, Nennbeträge der einzelnen Aktien und Zahl der Aktien jedes Nennbetrages, ggf. Aktiengattungen, ob Inhaber- oder Namensaktien ausgegeben werden, die Zahl der Vorstandsmitglieder oder die Regelung über die Festlegung dieser Zahl und die Form der Bekanntmachung der Gesellschaft.

GmbH   Firma und Sitz der Gesellschaft, Gegenstand des Unternehmens, die Zahl und die Nennbeträge der Geschäftsanteile, die jeder Gesellschafter gegen Einlage auf das Stammkapital (Stammeinlage) übernimmt.

Darüber hinaus sind nach § 57 UmwG (für die GmbH) bzw. § 74 UmwG (für die AG) in die Satzung **347** die **Festsetzungen über**
– **Sondervorteile,**
– **Gründungsaufwand,**
– **Sacheinlagen** und
– **Sachübernahmen,** die in den Gesellschaftsverträgen, Partnerschaftsverträgen, Satzungen oder Statuten der übertragenden Rechtsträger enthalten waren,
zu übernehmen.

Fehlen diese Bestimmungen über die Festsetzungen der alten Gesellschaftsverträge oder Sondervorteile, Gründungsaufwand und Sacheinlagen, so gehen auf solchen Bestimmungen beruhende Rechte unter (so Widmann/Mayer/Mayer, Umwandlungsrecht, § 57 UmwG Rn. 14; 11; Stratz, in: Schmitt/Hörtnagl/Stratz, § 57 UmwG Rn. 2, differenzierend Lutter/Winter/Vetter, UmwG, § 57 Rn. 20 ff.).

Außerdem müssen zusätzlich bei der Verschmelzung auch **neu begründete Sondervorteile** und der aus **348** dem Vermögen der neuen Gesellschaft zu zahlende Gründungsaufwand in die Satzung aufgenommen werden. Schließlich muss die in der Verschmelzung liegende Sacheinlage gesondert in die Satzung aufgenommen werden, da auf § 27 AktG bzw. § 5 Abs. 4 GmbHG durch § 36 Abs. 2 UmwG verwiesen wird (Widmann/Mayer/Mayer § 36 Rn. 78, 175; § 57 UmwG Rn. 13; Kallmeyer/Marsch-Barner, UmwG, § 36 UmwG Rn. 10; Stratz, in: Schmitt/Hörtnagl/Stratz, § 36 UmwG Rn. 25).

Sowohl im Verschmelzungsrecht, als auch bei der Spaltung zur Neugründung wird – wie dargelegt – auf **349** das gesamte Gründungsrecht des neuen Rechtsträgers verwiesen. Sowohl bei GmbH als auch bei AG wird aus Gründen der **Satzungspublizität** verlangt, dass bei Sacheinlagen der Gegenstand der Sacheinlage und der Betrag der Stammeinlage, auf die sich die Sacheinlage bezieht, im Gesellschaftsvertrag bzw. der Satzung selbst festgesetzt werden müssen (§ 5 Abs. 4 GmbHG, § 27 Abs. 1 AktG). Für die GmbH hat der BGH dies im Urt. v. 24.07.2000 (DB 2000, 2260 = DNotI-Report 2000, 186) dahin gehend konkretisiert, dass der Gegenstand der einzubringenden Sacheinlage im Gesellschaftsvertrag so genau bestimmt werden muss, dass über seine Identität kein Zweifel besteht. Gegenstand des Verfahrens war allerdings die Einbringung eines Unternehmensteils im Wege der Einzelrechtsübertragung. Er weist darauf hin, dass in diesen Fällen aus dem Gesellschaftsvertrag ersichtlich sein müsste, um welche konkreten Vermögensgegenstände es gehe; auch auf eine Vermögensaufstellung könne Bezug genommen werden. Eine Spezifizierung der zu übernehmenden Vermögensgegenstände sei nur entbehrlich, wenn sämtliche Aktiva und Passiva übernommen worden wären.

350 In der Literatur besteht weitgehend Einigkeit, dass sowohl bei der Verschmelzung als auch bei der Spaltung zur Neugründung diese Vorschriften ebenfalls gelten (vgl. Widmann/Mayer/Mayer, Umwandlungsrecht, § 36 UmwG Rn. 78; 175; § 57 UmwG Rn. 13; § 135 UmwG Rn. 44; Kallmeyer/Marsch-Barner, UmwG, § 36 Rn. 10; Ittner, MittRhNotK 1997, 105, 117 f.; Stratz, in: Schmitt/Hörtnagl/Stratz, § 36 UmwG Rn. 25; Bärwaldt, in: Semler/Stengel, § 36 UmwG Rn. 48). Insofern genügt daher die **Festsetzung der Sacheinlage** im Verschmelzungs- oder Spaltungsvertrag nicht, sondern auch in der Satzung ist sie festzusetzen, und zwar nach Gegenstand der Sacheinlage und dem Wert, mit dem die i. R. d. Verschmelzung oder Spaltung übertragene Sacheinlage auf die Stammeinlage angerechnet wird. Nach allgemeiner Meinung genügt allerdings die allgemeine Angabe, dass das Stammkapital der Gesellschaft dadurch erbracht wurde, dass sich das Vermögen der übertragenden Rechtsträger entgegen der Verschmelzung auf die Gesellschaft übertragen wird (vgl. Kallmeyer/Marsch-Barner, UmwG, § 36 Rn. 10; Lutter/Winter/Vetter, UmwG, § 56 Rn. 38).

351 ▶ **Hinweis:**

Damit ist allerdings noch offen, mit welcher Genauigkeit die Festsetzungen zu erfolgen haben. Legt man die BGH-Entscheidung zugrunde, dann dürfte zumindest bei der Verschmelzung genügen, dass die Sacheinlage dadurch erbracht wird, dass das gesamte Vermögen der übertragenden Rechtsträger im Wege der Verschmelzung auf den aufnehmenden Rechtsträger übergeht und damit die Sacheinlage erfüllt. Während im GmbH-Recht dabei umstritten ist, ob eine Formulierung wie »alle Aktiva und Passiva« genügt, wenn die Firma und die Handelsregisternummer angegeben werden (so Baumbach/Hueck/Fastrich, GmbHG, § 5 Rn. 45; Ulmer/Ulmer, GmbHG, § 5 UmwG Rn. 140; Hüffer/Koch, § 27 AktG Rn. 24; Lutter/Hommelhoff/Bayer, § 5 GmbHG Rn. 31; ausführlich Scholz/H. Winter/H. P. Westermann, § 5 GmbHG Rn. 88 mit Beispiel) oder ob zusätzlich auch die letzte Bilanz beigefügt werden muss (Lutter/Hommelhoff, in der 16. Aufl., GmbHG, § 5 Rn. 27, aufgegeben in der 17. Aufl.). Bei der Verschmelzung wird man jedenfalls auf die Vorlage der Bilanz für die Satzung verzichten können, da keine Einzelrechtsübertragung, sondern eine Gesamtrechtsnachfolge stattfindet, sodass keine Zweifel an der hinreichenden Identität des übertragenen Vermögens besteht.

352 ▶ **Formulierungsbeispiel: Festsetzung der Sacheinlage**

Das Stammkapital wird dadurch erbracht, dass die A-GmbH und die B-GmbH jeweils ihr Vermögen als Ganzes mit allen Rechten und Pflichten unter Ausschluss der Abwicklung im Wege der Verschmelzung durch Neugründung nach § 2 Nr. 2 UmwG nach Maßgabe des Verschmelzungsvertrages vom . . . . . übertragen.

353 c) **Beteiligung Dritter während der Verschmelzung.** In der Literatur ist umstritten, ob **Dritte an der neu gegründeten Gesellschaft beteiligt** werden können, ob also gleichzeitig mit der Verschmelzung durch Neubildung weiter Sach- und Bareinlagen Dritter möglich sind, die nicht an den verschmelzenden Gesellschaften beteiligt sind. Die herrschende Meinung lehnte dies bisher ab (Kallmeyer/Marsch-Barner, § 36 UmwG Rn. 14; Widmann/Mayer/Mayer, Umwandlungsrecht, § 36 UmwG Rn. 179 ff.; § 59 UmwG Rn. 13 ff.; vgl. allgemein zum Identitätsprinzip Teil 2 Rdn. 14 ff.). Nach der BGH-Entscheidung v. 09.05.2007 (NZG 2005, 722) scheint bei Zustimmung eine Veränderung der Anteilsinhaber zulässig zu sein (vgl. Teil 2 Rdn. 14 ff.; so Heckschen, DB 2008, 2122 ff.; Baßler, GmbHR 2007, 1252 ff.; Bärwaldt in: Semler/Stengel, § 36 UmwG Rn. 70; Lutter/Grunewald, § 36 UmwG Rn. 15).

354 ▶ **Hinweis:**

Zulässig ist daher nach der BGH-Entscheidung, dass Anteilseigner in der Verschmelzung bei- oder austreten können (vgl. Teil 2 Rdn. 19 f.).

4. Kapitalaufbringung bei der neu gegründeten Gesellschaft. Handelt es sich bei einer Ver- 355
schmelzung zur Neugründung bei der neu gegründeten Gesellschaft um eine Kapitalgesellschaft, gelten
i. R. d. Anwendung der Gründungsvorschriften auch die **Kapitalaufbringungsgrundsätze**. Es muss also
bei der Verschmelzung zur Neugründung sichergestellt sein, dass das **gesetzliche Mindestkapital** oder
das darüber hinausgehend vereinbarte Stammkapital durch das übergehende Nettovermögen gedeckt
ist. I. Ü. bestehen allerdings keinerlei Einschränkungen im Hinblick auf die Festsetzung des Stamm-
bzw. des Grundkapitals bei der einzelnen neu entstehenden GmbH oder AG. Ebenso wie bei der Verschmelzung zur Aufnahme der Kapitalerhöhungsbetrag vom übergehenden Nettovermögen unterschritten werden kann, kann auch die Kapitalziffer bei der Verschmelzung zur Neugründung im Hinblick auf die Kapitalziffer der sich verschmelzenden Gesellschaften nach unten abweichen (vgl. oben
Teil 2 Rdn. 290 ff. und Mayer, DB 1995, 861, 862 zur Spaltung; Widmann/Mayer/Mayer, Umwandlungsrecht, § 36 UmwG Rn. 59 ff.).

Umgekehrt gilt aber der **Kapitalaufbringungsgrundsatz bei Sachgründungen.** Bei der Verschmelzung 356
zur Neugründung handelt es sich, wie bereits dargelegt, um eine Sachgründung, sodass die allgemeinen
Kapitalaufbringungsvorschriften des GmbH- bzw. Aktienrechts gelten. Die Bewertung findet also ihre
Grenze im Verbot der unter-pari-Emission (vgl. Widmann/Mayer/Mayer, Umwandlungsrecht, § 36
UmwG Rn. 163 ff.; Kallmeyer/Marsch-Barner, UmwG, § 36 UmwG Rn. 11; Ihrig, GmbHR 1995, 626 ff.;
Kallmeyer/Marsch-Barner, UmwG, § 36 Rn. 11; Stratz, in: Schmitt/Hörtnagl/Stratz, § 36 UmwG
Rn. 8; Widmann/Mayer/Mayer, Umwandlungsrecht, § 36 UmwG Rn. 28 ff.). Dem **Registergericht**
obliegt die **Prüfung**, ob eine Überbewertung des eingebrachten Vermögens im Wege der Verschmel-
zung vorliegt und damit gegen das Verbot der sog. Unter-pari-Emission verstoßen wurde (vgl. unten
Teil 2 Rdn. 294, Ihrig, GmbHR 1995, 626 ff.; OLG Düsseldorf, DB 1995, 1392; BayObLG,
NJW 1995, 1971). Das MoMiG hat den Prüfungsstandard des Registergerichts bei der GmbH allerdings in Anlehnung an § 38 Abs. 2 Satz 2 AktG verringert. Nach dem neuen § 9c Abs. 1 GmbHG
beschränkt sich die Prüfungspflicht des Registergerichts nunmehr auf »*nicht unwesentliche*« Überbewertungen der Sacheinlage. Unwesentliche Überbewertungen bleiben außer Betracht (Lutter/Hommel-
hoff/Bayer, § 9c GmbHG Rn. 17; Baumbach/Hueck/Fastrich, § 9c GmbHG Rn. 7a). Mit dem Begriff
»nicht unwesentlich« soll den Bewertungsschwierigkeiten Rechnung getragen werden (Hüffer/Koch,
§ 38 AktG Rn. 9). Grds. ist für die Höhe der notwendigen Kapitalerhöhung der **Wert der übertragenden Gesellschaft** maßgebend. Bereits bei der Bestimmung des Umtauschverhältnisses im Verschmelzungsvertrag erfolgt eine Festlegung der wahren Werte der beiden verschmolzenen Gesellschaften.
Alle an der Verschmelzung beteiligten Unternehmen sind daher nach denselben betriebswirtschaftlichen Methoden i. d. R. in der Hinsicht auf ihren Ertragswert zu bewerten. Maßgebend für die Werte
sind die wahren Werte, stille Reserven müssen aufgedeckt, auch der Firmenwert berücksichtigt werden
(vgl. zur Bewertung; Widmann/Mayer/Mayer, Umwandlungsrecht, § 55 UmwG Rn. 60 ff.; Lutter/
Winter/Vetter, UmwG, § 55 Rn. 26; Reichert, in: Semler/Stengel, § 55 UmwG Rn. 8 ff.; Kallmeyer/
Kallmeyer/Kocher, § 55 UmwG Rn. 3; Stratz, in: Schmitt/Hörtnagl/Stratz, § 55 UmwG Rn. 26).
Bei Überbewertung darf die neue Gesellschaft nicht in das Handelsregister eingetragen werden. Geschieht dies dennoch, so haftet der betreffende Gesellschafter auf die Differenz gem. § 9 GmbHG.
Höchstpreis bei der Bewertung ist der **Zeitwert**. Weiter ist zu berücksichtigen, dass bare Zuzahlungen
den Wert des eingebrachten Vermögens vermindern und daher bei der Berechnung der Deckung abge-
zogen werden müssen (vgl. Widmann/Mayer/Mayer, Umwandlungsrecht, § 36 UmwG Rn. 164; Ihrig,
GmbHR 1995, 631).

Unklar ist, ob in der Satzung festgelegt werden kann, dass eine etwaige Unterbewertung den Gesell- 357
schaftern in Form eines **Darlehensanspruchs** eingeräumt werden kann. Es stellt sich hier die Frage,
ob eine derartige Darlehensgewährung durch die Vorschrift des § 54 Abs. 4 UmwG (10 %-Grenze
der baren Zuzahlung) Grenzen gesetzt sind und damit nur eine Zufügung des Mehrbetrages in die
Rücklagen in Betracht kommt. Dies ist nicht möglich (vgl. Teil 2 Rdn. 292).

5. Organbestellung. Die **Gründer der neu errichteten Gesellschaft** bei der Verschmelzung durch 358
Neubildung sind **die sich vereinigenden Gesellschaften** und nicht deren Gesellschafter (Widmann/
Mayer/Mayer, Umwandlungsrecht, § 36 UmwG Rn. 146; Kallmeyer/Marsch-Barner, § 36 UmwG
Rn. 8; Lutter/Grunewald, UmwG, § 36 Rn. 14; Bärwaldt, in: Semler/Stengel, § 36 UmwG Rn. 68).
Sowohl die Feststellung des Gesellschaftsvertrages als auch die Bestellung der Organe in der neuen Ge-

sellschaft erfolgen somit durch die vertretungsberechtigten Organe – Geschäftsführer oder Vorstände – der übertragenden Gesellschaften.

359 ▶ **Hinweis:**

Zweckmäßigerweise wird daher auch gleichzeitig mit dem Abschluss des Gesellschaftsvertrages der neuen Gesellschaft die **Bestellung der ersten Geschäftsführer bzw. des Vorstandes** der neu gegründeten Gesellschaft vorgenommen. Da die Anmeldung zur Eintragung der neu gegründeten Gesellschaft in das Handelsregister auch durch die Geschäftsführer der sich vereinigenden Gesellschaften erfolgt, benötigt man allerdings zu diesem Zeitpunkt noch nicht die Geschäftsführer bzw. Vorstände der neuen Gesellschaft. Die Bestellung kann daher, muss aber nicht, sogleich mit dem Gesellschaftsvertrag der neuen Gesellschaften vorgenommen werden, sie kann auch später in der Gesellschafterversammlung vorgenommen werden. In der Praxis erfolgt dies allerdings bereits – vorbehaltlich der Zustimmung der Gesellschafterversammlungen – im Verschmelzungsvertrag (vgl. Widmann/Mayer/Mayer, Umwandlungsrecht, § 36 UmwG Rn. 77).

360 Für die **Bestellung des ersten Aufsichtsrates** gilt nach § 36 Abs. 2 i. V. m. §§ 30, 31 AktG Folgendes (vgl. Widmann/Mayer/Mayer, § 36 UmwG Rn. 176; Widmann/Mayer/Rieger, § 76 UmwG Rn. 18; Lutter/Grunewald, UmwG, § 76 Rn. 8 f.; Kallmeyer/Zimmermann, UmwG, § 76 Rn. 6; Hüffer/Koch § 31 AktG Rn. 1; Bärwaldt, in: Semler/Stengel, § 36 UmwG Rn. 50): Da Unternehmen in die neue Gesellschaft eingebracht werden, sollen möglichst bald die nach dem **Mitbestimmungsgesetz** und **Betriebsverfassungsgesetz** vorgesehenen Arbeitnehmervertreter in den Aufsichtsrat kommen. Deshalb bestellen die Gründer, nicht wie bei einer Bargründung alle Mitglieder des Aufsichtsrats, sondern hier nur so viele Aufsichtsratsmitglieder, wie nach den gesetzlichen Vorschriften von der Hauptversammlung ohne Bindung an Wahlvorschläge zu wählen sind, jedoch mindestens drei.

Gem. **§ 76 Abs. 2 Satz 2 UmwG** muss außerdem die Gesellschafter- bzw. Hauptversammlung jeder übertragenden Gesellschaft »*durch Verschmelzungsbeschluss*« der Bestellung des Aufsichtsrats der neuen Gesellschaft zustimmen. I. d. R. wird dieser Zustimmungsbeschluss mit dem Beschluss über die Zustimmung zur Verschmelzung und zur Satzung der neuen Gesellschaft gemeinsam gefasst. Umstritten ist, ob die Bestimmung im Verschmelzungsvertrag erfolgen muss (so Kallmeyer/Zimmermann, UmwG, § 76 Rn. 7; Diekmann in: Semler/Stengel, § 76 UmwG Rn. 12, anders Widmann/Mayer/Rieger, § 76 UmwG Rn. 18).

361 Die Bestellung des ersten Aufsichtsrates durch die Gründer bedarf nach § 30 Abs. 1 Satz 2 AktG der **notariellen Beurkundung** (Widmann/Mayer/Rieger, § 76 UmwG Rn. 18; Lutter/Grunewald, UmwG, § 76 Rn. 8 f.; Kallmeyer/Zimmermann, UmwG, § 76 Rn. 6). In die Urkunde sind aufzunehmen:
– Anwesenheit der Gründer und jeweils auf sie entfallende Aktiennennbeträge;
– Inhalt ihrer Erklärungen und die Namen der Gewählten (vgl. Hüffer/Koch, AktG, § 30 Rn. 3).

Nach § 31 Abs. 1 AktG haben die Gründer **nur so viele Aufsichtsratsmitglieder** zu bestellen, wie nach den gesetzlichen Vorschriften, die nach ihrer Ansicht nach der Einbringung oder Übernahme für die Zusammenrechnung des Aufsichtsrates maßgebend sind, von der Hauptversammlung ohne Bindung an Wahlvorschläge zu wählen sind, mindestens jedoch drei Aufsichtsratsmitglieder. Die Vorschrift will sicherstellen, dass die Arbeitnehmer im Aufsichtsrat baldmöglichst vertreten sind. Demnach können die Gründer nicht, sofern es sich um einen mitbestimmten Aufsichtsrat handelt, alle Mitglieder des ersten Aufsichtsrates nach § 30 AktG bestellen, sondern nur so viele, wie nach den mitbestimmungsrechtlichen Vorschriften von der Hauptversammlung der neuen AG ohne Bindung an Wahlvorschläge zu wählen wären, mindestens jedoch drei Aufsichtsratsmitglieder. Im Anschluss folgt dann das Verfahren nach § 31 Abs. 3 AktG. Finden Mitbestimmungsgesetze Anwendung, wird der Aufsichtsrat durch Wahl der Arbeitnehmervertreter nach Maßgabe des jeweiligen Aufsichtsratssystems ergänzt.

362 ▶ **Hinweis:**

In der Praxis empfiehlt es sich, die Bestellung der Mitglieder des ersten Aufsichtsrates, soweit er durch die Gründer bestellt werden kann, bereits im Verschmelzungsvertrag vorzusehen, da dann das Beurkundungserfordernis gewahrt wird (vgl. Widmann/Mayer/Mayer, Umwandlungsrecht, § 36 UmwG Rn. 177; Widmann/Mayer/Rieger, § 76 UmwG Rn. 18). Werden die Verschmelzungsbeschlüsse vor Beurkundung des Verschmelzungsvertrages gefasst, wird die Bestellung des ersten Aufsichtsrates erst mit Beurkundung des Verschmelzungsvertrages wirksam (Diekmann in: Semler/Stengel, § 76 UmwG Rn. 11; Lutter/Grunewald, § 76 UmwG Rn. 8; Widmann/Mayer/Rieger, § 76 UmwG Rn. 18 unter Aufgabe der Meinung, dass ein Aufsichtsrat nur bestellt werden kann, wenn zumindest eine Vor-AG entstanden war).

Nach § 76 Abs. 2 Satz 2 UmwG bedarf die Aufsichtsratsbestellung der **Zustimmung der Anteilsinhaber** jeder der übertragenden Rechtsträger. Für die Bekanntmachung der Tagesordnung zur Zustimmung zur Bestellung der Aufsichtsratsmitglieder gelten gem. § 76 Abs. 2 Satz 3 UmwG die Bestimmungen des § 124 Abs. 3 Satz 1 und 3 AktG (Widmann/Mayer/Rieger, Umwandlungsrecht, § 76 UmwG Rn. 15); d. h. der Name, der Beruf und der Wohnort der Aufsichtsratsmitglieder sind anzugeben. **363**

6. Zustimmungsbeschlüsse zum Gesellschaftsvertrag und zur Organbestellung. Gem. § 59 UmwG (für die GmbH) bzw. § 76 Abs. 2 UmwG (für die AG) bedarf die Satzung bzw. der Gesellschaftsvertrag der neu gegründeten Gesellschaft zu seiner Wirksamkeit der Zustimmung der Gesellschafter jeder der übertragenden Gesellschaften durch **Verschmelzungsbeschluss**. Das Gesetz spricht davon, dass der **Zustimmungsbeschluss** zum Gesellschaftsvertrag »durch Verschmelzungsbeschluss« erfolgen muss. Hierdurch wird wohl klargestellt, dass die Sondervorschriften, die für den Verschmelzungsbeschluss gelten, auch für den Zustimmungsbeschluss zum Gesellschaftsvertrag Anwendung finden. Insb. sind die besonderen Mehrheiten des Verschmelzungsbeschlusses, die Sondervorschriften über die Einberufung und die Formvorschriften anzuwenden. Der Beschluss bedarf der **notariellen Beurkundung**. Der **Gesellschaftsvertrag** ist ihm **als Anlage** i. S. d. § 9 Abs. 1 Satz 2 BeurkG beizufügen. d. h. auf den Gesellschaftsvertrag ist zu verweisen und er ist mit zu verlesen. I. d. R. erfolgen Zustimmungsbeschluss zur Verschmelzung und Zustimmungsbeschluss zum neuen Gesellschaftsvertrag in einer Gesellschafter- bzw. Hauptversammlung. **364**

Bei der AG darf die Verschmelzung nach § 76 Abs. 1 UmwG nur beschlossen werden, wenn sie und jede andere übertragende AG bereits **2 Jahre im Handelsregister eingetragen** war. Der Zustimmung bedarf ebenfalls die Bestellung der Mitglieder des Aufsichtsrates der neuen Gesellschaft, soweit diese von den Anteilsinhabern der übertragenden Rechtsträger zu wählen sind. **365**

7. Sachgründungsbericht bzw. Gründungsbericht und Gründungsprüfung. a) GmbH. § 58 UmwG bestimmt für die GmbH, dass grds. ein Sachgründungsbericht bei der Sachgründung im Wege der Verschmelzung erforderlich ist. Allerdings ist nach § 58 Abs. 2 ein **Sachgründungsbericht nicht erforderlich**, soweit eine Kapitalgesellschaft oder eine eingetragene Genossenschaft übertragender Rechtsträger ist. Das Gesetz unterscheidet daher bei der Verschmelzung zur Neugründung dahin gehend, ob im jeweiligen Organisationsrecht der übertragenden Gesellschaft eine Kapitalsicherung im Wege der Prüfung durch Sachverständige oder Gericht vorgesehen ist. Bei der Verschmelzung durch Neugründung unter Beteiligung einer Personenhandelsgesellschaft oder eines Vereins ist dies nicht der Fall, deshalb wird im Interesse des Gläubigerschutzes in diesen Fällen der Sachgründungsbericht vorgeschrieben. **366**

Der Sachgründungsbericht nach § 5 Abs. 4 Satz 2 GmbHG hat die Aufgabe, plausibel zu machen, welche Überlegungen für den Einlagewert sprechen. Durch ihn soll die **Werthaltigkeit des zu verschmelzenden Unternehmens** im Hinblick auf das Stammkapital nachgewiesen werden (vgl. Lutter/Hommelhoff/Bayer, GmbHG, § 5 Rn. 33 ff.). **367**

▶ **Beispiele:** **368**

Markt- und Börsenpreise, bei Grundstücken die Unterlagen des gemeindlichen Gutachterausschusses, sonstige Gutachten, Schätzungen etc.

Da es sich bei der Verschmelzung um den Übergang eines Unternehmens handelt, sind auch nach § 5 Abs. 4 GmbHG die **Jahresergebnisse der beiden letzten Geschäftsjahre** anzugeben. Darüber hinaus ist

nach § 58 Abs. 1 UmwG auch der **Geschäftsverlauf und die Lage** der übertragenden Rechtsträger darzulegen. Die in diesem Zusammenhang darzustellenden Tatsachen entsprechen denen beim Lagebericht nach § 289 HGB, dessen wesentliche Angaben auch hier gelten: Die Darstellung muss ein den
tatsächlichen Verhältnissen entsprechendes Bild vermitteln. Der Bericht bedarf nur der **Schriftform**,
aber der **Unterzeichnung durch alle Gründer persönlich**. Da bei der Verschmelzung die sich verschmelzenden Gesellschaften Gründer sind (§ 36 Abs. 2 Satz 2 UmwG), muss der Sachgründungsbericht von
deren Organen abgegeben werden, wobei **umstritten** ist ob dort **alle Mitglieder** unterzeichnen müssen
(so Widmann/Mayer/Mayer, Umwandlungsrecht, § 58 UmwG Rn. 5; Lutter/Winter/Vetter, § 58
UmwG Rn. 6; Reichert, in: Semler/Stengel, § 58 UmwG Rn. 5) oder ob **vertretungsberechtigte
Zahl** genügt (so Kallmeyer/Kallmeyer § 58 UmwG Rn. 1; Stratz, in: Schmitt/Hörtnagl/Stratz, § 8
UmwG 7).

369 Das Gesetz verzichtet auf einen Sachgründungsbericht, wenn und soweit schon bei den übertragenen
Rechtsträgern, also bei Kapitalgesellschaften, ein ausreichender Gläubigerschutz durch Maßnahmen
sichergestellt ist, die der Aufbringung und Erhaltung des Unternehmenskapitals und des Unternehmensvermögens dienen. **Der Sachgründungsbericht** ist daher zum einen nach § 58 Abs. 2
UmwG **entbehrlich**, wenn die **übertragenen Rechtsträger Kapitalgesellschaften** sind, denn bei diesen
sind gesetzliche Sicherungen zur Substanzerhaltung der Einlage vorgesehen. Zum anderen findet bei
Genossenschaften nach § 11 Abs. 2 Nr. 3 GenG eine Prüfung der wirtschaftlichen Verhältnisse durch
einen Prüfungsverband und nach § 11a Abs. 2 GenG durch das Registergericht statt. Auch in diesem
Fall ist ein Sachgründungsbericht entbehrlich.

370 **b) AG.** Eine vergleichbare Vorschrift ist für die AG vorgesehen. Dort wird in § 75 UmwG bestimmt,
dass grds. ein **Gründungsbericht** (§ 32 AktG) und eine **Gründungsprüfung** nach § 33 Abs. 2 AktG
erforderlich sind, es sei denn, eine **Kapitalgesellschaft** oder eine **eingetragene Genossenschaft** ist als
übertragende Rechtsträgerin beteiligt (§ 75 Abs. 2 UmwG). Ein Gründungsbericht und eine Gründungsprüfung sind also nicht erforderlich, soweit eine Kapitalgesellschaft oder eine eingetragene Genossenschaft übertragender Rechtsträger ist. In dem Gründungsbericht nach § 32 AktG sind auch der
Geschäftsverlauf und die Lage des übertragenden Rechtsträgers darzustellen.

371 Ist ein Gründungsbericht durch die Geschäftsführer der verschmelzenden Gesellschaften erforderlich,
sind die wesentlichen Umstände darzulegen, von denen die Angemessenheit der Leistungen für die
Sacheinlagen abhängt. Der **Gründungsbericht** ist nach § 32 Abs. 1 AktG schriftlich über den Hergang
der Gründung zu erstatten. Auch der Gründungsbericht bei der AG ist von den Gründern **persönlich** zu
erstatten. Da nach § 36 Abs. 2 Satz 2 UmwG die übertragenden Rechtsträger Gründer sind, muss der
Gründungsbericht von den vertretungsberechtigten Organen der übertragenden Rechtsträger persönlich unterzeichnet werden. Zum **Hergang der Gründung** gehören zunächst die
– allgemeinen Angaben, die für die Entstehung der AG maßgeblich sind (vgl. Hüffer/Koch, AktG,
  § 32 Rn. 3; MünchKomm-AktG/Penz, § 32 Rn. 12);
– Angaben zur Errichtung der AG (Tag der Satzungsfeststellung, Grundkapital, dessen Zerlegung in
  Nennbetrags- oder Stückaktien; Zahl der von jedem Gründer übernommenen Aktien, Zusatzanga-
  ben nach § 23 Abs. 2 Nr. 2 AktG, Tag der Wahl der ersten Organe nach §§ 30, 31 AktG) sowie
– Angaben zu Mitgliedern des Aufsichtsrates und des Vorstandes.

Außerdem sind nach § 32 Abs. 2 Satz 1 AktG auch die Umstände darzulegen, die für die Beurteilung
der Angemessenheit des Vermögens der übertragenden Gesellschaften zur Erbringung des Stammkapitals erforderlich sind. Diese allgemeine Pflicht wird durch § 32 Abs. 2 Satz 2 Nr. 1 bis 3 AktG konkretisiert. Anzugeben sind die vorangegangenen Geschäfte, die auf den Erwerb der Sacheinlage durch die
AG hingezielt haben. Schließlich sind auch die Anschaffungs- und Herstellungskosten aus den beiden
letzten Jahren sowie die Betriebserträge aus den letzten beiden Geschäftsjahren zu benennen. Zusätzlich zu dem in § 32 AktG vorgesehenen Inhalt sind im Gründungsbericht nach § 76 Abs. 1 UmwG
auch der Geschäftsverlauf und die Lage der übertragenden Rechtsträger darzustellen.

372 Die **Gründungsprüfung** erfolgt nach § 33 Abs. 1 und Abs. 2 AktG durch die Mitglieder des Vorstandes
und des Aufsichtsrates und, da eine Gründung mit Sacheinlage vorliegt, durch einen oder mehrere **vom
Gericht zu bestellende Gründungsprüfer**. Gem. § 34 Abs. 2 AktG ist über jede Prüfung schriftlich zu
berichten. Vorstand und Aufsichtsrat können allerdings in einer gemeinsamen Urkunde berichten.

Nach § 34 Abs. 1 AktG hat sich die Gründungsprüfung insb. darauf zu erstrecken, ob die Angaben der Gründer über die Übernahme der Aktien, über die Einlagen auf das Grundkapital und die Festsetzungen nach §§ 26, 27 AktG richtig und vollständig sind und ob der Wert der Sacheinlage den geringsten Ausgabebetrag, der dafür zu gewährenden Aktien oder den Wert der dafür zu gewährenden Leistungen erreicht (vgl. allgemein Schiller, AG 1992, 20). Nach § 34 Abs. 2 Satz 2 AktG ist in dem Bericht der Gegenstand der Sacheinlage zu beschreiben sowie anzugeben, welche Bewertungsmethoden bei der Ermittlung des Wertes angewandt worden sind. Die **externen Gründungsprüfer** nach § 33 Abs. 2 AktG werden vom Gericht nach § 33 Abs. 3 AktG nach Anhörung der IHK bestellt. Zuständig ist das AG des Gesellschaftssitzes, das auf Antrag tätig wird. Antragsberechtigt sind Gründer und Vorstand (vgl. Hüffer/Koch, AktG, § 33 Rn. 3; MünchKomm-AktG/Penz, § 33 Rn. 64). Durch das 3. UmwÄndG vom 11.07.2011 (BGBl. I, S. 1338) wurde in § 75 Abs. 1 Satz 2 UmwG geregelt, dass zum Prüfer in diesem Sinne auch der Verschmelzungsprüfer bestellt werden kann (vgl. Simon/Merkelnach, DB 2011, 1317, 1318; Diekmann, in: Semler/Stengel, § 75 UmwG Rn. 1). Die Begründung zum Gesetzentwurf weist darauf hin, dass die differenzierte Regelung zur Notwendigkeit einer gesonderten Prüfung beibehalten werde. Zum Zwecke der Vereinfachung solle jedoch von der Option Gebrauch gemacht werden, die durch Art. 1 Nr. 3 der Änderungsrichtlinie in Art. 27 Abs. 3 Unterabs. 3 der Richtlinie 77/91/EWG eingeführt wurde. Sie gestatte die Prüfung der Sacheinlagen und des Verschmelzungsvertrages durch dieselben Sachverständigen. Für die Auswahl der Prüfer gelten in diesem Fall § 11 Abs. 1 UmwG, § 319 Abs. 1 bis 4 und § 319a Abs. 1 HGB (BT-Drucks. 17/3122, S. 17).

Nach § 37 Abs. 4 AktG i. V. m. § 36 Abs. 2 UmwG sind bei der **Anmeldung der Verschmelzung** zur **373** Neugründung der Gründungsbericht nach § 32 AktG, der Prüfungsbericht der Mitglieder des Vorstandes und des Aufsichtsrates nach § 33 Abs. 1 AktG sowie der Bericht der Gründungsprüfer nach § 33 Abs. 2 AktG beizufügen. Nach § 75 Abs. 2 UmwG sind ein Gründungsbericht und eine Gründungsprüfung nicht erforderlich, soweit eine Kapitalgesellschaft oder eine eingetragene Genossenschaft übertragender Rechtsträger ist. Findet eine Mischverschmelzung statt, bei der z. B. Personengesellschaften und Kapitalgesellschaften zu einer AG zur Neugründung verschmolzen werden, so sind, wie der Wortlaut der Vorschrift deutlich macht (»insoweit«) Gründungsbericht und Gründungsprüfung nur bzgl. der nicht von § 75 Abs. 2 UmwG freigestellten Rechtsträger erforderlich, i. Ü. aber entbehrlich (vgl. Widmann/Mayer/Rieger, Umwandlungsrecht, § 75 UmwG Rn. 10; Kallmeyer/Marsch-Barner, UmwG, § 75 Rn. 4).

▸ **Hinweis:** **374**

Zu beachten ist, dass gem. § 75 Abs. 2 UmwG bei den genannten Rechtsträgern nur auf den Gründungsbericht und die externe Gründungsprüfung nach § 33 Abs. 2 AktG verzichtet wird, nicht aber auf die interne Gründungsprüfung durch die Mitglieder des Vorstandes und des Aufsichtsrates der neuen AG nach § 33 Abs. 1 AktG (Widmann/Mayer/Mayer, Umwandlungsrecht, § 75 UmwG Rn. 11; Kallmeyer/Marsch-Barner, UmwG, § 75 Rn. 6; Diekmann in: Semler/Stengel, § 75 UmwG Rn. 7). Die **interne Gründungsprüfung** durch Vorstand und Aufsichtsrat ist in allen Fällen bei der Verschmelzung erforderlich.

8. Handelsregisteranmeldung der neuen Gesellschaft. Nach § 38 Abs. 1 UmwG haben die **Vertre-** **375** **tungsorgane** jedes der übertragenden Rechtsträger die Verschmelzung zur Eintragung in das Register des Sitzes ihres Rechtsträgers anzumelden. Darüber hinaus haben nach § 38 Abs. 2 UmwG die Vertretungsorgane aller übertragenen Rechtsträger die neue Gesellschaft bei dem Gericht, in dessen Bezirk sie ihren Sitz haben sollen, zur Eintragung in das Register anzumelden. Grds. bleibt es daher bei den allgemeinen Vorschriften über die Anmeldung der Verschmelzung zur Aufnahme. Durch § 38 Abs. 2 UmwG soll v. a. sichergestellt werden, dass der neue Rechtsträger zur Eintragung angemeldet wird. Anders als bei der Verschmelzung zur Aufnahme ist bei der Verschmelzung durch Neubildung die neue Gesellschaftseintragung anzumelden. Anzumelden ist also dabei, dass eine neue Gesellschaft im Zuge der Verschmelzung von anderen Gesellschaften durch Neubildung errichtet wurde. Zum Registerverfahren vgl. ausführlich Teil 2 Rdn. 627 ff.

E. Verschmelzungsbericht

376 Nach § 8 UmwG haben die Vertretungsorgane jedes der an der Verschmelzung beteiligten Rechtsträger einen **ausführlichen schriftlichen Bericht** zu erstatten, in denen die **Verschmelzung**, der **Verschmelzungsvertrag** oder sein Entwurf im Einzelnen und insb. das **Umtauschverhältnis der Anteile** oder die **Angaben über die Mitgliedschaft** bei dem übernehmenden Rechtsträger sowie die **Höhe einer anzubietenden Barabfindung** rechtlich und wirtschaftlich erläutert und begründet werden. Nach dem bis zum Jahr 1995 geltenden Recht waren ein solcher Verschmelzungsbericht der Leitungsorgane nach den §§ 340a, 354 Abs. 2, 355 Abs. 3, 356 Abs. 2 AktG nur für AG, KGaA und für solche GmbHs erforderlich, die mit einer AG oder mit einer KGaA verschmolzen werden sollten. Das Gesetz geht davon aus, dass an einer ausführlichen Vorabinformation jedoch auch die Anteilsinhaber einer jeden Gesellschaft ohne Rücksicht auf deren Rechtsform ein berechtigtes Interesse haben. Grds. hat das Gesetz den Verschmelzungsbericht für alle Verschmelzungsvorgänge vorgesehen. Allerdings ist bei der Verschmelzung von Personenhandelsgesellschaften in § 41 UmwG und bei der Verschmelzung unter Beteiligung von Partnergesellschaften in § 45c UmwG geregelt, dass ein Verschmelzungsbericht nicht erforderlich ist, wenn alle Gesellschafter zur Geschäftsführung berechtigt sind bzw. bei der Partnergesellschaft ein Verschmelzungsbericht nur erforderlich ist, wenn ein Partner gem. § 6 Abs. 2 PartGG von der Geschäftsführung ausgeschlossen ist. Durch das 3. UmwÄndG vom 11.07.2011 (BGBl. I, S. 1338) wurde die bisher nur in § 143 UmwG bei Spaltungen von AG vorgesehene **erweiterte Unterrichtungspflicht über Vermögensveränderungen** nun allgemein bei Verschmelzung und Spaltung (nach §§ 125, 127 UmwG) durch § 8 Abs. 3 UmwG n. F. eingeführt (vgl. dazu unten Teil 2 Rdn. 396).

377 Der Verschmelzungsbericht soll die Informationsmöglichkeiten der Gesellschafter über die geplante Verschmelzung verbessern. Die Begründung zum RegE weist darauf hin, dass ein solches formalisiertes Informationsrecht einen größeren Wert habe als die allgemeinen Unterrichtungs- und Einsichtsrechte nach dem Recht der jeweiligen Gesellschaften (BR-Drucks. 75/94, S. 83 abgedruckt in: Limmer, Umwandlungsrecht, S. 278). Darüber hinaus dient der Verschmelzungsbericht als Grundlage für die Prüfung der Verschmelzung durch die **Verschmelzungsprüfer** (vgl. Ganske, DB 1981, 1551, 1553).

378 Der Verschmelzungsbericht für die AG in § 340a AktG a. F. wurde durch das **Verschmelzungsrichtlinengesetz** v. 25.10.1982 eingeführt, das auf der dritten Richtlinie des Rates der Europäischen Gemeinschaften zur Koordinierung des Gesellschaftsrechts beruhte. Im früheren Recht der Verschmelzung von AG führten eine Reihe von Gerichtsverfahren zur Konkretisierung der Anforderungen an den Verschmelzungsbericht. Die durch das 3. UmwÄndG vom 11.07.2011 (BGBl. I, S. 1338) vorgesehene **erweiterte Unterrichtungspflicht über Vermögensveränderungen** nach § 8 Abs. 3 UmwG n. F. beruht auf Art. 2 Nr. 4 der Richtlinie 2009/109/EG des Europäischen Parlaments und des Rates v. 16.09.2009 (ABl. EU L 259 v. 02.10.2009, S. 14).

379 ▶ **Hinweis:**

> Die Gerichte haben die **Anforderungen an den Verschmelzungsbericht** hoch angesiedelt. Bei der Abfassung des Verschmelzungsberichts ist daher große Sorgfalt anzuwenden, damit der Bericht nicht zu einem *»Stolperstein für das gesamte Verschmelzungsverfahren«* (so Heckschen, WM 1990, 381) wird.

380 Dem Gesetz liegt nach Auffassung des OLG Stuttgart (AG 2011, 49 = NZG 2011, 30 = ZIP 2010, 2404; AG 2006, 421, 423 f.) für die Verschmelzung ein Vertrags- oder Verhandlungsmodell zugrunde (vgl. Wiedemann, ZGR 1978, 477, 490 zum früheren Verschmelzungsrecht; Gude, Strukturänderungen und Unternehmensbewertung zum Börsenkurs, S. 349 ff.; Paschos, ZIP 2003, 1017, 1023; Wilsing/Kruse, DStR 2001, 991, 992, 993 f.; Mertens, AG 1990, 20, 25 f.; Günther, AG 1968, 98, 101; Baums in Gedächtnisschrift Schindhelm, 2009, S. 63, 95; vgl. auch J. Vetter, ZHR 168 (2004), 8, 26 f.; aus betriebswirtschaftlicher Sicht z. B. Böcking in Festschrift Moxter, 1994, S. 1407, 1427 f.; Nonnenmacher, AG 1982, 153). Das Wertverhältnis ist Markt- und Verhandlungsfrage; Geltungsgrund der Angemessenheitsgewähr ist das Vertrauen darauf, dass die Unternehmensorgane aus Sicht ihres Unternehmens den Wert bestmöglich ausgehandelt haben (Reuter, AG 2007, 890; Martens in Festschrift Röhricht, S. 987, 990 f.). Die verhandlungsführenden Vorstände haben pflichtgemäß auf ein Umtauschverhältnis hinzuwirken, das v. a. die Interessen der Anteilseigner des eigenen Unternehmens wahrt und auch zum verständigen Ausgleich mit denjenigen der Gegenseite bringt. Jedes der an der Verhandlung beteiligten Organmitglieder muss versuchen, die Interessen des von ihm vertretenen Unternehmens und seiner Anteilseigner bestmöglich durchzusetzen (Piltz, ZGR 2001, 185, 207; Mertens, AG 1990, 20, 25 f.; Decher in Festschrift Wiedemann, 2002, S. 789, 803, 804; Paschos, ZIP 2003, 1018, 1023; Wiedemann, ZGR 1978, 477, 490; Günther, AG 1968, 98, 99 ff.), andernfalls liegt ein Pflichtverstoß vor (vgl. dazu Wiedemann, ZGR 1978, 477, 490; Mertens AG 1990, 20, 25 f.; Decher, in: FS für Wiedemann, 2002, S. 789, 803, 804, S. 803, 804; Veil, in FS für Raiser, 2005, S. 453, 457; Hoffmann-Becking, in FS für Fleck, 1988, S. 105, 115; Kiem, ZGR 2007, 542, 545; Hüffer, ZHG 172 (2008), 572, 579), der eine Haftung nach § 25 UmwG auslösen kann (dazu Schnorbus, ZHR 167 (2003), 682; vgl. auch Baums, in Gedächtnisschrift Schindhelm, 2009, S. 63, 95, S. 88; Lutter/Grunewald § 25 UmwG Rn. 13 ff.). Das so gewonnene und im Bericht dokumentierte Verhandlungsergebnis unterliege zudem der Kontrolle durch den gerichtlich bestellten Verschmelzungsprüfer §§ 9 ff. UmwG. Auch dies diene dem Präventivschutz der Anteilsinhaber, und zwar der Anteilsinhaber des übertragenden wie des aufnehmenden Rechtsträgers. Der Verschmelzungsbericht und seine Prüfung seien einander ergänzende Maßnahmen zum Schutz der Anteilseigner, weil sich die Prüfung auf die Plausibilität der Annahmen und Festsetzungen im Verschmelzungsbericht, dabei insb. auch auf die Frage des Umtauschverhältnisses, erstrecke (OLG Stuttgart AG 2006, 421, 424; OLG Düsseldorf NZG 2004, 429, 430; BGH ZIP 1989, 980, 982; vgl. auch Martens, in: FS für Röhricht, S. 987, 990 f., S. 1002).

I. Verschmelzungsbericht durch Vertretungsorgane

Zur vor 1995 geltenden Regelung war noch umstritten, ob ein **gemeinsamer Bericht** aller an der Verschmelzung beteiligten Vertretungsorgane zulässig ist (ablehnend OLG Karlsruhe, WM 1989, 1134; dagegen LG Frankenthal, WM 1989, 1854; Mertens, AG 1990, 20; Heckschen, WM 1990, 381). **Berichtspflichtig** sind nach § 8 Abs. 1 UmwG **die Vertretungsorgane** jedes der an der Verschmelzung beteiligten Rechtsträger, d. h. der **Vorstand** bzw. die **Geschäftsführer** oder geschäftsführenden Gesellschafter **in ihrer Gesamtheit**. Umstritten ist allerdings, ob der Bericht von allen Mitgliedern des Geschäftsführungsorgans zu unterzeichnen ist (so Kallmeyer/Marsch-Barner, UmwG, § 8 Rn. 2; Gehling, in: Semler/Stengel, UmwG § 8 Rn. 5) oder ob **Unterzeichnung in vertretungsberechtigter Zahl** genügt (Stratz, in: Schmitt/Hörtnagl/Stratz, UmwG § 8 Rn. 7; Lutter/Drygala, UmwG, § 8 Rn. 6; Widmann/Mayer/Mayer, Umwandlungsrecht, § 8 UmwG Rn. 13 f.;; Müller, NJW 2000, 2001; OLG Düsseldorf, WM 2005, 652 zum Bericht nach § 327c Abs. 2 AktG). M. E. muss vertretungsberechtigte Zahl genügen. Wortlaut und Normzweck fordern m. E. lediglich die schriftliche Abfassung, nicht aber dessen Unterzeichnung, sodass vertretungsberechtigte Zahl genügen muss (so KG, DB 2004, 2746 = AG 2005, 205; Fuhrmann, AG 2004, 135 ff.; Vossius, NotBZ 2007, 368). Im Beschl. v. 21.05.2007 hat der BGH (AG 2007, 625 = BB 2007, 1977 = DNotZ 2008, 143 = DStR 2007, 1688 = NJW-RR 2007, 1409 = NotBZ 2007, 361) festgestellt, dass für die Meinung, nach der vertretungsberechtigte Zahl genügt, Sinn und Zweck der Regelung sprechen. Dem Verschmelzungsbericht komme v. a. eine umfassende Informationsfunktion zu: Er soll die Verschmelzung und den Verschmelzungsvertrag im Einzelnen, insb. das Umtauschverhältnis der Anteile, rechtlich und wirtschaftlich erläutern und begründen. Weil dem geschriebenen Wort eine größere Präzision, Nachvollziehbarkeit und Überprüfbarkeit zukommt, soll der Bericht schriftlich vorliegen und nicht lediglich mündlich vorgetragen werden. Dass bei Unterzeichnung des Berichts durch Organmitglieder nur in vertretungsberechtigter Zahl etwa die Gefahr bestünde, der Bericht entspreche nicht dem Willen der Mehrheit des Organs, erscheine lebensfremd: Eine solche Manipulation könne nicht verborgen bleiben, weil der Verschmelzungsbericht in der Hauptversammlung – zumeist, mündlich erläutert und erörtert werde. Eine **rechtsgeschäftliche Vertretung** ist allerdings unzulässig (vgl. Stratz, in: Schmitt/Hörtnagl/Stratz, UmwG § 8 Rn. 8; Goutier/Knopf/Bermel, Umwandlungsrecht, § 8 UmwG Rn. 4; Widmann/Mayer/Mayer, Umwandlungsrecht, § 8 UmwG Rn. 14; Kallmeyer/Marsch-Barner, UmwG, § 8 Rn. 2; Lutter/Drygala § 8 UmwG Rn. 7; Gehling, in: Semler/Stengel, § 8 UmwG Rn. 5). Der BGH hat die Frage im Urt. v. 21.07.2007 (BB 2007, 1977 = DNotZ 2008, 143 = NJW-RR 2007, 1409) offengelassen, allerdings der Mm. zugeneigt. Er wies darauf hin, dass für die zuletzt genannte Mm. nachhaltig Sinn und Zweck der Regelung sprechen. Dem Verschmelzungsbericht gem. § 8 Abs. 1 Satz 1 UmwG komme v. a. eine umfassende Informationsfunktion zu: Er soll die Verschmelzung und den Verschmelzungsvertrag im Einzelnen,

381

insb. das Umtauschverhältnis der Anteile, rechtlich und wirtschaftlich erläutern und begründen. Weil dem geschriebenen Wort eine größere Präzision, Nachvollziehbarkeit und Überprüfbarkeit zukommt, soll der Bericht schriftlich vorliegen und nicht lediglich mündlich vorgetragen werden. Dass bei Unterzeichnung des Berichts durch Organmitglieder nur in vertretungsberechtigter Zahl etwa die Gefahr bestünde, der Bericht entspreche nicht dem Willen der Mehrheit des Organs, erscheine lebensfremd: Eine solche Manipulation könnte nicht verborgen bleiben, weil der Verschmelzungsbericht in der Hauptversammlung – zumeist, so auch hier, in Anwesenheit aller Vorstandsmitglieder – mündlich erläutert und erörtert werde.

II. Inhalt des Verschmelzungsberichts

382 Inhaltlich wurde die Vorschrift § 340a AktG i. d. F. vor 1995 nachgebildet, wobei allerdings der Inhalt zur Erhöhung der Rechtssicherheit im Hinblick auf die Rechtsprechung präzisiert wurde. **Ziel des Verschmelzungsberichts** ist der Schutz der Anteilsinhaber. Diese sollen ausführlich vor der Zustimmung zur Verschmelzung unterrichtet werden. Im Hinblick auf die Regelung des Bezugsrechts in § 186 Abs. 4 Satz 2 AktG wurde die Berichtspflicht erweitert. Die Leitungsorgane sollen auch darlegen, welche rechtlichen und wirtschaftlichen Gründe die Verschmelzung als das geeignete Mittel zur Verfolgung des Unternehmenszwecks erscheinen lassen. Daneben sollen die Bestimmungen des Verschmelzungsvertrages im Einzelnen erläutert werden. Die Folgen, die sich aus der Verschmelzung für die Beteiligungen der Anteilseigner ergeben können, sollen ebenfalls dargelegt werden, da mit einer Verschmelzung i. d. R. eine Änderung der Beteiligungsquote verbunden ist. Die **Begründungspflicht** soll sich auch auf die Höhe der Barabfindung erstrecken, falls eine solche nach § 29 UmwG anzubieten ist. Damit soll den **Verschmelzungsprüfern** auch für diese zusätzliche Prüfung eine Unterlage an die Hand gegeben werden. **Zweck des Verschmelzungsberichts** ist die möglichst umfassende Information der Gesellschafter, damit diese eine sachgerechte Entscheidung treffen können (BGH, NJW 1990, 2747; LG Essen, AG 1999, 329; Engelmeyer, BB 1998, 320, 333).

Im Einzelnen muss also der **Verschmelzungsbericht** zu folgenden Punkten Stellung nehmen (vgl. Stratz, in: Schmitt/Hörtnagl/Stratz, UmwG § 8 Rn. 11 ff.; Widmann/Mayer/Mayer, Umwandlungsrecht, § 8 UmwG Rn. 17 ff.; Kallmeyer/Marsch-Barner, UmwG, § 8 Rn. 6; Lutter/Drygala § 8 UmwG Rn. 11 ff.; Gehling, in: Semler/Stengel, § 8 UmwG Rn. 9 ff.):
– zur Verschmelzung,
– zum Verschmelzungsvertrag,
– zur Mitgliedschaft beim übernehmenden Rechtsträger,
– über die Höhe der anzubietenden Barabfindung.

383 Die Erläuterung muss die **rechtlichen und wirtschaftlichen Verhältnisse** betreffen. Darüber hinaus ist auf **besondere Schwierigkeiten bei der Bewertung** der Rechtsträger sowie auf die **Folgen für die Beteiligung der Anteilsinhaber** hinzuweisen.

384 Der **BGH** hat in mehreren Urteilen entschieden, dass sich die Erläuterung nicht auf die Darlegung der Grundsätze, nach denen das Umtauschverhältnis der Anteile ermittelt wurde, beschränken darf. Die Kenntnis der Bewertungsgrundsätze ermögliche dem Gesellschafter noch nicht die Beurteilung, ob das Umtauschverhältnis sachlich angemessen ist (BGH, WM 1990, 140 = ZIP 1990, 168). Die bisherigen Entscheidungen der OLG gingen davon aus, dass der Verschmelzungsbericht jedenfalls Zahlenmaterial enthalten müsse, das den Aktionären ermögliche, das vorgeschlagene **Umtauschverhältnis** einer **Plausibilitätskontrolle** zu unterziehen (OLG Karlsruhe, WM 1989, 1134; OLG Hamm, ZIP 1988, 1051). Das OLG Karlsruhe war der Auffassung, dass die Wertverhältnisse der beteiligten Gesellschaften insoweit dargelegt werden müssen, dass das insgesamt vorhandene Material eine Stichhaltigkeitskontrolle der vorgesehenen Umtauschwerte erlaubt. Hierzu ist es nicht erforderlich, dem Aktionär eine Tatsachenvielfalt zu unterbreiten, die es ihm erlauben würde, kraft eigener Sachkunde oder unter Heranziehung eines Sachverständigen ein Gutachten über die Unternehmenswerte erstellen zu lassen, wohl aber muss er in die Lage versetzt werden, eine **Stichhaltigkeitsprüfung** durchzuführen, ggf. unter Heranziehung eines Sachverständigen. Dazu ist es i. d. R. nötig, dass die **Bewertungsergebnisse**, also die nach der Bewertungsmethode ermittelten **Unternehmenswerte**, mitgeteilt werden. Darüber hinaus wird es erforderlich sein, aussagekräftige Einzelplanzahlen kundzutun (OLG Karlsruhe, WM 1989, 1134 = ZIP 1989, 988).

Anzugeben ist auch, auf welchen **Stichtag** die Bewertung erfolgt ist. Das Gesetz bestimmt nur für eine 385
evtl. Barabfindung, nicht aber für das Umtauschverhältnis, dass die Verhältnisse im **Zeitpunkt der Beschlussfassung des übertragenden Rechtsträgers** maßgebend ist (Kallmeyer/Marsch-Barner, UmwG,
§ 8 Rn. 21). Da das UmwG diesen Zeitpunkt nicht definiert, geht die herrschende Meinung zu Recht
davon aus, dass auch ein früherer Zeitpunkt z. B. der Stichtag der Schlussbilanz festgelegt werden kann,
wenn diese Werte auf den Tag der Beschlussfassung aufgezinst werden und über etwaige wertverändernde Ereignisse in der Versammlung berichtet und der Verschmelzungsbericht ergänzt wird (Lut-
ter/Drygala, UmwG, § 8 Rn. 30 f.; Widmann/Mayer/Mayer, Umwandlungsrecht, § 5 UmwG
Rn. 131; Kallmeyer/Marsch-Barner, UmwG, § 8 Rn. 21; Seetzen, WM 1999, 565, 569).

Neben den einzelnen Bestimmungen des Verschmelzungsvertrages sind darüber hinaus die **wirtschaft-** 386
lichen Hintergründe der durchzuführenden Verschmelzung ausführlich zu erläutern, sodass sich ein
Aktionär ein Bild über die wirtschaftliche Zweckmäßigkeit der Verschmelzung machen kann
(BGHZ 107, 296, 303; LG Essen, AG 1999, 329; Widmann/Mayer/Mayer, Umwandlungsrecht,
§ 8 UmwG Rn. 19 ff.; Ossadnik/Maus, DB 1995, 105 ff.; Lutter/Drygala, § 8 UmwG Rn. 15;
Gehling, in: Semler/Stengel, § 8 UmwG Rn. 17; Stratz, in: Schmitt/Hörtnagl/Stratz, UmwG § 8
Rn. 16).

Vorgesehen ist nach § 8 UmwG in Anlehnung an § 186 Abs. 4 Satz 2 AktG die Berichtspflicht über die 387
rechtlichen und wirtschaftlichen Gründe, die die Verschmelzung als geeignetes Mittel zur Verfolgung
des Unternehmenszwecks erscheinen lassen. Der Gesetzgeber hat damit zusätzliche Kriterien vorgegeben, die allerdings bereits nach der Auffassung des OLG Hamm und des OLG Karlsruhe berichtspflichtig waren: nämlich **die Verschmelzung als solche** (OLG Hamm, DB 1988, 1843; OLG Karlsruhe,
DB 1989, 1617; Widmann/Mayer/Mayer, Umwandlungsrecht, § 8 UmwG Rn. 19.1; Lutter/Drygala,
§ 8 UmwG Rn. 13 ff.; Gehling, in: Semler/Stengel, § 8 UmwG Rn. 17 ff.; Kallmeyer/Marsch-Barner,
UmwG, § 8 Rn. 7; Stratz, in: Schmitt/Hörtnagl/Stratz, UmwG § 8 Rn. 15 ff.). Man wird also daher in
Anlehnung an die Rechtsprechung zum Bezugsrechtsausschluss **sachliche Kriterien für die Verschmelzung** als solche verlangen müssen. Es ist daher darzulegen, welche Interessen die Verschmelzung als solche rechtfertigen und welche weiter gehenden Unternehmensziele hiermit verfolgt werden sollen. Es
wird dabei ebenfalls zu erörtern sein, ob die Verschmelzung das geeignete, erforderliche und verhältnismäßige Kriterium für die Erreichung der damit verbundenen Unternehmensziele darstellt (vgl. Kall-
meyer/Marsch-Barner, UmwG, § 8 Rn. 7; Widmann/Mayer/Mayer, Umwandlungsrecht, § 8 UmwG
Rn. 19 ff.; Lutter/Drygala, § 8 UmwG Rn. 13 ff.; Gehling, in: Semler/Stengel, § 8 UmwG Rn. 17; vgl.
zu diesem allgemeinen Sachkontrollansatz Lutter, ZGR 1981, 171, 174; BGHZ 103, 184, 189; Kort,
ZIP 1990, 294). Das OLG Saarbrücken hat im Beschl. v. 07.12.2010 (AG 2011, 343 = ZIP 2011,
46) entschieden, dass der Normzweck des § 8 Abs. 1 UmwG es gebiete, den Anteilsinhabern einen möglichst umfassenden Einblick zu gewähren, um diesen ein geschlossenes Bild der rechtlichen und wirtschaftlichen Bedeutung und der Wirkung der Verschmelzung zu vermitteln. Diesem Zweck werde ein
Verschmelzungsbericht nur dann gerecht, wenn er die rechtlichen und wirtschaftlichen Konsequenzen
ausführlich und transparent erläutere. Primärer Gegenstand der Erläuterungen sei demnach der Vorgang der Verschmelzung selbst. Der Verschmelzungsbericht müsse Informationen dazu liefern, weshalb
gerade die Verschmelzung das geeignete Mittel zur Verfolgung des Unternehmenszwecks sei. Unter
diesem Aspekt stehen neben der technischen Erläuterung der Verschmelzung als solcher insb. Synergieeffekte, marktspezifische Besonderheiten, steuerliche Vorteile oder Haftungsgesichtspunkte im Vordergrund der Berichtspflicht. Darüber hinaus seien die Rechtswirkungen der vollzogenen Verschmelzung
für Dritte ebenfalls zu erläutern (Schmitt/Hörtnagl/Stratz, UmwG, UmwStG, § 8 Rn. 11 ff.). Demgegenüber sei es nicht Funktion des Verschmelzungsberichts, den Aktionären einen so detaillierten
Einblick in den Verschmelzungsvorgang zu verschaffen, um diesen bis in alle Einzelheiten nachzuvoll-
ziehen. Eine Kontrolle der inhaltlichen Richtigkeit der Verschmelzung, insb. die korrekte und angemessene Bewertung des Umtauschverhältnisses, sei dem Verschmelzungsprüfer zugewiesen (OLGR
Jena 2009, 788; vgl. OLG Hamm, ZIP 1999, 798 OLG Düsseldorf, ZIP 1999, 793).

388 ▶ Hinweis:

Im Ergebnis geht es also darum, im Verschmelzungsbericht die Zweckmäßigkeit der wirtschaftlichen Maßnahme in Abgrenzung zu anderen unternehmensstrukturellen Maßnahmen darzulegen. Für die Frage der wirtschaftlichen Zweckmäßigkeit bedeutet dies, dass nicht nur die Vorteile einer Verschmelzung, sondern auch ihre Nachteile dargestellt werden müssen.

389 Schließlich sind auch die **besonderen Schwierigkeiten bei der Bewertung** im Bericht zu nennen, soweit solche tatsächlich aufgetreten sind. Ein allgemeiner Hinweis auf Schwierigkeiten jeder Unternehmensbewertung reicht allerdings nicht aus (Priester, NJW 1983, 1461), vielmehr ist das konkrete Bewertungsproblem zu nennen und die gewählte Problemlösung zu erläutern (LG Essen, AG 1999, 329; Widmann/Mayer/Mayer, Umwandlungsrecht, § 8 UmwG Rn. 24 ff.; Kallmeyer/Marsch-Barner, UmwG, § 8 Rn. 11 f.).

390 Es lassen sich zwar **keine generellen Maßstäbe** für den Verschmelzungsbericht angeben, da er den Einzelfallumständen entsprechen muss. I. d. R. sollten **allerdings folgende Faktoren** besprochen werden (vgl. Timm, ZIP 1990, 270; Widmann/Mayer/Mayer, Umwandlungsrecht, § 8 UmwG Rn. 19 ff.; Lutter/Drygala, § 8 UmwG Rn. 11 ff.; Gehling in: Semler/Stengel, § 8 UmwG Rn. 17 ff.; Kallmeyer/Marsch-Barner, UmwG, § 8 Rn. 7 ff.; Stratz, in: Schmitt/Hörtnagl/Stratz, UmwG § 8 Rn. 11 ff.):
- die Feststellung der Ertragswerte der Unternehmen und deren Begründung,
- die Darstellung aller Faktoren, die bei der »Ergebnisbereinigung« i. R. d. Ertragswertermittlung einbezogen worden sind,
- die nachvollziehbare Begründung der Geheimhaltungsbedürftigkeit weiter gehender Einzelzahlen,
- die plausible Darstellung der Faktoren, die für die zukünftigen Ertragsüberschüsse maßgeblich sein werden,
- die Erläuterungen zum nicht betriebsnotwendigen Vermögen und seine Bewertung.

391 Auch die **Höhe einer Barabfindung** muss im Umwandlungsbericht plausibel erläutert werden, das hat das KG im Fall »**aqua putzke Werke AG**« (AG 1999, 126) bestätigt.

392 Als **Muster eines besonders gelungenen Verschmelzungsberichts** hatte Timm den Bericht der Vorstände über die Verschmelzung der Pfälzischen Hypothekenbank mit der Deutschen Hypothekenbank angesehen (ZIP 1990, 270; vgl. zu dem in dieser Sache im Anfechtungsverfahren abgeschlossenen Vergleich: ZIP 1990, 1033 sowie das Urteil des LG Frankenthal, WM 1989, 1854 und das Gutachten von Mertens, AG 1990, 20). Muster finden sich ferner bei Walz: in Herfs/Schwander, Beck'sches Formularbuch Zivil-, Wirtschafts- und Unternehmensrecht, 3. Aufl. 2014, S. 877, Rawert, in: Hoffmann-Becking/Rawert, Beck'sches Formularbuch Bürgerliches, Handels- und Wirtschaftsrecht, 11. Aufl. 2013, S. 2444 zur grenzüberschreitenden Verschmelzung.

III. Erweiterung der Berichtspflicht bei verbundenen Unternehmen

393 § 8 Abs. 1 Satz 3 und Satz 4 UmwG erweitern für den Fall verbundener Unternehmen die Berichtspflicht im Verschmelzungsbericht sowie die Auskunftspflichten in den Versammlungen der Gesellschafter. Hierdurch soll es den Anteilsinhabern vor ihrer Beschlussfassung über die Verschmelzung ermöglicht werden, sich auch über diejenigen Angelegenheiten verbundener Rechtsträger zu unterrichten, die für die Verschmelzung wesentlich sind.

IV. Erweiterte Unterrichtungspflicht über Vermögensveränderungen nach § 64 Abs. 1 Satz 2 UmwG n. F.

394 Durch das 3. UmwÄndG vom 11.07.2011 (BGBl. I, S. 1338) wurde die bisher nur in § 143 UmwG bei Spaltungen von AG vorgesehene erweiterte Unterrichtungspflicht über Vermögensveränderungen bei Verschmelzung und Spaltung (nach §§ 125, 127 UmwG) allgemein bei der Verschmelzung von AG und KGaA durch § 64 Abs. 1 Satz 2 UmwG n. F. eingeführt (vgl. dazu Neye/Jäckel, AG 2010, 237 ff.; Diekmann, NZG 2010, 489 ff.; Wagner, DStR 2010, 1629 ff.; Heckschen, NZG 2010, 1041 ff.; Leitzen, DNotZ 2011, 526, 528 f.; Simon/Merkelbach, DB 2011, 1317, 1318; Bayer/J. Schmidt, ZIP 2010, 953 ff.; Sandhaus, NZG 2009, 41 ff.). Grundlage ist Art. 2 Nr. 4 der Richtlinie 2009/109/EG des Europäischen Parlaments und des Rates v. 16.09.2009 (ABl. EU L 259 v. 02.10.2009, S. 14).

Danach hat der Vorstand den Verschmelzungsvertrag oder seinen Entwurf zu Beginn der Hauptversammlung mündlich zu erläutern und über jede wesentliche Veränderung des Vermögens der Gesellschaft zu unterrichten, die seit dem Abschluss des Verschmelzungsvertrages oder der Aufstellung des Entwurfs eingetreten ist. Der Vorstand hat über solche Veränderungen auch die Vertretungsorgane der anderen beteiligten Rechtsträger zu unterrichten; diese haben ihrerseits die Anteilsinhaber des von ihnen vertretenen Rechtsträgers vor der Beschlussfassung zu unterrichten. Ursprünglich wollte der Regierungsentwurf die Unterrichtungspflicht rechtsformübergreifend in § 8 Abs. 3 UmwG regeln. Das Gesetz ist jetzt auf die Vorgaben der Richtlinie zurückgegangen; die Unterrichtungspflicht gilt nur für Beteiligung von AG und KGaA (vgl. Leitzen, DNotZ 2011, 526, 528 f.; Simon/Merkelbach, DB 2011, 1317, 1318).

Die Vorschrift gilt für **alle Verschmelzungen und Spaltungen** (nach §§ 125, 127 UmwG) bei Beteiligung von AG und KGaA. Die Unterrichtungspflicht entfällt nicht schon allein deshalb, weil bei Konzernverschmelzungen ein Verschmelzungsbeschluss der übernehmenden AG nicht erforderlich ist (§ 62 Abs. 1 UmwG). Denn zum einen sollen die Aktionäre auch anhand der Unterrichtung über Vermögensveränderungen entscheiden können, ob sie von dem in § 62 Abs. 2 UmwG geregelten Minderheitenrecht Gebrauch machen (vgl. Simon/Merkelbach, DB 2011, 1317, 1318). Zum anderen besteht die Unterrichtungspflicht ggü. dem Vertretungsorgan der Tochtergesellschaft und mittelbar ggü. deren Minderheitsaktionären auch bei einer Beteiligung von 90 % (Begr. RegE, BT-Drucks. 17/3122, S. 11). **395**

Voraussetzung ist eine »**wesentliche Veränderung des Vermögens** des Rechtsträgers, die zwischen dem Abschluss des Verschmelzungsvertrags oder der Aufstellung des Entwurfs und dem Zeitpunkt der Beschlussfassung eingetreten ist.« Der Begriff ist relativ unscharf, sodass die Praxis im Zweifel eher zu viel als zu wenig berichten sollte. In § 143 UmwG wurde dieses Tatbestandsmerkmal dahin gehend ausgelegt, dass es sich um eine Veränderung handeln muss, die für die Unternehmensbewertung – und damit für das Umtauschverhältnis der Anteile bzw. die Höhe der Abfindung (§ 29 UmwG) – relevant ist, d. h. diese berühren oder betreffen kann (Leitzen, DNotZ 2011, 526, 528 f.; Simon/Merkelbach, DB 2011, 1317, 1318; KK-UmwG/Simon, § 143 Teil 1 Rn. 10). Wenn dieser Umstand vorliegt, so soll daraus auch die Wesentlichkeit folgen (Kallmeyer/Sickinger in Kallmeyer, UmwG, § 143 Teil 1 Rn. 2; KK-UmwG/Simon, § 143 Teil 1 Rn. 11). Es ist aber nicht erforderlich, dass die Veränderung tatsächlich zu einer anderen Bewertung führt; vielmehr genügt, dass sie Anlass zur Überprüfung der früheren Bewertung gibt (Leitzen, DNotZ 2011, 526, 528 f.; Simon/Merkelbach, DB 2011, 1317, 1318; KK-UmwG/Simon, § 143 Teil 1 Rn. 10). Gegenstand der Bewertung muss das »Vermögen« sein, worunter auch das Passivvermögen fällt. Andere Veränderungen, die für die Verschmelzung ebenfalls relevant sein können, z. B. das wirtschaftliche Umfeld, Konkurrenzsituation, spielen keine Rolle, wobei natürlich solche Änderungen auf das Vermögen durchschlagen können. **396**

Zu informieren sind die **Aktionäre vor der Beschlussfassung** und nach § 64 Abs. 1 Satz 3 UmwG n. F. auch **die Vertretungsorgane der anderen Rechtsträger**, die an der Verschmelzung beteiligt sind. Diese haben ihrerseits ihre Anteilsinhaber vor der Beschlussfassung zu informieren. Ungeregelt ist wie die Information zu erfolgen hat. Zu § 143 UmwG war ein Teil der Literatur der Meinung, dass ein schriftlicher Nachtragsbericht zum Spaltungsbericht notwendig sei (Kallmeyer/Sickinger UmwG, § 143 Teil 1 Rn. 2; Lutter/Schwab, UmwG, § 143 Teil 1 Rn. 15 ff.; ebenso zu § 8 UmwG Keller/Klett, GWR 2010, 308122; Diekmann, NZG 2010, 489; Lutter/Drygala, § 8 UmwG Rn. 31). Nach anderer Meinung genügt eine mündliche Information der Anteilseigner in der Gesellschafterversammlung (Hauptversammlung, so Leitzen, DNotZ 2011, 526, 530 f.; Wagner, DStR 2010, 1629, 1632; Heckschen, NZG 2010, 1041, 1042). Da das Gesetz keine Vorgaben enthält, muss m. E. die schwächste Form genügen (ähnlich zum vergleichbaren Problem bei § 64 Abs. 1 UmwG vgl. Lutter/Grunewald UmwG, § 64 Rn. 6; Kallmeyer/Marsch-Barner, UmwG, § 64 Teil 1 Rn. 4). Der Verschmelzungsvertrag muss nicht geändert werden (Heckschen, NZG 2010, 1041, 1042; Leitzen, DNotZ 2011, 526, 530 f.). Auf die Nachtragsberichterstattung können die Anteilsinhaber nach § 64 Abs. 1 Satz 4 UmwG n. F. verzichten. Der **Verzicht** muss § 64 Abs. 1 Satz 4 UmwG n. F. notariell beurkundet werden (vgl. Leitzen, DNotZ 2011, 526, 532). **397**

V. Einschränkung der Berichtspflicht

398 In der früheren Literatur und Rechtsprechung war umstritten, ob in den Verschmelzungsbericht auch für die Gesellschaft **schädliche Informationen** aufgenommen werden müssen. Unstreitig war jedoch, dass nähere Angaben zur Erläuterung des Umtauschverhältnisses nicht mit pauschalem Hinweis auf die **Wahrung von Betriebsgeheimnissen** und die Schädlichkeit der Publizität verweigert werden durften (BGH, WM 1990, 2073). Es bestand aber Einigkeit, dass analog § 131 Abs. 3 Nr. 1 AktG im Einzelfall diejenigen Bewertungsfaktoren nicht mitgeteilt zu werden brauchen, deren Offenlegung die Wettbewerbsfähigkeit der beteiligten Gesellschaften gefährden könnte (OLG Hamm, DB 1981, 1842 = WM 1988, 1164; KK-AktG/Kraft, § 340a Rn. 16).

399 § 8 Abs. 2 UmwG schließt an diese Rechtsprechung an und bestimmt, dass in den Bericht Tatsachen nicht aufgenommen zu werden brauchen, deren Bekanntwerden geeignet ist, einen der beteiligten Rechtsträger oder einem verbundenen Unternehmen einen **nicht unerheblichen Nachteil zuzufügen**. In diesem Fall sind in diesem Bericht die Gründe darzulegen, warum die Tatsachen nicht aufgenommen worden sind. Die Vorschrift knüpft dabei an die **aktienrechtlichen Regelungen des Auskunftsverweigerungsrechts** in § 131 Abs. 3 Nr. 1 AktG an und berücksichtigt die hierzu ergangene höchstrichterliche Rechtsprechung hinsichtlich der **Darlegung der Verweigerungsgründe** (BGHZ 107, 296, 305 f.; BGHZ, ZIP 1990, 168, 169; 1990, 1560). Ein Verweigerungsrecht wird regelmäßig bei künftigen Vertragsprognosen oder den Planungen für das künftige Ausschüttungsverhalten gegeben sein, da aus diesen Daten Rückschlüsse auf die künftige Unternehmenspolitik möglich sind (LG Frankfurt am Main, WM 1987, 559). Die Darlegung der **Gründe für das Geheimhaltungsinteresse** muss wiederum so konkret sein, dass eine **Plausibilitätskontrolle** möglich ist (BGH, WM 1990, 2073; vgl. auch Kallmeyer/Marsch-Barner, UmwG, § 8 Rn. 30 ff.; Widmann/Mayer/Mayer, Umwandlungsrecht, § 8 UmwG Rn. 47 ff.).

VI. Verzicht auf den Verschmelzungsbericht bzw. Konzernverschmelzung

400 Nach § 8 Abs. 4 UmwG ist der Bericht und die Nachtragsberichterstattung nach § 64 Abs. 1 Satz 4 UmwG nicht erforderlich, wenn entweder alle Anteilsinhaber in **notariell beurkundeter Verzichtserklärung** auf die Erstellung verzichtet haben oder sich alle Anteile des übertragenen Rechtsträgers in der Hand des übernehmenden Rechtsträgers befinden (100 %iges Mutter-Tochter-Verhältnis). Der Verzicht auf den Verschmelzungsbericht und die weiter gehende Unterrichtung nach Abs. 3 soll sowohl alternativ als auch kumulativ möglich sein (BEgrRegE BT-Drucks. 17/3122, S. 14).

401 Hierdurch wird zum einen der Tatsache Rechnung getragen, dass der Verschmelzungsbericht ausschließlich dem Schutz der Anteilsinhaber dient, damit diese sich vor ihrer Entscheidung ein ausreichendes Bild über die tatsächliche Grundlage für die Ermittlung des angemessenen Umtauschverhältnisses machen können. Der Gesetzgeber ging daher davon aus, dass der Bericht für den Fortgang der Verschmelzung ohne Belang ist, wenn **sämtliche Anteilsinhaber auf ihn verzichten**. Zum Schutz der Anteilsinhaber sollen allerdings die Verzichtserklärungen notariell beurkundet werden, um dem Registergericht eine sichere Nachprüfung zu ermöglichen. Darüber hinaus hat die Beurkundung auch die ihr sonst eigene Warnfunktion (vgl. BR-Drucks. 75/94, S. 84, abgedruckt in: Limmer, Umwandlungsrecht, S. 279). Die Beurkundung muss nach den Vorschriften über die Beurkundung von Willenserklärungen (§§ 8 ff. BeurkG) erfolgen; eine Beurkundung nach den §§ 36 ff. BeurkG genügt nicht (vgl. Priester, DNotZ 1995, 427, 433; Widmann/Mayer/Mayer, Umwandlungsrecht, § 8 UmwG Rn. 58; Stratz, in: Schmitt/Hörtnagl/Stratz, UmwG § 8 Rn. 36). Es reicht aus, wenn die Verzichtserklärungen spätestens bei der Anmeldung zum Handelsregister vorliegen (Widmann/Mayer/Mayer, Umwandlungsrecht, § 8 UmwG Rn. 60; Kallmeyer/Marsch-Barner, UmwG, § 8 Rn. 38; Goutier/Knopf/Bermel, Umwandlungsrecht, § 8 UmwG Rn. 49, str.).

402 Der **Verzicht** muss von allen Anteilsinhabern aller beteiligten Rechtsträger erklärt werden; der Verzicht der Anteilsinhaber eines Rechtsträgers, bezogen auf den diesem zu erstattenden Verschmelzungsbericht genügt also nicht (Kallmeyer/Marsch-Barner, UmwG, § 8 Rn. 38; Widmann/Mayer/Mayer, Umwandlungsrecht, § 8 UmwG Rn. 57; Lutter/Drygala, UmwG, § 8 Rn. 53). Ein genereller Verzicht, z. B. in der Satzung ist nicht ausreichend (Gehling in: Semler/Stengel, § 8 UmwG Rn. 68; Lutter/Drygala, UmwG, § 8 Rn. 56; Kallmeyer/Marsch-Barner, UmwG, § 8 Rn. 38; Stratz, in: Schmitt/Hörtnagl/

Stratz, UmwG § 8 Rn. 36). Der Verzicht ist als **Gestaltungsrecht bedingungsfeindlich** und kann nicht mehr einseitig zurückgenommen werden (Widmann/Mayer/Mayer, Umwandlungsrecht, § 8 UmwG Rn. 58). Die Verzichtserklärungen müssen nicht in einer gesonderten Urkunde erklärt werden, vielmehr können die Verzichtserklärungen aller Gesellschafter in einer Urkunde i. R. d. Beschlussfassung niedergelegt werden, sofern die Vorschriften über die Beurkundung von Willenserklärungen nach §§ 8 ff. BeurkG eingehalten sind, insb. das Protokoll von allen Gesellschaftern unterzeichnet wird (Widmann/Mayer/Mayer, Umwandlungsrecht, § 8 UmwG Rn. 58; Stratz, in: Schmitt/Hörtnagl/Stratz, UmwG § 8 Rn. 36). **Stellvertretung** ist zulässig (Widmann/Mayer/Mayer, Umwandlungsrecht, § 8 UmwG Rn. 58.; Gehling in: Semler/Stengel, § 8 UmwG Rn. 71). Die Vollmacht bedarf nach § 167 Abs. 2 BGB nicht der notariellen Form (Widmann/Mayer/Mayer, Umwandlungsrecht, § 8 UmwG Rn. 58; Gehling in: Semler/Stengel, § 8 UmwG Rn. 71). Eine Vertretung ohne Vertretungsmacht ist bei einer einseitigen Erklärubg nach §§ 174, 180 BGB nicht zulässig (Widmann/Mayer/Mayer, Umwandlungsrecht, § 8 UmwG Rn. 58). Bei **Publikumsgesellschaften** ist der Verzicht i. d. R. wegen dieser Anforderungen an die Individualität der Erklärung nicht möglich. Der Verzicht kann auch in der Versammlung, die über die Verschmelzung beschließt, erklärt und protokolliert werden (Widmann/Mayer/Mayer, Umwandlungsrecht, § 8 UmwG Rn. 59; Gehling in: Semler/Stengel, § 8 UmwG Rn. 71; Lutter/Drygala, UmwG, § 8 Rn. 55 mit Verweis auf Decher, in: Lutter, Kölner Umwandlungsrechtstage, S. 201, 209 in Bezug auf den Formwechsel; ebenso: Priester, in: IDW Fachtagung, S. 419, 426). Dies kann aber nur für eine Vollversammlung, bei der sämtliche Anteilsinhaber anwesend sind, gelten.

Darüber hinaus wurde im Gesetzgebungsverfahren die im Entwurf nicht vorgesehene Erleichterung **403** der Konzernverschmelzung aufgenommen. Befinden sich alle Anteile der übertragenen Gesellschaft in der Hand der übernehmenden Gesellschaft, so bedarf es ebenfalls keines Berichts. Dies gilt allerdings nur bei einer 100 %igen Tochtergesellschaft.

Für **Personengesellschaften** sieht außerdem § 41 UmwG eine Erleichterung vor: Ist an der Verschmel- **404** zung eine Personenhandelsgesellschaft beteiligt, so muss für diese ein Verschmelzungsbericht nicht erstellt werden, wenn **alle Gesellschafter zur Geschäftsführung** berechtigt sind. Bei der Partnerschaftsgesellschaft ist der Verschmelzungsbericht nur erforderlich, wenn ein Partner von der Geschäftsführung ausgeschlossen ist. Es ist umstritten, ob diese Vorschrift analog bei der GmbH gilt (befürwortend Lutter/Drygala, § 8 UmwG Rn. 58; Gehling in: Semler/Stengel, § 8 UmwG Rn. 75; ablehnend Bayer, ZIP 1997, 1613, 1620; Lutter/H. Schmidt, § 41 UmwG Rn. 3; Ihrig in Semler/Stengel § 41 UmwG Rn. 3; zweifelnd Kallmeyer/Kallmeyer, § 47 UmwG Rn. 2).

F. Verschmelzungsprüfung und Unternehmensbewertung

I. Notwendigkeit der Verschmelzungsprüfung

§ 9 UmwG sieht die **Prüfung des Verschmelzungsvertrages** vor. Nach § 12 Abs. 2 UmwG sind dabei **405** insb. das **Umtauschverhältnis**, die Bewertungsmethoden und auch die Frage, welches Umtauschverhältnis sich bei der Anwendung verschiedener Bewertungsmethoden ergeben würde, zu prüfen.

Gesetzestechnisch hat der Gesetzgeber allerdings nicht für alle Fälle die Verschmelzungsprüfung vor- **406** gesehen, sondern **nur für bestimmte Gesellschaften und Rechtsträger.** Das Rechtsinstitut der Verschmelzungsprüfung wird allgemein in den §§ 9 ff. UmwG erläutert, die Verpflichtung zur Prüfung ergibt sich jedoch jeweils im Besonderen Teil des UmwG bei den einzelnen Gesellschaften und Rechtsträgern.

Danach ist eine **Prüfung erforderlich** bei: **407**
- Verschmelzung von AG und KGaA (§§ 60, 78 UmwG),
- Verschmelzung von wirtschaftlichen Vereinen (§ 100 UmwG): Bei einem eingetragenen Verein ist diese Prüfung nur erforderlich, wenn mindestens 10 % der Mitglieder sie schriftlich verlangen,
- GmbH auf Verlangen eines Gesellschafters (§ 48 UmwG),
- Personenhandelsgesellschaften, wenn ein Mehrheitsbeschluss vorliegt und ein Gesellschafter die Prüfung verlangt (§ 44 UmwG),
- eingetragenen Vereinen auf Verlangen von 10 % der Mitglieder (§ 100 UmwG),

– eingetragenen Genossenschaften, hier allerdings Ersatz der Umwandlungsprüfung durch die Prüfung des genossenschaftlichen Prüfungsverbandes (§ 81 UmwG),
– **Abfindungen (§ 30 Abs. 2 UmwG)**,
– Partnerschaften auf Verlangen, wenn Mehrheitsbeschluss zulässig ist und vorliegt (§§ 45e, 45d Abs. 2, 44 UmwG),
– grenzüberschreitenden Verschmelzungen von Kapitalgesellschaften unabhängig von einem Verlangen (§ 122f UmwG): § 48 UmwG ist nicht anzuwenden, der Prüfungsbericht muss spätestens einen Monat vor der Versammlung der Anteilsinhaber, die nach § 13 UmwG über die Zustimmung zum Verschmelzungsplan beschließen soll, vorliegen.

408 In den Fällen (Personen-, Partnerschaftsgesellschaft und GmbH sowie Vereinen) in denen ein Verlangen nach Verschmelzungsprüfung erforderlich ist, war unklar, welche **Frist für das Verlangen des Minderheitsgesellschafters bzw. Anteilsinhabers** besteht. Da das Gesetz keine ausdrückliche Frist für das Prüfungsverlangen enthielt, ging man davon aus, dass ein derartiges Verlangen bis zur Gesellschafterversammlung zulässig ist, sodass bei Zweifelsfällen in der Praxis von vornherein eine Prüfung empfohlen wurde (Widmann/Mayer/Vossius, Umwandlungsrecht, § 44 UmwG Rn. 16; Kallmeyer/Müller, UmwG, § 44 Rn. 8). Ebenfalls unklar war, ob eine **Fristsetzung** möglich war. Teilweise wurde das Verlangen einer Verschmelzungsprüfung auch nach Fassung bzw. Wirksamwerden des Verschmelzungsbeschlusses für zulässig erachtet (Widmann/Mayer/Vossius, Umwandlungsrecht, § 44 UmwG Rn. 17; Kallmeyer/Müller, UmwG, § 44 Rn. 1). Diese Problematik ist allerdings durch das **Zweite Gesetz zur Änderung des UmwG** bei GmbH und Personengesellschaft und Partnerschaftsgesellschaft, nicht aber bei Vereinen, insofern entschärft worden, als das **Prüfungsverlangen innerhalb einer Frist von einer Woche** gestellt werden muss, nachdem die Unterlagen zur Einberufung der Versammlung empfangen wurden (§§ 44, 48 UmwG). Bei Vereinen bleibt die Problematik, dass das Prüfungsverlangen im Prinzip noch in der Mitgliederversammlung gestellt werden kann. Unklar ist, ob es auf den tatsächlichen Zugang ankommt oder auf den Tag, an dem der Zugang unter normalen Umständen zu erwarten ist. Letzteres sollte maßgeblich sein (so Mayer/Weiler, DB 2007, 1237).

409 Bei der **Mischverschmelzung** ist für jeden Rechtsträger gesondert zu prüfen, ob und unter welchen Voraussetzungen eine Verschmelzungsprüfung erforderlich ist. Wird etwa eine Personenhandelsgesellschaft und GmbH verschmolzen, so gilt für die Personenhandelsgesellschaft § 44 UmwG und für die GmbH § 48 UmwG.

410 Nach § 30 Abs. 2 UmwG bedarf es **stets der Prüfung des Abfindungsangebots nach Maßgabe von § 29 UmwG**. Eine Verschmelzungsprüfung ist in diesem Fall nur entbehrlich, **wenn alle Berechtigten zur notariellen Urkunde darauf verzichten (§ 9 Abs. 3 iVm § 8 Abs. 3 UmwG)**. Da es erst im Verlauf der Versammlung über den Verschmelzungsbeschluss feststeht, ob ein Barabfindungsangebot erforderlich ist, wird in solchen Fällen empfohlen, eine präventive Prüfung durchzuführen (Lutter/Drygala, UmwG, § 9 Rn. 20; Stratz, in: Schmitt/Hörtnagl/Stratz, UmwG § 8 Rn. 12 f.; Kallmeyer/Müller, UmwG, § 9 Rn. 7).

411 ▶ **Hinweis:**

Zu beachten ist, dass die Verschmelzungsprüfung eine **eigenständige Prüfung** ist, die selbstständig neben den i. R. d. Verschmelzung möglichen Prüfungen auf anderer Rechtsgrundlage, insb. den Sacheinlageprüfungen, steht (vgl. Kallmeyer/Müller, UmwG, § 9 Rn. 4; Zeidler in: Semler/Stengel, § 9 UmwG Rn. 4).

412 Die Verschmelzungsprüfung dient allein dem Schutz der Anteilsinhaber, die Sacheinlageprüfung dient Gläubigerinteressen unter Sicherung der Kapitalaufbringung. Dementsprechend können **neben einer Verschmelzungsprüfung** folgende **Sacheinlageprüfungen** erforderlich sein (Kallmeyer/Müller, UmwG, § 9 Rn. 4; Zeidler in: Semler/Stengel, § 9 UmwG Rn. 4):
– **Gründungsprüfung** bei Verschmelzung durch eine AG durch Neugründung, es sei denn, der übertragende Rechtsträger ist eine Kapitalgesellschaft oder eine eingetragene Genossenschaft (§ 33 Abs. 2 AktG i. V. m. § 75 UmwG; vgl. Teil 2 Rdn. 370 ff.), wobei die interne Gründungsprüfung nach § 33 Abs. 1 UmwG immer erforderlich ist;

- **Nachgründungsprüfung**, wenn die aufnehmende Gesellschaft eine AG ist, auf die die Voraussetzungen des § 52 AktG zutreffen (§ 67 UmwG);
- **Kapitalerhöhungsprüfung**, wenn der aufnehmende Rechtsträger eine AG ist und die Voraussetzungen des § 69 Abs. 1 UmwG gegeben sind.

Durch das 3. UmwÄndG vom 11.07.2011 (BGBl. I, S. 1338) wurde in § 69 Abs. 1 und § 75 Abs. 1 Satz 2 UmwG geregelt, dass zum Prüfer in diesem Sinne auch der Verschmelzungsprüfer bestellt werden kann. Die Begründung zum Gesetzentwurf weist darauf hin, dass die differenzierte Regelung zur Notwendigkeit einer gesonderten Prüfung beibehalten werde. Zum Zwecke der Vereinfachung solle jedoch von der Option Gebrauch gemacht werden, die durch Art. 1 Nr. 3 der Änderungsrichtlinie in Art. 27 Abs. 3 Unterabs. 3 der Richtlinie 77/91/EWG eingeführt wurde. Sie gestatte die Prüfung der Sacheinlagen und des Verschmelzungsvertrages durch dieselben Sachverständigen. Für die Auswahl der Prüfer gelten in diesem Fall § 11 Abs. 1 UmwG, § 319 Abs. 1 bis 4 und § 319a Abs. 1 HGB (BT-Drucks. 17/3122, S. 17).

Durch den Prüfungsbericht, der den Gesellschaftern im Fall der Prüfungspflicht vor der Beschlussfassung über die Verschmelzung zugänglich zu machen ist, sollen diese in die Lage versetzt werden, in Kenntnis aller für die Verschmelzung, insb. für das vorhergesehene Umtauschverhältnis der Anteile, wesentlichen Umstände kommen zu können.   **413**

▶ **Hinweis:**   **414**

In der Praxis der deutschen AG hatte es sich schon vor der Verabschiedung der dritten gesellschaftlichen EG-Richtlinie eingebürgert, den Aktionären vor der Beschlussfassung über die Verschmelzung ein Sachverständigengutachten über die Angemessenheit des Umtauschverhältnisses der Aktien zur Verfügung zu stellen. Dieser **Präventivschutz durch verbesserte Informationen** ist wie in § 340b Abs. 1 AktG i. d. F. vor 1995 nunmehr auch grds. im Verschmelzungsrecht nach dem UmwG 1995 aufgenommen worden. Die Interessenlage der betroffenen Gesellschafter ist im Grundsatz bei jeder anderen Ausgestaltung der Verschmelzung, also unabhängig von der Rechtsform der beteiligten Rechtsträger, dieselbe. Die Anteilsinhaber können stets ein Interesse daran haben, dass insb. das Umtauschverhältnis der Anteile und dessen Angemessenheit von unabhängigen Sachverständigen geprüft und ggf. bestätigt wird (so die Begründung zum RegE; BR-Drucks. 75/94, S. 84; abgedruckt in: Limmer, Umwandlungsrecht, S. 279).

Die **Einschaltung des Verschmelzungsprüfers** soll Gewähr dafür bieten, dass der Verschmelzungsvertrag vollständig ist, die in ihm enthaltenen Angaben zutreffen und die Bewertung des Unternehmens sowie das Umtauschverhältnis angemessen sind. Die Verschmelzungsprüfung dient daher nur den **Interessen der Gesellschafter**, nicht den Gläubigern, diese werden durch die Kapitalerhaltungs- und die Anwendung der Gründungsvorschriften geschützt (Ganske, WPg 1994, 157, 159; Widmann/Mayer/Mayer, Umwandlungsrecht, § 9 UmwG Rn. 15; Kallmeyer/Müller, UmwG, § 9 Rn. 2 ff.; Lutter/Drygala, UmwG, § 9 Rn. 3 f.; Stratz, in: Schmitt/Hörtnagl/Stratz, UmwG § 8 Rn. 1 f.).   **415**

II. Keine Prüfung bei Verzicht oder Konzernverschmelzung

Nach § 9 Abs. 2 UmwG **entfällt eine Verschmelzungsprüfung**, wenn sich alle Anteile eines übertragenen Rechtsträgers in der Hand des übernehmenden Rechtsträgers befinden (**100 %iger Anteilsbesitz**). Eine Prüfung der Verschmelzung, die das Umtauschverhältnis bewerten soll, ist in diesem Fall entbehrlich, weil es nicht zu einem Umtausch von Anteilen kommt. Sind an der Verschmelzung weitere Rechtsträger beteiligt, die diese Voraussetzungen nicht erfüllen, ist für diese und den übernehmenden Rechtsträger die Prüfung erforderlich (Kallmeyer/Müller, UmwG, § 9 Rn. 38; Widmann/Mayer/Mayer, Umwandlungsrecht, § 9 UmwG Rn. 35; Lutter/Drygala § 9 UmwG Rn. 16). Die Verschmelzung der **Mutter auf die Tochter** oder von **Schwestergesellschaften** bleibt prüfungspflichtig (Kallmeyer/Müller, UmwG, § 9 Rn. 38; Widmann/Mayer/Mayer, Umwandlungsrecht, § 9 UmwG Rn. 35; Lutter/Drygala § 9 UmwG Rn. 17 ff.; Zeidler in: Semler/Stengel, § 9 UmwG Rn. 50).   **416**

Darüber hinaus verweist § 9 Abs. 3 auf § 8 Abs. 3 UmwG und wiederholt damit zum einen die in § 9 Abs. 2 UmwG ausdrücklich angesprochene Ausnahme für die Konzernverschmelzung, darüber hinaus   **417** aber auch die Möglichkeit, dass durch **notariell beurkundete Erklärung aller Gesellschafter/Anteils-inhaber** auf die Prüfung verzichtet werden kann. Auch hier gilt der Grundsatz, dass die Verschmelzungsprüfung dem Schutz der Gesellschafter dient. Die Prüfung ist daher für den Fortgang der Verschmelzung ohne Belang, wenn sämtliche Gesellschafter auf den Bericht verzichten (vgl. oben Teil 2 Rdn. 400 ff.).

III. Bestellung und Auswahl der Verschmelzungsprüfer

418 **1. Bestellung.** § 10 UmwG i. d. F. bis zum Jahr 2003 sah ursprünglich vor, dass die Bestellung der Verschmelzungsprüfer entweder durch das Vertretungsorgan oder auf dessen Antrag durch das Gericht erfolgte. Durch das Spruchverfahrensneuordnungsgesetz (v. 16.12.2003, BGBl. I, S. 838) ist diese **Zuständigkeit vollständig auf das Gericht übertragen** worden: Die Verschmelzungsprüfer werden jetzt auf Antrag des Vertretungsorgans **vom Gericht ausgewählt und bestellt** (Stratz, in: Schmitt/Hörtnagl/Stratz, UmwG § 10 Rn. 7; Kallmeyer/Müller, UmwG, § 10 Rn. 1; Widmann/Mayer/Fronhöfer, Umwandlungsrecht, § 10 UmwG Rn. 35; Lutter/Drygala § 10 UmwG Rn. 8 ff.). Sie können auf gemeinsamen Antrag der Vertretungsorgane für mehrere oder alle beteiligten Rechtsträger gemeinsam bestellt werden. Dadurch soll eine verfahrensmäßige Gleichstellung mit der aktienrechtlichen Vertragsprüfung nach § 193c AktG und der Prüfung beim squeeze out nach § 327c Abs. 2 AktG hergestellt werden. Bereits die Regierungsbegründung zum UmwG 1995 wies darauf hin, dass die Erfahrungen im sog. Spruchverfahren bei der Nachprüfung von Abfindungen im Konzernrecht gezeigt haben, dass sich Beteiligte mit dem Gutachten eines gerichtlich bestellten Sachverständigen eher zufriedengeben als mit dem eines von einer privaten Stelle bestellten Prüfers. Die Möglichkeit, einen Verschmelzungsprüfer durch das Gericht bestellen zu lassen, kann also der Vermeidung späterer Streitigkeiten über den Prüfungsbericht und die vom Prüfer attestierten Unangemessenheit des Umtauschverhältnisses dienen (BR-Drucks. 75/94, S. 85; abgedruckt in: Limmer, Umwandlungsrecht, S. 280). Dieser Gedanke ist nun durch die ausschließliche Zuständigkeit des Gerichts verstärkt worden.

419 Das Verfahren wird durch einen **Antrag des Vertretungsorgans** in Gang gesetzt. Es handeln der Vorstand bzw. die Geschäftsführer bzw. geschäftsführende Gesellschafter in vertretungsberechtigter Zahl. Dem Antrag ist eine Sachverhaltsdarstellung sowie eine Abschrift des Verschmelzungsvertrages oder seines Entwurfs beizufügen (Lutter/Drygala, UmwG, § 19 Rn. 9 f.; Stratz, in: Schmitt/Hörtnagl/Stratz, UmwG § 10 Rn. 7). Der Antrag kann einen Vorschlag oder eine Anregung zur Person des Prüfers enthalten, dies bindet das Gericht nicht (Stratz, in: Schmitt/Hörtnagl/Stratz, UmwG § 10 Rn. 7; Kallmeyer/Müller, UmwG, § 10 Rn. 13; Widmann/Mayer/Fronhöfer, § 10 UmwG Rn. 11.5; Lutter/Drygala § 10 UmwG Rn. 10; Zeidler in: Semler/Stengel, § 10 UmwG Rn. 6). Nach § 10 Abs. 1 Satz 2 UmwG können auf gemeinsamen Antrag der Vertretungsorgane für mehrere oder alle beteiligten Rechtsträger die Prüfer gemeinsam bestellt werden. Die **Zahl der Prüfer** steht **im Ermessen**. § 60 Abs. 2 UmwG a. F. sah bei der Verschmelzung unter Beteiligung von AG vor, dass für jede AG mindestens ein Verschmelzungsprüfer bestellt werden muss (Ausnahme: § 60 Abs. 3 UmwG). Dies ist ebenfalls durch das Spruchverfahrensneuordnungsgesetz (v. 16.12.2003, BGBl. I, S. 838) geändert worden: Die Vorschrift verweist jetzt auch für die AG einheitlich auf §§ 9 bis 12 UmwG.

420 Nach § 10 Abs. 2 UmwG ist für die Bestellung der Prüfer das **LG zuständig**, in dessen Bezirk einer der übertragenden Rechtsträger seinen Sitz hat. Ungeregelt ist die Frage der örtlichen Zuständigkeit, wenn mehrere übertragende Rechtsträger vorhanden sind und ein gemeinsamer Prüfer bestellt werden soll. In diesem Fall besteht ein Wahlrecht, welches Gericht die Bestellung vornehmen soll (vgl. Kallmeyer/Müller, UmwG, § 10 Rn. 8; Bungert, BB 1995, 1399; Widmann/Mayer/Fronhöfer, Umwandlungsrecht, § 10 UmwG Rn. 6: Wahlgerichtsstand). § 10 Abs. 4 UmwG ermächtigt die Landesregierungen zu einer **Zuständigkeitskonzentration.**

Davon Gebrauch gemacht haben (Kallmeyer/Müller, UmwG, § 10 Rn. 7; Widmann/Mayer/Fronhöfer, Umwandlungsrecht, § 10 UmwG Rn. 8 ff.):
- Baden-Württemberg: LG Mannheim und LG Stuttgart;
- Bayern: LG München I und LG Nürnberg;
- Hessen: LG Frankfurt am Main;
- Mecklenburg-Vorpommern: LG Rostock;
- Niedersachsen: LG Hannover;

– Nordrhein-Westfalen: LG Dortmund, LG Düsseldorf und LG Köln und
– Sachsen: LG Leipzig.

2. Auswahl. Für die Auswahl der Verschmelzungsprüfer und das Auskunftsrecht der Verschmelzungsprüfer verweist § 11 Abs. 1 UmwG auf die Vorschriften des HGB über die Auswahl von Abschlussprüfer. Verschmelzungsprüfer können danach **Wirtschaftsprüfer** und **Wirtschaftsprüfungsgesellschaften** sein (§ 319 Abs. 1 HGB). Im Rechtsausschuss wurde ergänzend zum RegE bestimmt, dass, soweit Rechtsträger betroffen sind, für die keine Pflicht zur Prüfung des Jahresabschlusses besteht, § 11 Abs. 1 Satz 1 UmwG entsprechend gilt, wobei § 267 Abs. 1 bis Abs. 3 HGB für die **Umschreibung der Größenklassen** entsprechende Anwendung findet. Hierdurch soll klargestellt werden, dass der in § 319 Abs. 1 HGB benannte Personenkreis auch für solche kleinen oder mittelgroßen Rechtsträger als Umwandlungsprüfer tätig sein kann, für die eine Jahresabschlussprüfung gesetzlich nicht vorgeschrieben ist (insb. kleine Kapitalgesellschaften, Personengesellschaften und Vereine; vgl. Bericht des Rechtsausschusses, BT-Drucks. 12/7850 v. 13.06.1994, abgedruckt in: Limmer, Umwandlungsrecht, S. 527). Abschlussprüfer nach § 319 Abs. 1 Satz 2 HGB können daher für mittelgroße Gesellschaften auch **vereidigte Buchprüfer** und **Buchprüfungsgesellschaften** sein (vgl. Kallmeyer/Müller, UmwG, § 11 Rn. 2). Maßgebend für die Größenklassen ist dann § 267 Abs. 1 bis Abs. 3 HGB. 421

Wirtschaftsprüfer und Wirtschaftsprüfungsgesellschaften können **grds. alle Rechtsformen** prüfen.

Von **Buchprüfern** und Buchprüfungsgesellschaften können geprüft werden:
– kleine AG,
– mittelgroße GmbH,
– mittelgroße Personenhandelsgesellschaften,
– kleine und mittelgroße Rechtsträger, für die eine Jahresabschlussprüfung gesetzlich nicht vorgeschrieben ist.

Ausschlussgründe für die Bestellung zum Verschmelzungsprüfer sind in § 319 Abs. 2 und Abs. 3 HGB festgehalten. 422

3. Rechte, Pflichten und Verantwortlichkeit der Verschmelzungsprüfer. Zur Erfüllung ihrer Prüfungspflicht haben die Prüfer das erforderliche **Auskunftsrecht**. Auch hierfür verweist § 11 Abs. 1 UmwG auf die Vorschriften über das Auskunftsrecht der Abschlussprüfer nach § 320 Abs. 1 Satz 2, Abs. 2 HGB. Danach haben die gesetzlichen Vertreter der Gesellschaften dem Abschlussprüfer den **Jahresabschluss** und den **Lagebericht** unverzüglich nach der Aufstellung vorzulegen. Sie haben ihm zu gestatten, die Bücher und Schriften der Kapitalgesellschaft sowie die Vermögensgegenstände und Schulden, namentlich die Kasse und die Bestände an Wertpapieren und Waren, zu prüfen. Nach § 320 Abs. 2 HGB kann der Abschlussprüfer von den gesetzlichen Vertretern alle die Aufklärung und Nachweise verlangen, die für eine sorgfältige Prüfung notwendig sind. § 11 Abs. 1 Satz 2 UmwG erweitert dieses Auskunftsrecht auf alle an der Verschmelzung beteiligten Gesellschaften, auf Konzernunternehmen sowie auf abhängige und herrschende Unternehmen aus, um den Verschmelzungsprüfern die Erfüllung ihrer gesetzlichen Aufgabe zu erleichtern. 423

Die Pflicht der Umwandlungsprüfer besteht darin, die Prüfung sorgfältig durchzuführen. Das Gesetz legt hierfür allerdings keine besonderen Maßstäbe fest. Grds. gilt aber, dass die Verschmelzungsprüfer eine **gewissenhafte und unparteiische Prüfung** schulden. Die Verletzung dieser Pflicht führt zum **Schadensersatzanspruch**. Die Haftung besteht nicht nur ggü. der beauftragenden Gesellschaft, sondern vielmehr ggü. den beteiligten Gesellschaften und deren Gesellschafter (§ 11 Abs. 2 UmwG i. V. m. § 323 HGB). 424

IV. Prüfungsgegenstand

Prüfungsgegenstand ist nach § 9 Abs. 1 UmwG der **Verschmelzungsvertrag** oder sein **Entwurf, nicht hingegen der Verschmelzungsbericht** (Stratz, in: Schmitt/Hörtnagl/Stratz, § 9 UmwG, Rn. 5; IDW, Wpg 1989, 42; Kallmeyer/Müller, UmwG, § 9 Rn. 10; Zeidler in: Semler/Stengel, § 9 UmwG Rn. 18; Lutter/Drygala, UmwG, § 9 Rn. 13 f.; a. A. Bayer ZIP 1997, 1613, 1621; Priester, ZGR 1990, 420, 430). Die Einschaltung unabhängiger Sachverständiger soll Gewähr dafür bieten, dass der Verschmel- 425 zungsvertrag **vollständig ist**, d. h. die in § 5 UmwG geforderten Angaben enthalten sind, dass diese Angaben richtig sind und – v. a. – dass das **Umtauschverhältnis der Geschäftsanteile angemessen** ist (vgl. BGH, NJW 1989, 2689; OLG Karlsruhe, DB 1989, 1616 = ZIP 1989, 988; Widmann/Mayer/Fronhöfer, Umwandlungsrecht, § 9 UmwG Rn. 25 ff.; Kallmeyer/Müller, UmwG, § 9 Rn. 16 ff.). Im Zentrum der Prüfung steht, wie sich aus § 12 Abs. 2 UmwG ergibt, die **Überprüfung des Umtauschverhältnisses der Geschäftsanteile.** Zum Umtauschverhältnis gehört auch die Höhe der baren Zuzahlungen und die Angemessenheit einer anzubietenden Barabfindung in den Fällen des § 29 UmwG (Kallmeyer/Müller, UmwG; § 9 Rn. 15; Lutter/Drygala, UmwG, § 9 Rn. 9 ff.; Stratz, in: Schmitt/Hörtnagl/Stratz, § 9 UmwG, Rn. 5 ff.). Auf diesen umfassenden Gegenstand der Prüfung hat sich der Inhalt des Prüfungsberichts zu beziehen, wobei allerdings nicht über den Verlauf, sondern nur über das Ergebnis der Prüfung Bericht zu erstatten ist.

426 ▶ **Hinweis:**

Dies bedeutet allerdings nicht, dass sich der Prüfungsbericht, was das Umtauschverhältnis angeht, auf ein **Testat über die Angemessenheit der Quoten** beschränken darf. Der Leser des Berichts wäre in diesem Fall auf eine Wertung angewiesen, deren Stichhaltigkeit ihm verborgen bliebe.

427 Die 3. Verschmelzungsrichtlinie des Rates der EG und das UmwG haben den **Aktionärsschutz** bei der Verschmelzung nicht nur dahin **erweitert**, dass eine Prüfung durch Sachverständige eingeführt wurde. Die zulässige Schaffung der Berichtspflicht ggü. den Gesellschaftern zeigt, dass diese nicht schlechthin darauf verwiesen sein sollen, auf Sachkunde und Unabhängigkeit der Prüfer zu vertrauen. Sie sollen vielmehr darüber hinaus im gewissen Umfang in die Lage versetzt werden, sich selbst ein Bild über das Ergebnis der Prüfung zu machen. Hierzu gehört i. d. R. die Mitteilung, aufgrund welcher tatsächlichen, von den Prüfern getroffenen, Feststellungen die Prüfer zu der Überzeugung gelangt sind, dass das Umtauschverhältnis angemessen ist. Grds. ist daher auch den Aktionären Tatsachenmaterial im Prüfungsbericht anzugeben (so OLG Karlsruhe, DB 1989, 1616 = ZIP 1989, 988; Widmann/Mayer/Fronhöfer, Umwandlungsrecht, § 9 UmwG Rn. 25 ff.; Bayer, AG 1988, 323, 328; weniger weitgehend allerdings OLG Hamm, DB 1988, 1842 = AG 1989, 31).

428 Im Mittelpunkt steht die Beurteilung der **Angemessenheit des Umtauschverhältnisses** (Widmann/Mayer/Mayer, § 9 UmwG Rn. 25 ff.; Kallmeyer/Müller, UmwG, § 9 Rn. 22 ff.; Lutter/Drygala, UmwG, § 9 Rn. 9 ff., § 12 Rn. 3 ff.; Stratz, in: Schmitt/Hörtnagl/Stratz, § 9 UmwG, Rn. 5 ff., § 12 UmwG, Rn. 7; Friese-Dormann/Rothenfußer, AG 2008, 243). Zu achten hat der Prüfer dabei hauptsächlich darauf,
– nach welchen Methoden das vorgeschlagene Umtauschverhältnis ermittelt worden ist;
– aus welchen Gründen die Anwendung dieser Methoden angemessen ist;
– welches Umtauschverhältnis sich bei verschiedenen Bewertungsmethoden ergeben würde und
– wie diese Methoden gewichtet wurden.

Der Verschmelzungsprüfer führt nicht selbst eine Unternehmensbewertung durch. Es bleibt lediglich zu prüfen, ob die angewandten Methoden den **Grundsätzen zur Durchführung von Unternehmensbewertungen** entsprechen, die zugrunde gelegten Daten fachgerecht abgeleitet wurden und die Zukunftseinschätzungen plausibel erscheinen.

429 Die Prüfung erstreckt nicht auf die wirtschaftliche Zweckmäßigkeit der geplanten Verschmelzung und auch nicht darauf, ob die rechtlichen und wirtschaftlichen Interessen der Aktionäre im Verschmelzungsvertrag angemessen gewahrt sind. Die Beurteilung dieser Frage obliegt allein den Aktionären. Die Verschmelzungsprüfer üben also nur eine **Richtigkeits-, nicht aber eine Zweckmäßigkeitskontrolle** aus (vgl. Priester, NJW 1983, 1459, 1462; Widmann/Mayer/Mayer, Umwandlungsrecht, § 9 UmwG Rn. 23).

V. Prüfungsbericht

430 § 12 UmwG regelt im Einzelnen, **welche Ergebnisse im Prüfungsbericht** darzulegen sind (vgl. Widmann/Mayer/Mayer, § 12 UmwG Rn. 10 ff.; Lutter/Drygala, UmwG, § 12 Rn. 9 ff., Stratz, in: Schmitt/Hörtnagl/Stratz, § 12 UmwG, Rn. 3 ff.). Nach § 12 Abs. 1 UmwG haben die Verschmelzungs-

prüfer über das Ergebnis der Prüfung **schriftlich** zu berichten. Die Erstellung des Verschmelzungsberichts und des Prüfungsberichts können zeitgleich erfolgen (OLG Köln, NZG 2005, 931; OLG Düsseldorf, ZIP 2005, 293). Es ist jedoch darauf zu achten, dass der gerichtlich bestellte Prüfer nicht an der Aufstellung des Verschmelzungsberichts mitwirkt (OLG Düsseldorf, AG 2005, 654, 656). Im Zentrum des Berichts steht nach § 12 Abs. 2 UmwG die Erklärung darüber, ob das vorgeschlagene Umtauschverhältnis der Anteile, ggf. die Höhe der baren Zuzahlung als Gegenwert angemessen ist. § 12 Abs. 2 UmwG schreibt daher einen **Mindestinhalt** vor. Es ist dabei anzugeben, nach welchen **Methoden** das vorgeschlagene Umtauschverhältnis ermittelt worden ist, aus welchen **Gründen** die Anwendung dieser Methoden angemessen ist und **welches Umtauschverhältnis** oder welcher Gegenwert sich bei der Anwendung verschiedener Methoden, sofern mehrere angewandt worden sind, jeweils ergeben würde (OLG Frankfurt am Main, ZIP 2000, 1928). Zugleich ist dabei darzulegen, welches Gewicht den verschiedenen Methoden bei der Bestimmung des vorgeschlagenen Umtauschverhältnisses oder des Gegenwerts und der ihnen zugrunde liegenden Werte beigemessen worden ist und welche besonderen Schwierigkeiten bei der Bewertung der Rechtsträger aufgetreten sind. Insb. ist anzugeben, welche Methode der Unternehmensbewertung angewendet wurde (vgl. BayObLG, AG 2006, 41; OLG Hamm, DB 2005, 1956; LG Düsseldorf, EWiR 2006, 27). Der Bericht ist mit einem **Testat** abzuschließen. Dem Gesetz liegt nach Auffassung des OLG Stuttgart (AG 2011, 49 = NZG 2011, 30 = ZIP 2010, 2404; AG 2006, 421, 423 f.) für die Verschmelzung ein Vertrags- oder Verhandlungsmodell zugrunde (vgl. oben Teil 2 Rdn. 380). Das gewonnene und im Bericht dokumentierte Verhandlungsergebnis unterliege zudem der Kontrolle durch den gerichtlich bestellten Verschmelzungsprüfer (§§ 9 ff. UmwG). Auch dies diene dem Präventivschutz der Anteilsinhaber, und zwar der Anteilsinhaber des übertragenden wie des aufnehmenden Rechtsträgers. Der Verschmelzungsbericht und seine Prüfung seien einander ergänzende Maßnahmen zum Schutz der Anteilseigner, weil sich die Prüfung auf die Plausibilität der Annahmen und Festsetzungen im Verschmelzungsbericht, dabei insb. auch auf die Frage des Umtauschverhältnisses, erstrecke (OLG Stuttgart, AG 2006, 421, 424; OLG Düsseldorf, NZG 2004, 429, 430; BGH, ZIP 1989, 980, 982; vgl. auch Martens, in: FS für Röhricht, 2005, S. 1002).

431 Das UmwG hat für die **Ausgestaltung des Berichts** im Einzelnen keine gesetzlichen Vorgaben gemacht, sondern dies der Praxis überlassen. In der Praxis wird i. d. R. den **Empfehlungen des Instituts der Wirtschaftsprüfer** gefolgt. Der zuständige Hauptfachausschuss hat darin empfohlen, in einer **einleitenden Klausel** darauf hinzuweisen, dass die Vollständigkeit und Richtigkeit des Verschmelzungsberichts nicht Gegenstand der Prüfung war (vgl. Stellungnahme des IDW, WPg 1989, 43; vgl. auch Praxisbeispiel in ZIP 1990, 270; Stratz, in: Schmitt/Hörtnagl/Stratz, § 12 UmwG, Rn. 7; Widmann/Mayer/Mayer, UmwG, § 12 Rn. 12 ff.; Kallmeyer/Müller, UmwG, § 12 Rn. 7 ff.). Der Prüfer muss über das **Ergebnis der Prüfung** berichten, braucht also nicht die geprüften Tatbestände im Einzelnen mitzuteilen.

432 Als Muster für eine **beispielhafte Gliederung eines Verschmelzungsberichts** kommt folgende in Betracht:

433 ▸ **Formulierungsbeispiel: Gliederung des Verschmelzungsberichts**

A. Auftrag und Auftragsdurchführung

B. Prüfung des (Entwurfs eines) Verschmelzungsvertrages

I. Vollständigkeit und Richtigkeit des Verschmelzungsvertrages

II. Methodik zur Ermittlung des vorgeschlagenen Umtauschverhältnisses

– Beschreibung –

III. Angemessenheit der angewandten Bewertungsmethode

– Begründung –
– Alternative Umtauschverhältnisse und Gewichtung bei der Anwendung verschiedener Bewertungsmethoden –
– Besondere Schwierigkeiten bei der Bewertung –

C. Erklärung zur Angemessenheit des vorgeschlagenen Umtauschverhältnisses

434 Das **IDW** (WPg 1989, 44; WP-Handbuch 2014, Bd. II D Rn. 64 ff. empfiehlt für das **Testat** das folgende Formulierungsbeispiel:

435 ▶ **Formulierungsbeispiel: Testat**

Nach unserer Feststellung ist aus den dargelegten Gründen das vorgeschlagene Umtauschverhältnis, nach dem die Aktionäre der . . . . . für . . . . . Aktien ihre Gesellschaft im Nennbetrag von . . . . . € Aktien der . . . . . im Nennbetrag von . . . . . € erhalten, unter Berücksichtigung des unterschiedlich hohen Grundkapitals, auf der Grundlage der Verschmelzungswertrelation zum . . . . . angemessen.

Nach § 12 Abs. 3 i. V. m. § 8 Abs. 3 UmwG ist der **Prüfungsbericht nicht erforderlich**, wenn alle Anteilsinhaber aller Rechtsträger auf seine Erstattung **verzichten**, und zwar in notarieller Form.

VI. Unternehmensbewertung bei der Verschmelzung

436 Das Umtauschverhältnis der Anteile gibt an, wie viel Anteile an der übernehmenden Gesellschaft die umtauschberechtigten Gesellschafter der übertragenden Gesellschaft als Gegenleistung erhalten. Grds. richtet sich dieses Verhältnis nach dem inneren Wert der umzutauschenden Anteile und dem inneren Wert, der als Gegenleistung zu gewährenden Anteile der übernehmenden Gesellschaft. Hierzu sind alle an der Verschmelzung beteiligten Unternehmen zu bewerten. Hier besteht erfahrungsgemäß der meiste Streit. Dies ist insb. auch dadurch bedingt, dass die Betriebswirtschaftslehre **unterschiedliche Modelle der Unternehmensbewertung** kennt und der Gesetzgeber auch im neuen Umwandlungsrecht keine Regelung vorgesehen hat, die sich unmittelbar auf die Festlegung des inneren Wertes der verschmelzenden Gesellschaften bezieht. Folgende Modelle werden in der Betriebswirtschaftstheorie erörtert (vgl. Großfeld, Unternehmens- und Anteilsbewertung im Gesellschaftsrecht, S. 31 ff.; Piltz, Die Unternehmensbewertung in der Rechtsprechung, S. 16 ff.; Kallmeyer/Marsch-Barner, § 8 UmwG Rn. 14; Marten, in: FS für Röhricht, S. 987, 1003; Gude, Strukturänderungen und Unternehmensbewertung zum Börsenkurs, S. 60; Hering, Grundlagen der Unternehmensbewertung, S. 85 ff.; Drukarczyk/Schüler, Unternehmensbewertung, 2007, S. 25 ff.; Kuhner, AG 2006, 713 ff.; Wüstemann, BB 2010, 1715 ff. zur neueren Rspr.; zur Unternehmensbewertung bei der grenzüberschreitenden Verschmelzung Kiem, ZGR 2007, 54 ff.):

437 – **Ertragswertmethode:** Die Rechtsprechung und herrschende Meinung wenden in erster Linie zur Bewertung ganzer Unternehmen die sog. Ertragswertmethode an (vgl. Großfeld, Unternehmens- und Arbeitsbewertung im Gesellschaftsrecht, S. 30 ff.; Piltz, Die Unternehmensbewertung in der Rechtsprechung, S. 16 ff.; Seetzen, WM 1994, 45 ff.; Dörschell/Francken, DB 2005, 2257; Kunowski, DStR 2005, 569; Reuter/Lenz, DB 2006, 1689 ff.; Großfeld/Stöber/Tonnes, BB-Special 7/2005, Unternehmensbewertung, S. 2). Im Beschl. v. 22.09.2009 hat das OLG Stuttgart (AG 2010, 42 = BB 2010, 1716 = ZIP 2010, 283) dies zusammengefasst: Die zur Ermittlung des Umtauschverhältnisses durchgeführte Bewertung beider Unternehmen anhand des Ertragswertverfahrens begegne keinen methodischen Bedenken. Die Ertragswertmethode sei als eine geeignete Methode der Unternehmensbewertung anerkannt (BGH, NJW 2003, 3272, 3273; OLG Stuttgart, NZG 2007, 112; BayObLG, NJW-RR 1996, 1125, 1126; BayObLG, NZG 2006, 156; Hüffer/Koch, AktG, § 305 Rn. 19), verfassungsrechtlich unbedenklich (BVerfG, NJW 1999, 3769, 3771). Nach der Ertragswertmethode seien die zukünftigen Erträge beider Unternehmen zu schätzen und jeweils mit dem Kapitalisierungszinssatz abzuzinsen (ebenso OLG München, WM 2009, 1848 = ZIP 2009, 2339; OLG Karlsruhe, AG 2009, 47; OLG Koblenz, OLGR Koblenz 2009, 608).

Auch der BGH hat festgestellt, dass der wirkliche Wert der Beteiligung an einem Gesellschaftsunternehmen nicht dem Ergebnis der Addition von Buchwerten und der auf die Beteiligung entfallenden stillen Reserven entspreche. Nach der ständigen Rechtsprechung des BGH ist der Beteiligungswert auf der Grundlage des wirklichen Werts des lebenden Unternehmens zu errechnen (einschließlich der stillen Reserven und des good-will des Unternehmens). Dieser ergibt sich im Allgemeinen aus dem Preis, der bei einem Verkauf des Unternehmens als Einheit erzielt würde (vgl. BGH, NJW 1955, 1025; BGH, WM 1971, 1450; BGH, NJW 1985, 193). Auch in einer Entscheidung v. 09.11.1998 (BGH, AG 1999, 122) hat der BGH entschieden, dass i. d. R. die Bewertung des Vermögens eines Unternehmens nach der Ertragswertmethode zu erfolgen habe. Nach diesen Regeln sei das Unternehmen nach dem Grundsatz der wirtschaftlichen Unternehmenseinheit als »organisierte Kombination von materiellen und immateriellen Faktoren in seiner Funktion insgesamt« zu bewerten. Der Ertragswert schließe dann auch den Geschäfts- bzw. Firmenwert ein. Zwar sei der Unternehmenswert, der von dem Barwert der zukünftigen Überschüsse der Einnahmen über die Ausgaben gebildet werde und theoretisch den richtigen Wert des Unternehmens darstelle, zukunftsbezogen. Um ein tragfähiges Fundament für diese Zukunftsschätzung zu erhalten, gehe man bei der Bestimmung der Ertragsgrundlagen – unter Auswertung von Vergangenheitsergebnissen – allerdings von den Verhältnissen am Bewertungsstichtag aus. Auch zukünftig nachweisbare Erfolgschancen können durch die Bewertung der Ertragskraft im Regelfall nur dann gestützt werden, wenn die Voraussetzungen für die Nutzung dieser Chance bereits im Ansatz geschaffen seien.

Auch das BayObLG war im Fall »EU/März« (AG 1999, 43) der Auffassung, dass die Ertragswertmethode i. d. R. anzuwenden sei. Die Ertragswertmethode beruhe auf der Überlegung, dass sich der Wert eines Unternehmens in erster Linie danach bestimme, welche Erträge es in Zukunft erwirtschaften könne. Diese Erträge würden auf den Bewertungsstichtag abgezinst und dadurch zum Ertragswert kapitalisiert (vgl. auch BayObLG, AG 1996, 177).

Unklar war die Frage, inwieweit der **Börsenkurs einer Aktie** für die Unternehmensbewertung heranzuziehen ist. Die Rechtsprechung hatte es früher abgelehnt, den Börsenkurs der Aktie für die Unternehmensbewertung heranzuziehen (vgl. BGH, AG 1967, 264; BGHZ 71, 40, 51; BayObLG, AG 1996, 127, 128; BayObLG, AG 1996, 176; OLG Düsseldorf, AG 1995, 85). Zu beachten ist allerdings, dass das BayObLG in der Entscheidung »EU/März« in einem Verfahren nach §§ 304, 305, 306 AktG diese Auffassung teilweise aufgab. Es weist darauf hin, dass die Aktie heute ein in weiten Bevölkerungsschichten verbreitetes Wertpapier sei, das i. d. R. den Verkehrswert mindestens ebenso zutreffend angebe, wie eine langwierige Berechnung des Unternehmenswertes durch Sachverständige nach der Ertragswertmethode. Das BayObLG hält eine Heranziehung des Börsenkurses jedenfalls dann für geboten, wenn andere Möglichkeiten zur Feststellung des Unternehmenswertes ausscheiden. Das OLG Zweibrücken (EWiR 1999, 485) war allerdings entgegen der Entscheidung des BayObLG der Auffassung, dass der Börsenkurs den Wert des Unternehmens nicht wiedergebe. Das **BVerfG** hat sodann im Beschl. v. 27.04.1999 entschieden, dass der Wert nicht ohne Rücksicht auf den **Börsenkurs** festgesetzt werden dürfe (BVerfG, NJW 1999, 3769 = DB 1999, 1693 = BVerfGE 100, 289 = AG 1999, 566 m. Anm. Vetter). Das BVerfG hat darin entschieden, dass die »angemessene Abfindung« i. S. d. Bestimmung die volle Abfindung betreffe, der ausscheidende Aktionär also das erhalten müsse, was seine gesellschaftliche Beteiligung an dem arbeitenden Unternehmen wert sei (BVerfGE 14, 263, 294; BVerfGE 100, 289, 304; BGHZ 108, 115; BayObLG, ZIP 2001, 1999, 2000, KK-AktG/Koppensteiner, § 305 Rn. 50; MünchKomm-AktG/Grunewald, § 327b Rn. 9; MünchKomm-AktG/Bilda, § 305 Rn. 58 ff.; Hüffer/Koch, AktG, § 305 Rn. 18, § 327b Rn. 5). Soweit ein Börsenkurs besteht, ergibt dieser die **Untergrenze der anzubietenden Abfindung** (BVerfGE 100, 289, 309 = NJW 1999, 3769; Hüffer/Koch, AktG, § 327b Rn. 5; KK-AktG/Koppensteiner, § 305 Rn. 52). Das BVerfG hat ferner festgehalten, es sei nicht notwendig auf den Börsenkurs zum Bewertungsstichtag abzustellen, weil sonst die Möglichkeit bestünde, den Kurs in die Höhe zu treiben. Deshalb könne etwa auf einen Durchschnittskurs im Vorfeld der Bekanntgabe des Unternehmensvertrags zurückgegriffen werden. In dem Beschl. v. 29.11.2006 (ZIP 2007, 175 = AG 2007, 119) hat das BVerfG bekräftigt, dass es von Verfassungswegen nicht zu beanstanden sei, entsprechend der Rechtsprechung des BGH einen Referenzzeitraum von 3 Monaten vor der Hauptversammlung heranzuziehen. Ob stattdessen ein anderer Referenzzeitraum, etwa 3 Monate vor Bekanntgabe der Maßnahme, maßgeblich sein soll, sei von den Fachgerichten auf einfachrechtlicher Ebene zu entscheiden (BVerfG v. 29.11.2006, ZIP 2007, 175 [177 f.] = AG 2007, 119).

Das OLG Stuttgart (DB 2000, 709), das KG (KG-Report 2000, 245) und schließlich auch der BGH (NJW 2001, 2080 = BB 2001, 1053) waren daher der Auffassung, dass der Verkehrswert und damit der gemittelte Börsenkurs der letzten 3 Monate maßgeblich sei (vgl. auch Bungert, BB 2001, 1163 ff. sowie LG München I, ZIP 2000, 1055 = DB 2000, 1016). Der **BGH** hatte im Anschluss an den Beschluss des BVerfG v. 27.04.1999 – zu entscheiden; In der **DAT/Altana-Entscheidung** hat er es abgelehnt, auf den Kurs zu einem Stichtag abzustellen und als Referenzzeitraum für einen Durchschnittswert die letzten 3 Monate vor dem Hauptversammlungsbeschluss herangezogen (BGH v. 12.03.2001, NJW 2001, 2080 [2082] = BGHZ 147, 108 = AG 2001, 417; bestätigt durch BGH v. 21.07.2003, BGHZ 156, 57 = NJW 2003, 3272 [3273] = AG 2003, 627). Die **Instanzgerichte** haben sich dem BGH überwiegend angeschlossen (OLG Hamburg v. 12.10.2001, NZG 2002, 189 [190] = AG 2002, 89; v. 07.08.2002, AG 2003, 583 = NZG 2003, 89 [90]; OLG Düsseldorf v. 31.01.2003, NZG 2003, 588 [590];

OLG Stuttgart v. 01.10.2003, AG 2004, 43; OLG Karlsruhe v. 05.05.2004, AG 2005, 45 [47]; OLG München v. 11.07.2006, ZIP 2006, 1722 [1723]; LG Frankfurt am Main v. 22.06.2005, AG 2005, 930 [933 f.]; v. 17.01.2006, AG 2006, 757 [758 f.]; v. 13.06.2006, NZG 2006, 868 [869]). Die Gerichte sind in den zu entscheidenden Fällen teilweise zu dem Ergebnis gelangt, dass der nach dem Ertragswertverfahren zu bestimmende Abfindungsbetrag höher ist als der nach der Vorgabe des BGH bestimmte Börsenkurs, wobei nicht immer ersichtlich ist, ob ein anderer Referenzzeitraum dazu geführt hätte, dass der sich nach dem Ertragswertverfahren ergebende Betrag überschritten wird (OLG Stuttgart v. 01.10.2003, AG 2004, 43; LG Frankfurt am Main v. 13.06.2006, NZG 2006, 868 [869]). Z. T. haben sich aber die Gerichte auch auf einen den Ertragswert übersteigenden höheren Börsenwert gestützt (OLG Düsseldorf v. 31.01.2003, NZG 2003, 588 [590]; dezidiert gegen eine Vorverlagerung OLG Hamburg v. 07.08.2002, AG 2003, 583 = NZG 2003, 89 [90] und OLG München v. 11.07.2006, ZIP 2006, 1722 [1725]; so wohl auch OLG Hamburg v. 12.10.2001, NZG 2002, 189 [190]; OLG Karlsruhe v. 05.05.2004, AG 2005, 45 [48]).

In der Praxis hat der Stichtag der BGH-Entscheidung Schwierigkeiten bereitet, da sogar der Kurs am Hauptversammlungstag selbst berücksichtigt werden sollte, der aber während der Hauptversammlung allenfalls mit Mühe festgestellt werden kann und durch die Bekanntgabe der Maßnahme Spekulationen unterlag (vgl. Wasmann, ZGR 2011, 83, 85; ders., BB 2007, 680). Im grundlegenden **Stollwerck-Beschluss** v. 19.07.2010 hat nun der BGH seine Rechtsprechung, wonach der einer angemessenen Abfindung als Untergrenze zugrunde zu legende Börsenwert der Aktie grds. dem Durchschnittskurs der 3 Monate unmittelbar vor der Hauptversammlung entsprechen muss, teilweise aufgegeben (DNotZ 2011, 224 = AG 2010, 629 = BB 2010, 1941 m. Anm. Müller-Michaels = DB 2010, 1693 = DStR 2010, 1635 m. Anm. Goette = NJW 2010, 2657; NZG 2010, 939, vgl. Vorinstanzen OLG Stuttgart, WM 2010, 654; OLG Frankfurt am Main, NZG 2010, 664; OLG Düsseldorf, ZIP 2009, 2055; vgl. zu dieser Entscheidung Wasmann, ZGR 2011, 83 f.; Bungert/Wettich, BB 2010, 2227 ff.; Decher, ZIP 2010, 1673 ff.). Der BGH entscheidet, dass die angemessene Abfindung nach dem höheren Börsenwert der Aktie zu bestimmen sei, da dieser über dem nach dem Ertragswertverfahren ermittelten Schätzwert liege und keine Marktenge bestand. Der Börsenwert sei grds. aufgrund eines nach Umsatz gewichteten Durchschnittskurses innerhalb einer 3-monatigen Referenzperiode vor der Bekanntmachung der Maßnahme zu ermitteln. Soweit der Senat bisher vertreten habe, der Referenzzeitraum sei auf den Tag der Hauptversammlung als dem Stichtag, an dem die Maßnahme beschlossen wird, zu beziehen (BGHZ 147, 108 ff.), gibt er seine Auffassung auf. Der BGH stellt fest, dass der Tag der Hauptversammlung zwar besonders nahe liege an dem für die Bewertung maßgebenden Tag, er sein aber als Stichtag des Referenzzeitraums nicht geeignet, weil der Börsenkurs in dem Zeitraum davor regelmäßig von den erwarteten Abfindungswerten wesentlich bestimmt werde und weil mit einer Bemessung nach dieser Referenzperiode nicht mehr der Verkehrswert der Aktie entgolten werde. Den Minderheitsaktionären sei das zu ersetzen, was sie ohne die zur Entschädigung verpflichtende Intervention des Hauptaktionärs oder die Strukturmaßnahme bei einem Verkauf des Papiers erlöst hätten. Maßgeblich sei stattdessen nunmehr grds. der nach Umsatz gewichtete Durchschnittskurs innerhalb einer **3-monatigen Referenzperiode vor der Bekanntmachung der Strukturmaßnahme**. Nur wenn zwischen der Bekanntgabe der Maßnahme und dem Tag der Hauptversammlung ein längerer Zeitraum verstreiche und die Entwicklung der Börsenkurse eine Anpassung geboten erscheinen lasse, soll der Börsenwert entsprechend der allgemeinen oder branchentypischen Wertentwicklung unter Berücksichtigung der seitherigen Kursentwicklung hochzurechnen sein.

Das **BayObLG** (NZG 2003, 483 dazu ablehnend Weiler/Meyer, NZG 2003, 669; Bungert, BB 2003, 699 ff.) war der Meinung, es sei bei der Verschmelzung nicht geboten das Verhältnis der Börsenkurse zum ausschlaggebenden Maßstab zu machen. Bei der Verschmelzung einer börsennotierten mit einer nicht börsennotierten Gesellschaft will auch das OLG Karlsruhe (AG 2006, 463) aus Gleichbehandlungsgründen den Börsenkurs nicht berücksichtigen.

Auch das **OLG Karlsruhe** hat **im Beschluss »SEN/KHS«** (AG 1998, 288) darauf hingewiesen, dass zur Ermittlung der Verschmelzungswert-Relation jedes Unternehmen nach der Ertragswertmethode bewertet werden muss. Dazu sei der Ertragswert aus der Sicht des Stichtages zu prognostizieren (**sog. Wurzeltheorie**). Bei der Bewertung sei von dem Grundsatz der Vollausschüttung auszugehen. Das OLG Karlsruhe lässt offen, ob bei einer Verschmelzung vom Ertragswert an dem Tag auszugehen ist, auf den die Verschmelzung nach dem Verschmelzungsvertrag vorgenommen wurde. Bei der Ertragswertmethode geht es im Kern um eine **Schätzung der künftigen Überschüsse**, die dann auf den Bewertungszeitpunkt abgezinst werden. Entsprechend für den Ertragswert sind die auf den Bewertungsstichtag abgezinsten erwarteten zukünftigen Gewinne des Unternehmens. Nach dem Ertragswertverfahren wird dabei auf den Stichtag bezogen, unter Berücksichtigung der Vergangenheitsergebnisse mithilfe einer Investitionsrechnung, der Barwert, d. h. die in Zukunft zu prognostizierenden Erfolge des Unternehmens, errechnet. Der zukünftige Ertrag ergibt sich dabei aus dem Saldo von Erträgen und Aufwendungen (vgl. zur Ertragswertmethode in der Rspr. BGH, WM 1992, 264; OLG Karlsruhe, AG 1998, 188; OLG Zweibrücken, WM 1995, 980; BayObLG, BB 1996, 687; BayObLG, WM 1995, 1580; OLG Hamm, FamRZ 1998, 235; vgl. auch Piltz, Die Unternehmensberatung in der Rechtsprechung, S. 17). Im Einzelnen besteht allerdings auch hier eine **Reihe von Zweifelsfragen**, die insb. darin begründet liegen, dass die Zukunftsprognose durchaus unsicher ist. Ausgesondert wird bei der Ertragswertmethode nach der wohl überwiegenden Meinung das sog. neutrale oder nicht betriebsnotwendige Vermögen (vgl. BayObLG, BB 1996, 688; Piltz, Die Unternehmensberatung in der Rechtsprechung, S. 30). Zum neutralen Vermögen eines Unternehmens zählen alle Gegenstände, deren Vorhandensein den Ertragswert nicht oder nicht wesentlich beeinflusst, deren Vermögenswert jedoch bedeutsam ist. Es handelt sich um alle Gegenstände, die sich ohne Schaden für den Ertrag aus dem Unternehmen herausnehmen lassen, wenn sich so ein höherer Wert als i. R. d. Ertragswert ergibt. Die nicht betriebsnotwendige Substanz ist Überschuss- oder Ergänzungssubstanz (vgl. auch OLG Düsseldorf, AG 1992, 200, 203). Das nicht notwendige Betriebsvermögen ist grds. zum Liquidationswert zu bewerten.

Weiterhin umstritten ist schließlich die Frage des **Kapitalisierungszinses** (vgl. Wiese/Gampenrieder zur Ermittlung von Zinssätzen bei der Unternehmensbewertung, BB 2008, 1722). Hier wird üblicherweise vom landesüblichen Zinssatz als sog. Basiszinsfuß ausgegangen. Er entspricht dem durchschnittlichen Zinssatz für öffentliche Anleihen oder langfristige verzinsliche Wertpapiere (vgl. OLG Hamm, FamRZ 1998, 235). Dieser Basiszinsatz ist aber nach der überwiegenden Meinung in Rechtsprechung und Literatur durch Abschläge und Zuschläge zu korrigieren. Im Einzelnen sind allerdings auch diese Abschläge umstritten. Üblich ist z. B. ein Abschlag für das Inflationsrisiko (so BayObLG, BB 1996, 688). Ebenfalls umstritten ist die Frage, ob ein Zuschlag für das Unternehmerrisiko gerechtfertigt ist. Die Rechtsprechung schwankt hier zwischen völliger Ablehnung eines Risikozuschlages (OLG Celle, DB 1979, 1031; OLG Zweibrücken, WM 1995, 980, 984) und Risikozuschlägen, die sich wohl zwischen 0,5 % und 1,5 % befinden (OLG Düsseldorf, AG 1992, 200, 204). Das OLG München (WM 2009, 1848 = ZIP 2009, 2339) hat im Beschl. v. 14.07.2009 entschieden, dass für die Berechnung des Kapitalisierungszinssatzes der Basiszinsatz um einen Risikozuschlag erhöht werden müsse. Dadurch werde berücksichtigt, dass sich der Basiszinsatz auf für sicher gehaltene festverzinsliche Anleihen ohne Liquidationsrisiko bezieht, der Markt aber demgegenüber für die Investition in Unternehmensbeteiligungen, die in ihrer Wertentwicklung unsicher seien, einen Zusatznutzen (Prämie, Zuschlag) erwarte, der dieses Risiko ausgleiche (vgl. OLG Stuttgart, AG 2007, 128/133 m. w. N.; BayObLG, AG 2006, 41/43). Nach der Konzeption des IDW S 1 wird nicht mehr (wie nach dem früheren Standard HFA 2/1983) zwischen unternehmensspeziellen und allgemeinen Risiken unterschieden, sondern das gesamte Unternehmerrisiko ausschließlich im Kapitalisierungszinssatz berücksichtigt. Der unternehmensspezifische Risikozuschlag soll sowohl das operative Risiko aus der betrieblichen Tätigkeit als auch das vom Verschuldungsgrad beeinflusste Finanzierungsrisiko abdecken (vgl. IDW S 1 i. d. F. v. 28.06.2000 Nr. 6.2; WP-Handbuch 2002 A Rn. 209, vgl. auch OLG Karlsruhe, AG 2009, 47).

Nach den **nicht bindenden Vorgaben des IDW S1** des Instituts der Wirtschaftsprüfer wird der Unternehmenswert, als Zukunftserfolgswert verstanden (vgl. IDW, Grundsätze zur Durchführung der Unternehmensbewertung: IDW S1, WPg 2005, 1303). Es handelt sich um zukünftige Ertrags- und Zahlungsströme, die mit einem adäquaten Kapitalisierungszinssatz bewertet werden. Inhaltlich handelt es sich um einen Vergleich mit der besten dem Bewertungsadressaten zustehenden Alternativanlage. Im Einzelnen sind sowohl Discounted-Cash-Flow-Verfahren (DCF) als auch Ertragswertverfahren (EW) zweckadäquat. Letztere sind (auch höchstrichterlich) vielfach bestätigt worden (z. B. BVerfGE 100, 289). Die fachtechnischen Normen (IDW S1 [2000]), die als nicht als bindender Rechtsmaßstab anzusehen sind (Selbstregulierungsverbot), schreiben eine **Berücksichtigung des Börsenkurses** nunmehr fest: Dessen Bedeutung liegt hierbei in der »Plausibilitätsbeurteilung« der ermittelten Unternehmens-

werte: »*Bei einigen speziellen Unternehmensbewertungsanlässen (. . .) ist der Verkehrswert von börsennotierten Aktien nach der höchstrichterlichen Rechtsprechung nicht ohne Rücksicht auf den Börsenkurs zu
ermitteln. Das BVerfG hat die Ertragswertmethode jetzt auch im Beschl. v. 07.11.2006 als geeignetes Verfahren zur Ermittlung des Betriebswertes angesehen.*« (vgl. allgemein zum Ertragswertverfahren Dör-
schell/Francken, DB 2005, 2257; Kunowski, DStR 2005, 569; Reuter/Lenz, DB 2006, 1689 ff.; Groß-
feld/Stöber/Tonnes, BB-Special 7/2005, Unternehmensbewertung, S. 2).

Ein **neuer Aspekt** wurde vom **OLG Stuttgart** im Beschl. v. 08.05.2006 (Der Konzern 2006, 447) eingeführt: Nach der allgemein anerkannten »Ertragswertmethode« werde der Unternehmenswert durch die
Diskontierung der künftig den Unternehmenseignern, hier also den Aktionären, zufließenden finanziellen Überschüsse ermittelt. Diese Zukunftserträge werden auf der Grundlage der Ergebnisse der früheren Jahre und der internen Planung des Unternehmens prognostiziert. Dieser Prognose komme eine
hohe Bedeutung für die Unternehmensbewertung zu; sie sei deshalb in vielen Bewertungsverfahren besonders umstritten. Bei einer Verschmelzung zweier zuvor voneinander unabhängiger Konzerne sei der
Verschmelzungsvertrag das Ergebnis einer freien Verhandlung und Vereinbarung durch die jeweiligen
Vorstände. Derartige Vertragsverhandlungen seien naturgemäß davon geprägt, dass die Interessen aller
Aktionäre einer jeden Seite auf ein möglichst günstiges Umtauschverhältnis gerichtet seien. Klein- und
Großaktionäre eines Unternehmens sitzen deswegen aufgrund ihrer gleichgerichteten wirtschaftlichen
Interessen »in einem Boot«. Damit unterscheide sich nach Auffassung des Gerichts eine solche Verschmelzung unabhängiger Gesellschaften wesentlich von regelmäßig auftretenden Fallgestaltungen
in anderen Spruchverfahren, in denen es etwa um Abfindungen für Minderheitsaktionäre geht, die
aus Eigeninteresse eines Großaktionärs im Wege des »Squeeze-Out« aus der Gesellschaft ausgeschlossen werden. In solchen Verfahren sei es die Funktion des Spruchverfahrens, einen angemessenen Interessenausgleich zwischen den Aktionären einer Gesellschaft herzustellen. Demgegenüber bestehe bei
einem vertragsautonom ausgehandelten und von der Aktionärsmehrheit gebilligten Verschmelzungsvertrag eine höhere Gewähr dafür, dass die Vorstände die wirtschaftlichen Interessen der Anteilseigner ihres jeweiligen Unternehmens hinreichend berücksichtigt und durchgesetzt haben. Deshalb sei in solchen Fällen die gerichtliche Prüfung des Umtauschverhältnisses eingeschränkt. Sie habe sich darauf
zu konzentrieren, ob bei der Unternehmensbewertung rechtliche Bestimmungen eingehalten und Tatsachen richtig zugrunde gelegt worden seien.

Dagegen sei es grds. nicht die Aufgabe des Gerichts, i. R. d. Unternehmensbewertung eigene Wertungen an die Stelle der Wertentscheidungen der Verhandlungsführer zu setzen, wenn diese unternehmerischen Entscheidungen vertretbar seien.

438 – **Substanzwertmethode:** Zur Ermittlung des Substanzwertes werden die Wirtschaftsgüter mit ihren
     einzelnen Wiederbeschaffungskosten bewertet unter Abzug der Passiva (vgl. im Einzelnen Piltz,
     Die Unternehmensbewertung in der Rechtsprechung, S. 36 ff.). Hier besteht allerdings Einigkeit,
     dass diese Methode zumindest für die Unternehmensbewertung allein nicht ausreichend ist, da
     sich ein potenzieller Käufer eines Unternehmens nicht am Substanz-, sondern am Ertragswert orien-
     tiert (vgl. BGH, NJW 1985, 192; OLG Düsseldorf, DB 1990, 13959).

439 – **Mittelwertmethode:** Die Mittelwertverfahren, oder auch Praktikerverfahren genannt, gehen grds.
     vom Ertragswert aus, berücksichtigen allerdings auch den Substanzwert in einem gewissen Verhält-
     nis zum Ertragswert (vgl. Großfeld, Unternehmens- und Anteilsbewertung im Gesellschaftsrecht,
     S. 25 ff.; Piltz, Die Unternehmensbewertung in der Rechtsprechung, S. 38 f.). Das Verhältnis zwi-
     schen Substanzwert und Ertragswert beträgt daher teilweise 2:1 oder 1:1.

440 – **Liquidationswertmethode:** Der Liquidationswert stellt auf die Prämisse ab, dass keine Fortführung
     des Unternehmens geplant ist. Dies unterscheidet ihn vom Substanzwert, bei dem eine Fortführung
     angenommen wird und daher auch die Wiederbeschaffungskosten maßgebend sind. Der Liquida-
     tionswert geht von der Einzelveräußerung der Vermögensgegenstände aus. Nach Abzug der Schul-
     den und der Liquidationskosten ergibt sich der Liquidationsnettowert (vgl. Großfeld, Unterneh-
     mens- und Anteilsbewertung im Gesellschaftsrecht, S. 99; Piltz, Die Unternehmensbewertung in
     der Rechtsprechung, S. 31). Die herrschende Meinung geht davon aus, dass die Vermögenssubstanz
     zu Liquidationszwecken für die Bewertung maßgebend ist, um zu prüfen, ob der Substanzwert unter
     Liquidationsbedingungen den Ertragswert so erheblich übersteigt, dass die verbleibende Gesellschaft
     selbst bei einer Liquidation unter Auflösung der stillen Reserven höhere Werte als die sog. Liquida-
     tionswerte erzielen würde, als auf der Grundlage des Fortführungswertes. Der Liquidationswert ist

daher Wertuntergrenze und er ist Mindestwert des Unternehmens (BGH, NJW 1973, 509; LG Dortmund, DB 1993, 916; Großfeld, Unternehmens- und Anteilsbewertung im Gesellschaftsrecht, S. 100).

Die wohl herrschende Meinung geht zu Recht bei der Ermittlung des Umtauschverhältnisses grds. vom **441** **Ertragswert, korrigiert durch das betriebsneutrale Vermögen,** aus (Großfeld, Unternehmens- und Anteilsbewertung im Gesellschaftsrecht, S. 30; KK-AktG/Koppensteiner, § 305 Rn. 35; BGH, NJW 1985, 192; OLG Stuttgart, AG 2008, 510 = ZIP 2008, 2020; OLG Frankfurt am Main, DB 1989, 469; OLG Düsseldorf, ZIP 1988, 155; LG Mannheim, ZIP 1988, 773; KG, KG-Report 2000, 245; BayObLG, AG 1996, 127; OLG Zweibrücken, AG 1995, 421); Lediglich bei der Verschmelzung eines Unternehmens, bei dem eine selbstständige Fortführung nicht mehr möglich wäre, bildet der Liquidationswert die Untergrenze (vgl. auch LG Mannheim, ZIP 1988, 773, 776). Im Beschl. v. 19.03.2008 hat das OLG Stuttgart (AG 2008, 510 = ZIP 2008, 2020) nochmals darauf hingewiesen, dass das Ertragswertverfahren als eine mögliche – und verfassungsrechtlich nicht zu beanstandende (vgl. BVerfGE 100, 289) – Methode zur Unternehmensbewertung anerkannt sei (BGHZ 156, 57; OLG Stuttgart, NZG 2007, 112, 114; 2000, 744, 745; OLGR 2004, 6, 8 f.; BayObLGZ 2002, 400, 403 f.; NZG 2006, 156; NJW-RR 1996, 1125, 1126; OLG Celle, NZG 1998, 987; Emmerich, in: Emmerich/Habersack, Aktien- und GmbH-Konzernrecht, 5. Aufl. § 305 Rn. 52b; Hüffer/Koch, AktG, § 305 Rn. 19; Großfeld, Unternehmens- und Anteilsbewertung, S. 152). Es habe sich in der obergerichtlichen Rechtsprechung und betriebswirtschaftlichen Praxis zur Unternehmensbewertung durchgesetzt (vgl. OLG Stuttgart OLGR 2004, 6, 8; Krieger, in: Münchener Handbuch des Gesellschaftsrechts, Bd. IV, § 70 Rn. 108 ff.; Emmerich, in: Emmerich/Habersack, Aktien- und GmbH-Konzernrecht, 5. Aufl., § 305 Rn. 52b ff.). I. R. d. Tatsachenfeststellung zur Unternehmensbewertung seien die in die Zukunft gerichteten Planungen der Unternehmen und die darauf aufbauenden Prognosen ihrer Erträge ohnehin nur eingeschränkt überprüfbar. Sie seien in erster Linie ein Ergebnis der jeweiligen unternehmerischen Entscheidung der für die Geschäftsführung verantwortlichen Personen. Diese Entscheidungen haben auf zutreffenden Informationen und daran orientierten, realistischen Annahmen aufzubauen; sie dürfen zudem nicht in sich widersprüchlich sein. Kann die Geschäftsführung auf dieser Grundlage vernünftigerweise annehmen, ihre Planung sei realistisch, darf diese Planung nicht durch andere – letztlich ebenfalls nur vertretbare – Annahmen des Gerichts ersetzt werden (OLG Stuttgart, AG 2007, 596, 597 f.; AG 2007, 705, 706; NZG 2007, 112, 114; AG 2006, 420, 425).

Das **OLG Stuttgart** hat im Beschl. v. 16.02.2007 (AG 20007, 209) die Frage dem BGH zur Entschei- **442** dung vorgelegt und neue Maßstäbe für die Berechnung des Unternehmenswerts in Spruchverfahren (hier DaimlerChrysler-Konzern) eingefordert. Das OLG Stuttgart möchte von der bisherigen Rechtsprechung des BGH zur Berechnung des Börsenwerts eines Unternehmens abweichen. Das OLG Stuttgart hatte in einem Spruchverfahren den Wert eines dem DaimlerChrysler-Konzern zugehörigen Unternehmens festzustellen, nachdem dort die Minderheitsaktionäre ausgeschlossen worden waren. Das von den ausgeschlossenen Aktionären angerufene LG Stuttgart hatte die angebotene Abfindung als angemessen bezeichnet und eine Erhöhung abgelehnt. Dagegen ist Beschwerde zum OLG eingelegt worden. Das OLG ist der Überzeugung, dass der bisherigen Rechtsprechung zur Feststellung des Unternehmenswerts in einem für die Entscheidung erheblichen Punkt nicht zu folgen sei. Der BGH hatte im Jahr 1999 im Anschluss an das BVerfG grundlegend entschieden, dass der Unternehmenswert in solchen Fällen nicht nur nach betriebswirtschaftlichen Methoden (z. B. nach der sog. Ertragswertmethode) zu berechnen sei. Untergrenze dessen, was einer Entschädigung zugrunde zu legen sei, sei vielmehr **ein aus Börsenkursen abzuleitender Wert.** Dies hat in der Rechtsprechung und Literatur breite Gefolgschaft gefunden und wird auch vom OLG Stuttgart nicht infrage gestellt. Der BGH hatte allerdings auch im Einzelnen festgelegt, wie aus den Börsenkursen ein Wert abzuleiten sei. Nach seiner Vorstellung war dabei im Wesentlichen der Durchschnittskurs zugrunde zu legen, der sich in den 3 Monaten vor der Beschlussfassung über die fragliche Maßnahme gebildet hatte. Während die seitdem veröffentlichten Entscheidungen der Instanzgerichte dem weitgehend folgten, erntete diese Rechtsprechung in der Literatur Widerspruch. Das OLG Stuttgart hat diesen Widerspruch nunmehr aufgegriffen und sich zueigen gemacht. Zu den maßgeblichen Gründen dafür gehört, dass eine solche Wertfindung auf eine Art **Zirkelschluss** hinauslaufen kann. Denn lange vor dem Beschluss über die fragliche Maßnahme muss diese bereits angekündigt werden. Mit dem Bekanntwerden der Maßnahme, v. a. mit der Bekanntgabe der vorgesehenen Abfindung, beginnen aber u. a. Abfindungsspekulationen um den Kursverlauf zu bestimmen. Zudem müsste das Unternehmen einen Abfindungsbetrag bekannt geben, dessen Angemessenheit erst später unter Berücksichtigung des nach der Bekanntgabe eingetretenen Börsengeschehens festgestellt werden kann. Das OLG hält es aus solchen Gründen für notwendig, auf einen Kurs abzustellen, der sich vor der Bekanntgabe der Maßnahme gebildet hat. Dabei sei auch nicht der (ungewichtete) Durchschnitt der Tagesendkurse zu berechnen; die Kurse müssten vielmehr nach Maßgabe der Umsätze gewichtet werden. Schließlich hat das OLG auch **Fragen zur Berechnung des Ertragswerts** aufgeworfen. Dazu gehört das Problem, ob weiterhin bei der Feststellung der angenommenen Jahresüberschüsse und bei einzelnen Faktoren des Kapitalisierungszinses auf eine Nachsteuerbetrachtung abzustellen sei. Dieser deutsche Sonderweg bereite in dem zunehmend globalisierten Wirtschaftsgeschehen Schwierigkeiten. Zudem könne für die Vielzahl in- und ausländischer, oft institutionalisierter Anleger kaum ein vernünftiger pauschaler Steuersatz gefunden werden.

443   Vom Gesetz nicht geregelt ist die Frage, **auf welchen Stichtag** die Bewertung zu erfolgen hat. Das Gesetz bestimmt nur für eine evtl. Barabfindung, nicht aber für das Umtauschverhältnis, dass die Verhältnisse im **Zeitpunkt der Beschlussfassung des übertragenden Rechtsträgers** maßgebend sind. Da das UmwG diesen Zeitpunkt nicht definiert, geht die herrschende Meinung zu Recht davon aus, dass auch ein früherer Zeitpunkt wie z. B. der Stichtag der Schlussbilanz festgelegt werden kann, wenn diese Werte auf den Tag der Beschlussfassung aufgezinst werden und über etwaige wertverändernde Ereignisse in der Versammlung berichtet und der Verschmelzungsbericht ergänzt wird (Lutter/Drygala, UmwG § 8 Rn. 28; Widmann/Mayer/Mayer, Umwandlungsrecht, § 5 UmwG Rn. 131; Kallmeyer/Marsch-Barner, UmwG, § 8 Rn. 21; Seetzen, WM 1999, 565, 569).

G. Vorbereitung der Gesellschafter- bzw. Hauptversammlung

444   Bei den besonderen Vorschriften über die einzelnen Gesellschafts- und Rechtsträgerformen ist durch unterschiedliche Regelungen vorgesehen, dass vor der Gesellschafter- oder Hauptversammlung die Gesellschafter über die Verschmelzung und ihre Einzelheiten zu unterrichten sind.

I. Überblick über die verschiedenen Informations- und Auslegungspflichten

445   § 42 UmwG sieht bei der **Verschmelzung unter Beteiligung von Personenhandelsgesellschaften** vor, dass der Verschmelzungsvertrag oder sein Entwurf und der Verschmelzungsbericht den Gesellschaftern, die von der Geschäftsführung ausgeschlossen sind, spätestens zusammen mit der Einberufung der Gesellschafterversammlung zu übersenden sind. Die Vorschrift konkretisiert das Kontrollrecht der von der Geschäftsführung ausgeschlossenen Gesellschafter einer **OHG**. Für die Kommanditisten einer **KG** wird dadurch für die Fusion ein selbstständiges Auskunftsrecht geschaffen, das ihre Stellung stärkt und ihnen eine Grundlage für ihre Entscheidung gibt. Da es für die Einberufung der Gesellschafterversammlung einer Personenhandelsgesellschaft keine gesetzlichen Fristen gibt, wurde davon abgesehen, eine bestimmte Frist für die Übersendung der Verschmelzungsunterlagen vorzuschreiben. Für **Personengesellschaften** sieht allerdings § 41 UmwG eine Erleichterung vor: Ist an der Verschmelzung eine Personenhandelsgesellschaft beteiligt, so muss für diese ein Verschmelzungsbericht nicht erstellt werden, wenn **alle Gesellschafter zur Geschäftsführung** berechtigt sind. Bei der Partnerschaftsgesellschaft ist der Verschmelzungsbericht nur erforderlich, wenn ein Partner von der Geschäftsführung ausgeschlossen ist.

446   Bei der Verschmelzung von **Partnerschaftsgesellschaften** sind von der Geschäftsführung ausgeschlossene Partner nach § 45c Satz 2 UmwG und § 42 UmwG wie bei der Personengesellschaft zu unterrichten.

447   Bei der **GmbH** sieht zum einen § 47 UmwG die **Unterrichtung der Gesellschafter** dadurch vor, dass ebenfalls der Verschmelzungsvertrag oder sein Entwurf und der Verschmelzungsbericht den Gesellschaftern spätestens zusammen mit der Einberufung der Gesellschafterversammlung zu übersenden ist. Auch hier konkretisiert die Vorschrift das allgemeine Auskunfts- und Einsichtsrecht des GmbH-Gesellschafters nach § 51a GmbHG für den Vorgang der Verschmelzung. Die **Frist für die Übersendung der Verschmelzungsunterlagen** ist an die allgemeine Frist von mindestens einer Woche nach § 51 Abs. 1 GmbHG angepasst worden. Es ist umstritten, ob § 41 UmwG analog bei der GmbH gilt: Für **Personengesellschaften** sieht § 41 UmwG eine Erleichterung vor: Ist an der Verschmelzung eine Personenhan-

delsgesellschaft beteiligt, so muss für diese ein Verschmelzungsbericht nicht erstellt werden, wenn **alle Gesellschafter zur Geschäftsführung** berechtigt sind. Bei der Partnerschaftsgesellschaft ist der Verschmelzungsbericht nur erforderlich, wenn ein Partner von der Geschäftsführung ausgeschlossen ist. Es ist umstritten, ob diese Vorschrift analog bei der GmbH gilt (befürwortend Lutter/Drygala, § 8 UmwG Rn. 58; Gehling in: Semler/Stengel, § 8 UmwG Rn. 75; ablehnend Bayer, ZIP 1997, 1613, 1620; Lutter/H. Schmidt, § 41 UmwG Rn. 3; Ihrig in Semler/Stengel § 41 UmwG Rn. 3; jetzt wohl auch Kallmeyer/Kallmeyer/Kocher, § 47 UmwG Rn. 7).

Darüber hinaus ist nach § 49 Abs. 1 UmwG **in der Einberufung der Gesellschafterversammlung** die **448** **Verschmelzung als Gegenstand der Beschlussfassung** anzukündigen, um die Gesellschafter ausdrücklich auf diesen wichtigen Vorgang aufmerksam zu machen. Nach § 49 Abs. 2 sind von der Einberufung an in dem Geschäftsraum der Gesellschaft die Jahresabschlüsse und die Lageberichte der an der Verschmelzung beteiligten Rechtsträger für die letzten 3 Geschäftsjahre zur Einsicht durch die Gesellschafter auszulegen.

Das formalisierteste Verfahren der Unterrichtung der Gesellschafter ist für die **AG in § 61 und § 63** **449** **UmwG** geregelt. Nach § 61 UmwG ist der **Verschmelzungsvertrag** oder sein Entwurf vor der Einberufung der Hauptversammlung, die über die Verschmelzung beschließt, zum Register einzureichen. Das Gericht hat in der Bekanntmachung nach § 10 HGB in seinem elektronischen Informationssystem (www.handelsregister.de) einen Hinweis darauf bekannt zu machen, dass der Vertrag oder sein Entwurf beim Handelsregister eingereicht worden ist.

§ 63 UmwG regelt die **Offenlegungspflicht des Vorstandes einer AG**. Von der Einberufung der Haupt- **450** versammlung an, die gemäß § 13 Abs. 1 über die Zustimmung zum Verschmelzungsvertrag beschließen soll, sind in dem Geschäftsraum der Gesellschaft zur Einsicht der Aktionäre auszulegen
1. der Verschmelzungsvertrag oder sein Entwurf;
2. die Jahresabschlüsse und die Lageberichte der an der Verschmelzung beteiligten Rechtsträger für die letzten drei Geschäftsjahre;
3. falls sich der letzte Jahresabschluß auf ein Geschäftsjahr bezieht, das mehr als sechs Monate vor dem Abschluß des Verschmelzungsvertrags oder der Aufstellung des Entwurfs abgelaufen ist, eine Bilanz auf einen Stichtag, der nicht vor dem ersten Tag des dritten Monats liegt, der dem Abschluß oder der Aufstellung vorausgeht (Zwischenbilanz);
4. die nach § 8 erstatteten Verschmelzungsberichte;
5. die nach § 60 in Verbindung mit § 12 erstatteten Prüfungsberichte.

Jeder Aktionär kann nach § 63 Abs. 3 UmwG eine kostenlose Abschrift dieser Unterlagen verlangen. Durch das Gesetz zur Umsetzung der Aktionärsrechterichtlinie (ARUG) G. v. 30.07.2009 (BGBl. I S. 2479) wurde eine Vereinfachung in § 63 Abs. 4 UmwG geschaffen: Die Verpflichtungen nach den Abs. 1 und 3 entfallen, wenn die in Abs. 1 bezeichneten Unterlagen für denselben Zeitraum über die **Internetseite** der Gesellschaft zugänglich sind. Durch das 3. UmwÄndG wurde § 63 Abs. 2 Satz 5 UmwG dadurch ergänzt, dass zum einen § 8 Abs. 3 Satz 1 erste Alternative und S. 2 UmwG anwendbar sind, sodass eine Zwischenbilanz nicht erforderlich ist bei entsprechenden notariell zu beurkundenden Verzichtserklärungen aller Anteilseigner aller beteiligten Rechtsträger (§ 8 Abs. 3 Satz 1 erste Alternative). Die Zwischenbilanz muss nach § 63 Abs. 2 Satz 5 UmwG auch dann nicht aufgestellt werden muss, wenn die Gesellschaft seit dem letzten Jahresabschluss einen Halbjahresfinanzbericht gem. § 37w WpHG veröffentlicht hat. Der Halbjahresfinanzbericht tritt zum Zwecke der Vorbereitung der Hauptversammlung an die Stelle der Zwischenbilanz. Außerdem wurde § 63 Abs. 3 UmwG wie folgt ergänzt: Die nach § 63 zu übermittelnden Unterlagen können dem Aktionär mit dessen Einwilligung auf dem Wege elektronischer Kommunikation übermittelt werden. Nach dieser Vorschrift, die ihrer Systematik nach nur dann anwendbar ist, wenn übernehmender Rechtsträger eine AG (oder KGaA oder SE) ist (Leitzen, DNotZ 2011, 526, 532 f.; Simon/Merkelbach, DB 2011, 1317 f.) und die Voraussetzungen des Abs. 1 vorliegen, können die im Vorfeld der Hauptversammlung zu übermittelnden Unterlagen zur Verschmelzung dem Aktionär mit dessen Einwilligung auf dem Wege elektronischer Kommunikation übermittelt werden. »Einwilligung« ist die vorherige Zustimmung nach § 183 Satz 1 BGB. Diese muss weder in einer bestimmten Form noch ausdrücklich erklärt werden (Wagner, DStR 2010, 1629; Leitzen, DNotZ 2011, 526, 532 f.; Simon/Merkelbach, DB 2011, 1317 f.). Da der durch das ARUG eingeführte § 62 Abs. 3 Satz 7 UmwG aber anstelle der Auslegung bzw. Übermittlung die Veröffentlichung und Zugänglichkeit des Umwandlungsberichts über die Internetseite der Gesellschaft genügen lässt, wird sich die praktische Bedeutung der Neuregelung auf Nicht-Publikumsgesellschaften beschränken (so Leitzen, DNotZ 2011, 526, 533).

451   Bei der **Genossenschaft** bestimmt § 82 UmwG, dass in den Geschäftsräumen jeder beteiligten Genossenschaft dieselben Unterlagen wie bei der AG sowie das Gutachten des Prüfungsverbandes zur Einsicht der Genossen auszulegen ist. Auch hier ist jedem Genossen auf dessen Verlangen unverzüglich eine kostenlose Abschrift dieser Unterlagen zu übersenden.

452   Bei der **Verschmelzung unter Beteiligung rechtsfähiger Vereine** sind die gleichen Unterlagen in dem Geschäftsraum des Vereins sowie ein nach § 100 UmwG erforderlicher Prüfungsbericht zur Einsicht der Mitglieder auszulegen (§ 101 UmwG).

453   Dieser Überblick über die **verschiedenen Informations- und Auslegungspflichten** zeigt, dass das Gesetz die Information der Anteilseigner sehr wichtig nimmt. Die Einreichungs- und Auslegungspflichten treffen die Geschäftsführungsorgane.

II. Geltung der allgemeinen Vorschriften

454   I. Ü. gelten allerdings für die Einberufung der Gesellschafterversammlung oder Hauptversammlung die **allgemeinen Vorschriften,** d. h. für die GmbH die §§ 49 ff. GmbHG und für die AG die §§ 121 ff. AktG (vgl. im Einzelnen unten Teil 2 Rdn. 972 ff.; Teil 2 Rdn. 1060 ff.).

455   Bei der GmbH wird die Versammlung der Gesellschafter durch die Geschäftsführer nach § 49 Abs. 1 GmbHG einberufen.

H. Verschmelzungsbeschlüsse

I. Zuständigkeiten

456   § 13 Abs. 1 UmwG bestimmt, dass der Verschmelzungsvertrag nur wirksam wird, wenn die Anteilsinhaber der beteiligten Rechtsträger ihm durch Beschluss zustimmen. Der Beschluss kann nur in einer **Versammlung der Anteilsinhaber** gefasst werden. Die Vorschrift schreibt also das **zwingende Beschlusserfordernis** sowohl bei allen übertragenden Gesellschaften als auch bei der übernehmenden Gesellschaft vor. Der Verschmelzungsbeschluss stellt die **Billigung des Verschmelzungsvertrages** durch die Gesellschafter dar. Er ist notwendig, da die Vertretungsmacht der Geschäftsführer bzw. des Vorstandes im Hinblick auf die Verschmelzung beschränkt ist. Die Vorstände oder Geschäftsführer allein könnten einen Verschmelzungsvertrag nicht wirksam abschließen. Deswegen ist es auch nicht möglich, dass die Gesellschafter die Geschäftsführer zum Abschluss eines Verschmelzungsvertrages nach eigenem Ermessen ermächtigen. Auch eine **Übertragung des Entscheidungsrechts** über die Verschmelzung auf ein anderes Organ, etwa einen Beirat oder Aufsichtsrat, ist nicht möglich (Gehling, in: Semler/Stengel, § 13 UmwG Rn. 10, 14; Stratz, in: Schmitt/Hörtnagl/Stratz, § 13 UmwG Rn. 11; Widmann/Mayer/Heckschen, Umwandlungsrecht, § 13 UmwG Rn. 42; Kallmeyer/Zimmermann, UmwG, § 13 Rn. 3; Lutter/Drygala, UmwG, § 13 Rn. 4).

457   Grds. kann die Zustimmung zum konkreten Verschmelzungsvertrag sowohl als Einwilligung vor als auch durch Genehmigung nach Abschluss des Verschmelzungsvertrages erfolgen. Im ersten Fall genügt als Beschlussgrundlage der vollständige, aber noch nicht beurkundete Vertragsentwurf. Dies ist in § 13 Abs. 3 Satz 3 UmwG vorgesehen. Die herrschende Meinung geht davon aus, dass die **Vertretungsmacht der Geschäftsführer oder des Vorstandes,** die durch die Satzung grds. nicht einschränkbar ist, durch das zwingende Beschlusserfordernis **kraft Gesetzes sachlich beschränkt** ist (vgl. Widmann/Mayer/Mayer, Umwandlungsrecht, § 13 UmwG Rn. 1 ff.; Kallmeyer/Zimmermann, UmwG, § 13 Rn. 2; Gehling, in: Semler/Stengel, § 13 UmwG Rn. 12).

458   Bei der **Verschmelzung unter Beteiligung von AG** bestimmt allein § 62 UmwG eine **Ausnahme von der Notwendigkeit des Verschmelzungsbeschlusses.** Gem. **§ 62 Abs. 1 UmwG** ist ein Verschmelzungsbeschluss der übernehmenden AG nicht erforderlich, wenn sich mindestens 9/10 des Stammkapitals oder des Grundkapitals einer übertragenden Kapitalgesellschaft in der Hand der übernehmenden AG befinden. Die Konzernverschmelzung, bei der die aufnehmende AG also mit mindestens 90 %

an der übertragenden Gesellschaft beteiligt ist, bedarf bei der aufnehmenden AG keiner Zustimmung. Durch das 3. UmwÄndG wurde ein § 62 Abs. 4 UmwG neu eingeführt, der bestimmt, dass, wenn sich das **gesamte Stamm- oder Grundkapital** einer übertragenden Kapitalgesellschaft in der Hand einer übernehmenden AG befindet, ein Verschmelzungsbeschluss des Anteilsinhabers der übertragenden Kapitalgesellschaft nicht erforderlich ist. § 62 Abs. 4 UmwG n. F. regelt damit als »Gegenstück« zu Abs. 1 auch die Entbehrlichkeit eines Verschmelzungsbeschlusses auf Seiten der übertragenden Kapitalgesellschaft. Bei einer 100 %igen Mutter-Tochterkonstellation ist es nun daher möglich die Verschmelzung ganz ohne Zustimmungsbeschluss durchzuführen (vgl. Leitzen, DNotZ 2011, 526, 533 f.; Simon/Merkelbach, DB 2011, 1319 f.).

II. Wirkung der Verschmelzungsbeschlüsse

Diese Beschränkung der Vertretungsmacht hat insb. für die Bindungswirkung des Verschmelzungsvertrages Bedeutung. Haben die Gesellschafter dem Verschmelzungsvertrag zugestimmt, ist er für die Gesellschafter untereinander und für die Geschäftsführer verbindlich. Die **Bindungswirkung** des Verschmelzungsvertrages tritt also erst mit den **Zustimmungsbeschlüssen** ein (vgl. Gehling in: Semler/Stengel, § 13 UmwG Rn. 64; Lutter/Drygala, UmwG, § 13 Rn. 24; Stratz, in: Schmitt/Hörtnagl/Stratz, § 13 UmwG Rn. 8 ff.). Von dieser Bindungswirkung ist allerdings die **Wirksamkeit der Verschmelzung** zu unterscheiden, diese tritt erst mit der **Eintragung der Verschmelzung** ein (vgl. Heckschen, MittRhNotK 1989, 75; Widmann/Mayer/Heckschen, Umwandlungsrecht, § 13 UmwG Rn. 1 ff.; § 4 UmwG Rn. 55 ff.). Heckschen weist darauf hin, dass nach **Zustimmung der einen Gesellschaft** ein **mit den Rechtsfolgen des Angebots vergleichbarer Zustand** vorliegt. Die Gesellschaft, die bereits zugestimmt hat, ist gebunden (vgl. Heckschen, MittRhNotK 1989, 75). Es wird daher i. d. R. empfohlen, durch entsprechende Fristen, Bedingungen oder Rücktrittsrechte im Verschmelzungsvertrag sicherzustellen, dass auf die Entscheidung der anderen Gesellschaft nicht über Gebühr lang gewartet werden muss (so Heckschen, MittRhNotK 1989, 75). Fehlt eine solche Klausel, kommt eine **Kündigung**, allenfalls in Analogie zu §§ 108 Abs. 2, 177 Abs. 2 BGB infrage (Widmann/Mayer/Mayer, Umwandlungsrecht, § 7 UmwG Rn. 44 ff.).

Der Verschmelzungsbeschluss hat aber darüber hinausgehend **innergesellschaftliche Wirkung**. Er bindet auch die Gesellschafter untereinander und die Geschäftsführer. Die Geschäftsführer sind den Gesellschaftern ggü. verpflichtet, die Verschmelzung durchzuführen (vgl. Kallmeyer/Zimmermann, UmwG, § 13 Rn. 17; Gehling in: Semler/Stengel, § 13 UmwG Rn. 64; Lutter/Drygala, UmwG, § 13 Rn. 24; Stratz, in: Schmitt/Hörtnagl/Stratz, § 13 UmwG Rn. 8 ff.). Liegt den Verschmelzungsbeschlüssen lediglich ein Entwurf zugrunde, so tritt allerdings im Außenverhältnis noch keine Bindung ein. Diese setzt den Abschluss des Verschmelzungsvertrages voraus.

III. Versammlung der Anteilsinhaber

Nach § 13 Abs. 1 Satz 2 UmwG kann der Verschmelzungsbeschluss nur in einer **Versammlung der Anteilsinhaber** gefasst werden. Dies ergibt sich für die meisten Unternehmensformen bereits aus den Vorschriften über die Versammlung der Anteilsinhaber. Der Gesetzgeber wollte dies jedoch im Interesse der Klarheit als allgemeinen Grundsatz der Verschmelzung ausdrücklich regeln (vgl. Begründung zum RegE BR-Drucks. 75/94, S. 85 f., abgedruckt in: Limmer, Umwandlungsrecht, S. 280 f.).

Die herrschende Meinung geht davon aus, dass diese **Vorschrift zwingend** ist, sodass eine andere Form der Beschlussfassung, z. B. schriftliches Beschlussverfahren, nicht zulässig ist (so; Lutter/Drygala, UmwG, § 13 Rn. 19; Widmann/Mayer/Heckschen, Umwandlungsrecht, § 13 UmwG Rn. 2, 79; Kallmeyer/Zimmermann, UmwG, § 13 Rn. 10 f.; Gehling in: Semler/Stengel, § 13 UmwG Rn. 14; Stratz, in: Schmitt/Hörtnagl/Stratz, § 13 UmwG Rn. 14). Eine andere **delegierende Satzungsregelung** ist nicht möglich.

Deswegen ist für die Frage der Stimmberechnung allein entscheidend, ob die Mehrheit in der Versammlung erreicht wurde. Außerhalb der Versammlung abgegebene Zustimmungserklärungen können nicht hinzugerechnet werden (Widmann/Mayer/Mayer, Umwandlungsrecht, § 50 UmwG Rn. 32; Lutter/Drygala, UmwG, § 13 Rn. 14; Kallmeyer/Zimmermann, UmwG, § 13 Rn. 10; Gehling in: Semler/

459

460

461

462

463

Stengel, § 13 UmwG Rn. 14). In welcher zeitlichen Reihenfolge die Verschmelzungsbeschlüsse bei den einzelnen Rechtsträgern gefasst werden, ist unerheblich.

464 ▶ **Hinweis:**

Zu beachten ist, dass bei der Durchführung der Versammlung neben dem Beschluss über den Verschmelzungsvertrag auch weitere Beschlüsse erforderlich sein können, i. d. R. Kapitalerhöhungsbeschlüsse, z. T. auch andere, z. B. Feststellung der Schlussbilanz, Änderung der Firma etc.

IV. Durchführung der Versammlung der Anteilseigner und Informationsrecht

465 Für die Durchführung der Hauptversammlung bzw. der Gesellschafterversammlung oder einer sonstigen Versammlung der Anteilsinhaber sehen die Vorschriften des Besonderen Teils für die einzelnen Rechtsformen **Besonderheiten im Vergleich zu den sonstigen Gesellschafterversammlungen** bzw. Hauptversammlungen vor. Neben den allgemeinen, etwa in §§ 121 ff. AktG bzw. §§ 51 ff. GmbHG vorgesehenen Regularien hat der Gesetzgeber zunächst die Auskunftspflicht und das Informationsrecht ggü. den allgemeinen Vorschriften deutlich erweitert.

466 Bei **Personenhandelsgesellschaften** und **Partnerschaftsgesellschaften** (§ 45c Satz 2 UmwG) wird dem Informationsbedürfnis durch die **Verpflichtung zur Unterrichtung** über den Verschmelzungsvertrag und den Verschmelzungsbericht vor der Einberufung der Gesellschafterversammlung in § 42 UmwG geregelt. Für die Versammlung selbst sieht das Gesetz keine Besonderheiten vor.

467 Bei der **GmbH** ist zum einen die **Pflicht zur Unterrichtung** der Gesellschafter nach § 47 UmwG und die der Auslegung der Jahresabschlüsse und der Lageberichte der an der Verschmelzung beteiligten Rechtsträger in den Geschäftsräumen der Gesellschaft vorgesehen. Nach § 49 Abs. 3 UmwG haben die Geschäftsführer jedem Gesellschafter auf Verlangen jederzeit Auskunft auch über alle für die Verschmelzung wesentlichen Angelegenheiten der anderen beteiligten Rechtsträger zu geben (§ 49 Abs. 3 UmwG). Die Pflicht der eigenen GmbH zur Auslegung und Erläuterung der wirtschaftlichen und rechtlichen Bedeutung des Verschmelzungsvertrages ergibt sich bereits aus § 51a GmbHG (so Widmann/Mayer/Mayer, Umwandlungsrecht, § 49 UmwG Rn. 21; vgl. auch Reichert, in: Semler/Stengel, § 49 UmwG Rn. 10; Lutter/Winter/Vetter, UmwG, § 49 Rn. 11 ff., 44 ff.). § 49 Abs. 3 UmwG erweitert allerdings wie früher § 20 Abs. 5 KapErhG das Auskunftsrecht des Gesellschafters auf die anderen beteiligten Gesellschaften. Umstritten ist allerdings, ob über dem Wortlaut des § 49 Abs. 3 (»auf Verlangen«) eine Pflicht der Geschäftsführer besteht, von sich aus über alle für die Verschmelzung wesentlichen Angelegenheiten der anderen Gesellschaften zu berichten. Die mittlerweile herrschende Meinung lehnt dies zu Recht ab (so Widmann/Mayer/Mayer, Umwandlungsrecht, § 49 UmwG Rn. 26.1 unter Aufgabe der früheren Meinung; Reichert, in: Semler/Stengel, § 49 UmwG Rn. 11; Lutter/Winter/Vetter, UmwG, § 49 Rn. 46).

Die Auskunft bezieht sich sowohl auf die wirtschaftlichen als auch auf die gesellschaftlichen Verhältnisse der anderen Gesellschaften.

468 Am weitesten ausgeprägt sind **Informations- und Offenlegungspflichten** bei der **AG**. Neben den in § 63 UmwG geregelten Pflichten zur vorbereiteten Auslegung oder Bereitstellung im Internet (§ 63 Abs. 4 UmwG) bestimmter, für die Verschmelzung wichtiger Unterlagen und der Pflicht, jedem Aktionär kostenlos eine Abschrift dieser Unterlagen – i. R. d. § 63 Abs. 3 letzter Satz UmwG in elektronischer Form – zu erteilen (§ 63 Abs. 3 UmwG), sieht § 64 Abs. 1 UmwG vor, dass in der **Hauptversammlung** folgende **Unterlagen zugänglich zu machen** sind:
- der Verschmelzungsvertrag oder sein Entwurf,
- die Jahresabschlüsse und die Jahresberichte der an der Verschmelzung beteiligten Rechtsträger für die letzten 3 Geschäftsjahre, falls sich der letzte Jahresabschluss auf ein Geschäftsjahr bezieht, das mehr als 6 Monate vor dem Abschluss des Verschmelzungsvertrages abgelaufen ist, eine Zwischenbilanz bzw. im Fall des neuen § 63 Abs. 2 Satz 5 UmwG des Halbjahresfinanzbericht gem. § 37w WpHG,
- die Verschmelzungsberichte,
- die Verschmelzungsprüfungsberichte.

Darüber hinaus hat der Vorstand den Verschmelzungsvertrag oder seinen Entwurf zu Beginn der Ver- **469** handlung **mündlich zu erläutern**. Durch diese **Zugänglichmachung während der gesamten Dauer der Hauptversammlung** soll den Aktionären, die diese Unterlagen nicht in dem Geschäftsraum der Gesellschaft eingesehen oder keine Abschrift verlangt haben, die Möglichkeit eröffnet werden, sich noch in der Hauptversammlung zu informieren. Durch das Gesetz zur Umsetzung der Aktionärsrechterichtlinie (ARUG) v. 30.07.2009 (BGBl. I, S. 2479) wurde in § 64 Abs. 1 UmwG der Begriff des »Auslegens« durch »zugänglich machen« ersetzt. Damit soll auch die Publikation über das Internet möglich sein, wobei allerdings während der Hauptversammlung die Möglichkeit gewährleistet sein muss, über Monitore die Unterlagen einzusehen (Lutter/Grunewald, UmwG, § 64 Rn. 2 ff.; Kallmeyer/Marsch-Barner, § 64 UmwG Rn. 1; J. Schmidt, NZG 2008, 734, 735).

Bei physischer Auslegung, sollten die Unterlagen in ausreichender Zahl ausliegen (so Lutter/Grunewald, UmwG, § 64 Rn. 2 ff.; Widmann/Mayer/Rieger, Umwandlungsrecht, § 64 UmwG Rn. 28; Diekmann in: Semler/Stengel, § 64 UmwG Rn. 5; Stratz, in: Schmitt/Hörtnagl/Stratz, § 64 UmwG Rn. 2, enger Kallmeyer/Marsch-Barner, § 64 UmwG Rn. 1, wonach ein Exemplar genügt). Die Vorschriften entsprechen § 340d Abs. 5 und 6 AktG a. F. Die Erläuterungspflicht dient ebenfalls dem Informationsbedürfnis. Zur Erläuterung gehört zum einen die Darstellung des Vertragsinhalts, v. a. aber auch die wirtschaftlichen und rechtlichen Zusammenhänge der Verschmelzung, die sachlichen Gründe für die Verschmelzung, die Angaben über die Angemessenheit des Umtauschverhältnisses und auch die Zukunftsaussichten (vgl. Widmann/Mayer/Rieger, Umwandlungsrecht, § 64 UmwG Rn. 5 ff.; Diekmann, in: Semler/Stengel, § 64 UmwG Rn. 7; Lutter/Grunewald, § 64 UmwG Rn. 5 ff.; Kallmeyer/Marsch-Barner, § 64 UmwG Rn. 3, KK-AktG/Kraft, § 340d Rn. 14; Becker, AG 1988, 229; Heckschen, MittRhNotK 1989, 75).

Nach § 64 Abs. 2 UmwG ist darüber hinaus neben dem allgemeinen Auskunftsrecht in § 131 AktG ein **470** **Sonderauskunftsrecht** wie bisher vorgesehen: Jedem Aktionär ist auf Verlangen in der Hauptversammlung Auskunft auch über alle für die Verschmelzung wesentlichen Angelegenheiten der **anderen** beteiligten Rechtsträger zu geben. Hier gilt Gleiches wie bei der GmbH. Die Auskunftspflicht hinsichtlich der eigenen Gesellschaft ergibt sich bereits aus § 131 AktG, die hinsichtlich der anderen Gesellschaften aus § 64 UmwG.

▶ **Hinweis:** **471**

Um der Erläuterungspflicht soweit als nötig nachzukommen, wird in der Praxis empfohlen, die Vorstände bzw. Geschäftsführer bzw. deren Hilfspersonen der anderen beteiligten Gesellschaften zur Hauptversammlung hinzuzuziehen (Widmann/Mayer/Rieger, Umwandlungsrecht, § 64 UmwG Rn. 13; Diekmann in: Semler/Stengel, § 64 UmwG Rn. 18; Lutter/Grunewald, § 64 UmwG Rn. 11 ff.; Kallmeyer/Marsch-Barner § 64 UmwG Rn. 7; Stratz, in: Schmitt/Hörtnagl/Stratz, § 64 UmwG Rn. 8; Barz, AG 1972, 1, 6).

Die **Sonderauskunftsrechte der Aktionäre** nach § 64 Abs. 2 UmwG **und der GmbH-Gesellschafter** **472** nach § 49 Abs. 3 UmwG unterstehen den Einschränkungen und Bedingungen des allgemeinen Auskunftsrechts nach § 51a GmbHG bzw. § 131 AktG (so Widmann/Mayer/Mayer, Umwandlungsrecht, § 49 UmwG Rn. 25; Widmann/Mayer/Rieger, Umwandlungsrecht, § 64 UmwG Rn. 16; Kallmeyer/Marsch-Barner, UmwG, § 64 Rn. 6; Diekmann in: Semler/Stengel, § 64 UmwG Rn. 21; Lutter/Grunewald, § 64 UmwG Rn. 13; Stratz, in: Schmitt/Hörtnagl/Stratz, § 64 UmwG Rn. 8; Bayer, AG 1988, 323, 329). Auch die Regierungsbegründung weist darauf hin, dass das Gesetz durch dieses Sonderauskunftsrecht nicht in die allgemeinen Vorschriften des Aktienrechts über das Recht auf Auskunftsverweigerung nach § 131 Abs. 3 AktG eingreift (vgl. Begründung zum RegE BR-Drucks. 75/94, S. 103, abgedruckt in: Limmer, Umwandlungsrecht, S. 298). Dies bedeutet, dass zum einen die Auskunft den Grundsätzen einer gewissenhaften und getreuen Rechenschaft zu entsprechen hat (§ 131 Abs. 2 AktG) und zum anderen nur in den Fällen des § 131 Abs. 3 verweigert werden kann. Bei Streitigkeit ist sowohl § 132 AktG bzw. § 51b GmbHG anzuwenden. Besonders die **Verweigerungsrechte** nach § 51a Abs. 2 GmbHG bzw. § 131 Abs. 2 AktG spielen eine große Rolle. Auch hier bestehen die Grenzen, wenn **Geheimhaltungsinteressen** beeinträchtigt werden, insb. das Bekanntwerden der Tatsachen einem der beteiligten Rechtsträger einen nicht unerheblichen Nachteil zufügen würde. Dieser Grundsatz ist auch für das Umwandlungsrecht nunmehr in § 8 Abs. 2 ausdrücklich festgeschrieben und dürfe daher als Sondervorschrift den allgemeinen Vorschriften des § 51a Abs. 2 GmbHG bzw. § 131 Abs. 3 AktG vorgehen.

473 **Auskunftspflichtig** sind nur die Geschäftsführer bzw. der Vorstand der eigenen Gesellschaft, nicht aber die der anderen beteiligten Gesellschaften.

V. Beschlussmehrheiten

474 Die Beschlussmehrheiten sind ebenfalls bei den einzelnen Rechtsformen im Besonderen Teil des Verschmelzungsrechts geregelt.

475 **1. Personengesellschaften.** Bei Personenhandelsgesellschaft bedarf nach § 43 Abs. 1 UmwG der Verschmelzungsbeschluss der **Zustimmung aller anwesenden Gesellschafter** in der Gesellschafterversammlung, auch die **nicht erschienenen Gesellschafter** müssen zustimmen. Nach § 43 Abs. 2 UmwG kann der Gesellschaftsvertrag allerdings eine Mehrheitsentscheidung der Gesellschaft vorsehen. Die Mehrheit muss **mindestens 3/4 der Stimmen der Gesellschafter** betragen. Widerspricht ein Anteilsinhaber eines übertragenden Rechtsträgers, der für dessen Verbindlichkeiten persönlich unbeschränkt haftet, der Verschmelzung, so ist ihm in der übernehmenden oder der neuen Personenhandelsgesellschaft die Stellung eines Kommanditisten zu gewähren. Es gilt bei der Änderung der Beschlussmehrheit durch Gesellschaftsvertrag der Bestimmtheitsgrundsatz, d. h. die Klausel im Gesellschaftsvertrag muss sich ausdrücklich auf den Beschluss über die Verschmelzung beziehen.

476 **2. Partnerschaftsgesellschaften.** Bei Partnerschaftsgesellschaften bedarf nach § 45d Abs. 1 UmwG der Verschmelzungsbeschluss der **Zustimmung aller anwesenden Partner** in der Gesellschafterversammlung, auch nicht erschienene Gesellschafter müssen zustimmen. Nach § 45d Abs. 2 UmwG kann der Partnerschaftsvertrag allerdings eine Mehrheitsentscheidung der Partner vorsehen. Die Mehrheit muss mindestens 3/4 der abgegebenen Stimmen betragen.

477 **3. GmbH.** Für die GmbH sieht § 50 Abs. 1 UmwG vor, dass der Verschmelzungsbeschluss einer **Mehrheit von mindestens 3/4 der abgegebenen Stimmen** bedarf. Der Gesellschaftsvertrag darf eine größere Mehrheit und weitere Erfordernisse bestimmen. Es ist also eine 3/4-Mehrheit der in der Gesellschafterversammlung anwesenden Gesellschafter notwendig. Zustimmungserklärungen, die außerhalb der Gesellschafterversammlung abgegeben werden, können die in der Gesellschafterversammlung selbst nicht erreichte Mehrheit nicht auffüllen (so Widmann/Mayer/Mayer, Umwandlungsrecht, § 50 UmwG Rn. 32; Kallmeyer/Zimmermann, UmwG, § 13 Rn. 10; Lutter/Drygala, UmwG, § 13 Rn. 14; Gehling in: Semler/Stengel, § 13 UmwG Rn. 14). Auf die Gesamtzahl der Gesellschafter kommt es nicht an. Ebenfalls dürfen Stimmenthaltungen bei der Errechnung der Stimmenmehrheit nicht mitgezählt werden, die Mehrheit ist nur nach der Zahl der abgegebenen Ja- und Neinstimmen zu berechnen (BGH, DB 1989, 523; Lutter/Hommelhoff, GmbHG, 13. Aufl., § 20 KapErhG Rn. 6.).

478 **4. AG.** Für die AG sieht § 65 UmwG vor, dass der Verschmelzungsbeschluss einer Mehrheit bedarf, die mindestens **3/4 des bei der Beschlussfassung vertretenen Grundkapitals** umfasst. Darunter ist eine **doppelte Mehrheit** zu verstehen (RGZ 125, 356, 359; Kallmeyer/Zimmerman, UmwG, § 65 Rn. 5; Hüffer/Koch, § 179 AktG Rn. 14;; Lutter/Grunewald, UmwG, § 65 Rn. 2 f.; Widmann/Mayer/Rieger, Umwandlungsrecht, § 65 UmwG Rn. 4; Diekmann in: Semler/Stengel, § 65 UmwG Rn. 11 f.). Die Vorschrift verlangt zum einen die einfache Mehrheit der abgegebenen Stimmen i. S. d. § 133 AktG, wobei Mehrstimmrechtsaktien mit ihrer Stimmenmacht zählen. Darüber hinaus erfordert sie eine Kapitalmehrheit von 3/4 des bei der Beschlussfassung vertretenen Grundkapitals.

479 Nach § 65 Abs. 2 UmwG bedarf der Beschluss, wenn mehrere Gattungen von Aktien vorhanden sind, zu seiner Wirksamkeit der Zustimmung der Aktionäre jeder Gattung. Über die Zustimmung haben die Aktionäre jeder Gattung einen Sonderbeschluss zu fassen. Nach § 65 Abs. 1 Satz 2 UmwG kann die Satzung eine größere Kapitalmehrheit und weitere Erfordernisse bestimmen. Sie kann also den Beschluss nur erschweren, nicht erleichtern. Umgekehrt kann die Satzung die Verschmelzung aber auch nicht ausschließen.

5. Genossenschaft und Verein. Für die **Genossenschaft** sieht § 84 UmwG vor, dass der Verschmelzungsbeschluss einer **Mehrheit von 3/4 der abgegebenen Stimmen** bedarf, für **rechtsfähige Vereine** gilt § 103 UmwG. Hier ist eine **Mehrheit von 3/4 der erschienenen Mitglieder** notwendig. Für **Versicherungsvereine auf Gegenseitigkeit** bestimmt § 112 Abs. 3 UmwG, dass eine **3/4-Mehrheit der abgegebenen Stimmen** notwendig ist. 480

VI. Satzungsregelung zur Beschlussmehrheit

1. 3/4-Mehrheit als Mindestmehrheit. Die 3/4-Mehrheit ist bei allen Gesellschaftsformen als **Mindestmehrheit** zwingend. Weder die Satzung der Kapitalgesellschaften noch der Gesellschaftsvertrag der Personengesellschaften oder Partnerschaftsgesellschaften kann bestimmen, dass eine geringere Mehrheit für den Zustimmungsbeschluss zum Verschmelzungsvertrag genügt (h. M.: Widmann/Mayer/Mayer, Umwandlungsrecht, § 65 UmwG Rn. 6; § 50 Rn. 41; Diekmann in: Semler/Stengel, § 65 UmwG Rn. 13; Lutter/Grunewald, § 65 UmwG Rn. 5; Kallmeyer/Zimmerman, UmwG, § 65 Rn. 6). 481

2. Zusätzliche satzungsmäßige Anforderung. Nach früher herrschender Meinung kann die Satzung zusätzliche Anforderungen festlegen, z. B. **höhere Mehrheiten** oder gar **Einstimmigkeit** oder die **Zustimmung einzelner Gesellschafter** zur Verschmelzung (vgl. Widmann/Mayer/Mayer, Umwandlungsrecht, § 65 UmwG Rn. 6; § 50 Rn. 41; Diekmann in: Semler/Stengel, § 65 UmwG Rn. 13; Lutter/Grunewald, § 65 UmwG Rn. 5; Kallmeyer/Zimmerman, UmwG, § 65 Rn. 6; Widmann/Mayer/Mayer, Umwandlungsrecht, § 50 UmwG Rn. 41 ff.; § 63 Rn. 6 ff.; Kallmeyer/Zimmermann, UmwG, § 50 Rn. 8). Dies ist im Gesetz **ausdrücklich geregelt** (vgl. §§ 50 Abs. 1, 65 Abs. 1; 84, 103 UmwG). 482

Schwieriger zu beantworten ist die Frage, wenn die Satzung nicht speziell die Verschmelzung regelt, sondern **erhöhte Anforderungen** – etwa höhere Mehrheiten, Einstimmigkeit oder die Zustimmung einzelner Gesellschafter – **ganz allgemein bei Satzungsänderungen** vorsieht. Es stellt sich dann die Frage, die auch zum vor 1995 geltenden Recht umstritten war, ob sich diese **allgemeinen Satzungsänderungserfordernisse auch auf den Verschmelzungsbeschluss** erstrecken. Dies war zum bis 1995 geltenden Recht nach der herrschenden Meinung der Fall und gilt nach herrschender Meinung auch zum UmwG 1995 ebenso, da die Verschmelzung eine zumindest gleichwertige Änderung der Grundlagen der Gesellschaft zur Folge hat wie eine Satzungsänderung (so zum bis 1995 geltenden Recht Lutter/Hommelhoff, GmbHG, 13. Aufl., § 20 KapErhG Rn. 5; Heckschen, Die Verschmelzung von Kapitalgesellschaften, S. 29; Rowedder/Zimmermann, GmbHG, § 77 Anh. Rn. 407; Hachenburg/Schilling/Zutt, GmbHG, § 77 Anh. II, § 20 KapErhG Rn. 8; zum neuen Recht so auch Reichert, GmbHR 1995, 176, 185; Reichert, in: Semler/Stengel, § 50 UmwG Rn. 9; Widmann/Mayer/Mayer, Umwandlungsrecht, § 50 UmwG Rn. 42; § 13 Rn. 70 ff.; Kallmeyer/Zimmermann, UmwG, § 50 Rn. 9; Lutter/Winter/Vetter, UmwG, § 50 Rn. 35). Etwas anderes kann man nur dann annehmen, wenn die Satzung für die Verschmelzung **besondere Bestimmungen** vorsieht, nicht aber besondere Beschlussmehrheiten. Das Gleiche muss gelten, wenn die Satzung zwar nicht für alle Satzungsänderungen qualifizierte Beschlussmehrheiten vorsieht, dies aber für die Änderung einzelner Bestimmungen anordnet, wenn diese Bestimmungen durch die Verschmelzung aufgehoben oder wesentlich verändert werden (so zu Recht Reichert, GmbHR 1995, 185).

VII. Stimmberechtigung

Stimmberechtigung bei der Beschlussfassung haben **grds. alle Gesellschafter** und **Aktionäre**. Mehrstimmrechtsaktien üben ihre volle Stimmacht aus, stimmrechtslose Vorzugsaktien oder sonstige Inhaber stimmrechtsloser Aktien haben keine Stimme. Umstritten ist die Frage, ob die übernehmende Gesellschaft bei der Beschlussfassung über die Verschmelzung in der Versammlung der übertragenden Gesellschaft vom **Stimmrechtsausschluss** etwa nach § 47 Abs. 4 GmbHG betroffen ist. Ein Teil der Literatur ist der Auffassung, dass eine übernehmende AG mit den ihr gehörenden Geschäftsanteilen beim Verschmelzungsbeschluss der GmbH nach § 47 Abs. 4 GmbHG nicht stimmen darf, weil der Beschluss die Verschmelzung und damit auch die Vornahme eines Rechtsgeschäfts mit ihr betrifft (so KK-AktG/Kraft, § 355 Rn. 13; Immenga, Die personalistische Kapitalgesellschaft, S. 244). Demgegenüber ist die herrschende Meinung der Auffassung, dass wegen des organisationsrechtlichen Charakters der 483

Verschmelzung kein Stimmverbot bei der GmbH besteht (so Widmann/Mayer/Heckschen, Umwandlungsrecht, § 13 UmwG Rn. 116 ff.; Widmann/Mayer/Mayer, Umwandlungsrecht, § 50 UmwG Rn. 38; Kallmeyer/Zimmermann, UmwG, § 50 Rn. 14; Lutter/Drygala, UmwG, § 13, Rn. 27; Reichert, in: Semler/Stengel, § 50 UmwG Rn. 15; LG Arnsberg, ZIP 1994, 537; zum alten Recht vgl. Scholz/Priester, GmbHG, Anh. UmwG, § 20 KapErhG, Rn. 6; Lutter/Hommelhoff, GmbHG, 13. Aufl., Anh. Verschmelzung, § 20 KapErhG Rn. 7; Timm, AG 1982, 93, 103 ff.; Heckschen, WM 1990, 384). Da es im AktG keine vergleichbare Vorschrift wie in § 47 Abs. 4 GmbHG gibt, kann die aufnehmende AG bei der übertragenden AG mitstimmen, wenn sie Aktien an dieser Gesellschaft hält (so OLG Düsseldorf, AG 1957, 279; KK-AktG/Kraft § 355 Rn. 13; Heckschen, WM 1984, 384; Widmann/Mayer/Heckschen, Umwandlungsrecht, § 13 UmwG Rn. 120).

484 **1. Stimmberechtigung bei Kettenverschmelzung.** Schwieriger zu beurteilen ist die Stimmberechtigung bei sog. **Kettenverschmelzungen** oder Kettenumwandlungen (vgl. bereits oben Teil 2 Rdn. 21 ff.).

485 ▶ **Beispiel:**

Die A-GmbH soll zunächst auf die B-AG verschmolzen werden, sodann soll die B-AG auf die C-AG verschmolzen werden.

486 In diesen Fällen stellt sich die Frage ob, wenn der Zustimmungsbeschluss der Verschmelzung der B-AG auf die C-AG bereits vor Eintragung der Verschmelzung der A-GmbH auf die B-AG gefasst werden soll, die Gesellschafter der A-GmbH beteiligt und stimmberechtigt sind. Wie bereits dargelegt, kann der Verschmelzungsvertrag der Stufe 2 auch vor Eintragung der Stufe 1 im Handelsregister geschlossen werden (vgl. oben Teil 2 Rdn. 27 ff.). Zu beachten ist allerdings, dass erst mit der Eintragung der Stufe 1 die Gesellschafter der übertragenden A-GmbH nach § 20 UmwG Gesellschafter der aufnehmenden Gesellschaft, d. h. hier der B-AG, werden. Erst zu diesem Zeitpunkt sind sie Gesellschafter und damit auch stimmberechtigt. Die herrschende Meinung geht daher davon aus, dass bei Kettenverschmelzungen die Anteilsinhaber des übertragenden Rechtsträgers in der Versammlung des übernehmenden Rechtsträgers am Verschmelzungsbeschluss zu dessen Verschmelzung der Stufe 2 mit einem aufnehmenden Rechtsträger erst zu beteiligen und stimmberechtigt sind, wenn sie Anteilsinhaber des übernehmenden Rechtsträgers der Stufe 1 geworden sind (so Widmann/Mayer/Heckschen, Umwandlungsrecht, § 13 UmwG Rn. 68 ff.; Lutter/Grunewald, UmwG, § 65 Rn. 3; Kallmeyer/Zimmermann, UmwG, § 13 Rn. 4; Heckschen/Simon, Umwandlungsrecht, S. 141 ff.).

487 **2. Vertretung bei Stimmabgabe.** Die Zulässigkeit der **Vertretung bei der Stimmabgabe** richtet sich nach dem jeweiligen Recht, das auf die Gesellschafterversammlung anwendbar ist (vgl. Widmann/Mayer/Heckschen, Umwandlungsrecht, § 13 UmwG Rn. 106 ff.; Gehling in: Semler/Stengel, § 13 UmwG Rn. 15 f.; Kallmeyer/Zimmermann, UmwG, § 13 Rn. 13; Lutter/Drygala, UmwG, § 13, Rn. 9; Stratz, in: Schmitt/Hörtnagl/Stratz, § 13 UmwG Rn. 45 ff.). Bei Personengesellschaften und Partnerschaftsgesellschaften ist i. d. R. wenn nicht der Gesellschaftsvertrag etwas anderes vorsieht, eine Vertretung nicht zulässig; es sei denn, alle Gesellschafter sind einverstanden. Bei GmbH und AG ist die Stellvertretung bei der Stimmabgabe zulässig (§ 47 Abs. 3 GmbHG, § 134 Abs. 3 AktG). Beim Verein kann die Stimmrechtsvollmacht nur erteilt werden, wenn die Satzung die Bevollmächtigung ausdrücklich zulässt. Bei der Genossenschaft ist die **Stimmrechtsvollmacht** nach § 43 Abs. 5 Satz 1 UmwG zulässig. Die Beschränkung des § 43 Abs. 5 Satz 3 GenG ist allerdings zu beachten. In der Literatur ist umstritten, ob in allen Fällen wegen § 13 Abs. 3 UmwG zumindest die **notarielle Beglaubigung** erforderlich ist (so Widmann/Mayer/Heckschen, Umwandlungsrecht, § 13 UmwG Rn. 106 ff.; a. A. die hM Gehling in: Semler/Stengel, § 13 UmwG Rn. 15 f.; Kallmeyer/Zimmermann, UmwG, § 13 Rn. 13; Lutter/Drygala, UmwG, § 13, Rn. 9; § 193 Rn. 4; Stratz, in: Schmitt/Hörtnagl/Stratz, § 13 UmwG Rn. 47; vgl. eingehend zur Vertretung bei Umwandlungsfällen Heidinger/Blath, Die Vertretung im Umwandlungsrecht, in: FS für Spiegelberger, 2009, S. 692 ff.). Zumindest bei der Neugründung ergibt sich i. d. R. aus den Vorschriften für die Gründung eine spezifische Form, so verlangt § 2 Abs. 2 GmbHG die notarielle Beglaubigung einer Vollmacht bei der Verschmelzung zur Neugründung (so Widmann/Mayer/Heckschen, Umwandlungsrecht, § 13 UmwG Rn. 106; Stratz, in:

Schmitt/Hörtnagl/Stratz, § 13 UmwG Rn. 45 ff.). Nach a. A. gilt dieses Formvorschrift nicht für den Verschmelzungsbeschluss zur Neugründung (Lutter/Drygala, § 13 UmwG Rn. 9; Kallmeyer/Zimmermann, UmwG, § 13 Rn. 13). Generell muss man aber vom Grundsatz des § 167 BGB ausgehen, sodass keine Formvorschrift gilt, wenn nicht Spezialgesetze etwas anderes fordern. Nach Sondervorschriften ist Textform erforderlich (zB § 47 Abs. 3 GmbHG; § 134 Abs. 3 S. 3 AktG iVm § 126b BGB).

§ 181 BGB gilt auch bei der Vertretung i. R. d. Verschmelzungsbeschlusses, da dieser satzungsändernden Charaktet hat (vgl. zum Ganzen Widmann/Mayer/Mayer, Umwandlungsrecht, § 50 UmwG Rn. 15 f.; Lutter/Winter/Vetter, § 50 UmwG Rn. 26; Reichert in: Semler/Stengel, § 50 UmwG Rn. 17; BayObLG, DB 1984, 1517; OLG Köln, GmbHR 1993, 37; Hachenburg/Mertens, GmbHG, § 35 Rn. 227; zur vergleichbaren Situation bei Satzungsänderung BGH ZIP 1988, 1047; Lutter/Hommelhoff/Bayer, GmbHG § 53, Rn. 9; Baumbach/Hueck/Zöllner, § 55 GmbHG Rn. 60). Die Vertretung eines Mitgesellschafters ist daher nur bei Befreiung von den Beschränkungen des § 181 BGB möglich.

3. Beteiligung Dritter. Weiter zu prüfen i. R. d. Stimmrechtsfrage ist die evtl. **Zustimmungspflicht** **488** **Dritter**, z. B. von Pfändungsgläubigern, Nießbrauchsberechtigten etc. (vgl. eingehend Widmann/Mayer/Heckschen, Umwandlungsrecht, § 13 UmwG Rn. 121 ff.; Herfs, Einwirkung Dritter auf den Willensbildungsprozess der GmbH, S. 88 ff.) und die Zustimmungspflicht eines Ehegatten nach § 1365 BGB. Auch die Eröffnung eines Insolvenzverfahrens führt dazu, dass spezifische Zuständigkeiten zu berücksichtigen sind, insb. der Übergang der Verfügungsmacht auf den Insolvenzverwalter nach § 80 Abs. 1 InsO (vgl. zum Ganzen unten Teil 5 Rdn. 48 ff.).

Gesetzliche Vertreter **minderjähriger Gesellschafter** unterliegen den Beschränkungen der §§ 1629 **489** Abs. 2, 1795 BGB. In diesen Fällen bedarf es eines Ergänzungspflegers. Eine familiengerichtliche Genehmigung ist nur erforderlich, wenn bei der aufnehmenden Gesellschaft die unbeschränkte Haftung droht (z. B. OHG, GmbH nach § 24 GmbHG; vgl. Widmann/Mayer/Heckschen, Umwandlungsrecht, § 13 UmwG Rn. 138 ff.; Kallmeyer/Zimmermann, UmwG, § 13 Rn. 15; Stratz, in: Schmitt/Hörtnagl/Stratz, § 13 UmwG Rn. 52 f.).

VIII. Besondere Zustimmungserfordernisse

Ausführlich s. u. Teil 2 Rdn. 551 ff. **490**

Das Gesetz sieht bei einzelnen Rechtsträgern **besondere Zustimmungserfordernisse oder Wider-** **491** **spruchsrechte** vor, wenn einem oder mehreren Gesellschaftern der übertragenden Gesellschaft Vorzugs- oder Sonderrechte eingeräumt sind (Widmann/Mayer/Mayer, Umwandlungsrecht, § 13 UmwG Rn. 232; § 50 Rn. 63 ff.; Kallmeyer/Zimmermann, UmwG, § 50 Rn. 27; Stratz, in: Schmitt/Hörtnagl/Stratz, § 50 UmwG Rn. 8 ff.). Das Erfordernis der Zustimmung eines Sonderrechtsinhabers ergibt sich aus dem Umstand, dass mit Abschluss der Verschmelzung der übertragende Rechtsträger erlischt, damit also auch die besonderen Rechte untergehen. Bei einigen Rechtsträgern hat der Gesetzgeber den allgemeinen Schutz von Vermögensrechten, wie er in § 23 UmwG zum Ausdruck gelangt, durch Zustimmungserfordernisse ergänzt.

Sieht das Gesetz eine **individuelle Zustimmungserklärung bestimmter Anteilsinhaber** vor, so können **492** diese Zustimmungserklärungen auch außerhalb der Gesellschafterversammlung erklärt werden. Sie sind nach § 13 Abs. 3 Satz 1 UmwG notariell zu beurkunden (Widmann/Mayer/Mayer, Umwandlungsrecht, § 13 UmwG Rn. 232; § 50 Rn. 66; Kallmeyer/Zimmermann, UmwG, § 50 Rn. 27; Lutter/Winter/Vetter, UmwG, § 50 Rn. 68; Stratz, in: Schmitt/Hörtnagl/Stratz, § 50 UmwG Rn. 13). Die Beurkundung muss nach den Vorschriften über Willenserklärungen gem. §§ 8 ff. BeurkG erfolgen. Wem eine solche außerhalb der Gesellschafterversammlung abzugebende Zustimmungserklärung ggü. abgegeben werden muss – den Gesellschaftern oder den Geschäftsführern – ist umstritten; zutreffend ist, dass der Zugang bei den Geschäftsführern als Vertreter der Gesellschaft genügt (Widmann/Mayer/Mayer, Umwandlungsrecht, § 50 UmwG Rn. 70; Lutter/Winter/Vetter, UmwG, § 50 Rn. 65; Reichert in: Semler/Stengel, § 50 UmwG Rn. 47). Nach a. A. kann die notarielle Urkunde nur mit der Erklärung entweder der Gesellschafterversammlung oder der GmbH, diese vertreten durch den Geschäftsführer, zugestellt werden (Kallmeyer/Zimmermann, UmwG, § 50 Rn. 27). Der Verschmelzungsbeschluss ist solange, bis nicht alle Zustimmungserklärungen zugegangen sind, schwebend unwirksam (Widmann/Mayer/Mayer, Umwandlungsrecht, § 75 UmwG Rn. 72; Kallmeyer/Zimmermann, UmwG, § 13 Rn. 29; Stratz, in: Schmitt/Hörtnagl/Stratz, § 13 UmwG Rn. 38).

493 **1. Personengesellschaften.** Für die Personenhandelsgesellschaften sieht § 43 Abs. 2 Satz 3 UmwG ein **besonderes Widerspruchsrecht** vor, wenn der Gesellschaftsvertrag die Verschmelzung der Mehrheitsentscheidung unterwirft. In diesem Fall muss, wenn ein Gesellschafter einer übertragenden Personenhandelsgesellschaft, der unbeschränkt haftet, der Verschmelzung widerspricht, ihm in der übernehmenden oder der neuen Personenhandelsgesellschaft die **Stellung eines Kommanditisten** gewährt werden. Hierdurch soll ein bisher schon persönlich unbeschränkt haftender Gesellschafter einer übertragenden Gesellschaft, der bei einer Mehrheitsentscheidung überstimmt wird, nicht gezwungen werden können, für die Verbindlichkeiten des übernehmenden Rechtsträgers weiterhin persönlich unbeschränkt zu haften, wenn ihm die Schuldenlast oder die Erfolgsaussichten des übernehmenden Rechtsträgers der Fusion bedenklich erscheinen. Deshalb muss ihm die Stellung des nur beschränkt haftenden Kommanditisten eingeräumt werden.

494 **2. GmbH.** Für die GmbH sieht § 50 Abs. 2 UmwG Zustimmungspflichten für die Gesellschafter vor, die bei der übertragenden Gesellschaft **besondere Minderheitsrechte** oder Geschäftsführungssonderrechte wie Bestellungsrechte und Vorschlagsrechte für die Geschäftsführung haben (s. ausführlich dazu Teil 2 Rdn. 568 ff.).

Nach § 51 Abs. 1 UmwG ist ein weiteres Zustimmungserfordernis bei nicht einbezahlten Geschäftsanteilen vorgesehen (s. ausführlich dazu Teil 2 Rdn. 576 ff.).

495 **3. Allgemeiner Zustimmungstatbestand.** § 13 Abs. 2 UmwG normiert einen **allgemeinen Zustimmungstatbestand**, wenn die Abtretung der Anteile eines übertragenden Rechtsträgers von der **Genehmigung** bestimmter einzelner Anteilsinhaber abhängig ist (vgl. eingehend unten Teil 2 Rdn. 556 ff.). Auch diese Vorschrift ist Ausdruck des allgemeinen Rechtsgedankens, dass Sonderrechte eines Gesellschafters nicht ohne dessen Zustimmung beeinträchtigt werden dürfen. Die Vorschrift gilt jedoch nicht, wenn die Abtretung der Anteile von der Zustimmung der Gesellschaft selbst und nicht vom Gesellschafter abhängig ist. Es geht also auch hier insb. um den Schutz von Sonderrechten, die nicht ohne Zustimmung beeinträchtigt werden sollen.

IX. Notarielle Beurkundung der Gesellschaftsversammlung

496 **1. Schutzzweck.** Nach § 13 Abs. 3 UmwG bedürfen der **Verschmelzungsbeschluss** und die **notwendigen Zustimmungserklärungen von Sonderrechtsinhabern** der notariellen Beurkundung. Der Gesetzgeber weist darauf hin, dass die vorgesehene notarielle Beurkundung des Verschmelzungsbeschlusses der **Rechtssicherheit durch die Kontrolle des Notars** dient, der die Verantwortung dafür übernimmt, dass die Versammlung der Anteilsinhaber ordnungsgemäß abgewickelt wird. Dieses Formerfordernis wird auch auf Beschlüsse der Personen- oder Partnerschaftsgesellschaften und der Generalversammlung einer Genossenschaft sowie der Mitgliederversammlung wirtschaftlicher Vereine ausgedehnt, da es sich beim Verschmelzungsbeschluss auch für diese Fälle um einen wirtschaftlich und rechtlich sehr bedeutsamen Vorgang handelt, da er beim übertragenden Rechtsträger zur Auflösung, beim übernehmenden Rechtsträger zur Übernahme von u. U. erheblichen Verbindlichkeiten führt. Die Regierungsbegründung weist daher zu Recht darauf hin, dass die Überwachung dieses Beschlusses durch den Notar allgemein wünschenswert und sachgerecht ist (vgl. Begründung zum RegE, BR-Drucks. 75/94, S. 86, abgedruckt in: Limmer, Umwandlungsrecht, S. 281).

Auch die **zum Schutz besonderer Gesellschafter und Anteilsinhaber notwendigen Zustimmungserklärungen** müssen notariell beurkundet werden. Auch dies soll den Schutz der Anteilsinhaber verstärken und dem Registergericht, dem die Zustimmungserklärung nach § 17 Abs. 1 UmwG vorzulegen ist, die Prüfung erleichtern, ob alle Erfordernisse der Umwandlung erfüllt sind. Dies ist wie bei den Verschmelzungsbeschlüssen umso notwendiger, als nach der Eintragung der Verschmelzung deren Wirksamkeit nicht angegriffen werden kann, der Schutz der Beteiligten des Rechtsverkehrs also vor dem Zeitpunkt der Eintragung verstärkt werden muss (vgl. Begründung zum RegE, BR-Drucks. 75/94, S. 86, abgedruckt in: Limmer, Umwandlungsrecht, S. 281).

Wegen dieser besonderen mit der Beurkundung verbundenen Richtigkeitsgewähr, dem Schutzanliegen **497** und auch dem Schutz des Registergerichts kann jedenfalls für den Bereich der Verschmelzung die **Auslandsbeurkundung nicht zulässig** sein (so Lutter/Drygala, UmwG, § 13 Rn. 18; Widmann/Mayer/ Heckschen, Umwandlungsrecht, § 13 UmwG Rn. 230). Dem Notar obliegt bei der Beurkundung des Verschmelzungsvertrages und der Zustimmungsbeschlüsse eine Vielzahl von Schutzaufgaben, die originär im deutschen Recht begründet sind und die genaue Kenntnis des deutschen Rechts und die Verantwortlichkeit für diese Tätigkeit voraussetzen (vgl. Limmer, in: FS Rheinisches Notariat, S. 15 ff.; Winkler, BeurkG, Einl. Rn. 19 ff.; Basty, in: FS für Schippel, S. 571 ff.; Staudinger/Hertel, BGB, Vorbem. zu §§ 127a, 128 BeurkG, Rn. 14 ff.; Armbrüster/Renner, in: Armbrüster/Preuß/ Renner, BeurkG, Einl. Rn. 29 ff.; Frenz, in FG für Weichler, 1997, S. 175 ff.; Krafka, DNotZ 2002, 677, 679 ff.). Dies macht die Begründung zum RegE (vgl. BR-Drucks. 75/94, S. 86, abgedruckt in: Limmer, Umwandlungsrecht, S. 281) deutlich. Angesichts der erheblichen Bedeutung der Verschmelzung für alle beteiligten Gesellschaften und Rechtsträger und deren Anteilsinhaber muss die Beurkundung durch eine Amtsperson erfolgen, die zum einen die Verantwortung für die Übereinstimmung mit dem deutschen Recht übernimmt und zum anderen auch den aufsichtsrechtlichen Befugnissen der deutschen Staatsaufsicht unterliegt (vgl. allgemein zur Frage der Beurkundung im Ausland im Gesellschaftsrecht Staudinger/Großfeld, Int. Gesellschaftsrecht, Rn. 427 ff. nach Art. 10 Rn. 215 ff.; Heckschen, DB 1990, 161; AG Köln, DB 1989, 2014 für die Verschmelzung, allerdings aufgehoben durch LG Köln, DB 1989, 2214 mit unzureichenden Erwägungen; ebenso AG Fürth, GmbHR 1991, 24, aufgehoben durch LG Nürnberg-Fürth, WM 1992, 950; Priester, ZGR 1990, 446: Spellenberg, in: MünchKomm, Art. 11 EGBGB Rz 87 ff.; Hertel, in: Staudinger, Vorbemerkungen zu §§ 127a und 128 BeurkG Rn. 926 ff.; Winkler von Mohrenfels, in: Staudinger, Art. 11 EGBGB Rz. 285 ff; Kropholler, ZHR 140 (1976), 394 ff.; Bredthauer, BB 1986, 1464; Meyer-Reimer, BB 1974, 1280; Winkler, NJW 1974, 1032 ff.; Wolfsteiner, DNotZ 1978, 532 ff.; Schervier, NJW 1992, 593, Landbrecht/Becker, BB 2013, 1290, 1292; Mankowski, NZG 2010, 201, 203; Mayer, DNotZ 2008, 403, 411; Müller, RIW 2010, 591, 597 f.; Peters, DB 2010, 97, 99; U. H.Schneider, GmbHR 2009, 393, 396; Vossius, DB 2007, 2299, 2304. Bayer, GmbHR 2013, 897, 911 f.; Süß, DNotZ 2011, 414, 424;58; Wicke, DB 2011, 1037, 1041; ders., DB 2013, 1099, 1101). Im **Gesellschaftsrecht** ist die Auffassung herrschend, dass die Vorgänge, die die Struktur der Gesellschaft betreffen, zwingend den Formvorschriften des Wirkungsstatuts unterliegen, also sich nach dem Recht richten, dem die Gesellschaft selbst untersteht (**Gesellschaftsstatut**, so BGH, NJW 2014, 2026; OLG Düsseldorf, DNotZ 2011, 447; OLG Hamm, NJW 1974, 1057; OLG Karlsruhe, RIW 1979, 567; AG Köln, RIW 1989, 991; AG Fürth, MittBayNot 1991, 30; LG Augsburg, MittBayNot 1996, 318; MünchKomm-AktG/Pentz, § 23 Rn. 30, Schervier, NJW 1992, 593; Ebenroth/Wilken, JZ 1991, 1064; Goette, in: FS für Boujong, 1996, S. 137; v. Randenbergh, GmbHR 1996, 909; Wolff, ZIP 1995, 1491; Winkler, BeurkG, Einl. Rn. 61 ff.; Großfeld/Berndt, RIW 1996, 630; Scholz/Westermann. GmbHG, Einl. Rn. 93; Bayer, in: Lutter/Hommelhoff, GmbHG, § 2 Rn. 18; Kindler, AG 2007, 721, 725; Gutachten DNotI-Report 1995, 219; Staudinger/Hertel, BGB, Vorbem. zu §§ 127a, 128 BeurkG, Rn. 726; a. A. Erman/Hohloch, Art. 11 EGBGB Rn. 27; Palandt/Thorn, Art. 11 EGBGB Rn. 13). Für die Einschränkung der Anknüpfung der Formvorschriften im Gesellschaftsrecht auf das Wirkungsstatut spricht die Tatsache, dass insb. öffentliche Interessen durch die Formvorschriften des Wirkungsstatuts geschützt werden, nämlich Rechtssicherheit, Verkehrsschutz und Richtigkeitsgewähr öffentlich-rechtlicher Register. Gerade bei Kapitalgesellschaften haben Strukturänderungen wie Gründung, Satzungsänderung, Abschluss eines Unternehmensvertrages, Verschmelzung, Spaltung, Umwandlung etc. nicht nur für die unmittelbar an dem Vorgang beteiligten Personen erheblichen Einfluss, sondern für Dritte (Gläubiger, zukünftige Gesellschafter), den öffentlichen Rechtsverkehr und die Rechtssicherheit allgemein. Die Einhaltung der Form des Wirkungsstatuts, also die notarielle Beurkundung durch einen deutschen Notar, sichert nicht nur die Richtigkeit der Registereintragung, sondern umfassenden Verkehrsschutz durch »strukturelle« Richtigkeitsgewähr im Gesellschaftsrecht.

Nach der Rechtsprechung des BGH zum Gesellschaftsrecht, nach der die notarielle Beurkundung die **498** **materielle Richtigkeitsgewähr** garantiert (so BGHZ 105, 324 = GmbHR 1989, 25), kann eine Auslandsbeurkundung nicht mehr ausreichend sein (so eingehend Goette, in: FS für Boujong, 1996,

S. 131 ff. = DStR 1996, 109; vgl. Goette, MittRhNotK 1997, 1; Widmann/Mayer/Heckschen, UmwG, § 13 Rn. 221 ff.; Wicke, ZIP 2006, 977 ff.; Kallmeyer/Zimmermann, UmwG, § 6 Rn. 10 ff.; LG Augsburg, DB 1998, 1666; ähnlich Schervier, NJW 1992, 597 ff.; Brechthauer, BB 1986, 1864; Staudinger/Großfeld, Gesellschaftsrecht, Rn. 427; vgl. auch OLG Hamburg, NJW-RR 1993, 317; vgl. auch die zusammenfassende Darstellung DNotI-Report 1995, 219 ff.).

499 **2. Niederschrift des Notars.** Da der Gesellschafterbeschluss einen sonstigen Vorgang i. S. d. § 36 BeurkG betrifft, ist eine Niederschrift erforderlich, die neben der Bezeichnung des beurkundenden Notars den Bericht über seine Wahrnehmung bei dem Beschluss enthalten, und von ihm eigenhändig unterschrieben sein muss. Der Vertrag oder sein Entwurf ist dem **Beschlussprotokoll** gem. § 13 Abs. 3 Satz 2 UmwG als Anlage beizufügen, damit er auch noch nach der Hauptversammlung oder Gesellschafterversammlung beim Registergericht eingesehen werden kann und das Registergericht in der Lage ist, die Identität des bei der Anmeldung der Verschmelzung eingereichten Vertrages mit dem Vertrag, dem die Gesellschafter- bzw. Hauptversammlung zugestimmt hat, zu überprüfen (vgl. Lutter/Drygala, UmwG, § 13 Rn. 19; Gehling, in: Semler/Stengel, § 13 UmwG Rn. 54; Kallmeyer/Zimmermann, UmwG, § 13 Rn. 39; Stratz, in: Schmitt/Hörtnagl/Stratz, § 13 UmwG Rn. 72). Eine unbeglaubigte Abschrift genügt (Lutter/Drygala, UmwG, § 13 Rn. 19; Gehling, in: Semler/Stengel, § 13 UmwG Rn. 54; Kallmeyer/Zimmermann, UmwG, § 13 Rn. 39, strenger Widmann/Mayer/Heckschen, UmwG, § 13 Rn. 233: beglaubigte Abschrift oder Ausfertigung). In der Niederschrift muss weiter angegeben werden, dass es sich um einen Gesellschafterversammlungsbeschluss handelt, das Abstimmungsergebnis und ggf. die Feststellung des Versammlungsleiters. Weiterhin sind nach § 36 Abs. 2 BeurkG die Angabe von Ort und Tag der Beschlussfassung und der Errichtung der Urkunde anzugeben. Eine Verlesung ist nicht erforderlich. Es handelt sich dabei nicht um die Beurkundung von Willenserklärungen, sondern um die **Beurkundung von sonstigen Tatsachen** (vgl. Preuß, in: Armbrüster/Preuß/Renner, § 36 BeurkG Rn. 9; Limmer, in: Eylmann/Vaasen, § 39 BeurkG Rn. 2; Lerch, BeurkG, § 36 Rn; 1 ff.; Winkler, BeurkG, § 36 Rn. 3). Der Beschluss selbst ist ein Rechtsgeschäft, keine Willenserklärung. Nur die Stimmabgaben der Aktionäre/Gesellschafter/Anteilsinhaber i. R. d. Beschlussfassung sind Willenserklärungen (vgl. BGH, NJW 1976, 49; BGH, WM 1979, 71). Bei der Stimmabgabe selbst handelt es sich um eine einseitige zugangsbedürftige Willenserklärung. Bei der Beurkundung des Versammlungsbeschlusses handelt es sich nicht um eine Beurkundung der Stimmabgaben der einzelnen Gesellschafter, sondern um die Beurkundung des rechnerischen Ergebnisses aus der Addition für oder gegen einen Beschluss abgegebener Stimmen bzw. der Stimmenthaltungen. Der Versammlungsbeschluss wird in der Niederschrift daher lediglich nach Art eines tatsächlichen Vorganges erfasst. Aus diesem Grunde bedarf es auch nicht der sonst vorgeschriebenen Verlesung der Niederschrift. Des Weiteren ist auch nicht die Personenfeststellung durch Vorlegung amtlicher Ausweise für die dem Notar nicht persönlich bekannten Teilnehmer notwendig. Auch muss die Niederschrift von keiner weiteren Person als der Urkundsperson unterschrieben werden (vgl. *Jansen*, BeurkG, § 37 Rn. 8; *Wicke* in: Spindler/Stilz, § 130 AktG Rn. 23 ff.). Dies alles gilt jedoch nur insofern, als Gang und Ergebnisse der Versammlung Gegenstand der Beurkundung sind. Wenn in der Versammlung auch rechtsgeschäftliche Erklärungen abgegeben werden, so sind die Vorschriften des zweiten Abschnitts über die Beurkundung von Willenserklärungen anwendbar, insb. über Verlesung, Genehmigung und Unterzeichnung.

500 Die §§ 36 ff. BeurkG gelten für die Beurkundung von **anderen Erklärungen** als Willenserklärungen sowie sonstigen Tatsachen oder Vorgängen. Für Willenserklärungen gelten die §§ 8 ff. BeurkG. Das in den §§ 36, 37 BeurkG vorgeschriebene Verfahren unterscheidet sich von den Beurkundungsverfahren über Willenserklärungen auch dadurch, dass § 13 Abs. 1 BeurkG hier nicht anwendbar ist. Die Niederschrift muss daher nicht in Gegenwart des Notars den Beteiligten vorgelesen werden, von ihnen genehmigt und eigenhändig unterschrieben werden. Vielmehr genügt gem. § 37 Abs. 3 i. V. m. § 13 Abs. 3 Satz 1 BeurkG die eigenhändige Unterschrift des Notars. Maßgebliches Abgrenzungskriterium dafür, ob eine Niederschrift nach den §§ 8 ff. BeurkG oder den §§ 36 ff. BeurkG durchzuführen ist, ist, ob es sich bei der beurkundeten Tatsache um eine **Willenserklärung** handelt oder nicht. Der Notar kann allerdings anstelle der einfachen Form für Beurkundungen i. R. d. dritten Abschnitts auch die strengere Form der Beurkundung von Willenserklärungen nach den §§ 8 ff. BeurkG wählen. Die Beurkundungen sind wirksam, da die strengere Form die Einfachere enthält. Es ist dabei dem Ermessens des Notars überlassen, welche Form er wählt, eine Amtspflicht, generell die strengere Form zu wählen, exis-

tiert nicht, sonst wären die §§ 36 ff. BeurkG überflüssig (h. M. Grziwotz, in: Grziwotz/Heinemann, § 37 BeurkG Rn. 6; Preuß; in: Armbrüster/Preuß/Renner, § 36 BeurkG Rn. 9; Limmer, in: Eylmann/Vaasen, § 39 BeurkG Rn. 2; Lerch, BeurkG, § 36 Rn. 1 ff.; Winkler, BeurkG, § 36 Rn. 3). Nach § 37 Abs. 1 BeurkG muss z. B. eine Niederschrift über einen Gesellschafterbeschluss nur die Bezeichnung des Notars sowie den Bericht über seine Wahrnehmung enthalten. Es muss insb. nicht die Urkunde vorgelesen und von den Beteiligten unterzeichnet werden; nur der Notar muss die Urkunde unterzeichnen. Es handelt sich dabei um die sog. **einfache Niederschrift**. Es besteht aber diesbezüglich Einigkeit, dass der Notar anstelle der einfachen Form für die Beurkundung einer Gesellschafterversammlung auch die strengere Form der Beurkundung von Willenserklärungen nach den §§ 8 ff. BeurkG wählen kann. In der Praxis wird bei kleineren Gesellschaften häufig auch das **Verfahren nach §§ 8 ff. BeurkG** gewählt, was nicht unschädlich ist, da es sich hierbei um die strengere Form handelt (vgl. Röll, DNotZ 1979, 644, 650; Kallmeyer/Zimmermann, UmwG, § 13 Rn. 37; Preuß, in: Armbrüster/Preuß/Renner, BeurkG/DONot, § 36 BeurkG Rn. 9; Limmer, in: Eylmann/Vaasen, BNotO/BeurkG, § 36 BeurkG Rn. 3; Lerch, BeurkG, § 36 Rn. 7; Winkler, BeurkG § 39 Rn. 8; Grziwotz, in: Grziwotz/Heinemann, § 37 BeurkG Rn. 6). Die **Beifügung des Verschmelzungsvertrages als Anlage** bedeutet nicht, dass § 9 Abs. 1 Satz 2 BeurkG anzuwenden ist, d. h. der Verschmelzungsvertrag muss nicht verlesen werden (Sandweg, BWNotZ 1984, 101; Widmann/Mayer/Mayer, Umwandlungsrecht, § 13 UmwG Rn. 226, Kallmeyer/Zimmermann, UmwG, § 13 Rn. 39). Zustimmungserklärungen von Sonderrechtsinhabern u. Ä. sind allerdings **als Willenserklärungen** nach § 8 BeurkG zu beurkunden.

Bei der **Hauptversammlung** ist weiterhin § 130 AktG zu beachten. | 501

Wird, wenn dies notwendig ist, in der Gesellschafterversammlung bzw. Hauptversammlung das Kapital zum Zweck der Verschmelzung erhöht, so sind die weiteren Voraussetzungen über die Kapitalerhöhung, d. h. die §§ 55 ff. GmbHG bzw. § 186 AktG zu berücksichtigen (vgl. im Einzelnen Teil 2 Rdn. 259). | 502

X. Sachliche Beschlusskontrolle

Das Gesetz hat die umstrittene Frage einer **materiellen Beschlusskontrolle** nicht geregelt, sondern diese | 503
Frage bewusst offengelassen (vgl. Begründung zum RegE, BT-Drucks. 75/94, S. 86; abgedruckt in: Limmer, Umwandlungsrecht, S. 281). Es bleibt daher weiterhin die Entwicklung in der Rechtsprechung und Literatur abzuwarten. Es ist **in der Literatur str.**, ob die Wirksamkeit von Beschlüssen, die die grundlegende Strukturänderung von Gesellschaften zum Gegenstand haben, nicht nur davon abhängt, dass die erforderliche Mehrheit zugestimmt hat, sondern ob darüber hinaus eine inhaltliche Kontrolle notwendig ist, d. h. ob die **Strukturänderung** auch einer **sachlichen Rechtfertigung** bedarf (vgl. Hommelhoff, ZGR 1993, 452, 458, Hofman/Krolop, AG 2005, 866 ff.; Hügel, Verschmelzung und Einbringung, S. 119 ff.; Widmann/Mayer/Heckschen, Umwandlungsrecht, § 13 UmwG Rn. 163.11 ff.; Hüffer/Koch § 243 AktG Rn. 25 ff.). Im Einzelnen sind allerdings die wissenschaftlichen Ansätze hinsichtlich der Sachkontrolle von Mehrheitsbeschlüssen im Gesellschaftsrecht nicht einheitlich. Während **Wiedemann** (ZGR 1980, 147, 156 f.) und **Martens** (ZGR 1979, 493, 496 ff.) alle Beschlüsse einer Sachkontrolle unterwerfen wollen mit dem Ziel, ob sie mit dem Verbandszweck und den Unternehmenszielen im Einklang stehen, wurde von **Lutter** (ZGR 1981, 171, 174 ff.; vgl. auch ders., JZ 1980, 665, 666 f.; auch Timm, Die AG als Konzernspitze, S. 106 ff.) ein differenziertes Kontrollverfahren vorgeschlagen. Es sollen nur die Beschlüsse einer positiven sachlichen Rechtfertigung bedürfen, die weder vom Gesetz noch ihrem Inhalt nach von der Sachkontrolle freigestellt sind. Freigestellte Beschlüsse sollen z. B. sein der Auflösungsbeschluss, da er nie dem Gesellschaftszweck entspricht, oder solche, bei denen bereits das Gesetz die Interessenabwägung getroffen hat. Lutter war auch weiter der Auffassung, dass Gleiches für die Mehrheitsumwandlung, die Eingliederung, die Verschmelzung und den Abschluss von Organschaftsverträgen gilt. **Hirte** (Bezugsrechtsausschluss und Konzernbildung, 1986, S. 70 ff. und 140 ff.) will zwar Umwandlung, Eingliederung, Liquidation und den Abschluss von Unternehmensverträgen, nicht aber die Verschmelzung von der Inhaltskontrolle freistellen. **Timm** (ZGR 1987, 403, 421 ff.) hat einen ausschließlich konzernrechtlichen Ansatz entwickelt: Eine Sachkontrolle sei vornehmlich dort erforderlich, wo Entscheidungen des Unternehmensgesellschafters infrage stehen. Es sei die wichtigste Aufgabe einer Sachkontrolle, die Abhängigkeitsbegründung einer sachlichen Rechtfertigung zu unterwerfen. Abhängigkeitsverstärkende Beschlüsse seien nur dann einer inhaltlichen Kontrolle zu unterwerfen, wenn mit ihnen sich weitere Eingriffe in die Rechte der Gesell-

schafterminderheit verbinden. Timm entwickelt hier aus der Sachkontrolle einen »konzernrechtlichen Präventivschutz« (vgl. Lutter/Timm, NJW 1982, 409).

504 Der **BGH** hat einen einheitlichen Ansatz bisher noch nicht gewählt, geht aber im Grunde von der **Notwendigkeit einer Sachkontrolle in Einzelfällen** aus. In der »Kali und Salz«-Entscheidung (BGHZ 71, 40) hatte er eine Sachkontrolle beim Bezugsrechtsausschluss vorgenommen. Da ein solcher Ausschluss ein Eingriff in die Mitgliedschaft darstellt, ist er nach der Rechtsprechung des BGH gegen den Willen der Minderheit nur zulässig, wenn er im Interesse der GmbH erforderlich, geeignet und angemessen ist, d. h. durch kein weniger hartes Mittel ersetzt werden kann (BGHZ 71, 40 und 83, 321). In der »Linotype«-Entscheidung machte der BGH seine Position deutlich (BGHZ 103, 284, 289 ff.; vgl. hierzu Lutter, ZGR 153, 1989, 446 ff.). Eine Sachkontrolle von Mehrheitsbeschlüssen werde grds. anerkannt, ein Beschluss über die Auflösung der Gesellschaft hingegen ist keiner sachlichen Kontrolle zugänglich.

505 Wie diese Frage bei Unternehmensstrukturmaßnahmen wie der Verschmelzung, der Spaltung oder Umwandlung zu beurteilen ist, hat der BGH bisher noch nicht entschieden. In der Literatur besteht mehrheitlich wohl die Auffassung, dass Verschmelzung oder andere Umgründungsmaßnahmen **keiner materiellen Inhaltskontrolle** unterliegen, solange kein Umgehungsfall vorliegt (so Hügel, Verschmelzung und Einbringung, S. 135 f.; Lutter, ZGR 1981, 180; Lutter/Drygala, § 13 UmwG Rn. 38 ff.; Kallmeyer/Zimmermann, UmwG, § 13 Rn. 12; ausführlich Widmann/Mayer/Heckschen, Umwandlungsrecht, § 13 UmwG Rn. 214 ff.; a. A. allerdings Hirte, Bezugsrechtsausschluss und Konzernbildung, S. 148; offengelassen Priester, NJW 1983, 1464). Der österreichische OGH hat im Urt. v. 19.05.1998 entschieden, dass keine Inhaltskontrolle bei Umwandlungsbeschlüssen bestehe (AG 1999, 142). Umwandlungsbeschlüsse tragen ebenso wie Auflassungsbeschlüsse die Rechtfertigung in sich und würden damit nicht kontrollierbar sein. Das LG Hamburg war im Urt. v. 25.02.1999 (AG 1999, 239) der Auffassung, dass der Ausgliederungsbeschluss keine besonderen sachlichen Rechtfertigungen bedürfe.

506 Wie ausgeführt, hat der Gesetzgeber im Umwandlungsrecht diese **Frage ausdrücklich offengelassen.** Andererseits findet sich in § 8 Abs. 1 UmwG die Pflicht der Vertretungsorgane, im Verschmelzungsbericht die Verschmelzung als solche, d. h. die Zweckmäßigkeit und Wirtschaftlichkeit zu erläutern (vgl. auch KK-AktG/Kraft, § 340a Rn. 14). Man könnte hieraus zumindest folgern, dass die Verschmelzung nicht vollständig von einer materiellen Beschlusskontrolle freigestellt ist. Auch die übrigen Bestimmungen des UmwG, die den Zweck haben, die Minderheitsgesellschafter gegen sachfremde und ihre Interessen beeinträchtigende Entscheidungen zu schützen, wird man dahin gehend interpretieren dürfen, dass auch eine inhaltliche Prüfung in Einzelfällen zulässig sein muss. Diese Prüfung wird sich allerdings auf Ermessensmissbrauch und schwere Fehlentscheidungen beschränken müssen.

507 Zur Frage der **sachlichen Rechtfertigung einer Verschmelzung** hat bisher nur das OLG Stuttgart zur Verschmelzung Daimler-Benz AG-MAH entschieden, dass eine Treuepflichtverletzung ausscheide, wenn der Beschluss bei gebührender Berücksichtigung der Folgen der Aktionäre durch sachliche Gründe im Interesse der Gesellschaft gerechtfertigt ist (OLG Stuttgart, WM 1995, 1355; Vorinstanz LG Stuttgart, GmbHR 1994, 567). In der Obergerichtlichen Rechtsprechung wird die sachliche Beschlusskontrolle weitgehend abgelehnt (OLG Frankfurt am Main, AG 2008, 167; OLG Frankfurt am Main, Konzern 2010, 180; OLG Düsseldorf, AG 2003, 578).

XI. Beschlussanfechtung

508 **1. Anfechtungsmöglichkeiten.** § 14 UmwG geht von der **gerichtlichen Nachprüfbarkeit** rechtsfehlerhafter Verschmelzungsbeschlüsse als allgemeinen Grundsatz aus (vgl. Lutter/Drygala, § 14 UmwG Rn. 1 ff.). Erfasst werden dabei zunächst die **gesetzlich geregelten Fälle der Anfechtungs- und Nichtigkeitsklagen** bei der **AG** (§ 246 AktG), bei der **Genossenschaft** (§ 51 GenG) und beim **VVaG** (§ 36 VAG i. V. m. § 246 AktG). Die herrschende Meinung erkennt auch bei der **GmbH** trotz fehlender gesetzlicher Regelung die Möglichkeit der Anfechtungsklage an (vgl. Lutter/Hommelhoff/Bayer, GmbHG, Anh. § 47 Rn. 38 m. w. N.). Dagegen sieht die herrschende Meinung in der Rechtsprechung und im Schrifttum Klagen gegen die Wirksamkeit von Beschlüssen bei **Personenhandelsgesellschaften** und **Vereinen** nicht als Anfechtungsklagen an (vgl. die Hinweise bei K. Schmidt, Gesellschaftsrecht, S. 453 f. und S. 702). Die Nichtigkeit von Beschlüssen der Gesellschafterversammlung einer Personengesellschaft ist vielmehr durch Feststellungsklage gegen die Mitgesellschafter festzustelen, wenn nicht der

Gesellschaftsvertrag bestimmt, dass der Streit mit der Gesellschaft auszutragen ist (BGH NJW 195, 1218; BGH, NJW 2006, 2854; Goette, in: Ebenroth/Boujong/Joost/Strohn, HGB, § 119 Rn. 77; Lutter/Drygala, § 14 UmwG Rn. 6; Stratz, in: Schmitt/Hörtnagl/Stratz, § 14 UmwG Rn. 23; Baumbach/Hopt HGB § 119 Rn 31) Daher wird auch nicht angenommen, dass im Umwandlungsrecht die Klage gegen die Gesellschaft zu richten ist (Stratz, in: Schmitt/Hörtnagl/Stratz, § 14 UmwG Rn. 24).

Vor diesem Hintergrund spricht § 14 UmwG ganz allgemein von Klagen gegen die Wirksamkeit eines **509** Verschmelzungsbeschlusses. Durch diese Formulierung sind **alle Klagetypen** erfasst, mit denen die Nichtigkeit, Unwirksamkeit oder Anfechtbarkeit eines Verschmelzungsbeschlusses der Anteilsinhaber geltend gemacht werden kann (Lutter/Drygala, § 14 UmwG Rn. 6; Gehling, in: Semler/Stengel, § 14 UmwG Rn. 22; Kallmeyer/Marsch-Barner UmwG, § 14 Rn. 6; Stratz, in: Schmitt/Hörtnagl/Stratz, § 14 UmwG Rn. 6).

Für solche Klagen, deren Zulässigkeit sich i. Ü. nach den ausdrücklichen Regelungen in den für die ein- **510** zelnen Rechtsformen geltenden Gesetzen bzw. nach allgemeinen Grundsätzen richtet, normiert § 14 UmwG **zwei besondere Voraussetzungen:**
- Entsprechend der für Anfechtungsklagen gegen einen Hauptversammlungsbeschluss geltenden Regelung in § 246 Abs. 1 AktG muss die **Klage innerhalb eines Monats** nach der Fassung des Verschmelzungsbeschlusses erhoben werden (krit. Schöne, DB 1995, 1317).
- Sachlich wird das **Klagerecht eingeschränkt.** Mit der Klage kann nicht geltend gemacht werden, das Umtauschverhältnis der Anteile sei zu niedrig oder die Mitgliedschaft bei dem übernehmenden Rechtsträger sei kein ausreichender Gegenwert für die Anteile oder die Mitgliedschaft bei dem übertragenden Rechtsträger.

Wegen der zulässigen **Mischverschmelzung** unter Beteiligung verschiedener Rechtsformen ist auch das **511** Verhältnis Anteile/Mitgliedschaft erwähnt, das z. B. bei der Verschmelzung einer Kapitalgesellschaft mit einer Genossenschaft eine Rolle spielt.

Zweck der Vorschrift ist die Vermeidung eines Streits über die Wirksamkeit der Verschmelzung mit der **512** Begründung, die Abfindung sei zu niedrig bemessen.

Stattdessen haben die Anteilsinhaber eines übertragenden Rechtsträgers das Recht, die Angemessenheit **513** ihrer Abfindung in dem sog. **Spruchverfahren** gerichtlich nachprüfen zu lassen, das im SpruchG einheitlich geregelt ist.

Der **beschränkte Klageausschluss** in § 14 Abs. 2 UmwG betrifft ausdrücklich **nur Beschlüsse übertra- 514 gender Rechtsträger.** Die verschiedentlich geäußerte Anregung, diese Regelung auch auf übernehmende Rechtsträger auszudehnen, hat der Gesetzgeber nicht aufgegriffen. In der **Gesetzesbegründung** (vgl. BR-Drucks. 75/94, S. 87) heißt es dazu:

> »Sie (die Anregung) entspringt im wesentlichen der Befürchtung, die Verschmelzung werde durch die Erhebung solcher gelegentlich auch mißbräuchlicher Klagen verzögert oder gar verhindert. Dieser Befürchtung soll jedoch durch die in § 16 Abs. 3 vorgesehene Regelung begegnet werden. Völlig ausräumen ließe sich diese Befürchtung bei der Verschmelzung von Kapitalgesellschaften aber nur dann, wenn auch Klagen gegen die Wirksamkeit eines Beschlusses zur Kapitalerhöhung bei der übernehmenden Gesellschaft ausgeschlossen würden. Dies wäre jedoch ein zu tiefer Eingriff in das allgemeine Gesellschaftsrecht.
>
> Ferner würden sich bei einem Barausgleich zugunsten der Aktionäre einer übernehmenden AG Probleme wegen des Verbots der Rückgewähr von Einlagen (§ 57 Abs. 1 AktG) ergeben können, in geringerem Maße möglicherweise auch bei einer übernehmenden GmbH (vgl. § 30 Abs. 1 GmbHG). Schließlich könnte auch die Bereitstellung der für die Verschmelzung erforderlichen Mittel schwierig werden, wenn auch sämtlichen Anteilsinhabern des übernehmenden Rechtsträgers ein Nachbesserungsanspruch gewährt würde.«

Schon im Schrifttum zum früher geltenden Recht wurde die **Frage kontrovers beurteilt** (vgl. Grune- **515** wald, in: Geßler/Hefermehl, AktG, § 352c AktG Rn. 8; KK-AktG/Kraft, § 352c Rn. 3 und 7, jeweils m. w. N.; auch zum neuen Recht krit. Kallmeyer/Marsch-Barner, UmwG, § 14 Rn. 16; Widmann/

Mayer/Heckschen, Umwandlungsrecht, § 14 UmwG Rn. 49 f.; Fritzsche/Dreier, BB 2003, 737 ff.; Stratz, in: Schmitt/Hörtnagl/Stratz, § 14 UmwG Rn. 31).

516 **2. Eintragung trotz Beschlussanfechtung. a) Voraussetzungen.** Grds. darf die Eintragung der Verschmelzung nur erfolgen, wenn die sog. **Negativerklärung** abgegeben wurde (**Registersperre**). Dies ist in Übereinstimmung mit der früheren Rechtsprechung (vgl. BGHZ 112, 9) im UmwG geregelt. Die Vertretungsorgane der beteiligten Rechtsträger müssen bei der Anmeldung erklären, dass eine Klage gegen die Wirksamkeit des Verschmelzungsbeschlusses nicht oder nicht fristgerecht erhoben, rechtskräftig abgewiesen oder zurückgenommen worden ist (§ 16 Abs. 2 Satz 1 UmwG). Entsprechend der ganz herrschenden Meinung zum vor 1995 geltenden Recht (vgl. BGHZ 112, 9; Grunewald, in: Geßler/Hefermehl, AktG, § 345 Rn. 9 m. w. N.) wird man es ausreichen lassen, dass die Negativerklärung innerhalb einer vom Registergericht gesetzten Frist nachgereicht wird (ebenso Lutter/Decher, UmwG, § 16 Rn. 20; Kallmeyer/Marsch-Barner, UmwG, § 16 Rn. 25; Widmann/Mayer/Fronhöfer, Umwandlungsrecht, § 16 UmwG Rn. 96; Stratz, in: Schmitt/Hörtnagl/Stratz, § 16 UmwG Rn. 27; Goutier/Knopf/Bermel, UmwG, § 16 Rn. 23). Wurde die Erklärung bereits bei der Anmeldung abgegeben, so müssen nachträgliche Änderungen dem Gericht ebenfalls mitgeteilt werden (§ 16 Abs. 2 Satz 1 Halbs. 2 UmwG). Die Erklärung muss vom Vertretungsorgan in **vertretungsberechtigter Zahl** abgegeben werden (Lutter/Decher, UmwG, § 16 Rn. 13; Kallmeyer/Marsch-Barner, UmwG, § 16 Rn. 22; Widmann/Mayer/Fronhöfer, Umwandlungsrecht, § 16 UmwG Rn. 85; Stratz, in: Schmitt/Hörtnagl/Stratz, § 16 UmwG Rn. 20; Vossius, NotBZ 2007, 363). Die in § 16 Abs. 2 Satz 1 UmwG geforderte Negativerklärung der Vertretungsorgane kann wirksam erst nach Ablauf der für Klagen bestimmten Monatsfrist abgegeben werden (so BGH, AG 2006, 934 = DNotZ 2007, 54 = DStR 2007, 357 = NJW 2007, 224; OLG Hamm, NZG 2014, 1430; OLG Karlsruhe, NJW-RR 2001, 1326, 1327 = DB 2001, 1483, 1484; Kallmeyer/Marsch-Barner, UmwG, § 16 Rn. 26; Lutter/Decher, UmwG, § 16 Rn. 18; Lutter/Decher, § 198 UmwG Rn. 35; Widmann/Mayer/Fronhöfer, Umwandlungsrecht, § 16 UmwG Rn. 73).

517 Wie in § 14 UmwG sind hier nicht nur Anfechtungsklagen, sondern **alle Klagen** gemeint, mit denen Mängel eines Verschmelzungsbeschlusses geltend gemacht werden können.

518 Von diesem Grundsatz gibt es **zwei Ausnahmen:**
– Abgabe einer **Verzichtserklärung** der klageberechtigten Anteilsinhaber in notariell beurkundeter Form (§ 16 Abs. 2 Satz 2 UmwG); dies ist auch schon vor Ablauf der Klagefrist möglich und kann insb. die Verschmelzung bei einem nur kleinen Kreis von Anteilsinhabern beschleunigen.
– Ersetzung der Negativerklärung im Verfahren nach § 16 Abs. 3 UmwG.

519 Mit der Regelung in § 16 Abs. 3 UmwG soll das Problem **missbräuchlicher Anfechtungsklagen** eingedämmt werden (vgl. Kiem, AG 1992, 420; Hirte, DB 1993, 77; Bork, ZGR 1993, 343, 356 ff.; ders., in: Lutter, Kölner Umwandlungsrechtstage, S. 261 f.). Die Rechtsprechung hatte schon früher die Möglichkeit bejaht, dass das Registergericht die Verschmelzung trotz einer anhängigen Klage eintragen kann, wenn die Klage offensichtlich keine Aussicht auf Erfolg hat (vgl. BGHZ 112, 9). Dieser Grundsatz wird durch die neue gesetzliche Regelung aufgegriffen und erweitert.

520 In § 16 Abs. 3 UmwG ist ein eigenständiges **neues Rechtsbehelfsverfahren** normiert. In diesem Verfahren sind die Rollen der Beteiligten vertauscht. Antragsteller ist der Rechtsträger, gegen dessen Verschmelzungsbeschluss eine Klage anhängig ist. Antragsgegner ist der Anteilsinhaber, der gegen die Wirksamkeit des Verschmelzungsbeschlusses Klage erhoben hat.

521 Der Antrag ist erst nach Erhebung dieser Klage statthaft.

522 Sachlich zuständig ist nach § 16 Abs. 3 Satz 7 UmwG i. d. F. des Gesetzes zur Umsetzung der Aktionärsrechtrichtlinie (ARUG) v. 30.07.2009 (BGBl. I, S. 2479) ausschließlich ein Senat des **OLG**, in dessen Bezirk die Gesellschaft ihren Sitz hat. Diese Verkürzung des Rechtsweges sollte das Freigabeverfahren beschleunigen (vgl. BT-Drucks. 16/13098, S. 59).

523 Eine **rechtskräftige Entscheidung des** zuständigen OLG in diesem Rechtsbehelfsverfahren **bindet das Registergericht.** Dieses darf die beantragte Eintragung nicht unter Hinweis auf die erhobene Klage gegen die Wirksamkeit des Verschmelzungsbeschlusses oder des Fehlens der Negativerklärung ablehnen.

Seine Zuständigkeit zur **Prüfung der sonstigen Eintragungsvoraussetzungen** bleibt aber unberührt (vgl. nur Widmann/Mayer/Fronhöfer, Umwandlungsrecht, § 16 UmwG Rn. 207; Kallmeyer/Marsch-Barner, § 16 UmwG Rn. 36).

Sachlich hat der **Beschluss** folgende alternative **Voraussetzungen:**   524
- die Klage unzulässig oder
- offensichtlich unbegründet oder
- der Kläger hat nicht binnen einer Woche nach Zustellung des Antrags durch Urkunden nachgewiesen hat, dass er seit Bekanntmachung der Einberufung einen anteiligen Betrag von mindestens 1.000,00 € hält oder
- bei einer Interessenabwägung erscheint die Eintragung vorrangig, weil die vom Antragsteller dargelegten wesentlichen Nachteile für die an der Verschmelzung beteiligten Rechtsträger und ihre Anteilsinhaber nach freier Überzeugung des Gerichts die Nachteile für den Antragsgegner überwiegen, es sei denn, es liegt eine besondere Schwere des Rechtsverstoßes vor.

Mit dem Gesetz zur Umsetzung der Aktionärsrechterichtlinie (ARUG) v. 30.07.2009 (BGBl. I, S. 2479) wurde § 16 Abs. 3 UmwG in Anlehnung an § 246a und § 319 AktG geändert, u. a. auch mit dem Ziel rechtsmissbräuchliche Anfechtungsklagen einzuschränken, deshalb wurde die Interessenabwägungsklausel neu gefasst (vgl. Seibert, ZIP 2008, 2145, 2153; allgemein Habersack/Stilz, ZGR 2010, 710 ff.). Dabei wurde in das Freigabeverfahren außerdem ein Bagatellquorum eingeführt. Dieses Quorum schneidet nicht die Klagebefugnis der Aktionäre ab, sondern beschränkt lediglich die Möglichkeit des Kleinstaktionärs, eine Freigabe zu verhindern (Begründung zum RegE, BT-Drucks. 16/11642 v. 21.01.2009, S. 42).

Die ersten beiden Voraussetzungen entsprechen den Grundsätzen, die die **Rechtsprechung** schon früher aufgestellt hatte (vgl. BGHZ 107, 296; BGH, NJW-RR 1990, 350; BGH, ZIP 1990, 1560).   525

In der bisherigen Praxis hatte sich aber zunächst gezeigt, dass die Fälle eher selten sind, in denen das   526
Prozessgericht ohne nähere Beweiserhebung die Unzulässigkeit oder offensichtliche Unbegründetheit einer Klage feststellen kann. Häufig machte der betreffende Kläger Rechtsverletzungen geltend, deren Rüge nicht ohne Weiteres als unzulässig oder offensichtlich unbegründet bewertet werden konnte. Offensichtlich unbegründetwar eine Anfechtungsklage dann, wenn sich mit hoher Sicherheit die Unbegründetheit der Klage auch unter Berücksichtigung des weiteren Instanzenzugs vorhersagen lässt. Für kursorische Rechtsprüfungen war nach Auffassung der Obergerichte zunächst auch im summarischen Verfahren kein Raum. Deshalb setzte die Annahme offensichtlicher Unbegründetheit voraus, dass die Prüfung ergab, dass ein anderes Ergebnis nicht oder kaum vertretbar war (so OLG Düsseldorf, AG 2007, 363; OLG Düsseldorf, ZIP 2001, 1717 ff.; KG, KGR 2000, 386; OLG München, AG 2006, 296; OLG Stuttgart, DB 2003, 33; OLG Stuttgart, ZIP 2003, 2363; OLG Hamburg, AG 2003, 696; OLG Hamburg, ZIP 2003, 1344; OLG Köln, ZIP 2004, 760; OLG Düsseldorf, ZIP 2004, 359; Kallmeyer/Marsch-Barner, § 16 UmwG Rn. 41; Hüffer/Koch, § 319 AktG Rn. 18; Stratz, in: Schmitt/Hörtnagl/Stratz, § 16 UmwG Rn. 43 ff; a. A. Lutter/Decher, § 16 UmwG, Rn. 43). Das Merkmal der »offensichtlichen Unbegründetheit« findet sich auch in der Erläuterung der Regierungsbegründung zum UMAG (BT-Drucks. 15/5092, S. 29):

> »Für die Freigabekriterien gilt bei allen Freigabeverfahren folgendes: Bei der Auslegung des Kriteriums »offensichtlich unbegründet« kommt es nicht darauf an, welcher Prüfungsaufwand erforderlich ist, um die Unbegründetheit der Anfechtungsklage festzustellen. Maßgeblich ist das Maß an Sicherheit, mit der sich die Unbegründetheit der Anfechtungsklage unter den Bedingungen des Eilverfahrens prognostizieren lässt. Offensichtlich unbegründet ist eine Anfechtungsklage dann, wenn sich mit hoher Sicherheit die Unbegründetheit der Klage vorhersagen lässt, der für diese Prognose erforderliche Prüfungsaufwand des Prozessgerichts ist nicht entscheidend.« Das OLG München hatte entschieden, dass auch im Freigabeverfahren eine vollständige rechtliche Würdigung zu erfolgen habe (OLG München, NZG 2013, 622). Nur wenn das Gericht bei umfassender rechtlicher Prüfung des gesamten Sachverhalts und der glaubhaft gemachten Tatsachen eine andere Beurteilung für nicht oder kaum vertretbar halte, sei von einer offensichtlichen Unbegründetheit auszugehen. Die Offensichtlichkeit beziehe sich folglich nicht auf den Prüfungsaufwand, sondern auf sein Ergebnis. In die Abwägung sind alle nicht vernachlässigenswerten wirtschaftlichen Nachteile ein-

zubeziehen. Hierunter fallen auch wirtschaftliche Vorteile, die sich aus der Verschmelzung ergeben, im Falle einer verzögerten oder verhinderten Eintragung aber unterbleiben würden (OLG Hamm, NZG 2014, 581; OLG Hamm, AG 2011, 624).

527 Mit dem Gesetz zur Umsetzung der Aktionärsrechterichtlinie (ARUG) v. 30.07.2009 (BGBl. I, S. 2479) wurde in § 16 Abs. 3 Nr. 2 UmwG ein **Bagatellquorum** eingeführt. Dieses Quorum schneidet nicht die Klagebefugnis der Aktionäre ab, sondern beschränkt lediglich die Möglichkeit des Kleinstaktionärs, eine Freigabe zu verhindern (Begründung zum RegE, BT-Drucks. 16/11642 v. 21.01.2009, S. 42). Danach muss der Kläger binnen einer Woche nach Zustellung des Antrags durch Urkunden nachweisen, dass er seit Bekanntmachung der Einberufung einen anteiligen Betrag von mindestens 1.000,00 € hält. Unklar ist, ob diese Schwelle nur für AG und KGaA, SE oder auch für GmbH und andere Rechtsformen gilt. Z. T. soll die Vorschrift nur für die AG/SE und KGaA gelten (Kallmeyer/Marsch-Barner, § 16 UmwG Rn. 41a; Lutter/Decher, § 16 UmwG, Rn. 52), nach anderer Auffassung gilt sie auch für die GmbH, da auch dort eine kapitalmäßige Beteiligung besteht (Widmann/Mayer/Fronhöfer, Umwandlungsrecht, § 16 UmwG Rn. 156.2 ff.). Dieser Meinung ist zu folgen, da der Wortlaut und auch der Sinn und Zweck eine Differenzierung bei den Kapitalgesellschaften nicht rechtfertigt. Maßgebend ist nach dem eindeutigen Wortlaut auf den Nominalwert der Beteiligung (Widmann/Mayer/Fronhöfer, Umwandlungsrecht, § 16 UmwG Rn. 156.6). Noch unklarer ist die Anwendung auf andere Rechtsträger wie Personengesellschaften, eG, Verein, überwiegend wird dies abgelehnt (vgl. Widmann/Mayer/Fronhöfer, Umwandlungsrecht, § 16 UmwG Rn. 156.2 ff.; Kallmeyer/Marsch-Barner, § 16 UmwG Rn. 41a; Lutter/Decher, § 16 UmwG, Rn. 52 f. Stratz, in: Schmitt/Hörtnagl/Stratz, § 16 UmwG Rn. 74).

528 In der Praxis am wichtigsten ist die Interessenabwägung. Dabei wird es dem Prozessgericht nach § 16 Abs. 3 UmwG Nr. 3 außerdem ermöglicht, eine **Interessenabwägung** vorzunehmen. Bei dieser soll das Interesse des Klägers, die Eintragung einer vorgeblich rechtsfehlerhaften Verschmelzung zu verhindern, dem Interesse der an der Verschmelzung beteiligten Rechtsträger und ihrer übrigen Anteilsinhaber, die mit der Verschmelzung erstrebten wirtschaftlichen Vorteile möglichst bald herbeizuführen, gegenübergestellt werden.

529 Mit dem Gesetz zur Umsetzung der Aktionärsrechterichtlinie (ARUG) v. 30.07.2009 (BGBl. I, S. 2479) wurde insb. in § 16 Abs. 3 Nr. 3 UmwG mit dem Ziel rechtsmissbräuchliche Anfechtungsklagen einzuschränken die Interessenabwägungsklausel neu gefasst (vgl. Seibert, ZIP 2008, 2145, 2153; Widmann/Mayer/Fronhöfer, Umwandlungsrecht, § 16 UmwG Rn. 159; Schwanna in: Semler/Stengel, § 16 UmwG Rn. 31 ff.; Lutter/Decher, § 16 UmwG, Rn. 59 ff. Stratz, in: Schmitt/Hörtnagl/Stratz, § 16 UmwG Rn. 77 ff.;). Danach darf ein Freigabebeschluss ergehen, wenn bei einer Interessenabwägung die Eintragung vorrangig erscheint, weil die vom Antragsteller dargelegten wesentlichen Nachteile für die an der Verschmelzung beteiligten Rechtsträger und ihre Anteilsinhaber nach freier Überzeugung des Gerichts die Nachteile für den Antragsgegner überwiegen, es sei denn, es liegt eine besondere Schwere des Rechtsverstoßes vor (vgl. dazu Begründung zum RegE, BT-Drucks. 16/11642 v. 21.01.2009, S. 42). Der Vorteil dieser Klarstellung ist nach Meinung des Gesetzgebers, dass eine Abwägung zwischen dem Interesse des Klägers einerseits und den wirtschaftlichen Interessen der Gesellschaft und ihrer übrigen Aktionäre andererseits vorzunehmen sei. Die Formulierung mache aber zugleich klar, dass eine Freigabe selbst bei überwiegendem Interesse der Gesellschaft und ihrer Aktionäre dann dennoch nicht erfolgen darf, wenn der mit der Klage geltend gemachte Rechtsverstoß besonders schwer ist. Dabei sei abzustellen auf die Bedeutung der verletzten Norm und das Ausmaß der Rechtsverletzung. Für die Bedeutung der Norm sei die Unterscheidung des Gesetzgebers zwischen nichtigen, anfechtbaren, durch Eintragung heilbaren und bestätigungsfähigen Beschlüssen zu beachten. Für das Ausmaß des Verstoßes sei etwa zu fragen, ob es sich um einen gezielten Verstoß handelt, der den Kläger im Vergleich zu der Mehrheit ungleich trifft. Zu denken sei auch daran, ob der Kläger schwerwiegende wirtschaftliche Nachteile erleidet, die sich nicht auf andere Weise, etwa durch Schadensersatzansprüche ausgleichen lassen. Ganz allgemein kann es sich auch um einen Verstoß handeln, der so krass rechtswidrig ist, dass eine Eintragung und damit Durchführung »unerträglich« wäre (Begründung zum RegE, BT-Drucks. 16/11642 v. 21.01.2009, S. 42). Umgekehrt könne eine besondere Schwere des Verstoßes auch dann abzulehnen sein, wenn ein Nichtigkeitsgrund anzunehmen sei. Nicht jeder Nichtigkeitsgrund wegen eines kleinen formalen Fehlers führt nach Meinung des Gesetzgebers zu einer besonderen Schwere des Verstoßes. Die Darlegungslast für die besondere Schwere des Verstoßes trägt der Antragsgegner (Begründung zum RegE, BT-Drucks. 16/11642 v. 21.01.2009, S. 42).

Durch diese abgestufte Regelung kann verhindert werden, dass Aktionäre mit sehr geringer Beteiligung durch den Vortrag von weniger bedeutenden Verstößen wichtige unternehmensstrukturelle Maßnahmen der Gesellschaft blockieren können. Diese Aktionäre, die mit ihrem Vorgehen auch keinen Rückhalt bei den übrigen Aktionären haben, da der Beschluss ansonsten nicht von der Hauptversammlung gefasst worden wäre, werden dadurch aber nicht rechtlos gestellt, sondern können die Rechtswidrigkeit des Hauptversammlungsbeschlusses weiter verfolgen, aber nur noch mit dem Ziel auf Schadensersatz. Diese Regelung ist daher nach Meinung des Gesetzgebers sehr viel schonender als eine Versagung des Anfechtungsrechts insgesamt (Begründung zum RegE, BT-Drucks. 16/11642 v. 21.01.2009, S. 42). Zugleich aber bietet diese gestufte Regelung auch Kleinaktionären, die jedenfalls die Bagatellschwelle überschreiten, weiterhin die Möglichkeit, bei schweren Verletzungen des Rechts doch eine Anfechtungsklage zu erheben und die Umsetzung eines Beschlusses zu verhindern. Der Gesetzgeber hatte bei der Schaffung des Freigabeverfahrens dieses als ein spezielles Eilverfahren konzipiert und deshalb Regelungen getroffen, die der Verfahrensbeschleunigung dienen. Mit den durch das ARUG geschaffenen Änderungen wollte der Gesetzgeber dieser Intention durch weitere Erleichterungen bei den Verfahrensregelungen erhöhte Wirkung verleihen (OLG München, AG 2010, 170 = BB 2010, 340; OLG Hamm, NZG 2014, 581; OLG Hamm, AG 2011, 624). Entsprechend heißt es in der amtlichen Begründung zum RegE, dass die Gesellschaft nunmehr das Freigabeverfahren zügiger vorbereiten kann. In der konkreten Umsetzung zeigt sich dieser Wille des Gesetzgebers in besonderen Verfahrensvorgaben. Dazu gehört nicht zuletzt die dem Gericht auferlegte Zeitvorgabe, innerhalb von 3 Monaten eine abschließende Entscheidung zu treffen sowie die Konzentration der Zuständigkeit beim OLG, verbunden mit einer Verkürzung des Instanzenzuges, da gegen dessen Entscheidung ein Rechtsmittel nicht möglich ist (OLG München AG 2010, 170 = BB 2010, 340).

Damit wurde der **Schwerpunkt der Prüfung** verlagert. Bis zur Neuregelung wurde das Vollzugsinteresse an der Schwere der vom Kläger geltend gemachten Rechtsverletzung gemessen, nun ist zunächst in einer ersten Stufe nur noch auf die Nachteile auf beiden Seiten einzugehen (OLG Hamm, AG 2011, 136; Florstedt, AG 2009, 456, 470; Widmann/Mayer/Fronhöfer, Umwandlungsrecht, § 16 UmwG Rn. 159 f.; Lutter/Decher, § 16 UmwG, Rn. 59; Stratz, in: Schmitt/Hörtnagl/Stratz, § 16 UmwG Rn. 78). Rechtliche Erwägungen spielen in der ersten Stufe keine Rolle (Reul, ZNotP 2010, 44, 58). **530**

In der ersten Stufe der Prüfung ist nur das wirtschaftliche Interesse des Klägers, nicht das der Aktionärsgesamtheit, gegen die Unternehmensnachteile abzuwägen (OLG Hamm, AG 2011, 136; Florstedt, AG 2009, 456, 470; Widmann/Mayer/Fronhöfer, Umwandlungsrecht, § 16 UmwG Rn. 159 f.; Lutter/Decher, § 16 UmwG, Rn. 59; Stratz, in: Schmitt/Hörtnagl/Stratz, § 16 UmwG Rn. 78). Die konkrete Nachteilsschwelle bestimmt das Gericht. Es kann sich an der Systematik – etwa an § 148 Abs. 1 Satz 1 oder § 122 Abs. 2 AktG – orientieren, sich aber auch von diesen Orientierungspunkten entfernen (Reul, ZNotP 2010, 44, 58). Die konkrete Schwelle kann und soll nach der Begründung zum Gesetzentwurf unterschiedlich angesetzt werden. Der gewerbliche Opponent mit Kleinstanteilen hat danach einen besonders schweren Rechtsverstoß vorzutragen, darzulegen und zu beweisen. Der Begriff ist eng und zielt auf Verstöße, bei denen ein Eilantrag mit Bestandsschutz »unerträglich« wäre. Die Freigabe zu verweigern muss auch angesichts der Nachteilsfolgen für Betrieb und Volkswirtschaft angemessen sein. Eine besondere Schwere fordert meist ein besonderes Ausmaß des Verstoßes. In der Gesetzesbegründung sind gezielte Ungleichbehandlung oder schwerwiegende, wirtschaftlich nicht durch Sekundäransprüche kompensierbare Nachteile als Beispiele genannt. Erst auf einer zweiten Stufe ist die Frage eines Rechtsverstoßes zu erörtern. Nur bei einer besonderen Schwere des Rechtsverstoßes ergeht kein Freigabebeschluss. Die Schwere des Rechtsverstoßes ist nicht in die Interessenabwägung einzustellen, sondern außerhalb dieser Interessenabwägung zu berücksichtigen (Reul, ZNotP 2010, 44, 58).

b) Verfahrensregeln. Für das Verfahren nach § 16 Abs. 3 UmwG gelten die Vorschriften der ZPO (Kallmeyer/Marsch-Barner, § 16 UmwG Rn. 47; Widmann/Mayer/Fronhöfer, Umwandlungsrecht, § 16 UmwG Rn. 110 ff.; Schwanna in: Semler/Stengel, § 16 UmwG Rn. 24; Lutter/Decher, § 16 UmwG, Rn. 79 f.; Stratz, in: Schmitt/Hörtnagl/Stratz, § 16 UmwG Rn. 36 ff.). § 16 Abs. 3 Satz 2 UmwG hat klargestellt: Auf das Verfahren sind § 247 AktG, die §§ 82, 83 Abs. 1 und 84 ZPO sowie **531**

die im ersten Rechtszug für das Verfahren vor den Landgerichten geltenden Vorschriften der ZPO entsprechend anzuwenden, soweit nichts Abweichendes bestimmt ist. Regelmäßig ergeht der Beschluss aufgrund einer **mündlichen Verhandlung** (Kallmeyer/Marsch-Barner, § 16 UmwG Rn. 48; Widmann/Mayer/Fronhöfer, Umwandlungsrecht, § 16 UmwG Rn. 127, 133; Lutter/Decher, § 16 UmwG, Rn. 84; Stratz, in: Schmitt/Hörtnagl/Stratz, § 16 UmwG Rn. 41). Nur in dringenden Fällen – die in der Praxis selten sein dürften (vgl. aber z. B. OLG Frankfurt am Main, ZIP 1996, 379; OLG Frankfurt am Main, NJW-RR 1999, 334; OLG München ZIP 2004, 237, 238) – kann die Entscheidung im schriftlichen Verfahren ergehen. Aus Gründen der Verfahrensbeschleunigung reicht die **Glaubhaftmachung** der von den Parteien vorgebrachten Tatsachen; eine Beweisaufnahme, die nicht sofort erfolgen kann, ist nicht statthaft (§ 294 ZPO). Die Regelung, dass nur die **sofortige Beschwerde** gegen den Beschluss statthaft ist, dient ebenfalls der Beschleunigung des Verfahrens. Der Beschluss soll spätestens nach § 16 Abs. 3 Satz 5 UmwG 3 Monate nach Antragstellung ergehen; Verzögerungen der Entscheidung sind durch unanfechtbaren Beschluss zu begründen.

532   I. Ü. gelten die **Vorschriften der ZPO**, da es sich um ein Verfahren der ordentlichen Gerichtsbarkeit handelt, das nicht dem FamFG-Verfahren unterworfen wird (Kallmeyer/Marsch-Barner, § 16 UmwG Rn. 47; Widmann/Mayer/Fronhöfer, Umwandlungsrecht, § 16 UmwG Rn. 110 ff.).

533   c) **Kosten und Gebühren.** Für die Gerichtsgebühren gilt Nr. 1641 der Anlage 1 zu § 3 Abs. 2 GKG. Die **Wertberechnung** ist grds. in das Ermessen des Gerichts gestellt (Widmann/Mayer/Fronhöfer, Umwandlungsrecht, § 16 UmwG Rn. 203 Lutter/Decher, § 16 UmwG, Rn. 81, 88).

Dabei ist in Satz 2 jedoch eine Obergrenze vorgesehen, die der Regelung in § 247 Abs. 1 Satz 2 AktG für Anfechtungsklagen gegen Hauptversammlungsbeschlüsse von AG vergleichbar ist.

534   Für die **Rechtsanwaltsgebühren** sieht Nr. 3325 der Anlage 1 zu § 2 Abs. 2 RVG eine 0,75-Gebühr vor.

535   d) **Schadensersatzanspruch.** Mit der besonderen **Schadensersatzregelung** in § 16 Abs. 3 Satz 10 UmwG wurde ein weiteres Defizit des bis 1995 geltenden Rechts beseitigt. Früher konnten die Anteilsinhaber gegen den die Eintragung trotz anhängiger Klage betreibenden Rechtsträger keine Schadensersatzansprüche geltend machen, falls sich die Klage letztlich doch als begründet erwies. Dieser unbefriedigende Zustand wurde im UmwG 1995 beseitigt. Dem Antragsgegner ist der **Schaden zu ersetzen**, der ihm aus einer auf dem Beschluss des Prozessgerichts beruhenden Eintragung der Verschmelzung erwachsen ist. Im Schrifttum (vgl. Bork, in: Lutter, Kölner Umwandlungsrechtstage, S. 272, Fn. 22) wird die Auffassung vertreten, ein solcher Schaden sei nur schwer vorstellbar. Zugleich wird aber das durchaus denkbare Beispiel angeführt, dass ein Unternehmen nach einer Verschmelzung insolvent wird, während es ohne die Verschmelzung am Markt gute Überlebenschancen gehabt hätte. Die Darlegung eines konkreten Schadens wird in der Tat nicht immer ganz einfach sein.

536   Dabei ist allerdings die **Naturalrestitution** durch Rückgängigmachung der Verschmelzung gesetzlich **ausgeschlossen** (OLG Frankfurt am Main, ZIP 203, 1607; Sosnitza, NZG 1999, 965, 973; Lutter/Decher, § 16 UmwG Rn. 93 ff.; Kallmeyer/Marsch-Barner, § 16 UmwG Rn. 52; Widmann/Mayer/Fronhöfer, Umwandlungsrecht, § 16 UmwG Rn. 216). Es kommt also nur Schadensersatz in Geld in Betracht.

537   Auch wenn der Eintragungsbeschluss von einem übertragenden Rechtsträger erwirkt worden ist, der nach § 20 Abs. 1 Nr. 2 UmwG mit der Eintragung der Verschmelzung erloschen ist, kann der Schadensersatzanspruch noch gegen diesen geltend gemacht werden, da er insoweit gem. § 25 Abs. 2 UmwG **als fortbestehend gilt**. Die Regelung entspricht den Vorschriften des bis 1995 geltenden Rechts (§ 349 AktG; § 28 KapErhG; § 93 GenG; vgl. dazu nur Grunewald, in: Geßler/Hefermehl, AktG, § 349 Rn. 18 ff.).

538   e) **Auswirkungen auf das Klageverfahren gegen die Wirksamkeit eines Verschmelzungsbeschlusses.** Es fragt sich, ob durch den Ausschluss der Rückgängigmachung der Verschmelzung für Anfechtungs- und gleichartige Klagen eine **Erledigung in der Hauptsache** eintritt. Dabei wird zu unterscheiden sein (vgl. Bork, in: Lutter, Kölner Umwandlungsrechtstage, S. 267 f.): Die Heilung formeller Mängel (vgl. Teil 2 Rdn. 725 ff.) wie das Fehlen der vorgeschriebenen notariellen Beurkundung durch

die Eintragung der Verschmelzung gem. § 20 Abs. 1 Nr. 4 UmwG führt zur Erledigung. Hinsichtlich anderer Mängel (vgl. dazu nur Lutter/Grunewald, UmwG, § 20 Rn. 81 ff.) tritt keine Heilung ein, sondern sie verhindern nach § 20 Abs. 2 UmwG nicht den Vollzug der Verschmelzung. Ein Rechtsschutzbedürfnis wird man gleichwohl noch bejahen müssen, weil nach § 16 Abs. 3 Satz 10 UmwG der Ausgang des Anfechtungsprozesses Grundlage der Schadensersatzklage gegen den Rechtsträger ist, der die Eintragung erwirkt hat.

I. Minderheitenschutz und Schutz von Inhabern besonderer Rechte im Verschmelzungsrecht

I. Schutz der Mitgliedschaft im Verschmelzungsrecht

Der **Minderheitenschutz** ist eines der **Grundprinzipien des deutschen Gesellschaftsrechts** (vgl. Wiedemann, Gesellschaftsrecht, Bd. 1, S. 404 ff.; Roitzsch, Der Minderheitenschutz im Verbandsrecht; K. Schmidt, Gesellschaftsrecht, § 16 Abs. 3; Lutter, AcP 180, 1980, 84, 120 ff., 128 f.; Lutter, ZHR 162, 1998, 164 ff.; Winter, ZGR 1994, 570 ff.; Kalss, ZGR 2003, 593 ff.; Bohlker/Sprenger, DB 2010, 263 ff.). Der Minderheitenschutz wird v. a. als Gegenstück zum Grundsatz der Mehrheitsherrschaft im Gesellschaftsrecht angesehen. Im Grunde geht es um die Frage der Begrenzung formaler Herrschaftsmacht in der Gesellschaft. Ebenso wie andere Grundprinzipien des Gesellschaftsrechts, wie etwa der Gläubigerschutz oder der Schutz der Arbeitnehmer, kann der Minderheitenschutz lediglich als allgemeiner Programmsatz des Gesellschaftsrechts verstanden werden, konkrete Ableitungen lassen sich aus diesem allgemeinen Grundsatz nicht finden. Das deutsche Gesellschaftsrecht ist vielmehr dadurch gekennzeichnet, dass es eine Vielzahl unterschiedlicher Instrumentarien zum Schutz der Minderheit und der Mitgliedschaft vorsieht. Umwandlung, Verschmelzung und Spaltung sind Strukturmaßnahmen der Gesellschaft, die die Interessen der Gesellschaft durchaus erheblich beeinträchtigen können. Es ist für einen Gesellschafter von großem Interesse, ob er an einer Personen- oder Kapitalgesellschaft beteiligt ist, denn die Mitbestimmungs- und Minderheitenrechte unterscheiden sich teilweise erheblich. Die Änderung der Rechtsform kann daher einen qualitativen Verlust an Rechten für Minderheitsgesellschafter zur Folge haben. Das Umwandlungsrecht hat daher die Aufgabe, durch ein Geflecht von unterschiedlichen Maßnahmen den notwendigen Minderheitenschutz zu gewährleisten. 539

Der Gesetzgeber hatte bei der Bereinigung des Umwandlungsrechts aber auch die umgekehrte Problematik vor Augen. Ein zu weit getriebener Minderheitenschutz könnte die Umwandlung verhindern oder erschweren, insb. die Frage der missbräuchlichen Anfechtungsklage macht die Problematik deutlich (vgl. Niederleithinger, DStR 1993, 879, 881). Auch hier hat der Gesetzgeber durch unterschiedliche Instrumente versucht, diesen Interessengegensatz zwischen Minderheitenschutz und Effektivität des Umwandlungsrechts zu lösen. 540

Minderheitenschutz kann hinsichtlich der Zielrichtung in **zwei unterschiedliche Schutzaspekte** differenziert werden (vgl. Lutter, AcP 180, 1980, 84, 120 ff., 128 f.; Lutter, ZHR 162, 1998, 164 ff.; Winter, ZGR 1994, 570 ff.; Zöllner, Die Schranken mitgliedschaftlicher Stimmrechtsmacht bei privatrechtlichen Personenverbänden, S. 341, 349; Hommelhoff, ZGR 1986, 426): 541
– der individuell-konkrete Minderheitenschutz
– und der mitgliedschaftsbezogene Minderheitenschutz.

Der Erstere, weiter gehende beinhaltet einen Schutz auch der privaten, nicht mitgliedschaftlichen vermittelten Interessen der Minderheitsgesellschafter. Solche **persönlichen Belange eines Gesellschafters** sind nur in Ausnahmefällen schutzwürdig, nämlich wenn sie in ein Interesse der Gesellschaft umschlagen, z. B. an störungsfreier Zusammenarbeit. Zielrichtung des Schutzes durch das Umwandlungsrecht ist dieser **individuell-konkrete Minderheitenschutz** i. d. R. nicht. Dessen Minderheitenschutz kann sich nur an den **mitgliedschaftlichen Interessen** orientieren. 542

Diese Interessen lassen sich ebenfalls zweiteilen: 543
– Zum einen bestehen **Rücksichtspflichten der Gesellschaft und der Mehrheit ggü. dem einzelnen Mitglied in Bezug auf seine mitgliedschaftlichen Interessen**. Es geht dabei um das Interesse des Einzelnen an seiner Mitgliedschaft und ihre konkrete Ausgestaltung. Typisch für diese Konfliktbereiche sind z. B. die Frage des Bezugsrechtsausschlusses (BGHZ 71, 40 ff.) oder des Ausschlusses des Mit-

glieds aus der Gesellschaft (vgl. Lutter, AcP 180, 84, 120 ff.; Lutter, ZHR 162, 1998, 164 ff.; Winter ZGR 1994, 570 ff.; Lutter/Hommelhoff/Bayer, § 14 GmbHG Rn. 24 ff.). Hier liegt der **Kernbereich des Minderheitenschutzes** durch Umwandlungsrecht. Denn durch Strukturänderung kann sich die Mitgliedschaft qualitativ verändern. Darüber hinaus kann der Inhaber von Sonderrechten beeinträchtigt werden.

- Von diesem mitgliedschaftsbezogenen Minderheitenschutz, um den es in erster Linie beim Umwandlungsrecht geht, ist der Minderheitschutz zu unterscheiden, der das **eigene Interesse der Gesellschaft** zum Gegenstand hat. Die Mitgliedschaft ist untrennbar mit dem Schicksal des Verbandes verknüpft. Sie wird daher entscheidend vom **Eigeninteresse** der Gesellschaft bestimmt. Verschmelzungen und Strukturänderungen können auch diesen Bereich der Mitgliedschaft beeinträchtigen. Die Strukturänderung bewirkt eine grundlegende Änderung des Investments, häufig wird dies auch einer Änderung des Unternehmensgegenstandes gleichkommen. Der bisher durch zwei oder mehrere Gesellschaften teilweise unterschiedlich verwirklichte Gesellschaftszweck soll durch eine Verschmelzung nunmehr durch eine einheitliche verschmolzene Gesellschaft verwirklicht werden. Dass hierdurch das Eigeninteresse der verschmolzenen Gesellschaft beeinträchtigt werden kann, ist offensichtlich. Der Vorgang der Verschmelzung kann daher Auswirkungen auf den Aktienkurs haben. Das Schicksal der verschmolzenen Gesellschaft ist untrennbar mit dem der aufnehmenden Gesellschaft verknüpft. Das eigene Interesse der Gesellschaft wird durch die Verschmelzung erheblich beeinträchtigt.

544 In dem Bereich der mitgliedschaftsbezogenen Minderheitenschutzproblematik gehören die Nachteile, die zu Eingriffen in die rechtliche Struktur der Mitgliedschaft führen (vgl. hierzu Hügel, Verschmelzung und Einbringung, S. 79 ff.). Die Mitgliedschaft kann beeinträchtigt sein, wenn das Anteilsrecht an der übernehmenden Gesellschaft keinen gleichwertigen Ersatz für das Anteilsrecht an der übertragenden Gesellschaft darstellt. Das Gesetz muss Vorsorge schaffen, dass der Verlust von Sonderrechten verhindert oder kompensiert wird. Besondere Probleme können entstehen bei der Verschmelzung von Gesellschaften unterschiedlicher Rechtsformen oder bei der Umwandlung in eine andere Rechtsform. Hierdurch wird die Rechtsform der Mitgliedschaft an der Gesellschaft der übertragenen Gesellschaft erheblich geändert. Informations- und Mitgliedschaftsrechte der Gesellschafter können erheblich eingeschränkt werden. Die Umwandlung einer GmbH in eine AG macht dies deutlich. Der Einfluss der Gesellschafter in der AG ist im Vergleich zu der in der GmbH wesentlich geringer. Auch die Informationsrechte des Aktionärs bleiben hinter jenen des GmbH-Gesellschafters erheblich zurück.

545 Ein weiteres Problem ist die mit der Verschmelzung verbundene **Minderung des Stimmrechtsanteils** (**Stimmrechtsverwässerung**), weil die prozentuale Beteiligung jedes Gesellschafters aufgrund der Erhöhung der Zahl der Gesellschafter sinkt.

II. Informationen der Anteilseigner

546 Zur **Vorbereitung und Information** der Gesellschafter ist in allen Fällen die Vorlage eines Berichts vorgesehen. Die Vorschriften verlangen, dass die Leitungsorgane der an der Umwandlung beteiligten Rechtsträger **ausführlich Berichte über die Umwandlung** zu erstatten haben:

§ 8 UmwG	Verschmelzungsbericht,
§ 127 UmwG	Verwaltungsbericht,
§ 162 UmwG	Ausgliederungsbericht,
§§ 175, 176 UmwG	Übertragungsbericht,
§ 192 UmwG	Umwandlungsbericht.

547 Ergänzt wird diese Pflicht zur Aufstellung eines Umwandlungsberichts durch die **Pflicht zur Information der Anteilsinhaber.** Je nach Art der Gesellschafter sind entweder der Umwandlungsvertrag oder der Umwandlungsbericht zuzusenden oder zumindest Umwandlungsvertrag, Umwandlungsbericht und ggf. Prüfungsbericht in den Geschäftsräumen und später auch in der Hauptversammlung zur Einsichtnahme auszulegen und zu Beginn der Versammlung mündlich zu erläutern.

548 Durch diese unterschiedlichen Informationspflichten soll die **Kenntnis der Gesellschafter** und Anteilsinhaber über die geplante Strukturänderung **verbessert** und ihnen eine effektive Vorbereitung auf die bevorstehende Beschlussfassung ermöglicht werden. Das Gesetz bezweckt auf diese Weise eine sorgfäl-

tige Vorbereitung der Gesellschafter und will sie in die Lage versetzen, eine sachgerechte Entscheidung zu treffen. Diese Vorschriften stellen daher den ersten Schritt des Minderheitenschutzes durch Information dar.

III. Beschlussmehrheiten

Die Umwandlung bedarf in allen Fällen eines Beschlusses der Gesellschafter der beteiligten Gesellschaf- 549
ten und Rechtsträger. Die **Mehrheiten** sind allerdings nicht generell festgelegt, sondern unterschiedlich geregelt:

Personenhandelsgesellschaft (§ 43 UmwG)	Zustimmung aller Gesellschafter; der Gesellschaftsvertrag kann allerdings eine Mehrheitsentscheidung vorsehen von mindestens 3/4 der Gesellschafter;
Partnerschaftsgesellschaft (§ 45d UmwG)	Zustimmung aller Partner, der Partnerschaftsvertrag kann eine 3/4-Mehrheitsentscheidung vorsehen;
GmbH (§ 50 UmwG)	3/4-Mehrheit der abgegebenen Stimmen;
AG (§ 65 UmwG)	3/4-Mehrheit des bei der Beschlussfassung vertretenen Grundkapitals;
Genossenschaft (§ 84 UmwG)	3/4-Mehrheit der abgegebenen Stimmen;
rechtsfähige Vereine (§ 103 UmwG)	3/4 der erschienenen Mitglieder;
VVaG (§ 112 Abs. 3 UmwG)	3/4 der abgegebenen Stimmen.

Diese Übersicht zeigt, dass mit Ausnahme von Personengesellschaften, der Gesetzgeber das Mehrheits- 550
prinzip weitgehend einheitlich verwirklicht hat. Erforderlich ist allerdings in allen Fällen eine **qualifizierte Mehrheit**. Die Mehrheiten sind weitgehend an die **Satzungsänderungskompetenz** angeglichen. In einigen Bereichen hat der Gesetzgeber allerdings im Vergleich zur früheren Regelung die Mehrheitserfordernisse gemindert. § 33 Abs. 3 KapErhG sah etwa für die Verschmelzung einer AG auf eine GmbH vor, dass alle Aktionäre zustimmen müssen (§ 33 Abs. 3 KapErhG i. V. m. § 369 Abs. 2 AktG) oder zumindest eine Mehrheit von 9/10 des Grundkapitals notwendig ist (§ 33 Abs. 3 KapErhG i. V. m. § 369 Abs. 3 AktG). Der Gesetzgeber weist darauf hin, dass die für diese strenge Voraussetzung früher angeführten Gründe – geringerer Gläubigerschutz, insb. infolge schwacher Publizitätserfordernisse und geringerer Minderheitenschutz bei der übernehmenden GmbH – nach dem neuen Recht nicht mehr zutreffen würden. Darüber hinaus sei der Minderheitenschutz auch im GmbH-Recht durch die Novelle von 1980 wesentlich stärker entwickelt. Schließlich ist im Verschmelzungsrecht selbst der Schutz des einzelnen Aktionärs verstärkt worden. Dies rechtfertige es, starre Sonderregelungen aufzuheben und den Unternehmen in der Rechtsform der AG die Umstrukturierung auch in diesen Fällen zu erleichtern (vgl. Begründung zum RegE, BR-Drucks. 75/94, S. 103; abgedruckt in: Limmer, Umwandlungsrecht, S. 298).

IV. Zustimmung von Sonderrechtsinhabern

1. Frühere Rechtslage. Das vor 1995 geltende Recht kannte keinen gesetzlich ausgeprägten Grund- 551
satz, dass Eingriffe in Sonderrechte nur mit Zustimmung des betroffenen Gesellschafters zulässig sind. Dennoch war die herrschende Meinung der Auffassung, dass Inhaber von Vorzugs- und Sonderrechten dem Verschmelzungsvertrag zustimmen müssen, da deren Rechte mit der untergehenden Gesellschaft erlöschen (vgl. Lutter/Hommelhoff, GmbHG, 13. Aufl., Anh. Verschmelzung, § 20 KapErhG Rn. 8; Timm, AG 1982, 105; KK-AktG/Kraft, § 339 Rn. 53). Daher war der Austausch von Aktien, die mit Vorrechten ausgestaltet sind, gegen vorzugslose Aktien der übernehmenden Gesellschaft ohne Zustimmung der Aktionäre der übertragenen Gesellschaft unzulässig. Dies galt auch für die Abfindung von Stammaktionären mit stimmrechtslosen Vorzugsaktien. Auch andere Sonderrechte, wie etwa zur Entsendung von Aufsichtsratsmitgliedern, auf Vorzüge bei der Gewinnverteilung oder bei der Verteilung des Liquidationsüberschusses war nach herrschender Meinung mehrheitsfest (vgl. Hügel, Verschmelzung und Einbringung, S. 83; KK-AktG/Kraft, § 339 Rn. 52). Bei der GmbH war die herrschende Meinung der Auffassung, dass Gesellschafter der Verschmelzung zustimmen müssen, denen Vorzugsrechte eingeräumt sind, da durch die Verschmelzung die Vorzugsrechte erlöschen (Lutter/Hommelhoff, GmbHG, 13. Aufl., Anh. Verschmelzung, § 20 KapErhG Rn. 8). Darüber hinaus bestand Einigkeit, dass, wenn die Abtretung der Geschäftsanteile beim übertragenden Unternehmen nach dessen Satzung

von der Genehmigung einzelner Gesellschafter abhängig war, auch deren Zustimmung erforderlich ist. Dieser Grundsatz wurde aus § 376 Abs. 2 Satz 2 AktG abgeleitet, wonach bei der formwechselnden Umwandlung einer GmbH in eine AG Geschäftsanteile durch fungible Aktien ersetzt werden (vgl. Scholz/Priester, GmbHG, Anh. Umwandlung, § 20 KapErhG Rn. 8; Rowedder/Zimmermann, GmbHG, § 77 Anh. Rn. 411).

552   **2. Überblick über die Regelung im UmwG.** Das UmwG hat eine **Vielzahl von besonderen Zustimmungspflichten** vorgesehen, die sich allerdings einem einheitlichen Grundsatz entziehen und eine Vielzahl von Einzelsituationen regeln. Abgesehen von Sonderregelungen besteht kein allgemeiner Zustimmungsvorbehalt zugunsten von Sonderrechtsinhabern. Im Einzelnen handelt es sich hierbei um folgende **Zustimmungspflichten** (vgl. auch Widmann/Mayer/Heckschen, Umwandlungsrecht, § 13 UmwG Rn. 164 ff.):

§ 13 Abs. 2 UmwG (§ 193 Abs. 2 UmwG)	Zustimmung bei Genehmigungsvorbehalt
§ 23 UmwG (i. V. m. § 204 UmwG)	allgemeiner Verwässerungsschutz
§ 51 Abs. 1 UmwG	Zustimmung bei nicht voll eingezahlten Anteilen der beteiligten Gesellschaft
§ 51 Abs. 2 UmwG (§ 242 UmwG)	Zustimmung bei Fehlen anteilsproportionaler Beteiligungsmöglichkeit
§ 65 Abs. 2 UmwG	Sonderbeschluss nach Aktiengattungen
§ 241 Abs. 3 UmwG	Individualzustimmung bei Wegfall von Nebenpflichten im Fall der Umwandlung GmbH in AG
§§ 43 Abs. 2, 233 UmwG	Zustimmungspflicht bei Entstehen einer persönlichen Haftung
§ 50 Abs. 2, 1. Alt. UmwG (§§ 233 Abs. 2, 241 Abs. 2 UmwG)	Zustimmung bei Verlust von Minderheitsrechten
§ 50 Abs. 2, 2. Alt. UmwG (§§ 233 Abs. 2, 241 Abs. 2 UmwG)	Zustimmung bei Verlust von bestimmten Sonderrechten bzgl. Geschäftsführung und Bestellungs- und Vorschlagsrechte für die Geschäftsführung

553   Ungeregelt bleibt in diesem Geflecht von Zustimmungen ein **genereller Grundsatz beim Verlust sonstiger Sonderrechte**, etwa von erhöhten Stimmrechten (vgl. Priester, ZGR 1990, 420, 441). Abgesehen von den Sonderrechten in Bezug auf die Geschäftsführung, die durch § 50 Abs. 2 i. V. m. §§ 233 Abs. 2, 241 Abs. 2 UmwG geschützt werden, sieht das Gesetz eine Zustimmungsnotwendigkeit bei anderen Sonderrechtsverlusten nicht vor.

554   Das UmwG enthält ebenfalls keine Regelung für den Fall, der nach der Literatur früher eine Zustimmungspflicht auslöste, in dem nämlich der **Gesellschaftsvertrag der übernehmenden Gesellschaft zusätzliche Pflichten** vorsieht, etwa ein Wettbewerbsverbot oder Nachschusspflichten. Die Begründung zum RegE weist darauf hin, dass eine Übernahme der Rechtsgedanken, die in § 180 Abs. 1 AktG (Auferlegung von Nebenpflichten) und in § 53 Abs. 3 GmbHG (Vermehrung obliegender Leistungen) enthalten seien, nicht zweckmäßig sei, weil dadurch Verschmelzungen häufig verhindert würden. Diesen Besonderheiten solle bei der Bestimmung des Umtauschverhältnisses und bei dessen gerichtlicher Nachprüfung Rechnung getragen werden (vgl. Begründung zum RegE, BR-Drucks. 75/94, S. 86; abgedruckt in: Limmer, Umwandlungsrecht, S. 281).

Das Gesetz stellt damit im Grunde einen Rückschritt hinter die Regelung vor dem alten UmwG dar, wo nach herrschender Meinung auch in diesen Fällen die Zustimmungspflicht gegeben war (vgl. oben Teil 2 Rdn. 284). **Hügel** (Verschmelzung und Einbringung, S. 86) weist darauf hin, dass diese Regelung einige Zweifelsfragen aufwerfen dürfte. Es erscheine höchst bedenklich, die Auferlegung zusätzlicher Verpflichtungen durch Mehrheitsbeschluss zuzulassen. Insb. im Hinblick auf etwaige Nachschusspflichten stellt in der Tat das Mehrheitsprinzip ohne Zustimmungspflichten der betroffenen Gesellschafter ein erhebliches Problem dar. **Priester** (ZGR 1990, 411) will auch in diesen Fällen eine Zustimmungspflicht der Gesellschafter der übertragenden Gesellschaft im Anschluss an die bisher herrschende Meinung annehmen. Dies ergebe sich aus dem Belastungsverbot. Ähnlich liege es bei einer Anteilsvinkulierung in der übernehmenden Gesellschaft, wenn es eine solche in der übertragenden nicht gab. Denn die nachträgliche Einführung bedürfe nach dem Grundsatz des § 180 Abs. 2 AktG der Zustimmung der Betroffenen. Priester will daher über die Einzelfälle, die im Gesetz ausdrücklich geregelt sind, einen allgemeinen Grundsatz dahin gehend formulieren, dass eine Individualzustimmung notwendig sei bei Verlusten von Sonderrechten in der übertragenden und bei zusätzlichen Pflichten in der übernehmenden Gesellschaft. Z. T. wird daher angenommen, dass die **Zustimmung aller Anteilsinhaber erforderlich sei**, wenn im Gesellschaftsvertrag des übernehmenden Rechtsträgers höhere Pflichten als bisher auferlegt werden (Kallmeyer/Zimmermann, UmwG, § 13 Rn. 26; Lutter/Drygala, UmwG § 13 Rn. 35 ff.). In diesem Zusammenhang stellt sich die Frage, ob Nebenleistungspflichten der Gesellschafter beim aufnehmenden Rechtsträger ggf. einer Verschmelzung entgegenstehen. Dabei ist § 53 Abs. 3 GmbHG bzw. § 180 AktG zu berücksichtigen. Daraus schließt ein Teil der Literatur, dass ein Zustimmungsbeschluss zu einer Verschmelzung der Zustimmung sämtlicher Gesellschafter bedarf, wenn die Satzung des aufnehmenden Rechtsträgers Regelungen enthält, deren nachträgliche Einführung durch Satzungsänderung nach den vorgenannten Regelungen der Zustimmung aller Gesellschafter bedürfte (Kallmeyer/Zimmermann, UmwG, § 13 Rn. 26; Lutter/Drygala, UmwG § 13 Rn. 35 ff.; Lutter/Winter/Vetter, § 51 UmwG Rn. 38 ff.; Gehling in: Semler/Stengel § 13 UmwG Rn. 44). Nachdem es eine ausdrückliche gesetzliche Regelung diesbezüglich im UmwG 1995 nicht gibt, dieses vielmehr nur Einzelfälle z. B. in § 50 Abs. 2, 51 UmwG geregelt hat, wird man keinen derartigen allgemeinen – unbestimmten – Zustimmungsgrundsatz aufstellen können (ebenso Widmann/Mayer/Mayer, Umwandlungsrecht, § 50 UmwG Rn. 115 ff.; Widmann/Mayer/Heckschen, Umwandlungsrecht, § 13 UmwG Rn. 184 ff.; Wälzholz, DStR 2006, 236, 238 ff., die in der Vorauflage noch angedeutete andere Auffassung wird ausdrücklich aufgegeben).

Die **im Gesetz geregelten Zustimmungsvorbehalte** lassen sich mit Hügel (Verschmelzung und Einbringung, S. 86) in **drei Gruppen** unterscheiden: **555**
- Fälle des Verlustes von Herrschafts- oder Sonderrechten,
- Beeinträchtigung des Vermögenswertes der Mitgliedschaft,
- Fälle der Haftungsverschärfung.

3. Verlust von Herrschafts- oder Sonderrechten. a) Zustimmungspflicht bei Genehmigungs- 556 bedürftigkeit der Anteilsabtretung. § 13 Abs. 2 UmwG bestimmt, dass, wenn die Abtretung der Anteile eines übertragenden Rechtsträgers von der Genehmigung bestimmter einzelner Anteilsinhaber abhängig ist, der Verschmelzungsbeschluss dieses Rechtsträgers zu seiner Wirksamkeit der Zustimmung bedarf. Im Recht der alten Umwandlung fand sich die Ausprägung dieses Grundsatzes nur in § 376 Abs. 2 Satz 2 AktG bei der Umwandlung einer GmbH in eine AG. Die Regierungsbegründung weist darauf hin, dass die Interessenlage der Gesellschafter bei der Verschmelzung dieselbe sei, sodass dieser Grundsatz auch in das Verschmelzungsrecht aufgenommen werden solle (vgl. BR-Drucks. 75/94, S. 86; abgedruckt in: Limmer, Umwandlungsrecht, S. 281). § 193 Abs. 2 UmwG übernimmt diesen Grundsatz des Verschmelzungsrechts in das Recht des Formwechsels. Auch dort bedarf der Formwechsel der Zustimmung der Gesellschafter, deren Zustimmung zu der Übertragung des Anteils notwendig wäre.

aa) Zustimmung bei Anteilsvinkulierung. Zunächst fallen hier ohne Weiteres die Fälle darunter, in **557** denen die Anteilsübertragung wegen einer satzungsmäßigen Bestimmung der Zustimmung des betroffenen Gesellschafters oder aller Gesellschafter bedarf. Für die **AG** ist allerdings eine solche Vinkulierung nicht zulässig, sodass eine AG als übertragende Gesellschaft sich dieser Frage der Zustimmung nicht stellen kann. Vinkulierte Namensaktien sind kein Fall des § 13 Abs. 2 UmwG (vgl. Lutter/Drygala, UmwG, § 13 Rn. 28; Kallmeyer/Zimmermann, UmwG, § 13 Rn. 23; Bermel/Müller, NZG 1998, 331, 333).

Für die Anwendung des § 13 Abs. 2 UmwG ist allerdings zu beachten, dass die entsprechende Satzungs- **558** klausel genau überprüft werden muss, ob es sich tatsächlich um ein **Zustimmungserfordernis des einzelnen Gesellschafters** handelt. Für die Anwendung des § 13 Abs. 2 UmwG ist es unerheblich, ob die Zustimmung eines bestimmten einzelnen, mehrerer einzelner oder einer Gruppe von Gesellschaftern vorgesehen ist (so Reichert, GmbHR 1995, 176, 179). Schwieriger zu beurteilen ist die Frage, ob § 13 Abs. 2 UmwG auch eingreift, wenn die Satzung die Zustimmung aller Gesellschafter voraussetzt.

Hier wird man wohl die Anwendung des § 13 Abs. 2 bzw. § 193 Abs. 2 UmwG annehmen müssen, da der Schutzzweck der gleiche ist (so; Kallmeyer/Zimmermann, UmwG, § 13 Rn. 23; GmbHR 1995, 176, 179; Widmann/Mayer/Heckschen, Umwandlungsrecht, § 13 UmwG Rn. 166; Stratz, in: Schmitt/Hörtnagl/Stratz, § 13 UmwG Rn. 60; Gehling, in: Semler/Stengel § 13 UmwG Rn. 39 f.; aA. Lutter/Drygala, UmwG, § 13 Rn. 32).

559 Die Begründung zum RegE weist allerdings darauf hin, dass keine Zustimmungsbedürftigkeit besteht, wenn die Übertragung von Geschäftsanteilen von der Zustimmung der Gesellschaft selbst abhängig ist (vgl. BR-Drucks. 75/94, S. 86, abgedruckt in: Limmer, Umwandlungsrecht, S. 281). Gleiches wird man annehmen müssen, wenn die Satzung ein Zustimmungserfordernis der Gesellschafterversammlung als Organ oder eines Beirates oder Aufsichtrates vorsieht (so Hügel, Verschmelzung und Einbringung, S. 87; Grunewald, GmbHR 1995, 176, 179; Lutter/Drygala, § 13 UmwG Rn. 30; Stratz, in: Schmitt/Hörtnagl/Stratz, § 13 UmwG Rn. 62; Kallmeyer/Zimmermann, UmwG, § 13 Rn. 23 f.; Reichert, GmbHR 1995, 180; Widmann/Mayer/Heckschen, Umwandlungsrecht, § 13 UmwG Rn. 169 ff.). Das Gleiche gilt beim Zustimmungserfordernis des Beirats oder des Aufsichtsrats. Ebenfalls keine Zustimmungsbedürftigkeit begründen Vorkaufs- oder Ankaufsrechte (Kallmeyer/Zimmermann, UmwG, § 13 Rn. 24; Reichert, GmbHR 1995, 180; Widmann/Mayer/Heckschen, Umwandlungsrecht, § 13 UmwG Rn. 174).

560 Unklar ist der Anwendungsbereich des § 13 Abs. 2 UmwG, wenn die **Satzung keinen Zustimmungsvorbehalt** zur Abtretung von Geschäftsanteilen enthält, sondern die Abtretung generell ausschließt, wie dies bei der GmbH möglich ist. Die Frage hat wohl die größte Bedeutung für **Personengesellschaften**, da hier i. d. R. Unübertragbarkeit der Geschäftsanteile gegeben ist. In solchen Fällen wird ein **Mehrheitsbeschluss** wohl nur möglich sein, wenn die **Unübertragbarkeit der Gesellschaftsanteile** auch bei der aufnehmenden Gesellschaft gewahrt bleibt (so Reichert, GmbHR 1995, 181; Lutter/Drygala, § 13 UmwG Rn. 33; a. A. Widmann/Mayer/Heckschen, Umwandlungsrecht, § 13 UmwG Rn. 172 f.).

561 **bb) Sonstige Fälle.** Dem Gesetzeswortlaut lässt sich die in der Regierungsbegründung genannte Problematik, dass Sonderrechte eines Anteilsinhabers nicht ohne dessen Zustimmung beeinträchtigt werden dürfen, nicht eindeutig entnehmen. Die Regierungsbegründung nennt § 13 Abs. 2 UmwG als Ausdruck dieses allgemeinen Rechtsgedankens, der auch schon früher Geltung hatte (vgl. Lutter/Hommelhoff, GmbHG, 13. Aufl., § 20 KapErhG Rn. 8; Semler/Grunewald, in: Geßler/Hefermehl, AktG, § 376 Rn. 21). Unklar ist, ob nicht nur die Fälle einer Anteilsvinkulierung gemeint sind, sondern ganz generell der früher vertretene Grundsatz in § 13 Abs. 2 UmwG festgeschrieben werden soll, dass alle Formen der Sonderrechte i. S. d. § 35 BGB durch § 13 Abs. 2 UmwG geschützt werden und daher die Zustimmung des betroffenen Rechtsinhabers erforderlich ist. § 13 Abs. 2 UmwG bietet daher die Möglichkeit, die vom Wortlaut her eher eng formulierte Vorschrift erweiternd i. S. e. allgemeinen **Sonderrechtsschutzes** auszulegen. Freilich bleibt dann unklar, welche Bedeutung spezialgesetzlich Sonderrechtsschutzvorschriften haben, wie etwa § 50 Abs. 2, 2. Alt UmwG.

562 **b) Verwässerungsschutz.** § 23 UmwG schafft neben der Zustimmungspflicht des § 13 Abs. 2 UmwG generell für das Verschmelzungsrecht den sog. **Verwässerungsschutz**, wie früher § 347a AktG, und dehnt ihn für die Verschmelzung von Rechtsträgern aller Rechtsformen aus. Danach sind nach § 23 UmwG den Inhabern von Rechten in einem übertragenden Rechtsträger, die kein Stimmrecht gewähren, insb. den Inhabern von Anteilen ohne Stimmrecht, von Wandelschuldverschreibungen, von Gewinnschuldverschreibungen und von Genussrechten, gleichwertige Rechte an dem übernehmenden Rechtsträger zu gewähren.

563 Die **Inhaber von diesen stimmrechtslosen Rechten**, die von einer Übertragerin ausgegeben wurden, sollen vor einer Verwässerung ihrer Rechte durch die Verschmelzung geschützt werden. Diesen Gläubigern sind Rechte einzuräumen, die den ursprünglich von einer übertragenden Gesellschaft gewährten Rechten gleichwertig sind (vgl. Schürnbrand, ZHR 2009, 689 ff.; Hüffer, in: FS für Lutter, 2000, S. 1227; Kiem, ZIP 1997, 1627 ff.; Stratz, in: Schmitt/Hörtnagl/Stratz, § 23 UmwG Rn. 1; Kallmeyer/Marsch-Barner, UmwG, § 23 Rn. 1 f.; Feddersen/Kiem, ZIP 1994, 1082; Widmann/Mayer/Vossius, Umwandlungsrecht, § 23 UmwG Rn. 1). Nach § 23 gilt dieser Grundsatz für **Verschmelzungen** und **Spaltungen**, § 204 dehnt diesen Grundsatz auf den **Formwechsel** aus.

Die Regierungsbegründung weist darauf hin, dass dieser Schutz auch erforderlich sei, weil die Rechtsstellung der *»Inhabern von Rechten in einem Rechtsträger«* einerseits über die nur schuldrechtliche Gläubigereigenschaft hinausgehen, andererseits den hier genannten Rechtsinhabern die Möglichkeit fehle, durch Ausübung des Stimmrechts auf die Verschmelzung Einfluss zu nehmen (vgl. BR-Drucks. 75/94, S. 92 f.; abgedruckt in: Limmer, Umwandlungsrecht, S. 287 f.). **564**

Welche Rechte zu den Sonderrechten i. S. v. § 23 UmwG gehören, geht aus dem Gesetz nicht genau hervor. Während in der Überschrift von Sonderrechten die Rede ist, erwähnt § 23 UmwG in seinem Wortlaut die Inhaber solcher Rechte in einem Unternehmen, die kein Stimmrecht gewähren. Beispielhaft – im Gegensatz zur früheren abschließenden Aufzählung des § 347a AktG a. F. – zählt § 23 UmwG stimmrechtslose Anteile, Wandelschuldverschreibungen, Gewinnschuldverschreibungen und Genussrechte auf. Die aufgezählten Beispiele lassen sich in **zwei Fallgruppen** unterteilen. Zum einen gehören hierzu die Inhaber von **stimmrechtslosen Anteilen mit Vorzugsrechten**. Zum anderen zählen zu den Sonderrechten **schuldrechtliche Rechte**, die ihrem Inhaber wie Wandelschuldverschreibungen, Gewinnschuldverschreibungen und Genussrechte mitgliedschaftsähnliche Rechtsposition gewähren, seien sie vermögensrechtlicher Natur – wie die Gewinnbeteiligung – oder aber Herrschaftsrechte – wie etwa Geschäftsführungs-, Entsende- oder Informationsrechte (vgl. Goutier/Knopf/Bermel, Umwandlungsrecht, § 23 UmwG Rn. 5). Letztere Fallgruppe ist von normalen Gläubigerrechten, wie Darlehensansprüchen, Ansprüchen aus Lieferung und Leistung und Dauerschuldverhältnissen abzugrenzen (vgl. Kallmeyer/Marsch-Barner, UmwG, § 23 Rn. 3; Stratz, in: Schmitt/Hörtnagl/Stratz, § 23 UmwG Rn. 4). **565**

Für eine **weite Auslegung des Begriffes Sonderrecht** tritt Bermel (Goutier/Knopf/Bermel, Umwandlungsrecht, § 23 UmwG Rn. 10) ein. Er will § 23 UmwG auf jede Form von gewinnabhängigen Rechten anwenden, wie partiarischen Rechtsverhältnissen, Tantiemevereinbarungen und stille Gesellschaftsbeteiligungen. Man wird auch z. B. sog. Besserungsscheine als Fälle des § 23 UmwG ansehen müssen. **Besserungsscheine** sind verbriefte Schuldversprechen mit dem Inhalt, Gläubigern, die auf ihre Forderung ggü. der Gesellschaft verzichtet haben, die erlassene Schuld aus zukünftigen Gewinnen zurückzuzahlen (vgl. Baumbach/Hueck, GmbHG, § 29 Rn. 88). Der überwiegende Teil der Literatur, der vorzugswürdig ist, will gesellschaftliche Annexrechte nicht als Sonderrechte ansehen, z. B. Mehrstimmrecht, Recht auf Organbestellung, Vetorecht, sondern nur **Vermögensrechte** (so Widmann/Mayer/Vossius, Umwandlungsrecht, § 23 UmwG Rn. 10; Kallmeyer/Marsch-Barner, UmwG, § 23 Rn. 2; Lutter/Grunewald, § 23 UmwG Rn. 2 f.; Kalss, in: Semler/Stengel § 23 UmwG Rn. 8; Hüffer, in: FS für Lutter, 2000, S. 1227, 1233). Umstritten ist, ob **stille Beteiligungen** in den Anwendungsbereich fallen (vgl. Hüffer, FS Lutter 2000, S. 1227, 1236 f.). Ein Teil der Literatur lehnt dies ab, da diese keinen Anteil am Gesellschaftsvermögen vermitteln (Widmann/Mayer/Vossius, Umwandlungsrecht, § 23 UmwG Rn. 10; Kallmeyer/Marsch-Barner, UmwG, § 23 Rn. 3: Hüffer, in: FS für Lutter, 2000, S. 1227, 1233; Feddersen/Kiem, ZIP 1997, 1994, 1082). Nach a. A. soll § 23 UmwG wegen der starken Stellung des stillen Gesellschafters anwendbar sein (so Lutter/Grunewald § 23 UmwG Rn. 20; Kalss, in: Semler/Stengel § 23 UmwG Rn. 7; Stratz, in: Schmitt/Hörtnagl/Stratz, § 23 UmwG Rn. 8; Westermann, in: FS für Ulmer, 2003, S. 670). Ähnlich ist die Diskussion bei **partiarischen Rechtsverhältnissen** (vgl. Kallmeyer/Marsch-Barner, UmwG, § 23 Rn. 3; Lutter/Grunewald § 23 UmwG Rn. 21; Kalss, in: Semler/Stengel § 23 UmwG Rn. 7).

Das Gesetz ordnet an, dass *»gleichwertige Rechte«* an der übernehmenden Gesellschaft zu gewähren sind. Nach herrschender Meinung bedeutet gleichwertig nicht formalrechtlich, sondern **wirtschaftliche Gleichwertigkeit** (vgl. Kallmeyer/Marsch-Barner, UmwG, § 23 Rn. 8; Lutter/Grunewald § 23 UmwG Rn. 5 f.; Kalss, in: Semler/Stengel § 23 UmwG Rn. 12; Stratz, in: Schmitt/Hörtnagl/Stratz, § 23 UmwG Rn. 9). So muss etwa bei Wandelschuldverschreibungen das Umtausch- oder Bezugsverhältnis nicht dem ursprünglichen bei der Überträgerin entsprechen, bei Gewinnschuldverschreibungen muss eine prozentuale Koppelung an die Dividende nicht exakt beibehalten werden. Vielmehr muss der wirtschaftliche Inhalt der Gläubigerrechte an die durch die Verschmelzung veränderten Verhältnisse angepasst werden (Widmann/Mayer/Vossius, Umwandlungsrecht, § 23 UmwG Rn. 29; Kallmeyer/Marsch-Barner, UmwG, § 23 Rn. 8). Der Wortlaut lässt allerdings offen, ob die Vorschrift den **Umtausch in Rechte gleicher Art** verlangt. Die wohl überwiegende Literatur geht davon aus, dass man dies unter Berücksichtigung der gesetzgeberischen Absicht annehmen muss (Kallmeyer/Marsch- **566**

Barner, UmwG, § 23 Rn. 8; Lutter/Grunewald, § 23 UmwG Rn. 5 f.; Kalss, in: Semler/Stengel § 23 UmwG Rn. 12; Stratz, in: Schmitt/Hörtnagl/Stratz, § 23 UmwG Rn. 10 ff.). Es müssen also z. B. für Wandelanleihen wieder Wandelanleihen, für Optionsanleihen wieder Optionsanleihen gewährt werden. Kennt allerdings die aufnehmende Gesellschaft die Form des Sonderrechts nicht, genügt es, wenn ein rechtlich der neuen Gesellschaftsform entsprechendes Sonderrecht gewährt wird. Es muss daher geprüft werden, ob die neue Rechtsform **vergleichbare Sonderrechte** zulässt. Ist dies nicht der Fall, muss ein Recht gewährt werden, dass dem alten rechtlich und wirtschaftlich am ehesten entspricht (Feddersen/Kiem, ZIP 1994, 1082). Ist dies nicht möglich, stellt sich die Frage der Rechtsfolgen. So könnte man annehmen, dass in diesem Fall die Verschmelzung nur mit Zustimmung des Sonderrechtsinhabers zulässig ist, da er sein Recht ersatzlos verlieren würde. Eine andere Möglichkeit besteht darin, den Verlust wirtschaftlich in anderer Weise zu kompensieren, etwa durch eine höhere Zuteilung von Mitgliedschaftsrechten an dem neuen Rechtsträger. Vorzugswürdig ist die zweite Lösung. Die Ausgestaltung der gewährten Rechte ist im Verschmelzungsvertrag zu beschreiben (Kallmeyer/Marsch-Barner, UmwG, § 23 Rn. 9; Kalss, in: Semler/Stengel § 23 UmwG Rn. 12; Stratz, in: Schmitt/Hörtnagl/Stratz, § 23 UmwG Rn. 9).

567   Nach herrschender Meinung kann § 23 UmwG **im Verschmelzungsvertrag nicht abbedungen** werden. Darüber hinaus schafft die Vorschrift ein klagbares Recht, das mit einer Leistungsklage verwirklicht werden kann (vgl. Kallmeyer/Marsch-Barner, UmwG, § 23 Rn. 9; Kalss, in: Semler/Stengel § 23 UmwG Rn. 3; Stratz, in: Schmitt/Hörtnagl/Stratz, § 23 UmwG Rn. 15; Lutter/Grunewald, § 23 UmwG Rn. 25; Widmann/Mayer/Vossius, Umwandlungsrecht, § 23 UmwG Rn. 2).

568   c) **Zustimmungspflichten bei Verlust von Sonderrechten und Minderheitsrechten bei Beteiligung von GmbH.** Für Verschmelzungen unter Beteiligung von GmbH sieht § 50 Abs. 2 UmwG eine Sonderzustimmungspflicht vor, wenn durch die Verschmelzung auf dem Gesellschaftsvertrag **beruhende Minderheitsrechte** eines einzelnen Gesellschafters einer übertragenden Gesellschaft oder die einzelnen Gesellschafter einer solchen Gesellschaft nach dem Gesellschaftsvertrag zustehenden **besonderen Rechte in der Geschäftsführung der Gesellschaft, bei der Bestellung der Geschäftsführer oder hinsichtlich eines Vorschlagsrechts der Geschäftsführung** beeinträchtigt werden. Man muss also bei § 50 Abs. 2 UmwG **zwei Alternativen** unterscheiden:
– die Beeinträchtigung von Minderheitsrechten,
– den Verlust von Geschäftsführungssonderrechten.

569   § 233 Abs. 2 und § 241 Abs. 2 UmwG dehnen diesen Grundsatz des Zustimmungserfordernisses ebenfalls für die Fälle des **Formwechsels einer GmbH** oder einer AG oder KGaA in eine Personenhandelsgesellschaft oder einer GmbH in eine AG aus.

570   Es handelt sich zunächst nach § 50 Abs. 2, 2. Alt. UmwG um Sonderrechte, wobei sich das Gesetz allerdings auf Geschäftsführungsrechte sowie Bestellungs- und Vorschlagsrecht für die Geschäftsführung beschränkt. Schwierig zu definieren sind die in § 50 Abs. 2, 1. Alt. UmwG genannten Minderheitsrechte. Die Regierungsbegründung weist darauf hin, dass es sich auch hier um **Individualrechte** handeln muss, also nicht um Rechte, die sich wie z. B. bei § 50 GmbHG erst ab einer bestimmten Beteiligungsquote ergeben, denn eine solche Quote wird durch eine Verschmelzung i. d. R. vermindert (vgl. Winter, in: Lutter, Kölner Umwandlungsrechtstage, S. 43; Widmann/Mayer/Mayer, Umwandlungsrecht, § 50 UmwG Rn. 84; Kallmeyer/Marsch-Barner, UmwG, § 50 Rn. 21; Stratz, in: Schmitt/Hörtnagl/Stratz, § 50 UmwG Rn. 12; Lutter/Winter/Vetter, § 50 UmwG Rn. 51 ff.). Ihre Berücksichtigung als zustimmungsbegründendes Element würde zahlreiche Verschmelzungen verhindern. Die Begründung weist weiterhin darauf hin, dass die Abgrenzung dieser Minderheitsindividualrechte zu Beteiligungselementen, die bei der Bemessung des Umtauschverhältnisses zu berücksichtigen sind, wie z. B. Gewinnvorzüge, im Einzelnen der Rechtsprechung überlassen bleiben (vgl. BR-Drucks. 75/94, S. 94; abgedruckt in: Limmer, Umwandlungsrecht, S. 295). Es bleibt also im Einzelnen offen, welche Minderheitsrechte der Gesetzgeber im Auge hat. In erster Linie wird es hierbei um etwa das Recht zur Einberufung einer Gesellschafterversammlung (§ 50 GmbHG), die Legitimation zur Erhebung der Auflösungsklage (§ 61 Abs. 2 GmbHG) und die Antragslegitimation im Fall der Bestellung von Liquidatoren durch das Gericht (§ 66 Abs. 2 GmbHG) gehen.

Hügel ist darüber hinaus der Auffassung, dass, immer dann, wenn die mit der Verschmelzung oder Spaltung verbundene Stimmrechtsverwässerung zum Verlust dieser Minderheitsrechte führt, die Zustimmung des betroffenen Gesellschafters erforderlich sei (Hügel, Verschmelzung und Einbringung, S. 87). Vorerwerbsrechte und Vorkaufsrechte unterfallen § 50 Abs. 2 UmwG, wenn es sich um Satzungsbestandteile handelt und sie als Individualrechte ausgestaltet sind (Reichert, GmbHR, 1995, 184; Kallmeyer/Zimmermann, UmwG, § 50 Rn. 21; Reichert, in: Semler/Stengel § 50 UmwG Rn. 32; Stratz, in: Schmitt/Hörtnagl/Stratz, § 23 UmwG Rn. 15; Lutter/Winter/Vetter, § 50 UmwG Rn. 61).

Für die **AG** hat der Gesetzgeber ein derartiges Schutzrecht für Minderheitsrechte und derartige Sonder- **571** rechte nicht berücksichtigt. Die Regierungsbegründung weist darauf hin, dass die Beteiligung an einer GmbH anders als die Aktie keine beliebig verwertbare Vermögenslage sei, sodass der GmbH-Gesellschafter stärker als der Aktionär geschützt werden müsse (vgl. BR-Drucks. 75/94, S. 94). Das bedeutet, dass in der AG der Verlust von derartigen Rechten offenbar bei der Festlegung des Umtauschverhältnisses stattfinden muss (so Hügel, Verschmelzung und Einbringung, S. 88).

d) Sonderbeschlüsse bei Vorhandensein mehrerer Aktiengattungen. § 65 Abs. 2 UmwG be- **572** stimmt, dass der Beschluss der Hauptversammlung für den Fall des Vorhandenseins mehrerer Gattungen von Aktien zu seiner Wirksamkeit die **Zustimmung der Aktionäre jeder Gattung** bedarf. § 233 Abs. 2 UmwG dehnt dies auf den Formwechsel aus.

Während zum bis 1995 geltenden Umwandlungsrecht die Rechtsfrage streitig war, ob und unter welchen Voraussetzungen Sonderbeschlüsse der Aktionäre verschiedener Aktiengattungen erforderlich war, schrieb § 340c Abs. 3 AktG dies seit dem Verschmelzungsrichtlinien-Gesetz v. 25.10.1982 zwingend vor, unabhängig davon, ob diese Rechte durch die Verschmelzung beeinträchtigt werden. Für den Sonderbeschluss gilt § 65 Abs. 1 UmwG (3/4-Mehrheit).

e) Individualzustimmung bei Wegfall von Nebenpflichten im Fall der Umwandlung GmbH in **573** **AG.** § 241 Abs. 3 UmwG bestimmt, dass bei der Umwandlung einer GmbH in eine AG die Zustimmung der betroffenen Gesellschafter für den Fall erforderlich ist, dass **Nebenleistungspflichten der GmbH-Gesellschafter** durch die Umwandlung erlöschen. Das GmbHG lässt viel weitgehendere Nebenleistungspflichten im Gesellschaftsvertrag zu, als das AktG (§ 55 AktG). Die Vorschrift ist allerdings als solche nicht recht verständlich, weil der vom Wegfall einer Nebenleistungspflicht betroffene Gesellschafter durch die Befreiung regelmäßig keinen Nachteil erfahren wird (so zu Recht Stratz, in: Schmitt/Hörtnagl/Stratz, § 241 UmwG Rn. 10). Der Gedanke dieser Regelung liegt allerdings darin, dass die Nebenleistungspflicht mit entsprechenden Rechten des Gesellschafters verbunden ist. Stehen daher bei einer Nebenleistung Vor- und Nachteile für den Gesellschafter ggü., ist seine Zustimmung zur Umwandlung erforderlich. Eine Zustimmung ist daher nicht erforderlich, wenn der Gesellschafter durch die Umwandlung ausschließlich begünstigt wird (so zum alten Recht Semler/Grunewald, in: Geßler/Hefermehl, AktG, § 376 Rn. 21; vgl. auch Stratz, in: Schmitt/Hörtnagl/Stratz, § 241 UmwG Rn. 10; Kallmeyer/Dirksen § 241 UmwG Rn. 7).

4. Beeinträchtigung des Vermögenswertes der Mitgliedschaft. § 51 Abs. 2 UmwG bestimmt, **574** dass bei einer Verschmelzung einer GmbH durch Aufnahme einer AG oder KGaA die **Zustimmung betroffener Aktionäre** notwendig ist, wenn die Beteiligung des Aktionärs an der GmbH infolge der Festsetzung eines abweichenden Nennbetrages der Geschäftsanteile gemindert wird. Hierdurch sollen Aktionäre in dem Sonderfall geschützt werden, wenn deren neuer Geschäftsanteil nicht dem Gesamtnennbetrag ihrer Aktien entspricht. Die Vorschrift schafft damit einen Schutz gegen **wertmäßige Beeinträchtigungen der Mitgliedschaft** aus Anlass einer Umwandlung, der über den wertmäßigen Ausgleich durch Verbesserung des Umtauschverhältnisses nach § 15 UmwG hinausgeht (vgl. Hügel, Verschmelzung und Einbringung, S. 89; Widmann/Mayer/Mayer, Umwandlungsrecht, § 51 UmwG Rn. 26 ff.; Lutter/Winter/Vetter, § 51 UmwG Rn. 59 ff.; Stratz, in: Schmitt/Hörtnagl/Stratz, § 51 UmwG Rn. 11; Kallmeyer/Zimmermann, UmwG, § 51 Rn. 9). Voraussetzung für die **Zustimmungspflicht** ist, dass der Nennbetrag der Geschäftsanteile abweichend vom Nennbetrag der Aktien festgesetzt wird. Diese Bestimmung hat dann praktische Bedeutung, wenn es Aktionäre gibt, die mit ihren Aktien den für die GmbH geforderten Mindestnennbetrag nicht erreichen (vgl. Grunewald, in: Geßler/Hefermehl, AktG, § 369 Rn. 57).

575   Das Zustimmungserfordernis entfällt jedoch, wenn die abweichende Festsetzung des Nennbetrages auf den **Vorschriften über den Mindestbetrag der Stammeinlage** beruht. § 46 Abs. 1 Satz 3 UmwG schreibt allerdings einen Mindestnennbetrag von nur 1,00 € vor (Kallmeyer/Zimmermann, UmwG, § 51 Rn. 10).

§ 242 UmwG dehnt dieses Prinzip beim Formwechsel einer AG oder KGaA auf eine GmbH aus.

576   **5. Zustimmungspflichten bei Haftungsverschärfungen. a) Zustimmungspflicht bei Bestehen nicht voll eingezahlter Anteile einer übernehmenden oder übertragenden GmbH (§ 51 Abs. 1 UmwG). aa) Nicht eingezahlte Anteile bei der übernehmenden GmbH (§ 51 Abs. 1 Satz 1 und 2 UmwG).** § 51 Abs. 1 Satz 1 UmwG schützt durch eine Zustimmungspflicht die Gesellschafter einer übertragenden Gesellschaft für den Fall einer Verschmelzung ihrer Gesellschaft mit einer GmbH, auf deren Geschäftsanteile noch nicht alle Leistungen bewirkt sind, weil mit der Verschmelzung gem. § 24 GmbHG die Verpflichtung entsteht, die restlichen Leistungen zu erbringen (**Ausfallhaftung**, vgl. Kallmeyer/Kallmeyer/Kocher, UmwG, § 51 Rn. 2; Widmann/Mayer/Mayer, Umwandlungsrecht, § 51 UmwG Rn. 9; Lutter/Winter/Vetter, § 51 UmwG Rn, 16 ff.; Stratz, in: Schmitt/Hörtnagl/Stratz, § 51 UmwG Rn. 3). In diesem Fall bedarf der Beschluss der Zustimmung **aller bei der Beschlussfassung anwesenden Gesellschafter.** Stimmenthaltungen verhindern einen positiven Beschluss, sie beinhalten keine Zustimmung (Kallmeyer/Kallmeyer/Kocher, UmwG, § 51 Rn. 2; Widmann/Mayer/Mayer, Umwandlungsrecht, § 51 UmwG Rn. 11).

Dieser Schutzgedanke soll durch § 51 Abs. 1 Satz 2 UmwG auch für andere Fälle der Mischverschmelzung ausgedehnt werden. Ist der übertragende Rechtsträger eine **Personenhandelsgesellschaft, eine Partnerschaftsgesellschaft oder eine GmbH,** so bedarf der Verschmelzungsbeschluss **auch der Zustimmung der nicht erschienenen Gesellschafter,** es müssen also alle Gesellschafter zustimmen (Kallmeyer/Kallmeyer/Kocher, UmwG, § 51 Rn. 3; Widmann/Mayer/Mayer, Umwandlungsrecht, § 51 UmwG Rn. 14; Lutter/Winter/Vetter, § 51 UmwG Rn, 24 ff.; Stratz, in: Schmitt/Hörtnagl/Stratz, § 51 UmwG Rn. 6). Bei der Mischverschmelzung nach § 51 Abs. 1 Satz 2 UmwG ist die **AG als übertragender Rechtsträger** allerdings nicht genannt. Die Zustimmung der in der Versammlung nicht anwesenden Gesellschafter der übertragenden Personenhandelsgesellschaft, Partnerschaftsgesellschaft oder GmbH bedarf nach § 13 Abs. 1 S. 1 UmwG der notariellen Beurkundung (Widmann/Mayer/Mayer, Umwandlungsrecht, § 51 UmwG Rn. 18; Lutter/Winter/Vetter, § 51 UmwG Rn, 26; Stratz, in: Schmitt/Hörtnagl/Stratz, § 51 UmwG Rn. 6). Die Beifügung des Vertragstextes zur Zustimmungsurkunde als Anlage ist nicht zwingend erforderlich (Widmann/Mayer/Mayer, Umwandlungsrecht, § 51 UmwG Rn. 18; Lutter/Winter/Vetter, § 51 UmwG Rn, 26).

577   **bb) Nicht eingezahlte Anteile bei der übertragenden GmbH (§ 51 Abs. 1 Satz 3 UmwG).** Die Vorschrift wurde durch das **Zweite Gesetz zur Änderung des UmwG** klargestellt. Durch § 51 Abs. 1 Satz 3 UmwG wird der Schutzgedanke des Satzes 1 auch auf den Fall ausgedehnt, dass bei einer Verschmelzung zwei GmbH miteinander verschmolzen werden sollen und die Einlageverpflichtung bei der **übertragenden GmbH** nicht in voller Höhe bewirkt ist. Denn auch in diesem Fall besteht das Risiko der Ausfallhaftung nach § 24 GmbHG, auch wenn die Einlagen bei der übernehmenden GmbH voll erfüllt sind (Kallmeyer/Zimmermann, UmwG, § 51 Rn. 5; Widmann/Mayer/Mayer, Umwandlungsrecht, § 51 UmwG Rn. 22; Lutter/Winter/Vetter, § 51 UmwG Rn. 16 ff.). Zunächst kann aus § 51 UmwG der Schluss gezogen werden, dass einer Verschmelzung die Tatsache nicht entgegensteht, dass die Geschäftsanteile an der übertragenden Tochter-GmbH nicht voll eingezahlt sind. Diese zeigt, dass der Gesetzgeber grds. davon ausgeht, dass auch eine **Verschmelzung einer GmbH mit nur teilweise eingezahlten Geschäftsanteilen möglich** ist.

Gläubigerschützende Regelungen für diese Konstellation hat der Gesetzgeber nicht aufgenommen. Nach § 20 Abs. 1 Nr. 1 UmwG gehen im Zeitpunkt der Eintragung der Verschmelzung sämtliche Forderungen der übertragenden GmbH auf die übernehmende GmbH über. Hiervon ist nach allgemeiner Meinung auch die Forderung gegen den Gesellschafter der übernehmenden GmbH auf Einzahlung der offenen Stammeinlage erfasst. Bei der Verschmelzung auf den Alleingesellschafter geht die Forderung allerdings durch Konfusion unter. Die ganz herrschende Meinung ging auch vor der Novelle davon aus, dass § 51 Abs. 1 Satz 3 UmwG, der die entsprechende Anwendung des § 51 Abs. 1 Satz 1 und Satz 2

UmwG anordnet, so zu verstehen ist, dass in diesem Fall nur sämtliche Gesellschafter der übernehmenden Gesellschaft, auch soweit sie in der Verschmelzungsversammlung nicht anwesend waren, dem Verschmelzungsvertrag zustimmen müssen (Lutter/Winter/Vetter, UmwG, § 51 Rn. 16 ff.; Goutier/Knopf/Tulloch/Bermel, Umwandlungsrecht, § 51 UmwG Rn. 9; Widmann/Mayer/Mayer, Umwandlungsrecht, § 51 UmwG Rn. 25; a. A. insofern Stratz, in: Schmitt/Hörtnagl/Stratz, UmwG, UmwStG, § 51 UmwG Rn. 9, der auf die Zustimmung der Gesellschafter bei der übertragenden GmbH abstellen will). Durch das Zweite Gesetz zur Änderung des UmwG hat der Gesetzgeber klargestellt, dass der **Beschluss der (nur) Zustimmung aller Gesellschafter der übernehmenden Gesellschaft bedarf** (vgl. Widmann/Mayer/Mayer, Umwandlungsrecht, § 51 UmwG Rn. 25; Kallmeyer/Zimmermann, UmwG, § 51 Rn. 6; Heckschen, DNotZ 2007, 445, 449). Die Begründung zum RegE stellt dazu fest: Die angeordnete entsprechende Anwendung der Sätze 1 und 2 im bisherigen Text des § 51 Abs. 1 Satz 3 habe für den dort angesprochenen Fall in der Praxis Anlass zu Missverständnissen hinsichtlich der Beschlussmehrheit gegeben. Durch die neue Formulierung werde ausdrücklich klargestellt, dass dem Verschmelzungsbeschluss alle Gesellschafter der übernehmenden Gesellschaft zustimmen müssen (BT-Drucks. 16/2919, S. 13).

Ein Teil der Literatur (Widmann/Mayer/Mayer, Umwandlungsrecht, § 51 UmwG Rn. 22) hält eine **analoge Anwendung des § 51 Abs. 1 Satz 3 UmwG** für eine nicht reine GmbH-Verschmelzung nicht für möglich, da sich die Geschäftsführer gem. § 52 Abs. 1 UmwG in der Anmeldung über das Vorliegen der erforderlichen Individualzustimmung zu erklären haben und falsche Versicherungen nach § 313 Abs. 2 UmwG strafbewehrt sind (ebenso Lutter/Winter/Vetter, UmwG, § 51 Rn. 36 f.). Die Gründe für die Beschränkung des Anwendungsbereichs in § 51 Abs. 1 Satz 3 UmwG des Gesetzgebers seien unklar. Entweder nehme der Gesetzgeber an, dass für Einlageforderungen eines übertragenden Rechtsträgers, der nicht GmbH ist, trotz ihres Übergangs auf die übernehmende GmbH im Wege der Gesamtrechtsnachfolge deren Gesellschafter nicht nach § 24 GmbHG haften oder der Gesetzgeber gehe davon aus, das Schutzbedürfnis der Gesellschafter einer übernehmenden GmbH sei bei Verschmelzungen mit einem Rechtsträger anderer Rechtsform, bei dem noch nicht alle Einlagen geleistet sind, geringer als bei der reinen GmbH-Verschmelzung. Für die Gesellschafter der übertragenden AG erscheint das **Schutzbedürfnis** sogar noch größer, da ursprünglich bei ihrer AG gerade mangels einer mit § 24 GmbHG vergleichbaren Norm überhaupt keine Mithaftung für offene Einlagen der Mitaktionäre bestand, diese aber nach der Verschmelzung nach § 24 GmbHG neu entsteht. Daher befürwortet ein anderer Teil der Literatur (Bayer, ZIP 1997, 1613, 1623; Reichert, in: Semler/Stengel § 51 UmwG Rn. 19; Stratz, in: Schmitt/Hörtnagl/Stratz, § 51 UmwG Rn. 10) eine analoge Anwendung des § 51 Abs. 1 Satz 3 UmwG (a. A. jedoch wiederum Schöne, Die Spaltung unter Beteiligung von GmbH, S. 205).

cc) **Besondere Erklärung bei Anmeldung.** Bei der Anmeldung der Verschmelzung zur Eintragung in das Register haben die Vertretungsorgane der an der Verschmelzung beteiligten Rechtsträger im Fall des § 51 Abs. 1 UmwG auch zu erklären, dass dem Verschmelzungsbeschluss jedes der übertragenden Rechtsträger, alle bei der Beschlussfassung anwesenden Anteilsinhaber dieses Rechtsträgers und, sofern der übertragende Rechtsträger eine Personenhandelsgesellschaft, eine Partnerschaftsgesellschaft oder eine GmbH ist, auch die nicht erschienenen Gesellschafter dieser Gesellschaft zugestimmt haben. § 52 UmwG, der für alle in § 51 Abs. 1 UmwG geregelten Fälle die **Vorlage der Zustimmungserklärung** der Gesellschafter des übertragenden Rechtsträgers vorsieht, war für den Fall des § 51 Abs. 1 Satz 3 UmwG vollends missglückt: Die wortlautgemäße Interpretation hatte nämlich zur Folge, dass dem Registergericht die Zustimmungserklärungen aller Gesellschafter der übertragenden GmbH vorgelegt werden müssten, obwohl doch materiell die Zustimmung aller Gesellschafter der übernehmenden Gesellschaft erforderlich ist.

578

Durch das **Zweite Gesetz zur Änderung des UmwG** wurde folgender Satz angefügt:

»Wird eine GmbH, auf deren Geschäftsanteile nicht alle zu leistenden Einlagen bewirkt sind, von einer GmbH durch Verschmelzung aufgenommen, so ist auch zu erklären, dass aller Gesellschafter dieser Gesellschaft dem Beschluss zugestimmt haben.«

Damit ist nunmehr klargestellt, dass es bei der Verschmelzung einer GmbH, auf deren Geschäftsanteile nicht alle zu leistende Einlagen in voller Höhe bewirkt sind, auf eine andere GmbH der Zustimmung der Gesellschafter dieser übernehmenden GmbH bedarf und dass (nur) diese Zustimmung auch dem Registergericht nachzuweisen ist (vgl. BT-Drucks. 16/2919, S. 13).

579 **b) Zustimmungspflichten bei persönlicher Haftung.** Eine **Individualzustimmung** ist auch dort erforderlich, wo eine **Erweiterung der Haftung** für den betroffenen Gesellschafter eintritt, wie dies der Fall sein kann bei Verschmelzung von Personenhandelsgesellschaften oder bei Mischverschmelzungen zwischen Personenhandels- und Kapitalgesellschaften. § 40 Abs. 2 Satz 2 UmwG bestimmt daher die Zustimmungspflicht, wenn die übernehmende Gesellschaft eine Personenhandelsgesellschaft ist und die Aktionäre, GmbH-Gesellschafter, Genossen oder Mitglieder von Vereinen für die Verbindlichkeiten der übernehmenden oder der neuen OHG als Gesellschafter gem. §§ 130, 128 HGB unbeschränkt persönlich haften sollen.

§ 233 UmwG bestimmt Entsprechendes für die Umwandlung einer Kapitalgesellschaft in eine OHG.

J. Austritts- und Abfindungsrechte

580 Austrittsrechte haben dort Bedeutung, wo die **Minderheit den Verschmelzungsbeschluss nicht verhindern** kann, weil eine Mehrheitsentscheidung vorgesehen und eine Zustimmung des Minderheitsgesellschafters nicht notwendig ist (vgl. allgemein Reichert, GmbHR 1995, 176 ff.; Schaub, NZG 1998, 626 ff.; Grunewald, in: FS für Boujong, 1996, S. 176 ff.; Grunewald, ZIP 2004, 542 ff.; Burg/Braun, AG 1009, 22 ff.; Burg, Der Konzern 2009, 214 ff.; Widmann/Mayer/Wälzholz, Umwandlungsrecht, § 29 UmwG Rn. 4 ff.; Kallmeyer/Marsch-Barner, § 29 UmwG Rn. 1). Im Verhältnis zum Erfordernis einer Einzelzustimmung, wie sie im UmwG an verschiedenen Stellen vorgesehen ist, die im Ergebnis die Verschmelzung verhindert, bedeutet ein Austrittsrecht einen **Minderheitenschutz geringerer Intensität.** Das Austritts- und Abfindungsrecht sichert die Vermögensinteressen der widersprechenden Gesellschafter, nicht aber deren Erwerbsinteresse an der bestehenden Gesellschaft. Es wird nur ein vermögensmäßiger Schutz des Status quo erreicht, nicht aber ein wirtschaftlicher. Das Abfindungsrecht stellt daher ein Institut des gesellschaftsrechtlichen Interessenausgleichs dar und einen Kompromiss zwischen dem Interesse der Gesellschaft oder Gesellschaftermehrheit an der Verschmelzung und den Belangen widersprechender Minderheitsgesellschafter (vgl. Priester, ZGR 1990, 420, 443; Wiedemann, Gesellschaftsrecht, Bd. 1, S. 468 ff.; ders., ZGR 1978, 477 ff.).

581 Das bis 1995 geltende Umwandlungs- und Verschmelzungsrecht gewährte in § 375 AktG das **Austrittsrecht nur für den Fall** der Umwandlung einer AG in eine GmbH und in § 33 Abs. 3 KapErhG für die Verschmelzung einer AG auf eine GmbH. Ferner enthielt § 93k GenG ein Austrittsrecht für die Verschmelzung von Genossenschaften. Im Fall der Umwandlung einer GmbH in eine AG bestand nach § 383 AktG ein Preisgaberecht. Der widersprechende Gesellschafter konnte der Gesellschaft seine Aktien zur Verfügung stellen, mit der Maßgabe, dass sie die Aktien für seine Rechnung zu verwerten hatten. Schließlich war in §§ 12, 13 UmwG eine Barabfindung ausscheidender Aktionäre oder GmbH-Gesellschafter bei der Umwandlung einer AG, KGaA oder GmbH in eine Personengesellschaft durch Mehrheitsbeschluss vorgesehen. Hier handelte es sich allerdings nicht um ein Austrittsrecht, sondern um ein zwangsweises Ausscheiden, da nur die zustimmenden Gesellschafter an der Personengesellschaft beteiligt waren (§ 19 Abs. 1 UmwG a. F.).

582 § 29 Abs. 1 UmwG übernimmt den Schutz, der früher in § 375 Abs. 1 AktG für die Umwandlung einer AG oder KGaA in eine GmbH galt und dehnt ihn auf alle **Fälle der Mischverschmelzung** aus. Die bis 1995 in §§ 375 AktG, 33 Abs. 3 KapErhG enthaltene Regelung, wurde als allgemeine Regelung für alle Fälle der Mischverschmelzung oder der **Umwandlung eines frei veräußerbaren Anteils in einen vinkulierten Anteil** erweitert. Danach haben widersprechende Gesellschafter bei Mischverschmelzung oder bei Einführung der Vinkulierung, gleichgültig welche Rechtsträger daran beteiligt sind, ein **Wahlrecht** auf Anteile an der übernehmenden Gesellschaft oder angemessene Barabfindung. Dieses Wahlrecht steht auch nicht erschienenen Gesellschaftern zu, die zu der Gesellschafterversammlung zu Unrecht nicht zugelassen worden sind (§ 29 Abs. 2, 1. Alt. UmwG) oder wenn die Versammlung nicht ordnungsgemäß einberufen oder der Gegenstand der Beschlussfassung nicht ordnungsgemäß bekannt gemacht worden ist (§ 29 Abs. 2, 2. Alt UmwG). Durch das **Zweite Gesetz zur Änderung des UmwG**

wurde die Barabfindung beim **sog. »Kalten Delisting«** (Verschmelzung einer börsennotierten AG auf eine nichtbörsennotierte) in § 29 Abs. 1 Satz 1 UmwG aufgenommen.

Im Fall des § 29 UmwG hat die übernehmende Gesellschaft dem Gesellschafter den Erwerb des neuen Anteils gegen **angemessene Barabfindung** anzubieten. Ist der Anteilserwerb rechtstechnisch nicht möglich, etwa bei einer Personengesellschaft als Übernehmerin, ist die Barabfindung gegen Ausscheiden zu gewähren. 583

I. Voraussetzungen des Widerspruchsrechts und des Abfindungsanspruchs

1. Mischverschmelzung, Delisting. Voraussetzung für die Pflicht zu einem Abfindungsangebot ist nach § 29 Abs. 1 Satz 1 UmwG, dass bei der Verschmelzung im Wege der Aufnahme der **aufnehmende Rechtsträger eine andere Rechtsform hat als der übertragende**. Es handelt sich also um die sog. **Mischverschmelzung**, die durch § 3 Abs. 4 UmwG allgemein eingeführt worden ist. Erfolgt die Verschmelzung auf eine Gesellschaft bzw. einen Rechtsträger gleicher Rechtsform, besteht kein Austritts- und Abfindungsrecht. Unklar ist, ob die Vorschrift auch anwendbar ist bei der Verschmelzung einer OHG auf eine KG oder umgekehrt (vgl. Grunewald, in: FS für Boujong, 1996, S. 176 f.; bejahend Widmann/Mayer/Wälzholz, Umwandlungsrecht, § 29 UmwG Rn. 12; Kallmeyer/Marsch-Barner, UmwG, § 29 Rn. 4; Lutter/Grunewald, § 29 UmwG Rn, 2; Stratz, in: Schmitt/Hörtnagl/Stratz, § 51 UmwG Rn. 8; Kalss, in: Semler/Stengel, UmwG, § 29 Rn. 6). 584

Die mittlerweile überwiegende Meinung steht auf dem Standpunkt, dass auch **OHG und KG** unterschiedliche Rechtsformen sind, sodass auch in diesem Fall ein Abfindungsgebot erforderlich wäre (so Lutter/Grunewald, UmwG, § 29 Rn. 2; Widmann/Mayer/Wälzholz, Umwandlungsrecht, § 29 UmwG Rn. 12; Kallmeyer/Marsch-Barner, UmwG, § 29 Rn. 4; Stratz, in: Schmitt/Hörtnagl/Stratz, § 51 UmwG Rn. 8; Kalss, in: Semler/Stengel, UmwG, § 29 Rn. 6). Im Fall der Verschmelzung einer KG auf eine OHG muss nach § 40 Abs. 2 UmwG jeder Gesellschafter zustimmen, sodass kein Abfindungsangebot erforderlich ist, da dies nur für widersprechende Gesellschafter besteht. AG und KGaA sind dagegen nicht Rechtsträger unterschiedlicher Rechtsformen, sodass es in diesen Fällen keines Abfindungsgebotes bedarf (vgl. Kallmeyer/Marsch-Barner, UmwG, § 29 Rn. 4). 585

Nach Sonderregelungen besteht bei der Mischverschmelzung **kein Austrittsrecht**:
– Genossen einer übertragenden Genossenschaft (§ 90 Abs. 1 UmwG),
– Verschmelzung eines eingetragenen gemeinnützigen Vereins (§ 104 UmwG). 586

Der Gesetzgeber hat im Zweiten Gesetz zur Änderung des UmwG den Fall des Austritts wegen Mischverschmelzung auch auf den Fall der Verschmelzung einer börsennotierten AG auf eine nicht börsennotierte AG (»kaltes Delisting«) ausgedehnt (vgl. Lutter/Grunewald, UmwG, § 29 Rn. 3; Widmann/Mayer/Wälzholz, Umwandlungsrecht, § 29 UmwG Rn. 15; Kallmeyer/Marsch-Barner, UmwG, § 29 Rn. 4a ff.; Stratz, in: Schmitt/Hörtnagl/Stratz, § 29 UmwG Rn. 9; Kalss, in: Semler/Stengel, UmwG, § 29 Rn. 6 ff.). Die Begründung zum RegE (BT-Drucks. 16/2619, S. 13) weist darauf hin, dass bei der Verschmelzung einer börsennotierten AG auf einen nichtbörsenfähigen Rechtsträger anderer Rechtsform die widersprechenden Aktionäre dieser Gesellschaft das Recht hätten, gegen Barabfindung auszuscheiden. Gleichgestellt werden solle der Fall der Verschmelzung auf eine nicht börsennotierte AG. Der Verlust der Börsennotierung erschwere zwar nicht rechtlich aber faktisch die Veräußerungsmöglichkeit der Anteile, sodass die Anwendbarkeit des § 29 UmwG sachlich gerechtfertigt erscheine. Diese Gesetzesänderung setzt die Macotron-Entscheidung des BGH v. 25.11.2002 (BGHZ 153, 47 = NJW 2003, 1032 = DB 2003, 544) um. Die Vorschrift wird entsprechend anzuwenden sein, wenn eine KGaA oder SE beteiligt ist (Mayer/Weiler, DB 2007, 1235, 1236; Widmann/Mayer/Wälzholz, Umwandlungsrecht, § 29 UmwG Rn. 13; Kallmeyer/Marsch-Barner, UmwG, § 29 Rn. 4a; Stratz, in: Schmitt/Hörtnagl/Stratz, UmwG, UmwStG, § 29 UmwG Rn. 9). Umstritten ist dabei die Frage, ob das Barabfindungsangebot bei Verschmelzung zwischen börsennotierter und nicht börsennotierter Gesellschaft nur dann unterbleiben darf, wenn die Börsennotierung bereits besteht oder ob das Barabfindungsangebot auch dann unterbleiben darf, wenn die Börsennotierung der übernehmenden Gesellschaft nur geplant ist und später nachfolgen soll (vgl. Drinhausen, BB 2006, 2313 f.; Widmann/Mayer/Wälzholz, § 29 UmwG Rn. 14). Aufgrund des Wortlaut des Gesetzes und auch der mit dem Gesetz verbundenen Schutzaspekte kann es m. E. nur darauf ankommen, ob eine Börsennotierung vor- 587 liegt oder nicht, Planungen können insoweit keine Rolle spielen (so Widmann/Mayer/Wälzholz, § 29 UmwG Rn. 14; Kallmeyer/Marsch-Barner, UmwG, § 29 Rn. 4c; Stratz, in: Schmitt/Hörtnagl/Stratz, § 29 UmwG Rn. 9; Lutter/Grunewald, UmwG, § 29 Rn. 3 f.; a. A. Drinhausen, BB 2006, 2313; vgl. auch OLG Stuttgart, AG 2006, 420). Es genügt daher nur, wenn das Börsenzulassungsverfahren bis zur Handelsregistereintragung der Verschmelzung erfolgreich durchgeführt worden ist und die Börsenzulassungsstelle im Wege eines Vorbescheides den Beginn des Börsenhandels zu dem auf der Eintragung folgenden Börsenhandelstag zusichert (Widmann/Mayer/Wälzholz, § 29 UmwG Rn. 14). Maßgebender Zeitpunkt zur Beurteilung der Börsennotierung ist nicht der Tag des Abschlusses des Verschmelzungsvertrages oder der Beschlussfassung, sondern der Tag des Wirksamwerdens der Verschmelzung durch Handelsregistereintragung (Widmann/Mayer/Wälzholz § 29 UmwG Rn. 14).

588 **2. Einführung statutarischer Verfügungsbeschränkungen.** Der **Abfindungsanspruch besteht auch**, wenn durch die Verschmelzung von Rechtsträgern derselben Rechtsform Anteile an dem übertragenden Rechtsträger durch Anteile an dem übernehmenden ersetzt werden, die Verfügungsbeschränkungen unterworfen sind (§ 29 Abs. 2 Satz 2 UmwG). Die **Verpflichtung zur Abfindung** entsteht also auch in den Fällen, wenn kein Fall der Mischverschmelzung vorliegt, aber aus einem frei veräußerbaren Anteil ein vinkulierter Anteil wird (vgl. Lutter/Grunewald, UmwG, § 29 Rn. 5 ff.; Widmann/Mayer/Wälzholz, Umwandlungsrecht, § 29 UmwG Rn. 15; Kallmeyer/Marsch-Barner, UmwG, § 29 Rn. 5 ff.; Stratz, in: Schmitt/Hörtnagl/Stratz, § 29 UmwG Rn. 10 ff.; Kalss, in: Semler/Stengel, UmwG, § 29 Rn. 8 ff.

Der **Hauptfall** dürfte eine Verschmelzung sein, bei der eine AG mit Inhaberaktien von einer AG mit vinkulierten Namensaktien aufgenommen wird oder eine GmbH ohne Vinkulierung mit einer GmbH mit vinkulierten Geschäftsanteilen verschmolzen wird. Die Regierungsbegründung weist darauf hin, dass bei derartigen Vorgängen ebenfalls in die Verfügungsbefugnis des Anteilsinhabers in so erheblichem Maße eingegriffen werde, dass ihm der Austritt aus dem Unternehmen ermöglicht werden müsse (vgl. Begründung zum RegE, BR-Drucks. 75/94, S. 94; abgedruckt in: Limmer, Umwandlungsrecht, S. 289).

589 Das UmwG 1995 bestimmte ursprünglich, dass das **Abfindungsangebot nur notwendig** ist, wenn die Vinkulierung »*durch Gesellschaftsvertrag oder der Satzung des übernehmenden Rechtsträgers*« vorgesehen ist, sodass nach dem Wortlaut eine gesetzliche Verfügungsbeschränkung wie z. B. die notwendige Zustimmung aller anderen Gesellschafter einer Personenhandelsgesellschaft zur Übertragung eines Gesellschaftsanteils (§§ 717, 719 BGB) kein Abfindungsangebot auslöst. Dies wurde bereits in der Literatur kritisiert (Grunewald, in: FS für Boujong, 1996, S. 178d.; Lutter/Grunewald, UmwG, § 29 Rn. 5). Der Gesetzgeber hat i. R. d. Änderung des UmwG diese **Beschränkung** auf vertragliche Verfügungsbeschränkungen **aufgehoben** (vgl. Neye, ZIP 1997, 722, 724 f.).

Dementsprechend ist es ohne Belang, **auf welcher Grundlage** die Verfügungsbeschränkung beruht, auch gesetzliche Verfügungsbeschränkungen lösen daher den Abfindungsausspruch aus (Lutter/Grunewald, UmwG, § 29 Rn. 8; Stratz, in: Schmitt/Hörtnagl/Stratz, § 29 UmwG Rn. 11). Ebenfalls ohne Belang ist, **welchen Inhalt die Beschränkung hat**, z. B. Zustimmungspflicht der Gesellschaft eines Einzelnen, Übertragbarkeit nur auf bestimmte Personen etc. (vgl. auch Kallmeyer/Marsch-Barner, UmwG, § 29 Rn. 7). Eine Verfügungsbeschränkung liegt auch dann vor, wenn die Verfügung an bestimmte Eigenschaften des Erwerbers gebunden ist (Reichert, GmbHR 1995, 176, 188; Kallmeyer/Marsch-Barner, UmwG, § 29 Rn. 7; Lutter/Grunewald, UmwG, § 29 Rn. 5). Umstritten ist, ob auch die Übernahme bestimmter Verpflichtungen durch den Erwerber oder die Anerkennung bestimmter Verkaufs- oder Vorerwerbspflichten oder Vor- oder Ankaufsrechte sowie die Vereinbarung eines automatischen oder rechtsgeschäftlich bewirkten Über- oder Untergangs des Anteils Verfügungsbeschränkungen in diesem Sinne darstellen (generell bejahend Reichert, GmbHR 1995, 176, 188; differenzierend nach Außenwirkung Kalss, in: Semler/Stengel, § 29 UmwG Rn. 8; generell ablehnend Widmann/Mayer/Wälzholz, Umwandlungsrecht, § 29 UmwG Rn. 19 f. – anders Vollrath in der Vorauflage; Stratz, in: Schmitt/Hörtnagl/Stratz, § 29 UmwG Rn. 11; Lutter/Grunewald, § 29 UmwG Rn. 6 f.). M. E. sollten nur den Verkehr belastende aber nicht verhindernde Vorkaufsrechte und Ankaufsrechte nicht der Vorschrift unterfallen.

In der Literatur ist auch umstritten, ob **nur dinglich wirkende Verfügungsbeschränkungen** oder auch 590
schuldrechtlich verpflichtend wirkende Verfügungsbeschränkungen von der Vorschrift erfasst sind (bejahend Reichert, GmbHR 1995, 176, 188; a. A. Widmann/Mayer/Wälzholz, Umwandlungsrecht, § 29 UmwG Rn. 20; Grunewald, in: FS für Boujong, 1996, S. 175, 181; Lutter/Grunewald, UmwG, § 29 Rn. 6 ff.; Kalss, in: Semler/Stengel, § 29 UmwG Rn. 8). Verfügungsbeschränkungen, die aus schuldrechtlichen Absprachen außerhalb der Satzung resultieren, sind von der Vorschrift nicht erfasst. Nach der Neuregelung liegt eine gesetzliche Verfügungsbeschränkung auch dann vor, wenn auf eine Personenhandelsgesellschaft verschmolzen wird, die sich nach dem HGB richtet (Lutter/Grunewald, UmwG, § 29 Rn. 4). Formvorschriften, Nebenleistungspflichten, Wettbewerbsverbote und Einziehungsklauseln sind daher von der Vorschrift nicht erfasst, ebenso nicht Vererblichkeitsbeschränkungen (Widmann/Mayer/Wälzholz, Umwandlungsrecht, § 29 UmwG Rn. 20; Lutter/Grunewald, UmwG, § 29 Rn. 7 ff.; Kalss, in: Semler/Stengel, § 29 UmwG Rn. 8).

Streitig ist, ob ein **Abfindungsangebot erforderlich** ist, wenn bei beiden Gesellschaften oder Rechtsträ- 591
gern identische Verfügungsbeschränkungen bestehen. Die gleiche Frage stellt sich, wenn an die Stelle einer nichtübertragbaren Mitgliedschaft im Verein wiederum eine **nicht übertragbare Mitgliedschaft im Verein** tritt. Die Frage ist in der Literatur umstritten. Nach allgemeiner Meinung ist ohne Bedeutung, ob die bisherigen Anteile des übertragbaren Rechtsträgers bereits Verfügungsbeschränkungen unterworfen waren. Die Literatur lässt allenfalls dann eine Ausnahme zu, wenn es sich bei beiden Gesellschaften um absolut identische Verfügungsbeschränkungen handelt, was aber z. B. bei der Verschmelzung von Personenhandelsgesellschaften nie der Fall sein soll (vgl. Widmann/Mayer/Wälzholz, Umwandlungsrecht, § 29 UmwG Rn. 18; Lutter/Grunewald, UmwG, § 29 Rn. 9; Kallmeyer/Marsch-Barner, UmwG, § 29 Rn. 9 f.; Reichert, GmbHR 1995, 176, 188; Stratz, in: Schmitt/Hörtnagl/Stratz, § 29 UmwG Rn. 10). In der Praxis sollte daher hiervon nur zurückhaltend Gebrauch gemacht werden.

3. Allgemeines Verschlechterungsverbot? § 29 Abs. 1 Satz 2 UmwG nennt nur die Einführung 592
einer Verfügungsbeschränkung der neuen Anteile. Nicht geregelt ist, ob über § 29 Abs. 1 Satz 2 im Wege der Analogie ein **allgemeines Verschlechterungsverbot** eingeführt werden kann.

Wie bereits oben dargelegt (vgl. Teil 2 Rdn. 270) besteht eine ähnliche Problematik der grundlegenden 593
Veränderung der Gesellschaftsbeteiligung, wenn mit den neuen Anteilen **andere Formen der Verschlechterung** verbunden sind: Wenn entweder die Gesellschafter der übernehmenden Gesellschaft höhere Verpflichtungen eingegangen waren als die Gesellschafter der übertragenden Gesellschaft. Nach § 53 Abs. 3 GmbHG ist bei einer Satzungsänderung, aus der höhere Verpflichtungen resultieren, die Zustimmung aller beteiligten Gesellschafter erforderlich. Eine gleiche Problemlage besteht, wenn der Gesellschaftsvertrag der übernehmenden Gesellschaft eine Nachschusspflicht vorsieht oder der Geschäftsanteil mit einem Wettbewerbsverbot, das im Gesellschaftsvertrag der übernehmenden Gesellschaft verankert ist, belastet ist. Wie schon gesagt, könnte diese Problematik entweder in Analogie zu § 13 Abs. 2 UmwG (vgl. oben Teil 2 Rdn. 283) durch ein Zustimmungserfordernis erfasst werden (vgl. zum alten Recht Dehmer, UmwG, UmwStG, § 20 KapErhG Anm. 4d; Hügel, Verschmelzung unter Einbringung, S. 84 f.; Lutter/Hommelhoff, 13. Aufl., GmbHG, Anh. Verschmelzung, § 20 KapErhG Rn. 8). Man könnte die Problematik aber auch durch ein Austritts- und Abfindungsrecht in Analogie zu § 29 Abs. 1 Satz 2 UmwG lösen. Dieser Ansatz hätte den Vorteil, dass die Verschmelzungsfreiheit weniger stark eingeschränkt wäre, als bei der Annahme eines Verfügungsverbotes und dürfte daher eher der Konzeption des Gesetzes entsprechen, dass im Grundsatz eine weitgehende Strukturänderungsfreiheit möglich ist.

Ebenfalls ungeklärt ist, ob ein **über die gesetzliche Regelung hinaus bestehendes Austrittsrecht** mit Bar- 594
abfindung besteht, wenn sich durch die Verschmelzung zwar nicht die Rechtsform, aber die Verhältnisse der Gesellschaft grundlegend ändern. Ein derartiger Fall könnte etwa gegeben sein, wenn früher ein enger personaler Zusammenschluss zwischen den Gesellschaftern bestand, bei der aufnehmenden Gesellschaft hingegen eine anonyme Struktur mit vielen Gesellschaftern vorzufinden ist. In der Literatur wurde in diesen grundlegenden Veränderungsfällen die Auffassung vertreten, dass dem überstimmten Minderheitsgesellschafter ausnahmsweise ein Austritts- und Abfindungsrecht zusteht (so Lutter, DB 1980, 1323; Lutter/Hommelhoff, GmbHG, 13. Aufl., § 21 KapErhG Rn. 16; Timm, AG 1982, 107).

595 **4. Widerspruch.** Voraussetzung für die Pflicht, ein Abfindungsangebot zu machen, ist ein **Widerspruch der Gesellschafter gegen die Verschmelzung** (§ 29 Abs. 1 Satz 1 UmwG). Der Gesellschafter, der einen Abfindungsanspruch geltend macht, muss also gegen die Verschmelzung Widerspruch **zur Niederschrift des Notars** abgeben. Mit diesem Widerspruch bringt der Gesellschafter zum Ausdruck, dass er nicht Gesellschafter der aufnehmenden Gesellschaft werden möchte und dass er sich die Geltendmachung des ihm kraft Gesetzes zustehenden Abfindungsanspruchs vorbehält (BGH, NJW 1989, 2693; OLG München, DNotZ 2011, 142 m. Anm. Priester; OLG Stuttgart, NZG 2004, 1162, 1164; Widmann/Mayer/Wälzholz, Umwandlungsrecht, § 29 UmwG Rn. 30; Lutter/Grunewald, UmwG, § 29 Rn. 12; Kallmeyer/Marsch-Barner, UmwG, § 29 Rn. 11). Der Widerspruch setzt voraus, dass der Gesellschafter zur Niederschrift des Notars in der Hauptversammlung oder Gesellschafterversammlung, in der der Zustimmungsbeschluss beurkundet wird, eindeutig erklärt, dass er mit dem gefassten Beschluss nicht einverstanden ist. Auf die Wortwahl kommt es – sofern der Wille eindeutig zum Ausdruck gebracht wird – nicht an. Eine Begründung des Widerspruchs ist nicht notwendig (vgl. Lutter/Grunewald, UmwG, § 29 Rn. 13; Stratz, in: Schmitt/Hörtnagl/Stratz, § 29 UmwG Rn. 15 ff.; Schaub, NZG 1998, 626, 628).

Da der widersprechende Gesellschafter nach Sinn und Zweck der gesetzlichen Regelung zunächst versuchen muss, die Umwandlung als solche zu verhindern, entsteht ein **Barabfindungsanspruch** nur, wenn der Gesellschafter in der Gesellschafterversammlung anwesend oder vertreten war und auch gegen die Verschmelzung gestimmt hat (zum alten Recht § 375 AktG a. F. – vgl. BGH, NJW 1989, 2693; Widmann/Mayer/Wälzholz, Umwandlungsrecht, § 29 UmwG Rn. 30.; Lutter/Grunewald, UmwG, § 29 Rn. 13; Stratz, in: Schmitt/Hörtnagl/Stratz, § 29 UmwG Rn. 15 ff.; Schaub, NZG 1998, 626, 628, KK-AktG/Zöllner, § 375 Rn. 5; Grunewald, in: FS für Boujong, 1996, S. 183; a. A. Kallmeyer/Marsch-Barner, UmwG, § 29 Rn. 13). Umgekehrt ersetzt die zusätzlich erforderliche Stimmabgabe gegen den Verschmelzungsbeschluss den Widerspruch nicht (OLG München, DNotZ 2011, 142 m. Anm. Priester; Kalss, in: Semler/Stengel, § 29 UmwG Rn. 22; Stratz, in: Schmitt/Hörtnagl/Stratz, § 29 UmwG Rn. 15 f.).

596 **5. Nicht zugelassene Gesellschafter oder nicht ordnungsgemäß einberufene Versammlung oder Bekanntmachung der Beschlussfassung.** § 29 Abs. 2 UmwG stellt eine **Reihe von Tatbeständen** dem Widerspruch zur Niederschrift gleich. Es sind dies Fälle, in denen ein Gesellschafter zu einem Widerspruch ohne eigenes Verschulden nicht in der Lage war. Diese Gleichstellung entspricht einem **allgemeinen Grundsatz des Anfechtungsrechts**, der hier auf das Abfindungsverfahren übertragen wurde (vgl. § 51 Abs. 2 Satz 1, § 93k Abs. 1 Nr. 2 GenG). Gleichgestellt sind die Fälle, in denen ein nichterschienener Gesellschafter zur Versammlung zu Unrecht nicht zugelassen worden ist oder die Versammlung nicht ordnungsgemäß einberufen oder der Gegenstand der Beschlussfassung nicht ordnungsgemäß bekannt gemacht worden ist (Widmann/Mayer/Wälzholz, Umwandlungsrecht, § 29 UmwG Rn. 32 ff.; Lutter/Grunewald, UmwG, § 29 Rn. 14; Stratz, in: Schmitt/Hörtnagl/Stratz, § 29 UmwG Rn. 17). Zu § 375 AktG a. F. hatte der BGH offengelassen, ob dem Widerspruch die Fälle gleichgestellt werden, in denen die Aktionäre der Umwandlung mangels rechtzeitiger Kenntnis nicht zugestimmt haben (BGH, NJW 1989, 2963). Das Gesetz regelt nun diese Gleichstellung in den drei genannten Fällen. Es bleibt abzuwarten, ob es auf andere **Fälle des unverschuldeten Nichterscheinens** im Wege der **Analogie** ausgedehnt werden kann. Es spricht einiges dafür, dass man in § 29 Abs. 2 UmwG einen allgemeinen Grundsatz des schuldhaften Unterlassens des Widerspruchs sehen könnte. In der Literatur wird die Auffassung vertreten, dass ein Widerspruch auch denn entbehrlich sei, wenn der Gesellschafter aufgrund von Umständen, die in der Sphäre der Gesellschaft ihren Grund hätten, am Widerspruch gehindert sei (Lutter/Grunewald, UmwG, § 29 Rn. 15; Stratz, in: Schmitt/Hörtnagl/Stratz, § 29 UmwG Rn. 17; Schaub, NZG 1998, 626, 628). Das OLG München (DNotZ 2011, 142, 143) weist zu Recht darauf hin, dass es fraglich sein ob dem in dieser Allgemeinheit gefolgt werden kann. § 29 Abs. 2 UmwG setze zunächst voraus (ebenso wie der inhaltsgleiche § 245 Nr. 2 AktG für das Anfechtungsrecht), dass der Anteilsinhaber in der Versammlung nicht erschienen sei (d. h. weder selbst anwesend noch vertreten ist) und deshalb eine Erklärung des Widerspruchs zur Niederschrift tatsächlich nicht abgeben könne, und nennt dann die Sachverhalte – unberechtigte Nichtzulassung, Einberufungs- und Bekanntmachungsmängel – in denen seine Abwesenheit nicht vom Anteilsinhaber, sondern von der Gesellschaft zu verantworten sei. Sei aber der Anteilsinhaber trotz eines Einberufungsmangels

erschienen, bleibe sein Widerspruch erforderlich (vgl. OLG Stuttgart AG 2007, 596/597; Lutter/Grunewald § 29 Rn. 14; zu § 245 AktG vgl. Hüffer/Koch, AktG, 8. Aufl., § 245 Rn. 17; MünchKomm-AktG/Hüffer/Koch, 2. Aufl., § 245 Rn. 37; GK-AktG/Schmidt, 4. Aufl., § 245 Rn. 24; Bürgers/Körber, AktG § 245 Rn. 13). Die gemeinsame Voraussetzung der drei Fallgruppen des § 29 Abs. 2 UmwG liege somit wie bei § 245 Nr. 2 AktG darin, dass der Anteilsinhaber in der Versammlung nicht erschienen ist. Eine entsprechende Anwendung dieser Vorschrift kann folglich in Betracht gezogen werden für Fallgestaltungen, in denen es dem Aktionär wie bei seinem Nichterscheinen tatsächlich unmöglich sei, einen Widerspruch zur Niederschrift zu erklären, und dies der Gesellschaft zuzurechnen ist. Das könne etwa bei unberechtigtem Saalverweis der Fall sein (vgl. MünchKomm-AktG/Hüffer, § 245 Rn. 40) oder bei einem überstürzten Abbruch der Versammlung (vgl. GK-AktG/Schmidt, § 245 Rn. 22; MünchKomm-AktG/Hüffer, § 245 Rn. 33; Schmidt/Lutter, § 245 Rn. 15 a. E.; Noack, AG 1989, 78/81). Es erscheint nach Auffassung des OLG München dagegen zweifelhaft, ob über derartige, den gesetzlich geregelten vergleichbare Fallgestaltungen hinaus eine entsprechende Anwendung des § 29 Abs. 2 UmwG auf Sachverhalte geboten ist, in denen der Anteilsinhaber in der Versammlung erschienen war und auch tatsächlich Gelegenheit zur Erklärung des Widerspruchs hatte, diese jedoch – etwa aufgrund von Fehlinformationen über die Notwendigkeit des Widerspruchs – nicht genutzt hat (bejahend Widmann/Mayer/Wälzholz, § 29 UmwG Rn. 35 a. E.; Schmitt/Hörtnagl/Stratz, § 29 Rn. 17 a. E.; Lutter/Grunewald, § 29 Rn. 15; Kallmeyer/Marsch-Barner, UmwG, § 29 Rn. 30; Schaub, NZG 1998, 626, 628). Priester folgt demgegenüber der Literaturauffassung (Priester, DNotZ 2011, 147).

II. Rechtsfolgen

1. Abfindungsangebot. § 29 UmwG begründet nicht wie etwa § 375 AktG a. F. kraft Gesetzes einen   **597**
Abfindungsanspruch, sondern nur eine **Verpflichtung der Gesellschaft, das Abfindungsangebot in den Verschmelzungsvertrag aufzunehmen.** Es besteht also kein Abfindungsanspruch, sondern nur eine Pflicht, ein Abfindungsangebot zu machen. Der Gesetzgeber will hierdurch offensichtlich erreichen, dass das Austritts- und Abfindungsrecht bereits frühzeitig allen Beteiligten bekannt wird. Denn, wenn es Teil des Verschmelzungsvertrages sein muss, unterliegt es auch dem gesamten Instrumentarium der Informationspflichten hinsichtlich des Verschmelzungsvertrages (vgl. hierzu oben Teil 2 Rdn. 277 ff.). Bis zum Jahr 1995 war in § 33 Abs. 3 KapErhG i. V. m. § 369 Abs. 4 AktG a. F. diesem Informationsbedürfnis dadurch Rechnung getragen, dass das Angebot zur Barabfindung bereits in der Einberufung zur Hauptversammlung, in welcher der Verschmelzungsbeschluss gefasst werden soll, bekannt gemacht werde. Wegen dieser Regelung sahen die Vertragsmuster meist bereits auch eine Aufnahme in den Verschmelzungsvertrag vor. Dieses Praxisverfahren, das die frühzeitige Information der Gesellschafter und Anteilsinhaber sicherstellen soll, hat der Gesetzgeber nunmehr als gesetzliche Regelung aufgenommen.

Die Folge hiervon ist allerdings, dass in den Fällen der Mischverschmelzung oder in den Fällen, in denen   **598**
eine Vinkulierung der Anteile eintritt, bereits der Verschmelzungsvertrag ein Abfindungsangebot enthalten muss. Bei der **Abfassung des Verschmelzungsvertrages** wird daher insb. auf die Fälle der Vinkulierungspflicht größere Sorgfalt verwendet werden müssen, damit nicht unwirksame Verschmelzungsverträge abgeschlossen werden.

2. Verzicht auf Abfindungsangebot. Im Gesetz nicht normiert ist die Frage, ob ein **vorheriger Verzicht auf das Abfindungsangebot** möglich ist. Lediglich in § 30 Abs. 3 Satz 3 UmwG ist geregelt, dass durch notariell beurkundete Verzichtserklärung auf die Prüfung des Abfindungsangebots verzichtet werden kann. Da das Abfindungsangebot ebenso wie andere Schutzvorschriften den Individualschutz der Beteiligten bezwecken, spricht viel für eine analoge Anwendung der §§ 8 Abs. 3, 12 Abs. 3, 30 Abs. 2 UmwG auch für das Abfindungsangebot. Da aufgrund entsprechender Verzichtserklärung der Anteilsinhaber schon vor der Fassung des Verschmelzungsbeschlusses feststeht, dass kein Anteilsinhaber austreten will, so erübrigt sich ein solches Angebot, dass dann nur überflüssig ist und unnötige Kosten verursacht (so auch Grunewald, in: FS für Boujong, 1996, S. 175, 185; Lutter/Grunewald, UmwG, § 29 Rn. 18; Kallmeyer/Marsch-Barner, UmwG, § 29 Rn. 17; Schaub, NZG 1998, 626, 629; Widmann/Mayer/Wälzholz, Umwandlungsrecht, § 29 UmwG Rn. 53; Kalss, in: Semler/Stengel, § 29 UmwG Rn. 26).

600 Bei der **Verschmelzung einer 100 %igen Tochtergesellschaft auf die Muttergesellschaft** findet kein Anteilstausch statt (§ 54 Abs. 1 Satz 1 Nr. 1; § 68 Abs. 1 Satz 1 Nr. 1 UmwG, § 5 Abs. 2 UmwG), sodass in diesen Fällen kein Abfindungsangebot erforderlich ist.

601 **3. Inhalt des Abfindungsangebots.** Aus dem Wortlaut des § 29 UmwG ergibt sich nicht, ob es sich bei den zu erwerbenden Anteilen um die des übertragenden oder des übernehmenden Rechtsträgers handelt. Die herrschende Meinung geht zu Recht davon aus, dass es um die **Anteile oder Mitgliedschaften des übernehmenden Rechtsträgers** geht, da Voraussetzung für die Entstehung des Abfindungsanspruchs nach § 31 UmwG die Rechtswirksamkeit der Verschmelzung ist (Widmann/Mayer/Wälzholz, Umwandlungsrecht, § 29 UmwG Rn. 36 ff.; Lutter/Grunewald, UmwG, § 29 Rn. 24). Beim Inhalt des Abfindungsangebots ist danach zu unterscheiden, ob der übernehmende Rechtsträger eigene Anteile oder Mitgliedschaften erwerben kann (GmbH, AG, KGaA) oder ob der Erwerb eigener Anteile nicht möglich ist (Personenhandelsgesellschaften, Verein, Genossenschaft):
- Ist der Erwerb eigener Anteile möglich, so richtet sich das Abfindungsangebot auf den Erwerb dieser Anteile gegen eine angemessene Barabfindung (§ 29 Abs. 1 Satz 1 UmwG).
- Ist der Erwerb eigener Anteile nicht möglich, so ist die Barabfindung für den Fall anzubieten, dass der Anteilsinhaber sein Ausscheiden aus dem Rechtsträger erklärt (§ 29 Abs. 1 Satz 3 UmwG).

602 Mit der Annahme des Angebots nach § 31 UmwG kommt der Vertrag zustande, der eine Art **Vorvertrag** darstellt. Die Vorschrift erhält nur die Verpflichtung zur Abgabe des schuldrechtlichen Angebots nicht zum dinglichen Abtretungsvertrag (Widmann/Mayer/Wälzholz, Umwandlungsrecht, § 29 UmwG Rn. 47 ff.).

603 **4. Ausschlussfrist für die Annahme des Angebots.** Nach § 31 UmwG kann das Angebot im Verschmelzungsvertrag auf Barabfindung nur **innerhalb von 2 Monaten** nach dem Tag angenommen werden, an dem die Eintragung der Verschmelzung in das Register des Sitzes der übernehmenden Gesellschaft nach § 19 Abs. 3 UmwG als bekannt gemacht gilt. Das ist der Tag, an dem jeweils das letzte der die Bekanntmachung enthaltenden Blätter (elektronischer Bundesanzeiger oder ein anderes Blatt) erschienen ist. Die Vorschrift entspricht weitgehend § 375 Abs. 1 Satz 3 AktG a. F. Man wird daher auch hier davon ausgehen müssen, dass es sich um eine Ausschlussfrist handelt. Wird sie versäumt, steht dem Aktionär **keine Wiedereinsetzungsmöglichkeit** und **kein sonstiger Rechtsbehelf** zur Verfügung (so Widmann/Mayer/Wälzholz, Umwandlungsrecht, § 31 UmwG Rn. 4.3; Lutter/Grunewald, UmwG, § 31 Rn. 2; Kallmeyer/Marsch-Barner, UmwG, § 31 Rn. 3). Die **Fristberechnung** erfolgt nach §§ 187 Abs. 2, 188 Abs. 2 BGB (Widmann/Mayer/Wälzholz, Umwandlungsrecht, § 31 UmwG Rn. 4).

604 Nach § 31 Abs. 1 Satz 2 UmwG beginnt die Ausschlussfrist von 2 Monaten für den Fall, dass ein **Antrag auf gerichtliche Bestimmung der Barabfindung** gestellt worden ist, erst an dem Tag, an dem die gerichtliche Entscheidung im Bundesanzeiger bekannt gemacht worden ist. Entscheidend ist, dass gem. § 33 Satz 2 UmwG die **Ausschlussfrist** mit der Bekanntmachung der Entscheidung im elektronischen Bundesanzeiger **erneut zu laufen beginnt**. Es kommt nicht darauf an, ob der widersprechende Aktionär selbst das gerichtliche Verfahren betrieben hat. Allein maßgebend ist die Tatsache, dass überhaupt ein Antrag auf Bestimmung der angemessenen Barabfindung beim zuständigen Gericht gestellt wurde.

605 **5. Ablauf des Anteilserwerbs durch die Gesellschaft. a) Allgemeines.** Nach § 29 Abs. 1 Satz 1 UmwG muss der **Verschmelzungsvertrag bereits das Angebot** zum Erwerb der Anteile oder der Mitgliedschaftsrechte gegen die Barabfindung des widersprechenden Gesellschafters **enthalten** (vgl. Widmann/Mayer/Wälzholz, Umwandlungsrecht, § 29 UmwG Rn. 47 ff.). Im Verschmelzungsvertrag muss somit ein Angebot auf Abschluss eines Geschäftsanteilsübertragungsvertrages enthalten sein, durch das ein Anteilsübertragungsvertrag mit der Annahme durch den Gesellschafter geschlossen wird. Auch nach § 375 Abs. 1 Satz 1 AktG a. F. wurde die Barabfindung in der Gestalt realisiert, dass die übernehmende Gesellschaft den Geschäftsanteil oder die Aktie erwarb. Dies geschah regelmäßig durch einen Anteilsübertragungsvertrag. Verweigerte bei § 375 AktG a. F. die Gesellschaft die Mitwirkung an diesem Rechtsgeschäft, konnte der widersprechende Aktionär auf Mitwirkung beim Vertragsabschluss klagen, die **Vollstreckung** erfolgt dann gem. § 894 ZPO (KK-AktG/Zöllner, § 375 Rn. 15). Dieses Verfahren wurde dahin gehend abgeändert, dass bereits der Verschmelzungsvertrag das Angebot enthalten muss, das durch eine bloße rechtsgeschäftliche Annahmeerklärung den Vertrag aktualisiert.

Unklar bleibt, ob im Verschmelzungsvertrag aufgrund dieser Regelung der gesamte Anteilsübertragungs- **606** vertrag **mit allen notwendigen Erklärungen** enthalten sein muss. Dies wird allerdings praktisch kaum möglich sein, da dann im Verschmelzungsvertrag z. B. bei der Verschmelzung von GmbH alle Geschäftsanteile hinreichend bestimmt bezeichnet werden müssten. Dies kann sicherlich nicht Sinn des Gesetzes sein. Man wird § 29 Abs. 1 UmwG wohl dahin gehend interpretieren müssen, dass ein **allgemein gehaltenes Abfindungsangebot im Verschmelzungsvertrag** enthalten sein muss, das etwa dem Angebot auf Abschluss eines Vorvertrages entspricht. Auch beim Abfindungsangebot im Verschmelzungsvertrag wird der Erwerb der Geschäftsanteile wohl weiterer vertraglicher Abwicklungen bedürfen, etwa des Abschlusses eines Geschäftsanteilsübertragungsvertrages, der dann die genaue Bestimmung des betroffenen Geschäftsanteils und auch die notwendigen Abwicklungserklärungen enthält. Mit der Annahme des im Verschmelzungsvertrag enthaltenen Abfindungsangebots wird wohl nur eine Art Vorvertrag auf Abschluss eines Hauptgeschäftsanteilsübertragungsvertrages verbunden sein.

b) Anteilsübertragung. Eine besondere Form für die Annahme des Angebots ist nicht vorgesehen. **607** Nach allgemeiner Meinung reicht es daher aus, dass der Wille zur Annahme des Angebots aber auch nur der **Wille zum Austritt hinreichend deutlich** wird (Lutter/Grunewald, UmwG, § 31 Rn. 3; Kallmeyer/Marsch-Barner, UmwG, § 31 Rn. 4). Der **weitere Vollzug des Anteilserwerbs** richtet sich nach Annahme dieses vorvertraglichen Angebotes im Verschmelzungsvertrag nach dem jeweiligen Recht, dem die übertragende Gesellschaft angehört. Ist die übertragende Gesellschaft etwa eine GmbH, richtet sich der Erwerb des Anteils durch die Gesellschaft nach dem GmbH-Recht, d. h. erforderlich ist der **Abschluss eines Geschäftsübertragungsvertrages** gem. § 15 GmbHG (Widmann/Mayer/Wälzholz, Umwandlungsrecht, § 31 UmwG Rn. 3; Lutter/Grunewald, UmwG, § 31 Rn. 3; Kallmeyer/Marsch-Barner, UmwG, § 31 Rn. 6). Danach verliert der Gesellschafter seine Mitgliedschaft erst mit der formwirksamen Übertragung des Anteils auf die Gesellschaft. Hat der Anteilsinhaber an dem übertragenen Rechtsträger mehrere Anteile, kann er nach überwiegenden Meinung auch nur bzgl. eines Teils seiner Anteile das Abfindungsangebot annehmen (Lutter/Grunewald, UmwG, § 31 Rn. 3; Kallmeyer/Marsch-Barner, UmwG, § 29 Rn. 19; a. A. Goutier/Knopf/Tulloch/Bermel, Umwandlungsrecht, § 29 UmwG Rn. 35; vgl. auch Widmann/Mayer/Wälzholz, Umwandlungsrecht, § 29 UmwG Rn. 47 ff., der eine rechtsgeschäftliche Einschränkung der teilweisen Annahme zulassen will).

c) Kapitalschutz. aa) AG. Die Pflicht zur Abgabe des Abfindungsangebot gegen Erwerb der An- **608** teile oder Mitgliedschaften besteht bei einer übernehmenden **AG** oder **KGaA** auch dann, wenn durch die Annahme aller Angebote Verpflichtungen zum Erwerb eigener Aktien entstehen würden, die den Bestand an eigenen Aktien der übernehmenden AG oder KGaA entgegen § 71 Abs. 2 AktG über die Grenze von 10 % des Grundkapitals hinaus ansteigen lassen würden. Dem Schutz widersprechender Gesellschafter der übertragenden Gesellschaft soll bei § 29 UmwG der Vorrang eingeräumt werden, um die Verschmelzung nicht zu erschweren (vgl. Begründung zum RegE, BR-Drucks. 75/94, S. 94; abgedruckt in: Limmer, Umwandlungsrecht, S. 289). Im Zuge des UmwG wurde daher auch § 71 Abs. 1 Nr. 3 AktG durch Art. 6 des Umwandlungsbereinigungsgesetzes neu gefasst; ein eigener Anteilserwerb bei AG ist daher auch zulässig, wenn der Erwerb geschieht, um Aktionäre nach § 29 Abs. 1 UmwG oder § 125 Satz 2 i. V. m. § 29 Abs. 1, 2 abzufinden. Der Erwerb eigener Aktien zur Durchführung von Umwandlungen und Verschmelzungen ist daher zulässig. In § 29 Abs. 1 Satz 1 Halbs. 2 UmwG ist außerdem konsequenterweise auch vorgesehen, dass § 71 Abs. 4 Satz 2 AktG insoweit nicht anzuwenden ist.

Die in § 71 Abs. 4 Satz 2 AktG vorgesehene **Sanktion**, nämlich die Nichtigkeit des schuldrechtlichen Grundgeschäfts über den Aktienerwerb, wird daher hierdurch ausgeschlossen. Allerdings sind die § 71 AktG vorgesehenen **Grenzen** zu beachten. Die eigenen Aktien dürfen zusammen mit anderen Aktien der Gesellschaft, welche die Gesellschaft bereits erworben hat und noch besitzt, nicht mehr als 10 % des Grundkapitals betragen (§ 71 Abs. 2 Satz 1 AktG). Der Erwerb ist nach § 71 Abs. 2 Satz 2 AktG nur zulässig, wenn die AG die nach § 272 Abs. 4 HGB vorgeschriebene Rücklage für eigene Anteile aus freien Mitteln bilden kann (vgl. Hüffer/Koch, AktG, § 71 Rn. 21). Nach § 29 Abs. 1 Satz 1 Halbs. 2 UmwG i. V. m. § 71 Abs. 4 Satz 2 AktG ist allerdings ein Verstoß gegen diese Grenzen **kein Nichtigkeitsgrund**, führt aber wohl zur Rechtswidrigkeit eines Beschlusses (vgl. Lutter/Grunewald, UmwG, § 29 Rn. 27; Widmann/Mayer/Wälzholz, Umwandlungsrecht, § 29 UmwG Rn. 37; Kalss, in: Semler/Stengel, UmwG, § 29 Rn. 32;). § 29 UmwG beseitigt also die Nichtigkeitssanktion bei Verstoß gegen die 10 % Grenze oder die Verpflichtung zur Rücklagenbildung. Das schuldrechtliche Geschäft bleibt damit nach § 29 Abs. 1 UmwG wirksam, das dingliche ist bereits nach § 71 Abs. 4 Satz 1 AktG wirksam. Damit wird die aufnehmende AG konditionsfest Inhaber eigener Aktien. § 29 UmwG erlaubt und fordert den Erwerb eigener Aktien auch wenn dies nur unter Verstoß gegen die 10 %-Grenze oder die Verpflichtung zur Rücklagenbildung möglich ist (so zu Recht Lutter, in: FS für Wiedemann, 2002, S. 1106). Allerdings ist § in § 71c AktG geregelt, dass wenn die Gesellschaft eigene Aktien unter Verstoß gegen § 71 Abs. 1 oder Abs. 2 AktG erworben hat, diese innerhalb eines Jahres nach ihrem Erwerb veräußert werden müssen. Entfallen auf die Aktien, welche die Gesellschaft nach § 71 Abs. 1 AktG in zulässiger Weise erworben hat und noch besitzt, mehr als 10 % des Grundkapitals, so muss der überschießende Teil der Aktien, innerhalb von 3 Jahren nach dem Erwerb der Aktien veräußert werden. Sind eigene Aktien innerhalb der in den § 71c Abs. 1 und Abs. 2 AktG vorgesehenen Fristen nicht veräußert worden, so sind sie nach § 237 einzuziehen (§ 71c Abs. 3 AktG). Die Anwendung dieser Vorschriften auf aufgrund von § 29 UmwG erworbenen Aktien ist ebenfalls umstritten. Z. T. wird die Vorschrift uneingeschränkt angewendet (Widmann/Mayer/Wälzholz, Umwandlungsrecht, § 29 UmwG Rn. 37; Kallmeyer/Marsch-Barner, UmwG, § 29 Rn. 26). M.E ist die Auffassung von Lutter vorzugswürdig, der einheitlich für eine analoge Anwendung des § 71c Abs. 2 AktG mit der 3-jährigen Veräußerungsfrist plädiert (Lutter, in: FS für Wiedemann, 2002, S. 1107 ff.).

609 **bb) GmbH.** Unklar ist allerdings, inwieweit § 33 GmbHG dem Erwerb eigener Anteile bei der **GmbH** entgegensteht. § 375 Abs. 1 Satz 5 AktG a. F. bestimmte, dass § 33 GmbHG einem Erwerb von Geschäftsanteilen i. R. d. Abfindungsverfahrens nicht entgegensteht. Auch diese Frage ist nunmehr in § 33 GmbHG direkt geregelt. Durch Art. 4 Umwandlungsbereinigungsgesetzes wurde § 33 GmbHG ein neuer Abs. 3 hinzugefügt, der bestimmt, dass der Erwerb eigener Geschäftsanteile ferner zur Abfindung von Gesellschafter nach § 29 Abs. 1, § 125 Satz 1 i. V. m. § 29 Abs. 1, § 207 Abs. 1 Satz 1 UmwG und § 122i Abs. 1 Satz 2 zulässig ist, sofern der Erwerb binnen 6 Monaten nach dem Wirksamwerden der Umwandlung oder nach der Rechtskraft einer gerichtlichen Entscheidung erfolgt und die GmbH die nach § 272 Abs. 1a und 4 HGB vorgeschriebene Rücklage für eigene Anteile für den Erwerb bilden kann, ohne das Stammkapital oder eine nach dem Gesellschaftsvertrag zu bildende Rücklage zu mindern, die nicht zur Zahlung an die Gesellschaft verwandt werden darf. Durch diese Ergänzung des § 33 GmbHG wurde die Möglichkeit erweitert, eigene Geschäftsanteile einer GmbH zu erwerben (Widmann/Mayer/Wälzholz, Umwandlungsrecht, § 29 UmwG Rn. 39). Die 6-Monats-Frist stellt allerdings ebenfalls eine Ausschlussfrist dar.

610 Auch bei Erwerb **eigener Anteile bei der GmbH** gelten daher grds. **ähnliche Grundsätze wie bei der AG** (vgl. Lutter/Hommelhoff, GmbHG § 33 Rn. 21; Emmerich, NZG 1998, 622 ff.; Baumbach/Hueck/Hueck/Fastrich, GmbHG § 33 Rn. 16; vgl. oben Teil 2 Rdn. 608 ff.). § 33 Abs. 3 GmbHG, der neu gefasst wurde durch das BilMoG v. 20.05.2009 (BGBl. I, 1102) bestimmt daher: Der Erwerb eigener Geschäftsanteile ist zulässig zur Abfindung von Gesellschaftern nach § 29 Abs. 1, und § 122i Abs. 1 Satz 2, § 125 Satz 1 i. V. m. § 29 Abs. 1, § 207 Abs. 1 Satz 1 des UmwG, sofern der Erwerb binnen 6 Monaten nach dem Wirksamwerden der Umwandlung oder nach der Rechtskraft der gerichtlichen Entscheidung erfolgt und die Gesellschaft die nach § 272 Abs. 1a und 4 HGB vorgeschriebene Rücklage für eigene Anteile für den Erwerb bilden kann, ohne das Stammkapital oder eine nach dem Gesellschaftsvertrag zu bildende Rücklage zu mindern, die nicht zu Zahlungen an die Gesellschafter verwandt werden darf. Voraussetzung ist daher wie bei der AG, dass die Gesellschaft die Rücklage nach § 272 Abs. 1a und 4 HGB im Zeitpunkt des Erwerbs bilden kann, ohne Beeinträchtigung des Stammkapitals oder Zugriff auf gesellschaftsvertraglich zu bildende Rücklage (vgl. Zeidler in: Semler/Stengel, § 29 UmwG Rn. 34). Zeigt sich bereits bei der Abfassung eines Verschmelzungsbeschlusses, dass die Schranken des § 33 GmbHG nicht eingehalten werden können, wäre ein gefasster Verschmelzungsbeschluss zwar rechtswidrig, die überwiegende Meinung ist aber zu Recht der Auffassung, dass ähnlich wie bei der AG damit keine Unwirksamkeitssanktion verbunden und § 33 Abs. 2 Satz 3 GmbHG einschränkend auszulegen ist (Lutter/Grunewald, UmwG, § 29 Rn. 29; Kallmeyer/Marsch-Barner, UmwG, § 29 Rn. 27; Widmann/Mayer/Wälzholz, Umwandlungsrecht, § 29 UmwG Rn. 39 spricht vom Redaktionsversehen).

6. Abfindungsangebot ohne Anteilserwerb. § 29 Abs. 1 Satz 3 UmwG sieht eine Regelung für den **611** Fall vor, in dem die aufnehmende Gesellschaft nach ihrem Gesellschaftsrecht den **Erwerb eigener Anteile oder Mitgliedschaftsrechte ausschließt.** Dies ist etwa bei Personengesellschaften, Vereinen oder Genossenschaften der Fall. Hier muss im Verschmelzungsvertrag eine Barabfindung für den Fall angeboten werden, dass der widersprechende Gesellschafter sein Ausscheiden aus der Gesellschaft erklärt. Es steht also der Abfindung »als Gegenleistung« nicht der Erwerb der Anteile, sondern das Ausscheiden aus dem übernehmenden Rechtsträger ggü.

In der Literatur umstritten ist in diesem Fall, ob schon die Annahme des Barabfindungsgebotes direkt **612** zum Ausscheiden des Anteilsinhabers und damit zum Erlöschen der Mitgliedschaftsrechte und Pflichten führt oder ob noch eine gesonderte **Austrittserklärung** erfolgen muss (vgl. Widmann/Mayer/Wälzholz, Umwandlungsrecht, § 29 UmwG Rn. 58; Kallmeyer/Marsch-Barner, UmwG, § 29 Rn. 28).

7. Inhalt des Anspruchs auf Barabfindung und Prüfung der Barabfindung und Verzicht. Nach **613** § 30 Abs. 1 UmwG muss die Barabfindung die **Verhältnisse des übertragenden Rechtsträgers im Zeitpunkt der Beschlussfassung** über die Verschmelzung berücksichtigen. § 15 Abs. 2 UmwG ist entsprechend anzuwenden, d. h., die bare Zuzahlung ist nach Ablauf des Tages, an dem die Eintragung der Verschmelzung in das Register des Sitzes des übernehmenden Rechtsträgers nach § 19 Abs. 3 UmwG als bekannt gemacht gilt, mit **jährlich 5 Prozentpunkten über dem Basiszinssatz nach § 247 BGB zu verzinsen** (vgl. Kallmeyer/Marsch-Barner, UmwG, § 15 Rn. 9; Kamanabrou, BB 2005, 449 ff.).

§ 30 UmwG übernimmt in Abs. 1 aus dem vor 1995 geltenden Umwandlungsrecht die Regelungen **614** über die **Angemessenheit einer Barabfindung.** Entsprechende Vorschriften waren früher in §§ 305 Abs. 3 Satz 2, 320 Abs. 5 Satz 5 und 6, 375 Abs. 1 Satz 1 AktG zu finden. Da es sich danach um einen allgemeinen Grundsatz für die Bemessung einer Barabfindung handelt, soll dieser in die allgemeinen Vorschriften über die Verschmelzung eingestellt werden. Allerdings soll nicht die Berücksichtigung bestimmter Bewertungsmethoden vorgeschrieben werden. Die Regierungsbegründung weist darauf hin, dass sich dies nicht bewährt habe, weil die Berücksichtigung und die Gewichtung der verschiedenen Methoden je nach Natur und Gegenstand des Unternehmens verschieden sein könne. Deshalb beschränke sich die Vorschrift darauf, den für die Bemessung der Barabfindung entscheidenden Zeitpunkt festzulegen (vgl. Begründung zum RegE, BR-Drucks. 75/94, S. 94, abgedruckt in: Limmer, Umwandlungsrecht, S. 289).

Der Anspruch auf Barabfindung richtet sich **gegen die Gesellschaft** (vgl. zum früheren Recht Semler/ **615** Grunewald, in: Geßler/Hefermehl, AktG, § 375 Rn. 21). Im Unterschied zu der Abfindung nach § 320 AktG a. F. ist die Barabfindung nach § 30 UmwG allerdings eine Gegenleistung für eine rechtsgeschäftlich vorzunehmende Anteilsübertragung (KK-AktG/Zöllner, § 375 Rn. 18). Für die Angemessenheit der Barabfindung gelten die gleichen Grundsätze wie bei der Bemessung des Umtauschverhältnisses (vgl. ausführlich Widmann/Mayer/Wälzholz, Umwandlungsrecht, § 30 UmwG Rn. 6 ff.). Der Ausscheidende soll eine Abfindung erhalten, die den wirklichen Wert seiner Beteiligung am übertragenden Unternehmen entspricht. **Grundlage der Berechnung** ist der Anteil am Wert des lebenden Unternehmens. § 30 Abs. 1 Satz 1 UmwG trägt diesem Gedanken Rechnung, indem er auf den Zeitpunkt der Beschlussfassung abstellt.

Nach § 30 Abs. 3 UmwG ist die Angemessenheit einer anzubietenden Barabfindung stets durch **Ver- 616 schmelzungsprüfer** zu prüfen (vgl. Lutter/Grunewald, UmwG, § 30 Rn. 5 ff.). Dies gilt auch bei Personengesellschaften und GmbH ausnahmslos. Die §§ 10 bis 12 UmwG sind entsprechend anzuwenden. Möglich ist allerdings der **Verzicht durch notariell beurkundete Verzichtserklärung,** d. h. nach § 30 Abs. 2 S. können die Berechtigten auf **die Prüfung oder den Prüfungsbericht** verzichten (Lutter/Grunewald, UmwG, § 30 Rn. 8; Stratz, in: Schmitt/Hörtnagl/Stratz, § 30 UmwG Rn. 14). Die Regierungsbegründung weist für diese Prüfung darauf hin, dass die Barabfindung für austrittsberechtigte Gesellschafter von ebenso großer Bedeutung wie das Umtauschverhältnis für die im Unternehmen verbleibenden Anteilsinhaber sei. Deshalb soll die Barabfindung ebenfalls einer Prüfung durch unabhängige Sachverständige unterworfen werden. Diese Prüfung soll jedoch, anders als die nicht immer erforderliche Prüfung des Umtauschverhältnisses, stets stattfinden, weil der Austritt aus einem Unternehmen ein für den Anteilsinhaber besonders schwerwiegender Vorgang sei (vgl. Begründung zum RegE; abgedruckt in: Limmer, Umwandlungsrecht, S. 289 f.). Für die Verzichtserklärung solle es jedoch anders als bei dem Verschmelzungsbericht und der Verschmelzungsprüfung nur auf den Willen der Berechtigten, als derjenigen ankommen, die aus dem Unternehmen ausscheiden wollen, weil die quotenmäßige Beteiligung anderer Anteilsinhaber am Rechtsträger durch das Ausscheiden nicht vermindert werden könne. Eines Verzichts bedarf es allerdings nicht, wenn alle Anteile an dem übertragenen Rechtsträger sich in der Hand des aufnehmenden Rechtsträgers befinden, da dann kein Widerspruch, der nach § 29 UmwG erforderlich wäre, erklärt werden kann (Widmann/Mayer/Wälzholz, § 30 UmwG Rn. 46; Kallmeyer/ Müller, § 30 UmwG Rn. 16). Die notarielle Verzichtserklärung muss erfolgen durch die »Berechtigten«. Dies sind die Berechtigten des Abfindungsanspruchs, also nur diejenigen Gesellschafter des übertragenden Rechtsträgers, die Widerspruch gegen den Verschmelzungsbeschluss eingelegt und gegen diesen gestimmt haben (vgl. oben Teil 2 Rdn. 595 f. und Widmann/Mayer/Wälzholz, § 30 UmwG Rn. 47; Stratz, in: Schmitt/Hörtnagl/Stratz, § 31 UmwG Rn. 11; Lutter/Grunewald, UmwG, § 31 Rn. 8 f.). Da allerdings erst nach der Beschlussfassung feststeht, wer dies ist, ist in der Praxis i. d. R. der Verzicht aller potenziell Berechtigten erforderlich. Nach herrschender Meinung besteht keine Verpflichtung des Vertretungsorgans, den Prüfungsbericht den Gesellschaftern des übertragenden Rechtsträgers vorab zugänglich zu machen, d. h. zu übersenden oder diesen in der Versammlung auszulegen (BGH, NJW 2001, 1428; Lutter/Grunewald § 30 UmwG Rn. 6; Widmann/Mayer/Wälzholz, § 30 UmwG Rn. 51; Kallmeyer/Müller, § 30 UmwG Rn. 19). Es genüge danach die Pflicht zur Information in der Gesellschafterversammlung.

617 **8. Ausschluss von Klagen gegen den Verschmelzungsbeschluss.** Wie § 14 UmwG bestimmt § 32 UmwG, dass eine **Klage** gegen die Wirksamkeit des Verschmelzungsbeschlusses **nicht darauf gestützt werden** kann, dass das Barabfindungsangebot zu niedrig bemessen oder dass die Barabfindung im Verschmelzungsvertrag nicht oder nicht ordnungsgemäß angeboten worden ist. Hierfür sieht § 34 UmwG die gerichtliche Nachprüfung der Abfindung vor. Die Vorschrift entspricht den früheren Vorschriften des § 33 Abs. 3 KapErhG i. V. m. § 375 Abs. 1 Satz 1, Abs. 2 und Abs. 3 AktG. Anders als § 29 UmwG betrifft sie den Fall, dass dem Anteilsinhaber des übertragenden Unternehmens das Angebot der Barabfindung zu niedrig erscheint, er es also nicht annehmen will. Hier steht ihm innerhalb derselben Frist, die er für die Annahme des Angebots hatte, der Antrag auf gerichtliche Bestimmung der angemessenen Barabfindung offen (§ 305 UmwG). Das angerufene **LG** hat dann auch zu entscheiden, wenn eine Barabfindung von vornherein nicht oder nicht ordnungsgemäß angeboten wurde (zum Spruchverfahren vgl. Teil 2 Rdn. 623 ff.).

618 **9. Anderweitige Veräußerung.** § 33 UmwG eröffnet dem der Verschmelzung Widersprechenden auch die Möglichkeit, seine **Beteiligung an Dritte zu veräußern.** Dabei sollen bis zum Ablauf der von § 31 UmwG bestimmten Frist Verfügungsbeschränkungen bei den beteiligten Rechtsträgern nicht entgegenstehen. Auch § 33 ist durch das Gesetz zur Änderung des UmwG (BGBl. I, S. 1998, 1878; dazu Neye, ZIP 1997, 722, 725) neu geregelt worden. Die Vorschrift stellt genauso wenig wie § 29 UmwG nicht mehr auf Verfügungsbeschränkungen aufgrund Gesellschaftsvertrags, sondern allgemein auf Verfügungsbeschränkungen ab. Darüber hinaus regelte früher § 33 UmwG vor 1995, dass Verfügungsbeschränkungen des übertragenden Rechtsträgers nicht entgegenstehen, jetzt lautet die Formulierung *»bei den beteiligten Rechtsträgern«.* Das ist sachgerecht, da eine Verfügungsbeschränkung bei einem übertragenden Rechtsträger dann keinen Sinn machte, wenn der übertragende Rechtsträger vor dem Wirksamwerden der Verschmelzung, also vor der Annahme des Abfindungsgebotes, erlischt. Jetzt ist die Vorschrift allgemein gefasst, sodass es keine Rolle spielt, ob die Verfügungsbeschränkungen für die Anteile eines übertragenden oder eines übernehmenden Rechtsträgers gelten (Lutter/Grunewald, UmwG, § 33 Rn. 9; Widmann/Mayer/Wälzholz, Umwandlungsrecht, § 33 UmwG Rn. 7).

619 **Allgemeine Voraussetzung** ist aber, dass nur die Anteilseigner, die Widerspruch erklärt und gegen die Verschmelzung gestimmt hatten, die erweiterten Verfügungsmöglichkeiten nutzen können (str., vgl. Lutter/Grunewald, UmwG, § 33 Rn. 5; Kallmeyer/Marsch-Barner, UmwG, § 33 Rn. 5; Widmann/Mayer/Wälzholz, Umwandlungsrecht, § 33 UmwG Rn. 6; Kalss in: Semler/Stengel, UmwG, § 33 Rn. 12).

620 Wie § 375 Abs. 4 AktG a. F. bestimmt § 33 UmwG generell, dass eine anderweitige Veräußerung des Anteils durch den Anteilsinhaber **innerhalb der 2-Monats-Frist** erfolgen kann. Dieser Veräußerung steht eine Verfügungsbeschränkung im Gesellschaftsvertrag oder der Satzung des übertragenden

Rechtsträgers nicht entgegen. Die Frage, ob eine Beteiligung überhaupt veräußert werden kann und welche Vorschriften dabei zu beachten sind, richtet sich nach dem Gesellschaftsrecht des übertragenden Rechtsträgers. Die Vorschrift macht deutlich, dass es dem widersprechenden Anteilseigner unbenommen bleibt, seinen Geschäftsanteil anderweitig zu veräußern. Er ist nicht darauf angewiesen, die Barabfindung in Anspruch zu nehmen. Er ist auch nicht dazu gehalten, der Gesellschaft den Anteilserwerb vorrangig – etwa vergleichbar einem Vorkaufsrecht – anzubieten (vgl. Widmann/Mayer/Wälzholz, Umwandlungsrecht, § 33 UmwG Rn. 4 ff.). Auch diese Vorschrift betrifft die Anteilseigner, die Widerspruch gegen die Niederschrift des Notars erklärt haben oder aus anderen Gründen einem Widersprechenden nach § 29 Abs. 2 UmwG gleichstehen (vgl. BGH, DB 1989, 1862; str., vgl. Lutter/Grunewald, UmwG, § 33 Rn. 6; Kallmeyer/Marsch-Barner, UmwG, § 33 Rn. 5; Widmann/Mayer/Wälzholz, Umwandlungsrecht, § 33 UmwG Rn. 6; Kalss, in: Semler/Stengel, UmwG, § 33 Rn. 12).

Ursprünglich ging die herrschende Meinung davon aus, dass die Vorschrift nur **von Verfügungs-** **621** **beschränkungen** aufgrund Gesellschaftsvertrag, Satzung oder Satzung der übertragenden Rechtsträger **befreit**. Beschränkungen, die sich aus dem Gesetz ergeben, wie z. B. das Erfordernis der Zustimmung aller Mitgesellschafter bei der Anteilsveräußerung in eine Personengesellschaft, sollten unberührt bleiben (vgl. Kallmeyer/Marsch-Barner, UmwG, § 33 Rn. 4; Reichert, GmbHR 1995, 176, 190). Das Gesetz zur Bereinigung des UmwG hat diesbezüglich klargestellt, dass von jedweden Verfügungsbeschränkungen befreit wird (Neye, ZIP 1997, 722, 725; teilweise in der Literatur Kritik über die Abgrenzung im Einzelnen vgl. Lutter/Grunewald, UmwG, § 33 Rn. 3 f.; Widmann/Mayer/Wälzholz, Umwandlungsrecht, § 33 UmwG Rn. 15; Kalss, in: Semler/Stengel, UmwG, § 33 Rn. 7). Angesichts des damit verbundenen Eingriffs in teilweise personenbezogene Gesellschaftsstrukturen wurde in der Literatur Kritik laut. In der Literatur wird daher überwiegend vertreten, dass bei nichtveräußerlichen Gesellschaftsrechten § 33 UmwG nicht eingreife, da in diesen Fällen auch eine anderweitige Veräußerung ausgeschlossen sei. Im Ergebnis würden damit Personengesellschaften vom Wegfall der Veräußerungssperre nach § 33 UmwG ausgenommen sein. Dies spricht aber gegen die deutliche Intention des Gesetzgebers im Gesetz v. 22.07.1998.

Die Veräußerbarkeit soll ab dem Zeitpunkt der Registereintragung oder Verschmelzung möglich sein, **622** obwohl ab diesem Zeitpunkt der übertragende Rechtsträger nicht mehr existiert. Die Vorschrift wurde daher z. T. **berichtigend ausgelegt**, dass die Anteile ab Beschlussfassung veräußert werden können (Grunewald, in: Lutter, Kölner Umwandlungsrechtstage, S. 57; Goutier/Knopf/Bermel, Umwandlungsrecht, § 34 UmwG Rn. 3; Reichert, GmbHR 1995, 189).

K. Spruchverfahren

Im bis 1995 geltenden Recht waren die **Vorschriften für das Verfahren**, in dem Anteilsinhaber eines **623** Rechtsträgers Anträge auf gerichtliche Nachprüfung des Umtauschverhältnisses der Anteile sowie auf Gewährung oder Verbesserung einer Barabfindung stellen konnten, in verschiedenen Gesetzen geregelt (vgl. § 352c AktG, § 31a KapErhG, §§ 30 bis 37 UmwG 1969).

Entsprechend der Grundkonzeption des UmwG, vergleichbare Fälle einheitlich und systematisch nur **624** an einer Stelle zu behandeln, war das sog. Spruchverfahren oder Spruchstellenverfahren zunächst für alle Umwandlungsfälle im **Sechsten Buch** (§§ 305 bis 312 UmwG) geregelt. Seit 01.09.2003 sind anstelle dieser Vorschriften jetzt einheitlich und rechtsgebietsübergreifend die Regelungen des Spruchverfahrensgesetzes (v. 12.06.2003, BGBl. I 2003, S. 838) getreten.

Sinn des Spruchverfahrens ist es, den Anteilsinhabern die Verfolgung ihrer Interessen in den Fällen zu **625** ermöglichen, in denen die Anfechtung eines Umwandlungsbeschlusses wegen nicht ausreichender Entschädigung der Anteilsinhaber oder wegen Nichtgewährung von Abfindungen ausgeschlossen ist.

Die Regelung erfasst **alle Umwandlungsarten**, bei denen ein Anteilstausch oder ein Wechsel der Mit- **626** gliedschaft stattfindet. In der Ausgestaltung entspricht sie dem konzernrechtlichen Spruchverfahren nach den Vorschriften des AktG (vgl. §§ 305 ff. AktG).

Die einzelnen **Fälle**, in denen ein **Antrag auf gerichtliche Entscheidung** gestellt werden kann, sind in § 1 Nr. 4 SpruchG definiert: die Zuzahlungen der Anteilsinhaber oder der Barabfindung von Anteilsinhabern anlässlich der Umwandlung von Rechtsträgern. Im Einzelnen sind dies:

– Anspruch auf Verbesserung des Umtauschverhältnisses bei einer Verschmelzung (§ 15 UmwG);
– Anspruch auf Gewährung oder Verbesserung einer Barabfindung für ausscheidende Anteilsinhaber in den von § 29 UmwG erfassten Verschmelzungsfällen (Mischverschmelzung unter Beteiligung verschiedener Rechtsformen, Tausch nicht vinkulierter gegen vinkulierte Anteile, Ausschluss des Erwerbs eigener Anteile) gem. § 34 UmwG;
– für die Aufspaltung und die Abspaltung gelten über § 125 die §§ 15 und 34 UmwG entsprechend;
– Anspruch auf Barabfindung bei Vermögensübertragungen (§§ 176 bis 181, 184, 186 UmwG);
– Anspruch auf Verbesserung des Beteiligungsverhältnisses beim Formwechsel (§ 196 UmwG);
– Anspruch auf Barabfindung für ausscheidende Anteilsinhaber beim Formwechsel (§ 212 UmwG).

Wegen der weiteren Einzelheiten wird auf die einschlägige Literatur zum SpruchG verwiesen.

L. Registerverfahren

I. Überblick

627 Die Verschmelzung wird erst wirksam mit ihrer **Eintragung im Register des übernehmenden Rechtsträgers** (§ 20 Abs. 1 Satz 1 UmwG). I. R. d. Registerverfahrens sind hierfür folgende **Schritte** notwendig, die vom Notar parallel beantragt werden können:

---

1. Schritt:
Anmeldung der Verschmelzung bei den Registern der übertragenden Rechtsträger,

↓

2. Schritt:
Eintragung der Verschmelzung bei den Registern der übertragenden Rechtsträger mit dem Vermerk, dass die Verschmelzung erst wirksam wird mit Eintragung im Register des übernehmenden Rechtsträgers (§ 19 Abs. 2 UmwG),

↓

3. Schritt:
Bekanntmachung der Eintragungen bei Schritt 2 im elektronischen Bundesanzeiger und einem weiteren Veröffentlichungsblatt,

↓

4. Schritt:
Anmeldung der Verschmelzung beim Register des übernehmenden Rechtsträgers,

↓

5. Schritt:
Eintragung der Verschmelzung im Register des übernehmenden Rechtsträgers,

↓

6. Schritt:
Bekanntmachung der Eintragung bei Schritt 5 im elektronischen Bundesanzeiger und einem Veröffentlichungsblatt.

Wird für die Durchführung der Verschmelzung eine Kapitalerhöhung vorgenommen, ist vor der Ver- 628
schmelzung zunächst die Kapitalerhöhung **beim Register** des übernehmenden Rechtsträgers **anzumelden** und einzutragen (§§ 53, 66 UmwG).

▶ **Hinweis:** 629

> Aus der registergerichtlichen Praxis wurde darauf hingewiesen, dass aufgrund entsprechender Ab-
> sprachen zwischen den zur Eintragung Zuständigen bei den Registergerichten häufig für alle betei-
> ligten Rechtsträger eine tagggleiche Eintragung der Verschmelzung erreicht werden könne. In diesem
> Fall bedürfe es nicht der Eintragung des nach § 19 Abs. 1 Satz 2 UmwG grds. vorgeschriebenen
> Wirksamkeitsvorbehalts. Der Gesetzgeber hat daher im Zweiten Gesetz zur Änderung des
> UmwG diese Praxisanregung aufgegriffen.

II. Stellung des Registergerichts

Die in das UmwG aufgenommene Sonderbestimmung in § 16 Abs. 3 UmwG zur Regelung rechtsmiss- 630
bräuchlicher Anfechtungsklagen (vgl. dazu Teil 2 Rdn. 623 ff.) hat offensichtlich zu Fehleinschätzun-
gen der **Prüfungskompetenz des Registergerichts** geführt. Bei Streck/Mack/Schwedhelm (GmbHR
1995, 161 ff., 166) heißt es, das Registergericht habe eine inhaltliche Prüfung der Anlagen zur Anmeldung – also auch des Verschmelzungsvertrages – nicht durchzuführen. Dem ist nur mit Einschränkungen zu folgen.

Die Prüfungskompetenz des Gerichts folgt aus der **Kontrollfunktion des Eintragungsverfahrens** (vgl. 631
Lutter, NJW 1969, 1873, 1875). Es entspricht ganz herrschender Meinung, dass das Registergericht die
Anmeldung grds. in formeller und eingeschränkt in materieller Hinsicht zu prüfen hat (vgl. BGH
NZG 2011, 907 = GmbHR 2011, 925 = FGPrax 2011, 238; Hüffer/Koch, AktG, § 181 Rn. 12; Bo-
ckelmann, DB 1994, 1341 ff. m. w. N.; Krafka/Kühn, Registerrecht, Rn. 153 ff.).

Das Registergericht hat daher die **Ordnungsmäßigkeit der Anmeldung** zu prüfen (Widmann/Mayer/ 632
Fronhöfer, Umwandlungsrecht, § 19 UmwG Rn. 12 ff.; Kallmeyer/Zimmermann, § 19 UmwG Rn. 3;
Krafka/Kühn, Registerrecht, Rn. 153 ff.). Dazu gehören etwa die Zuständigkeit des Gerichts, die Einhaltung der Anmeldeform, die Anmeldebefugnis der Anmelder, die Vollständigkeit der Anmeldung
selbst, die inhaltliche Richtigkeit der angemeldeten Eintragungen, das Vorliegen sonstiger Erklärungen
(z. B. Negativerklärungen nach § 16 Abs. 2 Satz 1 UmwG oder eines nach § 16 UmwG zugelassenen
»Ersatzes«), die Vollständigkeit der erforderlichen Anlagen«.

Das Gericht hat ferner zu prüfen, ob die **angemeldeten Eintragungen** sich mit den **überreichten An-** 633
lagen decken. Wie weit die **inhaltliche Prüfungskompetenz** geht, ist umstritten, wobei allerdings außer
Streit steht, dass sie nicht die Zweckmäßigkeit der abgegebenen Erklärungen umfasst. Die ganz herrschende Meinung unterscheidet für die **Prüfung von Gesellschafterbeschlüssen** zwischen unwirksamen, nichtigen und anfechtbaren Beschlüssen und lehnt die Eintragungsfähigkeit von (schwebend)
unwirksamen und nichtigen Beschlüssen ab (vgl. nur Bockelmann, DB 1994, 1341 ff.; Scholz/Priester,
GmbHG, § 54 Rn. 36).

Bei **anfechtbaren Beschlüssen** unterscheidet die wohl herrschende Meinung (Lutter/Hommelhoff/Bay-
er, GmbHG, § 54 Rn. 9; Hüffer/Koch, AktG, § 181 Rn. 14; Decher, in: Lutter, Kölner Umwandlungsrechtstage, S. 261 ff., 265) zwischen Anfechtungsgründen, die auch im Interesse der Gläubiger oder der
Öffentlichkeit bestehen – in solchen Fällen besteht danach eine Prüfungskompetenz des Gerichts – und
solchen Verstößen, die ausschließlich das interne Verhältnis der Anteilseigner betreffen, deren Geltendmachung daher den Anteilsinhabern selbst durch Anfechtungsklagen überlassen wird. An diesen
Grundsätzen ist auch für das UmwG festzuhalten. Insb. kann aus der Regelung in § 16 Abs. 3
UmwG nicht geschlossen werden, dass damit jede inhaltliche Prüfung etwa des Verschmelzungsvertrages entfallen würde. Der dort vorgesehene **Beschluss des Prozessgerichts** ersetzt nur die erforderliche
Negativerklärung nach § 16 Abs. 2 Satz 1 UmwG, nicht aber die Prüfung durch das Registergericht.
Schließlich führt auch die Abgabe der Negativerklärung nicht zum Wegfall der Prüfung durch das Ge-
richt. § 16 Abs. 2 UmwG begründet daher eine **Eintragungssperre**, nicht aber eine Eintragungspflicht
ohne Rücksicht auf etwa vorhandene Mängel, die nicht ausschließlich das inhaltliche Verhältnis zwi-

schen den Anteilsinhabern betreffen (so zu Recht auch Bockelmann, DB 1994, 1341 ff.). Soweit allerdings die Mängel Gegenstand des Beschlusses nach § 16 Abs. 3 UmwG sind, ist das Registergericht an den Beschluss gebunden (ebenso Lutter/Decher, UmwG, § 16 Rn. 89 ff.; Widmann/Mayer/Fronhöfer, Umwandlungsrecht, § 16 UmwG Rn. 207; Kallmeyer/Marsch-Barner, § 16 UmwG Rn. 36; Schwanna, in: Semler/Stengel, § 16 UmwG Rn. 49; Stratz, in: Schmitt/Hörtnagl/Stratz, § 16 UmwG Rn. 45; a. A. Bockelmann, DB 1994, 1341 ff.) mit der Folge, dass insoweit auch eine etwaige Amtshaftung des Registergerichts entfällt. Das wurde durch das Gesetz zur Umsetzung der Aktionärsrechterichtlinie (ARUG) v. 30.07.2009 (BGBl. I, S. 2479) nochmals klargestellt, indem eine Zuständigkeitskonzentration auf das OLG geschaffen wurde.

III. Anmeldungen

634 **1. Beteiligte Rechtsträger.** Anmeldungen haben für **alle übertragenden Rechtsträger** und den **übernehmenden Rechtsträger** zu erfolgen, und zwar bei dem AG, an dem der jeweilige Rechtsträger seinen Sitz hat.

635 **2. Form, Frist, elektronisches Handelsregister.** Die Anmeldung bedarf der **öffentlichen Beglaubigung** (§ 12 Abs. 1 HGB, § 5 Abs. 2 PartGG § 157 GenG, § 77 BGB). Diese wird durch die Beurkundung ersetzt. Dies gilt auch für etwaige Vollmachten zur Anmeldung. § 16 UmwG sieht an sich keine Anmeldefrist vor. Aus der Bilanzfrist des § 17 UmwG folgt allerdings mittelbar die **8-Monats-Frist** bezogen auf den Stichtag der Verschmelzung (vgl. dazu unten Teil 2 Rdn. 677). Da bei der **übernehmenden Gesellschaft keine Bilanz** eingereicht werden muss, kann dort die Anmeldung auch nach der 8-Monats-Frist erfolgen (LG Frankfurt am Main, GmbHR 1996, 543; Kallmeyer/Zimmermann, UmwG, § 16 Rn. 11; Bartovics, GmbHR 1996, 514; vgl. auch BayObLG, ZIP 1999, 968).

636 Durch das **Gesetz über elektronische Handelsregister und Genossenschaftsregister sowie das Unternehmensregister** (v. 15.11.2006, BGBl. 2006 I, S. 2553) ist ab 01.01.2007 nur noch eine **elektronische Einreichung beim Registergericht** zulässig. Das Erfordernis öffentlicher Beglaubigung für Handelsregisteranmeldung bleibt unverändert. Die Einreichung von Unterlagen zum Handelsregister ist zwingend in elektronischer Form vorzunehmen (§ 12 Abs. 2 HGB). Einreichungen in Papierform sind nicht mehr zulässig. Auch die in einigen Ländern bestehenden Übergangsvorschriften sind abgelaufen. Die Beglaubigung erfolgt als einfaches elektronisches Zeugnis gem. § 39a BeurkG. Auch die der Eintragung zugrunde liegenden Dokumente sind elektronisch einzureichen (§ 12 Abs. 2 Satz 1 HGB). Die Übermittlung einer elektronischen Aufzeichnung genügt in den Fällen, in denen eine Urschrift oder eine einfache Abschrift einzureichen oder für das Dokument die Schriftform bestimmt ist (§ 12 Abs. 2 Satz 2 Halbs. 1 HGB). Ein mit einem einfachen elektronischen Zeugnis (§ 39a BeurkG) versehenes Dokument ist zu übermitteln, wenn gesetzlich zwingend – wie etwa im Fall des § 130 Abs. 5 Halbs. 1 AktG oder des § 199 Halbs. 1 UmwG – ein notariell beurkundetes Dokument oder eine öffentlich beglaubigte Abschrift einzureichen ist (§ 12 Abs. 2 Satz 2 Halbs. 2 HGB). Die zum Handelsregister einzureichenden Dokumente, insbes. Registeranmeldungen, werden im ersten Schritt in Papierform – unter Beachtung der Vorschriften des BeurkG – durch den Notar errichtet, d. h. bei der Handelsregisteranmeldung wird der Anmeldungstext von den Beteiligten unterzeichnet und der Notar fügt seine Unterschriftsbeglaubigung ebenfalls in Papierform an. Damit unterscheidet sich die Urschrift nicht von anderen Urkunden. Erst im zweiten Schritt erfolgt die Elektronisierung: Die notariellen Papierdokumente sind in eine elektronische Form zu übertragen. Dies geschieht durch die Herstellung elektronischer beglaubigter Abschriften gem. § 39a BeurkG. Der Beglaubigungsvermerk ist eine öffentliche Urkunde und muss daher gem. § 39a BeurkG eine qualifizierte elektronische Signatur des Notars einschließlich des Nachweises seiner Notareigenschaft enthalten. Hierzu wird eine eigene Signaturdatei erzeugt, die untrennbar mit der zu signierenden Datei, der Abschrift, verbunden ist. Bei der von einem Notarvertreter erstellten Urkunde erfolgt dieser Nachweis z. B. regelmäßig durch eine elektronische beglaubigte Abschrift der Bestellungsurkunde (Vgl. im Einzelnen zu den technischen Vorgängen: Apfelbaum/Bettendorf, RNotZ 2007, 90; Gassen, RNotZ 2007, 142; Weikart, NotBZ 2007, 75; vgl. zum elektronischen Rechtsverkehr Fritzsche/Malzer, DNotZ 1995, 3 ff.; Erber-Faller, MittBayNot 1995, 182; BNotK (Hrsg.), Elektronischer Rechtsverkehr, Digitales Signaturverfahren und Rahmenbedingungen; Malzer, DNotZ 1998, 96; Schippel, in: FS für Odersky, S. 657 ff.; Kindl, MittBayNot 1999, 29 ff.; Weikart, NotBZ 2007, 73 ff.) Gem. § 39a Satz 2 BeurkG muss die elektronische Datei eine qua-

lifiziert elektronische Signatur tragen. Die Signatur nach dem soll die eindeutige Zuordnung eines elektronischen Dokuments ermöglichen und die Sicherheit des Inhalts vor nachträglichen Verfälschungen gewährleisten. Diese ist das Äquivalent der eigenhändigen Unterschrift des Notars und des Dienstsiegels. Hierdurch werden die Unterschrift des Notars und dessen Dienstsiegel ersetzt. Die Notareigenschaft ist Bestandteil der qualifiziert elektronischen Signatur des Notars. (vgl. Püls, notar 2011, 75; Hähnchen, NJW 2001, 2831; zu technischen und rechtlichen Rahmenbedingungen vgl. Schmittner, BWNotZ 2001, 111; Bertsch/Fleisch/Michel, DuD 2/2002, 69 ff., 72; Hänichen/Hockenholz, Praxisprobleme der elektronischen Signatur, JurPC 2008, Web-Dok. 39/2008; zur Wirksamkeit der Urkunde; Bormann/Apfelbaum, RNotZ 2007, 15). In den §§ 126 Abs. 3, 126a BGB hat der Gesetzgeber diese Funktionsäquivalenz begründet. Bei der elektronischen Signatur wird in einem Zertifizierungsverfahren ein Signaturschlüssel nachweislich einer bestimmten Person durch den Zertifizierungsanbieter zugewiesen und auf einer sicheren Signatureinheit (Signaturkarte) gespeichert. Durch Eingabe des PIN wird die elektronische Signatur erzeugt. Gesetzliche Voraussetzung ist die Verwendung einer Signaturkarte mit Nachweis der Notareigenschaft, wie sie von der BNotK als Zertifizierungsstelle angeboten wird (www.notarnet.de). Die Zertifizierungsstelle stellt die Signaturkarte nur aus, wenn sie sich zuvor über die Identität des Antragstellers und dessen Amtsträgereigenschaft Gewissheit verschafft hat. Für die elektronische Urkunde nach § 39a BeurkG gelten grds. dieselben rechtlichen Regeln wie für die papiergebundene Vermerkurkunde. § 39a BeurkG macht aufgrund des anders gearteten Mediums nur nähere Vorgaben zur Ausgestaltung der elektronischen Urkunde. Hinsichtlich der Frage des Inhalts der vom Notar zu erstellenden Urkunde sind die Generalnormen des § 39 BeurkG und § 39a BeurkG jedoch deckungsgleich. Grds. kann daher jede Vermerkurkunde, die bislang in papiergebundener Form erzeugt wurde, auch in elektronischer Form dargestellt werden. Konsequenz daraus ist, dass die weiteren Vorschriften der §§ 39 ff. BeurkG, die nähere Vorgaben zum Inhalt der Vermerkurkunde machen, auch auf die elektronische Urkunde Anwendung finden müssen, sofern sie nicht – wie bei der Unterschriftsbeglaubigung (§ 40 BeurkG) – zwingend eine papiergebundene Form voraussetzen. Das OLG Brandenburg (OLG Brandenburg, notar 2011, 30) stellte fest, dass § 42 Abs. 1 BeurkG, wonach bei der Beglaubigung der Abschrift einer Urkunde festgestellt werden soll, ob die Urkunde eine Urschrift, eine Ausfertigung, eine beglaubigte oder einfache Abschrift ist, auch für das elektronische Zeugnis nach § 39a BeurkG gilt. Das habe zur Folge, dass der Beglaubigungsvermerk nicht nur die Übereinstimmung der elektronischen Aufzeichnung mit dem Papierdokument zu bezeugen, sondern auch die in § 42 Abs. 1 BeurkG genannten Auskünfte zu geben habe. In der Praxis werden die Dokumente zunächst eingescannt, dabei erhält das Dokument das TIFF-Format. Eine andere Möglichkeit ist die Verwendung der elektronischen Datei, die um Unterschriften und Siegel ergänzt wird. Das letztere Verfahren ist wohl das in der Praxis weniger gebräuchlichere, weil fehleranfälliger und auch nicht ganz unumstrittene. Sodann erfolgt die Erzeugung einer qualifizierten Signatur. Hierzu ist ein spezielles Programm notwendig. In der Praxis wird das von der NotarNet GmbH entwickelte Programm »Signotar« verwendet (vgl. www.notarnet.de). Spezielle Datenprogramme helfen bei der Erstellung und Bearbeitung der elektronischen Signaturen und Anmeldungen, insbes. zur Erzeugung von für das Registergericht kompatiblen Datenstrukturen im XML-Format. Die Vorbereitung von Handelsregisteranmeldungen erfolgt in der Praxis verbreitet mit dem durch die NotarNet GmbH entwickelten Programm »XNotar« (vgl. www.notarnet.de). Neben der Übermittlung der Handelsregisteranmeldung und ihrer Anlagen besteht künftig für den Notar eine Notwendigkeit zur Einreichung der später im Registerblatt zu verlautbarenden Eintragungsdaten in strukturierter Form. Für die Aufnahme der Strukturdaten ist das Format XML zu verwenden. Ziel ist es, dadurch künftig den Erfassungsaufwand beim Registergericht zu vermeiden und so den Eintragungsvorgang zu beschleunigen. Letztlich handelt es sich bei den Strukturdaten um eine zusätzliche – mit welchem Programm auch immer zu erzeugende – Datei im XML-Format, die zusätzlich an das Registergericht zu übermitteln ist. Die Notwendigkeit zur Einreichung von Strukturdaten ergibt sich aus den, von allen Landesjustizverwaltungen erlassenen Rechtsverordnungen für den elektronischen Rechtsverkehr, in denen insbes. auf der Grundlage von § 8a Abs. 2 HGB i. d. F. des EHUG nähere Vorgaben über die elektronische Einreichung der Dokumente getroffen werden. Danach wird regelmäßig die Möglichkeit einer automatisierten Weiterverarbeitung durch den Empfänger, also durch das Registergericht, in einem strukturierten Datenformat vorausgesetzt. Diese elektronischen Daten werden über das Elektronische Gerichts- und Verwaltungspostfach der Justiz, das sog. EGVP, an das Handelsregister geleitet (vgl. www.egvp.de). Die Handelsregisteranmeldung und ihre Anlagen werden in Form von sog. OSCI-Nachrichten an das Registergericht übertragen. Es handelt sich hierbei um einen E-Government-Standard für die sichere und vertrauliche Übermittlung von Nachrichten, wobei auch Funktionen der qualifizierten elektronischen Signatur integriert sind. Technisch werden die einzelnen zu versendenden Dateien, also die Handelsregisteranmeldung, ihre Anlagen und die XML-Datei, in einem virtuellen »Briefumschlag« zusammengefasst, auf den sich die Signatur bezieht. Auch bei diesem elektronischen Versand der Handelsregisteranmeldung wird der elektronische Schlüssel verwendet, der sich auf der Signaturkarte des Notars befindet. Die Signatur ist Ausdruck der Übernahme der Gesamtverantwortung für den Inhalt der Nachricht und für die Richtigkeit der Strukturdaten. Zugleich sagt die Signatur aus, dass die Nachricht mit dem Willen des Notars an das Registergericht gelangt.

637 **3. Anmeldeberechtigte Personen. a) Allgemeines.** Die Anmeldung ist vorzunehmen durch die **Vertretungsorgane der beteiligten** Rechtsträger (§ 16 Abs. 1 Satz 1 UmwG). Dabei ist das Vertretungsorgan des übernehmenden Rechtsträgers berechtigt, die Verschmelzung auch bei den Registern der übertragenen Rechtsträger anzumelden (§ 16 Abs. 1 Satz 2 UmwG).

638 Die Anmeldungen müssen **nicht durch alle Mitglieder des Vertretungsorgans** vorgenommen werden, sondern nur in vertretungsberechtigter Zahl (Goutier/Knopf/Bermel, Umwandlungsrecht, § 16 UmwG Rn. 8; Widmann/Mayer/Fronhöfer Umwandlungsrecht, § 16 UmwG Rn. 22; Lutter/Decher, UmwG, § 16 Rn. 5; Kallmeyer/Zimmermann, UmwG, § 16 Rn. 4; Schwanna, in: Semler/Stengel, § 16 UmwG Rn. 7; Stratz, in: Schmitt/Hörtnagl/Stratz, § 16 UmwG Rn. 6 f.).

639 ▶ **Beispiel:**

Ist etwa der Geschäftsführer einer beteiligten GmbH allein vertretungsbefugt, kann er die Anmeldung allein vornehmen. Ist er nur gemeinsam mit einem weiteren Geschäftsführer oder einem Prokuristen vertretungsberechtigt, genügt die Abgabe durch ihn und den Prokuristen (Kallmeyer/Zimmermann, UmwG, § 16 Rn. 4). Unechte Gesamtvertretung der Geschäftsführer mit einem Prokuristen (§ 78 Abs. 3 Satz 1 AktG, § 125 Abs. 3 Satz 1 HGB) ist zulässig, sofern nach der Satzung vorgesehen (Widmann/Mayer/Fronhöfer, Umwandlungsrecht, § 16 UmwG Rn. 23; Kallmeyer/Zimmermann, UmwG, § 16 Rn. 4; Lutter/Decher, UmwG, § 16 Rn. 5).

Eine Anmeldung kann aber nicht durch **Prokuristen** allein erfolgen, weil sie keine Vertretungsorgane sind (Widmann/Mayer/Fronhöfer, Umwandlungsrecht, § 16 UmwG Rn. 23; Kallmeyer/Zimmermann, UmwG, § 16 Rn. 4; Lutter/Decher, UmwG, § 16 Rn. 5). Die Anmeldung kann dabei auch aufgrund einer **rechtsgeschäftlichen Vertretungsmacht** erfolgen (Krafka/Willer/Kühn, Registerrecht, Rn. 114; Schwanna, in: Semler/Stengel/Vollhardt, UmwG, § 16 UmwG Rn. 7; Lutter/Decher, § 16 Rn. 5; Kallmeyer/Zimmermann, UmwG, § 16 Rn. 4). Eine gewillkürte Stellvertretung scheidet jedoch aus, sofern höchstpersönliche Erklärungen in der Handelsregisteranmeldung abgegeben werden müssen, z. B. Negativerklärung nach § 16 UmwG (vgl. BGHZ 116, 190; BayObLG, DB 1987, 215; BayObLG, NJW 1987, 136; Lutter/Decher, § 16 Rn. 5; Krafka/Willer/Kühn, Registerrecht, Rn. 115). Dies ist nach herrschender Ansicht jedenfalls der Fall, sofern der Inhalt der Erklärung strafrechtlich gegen unrichtige Angaben geschützt ist. Bei der Anmeldung der Verschmelzung kann eine Erklärung gem. § 16 Abs. 2 Satz 1 UmwG abgegeben werden. Obgleich eine falsche Erklärung nach § 16 Abs. 2 Satz 1 UmwG keine strafrechtliche Relevanz besitzt, geht die Literatur davon aus, dass die Abgabe der entsprechenden Erklärung durch einen Bevollmächtigten nicht möglich ist (Widmann/Mayer/Fronhöfer Umwandlungsrecht, § 16 UmwG Rn. 27; Schaub, MittBayNot 1999, 539, 542; Melchior, GmbHR 1999, 520; Krafka/Willer/Kühn, Registerrecht, Rn. 109, 114 ff.; Schwanna in Semler/Stengel/Vollhardt, UmwG, § 16 Rn. 7). Bei Genossenschaften ist die Vertretung nicht möglich (§ 6 Abs. 3 Satz 1 GenRegVO).

640 Die **Anmeldung einer Kapitalerhöhung** bei dem übernehmenden Rechtsträger ist allerdings von allen Mitgliedern des Vertretungsorgans – und des Aufsichtsratsvorsitzenden – vorzunehmen (§ 78 GmbHG, § 188 Abs. 1 AktG).

641 Die **Anmeldebefugnis** nach § 16 Abs. 1 Satz 2 UmwG (Vertretungsorgan des übernehmenden Rechtsträgers) umfasst über die eigentliche Anmeldung der eintragungspflichtigen Tatsachen auch die Abgabe der sonstigen nach dem Gesetz erforderlichen Erklärungen.

b) Besonderheiten bei der Genossenschaft. Nach § 157 GenG i. d. F. vor dem 18.08.2006 waren **642**
Anmeldungen bei der Genossenschaft **durch den gesamten Vorstand** abzugeben. Unklar war, ob § 16
UmwG als spätere und speziellere Regelung diese allgemeine Anmeldepflicht verdrängt oder ob § 157
GenG vorgeht. Es sprach zwar einiges für einen Vorrang der für das Umwandlungsrecht spezielleren
Vorschrift des § 16 UmwG, sodass an sich ein Handeln in vertretungsberechtigter Zahl genügen müss-
te, dennoch war die Literatur – ohne weitere Begründung – der Auffassung, dass die Anmeldung – un-
geachtet der satzungsmäßigen Vertretungsregelung – gem. § 24 Abs. 1 GenG durch den gesamten Vorstand einschließlich Stellvertreter gem. § 25 GenG zu erfolgen hat (Lutter/Bayer, UmwG, 2. Aufl. § 86
Rn. 2; Hettrich/Pöhlmann, GenG, 2. Aufl. 2001, § 86 UmwG Rn. 1). Im gleichen Sinn regelte auch
§ 6 Abs. 2 Nr. 6 der Verordnung über das Genossenschaftsregister i. d. F. v. 10.12.1973 (BGBl. I,
S. 1894), dass die Anmeldung der Verschmelzung von Genossenschaften durch sämtliche Mitglieder
des Vorstandes zu erfolgen hat. Das **Gesetz zur Einführung der europäischen Genossenschaft** und
zur Änderung des Genossenschaftsrechts v. 18.08.2006 (BGBl. I, S. 2230) hat § 157 GenG dahin gehend geändert, dass nur noch die Anmeldung zur Neugründung nach § 11 GenG durch alle Vorstandsmitglieder abzugeben ist, i. Ü. genügt die Anmeldung in vertretungsberechtigter Zahl. Die Verschmelzung kann daher in vertretungsberechtigter Zahl angemeldet werden (Lutter/Bayer, UmwG, § 86
Rn. 2; Scholderer, in: Semler/Stengel § 86 UmwG Rn. 4; Beuthien/Wolff, GenG §§ 2 ff. UmwG
Rn. 51; KölnerKommUmwG/Schöpflin, § 86 UmwG Rn 3; Stratz, in: Schmitt/Hörtnagl/Stratz,
§ 86 UmwG Rn. 1). § 6 Abs. 2 Nr. 6 Genossenschaftsregisterverordnung i. d. F. der Bekanntmachung
v. 16.10.2006 (BGBl. I, S. 2268) sieht daher dies auch nicht mehr vor.

4. Inhalt der Anmeldung. a) Einzutragende Angaben. Nach dem Gesetzeswortlaut (§ 16 Abs. 1 **643**
Satz 1 UmwG) genügt als eigentlicher Anmeldungsinhalt die **Anmeldung der Verschmelzung**. Dies gilt
aber nicht ohne **Ausnahmen**: Erfolgt etwa eine Verschmelzung durch Aufnahme in eine bestehende Personengesellschaft, ist darüber hinaus anzumelden, welche Gesellschafter (unter Angabe von Geburtsdatum und Wohnort) in die Gesellschaft eingetreten sind. Handelt es sich bei dem neu eintretenden
Gesellschafter um einen Kommanditisten, ist zudem seine Haftsumme anzuführen.

Wird zur Durchführung der Verschmelzung das **Kapital des übernehmenden Rechtsträgers erhöht**, **644**
muss auch die Kapitalerhöhung und die dadurch bedingte Änderung der Satzung angemeldet werden.
Die Eintragung der Verschmelzung kann zwar erst nach Eintragung der Kapitalerhöhung erfolgen
(§§ 53, 66 UmwG), dies hindert aber nicht, die Kapitalerhöhung und die Verschmelzung in einer Anmeldung zu verbinden. Dabei ist allerdings klarzustellen, dass der Antrag auf Eintragung der Kapitalerhöhung vorrangig gestellt wird. Möglich ist auch die Aufnahme einer Vollmacht in der Anmeldung
auf den abwickelnden Notar, Anträge aus der Anmeldung getrennt zu stellen (zu den Besonderheiten
bei Verschmelzungen durch Neugründung s. Teil 2 Rdn. 454 ff.).

Soweit sich im Zuge der Verschmelzung Änderungen eintragungspflichtiger Tatsachen bei dem über- **645**
nehmenden Rechtsträger ergeben (z. B. Änderung der Firma und – bei Kapitalgesellschaften – dadurch
bedingte Änderung des Gesellschaftsvertrages) sind auch diese Änderungen anzumelden.

b) Ausschluss einer Klage gegen die Wirksamkeit des Zustimmungsbeschlusses. Vgl. zum Fol- **646**
genden auch oben Teil 2 Rdn. 623 ff.

Eine Verschmelzung wird grds. nur eingetragen, wenn kein Berechtigter gegen die Wirksamkeit des Zustimmungsbeschlusses **Rechtsmittel** eingelegt hat. Um dies sicherzustellen, sieht § 16 Abs. 2 Satz 1
UmwG vor, dass die Vertretungsorgane in der Anmeldung eine sog. **Negativerklärung** abgeben, also
erklären, dass eine Klage nicht oder nicht fristgerecht erhoben wurde oder dass eine Klage rechtskräftig
abgewiesen oder zurückgenommen wurde. Einer Erklärung bedarf es nicht, wenn alle klageberechtigten
Anteilsinhaber in **notariell beurkundeten Erklärungen** auf ihr Klagerecht gegen die Wirksamkeit verzichtet haben. Die Erhebung einer Klage gegen die Wirksamkeit steht ausnahmsweise einer Eintragung
dann nicht entgegen, wenn durch Gerichtsbeschluss festgestellt wird, dass die Klage unzulässig, offensichtlich unbegründet oder das Interesse an der Durchführung der Verschmelzung vorrangig erscheint
(§ 16 Abs. 3 UmwG).

Erforderlich sind also entweder: **647**
– eine Negativerklärung der Vertretungsorgane (§ 16 Abs. 2 Satz 1 UmwG),

– eine Verzichtserklärung der Anteilsinhaber (§ 16 Abs. 2 Satz 2 UmwG) oder
– ein Beschluss des OLG im Freigabeverfahren (§ 16 Abs. 3 UmwG).

648 **aa) Negativerklärung der Vertretungsorgane.** Eine **Klage gegen den Zustimmungsbeschluss** kann nur binnen eines Monats nach Beschlussfassung erhoben werden. Maßgeblicher Zeitpunkt ist somit die Einreichung der Klageschrift bei dem für die Gesellschaft zuständigen Gericht.

649 Nach § 14 Abs. 2 UmwG kann die Klage gegen den Beschluss übertragender Rechtsträger **nicht auf eine zu niedrige Bemessung des Umtauschverhältnisses** oder die Ungleichwertigkeit von Mitgliedschaften gestützt werden. Diese Einschränkung ist aber für die Erklärung nach § 16 Abs. 2 Satz 1 UmwG im Anmeldeverfahren unerheblich. Wenn eine fristgemäße Klage vorliegt, die mit einem unzureichenden Umtauschverhältnis begründet wird, kann die Erklärung nach § 16 Abs. 2 Satz 1 UmwG nicht abgegeben werden. Es verbleibt nur die Möglichkeit, einen Beschluss nach § 16 Abs. 2 UmwG herbeizuführen.

650 Unerheblich ist auch, ob es sich um eine Anfechtungs- oder Feststellungsklage handelt. Alle **Klagetypen**, mit denen Mängel eines Verschmelzungsbeschlusses geltend gemacht werden können, werden erfasst.

651 **Eintragungshindernd** sind nur fristgerecht erhobene Klagen. Ist eine Klage nach Ablauf der Frist von einem Monat erhoben worden, ist in der Anmeldung zu erklären, dass zwar eine Klage erhoben wurde, aber nicht innerhalb der gesetzlich vorgesehenen Frist.

652 Die **Monatsfrist** nach § 14 Abs. 1 UmwG ist nach §§ 187 Abs. 1, 188 Abs. 2 BGB zu bestimmen.

653 Ist eine erhobene Klage später zurückgenommen worden, kann sich die Erklärung nicht darauf beschränken, dass eine Klage nicht erhoben wurde, vielmehr ist anzugeben, dass zunächst eine Klage erhoben, später aber zurückgezogen wurde.

654 Abzugeben sind die Erklärungen immer nur von dem Vertretungsorgan für den Rechtsträger, den sie vertreten, nicht etwa für alle beteiligten Rechtsträger. Die Negativerklärung kann wirksam erst nach Ablauf der Frist für die Erhebung einer Klage gegen die Wirksamkeit des Umwandlungsbeschlusses abgegeben werden. Vor dieser Erklärung darf die **Umwandlung**, sofern die klageberechtigten Anteilsinhaber nicht auf die Klage verzichtet haben, **nicht eingetragen werden: Registersperre** (so BGH, Urt. v. 05.10.2006, ZNotP 2007, 103; OLG Karlsruhe, NJW-RR 2001, 1326, 1327 = DB 2001, 1483, 1484; Kallmeyer/Marsch-Barner, § 16 Rn. 25; Lutter/Decher, UmwG, § 16 Rn. 11; Lutter/Decher, UmwG, § 198 Rn. 36, 38; Widmann/Mayer/Fronhöfer, Umwandlungsrecht, § 16 UmwG Rn. 73; Stratz, in: Schmitt/Hörtnagl/Stratz, § 16 UmwG Rn. 21; abweichend Goutier/Knopf/Tulloch/Bermel, Umwandlungsrecht, § 16 UmwG Rn. 24).

655 Im Fall von § 16 Abs. 1 Satz 2 UmwG umfasst die Anmeldebefugnis wohl auch die **Abgabe durch die Vertretungsorgane** des übernehmenden Rechtsträgers für die übertragenen Rechtsträger.

656 Die Klagefrist nach § 14 Abs. 1 UmwG löst **keine Anmeldesperre** aus. Die Anmeldungen können daher auch schon vor Ablauf der Frist vorgenommen werden (Kallmeyer/Marsch-Barner, § 16 Rn. 25; Lutter/Decher, UmwG § 16 Rn. 12; Widmann/Mayer/Fronhöfer, Umwandlungsrecht, § 16 UmwG Rn. 32; OLG Hamm, WM 1983, 943; BGH, WM 1990, 1372). Die Negativerklärung muss dann ggf. nachgereicht werden (Kallmeyer/Marsch-Barner, § 16 Rn. 25; Lutter/Decher, UmwG § 16 Rn. 12; Stratz, in: Schmitt/Hörtnagl/Stratz, § 16 UmwG Rn. 6 f.).

657 **bb) Verzichtserklärung der Anteilsinhaber.** Keiner Erklärung über Klageerhebungen bedarf es, wenn die klageberechtigten Anteilsinhaber in **notariell beurkundeten Erklärungen** auf eine Klage gegen die Wirksamkeit **verzichten** (vgl. Stratz, in: Schmitt/Hörtnagl/Stratz, § 16 UmwG Rn. 26; Lutter/Decher, UmwG § 16 Rn. 22). Diese Möglichkeit wurde geschaffen, um insb. bei Rechtsträgern mit einem kleinen Kreis von Anteilsinhabern die Eintragung zu beschleunigen (Gesetzesbegründung, abgedruckt in: Limmer, Umwandlungsrecht, S. 283).

658 Die Verzichtserklärungen sind in beglaubigter Abschrift oder Ausfertigung der Anmeldung **als Anlagen** beizufügen. Umstritten ist, ob es einem Verzicht gleichsteht, wenn alle Anteilsinhaber dem Verschmel-

zungsbeschluss zugestimmt haben; dies ist mE zu bejahen (so LG Dresden, GmbHR 1997, 175; Widmann/Mayer/Fronhöfer, Umwandlungsrecht, § 16 UmwG Rn. 91; Lutter/Decher, UmwG § 16 Rn. 23; Schwanna, in: Semler/Stengel § 16 UmwG Rn. 20; Kallmeyer/Marsch-Barner, § 16 UmwG Rn. 29).

cc) Beschluss des Prozessgerichts. Die Erhebung einer Klage gegen die Wirksamkeit des Beschlusses stellt grds. ein **Eintragungshindernis** dar. Diese entsprach schon lange der Rechtsprechung des BGH (vgl. BGHZ 112, 9), ist aber auch gesetzlich in § 16 Abs. 2 Satz 2 UmwG klargestellt. Allerdings galt auch vor dieser Klarstellung schon, dass trotz Klageerhebung eine Eintragung der Verschmelzung erfolgen konnte, wenn die Klage offensichtlich keine Aussicht auf Erfolg hatte (vgl. BGHZ 112, 9). **659**

Grundsatz und Ausnahme haben unter dem bis 1995 geltenden Recht zu verschiedenen Vorschlägen geführt, die sich um eine **sachgerechte Differenzierung** bemühen zwischen notwendiger Sicherung der Anteilsinhaber vor einem praktisch nicht mehr rückgängig zu machenden Rechtsverlust durch Vollzug der Verschmelzung und unzulässigem Abkaufverlangen von Klagemöglichkeiten. Der Gesetzgeber hat dieses Problem, das nicht zuletzt von den unterschiedlichen Zuständigkeiten von Registergericht und Prozessgericht geprägt war, durch § 16 Abs. 3 UmwG zu regeln gesucht. Im Einzelnen gilt danach Folgendes: **660**

Ist fristgerecht Klage gegen die Wirksamkeit des Verschmelzungsbeschlusses erhoben worden, kann der betroffene Rechtsträger beim Prozessgericht einen Beschluss beantragen, in dem festgestellt wird, dass die Erhebung der Klage der Eintragung nicht entgegensteht. Der rechtskräftig gewordene Beschluss ersetzt die Negativerklärung nach § 16 Abs. 2 Satz 1 Halbs. 1 UmwG, sog. **Unbedenklichkeitsverfahren** (vgl. § 16 Abs. 3 Satz 1 UmwG). **661**

Der **Beschluss** kann nur unter folgenden **Voraussetzungen** ergehen (§ 16 Abs. 3 Satz 2 UmwG): **662**
- die Klage ist unzulässig oder
- offensichtlich unbegründet oder
- der Kläger hat nicht binnen einer Woche nach Zustellung des Antrags durch Urkunden nachgewiesen, dass er seit Bekanntmachung der Einberufung einen anteiligen Betrag von mindestens 1.000,00 € hält oder
- bei einer Interessenabwägung erscheint die Eintragung vorrangig, weil die vom Antragsteller dargelegten wesentlichen Nachteile für die an der Verschmelzung beteiligten Rechtsträger und ihre Anteilsinhaber nach freier Überzeugung des Gerichts die Nachteile für den Antragsgegner überwiegen, es sei denn, es liegt eine besondere Schwere des Rechtsverstoßes vor.

Mit dem Gesetz zur Umsetzung der Aktionärsrechterichtlinie (ARUG) v. 30.07.2009 (BGBl. I, S. 2479) wurde § 16 Abs. 3 UmwG in Anlehnung an § 246a und § 319 AktG geändert, u. a. auch mit dem Ziel, rechtsmissbräuchliche Anfechtungsklagen einzuschränken; deshalb wurde die Interessenabwägungsklausel neu gefasst (vgl. Seibert, ZIP 2008, 2145, 2153; allgemein Habersack/Stilz, ZGR 2010, 710 ff.). Dabei wurde in das Freigabeverfahren außerdem ein Bagatellquorum eingeführt. Dieses Quorum schneidet nicht die Klagebefugnis der Aktionäre ab, sondern beschränkt lediglich die Möglichkeit des Kleinstaktionärs, eine Freigabe zu verhindern (Begründung zum RegE, BT-Drucks. 16/11642, v. 21.01.2009, S. 42).

Wegen der weiteren Einzelheiten vgl. Teil 2 Rdn. 516 ff. **663**

Ergeht der beantragte Beschluss nicht, verbleibt es bei der Eintragungssperre nach § 16 Abs. 2 Satz 2 UmwG. **664**

5. Sonstige Erklärungen. Das Erfordernis, **weitere Erklärungen abzugeben**, kann sich ergeben, wenn an der Verschmelzung eine GmbH beteiligt ist, bei der die Stammeinlagen noch nicht in voller Höhe erbracht sind (§ 52 Abs. 1 UmwG); ferner, wenn eine AG als übernehmender Rechtsträger beteiligt ist und ein Antrag nach § 62 Abs. 2 UmwG auf Einberufung einer Hauptversammlung möglich ist (§ 63 Abs. 3 Satz 5 UmwG). **665**

6. Anlagen. § 17 UmwG enthält einen umfangreichen **Katalog der der Anmeldung beizufügenden Anlagen.** Danach sind **immer** der Anmeldung elektronisch beizufügen: **666**

- beglaubigte Abschrift oder Ausfertigung des notariell beurkundeten Verschmelzungsvertrages;
- beglaubigte Abschrift oder Ausfertigung der Niederschriften über die Zustimmungsbeschlüsse einschließlich etwa erforderlicher Zustimmungen nicht erschienener Anteilsinhaber; vorzulegen sind die Zustimmungen aller beteiligten Rechtsträger zu jeder Anmeldung, also auch die Zustimmung des übertragenden Rechtsträgers bei der Anmeldung zum übernehmenden Rechtsträger und umgekehrt, da das Vorliegen der Zustimmungsbeschlüsse Wirksamkeitsvoraussetzung für den Verschmelzungsvertrag ist (Widmann/Mayer/Fronhöfer, Umwandlungsrecht, § 17 UmwG Rn. 3; Lutter/Decher, UmwG § 17 Rn. 4; Schwanna, in: Semler/Stengel § 17 UmwG Rn. 2; Kallmeyer/Zimmermann, § 17 UmwG Rn. 2; Stratz, in: Schmitt/Hörtnagl/Stratz, § 17 UmwG Rn. 5; a. A. Goutier/Knopf/Bermel, Umwandlungsrecht, § 17 UmwG Rn. 5);
- Verschmelzungsbericht bzw. beglaubigte Abschriften oder Ausfertigung der Niederschrift über die Verzichtserklärungen, jeweils zu allen Anmeldungen von allen Anteilsinhabern (OLG Bamberg, FGPrax 2012, 209; Widmann/Mayer/Fronhöfer, Umwandlungsrecht, § 17 UmwG Rn. 18; Lutter/Decher, UmwG § 17 Rn. 4; Schwanna, in: Semler/Stengel § 17 UmwG Rn. 2; Kallmeyer/Zimmermann, § 17 UmwG Rn. 2; Stratz, in: Schmitt/Hörtnagl/Stratz, § 17 UmwG Rn. 5 f.);
- Verschmelzungsprüfungsbericht bzw. beglaubigte Abschriften oder Ausfertigungen der Niederschrift über die Verzichtserklärungen, jeweils zu allen Anmeldungen von allen Anteilsinhabern (Widmann/Mayer/Fronhöfer, Umwandlungsrecht, § 17 UmwG Rn. 20; Lutter/Decher, UmwG § 17 Rn. 4; Schwanna, in: Semler/Stengel § 17 UmwG Rn. 2; Kallmeyer/Zimmermann, § 17 UmwG Rn. 2; Stratz, in: Schmitt/Hörtnagl/Stratz, § 17 UmwG Rn. 5 f.);
- Nachweis über die Zuleitung des Entwurfs bzw. einer Abschrift des Vertrages an einen etwa bestehenden Betriebsrat (vgl. dazu ausführlich Teil 2 Rdn. 204 ff. sowie Lutter/Decher, UmwG § 17 Rn. 4; Schwanna, in: Semler/Stengel § 17 UmwG Rn. 2; Kallmeyer/Zimmermann, § 17 UmwG Rn. 2; Stratz, in: Schmitt/Hörtnagl/Stratz, § 17 UmwG Rn. 5 f.); umstritten ist ob dies zu allen beteiligten Rechtsträgern erfolgen muss (so Kallmeyer/Zimmermann, UmwG, § 17 Rn. 3) oder jeweils nur bezogen auf den Rechtsträger, für den die Anmeldung erfolgt (so Widmann/Mayer/Fronhöfer, Umwandlungsrecht, § 17 UmwG Rn. 31 f.), letztere Auffassung dürfte nach dem Sinn und Zweck der Vorschrift vorzugswürdig sein. Besteht kein Betriebsrat, entfällt das Zuleitungserfordernis. Es stellt sich jedoch das Problem, wie dem Registergericht nachzuweisen ist, dass kein Betriebsrat besteht. Das AG Duisburg (GmbHR 1996, 372) hält die bloße Behauptung der Vertretungsorgane nicht für ausreichend. Grds. bedürfe diese Behauptung der registergerichtlichen Nachprüfung. Dabei reiche für die richterliche Überzeugungsbildung i. d. R. die Glaubhaftmachung durch eine eidesstattliche Versicherung der beteiligten gesetzlichen Vertreter aus. Dieses Urteil ist in der Literatur zu Recht auf Ablehnung gestoßen (Widmann/Mayer/Mayer, UmwG, § 5 Rn. 263; Widmann/Mayer/Fronhöfer, Umwandlungsrecht, § 17 UmwG Rn. 3; Kallmeyer/Zimmermann, UmwG, § 17 Rn. 3; Hörtnagl, in: Schmitt/Hörtnagl/Stratz, § 17 UmwG Rn. 6; Lutter/Decher, § 17 UmwG Rn. 4). Das Gesetz sieht eine formalisierte und sogar strafbewehrte eidesstattliche Versicherung nicht vor. Deshalb genügt eine entsprechende Versicherung der Vertretungsorgane der beteiligten Rechtsträger i. R. d. Anmeldung der Verschmelzung oder auch durch ein gesondertes Schreiben (Widmann/Mayer/Mayer, Umwandlungsrecht, § 5 UmwG Rn. 263; Kallmeyer/Zimmermann, UmwG, § 17 Rn. 3; Hörtnagl, in: Schmitt/Hörtnagl/Stratz, § 17 UmwG Rn. 6; Lutter/Decher, § 17 UmwG Rn. 2);
- etwa erforderliche staatliche Genehmigungen (z. B. nach Art. 66 § 1 EGKS-Vertrag § 14 VAG), bloße Anzeigepflichten etwa nach GWB gehören nicht hierzu (Widmann/Mayer/Fronhöfer, Umwandlungsrecht, § 17 UmwG Rn. 7; Kallmeyer/Zimmermann, UmwG, § 17 Rn. 3; Hörtnagl, in: Schmitt/Hörtnagl/Stratz, § 17 UmwG Rn. 6; Lutter/Decher, § 17 UmwG Rn. 2);
- Schlussbilanz des übertragenden Rechtsträgers, die auf einen Stichtag höchstens 8 Monate vor der Anmeldung aufgestellt sein darf, einzureichen bei dem Register des übertragenden Rechtsträgers (siehe Rn. 609).

667 ▶ **Hinweis:**

Je nachdem, welcher Rechtsträger an der Verschmelzung beteiligt ist, kann sich das Erfordernis einer **Vorlage weiterer Anlagen** ergeben (s. dazu die Erläuterungen bei den Einzelfällen).

7. Schlussbilanz des übertragenden Rechtsträgers (§ 17 Abs. 2 UmwG). Nach § 17 Abs. 2   668
UmwG ist der Anmeldung zum Register des Sitzes **jedes der übertragenden Rechtsträger** (nicht der
übernehmenden) eine Bilanz dieses Rechtsträgers beizufügen. Dies ist die sog. Schlussbilanz. Für diese
Bilanz gelten die Vorschriften über die Jahresbilanz und deren Prüfung entsprechend. Sie brauchen
nicht bekannt gemacht zu werden. Das Registergericht darf die Verschmelzung nur eintragen, wenn
die Bilanz auf einen höchstens 8 Monate vor der Anmeldung liegenden Stichtag aufgestellt worden ist.

a) Begriff der Schlussbilanz. § 17 Abs. 2 UmwG hat den Zweck der Sicherung der **Bilanzkontinui-**   669
tät, da die in der Schlussbilanz angesetzten Werte nach § 24 UmwG in den Jahresbilanzen des übernehmenden Rechtsträgers als Anschaffungskosten angesetzt werden können (vgl. Kallmeyer/Müller,
UmwG, § 17 Rn. 11, 14; Lutter/Decher, UmwG, § 17 Rn. 7; Hörtnagl, in: Schmitt/Hörtnagl/Stratz,
§ 17 UmwG Rn. 10;). Außerdem sollen sich die Gläubiger durch Einblick in eine aktuelle Bilanz ein
Bild über die Vermögensverhältnisse machen können (BayObLG GmbHR 1999, 295; KG NJW-RR
1999, 186; OLG Hamm GmbHR 2005, 255, 257; Kallmeyer/Müller, UmwG, § 17 Rn. 11, 14; Lutter/
Decher, UmwG, § 17 Rn. 7; Hörtnagl, in: Schmitt/Hörtnagl/Stratz, § 17 UmwG Rn. 10; Schwanna,
in: Semler/Stengel § 17 UmwG Rn. 13). Nicht notwendig ist die Vorlage der Gewinn- und Verlustrechnung, da nicht die Vorlage des Jahresabschlusses verlangt wird, zu dem nach § 242 Abs. 3 HGB auch die
Gewinn- und Verlustrechnung gehört (LG Stuttgart, DNotZ 1996, 701; LG Dresden, GmbHR 1998,
1086; Widmann/Mayer/Mayer, Umwandlungsrecht, § 24 UmwG Rn. 35; Kallmeyer/Müller, UmwG,
§ 17 Rn. 18; Hörtnagl, in: Schmitt/Hörtnagl/Stratz, § 17 UmwG Rn. 14; Lutter/Decher, § 17 UmwG
Rn. 8;, Lutter/Priester, UmwG, § 24 Rn. 12; a. A. Aha, BB 1996, 2559). Das HGB kennt den Ausdruck
Jahresbilanz nicht, sondern nur den des Jahresabschlusses. Mit § 17 Abs. 2 Satz 2 UmwG gemeint sind
daher die Vorschriften, die sich auf den Jahresabschluss beziehen, soweit sie die Bilanz betreffen, also
insb. die §§ 242 bis 245, 246 bis 251, 264 bis 274a, 279 bis 283 HGB (Widmann/Mayer/Mayer, Umwandlungsrecht, § 24 UmwG Rn. 49; Lutter/Decher, UmwG, § 17 Rn. 8).

Wird die Schlussbilanz auf einen anderen Stichtag als den des vorausgehenden Jahresabschlusses abge-   670
stellt, so handelt es sich um eine **Zwischenbilanz**, i. Ü. kann die Schlussbilanz die übliche Jahresbilanz
sein (Widmann/Mayer/Mayer, Umwandlungsrecht, § 24 UmwG Rn. 46; Kallmeyer/Müller, UmwG,
§ 17 Rn. 16 ff.; Lutter/Priester, UmwG, § 24 Rn. 13; Lutter/Decher, § 17 UmwG Rn. 10). Umstritten
ist, ob diese **Bilanz festgestellt** werden muss. Die Feststellung ist von der Aufstellung zu unterscheiden:
Die Aufstellung bedeutet nur die inhaltliche Erstellung der Bilanz, enthält gleichsam einen Entwurf der
Jahresbilanz. Die Feststellung ist die Genehmigung durch das zuständige Organ und damit die rechts-
verbindliche In-Geltung-Setzung. Die Feststellungskompetenz liegt im GmbH-Recht bei den Gesellschaftern (§ 46 Nr. 1 GmbHG), das Gleiche gilt für die Personengesellschaften. Im Aktienrecht sind
Vorstand und Aufsichtsrat zur Abschlussfeststellung berufen (§ 172 Satz 1 AktG).

Ein Teil der Literatur ist der Auffassung, dass eine **Feststellung der Schlussbilanz** nicht erforderlich sei,   671
wenn es sich um einen Zwischenbilanz handelt (Müller, WPG 1996, 857, 861; Kallmeyer/Müller,
UmwG, § 17 Rn. 19). Die wohl überwiegende Meinung hält auch für die Schlussbilanz nach § 17
UmwG immer eine Feststellung für erforderlich (LG Kempten, Rpfleger 2001, 433; Widmann/May-
er/Mayer, Umwandlungsrecht, § 24 UmwG Rn. 51; Hörtnagl, in: Schmitt/Hörtnagl/Stratz, § 17
UmwG Rn. 18; wohl auch Lutter/Priester, UmwG, § 24 Rn. 12; 78 ff.; offen gelassen Gassner, in:
FS für Widmann, 2000, S. 343, 346). Allerdings kann das Registergericht keinen Nachweis über die
Feststellung des Jahresabschlusses verlangen, der Beschluss darüber ist insb. nicht formbedürftig. Allerdings ist es zweckmäßig, die Schlussbilanz in der Gesellschafterversammlung festzustellen, in der auch
der Verschmelzungsbeschluss gefasst wird, wenn nicht bereits vorher eine Feststellung stattgefunden
hat (so Widmann/Mayer/Mayer, Umwandlungsrecht, § 24 UmwG Rn. 57).

Die Schlussbilanz ist von sämtlichen **Geschäftsführern unter Angabe des Datums zu unterzeichnen.**   672
Dies folgt nach allgemeiner Meinung z. B. bei der GmbH aus § 41 GmbHG, wonach die Geschäftsführer für die ordnungsgemäße Buchhaltung Verantwortung tragen (vgl. Widmann/Mayer/Mayer, Umwandlungsrecht, § 24 UmwG Rn. 83; Heidinger/Limmer/Holland/Reul, Gutachten des DNotI,
Bd. IV, Gutachten zum Umwandlungsrecht, S. 93). Die Unterzeichnung kann erst erfolgen, wenn
die Gesellschafterversammlung die Bilanz festgestellt hat, da die Unterzeichnung durch die Geschäftsführer zugleich die Feststellung enthält, dass es sich um eine festgestellte Bilanz handelt. Die Unterzeich-

nung ist an sich nur eine öffentlich-rechtliche Pflicht, die eine Ordnungswidrigkeit zur Folge hat (§ 334 Abs. 1 Nr. la HGB) und hat bloße Beweisfunktion. Ihr Fehlen macht den Jahresabschluss nicht unwirksam (OLG Frankfurt am Main, BB 1989, 395). Bei Personenhandelsgesellschaften haben nach § 145 HGB alle persönlich haftenden Gesellschafter den Jahresabschluss zu unterzeichnen. Bei einer – versehentlich – nicht unterzeichneten Bilanz kann man aber die Unterschrift auch nach Ablauf der Acht-Monats-Frist nachholen (Heidinger/Limmer/Holland/Reul, Gutachten des DNotI, Bd. IV, Gutachten zum Umwandlungsrecht, S. 95).

673 Nach dem klaren **Wortlaut des § 17 Abs. 2 UmwG** ist die Schlussbilanz des übertragenden Rechtsträgers nur der Anmeldung zum Register des Sitzes der übertragenden Rechtsträger beizufügen. Dem Register der übernehmenden Gesellschaft muss die Bilanz nicht vorgelegt werden. Das bedeutet, dass dieses Registergericht das Alter der Bilanz überhaupt nicht eigenständig prüfen kann und muss, dies liegt in der alleinigen Zuständigkeit des Registers des übertragenden Rechtsträgers (BayObLG DB 1998, 968 = ZIP 1998, 474; LG Frankfurt am Main, GmbHR 1996, 542; GmbHR 1999, 591; Bartovics, GmbHR 1996, 514; Kallmeyer/Müller, UmwG, § 17 Rn. 13; Hörtnagl, in: Schmitt/Hörtnagl/Stratz, § 17 UmwG Rn. 15 f.; Lutter/Decher, § 17 UmwG Rn. 7; Widmann/Mayer/Widmann, § 24 UmwG Rn. 154; Heckschen, NotBZ 1997, 132).

674 Umstritten ist, ob auch solche Rechtsträger, die nicht bilanzierungspflichtig sind, wie z. B. eingetragene Vereine, allein zum Zweck der Umwandlung eine Bilanz nach § 17 Abs. 2 Satz 4 UmwG erstellen müssen. Dies wird zu Recht von der überwiegenden Meinung verneint (Widmann/Mayer/Mayer, Umwandlungsrecht, § 24 UmwG Rn. 34; Hörtnagl, in: Schmitt/Hörtnagl/Stratz, UmwG, UmwG § 17 Rn. 17; Lutter/Decher, § 17 UmwG Rn. 9; Kallmeyer/Müller, UmwG, § 17 Rn. 12 f.; German, GmbHR 1999, 591, 592; Schwanna, in: Semler/Stengel, UmwG, § 17 Rn. 3; Katschinski, in: Semler/Stengel, UmwG, § 99 Rn. 15; Scheunemann, DB 2006, 797; vgl. auch Hadding/Hennrichs, in: FS für Boujong, 1996, S. 203 ff.). Diese Rechtsträger müssen deshalb **nur ihre bisherigen Rechnungsunterlagen** z. B. eine Einnahmen- oder Ausgabenrechnung und einen Vermögensstatus innerhalb der 8-Monats-Frist **vorlegen** (vgl. im Einzelnen unten Teil 2 Rdn. 1343).

675 **b) Bilanzstichtag und Verhältnis zum Verschmelzungsstichtag.** Zum Verhältnis der verschiedenen Stichtage vgl. oben (s. Teil 2 Rdn. 168 ff.).

Bei Kettenumwandlungen stellt sich häufig das Problem einer Schlussbilanz des **noch nicht existierenden übertragenden Rechtsträgers.**

676 ▶ **Beispiel:**

Der im Handelsregister eingetragene Kaufmann K hat das gesamte Firmenvermögen auf eine von ihm gegründete GmbH durch Ausgliederung übertragen. Der Ausgliederung lag die Bilanz des Einzelunternehmers zum 31.05.2015 (Schlussbilanz) zugrunde. Die Übertragung des Vermögens auf die neugegründete GmbH erfolgt zum 01.06.2015 (Ausgliederungsstichtag). Die GmbH wurde am 18.11.2015 in das Handelsregister eingetragen. Mit Urkunde v. 01.12.2015 wurde die vorgenannte GmbH auf eine Muttergesellschaft übertragen, die die Anteile in der Zwischenzeit erworben hatte. Verschmelzungsstichtag soll ebenfalls der 01.06.2015 sein. Als Schlussbilanz wird die Bilanz der GmbH zum 31.05.2015 zugrunde gelegt.

Weder der Zweck des § 17 Abs. 2 UmwG noch Gläubigerschutzgesichtspunkte sprechen dagegen, die Bilanz auf den Stichtag vor der eigenen Entstehung aufstellen zu können. Die Schlussbilanz, die auf den Umwandlungsstichtag innerhalb der Acht-Monats-Frist für den übertragenden Rechtsträger erstellt wurde, stellt dessen Vermögenslage für den Gläubiger hinreichend dar, auch wenn der übertragende Rechtsträger selbst zu diesem Zeitpunkt noch nicht existiert. Allein entscheidend ist, ob die Vermögenslage richtig wiedergegeben wird. Insofern besteht keine zwingende Notwendigkeit, die Schlussbilanz erst ab dem Zeitpunkt aufzustellen, zu dem die übertragende GmbH bereits existiert.

677 **c) Frist, Nachreichung von Unterlagen.** Nach § 17 Abs. 2 Satz 4 UmwG darf die Verschmelzung nur eingetragen werden, wenn die Bilanz auf einen höchstens 8 Monate vor der Anmeldung liegenden

Stichtag aufgestellt worden ist. Der Zeitraum berechnet sich nach §§ 186 ff. BGB (BayObLG DB 2000, 811; Lutter/Decher, UmwG, § 17 Rn. 14; OLG Köln, GmbHR 1998, 1085; Widmann/ Mayer/Widmann Umwandlungsrecht, § 24 UmwG Rn. 69; Hörtnagl, in: Schmitt/Hörtnagl/Stratz, § 17 UmwG Rn. 44 ff.; Kallmeyer/Müller, UmwG, § 17 Rn. 26 ff.). Unklar ist wie streng die Vorschrift auszulegen ist. Literatur und Rechtsprechung gehen davon aus, dass die 8-Monats-Frist als solche für die Anmeldung strikt einzuhalten ist und das Registergericht die Verschmelzung auch bei geringfügigen Überschreitungen nicht eintragen darf (OLG Köln, GmbHR 1998, 1085; Heidinger, DNotZ 1999, 165; Lutter/Decher, UmwG, § 17 Rn. 6; Widmann/Mayer/Mayer, Umwandlungsrecht, § 24 UmwG Rn. 69; Hörtnagl, in: Schmitt/Hörtnagl/Stratz, UmwG, UmwG Rn. 44 ff.; Kallmeyer/Müller, UmwG, § 17 Rn. 26).

Fraglich ist, in welchem Rahmen **Ergänzungen oder fehlende Unterlagen** nachgereicht werden können: In der jüngeren Literatur wird dieser z. T. zu Recht großzügiger gesehen (vgl. nur Hörtnagl, in: Schmitt/ Hörtnagl/Stratz, UmwG, UmwStG, § 17 UmwG Rn. 46; Widmann/Mayer/Widmann, Umwandlungsrecht, § 24 UmwG Rn. 68; Kallmeyer/Müller, UmwG, § 17 Rn. 26; Lutter/Decher, UmwG, § 17 Rn. 6, 13; Heckschen, Rpfleger 1999, 357, 363 und NotBZ 1997, 132; strenger Germann, GmbHR 1999, 591, 593; Mayer, in: Münchener Handbuch des Gesellschaftsrechts, Bd. III, § 73 Rn. 230; in dieser Richtung auch Gerold, MittRhNotK 1997, 205; Heidinger, DNotZ 1999, 165). Sofern bei der Anmeldung einer Verschmelzung beim Handelsregister des übertragenden Rechtsträgers eine Schlussbilanz unter Einhaltung dieser Frist eingereicht wird und sich die Eintragung der Verschmelzung hinzieht, (z. B. aufgrund einer Anfechtungsklage), so ist die Frist gewahrt (Widmann/Mayer/Widmann, Umwandlungsrecht, § 24 UmwG Rn. 74; Kallmeyer/Müller, UmwG, § 17 Rn. 24; Hörtnagl, in: Schmitt/Hörtnagl/Stratz, UmwG, UmwG § 17 Rn. 46; Lutter/Decher, UmwG, § 17 Rn. 13). Daher ist es auch für den Stichtag unerheblich, wenn bei der Anmeldung Unterlagen fehlen, die noch nachgereicht werden können (LG Frankfurt am Main, GmbHR 1998, 380; German, GmbHR 1999, 591; Lutter/Decher, UmwG, § 17 Rn. 6, 13, einschränkend allerdings KG, NJW-RR 1999, 186; LG Dresden, NotBZ 1997, 138; dagegen Heckschen, NotBZ 1997, 132). Nach überwiegender Meinung muss allerdings **die Verschmelzung als solche wenigstens beschlossen** sein und es müssen wenigstens der Verschmelzungsvertrag und die Verschmelzungsbeschlüsse vorliegen (Kallmeyer/Zimmermann, UmwG, § 17 Rn. 8; Heckschen, Rpfleger 1999, 357, 362; Lutter/Decher, UmwG, § 17 Rn. 6).

Ob die **Schlussbilanz selbst innerhalb der Frist** mit eingereicht sein muss, ist unklar. Z. T. wurde vertreten, dass die einzureichende Bilanz bereits im vom Gesetz vorgegebenen Zeitraum von 8 Monaten aufzustellen und der Anmeldung mit beizufügen oder zumindest innerhalb der Acht-Monats-Frist nachzureichen ist (so Heidinger/Limmer/Holland/Reul, Gutachten des DNotI, Bd. IV, Gutachten zum Umwandlungsrecht, Nr. 36, S. 263 ff.). Zunehmend wird allerdings vertreten, die Schlussbilanz selbst müsse nicht mit eingereicht sein (OLG Jena, NJW-RR 2003, 99, 100; OLG Zweibrücken, GmbHR 2003, 118; LG Frankfurt am Main, GmbHR 1998, 379 = NotBZ 1998, 36; Heckschen, Rpfleger 1999, 357, 363; Lutter/Decher, UmwG, § 17 Rn. 13; Widmann/Mayer/Widmann Umwandlungsrecht, § 24 UmwG Rn. 68: eine zum Zeitpunkt der Anmeldung noch nicht geprüfte Schlussbilanz sei ausreichend; Schwanna, in: Semler/Stengel, UmwG, § 17 Rn. 20). **Einzelne Instanzgerichte** (vgl. LG Dresden, GmbHR 1998, 1086; LG Kempten, Rpfleger 2001, 433 für die Genossenschaft) verlangen die strenge Wahrung der Achtmonatsfrist auch für die Einreichung der Schlussbilanz. Andere Instanzgerichte (z. B. LG Frankfurt am Main, NotBZ 1998, 36 = GmbHR 1998, 380) wollen das Nachreichen der Schlussbilanz auch nach Ablauf von 8 Monaten jedenfalls dann zulassen, wenn die Bilanz nur versehentlich nicht mit eingereicht wurde, aber innerhalb der 8-Monats-Frist zumindest erstellt war. In diese Richtung tendiert auch das OLG Zweibrücken (RNotZ 2002, 516) in einem Haftpflichtprozess gegen einen Notar. Auch hat das OLG Jena (NotBZ 2003, 76 m. Anm. Berger = NJW-RR 2003, 99 = NZG 2003, 43) ausdrücklich festgestellt, dass die durch § 17 Abs. 2 Satz 4 UmwG geforderte Bilanz nicht bereits der Verschmelzungsanmeldung beiliegen müsse. Sie könne im Anschluss an die wirksame, wenn auch nicht sofort vollziehbare Anmeldung nachgereicht werden. Dieser großzügigeren Meinung ist m. E. zu folgen, da sie den Zwecken der Bilanzkontinuität und des Gläubigerschutzes genügt. Generell gilt daher, dass fehlende Unterlagen nachgereicht werden können, auch die Schlussbilanz selbst.

678 **d) Prüfung der Bilanz.** Die Frage, ob es sich bei der Bilanz um eine **geprüfte Bilanz** handeln muss, ist nicht im UmwG geregelt, sondern im jeweiligen Sonderrecht des einschlägigen Rechtsträgers. Indem der Gesetzgeber auf die Vorschriften über die Jahresbilanz und deren Prüfung verweist, entscheidet allein das für den Rechtsträger einschlägige Gesetz, ob die Jahresbilanz geprüft werden muss (Kallmeyer/Müller, UmwG, § 17 Rn. 36; Lutter/Decher, UmwG, § 17 Rn. 9; Hörtnagl, in: Schmitt/Hörtnagl/Stratz, UmwG, UmwStG, § 17 UmwG Rn. 20; LG Dresden, MittBayNot 1998, 271 = GmbHR 1998, 1086).

Dies ist der Fall bei
– Kapitalgesellschaften, die keine kleinen i. S. d. § 267 Abs. 1 HGB sind (§ 316 Abs. 1 HGB),
– Genossenschaften (§ 53 Abs. 2 GenG),
– Kreditinstituten (§ 340k HGB) und
– Versicherungsunternehmen (§ 341k HGB).

679 Eine **Prüfung ist nicht erforderlich** bei Personengesellschaften und bei eingetragenen Vereinen, sofern sie nicht unter das Publizitätsgesetz fallen (§§ 1, 6 Publizitätsgesetz).

680 **e) Bilanz bei noch nicht existierendem Rechtsträger.** Bei **Kettenumwandlungen** stellt sich die Problematik des zum Zeitpunkt des Umwandlungsstichtages noch nicht bestehenden Rechtsträgers (vgl. oben Teil 2 Rdn. 35 ff.).

681 ▶ **Beispiel:**

Der im Handelsregister eingetragene Kaufmann K hat mit Urkunde v. 12.08.2015 das gesamte Firmenvermögen auf eine von ihm dadurch gegründete GmbH durch Ausgliederung übertragen. Der Ausgliederung lag die Bilanz des Einzelunternehmens zum 31.05.2015 (Schlussbilanz) zugrunde. Die Übertragung des Vermögens des einzelkaufmännischen Unternehmens auf die dadurch neugegründete GmbH erfolgte zum 01.06.2015 (Ausgliederungsstichtag). Die GmbH wurde am 18.11.2015 eingetragen. Die Ausgliederung beim Einzelunternehmen am 30.11.2015. Mit Urkunde v. 01.12.2015 wurde die vorgenannte GmbH auf ihre Muttergesellschaft (100 %) übertragen, die die Anteile vom Einzelkaufmann in der Zwischenzeit erworben hatte. Verschmelzungsstichtag ist der 01.06.2015. Als Bilanz wurde die Bilanz der GmbH zum 31.05.2015 zugrunde gelegt.

682 Ob eine **rückwirkende Vereinbarung des Stichtages** möglich ist, wenn der aufnehmende Rechtsträger zum Zeitpunkt des fingierten Ausgliederungsstichtages noch nicht existiert, ist in der Rechtsprechung noch nicht erörtert worden. Von Heckschen/Simon (UmwG, § 5 Rn. 157 ff.) wird dies angezweifelt, da noch keine Buchführungspflicht bestehe. Mayer (Widmann/Mayer/Mayer, Umwandlungsrecht, § 5 UmwG Rn. 235.8.1; Steuerfachausschuss zum Entwurf eines Einführungsschreibens zum UmwStG 1995, WiP 1997, 439, 442 ff.) bejaht demgegenüber die Zulässigkeit. Diese Auffassung ist m. E. zutreffend, da eine derartige rückwirkende Vereinbarung das UmwG bei der Verschmelzung oder Spaltung zur Neugründung ausdrücklich vorsieht. Dementsprechend dürfte nichts anderes gelten bei einer Ausgliederung auf einen zwar gegründeten, aber noch nicht eingetragenen Rechtsträger. Mayer weist zu Recht darauf hin, dass eine Verschmelzung oder Spaltung zur Aufnahme auf einen übernehmenden Rechtsträger durchgeführt werden kann, der handelsrechtlich am steuerlichen Übertragungsstichtag bzw. Umwandlungsstichtag noch nicht existent war. Entscheidend sei, dass die beteiligten Rechtsträger zum Zeitpunkt des rechtsgeschäftlichen Umwandlungsvorgangs (Vertragsschluss, Umwandlungsbeschluss, Registeranmeldung etc.) existent sind, denn erst dann muss ein beteiligungsfähiger Rechtsträger i. S. v. § 3 UmwG vorhanden sein.

683 **8. Bilanzvorlage beim Register des aufnehmenden Rechtsträgers.** § 17 Abs. 2 UmwG verlangt nur die **Beifügung der Schlussbilanz** zum Register **des übertragenden Rechtsträgers**, nicht aber beim aufnehmenden Rechtsträger (BayObLG, DB 1998, 968 = ZIP 1998, 474; LG Frankfurt am Main, GmbHR 1996, 542; GmbHR 1999, 591; Bartovics, GmbHR 1996, 514; Kallmeyer/Müller, UmwG, § 17 Rn. 26; Hörtnagl, in: Schmitt/Hörtnagl/Stratz, § 17 UmwG Rn. 15 f.; Lutter/Decher § 17 UmwG Rn. 7; Widmann/Mayer/Widmann, § 24 UmwG Rn. 154; Heckschen, NotBZ 1997, 132).

Dennoch kann sich aus allgemeinen Vorschriften die Notwendigkeit ergeben, dass bei der Anmeldung der Verschmelzung zum Sitz des aufnehmenden Rechtsträgers ebenfalls eine Bilanz beizufügen ist.

Bei der Verschmelzung zur Aufnahme ist in den meisten Fällen eine **Kapitalerhöhung** bei der aufneh- **684** menden Gesellschaft **erforderlich** (vgl. Teil 2 Rdn. 259 ff.). Dann gelten zusätzlich die Vorschriften über die Kapitalerhöhung, sodass das Registergericht der aufnehmenden Gesellschaft auch die Kapitalerhöhung prüfen kann und muss. Zwar wird nach allgemeiner Meinung ein Sachkapitalerhöhungsbericht bei der Kapitalerhöhung gegen Sacheinlagen nicht angenommen, dennoch ist nach überwiegender Meinung das Registergericht berechtigt, im Einzelfall entsprechende Unterlagen zum **Nachweis der Werthaltigkeit** zu verlangen. Aus der Prüfungspflicht und dem Prüfungsrecht des Registergerichts bei der Kapitalerhöhung gegen Sacheinlagen folgert daher die überwiegende Meinung die Notwendigkeit, der Anmeldung auch Unterlagen beizufügen, die eine Prüfung ermöglichen. Als geeignete Unterlagen kommt etwa die Schlussbilanz der übertragenden Gesellschaft in Betracht (vgl. LG Frankfurt am Main, GmbHR 1998, 379). Der Nachweis kann aber auch durch andere Unterlagen geführt werden. Hier gelten die allgemeinen Vorschriften des Kapitalerhöhungsrechts.

Bei der Verschmelzung zur Neugründung ist unter bestimmten Voraussetzungen bei der GmbH nach **685** § 58 UmwG ein **Sachgründungsbericht erforderlich**. Das BayObLG hat allerdings entschieden, dass bei der Ausgliederung zur Neugründung es nicht erforderlich ist, eine auf einen höchstens 8 Monate vor der Anmeldung liegenden Stichtag aufgestellte Schlussbilanz des übertragenden Rechtsträgers vorzulegen (ZIP 1999, 968 = MittRhNotK 1999, 63). Davon unabhängig sei es dem Registergericht des neuen Rechtsträgers im Rahmen seiner Prüfungspflicht nach den allgemeinen Vorschriften, etwa gem. § 9c GmbHG, nicht verwehrt, sich die Bilanz des übertragenden Rechtsträgers vorlegen zu lassen, da auch auf die Anmeldung des neuen Rechtsträgers die Vorschriften Anwendung fänden, die für eine Gründung der entsprechenden Gesellschaftsform gelten. Die Einhaltung der Frist des § 17 Abs. 2 Satz 4 UmwG könne aber nicht gefordert werden.

IV. Wirkungen der Verschmelzung

1. Zeitpunkt. Maßgeblich ist immer der **Zeitpunkt der Eintragung der Verschmelzung** bei dem **686** übernehmenden Rechtsträger (§ 20 Abs. 1 UmwG).

2. Gesamtrechtsnachfolge. a) Allgemeines. Eine der **wesentlichen Wirkungen der Verschmel-** **687** **zung** ist nach § 20 Abs. 1 Nr. 1 UmwG der Übergang des Vermögens sämtlicher übertragender Rechtsträger einschließlich Verbindlichkeiten auf den übernehmenden Rechtsträger. Mit der Eintragung der Verschmelzung im Register des übernehmenden Rechtsträgers tritt die Gesamtrechtsnachfolge ein. Es ist dabei **nicht möglich, einzelne Vermögensobjekte** eines übertragenden Rechtsträgers im Verschmelzungsvertrag **von diesem Übergang auszunehmen** (Lutter/Grunewald, UmwG, § 20 Rn. 8; Widmann/Mayer/Vossius § 20 UmwG Rn. 26, 32; Kallmeyer/Marsch-Barner, UmwG, § 20 Rn. 4; Stratz, in: Schmitt/Hörtnagl/Stratz, § 20 UmwG Rn. 24; Kübler in: Semler/Stengel, § 20 UmwG Rn. 8). Die Gesamtrechtsnachfolge ist auch dadurch gekennzeichnet, dass das gesamte Vermögen im umfassenden Sinn ohne Einzelübertragung auf den aufnehmenden Rechtsträger übergeht. Die Rechtsänderung tritt kraft Gesetzes mit der Handelsregistereintragung ein ohne besondere Übertragungsakte (vgl. auch Heidinger/Limmer/Holland/Reul, Gutachten zum Umwandlungsrecht, S. 102; Lutter/Grunewald, UmwG, § 20 Rn. 7 ff.; Widmann/Mayer/Vossius, § 20 UmwG Rn. 26; Kallmeyer/Marsch-Barner, UmwG, § 20 Rn. 4; Stratz, in: Schmitt/Hörtnagl/Stratz, § 20 UmwG Rn. 3; Kübler in: Semler/Stengel, § 20 UmwG Rn. 8). Sollten einzelne Vermögensgegenstände ausgenommen sein, so müssen diese vor Wirksamwerden der Verschmelzung mit dinglicher Wirkung aus dem Vermögen des übertragenden Rechtsträgers ausgeschieden sein (Lutter/Grunewald, UmwG, § 20 Rn. 8; Stratz, in: Schmitt/Hörtnagl/Stratz, § 20 UmwG Rn. 24). Register und Grundbuch sind lediglich zu berichtigen, die Eintragung ist deklaratorischer, nicht konstitutiver Natur. Ein wesentliches Element der Gesamtrechtsnachfolge ist, dass die **Vorschriften über Einzelrechtsnachfolge** wie z. B. §§ 929, 873, 398 BGB oder der **Vertrags- oder Schuldübernahmen** (§§ 414 ff. BGB) nicht eingehalten werden müssen, ebenfalls nicht erforderlich sind **Zustimmungen Dritter, sei es öffentlich-rechtliche oder privatrechtliche Zustimmungen oder Genehmigungen** (vgl. Widmann/Mayer/Vossius, Umwandlungsrecht, § 20 UmwG Rn. 26; Kallmeyer/Marsch-Barner, UmwG § 20 UmwG Rn. 4; Kübler in: Semler/Stengel, § 20 UmwG Rn. 8;

Lutter/Grunewald, UmwG, § 20 Rn. 7 ff.; Stratz, in: Schmitt/Hörtnagl/Stratz, § 20 UmwG Rn. 23 ff.). Ausgenommen vom Rechtsübergang sind nur höchstpersönliche Rechte oder Befugnisse, z. B. öffentlich-rechtlicher Art.

688 Die Gesamtrechtsnachfolge bewirkt nach herrschender Meinung jedoch nicht, dass der Übernehmer umfassend in sämtliche Rechte und Rechtsverhältnisse des Überträgers eintritt. Es gilt, dass die **Vorschriften über Einzelrechtsnachfolge** wie z. B. §§ 929, 873, 398 BGB oder der **Vertrags- oder Schuldübernahmen** (§§ 414 ff. BGB) nicht eingehalten werden müssen, ebenfalls nicht erforderlich sind **Zustimmungen Dritter**, sei es **öffentlich-rechtliche oder privatrechtliche Zustimmungen oder Genehmigungen** (vgl. OLG Hamm RNotZ 2014, 507 = NZG 2014, 783; OLG Hamm, DStR 2010, 991 = NJW 2010, 2591; OLG Karlsruhe, NZG 2009, 315 = GmbHR 2008, 1219; Widmann/Mayer/Vossius, Umwandlungsrecht, § 20 UmwG Rn. 26, 247; Kallmeyer/Marsch-Barner, UmwG, § 20 Rn. 4 ff.; Stratz in Schmitt/Hörtnagl/Stratz, § 20 UmwG Rn. 28; Gaiser DB 2000, 361). Ausgenommen vom Rechtsübergang sind nur höchstpersönliche Rechte oder Befugnisse, z. B. öffentlich-rechtlicher Art (vg. OLG Hamm RNotZ 2014, 507 = NZG 2014, 783). Die Gesamtrechtsnachfolge bewirkt nach herrschender Meinung jedoch nicht, dass der Übernehmer umfassend in sämtliche Rechte und Rechtsverhältnisse des Überträgers eintritt. Einzelne Rechtspositionen können vom Übergang ausgeschlossen werden, wenn die Rechtsposition unübertragbar ist oder aus sonstigen Gründen die Gesamtrechtsnachfolge andere Auswirkungen als den Übergang hat (vgl. Lutter/Grunewald, UmwG, § 20 Rn. 13; Heidinger/Limmer/Holland/Reul, Gutachten des DNotI, Bd. IV, Gutachten zum Umwandlungsrecht, S. 102).

689 **b) Einzelne Rechtsverhältnisse. aa) Grundstücke und dingliche Rechte.** Grundstücke, grundstücksgleiche Rechte und sonstige dingliche Rechte, wie Reallast und Grundpfandrechte, gehen ohne weiteren Übertragungsakt auf den übernehmenden Rechtsträger über (Widmann/Mayer/Vossius, Umwandlungsrecht, § 20 UmwG Rn. 217; Lutter/Grunewald, UmwG, § 20 Rn. 9; Kallmeyer/Marsch-Barner, UmwG, § 20 Rn. 6; Stratz, in: Schmitt/Hörtnagl/Stratz, § 20 UmwG Rn. 77; Schöner/Stöber, Grundbuchrecht, Rn. 995b; Böttcher in: Meikel, Grundbuchrecht § 22 GBO Rn. 47; ausführlich Gärtner, DB 2000, 409; eingehend Böhringer, Rpfleger 2001, 59 ff.). Das Grundbuch wird mit der Eintragung der Verschmelzung unrichtig. Der Nachweis der Unrichtigkeit nach § 22 GBO wird durch die Vorlage eines beglaubigten Handelsregisterauszuges der übernehmenden Gesellschaft oder Verweisung auf das beim gleichen AG geführten Register geführt (vgl. eingehend Böhringer, Rpfleger 2001, 59 ff., Gärtner, DB 2000, 409 ff.). Aus dem Handelsregisterauszug muss sich der Zeitpunkt der Eintragung der Verschmelzung sowie Firma und Sitz der Überträgerin ergeben (Widmann/Mayer/Vossius, Umwandlungsrecht, § 20 UmwG Rn. 58; Schöner/Stöber, Grundbuchrecht, Rn. 995a). Ferner ist eine **Unbedenklichkeitsbescheinigung des Finanzamtes** – Grunderwerbsteuerstelle – für die Eigentumsberichtigung erforderlich (vgl. Schöner/Stöber, Grundbuchrecht, Rn. 995i; Götz, GmbHR 2001, 277; eingehend Böhringer, Rpfleger 2001, 59 ff.; Kahlfeld, BWNotZ 1999, 142).

690 **Nießbrauch,** beschränkt persönliche Dienstbarkeiten und nicht übertragbare dingliche Vorkaufsrechte gehen nur i. R. d. gesetzlichen Vorschriften (§§ 1059a Abs. 1 Nr. 1, Abs. 2, 1092, Abs. 2, 1093 Abs. 3 BGB) über. Allerdings gibt es Sondervorschriften unter denen ausnahmsweise die Übertragung dieser dinglichen Rechte unter bestimmten Fallkonstellationen zulässig ist (§§ 1059a Nr. 1, 1059c, 1092 Abs. 2, 1098 Abs. 3 BGB), wenn das Recht einer juristischen Person und einer Personengesellschaft zusteht, die rechtsfähig ist und *»das Vermögen auf dem Weg der Gesamtrechtsnachfolge auf einen anderen Rechtsträger übergeht* (vgl. Stratz, in: Schmitt/Hörtnagl/Stratz, § 20 UmwG Rn. 81; Lutter/Grunewald, UmwG, § 20 Rn. 14).

691 Aus dem Wesen der Gesamtrechtsnachfolge folgt nach ganz herrschender Meinung, dass einzelne Übertragungen nicht erforderlich sind und demgemäß auch die für die Einzelübertragung etwa erforderliche Zustimmung Dritter oder Genehmigungen ebenfalls nicht erforderlich sind (Widmann/Mayer/Vossius, UmwG, § 20 Rn. 26). Dies gilt auch etwa für die in den neuen Bundesländern notwendige GVO-Genehmigung bei der Übertragung von Grundstücken (vgl. Heidinger/Limmer/Holland/Reul, Gutachten des DNotI, Bd. IV, Gutachten zum Umwandlungsrecht, S. 108). Soweit Erbbaurechte oder Wohnungseigentum betroffen sind, ist keine Zustimmung nach § 5 ErbbauVO bzw. § 12 WEG erforderlich.

bb) Beteiligung. Anteile an Kapitalgesellschaften gehen auf den übernehmenden Rechtsträger über. **692** Auch eine **Vinkulierung** hindert nach überwiegender Meinung die Gesamtrechtsnachfolge nicht (Lutter/Grunewald, UmwG, § 20 Rn. 17; Kallmeyer/Marsch-Barner, UmwG, § 20 Rn. 7; zur Spaltung vgl. Aha, AG 1997, 345, 351; Kübler, in: Semler/Stengel, § 20 UmwG Rn. 8; Widmann/Mayer/Vossius, Umwandlungsrecht, § 20 UmwG Rn. 156). Auch das OLG Hamm hat mit Urteil vom 16.4.2014 (OLG Hamm RNotZ 2014, 507 = NZG 2014, 783; dazu Sickinger DB 2014, 1976) entschieden, dass bei einer Spaltung von **vinkulierten Geschäftsanteilen** diese auch ohne Zustimmung der zustimmungsbetroffenen Gesellschafter übergehen, obwohl dies bei einer Einzelübertragung nicht möglich wäre. Fraglich ist, ob der Notar eine berichtete Gesellschafterliste bei Tochter-GmbH-Beteiligungen der übertragenden Gesellschaft einzureichen hat. Umstritten ist, ob ein Mitwirken des Notars im Sinne des § 40 Abs. 2 Satz 1 GmbHG vorliegt, wenn die Anteilsveränderung nur eine mittelbare Folge der notariellen Urkunde ist (Roth, RNotZ 2014, 470 ff.; Löbbe, GmbHR 2012, 7, 11 ff; Lutter/Bayer, § 40 GmbHG Rdnr. 25; Mayer, MittBayNot 2014, 114, 116; Ising, NZG 2010, 812). Das OLG Hamm hat entschieden, dass auch im Fall einer nur mittelbaren Mitwirkung des Notars – weil sich der Gesellschafterbestand der beteiligten GmbH durch Verschmelzung geändert hat –der Notar die Liste einzureichen hat, zumindest dann, wenn er über interne Vorgänge der Beteiligten bestens informiert ist (OLG Hamm, DNotZ 2010, 214 = GmbHR 2010, 205 m. zust. Anm. Wachter; zust. auch Omlor, EWiR 2010, 251, und Herrler/Blath, ZIP 2010, 129, 130). Z. T. wird in der Literatur darauf abgestellt, ob der beurkundende Notar, zum Beispiel aufgrund der vorgelegten Schlussbilanz, sichere Kenntnis von der Beteiligung des übertragenden Rechtsträgers an der GmbH hat (Vossius, DB 2007, 2299, 2304; Apfelbaum, notar 2008, 160, 170). Teilweise wird eine Mitwirkung des Notars auch nur dann in Betracht gezogen, wenn der übertragende Rechtsträger über eine 100 %ige Beteiligung an der GmbH verfügt (Vossius, DB 2007, 2299, 2304). Gegen die Verpflichtung bei einer »mittelbaren« Mitwirkung als ungeschriebene Tatbestandsvariante spricht, dass eine klare Abgrenzung zwischen unmittelbarer und mittelbarer notarieller Mitwirkung vielfach kaum möglich ist (so zu Recht Roth, RNotZ 2014, 470, 474; Ising, DNotZ 2012 384, 389, ablehnend auch Mayer, MittBayNot 2014, 114, 116). D. Mayer empfiehlt bis zur höchstrichterlichen Klärung bei der Beurkundung von Umwandlungsvorgängen die Rechtslage vorsorglich mit den Beteiligten zu erörtern und auf die gesetzliche Pflicht zur Einreichung einer neuen Gesellschafterliste hingewiesen werden. Gehört zum Vermögen des übertragenden Rechtsträgers die Beteiligung an einer GmbH, so sollte ggf. geregelt werden, dass die Gesellschafterliste von der Geschäftsführung der betreffenden GmbH zu erstellen ist und der Notar beauftragt wird, die ihm übermittelte Gesellschafterliste ebenfalls zu unterzeichnen und mit einer Notarbescheinigung nach § 40 Abs. 2 Satz 2 GmbHG zu versehen und sodann elektronisch zum Handelsregister einzureichen (so der Vorschlag von Mayer, MittBayNot 2014, 114, 116). Das Registergericht muss also eine gemeinsam unterzeichnete Liste unverzüglich im Handelsregister aufnehmen, wenn die Liste sowohl die inhaltlichen Voraussetzungen für eine von der Geschäftsführung zu erstellende als auch eine notarbescheinigte Gesellschafterliste erfüllt. Diese Ansicht hat auch das OLG Hamm (NZG 2010, e 475 = BB 2010, 985) bestätigt und die Doppelunterschrift unter einer Gesellschafterliste akzeptiert (vgl. auch Heckschen/Heidinger, § 13 GmbHG Rn. 328, 341).

Beteiligungen an Personengesellschaften gehen nach überwiegender Meinung nicht ohne Weiteres **693** über; die Übertragung bedarf der Zustimmung aller Gesellschafter, es sei denn die Übertragbarkeit ist bereits im Gesellschaftsvertrag zugelassen. Die wohl überwiegende Meinung differenziert bei § 20 UmwG dahin gehend, ob der Gesellschaftsvertrag den Übergang zulässt oder nicht; nur im Falle der Zulassung geht der Gesellschaftsanteil über (Lutter/Grunewald, UmwG, § 20 Rn. 18 ff.; Heidinger/Limmer/Holland/Reul, Gutachten des DNotI, Bd. IV, Gutachten zum Umwandlungsrecht, S. 102 f.; Kallmeyer/Marsch-Barner, UmwG, § 20 Rn. 7; Stratz, in: Schmitt/Hörtnagl/Stratz, § 20 UmwG Rn. 64; Kübler in: Semler/Stengel, § 20 UmwG Rn. 23; Riegger, in: FS für Bezzenberger, 2000, S. 379, 384; Stratz, in: Schmitt/Hörtnagl/Stratz, § 20 UmwG Rn. 64). Nach anderer Auffassung ist nach der Neuregelung durch das Handelsrechtsreformgesetz eine andere Sichtweise notwendig (so Kiem, Unternehmensumwandlung, S. 23). Nach der Neufassung von § 139 Nr. 4 HGB, nach der der Tod eines OHG-Gesellschafters grds. zum Ausscheiden dieses Gesellschafters und nicht mehr zur Auflösung der Gesellschaft führe, werde man davon ausgehen können, dass die entsprechenden Beteiligungen der übertragenden Gesellschaft auch auf die übernehmende Gesellschaft übergehen. Diese Auffassung übersieht allerdings, dass auch nach der Neuregelung für die Möglichkeit des Erwerbes einer Beteiligung an einer Personengesellschaft eine Nachfolgeklausel erforderlich ist, die den Anteil vererblich stellt. Anderenfalls würde im Fall des Todes des Gesellschafters der Gesellschafter aus der Gesellschaft ausscheiden (so zu Recht Lutter/Grunewald, UmwG, § 20 Rn. 19; vgl. auch Kallmeyer/Marsch-Barner, UmwG, § 20 Rn. 7; Stratz, in: Schmitt/Hörtnagl/Stratz, § 20 UmwG Rn. 64; Schröer in: Semler/Stengel, § 131 UmwG Rn. 26). Diese Regelung wird man dann wohl auch für die OHG oder den Komplementär der KG annehmen müssen. Etwas anderes gilt, wenn eine abweichende Regelung im Gesellschaftsvertrag vorgesehen ist. Ist der übertragende Rechtsträger Kommanditist oder stiller Gesellschafter, so ist die Gesamtrechtsnachfolge zulässig, sodass dies auch für die Verschmelzung gilt (Lutter/Grunewald, UmwG, § 20 Rn. 20).

694 Nach anderer Auffassung ist nach der Neuregelung durch das Handelsrechtsreformgesetz eine andere Sichtweise notwendig (so Kiem, Unternehmensumwandlung, S. 23). Nach der Neufassung von § 139 Nr. 4 HGB, nach der der Tod eines OHG-Gesellschafters grds. zum Ausscheiden dieses Gesellschafters und nicht mehr zur Auflösung der Gesellschaft führe, werde man davon ausgehen können, dass die entsprechenden Beteiligungen der übertragenden Gesellschaft auch auf die übernehmende Gesellschaft übergehen. Diese Auffassung übersieht allerdings, dass auch nach der Neuregelung für die Möglichkeit des Erwerbes einer Beteiligung an einer Personengesellschaft eine Nachfolgeklausel erforderlich ist, die den Anteil vererblich stellt. Anderenfalls würde im Fall des Todes des Gesellschafters der Gesellschafter aus der Gesellschaft ausscheiden (so zu Recht Lutter/Grunewald, UmwG, § 20 Rn. 19; vgl. auch Kallmeyer/Marsch-Barner, UmwG, § 20 Rn. 7; Stratz, in: Schmitt/Hörtnagl/Stratz, § 20 UmwG Rn. 64). Diese Regelung wird man dann wohl auch für die OHG oder den Komplementär der KG annehmen müssen. Etwas anderes gilt, wenn eine abweichende Regelung im Gesellschaftsvertrag vorgesehen ist. Ist der übertragende Rechtsträger Kommanditist oder stiller Gesellschafter, so ist die Gesamtrechtsnachfolge zulässig, sodass dies auch für die Verschmelzung gilt (Lutter/Grunewald, UmwG, § 20 Rn. 20).

695 cc) Unternehmensverträge, stille Beteiligungen. Bzgl. bestehender Unternehmensverträge gilt nach herrschender Auffassung Folgendes (vgl. Fedke, Der Konzern 2008, 533; Gutachten, DNotI-Report 2009, 158; Gelhausen, NZG 2005, 775; Lutter/Grunewald, UmwG, § 20 Rn. 36 ff.; Kallmeyer/Marsch-Barner, UmwG, § 20 Rn. 19; Widmann/Mayer/Vossius, Umwandlungsrecht, § 20 UmwG Rn. 287; ausführlich Vossius, in: FS für Widmann, 2000, S. 133; Schröer: in: Semler/Simon, UmwG, § 131 Rn. 28; Kübler in: Semler/Stengel, § 20 UmwG Rn. 29 ff.; Stratz, in: Schmitt/Hörtnagl/Stratz, UmwG, § 20, Rn. 55 ff.; Müller, BB 2002, 157 ff.; Fedke, Der Konzern 2008, 533 ff.; Gelhausen/Heinz, NZG 2005, 775 zu den Abrechnungsfragen):

- Werden die Parteien eines Unternehmensvertrages miteinander verschmolzen, so erlischt der Unternehmensvertrag in diesem Fall mit dem Wirksamwerden der Verschmelzung durch Konfusion (OLG Hamm, AG 1989, 31; Emmerich, in: Emmerich/Habersack, Aktien- und GmbH-Konzernrecht, § 297 Rn. 39; Lutter/Grunewald, UmwG, § 20 Rn. 45; Stratz, in: Schmitt/Hörtnagl/Stratz, UmwG, § 20, 55; Kallmeyer/Kallmeyer/Marsch-Barner, UmwG, § 20 Rn. 21; Gelhausen, NZG 2005, 775; Naraschewski, DB 1997, 1653; Schubert, DB 1998, 761; Fedke, Der Konzern 2008, 533, 534; Müller BB 2002, 157; a. A. Vossius, FS Widmann S. 133, 138 es bestehe nur ein Kündigungsrecht);

- ein Unternehmensvertrag, den die übertragende Gesellschaft mit einem Dritten als abhängige Gesellschaft abgeschlossen hat, erlischt gleichfalls. Eine Rechtsnachfolge nach § 20 Abs. 1 UmwG tritt nicht ein (Heckschen/Simon, UmwG, § 12 Rn. 65; OLG Karlsruhe, AG 1995, 139; Krieger, in: Münchener Handbuch des Gesellschaftsrechts, Bd. IV, § 70 Rn. 173; Lutter/Grunewald, UmwG, § 20 Rn. 38; Gelhausen, NZG 2005, 775; Emmerich, in: Emmerich/Habersack, Aktien- und GmbH-Konzernrecht § 297 Rn. 40; Fedke, Der Konzern 2008, 533, 534; LG Mannheim, AG 1995, 89 = ZIP 1994, 1024; a. A. Kley, Die Rechtsstellung der außenstehenden Aktionäre bei der vorzeitigen Beendigung von Unternehmensverträgen, S. 136 ff.);

- hat die übertragende Gesellschaft einen Unternehmensvertrag als herrschendes Unternehmen mit einem Dritten abgeschlossen, geht dieser auf den übernehmenden Rechtsträger als herrschendem Unternehmen über; eines Beschlusses der Gesellschafter des abhänhgigen Rechtsträgers bedarf es nicht (Lutter/Grunewald, UmwG, § 20 Rn. 40; Widmann/Mayer/Vossius, Umwandlungsrecht, § 20 Rn. 293; Stratz, in: Schmitt/Hörtnagl/Stratz, UmwG, § 20, 55; Kallmeyer/Kallmeyer/

Marsch-Barner, UmwG, § 20 Rn. 20; Priester, ZIP 1992, 293 ff., 301; Fedke, Der Konzern 2008, 533, 534; Goutier/Knopf/Bermel, Umwandlungsrecht, § 20 Rn. 29; LG Bonn, GmbHR 1996, 774; OLG Karlsruhe, ZIP 1991, 101, 104; OLG Köln ZIP 2010, 519; Kübler in: Semler/Stengel/Kübler § 20 Rn 30; Vossius FS Widmann, 2000, 133; aA Bayer ZGR 1993, 599, der § 295 AktG anwenden will); u.U kann dem abhängigen Unternehmen ein Recht zur Kündigung aus wichtigem Grund unter den Voraussetzungen von § 297 I AktG zustehen (Lutter/Grunewald, UmwG, § 20 Rn. 40; Widmann/Mayer/Vossius, Umwandlungsrecht, Stand: Juni 2002, § 20 Rn. 293; Stratz, in: Schmitt/Hörtnagl/Stratz, UmwG, § 20, 55; Kallmeyer/Kallmeyer/Marsch-Barner, UmwG, § 20 Rn. 20; LG Bonn, GmbHR 1996, 774; Kübler in: Semler/Stengel/Kübler § 20 UmwG Rn 30).
– ist der Unternehmensvertrag von der übernehmenden Gesellschaft als herrschendem Unternehmen abgeschlossen worden, so besteht er fort und wird von der Verschmelzung im Regelfall nicht berührt (BayObLG AG 2004, 99; Lutter/Grunewald, UmwG, § 20 Rn. 37; Kübler in: Semler/Stengel/Kübler § 20 UmwG Rn 29; Stratz, in: Schmitt/Hörtnagl/Stratz, UmwG, § 20, Rn. 59; Kallmeyer/Kallmeyer/Marsch-Barner, UmwG, § 20 Rn. 20); u. U. steht der beherrschten Gesellschaft ein außerordentl Kündigungsrecht zu (Lutter/Grunewald, UmwG, § 20 Rn. 37; Hörtnagl, in: Schmitt/Hörtnagl/Stratz, UmwG, § 20, 59); die Kündigung wirkt allerdings nur ex nunc;
– ist der Unternehmensvertrag von der übernehmenden Gesellschaft als abhängiges Unternehmen abgeschlossen worden, so besteht er ebenfalls fort (BayObLG AG 2004, 99; Lutter/Grunewald, UmwG, § 20 Rn. 38; Kübler in: Semler/Stengel/Kübler § 20 UmwG Rn 29; Stratz, in: Schmitt/Hörtnagl/Stratz, UmwG, § 20, 59; Kallmeyer/Kallmeyer/Marsch-Barner, UmwG, § 20 Rn. 20).

Nach herrschender Meinung ist im Fall der Verschmelzung eine **Anmeldung der Beendigung** des Un- **696** ternehmensvertrages nach § 298 AktG **entbehrlich.** Die Anmeldung der Verschmelzung nach § 16 UmwG soll schon deshalb genügen, weil die übertragende Gesellschaft als Normadressat des § 298 AktG mit der Eintragung der Verschmelzung gem. § 20 Abs. 1 Nr. 2 UmwG erlischt (Hüffer/Koch, AktG, § 298 Rn. 3; MünchKomm-AktG/Altmeppen, § 298 Rn. 4; Krieger, in: Münchener Handbuch des Gesellschaftsrechts, Bd. IV, § 70 Rn. 135; Hohner, DB 1973, 1487, 1491) und die Bestimmungen des UmwG die Funktion des § 298 erfüllen (a. A. Emmerich, in: Emmerich/Habersack, Aktien- und GmbH-Konzernrecht, § 298 Rn. 3). Die Anmeldung der Verschmelzung schließt jedoch Anmeldung der Beendigung ein, weil sie notwendige Verschmelzungsfolge ist. Beendigung ist daher auch in diesem Fall einzutragen und bekanntzumachen (so Hüffer/Koch, AktG, § 298 Rn. 3; MünchKomm-AktG/Altmeppen, § 298 Rn. 4; Emmerich, in: Emmerich/Habersack, Aktien- und GmbH-Konzernrecht, § 298 Rn. 3).

Der Wechsel des herrschenden Rechtsträgers ist zum **Handelsregister beim abhängigen Unternehmen** **697** **anzumelden** (Emmerich/Habersack, Aktien- und GmbH-Konzernrecht, § 295 AktG Rn. 36; Hüffer/Koch, AktG, § 295 Rn. 9; Semler, in: FS für Werner, 1984, S. 855, 871; KK-AktG/Koppensteiner, § 295 Rn. 27; Fedke, Der Konzern 2008, 533, 538). Allerdings hat die unterlassene Anmeldung keine Auswirkungen auf die Wirksamkeit des Rechtsübergangs, das Umwandlungsrecht mit der Gesamtrechtsnachfolge geht hier vor (KK-AktG/Koppensteiner, § 294 Rn. 39; Fedke, Der Konzern 2008, 533, 539).

Problematisch sind dabei **stille Beteiligungen**, die als Teilgewinnabführungsverträge anzusehen sind. **698** Die Literatur geht fast einhellig davon aus, dass bei der Verschmelzung der verpflichteten Gesellschaft der Teilgewinnabführungsvertrag nach § 20 Abs. 1 Nr. 1 UmwG auf die Übernehmerin übergeht (Widmann/Mayer/Vossius, Umwandlungsrecht, § 20 UmwG Rn. 291; Vossius, in: FS für Widmann, 2000, S. 133, 146 ff.; Kallmeyer/Marsch-Barner, UmwG, § 20 Rn. 7; Gutheil, Die Auswirkungen von Umwandlungen auf Unternehmensverträge nach §§ 291, 292 AktG, S. 202 ff.; Lutter/Grunewald, UmwG, § 20 Rn. 20; Emmerich, in: Emmerich/Habersack, Aktien- und GmbH-Konzernrecht, § 297 Rn. 41; MünchKomm-AktG/Altmeppen, § 297 Rn. 132; Kübler in: Semler/Stengel, § 20 UmwG Rn. 23).

Es ist jedoch auch anerkannt, dass mit der Verschmelzung der verpflichteten Gesellschaft auf eine dritte Gesellschaft das i. R. d. stillen Beteiligung zu führende Handelsgeschäft i. d. R. grundlegend nach Größe, Zusammensetzung und Ausrichtung verändert wird. Dies beeinflusst erheblich den vertraglichen Zweck und somit den Vertragsgegenstand. Es besteht daher Einigkeit, dass die Übertragung **nicht ohne Inhaltsänderungen** erfolgen kann (Lutter/Grunewald, UmwG, § 23 Rn. 20; Gutheil, Die Auswirkungen von Umwandlungen auf Unternehmensverträge nach §§ 291, 292 AktG, S. 203 ff.; Vossius, in: FS für Widmann, 2000, S. 147; MünchKomm-AktG/Altmeppen; Emmerich, in: Emmerich/Habersack, Aktien- und GmbH-Konzernrecht, § 297 Rn. 41). Zur Frage, wie die Anpassung zu erfolgen hat, bestehen unterschiedliche Meinungen: **Vossius** (in: FS für Widmann, 2000, S. 147) will eine Vertragsanpassung nach den Grundsätzen des Wegfalls der Geschäftsgrundlage vornehmen. Die verpflichtete AG hat demnach einen Anspruch auf Neuverhandlung. **Gutheil** (Die Auswirkungen von Umwandlungen auf Unternehmensverträge nach §§ 291, 292 AktG, S. 202) meint, dass bei einem unternehmensbezogenen Teilgewinnabführungsvertrag die für die Bemessung der Gegenleistung zugrunde gelegten Kriterien gegenstandslos werden, wenn nunmehr die gesamte übernehmende Gesellschaft zur Abführung des quotenmäßig festgelegten Gewinnanteils verpflichtet wäre. Die Angemessenheit der Gegenleistung wäre damit nicht mehr gewährleistet, was im Fall der Beteiligung des berechtigten Vertragsteils an der verpflichteten AG zu einem Verstoß gegen die §§ 57, 58, 60 AktG führen könnte. Daher seien von nun an nur die schon vor der Verschmelzung von dem Teilgewinnabführungsvertrag betroffenen Betriebe in den Teilgewinnabführungsvertrag einzubeziehen. Der unternehmensbezogene Teilgewinnabführungsvertrag wandele sich in einen betriebsbezogenen Teilgewinnabführungsvertrag um. Neben der Anpassung des Teilgewinnabführungsvertrages wird in der Literatur aber auch darauf hingewiesen, dass allen Beteiligten jedenfalls die Möglichkeit der Vertragskündigung aus wichtigem Grund bleibe (MünchKomm-AktG/Altmeppen, § 297 Rn. 132; KK-AktG/Koppensteiner, § 297 Rn. 22; Vossius, in: FS für Widmann, 2000, S. 147; a. A. möglicherweise Emmerich, in: Emmerich/Habersack, Aktien- und GmbH-Konzernrecht, § 297 Rn. 41, der die Möglichkeit einer Kündigung zumindest nicht ausdrücklich erwähnt).

699   **dd) Rechtsverhältnisse der Geschäftsführer, Vorstands- und Aufsichtsratsmitglieder.** Mit dem Erlöschen des übertragenden Rechtsträgers gehen zugleich die **Organstellungen von Vorstand und Geschäftsführer unter** (Widmann/Mayer/Vossius, Umwandlungsrecht, § 20 UmwG Rn. 330; Lutter/Grunewald, UmwG, § 20 Rn. 28; Kallmeyer/Marsch-Barner, UmwG, § 20 Rn. 13; Kübler in: Semler/Stengel, § 20 UmwG Rn. 20; Stratz, in: Schmitt/Hörtnagl/Stratz, UmwG, § 20, Rn. 45, Hoffmann-Becking, in: FS für Ulmer, 2003, S. 244 ff.; Wulff/Buchner, ZIP 2007, 314 ff.). Von der Beendigung der Organstellung der Mitgliederleitungsorgane zu unterscheiden ist jedoch das der Organstellung zugrunde liegende Anstellungsverhältnis. Im Wege der Gesamtrechtsnachfolge gehen die Anstellungsverträge auf den übernehmenden Rechtsträger über. Sie bleiben mithin von der Verschmelzung unberührt, werden aber nicht zu Arbeitsverhältnissen, sondern bleiben freie Dienstverhältnisse (BGH ZIP 2007, 910, 911 = GmbHR 2007, 606 beim Formwechsel; BGH, NJW 1989, 1928; Lutter/Grunewald, UmwG, § 20 Rn. 28; Kübler in: Semler/Stengel, § 20 UmwG Rn. 20; Stratz, in: Schmitt/Hörtnagl/Stratz, UmwG, § 20, Rn. 45; BAG DB 2000, 813 = NZA 2000, 376; BAG GmbHR 2003, 766; Wulff/Buchner, ZIP 2007, 314). Die Vorstände und Geschäftsführer behalten daher ihren Vergütungsanspruch aus diesen Verträgen bis zu deren Beendigung durch Zeitablauf oder Kündigung. Umstritten ist, ob eine Entlastung möglich ist und wer z. B. für Entlastungsbeschlüsse der Organe der übertragenden Rechtsträger zuständig ist. Gleiches gilt für andere Fragestellungen, wie bspw. Kündigung der Anstellungsverträge etc. (vgl. OLG München, AG 2001, 197 »HypoBank«; Martens, AG 1986, 57 ff.; Vossius, in: FS für Widmann, 2000, S. 133 ff.; Hoffmann-Becking, in: FS für Ulmer, 2003, S. 243 ff.).

In der Praxis stellt sich die Frage, wer die **Entlastung des Vertretungsorgans** des übertragenden Rechtsträgers durchführen kann (vgl. Redeke, Entlastungslücken nach einer Verschmelzung von Kapitalgesellschaften?, 2007; Hoffmann-Becking, in: FS für Ulmer, 2003, S. 247 ff.). Aufgrund der Wirkung des § 20 Abs. 1 Nr. 2 Satz 1 UmwG ist Folge, dass die Vertretungsorgane des übertragenden Rechtsträgers nach dem in § 20 Abs. 1 UmwG genannten Zeitpunkt nicht mehr von dem zuständigen Organ des übertragenden Rechtsträgers entlastet werden können (OLG München, AG 2001, 197 = DB 2001, 524, 525 = OLG-Report 2001, 54 = NZG 2001, 616; Lutter/Grunewald, § 20 Rn. 30; Kallmeyer/Marsch-Barner, UmwG, § 20 Rn. 17; Stratz, in: Schmitt/Hörtnagl/Stratz, UmwG/UmwStG, § 20 UmwG Rn. 8; Martens, AG 1986, 57, 58 f.). Damit können ab dem Zeitpunkt, in dem der neu gegründete Rechtsträger in das Register eingetragen wird, die Vertretungsorgane der übertragenden Rechtsträger nicht mehr von der bisherigen Mitgliederversammlung entlastet werden. Über die Entlastung der bisherigen Vertretungsorgane können die Mitgliederversammlungen der übertragenden Rechtsträger nur bis zu dem Zeitpunkt entscheiden, in die Verschmelzung wirksam wird. Die Literatur steht überwiegend auf dem Standpunkt, dass die Entlastung nach Eintragung der Verschmelzung gem. § 20 Abs. 1 UmwG nunmehr durch das jeweils zuständige Organ des übernehmenden Rechtsträgers ausgesprochen werden kann (so Vossius, in: Widmann/Mayer, UmwG, § 20 Rn. 330; Kallmeyer/Marsch-Barner, UmwG, § 20 Rn. 17; Stratz, in: Schmitt/Hörtnagl/Stratz, § 20 UmwG Rn. 8; Martens, AG 1986, 57, 58 f.). Die gegenteilige Auffassung vertritt in der Literatur **Grunewald** (in: Lutter, UmwG, § 20 Rn. 30) sie ist der Meinung, dass nach Eintragung der Verschmelzung die ehemaligen Geschäftsleiter und Aufsichtsratsmitglieder nicht mehr entlastet werden können. Dieser Auffassung hat sich jedenfalls für eine Verschmelzung unter Beteiligung von AG das OLG München mit Urt. v. 15.11.2000 (AG 2001, 197 = DB 2001, 524 = OLG-Report 2001, 54 = NZG 2001, 616) angeschlossen.

ee) Vollmachten und Verwalterstellungen. Soweit der übertragende Rechtsträger **selbst von einem Dritten bevollmächtigt** worden ist, gilt nach überwiegender Ansicht für den Übergang der Vollmacht auf den übernehmenden Rechtsträger § 168 BGB (RGZ 150, 289; OLG Düsseldorf, MittRhNotK 1985, 103; LG Koblenz, MittRhNotK 1997, 321; Lutter/Grunewald, UmwG, § 20 Rn. 25). Die Frage, ob die Vollmacht erlischt, bestimmt sich daher nach dem ihrer Erteilung zugrunde liegenden Rechtsverhältnis. Nach § 673 BGB erlischt dabei ein Auftrag im Zweifel durch den Tod des Beauftragten, hier also durch den Verlust der eigenen Rechtsfähigkeit infolge der Verschmelzung. Etwas anderes – nämlich dass die Vollmacht nicht endet – gilt, wenn sie gerade im Interesse des Bevollmächtigten erteilt wurde, d. h. der Vollmachtgeber im Kern ein für ihn neutrales Geschäft betreibt (LG Koblenz, MittRhNotK 1997, 321). Hat der übertragende Rechtsträger dagegen seinerzeit jemanden bevollmächtigt, so ist die Rechtslage unsicher. Z. T. wird § 168 BGB angewendet (Lutter/Grunewald, UmwG, § 20 Rn. 26; Kübler, in: Semler/Stengel, § 20 UmwG Rn. 16). Im Zweifel gehen Vollmacht und Auftrag über (eingehend K. Schmidt, DB 2001, 1019 ff.).

700

▶ **Hinweis:**

701

Ebenfalls ist in der Praxis fraglich, ob der Übergang einer Verwalterstellung nach WEG durch Gesamtrechtsnachfolge bei Verschmelzung oder Spaltung stattfindet. Die obergerichtliche Rechtsprechung hat dies weitgehend abgelehnt (OLG München, DNotZ 2014, 523 m. Anm. Krampen-Lietzke; BayObLGZ 1990, 173; BayObLG, MDR 1997, 727; BayObLG, NJW-RR 2002, 732; LG Frankfurt, ZWE 2013, 30; OLG Köln, OLGR 2004, 49, LG Frankfurt/Oder, ZMR 2013, 981 ff.; LG München I, ZWE 2013, 415 f. Zajonz/Nachtwey, ZfIR 2008 Heft 20, 701). Da die Verwalterstellung nicht höchstpersönlich ist, sollte man m. E. einen Übergang zulassen. Nach der überwiegenden Auffassung der Rechtsliteratur gehen Verwaltervertrag und Organstellung unabhängig von der Rechtsform des übertragenden Verwalters auf den übernehmenden Rechtsträger über. Das Umwandlungsgesetz enthalte mit der Gesamtrechtsnachfolge eine spezielle Regelung für die Verschmelzung (Stratz in Schmitt/Hörtnagl/Stratz, UmwG, § 20 Rn. 86; Vossius in Mayer/Widmann, UmwG, § 20 Rn. 322 f.; Lutter/Grunewald, UmwG, § 20 Rn. 24, Fußn. 4; Staudinger/Martinek, BGB § 673 Rdn. 7; Erman/Grziwotz, BGB, § 26 WEG Rdn. 1; Armbrüster, NZM 2012, 369; Wicke/Menzel, MittBayNot 2009, 203, 206; Lücke, ZfIR 2002, 469, 470 f.; Becker in Festschrift für Merle, 2010, 51, 59 ff.). Der BGH hat im Urteil vom 21.02.2014 (DNotZ 2014, 51 m. Anm. Krampen-Lietzke = NotBZ 2014, 250 = ZNotP 2014, 145 = BB 2014, 462 m. Anm. Heckschen) entschieden, dass der Verwaltervertrag jedenfalls bei der Verschmelzung von juristischen Personen auf den übernehmenden Rechtsträger übergeht; nichts anderes gelte für die Organstellung des Verwalters. Ob die Verschmelzung durch Aufnahme im Wege der Neugründung erfolge, sei nicht von Bedeutung. Die Verschmelzung der Verwalterin einer Wohnungseigentumsanlage stelle zwar als solche auch keinen wichtigen Grund dar, der eine vorzeitige Kündigung eines Verwaltervertrages rechtfertige; an die erforderlichen besonderen Umstände, die die Fortführung der Verwaltung durch den übernehmenden Rechtsträger für die Wohnungseigentümer unzumutbar machen, seien aber keine hohen Anforderungen zu stellen. Ob Gleiches auch für die Umwandlung von Personenhandelsgesellschaften oder einzelkaufmännische Unternehmen gilt, lässt der BGH ausdrücklich offen. Der BGH stellt entscheidend darauf ab, ob der Verwaltervertrag aus umwandlungsrechtlicher Sicht als höchstpersönliches Rechtsverhältnis anzusehen ist. Das sei jedenfalls dann zu verneinen, wenn der bisherige Verwalter eine juristische Person ist; dann stehe nämlich in aller Regel nicht die Ausführung der Dienstleistungen durch bestimmte natürliche Personen im Vordergrund. Hierauf haben die Wohnungseigentümer rechtlich gesehen auch keinen Einfluss; sie könnten weder die Auswechslung von Gesellschaftern oder Geschäftsführern verhindern (vgl. auch BayObLGZ 1987, 54, BayObLGZ 2002, 26) noch die Personalauswahl bestimmen. Mit diesem Argument spricht auch vieles dafür diese Grundsätze auch auf die Spaltung der juristischen Person zu übertragen, so dass auch hier eine Übertragung möglich sein müsste (ebenso Heckschen, in: Beck'sches Notarhandbuch, D IV Rn. 175). Das OLG München (DNotZ 2014, 523 m. Anm. Krampen-Lietzke = RNotZ 2014, 254 = GWR 2014, 238 m. Anm. Heckschen) hat die Übertragung der Verwalterstellung durch Spaltung allerdings vor der BGH-Entscheidung abgelehnt.

702 **ff) Tarifverträge.** Das BAG (GmbHR 1998, 1234; NZA 2008, 307) hat entschieden, dass ein **Firmentarifvertrag** zu den Verbindlichkeiten i. S. d. § 20 Abs. 1 Nr. 1 UmwG gehört und daher bei einer Unternehmensverschmelzung auf den neuen Unternehmensträger übergehe (vgl. Kallmeyer/Marsch-Barner, UmwG, § 20 Rn. 12). Für die Anwendung der §§ 324 UmwG, 613a Abs. 1 Satz 2 BGB bleibe in einem solchen Fall kein Raum. Die Fortgeltung des Flächentarifvertrages hängt davon ab, ob der übernehmende Rechtsträger demselben Arbeitgeberverband angehört (BAG, NZA 2008, 307).

703 **gg) Öffentlich-rechtliche Befugnisse und Genehmigungen.** Bei öffentlich-rechtlichen Erlaubnissen ist im Grundsatz danach zu unterscheiden, ob sie höchstpersönlich, rechtsformbezogen (z. B. § 7 VAG, § 2a KWG) oder rechtsnachfolgefähig sind (vgl. Kallmeyer/Marsch-Barner, UmwG, § 20 Rn. 26; Stratz, in: Schmitt/Hörtnagl/Stratz, § 20 UmwG Rn. 88 ff.; Lutter/Grunewald, UmwG § 20 Rn. 13; Geißer, DB 2000, 361, 363; Odenthal, GewArch 2005, 132; Bremer, GmbHR 2000, 865; a. A. Zeppezauer, DVBl. 2007, 599, der darauf hinweist, dass die Mehrzahl der Genehmigungen sich nicht mehr eindeutig insoweit zuordnen lassen und daher für die einen unterschiedslosen Genehmigungsübergang ist; vgl. auch zum vergleichbaren Problem bei der Spaltung: Hörtnagl, in: Schmitt/Hörtnagl/Stratz, § 131 UmwG Rn. 85; Lutter/Teichmann, UmwG, § 131 Rn. 79; Semler/Simon, UmwG, § 131, Rn. 43). Personenbezogene Rechtspositionen verbleiben bei Abspaltungen und Ausgliederungen beim übertragenden Rechtsträger, bei einer Aufspaltung erlöschen sie (Hörtnagl, in: Schmitt/Hörtnagl/Stratz, § 131 UmwG Rn. 85; Lutter/Teichmann, UmwG, § 131 Rn. 79; Rubel/Sandhaus Der Konzern 2009, 327, 335). **Höchstpersönlich** ist eine Rechtsbeziehung, die sich nicht von der Person ihres Trägers lösen lässt (vgl. BVerwGE 64, 105). Die Erlaubnis zum Betrieb einer Gaststätte wird – wie die meisten Genehmigungen nach dem Gewerberecht (z. B. auch §§ 34a bis c GewO, § 3 PBefG, § 11 GüKG) – für eine Person erteilt und ist an diese Person gebunden (vgl. Hörtnagl, in: Schmitt/Hörtnagl/Stratz, § 131 UmwG Rn. 85; Lutter/Teichmann, UmwG, § 131 Rn. 79; Semler, in: Semler/Simon, UmwG, § 131, Rn. 43; Geißer, DB, 2000, 361, 363; Metzner, GastG, § 8 Rn. 30; Pauly, in: Robinsky/Sprenger-Richter, Gewerberecht, N Rn. 65; Bremer GmbHR 2000, 865, 866). Eine Erlaubnis des § 34c GewO ist eine solche höchstpersönliche Genehmigung, da sie an die gewerberechtliche Zuverlässigkeit des übertragenden Rechtsträgers anknüpft. Z. T. sollen allerdings öffentlich-rechtliche Erlaubnisse, die an persönliche Voraussetzungen gebunden sind, übergehen, wenn die Person, auf deren Voraussetzungen die öffentlich-rechtliche Rechtsposition beruht, in dem übernehmenden Rechtsträger eine entsprechende Rechtsposition erhält (Lutter/Grunewald, UmwG, § 20 Rn. 8; Zeppezauer, DVBl. 2007, 599). Eine Erlaubnis des § 34c GewO ist eine solche höchstpersönliche Genehmigung, da sie an die gewerberechtliche Zuverlässigkeit des übertragenden Rechtsträgers anknüpft. Daher geht diese Erlaubnis nicht auf den übernehmenden Rechtsträger über (Stratz, in: Schmitt/Hörtnagl/Stratz, UmwG, UmwStG, § 20 UmwG Rn. 68; Widmann/Mayer/Vossius, Umwandlungsrecht, § 20 UmwG Rn. 251; Gaiser, DB 2000, 361, 363; Kallmeyer/Marsch-Barner, UmwG, § 20 Rn. 26). Z. T. sollen allerdings öffentlich-rechtliche Erlaubnisse, die an persönliche Voraussetzungen gebunden sind, übergehen, wenn die Person, auf deren Voraussetzungen die öffentlich-rechtliche Rechtsposition beruht, in dem übernehmenden Rechtsträger eine entsprechende Rechtsposition erhält (Lutter/Grunewald, UmwG, § 20 Rn. 8; Zeppezauer, DVBl. 2007, 599).

704 **hh) Prozesse und rechtskräftige Titel.** Für **schwebende Prozesse** des übertragenden Rechtsträgers gelten nach herrschender Meinung die §§ 239, 246 ZPO analog. Das Erlöschen des übertragenden Rechtsträgers wird also mit dem Tod einer natürlichen Person gleichgesetzt. Der Prozess wird unterbrochen, die Übernehmerin ist verpflichtet, den unterbrochenen Rechtsstreit wieder aufzunehmen (vgl.

BGH ZIP 2004, 1047, BGH ZIP 2004, 92; OLG Hamburg MDR 2010, 1479 = ZIP 2010, 2264; OLG München, DB 1989, 1918; Widmann/Mayer/Vossius, Umwandlungsrecht, § 20 UmwG Rn. 258; Kallmeyer/Marsch-Barner, UmwG, § 20 Rn. 25; Stöber, NZG 2004, 547 ff.; Decher/Jacoby, ZHR 167 [2003], S. 440, 444 ff.; Mayer, JR 2007, 133 ff.). Nach einer anderen Auffassung passen diese Vorschriften nicht. Es sei daher davon auszugehen, dass der übernehmende Rechtsträger automatisch ohne Unterbrechungen in den Prozess einrückt, es sei von einem gesetzlichen Parteiwechsel auszugehen (so Lutter/Grunewald, UmwG, § 20 Rn. 44; MünchKomm-ZPO/Feiberl, § 239 Rn. 17; Kübler in: Semler/Stengel, § 20 UmwG Rn. 66).

Titel für und gegen den übertragenden Rechtsträger können im Klauselumschreibungsverfahren nach **705** § 727 ZPO auf den aufnehmenden Rechtsträger umgeschrieben werden (OLG München, DB 1989, 1918; Widmann/Mayer/Vossius, Umwandlungsrecht, § 20 UmwG Rn. 60; Kallmeyer/Marsch-Barner, UmwG, § 20 Rn. 25; Lutter/Grunewald, UmwG, § 20 Rn. 44; Stratz, in: Schmitt/Hörtnagl/Stratz, UmwG, § 20, Rn. 41). Zum Nachweis der Rechtsnachfolge, der nur durch öffentliche Urkunden nach § 729 ZPO geführt werden kann, genügt ein beglaubigter Registerauszug, aus dem der Tag der Eintragung der Verschmelzung in das Handelsregister der Übernehmerin sowie Firma und Sitz der Überträgerin ersichtlich ist (vgl. Widmann/Mayer/Vossius, Umwandlungsrecht, § 20 UmwG Rn. 61).

ii) Sonstige Rechtsverhältnisse. Im Wege der Gesamtrechtsnachfolge gehen auch alle Rechtsposi- **706** tionen, die der übertragende Rechtsträger ggü. Dritten hatte, auf den übernehmenden Rechtsträger über. Wie schon nach dem bis 1995 geltenden Recht (§ 346 Abs. 3 Satz 2 AktG a. F., § 25 Abs. 2 Satz 2 KapErhG) besteht nach § 21 UmwG für alle Verschmelzungsfälle bei noch nicht vollständig erfüllten Vertragsverhältnissen, also insb. bei Dauerschuldverhältnissen, u. U. ein **Anspruch auf Vertragsanpassung** (vgl. Kallmeyer/Marsch-Barner, UmwG, § 21 Rn. 1 ff.; Lutter/Grunewald, UmwG, § 21 Rn. 1 ff.; Stratz, in: Schmitt/Hörtnagl/Stratz, UmwG, § 21, Rn. 1 ff.). Voraussetzung hierfür ist, dass es sich um Abnahme-, Lieferungs- oder ähnliche Verpflichtungen handelt, die entweder unvereinbar sind oder die beide zu erfüllen eine schwere Unbilligkeit für den übernehmenden Rechtsträger bedeuten würde . An sich ist die Verschmelzung kein Grund für eine fristlose Kündigung (OLG Jena, NJ 2002, 43), u. U. kann diese aber einen wichtigen Grund darstellen, wenn eine Fortsetzung unzumutbar ist (OLG Karlsruhe, DB 2001, 1548). Auch Bürgschaftsverpflichtungen für Dauerschuldverhältnisse, z. B. Mietbürgschaft gehen im Wege der Gesamtrechtsnachfolge über, u. U. kann ein Anspruch auf Anpassung bestehen (vgl. Eusani, WM 2004, 866).

jj) Ausländisches Vermögen. Die Gesamtrechtsnachfolge bei »Umwandlungsvorgängen« umfasst **707** im Grundsatz ohne Weiteres auch das **im Ausland befindliche Vermögen** des übertragenden Rechtsträgers (vgl. Kusserow/Prüm, WM 2005, 633 ff.; Racky, DB 2003, 923 ff.; Bungert, in: FS für Heldrich, 2005, S. 527 ff.; Lutter/Grunewald § 20 UmwG Rn. 11; Kallmeyer/Marsch-Barner, UmwG, § 20 Rn. 5; Stratz, in: Schmitt/Hörtnagl/Stratz, § 20 UmwG Rn. 33; Kübler in: Semler/Stengel/Kübler § 20 UmwG Rn. 10; Reithmann NZG 2005, 873; Kusserow/Prüm WM 2005, 633; Kollmorgen/Feldhaus BB 2007, 2189). Hinsichtlich des Auslandsvermögens ist jedoch stets zu prüfen, ob der Belegenheitsstaat den Übergang des Vermögens im Wege der Gesamtrechtsnachfolge nach deutschem Recht anerkennt. Dies hat v. a. Bedeutung für Grundstücke, für deren Übertragung regelmäßig zusätzlich die Regeln des Belegenheitsstaates zu berücksichtigen sind.

3. Erlöschen der übertragenden Rechtsträger. Die übertragenden Rechtsträger **erlöschen kraft** **708** **Gesetzes** (§ 20 Abs. 1 Nr. 2 UmwG), ohne dass es einer besonderen Löschung bedürfte. Eine Abwicklung findet wegen der mit der Verschmelzung verbundenen Gesamtrechtsnachfolge nicht statt.

Mit dem Erlöschen enden auch die **Vertretungsbefugnisse** von Geschäftsführern, Prokuristen und **709** Handlungsbevollmächtigten der übertragenden Rechtsträger (vgl. oben Rn. 638).

Lediglich für **Ansprüche für und gegen Vertretungsorgane oder Aufsichtsorgane** eines übertragenden **710** Rechtsträgers gilt der übertragende Rechtsträger als fortbestehend (§ 25 Abs. 2 UmwG). Eine **Konfusion** findet insoweit nicht statt (§ 25 Abs. 2 Satz 2 UmwG). Die Geltendmachung solcher **Schadensersatzansprüche** ist besonders geregelt (vgl. § 26 UmwG).

711 **4. Anteilserwerb. a) Direkterwerb.** Nach § 20 Abs. 1 Nr. 3 UmwG werden die Anteilsinhaber der übertragenden Rechtsträger entsprechend den Festsetzungen des Verschmelzungsvertrages Anteilsinhaber des übernehmenden Rechtsträgers. Dieser Erwerb der Mitgliedschaft erfolgt kraft Gesetzes mit der Eintragung im Handelsregister, ohne dass es etwaiger Übertragungsakte bedarf (Lutter/Grunewald, UmwG, § 20 Rn. 60 ff.; Kallmeyer/Marsch-Barner, UmwG, § 20 Rn. 29; Stratz, in: Schmitt/Hörtnagl/Stratz, § 20 UmwG Rn. 109 ff.). Dies gilt sowohl für die Anteile, die durch Kapitalerhöhung beim aufnehmenden Rechtsträger neu geschaffen werden, als auch für solche Anteile, die der aufnehmende Rechtsträger bereits als eigene Anteile besitzt. Nach herrschender Meinung gilt es auch für die Fälle, in denen die Anteile vor der Verschmelzung dem übertragenden Rechtsträger gehörten. Auch in diesem Fall erwirbt der Anteilsinhaber diese Anteile **ohne Durchgangserwerb** beim übernehmenden Rechtsträger (Lutter/Grunewald, UmwG, § 20 Rn. 60 ff.; Kallmeyer/Marsch-Barner, UmwG, § 20 Rn. 29; Stratz, in: Schmitt/Hörtnagl/Stratz, § 20 UmwG Rn. 109 ff.).

712 Etwas anderes gilt, wenn – was nach allgemeiner Meinung zulässig ist – **Dritte ihre Geschäftsanteile zur Verfügung stellen.** Dann gilt § 20 Abs. 1 Nr. 3 UmwG bezogen auf diese nicht an der Verschmelzung beteiligten Personen nicht. In diesem Fall sollte im Verschmelzungsvertrag klargestellt werden, dass die Geschäftsanteile durch die Abtretung von den Dritten an die übernehmende Gesellschaft erworben werden, sodass sich anschließend ein Anteilstausch gem. § 20 Abs. 1 Nr. 3 UmwG vollziehen kann (vgl. unten Teil 2 Rdn. 576 ff.; Lutter/Grunewald, UmwG, § 20 Rn. 61; Lutter/Winter/Vetter, UmwG, § 54 Rn. 61; Kallmeyer/Marsch-Barner, UmwG, § 5 Rn. 25, § 54 Rn. 17; Widmann/Mayer/Mayer, Umwandlungsrecht, § 54 UmwG Rn. 46). Zulässig ist auch, dass der Dritte seine Anteile aufschiebend bedingt unmittelbar an den Anteilsinhaber des übertragenden Rechtsträgers überträgt, da dieser den Anteil letztendlich erhalten soll (vgl. oben Teil 2 Rdn. 320; Lutter/Winter/Vetter, UmwG, § 54 Rn. 61).

713 **b) Ausnahme.** § 20 Abs. 1 Nr. 3 UmwG sieht allerdings eine **Ausnahme vom Anteilserwerb** vor, nämlich dann, soweit der übernehmende Rechtsträger oder ein Dritter, der im eigenen Namen, jedoch auf Rechnung dieses Rechtsträgers handelt, Anteilsinhaber des übertragenden Rechtsträgers ist oder der übertragende Rechtsträger eigene Anteile innehat oder ein Dritter, der im eigenen Namen, jedoch auf Rechnung dieses Rechtsträgers handelt, dessen Anteilsinhaber ist. Die Vorschrift gilt allgemein und betrifft nicht nur AG und GmbH (vgl. Widmann/Mayer/Vossius, Umwandlungsrecht, § 20 UmwG Rn. 355 ff.; Lutter/Grunewald, UmwG, § 20 Rn. 563 ff.). Ausgenommen sind also **zwei Fallgruppen**:
– der übernehmende Rechtsträger ist Anteilsinhaber des übertragenden Rechtsträgers,
– der übertragende Rechtsträger hat eigene Anteile.

714 Die **Vorschrift wird ergänzt** durch §§ 54 Abs. 1 Satz 1 Nr. 1, 2 bzw. 68 Abs. 1 Satz 1 Nr. 1, 2 UmwG, wonach in diesen Fällen eine Kapitalerhöhung nicht erfolgen darf (vgl. dazu Teil 2 Rdn. 303 ff.).

715 **c) Dingliche Surrogation. Rechte Dritter** an den Anteilen oder Mitgliedschaften der übertragenden Rechtsträger bestehen nach § 20 Abs. 1 Nr. 3 Satz 2 UmwG an den an ihre Stelle getretenen Anteilen oder Mitgliedschaften des übernehmenden Rechtsträgers weiter. Es handelt sich dabei um einen Fall dinglicher **Surrogation.** Dies gilt nach ganz einheitlicher Meinung auch für dingliche Pfandrechte (vgl. nur Widmann/Mayer/Vossius, Umwandlungsrecht, § 20 UmwG Rn. 359; Semler/Stengel/Kübler, UmwG, § 20 Rn. 80). Aufgrund dieser sog. »dinglichen Surrogation« müssen die Rechte Dritter also nicht neu gebildet werden. Nur sofern für die alten Anteile keine neuen ausgegeben werden oder an diesen ein entsprechendes Recht eines Dritten nicht entstehen kann, fallen die Rechte Dritter weg (Lutter/Grunewald, UmwG, § 20 Rn. 71; Schmitt/Hörtnagl/Stratz, UmwG, UmwStG, § 20 UmwG Rn. 19 ff.).

716 Die Vorschrift gilt nicht unmittelbar für **schuldrechtliche Absprachen.**

717 ▶ **Beispiele:**

Treuhandverträge, Vorkaufsrechte etc.

Hier soll durch ergänzende Vertragsauslegung ermittelt werden, ob die Vereinbarung auch für die neuen Anteile gelten sollen. Nach der überwiegenden Meinung ist dies regelmäßig nicht der Fall (Kallmeyer/Marsch-Barner, UmwG, § 20 Rn. 31; Lutter/Grunewald, UmwG, § 20 Rn. 72).

5. Gläubigerschutz. Das **System des Gläubigerschutzes** ist wie folgt konzipiert: 718

Ein **Anspruch auf Sicherheitsleistung** besteht nur, wenn der Gläubiger glaubhaft machen kann, dass durch die Verschmelzung die Erfüllung seiner Forderung gefährdet wird (§ 22 Abs. 1 UmwG). Dies kann nur bei schuldrechtlichen Ansprüchen der Fall sein, bei dinglichen Ansprüchen besteht nach überwiegender Meinung daher kein Anspruch auf Sicherheitsleistung (str. so Kallmeyer/Marsch-Barner, UmwG, § 22 Rn. 2; Widmann/Mayer/Vossius, § 222 UmwG Rn 17; Stratz, in: Schmitt/Hörtnagl/Stratz, § 22 UmwG Rn. 5; Maier-Reimer/Seulenin: Semler/Stengel/Kübler § 22 UmwG Rn. 7; a. A. Lutter/Grunewald, § 22 UmwG Rn. 4). Der Anspruch muss bis zum Wirksamwerden der Verschmelzung entstanden sein. Gleichgültig ist, ob der übernehmende oder der übertragende Rechtsträger Schuldner ist, ebenso ob der Anspruch auflösend bedingt oder von einer Gegenleistung abhängig ist.

Die **Höhe der Sicherheitsleistung** ist abhängig vom Schutzbedürfnis des Gläubigers (BGH, WM 1996, 719 816 ff., 817). Bei Dauerschuldverhältnissen (z. B. Miete) kann auf der einen Seite nicht auf die während der Restlaufzeit des Vertrages fällig werdenden Ansprüche abgestellt werden, auf der anderen Seite bildet nach Ansicht des BGH der dreifache Jahresbetrag der Miete bei einer Restdauer von 20 Jahren die untere Grenze der Sicherheitsleistung (BGH, WM 1996, 818). Auch bei **aufschiebend oder auflösend bedingten oder befristeten Ansprüchen** besteht ein Sicherungsanspruch (Kallmeyer/Marsch-Barner, UmwG, § 22 Rn. 4; Widmann/Mayer/Vossius, § 22 UmwG Rn 20; Stratz, in: Schmitt/Hörtnagl/Stratz, § 22 UmwG Rn. 5; Maier-Reimer/Seulenin: Semler/Stengel/Kübler § 22 UmwG Rn. 9; Lutter/Grunewald, § 22 UmwG Rn. 7). **Versorgungsanwartschaften** begründen keinen Anspruch auf Sicherheitsleistung (allgemeine Meinung, vgl. Widmann/Mayer/Mayer, Umwandlungsrecht, § 20 UmwG, Rn. 2407), **bestehende Rentenansprüche aus betrieblicher Altersversorgung** ebenfalls nicht, sofern die Voraussetzungen nach §§ 7 ff. BetrAVG vorliegen, da insoweit Sicherheit durch die Ausfallhaftung des Pensionssicherungsvereins besteht. Ist der Anspruch des Gläubigers bereits fällig geworden, scheidet Sicherheitsleistung ebenfalls aus, der Gläubiger muss vielmehr Befriedigung suchen. Keinen Anspruch auf Befriedigung haben Gläubiger, die im **Insolvenzfall** durch andere gesetzliche Vorschriften abgesichert sind. Dabei handelt es sich um Inhaber von Pfandbriefen einer Hypothekenbank (§ 35 HypBankG), von Schiffspfandbriefen (§ 36 SchiffsBG) und die Gläubiger von Ansprüchen aus Lebens- oder Unfallversicherungen (§§ 77, 79, VAG).

Die Erfüllungsgefährdung ist **glaubhaft zu machen**, der Nachweis der Gefährdung (so noch § 347 720 Abs. 1 Satz 2 AktG a. F.) wird nicht mehr verlangt.

Der Anspruch besteht nur, wenn er fristgerecht angemeldet wird. Die **Frist** beträgt 6 Monate und be- 721 ginnt nach dem Tag, an dem die Bekanntmachung der Verschmelzung für den schuldenden Rechtsträger als erfolgt gilt, also dem Tag, an dem die letzte Bekanntmachung der Eintragung für den betroffenen Rechtsträger erfolgt ist (§ 19 Abs. 3 Satz 2 UmwG). Auf den Anspruch auf Sicherheitsleistung ist in der Bekanntmachung hinzuweisen. Die Frist beginnt aber auch, wenn der Hinweis unterblieb. Sie ist i. Ü. eine gesetzliche Ausschlussfrist (Kallmeyer/Marsch-Barner, UmwG, § 22 Rn. 5; Widmann/Mayer/Vossius, § 22 UmwG Rn 20; Stratz, in: Schmitt/Hörtnagl/Stratz, § 22 UmwG Rn. 12; Maier-Reimer/Seulenin: Semler/Stengel/Kübler § 22 UmwG Rn. 39; Lutter/Grunewald, § 22 UmwG Rn. 21) und beginnt daher unabhängig von einer Kenntnis des Gläubigers.

Die Anmeldung muss **schriftlich** erfolgen und Anspruchsgrund und -höhe umfassen. 722

Die **Abwicklung der Sicherheitsleistung** bestimmt sich nach §§ 232 ff. BGB. 723

Mit dem Erlöschen des übertragenden Rechtsträgers gehen auch die bei ihm bestehenden **Mitglied-** 724 **schaftsrechte** unter. Dazu gehören eigene Anteile des übertragenden Rechtsträgers ebenso wie Anteile des übernehmenden an dem übertragenden Rechtsträger und zwar auch dann, wenn diese Anteile treuhänderisch von einem Dritten gehalten wurden (§ 20 Abs. 1 Nr. 3 Halbs. 2 UmwG). Dingliche Rechte Dritter an den untergehenden Anteilen sollen ebenfalls wegfallen (vgl. Widmann/Mayer/Mayer, Umwandlungsrecht, § 20 UmwG Rn. 2346). Pflichten der Anteilsinhaber an der übertragenden Gesellschaft (z. B. auf Einlageleistung) gehen auf den übernehmenden Rechtsträger über.

6. Heilung von Formmängeln, sonstige Mängel. Die Eintragung heilt eine **fehlende oder fehler-** 725 **hafte notarielle Beurkundung** des Verschmelzungsvertrages oder erforderliche Zustimmungs- oder

Verzichtserklärungen (§ 20 Abs. 1 Nr. 4 UmwG). Nicht beurkundete Nebenabreden werden folglich mit der Eintragung wirksam.

726 **Sonstige Mängel** lassen die Eintragungswirkungen unberührt (§ 20 Abs. 2 UmwG). Dies bedeutet, dass sonstige Mängel, sei es im Verschmelzungsvertrag, bei den Zustimmungsbeschlüssen oder das Fehlen anderer Eintragungsvoraussetzungen, auch bei Kapitalerhöhungen, die in § 21 Abs. 1 UmwG genannten Rechtsfolgen gleichwohl eintreten lassen.

727 Die dingliche Bestandskraft der Eintragung besteht unabhängig davon, ob Rechtshandlungen i. R. d. Umwandlungsverfahrens mit Mängeln behaftet sind und wie schwer diese Mängel wiegen (Lutter/Grunewald, § 20 UmwG Rn. 76 ff.; Stratz, in: Schmitt/Hörtnagl/Stratz, UmwG, § 20 Rn. 122 und 127; Marsch-Barner, § 20 UmwG Rn. 39, 40 und 47, die als Mängel des Verschmelzungsvertrages ausdrücklich Vorschriften des allg. Zivilrechts anführen; BayObLG, AG 2000, 130, 131). Ob es sich um Mängel des Verschmelzungsvertrages handelt, die eine Anfechtungsklage rechtfertigen, oder ob die Mängel ihre Rechtfertigung in den Regelungen des allgemeinen Zivilrechts finden, ist mithin für die konstitutive Wirkung der Eintragung irrelevant (OLG Frankfurt am Main, DNotZ 2009, 227). Das gilt unabhängig von der Art und Schwere etwaiger Mängel des Umwandlungsaktes, also auch bei Unwirksamkeit des Verschmelzungsbeschlusses (BGH, NZG 1999, 785, 786; Lutter/Grunewald, § 20 UmwG Rn. 81). Weder eine erfolgreiche Anfechtung von Umwandlungsbeschlüssen wegen eines Rechtsverstoßes bei der Beschlussfassung noch z. B. wegen Missbrauchs des Stimmrechts oder wegen Verstoßes gegen zwingende Vorschriften des Gesellschaftsrechts vermögen die Bestandsfestigkeit der eingetragenen Umwandlung infrage zu stellen (OLG München, AG 2010, 458 = GmbHR 2010, 531 = ZIP 2010, 927; Kort, AG 2010, 230). Anfechtungs- und Nichtigkeitsklagen können nach der Rechtsprechung des BGH (vgl. BGH, NJW 2007, 224) auch nach der Eintragung der Umwandlung (fort-) geführt werden (OLG München, AG 2010, 458 = GmbHR 2010, 531 = ZIP 2010, 927). Die Eintragung hat keine »Heilungswirkung« in Bezug auf fehlerhafte Rechtshandlungen im Zusammenhang mit der Umwandlung. Die Registereintragung soll lediglich unabhängig von Beschluss- und Verfahrensmängeln stets bestandsfest sein (vgl. Hörtnagl, in: Schmitt/Hörtnagl/Stratz, UmwG, § 131 Rn. 124). Dies hat zur Folge, dass Klagen gegen die Wirksamkeit des Formwechsels (Anfechtungsklagen, Nichtigkeitsklagen oder allgemeine Feststellungsklagen) durch Anteilsinhaber grds. nicht mehr zur Beseitigung der Wirksamkeit des Formwechsels führen können (OLG München, AG 2010, 458 = GmbHR 2010, 531 = ZIP 2010, 927; Lutter/Grunewald, § 20 UmwG Rn. 81; Kallmeyer, UmwG, § 202 Rn. 59), ändert aber an der auch nach Eintragung der Umwandlung bestehenden Möglichkeit, die richterliche Klärung der Mangelhaftigkeit des Gesellschafterbeschlusses herbeizuführen, nichts.

728 Eine **Entschmelzung** scheidet ebenfalls aus (OLG Frankfurt am Main, DNotZ 2009, 227). Es verbleiben nur Ansprüche auf Schadensersatz (OLG Frankfurt am Main, DNotZ 2009, 227; Begründung des Gesetzentwurfes der Bundesregierung: BT-Drucks. 9/1065, S. 20). Die dingliche Bestandskraft der Verschmelzung führt allerdings nicht dazu, dass mit der Eintragung auch eine Heilung aller mit der Verschmelzung zusammenhängenden Rechtshandlungen verbunden ist. Dies legt schon die Differenzierung des Wortlautes in § 20 Abs. 1 Nr. 4 UmwG einerseits und § 20 Abs. 2 UmwG andererseits nahe, denn dort wird zwischen einer Heilung der Mängel und einem die Mängel der Verschmelzung »Unberührt- Sein-Lassen« differenziert (OLG Frankfurt am Main, DNotZ 2009, 227; Marsch-Barner, in: Kallmeyer, UmwG, § 20 Rn. 34; Stratz, in: Schmitt/Hörtnagl/Stratz, UmwG, § 20 Rn. 124).

729 Ein Mangel im Eintragungsverfahren kann auch nicht mehr zur Grundlage eines Amtslöschungsverfahrens nach § 394 FamFG gemacht werden (OLG Hamburg, RNotZ 2008, 37; OLG Frankfurt am Main, DNotZ 2003, 638, OLG Hamm, ZIP 2001, 569; BayObLG, DNotZ 2000, 232; Lutter/Grunewald, UmwG, § 20 Rn. 73; Semler/Stengel/Kübler, UmwG, § 20 Rn. 91; Schaub, DStR 2003, 849; vgl. auch BVerfG, WM 2004, 2354; einschränkend Kort, DStR 2004, 185 ff.). Auch in Extremfällen soll nach überwiegender Auffassung von diesem Grundsatz keine Ausnahme gemacht werden können Stratz, in: Schmitt/Hörtnagl/Stratz, UmwG, UmwStG, § 20 UmwG Rn. 125).

V. Besonderheiten bei der Verschmelzung durch Neugründung

730 Auch für das Registerverfahren gilt die in § 36 UmwG enthaltene **Verweisung** auf die **Vorschriften zur Verschmelzung durch Aufnahme**, wobei an die Stelle des übernehmenden Rechtsträgers der neugegründete Rechtsträger tritt und jeder der gründenden Rechtsträger als übertragender Rechtsträger gilt. Zu fertigen sind daher immer **mindestens drei Anmeldungen.** Von der Verweisung ausgenommen ist § 16 Abs. 1 UmwG. Inhalt der Anmeldung und die anmeldeberechtigten Personen ergeben sich stattdessen aus § 38 UmwG.

Für den **Ablauf des Eintragungsverfahrens** gilt über § 36 Abs. 1 Satz 2 UmwG auch § 19 UmwG, so- **731** dass zunächst die Anmeldung der Verschmelzung und dann erst die Anmeldung des neugegründeten Rechtsträgers zu erfolgen hat.

Die weitere Verweisung in § 36 Abs. 2 Satz 1 UmwG auf die für den neu gebildeten Rechtsträger gel- **732** tenden **Gründungsvorschriften** umfasst auch die jeweiligen Bestimmungen für das Registerverfahren.

1. Anmeldung der Verschmelzung. a) Anmeldeberechtigte Personen. Die Anmeldung erfolgt **733** **durch die Vertretungsorgane** der gründenden Rechtsträger – in vertretungsberechtigter Zahl – bei dem jeweiligen Registergericht des beteiligten Rechtsträgers.

b) Inhalt der Anmeldung. Anzumelden ist nur die Verschmelzung. Abzugeben ist ferner die **Negati- 734** **verklärung** nach § 16 Abs. 2 Satz 1 UmwG. Ansonsten sind die zugelassenen Ersatzmittel vorzulegen (§ 16 Abs. 2 Satz 2, Abs. 3 UmwG, s. hierzu Teil 2 Rdn. 634 ff.).

c) Anlagen. Insoweit gelten die Ausführungen zur Verschmelzung durch Aufnahme entsprechend **735** (s. o. Teil 2 Rdn. 666 ff.).

2. Anmeldung des neugegründeten Rechtsträgers. a) Anmeldeberechtigte Personen. Die An- **736** meldung erfolgt nach § 38 Abs. 2 UmwG nicht durch die Vertretungsorgane des neuen Rechtsträgers, sondern durch die **Vertretungsorgane** – jeweils in vertretungsberechtigter Zahl – **der gründenden Rechtsträger.**

Die Anmeldebefugnis erstreckt sich aber nicht auf in der Anmeldung abzugebende Erklärungen, bei **737** denen auch i. Ü. keine Vertretung zulässig ist, etwa die Erklärung über erbrachte Einlagen. Die Anmeldebefugnis nach § 38 Abs. 2 UmwG umfasst ferner nicht die Vornahme von etwa erforderlichen Namenszeichnungen.

b) Inhalt der Anmeldung. Der **Inhalt der Anmeldung** richtet sich zunächst nach den jeweils ein- **738** schlägigen Gründungsbestimmungen (vgl. dazu die einzelnen Fallgestaltungen). Besonderheiten, die aus der Verschmelzung als Gründungsvorgang resultieren, ergeben sich aus der Negativverklärung nach § 16 Abs. 2 Satz 1 UmwG und den zugelassenen Ersatzmitteln (§ 16 Abs. 2 Satz 2 und Abs. 3 UmwG).

c) Anlagen. Insoweit gelten zunächst die Ausführungen zur Verschmelzung durch Aufnahme (Teil 2 **739** Rdn. 666). Die Anlagen, die danach der Anmeldung für den übernehmenden Rechtsträger beizufügen sind, müssen in gleicher Weise für die Anmeldung der Neugründung vorgelegt werden. Weitere Anforderungen können sich aus den jeweiligen **Gründungsvorschriften** ergeben (s. u. Teil 2 Rdn. 740 ff. bei den Ausführungen zu den Einzelfällen).

Kapitel 2: Einzelfälle der Verschmelzung

A. Verschmelzung von Personengesellschaften

I. Checkliste

740 Beim **Ablauf des Verschmelzungsverfahrens bei Personengesellschaften** sind folgende Punkte zu beachten:

- ☐ Verschmelzungsvertrag (§§ 4 bis 6, 40 UmwG),
- ☐ Verschmelzungsbericht: nicht erforderlich, wenn alle Gesellschafter zur Geschäftsführung berechtigt sind (§§ 8, 41 UmwG),
- ☐ Zuleitung des Verschmelzungsvertrages an Betriebsrat (§ 5 Abs. 3 UmwG),
- ☐ Unterrichtung der Gesellschafter (§ 42 UmwG),
- ☐ Verschmelzungsprüfung auf Verlangen eines Gesellschafters (§§ 9 bis 12, 44 UmwG),
- ☐ Verschmelzungsbeschluss der beteiligten Gesellschaften (§§ 13, 43 UmwG),
- ☐ Notwendige Zustimmungserklärungen (§§ 13 Abs. 2, 40 Abs. 2 UmwG),
- ☐ Zustimmungserklärung nach § 51 UmwG bei Verschmelzung auf GmbH,
- ☐ Kapitalerhöhung, nur wenn die aufnehmende Gesellschaft eine Kapitalgesellschaft ist,
- ☐ Anmeldung zum Handelsregister bei der übertragenden Gesellschaft und bei der übernehmenden Gesellschaft (§§ 16, 17 UmwG),
- ☐ Eintragung der Verschmelzung, zunächst in das Register des Sitzes jedes der übertragenen Gesellschaft, sodann in das Register des Sitzes der übernehmenden Gesellschaft (§§ 19, 20 UmwG).

II. Verschmelzungsvertrag bei der Verschmelzung durch Aufnahme

741 **1. Zulässigkeit der Verschmelzung.** Die Verschmelzung ist **für alle Formen der Personenhandelsgesellschaften** eröffnet, also auch für Personenhandelsgesellschaften, an denen eine juristische Person als persönlich haftender Gesellschafter beteiligt ist. Das früher bis 1995 geltende Verbot der Verschmelzung auf eine GmbH & Co. KG ist wegen der bestehenden Umgehungsmöglichkeiten aufgegeben worden (vgl. Gesetzesbegründung, abgedruckt in: Limmer, Umwandlungsrecht S. 293). Nicht verschmelzungsfähig ist die GbR.

742 Allerdings kann sich eine **aufgelöste Personenhandelsgesellschaft** dann nicht als übertragender Rechtsträger an einer Verschmelzung beteiligen, wenn statt Abwicklung oder Verschmelzung die Gesellschafter eine andere Art der Auseinandersetzung vereinbart haben (§ 39 UmwG).

Eine andere Art der Auseinandersetzung als die Abwicklung oder die Verschmelzung i. S. d. § 39 liegt   **743** etwa darin, wenn ein **Übernahmerecht** nach § 145 HGB, die Realteilung oder die Einbringung in einen anderen Rechtsträger **vereinbart** ist (vgl. OLG Frankfurt am Main, DB 2003, 2327; Widmann/Mayer/Vossius, Umwandlungsrecht, § 39 UmwG Rn. 46; Lutter/H. Schmidt, UmwG, § 39 Rn. 16; Stratz, in: Schmitt/Hörtnagl/Stratz, § 39 UmwG Rn. 2; Baumbach/Hopt HGB § 145 Rn. 10).

Ungeklärt war die Frage, ob bei einer Einmann GmbH & Co. KG – d. h. einer KG mit einem Kom-   **744** manditisten, der zugleich Alleingesellschafter der Komplementär-GmbH ist – die Komplementärin auf die KG verschmolzen werden kann. Nach Auffassung des OLG Hamm im Beschl. v. 24.06.2010 (NZG 2010, 130= GmbHR 2010, 985 = DNotZ 2011, 230 m. Anm. Gössel) kann eine Komplementär-GmbH nicht auf ihre KG mit nur einem Kommanditisten, der zudem auch einziger Gesellschafter der GmbH ist, verschmolzen werden (so auch Lutter/H. Schmidt, UmwG, § 39 Rn. 19; Stengel in: Semler/Stengel, § 39 UmwG Rn. 37a). Ein solches Vorgehen führe zu einer sofortigen Beendigung der KG bei gleichzeitiger Anwachsung des Vermögens auf den einstigen Kommanditisten. Grund hierfür sei, dass das UmwG (§§ 2, 20 UmwG) voraussetze, dass der übernehmende Rechtsträger, hier die KG, fortbestehe. Wenn aber die Eintragung der Verschmelzung zum direkten Erlöschen des übernehmenden Rechtsträgers, also der KG, führe, sei diese Voraussetzung nicht mehr gegeben und das Handelsregister mit der Eintragung sofort unrichtig. Unzulässig seien deshalb aber nicht die im Ergebnis gleichen Konstellationen einer liquidationslosen Beendigung der KG, wie z. B., dass die Komplementär-GmbH auf ihren Alleingesellschafter verschmolzen werde oder dass die Komplementär-GmbH aus ihrer KG austrete (zustimmend Lutter/H. Schmitt, UmwG, § 39 Rn. Rn. 19, Stengel in: Semler/Stengel, § 39 UmwG Rn. 37a; Gössel, DNotZ 2011, 230). In der Literatur wird der Beschluss des OLG Hamm ganz **überwiegend abgelehnt** (Gutachten, DNotI-Report 2011, 81, 82; Nelißen, NZG 2010, 1291; Schlüter, EWiR 2010, 799; Ege/Klett, DStR 2010, 2463; Weiler, notar 2011, 117, 126; D. Mayer, DAI-Skript, 9. Gesellschaftsrechtliche Jahresarbeitstagung, 01./02.04.2011 in Hamburg, S. 88; zustimmend nur Gößl, DNotZ 2011, 230, 231 ff.). Die ablehnende Literatur weist darauf hin, dass zwar der typische Ablauf einer Verschmelzung zunächst vom Fortbestand des übernehmenden Rechtsträgers ausgehe. Jedoch spreche ein idealtypisches Leitbild allein noch nicht gegen die Zulässigkeit hiervon abweichender Gestaltungen (Nelißen, NZG 2010, 1291, 1292; Gutachten, DNotI-Report 2011, 81, 82). Unzutreffend sei insb. der Ansatz des OLG Hamm, dass das UmwG bei der Verschmelzung zwingend den Fortbestand des übernehmenden Rechtsträgers voraussetze (D. Mayer, DAI-Skript, S. 88). Das Erlöschen der KG erfolge in diesem Fall nicht durch die Verschmelzung selbst, sondern aufgrund allgemeiner gesellschaftsrechtlicher Prinzipien, nach denen der Wegfall eines Gesellschafters bei einer zweigliedrigen Personengesellschaft zwangsläufig zum Erlöschen der Gesellschaft führe. Dies geschehe erst eine juristische Sekunde nach der Verschmelzung und damit außerhalb der – dann in sich widerspruchsfreien – Rechtsfolgenanordnung des § 20 Abs. 1 UmwG (Gutachten, DNotI-Report 2011, 81, 82; Nelißen, NZG 2010, 1291, 1292; Ege/Klett, DStR 2010, 2463, 2465 f.; D. Mayer, DAI-Skript, S. 88). Erst mit dem Erlöschen der Komplementär-GmbH (also erst eine juristische Sekunde nach Eintragung der Verschmelzung) komme es zur Anwachsung des Vermögens beim verbleibenden Kommanditisten. Denklogisch setzt dies das Wirksamwerden der Verschmelzung voraus, weil erst dann die Komplementär-GmbH als übertragender Rechtsträger erlösche (D. Mayer, DAI-Skript, S. 89). Dem OLG Hamm ist daher nicht zu folgen. Dennoch sollte in der Praxis bis zu einer höchstrichterlichen Klärung dieser Weg vermieden werden. Für solche Fälle sollte deshalb ein anderer Weg gewählt werden. Die eine Möglichkeit besteht darin, dass die Komplementär-GmbH aus der KG ausscheidet. Nach ganz herrschender Ansicht erlischt dadurch die KG und es tritt Gesamtrechtsnachfolge beim verbleibenden Gesellschafter ein (vgl. Gössel, DNotZ 2011, 230 ff.). Eine Einmann GmbH & Co. KG kann weiter dadurch aufgelöst werden, dass die Komplementär-GmbH nach den §§ 120 ff. UmwG auf ihren Alleingesellschafter verschmolzen wird. Zu Recht wird auch darauf hingewiesen, dass jedenfalls nach einer Eintragung **im Handelsregister** auch bei einer derartigen Verschmelzung **Heilung nach § 20 Abs. 2 UmwG eintritt** (Gutachten, DNotI-Report 2011, 81, 82 f.).

2. Form und Abschlusskompetenz. Insoweit gelten keine Besonderheiten (vgl. daher oben unter   **745** Teil 2 Rdn. 65 ff.).

746 **3. Inhalt des Verschmelzungsvertrages. a) Notwendiger Vertragsinhalt.** Der notwendige Inhalt des Verschmelzungsvertrages unter Beteiligung von Personengesellschaften ergibt sich zunächst aus der allgemeinen Vorschrift des § 5 Abs. 1 UmwG. Es kann daher auf die allgemeinen Ausführungen oben verwiesen werden (vgl. oben Teil 2 Rdn. 92 ff.).

747 Ergänzend gilt § 40 UmwG, der folgende Regelungen trifft:
– Der Verschmelzungsvertrag hat zusätzlich für jeden Anteilsinhaber/Gesellschafter des übertragenden Rechtsträgers zu bestimmen, ob ihm in der Personenhandelsgesellschaft die Stellung eines persönlich haftenden Gesellschafters oder eines Kommanditisten gewährt wird. Dabei ist der **Betrag der Einlage jedes Gesellschafters** festzusetzen (§ 40 Abs. 1 Satz 2 UmwG).
– Anteilsinhaber eines übertragenden Rechtsträgers, die für dessen Verbindlichkeiten nicht als Gesamtschuldner unbeschränkt haften, ist die Stellung eines Kommanditisten zu gewähren. Abweichende Bestimmungen sind nur wirksam, wenn die betroffenen Gesellschafter dem Verschmelzungsbeschluss des übertragenden Rechtsträgers zustimmen.

748 Die **gesetzlichen Vorgaben** für den Inhalt des Verschmelzungsvertrages leiden darunter, dass sie allzu sehr an der Verschmelzung von Kapitalgesellschaften orientiert sind und Besonderheiten, die sich aus der Struktur des Personengesellschaftsrechts ergeben, zu wenig Rechnung tragen. Erschwerend kommt hinzu, dass die Verschmelzung von Personengesellschaften im alten Umwandlungsrecht weitgehend unbekannt war. Dies führt in einigen Fällen zu **Anwendungsproblemen**, die nicht immer mit der erforderlichen Eindeutigkeit gelöst werden können.

749 Im Folgenden soll nur auf solche Inhaltsanforderungen eingegangen werden, die ggü. den **allgemeinen Anforderungen** nach § 5 Abs. 1 UmwG (dazu oben Teil 2 Rdn. 92 ff.) **Besonderheiten** aufweisen (vgl. auch Priester, DStR 2005, 788).

750 **b) Anteilsgewährung bei der Personengesellschaft. aa) Allgemeines.** Wie bereits dargelegt geht die herrschende Meinung von der grds. **zwingenden Pflicht** aus, den Gesellschaftern der übertragenden Gesellschaft **Gesellschaftsanteile zu gewähren** (vgl. oben Teil 1 Rdn. 168 ff., Teil 2 Rdn. 96 ff., Teil 2 Rdn. 252 ff.). Die Diskussion bezieht sich dabei allerdings – insb. aus Gläubigerschutzgesichtspunkten – auf Kapitalgesellschaften. Für Kapitalgesellschaften hat darüber hinausgehend der Gesetzgeber in den §§ 54, 55 bzw. 68, 69 UmwG Einzelheiten zur Frage der Kapitalerhöhung und damit auch zur Frage der Anteilsgewährung geregelt.

751 Für die Verschmelzung und Spaltung von Personenhandelsgesellschaften fehlen derartige Regelungen, sodass sich dem Gesetz nicht entnehmen lässt, ob und in welcher Höhe die Gesellschafter der übertragenden Gesellschaft als Gegenleistung an der übernehmenden Gesellschaft erhalten müssen. Zu beachten ist dabei, dass die allgemeinen Vorschriften des § 5 Abs. 1 Nr. 3 UmwG davon ausgehen, dass Anteile gewährt werden.

752 Der Gesetzgeber hat im **Zweiten Gesetz zur Änderung des UmwG v. 25.04.2007** (BGBl. I, S. 542) in den §§ 54 und 68 UmwG für GmbH und AG eine Ausnahme durch Verzicht festgelegt (vgl. BR-Drucks. 548/06, S. 27): § 54 Abs. 1 Satz 3 UmwG n. F. (für die GmbH) bzw. § 68 Abs. 1 Satz 3 UmwG n. F. (für die AG) bestimmt nunmehr, dass die Kapitalerhöhung bei der übernehmenden Kapitalgesellschaft zur Disposition **aller Anteilsinhaber des übertragenden Rechtsträgers** steht. **Verzichten alle Anteilsinhaber des übertragenden Rechtsträgers** in notarieller Urkunde auf die Anteilsgewährung, darf die übernehmende Gesellschaft von der Anteilsgewährung absehen. Zu kritisieren ist an dieser an sich erfreulichen Klarstellung, dass sie aufgrund der systematischen Stellung nur für Verschmelzung auf die AG und GmbH gilt, obwohl bei der Personengesellschaft oder anderen Rechtsträgern ähnliche Fragestellungen bestehen. M. E. kann man aber aus der gesetzlichen Neuregelung allgemein den Schluss ziehen, dass der Anteilsgewährungsgrundsatz disponibel ist, wenn alle Anteilsinhaber der übertragenden Rechtsträger darauf verzichten, denn was bei Kapitalgesellschaften gilt muss erst recht bei Personengesellschaften gelten, sodass viele Argumente, die für eine strenge Anteilsgewährung sprachen überholt sind. Der Grundsatz der Anteilsgewährung kann daher nur noch dann Bestand haben, wenn dies aus Minderheitenschutzgründen erforderlich ist, nicht aber wenn alle Anteilsinhaber darauf verzichten. Die Frage ist allerdings bisher noch nicht durch die Rechtsprechung geklärt, sodass in der

Praxis es sich empfiehlt Anteile zu gewähren. I. Ü. ist aus steuerlichen Gründen meist eine Gewährung von Anteilen notwendig (vgl. oben Teil 1 Rdn. 168 ff., Teil 2 Rdn. 96 ff., Teil 2 Rdn. 252 ff.).

Bei der Personengesellschaft ist zusätzlich der **Grundsatz der Einheitlichkeit der Beteiligung** zu beach- 753 ten. Es besteht nach allgemeiner Meinung ein Verbot der Mehrfachbeteiligung an einer Personengesellschaft, sodass einem Gesellschafter einer Personengesellschaft, der bereits an der aufnehmenden Gesellschaft beteiligt ist, kein weiterer – neuer Anteil gewährt werden darf (vgl. Priester, DStR 2005, 788, 790; K. Schmidt in: MünchKom/HGB, § 105 Rn. 77; Heidinger/Limmer/Holland/Reul, Gutachten des DNotI, Bd. IV, Gutachten zum Umwandlungsrecht, S. 130; Widmann/Mayer/Vossius, Umwandlungsrecht, Vor § 39 UmwG Rn. 75; Kallmeyer/Kallmeyer/Kocher, UmwG, § 40 Rn. 4; BGHZ 24, 106, 108 f.; Priester DB 1998, 55; Esch BB 1993, 664, 666 ff.; 1996, 1621, 1622 ff.; Lüttge NJW 1994, 5, 10 f.; Kanzleiter, FS Weichler, 1997, S. 39, 42 ff.; Priester DB 1998, 55, 56 ff.; Baumann BB 1998, 225, 228 ff.; K. Söring, Die Zulässigkeit der Mehrfachbeteiligung an einer Personengesellschaft, 1997; Lamprecht, Die Zulässigkeit der mehrfachen Beteiligung an einer Personengesellschaft, 2002, S. 107 ff., 131, 175 ff., 270 ff). Möglich ist natürlich die Aufstockung des vorhandenen Anteils (vgl. nachstehend Rdn. 754 ff.).

bb) Durchführung der Anteilsgewährung. Eine Regelung, wie die Anteilsgewährung durchzuführen 754 ren ist, fehlt im Gesetz. § 40 Abs. 1 Satz 2 UmwG schreibt lediglich vor, dass der Betrag der Einlage festzusetzen ist, wobei nicht recht deutlich ist, ob hierunter nur die im Handelsregister einzutragende **Haftsumme** oder auch die im Verhältnis zu den Gesellschaftern zu übernehmende **Einlageverpflichtung** oder die **bedungene Einlage** gemeint ist. Aus **steuerlichen Gründen** kann sich allerdings die Notwendigkeit ergeben, das Festkapitalkonto zu erhöhen, weil nur dann eine Übertragung gegen Gesellschaftsrechte vorliegt.

Ausgeschlossen ist eine Anteilsgewährung durch eigene Anteile der zu übernehmenden Personengesell- 755 schaften, da solche nicht denkbar sind.

Immer muss die Anteilsgewährung in der Aufnahme als Mitgesellschafter des übernehmenden Rechts- 756 trägers bestehen. Wie dies geschieht, hängt vorrangig von den bestehenden gesellschaftsrechtlichen Regelungen im **Gesellschaftsvertrag** der übernehmenden Personengesellschaft ab. Denkbar sind danach im Wesentlichen folgende **Möglichkeiten:**

(1) Ausweisung zusätzlicher Kapitalanteile. Waren bisher feste Kapitalanteile vereinbart, so kön- 757 nen **zusätzliche Kapitalanteile** ausgewiesen werden. Ihre Höhe ist zum einen abhängig von dem Wertverhältnis zwischen aufnehmendem und übertragendem Rechtsträger und zum anderen von der Beteiligungsquote der Anteilsinhaber an dem übertragenden Rechtsträger. Geht man davon aus, dass die nach § 40 Abs. 1 Satz 2 UmwG erforderliche Angabe der Einlage auch die bedungene Einlage meint, so ist die Festsetzung des Einlagebetrages entsprechend der Bezifferung des Kapitalteils der neu aufzunehmenden Gesellschafter vorzunehmen.

▶ **Beispiel:** 758

Die A & B-OHG soll auf die X & Y-OHG verschmolzen werden. Für die A & B-OHG wird ein Wert von 1. 000.000,00 € festgestellt, für die X & Y-OHG ein Wert von 500.000,00 €. Bei der A & B-OHG sind feste Kapitalanteile vereinbart, wobei die alleinigen Gesellschafter A und B über jeweils einen Kapitalanteil i. H. v. 100.000,00 € verfügen. X und Y sind an der X & Y-OHG jeweils zu 50 % beteiligt. Die Anteilsgewährung kann in der Art und Weise geschehen, dass X und Y ein Kapitalanteil von jeweils 50.000,00 € eingeräumt wird.

(2) Neufestlegung der Kapitalanteile. Möglich ist aber auch, die Kapitalanteile unter Beibehaltung 759 der bisherigen Gesamtkapitalgröße neu festzulegen, wobei die Neufestlegung unter Berücksichtigung des nach Verschmelzung sich ergebenden Gesamtvermögens zu erfolgen hat.

760 ▶ **Beispiel:**

Abweichend von dem vorherigen Beispiel ist bei der A & B-OHG ein Gesamtkapital von 100.000,00 € festgelegt, an dem A und B jeweils mit 50.000,00 € beteiligt sind. Bei den genannten Wertigkeiten werden die Kapitalanteile in der Weise neu festgelegt, dass A und B jeweils über einen Kapitalanteil i. H. v. 30.000,00 € und die neu aufzunehmenden Gesellschafter X und Y über einen Kapitalanteil i. H. v. jeweils 20.000,00 € verfügen.

761 In jedem Fall bedarf es hierzu – über den Verschmelzungsvertrag hinaus – einer **Änderung des Gesellschaftsvertrages** durch die übernehmende Gesellschaft.

762 Wie der **Erwerb der Mitgliedschaft** zu erfolgen hat, ist gesetzlich wiederum nicht vorgegeben. Wenn bei dem Erwerb von GmbH-Anteilen einer übernehmenden GmbH unstreitig ein besonderer Übertragungsvertrag trotz § 15 GmbHG bzw. eine Übernahmeerklärung (vgl. § 55 Abs. 1 Satz 1 UmwG) nicht erforderlich sind (vgl. oben Teil 2 Rdn. 266 ff.), die Anteile vielmehr mit der Wirksamkeit der Verschmelzung übergehen, wird man, von einer notwendig werdenden Änderung des Gesellschaftsvertrages einmal abgesehen, auch für den Erwerb der Mitgliedschaft in einer übernehmenden Personengesellschaft keine weiteren Anforderungen stellen dürfen.

763 **cc) Haftsumme.** Soweit der Anteilsinhaber des übertragenden Rechtsträgers Kommanditist im übernehmenden Rechtsträger wird, ist auch seine im Handelsregister einzutragende **Haftsumme** zu bestimmen. Dabei ist der **Gleichbehandlungsgrundsatz** einzuhalten. Im Einzelnen ergibt sich danach Folgendes:

764 Handelt es sich bei dem übernehmenden Rechtsträger um eine **KG**, sind zunächst die dortigen gesellschaftsvertraglichen Regelungen maßgebend. Ist in diesem Gesellschaftsvertrag die Höhe der Haftsumme abweichend von der Höhe der Einlage festgelegt, muss eine entsprechende Bestimmung der Haftsumme des neuen Kommanditisten erfolgen, wobei die Haftsumme nach dem Verhältnis zwischen der Beteiligung und der Haftsumme der bereits bestehenden Gesellschafter des übernehmenden Rechtsträgers zugrunde zu legen ist.

765 ▶ **Beispiel:**

Im Gesellschaftsvertrag der A & B-KG ist vereinbart, dass die Einlageverpflichtung eines jeden Kommanditisten sich auf 200.000,00 € beläuft, seine Haftsumme aber auf 100.000,00 €. Dementsprechend ist auch im Verhältnis 2:1 für die Kommanditisten der übertragenden X & Y-KG die Haftsumme festzulegen.

766 Ist **im Gesellschaftsvertrag** der übernehmenden KG **keine Regelung** enthalten, entspricht die Haftungssumme regelmäßig dem Betrag, der als Einlage für den Kommanditisten festgesetzt wird. Gleiches gilt, wenn es sich bei dem übernehmenden Rechtsträger bisher nicht um eine KG handelte.

767 In keinem Fall aber darf – wegen des Gleichbehandlungsgrundsatzes – die Haftsumme höher sein als der Betrag, der für den Kommanditisten bisher als Haftsumme eingetragen war.

768 **dd) Stellung des Anteilsinhabers.** In dem Verschmelzungsvertrag ist über die Anforderung nach § 5 Abs. 1 UmwG hinaus festzulegen, ob dem Anteilsinhaber des übertragenden Rechtsträgers die Stellung eines Kommanditisten oder die eines persönlich haftenden Gesellschafters eingeräumt wird.

769 Haftete der Anteilsinhaber bisher nicht persönlich unbeschränkt, ist ihm die Stellung eines Kommanditisten zu verschaffen (§ 40 Abs. 2 Satz 1 UmwG). Eine hiervon **abweichende Festsetzung** ist nur möglich, wenn der betroffene Anteilsinhaber dem Verschmelzungsbeschluss zustimmt (§ 40 Abs. 2 Satz 2 UmwG; vgl. Kallmeyer/Kallmeyer/Kocher § 40 UmwG Rn. 11 f.; Widmann/Mayer/Vossius, Umwandlungsrecht, § 40 UmwG Rn. 49 f.; Lutter/H. Schmidt, UmwG, § 40 Rn. 10; Stratz, in: Schmitt/Hörtnagl/Stratz, § 40 UmwG Rn. 7). Streitig ist, ob Zustimmung zum Verschmelzungsvertrag allein genügt (so Stratz, in: Schmitt/Hörtnagl/Stratz, § 40 UmwG Rn. 8; Lutter/H. Schmidt § 40 UmwG Rn. 11; Priester, DStR 2005, 790; a. A. Widmann/Mayer/Vossius, Umwandlungsrecht, § 40 UmwG

Rn. 49; Ihrig, in: Semler/Stengel § 40 UmwG Rn. 21). Die Zustimmung bedarf nach § 13 Abs. 3 S. 1 UmwG der notariellen Form (Lutter/H. Schmidt § 40 UmwG Rn. 11).

Nach § 43 Abs. 2 UmwG kann ein bisheriger persönlich haftender Gesellschafter des übernehmenden oder übertragenden Rechtsträgers verlangen, dass ihm die **Stellung eines Kommanditisten** im übernehmendem Rechtsträger eingeräumt wird. Voraussetzung ist aber immer, dass der Vertrag der Gesellschaft, an der der persönlich haftende Gesellschafter beteiligt ist, für den Verschmelzungsbeschluss eine Mehrheitsentscheidung zulässt und der persönlich haftende Gesellschafter bei der Beschlussfassung der Verschmelzung widerspricht (§ 43 Abs. 2 UmwG). Der **Widerspruch** ist den vertretungsberechtigten Gesellschaftern oder dem Leiter der Versammlung gegenüber zu erklären (Ihrig in: Semler/Stengel, § 43 UmwG Rn. 38; Kallmeyer/Zimmermann, § 43 UmwG Rn. 25). Streitig ist, ob der Widerspruch im Protokoll wiederzugeben ist (ablehnend Ihrig in: Semler/Stengel, § 43 UmwG Rn. 38; Kallmeyer/Zimmermann, § 43 UmwG Rn. 25; a. A. Widmann/Mayer/Vossius, Umwandlungsrecht, § 43 UmwG Rn. 135). 770

Irgendwelche Vorgaben zu der dann notwendigen **Ausgestaltung der einzuräumenden Kommanditistenstellung** sind dem UmwG nicht zu entnehmen. 771

Handelt es sich bei der **aufnehmenden Gesellschaft** um eine **KG**, bestimmt sich die Rechtsstellung des ehemaligen persönlich haftenden Gesellschafters nach den für die anderen Kommanditisten geltenden Bestimmungen. 772

Wird **von einer OHG eine KG aufgenommen**, sind die dort geltenden gesellschaftsvertraglichen Regelungen beizubehalten. Dies setzt eine Änderung des Gesellschaftsvertrages der übernehmenden Gesellschaft voraus, deren Durchführung zur Bedingung des Verschmelzungsvertrages zu machen ist. 773

Problematisch ist der Fall, wenn eine **OHG auf eine OHG verschmolzen** wird, die erst durch den Widerspruch des persönlich haftenden Gesellschafters zu einer KG wird. Es liegt nahe, in diesem Fall auf das Regelungskonzept nach § 139 HGB zurückzugreifen, wonach der zugelassene Erbe eines OHG-Gesellschafters die Einräumung einer Kommanditisten-Stellung und die Anerkennung der auf ihn entfallenden Einlage des Erblassers als Kommanditeinlage verlangen kann. Die Folgerungen, die sich daraus für Fälle nach § 139 HGB ergeben, sind im Einzelnen strittig (vgl. Schlegelberger/K. Schmidt, HGB, § 139 Rn. 66 ff.; Baumbach/Hopt/Hopt, § 139 HGB Rn. 3 ff.; Lutter/H. Schmidt § 40 UmwG Rn. 13). In jedem Fall handelt es sich um eine **Änderung des Gesellschaftsvertrages**, die von den Gesellschaftern der übernehmenden Gesellschaft zu beschließen ist und als Bedingung zum Gegenstand des Verschmelzungsvertrages gemacht werden sollte (vgl. Ihrig in: Semler/Stengel, § 43 UmwG Rn. 41; Kallmeyer/Zimmermann, § 43 UmwG Rn. 27; Widmann/Mayer/Vossius, Umwandlungsrecht, § 43 UmwG Rn. 141 ff.). Ist die Beurkundung bereits erfolgt, bedarf es einer Nachtragsbeurkundung (Ihrig in: Semler/Stengel, § 43 UmwG Rn. 41; Kallmeyer/Zimmermann, § 43 UmwG Rn. 27). 774

ee) Weitgehende Gestaltungsfreiheit, Kapitalkonten bei der Personengesellschaft. Aus der fehlenden gesetzlichen Regelung hat man auch vor der gesetzlichen Neuregelung trotz der grds. Anerkennung einer Anteilsgewährungspflicht eine **weitgehende Gestaltungsfreiheit** bei der Verschmelzung von Personengesellschaften angenommen (Widmann/Mayer/Vossius, Umwandlungsrecht, Vor § 39 UmwG Rn. 79 ff.; Kallmeyer/Kallmeyer/Kocher, UmwG, § 40 Rn. 3 ff.; Lutter/H. Schmidt § 40 UmwG Rn. 15 ff.; Ihrig in: Semler/Stengel, § 43 UmwG Rn. 10 ff.). Der Gesetzgeber hat die Frage, in welcher Form die Anteilsgewährung bei der Personengesellschaft zu erfolgen hat, nicht geregelt, sodass er sich damit für eine weitgehende Gestaltungsfreiheit ausgesprochen hat, die bei Personen- und Handelsgesellschaften auch sinnvoll ist. 775

Der Gesetzgeber hat im **Zweiten Gesetz zur Änderung des UmwG** durch die Änderungen in den §§ 54 und 68 UmwG für GmbH und AG eine Ausnahme durch Verzicht festlegt (vgl. BR-Drucks. 548/06, S. 27). Der Grundsatz der Anteilsgewährung kann daher nur noch dann Bestand haben, wenn dies aus Minderheitenschutzgründen erforderlich ist, nicht aber wenn alle Anteilsinhaber darauf verzichten. Auch dies bestätigt die bisherige Annahme weitreichender Gestaltungsfreiheit. Diese Frage ist aber noch ungeklärt.

776 Wie bereits dargelegt, können daher **zusätzliche Kapitalanteile** ausgewiesen werden; möglich ist aber auch, die Kapitalanteile unter Beibehaltung der bisherigen Kapitalgröße neu festzulegen, sodass insgesamt die Kapitalanteile aller Gesellschafter verändert werden. Eine Erhöhung der Gesamtsumme der bisher beim übernehmenden Rechtsträger gebildeten Kapitalanteile kann, muss aber nicht erfolgen; möglich ist auch die Neuverteilung unter Beibehaltung der Gesamtkapitalgröße (so auch Lutter/H. Schmidt, UmwG, § 40 Rn. 15; Heidinger/Limmer/Holland/Reul, Gutachten des DNotI, Bd. IV, Gutachten zum Umwandlungsrecht, S. 130; Widmann/Mayer/Vossius, Umwandlungsrecht, § 40 UmwG Rn. 13; Priester, DStR 2005, 790; Ihrig in: Semler/Stengel, § 40 UmwG Rn. 10). Es muss auch nicht zwingend die Hafteinlage erhöht werden. Es genügt, wenn die vorhandene Gesellschaftsbeteiligung irgendwie »aufgestockt« wird. Dabei sind die Parteien grds. frei in der Wahl der Höhe dieser Aufstockung. Nach ganz allgemeiner Meinung ist auch keine Erhöhung der im Handelsregister eingetragenen Haftsumme der einzelnen Kommanditisten erforderlich. Der etwa erforderliche Ausgleich unter den Gesellschaftern kann vielmehr über eine »schlichte Erhöhung« der Festkapitalkonten erfolgen (Widmann/Mayer/Mayer, Umwandlungsrecht, § 126 UmwG Rn. 124; Lutter/Schmidt, UmwG, § 40 Rn. 15; Kallmeyer/Kallmeyer/Kocher, UmwG, § 40 Rn. 3).

777 Bei der **Gestaltung der Anteilsgewährung** wird sich auch die Frage stellen, auf welchem Kapitalkonto die i. R. d. Verschmelzung übertragenen Vermögensgegenstände gebucht werden. Im Handels- und Gesellschaftsrecht finden sich die unterschiedlichsten Gestaltungen bzgl. der Gesellschafterkonten (vgl. dazu ausführlich unten Rdn. 779 ff. und die Übersicht bei Oppenländer, DStR 1999, 939; Röhricht/v. Westphalen/v. Gerkan, HGB, § 120 Rn. 11 ff.; Baumbach/Hopt, HGB, § 120 Rn. 3 ff.). Abweichend von der gesetzlichen Regelung des § 120 HGB wird gesellschaftsrechtlich häufig ein Kapitalanteil als feste Größe vereinbart, der sich an der Höhe der Einlage orientiert. Daneben gibt es in der **Vertragspraxis** unterschiedlichste weitere Konten, etwa Rücklagenkonten, Privatkonten, Darlehenskonten, teilweise auch als Kapitalkonto II und III etc. Der Gesellschaftsanteil umfasst aus dem Inbegriff der mitgliedschaftlichen Rechte die gesamte Beteiligung des Gesellschafters (vgl. Huber, Vermögensanteil, Kapitalanteil und Gesellschaftsanteil, S. 11). Er repräsentiert die Mitgliedschaft in der Gesamthands-Personengesellschaft. Einen OHG-Gesellschafter sowie gleichermaßen einen Komplementär der KG ohne Gesellschaftsanteil gibt es nicht. Auch derjenige, der vermögensmäßig nicht an der Gesellschaft beteiligt ist und z. B. im Liquidationsfall nichts aus dem Gesellschaftsvermögen erhält, hat einen Gesellschaftsanteil. Das HGB definiert den Begriff des Kapitalanteils nicht, setzt ihn vielmehr in § 120 Abs. 2 HGB voraus. An den Kapitalanteil knüpfen die Bestimmungen in den §§ 121 HGB (Gewinnverteilung), 122 HGB (Entnahmerecht), 155 HGB (Auseinandersetzung), 167 HGB (Gewinnverteilung und Verlustverteilung bei der KG) und 169 HGB (Gewinnauszahlung bei Einlageminderung des Kommanditisten) sowie 172 HGB (Haftungsfolgen bei unbefugter Gewinnentnahme in der KG) an. Das HGB enthält keine ausdrücklichen Bestimmungen darüber, welche Konten für die einzelnen Gesellschafter einer KG zu führen sind. Für den persönlich haftenden Gesellschafter ergibt sich jedoch aus den §§ 161 Abs. 1, 120 Abs. 2 HGB, dass sein Kapitalanteil variabel sein soll. Dem entspricht die Führung eines einzigen Kapitalkontos, auf dem Gewinne, Verluste, Einlagen und Entnahmen verbucht werden (vgl. Huber, Vermögensanteil, Kapitalanteil und Gesellschaftsanteil, S. 11; Leitzen, ZNotP 2009, 255, 257; Wälzholz, DStR 2011, 1815 ff). Gesellschafterkonten können gesellschaftsrechtlicher Natur (dann sind sie »Eigenkapital«) oder schuldrechtlicher Natur (dann haben sie Darlehenscharakter und sind »Fremdkapital«) sein. Die Abgrenzung von Eigenkapital und Fremdkapital ist auch steuerrechtlich von Bedeutung, z. B. im Zusammenhang mit § 15a EStG (vgl. Leitzen, ZNotP 2009, 255 ff.; Doege, DStR 2006, 489 ff.; Ley, DStR 2009, 613 ff.; Kempermann, DStR 2008, 1917 ff.; Oppenländer, DStR 1999, 939 ff.; Rodewald, GmbHR 1998, 521 ff.; BMF, Schreiben v. 30.05.1997, BStBl. I, S. 627 ff. und v. 26.11.2004, BStBl. I, S. 1190 ff.).

778 Nach § 167 Abs. 2 HGB gilt für den **Kommanditisten** von Gesetzes wegen anderes: Sein Kapitalanteil und damit sein Kapitalkonto ist nach oben begrenzt. Wenn durch Beiträge und Gewinne die Pflichteinlage erbracht ist, werden weitere Gewinne dem Kapitalkonto nicht mehr zugeschrieben. Für den Kommanditisten ist daher ein zweites Konto zu eröffnen, auf dem die Gewinne von nun an zu verbuchen sind. Entnahmen sind dem zweiten Konto zu belasten – ein Guthaben auf dem zweiten Konto kann grds. jederzeit entnommen werden. Demgegenüber ist der Kapitalanteil eine Rechengröße, die bilanzmäßig den aktuellen Stand der Einlagen der Gesellschafter wiedergibt und Aufschluss über die

Vermögensbeteiligung des Gesellschafters geben soll. Der Kapitalanteil ist i. d. R. maßgeblich für die Gewinnbeteiligung, das Entnahmerecht und das Auseinandersetzungsguthaben eines Gesellschafters.

Im HGB wird von einem **variablen Kapitalanteil** ausgegangen. Dieses ist in der Praxis allerdings un- **779** praktisch und i. d. R. unerwünscht. In der Praxis ist es i. d. R. üblich, mindestens ein festes Kapitalkonto zu bilden, auf dem die Einlagen der Gesellschafter verbucht werden, die die Beteiligung an der Gesellschaft darstellen. Dieses Kapitalkonto ist unveränderlich. Darüber hinaus werden häufig ein oder mehrere variable Konten gebildet, über die die sonstigen Ein- und Auszahlungen gebucht werden. Bei einfachem Sachverhalt genügt ein variables Privatkonto. Sollen auch Rücklagen gebildet werden, empfiehlt sich weiterhin ein Rücklagenkonto. Das Kapitalkonto eines Gesellschafters repräsentiert die absolute Höhe der Beteiligung am Eigenkapital der Gesellschaft. Das Kapitalkonto stellt damit auch die Grundlage für die Ermittlung der prozentualen Beteiligungsquote dar. Regelmäßig wird das Kapitalkonto in Form von wenigstens zwei Unterkonten – einem »festen« Kapitalkonto I und einem »variablen« Kapitalkonto II – geführt. Auf dem festen Kapitalkonto I wird die ursprüngliche Eigenkapitaleinlage eines Gesellschafters verbucht und grds. in unveränderter Höhe weitergeführt. Dieses Konto zeigt unmittelbar die individuelle Beteiligungsquote (Kapitalkonto I: Summe des gezeichneten Eigenkapitals). Auf dem variablen Kapitalkonto II werden die im Zeitablauf anfallenden Gewinn- und Verlustanteile des Anlegers erfasst. Zur besseren Übersichtlichkeit kann das variable Kapitalkonto II auch in Form eines separaten Gewinn- und eines Verlustkontos geführt werden. Aus steuerlicher Sicht ist das Kapitalkonto des Kommanditisten einer KG oder GmbH & Co. KG (bzw. die Summe der einzelnen Unterkonten) für die Ermittlung der sofort ausgleichsfähigen Verlustanteile sowie für die aufgrund der Verlustausgleichsbeschränkung des § 15a des EStG lediglich verrechenbaren, d. h. vortragsfähigen Verlustanteile von Bedeutung. Auf einen Kommanditisten entfallende Verluste sind nur insoweit sofort und unmittelbar steuerlich ausgleichsfähig, als durch diesen Verlustanteil kein negatives Kapitalkonto des Gesellschafters entsteht oder ein bereits negativer Saldo auf dem Kapitalkonto erhöht wird. Für Kommanditisten sieht das Gesetz nur zwei Gesellschafterkonten vor. Auch der Kommanditist hat ein bewegliches Kapitalkonto i. S. d. § 120 HGB. Sein Kapitalanteil ist jedoch durch § 167 Abs. 2 HGB auf den Betrag der vertraglich festgesetzten Einlage (Haft- und ggf. Pflichteinlage) beschränkt. Soweit er seine Einlage erbracht hat, werden daher weitere Gewinne einem zweiten Konto gutgeschrieben. Dieses Konto weist eine jederzeit fällige Forderung des Kommanditisten gegen die Gesellschaft aus. Das gilt unabhängig davon, ob die Entnahmen beschränkt sind[81]. Dieses zweite Konto ist zu unterscheiden von dem nachstehend beschriebenen variablen »Kapitalkonto II«, das nach der Vertragspraxis üblich ist, weil das Einlagekonto (Kapitalkonto I) als festes Konto geführt werden soll. In der Praxis sind verschiedene Modelle im Einsatz (Leitzen, ZNotP 2009, 255, 257 ff.; Wälzholz, DStR 2011, 1815 ff.):

– **Zwei-Konten-Modell**
Es wird ein festes Konto (Kapitalkonto I) geführt, auf dem die vereinbarte Einlage verbucht wird. Daneben wird ein variables Konto geführt. Auf ihm werden Gewinnanteile, Verluste und Entnahmen gebucht. Das führt bei Kommanditisten dazu, dass entgegen § 167 Abs. 2 HGB Gewinne aus den Vorjahren mit Verlusten verrechnet werden. Bei diesem Konto handelt es sich um ein Kapitalkonto. Das versteht sich für den persönlich haftenden Gesellschafter von selbst, gilt aber wegen der Möglichkeit, dass Vorjahresgewinne durch Verluste aufgezehrt werden, auch für Kommanditisten.

– **Drei-Konten-Modell**
Beim Kommanditisten widerspricht die »Haftung« stehen gelassener Gewinne durch spätere Verluste eigentlich der Konzeption dieser Gesellschaftsform. Daher wird ein drittes Konto (Darlehenskonto) eingerichtet, das die entnahmefähigen Gewinnanteile aufnimmt und zur Verbuchung sonstiger Einlagen sowie von Entnahmen dient. Das Kapitalkonto II erfasst dagegen nur die nicht entnahmefähigen Gewinne sowie die Verluste; es ist ein Unterkonto zum Kapitalkonto I und hat daher Eigenkapitalcharakter. Dagegen weist das (passivische) Darlehenskonto eine unentziehbare Forderung des Kommanditisten aus.

– **Vier-Konten-Modell**
Zusätzlich zu den 3 Konten des Drei-Konten-Modells wird ein Verlustverrechnungskonto eingerichtet. Damit soll erreicht werden, dass Verluste nicht primär mit stehen gelassenen Gewinnen, sondern, wie in § 169 Abs. 1 Satz 2 Halbs. 2 HGB vorgesehen, mit künftigen Gewinnen verrechnet werden.

Damit stellt sich letztlich das im Gesetz vorgesehene Ergebnis wieder ein, nur dass die beiden dort vorgesehenen Konten geteilt werden. Danach handelt es sich bei dem (passivischen) »Darlehenskonto« – wie beim Drei-Konten-Modell auch – um ein Forderungskonto. Für das »Kapitalkonto II« gilt an sich das Gleiche, sofern der Gesellschaftsvertrag nicht vorsieht, dass das Verlustvortragskonto als Unterkonto zum Kapitalkonto II geführt wird oder das Kapitalkonto II als Rücklagenkonto spätere Verluste abdecken soll.

Für die steuerrechtlichen Einordnungen der Kapitalkonten i. R. d. § 15a EStG ist das grundlegende BFH-Urt. v. 16.10.2008 zu beachten (BFHE 223, 149 = BStBl. II 2009, 272 = GmbHR 2009, 274 = DStR 2009, 212; dazu Leitzen, ZNotP 2009, 255 ff.; Doege, DStR 2006, 489 ff.; Ley, DStR 2009, 613 ff.; Kempermann, DStR 2008, 1917 ff.).

780 Bei der Verschmelzung unter Beteiligung von Personenhandelsgesellschaften stellen sich daher **zwei Fragen:**
– welche Konten in die Berechnung des Umtauschverhältnisses miteinbezogen werden und
– auf welchem Konto eine Verbuchung des übertragenden Vermögens zu erfolgen hat.

781 Die Frage der **Berechnung des Umtauschverhältnisses** unterliegt nach Gestaltungsfreiheit der freien Vereinbarung im Verschmelzungsvertrag (so auch Widmann/Mayer/Vossius, Umwandlungsrecht, Vor § 39 UmwG Rn. 80). Letztendlich sind für die Bewertung des übertragenden Vermögens die allgemeinen Bewertungsgrundsätze heranzuziehen, hiervon können die Gesellschafter allerdings einstimmig abweichen (vgl. dazu oben Teil 2 Rdn. 290). Bei der Frage der »Verbuchung« ist wiederum zu differenzieren, ob die Situation von Schwestergesellschaften mit identischem Personenbestand vorliegt oder ob i. R. d. Verschmelzung bei der aufnehmenden Gesellschaft neue Gesellschafter – nämlich die der übertragenden Gesellschaft – beteiligt werden. In den Fällen außerhalb der Schwesterverschmelzung folgt aus der Verpflichtung zur Anteilsgewährung und dem Gleichbehandlungsgrundsatz die Verpflichtung, die neuen Gesellschafter den alten Gesellschafter entsprechend gleichzubehandeln und die Kapitalkonten gleich zu verteilen.

782 ▶ **Hinweis:**

Dabei ist zu berücksichtigen, dass die in den Gesellschaften vorgesehenen unterschiedlichen Konten auch unterschiedliche Funktion haben können. Es ist nämlich die Frage zu klären, ob ein Konto ein Privatkonto darstellt, oder ob ihm die Funktion eines Kapitalkontos mit Eigenkapitalcharakter zukommt. Aus der Pflicht zur Anteilsgewährung und der Pflicht zur Gewährung von Mitgliedschaftsrechten folgt daher der Grundsatz, dass eine Verbuchung nur auf Kapitalkonten infrage kommt, die **Eigenkapitalcharakter** haben.

Es stellt sich allerdings die Frage, ob mit Zustimmung der Betroffenen und insb. bei der Verschmelzung von Schwestergesellschaften hiervon abgewichen werden kann und die Freiheit besteht, eine **Verbuchung auf Privatkonten** vorzunehmen. Reine Privatkonten, die etwa auch als Darlehenskonto bezeichnet werden, stellen Fremdkapital dar und wären vergleichbar der Gewährung eines Darlehens. **Mayer** (Widmann/Mayer/Mayer, Umwandlungsrecht, § 5 UmwG Rn. 24.2; Mayer, in: Münchener Handbuch des Gesellschaftsrechts, Bd. III, § 73 Rn. 63 ff.) vertritt die Ansicht, dass selbst die Erhöhung des Privatkontos genügt.

783 **Steuerrechtlich** ist zu berücksichtigen, dass dann wohl keine Gewährung von Gesellschaftsanteilen i. S. d. UmwStG vorliegt, sodass eine Verbuchung auf Privatkonten dazu führen kann, dass keine steuerneutrale Übertragung möglich ist. Die Frage muss steuerlich sehr genau berücksichtigt werden. Gesellschaftsrechtlich besteht – wie bereits dargelegt (vgl. oben Teil 2 Rdn. 99 ff.; Teil 2 Rdn. 290) – keine Verpflichtung, eine wertentsprechende Anteilsgewährung vorzunehmen, wenn alle Gesellschafter damit einverstanden sind und diesen Nachteil in Kauf nehmen. Diese bei den Kapitalgesellschaften geltenden Grundsätze müssen bei Personengesellschaften erst recht gelten, sodass mit Zustimmung aller Beteiligten zumindest eine teilweise Verbuchung auf Privatkonto zulässig ist (so auch Widmann/Mayer/Mayer, Umwandlungsrecht, § 126 UmwG Rn. 124).

ff) Verschmelzung von GmbH & Co. KG. Sollen zwei GmbH & Co. KG miteinander verschmol- **784** zen werden, so ist der **Grundsatz der Personenidentität** zu beachten (vgl. oben Teil 2 Rdn. 14 ff.). Früher war herrschende Meinung, dass i. R. d. Verschmelzung keine der beiden Komplementär-GmbH austreten könne. Dies müsse entweder vor oder nach der Verschmelzung geschehen. Dennoch wurde vertreten, dass im Verschmelzungsvertrag bestimmt werden könne, dass die GmbH der übertragenden GmbH & Co. KG auch an der aufnehmenden GmbH & Co. KG keinen Kapitalanteil erhalte (so auch Lutter/H. Schmidt, UmwG, § 40 Rn. 19; Ihrig in: Semler/Stengel, § 40 UmwG Rn. 10). Dennoch wird sie zumindest für eine juristische Sekunde ebenfalls Komplementärin der aufnehmenden GmbH & Co. KG, da eine Mitgliedschaft (ohne Kapitalanteil) zugewiesen werden muss. Die Grundsätze der Anteilsgewährung gelten, wenn kein Verzicht vorliegt, grds. auch für die Komplementär-GmbH, die sowohl an der übertragenden als auch an der aufnehmenden KG beteiligt ist (Widmann/Mayer/Mayer, Umwandlungsrecht, § 5 UmwG Rn. 24.3). Auch wenn die Komplementär-GmbH bei der übertragenden GmbH & Co. KG kapitalmäßig nicht an dieser beteiligt ist, ist sie jedoch Inhaberin einer Mitgliedschaft. Dafür müsste ihr bei der aufnehmenden KG, wenn sie nicht schon Komplementärin wäre, eine Gesellschafterstellung eingeräumt werden (so ausdrücklich auch Widmann/Mayer/Mayer, Umwandlungsrecht, § 5 UmwG Rn. 24.3; a. A. insofern aber LG Saarbrücken, DNotI-Report 1999, 163). Dabei wäre es ausreichend, ihr eine Komplementärstellung mit Null-Kapitalbeteiligung zu gewähren.

Es genügt allerdings, wenn eine schon vorhandene Null-Kapital-Komplementärbeteiligung an der auf- **785** nehmenden Gesellschaft besteht; eine Aufstockungsverpflichtung wäre nicht systemgemäß (so auch Widmann/Mayer/Mayer, Umwandlungsrecht, § 5 UmwG Rn. 24.3). Durch die Neuregelung im **Zweiten Gesetz zur Änderung des UmwG** in den §§ 54 und 68 UmwG für GmbH und AG, die erst recht bei Personengesellschaften gelten, kann aber zukünftig auf derartige formale Gestaltungen verzichtet werden.

Aus dem **BGH-Urt. v. 09.05.2005** (NZG 2005, 722, dazu Simon/Leuering, NJW-Spezial 2005, 459; **786** Heckschen, DNotZ 2007, 451; ders., DB 2008, 2122 ff.; Baßler, GmbHR 2007, 1252 ff.; Decher, Der Konzern 2005, 621 ff.) kann man m. E. aber auch für die Verschmelzung den Schluss ziehen, dass mit Zustimmung die Komplementär-GmbH i. R. d. Verschmelzung ausscheiden kann (vgl. zum **Identitätsgrundsatz** eingehend oben Teil 2 Rdn. 14 ff.). Die Entscheidung befasste sich zwar im Kern mit der Stellung von Minderheitsgesellschaftern bei Formwechsel. Der BGH scheint aber den Identitätsgrundsatz in erster Linie als Minderheitenschutzelement zu sehen: Die Gesellschafter haben das Recht Mitglieder des neuen oder bei der Verschmelzung des aufnehmenden Rechtsträgers zu werden. Umgekehrt kann man m. E. daraus folgern, dass mit deren Zustimmung der Grundsatz aufhebbar ist, also Veränderungen im Gesellschafterbestand – Zustimmung vorausgesetzt – zulässig sind. Die auf **K. Schmidt** zurückgehende These (GmbHR 1995, 693 und ZIP 1998, 181, 186), die eine Kombination des Umwandlungsrechts mit den allgemeinen Rechtsinstituten der **Anteilsübertragung** zulassen will, ist durch dieses Urteil gestützt worden.

Diese Gestaltungsfreiheit ist auch durch das Zweite Gesetz zur Änderung des UmwG bestätigt worden, **787** indem der Gesetzgeber in den §§ 54 und 68 UmwG eine Ausnahme von der sog. Anteilsgewährungspflicht durch Verzicht festlegt (vgl. BR-Drucks. 548/06, S. 27): § 54 Abs. 1 Satz 3 UmwG n. F. (für die GmbH) bzw. § 68 Abs. 1 Satz 3 UmwG n. F. (für die AG) bestimmt nunmehr, dass die Kapitalerhöhung bei der übernehmenden Kapitalgesellschaft zur Disposition **aller Anteilsinhaber des übertragenden Rechtsträgers** steht. Verzichten diese in notarieller Urkunde auf die Anteilsgewährung, darf die übernehmende Gesellschaft von der Anteilsgewährung absehen. Daraus lässt sich das **grundsätzliche Prinzip der Vertragsfreiheit** im Umwandlungsrecht ableiten: Mit Zustimmung der betroffenen Gesellschafter kann auf die Schutzvorschriften – Identitätsgrundsatz und Anteilsgewährung – verzichtet werden. Wie der BGH feststellte, haben diese Grundsätze nur Schutzcharakter ggü. den Anteilsinhabern, es sind aber keine verzichtbaren oder drittschützenden Grundsätze.

gg) Ausgestaltung der Kommanditistenstellung. Vorgaben zu der **notwendigen Ausgestaltung** **788** **der Kommanditistenstellung** ergeben sich aus dem UmwG nicht. Wie bereits dargelegt, besteht grds. eine weitgehende Gestaltungsfreiheit bei der Ausgestaltung der Mitgliedschaft bei der aufnehmenden Personenhandelsgesellschaft. Dies gilt dann auch für die Kommanditistenstellung. Es besteht insb. nicht die zwingende Verpflichtung bei der Verschmelzung von Kapitalgesellschaften auf Personengesellschaften, das bisher gebundene Stammkapital auch als Hafteinlage auszuweisen (so Heidinger/Limmer/Holland/Reul, Gutachten des DNotI, Bd. IV, Gutachten zum Umwandlungsrecht, S. 130; Lutter/H. Schmidt, UmwG, § 40 Rn. 19; Ihrig in: Semler/Stengel, § 40 UmwG Rn. 9).

789 Dennoch gilt allerdings, dass für den Kommanditisten im Verschmelzungsvertrag nicht nur sein Kapitalanteil, der das Innenverhältnis regelt, sondern auch eine **Hafteinlage bestimmt** werden muss. Dabei gilt zumindest der Grundsatz, dass das Vermögen der übertragenden Gesellschaft insoweit die festgesetzte Hafteinlage decken muss (Widmann/Mayer/Vossius, Umwandlungsrecht, § 40 UmwG Rn. 18 ff.). Eine Unterbewertung hingegen ist zulässig. Wird die Haftsumme des Kommanditisten mit einem höheren Wert festgesetzt, als es den Wert seiner Beteiligung an dem übertragenden Rechtsträger entspricht, dann ist die Einlage nicht vollständig erbracht.

790 Bei der Gewährung von Mitgliedschaften an einer Personengesellschaft an Gesellschafter oder Mitglieder einer übertragenden Gesellschaft ist allerdings zu berücksichtigen, dass grds. eine **wertentsprechende Anteilsgewährung** stattfinden hat (vgl. oben Teil 2 Rdn. 133 ff.). Die beteiligten Unternehmen sind nach allgemeinen Maßstäben zu bewerten, sodann sind entsprechende Mitgliedschaften zu gewähren. Nur wenn alle Gesellschafter zustimmen, kann von diesem verhältnismäßigen Maßstab abgewichen werden. Grds. wird daher auch ein Anspruch bestimmt, ein entsprechendes Kapitalkonto an der aufnehmenden Gesellschaft zu erhalten, das den Wert verhältnismäßig widerspiegelt.

791 **hh) Abfindungsangebot.** Zum Abfindungsangebot vgl. allgemein Teil 2 Rdn. 580 ff.

792 **(1) Voraussetzungen.** § 29 UmwG regelt **zwei Widerspruchsfälle**, in denen der Verschmelzungsvertrag ein Abfindungsangebot enthalten muss:
– Widerspruch eines Anteilsinhabers, wenn der übernehmende Rechtsträger eine andere Rechtsform als der übertragende Rechtsträger hat (§ 29 Abs. 1 Satz 1 UmwG) und
– Widerspruch bei gleicher Rechtsform, wenn die zu gewährenden Anteile Verfügungsbeschränkungen unterworfen sind (§ 29 Abs. 1 Satz 2 UmwG).

793 Eine Mischverschmelzung liegt auch vor bei Verschmelzung einer KG auf eine OHG oder umgekehrt (str., so Lutter/Grunewald, UmwG, § 29 Rn. 2; Kallmeyer/Marsch-Barner, UmwG, § 29 Rn. 4; Widmann/Mayer/Wälzholz, Umwandlungsrecht, § 29 UmwG Rn. 4; Grunewald, in: FS für Boujong, 1996, S. 176 f.; Kalss, in: Semler/Stengel, UmwG, § 29 Rn. 6; a. A. noch die Vorauflage; Goutier/Knopf/Bermel, Umwandlungsrecht, § 29 UmwG Rn. 7).

S. i. Ü. zum Abfindungsangebot allgemein oben unter Teil 2 Rdn. 580 ff.

794 Die Regelungen zum Abfindungsangebot nach **§ 29 Abs. 1 Satz 2 UmwG** sind auf Kapitalgesellschaften zugeschnitten. Bezeichnenderweise ist auch in der **Gesetzesbegründung** mit keinem Wort von Personengesellschaften die Rede (vgl. Gesetzesbegründung, abgedruckt in: Limmer, Umwandlungsrecht, S. 289).

795 Ein Abfindungsangebot ist aufzunehmen, wenn i. R. d. Beschlussfassung zur Verschmelzung **Widerspruch gegen die Verschmelzung** erklärt wird (zum Verhältnis zwischen einem Widerspruch nach § 43 Abs. 2 Satz 2 UmwG und dem Widerspruch nach § 29 Abs. 1 UmwG s. u. Rn. 732). Es ist ferner aufzunehmen, wenn ein Anteilsinhaber zu dem Widerspruch nicht in der Lage war, weil er zu Unrecht zur Versammlung nicht zugelassen wurde, die Versammlung nicht ordnungsgemäß einberufen oder die Beschlussgegenstände nicht ordnungsgemäß bekannt gemacht worden sind (§ 29 Abs. 2 UmwG). Ein Widerspruchsrecht nach § 29 Abs. 1 Satz 2 UmwG besteht, wenn der zu gewährende Anteil des übernehmenden Rechtsträgers »Verfügungsbeschränkungen unterworfen« – so der Gesetzeswortlaut – ist.

796 Da grds. nach § 40 Abs. 1 UmwG für den Verschmelzungsbeschluss bei Personengesellschaften Einstimmigkeit erforderlich ist, kann das Widerspruchsrecht nur dann relevant werden, wenn entsprechend § 40 Abs. 2 UmwG gesellschaftsvertraglich ein **Mehrheitsbeschluss** genügt.

797 Eine **Verfügungsbeschränkung** i. S. v. § 29 UmwG liegt nach allgemeiner Meinung auch dann vor, wenn auf eine Personenhandelsgesellschaft verschmolzen wird, bei der nach der gesetzlichen Regelung das HGB keine freie Verfügbarkeit besteht. Dies war vor der Neuregelung durch das Gesetz zur Änderung des UmwG aus dem Jahr 1998 (BGBl. 1998 I, S. 1878) umstritten, ist aber durch die gesetzliche

Regelung, nach der auch Verfügungsverbote kraft Gesetzes genügen, klargestellt (vgl. Lutter/Grune-wald, UmwG, § 29 Rn. 4; bereits vor der Neuregelung Widmann/Mayer/Wälzholz, Umwandlungs-recht, § 29 UmwG Rn. 17). Die überwiegende Meinung ist allerdings allgemein der Auffassung, dass ein Austrittsrecht nicht besteht bei der Verschmelzung von Gesellschaften mit absolut identischer Ausgestaltung der Verfügungsbeschränkung (Lutter/Grunewald, UmwG, § 29 Rn. 6; Kallmeyer/ Marsch-Barner, UmwG, § 29 Rn. 10; vgl. auch Reichert, GmbHR 1995, 176, 188). Ob hieraus dann der Schluss zu ziehen ist, dass bei der Verschmelzung von Personenhandelsgesellschaften, die den gesetzlichen Regelungen unterliegen, kein Abfindungsgebot erforderlich ist, erscheint allerdings fraglich (ablehnend auch Lutter/Grunewald, UmwG, § 29 Rn. 6). In der Praxis dürfte es sich aus Si-cherheitsgründen empfehlen, ein Abfindungsangebot aufzunehmen.

Fraglich ist, ob unter **Verfügungsbeschränkungen** nur **lebzeitige** oder auch **erbrechtliche** Verfügbarkeit   **798** zu verstehen sind (offengelassen auch bei Reichert, GmbHR 1995, 176, 188). Da ansonsten Ver-fügungsbeschränkungen und Vinkulierungen immer gleichgesetzt werden, dürfte eine Veränderung bzgl. der Vererblichkeit von Anteilen ebenso wenig wie Vorkaufsrechte, Options- oder Ausschlussklau-seln zu einem Widerspruchsrecht führen.

(2) **Ausgestaltung des Angebots.** Wird bei der Beschlussfassung Widerspruch gegen die Verschmel-   **799** zung nach § 29 Abs. 1 Satz 2 UmwG erklärt, muss in den Entwurf des Verschmelzungsvertrages ein Abfindungsangebot aufgenommen werden. Ist der Verschmelzungsvertrag bereits abgeschlossen, muss er entsprechend geändert werden. Zur Vermeidung zusätzlicher Kosten sollte daher tunlichst im Vorfeld geklärt werden, ob mit einem Widerspruch zu rechnen ist.

Da eine Personengesellschaft keine eigenen Anteile erwerben kann, ist dem Widersprechenden eine   **800** **Barabfindung** für den Fall anzubieten, dass er sein Ausscheiden aus der Gesellschaft erklärt (§ 29 Abs. 1 Satz 3 UmwG; vgl. oben Teil 2 Rdn. 613). Zu erklären ist der Austritt nicht etwa aus der übertragenden Gesellschaft, sondern aus der übernehmenden Gesellschaft. Das Angebot wird erst wirksam, wenn auch der Verschmelzungsvertrag i. Ü. wirksam wird, also mit der **Eintragung im Register** des übernehmen-den Rechtsträgers. Vorher kann das Angebot auch nicht angenommen werden. Zu diesem Zeitpunkt ist aber der übertragende Rechtsträger bereits untergegangen. Ein Austritt ginge also ins Leere.

Der **Widersprechende** wird somit zunächst **Mitgesellschafter der übernehmenden Gesellschaft** und   **801** scheidet erst mit seiner Austrittserklärung aus der Gesellschaft aus. Inhaltlich ist das Angebot so zu ge-stalten, dass die **Annahmeerklärung nur wirksam ist**, **wenn zugleich der Austritt erklärt wird**. Da ein Austritt nur ggü. allen Gesellschaftern erklärt werden kann, dürfte es sich weiter empfehlen, in das An-gebot eine Bevollmächtigung eines Mitgesellschafters zur Entgegennahme der Austrittserklärung für die übrigen Gesellschafter aufzunehmen.

Aufgrund des Umstandes, dass der Widersprechende zunächst Mitgesellschafter wird, ist er auch bei   **802** der Anmeldung zum **Handelsregister** der Verschmelzung aufzuführen. In der an Kapitalgesellschaften, wo sich dieses Problem nicht stellt, orientierten Gesetzesfassung ist nicht berücksichtigt, dass der Aus-tritt des Widersprechenden auch zum Handelsregister angemeldet werden muss, wenn auch der Eintra-gung nur deklaratorische Bedeutung zukommt. Denkbar wäre, das Angebot auch davon abhängig zu machen, dass der Widersprechende in öffentlich beglaubigter Form seinen Austritt zum Handelsregis-ter anmeldet. Die **Kosten der Anmeldung** wären »Übertragungskosten« i. S. d. § 29 Abs. 1 Satz 1 UmwG und daher von der übernehmenden Gesellschaft zu tragen. Andererseits ginge die Verknüpfung des Angebots mit der Anmeldung des Austritts zum Handelsregister über den Wortlaut des Gesetzes hinaus, sodass fraglich erscheint, ob das Angebot in dieser Weise abhängig gemacht werden kann.

Anzubieten ist eine **angemessene Barabfindung** (§ 29 Abs. 1 Satz 1 UmwG), wobei die Verhältnisse des   **803** übertragenden Rechtsträgers zum Zeitpunkt der Beschlussfassung über die Verschmelzung zu berück-sichtigen sind (§ 30 Abs. 1 Satz 1 UmwG). Eine bestimmte Methode für die Bewertung ist gesetzlich nicht mehr vorgegeben (vgl. Gesetzesbegründung, abgedruckt in: Limmer, Umwandlungsrecht, S. 289). Ab Bekanntmachung des Wirksamwerdens der Verschmelzung (Eintragung im Register des übernehmenden Rechtsträgers) ist die **Abfindung mit jährlich 5 Prozentpunkten über dem jeweiligen Basiszinssatz nach § 247 BGB** zu verzinsen, ohne dass die **Geltendmachung weiteren Schadens** aus-geschlossen wäre (§ 30 Abs. 1 Satz 2 UmwG i. V. m. § 15 Abs. 2 UmwG).

804 Die **Angemessenheit der Abfindung** ist durch **Verschmelzungsprüfer** zu prüfen (§ 30 Abs. 2 Satz 1 UmwG). Für ihre Bestellung, Verantwortlichkeit und den von ihnen zu erstellenden Bericht gelten die §§ 10 bis 12 UmwG entsprechend (vgl. hierzu oben Teil 2 Rdn. 580 ff.). Die Berechtigten können auf die Prüfung und/oder die Erstellung des Prüfungsberichts verzichten. Der **Verzicht** bedarf der **notariellen Beurkundung** (§ 30 Abs. 2 Satz 3 UmwG).

805 Das Angebot kann von dem Widersprechenden in einer **Ausschlussfrist von zwei Monaten** nach dem Tage der Bekanntmachung der Handelsregistereintragung der Verschmelzung beim Register des übernehmenden Rechtsträgers angenommen werden. Eine **Formbedürftigkeit** der Annahmeerklärung ergibt sich nicht aus dem UmwG. Der Widersprechende kann nach § 34 UmwG gerichtlich überprüfen lassen, ob die Abfindung angemessen und ihm ordnungsgemäß angeboten worden ist (§ 34 UmwG). In diesem Fall beträgt die Annahmefrist 2 Monate nach Bekanntmachung der Entscheidung im elektronischen Bundesanzeiger (§ 31 Satz 2 UmwG). Die **Annahmefristen** ergeben sich unmittelbar aus dem Gesetz. Sie müssen nicht zum Bestandteil des Angebots gemacht werden.

806 **(3) Weitere Rechtsfolgen.** Der Widersprechende ist **nicht verpflichtet**, das Angebot anzunehmen. Er kann statt der Annahme als Gesellschafter in dem übernehmenden Rechtsträger verbleiben.

807 § 33 UmwG eröffnet ihm darüber hinaus die Möglichkeit, seine Beteiligung am übernehmenden Rechtsträger an Dritte zu veräußern. Dabei stehen Verfügungsbeschränkungen bis zum Ablauf der in § 31 UmwG bestimmten Frist nicht entgegen. Die Bedeutung dieser gesetzlich angeordneten **Nichtgeltung von Verfügungsbeschränkungen** ist dunkel (vgl. ausführlich oben Teil 2 Rdn. 623 ff.; ebenso Reichert, GmbHR 1995, 186 ff., 189; Kallmeyer/Marsch-Barner § 33 UmwG Rn. 4 ff.).

808 Zunächst dürften bei Personengesellschaften immer **Zustimmungserfordernisse** und damit Verfügungsbeschränkungen für eine Übertragung der Beteiligten bestehen. Dies folgt aus dem personalistischen Charakter des Gesellschaftstyps. Die gesetzliche Bestimmung hat ihr Vorbild in § 375 Abs. 4 AktG a. F. Die Vorgängerregelung betraf den Fall der Verschmelzung einer AG auf eine GmbH. Bei einer solchen Verschmelzung ist es gerechtfertigt, einen Gesellschafter, der als Aktionär nicht in seiner Verfügung beschränkt war, vor etwa in der GmbH bestehenden Verfügungsbeschränkungen zu schützen. Diese **Interessenkonstellation** besteht bei einer Verschmelzung von zwei Personengesellschaften nicht. Zudem: Gemeint waren nach § 375 Abs. 4 AktG a. F. immer nur Verfügungsbeschränkungen bei der GmbH, auf die die AG verschmolzen wurde, in der Terminologie des UmwG, also des übernehmenden Rechtsträgers.

§ 33 UmwG ist durch das Gesetz zur Änderung des UmwG aus dem Jahr 1998 (BGBl. 1998 I, S. 1878, dazu Neye, ZIP 1997, 725) neu geregelt worden. Die Vorschrift stellt genauso wenig wie § 29 UmwG nicht mehr auf Verfügungsbeschränkungen aufgrund des Gesellschaftsvertrags, sondern allgemein auf Verfügungsbeschränkungen ab. Darüber hinaus regelte früher § 33 UmwG, dass Verfügungsbeschränkungen des übertragenden Rechtsträgers nicht entgegenstehen, jetzt lautet die Formulierung »bei den *beteiligten Rechtsträgern*«. Das ist sachgerecht, da eine Verfügungsbeschränkung bei einem übertragenden Rechtsträger dann keinen Sinn machte, wenn der übertragende Rechtsträger vor dem Wirksamwerden der Verschmelzung, also vor der Annahme des Abfindungsangebotes, erlischt. Jetzt ist die Vorschrift allgemein gefasst, sodass es keine Rolle spielt, ob die Verfügungsbeschränkung für die Anteile an dem übertragenden oder an den übernehmenden Rechtsträger gelten (Lutter/Grunewald, UmwG, § 33 Rn. 9).

809 Die **Bedeutung des § 33 UmwG** für Personengesellschaften ist umstritten. Einigkeit besteht, dass zum Schutze des Personenbezuges der Personengesellschaft § 33 UmwG nicht ohne Weiteres zur Übertragbarkeit von Personengesellschaftsanteile führt. Streitig ist dabei, ob bei Personengesellschaften die anderweitige Veräußerung überhaupt nicht in Betracht kommt (so Widmann/Mayer/Wälzholz, Umwandlungsrecht, § 33 UmwG Rn. 7 ff.; Goutier/Knopf/Bermel, Umwandlungsrecht, § 33 UmwG Rn. 4) oder ob eine Veräußerbarkeit dann nach § 33 UmwG gegeben ist, wenn der Gesellschaftsvertrag generell die Veräußerbarkeit vorsieht, wenn auch unter Zustimmung der übrigen Gesellschafter (so Lutter/Grunewald, UmwG, § 33 Rn. 3; Kallmeyer/Marsch-Barner, UmwG, § 33 Rn. 4).

810 Teilweise wird die Auffassung vertreten (zu § 375 AktG i. d. F. vor 1995), die Verfügungsbeschränkungen würden schon **ab dem Zeitpunkt des Verschmelzungsbeschlusses entfallen** (Grunewald, in: FS für

Boujong, 1996, S. 175 ff.; ebenso Reichert, GmbHR 1995, 176 ff., 189 in dem Bemühen, dem Gesetzeswortlaut einen Sinn zu geben). Diese Auffassung ist abzulehnen, da zu diesem Zeitpunkt noch keineswegs geklärt ist, ob die Verschmelzung wirksam wird. Nur die wirksam gewordene Verschmelzung aber rechtfertigt den Abfindungsanspruch nach § 29 UmwG.

c) Möglicher Vertragsinhalt. aa) Bedingungen, Kündigungsrechte. Zu den Möglichkeiten, das | 811
Wirksamwerden der Verschmelzung von Bedingungen abhängig zu machen, vgl. die Ausführungen oben bei Teil 2 Rdn. 70 ff.

Die **Vereinbarung aufschiebender Bedingungen** wird regelmäßig notwendig sein, um die Beschlussfas | 812
sung der erforderlichen Änderungen des Gesellschaftsvertrages des übernehmenden Rechtsträgers sicherzustellen. Dabei sind die Änderungen der Gesellschaftsverträge wiederum unter die Bedingung zu stellen, dass die Verschmelzung entsprechend den Vereinbarungen des Verschmelzungsvertrages wirksam wird.

Denkbar wäre die Aufnahme einer Bedingung auch, um ein besonderes, sich nur bei den Personengesell | 813
schaften ergebendes Problem zu lösen: Bei den **Kapitalgesellschaften** ist den Handelsregister-Eintragungen und den Registerakten zu entnehmen, welches der geltende **Gesellschaftsvertrag** ist. Gesellschaftsverträge bei Personengesellschaften und ihre Änderungen sind weder eintragungsbedürftig noch -fähig. Andererseits ist aber im UmwG nicht vorgesehen, dass die Gesellschafter der übernehmenden Gesellschaft i. R. d. Verschmelzung über den Gesellschaftsvertrag der übernehmenden Gesellschaft informiert werden oder dass hierüber irgendwelche Zusicherungen gemacht werden. Eine Möglichkeit, den Gesellschaftern der übertragenden Gesellschaft insoweit Gewissheit zu verschaffen, könnte darin bestehen, dass über die ohnehin notwendig werdenden Änderungen des Gesellschaftsvertrages hinaus eine Neufassung des Gesellschaftsvertrages mit dem dann geltenden Wortlaut zur Bedingung des Verschmelzungsvertrages gemacht wird.

bb) Änderung der Firma. Vgl. dazu Teil 5 Rdn. 1 ff. | 814

III. Verschmelzungsvertrag bei der Verschmelzung durch Neugründung

Besondere Vorschriften für eine Verschmelzung von Personengesellschaften im Wege der Neugrün | 815
dung bestehen nicht. Nach § 36 Abs. 1 UmwG finden daher die Vorschriften über die Verschmelzung durch Aufnahme entsprechende Anwendung (vgl. daher auch die vorstehenden Ausführungen Teil 2 Rdn. 14 ff.). Die bestehenden Personengesellschaften gelten dabei als übertragende Rechtsträger, die neu zu gründende Gesellschaft als übernehmender Rechtsträger.

Findet eine Verschmelzung zur Neugründung auf eine **GmbH & Co. KG** statt, so gelten die allgemei | 816
nen Vorschriften für die KG. Ist die Komplementär-GmbH bereits existent, so ergeben sich keine Besonderheiten. Ist die Komplementär-GmbH noch nicht gegründet, so besteht das Problem der Personenidentität, das oben bereits behandelt wurde (vgl. oben Teil 1 Rdn. 197). Der Gesellschaftsvertrag ist als Gegenstand des Verschmelzungsvertrages mit zu beurkunden (vgl. § 37 UmwG).

IV. Verschmelzungsbericht

Nach § 41 UmwG ist ein Verschmelzungsbericht für eine an der Verschmelzung beteiligte Personenhan | 817
delsgesellschaft **nicht erforderlich, wenn alle Gesellschafter dieser Gesellschaft zur Geschäftsführung berechtigt sind.** Der Zweck dieser Einschränkung liegt darin, dass der Verschmelzungsbericht nach § 8 UmwG der Unterrichtung der Gesellschafter dient, denen es nicht möglich ist, an der Geschäftsführung teilzunehmen und sich damit selbst über alle Vorgänge, insb. über den Wert der verschmelzungsbereiten Rechtsträger zu unterrichten. Das Gesetz geht davon aus, dass der Bericht entbehrlich ist, wenn alle Gesellschafter geschäftsführungsberechtigt sind und deshalb die Möglichkeit haben, alle Unterlagen einzusehen und bei der Vorbereitung der Verschmelzung mitzuwirken (so Begründung zum RegE, BR-Drucks. 74/95, S. 98; vgl. Limmer, Umwandlungsrecht, S. 293).

Bei der **Verschmelzung unter Beteiligung von Personenhandelsgesellschaften** ist daher der Gesell | 818
schaftsvertrag daraufhingehend zu überprüfen, ob alle Gesellschafter an der Geschäftsführung beteiligt sind oder nicht. Bei einer **OHG** kann etwa der Gesellschaftsvertrag die Geschäftsführungsbefugnis ein-

zelnen Gesellschaftern übertragen, dann sind die übrigen Gesellschafter gem. § 114 Abs. 2 HGB von der Geschäftsführung ausgeschlossen. Enthält der OHG-Gesellschaftsvertrag keine derartige Regelung, dann sind nach § 114 Abs. 1 HGB alle Gesellschafter zur Geschäftsführung berechtigt und verpflichtet, sodass dann ein Verschmelzungsbericht nicht erforderlich ist.

819 Bei der **KG** wird im Regelfall ein Verschmelzungsbericht erforderlich sein, da nach § 164 HGB die Kommanditisten nach der gesetzlichen Kompetenzverteilung von der Führung der Geschäfte ausgeschlossen sind. Nach herrschender Meinung ist allerdings diese Kompetenzverteilung des § 164 HGB auch für die KG nicht zwingend (vgl. K. Schmidt, Gesellschaftsrecht, § 53 Abs. 3 Satz 2). Der Gesellschaftsvertrag kann hiervon abweichen und den Kommanditisten Geschäftsführungsrechte verleihen (vgl. BGH, BB 1976, 526). Auch hier ist daher zu prüfen, ob alle Kommanditisten Geschäftsführungsbefugnis haben.

820 Darüber hinaus kann selbstverständlich der Bericht nach den **allgemeinen Vorschriften** entfallen, insb. wenn gem. § 8 Abs. 3 UmwG alle Anteilsinhaber in notariell beurkundeter Verzichtserklärung auf die Erstellung verzichtet haben. Es genügt m. E. allerdings, wenn nur Verzichtserklärungen der Gesellschafter vorliegen, die von der Geschäftsführung ausgeschlossen sind (so Widmann/Mayer/Vossius, Umwandlungsrecht, § 41 UmwG Rn. 13; Dauner-Lieb/Tettinger, KölnKom/UmwG § 42 Rn. 10; Kallmeyer/Kallmeyer/Kocher, § 41 UmwG Rn. 3). Nach a. A. genügt dies nicht, da das UmwG eine Kombination der Verzichtsmöglichkeit nach § 8 Abs. 3 UmwG und der Entbehrlichkeit nach § 41 UmwG nicht vorsehe (so Lutter/H. Schmitt, § 41 UmwG Rn. 6; Ihrig in: Semler/Stengel, § 41 UmwG Rn. 6).

V. Vorbereitung der Gesellschafterversammlung

821 Auch die **Unterrichtungspflicht** knüpft an die Frage der Geschäftsführungsbefugnis an. Nach § 42 UmwG ist der Verschmelzungsvertrag oder sein Entwurf und ggf. der Verschmelzungsbericht den Gesellschaftern, die von der Geschäftsführung ausgeschlossen sind, spätestens zusammen mit der Einberufung der Gesellschafterversammlung zu übersenden.

822 Diese Vorschrift konkretisiert das kraft Gesetz bestehende **Kontrollrecht** der von der Geschäftsführung ausgeschlossenen Gesellschafter einer OHG (§ 118 HGB). Für die Kommanditisten einer KG wird durch diese Vorschrift für die Fusion ein selbstständiges Auskunftsrecht geschaffen, da nach § 166 Abs. 2 HGB das Kontrollrecht dem von der Geschäftsführung angeschlossenen Gesellschafter nicht einem Kommanditisten zusteht. Die **Regierungsbegründung** weist darauf hin, dass hierdurch die Stellung der Kommanditisten gestärkt und ihnen eine Grundlage für ihre Entscheidung gegeben wird (vgl. BR-Drucks. 75/94, S. 98; abgedruckt in: Limmer, Umwandlungsrecht, S. 293).

823 Da es im Recht der Personengesellschaften für die **Einberufung der Gesellschafterversammlung** keine gesetzliche Frist gibt, sieht auch das Umwandlungsrecht davon ab, eine bestimmte Frist für die Übersendung der Verschmelzungsunterlagen vorzuschreiben. Die Übersendungspflicht ist allerdings an die Einberufung gekoppelt, sodass der späteste Zeitpunkt der der Einberufung ist. Hierdurch wird erreicht, dass gesellschaftsvertragliche Einberufungsfristen auch für die Unterrichtungspflicht Geltung erlangen.

824 Da nach § 13 UmwG die Verschmelzung nur in einer Gesellschafterversammlung beschlossen werden kann, gilt, auch wenn der Gesellschaftsvertrag hierzu keine Regelungen enthält, dass sie einberufen werden muss. Zwar sehen das Gesetz und die Rechtsprechung **keine ausdrücklichen Formalien und Fristen** vor. Es besteht allerdings Einigkeit, dass Ort, Zeit und Art der Vorbereitung der Versammlung es allen Teilnehmern ermöglichen müssen, an der Versammlung teilzunehmen. Die Literatur geht daher davon aus, dass die Ladung der Gesellschafterversammlung mit ausreichender Frist und Ankündigung der Verhandlungsgegenstände erfolgen muss (vgl. Baumbach/Hopt, HGB, § 119 Anm. 3b; Heymann/Emmerich, HGB, § 119 Rn. 8). Hierbei ist insb. zu beachten, dass Beschlüsse, die auf Gesellschafterversammlungen gefasst werden, zu denen nicht ordnungsgemäß alle Gesellschafter geladen worden sind, grds. nichtig sind, außer wenn ihnen alle Gesellschafter tatsächlich zustimmen (vgl. Heymann/Emmerich, HGB, § 119 Rn. 8). Etwas anderes gilt für Publikumsgesellschaften, wenn eindeutig feststeht, dass der Beschluss nicht auf diesem Mangel beruht (vgl. BGH, WM 1987, 425; 1987, 927).

Im Gesetz nicht geregelt ist die Frage, ob, wenn an sich eine **Unterrichtungspflicht** besteht, die **Gesell- 825 schafter darauf verzichten** können. Die Literatur weist zu Recht darauf hin, dass dies aus § 8 Abs. 3 UmwG zumindest für den Verschmelzungsbericht folgt, aber auch für den Verschmelzungsvertrag(-vertragsentwurf) aus allgemeinen Grundsätzen gelten muss (vgl. Widmann/Mayer/Vossius, Umwandlungsrecht, § 42 UmwG Rn. 18 ff.; Lutter/H. Schmidt, UmwG, § 42 Rn. 3; Ihrig in: Semler/Stengel, § 42 UmwG Rn. 14). Umstritten ist, ob es der notariellen Form für diesen Verzicht bedarf: Z. T. wird angenommen, dass es genügt, wenn der betreffende Gesellschafter in der Gesellschafterversammlung erscheint und die Verletzung der Informationsrechte nicht rügt (Widmann/Mayer/Vossius, Umwandlungsrecht, § 42 UmwG Rn. 20). Z. T. wird die notarielle Form gefordert (Dauner-Lieb/Tettinger in: KölnKom/UmwG § 42, Rn. 14). In der Literatur wird im Hinblick auf die Amtsermittlung durch das Handelsregister empfohlen, den Verzicht bzw. eine Empfangsbestätigung aller nicht geschäftsführenden Gesellschafter in das notarielle Versammlungsprotokoll beim Verschmelzungsbeschluss aufzunehmen (Widmann/Mayer/Vossius, Umwandlungsrecht, § 42 UmwG Rn. 21; Kallmeyer/Kallmeyer/Kocher, UmwG, § 42 Rn. 7; Ihrig in: Semler/Stengel, § 42 UmwG Rn. 14).

Der Nachweis der Übersendung der Verschmelzungsunterlagen nach § 42 UmwG ist nicht vom Han- 826 delsrecht zu prüfen (Lutter/Schmidt, UmwG, § 42 Rn. 11).

VI. Verschmelzungsbeschluss

1. Gesellschafterversammlung. Im Recht der **Personengesellschaften** sind **Beschlüsse grds. form- 827 frei.** Beschlüsse können daher in einer Gesellschafterversammlung, aber auch außerhalb, etwa schriftlich oder gar konkludent, gefasst werden (vgl. Baumbach/Hopt, HGB, § 119 Anm. 3; Schlegelberger/ Martens, HGB, § 119 Rn. 5). Etwas anderes gilt, wenn der Gesellschaftsvertrag die Beschlussfassung in einer Gesellschafterversammlung vorschreibt.

Für die Verschmelzung von Personengesellschaften gilt allerdings auch § 13 Abs. 1 Satz 2 UmwG, der 828 bestimmt, dass der Verschmelzungsbeschluss **nur in einer Gesellschafterversammlung** gefasst werden kann. Man muss daher davon ausgehen, dass diese Vorschrift auch für die Personengesellschaft zwingend ist, sodass eine andere Form der Beschlussfassung auch nicht satzungsmäßig vorgesehen werden kann.

2. Durchführung der Gesellschafterversammlung. Bzgl. der Durchführung der Gesellschafterver- 829 sammlung sieht das UmwG **keine Besonderheiten** vor, sodass das allgemeine Recht gilt. Auch das HGB sieht für die Durchführung einer Gesellschafterversammlung keine Förmlichkeiten vor.

Unklar ist, welchen Pflichten **geschäftsführende Gesellschafter** den nichtgeschäftsführenden ggü. im 830 Hinblick auf den Verschmelzungsbericht unterliegen. Anders als etwa in § 64 Abs. 2 UmwG für die AG ist für Personengesellschaften keine besondere Auskunftspflicht den nichtgeschäftsführungsberechtigten Gesellschaftern ggü. vorgesehen. Auch die allgemeinen Vorschriften regeln eine solche besondere **Auskunftspflicht** nicht. Für die OHG dürfte eine derartige Erläuterungspflicht direkt aus § 118 HGB folgen. Auch Kommanditisten haben nach herrschender Meinung über das gesetzlich geregelten Einsichtsrecht nach § 166 Abs. 1 HGB hinausgehend einen Anspruch gegen die geschäftsführenden Gesellschafter auf sachlich gebotene ergänzende Auskünfte (vgl. Heymann/Horn, HGB, § 166 Rn. 11). Das Gleiche muss auch für die Verschmelzung gelten und folgt wohl aus der allgemeinen Unterrichtungspflicht nach § 42 UmwG. Man wird die Vorschrift wohl dahin gehend erweitern müssen, dass die von Geschäftsführung ausgeschlossenen Gesellschafter auch Anspruch auf ergänzende Auskünfte und Erläuterungen des Verschmelzungsvertrages und des Verschmelzungsberichts innerhalb der Gesellschafterversammlung haben.

3. Beschluss. Im Recht der Personengesellschaften besteht der Grundsatz, dass das Stimmrecht 831 höchstpersönlich ist, sodass es grds. nicht durch Vertreter ausgeübt werden kann, sofern nicht der Gesellschaftsvertrag oder im Einzelfall die Gesellschafter eine Vertretung zulassen (vgl. Heymann/Emmerich, HGB, § 119 Rn. 14; Baumbach/Hopt, § 119 HGB Rn. 20; BGHZ 65, 93, 99).

Ist im Einzelfall eine rechtsgeschäftliche **Vertretung** zulässig, so bedarf die Vollmacht bei einer Ver- 832 schmelzung zur Neugründung einer Kapitalgesellschaft zumindest der notariellen Beglaubigung (§ 23

Abs. 1 Satz 2 AktG, § 2 Abs. 2 GmbHG). Darüber hinaus ist in der Literatur umstritten, inwieweit die Vollmacht in anderen Fällen, etwa bei der Verschmelzung zur Aufnahme **notarieller Beglaubigung** bedarf.

In der Literatur ist umstritten, ob in allen Fällen wegen § 13 Abs. 3 UmwG zumindest die **notarielle Beglaubigung** erforderlich ist (so Widmann/Mayer/Heckschen, Umwandlungsrecht, § 13 UmwG Rn. 106 ff.; a. A. Kallmeyer/Zimmermann, UmwG, § 13 Rn. 13; Lutter/Decher, UmwG, § 13 Rn. 9; § 193 Rn. 4; vgl. eingehend zur Vertretung bei Umwandlungsfällen Heidinger/Blath, Die Vertretung im Umwandlungsrecht, in: FS für Spiegelberger, 2009, S. 692 ff.). Zumindest bei der Neugründung ergibt sich i. d. R. aus den Vorschriften für die Gründung eine spezifische Form, so verlangt § 2 Abs. 2 GmbHG die notarielle Beglaubigung einer Vollmacht bei der Verschmelzung zur Neugründung (so Widmann/Mayer/Heckschen, Umwandlungsrecht, § 13 UmwG Rn. 106; Stratz, in: Schmitt/Hörtnagl/Stratz, § 13 UmwG Rn. 24). Nach a. A. gilt dieses Formvorschrift nicht für den Verschmelzungsbeschluss zur Neugründung (Lutter/Drygala, § 13 UmwG Rn. 9; Kallmeyer/Zimmermann, UmwG, § 13 Rn. 13). Generell muss man aber vom Grundsatz des § 167 BGB ausgehen, sodass keine Formvorschrift gilt, wenn nicht Spezialgesetze etwas anderes fordern.

833 **a) Einstimmigkeit.** § 43 Abs. 1 UmwG bestimmt, dass der Verschmelzungsbeschluss der Gesellschafterversammlung bei einer Personengesellschaft sowohl der Zustimmung aller anwesenden Gesellschafter als auch der Zustimmung der nicht erschienenen Gesellschafter bedarf. Ebenso wie das HGB geht auch das UmwG vom **Einstimmigkeitsprinzip als Regel** aus. Die Begründung zum RegE weist darüber hinaus darauf hin, dass für eine übertragende Personengesellschaft dies der Regel bei der Auflösung entspreche, für eine übernehmende Gesellschaft sei die Einstimmigkeit erforderlich, weil deren Gesellschafter nunmehr auch für die Verbindlichkeiten des übertragenden Rechtsträgers haften oder doch stark davon betroffen seien. Überdies sei die Einstimmigkeit insb. in einer konzernverbundenen Personengesellschaft das wirksamste, oft auch das einzige wirksame Mittel zum Schutz der Minderheitsgesellschafter (vgl. BR-Drucks. 74/95, S. 98; abgedruckt in: Limmer, Umwandlungsrecht, S. 293).

834 Hieraus folgt insb., dass jeder Gesellschafter, also nicht nur die auf der Gesellschafterversammlung anwesenden Gesellschafter ihre **Zustimmung erklären** müssen. Auch Krankheit und sonstige Abwesenheitsgründe befreien ebenso wenig von diesem Grundsatz der Einstimmigkeit wie Gefahr im Verzug (so Schlegelberger/Mertens, HGB, § 119 Rn. 14). **Beschlussberechtigt** sind alle Gesellschafter, auch Kommanditisten (OLG Zweibrücken, OLGZ 75, 402). Die Zustimmung kann auch außerhalb der Gesellschafterversammlung erteilt werden, auch später (vgl. Stratz, in: Schmitt/Hörtnagl/Stratz, § 43 UmwG Rn. 6; H. Schmidt, in: Lutter, Kölner Umwandlungsrechtstage, S. 78; Kallmeyer/Zimmerman, § 43 UmwG Rn. 7; Widmann/Mayer/Vossius, Umwandlungsrecht, § 43 UmwG Rn. 52 f.; 62 f.; Lutter/H. Schmidt, UmwG, § 43 Rn. 10; Ihrig in: Semler/Stengel, § 42 UmwG Rn. 23 ff.). Die Zustimmungserklärung muss notariell beurkundet sein (§ 13 Abs. 3 UmwG).

835 ▶ **Hinweis:**

Zu beachten ist allerdings, dass nach der herrschenden Meinung in bestimmten Fällen die Gesellschafter aufgrund ihrer **Treuepflicht** verpflichtet sein können, einem Beschluss zuzustimmen. Ob diese **Zustimmungspflicht** allerdings soweit reicht, dass einer Verschmelzung zugestimmt werden muss, bleibt fraglich (vgl. allgemein Heymann/Emmerich, HGB, § 119 Rn. 16 ff.; Schlegelberger/Martens, HGB, § 119 Rn. 43 ff.; zur Verschmelzung Widmann/Mayer/Vossius, Umwandlungsrecht, § 43 UmwG Rn. 65 ff.).

836 **b) Mehrheitsbeschluss.** § 43 Abs. 2 UmwG bestimmt, dass der **Gesellschaftsvertrag** eine Mehrheitsentscheidung der Gesellschafter vorsehen kann. Die Mehrheit muss mindestens 3/4 der Stimmen der Gesellschafter betragen.

837 Erforderlich ist danach eine **Bestimmung des Gesellschaftsvertrages**, die den Fall der Verschmelzung regelt. Nicht ausreichend sein dürfte, wenn der Gesellschaftsvertrag allgemein für die Auflösung die Mehrheitsentscheidung vorsieht, erforderlich ist, dass der Fall der Verschmelzung ausdrücklich genannt wird (so ausdrücklich Begründung zum RegE, BR-Drucks. 75/94, S. 98; abgedruckt in:

Limmer, Umwandlungsrecht, S. 293; ebenso Kallmeyer/Zimmermann, UmwG, § 43 Rn. 8; Widmann/Mayer/Vossius, Umwandlungsrecht, § 43 UmwG Rn. 114; Stratz, in: Schmitt/Hörtnagl/Stratz, § 43 UmwG Rn. 9). Der **Bestimmtheitsgrundsatz** im Recht der Personengesellschaften verlangt, dass die Einführung des Mehrheitsgrundsatzes nur zulässig ist, wenn die der Mehrheitsentscheidungen unterliegenden Entscheidungsgegenstände im Gesellschaftsvertrag klar bezeichnet sind und auch von der Minderheit eine antizipierte Zustimmung erfahren haben (Staub/Ulmer, HGB, § 119 Rn. 34 ff.; Baumbach/Hopt, HGB, § 119, Rn. 37 f.; Holler, DB 2008, 2067 ff.; Priester, DStR 2008, 1386 ff.; Giedinghagen/Fahl, DStR 2007, 1965 ff.; Schmidt, ZGR 2008, 1 ff.; Bohlken/Sprenger, DB 2010, 263 ff.). Weiter entwickelt wird diese Lehre durch die sog. **Kernbereichslehre**, die bestimmt, dass Mehrheitsentscheidungen nicht in unentziehbare Mitgliedschaftsrechte oder ihn gleichstehende Vertragsgrundlagen eingreifen dürfen (BGH, NJW 1996, 1678 ff.). Im sog. Otto-Urt. v. 15.01.2008 (BGHZ 170, 283 = NJW 2007, 1685 = ZIP 2007, 475; dazu K. Schmidt, ZGR 2008, 1 ff.; Haar, NZG 2007, 601; Wertenbruch, ZIP 2007, 798; fortgeführt von BGH, DB 2008, 2017) hat der BGH grundlegend entschieden, dass eine die Abweichung vom personengesellschaftsrechtlichen Einstimmigkeitsprinzip legitimierende Mehrheitsklausel dem Bestimmtheitsgrundsatz entsprechen muss. Dieser verlange nicht eine Auflistung der betroffenen Beschlussgegenstände, Grund und Tragweite der Legitimation für Mehrheitsentscheidungen können sich vielmehr auch durch Auslegung des Gesellschaftsvertrages ergeben. Ob der konkrete Mehrheitsbeschluss wirksam getroffen worden sei, sei auf einer zweiten Stufe zu prüfen. Es genüge, wenn sich aus dem Gesellschaftsvertrag – sei es auch durch dessen Auslegung – eindeutig ergebe, dass der infrage stehende Beschlussgegenstand einer Mehrheitsentscheidung unterworfen sein solle. Ohnehin reiche die Eindeutigkeit einer vertraglichen Regelung – und selbst eine ausdrückliche Spezifizierung im Gesellschaftsvertrag – nicht in allen Fällen aus, um eine Mehrheitsentscheidung zu legitimieren. Diese unterliege vielmehr auf einer zweiten Stufe einer inhaltlichen Wirksamkeitsprüfung. Im Urteil vom 21.10.2014 hat der BGH allerdings eine Entschärfung des Bestimmtheitsgrundsatzes unter Beibehaltung der Kernbereichslehre im Otto-Urteil vorgenommen (DStR 2014, 2403 = NJW 2015, 859 = DNotZ 2015, 65; vgl. Wertenbruch DB 2014, 2640; Schäfer; NZG 2014, 1401): Dem früheren Bestimmtheitsgrundsatz kommt nach der Entscheidung für die formelle Legitimation einer Mehrheitsentscheidung keine Bedeutung mehr zu. Er sei bei der Auslegung auch nicht in Gestalt einer Auslegungsregel des Inhalts zu berücksichtigen, dass eine allgemeine Mehrheitsklausel restriktiv auszulegen sei oder sie jedenfalls dann, wenn sie außerhalb eines konkreten Anlasses vereinbart wurde, Beschlussgegenstände, die die Grundlagen der Gesellschaft betreffen oder ungewöhnliche Geschäfte beinhalten, regelmäßig nicht erfasse. Den neuen Kriterien ist jedenfalls hinreichend Rechnung getragen, wenn sich der Gesellschaftsvertrag allgemein auf Umwandlungen oder Umstrukturierungen bezieht, spezielle Angaben wie »Verschmelzungen« oder »Spaltungen« sind für den Mehrheitsgrundsatz nicht erforderlich (Widmann/Mayer/Vossius, Umwandlungsrecht, § 43 UmwG Rn. 114; Lutter/H. Schmidt, UmwG, § 43 Rn. 14 f.;Kallmeyer/Zimmermann, UmwG, § 43 Rn. 9; Stratz, in: Schmitt/Hörtnagl/Stratz, § 43 UmwG Rn. 9). Es besteht Einigkeit, dass bei **Publikumspersonengesellschaften** die Anforderungen an die Zulässigkeit von Mehrheitsklauseln geringer sind; der BGH wendet den Bestimmtheitsgrundsatz in diesen Fällen nicht an (BGHZ 71, 53, 58; BGHZ 85, 351, 358). Die Literatur schränkt daher auch § 43 Abs. 2 Satz 2 UmwG dahin gehend ein, dass es bei Publikumsgesellschaften genügt, wenn generell ein Mehrheitsbeschluss zugelassen wird, ohne dass Umwandlungen ausdrücklich genannt werden (Lutter/Schmidt, UmwG, § 43 Rn. 16; Kallmeyer/Zimmermann, UmwG, § 43 Rn. 9).

▶ **Hinweis:**   838

  Zu beachten ist allerdings, dass auch bei der Publikumsgesellschaft die vertraglich vorgesehene Mehrheit mindestens 3/4 der Stimmen der Gesellschafter beträgt. Der Vertrag kann also keine geringere Mehrheit vorsehen. Es spricht einiges dafür, Mehrheitsklauseln, die dagegen verstoßen, zumindest insofern aufrechtzuerhalten, dass in ihnen zumindest eine 3/4 Mehrheit enthalten ist (so Kallmeyer/Zimmermann, UmwG, § 43 Rn. 10).

Wenn der Gesellschaftsvertrag das Mehrheitsprinzip eingeführt hat, sollte er i. d. R. auch die Fragen der **839** Feststellung der jeweils erforderlichen Mehrheit regeln. In der Regelung der Förmlichkeiten dieser Gesellschafterversammlung ist allerdings der Gesellschaftsvertrag frei, auch wenn sich i. d. R. eine möglichst enge Anlehnung an die Vorschriften für die AG empfiehlt (vgl. Heymann/Emmerich, HGB, § 119 Rn. 6).

840 Die Begründung zum RegE weist für die Feststellung der notwendigen Mehrheit darauf hin, dass es entsprechend der Vertragspraxis bei Personenhandelsgesellschaften auf die Zahl der Stimmen, nicht auf die Zahl der Gesellschafter ankomme (RegE, BT-Drucks. 75/94, S. 98; abgedruckt in: Limmer, Umwandlungsrecht, S. 293).

841 Unklar war, auf welche Weise die **3/4-Mehrheit** nach § 43 Abs. 2 UmwG erreicht werden muss. Müssen 3/4 der Stimmen aller Gesellschafter erreicht werden, oder genügt die 3/4-Mehrheit der auf der Gesellschafterversammlung anwesenden Gesellschafter? Die gesetzliche Regelung bestimmt, dass bei **Mehrheitsklauseln** auf die 3/4-Mehrheit der bei der Beschlussfassung in der Gesellschafterversammlung **abgegebenen Stimmen** abzustellen ist (vgl. Ihrig in: Semler/Stengel, § 43 UmwG Rn. 28; Lutter/H. Schmidt, UmwG, § 43 Rn. 13; Schmidt, in: Lutter, Kölner Umwandlungsrechtstage, S. 79; Widmann/Mayer/Vossius, Umwandlungsrecht, § 43 UmwG Rn. 129; Kallmeyer/Zimmermann, UmwG, § 43 Rn. 13; vgl. auch Priester, DNotZ 1995, 440). Stimmenthaltungen werden bei der Errechnung nicht mitgezählt.

842 Sofern für die Formalitäten des Ablaufs der Gesellschafterversammlung im Gesellschaftsvertrag keine besonderen Regelungen vorgesehen sind, gelten die Regularien entsprechend dem Leitbild einer aktienrechtlichen Hauptversammlung, soweit diese passen (so Schlegelberger/Martens, HGB, § 119 Rn. 6; Nitschke, Personengesellschaft, S. 197 ff.).

843 ▶ **Hinweis:**

I. d. R. empfiehlt es sich, die Zweifelsregelung des § 119 Abs. 2 HGB im Gesellschaftsvertrag so zu regeln, dass sich die **Mehrheit nach Anteilen am festen Kapital** bestimmt und ein bestimmter Kapitalanteil eine bestimmte Stimme beinhaltet.

844 **4. Widerspruchsrecht.** § 43 Abs. 2 Satz 2 UmwG sieht ein Widerspruchsrecht für den Fall vor, dass ein **Gesellschafter einer übertragenden Gesellschaft** für die Verbindlichkeiten **persönlich unbeschränkt haftet.** In diesem Fall ist ihm in der übernehmenden oder neuen Personenhandelsgesellschaft die Stellung eines Kommanditisten zu gewähren. Das Gleiche gilt für einen Gesellschafter der übernehmenden Personengesellschaft, der für deren Verbindlichkeit persönlich unbeschränkt haftet, wenn er der Verschmelzung widerspricht. Der Gesetzgeber will hiermit verhindern, dass ein bisher schon persönlich unbeschränkt haftender Gesellschafter, der bei einer Mehrheitsentscheidung überstimmt wird, gezwungen würde, für die Verbindlichkeiten der übernehmenden Gesellschaft weiterhin persönlich unbeschränkt zu haften. Deshalb muss ihm die Stellung des nur beschränkt haftenden Kommanditisten eingeräumt werden. Dies kann für die Aufnahme einer OHG, KG oder KGaA durch eine OHG oder KG Bedeutung erlangen. Wegen der vergleichbaren Risiken soll diese Regelung auch zugunsten der unbeschränkt haftenden Gesellschafter der übernehmenden Personenhandelsgesellschaft gelten.

845 Da neben dem Widerspruchsrecht nach § 43 Abs. 2 Satz 2 UmwG auch die Widerspruchsmöglichkeiten nach § 29 Abs. 1 UmwG besteht, muss der widersprechende Gesellschafter deutlich machen – auch ggü. dem Notar – **auf welche Vorschrift er sich beruft.** Der **Widerspruch** ist den vertretungsberechtigten Gesellschaftern oder dem Leiter der Versammlung gegenüber zu erklären (Ihrig in: Semler/Stengel, § 43 UmwG Rn. 38; Kallmeyer/Zimmermann, § 43 UmwG Rn. 25; Lutter/H. Schmidt, UmwG, § 43 Rn. 18). Der Widerspruch bedarf keiner **Form.** Ist er allerdings bei der Gesellschafterversammlung anwesend, so hat er den Widerspruch zum Protokoll der Versammlung zu erklären; ist er nicht anwesend, so hat er den Widerspruch unverzüglich zu erklären, sobald er vom Verschmelzungsbeschluss Kenntnis erlangt (Widmann/Mayer/Vossius, Umwandlungsrecht, § 43 UmwG Rn. 135; Kallmeyer/Zimmermann, UmwG, § 43 Rn. 26; Lutter/H. Schmidt, § 43 UmwG Rn. 17; Ihrig, in: Semler/Stengel § 43 UmwG Rn. 39). Streitig ist, ob der Widerspruch im Protokoll wiederzugeben ist (ablehnend Ihrig in: Semler/Stengel, § 43 UmwG Rn. 38; Kallmeyer/Zimmermann, § 43 UmwG Rn. 25; a. A. Widmann/Mayer/Vossius, Umwandlungsrecht, § 43 UmwG Rn. 135).

Der Widerspruch hat nur **interne Wirkung**, muss daher nicht dem Registergericht nachgewiesen werden und bedarf auch keiner Form (Kallmeyer/Zimmermann, UmwG, § 43 Rn. 27, a. A. allerdings KölnKom/Dauner-Lieb/Tettinger § 43 UmwG Rn. 50: Nichtigkeit bzw. Anfechtbarkeit des Beschlusses). Der Widerspruch nach § 43 Abs. 2 UmwG begründet kein Abfindungs- und Austrittsrecht, sondern nur einen Anspruch auf Änderung des Verschmelzungsvertrages bzw. die Verschmelzung in der vorgesehen Form unterbleibt (Widmann/Mayer/Vossius, Umwandlungsrecht, § 43 UmwG Rn. 141; Kallmeyer/Zimmermann, UmwG, § 43 Rn. 27; Lutter/H. Schmidt, § 43 UmwG Rn. 19; Ihrig, in: Semler/Stengel § 43 UmwG Rn. 41). In der Praxis empfiehlt es sich, wenn unklar ist, ob ein Gesellschafter vom Widerspruchsrecht Gebrauch macht, im Verschmelzungsvertrag die Beteiligung alternativ zu regeln. Fehlt es an einer derartigen Alternativregelung, so muss bei einem bereits beurkundeten Verschmelzungsvertrag eine Nachtragsbeurkundung mit anschließender erneuter Beschlussfassung stattfinden (Widmann/Mayer/Vossius, Umwandlungsrecht, § 43 UmwG Rn. 143; wohl auch Kallmeyer/Zimmermann, UmwG, § 43 Rn. 27). In der Praxis dürfte sich daher bei Unsicherheit empfehlen, den Verschmelzungsvertrag alternativ auszugestalten.

5. Zustimmungspflichten. a) Allgemeine Zustimmungspflicht nach § 13 Abs. 2 UmwG. Es **846** ist die allgemeine Zustimmungspflicht nach § 13 Abs. 2 UmwG zu beachten. Ist eine **Mehrheitsentscheidung** vorgesehen, kann dennoch eine Zustimmungspflicht nach § 13 Abs. 2 UmwG bestehen. Die Vorschrift bestimmt, dass, wenn die Abtretung der Anteile einer übertragenden Gesellschaft von der Genehmigung bestimmter einzelner Gesellschafter abhängig ist, der Verschmelzungsbeschluss bei dieser Gesellschaft zu seiner Wirksamkeit der Zustimmung dieser Gesellschafter bedarf (vgl. hierzu oben Teil 2 Rdn. 588 ff.). Diese Vinkulierungsregelung schützt Sonderrechtsinhaber, sodass die Vorschrift in jedem Fall anwendbar ist, wenn der Gesellschaftsvertrag für die Anteilsübertragung die Zustimmung bestimmter einzelner, im Gesellschaftsvertrag bestimmter Gesellschafter verlangt (Reichert, GmbHR 1995, 179; Schöne, GmbHR 1995, 331; Lutter/H. Schmidt, UmwG, § 43 Rn. 23). Lässt der Gesellschaftsvertrag einer Personenhandelsgesellschaft die Verschmelzung mit Mehrheitsbeschluss zu, trifft aber keine Regelung zur Anteilsübertragung, so wäre an sich die Zustimmung aller Gesellschafter für die Anteilsübertragung erforderlich. Dennoch ist die Literatur zu Recht der Auffassung, dass es sich in diesem Fall nicht um ein Sonderrecht i. S. d. § 13 Abs. 2 UmwG handelt, sodass es keiner Zustimmung der übrigen Gesellschafter bedarf (Lutter/H. Schmidt, UmwG, § 43 Rn. 23; Widmann/Mayer/Heckschen, Umwandlungsrecht, § 13 UmwG Rn. 173; Kallmeyer/Zimmermann, UmwG, § 43 Rn. 32). Enthält der Gesellschaftsvertrag eine Mehrheitsklausel und verlangt ausdrücklich zur Übertragung der Anteile die Zustimmung aller übrigen Gesellschafter, so ist die Zustimmung nach § 13 Abs. 2 UmwG erforderlich (Lutter/H. Schmidt, UmwG, § 43 Rn. 24; Reichert, GmbHR 1995, 180; a. A. Schöne, GmbHR 1995, 332).

b) Erstmalige Übernahme der persönlichen Haftung (§ 40 Abs. 2 UmwG). Sieht der Verschmel- **847** zungsvertrag vor, dass bisher nur beschränkt haftende Gesellschafter nach der Verschmelzung unbeschränkt haften, müssen die betroffenen Gesellschafter dem Verschmelzungsbeschluss des übertragenden Rechtsträgers nach § 40 Abs. 2 UmwG zustimmen. Die Vorschrift gilt nicht nur bei der Verschmelzung einer KG, sondern auch, wenn die Gesellschafter im Rahmen einer Kapitalgesellschaft überhaupt nicht unbeschränkt haften und in der neuen Gesellschaft eine persönliche Haftung übernehmen sollen. In der übertragenden Gesellschaft beschränkt haftenden Gesellschaftern muss daher bei der Verschmelzung auf eine Personengesellschaft entweder die Stellung eines Kommanditisten gewährt werden oder diese müssen zustimmen (Kallmeyer/Marsch-Barner, UmwG, § 40 Rn. 11; Stratz, in: Schmitt/Hörtnagl/Stratz, § 40 UmwG Rn. 8). Dies sollte bereits bei der Gestaltung des Verschmelzungsvertrages berücksichtigt werden. Nach überwiegender Meinung ist die Zustimmungserklärung nach § 13 Abs. 3 Satz 1 UmwG notariell – als Willenserklärung – zu beurkunden (Widmann/Mayer/Vossius, Umwandlungsrecht, § 40 UmwG Rn. 50; Kallmeyer/Marsch-Barner, UmwG, § 40 Rn. 11; Stratz, in: Schmitt/Hörtnagl/Stratz, § 40 UmwG Rn. 8). Umstritten ist, ob sie konkludent erteilt wird, wenn der Gesellschafter dem Verschmelzungsvertrag zustimmt (so Lutter/H. Schmidt, UmwG, § 48 Rn. 8; Priester DStR 2005, 790; Stratz, in: Schmitt/Hörtnagl/Stratz, § 40 UmwG Rn. 8; ablehnend zu Recht Widmann/Mayer/Vossius, Umwandlungsrecht, § 40 UmwG Rn. 50; Kallmeyer/Marsch-Barner, UmwG, § 40 Rn. 11).

848 c) **Weitere Zustimmungspflichten bei Mischverschmelzung.** Handelt es sich um eine Mischverschmelzung, so sind die **spezifischen Zustimmungspflichten** für die einzelnen Rechtsträger zu beachten, etwa bei der GmbH § 51 UmwG (vgl. im Einzelnen oben Teil 2 Rdn. 496 ff.).

849 **6. Notarielle Beurkundung der Gesellschafterversammlung.** Da bei allen Gesellschaften die allgemeinen Vorschriften der §§ 2 ff. UmwG gelten, ist auch § 13 Abs. 3 UmwG anzuwenden, sodass der Verschmelzungsbeschluss der Personengesellschafter und auch evtl. erforderliche Zustimmungserklärungen **notariell beurkundet** werden müssen (vgl. hierzu oben Teil 2 Rdn. 496 ff.).

VII. Verschmelzungsprüfung

850 Eine Verschmelzungsprüfung ist im Recht der Personengesellschaft nach § 44 UmwG **nur in zwei Fällen erforderlich:** Zum einen ist eine Verschmelzungsprüfung erforderlich, wenn der Gesellschaftsvertrag eine **Mehrheitsentscheidung** vorsieht und **ein Gesellschafter die Verschmelzungsprüfung verlangt.** Darüber hinaus ist allerdings auch § 30 Abs. 2 UmwG zu beachten, danach ist eine Verschmelzungsprüfung auch im Recht der Personengesellschaften immer erforderlich, wenn der Verschmelzungsvertrag ein **Barabfindungsangebot** entsprechend § 29 UmwG enthält. Die Angemessenheit der anzubietenden Barabfindung ist stets durch Verschmelzungsprüfer zu prüfen (§ 30 Abs. 2 UmwG), also auch bei Personengesellschaften.

851 Die Verschmelzungsprüfung bei Mehrheitsentscheidung und Verlangen soll eventuelle **Informationsdefizite** der Minderheitsgesellschafter **ausgleichen.** Der Gesetzgeber geht davon aus, dass mit § 44 UmwG die Information der Minderheitsgesellschafter in diesen Fällen verbessert werden soll: Jeder Gesellschafter soll die Möglichkeit haben, die Verschmelzung und insb. das Umtauschverhältnis der Anteile durch unabhängige Sachverständige prüfen zu lassen. Diese Möglichkeit soll insb. die Kommanditisten einer Publikums-KG schützen, weil diese auf das Schicksal ihres Rechtsträgers i. d. R. keinen Einfluss nehmen können (vgl. Begründung zum RegE, BT-Drucks. 75/94, S. 98; abgedruckt in: Limmer, Umwandlungsrecht, S. 293 f.).

852 Unklar war, welche **Frist für das Verlangen des Minderheitsgesellschafters** besteht. Da eine gesetzliche Frist fehlte, wurde davon ausgegangen, dass das Verlangen der Mitglieder zeitlich vor oder sogar noch während der Mitgliederversammlung gestellt werden kann (Widmann/Mayer/Vossius, Umwandlungsrecht, § 44 UmwG Rn. 16; Kallmeyer/Müller, UmwG § 44 Rn. 8; Stratz, in: Schmitt/Hörtnagl/Stratz, § 40 UmwG Rn. 8). Teilweise wurde das Verlangen einer Verschmelzungsprüfung auch nach Fassung bzw. Wirksamwerden des Verschmelzungsbeschlusses für zulässig erachtet (Widmann/Mayer/Mayer, Umwandlungsrecht, § 44 UmwG Rn. 17). Ebenfalls unklar war, ob eine **Fristsetzung** möglich ist. Dies war wohl aus allgemeinen Grundsätzen zu bejahen (so H. Schmidt, in: Lutter, Kölner Umwandlungsrechtstage, S. 76; Lutter/H. Schmidt, UmwG, § 44 Rn. 8; Goutier/Knopf/Bermel, Umwandlungsrecht, § 44 UmwG Rn. 8). Diese Problematik ist allerdings durch das **Zweite Gesetz zur Änderung des UmwG** bei GmbH und Personengesellschaft und Partnerschaftsgesellschaft, nicht aber bei Vereinen, insofern entschärft worden, als das **Prüfungsverlangen innerhalb einer Frist von einer Woche gestellt werden muss**, nachdem die Unterlagen zur Einberufung der Versammlung empfangen wurden (§ 44 UmwG).

VIII. Handelsregisteranmeldung

853 Vgl. zunächst die Ausführungen zu Teil 2 Rdn. 624 ff. Im Folgenden soll nur auf **Besonderheiten** eingegangen werden.

854 **Anzumelden** ist die Verschmelzung für beide Rechtsträger. Darüber hinaus ist der mit der Verschmelzung verbundene Eintritt der Gesellschafter der übertragenden Personengesellschaft anzumelden, bei Kommanditisten unter Angabe ihrer Haftsumme. **Anmeldeberechtigt** sind nur die Vertretungsorgane der beteiligten Rechtsträger (§ 16 Abs. 1 UmwG), mehrere in vertretungsberechtigter Zahl; dies gilt entgegen § 108 HGB auch für die OHG (Kallmeyer/Zimmermann, UmwG, § 16 Rn. 4). Ist an der Verschmelzung eine KG beteiligt, können daher abweichend von § 108 Abs. 1 HGB die Kommanditisten bei der Anmeldung nicht mitwirken (Goutier/Knopf/Bermel, Umwandlungsrecht, § 16 UmwG Rn. 9; Widmann/Mayer/Mayer, Umwandlungsrecht, § 16 UmwG Rn. 9.1.1).

Abzugeben sind die **Negativerklärungen** nach § 16 Abs. 2 Satz 1 UmwG. 855

Für eine geänderte Firmierung des übernehmenden Rechtsträgers und für die Firma einer durch Ver- 856
schmelzung neugegründeten Personenhandelsgesellschaft ist § 18 UmwG zu beachten (s. dazu Teil 5
Rdn. 1 ff.).

IX. Muster

1. Verschmelzung von OHG zur Aufnahme. a) Verschmelzungsvertrag von zwei OHG zur
Aufnahme ohne Abfindungsangebot

▸ **Muster: Verschmelzungsvertrag von zwei OHG zur Aufnahme ohne Abfindungs-** 857
angebot

UR.Nr. für . . . . .

Verhandelt zu . . . . .

am . . . . .

Vor dem unterzeichnenden

. . . . .

Notar mit dem Amtssitz in . . . . .

erschienen:

1. Herr (Name, Geburtsdatum Adresse), hier handelnd als persönlich haftender Gesellschafter der
   B-OHG mit dem Sitz in . . . . ., eingetragen im Handelsregister des Amtsgerichts . . . . . unter HRA
   . . . . .,
2. Frau (Name, Geburtsdatum Adresse), handelnd als persönlich haftende Gesellschafterin der
   A-OHG mit dem Sitz in . . . . ., eingetragen im Handelsregister des Amtsgerichts . . . . . unter HRA.
   . . . . .

Die Erschienenen wiesen sich dem Notar gegenüber aus durch Vorlage ihrer amtlichen Lichtbildausweise.

Die Erschienenen ließen sich folgenden

Verschmelzungsvertrag

beurkunden und erklärten, handelnd wie angegeben:

I. Vermögensübertragung

Die A-OHG überträgt ihr Vermögen als Ganzes mit allen Rechten und Pflichten unter Ausschluss der
Abwicklung auf die B-OHG im Wege der Verschmelzung durch Aufnahme. Zum Ausgleich räumt die
B-OHG den Gesellschaftern der A-OHG Beteiligungen an der B-OHG ein.

II. Gegenleistung

1. Die B-OHG räumt den Gesellschaftern der A-OHG als Gegenleistung für die Übertragung des Vermögens die Stellung als persönlich haftende Gesellschafter mit folgenden Beteiligungen an der
B-OHG ein:
a) dem Gesellschafter X einen festen Kapitalanteil i. H. v. . . . . . €,
b) dem Gesellschafter Y einen festen Kapitalanteil i. H. v. . . . . . €,

Die Beteiligungen werden kostenfrei und mit Gewinnberechtigung ab . . . . . gewährt.

2. Die Kapitalanteile der bisherigen Gesellschafter der B-OHG bleiben unverändert.

3. Alle Gesellschafter der A-OHG werden persönlich haftende Gesellschafter der B-OHG.

4. Das Umtauschverhältnis der Beteiligungen beträgt . . . . .

III. Bilanzstichtag

Der Verschmelzung wird die mit dem uneingeschränkten Bestätigungsvermerk des Wirtschaftsprüfers . . . . . in . . . . . versehene Bilanz der A-OHG zum . . . . . als Schlussbilanz zugrunde gelegt.

IV. Verschmelzungsstichtag

Die Übernahme des Vermögens der A-OHG erfolgt im Innenverhältnis mit Wirkung zum Ablauf des 31.12..... Vom 01.01..... an gelten alle Handlungen und Geschäfte der A-OHG als für Rechnung der B-OHG vorgenommen.

V. Besondere Rechte

Besondere Rechte i. S. v. § 5 Abs. 1 Nr. 7 UmwG bestehen bei der B-OHG nicht. Einzelnen Anteilsinhabern werden i. R. d. Verschmelzung keine besonderen Rechte gewährt.

VI. Besondere Vorteile

Besondere Vorteile i. S. v. § 5 Abs. 1 Nr. 8 UmwG werden weder einem Mitglied eines Vertretungs- oder Aufsichtsorgans, noch dem Abschlussprüfer oder dem Verschmelzungsprüfer gewährt.

VII. Folgen der Verschmelzung für Arbeitnehmer und ihrer Vertretungen

Für die Arbeitnehmer der A-OHG ergeben sich aus der Verschmelzung folgende Auswirkungen: .....

Für die Arbeitnehmer der B-OHG ergeben sich aus der Verschmelzung folgende Auswirkungen: .....

Bei beiden Gesellschaften existiert ein Betriebsrat. Insoweit ergeben sich aus der Verschmelzung folgende Auswirkungen: .....

Folgende Maßnahmen sind vorgesehen: .....

VIII. Änderung der Firma

Die Firma der B-OHG wird geändert in:

»A & B-OHG«

IX. Bedingungen

Der Verschmelzungsvertrag steht unter der aufschiebenden Bedingung, dass
a) die formgerechten Zustimmungsbeschlüsse der Gesellschafterversammlungen beider Gesellschaften bis zum ..... vorliegen,
b) die Gesellschafterversammlung der B-OHG i. R. d. Zustimmungsbeschlusses die Neufassung des Gesellschaftsvertrages in der Fassung, wie er sich aus der Anlage zu dieser Urkunde ergibt, beschließt, wobei der Beschluss unter der Bedingung des Wirksamwerdens der Verschmelzung bis zum ..... erfolgen kann.

X. Kosten

Die durch diesen Vertrag und seine Durchführung bei beiden Gesellschaften entstehenden Kosten trägt B-OHG. Sollte die Verschmelzung nicht wirksam werden, tragen die Kosten dieses Vertrages die Gesellschaften zu gleichen Teilen, alle übrigen Kosten die jeweils betroffene Gesellschaft allein.

Diese Niederschrift nebst der Anlage wurde den Erschienenen vom Notar vorgelesen, von ihnen genehmigt und von ihnen und dem Notar eigenhändig, wie folgt, unterschrieben:

.....

b) Verschmelzungsvertrag von zwei OHG zur Aufnahme mit Abfindungsangebot

858 ▶ **Muster: Verschmelzungsvertrag von zwei OHG zur Aufnahme mit Abfindungsangebot**

UR.Nr. für .....

Verhandelt zu .....

am .....

Vor dem unterzeichnenden

.....

Notar mit dem Amtssitz in .....

erschienen:
1. Herr (Name, Geburtsdatum Adresse), hier handelnd als persönlich haftender Gesellschafter der B-OHG mit dem Sitz in ....., eingetragen im Handelsregister des Amtsgerichts ..... unter HRA .....,

2. Frau (Name, Geburtsdatum Adresse), handelnd als persönlich haftende Gesellschafterin der A-OHG mit dem Sitz in . . . . ., eingetragen im Handelsregister des Amtsgerichts . . . . . unter HRA

. . . . .

Die Erschienenen wiesen sich dem Notar gegenüber aus durch Vorlage ihrer amtlichen Lichtbildausweise.

Die Erschienenen ließen folgenden

Verschmelzungsvertrag

beurkunden und erklärten, handelnd wie angegeben:

I. Vermögensübertragung

Die A-OHG überträgt ihr Vermögen als Ganzes mit allen Rechten und Pflichten unter Ausschluss der Abwicklung auf die B-OHG im Wege der Verschmelzung durch Aufnahme. Zum Ausgleich räumt die B-OHG den Gesellschaftern der A-OHG Beteiligungen an der B-OHG ein.

II. Gegenleistung

1. Die B-OHG räumt den Gesellschaftern der A-OHG als Gegenleistung für die Übertragung des Vermögens als persönlich haftende Gesellschafter mit folgenden Beteiligungen an der B-OHG ein:
a) dem Gesellschafter X einen festen Kapitalanteil i. H.v . . . . . €,
b) dem Gesellschafter Y einen festen Kapitalanteil i. H.v . . . . . €,
c) dem Gesellschafter Z einen festen Kapitalanteil i. H.v . . . . . €. Die Beteiligungen werden kostenfrei und mit Gewinnberechtigung ab . . . . . gewährt.

2. Die Kapitalanteile der bisherigen Gesellschafter der B-OHG bleiben unverändert.

3. Alle Gesellschafter der A-OHG werden persönlich haftende Gesellschafter der B-OHG.

4. Das Umtauschverhältnis der Beteiligungen beträgt . . . . .

III. Bilanzstichtag

Der Verschmelzung wird die mit dem uneingeschränkten Bestätigungsvermerk des Wirtschaftsprüfers . . . . . in . . . . . versehene Bilanz der A-OHG zum 31.12. . . . . . als Schlussbilanz zugrunde gelegt.

IV. Verschmelzungsstichtag

Die Übernahme des Vermögens der A-OHG erfolgt im Innenverhältnis mit Wirkung zum Ablauf des 31.12. . . . . . Vom 01.01. . . . . . an gelten alle Handlungen und Geschäfte der A-OHG als für Rechnung der B-OHG vorgenommen.

V. Besondere Rechte

Besondere Rechte i. S. v. § 5 Abs. 1 Nr. 7 UmwG bestehen bei der B-OHG nicht. Einzelnen Anteilsinhabern werden i. R. d. Verschmelzung keine besonderen Rechte gewährt.

VI. Besondere Vorteile

Besondere Vorteile i. S. v. § 5 Abs. 1 Nr. 8 UmwG werden weder einem Mitglied eines Vertretungs- oder Aufsichtsorgans, noch dem Abschlussprüfer oder dem Verschmelzungsprüfer gewährt.

VII. Folgen der Verschmelzung für Arbeitnehmer und ihrer Vertretungen

Für die Arbeitnehmer der A-OHG ergeben sich aus der Verschmelzung folgende Auswirkungen: . . . . .

Für die Arbeitnehmer der B-OHG ergeben sich aus der Verschmelzung folgende Auswirkungen: . . . . .

Bei beiden Gesellschaften existiert ein Betriebsrat. Insoweit ergeben sich aus der Verschmelzung folgende Auswirkungen: . . . . .

Folgende Maßnahmen sind vorgesehen: . . . . .

VIII. Abfindungsangebot

Für den Fall, dass ein Gesellschafter bei der Beschlussfassung der A-OHG gemäß § 29 Abs. 1 Satz 2 UmwG seinen Widerspruch gegen Verschmelzung zur Niederschrift erklärt, macht die B-OHG ihm schon jetzt folgendes Abfindungsangebot:
– Die B-OHG verpflichtet sich, an Herrn X einen Barbetrag i. H. v. € . . . . . zu zahlen, sofern Herr X seinen Austritt aus der B-OHG erklärt.

– Die B-OHG verpflichtet sich, an Herrn Y einen Barbetrag i. H. v. €. . . . . . zu zahlen, sofern Herr Y seinen Austritt aus der B-OHG erklärt.
– Die B-OHG verpflichtet sich, an Herrn Z einen Barbetrag i. H. v. €. . . . . zu zahlen, sofern Herr Z seinen Austritt aus der B-OHG erklärt.

Die Kosten der Übertragung trägt die aufnehmende Gesellschaft.

IX. Änderung der Firma

Die Firma der B-OHG wird geändert in:

»A & B-OHG«

X. Bedingungen

Der Verschmelzungsvertrag steht unter der aufschiebenden Bedingung, dass
a) die formgerechten Zustimmungsbeschlüsse der Gesellschafterversammlungen beider Gesellschaften bis zum . . . . . vorliegen,
b) die Gesellschafterversammlung der B-OHG i. R. d. Zustimmungsbeschlusses die Neufassung des Gesellschaftervertrages in der Fassung, wie er sich aus der Anlage zu dieser Urkunde ergibt, beschließt, wobei der Beschluss unter der Bedingung des Wirksamwerdens der Verschmelzung bis zum . . . . . erfolgen kann.

XI. Kosten

Die durch diesen Vertrag und seine Durchführung bei beiden Gesellschaften entstehenden Kosten trägt die B-OHG. Sollte die Verschmelzung nicht wirksam werden, tragen die Kosten dieses Vertrages die Gesellschaften zu gleichen Teilen, alle übrigen Kosten die jeweils betroffene Gesellschaft allein.

Diese Niederschrift nebst der Anlage wurde den Erschienenen vom Notar vorgelesen, von ihnen genehmigt und von ihnen und dem Notar eigenhändig, wie folgt, unterschrieben:

. . . . .

c) Einberufung der Gesellschafterversammlung einer OHG

859 ▸ **Muster: Einberufung der Gesellschafterversammlung einer OHG**

A-OHG

Geschäftsführung

An Herrn

. . . . .

Einladung zur Gesellschafterversammlung

Wir laden unsere Gesellschafter zu einer außerordentlichen Gesellschafterversammlung unserer Gesellschaft

am . . . . ., den . . . . ., 9.00 Uhr

in . . . . .

ein.

Tagesordnung:

1. Zustimmung zum Verschmelzungsvertrag zwischen der A-OHG als übertragende Gesellschaft und der B-OHG als aufnehmende Gesellschaft. Der Verschmelzungsvertrag wurde am . . . . . geschlossen und ist in beglaubigter Abschrift dieser Einladung beigefügt.

2. Da nach dem Gesellschaftsvertrag unserer Gesellschaft die Verschmelzung durch Mehrheitsentscheidung beschlossen werden kann, darf ich Sie bitten, der Geschäftsführung bis zum . . . . . mitzuteilen, ob sie eine Verschmelzungsprüfung gemäß § 44 UmwG wünschen. Die Kosten dieser Prüfung würde die Gesellschaft tragen. Wird kein fristgemäßer Antrag auf Prüfung gestellt, unterbleibt diese.

3. Änderung des Gesellschaftsvertrages § 1 (Firma), § 3 (Einlage).

Der Inhalt des Beschlusses ist in der Anlage beigefügt.

Mit freundlichen Grüßen

. . . . .

Anlagen:
– Verschmelzungsvertrag vom .....
– Jahresbilanz vom .....
– Verschmelzungsbeschluss und Änderungsbeschluss des Gesellschaftsvertrages

d) Zustimmungsbeschluss bei der übernehmenden Gesellschaft (B-OHG) bei Verschmelzung zur Aufnahme, Verzichtserklärungen

▶ **Muster: Zustimmungsbeschluss bei der übernehmenden Gesellschaft (B-OHG) bei** 860 **Verschmelzung zur Aufnahme, Verzichtserklärungen**

Niederschrift über eine Gesellschafterversammlung

Heute, den ....., erschienen vor mir, dem unterzeichnenden Notar ....., mit Amtssitz in ....., an der Amtsstelle in .....:
1. Herr A, Kaufmann, wohnhaft in .....,
2. Herr B, Kaufmann, wohnhaft in .....,
3. Herr C, Kaufmann, wohnhaft in .....

Die Beteiligten sind mir, dem Notar, persönlich bekannt.

Auf Antrag beurkunde ich den vor mir abgegebenen Erklärungen gemäß Folgendes:

A. Sachstand

Die Erschienenen erklären: Wir sind Gesellschafter der B-OHG, eingetragen im Handelsregister des Amtsgerichts X-Stadt unter .....

Die Kapitalanteile verteilen sich unter die Gesellschafter wie folgt:
– A: ..... €,
– B: ..... €,
– C: ..... €

B. Gesellschafterversammlung

Die Erschienenen erklärten: Wir sind die alleinigen Gesellschafter der B-OHG mit Sitz in ....., unter Verzicht auf alle durch Gesetz oder Gesellschaftsvertrag vorgeschriebenen Formen und Fristen halten wir hiermit eine Gesellschafterversammlung der B-OHG ab und beschließen einstimmig, was folgt:

I. Verschmelzung

Dem Verschmelzungsvertrag zwischen der A-OHG und der B-OHG – Urkunde des Notars ....., in ....., vom ....., UR.-Nr. ...... – wird mit allen Stimmen vorbehaltlos zugestimmt. Er ist der Niederschrift als Anlage beigefügt.

II. Änderung des Gesellschaftsvertrages der B-OHG:

§ 1
Firma

Die Firma wird geändert in A & B-OHG.

§ 3
Einlagen

An der Gesellschaft sind die Gesellschafter wie folgt beteiligt:
– A mit einem Kapitalanteil von ..... €,
– B mit einem Kapitalanteil von ..... €,
– C mit einem Kapitalanteil von ..... €,
– X mit einem Kapitalanteil von ..... €,
– Y mit einem Kapitalanteil von ..... €,
– Z mit einem Kapitalanteil von ..... €.

Die Gesellschafter A, B und C hatten ihre Kapitalanteile durch Bareinlagen bei Abschluss des Gesellschaftsvertrages der B-OHG erbracht. Die Gesellschafter X, Y, Z haben aufgrund Verschmelzungsvertrag vom ..... das bisher von der A-OHG betriebene Unternehmen in die B-OHG im Wege der Verschmelzung eingebracht. Der Einbringung wurde die Bilanz zum ..... zugrunde gelegt. Der Einlagewert ist das in der Jahresbilanz vom 31.12...... ausgewiesene Eigenkapital des eingebrachten Unternehmens. Hieran sind die Gesellschafter entsprechend ihrer Einlageleistung beteiligt gewesen. Eine Auflösung stiller Reserven oder ein Ansatz des Geschäftswertes erfolgte nicht.

Der beurkundende Notar wies die Gesellschafter darauf hin, dass jeder von Ihnen die Erteilung einer Abschrift der Niederschrift über diese Gesellschafterversammlung und des Verschmelzungsvertrages verlangen kann. Die Kosten einschließlich der Durchführung dieses Beschlusses trägt die übernehmende Gesellschaft als Aufwand.

C. Verzichtserklärungen

Die Erschienen erklären weiter zu Protokoll folgende Erklärungen: Alle Gesellschafter verzichten, soweit erforderlich,
– auf Prüfung der Verschmelzung und Erstellung eines Verschmelzungsprüfungsberichts,
– auf Erstattung eines Verschmelzungsberichts,
– Anfechtung dieses Zustimmungsbeschlusses.

Der Notar hat über die Bedeutung dieser Verzichte belehrt.

Vorgelesen vom Notar, von den Erschienenen genehmigt und eigenhändig unterschrieben.

. . . . .

e) Zustimmungsbeschluss der übertragenden Gesellschaft (A-OHG) bei Verschmelzung zur Aufnahme, Verzichtserklärungen

861 ▸ **Muster: Zustimmungsbeschluss der übertragenden Gesellschaft (A-OHG) bei Verschmelzung zur Aufnahme, Verzichtserklärungen**

Niederschrift über eine Gesellschafterversammlung

Heute, den . . . . ,erschienen vor mir, dem unterzeichnenden Notar . . . . ., mit Amtssitz in . . . . ., an der Amtsstelle in . . . . .:
1. Herr X, Kaufmann, wohnhaft in . . . . .,
2. Herr Y, Kaufmann, wohnhaft in . . . . .,
3. Herr Z, Kaufmann, wohnhaft in . . . . .

Die Beteiligten sind mir, Notar . . . . . persönlich bekannt.

Auf Antrag beurkunde ich den vor mir abgegebenen Erklärungen gemäß Folgendes:

A. Sachstand

Die Erschienenen erklären: Wir sind Gesellschafter der A-OHG, eingetragen im Handelsregister des Amtsgerichts X-Stadt unter HRA . . . . . Gesellschafter dieser Gesellschaft sind nach Angabe
– Herr X mit einem Kapitalanteil von . . . . . €,
– Herr Y mit einem Kapitalanteil von . . . . . €,
– Herr Z mit einem Kapitalanteil von . . . . . €

B. Gesellschafterversammlung

Die vorgenannten Gesellschafter halten eine Gesellschafterversammlung der vorgenannten Gesellschaft unter Verzicht auf alle Frist- und Formvorschriften ab und stellen fest, dass die Gesellschafterversammlung als Vollversammlung beschlussfähig ist.

Die Gesellschaft beschließt mit allen Stimmen Folgendes:

Dem Verschmelzungsvertrag zwischen der A-OHG und der B-OHG mit Sitz in . . . . . vom . . . . ., UR.-Nr.: . . . . . des amtierenden Notars wird mit allen Stimmen vorbehaltlos zugestimmt.

Der Verschmelzungsvertrag ist dieser Urkunde als Anlage beigefügt.

C. Verzichtserklärungen

Die Erschienenen erklären weiter zu Protokoll folgende Erklärungen:

Alle Gesellschafter verzichten, soweit erforderlich,
– auf Prüfung der Verschmelzung und Erstellung eines Verschmelzungsprüfungsberichts,
– auf Erstattung eines Verschmelzungsberichts,
– Anfechtung dieses Zustimmungsbeschlusses.

Der Notar hat über die Bedeutung dieser Verzichte belehrt.

D. Sonstiges

Die Kosten dieser Urkunde trägt die Gesellschaft.

Vorgelesen vom Notar, von den Erschienenen eigenhändig genehmigt und unterschrieben.

.....

f) Anmeldung für die übertragende Personenhandelsgesellschaft (A-OHG) bei Verschmelzung zur Aufnahme

▶ **Muster: Handelsregisteranmeldung für übertragende Personenhandelsgesellschaft** 862
(A-OHG) bei Verschmelzung zur Aufnahme

An das

Amtsgericht

– Handelsregister A –

durch elektronische Übermittlung

Betrifft: HRA . . . . . – A-OHG

Wir, die unterzeichnenden Gesellschafter der A-OHG, überreichen in der Anlage:
1. elektronisch beglaubigte Abschrift des Verschmelzungsvertrages vom . . . . . – UR.Nr. . . . . . des beglaubigenden Notars –,
2. elektronisch beglaubigte Abschrift des Zustimmungsbeschlusses der Gesellschafter der A-OHG
   vom . . . . . – UR.Nr. . . . . . des beglaubigenden Notars –, samt Verzichtserklärungen aller Gesellschafter auf Erstellung eines Verschmelzungsberichts, Durchführung einer Verschmelzungsprüfung und
   Erstellung eines Verschmelzungsprüfungsberichts sowie Anfechtung des Zustimmungsbeschlusses,
3. elektronisch beglaubigte Abschrift des Zustimmungsbeschlusses der Gesellschafter der B-OHG
   vom . . . . . – UR.Nr. . . . . . des beglaubigenden Notars –, samt Verzichtserklärungen aller Gesellschafter auf Erstellung eines Verschmelzungsberichts, Durchführung einer Verschmelzungsprüfung und
   Erstellung eines Verschmelzungsprüfungsberichts sowie Anfechtung des Zustimmungsbeschlusses – UR.Nr. . . . . . des beglaubigenden Notars –,
4. elektronisch beglaubigte Abschrift der festgestellten Schlussbilanz der A-OHG zum Verschmelzungsstichtag,
5. elektronisch beglaubigte Abschrift des Nachweises über die rechtzeitige Zuleitung zum Betriebsrat,

und melden zur Eintragung in das Handelsregister an:

Die A-OHG ist auf die B-OHG als übernehmende Gesellschaft im Wege der Verschmelzung durch Aufnahme verschmolzen.

Wir erklären, dass weder der Verschmelzungsbeschluss der Gesellschafter der A-OHG noch der Verschmelzungsbeschluss der Gesellschafter der B-OHG angefochten worden ist.

ggf. weitere Angaben (z. B. Geschäftsanschrift usw.)

. . . . ., den . . . . .

(Beglaubigungsvermerk)

g) Anmeldung für die übernehmende Personenhandelsgesellschaft (B-OHG) bei Verschmelzung zur Aufnahme

▶ **Muster: Handelsregisteranmeldung für übernehmende Personenhandelsgesell-** 863
schaft (B-OHG) bei Verschmelzung zur Aufnahme

An das

Amtsgericht

– Handelsregister A –

durch elektronische Übermittlung

Betrifft: HRA. . . . . . – B-OHG

In der Anlage überreichen wir, die unterzeichnenden Gesellschafter der B-OHG:

1. elektronisch beglaubigte Abschrift des Verschmelzungsvertrages, vom . . . . . – UR.Nr. . . . . . des beglaubigenden Notars –,
2. elektronisch beglaubigte Abschrift des Zustimmungsbeschlusses der Gesellschafter der A-OHG vom . . . . . – UR.Nr. . . . . . des beglaubigenden Notars –, samt Verzichtserklärungen aller Gesellschafter auf Erstellung eines Verschmelzungsberichts, Durchführung einer Verschmelzungsprüfung und Erstellung eines Verschmelzungsprüfungsberichts sowie Anfechtung des Zustimmungsbeschlusses,
3. elektronisch beglaubigte Abschrift des Zustimmungsbeschlusses der Gesellschafter der B-OHG vom . . . . . – UR.Nr. . . . . . des beglaubigenden Notars –, samt Verzichtserklärungen aller Gesellschafter auf Erstellung eines Verschmelzungsberichts, Durchführung einer Verschmelzungsprüfung und Erstellung eines Verschmelzungsprüfungsberichts sowie Anfechtung des Zustimmungsbeschlusses. – UR.Nr. . . . . . des beglaubigenden Notars –,
4. elektronisch beglaubigte Abschrift des Nachweises über die rechtzeitige Zuleitung zum Betriebsrat

und melden zur Eintragung in das Handelsregister an:
1. Die A-OHG ist im Wege der Verschmelzung auf die B-OHG verschmolzen.
2. Die Gesellschafter der A-OHG, nämlich
   a) (Name, Vorname), (Geburtsdatum), (Wohnort),
   b) (Name, Vorname), (Geburtsdatum), (Wohnort),
   sind i. R. d. Verschmelzung als neue persönlich haftende Gesellschafter in die B-OHG eingetreten. Jeder der neuen Gesellschafter ist berechtigt, die Gesellschaft einzeln zu vertreten (konkrete Verfügungsbefugnis).
3. Die Firma der Gesellschaft ist geändert in

A & B-OHG

Die inländische Geschäftsanschrift und die Geschäftsräume befinden sich unverändert in (Ort, Straße).

Wir erklären weiter, dass weder der Verschmelzungsbeschluss der Gesellschafter der A-OHG noch der Verschmelzungsbeschluss der B-OHG angefochten worden ist.

ggf. weitere Angaben (z. B. Geschäftsanschrift usw.)

. . . . ., den . . . . .

(Beglaubigungsvermerk)

2. Verschmelzung von zwei OHG bei Neugründung einer OHG. a) Verschmelzungsvertrag

864 ▶ Muster: Verschmelzungsvertrag bei Verschmelzung von zwei OHG bei Neugründung einer OHG

UR.Nr. für . . . . .

Verhandelt zu . . . . .

am . . . . .

Vor dem unterzeichnenden

. . . . .

Notar mit dem Amtssitz in . . . . .

erschienen:
1. Herr (Name, Geburtsdatum Adresse),

hier handelnd als persönlich haftender Gesellschafter der B-OHG mit dem Sitz in . . . . ., eingetragen im Handelsregister des Amtsgerichts . . . . . unter HRA . . . . .,
2. Frau (Name, Geburtsdatum Adresse),

handelnd als persönlich haftende Gesellschafterin der A-OHG mit dem Sitz in . . . . ., eingetragen im Handelsregister des Amtsgerichts . . . . . unter HRA. . . . . .

Die Erschienenen wiesen sich dem Notar gegenüber aus durch Vorlage ihrer amtlichen Lichtbildausweise.

Die Erschienenen ließen folgenden

Verschmelzungsvertrag

beurkunden und erklärten, handelnd wie angegeben:

I. Vermögensübertragung

Die B-OHG und die A-OHG übertragen ihr Vermögen als Ganzes mit allen Rechten und Pflichten unter Ausschluss der Abwicklung auf die neu zu gründende A & B-OHG mit dem Sitz in ..... im Wege der Verschmelzung durch Neugründung. Zum Ausgleich räumt die neu zu gründende A & B-OHG den Gesellschaftern der B-OHG und der A-OHG Beteiligungen an der A & B-OHG ein.

II. Gegenleistung

1. Alleinige persönlich haftende Gesellschafter der A & B-OHG werden die bisherigen Gesellschafter der übertragenden Gesellschaften, und zwar:
a) der Gesellschafter T mit einem festen Kapitalanteil i. H. v. ..... €,
b) der Gesellschafter X mit einem festen Kapitalanteil i. H. v. ..... €,
c) der Gesellschafter Y mit einem festen Kapitalanteil i. H. v. ..... €,
d) der Gesellschafter Z mit einem festen Kapitalanteil i. H. v. ..... €.

Die Beteiligungen werden kostenfrei und mit Gewinnberechtigung ab ..... gewährt.

2. Alle Gesellschafter der A-OHG werden persönlich haftende Gesellschafter der A & B-OHG.

3. Das Umtauschverhältnis der Beteiligungen beträgt .....

III. Bilanzstichtag

Der Verschmelzung wird die mit dem uneingeschränkten Bestätigungsvermerk des Wirtschaftsprüfers ..... in ..... versehene Bilanzen der B-OHG und der A-OHG zum ..... als Schlussbilanz zugrunde gelegt.

IV. Verschmelzungsstichtag

Die Übernahme des Vermögens der beiden Gesellschaften erfolgt im Innenverhältnis mit Wirkung zum Ablauf des ..... Vom ..... an gelten alle Handlungen und Geschäfte B-OHG und der A-OHG als für Rechnung der A & B-OHG vorgenommen.

V. Besondere Rechte

Besondere Rechte i. S. v. § 5 Abs. 1 Nr. 7 UmwG bestehen bei der A & B-OHG nicht. Einzelnen Anteilsinhabern werden i. R. d. Verschmelzung keine besonderen Rechte gewährt.

VI. Besondere Vorteile

Besondere Vorteile i. S. v. § 5 Abs. 1 Nr. 8 UmwG werden weder einem Mitglied eines Vertretungs- oder Aufsichtsorgans, noch dem Abschlussprüfer oder dem Verschmelzungsprüfer gewährt.

VII. Folgen der Verschmelzung für Arbeitnehmer und ihrer Vertretungen

Für die Arbeitnehmer der A-OHG ergeben sich aus der Verschmelzung folgende Auswirkungen: .....

Für die Arbeitnehmer der B-OHG ergeben sich aus der Verschmelzung folgende Auswirkungen: .....

Bei beiden Gesellschaften existiert ein Betriebsrat. Insoweit ergeben sich aus der Verschmelzung folgende Auswirkungen: .....

Folgende Maßnahmen sind vorgesehen: .....

VIII. Bedingungen

Der Verschmelzungsvertrag steht unter der aufschiebenden Bedingung, dass die formgerechten Zustimmungsbeschlüsse der Gesellschafterversammlungen beider Gesellschaften bis zum ..... vorliegen.
IX. Kosten

Die durch diesen Vertrag und seine Durchführung bei beiden Gesellschaften entstehenden Kosten trägt die A & B-OHG. Sollte die Verschmelzung nicht wirksam werden, tragen die Kosten dieses Vertrages die Gesellschaften zu gleichen Teilen, alle übrigen Kosten die jeweils betroffene Gesellschaft allein.

X. Gesellschaftsvertrag

Die hier vertretenen Gesellschaften, handelnd gemäß § 36 Abs. 2 Satz 2 UmwG für die Gründer der neu zu errichtenden A & B-OHG mit dem Sitz in ....., stellen vorbehaltlich der Zustimmungsbeschlüsse der vertretenen Gesellschaften für die A & B-OHG den als Anlage zu dieser Niederschrift genommenen Gesellschaftsvertrag fest.

Diese Niederschrift nebst der Anlage wurde den Erschienenen vom Notar vorgelesen, von ihnen genehmigt und von ihnen und dem Notar eigenhändig, wie folgt, unterschrieben:

. . . . .

b) Anmeldung für eine übertragende Personenhandelsgesellschaft bei Verschmelzung zur Neugründung

865 ▶ **Muster: Handelsregisteranmeldung für eine übertragende Personenhandelsgesellschaft, Verschmelzung zur Neugründung**

An das

Amtsgericht

– Handelsregister A –

durch elektronische Übermittlung

Betrifft: HRA . . . . . B-OHG

Wir, die unterzeichnenden Gesellschafter der B-OHG, überreichen in der Anlage:
1. elektronisch beglaubigte Abschrift des Verschmelzungsvertrages, vom . . . . . – UR.Nr. . . . . . des beglaubigenden Notars –,
2. elektronisch beglaubigte Abschrift des Zustimmungsbeschlusses der Gesellschafter der A-OHG vom . . . . . – UR.Nr. . . . . . des beglaubigenden Notars –, samt Verzichtserklärungen aller Gesellschafter auf Erstellung eines Verschmelzungsberichts, Durchführung einer Verschmelzungsprüfung und Erstellung eines Verschmelzungsprüfungsberichts sowie Anfechtung des Zustimmungsbeschlusses,
3. elektronisch beglaubigte Abschrift des Zustimmungsbeschlusses der Gesellschafter der B-OHG vom . . . . . – UR.Nr. . . . . . des beglaubigenden Notars –, samt Verzichtserklärungen aller Gesellschafter auf Erstellung eines Verschmelzungsberichts, Durchführung einer Verschmelzungsprüfung und Erstellung eines Verschmelzungsprüfungsberichts sowie Anfechtung des Zustimmungsbeschlusses. – UR.-Nr. . . . . . des beglaubigenden Notars –,
4. elektronisch beglaubigte Abschrift des Nachweises über die rechtzeitige Zuleitung zum Betriebsrat,
5. elektronisch beglaubigte Abschrift der Schlussbilanz der B-KG zum Verschmelzungsstichtag

und melden zur Eintragung in das Handelsregister an:

Die B-OHG ist im Wege der Verschmelzung durch Neugründung auf die neu gegründete A & B-OHG mit dem Sitz in . . . . . verschmolzen.

Wir erklären, dass der Verschmelzungsbeschluss der Gesellschafter der B-OHG nicht angefochten worden ist.

(ggf. weitere Angaben, z. B. Geschäftsanschrift usw.)

. . . . ., den . . . . .

(Beglaubigungsvermerk)

c) Anmeldung für die neu gegründete Personenhandelsgesellschaft bei Verschmelzung zur Neugründung

866 ▶ **Muster: Handelsregisteranmeldung für die neu gegründete Personenhandelsgesellschaft bei Verschmelzung zur Neugründung**

An das

Amtsgericht

– Handelsregister A –

durch elektronische Übermittlung

Betrifft: Neugründung der A & B-OHG

In der Anlage überreichen wir, die unterzeichnenden Gesellschafter der A-OHG – HRA . . . . . des dortigen Amtsgerichts – und der B-OHG – HRA . . . . . des dortigen Amtsgerichts –:
1. elektronisch beglaubigte Abschrift des Verschmelzungsvertrags, vom . . . . . – UR.Nr. . . . . . des beglaubigenden Notars –,
2. elektronisch beglaubigte Abschrift des Zustimmungsbeschlusses der Gesellschafter der A-OHG vom . . . . . – UR.Nr. . . . . . des beglaubigenden Notars –, samt Verzichtserklärungen aller Gesellschafter auf Erstellung eines Verschmelzungsberichts, Durchführung einer Verschmelzungsprüfung und Erstellung eines Verschmelzungsprüfungsberichts sowie Anfechtung des Zustimmungsbeschlusses.
3. elektronisch beglaubigte Abschrift des Zustimmungsbeschlusses der Gesellschafter der B-OHG vom . . . . . – UR.Nr. . . . . . des beglaubigenden Notars –, samt Verzichtserklärungen aller Gesellschafter auf Erstellung eines Verschmelzungsberichts, Durchführung einer Verschmelzungsprüfung und Erstellung eines Verschmelzungsprüfungsberichts sowie Anfechtung des Zustimmungsbeschlusses. – UR.Nr. . . . . . des beglaubigenden Notars –,

und melden zur Eintragung in das Handelsregister an:

Die A-OHG und die B-OHG haben im Wege der Verschmelzung durch Neugründung unter der Firma

»A & B-OHG«

eine offene Handelsgesellschaft errichtet.

Sitz der Gesellschaft ist (Ort).

Die Geschäftsräume und die inländische Geschäftsanschrift der Gesellschaft befinden sich in (Ort, Straße).

Gegenstand des Unternehmens ist . . . . .

Gesellschafter sind:
a) (Name, Vorname), (Geburtsdatum), (Wohnort),
b) (Name, Vorname), (Geburtsdatum), (Wohnort),
c) (Name, Vorname), (Geburtsdatum), (Wohnort),
d) (Name, Vorname), (Geburtsdatum), (Wohnort).

Abstrakte Vertretungsbefugnis:

Jeder Gesellschafter vertritt die Gesellschaft einzeln.

Konkrete Vertretungsbefugnis:

Die Gesellschafter A, B, C, D vertreten die Gesellschaft jeweils einzeln.

Wir erklären, dass kein Verschmelzungsbeschluss der beteiligten Gesellschaften angefochten worden ist.

. . . . ., den . . . . .

(Beglaubigungsvermerk)

3. Verschmelzung von KG auf GmbH & Co. KG zur Aufnahme. a) Verschmelzungsvertrag

▶ **Muster: Verschmelzungsvertrag bei der Verschmelzung von KG auf GmbH & CO. KG** 867 **zur Aufnahme**

UR.Nr. . . . . . für . . . . .

Verhandelt zu . . . . .

am . . . . .

Vor dem unterzeichnenden

. . . . .

Notar mit dem Amtssitz in . . . . .

erschienen:
1. Herr (Name, Geburtsdatum Adresse),
   hier handelnd als alleinvertretungsberechtigter Geschäftsführer der B-Verwaltungs GmbH (Sitz, eingetragen im Handelsregister des Amtsgerichts . . . . . unter HRB . . . . .), diese wiederum handelnd

als alleinige persönlich haftende Gesellschafterin der B-GmbH & Co. KG mit dem Sitz in . . . . ., eingetragen im Handelsregister des Amtsgerichts . . . . . unter HRA . . . . .,

2. Frau (Name, Geburtsdatum Adresse),
   handelnd als alleinige persönlich haftende Gesellschafterin der A-KG mit dem Sitz in . . . . .,
   eingetragen im Handelsregister des Amtsgerichts . . . . . unter HRA . . . . .

– Vertretungsbescheinigung –

Die Erschienenen wiesen sich dem Notar gegenüber aus durch Vorlage ihrer amtlichen Lichtbildausweise.

A. Präambel, Sachstand

Die Beteiligten erklären:
1. Die A-KG hat ein Festkapital von . . . . . €.

Die Kapitalanteile verteilen sich auf die Gesellschafter wie folgt:
a) Persönlich haftender Gesellschafter:

Frau A mit einem Kapitalanteil von . . . . . €.
b) Kommanditisten:

Herr B mit einem Kapitalanteil von . . . . . €,

Herr C mit einem Kapitalanteil von . . . . . €.
2. Die B-GmbH & Co. KG hat ein Festkapital von . . . . . €.

An der Gesellschaft sind die Gesellschafter wie folgt beteiligt, die Kapitalanteile verteilen sich auf die
Gesellschafter wie folgt:
a) Persönlich haftende Gesellschafterin:

B-Verwaltungs GmbH ohne Kapitalanteil.
b) Kommanditisten:

X: . . . . . €,

Y: . . . . . €.

Die Festkapitalanteile der Kommanditisten entsprechen den im Handelsregister eingetragenen Hafteinlagen. Die Hafteinlagen sind nach Angabe vollständig erbracht.

Die Erschienenen ließen sodann folgenden

B. Verschmelzungsvertrag

beurkunden und erklärten, handelnd wie angegeben:

I. Vermögensübertragung

Die A-KG überträgt ihr Vermögen als Ganzes mit allen Rechten und Pflichten unter Ausschluss der Abwicklung auf die B-GmbH & Co. KG im Wege der Verschmelzung durch Aufnahme. Zum Ausgleich
räumt die B-GmbH & Co. KG den Gesellschaftern der A-KG Beteiligungen an der B-GmbH & Co. KG ein.

II. Gegenleistung
1. Die B-GmbH & Co. KG räumt allen Gesellschaftern der A-KG als Gegenleistung für die Übertragung
   des Vermögens die Stellung als Kommanditisten mit folgenden Beteiligungen an der B-GmbH & Co.
   KG ein:
   a) dem Gesellschafter A einen festen Kapitalanteil i. H. v. . . . . . €,
   b) dem Gesellschafter B einen festen Kapitalanteil i. H. v. . . . . . €,
   c) dem Gesellschafter C einen festen Kapitalanteil i. H. v. . . . . . €.
   Die Kapitalanteile stellen gleichzeitig die in das Handelsregister einzutragende Hafteinlage der
   neuen Kommanditisten dar.
   Die Beteiligungen werden kostenfrei und mit Gewinnberechtigung ab . . . . . gewährt.
2. Durch den Eintritt der neuen Kommanditisten wird das Festkapital der B-GmbH & Co. KG von
   . . . . . € um . . . . . € auf . . . . . € erhöht.
3. Die Kapitalanteile der bisherigen Gesellschafter der B-GmbH & Co. KG bleiben unverändert.
4. Das Umtauschverhältnis der Beteiligungen beträgt . . . . .

III. Bilanzstichtag

Der Verschmelzung wird die mit dem uneingeschränkten Bestätigungsvermerk des Wirtschaftsprüfers . . . . . in . . . . . versehene Bilanz der A-KG zum . . . . . als Schlussbilanz zugrunde gelegt.

IV. Verschmelzungsstichtag

Die Übernahme des Vermögens der A-KG erfolgt im Innenverhältnis mit Wirkung zum Ablauf des 31.12 ..... Vom 01.01 ..... an gelten alle Handlungen und Geschäfte der A-KG als für Rechnung der B-GmbH & Co. KG vorgenommen.

V. Besondere Rechte

Besondere Rechte i. S. v. § 5 Abs. 1 Nr. 7 UmwG bestehen bei der B-GmbH & Co. KG nicht. Einzelnen Anteilsinhabern werden i. R. d. Verschmelzung keine besonderen Rechte gewährt.

VI. Besondere Vorteile

Besondere Vorteile i. S. v. § 5 Abs. 1 Nr. 8 UmwG werden weder einem Mitglied eines Vertretungs- oder Aufsichtsorgans, noch dem Abschlussprüfer oder dem Verschmelzungsprüfer gewährt.

VII. Folgen der Verschmelzung für Arbeitnehmer und ihrer Vertretungen

Für die Arbeitnehmer der A-KG ergeben sich aus der Verschmelzung folgende Auswirkungen: .....

Für die Arbeitnehmer der B-GmbH & Co. KG ergeben sich aus der Verschmelzung folgende Auswirkungen: .....

Bei beiden Gesellschaften existiert ein Betriebsrat. Insoweit ergeben sich aus der Verschmelzung folgende Auswirkungen: .....

Folgende Maßnahmen sind vorgesehen: .....

VIII. Abfindungsangebot

Für den Fall, dass ein Gesellschafter der A-KG bei der Beschlussfassung seinen Widerspruch gegen Verschmelzung zur Niederschrift erklärt, macht die B-GmbH & Co. KG ihm schon jetzt folgendes Abfindungsangebot: Die B-GmbH & Co. KG verpflichtet sich, an jeden Gesellschafter für je 100,00 € Festkapitalanteil einen Barbetrag i. H. v. ..... € zu zahlen, sofern der Gesellschafter seinen Austritt aus der B-GmbH & Co. KG erklärt. Die Kosten der Abfindung trägt die B-GmbH & Co. KG. Folgende Abfindungsbeträge werden somit angeboten:
- Gesellschafter A: ..... €,
- Gesellschafter B: ..... €,
- Gesellschafter C: ..... €.

IX. Bedingungen

Der Verschmelzungsvertrag steht unter der aufschiebenden Bedingung, dass die formgerechten Zustimmungsbeschlüsse der Gesellschafterversammlungen beider Gesellschaften bis zum ..... vorliegen.

X. Kosten

Die durch diesen Vertrag und seine Durchführung bei beiden Gesellschaften entstehenden Kosten trägt die B-GmbH & Co. KG. Sollte die Verschmelzung nicht wirksam werden, tragen die Kosten dieses Vertrages die Gesellschaften zu gleichen Teilen, alle übrigen Kosten die jeweils betroffene Gesellschaft allein.

Diese Niederschrift nebst der Anlage wurde den Erschienenen vom Notar vorgelesen, von ihnen genehmigt und von ihnen und dem Notar eigenhändig, wie folgt, unterschrieben:

.....

b) Zustimmungsbeschluss bei der übernehmenden Gesellschaft (B-GmbH & Co. KG) bei Verschmelzung zur Aufnahme, Verzichtserklärungen

▶ **Muster: Zustimmungsbeschluss bei der übernehmenden Gesellschaft (B-GmbH & Co. KG) bei Verschmelzung zur Aufnahme, Verzichtserklärungen** 868

Niederschrift über eine Gesellschafterversammlung

Heute, den ....., erschienen vor mir, dem unterzeichneten Notar ....., mit Amtssitz in ....., an der Amtsstelle in .....:
1. Herr X, Kaufmann, wohnhaft in .....,
2. Herr Y, Kaufmann, wohnhaft in .....,
3. Herr Z, Kaufmann, wohnhaft in .....,

hier nicht im eigenen Namen, sondern handelnd als alleinvertretungsberechtigter Geschäftsführer der B-Verwaltungs GmbH (Sitz, eingetragen im Handelsregister des Amtsgerichts ..... unter HRB .....),

– Vertretungsbescheinigung –

Auf Antrag beurkunde ich den vor mir abgegebenen Erklärungen gemäß Folgendes:

A. Sachstand

Die Erschienenen erklären:

Wir sind die alleinigen Gesellschafter der B-GmbH & Co. KG, eingetragen im Handelsregister des Amtsgerichts X-Stadt unter .....

Die B-GmbH & Co. KG hat ein Festkapital von ..... €.

An der Gesellschaft sind die Gesellschafter wie folgt beteiligt, die Kapitalanteile verteilen sich auf die Gesellschafter wie folgt:
a) Persönlich haftende Gesellschafterin:

B-Verwaltungs GmbH ohne Kapitalanteil
b) Kommanditisten:

X: ..... €,

Y: ..... €.

B. Gesellschafterversammlung

Die Erschienenen erklären: Wir sind die alleinigen Gesellschafter der B-GmbH & Co. KG mit Sitz in ....., unter Verzicht auf alle durch Gesetz oder Gesellschaftsvertrag vorgeschriebenen Formen und Fristen halten wir hiermit eine Gesellschafterversammlung der B-GmbH & Co. KG ab und beschließen einstimmig Folgendes:

I. Verschmelzung

Dem Verschmelzungsvertrag zwischen der A-KG und der B-GmbH & Co. KG – Urkunde des Notars ....., in ....., vom ....., UR.-Nr. ..... – wird mit allen Stimmen vorbehaltlos zugestimmt. Er ist der Niederschrift als Anlage beigefügt.

II. Gegenleistung

Zur Durchführung der Verschmelzung treten die Gesellschafter der A-KG, A, B, C als Kommanditisten der B-GmbH & Co. KG bei. Sie erhalten die nachfolgend beschriebenen Festkapitalanteile, die als Gegenleistung für die Verschmelzung gewährt werden:

A einen Kapitalanteil von ..... €,

B einen Kapitalanteil von ..... €,

C einen Kapitalanteil von ..... €.

Die Kapitalanteile sind zugleich die im Handelsregister einzutragende Hafteinlage.

III. Änderung des Gesellschaftsvertrages der B-GmbH & Co. KG

Der Gesellschaftsvertrag der B-GmbH & Co. KG wird wie folgt geändert:

§ 3
Einlagen

An der Gesellschaft sind als Kommanditisten wie folgt beteiligt:

A mit einem Kapitalanteil von ..... €,

B mit einem Kapitalanteil von ..... €,

C mit einem Kapitalanteil von ..... €,

X mit einem Kapitalanteil von ..... €,

Y mit einem Kapitalanteil von ..... €.

Die B-Verwaltungs GmbH ist ohne Kapitalanteil als persönlich haftende Gesellschafterin an der Gesellschaft beteiligt.

Die Gesellschafter hatten X, Y ihre Kapitalanteile durch Bareinlagen bei Abschluss des Gesellschaftsvertrages der B-GmbH & Co. KG erbracht. Die Gesellschafter A, B und C haben aufgrund Verschmelzungsvertrag vom . . . . . das bisher von der A-KG betriebene Unternehmen in die B-GmbH & Co. KG im Wege der Verschmelzung eingebracht. Der Einbringung wurde die Bilanz zum . . . . . zugrunde gelegt. Der Einlagewert ist das in der Jahresbilanz vom 31.12. . . . . . ausgewiesene Eigenkapital des eingebrachten Unternehmens. Hieran sind die Gesellschafter entsprechend ihrer Einlageleistung beteiligt gewesen. Eine Auflösung stiller Reserven oder ein Ansatz des Geschäftswertes erfolgte nicht.

Der beurkundende Notar wies die Gesellschafter darauf hin, dass jeder von Ihnen die Erteilung einer Abschrift der Niederschrift über diese Gesellschafterversammlung und des Verschmelzungsvertrages verlangen kann. Die Kosten einschließlich der Durchführung dieses Beschlusses trägt die übernehmende Gesellschaft als Aufwand.

Die dieser Urkunde beigefügte Anlage bildet einen wesentlichen Bestandteil dieser Urkunde.

C. Verzichtserklärungen

Die Erschienenen erklären weiter zu Protokoll folgende Erklärungen:

Alle Gesellschafter verzichten (soweit erforderlich)
– auf Prüfung der Verschmelzung und Erstellung eines Verschmelzungsprüfungsberichts,
– auf Erstellung eines Verschmelzungsberichts,
– Anfechtung dieses Zustimmungsbeschlusses.

Der Notar hat über die Bedeutung dieser Verzichte belehrt.

Vorgelesen vom Notar, von den Erschienenen genehmigt und eigenhändig unterschrieben.

. . . . .

c) Zustimmungsbeschluss der übertragenden Gesellschaft (A-KG) bei Verschmelzung zur Aufnahme, Verzichtserklärungen

▶ Muster: Zustimmungsbeschluss der übertragenden Gesellschaft (A-KG) bei Verschmelzung zur Aufnahme, Verzichtserklärungen   869

Niederschrift über eine Gesellschafterversammlung

Heute, den . . . . ., erschienen vor mir, dem unterzeichneten Notar . . . . ., mit Amtssitz in . . . . ., an der Amtsstelle in . . . . .:
1. Frau A, Kauffrau, wohnhaft in . . . . .,
2. Herr B, Kaufmann, wohnhaft in . . . . .,
3. Herr C, Kaufmann, wohnhaft in . . . . .

Die Beteiligten sind mir, Notar . . . . . persönlich bekannt.

Auf Antrag beurkunde ich den vor mir abgegebenen Erklärungen gemäß Folgendes:

A. Sachstand

Die Erschienenen erklären: Wir sind die alleinigen Gesellschafter der A-KG, eingetragen im Handelsregister des Amtsgerichts X-Stadt unter HRA . . . . .

Die A-KG hat ein Festkapital von . . . . . €.

Die Kapitalanteile verteilen sich auf die Gesellschafter wie folgt:
a) Persönlich haftender Gesellschafter:

Frau A mit einem Kapitalanteil von . . . . . €.
b) Kommanditisten:

Herr B mit einem Kapitalanteil von . . . . . €,

Herr C mit einem Kapitalanteil von . . . . . €.

B. Gesellschafterversammlung

Die vorgenannten Gesellschafter halten eine Gesellschafterversammlung der vorgenannten Gesellschaft unter Verzicht auf alle Frist- und Formvorschriften ab und stellen fest, dass die Gesellschafterversammlung als Vollversammlung beschlussfähig ist.

Die Gesellschaft beschließt mit allen Stimmen Folgendes:

Dem Verschmelzungsvertrag zwischen der A-KG und der B-GmbH & Co. KG mit Sitz in . . . . . vom . . . . ., UR.Nr. . . . . . des amtierenden Notars wird mit allen Stimmen vorbehaltlos zugestimmt.

Der Verschmelzungsvertrag ist dieser Urkunde als Anlage beigefügt.

C. Verzichtserklärungen

Die Erschienenen erklären weiter zu Protokoll folgende Erklärungen:

Alle Gesellschafter verzichten vorsorglich oder soweit erforderlich
– auf Prüfung der Verschmelzung und Erstellung eines Verschmelzungsprüfungsberichts,
– auf Erstellung eines Verschmelzungsberichts,
– auf Anfechtung dieses Zustimmungsbeschlusses.

Der Notar hat über die Bedeutung dieser Verzichte belehrt.

D. Sonstiges

Die Kosten dieser Urkunde trägt die Gesellschaft.

Vorgelesen vom Notar, von den Erschienenen eigenhändig genehmigt und unterschrieben.

. . . . .

d) Anmeldung zum Handelsregister für die übertragende A-KG

870 ▶ **Muster: Handelsregisteranmeldung für übertragende A-KG**

An das

Amtsgericht

– Handelsregister A –

durch elektronische Übermittlung

Betrifft: HRA . . . . . – A-KG

Ich, die unterzeichnende alleinvertretungsberechtigte Komplementärin der A-KG, überreiche in der Anlage:
1. **elektronisch beglaubigte Abschrift des Verschmelzungsvertrages vom . . . . . UR. Nr. . . . . . des beglaubigten Notars,**
2. **elektronisch beglaubigte Abschrift des Zustimmungsbeschlusses der Gesellschafter der A-KG vom . . . . . UR. Nr. . . . . . des beglaubigten Notars, samt Verzichtserklärungen der Gesellschafter der A-KG auf Erstellung eines Verschmelzungsberichts und Verschmelzungsprüfung und Erstellung eines Verschmelzungsprüfungsberichts sowie Verzicht auf Anfechtung des Zustimmungsbeschlusses,**
3. **elektronisch beglaubigte Abschrift des Zustimmungsbeschlusses der Gesellschafter UR. Nr. . . . . . des beglaubigten Notars, samt Verzichtserklärungen der Gesellschafter der B-GmbH & Co. KG auf Erstellung eines Verschmelzungsberichts und Verschmelzungsprüfung und Erstellung eines Verschmelzungsberichts sowie Verzicht auf Anfechtung des Zustimmungsbeschlusses,**
4. **elektronisch beglaubigte Abschrift des Nachweises über die rechtzeitige Zuleitung des Verschmelzungsvertrages zum Betriebsrat,**
5. **elektronisch beglaubigte Abschrift der festgestellte Schlussbilanz der A-KG zum Verschmelzungsstichtag und melde zur Eintragung ins Handelsregister an:**

Die A-KG ist auf die B-GmbH & Co. KG als übernehmende Gesellschaft im Wege der Verschmelzung durch die Aufnahme verschmolzen. Die A-KG ist erloschen.

Ich erkläre, dass weder der Verschmelzungsbeschluss der Gesellschafter der A-KG noch der Verschmelzungsbeschluss der Gesellschafter der B-GmbH & Co. KG angefochten worden ist und wegen der von allen Gesellschaftern abgegebenen Verzichtserklärungen nicht angefochten werden kann.

(ggf. weitere Angaben, z. B. Geschäftsanschrift usw.)

. . . . ., **den** . . . . .

(Beglaubigungsvermerk)

e) Anmeldung für die übernehmende KG bei Verschmelzung zur Aufnahme (B-GmbH & Co. KG)

▶ **Muster: Handelsregisteranmeldung für übernehmende KG bei Verschmelzung zur** 871 **Aufnahme (B-GmbH & Co. KG)**

An das

Amtsgericht

– Handelsregister A –

durch elektronische Übermittlung

Betrifft: HRA . . . . . – B-GmbH & Co. KG

In der Anlage überreiche ich, der unterzeichnende alleinvertretungsberechtigte Geschäftsführer der Verwaltungs-GmbH, handelnd als alleiniger Komplementär der B-GmbH & Co. KG:
1. elektronisch beglaubigte Abschrift des Verschmelzungsvertrages, vom . . . . . – UR.Nr. . . . . . des beglaubigenden Notars –,
2. elektronisch beglaubigte Abschrift des Zustimmungsbeschlusses der Gesellschafter der A-KG vom . . . . . – UR. Nr. . . . . . des beglaubigenden Notars, samt Verzichtserklärungen der Gesellschafter der A-KG auf Erstellung eines Verschmelzungsberichts und Verschmelzungsprüfung und Erstellung eines Verschmelzungsprüfungsberichts sowie Verzicht auf Anfechtung des Zustimmungsbeschlusses,
3. elektronisch beglaubigte Abschrift des Zustimmungsbeschlusses der Gesellschafter der B-GmbH & Co. KG vom . . . . ., UR. Nr. . . . . . des beglaubigten Notars, samt Verzichtserklärungen der Gesellschafter der B-GmbH & Co. KG auf Erstellung eines Verschmelzungsberichts und Verschmelzungsprüfung und Erstellung eines Verschmelzungsberichts sowie Verzicht auf Anfechtung des Zustimmungsbeschlusses,
4. elektronisch beglaubigte Abschrift des Nachweises über die rechtzeitige Zuleitung des Verschmelzungsvertrages zum Betriebsrat,

und melde zur Eintragung in das Handelsregister an:
1. Die A-KG ist auf die B-GmbH & Co. KG im Wege der Verschmelzung durch Aufnahme verschmolzen. Die A-KG ist erloschen.
2. Die Gesellschafter der A-KG sind i. R. d. Verschmelzung in die B-GmbH & Co. KG als neue Kommanditisten eingetreten und erhalten folgende Gesellschafterstellungen mit den nachfolgenden Maßgaben:
    a) Frau A (Name, Vorname, Geburtsdatum, Wohnort),
       die Stellung als Kommanditist mit einer Hafteinlage i. H. v. . . . . . €,
    b) Herr B (Name, Vorname, Geburtsdatum, Wohnort),
       die Stellung als Kommanditist mit einer Hafteinlage i. H. v. . . . . . €,
    c) Herr C (Name, Vorname, Geburtsdatum, Wohnort)
       die Stellung als Kommanditist mit einer Hafteinlage i. H. v. . . . . . €.

Konkrete Vertretungsbefugnis:

Die genannten neuen Kommanditisten sind nicht zur Vertretung der Gesellschaft berechtigt.

Die inländische Geschäftsanschrift und die Geschäftsräume befinden sich unverändert in (Ort, Straße).

Ich erkläre, dass weder der Verschmelzungsbeschluss der Gesellschafter der A-KG noch der Verschmelzungsbeschluss der Gesellschafter der B-GmbH & Co. KG angefochten worden sind und wegen der von allen Gesellschaftern abgegebenen Verzichtserklärungen nicht angefochten werden kann.

(ggf. weitere Angaben, z. B. Geschäftsanschrift usw.)

. . . . ., den . . . . .

(Beglaubigungsvermerk)

4. Verschmelzung von GmbH auf GmbH & Co. KG zur Aufnahme. a) Verschmelzungs-vertrag

872 ▶ **Muster: Verschmelzungsvertrag bei der Verschmelzung von GmbH auf GmbH & Co. KG**

UR.Nr. für . . . . .

Verhandelt zu . . . . .

am . . . . .

Vor dem unterzeichnenden

. . . . .

Notar mit dem Amtssitz in . . . . .

erschienen:

1. Herr (Name, Geburtsdatum Adresse),

hier handelnd als alleinvertretungsberechtigter Geschäftsführer der B-Verwaltungs GmbH (Sitz, ein-getragen im Handelsregister des Amtsgerichts . . . . . unter HRB . . . . .), diese wiederum handelnd als alleinige persönlich haftende Gesellschafterin der B-GmbH & Co. KG mit dem Sitz in . . . . ., eingetragen im Handelsregister des Amtsgerichts . . . . . unter HRA . . . . .,

2. Herr (Name, Geburtsdatum Adresse),

handelnd als alleinvertretungsberechtigter Geschäftsführer der A-GmbH mit dem Sitz in . . . . ., einge-tragen im Handelsregister des Amtsgerichts . . . . . unter HRB . . . . .

– Vertretungsbescheinigung –

Die Erschienenen wiesen sich dem Notar gegenüber aus durch Vorlage ihrer amtlichen Lichtbildaus-weise.

A. Sachstand

Die Beteiligten erklären:

1. Die A-GmbH hat ein Stammkapital von . . . . . €. Das Stammkapital ist voll eingezahlt.

An der A-GmbH sind beteiligt:

Herr A mit einem Geschäftsanteil von . . . . . €,

Herr B mit einem Geschäftsanteil von . . . . . €,

Herr C mit einem Geschäftsanteil von . . . . . €.

2. Die B-GmbH & Co. KG hat ein Festkapital von . . . . . €.

An der Gesellschaft sind die Gesellschafter wie folgt beteiligt, die Kapitalanteile verteilen sich auf die Gesellschafter wie folgt:

a) Persönlich haftende Gesellschafterin:

B-Verwaltungs GmbH ohne Kapitalanteil

b) Kommanditisten:

X: . . . . . €,

Y: . . . . . €.

Die Festkapitalanteile der Kommanditisten entsprechen den im Handelsregister eingetragen Haftein-lagen. Die Hafteinlagen sind nach Angabe vollständig erbracht.

Die Erschienenen ließen sodann folgenden

B. Verschmelzungsvertrag

beurkunden und erklärten, handelnd wie angegeben:

I. Vermögensübertragung

Die A-GmbH überträgt ihr Vermögen als Ganzes mit allen Rechten und Pflichten unter Ausschluss der Abwicklung auf die B-GmbH & Co. KG im Wege der Verschmelzung durch Aufnahme. Zum Ausgleich räumt die B-GmbH & Co. KG den Gesellschaftern der A-GmbH Beteiligungen an der B-GmbH & Co. KG ein.

II. Gegenleistung

1. Die B-GmbH & Co. KG räumt allen Gesellschaftern der A-GmbH als Gegenleistung für die Übertragung des Vermögens die Stellung als Kommanditisten mit folgenden Beteiligungen an der B-GmbH & Co. KG ein:
   a) dem Gesellschafter A einen festen Kapitalanteil i. H. v. . . . . . €,
   b) dem Gesellschafter B einen festen Kapitalanteil i. H. v. . . . . . €,
   c) dem Gesellschafter C einen festen Kapitalanteil i. H. v. . . . . . €.
   Die Kapitalanteile stellen gleichzeitig die in das Handelsregister einzutragende Hafteinlage der neuen Kommanditisten dar.
   Die Beteiligungen werden kostenfrei und mit Gewinnberechtigung ab . . . . . gewährt.
2. Durch den Eintritt der neuen Kommanditisten wird das Festkapital der B-GmbH & Co. KG von . . . . . € um . . . . . € auf . . . . . € erhöht.
3. Die Kapitalanteile der bisherigen Gesellschafter der B-GmbH & Co. KG bleiben unverändert.
4. Das Umtauschverhältnis der Beteiligungen beträgt . . . . .

III. Bilanzstichtag

Der Verschmelzung wird die mit dem uneingeschränkten Bestätigungsvermerk des Wirtschaftsprüfers . . . . . in . . . . . versehene Bilanz der A-GmbH zum . . . . . als Schlussbilanz zugrunde gelegt.

IV. Verschmelzungsstichtag

Die Übernahme des Vermögens der A-GmbH erfolgt im Innenverhältnis mit Wirkung zum Ablauf des 31.12. . . . . . Vom 01.01. . . . . . an gelten alle Handlungen und Geschäfte der A-GmbH als für Rechnung der B-GmbH & Co. KG vorgenommen.

V. Besondere Rechte

Besondere Rechte i. S. v. § 5 Abs. 1 Nr. 7 UmwG bestehen bei der B-GmbH & Co. KG nicht. Einzelnen Anteilsinhabern werden i. R. d. Verschmelzung keine besonderen Rechte gewährt.

VI. Besondere Vorteile

Besondere Vorteile i. S. v. § 5 Abs. 1 Nr. 8 UmwG werden weder einem Mitglied eines Vertretungs- oder Aufsichtsorgans, noch dem Abschlussprüfer oder dem Versicherungsprüfer gewährt.

VII. Folgen der Verschmelzung für Arbeitnehmer und ihrer Vertretungen

Für die Arbeitnehmer der A-GmbH ergeben sich aus der Verschmelzung folgende Auswirkungen: . . . . .

Für die Arbeitnehmer der B-GmbH & Co. KG ergeben sich aus der Verschmelzung folgende Auswirkungen: . . . . .

Bei beiden Gesellschaften existiert ein Betriebsrat. Insoweit ergeben sich aus der Verschmelzung folgende Auswirkungen: . . . . .

Folgende Maßnahmen sind vorgesehen: . . . . .

VIII. Abfindungsangebot

Für den Fall, dass ein Gesellschafter der A-GmbH bei der Beschlussfassung seinen Widerspruch gegen Verschmelzung zur Niederschrift erklärt, macht die B-GmbH & Co. KG ihm schon jetzt folgendes Abfindungsangebot: Die B-GmbH & Co. KG verpflichtet sich, an jeden Gesellschafter für je 100,00 € Geschäftsanteil einen Barbetrag i. H. v. . . . . . € zu zahlen, sofern der Gesellschafter seinen Austritt aus der B-GmbH & Co. KG erklärt. Die Kosten der Abfindung trägt die B-GmbH & Co. KG. Folgende Abfindungsbeträge werden somit angeboten:
– Gesellschafter A: . . . . . €,
– Gesellschafter B: . . . . . €,
– Gesellschafter C: . . . . . €.

IX. Bedingungen

Der Verschmelzungsvertrag steht unter der aufschiebenden Bedingung, dass die formgerechten Zustimmungsbeschlüsse der Gesellschafterversammlungen beider Gesellschaften bis zum . . . . . vorliegen.

X. Kosten

Die durch diesen Vertrag und seine Durchführung bei beiden Gesellschaften entstehenden Kosten trägt die B-GmbH & Co. KG. Sollte die Verschmelzung nicht wirksam werden, tragen die Kosten dieses

Vertrages die Gesellschaften zu gleichen Teilen, alle übrigen Kosten die jeweils betroffene Gesellschaft allein.

Diese Niederschrift nebst der Anlage wurde den Erschienenen vom Notar vorgelesen, von ihnen genehmigt und von ihnen und dem Notar eigenhändig, wie folgt, unterschrieben:

.....

b) Zustimmungsbeschluss bei der übernehmenden Gesellschaft (B-GmbH & Co. KG) bei Verschmelzung zur Aufnahme, Verzichtserklärungen

873 ▸ **Muster: Zustimmungsbeschluss bei der übernehmenden Gesellschaft (B-GmbH & Co. KG) bei Verschmelzung zur Aufnahme, Verzichtserklärungen**

Niederschrift über eine Gesellschafterversammlung

Heute, den ....., erschienen vor mir, dem unterzeichnenden Notar ....., mit Amtssitz in ....., an der Amtsstelle in .....:
1. Herr X, Kaufmann, wohnhaft in .....,
2. Herr Y, Kaufmann, wohnhaft in .....,
3. Herr Z, Kaufmann, wohnhaft in .....,

hier nicht im eigenen Namen, sondern handelnd als alleinvertretungsberechtigter Geschäftsführer der der B-Verwaltungs GmbH (Sitz, eingetragen im Handelsregister des Amtsgerichts ..... unter HRB .....),

diese wiederum handelnd als alleinige persönlich haftende Gesellschafterin der B-GmbH & Co. KG mit dem Sitz in ....., eingetragen im Handelsregister des Amtsgerichts ..... unter HRA .....

– Vertretungsbescheinigung –

Die Beteiligten sind mir, dem Notar, persönlich bekannt.

Auf Antrag beurkunde ich den vor mir abgegebenen Erklärungen gemäß Folgendes:

A. Sachstand

Die Erschienenen erklären:

Wir sind die alleinigen Gesellschafter der B-GmbH & Co. KG, eingetragen im Handelsregister des Amtsgerichts X-Stadt unter .....

Die B-GmbH & Co. KG hat ein Festkapital von ..... €.

An der Gesellschaft sind die Gesellschafter wie folgt beteiligt, die Kapitalanteile verteilen sich auf die Gesellschafter wie folgt:
a) Persönlich haftende Gesellschafterin:

B-Verwaltungs GmbH ohne Kapitalanteil
b) Kommanditisten:

X: ..... €,

Y: ..... €.

B. Gesellschafterversammlung

Die Erschienenen erklärten: Wir sind die alleinigen Gesellschafter der B-GmbH & Co. KG mit Sitz in ....., unter Verzicht auf alle durch Gesetz oder Gesellschaftsvertrag vorgeschriebenen Formen und Fristen halten wir hiermit eine Gesellschafterversammlung der B-GmbH & Co. KG ab und beschließen einstimmig Folgendes:

I. Verschmelzung

Dem Verschmelzungsvertrag zwischen der A-GmbH und der B-GmbH & Co. KG (Urkunde des Notars ....., in ....., vom ....., UR.Nr. .....) wird mit allen Stimmen vorbehaltlos zugestimmt. Er ist der Niederschrift als Anlage beigefügt.

II. Gegenleistung

Zur Durchführung der Verschmelzung treten die Gesellschafter der A-GmbH, die Herren A, B, C als Kommanditisten der B-GmbH & Co. KG bei. Sie erhalten die nachfolgend beschriebenen Festkapitalanteile, die als Gegenleistung für die Verschmelzung gewährt werden:

- A einen Kapitalanteil von . . . . . €,
- B einen Kapitalanteil von . . . . . €,
- C einen Kapitalanteil von . . . . . €.

Die Kapitalanteile sind zugleich die im Handelsregister einzutragende Hafteinlage.

III. Änderung des Gesellschaftsvertrages der B-GmbH & Co. KG

Der Gesellschaftsvertrag der B-GmbH & Co. KG wird wie folgt geändert:

§ 3
Einlagen

An der Gesellschaft sind als Kommanditisten wie folgt beteiligt:
- A mit einem Kapitalanteil von . . . . . €,
- B mit einem Kapitalanteil von . . . . . €,
- C mit einem Kapitalanteil von . . . . . €,
- X mit einem Kapitalanteil von . . . . . €,
- Y mit einem Kapitalanteil von . . . . . €.

Die B-Verwaltungs GmbH ist ohne Kapitalanteil als persönlich haftende Gesellschafterin an der Gesellschaft beteiligt.

Die Gesellschafter X, Y hatten ihre Kapitalanteile durch Bareinlagen bei Abschluss des Gesellschaftsvertrages der B-GmbH & Co. KG erbracht. Die Gesellschafter A, B und C haben aufgrund Verschmelzungsvertrag vom . . . . . das bisher von der A-GmbH betriebene Unternehmen in die B-GmbH & Co. KG im Wege der Verschmelzung eingebracht. Der Einbringung wurde die Bilanz zum . . . . . zugrunde gelegt. Der Einlagewert ist das in der Jahresbilanz vom 31.12. . . . . . ausgewiesene Eigenkapital des eingebrachten Unternehmens. Hieran sind die Gesellschafter entsprechend ihrer Einlageleistung beteiligt gewesen. Eine Auflösung stiller Reserven oder ein Ansatz des Geschäftswertes erfolgte nicht.

Der beurkundende Notar wies die Gesellschafter darauf hin, dass jeder von Ihnen die Erteilung einer Abschrift der Niederschrift über diese Gesellschafterversammlung und des Verschmelzungsvertrages verlangen kann. Die Kosten einschließlich der Durchführung dieses Beschlusses trägt die übernehmende Gesellschaft als Aufwand.

Die dieser Urkunde beigefügte Anlage bildet einen wesentlichen Bestandteil dieser Urkunde.

C. Verzichtserklärungen

Die Erschienenen erklären weiter zu Protokoll folgende Erklärungen:

Alle Gesellschafter verzichten (vorsorglich soweit erforderlich)
- auf Prüfung der Verschmelzung und Erstellung eines Verschmelzungsprüfungsberichts,
- auf Erstellung eines Verschmelzungsberichts,
- auf Anfechtung dieses Zustimmungsbeschlusses.

Der Notar hat über die Bedeutung dieser Verzichte belehrt.

Vorgelesen vom Notar, von den Erschienenen genehmigt und eigenhändig unterschrieben.

. . . . .

c) Zustimmungsbeschluss der übertragenden Gesellschaft (A-GmbH) bei Verschmelzung zur Aufnahme, Verzichtserklärungen

▶ Muster: Zustimmungsbeschluss der übertragenden Gesellschaft (A-GmbH) bei Verschmelzung zur Aufnahme, Verzichtserklärungen   874

Niederschrift über eine Gesellschafterversammlung

Heute, den . . . . ., erschienen vor mir, dem unterzeichnenden Notar . . . . ., mit Amtssitz in . . . . ., an der Amtsstelle in . . . . .:
1. Herr A, Kaufmann, wohnhaft in . . . . .,
2. Herr B, Kaufmann, wohnhaft in . . . . .,
3. Herr C, Kaufmann, wohnhaft in . . . . .,

Die Beteiligten sind mir, Notar . . . . ., persönlich bekannt.

Auf Antrag beurkunde ich den vor mir abgegebenen Erklärungen gemäß Folgendes:

A. Sachstand

Die Erschienenen erklären:

Wir sind die alleinigen Gesellschafter der A-GmbH, eingetragen im Handelsregister des Amtsgerichts X-Stadt unter HRB . . . . .

Die A-GmbH hat ein Stammkapital von . . . . . €. Das Stammkapital ist voll eingezahlt.

An der A-GmbH sind beteiligt

Herr A mit einem Geschäftsanteil von . . . . . €,

Herr B mit einem Geschäftsanteil von . . . . . €,

Herr C mit einem Geschäftsanteil von . . . . . €.

B. Gesellschafterversammlung

Die vorgenannten Gesellschafter halten eine Gesellschafterversammlung der vorgenannten Gesellschaft unter Verzicht auf alle Frist- und Formvorschriften ab und stellen fest, dass die Gesellschafterversammlung als Vollversammlung beschlussfähig ist.

Die Gesellschaft beschließt mit allen Stimmen Folgendes:

Dem Verschmelzungsvertrag zwischen der A-GmbH und der B-GmbH & Co. KG mit Sitz in . . . . . vom . . . . ., UR.Nr. . . . . . des amtierenden Notars wird mit allen Stimmen vorbehaltlos zugestimmt.

Der Verschmelzungsvertrag ist dieser Urkunde als Anlage beigefügt.

C. Verzichtserklärungen

Die Erschienenen erklären weiter zu Protokoll folgende Erklärungen:

Alle Gesellschafter verzichten (vorsorglich soweit erforderlich)
– auf Prüfung der Verschmelzung und Erstellung eines Verschmelzungsprüfungsberichts,
– auf Erstellung eines Verschmelzungsberichts,
– auf Anfechtung dieses Zustimmungsbeschlusses.

Der Notar hat über die Bedeutung dieser Verzichte belehrt.

D. Sonstiges

Die Kosten dieser Urkunde trägt die Gesellschaft.

Vorgelesen vom Notar, von den Erschienenen eigenhändig genehmigt und unterschrieben.

. . . . .

d) Anmeldung zum Handelsregister für die übertragende A-GmbH

875 ▶ **Muster: Handelsregisteranmeldung für übertragende A-GmbH**

An das

Amtsgericht

– Handelsregister A –

Durch elektronische Übermittlung

Betrifft: HRB . . . . . – A-GmbH

Ich, der unterzeichnende alleinvertretungsberechtigte Geschäftsführer der A-GmbH, überreiche in der Anlage:
1. elektronisch beglaubigte Abschrift des Verschmelzungsvertrages vom . . . . . UR.Nr. . . . . . des beglaubigten Notars,
2. elektronisch beglaubigte Abschrift des Zustimmungsbeschlusses der Gesellschafter der A-GmbH vom . . . . . UR.Nr. . . . . . des beglaubigenden Notars, samt Verzichtserklärungen der Gesellschafter der A-GmbH auf Erstellung eines Verschmelzungsberichts und Verschmelzungsprüfung und Erstellung eines Verschmelzungsprüfungsberichts sowie Verzicht auf Anfechtung des Zustimmungsbeschlusses,
3. elektronisch beglaubigte Abschrift des Zustimmungsbeschlusses der Gesellschafter der B-GmbH & Co. KG vom . . . . . UR.Nr. . . . . . des beglaubigenden Notars, samt Verzichtserklärungen der Gesellschafter der B-GmbH & Co. KG auf Erstellung eines Verschmelzungsberichts und Verschmelzungs-

prüfung und Erstellung eines Verschmelzungsprüfungsberichts sowie Verzicht auf Anfechtung des Zustimmungsbeschlusses,

4. elektronisch beglaubigte Abschrift des Nachweises über die rechtzeitige Zuleitung des Verschmelzungsvertrages zum Betriebsrat,

5. elektronisch beglaubigte Abschrift der festgestellten Schlussbilanz der A-GmbH zum Verschmelzungsstichtag

und melde zur Eintragung ins Handelsregister an:

Die A-GmbH ist auf die B-GmbH & Co. KG als übernehmende Gesellschaft im Wege der Verschmelzung durch die Aufnahme verschmolzen.

Ich erkläre, dass weder der Verschmelzungsbeschluss der Gesellschafter der A-GmbH noch der Verschmelzungsbeschluss der Gesellschafter der B-GmbH & KG angefochten worden sind und wegen der von allen Gesellschaftern abgegebenen Verzichtserklärungen nicht angefochten werden kann.

(ggf. weitere Angaben, z. B. Geschäftsanschrift usw.)

....., den .....

(Beglaubigungsvermerk)

e) Anmeldung für die übernehmende KG bei Verschmelzung zur Aufnahme (B-GmbH & Co. KG)

▶ **Muster: Handelsregisteranmeldung für die übernehmende KG bei Verschmelzung zur Aufnahme (B-GmbH & Co. KG)** 876

An das

Amtsgericht

– Handelsregister A –

(elektronische Übermittlung)

Betrifft: HRA ..... – B-GmbH & Co. KG

In der Anlage überreiche ich, der unterzeichnende alleinvertretungsberechtigte Geschäftsführer handelnd für die alleinige Komplementärin der B-GmbH & Co. KG:

1. elektronisch beglaubigte Abschrift des Verschmelzungsvertrages vom ..... UR.Nr. ..... des beglaubigenden Notars,

2. elektronisch beglaubigte Abschrift des Zustimmungsbeschlusses der Gesellschafter der A-GmbH vom ..... UR.Nr. ..... des beglaubigenden Notars, samt Verzichtserklärungen der Gesellschafter der A-KG auf Erstellung eines Verschmelzungsberichts und Verschmelzungsprüfung und Erstellung eines Verschmelzungsprüfungsberichts sowie Verzicht auf Anfechtung des Zustimmungsbeschlusses,

3. elektronisch beglaubigte Abschrift des Zustimmungsbeschlusses der Gesellschafter der B-GmbH & Co. KG vom ..... UR.Nr. ..... des beglaubigenden Notars, samt Verzichtserklärungen der Gesellschafter der B-GmbH & Co. KG auf Erstellung eines Verschmelzungsberichts und Verschmelzungsprüfung und Erstellung eines Verschmelzungsprüfungsberichts sowie Verzicht auf Anfechtung des Zustimmungsbeschlusses,

4. elektronisch beglaubigte Abschrift des Nachweises über die rechtzeitige Zuleitung des Verschmelzungsvertrages zum Betriebsrat,

und melde zur Eintragung in das Handelsregister an:

a) Die A-GmbH ist auf die B-GmbH & Co. KG im Wege der Verschmelzung durch Aufnahme verschmolzen.

b) Die Gesellschafter der A-GmbH sind i. R. d. Verschmelzung in die B-GmbH & Co. KG als neue Kommanditisten eingetreten und erhalten folgende Gesellschafterstellungen mit den nachfolgenden Maßgaben:

Herr A (Name, Vorname, Geburtsdatum, Wohnort)

die Stellung als Kommanditist mit einer Hafteinlage i. H. v. ..... €,

Herr B (Name, Vorname, Geburtsdatum, Wohnort)

die Stellung als Kommanditist mit einer Hafteinlage i. H. v. ..... €,

Herr C (Name, Vorname, Geburtsdatum, Wohnort)

die Stellung als Kommanditist mit einer Hafteinlage i. H. v. ..... €.

Konkrete Vertretungsbefugnis:

Die Gesellschafter A, B, C sind als Kommanditisten nicht zur Vertretung der Gesellschaft berechtigt.

Die inländische Geschäftsanschrift und die Geschäftsräume befinden sich unverändert in (Ort, Straße).

Ich erkläre, dass weder der Verschmelzungsbeschluss der Gesellschafter der A-KG noch der Verschmelzungsbeschluss der Gesellschafter der B-GmbH & Co. KG angefochten worden sind und wegen der von allen Gesellschaftern abgegebenen Verzichtserklärungen nicht angefochten werden kann.

....., den .....

(Beglaubigungsvermerk)

5. Verschmelzung Tochter-GmbH (100 %) auf Mutter-GmbH & Co. KG zur Aufnahme (sog. up-stream-merger). a) Verschmelzungsvertrag

877 ▶ **Muster: Verschmelzungsvertrag bei der Verschmelzung Tochter-GmbH (100 %) auf Mutter-GmbH & Co. KG zur Aufnahme (sog. up-stream-merger)**

UR.Nr. für .....

Verhandelt zu .....

am .....

Vor dem unterzeichnenden

.....

Notar mit dem Amtssitz in .....

erschienen:

1. Herr (Name, Geburtsdatum Adresse),

hier handelnd als alleinvertretungsberechtigter Geschäftsführer der B-Verwaltungs GmbH (Sitz, eingetragen im Handelsregister des Amtsgerichts ..... unter HRB .....), diese wiederum handelnd als alleinige persönlich haftende Gesellschafterin der B-GmbH & Co. KG mit dem Sitz in ....., eingetragen im Handelsregister des Amtsgerichts ..... unter HRA .....,

2. Herr (Name, Geburtsdatum Adresse),

handelnd als alleinvertretungsberechtigter Geschäftsführer der A-GmbH ..... mit dem Sitz in ....., eingetragen im Handelsregister des Amtsgerichts ..... unter HRB .....

– Vertretungsbescheinigung –

Die Erschienenen wiesen sich dem Notar gegenüber aus durch Vorlage ihrer amtlichen Lichtbildausweise.

A. Sachstand

Die Beteiligten erklären:
1. Die A-GmbH hat ein Stammkapital von ..... €. Das Stammkapital ist voll eingezahlt.

An der A-GmbH ist als alleinige Gesellschafterin die B GmbH & Co. KG beteiligt.
2. Die B-GmbH & Co. KG hat ein Festkapital von ..... €.

An der Gesellschaft sind die Gesellschafter wie folgt beteiligt, die Kapitalanteile verteilen sich auf die Gesellschafter wie folgt:
a) Persönlich haftende Gesellschafterin:

B-Verwaltungs GmbH ohne Kapitalanteil
b) Kommanditisten:

X: ..... €,

Y: ..... €.

Die Festkapitalanteile der Kommanditisten entsprechen den im Handelsregister eingetragenen Hafteinlagen. Die Hafteinlagen sind nach Angabe vollständig erbracht.

Die Erschienenen ließen sodann folgenden

B. Verschmelzungsvertrag

beurkunden und erklärten, handelnd wie angegeben:

I. Vermögensübertragung

Die A-GmbH überträgt ihr Vermögen als Ganzes mit allen Rechten und Pflichten unter Ausschluss der Abwicklung auf die B-GmbH & Co. KG im Wege der Verschmelzung durch Aufnahme.

II. Gegenleistung

Da die A-GmbH 100 %ige Tochtergesellschaft der B-GmbH & Co. KG ist und sich somit alle Anteile an der übertragenden Gesellschaft in der Hand der übernehmenden Gesellschaft befinden, entfallen nach § 5 Abs. 2 UmwG alle Angaben über eine Gegenleistung oder einen Umtausch der Anteile.

III. Bilanzstichtag

Der Verschmelzung wird die mit dem uneingeschränkten Bestätigungsvermerk des Wirtschaftsprüfers . . . . . in . . . . . versehene Bilanz der A-GmbH zum . . . . . als Schlussbilanz zugrunde gelegt.

IV. Verschmelzungsstichtag

Die Übernahme des Vermögens der A-GmbH erfolgt im Innenverhältnis mit Wirkung zum Ablauf des 31.12 . . . . . Vom 01.01 . . . . . an gelten alle Handlungen und Geschäfte der A-GmbH als für Rechnung der B-GmbH & Co. KG vorgenommen.

V. Besondere Rechte

Besondere Rechte i. S. v. § 5 Abs. 1 Nr. 7 UmwG bestehen bei der B-GmbH & Co. KG nicht. Einzelnen Anteilsinhabern werden i. R. d. Verschmelzung keine besonderen Rechte gewährt.

VI. Besondere Vorteile

Besondere Vorteile i. S. v. § 5 Abs. 1 Nr. 8 UmwG werden weder einem Mitglied eines Vertretungsoder Aufsichtsorgans, noch dem Abschlussprüfer oder dem Verschmelzungsprüfer gewährt.

VII. Folgen der Verschmelzung für Arbeitnehmer und ihrer Vertretungen

Für die Arbeitnehmer der A-KG ergeben sich aus der Verschmelzung folgende Auswirkungen: . . . . .

Für die Arbeitnehmer der B-GmbH & Co. KG ergeben sich aus der Verschmelzung folgende Auswirkungen: . . . . .

Bei beiden Gesellschaften existiert ein Betriebsrat. Insoweit ergeben sich aus der Verschmelzung folgende Auswirkungen: . . . . .

Folgende Maßnahmen sind vorgesehen: . . . . .

VIII. Kosten

Die durch diesen Vertrag und seine Durchführung bei beiden Gesellschaften entstehenden Kosten trägt die B-GmbH & Co. KG. Sollte die Verschmelzung nicht wirksam werden, tragen die Kosten dieses Vertrages die Gesellschaften zu gleichen Teilen, alle übrigen Kosten die jeweils betroffene Gesellschaft allein.

Diese Niederschrift nebst der Anlage wurde den Erschienenen vom Notar vorgelesen, von ihnen genehmigt und von ihnen und dem Notar eigenhändig, wie folgt, unterschrieben:

. . . . .

b) Zustimmungsbeschluss bei der übernehmenden Gesellschaft (B-GmbH & Co. KG) bei Verschmelzung zur Aufnahme, Verzichtserklärungen

878 ▸ **Muster: Zustimmungsbeschluss bei der übernehmenden Gesellschaft (B-GmbH & Co. KG) bei Verschmelzung zur Aufnahme, Verzichtserklärungen**

Niederschrift über eine Gesellschafterversammlung

Heute, den . . . . ., erschienen vor mir, dem unterzeichneten Notar . . . . ., mit Amtssitz in . . . . ., an der Amtsstelle in . . . . .:
1. Herr X, Kaufmann, wohnhaft in . . . . .,
2. Herr Y, Kaufmann, wohnhaft in . . . . .,
3. Herr Z, Kaufmann, wohnhaft in . . . . .

hier nicht im eigenen Namen, sondern handelnd als alleinvertretungsberechtigter Geschäftsführer der der B-Verwaltungs GmbH (Sitz, eingetragen im Handelsregister des Amtsgerichts . . . . . unter HRB . . . . .)

– Vertretungsbescheinigung –

Die Beteiligten sind mir, dem Notar, persönlich bekannt.

Auf Antrag beurkunde ich den vor mir abgegebenen Erklärungen gemäß Folgendes:

A. Sachstand

Die Erschienenen erklären:

Wir sind die alleinigen Gesellschafter der B-GmbH & Co. KG, eingetragen im Handelsregister des Amtsgerichts X-Stadt unter . . . . .

Die B-GmbH & Co. KG hat ein Festkapital von . . . . . €.

An der Gesellschaft sind die Gesellschafter wie folgt beteiligt, die Kapitalanteile verteilen sich auf die Gesellschafter wie folgt:
a) Persönlich haftende Gesellschafterin:

B-Verwaltungs GmbH ohne Kapitalanteil
b) Kommanditisten:

X: . . . . . €,

Y: . . . . . €.

B. Gesellschafterversammlung

Die Erschienenen erklärten: Wir sind die alleinigen Gesellschafter der B-GmbH & Co. KG mit Sitz in . . . . ., unter Verzicht auf alle durch Gesetz oder Gesellschaftsvertrag vorgeschriebenen Formen und Fristen halten wir hiermit eine Gesellschafterversammlung der B-GmbH & Co. KG ab und beschließen einstimmig Folgendes:

Dem Verschmelzungsvertrag zwischen der A-GmbH und der B-GmbH & Co. KG (Urkunde des Notars . . . . ., in . . . . ., vom . . . . ., UR.Nr. . . . . .) wird mit allen Stimmen vorbehaltlos zugestimmt. Er ist der Niederschrift als Anlage beigefügt.

C. Verzichtserklärungen

Die Erschienenen erklären weiter zu Protokoll folgende Erklärungen:

Alle Gesellschafter verzichten (teilweise auch vorsorglich)
– auf Prüfung der Verschmelzung und Erstellung eines Verschmelzungsprüfungsberichts,
– auf Erstellung eines Verschmelzungsberichts,
– auf Anfechtung dieses Zustimmungsbeschlusses.

Der Notar hat über die Bedeutung dieser Verzichte belehrt.

Vorgelesen vom Notar, von den Erschienenen genehmigt und eigenhändig unterschrieben.

. . . . .

c) Zustimmungsbeschluss der übertragenden Gesellschaft (A-GmbH) bei Verschmelzung zur Aufnahme, Verzichtserklärungen

▸ **Muster: Zustimmungsbeschluss der übertragenden Gesellschaft (A-GmbH) bei Verschmelzung zur Aufnahme, Verzichtserklärungen**   879

Niederschrift über eine Gesellschafterversammlung

Heute, den . . . . ., erschienen vor mir, dem unterzeichneten Notar . . . . ., mit Amtssitz in . . . . . an der Amtsstelle in . . . . .:

Herr (Name, Geburtsdatum Adresse),

hier handelnd als alleinvertretungsberechtigter Geschäftsführer der B-Verwaltungs GmbH (Sitz, eingetragen im Handelsregister des Amtsgerichts . . . . . unter HRB . . . . .), diese wiederum handelnd als alleinige persönlich haftende Gesellschafterin der B-GmbH & Co. KG

mit dem Sitz in . . . . ., eingetragen im Handelsregister des Amtsgerichts . . . . . unter HRA . . . . .

Der Beteiligte ist mir, Notar . . . . . persönlich bekannt.

Auf Antrag beurkunde ich den vor mir abgegebenen Erklärungen gemäß Folgendes:

A. Sachstand

Der Erschienene erklärt: Die A-GmbH hat ein Stammkapital von . . . . . €. Das Stammkapital ist voll eingezahlt.

An der A-GmbH ist als alleinige Gesellschafterin die B GmbH & Co. KG beteiligt.

B. Gesellschafterversammlung

Die vorgenannte Alleingesellschafterin hält eine Gesellschafterversammlung der vorgenannten A-GmbH unter Verzicht auf alle Frist- und Formvorschriften ab und stellt fest, dass die Gesellschafterversammlung als Vollversammlung beschlussfähig ist.

Die Gesellschaft beschließt mit allen Stimmen Folgendes:

Dem Verschmelzungsvertrag zwischen der A-GmbH und der B-GmbH & Co. KG mit Sitz in . . . . . vom . . . . ., UR.Nr. . . . . . des amtierenden Notars wird mit allen Stimmen vorbehaltlos zugestimmt.

Der Verschmelzungsvertrag ist dieser Urkunde als Anlage beigefügt.

C. Verzichtserklärungen

Die Erschienene erklären weiter zu Protokoll folgende Erklärungen:

Als Gesellschafter verzichtet die B-GmbH & Co. KG (teilweise vorsorglich)
– auf Prüfung der Verschmelzung und Erstellung eines Verschmelzungsprüfungsberichts,
– auf Erstellung eines Verschmelzungsberichts,
– auf Anfechtung dieses Zustimmungsbeschlusses.

Der Notar hat über die Bedeutung dieser Verzichte belehrt.

D. Sonstiges

Die Kosten dieser Urkunde trägt die Gesellschaft.

Vorgelesen vom Notar, von den Erschienenen eigenhändig genehmigt und unterschrieben.

. . . . .

d) Anmeldung zum Handelsregister für die übertragende A-GmbH

▸ **Muster: Handelsregisteranmeldung für übertragende A-GmbH**   880

An das

Amtsgericht

– Handelsregister A –

(elektronische Übermittlung)

Betrifft: HRB . . . . . – A-GmbH

Ich, der unterzeichnende alleinvertretungsberechtigte Geschäftsführer der A-GmbH, überreiche in der Anlage:

1. elektronisch beglaubigte Abschrift des Verschmelzungsvertrages vom ....., UR.Nr. ..... des beglaubigten Notars,
2. elektronisch beglaubigte Abschrift des Zustimmungsbeschlusses der Gesellschafterin der A-GmbH vom ..... UR.Nr. ..... des beglaubigenden Notars, samt Verzichtserklärungen der Gesellschafterin der A-GmbH auf Erstellung eines Verschmelzungsberichts und Verschmelzungsprüfung und Erstellung eines Verschmelzungsprüfungsberichts sowie Verzicht auf Anfechtung des Zustimmungsbeschlusses,
3. elektronisch beglaubigte Abschrift des Zustimmungsbeschlusses der Gesellschafter der B-GmbH & Co. KG vom ..... UR.Nr. ..... des beglaubigenden Notars, samt Verzichtserklärungen der Gesellschafter der B-GmbH & Co. KG auf Erstellung eines Verschmelzungsberichts und Verschmelzungsprüfung und Erstellung eines Verschmelzungsprüfungsberichts sowie Verzicht auf Anfechtung des Zustimmungsbeschlusses,
4. elektronisch beglaubigte Abschrift des Nachweises über die rechtzeitige Zuleitung des Verschmelzungsvertrages zum Betriebsrat,
5. elektronisch beglaubigte Abschrift der festgestellte Schlussbilanz der A-GmbH zum Verschmelzungsstichtag

und melde zur Eintragung ins Handelsregister an:

Die A-GmbH ist auf die B-GmbH & Co. KG als übernehmende Gesellschaft im Wege der Verschmelzung durch die Aufnahme verschmolzen.

Ich erkläre, dass weder der Verschmelzungsbeschluss der Gesellschafter der A-GmbH noch der Verschmelzungsbeschluss der Gesellschafter der B-GmbH & Co. KG angefochten worden sind und wegen der von allen Gesellschaftern abgegebenen Verzichtserklärungen nicht angefochten werden kann.

(ggf. weitere Angaben, z. B. Geschäftsanschrift usw.)

....., den .....

(Beglaubigungsvermerk)

e) Anmeldung für die übernehmende KG bei Verschmelzung zur Aufnahme (B-GmbH & Co. KG)

881 ▶ **Muster: Handelsregisteranmeldung für übernehmende KG bei Verschmelzung zur Aufnahme (B-GmbH & Co. KG)**

An das

Amtsgericht

– Handelsregister –

(elektronische Übermittlung)

Betrifft: H RA ..... – B-GmbH & Co. KG

In der Anlage überreiche ich, der unterzeichnende alleinvertretungsberechtigte Geschäftsführer handelnd als alleiniger Komplementär der B-GmbH & Co. KG:

1. elektronisch beglaubigte Abschrift des Verschmelzungsvertrages vom ....., UR.Nr. ..... des beglaubigenden Notars,
2. elektronisch beglaubigte Abschrift des Zustimmungsbeschlusses der Gesellschafter der A-KG vom ..... UR.Nr. ..... des beglaubigten Notars, samt Verzichtserklärungen der Gesellschafter der A-KG auf Erstellung eines Verschmelzungsberichts und Verschmelzungsprüfung und Erstellung eines Verschmelzungsprüfungsberichts sowie Verzicht auf Anfechtung des Zustimmungsbeschlusses,
3. elektronisch beglaubigte Abschrift des Zustimmungsbeschlusses der Gesellschafter der B-GmbH & Co. KG vom ..... UR.Nr. ..... des beglaubigten Notars, samt Verzichtserklärungen der Gesellschafter der B-GmbH & Co. KG auf Erstellung eines Verschmelzungsberichts und Verschmelzungsprüfung und Erstellung eines Verschmelzungsprüfungsberichts sowie Verzicht auf Anfechtung des Zustimmungsbeschlusses,
4. elektronisch beglaubigte Abschrift des Nachweises über die rechtzeitige Zuleitung des Verschmelzungsvertrages zum Betriebsrat,

und melde zur Eintragung in das Handelsregister an:

Die A-GmbH ist auf die B-GmbH & Co. KG im Wege der Verschmelzung durch Aufnahme verschmolzen.

Die inländische Geschäftsanschrift und die Geschäftsräume befinden sich unverändert in (Ort, Straße).

Ich erkläre, dass weder der Verschmelzungsbeschluss der Gesellschafter der A-KG noch der Verschmelzungsbeschluss der Gesellschafter der B-GmbH & Co. KG angefochten worden sind und wegen der von allen Gesellschaftern abgegebenen Verzichtserklärungen nicht angefochten werden kann.

....., den .....

(Beglaubigungsvermerk)

B. Verschmelzung von Partnerschaftsgesellschaften

I. Checkliste

Beim Ablauf des **Verschmelzungsverfahrens bei Partnerschaftsgesellschaften** sind folgende Punkte zu beachten: **882**

- ☐ Verschmelzungsvertrag (§§ 4 bis 6, 45b UmwG),
- ☐ Verschmelzungsbericht: Nur erforderlich, wenn ein Partner gem. § 6 Abs. 2 PartGG von der Geschäftsführung ausgeschlossen ist (§§ 8, 45c UmwG),
- ☐ Zuleitung des Verschmelzungsvertrages an den Betriebsrat (§ 5 Abs. 3 UmwG),
- ☐ Unterrichtung der von der Geschäftsführung ausgeschlossenen Partner nach § 45c, 42 UmwG,
- ☐ Verschmelzungsprüfung auf Verlangen eines Partners (§§ 9 bis 12, 44, 45e UmwG),
- ☐ Verschmelzungsbeschluss der beteiligten Partnerschaften (§§ 13, 45d UmwG),
- ☐ notwendige Zustimmungserklärungen (§ 13 Abs. 2 UmwG),
- ☐ Anmeldung zum Handels- oder Partnerschaftsregister bei der übertragenden Gesellschaft oder Partnerschaft und bei der übernehmenden Gesellschaft oder Partnerschaft (§§ 16, 17 UmwG),
- ☐ Eintragung der Verschmelzung, zunächst in das Register des Sitzes der übertragenden Gesellschaft oder Partnerschaft, sodann an das Register des Sitzes der übernehmenden Gesellschafter oder Partnerschaft (§§ 19, 20 UmwG).

II. Verschmelzungsvertrag bei Verschmelzung durch Aufnahme

1. Zulässigkeit der Verschmelzung. Durch das Gesetz zur Änderung des UmwG v. 22.07.1998 (BGBl. I, S. 1878) wurde auch der **Partnerschaft die Möglichkeit der Verschmelzung** eröffnet. In § 3 Abs. 1 Nr. 1 UmwG ist die Partnerschaftsgesellschaft ausdrücklich als verschmelzungsfähiger Rechtsträger genannt. Mit Inkrafttreten des Gesetzes zur Einführung einer **Partnerschaftsgesellschaft mit beschränkter Berufshaftung** und zur Änderung des Berufsrechts der Rechtsanwälte, Patentanwälte, Steuerberater und Wirtschaftsprüfer am 19. Juli 2013 (BGBl. I S. 2386) wurde im Partnerschaftsgesellschaftsgesetz durch Einfügen der §§ 4 Abs. 3 und 8 Abs. 5 sowie der Neufassung des § 7 Abs. 5 die PartG mbB geschaffen. Das OLG Nürnberg (FGPrax 2014, 127 = DNotZ 2014, 468 = RNotZ 2014, 390) hat klargestellt, dass es sich dabei nicht um eine eigene Rechtsform, sondern nur eine Rechtsformvariante einer Partnerschaftsgesellschaft nach dem PartGG handelt und nicht um eine andere Rechtsform (ebenso Schäfer in: MünchKomm-BGB, § 8 PartGG Rn. 41, 42; Leitzen, DNotZ 2013, 597; Posegga, DStR 2012, 612), so dass im Grundsatz keine Besonderheiten bestehen (Lutter/H. Schmidt, § 45a UmwG Rn. 3. **883**

Die Partnerschaft kann sowohl übertragender, als auch aufnehmender Rechtsträger sein. Die Partnerschaft als übertragender Rechtsträger kann auf Personenhandelsgesellschaften, andere Partnerschaftsgesellschaften, Kapitalgesellschaften und Genossenschaften verschmolzen werden. Als aufnehmender Rechtsträger oder neuer Rechtsträger bei der Verschmelzung zur Neugründung steht die Partnerschaft für Personenhandelsgesellschaften, Partnerschaftsgesellschaften, Kapitalgesellschaften, Genossenschaften und Vereine zur Verfügung (vgl. Neye, ZIP 1997, 722). Zu beachten ist allerdings, dass nach § 45a UmwG eine Verschmelzung auf eine Partnerschaftsgesellschaft nur möglich ist, wenn im Zeitpunkt des Wirksamwerdens der Verschmelzung alle Anteilsinhaber übertragender Rechtsträger **natürliche Personen sind, die einen freien Beruf** ausüben. § 45a UmwG soll das rechtspolitisch unerwünschte und das nach § 1 Abs. 1 Satz 3 PartGG untersagte Eindringen juristischer Personen oder Personengesellschaften sowie Partnerschaftsgesellschaften in den Kreis der Gesellschafter einer Partnerschaft verhindern (Vossius, in Widmann/Mayer, UmwG, § 45a Rn. 41; Dauner-Lieb/Tettinger, in: KK-UmwG, § 45a Rn. 2; Lutter/H. Schmitt, § 45a UmwG Rn. 8). Fraglich ist die Anwendung des § 45a UmwG bei der Verschmelzung einer 100 %igen Tochter-GmbH auf ihre Mutter-Partnerschaftsgesellschaft, wenn die übertragende Tochter-GmbH als einzige Gesellschafterin die Partnerschaftsgesellschaft und keine natürliche Person hat. In diesem Fall besteht die Gefahr eines Verstoßes gegen § 1 Abs. 1 Satz 3 PartGG aber schon rechtstechnisch nicht. Denn dabei ist nach § 5 Abs. 2, § 20 Abs. 1 Nr. 3 UmwG eine Anteilsgewährung untersagt. Die Gesellschafterin der Tochter-GmbH (hier Partnerschaftsgesellschaft) könnte also durch die Verschmelzung gar nicht Gesellschafterin der aufnehmenden Partnerschaftsgesellschaft werden. Daher spricht viel für eine **teleologische Reduktion** der Norm des § 45a UmwG dergestalt, dass sie auf die hier vorliegende Fallkonstellation nicht anwendbar ist. Auch **Ihrig** (in: Semler/Stengel, UmwG, § 45a Rn. 9) schlägt in anderem Zusammenhang eine einschränkende Auslegung des § 45a UmwG bei der Verschmelzung durch Aufnahme auf eine Partnerschaftsgesellschaft vor, wenn es um die Anforderungen an die Freiberuflerqualität wie im Fall der Neugründung einer Partnerschaftsgesellschaft geht.

884 **2. Form und Abschlusskompetenz.** Insoweit gelten **keine Besonderheiten** (vgl. daher oben unter Teil 2 Rdn. 52 ff.).

885 **3. Inhalt des Verschmelzungsvertrages.** Auch bei der Partnerschaft ergibt sich der **notwendige Inhalt des Vertrages** zunächst aus § 5 Abs. 1 UmwG.

886 Auch bei der Partnerschaft sind den Gesellschaftern oder Partnern der übertragenden Gesellschaft oder Partnerschaft Anteile an der übernehmenden Gesellschaft zu gewähren. Ähnlich wie bei der **GbR** ist bei einer Partnerschaftsgesellschaft, anders als bei Kapitalgesellschaften, grds. ein festes Gesellschaftskapital nicht vorgeschrieben, aber häufig aus Klarheitsgründen üblich. Besteht keine Regelung, sind die Partner nach § 1 Abs. 4 PartGG i. V. m. § 706 BGB zu gleichen Anteilen beteiligt. Bei der Verschmelzung ist daher zu prüfen, welche Regelung der Gesellschaftsvertrag einer aufnehmenden Partnerschaftsgesellschaft vorsieht, ob etwa ein fester Kapitalanteil oder eine prozentuale Beteiligung oder Ähnliches vorgesehen ist.

887 ▶ **Hinweis:**

In der Praxis ist daher bei der Verschmelzung zu prüfen, ob nicht feste Kapitalanteile bei der Partnerschaftsgesellschaft eingeführt werden sollen, die die Anteilsgewährung vereinfachen. I. Ü. gilt für die Durchführung der Anteilsgewährung das Gleiche wie bei Personengesellschaften (vgl. oben Teil 2 Rdn. 740 ff.).

888 § 45b UmwG bestimmt als Besonderheit, dass der Verschmelzungsvertrag zusätzlich für jeden Anteilsinhaber eines übertragenden Rechtsträgers den **Namen und den Vornamen sowie den in der übernehmenden Partnerschaft ausgeübten Beruf und den Wohnort** jedes Partners enthalten muss. Diese Vorschrift will sicherstellen, dass die Voraussetzungen des § 45a, dass im Zeitpunkt des Wirksamwerdens alle Anteilsinhaber des übertragenden Rechtsträgers natürliche Personen sind, die einen festen Beruf ausüben, im Zeitpunkt des Wirksamwerdens der Verschmelzung eindeutig erfüllt sind. Deshalb müssen diejenigen Angaben zu den zukünftigen Partnern gemacht werden, die § 3 Abs. 2 Nr. 2 PartGG für den Partnerschaftsvertrag vorschreibt (vgl. Begründung zum RegE, BR-Drucks. 609/97, S. 25; Neye, ZIP 1997, 722, 723; Lutter/H. Schmitt, § 45b UmwG Rn. 3). I. Ü. kann wegen der weiteren Angaben des Verschmelzungsvertrages auf die Ausführungen zur Verschmelzung von Personengesellschaften verwiesen werden (vgl. oben Teil 2 Rdn. 740 ff.).

889 Bei Mischverschmelzungen ist ein **Abfindungsangebot** aufzunehmen.

III. Verschmelzungsvertrag bei Verschmelzung durch Neugründung

890 **Besondere Vorschriften** für eine Verschmelzung einer Partnerschaftsgesellschaft im Wege der Neugründung bestehen nicht. Nach § 36 Abs. 1 UmwG finden daher die Vorschriften über die Verschmelzung

durch Aufnahme entsprechende Anwendung. Die bestehenden Gesellschaften gelten dabei als übertragende Rechtsträger, die neu zu gründende Partnerschaft als übernehmender Rechtsträger. Der Partnerschaftsvertrag muss sich nach dem PartGG richten, insb. § 3 PartGG. Der Partnerschaftsvertrag muss daher enthalten (§ 3 Abs. 2 PartGG):
– den Namen und den Sitz der Partnerschaft,
– den Namen und den Vornamen sowie
– den in der Partnerschaft ausgeübten Beruf und den Wohnort jedes Partners (d. h. der Gesellschafter der übertragenden Gesellschaft oder Partnerschaft) und
– den Gegenstand der Partnerschaft.

Er ist als Gegenstand des Verschmelzungsvertrages **mit zu beurkunden** (vgl. § 37 UmwG). Da nach dem Verschmelzungsvertrag mitgeteilt werden muss, welche Anteile die Gesellschafter der übertragenden Gesellschaft bzw. Partner der übertragenden Partnerschaft erhalten, muss auch der Partnerschaftsvertrag Ausführungen zur Anteilsverteilung enthalten.

IV. Verschmelzungsbericht

Nach § 45c UmwG ist ein **Verschmelzungsbericht** für eine an der Verschmelzung beteiligte Partnerschaftsgesellschaft **nur erforderlich**, wenn ein Partner gem. § 6 Abs. 2 PartGG von der Geschäftsführung ausgeschlossen ist. Der Zweck dieser Einschränkung liegt darin, dass der Verschmelzungsbericht nach § 8 UmwG der Unterrichtung der Partner dient, denen es nicht möglich ist, an der Geschäftsführung teilzunehmen und sich damit selbst über die Vorgänge zu unterrichten (vgl. Lutter/H. Schmitt, § 45c UmwG Rn. 1; Ihrig in: Semler/Stengel, § 45c UmwG Rn 1). Die Vorschrift schränkt daher die Verpflichtung zur Erstellung eines Verschmelzungsberichts nur für die Fälle ein, in denen es solche von der Geschäftsführung ausgeschlossene Partner gibt. **891**

Nach § 45c Satz 2 UmwG sind die von der Geschäftsführung ausgeschlossenen Partner entsprechend § 42 UmwG **zu unterrichten**. Ihnen ist daher durch Zusendung von Verschmelzungsvertrag und -bericht die Möglichkeit zu geben, sich über die Einzelheiten einer geplanten Verschmelzung umfassend zu informieren (vgl. Lutter/H. Schmitt, § 45c UmwG Rn. 5 ff.; Ihrig in: Semler/Stengel, § 45c UmwG Rn 8 ff.). Darüber hinaus kann der Bericht nach allgemeinen Vorschriften entfallen, insb., wenn gem. § 8 Abs. 3 UmwG alle Anteilsinhaber in notariell beurkundeter Verzichtserklärung auf die Erstellung verzichtet haben. Man wird es hier, ähnlich wie bei der Personengesellschaft – genügen lassen, wenn nur Verzichtserklärungen des Partners vorliegen, die von der Geschäftsführung ausgeschlossen sind (vgl. oben Teil 2 Rdn. 817). Z. T. verlangt die Literatur allerdings, dass der Verzicht von allen Anteilsinhabern erklärt werden muss, der Verzicht der von der Geschäftsführung ausgeschlossenen Anteilsinhabern genügt danach nicht (so Lutter/H. Schmitt, § 45c UmwG Rn. 4; Ihrig in: Semler/Stengel, § 45c UmwG Rn. 7) **892**

V. Vorbereitung der Gesellschafterversammlung

Auch die Unterrichtungspflicht knüpft an die Frage der **Geschäftsführungsbefugnis** an. Nach § 45c Satz 2 UmwG sind von der Geschäftsführung ausgeschlossene Partner entsprechend § 42 UmwG durch Übersendung des Verschmelzungsvertrages und ggf. eines Verschmelzungsberichts zu unterrichten. I. Ü. kann auf die Vorschriften für Personengesellschaften verwiesen werden (vgl. oben Teil 2 Rdn. 821 ff.). **893**

VI. Verschmelzungsbeschluss

Ähnlich wie bei Personengesellschaften bestimmt § 45d UmwG, dass der Verschmelzungsbeschluss der Gesellschafterversammlung bei der Partnerschaftsgesellschaft der **Zustimmung aller anwesenden Partner** bedarf; ihm müssen auch die nicht erschienenen Partner zustimmen. Es gelten die gleichen Ausführungen wie bei der Personengesellschaft (vgl. oben Teil 2 Rdn. 827 ff.). **894**

Nach § 45d Abs. 2 UmwG kann der Partnerschaftsvertrag eine **Mehrheitsentscheidung** der Partner vorsehen. Die Mehrheit muss mindestens 3/4 der abgegebenen Stimmen betragen. Auch hier gelten die Ausführungen zum Personengesellschaftsrecht (vgl. oben Teil 2 Rdn. 827 ff.). Anders als bei Personenhandelsgesellschaften kann ein Schutz widersprechender Minderheitsgesellschafter allerdings **895** nicht wie nach § 43 UmwG durch Gewährung einer Kommanditistenstellung nach Widerspruch erfolgen (vgl. oben Teil 2 Rdn. 827 ff.). Da es bei der Partnerschaftsgesellschaft etwas Vergleichbares nicht gibt, wird hier der Minderheitenschutz durch die allgemeinen Vorschriften, insb. das Austrittsrecht gem. § 29 UmwG und das Veräußerungsrecht nach § 33 UmwG gewährleistet (vgl. Neye, ZIP 1997, 724). Der Beschluss ist, wie bei der Personengesellschaft, notariell zu beurkunden (§ 13 Abs. 3 UmwG).

VII. Verschmelzungsprüfung

896   Für die Verschmelzungsprüfung verweist § 45e UmwG auf § 44 UmwG, sodass die **Vorschriften über Personengesellschaften entsprechend** gelten (vgl. oben Teil 2 Rdn. 850 ff.).

VIII. Handelsregisteranmeldung

897   Es gelten die allgemeinen Ausführungen (vgl. oben Teil 2 Rdn. 627 ff.). Anzumelden ist die Verschmelzung für alle Rechtsträger. Darüber hinaus ist der mit der Verschmelzung verbundene Eintritt neuer Partner der übertragenden Gesellschaft oder Partnerschaft anzumelden, wobei sich die Anmeldung nach dem PartGG und der Partnerschaftsregisterverordnung (PRV; BGBl. 1995 I, S. 808) richtet. Nach § 3 Abs. 1 PRV ist in der Anmeldung der Partnerschaft die **Zugehörigkeit jedes Partners zu dem freien Beruf**, den er in der Partnerschaft ausübt, anzugeben. Bedarf die Berufsausübung der staatlichen Zulassung oder der staatlichen Prüfung, so sollen die Urkunden über die Zulassung oder das Zeugnis über die Befähigung zu diesem Beruf in Urschrift, elektronisch beglaubigte Abschrift oder öffentlich beglaubigter Abschrift vorgelegt werden. Besteht für die Tätigkeit keine anerkannte Ausbildung oder ist dies zweifelhaft, können die anmeldenden Partner die Ausübung freiberuflicher Tätigkeit auf sonstige Weise, notfalls auch durch schlichte Erklärung, darlegen. Schließlich sollen die Partner nach § 3 Abs. 2 PRV eine Erklärung darüber abgaben, dass die Vorschriften über einzelne Berufe, insb. solche über die Zusammenarbeit von Angehörigen verschiedener freier Berufe, einer Eintragung nicht entgegenstehen. Besteht für einen in der Partnerschaft ausgeübten Beruf eine Berufskammer, so soll der anmeldende Partner nach § 3 PRV dem Gericht mit der Anmeldung mitteilen, ob und welche Berufskammern für die in der Partnerschaft ausgeübten Berufe bestehen und auch die Anschriften angeben. Abzugeben ist schließlich auch die Negativerklärung nach § 16 Abs. 2 Satz 1 UmwG.

IX. Muster

1. Verschmelzungsvertrag von zwei Partnerschaften zur Aufnahme ohne Abfindungsangebot

898   ▶ **Muster: Verschmelzungsvertrag von zwei Partnerschaften zur Aufnahme ohne Abfindungsangebot**

UR.Nr. . . . . .

Verhandelt zu . . . . .

am . . . . .

Vor dem unterzeichnenden

. . . . .

Notar mit dem Amtssitz in . . . . .

erschienen:
1. Herr (Name, Geburtsdatum, Adresse),

hier handelnd für die A-Partnerschaft mit dem Sitz in . . . . ., eingetragen im Partnerschaftsregister des Amtsgerichts . . . . . unter . . . . .,
2. Herr (Name, Geburtsdatum Adresse),

handelnd für die B-Partnerschaft mit dem Sitz in . . . . ., eingetragen im Partnerschaftsregister des Amtsgerichts . . . . . unter . . . . .

Die Erschienenen wiesen sich dem Notar gegenüber aus durch Vorlage ihrer amtlichen Lichtbildausweise.

Die Erschienenen ließen folgenden

Verschmelzungsvertrag

beurkunden und erklärten, handelnd wie angegeben:

I. Vermögensübertragung

Die A-Partnerschaft überträgt ihr Vermögen als Ganzes mit allen Rechten und Pflichten unter Ausschluss der Abwicklung auf die B-Partnerschaft im Wege der Verschmelzung durch Aufnahme. Zum Ausgleich räumt die B-Partnerschaft den Partnern der A-Partnerschaft Anteile ein.

II. Angabe der neuen Partner nach § 45b UmwG

An der übertragenden Partnerschaft sind folgende Personen beteiligt, die folgende Berufe in der übernehmenden Partnerschaft ausüben:

Herr X (Vor-, Nachnahme, Wohnort), ausgeübter Beruf . . . . .

Herr Y (Vor-, Nachnahme, Wohnort), ausgeübter Beruf . . . . .

III. Gegenleistung
1. Die B-Partnerschaft räumt den Partnern der A-Partnerschaft als Gegenleistung für die Übertragung des Vermögens Beteiligungen/Anteile ein, und zwar
   a) dem Partner X einen festen Kapitalanteil i. H. v. . . . . . €
   b) dem Partner Y einen festen Kapitalanteil i. H. v. . . . . . €
2. Die Beteiligungen werden kostenfrei und mit Gewinnberechtigung ab . . . . . gewährt.
3. Die Kapitalanteile der bisherigen Partner der B-Partnerschaft bleiben unverändert.

Das Umtauschverhältnis der Beteiligungen beträgt . . . . .

IV. Bilanzstichtag

Der Verschmelzung wird die mit dem uneingeschränkten Bestätigungsvermerk des Wirtschaftsprüfers . . . . . in . . . . . versehene Bilanz der A-Partnerschaft zum . . . . . als Schlussbilanz zugrunde gelegt.

V. Verschmelzungsstichtag

Die Übernahme des Vermögens der A-Partnerschaft erfolgt im Innenverhältnis mit Wirkung zum Ablauf des . . . . . Vom . . . . . an gelten alle Handlungen und Geschäfte der A-Partnerschaft auf für Rechnung der B-Partnerschaft vorgenommen.

VI. Besondere Rechte

Besondere Rechte i. S. v. § 5 Abs. 1 Nr. 7 UmwG bestehen bei der B-Partnerschaft nicht. Einzelnen Anteilsinhabern werden i. R. d. Verschmelzung keine besonderen Rechte gewährt.

VII. Besondere Vorteile

Besondere Vorteile i. S. v. § 5 Abs. 1 Nr. 8 UmwG werden weder einem Mitglied eines Vertretungs- oder Aufsichtsorgans, noch dem Abschlussprüfer oder dem Versicherungsprüfer gewährt.

VIII. Folgen der Verschmelzung für Arbeitnehmer und ihre Vertretungen

Für die Arbeitnehmer der A-Partnerschaft ergeben sich aus der Verschmelzung folgende Auswirkungen:

. . . . .

Für die Arbeitnehmer der B-Partnerschaft ergeben sich aus der Verschmelzung folgende Auswirkungen:

. . . . .

Bei beiden Gesellschaften existiert kein Betriebsrat.

Folgende Maßnahmen sind vorgesehen: . . . . .

IX. Kosten

Die durch diesen Vertrag und seine Durchführung bei beiden Gesellschaften entstehenden Kosten trägt die B-Partnerschaft. Sollte die Verschmelzung nicht wirksam werden, tragen die Kosten dieses Vertrages die Gesellschaften zu gleichen Teilen, alle übrigen Kosten die jeweils betroffene Gesellschaft allein.

Diese Niederschrift nebst der Anlage wurde den Erschienenen vom Notar vorgelesen, von ihnen genehmigt und von ihnen und dem Notar eigenhändig wie folgt, unterschrieben:

. . . . .

2. Handelsregisteranmeldung bei der Verschmelzung von zwei Partnerschaften zur Aufnahme.
a) Anmeldung für die übertragende Partnerschaftsgesellschaft bei der Verschmelzung zur Aufnahme

899 ▶ **Muster: Handelsregisteranmeldung für die übertragende Partnerschaftsgesellschaft bei Verschmelzung zur Aufnahme**

An das

Amtsgericht – Partnerschaftsregister –

Durch elektronische Übermittlung

Betrifft: A-Partnerschaft

Wir, die unterzeichnenden Partner der A-Partnerschaft, überreichen in der Anlage:
1. elektronisch beglaubigte Abschrift des Verschmelzungsvertrages vom . . . . . UR.Nr. . . . . . des beglaubigten Notars-,
2. elektronisch beglaubigte Abschrift des Zustimmungsbeschlusses der Partner der A-Partnerschaft vom . . . . . – UR.Nr. . . . . . des beglaubigenden Notars –,
3. elektronisch beglaubigte Abschrift des Zustimmungsbeschlusses der Partner der B-Partnerschaft vom . . . . . – UR.Nr. . . . . . des beglaubigenden Notars –,
4. elektronisch beglaubigte Abschrift der Verzichtserklärungen der Partner der A- und der B-Partnerschaft auf Erstellung eines Verschmelzungsberichts und auf Prüfung vom . . . . . – UR.Nr. . . . . . des beglaubigenden Notars –,
5. Schlussbilanz der A-Partnerschaft zum Verschmelzungsstichtag

und melden zur Eintragung in das Partnerschaftsregister an:

Die A-Partnerschaft wird auf die B-Partnerschaft als übernehmende Gesellschaft im Wege der Verschmelzung durch Aufnahme verschmolzen.

Wir erklären, dass weder der Verschmelzungsbeschluss der A-Partnerschaft, noch der Verschmelzungsbeschluss der B-Partnerschaft angefochten worden ist.

(ggf. weitere Angaben)

. . . . ., den . . . . .

b) Anmeldung für die übernehmende Partnerschaft – Auszug –

900 ▶ **Muster: Handelsregisteranmeldung für die übernehmende Partnerschaft – Auszug**

(. . . .)

Wir melden zur Eintragung in das Handelsregister an:
1. Die A-Partnerschaft ist im Wege der Verschmelzung auf die B-Partnerschaft verschmolzen.
2. Die Partner der A-Partnerschaft sind i. R. d. Verschmelzung als neue Partner in die B- Partnerschaft eingetreten:
a) (Vorname, Name, in der Partnerschaft ausgeübter Beruf, Wohnort),
b) (Vorname, Name, in der Partnerschaft ausgeübter Beruf, Wohnort).

Abstrakte Vertretungsbefugnis:

Zur Vertretung der Partnerschaft sind alle Partner einzeln berechtigt.

Konkrete Vertretungsbefugnis:

Die Partner A, B, C sind zur Vertretung der Partnerschaft einzeln berechtigt.

Die anmeldenden Partner erklären, dass Vorschriften über einzelne Berufe, insbes. das Berufsrecht, der . . . . . dem Beitritt und der Eintragung der neuen Partner nicht entgegenstehen.

Für die in der Partnerschaft ausgeübten Berufe der neuen Partner bestehen folgende Berufskammern: . . . . . (Bezeichnung und Anschrift der Berufskammer).

Die inländische Geschäftsanschrift und die Geschäftsräume befinden sich unverändert in (Ort, Straße).

Wir versichern die Zugehörigkeit des eintretenden Partners zu dem freien Beruf, den er in der Partnerschaft ausübt und die bisherige Ausübung dieses Berufs. Als Nachweis legen wir vor . . . . .

Wir erklären, dass weder der Verschmelzungsbeschluss der A-KG noch der Verschmelzungsbeschluss der B-KG angefochten worden ist.

(ggf weitere Angaben)

....., den .....

(Beglaubigungsvermerk)

C. Verschmelzung von GmbH und Unternehmergesellschaften

I. Checkliste

Beim Ablauf des **Verschmelzungsverfahrens bei GmbH** sind nach dem UmwG folgende Punkte zu be- 901
achten:

- ☐ Verschmelzungsvertrag (§§ 4 bis 6, 46 UmwG),
- ☐ Verschmelzungsbericht (§ 8 UmwG),
- ☐ Verschmelzungsprüfung, auf Verlangen eines Gesellschafters (§§ 9 bis 12, 48 UmwG),
- ☐ Unterrichtung der Gesellschafter (§ 47 UmwG),
- ☐ Zuleitung des Verschmelzungsvertrags oder seines Entwurfes zum zuständigen Betriebsrat (§ 5 Abs. 3 UmwG),
- ☐ Verschmelzungsbeschlüsse der Gesellschafterversammlungen (§§ 13, 49, 50 UmwG),
- ☐ Notwendige Zustimmungserklärungen (§ 13 Abs. 2, § 50 Abs. 2, § 51 UmwG),
- ☐ Kapitalerhöhung, soweit erforderlich (§§ 54, 55 UmwG),
- ☐ Anmeldung zum Handelsregister bei der übertragenden Gesellschaft und bei der übernehmenden Gesellschaft (§§ 16, 17, 52 UmwG),
- ☐ Eintragung der Kapitalerhöhung (§ 53 UmwG),
- ☐ Eintragung der Verschmelzung, zunächst in das Register des Sitzes jeder der übertragenden Gesellschaften, sodann in das Register des Sitzes der übernehmenden Gesellschaft. Die Eintragung im Register der übertragenden Gesellschaft ist mit dem Vermerk zu versehen, dass die Verschmelzungen mit Eintragung im Register der übernehmenden wirksam wird (§§ 19, 20 UmwG).

II. Besonderheiten bei der Unternehmergesellschaft

Bei der durch das am 01.11.2008 in Kraft getretene Gesetz zur Modernisierung des GmbH-Rechts und 902
zur Bekämpfung von Missbräuchen (MoMiG) neu eingeführten Unternehmergesellschaft handelt es sich nicht um die neue Rechtsform einer Kapitalgesellschaft, sondern um eine Variante der GmbH, die mit Ausnahme der Sonderregelung des § 5a GmbHG allen Vorschriften des gesamten deutschen Rechts, die die GmbH betreffen, unterliegt (vgl. BT-Drucks. 16/6140, S. 31 und BT-Drucks. 16/9737, S. 95). Da somit auf die Unternehmergesellschaft die für die GmbH geltenden Rechtsvorschriften Anwendung finden und lediglich die sich aus § 5a GmbHG ergebenden Besonderheiten zu beachten sind, können grds. auch die Vorschriften des UmwG auf die UG Anwendung finden. Deshalb ist sie auch wie die GmbH grds. umwandlungsfähig, obwohl sie nicht ausdrücklich im UmwG genannt ist (vgl. Kallmeyer/Marsch-Barner, § 3 UmwG Rn. 9; Lutter/Drygala, UmwG, § 3 Rn. 12; Stengel, in: Semler/Stengel, § 3 UmwG Rn. 20a; Stratz, in: Stratz/Schmitt/Hörtnagl, § 3 UmwG Rn. 18; Bormann, GmbHR 2007, 897, 899; Freitag/Riemenschneider, ZIP 2007, 1485, 1491; Veil, GmbHR 2007, 1080, 1084; Berninger, GmbHR 2010, 63; Hennrichs, NZG 2009, 1161; Heinemann, NZG 2008, 820; Meister, NZG 2008, 767; Gasteyer, NZG 2009, 1364, 1367).

Als **übertragender Rechtsträger** kann die UG grds. wie die GmbH an einer Verschmelzung beteiligt sein (Lutter/Drygala, UmwG, § 3 Rn. 12; Stengel, in: Semler/Stengel, § 3 UmwG Rn. 20a; Stratz, in: Stratz/Schmitt/Hörtnagl, § 3 UmwG Rn. 19; Kallmeyer/Marsch-Barner, § 3 UmwG Rn. 9; Wicke, GmbHG, § 5a Rn. 16; Freitag/Riemenschneider, ZIP 2007, 1485, 1491).

Anders ist es für die UG als **Zielrechtsträger**: Bei dieser Variante ergeben sich deutliche **Einschränkun-** 903
gen aus der Vorschrift des § 5a Abs. 2 Satz 2 GmbHG, die viele Umwandlungsvarianten mit der UG als Zielrechtsträger verhindern. Dort ist ausdrücklich bestimmt, dass bei der UG Sacheinlagen ausgeschlossen sind. Aus dem dort verankerten Verbot von Sacheinlagen bei der Gründung einer UG folgt

nach einer, der wohl überwiegenden Meinung, dass eine **Verschmelzung zur Neugründung mit einer UG** als übernehmender Gesellschaft kraft Gesetzes ausgeschlossen ist, weil insoweit zwingend die Gründungsvorschriften und damit auch § 5a Abs. 2 Satz 2 GmbHG anwendbar sind (OLG Frankfurt am Main, DStR 2010, 2093 = GmbHR 2010, 920 = ZIP 2010, 1798; Lutter/Drygala, UmwG, § 3 Rn. 12; Stengel, in: Semler/Stengel, § 3 UmwG Rn. 20a; Stratz, in: Stratz/Schmitt/Hörtnagl, § 3 UmwG Rn. 20; Kallmeyer/Marsch-Barner, § 3 UmwG Rn. 9; zum vergleichbaren Fall der Spaltung vgl. ferner Römermann/Passarge, ZIP 2009, 1497, 1500 f.; Gasteyer, NZG 2009, 1364/1368; Weber, BB 2009, 842, 847; Heckschen, DStR 2009, 166; Tettinger, Der Konzern 2008, 75; Meister, NZG 2008, 767/768; Berninger, GmbHR 2010, 63; Heinemann NZG 2008, 820; Lutter/Priester, UmwG, § 138 Rn. 3; Baumbach/Hueck, GmbHG, § 5a Rn. 17; Miras, Die neue Unternehmergesellschaft, Rn. 21). Denn bei einer durch Verschmelzung neu gegründeten Gesellschaft erfolgt die Erbringung des Stammkapitals für den neuen Rechtsträger zwingend durch eine Vermögensübertragung des übertragenden Rechtsträgers. Bei dieser rechtlichen Konstruktion handelt es sich um die Einbringung einer Sacheinlage. Allerdings wird teilweise die Auffassung vertreten, es sei eine einschränkende Auslegung des § 5a Abs. 2 Satz 2 GmbHG geboten, da hierdurch nur eine Vereinfachung der Gründung bezweckt werde, die die Sonderregelungen für Umwandlungen aber unberührt lasse (so Lutter/Lutter, UmwG, Einl. I Rn. 52 Fußnote 2; Lutter/Hommelhoff/Kleindieck, GmbHG, § 5a Rn. 33; Röhricht, Die Anwendung der gesellschaftsrechtlichen Gründungsvorschriften bei Umwandlungen, S. 95 ff.).

904   Bei der **Verschmelzung zur Aufnahme** muss in vielen Fällen eine Sachkapitalerhöhung durchgeführt werden (vgl. dazu und den Ausnahmen Teil 1 Rdn. 168 ff.; Teil 2 Rdn. 96 ff.; Teil 2 Rdn. 252 ff.; Teil 2 Rdn. 907 ff.). Zwar ist es im Detail noch streitig, wie weit das Verbot der Sachkapitalerhöhung bei der Unternehmergesellschaft überhaupt reicht (s. zum Meinungsstand MünchKomm-GmbHG/Rieder, 2010, § 5a Rn. 25; DNotI-Gutachten Nr. 96024). In der Literatur wird teilweise undifferenziert angenommen, dass die UG generell nicht aufnehmender Gesellschafter im Rahmen einer Verschmelzung oder Spaltung sein kann (Tettinger, Der Konzern 2008, 75; Heinemann, NZG 2008, 820, 822). Nach richtiger Ansicht steht das Sacheinlageverbot der Verwendung einer Unternehmergesellschaft haftungsbeschränkt als Zielrechtsträger dann nicht entgegen, wenn keine Anteilsgewährung durch die UG als Zielrechtsträger stattfindet und damit eine Verschmelzung nach § 54 UmwG **ohne Kapitalerhöhung** durchgeführt werden soll (Lutter/Drygala, UmwG, § 3 Rn. 13; Stengel, in: Semler/Stengel, § 3 UmwG Rn. 20a; Stratz, in: Stratz/Schmitt/Hörtnagl, § 3 UmwG Rn. 19, Rieder, in: MünchKomm-GmbHG, § 5a Rn. 51; Heckschen/Heidinger, Die GmbH in der Gestaltungs- und Beratungspraxis, § 5 Rn. 102 ff.; Römermann/Passarge, ZIP 2009, 1497, 1450; Meister, NZG 2008, 767; KK-UmwG/Simon, § 3 Rn. 21; Lutter, in: Lutter/Hommelhoff, GmbHG, § 5a Rn. 33). Das Sacheinlageverbot in § 5a Abs. 2 Satz 2 GmbHG soll die Gründung und Kapitalerhöhung erleichtern und beschleunigen, die UG aber nicht darüber hinaus in ihrer Entwicklung beschränken. Schließlich besteht die Möglichkeit die UG zur GmbH nach § 5a Abs. GmbHG zur normalen GmbH aufsteigt, dazu wäre aber vor der Verschmelzung eine Kapitalerhöhung auf 25.000,00 € notwendig. Denn in diesem Fall finden die Abs. 1 bis 4 des § 5a GmbHG keine Anwendung, die Firma darf aber beibehalten werden. Z. T. wird auch generell gefolgt, dass das Verbot der Sachgründung kein Verbot der Sachkapitalerhöhung beinhalte (Kallmeyer/Marsch-Barner § 3 UmwG Rn. 9; Lutter/Winter/Vetter, UmwG, § 46 Rn. 8). Im Beschluss vom 19.4.2011 hat der BGH (BGHZ 189, 254 = DNotZ 2011, 405, anders noch die Vorinstanz OLG München, ZIP 2010, 1991, 1992) entschieden, dass das Sacheinlageverbot nach § 5a Abs. 2 S. 2 GmbHG bei der Kapitalerhöhung gem. § 5a Abs. 5 HS 1 GmbHG nicht mehr eingreift, wenn die UG ihr Stammkapital durch die Sachkapitalerhöhung so erhöht, dass es den Betrag des Mindeststammkapitals nach § 5 Abs. 1 GmbHG in Höhe von 25.000,– € erreicht oder übersteigt und die UG so zur GmbH wird (so auch die überwiegende Literatur Roth/Altmeppen, GmbHG, 6. Aufl., § 5a Rn. 26; Schäfer in Henssler/Strohn, Gesellschaftsrecht, § 5a GmbHG Rn. 17; Schäfer, ZIP 2011, 53, 56; H. P. Westermann in Scholz, GmbHG, 10. Aufl., § 5a Rn. 18; Wicke, GmbHG, § 5a Rn. 7; Berninger, GmbHR 2010, 63, 65 f.; Freitag/Riemenschneider, ZIP 2007, 1485, 1491; Gasteyer, NZG 2009, 1364, 1367; Heinemann, NZG 2008, 820, 821; Klose, GmbHR 2009, 294, 295 f.; Lange, NJW 2010, 3686, 3687 f.; Meister, NZG 2008, 767 f.; Priester, ZIP 2010, 2182, 2184; Schreiber, DZWiR 2009, 492, 496 f.; Waldenberger/Sieber, GmbHR 2009, 114, 11).

III. Verschmelzungsvertrag bei Aufnahme

1. Form und Abschlusskompetenz. Insoweit gelten **keine Besonderheiten** (vgl. daher oben Teil 2 **905** Rdn. 52 ff.).

2. Inhalt des Verschmelzungsvertrages. a) Notwendiger Vertragsinhalt. Der **notwendige In- 906 halt** folgt zunächst aus § 5 Abs. 1 UmwG. Erleichterungen können bestehen nach § 5 Abs. 2 UmwG, wenn es sich um die Verschmelzung einer 100 %igen Tochtergesellschaft auf die Muttergesellschaft handelt (dazu oben Teil 2 Rdn. 107 f.). Im Folgenden soll nur auf **Besonderheiten ggü. den allgemeinen Anforderungen** nach § 5 Abs. 1 UmwG (vgl. dazu oben Teil 2 Rdn. 52 ff.) eingegangen werden.

aa) Durchführung der Anteilsgewährung. Vgl. allgemein oben Teil 1 Rdn. 168 ff., Teil 2 **907** Rdn. 96 ff., Teil 2 Rdn. 252 ff. Der Gesetzgeber hat im **Zweiten Gesetz zur Änderung des UmwG** in den §§ 54 und 68 eine Ausnahme durch Verzicht festgelegt (vgl. BR-Drucks. 548/06, S. 27): § 54 Abs. 1 Satz 3 UmwG n. F. (für die GmbH) bestimmt nunmehr, dass die Kapitalerhöhung bei der übernehmenden Kapitalgesellschaft **zur Disposition aller Anteilsinhaber des übertragenden Rechtsträgers** steht. **Verzichten alle Anteilsinhaber des übertragenden Rechtsträgers** in notarieller Urkunde auf die Anteilsgewährung, so entfällt diese.

(1) Herkunft der zu gewährenden Anteile. Die zu gewährenden Anteile können aus **fünf Quellen 908** stammen (vgl. oben Teil 2 Rdn. 137 ff.):
– die neuen Anteile werden im Wege einer Kapitalerhöhung gebildet;
– die übernehmende Gesellschaft verfügt über eigene Anteile;
– die übertragende Gesellschaft verfügt über voll geleistete Anteile an der übernehmenden Gesellschaft;
– Gesellschafter der übernehmenden Gesellschaft übertragen Anteile auf Anteilsinhaber der übertragenden Gesellschaft;
– Dritte stellen Anteile zur Verfügung.

(2) Anteilsgewährung durch Kapitalerhöhung. Vgl. hierzu ausführlich oben bei Teil 2 **909** Rdn. 252 ff.

Inwieweit die zu gewährenden Anteile im Wege einer Kapitalerhöhung gebildet werden dürfen, ergibt **910** sich aus § 54 UmwG. Allerdings ist zu beachten, dass aus § 54 UmwG nicht nur zu entnehmen ist, ob eigene Anteile der beteiligten Rechtsträger und wechselseitige Beteiligungen für die Anteilsgewährung, also als Gegenleistung für die Vermögensübertragung, verwendet werden dürfen. Vielmehr ist der Vorschrift zugleich zu entnehmen, in welchen Fällen eine **Ausnahme von der Verpflichtung zur Anteilsgewährung** besteht (vgl. Lutter/Winter/Vetter, UmwG, § 54 Rn. 3 ff.; Kallmeyer/Kallmeyer/Kocher, UmwG, § 54 Rn. 6; Widmann/Mayer/Mayer, § 54 UmwG Rn. 12, 19; Reichert, in: Semler/Stengel, § 54 UmwG Rn. 47). Die Vorschrift ist in Zusammenhang mit § 20 Abs. 1 Nr. 3 Satz 1 UmwG zu interpretieren (Kallmeyer/Kallmeyer/Kocher, UmwG, § 54 Rn. 1; Widmann/Mayer/Mayer, § 54 UmwG Rn. 12, 19).

(a) Kapitalerhöhungsverbote. Im Einzelnen gilt bzgl. der Kapitalerhöhungsverbote Folgendes (vgl. **911** zunächst oben Teil 2 Rn. 267 ff.):
– Eine Kapitalerhöhung ist ausgeschlossen, soweit die **übernehmende Gesellschaft an der übertragenden Gesellschaft beteiligt** ist (§ 54 Abs. 1 Satz 1 Nr. 1 UmwG, vgl. ausführlich Teil 2 Rdn. 307 ff.). Der Grund hierfür liegt darin, dass der Anspruch der übertragenden Gesellschaft auf Anteilsgewährung und die Verpflichtung zur Anteilsgewährung seitens der übernehmenden Gesellschaft sich durch die mit Wirksamkeit der Verschmelzung eintretende Gesamtrechtsnachfolge in einer Hand vereinigen und durch Konfusion untergehen würden. I. Ü. ist das Entstehen eigener Anteile nach den gesetzlichen Wertungen grds. unerwünscht (vgl. Lutter/Winter/Vetter, UmwG, § 54 Rn. 17 ff.; Kallmeyer/Kallmeyer/Kocher, UmwG, § 54 Rn. 6 ff.; Widmann/Mayer/Mayer, § 54 UmwG Rn. 12). Dieses Verbot korrespondiert mit der Regelung in § 20 Abs. 1 Nr. 3 UmwG, dass in diesem Fall auch kein Anteilstausch stattfindet und auch demgemäß keine Anteilsgewährungspflicht besteht.

Limmer

– Aus den gleichen Gründen ist eine Kapitalerhöhung ferner nach § 54 Abs. 1 Nr. 2 UmwG ausgeschlossen, soweit die **übertragende Gesellschaft eigene Anteile** hält (vgl. oben Teil 2 Rdn. 311 und Kallmeyer/Kallmeyer/Kocher, § 54 UmwG Rn. 6 f.; Widmann/Mayer/Mayer, Umwandlungsrecht, § 54 UmwG Rn. 19 ff.; Lutter/Winter/Vetter, § 54 UmwG Rn. 22 ff.; Reichert, in: Semler/Stengel, § 54 UmwG, Rn 7). Die Vorschrift ergänzt § 20 Abs. 1 Nr. 3 UmwG, da in diesem Fall kein Anteilstausch stattfindet und daher auch keine Anteilsgewährungspflicht besteht.

– Die **Gesellschaft besitzt Anteile an der übernehmenden Gesellschaft**, auf die die **geschuldeten Einlagen noch nicht vollständig geleistet** sind (§ 54 Abs. 1 Satz 1 Nr. 3 UmwG; vgl. oben Teil 2 Rdn. 112, Teil 2 Rdn. 313). Auch in diesem Fall erwirbt die übernehmende Gesellschaft mit dem Vermögen der übertragenden Gesellschaft die in diesem Vermögen befindlichen eigenen Anteile. Die Vorschrift ist dahin gehend zu verstehen, dass die restliche Einlageforderung dann durch Konfusion erlöschen würde und damit eine Kapitalaufbringung insoweit nicht stattfinden würde. Würde man es in einem solchen Fall zulassen, dass die übernehmende GmbH neue Anteile schafft und sie den Gesellschaftern der übertragenden Gesellschaft zur Verfügung stellt, werden die neuen Anteile i. H. d. ausstehenden Alteinlagen nicht gedeckt (so Widmann/Mayer/Mayer, Umwandlungsrecht, § 54 UmwG Rn. 23 ff.; Kallmeyer/Kallmeyer/Kocher, § 54 UmwG Rn. 9; Lutter/Winter/Vetter, § 54 UmwG Rn. 25 ff.; Reichert, in: Semler/Stengel, § 54 UmwG, Rn 8; Lutter/Winter/Vetter, § 54 UmwG Rn. 9). Es handelt sich dabei nach herrschender Meinung **nicht um eine Ausnahme von der Anteilsgewährungspflicht**, da die Vorschrift in § 20 Abs. 1 Nr. 3 UmwG keine Entsprechung hat (Widmann/Mayer/Mayer, Umwandlungsrecht, § 54 UmwG Rn. 23 ff.; Kallmeyer/Kallmeyer/Kocher, § 54 UmwG Rn. 9; Lutter/Winter/Vetter, § 54 UmwG Rn. 33; Reichert, in: Semler/Stengel, § 54 UmwG, Rn 8; Lutter/Winter/Vetter, § 54 UmwG Rn. 33). Es sind also Anteile zu gewähren. Als Grund für diesen Ausschluss wird ausgeführt, dass ansonsten durch Konfusion wegen der Gesamtrechtsnachfolge die Einlageforderungen untergehen und damit ein Verstoß gegen § 33 Abs. 1 GmbHG vorliegen würde (Lutter/Winter/Vetter, UmwG, § 54 Rn. 30 ff.). Soll auch in Höhe dieser Anteile eine Kapitalerhöhung durchgeführt werden, muss entweder die Einlage noch vollständig erbracht werden oder der Geschäftsanteil einem Dritten veräußert werden (Widmann/Mayer/Mayer, Umwandlungsrecht, § 54 UmwG Rn. 25; Kallmeyer/Kallmeyer/Kocher, § 54 UmwG Rn. 9; Reichert, in: Semler/Stengel, § 54 UmwG, Rn 8; Lutter/Winter/Vetter, § 54 UmwG Rn. 42; Stratz, in Schmitt/Hörtnagl/Stratz, § 54 UmwG Rn. 5). Ein Teil der Literatur lässt die Gewährung nicht voll eingezahlter Anteile auch dann zu, wenn der empfangende Gesellschafter des übertragenden Rechtsträgers ausdrücklich zustimmt (Kallmeyer/Kallmeyer/Kocher, § 54 UmwG Rn. 9; Lutter/Winter/Vetter, § 54 UmwG Rn. 39; KölnKomm/Simon/Nießen, § 54 UmwG Rn. 29). Dem ist mE zu folgen. Die Zustimmung erfolgt dann analog §§ 8 Abs. 3 S. 2, 9 Abs. 3, 13 Abs. 3, 54 Abs. 1 S. 3 UmwG).

– Die Kapitalerhöhungsverbote bestehen auch dann, wenn ein **Dritter treuhänderisch für die übernehmende Gesellschaft einen Anteil an der übertragenden Gesellschaft hält** oder wenn der Dritte treuhänderisch für die übertragende Gesellschaft Anteile an der übertragenden Gesellschaft oder nicht voll eingezahlte Anteile an der übernehmenden Gesellschaft hält (§ 54 Abs. 2, 1. Alt. UmwG).

912 Die Kapitalerhöhungsverbote gelten nur, **soweit** die beschriebenen Beteiligungsverhältnisse vorliegen. Genügen daher z. B. die Anteile der übernehmenden Gesellschaft an der übertragenden Gesellschaft nicht für die vorzunehmende Anteilsgewährung, kann i. Ü. eine Kapitalerhöhung durchgeführt werden.

913 **(b) Kapitalerhöhungswahlrechte.** Vgl. dazu oben Teil 2 Rdn. 316 ff.

§ 54 Abs. 1 Satz 2 UmwG sieht Kapitalerhöhungswahlrechte vor, soweit die übernehmende Gesellschaft eigene Anteile besitzt oder eine übertragende Gesellschaft Geschäftsanteile dieser Gesellschaft innehat, auf welche die Einlagen bereits in voller Höhe bewirkt sind. Dieses Wahlrecht beruht auf der Erwägung, dass **von einer Kapitalerhöhung abgesehen werden** kann, wenn und soweit die übernehmende Gesellschaft den Gesellschaftern der übertragenden Gesellschaft entweder eigene Geschäftsanteile oder voll einbezahlte eigene Geschäftsanteile der übertragenden Gesellschaft an der übernehmenden Gesellschaft gewähren kann (vgl. Kallmeyer/Kallmeyer/Kocher, § 54 UmwG Rn. 11; Reichert, in: Semler/Stengel, § 54 UmwG, Rn 12; Lutter/Winter/Vetter, § 54 UmwG Rn. 45 ff.; Korte, WiB 1997, 962; Stratz, in Schmitt/Hörtnagl/Stratz, § 54 UmwG Rn. 10 f.; Widmann/Mayer/Mayer, Umwandlungsrecht, § 54 UmwG Rn. 43; Heckschen, GmbHR 2008, 802, 803). Im ersten Fall sind die eigenen Geschäftsanteile bereits im Vermögen der aufnehmenden Gesellschaft, im zweiten Fall werden sie durch die Gesamtrechtsnachfolge von der übernehmenden Gesellschaft erworben. Im Ergebnis stehen sie dann aber zur Verfügung, um den Gesellschaftern an der übertragenden Gesellschaft als Gegenleistung gewährt werden zu können. In beiden Fällen kann die übernehmende Gesellschaft diese Geschäftsanteile für die Gegenleistung verwenden, muss dies aber nicht. Eine **Kapitalerhöhung zur Durchführung der Verschmelzung** ist daher in diesem Fall trotzdem **zulässig**. Diese Frage war allerdings unter altem vor 1995 geltenden Recht nicht ganz unstreitig, die neue Gesetzesformulierung »(...) *braucht ihr Stammkapital nicht zu erhöhen*« hat diesen Streit i. S. d. früher herrschenden Meinung entschieden (vgl. Widmann/Mayer/Mayer, Umwandlungsrecht, § 54 UmwG Rn. 43; Kallmeyer/Kallmeyer/Kocher, UmwG, § 54 Rn. 11). Die Vorschrift gilt auch für die **Unternehmergesellschaft** nach § 5a GmbHG (Heinemann, NZG 2008, 820, 822; Kallmeyer/Kallmeyer/Kocher, UmwG, § 54 Rn. 11). Der aufnehmenden Gesellschaft steht es daher frei, ob sie in diesen Fällen ihr Stammkapital erhöht oder ob sie die eigenen Anteile verwendet, um der **Anteilsgewährungspflicht** nachzukommen. Sie kann die Anteile auch als Eigenbestand weiterhin behalten und zur Schaffung der neuen Anteile eine Kapitalerhöhung durchführen (vgl. Reichert, in: Semler/Stengel, § 54 UmwG, Rn 12; Lutter/Winter/Vetter, § 54 UmwG Rn. 47; Widmann/Mayer/Mayer, Umwandlungsrecht, § 54 UmwG Rn. 43 f.; Stratz, in Schmitt/Hörtnagl/Stratz, § 54 UmwG Rn. 10). In diesem Bereich hat also der Gesetzgeber die weitere Konsequenz nicht gezogen, dass die Kapitalerhöhung in diesen Fällen nicht durchgeführt werden darf. Er lässt also die Entstehung von eigenen Anteilen bzw. die Beibehaltung von Eigenanteilen zu. Dies ergibt sich aus § 20 Abs. 1 Nr. 3 UmwG, der diesen Fall des Kapitalerhöhungswahlrechts nicht regelt und für diesen Fall den Anteilstausch ebenfalls nicht verbietet. Sollen Gesellschafter der übertragenden Gesellschaft eigene Anteile der übernehmenden Gesellschaft als Gegenleistung erhalten, so muss dies allerdings im **Verschmelzungsvertrag** festgelegt werden.

I. Ü. kann zur Anteilsgewährung **auf eigene Anteile** der übernehmenden Gesellschaft oder voll eingezahlte Anteile der übertragenden Gesellschaft von der übernehmenden Gesellschaft **zurückgegriffen** werden (§ 54 Abs. 1 Satz 2 UmwG), ohne dass hierfür eine Verpflichtung besteht. Dies gilt auch dann, wenn die Anteile treuhänderisch von einem Dritten für eine der Gesellschaften gehalten werden (§ 54 Abs. 2, 2. Alt. UmwG). Die Literatur weist allerdings zu Recht darauf hin, dass die vorhandenen Anteile zur Gewährung nicht verwendet werden können, wenn diese mit Rechten Dritter belastet sind (Lutter/Winter/Vetter, § 54 UmwG Rn. 48; Kallmeyer/Kallmeyer/Kocher, UmwG, § 54 Rn. 12). Denn die Anteilsinhaber des übertragenden Rechtsträgers haben Anspruch auf unbelastete Anteile. Etwas anderes gilt mE, wenn der empfangende Gesellschafter des übertragenden Rechtsträgers ausdrücklich zustimmt. Die Zustimmung erfolgt dann analog §§ 8 Abs. 3 S. 2, 9 Abs. 3, 13 Abs. 3, 54 Abs. 1 S. 3 UmwG.

Werden die voll geleisteten Anteile der übertragenden Gesellschaft an der übernehmenden Gesellschaft nicht zur Anteilsgewährung verwendet, gehen sie als eigene Anteile der übernehmenden Gesellschaft im Wege der **Gesamtrechtsnachfolge** mit Wirksamwerden der Verschmelzung über.   914

(c) Berechnung der Kapitalerhöhung. Soweit die übernehmende Gesellschaft Gesellschafterin der übertragenden Gesellschaft ist, erfolgt keine Anteilsgewährung. Ebenfalls erfolgt keine Anteilsgewährung soweit die übertragende Gesellschaft eigene Anteile oder Anteile der übernehmenden Gesellschaft hält (vgl. ausführlich oben Teil 2 Rdn. 303 ff.; vgl. i. Ü. die Berechnungsbeispiele bei Teil 2 Rdn. 288 ff.).   915

(d) Angaben im Verschmelzungsvertrag. Vgl. ausführlich oben Teil 2 Rdn. 95 ff.   916

Soweit die Anteilsgewährung im Wege der Kapitalerhöhung erfolgt, ist dies im Verschmelzungsvertrag anzugeben, und zwar unter **Angabe des Kapitalerhöhungsbetrages** und des auf den jeweiligen Gesellschafter entfallenden Anteils, die bloße Angabe des Beteiligungsverhältnisses genügt nicht.   917

Hält ein Gesellschafter der übertragenden GmbH **mehrere Anteile**, sind ihm auch an der übernehmenden GmbH mehrere Anteile einzuräumen. Die Kapitalerhöhung selbst erfolgt durch Beschluss der Gesellschafterversammlung der übernehmenden Gesellschaft, regelmäßig mit dem Verschmelzungsbeschluss.   918

919 Einer **Übernahmeerklärung** bedarf es nicht (§ 55 Abs. 1 Satz 1 UmwG). Die Anteile gehen vielmehr mit Wirksamwerden der Verschmelzung ohne weitere Übertragungsaspekte auf die Gesellschafter über. Nach § 55 Abs. 4 i. V. m. § 5 GmbHG müssen die **Nennbeträge** der neu gebildeten Geschäftsanteile jeweils auf volle und mindestens 1,00 € betragen,(vgl. . Lutter/Winter/Vetter, § 54 UmwG Rn. 54).

920 (e) **Verzicht auf Anteilsgewährung.** Vgl. zunächst oben Teil 2 Rn. 113 ff. Der Gesetzgeber hat im **Zweiten Gesetz zur Änderung des UmwG** in den §§ 54 und 68 UmwG eine Ausnahme durch Verzicht festlegt (vgl. BR-Drucks. 548/06, S. 27): § 54 Abs. 1 Satz 3 UmwG n. F. (für die GmbH) bzw. § 68 Abs. 1 Satz 3 UmwG n. F. (für die AG) bestimmt, dass die Kapitalerhöhung bei der übernehmenden Kapitalgesellschaft zur Disposition **aller Anteilsinhaber des übertragenden Rechtsträgers** steht (vgl. Tillmann, GmbHR 2003, 740 ff.; vgl. Widmann/Mayer/Mayer, Umwandlungsrecht, § 5 UmwG Rn. 41 ff.; zuletzt Roß/Drögemüller, DB 2009, 580 ff.; Krumm, GmbHR 2010, 24 ff. insb. auch zu den steuerlichen Fragen). **Verzichten alle Anteilsinhaber des übertragenden Rechtsträgers** in notarieller Urkunde auf die Anteilsgewährung, darf die übernehmende Gesellschaft von der Anteilsgewährung absehen. Nach § 54 Abs. 1 Satz 3 UmwG n. F. ist erforderlich, dass alle Anteilsinhaber eines übertragenden Rechtsträgers in **notariell beurkundeter Verzichtserklärung** verzichtet haben. Zum Schutz der Anteilsinhaber sollen allerdings die Verzichtserklärungen notariell beurkundet werden. Die Beurkundung muss nach den **Vorschriften über die Beurkundung von Willenserklärungen** (§§ 8 ff. BeurkG) erfolgen; eine Beurkundung nach den §§ 36 ff. BeurkG genügt nicht (vgl. zum vergleichbaren Fall des Verzichts nach § 8 UmwG: Priester, DNotZ 1995, 427, 433; Widmann/Mayer/Mayer, Umwandlungsrecht, § 8 UmwG Rn. 58). Es reicht aus, wenn die Verzichtserklärungen spätestens bei der Anmeldung zum Handelsregister vorliegen (Widmann/Mayer/Mayer, Umwandlungsrecht, § 8 UmwG Rn. 60; Kallmeyer/Marsch-Barner, UmwG, § 8 Rn. 38; Goutier/Knopf/Bermel, Umwandlungsrecht, § 8 Rn. UmwG 49, str.).

921 (3) **Verwendung eigener Anteile oder Anteile der übertragenden Gesellschaft.** Soweit eine Verwendung eigener Anteile der übernehmenden Gesellschaft oder voll geleisteter Anteile der übertragenden Gesellschaft an der übernehmenden Gesellschaft geboten (§ 54 Abs. 1 Satz 1 UmwG) oder möglich (§ 54 Abs. 1 Satz 2 UmwG) ist, bestehen **Teilungserleichterungen:** Teilungsbeschränkungen, die sich aus dem Gesellschaftsvertrag der übernehmenden Gesellschaft ergeben, sind unbeachtlich. Der Nennbetrag jedes Teils der Geschäftsanteile muss auf volle Euro lauten (§ 54 Abs. 3 Satz 1 UmwG).

922 Dass dies selbstverständlich auch gilt, wenn die **Anteile treuhänderisch durch einen Dritten gehalten** werden, ist gesetzlich klargestellt (§ 54 Abs. 3 Satz 2 UmwG).

923 I. Ü. ist auch in diesem Fall die Anteilsgewährung im Verschmelzungsvertrag anzugeben, welcher Gesellschafter welche Anteile erhält. Der **Erwerb** erfolgt ohne weitere Übertragungsakte mit Wirksamwerden der Verschmelzung.

924 (4) **Anteile Dritter.** Möglich ist schließlich, dass die Anteilsgewährung durch Abtretung von Anteilen der Gesellschafter der übernehmenden Gesellschaft an die Gesellschafter der übertragenden Gesellschaft erfolgt (vgl. oben Teil 2 Rdn. 320). Diese Möglichkeit der Anteilsgewährung wird **im UmwG zwar nicht ausdrücklich erwähnt,** sie ist aber **nach geltendem Recht anerkannt** (Widmann/Mayer/Mayer, Umwandlungsrecht, § 54 UmwG Rn. 47; Kallmeyer/Kallmeyer/Kocher, UmwG, § 54 Rn. 17; Lutter/Winter/Vetter, UmwG, § 54 Rn. 61). Es ist kein Anhaltspunkt ersichtlich, dass der Gesetzgeber diesen Weg ausschließen wollte. Da zudem ausdrücklich die Anteilsgewährung auch bei Treuhandverhältnissen geregelt ist (vgl. § 54 Abs. 2 UmwG), muss i. Ü. daraus geschlossen werden, dass offensichtlich der Gesetzgeber auch diesen Weg der Anteilsgewährung zulassen wollte. Soweit bei Treuhandverhältnissen nach § 54 Abs. 1 Satz 1 UmwG eine Kapitalerhöhung ausgeschlossen ist, ist nicht zugleich vorgeschrieben, dass vor Wirksamwerden der Verschmelzung die Anteile im Wege der Aufhebung des Treuhandverhältnisses auf den Treugeber übertragen werden.

925 Eine Anteilsgewährung kann aber nur erfolgen, wenn sichergestellt ist, dass die Anteile auch tatsächlich auf die Erwerber übergehen. Dies ist nicht nur dann der Fall, wenn die Anteile vor Wirksamwerden der Verschmelzung auf die übernehmende Gesellschaft übertragen werden (so zu Recht Widmann/Mayer/Mayer, Umwandlungsrecht, § 54 UmwG Rn. 47; Lutter/Winter/Vetter, UmwG, § 54 Rn. 15; a. A.

Scholz/Priester, GmbHG, 7. Aufl., Anh. Umwandlung Rn. 6). Möglich ist vielmehr eine Sicherstellung auch durch Aufnahme einer Bedingung in den Verschmelzungsvertrag, wonach Wirksamkeitsvoraussetzung für den Verschmelzungsvertrag die Abgabe eines notariell beurkundeten Abtretungsangebots mit festzulegendem Inhalt ist; dabei ist das Angebot wiederum unter die Bedingung des Wirksamwerdens der Verschmelzung zu stellen (vgl. Widmann/Mayer/Mayer, Umwandlungsrecht, § 54 UmwG Rn. 47; Kallmeyer/Kallmeyer/Kocher, UmwG, § 54 Rn. 17; Lutter/Winter/Vetter, UmwG, § 54 Rn. 18; Reichert, in: Semler/Stengel, § 54 UmwG Rn. 18; a.A. Lutter/Grunewald UmwG § 20 Rn. 61).

Für diesen Weg der unmittelbaren Anteilsgewährung, also ohne Durchgangserwerb der übernehmen- **926** den Gesellschaft, **gelten** aber **weder die Befreiung** von gesellschaftsvertraglichen Teilungsbeschränkungen nach § 54 Abs. 3 Satz 1 UmwG, **noch die** dort geregelten **Teilungserleichterungen.** I. Ü. erfolgt der Anteilserwerb nicht »automatisch« mit dem Wirksamwerden der Verschmelzung, vielmehr bedarf es hierzu einer **notariell beurkundeten Annahmeerklärung** seitens des Erwerbers (Kallmeyer/Kallmeyer/Kocher, UmwG, § 54 Rn. 17; Widmann/Mayer/Mayer, Umwandlungsrecht, § 54 UmwG Rn. 47).

Wird dieser Weg gewählt, muss ebenfalls im **Verschmelzungsvertrag** angegeben werden, welcher Gesell- **927** schafter hierdurch welche Geschäftsanteile erhalten soll.

(5) Bare Zuzahlungen. Bare Zuzahlungen zum Ausgleich von Spitzenbeträgen sind nur zulässig, so- **928** weit sie nicht den zehnten Teil des gesamten Nennbetrages der gewährten Geschäftsanteile an der übernehmenden Gesellschaft übersteigen (§ 54 Abs. 4 UmwG). Der Gesamtnennbetrag ergibt sich aus den dem jeweiligen Gesellschafter im Wege der Kapitalerhöhung und/oder auf einem anderen der genannten Wege übertragenen Geschäftsanteilen.

(6) Gleichbehandlung. Sind die zu gewährenden Anteile **mit anderen Rechten ausgestattet** als an- **929** dere Anteile (also anders als auch nur ein anderer Anteil!) der übernehmenden Gesellschaft, muss dies im Verschmelzungsvertrag festgehalten werden. Das Gesetz steht einer entsprechenden Verpflichtung zwar nur für den Fall der Kapitalerhöhung vor (§ 46 Abs. 2 UmwG). Werden andere Wege der Anteilsgewährung beschritten, kann aber schon wegen des **Gleichbehandlungsgrundsatzes** nichts anderes gelten.

bb) Abfindungsangebot. Vgl. zunächst die Ausführungen zum Abfindungsangebot allgemein **930** (Teil 2 Rdn. 580 ff.) und bei der Verschmelzung unter Personengesellschaften (Teil 2 Rdn. 792 ff.).

Ein Abfindungsangebot ist nur erforderlich, wenn eine Mischverschmelzung erfolgt oder die Anteile an **931** dem übernehmenden Rechtsträger Verfügungsbeschränkungen unterworfen sind und ein Gesellschafter bei der Beschlussfassung seinen **Widerspruch** erklärt.

Ein danach zu unterbreitendes Abfindungsangebot hat zum Inhalt, dass die übernehmende Gesellschaft **932** den Geschäftsanteil des widersprechenden Gesellschafters erwirbt. Um den **Erwerb auch nicht voll eingezahlter Geschäftsanteile** zu ermöglichen, ist durch Art. 4 Umwandlungsbereinigungsgesetz § 33 GmbHG um einen Abs. 3 ergänzt worden, wonach auch nicht voll eingezahlte Geschäftsanteile von der Gesellschaft erworben werden können, wenn der Erwerb binnen 6 Monaten nach dem Wirksamwerden der Umwandlung oder der Rechtskraft der gerichtlichen Entscheidung erfolgt und die Gesellschaft die nach § 272 Abs. 4 HGB vorgeschriebene Rücklage für eigene Anteile bilden kann ohne das Stammkapital oder eine nach dem Gesellschaftsvertrag vorgesehene Rücklage zu mindern.

Macht der widersprechende Gesellschafter von dem Angebot Gebrauch, so bedarf die **Annahme** nach **933** herrschender Meinung **keiner besonderen Form** (Kallmeyer/Marsch-Barner, UmwG, § 31 Rn. 4; Lutter/Grunewald, UmwG, § 31 Rn. 3). Die dingliche Übertragung des Geschäftsanteils zur Erfüllung dieser Verpflichtung bedarf nach § 15 Abs. 3 GmbHG notarieller Beurkundung. Der Gesellschafter ist allerdings nicht verpflichtet, das Angebot anzunehmen. Nimmt er es nicht an, wird er trotz seines Widerspruchs Gesellschafter der übernehmenden Gesellschaft.

934 cc) **Mutter-Tochter-Verschmelzungen.** Ist die übernehmende GmbH alleinige Gesellschafterin der übertragenen Gesellschaft, entfallen die durch § 5 Abs. 1 Nr. 2 bis 5 UmwG vorgesehenen Angaben (§ 5 Abs. 2 UmwG), da ein **Anteilstausch** nicht stattfindet.

935 Diese Erleichterung gilt nicht für die **Verschmelzung von Schwester-Gesellschaften,** da nach der Vorstellung des Gesetzgebers in diesen Fällen eine Anteilsgewährung erfolgen muss, es besteht aber die Möglichkeit des Verzichtes nach § 54 Abs. 1 Satz 3 UmwG (vgl. oben Teil 1 Rdn. 175, Teil 2 Rdn. 128 ff.; Teil 2 Rdn. 321 ff.; vgl. Tillmann, GmbHR 2003, 740 ff.; vgl. Widmann/Mayer/Mayer, Umwandlungsrecht, § 5 UmwG Rn. 41 ff.; zuletzt Roß/Drögemüller, DB 2009, 580 ff.; Krumm, GmbHR 2010, 24 ff. insb. auch zu den steuerlichen Fragen).

936 b) **Möglicher Vertragsinhalt.** Soweit die Anteilsgewährung nicht im Wege der Kapitalerhöhung, sondern durch Abtretung von Anteilen eines Gesellschafters der übernehmenden Gesellschaft erfolgen soll, kann eine **aufschiebende Bedingung** aufgenommen werden, wonach zum Wirksamwerden des Verschmelzungsvertrages das Vorliegen eines entsprechenden, notariell beurkundeten Angebots erforderlich ist, wobei das Angebot wiederum unter die Bedingung des Wirksamwerdens der Verschmelzung gestellt werden kann. Soweit zur Übertragung des Geschäftsanteils gesellschaftsvertraglich oder gesetzlich (§ 17 Abs. 1 GmbHG) weitere Erfordernisse gegeben sein müssen, ist auch das Vorliegen dieser Voraussetzung zur Bedingung des Vertrages zu machen.

Zum sonstigen möglichen Vertragsinhalt s. o. Teil 2 Rdn. 92 ff.

937 3. **Nicht voll eingezahlte Geschäftsanteile – Zustimmungspflichten.** Einer Verschmelzung steht die Tatsache, dass die Geschäftsanteile an der übertragenden Tochter-GmbH nicht voll eingezahlt sind, nicht entgegen. Hierfür findet sich in § 51 UmwG eine **ausdrückliche Regelung.** Diese zeigt, dass der Gesetzgeber grds. davon ausgeht, dass auch eine Verschmelzung einer GmbH mit nur teilweise eingezahlten Geschäftsanteilen möglich ist. Gläubigerschützende Regelungen für diese Konstellation hat der Gesetzgeber nicht aufgenommen. Vielmehr beinhaltet § 51 UmwG nur zum Schutz der betroffenen Gesellschafter Zustimmungserfordernisse (vgl. dazu Teil 2 Rdn. 577).

IV. Verschmelzung durch Neugründung

938 Vgl. allgemein oben Teil 2 Rdn. 334 ff.

939 Nach § 36 Abs. 1 UmwG sind im Grundsatz die **Vorschriften über die Verschmelzung durch Aufnahme** entsprechend anzuwenden. Dies bedeutet zugleich, dass jede der bestehenden GmbH als übertragende Gesellschaft und die neu entstehende GmbH als übernehmende Gesellschaft gilt.

940 **Ausgenommen von der Geltung der Bestimmungen über die Verschmelzung durch Aufnahme sind –** soweit der Verschmelzungsvertrag betroffen ist – (§ 56 UmwG):

§ 54 Abs. 1 bis Abs. 3 UmwG	Verschmelzung unter Verwendung bestehender Anteile der beteiligten Rechtsträger;
§ 55 UmwG	Kapitalerhöhung zur Durchführung der Verschmelzung.

941 1. **Beschlusskompetenz und Form.** Insoweit gelten keine Besonderheiten (vgl. daher Teil 2 Rdn. 52 ff.).

942 2. **Inhalt des Verschmelzungsvertrages.** a) **Notwendiger Vertragsinhalt.** Der notwendige Inhalt ergibt sich aus §§ 5 bis 7, § 24, §§ 36, 37 und §§ 56, 57 UmwG (vgl. zunächst allgemein oben Teil 2 Rdn. 52 ff. zu § 5 UmwG). Im Folgenden wird nur auf **Besonderheiten** eingegangen.

943 aa) **Beteiligte Rechtsträger.** Beteiligte Rechtsträger sind sowohl die bestehende GmbH als übertragende Rechtsträger und die neu zu gründende GmbH als übernehmender Rechtsträger (§ 5 Abs. 1 Nr. 1 UmwG). Alle Gesellschaften sind unter Ernennung ihrer (vorgesehenen) Firma und ihres (vorgesehenen) Sitzes anzugeben.

bb) Vermögensübertragung. Übertragen wird das Vermögen der bestehenden GmbH auf die noch   944
zu gründende Gesellschaft gegen Gewährung von Geschäftsanteilen an der neuen GmbH (§ 5 Abs. 1
Nr. 2 UmwG).

cc) Umtauschverhältnis und Anteilsgewährung. Aufzunehmen in den Vertrag ist das **Umtausch-**   945
verhältnis (§ 5 Abs. 1 Nr. 2 und Nr. 3 UmwG; vgl. oben Teil 2 Rdn. 150 ff.).

Das **Stammkapital der neuen GmbH** darf den tatsächlichen Gesamtwert des Gesamtvermögens der   946
verschmolzenen GmbH nicht übersteigen, da die neue Gesellschaft im Wege der Sachgründung gebildet wird (Kallmeyer/Marsch-Barner, UmwG, § 36 Rn. 10; Ihrig, GmbHR 1995, 622, 624 f.; vgl. auch
oben Teil 2 Rdn. 355 ff.).

Die **Höhe des Stammkapitals** kann errechnet werden nach dem **Gesamtwert der übertragenden Ge-**   947
sellschaften. Maßgebend ist, dass das Stammkapital der neu gegründeten GmbH durch den Nettowert
des gesamten Vermögens aller übertragenden Gesellschafter gedeckt ist, eine Saldierung ist zulässig
(Widmann/Mayer/Mayer, Umwandlungsrecht, § 36 UmwG Rn. 31).

▶ **Beispiel:**   948

A-GmbH	
Stammkapital:	50.000,00 €
wirklicher Wert:	100.000,00 €
Gesellschafter:	X, Y,
	jeweils mit einem Geschäftsanteil von 25.000,00 €
B-GmbH	
Stammkapital:	150.000,00 €
wirklicher Wert:	250.000,00 €
Gesellschafter:	C, D, E, F, G
	jeweils mit einem Geschäftsanteil i. H. v. 30.000,00 €
Stammkapital der neuen GmbH:	350.000,00 €
Gesellschafter X, Y	erhalten Anteile i. H. v. jeweils 50.000,00 €
Gesellschafter C, D, E, F, G	erhalten ebenfalls Anteile i. H. v. jeweils 50.000,00 €

Möglich ist aber auch, das **Stammkapital auf einen geringeren Betrag als den Gesamtwert** festzusetzen   949
(vgl. oben Teil 2 Rdn. 234 ff.):

▶ **Beispiel:**   950

A-GmbH und B-GmbH wie im obigen Beispiel.

Das Stammkapital der neuen GmbH wird auf 140.000,00 € festgesetzt. Die Gesellschafter A, B, C,
D, E, F und G erhalten jeweils Anteile i. H. v. 20.000,00 €.

Das Stammkapital und die Geschäftsanteile sind in **Euro** festzusetzen.

Fraglich ist, wie das Stammkapital festzusetzen ist, wenn **bare Zuzahlung** oder **Abfindungszahlungen**   951
nach § 29 Abs. 1 UmwG zu leisten sind. In beiden Fällen ist Zahlungsverpflichtete die neue zu gründende GmbH, deren Vermögen von vornherein um die entsprechenden Beträge belastet ist. Mit guten
Gründen vertritt daher **Ihrig** (GmbHR 1995, 622 ff., 630 ff.) die Auffassung, dass bei Zugrundelegung
des Gesamtvermögens zur Berechnung des Stammkapitals solche Verpflichtungen als Abzugsposten zu
berücksichtigen sind, nicht aber Ausgleichszahlungen nach § 15 UmwG.

Anzugeben sind im Verschmelzungsvertrag die Gesellschafter und die auf sie entfallenden Nennbeträge   952
der Anteile.

Hatte ein Gesellschafter bisher mehrere Anteile, so sind ihm – schon wegen des **Gleichbehandlungs-**   953
grundsatzes – bei der neu zu gründenden GmbH gleich viele Anteile zu gewähren, wobei das Verhältnis
der Nennbeträge dem Verhältnis der bisher gehaltenen Anteile entsprechen muss (Lutter/Winter/Vet-

ter, UmwG, § 54 Rn. 120; Reichert, in: Semler/Stengel, § 54 UmwG Rn. 37; Stratz, in: Schmitt/Hört-nagl/Stratz, § 54 UmwG Rn. 15).

954 Vor 1995 war streitig, ob abweichend von § 5 Abs. 1 GmbHG bei Verschmelzung durch Neugründungen die Nennbeträge der zu gewährenden Anteile auf geringere Beträge als dort vorgegeben lauten dürfen und ob bare Zuzahlungen möglich sind.

955 Der Streit ist für das UmwG durch § 54 Abs. 3 UmwG entschieden: Die **Nennbeträge** müssen auf volle Euro lauten. Auch findet nach § 56 UmwG auf die Verschmelzung durch Neugründung § 54 Abs. 4 UmwG Anwendung. Folglich sind bare Zuzahlungen möglich. Sie dürfen aber nicht mehr als 10 % des Nennbetrages, der dem jeweiligen Gesellschafter gewährten Anteile betragen. Hält ein Gesellschafter mehrere Anteile, ist, ohne dass dies im Gesetz klargestellt wäre, der Gesamtnennbetrag maßgebend.

956 Bei der Verschmelzung durch Aufnahme ergibt sich durch § 55 UmwG, dass es einer **Übernahmeerklärung** für die durch Kapitalerhöhung zu gewährenden Anteile **nicht bedarf**. § 55 UmwG gilt aber nicht bei einer Verschmelzung durch Neugründung (vgl. den Wortlaut von § 56 UmwG). Eine Übernahmeerklärung ist gleichwohl nicht erforderlich. Der Anteilserwerb erfolgt vielmehr kraft Gesetzes mit dem Wirksamwerden der Verschmelzung (§ 20 Abs. 1 Nr. 3 UmwG).

957 **dd) Satzung der neuen GmbH.** Die Satzung der neu zu gründenden GmbH ist nach § 37 UmwG **zum Bestandteil des Verschmelzungsvertrages** zu machen und folglich mit zu beurkunden.

958 Soweit in den bisherigen Satzungen der übertragenden GmbH **Festsetzungen über Sondervorteile**, Gründungsaufwand, Sacheinlagen und Sachübernahmen enthalten sind, sind sie in den Gesellschaftsvertrag der neuen GmbH zu übernehmen (§ 57 UmwG). § 57 UmwG verlangt die Übernahme »historischer« Festsetzungen aus den Satzungen der übertragenden Rechtsträger, die nach den jeweiligen Vorschriften der übertragenden Rechtsträger über einen längeren Zeitraum fortgeschrieben werden müssen (vgl. §§ 26, 27 AktG bzw. § 5 GmbHG).

959 Die von den Sondergesetzen vorgeschriebenen **Beibehaltungsfristen** (§ 26 AktG) beginnen allerdings nicht neu, sondern richten sich nach dem ursprünglichen Fristbeginn. Enthält die Satzung eines übertragenen Rechtsträgers Festsetzungen, für die die maßgebliche Beibehaltungsfrist abgelaufen ist, müssen sie nicht in die Satzung der neuen GmbH übernommen werden (Lutter/Winter/Vetter, UmwG, § 57 Rn. 7; Hüffer/Koch/Koch, § 26 AktG Rn. 1, 10).

960 Davon zu unterscheiden ist die Verpflichtung, die i. R. d. Verschmelzung geleistete Sacheinlage des gesamten Vermögens des übertragenden Rechtsträgers in die Satzung der neuen Gesellschaft aufzunehmen. Diese folgt nicht aus § 57 UmwG, sondern aus deren § 36 Abs. 2 UmwG vorgeschriebenen Anwendung des GmbH-Gründungsrechts (§ 5 Abs. 4 Satz 1 GmbHG). Nach allgemeiner Meinung genügt allerdings die allgemeine Angabe, dass das Stammkapital der Gesellschaft dadurch erbracht wurde, dass sich das Vermögen der übertragenden Rechtsträger entgegen der Verschmelzung auf die Gesellschaft übertragen wird (vgl. Kallmeyer/Marsch-Barner, UmwG, § 36 Rn. 10 ff.; Bärwaldt, in: Semler/Stengel, § 36 UmwG Rn. 35; Lutter/Winter/Vetter, UmwG, § 56 Rn. 40).

961 **b) Möglicher Vertragsinhalt.** Vgl. zunächst oben unter Teil 2 Rdn. 52 ff.

962 In den Gesellschaftsvertrag kann die **Bestellung der Geschäftsführer** aufgenommen werden. Notwendig ist dies nicht. Auch wenn die Anmeldung der neuen GmbH nur durch die Vertretungsorgane der übertragenden Gesellschaften zu erfolgen hat (vgl. §§ 56, 38 Abs. 2 UmwG), ist jedenfalls bei der Anmeldung der neuen GmbH ein Beschluss über die Geschäftsführerbestellung vorzulegen und mit an zu melden. Da nach § 36 Abs. 2 Satz 2 UmwG die übertragenden Rechtsträger den Gründern gleichstehen, können die Vertretungsorgane außerhalb des von ihnen abgeschlossenen Verschmelzungsvertrages die Bestellung der Vertretungsorgane der neuen GmbH beschließen. Der Satzung ist nach § 59 UmwG durch Verschmelzungsbeschluss zuzustimmen.

963 **c) Organbestellung.** Vgl. zunächst Teil 2 Rdn. 358 ff. Auch ein **eventueller Aufsichtsrat** ist nach § 59 Satz 2 UmwG durch Verschmelzungsbeschluss zu bestellen. Sehr umstritten ist die Frage, ob ein mitbestimmter Aufsichtsrat bei der GmbH vor der Eintragung ins Handelsregister zu bilden ist (vgl.

Hahn, BB 2000, 1849 m. w. N.). Das BayObLG hat dies im Beschl. v. 09.06.2000 (BB 2000, 1538) abgelehnt.

V. Verschmelzungsbericht

Vgl. zunächst allgemein oben Teil 2 Rdn. 376 ff.

964

Anders als bei Personenhandelsgesellschaften ist ein Verschmelzungsbericht **bei der Beteiligung von** **965** **GmbH immer erforderlich. Berichtspflichtig** sind bei GmbH gem. § 8 UmwG die Geschäftsführer in ihrer Gesamtheit (str., vgl. oben Teil 2 Rdn. 377 ff.). Nach § 8 Abs. 1 Satz 1 UmwG ist ein gemeinsamer Bericht aller an der Verschmelzung beteiligter Vertretungsorgane zulässig. Hinsichtlich des Inhaltes gelten die allgemeinen Grundsätze des § 8 UmwG, d. h. es muss die Verschmelzung, der Verschmelzungsvertrag oder sein Entwurf und insb. das Umtauschverhältnis der Anteile sowie die Höhe der anzubietenden Barabfindung rechtlich und wirtschaftlich erläutert und begründet werden. Auf besondere Schwierigkeiten bei der Bewertung der Gesellschaften sowie auf die Folgen für die Beteiligung der Anteilsnehmer ist hinzuweisen (vgl. eingehend oben Teil 2 Rdn. 376 ff.). Zum Verzicht vgl. Teil 2 Rdn. 400 ff.

▶ **Hinweis:**

966

Nach § 8 Abs. 3 UmwG ist der Bericht allerdings nicht erforderlich, wenn entweder alle Gesellschafter in notariell beurkundeter **Verzichtserklärung** auf die Erstellung verzichtet haben oder sich **alle Geschäftsanteile** der übertragenden GmbH in der Hand des übernehmenden Rechtsträgers befinden. Insb. bei personalistischen GmbH wird i. d. R. ein Bericht deswegen nicht erforderlich sein, weil die Gesellschafter hierauf verzichtet haben. Dies sollte ggf. im Vorstadium geklärt werden.

VI. Verschmelzungsprüfung

Eine Prüfung des Verschmelzungsvertrages ist für die GmbH nur notwendig, **wenn ein Gesellschafter** **967** **dies verlangt** (§ 48 UmwG). Die Kosten trägt dann die Gesellschaft. Diese Vorschrift ist an § 355 Abs. 2 Satz 2 AktG i. d. F. vor 1995 angelehnt. Bei der alten Verschmelzung war für die Verschmelzung einer GmbH mit einer AG in dieser Vorschrift vorgesehen, dass der Verschmelzungsvertrag und das Umtauschverhältnis der Anteile wie bei einer Verschmelzung von AG geprüft werden müssen. Dabei war aber die Bestellung eines eigenen Prüfers für die übertragende GmbH nur erforderlich, falls ein GmbH-Gesellschafter dies verlangte. Die Regierungsbegründung weist darauf hin, dass die Interessenlage bei jeder anderen Ausgestaltung der Verschmelzung, also bei reinen GmbH-Verschmelzungen und bei der Beteiligung von Rechtsträgern anderer Rechtsformen, dieselbe ist. Ein GmbH-Gesellschafter kann stets ein Interesse daran haben, dass das Umtauschverhältnis der Anteile von unabhängigen Sachverständigen geprüft wird. Dies gilt insb. für die Gesellschaft mit einem großen Kreis von Gesellschaftern, von denen jedenfalls der größere Teil dem Geschäftsleben der GmbH fernsteht und deren Unternehmenswert aus eigener Anschauung nicht beurteilt werden kann. Das gilt auch für Minderheitsgesellschafter kleiner GmbH. Deshalb wurde im UmwG den Gesellschaftern allgemein das Recht eingeräumt, eine Prüfung der bisherigen Verschmelzung zu verlangen, falls sie Zweifel haben, ob ihre wirtschaftliche und rechtliche Stellung angemessen berücksichtigt worden ist (vgl. Begründung zum RegE, BR-Drucks. 74/95, S. 99; abgedruckt in: Limmer, Umwandlungsrecht, S. 294 f.).

Unklar war, welche **Frist für das Verlangen** besteht. Da dem UmwG bis zum **Zweiten Gesetz zur Än-** **968** **derung des UmwG** v. 25.04.2007 (BGBl. I, S. 542) eine gesetzliche Frist fehlte, wurde davon ausgegangen, dass das Verlangen zeitlich vor oder sogar noch in der Mitgliederversammlung gestellt werden kann (Widmann/Mayer/Mayer, Umwandlungsrecht, § 48 UmwG Rn. 9; Kallmeyer/Müller, UmwG § 48 Rn. 5). Teilweise wurde das Verlangen einer Verschmelzungsprüfung auch nach Fassung bzw. Wirksamwerden des Verschmelzungsbeschlusses für zulässig erachtet (Widmann/Mayer, UmwG § 48 Rn. 17; Stratz, in Schmitt/Hörtnagl/Stratz, 4. Aufl., § 44 UmwG Rn. 4, § 48 Rn. 4). Ebenfalls unklar war, ob eine **Fristsetzung** möglich ist. Dies war wohl aus allgemeinen Grundsätzen zu bejahen (so H. Schmidt, in: Lutter, Kölner Umwandlungsrechtstage, S. 76; Goutier/Knopf/Bermel, Umwandlungsrecht, § 44 UmwG Rn. 8). Diese Problematik ist allerdings durch das **Zweite Gesetz zur Änderung des UmwG** bei GmbH und Personengesellschaft und Partnerschaftsgesellschaft, nicht aber bei Vereinen, insofern entschärft worden, als das **Prüfungsverlangen innerhalb einer Frist von einer Woche gestellt werden muss**, nachdem die Unterlagen zur Einberufung der Versammlung empfangen wurden (§ 48 UmwG n. F., vgl. Drinhausen, BB 2006, 2313 f.; Widmann/Mayer/Vossius, Umwandlungsrecht, § 48 UmwG Rn. 9; Lutter/Winter/Vetter, § 48 UmwG Rn. 25 ff.; Kallmeyer/Müller, UmwG § 48 Rn. 5).

969   Hierbei ist allerdings zu berücksichtigen, dass nach § **30 Abs. 2 UmwG** eine **Prüfung immer durchzuführen ist**, und dies unabhängig von dem Verlangen eines Gesellschafters, wenn der Verschmelzungsvertrag eine **Barabfindung** enthält. Die Angemessenheit einer anzubietenden Barabfindung ist stets durch Verschmelzungsprüfer zu prüfen.

970   Das **Verfahren zur Bestellung der Verschmelzungsprüfer**, ihre Stellung und Verantwortlichkeit und der Inhalt des Prüfungsberichts sind auch für die GmbH im Allgemeinen Teil in den §§ 9 bis 12 UmwG geregelt (vgl. oben Teil 2 Rdn. 418 ff.).

971   Für die **Auswahl der Verschmelzungsprüfer** gilt § 11 UmwG, der auf § 319 Abs. 1 bis 3 HGB Bezug nimmt. Danach können Abschlussprüfer nur Wirtschaftsprüfer oder Wirtschaftsprüfungsgesellschaften sein, für sog. mittelgroße GmbH jedoch auch vereidigte Buchprüfer. Maßgeblich für die Frage, ob bei einer mittelgroßen GmbH vereidigte Buchprüfer tätig werden können, ist daher § 267 HGB.

VII. Vorbereitung der Gesellschafterversammlung

972   **1. Einberufung der Gesellschafterversammlung.** Für die Einberufung der Gesellschafterversammlung gelten die allgemeinen Grundsätze des GmbH-Rechts. Die Versammlung ist daher nach § 49 Abs. 1 GmbHG durch die Geschäftsführer einzuberufen. Die **Einberufungskompetenz** liegt nach allgemeiner Meinung selbst bei mehreren Geschäftsführern bei jedem einzelnen Geschäftsführer und zwar selbst dann, wenn die Geschäftsführer zur Gesamtvertretung berechtigt sind (vgl. OLG Frankfurt am Main, GmbHR 1976, 110; OLG Düsseldorf, NZG 2004, 916, 921; BayObLG, NZG 1999, 1063; Baumbach/Hueck/Zöllner § 49 GmbHG Rn. 3; Lutter/Hommelhoff/Bayer, GmbHG, § 49 Rn. 1).

973   Nach § 51 Abs. 1 GmbHG erfolgt die Einberufung der Versammlung durch **Einladung der Gesellschafter** mittels eingeschriebenem Brief. Sie ist mit einer **Frist von mindestens einer Woche** zu bewirken. Nach herrschender Meinung muss die Einladung auch den Einberufenden ausweisen (vgl. Lutter/ Hommelhoff/Bayer, GmbHG, § 51 Rn. 16; Baumbach/Hueck/Zöllner § 51 GmbHG Rn. 16; Scholz/K. Schmidt, GmbHG, § 51 Rn. 13). Zur Sicherheit sollte der Einberufende persönlich unterschreiben mit ausdrücklichem Hinweis, aus dem sich die Einberufungsbefugnis ergibt.

974   In der Einladung sind die Gesellschafter unter Angabe von Ort und Tag zur Gesellschafterversammlung einzuladen. Die **Tagesordnung** soll nach § 51 Abs. 2 GmbHG angegeben werden. Die Wochenfrist berechnet sich nach §§ 187 Abs. 1, 188, 193 BGB. D. h., die Frist läuft an demselben Wochentag ab, an dem die Einladung in der vorhergehenden Woche bewirkt wurde.

975   § 47 UmwG ergänzt die allgemeinen Vorschriften der Einberufung dahin gehend, dass der **Verschmelzungsvertrag** oder sein Entwurf und der **Verschmelzungsbericht** den Gesellschaftern spätestens zusammen mit der Einberufung der Versammlung zu übersenden ist. Diese Vorschrift **konkretisiert das allgemeine Auskunfts- und Einsichtsrecht** der GmbH-Gesellschafter nach § 51a GmbHG für den Vorgang der Verschmelzung. Die Regierungsbegründung weist darauf hin, dass die Verschmelzung für eine GmbH so wesentlich ist, dass den Gesellschaftern diejenigen Unterlagen, die für ihre Zustimmung die größte Bedeutung haben, rechtzeitig vor der Beschlussfassung zur Verfügung gestellt werden müssten.

976   Streitig ist ob eine Verpflichtung zur **Übersendung eines Verschmelzungsprüfungsberichts** besteht (bejahend Reichert, in Semler/Stengel, § 47 UmwG Rn. 8; Kallmeyer/Kallmeyer/Kocher, UmwG, § 47 Rn. 1; Lutter/Winter/Vetter, UmwG, § 47 Rn. Rn. 10; Stratz, in Schmitt/Hörtnagl/Stratz, § 47 UmwG Rn. 1; Hommelhoff, ZGR 1993, 462, zu Recht ablehnend Widmann/Mayer/Mayer, Umwandlungsrecht, § 47 UmwG Rn. 4). Umstritten ist dabei ebenfalls, ob § 41 UmwG analog anzuwenden ist, d. h. ob die Versendungspflicht entfällt, wenn alle Gesellschafter zur Geschäftsführung berechtigt sind (befürworten Lutter/Drygala, § 8 UmwG Rn. 54; ablehnend Ihrig, in: Semler/Stengel § 41

UmwG Rn. 3; Lutter/H. Schmidt, UmwG, § 41 Rn. 3; vgl. auch Kallmeyer/Kallmeyer/Kocher, UmwG, § 47 Rn. 7).

Anders als § 24 Abs. 2 UmwG i. d. F. vor 1995, der eine zweiwöchige Einberufungsfrist für die Um- **977** wandlung vorsah, enthält § 47 UmwG keine Sondervorschrift für die Einberufungsfrist. Damit gilt die allgemeine Einberufungsfrist von mindestens einer Woche nach § 51 Abs. 1 GmbHG (Widmann/ Mayer/Mayer, Umwandlungsrecht, § 47 UmwG Rn. 6). Z. T. wird diese Frist als unzureichend emp- funden (Reichert, in Semler/Stengel, § 47 UmwG Rn. 14; Lutter/Winter/Vetter, UmwG, § 47 Rn. 20; vgl. auch Kallmeyer/Kallmeyer/Kocher, UmwG, § 47 Rn. 5).

§ 49 Abs. 1 UmwG konkretisiert den Inhalt der Einberufung dahin gehend, dass die Geschäftsführer in **978** der Einberufung die Verschmelzung als **Gegenstand der Beschlussfassung** anzukündigen haben. Da dies bereits aus dem allgemeinen GmbH-Recht folgt, dürfte es sich hierbei um eine ausdrückliche Klar- stellung handeln, um die Gesellschafter ausdrücklich auf diesen wichtigen Vorgang aufmerksam zu ma- chen (so Begründung zum RegE, BR-Drucks. 74/95, S. 100; abgedruckt in: Limmer, Umwandlungs- recht, S. 295).

2. Auslegungspflichten. Ergänzend zur Absicherung des Informationsrechts der GmbH-Gesell- **979** schafter bestimmt § 49 Abs. 2 UmwG, dass von der Einberufung an im Geschäftsraum der Gesellschaft die **Jahresabschlüsse** und die **Lageberichte** der an der Verschmelzung beteiligten Gesellschaften und Rechtsträger **für die letzten 3 Geschäftsjahre** zur Einsicht durch die Gesellschafter auszulegen sind. Diese Vorschrift lehnt sich an § 340d Abs. 2 Nr. 2 AktG i. d. F. vor 1995 an. Sie soll es den Gesellschaf- tern erleichtern, den Vorschlag der Geschäftsleitung zu beurteilen. Diese Unterlagen dienen der Infor- mation der Gesellschafter. Sie sollen dadurch in die Lage versetzt werden, die mitgeteilten Daten in Ruhe zur Kenntnis zu nehmen und zu prüfen, um sich auf diese Weise ein eigenes Bild von der geplanten Verschmelzung und der Information durch die Geschäftsführung zu machen (vgl. Widmann/Mayer/ Mayer, Umwandlungsrecht, § 49 UmwG Rn. 12). Der Vorlagezeitraum ist nicht auf die zeitlich letzten 3 Geschäftsjahre vor der Anteilseignerversammlung zu beziehen, sondern auf die Geschäftsjahre, für die bereits ein festgestellter Jahresabschluss vorliegt oder nach den bilanzrechtlichen Vorschriften hätte vor- liegen müssen (so zu § 327c Abs. 3 AktG OLG Hamburg, NZG 2003, 539 = DB 2003, 1499 = ZIP 2003, 1344; Lutter/Winter/Vetter, § 49 UmwG Rn. 22 ff.; Kallmeyer/Kallmeyer/Kocher, § 49 UmwG Rn. 2; Stratz, in Schmitt/Hörtnagl/Stratz, § 47 UmwG Rn. 7 f.; vgl. auch zur Parallelvor- schrift: Diekmann, in Semler/Stengel, § 63 UmwG Rn. 12).

3. Auskunftsanspruch. Vgl. zunächst allgemein oben Teil 2 Rdn. 465 ff. **980**

§ 49 Abs. 3 UmwG bestimmt, dass die Geschäftsführer jeden Gesellschafter auf Verlangen **jederzeit** **981** **Auskunft** auch über alle für die Verschmelzung wesentlichen Angelegenheiten der anderen beteiligten Gesellschaften und Rechtsträger **zu geben haben.** Diese Vorschrift erweitert das allgemeine Auskunfts- recht nach § 51a GmbHG auf die anderen beteiligten Gesellschaften. Der Auskunftsanspruch hinsicht- lich der eigenen Gesellschaft ergibt sich somit direkt aus § 51a GmbH. Darüber hinausgehend wird der Auskunftsanspruch über die Belange der eigenen Gesellschaft hinaus auf die der anderen beteiligten Gesellschaften erweitert. Der Informationsanspruch richtet sich damit auf die gesellschaftlichen und wirtschaftlichen Angelegenheiten der anderen Gesellschaften. Als Minimalanforderung ist die Aus- kunft darüber zu erteilen, ob die Einlagen bei der übernehmenden Gesellschaft voll bewirkt sind, wie sich die wirtschaftliche Lage aktuell darstellt und welche konkreten Zukunftsaussichten bestehen (so Lutter/Winter/Vetter § 49 UmwG Rn. 44 ff.; Kallmeyer/Kallmeyer/Kocher § 49 UmwG Rn. 3; Widmann/Mayer/Mayer, Umwandlungsrecht, § 47 UmwG Rn. 27 ff.). Der Anspruch besteht nur ggü. den eigenen Geschäftsführern, die sich ggf. bei den anderen kundig machen müssen.

VIII. Zustimmungsbeschluss zur Verschmelzung

1. Gesellschafterversammlung. Nach § 13 Abs. 1 Satz 2 UmwG kann der Verschmelzungs- **982** beschluss nur in einer Versammlung der Gesellschaft gefasst werden. Eine **schriftliche Stimmabgabe,** wie sie § 48 Abs. 2 GmbHG vorsieht, ist daher bei Verschmelzungsbeschlüssen nicht zulässig.

983 **2. Durchführung der Gesellschafterversammlung und Informationsrechte.** Vgl. allgemein oben Teil 2 Rdn. 465 ff.

984 Zunächst gilt das **Informationsrecht nach § 49 Abs. 3 UmwG** auch für die Gesellschafterversammlung (vgl. Reichert in: Semler/Stengel § 49 UmwG Rn. 12).

985 Nach § 13 Abs. 3 UmwG bedarf der Verschmelzungsbeschluss für alle Gesellschaften der **notariellen Beurkundung** (vgl. oben Teil 2 Rdn. 496 ff.). Hinsichtlich der Durchführung der GmbH-Gesellschafterversammlung hat das GmbHG keine Vorgaben gemacht. So ist etwa auch ein **Versammlungsleiter** nicht erforderlich (vgl. BGHZ 76, 156; Lutter/Hommelhoff/Bayer, § 48 GmbHG Rn. 15; Ulmer/Hüffer/Koch, GmbHG, § 48 Rn. 29; Wiester, GmbHR 2008, 189, 191), in vielen Fällen allerdings zweckmäßig. Auch ist nicht wie in § 129 AktG eine **Anwesenheitsfeststellung** vorgeschrieben, bei größeren Versammlungen i. d. R. ebenfalls sachgerecht. Sie erfolgt nach Bestimmung des Versammlungsleiters, bei Versammlungen ohne Vorsitzenden durch Umlauf einer Liste.

986 Da der Gesellschafterbeschluss einen sonstigen Vorgang i. S. d. **§ 36 BeurkG** betrifft, ist eine Niederschrift erforderlich, die neben der Bezeichnung des beurkundenden Notars den Bericht über seine Wahrnehmung bei dem Beschluss enthalten, und von ihm eigenhändig unterschrieben sein muss. In der Niederschrift muss weiter angegeben werden, dass es sich um einen Gesellschafterversammlungsbeschluss handelt, das Abstimmungsergebnis und ggf. die Feststellung des Versammlungsleiters. Weiterhin sind nach § 36 Abs. 2 BeurkG die Angabe von Ort und Tag der Beschlussfassung und der Errichtung der Urkunde anzugeben. Eine Verlesung ist nicht erforderlich. Es handelt sich dabei nicht um die Beurkundung von Willenserklärungen, sondern um die **Beurkundung von sonstigen Tatsachen** (vgl. Preuß in: Armbrüster/Preuß/Renner, § 36 BeurkG Rn. 9; Limmer in: Eylmann/Vaasen, § 39 BeurkG Rn. 2; Lerch, BeurkG, § 36 Rn; 1 ff.; Winkler, BeurkG, § 36 Rn. 3). Der Beschluss selbst ist ein Rechtsgeschäft, keine Willenserklärung. Nur die Stimmabgaben der Aktionäre i. R. d. Beschlussfassung sind Willenserklärungen. Bei der Stimmabgabe selbst handelt es sich um eine einseitige zugangsbedürftige Willenserklärung. Bei der Beurkundung des Versammlungsbeschlusses handelt es sich nicht um eine Beurkundung der Stimmabgaben der einzelnen Gesellschafter, sondern um die Beurkundung des rechnerischen Ergebnisses aus der Addition für oder gegen einen Beschluss abgegebener Stimmen bzw. der Stimmenthaltungen. Der Versammlungsbeschluss wird in der Niederschrift daher lediglich nach Art eines tatsächlichen Vorganges erfasst. Aus diesem Grunde bedarf es auch nicht der sonst vorgeschriebenen Verlesung der Niederschrift. Des Weiteren ist auch nicht die Personenfeststellung durch Vorlegung amtlicher Ausweise für die dem Notar nicht persönlich bekannten Teilnehmer notwendig. Auch muss die Niederschrift von keiner weiteren Person als der Urkundsperson unterschrieben werden. Dies alles gilt jedoch nur insofern, als Gang und Ergebnisse der Versammlung Gegenstand der Beurkundung sind. Wenn in der Versammlung auch rechtsgeschäftliche Erklärungen abgegeben werden, so sind die Vorschriften des zweiten Abschnitts über die Beurkundung von Willenserklärungen anwendbar, insb. über Verlesung, Genehmigung und Unterzeichnung. Die **notwendigen Feststellungen** sind im GmbHG nicht geregelt, ergeben sich allerdings aus § 13 UmwG: Angegeben werden muss danach der Beschlussgegenstand, ferner dass es sich um einen Gesellschafterversammlungsbeschluss handelt und das Abstimmungsergebnis (Zahl der abgegebenen und bejahenden Stimmen) sowie dessen etwaige Feststellung durch einen Versammlungsleiter, sofern einer vorhanden ist. Zweckmäßig sind nach herrschender Meinung darüber hinaus weitere Angaben, insb. über erschienene Gesellschafter bzw. Vertreter (vgl. Eylmann/Vaasen/Limmer, BeurkG, § 37 Rn. 17 f.; Eickhoff, Die Praxis der Gesellschafterversammlung bei GmbH und GmbH & Co. KG, Rn. 283 ff.; Röll, DNotZ 1979, 647; Scholz/Priester, GmbHG, § 53 Rn. 69).

987 ▶ **Hinweis:**

In der **Praxis** werden häufig anstelle der Beurkundung nach §§ 36, 37 BeurkG die Vorschriften über die Beurkundung von Willenserklärungen gem. §§ 8 ff. BeurkG mit genauer Angabe der Beteiligten und ihrer Erklärungen sowie verlesene Niederschrift und Unterzeichnung durch alle erschienenen Beteiligten angewendet. Das ist ohne Zweifel zulässig (vgl. OLG Köln, BB 1993, 318; Röll, DNotZ 1979, 646; Scholz/Priester, GmbHG, § 53 Rn. 70).

Eine **förmliche Feststellung des Beschlussergebnisses** ist im GmbHG im Gegensatz zum Aktienrecht **988** (§ 130 Abs. 2 AktG) nicht Wirksamkeitserfordernis des Beschlusses (BGHZ 76, 156). Im Regelfall empfiehlt sich dies allerdings, da die förmliche Feststellung und Verkündigung des Abstimmungsergebnisses den Beschlussinhalt verbindlich festlegt (OLG Stuttgart, NJW-RR 1994, 811; Eickhoff, Die Praxis bei der Gesellschafterversammlung bei GmbH und GmbH & Co. KG, Rn. 283; Scholz/K. Schmidt, GmbHG, § 48 Rn. 58). Die Feststellung des Beschlussergebnisses kann auch dem beurkundenden Notar übertragen werden (Baumbach/Hueck/Zöllner, GmbHG, § 53 Rn. 36).

Stimmberechtigung bei der Beschlussfassung über den Verschmelzungsbeschluss haben grds. alle Ge- **989** sellschafter. Umstritten ist die Frage, ob die übernehmende Gesellschaft bei der Beschlussfassung über die Verschmelzung in der Versammlung der übertragenden Gesellschaft vom Stimmrechtsausschluss nach § 47 Abs. 4 GmbHG betroffen ist. Die wohl überwiegende Meinung lehnt dies ab, da es sich hierbei um einen organisationsrechtlichen Akt handelt, bei dem kein Stimmverbot besteht (vgl. Nachweise oben Teil 2 Rdn. 484 ff.).

Nach § 13 Abs. 3 Satz 2 UmwG ist der Verschmelzungsvertrag oder sein Entwurf der notariellen Ur- **990** kunde über den Zustimmungsbeschluss **als Anlage beizufügen**, damit er auch noch nach der Hauptversammlung oder Gesellschafterversammlung beim Registergericht eingesehen werden kann und das Registergericht in der Lage ist, die Identität des bei der Anmeldung der Verschmelzung eingereichten Vertrages mit dem Vertrag, dem die Gesellschafter- bzw. Hauptversammlung zugestimmt hat, zu überprüfen (vgl. Gehling in: Semler/Stengel, § 13 UmwG Rn. 54; Kallmeyer/Zimmermann, UmwG, § 13 Rn. 39). Der Vertrag ist Anlage im untechnischen Sinn, nur Identifizierungsbehelf, sodass er nicht Teil des Beschlusses ist und daher auch nicht mitverlesen werden muss; auch dann nicht, wenn das Beurkundungsverfahren nach §§ 8 ff. BeurkG gewählt wird (vgl. Widmann/Mayer/Heckschen, Umwandlungsrecht, § 13 UmwG Rn. 226; Kallmeyer/Zimmermann, UmwG, § 50 Rn. 17). Eine unbeglaubigte Abschrift genügt (Gehling in: Semler/Stengel, § 13 UmwG Rn. 54; Kallmeyer/Zimmermann, § 13 Rn. 39; strenger Widmann/Mayer/Heckschen, UmwG, § 13 Rn. 233: beglaubigte Abschrift oder elektronisch beglaubigte Abschrift).

3. Beschlussmehrheiten. § 50 Abs. 1 UmwG bestimmt, dass der Verschmelzungsbeschluss einer **991** **Mehrheit von mindestens 3/4 der abgegebenen Stimmen** bedarf. Der Gesellschaftsvertrag darf keine größere Mehrheit und weitere Erfordernisse bestimmen. Es ist also eine 3/4-Mehrheit der in der Gesellschafterversammlung anwesenden Gesellschafter notwendig. Der Gesellschaftsvertrag darf allerdings nach § 50 Abs. 1 Satz 1 UmwG eine größere Mehrheit und weitere Erfordernisse bestimmen.

Die notwendige 3/4-Mehrheit bedeutet, dass **genau 75 % ausreichend** sind, es brauchen also nicht **992** mehr als 75 % zu sein (so Scholz/Priester, GmbHG, § 53 Rn. 78). Die Mehrheit bestimmt sich nach der Nominalgröße der Geschäftsanteile. Gezählt werden nur die **abgegebenen Stimmen** der Gesellschafter, die sich nach § 16 GmbHG angemeldet haben und anwesend oder wirksam vertreten sind (vgl. Lutter/Hommelhoff/Bayer, GmbHG, § 47 Rn. 7; Scholz/Priester, GmbHG, § 53 Rn. 83; Lutter/ Winter/Vetter § 50 UmwG Rn. 21). Eine Kapitalmehrheit wird daher nicht verlangt. Es zählen also nur die Stimmen der Gesellschafter, die sich an der Abstimmung beteiligen, Stimmenthaltungen gelten als nicht abgegeben, sie zählen bei der Feststellung nicht mit, das Gleiche gilt für ungültige Stimmen (vgl. BGHZ 74, 154, 158, BGHZ 80, 212, 215; Scholz/Priester, GmbHG, § 53 Rn. 83; Lutter/Hommelhoff/Bayer, GmbHG, § 47 Rn. 7; Widmann/Mayer/Mayer, Umwandlungsrecht, § 50 UmwG Rn. 31 ff., 34).

Stehen der Gesellschaft **eigene Anteile zu**, ruht das Stimmrecht aus diesen Geschäftsanteilen (vgl. **993** BGH, NJW 1995, 1027 = DNotZ 1995, 963).

Die **Satzung** kann allerdings **Abweichendes** bestimmen, wie dies auch § 50 Abs. 1 Satz 2 UmwG aus- **994** drücklich für den Verschmelzungsbeschluss vorsieht. So kann etwa eine Mindestanzahl anwesender Stimmen oder Kapitalanteile (**Quorum**) von der Satzung verlangt werden. Fraglich ist, ob eine höhere Mehrheit auch dann erforderlich ist, wenn die Satzung allgemein für satzungsändernde Beschlüsse besondere Erfordernisse oder Mehrheiten vorsieht. Schwieriger zu beantworten ist die Frage, wenn die Satzung nicht speziell die Verschmelzung regelt, sondern erhöhte Anforderungen – etwa höhere Mehrheiten, Einstimmigkeit oder die Zustimmung einzelner Gesellschafter – ganz allgemein bei Satzungsänderungen vorsieht. Es stellt sich dann die Frage, ob sich diese allgemeinen Satzungsänderungs-erfordernisse auch auf den Verschmelzungsbeschluss erstrecken (vgl. oben Teil 2 Rdn. 482). Die wohl überwiegende Meinung bejaht dies (Widmann/Mayer/Mayer, Umwandlungsrecht, § 50 UmwG Rn. 42; Kallmeyer/Zimmermann, UmwG, § 50 Rn. 9; Lutter/Winter/Vetter, UmwG, § 50 Rn. 35; Reichert, GmbHR 1995, 176, 185; Reichert, in: Semler/Stengel, § 50 UmwG Rn. 9). Etwas anderes kann man nur annehmen, wenn die Satzung für die Verschmelzung selbst besondere Bestimmungen vorsieht, nicht aber besondere Beschlussmehrheiten (vgl. Reichert, GmbHR 1995, 185). Gesellschafts-vertragliche Bestimmungen über die Auflösung der Gesellschaft erfassen nicht ohne Weiteres auch die Verschmelzung, wenn sich nicht durch Auslegung ausdrücklich etwas anderes ergibt (so zu Recht Wid-mann/Mayer/Mayer, Umwandlungsrecht, § 50 UmwG Rn. 46).

Zu den weiteren Fragen vgl. auch oben Teil 2 Rdn. 481 ff.

IX. Besondere Zustimmungserfordernisse

995   **1. Sonderrechtsinhaber (§ 50 Abs. 2 UmwG).** § 50 Abs. 2 UmwG sieht Zustimmungspflichten für die Gesellschafter vor, die bei der übertragenden Gesellschaft besondere Minderheitsrechte oder Ge-schäftsführungssonderrechte, wie Bestellungsrechte und Vorschlagsrechte für die Geschäftsführung ha-ben (vgl. oben Teil 2 Rdn. 551 ff.). Werden durch die Verschmelzung auf dem Gesellschaftsvertrag be-ruhende Minderheitsrechte eines einzelnen Gesellschafters einer übertragenden Gesellschaft oder die einzelnen Gesellschaftern zustehenden besonderen Rechte an der Geschäftsführung beeinträchtigt, be-darf der Verschmelzungsbeschluss nach § 50 Abs. 2 UmwG ihrer Zustimmung.

996   Nach der Regierungsbegründung werden von dieser Vorschrift **zwei Gruppen besonderer Rechte** er-fasst:
- einmal Geschäftsführungssonderrechte sowie Bestellungsrechte und Vorschlagsrechte für die Ge-schäftsführung aufgrund des Gesellschaftsvertrages
- und zum anderen auf dem Gesellschaftsvertrag beruhende Minderheitenrechte. Es muss sich bei Letzteren um Individualrechte handeln, also nicht um Rechte, die sich wie z. B. bei § 50 GmbHG erst bei einer bestimmten Beteiligungsquote ergeben (vgl. im Einzelnen oben Teil 2 Rdn. 568 ff.).

997   **2. Vinkulierte Anteile (§ 13 Abs. 2 UmwG).** Darüber hinaus bestimmt § 13 Abs. 2 UmwG, dass, wenn die Abtretung der Anteile der übertragenden GmbH von der Genehmigung bestimmter einzelner Gesellschafter abhängig ist, der Verschmelzungsbeschluss dieser GmbH ebenfalls der Zustimmung die-ses Gesellschafters bedarf (**Zustimmungserfordernis bei Anteilsvinkulierung**; vgl. oben Teil 2 Rdn. 556 ff.).

998   **3. Nicht eingezahlte Anteile bei der übertragenden oder übernehmenden GmbH (§ 51 Abs. 1 UmwG). a) Nicht eingezahlte Anteile bei der übernehmenden GmbH (§ 51 Abs. 1 Satz 1 und 2 UmwG).** § 51 Abs. 1 Satz 1 UmwG schützt durch eine Zustimmungspflicht die Gesellschafter einer übertragenden Gesellschaft für den Fall einer Verschmelzung ihrer Gesellschaft mit einer GmbH, auf deren Geschäftsanteile **noch nicht alle Leistungen bewirkt sind**, weil mit der Verschmelzung gem. § 24 GmbHG die Verpflichtung entsteht, die restlichen Leistungen zu erbringen (**Ausfallhaftung**, vgl. Teil 2 Rn. 520, Kallmeyer/Kallmeyer/Kocher, UmwG, § 51 Rn. 2; Widmann/Mayer/Mayer, Umwandlungs-recht, § 51 UmwG Rn. 9; Lutter/Winter/Vetter, § 51 UmwG Rn, 16; Stratz, in: Schmitt/Hörtnagl/Stratz, § 51 UmwG Rn. 3). In diesem Fall bedarf der Beschluss der Zustimmung **aller bei der Be-schlussfassung anwesenden Gesellschafter**. Stimmenthaltungen verhindern einen positiven Beschluss, sie beinhalten keine Zustimmung (Kallmeyer/Kallmeyer/Kocher, UmwG, § 51 Rn. 2; Widmann/May-er/Mayer, Umwandlungsrecht, § 51 UmwG Rn. 11). Dieser Schutzgedanke soll durch § 51 Abs. 1 Satz 2 UmwG auch für andere Fälle der Mischverschmelzung ausgedehnt werden. Ist der übertragende Rechtsträger eine **Personenhandelsgesellschaft, eine Partnerschaftsgesellschaft oder eine GmbH**, so bedarf der Verschmelzungsbeschluss **auch der Zustimmung der nicht erschienenen Gesellschafter**, es müssen also alle Gesellschafter zustimmen (Kallmeyer/Kallmeyer/Kocher, UmwG, § 51 Rn. 3; Wid-mann/Mayer/Mayer, Umwandlungsrecht, § 51 UmwG Rn. 14). Bei der Mischverschmelzung nach § 51 Abs. 1 Satz 2 UmwG ist die **AG als übertragender Rechtsträger** allerdings nicht genannt. Die Zustimmung der in der Versammlung nicht anwesenden Gesellschafter der übertragenden Personen-

handelsgesellschaft, Partnerschaftsgesellschaft oder GmbH bedarf nach § 13 Abs. 1 S. 1 UmwG der notariellen Beurkundung (Widmann/Mayer/Mayer, Umwandlungsrecht, § 51 UmwG Rn. 18; Lutter/Winter/Vetter, § 51 UmwG Rn, 26; Stratz, in: Schmitt/Hörtnagl/Stratz, § 51 UmwG Rn. 6). Die Beifügung des Vertragstextes zur Zustimmungsurkunde als Anlage ist nicht zwingend erforderlich (Widmann/Mayer/Mayer, Umwandlungsrecht, § 51 UmwG Rn. 18; Lutter/Winter/Vetter, § 51 UmwG Rn, 26).

b) Nicht eingezahlte Anteile bei der übertragenden GmbH (§ 51 Abs. 1 Satz 3 UmwG). Vgl. 999 auch Teil 2 Rn. 521. Durch § 51 Abs. 1 Satz 3 UmwG wird der Schutzgedanke des Satzes 1 auch auf den Fall ausgedehnt, dass bei einer Verschmelzung zwei GmbH miteinander verschmolzen werden sollen und die Einlageverpflichtung bei der **übertragenden GmbH** nicht in voller Höhe bewirkt ist. Denn auch in diesem Fall besteht das Risiko der Ausfallhaftung nach § 24 GmbHG, auch wenn die Einlagen bei der übernehmenden GmbH voll erfüllt sind (Kallmeyer/Kallmeyer/Kocher, UmwG, § 51 Rn. 5; Widmann/Mayer/Mayer, Umwandlungsrecht, § 51 UmwG Rn. 22; Lutter/Winter/Vetter § 51 UmwG Rn. 5). Durch das Zweite Gesetz zur Änderung des UmwG hat der Gesetzgeber klargestellt, dass der **Beschluss der (nur) Zustimmung aller Gesellschafter der übernehmenden Gesellschaft bedarf** (vgl. Widmann/Mayer/Mayer, Umwandlungsrecht, § 51 UmwG Rn. 25; Kallmeyer/Zimmermann, UmwG, § 51 Rn. 6; Heckschen, DNotZ 2007, 445, 449). Die Begründung zum RegE stellt dazu fest: Die angeordnete entsprechende Anwendung der Sätze 1 und 2 im bisherigen Text des § 51 Abs. 1 Satz 3 habe für den dort angesprochenen Fall in der Praxis Anlass zu Missverständnissen hinsichtlich der Beschlussmehrheit gegeben. Durch die neue Formulierung werde ausdrücklich klargestellt, dass dem Verschmelzungsbeschluss alle Gesellschafter der übernehmenden Gesellschaft zustimmen müssen (BT-Drucks. 16/2919 S. 13).

c) Besondere Erklärung bei Anmeldung. Bei der Anmeldung der Verschmelzung zur Eintragung in 1000 das Register haben die Vertretungsorgane der an der Verschmelzung beteiligten Rechtsträger im Fall des § 51 Abs. 1 UmwG auch zu erklären, dass dem Verschmelzungsbeschluss jedes der übertragenden Rechtsträger, alle bei der Beschlussfassung anwesenden Anteilsinhaber dieses Rechtsträgers und, sofern der übertragende Rechtsträger eine Personenhandelsgesellschaft, eine Partnerschaftsgesellschaft oder eine GmbH ist, auch die nicht erschienenen Gesellschafter dieser Gesellschaft zugestimmt haben. § 52 UmwG, der für alle in § 51 Abs. 1 UmwG geregelten Fälle die **Vorlage der Zustimmungserklärung** der Gesellschafter des übertragenden Rechtsträgers vorsieht, war für den Fall des § 51 Abs. 1 Satz 3 UmwG vollends missglückt: Die wortlautgemäße Interpretation hatte nämlich zur Folge, dass dem Registergericht die Zustimmungserklärungen aller Gesellschafter der übertragenden GmbH vorgelegt werden müssten, obwohl doch materiell die Zustimmung aller Gesellschafter der übernehmenden Gesellschaft erforderlich ist.

Durch das **Zweite Gesetz zur Änderung des UmwG** wurde folgender Satz angefügt:

> »Wird eine GmbH, auf deren Geschäftsanteile nicht alle zu leistenden Einlagen bewirkt sind, von einer GmbH durch Verschmelzung aufgenommen, so ist auch zu erklären, dass aller Gesellschafter dieser Gesellschaft dem Beschluss zugestimmt haben.«

Damit ist nunmehr klargestellt, dass es bei der Verschmelzung einer GmbH, auf deren Geschäftsanteile nicht alle zu leistende Einlagen in voller Höhe bewirkt sind, auf eine andere GmbH der Zustimmung der Gesellschafter dieser übernehmenden GmbH bedarf und dass (nur) diese Zustimmung auch dem Registergericht nachzuweisen ist (vgl. BT-Drucks. 16/2919 S. 13).

X. Kapitalerhöhungsbeschluss bei Verschmelzung zur Aufnahme

1. Notwendigkeit und Zulässigkeit der Kapitalerhöhung. Vgl. zunächst die Ausführungen bei 1001 Teil 2 Rdn. 252 ff.

Ist eine GmbH übernehmende Gesellschaft, stellt sich stets die **Frage der Kapitalerhöhung**, damit die 1002 Geschäftsanteile, die den Gesellschaftern der übertragenden Gesellschaft gewährt werden müssen, geschaffen werden können. Es muss also geprüft werden, ob diese Geschäftsanteile erst im Wege der Kapitalerhöhung neu gebildet werden müssen oder ob eigene Anteile zur Verfügung stehen, die den Gesellschaftern der übertragenden Gesellschaft an der aufnehmenden GmbH im Austausch gewährt werden können (vgl. im Einzelnen oben Teil 2 Rdn. 252 ff.). Über die Kapitalerhöhung muss die Gesellschafterversammlung beschließen.

1003 **2. Durchführung der Kapitalerhöhung.** Bei der GmbH gelten nicht die §§ 55 Abs. 1, 56a, 57 Abs. 2, Abs. 3 Nr. 1 GmbHG. Das bedeutet, dass die nach § 55 Abs. 1 GmbHG erforderliche **Übernahmeerklärung entfällt.** Der Übernahmevertrag und die Übernahmeerklärung werden durch die Angaben des Verschmelzungsvertrages und die Zustimmungsbeschlüsse ersetzt. Die bei der GmbH geltenden Vorschriften über die Sicherung der Sacheinlage nach §§ 56a, 7 GmbHG gelten ebenfalls nicht, da durch die Gesamtrechtsnachfolge die Vorschriften über die Leistung der Einlage entbehrlich sind. Deshalb sind auch die **entsprechenden Erklärungen in der Anmeldung der Kapitalerhöhung entbehrlich.** Auch die **Versicherung des Geschäftsführers** nach § 57 Abs. 2 und Abs. 3 Nr. 1 GmbHG ist **nicht notwendig.**

1004 I. Ü. bleibt es allerdings bei den allgemeinen Vorschriften des § 55 GmbH, sodass **folgende Schritte** bei der GmbH **erforderlich** sind (vgl. Lutter/Hommelhoff/Lutter, GmbHG, § 55 Rn. 3):
– **Satzungsändernder Erhöhungsbeschluss,** mit einer Mehrheit von 3/4 der abgegebenen Stimmen: Der Beschluss muss zum Inhalt haben, dass das Stammkapital der übernehmenden GmbH zur Durchführung der Verschmelzung erhöht werden soll und zwar in bestimmter Höhe;
– **Anmeldung** der Kapitalerhöhung durch sämtliche Geschäftsführer zum Handelsregister (§§ 57, 78 GmbHG);
– **Eintragung** der Kapitalerhöhung im Handelsregister;
– **Bekanntmachung** der Eintragung (§ 57b GmbHG).

1005 Da der Erhöhungsbeschluss **Satzungsänderung** ist, muss durch ihn die Höhe der Kapitalveränderung und die neue Ziffer des Stammkapitals festgelegt und der Wortlaut der bisherigen Satzung entsprechend korrigiert werden (Lutter/Hommelhoff, GmbHG, § 55 Rn. 8 f.; Widmann/Mayer/Mayer, Umwandlungsrecht, § 55 UmwG Rn. 31 ff.). Im Beschluss ist weiter anzugeben, dass die Mittel für die Kapitalerhöhung durch die Verschmelzung, d. h. durch den Übergang des Vermögens der übertragenden Gesellschaft aufgebracht werden (vgl. Widmann/Mayer/Mayer, Umwandlungsrecht, § 55 UmwG Rn. 36; Reichert, in: Semler/Stengel, § 55 UmwG Rn. 7; Stratz, in: Schmitt/Hörtnagl/Stratz, § 55 UmwG Rn 3; Lutter/Winter/Vetter, UmwG, § 55 Rn. 24).

In § 54 Abs. 3 UmwG ist geregelt, dass die **Stückelungsvorschriften des § 5 GmbHG** insoweit unbeachtlich sind, als sie sonst bei der Teilung von Geschäftsanteilen gem. § 17 Abs. 4 GmbHG einzuhalten wären; jedoch muss der Nennbetrag jedes Teils der Geschäftsanteile auf volle Euro lauten. Zweck der Stückelungserleichterung ist es, möglichst jedem Inhaber des übertragenden Rechtsträgers die Möglichkeit zur Beteiligung an dem übernehmenden Rechtsträger zu eröffnen und nichtbeteiligungsfähige Spitzen weitgehend zu vermeiden. Nach § 46 Abs. 1 Satz 3 UmwG i. d. F. durch das MoMiG v. 23.10.2008 (BGBl. I 2008, 2026) muss der Nennbetrag auf volle Euro lauten. Das Gesetz geht davon aus, dass neue Anteile im Wege der Kapitalerhöhung gebildet werden. Ist ein Gesellschafter der übertragenden Gesellschaft bereits Gesellschafter der aufnehmenden GmbH, kann mit seiner Zustimmung auch eine **Aufstockung** seines Geschäftsanteils bei der übernehmenden GmbH erfolgen (Widmann/Mayer/Mayer, Umwandlungsrecht, § 5 UmwG Rn. 90; Reichert, in: Semler/Stengel, § 46 UmwG Rn. 9; Stratz, in: Schmitt/Hörtnagl/Stratz, § 46 UmwG Rn. 7). Voraussetzung dafür ist nach allgemeiner Auffassung, dass eine »Vormännerhaftung« nicht in Betracht kommt, weil die alten Anteile entweder voll eingezahlt sind und eine Nachschusspflicht nicht besteht oder sie sich noch in der Hand der Gründer befinden (vgl. Scholtz/Priester, GmbHG, § 55 Rn. 25; Widmann/Mayer/Mayer, Umwandlungsrecht, § 5 UmwG Rn. 90). Die Aufstockung muss allerdings im Kapitalerhöhungsbeschluss ausdrücklich festgestellt werden, weil es sonst bei der Regelung des § 55 Abs. 3 GmbHG, d. h. des Erwerbs eines zusätzlichen Anteils, verbleibt (Scholz/Priester, GmbHG, Rn. 26; Widmann/Mayer/Mayer, Umwandlungsrecht, § 5 UmwG Rn. 90). Bei einer **verschmelzungsbedingten Kapitalerhöhung** besteht nach allgemeiner Meinung kein Bezugsrecht in Anlehnung an § 186 AktG (Lutter/Winter/Vetter, UmwG, § 55 Rn. 58; Widmann/Mayer/Mayer, Umwandlungsrecht, § 55 UmwG Rn. 51; Reichert, in: Semler/Stengel, § 55 UmwG Rn. 20).

XI. Handelsregisteranmeldung

Bei der Verschmelzung von GmbH sind **zwei Handelsregisteranmeldungen** zu unterscheiden: **1006**
– Anmeldung der Verschmelzung,
– Anmeldung einer etwa notwendigen Kapitalerhöhung.

Es ist zunächst auf die allgemeinen Ausführungen zu Teil 2 Rdn. 627 ff. hinzuweisen. Im Folgenden soll auf Besonderheiten eingegangen werden.

1. Anmeldung der Verschmelzung. Für die Anmeldung der Verschmelzung gelten zunächst die **all-**   **1007**
gemeinen Vorschriften der §§ 16, 17 UmwG. Die Vertretungsorgane jedes der an der Verschmelzung beteiligten Rechtsträgers haben die Verschmelzung zur Eintragung in das Register des Sitzes ihres Rechtsträgers anzumelden. Es genügt die Anmeldung durch ein Vertretungsorgan in vertretungsberechtigter Zahl (vgl. oben Teil 2 Rdn. 637). Bei der Anmeldung ist die Negativerklärung nach § 16 Abs. 2 UmwG erforderlich.

Folgende Anlagen sind nach § 17 UmwG vorzulegen: **1008**
– Verschmelzungsvertrag,
– Niederschriften der Verschmelzungsbeschlüsse,
– etwa erforderliche Zustimmungserklärungen oder Verzichtserklärungen,
– Verschmelzungsbericht,
– Prüfungsbericht,
– Nachweis über die rechtzeitige Zuleitung des Verschmelzungsvertrages zum Betriebsrat,
– eventuelle Genehmigungsurkunden,
– bei der Anmeldung zum Register des Sitzes des übertragenden Rechtsträgers auch festgestellte Schlussbilanz (§ 17 Abs. 2 UmwG).

Vertretung ist bei der Anmeldung der Verschmelzung zulässig (vgl. oben Teil 2 Rdn. 637).   **1009**

2. Erklärung über Gesellschafterzustimmung bei nicht voll eingezahlten Anteilen (§§ 51,   **1010**
52 UmwG). Nach § 52 Abs. 1 UmwG haben im **Sonderfall des § 51 Abs. 1 UmwG** (vgl. oben Teil 2 Rdn. 578) die Vertretungsorgane der an der Verschmelzung beteiligten Rechtsträger zu erklären, dass dem Verschmelzungsbeschluss jedes übertragenden Rechtsträgers alle bei der Beschlussfassung anwesenden Anteilsinhaber dieses Rechtsträgers und, sofern der übertragende Rechtsträger eine Personenhandelsgesellschaft, eine Partnerschaftsgesellschaft oder eine GmbH ist, auch die nicht erschienenen Gesellschafter dieser Gesellschaft zugestimmt haben. Wird eine Gesellschaft mit beschränkter Haftung, auf deren Geschäftsanteile nicht alle zu leistenden Einlagen in voller Höhe bewirkt sind, von einer Gesellschaft mit beschränkter Haftung durch Verschmelzung aufgenommen, so ist auch zu erklären, dass alle Gesellschafter dieser Gesellschaft dem Verschmelzungsbeschluss zugestimmt haben.

Die Vorschrift sichert die **Notwendigkeit einer Gesellschafterzustimmung** nach § 51 Abs. 1 UmwG   **1011**
bei Vorhandensein nicht voll eingezahlter Geschäftsanteile (vgl. dazu oben Teil 2 Rdn. 574).

Die Erklärung der Vertretungsorgane, dass diese Zustimmungen bei ihrem Rechtsträger vorliegen, tritt   **1012**
neben die Pflicht zur Vorlage der Zustimmungsbeschlüsse oder Erklärungen, die daneben noch vorzulegen sind (Lutter/Winter/Vetter, UmwG, § 52 Rn. 4; Kallmeyer/Zimmermann, UmwG, § 52 Rn. 4; Widmann/Mayer/Mayer § 52 UmwG Rn. 4).

Die Versicherung der Geschäftsführer nach § 52 Abs. 1 UmwG ist nach § 313 Abs. 2 UmwG sogar   **1013**
strafbewehrt. Es genügt nicht, dass diese Versicherung von Organmitgliedern in vertretungsberechtigter Zahl abgegeben wird, sondern sie muss von allen Mitglieder des Vertretungsorgans abgeben werden (so Lutter/Winter/Vetter, UmwG, § 52 Rn. 14; Widmann/Mayer/Mayer, Umwandlungsrecht, § 52 UmwG Rn. 5; Kallmeyer/Zimmermann, UmwG, § 52 Rn. 5; Reichert, in: Semler/Stengel § 52 UmwG Rn. 6). Eine Stellvertretung ist im Hinblick auf die Straferklärung nicht zulässig (Lutter/Winter/Vetter, UmwG, § 52 Rn. 14; Widmann/Mayer/Mayer, Umwandlungsrecht, § 52 UmwG Rn. 5; Kallmeyer/Zimmermann, UmwG, § 52 Rn. 5; Reichert, in: Semler/Stengel § 52 UmwG Rn. 6).

Umstritten war, ob die Vorschrift nur die Erklärung über die Zustimmung aller bei der Beschlussfas-   **1014**
sung anwesenden Anteilsinhaber – bei GmbH und Personengesellschaft auch der nicht anwesenden

– des übertragenden Rechtsträgers verlangt (so Kallmeyer/Zimmermann, UmwG, § 52 Rn. 3) oder ob entgegen dem Wortlaut auch eine Erklärung über die Zustimmung der Gesellschafter der übernehmenden GmbH abzugeben ist, da auch hier die Ausfallhaftung nach § 24 GmbHG drohen kann (so Lutter/ Winter/Vetter, UmwG, § 52 Rn. 13). § 52 UmwG, der für alle in § 51 Abs. 1 UmwG geregelten Fälle die Vorlage der Zustimmungserklärung der Gesellschafter des **übertragenden Rechtsträgers** vorsieht, war für den Fall des § 51 Abs. 1 Satz 3 UmwG vollends missglückt: Die wortlautgemäße Interpretation hatte nämlich zur Folge, dass dem Registergericht die Zustimmungserklärungen aller Gesellschafter der übertragenden GmbH vorgelegt werden müssten, obwohl doch materiell die Zustimmung aller Gesellschafter der übernehmenden Gesellschaft erforderlich ist.

Durch das **Zweite Gesetz zur Änderung des UmwG** wurde folgender Satz angefügt:

»Wird eine GmbH, auf deren Geschäftsanteile nicht alle zu leistenden Einlagen bewirkt sind, von einer GmbH durch Verschmelzung aufgenommen, so ist auch zu erklären, dass alle Gesellschafter dieser Gesellschaft dem Beschluss zugestimmt haben.«

Damit ist nunmehr klargestellt, dass es bei der Verschmelzung einer GmbH, auf deren Geschäftsanteile nicht alle zu leistende Einlagen in voller Höhe bewirkt sind, auf eine andere GmbH der Zustimmung der Gesellschafter dieser übernehmenden GmbH bedarf und dass (nur) diese Zustimmung auch dem Registergericht nachzuweisen ist.

1015 Die Erklärung ist **bei der Anmeldung abzugeben**, nicht in der Anmeldung und kann daher auch außerhalb der Anmeldung ohne besondere Formerfordernisse erklärt werden (so Kallmeyer/Zimmermann, UmwG, § 52 Rn. 5).

1016 Bei der Verschmelzung durch Neugründung gilt § 52 **Abs. 1 UmwG** nicht (§ 56 UmwG).

1017 **3. Gesellschafterliste.** Nach § 52 Abs. 2 UmwG a. F. war in Ergänzung zu § 40 GmbHG a. F. bei der Anmeldung zum Register des Sitzes der übernehmenden Gesellschaft eine von den Geschäftsführern in vertretungsberechtigter Zahl **unterschriebene Gesellschafterliste** beizufügen. Diese Gesellschafterliste muss den Gesellschafterbestand ausweisen, den die übernehmende GmbH mit Wirksamwerden der Verschmelzung hat (Lutter/Winter/Vetter, UmwG, § 53 Rn. 23 ff.). Für die Liste gilt § 40 Abs. 1 GmbHG: Aufzunehmen sind darin die neuen Gesellschafter mit ihrem Namen, Vornamen, Geburtsdatum und Wohnort sowie die Nennbeträge und die laufenden Nummern der von den Gesellschaftern übernommenen Geschäftsanteile ...

Durch das MoMiG v. 23.10.2008 (BGBl. I 2008, S. 2026) wurde die Bedeutung der Gesellschafterliste nach § 40 GmbHG erweitert. Nach § 40 Abs. 2 GmbHG ist der Notar, der an der Veränderung in den Personen der Gesellschafter oder des Umfangs ihrer Beteiligung gem. § 40 Abs. 1 GmbHG mitgewirkt haben, verpflichtet, unverzüglich nach Wirksamwerden der Veränderungen eine Gesellschafterliste zu unterschreiben, mit einer Bescheinigung zu versehen und beim Handelsregister einzureichen (vgl. dazu Mayer, DNotZ 2008, 403 ff.; Herrler, DNotZ 2008, 203 ff.; Tebben, RNotZ 2008, 441 ff.; Wachter, ZNotP 2009, 378 ff.; Roth, RNotZ 2014, 470 ff.; Löbbe, GmbHR 2012, 7, 11 ff; Lutter/Bayer, § 40 GmbHG Rdnr. 25; Mayer, MittBayNot 2014, 114 ff.; Ising, NZG 2010, 812). Findet bei der aufnehmenden Gesellschaft eine Anteilsveränderung statt, so hat der Notar also die bescheinigte Liste einzureichen. Das gilt auch bei einer **Kapitalerhöhung.** Das OLG München hat im Beschl. v. 07.07.2010 entschieden, dass die Beurkundung des Beschlusses zur Kapitalerhöhung eine solche Mitwirkung darstellt. In diesem Fall obliege dem Notar auch die Bescheinigungspflicht nach § 40 Abs. 2 Satz 2 GmbHG (DB 2010, 1983 = DNotZ 2011, 63 = DStR 2010, 1537, zustimmend Mayer, MittBayNot 2014, 114, 120). § 52 Abs. 2 UmwG wurde durch das 3. UmwÄndG vom 11.07.2011 (BGBl. I, S. 1338) gestrichen und dadurch klargestellt, dass § 40 Abs. 2 GmbHG bzgl. der Einreichung einer neuen Gesellschafterliste Vorrang hat, so dass ausschließlich der Notar zuständig ist (vgl. Leitzen, DNotZ 2011, 530, 542; vgl. zum Streit vor der Neuregelung Reichert in: Semler/Stengel, § 52 UmwG Rn. 12a; Flik, NZG 2010, 170). Zwar besteht die notarielle Pflicht zur Einreichung einer aktualisierten Gesellschafterliste erst nach Wirksamwerden der beurkundeten Veränderungen (hier: der Kapitalerhöhung); der Notar ist aber nach wohl überwiegender Meinung nicht gehindert, die aktualisierte Liste bereits vor Wirksamwerden der Veränderungen zu erstellen und mit der erforderlichen Notarbescheinigung zu versehen (OLG Jena DNotZ 2011, 64 = RNotZ 2010, 662; Link, RNotZ 2009, 193; Hasselmann, NZG 2009, 468,

491; Herrler, DNotZ 2008, 903, 910). Streitig ist, ob der Notar die Gesellschafterliste erst dann beim Handelsregister einreichen darf, wenn die Veränderung wirksam geworden ist, also nach Eintragung der Kapitalerhöhung im Handelsregister. In der Literatur wird jedoch teilweise die Auffassung vertreten, der Notar sei zumindest berechtigt (Herrler, DNotZ 2008, 903, 910 f., 915; Gustavus, Handelsregisteranmeldung, 7. Aufl. 2009, A 108, S. 109) oder gar verpflichtet (Wicke, GmbHG, 57 Rn. 5), schon mit der Anmeldung der Kapitalerhöhung eine Gesellschafterliste mit dem Stand nach der angemeldeten Kapitalerhöhung einzureichen. Z. T. wird dies abgelehnt (Mayer, MittBayNot 2014, 114, 121).

Davon zu trennen ist die Lister bei **Tochtergesellschaften:** Fraglich ist, ob der Notar eine berichtigte Gesellschafterliste bei Tochter-GmbH-Beteiligungen der übertragenden Gesellschaft einzureichen hat. Umstritten ist, ob ein Mitwirken des Notars im Sinne des § 40 Abs. 2 Satz 1 GmbHG vorliegt, wenn die Anteilsveränderung nur eine **mittelbare Folge** der notariellen Urkunde ist (Roth, RNotZ 2014, 470 ff.; Löbbe, GmbHR 2012, 7, 11 ff; Lutter/Bayer, § 40 GmbHG Rdnr. 25; D. Mayer, MittBayNot 2014, 114, 116; Ising, NZG 2010, 812; Vossius, DB 2007, 2299, 2304; Apfelbaum, notar 2008, 160, 170.). Das OLG Hamm hat entschieden, dass auch im Fall einer nur mittelbaren Mitwirkung des Notars – weil sich der Gesellschafterbestand der beteiligten GmbH durch Verschmelzung geändert hat –der Notar die Liste einzureichen hat, zumindest dann, »wenn er über interne Vorgänge der Beteiligten bestens informiert ist« (OLG Hamm, DNotZ 2010, 214 = GmbHR 2010, 205 m. zust. Anm. Wachter; zust. auch Omlor, EWiR 2010, 251, und Herrler/Blath, ZIP 2010, 129, 130). Z. T. wird in der Literatur darauf abgestellt, ob der beurkundende Notar, zum Beispiel aufgrund der vorgelegten Schlussbilanz, sichere Kenntnis von der Beteiligung des übertragenden Rechtsträgers an der GmbH hat (Vossius, DB 2007, 2299, 2304; Apfelbaum, notar 2008, 160, 170). Teilweise wird eine Mitwirkung des Notars auch nur dann in Betracht gezogen, wenn der übertragende Rechtsträger über eine 100 %ige Beteiligung an der GmbH verfügt (Vossius, DB 2007, 2299, 2304). Gegen die Verpflichtung bei einer »mittelbaren« Mitwirkung als ungeschriebene Tatbestandsvariante spricht, dass eine klare Abgrenzung zwischen unmittelbarer und mittelbarer notarieller Mitwirkung vielfach kaum möglich ist (so zu Recht Roth, RNotZ 2014, 470, 474; Ising, DNotZ 2012 384, 389, ablehnend auch D. Mayer, MittBayNot 2014, 114, 116). D. Mayer empfiehlt bis zur höchstrichterlichen Klärung bei der Beurkundung von Umwandlungsvorgängen die Rechtslage vorsorglich mit den Beteiligten zu erörtern und auf die gesetzliche Pflicht zur Einreichung einer neuen Gesellschafterliste hingewiesen werden. Gehört zum Vermögen des übertragenden Rechtsträgers die Beteiligung an einer GmbH, so sollte ggf. geregelt werden, dass die Gesellschafterliste von der Geschäftsführung der betreffenden GmbH zu erstellen ist und der Notar beauftragt wird, die ihm übermittelte Gesellschafterliste ebenfalls zu unterzeichnen und mit einer Notarbescheinigung nach § 40 Abs. 2 Satz 2 GmbHG zu versehen und sodann elektronisch zum Handelsregister einzureichen (so der Vorschlag von Mayer, MittBayNot 2014, 114, 116). Das Registergericht muss also eine gemeinsam unterzeichnete Liste unverzüglich im Handelsregister aufnehmen, wenn die Liste sowohl die inhaltlichen Voraussetzungen für eine von der Geschäftsführung zu erstellende als auch eine notarbescheinigte Gesellschafterliste erfüllt. Diese Ansicht hat auch das OLG Hamm (NZG 2010, e 475 = BB 2010, 985) bestätigt und die Doppelunterschrift unter einer Gesellschafterliste akzeptiert (vgl. auch Heckschen/Heidinger, § 13 GmbHG Rn. 328, 341

4. Anmeldung der Kapitalerhöhung. Erhöht die übernehmende Gesellschaft zur Durchführung **1018** der Verschmelzung ihr Stammkapital, so darf die Verschmelzung erst eingetragen werden, nachdem die Erhöhung des Stammkapitals im Register eingetragen worden ist (§ 53 UmwG). Dies hindert aber nicht, die Anmeldung der Kapitalerhöhung und der Verschmelzung in einer Urkunde zu verbinden (Kallmeyer/Zimmermann, UmwG, § 53 Rn. 2; Widmann/Mayer/Mayer, Umwandlungsrecht, § 55 UmwG Rn. 84 ff.; Lutter/Winter/Vetter, UmwG, § 55 Rn. 18). Die Anmeldung über die Kapitalerhöhung ist **von allen Geschäftsführern** zu unterzeichnen (§§ 78, 55 UmwG). Eine Vertretung ist zulässig, da bei der Verschmelzung die nach § 57 Abs. 2 GmbHG an sich notwendige Einlagenversicherung nach § 55 Abs. 1 UmwG bei der Kapitalerhöhung i. R. d. Verschmelzung nicht abzugeben ist (Lutter/Winter/Vetter, UmwG, § 55 Rn. 18; allgemein zur Frage der Vertretung bei der Anmeldung der Kapitalerhöhung BayObLG, DB 1986, 1532; OLG Köln, DNotZ 1987, 244; BGH, DNotZ 1992, 584). Mit der Anmeldung der Kapitalerhöhung ist der **Erhöhungsbetrag** mit der Angabe des neuen Stammkapitals anzumelden sowie die Tatsache, dass es sich um eine Kapitalerhöhung zur Durchführung der

Verschmelzung von bestimmten Gesellschaften handelt (Widmann/Mayer/Mayer, Umwandlungsrecht, § 55 UmwG Rn. 88; Kallmeyer/Kallmeyer/Kocher, UmwG, § 55 Rn. 4). Die Anmeldung des Erhöhungsbetrages mit der Angabe des neuen Stammkapitals genügt, dennoch empfiehlt sich eine umfassende Formulierung, die auf der Tatsache Satzungsänderung (*»der Gesellschaftsvertrag ist in § 3 [Stammkapital] geändert«*) beinhaltet.

Umstritten ist, ob die an sich nach § 57 Abs. 3 Nr. 2 und 3 GmbHG erforderliche Liste der Übernehmer und die Einbringungsverträge der Anmeldung beigefügt werden müssen, oder ob diesem Erfordernis durch Vorlage des Verschmelzungsvertrages Genüge getan ist (so Lutter/Winter/Vetter, UmwG, § 55 Rn. 64; vgl. Kallmeyer/Kallmeyer/Kocher, UmwG, § 55 Rn. 9). Sind die Übernehmer im Verschmelzungsvertrag genannt, ist nach einer Meinung eine Liste der Übernehmer überflüssig (so Lutter/Winter/Vetter, UmwG, § 55 Rn. 64; Stratz, in: Schmitt/Hörtnagl/Stratz, § 55 UmwG Rn. 25). Nach a. A. wird die Übernehmerliste nicht durch die Angaben im Vertrag ersetzt (Widmann/Mayer/Mayer, Umwandlungsrecht, § 55 UmwG Rn. 91; Reichert, in: Semler/Stengel, § 53 UmwG Rn. 6, § 55 UmwG Rn. 22; Kallmeyer/Kallmeyer/Kocher, UmwG, § 55 Rn. 9). Die nach § 57 Abs. 3 Nr. 3 GmbHG erforderlichen Verträge, die der Festsetzung der Sacheinlage zugrunde liegen, sind nicht notwendig (h. M. Lutter/Winter/Vetter, UmwG, § 55 Rn. 65; Kallmeyer/Kallmeyer/Kocher, UmwG, § 55 Rn. 9; Widmann/Mayer/Mayer, Umwandlungsrecht, § 55 UmwG Rn. 92; Stratz, in: Schmitt/Hörtnagl/Stratz, § 55 UmwG Rn. 25; Reichert, in: Semler/Stengel, § 55 UmwG Rn. 22).

1019   Ein **Sacherhöhungsbericht** ist nach allgemeiner Meinung nicht erforderlich (vgl. Kallmeyer/Zimmermann, UmwG, § 53 Rn. 12).

1020   **5. Anmeldung der Satzungsänderung.** Wegen Änderung der Stammkapitalziffer enthält die Kapitalerhöhung auch eine **Satzungsänderung**, die ebenfalls anzumelden ist (vgl. nur Lutter/Hommelhoff/Lutter, § 57 GmbHG Rn. 4; Kallmeyer/Zimmermann, UmwG, § 53 Rn. 5).

1021   **6. Beizufügende Unterlagen.** Nach § 55 Abs. 2 UmwG sind der Anmeldung der Kapitalerhöhung samt Satzungsänderung zum Register der übernehmenden GmbH **folgende Unterlagen beizufügen**:
– Kapitalerhöhungsbeschluss und Beschluss über die Änderung der Stammkapitalziffer in der Satzung in beglaubigter Abschrift oder elektronisch beglaubigte Abschrift,
– Verschmelzungsvertrag in beglaubigter Abschrift oder elektronisch beglaubigte Abschrift,
– Zustimmungsbeschlüsse der übertragenden und übernehmenden Gesellschaften in beglaubigter Abschrift oder elektronisch beglaubigte Abschrift,
– Bescheinigte Neufassung der Satzung gem. § 54 GmbHG,
– Liste der Übernehmer der neuen Stammeinlagen (str.),
– berichtigte Gesellschafterliste nach § 52 Abs. 2 UmwG,
– Nachweis der Werthaltigkeit des übertragenden Vermögens (etwa durch Schlussbilanz der übertragenden Gesellschaft).

1022   **7. Verschmelzung zur Neugründung.** Bei der Verschmelzung zur Neugründung haben nach § 38 Abs. 1 UmwG die Vertretungsorgane jedes der übertragenden Rechtsträger die Verschmelzung **zur Eintragung in das Register** ihres Sitzes **anzumelden**. Darüber hinaus haben nach § 38 Abs. 2 die Vertretungsorgane aller übertragenden Rechtsträger den neuen Rechtsträger bei dem Gericht, in dessen Bezirk er seinen Sitz haben soll, zur Eintragung in das Register anzumelden.

1023   Bei den übertragenden Rechtsträgern ist also die **Tatsache der Verschmelzung**, beim neuen Rechtsträger der Rechtsträger als solcher und nicht die Verschmelzung anzumelden (Widmann/Mayer/Fronhöfer, Umwandlungsrecht, § 38 UmwG Rn. 19; Kallmeyer/Zimmermann, UmwG, § 38 Rn. 4). Neuer Rechtsträger wird von den Vertretungsorganen aller beteiligten übertragenden Rechtsträger, die in vertretungsberechtigter Zahl handeln, angemeldet. Eine Bevollmächtigung ist zulässig (Widmann/Mayer/Fronhöfer, Umwandlungsrecht, § 38 UmwG Rn. 12; Kallmeyer/Zimmermann, UmwG, § 38 Rn. 4). In der Anmeldung sind nach § 8 Abs. 4 UmwG ferner anzugeben: eine **inländische Geschäftsanschrift** und **Art und Umfang der Vertretungsbefugnis** der Geschäftsführer (konkret und abstrakt). Die nach Abs. 4 Nr. 2 erforderliche Angabe hat für jeden Geschäftsführer zu ergeben, ob er einzel- oder gesamtvertretungsbefugt ist (Lutter/Hommelhoff/Bayer, § 8 GmbHG Rn. 21).

Zusätzlich zu den in § 16 Abs. 2 bzw. § 17 UmwG **genannten Unterlagen** und Erklärungen (vgl. dazu   1024
oben Teil 2 Rdn. 666 ff.) sind die Anlagen beizufügen, die nach dem Gründungsrecht des GmbHG für
die Gründung verlangt werden. Das sind:
– Beschluss über die Bestellung der Geschäftsführer,
– Gesellschafterliste,
– Schlussbilanzen aller übertragenden Rechtsträger als Wertnachweis oder andere Nachweise (§ 8
  Abs. 5 GmbHG),
– Versicherung der Geschäftsführer gem. § 8 Abs. 3 GmbHG,
– Sachgründungsbericht. Dieser ist nach § 58 Abs. 2 UmwG entbehrlich, wenn übertragender Rechts-
  träger eine Kapitalgesellschaft oder eine eingetragene Genossenschaft ist. Ist ein Sachgründungs-
  bericht erforderlich, ist über § 5 Abs. 4 GmbHG hinausgehend auch eine Darlegung zum Geschäfts-
  verlauf und zur Lage des übertragenden Rechtsträgers erforderlich.

Staatliche Genehmigungen müssen seit dem MoMiG nicht mehr beigefügt werden (Lutter/Hommel-
hoff/Bayer, § 8 GmbHG Rn. 7).

XII. Muster

1. Verschmelzungsvertrag zweier GmbH ohne wechselseitige Beteiligungen

▶ **Muster:Verschmelzungsvertrag zweier GmbH ohne wechselseitige Beteiligungen**   1025

UR.Nr. für . . . . .

Verhandelt zu . . . . .

am . . . . .

Vor dem unterzeichnenden

. . . . .

Notar mit dem Amtssitz in . . . . .

erschienen:
1.
   a) Herr (Name, Geburtsdatum, Adresse),
   b) Frau (Name, Geburtsdatum, Adresse),
   **beide handelnd nicht im eigenen Namen, sondern als gemeinsam vertretungsberechtigte Ge-
   schäftsführer der A-GmbH mit dem Sitz in . . . . ., eingetragen im Handelsregister des Amtsgerichts
   unter HRB . . . . .,**
2. Herr (Name, Geburtsdatum, Adresse),
   **handelnd nicht im eigenen Namen, sondern als alleinvertretungsberechtigter Geschäftsführer der
   B-GmbH mit dem Sitz in . . . . . eingetragen im Handelsregister des Amtsgerichts . . . . . unter HRB
   . . . . .**

**Die Erschienenen wiesen sich dem Notar gegenüber aus durch Vorlage ihrer amtlichen Lichtbildaus-
weise.**

Die Erschienenen ließen folgenden

Verschmelzungsvertrag

beurkunden und erklärten, handelnd wie angegeben:

I. Vermögensübertragung

**Die B-GmbH überträgt ihr Vermögen als Ganzes mit allen Rechten und Pflichten unter Ausschluss der
Abwicklung auf die A-GmbH im Wege der Verschmelzung durch Aufnahme. Die A-GmbH gewährt als
Ausgleich hierfür den Gesellschaftern der B-GmbH Geschäftsanteile an der A-GmbH.**

II. Gegenleistung
1. **Die A-GmbH gewährt folgende Anteile:**
   a) dem Gesellschafter X einen Geschäftsanteil im Nennbetrag von . . . . . €,
   b) dem Gesellschafter Y einen Geschäftsanteil im Nennbetrag von . . . . . €.
   Die Geschäftsanteile werden kostenfrei und mit Gewinnberechtigung dem . . . . . gewährt.
2. **Zur Durchführung der Verschmelzung wird die A-GmbH ihr Stammkapital von bislang . . . . . € um
   . . . . . € auf . . . . . € erhöhen, und zwar durch Bildung eines Geschäftsanteils im Nennbetrag von**

..... € und eines weiteren Geschäftsanteils im Nennbetrag von ..... €. Als bare Zuzahlung erhält ..... einen Betrag von ..... € und ...... einen Betrag von ..... €.

3. Das Umtauschverhältnis beträgt .....

III. Bilanzstichtag

Der Verschmelzung wird die mit dem uneingeschränkten Bestätigungsvermerk des Wirtschaftsprüfers ..... in ..... versehene Bilanz der B-GmbH zum ..... als Schlussbilanz zugrunde gelegt.

IV. Verschmelzungsstichtag

Die Übernahme des Vermögens der B-GmbH erfolgt im Innenverhältnis mit Wirkung zum Ablauf des ..... Vom ..... an gelten alle Handlungen und Geschäfte der B-GmbH als für Rechnung der A-GmbH vorgenommen.

V. Besondere Rechte

Besondere Rechte i. S. v. § 5 Abs. 1 Nr. 7 UmwG bestehen bei der A-GmbH nicht. Einzelnen Anteilsinhabern werden i. R. d. Verschmelzung keine besonderen Rechte gewährt.

VI. Besondere Vorteile

Besondere Vorteile i. S. v. § 5 Abs. 1 Nr. 8 UmwG werden weder einem Mitglied eines Vertretungs- oder Aufsichtsorgans, noch dem Abschlussprüfer oder dem Verschmelzungsprüfer gewährt.

VII. Folgen der Verschmelzung für Arbeitnehmer und ihre Vertretungen

Für die Arbeitnehmer der Gesellschaften und ihre Betriebsräte ergeben sich folgende Auswirkungen .....

Folgende Maßnahmen sind vorgesehen .....

VIII. Änderung der Firma

Die Firma der A-GmbH wird geändert in:

A & B-GmbH

IX. Bedingungen

Der Verschmelzungsvertrag steht unter der aufschiebenden Bedingung, dass
1. die formgerechten Zustimmungsbeschlüsse der Gesellschafterversammlungen beider Gesellschaften bis zum ..... vorliegen und
2. die Gesellschafter der A-GmbH im Zustimmungsbeschluss die vorstehende Kapitalerhöhung und die vorstehende Änderung der Firma der A-GmbH beschließen.

X. Kosten

Die durch diesen Vertrag und seiner Durchführung bei beiden Gesellschaften entstehenden Kosten trägt die A-GmbH. Sollte die Verschmelzung nicht wirksam werden tragen die Kosten dieses Vertrages die Gesellschaften zu gleichen Teilen; alle übrigen Kosten trägt die jeweils betroffene Gesellschaft allein.

Diese Niederschrift wurde den Erschienenen vom Notar vorgelesen, von ihnen genehmigt und von ihnen und dem Notar eigenhändig, wie folgt, unterschrieben:

.....

2. Verschmelzungsvertrag bei Verschmelzung einer 100 %igen Tochter-GmbH auf die Mutter-GmbH (sog. up-stream-merger)

1026 ▸ **Muster: Verschmelzungsvertrag bei Verschmelzung einer 100 %igen Tochter-GmbH auf die Mutter-GmbH (sog. up-stream-merger)**

UR.Nr. für .....

Verhandelt zu .....

am .....

Vor dem unterzeichnenden

.....

Notar mit dem Amtssitz in . . . . .

erschienen:

1.

    a) Herr (Name, Geburtsdatum, Adresse),

    b) Frau (Name, Geburtsdatum, Adresse),

    beide handelnd nicht im eigenen Namen, sondern als gemeinsam vertretungsberechtigte Geschäftsführer der A-GmbH mit dem Sitz in . . . . ., eingetragen im Handelsregister des Amtsgerichts . . . . . unter HRB . . . . .,

2. Herr (Name, Geburtsdatum, Adresse),

handelnd nicht im eigenen Namen, sondern als alleinvertretungsberechtigter Geschäftsführer der B-GmbH mit dem Sitz in . . . . ., eingetragen im Handelsregister des Amtsgerichts . . . . . unter HRB . . . . .

Die Erschienenen wiesen sich dem Notar gegenüber aus durch Vorlage ihrer amtlichen Lichtbildausweise.

Die Erschienenen ließen folgenden

Verschmelzungsvertrag

beurkunden und erklärten, handelnd wie angegeben:

I. Vermögensübertragung

Die B-GmbH überträgt ihr Vermögen als Ganzes mit allen Rechten und Pflichten unter Ausschluss der Abwicklung auf die A-GmbH im Wege der Verschmelzung durch Aufnahme. Ein Ausgleich durch Gewährung von Geschäftsanteilen erfolgt nicht, da die A-GmbH alleinige Gesellschafterin der B-GmbH ist.

II. Bilanzstichtag

Der Verschmelzung wird die mit dem uneingeschränkten Bestätigungsvermerk des Wirtschaftsprüfers . . . . . in . . . . . versehene Bilanz der B-GmbH zum . . . . . als Schlussbilanz zugrunde gelegt.

III. Verschmelzungsstichtag

Die Übernahme des Vermögens der B-GmbH erfolgt im Innenverhältnis mit Wirkung zum Ablauf des . . . . . Vom . . . . . an gelten alle Handlungen und Geschäfte der B-GmbH als für Rechnung der A-GmbH vorgenommen.

IV. Besondere Rechte

Besondere Rechte i. S. v. § 5 Abs. 1 Nr. 7 UmwG bestehen bei der A-GmbH nicht. Einzelnen Anteilsinhabern werden i. R. d. Verschmelzung keine besonderen Rechte gewährt.

V. Besondere Vorteile

Besondere Vorteile i. S. v. § 5 Abs. 1 Nr. 8 UmwG werden weder einem Mitglied eines Vertretungs- oder Aufsichtsorgans, noch dem Abschlussprüfer oder dem Verschmelzungsprüfer gewährt.

VI. Folgen der Verschmelzung für Arbeitnehmer und ihrer Vertretungen

Für die Arbeitnehmer der Gesellschaften und ihre Betriebsräte ergeben sich folgende Auswirkungen . . . . .

Folgende Maßnahmen sind vorgesehen . . . . .

VII. Änderung der Firma

Die Firma der A-GmbH wird geändert in:

A & B-GmbH

VIII. Kosten

Die durch diesen Vertrag und seiner Durchführung bei beiden Gesellschaften entstehenden Kosten trägt die A-GmbH.

Diese Niederschrift wurde den Erschienenen vom Notar vorgelesen, von ihnen genehmigt und von ihnen und dem Notar eigenhändig, wie folgt, unterschrieben:

. . . . .

3. Verschmelzungsvertrag bei Neugründung

1027 ▶ **Muster: Verschmelzungsvertrag bei Neugründung**

UR.Nr. für . . . . .

Verhandelt zu . . . . .

am . . . . .

Vor dem unterzeichnenden

. . . . .

Notar mit dem Amtssitz in . . . . .

erschienen:
1.
   a) Herr (Name, Geburtsdatum, Adresse),
   b) Frau (Name, Geburtsdatum, Adresse),
   beide handelnd nicht im eigenen Namen, sondern als gemeinsam vertretungsberechtigte Geschäftsführer der A-GmbH mit dem Sitz in . . . . ., eingetragen im Handelsregister des Amtsgerichts . . . . . unter HRB . . . . .,
2. Herr (Name, Geburtsdatum, Adresse),
   handelnd nicht im eigenen Namen, sondern als alleinvertretungsberechtigter Geschäftsführer der B-GmbH mit dem Sitz in . . . . ., eingetragen im Handelsregister des Amtsgerichts . . . . . unter HRB . . . . .

Die Erschienenen wiesen sich dem Notar gegenüber aus durch Vorlage ihrer amtlichen Lichtbildausweise.

Die Erschienenen ließen folgenden

Verschmelzungsvertrag

beurkunden und erklärten, handelnd wie angegeben:

I. Vermögensübertragung

Die A-GmbH und die B-GmbH übertragen ihr Vermögen als Ganzes mit allen Rechten und Pflichten unter Ausschluss der Abwicklung auf die neu zu gründende C-GmbH mit dem Sitz in . . . . . im Wege der Verschmelzung durch Neugründung. Die C-GmbH gewährt als Ausgleich hierfür den Gesellschaftern der A-GmbH und der B-GmbH Geschäftsanteile an der C-GmbH.

II. Gegenleistung
1. Die C-GmbH gewährt den Gesellschaftern der A-GmbH und der B-GmbH von ihrem Stammkapital i. H. v. insgesamt . . . . . €,
   a) dem Gesellschafter T einen Geschäftsanteil im Nennbetrag von . . . . . €,
   b) dem Gesellschafter X einen Geschäftsanteil im Nennbetrag von . . . . . €,
   c) dem Gesellschafter Y einen Geschäftsanteil im Nennbetrag von . . . . . €,
   d) dem Gesellschafter Z einen Geschäftsanteil im Nennbetrag von . . . . . €.
2. Das Umtauschverhältnis beträgt . . . . .
3. Die Geschäftsanteile werden kostenfrei mit Gewinnberechtigung ab . . . . . gewährt.

III. Bilanzstichtag

Der Verschmelzung werden die mit dem uneingeschränkten Bestätigungsvermerk des Wirtschaftsprüfers . . . . . in . . . . . versehenen Bilanzen der A-GmbH und der B-GmbH zum . . . . . als Schlussbilanzen zugrunde gelegt.

IV. Verschmelzungsstichtag

Die Übernahme des Vermögens der beiden Gesellschaften erfolgt im Innenverhältnis mit Wirkung zum Ablauf des . . . . . Vom . . . . . an gelten alle Handlungen und Geschäfte der B-GmbH als für Rechnung der A-GmbH vorgenommen.

V. Besondere Rechte

Besondere Rechte i. S. v. § 5 Abs. 1 Nr. 7 UmwG bestehen bei der C-GmbH nicht. Einzelnen Anteilsinhabern werden i. R. d. Verschmelzung keine besonderen Rechte gewährt.

VI. Besondere Vorteile

Besondere Vorteile i. S. v. § 5 Abs. 1 Nr. 8 UmwG werden weder einem Mitglied eines Vertretungs- oder Aufsichtsorgans, noch dem Abschlussprüfer oder dem Verschmelzungsprüfer gewährt.

VII. Folgen der Verschmelzung für Arbeitnehmer und ihrer Vertretungen

Für die Arbeitnehmer und ihre Vertretungen bei den beteiligten Gesellschaften ergeben sich folgende Auswirkungen . . . . .

Folgende Maßnahmen sind vorgesehen . . . . .

VIII. Bedingungen

Der Verschmelzungsvertrag steht unter der aufschiebenden Bedingung, dass die formgerechten Zustimmungsbeschlüsse der Gesellschafterversammlungen beider Gesellschaften bis zum . . . . . vorliegen.

IX. Gründung

Die A-GmbH und die B-GmbH, handelnd als Gründer gemäß § 36 Abs. 2 Satz 2 UmwG erklären, vorbehaltlich der Zustimmungsbeschlüsse der Gesellschafterversammlungen:
1. Die Gesellschafter der A-GmbH und der B-GmbH errichten unter der Firma C-GmbH
   mit dem Sitz in . . . . . eine Gesellschaft mit beschränkter Haftung. Für das Gesellschaftsverhältnis gilt der als Anlage zu dieser Urkunde genommene Gesellschaftsvertrag.
2. In der hiermit abgehaltenen Gesellschafterversammlung wird beschlossen:
   Zum Geschäftsführer der C-GmbH wird Herr (Name, Beruf, Wohnort) bestellt.
   Er ist stets einzeln vertretungsberechtigt.

X. Kosten

Die durch diesen Vertrag und seiner Durchführung bei beiden Gesellschaften entstehenden Kosten trägt die C-GmbH. Sollte die Verschmelzung nicht wirksam werden, tragen die Kosten dieses Vertrages die Gesellschaften zu gleichen Teilen; alle übrigen Kosten trägt die jeweils betroffene Gesellschaft allein.

Diese Niederschrift nebst der Anlage wurde den Erschienenen vom Notar vorgelesen, von ihnen genehmigt und von ihnen und dem Notar eigenhändig, wie folgt, unterschrieben:

. . . . .

Anlage 1 zur Urkunde vom . . . . . UR.Nr. . . . . . .

Satzung der C-GmbH
§ 1
Firma und Sitz

Die Firma der Gesellschaft lautet C-GmbH. Sitz der Gesellschaft ist . . . . .

§ 2
Gegenstand des Unternehmens

Gegenstand des Unternehmens ist . . . . . Die Gesellschaft kann darüber hinaus alle Geschäfte betreiben, die dem Gesellschaftszweck dienen, insbes. auch den Handel und den Vertrieb mit.

Die Gesellschaft darf andere Unternehmen gleicher oder ähnlicher Art übernehmen, vertreten und sich an solchen Unternehmen beteiligen. Sie darf Zweigniederlassungen errichten.

§ 3
Stammkapital und Stammeinlagen

Das Stammkapital der neugegründeten GmbH beträgt . . . . . € auf welches als Gesellschafter übernehmen:
a) der Gesellschafter D einen Geschäftsanteil im Nennbetrag von . . . . . €,
b) der Gesellschafter X einen Geschäftsanteil im Nennbetrag von . . . . . €,
c) der Gesellschafter Y einen Geschäftsanteil im Nennbetrag von . . . . . €,
d) der Gesellschafter Z einen Geschäftsanteil im Nennbetrag von . . . . . €.

Das Stammkapital wurde dadurch erbracht, dass die A-GmbH und die B-GmbH jeweils ihr Vermögen als Ganzes mit allen Rechten und Pflichten unter Auflösung ohne Abwicklung nach § 2 Nr. 2 UmwG im Wege der Verschmelzung durch Neugründung nach Maßgabe des Verschmelzungsvertrages vom . . . . . übertragen.

§ 4
Geschäftsjahr

Das Geschäftsjahr ist das Kalenderjahr.

Das erste Geschäftsjahr ist ein Rumpfgeschäftsjahr; es beginnt mit der Eintragung der Gesellschaft in das Handelsregister und endet am darauffolgenden 31.12.

§ 5
Geschäftsführung, Vertretung

Die Gesellschaft hat einen oder mehrere Geschäftsführer. Ist nur ein Geschäftsführer bestellt, so vertritt er die Gesellschaft allein.

Sind mehrere Geschäftsführer bestellt, wird die Gesellschaft durch zwei Geschäftsführer gemeinschaftlich oder durch einen Geschäftsführer und einen Prokuristen gemeinschaftlich vertreten.

Die Gesellschafterversammlung kann unabhängig von der Zahl der bestellten Geschäftsführer und Liquidatoren jederzeit einem, mehreren oder allen Geschäftsführern oder Liquidatoren Einzelvertretungsbefugnis und Befreiung von den Beschränkungen des § 181 BGB erteilen.

§ 6
Wettbewerbsverbot

Kein Gesellschafter darf der Gesellschaft während seiner Vertragzeit mittelbar oder unmittelbar, direkt oder indirekt, gelegentlich oder gewerbsmäßig im Geschäftszweig der Gesellschaft Konkurrenz machen oder sich an Konkurrenzunternehmen beteiligen.

Durch Gesellschafterbeschluss können einzelne oder alle Gesellschafter vom Wettbewerbsverbot befreit werden. Sie sind dann berechtigt, unmittelbar oder mittelbar, direkt oder indirekt im eigenen oder fremden Namen mit der Gesellschaft in den Wettbewerb zu treten oder sich an Konkurrenzunternehmen zu beteiligen. Die Befreiung kann auf bestimmte Bereiche beschränkt werden.

§ 7
Gesellschafterversammlungen

Die Einberufung einer Gesellschafterversammlung erfolgt durch die Geschäftsführer mit eingeschriebenem Brief an jeden Gesellschafter unter Mitteilung der Tagesordnung. Das Einladungsschreiben ist mindestens drei Wochen vor dem Versammlungstermin per Einschreiben zur Post zu geben. Für die Fristberechnung zählt der Tag der Absendung und der Tag der Versammlung nicht mit. Der Ort der Versammlung ist der Sitz der Gesellschaft, soweit nicht durch die Gesellschafter einstimmig anderes beschlossen wird.

Die Gesellschafterversammlung ist beschlussfähig, wenn 3/4 des Stammkapitals vertreten sind. Ist eine Gesellschafterversammlung nicht beschlussfähig, so ist durch den oder die Geschäftsführer innerhalb von einer Woche eine neue Gesellschafterversammlung mit der gleichen Tagesordnung einzuberufen. Diese Versammlung ist ohne Rücksicht auf die Zahl der vertretenen Stimmen beschlussfähig; hierauf ist in der Einladung hinzuweisen.

Die Gesellschafter können einstimmig auf die Einhaltung der Form- und Fristvorschriften verzichten.

Die Gesellschafter können sich in der Gesellschafterversammlung durch einen Bevollmächtigten vertreten und das Stimmrecht durch ihn ausüben lassen. Die Vertretungsvollmacht ist schriftlich nachzuweisen. Die Gesellschafterversammlung ist mindestens einmal jährlich als ordentliche Versammlung innerhalb der ersten Monate nach Beginn eines neuen Geschäftsjahres einzuberufen; außerordentliche Versammlungen sind bei wichtigen Gründen zulässig.

Die Versammlung wird durch den Vorsitzenden geleitet, der von den anwesenden Gesellschaftern mit einfacher Mehrheit zu wählen ist.

§ 8
Gesellschafterbeschlüsse

Gesellschafterbeschlüsse werden in Gesellschafterversammlungen gefasst. Beschlüsse außerhalb von Versammlungen können – soweit nicht zwingendes Recht eine besondere Form vorschreibt – auch telefonisch, schriftlich, per E-Mail oder in einer anderen vergleichbaren elektronischen Form gefasst werden, wenn alle Gesellschafter mit diesem Verfahren einverstanden sind. Auch kombinierte Beschlussfassungen sind zulässig. Wird die Gesellschafterversammlung nicht notariell beurkundet, so ist eine schriftliche Niederschrift anzufertigen, die vom Vorsitzenden zu unterzeichnen ist und die Beschlussgegenstände und den Inhalt des Beschlusses protokollieren muss. Jeder Gesellschafter hat Anspruch auf Übersendung einer Abschrift und notarielle Beurkundung der Gesellschafterversammlung.

Abgestimmt wird in der Gesellschafterversammlung nach Geschäftsanteilen. Je 1,00 € eines Gesellschaftsanteils gewähren eine Stimme.

Gesellschafterbeschlüsse werden mit der einfachen Mehrheit der abgegebenen Stimmen gefasst, soweit nicht die Satzung oder das Gesetz eine höhere Mehrheit vorschreibt.

Beschlüsse der Gesellschafterversammlung können nur innerhalb von einer Frist von zwei Monaten seit der Beschlussfassung angefochten werden. Die Anfechtungsfrist ist nur gewahrt, wenn innerhalb dieser Frist die Klage erhoben wird. Zur Erhebung der Klage ist jeder Gesellschafter und Geschäftsführer berechtigt.

§ 9
Jahresabschluss und Gewinnverteilung

Die Bilanz mit Gewinn- und Verlustrechnung, Anhang und – soweit erforderlich – der Lagebericht sind nach Beendigung des Geschäftsjahres von den Geschäftsführern innerhalb der gesetzlichen Frist nach den gesetzlichen Bestimmungen aufzustellen.

Die Feststellung des Jahresabschlusses erfolgt durch die Gesellschafterversammlung.

§ 10
Gewinnverwendung

Für die Gewinnverwendung gilt die Regelung des § 29 GmbHG. Die Gesellschafterversammlung beschließt über die Gewinnverwendung, insbes. die Frage der Einstellung in die Rücklagen und der Ausschüttung.

§ 11
Verfügung über Geschäftsanteile

Die Geschäftsanteile können nur mit Zustimmung der Gesellschaft abgetreten und belastet werden.

§ 12
Einziehung von Geschäftsanteilen

Die Gesellschafterversammlung kann die Einziehung von Gesellschaftsanteilen mit Zustimmung des betroffenen Gesellschafters beschließen.

Die Einziehung des Geschäftsanteils ist ohne Zustimmung des Gesellschafters zulässig, wenn
– über das Vermögen des Gesellschafters das Insolvenzverfahren eröffnet ist oder die Eröffnung mangels Masse abgelehnt wird;
– die Zwangsvollstreckung aufgrund eines nicht nur vorläufig vollstreckbaren Titels in den Geschäftsanteil vorgenommen wird und diese Maßnahme nicht innerhalb von drei Monaten, spätestens bis zur Verwertung des Anteils, wieder aufgehoben wird;
– in der Person eines Gesellschafters ein wichtiger Grund vorliegt, insbes. wenn der Gesellschafter die Interessen der Gesellschafter grob verletzt hat und den übrigen Gesellschaftern eine weitere Zusammenarbeit nicht mehr zuzumuten ist;

Steht ein Geschäftsanteil mehreren Gesellschaftern gemeinschaftlich zu, so genügt es, wenn der Grund bei einem Gesellschafter vorliegt.

Bei einem Beschluss über die Einziehung hat der betroffene Gesellschafter kein Stimmrecht. Mit Beschlussfassung ruhen alle Gesellschafterrechte.

Statt der Einziehung kann die Gesellschafterversammlung beschließen, dass der Geschäftsanteil ganz oder geteilt an die Gesellschaft selbst, an einen oder mehrere Gesellschafter oder von der Gesellschaft zu benennende Dritte zu gleichen Bedingungen übertragen wird.

Der ausgeschlossene Gesellschafter ist mit dem Wert seines Geschäftsanteils, der gemäß den Bestimmungen dieses Vertrages zu bestimmen ist, abzufinden.

§ 13
Erbfolge

Im Fall des Todes eines Gesellschafters treten die Erben an die Stelle des verstorbenen Gesellschafters. Sind mehrere Erben vorhanden, so haben die Erben einen gemeinschaftlichen Vertreter zu bestimmen. Solange der Vertreter nicht bestimmt ist, ruhen die Gesellschafterrechte.

§ 14
Bewertung von Geschäftsanteilen und Abfindungen

Die Abfindung bemisst sich nach dem tatsächlichen Wert des Geschäftsanteils. Zu dessen Ermittlung ist eine Auseinandersetzungsbilanz aufzustellen. Maßgeblicher Zeitpunkt ist der Tag des Ausscheidens.

Im Fall der Einziehung des Geschäftsanteils nach § 12 beträgt der zu zahlende Abfindungsbetrag nur 60 % dieses Wertes.

Die Abfindungsforderung des ausgeschiedenen Gesellschafters ist wie folgt zu erfüllen: Die Abfindungsraten sind in fünf gleichen Halbjahresraten an den ausgeschiedenen Gesellschafter zu zahlen, erstmals am auf das Ausscheiden folgenden 31.12. Der ausstehende Betrag ist mit 4 % zu verzinsen.

§ 15
Dauer der Gesellschaft

Die Dauer der Gesellschaft ist unbestimmt.

Die Gesellschaft kann von jedem Gesellschafter mit jährlicher Frist zum Ende des Geschäftsjahres gekündigt werden, frühestens zum 31.12. Die Kündigung hat durch eingeschriebenen Brief an die Geschäftsführung zu erfolgen.

Die Gesellschaft wird durch Kündigung nicht aufgelöst. Sie wird nach Ausscheiden des betroffenen Gesellschafters von den übrigen Gesellschaftern fortgesetzt. Der ausscheidende Gesellschafter ist verpflichtet, seinen Geschäftsanteil nach Wahl der Gesellschaft ganz oder teilweise an die Gesellschaft, an einen oder mehrere Gesellschafter oder an einen von der Gesellschaft zu benennenden Dritten abzutreten oder die Einziehung des Geschäftsanteils zu dulden.

Falls der Geschäftsanteil des ausscheidenden Gesellschafters nicht bis zum Ablauf der Kündigungsfrist von einem anderen übernommen oder eingezogen wird, tritt die Gesellschaft in Liquidation.

Der Anteil des ausscheidenden Gesellschafters ist mit dem Wert des Geschäftsanteils zu vergüten, der sich nach § 14 Abs. 1 ergibt. Das Recht der fristlosen Kündigung wird jedoch nicht berührt.

§ 16
Liquidation

Im Fall der Auflösung der Gesellschaft erfolgt deren Abwicklung durch den oder die Geschäftsführer als Liquidatoren, soweit nicht durch Gesellschafterbeschluss andere Liquidatoren bestellt werden.

§ 17
Bekanntmachungen

Die Bekanntmachungen der Gesellschaft erfolgen im elektronischen Bundesanzeiger.

§ 18
Sonstiges

Die Unwirksamkeit einzelner Bestimmungen dieses Vertrages lässt die Wirksamkeit des Vertrages i. Ü. unberührt. In einem solchen Fall ist die ungültige Bestimmung durch eine Regelung zu ergänzen, die dem gewünschten wirtschaftlichen Ergebnis in rechtsgültiger Weise am nächsten kommt.

§ 19
Gründungskosten

Die Kosten für den durch die Verschmelzung zur Neugründung entstehenden Gründungsaufwand trägt die Gesellschaft. Dieser Gründungsaufwand wird übereinstimmend mit . . . . . € angesetzt.

Gemäß § 57 UmwG werden die Festsetzungen über den Gründungsaufwand aus der Satzung der übertragenden Gesellschaften wie folgt übernommen: . . . . . (*Anm.*: hier den Text aus den Satzungen der A-GmbH und der B-GmbH einfügen).

4. Zustimmungen der Gesellschafterversammlungen zur Verschmelzung durch Aufnahme.
a) Zustimmung bei der übernehmenden Gesellschaft

▶ **Muster: Zustimmungsbeschluss der Gesellschafterversammlungen zur Verschmelzung durch Aufnahme** 1028

Niederschrift über eine Gesellschafterversammlung

Heute, den ....., erschienen vor mir, dem unterzeichnenden Notar ..... mit dem Amtssitz, an der Amtsstelle in .....
1. Herr W, Kaufmann, wohnhaft in .....,
2. Herr Z, Kaufmann, wohnhaft in .....

Beide Beteiligten sind mir, Notar, persönlich bekannt.

Auf Antrag beurkunde ich den vor mir abgegebenen Erklärungen gemäß Folgendes:

I. Sachstand

Die Erschienenen sind Gesellschafter der A-GmbH, eingetragen im Handelsregister des Amtsgerichts München unter HRB ....., mit einem Stammkapital von ..... €.

Herr W hält einen Geschäftsanteil i. H. v. ..... €.

Herr Z hält einen Geschäftsanteil i. H. v. ..... €.

Die Gesellschafter erklären, dass alle Stammeinlagen voll einbezahlt sind, sodass keine Zustimmungspflicht nach § 51 UmwG besteht.

II. Gesellschafterversammlung

Die vorgenannten Gesellschafter halten unter Verzicht auf alle Frist- und Formvorschriften eine Gesellschafterversammlung ab und stellen fest, dass die Gesellschafterversammlung als Vollversammlung beschlussfähig ist.

Die Gesellschafter beschließen mit allen Stimmen Folgendes:

§ 1
Zustimmung zum Verschmelzungsvertrag

Dem Verschmelzungsvertrag, Urkunde des Notars ....., in ....., vom ..... UR.Nr., wird mit allen Stimmen vorbehaltlos zugestimmt. Er ist dieser Niederschrift als Anlage beigefügt.

§ 2
Kapitalerhöhung

1. Das Stammkapital der Gesellschaft i. H.v ..... € wird um ..... € auf ..... € zur Durchführung der Verschmelzung gemäß § 55 UmwG erhöht. Die Kapitalerhöhung erfolgt zum Zwecke der Durchführung der unter § 1 beschlossenen Verschmelzung.
2. Es werden zwei neue Geschäftsanteile i. H. v. je ..... € gebildet. Diese Geschäftsanteile werden jeweils an Herrn X und Herrn Y, bisherige Gesellschafter der übertragenden GmbH als Gegenleistung für die Übertragung des Vermögens der B-GmbH ausgegeben.
3. Sie leisten ihre Einlage auf den jeweiligen Geschäftsanteil durch die Übertragung des Vermögens der B-GmbH nach Maßgabe des unter § 1 genannten Verschmelzungsvertrages. Der Übertragung des Vermögens liegt die dieser Urkunde als Anlage 2 beigefügte Verschmelzungsbilanz der B-GmbH zum 31.12..... zugrunde.
4. Die neuen Geschäftsanteile sind ab 01.01..... gewinnbezugsberechtigt.
5. Mit der Durchführung der Verschmelzung sind die Einlagen auf die neuen Geschäftsanteile in voller Höhe bewirkt.

§ 3
Satzungsänderung

1. Der Gesellschaftsvertrag der A-GmbH wird in § 3 (Stammkapital) wie folgt geändert:
»Das Stammkapital der Gesellschaft beträgt ..... € (in Worten: ..... Euro)«.
2. Außerdem wird § 1 (Firma) des Gesellschaftsvertrages wie folgt geändert:
»Die Firma lautet: A & B-GmbH«.

III. Verzichtserklärungen, Sonstiges

Alle Gesellschafter verzichten auf eine Prüfung der Verschmelzung, auf Erstattung eines Verschmelzungsberichts und eines Verschmelzungsprüfungsberichts und auf eine Klage gegen die Wirksamkeit des Verschmelzungsbeschlusses.

Alle Gesellschafter erklären, dass der Verschmelzungsvertrag ihnen spätestens zusammen mit der Einberufung der Gesellschafterversammlung übersendet wurde.

Der beurkundende Notar wies die Gesellschafter darauf hin, dass jeder von Ihnen die Erteilung einer Abschrift der Niederschrift über diese Gesellschafterversammlung und des Verschmelzungsvertrages verlangen kann und dass ihnen ein Anspruch gegen die Geschäftsführer auf Auskunft auch über alle für die Verschmelzung wesentlichen Angelegenheiten durch anderen beteiligten Gesellschaften zusteht.

Vorgelesen vom Notar, von den Erschienenen genehmigt und eigenhändig unterschrieben.

. . . . .

b) Zustimmungsbeschluss der übertragenden Gesellschaft

1029 ▶ **Muster: Zustimmungsbeschluss der übertragenden Gesellschaft**

Niederschrift über eine Gesellschafterversammlung

Heute, den . . . . ., erschienen vor mir, dem unterzeichnenden Notar . . . . ., mit Amtssitz in . . . . . an der Amtsstelle in . . . . .
1. Herr X, Kaufmann, wohnhaft in . . . . .,
2. Herr Y, Kaufmann, wohnhaft in . . . . .

Die Beteiligten sind mir, Notar . . . . ., persönlich bekannt.

Auf Antrag beurkunde ich den vor mir abgegebenen Erklärungen gemäß Folgendes:

I. Sachstand

Im Handelsregister des Amtsgerichts . . . . ., ist in Abteilung B unter Nr. . . . . . . die Firma B-GmbH mit Sitz in . . . . . eingetragen.

Gesellschafter dieser Gesellschaft sind nach Angabe:

Herr X, mit einem Gesellschaftsanteil i. H. v. . . . . . €

Herr Y, mit einem Gesellschaftsanteil i. H. v. . . . . . €.

Das Stammkapital der Gesellschaft beträgt . . . . . €.

Die Stammeinlagen sind voll einbezahlt, sodass keine Zustimmungspflicht nach § 51 UmwG besteht.

II. Gesellschafterversammlung

Die vorgenannten Gesellschafter halten eine Gesellschafterversammlung der vorgenannten Gesellschaft unter Verzicht auf alle Frist- und Formvorschriften ab und stellen fest, dass die Gesellschafterversammlung als Vollversammlung beschlussfähig ist.

Die Gesellschafter beschließen mit allen Stimmen Folgendes:

§ 1
Zustimmung zum Verschmelzungsvertrag

Dem Verschmelzungsvertrag vom . . . . ., UR.Nr. . . . . . des amtierenden Notars wird mit allen Stimmen vorbehaltlos zugestimmt.

Der Verschmelzungsvertrag ist dieser Urkunde als Anlage 1 beigefügt.

§ 2
Kosten, Abschriften

Die Kosten dieser Urkunden trägt die Gesellschaft.

III. Sonstiges

Alle Gesellschafter verzichten auf eine Prüfung der Verschmelzung und auf Anfechtung des Beschlusses sowie auf Erstattung eines Verschmelzungsberichts und Verschmelzungsprüfungsberichts.

Alle Gesellschafter erklären, dass der Verschmelzungsvertrag ihnen spätestens zusammen mit der Einberufung der Gesellschafterversammlung übersendet wurde.

Der beurkundende Notar wies die Gesellschafter darauf hin, dass jeder von Ihnen die Erteilung einer Abschrift der Niederschrift über diese Gesellschafterversammlung und des Verschmelzungsvertrages verlangen kann und dass ihnen ein Anspruch gegen die Geschäftsführer auf Auskunft auch über alle für die Verschmelzung wesentlichen Angelegenheiten der anderen beteiligten Gesellschafter zusteht.

Die Kosten und etwaigen Verkehrssteuern der Kapitalerhöhung einschließlich der Durchführung trägt die übernehmende Gesellschaft als Aufwand.

Vorgelesen vom Notar, von den Erschienenen genehmigt und eigenhändig unterschrieben.

. . . . .

5. Handelsregisteranmeldungen. a) Anmeldung für die übertragende GmbH bei Verschmelzung durch Aufnahme

▶ Muster:Handelsregisteranmeldung für die übertragende GmbH bei Verschmelzung 1030
durch Aufnahme

An das

Amtsgericht

– Handelsregister B –

Elektronisch übermittelt

Betrifft: HRB . . . . . B-GmbH

In der Anlage überreiche ich:
1. elektronisch beglaubigte Abschrift des Verschmelzungsvertrages vom . . . . . – UR.Nr. . . . . . des beglaubigenden Notars –,
2. elektronisch beglaubigte Abschrift des Zustimmungsbeschlusses der Gesellschafter der A-GmbH vom . . . . . – UR.Nr. . . . . . des beglaubigenden Notars –, samt Verzichtserklärungen der Gesellschafter der A-GmbH auf Erstellung eines Verschmelzungsberichts und Verschmelzungsprüfung und Erstellung eines Verschmelzungsprüfungsberichts sowie Verzicht auf Anfechtung des Zustimmungsbeschlusses,
3. elektronisch beglaubigte Abschrift des Zustimmungsbeschlusses der Gesellschafter der B-GmbH vom . . . . . – UR.Nr. . . . . . des beglaubigenden Notars –, samt Verzichtserklärungen der Gesellschafter der B-GmbH auf Erstellung eines Verschmelzungsberichts und Verschmelzungsprüfung und Erstellung eines Verschmelzungsprüfungsberichts sowie Verzicht auf Anfechtung des Zustimmungsbeschlusses,
4. elektronisch beglaubigte Abschrift des Nachweises über die Zuleitung des Entwurfs des Verschmelzungsvertrages an den Betriebsrat der B-GmbH,
5. elektronisch beglaubigte Abschrift der Schlussbilanz der B-GmbH zum Verschmelzungsstichtag

und melde zur Eintragung in das Handelsregister an:

Die B-GmbH ist auf die A-GmbH als übernehmende Gesellschaft im Wege der Verschmelzung durch Aufnahme verschmolzen.

Ich erkläre, dass weder der Verschmelzungsbeschluss der Gesellschafter der A-GmbH noch der Verschmelzungsbeschluss der Gesellschafter der B-GmbH angefochten worden ist.

Ggf. weitere Angaben, z. B. inländische Geschäftsanschrift usw.

. . . . ., den . . . . .

(Beglaubigungsvermerk)

b) Anmeldung für die übernehmende GmbH bei Verschmelzung durch Aufnahme

▶ Muster: Handelsregisteranmeldung für die übernehmende GmbH bei Verschmelzung 1031
durch Aufnahme

An das

Amtsgericht

– Handelsregister B –

Elektronisch übermittelt

Betrifft: HRB . . . . . A-GmbH

In der Anlage überreichen wir, die unterzeichnenden alleinigen Geschäftsführer der o. a. GmbH

1. elektronisch beglaubigte Abschrift des Verschmelzungsvertrages vom . . . . . – UR.Nr. . . . . . des beglaubigenden Notars –,

2. elektronisch beglaubigte Abschrift des Zustimmungsbeschlusses der Gesellschafter der A-GmbH vom . . . . . – UR.Nr. . . . . . des beglaubigenden Notars –, samt Verzichtserklärungen der Gesellschafter der A-GmbH auf Erstellung eines Verschmelzungsberichts und Verschmelzungsprüfung und Erstellung eines Verschmelzungsprüfungsberichts sowie Verzicht auf Anfechtung des Zustimmungsbeschlusses,

3. elektronisch beglaubigte Abschrift g des Zustimmungsbeschlusses der Gesellschafter der B-GmbH vom . . . . . – UR.Nr. . . . . . des beglaubigenden Notars –, samt Verzichtserklärungen der Gesellschafter der B-GmbH auf Erstellung eines Verschmelzungsberichts und Verschmelzungsprüfung und Erstellung eines Verschmelzungsprüfungsberichts sowie Verzicht auf Anfechtung des Zustimmungsbeschlusses,

4. elektronisch beglaubigte Abschrift des Nachweises über die Zuleitung des Entwurfs des Verschmelzungsvertrages an den Betriebsrat der A-GmbH,

5. elektronisch beglaubigte Abschrift des vollständigen Satzungswortlautes nebst notarieller Übereinstimmungsbescheinigung,

6. elektronisch beglaubigte Abschrift der Liste der Übernehmer,

7. elektronisch beglaubigte Abschrift der berichtigten und bestätigten Gesellschafterliste,

8. elektronisch beglaubigte Abschrift der Schlussbilanz der B-GmbH zum 31.12. . . . .

und melden zur Eintragung in das Handelsregister an:

1. Die B-GmbH ist im Wege der Verschmelzung durch Aufnahme auf die A-GmbH verschmolzen.

2. Das Stammkapital der A-GmbH ist zum Zweck der Durchführung der Verschmelzung

von . . . . . € um . . . . . €

auf . . . . . € erhöht worden. Dementsprechend ist § 3 des Gesellschaftsvertrages – Stammkapital – geändert und neu gefasst worden.

3. Die Firma der B-GmbH ist geändert in:

»A und B-GmbH«.

Dementsprechend ist der Gesellschaftsvertrag in § 1 – Firma – geändert.

Wir erklären, dass weder der Verschmelzungsbeschluss der Gesellschafter der A-GmbH noch der Verschmelzungsbeschluss der Gesellschafter der B-GmbH angefochten worden ist.

Wir beantragen, die Kapitalerhöhung (Ziff. 2.) zunächst zu vollziehen und erst danach die Verschmelzung und die Änderung der Firma (Ziff. 1. und Ziff. 3.).

Die inländische Geschäftsanschrift und die Geschäftsräume befinden sich unverändert in (Ort, Straße).

(**Anm.**: Bei unterschiedlichen Handelsregistergerichten lautet die Formulierung wie folgt:

Wir werden sodann zur Vervollständigung der Anmeldung der Verschmelzung einen beglaubigten Handelsregisterauszug der B-GmbH einreichen, aus dem sich die Eintragung der Verschmelzung in das Handelsregister des Sitzes der B-GmbH ergibt).

. . . . ., den . . . . .

(Beglaubigungsvermerk)

c) Anmeldung für eine übertragende GmbH bei Verschmelzung durch Neugründung

1032 ▶ **Muster: Handelsregisteranmeldung für die übertragende GmbH bei Verschmelzung durch Neugründung**

An das

Amtsgericht

– Handelsregister B –

Elektronisch übermittelt

Betrifft: HRB . . . . . A-GmbH

In der Anlage überreiche ich:

1. elektronisch beglaubigte Abschrift des Verschmelzungsvertrages vom . . . . . – UR.Nr. . . . . . des beglaubigenden Notars –,
2. elektronisch beglaubigte Abschrift des Zustimmungsbeschlusses der Gesellschafter der A-GmbH vom . . . . . – UR.Nr. . . . . . des beglaubigenden Notars –, samt Verzichtserklärungen der Gesellschafter der A-GmbH auf Erstellung eines Verschmelzungsberichts und Verschmelzungsprüfung und Erstellung eines Verschmelzungsprüfungsberichts sowie Verzicht auf Anfechtung des Zustimmungsbeschlusses,
3. elektronisch beglaubigte Abschrift des Zustimmungsbeschlusses der Gesellschafter der B-GmbH vom . . . . . – UR.Nr. . . . . . des beglaubigenden Notars –, samt Verzichtserklärungen der Gesellschafter der B-GmbH auf Erstellung eines Verschmelzungsberichts und Verschmelzungsprüfung und Erstellung eines Verschmelzungsprüfungsberichts sowie Verzicht auf Anfechtung des Zustimmungsbeschlusses,
4. elektronisch beglaubigte Abschrift des Nachweises über die Zuleitung des Entwurfs des Verschmelzungsvertrages an den Betriebsrat der A-GmbH,
5. elektronisch beglaubigte Abschrift der Schlussbilanz der A-GmbH zum Verschmelzungsstichtag

und melde zur Eintragung in das Handelsregister an:

Die A-GmbH ist im Wege der Verschmelzung durch Neugründung auf die A & B-GmbH verschmolzen.

Ich erkläre, dass weder der Verschmelzungsbeschluss der Gesellschafter der A-GmbH noch der Verschmelzungsbeschluss der Gesellschafter der B-GmbH angefochten worden ist.

Ggf. weitere Angaben, z. B. inländische Geschäftsanschrift.

. . . . ., den . . . . .

(Beglaubigungsvermerk)

d) Anmeldung für die neu gegründete GmbH bei Verschmelzung durch Neugründung

▸ **Muster: Handelsregisteranmeldung für die neu gegründete GmbH bei Verschmelzung durch Neugründung**   1033

An das

Amtsgericht

– Handelsregister B –

Elektronisch übermittelt

Betrifft: Neugründung der A- & B-GmbH mit dem Sitz in . . . . .

In der Anlage überreichen wir, die unterzeichnenden Geschäftsführer der A-GmbH – dortiges Handelsregister HRB . . . . . – und der B-GmbH – dortiges Handelsregister HRB . . . . . –:
1. elektronisch beglaubigte Abschrift des Verschmelzungsvertrages nebst Gesellschaftsvertrag vom . . . . . – UR.Nr. . . . . . des beglaubigenden Notars –,
2. elektronisch beglaubigte Abschrift der Zustimmungsbeschlüsse der Gesellschafter der A-GmbH vom . . . . . – UR.Nr. . . . . . und . . . . . des beglaubigenden Notars –, samt Verzichtserklärungen der Gesellschafter der A-GmbH auf Erstellung eines Verschmelzungsberichts und Verschmelzungsprüfung und Erstellung eines Verschmelzungsprüfungsberichts sowie Verzicht auf Anfechtung des Zustimmungsbeschlusses,
3. elektronisch beglaubigte Abschrift en des Zustimmungsbeschlusses der Gesellschafter der B-GmbH . . . . . – UR.Nr. . . . . . des beglaubigenden Notars –, samt Verzichtserklärungen der Gesellschafter der B-GmbH auf Erstellung eines Verschmelzungsberichts und Verschmelzungsprüfung und Erstellung eines Verschmelzungsprüfungsberichts sowie Verzicht auf Anfechtung des Zustimmungsbeschlusses,
4. elektronisch beglaubigte Abschrift der Nachweise über die Zuleitung des Entwurfs des Verschmelzungsvertrages an den Betriebsrat der A-GmbH und den Betriebsrat der B-GmbH,
5. elektronisch beglaubigte Abschrift der Gesellschafterliste,
6. elektronisch beglaubigte Abschrift der Schlussbilanzen der A- und B-GmbH (als Wertnachweis),

ein Sachgründungsbericht ist nach § 58 UmwG nicht erforderlich,

und melden zur Eintragung in das Handelsregister an:

Die A-GmbH und die B-GmbH haben im Wege der Verschmelzung durch Neugründung unter der Firma »A & B-GmbH« eine Gesellschaft mit beschränkter Haftung gegründet.

Sitz der Gesellschaft ist . . . . .

Abstrakte Vertretungsbefugnis:

Die Gesellschaft hat einen oder mehrere Geschäftsführer. Ist nur ein Geschäftsführer bestellt, vertritt dieser die Gesellschaft allein. Sind mehrere Geschäftsführer bestellt, wird die Gesellschaft durch zwei Geschäftsführer gemeinsam oder durch einen Geschäftsführer in Gemeinschaft mit einem Prokuristen vertreten. Durch Gesellschafterbeschluss kann einzelnen Geschäftsführern die Befugnis zur Einzelvertretung sowie die Befreiung von den Beschränkungen des § 181 BGB erteilt werden.

Zum ersten Geschäftsführer der Gesellschaft wurde bestellt:

(Name), (Geburtsdatum), (Wohnort).

Konkrete Vertretungsbefugnis:

Er ist berechtigt, die Gesellschaft einzeln zu vertreten und von den Beschränkungen des § 181 BGB befreit.

Der mitunterzeichnende Geschäftsführer erklärt: Ich, [»Name:«, versichere, dass keine Umstände vorliegen, die meiner Bestellung zum Geschäftsführer nach § 6 Abs. 2 GmbH-Gesetz entgegenstehen.

Der Geschäftsführer der Gesellschaft versichert insbesondere,

– dass er nicht wegen einer oder mehrerer vorsätzlicher Straftaten
 a) des Unterlassens der Stellung des Antrags auf Eröffnung des Insolvenzverfahrens (Insolvenzverschleppung),
 b) §§ 283–283d StGB (Insolvenzstraftaten),
 c) der falschen Angaben nach § 82 GmbHG oder § 399 AktG,
 d) der unrichtigen Darstellung nach § 400 AktG, § 331 HGB, § 313 UmwG oder § 17 PublizitätsG,
 e) nach den §§ 263 StGB (Betrug), § 263a StGB (Computerbetrug), § 264 StGB (Kapitalanlagebetrug) § 264a (Subventionsbetrug) oder den §§ 265b StGB (Kreditbetrug), § 266 StGB (Untreue) bis § 266a StGB (Vorenthalten und Veruntreuen von Arbeitsentgelt – Nichtabführung von Sozialversicherungsbeiträgen) zu einer Freiheitsstrafe von mindestens einem Jahr

verurteilt worden ist, und
– dass ihm weder durch gerichtliches Urteil noch durch die vollziehbare Entscheidung einer Verwaltungsbehörde die Ausübung eines Berufes, eines Berufszweiges, eines Gewerbes oder eines Gewerbezweiges ganz oder teilweise untersagt wurde, und
– auch keine vergleichbaren strafrechtlichen Entscheidungen ausländischer Behörden oder Gerichte gegen ihn vorliegen, und
– dass er über die uneingeschränkte Auskunftspflicht gegenüber dem Gericht durch den Notar belehrt wurde.

Die inländische Geschäftsanschrift und die Geschäftsräume befinden sich in (Ort, Straße).

Die Geschäftsführer der übertragenden Gesellschaft versichern, dass weder der Verschmelzungsbeschluss der Gesellschafter der A-GmbH noch der Verschmelzungsbeschluss der Gesellschafter der B-GmbH angefochten worden ist.

. . . . ., den . . . . .

(Beglaubigungsvermerk)

6. Verschmelzung von GmbH & Co. KG auf GmbH zur Aufnahme. a) Verschmelzungsvertrag

1034 ▶ **Muster: Verschmelzungsvertrag von GmbH & Co. KG auf GmbH zur Aufnahme**

UR.Nr. für . . . . .

Verhandelt zu . . . . .

am . . . . .

Vor dem unterzeichnenden

. . . . .

Notar mit dem Amtssitz in . . . . .

erschienen:

1. Herr (Name, Geburtsdatum Adresse),

hier handelnd als alleinvertretungsberechtigter Geschäftsführer der B-Verwaltungs GmbH (Sitz, eingetragen im Handelsregister des Amtsgerichts ..... unter HRB .....), diese wiederum handelnd als alleinige persönlich haftende Gesellschafterin der B-GmbH & Co. KG mit dem Sitz in ....., eingetragen im Handelsregister des Amtsgerichts ..... unter HRA .....,

2. Herr (Name, Geburtsdatum Adresse),

handelnd als alleinvertretungsberechtigter Geschäftsführer der A-GmbH mit dem Sitz in ....., eingetragen im Handelsregister des Amtsgerichts ....., unter HRB .....

– Vertretungsbescheinigung –

Die Erschienenen wiesen sich dem Notar gegenüber aus durch Vorlage ihrer amtlichen Lichtbildausweise.

A. Sachstand

Die Beteiligten erklären:

1. Die A-GmbH hat ein Stammkapital von ..... €. Das Stammkapital ist voll eingezahlt.

An der A-GmbH sind beteiligt
– Herr A mit einem Geschäftsanteil von ..... €,
– Herr B mit einem Geschäftsanteil von ..... €,
– Herr C mit einem Geschäftsanteil von ..... €.

2. Die B-GmbH & Co. KG hat ein Festkapital von ..... €.

An der Gesellschaft sind die Gesellschafter wie folgt beteiligt, die Kapitalanteile verteilen sich auf die Gesellschafter wie folgt:

a) Persönlich haftende Gesellschafterin:

B-Verwaltungs GmbH ohne Kapitalanteil

b) Kommanditisten:

X: ..... €,

Y: ..... €.

Die Festkapitalanteile der Kommanditisten entsprechen den im Handelsregister eingetragen Hafteinlagen. Die Hafteinlagen sind nach Angabe vollständig erbracht.

Die Erschienenen ließen sich sodann folgenden

B. Verschmelzungsvertrag

beurkunden und erklärten, handelnd wie angegeben:

I. Vermögensübertragung

Die B-GmbH & Co. KG überträgt ihr Vermögen als Ganzes mit allen Rechten und Pflichten unter Ausschluss der Abwicklung auf die A-GmbH im Wege der Verschmelzung durch Aufnahme. Zum Ausgleich räumt die A-GmbH den Gesellschaftern der B-GmbH & Co. KG Beteiligungen an der A-GmbH ein.

II. Gegenleistung

1. Die A-GmbH gewährt folgende Anteile:
   a) dem Gesellschafter X einen Geschäftsanteil im Nennbetrag von ..... €,
   b) dem Gesellschafter Y einen Geschäftsanteil im Nennbetrag von ..... €,
   c) der B-GmbH ein Kleinstanteil im Nennbetrag von ..... €.
   Die Geschäftsanteile werden kostenfrei und mit Gewinnberechtigung ab dem ..... gewährt.

2. Zur Durchführung der Verschmelzung wird die A-GmbH ihr Stammkapital von bislang ..... € um ..... € auf ..... € erhöhen, und zwar durch Bildung von die Geschäftsanteilen von .....

3. Das Umtauschverhältnis beträgt .....

III. Bilanzstichtag

Der Verschmelzung wird die mit dem uneingeschränkten Bestätigungsvermerk des Wirtschaftsprüfers ..... in ..... versehene Bilanz der B-GmbH & Co. KG zum ..... als Schlussbilanz zugrunde gelegt.

IV. Verschmelzungsstichtag

Die Übernahme des Vermögens der B-GmbH & Co. KG erfolgt im Innenverhältnis mit Wirkung zum Ablauf des 31.12..... Vom 01.01..... an gelten alle Handlungen und Geschäfte der B-GmbH & Co. KG als für Rechnung der A-GmbH vorgenommen.

V. Besondere Rechte

Besondere Rechte i. S. v. § 5 Abs. 1 Nr. 7 UmwG bestehen bei der A-GmbH nicht. Einzelnen Anteilsinhabern werden i. R. d. Verschmelzung keine besonderen Rechte gewährt.

VI. Besondere Vorteile

Besondere Vorteile i. S. v. § 5 Abs. 1 Nr. 8 UmwG werden weder einem Mitglied eines Vertretungs- oder Aufsichtsorgans, noch dem Abschlussprüfer oder dem Versicherungsprüfer gewährt.

VII. Folgen der Verschmelzung für Arbeitnehmer und ihrer Vertretungen

Für die Arbeitnehmer der A-GmbH ergeben sich aus der Verschmelzung folgende Auswirkungen: .....

Für die Arbeitnehmer der B-GmbH & Co. KG ergeben sich aus der Verschmelzung folgende Auswirkungen: .....

Bei beiden Gesellschaften existiert ein Betriebsrat. Insoweit ergeben sich aus der Verschmelzung folgende Auswirkungen: .....

Folgende Maßnahmen sind vorgesehen: .....

VIII. Abfindungsangebot

Für den Fall, dass ein Gesellschafter der B-GmbH & Co. KG bei der Beschlussfassung seinen Widerspruch gegen Verschmelzung zur Niederschrift erklärt, macht die A-GmbH ihm schon jetzt folgendes Abfindungsangebot: Die A-GmbH verpflichtet sich, an jeden Gesellschafter für je 100,00 € Kapitalanteil einen Barbetrag i. H. v. ..... € zu zahlen, sofern der Gesellschafter seinen Austritt aus der A-GmbH erklärt. Die Kosten der Abfindung trägt die A-GmbH. Folgende Abfindungsbeträge werden somit angeboten:
- Gesellschafter X: ..... €,
- Gesellschafter Y: ..... €,
- B-GmbH: ..... €.

IX. Bedingungen

Der Verschmelzungsvertrag steht unter der aufschiebenden Bedingung, dass die formgerechten Zustimmungsbeschlüsse der Gesellschafterversammlungen beider Gesellschaften bis zum ..... vorliegen.

X. Kosten

Die durch diesen Vertrag und seine Durchführung bei beiden Gesellschaften entstehenden Kosten trägt die A-GmbH. Sollte die Verschmelzung nicht wirksam werden, tragen die Kosten dieses Vertrages die Gesellschaften zu gleichen Teilen, alle übrigen Kosten die jeweils betroffene Gesellschaft allein.

Diese Niederschrift nebst der Anlage wurde den Erschienenen vom Notar vorgelesen, von ihnen genehmigt und von ihnen und dem Notar eigenhändig, wie folgt, unterschrieben:

.....

b) Zustimmungsbeschluss bei der übertragenden Gesellschaft (B-GmbH & Co. KG) bei Verschmelzung zur Aufnahme, Verzichtserklärungen

1035 ▶ **Muster: Zustimmungsbeschluss bei der übertragenden Gesellschaft (B-GmbH & Co. KG) bei Verschmelzung zur Aufnahme, Verzichtserklärungen**

Niederschrift über eine Gesellschafterversammlung

Heute, den ....., erschienen vor mir, dem unterzeichnenden Notar ..... mit Amtssitz in ..... an der Amtsstelle in .....:
1. Herr X, Kaufmann, wohnhaft in .....,
2. Herr Y, Kaufmann, wohnhaft in .....,
3. Herr Z, Kaufmann, wohnhaft in .....

hier nicht im eigenen Namen, sondern handelnd als alleinvertretungsberechtigter Geschäftsführer der B-Verwaltungs GmbH (Sitz, eingetragen im Handelsregister des Amtsgerichts ..... unter HRB .....),

diese wiederum handelnd als alleinige persönlich haftende Gesellschafterin der B-GmbH & Co. KG

mit dem Sitz in ....., eingetragen

im Handelsregister des Amtsgerichts .....

unter HRA .....,

– Vertretungsbescheinigung –

Die Beteiligten sind mir, dem Notar, persönlich bekannt.

Auf Antrag beurkunde ich den vor mir abgegebenen Erklärungen gemäß Folgendes:

A. Sachstand

Die Erschienenen erklären:

Wir sind die alleinigen Gesellschafter der B-GmbH & Co. KG, eingetragen im Handelsregister des Amtsgerichts X-Stadt unter .....

Die B-GmbH & Co. KG hat ein Festkapital von ..... €.

An der Gesellschaft sind die Gesellschafter wie folgt beteiligt, die Kapitalanteile verteilen sich auf die Gesellschafter wie folgt:
a) Persönlich haftende Gesellschafterin: B-Verwaltungs GmbH ohne Kapitalanteil
b) Kommanditisten,
   X: ..... €,
   Y: ..... €.

B. Gesellschafterversammlung

Die Erschienenen erklärten: Wir sind die alleinigen Gesellschafter der B-GmbH & Co. KG mit Sitz in ....., unter Verzicht auf alle durch Gesetz oder Gesellschaftsvertrag vorgeschriebenen Formen und Fristen halten wir hiermit eine Gesellschafterversammlung der B-GmbH & Co. KG ab und beschließen einstimmig Folgendes:

Dem Verschmelzungsvertrag zwischen der A-GmbH und der B-GmbH & Co. KG (Urkunde des Notars ....., in ....., vom ....., UR.Nr. .....) wird mit allen Stimmen vorbehaltlos zugestimmt. Er ist der Niederschrift als Anlage beigefügt.

C. Verzichtserklärungen

Die Erschienenen erklären weiter zu Protokoll folgende Erklärungen:

Alle Gesellschafter verzichten
– auf Prüfung der Verschmelzung und Erstellung eines Verschmelzungsprüfungsberichts,
– auf Erstellung eines Verschmelzungsberichts,
– Anfechtung dieses Zustimmungsbeschlusses.

Der Notar hat über die Bedeutung dieser Verzichte belehrt.

Vorgelesen vom Notar, von den Erschienenen genehmigt und eigenhändig unterschrieben.

.....

c) Zustimmungsbeschluss bei der übernehmenden Gesellschaft (A-GmbH)

▶ **Muster: Zustimmungsbeschluss bei der übernehmenden Gesellschaft (A-GmbH)** 1036

Niederschrift über eine Gesellschafterversammlung

Heute, den ....., erschienen vor mir, dem unterzeichnenden Notar ..... mit dem Amtssitz, an der Amtsstelle in .....
1. Herr W, Kaufmann, wohnhaft in .....,
2. Herr Z, Kaufmann, wohnhaft in .....

Beide Beteiligten sind mir, Notar, persönlich bekannt.

Auf Antrag beurkunde ich den vor mir abgegebenen Erklärungen gemäß Folgendes:

A. Sachstand

Die Erschienenen erklären: Wir sind die alleinigen Gesellschafter der A-GmbH, eingetragen im Handelsregister des Amtsgerichts ..... unter HRB ..... mit einem Stammkapital von ..... €.

Herr W. hält einen Geschäftsanteil i. H. v. ..... €,

Herr Z. hält einen Geschäftsanteil i. H. v. ..... €.

Die Stammeinlagen sind nach Angabe volleingezahlt, sodass keine Zustimmungspflichten nach § 51 UmwG bestehen.

B. Gesellschafterversammlung

Die vorgenannten Gesellschafter halten unter Verzicht auf alle Frist- und Formvorschriften eine Gesellschafterversammlung ab und stellen fest, dass die Gesellschafterversammlung als Vollversammlung beschlussfähig ist.

Die Gesellschafter beschließen mit allen Stimmen Folgendes:

§ 1
Zustimmung zum Verschmelzungsvertrag

Dem Verschmelzungsvertrag, Urkunde des Notars ....., in ....., vom ..... UR.Nr., wird mit allen Stimmen vorbehaltlos zugestimmt. Er ist dieser Niederschrift als Anlage beigefügt.

§ 2
Kapitalerhöhung

1. Das Stammkapital der Gesellschaft i. H. v. ..... € wird um ..... € auf ..... € zur Durchführung der Verschmelzung gemäß § 55 UmwG erhöht. Die Kapitalerhöhung erfolgt zum Zweck der Durchführung der unter § 1 beschlossenen Verschmelzung.
2. Es werden drei Geschäftsanteile i. H. v. ..... € gebildet. Diese Geschäftsanteile werden jeweils Herrn X und Herrn Y und der B-GmbH, bisherige Gesellschafter der übertragenden B-GmbH & Co. KG, als Gegenleistung für die Übertragung des Vermögens i. R. d. Verschmelzung ausgegeben.
3. Sie leisten ihre Einlage auf die Geschäftsanteile durch die Übertragung des Vermögens der B-GmbH & Co. KG nach Maßgabe des unter § 1 genannten Verschmelzungsvertrages. Der Übertragung des Vermögens liegt die dieser Urkunde als Anlage 2 beigefügte Verschmelzungsbilanz der B-GmbH zum 31.12. ..... zugrunde.
4. Die neuen Geschäftsanteile sind ab 01.01. ..... gewinnbezugsberechtigt.
5. Mit der Durchführung der Verschmelzung sind die neuen Stammeinlagen in voller Höhe bewirkt.

§ 3
Satzungsänderung

Der Gesellschaftsvertrag der A-GmbH wird in § 3 (Stammkapital) wie folgt geändert: »Das Stammkapital der Gesellschaft beträgt ..... € (in Worten: ..... Euro)«.

C. Verzichtserklärungen

Die Erschienenen erklären weiter zu Protokoll folgende Erklärungen:

Alle Gesellschafter verzichten
– auf Prüfung der Verschmelzung und Erstellung eines Verschmelzungsprüfungsberichts
– auf Erstellung eines Verschmelzungsberichts
– Anfechtung dieses Zustimmungsbeschlusses.

Der Notar hat über die Bedeutung dieser Verzichte belehrt.

Vorgelesen vom Notar, von den Erschienenen genehmigt und eigenhändig unterschrieben.

.....

d) Anmeldung zum Handelsregister für die übertragende B-GmbH & Co. KG

1037 ▶ **Muster: Handelsregisteranmeldung für die übertragende B-GmbH & Co. KG**

An das

Amtsgericht

– Handelsregister A –

Elektronisch beglaubigt

Betrifft: HRA B-GmbH & Co. KG

In der Anlage überreiche ich, der unterzeichnende alleinvertretungsberechtigte Geschäftsführer handelnd als alleinige Komplementärin der B-GmbH & Co. KG:
1. elektronisch beglaubigte Abschrift des Verschmelzungsvertrages vom . . . . . UR.Nr. . . . . . des beglaubigenden Notars,
2. elektronisch beglaubigte Abschrift des Zustimmungsbeschlusses der Gesellschafter der A-GmbH vom . . . . . UR.Nr. . . . . . des beglaubigenden Notars, samt Verzichtserklärungen der Gesellschafter der A-GmbH auf Erstellung eines Verschmelzungsberichts und Verschmelzungsprüfung und Erstellung eines Verschmelzungsprüfungsberichts sowie Verzicht auf Anfechtung des Zustimmungsbeschlusses,
3. elektronisch beglaubigte Abschrift des Zustimmungsbeschlusses der Gesellschafter der B-GmbH & Co. KG vom . . . . . UR.Nr. . . . . . des beglaubigenden Notars, samt Verzichtserklärungen der Gesellschafter der B-GmbH & Co. KG auf Erstellung eines Verschmelzungsberichts und Verschmelzungsprüfung und Erstellung eines Verschmelzungsprüfungsberichts sowie Verzicht auf Anfechtung des Zustimmungsbeschlusses,
4. elektronisch beglaubigte Abschrift des Nachweises über die rechtzeitige Zuleitung des Verschmelzungsvertrages zum Betriebsrat,
5. elektronisch beglaubigte Abschrift der festgestellten Schlussbilanz der B-GmbH & Co. KG zum Verschmelzungsstichtag

und melde zur Eintragung ins Handelsregister an:

Die B-GmbH & Co. KG ist auf die A-GmbH als übernehmende Gesellschaft im Wege der Verschmelzung durch die Aufnahme verschmolzen. Die B-GmbH & Co. KG ist erloschen.

Ich erkläre, dass weder der Verschmelzungsbeschluss der Gesellschafter der A-GmbH noch der Verschmelzungsbeschluss der Gesellschafter der B-GmbH & KG angefochten worden sind und wegen der von allen Gesellschaftern abgegebenen Verzichtserklärungen nicht angefochten werden kann.

Ggf. weitere Angaben, z. B. inländische Geschäftsanschrift.

. . . . ., den . . . . .

(Beglaubigungsvermerk)

e) Anmeldung für die übernehmende A-GmbH bei Verschmelzung durch Aufnahme

▶ Muster: Handelsregisteranmeldung für die übernehmende A-GmbH bei Verschmelzung durch Aufnahme   1038

An das

Amtsgericht

– Handelsregister B –

Elektronisch übermittelt

Betrifft: HRB . . . . . A-GmbH

In der Anlage überreichen wir, die unterzeichnenden alleinigen Geschäftsführer der o. a. GmbH
1. elektronisch beglaubigte Abschrift des Verschmelzungsvertrages vom . . . . . – UR.Nr. . . . . . des beglaubigenden Notars –,
2. elektronisch beglaubigte Abschrift des Zustimmungsbeschlusses der Gesellschafter der A-GmbH vom . . . . . – UR.Nr. . . . . . des beglaubigenden Notars –, samt Verzichtserklärungen der Gesellschafter der A-GmbH auf Erstellung eines Verschmelzungsberichts und Verschmelzungsprüfung und Erstellung eines Verschmelzungsprüfungsberichts sowie Verzicht auf Anfechtung des Zustimmungsbeschlusses,
3. elektronisch beglaubigte Abschrift des Zustimmungsbeschlusses der Gesellschafter der B-GmbH & Co. KG vom . . . . . – UR.Nr. . . . . . des beglaubigenden Notars –, samt Verzichtserklärungen der Gesellschafter der B-GmbH & Co. KG auf Erstellung eines Verschmelzungsberichts und Verschmelzungsprüfung und Erstellung eines Verschmelzungsprüfungsberichts sowie Verzicht auf Anfechtung des Zustimmungsbeschlusses,
4. elektronisch beglaubigte Abschrift des Nachweises über die Zuleitung des Entwurfs des Verschmelzungsvertrages an den Betriebsrat der A-GmbH,
5. elektronisch beglaubigte Abschrift der vollständigen Satzungswortlaut nebst notarieller Übereinstimmungsbescheinigung,

6. elektronisch beglaubigte Abschrift der Liste der Übernehmer,
7. elektronisch beglaubigte Abschrift der berichtigten Gesellschafterliste,
8. elektronisch beglaubigte Abschrift der Schlussbilanz der B-GmbH & Co. KG zum 31.12. (als Wertnachweis)

und melden zur Eintragung in das Handelsregister an:
1. **Die B-GmbH & Co. KG ist im Wege der Verschmelzung durch Aufnahme auf die A-GmbH verschmolzen.**
2. **Das Stammkapital der A-GmbH ist zum Zweck der Durchführung der Verschmelzung von ..... € um ..... € auf ..... € erhöht worden. Dementsprechend ist § 3 des Gesellschaftsvertrages – Stammkapital – geändert und neu gefasst worden.**

Wir erklären, dass weder der Verschmelzungsbeschluss der Gesellschafter der A-GmbH noch der Verschmelzungsbeschluss der Gesellschafter der B-GmbH angefochten worden ist.

Wir beantragen, die Kapitalerhöhung (Ziff. 2.) zunächst zu vollziehen und erst danach die Verschmelzung und die Änderung der Firma (Ziff. 1. und Ziff. 3.).

Die inländische Geschäftsanschrift und die Geschäftsräume befinden sich unverändert in (Ort, Straße).

(Anm.: *Bei unterschiedlichen Handelsregistergerichten lautet die Formulierung wie folgt:*

Wir werden sodann zur Vervollständigung der Anmeldung der Verschmelzung einen beglaubigten Handelsregisterauszug der B-GmbH einreichen, aus dem sich die Eintragung der Verschmelzung in das Handelsregister des Sitzes der B-GmbH ergibt).

....., den .....

(Beglaubigungsvermerk)

D. Verschmelzung von AG

I. Checkliste

1039   Beim Ablauf des **Verschmelzungsverfahrens bei AG** sind nach dem UmwG folgende Punkte zu beachten:

- ☐ Verschmelzungsvertrag (§§ 4 bis 6 UmwG),
- ☐ Verschmelzungsbericht (§ 8 UmwG),
- ☐ Verschmelzungsprüfung (§§ 9 bis 12, 60 UmwG),
- ☐ Bekanntmachung des Verschmelzungsvertrages (§ 61 UmwG),
- ☐ Zuleitung des Verschmelzungsvertrages oder seines Entwurfs zum zuständigen Betriebsrat (§ 5 Abs. 3 UmwG),
- ☐ Vorbereitung der Hauptversammlung durch Auslage bestimmter Dokumente zur Einsicht der Aktionäre (§ 63 UmwG),
- ☐ Beachtung der Nachgründungsvorschriften (§ 67 UmwG),
- ☐ Verschmelzungsbeschluss der Beschlussorgane der beteiligten Gesellschaften (§§ 13, 65 UmwG), Auslegung von Unterlagen in Hauptversammlung (§ 84 UmwG), soweit keine Ausnahme nach § 62 UmwG vorliegt.
- ☐ Notwendige Zustimmungserklärungen,
- ☐ Kapitalerhöhung soweit erforderlich (§§ 68, 69 UmwG),
- ☐ Anmeldung zum Handelsregister bei der übertragenden Gesellschaft und bei der übernehmenden Gesellschaft (§§ 16, 17 UmwG),
- ☐ Eintragung der Kapitalerhöhung (§ 66 UmwG),
- ☐ Eintragung der Verschmelzung, zunächst in das Register des Sitzes jeder der übertragenden Gesellschaften, sodann in das Register des Sitzes der übernehmenden Gesellschaft. Die Eintragung im Register der übertragenden Gesellschaft ist mit dem Vermerk zu versehen, dass die Verschmelzung erst mit der Eintragung im Register der übernehmenden wirksam wird (§§ 19, 20 UmwG),
- ☐ Umtausch von Aktien (§§ 71, 72 UmwG).

II. Verschmelzungsvertrag bei Verschmelzung durch Aufnahme

Anzuwendende Vorschriften sind §§ 60 ff. UmwG. Vgl. zunächst zum Vertragsinhalt die allgemeinen **1040** Ausführungen oben unter Teil 2 Rdn. 52 ff. Im Folgenden wird nur auf **Besonderheiten** eingegangen, die bei der Verschmelzung von AG zu beachten sind.

1. Form und Abschlusskompetenz. Insoweit gelten keine Besonderheiten. Vgl. daher oben Teil 2 **1041** Rdn. 52 ff.

2. Notwendiger Vertragsinhalt. **Gegenstand des Vertrages** ist die Übertragung des Vermögens der **1042** übertragenden AG gegen Gewährung von Aktien an der übernehmenden AG (§ 5 Abs. 1 Nr. 2 UmwG).

Anzugeben ist das **Umtauschverhältnis der Aktien** und etwaiger barer **Zuzahlungen** (§ 5 Abs. 1 Nr. 3 UmwG). Nicht erforderlich ist – anders als bei der GmbH – eine Zuordnung der zu gewährenden Aktien zu einzelnen Aktionären.

Die Streitfrage, ob **Aktien gleicher Gattung** gewährt werden müssen oder ob auch Aktien anderer Gat- **1043** tung (z. B. stimmrechtslose Vorzugsaktien gegen Stammaktien) ausreichen, ist durch das UmwG nicht entschieden worden. Bestehen bei einer AG verschiedene Aktiengattungen (z. B. Vorzugsaktien ohne Stimmrecht), so stellt sich die Frage, wie die zu gewährenden Aktien ausgestattet sein müssen. Das Gesetz regelt diese Frage ausdrücklich nur für Anteile ohne Stimmrecht, für die nach § 23 UmwG gleichwertige Rechte in dem übernehmenden Rechtsträger zu gewähren sind (vgl. Kalss in: Semler/Stengel, § 23 UmwG Rn. 4). Die Gewährung vinkulierter Anteile ist, wie § 29 Abs. 1 Satz 2 UmwG festlegt, zulässig, begründet aber eine Abfindungspflicht (vgl. Kallmeyer/Marsch-Barner § 5 UmwG Rn. 6). Für alle übrigen Anteile enthält das Gesetz keine näheren Vorgaben, so dass grds. Anteile mit jeder zulässigen Ausstattung gewährt werden können (Widmann/Mayer/Mayer § 5 UmwG Rn. 72). Die h. M. geht im Grunde daher davon aus, dass keine Pflicht zur vollständigen Gattungsidentität besteht (Kallmeyer/Marsch-Barner § 5 UmwG Rn. 12; Schröer in Semler/Stengel, § 5 UmwG Rn. 19 ff.). Allerdings besteht Einigkeit, dass stimmrechtslose Vorzugsaktien an bisher stimmberechtigte Aktionäre nur ausgegeben werden dürfen, wenn diese zustimmen oder wenn stimmrechtslose Vorzugsaktien bei der übernehmenden AG lediglich entsprechend den dort vorhandenen Gattungsverhältnissen und zu deren Wahrung ausgegeben werden (so Kallmeyer/Marsch-Barner § 5 UmwG Rn. 12; Schröer in Semler/Stengel, § 5 UmwG Rn. 2; Lutter/Drygala, § 5 UmwG Rn. 20 f.).

Zur Frage, inwieweit die zu gewährenden Aktien durch **Kapitalerhöhung** geschaffen werden können, **1044** s. o. Teil 2 Rdn. 96 ff. und unten Teil 2 Rdn. 1118 ff.

Die übertragende AG hat einen **Treuhänder** für die zu gewährenden Aktien und baren Zuzahlungen zu **1045** bestellen (§ 71 Abs. 1 Satz 2 UmwG; unten Teil 2 Rdn. 1148 f.). Die Bestellung erfolgt zweckmäßigerweise im Verschmelzungsvertrag. Mit dem Treuhänder ist außerhalb des Verschmelzungsvertrages ein gesonderter Vertrag abzuschließen. In Betracht kommen als Treuhänder Banken, Treuhandgesellschaften, Notare. Regelungsbedürftig sind auch die mit dem **Aktienumtausch** verbundenen **Kosten**.

Aufzunehmen ist ferner unter den Voraussetzungen von § 29 Abs. 1 Satz 2 UmwG ein **Abfindungs-** **1046** **angebot** (vgl. dazu oben Teil 2 Rdn. 580 ff.), etwa wenn von einer AG mit vinkulierten Namensaktien eine AG mit Inhaberaktien aufgenommen wird (vgl. Gesetzesbegründung BR-Drucks. 74/95, S. 94, abgedruckt in: Limmer, Umwandlungsrecht, S. 289) oder ein sog. Delisting vorliegt (vgl. oben Teil 2 Rdn. 582).

Zur Problematik der Anwendung der **Vorschriften über die Nachgründung** nach § 67 UmwG, wenn **1047** der Verschmelzungsvertrag in den ersten 2 Jahren seit Eintragung der übernehmenden AG ins Register geschlossen wird (vgl. unten Teil 2 Rdn. 1113; Lutter/Ziemuns, ZGR 1999, 479).

III. Verschmelzungsbericht

Ebenso wie bei der GmbH ist ein Verschmelzungsbericht bei der Beteiligung von AG immer erforder- **1048** lich. **Berichtspflichtig** ist bei der AG gem. § 8 Abs. 1 UmwG der Vorstand in seiner Gesamtheit. Nach § 8 Abs. 1 Satz 1 UmwG ist ein gemeinsamer Bericht aller an der Verschmelzung beteiligten Vertretungsorgane zulässig. Hinsichtlich des Inhaltes gelten die allgemeinen Grundsätze des § 8 UmwG,

d. h., es muss die Verschmelzung, der Verschmelzungsvertrag oder sein Entwurf und insb. das Umtauschverhältnis der Anteile sowie die Höhe der anzubietenden Barabfindung rechtlich und wirtschaftlich erläutert und begründet werden. Auf besondere Schwierigkeiten bei der Bewertung der Gesellschaft sowie auf die Folgen für die Beteiligung der Anteilsnehmer ist hinzuweisen (vgl. eingehend oben Teil 2 Rdn. 376 ff.). Durch das 3. UmwÄndG vom 11.07.2011 (BGBl. I 2011, S. 1338) wurde die bisher nur in § 143 UmwG bei Spaltungen von AG vorgesehene **erweiterte Unterrichtspflicht über Vermögensveränderungen** nun allgemein bei Verschmelzung und Spaltung (nach §§ 125, 127 UmwG) von AG und KGaA durch § 64 Abs. 1 Satz 2 UmwG n. F. eingeführt (vgl. dazu Teil 2 Rdn. 396).

1049 Nach § 8 Abs. 4 UmwG ist der Bericht und die Nachtragsberichterstattung nach Abs. 3 nicht erforderlich, wenn entweder alle Anteilsinhaber in **notariell beurkundeter Verzichtserklärung** auf die Erstellung verzichtet haben oder sich alle Anteile des übertragenen Rechtsträgers in der Hand des übernehmenden Rechtsträgers befinden (100 %iges Mutter-Tochter-Verhältnis). Der Verzicht auf den Verschmelzungsbericht und die weiter gehende Unterrichtung nach Abs. 3 soll sowohl alternativ als auch kumulativ möglich sein (BEgrRegE BT-Drucks. 17/3122, S. 14). Bei der AG wird der Verzicht in den meisten Fällen kaum zu erreichen sein, allenfalls bei einer personalistischen AG.

IV. Verschmelzungsprüfung

1050 Vgl. zunächst allgemein oben Teil 2 Rdn. 405 ff.

1051 Gem. § 60 UmwG ist eine Verschmelzungsprüfung bei AG ohne Rücksicht darauf, ob ein **Aktionär** dies verlangt, durchzuführen. Gem. § 60 Abs. 2 UmwG muss von jeder AG mindestens ein **Verschmelzungsprüfer** bestellt werden. Die Prüfer werden jeweils vom Vorstand der Gesellschaft bestellt.

1052 Das **Verfahren zur Bestellung** der Verschmelzungsprüfer, ihrer Stellung und Verantwortlichkeit und der Inhalt des Prüfungsberichts ist i. Ü. auch für die AG im Allgemeinen Teil in den §§ 9 bis 12 UmwG geregelt (vgl. oben Teil 2 Rdn. 405 ff.).

1053 § 10 UmwG i. d. F. bis zum Jahr 2003 sah ursprünglich vor, dass die Bestellung der Verschmelzungsprüfer entweder durch das Vertretungsorgan oder auf dessen Antrag durch das Gericht erfolgte. Durch das Spruchverfahrensneuordnungsgesetz (v. 16.12.2003, BGBl. I, S. 838) ist diese **Zuständigkeit vollständig auf das Gericht übertragen** worden: Die Verschmelzungsprüfer werden auf Antrag des Vertretungsorgans **vom Gericht ausgewählt und bestellt** (Kallmeyer/Müller, UmwG, § 10 Rn. 1; Widmann/Mayer/Fronhöfer, Umwandlungsrecht, § 10.1 UmwG Rn. 35; Lutter/Drygala § 10 UmwG Rn. 8 ff.; Zeidler in Semler/Stengel, § 10 UmwG Rn. 4 ff.). Sie können auf gemeinsamen Antrag der Vertretungsorgane für mehrere oder alle beteiligten Rechtsträger gemeinsam bestellt werden. Dadurch soll eine verfahrensmäßige Gleichstellung mit der aktienrechtlichen Vertragsprüfung nach § 193c AktG und der Prüfung beim squeeze out nach § 327c Abs. 2 AktG hergestellt werden. Bereits die Regierungsbegründung zum UmwG 1995 wies darauf hin, dass die Erfahrungen im sog. Spruchverfahren bei der Nachprüfung von Abfindungen im Konzernrecht gezeigt haben, dass sich Beteiligte mit dem Gutachten eines gerichtlich bestellten Sachverständigen eher zufriedengeben als mit dem eines von einer privaten Stelle bestellten Prüfers. Die Möglichkeit, einen Verschmelzungsprüfer durch das Gericht bestellen zu lassen, kann also der Vermeidung späterer Streitigkeiten über den Prüfungsbericht und die vom Prüfer attestierten Unangemessenheit des Umtauschverhältnisses dienen (BR-Drucks. 75/94, S. 85; abgedruckt in: Limmer, Umwandlungsrecht, S. 280). Dieser Gedanke ist nun durch die ausschließliche Zuständigkeit des Gerichtes umgesetzt worden. Das Verfahren wird durch einen **Antrag des Vertretungsorgans** in Gang gesetzt. Es handeln der Vorstand bzw. die Geschäftsführer bzw. geschäftsführende Gesellschafter in vertretungsberechtigter Zahl. Dem Antrag ist eine Sachverhaltsdarstellung sowie eine Abschrift des Verschmelzungsvertrages oder seines Entwurfs beizufügen (Lutter/Drygala, UmwG, § 10 Rn. 12). Der Antrag kann einen Vorschlag oder eine Anregung zur Person des Prüfers enthalten, dies bindet das Gericht nicht (Kallmeyer/Müller, UmwG, § 10 Rn. 13; Widmann/Mayer/Fronhöfer, § 10 UmwG Rn. 11.5; Lutter/Drygala § 10 UmwG Rn. 10; Zeidler in: Semler/Stengel, § 10 UmwG Rn. 8). Nach § 10 Abs. 1 Satz 2 UmwG können auf gemeinsamen Antrag der Vertretungsorgane für mehrere oder alle beteiligten Rechtsträger die Prüfer gemeinsam bestellt werden. Die **Zahl der Prüfer** steht **im Ermessen.** § 60 Abs. 2 UmwG a. F. sah bei der Verschmelzung unter Beteiligung von AG vor, dass für jede AG mindestens ein Verschmelzungsprüfer bestellt werden muss (Ausnahme: § 60 Abs. 3 UmwG). Dies ist ebenfalls durch das Spruchverfahrensneuordnungsgesetz (v. 16.12.2003, BGBl. I, S. 838) geändert worden: Die Vorschrift verweist jetzt auch für AG einheitlich auf §§ 9 bis 12 UmwG.

Nach § 10 Abs. 2 UmwG ist für die Bestellung der Prüfer das **LG zuständig**, in dessen Bezirk einer der **1054** übertragenden Rechtsträger seinen Sitz hat. Ungeregelt ist die Frage der örtlichen Zuständigkeit, wenn mehrere übertragende Rechtsträger vorhanden sind und ein gemeinsamer Prüfer bestellt werden soll. In diesem Fall besteht ein Wahlrecht, welches Gericht die Bestellung vornehmen soll (vgl. Kallmeyer/Müller, UmwG, § 10 Rn. 8; Bungert, BB 1995, 1399; Widmann/Mayer/Fronhöfer, Umwandlungsrecht, § 10 UmwG Rn. 6: Wahlgerichtsstand). § 10 Abs. 4 UmwG ermächtigt die Landesregierungen zu einer **Zuständigkeitskonzentration.**

Davon Gebrauch gemacht haben:
- Baden-Württemberg: LG Mannheim und LG Stuttgart;
- Bayern: LG München I und LG Nürnberg;
- Hessen: LG Frankfurt am Main;
- Mecklenburg-Vorpommern: LG Rostock;
- Niedersachsen: LG Hannover;
- Nordrhein-Westfalen: LG Dortmund, LG Düsseldorf und LG Köln und
- Sachsen: LG Leipzig.

(Vgl. die Nachweise bei Kallmeyer/Müller, UmwG, § 10 Rn. 7 Widmann/Mayer/Fronhöfer, Umwandlungsrecht, § 10 UmwG Rn 8 ff.)

V. Bekanntmachung des Verschmelzungsvertrages (§ 61 UmwG)

Zur Vorbereitung der Hauptversammlung und Bekanntmachung des Verschmelzungsvertrages ist in **1055** § 61 UmwG ein formalisiertes Verfahren vorgesehen. Danach ist der **Verschmelzungsvertrag oder sein Entwurf vor der Einberufung der Hauptversammlung zum Registergericht einzureichen.** Das Gericht hat in der Bekanntmachung nach § 10 HGB in seinem elektronischen Informations- und Kommunikationssystem (www.handelsregister.de) einen Hinweis darauf bekannt zu machen, dass der Vertrag oder sein Entwurf beim Handelsregister eingereicht worden ist. Unklar ist, welche Rechtsfolgen aus der Nichtbeachtung der Bekanntmachungspflicht resultieren (vgl. ausführlich Heidinger/Limmer/Holland, Reul, Gutachten des DNotI, Bd. IV, Gutachten zum Umwandlungsrecht, S. 158 ff. m. w. N.). M. E. kann das Registergericht bei einem Verstoß gegen § 61 UmwG die Eintragung der Verschmelzung nicht ablehnen (ebenso Lutter/Grunewald, § 61 Rn. 10; Kallmeyer/Marsch-Barner § 61 UmwG Rn. 3). In der Literatur wird die unterlassene Einreichung allerdings teilweise als Eintragungshindernis angesehen, nicht aber die verspätete, sofern die Einreichung vor der Hauptversammlung erfolgt (so Widmann/Mayer/Rieger, Umwandlungsrecht, § 61 UmwG Rn. 16; Diekmann, in: Semler/Stengel, § 61 UmwG Rn. 19 ff.).

Weitere Unterlagen, z. B. Verschmelzungsbericht oder Verschmelzungsprüfungsbericht, sind nicht **1056** zum Handelsregister einzureichen.

Weitere Fristangaben enthält die Vorschrift nicht, allein entscheidend ist, dass der Vertrag vor Einberu- **1057** fung der Hauptversammlung eingereicht wurde. Die Einberufung erfolgt entweder durch Bekanntmachung in den Gesellschaftsblättern (§ 121 Abs. 4 Satz 1, AktG) oder unter bestimmten Voraussetzungen durch eingeschriebenen Brief (§ 121 Abs. 4 Satz AktG). Es gilt der Tag des Erscheinens der Gesellschaftsblätter bzw. der Tag der Absendung (§ 121 Abs. 4 Satz 2 AktG) des eingeschriebenen Briefs als Tag der Bekanntmachung. Dementsprechend muss sichergestellt sein, dass der Vertrag bzw. sein Entwurf spätestens an diesem Tag beim Register vorliegt (Widmann/Mayer/Rieger, Umwandlungsrecht, § 61 UmwG Rn. 7; Lutter/Grunewald, UmwG, § 61 Rn. 3; Diekmann, in: Semler/Stengel, § 61 UmwG Rn. 11). Nach a. A. muss die Einreichung des Vertrages bzw. Entwurfes spätestens **am Tag vor** der Bekanntmachung der Einladung zur Hauptversammlung erfolgen (Diekmann in Semler/Stengel, § 61 UmwG Rn. 14).

Dem Gesetz lässt sich nicht entnehmen, inwieweit diese **Einreichungsverpflichtung verzichtbar ist.** **1058**

1059 Da der Gesetzgeber durch das Gesetz für kleine AG und zur Deregulierung des Aktienrechts v. 02.08.1994 (BGBl. I, S. 1961) die **Möglichkeit einer fristlosen Vollversammlung** in § 121 Abs. 6 AktG geschaffen hat, wird man auch im Fall der Vollversammlung einen **Verzicht auf die Einhaltung der Frist des § 61 UmwG** annehmen können, d. h. es genügt, wenn der Vertrag zu irgendeinem Zeitpunkt vor der Hauptversammlung eingereicht wurde (vgl. Widmann/Mayer/Rieger, Umwandlungsrecht, § 61 UmwG Rn. 7.1; Kallmeyer/Marsch-Barner, UmwG, § 61 Rn. 2). Einen **generellen Verzicht auf die Einreichung** lässt die Literatur bisher nicht zu. Man kann allerdings m. E. aus § 121 Abs. 6 AktG auch die Möglichkeit eines allgemeinen Verzichts auf die Einreichung ansehen, da die Vorschrift nur den Aktionärsinteressen und nicht den Interessen der Gläubiger dient (a. A. offenbar Widmann/Mayer/Rieger, Umwandlungsrecht, § 61 UmwG Rn. 7). Die Kommentarliteratur (Kallmeyer/Marsch-Barner, UmwG, § 61 Rn. 1 f.; Lutter/Grunewald, UmwG, § 61 Rn. 7; Diekmann, in: Semler/Stengel, UmwG, § 61 Rn. 17) tendiert m. E. zu Recht dazu, dass die Aktionäre auf Einreichung und Bekanntmachung verzichten können. Diese unterstellen, dass die Norm einzig dem Schutz der Aktionäre dient und sie daher auch darüber disponieren können. Ein solches Verständnis der Norm widerspricht auch nicht Art. 6 der 3. Richtlinie, da auch EU-Recht einer dem Schutzzweck entsprechenden Normenauslegung nicht entgegensteht. Aus der Gesamtschau der im UmwG enthaltenen Verzichtsregelungen und auch der Neuregelung in § 54 Abs. 1 Satz 3 UmwG ist eine notarielle Beurkundung des Verzichts erforderlich (Semler/Stengel/Diekmann, UmwG, § 61 Rn. 17; a. A. Lutter/Grunewald, § 61 Rn. 7). **Rieger** (Widmann/Mayer/Rieger, Umwandlungsrecht, § 61 UmwG Rn. 10.1) sieht in der Vorschrift auch Gläubigerschutzaspekte und ist daher gegen die Verzichtsmöglichkeit.

VI. Vorbereitung der Hauptversammlung

1060 **1. Einberufung der Hauptversammlung.** Für die Einberufung der Hauptversammlung gelten die allgemeinen Grundsätze des Aktienrechts (§§ 121 ff. AktG). Gem. § 121 Abs. 2 AktG wird die Hauptversammlung durch den **Vorstand** einberufen, der darüber in einfacher Mehrheit beschließt. Die Einberufung ist gem. § 121 Abs. 4 AktG in den **Gesellschaftsblättern** bekannt zu machen. Das ist mindestens der EBundesanzeiger (www.ebundesanzeiger.de, vgl. Hüffer/Koch/Koch, § 121 AktG Rn. 11a). Sieht die Satzung für die Bekanntmachung weitere Gesellschaftsblätter vor, so muss die Einberufung auch in diesen Blättern bekanntgemacht werden (§ 25 S. 2 AktG); in diesem Fall ist die Bekanntmachung erst mit dem Erscheinen des letzten Gesellschaftsblattes erfolgt.

1061 Die Einberufung muss die Firma, den Sitz der Gesellschaft sowie Zeit und Ort der Hauptversammlung enthalten. Zudem ist die Tagesordnung anzugeben. Bei börsennotierten Gesellschaften hat der Vorstand oder, wenn der Aufsichtsrat die Versammlung einberuft, der Aufsichtsrat in der Einberufung ferner anzugeben:
- die Voraussetzungen für die Teilnahme an der Versammlung und die Ausübung des Stimmrechts sowie ggf. den Nachweisstichtag nach § 123 Abs. 2 Satz 3 AktG und dessen Bedeutung;
- das Verfahren für die Stimmabgabe durch einen Bevollmächtigten unter Hinweis auf die Formulare, die für die Erteilung einer Stimmrechtsvollmacht zu verwenden sind, und auf die Art und Weise, wie der Gesellschaft ein Nachweis über die Bestellung eines Bevollmächtigten elektronisch übermittelt werden kann sowie durch Briefwahl oder im Wege der elektronischen Kommunikation gem. § 118 Ans. 1 Satz 2 AktG, soweit die Satzung eine entsprechende Form der Stimmrechtsausübung vorsieht;
- die Rechte der Aktionäre nach § 122 Abs. 2, 126 Abs. 1, §§ 127, 131 Abs. 1 AktG; die Angaben können sich auf die Fristen für die Ausübung der Rechte beschränken, wenn in der Einberufung i. Ü. auf weiter gehende Erläuterungen auf der Internetseite der Gesellschaft hingewiesen wird;
- die Internetseite der Gesellschaft, über die die Informationen nach § 124a AktG zugänglich sind.

1062 Bei börsennotierten Gesellschaften müssen nach § 124a AktG alsbald nach der Einberufung der Hauptversammlung über die Internetseite der Gesellschaft zugänglich sein:
- der Inhalt der Einberufung;
- eine Erläuterung, wenn zu einem Gegenstand der Tagesordnung kein Beschluss gefasst werden soll;
- die der Versammlung zugänglich zu machenden Unterlagen;
- die Gesamtzahl der Aktien und der Stimmrechte im Zeitpunkt der Einberufung, einschließlich getrennter Angaben zur Gesamtzahl für jede Aktiengattung;

– ggf. die Formulare, die bei Stimmabgabe durch Vertretung oder bei Stimmabgabe mittels Briefwahl zu verwenden sind, sofern diese Formulare den Aktionären nicht direkt übermittelt werden.

Bei börsennotierten Gesellschaften, die nicht ausschließlich Namensaktien ausgegeben haben und die Einberufung den Aktionären nicht unmittelbar nach § 121 Abs. 4 Satz 2 und 3 AktG übersenden, ist die Einberufung gem. § 121 Abs. 4a AktG spätestens zum Zeitpunkt der Bekanntmachung solchen Medien zur Veröffentlichung zuzuleiten, bei denen davon ausgegangen werden kann, dass sie die Information in der gesamten EU verbreiten. **1063**

Für börsennotierte AG ist die Einberufung der Hauptversammlung im elektronischen Bundesanzeiger nach § 30b Abs. 1 Nr. 1 WpHG zwingend. Zusätzlich zu den Angaben nach §§ 121, AktG muss die Veröffentlichung nach § 30b Abs. 1 Nr. 1 WpHG Angaben über die Gesamtzahl der Aktien und Stimmrechte im Zeitpunkt der Einberufung der Hauptversammlung enthalten. **1064**

Nach § 125 Abs. 1 AktG hat der Vorstand mindestens 21 Tage vor der Versammlung den Kreditinstituten und den Vereinigungen von Aktionären, die in der letzten Hauptversammlung Stimmrechte für Aktionäre ausgeübt oder die die Mitteilung verlangt haben, die Einberufung der Hauptversammlung mitzuteilen. Der Tag der Mitteilung ist nicht mitzurechnen. In der Mitteilung ist auf die Möglichkeiten der Ausübung des Stimmrechts durch einen Bevollmächtigten, auch durch eine Vereinigung von Aktionären, hinzuweisen. Bei börsennotierten Gesellschaften sind einem Vorschlag zur Wahl von Aufsichtsratsmitgliedern Angaben zu deren Mitgliedschaft in anderen gesetzlich zu bildenden Aufsichtsräten beizufügen; Angaben zu ihrer Mitgliedschaft in vergleichbaren in- und ausländischen Kontrollgremien von Wirtschaftsunternehmen sollen beigefügt werden. Die gleiche Mitteilung hat der Vorstand nach § 125 Abs. 2 AktG den Aktionären zu machen, die es verlangen oder zu Beginn des 14. Tages vor der Versammlung als Aktionär im Aktienregister der Gesellschaft eingetragen sind. **1065**

Durch das Gesetz für kleine AG und zur Deregulierung des Aktienrechts v. 02.08.1994 (BGBl. I, S. 1961) wurde die Möglichkeit der **Einberufung durch eingeschriebenen Brief** in § 121 Abs. 4 Satz 2 AktG geschaffen: Sind die Aktionäre der Gesellschaft namentlich bekannt, kann die Hauptversammlung mit eingeschriebenem Brief einberufen werden. Der Tag der Absendung gilt als Tag der Bekanntmachung. Unproblematisch kann die Einberufung durch eingeschriebenen Brief bei Namensaktion erfolgen (vgl. Hüffer/Koch, AktG, § 121 Rn. 11b). Bei **Inhaberaktien** scheidet die Einberufung durch eingeschriebenen Brief i. d. R. aus, es sei denn, es besteht ein kleiner überschaubarer Aktionärskreis, bei dem der Vorstand relativ sicher davon ausgehen kann, dass Personenkenntnis besteht (im Einzelnen str., vgl. Gutachten DNotI-Report 2003, 130 ff.; Lutter, AG 1994, 429, 438; Hüffer/Koch/Koch, AktG, § 121 Rn. 11d; Hoffmann-Becking, ZIP 1995, 1, 6). Da die Inhaber solcher Inhaberaktien jedoch in keinem Aktienregister verzeichnet sind und eine entsprechende gesetzliche Vermutungswirkung wie nach § 67 Abs. 2 AktG nicht besteht, auch wenn die Aktionäre untereinander durch Abschluss schuldrechtlicher Vereinbarungen über Anmeldeverpflichtungen oder durch die Etablierung eines sonstigen gesellschaftsinternen Informationssystems Vorkehrungen dafür getroffen haben, dass der Gesellschaft ihre jeweiligen Aktionäre bekannt sind, kommt es hier letztlich auf die Kenntnis des einberufenden Organs von Name und Anschrift der Aktionäre an (DNotI-Report 2003, 130 ff.; Hüffer/Koch, § 121 AktG Rn. 11c). Wegen des Risikos einer zwischenzeitlichen Übertragung der Inhaberaktien auf einen anderen Eigentümer und der Tatsache, dass ein Einberufungsmangel nach § 241 Nr. 1 AktG grds. zur Nichtigkeit der in der Hauptversammlung gefassten Beschlüsse führt, wird in der aktienrechtlichen Literatur allerdings empfohlen, bei Inhaberaktien im Zweifel die Einberufung der Hauptversammlung immer öffentlich bekannt zu machen (Hölters/Deilmann/Buchta, Die Kleine AG, S. 98; Obermüller/Werner/Winden/Butzke, B Rn. 54 a. E.; Reichert/Schlitt, in: Semler/Volhard/ Reichert, HVHdb., I B Rn. 291; Hoffmann-Becking, ZIP 1995, 1, 6; Hüffer/Koch/Koch, § 121 AktG Rn. 11c). **1066**

Streitig ist bei dieser Art der Einberufung noch, ob ein **Einwurf-Einschreiben** genügt oder ob stets ein Übergabe-Einschreiben erforderlich ist. Da auch ein Einwurf-Einschreiben letztlich ein Einschreiben i. S. d. Zustellvorschriften der Post darstellt, erscheint dies i. R. d. § 121 Abs. 4 AktG für ausreichend (so MünchKomm-AktG/Kubis, § 121 Rn. 31; Spindler/Stilz/Rieckers, § 121 AktG Rn 60; a. A. allerdings Baumbach/Hueck/Zöllner, GmbHG, § 51 Rn. 12; Hölters/Deilmann/Buchta, Die kleine AG, S. 99 f.).

1067 Gem. § 123 Abs. 1 AktG beträgt die **Einberufungsfrist** mindestens 30 Tage vor dem Tag der Versammlung. Der Fristbeginn richtet sich nach der Bekanntmachung in den Gesellschaftsblättern. Maßgeblich ist das Erscheinungsdatum. Die Frist wird nach §§ 187 Abs. 1, 188 Abs. 2 BGB berechnet. Fristen, die von der Hauptversammlung zurückrechnen, sind nach § 123 Abs. 4 AktG jeweils vom nicht mitzählenden Tage der Versammlung zurückzurechnen; fällt das Ende der Frist auf einen Sonntag, einen am Sitz der Gesellschaft gesetzlich anerkannten Feiertag oder einen Sonnabend, so tritt an die Stelle dieses Tages der zeitlich vorhergehende Werktag. Die Modalitäten einer Anmeldung richtet sich ebenfalls nach den allgemeinen Vorschriften (§ 123 Abs. 3 AktG). Bei Inhaberaktien kann nach § 123 Abs. 3 AktG die Satzung bestimmen, wie die Berechtigung zur Teilnahme an der Hauptversammlung oder zur Ausübung des Stimmrechts nachzuweisen ist. Bei börsennotierten Gesellschaften reicht ein in Textform erstellter besonderer Nachweis des Anteilsbesitzes durch das depotführende Institut aus. Der Nachweis hat sich bei börsennotierten Gesellschaften auf den Beginn des einundzwanzigsten Tages vor der Versammlung zu beziehen und muss der Gesellschaft unter der in der Einberufung hierfür mitgeteilten Adresse bis spätestens am siebten Tage vor der Versammlung zugehen, soweit die Satzung keine kürzere Frist vorsieht (sog. record date). Im Verhältnis zur Gesellschaft gilt für die Teilnahme an der Hauptversammlung oder die Ausübung des Stimmrechts als Aktionär nur, wer den Nachweis erbracht hat (§ 123 Abs. 3 AktG).

1068 Die **Bekanntmachung der Tagesordnung** ist in § 124 AktG geregelt. Sie ist bei der Einberufung in den Gesellschaftsblättern bekannt zu machen, wenn kein Fall des § 121 Abs. 4 Satz 2 AktG vorliegt. Gem. § 124 Abs. 3 AktG haben zu jedem Gegenstand der Tagesordnung, über den beschlossen werden soll, der Vorstand und der Aufsichtsrat in der Bekanntmachung der Tagesordnung Vorschläge zur Beschlussfassung zu machen. Des Weiteren sind in der Einberufung bei börsennotierten Gesellschaften die in § 121 Abs. 3 Nr. 1 bis 4 AktG genannten Angaben zu machen. Sie beziehen sich auf den Nachweisstichtag sowie dessen Bedeutung bei Inhaberaktien (sog. record date, vgl. § 123 Abs. 3 Satz 3 AktG), bei Namensaktien auch den Tag des Umschreibungsstopps im Aktienregister, was so aber im Gesetz nicht ausdrücklich erwähnt wird (§ 121 Abs. 3 Satz 3 Nr. 1 AktG), die Modalitäten der Vollmachtserteilung (§ 121 Abs. 3 Satz 3 Nr. 2 AktG), die Fristen für den Zugang von Ergänzungs- bzw. Gegenanträgen sowie Wahlvorschlägen unter Angabe der konkreten Daten und den Zeitpunkt, in dem das Auskunftsrecht ausgeübt werden kann sowie eine Darstellung und Erläuterung dieser Rechte, die allerdings – bei entsprechendem Hinweis in der Einberufung – auch auf der Internetseite der Gesellschaft erfolgen kann (§ 121 Abs. 3 Satz 3 Nr. 3 AktG), diejenige Internetseite der Gesellschaft, auf welcher die Informationen nach § 124a AktG zugänglich sind (§ 121 Abs. 3 Satz 3 Nr. 4 AktG).

1069 Bei der Zustimmung zum Verschmelzungsvertrag ist **§ 124 Abs. 2 Satz 2 AktG** zu beachten: Soll die Hauptversammlung über einen Vertrag beschließen, der nur mit Zustimmung der Hauptversammlung wirksam wird, so ist auch der wesentliche Inhalt des Vertrages bekannt zu machen. In der Praxis wird häufig der gesamte Verschmelzungsvertrag bekannt gemacht; erforderlich ist dies allerdings nicht (vgl. Hüffer/Koch, AktG, § 124 Rn. 10; Widmann/Mayer/Rieger, Umwandlungsrecht, § 63 UmwG Rn. 2; Stratz, in: Schmitt/Hörtnagl/Stratz, § 63 UmwG Rn. 2; Kallmayer/Marsch-Barner § 63 UmwG Rn. 17; vgl. LG Hanau ZIP 1996, 422; LG Wiesbaden NZG 1999, 177).

Die Literatur weist zu Recht darauf hin, dass es genügt, wenn der Inhalt des Vertrages so umschrieben wird, dass der Aktionär ein Urteil fassen kann, ob er sich näher unterrichtet und den Vertrag einsieht (vgl. auch BGHZ 119, 1, 11 f. = NJW 1992, 2760; Hüffer/Koch, AktG, § 124 Rn. 10; Widmann/Mayer/Rieger, Umwandlungsrecht, § 63 UmwG Rn. 2; Stratz, in Schmitt/Hörtnagl/Stratz, § 63 UmwG Rn. 2; OLG Düsseldorf, Konzern 2006, 768, 775; LG Hanau, ZIP 1996, 442; LG Wiesbaden, NZG 1999, 177).

Zum **wesentlichen Inhalt** des Verschmelzungsvertrages gehören mindestens Angaben über die Vertragspartner, die Art der Verschmelzung, der Verschmelzungsstichtag, das Umtauschverhältnis, Angaben über eventuelle Kapitalerhöhungen und die wesentlichen bilanziellen Auswirkungen (so Widmann/Mayer/Rieger, Umwandlungsrecht, § 63 UmwG Rn. 2; Kallmayer/Marsch-Barner, UmwG, § 63 Rn. 17; Stratz, in: Schmitt/Hörtnagl/Stratz, § 63 UmwG Rn. 2). Diese Auffassung hat das OLG Stuttgart weitgehend bestätigt (OLG Stuttgart, AG 1997, 138; strenger noch LG Hanau, AG 1996, 184). Das OLG Stuttgart hat entschieden, dass es genüge, wenn die Bekanntmachung den

Aktionären die sinnvolle Ausübung ihrer Rechte ermögliche und ein ungefähres Bild von den Vor- und Nachteilen der Verträge gewährleistet.

2. Auslegungspflicht. **Ergänzend zur Absicherung der Informationsrechte** der Aktionäre bestimmt 1070
§ 63 Abs. 1 UmwG, dass von der Einberufung der Hauptversammlung an, in dem Geschäftsraum der Gesellschaft zur Einsicht der Aktionäre auszulegen sind:
– der Verschmelzungsvertrag oder sein Entwurf;
– die Jahresabschlüsse und die Lageberichte der an der Verschmelzung beteiligten Rechtsträger für die letzten 3 Geschäftsjahre;
– falls sich der letzte Jahresabschluss auf ein Geschäftsjahr bezieht, das mehr als 6 Monate vor Abschluss des Verschmelzungsvertrages oder der Aufstellung des Entwurfs abgelaufen ist, eine Bilanz auf einen Stichtag, der nicht vor dem ersten Tag des dritten Monats liegt, der dem Abschluss und der Aufstellung vorausgeht (Zwischenbilanz);
– die nach § 8 UmwG erstatteten Verschmelzungsberichte;
– die nach § 60 i. V. m. § 12 UmwG erstatteten Prüfungsberichte.

Nach § 63 Abs. 3 UmwG ist jedem Aktionär auf Verlangen unverzüglich und kostenlos eine Abschrift 1071
dieser Unterlagen zu erteilen. Durch das Gesetz zur Umsetzung der Aktionärsrechterichtlinie (ARUG, G. v. 30.07.2009, BGBl. I, S. 2479) wurde eine Vereinfachung in § 63 Abs. 4 UmwG geschaffen: Die Verpflichtungen nach den Abs. 1 und 3 entfallen, wenn die in Abs. 1 bezeichneten Unterlagen für denselben Zeitraum über die Internetseite der Gesellschaft zugänglich sind. Durch das 3. UmwÄndG wurde § 63 Abs. 2 Satz 5 UmwG dadurch ergänzt, dass zum einen § 8 Abs. 4 Satz 1 Nr. 1 und 2 UmwG anwendbar sind, sodass eine Zwischenbilanz nicht erforderlich ist bei entsprechenden Verzichtserklärungen aller Anteilseigner aller beteiligten Rechtsträger (§ 8 Abs. 4 Satz 1 Nr. 1) oder bei Verschmelzung der 100 %igen Tochter auf ihre Mutter (Nr. 2). Die Zwischenbilanz muss nach § 63 Abs. 2 Satz 5 UmwG auch dann nicht aufgestellt werden, wenn die Gesellschaft seit dem letzten Jahresabschluss einen Halbjahresfinanzbericht gem. § 37w WpHG veröffentlicht hat. Der Halbjahresfinanzbericht tritt zum Zwecke der Vorbereitung der Hauptversammlung an die Stelle der Zwischenbilanz. Außerdem wurde § 63 Abs. 3 UmwG wie folgt ergänzt: *»Die nach § 63 zu übermittelnden Unterlagen können dem Aktionär mit dessen Einwilligung auf dem Wege elektronischer Kommunikation übermittelt werden.«* Nach dieser Vorschrift, die ihrer Systematik nach nur dann anwendbar ist, wenn übernehmender Rechtsträger eine AG (oder KGaA oder SE) ist (Leitzen, DNotZ 2011, 524, 540 f.) und die Voraussetzungen des Abs. 1 vorliegen, können die im Vorfeld der Hauptversammlung zu übermittelnden Unterlagen zur Verschmelzung dem Aktionär mit dessen Einwilligung auf dem Wege elektronischer Kommunikation übermittelt werden. »Einwilligung« ist die vorherige Zustimmung nach § 183 Satz 1 BGB. Diese muss weder in einer bestimmten Form noch ausdrücklich erklärt werden (Wagner, DStR 2010, 1629; Leitzen, DNotZ 2011, 526, 532 f.; Simon/Merkelbach, DB 2011, 1317 f.). Da der durch das ARUG eingeführte § 62 Abs. 3 Satz 7 UmwG aber anstelle der Auslegung bzw. Übermittlung die Veröffentlichung und Zugänglichkeit des Umwandlungsberichts über die Internetseite der Gesellschaft genügen lässt, wird sich die praktische Bedeutung der Neuregelung auf Nicht-Publikumsgesellschaften beschränken (so Leitzen, DNotZ 2011, 526, 532 f.; Simon/Merkelbach, DB 2011, 1317 f.).

VII. Zustimmungsbeschluss zur Verschmelzung

1. Gesellschafterversammlung. Nach § 13 Abs. 1 Satz 2 UmwG kann der Verschmelzungs- 1072
beschluss **nur in einer Hauptversammlung** gefasst werden.

2. Durchführung der Hauptversammlung und Informationsrechte. a) Notarielle Beurkun- 1073
dung. Gem. § 13 Abs. 3 UmwG bedarf der Verschmelzungsbeschluss der **notariellen Beurkundung**, unabhängig ob dies nach § 130 AktG erforderlich ist. Fraglich ist allerdings, ob bei einer sog. **kleinen AG**, die nicht börsennotiert ist, und bei der nach § 130 Abs. 1 Satz 3 AktG ein privatschriftliches Protokoll bei Beschlüssen, die keiner Dreiviertel- oder größeren Mehrheit bedürfen, ausreichend ist, die gesamte Hauptversammlung beurkundet werden muss, wenn über eine Verschmelzung beschlossen wird, oder ob es genügt, wenn nur der Verschmelzungsbeschluss beurkundet wird (sog. **»gemischte«** **Hauptversammlung**). Die überwiegende Ansicht geht bei der AG davon aus, dass das Protokoll einer

Hauptversammlung, bei der beurkundungsbedürftige Beschlüsse und nicht beurkundungsbedürftige Beschlüsse gefasst werden, insgesamt zu beurkunden ist (OLG Jena, NotBZ 2015, 52 = MittBayNot 2015, 158 m. Anm. Wettich, GWR 2014, 349; Reul, in: Wachter, Handbuch des Fachanwalts für Handels- und Gesellschaftsrecht, Teil 2 Kap. 2 Rn. 927; Ek, Praxisleitfaden für die Hauptversammlung, § 17 Rn. 581; Faßbender, RNotZ 2009, 425, 428 f.; Hüffer/Koch, Aktiengesetz, § 130 Rn. 14b ff.; Reger in Bürgers/Körber, Aktiengesetz, § 130 Rz. 33; Ziemonis in K. Schmidt/Lutter, Aktiengesetz, § 130 Rn. 35, 37; MünchKomm-AktG/Kubis, § 130 Rn. 30; Hoffmann-Becking, ZIP 1995, 1, 7; Obermüller/Werner/Winden/Butzke, Die Hauptversammlung der AG, N Rn. 20; Semler/Volhard, Arbeitshandbuch für die Hauptversammlung, § 15 Rn. 5; Hölters/Deilmann/Buchta, Die kleine AG, S. 106 f.; Heckschen, DNotZ 1995, 275, 283 f.; Ammon/Görlitz, Die kleine AG, 67; Steiner, Die Hauptversammlung der AG, S. 167; Priester, DNotZ 2001, 661, 664; a. A. Seibert/Köster/Kiem, Die kleine AG, § 130 Rn. 165; Blanke, BB 1995, 681, 682; Happ, Aktienrecht, 10.09 Rn. 1; Schaaf, Praxis der Hauptversammlung, Rn. 812 f.; Lutter, AG 1994, 429, 440.). Dabei wird allerdings hauptsächlich mit dem Wortlaut des § 130 AktG argumentiert, dass »die Niederschrift« zu beurkunden ist (so Widmann/Mayer/Heckschen, Umwandlungsrecht, § 13 UmwG Rn. 221.1; Heckschen, in: Beck'sches Notar-Handbuch, D III Rn. 229).

1074 **b) Inhalt der Niederschrift.** Der **Inhalt der Niederschrift** richtet sich nach § 130 AktG (vgl. dazu Faßbender, RNotZ 2009, 425, 440 ff.). In der Niederschrift sind nach § 130 Abs. 2 AktG der Ort und der Tag der Verhandlung, der Name des Notars sowie die Art und das Ergebnis der Abstimmung und die Feststellung des Vorsitzenden über die Beschlussfassung anzugeben (§ 130 Abs. 2 AktG). Darüber hinaus bestehen weitere Tatsachen, die protokollierungspflichtig sind: z. B. Minderheitsverlangen (§ 130 Abs. 1 Satz 2 AktG), Festhalten der Einberufungsunterlagen (§ 130 Abs. 3 AktG), die von Aktionären als nicht beantwortet gerügten Fragen (§ 131 Abs. 5 AktG) oder der sog. »Protokollwiderspruch« (§ 245 Nr. 1 AktG). Darüber hinaus wird z. T. angenommen, dass weitere ungeschriebene Pflichtangaben bestehen (vgl. Faßbender, RNotZ 2009, 425, 445; Ziemons, in: K. Schmidt/Lutter, AktG, § 130 Rn. 14; Reul/Zetsche, AG 2007, 561, 563; Priester, DNotZ 2001, 661, 667 f.; Hüffer/Koch, AktG, § 130 Rn. 5, 6; Kubis, in: MünchKomm AktG, § 130 Rn. 61; Wicke, in: Spindler/Stilz, AktG, § 130 Rn. 12). I. R. d. Frage inwieweit ein Hauptversammlungsprotokoll noch nach der Hauptversammlung berichtigt werden kann, hat der BGH im Urteil vom 16.02.2009 grundlegend entschieden, dass ein notarielles Hauptversammlungsprotokoll i. S. d. § 130 Abs. 1 Satz 1 AktG den Charakter eines Berichtes Notars über seine Wahrnehmungen habe; es müsse von ihm nicht in der Hauptversammlung fertiggestellt, sondern könne auch noch danach im Einzelnen ausgearbeitet und unterzeichnet werden (BGH, DNotZ 2009, 688 = NotBZ 2009, 12 = ZIP 2009, 460; vgl. auch *Kanzleiter*, DNotZ 2007, 804 ff.; *Eylmann*, ZNotP 2005, 300 ff.).

Nach § 130 Abs. 3 AktG sind die Belege über die Einberufung der Versammlung der Niederschrift als Anlage beizufügen, wenn sie nicht unter Angabe ihres Inhalts in der Niederschrift aufgeführt sind. Nach § 13 Abs. 3 S. UmwG ist ferner der Verschmelzungsvertrag oder sein Entwurf dem Beschluss als Anlage beizufügen. Zusätzlich muss nach der Literatur auf die beigefügten Anlagen ausdrücklich verwiesen werden (so Kubis, in: MünchKomm AktG, § 130 Rn. 75; Werner in Großkomm AktG Rn 50; Wilhelmi BB 1987, 1331, 1336; Lamers DNotZ 1962, 287, 301). Die Niederschrift ist vom **Notar** zu unterschreiben (§ 130 Abs. 4 AktG). Gem. § 130 Abs. 5 AktG hat der **Vorstand** eine öffentlich beglaubigte Abschrift und Niederschrift und ihre Anlagen zum **Handelsregister** unverzüglich einzureichen. Nach der Regelung durch das NaStraG v. 18.01.2001 (BGBl. I, S. 123) ist das Teilnehmerverzeichnis nicht mehr zum Handelsregister einzureichen. Dementsprechend ist das Teilnehmerverzeichnis auch nicht der Urkunde beizufügen; nach § 129 Abs. 4 S. 2 ist das Teilnehmerverzeichnis nunmehr bei der Gesellschaft zur Einsichtnahme durch die Aktionäre für mindestens zwei Jahre aufzubewahren.

1075 Unter **Art der Abstimmung** ist die Form zu verstehen, in der das Stimmrecht ausgeübt wird, z. B. ob geheim, schriftlich, durch Aufstehen, Hand erheben oder namentliche Abstimmung, durch Stimmzettel, elektronische Abstimmungsgeräte etc. (vgl. Kubis, in: MünchKomm AktG, § 130 Rn. 51; Faßbender, RNotZ 2009, 425, 442 Werner in Großkomm AktG Rn 19; Grumann/Gillmann NZG 2004, 839, 840). Umstritten ist, ob in der Niederschrift Angaben zur Stimmauszählung zu machen sind. Die h.M. bejaht dies (OLG Düsseldorf, RNotZ 2003, 328, 330; Hüffer/Koch, AktG, § 130 Rn. 17; Kubis, in: MünchKomm AktG, § 130 Rn. 52; Faßbender, RNotZ 2009, 425, 442; einschr. Reul AG 2002,

543, 546). Daher ist im Protokoll auch zu festzustellen, ob nach dem sog. Additionsverfahren nur die Ja-Stimmen oder nach dem sog. Subtraktionsverfahren. Unter dem **Ergebnis der Abstimmung** ist sowohl der sachliche Inhalt des Beschlusses als auch das ziffernmäßige Ergebnis der Abstimmung zu verstehen, also die Anzahl der für den Antrag und der gegen ihn abgegebenen Stimmen (Hüffer/Koch, AktG, § 130 Rn. 19; Kubis, in: MünchKomm AktG, § 130 Rn. 56; Faßbender, RNotZ 2009, 425, 443). Festzuhalten ist, wie viel Stimmen für und wie viel Stimmen gegen die Verschmelzung stimmen. Allein die Angabe der Kapitalbeträge genügt nicht (BGH, DNotZ 1995, 549 = ZIP 1994, 1171 = DB 1994, 1769). Ob auch **Stimmenthaltungen** angegeben werden müssen, ist streitig, in der Praxis dürfte sich dies wohl aus Sicherheitsgründen empfehlen (vgl. Heng/Schulte, AG 1985, 33, 38; Hüffer/Koch, AktG, § 130 Rn. 19). Bei börsennotierten Gesellschaften gelten seit dem ARUG nach § 130 Abs. 2 Satz 2 Nr. 3 AktG strengere Regeln (Hüffer/Koch, AktG, § 130 Rn. 23a; Kubis, in: MünchKomm AktG, § 130 Rn. 64 ff.; Faßbender, RNotZ 2009, 425, 455 f.). Bei börsennotierten Gesellschaften umfasst seit dem Gesetz zur Umsetzung der Aktionärsrechterichtlinie (ARUG) v. 30.07.2009 (BGBl. I, S. 2479) die Feststellung über die Beschlussfassung nach § 130 Abs. 2 Satz 2 AktG für jeden Beschluss auch

– die Zahl der Aktien, für die gültige Stimmen abgegeben wurden,
– den Anteil des durch die gültigen Stimmen vertretenen Grundkapitals wobei gemeint ist nicht das in der Hauptversammlung vertretene, sondern das insgesamt vorhandene Grundkapital (Hüffer/Koch, AktG, § 130 Rn. 23a; Kubis, in: MünchKomm AktG, § 130 Rn. 64 ff. Scholz/Wenzel AG 2010, 443, 444 ff.; Merkner/Sustmann NZG 2010, 568, 569 f.; Bungert/Wettich ZIP 2011, 160, 165), sowie
– die Zahl der abgegebenen Ja- und Nein-Stimmen sowie ggf. der Enthaltungen angeben.

Sofern kein Aktionär widerspricht, kann der Versammlungsleiter seine Feststellungen darauf beschränken, dass die für den Beschluss erforderliche Mehrheit erreicht wurde (§ 130 Abs. 2 Satz 2 AktG). Entsprechend reduziert sich die Protokollierungspflicht des Notars. Da jedoch nach § 130 Abs. 6 börsennotierte Gesellschaften seit dem ARUG alle in § 130 Abs. 2 geforderten Angaben innerhalb von 7 Tagen nach der Hauptversammlung auf ihrer Internetseite veröffentlichen müssen, wird aller Wahrscheinlichkeit nach in der Praxis von den verkürzten Feststellungsmöglichkeiten des Versammlungsleiters nur selten Gebrauch gemacht werden.

Wenn die Abstimmung nach **Aktiengattungen** getrennt erfolgt, ist nach der herrschenden Meinung auch eine **getrennte Feststellung des Abstimmungsergebnisses** erforderlich. Erforderlich ist nach § 130 Abs. 2 AktG schließlich, dass die **Feststellungen des Vorsitzenden über die Beschlussfassung** in die Niederschrift aufgenommen werden (vgl. Hüffer/Koch, AktG, § 130 Rn. 22; Kubis, in: MünchKomm AktG, § 130 Rn. 61 ff.). Das bedeutet, dass in der Niederschrift sowohl die Feststellung des Notars über die Art und das Ergebnis der Abstimmung als auch die Feststellung des Vorsitzenden über die Beschlussfassung enthalten sein müssen. Mit dem BayObLG (BayObLG 1972, 354, 359 = NJW 1973, 250) wird man wohl die Feststellung des Vorsitzenden fordern müssen, dass ein Beschluss eines bestimmten Inhaltes mit der dafür notwendigen Mehrheit gefasst worden ist. Ob auch Stimmenthaltungen mit der Feststellung des Vorsitzenden genannt und damit vom Notar aufgenommen werden müssen, ist ebenfalls streitig. Der Vorsitzende muss also feststellen, dass der Antrag angenommen oder abgelehnt ist. Durch das Gesetz zur Umsetzung der Aktionärsrechterichtlinie (ARUG) G. v. 30.07.2009 (BGBl. I, S. 2479) wurde § 130 Abs. 2 AktG geändert bzgl. der Feststellung und Niederschrift der Beschlussfassung.

Ferner müssen gemäß § 130 Abs. 6 AktG die Abstimmungsergebnisse innerhalb von 7 Tagen auf der Internetseite der Gesellschaft veröffentlicht werden.

In der Hauptversammlung ist ein **Verzeichnis der Teilnehmer** gem. § 129 Abs. 1 Satz 2 AktG aufzustellen. In dieses Verzeichnis sind nach § 129 Abs. 1 AktG folgende Angaben zu machen: Die **Aktionäre** und ggf. **Stellvertreter** sind durch Namen und Wohnort zu bezeichnen (vgl. Hüffer/Koch, AktG, § 129 Rn. 3). Neben Namen und Wohnort müssen der Betrag der gehaltenen oder vertretenen Aktien sowie ihre Gattungen angegeben werden. Gemeint ist dabei der Gesamtbetrag, nicht der Nennbetrag der Einzelstücke. Nachträgliches Erscheinen von Aktionären oder auch vorzeitiges Verlassen der Hauptversammlung ist nach der herrschenden Meinung im Teilnehmerverzeichnis zu vermerken (vgl. KK-AktG/Zöllner, § 129 Rn. 13; Semler, in: Münchener Handbuch zum Aktienrecht, § 36 Rn. 29).

1076

Nach der Neuregelung durch das NaStraG v. 18.01.2001 (BGBl. I, S. 123) ist eine Unterzeichnung des Teilnehmerverzeichnisses nicht mehr erforderlich.

1077 c) **Informationsrechte (Auslegungs-, Erläuterungs- und Auskunftspflichten). aa) Auslegung von Unterlagen.** Gem. § 64 Abs. 1 UmwG sind in der Hauptversammlung die nach § 63 UmwG bezeichneten **Unterlagen zugänglich zu machen** (vgl. Teil 2 Rdn. 465 ff.). Neben den in § 63 UmwG geregelten Pflichten zur vorbereiteten Auslegung oder Bereitstellung im Internet (§ 63 Abs. 4 UmwG) bestimmter, für die Verschmelzung wichtiger Unterlagen und der Pflicht, jedem Aktionär kostenlos eine Abschrift dieser Unterlagen – i. R. d. § 63 Abs. 3 letzter Satz UmwG in elektronischer Form – zu erteilen (§ 63 Abs. 3 UmwG), sieht § 64 Abs. 1 UmwG vor, dass in der **Hauptversammlung** folgende **Unterlagen zugänglich zu machen** sind:
- der Verschmelzungsvertrag oder sein Entwurf,
- die Jahresabschlüsse und die Jahresberichte der an der Verschmelzung beteiligten Rechtsträger für die letzten 3 Geschäftsjahre, falls sich der letzte Jahresabschluss auf ein Geschäftsjahr bezieht, das mehr als 6 Monate vor dem Abschluss des Verschmelzungsvertrages abgelaufen ist, eine Zwischenbilanz bzw. im Fall des neuen § 63 Abs. 3 Satz 6 UmwG des Halbjahresfinanzberichts gem. § 37w WpHG;
- die Verschmelzungsberichte,
- die Verschmelzungsprüfungsberichte.

Darüber hinaus hat der Vorstand den Verschmelzungsvertrag oder seinen Entwurf zu Beginn der Verhandlung **mündlich zu erläutern.** Durch diese **Zugänglichmachung während der gesamten Dauer der Hauptversammlung** soll den Aktionären, die diese Unterlagen nicht in dem Geschäftsraum der Gesellschaft eingesehen oder keine Abschrift verlangt haben, die Möglichkeit eröffnet werden, sich noch in der Hauptversammlung zu informieren. Durch das Gesetz zur Umsetzung der Aktionärsrechterichtlinie (ARUG) G. v. 30.07.2009 (BGBl. I, S. 2479) wurde in § 64 Abs. 1 UmwG der Begriff des »Auslegens« durch »zugänglich machen« ersetzt. Damit soll auch die Publikation über das Internet möglich sein, wobei allerdings während der Hauptversammlung die Möglichkeit gewährleistet sein muss, über Monitore die Unterlagen einzusehen (Kallmeyer/Marsch-Barner § 64 UmwG Rn. 1; J. Schmidt, NZG 2008, 734, 735). Bei physischer Auslegung, sollten die Unterlagen in ausreichender Zahl ausliegen (so KK-AktG/Kraft, § 340d Rn. 13; Widmann/Mayer/Rieger, Umwandlungsrecht, § 63 UmwG Rn. 28; Diekmann in: Semler/Stengel, § 49 UmwG Rn. 5; enger Kallmeyer/Marsch-Barner § 64 UmwG Rn. 1, wonach ein Exemplar genügt). Die Erläuterungspflicht dient ebenfalls dem Informationsbedürfnis. Zur Erläuterung gehört zum einen die Darstellung des Vertragsinhalts, v. a. aber auch die wirtschaftlichen und rechtlichen Zusammenhänge der Verschmelzung, die sachlichen Gründe für die Verschmelzung, die Angaben über die Angemessenheit des Umtauschverhältnisses und auch die Zukunftsaussichten (vgl. Widmann/Mayer/Rieger, Umwandlungsrecht, § 64 UmwG Rn. 5 ff.; Diekmann in: Semler/Stengel, § 64 UmwG Rn. 7; Lutter/Grunewald, § 64 UmwG Rn. 3 ff.; Kallmeyer/Marsch-Barner § 64 UmwG Rn. 3, KK-AktG/Kraft, § 340d Rn. 14; Becker, AG 1988, 229; Heckschen, MittRhNotK 1989, 75).

1078 bb) **Erläuterungspflicht.** Nach § 64 Abs. 1 Satz 2 UmwG hat der Vorstand den Verschmelzungsvertrag oder seinen Entwurf zu Beginn der Verhandlung **mündlich zu erläutern.** Ziel der Erläuterungspflicht ist es, den Aktionären unmittelbar vor der Beschlussfassung den wesentlichen Inhalt, die wirtschaftliche und rechtliche Bedeutung und auch die Vor- und Nachteile der Verschmelzung zusammenfassend vor Augen zu führen. Im Verhältnis zum Verschmelzungsbericht gilt, dass eventuelle neuere Entwicklungen zu aktualisieren sind (Lutter/Grunewald, UmwG, § 64 Rn. 5 f.). Inhaltlich hat sich die Erläuterung im Verschmelzungsvertrag und im Verschmelzungsbericht an den entsprechenden Aktualisierungen und Neubewertungen zu orientieren. Zusammenfassende Darstellungen genügen, wobei im Ergebnis ein Ermessensspielraum des Vorstandes über den Umfang der mündlichen Erläuterungen besteht (vgl. Widmann/Mayer/Rieger, Umwandlungsrecht, § 64 UmwG Rn. 7; Lutter/Grunewald, § 64 UmwG Rn. 5; Kallmeyer/Marsch-Barner, UmwG, § 64 Rn. 3). Eine Verlesung des Textes des Verschmelzungsvertrages ist nicht erforderlich (Kallmeyer/Marsch-Barner, UmwG, § 64 Rn. 3). Zentraler Punkt der Erläuterungen ist, ähnlich wie beim Verschmelzungsbericht, das Umtauschverhältnis (Lutter/Grunewald, UmwG, § 64 Rn. 5). Das im Verschmelzungsbericht erläuterte Zahlenmaterial muss nicht nochmals mündlich vorgetragen werden; es genügt, wenn i. R. d. mündlichen Erläuterung lediglich auf das Verhältnis der Werte der Unternehmen und nicht auf die jeweils absoluten Werte eingegangen wird (so Lutter/Grunewald, UmwG, § 64 Rn. 5; Kallmeyer/Marsch-Barner, UmwG, § 64 Rn. 3; Widmann/Mayer/Rieger, Umwandlungsrecht, § 64 UmwG Rn. 6; a. A. KK-AktG/Kraft, § 340d Rn. 14: auch Aussagen zum absoluten Wert der Unternehmen seien notwendig).

cc) Auskunftsansprüche. Laut § 64 Abs. 2 UmwG ist jedem Aktionär auf Verlangen in der Haupt **1079** versammlung **Auskunft** auch über alle für die Verschmelzung **wesentlichen Angelegenheiten der anderen Beteiligten Rechtsträger** zu geben. Dieser Auskunftsanspruch tritt neben das allgemeine Auskunftsrecht des § 121 AktG. Die Auskunftspflicht hinsichtlich der eigenen Gesellschaft ergibt sich bereits aus § 131 AktG, die bzgl. der anderen Beteiligten Gesellschaften und Rechtsträger aus § 64 UmwG. Auch das Sonderauskunftsrecht der Aktionäre nach § 64 Abs. 2 UmwG untersteht den allgemeinen Einschränkungen des § 131 Abs. 3 AktG (Kallmeyer/Marsch-Barner, UmwG, § 64 Rn. 12; Widmann/Mayer/Rieger, Umwandlungsrecht, § 64 UmwG Rn. 15; Lutter/Grunewald, § 64 UmwG Rn. 13). Auch der allgemeine Maßstab des § 131 Abs. 2 AktG gilt für dieses besondere Auskunftsrecht (vgl. i. Ü. auch oben Teil 2 Rdn. 465 ff.).

3. Beschlussmehrheiten. a) 3/4-Mehrheit. Nach § 65 Abs. 1 UmwG bedarf der Verschmel **1080** zungsbeschluss der Hauptversammlung einer Mehrheit, die mindestens **3/4 des bei der Beschlussfassung vertretenen Grundkapitals** umfasst. Darunter ist eine **doppelte Mehrheit** zu verstehen (Kallmeyer/Marsch-Barner, UmwG, § 65 Rn. 6; Widmann/Mayer/Rieger, Umwandlungsrecht, § 65 UmwG Rn. 3 ff.; Lutter/Grunewald, § 64 UmwG Rn. 2; Diekmann in: Semler/Stengel § 65 UmwG Rn. 11 f.). Die Vorschrift verlangt zum einen die **einfache Mehrheit der abgegebenen Stimmen** i. S. d. § 133 AktG. Darüber hinaus erfordert sie eine **Kapitalmehrheit von 3/4** des bei der Beschlussfassung vertretenen Grundkapitals. Stimmenthaltungen oder ungültige Stimmen zählen nicht zum vertretenen Grundkapital; dieses ergibt sich vielmehr aus dem bei der Beschlussfassung mit Ja und Nein stimmenden Grundkapital. Zur Feststellung bedarf es nicht doppelter Abstimmung, sondern zweifacher Zählung (vgl. Hüffer/Koch, AktG, § 179 Rn. 14).

b) Abweichende Satzungsbestimmungen. Die Satzung kann nach § 65 Abs. 1 Satz 2 eine **größere** **1081** **Kapitalmehrheit und weitere Erfordernisse** bestimmen. Eine Herabsetzung der Mehrheitserfordernisse ist nach herrschender Meinung nicht möglich. Zulässig wären etwa Bestimmungen über die Erhöhung der erforderlichen Kapitalmehrheit, der erforderlichen Stimmenmehrheit, ein Quorum (vgl. Widmann/Mayer/Rieger, Umwandlungsrecht, § 65 UmwG Rn. 6). Die Zustimmung des Aufsichtsrats kann nicht als Erfordernis begründet werden (Widmann/Mayer/Rieger, Umwandlungsrecht, § 65 UmwG Rn. 8).

Auch hier ist die Frage schwierig zu beantworten, was gilt, wenn die Satzung **nicht speziell die Ver** **1082** **schmelzung regelt**, sondern erhöhte Anforderungen ganz allgemein bei Satzungsänderungen vorsieht. Die überwiegende Meinung wendet diese Vorschriften auch auf die Verschmelzung an (vgl. Nachweise oben bei Teil 2 Rdn. 482 f.).

c) Stimmberechtigung. Stimmberechtigt sind grds. alle Aktionäre, nicht aber die Inhaber stimm **1083** rechtsloser Vorzugsaktien (§ 139 AktG). Auch die aufnehmende AG kann bei der übertragenden AG mitstimmen, wenn sie Aktien an dieser Gesellschaft hält, ein Stimmverbot besteht nicht (OLG Düsseldorf, AG 1957, 279; Widmann/Mayer/Rieger, Umwandlungsrecht, § 65 UmwG Rn. 12; Kallmeyer/Zimmermann, UmwG, § 65 Rn. 13; Lutter/Grunewald, § 13 UmwG Rn. 26).

d) Sonderbeschlüsse bei Aktien verschiedener Gattung. Gem. § 65 Abs. 2 UmwG bedarf, wenn **1084** **mehrere Gattungen von Aktien** vorhanden sind, der Beschluss der Hauptversammlung zu seiner Wirksamkeit der Zustimmung der stimmberechtigten Aktionäre jeder Gattung. Über die Zustimmung haben die Aktionäre jeder Gattung einen Sonderbeschluss zu fassen. Jeder Sonderbeschluss bedarf daher der einfachen Stimmenmehrheit und einer **3/4 – Mehrheit** des vertretenen Grundkapitals der jeweiligen Gattung. Für die Sonderbestellung gilt § 138 AktG. Auf Verlangen einer 10 %-Mehrheit muss eine gesonderte Versammlung durchgeführt werden (§ 138 Satz 3 AktG), anderenfalls genügt eine gesonderte Abstimmung (§ 138 Satz 1 AktG).

1085 Bei der Auslegung des § 65 Abs. 2 UmwG war ursprünglich unklar, ob der Sonderbeschluss nur erforderlich ist, wenn **mehrere stimmberechtigte Aktiengattungen** vorhanden sind. Durch das Gesetz für kleine AG und zur Deregulierung des Aktienrechts (BGBl. 1994 I, S. 1961) wurde das Wort »stimmberechtigt« aufgenommen. Die **Vorschrift stellt klar**, dass nur die Zustimmung der stimmberechtigten Aktionäre jeder Gattung erforderlich ist, sodass Vorzugsaktien ohne Stimmrecht nicht zustimmen dürfen. Bestehen nur Stamm- und stimmrechtslose Vorzugsaktien, bedarf es keines Sonderbeschlusses, weder der Vorzugsaktionäre noch der Stammaktionäre (vgl. zu § 182 AktG Hüffer/Koch, AktG, § 182 Rn. 19; ebenso Widmann/Mayer/Rieger, Umwandlungsrecht, § 65 UmwG Rn. 15; Kallmeyer/Zimmermann, UmwG, § 65 Rn. 22). Dementsprechend ist ein Sonderbeschluss nur dann erforderlich, wenn mindestens zwei Gattungen stimmberechtigter Aktien vorhanden sind.

1086 Unklar ist, ob analog § 141 AktG ein **Sonderbeschluss der Vorzugsaktionäre** erforderlich ist, wenn beim aufnehmenden Rechtsträger keine vergleichbaren Sonderrechte gewährt werden (vgl. Lutter/Grunewald, UmwG, § 65 Rn. 8; Kallmeyer/Kallmeyer/Kocher, UmwG, § 40 Rn. 3).

1087 **4. Besonderheiten der Verschmelzung im Konzern – verschmelzungsspezifischer Squeeze-out.**
a) Überblick. § 62 UmwG stellt eine Ausnahme vom Grundsatz des Zustimmungserfordernisses in Fällen der Konzernverschmelzung dar, wenn eine AG als übernehmender Rechtsträger beteiligt ist (Vgl. Widmann/Mayer/Rieger, § 62 UmwG, Rn. 1; Diekmann in: Semler/Stengel, § 62 UmwG Rn. 1; Lutter/Grunewald § 62 UmwG Rn. 1 ff.). Durch das 3. UmwÄndG vom 11.07.2011 (BGBl. I 2011, S. 1338) wurde die Vereinfachungsregel bei Verschmelzung (und Spaltung) von AG im Konzern erweitert (vgl. dazu Neye/Jäckel, AG 2010, 237 ff.; Neye/Kraft, NZG 2011, 681 ff.; Diekmann, NZG 2010, 489 ff.; Wagner, DStR 2010, 1629 ff.; Heckschen, NZG 2010, 1041 ff.; Leitzen, DNotZ 2011, 526, 533 ff.; Mayer, NZG 2012, 561 ff.; Göthel, ZIP 2011, 1541 ff.; Simon/Merkelbach, DB 2011, 1318 f.; Bayer/J. Schmidt, ZIP 2010, 953 ff.; Sandhaus, NZG 2009, 41 ff.). In § 62 Abs. 1 UmwG war bereits geregelt, dass, wenn sich mindestens neun Zehntel des Stammkapitals oder des Grundkapitals einer übertragenden Kapitalgesellschaft in der Hand einer übernehmenden AG befinden, ein **Verschmelzungsbeschluss der übernehmenden AG** zur Aufnahme dieser übertragenden Gesellschaft nicht erforderlich ist. Durch das 3. UmwÄndG wurde ein § 62 Abs. 4 UmwG neu eingeführt, der bestimmt, dass wenn sich das **gesamte Stamm- oder Grundkapital** einer übertragenden Kapitalgesellschaft in der Hand einer übernehmenden AG befindet, ein Verschmelzungsbeschluss des Anteilsinhabers der übertragenden Kapitalgesellschaft nicht erforderlich ist. § 62 Abs. 4 UmwG n. F. regelt damit als »Gegenstück« zu Abs. 1 auch die Entbehrlichkeit eines Verschmelzungsbeschlusses aufseiten der **übertragenden Kapitalgesellschaft** (vgl. Leitzen, DNotZ 2011, 526, 533 ff.; Simon/Merkelbach, DB 2011, 1318 f.). Ergänzt wurden diese Vorschrift schließlich durch einen neuen § 62 Abs. 5 UmwG, der einen **verschmelzungsspezifischen Squeeze-out** schafft. Die Neuregelung ermöglicht es einer mit 90 % oder mehr beteiligten Muttergesellschaft, eine 100 %ige Beteiligung an der Tochtergesellschaft zu erlangen und die Verschmelzung dann unter vereinfachten Bedingungen durchzuführen ohne Zustimmungsbeschlüsse der beteiligten Gesellschaften (Bungert/Wettich, DB 2010, 2545 ff.; Lutter/Grunewald § 62 UmwG Rn. 30 ff.).).

1088 **b) Entbehrlichkeit des Zustimmungsbeschlusses bei der übernehmenden AG (§ 62 Abs. 1 UmwG).** Befinden sich mindestens 9/10 des Stammkapitals oder des Grundkapitals einer übertragenden Kapitalgesellschaft in der Hand einer übernehmenden AG, so ist ein Verschmelzungsbeschluss der übernehmenden AG zur Aufnahme dieser übertragenden Gesellschaft nicht erforderlich. Eigene Anteile der übertragenden Gesellschaft und Anteile, die einem anderen für Rechnung dieser Gesellschaft gehören, sind vom Stammkapital oder Grundkapital abzusetzen. Der Fall der **Konzernverschmelzung** hat daher in § 62 Abs. 1 UmwG eine Sonderregelung erfahren, wenn wenigstens eine 90 %ige Konzernierung vorliegt und die übernehmende Gesellschaft eine AG ist. Die Vorschrift verlangt also eine übertragende Kapitalgesellschaft und gilt nur für die übernehmende AG (vgl. Lutter/Grunewald, § 62 UmwG, Rn. 4; Widmann/Mayer/Rieger, § 62 UmwG, Rn. 1, 5). Auf die Verschmelzung zur Neugründung findet diese Vorschrift keine Anwendung (Widmann/Mayer/Rieger, § 62 UmwG, Rn. 5).

In diesem Zusammenhang hat sich insb. die sog. »zweistufige« **Konzernverschmelzung** als problematisch erwiesen (vgl. hierzu Henze, AG 1993, 341; vgl. auch Habersack, FS Horn, 2006, S. 337 ff.; Rieger, in: Widmann/Mayer, UmwG, § 62 Rn. 18 f.; Lutter/Grunewald, § 62 UmwG Rn. 7 ff.). Das OLG Karlsruhe hatte insb. über die Frage zu entscheiden, ob folgendes Verfahren zulässig war (OLG Karlsruhe, AG 1992, 31 = ZIP 1991, 1145; Vorinstanz LG Mannheim, AG 1991, 110): Die **Mehrheitsbeteiligung**, die mindestens 90 % des Grundkapitals der übertragenden Gesellschaft betragen muss, kam dadurch zustande, dass die übernehmende Gesellschaft ihr Grundkapital unter Ausschluss des Bezugsrechts der Aktionäre erhöhte und ihr die Anteile an der übertragenden Gesellschaft im Wege der Sacheinlage durch den Anteilsinhaber gegen Zeichnung übertragen wurden. Im unmittelbaren Anschluss an die Durchführung der Kapitalerhöhung wurde die Verschmelzung vollzogen, wobei dieses Vorhaben den Aktionären bereits als Anlass der Hauptversammlung, in der über die Kapitalerhöhung beschlossen wurde, bekannt gegeben wurde. Das OLG Karlsruhe war der Auffassung, dass eine vereinfachte Verschmelzung ohne Verschmelzungsprüfung nicht zulässig sei, wenn die übernehmende AG die restlichen Anteile am Kapital der übertragenen GmbH erst im Wege einer Kapitalerhöhung gegen Sacheinlage unter Ausschluss des Bezugsrechts der Aktionäre erwerben sollte (vgl. auch Bayer, ZIP 1997, 1613, 1615, der die zweistufige Konzernverschmelzung für nicht zulässig hält). **1089**

Die Entscheidung des OLG Karlsruhe, die zum bis 1995 geltenden Recht erging, ist in der Literatur teilweise kritisiert worden (vgl. Widmann/Mayer/Rieger, Umwandlungsrecht, § 62 UmwG Rn. 20; Henze, AG 1993, 341; Kallmeyer/Marsch-Barner, UmwG, § 62 Rn. 9). Ein Teil der Literatur folgt allerdings der Auffassung des OLG Karlsruhe und verlangt allgemein, dass im Zeitpunkt der Beschlussfassung über die Verschmelzung alle gesetzlichen Voraussetzungen – also auch mögliche Ausnahmetatbestände – vorliegen müssen (so insb. Bayer, ZIP 1997, 1613, 1615; Lutter/Grunewald, § 62 UmwG, Rn. 8; Stratz. in: Schmitt/Hörtnagl/Stratz, § 62 UmwG Rn. 7). Da dem Gesetzgeber die Entscheidung des OLG Karlsruhe bekannt war und er trotzdem keinen bestimmten Zeitpunkt für das Konzernverhältnis verlangt hat, wird man der relativ liberalen Literaturauffassung folgen können, nach der es genügt, wenn das **maßgebliche Beteiligungsverhältnis zum Zeitpunkt der Eintragung** der Verschmelzung vorliegt (so Henze, AG 1993, 341, 344; Widmann/Mayer/Rieger, Umwandlungsrecht, § 62 UmwG Rn. 24; Kallmeyer/Marsch-Barner, UmwG, § 62 Rn. 9; Habersack, FS Horn, 2006, 337, 345; Schöer in: Semler/Stengel, § 5 UmwG Rn. 129; Diekmann in: Semler/Stengel, § 62 UmwG Rn. 20; Simon in Kölner Komm. § 62 UmwG Rn. 23; BayObLG ZIP 2000, 230, 231 (beim Formwechsel). Die Voraussetzungen müssen natürlich dann auch noch zum Zeitpunkt des Wirksamwerdens der Verschmelzung erfüllt sein (Widmann/Mayer/Rieger, § 62 UmwG, Rn. 24). **1090**

Für die **Berechnung des maßgeblichen Kapitals bleiben nach § 62 Abs. 1 Satz 2** UmwG eigene Anteile der übertragenden Gesellschaft und Anteile, die einem Anderen für Rechnung dieser Gesellschaft gehören, außer Betracht. Eine Zurechnung entsprechend § 16 Abs. 4 AktG erfolgt nicht (Marsch-Barner, in: Kallmeyer, UmwG, § 62 Rn. 8; Diekmann, in: Semler/Stengel, § 62 UmwG Rn. 11; Lutter/Grunewald, UmwG, § 62 Rn. 4; Rieger, in: Widmann/Mayer, UmwG, § 62 Rn. 12; Habersack, in: FS Horn, 2006, S. 337, 349 f.). Für die **Berechnung des maßgeblichen Kapitals** von 90 % bleiben nach § 62 Abs. 1 Satz 2 eigene Anteile der übertragenden Gesellschaft und Anteile, die einem Anderen für Rechnung dieser Gesellschaft gehören, d. h. mittelbare Beteiligungen unberücksichtigt. § 327a Abs. 2 AktG mit seiner Verweisung auf § 16 Abs. 2 und 4 AktG findet keine Anwendung, d. h. (vgl. Marsch-Barner, in: Kallmeyer, UmwG, § 62 Rn. 8; Diekmann, in: Semler/Stengel, UmwG, § 62 UmwG Rn. 11; Lutter/Grunewald, UmwG, § 62 Rn. 4, 33; Rieger, in: Widmann/Mayer, UmwG, § 62 Rn. 12; Habersack, in: FS Horn, 2006, S. 337, 349 f.).Für die Berechnung ist nicht maßgeblich, in welchem Umfang die der übernehmenden Gesellschaft zustehenden Aktien stimmberechtigt sind. Der Gesetzeswortlaut stellt allein auf die Kapitalbeteiligung ab, sodass auch stimmrechtslose Geschäftsanteile oder Vorzugsaktien mitzählen (Kallmeyer/Marsch-Barner, UmwG, § 62 Rn. 11; Widmann/Mayer/Mayer, Umwandlungsrecht, § 62 UmwG Rn. 13 f.; Lutter/Grunewald, UmwG, § 62 Rn. 4). Sollen mit der gleichen Verschmelzung mehrere Gesellschaften oder Rechtsträger gemeinsam auf eine AG verschmolzen werden, ist nach dem Wortlaut des § 62 Abs. 1 UmwG die Vorschrift nicht anwendbar, wenn der 90 %ige Anteilsbesitz nicht bei allen übertragenden Kapitalgesellschaften gegeben ist. Dann bedarf es immer eines Verschmelzungsbeschlusses der übernehmenden AG. Das Gleiche gilt, wenn eine Mischverschmelzung stattfindet und als übertragender Rechtsträger Personengesellschaften oder Genossenschaften vorhanden sind (vgl. Kallmeyer/Marsch-Barner, UmwG, § 62 Rn. 10; Widmann/Mayer/Rieger, Umwand- **1091** lungsrecht, § 62 UmwG Rn. 16; Diekmann in: Semler/Stengel, § 62 UmwG Rn. 13; Lutter/Grunewald, § 62 UmwG Rn. 10; a. A. allerdings Stratz. in: Schmitt/Hörtnagl/Stratz, § 62 UmwG Rn. 6).

1092 **c) Zustimmungsbeschluss auf Verlangen der Aktionäre (§ 62 Abs. 2 UmwG).** Ebenfalls zu berücksichtigen ist, dass eine Hauptversammlung und ein Zustimmungsbeschluss dann erforderlich sind, wenn Aktionäre der übernehmenden Gesellschaft, deren Anteil zusammen den **zwanzigsten Teil (5 %) des Grundkapitals dieser Gesellschaft** erreichen, die Einberufung einer Hauptversammlung verlangen, in der über die Zustimmung zur Verschmelzung beschlossen werden soll (vgl. § 62 Abs. 2 UmwG). Das Verlangen kann an den Vorstand oder die Gesellschaft gerichtet sein und bedarf nach allgemeiner Meinung kein Form oder Begründung (Kallmeyer/Marsch-Barner, UmwG, § 62 Rn. 20; Widmann/Mayer/Rieger, Umwandlungsrecht, § 62 UmwG Rn. 30; Diekmann in: Semler/Stengel, § 62 UmwG Rn. 30; Lutter/Grunewald, § 62 UmwG Rn. 17 ff.). Spätester Zeitpunkt ist die Anmeldung der Verschmelzung zu dem für die übernehmende AG zuständigen Register (zu den weiteren Einzelheiten vgl. Kallmeyer/Marsch-Barner, UmwG, § 62 Rn. 26; Widmann/Mayer/Rieger, Umwandlungsrecht, § 62 UmwG Rn. 29.1; Diekmann in: Semler/Stengel, § 62 UmwG Rn. 30; Lutter/Grunewald, § 62 UmwG Rn. 17 ff.).

1093 **d) Informationspflichten (§ 62 Abs. 3 UmwG).** § 62 Abs. 3 UmwG bestimmt im Fall der 90 %igen Konzernverschmelzung **besondere Informationspflichten** für die übernehmende AG. Zunächst gilt nach § 62 Abs. 1 UmwG, dass die Hauptversammlung dem Verschmelzungsbeschluss nicht zustimmen muss, wenn die in Abs. 1 beschriebenen Voraussetzungen gegeben sind und kein Minderheitsverlangen nach Abs. 2 vorliegt. Dennoch muss die übernehmende Gesellschaft bestimmte Informationspflichten beachten. Maßgeblich ist der Zeitpunkt des Verschmelzungsbeschlusses der übertragenden Gesellschaft. Einen Monat vor dem Tage der Gesellschafterversammlung oder der Hauptversammlung der übertragenden Gesellschaft, die gem. § 13 Abs. 1 UmwG über die Zustimmung zum Verschmelzungsvertrag beschließen soll, sind in dem Geschäftsraum der übernehmenden Gesellschaft zur Einsicht der Aktionäre die in § 63 Abs. 1 bezeichneten Unterlagen auszulegen. Gleichzeitig hat der Vorstand der übernehmenden Gesellschaft einen Hinweis auf die bevorstehende Verschmelzung in den Gesellschaftsblättern der übernehmenden Gesellschaft bekannt zu machen und den Verschmelzungsvertrag oder seinen Entwurf zum Register der übernehmenden Gesellschaft einzureichen; § 61 Satz 2 UmwG ist dabei entsprechend anzuwenden. Die Aktionäre sind in der Bekanntmachung nach Satz 2 erster Halbs. auf ihr Recht nach Abs. 2 hinzuweisen. Der Anmeldung der Verschmelzung zur Eintragung in das Handelsregister ist der Nachweis der Bekanntmachung beizufügen. Der Vorstand hat bei der Anmeldung zu erklären, ob ein Antrag nach Abs. 2 auf Durchführung einer Hauptversammlung gestellt worden ist. Auf Verlangen ist jedem Aktionär der übernehmenden Gesellschaft unverzüglich und kostenlos eine Abschrift der in Satz 1 bezeichneten Unterlagen zu erteilen. Die Verpflichtungen nach den Sätzen 1 und 6 entfallen allerdings, wenn die in Satz 1 bezeichneten Unterlagen für denselben Zeitraum über die Internetseite der Gesellschaft zugänglich sind.

1094 § 62 Abs. 3 Satz 7 UmwG wurde durch das Gesetz zur Umsetzung der Aktionärsrechterichtlinie (ARUG) v. 30.09.2009 eingefügt (BGBl. I, S. 2479); danach genügt es, wenn die in Satz 1 bezeichneten Unterlagen für denselben Zeitraum über die Internetseite der Gesellschaft zugänglich sind. Die Möglichkeit besteht alternativ (vgl. Begründung zum Gesetzentwurf BT-Drucks. 16/11642 v. 21.01.2009, S. 70). Durch das 3. UmwÄndG vom 11.07.2011 (BGBl. I, S. 1338) wurde nun die Möglichkeit vorgesehen, dass die im Vorfeld der Hauptversammlung zu übermittelnden Unterlagen zur Verschmelzung dem Aktionär mit dessen Einwilligung auf dem Wege elektronischer Kommunikation übermittelt werden können (vgl. dazu Neye/Jäckel, AG 2010, 237 ff.; Diekmann, NZG 2010, 489 ff.; Wagner, DStR 2010, 1629 ff.; Heckschen, NZG 2010, 1041 ff.; Leitzen, DNotZ 2011, 526, 532 f.; Simon/Merkelbach, DB 2011, 1317 f.; Bayer/J. Schmidt, ZIP 2010, 953 ff.; Sandhaus, NZG 2009, 41 ff.). Die Vorschrift nimmt die Regelung in Art. 2 Nr. 5 der Änderungsrichtlinie zu Art. 11 Abs. 3 Unterabs. 2 der Richtlinie 78/855/EWG auf und erlaubt den Verzicht auf eine Versendung in Papierform und ermöglicht die Übermittlung auf elektronischem Wege. Dies betrifft insb. die Versendung einer E-Mail mit Dateianhängen in druckfähigem Format (Begründung zum Gesetzentwurf BT-Drucks. 17/3122 v. 01.01.2010, S. 14). »Einwilligung« ist die vorherige Zustimmung nach § 183 Satz 1

BGB. Diese muss weder in einer bestimmten Form noch ausdrücklich erklärt werden (Wagner, DStR 2010, 1629; Leitzen, DNotZ 2011, 526, 532 f.; Simon/Merkelbach, DB 2011, 1317 f.).

Der Anmeldung der Verschmelzung zur Eintragung in das Handelsregister ist der Nachweis der Bekanntmachung beizufügen. Bei der Anmeldung hat der Vorstand zu erklären, ob ein Antrag nach Abs. 2 gestellt worden ist. Werden die Informationspflichten des § 62 Abs. 3 UmwG nicht oder nicht vollständig erfüllt, kann also die Eintragung der Verschmelzung nicht erfolgen (Widmann/Mayer/Rieger, Umwandlungsrecht, § 62 UmwG Rn. 50; Lutter/Grunewald § 62 UmwG Rn. 16). Die Erfüllung der Informationspflichten und insb. die Erbringung des Nachweises nach § 62 Abs. 3 Satz 4 UmwG sowie die Erklärung nach § 62 Abs. 3 Satz 5 UmwG sind damit grds. Eintragungsvoraussetzungen. **1095**

Nicht geregelt ist, ob ein Verzicht der Aktionäre auf die Informations- und Bekanntmachungspflichten nach § 62 Abs. 3 UmwG möglich ist. **Marsch-Barner** (Kallmeyer/Marsch-Barner, UmwG, 4. Aufl. § 62 Rn. 25) war der Auffassung, dass in dem Fall, in dem die übernehmende Gesellschaft alle Anteile der übertragenden Gesellschaft hält, auf die Auslegung der Unterlagen gem. § 62 Abs. 3 Satz 1 UmwG und die Hinweisbekanntmachungen des § 62 Abs. 3 Satz 2 und Satz 3 mangels außenstehender Aktionäre verzichtet werden könne (ähnlich auch **Aha**, AG 1997, 345 ff., 350). In der Neuauflage wurde diese Ansicht offenbar aufgegeben (Kallmeyer/Marsch-Barner, UmwG, 5. Aufl. § 62 Rn. 30). Der Sinn der zusätzlichen Informationen und Bekanntmachungen nach § 62 Abs. 3 UmwG bei Verzicht auf einen Verschmelzungsbeschluss bei der aufnehmenden Mutter-AG ist primär, die Gesellschafter der Mutter-AG darüber zu informieren, dass sie nach § 62 Abs. 2 UmwG mit einem Quorum von 5 % einen Hauptversammlungsbeschluss bei der aufnehmenden Aktiengesellschaft erzwingen können (vgl. Lutter/Grunewald, UmwG, § 62 Rn. 16), so dass es auf die 100 % Beteiligung bei der Tochtergesellschaft nicht ankommen kann. Daher sind die in § 62 Abs. 3 UmwG aufgezählten Informationspflichten gegenüber den Aktionären der übernehmendenAG auch im Falle der Verschmelzung der 100 %igen Tochter zu erfüllen (Lutter/Grunewald, § 62 UmwG, Rn. 27). Fraglich kann der Verzicht daher nur sein, wenn alle Aktionäre der Muttergesellschaft verzichten oder die Muttergesellschaft ihrerseits nur einen Aktionär hat. In der Literatur wird z. T. die Verzichtsmöglichkeit bejaht (Ising, NZG 2010, 1403, 1404, jedenfalls im Fall, in dem die übernehmende AG nur einen ihr bekannten Aktionär hat; ebenso Schockenhoff/Lumpp, ZIP 2013, 749, 758). Ein Teil der Literatur lehnt allerdings die Verzichtsmöglichkeit ab, auch wenn es sich nur um einen Alleinaktionär handelt (Lutter/Grunewald, § 63 UmwG Rn. 12; Diekmann in: Semler/Stengel, § 62 UmwG Rn. 22). Da die Vorschrift nur den Schutz der Aktionäre bezweckt, spricht mE viel für die Möglichkeit eines Verzichts durch die Aktionäre der übernehmenden AG. Ggf. sollte die mit dem Registergericht geklärt werden. Für den Verzicht gilt dann § 8 Abs. 3 UmwG analog (notarielle Beurkundung). **1096**

e) Entbehrlichkeit des Zustimmungsbeschlusses bei der übertragenden Kapitalgesellschaft **1097** **(§ 62 Abs. 4 UmwG).** Durch das 3. UmwÄndG wurde ein § 62 Abs. 4 UmwG neu eingeführt, der bestimmt, dass, wenn sich das **gesamte Stamm- oder Grundkapital** einer übertragenden Kapitalgesellschaft in der Hand einer übernehmenden AG befindet, ein Verschmelzungsbeschluss des Anteilsinhabers der übertragenden Kapitalgesellschaft nicht erforderlich ist. Abs. 3 gilt mit der Maßgabe, dass die dort genannten Verpflichtungen nach Abschluss des Verschmelzungsvertrages für die Dauer eines Monats zu erfüllen sind. § 62 Abs. 4 UmwG n. F. regelt damit als »Gegenstück« zu Abs. 1 auch die Entbehrlichkeit eines Verschmelzungsbeschlusses aufseiten der übertragenden Kapitalgesellschaft. Bei einer 100 %igen Mutter-Tochterkonstellation ist es möglich die Verschmelzung ganz ohne Zustimmungsbeschluss durchzuführen. Die Begründung zum Gesetzentwurf (BT-Drucks. 17/3122 v. 01.01.2010, S. 14) weist allerdings darauf hin, dass dies nur eine Vereinfachung, aber kein Zwang dazu ist, sodass auch nach dem Wegfall des Beschlusserfordernisses die Möglichkeit bestehen bleibt, eine Haupt- bzw. Gesellschafterversammlung bei dem 100 %igen Tochterunternehmen durchzuführen und damit der im deutschen Gesellschaftsrecht bisher üblichen Kompetenzverteilung bei wichtigen Strukturmaßnahmen zu entsprechen. In diesen Fällen bleibe es dabei, dass die Niederschrift des Verschmelzungs- bzw. Spaltungsbeschlusses zu den nach § 17 UmwG notwendigen Anlagen für die Anmeldung zum Handelsregister gehöre.

Die Begründung zum Gesetzentwurf (BT-Drucks. 17/3122 v. 01.01.2010, S. 14), weist darauf hin, dass durch Art. 2 Nr. 9 der Änderungsrichtlinie Art. 25 der Richtlinie 78/855/EWG zu einer für die

Mitgliedstaaten verbindlichen Vorschrift umgestaltet worden sei. Danach dürfe bei der Verschmelzung einer 100%igen Tochtergesellschaft auf ihre Muttergesellschaft auch von den Gesellschaftern des übertragenden Unternehmens kein Zustimmungsbeschluss mehr verlangt werden. Die bislang als Option ausgestaltete Regelung sei im deutschen Recht nur hinsichtlich der Beschlussfassung bei der übernehmenden Gesellschaft umgesetzt worden (vgl. § 62 Abs. 1 UmwG). Den geänderten Vorgaben des Gemeinschaftsrechts solle in § 62 der neue Abs. 4 Rechnung tragen.

1098   Ebenso wie bei § 61 Abs. 1 UmwG setzt Abs. 4 voraus, dass übernehmender Rechtsträger eine AG oder KGaA und übertragender Rechtsträger eine Kapitalgesellschaft ist, d. h. entweder eine GmbH, AG oder KGaA (§ 3 Abs. 1 Nr. 2), die im Alleinbesitz der AG bzw. KGaA (oder SE, s. Art. 10 SE-VO) steht (vgl. Leitzen, DNotZ 2011, 526, 533 f.; Simon/Merkelbach, DB 2011, 1318 f.). Ebenso wie bei § 61 Abs. 1 UmwG stellt sich die Frage nach dem maßgeblichen Zeitpunkt für die 100%ige Beteiligung (vgl. oben Teil 2 Rdn. 1089 ff.). Auch hier sollte der Zeitpunkt der Eintragung im Handelsregister gelten (so Henze, AG 1993, 341, 344; Widmann/Mayer/Rieger, Umwandlungsrecht, § 62 UmwG Rn. 24; Kallmeyer/Marsch-Barner, UmwG, § 62 Rn. 7, Leitzen, DNotZ 2001, 526, 534; Diekmann in: Semler/Stengel, § 62 UmwG Rn. 20, für den Zeitpunkt des Beschlusses Lutter/Grunewald, § 62 UmwG Rn. 8; Stratz. in: Schmitt/Hörtnagl/Stratz, § 62 UmwG Rn. 7). Die Voraussetzungen müssen natürlich dann auch noch zum Zeitpunkt des Wirksamwerdens der Verschmelzung erfüllt sein (Widmann/Mayer/Rieger, § 62 UmwG, Rn. 24).

1099   Die **Informationspflichten nach § 61 Abs. 3 UmwG** sind nach Abschluss des Verschmelzungsvertrages für die Dauer eines Monats zu erfüllen. Die Begründung zum Gesetzentwurf (BT-Drucks. 17/3122 v. 01.01.2010, S. 14), weist darauf hin, dass die Bekanntmachungspflicht nach § 61 UmwG, das Informationsrecht der Aktionäre der übernehmenden Gesellschaft und das Minderheitenrecht nach Abs. 2 unberührt blieben. Soweit in Abs. 3 an den Zeitpunkt der Beschlussfassung bei der übertragenden Gesellschaft angeknüpft werde, sei dies in Fällen des Abs. 4 nicht möglich. Art. 25 der Richtlinie 78/855/EWG verlange eine Frist von mindestens einem Monat »vor dem Zeitpunkt, zu dem der Vorgang wirksam wird«. Die formelle Bezugnahme auf die Eintragung in das Handelsregister gem. den §§ 19, 20 UmwG sei jedoch nicht praktikabel, weil sich dieser Zeitpunkt nicht exakt prognostizieren lasse. Daher solle an den Abschluss des Verschmelzungsvertrages nach § 4 Abs. 1 UmwG angeknüpft werden. Mit der gewählten Lösung lasse sich hinreichend sicher bestimmen, wann die Aktionäre zu informieren seien und wann die Anmeldung zum Handelsregister frühestens vorgenommen werden dürfe. Es handele sich um eine Ereignisfrist i. S. d. § 187 Abs. 1 BGB (zu den praktischen Fragen vgl. Leitzen, DNotZ 2011, 526, 534 ff.).

1100   **f) Verschmelzungsrechtlicher Squeeze-out (§ 62 Abs. 5 UmwG). aa) Überblick.** Durch das 3. UmwÄndG vom (BGBl. I, S. 1338) wurde in § 62 Abs. 5 UmwG ein **verschmelzungsspezifischer Squeeze-out** neu geschaffen (vgl. Widmann/Mayer/Rieger, § 62 UmwG Rn. 85 ff.; Lutter/Grunewald, § 62 UmwG Rn. 30 ff.; Stratz. in: Schmitt/Hörtnagl/Stratz, § 62 UmwG Rn. 18 ff.; Bungert/Wettich, DB 2010, 2545 ff.; dies., DB 2011, 150 ff.; Neye/Jäckel, AG 2010, 237, 239; Leitzen, DNotZ 2011, 526, 536 ff.; Austmann, NZG 2011, 684 ff.; D. Mayer, NZG 2012, 561; Neye/Kraft, NZG 2011, 681 ff., Diekmann, NZG 2010, 489 ff.; Wagner, DStR 2010, 1629 ff.; Heckschen, NZG 2010, 1041 ff.; Mayer, NZG 2012, 561 ff.; Göthel, ZIP 2011, 1541 ff.; Simon/Merkelbach, DB 2011, 1318 f.; Bayer/J. Schmidt, ZIP 2010, 953 ff.; Sandhaus, NZG 2009, 41 ff.). Es handelt sich um die Upstream-Verschmelzung einer AG (auch: KGaA, inländische SE) auf das herrschende Unternehmen, das nach § 62 Abs. 1 und 5 UmwG ebenfalls AG (KGaA, SE) sein muss: § 62 Abs. 5 UmwG sieht vor, dass in den Fällen des § 62 Abs. 1 UmwG die Hauptversammlung einer übertragenden AG innerhalb von 3 Monaten nach Abschluss des Verschmelzungsvertrages einen Squeeze-out-Beschluss nach § 327a Abs. 1 Satz 1 AktG fassen kann, wenn der übernehmenden Gesellschaft (Hauptaktionär) Aktien in Höhe 90 % des Grundkapitals gehören. Der Verschmelzungsvertrag oder sein Entwurf muss in diesem Fall die Angabe enthalten, dass im Zusammenhang mit der Verschmelzung ein Ausschluss der Minderheitsaktionäre der übertragenden Gesellschaft erfolgen soll. Die Informationspflicht nach § 62 Abs. 3 UmwG gilt mit der Maßgabe, dass die dort genannten Verpflichtungen nach Abschluss des Verschmelzungsvertrages für die Dauer eines Monats zu erfüllen sind. Der Verschmelzungsvertrag oder sein Entwurf ist gem. § 327c Abs. 3 AktG zur Einsicht der Aktionäre auszulegen. Der Anmeldung des Übertragungsbeschlusses (§ 327e Abs. 1 AktG) ist der Verschmelzungsvertrag oder sein Entwurf in elektronisch beglaubigte Abschrift oder öffentlich beglaubigter Abschrift beizufügen. Die Eintragung des Übertragungsbeschlusses ist mit dem Vermerk zu versehen, dass er erst gleichzeitig mit der Eintragung der Verschmelzung im Register des Sitzes der übernehmenden Aktiengesellschaft wirksam wird. I. Ü. bleiben die §§ 327a bis 327f AktG unberührt.

Die Neuregelung beruht auf den Vorgaben der Änderungsrichtlinie. Art. 2 Nr. 11 der Änderungsrichtlinie hat Art. 28 der Richtlinie 78/855/EWG zu einer für die Mitgliedstaaten zwingenden Vorschrift umgestaltet. Bei der Verschmelzung einer mindestens 90-prozentigen Tochtergesellschaft auf ihre Muttergesellschaft dürfen ein Verschmelzungsbericht (§ 8 UmwG), eine Verschmelzungsprüfung (§§ 9 bis 12 UmwG) und die Bereitstellung von Unterlagen für die Aktionäre nicht mehr verlangt werden. Voraussetzung ist, dass die außenstehenden Aktionäre der Tochtergesellschaft ihre Aktien von der Muttergesellschaft aufkaufen lassen können (Art. 28 Abs. 1 Buchst. a der Richtlinie 78/855/EWG). Der Gesetzgeber ist den Weg gegangen, das Verfahren des aktienrechtlichen Squeeze-out in den § 327a ff. AktG mit einigen Modifikationen zu übernehmen, um den Vorgaben der Richtlinie zu genügen, die kein bestimmtes Verfahren vorschreibt. Der verschmelzungsspezifische Squeeze-out tritt damit als dritte Form neben den aktienrechtlichen nach § 327a ff. AktG und den übernahmerechtlichen Squeeze-out nach §§ 39a f. WpÜG.

bb) Erfasste Rechtsträger. Der verschmelzungsspezifische Squeeze-out setzt voraus, dass Hauptaktionär eine AG, KGaA oder inländische SE ist. Als Tochtergesellschaft kommen neben einer AG ebenfalls nur KGaA und inländische SE in Betracht (Widmann/Mayer/Rieger, § 62 UmwG Rn. 96; Lutter/Grunewald, § 62 UmwG Rn. 32; Stratz. in: Schmitt/Hörtnagl/Stratz, § 62 UmwG Rn. 18; Bungert/Wettich, DB 2010, 2545, 2547; Austmann, NZG 2011, 684, 686; D. Mayer, NZG 2012, 561, 563). **1101**

cc) Schwellenwert. § 62 Abs. 5 UmwG lässt den Squeeze-out zu, wenn dem Hauptaktionär Aktien i. H. v. lediglich 90 % des Grundkapitals gehören (§ 62 Abs. 5 Satz 2 UmwG). Beim aktienrechtlichen Squeeze-out liegt die Schwelle hingegen bei 95 % des Grundkapitals (§ 327a Abs. 1 Satz 1 AktG). Für die **Berechnung des maßgeblichen Kapitals** von 90 % bleiben nach § 62 Abs. 1 Satz 2 eigene Anteile der übertragenden Gesellschaft und Anteile, die einem Anderen für Rechnung dieser Gesellschaft gehören, d. h. mittelbare Beteiligungen unberücksichtigt. § 327a Abs. 2 AktG mit seiner Verweisung auf § 16 Abs. 2 und 4 AktG findet keine Anwendung, d. h. (Keller/Klett, GWR 2010, 308122; Wagner, DStR 2010, 1629, 1633; Bungert/Wettich, DB 2010, 2545, 2547; Leitzen, DNotZ 2011, 526, 539; Austmann, NZG 2011, 684, 689; zu § 62 Abs. 1 vgl. Marsch-Barner, in: Kallmeyer, UmwG, § 62 Rn. 8; Diekmann, in: Semler/Stengel, UmwG, § 62 Rn. 11; Lutter/Grunewald, UmwG, § 62 Rn. 4, 33; Rieger, in: Widmann/Mayer, UmwG, § 62 Rn. 113 ff.; Habersack, in: FS Horn, 2006, S. 337, 349 f.; D. Mayer, NZG 2012, 561, 563). Das Verfahren des aktienrechtlichen Squeeze-outs, bei dem nicht selten Tochtergesellschaften mit Grundstücken zur Vermeidung des Anfalls von Grunderwerbsteuer eingeschaltet werden, kommt hier nicht infrage (vgl. Bungert/Wettich, DB 2010, 2545, 2547). Ebenso wie bei § 61 Abs. 1 UmwG stellt sich die Frage nach dem **maßgeblichen Zeitpunkt** für die maßgebliche Beteiligung (vgl. oben Teil 2 Rdn. 1089 ff.). Hier wird wie beim aktienrechtlichen Squeeze-out überwiegend auf den Zeitpunkt des Übertragungsbeschlusses abgestellt (so Lutter/Grunewald, § 62 UmwG Rn. 34; Kallmeyer/Marsch-Barner, UmwG, § 62 Rn. 7, Widmann/Mayer/Rieger, Umwandlungsrecht, § 62 UmwG Rn. 118; Leitzen, DNotZ 2011, 526, 534; Diekmann in: Semler/Stengel, § 62 UmwG Rn. 32h; Austmann, NZG 2011, 684, 689; Lutter/Grunewald, § 62 UmwG Rn. 34; Stratz. in: Schmitt/Hörtnagl/Stratz, § 62 UmwG Rn. 7; D. Mayer, NZG 2011, 561, 564; Schockenhoff/Lumpp, ZIP 2013, 749, 753). Die Voraussetzungen müssen natürlich dann auch noch zum Zeitpunkt des Wirksamwerdens der Verschmelzung erfüllt sein (str. so Widmann/Mayer/Rieger, § 62 UmwG, Rn. 24; a. A. Lutter/Grunewald, § 62 UmwG Rn. 34). **1102**

dd) Sachlicher Zusammenhang mit Verschmelzung. Ein Schwellenwert von 90 % soll für den Ausschluss nach § 327a Abs. 1 AktG aber nur dann gelten, wenn der Squeeze-out in sachlichem und zeitlichem Zusammenhang mit der Verschmelzung der Tochter- auf die Muttergesellschaft vollzogen wird (vgl. BT-Drucks. 17/3122 v. 01.01.2010, S. 16). Die von § 62 Abs. 5 UmwG erfassten Fälle betreffen ausschließlich miteinander verbundene AG, also einen typischen Aktienkonzern. Durch die unternehmerische Entscheidung der bereits mit 90 % beteiligten Muttergesellschaft, beide Unternehmen **1103**

durch Verschmelzung miteinander zu vereinigen, ist die Auflösung der Tochtergesellschaft vorgezeichnet und kann von der an dieser mit höchstens 10 % beteiligten Minderheit im Ergebnis nicht verhindert werden. Der Zusammenhang mit der ausdrücklich beabsichtigten Umstrukturierung unterscheidet den spezifischen Squeeze-out nach § 62 Abs. 5 UmwG von dem allgemeinen Ausschluss nach § 327a AktG, der im Belieben des Hauptaktionärs steht und keiner besonderen sachlichen Rechtfertigung bedarf (vgl. BT-Drucks. 17/3122 v. 01.01.2010, S. 16).

In der Literatur wurde auf die Problematik der Verknüpfung hingewiesen. Der verschmelzungsspezifische Squeeze-out setzt nur das Konzernverhältnis und den Abschluss eines Verschmelzungsvertrages, nicht aber dessen Vollzug im Handelsregister voraus. Im Zeitpunkt der Beschlussfassung der Hauptversammlung über den Squeeze-out muss der Vertrag spätestens vorliegen. Anders als noch im RefE vorgesehen, ist die Aufstellung eines **Entwurfs des Vertrags nicht mehr ausreichend** (BR-Drucks. 485/10 = BT-Drucks. 17/3122 v. 1.10.2010, vgl. Austmann, NZG 2011, 684, 690). Diese nicht näher begründete Änderung ggü. dem RefE dürfte nach **Bungert/Wettich** damit zu erklären sein, dass der Gesetzgeber mehr Sicherheit dafür schaffen wollte, dass im Anschluss an den Squeeze-out die Verschmelzung auch tatsächlich durchgeführt wird (zu den Mißbrauchsrisiken vgl. Bungert/Wettich, DB 2010, 2545, 2546; Leitzen, DNotZ 2011, 526, 537 f.). Im Gesetzgebungsverfahren wurde zur Vermeidung von Missbräuchen vorgeschlagen, in das Gesetz eine ausdrückliche Verpflichtung der Vertretungsorgane zur Durchführung der Verschmelzung oder die Bindung der Wirksamkeit des Übertragungsbeschlusses an die Eintragung der Konzernverschmelzung vorzusehen (Deutscher Anwaltsverein. Stellungnahme Nr. 23/2010, S. 5). Dem ist der Gesetzgeber z. T. gefolgt. Der Rechtsausschuss hat die Einfügung von Satz 7 verlangt, der jetzt bestimmt: »Die Eintragung des Übertragungsbeschlusses ist mit dem Vermerk zu versehen, dass er erst gleichzeitig mit der Eintragung der Verschmelzung im Register des Sitzes der übernehmenden Aktiengesellschaft wirksam wird.« Ein Rechtsmissbrauch dürfte allerdings nicht vorliegen, wenn der aufnehmende Rechtsträger als AG nur zum Zwecke des verschmelzungsspezifischen Squeeze-out neu geschaffen wurde, z. B. als **Zwischenholding** (vgl. zu dieser Gestaltung und ihrer Zulässigkeit Leitzen, DNotZ 2011, 526, 537 f.; Austmann, NZG 2011, 684, 690; Heckschen, NZG 2010, 1041, 1045; Bungert/Wettich, DB 2010, 2545, 2549, Widmann/Mayer/Rieger, Umwandlungsrecht, § 62 UmwG Rn. 109 ff.; Lutter/Grunewald, § 62 UmwG Rn. 53; D. Mayer, NZG 2012, 561, 564; krit. Wagner, DStR 2010, 1629, 1634). Allgemein wird in diesem Zusammenhang eine Missbrauchskontrolle befürwortet (vgl. Lutter/Grunewald, § 62 UmwG Rn. 50 ff. speziell zur Zwischenholding Rn. 53). Auch der zur Ermöglichung eines verschmelzungsrechtlichen Squeeze-outs durchgeführte Formwechsel in eine AG ist nicht als rechtsmissbräuchlich anzusehen (vgl. OLG Hamburg ZIP 2012, 1347, 1350 f; Stratz. in: Schmitt/Hörtnagl/Stratz, § 62 UmwG Rn. 18; D. Mayer, NZG 2012, 561, 563). Bei der Registeranmeldung des Squeeze-out ist nach § 62 Abs. 5 Satz 5 UmwG der Verschmelzungsvertrag beizufügen.

1104 **ee) Zeitlicher Zusammenhang zwischen Verschmelzungsvertrag und Beschluss.** Neben dem sachlichen Zusammenhang mit einer Konzernverschmelzung muss auch ein zeitlicher bestehen (vgl. Bungert/Wettich, DB 2010, 2545; Austmann, NZG 2011, 684, 690). Der Beschluss der Hauptversammlung über den Ausschluss der Minderheitsaktionäre gem. § 327a Abs. 1 Satz 1 AktG muss innerhalb von 3 Monaten nach Abschluss des Verschmelzungsvertrags gefasst werden (§ 62 Abs. 5 Satz 1 UmwG; vgl. Lutter/Grunewald, § 62 UmwG Rn. 35; D. Mayer, NZG 2012, 561, 565). Ein gesetzlicher **Bedingungszusammenhang** besteht aber nicht (Lutter/Grunewald, § 62 UmwG Rn. 39; D. Mayer, NZG 2012, 561, 565); allerdings wird in der Praxis empfohlen, den Verschmelzungsvertrag unter der aufschiebenden Bedingung abzuschließen, dass zugleich mit dem Wirksamwerden der Verschmelzung auch der Übertragungsbeschluss und damit der Squeeze-out wirksam wird (so Widmann/Mayer/Rieger, Umwandlungsrecht, § 62 UmwG Rn. 176; Austmann, NZG 2011, 684, 686; D. Mayer, NZG 2012, 561, 567). Ohne diesen Bedingungszusammenhang könnten sich die Vertragsparteien dem Einwand ausgesetzt sehen, dass die Verschmelzung auch ohne den geplanten Minderheitsausschluss möglich wäre und deshalb Angaben über den Umtausch der Anteile erforderlich sind (vgl. Austmann, NZG 2011, 684; Göthel, ZIP 2011, Seite 1541, 1543; Bungert/Wettig, DB 2011, 1500, 1502; D. Mayer, NZG 2012, 561, 567).

ff) Hinweis auf Squeeze-out im Verschmelzungsvertrag. Auf den geplanten Squeeze-out muss bereits nach § 62 Abs. 5 Satz 2 UmwG bereits im Verschmelzungsvertrag hingewiesen werden, also dass ein Squeeze-out durchgeführt werden soll. Diese Angabe ergänzt den nach § 5 Abs. 1 UmwG für jeden Verschmelzungsvorgang vorgegebenen Mindestinhalt des Verschmelzungsvertrags (Widmann/Mayer/ Rieger, Umwandlungsrecht, § 62 UmwG Rn. 173; Lutter/Grunewald, § 62 UmwG Rn. 37; D. Mayer, NZG 2012, 561, 565). Umstritten ist, ob der Vertrag noch Regelungen für die vor Abschluss des Verschmelzungsvertrages durch den Squeeze-out ausscheidenden Minderheitsgesellschafter enthalten muss, z. B. Umtauschverhältnis etc., und ob die **Konzernerleichterung nach § 5 Abs. 2** UmwG zur Anwendung kommt. Das ist m. E. zu bejahen, da die Verschmelzung diese ja gerade nicht mehr betreffen soll (so zu Recht Leitzen, DNotZ 2011, 526, 539 f.; Austmann, NZG 2011, 684, 687; Widmann/Mayer/Rieger, § 62 UmwG Rn. 175; Lutter/Grunewald, § 62 UmwG Rn. 38; Göthel, ZIP 2011, 1541, 1543; Kallmeyer/Marsch-Barner, § 62 UmwG Rn. 38; D. Mayer, NZG 2012, 561, 566; a. A.Neye/ Kraft, NZG 2011, 681, 683). 1105

gg) Informationspflichten. Die gem. § 327c Abs. 3 AktG zur Einsicht der Aktionäre auszulegenden bzw. gem. § 327c Abs. 5 AktG über die Internetseite der Gesellschaft zugänglich zu machenden Unterlagen werden um den Verschmelzungsvertrag oder seinen Entwurf erweitert (§ 62 Abs. 5 Satz 4 UmwG). Es müssen außerdem sowohl die übertragende AG als auch der Hauptaktionär (die übernehmende AG) den Verschmelzungsvertrag oder seinen Entwurf zum Handelsregister einreichen (Widmann/Mayer/Rieger, § 62 UmwG Rn. 177; D. Mayer, NZG 2012, 561, 566; Lutter/Grunewald, § 62 UmwG Rn. 40). 1106

hh) Weiteres Verfahren nach §§ 327a ff. AktG. Das Verfahren richtet sich i. Ü. nach den aktienrechtlichen Regelungen der §§ 327a ff. AktG (vgl. dazu die umfangreiche Lit.: Baums, WM 2001, 1843 ff.; Buchta/Ott, DB 2005, 990 ff.; Fleischer, ZGR 2002, 757 ff.; Fuhrmann/Simon, WM 2002, 1211 ff.; Krieger, BB 2002, 53 ff.; Arens, WM 2014, 682 ff.; vgl. auch Widmann/Mayer/Rieger, § 62 UmwG Rn. 178 ff.; D. Mayer, NZG 2012, 561, 56 ff.; Lutter/Grunewald, § 62 UmwG Rn. 40 ff.). Folgende Schritte sind dabei insbesondere einzuhalten (vgl. D. Mayer, NZG 2012, 561, 56 ff; Austmann, NZG 2011, 684; Bungert/Wettich, DB 2011, 1500; Schockenhoff/Lumpp, ZIP 2013, 749; Wind/Rödter, DStR 2011, 1638): Das eigentliche Squeeze-out Verfahren wird beim aktienrechtlichen Squeeze-out mit dem Übertragungsverlangen des Hauptaktionärs an den Vorstand der Tochtergesellschaft eingeleitet (§ 327 a Abs. 1 AktG); so dann folgt Abschluss des Verschmelzungsvertrags. Der Hauptaktionär hat den Antrag auf Bestellung des Angemessenheitsprüfers zu stellen (§ 62Abs. 5 UmwG i. V. mit § 327 c Abs. 3 AktG) und die Squeeze-out-Dokumentation zu erstellen (Übertragungsbericht mit entsprechendem Bewertungsgutachten eines Wirtschaftsprüfers). Die Hauptversammlung der Tochtergesellschaft, in der über den Ausschluss der Minderheitsaktionäre beschlossen werden soll, ist auf einen Termin innerhalb von drei Monaten nach Abschluss des Verschmelzungsvertrags einzuberufen (§ 62 Abs. 5 S. 1 UmwG). In der Hauptversammlung der Tochtergesellschaft wird der Übertragungsbeschluss gem. § 62 Abs. 5 UmwG i. V. mit § 327 a Abs. 1 AktG gefasst. Anschließend meldet der Vorstand der Tochtergesellschaft den Übertragungsbeschluss zur Eintragung in das Handelsregister an (§ 62 Abs. 5 UmwG i. V. mit § 327 e S. 1 AktG). Der Squeeze-out wird im Handelsregister der übertragenden AG eingetragen und zwar mit dem Vermerk, dass er erst gleichzeitig mit Eintragung der Verschmelzung im Register der übernehmenden AG wirksam wird. Anschließend wird die parallel vorbereitete und eingeleitete Verschmelzung durchgeführt, wozu im Regelfall keine Verschmelzungsbeschlüsse bei der übertragenden und übernehmenden AG erforderlich sind. Anschließend erfolgt Eintragung der Verschmelzung und Wirksamkeit des Squeeze-out. 1107

5. Unbekannte Aktionäre (§ 35 UmwG). Häufig kommt es vor, dass in einer umwandelnden AG nicht alle Gesellschafter bekannt sind. In Übereinstimmung mit dem früheren Recht wird in § 35 UmwG angeordnet, dass die unbekannten Aktionäre im Verschmelzungsvertrag oder im Umwandlungsbeschluss und ebenso bei der Anmeldung zur Eintragung in das zuständige Register durch Angabe ihrer Aktienurkunden zu bezeichnen sind. Problematisch ist dabei, ob sich der Rechtsträger auch dann des Verfahrens nach § 35 UmwG bedienen darf, wenn er zuvor keine ernsthaften Bemühungen zur Ermittlung der unbekannten Aktionäre unternommen hat. Das BayObLG (ZIP 1996, 1467; Vorinstanz LG Augsburg, ZIP 1996, 1111) hat entschieden, dass die Aktionäre »soweit als möglich« namentlich zu 1108 bezeichnen sind und zu diesem Zweck lediglich empfohlen, in der Einleitung zur Hauptversammlung die Aktionäre zur Angabe ihrer Identität aufzufordern.

1109   Der Gesetzgeber hat im **Zweiten Gesetz zur Änderung des UmwG v. 25.04.2007** in § 35 UmwG die Problematik unbekannter Aktionäre neu geregelt (vgl. Drinhausen, BB 2006, 2313, 2314): Unbekannte Aktionäre einer übertragenden AG oder KGaA sind im Verschmelzungsvertrag, bei Anmeldungen zur Eintragung in ein Register oder bei der Eintragung in eine Liste von Anteilsinhabern durch die Angabe des insgesamt auf sie entfallenden Teils des Grundkapitals der Gesellschaft und der auf sie nach der Verschmelzung entfallenden Teils des Grundkapitals der Gesellschaft und der auf sie nach der Verschmelzung entfallenden Anteile zu bezeichnen, soweit eine Benennung der Anteilsinhaber für den übernehmenden Rechtsträger gesetzlich vorgeschrieben ist (**Sammelvermerk**); eine Bezeichnung in dieser Form ist nur zulässig für Anteilsinhaber, deren Anteile zusammen den zwanzigsten Teil des Grundkapitals der übertragenden Gesellschaft nicht überschreiten. Werden solche Anteilsinhaber später bekannt, so sind Register oder Listen von Amts wegen zu berichtigen. Bis zu diesem Zeitpunkt kann das Stimmrecht aus den betreffenden Anteilen in dem übernehmenden Rechtsträger nicht ausgeübt werden. Die Begründung zum RegE (BR-Drucks. 548/06, S. 23) weist darauf hin, dass die vorgesehene Bezeichnung unbekannter Aktionäre durch die Angabe ihrer Aktienurkunden praktische Schwierigkeiten bereitete, wenn sich die Aktien in der Girosammelverwahrung ohne Einzelverbriefung befinden oder der Verbriefungsanspruch gem. § 10 Abs. 5 AktG sogar ganz ausgeschlossen ist. Aufgrund der Neuregelung soll daher die Bezeichnung in der Weise zugelassen werden, dass die unbekannten Anteilsinhaber in einem Sammelvermerk durch die Angabe des auf sie insgesamt entfallenden Teils des Grundkapitals der AG und der auf sie nach der Verschmelzung entfallenden Anteile bestimmt werden. Um Missbräuche zu verhindern, soll diese besondere Möglichkeit der Bezeichnung aber nur für Anteilsinhaber möglich sein, deren Aktien max. 5 % des Grundkapitals der Gesellschaft umfassen. Mit der erleichterten Bezeichnung noch nicht gelöst werden die Probleme, die sich nach der Verschmelzung beim Vorhandensein unbekannter Anteilsinhaber für die Wirksamkeit von Gesellschafterbeschlüssen ergeben. Deshalb soll das Stimmrecht dieser Personen so lange ruhen, bis ihre Identität geklärt ist. Maßgebender Zeitpunkt für die Wahrung der 5 %-Grenze ist **die Eintragung der Verschmelzung** (Kallmeyer/Marsch-Barner, UmwG, § 35 Rn. 3; Lutter/Grunewald, § 35 UmwG Rn. 12 f.; Widmann/Mayer/Wälzholz, § 35 UmwG Rn. 22).

VIII. Zustimmung von Sonderrechtsinhabern

1110   Anders als bei der GmbH sehen die besonderen Vorschriften des Umwandlungsrechts für die AG **keine Sondervorschriften** für die Zustimmung von Sonderrechtsinhabern vor, sodass insb. nur § 23 UmwG zu beachten ist, § 13 Abs. 2 UmwG spielt für die AG ebenfalls keine Rolle, da die Abtretung der Anteile bei der AG nicht von der Genehmigung bestimmter Einzelaktionäre abhängig gemacht werden kann.

1111   Sind bei einer AG **vinkulierte Namensaktien** vorhanden, so findet § 13 Abs. 2 UmwG keine Anwendung, da Namensaktien nur an die Zustimmung der Gesellschaft gebunden werden können, ein Zustimmungsvorbehalt für nur bestimmte einzelne Aktionäre kann nicht vorgesehen werden (vgl. Bermel/Müller, NZG 1998, 331, 332).

1112   § 23 UmwG bestimmt für die AG, dass die übernehmende Gesellschaft den Inhaber von Wandelschuldverschreibungen, Gewinnschuldverschreibungen und Genussscheinen Rechte zu gewähren sind, die diesen Rechten entsprechen (vgl. oben Teil 2 Rdn. 563 ff.).

IX. Anwendung der Vorschriften über die Nachgründung

1113   § 67 UmwG bestimmt, dass, wenn der Verschmelzungsvertrag in den ersten 2 Jahren seit der Eintragung der übernehmenden Gesellschaft in das Register geschlossen wurde, die §§ 52 Abs. 3, Abs. 4, Abs. 6 bis Abs. 9 AktG über die Nachgründung entsprechend anzuwenden sind. Dies gilt nicht, wenn der gesamte Betrag der zu gewährenden Aktien den zehnten Teil des Grundkapitals dieser Gesellschaft nicht übersteigt. Die Vorschrift soll sicherstellen, dass die Verschmelzungen nicht genutzt werden, die Bestimmung über die Nachgründung zu umgehen. Auf diese Weise soll die reale Kapitalaufbringung der AG sichergestellt werden (so Lutter/Grunewald, § 67 UmwG Rn. 1; kritisch Widmann/Mayer/Rieger, § 67 UmwG Rn. 4). Zu beachten ist allerdings, dass nach der Novelle der § 52 AktG durch das NaStraG v. 18.01.2001 (BGBl. I, S. 123) nur noch Verträge mit Gründern oder mit mehr als 10 % beteiligten Aktionären erfasst sind (vgl. Bröcker, ZIP 1999, 1029 ff.; Lutter/Ziemons, ZGR 1999, 479; Lutter/Grunewald, § 67 UmwG Rn. 3). Für das Umwandlungsrecht bedeutete diese Änderung nach allgemeiner Meinung keine Änderung, sodass die Ausnahme nur dann eingreife, wenn der Erwerb von Unternehmen oder von solchen Vermögensgegenständen, aus denen sich das durch Verschmelzung zu übernehmende Vermögen nahezu ausschließlich zusammensetzt, zum Geschäftsgegenstand der übernehmenden AG gehört (vgl. Schmitt/Hörtnagl/Stratz, UmwG, UmwStG, § 67 UmwG Rn. 8).

Maßgeblich ist der Zeitpunkt der notariellen Beurkundung des Verschmelzungsvertrages (Widmann/ Mayer/Rieger, Umwandlungsrecht, § 67 UmwG Rn. 5; Kallmeyer/Marsch-Barner, UmwG, § 67 Rn. 3; Lutter/Grunewald, § 67 UmwG Rn. 4; Stratz. in: Schmitt/Hörtnagl/Stratz, § 67 UmwG Rn. 2). Die **2-Jahres-Frist** des § 67 Abs. 1 UmwG beginnt mit der Eintragung **der übernehmenden AG** im Handelsregister (Widmann/Mayer/Rieger, Umwandlungsrecht, § 67 UmwG Rn. 6; Kallmeyer/Marsch-Barner, UmwG, § 67 Rn. 2; Lutter/Grunewald, § 67 UmwG Rn. 4; Stratz. in: Schmitt/ Hörtnagl/Stratz, § 67 UmwG Rn. 2; vgl. AG Memmingen, MittBayNot 2007, 147 zur Frage, wann die Frist bei einer Vorratsgründung beginnt). Ist die AG ihrerseits durch Formwechsel entstanden, kam es nach der bis zum Zweiten Gesetz zur Änderung des UmwG v. 25.04.2007 geltenden gesetzlichen Regelung nur dann nicht auf den Eintragungszeitpunkt der AG an, wenn die AG aus einer KGaA entstanden ist. Der Formwechsel aus anderen Gesellschaften, auch Kapitalgesellschaften, änderte nichts daran, dass es auf den Zeitpunkt der Eintragung der AG ankommt (so zu Recht Widmann/ Mayer/Rieger, Umwandlungsrecht, § 67 UmwG Rn. 8 f.; Kallmeyer/Marsch-Barner, UmwG, § 67 Rn. 1). Dies galt sogar dann, wenn die AG **durch den Formwechsel einer seit mehr als 2 Jahren bestehenden GmbH entstanden ist.** Für diesen Fall hat das **Zweite Gesetz zur Änderung des UmwG** die Anwendung der Nachgründungsvorschriften nunmehr durch eine Ergänzung der Ausnahmeregelung in Satz 2 entbehrlich gemacht. Die Vorschriften über die Nachgründung sind nicht anwendbar, wenn die Gesellschaft ihre Rechtsform durch Formwechsel einer GmbH erlangt hat, die zuvor bereits seit mindestens 2 Jahren im Handelsregister eingetragen war. Die Begründung zum RegE (BR-Drucks. 548/06, S. 23) weist darauf hin, dass nach der Änderung der Nachgründungsvorschrift des § 52 AktG durch das Namensaktiengesetz v. 18.01.2001 (BGBl. I, S. 123) auch die Anwendung dieser Regelung im Fall einer Verschmelzung gelockert werden soll. Wenn eine übernehmende AG zuvor bereits seit mindestens 2 Jahren in der Rechtsform einer GmbH im Handelsregister eingetragen war, sollen die Nachgründungsregeln keine Anwendung finden. Dem liegt die Überlegung zugrunde, dass die Kapitalaufbringung bei der GmbH nach ähnlichen Regeln wie bei der AG erfolgt, sodass eine Behandlung als Nachgründung entbehrlich erscheint. Unklar ist allerdings, ob dies auch gilt, wenn die AG durch Formwechsel einer KGaA entstanden ist und diese KGaA bereits 2 Jahre im Handelsregister eingetragen war. Dem wird man folgen müssen (vgl. Mayer/Weiler, DB 2007, 1235, 1240).

Die **Nachgründungsvorschriften** sind **nicht anwendbar,** wenn der Gesamtnennbetrag der zu gewährenden Aktien 10 % des Grundkapitals der übernehmenden Gesellschaft nicht übersteigt. Maßgebend ist das gesamte Grundkapital der übernehmenden AG einschließlich der zur Durchführung der Verschmelzung erfolgenden Kapitalerhöhung (Widmann/Mayer/Rieger, Umwandlungsrecht, § 67 UmwG Rn. 13; Kallmeyer/Marsch-Barner, UmwG, § 67 Rn. 4; Lutter/Grunewald, § 67 UmwG Rn. 7; Stratz, in: Schmitt/Hörtnagl/Stratz, § 67 UmwG Rn. 5). Bei der Berechnung der Quote sind alle Aktien zu berücksichtigen. Die Einteilung in Stamm- oder Vorzugsaktien ist unerheblich. Auch genehmigtes und bedingtes Kapital ist Bestandteil der Bezugsgröße, soweit bis zur Eintragung der Verschmelzung von dem genehmigten bzw. dem bedingten Kapital Gebrauch gemacht wurde. Maßgebend ist das Grundkapital im Zeitpunkt der Eintragung der Verschmelzung (Widmann/Mayer/Rieger, Umwandlungsrecht, § 67 UmwG Rn. 13; Kallmeyer/Marsch-Barner, UmwG, § 67 Rn. 4; Lutter/Grunewald, § 67 UmwG Rn. 7; Stratz, in: Schmitt/Hörtnagl/Stratz, § 67 UmwG Rn. 5).

Sind die Voraussetzungen des § 67 gegeben, dann sind die **Nachgründungsvorschriften** § 52 Abs. 3, 4, 6 bis 9 AktG anzuwenden (Widmann/Mayer/Rieger, Umwandlungsrecht, § 67 UmwG Rn. 19; Kallmeyer/Marsch-Barner, UmwG, § 67 Rn. 6; Lutter/Grunewald, § 67 UmwG Rn. 12 ff.; Stratz, in: Schmitt/Hörtnagl/Stratz, § 67 UmwG Rn. 8 ff.), insb.:

1114

1115

1116

Prüfung durch Aufsichtsrat und **Nachgründungsbericht** (§ 52 Abs. 3 AktG)	Vor der Beschlussfassung der Hauptversammlung hat der Aufsichtsrat den Verschmelzungsvertrag zu prüfen, einen schriftlichen Bericht zu erstatten; für diesen Nachgründungsbericht gilt sinngemäß § 32 Abs. 2 und Abs. 3 AktG wie bei dem Gründungsbericht.
Nachgründungsprüfung (§ 52 Abs. 4 AktG)	Vor der Beschlussfassung hat eine Prüfung durch einen oder mehrere Gründungsprüfer stattzufinden. Der Nachgründungsprüfer wird gem. § 67 i. V. m. §§ 52 Abs. 4, 33 Abs. 3 AktG durch das für die übernehmende AG zuständige Gericht bestellt. In diesen Fällen empfiehlt es sich, die Verschmelzungsprüfer zu bestimmen, da diese bereits die Vermögensverhältnisse kennen (Lutter/Grunewald, UmwG, § 67 Rn. 12).

1117 Unklar war vor dem 2. UmwÄndG, ob, wenngleich § 67 UmwG nicht auf § 52 Abs. 6 AktG verweist, nicht nur die Verschmelzung nach § 16 UmwG zum **Handelsregister** anzumelden ist, sondern auch der **Verschmelzungsvertrag**. Zur Regelung des § 342 AktG i. d. F. vor 1995 war die überwiegende Meinung, dass ausnahmsweise auch der Verschmelzungsvertrag zum Handelsregister angemeldet und eingetragen werden muss. Ohne die Eintragung des Verschmelzungsvertrages könne auch nicht die Verschmelzung eingetragen werden (so Grunewald, in: Geßler/Hefermehl, AktG, § 342 Rn. 1; KK-AktG/Kraft, § 342 Rn. 15). Die überwiegende Literaturmeinung war auch zu § 67 UmwG der Auffassung, dass der Vorstand den Verschmelzungsvertrag zum Handelsregister anzumelden hat und dabei die in § 52 Abs. 6 AktG genannten Urkunden einreichen muss (Widmann/Mayer/Rieger, Umwandlungsrecht, § 67 UmwG Rn. 36). Seit dem 2. UmwÄndG ist klargestellt worden, dass auch § 56 Abs. 6 AktG gilt. Der Verschmelzungsvertrag ist daher auch im Handelsregister vor der Eintragung der Verschmelzung einzutragen (Kallmeyer/Marsch-Barner, UmwG, § 67 Rn. 6; Widmann/Mayer/Rieger, Umwandlungsrecht, § 67 UmwG Rn. 36; Kallmeyer/Marsch-Barner, UmwG, § 67 Rn. 8; Lutter/Grunewald, § 67 UmwG Rn. 16; Stratz, in: Schmitt/Hörtnagl/Stratz, § 67 UmwG Rn. 14).

X. Kapitalerhöhung bei Verschmelzung zur Aufnahme

1118 Vgl. zunächst allgemein oben Teil 2 Rdn. 252 ff.

1119 Vgl. zur Euroumstellung Teil 5 Rdn. 122 ff.

1120 Das Vorliegen nicht voll eingezahlter Stammeinlagen bei der übertragenden AG ist m. E. grds. **kein Hindernis für die beabsichtigte Verschmelzung**. Hierfür findet sich in § 51 UmwG bei der GmbH eine ausdrückliche Regelung.

1121 Sehr fraglich erscheint daher, inwiefern bei Verschmelzung AG auf GmbH bei nicht volleingezahlten Stammeinlagen eine **Zustimmung nach § 51 Abs. 1 UmwG** erforderlich ist. Vom Wortlaut der Norm ist der Fall nicht erfasst. Denn § 51 Abs. 1 Satz 1 UmwG stellt auf eine aufnehmende GmbH ab, bei der die Geschäftsanteile nicht voll eingezahlt sind. Bei der Mischverschmelzung nach § 51 Abs. 1 Satz 2 UmwG ist die AG als übertragender Rechtsträger nicht genannt. § 51 Abs. 1 Satz 3 UmwG bezieht sich ausschließlich auf die reine GmbH-Verschmelzung. **Mayer** (Widmann/Mayer/Mayer, Umwandlungsrecht, § 51 UmwG Rn. 22) hält eine analoge Anwendung des § 51 Abs. 1 Satz 3 UmwG für eine nicht reine GmbH-Verschmelzung für nicht möglich, da sich die Geschäftsführer gem. § 52 Abs. 1 UmwG in der Anmeldung über das Vorliegen der erforderlichen Individualzustimmung zu erklären haben und falsche Versicherungen nach § 313 Abs. 2 UmwG strafbewehrt sind (ebenso Lutter/Winter/Vetter, UmwG, § 51 Rn. 36 f.). Letzterer gesteht allerdings zu, dass die Gründe für die Beschränkung des Anwendungsbereichs in § 51 Abs. 1 Satz 3 UmwG des Gesetzgebers im Dunkeln bleiben. Entweder nehme der Gesetzgeber an, dass für Einlageforderungen eines übertragenden Rechtsträgers, der nicht GmbH ist, trotz ihres Übergangs auf die übernehmende GmbH im Wege der Gesamtrechtsnachfolge deren Gesellschafter nicht nach § 24 GmbHG haften oder der Gesetzgeber gehe davon aus, das Schutzbedürfnis der Gesellschafter einer übernehmenden GmbH sei bei Verschmelzungen mit einem Rechtsträger anderer Rechtsform, bei dem noch nicht alle Einlagen geleistet sind, geringer als bei der reinen GmbH-Verschmelzung. Beide Hypothesen sind m. E. aber insb. bei der hier vorliegenden Konstellation der Verschmelzung einer AG auf eine GmbH nicht überzeugend. Ebenso greift m. E. das Argument von

Winter/Vetter (Lutter/Winter/Vetter, UmwG, § 51 Rn. 36 f.), dass die eindeutige Gesetzesformulierung gegen die Annahme einer planwidrigen, eine Analogie rechtfertigende Gesetzeslücke spricht, nicht. Geht man nämlich davon aus, dass im hier vorliegenden Fall § 24 GmbHG bzgl. der offenen Stammeinlageforderungen eingreift, die aus der AG stammen, ist das Schutzbedürfnis für die beteiligten Gesellschafter der übernehmenden GmbH ebenso groß wie bei einer Verschmelzung einer GmbH auf eine GmbH. Für die Gesellschafter der übertragenden AG erscheint das Schutzbedürfnis sogar noch größer, da ursprünglich bei ihrer AG gerade mangels einer mit § 24 GmbHG vergleichbaren Norm überhaupt keine Mithaftung für offene Einlagen der Mitaktionäre bestand, diese aber nach der Verschmelzung nach § 24 GmbHG neu entsteht. Daher befürwortet auch ein Teil der Literatur eine analoge Anwendung des § 51 Abs. 1 Satz 3 UmwG (Reichert in: Semler/Stengel, § 51 UmwG Rn. 20; Bayer; ZIP 1997, 1613, 1623a. A. jedoch wiederum Schöne, Die Spaltung unter Beteiligung von GmbH, S. 205).

Auch bei der **übernehmenden AG** stellt sich die Frage, ob die zu gewährenden Aktien im Wege der Kapitalerhöhung beschafft werden müssen. Es muss geprüft werden, ob diese Aktien erst im Wege der Kapitalerhöhung neu gebildet werden müssen, oder ob eigene Aktien zur Verfügung stehen, die den Gesellschaftern der übertragenden Gesellschaft im Austausch gewährt werden können. Hält die AG keine eigenen Aktien, die sie den Anteilsinhabern der übertragenden Gesellschaft zum Austausch übertragen kann, muss die zu leistende Aktie im Wege der Kapitalerhöhung bei der Verschmelzung zur Aufnahme geschaffen werden (vgl. eingehend oben Teil 2 Rdn. 252 ff.). **1122**

Ebenso wie bei der GmbH bestimmt § 66 UmwG, dass bei Notwendigkeit einer Kapitalerhöhung die Verschmelzung erst eingetragen werden darf, nachdem die Durchführung der Erhöhung des Grundkapitals im **Register** eingetragen worden ist. Wie bei der Verschmelzung nach altem Recht sieht das Gesetz auch bei der AG ein **vereinfachtes Verfahren zur Erhöhung des Stammkapitals** vor: § 69 UmwG (vgl. eingehend oben Teil 2 Rdn. 252 ff.). Bei der Kapitalerhöhung nach § 69 UmwG handelt es sich ebenso wie bei der GmbH um eine Kapitalerhöhung gegen Sacheinlage, die Einlagepflicht wird durch Übertragung des Vermögens der übertragenden Gesellschaft erfüllt. Da nach § 5 Abs. 1 Nr. 4 UmwG die Einzelheiten für die Übertragung der Anteile bereits im Verschmelzungsvertrag zu regeln sind, muss bereits im Verschmelzungsvertrag festgelegt werden, ob und in welcher Weise die übernehmende Gesellschaft ihr Grundkapital zur Durchführung der Verschmelzung erhöht. Im alten Recht war umstritten, ob der Kapitalerhöhungsbeschluss den Zustimmungsbeschlüssen vorauszugehen hat. **1123**

1. Durchführung der Kapitalerhöhung. Für die AG sieht § 69 UmwG eine vereinfachte Kapitalerhöhung im Zuge der Verschmelzung vor. Nach § 69 Abs. 1 UmwG sind insb. folgende Vorschriften über die Kapitalerhöhung des AktG nicht anzuwenden: § 182 Abs. 4 AktG, wonach das Grundkapital nicht erhöht werden soll, solange noch ausstehende Einlagen erlangt werden können; § 184 Abs. 1 Satz 2 AktG, der die entsprechende Regelung bei der Anmeldung enthält. Ebenfalls ausgeschlossen sind die **Vorschriften über die Zeichnung der neuen Aktien**, das Bezugsrecht und das **vorrangige Bezugsrecht der Aktionäre** (§§ 185, 186, 187 Abs. 1 AktG). Schließlich sind auch nicht § 188 Abs. 3 Nr. 1 AktG, der die Beifügung der Zweitschriften der Zeichnungsscheine bei der Anmeldung vorsieht, und § 188 Abs. 2 AktG mit seiner Verweisung auf die §§ 36 Abs. 2, 36a, 37 Abs. 1 AktG. anzuwenden. I. Ü. sind die allgemeinen Vorschriften der §§ 182 ff. AktG bei der Kapitalerhöhung anzuwenden (vgl. Widmann/Mayer/Rieger, Umwandlungsrecht, § 69 UmwG Rn. 3; Stratz, in: Schmitt/Hörtnagl/Stratz, § 69 UmwG Rn. 5; Lutter/Grunewald, § 69 UmwG Rn. 3 ff.). **1124**

Da es sich auch bei der AG um eine Kapitalerhöhung gegen Sacheinlagen handelt findet insb. § 183 AktG Anwendung. Eine Prüfung der Sacheinlagen **durch einen vom Gericht nach §§ 183 Abs. 3, 33 Abs. 3 AktG zu bestellenden Prüfer** (**Sachgründungsprüfung**) im Wege der externen Prüfung der Sacheinlage findet allerdings gem. § 69 Abs. 1 UmwG nur statt, **1125**

– soweit der übertragende Rechtsträger die Rechtsform einer Personenhandelsgesellschaft, einer Partnerschaftsgesellschaft oder eines rechtsfähigen Vereins hat oder
– wenn die Vermögensgegenstände in der Schlussbilanz der übertragenden Gesellschaft höher bewertet worden sind als in dessen letzter Jahresbilanz (Buchwertaufstockung) oder

– wenn die in der Schlussbilanz angesetzten Werte nicht als Anschaffungskosten in den Jahresbilanzen der übernehmenden Gesellschaft angesetzt werden oder
– wenn das Gericht Zweifel hat, ob der Wert der Sacheinlage den geringsten Ausgabebetrag der dafür zu gewährenden Aktien erreicht.

Durch das 3. UmwÄndG vom 11.07.2011 (BGBl. I, S. 1338) wurde in § 69 Abs. 1 Satz 4 UmwG geregelt, dass zum Prüfer in diesem Sinne auch der Verschmelzungsprüfer bestellt werden kann. Die Begründung zum Gesetzentwurf weist darauf hin, dass die differenzierte Regelung zur Notwendigkeit einer Sacheinlagenprüfung beibehalten werde. Zum Zwecke der Vereinfachung solle jedoch von der Option Gebrauch gemacht werden, die durch Art. 1 Nr. 3 der Änderungsrichtlinie in Art. 27 Abs. 3 Unterabs. 3 der Richtlinie 77/91/EWG eingeführt wurde. Sie gestatte die Prüfung der Sacheinlagen und des Verschmelzungsvertrages durch dieselben Sachverständigen. Für die Auswahl der Prüfer gelten in diesem Fall § 11 Abs. 1 UmwG, § 319 Abs. 1 bis 4 und § 319a Abs. 1 HGB (BT-Drucks. 17/3122, S. 17).

1126 Danach findet also eine **Sacheinlagenprüfung** bei einer Erhöhung des Grundkapitals der übernehmenden AG auch dann statt, soweit eine Personenhandelsgesellschaft, eine Partnerschaftsgesellschaft oder ein Verein aufgenommen werden oder wenn Aktivposten in der Schlussbilanz der übertragenden Rechtsträger höher bewertet worden sind als in der vorausgehenden Jahresbilanz. Die Sacheinlagenprüfung in diesem Fall beruht auf der Erwägung, dass in diesen Fällen stets die Gefahr einer Aushöhlung des Grundkapitals und damit einer **Verletzung des Verbots der unter-pari-Emission** besteht, weil das Vermögen der übertragenden Personenhandelsgesellschaft, der Partnerschaftsgesellschaft oder des Vereins erst zu prüfen ist, um seinen Wert festzustellen oder weil die neue Bewertung so hoch ausfallen kann, dass der reale Wert des bewerteten Anteils der Sacheinlage nicht mit dem Nennwert der für sie neu begebenden Aktien entspricht. Die Vorschrift berücksichtigt ferner den nunmehr nach § 24 UmwG möglichen Fall, dass die übernehmende Gesellschaft die Buchwerte aus der Schlussbilanz des übertragenden Rechtsträgers nicht fortführt, sondern die übernommenen Wirtschaftsgüter neu bewertet. Auch hier muss einer zu hohen Bewertung durch eine Sacheinlagenprüfung vorgebeugt werden.

1127 Grds. ist daher das Verfahren der **Kapitalerhöhung bei der Verschmelzung** das gleiche wie bei der **Kapitalerhöhung gegen Sacheinlagen** (vgl. Lutter/Grunewald, UmwG, § 69 Rn. 7 ff.). Da die Verschmelzung eine Sacheinlage darstellt, sind in die Tagesordnung aufzunehmen und bekannt zu machen (§§ 183 Abs. 1, 124 Abs. 1 AktG):
– der Wortlaut der vorgeschlagenen Satzungsänderung (Grundkapital und Erhöhungsbetrag, Zahl der neuen Aktien, Nennbetrag, Ausgabebetrag, Gattung und Art);
– die Kapitalerhöhung zur Durchführung der Verschmelzung, übertragende Gesellschaft mit genauem Namen, Wert des Vermögens der übertragenden Gesellschaft und deren Grundkapital;
– der Nennbetrag bzw. bei Stückaktien die Zahl der als Gegenleistung zu gewährenden Aktien sowie
– die Höhe etwaiger Zuzahlungen.

Der **Kapitalerhöhungsbeschluss** hat den Inhalt der normalen Kapitalerhöhung, nach § 182 Abs. 1 AktG ist eine Mehrheit, die mindestens 3/4 des bei der Beschlussfassung vertretenen Grundkapitals umfasst, erforderlich.

1128 In der Hauptversammlung der aufnehmenden Gesellschaft muss die **Kapitalerhöhung gesondert** beschlossen werden. Für den Kapitalerhöhungsbeschluss gilt § 182 AktG allerdings mit der Ergänzung, dass der Kapitalerhöhungsbeschluss wegen der Nichtanwendbarkeit von § 182 Abs. 4 AktG unabhängig davon zulässig ist, ob noch Einlagen auf das bisherige Grundkapital ausstehen und noch erlangt werden können (vgl. Widmann/Mayer/Rieger, Umwandlungsrecht, § 69 UmwG Rn. 15; Lutter/Grunewald, UmwG, § 69 Rn. 5; Kallmeyer/Marsch-Barner, UmwG, § 69 Rn. 5; Stratz, in: Schmitt/Hörtnagl/Stratz, § 69 UmwG Rn. 12). Der Beschluss bedarf einer Mehrheit von mindestens 3/4 des bei Beschlussfassung vertretenen Grundkapitals (§ 182 Abs. 1 AktG). Der Inhalt des Kapitalerhöhungsbeschlusses entspricht dem allgemeinen Kapitalerhöhungsbeschluss allerdings mit spezifischen Ergänzungen (vgl. Widmann/Mayer/Rieger, Umwandlungsrecht, § 69 UmwG Rn. 16). Da es sich um eine Kapitalerhöhung handelt, sind **folgende Elemente zu beachten:**
– Firma der übertragenden Gesellschaft oder des übertragenden Rechtsträgers,
– Angaben zum Gegenstand der Sacheinlage: Vermögen der übertragenden Gesellschaft,

- Betrag der Kapitalerhöhung,
- Nennbetrag der Aktien bzw. bei Stückaktien die Zahl,
- Aktienart (Inhaberaktien oder Namensaktien),
- Aktiengattung (Stammaktien oder Vorzugsaktien).

Die **Form** (Stück- oder Nennbetragsaktie) muss nicht angegeben werden, da sich diese nach der Form, **1129** der Aktien der aufnehmenden AG richtet; ein Hinweis auf die vorhandenen Aktien kann allerdings zweckmäßig sein (vgl. Hüffer/Koch, AktG, § 182 Rn. 13). Sind bei der aufnehmenden AG Nennbetragsaktien vorgesehen, so ist laut Beschluss der Nennbetrag der neuen Aktien anzugeben. Sieht die Satzung Stückaktien vor, so sind auch junge Aktien notwendige Stückaktien.

Sind **mehrere Gattungen** von stimmberechtigten Aktien vorhanden, so bedarf auch der Kapitalerhö- **1130** hungsbeschluss der Hauptversammlung zu einer Wirksamkeit der Zustimmung der Aktionäre jeder Gattung. Über die Zustimmung haben die **Aktionäre jeder Gattung einen Sonderbeschluss** zu fassen (§ 182 Abs. 2; vgl. auch § 65 Abs. 2 AktG zu den Sonderbeschlüssen der Zustimmung zur Verschmelzung; vgl. Widmann/Mayer/Rieger, Umwandlungsrecht, § 69 UmwG Rn. 21; § 65 UmwG Rn. 13; Kallmeyer/Marsch-Barner, § 69 UmwG Rn. 6; vgl. auch Lutter/Grunewald, UmwG, § 65 Rn. 8).

Umstritten ist die **Anwendung des § 182 Abs. 3 AktG** (Festsetzung des Ausgabebetrages). Notwendig **1131** ist die Angabe eines Mindestausgabebetrages bei der Kapitalerhöhung zur Verschmelzung nicht, da es bei dieser Kapitalerhöhung nur um die Schaffung einer bestimmten Stückzahl von neuen Aktien geht (so zu Recht Lutter/Grunewald, UmwG, § 69 Rn. 6; Kallmeyer/Marsch-Barner, UmwG, § 69 Rn. 17; Widmann/Mayer/Rieger, Umwandlungsrecht, § 69 UmwG Rn. 17 f.; Diekmann in Semler/Stengel § 69 UmwG Rn. 5; a. A. Stratz, in: Schmitt/Hörtnagl/Stratz, § 69 UmwG Rn. 21). Zulässig ist allerdings, dass der Beschluss einen Mindestausgabebetrag festsetzt, dann dürfen die Aktien nicht unter diesem Betrag ausgegeben werden. In diesem Fall ist eine gesetzliche Rücklage (§ 272 Abs. 2 Nr. 1 HGB) zu bilden (vgl. Lutter/Grunewald, UmwG, § 69 Rn. 7; Widmann/Mayer/Rieger, Umwandlungsrecht, § 69 UmwG Rn. 18; Kallmeyer/Marsch-Barner, UmwG, § 69 Rn. 17).

§ 186 AktG ist nach § 69 Abs. 1 Satz 1 UmwG nicht anwendbar, sodass die **Altaktionäre kein Bezugs- 1132 recht** haben. Da bei der Kapitalerhöhung zur Durchführung einer Verschmelzung die Zeichner im Verschmelzungsbeschluss genannt werden, erfolgt keine Zeichnung neuer Aktien. § 185 AktG ist nach § 69 Abs. 1 Satz 1 UmwG ausdrücklich ausgeschlossen.

Bei der **Handelsregisteranmeldung** ist zu beachten, dass im Grunde drei unterschiedliche Tatsachen **1133** anzumelden sind (vgl. Lutter/Grunewald, UmwG, § 69 Rn. 22; Widmann/Mayer/Rieger, Umwandlungsrecht, § 69 UmwG Rn. 38; Kallmeyer/Marsch-Barner, UmwG, § 69 UmwG Rn. 19):
- Anmeldung der Kapitalerhöhung (§ 69 Abs. 1 Satz 1 i. V. m. § 184 Abs. 1 AktG),
- Anmeldung der Durchführung der Kapitalerhöhung (§ 69 Abs. 1 Satz 1 i. V. m. § 188 Abs. 1 AktG),
- Anmeldung der Verschmelzung (§ 16 UmwG).

Diese werden zweckmäßigerweise verbunden (Kallmeyer/Marsch-Barner, § 69 UmwG Rn. 19). Die Kapitalerhöhung ist durchgeführt, wenn der Verschmelzungsvertrag und die Verschmelzungsbeschlüsse vorliegen (Lutter/Grunewald, § 69 UmwG Rn. 23; Kallmeyer/Marsch-Barner, § 69 UmwG Rn. 19).

Der Beschluss über die Erhöhung des Grundkapitals haben nach § 184 Abs. 1 AktG der **Vorsitzende 1134 des Aufsichtsrates** und der **Vorstand**, Letzterer in vertretungsberechtigter Mitgliederzahl, **anzumelden**. Gleiches gilt für die Anmeldung der Eintragung der Kapitalerhöhung (§ 188 Abs. 1 AktG). Die Anmeldung der Verschmelzung ist durch den Vorstand in vertretungsberechtigter Zahl vorzunehmen (§ 16 AktG). Die Kapitalerhöhung ist durchgeführt, wenn der Verschmelzungsvertrag wirksam ist, also beurkundet und die zu seiner Wirksamkeit erforderlichen Verschmelzungsbeschlüsse und etwaige Zustimmungserklärungen vorliegen (vgl. Lutter/Grunewald, UmwG, § 69 Rn. 23). Vorher darf die Anmeldung der Durchführung nicht erfolgen. Liegen diese Voraussetzungen vor, können allerdings die Anmeldung des Kapitalerhöhungsbeschlusses und die Durchführung der Kapitalerhöhung nach § 188 Abs. 4 AktG verbunden werden. Mit der Anmeldung kann darüber hinaus auch die Anmeldung der Verschmelzung verbunden werden (Kallmeyer/Zimmermann, UmwG, § 66 Rn. 15). Darüber hinaus ist die Kapitalerhöhung eine Satzungsänderung, die ihrerseits wiederum nach § 181 Abs. 1 AktG vom Vorstand in vertretungsberechtigter Zahl zur Eintragung ins Handelsregister anzumelden ist. Dementsprechend kann auch mit den anderen Anmeldungen die Anmeldung der Satzungsänderung verbunden werden, was in der Praxis üblich ist (Widmann/Mayer/Rieger, Umwandlungsrecht, § 69 UmwG Rn. 42; Kallmeyer/Zimmermann, UmwG, § 66 Rn. 15; Diekmann in: Semler/Stengel, § 69 UmwG Rn. 25).

1135 Eine Kapitalerhöhung ist auch eine **Satzungsänderung** und bedarf daher eines Beschlusses der Hauptversammlung gem. § 169 Abs. 1 Satz 1 AktG. Die Angaben zur Kapitalziffer und der Zahl der Aktien sind notwendige Satzungsbestandteile, die infolge der Kapitalerhöhung ebenfalls geändert werden müssen.

1136 Der Anmeldung der Kapitalerhöhung sind nach § 69 Abs. 2 UmwG **folgende Unterlagen beizufügen** (vgl. Kallmeyer/Marsch-Barner, § 69 UmwG Rn. 19; Widmann/Mayer/Rieger, Umwandlungsrecht, § 69 UmwG Rn. 39):
– Niederschrift des Kapitalerhöhungsbeschlusses in elektronisch beglaubigte Abschrift oder öffentlich beglaubigter Abschrift,
– (ggf.) Niederschrift über notwendige Sonderbeschlüsse in elektronisch beglaubigte Abschrift oder öffentlich beglaubigter Abschrift,
– Schlussbilanzen der übertragenden Rechtsträger oder Wertgutachten,
– ggf. Prüfungsbericht nach § 69 Abs. 1 Satz 1 UmwG i. V. m. § 184 Abs. 1 Satz 2 AktG, soweit ein solcher erforderlich ist.

1137 In der Literatur ist **umstritten**, ob die in § 69 Abs. 2 UmwG bezeichneten Unterlagen der Anmeldung der Kapitalerhöhung oder nur der Anmeldung der Durchführung der Kapitalerhöhung beizufügen sind. Da in der Praxis häufig die Anmeldungen verbunden werden, spielt diese Frage keine allzu große Rolle. Erfolgt – etwa weil der Verschmelzungsvertrag noch nicht wirksam ist – die Anmeldung der Durchführung der Kapitalerhöhung erst später, so soll man – laut einen Teil der Literatur – verlangen müssen, dass die in § 69 Abs. 2 genannten Anlagen auch bei der Anmeldung der Kapitalerhöhung bereits vorzulegen sind (so Widmann/Mayer/Rieger, Umwandlungsrecht, § 69 UmwG Rn. 41; Stratz, in: Schmitt/Hörtnagl/Stratz, § 69 UmwG Rn. 24; a. A. Lutter/Grunewald, UmwG, § 69 Rn. 23; Kallmeyer/Marsch-Barner, § 69 UmwG Rn. 19).

1138 Es wären dann bei der Anmeldung der Kapitalerhöhung (nach a. A. erst bei der Anmeldung der Durchführung der Kapitalerhöhung) folgende Unterlagen noch beizufügen:
– notarielle Niederschrift des Verschmelzungsvertrages,
– Niederschriften der Verschmelzungsbeschlüsse in elektronisch beglaubigte Abschrift oder öffentlich beglaubigter Abschrift,
– Vorlage etwaiger Zustimmungserklärungen, elektronisch beglaubigte Abschrift en oder beglaubigter Abschriften,
– alle die Höhe der Gegenleistung betreffenden Nebenvereinbarungen, soweit nicht im Verschmelzungsvertrag enthalten (§ 188 Abs. 3 Nr. 2 AktG),
– notarielle Niederschrift des Beschlusses über die Änderung der Satzung bzgl. des Grundkapitals,
– vollständiger Wortlaut der Satzung mit notarieller Vollständigkeitsbescheinigung nach § 181 Abs. 1 Satz 1 AktG,
– Aufstellung aller der Übernehmerin durch die Ausgabe der neuen Aktie entstehenden Kosten (§ 188 Abs. 3 Nr. 3 AktG),

1139 Möglich ist auch die Durchführung einer **bedingten Kapitalerhöhung** (Lutter/Grunewald, UmwG, § 69 Rn. 25; Kallmeyer/Marsch-Barner, UmwG, § 69 Rn. 15 ff.; Widmann/Mayer/Rieger, Umwandlungsrecht, § 69 UmwG Rn. 48; Diekmann in: Semler/Stengel, § 69 UmwG Rn. 21; Stratz, in: Schmitt/Hörtnagl/Stratz, § 69 UmwG Rn. 27.). Dies ist dann sinnvoll, wenn die Zahl der zu gewährenden Aktien noch nicht festgelegt werden kann und daher eine gewöhnliche Kapitalerhöhung gegen Sacheinlagen unmöglich ist. Soll die Kapitalerhöhung bereits in einem frühen Stadium zur Vorbereitung der Verschmelzung erfolgen und steht die Zahl der Aktien noch nicht fest, kommt daher die bedingte Kapitalerhöhung in Betracht. Die bedingte Kapitalerhöhung findet i. d. R. statt, wenn die Kapitalerhöhungen Abschluss des Verschmelzungsvertrages beschlossen werden soll (Widmann/Mayer/Rieger, Umwandlungsrecht, § 69 UmwG Rn. 49; Diekmann in: Semler/Stengel, § 69 UmwG Rn. 21; Kallmeyer/Marsch-Barner, § 69 UmwG Rn. 15). Auf die bedingte Kapitalerhöhung werden daher die

§§ 192 ff. AktG ohne Weiteres angewendet. Es bestand allerdings auch zum alten § 343 AktG Einigkeit, dass in Analogie zu § 343 Abs. 1 AktG die nicht passenden Vorschriften der §§ 198, 200, 201 AktG nicht anzuwenden seien (vgl. KK-AktG/Kraft, § 343 Rn. 34). Der Gesetzgeber hat diese Frage in § 69 UmwG nicht geregelt, man wird daher auch hier in **Analogie zu § 69 UmwG** die genannten Vorschriften ebenfalls nicht anwenden können (vgl. Lutter/Grunewald, UmwG, § 69 Rn. 24).

Auch ein **genehmigtes Kapital** kann zur Durchführung der Verschmelzung genutzt werden (vgl. Lutter/Grunewald, UmwG, § 69 Rn. 24; Kallmeyer/Marsch-Barner, UmwG, § 69 Rn. 14; Widmann/Mayer/Rieger, Umwandlungsrecht, § 69 UmwG Rn. 51 ff.). Es gelten die §§ 202 ff. AktG. Allerdings muss in der Ermächtigung vorgesehen sein, dass die Aktien gegen Sacheinlagen ausgegeben werden dürfen (§ 205 Abs. 1 AktG), da die Verschmelzung eine Kapitalerhöhung gegen Sacheinlagen darstellt (vgl. Widmann/Mayer/Rieger, Umwandlungsrecht, § 69 UmwG Rn. 52; Kallmeyer/Marsch-Barner, § 69 UmwG Rn. 17; Lutter/Grunewald, UmwG, § 69 Rn. 24; Stratz, in: Schmitt/Hörtnagl/Stratz, § 69 UmwG Rn. 20). **1140**

Weiter ist zu beachten, dass die Erhöhung des Grundkapitals oftmals auch eine **Änderung des Aufsichtsrates** erforderlich macht, wenn die Satzung die Zahl der Aufsichtsratsmitglieder an § 95 AktG ausrichtet (vgl. Heckschen, Verschmelzung von Kapitalgesellschaften, S. 34). **1141**

2. Kapitalerhöhungsverbote. Vgl. zunächst allgemein Teil 2 Rdn. 303 ff. **1142**

Wie bei der GmbH sind auch bei der AG für bestimmte Fälle Kapitalerhöhungsverbote gem. § 68 UmwG vorgesehen. Auch diese Vorschriften sollen die Entstehung eigener Aktien verhindern und den Abbau von derartigen Beständen erleichtern (vgl. eingehend oben Teil 2 Rdn. 303 ff.). **1143**

Nach § 68 Abs. 1 UmwG darf die übernehmende Gesellschaft zur Durchführung der Verschmelzung ihr Grundkapital nicht erhöhen. Es handelt sich zunächst um den Fall, dass die **übernehmende Gesellschaft Anteile an der übertragenden Gesellschaft besitzt**. In dem Fall, in dem die aufnehmende Gesellschaft selbst zu den Gesellschaftern der übertragenden Gesellschaft gehört, würde sie sowohl als Schuldnerin als auch als Gläubigerin des Anspruchs auf die Gewährung der Anteile an der neuen Gesellschaft sein, sodass der Anspruch in einer Person zusammentrifft. Die übernehmende Gesellschaft würde hierdurch nur eigene Geschäftsanteile erwerben. Ist die **übertragende Gesellschaft** eine **100 %ige Tochter der übernehmenden Gesellschaft**, findet überhaupt keine Kapitalerhöhung statt (vgl. oben Teil 2 Rdn. 307 ff.). **1144**

Der zweite Fall (§ 68 Abs. 1 Nr. 2 UmwG) betrifft die Konstellationen, in denen die übertragende Gesellschaft eigene Anteile besitzt. Schließlich bestimmt § 68 Abs. 1 Nr. 3 UmwG, dass eine Kapitalerhöhung nicht zulässig ist, soweit die übertragende Gesellschaft Aktien der aufnehmenden Gesellschaft besitzt, auf die der Nennbetrag oder der höhere Ausgabebetrag nicht voll geleistet ist. In diesem Fall würde die Verschmelzung dazu führen, dass die übernehmende Gesellschaft, da sie Gesamtrechtsnachfolgerin der übertragenden Gesellschaft wird, eigene Aktien erwirbt (vgl. oben Teil 2 Rdn. 311 ff.). **1145**

3. Kapitalerhöhungswahlrechte. § 68 Abs. 1 Satz 2 UmwG sieht **Kapitalerhöhungswahlrechte** vor, soweit die übernehmende Gesellschaft eigene Aktien besitzt, oder ein übertragender Rechtsträger Aktien dieser Gesellschaft besitzt, auf die der Nennbetrag oder der höhere Ausgabebetrag bereits voll geleistet ist (vgl. oben Teil 2 Rdn. 316 ff.). Dieses Wahlrecht beruht auf der Erwägung, dass von einer Kapitalerhöhung abgesehen werden kann, wenn und soweit die übernehmende Gesellschaft den Gesellschaftern der übertragenden Gesellschaft eigene Aktien oder vollbezahlte eigene Geschäftsanteile der übertragenden Gesellschaft an der übernehmenden Gesellschaft gewähren kann. Im ersten Fall sind die eigenen Geschäftsanteile bereits im Vermögen der aufnehmenden Gesellschaft, im zweiten Fall werden sie durch die Gesamtrechtsnachfolge von der übernehmenden Gesellschaft erworben. Im Ergebnis stehen sie aber dann zur Verfügung, um den Gesellschaftern an der übertragenden Gesellschaft als Gegenleistung gewährt zu werden. In beiden Fällen kann die übernehmende Gesellschaft diese Geschäftsanteile für die Gegenleistung verwenden, muss dies aber nicht. Eine **Kapitalerhöhung** ist in diesen Fällen daher trotzdem zulässig. **1146**

1147 **4. Verzicht auf Anteilsgewährung.** Der Gesetzgeber hat im **Zweiten Gesetz zur Änderung des UmwG** v. 25.04.2007 (BGBl. I, S. 542) in den §§ 54 und 68 UmwG n. F. eine Ausnahme durch Verzicht festlegt (vgl. BR-Drucks. 548/06, S. 27): § 68 Abs. 1 Satz 3 UmwG n. F. (für die AG) bestimmt nunmehr, dass die Kapitalerhöhung bei der übernehmenden Kapitalgesellschaft zur Disposition **aller Anteilsinhaber des übertragenden Rechtsträgers** steht. **Verzichten alle Anteilsinhaber des übertragenden Rechtsträgers** in notarieller Urkunde auf die Anteilsgewährung, darf die übernehmende Gesellschaft von der Anteilsgewährung absehen. Nach § 68 Abs. 1 Satz 3 UmwG n. F. ist erforderlich, dass alle Anteilsinhaber eines übertragenden Rechtsträgers in **notariell beurkundeter Verzichtserklärung** verzichtet haben. Zum Schutz der Anteilsinhaber sollen allerdings die Verzichtserklärungen notariell beurkundet werden. Die Beurkundung muss nach den Vorschriften über die Beurkundung von Willenserklärungen (§§ 8 ff. BeurkG) erfolgen; eine Beurkundung nach den §§ 36 ff. BeurkG genügt nicht (vgl. zum vergleichbaren Fall des Verzichts nach § 8 UmwG: Priester, DNotZ 1995, 427, 433; Widmann/Mayer/Mayer, Umwandlungsrecht, § 8 UmwG Rn. 58). Es reicht aus, wenn die Verzichtserklärungen spätestens bei der Anmeldung zum Handelsregister vorliegen (Widmann/Mayer/Mayer, Umwandlungsrecht, § 8 UmwG Rn. 60; Kallmeyer/Marsch-Barner, UmwG, § 8 Rn. 38; Goutier/Knopf/Bermel, Umwandlungsrecht, § 8 UmwG Rn. 49, str.).

XI. Bestellung eines Treuhänders und Umtausch von Aktien

1148 § 71 UmwG bestimmt, dass jeder übertragende Rechtsträger für den Empfang der zu gewährenden Aktien und der baren Zuzahlung einen **Treuhänder zu bestellen** hat (vgl. Lutz, BWNotZ 2011, 150 ff. mit Formulierungsvorschlag). Die Verschmelzung darf erst in das Register eingetragen werden, wenn der Treuhänder dem Gericht angezeigt hat, dass er im Besitz der Aktien und der im Verschmelzungsvertrag festgesetzten baren Zuzahlungen ist. Der Treuhänder hat hierbei die Urkunden aufgrund einer **Treuhandabrede** in Besitz. Die Treuhandabrede lautet i. d. R. dahin, dass die übertragende Gesellschaft die Aktien dem Treuhänder vor der Eintragung in das Handelsregister der übernehmenden Gesellschaft übergeben wird und ihn anweist, die Aktien nach Eintragung der Verschmelzung in das Handelsregister der übernehmenden Gesellschaft den Aktionären der übertragenden Gesellschaft Zug um Zug gegen Aushändigung ihrer Aktien an der übertragenden Gesellschaft zu übergeben. Zu den **Aufgaben des Treuhänders** gehört es, die neuen Aktienurkunden und die baren Zuzahlungen gegen Vorlage der alten Aktien auszugeben. Sind ihm die Aktien ausgehändigt worden, hat er sie der übernehmenden Gesellschaft zu übergeben (vgl. Kallmeyer/Marsch-Barner, UmwG, § 71 Rn. 7; Lutter/Grunewald, UmwG, § 71 Rn. 2 ff.; Lutz, BWNotZ 2011, 150). Die Vorschrift des § 71 UmwG soll den Anteilsinhabern des übertragenden Rechtsträgers die Erlangung der Aktien und eventueller barer Zuzahlungen von der übernehmenden AG erleichtern (Kallmeyer/Marsch-Barner, UmwG, § 71 Rn. 1).

1149 Die Einschaltung des Treuhänders soll nur die **Abwicklung sicherstellen** und vereinfachen (Bothe, ZHR 1955, 196, 199 f.; Lutz, BWNotZ 2011, 150). Der Treuhänder wird in erster Linie im Interesse und zum Schutz der Anteilsinhaber des übertragenden Rechtsträgers bestellt. Daneben hat der Treuhänder im gewissen Rahmen auch die Interessen der übernehmenden Gesellschaft zu vertreten. So dürfen die Aktien erst nach Wirksamwerden der Verschmelzung, also nach der Eintragung im Handelsregister der übertragenden AG ausgegeben. Der Treuhänder übt demgemäß eine **Doppelstellung** aus (Schmitt/Hörtnagl/Stratz, UmwG, UmwStG, § 71 Rn. 2; Diekmann in: Semler/Stengel, § 71 UmwG Rn. 5). Für die Anteilsinhaber der übertragenden Rechtsträger stellt er die Sicherheit dar, dass sie umgehend die Aktien der übernehmenden AG erhalten. Umgekehrt ist im Interesse der übernehmenden AG gewährleistet, dass die neuen Aktien erst nach Wirksamwerden der Verschmelzung ausgehändigt werden. Für den **materiell-rechtlichen Erwerb der Aktien** durch die Gesellschafter der übertragenden Gesellschaft ist der Treuhänder demgegenüber nicht erforderlich. Denn die Mitgliedschaften, die durch eine Kapitalerhöhung geschaffen werden, stehen mit Eintragung der Verschmelzung den neu hinzutretenden Aktionären zu (Lutter/Grunewald, UmwG, § 71 Rn. 9; s. § 20 Abs. 1 Nr. 3 Satz 1 UmwG). Die Mitgliedschaftsrechte aus den Aktien gehen also ipso jure auf die bisherigen Anteilsinhaber des übertragenden Rechtsträgers über, wobei das in dem Verschmelzungsvertrag vorgesehene Umtauschverhältnis für den Umfang des Erwerbs von Aktien maßgeblich ist (Widmann/Mayer/Rieger, Umwandlungsrecht, § 71 UmwG Rn. 23). Die Aktienurkunden, die diese Mitgliedschaft verbriefen, können von den Aktionären bei entsprechender Vertragsgestaltung aufgrund des Geschäftsbesorgungsvertrages/-auftrages von dem Treuhänder heraus verlangt werden (Lutter/Grunewald, § 71 Rn. 9). § 952 BGB greift noch nicht, da noch nicht feststeht, welche Urkunde der Aktionär erhält. Der Treuhänder selbst wird jedoch in keinem Fall Aktionär (Lutter/Grunewald, § 71 Rn. 9). Die **Angabe im Verschmelzungsvertrag**, wer als Treuhänder bestellt wird, wird zwar nicht für zwingend, sondern nur in der Praxis üblich gehalten (Gerold, MittRhNotK 1997, 205). Nach § 71 Abs. 1 Satz 2 UmwG bedarf es als Anlage der Anmeldung der Verschmelzung der Erklärung des Treuhänders, dass er im Besitz der Aktien und der im Verschmelzungsvertrag festgesetzten baren Zuzahlung ist.

Zum Aktienerwerb ist streitig, ob durch die Eintragung der Durchführung einer Kapitalerhöhung im **1150** Zusammenhang mit der Verschmelzung vor Eintragung der Verschmelzung selbst zunächst **eigene Aktien der AG** entstehen. Die herrschende Meinung ist der Auffassung, dass § 189 AktG für die Verschmelzung nicht gilt (Widmann/Mayer/Rieger, Umwandlungsrecht, § 71 UmwG Rn. 20; Lutter/Grunewald, UmwG, § 69 Rn. 20; Semler/Stengel/Diekmann, UmwG, § 69 Rn. 18; Kallmeyer/Marsch-Barner, UmwG, § 69 Rn. 21). Bis zur Eintragung der Verschmelzung entstehen daher keine eigenen Aktien der AG entstehen, diese vielmehr unmittelbar nach § 20 Abs. 1 Nr. 3 UmwG als Rechte der Gesellschafter des übertragenden Rechtsträgers entstehen. Da die Aktien erst mit Eintragung der Verschmelzung entstehen, verbriefen die übergebenen Aktienurkunden bis dahin noch keine Aktien (Semler/Stengel/Diekmann, UmwG, § 71 Rn. 11). Dabei erfolgt keine Übereignung der Aktienurkunden oder Abtretungen der unverbrieften Mitgliedschaft auf den Treuhänder selbst (Lutter/Grunewald, UmwG § 71 Rn. 8). Der Treuhänder wird also nicht selbst Aktionär (h. M. s. nur Diekmann in: Semler/Stengel, UmwG, § 71 Rn. 12; Stratz in: Schmitt/Hörtnagl/Stratz, UmwG, § 71 Rn. 2; Lutter/Grunewald, UmwG § 71 Rn. 8).

Sind an der Verschmelzung **mehrere Rechtsträger** beteiligt, so hat grds. jeder Rechtsträger einen eige- **1151** nen Treuhänder zu bestellen. Möglich ist allerdings auch die Bestellung eines **gemeinsamen Treuhänders** (Widmann/Mayer/Rieger, Umwandlungsrecht, § 170 UmwG Rn. 8; Kallmeyer/Marsch-Barner, UmwG, § 71 Rn. 2; Lutz, BWNotZ 2011, 150). Die Bestellung des Treuhänders erfolgt durch das Vertretungsorgan, dieses handelt in vertretungsberechtigter Zahl. Häufig wird der Treuhänder bereits im Verschmelzungsvertrag vereinbart. Typischerweise werden in der Praxis, Treuhandgesellschaften oder Banken, aber auch RA oder Notare als Treuhänder eingeschaltet. Der Treuhänder sollte einen entsprechenden Nachweis erhalten (vgl. Widmann/Mayer/Rieger, Umwandlungsrecht, § 170 UmwG Rn. 12). Hauptaufgabe des Treuhänders ist die Entgegennahme der ausgegebenen Aktien und der baren Zuzahlungen. Dem Treuhänder sind die Aktienurkunden zu übergeben, die i. R. d. Verschmelzung an die Gesellschafter der übertragenden Gesellschaft ausgegeben werden sollen. Der Treuhänder wird allerdings nur Besitzer, nicht Eigentümer und Aktionär (Widmann/Mayer/Rieger, Umwandlungsrecht, § 71 UmwG Rn. 14). Mit der Eintragung der Verschmelzung werden die Gesellschafter der übertragenden Gesellschaft kraft Gesetzes Aktionäre und damit Inhaber der Aktien der übernehmenden AG. Der Erwerb der Mitgliedschaftsrechte ist nicht von der Übergabe der Aktienurkunden abhängig. Grds. ist ein Treuhänder auch dann zu bestellen ist, wenn nur die übernehmende Gesellschaft eine AG ist. Die Rechtsform des übertragenden Rechtsträgers ist unerheblich.

Werden von der übernehmenden AG **keine Aktienurkunden** ausgegeben und sind im Verschmelzungs- **1152** vertrag auch keine baren Zuzahlungen vorgesehen, ist ein **Treuhänder nicht notwendig**. Die Bestellung kann daher unterbleiben (str. so zu Recht Widmann/Mayer/Rieger, Umwandlungsrecht, § 71 UmwG Rn. 14; Kallmeyer/Marsch-Barner, UmwG, § 71 Rn. 3; Diekmann in: Semler/Stengel, § 71 UmwG Rn. 4, 14; Bandehzadeh, DB 2007, 1514; Lutz, BWNotZ 2011, 150, 151; strenger Lutter/Grunewald, UmwG, § 71 Rn. 7: Einzelurkunden müssten nicht vorgehalten werden). Eine Globalurkunde reiche also aus, da auch in diesem Fall sichergestellt sei, dass die Aktionäre ihre Mitgliedschaft erhalten. Ist die Mitgliedschaft nicht verbrieft, so sei eine Besitzverschaffung nicht möglich. Gleichwohl entfalle selbst beim Fehlen barer Zuzahlungen nicht die Notwendigkeit zur Bestellung eines Treuhänders. Dieser habe auch bei unverbrieften Mitgliedschaftsrechten, soweit es ihm möglich sei, darauf zu achten, dass diese Beteiligungen für die Anteilsinhaber des übertragenden Rechtsträgers bereitstehen.

XII. Verschmelzung zur Neugründung

1. Allgemeines. Vgl. zunächst allgemein oben Teil 2 Rdn. 334 ff. **1153**

1154 Bei der Verschmelzung durch Neugründung wird das **Vermögen** von zwei oder mehreren übertragenden Gesellschaften **auf eine neu gegründete Gesellschaft übertragen.** Handelt es sich bei der Verschmelzung durch Neugründung um die Gründung einer AG, sind ergänzend die §§ 73 ff. UmwG anzuwenden. Daneben gelten die allgemeinen Vorschriften für die Verschmelzung durch Neugründung, d. h. die §§ 36 bis 38 UmwG. Insb. ist § 36 Abs. 2 zu beachten, der vorsieht, dass auf die Gründung der neuen Gesellschaft die für deren Rechtsform geltenden Gründungsvorschriften anzuwenden sind (vgl. im Einzelnen oben Teil 2 Rdn. 334 ff.). § 73 UmwG verweist insb. auch für die Verschmelzung durch Neugründung auf die Vorschriften über die Verschmelzung durch Aufnahme mit Ausnahme der §§ 66, 67, 68 und 69 UmwG, die insb. die Frage der Kapitalerhöhung betreffen.

1155 2. **Zweijährige Sperrfrist (§ 76 Abs. 1 UmwG).** § 76 Abs. 1 UmwG bestimmt für die Verschmelzung durch Neugründung, an der mindestens eine AG als übertragender Rechtsträger beteiligt ist, dass die übertragende AG die Verschmelzung erst dann beschließen darf, wenn sie und jede andere übertragende AG **bereits 2 Jahre im Register eingetragen ist.** Die Rechtsform des neuen Rechtsträgers spielt insoweit keine Rolle. Die Vorschrift will über eine Umgehung der Vorschriften über die Nachgründung, d. h. die §§ 52, 53 AktG verhindern (Widmann/Mayer/Mayer, Umwandlungsrecht, § 76 UmwG Rn. 5; Lutter/Grunewald § 76 UmwG Rn. 2). Die Zweijahressperre gilt nur für die Beschlussfassung, nicht für den Verschmelzungsvertrag (Kallmeyer/Zimmermann, § 76 UmwG Rn. 4; Lutter/Grunewald § 76 UmwG Rn. 3).

1156 3. **Verschmelzungsvertrag und Satzung der neu zu gründenden AG. a) Satzung als Inhalt des Verschmelzungsvertrages.** § 37 UmwG bestimmt, dass in dem Verschmelzungsvertrag der Gesellschaft die Satzung der neuen AG festgestellt werden muss. Dabei genügt es, wenn die Vertretungsorgane der beteiligten Gesellschaften zunächst den schriftlichen Entwurf eines Verschmelzungsvertrages mit dem Entwurf einer Satzung anfertigen, über den dann die Beschlussorgane der beteiligten Gesellschaften entscheiden. Sodann können Verschmelzungsvertrag und Satzung notariell beurkundet werden (zum früheren Aktienrecht KK-AktG/Kraft, § 353 Rn. 10). Die **notarielle Beurkundung** der Satzung gem. § 23 Abs. 1 Satz 1 AktG ist durch die notarielle Beurkundung des Verschmelzungsvertrages, dessen Bestandteil die Satzung ist, eingehalten.

1157 b) **Inhalt der Satzung.** Bei der Abfassung der Satzung ist darauf zu achten, dass es sich bei der Verschmelzung zur Neugründung um eine **Sachgründung** handelt, sodass das **Stammkapital** durch das eingebrachte Vermögen der verschmelzenden Gesellschaft erbracht wird. Dies ist in der Satzung auszuweisen (vgl. Kallmeyer/Marsch-Barner, UmwG, § 36 Rn. 10; vgl. Teil 2 Rdn. 348 ff.). In der Satzung sind daher insb. anzugeben, der Betrag des Grundkapitals und die Tatsache, dass die Sacheinlage durch Verschmelzung des Vermögens der übertragenden Gesellschaft erbracht wird. Bei der Verschmelzung zur Neugründung ist das Stammkapital in Euro auszuweisen (vgl. Teil 5 Rdn. 151).

1158 Auch i. Ü. ergibt sich ein **notwendiger Inhalt der Satzung** aus den allgemeinen Vorschriften des § 23 AktG:
- Firma,
- Sitz,
- Gegenstand des Unternehmens,
- Höhe des Grundkapitals,
- die Zerlegung des Grundkapitals entweder in Nennbetragsaktien oder in Stückaktien, bei Nennbetragsaktien deren Nennbeträge und die Zahl der Aktien jeden Nennbetrags, bei Stückaktien deren Zahl,
- ggf. Aktiengattungen, ob Inhaber- oder Namensaktien ausgegeben werden,
- Zahl der Vorstandsmitglieder oder die Regelung über die Festlegung dieser Zahl und
- Form der Bekanntmachung der Gesellschaft. Die Vorschrift wird ergänzt durch § 25, wonach der elektronische Bundesanzeiger als Pflichtgesellschaftsblatt zwingend angegeben ist.

1159 Bei der Angabe des Grundkapitals sind die im § 6 und § 7 AktG genannten Voraussetzungen zu beachten. Nach § 6 muss das Grundkapital auf einen Nennbetrag in Euro lauten und nach § 7 mindestens 50.000,00 € betragen. Notwendig sind auch Angaben über die Aktienform (Nennbetrags- oder Stückaktien), über die Einteilung des Grundkapitals (Nennbeträge bzw. Aktienzahl) und über die Aktiengattung und die Zahl der Aktien jeder Gattung, wenn mehrere Gattungen bestehen. Durch das Stückaktiengesetz v. 25.03.1998 sind auch Stückaktien zulässig. Bei der Stückaktie handelt es sich um eine unechte nennwertlose Aktie. Der Mindestnennbetrag beträgt einen Euro, höhere Nennbeträge sind zulässig. Diese müssen auf volle Euro lauten. § 8 Abs. 3 Satz 1 AktG ermöglicht der Gesellschaft die Einführung sog. »unechter nennwertloser« Stückaktien. Diese sind nach § 8 Abs. 2 Satz 2 AktG am Grundkapital im gleichen Umfang beteiligt und dürfen nach Satz 3 dieser Bestimmung den Betrag von einem Euro nicht unterschreiten. Als »unechte nennwertlose Aktie« ist die Stückaktie dadurch gekennzeichnet, dass das nennbetragsmäßig festgesetzte Grundkapital der Gesellschaft, §§ 6 und 7 AktG, in Aktien zerlegt ist, welche jeweils einen Teilbetrag des Grundkapitals repräsentieren. Die **Aktien der neuen Gesellschaft** werden von den Gründern übernommen (§ 29 AktG) und dann von den Aktionären der sich vereinigenden Gesellschaften kraft Gesetzes erworben (vgl. Lutter/Grunewald, § 36 UmwG Rn. 14 ff.). Gründer sind die übertragenden Rechtsträger (Kallmeyer/Marsch-Barner, UmwG, § 36 Rn. 8; Lutter/Grunewald, § 36 UmwG Rn. 14

).

§ 74 UmwG bestimmt schließlich, dass in die Satzung die Festsetzung über Sondervorteile, Gründungsaufwand, Sacheinlagen und Sachübernahmen, die in den Gesellschaftsverträgen, Satzungen oder Satzungen der übertragenden Rechtsträger enthalten waren, zu übernehmen sind. **1160**

4. Gründungsbericht und Gründungsprüfung. Bzgl. Bericht und Prüfung gelten die allgemeinen Voraussetzungen (vgl. dazu Teil 2 Rdn. 370 ff.). **1161**

5. Organbestellung. Die **Gründer** der neu errichteten Gesellschaft bei der Verschmelzung durch Neubildung sind die sich vereinigenden Gesellschaften und nicht deren Gesellschafter (vgl. oben Teil 2 Rdn. 358 f.). Sowohl die Feststellung der Satzung als auch die Bestimmung der Organe in der neuen Gesellschaft erfolgt somit durch die vertretungsberechtigten Organe der übertragenden Gesellschaften. Die **Gründer der neu errichteten Gesellschaft** bei der Verschmelzung durch Neubildung sind **die sich vereinigenden Gesellschaften** und nicht deren Gesellschafter (Widmann/Mayer/Mayer, Umwandlungsrecht, § 36 UmwG Rn. 146; Kallmeyer/Marsch-Barner, § 36 UmwG Rn. 8; Lutter/Grunewald, UmwG, § 36 Rn. 14). **1162**

Zweckmäßigerweise wird auch gleichzeitig mit dem Abschluss des Gesellschaftsvertrages der neuen Gesellschaft die **Bestellung des ersten Vorstandes** der neugegründeten Gesellschaft vorgenommen (vgl. oben Teil 2 Rdn. 358).

Für die **Bestellung des ersten Aufsichtsrates** gilt nach § 36 Abs. 2 i. V. m. §§ 30, 31 AktG Folgendes (vgl. Widmann/Mayer/Mayer, § 36 UmwG Rn. 176; Widmann/Mayer/Rieger, § 76 UmwG Rn. 18; Lutter/Grunewald, UmwG, § 76 Rn. 8 f.; Kallmeyer/Zimmermann, UmwG, § 76 Rn. 6; Hüffer/Koch § 31 AktG Rn. 1): Da Unternehmen in die neue Gesellschaft eingebracht werden, sollen möglichst bald die nach dem **Mitbestimmungsgesetz** und **Betriebsverfassungsgesetz** vorgesehenen Arbeitnehmervertreter in den Aufsichtsrat kommen. Deshalb bestellen die Gründer, nicht wie bei einer Bargründung alle Mitglieder des Aufsichtsrats, sondern hier nur so viele Aufsichtsratsmitglieder, wie nach den gesetzlichen Vorschriften von der Hauptversammlung ohne Bindung an Wahlvorschläge zu wählen sind, jedoch mindestens drei. **1163**

Gem. **§ 76 Abs. 2 Satz 2 UmwG** muss außerdem die Gesellschafter- bzw. Hauptversammlung jeder übertragenden Gesellschaft »durch Verschmelzungsbeschluss« der Bestellung des Aufsichtsrats der neuen Gesellschaft zustimmen. I. d. R. wird dieser Zustimmungsbeschluss mit dem Beschluss über die Zustimmung zur Verschmelzung und zur Satzung der neuen Gesellschaft gemeinsam gefasst. Umstritten ist, ob die Bestimmung im Verschmelzungsvertrag erfolgen muss (so Kallmeyer/Zimmermann, UmwG, § 76 Rn. 7; Diekmann in: Semler/Stengel, § 76 UmwG Rn. 12, anders Widmann/Mayer/Rieger, § 76 UmwG Rn. 18).

Die Bestellung des ersten Aufsichtsrates durch die Gründer bedarf nach § 30 Abs. 1 Satz 2 AktG der **notariellen Beurkundung** (Widmann/Mayer/Rieger, § 76 UmwG Rn. 18; Lutter/Grunewald, UmwG, § 76 Rn. 8 f.; Kallmeyer/Zimmermann, UmwG, § 76 Rn. 6). In die Urkunde sind aufzunehmen:

– Anwesenheit der Gründer und jeweils auf sie entfallende Aktiennennbeträge;
– Inhalt ihrer Erklärungen und die Namen der Gewählten (vgl. Hüffer/Koch, AktG, § 30 Rn. 3).

1164   Nach § 31 Abs. 1 AktG haben die Gründer **nur so viele Aufsichtsratmitglieder** zu bestellen, wie nach den gesetzlichen Vorschriften, die nach ihrer Ansicht nach der Einbringung oder Übernahme für die Zusammenrechnung des Aufsichtsrates maßgebend sind, von der Hauptversammlung ohne Bindung an Wahlvorschläge zu wählen sind, mindestens jedoch drei Aufsichtsratmitglieder. Die Vorschrift will sicherstellen, dass die Arbeitnehmer im Aufsichtsrat baldmöglichst vertreten sind. Demnach können die Gründer nicht, sofern es sich um einen mitbestimmten Aufsichtsrat handelt, alle Mitglieder des ersten Aufsichtsrates nach § 30 AktG bestellen, sondern nur so viele, wie nach den mitbestimmungsrechtlichen Vorschriften von der Hauptversammlung der neuen AG ohne Bindung an Wahlvorschläge zu wählen wären, mindestens jedoch drei Aufsichtsratmitglieder. Im Anschluss folgt dann das Verfahren nach § 31 Abs. 3 AktG. Finden Mitbestimmungsgesetze Anwendung, wird der Aufsichtsrat durch Wahl der Arbeitnehmervertreter nach Maßgabe des jeweiligen Aufsichtsratssystems ergänzt.

1165   ▶ **Hinweis:**

In der Praxis empfiehlt es sich, die Bestellung der Mitglieder des ersten Aufsichtsrates, soweit er durch die Gründer bestellt werden kann, bereits im Verschmelzungsvertrag vorzusehen, da dann das Beurkundungserfordernis gewahrt wird (vgl. Widmann/Mayer/Mayer, Umwandlungsrecht, § 36 UmwG Rn. 177; Widmann/Mayer/Rieger, § 76 UmwG Rn. 18). Werden die Verschmelzungsbeschlüsse vor Beurkundung des Verschmelzungsvertrages gefasst, wird die Bestellung des ersten Aufsichtsrates erst mit Beurkundung des Verschmelzungsvertrages wirksam (Diekmann in: Semler/Stengel, § 76 UmwG Rn. 11; Lutter/Grunewald, § 76 UmwG Rn. 8; Widmann/Mayer/Rieger, § 76 UmwG Rn. 18 unter Aufgabe der Meinung, dass ein Aufsichtsrat nur bestellt werden kann, wenn zumindest eine Vor-AG entstanden war).

Nach § 76 Abs. 2 Satz 2 UmwG bedarf die Aufsichtsratbestellung der **Zustimmung der Anteilsinhaber** jeder der übertragenden Rechtsträger. Für die Bekanntmachung der Tagesordnung zur Zustimmung zur Bestellung der Aufsichtsratmitglieder gelten gem. § 76 Abs. 2 Satz 3 UmwG die Bestimmungen des § 124 Abs. 3 Satz 1 und 3 AktG (Widmann/Mayer/Rieger, Umwandlungsrecht, § 76 UmwG Rn. 15); d. h. der Name, der Beruf und der Wohnort der Aufsichtsratmitglieder sind anzugeben.

XIII. Handelsregisteranmeldung

1166   Vgl. zunächst die Ausführungen zu Teil 2 Rdn. 624 ff. Im Folgenden soll nur auf **Besonderheiten** eingegangen werden.

1167   Nach § 62 Abs. 2 UmwG können die Aktionäre der übernehmenden Gesellschaft u. U. die **Einberufung** einer nach § 62 Abs. 1 UmwG **an sich nicht erforderlichen Hauptversammlung** verlangen. In der Bekanntmachung ist auf dieses Recht hinzuweisen. Der Anmeldung ist der Nachweis der Bekanntmachung beizufügen und der Vorstand hat bei der Anmeldung zu erklären, ob ein Antrag auf Einberufung einer Hauptversammlung gestellt worden ist.

1168   Die Verschmelzung darf i. Ü. erst eingetragen werden, wenn der für den Empfang der zu gewährenden Aktien und baren Zuzahlungen bestellte **Treuhänder** dem Gericht angezeigt hat, dass er im Besitz der Aktien und der im Verschmelzungsvertrag festgesetzten baren Zuzahlungen ist (§ 71 Abs. 1 Satz 2 UmwG).

XIV. Muster

1. Verschmelzungsvertrag bei Verschmelzung durch Aufnahme. a) Verschmelzungsvertrag

1169   ▶ **Muster: Verschmelzungsvertrag bei Verschmelzung durch Aufnahme**

UR.Nr. für . . . . .

Verhandelt zu . . . . .

am . . . . .

Vor dem unterzeichnenden

. . . . .

Notar mit dem Amtssitz in . . . . .

erschienen:

1.

a) Herr (Name, Geburtsdatum, Adresse),

b) Frau (Name, Geburtsdatum, Adresse),

beide handelnd nicht im eigenen Namen, sondern als gemeinsam vertretungsberechtigte Vorstandsmitglieder der A-AG mit dem Sitz in . . . . ., eingetragen im Handelsregister des Amtsgerichts . . . . . unter
HRB . . . . .,

2. Herr (Name, Geburtsdatum, Adresse),

handelnd nicht im eigenen Namen, sondern als alleinvertretungsberechtigtes Vorstandsmitglied der
B-AG mit dem Sitz in . . . . ., eingetragen im Handelsregister des Amtsgerichts . . . . . unter HRB . . . . .

Die Erschienenen wiesen sich dem Notar gegenüber aus durch Vorlage ihrer amtlichen Lichtbildausweise.

Die Erschienenen ließen folgenden

Verschmelzungsvertrag

beurkunden und erklärten, handelnd wie angegeben:

I. Vermögensübertragung

Die A-AG überträgt ihr Vermögen als Ganzes mit allen Rechten und Pflichten unter Ausschluss der Abwicklung auf die B-AG im Wege der Verschmelzung durch Aufnahme. Die B-AG gewährt als Ausgleich
hierfür den Aktionären der A-AG Aktien an der B-AG.

II. Gegenleistung

1. Die B-AG gewährt mit Wirksamwerden der Verschmelzung den Aktionären der A-AG für je . . . . . Inhaberaktien der A-AG im Nennbetrag von je 50,00 €. . . . . Inhaberaktien der B-AG im Nennbetrag von
je 50,00 €.

2. Bare Zuzahlungen werden nicht geleistet.

3. Die Inhaberaktien werden kostenfrei und mit Gewinnbezugsrecht ab dem . . . . . gewährt.

4. Das Umtauschverhältnis beträgt: . . . . .

5. Zur Durchführung der Verschmelzung wird die B-AG ihr Grundkapital von . . . . . € um . . . . . € auf
. . . . . € durch Ausgabe von . . . . . Stück Inhaberaktien im Nennbetrag von je 50,00 € mit Gewinnbezugsberechtigung ab dem . . . . . erhöhen.

6. Die A-AG bestellt als Treuhänder für den Empfang der zu gewährenden Aktien und deren Aushändigung an die Aktionäre der A-AG die . . . . . Bank AG mit dem Sitz in . . . . . Die B-AG wird die Aktien dem
Treuhänder vor der Eintragung in das Handelsregister übergeben und ihn anweisen, die Aktien nach
Eintragung der Verschmelzung Zug um Zug gegen Aushändigung der Aktien an die A-AG zu übergeben.

III. Bilanzstichtag

Der Verschmelzung wird die mit dem uneingeschränkten Bestätigungsvermerk des Wirtschaftsprüfers . . . . . in . . . . . versehene Bilanz der A-AG zum . . . . . als Schlussbilanz zugrunde gelegt.

IV. Verschmelzungsstichtag

Die Übernahme des Vermögens der A-AG erfolgt im Innenverhältnis mit Wirkung zum Ablauf des . . . . .
Vom . . . . . an gelten alle Handlungen und Geschäfte der A-AG als für Rechnung der B-AG vorgenommen.

V. Besondere Rechte

Besondere Rechte i. S. v. § 5 Abs. 1 Nr. 7 UmwG bestehen bei der B-AG nicht. Einzelnen Anteilsinhabern werden i. R. d. Verschmelzung keine besonderen Rechte gewährt.

VI. Besondere Vorteile

Besondere Vorteile i. S. v. § 5 Abs. 1 Nr. 8 UmwG werden weder einem Mitglied eines Vertretungs- oder Aufsichtsorgans, noch dem Abschlussprüfer oder dem Verschmelzungsprüfer gewährt.

VII. Folgen der Verschmelzung für Arbeitnehmer und ihre Vertretungen

Für die Arbeitnehmer der an der Verschmelzung beteiligten Gesellschaften und ihre Vertretungen ergeben sich folgende Auswirkungen . . . . .

Folgende Maßnahmen sind vorgesehen . . . . .

VIII. Bedingungen

Der Verschmelzungsvertrag steht unter der aufschiebenden Bedingung, dass
a) die formgerechten Zustimmungsbeschlüsse der Hauptversammlung beider AG bis zum . . . . . vorliegen,
b) die Hauptversammlung der B-AG mit Zustimmungsbeschluss die vorstehende Kapitalerhöhung beschließt.

IX. Kosten

Die durch diesen Vertrag und seine Durchführung bei den beiden Gesellschaften entstehenden Kosten trägt die B-AG. Sollte die Verschmelzung nicht wirksam werden, tragen die Kosten dieses Vertrages die Gesellschaften zu gleichen Teilen; alle übrigen Kosten trägt die jeweils betroffene Gesellschaft allein.

Diese Niederschrift wurde den Erschienenen vom Notar vorgelesen, von ihnen genehmigt und von ihnen und dem Notar eigenhändig, wie folgt, unterschrieben:

. . . . .

b) Verschmelzungsbericht

1170 ▸ Muster: Verschmelzungsbericht

Gemeinsamer Bericht der Vorstände über die Verschmelzung der A-AG mit der B-AG

Zwischen der A-AG, Sitz München, und der B-AG, Sitz Frankfurt, wurde am . . . . . ein notarieller Verschmelzungsvertrag abgeschlossen, mit dem die A-AG ihr gesamtes Vermögen auf die B-AG im Wege der Verschmelzung übertragen hat. Der als Anlage 1 beigefügte Verschmelzungsvertrag wird in ordentlicher Hauptversammlung der A-AG am . . . . . und der B-AG am . . . . . zur Zustimmung vorgelegt. Die Vorstände der A und B haben beim Landgericht X am . . . . . den Antrag auf Bestellung von Verschmelzungsprüfern gemäß § 10 Abs. 1 UmwG gestellt. Das Landgericht X hat mit Beschluss vom . . . . . die Wirtschaftsprüfungsgesellschaft Z und die Wirtschaftsprüfungsgesellschaft W zu Verschmelzungsprüfern bestellt. Zur Unterrichtung der Aktionäre erstatten die Vorstände beider Gesellschaften gemäß § 8 UmwG den folgenden Verschmelzungsbericht:

1.

Die A-AG ist unter HRB 1356 im Handelsregister des Amtsgerichts München eingetragen. Gegenstand des Unternehmens ist der Betrieb einer Baumwollspinnerei. Die B-AG ist im Handelsregister des Amtsgerichts Frankfurt unter HRB 2315 eingetragen.

Gegenstand des Unternehmens ist der Handel mit Wollrohprodukten am gesamten Weltmarkt.

2.

Durch die Verschmelzung der A mit der B soll das Wettbewerbspotenzial der B erweitert werden und durch kostengünstigen Erwerb von Wollrohprodukten Synergieeffekte erreicht werden. Bereits heute findet zwischen den Gesellschaften eine sehr enge Kooperation aufgrund von ständigen Lieferbeziehungen statt, diese soll durch die Verschmelzung dauerhaft intensiviert werden. Schon aufgrund dieser Fakten und Überlegungen halten es die Vorstände der beiden Gesellschaften für notwendig, die Kräfte, die in den einzelnen Gesellschaften vorhanden sind, durch eine Fusion so rasch wie möglich wirkungsvoll zu bündeln, um auf diese Weise auch dem verstärkten Wettbewerb aus dem asiatischen Raum begegnen zu können.

3.

Die Verschmelzung zwischen A und B soll in der Weise vollzogen werden, dass die A-AG ihr Vermögen als Ganzes mit allen Rechten und Pflichten auf die B-AG überträgt. Nach Zustimmung durch die Hauptversammlung erfolgt die Übertragung auf der Grundlage des Jahresabschlusses der A-AG zum 31.12 ..... als Schlussbilanz. Ab 01.01. des Folgejahres gelten dann im Innenverhältnis die Geschäfte der A-AG als Verrechnung der übernehmenden Gesellschaft vorgenommen.

4.

Der Verschmelzungsvertrag erhält darüber hinaus folgende Bestimmungen, die wie folgt im Einzelnen erläutert werden: .....

5.

Die B-AG hat sich verpflichtet, den Aktionären der A-AG als Gegenleistung kostenfrei für je zwei Inhaberaktien der A-AG im Nennwert von je 50,00 € je eine Aktie der B-AG im Nennwert von je 50,00 € mit Gewinnberechtigung ab 01.01. zu gewähren. Die Aktien werden auf die Aktionäre der A-AG im Verhältnis ihrer bisherigen Beteiligung verteilt. Das zugrundeliegende Umtauschverhältnis beträgt somit 1:2. Dementsprechend ist zur Durchführung der Verschmelzung die Erhöhung des Grundkapitals der B-AG von zwei Mio. € um eine Mio. € auf drei Mio. € vorgesehen. Die Satzung der A-AG soll die aus der Anlage zu diesem Bericht ersichtliche Fassung erhalten.

Die X-Bank hat die Aufgabe eines Treuhänders übernommen und wird als solcher den Aktionären der A-AG die Aktien der übernehmenden Gesellschaft Zug um Zug gegen Aushändigung ihrer Aktien übergeben.

Aus Anlass der Verschmelzung werden weder den Aktionären noch den Mitgliedern des Aufsichtsrates oder des Vorstandes oder dem Verschmelzungsprüfer besondere Rechte gewährt.

6.

Das Umtauschverhältnis von den Aktien der A in Aktien der B oder auf der Grundlage eines im Auftrag beider Gesellschaften von der Z-Wirtschaftsprüfungsgesellschaft und der W-Wirtschaftsprüfungsgesellschaft gemeinsam erstatteten Gutachtens zur Bewertung der beiden Unternehmen wird ermittelt. Die beiden Wirtschaftsprüfungsgesellschaften haben hierbei das Ertragswertverfahren angewendet und auf der Grundlage folgender Unternehmenswerte für die Jahre 1989 bis 1994 folgende Erträge ermittelt.

(Anm.: Es folgen u. U. weitere Ausführungen zur Ermittlung des Umtauschverhältnisses). .....

Besondere Schwierigkeiten bei der Bewertung der Unternehmen haben sich nicht ergeben.

Die Verschmelzungsprüfer haben die Angemessenheit der festgelegten Umtauschverhältnisse bestätigt.

Anlage 1: Verschmelzungsvertrag

Anlage 2: Bericht über die Verschmelzungsprüfung des Vertragsentwurfs

c) Zustimmungsbeschluss bei der übernehmenden Gesellschaft

▶ **Muster: Zustimmungsbeschluss bei der übernehmenden Gesellschaft** 1171

Hauptversammlungsniederschrift

Heute, den .....

begab ich mich, der unterzeichnende Notar ....., mit Amtssitz in ....., auf Ansuchen in das Verwaltungsgebäude der Firma A-AG mit Sitz in München, um an der dorthin auf heute 10.00 Uhr einberufenen

ordentlichen Hauptversammlung

der Aktionäre der Firma A-AG teilzunehmen und über den Gang der Verhandlung sowie über die gefassten Beschlüsse die gesetzlich vorgeschriebene

Niederschrift

zu errichten wie folgt:

I.

Anwesend waren:
1. Vom Aufsichtsrat der Gesellschaft:
   a) Herr W, Kaufmann, wohnhaft in ....., (Vorsitzender),
   b) Herr Z, Kaufmann, wohnhaft in .....,

c) Herr Y, Unternehmer, wohnhaft in . . . . . .
2. Vom Vorstand der Gesellschaft:
   a) Herr A, Dipl.-Ing., wohnhaft in . . . . ., (Vorsitzender),
   b) Herr B, Kaufmann, wohnhaft in . . . . .
3. Die im Teilnehmerverzeichnis nebst Nachträgen aufgeführten Aktionäre und Vertreter. Sie haben ihre Berechtigung zur Teilnahme an der Hauptversammlung und zur Ausübung des Stimmrechts i. S. d. Satzung und Einladung ordnungsgemäß nachgewiesen.

II.

Den Vorsitz der Versammlung führte der Vorsitzende des Aufsichtsrates. Er eröffnete die Versammlung um 10.15 Uhr. Er stellte fest, dass die Hauptversammlung form- und fristgemäß durch Bekanntmachung im elektronischen Bundesanzeiger Nr. . . . . . . vom . . . . . einberufen worden ist. Ein Ausdruck dieser Ausgabe wurde mir, dem Notar, übergeben. Es ist dieser Niederschrift als Anlage 1 beigefügt. Die Bekanntmachung enthält folgende Tagesordnung:
1. Erläuterung des Verschmelzungsvertrages durch den Vorstand;
2. Beschluss über die Zustimmung zu dem Verschmelzungsvertrag mit der A-AG;
3. Beschluss über die Erhöhung des Grundkapitals von 2.000.000,00 € um 1.000.000,00 € auf 3.000.000,00 € durch Ausgabe von 20.000 auf den Inhaber lautenden Aktien im Nennbetrag von je 50,00 € mit Gewinnbezugsberechtigung ab 01.01 . . . . . Die neuen Aktien werden als Gegenleistung für die Übertragung des Vermögens der A-AG im Wege der Verschmelzung ausgegeben, und zwar im Verhältnis von je zwei Aktien der A-AG mit dem Betrag von je 50,00 € zu einer Aktie der B-AG im Nennbetrag von 50,00 €. Der Vorstand wird ermächtigt, die Einzelheiten der Kapitalerhöhung und ihrer Durchführung festzulegen.
4. Beschluss über die Änderung von § 5 Abs. 1 der Satzung (Grundkapitals): »Das Grundkapital beträgt 3.000.000,00 € und ist – eingeteilt in 60.000 Stück Aktien im Nennbetrag von je 50,00 €. Die Aktien lauten auf den Inhaber.«

Anschließend wies er auf die Einsichtsmöglichkeit in das Verzeichnis der erschienenen oder vertretenen Aktionäre hin, nachdem er erklärt hatte, dass sämtliche in dem Verzeichnis aufgeführten Aktionäre ihre Berechtigung zur Teilnahme an der Hauptversammlung ordnungsgemäß nachgewiesen haben. Das Teilnehmerverzeichnis wurde von der ersten Abstimmung für die gesamte Dauer der Hauptversammlung zur Einsicht allen Teilnehmern zugänglich gemacht. Bei Änderungen in der Präsenz fertigte der Vorsitzende vor jeder Abstimmung Nachträge, die ebenfalls für die restliche Dauer zugänglich gemacht wurden. Er stellte die Präsenz vor jeder Abstimmung fest und gab diese bekannt. Der Vorsitzende erklärte, dass die Abstimmung durch Handaufheben stattfinden werde, soweit nicht eine andere Abstimmungsart für eine Abstimmung angeordnet werde.

Der Vorsitzende stellte weiter fest, dass der Verschmelzungsvertrag vor der Einberufung der Hauptversammlung zu den Registerakten der Gesellschaft bei dem Handelsregister des Amtsgerichts in . . . . . eingereicht worden ist. Er stellte ferner fest, dass von der Einberufung der Hauptversammlung an in dem Geschäftsraum der Gesellschaft folgende Unterlagen zur Einsicht der Aktionäre ausgelegen haben und diese auch während der Dauer der Hauptversammlung im Versammlungssaal ausliegen:
1. Verschmelzungsvertrag vom . . . . .,
2. Jahresabschlüsse und Lageberichte der übertragenden und der übernehmenden Gesellschaft der letzten drei Geschäftsjahre,
3. Verschmelzungsberichte der beiden Vorstände,
4. Prüfungsberichte der Verschmelzungsprüfer bzgl. beider Gesellschaften.

Der Verschmelzungsvertrag wird dieser Niederschrift als Anlage 3 beigefügt.

Daraufhin wurde die Tagesordnung wie folgt erledigt:

Punkt 1: Erläuterung des Verschmelzungsvertrages

Der Vorstandsvorsitzende erläuterte den Verschmelzungsvertrag vom . . . . . und begründete insbes. die Zweckmäßigkeit der Verschmelzung und das Umtauschverhältnis der Aktien. Auch die weiteren Punkte des Verschmelzungsvertrages wurden vom Vorstand erläutert. Verschiedenen Aktionären wurden Auskünfte über die für die Verschmelzung wesentlichen Angelegenheiten erteilt. Auf Verlesung wurde einstimmig verzichtet.

Punkt 2: Zustimmung zu dem Verschmelzungsvertrag

Es wurde durch Handaufheben abgestimmt.

Der Vorsitzende stellte fest:

Das Grundkapital der Gesellschaft beträgt 2.000.000,– €.

Es ist eingeteilt in 40.000 Aktien im Nennbetrag von je 50,00 €. Hiervon sind

35.600 Aktien

mit 35.600 Stimmen (89 % vom Grundkapital) durch Aktionäre bzw. Vertretern von Aktionären vertreten. Das Teilnehmerverzeichnis wurde vor der ersten Abstimmung zur Einsicht für alle Teilnehmer ausgelegt und lag während der ganzen Dauer der Versammlung auf.

Vorstand und Aufsichtsrat schlagen vor, dem Verschmelzungsvertrag vom ..... mit der A-AG zuzustimmen.

Die Hauptversammlung fasste entsprechend dem Antrag den Beschluss mit den nachfolgend genannten Stimmen:

Aktuelle Präsenz:	..... Stimmen.
abgegebene gültige Stimmen:	..... Stimmen
Das entspricht:	
vertretenes Grundkapital:	.....%
Enthaltungen:	..... (...%)
Nein-Stimmen:	..... (...%)
Ja-Stimmen:	..... (....%)

Der Vorsitzende gab das Abstimmungsergebnis bekannt und stellte fest, dass die Verschmelzung mit der A-AG durch Zustimmung zu dem Verschmelzungsvertrag vom ..... mit mehr als 3/4 – Mehrheit des vertretenen Grundkapitals beschlossen ist.

Punkt 3: Erhöhung des Grundkapitals der Gesellschaft

Es wurde durch Handaufheben abgestimmt. Der Vorsitzende stellte fest, dass keine Änderung im Teilnehmerkreis stattgefunden hat.

Vorstand und Aufsichtsrat schlugen folgenden Kapitalerhöhungsbeschluss vor:

»Das Grundkapital der Gesellschaft wird von zurzeit 2.000.000,00 € um 1.000.000,00 € auf 3.000.000,00 € erhöht durch Ausgabe von 20.000 Stück auf den Inhaber lautenden Aktien im Nennbetrag von je 50,00 € mit Gewinnberechtigung ab 01.01...... Die neuen Aktien werden als Gegenleistung für die Übertragung des Vermögens der A-AG im Wege der Verschmelzung an die Aktionäre der A-AG ausgegeben, und zwar im Verhältnis von je zwei Aktien der A-AG mit dem Betrag von je 50,00 € zu einer Aktie der B-AG im Nennbetrag von 50,00 €. Der Vorstand wird ermächtigt, die weiteren Einzelheiten der Kapitalerhöhung und ihrer Durchführung festzusetzen.«

Die Hauptversammlung fasste entsprechend dem Antrag den Beschluss mit den nachfolgend genannten Stimmen:

Aktuelle Präsenz:	..... Stimmen.
abgegebene gültige Stimmen:	..... Stimmen
Das entspricht:	
vertretenes Grundkapital:	.....%
Enthaltungen:	..... (...%)
Nein-Stimmen:	..... (...%)
Ja-Stimmen:	..... (....%)

Der Vorsitzende gab das Abstimmungsergebnis bekannt und stellte fest, dass die Kapitalerhöhung zur Durchführung der Verschmelzung mit mehr als 3/4 – Mehrheit des vertretenen Grundkapitals beschlossen ist.

Punkt 4: Änderung der Satzung § 5 Abs. 1 (Grundkapital)

Der Vorsitzende stellte fest, dass der Aktionär Reinhard Müller die Hauptversammlung verlassen hat, ohne Vollmacht zu erteilen. Nach dem Teilnehmerverzeichnis sind nunmehr Aktien im Nennbetrag von 1.970.000,00 € mit 39.400 Stimmen vertreten. Diese Veränderung wurde in einem Nachtrag zum Teilnehmerverzeichnis vermerkt. Der Nachtrag wurde zur Einsicht ausgelegt.

Die Versammlung beschloss einstimmig durch Handaufheben entsprechend dem Vorschlag des Vorstandes und des Aufsichtsrates. § 5 Abs. 1 der Satzung erhält folgende Fassung:

»Das Grundkapital beträgt 3.000.000,00 € und ist eingeteilt in 60.000 Stück Aktien im Nennbetrag von je 50,00 €. Die Aktien lauten auf den Inhaber.«

Die Hauptversammlung fasste entsprechend dem Antrag den Beschluss mit den nachfolgend genannten Stimmen:

Aktuelle Präsenz:	...... Stimmen.
abgegebene gültige Stimmen:	...... Stimmen
Das entspricht:	
vertretenes Grundkapital:	.....%
Enthaltungen:	..... (...%)
Nein-Stimmen:	..... (...%)
Ja-Stimmen:	..... (...%)

Der Vorsitzende gab das Abstimmungsergebnis bekannt und stellte fest, dass die Satzungsänderung einstimmig beschlossen ist.

Gegen keinen der Beschlüsse wurde Widerspruch zur Niederschrift erklärt.

Damit war die Tagesordnung erledigt. Der Vorsitzende schloss die Hauptversammlung um 19.00 Uhr.

Die Niederschrift wurde vom Notar wie folgt unterschrieben:

.....

Anlage 1: Belegexemplar vom elektronischen Bundesanzeiger

Anlage 2: Verschmelzungsvertrag vom .....

d) Zustimmungsbeschluss bei der übertragenden Gesellschaft

1172 ▸ **Muster: Zustimmungsbeschluss bei der übertragenden Gesellschaft**

– Auszug aus dem notariellen Protokoll –

Zu Punkt 1:

Der Vorstandsvorsitzende erläutert den Verschmelzungsvertrag vom ..... und begründete insbes. die Zweckmäßigkeit der Verschmelzung des Umtauschverhältnisses der Aktien. Auf Vorlesen wurde einstimmig verzichtet.

Zu Punkt 2:

Der Vorsitzende stellte fest, dass der Verschmelzungsvertrag, die Jahresabschlüsse und die Geschäftsberichte der beteiligten Gesellschaften für die letzten drei Geschäftsjahre, die Verschmelzungsberichte und die Prüfungsberichte von der Einberufung der Hauptversammlung in den Geschäftsräumen der Gesellschaft zur Einsicht der Aktionäre ausgelegen haben und auch in der Hauptversammlung ausliegen.

Zu Punkt 3:

Die Hauptversammlung fasste einstimmig den Beschluss, den Verschmelzungsvertrag vom ..... zu genehmigen.

Der Vorsitzende verkündete das Zustandekommen des Beschlusses. Der Verschmelzungsvertrag ist dieser Niederschrift als Anlage beigefügt. Widerspruch zum Protokoll wurde nicht erklärt.

e) Handelsregisteranmeldungen. aa) Anmeldung für die übertragende AG bei Verschmelzung durch Aufnahme

1173 ▸ **Muster: Handelsregisteranmeldung für die übertragende AG bei Verschmelzung zur Aufnahme**

An das

Amtsgericht

– Handelsregister B –

Betrifft: HRB ..... – A-AG

Elektronische Übermittlung

In der Anlage überreichen wir, die unterzeichnenden gemeinschaftlich vertretungsberechtigten Vorstandsmitglieder der A-AG:
1. elektronisch beglaubigte Abschrift des Verschmelzungsvertrages vom ..... – UR.Nr. ..... des beglaubigenden Notars –,

2. elektronisch beglaubigte Abschrift des Zustimmungsbeschlusses der Hauptversammlung der A-AG vom . . . . . – UR.Nr. . . . . . des beglaubigenden Notars –,
3. elektronisch beglaubigte Abschrift des Zustimmungsbeschlusses der Hauptversammlung der B-AG vom . . . . . – UR.Nr. . . . . . des beglaubigenden Notars –,
4. elektronisch beglaubigte Abschrift des Verschmelzungsberichtes,
5. elektronisch beglaubigte Abschrift des Berichtes der Verschmelzungsprüfer,
6. elektronisch beglaubigte Abschrift des Nachweises über die Zuleitung des Entwurfs des Verschmelzungsvertrages an die Betriebsräte,
7. elektronisch beglaubigte Abschrift der Schlussbilanz der A-AG zum Verschmelzungsstichtag
und melden zur Eintragung in das Handelsregister an:

Die A-AG ist auf die B-AG als übernehmende Gesellschaft im Wege der Verschmelzung durch Aufnahme verschmolzen.

Wir erklären, dass weder der Verschmelzungsbeschluss der Aktionäre der A-AG noch der Verschmelzungsbeschluss der Aktionäre der B-AG angefochten worden ist.

Die Anzeige des Treuhänders nach § 71 Abs. 1 Satz 2 UmwG wird dem Registergericht unmittelbar durch den Treuhänder zugeleitet.

Ggf. weitere Angaben

. . . . ., den . . . . .

. . . . .

(Beglaubigungsvermerk)

bb) Anmeldung für die übernehmende AG bei Verschmelzung durch Aufnahme

▶ **Muster: Handelsregisteranmeldung für die übernehmende AG bei Verschmelzung** 1174 **durch Aufnahme**

An das

Amtsgericht

– Handelsregister B –

Betrifft:

HRB . . . . . – B-AG

In der Anlage überreichen wir, die unterzeichnenden gemeinschaftlich vertretungsberechtigten Vorstandsmitglieder der B-AG:
1. elektronisch beglaubigte Abschrift des Verschmelzungsvertrages vom . . . . . – UR.Nr. . . . . . des beglaubigenden Notars –,
2. elektronisch beglaubigte Abschrift des Zustimmungsbeschlusses der Hauptversammlung der A-AG vom . . . . . – UR.Nr. . . . . . des beglaubigenden Notars –,
3. elektronisch beglaubigte Abschrift des Zustimmungsbeschlusses der Hauptversammlung der B-AG vom . . . . . – UR.Nr. . . . . . des beglaubigenden Notars –,
4. Verschmelzungsbericht,
5. Bericht der Verschmelzungsprüfer,
6. Nachweis über die Zuleitung des Entwurfs des Verschmelzungsvertrages an die Betriebsräte,
7. Berechnung der Kosten, die für die Gesellschaft durch die Ausgabe der neuen Aktien entstehen werden,
8. Vollständigen Satzungswortlaut mit notarieller Übereinstimmungsbescheinigung,

und melden zur Eintragung in das Handelsregister an:
1. Die A-AG ist auf die B-AG im Wege der Verschmelzung durch Aufnahme verschmolzen.
2. Die Hauptversammlung der Gesellschaft vom . . . . . hat die Erhöhung des Grundkapitals von . . . . . € um . . . . . € auf . . . . . € beschlossen. Die Erhöhung des Grundkapitals ist aufgrund der Zustimmung beider Gesellschaften zum Verschmelzungsvertrag durchgeführt. . . . . . der Satzung – Grundkapital – ist in Anpassung an die Kapitalerhöhung geändert.

Hierzu erklären wir:

Die Kapitalerhöhung nach § 69 UmwG dient der Durchführung der Verschmelzung der A-AG mit der B-AG. Die Hauptversammlungen beider Gesellschaften haben dem Verschmelzungsvertrag zugestimmt.

Ferner erklären wir, dass weder der Verschmelzungsbeschluss der Aktionäre der A-AG noch der Verschmelzungsbeschluss der Aktionäre der B-AG angefochten worden ist.

Die Anzeige des Treuhänders nach § 71 Abs. 1 Satz 2 UmwG wird dem Registergericht unmittelbar durch den Treuhänder zugeleitet.

Es wird darum gebeten, im Hinblick auf § 66 UmwG, zunächst die Kapitalerhöhung, die Durchführung der Kapitalerhöhung samt Satzungsänderung sowie zwei beglaubigte Handelsregisterauszügen zu übersenden.

Die inländische Geschäftsanschrift ist unverändert: ...

....., den .....

.....

(Beglaubigungsvermerk)

2. Mischverschmelzung von GmbH und AG durch Aufnahme bei 100 %igem Mutter-Tochterverhältnis. a) Verschmelzung

1175 ▶ **Muster: Verschmelzungsvertrag bei Mischverschmelzung von GmbH und AG durch Aufnahme bei 100 %igem Mutter-Tochterverhältnis**

Verhandelt zu .....

am .....

Vor dem Unterzeichnenden

.....

Notar mit Amtssitz in .....

erschienen:
1.
    a) Herr (Name, Geburtsdatum, Adresse),
    b) Herr (Name, Geburtsdatum, Adresse)
    beide handelnd nicht im eigenen Namen, sondern als gemeinsam vertretungsberechtigte Vorstandsmitglieder der A-AG mit Sitz in ....., eingetragen im Handelsregister des AG ..... unter HRB .....,
2. Herr (Name, Geburtsdatum, Adresse),
    handelt nicht im eigenen Namen, sondern als alleinvertretungsberechtigter Geschäftsführer der B-GmbH mit Sitz in ....., eingetragen im Handelsregister des AG ..... unter HRB .....

Die Erschienenen wiesen sich dem Notar gegenüber aus durch Vorlage ihrer amtlichen Lichtbildausweise. Vertretungsbescheinigung erfolgt gesondert.

Die Erschienenen ließen folgenden

Verschmelzungsvertrag

beurkunden und erklärten, handelnd wie angegeben:

A. Sachverhalt

Die A-AG hat ein Grundkapital von 25 Mio. €. Es ist vollständig eingezahlt und aufgeteilt in 25 Mio. Stückinhaberaktien im Nennbetrag von je 1,00 €.

Das Stammkapital der B-GmbH beträgt 50.000,00 €. Es ist vollständig eingezahlt.

Die A-AG hat mit Geschäftsanteilskauf- und Übertragungsvertrag vom ..... des Notars ..... (UR.Nr. .....) sämtliche Geschäftsanteile der B-GmbH erworben. Es besteht daher ein 100 %iges Mutter-Tochter-Verhältnis, sodass keine Anteile gewährt werden müssen.

B. Verschmelzungsvertrag

I. Vermögensübertragung

Die B-GmbH überträgt ihr Vermögen als Ganzes mit allen Rechten und Pflichten unter Ausschluss der Abwicklung auf die A-AG im Wege der Verschmelzung durch Aufnahme.

II. Gegenleistung

Da die A-AG als übernehmende Gesellschaft 100 % der Anteile der B-GmbH als übertragender Gesellschaft innehat, darf sie gemäß § 68 Abs. 1 Nr. 1 UmwG keine Anteile gewähren und ihr Kapital nicht erhöhen.

III. Bilanzstichtag

Der Verschmelzung wird die mit dem uneingeschränkten Bestätigungsvermerk des Wirtschaftsprüfers . . . . . in . . . . . versehene Bilanz der B-GmbH zum . . . . . als Schlussbilanz zugrunde gelegt.

IV. Verschmelzungsstichtag

Die Übernahme des Vermögens der B-GmbH erfolgt im Innenverhältnis mit Wirkung zum Beginn des 01.01 . . . . . Von diesem Zeitpunkt an gelten alle Handlungen und Geschäfte der B-GmbH als für Rechnung der A-GmbH vorgenommen.

V. Besondere Rechte

Die A-AG gewährte einzelnen Anteilsinhabern sowie den Inhabern besonderer Rechte, wie Anteile ohne Stimmrecht, mehr Stimmrechtsanteile, Schuldverschreibungen oder Genussrechte, keine besonderen Rechte i. S. d. § 5 Abs. 1 Nr. 7 UmwG. Ebenso sind für diese Personen keine besonderen Maßnahmen vorgesehen.

VI. Besondere Vorteile

Besondere Vorteile i. S. v. § 5 Abs. 1 Nr. 8 UmwG werden weder einem Mitglied eines Vertretungs- oder Aufsichtsorgans, noch dem Abschlussprüfer oder dem Verschmelzungsprüfer gewährt.

VII. Folgen der Verschmelzung für die Arbeitnehmer und ihre Vertretungen

Die übernehmende Gesellschaft tritt in die Rechte und Pflichten aus den am Verschmelzungsstichtag im Betrieb der übertragenden Gesellschaft bestehenden Arbeitsverhältnissen ein. Für Tarifverträge und Betriebsvereinbarungen gilt § 613a Abs. 1 BGB.

Widersprechen Arbeitnehmer dem Übergang des Arbeitsverhältnisses auf die übernehmende Gesellschaft, kann ein solcher Widerspruch zur Beendigung des Arbeitsverhältnisses durch Kündigung aus betrieblichen Gründen führen.

Soweit sich durch die Verschmelzung aufgrund wesentlicher Betriebsänderung die Zahl der Arbeitnehmer in den bisherigen Betrieben der übernehmenden und der übertragenden Gesellschaft oder die Zahl der Betriebe ändert, ergeben sich die Rechtsfolgen der §§ 17, 23 KSchG, §§ 1 ff., 47 ff., 60 BetrVG.

Es wird erwogen, den Betrieb der übertragenden Gesellschaft z. T. mit dem Betrieb der übernehmenden Gesellschaft in der . . . . . -Straße in X-Stadt und z. T. mit dem Betrieb der übernehmenden Gesellschaft in der . . . . . -Straße in X-Stadt zusammenzulegen. Sobald über diese Maßnahmen entschieden ist, werden die betrieblichen Mitverwaltungsrechte gewahrt.

VIII. Abfindungsangebot

Ein Abfindungsangebot ist wegen des 100 %igen Mutter-Tochterverhältnisses nicht erforderlich.

IX. Bedingungen

Der Verschmelzungsvertrag steht unter der aufschiebenden Bedingung, dass

a) die Gesellschafterversammlung der B-GmbH ihm zustimmt,

b) Hauptversammlung der übernehmenden Gesellschaft ihn mit einer Mehrheit von mindestens 3/4 des bei der Beschlussfassung vertretenen Grundkapitals zustimmt, es sei denn, dass nach Durchführung des Verfahrens nach § 62 Abs. 3 UmwG ein Verlangen von Aktionären nach § 62 Abs. 2 Satz 1 UmwG die Hauptversammlung einzuberufen, unterbleibt.

X. Kosten

Die durch diesen Vertrag und seine Durchführung bei den beiden Gesellschaften entstehenden Kosten trägt die A-AG. Sollte die Verschmelzung nicht wirksam werden, tragen die Kosten dieses Vertrages die Gesellschaften zu gleichen Teilen. Alle übrigen Kosten trägt die jeweils betroffene Gesellschaft allein.

Diese Niederschrift wurde den Erschienenen vom Notar vorgelesen, von ihnen genehmigt und von ihnen und vom Notar eigenhändig, wie folgt, unterschrieben:

. . . . .

b) Zustimmung der Gesellschafterversammlung der übertragenden Gesellschaft (B-GmbH)

1176 ▶ **Muster: Zustimmung der Gesellschafterversammlung der übertragenden Gesellschaft (B-GmbH)**

Niederschrift über eine Gesellschafterversammlung

Heute, den . . . . .

erschienen vor mir, dem unterzeichnenden Notar . . . . ., mit Amtssitz in . . . . . an der Amtsstelle in . . . . .
1. Herr (Name, Geburtsdatum, Adresse),
2. Herr (Name, Geburtsdatum, Adresse),

beide handelnd nicht im eigenen Namen, sondern als gemeinsam vertretungsberechtigte Vorstandsmitglieder der A-AG mit Sitz in . . . . ., eingetragen im Handelsregister des AG . . . . . unter HRB . . . . .

Die Erschienenen wiesen sich dem Notar gegenüber aus durch Vorlage ihrer amtlichen Lichtbildausweise.

Auf Antrag beurkunde ich den vor mir abgegebenen Erklärungen gemäß Folgendes:

I. Sachstand

Im Handelsregister des AG . . . . ., ist in Abteilung B unter Nr. . . . . . die Firma B-GmbH mit Sitz in . . . . . eingetragen.

Das Stammkapital der Gesellschaft beträgt 50.000,00 €. Es ist vollständig eingezahlt.

Alleiniger Gesellschafter dieser Gesellschaft ist nach Angabe die A-AG mit Sitz in . . . . ., eingetragen im Handelsregister des AG . . . . . unter HRB . . . . .

II. Gesellschafterversammlung

Die Erschienenen hielten sodann als Vertreter der A-AG eine Gesellschafterversammlung unter Verzicht auf alle Frist- und Formvorschriften ab und stellten fest, dass die Gesellschafterversammlung als Vollversammlung beschlussfähig ist.

Der Alleingesellschafter beschließt mit allen Stimmen Folgendes:

§ 1
Zustimmungs- und Verschmelzungsvertrag

Dem Verschmelzungsvertrag vom . . . . . UR.Nr. . . . . . des amtierenden Notars, mit dem die B- GmbH auf die A-AG verschmolzen wird, wird mit allen Stimmen vorbehaltlos zugestimmt.

Der Verschmelzungsvertrag ist dieser Urkunde als Anlage 1 beigefügt.

§ 2
Feststellung der Verschmelzungsbilanz

Die dieser Urkunde als Anlage 2 beigefügte Schlussbilanz (Verschmelzungsbilanz) zum 31.12 . . . . . wird festgestellt.

III. Verzichtserklärungen

Der Alleingesellschafter erklärt zu Protokoll, dass er gemäß § 16 Abs. 2 Satz 2 UmwG auf die Anfechtung des Zustimmungsbeschlusses verzichtet.

IV. Sonstiges, Kosten

Die Kosten dieser Urkunde trägt die Gesellschaft.

Abschriften . . . . .

Vorgelesen vom Notar, von den Erschienenen genehmigt und eigenhändig unterschrieben:

. . . . .

c) Bekanntmachung nach § 62 Abs. 3 UmwG bei der aufnehmenden AG (A-AG)

1177 ▶ **Muster: Bekanntmachung der Verschmelzung nach § 62 Abs. 3 UmwG bei der aufnehmenden AG (A-AG)**

Gemäß § 62 Abs. 3 UmwG wird bekannt gemacht, dass eine Verschmelzung der B-GmbH als übertragende Gesellschaft auf die A-AG als übernehmende Gesellschaft erfolgen soll. Dadurch überträgt die

B-GmbH ihr Vermögen als Ganzes mit allen Rechten und Pflichten unter Auflösung ohne Liquidation auf die A-AG im Wege der Verschmelzung durch Aufnahme. Die Verschmelzung erfolgt im Innenverhältnis mit Wirkung zu Beginn des 01.01. (Verschmelzungsstichtag). Der Verschmelzung liegt die Jahresbilanz der B-GmbH zum 31.12 . . . . . als Schlussbilanz zugrunde.

Im Geschäftsraum der A-AG (Ort, Straße) sind zur Einsicht der Aktionäre folgende Unterlagen ausgelegt:
- Verschmelzungsvertrag,
- Jahresabschlüsse und Lageberichte der an der Verschmelzung beteiligten Gesellschaften für die letzten drei Geschäftsjahre,
- evtl. Zwischenbilanz,
- Verschmelzungsbericht,
- Prüfungsbericht.

Der Verschmelzungsvertrag wurde zum Handelsregister der A-AG eingereicht. Der Vorstand plant, von § 62 Abs. 1 UmwG Gebrauch zu machen, da sich mindestens 90 % des Stammkapitals der übertragenden GmbH in der Hand der übernehmenden A-AG befinden, sodass ein Verschmelzungsbeschluss bei der A-AG nicht erforderlich ist.

Der Vorstand weist allerdings die Aktionäre darauf hin, dass ein Verschmelzungsbeschluss erforderlich ist, wenn Aktionäre der A-AG, deren Anteile zusammen den zwanzigsten Teil des Grundkapitals der A-AG erreichen, die Einberufung einer Hauptversammlung verlangen, in der über die Zustimmung zu der Verschmelzung beschlossen wird. Das Einberufungsverlangen ist an die A-AG zu richten.

Der Vorstand

d) Handelsregisteranmeldung für die übertragende GmbH. (Vgl. oben Teil 2 Rdn. 1030.)   **1178**

e) Handelsregisteranmeldung für die aufnehmende AG. (Vgl. oben Teil 2 Rdn. 1174.)   **1179**

3. Verschmelzungsvertrag einer GmbH auf eine AG mit Gegenleistung, aber ohne Kapitalerhöhung (Verschmelzung zur Aufnahme)

▶ **Muster: Verschmelzungsvertrag einer GmbH auf eine AG mit Gegenleistung, aber** **1180** **ohne Kapitalerhöhung (Verschmelzung zur Aufnahme)**

– Auszug –

A. Sachstand

Die P-GmbH hält 10 Mio. Stückaktien der I-AG, d. h. ca. 11 % des Grundkapitals.

Am voll eingezahlten Stammkapital der P-GmbH von 54.000,00 € halten die AZP Beteiligungs-GmbH & Co. KG Geschäftsanteile von insgesamt nominal 37.500,00 € und die M-Beteiligungs-AG & Co. KG Geschäftsanteile von insgesamt nominal 16.500,00 €.

Durch nachfolgenden Vertrag soll die P-GmbH auf die I-AG verschmolzen werden.

B. Verschmelzungsvertrag

I. Vermögensübertragung

Die P-GmbH überträgt ihr Vermögen als Ganzes mit allen Rechten und Pflichten unter Ausschluss der Abwicklung auf die I-AG im Wege der Verschmelzung durch Aufnahme. Die I-AG gewährt als Ausgleich hierfür den Gesellschaftern der P-GmbH Aktien an der I-AG.

II. Gegenleistung

Die I-AG gewährt mit Wirksamwerden der Verschmelzung den Gesellschaftern der P-GmbH als Gegenleistung für die Vermögensübertragung sämtliche Aktien der I-AG, die sich bei Wirksamwerden der Verschmelzung im Vermögen der P-GmbH befinden. Die Aktien werden den Gesellschaftern der P-GmbH unmittelbar und in dem Verhältnis gewährt, in dem sie schon bei Wirksamwerden der Verschmelzung am Stammkapital der P-GmbH beteiligt sind. Von den 10 Mio. Aktien erhält die AZP Beteiligungs-GmbH & Co. KG daher 7 Mio. Aktien und die M-Beteiligungs-AG & Co. KG 3 Mio. I-Aktien.

Bare Zuzahlungen werden nicht geleistet, die Inhaberstückaktien werden kostenfrei mit Gewinnbezugsrecht ab . . . . . gewährt.

Das Umtauschverhältnis beträgt . . . . . Das Grundkapital der I-AG wird bei Durchführung der Verschmelzung nicht erhöht, da den Gesellschaftern der P-GmbH als Gegenleistung entsprechend vorstehender Regelung ausschließlich die beim Wirksamwerden der Verschmelzung im Vermögen der P-GmbH befindlichen I-Aktien gewährt werden, auf die der Ausgabebetrag voll geleistet ist (§ 68 Abs. 1 Satz 2 Nr. 2 UmwG).

III. Bilanzstichtag

Der Verschmelzung wird die mit dem uneingeschränkten Bestätigungsvermerk des Wirtschaftsprüfers . . . . . in . . . . . versehene Bilanz der B-GmbH zum 31.12 . . . . . (als Schlussbilanz) zugrunde gelegt.

IV. Verschmelzungsstichtag

Die Übernahme des Vermögens der P-GmbH erfolgt im Innenverhältnis mit Wirkung zu Beginn des 01.01 . . . . . Von diesem Zeitpunkt an gelten alle Handlungen und Geschäfte der P-GmbH als für Rechnung der I-AG vorgenommen.

V. Abfindungsangebot (in § 29 GmbH)

Sämtliche Gesellschafter der P-GmbH haben vor Abschluss des Verschmelzungsvertrages auf Erstellung eines Abfindungsangebots nach § 29 UmwG verzichtet. Es wird daher im Einverständnis aller beteiligten Gesellschafter von einem Abfindungsangebot im Verschmelzungsvertrag abgesehen.

VI. Besondere Rechte

Besondere Rechte i. S. v. § 5 Abs. 1 existieren bei der I-AG nicht. Einzelnen Anteilsinhabern werden i. R. d. Verschmelzung keine besonderen Rechte gewährt.

VII. Besondere Vorteile

Besondere Vorteile i. S. v. § 5 Abs. 1 Nr. 8 UmwG werden weder einem Mitglied eines Vertreters oder Aufsichtsorgans noch dem Abschlussprüfer oder einem etwaigen Verschmelzungsprüfer gewährt.

VIII. Treuhänder

Die P-GmbH bestellt als Treuhänder für den Empfang der zu gewährenden Aktien und deren Aushändigung an die Gesellschafter der P-GmbH die X-Bank AG mit Sitz in . . . . . Die P-GmbH wird die für die Verschmelzung verwendeten Aktien der Treuhänder vor der Eintragung der Verschmelzung in das Handelsregister der P-GmbH übergeben. Die P-GmbH und die I-AG werden den Treuhänder anweisen, die Aktien nach Eintragung der Verschmelzung in das Handelsregister der I-AG den Gesellschaftern der P-GmbH zu übergeben.

IX. Folgen der Verschmelzung für die Arbeitnehmer und ihre Vertretungen

Die P-GmbH hat keinen Betriebsrat und keinen Aufsichtsrat. Die derzeitigen Geschäftsführer und die derzeitigen Prokuristen der P-GmbH werden mit dem Wirksamwerden der Verschmelzung ausscheiden und nicht von der I-AG übernommen. Die P-GmbH wird zum Zeitpunkt des Wirksamwerdens der Verschmelzung keine Arbeitnehmer haben.

Die I-AG hat einen Gesamtbetriebsrat und sieben lokale Betriebsräte. Der Aufsichtsrat der I-AG setzt sich aus einundzwanzig Mitgliedern nach den Bestimmungen des Betriebsverfassungsgesetzes 1952 zusammen und ist damit zu 2/3 mit Anteilseignervertretern und zu 1/3 mit Arbeitnehmervertretern besetzt; an dem Bestehen und der Zusammensetzung dieser Vertretungen der Arbeitnehmer wird sich durch die Verschmelzung nichts ändern. Bei der I-AG sind wegen der in diesem Vertrag geregelten Verschmelzung keine Maßnahmen vorgesehen, von denen die Arbeitnehmer der I-AG betroffen sind. Die Verschmelzung hat keine Folgen für die Arbeitnehmer der I-AG und ihre Vertretungen.

X. Bedingungen

Der Verschmelzungsvertrag steht unter der aufschiebenden Bedingung, dass die Gesellschafter bzw. Hauptversammlung der Gesellschaften bis zum . . . . . vorliegen.

XI. Kosten

Die durch diesen Vertrag und seine Durchführung bei den beiden Gesellschaften entstehenden Kosten trägt die I-AG. Sollte die Verschmelzung nicht wirksam werden, tragen die Kosten dieses Vertrages die Gesellschaften zu gleichen Teilen; alle übrigen Kosten trägt die jeweils betroffene Gesellschaft allein.

Diese Niederschrift wurde den Erschienenen vom Notar vorgelesen, von Ihnen genehmigt und von ihnen und dem Notar eigenhändig, wie folgt, unterschrieben:

. . . . .

4. Verschmelzungsvertrag AG auf AG unter Ausnutzung genehmigten Kapitals (Verschmelzung zur Aufnahme); variabler Verschmelzungsstichtag

▶ Muster: Verschmelzungsvertrag AG auf AG unter Ausnutzung genehmigten Kapitals 1181 (Verschmelzung zur Aufnahme); variabler Verschmelzungsstichtag

– Auszug aus dem Verschmelzungsvertrag (die übrigen Bestimmungen wie vor) –

§ 1
Vermögensübertragung

Die A-AG überträgt ihr Vermögen als Ganzes mit allen Rechten und Pflichten unter Auflösung ohne Abwicklung im Wege der Verschmelzung zur Aufnahme auf die B-AG.

§ 2
Gegenleistung/Umtauschverhältnis

1. Auf der Grundlage der für beide Gesellschaften jeweils durchgeführten Unternehmensbewertung wird das Umtauschverhältnis mit 0,6 auf den Namen lautende Stückaktien der B-AG für eine auf den Namen lautende Aktie der A-AG im Nennbetrag von 50,00 € festgesetzt. Bewertungsstichtag für die Berechnung des Umtauschverhältnisses ist der . . . . .

2. Die gemäß vorstehenden Absätzen als Gegenleistung gewährten Aktien nehmen ab dem 01.01 . . . . . am Gewinn der Gesellschaft teil. Verschiebt sich der Verschmelzungsstichtag gemäß nachstehend § 5 verschiebt sich die Gewinnberechtigung entsprechend jeweils um ein Jahr.

3. Falls ein Antrag eines Aktionärs der A-AG ein Spruchstellenverfahren nach §§ 15, 305 ff. UmwG eingeleitet wird und das angerufene Gericht rechtskräftig einen Ausgleich durch bare Zuzahlungen anordnet oder sich die B-AG gegenüber einem solchen Aktionär in einem gerichtlichen oder außergerichtlichen Vergleich zu einer solchen Zuzahlung verpflichtet, wird die B-AG im Rahmen eines rechtlich zulässigen eine entsprechende Zuzahlung auch allen übrigen Aktionären der A-AG gewähren, die keinen Antrag gestellt haben.

§ 3
Kapitalerhöhung aus genehmigtem Kapital

Das Grundkapital der Gesellschaft ist in teilweiser Ausnutzung des bis zum . . . . . befristeten genehmigten Kapitals durch Beschluss des Vorstandes der B-AG vom . . . . . den der Aufsichtsrat der B-AG mit Beschluss vom . . . . . zugestimmt hat, um . . . . . € auf . . . . . € erhöht. Diese Kapitalerhöhung ist zum Zeitpunkt der Beurkundung dieses Verschmelzungsvertrages noch nicht im Handelsregister der B-AG eingetragen und damit noch nicht wirksam. Zur Durchführung der Verschmelzung wird die B-AG ihr durch vorbezeichnete Ausnutzung des genehmigten Kapitals erhöhtes Grundkapital von bislang . . . . . € um . . . . . € auf . . . . . € erhöhen. Die Kapitalerhöhung erfolgt durch Ausgabe von . . . . . auf den Namen lautenden Stückaktien mit Gewinnberechtigung ab dem 01.01. . . . . § 3 Abs. 2 gilt entsprechend.

§ 4
Treuhänder

Die A-AG bestellt als Treuhänder für den Empfang der zu gewährenden Aktien und der vereinbarten eventuellen weiteren baren Zuzahlung sowie für deren Aushändigung an die Aktionäre der A-AG die X-Bank in . . . . . Die B-AG wird die baren Zuzahlungen dem Treuhänder nach erfolgter Eintragung der Kapitalerhöhung in das Handelsregister der B-AG und vor Eintragung der Verschmelzung in das Handelsregister der A-AG übergeben und ihn anweisen, sie nach Eintragung der Verschmelzung in das Handelsregister der B-AG den Aktionären der A-AG Zug um Zug gegen Nachweis ihre Aktionärsstellung an der A-AG und Aushändigung ihrer Aktien oder Zwischenurkunden zu übergeben. Da die Mitgliedschaften an der B-AG nicht verbrieft sind, werden den Aktionären der A-AG keine Aktienurkunden ausgegeben, die die jungen Aktien an der B-AG verbriefen. Die Aktionäre der A-AG werden mit Wirksamwerden der Verschmelzung Aktionäre der B-AG entsprechend dem in diesem Vertrag niedergelegten Umtauschverhältnis. Sie werden als Aktionärin des Aktienbuchs der B-AG eingetragen. Der Treuhänder wird die ordnungsgemäße Durchführung dieses Verfahrens überwachen und begleiten.

§ 5
Verschmelzungsstichtag

1. In der Verschmelzung wird die Bilanz der A-AG zum 31.12 . . . . . als Schlussbilanz zugrunde gelegt.

2. Die Übernahme des Vermögens der A-AG erfolgt im Innenverhältnis mit Wirkung zum Ablauf des 31.12 . . . . ., 24.00 Uhr. Vom 01.01 . . . . ., 0.00 Uhr an gelten alle Handlungen, Maßnahmen und Geschäfte der A-AG als für Rechnung der B-AG vorgenommen.

3. Falls die Verschmelzung nicht bis zum 31.12. . . . . in das Handelsregister der B-AG eingetragen wird, gelten abweichend von Abs. 1 der 31.12. . . . . als Stichtag der Schlussbilanz und abweichend

von Abs. 2 der 01.01....., 0.00 Uhr, als Verschmelzungsstichtag. Bei einer weiteren Verzögerung des Wirksamwerdens der Verschmelzung über den 31.12. des Folgejahres hinaus verschieben sich der Stichtag der Schlussbilanz und der Verschmelzungsstichtag um ein weiteres Jahr.

4. Im Fall der Verschiebung des Verschmelzungsstichtages nach vorstehenden Vorschriften sind die Parteien i. R. d. rechtlich zulässigen verpflichtet, nachhaltige Veränderungen des dem Umtauschverhältnis zugrunde gelegten Unternehmenswertes beider Gesellschaften zu vermeiden. Das Rücktrittsrecht nach diesem Vertrag bleibt unberührt.

§ 6
Besondere Rechte und Vorteile

1. Rechte i. S. v. § 5 Abs. 1 Nr. 7 UmwG für einzelne Aktionäre oder Inhaber besonderer Rechte werden vorbehaltlich Abs. 2 nicht gewertet.
2. Die A-AG hat in den vergangenen Jahren Genussscheine ausgegeben. Diese sind zum Handel ..... Börse ..... zugelassen. Mit Wirksamwerden der Verschmelzung gehen die Rechte und Pflichten aus den Genussscheinen auf die B-AG über und gelten dieser gegenüber als neue Schuldnerin weiter. Soweit die Inhaber der Genussscheine derzeit nach Maßgabe der jeweiligen Bedingungen einen den Gewinnanteil der Aktionäre der A-AG vorgehenden jährlichen Ausschüttung aus dem Finanzgewinn erhalten, wird die B-AG ihn nach Wirksamwerden der Verschmelzung auch künftig einer der Höhe nach unveränderte Ausschüttung gewähren.
3. Den Vorstandsmitgliedern, Aufsichtsratsmitgliedern, Abschlussprüfern oder Verschmelzungsprüfern der beteiligten Gesellschaften werden keine besonderen Vorteile gewährt.

§ 7
Folgen der Verschmelzung für die Arbeitnehmer und ihre Vertretungen

1. Mit dem Wirksamwerden der Verschmelzung gehen sämtliche Arbeitsverhältnisse der A- AG nach § 324 UmwG i. V. m. § 613a BGB mit allen Rechten und Pflichten auf die B-AG über. Diese Arbeitsverhältnisse können nicht wie durch die bisherigen oder künftigen Arbeitgeber anlässlich der Verschmelzung gekündigt werden. Dem einzelnen Arbeitnehmer steht hinsichtlich des Übergangs ein Widerspruchsrecht zu. Widerspricht ein Arbeitnehmer den Übergangs- und Arbeitsverhältnisses, so wird es im Anschluss an den Widerspruch gekündigt.
2. Hinsichtlich der betrieblichen Altersversorgung der A-AG ergeben sich keine Veränderungen für die Arbeitnehmer.
3. Sowohl für die A-AG als auch für die B-AG gilt der Tarifvertrag für ..... Durch die Verschmelzung treten daher keine Änderungen hinsichtlich der anwendbaren tarifvertraglichen Regelungen ein.
4. Durch die Verschmelzung wird der rechtliche Stand der einzelnen Betriebe nicht berührt. Die bestehenden Betriebsräte bleiben unverändert im Amt. Die Betriebsräte der Betriebe der A- AG sind berechtigt, nach dem Wirksamwerden der Verschmelzung Mitglieder in den Gesamtbetriebsrat der B-AG zu entsenden.
5. Die bei der A-AG bestehenden Betriebsvereinbarungen gelten grds. kollektivrechtlich unverändert fort.

§ 8
Angebot einer Barabfindung

1. Den Aktionären der A-AG, die gegen den Verschmelzungsbeschluss der Hauptversammlung der A-AG Widerspruch zur Niederschrift erklären, wird gemäß § 29 UmwG der Erwerb ihrer Aktien an der B-AG durch die B-AG gegen eine Barabfindung i. H. v. ..... € je Stückaktie angeboten. Die Annahme des Barabfindungsgebots allein für einen Teil des jeweiligen Aktienbesitzes ist ausgeschlossen.
2. Das Angebot kann nur binnen zwei Monaten nach dem Tage angenommen werden, an dem die Eintragung der Verschmelzung in das Register der BAG nach § 19 Abs. 3 UmwG als bekannt gemacht gilt. Eine Verlängerung der Frist nach § 31 UmwG bleibt unberührt.
3. Die Kosten der Übertragung der gegen Annahme der Barabfindung übertragenen Aktien trägt die B-AG.

5. Mischverschmelzung einer Genossenschaft auf eine AG durch Aufnahme

▶ **Muster: Verschmelzungsvertrag bei Mischverschmelzung einer Genossenschaft auf eine AG durch Aufnahme**   1182

– Auszug aus dem Verschmelzungsvertrag –

§ 1
Vermögensübertragung

Die A-Bank eG überträgt ihr Vermögen als Ganzes auf die B-Bank-AG im Wege der Verschmelzung zur Aufnahme gegen Gewährung von Aktien an der B-Bank-AG nach den nachfolgenden Vorschriften.

§ 2
Gegenleistung/Umtauschverhältnis

Die B-Bank-AG gewährt mit Wirksamwerden der Verschmelzung den Mitgliedern der A-Bank eG als Gegenleistung für die Übertragung des Vermögens der A-Bank eG kostenfrei . . . . . Stück neue auf den Inhaber lautende Stückaktien sowie eine Barzuzahlung i. H. v. insgesamt . . . . . €.

Auf den auszugebenden Stückaktien der B-Bank-AG wird jedes Mitglied der A-Bank eG in dem Verhältnis beteiligt, in dem sein Geschäftsguthaben zur Summe der Geschäftsguthaben aller Mitglieder steht. Damit entfällt auf . . . . . € Geschäftsguthaben bei der A-Bank eG eine Stückaktie der B-Bank-AG. Für die Feststellung des Geschäftsguthabens ist die Schlussbilanz der A-Bank eG maßgebend.

Soweit verbleibende Spitzenbeträge zum Erwerb von Aktien nicht ausreichen, gleicht die B-Bank-AG Geschäftsguthaben durch bare Zuzahlungen i. H. v. . . . . . € je 1,00 € Geschäftsguthaben aus.

§ 3
Kapitalerhöhung

Zur Durchführung der Verschmelzung wird die B-Bank-AG ihr Grundkapital von bisher . . . . . € gegen Sacheinlage um . . . . . € auf . . . . . € erhöhen, durch Ausgabe von . . . . . Stück neuen auf den Inhaber lautenden Stückaktien. Die neuen Aktien sind ab 01.01. . . . . . gewinnberechtigt.

§ 4
Treuhänder

Die A-Bank eG bestellt die X-Bank als Treuhänderin für den Empfang der den Mitgliedern der A-Bank eG zu gewährenden Aktien und baren Zuzahlungen. Die B-Bank-AG wird die Aktien und Barzuzahlungen der Treuhänderin vor der Einzahlung der Verschmelzung in das Genossenschaftsregister der A-Bank eG zur Verfügung stellen und sie anweisen, diese nach Eintragung der Verschmelzung in das Handelsregister der B-Bank-AG den Mitgliedern der A-Bank eG auszukehren.

§ 5
Ausschlagung und Auseinandersetzung

Die einem Mitglied der A-Bank eG gewährten Aktien der B-Bank-AG gelten als nicht erworben, wenn sie von dem betreffenden Mitglied gemäß §§ 90, 91 UmwG wirksam ausgeschlagen werden. In diesem Fall ist dem Mitglied sein Geschäftsguthaben im Wege der Auseinandersetzung auszubezahlen. An den Rücklagen und dem sonstigen Vermögen der A-Bank eG hat das ausscheidende Mitglied keinen Anteil.

§ 6
Stichtag der Schlussbilanz und Verschmelzungsstichtag

Schlussbilanz der A-Bank eG ist die zum 31.12. . . . . . aufgestellte Bilanz.

Alle Handlungen der A-Bank eG gelten seit dem 01.01. . . . . . (Verschmelzungsstichtag) als für Rechnung der B-Bank AG vorgenommen.

§ 7
Sonderrechte

Es wird festgestellt, dass Vorzugsaktien, Mehrstimmrechtsaktien und Anteile ohne Stimmrechte bei der B-Bank AG nicht vorhanden sind. Die von der A-Bank eG ausgegebenen Schuldverschreibungen und Inhaberschuldverschreibungen gehen im Wege der Gesamtrechtsnachfolge auf die B-Bank AG über und werden von dieser mit unverändertem Inhalt und Rechten fortgeführt.

§ 8
Besondere Vorteile

Besondere Vorteile für Vorstands- oder Aufsichtsratsmitglieder der beteiligten Rechtsträger unter Abschluss oder Verschmelzung werden nicht gewertet.

§ 9
Folgen für die Arbeitnehmer und ihre Verschmelzungen

Für die Arbeitnehmer und ihre Vertretungen treten folgende Auswirkungen aus. . . . . . Insoweit sind folgende Maßnahmen vorgesehen: . . . . .

6. **Verschmelzungsrechtlicher Squeeze-out.** Angaben zum Squeeze-out im Verschmelzungsvertrag:

1183 ▶ **Muster: Verschmelzungsrechtlicher Squeeze-out**

Die A-AG mit Sitz in Hannover, eingetragen im Handelsregister des Amtsgerichts H unter HRB 22298, soll als übertragende Gesellschaft auf die B-AG mit Sitz in X-Stadt, eingetragen im Handelsregister des Amtsgerichts X-Stadt unter HRB 29856, als übernehmende Gesellschaft nach Maßgabe dieses Vertrages verschmolzen werden.

Gehören einer übernehmenden Aktiengesellschaft (Hauptaktionärin) Aktien in Höhe von mindestens 90 % des Grundkapitals einer übertragenden Aktiengesellschaft, kann die Hauptversammlung der übertragenden Aktiengesellschaft innerhalb von drei Monaten nach Abschluss dieses Vertrages einen Beschluss nach § 327a Abs. 1 Satz 1 AktG fassen (§ 62 Abs. 5 Satz 1, Abs. 1 UmwG).

Die übernehmende B-AG ist eine Aktiengesellschaft und hält derzeit unmittelbar 92.000 Aktien der A-AG. Dies entspricht 92 % des Grundkapitals der A-AG. Depotbestätigungen der X-Bank zum Zeitpunkt des Abschlusses dieses Vertrages sind dieser Urkunde in Kopien als Anlage beigefügt. Die B-AG ist damit Hauptaktionärin der A-AG im Sinne von § 62 Abs. 5 Satz 1 UmwG.

Die Verschmelzung soll zur Aufnahme unter Auflösung ohne Abwicklung durch Übertragung des gesamten Vermögens der übertragenden Gesellschaft auf die übernehmende Gesellschaft nach § 2 Nr. 1 UmwG erfolgen. Die Verschmelzung soll im Zusammenhang mit einem Ausschluss der Minderheitsaktionäre der übertragenden Gesellschaft gemäß § 62 Abs. 5 Sätze 1 und 8, Abs. 1 UmwG i.V.m. §§ 327a ff. AktG erfolgen. Zu diesem Zweck soll die Hauptversammlung der übertragenden Gesellschaft innerhalb von drei Monaten nach Abschluss dieses Verschmelzungsvertrags über die Übertragung der Aktien der übrigen Aktionäre der übertragenden Gesellschaft (Minderheitsaktionäre) auf die übernehmende Gesellschaft (Hauptaktionär) gegen Gewährung einer angemessenen Barabfindung beschließen.

Die Eintragung des vorgenannten Übertragungsbeschlusses wird mit dem Vermerk versehen sein, dass der Übertragungsbeschluss erst gleichzeitig mit der Eintragung der Verschmelzung im Handelsregister des Sitzes der übernehmenden Gesellschaft wirksam wird (§ 62 Abs. 5 Satz 7 UmwG). Die Verschmelzung soll nur wirksam werden, wenn gleichzeitig auch der Ausschluss der Minderheitsaktionäre der übertragenden Gesellschaft und damit die Übertragung aller Aktien der Minderheitsaktionäre der übertragenden Geselslchaft auf die übernehmende Gesellschaft als Hauptaktionär wirksam wird.

. . . .

Dieser Vertrag wird erst wirksam (aufschiebende Bedingung), wenn ein Beschluss der Hauptversammlung der A-AG nach § 62 Abs. 5 Satz 1 UmwG i.V.m. § 327a Abs. 1 Satz 1 AktG über die Übertragung der Aktien der übrigen Aktionäre (Minderheitsaktionäre) der A-AG auf die B-AG als Hauptaktionärin in das Handelsregister eingetragen wird.

E. Verschmelzung von Genossenschaften

I. Checkliste

Beim Ablauf des **Verschmelzungsverfahrens bei Genossenschaften** sind folgende Punkte zu beachten **1184** (vgl. auch die Übersicht bei Ohlmeyer/Kuhn/Philipowski, Verschmelzung von Genossenschaften, S. 32 ff.; Lutter/Bayer, UmwG, § 79 Rn. 3; Widmann/Mayer/Fronhöfer, Umwandlungsrecht, Vor. §§ 79 bis 98 UmwG; Fandrich/Graef/Bloehs, Die Verschmelzung von Genossenschaften in der Praxis, 2005):

☐ Verschmelzungsvertrag (§§ 4 ff., 80 UmwG),
☐ Verschmelzungsbericht (§ 8 UmwG),
☐ Gutachten des Prüfungsverbandes (§ 81 UmwG),
☐ Zuleitung des Verschmelzungsvertrages zum Betriebsrat (§ 5 Abs. 3 UmwG),
☐ Neuregelung der Kapitalverhältnisse bei der übernehmenden Gesellschaft,
☐ Vorbereitung der Generalversammlung (§ 82 UmwG),
☐ Verschmelzungsbeschluss (§§ 13, 83, 84 UmwG),
☐ Anmeldung zum Handelsregister bei der übertragenden Genossenschaft und bei der übernehmenden Genossenschaft (§§ 16, 17, 86 UmwG),
☐ Eintragung der Verschmelzung, zunächst in das Genossenschaftsregister des Sitzes jedes der übertragenden Genossenschaften, sodann in das Register des Sitzes der übernehmenden Genossenschaft (§§ 19, 20 UmwG),
☐ Tausch der Geschäftsanteile (§§ 87, 88 UmwG),
☐ Eintragung der Genossen in Mitgliederliste, Benachrichtigung (§ 89 UmwG).

II. Anteilsgewährungspflicht bei der Verschmelzung von Genossenschaften

Es wurde im Einzelnen dargelegt, dass bei der Verschmelzung von Kapitalgesellschaften der Grundsatz **1185** der Anteilsgewährungspflicht besteht (vgl. oben Teil 2 Rdn. 96 ff.). Der Grundsatz besteht darin, dass den Anteilsinhabern am übertragenden Rechtsträger für das Vermögen des übertragenden Rechtsträgers Anteile an dem aufnehmenden Rechtsträger zu gewähren sind. Die überwiegende Meinung bejaht bei Gesellschaften eine derartige Anteilsgewährungspflicht (Widmann/Mayer/Mayer, Umwandlungsrecht, § 5 UmwG Rn. 15; Kallmeyer/Marsch-Barner, UmwG, § 2 Rn. 12; Heidinger/Limmer/Holland/Reul, Gutachten des DNotI, Bd. IV, Gutachten zum Umwandlungsrecht, S. 126 ff.; OLG Frankfurt am Main, DNotZ 1999, 154; KG, DNotZ 1999, 157). Dieser Grundsatz gilt auch bei der Verschmelzung von Genossenschaften und Vereinen. Bei der Verschmelzung von Genossenschaften ergibt sich dies bereits aus § 80 UmwG, wo der Gesetzgeber im Einzelnen Sonderregelung für die Festlegung des Umtauschverhältnisses der Anteile gemacht hat (vgl. Gutachten, DNotI-Report 2000, 23; Widmann/Mayer/Fronhöfer, Umwandlungsrecht, § 80 UmwG, Rn. 16 ff., 48; Lutter/Bayer, § 80 UmwG Rn. 13; Lutter/Grunewald § 20 UmwG Rn. 60; Stratz, in: Schmitt/Hörtnagl/Stratz, § 80 UmwG Rn. 6).

Nicht geregelt ist, ob ähnlich wie in den §§ 54, 68 UmwG **Ausnahmen von dem Grundsatz der Anteils- 1186 gewährungspflicht** bestehen (vgl. oben Teil 2 Rdn. 106 ff.). Zu beachten ist dabei allerdings auch § 20 Abs. 1 Nr. 3 Satz 1 UmwG, wonach in dem Fall, in dem die übernehmende Gesellschaft Anteile eines übertragenden Rechtsträgers innehat, keine Geschäftsanteile an der übernehmenden Gesellschaft erworben werden. Die Vorschrift gilt zwar auch in erster Linie für Kapitalgesellschaften, da eine solche Anteilsgewährung zur Folge hätte, dass die Gesellschaft eigene Anteile aus einer Kapitalerhöhung erhielte, was bei Kapitalgesellschaften mit dem Gebot der realen Kapitalaufteilung unvereinbar wäre. Dennoch kann man m. E. § 20 Abs. 3 Satz 1 Halbs. 2 UmwG ein allgemeines Prinzip entnehmen, wonach keine Anteile zu gewähren sind, soweit der übernehmende Rechtsträger Anteilsinhaber des übertragenden Rechtsträgers ist (vgl. Gutachten, DNotI-Report 2000, 23; Widmann/Mayer/Fronhöfer, Umwandlungsrecht, § 80 UmwG Rn. 48).

1187 ▶ **Hinweis:**

Bei Genossenschaften und Vereinen ergibt sich dies i. Ü. auch daraus, dass eine solche Kooperation nicht an sich selbst beteiligt werden kann (Lutter/Grunewald, UmwG, § 20 Rn. 65). Insofern gilt in diesen Fällen immer eine Ausnahme von der Anteilsgewährungspflicht bei derartigen Konzernkonstellationen.

1188 Der Gesetzgeber hat im **Zweiten Gesetz zur Änderung des UmwG** v. 25.04.2007 (BGBl. I, S. 542) in den §§ 54 und 68 UmwG n. F. eine Ausnahme durch Verzicht festlegt (vgl. BR-Drucks. 548/06, S. 27): § 54 Abs. 1 Satz 3 UmwG n. F. (für die GmbH) bzw. § 68 Abs. 1 Satz 3 UmwG n. F. (für die AG) bestimmt nunmehr, dass die Kapitalerhöhung bei der übernehmenden Kapitalgesellschaft zur Disposition **aller Anteilsinhaber des übertragenden Rechtsträgers** steht. **Verzichten alle Anteilsinhaber des übertragenden Rechtsträgers** in notarieller Urkunde auf die Anteilsgewährung, darf die übernehmende Gesellschaft von der Anteilsgewährung absehen. Zu kritisieren ist an dieser an sich erfreulichen Klarstellung, dass sie aufgrund der systematischen Stellung nur für Verschmelzung auf die AG und GmbH gilt, obwohl bei der Personengesellschaft oder anderen Genossenschaft ähnliche Fragestellungen bestehen. M. E. kann man aber aus der gesetzlichen Neuregelung allgemein den Schluss ziehen, dass der Anteilsgewährungsgrundsatz disponibel ist, wenn alle Anteilsinhaber der übertragenden Rechtsträger darauf verzichten, denn was bei Kapitalgesellschaften gilt, muss erst recht bei anderen Rechtsträgern mit weniger strenger Kapitalbindung, also auch bei der Genossenschaft, gelten (ähnlich Lutter/Grunewald, § 20 UmwG Rn. 65; a. A. Widmann/Mayer/Fronhöfer, Umwandlungsrecht, § 80 UmwG Rn. 18.1, der einen Verzicht bei Genossenschaften nicht zulassen will, da der Gesetzgeber keine Rechtsformunabhängige Verzichtsmöglichkeit aufnehmen wollte). Solange die Frage nicht geklärt ist, empfiehlt sich in der Praxis eine Absprache mit dem Registergericht.

III. Neuregelungen der Kapitalverhältnisse der übernehmenden Genossenschaft bei der Verschmelzung zur Aufnahme

1189 **1. Regelung von Hafthöhe und Haftart.** Während nach dem bis 1995 geltenden Recht nur Genossenschaften gleicher Haftart verschmolzen werden konnten (§ 93a GenG a. F.), können nunmehr auch Genossenschaften verschiedener Haftart verschmolzen werden. In der Satzung der Genossenschaft wird gem. § 6 Nr. 3 GenG die Haftform geregelt. **Drei verschiedene Haftformen** sind möglich:
- die unbeschränkte Nachschusspflicht,
- die beschränkte Nachschusspflicht,
- der Verzicht auf jede Nachschusspflicht (vgl. Schulte in: Lang/Weidmüller/Metz, GenG, § 6 Rn. 15 ff.).

1190 Handelt es sich um **Genossenschaften mit beschränkter Nachschusspflicht**, spielt außerdem die jeweilige Haftsumme, die in den Satzungen geregelt ist, eine Rolle und kann unterschiedlich gestaltet sein. Wie beim bis 1995 geltenden Recht, kommt es auch nach dem UmwG bei der Verschmelzung von Genossenschaften nicht darauf an, dass die Höhen der Haftsummen bei den zu verschmelzenden Gesellschaften einheitlich sind (so Begründung zum RegE, BR-Drucks. 75/94, S. 105, abgedruckt in: Limmer, Umwandlungsrecht S. 300; zum alten Recht vgl. Schaffland, in: Lang/Weidmüller, GenG, 35. Aufl., § 93a Rn. 2; Schlarb, Die Verschmelzung eingetragener Genossenschaften, S. 37 ff.). Gem. § 87 Abs. 1 UmwG richtet sich allerdings nach erfolgter Verschmelzung die Höhe der **Nachschusspflicht** für alle Mitglieder nach der Satzung der übernehmenden Genossenschaft. Darüber hinaus gilt Gleiches durch die Neuregelung des UmwG im Hinblick auf die Möglichkeit unterschiedlicher Haftarten. Findet vor der Verschmelzung keine Bereinigung der Haftarten statt, so richtet sich auch die Haftart, also die Frage, ob beschränkt oder unbeschränkt gehaftet wird, nach der Haftart, die in der Satzung der übernehmenden Genossenschaft festgelegt ist. Allerdings bestimmt § 95 UmwG über diesen Grundsatz hinausgehend eine **Fortdauer der Nachschusspflicht**, wenn die Haftsumme bzw. auch die Haftart der übertragenden Genossenschaft höher oder strenger war als bei der übernehmenden.

▶ **Hinweis:** 1191

Wegen dieser möglichen unterschiedlichen Haftungssituation empfiehlt es sich vor der Verschmelzung die Frage zu klären, ob eine eventuelle **Neuordnung der Kapitalverhältnisse** im Hinblick auf **Hafthöhe** und **Haftart** vorgenommen werden soll. Ist die Haftsumme bei der Übernehmerin höher als bei der übertragenden Genossenschaft, müssen die Mitglieder der Überträgerin dieses erhöhte Risiko auf sich nehmen.

2. Regelung bzgl. Geschäftsanteil. Eine ähnliche Fragestellung besteht im Hinblick auf den **Ge-** 1192 **schäftsanteil.** Der Geschäftsanteil ist der Betrag, bis zu dem sich der einzelne Genosse mit Einlagen beteiligen kann (§ 7 Nr. 1 GenG). Es handelt sich hierbei lediglich um eine in der Satzung festzulegende **Beteiligungsgröße,** die den **Höchstbetrag dieser Einlage** bezeichnet (vgl. Beuthien, AG 2002, 266; Lutter/Bayer, § 80 UmwG Rn. 14; Scholder in: Semler/Stengel, § 80 UmwG Rn. 14). Der Geschäftsanteil muss für alle Mitglieder gleich sein (RGZ 64, 193; Schulte, in: Lang/Weidmüller, GenG, § 7 Rn. 3). Der Geschäftsanteil ist eine bloße abstrakte Rechnungsgröße, die in der Bilanz der Genossenschaft nicht erscheint und über die tatsächliche finanzielle Beteiligung des Genossen nichts aussagt (Beuthien, GenG, § 7 Rn. 1; Müller, GenG, § 7 Rn. 1; Schulte, in: Lang/Weidmüller, GenG, § 7 Rn. 2 ff.; Hettrich/Pöhlman/Gräser/Röhrich, GenG, § 7 Rn. 1; Hillebrandt/Kessler, Berliner Kommentar zum GenG, §§ 6, 7 Rn. 12; Scholderer in: Semler/Stengel, UmwG, § 80 Rn. 14 ff.; Beuthien, AG 2002, 266 f.). Die tatsächliche finanzielle Beteiligung ergibt sich aus dem sog. **Geschäftsguthaben,** das den Betrag darstellt, der tatsächlich auf den oder die Geschäftsanteile eingezahlt ist (vgl. Schulte, in: Lang/Weidenmüller, § 7 Rn. 5; Widmann/Mayer/Fronhöfer, Umwandlungsrecht, § 80 UmwG Rn. 8; Hettrich/Pöhlmann/Gräser/Röhrich, GenG, § 7 Rn. 3; Scholderer in: Semler/Stengel, UmwG, § 80 Rn. 14 ff.; Beuthien, AG 2002, 266 f.; Lutter/Bayer, § 80 UmwG Rn. 15). Nach § 7 Nr. 1 GenG muss die Satzung bestimmen, welche **Einzahlungspflichten** der Mitglieder in Bezug auf die Geschäftsanteile bestehen. Als gesetzliche Mindestvoraussetzung ist nur erforderlich, dass hinsichtlich eines Zehntel des Geschäftsanteils festgelegt wird, welche Beträge zu welchem Zeitpunkt einzuzahlen sind. Während der Geschäftsanteil für alle Mitglieder gleich hoch sein muss, kann die Einzahlungspflicht gestaffelt sein, wenn dafür eine sachliche Begründung besteht (relative Gleichbehandlung; Schulte in: Lang/Weidmüller, § 7 Rn. 12; Beuthien, GenG, § 7 Rn. 8; KG JFG 5, 279 = JW 1928, 1604; Müller, GenG § 7 Rn. 11; Hillebrand/Keßler, Berliner Kommentar zum GenG, §§ 6, 7 Rn. 21). Bei Wohnungsgenossenschaften besteht z. T. eine Differenzierung zwischen Wohnungsnutzern und sonstigen Mitgliedern oder abhängig von der Größe oder Ausstattung der überlassenen Wohnung genannt (Hillebrand/Keßler, Berliner Kommentar zum GenG, §§ 6, 7, Rn. 21).

Anders als der Geschäftsanteil stellt der Begriff des »**Geschäftsguthabens**« den Betrag der tatsächlichen finanziellen Einlage eines Genossen dar. Er setzt sich zusammen aus den finanziellen Leistungen des Genossen sowie den Gewinnzuweisungen unter Abzug von Verlustabschreibungen. Das Geschäftsguthaben darf den Betrag des Geschäftsanteils nicht überschreiten. Darüber hinausgehende Zuweisungen eines Genossenschaftsmitglieds gehören nicht zu seinem Geschäftsguthaben, sondern begründen vielmehr eine Forderung des Mitglieds ggü. der eG (Beuthien, GenG, § 7 Rn. 4; Schulte, in: Lang/Weidmüller, GenG, § 7 Rn. 14 ff.; Müller, GenG, § 7 Rn. 8; Schubert/Steder, Genossenschaftshandbuch, § 7 Rn. 3; Hettrich/Pöhlman/Gräser/Röhrich, GenG, § 7 Rn. 3 ff.). Da diese Einzahlungspflicht von der Regelung der Satzung abhängt, können sich bei Verschmelzung von Genossenschaften wiederum unterschiedliche Pflichtenstellungen im Hinblick auf das Geschäftsguthaben und die hiermit verbundene Einzahlungspflicht ergeben. Auch hier gilt der Grundsatz, dass gem. § 87 Abs. 1 UmwG mit dem Wirksamwerden der Verschmelzung die Genossen der übertragenden Genossenschaft an der übernehmenden Genossenschaft mit gleichen Rechten und Pflichten teilnehmen mit der Folge, dass sie u. U. einer **erhöhten Einzahlungspflicht** unterliegen. Denn auch hier richtet sich die Pflicht nach der **Satzung der übernehmenden Genossenschaft.**

▶ **Hinweis:** 1193

In der Praxis fordern daher häufig die Mitglieder der übertragenden Genossenschaft eine Regelung, die für sie zu keinen neuen bzw. keinen wesentlich höheren Verpflichtungen im Hinblick auf Geschäftsanteil und Haftsumme führt (Ohlmeyer/Kuhn/Philipowski/Tischbein, Verschmelzung von Genossenschaften, S. 51). In den Verschmelzungsverhandlungen muss daher geklärt werden, welche **satzungsmäßigen Änderungen** bei der **aufnehmenden Genossenschaft** notwendig sind.

1194   **3. Höchstzahl der zu erwerbenden Anteile.** Schließlich spielt auch die Frage der Höchstzahl der zu erwerbenden Anteile bei der Verschmelzung eine Rolle. Gem. § 7a GenG kann die Satzung bestimmen, dass sich ein Genosse mit mehr als einem Geschäftsanteil beteiligen darf. Die **Satzung kann eine Höchstzahl** festsetzen. Nach § 7a Abs. 2 GenG kann die Satzung auch bestimmen, dass sich die Genossen mit mehreren Geschäftsanteilen zu beteiligen haben (**Pflichtbeteiligung**). Grds. wird die Frage, mit welcher Beteiligung der Genosse der übertragenden Genossenschaft an der aufnehmenden Genossenschaft beteiligt ist gem. § 80 Abs. 1 UmwG im Verschmelzungsvertrag geregelt. Allerdings knüpft § 80 Abs. 1 Nr. 1 und Nr. 2 UmwG daran an, ob die Satzung der aufnehmenden Genossenschaft die Beteiligung mit mehr als einem Geschäftsanteil zulässt oder nicht. Sieht die Satzung bei der aufnehmenden Genossenschaft die Möglichkeit vor, **mehrere Geschäftsanteile** bis zu einer bestimmten Höchstzahl zu erwerben, ist bzgl. dieser Höchstzahl der Grundsatz der Gleichbehandlung zu wahren (Müller, GenG, 2. Aufl. 1991, § 7a Rn. 3; Schulte in: Lang/Weidmüller, GenG, § 7a Rn. 2). Im Rahmen dieser Höchstzahlfestsetzung für eine freiwillige Beteiligung mit mehreren Geschäftsanteilen kann daher bei der Gewährung von Geschäftsanteilen i. R. d. Verschmelzung zwischen den Genossen der aufnehmenden Genossenschaft und denjenigen der übertragenden Genossenschaft differenziert werden.

1195   ▶   **Hinweis:**

   Insofern ist auch die **Gestaltungsfreiheit** i. R. d. Verschmelzungsvertrages eingeschränkt, als der Verschmelzungsvertrag nicht mehrere Geschäftsanteile bei der übernehmenden Genossenschaft zuspreichen kann, wenn die Satzung der übernehmenden Genossenschaft nur die Beteiligung eines Genossen mit einem Geschäftsanteil zulässt. Auch hier stellt sich im Vorfeld die Frage einer **evtl. Änderung der Satzung der aufnehmenden Genossenschaft**, um evtl. Wünschen der Genossen der übertragenden Genossenschaft Rechnung tragen zu können.

1196   Ist also etwa bei der übernehmenden Genossenschaft der Erwerb weiterer Geschäftsanteile nach der Satzung nicht vorgesehen, würden den Mitgliedern der übertragenden Genossenschaft allerdings aufgrund ihres Geschäftsguthabens bei der übertragenden Genossenschaft mehrere Geschäftsanteile zustehen. Wenn die Satzung dies zulässt, müsste bei der übernehmenden Genossenschaft durch Satzungsänderung der Erwerb weiterer Geschäftsanteile eingeführt werden. Grds. ist daher die **Höchstzahl der zu erwerbenden Anteile**, falls diese durch die Satzung begrenzt sind, so zu bemessen, dass die Geschäftsguthaben der Mitglieder der übertragenden Genossenschaft bei der übernehmenden Genossenschaft als Geschäftsguthaben, und damit als Kapitalbasis erhalten bleiben (vgl. Ohlmeyer/Kuhn/Philipowski/Tischbein, Verschmelzung von Genossenschaften, S. 54). Anderenfalls wäre eine Auszahlung der überschießenden Geschäftsguthaben gem. § 87 Abs. 2 UmwG notwendig. Hierdurch könnte allerdings die **Kapitalbasis** geschmälert werden, sodass versucht wird, dies in der Praxis zu vermeiden, indem die notwendigen **Satzungsänderungen** durchgeführt werden.

1197   In diesem Zusammenhang ist es streitig, ob schon aus nur umwandlungsrechtlichen Gründen jedem Genossen einer übertragenden Genossenschaft nur Geschäftsanteile, die durch das ihm zuzurechnende Geschäftsguthaben voll eingezahlt sind, gewährt werden können und der überschießende Restbetrag nach § 87 Abs. 2 UmwG auszuzahlen ist, oder ob auch der überschießende Betrag des Geschäftsguthabens dafür verwendet werden kann, dass dem jeweiligen Genossen ein weiterer nur teilweise eingezahlter Geschäftsanteil an der übernehmenden Genossenschaft gewährt wird. Ein Teil der Literatur (Scholderer in: Semler/Stengel, UmwG, § 80 Rn. 16; Lutter/Bayer, § 80 UmwG Rn. 17; § 87 UmwG Rn. 27) vertritt die Meinung, dass wenn die Division des Geschäftsguthabens durch den Betrag des Geschäftsanteils bei der übernehmenden eG eine ganze Zahl ergibt, also sog. Spitzen entstehen, der übersteigende Betrag an den Genossen nach Maßgabe von § 87 Abs. 2 Satz 1 auszuzahlen sei. Ein anderer Teil der Literatur ist für die Zulässigkeit einer entsprechenden Verschmelzungsvertragsregelung, in der auch nicht voll eingezahlte Geschäftsanteile gewährt werden können (Widmann/Mayer/Fronhöfer, Umwandlungsrecht, § 80 UmwG Rn. 40; Hettrich/Pöhlmann/Gräser/Röhrich, GenG, UmwG § 80 Rn. 2). Gem. § 80 Abs. 1 Nr. 2 Halbs. 2 UmwG sei auch eine andere Berechnung der Zahl der zu gewährenden Geschäftsanteile zulässig, wenn die Satzung der aufnehmenden eG Mehrfachbeteiligung vorsieht. Möglich sei z. B. eine Regelung, dass soweit das Geschäftsguthaben eines Genossen bei der übertragenden eG nicht zur Volleinzahlung eines weiteren Geschäftsanteiles bei der übernehmenden eG ausreichen würde, der überschießende Betrag nicht an den Genossen gem. § 87 Abs. 2 Satz 1 UmwG auszubezahlen wäre, sondern zur Beteiligung mit einem weiteren, allerdings nicht voll eingezahlten Geschäftsanteil führt. Damit würde sichergestellt, dass die Geschäftsguthaben der Genossen bei der übertragenden eG auch bei der übernehmenden eG als Geschäftsguthaben und damit als Kapitalbasis erhalten blieben. M. E. ist dieser Auffassung zu folgen.

4. Feststellung des Umtauschverhältnisses. Bei der Verschmelzung von Genossenschaften stellt sich ein besonderes Problem der **Feststellung des Wertes der Mitgliedschaft**, besonders dann wenn die Genossenschaft ein variables System vorsieht. | 1198

▶ **Beispiel:** | 1199

> Verschmelzung einer Genossenschaft auf eine AG. Die übertragende Genossenschaft räumt zum einen den Genossen einen Geschäftsanteil von bis zu 15.000,00 € ein und enthält außerdem ein System der Warenrückvergütung, deren Zuschreibung zur Erhöhung der Einlage führt. Es stellt sich nun die Frage, wie das Umtauschverhältnis festzustellen ist.

Hierbei stellen sich folgende Fragen: Die die notwendigen Beschlüsse enthaltenen Unterlagen müssen vorab ausgelegt und dem Betriebsrat zugeleitet werden. Sie sind unverzichtbar auch zur Vorbereitung von Verschmelzungsbericht und Verschmelzungsprüfung. Wie sollen **feste Umtauschrelationen** Monate vor den Beschlussdaten festgelegt werden, wenn es ständig zu **Veränderungen des »Kapitals«** kommen kann bzw. kommt? Selbst am Tage der Generalversammlung lässt sich das aktuelle »Kapital« der Genossenschaft nicht beziffern, weil – theoretisch – offen ist, wie es sich an diesem Tage durch Einzahlungen verändert. Wie soll dann ein Beschluss mit bestimmter Umtauschrelation gefasst werden? | 1200

In der **Literatur** besteht Einigkeit, dass nicht der Geschäftsanteil die konkrete Beteiligung des Genossen an seiner Genossenschaft widerspiegelt, sondern das **Geschäftsguthaben**. Der Geschäftsanteil ist nur der Betrag, bis zu dem sich der einzelne Genosse mit Einlagen beteiligen kann (§ 7 Nr. 1 GenG). Es handelt sich dabei nur um eine in der Satzung festzulegende Beteiligungsgröße, die den Höchstbetrag dieser Einlage bezeichnet. Er ist nur eine abstrakte Rechengröße, die in der Bilanz der Genossenschaft nicht erscheint und auch über die tatsächliche finanzielle Beteiligung des Genossen nichts aussagt (vgl. Müller, GenG, § 7 Rn. 1; Hettrich/Pöhlmann/Gräser/Röhrich, GenG, § 7 Rn. 1; Schulte in: Lang/Weidmüller, GenG, § 7 Rn. 5 ff.). Die tatsächliche finanzielle Beteiligung, die dann auch für die Verschmelzung maßgebend ist, ergibt sich nur aus dem sog. Geschäftsguthaben, das den Betrag darstellt, der tatsächlich auf den oder die Geschäftsanteile eingezahlt ist (vgl. Schulte in: Lang/Weidmüller, GenG, § 7 Rn. 5 ff.; Hettrich/Pöhlmann/Gräser/Röhrich, GenG, § 7 Rn. 3 f.; Lutter/Bayer, § 80 UmwG Rn. 15). Das Geschäftsguthaben ist der Vermögenswert der Mitgliedschaft und ist insb. bedeutsam für die Gewinn- und Verlustverteilung, die Bilanzaufstellung, die Auseinandersetzung, die Liquidation und für die Verschmelzung (Hettrich/Pöhlmann/Gräser/Röhrich, GenG, § 7 Rn. 4; Lutter/Bayer, UmwG, § 80 Rn. 15; Scholderer in: Semler/Stengel, UmwG, § 80 Rn. 19 ff.). Da das Geschäftsguthaben aus den Einlagen (Einzahlungen) zuzüglich der Gewinnzuschreibungen bzw. abzgl. der Verlustabschreibungen (§ 19 Abs. 1 GenG) gebildet wird, ist er daher grds. eine veränderliche Größe (Schulte in: Lang/Weidmüller, GenG, § 7 Rn. 5 ff.). Wegen dieser Veränderlichkeit geht daher die Literatur im Umwandlungsrecht davon aus, dass Grundlage für das nach § 5 Abs. 1 Nr. 3 UmwG (i. V. m. § 80 Abs. 1 Satz 1 UmwG) anzugebende Umtauschverhältnis der Anteile nur eine von der übertragenden Genossenschaft zu erstellende Bilanz sein kann, da sich nur dieser das Geschäftsguthaben der Genossen entnehmen lässt (so Widmann/Mayer/Fronhöfer, Umwandlungsrecht, § 80 UmwG Rn. 57 ff.; Lutter/Bayer, UmwG, § 80 Rn. 27 ff.; Scholderer in: Semler/Stengel, UmwG, § 80 Rn. 19 ff.; Beuthien, AG 2002, 266 f.). | 1201

Bayer (Lutter/Bayer, UmwG, § 80 Rn. 27) weist daher auch auf Folgendes hin:

Vielmehr komme der Schlussbilanz.für die Mitglieder einer eG auch eine wichtige Schutzfunktion zu. Denn allein die Schlussbilanz der eG sei maßgebend für die Bestimmung der Geschäftsguthaben der Mitglieder einer übertragenden eG.

Auch **Fronhöfer** (Widmann/Mayer/Fronhöfer, Umwandlungsrecht, § 80 UmwG Rn. 58) weist darauf hin, dass die Funktion der Schlussbilanz sich nämlich nicht nur darin erschöpfe, die bisherigen Jahresabschlüsse der übertragenden Genossenschaft abzuschließen und den Übergang zu den Jahresbilanzen des übernehmenden Rechtsträgers darzustellen. Sie sei vielmehr auch Grundlage für die Ermittlung der Geschäftsguthaben der Genossen der übertragenden Genossenschaft und für die Bestimmung des Auseinandersetzungsguthabens des eine Beteiligung übernehmenden Rechtsträgers ausschlagenden Genossen.

1202 Außerdem ist darauf hinzuweisen, dass generell für das Umtauschverhältnis der zu verschmelzenden Gesellschaften nicht der formale Anteil an der Gesellschaft maßgebend ist, sondern der **tatsächliche Wert der zu übertragenden Aktiva und Passiva** im Verhältnis zu dem inneren Wert der Anteile an dem übernehmenden Rechtsträger. Zunächst ist also das Wertverhältnis der zu verschmelzenden Gesellschaften festzustellen, in einem zweiten Schritt ist dann das zu ermittelnde Umtauschverhältnis entsprechend der Beteiligung der Genossen an der übertragenden Genossenschaft auf die Genossen aufzuteilen (vgl. auch Wirth, Spaltung einer eingetragenen Genossenschaft, S. 107). Der wahre Wert der Beteiligung eines Genossen einer Genossenschaft ergibt sich daher aus der Summe der Geschäftsguthaben zusammen mit den gesetzlich vorgeschriebenen und der freiwillig gebildeten Rücklagen sowie den stillen Reserven und dem Eigenkapital, wobei die Unternehmensbewertung i. d. R. nach der Ertragswertmethode erfolgt.

1203 **Hauptproblem bei der Genossenschaft** ist die Fixierung des Zeitpunktes für diese Berechnungen. Wie bereits ausgeführt, finden bei der Genossenschaft Zu- und Abgänge statt, sodass zumindest das Geschäftsguthaben veränderlich ist, die für die Unternehmensbewertung maßgeblichen Werte des Ertrages hingegen sind auf den Stichtag bezogen. Insofern bestimmt auch daher § 87 Abs. 3 UmwG, dass auch für die Berechnung des Geschäftsguthabens, die Schlussbilanz der übertragenden Genossenschaft maßgebend ist.

1204 Das hier vorliegende Problem der **Veränderung zwischen dem Stichtag der Schlussbilanz**, der auch für die Zuteilung der neuen Anteile an der neuen Gesellschaft maßgebend ist, und etwaigen Veränderungen des Geschäftsguthabens bis zur Eintragung, hat der Gesetzgeber für die Problematik der Mischverschmelzung nicht geregelt. Für die Verschmelzung von Genossenschaften untereinander sieht § 87 Abs. 2 UmwG eine Kompensationsvorschrift vor: Übersteigt das Geschäftsguthaben, das der Genosse bei einer übertragenden Genossenschaft hatte, den Gesamtbetrag der Geschäftsanteile, mit denen er bei der übernehmenden Genossenschaft beteiligt ist, ist der übersteigende Betrag nach Ablauf von 6 Monaten seit dem Tag, an dem die Eintragung der Verschmelzung in das Register des Sitzes des übernehmenden Rechtsträgers als bekannt gemacht gilt, an den Genossen auszuzahlen. Wird dieser Auszahlungsanspruch nicht geltend gemacht, sondern ist das überschießende Geschäftsguthaben einvernehmlich stehen gelassen, so liegt ein Darlehen vor (Lutter/Bayer, UmwG, § 87 Rn. 28). Es spricht daher einiges dafür, eventuelle Wertveränderungen in Geschäftsguthaben durch eine entsprechende Anwendung des § 87 Abs. 2 UmwG auszugleichen.

1205 Zusammenfassend ist also festzustellen, dass aus der Literatur für die Berechnung der Wertverhältnisse und auch des Umtauschverhältnisses der **Stichtag der Schlussbilanz maßgebend** ist (vgl. Lutter/Bayer, UmwG, § 80 Rn. 27; Widmann/Mayer/Fronhöfer, Umwandlungsrecht, § 80 UmwG Rn. 57). Weiter zu berücksichtigen ist dabei allerdings, dass insgesamt für die Wertrelation der beiden Unternehmen nicht die Geschäftsguthaben, sondern die wahren Werte der Unternehmen maßgebend sind. Das Geschäftsguthaben entscheidet nur über die Verteilung des Vermögens auf die einzelnen Genossen. M. E. werden daher unter Berücksichtigung der Stichtage evtl. Zu- und Abschläge bis zur Eintragung der Verschmelzung in entsprechender Anwendung des § 87 Abs. 2 UmwG durch eine Auszahlung ausgeglichen.

1206 **5. Satzungsanpassungen bei der übernehmenden Genossenschaft.** Im Hinblick auf die **Satzung der übernehmenden Genossenschaft** müssen daher im Vorfeld folgende Fragen geklärt werden:

- Herabsetzung der Haftsumme (§§ 120, 22 GenG),
- Regelung der Einzahlungsverpflichtung auf den Geschäftsanteil,
- Regelung der Höchstzahl etwaig zu erwerbender Anteile.

Da es sich bei all diesen Regelungen um **Satzungsänderungen** handelt, sind die Vorschriften über Satzungsänderungen des Genossenschaftsgesetzes, also insb. § 16 GenG, anzuwenden. **1207**

Nach § 79 UmwG gilt, dass eine Mischverschmelzung auf eine eingetragene Genossenschaft nur zulässig ist, wenn eine erforderliche Änderung der Satzung der übernehmenden Genossenschaft **gleichzeitig** mit der Verschmelzung beschlossen wird. Auch bei der reinen Genossenschaftsverschmelzung kann allerdings eine Satzungsänderung erforderlich oder sinnvoll sein (Widmann/Mayer/Fronhöfer, § 79 UmwG Rn. 17 ff.). Umstritten ist, ob erforderliche Satzungsänderungen gleichzeitig, d. h. unter einem einheitlichen Tagesordnungspunkt gefasst werden müssen (so Widmann/Mayer/Fronhöfer, § 79 UmwG Rn. 17 f.; Lutter/Bayer, § 79 UmwG Rn. 24; a. A. Scholderer, in: Semler/Stengel, UmwG, § 79 Rn. 51). **1208**

IV. Verschmelzungsvertrag

Vgl. zunächst zum Verschmelzungsvertrag allgemein die Ausführungen unter Teil 2 Rdn. 52 ff. **1209**

1. Form. Der Verschmelzungsvertrag bedarf, abweichend zum bisherigen Recht, der notariellen Beurkundung (§ 6 UmwG). Die **Beurkundungsbedürftigkeit** umfasst auch die nach bisheriger Praxis außerhalb des eigentlichen Verschmelzungsvertrages getroffenen »Zusatzvereinbarungen« (vgl. Scholderer in: Semler/Stengel, UmwG, § 80 Rn. 6; Lutter/Bayer, § 80 UmwG Rn. 6; Widmann/Mayer/Fronhöfer, § 80 UmwG Rn. 14), sofern die Voraussetzungen von § 139 BGB vorliegen. **1210**

2. Abschlusskompetenz. Insoweit ergeben sich keine Besonderheiten (vgl. daher oben unter Teil 2 Rdn. 61 ff.). **1211**

3. Inhalt des Verschmelzungsvertrages. a) Notwendiger Vertragsinhalt. Der notwendige Inhalt ergibt sich zunächst aus § 5 UmwG (s. o. Teil 2 Rdn. 92 ff.). **1212**

Nach § 5 Abs. 1 Nr. 3 UmwG soll der Vertrag auch **Angaben über die Mitgliedschaft** bei dem übernehmenden Rechtsträger enthalten. Angesprochen werden sollen damit nach der Gesetzesbegründung die Mitgliedschaften in Genossenschaften und Vereinen (abgedruckt in: Limmer, Umwandlungsrecht, S. 276). Welcher Art diese Angaben sein sollen angesichts der Vielzahl von Rechten und Pflichten, die die Mitgliedschaft prägen, ist weder dem Gesetzeswortlaut noch den Gesetzesmaterialien zu entnehmen. Hennrichs (in: FS für Boujong, S. 203 ff., 212 f.) vertreten bzgl. eines Verschmelzungsvertrages zwischen Vereinen die Auffassung, anzugeben seien im Vertrag »die mit der neuen Mitgliedschaft verbundenen (besonderen) Rechte (z. B. Benutzungsrechte und sonstige Leistungsrechte, Teilhaberrechte) und Pflichten (insb. »Ob« und Höhe der Beitragszahlungen)«. Nicht aufzunehmen seien die allgemeinen (Schutz-) Rechte und (Treue-) Pflichten. **1213**

▶ **Hinweis:** **1214**

Dies dürfte den Intentionen des Gesetzgebers entsprechen, lässt aber noch erheblichen Anwendungsspielraum, insb. bei der Differenzierung zwischen »besonderen« und »allgemeinen« Rechten und Pflichten. Der sicherste Weg dürfte darin bestehen, die geltende Satzung der übernehmenden Genossenschaft als Anlage zum Vertrag zu nehmen und im Vertrag bzgl. der Mitgliedschaft auf die – mit zu beurkundende Anlage zu verweisen. Notwendig ist dies aber nicht, eine Zusammenfassung genügt.

Für die **Angaben zum Anteilstausch** (§ 5 Abs. 1 Nr. 3 UmwG) findet ergänzend § 80 Abs. 1 Satz 1 UmwG Anwendung. Danach gilt Folgendes: **1215**

Sieht die Satzung der übernehmenden Genossenschaft vor, dass **jeder Genosse nur mit einem Geschäftsanteil beteiligt** ist, genügt es, im Verschmelzungsvertrag anzugeben, dass jedes Mitglied einer **1216** übertragenen Genossenschaft mit einem Geschäftsanteil beteiligt wird (§ 80 Abs. 1 Satz 1 Nr. 1 UmwG).

1217 Lässt die Satzung die **Übernahme mehrerer Geschäftsanteile** zu oder sieht sie eine (gestaffelte) Verpflichtung zur Übernahme mehrerer Geschäftsanteile vor, muss angegeben werden, dass jeder Genosse einer übertragenen Genossenschaft mit mindestens einem und i. Ü. mit so vielen Geschäftsanteilen bei der übernehmenden Genossenschaft beteiligt wird, wie sie durch Anrechnung seines Geschäftsgutshabens bei der übertragenen Genossenschaft als voll eingezahlt anzusehen sind (§ 80 Abs. 1 Satz 1 Nr. 2 UmwG; vgl. auch Lutter/Bayer, § 80 UmwG Rn. 17).

1218 Nicht erforderlich ist es, im Verschmelzungsvertrag die Zahl der Geschäftsanteile, die das einzelne Mitglied der übertragenen Genossenschaft erhält, oder die Namen der Anteilserwerber anzugeben (vgl. Gesetzesbegründung, BR-Drucks. 75/94, S. 107, abgedruckt in: Limmer, Umwandlungsrecht, S. 302).

1219 Nicht anzugeben sind schließlich auch die **konkreten Geschäftsgutshaben**, auch nicht soweit nach § 80 Abs. 1 Nr. 1 UmwG Geschäftsanteile erworben werden könnten (Hettrich/Pöhlmann/Röhrich, GenG, § 80 UmwG Rn. 5). Die Höhe der Geschäftsgutshaben ergibt sich vielmehr kraft Gesetzes aus der Schlussbilanz der übertragenen Genossenschaft (§ 87 Abs. 3 UmwG). Möglich und dann in den Verschmelzungsvertrag aufzunehmen sind **bare Zuzahlungen**. Sie dürfen – wie auch in anderen Verschmelzungsfällen – aber den zehnten Teil des Gesamtnennbetrages der gewährten Geschäftsanteile, bezogen jeweils auf die dem einzelnen Mitglied eingeräumten Geschäftsanteile, nicht übersteigen (§ 87 Abs. 2 Satz 2 UmwG).

1220 **§§ 29 bis 34 UmwG** (Barabfindungen) finden bei der Verschmelzung der Genossenschaft **keine Anwendung**. Stattdessen räumt § 90 UmwG jedem Genossen die Möglichkeit ein, den Anteilserwerb bei der übernehmenden Genossenschaft auszuschlagen mit der Folge, dass der Anteil und die Mitgliedschaft als nicht erworben gelten (§ 90 Abs. 2 UmwG) und eine **Auseinandersetzung** mit den früheren Genossen nach § 93 UmwG durchzuführen ist.

1221 **Einzelheiten über den Erwerb der Anteile** und der Mitgliedschaft müssen nicht aufgenommen werden. Der Erwerb der Geschäftsanteile und der Mitgliedschaft erfolgt vielmehr kraft Gesetzes mit dem Wirksamwerden der Verschmelzung.

1222 § 80 Abs. 2 UmwG schreibt ausdrücklich vor, dass der **Stichtag der Schlussbilanz** der übertragenen Genossenschaften zum Bestandteil des Vertrages gemacht werden muss.

1223 **b) Möglicher Vertragsinhalt. aa) Anpassung der Satzung.** Aus den oben dargelegten Gründen (vgl. Teil 2 Rdn. 1189 ff.) kann es sich empfehlen, den Verschmelzungsvertrag unter die Bedingung zu stellen, dass vor Wirksamwerden der Verschmelzung die Satzung der übernehmenden Genossenschaft entsprechend angepasst wird.

1224 **bb) Sonstige Vereinbarungen.** Vgl. zunächst oben zum möglichen Inhalt eines Verschmelzungsvertrages Teil 2 Rdn. 92 ff.

1225 Neben Änderungen der Firma der übernehmenden Genossenschaft werden regelmäßig auch **Festsetzungen über Geschäftsverteilung, geschäftliches Verhalten bis zum Wirksamwerden der Verschmelzung** etc. aufgenommen (vgl. Scholderer in: Semler/Stengel, UmwG, § 79 Rn. 19 ff.). Derartige Regelungen sind natürlich möglich – im nachstehenden Vertragsmuster (vgl. Teil 2 Rdn. 1291) wird auf sie verzichtet – und mögen dem Selbstverständnis der genossenschaftlichen Rechtsträger entsprechen. Es ist allerdings darauf hinzuweisen, dass mit dem Untergang der übertragenen Genossenschaft derartige Vertragsinhalte ihren Pflichtencharakter verlieren, da sich Gläubiger und Schuldner in einer Person vereinigen. Sinn machen solche Regelungen nur für den Zeitraum bis zum Wirksamwerden der Verschmelzung. In diesem Fall muss aber auf der einen Seite klargestellt sein, dass sie erst gelten, wenn die Zustimmungsbeschlüsse der Generalversammlungen der beteiligten Genossenschaften vorliegen, und außerdem müssen die Rechtsfolgen festgelegt werden, die bei einem Verstoß eingreifen sollen, z. B. Kündigungsrechte, die aber wiederum untergehen, wenn sie nicht vor der Eintragung der Verschmelzung ausgeübt worden sind.

4. Verschmelzungsstichtag, Schlussbilanz. Bei der Genossenschaftsverschmelzung stellt sich die **1226**
Problematik des Verschmelzungsstichtages in besonderer Weise. In der Praxis wird häufig bei der Verschmelzung von Genossenschaften ein zukünftiger Stichtag gewünscht.

▶ **Beispiel:** **1227**

Die Volksbanken A und B übertragen ihr Vermögen als Ganzes mit allen Rechten und Pflichten und unter Ausschluss der Abwicklung im Wege der Verschmelzung durch Aufnahme auf die Volksbank C. Die Volksbanken A, B und C haben am 27.06.2011 einen Verschmelzungsvertrag unterzeichnet. Als Schlussbilanzen sind die zum 31.12.2011 aufzustellenden Bilanzen vorgesehen. Verschmelzungsstichtag soll der 01.01.2012 sein. Der Verschmelzungsvertrag soll am 10.09.2011 beurkundet werden. Die Vertreterversammlungen der Volksbanken sollen danach bis zum 28.09.2011 über den Verschmelzungsvertrag beschließen. Von der Einberufung an soll der beurkundete Verschmelzungsvertrag ausgelegt werden.

Die Frage ist, ob ein zukünftiger Verschmelzungsstichtag zulässig ist. Wie oben bei Teil 2 Rdn. 179 ff. **1228**
dargelegt, lässt die ganz herrschende Meinung allgemein einen zukünftigen Verschmelzungsstichtag zu.
Streitig ist die Zulässigkeit eines künftigen Verschmelzungsstichtages lediglich noch bei den Genossenschaften, da bei diesen der Schlussbilanz eine besondere Bedeutung für die Genossen zukommt (für die Zulässigkeit weitgehend die genossenschaftsrechtliche Literatur: Lehnhoff in: Lang/Weidmüller, GenG, § 80 UmwG Rn. 10; Beuthien, BB 2001, 2126; Hettrich/Pöhlmann/Gräser/Röhrich, GenG, § 80 UmwG Rn. 2; Beuthien, GenG, §§ 2 ff. UmwG Rn. 55; wohl auch jetzt Scholderer in: Semler/ Stengel, UmwG, § 80 Rn. 48; dagegen ein Teil der umwandlungsrechtlichen Literatur: Lutter/Bayer, UmwG, § 80 Rn. 27 f.; Widmann/Mayer/Fronhöfer, Umwandlungsrecht, § 80 UmwG Rn. 61 ff.; Heidinger, NotBZ 1998, 223, und NotBZ 2002, 86). Der wesentliche Unterschied in der Argumentation liegt darin, dass die umwandlungsrechtliche Literatur bei der Verschmelzung von Genossenschaften aufgrund der ausdrücklichen Regelung in §§ 80, 83 UmwG der Schlussbilanz eine besondere Bedeutung für die betroffenen Genossen zubilligt, sodass kein Zustimmungsbeschluss zur Verschmelzung aufgrund einer noch nicht vorhandenen Schlussbilanz zulässig ist.

V. Verschmelzungsbericht

Vgl. zunächst allgemein oben Teil 2 Rdn. 376 ff. **1229**

Da die §§ 79 ff. UmwG keine Sonderregelung für den Verschmelzungsbericht enthalten, gelten die all- **1230**
gemeinen Vorschriften. Gem. § 8 UmwG haben daher die **Vorstände** der beteiligten Genossenschaften einen ausführlichen, schriftlichen Bericht zu erstatten, in dem sie die Verschmelzung, den Verschmelzungsvertrag oder seinen Entwurf im Einzelnen und insb. das **Umtauschverhältnis** der Geschäftsanteile sowie eine evtl. zu gewährende **Barabfindung** rechtlich und wirtschaftlich erläutern. Gem. §§ 82 Abs. 1 i. V. m. 63 Abs. 1 Nr. 4 UmwG ist dieser Bericht vor der Einberufung der Generalversammlung in den Geschäftsräumen jeder Genossenschaft auszulegen.

Für den **Inhalt dieses Berichts** gelten grds. die gleichen Grundsätze wie bei allen anderen Gesellschaften **1231**
(vgl. oben Teil 2 Rdn. 376 ff.; vgl. auch Ohlmeyer/Kuhn/Philipowski/Tischbein, Verschmelzung von Genossenschaften, S. 60 ff.).

▶ **Hinweis:** **1232**

Von **besonderer Bedeutung** wird aber sein, dass insb. die o. g. Fragen der **Neuordnung der Kapitalverhältnisse**, insb. Fragen der **Haftsumme**, der **Geschäftsanteile** und der **Höchstzahl** der zu erwerbenden **Anteile** erläutert werden sollen, da hierdurch entscheidend die Haftungssituation der Genossen geregelt wird (vgl. das Muster des Verschmelzungsberichts bei Ohlmeyer/Kuhn/Philipowski/ Tischbein, Verschmelzung von Genossenschaften, S. 251 und bei Lang/Weidmüller, GenG Anh. B, S 1099 ff.).

VI. Gutachten des Prüfungsverbandes

1233 Gem. § 81 UmwG ist **vor der Einberufung der Generalversammlung**, die über den Verschmelzungs-vertrag beschließen soll, für jede beteiligte Genossenschaft eine gutachterliche Äußerung des **Prüfungs-verbandes** einzuholen, ob die Verschmelzung mit den Belangen der Genossen und der Gläubiger der Genossenschaft vereinbar ist. Immer wenn an einer Verschmelzung eine **Genossenschaft beteiligt** ist, unabhängig davon, ob es sich um eine reine **Genossenschaftsverschmelzung oder eine Mischver-schmelzung** mit einem Rechtsträger anderer Rechtsform handelt, ist für die beteiligte Genossenschaft also ein Gutachten des Prüfungsverbandes einzuholen (Widmann/Mayer/Fronhöfer, Umwandlungs-recht, § 81 UmwG Rn. 7). § 81 UmwG ersetzt die §§ 9 bis 12 UmwG, die die Verschmelzungsprüfung regeln (Lehnhoff in: Lang/Weidmüller, GenG, § 81 UmwG Rn. 1; Hedrich/Pöhlmann/Gräser/Röh-rich, GenG, § 81 UmwG Rn. 1; Lutter/Bayer, UmwG, § 81 Rn. 2; Scholderer in: Semler/Stengel, UmwG, § 81 Rn. 1 ff.). Ein Verzicht durch alle Genossen auf die Erstattung des Prüfungsgutachtens ist nicht analog § 9 Abs. 3 UmwG zulässig. Denn § 81 UmwG ist lex spezialis und sieht die **Möglichkeit eines Verzichts** nicht vor (Widmann/Mayer/Fronhöfer, Umwandlungsrecht, § 81 UmwG Rn. 7; so auch Begründung zum Umwandlungsänderungsgesetz der BT-Drucks. 13/8818, S. 16 zu § 270 Abs. 2 UmwG; ebenso Lehnhoff in: Lang/Weidmüller, GenG, § 81 UmwG Rn. 1; Lutter/Bayer, UmwG, § 81 Rn. 2; Schmitt/Hörtnagl/Stratz, UmwG, UmwStG, § 81 UmwG Rn. 1 f.; a. A. Beuthien, GenG, §§ 2 ff. UmwG Rn. 26, der einen Verzicht zulässt).

Schon ausweislich seines Wortlautes fallen in den **Schutzbereich der Norm** nicht nur die Genossen, son-dern auch die Gläubiger der Genossenschaft, zu deren Lasten nicht verzichtet werden könnte (Wid-mann/Mayer/Fronhöfer, Umwandlungsrecht, § 81 UmwG Rn. 8; Schmitt/Hörtnagl/Stratz, UmwG, UmwStG, § 81 UmwG Rn. 1 ff.; a. A. Beuthien, GenG, §§ 2 ff. UmwG Rn. 26). Auch bei der Ver-schmelzung einer 100 %igen Tochter-GmbH auf ihre Mutter-eG entfällt daher gem. § 9 Abs. 2 UmwG nur für den übertragenden Rechtsträger die Verschmelzungsprüfung, für die Mutter-eG ver-bleibt es beim Gutachten des Prüfungsverbandes (so Lutter/Bayer, UmwG, § 81 Rn. 2; Lehnhoff in: Lang/Weidmüller, GenG, § 81 UmwG Rn. 1; a. A. Beuthien, GenG, §§ 2 ff. UmwG Rn. 26 a. E.). Im Fall der **Mischverschmelzung** hat als für die beteiligten Rechtsträgerer anderer Rechtsform die Ver-schmelzungsprüfung nach § 9–12 UmwG zu erfolgen (Lutter/Bayer, UmwG, § 81 Rn. 2; Widmann/Mayer/Fronhöfer, Umwandlungsrecht, § 81 UmwG Rn. 7; Scholderer in: Semler/Stengel, UmwG, § 81 Rn. 33).

1234 Diese Prüfung durch den Prüfungsverband ersetzt für eine an der Verschmelzung beteiligten Genossen-schaft die Verschmelzungsprüfung nach den §§ 9 bis 12 UmwG. Sind allerdings an der Verschmelzung andere Rechtsformen beteiligt, so gelten für diese Rechtsträger die §§ 9 bis 12 UmwG, also auch § 11 Abs. 1 Satz 1 über die Auswahl der Prüfer.

1235 Dieses **Prüfungsgutachten** ist gem. § 82 UmwG von der Einberufung der Generalversammlung an in den Geschäftsräumen jeder Genossenschaften auszulegen, nach § 83 Abs. 1 UmwG darüber hinaus auch während der Generalversammlung. Nach § 82 Abs. 2 schließlich ist das Prüfungsgutachten in der Generalversammlung zu verlesen. Der Prüfungsverband ist berechtigt, an der Generalversammlung beratend teilzunehmen.

1236 Der Grund für diese **obligatorische Begutachtung der Verschmelzung** liegt in der erheblichen Auswir-kung der Verschmelzung auf das Schicksal der beteiligten Genossenschaften und in den Risiken, die daraus den Mitgliedern und den Genossenschaftsgläubigern erwachsen können (vgl. Schlarb, Die Ver-schmelzung eingetragener Genossenschaften, S. 80). Die Begutachtung durch den Prüfungsverband soll diesen in erster Linie Gelegenheit zur Stellungnahme geben, um auf diese Weise übereilten Schritten der Generalversammlung entgegenwirken zu können (vgl. auch amtliche Begründung zur VO v. 13.04.1943 mit der die obligatorische Begutachtung der Verschmelzung erstmals eingeführt wurde, DJ 1943, 248; LG Tübingen, ZfG 1966, 79 f.). Man wird wohl auch davon ausgehen können, dass das Prüfungsgutachten auch der Erleichterung der Meinungsbildung der Generalversammlung dient (so Pleyer, Anm. zu LG Tübingen, ZfG 1966, 82; a. A. Schlarb, Die Verschmelzung eingetragener Genos-senschaften, S. 81).

1237 Die Generalversammlung ist selbstverständlich nicht an das **Ergebnis des Gutachtens** gebunden. Ein negatives Gutachten hindert nicht die Wirksamkeit des von der Generalversammlung gefassten Verschmelzungsbeschlusses (Ohlmeyer/Kuhn/Philipowski, Verschmelzung von Genossenschaften, S. 65; Lutter/Bayer, UmwG, § 83 Rn. 16; Meyer/Meulenbergh, GenG, § 93b Anm. 5). Das **Registergericht** ist daher auch aufgrund des negativen Ergebnisses der Begutachtung nicht berechtigt, eine Verschmelzung abzulehnen (Hornung, Rpfleger 1968, 305, 307; Ohlmeyer/Kuhn/Philipowski, Verschmelzung von Genossenschaften, S. 65; Scholderer in: Semler/Stengel, UmwG, § 83 Rn. 46).

1. Inhalt des Gutachtens. Der **Inhalt des Prüfungsgutachtens** bei der Verschmelzung von Genossen- **1238** schaften unterscheidet sich deutlich vom Inhalt der allgemeinen Verschmelzungsprüfung. Während nach § 9 UmwG der Verschmelzungsvertrag insgesamt zu prüfen ist, also insb. das Umtauschverhältnis, spricht § 81 Abs. 1 UmwG davon, dass das Gutachten dazu Stellung nehmen soll, ob die Verschmelzung mit den Belangen der Genossen und der Gläubiger vereinbar ist. Dies entspricht dem bis 1995 geltenden Recht (§ 93b Abs. 2 GenG a. F.). Es muss hier also insb. die **Darstellung der Folgen der Verschmelzung** für die beiden Gruppen genannt werden; insb. die wirtschaftliche Zukunft der übernehmenden Genossenschaft sowie das Für und Wider der Verschmelzung muss erörtert und eine klare Aussage gemacht werden, ob die Verschmelzung mit den Belangen der Gläubiger und Mitglieder vereinbar ist, insb. im Hinblick auf die zu erwartende künftige Entwicklung (vgl. Lehnhoff in: Lang/Weidmüller, GenG, § 81 UmwG 4a ff.; Ohlmeyer/Kuhn/Philipowski, Verschmelzung von Genossenschaften, S. 62 ff.; Scholderer in: Semler/Stengel, UmwG, § 81 Rn. 23 ff.). Dabei sind die Auswirkungen sowohl für übertragende als auch für die übernehmende Gesellschaft zu erörtern. Für die Gläubiger ist entscheidend, ob ihre Ansprüche durch die Verschmelzung beeinträchtigt werden.

Umstritten ist, ob es ausreicht, wenn der **Prüfungsverband gegen die Verschmelzung keine Einwände** **1239** dagegen hat, dass das schriftliche Gutachten nur das positive Ergebnis der Begutachtung mitteilt, nicht aber im Einzelnen die Auswirkungen der Verschmelzung darlegt. Ein Teil der Literatur war der Auffassung, dass der Zweck des Gutachtens nur in der Möglichkeit für den Prüfungsverband liegt, seine Bedenken geltend zu machen, sodass es bei dieser Auslegung genügen würde, nur das Ergebnis bekannt zu geben (in diesem Sinn Schlarb, Die Verschmelzung eingetragener Genossenschaften, S. 81; LG Tübingen, ZfG 1966, 79; Hornung, Rpfleger 1968, 305). Demgegenüber ist ein anderer Teil der Literatur der Auffassung, dass das Gutachten nicht nur den Zweck hat, dem Prüfungsverband Gelegenheit zur Stellungnahme zu geben, sondern auch die Mitglieder der Generalversammlung in die Lage versetzen soll, den fachlich qualifizierten Rat des Verbandes vor der Entscheidung zu hören, sodass als Inhalt des Gutachtens die konkrete Ausführung der Verschmelzung genannt werden muss (in diesem Sinn Lehnhoff in: Lang/Weidmüller, GenG, § 81 UmwG, Rn. 4 ff.; vgl. Widmann/Mayer/Fronhöfer, Umwandlungsrecht, § 81 UmwG Rn. 10 f.; Pleyer, ZfG 1966, 82). Berücksichtigt man, dass jetzt nach der Neuregelung dieses Prüfungsgutachtens an die Stellung der Verschmelzungsprüfung tritt, so dürfte man aus der Gesamtintention des Minderheitenschutzes des neuen Umwandlungsrechts annehmen dürfen, dass insb. die Information der Mitglieder ein wichtiger Zweck dieses Prüfgutachtens ist, sodass man wohl auch konkrete Angaben zur Verschmelzung verlangen muss, auch wenn diese nicht den gleichen Detailgrad wie bei der Verschmelzungsprüfung nach § 9 UmwG haben müssen (Widmann/Mayer/Fronhöfer, Umwandlungsrecht, § 81 UmwG Rn. 10 f.; Lutter/Bayer, UmwG, § 81 Rn. 10 ff.).

Ohlmeyer/Kuhn/Philipowski/Tischbein (Verschmelzung von Genossenschaften, S. 48 ff.) sind der Auffassung, dass Grundlage für die Anfertigung des Gutachtens der Verschmelzungsvertrag, die Satzung der beteiligten Genossenschaften, der letzte Jahresabschluss der Genossenschaften, der letzte Prüfungsbericht der beteiligten Genossenschaften, Zwischen- oder Rohbilanzen neuesten Datums, ferner eine Zusammenstellung der letzten Jahresbilanz, Gewinn- oder Verlustrechnung, Umsätze und sonstige wichtige Betriebsdaten ist. Auf der Grundlage der Prüfung und Auswertung dieses Materials soll dann das Gutachten die wirtschaftliche Entwicklung der vereinigten Genossenschaften erörtern (vgl. zu einem Muster eines solchen Gutachtens bei Ohlmeyer/Kuhn/Philipowski/Tischbein, Verschmelzung von Genossenschaften, Anh. 7, S. 255, das allerdings sehr knapp gehalten ist).

2. Anspruch auf ein Gutachten. Es ist umstritten, ob den Genossenschaftsmitgliedern gegen den **1240** Prüfungsverband ein Anspruch auf eine ins Detail gehende Begutachtung zusteht (vgl. zum Streitstand Schlarb, Die Verschmelzung eingetragener Genossenschaften, S. 82; Lehnhoff in: Lang/Weidmüller, GenG, § 81 UmwG, Rn. 6; Lutter/Bayer, UmwG, § 81 Rn. 10; Widmann/Mayer/Fronhöfer, Umwandlungsrecht, § 81 UmwG Rn. 10). Während § 93b Abs. 2 davon sprach, dass der Prüfungsverband zu hören ist, spricht nunmehr § 81 Abs. 1 UmwG davon, dass eine gutachterliche Äußerung einzuholen ist. Auch hierbei wird deutlich, dass es um mehr geht als eine Möglichkeit zur Stellungnahme, sondern um die Pflicht zu einer Begutachtung zur Information der Genossen. Man wird daher davon ausgehen müssen, dass der **Prüfungsverband zur Erstattung des Gutachtens verpflichtet** ist.

VII. Verschmelzungsbeschluss

1241 Nach § 84 UmwG wird der Verschmelzungsbeschluss in der Generalversammlung gefasst und bedarf einer **Mehrheit von 3/4 der abgegebenen Stimmen.** Wie bei allen anderen Rechtsträgern muss daher die Beschlussfassung in einer Versammlung der Anteilsinhaber, d. h. also in der Generalversammlung nach § 43 Abs. 1 GenG gefasst werden.

1242 § 43a GenG bestimmt allerdings, dass die Satzung einer Genossenschaft mit mehr als 1.500 Mitgliedern vorsehen kann, dass die **Generalversammlung in Form einer Vertreterversammlung** stattfindet. Die Vertreterversammlung rückt dann an die Stelle der Generalversammlung und hat dieselben Zuständigkeiten wie die Generalversammlung. An diese Unterscheidung hat auch das UmwG angeknüpft, sodass durch die Frage, ob die Beschlussfassung über die Verschmelzung in einer General- oder Vertreterversammlung anknüpft, sich nach der Satzung der Genossenschaft richtet, die natürlich § 53a GenG entsprechen muss (so zu Recht Lutter/Bayer, UmwG, § 84 Rn. 3; Scholderer in: Semler/Stengel, UmwG, § 84 Rn. 4; Widmann/Mayer/Fronhöfer, Umwandlungsrecht, § 83 UmwG Rn. 7).

VIII. Vorbereitung der Generalversammlung

1243 **1. Einberufung der Generalversammlung.** Gem. § 44 Abs. 1 GenG wird die Generalversammlung durch den **Vorstand einberufen.** Die Generalversammlung wird in der Form der **Einladung** einberufen, wobei die näheren Formalitäten die Satzung gem. § 6 Nr. 4 GenG zu regeln hat. Nach den Satzungen wird die Generalversammlung entweder durch unmittelbare **Benachrichtigung** sämtlicher Mitglieder oder durch **Bekanntmachung** in den durch die Satzung bestimmten Veröffentlichungsblättern durchgeführt.

1244 Gem. § 46 Abs. 1 GenG muss die Einberufung der Generalversammlung in der durch die Satzung bestimmten Weise mit einer Frist von mindestens 2 Wochen einberufen werden. In der Praxis werden allerdings längere Fristen eingehalten. Für die Berechnung der Frist sind die §§ 186 ff. BGB maßgeblich (vgl. Cario in: Lang/Weidmüller, GenG, § 46 Rn. 8). Erfolgt die Einberufung durch ein öffentliches Blatt, so ist der Tag maßgeblich, an dem dieses Blatt tatsächlich erscheint (Cario in: Lang/Weidmüller, GenG, § 46 Rn. 9). Ist die Einberufung durch unmittelbare Benachrichtigung aller Mitglieder vorgesehen, so ist der Tag des Zuganges entscheidend (vgl. Cario in: Lang/Weidmüller, GenG, § 46 Rn. 10 f.).

1245 Nach § 46 Abs. 1 GenG muss die Einberufung eine **Tagesordnung** enthalten. Die Tagesordnung einer Vertreterversammlung ist allen Mitgliedern durch Veröffentlichung in den Genossenschaftsblättern oder im Internet unter der Adresse der Genossenschaft oder durch unmittelbare schriftliche Benachrichtigung bekannt zu machen Der Tagesordnungspunkt muss hinreichend konkret sein, so reicht z. B. der Tagesordnungspunkt »Satzungsänderung« grds. nicht aus; es müssen mindestens die zu ändernden Vorschriften der Satzung bezeichnet werden (vgl. BayObLG, Rpfleger 1979, 196 für den Verein).

1246 ▶ **Hinweis:**

Für die Verschmelzung bedeutet dies, dass die Verschmelzung als besonderer Tagesordnungspunkt anzukündigen ist: »Beschlussfassung über die Verschmelzung mit der . . . und Genehmigung des Verschmelzungsvertrages«.

1247 Falls bei der übertragenden Genossenschaft die **Schlussbilanz** nicht mit der letzten **Jahresbilanz** identisch ist, bedarf diese Schlussbilanz ebenfalls der Feststellung und der Ankündigung des Tagesordnungspunktes. Hierzu gehört auch die Beschlussfassung über die Verwendung des **Bilanzgewinns.** Als weiterer Tagesordnungspunkt kommen bei der übertragenden Genossenschaft die Vorschläge für die Wahl von Mitgliedern in Vorstand und Aufsichtsrat der übernehmenden Genossenschaft infrage und ggf. Beschlussfassung über Satzungsänderung, die im Zusammenhang mit der Verschmelzung notwendig sind wie z. B. Firma, Gegenstand des Unternehmens, Vorstand, Höhe der Geschäftsanteile und

Pflichteinzahlung, Höhe der Haftsumme (vgl. Ohlmeyer/Kuhn/Philipowski/Tischbein, Verschmelzung von Genossenschaften, S. 55). Bei **Satzungsänderungen** muss darüber hinaus in der Tagesordnung neben dem Paragrafen der Satzung auch der Inhalt der vorgeschlagenen Satzungsänderung angegeben werden.

2. Auszulegende Unterlagen. § 82 Abs. 1 UmwG bestimmt weiter, dass von der Einberufung der Generalversammlung an, in dem Geschäftsraum jeder Genossenschaft **folgende Unterlagen auszulegen** sind: **1248**
– der Verschmelzungsvertrag oder dessen Entwurf,
– die Jahresabschlüsse und die Lageberichte der an der Verschmelzung beteiligten Rechtsträger für die letzten 3 Geschäftsjahre,
– eine Zwischenbilanz, falls sich der letzte Jahresabschluss auf ein Geschäftsjahr bezieht das mehr als 6 Monate vor dem Abschluss des Verschmelzungsvertrages oder des Aufstellungsentwurfs abgelaufen ist,
– die Verschmelzungsberichte der Vorstände,
– das Prüfungsgutachten des Prüfungsverbandes.

Durch diese Regelung, die mit der Verschmelzung einer AG vergleichbar ist, soll die **Stellung der Genossen** nach dem Vorbild des Aktienrechts **verstärkt** werden (vgl. Begründung zum RegE, abgedruckt in: Limmer, Umwandlungsrecht, S. 302). Streitig ist, ob die nach § 12 UmwG zu erstattenden Verschmelzungsprüfungsberichte anderer Rechtsträger, der bei der Genossenschaft durch das Prüfungsgutachten des Prüfungsverbandes ersetzt wird, vorzulegen ist. Auf § 63 Abs. 1 Nr. 5 UmwG verweist § 82 UmwG nicht, sodass nach einer Meinung diese Berichte nicht vorzulegen sind (so Stratz, in: Schmitt/Hörtnagl/Stratz, § 82 UmwG Rn. 3). Die herrschende Meinung ist a. A. und hält dies für ein Redaktionsversehen (Widmann/Mayer/Fronhöfer, Umwandlungsrecht, § 81 UmwG, Rn. 32; Lutter/Bayer § 82 UmwG Rn. 28 f.; Scholderer in: Semler/Stengel, UmwG, § 82 Rn. 32).   **1249**

Schließlich hat nach § 82 Abs. 2 UmwG jeder Genosse einen **Anspruch auf eine Abschrift** dieser Unterlagen.   **1250**

IX. Durchführung der Generalversammlung

1. Auslegungs- und Erläuterungspflicht. Gem. § 83 Abs. 1 UmwG sind in der Generalversammlung die genannten Unterlagen (vgl. oben Teil 2 Rdn. 1248) auszulegen. Darüber hinaus hat der Vorstand den **Verschmelzungsvertrag** oder seinen Entwurf zu Beginn der Verhandlung mündlich zu erläutern. Diese Regelung entspricht der nach § 64 UmwG für Aktionäre geltenden Regelung (vgl. oben Teil 2 Rdn. 1078).   **1251**

Darüber hinaus ist nach § 83 Abs. 2 UmwG das **Prüfungsgutachten** in der Generalversammlung **zu verlesen.** Auszugsweises oder zusammenfassendes Vorlesen genügt nach herrschender Meinung nicht (Widmann/Mayer/Fronhöfer, Umwandlungsrecht, § 83 UmwG, Rn. 20; Lutter/Bayer § 83 UmwG Rn. 15 f.; Stratz, in: Schmitt/Hörtnagl/Stratz, § 83 UmwG Rn. 6; Scholderer in: Semler/Stengel, UmwG, § 83 Rn. 22). Nicht verlesen werden, müssen die Gutachten der anderen Genossenschaften (Widmann/Mayer/Fronhöfer, Umwandlungsrecht, § 83 UmwG, Rn. 19; Scholderer in: Semler/Stengel, UmwG, § 83 Rn. 22), es sei denn es wurde ein gemeinsames Prüfungsgutachten erstattet (Lutter/Bayer § 83 UmwG Rn. 16). Die Verlesung kann auch von einem durch den Vorstand Beauftragten erfolgen (Widmann/Mayer/Fronhöfer, Umwandlungsrecht, § 83 UmwG, Rn. 21; Lutter/Bayer § 83 UmwG Rn. 17; Stratz, in: Schmitt/Hörtnagl/Stratz, § 83 UmwG Rn. 6; Scholderer in: Semler/Stengel, UmwG, § 83 Rn. 23).   **1252**

Der **Prüfungsverband** ist weiter berechtigt, an der Generalversammlung beratend teilzunehmen. Der Prüfungsverband hat auch Rederecht und das Recht, Fragen der Mitglieder zu beantworten (Lahnhoff in: Lang/Weidmüller, GenG, § 83 UmwG Rn. 2; Lutter/Bayer, UmwG, § 83 Rn. 18; Scholderer in: Semler/Stengel, UmwG, § 83 Rn. 38 ff.).

1253 **2. Ablauf.** Die Generalversammlung wird nach den meisten Mustersatzungen entweder vom Vorsitzenden des Aufsichtsrates oder dessen Stellvertreter geleitet. Sind beide verhindert, so beschließt die Generalversammlung mit einfacher Mehrheit über die **Person des Versammlungsleiters.**

1254 Jedes **Mitglied** hat grds. das Recht, an der Generalversammlung persönlich oder durch einen Vertreter teilzunehmen. Darüber hinaus hat gem. § 83 Abs. 2 Satz 2 UmwG der **Prüfungsverband** das Recht, an der Generalversammlung beratend teilzunehmen.

1255 Die Mitglieder haben in der Generalversammlung ein **Auskunftsrecht** über die Angelegenheiten der Genossenschaften, sowie zu den Tagesordnungspunkten (vgl. Cario in: Lang/Weidmüller, GenG, § 43 Rn. 31 ff.; Lutter/Bayer, UmwG, § 83 Rn. 9 ff.; vgl. auch oben Teil 2 Rdn. 465 ff.; Scholderer in: Semler/Stengel, UmwG, § 83 Rn. 26). Die Auskunft hat im Allgemeinen der Vorstand zu erteilen. Nach §§ 82 i. V. m. 64 Abs. 2 GenG ist darüber hinaus jedem Genossen auf Verlangen in der Hauptversammlung auch Auskunft über alle für die Verschmelzung wesentlichen Angelegenheiten der anderen beteiligten Genossenschaften und Rechtsträger zu geben. Das Auskunftsrecht wird also bei der Verschmelzung auf die anderen beteiligten Rechtsträger erweitert.

1256 Für die Durchführung der Versammlung gilt, dass der Versammlungsleiter nach Beendigung der Aussprache zum Beschlussgegenstand die **Abstimmung** durchzuführen und hierbei ausdrücklich zu fragen hat, wer für den Antrag ist, und wer gegen den Antrag ist. Die Feststellung der Stimmenthaltungen ist rechtlich bedeutungslos. Sodann hat der Versammlungsleiter das **Ergebnis der Abstimmung formell festzusetzen** und **zu verkünden.** Der Beschluss wird erst mit der Verkündung des Ergebnisses wirksam (vgl. Cario in: Lang/Weidmüller/Metz, GenG, § 43 Rn. 131; Werhahn, Die Generalversammlung und die Vertreterversammlung der Genossenschaft, S. 73; Scholderer in: Semler/Stengel, UmwG, § 84 Rn. 13).

1257 Es ist umstritten, ob die **Beschlussfassung** nur offen (durch Handzeichen, Erheben der Stimmkarte, Zuruf) oder auch geheim (durch Stimmzettel) durchgeführt werden kann. Die Literatur verlangt wegen des Ausschlagungsrechts z. T. offene Abstimmung (Lutter/Bayer, UmwG, § 84 Rn. 6; Widmann/Mayer/Fronhöfer, Umwandlungsrecht, § 84 UmwG, Rn. 6; Stratz, in: Schmitt/Hörtnagl/Stratz, § 84 UmwG Rn. 3), ein anderer Teil lehnt dies ab (Scholderer in: Semler/Stengel, UmwG, § 83 Rn. 32). Soweit die Satzung hierzu keine Regelung enthält, bestimmt der Versammlungsleiter das Verfahren nach pflichtgemäßem Ermessen. Nach den meisten Satzungen ist die Verschmelzung in offener Form vorgesehen, wenn nicht ein entsprechender Antrag mit einer bestimmten Mehrheit gestellt wird.

1258 ▶ **Hinweis:**

Zur Vorbereitung einer etwa zu erwartenden geheimen Abstimmung empfiehlt sich die Ausgabe von Stimmkarten an die Mitglieder vor Beginn der Generalversammlung i. V. m. der Eintragung in die Anwesenheitsliste (vgl. Ohlmeyer/Kuhn/Philipowski/Tischbein, Verschmelzung von Genossenschaften, S. 71).

1259 **3. Eingangskontrollen.** Anders als bei der AG sind Versammlungen bei Genossenschaften häufig weniger professionell organisiert, sodass bei der Vorbereitung des Verschmelzungsbeschlusses – auch im Hinblick auf das notarielle Protokoll (vgl. unten Teil 2 Rdn. 1268) – **besondere Anforderungen** beachtet werden sollten.

1260 ▶ **Hinweis:**

Die Abstimmung ist sorgfältig zu planen, es sollten identifizierbare Stimmzettel ausgegeben werden, eine ausreichende Zahl von Stimmzählern bestimmt werden und auch sonstige Vorbereitungen für die Abstimmung getroffen werden (vgl. Ohlmeyer/Kuhn/Philipowski, Verschmelzung von Genossenschaften, S. 67). Zur sicheren Feststellung des Abstimmungsergebnisses ist es, ähnlich wie bei der AG, unerlässlich, dass Eingangskontrollen stattfinden, bei denen auch eventuelle Stimmvollmachten kontrolliert werden. Es muss dabei sichergestellt werden, dass die notwendigen Mehrheiten bei jedem Abstimmungsvorgang aus der Anzahl der anwesenden Mitglieder zuverlässig geschlossen werden können (vgl. auch Ohlmeier/Kuhn/Philipowski/Tischbein, Verschmelzung von Genossenschaften, S. 67).

4. Beschlussmehrheit. Für die **Beschlussfähigkeit** der Generalversammlung sieht das GenG keine **1261** Vorschriften vor, die Satzung kann allerdings Voraussetzungen für die Beschlussfähigkeit aufstellen. Allerdings geht die herrschende Lehre davon aus, dass auch, wenn die Satzung keine Regelung enthält, für eine Versammlung **mindestens drei Mitglieder** anwesend sein müssen (vgl. Cario in: Lang/Weidmüller, GenG, § 43 Rn. 51; Werhahn, Die Generalversammlung und die Vertreterversammlung der Genossenschaft, S. 54; Widmann/Mayer/Fronhöfer, Umwandlungsrecht, § 84 UmwG, Rn. 7, a. A. Beuthien, § 43 GenG Rn. 7 f. der vier Mitglieder verlangt).

§ 84 UmwG bestimmt ebenfalls nur, dass der Verschmelzungsbeschluss einer **Mehrheit von 3/4 der** **1262** **abgegebenen Stimmen** bedarf. Die Satzung kann allerdings eine größere Mehrheit und weitere Erfordernisse bestimmen.

Auch in diesem Zusammenhang stellt sich die Frage, ob, wenn die Satzung zwar die Verschmelzung **1263** nicht ausdrücklich regelt, aber besondere Anforderungen an die Satzungsänderung oder den Auflösungsbeschluss stellt, diese statutarischen Anforderungen auch an den Verschmelzungsbeschluss der übertragenden Genossenschaft zu stellen sind (Widmann/Mayer/Fronhöfer, Umwandlungsrecht, § 84 UmwG, Rn. 19). Im vor 1995 geltenden Recht wurde jedenfalls vertreten, dass das statuarische Erschweren für Satzungsänderungen auf die Verschmelzung keine Anwendung findet (vgl. Beuthien, GenG, § 93a Anm. 2; Schlarb, Die Verschmelzung eingetragener Genossenschaften, S. 44). Die **Satzung** kann weitere Erschwerungen für die Beschlussfassung vorsehen, z. B. eine größere Mehrheit, auch Einstimmigkeit. Die Satzung kann allerdings die Verschmelzung nicht von der Zustimmung des Prüfungsverbandes abhängig machen (Müller, GenG, § 93b Rn. 11). Soweit das Statut für satzungsändernde erhöhte Anforderungen stellt soll durch Auslegung zu ermitteln sein, ob dies auch für die Verschmelzung gilt (Widmann/Mayer/Fronhöfer, Umwandlungsrecht, § 84 UmwG, Rn. 19; Stratz, in: Schmitt/Hörtnagl/Stratz, § 84 UmwG Rn. 6; für eine automatische Anwendung Lutter/Bayer § 84 UmwG Rn. 10).

I. d. R. hat bei der Abstimmung nach Genossenschaften jedes Mitglied grds. eine Stimme; von der ge- **1264** setzlichen Möglichkeit des **Mehrstimmrechts** machen die meisten Satzungen keinen Gebrauch (vgl. allgemein zum Mehrstimmrecht Cario in: Lang/Weidmüller, GenG, § 43 Rn. 69 ff.; Scholderer in: Semler/Stengel, UmwG, § 83 Rn. 33; Lutter/Bayer § 84 UmwG Rn. 8).

Notwendig ist nach § 84 UmwG eine 3/4-Mehrheit der abgegebenen Stimmen. »Abgegebene Stim- **1265** men« bedeutet, dass Stimmenthaltungen nicht mitgezählt werden, also auch nicht den Neinstimmen zuzurechnen sind (BGH, NJW 1970, 46; NJW 1982, 1585; Cario in: Lang/Weidmüller, GenG, § 43 Rn. 62; Lutter/Bayer, UmwG, § 84 Rn. 7; Widmann/Mayer/Fronhöfer, Umwandlungsrecht, § 84 UmwG, Rn. 12).

Da das Gesetz nicht generell von den »anwesenden Mitgliedern« spricht, sondern von den »abgegebe- **1266** nen Stimmen«, kommt es also für die Stimmverhältnisse nur auf die tatsächlich abgegebenen Stimmen an. Mitglieder, die zwar auf der Generalversammlung anwesend sind, während der Abstimmung aber den Saal verlassen haben, zählen also nicht mit (vgl. Werhahn, Die Generalversammlung und die Vertreterversammlung der Genossenschaft, S. 57).

Nach der Abstimmung hat der Versammlungsleiter das **Abstimmungsergebnis** zu verkünden (Cario in: **1267** Lang/Weidmüller, GenG, § 43 GenG Rn. 131; Scholderer in: Semler/Stengel, UmwG, § 83 Rn. 34). Ohlmeyer/Kuhn/Philipowski (Verschmelzung von Genossenschaften, S. 72) weisen darauf hin, dass es bei Genossenschaften vorkommen kann, dass bei offener Abstimmung die Auszählung der Stimmen kein klares Ergebnis bringt, weil die Räumlichkeiten unübersichtlich sind, oder die Stimmzähler nicht sorgfältig zählen, weil einzelne Abstimmende die Hand bzw. die Stimmkarte zu früh herunternehmen, oder weil durch Mitstimmen von Nichtmitgliedern mehrere Stimmen abgegeben werden, als stimmberechtigte Mitglieder anwesend sind. In solchen Fällen muss die Abstimmung – mit Hinblick auf das richtige Abstimmungsverhalten – wiederholt werden. Sie weisen darauf hin, dass, falls die notwendige 3/4-Mehrheit nicht zustande kommt, es denkbar ist, dass im weiteren Versammlungsverlauf eine erneute Abstimmung verlangt und durchgeführt wird. Rechtlich ist eine solche **Wiederholung der Abstimmung** zulässig, da in derselben Generalversammlung der Vertrag wiederholt zur Aussprache und Abstimmung gestellt werden kann, bis der Versammlungsleiter abschließend das Ergebnis der Abstimmung bekannt gibt (vgl. Cario in: Lang/Weidmüller/Metz, GenG, § 43 Rn. 131).

1268   **5. Notarielle Beurkundung.** Nach § 13 Abs. 3 UmwG muss der Verschmelzungsbeschluss auch bei einer Genossenschaft notariell beurkundet werden. Der Vertrag oder sein Entwurf ist dem Beschluss als Anlage beizuführen. Der Gesetzgeber weist darauf hin, dass die vorgesehene notarielle Beurkundung des Verschmelzungsbeschlusses der Rechtssicherheit durch die Kontrolle des Notars dient, der die Verantwortung dafür übernimmt, dass die Versammlung ordnungsgemäß abgewickelt wird. Der Verschmelzungsbeschluss sei ein rechtlich und wirtschaftlich bedeutsamer Vorgang, sodass eine Überwachung durch den Notar schon allgemein wünschenswert sei. Für Genossenschaften gelten darüber hinaus zusätzliche Erwägungen. Der Schutzzweck, der mit dem Beurkundungsvorgang verfolgt werde, treffe auch auf die Verschmelzung von Genossenschaften zu (vgl. Begründung zum RegE, BR-Drucks. 75/94, S. 86; abgedruckt in: Limmer, Umwandlungsrecht, S. 281).

1269   Beurkundungspflichtig ist nach § 13 Abs. 3 UmwG nur der Beschluss, der die Zustimmung zur Verschmelzung enthält. Werden bei einer Generalversammlung weitere Beschlüsse gefasst, so wird nicht dadurch die gesamte Generalversammlung beurkundungspflichtig, sondern es verbleibt nur bei der Notwendigkeit der Beurkundung des Zustimmungsbeschlusses (DNotI-Report 2000, 91, 92, Gutachten Nr. 59558 v. Mai 2005; Ohlmeyer/Kuhn/Philipowski/Tischbein, Verschmelzung von Genossenschaften, Rn. 9.13; wohl auch befürwortend Heckschen, in: Widmann/Mayer, Umwandlungsrecht, § 13 Rn. 221.1 in Fn. 3).

1270 ▶ **Hinweis:**

Zu beachten ist allerdings, dass der Notar beim Protokoll die üblichen Regularien festzustellen hat, sodass es sich empfiehlt, den Zustimmungsbeschluss an den Anfang der Versammlung zu stellen.

1271   Für die **Anfertigung des notariellen Protokolls** gelten daher die allgemeinen Grundsätze (vgl. oben Teil 2 Rdn. 499 ff.). Darüber hinaus wird man wohl annehmen müssen, dass § 47 GenG, der die Versammlungsniederschrift regelt, auch für das notarielle Protokoll gilt, da dieses nunmehr die Versammlungsniederschrift des Vorsitzenden ersetzt.

1272   Da das Gesetz nicht vorsieht, dass die §§ 36 ff. BeurkG, die das notarielle Tatsachenprotokoll bei Versammlungsbeschlüssen regeln und nur die Unterschrift des Notars vorsehen, vor § 47 GenG vorrangig sind, dürfte es sich in der Praxis empfehlen, **beide Vorschriften einzuhalten.** Es spricht zwar einiges dafür, dass das notarielle Protokoll als öffentliche Urkunde die Niederschrift nach § 47 GenG vollständig ersetzt, sodass die Unterzeichnung nach § 47 GenG an sich nicht erforderlich wäre. Andererseits scheint die Literatur im GenG generell vom Vorrang des Genossenschaftsrechts auszugehen, wie dies z. B. bei der Diskussion um die Anmeldung deutlich wurde (vgl. dazu unten Teil 2 Rdn. 1290).

1273   Daher ist gem. § 47 Abs. 1 GenG der **Ort und der Tag der Versammlung**, der **Name des Vorsitzenden** sowie die **Art und das Ergebnis der Abstimmung** und die Feststellung des Vorsitzenden über die Beschlussfassung in das Protokoll aufzunehmen. Nach § 47 Abs. 2 GenG ist die Niederschrift vom Vorsitzenden und den anwesenden Mitgliedern des Vorstandes zu unterschreiben. Dies wird wohl durch die notarielle Niederschrift ersetzt. Hier sind die **Belege über die Einberufung als Anlagen** beizufügen. Aus Sicherheitsgründen sollte das Gleiche für die notarielle Niederschrift gelten. Gem. § 47 Abs. 3 GenG gilt, dass, wenn die Satzung die Gewährung von Mehrstimmrechten vorsieht oder wenn eine Änderung der Satzung beschlossen wird, die eine wesentliche Änderung des Gegenstandes des Unternehmens betrifft, so ist in der Niederschrift außerdem ein **Verzeichnis der erschienenen oder vertretenen Genossen** und der Vertreter von Genossen beizufügen. Bei jedem erschienenen und vertretenen Genossen ist dessen **Stimmzahl** zu vermerken. Man wird davon ausgehen müssen, dass auch diese Vorschrift für die Verschmelzung gilt, da es sich hierbei sicherlich um »eine wesentliche Änderung des Gegenstandes des Unternehmens« handelt.

Das **Ergebnis der Abstimmung** ist dabei möglichst konkret wiederzugeben, so z. B. bei Stimmenauszählung das Verhältnis der Ja- und Nein-Stimmen. Stimmenthaltungen sollten nicht in der Niederschrift aufgenommen werden, da sie für das Ergebnis der Abstimmung keine Bedeutung haben. Es wird wohl als ausreichend angesehen, dass ohne genaue Aufzählung festgestellt und in die Niederschrift aufgenommen wird, dass der bestimmte Antrag mehrheitlich angenommen worden ist, allerdings birgt dieses Gefahren für die Rechtssicherheit (vgl. Cario in: Lang/Weidmüller, GenG, § 47 Rn. 6). Die Beschlüsse sind in jedem Fall im Wortlaut mit Angabe der Mehrheitsverhältnisse wiederzugeben (vgl. Werhahn, Die Generalversammlung und die Vertreterversammlung der Genossenschaft, S. 77). Darüber hinaus wird festzustellen sein, dass die notwendigen Informationen von § 83 UmwG gegeben wurden und nach § 83 Abs. 2 das Prüfungsgutachten des Prüfungsverbandes verlesen wurde. Die Verlesung der Niederschrift ist nicht erforderlich, wenn nicht die Beurkundungsform nach § 8 BeurkG gewählt wurde, sondern die zweckmäßigere Form der nach §§ 36 ff. BeurkG. **1274**

Zu den Belegen über die Einberufung der Versammlung gehören **alle schriftlichen Unterlagen**, nach denen die Ordnungsmäßigkeit der Einberufung zu beurteilen ist – diese ist in der Urschrift beizugeben. Wurde die Versammlung durch unmittelbare Einladung der Mitglieder einberufen, genügt die Beifügung eines Einladungsschreibens, wurde die Versammlung durch öffentliche Bekanntmachung einberufen, ist ein Beleg des Exemplars zur Niederschrift zu nehmen (vgl. Cario in: Lang/Weidmüller, GenG, § 47 Rn. 11). **1275**

Hinsichtlich des **Teilnehmerverzeichnisses** geht die überwiegende Meinung davon aus, dass, wenn Änderungen hinsichtlich der Teilnehmer eingetreten sind, diese im Verzeichnis wie bei der AG zu vermerken sind. Dies gilt z. B. für Teilnehmer, die erst nachträglich zur Generalversammlung kommen oder diese schon vorzeitig verlassen. Aus dem Verzeichnis muss erkennbar sein, zu welchen Tagesordnungspunkten sie anwesend waren (vgl. Cario in: Lang/Weidmüller, GenG, § 47 Rn. 14). Allerdings ist ein Teil der Literatur der Auffassung, dass diese Regelung wenig praktikabel sei und der vom Gesetzgeber gewollte Zweck schwer zu erreichen sei. Wegen der kaum überwindbaren Schwierigkeiten genüge es, dass eine einmalige Feststellung der erschienenen Mitglieder, Vertreter und Bevollmächtigten ausreiche (vgl. Werhahn, Die Generalversammlung und die Vertreterversammlung der Genossenschaft, S. 80). Ob dies allerdings auch für die notarielle Beurkundung gilt, erscheint angesichts der herrschenden Meinung fraglich. Die Praxis sollte wohl auf genauere Teilnehmerverzeichnisse achten. Das Teilnehmerverzeichnis ist vom Versammlungsleiter zu unterzeichnen (vgl. Cario in: Lang/Weidmüller, GenG, § 47 Rn. 15). **1276**

X. Sonderrechtsinhaber

Auch bei Genossenschaften können durch die Satzung **Sonderrechte** gewährt werden, die grds. ohne Zustimmung der betroffenen Mitglieder nicht entzogen werden können. Als Sonderrecht kann z. B. die Zuerkennung der Mitgliedschaft im Vorstand für eine bestimmte Dauer oder auf Lebenszeit oder das Recht, Vorstandsmitglieder zu bestellen (vgl. Schulte in: Lang/Weidmüller, GenG, § 18 Rn. 26 ff.; Hettrich/Pöhlmann/Gräser/Röhrich, GenG, § 18 Rn. 11), in Betracht kommen. Anders als für die GmbH in § 50 Abs. 2 UmwG sieht das UmwG für die Verschmelzung von Genossenschaften keine vergleichbare Schutzvorschrift vor. § 13 Abs. 2 UmwG passt nach seinem ausdrücklichen Wortlaut ebenfalls nicht für derartige Sonderrechte, da er nur an Vinkulierungspflichten anknüpft. **1277**

Damit stellt sich die Frage, ob **derartige Sonderrechte unter § 23 UmwG zu subsumieren** sind mit der Folge, dass bei der aufnehmenden Gesellschaft gleichwertige Rechte zu gewähren sind, oder ob § 50 Abs. 2 UmwG analog anzuwenden ist, sodass die Zustimmung der Sonderrechtsinhaber erforderlich ist. Bei Sonderrechten auf Geschäftsführung oder Beteiligung an Organen erscheint m. E. § 50 Abs. 2 UmwG vom Sinn und Zweck her eher zu passen. **1278**

XI. Besonderes Ausschlagungsrecht

Anders als bei der Verschmelzung von Gesellschaften, sind gem. § 90 Abs. 1 UmwG die **§§ 29 ff. UmwG nicht anzuwenden**, sodass im Verschmelzungsvertrag kein Abfindungsgebot unter den Voraussetzungen des § 29 UmwG zu machen ist. Die §§ 39k bis 39m GenG sahen im Fall der Verschmelzung von Genossenschaften ein **Sonderkündigungsrecht** für Mitglieder der übertragenden Genossenschaft **1279** vor, wenn sie gegen die Verschmelzung Widerspruch erhoben haben oder wenn bei der Beschlussfassung erhebliche Verfahrensfehler unterlaufen sind. Das UmwG behält diese Möglichkeit, den Anteilstausch individuell abzulehnen, in Gestalt des Rechts bei, die durch den Verschmelzungsvorgang erworbene Rechtsstellung auszuschlagen.

1280 Nach § 90 Abs. 3 UmwG hat jeder Genosse einer übertragenden Genossenschaft das Recht zur Ausschlagung, wenn er in der Generalversammlung oder als Vertreter in der Vertreterversammlung erscheint und gegen den Verschmelzungsbeschluss Widerspruch zur Niederschrift erklärt oder nicht erscheint, sofern er zu der Versammlung nicht zu Unrecht zugelassen worden ist oder die Versammlung nicht ordnungsgemäß einberufen oder der Gegenstand der Beschlussfassung nicht ordnungsgemäß bekannt gemacht worden ist. Gem. § 91 Abs. 1 UmwG ist die Ausschlagung ggü. dem übernehmenden Rechtsträger schriftlich zu erklären. Sie kann nur binnen 6 Monaten nach dem Tag erklärt werden, an dem die Eintragung der Verschmelzung in das Register des übernehmenden Rechtsträgers bekannt gemacht gilt.

1281 Ein Teil der Literatur ist der Auffassung, dass dieses Sonderkündigungsrecht grds. nicht dadurch ausgeschlossen wird, dass das Mitglied für den Beschluss gestimmt hat (vgl. Lehnhoff in: Lang/Weidmüller, GenG, § 90 UmwG Rn. 3; LG Darmstadt, ZfG 1976, 360; Hettrich/Pöhlmann/Röhrich, GenG, § 90 UmwG Rn. 3; Scholderer in: Semler/Stengel, UmwG, § 90 Rn. 14); a. A. sind allerdings das LG Darmstadt (ZfG 1976, 360), das AG München (BB 1964, 823) und ein Teil der Literatur (Lutter/Bayer, UmwG, § 90 Rn. 20; Widmann/Mayer/Fronhöfer, Umwandlungsrecht, § 90 UmwG Rn. 21; Schaub, NZG 1998, 628).

XII. Verschmelzung durch Neugründung

1282 Bei der Verschmelzung durch Neugründung wird das Vermögen von zwei oder mehreren übertragenden Genossenschaften auf eine neu gegründete Genossenschaft übertragen. Handelt es sich bei der Verschmelzung durch Neugründung um die Gründung einer Genossenschaft, sind ergänzend die §§ 96 ff. UmwG anzuwenden. Daneben gelten die **allgemeinen Vorschriften für die Verschmelzung durch Neugründung**, d. h. die §§ 36 bis 38 UmwG. Insb. ist § 36 Abs. 2 zu beachten, der vorsieht, dass auf die Gründung des neuen Rechtsträgers die für dessen Rechtsform geltenden Gründungsvorschriften anzuwenden sind (vgl. im Einzelnen oben Teil 2 Rdn. 334 ff.). § 96 UmwG verweist i. Ü. bzgl. der Besonderheiten für die Genossenschaft auf die für die Verschmelzung durch Aufnahme bestehenden Vorschriften.

1283 **1. Verschmelzungsvertrag und Satzung der neuen Genossenschaft. a) Satzung als Inhalt des Verschmelzungsvertrages.** § 37 UmwG bestimmt, dass in dem Verschmelzungsvertrag die **Satzung der neuen Genossenschaft festgestellt** werden muss. Wie bei den anderen Gesellschaften bestimmt § 98 UmwG, dass die Satzung der neuen Genossenschaft nur wirksam wird, wenn ihm die Genossen jeder der übertragenden Genossenschaften durch Verschmelzungsbeschluss zustimmen. Gem. § 36 Abs. 2 Satz 2 UmwG bedarf es entgegen § 4 GenG nicht einer **Mindestzahl** von sieben Genossen.

1284 **b) Inhalt der Satzung.** Bzgl. des Inhaltes der Satzung gelten die allgemeinen Vorschriften des GenG; die §§ 6 ff. GenG. Nach § 6 GenG muss die Satzung enthalten:
1. die Firma und den Sitz der Genossenschaft;
2. den Gegenstand des Unternehmens;
3. Bestimmungen darüber, ob die Mitglieder für den Fall, dass die Gläubiger im Insolvenzverfahren über das Vermögen der Genossenschaft nicht befriedigt werden, Nachschüsse zur Insolvenzmasse unbeschränkt, beschränkt auf eine bestimmte Summe (Haftsumme) oder überhaupt nicht zu leisten haben;
4. Bestimmungen über die Form für die Einberufung der Generalversammlung der Mitglieder sowie für die Beurkundung ihrer Beschlüsse und über den Vorsitz in der Versammlung; die Einberufung der Generalversammlung muss durch unmittelbare Benachrichtigung sämtlicher Mitglieder oder durch Bekanntmachung in einem öffentlichen Blatt erfolgen; das Gericht kann hiervon Ausnahmen zulassen; die Bekanntmachung im Bundesanzeiger genügt nicht;

5. Bestimmungen über die Form der Bekanntmachungen der Genossenschaft sowie Bestimmung der öffentlichen Blätter für Bekanntmachungen, deren Veröffentlichung in öffentlichen Blättern durch Gesetz oder Satzung vorgeschrieben ist.

Nach § 7 GenG muss die Satzung ferner den Geschäftsanteil sowie die Einzahlung auf dem Geschäfts- **1285** anteil und die Bildung einer gesetzlichen Rücklage bestimmen. Nach § 7a GenG kann die Satzung schließlich bestimmen, dass sie einen Genossen mit mehr als einem Geschäftsanteil beteiligt bzw. sich mit mehreren zu beteiligen haben.

2. Organbestellung. Die **Gründer** der neu errichteten Genossenschaft bei der Verschmelzung durch **1286** Neubildung sind die sich vereinigenden Genossenschaften und nicht deren Gesellschafter. Sowohl die Feststellung der Satzung als auch die Bestimmung der Organe in der neuen Genossenschaft erfolgt somit durch die **vertretungsberechtigten Organe der übertragenden Genossenschaften**. Zweckmäßigerweise wird daher auch gleichzeitig mit dem Abschluss des Verschmelzungsvertrages und der Feststellung der Satzung der neuen Gesellschaft die Bestellung des ersten Vorstandes und des Aufsichtsrates vorgenommen.

Gem. § 98 UmwG gilt, dass auch für die Bestellung der Mitglieder des Vorstandes und Aufsichtsrats der **1287** neuen Genossenschaft die **Zustimmung der Anteilsinhaber** jedes der übertragenden Rechtsträger durch Verschmelzungsbeschluss erforderlich ist.

XIII. Handelsregisteranmeldung

Für die Anmeldung zum Genossenschaftsregister gelten grds. die **allgemeinen Vorschriften** (vgl. oben **1288** Teil 2 Rdn. 627 ff.). Die Anmeldung richtet sich daher grds. nach §§ 16, 17 UmwG.

Ergänzend ist nach § 86 Abs. 1 UmwG bei der Anmeldung der Verschmelzung auch das für die anmel- **1289** dende Genossenschaft erstattete **Prüfungsgutachten** in Urschrift oder öffentlich beglaubigter Abschrift beizufügen. Der Anmeldung zur Eintragung in das Register des Sitzes des übernehmenden Rechtsträgers ist ferner nach § 86 Abs. 2 UmwG jedes andere für eine übertragende Genossenschaft erstattete Prüfungsgutachten in Urschrift oder öffentlich beglaubigter Abschrift beizufügen.

Unklar war bis zur **Neuregelung des GenG** am 18.08.2006 allerdings, inwieweit es auch bei der Ver- **1290** schmelzung von Genossenschaften genügt, dass die Verschmelzung vom Vorstand in vertretungsberechtigter Zahl angemeldet wurde. Zwar gilt i. R. d. § 16 Abs. 1 Satz 1 UmwG, dass es allgemein bei der Anmeldung der Verschmelzung genügt, wenn das zuständige Vertretungsorgan in vertretungsberechtigter Personenzahl handelt (Schöne, GmbHR 1995, 325, 332; Widmann/Mayer/Fronhöfer, Umwandlungsrecht, § 16 UmwG Rn. 9; Lutter/Bork, UmwG, § 16 Rn. 2). Allerdings regelte § 157 GenG, dass bei der Genossenschaft allgemein Anmeldungen zum Genossenschaftsregister durch **sämtliche Mitglieder des Vorstandes** in öffentlich beglaubigter Form einzureichen sind. Es stellte sich daher die Frage, inwieweit § 16 UmwG im Verhältnis zu § 157 GenG Spezialvorschrift ist. Es sprach auch vor der Neureglung des GenG m. E. viel dafür, dass der Gesetzgeber einheitliche Regelungen für die Anmeldung der Verschmelzung schaffen wollte. Dies kommt insb. durch die Formulierung in § 16 UmwG zum Ausdruck und durch die Tatsache, dass eine einheitliche Regelung für alle Rechtsformen geschaffen wurde. Dennoch war die überwiegende Meinung in der Literatur der Auffassung, dass die Anmeldung vom gesamten Vorstand, **einschließlich der Stellvertreter**, gem. § 35 GenG zu erfolgen hat (Heidinger/Limmer/Holland/Reul, Gutachten des DNotI, Bd. IV, Gutachten zum Umwandlungsrecht, S. 70 ff.; Lutter/Bayer, UmwG, § 86 Rn. 2; Hettrich/Pöhlmann/Röhrich, GenG, § 86 UmwG Rn. 1; Ohlmeier/Kuhn/Philipowski/Tischbein, Verschmelzung von Genossenschaften, S. 74). Auch die Zweite Verordnung über das Genossenschaftsregister v. 06.07.1995 (BGBl. I, S. 911) bestimmte in § 6 Nr. 7, dass die Anmeldung der Umwandlung unter Beteiligung der Genossenschaft ein Fall des § 157 GenG ist. Das Gesetz zur Einführung der **Europäischen Genossenschaft** und zur Änderung des Genossenschaftsrechts v. 18.06.2006 (BGBl. I, S. 2230) hat § 157 GenG geändert: Nur die Anmeldung zur Neugründung nach § 11 GenG muss von sämtlichen Vorstandsmitgliedern abgegeben werden; i. Ü. genügt die Anmeldung in vertretungsberechtigter Zahl m. E. auch für die Verschmelzung (vgl. auch Scholderer in: Semler/Stengel, UmwG, § 86 Rn. 3 Lutter/Bayer § 86 Rn. 1).

XIV. Muster

1. Verschmelzungsvertrag bei Verschmelzung durch Aufnahme

1291 ▶ **Muster: Verschmelzungsvertrag bei Verschmelzung durch Aufnahme**

UR.Nr. für . . . . .

Verhandelt zu . . . . .

am . . . . .

Vor dem unterzeichnenden

. . . . .

Notar mit dem Amtssitz in . . . . .

erschienen:
1.
  a) Herr (Name, Geburtsdatum, Adresse) . . . . .,
  b) Frau (Name, Geburtsdatum, Adresse) . . . . .,
  beide handelnd nicht im eigenen Namen, sondern als gemeinsam vertretungsberechtigte
2. der A-Genossenschaft mit dem Sitz in . . . . ., eingetragen im Genossenschaftsregister des Amtsgerichts . . . . . unter GenR.
3. Herr (Name, Geburtsdatum, Adresse) . . . . .,
  handelnd nicht im eigenen Namen, sondern als alleinvertretungsberechtigtes Vorstandsmitglied
  der B-Genossenschaft mit dem Sitz in . . . . ., eingetragen im Genossenschaftsregister des Amtsgerichts . . . . . unter GenR.

Die Erschienenen wiesen sich dem Notar gegenüber aus durch Vorlage ihrer amtlichen Lichtbildausweise.

Die Erschienenen ließen folgenden

Verschmelzungsvertrag

beurkunden und erklärten, handelnd wie angegeben:

I. Vermögensübertragung

Die B-Genossenschaft überträgt ihr Vermögen als Ganzes mit allen Rechten und Pflichten unter Ausschluss der Abwicklung auf die A-Genossenschaft im Wege der Verschmelzung durch Aufnahme. Die
A-Genossenschaft gewährt als Ausgleich hierfür den Mitgliedern der B-Genossenschaft Mitgliedschaften.

II. Gegenleistung
1. Die A-Genossenschaft gewährt mit Wirksamwerden der Verschmelzung jedem Mitglied der B-Genossenschaft die Mitgliedschaft in der A-Genossenschaft.
2. Jedes Mitglied der B-Genossenschaft erhält bei der A-Genossenschaft mit Wirksamwerden der Verschmelzung einen Geschäftsanteil i. H. v. . . . . . €.
3. Die Mitgliedschaften werden kostenfrei gewährt und mit Gewinnbezugsberechtigung an dem
  . . . . . gewährt.
4. Die Angaben zu der Mitgliedschaft in der A-Genossenschaft ergeben sich aus dem als Anlage zu
  dieser Urkunde genommenen Auszug aus der Satzung der A-Genossenschaft. Auf die Anlage
  wird verwiesen, sie ist Bestandteil der Urkunde und wurde mitvorgelesen.

III. Bilanzstichtag

Der Verschmelzung wird die mit dem uneingeschränkten Bestätigungsvermerk des Wirtschaftsprüfers . . . . . in . . . . . versehene Bilanz der B-Genossenschaft zum . . . . . als Schlussbilanz zugrunde gelegt.

IV. Verschmelzungsstichtag

Die Übernahme des Vermögens der B-Genossenschaft erfolgt im Innenverhältnis mit Wirkung zum
Ablauf des . . . . . Vom . . . . . an gelten alle Handlungen und Geschäfte der B-Genossenschaft als für
Rechnung der A-Genossenschaft vorgenommen.

V. Besondere Rechte

Besondere Rechte i. S. v. § 5 Abs. 1 Nr. 7 UmwG bestehen bei der A-Genossenschaft nicht. Einzelnen
Anteilsinhabern werden i. R. d. Verschmelzung keine besonderen Rechte gewährt.

VI. Besondere Vorteile

Besondere Vorteile i. S. d. § 5 Abs. 1 Nr. 8 UmwG werden weder einem Mitglied eines Vertretungs- oder Aufsichtsorgans, noch dem Abschlussprüfer oder dem Verschmelzungsprüfer gewährt.

VII. Folgen der Verschmelzung für Arbeitnehmer und ihrer Vertretungen

Folgen i. S. v. § 5 Abs. 1 Nr. 9 UmwG für die Arbeitnehmer und ihre Vertretungen bei den beteiligten Gesellschaften bestehen nicht.

VIII. Bedingungen

Der Verschmelzungsvertrag steht unter der aufschiebenden Bedingung, dass die formgerechten Zustimmungsbeschlüsse der Generalversammlungen beider Gesellschaften bis zum . . . . . vorliegen.

IX. Kosten

Die durch diesen Vertrag und seiner Durchführung bei beiden Gesellschaften entstehenden Kosten trägt die A-Genossenschaft. Sollte die Verschmelzung nicht wirksam werden, tragen die Kosten dieses Vertrages die Vereine zu gleichen Teilen; alle übrigen Kosten trägt die jeweils betroffene Genossenschaft allein.

Diese Niederschrift nebst der Anlage wurde den Erschienenen vom Notar vorgelesen, von ihnen genehmigt und von ihnen und dem Notar eigenhändig, wie folgt, unterschrieben:

. . . . .

2. Zustimmungsbeschluss bei der übernehmenden Genossenschaft

▸ **Muster: Zustimmungsbeschluss bei der übernehmenden Genossenschaft** 1292

Niederschrift der Generalversammlung

Heute, den . . . . .

begab ich mich, der unterzeichnende Notar . . . . . mit Amtssitz in . . . . . auf Ansuchen in die Gastwirtschaft X in Würzburg, um an der dorthin auf heute 16.00 Uhr einberufenen

ordentlichen Generalversammlung

der Genossen der X-Genossenschaft teilzunehmen und über den Gang der Verhandlung sowie über die gefassten Beschlüsse die gesetzlich vorgeschriebene Niederschrift wie folgt zu errichten:

I.

Anwesend waren:
1. Vom Aufsichtsrat der Genossenschaft:
    a) Herr X, Landwirt, wohnhaft in . . . . .,
    b) Herr Z, Kaufmann, wohnhaft in . . . . .,
    c) Herr Y, Bankkaufmann, wohnhaft in . . . . .
2. Vom Vorstand der Genossenschaft:
    a) Herr A, Bankkaufmann, wohnhaft in . . . . ., Vorsitzender,
    b) Herr B, Kaufmann, wohnhaft in . . . . .

Dieser Niederschrift ist ein Verzeichnis des erschienenen oder vertretenen Genossen und der Vertreter von Genossen beigefügt. Bei jedem erschienenen oder vertretenen Genossen ist dessen Stimmenzahl vermerkt. Das Teilnehmerverzeichnis ist vom Versammlungsleiter unterzeichnet worden und wurde bei jeder Abstimmung bei Änderung der Teilnehmerzahl angepasst. Es ist als Anlage 1 der Niederschrift beigefügt.

II.

Generalversammlung

Den Vorsitz der Versammlung führte entsprechend der Satzung der Vorsitzende des Aufsichtsrates. Er stellte fest, dass die Generalversammlung form- und fristgemäß durch Bekanntmachung im Verkündungsblatt Nr. . . . . . . vom . . . . . einberufen worden ist. Ein Belegexemplar dieser Ausgabe wurde mir, dem Notar, übergeben. Es ist der Niederschrift als Anlage 2 beigefügt.

Anschließend legte er das anliegende, von ihm unterzeichnete Verzeichnis der erschienenen vertretenen Genossen zur Einsichtnahme aus, nachdem der Vorstand erklärt hatte, das sämtliche, in dem Verzeichnis aufgeführten Genossen ihre Berechtigung zur Teilnahme an der Generalversammlung ordnungsgemäß nachgewiesen haben.

Der Vorsitzende erklärte, dass die Abstimmung offen durch Handaufheben stattfinden werde, soweit nicht eine andere Abstimmungsart für die Abstimmung angeordnet werde.

Der Vorsitzende stellte weiter fest, dass von der Einberufung der Generalversammlung an in dem Geschäftsraum der Genossenschaft folgende Unterlagen zur Einsicht der Genossen ausgelegt waren und diese auch während der Generalversammlung im Versammlungssaal auslegen:
- der Verschmelzungsvertrag,
- die Jahresabschlüsse und die Jahresberichte der übertragenden und der übernehmenden Genossenschaft der letzten drei Geschäftsjahre,
- der Verschmelzungsbericht der beiden Vorstände,
- das Prüfungsgutachten des Prüfungsverbandes bzgl. beider Genossenschaften.

Der Verschmelzungsvertrag wird dieser Niederschrift als Anlage 3 beigefügt.

Daraufhin wurde die Tagesordnung wie folgt erledigt:

Punkt 1:

Der Vorstandsvorsitzende erläuterte den Verschmelzungsvertrag vom . . . . . und begründete insbes. die Zweckmäßigkeit der Verschmelzung. Auch die weiteren Punkte des Verschmelzungsvertrages wurden vom Vorstand erläutert. Verschiedenen Genossen wurde Auskunft über wesentliche Angelegenheiten erteilt. Der von den Vorständen der beiden Genossenschaften abgeschlossene Verschmelzungsvertrag wurde wörtlich verlesen. Das Gutachten des Prüfungsverbandes, dass die Verschmelzung mit dem Belangen der Mitglieder und der Gläubiger der Genossenschaft vereinbar ist, wurde ebenfalls verlesen.

Punkt 2: Zustimmung zum Verschmelzungsvertrag

Gegen die Zustimmung zu dem abgeschlossenen Verschmelzungsvertrag mit der A-Genossenschaft stimmten zehn Genossen. Dafür stimmten entsprechend dem Vorschlag von Vorstand und Aufsichtsrat 290 Genossen.

Der Vorsitzende stellte fest, dass die Verschmelzung mit der A-Genossenschaft durch Zustimmung zum Verschmelzungsvertrag von . . . . . mit mehr als 3/4-Mehrheit der abgegebenen Stimmen beschlossen ist.

Damit war die Tagesordnung erledigt. Der Vorsitzende schloss die Hauptversammlung um 19.00 Uhr.

Die Niederschrift wurde vom Notar und vom Vorsitzenden und den anwesenden Mitgliedern des Vorstandes wie folgt unterschrieben:

. . . . .

Anlage 1: Teilnehmerverzeichnis

Anlage 2: Belegexemplar vom . . . . .

Anlage 3: Verschmelzungsvertrag vom . . . . .

1293 **3. Registeranmeldung.** Vgl. zu den Anmeldungen zunächst oben Teil 2 Rdn. 634 ff. Der Anmeldung sind als Anlage über § 17 UmwG hinaus das für die anmeldende Genossenschaft erstattete Prüfungsgutachten **in Urschrift oder in öffentlich beglaubigter Urschrift** beizufügen (§ 86 Abs. 1 UmwG), bei der Anmeldung für die übernehmende Genossenschaft zudem das für eine übertragende Genossenschaft erstellte Gutachten (§ 86 Abs. 2 UmwG).

a) Registeranmeldung für die übertragende Genossenschaft

1294 ▶ **Muster: Genossenschaftsregisteranmeldung für die übertragende Genossenschaft**

An das

Amtsgericht

– Genossenschaftsregister –

Betrifft: GenR . . . . . A-Genossenschaft

In der Anlage überreichen wir, vertretungsberechtigte Vorstandsmitglieder der A-Genossenschaft:

1. elektronisch beglaubigte Abschrift des Verschmelzungsvertrages vom . . . . . – UR.Nr. . . . . . . des beglaubigenden Notars –,
2. elektronisch beglaubigte Abschrift des Zustimmungsbeschlusses der Generalversammlung der
   A-Genossenschaft vom . . . . . – UR.Nr. . . . . . des beglaubigenden Notars –,
3. elektronisch beglaubigte Abschrift des Zustimmungsbeschlusses der Generalversammlung der
   B-Genossenschaft vom . . . . . – UR.Nr. . . . . . des beglaubigenden Notars –,
4. elektronisch beglaubigte Abschrift des Verschmelzungsberichtes,
5. elektronisch beglaubigte Abschrift des Prüfungsgutachtens,
6. elektronisch beglaubigte Abschrift des Nachweises über die Zuleitung des Entwurfs des Verschmelzungsvertrages an den Betriebsrat der A-Genossenschaft,
7. elektronisch beglaubigte Abschrift der Schlussbilanz der A-Genossenschaft zum Verschmelzungsstichtag,

und melden zur Eintragung in das Handelsregister an:

Die A-Genossenschaft ist auf die B-Genossenschaft als übernehmende Gesellschaft im Wege der Verschmelzung durch Aufnahme verschmolzen.

Wir erklären, dass weder der Verschmelzungsbeschluss der Generalversammlung der A-Genossenschaft noch der Verschmelzungsbeschluss der Generalversammlung der B-Genossenschaft angefochten worden ist.

. . . . ., den . . . . .

. . . . .

(Beglaubigungsvermerk)

b) Registeranmeldung für die übernehmende Genossenschaft

▸ **Muster: Genossenschaftsregisteranmeldung für die übernehmende Genossenschaft** 1295

An das

Amtsgericht

– Genossenschaftsregister –

Betrifft: GenR . . . . . B-Genossenschaft

In der Anlage überreichen wir, vertretungsberechtigte Vorstandsmitglieder der o. a. B-Genossenschaft:
1. elektronisch beglaubigte Abschrift des Verschmelzungsvertrages vom . . . . . – UR.Nr. . . . . . . des beglaubigenden Notars –,
2. elektronisch beglaubigte Abschrift des Zustimmungsbeschlusses der Generalversammlung der
   A-Genossenschaft vom . . . . . – UR.Nr. . . . . . des beglaubigenden Notars –,
3. elektronisch beglaubigte Abschrift des Zustimmungsbeschlusses der Generalversammlung der
   B-Genossenschaft vom . . . . . – UR.Nr. . . . . . des beglaubigenden Notars –,
4. elektronisch beglaubigte Abschrift des Verschmelzungsberichtes,
5. elektronisch beglaubigte Abschrift der Prüfungsgutachten für die A-Genossenschaft und die B-Genossenschaft,
6. elektronisch beglaubigte Abschrift des Nachweises über die Zuleitung des Entwurfs des Verschmelzungsvertrages an den Betriebsrat der B-Genossenschaft,

und melden zur Eintragung in das Handelsregister an:

Die A-Genossenschaft ist im Wege der Verschmelzung durch Aufnahme auf die B-Genossenschaft verschmolzen.

Wir erklären, dass weder der Verschmelzungsbeschluss der Generalversammlung der A-Genossenschaft noch der Verschmelzungsbeschluss der Generalversammlung der B-Genossenschaft angefochten worden ist.

. . . . ., den . . . . .

. . . . .

(Beglaubigungsvermerk)

F. Verschmelzung von Vereinen

I. Checkliste

1296 Beim Ablauf des **Verschmelzungsverfahrens bei Vereinen** sind folgende Punkte zu beachten (vgl. auch eingehend Katschinski, Die Verschmelzung von Vereinen, S. 68 ff.; Hager, RNotZ 2011, 565 ff.):

- ☐ Verschmelzungsvertrag (§§ 4 bis 6 UmwG),
- ☐ Verschmelzungsbericht (§§ 8 ff. UmwG),
- ☐ Zuleitung des Verschmelzungsvertrages zum Betriebsrat, soweit vorhanden (§ 5 Abs. 3 UmwG),
- ☐ Verschmelzungsprüfung (§§ 9 bis 12, 100 UmwG), wenn mindestens 10 % der Mitglieder dies schriftlich verlangen,
- ☐ Unterrichtung der Mitglieder (§ 101 UmwG),
- ☐ Verschmelzungsbeschluss der Mitgliederversammlung (§§ 13, 103 UmwG),
- ☐ Anmeldung zum Handelsregister bzw. Bekanntmachung der Verschmelzung (§§ 16, 17 bzw. § 104 UmwG),
- ☐ Eintragung der Verschmelzung (§§ 19, 20 UmwG) bzw. Bekanntmachung im elektronischen Bundesanzeiger (§ 104 UmwG).

II. Verschmelzungsfähige Vereine

1297 Die Verschmelzung von Vereinen war nach dem bis 1995 geltenden Recht nicht möglich. Das UmwG folgt einem erheblichen praktischen Bedürfnis und eröffnet – allerdings im beschränkten Umfang – auch für Vereine die Möglichkeit einer Verschmelzung, und zwar sowohl im Wege der **Verschmelzung durch Aufnahme** als auch **durch Neugründung**.

1298 Voraussetzung für die Beteiligung eines **rechtsfähigen Vereins** an einer Verschmelzung ist immer, dass die Vereinssatzung oder landesrechtliche Vorschriften nicht entgegenstehen (§ 99 Abs. 1 UmwG).

1299 **Eingetragene Vereine** können nur andere eingetragene Vereine aufnehmen, nicht aber Rechtsträger anderer Rechtsformen (§ 99 Abs. 2, 1. Alt. UmwG). Wohl aber können Rechtsträger anderer Rechtsformen eingetragene Vereine aufnehmen (Widmann/Mayer/Vossius, Umwandlungsrecht, § 99 UmwG, Rn. 39 ff.; Stratz, in: Schmitt/Hörtnagl/Stratz, § 99 UmwG Rn. 4). Ausgeschlossen ist auch eine **Mischverschmelzung** in der Weise, dass ein eingetragener Verein mit einem Rechtsträger anderer Rechtsformen einen neuen eingetragenen Verein gründet (§ 99 Abs. 2, 2. Alt. UmwG; vgl. zu den verschiedenen Kombinationsmöglichkeiten der Mischverschmelzung unter Beteiligung von Vereinen, Hadding/Heinrichs, in: FS für Boujong, 1996, S. 209 f.; Widmann/Mayer/Vossius, Umwandlungsrecht, § 99 UmwG Rn. 36 ff.; Katschinski, Die Verschmelzung von Vereinen, S. 34 ff.; Lutter/Hennrichs, UmwG, § 99 Rn. 16 ff.). Der Gesetzgeber hat dies durch eine Klarstellung des § 99 Abs. 7 UmwG durch das Gesetz zur Änderung des Umwandlungsrechts v. 22.06.1998 (BGBl. I, S. 1878) deutlich gemacht.

1300 Folgende Verschmelzungen werden daher von der herrschenden Meinung für **zulässig erachtet**:
- – Verschmelzung e. V. auf e. V., und zwar auch mehrere e. V. auf einen e. V.,
- – Verschmelzung zweier oder mehrerer Vereine auf einen neugegründeten e. V.,
- – Verschmelzung e. V. auf Rechtsträger anderer Rechtsform (Personengesellschaft, Kapitalgesellschaft),
- – Verschmelzung von zwei oder mehreren Vereinen auf Rechtsträger anderer Rechtsform zur Neugründung,
- – Mischverschmelzung Verein und anderer Rechtsträger auf einen anderen Rechtsträger zur Neugründung oder Aufnahme.

1301 **Unzulässig** sind nach § 99 Abs. 2 UmwG **Mischverschmelzungen** auf einen eingetragenen Verein als aufnehmender oder neuer Rechtsträger bzw. Verschmelzung eines Rechtsträgers anderer Rechtsform zur Neugründung eines Vereins (Widmann/Mayer/Vossius, Umwandlungsrecht, § 99 UmwG, Rn. 44; Stratz, in: Schmitt/Hörtnagl/Stratz, § 99 UmwG Rn. 4; Lutter/Hennrichs, UmwG, § 99 Rn. 17).

1302 **Wirtschaftliche Vereine** i. S. d. § 22 BGB können sich **nur als übertragende**, nicht aber als aufnehmender Rechtsträger an einer Verschmelzung beteiligen (§ 3 Abs. 2 Nr. 1 UmwG). Nach § 99 Abs. 2

UmwG kann ein wirtschaftlicher Verein nicht mit einem anderen Rechtsträger zur Neugründung eines eingetragenen Vereins verschmolzen werden. Die Regierungsbegründung zu § 99 Abs. 2 UmwG (abgedruckt bei Limmer, Umwandlungsrecht, S. 135) führt aus, dass solche Vereine (hier eingetragene Vereine) Rechtsträger anderer Rechtsform nicht aufnehmen sollen oder durch die Verschmelzung solcher Rechtsträger nicht gegründet werden können. Dafür sei kein Bedürfnis aufgetreten.

III. Verschmelzungsvertrag

1. Form und Abschlusskompetenz. Hier ergeben sich keine Besonderheiten, vgl. daher oben bei 1303
Teil 2 Rdn. 52 ff.

2. Inhalt des Verschmelzungsvertrages. Spezielle Vorgaben für den Inhalt eines Verschmelzungs- 1304
vertrages, an dem Vereine beteiligt sind, macht das Gesetz nicht. Folglich gelten ausschließlich §§ 5 ff.
UmwG (vgl. daher zunächst die Ausführungen unten Teil 2 Rdn. 52 ff.; Widmann/Mayer/Vossius,
Umwandlungsrecht, § 99 UmwG, Rn. 54 ff.; Lutter/Hennrichs, UmwG, § 99 Rn. 22 ff.; Hager,
RNotZ 2011, 565, 570 ff.).

§ 5 Abs. 1 Nr. 3 UmwG fordert die Aufnahme von Angaben zur Mitgliedschaft im übernehmenden Ver- 1305
ein (vgl. zu den gleichartigen Problemen bei Genossenschaften oben Teil 2 Rdn. 1213; ausführlicher zur
Problemlage bei Vereinen Hadding/Heinrichs, in: FS für Boujong, 1996, S. 205 ff., 212 f.).

▶ **Hinweis:** 1306

Aus den in Teil 2 Rdn. 1213 genannten Gründen wird hier vorgeschlagen, die geltende Satzung zur
Anlage des Vertrages zu nehmen und bzgl. der Angaben zur Mitgliedschaft auf die Anlage zu verweisen oder zumindest die Satzungsbestandteile bzgl. der Mitgliedschaft beizufügen oder zusammengefasst darzustellen.

Bei der Verschmelzung nur von Vereinen (**reine Vereinsverschmelzung**) ist daher **keine Angabe über** 1307
das Umtauschverhältnis, sondern nur die Angabe über die Mitgliedschaft bei dem übernehmenden
Rechtsträger zu machen. Da den Mitgliedern des übertragenden Vereins immer nur eine neue Mitglied-
schaft an dem übernehmenden Verein für den Verlust ihrer alten eingeräumt wird (vgl. Katschinski, Die
Verschmelzung von Vereinen, S. 82; Widmann/Mayer/Vossius, Umwandlungsrecht, § 99 UmwG,
Rn. 58 f.; Katschinski, in: Semler/Stengel, § 99 UmwG Rn. 68 f.; Lutter/Hennrichs, § 99 UmwG
Rn. 23; Hager, RNotZ 2011, 565, 571). Die Angaben über die Mitgliedschaft bei den übernehmenden
Rechtsträgern soll es den Mitgliedern des übertragenden Vereins ermöglichen zu überprüfen, wie sich
ihre Rechtsposition verändert. Hieraus folgt, dass dabei die mit der neuen Mitgliedschaft verbundenen
besonderen Rechte (z. B. Benutzungsrechte, Leistungsrechte, Teilhaberrechte) und Pflichten anzugeben sind (Lutter/Hennrichs, UmwG, § 99 Rn. 23). Ist ein Mitglied des übertragenden Vereins bereits
am Aufnehmenden beteiligt (Doppelmitgliedschaft), kann ihm keine neue zusätzliche Mitgliedschaft
gewährt werden, da dies gegen den Grundsatz der Einheitlichkeit der Mitgliedschaft verstoßen würde
(Hadding/Heinrichs, in: FS für Boujong, 1996, S. 205 ff., 212 f.; Hager, RNotZ 2011, 565, 572; differenzierend Katschinski, Die Verschmelzung von Vereinen, S. 86).

Bei **Mischverschmelzungen von Idealvereinen** auf Kapital- oder Personengesellschaften hingegen gel- 1308
ten die allgemeinen Grundsätze; hier findet ein Umtausch von Mitgliedschaften gegen Anteile an der
Kapitalgesellschaft bzw. Personengesellschaft statt. In diesem Fall sind daher Angaben über das Umtauschverhältnis der Anteile zu machen. Problematisch bei der Berechnung des Umtauschverhältnisses
ist die Zurechnung des Vereinsvermögens auf die einzelnen Mitglieder (vgl. Katschinski, Die Verschmelzung von Vereinen, S. 91; Lutter/Hennrichs, UmwG, § 99 Rn. 26 ff.; Widmann/Mayer/Vossi-
us, Umwandlungsrecht, § 99 UmwG, Rn. 60). Im Regelfall gilt das Kopfprinzip, wonach die Zurechnung des Gesamtvermögens des Vereins sich durch die Zahl der Mitglieder ergibt.

Auch ein **Barabfindungsgebot** kann im Verschmelzungsvertrag notwendig sein (§ 29 UmwG). Es gel- 1309
ten die allgemeinen Grundsätze (vgl. oben Teil 2 Rdn. 580 ff.). Besonders zu beachten ist dabei § 104a
UmwG, wonach die **§§ 29 ff. UmwG bei gemeinnützigen Vereinen nicht anzuwenden** sind.

1310   Da nach § 29 Abs. 1 Satz 1 UmwG bei der **Mischverschmelzung** stets ein Abfindungsangebot aufzunehmen ist, spielt es nach dem Gesetzeswortlaut keine Rolle, ob die Mitgliedschaft in dem übertragenden Verein einen wirtschaftlichen Wert verkörpert. Also auch dann, wenn die Mitgliedschaft keine
vermögensmäßigen Wertrechte vermittelt, ist ein Barabfindungsangebot zu machen (Katschinski, Die
Verschmelzung von Vereinen, S. 107; Lutter/Hennrichs, Umwandlungsrecht, § 99 UmwG Rn. 30;
Widmann/Mayer/Vossius, UmwG, § 29 Rn. 76).

1311   Die Einordnung des § 29 Abs. 1 Satz 2 UmwG (**Vinkulierung**) ist i. R. d. Vereinsverschmelzung umstritten. Folgt man der Auffassung, dass keine Pflicht zur Barabfindung besteht, wenn die Mitgliedschaft in den beteiligten Rechtsträgern identischen Verfügungsbeschränkung unterliegen, wird die Vorschrift bei der Vereinsverschmelzung nur eine geringe Rolle spielen (Lutter/Hennrichs, UmwG, § 99
Rn. 30; Widmann/Mayer/Vossius, Umwandlungsrecht, § 99 UmwG, Rn. 78 f.; Hager, RNotZ 2011,
565, 575). Durch das Änderungsgesetz v. 22.07.1998 (BGBl. I, S. 1878) ist ausdrücklich klargestellt,
dass die Vorschrift auch auf die Verschmelzung von Vereinen untereinander anwendbar ist (zum Streitfall vorher Grunewald, in: FS für Boujong, 1996, S. 181). Da nach § 38 Satz 1 BGB die Mitgliedschaft
bei Vereinen grds. nicht übertragbar ist, stellt sich die Frage, ob damit ein Fall der Vinkulierung i. S. d.
§ 29 Abs. 1 Satz 2 UmwG vorliegt, wenn die gleiche Regelung auch im aufnehmenden Verein kraft Gesetzes gilt (bejahend Katschinski, Die Verschmelzung von Vereinen, S. 107; zu Recht ablehnend Lutter/
Hennrichs, UmwG, § 99 Rn. 30; Lutter/Grunewald, § 29 UmwG Rn. 10; Katschinski, in: Semler/
Stengel, § 99 UmwG Rn. 89; wohl auch Grunewald, in: FS für Boujong, 1996, S. 180 ff.; Hager,
RNotZ 2011, 565, 575). Etwas anderes gilt nur, wenn die Mitgliedschaft im übertragenden Verein aufgrund einer entsprechenden Satzungsbestimmung übertragbar war und beim aufnehmenden Verein die
gesetzliche Regelung der Vinkulierung gilt (Widmann/Mayer/Vossius, Umwandlungsrecht, § 99
UmwG, Rn. 79 Katschinski, in: Semler/Stengel, § 99 UmwG Rn. 89; Lutter/Hennrichs, UmwG,
§ 99 Rn. 30).

1312   Eine **Benennung der Mitglieder**, die neue Mitgliedschaften im übernehmenden Verein erhalten, ist
nicht erforderlich. Es genügt vielmehr eine Regelung, die darauf gerichtet ist, allen Mitgliedern des
übertragenden Vereins Mitgliedschaften in dem übernehmenden Verein zu verschaffen.

1313   Abfindungen nach §§ 29 ff. UmwG sind bei **gemeinnützigen Vereinen** i. S. d. § 5 Abs. 1 Nr. 9 KStG
gesetzlich ausgeschlossen (§ 104a UmwG), um die bestehende Zweckbindung nicht zu beeinträchtigen
(vgl. Bericht des Rechtsausschusses, abgedruckt in: Limmer, Umwandlungsrecht, S. 528; Hager,
RNotZ 2011, 565, 575). Den Mitgliedern verbleiben die allgemeinen Austrittsmöglichkeiten nach
den Satzungen der Vereine bzw. – nach Wirksamwerden der Verschmelzung – nach der Satzung des
übernehmenden Vereins. Dies dürfte regelmäßig ausreichen.

IV. Verschmelzungsbericht

1314   Bei der Verschmelzung unter Beteiligung eines Vereins hat nach § 8 UmwG der Vorstand einen ausführlichen schriftlichen Verschmelzungsbericht zu erstatten (vgl. Hadding/Hennrichs, in: FS für Boujong,
1996, S. 218; ausführlich auch Katschinski, Die Verschmelzung von Vereinen, S. 124 ff.; Hager, RNotZ
2011, 565, 576 f.). Zwar besteht auch grds. bei einem Verein die Möglichkeit, dass alle Mitglieder auf
ihre Erstattung verzichten. Auch diese Verzichtserklärung ist notariell zu beurkunden. Dies wird allerdings bei Vereinen kaum zu erreichen sein, sodass im Regelfall der Verschmelzungsbericht erforderlich
ist (zum **Inhalt des Verschmelzungsberichts** gelten die allgemeinen Ausführungen, vgl. oben Teil 2
Rdn. 376 ff.).

V. Verschmelzungsprüfung

1315   Nach § 100 UmwG ist der Verschmelzungsvertrag für einen **wirtschaftlichen Verein** immer zu prüfen,
es sei denn, alle Mitglieder haben eine notariell beurkundete Verzichtserklärung abgegeben. Bei einem
eingetragenen Verein ist diese Prüfung nur erforderlich, wenn mindestens 10 % der Mitglieder dies
schriftlich verlangen (vgl. Katschinski, Die Verschmelzung von Vereinen, S. 127 ff.; Hager, RNotZ
2011, 565, 577). Die Regierungsbegründung führt hierzu aus, dass die Vereinsmitglieder u. U. eine
ähnlich schwache Stellung wie Aktionäre haben, daher soll grds. eine Prüfung der Verschmelzung im
wirtschaftlichen Interesse der Vereinsmitglieder vorgenommen werden. Die Prüfung soll derjenigen

AG entsprechen. Die Prüfung dient der Information der Mitglieder, um ihre Entscheidung über die Zustimmung zur Verschmelzung auf eine tragfähigere Grundlage zu stellen. Ein unter Verletzung des § 100 UmwG gefasster Beschluss wäre anfechtbar (Katschinski, Die Verschmelzung von Vereinen, S. 183). Die Verschmelzungsprüfung hat zum Ziel, die Mitglieder vor dem Wirksamwerden der Verschmelzung durch Unterrichtungs- und Prüfungsrechte zu unterstützen, weil bestimmte Mängel der Verschmelzung die Wirkung der Eintragung im Handelsregister unberührt lassen (vgl. § 20 Abs. 2 UmwG).

Da bei einem **eingetragenen Verein** die Zahl der Mitglieder i. d. R. groß ist, wird es regelmäßig schwer, **1316** wenn nicht unmöglich sein, eine Erklärung über den Verzicht auf eine Prüfung von allen Mitgliedern zu bekommen. Häufig wird an der wirtschaftlichen Seite des Vereinslebens nur ein geringes Interesse bestehen. Deshalb soll eine Prüfung des Umtauschverhältnisses nur auf **Verlangen einer Minderheit von 10 % der Vereinsmitglieder** stattfinden müssen, damit durch das Erfordernis eines schriftlichen Verzichts die Verschmelzung nicht praktisch unmöglich gemacht wird. Auf der anderen Seite reicht dieses Minderheitenrecht aus, um Manipulationen der Vereinsleitung, die das Vermögen des Vereins und der Mitglieder schädigen könnten, zu verhindern (vgl. Begründung zum RegE, BR-Drucks. 75/94, S. 111, abgedruckt in: Limmer, Umwandlungsrecht, S. 306). Vom Gesetz nicht geregelt ist die für die Praxis überaus wichtige Frage, bis **zu welchem Zeitpunkt das Verlangen der Mitglieder** erklärt werden kann.

Anders als in §§ 44 und 48 UmwG hat der Gesetzgeber im **Zweiten Gesetz zur Änderung des UmwG** v. 25.04.2007 (BGBl. I, S. 542) keine Regelung für den Verein getroffen, sodass die Rechtslage unklar bleibt. Daher ist weiter davon auszugehen, dass das Verlangen der Mitglieder zeitlich vor oder sogar noch in der Mitgliederversammlung gestellt werden kann (Lutter/Hennrichs, UmwG, § 100 Rn. 6; Katschinski, in: Semler/Stengel, § 100 UmwG Rn. 12; Katschinski, Die Verschmelzung von Vereinen, 182). Teilweise wird allerdings eine Analogie zu §§ 44, 48 UmwG vorgeschlagen (so Widmann/Mayer/Vossius, Umwandlungsrecht, § 100 UmwG Rn. 22). Unzulässig ist m. E. das Verlangen einer Verschmelzungsprüfung nach Fassung bzw. Wirksamwerden des Verschmelzungsbeschlusses (so Katschinski, in: Semler/Stengel, § 100 UmwG Rn. 12). Da ein erst in der Mitgliederversammlung geltend gemachtes Prüfungsverlangen i. d. R. den Zeitplan der Verschmelzung erheblich beeinträchtigen kann, wird ist m. E. dem Vorstand das Recht zuzubilligen, den Mitgliedern **zur Ausübung des Verlangens eine angemessene Frist zu setzen**, wenn die Mitglieder auf ihr Recht hingewiesen wurden (so Lutter/Hennrichs, UmwG, § 100 Rn. 8; Katschinski, Die Verschmelzung von Vereinen, S. 183 ff.; Katschinski, in: Semler/Stengel, § 100 UmwG Rn. 15; Schmidt, in: Lutter, Kölner Umwandlungsrechtstage, 59, 76; Widmann/Mayer/Vossius, Umwandlungsrecht, § 100 UmwG Rn. 26; Hadding/Hennrich, in: FS für Boujong, 1996, 203, 220 f.; Hager, RNotZ 2011, 565, 578; a. A. Heckschen, DNotZ 2007, 449). Eine allgemeine Hinweispflicht, wenn keine Frist gesetzt werden soll, besteht nicht.

Das Verfahren zur **Bestellung der Verschmelzungsprüfer**, ihrer Stellung und Verantwortlichkeit und der Inhalt des Prüfungsrechts ist i. Ü. für den Verein auch im allgemeinen Teil in den §§ 9 bis 12 UmwG geregelt (vgl. oben Teil 2 Rdn. 405 ff. und ausführlich Katschinski, Die Verschmelzung von Vereinen, S. 127 ff.; Lutter/Hennrichs, UmwG, § 100 Rn. 15; Katschinski, Die Verschmelzung von Vereinen, S. 183 ff.; Katschinski, in: Semler/Stengel, § 100 UmwG Rn. 20; Widmann/Mayer/Vossius, Umwandlungsrecht, § 100 UmwG Rn. 32).

VI. Vorbereitung der Mitgliederversammlung

1. Einberufung der Mitgliederversammlung. Für die Einberufung ist, soweit die Satzung (§ 58 **1317** Nr. 4 BGB) nichts anderes bestimmt, der **Vorstand** i. S. d. § 26 BGB zuständig, nicht der erweiterte Vorstand (KG, OLGZ 78, 276; Sauter/Schweyer/Waldner, Der eingetragene Verein, Rn. 157; Hager, RNotZ 2011, 565, 580). I. d. R. ist zur Einberufung ein **Vorstandsbeschluss** seit 2009 nicht mehr notwendig (Sauter/Schweyer/Waldner, Der eingetragene Verein, Rn. 157; vgl. zur alten Rechtslage BGH, NJW 1977, 2310 = DNotZ 1978, 88). Das Vereinsrecht kennt keine Vorschrift, in welcher Form die Mitgliederversammlung einzuberufen ist (Sauter/Schweyer/Waldner, Der eingetragene Verein, Rn. 171; Kölsch, Rpfleger 1985, 137 ff.). In § 58 Nr. 4 BGB ist allerdings bestimmt, dass diese Form in der Satzung festgelegt werden kann. Auch wenn die Satzung keine Regelung vorsieht, muss zwischen Ladung und Mitgliederversammlung eine angemessene Frist liegen. I. Ü. gilt die satzungsgemäße Frist.

1318 Die **Tagesordnung** wird vom Vorstand festgelegt. Gem. § 32 Abs. 1 Satz 2 BGB muss die Mitteilung der Tagesordnung in der Einladung so genau sein, dass die Mitglieder über die Notwendigkeit einer Teilnahme entscheiden und sich sachgerecht vorbereiten können (BayObLGE 72, 33; OLG Köln, WM 1990, 1070).

1319 **2. Auslegungspflicht.** Ergänzend zur Absicherung der Informationsrechte der Mitglieder bestimmt § 101 UmwG, dass von der Einberufung der Mitgliederversammlung an in dem Geschäftsraum des Vereins folgende **Schriftstücke** auszulegen sind (vgl. auch Katschinski, Die Verschmelzung von Vereinen, S. 138 ff.; Hager, RNotZ 2011, 565, 581; Lutter/Hennrichs, UmwG, § 101 Rn. 3 ff.; Widmann/Mayer/Vossius, Umwandlungsrecht, § 101 UmwG Rn. 16 ff.):
- der Verschmelzungsvertrag oder sein Entwurf,
- die Jahresabschlüsse und die Lageberichte der an der Verschmelzung beteiligten Rechtsträger für die letzten 3 Geschäftsjahre,
- eine Zwischenbilanz, falls sich der letzte Jahresabschluss auf ein Geschäftsjahr bezieht, das mehr als 6 Monate vor dem Abschluss des Verschmelzungsvertrages oder der Aufstellung des Entwurfs abgelaufen ist,
- die nach § 8 UmwG zu erstattenden Verschmelzungsberichte,
- der nach § 100 UmwG evtl. erforderliche Prüfungsbericht.

1320 Nach § 101 Abs. 1 Satz 1 UmwG sind zur **Vorbereitung der Mitgliederversammlung**, die über die Zustimmung zum Verschmelzungsvertrag beschließen soll, im Geschäftsraum des Vereins die in § 63 Abs. 1 Nr. 1 bis Nr. 4 UmwG bezeichneten Unterlagen zur Einsicht der Mitglieder auszulegen. Nach § 102 Satz 1 UmwG sind diese Unterlagen auch während der Durchführung der Mitgliederversammlung auszulegen. Nach § 63 Abs. 1 Satz 1 Nr. 2 UmwG sind bei der Hauptversammlung einer AG die Jahresabschlüsse und die Lageberichte der an der Verschmelzung beteiligten Rechtsträger für die letzten 3 Geschäftsjahre auszulegen. Diese Vorschrift passt für die Verschmelzung unter Beteiligung von Vereinen nur eingeschränkt, da diese nur in Ausnahmefällen buchführungs- bzw. bilanzierungspflichtig sind (Katschinski, Die Verschmelzung von Vereinen, S. 194; Reichert, Handbuch des Vereins- und Verbandsrechts, Rn. 2249a). Da Idealvereine grds. **nicht buchführungspflichtig** sind, würde der Verweis des § 101 Abs. 1 UmwG auf § 63 Abs. 1 Nr. 2 UmwG eine Verpflichtung begründen, die diese, sofern sich nicht während der letzten 3 Jahre bereits freiwillig Jahresabschlüsse erstellt haben, gar nicht erfüllen könnten (Hadding/Henrichs, in: FS für Boujong, 1996, S. 203, 223; Neumeyer/Schulz, DStR 1996, 872, 873; Lutter/Hennrichs, UmwG, §§ 101 Rn. 4; Stöber/Otto, Handbuch zum Vereinsrecht, Rn. 1072, 1392 in Fn. 1). Eine Pflicht zur Auslegung der Jahresabschlüsse besteht deshalb nur dann, wenn der Verein gesetzlich zur Bilanzierung verpflichtet ist oder er in der Vergangenheit freiwillig bilanziert hat, da die Norm des § 101 UmwG keine selbstständige Pflicht begründet, Jahresabschlüsse zu erstellen (Lutter/Hennrichs, UmwG, §§ 101 Rn. 4; Neumayer/Schulz, DStR 1996, 873; Reichert, Handbuch des Vereins- und Verbandsrecht, Rn. 2249a; Hading/Hennrichs, in: FS für Boujong, 1996, S. 222 f.; Widmann/Mayer/Vossius, Umwandlungsrecht, § 99 UmwG Rn. 115 ff.). Da aber auch Vereine, die nicht nach den §§ 238 ff. HGB bilanzieren, Rechnung legen, müssen diese für Zwecke der Besteuerung eine Einnahmeüberschussrechnung nach § 8 Abs. 1 KStG i. V. m. § 4 Abs. 3 EStG sowie ein Verzeichnis des Anlagevermögens erstellen. Daneben hat der Vorstand ggü. dem Verein nach § 27 Abs. 3 i. V. m. §§ 666, 259 BGB Rechenschaft zu legen. Von daher wird man die Vereine für verpflichtet halten müssen, diese Rechnungsunterlagen vorzulegen, um eine Information der Anteilsinhaber über die Vermögens- und Finanzlage des Vereins sicherzustellen (Lutter/Hennrichs, UmwG, §§ 101 Rn. 5; Reichert, Handbuch des Vereins- und Verbandsrechts, Rn. 2249a; Hadding/Hennrichs, in: FS für Boujong, 1996, S. 223; Stöber/Otto, Handbuch zum Vereinsrecht, Rn. 1072, 1392 in Fn. 1; Katschinski, Die Verschmelzung von Vereinen, S. 196).

1321 In der Literatur wird abweichend von dieser herrschenden Meinung – soweit ersichtlich – lediglich eine **Mm.** vertreten: Grunewald (Lutter/Drygala/Grunewald, UmwG, § 63 Rn. 3; vgl. auch Diekmann in: Semler/Stengel, § 63 UnwG Rn. 5) führt zur Vorschrift des § 63 Abs. 1 Nr. 2 UmwG wörtlich aus:

> »Ist kein Jahresabschluss für den beteiligten Rechtsträger zu erstellen (Verein), muss auch nichts ausgelegt werden.«

Als Ergebnis bleibt somit festzuhalten, dass es bei **nicht bilanzierungspflichtigen Vereinen** ausreicht, 1322
wenn die Einnahme-Überschuss-Rechnung nach § 8 Abs. 1 KStG i. V. m. § 4 Abs. 2 EStG so wie
ein Verzeichnis des Anlagevermögens und der Rechenschaftsbericht des Vorstands ggü. dem Verein ausgelegt wird.

Nach dem Wortlaut des § 63 Abs. 1 Nr. 2 UmwG sind die Jahresabschlüsse und die Lageberichte der an 1323
der Verschmelzung beteiligten Rechtsträger **auszulegen**. Somit müssen die entsprechenden Unterlagen
für alle beteiligten Rechtsträger ausgelegt werden (Widmann/Mayer/Rieger, Umwandlungsrecht, § 63
UmwG Rn. 8; Lutter/Grunewald, UmwG, § 63 Rn. 5). Bei der Verschmelzung von Vereinen müssen
demzufolge die Rechnungsunterlagen der an der Verschmelzung Beteiligten und somit aller Vereine für
die letzten 3 Geschäftsjahre ausgelegt werden (so ausdrücklich Stöber/Otto, Handbuch zum Vereinsrecht, Rn. 778). Somit ist auch hinsichtlich des aufnehmenden Vereins die Auslage der entsprechenden
Rechnungsunterlagen erforderlich. Nach § 101 Abs. 2 UmwG ist auf Verlangen jedem Mitglied unverzüglich kostenlos eine Abschrift dieser Unterlagen zu erteilen.

VII. Zustimmungsbeschluss zur Verschmelzung

1. Mitgliederversammlung. Nach § 13 Abs. 1 Satz 2 UmwG kann der Verschmelzungsbeschluss 1324
nur **in einer Mitgliederversammlung** gefasst werden. Grds. können die Versammlungen nicht gemeinsam abgehalten werden, in dem Sinne dass alle Mitglieder der Vereine gemeinsam abstimmen (vgl. auch
Stöber/Otto, Handbuch zum Vereinsrecht, Rn. 1071; Hager, RNotZ 2011, 565, 579). Es bestehen aber
m. E. gegen das tatsächliche gemeinsame Abhalten der Mitgliederversammlungen zweier Vereine keine
Bedenken, wenn diese organisatorisch, d. h. bzgl. Einladung, Ablauf und Abstimmung getrennt stattfinden. Besser ist es, wenn diese unmittelbar hintereinander oder räumlich getrennt stattfinden (so auch
Hager, RNotZ 2011, 565, 579). Rechtlich stellt diese Vorgehensweise zwei zu differenzierende Mitgliederversammlungen dar, für die gesondert z. B. die ordnungsgemäße Einberufung, das Teilnahmerecht,
das Vorliegen einer Vollversammlung, die Anwesenheit u. Ä. geprüft werden müssen. Organisatorisch
muss zunächst sichergestellt sein, dass die Vereinsmitglieder des jeweils anderen Vereins als Gäste zugelassen werden. Grds. kann Nichtmitgliedern als Gästen die Anwesenheit gestattet werden (Stöber/
Otto, Handbuch zum Vereinsrecht, Rn. 719; Sauter/Schweyer/Waldner, Der eingetragene Verein,
Rn. 196). Die Entscheidung trifft die Mitgliederversammlung (§ 32 Abs. 1 BGB), die sie dem Versammlungsleiter überlassen kann. Die Entscheidungsbefugnis kann dem Versammlungsleiter auch
stillschweigend eingeräumt sein. Dies gilt insb., wenn seiner Anordnung nicht widersprochen wird
(Stöber/Otto, Handbuch zum Vereinsrecht, Rn. 719).

In der Literatur ist umstritten, ob die Zuständigkeit für den Zustimmungsbeschluss von der Mitglieder- 1325
versammlung auf eine **Delegiertenversammlung** in einem Verein übertragen werden kann. Die herrschende Meinung im Vereinsrecht geht davon aus, dass die Mitgliederversammlung ohne Weiteres kraft
Satzung durch eine Vertreterversammlung ersetzt werden kann und mit verdrängender Wirkung alle
Befugnisse der Mitgliederversammlung übertragen kann (OLG Frankfurt am Main, ZIP 1985, 215;
LG Frankental RNotZ 2007, 478; Soergel/Hadding, BGB, § 32 Rn. 3; Katschinski, Verschmelzung
von Vereinen, S. 134; Lutter/Hennrichs, UmwG, § 103 Rn. 5; Widmann/Mayer/Vossius, Umwandlungsrecht, § 103 UmwG Rn. 7; Katschinski, in: Semler/Stengel, § 103 UmwG Rn. 4; Stöber/Otto,
Handbuch zum Vereinsrecht, Rn. 1077; Terner, RNotZ 2007, 480, 481 f.). Man wird daher auch
eine Ausnahme von dem Grundsatz der Unübertragbarkeit der Zustimmungskompetenz in Bezug
auf eine Delegiertenversammlung machen können, wenn dies in der Satzung ausdrücklich geregelt
ist (so Heidinger/Limmer/Holland/Reul, Gutachten des DNotI, Bd. IV, Gutachten zum Umwandlungsrecht, S. 189; Katschinski, Die Verschmelzung von Vereinen, S. 134 ff.).

2. Durchführung der Mitgliederversammlung und Informationsrechte. a) Notarielle Beur- 1326
kundung. Gem. § 13 Abs. 3 UmwG bedarf der Verschmelzungsbeschluss der notariellen Beurkundung.

b) Inhalt der Niederschrift. Die Beurkundung richtet sich nach §§ 36, 37 BeurkG, denn auch die 1327
Beurkundung eines Mitgliederbeschlusses betrifft einen »sonstigen Vorgang«, nämlich einen Akt der
Willensbildung (vgl. Hager, RNotZ 2011, 565, 585). Erforderlich ist daher eine Niederschrift, die

die Bezeichnung des Notars sowie den Bericht über seine Wahrnehmung hinsichtlich des zu beurkundenden Beschlusses enthält und von ihm eigenhändig unterschrieben sein muss (§ 37 Abs. 1, 3 BeurkG). Die notwendigen Feststellungen sind nicht im Vereinsrecht geregelt, sie ergeben sich allerdings aus § 13 UmwG (vgl. Katschinski, Die Verschmelzung von Vereinen, S. 138 ff.). Angegeben werden müssen danach der Beschlussgegenstand, ferner, dass es sich um eine Mitgliederversammlung handelt und das Abstimmungsergebnis (Zahl der abgegebenen und der bejahenden Stimmen) sowie dessen Festlegung durch einen Versammlungsleiter, sofern einer vorhanden ist. Weiter ist nach § 37 Abs. 2 BeurkG die Angabe von Ort und Tag der Beschlussfassung in das Protokoll aufzunehmen. Zweckmäßig sind nach herrschender Meinung darüber hinaus weitere Angaben, insb. über verschiedene Gesellschafter bzw. Vertreter.

1328 ▶ **Hinweis:**

Das Vereinsrecht enthält im Gegensatz zum Aktienrecht keine förmliche Feststellung des Beschlussergebnisses als Wirksamkeitserfordernis des Beschlusses. I. d. R. empfiehlt sich dies allerdings, da die förmliche Feststellung und Verkündung des Abstimmungsergebnisses den Beschlussinhalt verbindlich festlegt.

1329 Auch die vereinsrechtliche Literatur geht davon aus, dass, wenn die Satzung keine weiter gehende Anforderung an den Inhalt des Versammlungsprotokolls stellt, jedes **Versammlungsprotokoll zumindest folgende Angaben** enthalten sollte (vgl. Sauter/Schweyer/Waldner, Der eingetragene Verein, Rn. 127.; Katschinski, Die Verschmelzung von Vereinen, S. 160; Stöber/Otto, Handbuch zum Vereinsrecht, Rn. 881 ff.):
– Ort, Tag und Stunde der Versammlung,
– den Namen des Versammlungsleiters und des Protokollführers,
– die Zahl der erschienenen Mitglieder,
– die Feststellung, dass die Versammlung satzungsgemäß einberufen wurde,
– die Tagesordnung mit der Feststellung, dass sie bei der Einberufung der Versammlung mitgeteilt wurde,
– die Feststellung, dass die Versammlung beschlussfähig war,
– die gestellten Anträge,
– die Art der Abstimmung,
– das genaue Abstimmungsergebnis (Ja-Stimmen, Nein-Stimmen).

1330 Eine **Anwesenheitsliste** muss nach vereinsrechtlicher Literatur nicht dem Protokoll, kann aber als Anlage beigefügt werden (Sauter/Schweyer/Waldner, Der eingetragene Verein, Rn. 128). Man wird wohl auch aus gesellschaftsrechtlichen Gründen keine strengeren Anforderungen stellen können. Schließlich ist zu berücksichtigen, dass nach § 13 Abs. 3 UmwG der Verschmelzungsvertrag und sein Entwurf dem Beschluss als Anlage beizufügen sind.

VIII. Ablauf der Versammlung

1331 Die Leitung der Mitgliederversammlung obliegt der in der Satzung bestimmten Person. Nur wenn sie nicht erscheint, kann die Versammlung einen bestimmten Leiter wählen (BayObLGE 1972, 330). Schweigt die Satzung, ist der Vorstandsvorsitzende zuständig. Über die Abstimmungsart entscheidet ebenfalls bei Schweigen der Satzung der Versammlungsleiter.

1332 **1. Beschlussmehrheiten.** § 103 UmwG bestimmt, dass der Verschmelzungsbeschluss einer **Mehrheit von 3/4 der erschienenen** Mitglieder bedarf. Die für die Verschmelzung erforderliche Mehrheit ist wie im § 33 Abs. 1 Satz 1 BGB bei der Satzungsänderung und in § 41 Satz 2 BGB bei der Auflösung entsprechend geregelt. Die Satzung kann eine größere Mehrheit und weitere Erfordernisse bestimmen.

1333 In der Literatur wird z. T angenommen, dass das Umwandlungsrecht **das zwingende Vereinsrecht nicht verdrängt**, sodass dann, wenn sich mit der Zustimmung zum Verschmelzungsbeschluss der Vereinszweck ändert, die Zustimmung aller Mitglieder gem. § 33 Abs. 1 Satz 2 BGB erforderlich ist, soweit die Satzung keine abweichende Regelung getroffen hat (Neumayer/Schulz, DStR 1996, 873; Heidinger/Limmer/Holland/Reul, Gutachten des DNotI, Bd. IV, Gutachten zum Umwandlungsrecht,

S. 194 f.; Katschinski, Die Verschmelzung von Vereinen, S. 145 ff.; Lutter/Hennrichs, UmwG, § 103 Rn. 14 ff.; a. A. Widmann/Mayer/Vossius, Umwandlungsrecht, § 99 UmwG Rn. 92 ff.; vgl. auch zum Streitstand Hager, RNotZ 2011, 565, 585). Zu beachten ist allerdings, dass die Verschmelzung zweier Idealvereine nur in Ausnahmefällen zu einer Änderung des Vereinszwecks i. S. d. § 33 BGB führt, und zwar dann, wenn die Vereine grundlegend unterschiedliche Zwecke verfolgen (Katschinski, Die Verschmelzung von Vereinen, S. 205). Die Zustimmung aller Vereinsmitglieder des übertragenden Vereins sei jedenfalls erforderlich, wenn ein Verein auf einen Rechtsträger zur Aufnahme oder zur Neugründung verschmolzen werde, der einen grundlegend anderen Zweck verfolge, wie dies der Fall sei bei der Mischverschmelzung von eingetragenen Vereinen auf einen Rechtsträger anderer Rechtsform, wenn dieser ein Handelsunternehmen betreibe oder die wirtschaftlichen Zwecke seiner Mitglieder fördere (vgl. insbes. Katschinski a. a. O.). Nach Auffassung des BGH (BGHZ 96, 245) ist im Zweifel nur derjenige enge Satzungsbestandteil als Vereinszweck i. S. d. § 33 Abs. 1 BGB anzusehen, in dem der oberste Leitsatz für die Vereinstätigkeit zum Ausdruck gebracht wird und mit dessen Abänderung schlechterdings kein Mitglied bei seinem Beitritt zum Verein rechnen kann. Das OLG Hamm (NZG 2013, 288 = RNotZ 2013, 186) hat angenommen, dass der Verschmelzungsbeschluss der Mitgliederversammlung eines Vereins, wenn nicht in der Satzung eine größere Mehrheit vorgeschrieben ist, gemäß § 103 UmwG nur einer Mehrheit von drei Vierteln der abgegebenen Stimmen bedürfe. § 33 Abs. 1 Satz 2 BGB sei mangels Regelungslücke auf einen solchen Beschluss nicht analog anzuwenden.

Ebenfalls ungeregelt ist die **Beschlussfähigkeit**. Wenn die Satzung nichts anderes bestimmt, genügt grds. vereinsrechtlich für die Beschlussfähigkeit die Anwesenheit eines Mitglieds (so OLG Zweibrücken, OLGR 2006, 837; Palandt/Heinrichs, BGB, § 32 Rn. 6; RGZ 82, 388; Sauter/Schweyer/Waldner, Der eingetragene Verein, Rn. 204; Katschinski, Die Verschmelzung von Vereinen, S. 148). Auch hier stellt sich die Frage, ob eine höhere Mehrheit für die Verschmelzung erforderlich ist, wenn die Satzung allgemein für satzungsändernde Beschlüsse besondere Erfordernisse oder Mehrheiten vorsieht (vgl. oben Teil 2 Rdn. 223 Lutter/Hennrichs, UmwG, § 103 Rn. 9 ff.; Widmann/Mayer/Vossius, Umwandlungsrecht, § 103 UmwG Rn. 19 ff.). **1334**

2. Auslegungspflichten in der Mitgliederversammlung. In der Mitgliederversammlung sind gem. § 102 UmwG die gleichen Unterlagen auszulegen, die bereits seit der Einberufung in den Geschäftsräumen des Vereins auslagen. Gem. § 102 i. V. m. § 64 Abs. 1 Satz 2 UmwG hat der Vorstand den Verschmelzungsvertrag oder seinen Entwurf zu Beginn der Verhandlung mündlich zu erläutern. Außerdem ist gem. § 102 i. V. m. § 64 Abs. 2 UmwG jedem Mitglied auf Verlangen in der Versammlung auch Auskunft über alle für die Verschmelzung wesentlichen Angelegenheiten der anderen beteiligten Rechtsträger zu geben. **1335**

3. Besondere Zustimmungserfordernisse. Auch bei der Verschmelzung von Vereinen können sich besondere Zustimmungserfordernisse ergeben; es kann zunächst auf die allgemeinen Ausführungen oben verwiesen werden (vgl. oben Teil 2 Rdn. 551 ff.; sowie ausführlich Katschinski, Die Verschmelzung von Vereinen, S. 150 ff.): **1336**
– Zustimmung bei Genehmigungsvorbehalt (§ 13 Abs. 2 UmwG), wenn die Vereinssatzung des Vereins die Übertragbarkeit der Mitgliedschaft zulässt und sie von der Zustimmung einzelner Mitglieder oder Mitgliedergruppen abhängig macht (Katschinski, Die Verschmelzung von Vereinen, S. 151);
– Zustimmung nach § 51 Abs. 1 Satz 1 UmwG bei Verschmelzung auf GmbH bei nicht voll eingezahlten Anteilen;
– Zustimmung nach § 40 Abs. 2 UmwG bei Verschmelzung auf Personenhandelsgesellschaften, wenn die Stellung eines persönlich haftenden Gesellschafters eingeräumt wird.

IX. Verschmelzung zur Neugründung

§ 99 Abs. 2 UmwG bestimmt für die Verschmelzung zur Neugründung eine wesentliche Einschränkung. Ein **eingetragener Verein** kann im Wege der Verschmelzung nur andere eingetragene Vereine aufnehmen oder mit ihnen einen eingetragenen Verein oder einen Rechtsträger anderer Rechtsform neu gründen. Möglich ist aber daher, dass auch ein eingetragener Verein neugegründet wird. **1337**

1338 Hierbei ist insb. § 36 Abs. 2 UmwG zu beachten, der vorsieht, dass auf die Gründung des neuen Vereins die für dessen Rechtsform geltenden Gründungsvorschriften anzuwenden sind.

1339 Außerdem muss die **Satzung** des neuen Vereins gem. § 37 UmwG Inhalt des Verschmelzungsvertrages sein, sodass diese auch mit notariell zu beurkunden ist.

1340 Zweckmäßigerweise wird auch gleichzeitig mit dem Abschluss des Verschmelzungsvertrages und der Feststellung der Satzung die **Bestellung des ersten Vorstandes** des neu gegründeten Vereins vorgenommen.

1341 Für die Stellung des neuen Vorstandes gilt § 27 Abs. 1 BGB. Die Bestellung erfolgt daher durch Mehrheitsbeschluss der Gründerversammlung (vgl. Widmann/Mayer/Vossius, Umwandlungsrecht, § 99 UmwG Rn. 110; Katschinski, Die Verschmelzung von Vereinen, S. 186). Zulässig ist aber auch, dass die beteiligten Rechtsträger bei Abschluss des Verschmelzungsvertrages die Vorstandsmitglieder des neuen Vereins bestellen, auch wenn das UmwG diesen Fall nicht ausdrücklich regelt (vgl. Widmann/Mayer/Vossius, Umwandlungsrecht, § 99 UmwG Rn. 110). Wegen der Unterschiedlichkeit der Gründer und der Vereinsmitglieder des neuen Vereins bedarf die Bestellung der Vorstandsmitglieder in diesem Fall zusätzlich der Zustimmung der Mitgliederversammlung der übertragenden Vereine (vgl. Heidinger/Limmer/Holland/Reul, Gutachten des DNotI, Bd. IV, Gutachten zum Umwandlungsrecht, S. 197; Katschinski, Die Verschmelzung von Vereinen, S. 187).

X. Registeranmeldung

1342 Nach § 16 Abs. 1 UmwG hat der Vorstand die Verschmelzung zur **Eintragung in das Register anzumelden**, und zwar beim eingetragenen Verein in das Vereinsregister zum wirtschaftlichen Verein in das Handelsregister (vgl. im Einzelnen Katschinski, Die Verschmelzung von Vereinen, S. 165 ff.; Hager, RNotZ 2011, 565, 586; Lutter/Hennrichs, UmwG, § 99 Rn. 38 ff.; Widmann/Mayer/Vossius, Umwandlungsrecht, § 99 UmwG Rn. 102). I. Ü. gelten die allgemeinen Vorschriften (vgl. im Einzelnen oben Teil 2 Rdn. 627 ff.). Die Anmeldung muss bei der Verschmelzung zur Aufnahme nicht durch alle Vorstandsmitglieder vorgenommen werden, sondern durch die Vorstandsmitglieder in vertretungsberechtigter Zahl (Katschinski, Die Verschmelzung von Vereinen, S. 165; Lutter/Hennrichs, UmwG, § 99 Rn. 38; Widmann/Mayer/Vossius, Umwandlungsrecht, § 99 UmwG Rn. 113). Mit der Anmeldung können auch Satzungsänderungen und Vorstandsveränderungen angemeldet werden. Auch beim Verein ist die Erklärung nach § 16 Abs. 2 UmwG abzugeben. Bei der Anmeldung sind **folgende Anlagen** nach § 17 Abs. 1 UmwG **beizufügen**:
– Verschmelzungsvertrag,
– Niederschriften über die Verschmelzungsbeschlüsse,
– Verschmelzungsbericht bzw. Verzichtserklärung,
– ggf. erforderlicher Prüfungsbericht oder Verzichtserklärung,
– Nachweis über die rechtzeitige Zuleitung des Verschmelzungsvertrages an den Betriebsrat.

1343 Fraglich ist, ob nach § 17 Abs. 2 UmwG die **Einreichung einer Schlussbilanz** zusammen mit der Registeranmeldung erforderlich ist, wenn der Verein nicht bilanzierungspflichtig ist und auch freiwillig keine Bücher führt. Die überwiegende Meinung geht zu Recht davon aus, dass § 17 Abs. 2 UmwG keine selbstständige Bilanzierungspflicht eines übertragenden Vereins begründet. Eine Schlussbilanz ist deshalb dem Register nur dann einzureichen, wenn der übertragende Verein bilanzierungspflichtig ist oder freiwillig bilanziert (Katschinski, Die Verschmelzung von Vereinen, S. 240 ff.; Katschinski, in: Semler/Stengel, § 99 UmwG Rn. 111 ff.; Neumann/Schulz, DStR 1996, 874; Hadding/Henrichs, in: FS für Boujong, 1996, S. 226 ff.; Lutter/Hennrichs/Heinrichs, UmwG, § 99 Rn. 39 ff.; a. A. Widmann/Mayer/Vossius, Umwandlungsrecht, § 99 UmwG Rn. 115 ff.). Eine Pflicht zur Vorlegung einer Schlussbilanz besteht deshalb nur dann, wenn der Verein gesetzlich zur Bilanzierung verpflichtet ist oder er in der Vergangenheit freiwillig bilanziert hat, da die Norm des § 101 UmwG keine selbstständige Pflicht begründet, Jahresabschlüsse zu erstellen (Lutter/Hennrichs, UmwG, § 99 Rn. 39 ff.; Neumayer/Schulz, DStR 1996, 873; Reichert, Handbuch des Vereins- und Verbandsrecht, Rn. 2249a; Hading/Hennrichs, in: FS für Boujong, 1996, S. 222 f.). Da aber auch Vereine, die nicht nach den §§ 238 ff. HGB bilanzieren, Rechnung legen, müssen diese für Zwecke der Besteuerung eine Einnahmeüberschussrechnung nach § 8 Abs. 1 KStG i. V. m. § 4 Abs. 3 EStG sowie ein Verzeichnis des Anlagevermögens erstellen. Daneben hat der Vorstand ggü. dem Verein nach § 27 Abs. 3 i. V. m. §§ 666, 259 BGB Rechenschaft zu legen. Von daher wird man die Vereine für verpflichtet halten müssen, diese Rechnungsunterlagen vorzulegen (Lutter/Hennrichs, UmwG, § 99 Rn. 42; Reichert, Handbuch des Vereins- und Verbandsrechts, Rn. 2249a; Hadding/Hennrichs, in: FS für Boujong, 1996, S. 223; Stöber/Otto, Handbuch zum Vereinsrecht, Rn. 1072, 1392 in Fn. 1; Katschinski, Die Verschmelzung von Vereinen, S. 196).

Die Verschmelzungsbeschlüsse haben bei der Verschmelzung zur Neugründung eine doppelte Funktion. Sie beinhalten nicht nur die Zustimmung zur Verschmelzung, sondern gleichzeitig auch die Zustimmung zur Satzung des neugegründeten Vereins (Katschinski, Die Verschmelzung von Vereinen, S. 165). **1344**

Spezielle Vorschriften über die **Bestellung des Vorstandes** bei der Verschmelzung zur Neugründung eines Vereins enthalten weder der Allgemeine noch der Besondere Teil des UmwG. Die Gesamtverweisung des § 36 Abs. 2 UmwG auf die Gründungsvorschriften, die für die Rechtsform des neugegründeten Rechtsträgers gelten, umfasst daher auch die Vorschriften für die Erstbestellung der Organe, mithin auch die Vorschrift des § 27 Abs. 1 BGB, wonach der Vorstand durch Mehrheitsbeschluss der Mitgliederversammlung gewählt wird (Katschinski, Die Verschmelzung von Vereinen, Fn. 262 m. w. N.). Hiernach besteht **zunächst** die Möglichkeit, dass der Vorstand des neuen Vereins durch eine besonders einzuberufende Mitgliederversammlung bestellt wird. Diese kann einberufen werden, sobald die Gründung abgeschlossen ist und ein Vorverein entstanden ist, also frühestens nach Abschluss des Verschmelzungsvertrages und Fassung der Zustimmungsbeschlüsse der übertragenden Rechtsträger (Katschinski, Die Verschmelzung von Vereinen, mit zahlreichen weiteren Hinweisen in Fn. 264). Als **Alternative** dazu besteht die Möglichkeit, dass die beteiligten Rechtsträger, die nach § 36 Abs. 2 Satz 2 UmwG den Gründern gleichstehen, bei Abschluss des Verschmelzungsvertrages die Vorstandsmitglieder des neuen Vereins bestellen (Widmann/Mayer/Vossius, Umwandlungsrecht, § 99 UmwG Rn. 110). Wegen der Inkongruenz der Gründer und Vereinsmitglieder des neuen Vereins bedarf die Bestellung der Vorstandsmitglieder in diesem Fall allerdings zusätzlich einer besonderen Legitimation (so zu Recht Katschinski, Die Verschmelzung von Vereinen, S. 187). In Gesamtanalogie zu den Vorschriften der §§ 59 Satz 2, 76 Abs. 2 Satz 2, 98 Satz 2, 116 Abs. 1 UmwG sind hierzu die Zustimmungen der Mitgliederversammlungen der (beiden) übertragenden Vereine notwendig (Katschinski, Die Verschmelzung von Vereinen, S. 187). Durch das Erfordernis der Zustimmungsbeschlüsse wird – wie in den Fällen der §§ 59 Satz 2, 76 Abs. 2 Satz 2, 98 Satz 2, 116 Abs. 1 UmwG – sichergestellt, dass die zukünftigen Vereinsmitglieder Einfluss auf die Zusammensetzung des Vorstandes nehmen können (Lutter/Grunewald, UmwG, § 59 Rn. 6;). Für die Zustimmung der Mitgliederversammlung gelten dabei höhere Mehrheitserfordernisse als im Fall des § 27 Abs. 1 BGB, da sie durch den Verschmelzungsbeschluss erteilt wird und folglich dessen Mehrheitserfordernissen genügen muss (Katschinski, Die Verschmelzung von Vereinen, S. 187 m. w. N. in Fn. 268). Beim Verein bedarf der Beschluss einer Mehrheit von drei Vierteln der erschienenen Mitglieder nach § 103 UmwG. **1345**

Hinsichtlich der Registeranmeldungen bestimmt § 38 Abs. 1 UmwG, dass die **Vertretungsorgane jedes der übertragenen Rechtsträger** die Verschmelzung zur Eintragung in ihr Register sowie gemeinsam den neuen Rechtsträger bei dem Gericht, bei dessen Bezirk er seinen Sitz haben soll, zur Eintragung in das Register anzumelden haben. Die Vertretungsorgane der übertragenden Rechtsträger haben dabei auch die Negativerklärung nach § 16 Abs. 2 UmwG abzugeben. Anzumelden ist von ihnen die Verschmelzung und die Neugründung des Vereins. Der Anmeldung sind nach §§ 36 Abs. 1, 17 UmwG die Verschmelzungsanlagen sowie nach § 36 Abs. 2 UmwG diejenigen Unterlagen beizufügen, die zur Gründung eines Vereins erforderlich sind. Letzteres sind **grds.** nach § 59 Abs. 2 BGB eine Abschrift sowie die Urschrift der Satzung und eine Abschrift der Urkunde über die Bestellung des Vorstandes. **Besonderheiten** ergeben sich insoweit – worauf **Katschinski** (Die Verschmelzung von Vereinen, S. 188) zu Recht hinweist – für die Anlagen bei der Verschmelzung zur Neugründung **kaum**, denn die Satzung des neugegründeten Vereins ist Bestandteil des Verschmelzungsvertrages, in welchem sie ja gem. § 37 UmwG festgestellt wird. Eine Unterzeichnung der Satzung durch sieben Mitglieder bedarf es aber abweichend vom § 29 Abs. 3 BGB bei der Verschmelzung zur Neugründung nicht (Widmann/Mayer/Vossius, Umwandlungsrecht, § 99 UmwG Rn. 108). Der Verweis des § 36 Abs. 2 UmwG gilt nämlich **nicht** für solche Vorschriften, die für die Gründung eine Mindestzahl von Gründern vorschreiben (§ 26 Abs. 2 **1346**

Satz 3 UmwG). Sofern die Bestellung des Vorstandes im Verschmelzungsvertrag und in den Zustimmungsbeschlüssen enthalten ist, ist eine besondere Beifügung des Bestellungsbeschlusses bei der Verschmelzung der Neugründung nicht notwendig (so zu Recht Katschinski, Die Verschmelzung von Vereinen, S. 188).

XI. Wirkung der Verschmelzung

1347 Es gelten insoweit die allgemeinen Regelungen nach § 20 UmwG (vgl. oben Teil 2 Rdn. 686 ff.).

Bei der Verschmelzung von Vereinen stellt sich in der Praxis die Frage, wer die **Entlastung des Vorstandes** des übertragenden Vereins durchführen kann (vgl. dazu oben Teil 2 Rdn. 699 und DNotI-Gutachten 13133). Aufgrund der Wirkung des § 20 Abs. 1 Nr. 2 Satz 1 UmwG ist Folge, dass die Vertretungsorgane des übertragenden Rechtsträgers nach dem in § 20 Abs. 1 UmwG genannten Zeitpunkt nicht mehr von dem zuständigen Organ des übertragenden Rechtsträgers entlastet werden können (OLG München, AG 2001, 197 = DB 2001, 524, 525 = OLG-Report 2001, 54 = NZG 2001, 616; Lutter/Grunewald, § 20 Rn. 29; Kallmeyer/Marsch-Barner, UmwG, § 20 Rn. 17; Stratz, in: Schmitt/Hörtnagl/Stratz, UmwG/UmwStG, § 20 UmwG Rn. 8; Martens, AG 1986, 57, 58 f.). Damit können vorliegend ab dem Zeitpunkt, in dem der neu gegründete Verein in das Vereinsregister eingetragen wird, die Vorstände der übertragenden Vereine nicht mehr von den bisherigen (ab dann nicht mehr existenten) Vereinen in einer Mitgliederversammlung entlastet werden. Über die Entlastung der bisherigen Vorstände können die Mitgliederversammlungen der übertragenden nur bis zu dem Zeitpunkt entscheiden, in dem der neu gegründete Verein in das Vereinsregister eingetragen wird. Die Literatur steht überwiegend auf dem Standpunkt, dass die Entlastung nach Eintragung der Verschmelzung gem. § 20 Abs. 1 UmwG nunmehr durch das jeweils zuständige Organ des übernehmenden Rechtsträgers ausgesprochen werden kann (so Vossius, in: Widmann/Mayer, UmwG, § 20 Rn. 330; Kallmeyer/Marsch-Barner, UmwG, § 20 Rn. 17; Stratz, in: Schmitt/Hörtnagl/Stratz, § 20 UmwG Rn. 8; Martens, AG 1986, 57, 58 f.). Die gegenteilige Auffassung vertritt in der Literatur **Grunewald** (in: Lutter, § 20 Rn. 30); sie ist der Meinung, dass nach Eintragung der Verschmelzung die ehemaligen Geschäftsleiter und Aufsichtsratsmitglieder nicht mehr entlastet werden können. Dieser Auffassung hat sich jedenfalls für eine Verschmelzung unter Beteiligung von AG nunmehr das OLG München mit Urt. v. 15.11.2000 angeschlossen (AG 2001, 197 = DB 2001, 524 = OLG-Report 2001, 54 = NZG 2001, 616).

XII. Muster

1. Verschmelzungsvertrag bei Aufnahme

1348 ▶ **Muster: Verschmelzungsvertrag bei Aufnahme**

UR.Nr. für . . . . .

Verhandelt zu . . . . .

am . . . . .

Vor dem unterzeichnenden

. . . . .

Notar mit dem Amtssitz in . . . . .

erschienen:
1.
   a) **Herr (Name, Geburtsdatum, Adresse)** . . . . .,
   b) **Frau (Name, Geburtsdatum, Adresse)** . . . . .,
   beide handelnd nicht im eigenen Namen, sondern als gemeinsam vertretungsberechtigte Vorstandsmitglieder des A-Vereins mit dem Sitz in . . . . ., **eingetragen im Vereinsregister des Amtsgerichts** . . . . . **unter VR** . . . . .,
2. Herr (Name, Geburtsdatum, Adresse) . . . . .,
   handelnd nicht im eigenen Namen, sondern als alleinvertretungsberechtigtes Vorstandsmitglied des B-Vereins mit dem Sitz in . . . . ., **eingetragen im Vereinsregister des Amtsgerichts** . . . . . **unter VR** . . . . .

Die Erschienenen wiesen sich dem Notar gegenüber aus durch Vorlage ihrer amtlichen Lichtbildausweise.

Die Erschienenen ließen folgenden

Verschmelzungsvertrag

beurkunden und erklärten, handelnd wie angegeben:

I. Vermögensübertragung

Der B-Verein überträgt sein Vermögen als Ganzes mit allen Rechten und Pflichten unter Ausschluss der Abwicklung auf den A-Verein im Wege der Verschmelzung durch Aufnahme. Der A-Verein gewährt als Ausgleich hierfür den Mitgliedern des B-Vereins Mitgliedschaften.

II. Gegenleistung

Der A-Verein gewährt mit Wirksamwerden der Verschmelzung jedem Mitglied des B-Vereins die Mitgliedschaft in dem A-Verein. Die Angaben zur Mitgliedschaft ergeben sich aus dem als Anlage zu dieser Urkunde genommenen Auszug aus der geltenden Satzung des A-Vereins.

III. Bilanzstichtag

Der Verschmelzung wird die mit dem uneingeschränkten Bestätigungsvermerk des Wirtschaftsprüfers ..... in ..... versehene Bilanz des B-Vereins zum ..... als Schlussbilanz zugrunde gelegt.

IV. Verschmelzungsstichtag

Die Übernahme des Vermögens des B-Vereins erfolgt im Innenverhältnis mit Wirkung zum Ablauf des ..... Vom ..... an gelten alle Handlungen und Geschäfte des B-Vereins als für Rechnung des A-Vereins vorgenommen.

V. Besondere Rechte

Besondere Rechte i. S. v. § 5 Abs. 1 Nr. 7 UmwG bestehen bei dem A-Verein nicht. Einzelnen Anteilsinhabern werden i. R. d. Verschmelzung keine besonderen Rechte gewährt.

VI. Besondere Vorteile

Besondere Vorteile i. S. v. § 5 Abs. 1 Nr. 8 UmwG werden weder einem Mitglied eines Vertretungs- oder Aufsichtsorgans, noch dem Abschlussprüfer oder dem Verschmelzungsprüfer gewährt.

VII. Folgen der Verschmelzung für Arbeitnehmer und ihrer Vertretungen

Für die Arbeitnehmer und ihre Vertretungen ergeben sich folgende Auswirkungen .....

VIII. Abfindungsangebot, Entschädigung bei Doppelmitgliedschaft

Der A-Verein macht den Mitgliedern des B-Vereins für den Fall, dass diese gegen den Verschmelzungsbeschluss einen Widerspruch zur Niederschrift erklären, folgendes Abfindungsangebot nach § 29 Abs. 1 UmwG: Für den Fall, dass die Mitglieder ihr Ausscheiden erklären, erhalten sie als Gegenleistung eine Barabfindung i. H. v. ..... €. Der A-Verein trägt etwa hier Kosten des Ausscheidens.

Soweit ein Mitglied des A-e. V. bereits Mitglied im B-e. V. ist (Doppelmitgliedschaft), erhält es im B-e. V. keine weitere Mitgliedschaft. Der dadurch entstehende Verlust der Mitgliedschaft wird dadurch ersetzt, dass eine Entschädigung entsprechend Ziff. VIII (Abfindung) bezahlt wird.

IX. Bedingungen

Der Verschmelzungsvertrag steht unter der aufschiebenden Bedingung, dass die formgerechten Zustimmungsbeschlüsse der Mitgliederversammlungen beider Gesellschaften bis zum ..... vorliegen.

X. Kosten

Die durch diesen Vertrag und seiner Durchführung bei beiden Gesellschaften entstehenden Kosten trägt der A-Verein. Sollte die Verschmelzung nicht wirksam werden, tragen die Kosten dieses Vertrages die Vereine zu gleichen Teilen; alle übrigen Kosten trägt der jeweils betroffene Verein allein.

Diese Niederschrift wurde den Erschienenen vom Notar vorgelesen, von ihnen genehmigt und von ihnen und dem Notar eigenhändig, wie folgt, unterschrieben:

.....

2. Zustimmungsbeschluss bei dem übernehmenden Verein

1349 ▶ **Muster: Zustimmungsbeschluss bei dem übernehmenden Verein**

Beschluss über eine Mitgliederversammlung

Heute, den .....

begab ich mich, der unterzeichnende Notar ....., mit Amtssitz in ..... auf Ansuchen in die Gaststätte Bürgerbräu, Ottostraße 3, München, um an der dorthin auf heute 16.00 Uhr einberufenen

ordentlichen Mitgliederversammlung

der Mitglieder des Schützenvereins B e.V. teilzunehmen und über den Gang der Verhandlung sowie über die gefassten Beschlüsse die vorgeschriebene

Niederschrift

zu errichten wie folgt:

I.

Anwesend waren:

vom Vorstand der Gesellschaft
a) Herr A, Kaufmann, wohnhaft in ..... (Vorsitzender),
b) Herr B, Landwirt, wohnhaft in .....,
c) Herr C, Bankkaufmann, wohnhaft in .....

Dieser Urkunde ist das Teilnehmerverzeichnis der erschienenen Mitglieder als Anlage beigefügt.

II.

Den Vorsitz der Versammlung führte der Vorstandsvorsitzende. Er stellte fest, dass die Mitgliederversammlung form- und fristgemäß durch Bekanntmachung in der örtlichen Tageszeitung vom ..... einberufen worden ist. Ein Belegexemplar dieser Ausgabe wurde mir, dem Notar, übergeben. Es ist dieser Niederschrift als Anlage 2 beigefügt.

Anschließend legte er das anliegende, von ihm unterzeichnete Verzeichnis der erschienenen Mitglieder aus.

Der Vorsitzende erklärte, dass die Abstimmung durch Handaufheben stattfinden werde. Er stellte fest, dass kein Mitglied eine Verschmelzungsprüfung beantragte.

Der Vorsitzende stellte weiter fest, dass von der Einberufung der Mitgliederversammlung an in dem Geschäftsraum des Vereins folgende Unterlagen zur Einsicht der Mitglieder ausgelegen haben und diese auch während der Dauer der Mitgliederversammlung im Versammlungssaal ausliegen:
– der Verschmelzungsvertrag, die Jahresabschlüsse und die Jahresberichte der an der Verschmelzung beteiligten
– Rechtsträger für die letzten drei Geschäftsjahre,
– die Verschmelzungsberichte der Vorstände.

Der Verschmelzungsvertrag wird dieser Niederschrift als Anlage 3 beigefügt.

Der Vorsitzende gab die Tagesordnung wie folgt bekannt:
– Erläuterung des Verschmelzungsvertrages durch den Vorstand,
– Beschlussfassung über die Zustimmung zu dem Verschmelzungsvertrag mit dem B-Verein als übertragenden Verein.

Daraufhin wurde die Tagesordnung wie folgt erledigt:

Punkt 1:

Der Vorsitzende erläuterte den Verschmelzungsvertrag vom ..... und begründete insbes. die Zweckmäßigkeit der Verschmelzung und die Mitgliedschaftsrechte für die Mitglieder des übertragenden Vereins. Auch die weiteren Punkte des Verschmelzungsvertrages wurden vom Vorstand erläutert. Der Verschmelzungsvertrag wurde verlesen.

Punkt 2: Zustimmung zu dem Verschmelzungsvertrag

Es wurde durch Handaufheben abgestimmt. Gegen die Zustimmung zu dem abgeschlossenen Verschmelzungsvertrag stimmten drei Mitglieder. Für die Zustimmung zu dem abgeschlossenen Verschmelzungsvertrag vom ..... mit dem B-Verein stimmten entsprechend dem Vorschlag des Vorstandes 97 Mitglieder. Stimmenthaltungen gab es keine. Der Vorsitzende gab das Abstimmungsergebnis bekannt und stellte fest, dass die Verschmelzung mit dem B-Verein durch Zustimmung zum Verschmelzungsvertrag vom . . . . . mit mehr als 3/4-Mehrheit der anwesenden Mitglieder beschlossen ist.

Gegen die Beschlüsse wurde kein Widerspruch zur Niederschrift erklärt. Nach Erledigung der Tagesordnung lagen keine weiteren Anträge vor. Der Vorsitzende schloss daher die Mitgliederversammlung um 18.00 Uhr.

Die Niederschrift wurde vom Notar wie folgt unterschrieben:

. . . . .

Anlage 1: Teilnehmerverzeichnis

Anlage 2: Belegexemplar über die Einladung

Anlage 3: Verschmelzungsvertrag vom . . . . .

3. Registeranmeldung. Vgl. zu den Anmeldungen zunächst Teil 2 Rdn. 387 ff. Für die Anlagen gilt **1350** § 17 UmwG (vgl. hierzu Teil 2 Rdn. 430). Danach ist in jedem Fall eine **Schlussbilanz des übertragenden Vereins** der Anmeldung beizufügen. Hadding/Hennrichs (in: FS für Boujong, 1996, S. 203 ff., 226 ff.) fordern mit guten Argumenten eine teleologisch Reduzierung von § 17 Abs. 2 Satz 1 UmwG. Danach soll für einen übertragenden Verein, der nach allgemeinen Regeln leicht zur kaufmännischen Rechnungslegung verpflichtet ist und der auch leicht auf einen bilanzierungspflichtigen anderen Rechtsträger verschmolzen wird, keine besondere Schlussbilanz aufzustellen sein, für die die Vorschriften über den Jahresabschluss entsprechend gelten. Es genügt vielmehr, wenn der Verein sonstige Rechnungsunterlagen beifüge. Wegen des Gesetzeswortlauts wird hier im Interesse einer gesicherten Registereintragung davon ausgegangen, dass eine Schlussbilanz beigefügt wird.

a) Anmeldung für den übertragenden Verein

▸ **Muster: Vereinsregisteranmeldung für den übertragenden Verein** **1351**

An das

Amtsgericht

– Vereinsregister –

Betrifft: VR. A-e.V.

In der Anlage überreichen wir, die unterzeichnenden Vorstandsmitglieder des A-e.V.:
1. elektronisch beglaubigte Abschrift des Verschmelzungsvertrages vom . . . . . – UR.Nr. . . . . . des beglaubigenden Notars –,
2. elektronisch beglaubigte Abschrift des Zustimmungsbeschlusses der Mitgliederversammlung des A-e.V. vom . . . . . – UR.Nr. . . . . . des beglaubigenden Notars –,
3. elektronisch beglaubigte Abschrift des Zustimmungsbeschlusses der Mitgliederversammlung des B-e.V. vom . . . . . – UR.Nr. . . . . . des beglaubigenden Notars –,
4. gemeinsamer Verschmelzungsbericht der Vorstände beider Vereine vom . . . . .,
5. Schlussbilanz des A-e.V. zum Verschmelzungsstichtag,
6. Nachweis über rechtzeitige Zuleitung zu den Betriebsräten,

und melden zur Eintragung in das Vereinsregister an:

Der A-e.V. ist auf den B-e.V. als übernehmender Verein im Wege der Verschmelzung durch Aufnahme verschmolzen.

Wir erklären, dass weder der Verschmelzungsbeschluss der Mitgliederversammlung des A-e.V. noch der Verschmelzungsbeschluss der Mitgliederversammlung des B-e.V. angefochten worden ist.

Eine Verschmelzungsprüfung wurde nicht verlangt.

. . . . ., den . . . . .

. . . . .

(Beglaubigungsvermerk)

b) Anmeldung für den übernehmenden Verein

1352 ▶ **Muster: Vereinsregisteranmeldung für den übernehmenden Verein**

An das

Amtsgericht

– Vereinsregister –

Betrifft: VR . . . . . B-e.V.

In der Anlage überreichen wir, die unterzeichnenden alleinigen Vorstandsmitglieder des o. a. B-e.V.:
1. elektronisch beglaubigte Abschrift des Verschmelzungsvertrages vom . . . . . – UR.Nr. . . . . . des beglaubigenden Notars –,
2. elektronisch beglaubigte Abschrift des Zustimmungsbeschlusses der Mitgliederversammlung des A-e.V. vom . . . . . – UR.Nr. . . . . . des beglaubigenden Notars –,
3. elektronisch beglaubigte Abschrift des Zustimmungsbeschlusses der Mitgliederversammlung des B-e.V. vom . . . . . – UR.Nr. . . . . . des beglaubigenden Notars –,
4. gemeinsamer Verschmelzungsbericht der beiden Vorstände vom . . . . .

und melden zur Eintragung in das Vereinsregister an:

Der A-e.V. ist im Wege der Verschmelzung durch Aufnahme auf den B-e.V. verschmolzen.

Wir erklären, dass weder der Verschmelzungsbeschluss der Mitgliederversammlung des A-e.V. noch der Verschmelzungsbeschluss der Mitgliederversammlung des B-e.V. angefochten worden ist.

Ein Prüfungsbericht wurde nicht verlangt.

. . . . ., den . . . . .

. . . . .

(Beglaubigungsvermerk)

4. Verschmelzungsvertrag bei Verschmelzung zur Neugründung. a) Verschmelzungsvertrag

1353 ▶ **Muster: Verschmelzungsvertrag bei Verschmelzung zur Neugründung**

UR.Nr. für . . . . .

Verhandelt zu . . . . .

am . . . . .

Vor dem unterzeichnenden

. . . . .

Notar mit dem Amtssitz in . . . . .

erschienen:
1.
   a) Herr (Name, Geburtsdatum, Adresse) . . . . .,
   b) Frau (Name, Geburtsdatum, Adresse) . . . . .,
   beide handelnd nicht im eigenen Namen, sondern als gemeinsam vertretungsberechtigte Vorstandsmitglieder des A-Vereins mit dem Sitz in . . . . ., eingetragen im Vereinsregister des Amtsgerichts . . . . . unter VR . . . . .,
2. Herr (Name, Geburtsdatum, Adresse) . . . . .,
   handelnd nicht im eigenen Namen, sondern als alleinvertretungsberechtigtes Vorstandsmitglied des B-Vereins mit dem Sitz in . . . . ., eingetragen im Vereinsregister des Amtsgerichts . . . . . unter VR . . . . .

Die Erschienenen wiesen sich dem Notar gegenüber aus durch Vorlage ihrer amtlichen Lichtbildausweise.

Die Erschienenen ließen folgenden

Verschmelzungsvertrag

beurkunden und erklärten, handelnd wie angegeben:

I. Vermögensübertrag, Satzungsfeststellung

Der A-Verein und B-Verein übertragen ihr Vermögen als Ganzes mit allen Rechten und Pflichten unter Ausschluss der Abwicklung auf den hiermit neu gegründeten C-Verein im Wege der Verschmelzung durch Neugründung. Der C-Verein gewährt als Ausgleich hierfür den Mitgliedern der A- und B-Vereine Mitgliedschaften.

Die Satzung des neugegründeten C-Vereins ist in der Anlage zu dieser Niederschrift als wesentlicher Bestandteil beigefügt und wurde mit verlesen. Die Satzung wird festgestellt.

II. Gegenleistung

Der C-Verein gewährt mit Wirksamwerden der Verschmelzung jedem Mitglied des B-Vereins und des A-Vereins die Mitgliedschaft in dem C-Verein. Die Angaben zur Mitgliedschaft ergeben sich aus der als Anlage zu dieser Urkunde genommenen geltenden Satzung des C-Vereins.

Soweit ein Mitglied sowohl Mitglied im A-Verein als auch im B-Verein ist, erhält es im C-Verein nur eine Mitgliedschaft. Eine Entschädigung ist entsprechend den Regeln über die Abfindung nach § 29 UmwG nach Ziff. VIII dieses Vertrages zu zahlen.

III. Bilanzstichtag

Der Verschmelzung werden die mit dem uneingeschränkten Bestätigungsvermerk des Wirtschaftsprüfers . . . . . in . . . . . versehene Bilanzen des A-und des B-Vereins zum . . . . . als Schlussbilanz zugrunde gelegt.

IV. Verschmelzungsstichtag

Die Übernahme des Vermögens des A- und des B-Vereins erfolgt im Innenverhältnis mit Wirkung zum Ablauf des . . . . . Vom . . . . . an gelten alle Handlungen und Geschäfte des A- und des B-Vereins als für Rechnung des C-Vereins vorgenommen.

V. Besondere Rechte

Besondere Rechte i. S. v. § 5 Abs. 1 Nr. 7 UmwG bestehen bei dem A-Verein nicht. Einzelnen Anteilsinhabern werden i. R. d. Verschmelzung keine besonderen Rechte gewährt.

VI. Besondere Vorteile

Besondere Vorteile i. S. v. § 5 Abs. 1 Nr. 8 UmwG werden weder einem Mitglied eines Vertretungsoder Aufsichtsorgans, noch dem Abschlussprüfer oder dem Verschmelzungsprüfer gewährt.

VII. Folgen der Verschmelzung für Arbeitnehmer und ihre Vertretungen

Für die Arbeitnehmer des Vereins ergeben sich folgende Auswirkungen . . . . .

Folgende Maßnahmen sind dafür vorgesehen . . . . .

Arbeitnehmervertretungen bestehen nicht.

VIII. Abfindungsangebot

Der C-Verein macht den Mitgliedern des A- und des B-Vereins für den Fall, dass diese gegen den Verschmelzungsbeschluss Widerspruch zur Niederschrift erklären folgendes Abfindungsangebot nach § 29 Abs. 1 UmwG:

Für den Fall, dass sie ihr Ausscheiden aus dem A- oder dem B-Verein erklären erhalten sie als Gegenleistung folgende Barabfindungen:
– Mitglieder des A-Vereins . . . . . €,
– Mitglieder des B-Vereins . . . . . €.

Die Barabfindung ist ab dem Ablauf des Tages, an dem die Eintragung der Verschmelzung in das Vereinsregister des C-Vereins als bekannt gemacht gilt, mit jährlich 2 % über dem Basiszinssatz zu verzinsen. Der C-Verein trägt die Kosten des Ausscheidens.

IX. Vorstand

Der A-Verein und der B-Verein bestellen als Gründer gemäß § 36 Abs. 2 UmwG einen ersten Vorstand für die Übergangszeit ab Abschluss des Vertrages bis zur ersten ordentlichen Mitgliederversammlung, die innerhalb von sechs Monaten nach Eintragung der Verschmelzung in das Vereinsregister stattfinden soll.

Erster Vorstand sind folgende Personen: . . . . .

X. Bedingungen

Der Verschmelzungsvertrag steht unter der aufschiebenden Bedingung, dass die formgerechten Zustimmungsbeschlüsse der Mitgliederversammlungen beider Gesellschaften bis zum ..... vorliegen.

XI. Kosten

Die durch diesen Vertrag und seiner Durchführung bei beiden Gesellschaften entstehenden Kosten trägt der C-Verein. Sollte die Verschmelzung nicht wirksam werden, tragen die Kosten dieses Vertrages die Vereine zu gleichen Teilen; alle übrigen Kosten trägt der jeweils betroffene Verein allein.

Diese Niederschrift wurde den Erschienenen vom Notar vorgelesen, von ihnen genehmigt und von ihnen und dem Notar eigenhändig, wie folgt, unterschrieben:

.....

b) Anmeldung für einen übertragenden Verein zum Vereinsregister

1354 ▶ **Muster: Vereinsregisteranmeldung für einen übertragenden Verein**

An das

Amtsgericht

– Vereinsregister –

Betrifft: VR ..... A-e.V.

In der Anlage überreichen wir, die unterzeichnenden vertretungsberechtigten Vorstandsmitglieder des A-e.V.:
1. elektronisch beglaubigte Abschrift des Verschmelzungsvertrages vom ..... – UR.Nr. ...... des beglaubigenden Notars –,
2. elektronisch beglaubigte Abschrift des Zustimmungsbeschlusses der Mitgliederversammlung des A-e.V. vom ..... – UR.Nr. ..... des beglaubigenden Notars –,
3. elektronisch beglaubigte Abschrift des Zustimmungsbeschlusses der Mitgliederversammlung des B-e.V. vom ..... – UR.Nr. ..... des beglaubigenden Notars –,
4. gemeinsamer Verschmelzungsbericht,
5. Schlussbilanz des A-e.V. zum Verschmelzungsstichtag,

und melden zur Eintragung in das Vereinsregister an:

Der A-e.V. ist zusammen mit dem B-e.V. auf den neu gegründeten C-e.V. als übernehmender Verein im Wege der Verschmelzung durch Neugründung verschmolzen.

Wir erklären, dass weder der Verschmelzungsbeschluss der Mitgliederversammlung des A-e.V. noch der Verschmelzungsbeschluss der Mitgliederversammlung des B-e.V. angefochten worden ist und dass weder der A- noch der B-Verein einen Betriebsrat haben. Ein Verlangen auf Prüfung der Verschmelzung wurde nicht gestellt.

....., den .....

.....

(Beglaubigungsvermerk)

c) Anmeldung des neu gegründeten Vereins zum Vereinsregister

1355 ▶ **Muster: Vereinsregisteranmeldung des neu gegründeten Vereins**

An das

Amtsgericht

– Vereinsregister –

Betrifft: Neueintragung des C-e.V.

In der Anlage überreichen wir, die unterzeichnenden vertretungsberechtigten Vorstandsmitglieder des A-e.V. und des B-e.V.:
1. elektronisch beglaubigte Abschrift des Verschmelzungsvertrages samt festgestellter Satzung und Bestellung des ersten Vorstandes des C-e.V. vom ..... – UR.Nr. ...... des beglaubigenden Notars –,

2. elektronisch beglaubigte Abschrift des Zustimmungsbeschlusses der Mitgliederversammlung des A-e.V. vom – UR.Nr. . . . . . des beglaubigenden Notars –.
3. elektronisch beglaubigte Abschrift des Zustimmungsbeschlusses der Mitgliederversammlung des B-e.V. vom . . . . . – UR.Nr. . . . . . des beglaubigenden Notars –,
4. gemeinsamer Verschmelzungsbericht,

und melden zur Eintragung in das Vereinsregister an:
1. Der A-e.V. hat zusammen mit dem B-e.V. den C-e.V. als übernehmenden Verein im Wege der Verschmelzung durch Neugründung gegründet.
2. Mitglieder des Vorstandes sind:
   – . . . . .,
   – . . . . .,
   – . . . . .

Nach § . . . . . der Satzung wird der Verein durch zwei Mitglieder des Vorstandes vertreten.

Die Vereinsanschrift lautet wie folgt: . . . . . .

Wir erklären, dass weder der Verschmelzungsbeschluss der Mitgliederversammlung des A-e.V. noch der Verschmelzungsbeschluss der Mitgliederversammlung des B-e.V. angefochten worden ist und dass weder der A- noch der B-Verein einen Betriebsrat haben. Ein Verlangen auf Prüfung der Verschmelzung wurde nicht gestellt.

. . . . ., den . . . . .

. . . . .

(Beglaubigungsvermerk)

G. Verschmelzung von Kapitalgesellschaften mit dem Vermögen eines Alleingesellschafters

I. Checkliste

Beim Ablauf des **Verschmelzungsverfahrens bei Kapitalgesellschaften** mit dem Vermögen eines Alleingesellschafters sind folgende Punkte zu beachten: **1356**

☐ Verschmelzungsvertrag (§§ 4 bis 6 UmwG),
☐ Verschmelzungsbeschluss der übertragenden Kapitalgesellschaft (§ 13 UmwG),
☐ Zuleitung des Verschmelzungsvertrages zum Betriebsrat (§ 5 Abs. 3 UmwG),
☐ evtl. Bekanntmachung des Verschmelzungsvertrages bei AG (§ 61 UmwG),
☐ Anmeldung zum Handelsregister bei der übertragenden Kapitalgesellschaft und bei dem übernehmenden Gesellschafter (§§ 16, 17, 122 UmwG),
☐ Eintragung der Verschmelzung, zunächst in das Register des Sitzes der übertragenden Gesellschaft, sodann in das Register des aufnehmenden Gesellschafters (§§ 19, 20, 122 UmwG).

II. Allgemeines

Das UmwG hatte in der bis 1995 geltenden Fassung in § 15 UmwG die Möglichkeit der verschmelzenden Umwandlung auf eine natürliche Person als Alleingesellschafter geregelt. Im UmwG 1995 gilt § 120 UmwG. Voraussetzung für die Anwendung des § 120 UmwG ist, dass eine Verschmelzung nach den anderen Vorschriften des Verschmelzungsrechts nicht möglich ist. Ist **Alleingesellschafter** der übertragenden Gesellschaft eine **juristische Person**, so kommen die Vorschriften des Ersten bis Achten Abschnitts zur Anwendung und nicht § 120 UmwG. Diese Vorschrift ist nur anwendbar, wenn es um die **Verschmelzung auf eine natürliche Person** geht, die Alleingesellschafter der übertragenden Gesellschaft ist (Stratz, in Schmitt/Hörtnagl/Stratz, UmwG, UmwStG, § 120 UmwG Rn. 1, Heckschen, ZIP 1996, 451; Widmann/Mayer/Heckschen, Umwandlungsrecht, § 120 UmwG Rn. 9; Kallmeyer/Marsch-Barner, § 120 UmwG Rn. 3; Lutter/Karollus, UmwG, § 120 Rn. 4, 17). Zwar lässt der Wortlaut des § 120 Abs. 1 UmwG die Verschmelzung einer Kapitalgesellschaft im Wege der Aufnahme mit dem Vermögen ihres Alleingesellschafters ganz allgemein zu. Die allgemeine Vorschrift über die verschmelzungsfähigen Rechtsträger (§ 3 Abs. 2 Nr. 2 UmwG) sieht aber ausdrücklich nur die natürliche Person, die als Alleingesellschafter einer Kapitalgesellschaft deren Vermögen übernimmt, vor. Daraus **1357** schließt die herrschende Meinung in der Literatur (Widmann/Mayer/Heckschen, Umwandlungsrecht, § 120 UmwG Rn. 9; Lutter/Karollus, UmwG, § 120 Rn. 21; Kallmeyer/Marsch-Barner, UmwG, § 120 Rn. 1; Stratz, in: Schmitt/Hörtnagl/Stratz, UmwG, § 120 Rn. 5 f.) und die Regierungsbegründung (abgedruckt bei Ganske, UmwG, S. 146 f.), dass ausschließlich die natürliche Person ein aufnehmender Rechtsträger i. S. d. § 120 UmwG sein kann. Nach dem Ersten bis Achten Abschnitt des UmwG ist die Gemeinde nicht als aufnehmender Rechtsträger bei einer Verschmelzung vorgesehen, auf eine Gemeinde kann daher die Verschmelzung nicht erfolgen, ebenso **nicht Erbengemeinschaften oder GbR** (Widmann/Mayer/Heckschen, Umwandlungsrecht, § 120 UmwG Rn. 9 ff.; Kallmeyer/Marsch-Barner, UmwG, § 120 Rn. 3; Stratz, in: Schmitt/Hörtnagl/Stratz, UmwG, UmwStG, § 120 UmwG Rn. 6; a. A. Semler/Stengel/Maier-Reimer, UmwG, § 120 Rn. 16, der z. B. den VVaG zulassen will).

1358 Nach dem bis 1995 geltenden Recht bestand auch die Möglichkeit der Umwandlung auf den Hauptgesellschafter (§ 15 Abs. 1 Satz 1, 2. Alt. UmwG a. F.), der nicht Alleingesellschafter ist. Diese Möglichkeit besteht nach Umwandlungsrecht von 1995 nicht mehr.

III. Übertragende und übernehmende Rechtsträger

1359 Nach § 120 UmwG kann **übertragende Gesellschaft** nur eine Kapitalgesellschaft sein, auch eine Unternehmergesellschaft (haftungsbeschränkt) (Widmann/Mayer/Heckschen, Umwandlungsrecht, § 120 UmwG Rn. 7; Lutter/Karollus, UmwG, § 120 Rn. 18; Kallmeyer/Marsch-Barner, UmwG, § 120 Rn. 1; Stratz, in: Schmitt/Hörtnagl/Stratz, UmwG, UmwStG, § 120 UmwG Rn. 4). Der übernehmende Gesellschafter muss Alleingesellschafter sein, eigene Anteile der übertragenden Gesellschaft werden zugerechnet (§ 120 Abs. 2 UmwG). Es genügt aber, wenn etwa der Gesellschafter dadurch Alleingesellschafter wird, dass er die Anteile aufschiebend bedingt auf die Wirksamkeit der Verschmelzung erwirbt (Heckschen, ZIP 1996, 450, 452; Widmann/Mayer/Heckschen, Umwandlungsrecht, § 120 UmwG Rn. 1; Kallmeyer/Marsch-Barner, UmwG, § 120 Rn. 5).

1360 **Übernehmerin** kann nur eine natürliche Person sein, wobei es unerheblich ist, ob diese Kaufmann i. S. d. § 1 HGB ist oder nicht (vgl. OLG Schleswig, GmbHR 2001, 205 wenn der Übernehmer schon im Handelsregister eingetragen ist). Dies ergibt sich auch direkt aus § 122 UmwG, der deutlich macht, dass eine **Handelsregistereintragung** nicht zwingend erforderlich ist und erst i. R. d. Verschmelzung erfolgen kann (vgl. Widmann/Mayer/Heckschen, Umwandlungsrecht, § 120 UmwG Rn. 13; Lutter/Karollus, UmwG, § 120 Rn. 28 f.). Allerdings ist es ohne Weiteres möglich, die Verschmelzung einer GmbH mit dem Vermögen ihres Alleingesellschafters auch auf einen bereits existierenden und im Handelsregister eingetragenen Einzelkaufmann durchzuführen (Lutter/Karollus, UmwG, § 120 Rn. 25).

1361 Schwierig zu beurteilen war vor dem HRefG das Problem, wenn die **übertragende GmbH** selbst **kein kaufmännisches Gewerbe** oder **nur ein minderkaufmännisches Gewerbe** betreibt und auch der aufnehmende Gesellschafter kein Vollkaufmann ist. Denn dann wäre § 122 UmwG aus handelsrechtlichen Gründen nicht verwirklichbar, da die natürliche Person auch mit dem Erwerb des Unternehmens der GmbH nicht zum Kaufmann wird; eine Handelsregistereintragung wäre daher unmöglich. Aus diesem Grund war das OLG Zweibrücken der Auffassung, dass eine Verschmelzung auf den Alleingesellschafter nicht zulässig ist (OLG Zweibrücken, ZIP 1996, 460 = DB 1996, 418; Vorinstanz LG Koblenz, DB 1996, 267). Hiergegen hat sich zu Recht die Literatur gewandt (vgl. Heckschen, ZIP 1996, 450, 452 ff.; Widmann/Mayer/Heckschen, Umwandlungsrecht, § 120 UmwG Rn. 18; Priester, DB 1996, 413 ff.).

1362 Mit Urt. v. 04.05.1998 hatte der BGH die Frage i. S. d. herrschenden Literaturauffassung entschieden, dass die Verschmelzung einer GmbH auf ihren Alleingesellschafter **als natürliche Person auch dann zulässig** ist, wenn dieser als Minderkaufmann nicht in das Handelsregister eingetragen werden konnte (BGH, NJW 1998, 2536 = MittBayNot 1998, 354). Der BGH war weiter der Auffassung, dass es in diesem Fall die Wirkungen der Verschmelzung mangels Eintragungsfähigkeit des übernehmenden Rechtsträgers in Abweichung von grds. Regelungen des § 20 UmwG mit ihrer gem. §§ 121, 19 Abs. 1 UmwG vorzunehmenden Eintragung in das Register des Sitzes der übertragenden Gesellschaft eintreten. Damit war die Frage geklärt.

▶ **Hinweis:** 1363

Für die Praxis wurde durch das Handelsrechtsreformgesetz v. 02.06.1998 (BGBl. I, S. 1474) das Problem durch eine Neufassung des § 122 Abs. 2 UmwG geregelt. Die Vorschrift bestimmt, dass, wenn eine Eintragung nicht in Betracht kommt, die in § 120 UmwG genannten Wirkungen durch die Eintragung der Verschmelzung in das Register des Sitzes der übertragenden Kapitalgesellschaft eintreten. Insofern hat der Gesetzgeber die Rechtslage festgeschrieben, die der BGH bereits vorher aus dem Zusammenspiel der Vorschriften gefolgert hat. Damit ist und war die Verschmelzung auch auf den Nichtkaufmann/Minderkaufmann von Anfang an zulässig.

IV. Besonderheiten des Verschmelzungsvertrages

Für den Verschmelzungsvertrag gelten die allgemeinen Vorschriften (vgl. oben Teil 2 Rdn. 52 ff.). Auf- 1364 seiten der übertragenden Gesellschaft wird der Verschmelzungsvertrag vom Vertretungsorgan abgeschlossen, aufseiten des übernehmenden Rechtsträgers vom Alleingesellschafter. Ist der Alleingesellschafter auch Geschäftsführer, so ist zu prüfen, ob er von den **Beschränkungen des § 181 BGB** befreit ist. Ggf. ist er durch Gesellschafterbeschluss noch zu befreien (Widmann/Mayer/Heckschen, Umwandlungsrecht, § 121 UmwG Rn. 7). Bei der AG oder KGaA ist eine Vertretung durch den Aufsichtsrat nach §§ 112, 278 Abs. 3 AktG geboten.

Der **notwendige Inhalt** des **Verschmelzungsvertrages** richtet sich nach § 5 UmwG. Gem. § 5 Abs. 2 1365 UmwG entfallen die den Anteilstausch betreffenden Angaben nach § 5 Abs. 1 Nr. 2 bis 5 UmwG (Lutter/Karollus, UmwG, § 121 Rn. 5; Widmann/Mayer/Heckschen, Umwandlungsrecht, § 121 UmwG Rn. 8 ff.).

Erforderlich sind daher **folgende Angaben:** 1366
- Name oder Firma und Sitz der Kapitalgesellschaft und des Alleingesellschafters,
- die Vereinbarung über die Übertragung des Vermögens der Kapitalgesellschaft als Ganzes auf den Alleingesellschafter,
- Verschmelzungsstichtag,
- Angaben über Schutz der Inhaber von Sonderrechten,
- Angabe besonderer Vorteile,
- Angaben über die Folgen für Arbeitnehmer und ihre Vertretungen sowie die insoweit vorgesehenen Maßnahmen.

V. Sonstiger Ablauf des Verschmelzungsverfahrens

Für den Ablauf des Verschmelzungsverfahrens verweist § 121 UmwG auf die jeweiligen Vorschriften, 1367 die für die Übertragung der Kapitalgesellschaft gelten.

Ein **Verschmelzungsbericht** ist nach § 8 Abs. 3 Satz 1 UmwG **nicht erforderlich.** Auch eine Verschmel- 1368 zungsprüfung ist nicht erforderlich. Soweit ein **Betriebsrat** vorhanden ist, muss diesem der Verschmelzungsvertrag zugeleitet werden.

Der **Zustimmungsbeschluss** bei der übertragenden Gesellschaft erfolgt nach allgemeinen Regelungen 1369 nach dem Recht der übertragenden Kapitalgesellschaft. Eine Zustimmungspflicht der natürlichen Person als übernehmender Rechtsträger ist nicht notwendig, da diese bereits durch Abschluss des Verschmelzungsvertrages zum Ausdruck gebracht wird. Ein gesonderter Beschluss wäre eine begriffsjuristische, sachlich unnötige Förmelei, die vom Gesetz auch nicht vorgesehen ist (so die h. M.; Widmann/Mayer/Heckschen, Umwandlungsrecht, § 121 UmwG Rn. 18; Lutter/Karollus, UmwG, § 121 Rn. 11; Kallmeyer/Zimmermann, UmwG, § 13 Rn. 5; Heckschen, DB 1998, 1385, 1395; unrichtig AG Dresden, DB 1996, 1814; wie hier LG Dresden, DB 1997, 88 = GmbHR 1997, 175).

Der Inhalt der **Handelsregisteranmeldung** richtet sich nach den allgemeinen Vorschriften (vgl. oben 1370 Teil 2 Rdn. 627 ff.).

Das Verhältnis zwischen § 122 Abs. 2 UmwG i. d. F. durch das Handelsrechtsreformgesetz 1371 (BGBl. 1998 I, S. 1474) und § 2 HGB i. d. F. des Handelsrechtsreformgesetzes ist nicht ganz klar. Es stellt sich insb. die Frage, wenn eine GmbH mit ihrem Alleingesellschafter verschmolzen werden soll, wenn der von der GmbH betriebene und nach der Verschmelzung künftig als Einzelunternehmer betriebene Handwerksbetrieb kein nach Art und Umfang in kaufmännischer Weise eingerichteten Geschäftsbetrieb erfordert, ob dann § 122 Abs. 2 UmwG gegeben ist, wenn an sich eine Eintragung nur nach § 2 HGB möglich wäre, aber vom Gesellschafter nicht beantragt wird. Da nach der Neuregelung des Handelsrechtsreformgesetzes jeder Gewerbetreibende seine Eintragung in das Handelsregister betreiben kann, gleichgültig ob das Unternehmen nach Art und Umfang einen in kaufmännischer Weise eingerichteten Geschäftsbetrieb erfordert oder nicht, spielt die Regelung des § 122 Abs. 2 UmwG für Gewerbetreibende keine Rolle mehr. Die Vorschrift wird dadurch nicht bedeutungslos, da neben natürlichen Personen, die Minderkaufleute nach der alten Rechtslage waren, es auch natürliche Personen gibt, die nicht in das Handelsregister eingetragen werden können, wie z. B. Freiberufler. Es spricht viel dafür, dass § 122 Abs. 2 UmwG dahin gehend zu verstehen ist, dass ein Einzelkaufmann, der an sich seine Eintragung erreichen könnte, dies auch tun muss (a. A. Lutter/Karollus, UmwG, § 120, Rn. 7 der sich für ein Wahlrecht ausspricht; wohl auch Kallmeyer/Zimmermann, UmwG, § 122 Rn. 3 ff.).

VI. Muster

1. Verschmelzung einer GmbH auf den Alleingesellschafter

1372 ▶ **Muster: Verschmelzungsvertrag bei Verschmelzung einer GmbH auf den Alleingesellschafter**

Verhandelt zu . . . . .

am . . . . .

Vor dem unterzeichnenden

. . . . .

Notar mit Amtssitz in . . . . .

erschien:

Herr Gerhard Bauer, Kaufmann, wohnhaft in . . . . .

Der Erschienene handelt hier sowohl im eigenen Namen als auch als alleinvertretungsberechtigter Geschäftsführer der A-Kraftfahrzeughandel GmbH mit Sitz in . . . . ., eingetragen in das Handelsregister des Amtsgerichts . . . . . unter HRB . . . . .

Der Erschienene wies sich gegenüber dem Notar durch Vorlage seines amtlichen Lichtbildausweises aus.

A. Rechtslage

Der Erschienene erklärte: Ich bin Alleingesellschafter der A-Kraftfahrzeughandel GmbH mit dem Sitz in . . . . ., mit einem voll eingezahlten Stammkapital von 100.000,00 €. Die GmbH betreibt ein kaufmännisches Handelsgewerbe, und zwar den Handel mit Kraftfahrzeugen aller Art. Ich will im Wege der Verschmelzung das Vermögen der Gesellschafter aufnehmen.

B. Verschmelzungsvertrag

Der Erschienene ließ sodann folgenden

Verschmelzungsvertrag

beurkunden und erklärte, handelnd wie angegeben:

I. Vermögensübertragung

Die A-Kraftfahrzeughandel GmbH überträgt ihr Vermögen als Ganzes mit allen Rechten und Pflichten unter Ausschluss der Abwicklung auf ihren Alleingesellschafter, Herrn Bauer, im Wege der Verschmelzung durch Aufnahme.

II. Bilanzstichtag

Der Verschmelzung wird die mit dem uneingeschränkten Bestätigungsvermerk des Wirtschaftsprüfers . . . . . in . . . . . versehene Bilanz der A-Kraftfahrzeughandel GmbH zum . . . . . als Schlussbilanz zugrunde gelegt. Sie ist als Anlage 1 dieser Niederschrift beigefügt.

III. Verschmelzungsstichtag

Die Übernahme des Vermögens der A-Kraftfahrzeughandel GmbH erfolgt im Innenverhältnis zum 31.12. . . . . Von diesem Zeitpunkt an gelten alle Handlungen und Geschäfte der A-Kraftfahrzeughandel GmbH als für Rechnung ihres Alleingesellschafters vorgenommen.

IV. Besondere Rechte

Besondere Rechte i. S. v. § 5 Abs. 1 Nr. 7 UmwG bestehen bei der A-Kraftfahrzeughandel GmbH nicht. Einzelnen Anteilsinhabern werden i. R. d. Verschmelzung keine besonderen Rechte gewährt.

V. Besondere Vorteile

Besondere Vorteile i. S. v. § 5 Abs. 1 Nr. 8 UmwG werden keinem Mitglied des Vertretungsorgans oder dem Abschlussprüfer oder dem Verschmelzungsprüfer gewährt.

VI. Folgen der Verschmelzung für Arbeitnehmer und ihre Vertretungen

Für die Arbeitnehmer ergeben sich folgende Auswirkungen: . . . . .

Folgende Maßnahmen sind vorgesehen: . . . . .

C. Gesellschafterversammlung mit Zustimmungsbeschluss

Sodann hält Herr Bauer als Alleingesellschafter der A-Kraftfahrzeughandel GmbH eine Gesellschafterversammlung unter Verzicht auf alle Frist- und Formvorschriften ab und stellt fest, dass die Gesellschafterversammlung als Vollversammlung beschlussfähig ist. Er beschließt sodann mit allen Stimmen Folgendes:

I. Feststellung der Verschmelzungsbilanz

Die dieser Urkunde als Anlage 1 beigefügte Schlussbilanz (Verschmelzungsbilanz) zum 31.12. . . . . wird festgestellt.

II. Zustimmung zum Verschmelzungsvertrag

Dem unter B beurkundeten Verschmelzungsvertrag wird mit allen Stimmen vorbehaltlos zugestimmt.

D. Sonstiges, Kosten und Abschriften

I. Verzichts- und Zustimmungserklärung

Ein Verschmelzungsbericht ist gemäß § 8 Abs. 3 UmwG nicht erforderlich. Eine Verschmelzungsprüfung wird nicht verlangt. Herr Bauer verzichtet als Alleingesellschafter auf die Anfechtung des Zustimmungsbeschlusses.

II. Kosten

Die Kosten dieser Urkunde trägt die Einzelfirma des Herrn Bauer.

III. Abschriften

Abschriften dieser Urkunde erhalten:
- . . . . .
- . . . . .
- . . . . .

IV. Belehrungen

Der Notar belehrte den Beteiligten darüber, dass er für die Verbindlichkeiten der GmbH mit der Eintragung der Verschmelzung unbeschränkt persönlich haftet.

Diese Niederschrift wurde dem Erschienenen vom Notar vorgelesen, von ihm genehmigt und von ihm und dem Notar eigenhändig, wie folgt unterschrieben:

. . . . .

2. Handelsregisteranmeldung der GmbH

1373 ▶ **Muster: Handelsregisteranmeldung der GmbH**

An das

Amtsgericht

– Handelsregister B –

Betrifft: HRB ..... A-Kraftfahrzeughandel GmbH

In der Anlage überreiche ich als alleinvertretungsberechtigter Geschäftsführer:
1. elektronisch beglaubigte Abschrift des Verschmelzungsvertrages samt Zustimmungsbeschluss und Verzichtserklärung gemäß § 16 Abs. 2 GmbHG vom ..... – UR.Nr. ..... des beglaubigenden Notars,
2. elektronisch beglaubigte Abschrift des Nachweises über die Zuleitung des Entwurfs des Verschmelzungsvertrages an den Betriebsrat der AG-Kraftfahrzeughandel GmbH,
3. elektronisch beglaubigte Abschrift der Schlussbilanz der A-Kraftfahrzeughandel GmbH zum Verschmelzungsstichtag

und melde zur Eintragung in das Handelsregister an:

Die A-Kraftfahrzeughandel GmbH ist auf ihren Alleingesellschafter, Herrn Gerhard Bauer im Wege der Verschmelzung durch Aufnahme verschmolzen.

Ich erkläre, dass der Verschmelzungsbeschluss nicht angefochten wurde und wegen der Verzichtserklärung des Alleingesellschafters auch nicht angefochten werden kann. Ein Verschmelzungsbericht und die Durchführung einer Verschmelzungsprüfung sind nach §§ 8 Abs. 3, 9 Abs. 3 UmwG nicht erforderlich.

.....

(Unterschriftszeichnung)

.....

(Beglaubigungsvermerk)

3. Handelsregisteranmeldung der Einzelfirma als aufnehmender Rechtsträger

1374 ▶ **Muster: Handelsregisteranmeldung der Einzelfirma als aufnehmender Rechtsträger**

An das

Amtsgericht

– Handelsregister A –

Betrifft: Eintragung eines Einzelunternehmens

In der Anlage überreiche ich,
1. elektronisch beglaubigte Abschrift des Verschmelzungsvertrages samt Zustimmungsbeschluss und Verzichtserklärung gemäß § 16 Abs. 2 GmbH vom ..... – UR.Nr. ..... des beglaubigenden Notars,
2. elektronisch beglaubigte Abschrift des Nachweises über die rechtzeitige Zuleitung zum Betriebsrat

und melde zur Eintragung in das Handelsregister an:
1. Die A-Kraftfahrzeughandel GmbH ist aufgrund des Verschmelzungsvertrages samt Zustimmungsbeschluss durch Aufnahme mit ihrem Alleingesellschafter, Herrn Gerhard Bauer, verschmolzen.
2. Herr Gerhard Bauer führt das bisher von der A-Kraftfahrzeug GmbH betriebene Handelsgeschäft weiter. Die Firma lautet: Gerhard Bauer Kraftfahrzeughandel e. K.
3. Das Einzelunternehmen hat als Unternehmensgegenstand Handel mit Kraftfahrzeugen aller Art. Das Unternehmen erfordert nach Art und Umfang einen kaufmännisch eingerichteten Gewerbebetrieb. Sie führt kaufmännische Bücher.
4. Ich zeichne meine Namensunterschrift bei der angemeldeten Firma wie folgt .....
5. Der zuletzt festgestellte Einheitswert des Betriebsvermögens beträgt .....
6. Die Geschäftsräume und die inländische Geschäftsanschrift befinden sich .....

Ich erkläre, dass der Verschmelzungsbeschluss nicht angefochten wurde und wegen der Verzichtserklärung des Alleingesellschafters auch nicht angefochten werden kann. Ein Verschmelzungsbericht

Limmer

und die Durchführung einer Verschmelzungsprüfung sind nach §§ 8 Abs. 3, 9 Abs. 3 UmwG nicht erforderlich.

....., den .....

.....

(Unterschriftszeichnung)

(Beglaubigungsvermerk)

Teil 3: Spaltung

Kapitel 1: Grundlagen der Spaltung

A. Einführung

I. Bedeutung der Spaltung

1 **1. Ökonomische Fragen.** Die in ihren wirtschaftlichen Auswirkungen wohl **bedeutendste Neurege-lung des UmwG 1995** betraf die Spaltung von Rechtsträgern. Der Gesetzgeber hat mit dieser Neurege-lung in einem breiten Anwendungsbereich eine sowohl in dogmatischer als auch praktischer Hinsicht neuartige Form der Rechtsnachfolge eröffnet. In einem Teilbereich allerdings wurde durch das **Gesetz über die Spaltung der von der Treuhandanstalt verwalteten Unternehmen** v. 05.04.1991 (BGBl. I, S. 854) zur Unterstützung der Privatisierung in den neuen Bundesländern die Spaltung bereits eröffnet (sog. kleines Spaltungsgesetz, vgl. hierzu Neye, in: Rädler/Raupach/Bezzenberger, Vermögen in der ehe-maligen DDR, Teil 3, SpTrUG). Darüber hinaus konnten erste Erfahrungen mit der Realteilung von Unternehmen im Wege der Gesamtrechtsnachfolge auch durch das **Landwirtschaftsanpassungsgesetz** gesammelt werden, das in den §§ 4 bis 13 die Aufspaltung von landwirtschaftlichen Produktionsgenos-senschaften regelte (vgl. hierzu Bergemann/Steding, ZAP-DDR Fach 15, S. 119 ff.). Auch das **Ver-mögensgesetz** sah in § 6b Regelungen zur Teilung – das Gesetz spricht von Entflechtung – von Unter-nehmen zur Erfüllung von Rückgabeansprüchen vor (vgl. dazu die Kommentierung von Barkam, in: Rädler/Raupach/Bezzenberger, Vermögen in der ehemaligen DDR, Teil 3).

2 Die Begründung zum RegE beschreibt die Spaltung als eine **Strukturmaßnahme**, die sich spiegelbild-lich zur Verschmelzung verhält (BR-Drucks. 75/94, S. 115, abgedruckt in: Limmer, Umwandlungsrecht, S. 310). Ziel einer Spaltung ist im Gegensatz zur Verschmelzung die vollständige oder teilweise **Aufteilung des Gesellschaftsvermögens auf eine oder mehrere andere Gesellschaften**. Dass dies auch im Wege der Einzelrechtsnachfolge durch Neugründung oder Kapitalerhöhung bei einer Gesellschaft geschehen kann, wurde bereits erwähnt. Das wesentliche Neue an der seit 1995 geltenden gesetzlichen Regelung ist die Übertragung der abzuspaltenden Vermögensteile im Wege der **Sonderrechtsnachfolge**, die oft auch als »**partielle Gesamtrechtsnachfolge**« bezeichnet wird und bei der die Notwendigkeit von Einzelübertragungsakten entfällt (vgl. OLG Hamm RNotZ 2014, 507 = NZG 2014, 783; OLG Hamm, DStR 2010, 991 = NJW 2010, 2591; OLG Karlsruhe NZG 2009, 315 = GmbHR 2008, 1219; Hörtnagl, in: Stratz/Schmitt/Hörtnagl, § 123 UmwG Rn. 3; Widmann/Mayer/Schwarz, Umwandlungsrecht, § 123 UmwG Rn. 413; Kallmeyer/Kallmeyer/Sickinger, UmwG, § 123 Rn. 2; Schmidt, in: Habersack/Koch/Winter, Die Spaltung im neuen Umwandlungsrecht und ihre Rechtsfolgen, S. 11; Lutter/Teichmann, UmwG, § 123 Rn. 8 ff.; Zöllner, ZGR 1995, 335, 339; Gutachten DNotI-Report 2011, 104). Als Gegenleistung für diesen **Gesamtübertragungsakt** erhalten die einzelnen Gesellschafter bei der Aufspaltung bzw. die Gesellschaft bei der Ausgliederung Anteile an der übernehmenden Gesellschaft. Die umständliche Auskehrung der erworbenen Anteile, wie es vor dem Jahr 1995 bei dem Einzelübertragungsmodell notwendig war, ist entfallen.

Die Spaltung kann den **verschiedensten wirtschaftlichen Zielen** dienen, die Begründung zum RegE hat **3** die wichtigsten aufgezählt:
– Schaffung kleinerer, am Markt selbstständig auftretender Einheiten,
– Vorbereitung der Veräußerung von Unternehmensteilen,
– Isolierung von Haftungsrisiken,
– Betriebsaufspaltungen,
– Holding-Konstruktionen,
– Trennung von operativen und nicht betriebsnotwendigen Vermögen,
– Auseinandersetzung von Familienstämmen,
– Erbauseinandersetzungen,
– Umgliederungen von Konzernen,
– Rückgängigmachung von fehlerhaften Verschmelzungen,
– Entflechtungsmaßnahmen

etc. (BR-Drucks. 75/94, S. 74, abgedruckt in: Limmer, Umwandlungsrecht, S. 269).

Neben diesen von der Regierungsbegründung genannten wirtschaftlichen Zielsetzungen der Spaltung **4** und Ausgliederung sind eine Reihe von **weiteren Aspekten** denkbar, zu denen die Spaltung eingesetzt werden kann:
– Spaltung um Publizitäts- und Mitbestimmungspflichten zu entgehen, insb. zur Unterschreitung von Kriterien wie Bilanzsummen, Umsatzerlösen, Arbeitnehmerzahlen etc.;
– Spaltung zur Vorbereitung von Börsengängen selbstständiger Unternehmenseinheiten;
– Spaltung zur Vorbereitung von Unternehmensveräußerungen;
– Einsatz der Spaltung zur Gestaltung der Unternehmensnachfolge (z. B. auch zur Ausnutzung der Freibeträge nach § 13a ErbStG).

Im Zuge der **Privatisierung öffentlicher Einrichtungen und Aufgaben** wie z. B. Krankenhäuser, Pfle- **5** geheimen, Verkehrs-, Versorgungsbetrieben oder kulturellen Einrichtungen spielt die Spaltung in Form der Ausgliederung nach §§ 168 ff. UmwG in der Praxis eine große Rolle (vgl. Lepper, RNotZ 2006, 313; Lutter/Schmidt, UmwG, Vor § 168 Rn. 7; Gaß, Die Umwandlung gemeindlicher Unternehmen, 2003; Vogelbusch, DB 2004, 1391 ff., Schindhelm, DB 1999, 1375; vgl. die empirische Studie Killian/Richter/Hendrik Trapp (Hg.): Ausgliederung und Privatisierung in Kommunen. Empirische Befunde zur Struktur kommunaler Aufgabenwahrnehmung, 2006).

Während man in den 90iger Jahren des letzten Jahrhunderts von einer Fusionswelle sprechen konnte, ist **6** in der Zeit danach eine Umkehr von dieser Entwicklung zu erkennen: **Dekonzentrationsmaßnahmen** und der Trend zu kleineren überschaubaren am Markt tätigen Einheiten halten an. Die Spaltung ist hierzu das notwendige Gestaltungsmittel.

7 **2. Rechtstechnik.** Rechtstechnisch hat das Gesetz in vielen Fällen auf die Vorschriften des Verschmelzungsrechts verwiesen, die sich daher gleichsam als ein **allgemeiner Teil des Formwechselrechts** verstehen. Dies ist sachgerecht, da es sich bei **Verschmelzung und Spaltung** in der Tat um **spiegelbildliche Vorgänge** handelt (vgl. nur Lutter/Teichmann, UmwG, § 123 Rn. 18; Hörtnagl, in: Stratz/Schmitt/Hörtnagl, § 123 UmwG Rn. 3; Teichmann, ZGR 1993, 396 ff.), die umgekehrten wirtschaftlichen Zielen dienen. Weit wichtiger ist aber die Tatsache, dass es sich gesellschaftsrechtlich um wesensgleiche Vorgänge handelt, die die Verweisung möglich machen. Spaltung und Verschmelzung sind, Vermögensübertragungen gegen die Leistung von Anteilsrechten an der aufnehmenden Gesellschaft. Organisationsrechtlich gesehen sind Spaltung und Verschmelzung strukturändernde Maßnahmen, die in ihren Auswirkungen auf Minderheitsgesellschafter, Gläubiger und sonstige Beteiligte vergleichbare Wirkungen haben und daher vergleichbare Regelungen notwendig machen. Bei der Durchführung einer Spaltung sind daher immer auch die **Vorschriften des Verschmelzungsrechts anzuwenden,** soweit nicht eine Sonderregelung des Spaltungsrechts getroffen wurde.

8 **3. Steuerrechtliche Fragen.** Das umwandlungsrechtliche Spaltungsinstrumentarium wird häufig aus steuerrechtlichen Gründen auf der Grundlage des UmwStG eingesetzt, das unter bestimmten Voraussetzungen eine steuerneutrale Spaltung oder Ausgliederung zulässt. Da das UmwStG teilweise andere Begriffsbildungen wählt als das UmwG, ist in der Praxis darauf zu achten, dass, wenn eine **steuerneutrale Spaltung** gewünscht wird, beiden Materien Rechnung getragen wird (vgl. ausführlich dazu unten Teil 7 Rdn. 331 ff.). Die steuerrechtlichen Fragen sind in den §§ 15, 16 i. V. m. § 11 UmwStG geregelt. Vollzieht sich die Spaltung nach dem UmwG, gewährt § 11 Abs. 1 UmwStG den übertragenden Rechtsträger unter den in § 15 bzw. § 16 UmwStG genannten Voraussetzungen das Wahlrecht, das zu übertragene Vermögen zum Buchwert, einem Zwischenwert oder dem Teilwert anzusetzen. Insofern kann eine steuerneutrale Übertragung durchgeführt werden. Setzt der übertragende Rechtsträger stattdessen freiwillig den Zwischenwert an, hat die Spaltung eine Gewinnrealisierung zur Folge. Die Steuerneutralität setzt voraus, dass sowohl das jeweils auf den bzw. die übernehmenden Rechtsträger übergehende Vermögen als auch – im Fall der Abspaltung – das bei der übertragenden Kapitalgesellschaft zurückbleibende Vermögen einen **Teilbetrieb im steuerlichen Sinne** bildet. Insofern weicht der Steuergesetzgeber von der Möglichkeit ab, ein Einzelwirtschaftsgut zu übertragen; dies ist umwandlungsrechtlich zulässig, steuerlich kann dies dazu führen, dass keine Steuerneutralität möglich ist. Insofern sind für eine erfolgsneutrale Spaltung mindestens zwei Teilbetriebe erforderlich, wobei als Teilbetrieb auch ein Mitunternehmeranteil oder eine 100 %ige Beteiligung an einer Kapitalgesellschaft angesehen wird (§ 15 Abs. 3 Satz 1 UmwStG). Teilbetrieb ist ein mit einer gewissen Selbstständigkeit ausgestalteter organisatorisch geschlossener Teil des Gesamtbetriebes, der die Merkmale eines Betriebes i. S. d. EStG erfüllt und als solcher lebensfähig ist (vgl. eingehend Teil 7 Rdn. 334 ff. und aus der neueren Rechtsprechung und Literatur: BFH BStBl II 2011, 467; BFH v. 07.04.2010, BFHE 229, 179 = BB 2010, 1913 = MittBayNot 2011, 169 – dort hat der BFH entschieden, dass die steuerneutrale Abspaltung eines Teilbetriebs voraussetzt, dass sämtliche wesentliche Betriebsgrundlagen übertragen und nicht nur zur Nutzung überlassen werden; BFH GmbHR 2011, 9; BFHE 218, 316 = BStBl. II 2007, S. 772 = GmbHR 2007, 111 = DB 2007, 1952; BFHE 209, 95 = BStBl. II 2005, S. 395 = BB 2005, 1088 = GmbHR 2005, 69; BFHE 218, 316 = BStBl. II 2007, S. 772; BFHE 189, 465 = BStBl. II 2000, S. 123 = BB 2000, 127 = DStR 2000, 64; BFH/NV 2007, 1661; BFH/NV 2009, 167; Widmann/Mayer/Schießl, Umwandlungsrecht, § 15 UmwStG Rn. 19 ff.; Lutter/Schumacher, UmwG, Anh. § 151 Rn. 11 ff.; Hörtnagl, in: Stratz/Schmitt/Hörtnagl, § 15 UmwStG Rn. 52 ff.; Abele, BB 2010, 1913; Stangl/Grundke, DB 2010, 1851; Blumers, DB 2008, 2041; ders., DB 2010, 1670; Sistermann/Beutel, DStR 2011, 1162; Kessler/Philipp, DStR 2011, 1065).

9 ▶ **Hinweis:**

Für die Praxis gilt daher, dass zu klären ist, ob tatsächlich sämtliche wesentliche Betriebsgrundlagen der Teilbetriebe, im Spaltungs- und Übernahmevertrag erfasst sind bzw. beim übertragenden Rechtsträger der Teilbetrieb zurückbleibt.

10 Eine weitere, auch i. R. d. gesellschaftsrechtlichen Gestaltung zu beachtende Sperre ist in § 15 Abs. 2 Satz 3 und Satz 4 UmwStG enthalten, wonach eine Auf- oder Abspaltung nicht steuerneutral erfolgen kann, wenn innerhalb von 5 Jahren nach dem steuerlichen Übertragungsstichtag Anteile an einer an der Spaltung beteiligte Körperschaft, die mehr als 20 % der vor Wirksamwerden der Spaltung an der Körperschaft bestehenden Anteile ausmachen, veräußert werden. Die Vorschrift kann also zu einem rückwirkenden Verlust der Steuerneutralität führen und zwar für die gesamte Spaltung (vgl. eingehend Teil 7 Rdn. 376 ff. und Neumann GmbHR 2012, 141 ff.; Thieme BB 2005, 204 ff.; Widmann/Mayer/Schießl, Umwandlungsrecht, § 15 UmwStG Rn. 298 ff.; Lutter/Schumacher, UmwG, Anh. § 151 Rn. 29 ff.; Hörtnagl, in: Stratz/Schmitt/Hörtnagl, § 15 UmwStG Rn. 147 ff.).

▶ **Hinweis:** 11

In der Gestaltungspraxis ist daher sicherzustellen, dass eine solche Veräußerung in der Fünf-Jahres-Frist unterbleibt oder nur mit Zustimmung aller Beteiligten möglich ist. In der vertragsgestaltenden Literatur werden hierbei folgende Regelungen zur Vermeidung des Steuernachteils vorgeschlagen (vgl. Lutter/Schumacher, UmwG, Anh. § 151 Rn. 36; Widmann/Mayer/Schießl, Umwandlungsrecht, § 15 UmwStG Rn. 437 ff.; Schwedhelm/Streck/Mack, GmbHR 1995, 100, 102; Herzig/Förster, DB 1995, 338, 345; Löffler/Hansen, DB 2010, 1369 ff.; Neyer, DStR 2002, 2200; FG Düsseldorf, GmbHR 2004, 1292 m. Anm. Dieterlen/Golücke, GmbHR 2004, 1264; Kallmeyer/Kallmeyer/Sickinger, UmwG, § 126 Rn. 53; Schwedhelm/Streck/Mack, GmbHR 1995, 100, 102; Herzig/Förster, DB 1995, 338, 345; Formulierungsvorschlag bei Widmann/Mayer/Mayer, Umwandlungsrecht, § 126 UmwG Rn. 354.2):
– **Treuhandlösung:** Übertragung sämtlicher Anteile an den Nachfolgegesellschaften für 5 Jahre auf einen Treuhänder;
– **Vinkulierungslösung:** Anteilsabtretung ist nach Satzung der aufnehmenden Gesellschaft nur mit Zustimmung aller Gesellschafter zulässig, außerdem sind die Gesellschafter der beiden aufnehmenden Gesellschafter jeweils gegenseitig zumindest mit kleinsten Anteilen wechselseitig beteiligt, um die Vinkulierung durchsetzen zu können. Die Vinkulierung sollte als Sonderrecht des Minderheitsgesellschafters ausgestaltet werden;
– **Zuweisung der Steuerverbindlichkeiten:** Die Steuerschuld wird der Gesellschaft zugewiesen, deren Gesellschafter den Wegfall auslösen;
– **Vertragsstrafenvereinbarung.**

Bei der **Trennung von Gesellschafterstämmen** besteht außerdem nach § 15 Abs. 2 Satz 5 UmwStG eine 12
Missbrauchsklausel, wonach keine Steuerneutralität möglich ist, wenn die Beteiligung an der übertragenden Körperschaft nicht mindestens 5 Jahre vor dem steuerlichen Übertragungsstichtag bestanden hat. Nach Auffassung der Finanzverwaltung ist eine Trennung von Gesellschafterstämmen auch dann nicht möglich, wenn die übertragende Körperschaft noch keine 5 Jahre bestanden hat (Umwandlungsteuererlass 2011, Tz. 15.37).

II. »Wirtschaftliche« Spaltung

Abgesehen von den o. g. Sondertatbeständen konnte vor dem Jahr 1995 in der Mehrzahl der Fälle das 13
wirtschaftliche Ziel der Abspaltung bestimmter Teilbetriebe oder einzelner Vermögensmassen nur in einem relativ aufwendigen Verfahren gestaltet werden, das sich grundlegend von der geplanten Neuregelung unterscheidet, da es auf dem Prinzip der Einzelübertragung der Vermögensgegenstände beruht. Das Gesetz macht allerdings deutlich, dass diese »Einbringungslösung« auch weiterhin eröffnet bleibt, wie dies auch in allen anderen Fällen der Umwandlung oder Verschmelzung möglich ist. Für die Spaltung wurde in der Praxis nach altem Recht der umständliche Weg einer **Sachgründung des neuen Rechtsträgers** mit anschließender Einbringung der abzuspaltenden Vermögensmassen vorgenommen (vgl. hierzu Mayer, DStR 1992, 129 ff.; Gäbelein, BB 1989, 1420 ff.; vgl. auch Hörtnagl, in: Stratz/Schmitt/Hörtnagl, § 123 UmwG Rn. 24). Dieses Verfahren der Sachgründung konnte zwar beschleunigt werden durch die sog. **Stufengründung**, bei der der neue Rechtsträger zunächst im Wege der Bargründung geschaffen wird und anschließend die abzuspaltenden Vermögensteile im Wege der Sachkapitalerhöhung eingebracht werden. Problematisch war bei dieser Lösung aber v. a. die anschließende Frage, auf welche Weise die Anteile an der neuen durch die Abspaltung geschaffenen Gesellschaft an die Anteilseigner ausgekehrt werden können. Anders als bei der Ausgliederung sollte in den »echten« Spaltungsfällen auch der Gesellschafterkreis getrennt werden. Durch die zunächst vor-

genommene Sachgründung aber war die abspaltende Gesellschaft Inhaber der Anteile an der neuen Gesellschaft.

Die **Praxis** hatte auch diesbezüglich **verschiedene Wege** eingeschlagen (wegen weiterer Gestaltungsalternativen vgl. Fritz, Die Spaltung von Kapitalgesellschaften, S. 73 ff.):

– Zum einen wurde die **Tauschlösung** praktiziert, d. h. die abspaltende Gesellschaft tauschte die Anteile der Gesellschafter, die an der neuen Gesellschaft beteiligt werden sollen, mit diesen gegen ihre eigenen Anteile an der neuen Gesellschaft. Die abspaltende Gesellschaft erwarb dabei eigene Anteile.

– Eine andere Möglichkeit lag darin, dass die Anteile an der abspaltenden Gesellschaft eingezogen wurden. Als Gegenleistung für die Zustimmung zur **Einziehung** wurden den ausscheidenden Gesellschaftern die Anteile an der neuen Gesellschaft übertragen.

– Als dritte Möglichkeit schließlich konnte auch eine **Kapitalherabsetzung** vorgenommen werden, in deren Folge die Anteile an der neuen Gesellschaft anstelle der Geldauszahlung an die Gesellschafter, die ausscheiden sollen, übertragen wurden. Dieser letzte Weg war allerdings wegen des zu beachtenden Sperrjahres sehr langwierig. Dass die Einbringungsspaltung in vielen Fällen erhebliche Probleme bereiten oder gar scheitern konnte, lag an der Tatsache, dass es sich hierbei um einen Einzelübertragungsakt handelte. Für jeden Vermögensgegenstand, der in den abzuspaltenden Rechtsträger eingebracht werden sollte, musste die entsprechende Einzelübertragung nach den einschlägigen Vorschriften vorgenommen werden. Darüber hinaus mussten auch entsprechende vertragliche Verhältnisse übernommen werden, was nach § 415 BGB nur mit Zustimmung der jeweiligen Gläubiger möglich war.

III. Besonderheiten bei Ausgliederung

14 Ein Sonderfall der Spaltung ist die sog. **Ausgliederung**. Nach § 123 Abs. 3 UmwG ist die Ausgliederung dadurch gekennzeichnet, dass der übertragende Rechtsträger aus seinem Vermögen einen Teil ausgliedert zur Aufnahme auf einen bestehenden Rechtsträger oder zur Neugründung. Möglich ist auch die sog. **Totalausgliederung**, d. h. die vollständige Ausgliederung des Unternehmens auf eine Tochter. Die Mutter wird dadurch zur reinen Holding (OLG Hamm, DStR 2010, 991 = NJW 2010, 2591; Kallmeyer/Kallmeyer/Sickinger, UmwG, § 123 Rn. 12; H. Schmidt, AG 2005, 26 ff.; Lutter/Teichmann, UmwG, § 123 Rn. 25; Hörtnagl, in: Stratz/Schmitt/Hörtnagl, § 123 UmwG Rn. 22 KölnerKommUmwG/Simon, § 123 UmwG Rn 27; Schwanna, in: Semler/Stengel, § 123 UmwG Rn. 17).

15 Die Besonderheit im Vergleich zur Spaltung liegt bei der Ausgliederung darin, dass die Anteile, die als Gegenleistung für das übertragende Vermögen gewährt werden, nicht den Gesellschaftern der ausgliedernden Gesellschaft übertragen werden, sondern der ausgliedernden Gesellschaft selbst. Es findet daher keine Vermögensreduktion statt (so Schwanna, in: Semler/Stengel, § 123 UmwG Rn. 16). Die Literatur weist zu Recht darauf hin, dass sich die Ausgliederung hierdurch grundlegend von der Spaltung unterscheidet; die Beteiligungsverhältnisse der Anteilsinhaber am übertragenden Rechtsträger bleiben unberührt (vgl. Lutter/Teichmann, UmwG, § 123 Rn. 24; Kallmeyer/Kallmeyer/Sickinger, UmwG, § 123 Rn. 11 ff.; Schwanna, in: Semler/Stengel, § 123 UmwG Rn. 15 f.). Die wissenschaftliche Diskussion hat diese Besonderheiten deutlich gemacht, nämlich dass die Ausgliederung **strukturelle Besonderheiten** ggü. den anderen Umwandlungsarten hat (vgl. Schmidt, in: Habersack/Koch/Winter, Die Spaltung im neuen Umwandlungsrecht und ihre Rechtsfolgen, S. 15 ff.).

Anders als bei der Spaltung vermindert sich auch das Gesellschaftsvermögen nicht, es findet nur ein **Aktivtausch** – Vermögensgegenstände gegen Anteile – statt. Die Ausgliederung ist daher im Grunde nur ein Sonderfall der Vermögensübertragung; z. T. wird sie als selbstständiges Rechtsinstitut eingeordnet (so Lutter/Teichmann, UmwG, § 123 Rn. 24, Teichmann, ZGR 1993, 396, 400), wobei im Einzelnen noch unklar ist, welche rechtlichen Folgerungen aus dieser Feststellung zu ziehen sind. Besonders bei der Ausgliederung ist der Unterschied zur Einzelübertragung und Einbringung im Wege der Sachkapitalerhöhung oder bei der Neugründung im Wege der Sacheinlage am geringsten. Das wirtschaftliche Ergebnis einer Ausgliederung kann hierdurch ebenso erreicht werden. Auch in diesem Fall wird das auszugliedernde Vermögen in eine Gesellschaft im Wege der Sacheinlage übertragen. Die schwierigen Auskehrungskonstruktionen, die bei der früheren wirtschaftlichen Spaltung notwendig waren, entfallen bei der Ausgliederung, da die übertragende Gesellschaft selbst Gesellschafter der neuen Gesellschaft werden soll. Eine **umfangreiche wissenschaftliche Diskussion** hat nach einer Entscheidung des LG Karlsruhe (ZIP 1998, 385 = DB 1997, 120) stattgefunden. Im Fall des LG Karlsruhe hatte die Badenwerk AG aufgrund von drei Ausgliederungs- und Einbringungsverträgen nach allgemeinem Gesellschaftsrecht im Wege der Einbringung ohne Anwendung des UmwG einen Großteil des Gesellschaftsvermögens auf drei zuvor neu gegründete Tochtergesellschaften übertragen. Die Badenwerk AG sollte nur noch als Holding-Gesellschaft fungieren. In einem Verfahren nach § 91a ZPO war das LG Karlsruhe der Auffassung, dass die Schutzvorschriften des UmwG zugunsten der Aktionäre insb. die Vorschriften über den Spaltungsbericht und eine evtl. gesondert zu erstellende Zwischenbilanz auch auf die Ausgliederung durch Einzelrechtsübertragung entsprechend anwendbar sind.

Das LG Karlsruhe knüpft dabei an die **Holzmüller-Rechtsprechung des BGH** (BGHZ 83, 122 ff. = NJW 1982, 1703) an. In dieser Entscheidung hat der BGH festgestellt, dass auch im Fall einer Einzelübertragung die Zustimmung der Hauptversammlung erforderlich ist, wenn die Ausgliederung einen wesentlichen Vermögensteil betrifft. Das LG Hamburg hatte im Fall »Wünsche« eine Erstreckung der Schutzmechanismen des UmwG in einem Fall verneint, in dem die beklagte Gesellschaft ihre sämtlichen Beteiligungen in drei Holding-Gesellschaften im Wege der Einzelübertragung ausgegliedert hatte (LG Hamburg, DB 1997, 516). Das LG Frankfurt am Main (ZIP 1997, 1698) hatte im Fall »Altana Milupa«, in dem es um einen Zustimmungsbeschluss der Hauptversammlung zur Veräußerung des gesamten Vermögens einer Tochtergesellschaft und die damit einhergehenden Beendigung einer Sparte des Konzerns ging, das Erfordernis, einen Strukturbericht zu erstellen, in der Hauptversammlung auszulegen und den Aktionären auf Wunsch zu übersenden, u. a. auf die Bestimmungen des UmwG gestützt. In der Literatur mehren sich auch teilweise die Stimmen, die eine entsprechende Anwendung der Schutzmechanismen des UmwG auf Ausgliederungen auch unter Hinweis auf die Holzmüller-Entscheidung des BGH bejahen (vgl. bereits K. Schmidt, ZGR 1995, 675, 677; Lutter/Drygala, in: FS für Kropf, 1999, S. 191, 197; Altmeppen, DB 1998, 49, 51; für eine Einzelfallbetrachtung Lutter/Leinekugel, ZIP 1998, 225; Feil, ZIP 1998, 361, 366; vgl. auch die umfangreiche Diskussion in dem Tagungsband Habersack/Koch/Winter, Die Spaltung im neuen Umwandlungsrecht und ihre Rechtsfolgen, 1999; Scholz/Schneider, § 37 GmbHG Rn. 12; Lutter/Teichmann, UmwG, § 123 Rn. 28 ff.; Kallmeyer/Kallmeyer/Sickinger, § 123 UmwG Rn. 19). Teilweise wird in der Rechtsprechung ein besonderes Informationsrecht der Gesellschafter in Anlehnung an das UmwG angenommen (OLG Stuttgart, DB 2001, 854). In der Literatur ist daher die Frage diskutiert worden, inwieweit bei vergleichbaren wirtschaftlichen Übertragungssituationen das **UmwG** mit seinen Institutionen insgesamt oder zumindest teilweise **entsprechend anzuwenden** ist (vgl. K. Schmidt, in: FS für Ulmer, 2003, S. 557, 574 f.; Kallmeyer, in: FS für Lutter, 2000, S. 1245 ff.; Schnorbus, DB 2001, 165; Widmann/Mayer, Umwandlungsrecht, Anhang 5 Einbringung Rn. 913 ff.; Hörtnagl, in: Stratz/Schmitt/Hörtnagl, § 123 UmwG Rn. 24; Lutter/Teichmann, UmwG, § 123 Rn. 28 ff.; Kallmeyer/Kallmeyer/Sickinger, § 123 UmwG Rn. 19). Dass sich im Einzelfall aus allgemeinen gesellschaftsrechtlichen Grundsätzen Einschränkungen ähnlich den Schutzmechanismen des UmwG ergeben können, hat der BGH in den Entscheidungen »Gelantine I« (NZG 2004, 575) und »Gelantine II« (DStR 2004, 922) unter Anwendung der Grundsätze des »Holzmüller-Urteils« (BGHZ 83, 122) festgestellt und ungeschriebene Mitwirkungsbefugnisse der Hauptversammlung bei Umstrukturierungen außerhalb des UmwG festgestellt. Auch das »Macotron«-Urt. v. 25.11.2002 (ZIP 2003, 387; Vorinstanz OLG München, ZIP 2001, 700) deutete an, dass die **Vorschriften des UmwG nur eingeschränkt analogiefähig** seien. Im Urteil »Macotron II« vom 8.10.2013 (AG 2013, 877 = ZIP 2013, 2254 = DB 2013, 2672) hat der BGH entschieden, dass bei einem Widerruf der Zulassung der Aktie zum Handel im regulierten Markt auf Veranlassung der Gesellschaft die Aktionäre keinen Anspruch auf eine Barabfindung analog § 207 UmwG haben (so auch Drygala/Staake, ZIP 2013, 905, 912; anders Wackerbarth, WM 2012, WM 2012, 2078; Kiefner/Gillessen, AG 2012 Seite 645, 653). Auch in der Literatur wird die Frage heftig diskutiert, von einer herrschenden Meinung kann zurzeit kaum gesprochen werden (vgl. die Diskussionsbeiträge von Aha, AG 1997, 345; Lutter/Drygala, in: FS für Kropp, 1997, S. 191 ff.; Lutter/Leinekugel, ZIP 1998, 225; Emmerich, AG 1998, 151; Heckschen, DB 1998, 1385; Bungert, NZG 1998, 367; sowie die verschiedenen Beiträge im Tagungsband Habersack/Koch/Winter, Die Spaltung im neuen Umwandlungsrecht und ihre Rechtsfolgen; K. Schmidt, in: FS für Ulmer, 2003, S. 557, 574 f.; Kallmeyer, in: FS für Lutter, 2000, S. 1245 ff.; Schnorbus, DB 2001, 165; Weißhaupt, AG 2004, 585 ff.; Widmann/Mayer, Umwandlungsrecht, Anhang 5 Einbringung Rn. 913 ff.).

16 ▶ **Hinweis:**

Die Praxis muss daher im Einzelfall immer und zwar insb. wenn wertvolle und bedeutende Geschäftsbereiche ausgegliedert werden, prüfen, ob nicht eine entsprechende Anwendung der Ausgliederungsvorschriften geboten ist. Im Einzelfall kann es sich dann empfehlen, von vornherein den Weg der Ausgliederung nach dem UmwG zu wählen, um rechtliche Risiken auszuschließen (vgl. auch zur Kompetenzverteilung Ettinger/Reich, GmbHR 2007, 617).

IV. Betriebsaufspaltung

17 Eine Betriebsaufspaltung liegt vor, wenn eine Gesellschaft in eine **Besitz- und eine Betriebsgesellschaft** gespalten wird, bei dem die Besitzgesellschaft das wertvolle Anlagevermögen, i. d. R. Betriebsgrundstücke, zurückbehält, während das Umlaufvermögen auf eine i. d. R. neu gegründete Kapitalgesellschaft übertragen wird. Bisher stand hierfür nur die **Einbringung mit Einzelrechtsübertragung** oder der **Verkauf mit Einzelrechtsübertragung** zur Verfügung. Im ersteren Fall handelte es sich also um eine Sachgründung. Nach der Neuregelung kann die Betriebsaufspaltung auch im Wege der **Gesamtrechtsnachfolge durch Ausgliederung aus dem Vermögen eines Einzelkaufmanns** (§§ 152 ff. UmwG) oder sonst im Wege der **Auf- oder Abspaltung**, also jeweils mit **partieller Gesamtrechtsnachfolge**, begründet werden. Kein Hindernis ist hierbei, dass kein Teilbetrieb übertragen wird, weil die wesentlichen Betriebsgrundlagen bei dem Besitzunternehmen bleiben. Für die gesellschaftsrechtliche Spaltung wird keine Qualifikation des übertragenen Vermögens als Teilbetrieb vorausgesetzt.

V. Abwägung

18 Wegen dieser Wahlfreiheit, insb. bei der Ausgliederung, muss die **Verwaltung jeweils entscheiden**, welchen Weg sie wählt. Allgemein ist dabei festzuhalten, dass bei der Ausgliederung die Vermeidung des UmwG viel näher liegt als bei der Auf- und Abspaltung. Insb. bei kleinen Vermögensteilen stellt sich der Weg über das UmwG als umständlicher dar (vgl. auch Kallmeyer/Kallmeyer/Sickinger, § 123 UmwG Rn. 17 ff., 21; Lutter/Teichmann, UmwG, § 123 Rn. 28 ff.).

19 Die **Nachteile des UmwG für die Ausgliederung** (vgl. auch Schwanna, in: Semler/Stengel, § 123 UmwG Rn. 4) bestehen in der:

– Formalisierung des Ausgliederungsverfahrens,
– zwingenden und betraglich unbeschränkten Haftung (§ 113 UmwG).

20 Die **Ausgliederung** im Wege der Gesamtrechtsnachfolge hat allerdings **Vorteile**, wenn eine Vertragsübernahme im größeren Umfang erfolgt. Bei der Einzelrechtsübertragung ist die Zustimmung der jeweiligen Vertragspartner notwendig. Diese Verträge können bei der Ausgliederung nach dem UmwG auch mit Wirkung im Außenverhältnis auf die Betriebsgesellschaft übergeleitet werden, ohne dass eine Zustimmung der Vertragspartner notwendig ist (vgl. Kallmeyer/Kallmeyer/Sickinger, § 123 UmwG Rn. 17; OLG Dresden, WM 2007, 1273 f.; Schwanna, in: Semler/Stengel, § 123 UmwG Rn 3). Vorteilhaft kann daher die Ausgliederung sein, wenn etwa langfristige Geschäftsraum-Mietverträge oder Darlehensverträge mit Dritten abgeschlossen wurden (vgl. OLG Karlsruhe, NZG 2009, 315 = GmbHR 2008, 1219).

VI. Spaltung nach dem UmwG

21 **1. Grundkonzeption der Spaltung.** Ebenso wie bei dem Treuhandspaltungsgesetz wurde mit Inkrafttreten des UmwG am 01.01.1995 **erstmals** im deutschen Recht das **Rechtsinstitut der partiellen Gesamtrechtsnachfolge** im Gesetz eröffnet (vgl. zu dieser Begrifflichkeit OLG Hamm RNotZ 2014, 507 = NZG 2014, 783; OLG Hamm, DStR 2010, 991 = NJW 2010, 2591; OLG Karlsruhe NZG 2009, 315 = GmbHR 2008, 1219; Hörtnagl, in: Stratz/Schmitt/Hörtnagl, § 123 UmwG Rn. 3; Widmann/Mayer/Schwarz, Umwandlungsrecht, § 123 UmwG Rn. 413; Kallmeyer/Kallmeyer/Sickinger, UmwG, § 123 Rn. 2; Schmidt, in: Habersack/Koch/Winter, Die Spaltung im neuen Umwandlungsrecht und ihre Rechtsfolgen, S. 11; Lutter/Teichmann, UmwG, § 123 Rn. 8 ff.; Zöllner, ZGR 1995, 335, 339; Gutachten DNotI-Report 2011, 104; vgl. allerdings § 58 UmwG i. d. F. vor 1995, wo bei der Umwandlung eines Einzelkaufmanns funktional eine partielle Gesamtrechtsnachfolge stattfand). Die **Nachteile der Einzelrechtsnachfolge** werden hierdurch vermieden, die Gesellschafter können durch einen Gesamtakt Abspaltung bzw. Aufspaltung und Neugründung der neuen Rechtsträger bewirken. Auch der geschilderte schwierige Akt der Auskehrung der Anteile an die Anteilseigner entfällt, da bei der Spaltung als Gesamtrechtsnachfolge die Anteilsinhaber des übertragenen Rechtsträgers als Gegenleistung für die Übertragung direkt die Anteile am neuen Rechtsträger erwerben.

In § 123 UmwG werden die **verschiedenen Arten der Spaltung** definiert: 22
– **Aufspaltung:** Der übertragende Rechtsträger wird aufgelöst, ohne dass eine Liquidation notwendig ist; das Vermögen wird auf die neuen Rechtsträger im Wege der partiellen Gesamtrechtsnachfolge gegen Gewährung von Anteilen an die Anteilsinhaber des übertragenden Rechtsträgers übertragen.
– **Abspaltung:** Der übertragende Rechtsträger spaltet nur einen Teil seines Vermögens auf den anderen erwerbenden Rechtsträger ab, besteht aber daneben weiter. Die Anteilsinhaber sind dann an beiden Rechtsträgern direkt beteiligt.
– **Ausgliederung:** Der Rechtsträger kann auch Teile seines Vermögens auf eine Tochtergesellschaft ausgliedern, d. h. die Anteile an der Tochtergesellschaft werden nicht in das Vermögen der eigenen Anteilsinhaber übertragen, sondern bleiben im Vermögen des übertragenden Rechtsträgers. Es entsteht also hierdurch ein Konzernverhältnis.

▶ **Hinweis:**   23

Aufspaltung, Abspaltung und Ausgliederung können sowohl auf einen bestehenden Rechtsträger erfolgen oder auch, was in der Praxis wohl häufig der Fall ist, auf einen erst durch die Abspaltung neu zu gründenden (Sachgründung) Rechtsträger.

2. Besondere Problembereiche. Die dogmatischen und rechtstechnischen Einzelfragen der Spal-   24
tung sind, wie auch die Diskussion um das Spaltungstreuhandgesetz und die praktischen Erfahrungen gezeigt haben, vielfältig. Nachfolgend sollen daher nur **einige wichtige Problembereiche** behandelt werden, die in der Diskussion bisher eine wichtige Rolle gespielt haben.

a) Parteiautonomie im Spaltungsrecht. Das Herzstück der Spaltung ist der in § 126 UmwG gere-   25
gelte Spaltungs- und Übernahmevertrag, der dem Verschmelzungsvertrag nachgestaltet ist. § 126 Abs. 1 Nr. 1 UmwG bestimmt, dass im Spaltungsvertrag die Gegenstände des Aktiv- und Passivvermögens, die an jeden der übernehmenden Rechtsträger übertragen werden, sowie die übergehenden Betriebe und Betriebsteile unter der Zuordnung zu den übernehmenden Rechtsträgern genau bezeichnet und aufgeteilt werden müssen. Anders als der RefE v. 15.04.1992, der als § 123 Abs. 5 noch die Einschränkung vorsah, dass die Spaltung nicht zulässig ist, wenn im Wesentlichen nur ein einzelner Gegenstand übertragen oder eine einzelne Verbindlichkeit übergeleitet werden soll, sieht das UmwG **keinerlei gesetzliche Beschränkung der Parteiautonomie bei der Ausgestaltung der Übertragung** vor (vgl. OLG Hamm, DStR 2010, 991 = NJW 2010, 2591; OLG Karlsruhe, NZG 2009, 315 = GmbHR 2008, 1219; Lutter/Priester, UmwG, § 126 Rn. 59; Hörtnagl, in: Stratz/Schmitt/Hörtnagl, § 126 UmwG Rn. 64; KölnerKommUmwG/Simon, § 123 Rn 11; Schmidt, AG 2005, 26; Schröer, in: Semler/Stengel, § 126 UmwG Rn. 28; Heidenhain, NJW 1995, 2873, 2876; Widmann/Mayer/Mayer, § 126 UmwG Rn. 61). Im Grundsatz ist dies zu begrüßen, da die Beschränkung auf einen einzelnen Gegenstand nicht unbedingt eine sachlich sinnvolle Grenze darstellte, da oft ein einzelner Gegenstand auch einen großen Teil des Vermögens, wenn nicht gar den wesentlichen Teil des Unternehmens, ausmachen kann. Bei der Betriebsaufspaltung kann bekanntlich im steuerrechtlichen Sinn bereits ein einzelnes Grundstück eine wesentliche Betriebsgrundlage darstellen.

Dass mit einer soweit gehenden Vertragsfreiheit allerdings auch **Probleme des Gläubigerschutzes** ver-   26
bunden sein können, wurde in der Literatur bereits ausführlich nachgewiesen (vgl. Kleindiek, ZGR 1992, 513 ff.; Teichmann, ZGR 1993, 396, 403 ff.). Die bisher herrschende Meinung geht allerdings ohne Weiteres davon aus, dass es auch möglich ist, nur einen einzelnen Vermögensgegenstand zu übertragen (vgl. Widmann/Mayer/Schwarz, Umwandlungsrecht, § 123 UmwG Rn. 4.1.2; Lutter/ Priester, UmwG, § 126 Rn. 70; Widmann/Mayer/Mayer, § 126 UmwG Rn. 61; Schröer, in: Semler/ Stengel, § 126 UmwG Rn. 28; Ittner, MittRhNotK 1997, 105, 114; Karollus, in: Lutter, Kölner Umwandlungsrechtstage 1995, S. 157, 159 ff.).

27 Zu beachten ist allerdings, dass eine **steuerneutrale Übertragung** nach den §§ 15 Abs. 1, 20 Abs. 1 und 24 Abs. 1 UmwStG nur möglich ist, wenn ein Betrieb oder Teilbetrieb im steuerrechtlichen Sinn übertragen wird (vgl. dazu oben Teil 3 Rdn. 8). Die Übertragung von einzelnen Vermögensgegenständen führt daher immer zur **Aufdeckung stiller Reserven** und dürfte daher in der Praxis eher selten sein (Lutter/Priester, UmwG, § 126 Rn. 70; Widmann/Mayer/Mayer, § 126 UmwG Rn. 61; Schröer, in: Semler/Stengel, § 126 UmwG Rn. 28; Hörtnagl, in: Stratz/Schmitt/Hörtnagl, § 126 UmwG Rn. 64). Auch im Arbeitsrecht können Arbeitsverhältnisse und Betriebe und Betriebsteile an sich willkürlich zugeordnet werden. Dabei spielt jedoch § 613a Abs. 1 Satz 1 BGB eine wichtige Rolle. Danach gehen beim Übergang von Betrieben oder Betriebsteilen die bei diesen bestehenden Arbeitsverhältnissen zwingend mit über. § 613a BGB hat Vorrang vor einer abweichenden Festsetzung im Spaltungsvertrag (vgl. Lutter/Joost, UmwG, § 323 Rn. 22; Hergenröder, RdA 2007, 218 ff.; Dorp/Link, AuA 2009, 588; Ittner, MittRhNotK 1997, 114; Willemsen, Umstrukturierung und Übertragung von Unternehmen, S. 673 ff.; Widmann/Mayer/Vossius, Umwandlungsrecht, § 131 UmwG Rn. 51 ff.; Joost, ZIP 1995, 976, 980). Die **Zuweisung bestehender Arbeitsverhältnisse** erfolgt also zwingend mit der Zuweisung des Betriebes, dem der betreffende Arbeitnehmer angehört. Umstritten ist, ob eine abweichende Zuordnung mit Zustimmung des Arbeitnehmers möglich ist (bejahend Widmann/Mayer/Vossius, Umwandlungsrecht, § 131 Rn. 51 ff.; verneinend Joost, ZIP 1995, 976, 980). Steuerrechtlich ist schließlich etwaiges **Sonderbetriebsvermögen bei Personengesellschaften** zu beachten. Bei der Spaltung wird dieses im Eigentum des oder der Gesellschafter stehende Vermögen nicht erfasst. Die Steuerneutralität ist dann gefährdet (vgl. unten Teil 7 Rdn. 334 ff. und BFH, BStBl. 1996 II, S. 342; Widmann/Mayer/Mayer, Umwandlungsrecht, § 20 UmwStG Rn. 98).

28 **b) Gläubigerschutz bei der Spaltung.** Der eng mit der Vertragsfreiheit im o. g. Sinn zusammenhängende Problemkreis des Gläubigerschutzes bei der Spaltung soll v. a. durch eine **gesamtschuldnerische Haftung** in § 133 UmwG geregelt werden. Für die Verbindlichkeiten des übertragenden Rechtsträgers, die vor dem Wirksamwerden der Spaltung begründet worden sind, sollen die an der Spaltung beteiligten Rechtsträger als Gesamtschuldner haften. Ergänzt wird dies durch die **Verweisung auf § 22 UmwG**: der Anspruch der Gläubiger auf Sicherheitsleistung, wobei zur Sicherheitsleistung nur der an der Spaltung beteiligte Rechtsträger verpflichtet ist, gegen den sich der Anspruch richtet. Die gesamtschuldnerische Haftung wird allerdings auf einen Fünf-Jahres-Zeitraum für den Rechtsträger begrenzt, der nach dem Spaltungsplan nicht der originäre Gläubiger sein soll. Diese zeitliche Haftungsbegrenzung ist an das Nachhaftungsbegrenzungsgesetz angelehnt, das für den gesamten Bereich des Gesellschaftsrechts die Frage der Nachhaftung regelt.

29 In der Literatur wurde die Frage, auf welche Weise am **sachgerechtesten der Gläubigerschutz** angesichts der umfänglichen Vertragsfreiheit bei der Verteilung des Aktiv- und Passiv-Vermögens ausgestaltet werden soll, bereits eingehend diskutiert (vgl. v. a. Kleindiek, ZGR 1992, 512 ff.). Das UmwG 1995 schaffte hier im Vergleich zum vorhergehenden RefE oder gar zum DiskE eine wesentliche Verbesserung der Gläubigerstellung. Während der DiskE Gläubigerschutz durch Sicherheitsleistung erreichen wollte, ergänzte der RefE dies durch eine gesamtschuldnerische Haftung, allerdings begrenzt für Verbindlichkeiten, die vor dem Wirksamwerden der Spaltung entstanden und fällig geworden sind. Die Beschränkung auf fällige Forderungen aber stellte eine kaum zu rechtfertigende Schlechterstellung von Gläubigern unter Anknüpfung an das zufällige Element der Fälligkeit dar. Das UmwG hat demgemäß dies nunmehr zu Recht gestrichen. Die **gesamtschuldnerische Haftung** tritt für alle Verbindlichkeiten ein, sofern sie vor dem Wirksamwerden der Spaltung begründet worden sind.

30 **c) Minderheitenschutz und nicht verhältniswahrende Spaltung.** Die im Spaltungsvertrag eröffnete Vertragsfreiheit betrifft nicht nur die Aufteilung des Aktiv- und Passiv-Vermögens, sondern auch die **Aufteilung der Anteile oder Mitgliedschaften** jedes der übernehmenden Rechtsträger auf die Anteilsinhaber des übertragenden Rechtsträgers sowie den Maßstab für die Aufteilung (§ 126 Abs. 1 Nr. 10 UmwG). Die hierdurch eröffnete Möglichkeit jedenfalls im Bereich der Kapitalgesellschaften die Spaltung durch einen Mehrheitsbeschluss zu erreichen (GmbH, AG: §§ 50, 65, 3/4 Mehrheit), weist auf den Problembereich des Minderheitenschutzes hin: Die Mehrheit könnte die Minderheit im Wege der Abspaltung mit minderwertigen Vermögensgegenständen abfinden. In § 128 UmwG wird diesem Problem durch eine Zustimmungspflicht aller Anteilsinhaber des übertragenden Rechtsträgers,

auch der nicht Erschienenen (§ 13 Abs. 3 UmwG) geregelt. Eine »Hinausdrängung« der Minderheitsgesellschafter wird hierdurch verhindert. Dennoch können auch durch verhältniswahrende Spaltungen die Interessen der Gesellschafter empfindlich beeinträchtigt werden, dies wurde durch die Holzmüller-Entscheidung (BGHZ 83, 122) und das Opel-Urteil (BGHZ 106, 54) deutlich. Diese Frage wurde allerdings vom UmwG nicht aufgegriffen, sondern soll der weiteren Entwicklung in der Rechtsprechung überlassen bleiben. Die Überlegungen zur Sachkontrolle von strukturändernden Beschlüssen, wie sie die Rechtsprechung und Literatur entwickelt hat, wird man daher bei jeder Spaltung im Auge haben müssen.

VII. Spaltungsfähige Rechtsträger

Die **spaltungsfähigen Rechtsformen** werden im Gesetz abschließend aufgezählt. § 124 UmwG ver- **31** weist dazu zunächst auf § 3 Abs. 1 UmwG. Danach können an einer Spaltung als übertragende, übernehmende oder neue Rechtsträger grds. beteiligt sein (vgl. auch oben Teil 2 Rdn. 42 ff.):
– Personenhandelsgesellschaften (OHG, KG, einschließlich GmbH & Co. und EWIV) sowie Partnerschaftsgesellschaften, mit Inkrafttreten des Gesetzes zur Einführung einer Partnerschaftsgesellschaft mit beschränkter Berufshaftung und zur Änderung des Berufsrechts der Rechtsanwälte, Patentanwälte, Steuerberater und Wirtschaftsprüfer am 19. Juli 2013 (BGBl. I S. 2386) wurde im PartGG durch Einfügen der §§ 4 Abs. 3 und 8 Abs. 5 sowie der Neufassung des § 7 Abs. 5 die PartGmbB geschaffen. Das OLG Nürnberg (FGPrax 2014, 127 = DNotZ 2014, 468 = RNotZ 2014, 390) hat klargestellt, dass es sich dabei nicht um eine eigene Rechtsform, sondern nur eine Rechtsformvariante einer Partnerschaftsgesellschaft nach dem PartGG handelt und nicht um eine andere Rechtsform (ebenso Schäfer in: MünchKomm-BGB, § 8 PartGG Rn. 41, 42),
– Kapitalgesellschaften (GmbH, AG, KGaA), eingeschränkt Unternehmergesellschaft: Bei der durch das am 01.11.2008 in Kraft getretene Gesetz zur Modernisierung des GmbH-Rechts und zur Bekämpfung von Missbräuchen (MoMiG) neu eingeführten Unternehmergesellschaft handelt es sich nicht um die neue Rechtsform einer Kapitalgesellschaft, sondern um eine Variante der GmbH, die mit Ausnahme der Sonderregelung des § 5a GmbHG allen Vorschriften des gesamten deutschen Rechts, die die GmbH betreffen, unterliegt (vgl. BT-Drucks. 16/6140, S. 31 und BT-Drucks. 16/9737, S. 95). Da somit auf die Unternehmergesellschaft die für die GmbH geltenden Rechtsvorschriften Anwendung finden und lediglich die sich aus § 5a GmbHG ergebenden Besonderheiten zu beachten sind, können grds. auch die Vorschriften des UmwG auf die UG Anwendung finden. Deshalb ist sie auch wie die GmbH grds. umwandlungs- auch spaltungsfähig, obwohl sie nicht ausdrücklich im UmwG genannt ist (vgl. Schröer, in: Semler/Stengel, § 124 UmwG Rn. 8a; Hörtnagl, in: Stratz/Schmitt/Hörtnagl, § 124 UmwG, Rn. 14;. Lutter/Teichmann, UmwG, § 124 Rn. 2; Bormann, GmbHR 2007, 897, 899; Freitag/Riemenschneider, ZIP 2007, 1485, 1491; Veil, GmbHR 2007, 1080, 1084; Berninger, GmbHR 2010, 63; Hennrichs, NZG 2009, 1161; Heinemann, NZG 2008, 820; Meister, NZG 2008, 767; Gasteyer, NZG 2009, 1364, 1367). Als **übertragender Rechtsträger** kann die UG grds. wie die GmbH an einer Spaltung beteiligt sein (Kallmeyer/Marsch-Barner, § 3 UmwG Rn. 9; Lutter/Teichmann, UmwG, § 124 Rn. 2; Wicke, GmbHG, § 5a Rn. 16; Freitag/Riemenschneider, ZIP 2007, 1485, 1491). Anders ist es für die UG als **Zielrechtsträger**: Bei dieser Variante ergeben sich deutliche **Einschränkungen aus der Vorschrift des § 5a Abs. 2 Satz 2 GmbHG**, die viele Umwandlungsvarianten mit der UG als Zielrechtsträger verhindern (vgl. Lutter/Drygala, UmwG, § 3 Rn. 12). Dort ist ausdrücklich bestimmt, dass bei der UG Sacheinlagen ausgeschlossen sind (zu den Konsequenzen vgl. Erläuterungen bei Teil 2 Rdn. 902 ff.). Keine Probleme ergeben sich, wenn keine Kapitalerhöhung erforderlich ist oder das Stammkapital auf das Mindestkapital von 25.000 € erhöht wird (vgl. Teil 2 Rdn. 902 ff.).
– eingetragene Genossenschaften und genossenschaftliche Prüfungsverbände,
– eingetragene Vereine,
– Versicherungsvereine auf Gegenseitigkeit.

Aus den in Teil 2 Rdn. 1297 ff. erläuterten Gründen können **wirtschaftliche Vereine** nur als übertra- **32** gende Rechtsträger an Spaltungsvorgängen beteiligt sein.

Weiter gezogen ist der Kreis der Rechtsträger, die eine Ausgliederung vornehmen können. Diese Mög- **33** lichkeit ist auch **Einzelkaufleuten** und **Stiftungen** eingeräumt.

34 Ferner können Unternehmen, die als **Regie- oder Eigenbetriebe** von Gebietskörperschaften oder Zusammenschlüssen von Gebietskörperschaften betrieben werden, ausgegliedert und damit rechtlich verselbstständigt werden.

35 Umstritten ist, inwieweit eine **Spaltung oder Aufgliederung auf eine Vorgesellschaft** erfolgen kann. Es ist zwar allgemein anerkannt, dass die Vor-GmbH selbstständiger Träger von Rechten und Pflichten sein kann und sich auch an anderen Gesellschaften beteiligen kann (vgl. hierzu DNotI-Report 1997, 99 ff.). Ob dies allerdings auch im Umwandlungsrecht gilt, ist umstritten, aber zu bejahen. Es wird die Auffassung vertreten, dass nur die eingetragene Gesellschaft an einem Umwandlungsvorgang beteiligt sein kann, da § 3 Abs. 1 Nr. 2 UmwG seinem Wortlaut nach eine Kapitalgesellschaft als solche voraussetzt und dafür die Eintragung konstitutiv ist (so noch Dehmer, UmwG, UmwStG, 2. Aufl. 1995, § 3 UmwG Rn. 16). Die mittlerweile überwiegende gegenteilige Auffassung räumt zwar ein, dass der Wortlaut des Gesetzes gegen die Umwandlungsfähigkeit der Vor-Gesellschaft spreche, jedoch dieser bereits dem Recht der Gesellschaft unterliegen und daher als verschmelzungsfähiger bzw. spaltungsfähiger Rechtsträger anerkannt werden müsse. Nach richtiger Auffassung kann bereits die Vorgesellschaft an einer Verschmelzung bzw. Spaltung beteiligt sein (so zu Recht Bayer, ZIP 1997, 1613, 1614; K. Schmidt, ZGR 1990, 580, 592; Widmann/Mayer/Fronhöfer, Umwandlungsrecht, § 3 UmwG Rn. 74 ff.; Heckschen, DB 1998, 1385, 1388; Stengel in: Semler/Stengel, § 3 UmwG Rn. 48; ausführlich auch K. Schmidt, in: FS für Zöllner, 1999, S. 521, 527 f.; er spricht von der vorweggenommenen Verschmelzung; a. A. Lutter/Drygala, UmwG, § 3 Rn. 7; vgl. eingehend zur gleichen Problematik bei der Verschmelzung Teil 2 Rdn. 31, Teil 2 Rdn. 50, Teil 2 Rdn. 246).

B. Checkliste für die Spaltung von Rechtsträgern nach dem UmwG

36 ☐ **Spaltungsart**

§ 123

- **Aufspaltung**   → § 123 Abs. 1
  - zur Aufnahme Nr. 1
  - zur Neugründung Nr. 2
- **Abspaltung**   → § 123 Abs. 2
  - zur Aufnahme Nr. 1
  - zur Neugründung Nr. 2
- **Ausgliederung**   → § 123 Abs. 3
  - zur Aufnahme Nr. 1
  - zur Neugründung Nr. 2

☐ **Spaltungsmöglichkeiten unter Beteiligung folgender Rechtsträger**

§ 124 Abs. 1 i. V. m. § 3 Abs. 1, Abs. 3 und Abs. 4

- **Aufspaltung, Abspaltung und Ausgliederung:**
  - Offene Handelsgesellschaft (OHG) und Kommanditgesellschaft (KG)
    → § 124 Abs. 1 i. V. m. §§ 3 Abs. 1, 125 i. V. m. § 39; 135
  - Partnerschaft
    → § 124 Abs. 1 i. V. m. §§ 3 Abs. 1, 125 i. V. m. § 45a; § 135
  - Gesellschaft mit beschränkter Haftung (GmbH)
    → § 124 Abs. 1 i. V. m. § 3 Abs. 1; § 135
  - Aktiengesellschaft (AG)
    → § 124 Abs. 1 i. V. m. § 3 Abs. 1; §§ 135, 141
  - Kommanditgesellschaft auf Aktien (KGaA)
    → § 124 Abs. 1 i. V. m. § 3 Abs. 1; 125 i. V. m. § 78; §§ 135, 141
  - eingetragene Genossenschaft (e. G.)
    → § 124 Abs. 1 i. V. m. § 3 Abs. 1; §§ 135, 147

- eingetragener Verein (e. V.) → § 124 Abs. 1 i. V. m. § 3 Abs. 1; §§ 135, 149
- genossenschaftliche Prüfungsverbände → § 124 Abs. 1 i. V. m. § 3 Abs. 1; §§ 135, 150
- Versicherungsvereine auf Gegenseitigkeit (VVaG) → § 124 Abs. 1 i. V. m. § 3 Abs. 1; §§ 135, 151

- **Nur Ausgliederung:**
  - wirtschaftlicher Verein → § 124 Abs. 1; §§ 135, 149
  - Einzelkaufmann → § 124 Abs. 1; §§ 135, 152, 158
  - rechtsfähige Stiftungen → § 124 Abs. 1; §§ 135, 161
  - Gebietskörperschaften und deren Zusammen- → § 124 Abs. 1; §§ 135, 168
    schlüsse

☐ **Abschluss eines Spaltungs- und Übernahmevertrages (Spaltung zur Aufnahme, § 125 i. V. m. §§ 4 und 36) oder Aufstellung eines Spaltungsplans (Spaltung zur Neugründung, § 136)**

- **Mindestinhalt** sowie zusätzlich bei → **§§ 126, 136, 125 i. V. m. §§ 29 Abs. 1, 35 und 37**
  - OHG, KG → § 125 i. V. m. § 40; § 135
  - Partnerschaft → § 125 i. V. m. § 45b; § 135
  - GmbH → § 125 i. V. m. §§ 46, 56; § 135
  - e. G. → § 125 i. V. m. §§ 80, 96; § 135
  - VVaG → § 125 i. V. m. §§ 110, 114; § 135
- **Notarielle Beurkundung** → § 125 i. V. m. 6; §§ 135, 136
- **Kündigung des Vertrages** → § 125 i. V. m. 7; § 135
- **Zuleitung von Spaltungs und Übernahme-** → § 126 Abs. 3; §§ 135, 136
  vertrag oder Spaltungsplan an den Be-
  triebsrat

☐ **Unterrichtungs- und Bekanntmachungspflichten betreffend den Spaltungsvertrag oder den Spaltungsplan**

- OHG, KG → § 125 i. V. m. § 42; § 135
- Partnerschaft → § 125 i. V. m. § 45c; § 135
- GmbH → § 125 i. V. m. §§ 47, 56; § 135
- AG → § 125 i. V. m. §§ 61, 73; § 135
- KGaA → § 125 i. V. m. 78, 61, 73; § 135
- VVaG → § 125 i. V. m. §§ 111, 114; § 135

☐ **Erstattung eines Spaltungsberichts**

§ 127 sowie zusätzlich bei

- OHG, KG → § 125 i. V. m. § 41; § 135
- Partnerschaft → § 125 i. V. m. § 45c; § 135
- e. K. → §§ 153, 158
- rechtsfähige Stiftungen → § 162
- Gebietskörperschaften und andere Zusam- → § 169
  menschlüsse

☐ **Prüfung des Umtauschverhältnisses durch Spaltungsprüfer (nur für Aufspaltung und Abspaltung)**

§ 125 i. V. m. §§ 9 bis 12 und 36; § 135 sowie zusätzlich bei

- OHG, KG → § 125 i. V. m. § 44; § 135
- Partnerschaft → § 125 i. V. m. § 45e i. V. m. § 44; § 135
- GmbH → § 125 i. V. m. §§ 48, 56; § 135
- AG → § 125 i. V. m. §§ 60, 73; § 135; § 143
- KGaA → § 125 i. V. m. §§ 78, 60, 73; § 135; § 143
- e. G. → § 125 i. V. m. §§ 81, 96; § 135

(Gutachten des Prüfungsverbandes)

- e. V. → § 125 i. V. m. § 100; § 135
- wirtschaftlicher Verein → § 125 i. V. m. § 100; § 135

☐ **Vorbereitung des Spaltungsbeschlusses durch Unterrichtspflichten**

- GmbH → § 125 i. V. m. §§ 49, 56; § 135
- AG → § 125 i. V. m. §§ 61, 63, 73; § 135; § 143
- KGaA → § 125 i. V. m. §§ 78, 61, 63, 73; § 135; § 143
- e. G. → § 125 i. V. m. §§ 82, 96; § 135
- e. V. → § 125 i. V. m. § 101; § 135
- genossenschaftliche Prüfungsverbände → § 125 i. V. m. §§ 106, 101; § 135
- VVaG → § 125 i. V. m. §§ 112, 114; § 135
- wirtschaftlicher Verein → § 125 i. V. m. § 101; § 135

☐ **Durchführung der Versammlung der Anteilsinhaber**

- AG → § 125 i. V. m. §§ 64, 73; § 135
- KGaA → § 125 i. V. m. §§ 78, 64, 73; § 135
- e. G. → § 125 i. V. m. §§ 83, 96; § 135
- e. V. → § 125 i. V. m. § 102; § 135
- genossenschaftliche Prüfungsverbände → § 125 i. V. m. §§ 102, 106; § 135
- VVaG → § 125 i. V. m. §§ 112, 114; § 135
- wirtschaftlicher Verein → § 125 i. V. m. § 102; § 135
- Gebietskörperschaften und andere Zusammenschlüsse → § 169

☐ **Beschluss der Anteilsinhaber, notariell beurkundet**

§§ 125 i. V. m. 13, 36; 135 sowie zusätzlich bei

- OHG, KG → § 125 i. V. m. § 43; § 135
- Partnerschaft → § 125 i. V. m. § 45d; § 135
- GmbH → § 125 i. V. m. §§ 50, 56, 59; § 135
- AG → § 125 i. V. m. §§ 65, 73 sowie §§ 62, 76; § 135
- KGaA → § 125 i. V. m. §§ 78, 65, 73 sowie §§ 62, 76; § 135
- e.G → § 125 i. V. m. §§ 84, 96; § 135
- e. V. → § 125 i. V. m. § 103; § 135
- genossenschaftliche Prüfungsverbände → § 125 i. V. m. §§ 106, 103; § 135
- VVaG → § 125 i. V. m. §§ 112, 116; § 135
- wirtschaftlicher Verein → § 125 i. V. m. § 103; § 135
- rechtsfähige Stiftungen → § 163
- Gebietskörperschaften und andere Zusammenschlüsse → § 169

☐ **Zustimmungserklärungen einzelner Anteilsinhaber, notariell beurkundet**

§§ 125 i. V. m. 13 Abs. 2 und 3, 36; 128, 135 sowie zusätzlich bei

- GmbH → § 125 i. V. m. §§ 50 Abs. 2, 51, 56; § 135
- KGaA → §§ 125 i. V. m. § 78 Satz 3; § 135

☐ **Klage gegen die Wirksamkeit des Spaltungsbeschlusses**

§§ 125 i. V. m. 14, 36; 135

☐ **Anmeldung der Spaltung bei den zuständigen Registern**

§§ 129, 125 i. V. m. 16, 35, 38; 137 sowie zusätzlich bei

- GmbH → § 140
- AG → § 146
- KGaA → § 146

- e. G.   → § 148
- e. K.   → § 160

☐ **Anlagen der Anmeldung**

§ 125 i. V. m. 17; 135 sowie zusätzlich bei

- AG   → § 146 Abs. 2
- KGaA   → § 146 Abs. 2
- e. G.   → § 148 Abs. 2

☐ **Eintragung und Bekanntmachung der Spaltung in den zuständigen Registern**

§§ 130, 137, 125 i. V. m. § 35; § 135 sowie zusätzlich bei

- e. K.   → §§ 154, 160 Abs. 2
- rechtsfähige Stiftungen → § 164

☐ **Wirksamwerden und Wirkungen der Spaltung**

§§ 131, 125 i. V. m. §§ 21, 28; § 135 sowie zusätzlich bei

- e. G.   → § 125 i. V. m. §§ 87, 88; § 135
- e. K.   → § 155
- Gebietskörperschaften und andere Zusam- → § 171
  menschlüsse

☐ **Eröffnungsbilanzen nach der Spaltung**

§ 125 i. V. m. § 24; § 135

Beachte ferner:
☐ **Schutz der Anteilsinhaber**

- Nachbesserung des Umtauschverhältnisses → § 125 i. V. m. § 15; § 135
  bei Aufspaltung und Abspaltung
  sowie zusätzlich bei
  - e. G.   → § 125 i. V. m. § 85; § 135
  - VVaG   → § 125 i. V. m. § 113; § 135
  - Verfahren   → §§ 305 bis 312

☐ **Barabfindung bei Wechsel der Beteiligungsart im Fall von Aufspaltung und Abspaltung**

§ 125 i. V. m. §§ 29 bis 31, 34, 36; §§ 133, 135 sowie zusätzlich bei

- KGaA   → § 125 i. V. m. § 78 Satz 4; § 135
- e. G.   → § 125 i. V. m. §§ 90 bis 94; 135
                   (Ausschlagungsrecht)
- e. V.   → § 125 i. V. m. § 104a; § 135
- Verfahren   → §§ 305 bis 312
- Schadensersatzansprüche
  - gegen Mitglieder der Vertretungs- und → § 125 i. V. m. §§ 25 bis 27, 70; § 135
    Aufsichtsorgane
  - gegen Spaltungsprüfer → § 125 i. V. m. § 11 Abs. 2; § 135

☐ **Schutz der Inhaber von Sonderrechten** (»Verwässerungsschutz«)

§ 125 i. V. m. §§ 23, 133 Abs. 2; § 135

☐ **Schutz der Gläubiger**

- Haftung   → §§ 133, 134, 135
- Sicherheitsleistung   → § 125 i. V. m. § 22; §§ 133, 135
- Fortdauer der persönlichen Haftung
- OHG, KG   → § 125 i. V. m. § 45; § 135

- Partnerschaft   → § 125 i. V. m. § 45e i. V. m. § 45; § 135
- e. G.   → § 125 i. V. m. §§ 95, 96; § 135
                                                             (Nachschusspflicht)
- e. K.   → §§ 156 bis 158
- rechtsfähige Stiftungen   → §§ 166, 167
- Gebietskörperschaften und andere Zusam-   → §§ 172, 173
  menschlüsse
- Schadensersatzansprüche gegen Mitglieder   → § 125 i. V. m. §§ 25 bis 27, 70; § 135
  der Vertretungs- und Aufsichtsorgane

☐ **Schutz des Rechtsverkehrs (Kapitalschutz)**

- **Anwendung des Gründungsrechts**   → § 135 Abs. 2
  sowie zusätzlich bei
  - GmbH   → §§ 138, 125 i. V. m. § 58; § 135
  - AG   → §§ 144, 125 i. V. m. §§ 67, 75; § 135
  - KGaA   → §§ 144, 125 i. V. m. §§ 78, 75, 67; § 135
  - e. K.   → § 159
  - rechtsfähige Stiftungen   → § 165
  - Gebietskörperschaften und andere Zu-   → § 170
    sammenschlüsse
- **im Fall von Kapitalerhöhungen**
  - bei GmbH   → § 125 i. V. m. §§ 53 bis 56; § 135
  - bei AG   → §§ 142, 125 i. V. m. §§ 66, 68, 69, 73; 135
  - bei KGaA   → §§ 142, 125 i. V. m. §§ 78, 66, 68, 69, 73; § 135
- **im Fall einer Kapitalherabsetzung bei**   → § 139
  GmbH
  - bei AG und KGaA   → § 145

☐ **Schutz der Arbeitnehmer**

- **Betriebsverfassung**
  - Mitteilungspflicht   → § 126 Abs. 3
  - gemeinsamer Betrieb   → § 322
  - Betriebsübergang   → § 324
- **Kündigungsrecht**   → § 323
- **Unternehmensmitbestimmung**   → § 325

C. Spaltungsvertrag und Spaltungsplan

I. Spaltungsvertrag bei der Abspaltung und Aufspaltung zur Aufnahme

37 **1. Allgemeines.** Die Spaltungsvorschriften verweisen zu Inhalt, Form und Zustandekommen des Spaltungsvertrages (§ 125 Satz 1 UmwG) auf die entsprechenden **Regelungen zum Verschmelzungsvertrag** (s. dazu oben Teil 2 Rdn. 52 ff.). Im Folgenden soll im Wesentlichen nur auf **Besonderheiten** eingegangen werden.

38 Der **Abschluss** des Spaltungsvertrages kann den Zustimmungsbeschlüssen vorausgehen oder nachfolgen (§§ 135 Satz 1, 4 Abs. 2 UmwG). Erfolgen zunächst die Zustimmungsbeschlüsse, muss ihnen der Entwurf eines Vertrages zugrunde liegen, der mit dem später beurkundeten Spaltungsvertrag identisch sein muss, ansonsten sind ergänzende Zustimmungsbeschlüsse erforderlich.

39 Der Spaltungsvertrag bedarf der **notariellen Beurkundung** (§§ 125 Satz 1, 6 UmwG), und zwar in seinem gesamten Umfang, einschließlich aller Nebenabreden, die nach dem Willen auch nur eines beteiligten Rechtsträgers rechtlich von den übrigen Vereinbarungen abhängen (§ 139 BGB; vgl. hierzu auch Heidenhain, NJW 1995, 2873, 2874). Zum Problem der **Auslandsbeurkundung** s. o. Teil 2 Rdn. 61 f. Zu **Beurkundungsproblemen** bei der Bezeichnung der von der Spaltung betroffenen Vermögensmassen s. u. Teil 3 Rdn. 84 ff.).

Zum **Abschluss** sind nur die Vertretungsorgane in vertretungsberechtigter Zahl befugt, Prokuristen nur **40** im Rahmen einer satzungsmäßig vorgesehenen Gesamtvertretung (vgl. oben Teil 2 Rdn. 65 ff.).

2. Systematik. § 126 UmwG gilt für die **Spaltung zur Aufnahme**, also die Unterarten der Auf- und **41** Abspaltung und der Ausgliederung ein oder mehrerer bestehende Rechtsträger. Für die Spaltung zur Neugründung verweist § 136 Abs. 2 UmwG auf die Regelung des § 126 UmwG. Zu beachten ist, dass in § 126 Abs. 1 UmwG die Nr. 3, Nr. 4 und Nr. 10 nur für die Auf- und Abspaltung, nicht für die Ausgliederung gelten. Dies ist bei der Vertragsgestaltung zu beachten. I. Ü. enthält § 126 UmwG identische Vorgaben für den Spaltungsplan bei der Spaltung zur Aufnahme und den Ausgliederungsplan bei der Ausgliederung zur Aufnahme.

3. Vertragsgestaltung bei Kombination von Spaltung und Verschmelzung. Für den **Inhalt des** **42** **Spaltungsvertrages** gilt daher ähnlich wie beim Verschmelzungsvertrag § 126 UmwG, der checklisten-artig die verschiedenen im Spaltungsvertrag zu nennenden Regelungen aufführt. Ähnlich wie bei der Verschmelzung stellen sich Gestaltungsfragen bei mehrseitigen Spaltungsverträgen bei der Beteiligung von mehreren Rechtsträgern (vgl. dazu oben bei der Verschmelzung Teil 2 Rdn. 75 ff.). In § 123 Abs. 1 Nr. 2, Abs. 2 Nr. 2 und Abs. 3 Nr. 2 UmwG sind im Gesetz sowohl die Aufspaltung, die Abspaltung als auch die Ausgliederung jeweils ausdrücklich auch auf mehrere Rechtsträger vorgesehen. Ebenso wie bei der Verschmelzung mehrerer Rechtsträger handelt es sich auch bei der Spaltung auf mehrere Rechtsträ-ger grds. um einen einheitlichen Vorgang, der in einer einheitlichen Urkunde beurkundet werden kann (vgl. Widmann/Mayer/Mayer, Umwandlungsrecht, § 126 UmwG Rn. 8; zum Verschmelzungsrecht vgl. auch Heidinger/Limmer/Holland/Reul, Gutachten des DNotI, Bd. IV, Gutachten zum Umwand-lungsrecht, S. 35 ff.).

Auch **Spaltungsvorgänge** können nach § 123 Abs. 4 UmwG **kombiniert** werden (vgl. auch oben zu sog. **43** Kettenumwandlungen Teil 2 Rdn. 21 ff.). Der Gesetzgeber hat ausdrücklich geregelt, dass die Spaltung auch durch gleichzeitige Übertragung auf bestehende und neue Rechtsträger erfolgen kann. Auch **Ab-spaltung und Ausgliederung können grds. miteinander kombiniert** werden, sodass auch bei der Frage der Anteilsgewährung die Anteile teilweise dem übertragenden Rechtsträger selbst (Ausgliederung) und teilweise seinen Gesellschaftern (Abspaltung) gewährt werden können (vgl. Lutter/Teichmann, UmwG, § 123 Rn. 26, 30; Stengel in: Semler/Stengel, § 123 UmwG Rn. 20; Widmann/Mayer/Schwarz, Umwandlungsrecht, § 123 UmwG Rn. 7.2; Kallmeyer/Kallmeyer/Sickinger, UmwG, § 123 Rn. 13; ders., DB 1995, 81, 82; Mayer, DB 1995, 861; Schöne, ZAP 1995, 693, 694; Bärwaldt, in: Semler/Stengel, UmwG, § 135 Rn. 8; Geck, DStR 1995, 416; Kallmeyer, DStR 1995, 81; Heckschen, in: Beck'sches Notar-Handbuch, D IV Rn. 157). Wobei allerdings die Gestaltungsgrenzen streitig sind. Von einem Teil der Literatur wird die Beteiligung **mehrerer Rechtsträger als übertragende Rechtsträ-ger,** für die durchaus in der Praxis ein Bedürfnis bestehen kann, abgelehnt (Lutter/Teichmann, UmwG, § 123 Rn. 32; KölnerKommUmwG/Simon, § 123 UmwG Rn 36; Lutter/Priester § 126 UmwG Rn. 10; Feil, ZIP 1998, 361, 363; Widmann/Mayer/Schwarz, Umwandlungsrecht, § 123 UmwG Rn. 9; Kallmeyer/Kallmeyer/Sickinger, UmwG, § 123 Rn. 1, Mayer, in: FS Spiegelberger, 2009, S. 33 ff.; Schwanna, in: Semler/Stengel, UmwG, § 123 Rn. 19). Als Argument hierfür ist anzuführen, dass der Wortlaut des § 123 UmwG nur von einem übertragenden Rechtsträger spricht. Die sog. **ver-schmelzende Spaltung,** d. h. eine Verbindung von Spaltung und Verschmelzung in einem Rechtsakt, ist daher nicht möglich (Stengel, in: Semler/Stengel, UmwG, § 123 Rn. 19; Hörtnagl, in: Schmitt/Hört-nagl/Stratz, UmwG, UmwStG, § 123 UmwG Rn. 18; KölnerKommUmwG/Simon, § 123 UmwG Rn 36; Lutter/Priester § 126 UmwG Rn 10).

Hörtnagl (Schmidt/Hörtnagl/Stratz, UmwG, UmwStG § 123 UmwG Rn. 14 ff.) differenziert genauer **44** zwischen folgenden Alternativen:

(1) Ein übertragender Rechtsträger überträgt **ein Teilvermögen** auf einen – bereits bestehenden oder neu gegründeten – übernehmenden Rechtsträger und gewährt sowohl den Anteilsinhabern des übertra-genen Rechtsträgers als auch dem übertragenden Rechtsträger selbst Anteil am übernehmenden Rechts-träger (vgl. auch Kallmeyer, DB 1995, 81, 83).

(2) Ein übertragender Rechtsträger gliedert **einen Teil** seines Vermögens – gegen Gewährung der An-teile des übernehmenden Rechtsträgers an den übertragenden Rechtsträger – und spaltet einen **anderen**

Teil seines Vermögens ab und zwar gegen Gewährung der Anteile des übernehmenden Rechtsträgers an die Anteilsinhaber des übertragenden Rechtsträgers.

Entscheidend für die Zulässigkeit der Mischformen sei, ob sich der **Gesamtvorgang in mehrere Grundspaltungsformen zerlegen** lasse, die jede für sich alle Tatbestandsvoraussetzungen von § 123 Abs. 1 bis Abs. 3 UmwG erfüllen. Demgemäß sei die Spaltung oben (2) zulässig. Lasse sich die Kombination hingegen nicht auf die Grundspaltungsformen zurückführen, soll also bspw. dasselbe Teilvermögen gegen Gewährung von Anteilen sowohl an den übertragenden Rechtsträger als auch an den Anteilseigner des übertragenden Rechtsträger übertragen werden wie oben (1), ist dies nicht zulässig. Eine solche »Mischform« erfülle nicht die jeweilige Tatbestandsvoraussetzung von § 123 Abs. 1 bis Abs. 3 UmwG, ihre Zulassung würde damit gegen das **Analogieverbot** von § 1 Abs. 2 UmwG verstoßen, auch wenn weder die Interessen der Gläubiger noch die der Anteilseigner wesentlich beeinträchtigt würden und diese Mischform möglicherweise in praxi wünschenswert wäre. I. Ü. ließe sich steuerneutral eine solche Mischform nicht durchführen, da §§ 15, 16, 20, 24 UmwStG verlangen, dass die Gegenleistung – Anteile am übernehmenden Rechtsträger – an ein und denselben Empfänger – bzw. ein und dieselbe Empfängergruppe – gewährt werden.

45 Die **Zusammenfassung** der verschiedenen Kombinationen von Spaltungen **in einem Vertragswerk** ist möglich, aber nicht immer zwingend. In der Literatur wird zu Recht darauf hingewiesen, dass nur dann, wenn sich der Spaltungsvorgang als einheitlicher Vorgang darstellt, also die gleichen Teilvermögen erfasst, ein einheitlicher Vertrag erforderlich ist. Demgegenüber können Kombinationen von Abspaltungen, Ausgliederung und auch die Abspaltung auf mehrere Rechtsträger unterschiedlicher Vermögensgegenstände auch in getrennten Spaltungsverträgen niedergelegt werden (Widmann/Mayer/Mayer, Umwandlungsrecht, § 126 UmwG Rn. 8; Lutter/Teichmann, UmwG, § 123 Rn. 30).

46 Da, wie dargelegt, z. B. die verschmelzende Spaltung, d. h. die Beteiligung in mehrere übertragende Rechtsträger an einem einheitlichen Spaltungsvorgang, nicht zulässig ist, stellt sich in der Praxis folglich die Frage, wie unterschiedliche Spaltungsvorgänge unter Beteiligung von mehreren Rechtsträgern miteinander verknüpft werden können. Insofern besteht Einigkeit, dass die Vertragsbeteiligten nicht gehindert sind, mehrere jeweils sachlich voneinander zu trennende Spaltungsvorgänge durch eine entsprechende Bedingung miteinander zu verknüpfen (Widmann/Mayer/Mayer, Umwandlungsrecht, § 126 UmwG Rn. 8; vgl. oben zur Kettenverschmelzung Teil 2 Rdn. 21 ff.).

47 ▶ **Beispiel:**

> Mit Spaltungsvertrag 1 sollen von dem Vermögen der A-GmbH Teile abgespalten werden zur Aufnahme auf die Gesellschaften G 1 und G 2. Aus der B-GmbH sollen ebenfalls auf beide Gesellschaften G 1 und G 2 Teile abgespalten werden (Fall des Gemeinschaftsunternehmens).

In diesem Fall können die unterschiedlichen Spaltungsvorgänge miteinander verknüpft werden, m. E. können sie sogar **in einem einheitlichen Vertragswerk** niedergelegt werden. Um allerdings gerichtliche Probleme zu vermeiden, sollten unterschiedliche Vertragswerke gewählt werden, die so dann u. U. durch einen entsprechenden Bedingungszusammenhang verknüpft werden können.

48 4. **Angaben zu den Vertragsparteien.** Bzgl. **Name und Firma der beteiligten Rechtsträger** kann auf oben verwiesen werden (vgl. Teil 2 Rdn. 93 ff.).

49 5. **Bezeichnung und Aufteilung der Vermögensgegenstände (§ 126 Abs. 1 Nr. 2, Abs. 2 UmwG). a) Allgemeines.** Nach § 126 Abs. 1 Nr. 2 ist im Spaltungsvertrag »*die Vereinbarung über die Übertragung der Teile des Vermögens des übertragenden Rechtsträgers*« aufzunehmen. Die Vorschrift wird ergänzt durch § 126 Abs. 1 Nr. 9 UmwG, der die **genaue Bezeichnung und Aufteilung der Gegenstände** des Aktiv- und Passivvermögens und deren Zuordnung zu den übernehmenden Rechtsträgern verlangt, sowie durch § 126 Abs. 2 UmwG, wonach die für die Einzelrechtsnachfolge allgemeinen Vorschrift geltenden besonderen Arten der Bezeichnungen auch i. R. d. Spaltung anzuwenden sind. § 28 GBO ist in diesem Zusammenhang ebenfalls zu beachten. I. Ü. kann auf Urkunden wie Bilanzen und Inventare Bezug genommen werden, deren Inhalt eine Zuweisung des einzelnen Gegenstandes ermöglicht.

Diese Vorschriften sind im Zusammenhang mit der Frage zu sehen, wie die Vermögensgegenstände, die **50** i. R. d. Spaltung oder Ausgliederung übertragen werden sollen, zu bezeichnen sind, welche Anforderungen der Spaltungsvertrag diesbezüglich enthalten muss und welche sonstigen allgemeinen Vorschriften gelten, die nicht bei der Einzelrechtsnachfolge gelten würden, und welche Genehmigungen erforderlich sind. Die Auslegung dieser Vorschriften gehört zu den schwierigsten Rechtsfragen des neuen Umwandlungsrechts, sodass die Literatur hierzu unterschiedliche Auffassungen vertritt. Zu beachten ist, dass teilweise in der Literatur recht großzügige Auffassungen vertreten werden, insb. im Hinblick auf die genaue Bezeichnung der Vermögensgegenstände.

▶ **Hinweis:** **51**

Für die Praxis sollte allerdings beachtet werden, dass, solange die Fragen im Einzelnen noch nicht höchstrichterlich geklärt ist, eher ein strengerer Maßstab bzgl. der Bezeichnung der Vermögensgegenstände anzuwenden ist, da Fehler dazu führen, dass die betroffenen Vermögensgegenstände nicht auf die aufnehmende Gesellschaft übergegangen sind. Der mit der Vertragsgestaltung befasste Praktiker muss daher folgende Fragen bei der Vorbereitung und Gestaltung des Spaltungsvertrages unterscheiden:
– Welche Vermögensgegenstände sollen nach dem Willen der Beteiligten abgespalten werden?
– Wie sind diese Vermögensgegenstände im Spaltungsvertrag materiell-rechtlich zu kennzeichnen?
– Welcher beurkundungsrechtliche Weg kann hierfür eingeschlagen werden?
– Welche sonstigen Vorschriften sind zu beachten?

b) Aufteilungsfreiheit. aa) Grundsatz. Die herrschende Meinung geht davon aus, dass die Betei- **52** ligten bei der Aufteilung der Vermögensgegenstände weitgehend frei sind. Es besteht **Vermögensaufteilungsfreiheit** (vgl. Begründung zum RegE, BR-Drucks. 75/94, abgedruckt bei: Limmer, Umwandlungsrecht, S. 313 f.; OLG Hamm, DStR 2010, 991 = NJW 2010, 2591; OLG Karlsruhe, NZG 2009, 315 = GmbHR 2008, 1219; Lutter/Priester, UmwG, § 126 Rn. 59; Widmann/Mayer/Mayer, Umwandlungsrecht, § 126 UmwG Rn. 61; Hörtnagl, in: Schmitt/Hörtnagl/Stratz, § 123 UmwG Rn. 22; Kallmeyer/Kallmeyer/Sickinger, UmwG, § 123 Rn. 1; Schröer, in: Semler/Stengel, § 126 UmwG Rn. 28; Heidenhain, NJW 1995, 2873, 2876; Mayer in Widmann/Mayer, § 126 UmwG Rn. 61 ff.). Grds. können **daher auch einzelne Gegenstände** übertragen werden. Zu beachten ist allerdings, dass das **Steuerrecht** nach § 15 Abs. 1 UmwStG eine steuerneutrale Spaltung unter Buchwertfortführung nur zulässt, wenn Gegenstand der Spaltung ein **Teilbetrieb**, ein Mitunternehmeranteil oder eine 100 %ige Beteiligung einer Kapitalgesellschaft ist. Bei der Abspaltung muss dieses Erfordernis auch auf den verbleibenden Vermögensteil zutreffen (vgl. im Einzelnen oben Teil 3 Rdn. 8 sowie unten Teil 7 Rdn. 331 ff.). Der Gesetzgeber hat also den Beteiligten bei der Spaltung weitgehende Gestaltungsfreiheit bei der Verteilung der einzelnen Vermögensgegenstände zugebilligt. Im Spaltungsvertrag kann autonom festgelegt werden, welcher Gegenstand des übertragenden Rechtsträgers auf den übernehmenden Rechtsträger übergehen soll.

bb) Schranken der Gestaltungsfreiheit. Allerdings ergeben sich aus allgemeinen Vorschriften **53** Grenzen der Gestaltungsfreiheit. So verbieten die **Kapitalaufbringungsgrundsätze** (vgl. unten Teil 3 Rdn. 205) die Übertragung von Negativvermögen (z. B. Verbindlichkeiten), wenn zwingend eine Kapitalerhöhung bei der aufnehmenden Gesellschaft erforderlich ist (vgl. Teichmann, ZGR 1993, 412; Lutter/Priester, UmwG, § 126 Rn. 68 ff.; Widmann/Mayer/Mayer, Umwandlungsrecht, § 126 UmwG Rn. 62). Sowohl bei der Spaltung zur Neugründung als auch bei der Spaltung zur Aufnahme mit Kapitalerhöhung ist daher darauf zu achten, dass das übertragene Vermögen wertmäßig den Kapitalerhöhungsbetrag bzw. das Stammkapital deckt. Für die Frage der Kapitaldeckung sind allerdings nicht die Buchwerte, sondern die tatsächlichen Werte maßgebend, die dann ggf. im Wege des Gutachtens nachgewiesen werden müssen (vgl. unten Teil 3 Rdn. 205 ff.).

Weitere Grenzen ergeben sich bzgl. der **Arbeitsverhältnisse aus § 613a BGB**. Die Vorschrift führt dazu, **54** dass bei der Übertragung eines Betriebs oder Teilbetriebs die Arbeitsverhältnisse mit übergehen, soweit die Arbeitnehmer nicht von ihrem Widerspruchsrecht Gebrauch machen (vgl. Hergenröder, RdA 2007, 218 ff.; Dorp/Link, AuA 2009, 588; Böcken, ZIP 1994, 1089; Lotzke, DB 1995, 40, 43; Lutter/Priester, UmwG, § 126 Rn. 68; Widmann/Mayer/Mayer, Umwandlungsrecht, § 126 UmwG Rn. 64, 183 ff.). Insofern besteht nur dann Gestaltungsfreiheit, wenn § 613a Abs. 1 BGB nicht zur Anwendung kommt.

55   Bei der Ausgliederung stellt sich darüber hinaus die Frage, ob eine sog. **Totalausgliederung** zulässig ist, bei der sämtliche Aktiva und Passiva des übertragenden Rechtsträgers auf einen oder mehrere übernehmende Rechtsträger ausgegliedert werden. Folge einer derartigen Totalausgliederung ist, dass die übertragende Gesellschaft reine Holding-Funktionen wahrnimmt. Die überwiegende Meinung lässt zu Recht die Totalausgliederung trotz des missverständlichen Wortlauts in § 123 Abs. 3 UmwG (»*einen Teil*« oder »*mehrere Teile*«) zu, da keine sachlichen Gründe gegen diese Lösung sprechen (vgl. OLG Hamm, DStR 2010, 991 = NJW 2010, 2591; Kallmeyer/Kallmeyer/Sickinger, UmwG, § 123 Rn. 12; H. Schmidt, AG 2005, 26 ff.; Lutter/Teichmann, UmwG, § 123 Rn. 25; Hörtnagl, in Schmitt/Hörtnagl/Stratz, § 124 UmwG Rn. 22; Schmidt, AG 2005, 26; Schwanna, in: Semler/Stengel, § 123 UmwG Rn. 17; Widmann/Mayer/Mayer, Umwandlungsrecht, § 126 UmwG Rn. 55; Lutter/Karollus, UmwG, § 152 Rn. 36; Mayer, GmbHR 1996, 503; H. Schmidt, AG 2005, 26 ff.; dagegen allerdings Kallmeyer, ZIP 1994, 1746, 1749; ders., DB 1995, 81). Da bei der Aufspaltung der übertragende Rechtsträger erlischt, können bei dieser Form der Spaltung keine Vermögensgegenstände zurückbehalten werden.

56   **c) Bestimmtheitsgrundsatz/genaue Bezeichnung. aa) Materiell-rechtliche Bestimmtheit.** In der Literatur ist die Frage sehr umstritten, mit welchem **Grad an Genauigkeit** die zu übertragenden Vermögensgegenstände bestimmt und individualisiert werden müssen. § 126 Abs. 1 Nr. 9 UmwG spricht von der genauen Bezeichnung der Gegenstände des Aktiv- und Passivvermögens. § 126 Abs. 2 UmwG erklärt die für die Einzelrechtsnachfolge geltenden Vorschriften und bei Grundstücken § 28 GBO für anwendbar.

57   Nach § 126 Abs. 1 Nr. 9 UmwG hat der Ausgliederungsplan die **genaue Bezeichnung der Gegenstände** des Aktiv- und Passivvermögens, die an den übernehmenden Rechtsträger übertragen werden, sowie eine **Bezeichnung der übergehenden Betriebe** und Betriebsteile zu enthalten. Diese Festlegungen haben ihren Grund in der Rechtsnatur der Ausgliederung (Lutter/Priester, UmwG, § 126 Rn. 49 ff.; Hörtnagl, in Schmitt/Hörtnagl/Stratz, § 126 UmwG Rn. 60 ff.; vgl. zusammenfassend Thiele/König, NZG 2015, 178 ff.). Mit Wirksamwerden der Ausgliederung gehen die zu übertragenden Vermögensteile im Wege der Sonderrechtsnachfolge automatisch auf die übernehmende Gesellschaft über, ohne dass es weiterer Übertragungshandlungen bedarf (BGH, DNotZ 2008, 468 m. Anm. Limmer = MittBayNot 2008, 307 = NotBZ 2008, 192 = ZNotP 2008, 163; OLG Hamm, DStR 2010, 991 = NJW 2010, 2591; OLG Karlsruhe, NZG 2009, 315 = GmbHR 2008, 1219). In Abgrenzung zur Gesamtrechtsnachfolge bei Verschmelzung spricht man insoweit für die Spaltung (Ausgliederung) von einer »**partiellen**« Gesamtrechtsnachfolge (zu diesen Begriffen Ganske, WM 1993, 1117, 1121; Schwarz, DStR 1994, 1694, 1699; Widmann/Mayer/Schwarz, UmwG, § 123 Rn. 413; Hörtnagl, in Schmitt/Hörtnagl/Stratz, § 126 UmwG Rn. 60 ff.; Kallmeyer/Kallmeyer/Sickinger, UmwG, § 123 Rn. 2; Schmidt, in: Habersack, Die Spaltung im neuen Umwandlungsrecht und ihre Rechtsfolgen, 1999, S. 11; Lutter/Teichmann, UmwG, § 123 Rn. 8 ff.; Zöllner, ZGR 1995, 335, 339; OLG Hamm, DStR 2010, 991 = NJW 2010, 2591).

Andererseits verlangt der **sachenrechtliche Bestimmtheitsgrundsatz** eine hinreichende Definition der mit Wirksamwerden der Spaltung (Ausgliederung) übergehenden Aktiva und Passiva (Lutter/Priester, UmwG, § 126 Rn. 49 ff.; Hörtnagl, in Schmitt/Hörtnagl/Stratz, § 126 UmwG Rn. 60 ff.; Thiele/König, NZG 2015, 178,). Die Festlegungen in § 126 Abs. 1 Nr. 9 UmwG sollen die dingliche Trennung der übergehenden bzw. – was bei der Ausgliederung häufig der Fall ist – verbleibenden Vermögensteile ermöglichen (statt aller Lutter/Priester, UmwG, § 126 Rn. 49 ff.; Hörtnagl, in Schmitt/Hörtnagl/Stratz, § 126 UmwG Rn. 60 ff.). Dies bedeutet im Ergebnis, dass die Abgrenzung letztendlich so erfolgen muss, wie dies bei der Übertragung eines oder mehrerer Betriebe oder Betriebsteile im Wege der **Einzelrechtsübertragung** geschieht (BGH, DNotZ 2008, 468 m. Anm. Limmer = MittBayNot 2008, 307 = NotBZ 2008, 192 = ZNotP 2008, 163; OLG Hamm DStR 2010, 991 = NZG 2010, 632; Heidenhain, NJW 1995, 2873, 2876; D. Mayer, DB 1995, 861, 864; Widmann/Mayer/Mayer, Umwandlungsrecht, § 126 UmwG Rn. 202; Hörtnagl, in Schmitt/Hörtnagl/Stratz, § 126 UmwG Rn. 60 ff.;

Kallmeyer/Kallmeyer/Sickinger, UmwG, § 126 Rn. 19; Ittner, MittRhNotK 1991, 111, 114; Aha, AG 1997, 345, 351; Thiele/König, NZG 2015, 178, 179; allgemein zum sachenrechtlichen Bestimmtheitsgrundsatz Baur/Stürner, SachenR, 18. Aufl. 2009, § 4 Rn. 17 ff.; MünKomBGB/Gaier, Einl. zum Sachenrecht Rn. 21; Staudinger/Seiler, BGB, Einleitung zum Sachenrecht Rn. 54). Das OLG Hamm hat im Urt. v. 04.03.2010 (DStR 2010, 991 = NZG 2010, 632) festgestellt, dass dabei eine Bestimmbarkeit der ausgegliederten Vermögensteile anhand des Ausgliederungsvertrages und ggf. anhand der Anlagen (vgl. § 126 Abs. 2 Satz 3 UmwG) ausreiche. Die Anforderungen dürften insoweit nicht überspannt werden. Es reiche aus, wenn die an der Ausgliederung Beteiligten oder ein sachkundiger Dritter in der Lage sind, eine einwandfreie Zuordnung vorzunehmen.

Die Begründung zum RegE des **Gesetzes zur Bereinigung des Umwandlungsrechts** (BR-Drucks. **58** 75/94, abgedruckt bei Limmer, Umwandlungsrecht, 1995, S. 314) erläutert den **gesetzgeberischen Hintergrund**:

> »Abs. 1 Nr. 9 ist i. V. m. dem Erfordernis der notariellen Beurkundung des Spaltungs- und Übernahmevertrages von besonderer Bedeutung für Grundstücke. Da mit der Wirksamkeit der Spaltung die Vermögensteile einschließlich der in ihnen enthaltenen Grundstücke auf die übernehmenden Rechtsträger nach § 131 im Wege der Sonderrechtsnachfolge übergehen, wird das Grundbuch unrichtig. Es musste deshalb sichergestellt werden, dass durch diesen Rechtsübergang, der sich außerhalb des Grundbuchs vollzieht, nicht Rechtsunsicherheit eintritt. Deshalb müssen nach Abs. 2 Grundstücke und Rechte an Grundstücken in dem notariell zu beurkundenden Vertrag so bezeichnet werden, wie dies der beurkundende Notar auch bei einer Einzelübertragung tun würde (vgl. § 28 GBO). Dagegen kann für die Bezeichnung der anderen Gegenstände des Vermögens auf vorhandene Urkunden bezug genommen werden, sofern sie eine hinreichende Kennzeichnung gestatten und damit die Bestimmbarkeit des Gegenstandes ermöglichen sowie dem Spaltungs- und Übernahmevertrag als Anlage beigefügt werden. Bei der Übertragung von Betrieben oder Teilbetrieben wird es häufig ausreichen, dass bei betriebswirtschaftlicher Betrachtungsweise ein Gegenstand oder eine Verbindlichkeit dem Geschäftsbetrieb eines bestimmten Unternehmens zuzurechnen ist. Bei Warenbeständen kann auf die bei Sicherungsübereignung entwickelten Grundsätze zurückgegriffen werden.«

Der in § 126 Abs. 1 Nr. 9 UmwG niedergelegte Bestimmtheitsgrundsatz wird schließlich durch die **59** Vorschrift des § 126 Abs. 2 Satz 3 UmwG näher konkretisiert. Danach kann auf **Bilanzen** und Inventare Bezug genommen werden, sofern hierdurch eine hinreichende **Kennzeichnung** der zu übertragenden Aktiva und Passiva erfolgt und damit die **Bestimmbarkeit** dieser Gegenstände ermöglicht wird (Widmann/Mayer/Mayer, Umwandlungsrecht, § 126 UmwG Rn. 202). Bei der von der Regelung des § 126 Abs. 2 Satz 3 UmwG vorausgesetzten »*Bestimmbarkeit der Gegenstände des zu übertragenden Aktiv- und Passivvermögens*« muss differenziert werden.

Grds. **unzureichend** ist nach der ganz herrschenden Auffassung im Schrifttum eine **generelle** Bezug- **60** nahme auf **Bilanzen** des ausgliedernden Rechtsträgers (Widmann/Mayer/Mayer, Umwandlungsrecht, § 126 UmwG Rn. 203; Mayer, DB 1995, 861, 864;Hörtnagl, in Schmitt/Hörtnagl/Stratz, § 126 UmwG Rn. 77; Kallmeyer/Kallmeyer/Sickinger, UmwG, § 126 Rn. 20; Thiele/König, NZG 2015, 178, 179). A. A., allerdings nur im Hinblick auf **Betriebe** oder **Teilbetriebe** als realtypische Spaltungsgegenstände, ist, soweit ersichtlich, nur Priester (Lutter/Priester, UmwG, § 126 Rn. 52). Priester (Lutter/Priester, UmwG, § 126 Rn. 52) hält für derartige Fälle eine **Bilanz** als Bezeichnungsgrundlage im Prinzip für ausreichend, da sich eine derartige Bilanz auf Unterlagen in der Rechnungslegung zurückführen lasse, die eine weitere Konkretisierung ermöglichten; notwendig sei dann aber auch die ausdrückliche Einbeziehung nichtbilanzierter Vermögensgegenstände und Vertragsverhältnisse, ferner öffentlich-rechtlicher Rechtspositionen und Prozessrechtsverhältnisse (Lutter/Priester, UmwG, § 126 Rn. 52). Entscheidend gegen eine generelle Bezugnahme auf **Bilanzen** dürfte sprechen, dass die Bilanz als solche keine hinreichende **Individualisierung** der einzelnen zu übertragenden Vermögensgegenstände ermöglicht und zudem meist auch die **nicht bilanzierungsfähigen** Vermögensgegenstände von der Übertragung erfasst sein sollen (so zu Recht Widmann/Mayer/Mayer, Umwandlungsrecht, § 126 UmwG Rn. 203).

61   Eine **Ausnahme** dürfte nur dann zu machen sein, wenn eine sog. **Totalausgliederung** vorliegt, bei der sämtliche Aktiva und Passiva des übertragenden Rechtsträgers ausgegliedert werden (dies wird trotz der Legaldefinition der Ausgliederung in § 123 Abs. 3 UmwG für zulässig erachtet; vgl. nur Widmann/Mayer/Mayer, Umwandlungsrecht, § 126 UmwG Rn. 55 f.). In diesen Fällen soll die Bezugnahme auf die **Schlussbilanz** des **übertragenden Rechtsträgers** genügen, wenn diese mit einem entsprechenden Werttestat eines Steuerberaters oder Wirtschaftsprüfers versehen sei (Widmann/Mayer/Mayer, Umwandlungsrecht, § 126 UmwG Rn. 203). Wobei es sich in der Praxis empfehlen könnte die strengeren Vorschriften einzuhalten.

62   Bei der Übertragung von **Betrieben** oder **Teilbetrieben** wird es i. d. R. für ausreichend erachtet, dass bei betriebswirtschaftlicher Betrachtungsweise ein Gegenstand oder eine Verbindlichkeit dem Geschäftsbetrieb eines bestimmten Unternehmensteils **zuzurechnen ist** (so ausdrücklich die Regierungsbegründung, abgedruckt bei Ganske, Umwandlungsrecht, S. 157). Wird insoweit auf Bilanzen und Inventare Bezug genommen, so ist aber eine **Individualisierung** erforderlich, soweit **Grundstücke** von der Spaltung erfasst sein sollen (dies folgt aus § 126 Abs. 2 Satz 2 UmwG). Des Weiteren sind auch hier die **nicht bilanzierungsfähigen Gegenstände**, die im Zuge der Ausgliederung übertragen werden sollen, gesondert aufzuführen (Widmann/Mayer/Mayer, Umwandlungsrecht, § 126 UmwG Rn. 204).

63   Bei Warenbeständen war lange Zeit nicht höchstrichterlich geklärt, ob auf die bei Sicherungsübereignungen entwickelten Grundsätze zurückgegriffen werden kann und ob die Verwendung sog. **All-Klauseln** dabei zulässig ist. Die Literatur hatte das immer bejaht (vgl. dazu unten Teil 3 Rdn. 66, umfassend dazu Leitzen, ZNotP 2010, 91 ff.; Lutter/Priester, § 126 UmwG Rn. 55; Hörtnagl, in Schmitt/Hörtnagl/Stratz, § 126 UmwG Rn. 78; Thiele/König, NZG 2015, 178, 179 f.; so ausdrücklich die Regierungsbegründung, in: Ganske, Umwandlungsrecht, 2. Aufl., S. 157).

64   Mayer (Widmann/Mayer/Mayer, Umwandlungsrecht, § 126 UmwG Rn. 206) empfiehlt schließlich, die **Genauigkeit der Angaben** über die zu übertragenden Gegenstände des Aktiv- und Passivvermögens auch nach dem Anlass bzw. dem Motiv für den Ausgliederungsvorgang auszurichten. So ist bei der Ausgliederung eines einzelkaufmännischen Unternehmens insb. der Fall denkbar, dass das nach der Ausgliederung verbleibende »Restprodukt« **an außenstehende Dritte** veräußert werden soll. In diesem Fall empfiehlt sich schon im Hinblick auf das angestrebte Veräußerungsgeschäft eine möglichst exakte Aufnahme aller (auszugliedernden) Aktiva und Passiva in den Ausgliederungsplan.

65   Zusammenfassend ist also festzustellen, dass im Spaltungsvertrag nach der wohl überwiegenden Meinung eine **hinreichende Bestimmbarkeit** vorliegen muss, die im weitesten Sinne auch den sachenrechtlichen Grundsätzen entsprechen muss. Nach der überwiegenden Literatur sind also die sachenrechtlichen Bestimmtheitsgrundsätze mit den Maßgaben anzuwenden, die auch bei einer Einzelübertragung maßgebend sind. Eine Einzelaufstellung ist nicht erforderlich (BGH, DNotZ 2008, 468 m. Anm. Limmer = MittBayNot 2008, 307 = NotBZ 2008, 192 = ZNotP 2008, 163; LG Essen, NZG 2002, 736 = ZIP 2002, 893). Bzgl. jedes einzelnen Gegenstandes ist durch Auslegung zu ermitteln, ob er zur Sachgesamtheit gehört oder nicht (BGH, NotBZ 2003, 471 = RNotZ 2003, 622 = AG 2004, 98 = NZG 2003, 1172).

66   Der BGH hat mit Urt. v. 08.10.2003 (ZNotP 2004, 65 = ZIP 2003, 2155 = NJW-RR 2004, 123 = NZG 2003, 1172, 1174; zust. zitiert etwa durch das BAG, Beschl. v. 22.02.2005, BAGE 114, 1 = ZIP 2005, 957 = MittBayNot 2006, 62; BGHZ 175, 12 = DNotZ 2008, 468 = MittBayNot 2008, 307 = NotBZ 2008, 192 =) die in der Literatur vertretene Auffassung, wonach es genüge, wenn ein Gegenstand bei betriebswirtschaftlicher Betrachtung dem Geschäftsbetrieb eines bestimmten Unternehmensteils durch eine sog. **All-Klausel** zuzurechnen sei, bestätigt (vgl. dazu umfassend Leitzen, ZNotP 2010, 91 ff.; vgl. auch OLG Schleswig, RNotZ 2010, 63). Für diese Annahme spreche ein praktisches Bedürfnis, da mit einem Ausgliederungsvertrag häufig große Sachgesamtheiten übertragen würden. Da es mit einem unzumutbaren Aufwand verbunden wäre, alle zu einer solchen Sachgesamtheit gehörenden Gegenstände in dem Ausgliederungsvertrag oder in einer Anlage einzeln aufzuführen, sei es geboten, bzgl. solcher Sachgesamtheiten sog. All-Klauseln zuzulassen. Gegenstand des Urteils war die Ausgliederung von Teilen eines Einzelunternehmens, insb. eines Eigentumsverschaffungsanspruchs bzgl. einer Grundstücksteilfläche. Die übertragenen Vermögensgegenstände sollten mit allen Rechten und Pflichten übergehen.

Auf der anderen Seite enthält die vom BGH ausdrücklich zitierte Kommentierung von Priester (in: Lut- **67** ter, UmwG, § 126 Rn. 55) als Beispiel für eine zulässige All-Klausel folgende Formulierung: »*Sämtliche zu dem Teilbetrieb gehörenden Gegenstände.*« Der BGH führt aus, dass die Literatur unter Berufung auf die Gesetzesmaterialien die Ansicht vertrete, dass die Anforderungen an die Kennzeichnung einzelner Gegenstände nicht überspannt werden dürfen und dass Verträge nach § 123 UmwG der Auslegung nach den Grundsätzen der §§ 133, 157 BGB unterliegen. Es genüge, wenn der Gegenstand bei betriebs- wirtschaftlicher Betrachtung dem Geschäftsbetrieb eines bestimmten Unternehmensteils zuzurechnen sei. Insb. seien sog. All-Klauseln zulässig, mit denen sämtliche zu einem bestimmten Bereich gehören- den Gegenstände erfasst würden (Lutter/Priester, UmwG, § 126 Rn. 55; Schröer, in: Semler/Stengel, § 126 UmwG Rn. 61; Hörtnagl, in: Schmitt/Hörtnagl/Stratz, UmwG, UmwStG, § 131 UmwG Rn. 110, jeweils m. w. N.).

Dieser in der Literatur vertretenen Meinung schließt sich der BGH ausdrücklich an. Es gebe keinen Rechtssatz, aus dem sich herleiten ließe, dass die für Verträge allgemein geltenden Auslegungsregeln auf Ausgliederungsverträge nicht angewendet werden dürfen. Für diese Annahme spreche auch ein **praktisches Bedürfnis**. Im Zusammenhang mit einem Ausgliederungsvertrag würden häufig große Sachgesamtheiten übertragen. Es wäre mit einem zumindest unzumutbaren Aufwand verbunden, alle zu einer solchen Sachgesamtheit gehörenden Gegenstände in dem Ausgliederungsvertrag oder in einer Anlage zu ihm einzeln aufzuführen. Es sei deshalb geboten, bzgl. solcher Sachgesamtheiten die erwähnten All-Klauseln zuzulassen. Dann sei es aber erforderlich, bzgl. jedes Einzelgegenstandes im Wege einer Auslegung nach den §§ 133, 157 BGB zu überprüfen, ob er zu der Sachgesamtheit gehört oder nicht.

Bei der **Übertragung von Grundstücken** ist die Verwendung von All-Klauseln wegen der Verweisung **68** auf § 28 GBO sehr problematisch (vgl. dazu eingehend Teil 3 Rdn. 85).

Ausgegliederte **Forderungen** können ebenfalls dahin gehend zusammengefasst werden, dass alle Forde- rungen aus einem bestimmten Geschäftsbetrieb, aus einer bestimmten Art von Geschäften oder aus einem bestimmten Zeitraum übertragen werden (so OLG Hamm, DStR 2010, 991 = NJW 2010, 2591; Schröer, in: Semler/Stengel, § 126 UmwG, Rn. 67). Die Verwendung sog. All-Klauseln ist dabei zulässig (Lutter/Priester, § 126 UmwG Rn. 56; BGH, NZG 2003, 1172, 1174).

Für **Verbindlichkeiten** genügt nach dem Beschl. des BAG v. 22.02.2005 (ZIP 2005, 957) die Formu- **69** lierung, dass alle Verbindlichkeiten des Betriebes übergehen, die wirtschaftlich diesem zuzuordnen sind (vgl. im Einzelnen unten Teil 3 Rdn. 126).

Zulässig ist auch sog. Negativabgrenzung, sofern sie die vorgenannten Bestimmtheitsprinzipien erfüllt **70** (vgl. dazu Thiele/König, NZG 2015, 178 ff.). Für eine solche Negativabgrenzung besteht oftmals ein praktisches Bedürfnis, wenn der überwiegende Teil des Vermögens des übertragenden Rechtsträgers übertragen werden soll (so zu Recht Thiele/König, NZG 2015, 178; KallmeyerKallmeyer/Sickinger, § 126 UmwG Rn. 19; Widmann/Mayer/Mayer, Umwandlungsrecht § 126 UmwG Rn. 202; Köln- Kom/Simon, § 126 UmwG Rn. 59). Die Literatur lässt zu Recht dies zu (Thiele/König, NZG 2015, 178, 185; Hörtnagl in: Schmitt/Hörtnagl/Stratz, § 126 UmwG Rn. 80; Kallmeyer/Kallmeyer/Sickin- ger § 126 UmwG Rn. 19; Mayer in Widmann/Mayer/Mayer, Umwandlungsrecht § 126 UmwG Rn. 202; Schröer in Semler/Stengel, UmwG § 126 Rn. 61; KölnKom/Simon, § 126 Rn. UmwG 59 der zusätzlich eine positive Benennung der übergehenden Vermögensgegenstände in Form von Sammel- bezeichnungen fordert).

▶ **Hinweis:** **71**

Damit sind also folgende **Leitlinien** festzustellen, wobei es sich in der Praxis immer empfiehlt, wenn möglich, eher ein größeres Maß an Genauigkeit einzuschlagen.
– Für Grundstücke und dingliche Rechte gilt § 28 GBO (vgl. dazu Teil 3 Rdn. 126).
– Bei beweglichen Gegenständen gilt der allgemeine Bestimmtheitsgrundsatz ähnlich wie bei den Klauseln bei der Sicherungsübereignung wie z. B. »*sämtliche zu dem Teilbetrieb gehörenden Gegen- stände*«. Bei Sachgesamtheiten (Warenlager, alle Gegenstände auf einem bestimmten Grund- stück), wird eine Sammelbezeichnung genügen, die den Übereignungswillen auf alle Sachen er- streckt und die Einzelsachen klar erkennen lässt entsprechend den Regeln der Rechtsprechung

der Sicherungsübereignung. Verwendung von sog. All-Klauseln »*Sämtliche Gegenstände, die sich auf dem Betriebsgrundstück ... befinden.*« ist daher zulässig. Inwieweit bei Betrieben oder Teilbetrieben den Bestimmtheitsgrundsatz allein durch die Verweisung auf eine Bilanz genügt wird, ist zurzeit noch offen (bejahend Lutter/Priester, UmwG, § 126 Rn. 52; zweifelnd Widmann/Mayer/Mayer, Umwandlungsrecht, § 126 UmwG Rn. 203).

– Soweit nach allgemeinem Zivilrecht nicht Bestimmtheit, sondern Bestimmbarkeit genügt (etwa bei Forderung), gilt dies auch i. R. d. Spaltung.

72 **bb) Beurkundungstechnik.** Ist nach materiellem Recht festgestellt, welche Gegenstände zu bezeichnen sind, stellt sich weiter die Frage, wie diesen Vorgaben beurkundungsrechtlich Genüge getan werden kann. Materielles Recht entscheidet, was beurkundet werden muss. Von dieser materiell-rechtlichen Frage zu trennen ist die Frage, auf welche Weise, dies beurkundungsrechtlich geschehen kann. **§ 9 Abs. 1 Satz 2 BeurkG** bestimmt, dass Erklärungen in einem Schriftstück, auf das in der Niederschrift verwiesen und dieser beigefügt wird, als in der Niederschrift selbst enthalten gilt (vgl. Winkler, § 9 BeurkG Rn. 26; Brambring, DNotZ 1980, 281; Korte, DNotZ 1984, 3 ff., 82 ff.; Piegsa, in: Armbrüster/Preuß/Renner, § 9 BeurkG Rn. 20 ff.; Limmer, in: Eylmann/Vaasen, § 9 BeurkG Rn. 8 ff.; Staudinger/Hertel, BGB, Vorbem. zu §§ 127a, 128 [BeurkG], Rn. 407 ff.).

Deshalb kann auch auf Anlagen verwiesen werden, die dann nach § 9 Abs. 1 Satz 2 BeurkG Teil der materiell-rechtlichen Erklärung der Urkunde sind. Zu beachten ist allerdings, dass bei der Verweisung nach § 9 Abs. 1 Satz 2 BeurkG die gleichen Grundsätze wie für die Haupturkunde gelten, d. h. die Anlage muss vorgelesen und von den Beteiligten genehmigt werden. Niederschrift und Anlage i. S. d. § 9 Satz 2 Abs. 1 BeurkG bilden eine Einheit. Für Niederschrift und Anlage gelten die gleichen Formvorschriften, d. h. sie müssen vorgelesen werden und über den Inhalt der Niederschrift und der Anlage muss eine Belehrung erfolgen, sodass es für die Wirksamkeit einer Beurkundung genügt, wenn die notwendigen Angaben entweder in der Niederschrift oder in der Anlage enthalten sind.

73 Allerdings können die **beurkundungsrechtlichen Vereinfachungsvorschriften** des §§ 13a, 14 BeurkG auch bei der Beurkundung eines Spaltungsvertrages eingesetzt werden. Nach § 13a BeurkG kann unter den dort genannten Voraussetzungen auf eine andere notariell beurkundete Niederschrift (sog. **Bezugsurkunde**) verwiesen werden (vgl. dazu Limmer, in: Eylmann/Vaasen, § 13a BeurkG Rn. 1 ff.; Winkler, § 13a BeurkG Rn. 32 ff.; Piegsa, in: Armbrüster/Preuß/Renner, § 13a BeurkG Rn. 2 ff.; Brambring, DNotZ 1980, 296; Stauf, RNotZ 2001, 129, 139). Die Hauptfunktion des § 13a BeurkG liegt darin, dass eine eingeschränkte Vorlesungspflicht bei den Bezugsurkunden besteht. Da es sich bei § 13a BeurkG um eine Mussvorschrift handelt, ist jedoch Voraussetzung, dass die Beteiligten erklären, dass ihnen der Inhalt der anderen Niederschrift bekannt ist und sie auf das Vorlesen verzichten. Gegenstand der Verweisung nach § 13a BeurkG kann nur sein »eine andere notarielle Niederschrift, die nach den Vorschriften für die **Beurkundung von Willenserklärungen** errichtet worden ist«. Notarielle Niederschriften i. d. S. sind nur **Niederschriften**, die nach den §§ 8 ff. BeurkG errichtet wurden.

74 ▶ **Hinweis:**

Es ist daher in der Praxis möglich, zunächst eine sog. Bezugsurkunde zu schaffen, die etwa die einzelne Vermögensgegenstände, die i. R. d. Spaltung übertragen werden sollen, bezeichnet. Auf diese Bezugsurkunde kann dann unter Einhaltung der Voraussetzung des § 13a BeurkG bei der Beurkundung des Spaltungsplans verwiesen werden, ohne dass dann die Bezugsurkunde mitverlesen werden müsste.

75 Eine **weitere Erleichterung** hat § 14 BeurkG bei der Novelle der BNotO und des BeurkG geschaffen. Die Vorschrift bestimmt, dass, wenn auch Bilanzen, Inventare, Nachlassverzeichnisse oder sonstige Bestandsverzeichnisse über Sachen, Rechte und Rechtsverhältnisse in einem Schriftstück aufgenommen werden sollen, auf das in der Niederschrift verwiesen und dieser beigefügt wird, dass dann dieses Schriftstück nicht vorgelesen werden muss, wenn die Beteiligten auf das Vorlesen verzichten und die sonstigen Voraussetzungen der § 14 BeurkG beachten (wegen der Einzelheiten vgl. Eylmann/Vaasen/Limmer, BNotO, BeurkG, § 14 BeurkG Rn. 1 ff.; Piegsa, in: Armbrüster/Preuß/Renner, § 14 BeurkG Rn. 1 ff.; Winkler, § 14 BeurkG Rn. 1 ff.; Staudinger/Hertel, BGB, Vorbem. zu §§ 127a, 128 [BeurkG],

Rn. 437 ff.; Ising/v. Loewenich, ZNotP 2003, 176 ff.; Kanzleiter, DNotZ 1999, 203 ff.; Stauf, RNotZ 2001, 129 ff.). Unter einem Bestand wird ein »Inbegriff von Gegenständen« verstanden. Voraussetzung ist eine Mehrheit von Vermögensgegenständen, Sachen, Rechten oder Forderungen, bei denen eine Einzelbezeichnung nur schwer möglich ist und bei der ein einseitiger Rechtsgrund die Mehrheit der Gegenstände zu einem Inbegriff vereinigt (RGZ 90, 137, 139; MünchKomm-BGB/Krüger, § 260 Rn. 4; Staudinger/Bittner, BGB, § 260 Rn. 4; Piegsa, in: Armbrüster/Preuß/Renner, § 14 BeurkG Rn. 10 ff.). Als Anwendungsbeispiel des § 14 BeurkG wird in der Literatur insb. der Unternehmenskaufvertrag benannt, bei dem § 14 BeurkG einen Vorlesungsverzicht bei Bilanzen, Gewinn- und Verlustrechnungen, Auflistung von Wirtschaftsgütern, bestehenden Verträgen, Personal oder anhängigen Prozessen ermöglicht (Piegsa in: Armbrüster/Preuß/Renner, § 14 BeurkG Rn. 10 ff.; Stauf, RNotZ 2001, 129, 144 ff.; Winkler, BeurkG, § 14 BeurkG Rn. 12 ff.). Das DNotI hat die Ansicht vertreten, dass es für eine Beurkundung nach § 14 BeurkG entscheidend darauf ankomme, ob die zu veräußernden Grundstücke durch ein einheitliches Rechtsverhältnis miteinander verbunden sind. Ein solches einheitliches Rechtsverhältnis liegt nur dann vor, wenn der gesamte Grundbesitz des Veräußerers veräußert wird oder wenn der zu veräußernde Grundbesitz durch ein bereits bestehendes Rechtsverhältnis miteinander verbunden ist, was z. B. dann der Fall ist, wenn die in Rede stehenden Grundstücke zu einem Teilbetrieb gehören (DNotI-Report 2003, Heft 3 S. 17 f.). Eine andere Auffassung wird demgegenüber in der Literatur vertreten (Ising/v. Loewenich, ZNotP 2003, 176 ff.). Nach dieser Ansicht hänge der Inhalt eines Bestandsverzeichnisses i. S. d. § 14 BeurkG allein vom Parteiwillen ab. Ein Rückgriff auf die Vorschrift des § 260 BGB sei nicht angezeigt. Ein real existierender Bestand liege auch dann vor, wenn aus einer größeren Menge gleichartiger Güter ein Teil ausgewählt und zum Gegenstand des Vertrages gemacht wird. Auf die Tatsache, dass die in Rede stehenden Gegenstände bereits außerhalb des Vertrages – wie auch immer – miteinander verbunden gewesen waren, komme es nicht an. Zur Begründung verweisen die Vertreter dieser Auffassung im Wesentlichen auf den mit der Vorschrift verfolgten Zweck des Gesetzgebers, nämlich Zahlenwerke und sonstige Aufzählungen von rein tatsächlicher Bedeutung aus der Verlesungspflicht auszuklammern, und den äußeren Beurkundungsvorgang zur Hervorhebung der Prüfungs- und Belehrungspflichten des Notars abzukürzen

cc) Formulierungsbeispiel: Beurkundung einer Vermögensübertragung

▶ **Formulierungsbeispiel: Beurkundung einer Vermögensübertragung** 76

Vermögensübertragung

1. Die A-GmbH überträgt den von ihr an drei Standorten unterhaltenen Teilbetrieb »Hochbau« auf die B-GmbH mit allen Aktiva und Passiva. Die Abspaltung erfolgt auf der Basis der festgestellten Abspaltungsbilanz der WPG-Wirtschaftsprüfungsgesellschaft vom 31.12. . . . . .; diese Spaltungsbilanz ist Bestandteil dieses Spaltungsplanes. Sie ist als Anlage 1 dieser Urkunde als wesentlicher Bestandteil beigefügt, auf sie wird nach § 14 Abs. 1 BeurkG verwiesen. Die Beteiligten haben auf das Vorlesen verzichtet. Stattdessen wurden ihnen die Anlage 1 zur Kenntnisnahme vorgelegt, von ihnen genehmigt und unterschrieben.

2. Im Einzelnen sind folgende Vermögensgegenstände Bestandteil des Teilbetriebes und werden i. R. d. Spaltung auf die B-GmbH übertragen. Von der Spaltung werden sämtliche zum Spaltungsstichtag vorhandenen Vermögensgegenstände und Schulden des Teilbetriebes mit allen Rechten und Pflichten sowie die ausschließlich diesem Teilbetrieb zuzuordnenden Rechtsbeziehungen, insbesondere Vertragsverhältnisse, nach näherer Maßgabe der nachfolgenden Bestimmungen erfasst, gleich ob sie bilanziert sind oder nicht.

Insbesondere handelt es sich um folgende Vermögensgegenstände und Schulden, die den Teilbetrieb mit allen Rechten und Pflichten zuzuordnen sind:

a) Grundstücke

Die folgenden im Grundbuch von X-Stadt eingetragenen Grundstücke mit sämtlichen Abteilungen II und III des Grundbuches eingetragenen Belastungen, einschließlich aufstehender Gebäude wird den dazugehörigen Betriebsvorrichtungen, sowie sämtliche auf die Grundstücke bezogenen Mietverträge:
– Bd. 120 Blatt 3503, Flurstück 400/20, X-Str. in X-Stadt in einer Größe von 10.000 qm,
– Bd. 105 Blatt 2763, Flurstück 733/23, Y-Str. in X-Stadt in einer Größe von 5.000 qm,
– Bd. 100 Blatt 7370, Flurstück 250/12, Z-Str. in X-Stadt mit einer Größe von 3.000 qm.

b) Anlage- und Umlaufvermögen

Sämtliche zum Anlage- und Umlaufvermögen gehörenden beweglichen Gegenstände des Teilbetriebs »Hochbau«, also alle beweglichen Gegenstände, die sich auf den unter a) beschriebenen Grundstücken und Gebäuden befinden, somit alle technischen Anlagen und Maschinen, Kfz-, Betriebs- und Geschäftsausstattung, geringwertige Wirtschaftsgüter, Zubehör und Ersatzteile, EDV-Hardware, sämtliche auf den Grundstücken befindliche Gegenstände des Umlaufvermögens, insbesondere solche Roh-, Hilfs-, Betriebsstoffe, Ausstattung und Verpackungsmaterial. Soweit die A-GmbH Eigentum oder Miteigentum an diesen Gegenständen hat oder diese künftig erwirbt, wird das Eigentum oder Miteigentum übertragen; soweit die A-AG Anwartschaftsrechte auf Eigentumserwerb an dem ihr unter Eigentumsvorbehalt gelieferten beweglichen Vermögen hat, überträgt sie hiermit der B-GmbH diese Anwartschaftsrechte. Die wichtigsten beweglichen Vermögensgegenstände, insbesondere Anlagen und Einrichtungen sind in der Anlage 2 aufgeführt, ohne jedoch auf die genannten Anlagen und Einrichtungen beschränkt zu sein.

c) Forderungen

Sämtliche Forderungen die zum Teilbetrieb »Hochbau« zuzuordnen sind, insbesondere Forderungen aus Lieferung und Leistung, geleisteten Anzahlungen, aus Darlehen, sowie Schadensersatzforderungen. Die Forderungen sind in der Anlage 3 aufgeführt. Soweit Forderungen in dieser Anlage nicht aufgeführt sind, werden sie dennoch übertragen, wenn und soweit sie dem Teilbetrieb »Hochbau« zuzuordnen sind.

d) Bankguthaben

Sämtliche Bankguthaben bei allen Banken, Kreditinstituten und sonstigen Einrichtungen mit ihrem jeweiligen zum Stichtag ausgewiesenen Bestand. Die Kreditinstitute und Einrichtungen sowie die betroffenen Bankkonten sind in Anlage 4 aufgeführt.

e) Vertragsverhältnisse

Alle dem Teilbetrieb »Hochbau« zuzuordnenden Verträge, insbes. Leasing-, Miet-, Kauf-, Dienst-, Werk-, Beratungs-, Darlehens-, Versorgungs-, Versicherungs-, Finanzierungsverträge, Verträge mit Handelsvertretern sowie Angebote und sonstige Rechtsstellungen zivilrechtlicher oder öffentlich-rechtlicher Art. Die Verträge sind in Anlage 5 beschrieben. Soweit Verträge und Vertragsverhältnisse in dieser Anlage nicht aufgeführt sind, werden sie dennoch übertragen, wenn und soweit sie den Betriebsteil »Hochbau« betreffen oder ihm zuzuordnen sind.

f) Schutzrechte

Sämtliche Schutzrechte der A-GmbH, die den Betriebsteil »Hochbau« betreffen. Schutzrechte umfassen insbesondere alle Erfindungen, Know-how, Geschäfts- und Betriebsgeheimnisse, Patente, Verfahren, Formel und sonstigen immateriellen Gegenstände, die nicht von gewerblichen Schutzrechten umfasst werden, und sämtliche Verkörperungen solcher Gegenstände (Muster, Marken, Zeichenpläne etc.). Die Schutzrechte sind in Anlage 6 ausgeführt.

g) Arbeitsverhältnisse

Sämtliche dem Teilbetrieb »Hochbau« zuzuordnenden Arbeitsverhältnisse einschließlich evtl. bestehender Verpflichtungen der betrieblichen Altersvorsorge, Rückdeckungsversicherung im betrieblichen Versorgungsinteresse und sonstigen Zusagen mit Versorgungscharakter gehen nach § 613a BGB auf die aufnehmende Gesellschaft über. Diese ergeben sich aus Anlage 7. Die Arbeitnehmer werden bei der aufnehmenden Gesellschaft zu gleichen Konditionen beschäftigt. Sollten einzelne Arbeitnehmer den Übergang ihres Arbeitsverhältnisses widersprechen, so ist die B-GmbH verpflichtet, der A-GmbH alle dadurch entstehenden Kosten zu ersetzen. Die B-GmbH wird außerdem die A-GmbH von allen Ansprüchen aus den Arbeitsverhältnissen und den damit zusammen verbundenen Zusagen der betrieblichen Altersvorsorge und Zusagen mit Versorgungscharakter freistellen.

h) Steuern

Sämtliche Forderungen, Verbindlichkeiten und Rückstellungen gegenüber dem Finanzamt betreffen Körperschaftssteuer und Solidaritätszuschlag, Gewerbesteuer, Umsatzsteuer, Kfz-Steuer, Grundsteuer, Kapitalertragssteuer, Lohn- und Kirchensteuer, Zinsabschlagssteuer.

i) Beteiligung, Mitgliedschaften

Sämtliche zum Teilbereich »Hochbau« gehörenden Beteiligungen, Mitgliedschaften, Finanzanlagen und Ähnliches. Im Einzelnen handelt es sich um folgende Beteiligungen:
– Die Mitgliedschaft der A-GmbH im Verband »Hoch- und Tiefbau e.V.«,

- die bestehende Beteiligung i. H. v. 10.000 Aktien an der X-AG,
- die der Geschäftsanteile i. H. v. 10.000,00 € an der Z-GmbH.

j) Verbindlichkeiten

Sämtliche zum Teilbetrieb »Hochbau« gehörenden und zuzuordnenden Verbindlichkeiten der A-GmbH, also sämtliche Schulden, Verbindlichkeiten, Rückstellungen sowie Verlustrisiko aus schwebenden Geschäften. Die Verbindlichkeiten sind in Anlage 8 zu diesem Vertrag aufgeführt.

k) Sonstiges

Sowie alle sonstigen in der als Anlage 9 aufgeführten Vermögenspositionen.

3. Für sämtliche unter Ziff. 2 beschriebenen Aktiva und Passiva gilt, dass die Übertragung im Wege der Spaltung alle Wirtschaftsgüter, Gegenstände, materiellen und immateriellen Rechte, Verbindlichkeiten, Rechtsbeziehungen erfasst, die dem Teilbetrieb »Hochbau« dienen oder zu dienen bestimmt sind oder sonst den Teilbetrieb betreffen oder ihm wirtschaftlich zuzurechnen sind, unabhängig davon, ob die Vermögensposition bilanzierungsfähig ist oder nicht. Die Übertragung erfolgt auch unabhängig davon, ob der Vermögensgegenstand in den Anlagen 1–8 aufgeführt ist.

Sollten die zu übertragenden Rechtspositionen des Aktiv- oder Passivvermögens bis zum Wirksamwerden der Spaltung im regelmäßigen Geschäftsgang veräußert worden sein, so werden die an ihrer Stelle getretenen vorhandenen Surrogate übertragen. Übertragen werden auch die bis zum Wirksamwerden der Spaltung erworbenen Gegenstände des Aktiv- oder Passivvermögens, soweit sie zum übertragenen Teilbetrieb gehören.

4. Bei Zweifelsfällen, die auch durch Auslegung dieses Vertrages nicht zu klären sind, gilt, dass Vermögensgegenstände, Verbindlichkeiten, Verträge und Rechtspositionen, die nach obigen Regeln nicht zugeordnet werden können, bei der übertragenden Gesellschaft verbleiben. In diesen Fällen ist die A-GmbH berechtigt nach § 315 BGB eine Zuordnung nach ihrem Ermessen unter Berücksichtigung der wirtschaftlichen Zugehörigkeit vorzunehmen.

5. Soweit bilanzierte und nicht bilanzierte Vermögensgegenstände und Schulden sowie Rechtsbeziehungen, die dem Teilbetrieb »Hochbau« wirtschaftlich zuzuordnen sind, nicht schon kraft Gesetzes mit der Eintragung der Spaltung in das Handelsregister der übertragenden Gesellschaft auf die aufnehmende Gesellschaft übergehen, wird die übertragende Gesellschaft diese Vermögensgegenstände oder Schulden sowie die Rechtsbeziehungen auf die B-GmbH übertragen. Ist die Übertragung im Außenverhältnis nicht oder nur mit unverhältnismäßigen Aufwand möglich oder unzweckmäßig, werden sich die beteiligten Gesellschaften im Innenverhältnis so stellen, wie sie stehen würden, wenn die Übertragung der Vermögensgegenstände und Passiva bzw. Rechtsbeziehungen auch im Außenverhältnis mit Wirkung zum Vollzug dabei erfolgt wäre. Wird die übertragende Gesellschaft aus Verbindlichkeiten in Anspruch genommen, die der aufnehmenden zuzuordnen sind, ist diese zur Freistellung verpflichtet oder hat Ausgleich zu leisten.

6. Auf die Anlagen 1–8, die dieser Urkunde als wesentlicher Bestandteil beigefügt sind, wird gemäß § 14 Abs. 1 BeurkG verwiesen. Die Beteiligten haben auf das Vorlesen verzichtet, stattdessen wurden ihnen die Anlagen 1–8 zur Kenntnisnahme vorgelegt, sie wurden von ihnen genehmigt und nach § 14 BeurkG unterschrieben.

7. Soweit für die Übertragung von bestimmten Gegenständen die Zustimmung eines Dritten an einer öffentlich-rechtlichen Genehmigung oder eine Registrierung erforderlich ist, werden sich die übertragende und die aufnehmende Gesellschaft bemühen, die Zustimmung, Genehmigung oder Registrierung beizubringen. Falls dies nicht oder nur mit unverhältnismäßig hohem Aufwand möglich sein würde, werden sich die übertragende und die aufnehmende Gesellschaft im Innenverhältnis zu stellen, als wäre die Übertragung der Gegenstände des ausgegliederten Vermögens mit Wirkung zum Vollzugsdatum erfolgt.

8. Berichtigungen bei Registern, Grundbuch, Markenerklärungen

Die A-GmbH und die B-GmbH bewilligen und beantragen, nach Wirksamwerden der Spaltung die von der Spaltung betroffenen Markenregister entsprechenden Vorschriften dieses Vertrages zu berichtigen.

Die A-GmbH und die B-GmbH bewilligen und beantragen nach Wirksamwerden der Ausgliederung das Grundbuch bei den unter Ziff. 2a beschriebenen Grundstücken und dinglichen Rechten zu berichtigen.

77 **d) § 132 UmwG vor seiner Aufhebung durch das Zweite Gesetz zur Änderung des UmwG.** Der Gesetzgeber hat im **Zweiten Gesetz zur Änderung des UmwG** v. 25.04.2007 (BGBl. I, S. 542) § 132 UmwG **ersatzlos gestrichen** (vgl. BR-Drucks. 16/2919, S. 9). Mit dieser ersatzlosen Streichung wurde eine der schwierigsten Fragen des UmwG gelöst, denn **§ 132 UmwG** gehörte zu den problematischsten und heftig diskutiertesten Vorschriften des Umwandlungsrechts. Im Einzelnen bestimmte sie, dass bei der Gestaltung des Spaltungsvertrages und der Abwicklung einer Spaltung insb. § 132 UmwG zu beachten ist. Die Vorschrift bestimmte, dass allgemeine Vorschriften

– welche die Übertragbarkeit eines bestimmten Gegenstandes ausschließen oder

– welche die Übertragbarkeit eines bestimmten Gegenstandes an bestimmte (besondere) Voraussetzungen knüpfen oder

– nach denen die Übertragung eines bestimmten Gegenstandes einer staatlichen Genehmigung bedarf,

durch die Eintragung nach § 131 UmwG unberührt bleiben.

78 Die Vorschrift schien nach ihrem Wortlaut weitgehend sämtliche für die Einzelübertragung des betroffenen Vermögensgegenstandes maßgebenden Vorschriften auf die Spaltung anzuwenden. Mit diesem **weiten Anwendungsbereich**, der die Besonderheiten einer Spaltung erheblich einschränken würde, wurde die Vorschrift in der Literatur teilweise kritisiert und als misslungen bezeichnet (vgl. Kallmeyer, GmbHR 1996, 242; Meyer, GmbHR 1996, 403). Die Begründung zum RegE wies darauf hin, dass die Vorschrift eine klarstellende Bedeutung habe, dass die allgemeinen Vorschriften des Zivilrechts über die Übertragbarkeit von Gegenständen auch bei der Spaltung gelten. Dies sei bedeutsam für die Trennung von Haupt- und Nebenrechten, für den gesetzlichen oder rechtsgeschäftlichen Ausschluss der Abtretung von Forderungen nach § 399 sowie die Übertragbarkeit eines Nießbrauches einer beschränkten persönlichen Dienstbarkeit oder eines dinglichen Vorkaufsrechts (vgl. BR-Drucks. 75/94, abgedruckt bei Limmer, Umwandlungsrecht, S. 314). Überwiegend wurde die Vorschrift als **Umgehungsverbot** angesehen, sodass verhindert wird, dass Regelungen gesetzlicher oder vertraglicher Art, die die Übertragbarkeit eines einzigen Gegenstandes einschränken oder ausschließen, umgangen werden (vgl. Meikel, ZIP 1994, 165, 168; Widmann/Mayer/Mayer, Umwandlungsrecht, § 132 UmwG Rn. 4; Lutter/Teichmann, UmwG, § 132 Rn. 3).

79 In der Literatur wurden daher verschiedene **Vorschläge für eine einschränkende Auslegung der Vorschrift** diskutiert (zu den Einzelheiten vgl. 3. Auflage Rn. 1513).

80 **e) Neuregelung durch das Zweite Gesetz zur Änderung des UmwG. aa) Grundsatz.** Der Gesetzgeber hat im **Zweiten Gesetz zur Änderung des UmwG** v. 25.04.2007 (BGBl. I, S. 542) § 132 vollständig aufgehoben. Die **Begründung zum RegE** (BT-Drucks. 16/2919, S. 19) führt hierzu aus:

> »Bei der grundlegenden Reform des Umwandlungsrechts im Jahr 1994 war erstmals die Möglichkeit der Spaltung von Rechtsträgern eingeführt worden. Vor dem Hintergrund der damals noch fehlenden Erfahrung mit diesem neuen Rechtsinstitut hatte der Gesetzgeber in § 132 eine Vorschrift über den generellen Vorrang der Übertragungsverbote nach allgemeinem Recht aufgenommen. Eine gewisse Rolle spielte dabei auch die latente Befürchtung, Spaltungen könnten dazu missbraucht werden, die bei einer Einzelrechtsübertragung bestehenden Beschränkungen zu umgehen. Bei der praktischen Anwendung der Regelung zeigten sich dann aber erhebliche Schwierigkeiten. Versuche, diesen durch Auslegung zu begegnen, blieben vielfach ohne Erfolg. Dies führte letztlich zu Rechtsunsicherheit. Wissenschaft und Praxis beurteilen die Regelung als »**Spaltungsbremse**« (vgl. jüngst wieder Heidenhain, ZHR 2004, 468 ff.). Es wird daher vorgeschlagen § 132 aufzuheben und damit die Gesamtrechtsnachfolge bei Verschmelzung und Spaltung künftig denselben Grundsätzen zu unterwerfen. Danach bleiben von der Rechtsnachfolge nur höchstpersönliche Rechte und Pflichten ausgenommen. Ob und inwieweit ein durch den Rechtsübergang betroffener Dritter, der sich durch die Gesamtrechtsnachfolge einem neuen Vertragspartner gegenübersieht, diesen Zustand akzeptieren muss oder sich dagegen durch Kündigung, Rücktritt, Berufung auf den Wegfall der Geschäftsgrundlage o. ä. wehren kann, ergibt sich aus den insoweit geltenden allgemeinen Vorschriften.«

81 Der Gesetzgeber hat mit dieser Neuregelung ohne Zweifel die **partielle Gesamtrechtsnachfolge aufgrund Spaltung** der **generellen Gesamtrechtsnachfolge aufgrund Verschmelzung gleichgestellt** (vgl. zu dieser Begrifflichkeit OLG Hamm RNotZ 2014, 507 = NZG 2014, 783; OLG Hamm, DStR 2010,

991 = NJW 2010, 2591; OLG Karlsruhe NZG 2009, 315 = GmbHR 2008, 1219; Hörtnagl, in: Stratz/ Schmitt/Hörtnagl, § 123 UmwG Rn. 3; Widmann/Mayer/Schwarz, Umwandlungsrecht, § 123 UmwG Rn. 413; Kallmeyer/Kallmeyer/Sickinger, UmwG, § 123 Rn. 2; Schmidt, in: Habersack/ Koch/Winter/Vetter, Die Spaltung im neuen Umwandlungsrecht und ihre Rechtsfolgen, S. 11; Lutter/ Teichmann, UmwG, § 123 Rn. 8 ff.; Zöllner, ZGR 1995, 335, 339; Gutachten DNotI-Report 2011, 104.) Vermittelnden Lösungen, wie sie im Gesetzgebungsverfahren vorgeschlagen wurden und die danach differenzieren wollten, ob eine Rechts- und Sachgesamtheit übergeht (dann Befreiung von § 132 UmwG) oder ein Einzelvermögensgegenstand, ist er nicht gefolgt und hat alle Formen der Spaltung von den Beschränkungen der Einzelrechtsübertragung befreit. Damit bleiben von der Rechtsnachfolge nur höchstpersönliche Rechte und Pflichten ausgenommen. Alle anderen Rechte und Verbindlichkeiten gehen ohne Einschränkung und ohne dass besondere Genehmigungen vorliegen müssen i. R. d. Spaltung über. Es gelten die gleichen Grundsätze wie bei § 20 Abs. 1 Nr. 1 UmwG. Probleme, die für Dritte entstehen könnten, sind ausweislich der Regierungsbegründung allenfalls durch allgemeine Rechtsgrundsätze wie durch Kündigung, Rücktritt, Berufung auf den Wegfall der Geschäftsgrundlage zu lösen.

bb) Rechtsfolgen der Neuregelung. Wendet man die Prinzipien zu § 20 Abs. 1 UmwG, d. h. Ge- **82** samtrechtsnachfolge aufgrund Verschmelzung jetzt auch bei der Spaltung ohne Einschränkung an, so gilt, dass die **Vorschriften über Einzelrechtsnachfolge** wie z. B. §§ 929, 873, 398 BGB oder der **Vertrags- oder Schuldübernahmen** (§§ 414 ff. BGB) nicht eingehalten werden müssen, ebenfalls nicht erforderlich sind **Zustimmungen Dritter, sei es öffentlich-rechtliche oder privatrechtliche Zustimmungen oder Genehmigungen** (vgl. OLG Hamm RNotZ 2014, 507 = NZG 2014, 783; OLG Hamm, DStR 2010, 991 = NJW 2010, 2591; OLG Karlsruhe, NZG 2009, 315 = GmbHR 2008, 1219; Widmann/Mayer/Vossius, Umwandlungsrecht, § 20 UmwG Rn. 26, 247; § 131 UmwG Rn. 23; Kallmeyer/Marsch-Barner, UmwG, § 20 Rn. 26 f.; Stratz in Schmitt/Hörtnagl/Stratz, § 20 UmwG Rn. 28; Gaiser DB 2000, 361). Ausgenommen vom Rechtsübergang sind nur höchstpersönliche Rechte oder Befugnisse, z. B. öffentlich-rechtlicher Art (vgl. OLG Hamm RNotZ 2014, 507 = NZG 2014, 783). Die Gesamtrechtsnachfolge bewirkt nach herrschender Meinung jedoch nicht, dass der Übernehmer umfassend in sämtliche Rechte und Rechtsverhältnisse des Überträgers eintritt. Einzelne Rechtspositionen können vom Übergang ausgeschlossen werden, wenn die Rechtsposition unübertragbar ist oder aus sonstigen Gründen die Gesamtrechtsnachfolge andere Auswirkungen als den Übergang hat (vgl. Lutter/Grunewald, UmwG, § 20 Rn. 13; Heidinger/Limmer/Holland/Reul, Gutachten des DNotI, Bd. IV, Gutachten zum Umwandlungsrecht, S. 102). Ist die Rechtsposition nach den allgemeinen Vorschriften nicht übertragbar, so ist die Folge, dass bei der Abspaltung und Ausgliederung der Gegenstand beim übertragenden Rechtsträger verbleibt. Bei der Aufspaltung erlischt der übertragende Rechtsträger, sodass Unklarheit besteht. Die Literatur differenziert überwiegend dahin gehend, dass es auf die Art des Gegenstandes ankommt. Höchstpersönliche und nicht übertragbare Rechte wie Nießbrauchs- oder Vorkaufsrechte sollen untergehen; sonstige Rechte sollen beim übertragenden Rechtsträger verbleiben. Dieser erlösche zwar, bei Vorhandensein von Rechtspositionen bestehe dieser allerdings fort, und es müsse ggf. eine Nachtragsliquidation durchgeführt werden (so Lutter/Teichmann, UmwG, § 131 Rn. 31 ff.; Widmann/Mayer/Mayer, Umwandlungsrecht, § 131 UmwG Rn. 33 ff.; vgl. Ittner, MittRhNotK 1997, 116). Das OLG Dresden (WM 2008, 1273) hat insoweit ausdrücklich entschieden, dass die Übertragung von Forderungen (und ggf. Verbindlichkeiten) des Darlehnsgebers aus einem beendeten Darlehnsvertrag im Wege der Ausgliederung zur Neugründung an den übernehmenden Rechtsträger **nicht der Zustimmung des Darlehnsnehmers** bedarf. Das OLG Karlsruhe (NZG 2009, 315 = GmbHR 2008, 1219) hat festgestellt, dass mit der Eintragung der Spaltung bzw. Ausgliederung in das Handelsregister das ausgegliederte Vermögen mit den ausgegliederten Verbindlichkeiten auf den übernehmenden Rechtsträger übergehe. Die Ausgliederung bewirke somit eine Gesamtrechtsnachfolge (vgl. auch Maier-Reimer/Seulen, in: Semler/Stengel, UmwG, § 152 Rn. 83), von der grds. auch schuldrechtliche Verträge und somit auch Mietverträge betroffen seien. Ausgeschlossen sei der Übergang nur bei schlechthin nicht übertragbaren Rechtspositionen, wie etwa die Mitgliedschaft in einem Verein oder die Beteiligung an einer GbR. Eine Zustimmung der Vertragspartei sei nicht erforderlich. Auch das OLG Hamm hat mit Urteil vom 16.4.2014 (OLG Hamm RNotZ 2014, 507 = NZG 2014, 783; dazu Sickinger DB 2014, 1976) entschieden, dass bei einer Spaltung von **vinkulierten Geschäftsanteilen** diese auch ohne Zustimmung der zustimmungsbetroffenen Gesellschafter übergehen, obwohl dies bei einer Einzelübertragung nicht möglich wäre. Nach der Gesetzesbegründung handele es sich bei

§ 132 S. 1 UmwG a. F. um eine »klarstellende Vorschrift, die den bereits zu § 126 Abs. 1 Nr. 9 UmwG erläuterten Grundsatz, dass die allgemeinen Vorschriften des Zivilrechts über die Übertragbarkeit von Gegenständen auch bei Spaltungen gelten, ausdrücklich im Gesetzestext verankert« habe (BRDrucks 75/94, S. 121). § 132 S. 2 UmwG a. F. stelle klar, dass bei der Aufspaltung (§ 131 Abs. 1 Nr. 2 UmwG) ein Abtretungsverbot nach § 399 BGB ebenso wenig wie bei der Verschmelzung greifen könne, da der übertragende Rechtsträger erlösche (BRDrucks 75/94, S. 121). Zu § 131 Abs. 1 Nr. 1 S. 2 UmwG heiße es in der Gesetzesbegründung, dass diese Vorschrift bei Abspaltung und Ausgliederung wie § 132 UmwG klarstelle, dass »die allgemeinen Vorschriften des Zivilrechts den Übergang eines bestimmten einzelnen Gegenstandes verhindern« könnten (BRDrucks 75/94, S. 120), möglich wäre. Dies folgt nach Meinung des Gerichts aus der Abschaffung des § 131 UmwG. Der insoweit eindeutige Wille des Gesetzgebers lasse keinen Raum dafür, aus den strukturellen Unterschieden zwischen Verschmelzung und Abspaltung hinsichtlich des Schicksals des übertragenden Rechtsträgers den Inhalt des aufgehobenen § 132 UmwG im Wege einer teleologischer Reduktion des § 131 Abs. 1 Nr. 1 UmwG in die umwandlungsrechtlichen Vorschriften wieder hineinzulesen. Vielmehr sei das Gegenteil der Fall, da in der Gesetzesbegründung ausdrücklich formuliert werde, dass die Aufhebung des § 132 UmwG deswegen erfolge, um die Gesamtrechtsnachfolge bei Verschmelzung und Spaltung denselben Grundsätzen zu unterwerfen.

83 Auch die Frage, welche **Prüfungspflichten das Registergericht** und ggf. das **Grundbuchamt** bei einer etwaigen Grundbuchberichtigung hat, ist jetzt durch die Neuregelung m. E. geklärt. Es besteht wie bei der Verschmelzung keine Prüfungspflicht des Registergerichts oder des Grundbuchamtes (so bereits bisher bei der Übertragung von Sachgesamtheiten aufgrund Spaltung Widmann/Mayer/Mayer, Umwandlungsrecht, § 132 UmwG Rn. 96; vgl. auch Lutter/Teichmann, UmwG, § 132 Rn. 21). Dies gilt jetzt auch bei der Übertragung von wenigen oder einzelnen Gegenständen. Das Grundbuchamt hat die materiell-rechtliche Wirksamkeit der Spaltung im Grundbucheintragungsverfahren nicht zu überprüfen. Dies gilt insbesondere auch für die wirksame Vertretung der Beteiligten des Spaltungsvertrages, auch die Form des § 29 GBO spielt für die Vollmacht keine Rolle (so OLG Hamm FGPrax 2014, 239).

84 **f) Einzelheiten zur Übertragung der Aktiva und Passiva durch Spaltungsvertrag.** Im Folgenden sollen die **wichtigsten Rechtspositionen**, die i. R. d. Spaltungsvertrages übertragen werden, dargestellt werden. Es stellt sich dabei – wie die vorliegenden Ausführungen zeigen – **folgende Frage:**

Wie sind die Vermögenspositionen oder Verbindlichkeiten mit hinreichender Bestimmtheit zu bezeichnen?

85 **aa) Grundstücke, grundstücksgleiche Rechte, Rechte an Grundstücken.** § 126 Abs. 2 Satz 2 UmwG verlangt, dass **§ 28 GBO** zu beachten ist. Die Bedeutung dieser Verweisung auf § 28 GBO ist nicht vollständig klar. Einigkeit besteht, dass Grundstücke mit ihren wesentlichen Bestandteilen mit der Eintragung der Spaltung auf die aufnehmenden Rechtsträger übergehen, es bedarf keiner Auflassung (BGH, DNotZ 2008, 468 m. Anm. Limmer = MittBayNot 2008, 307 = NotBZ 2008, 192 = ZNotP 2008, 163; KG, DB 2014, 2282 = ZIP 2014, 1732; LG Ellwangen, Rpfleger 1996, 154; Schöner/Stöber, Grundbuchrecht, Rn. 995b; Böttcher in: Meikel, Grundbuchrecht 10. Aufl. 2088, § 22 GBO Rn. 47; Lutter/Teichmann, UmwG, § 131 Rn. 32; Widmann/Mayer/Vossius, Umwandlungsrecht, § 131 UmwG Rn. 105 ff.; Hörtnagl in Schmitt/Hörtnagl/Stratz, § 131 UmwG Rn. 13; Schröer, in: Semler/Stengel, UmwG, § 131 Rn. 22; ausführlich zum Vollzug Volmer, WM 2002, 428 ff.). Das Grundbuch wird damit unrichtig und ist gem. § 22 GBO zu berichtigen (BGH, DNotZ 2008, 468 m. Anm. Limmer = MittBayNot 2008, 307 = NotBZ 2008, 192 = ZNotP 2008, 163; Widmann/Mayer/Vossius, Umwandlungsrecht, § 20 UmwG Rn. 217; Volmer, WM 2002, 428; Schöner/Stöber, Grundbuchrecht, Rn. 995b; Böttcher in: Meikel, Grundbuchrecht 10. Aufl. 2088, § 22 GBO Rn. 47; Lutter/Teichmann, UmwG, § 131 Rn. 32; Widmann/Mayer/Vossius, Umwandlungsrecht, § 131 UmwG Rn. 105 ff.; Hörtnagl in Schmitt/Hörtnagl/Stratz, § 131 UmwG Rn. 13; Schröer, in: Semler/Stengel, UmwG, § 131 Rn. 22). Die Bedeutung des § 28 GBO ist dabei nicht klar. Die Begründung zum RegE (BR-Drucks. 75/94, abgedruckt bei Limmer, Umwandlungsrecht, S. 314) weist darauf hin, dass die Bezeichnung so zu erfolgen hat, »*wie dies der beurkundende Notar bei einer Einzelübertragung vornehmen*« würde. Insofern hat der Gesetzgeber nach § 28 GBO keine strengeren

Anforderungen als bei der Einzelrechtsnachfolge schaffen wollen, sodass die Verweisung auf die grundbuchrechtliche Vorschrift keinen materiell-rechtlichen Charakter hat. Ebenso wie bei der Einzelrechtsübertragung genügt es materiell-rechtlich, dass die Grundstücksfläche so bezeichnet ist, dass eine hinreichende Individualisierung gegeben ist. Dies muss nicht unter Beachtung des § 28 GBO erfolgen, da diese Vorschrift nur für den Grundbuchvollzug eingehalten werden muss. § 28 GBO verlangt die Angabe der grundbuchmäßigen Bezeichnung, also Angabe des Grundbuchamtes, Band- und Blattstelle, evtl. Flurstücksnummer. Die für die Einzelrechtsübertragung geltenden Grundsätze der Übertragung von Grundstücksflächen gelten daher auch i. R. d. §§ 126, 132 UmwG.

Nicht vollständig geklärt sind allerdings die **Folgen eines Verstoßes gegen § 28 GBO**. In der Literatur **86** wurde aus dem Rechtsgedanken des § 131 Abs. 3 UmwG und dem dort angelegten Vorrang der Vertragsauslegung gefolgert, dass ein Vermögensübergang auch bei Missachtung des § 126 Abs. 2 Satz 2 UmwG stattfindet, solange nur eine Vermögenszuordnung durch Vertragsauslegung möglich ist (vgl. Volmer, WM 2002, 428, 430; Widmann/Mayer/Mayer, Umwandlungsrecht, § 126 UmwG Rn. 212). Es handelt sich nach Auffassung von Teilen der Literatur bei § 28 GBO um eine **reine Verfahrensvorschrift**, die auch nicht durch § 126 Abs. 2 Satz 2 UmwG auf eine materiell-rechtliche Ebene erhoben wurde (vgl. zum Grundbuchrecht BGH, Rpfleger 1986, 210; OLG München MittBayNot 2013, 483; Kössinger in Bauer/v. Oefele, § 28 GBO Rdnr. 36). Gegen eine solche Betrachtungsweise würde sprechen, dass nach ganz herrschender Meinung auch einzelne Teilflächen eines Grundstücks im Rahmen einer Spaltung übertragen werden können, soweit sie nach allgemeinen Grundsätzen hinreichend individualisiert werden. Wenn aber die Realteilung eines Grundstücks im Zuge einer Spaltung nicht an § 28 GBO scheitert, ist kaum begründbar, dass bei Gesamtgrundstücken § 28 GBO Wirksamkeitserfordernis für einen Rechtsübergang mittels partieller Gesamtrechtsnachfolger sein soll. Die zum Grundbuchvollzug erforderliche Bezeichnung i. S. d. § 28 GBO kann daher auch noch nachträglich etwa durch einen notariell beglaubigten Berichtigungsantrag, der den Erfordernissen des § 28 GBO genügt, erfolgen.

Der BGH ist in seiner **Grundsatzentscheidung** v. 25.01.2008 (BGH, DNotZ 2008, 468 m. Anm. **87** Limmer = MittBayNot 2008, 307 = NotBZ 2008, 192 = ZNotP 2008, 163, bestätigt in BGH, Urt. v. 11.04.2008, JurionRS 2008, 13647) allerdings strenger: Die vorgenannte Auffassung der Literatur führe zu einer nicht hinnehmbaren Unsicherheit, welche Grundstücke auf den übernehmenden Rechtsträger außerhalb des Grundbuchs übergegangen seien. Weil es beim Rechtsübergang aufgrund Spaltung an der konstitutiven Grundbucheintragung fehle und der Eigentumsübergang sich außerhalb des Grundbuches vollziehe, müsse § 28 GBO bereits im Spaltungsvertrag eingehalten werden. Bei Grundstücken tritt nach Meinung des BGH der Vermögensübergang demnach außerhalb des Grundbuchs ein. Mit dem Vollzug der Spaltung durch die Registereintragung werde es im Hinblick auf die Eintragung des Eigentümers unrichtig. Diese Rechtsfolge verlange die Bezeichnung der übergehenden Grundstücke in dem Spaltungs- und Übernahmevertrag nach § 28 Satz 1 GBO, also entweder übereinstimmend mit dem Grundbuch oder durch Hinweis auf das Grundbuchblatt (ebenso KG, DB 2014, 2282 = ZIP 2014, 1732; OLG Schleswig, DNotZ 2010, 2010, 66; Schmidt-Räntsch, ZNotP 2012, 11, 13; Böhringer, Rpfleger 1996, 154 f.; 2001, 59, 63; Schröer, in: Semler/Stengel, UmwG, § 126 Rn. 64; vgl. auch LG Leipzig, VIZ 1994, 562 und Heiss, Die Spaltung von Unternehmen im deutschen Gesellschaftsrecht, S. 55 [jeweils zu der mit den Vorschriften in § 126 Abs. 1 Nr. 9, Abs. 2 Satz 1 und 2 UmwG inhaltsgleichen Regelung in § 2 Abs. 1 Nr. 9 SpTrUG]). Das entspricht nach Auffassung des BGH auch dem Willen des Gesetzgebers; er habe den Hinweis auf § 28 GBO in § 126 Abs. 2 Satz UmwG aufgenommen, weil er es für erforderlich gehalten hat, Grundstücke in dem Spaltungs- und Übernahmevertrag so zu bezeichnen, wie dies der beurkundende Notar bei einer Einzelübertragung tun würde (BT-Drucks. 12/6699, S. 119). Umstritten ist dabei auch, ob die fehlende Bestimmtheit des zu übertragenden Rechts im Ausgliederungsplan und im Ausgliederungs- und Übernahmevertrag dadurch geheilt werden kann, dass die Beteiligten in der Berichtigungsbewilligung das betroffene Grundstück entsprechend den Anforderungen des § GBO § 28 GBO bezeichnen (für eine solche Heilungsmöglichkeit: Heckschen, NotBZ 2008 193; Mayer in Widmann/Mayer, Umwandlungsrecht, § 126 Rn. 212; vgl. auch Thiele/König, NZG 2015, 178, 180). Das KG (DB 2014, 2282 = ZIP 2014, 1732) lehnt dies hingegen ab: Für die Frage, ob die Übertragung gemäß § 131 UmwG wirksam geworden sei, könne es nur auf den Zeitpunkt der Eintragung des Spaltungsvorgangs ankommen (Krüger, ZNotP 2008, 466, 468; Leitzen, ZNotP 2008; 272, 276). In sachenrechtlicher Hinsicht im Rahmen der Auslegung einer Auflassung hat allerdings das OLG Naumburg (FGPrax 2014, 56 = NotBZ 2014, 184 = RPfleger 2014, 256) entschieden, dass die Auflassung bereits dann materiell-rechtliche Wirkung entfalte und für das Grundbuchamt vollziehbar sei, wenn das von beiden Seiten gemeinte Grundstück zweifelsfrei identifizierbar aus der Erklärung hervorgehe, wozu die Straße und die Hausnummer einer Gemeinde genügen, wenn das zum Anwesen gehörende Grundstück hinreichend eindeutig abgegrenzt sei. Einer mit dem Grundbuch übereinstimmenden oder auf das Grundbuchblatt hinweisenden Bezeichnung bedürfe es nicht. § GBO § 28 GBO sei lediglich Verfahrensrecht und habe für die sachlich-rechtliche Wirkung der Auflassung keine Bedeutung. Die Eintragungsbewilligung lasset sich in diesem Fall unter Wahrung des § GBO § 28 GBO von demjenigen, dessen Recht betroffen wird, einseitig nachholen.

Andererseits lässt es der BGH zu, dass bei der **Übertragung von Teilflächen** in einem Spaltungsvertrag § 28 GBO nicht eingehalten werden muss und auch nicht kann. Hier kann offenbar durch nachträgliche Bezeichnung – nach Vermessung – der Rechtsübergang später bewirkt werden (unter Hinweis auf Widmann/Mayer,). Insofern scheint der BGH, je nachdem ob es sich um eine Teilfläche oder um ein im Grundbuch eingetragenes Grundstück handelt, eine andere Dogmatik des Eigentumsüberganges anzunehmen: bei Ersterem erst mit nachträglicher Bezeichnung, bei Letzterem aufgrund Spaltungsvertrages. Das ist nicht ganz einfach zu begründen, da § 126 Abs. 2 Satz 2 UmwG ohne Differenzierung auf § 28 GBO verweist. Ebenfalls unklar bleibt bei dieser Rechtsprechung, in welche Kategorie der BGH ein bereits vermessenes und in einem Veränderungsnachweis als Flurstück klar definiertes, aber im Grundbuch noch nicht selbstständig eingetragenes Grundstück behandelt. Vorzugswürdig erscheint eine einheitliche dogmatische Behandlung. Die Literatur hat die Auffassung des BGH kritisiert (Schorling, AG 2008, 653 ff.; Kallmeyer/Kallmeyer/Sickinger, § 126 UmwG Rn. 21; Priester, EWiR 2008, 223; zust. aber etwa Lüke/Scherz, ZfIR 2008, 467). Die Praxis hat sich auf diese Rechtsprechung einzustellen und muss den Vorgaben des § 28 GBO bereits im Spaltungsvertrag genügen (vgl. Bungert/Lange, DB 2009, 103; Kallmeyer/Kallmeyer/Sickinger, § 126 UmwG Rn. 21; Schöner/Stöber, Grundbuchrecht, Rn. 995b).

88   Das OLG Schleswig hat allerdings im Beschl. v. 01.10.2009 (ZNotP 2010, 108 = DNotZ 2010, 66 m. Anm. Perz, dazu auch Leitzen, ZNotP 2010, 91) festgestellt, dass von dem Grundsatz der entsprechenden Anwendung von § 28 GBO aber dann eine **Ausnahme** zu machen sei, »wenn die zu übertragenden Rechte, für die § 28 GBO Geltung beansprucht, in dem Spaltungsvertrag – auch ohne Bezeichnung gemäß § 28 GBO – für jedermann klar und eindeutig bestimmt sind«. Dies sei insb. dann der Fall, wenn der Vertrag eine sog. »All-Klausel« enthalte, wonach »alle Grundstücke, grundstücksgleichen Rechte, Rechte an Grundstücken und Rechte an Grundstücksrechten«, d. h. alle Rechte, für die § 28 GBO Geltung beansprucht, von der Spaltung umfasst sein sollen. Bei derartigen All-Klauseln sei eine Auslegung weder veranlasst noch erforderlich und Unklarheiten darüber, dass und welche Grundstücke bzw. Rechte an Grundstücken ... übertragen werden sollen können nicht auftreten. Das OLG Schleswig nimmt zur Begründung auf die Tz. 25 des zitierten BGH-Urteils Bezug, wo der V. Zivilsenat im Zusammenhang mit der Abspaltung von Grundstücksteilflächen seine eigene Rechtsprechung (BGHZ 90, 323) zitiert, wonach die Vorschrift des **§ 28 GBO nicht »formalistisch überspannt« werden dürfe.** Da die im entschiedenen Fall verwendete All-Klausel keine Unklarheiten über den Umfang des übertragenen Vermögens lasse, seien – so das OLG Schleswig – die Rechte auf den übernehmenden Rechtsträger übergegangen. Leitzen (ZNotP 2010, 91) stellt diese Rechtsprechung angesichts der BGH-Entscheidung infrage.

89 ▶   **Hinweis**

Man wird wohl auch die Übertragung von Miteigentum zulassen müssen, wenn sich das Grundstück im Alleineigentum befindet (Widmann/Mayer/Mayer, Umwandlungsrecht, § 126 UmwG Rn. 213).

90   Dies bedeutet auch, dass Teilflächen im Wege der Spaltung übertragen werden können, in denen erst **nach Katasterfortschreibung** eine Bezeichnung i. S. v. § 28 GBO vorgenommen werden kann (eingehend Schmidt-Ott, ZIP 2008, 1353, 1354). In diesen Fällen kann – wie beim sog. Teilungskauf – eine Individualisierung nach allgemeinen Grundsätzen, etwa unter Beifügung eines Lageplans vor-

genommen werden (so auch Böhringer, Rpfleger 1996, 155; Schöner/Stöber, Grundbuchrecht, Rn. 995c; Widmann/Mayer/Mayer, Umwandlungsrecht, § 126 UmwG Rn. 213 f.; Widmann/Mayer/Vossius, Umwandlungsrecht, § 131 UmwG Rn. 106 ff.; Kallmeyer/Kallmeyer/Sickinger, § 126 UmwG Rn. 21; Lutter/Teichmann, UmwG, § 131 Rn. 32; KölnerKommUmwG/Simon, § 131 UmwG Rn 32; Hörtnagl in Schmitt/Hörtnagl/Stratz, § 131 UmwG Rn. 15; ausführlich Heidinger/Limmer/Holland/Reul, Gutachten des DNotI, Bd. IV, Gutachten zum Umwandlungsrecht, S. 218 f.). § 28 GBO will nur sicherstellen, dass der Grundbuchvollzug möglich ist. Materiell-rechtlich ist auch für die Auflassung eine hinreichende Bestimmung der Teilfläche ausreichend, etwa durch eine kartenmäßige Darstellung, die von der zuständigen Vermessungsbehörde ohne weitere Rückfrage zur Katasterfortführung genutzt werden kann (vgl. Schöner/Stöber, Grundbuchrecht, Rn. 884). Ebenso wie bei dem Teilflächenkauf und der Teilflächenauflassung bedarf es anschließend einer Identitätserklärung, die der Notar im Wege einer Eigenurkunde abgeben kann.

Für die **Grundbuchberichtigung** genügt die Vorlage eines beglaubigten Handelsregisterauszugs über **91** die Eintragung der Spaltung beim übertragenden Rechtsträger unter Vorlage einer Ausfertigung oder beglaubigten Abschrift des Spaltungsvertrages mit der Bezeichnung der übergehenden Grundstücke (vgl. Schöner/Stöber, Grundbuchrecht, Rn. 995 f.). Bei Abspaltung und Ausgliederung genügt nach herrschender Meinung auch lediglich eine Berichtigungsbewilligung des übertragenden Rechtsträgers nebst Zustimmung des neuen bzw. aufnehmenden Rechtsträgers nach § 22 Abs. 2 GBO (vgl. Widmann/Mayer/Mayer, Umwandlungsrecht, § 126 UmwG Rn. 214; Hörtnagl in Schmitt/Hörtnagl/Stratz, § 131 UmwG Rn. 15; Lutter/Teichmann, UmwG, § 131 Rn. 32, a. A. Schöner/Stöber, Grundbuchrecht, Rn. 995f). Ferner ist eine **Unbedenklichkeitsbescheinigung** des Finanzamtes bzgl. der Grunderwerbsteuer erforderlich (Hörtnagl in Schmitt/Hörtnagl/Stratz, § 131 UmwG Rn. 15).

Die frühere Meinung folgerte aus § 132 UmwG, wenn nicht im Einzelfall eine teleologische Einschrän- **92** kung zu vertreten ist, dass die für die Einzelübertragung von Grundstücken im Einzelfall notwendigen **öffentlich-rechtlichen Genehmigungen** auch bei der Spaltung einzuholen seien (vgl. zur alten Rechtslage Lutter/Teichmann, UmwG 3. Aufl, § 132 Rn. 25). Dies hat sich aufgrund der Neuregelung durch das Zweite Gesetz zur Änderung des UmwG erledigt; **Genehmigungen**, die für die Einzelrechtsübertragung notwendig sind, z. B. Sanierungsgenehmigung (§ 144 Abs. 2 Nr 1 BauGBoder Umlegungsgenehmigung (§§ 45 ff, 51 Abs. 1 Nr 1 BauGB) oder nach GrdStVG, bedarf es bei der Berichtigung aufgrund Spaltung ebenso wenig wie bei der Verschmelzung (Widmann/Mayer/Mayer, Umwandlungsrecht, § 126 UmwG Rn. 214; Hörtnagl in Schmitt/Hörtnagl/Stratz, § 131 UmwG Rn. 14; KölnerKommUmwG/Simon § 131 UmwG Rn 32; Schröer, in: Semler/Stengel, UmwG, § 131 Rn. 22; Schöner/Stöber, Grundbuchrecht, Rn. 995d; anders offenbar Lutter/Teichmann, UmwG, § 131 Rn. 34).

bb) Erbbaurecht, Wohnungseigentum. Für die **Übertragung eines Erbbaurechts oder Wohnungs- 93 eigentum** gelten die gleichen Grundsätze wie bei der Übertragung eines Grundstücks, insb. die Problematik des § 28 GBO (vgl. Teil 3 Rdn. 85). Bei der Übertragung des Erbbaurechts bedarf es nach der Aufhebung des § 132 UmwG durch das Zweite Gesetz zur Änderung des UmwG **keiner Zustimmung nach § 5 ErbbauVO**; das Gleiche gilt bei der Übertragung von Wohnungseigentum, wenn an sich eine Zustimmung nach § 12 WEG erforderlich wäre (vgl. Widmann/Mayer/Mayer, Umwandlungsrecht, § 126 UmwG Rn. 215; Hörtnagl in Schmitt/Hörtnagl/Stratz, § 131 UmwG Rn. 16).

cc) Rechte an Grundstücken, Scheinbestandteile. Werden Rechte an Grundstücken übertragen, **94** so ist zu beachten, dass auch bei der Einzelrechtsübertragung von dinglichen Rechten der **Bestimmtheitsgrundsatz** durch die Verweisung in § 126 Abs. 2 UmwG und § 28 GBO (vgl. oben Teil 3 Rdn. 85) gelten. Dem sachenrechtlichen Bestimmtheitsgebot muss auch die dingliche Einigung nach § 873 BGB bei der Begründung oder Übertragung dinglicher Rechte genügen (BGHZ 129, 1 = NJW 1995, 1081; BayObLG, DNotZ 1988, 117; vgl. MünchKomm-BGB/Wacke, § 873 Rn. 35). Auch bei der Übertragung von **Grundpfandrechten** gilt der Bestimmtheitsgrundsatz (BGH, WM 1974, 905; BGH, WM 1969, 863; BGH, NJW-RR 1992, 178 = MittBayNot 1991, 254; vgl. auch OLG Frankfurt am Main, Rpfleger 1976, 183; OLG Düsseldorf, DNotZ 1981, 642). Bei der Abtretung eines Grundpfandrechts gilt daher der Grundsatz, dass die zweifelsfreie bestimmte Bezeichnung des abgetretenen Rechts enthalten sein muss; zur Feststellung der Identität muss das abzutretende Recht deutlich bezeichnet werden, wobei jede zweifelsfreie Kennzeichnung des Grundpfandrechts genügt, die dem Bestimmtheitsgrundsatz Rechnung trägt. Die hinreichende Individualisierung muss sich aus dem Spaltungsvertrag ergeben, die Verweisung auf Urkunden, die nicht Gegenstand des Spaltungsvertrages sind, genügt diesem Bestimmtheitsgrundsatz nicht.

Im oben (Teil 3 Rdn. 85) genannten Beschl. v. 26.08.2009 hat das OLG Schleswig (FGPrax 2010, 21 = Konzern 2009, 484 = NJW-RR 2010, 592–593) auch zur Frage des Bestimmtheitsgrundsatzes bei grundstücksgleichen Rechten wie Dienstbarkeiten oder Hypotheken festgestellt, dass sich die Entscheidung des BGH auch auf den Fall einer Übertragung von Grundstückseigentum durch Spaltung beziehe. Die darin getroffenen Feststellungen zur Auslegung des § 126 Abs. 1 Nr. 9 UmwG und zu dem Verweis auf § 28 GBO in Abs. 2 der Vorschrift seien auch auf die Übertragung von Rechten an Grundstücken wie Grundpfandrechten und beschränkt persönlichen Dienstbarkeiten an Grundstücken durch Spaltung zu beziehen. Denn die Regelung des § 28 GBO solle die Eintragung bei dem richtigen Grundstück sicherstellen und beziehe sich auf alle Eintragungen z. B. betreffend Rechtsänderungen, z. B. aufgrund von Abtretungen; sie hat im Grundbuchverfahren universale Geltung (Demharter, GBO, § 28 Rn. 7; Hügel/Wilsch, GBO, § 28 Rn. 3/4; Meikel/Böhringer, GBO, § 8 Rn. 10; a. A. Link, RNotZ 2008, 358). Von diesem Grundsatz sei aber dann eine Ausnahme zu machen, wenn die zu übertragenden Rechte, für die § 28 GBO Geltung beansprucht, in dem Spaltungsvertrag – auch ohne Bezeichnung gem. § 28 GBO – für jedermann klar und eindeutig bestimmt seien, d. h. so mit der All-Klausel (alle Grundstücke, grundstückgleichen Rechte, Rechte an Grundstücken und Rechte an Grundstücksrechten, d. h. alle Rechte, für die § 28 GBO Geltung beansprucht) bezeichnet seien, dass eine Auslegung weder veranlasst noch erforderlich sei und Unklarheiten darüber nicht auftreten können, dass und welche Grundstücke bzw. welche grundstücksgleichen Rechte, Rechte an Grundstücken und Rechte an Grundstücksrechten auf den übernehmenden Rechtsträger übertragen werden sollen. Denn solchenfalls die Wirksamkeit der Übertragung durch Spaltung von der Bezeichnung der Rechte in dem Vertrag gem. § 28 GBO abhängig machen zu wollen, würde die gesetzliche Regelung des § 126 Abs. 1 Nr. 9 und Abs. 2 Satz 1 und 2 UmwG formalistisch überspannen (vgl. BGHZ 175, 123 zu Rn. 25 a. E.). Das KG (DB 2014, 2282 = ZIP 2014, 1732) folgte der strengen Rechtsprechung im Beschluss vom 1.8.2014 und stellte fest, dass, wenn bei der Spaltung Rechte an Grundstücken übertragen werden sollen, so gehen auch diese grundsätzlich nur dann mit der Registereintragung auf den übernehmenden Rechtsträger über, wenn die belasteten Grundstücke in dem Spaltungs- und Übernahmevertrag nach § 28 S. 1 GBO bezeichnet seien. Umstritten ist dabei auch, ob die fehlende Bestimmtheit des zu übertragenden Rechts im Ausgliederungsplan und im Ausgliederungs- und Übernahmevertrag dadurch geheilt werden kann, dass die Beteiligten in der Berichtigungsbewilligung das betroffene Grundstück entsprechend den Anforderungen des § GBO § 28 GBO bezeichnet haben (für eine solche Heilungsmöglichkeit: Heckschen, NotBZ 2008, NOTBZ Jahr 2008 Seite 192, NotBZ 2008 193; Mayer in Widmann/Mayer, Umwandlungsrecht, § 126 Rdn. 238). Das KG (DB 2014, 2282 = ZIP 2014, 1732) lehnt dies hingegen ab (vgl. auch Krüger, ZNotP 2008, 466, 468; Leitzen, ZNotP 2008; 272, 276).

Leitzen (ZNotP 2010, 91) stellt diese Rechtsprechung angesichts der BGH-Entscheidung infrage (zustimmend demgegenüber Perz, DNotZ 2010, 69).

Zur Bedeutung des Eintritts in den Sicherungsvertrag bei Grundschulden v. a. für die Klauselumschreibung vgl. unten Teil 3 Rdn. 402.

95 ▶ **Hinweis:**

Im Idealfall sollten daher bei der Abtretung eines Grundpfandrechts das belastete Grundstück, der Rang, die Höhe und Gläubiger angegeben werden.

96 Bei der Übertragung eines **Nießbrauchs**, einer beschränkt persönlichen **Dienstbarkeit** und einem dinglichen **Vorkaufsrecht** gilt zunächst nach allgemeinen Regeln **die Unübertragbarkeit** (vgl. §§ 1059 Satz 1, 1092 Satz 1, 1098 Abs. 3, 1103 BGB). Allerdings gibt es Sondervorschriften unter denen ausnahmsweise die Übertragung dieser dinglichen Rechte unter bestimmten Fallkonstellationen zulässig ist (§§ 1059a Nr. 1, 1059c, 1092 Abs. 2, 1098 Abs. 3 BGB), wenn das Recht einer juristischen Person und einer Personengesellschaft zusteht, die rechtsfähig ist und »*das Vermögen auf dem Weg der Gesamt-*

rechtsnachfolge auf einen anderen Rechtsträger übergeht«. Umstritten war, ob auch die partielle Gesamtrechtsnachfolge im Wege einer Spaltung als Gesamtrechtsnachfolge i. S. d. Vorschrift angesehen werden kann (bejahend Henrichs, ZIP 1995, 799; Böhringer, Rpfleger 1996, 154, 155; Bungert, BB 1997, 897, 898; Riedle, ZIP 1997, 301; Widmann/Mayer/Vossius, Umwandlungsrecht, § 131 UmwG Rn. 125; ablehnend Lutter/Teichmann, UmwG, § 131 Rn. 38 f.). Großzügiger war insofern **Hörtnagl** (Schmitt/Hörtnagl/Stratz, UmwG, UmwStG, § 131 UmwG Rn. 11). Die Ausnahme des § 1059a Nr. 1 BGB greife auch im Fall der partiellen Gesamtrechtsnachfolge ein (vgl. näher Bungert, BB 1997, 897; befürwortend auch Hennrichs, ZIP 1995, 794, 799; Böhringer, Rpfleger 1996, 154, 155; Engelmeyer, Die Spaltung von AG nach dem neuen Umwandlungsrecht, S. 338; grds. auch Rieble, ZIP 1997, 301; auch in der Begründung des Entwurfs zur Änderung der §§ 1090 ff. BGB wird die Auffassung vertreten, dass § 1059a Abs. 1 Nr. 1 BGB sich auf Spaltungsfälle beziehe (s. BT-Drucks. 13/3604, S. 6). Aus der Neuregelung durch das **Zweite Gesetz zur Änderung des UmwG** kann man m. E. jetzt den Schluss ziehen, dass die partielle Gesamtrechtsnachfolge der allgemeinen Gesamtrechtsnachfolge gleichgestellt ist, sodass eine Anwendung dieser Sondervorschriften §§ 1059a Nr. 1, 1059c, 1092 Abs. 2, 1098 Abs. 3 BGB möglich ist. Zu beachten ist allerdings, dass die Vorschriften voraussetzen, dass »Vermögen der juristischen Person« übergeht. Es besteht Einigkeit, dass sie auch für Personenhandelsgesellschaften gelten (BGHZ 50, 307, 310; OLG Düsseldorf MittRhNotK 1976, 641, 642), im Übrigen aber eng auszulegen sind, so dass nach Ansicht des OLG Nürnberg keine Anwendung geboten ist, wenn das Unternehmen des Einzelkaufmanns im Wege der Gesamtrechtsnachfolge nach dem UmwG auf eine andere Person übergeht (OLG Nürnberg RNotZ 2013, 434 = notar 2013, 306 m. Anm. Suttmann = NZG 2013, 750).

Bei **akzessorischen Rechten** (insb. Hypotheken) ist der Grundsatz der Akzessorietät zu beachten. Die Übertragung richtet sich dann nach der Forderung.

Zu den wesentlichen Bestandteilen eines Gebäudes gehören gem. § 94 Abs. 2 BGB die zur Herstellung **97** des Gebäudes eingefügten Sachen; diese teilen das Schicksal des Grundstücks; **Scheinbestandteile** können allerdings sonderrechtsfähig sein. § 95 BGB enthält eine Ausnahme vom Grundsatz der §§ 93, 94 BGB; er bewirkt, dass die Sache oder das Werk trotz Verbindung eine bewegliche Sache bleibt. So wird nach § 95 Abs. 2 BGB eine Sache zum Scheinbestandteil, die nur zu einem vorübergehenden Zweck in ein Gebäude eingefügt wurde, gleichermaßen nach § 95 Abs. 1 S. 1 BGB eine Sache, die nur zu einem vorübergehenden Zweck mit dem Grund und Boden verbunden wurde und nicht zu den Bestandteilen des Grundstücks gehört. Gem. § 95 Abs. 1 S. 2 BGB schließlich kann eine Anlage dadurch Scheinbestandteil werden und bewegliche Sache bleiben, dass sie mit dem Grundstück in Ausübung eines dinglichen Rechts verbunden wurde – etwa in Ausnutzung einer beschränkten persönlichen Dienstbarkeit (§§ 1090, 1018 BGB). Eine Verbindung erfolgt nämlich nur dann zu einem vorübergehenden Zweck i. S. d. § 95 Abs. 1 S. 1 BGB, wenn ihre spätere Wiederaufhebung von Anfang an beabsichtigt war (RGZ 61, 188, 191; RGZ 63, 416, 421; RGZ 66, 88, 89; RGZ 87, 43, 51; BGH NJW 1996, 916 = DNotI-Report 1996, 54; NJW 1984, 2878, 2879; ünchKommBGB/Stresemann, § 95 Rn. 3). Dies beurteilt sich in erster Linie nach dem Willen des Erbauers, sofern dieser mit dem nach außen in Erscheinung tretenden Sachverhalt in Einklang zu bringen ist (BGH NJW, 1996, 916, 917; NJW 1984, 2878, 2879; RGZ 158, 362, 376). Derartige Scheinbestandteile können auch bei der Spaltung getrennt übertragen werden (Hörtnagl in Schmitt/Hörtnagl/Stratz, § 131 UmwG Rn. 16; Schröer, in: Semler/Stengel, UmwG, § 131 Rn. 22; Lutter/Teichmann, UmwG, § 131 Rn. 35). Im Einzelfall sollte allerdings geprüft werden auf welcher Basis die Scheinbestandteilseigenschaft beruht)

dd) Bewegliche Sachen. Für die **beweglichen Sachen** des Anlage- und Umlaufvermögens gelten we- **98** niger strenge Vorschriften als bei der Übertragung von Grundstücken. Auch hier gilt zwar der Bestimmtheitsgrundsatz, es genügt aber, wenn eine Gruppenbildung erfolgt. Entscheidend ist, ob die Beteiligten oder ein sachkundiger Dritter in der Lage sind, eine einwandfreie Zuordnung vorzunehmen. Die für die Sicherungsübereignung entwickelten sog. **All-Klauseln** gelten auch hier, wie z. B. »*sämtliche zu dem Teilbetrieb auf dem Grundstück XY befindlichen Gegenstände«.*

Bei **Warenbeständen** kann auf die bei Sicherungsübereignung entwickelten Grundsätze in jedem Fall zurückgegriffen werden (vgl. auch Priester, DNotZ 1995, 445; Widmann/Mayer/Mayer, Umwandlungsrecht, § 126 UmwG Rn. 216; Lutter/Priester, UmwG, § 126 Rn. 54 f.; Schröer, in: Semler/Stengel, UmwG, § 126 Rn. 61; Kallmeyer/Kallmeyer/Sickinger, UmwG, § 126 Rn. 19). Nach der Rechtsprechung des BGH bei der Sicherungsübereignung liegt danach ausreichend Bestimmtheit vor, wenn infolge der Wahl einfache äußere Abgrenzungskriterien für jeden, der die Parteiabreden im für den Eigentumsübergang vereinbarten Zeitpunkt kennt, ohne Weiteres ersichtlich ist, welche individuell bestimmten Sachen übereignet worden sind (BGH, NJW 1992, 1061).

Auch der **BGH** hat im Urt. v. 08.10.2003 (NZG 2003, 1172 = NJW-RR 2004, 123 = MittBayNot 2004, 285 = ZNotP 2004, 65 = ZIP 2003, 2155 = NZG 2003, 1172, 1174; zust. zitiert etwa durch das BAG, Beschl. v. 22.02.2005, BAGE 114, 1 = ZIP 2005, 957 = MittBayNot 2006, 62; BGHZ 175, 12 = DNotZ 2008, 468 = MittBayNot 2008, 307 = NotBZ 2008, 192) für die Spaltung die Tatsache anerkannt, dass »All-Klauseln« genügen: Im Ausgliederungsvertrag seien All-Klauseln zulässig, mit denen sämtliche zu einem bestimmten Betrieb gehörende Gegenstände erfasst werden. Hierfür spreche auch ein praktisches Bedürfnis. Im Zusammenhang mit einem Ausgliederungsvertrag würden häufig große Sachgesamtheiten übertragen. Es wäre mit einem zumindest unzumutbaren Aufwand verbunden, alle zu einer solchen Sachgesamtheit gehörenden Gegenstände in dem Ausgliederungsvertrag oder in einer Anlage zu ihm einzeln aufzuführen. Es ist deshalb geboten, bzgl. solcher Sachgesamtheiten die erwähnten All-Klauseln zuzulassen. Dann sei es aber erforderlich, bzgl. jedes Einzelgegenstandes im Wege einer Auslegung nach den §§ 133, 157 BGB zu überprüfen, ob er zu der Sachgesamtheit gehört oder nicht.

99   Beim **Umlaufvermögen** stellt sich häufig das Problem, dass bei Warengesamtheiten Eigentumsvorbehalte des Lieferanten bestehen, sodass häufig Gegenstände auch verwahrt werden, die teilweise im Eigentum des übertragenden Rechtsträgers stehen, bei denen teilweise aber nur Anwartschaftsrechte existieren. Wie bei der Übertragung von Sachgesamtheiten sollte daher geregelt werden, dass auch das Anwartschaftsrecht an diesen Gegenständen übertragen wird (Widmann/Mayer/Mayer, Umwandlungsrecht, § 126 UmwG Rn. 177; Lutter/Priester, UmwG, § 126 Rn. 53; Schröer, in: Semler/Stengel, UmwG, § 126 Rn. 61;).

100 **ee) Forderungen.** Bei der Übertragung von **Forderungen** und **schuldrechtlichen Rechtsverhältnissen** genügt nach überwiegender Meinung ein geringerer Grad der Bestimmtheit, die sog. **Bestimmbarkeit**. Die Rechtsprechung hat immer wieder betont, dass die abzutretende Forderung bestimmt oder zumindest bestimmbar sein muss (RGZ 98, 200; BGHZ 7, 365; BGH, NJW 1995, 1668). Als genügend bestimmt und daher wirksam angesehen wurde z. B. die Abtretung »*aller Geschäftsforderungen aus einem bestimmten Handelsgeschäft*« (RG-Recht 09, 3321), die Abtretung »*aller künftigen in einem bestimmten Geschäftsbetrieb entstandenen Forderungen*« (RG, JW 1932, 3760), die Abtretung »*aller gegenwärtigen und künftigen Forderungen aus der Lieferung von Waren einer bestimmten Gattung gegen deren Abnehmer*« (BGHZ 30, 149). Für die Übertragung i. R. d. Spaltung dürften keine strengeren Anforderungen gelten (ebenso Lutter/Priester, UmwG, § 126 Rn. 53 ff.; Widmann/Mayer/Mayer, Umwandlungsrecht, § 126 UmwG Rn. 218). Forderungen können daher dahin gehend zusammengefasst werden, dass alle Forderungen aus einem bestimmten Geschäftsbetrieb, aus einer bestimmten Art von Geschäften oder aus einem bestimmten Zeitraum übertragen werden (OLG Hamm, NZG 2010, 632; Semler/Stengel/Schröer, § 126 UmwG Rn. 67; Hörtnagl, in: Schmitt/Hörtnagl/Stratz, § 131 UmwG Rn. 29). Die Verwendung sog. All-Klauseln ist auch dabei zulässig (Lutter/Priester, § 126 UmwG Rn. 55; BGH NZG 2003, 1172, 1174).

101 Bei der Spaltung und Abspaltung von Forderungen ist die **Frage der Übertragbarkeit** und die Einschränkung der Übertragbarkeit zu beachten. Forderungen, die eine teilbare Leistung beinhalten, können sogar auf verschiedene Rechtsträger aufgeteilt werden, es tritt dann Gesamtgläubigerschaft gem. § 428 BGB ein (Widmann/Mayer/Mayer, Umwandlungsrecht, § 126 UmwG Rn. 218; Lutter/Priester, UmwG, § 126 Rn. 62; Lutter/Teichmann, UmwG, § 131 Rn. 45; Kallmeyer/Kallmeyer/Sickinger, UmwG, § 126 Rn. 24; Rieble, ZIP 1997, 301, 310).

102 Die Forderungen sind nach **§ 399 BGB** dann nicht übertragbar, wenn diese ohne Inhaltsänderung nicht übertragbar sind oder eine Vereinbarung dem entgegensteht. Diese Vorschrift stand schon nach der alten Regelung des § 132 Satz 2 UmwG der Aufspaltung nicht entgegen, sodass bei der Aufspaltung in jedem Fall ein Forderungsübergang möglich ist. Bei Abspaltung oder Ausgliederung bleibt das Abtretungsverbot des § 399 BGB bestehen (im Einzelnen str., vgl. Lutter/Teichmann, UmwG, § 131 Rn. 46;

Kübler, in: Semler/Stengel, § 131 UmwG Rn. 9; Hörtnagl, in: Schmitt/Hörtnagl/Stratz, § 131 UmwG Rn. 29; Widmann/Mayer/Mayer, Umwandlungsrecht, § 126 UmwG Rn. 218; Kallmeyer/Kallmeyer/Sickinger, UmwG, § 126 Rn. 24; Rieble, ZIP 1997, 301, 310, die auf die Teilbarkeit abstellen).

▶ **Hinweis:** 103

> Zu beachten ist allerdings die **Sondervorschrift des § 354a HGB**, wenn der Abtretungsanspruch für beide Teile im Rahmen eines Handelsgeschäftes erfolgte. Ob eine weiter gehende Ausnahme von § 399 BGB bei der Abtretung von Forderungen i. R. d. Spaltung eines Betriebsteils möglich ist, ist noch ungeklärt (vgl. Widmann/Mayer/Mayer, Umwandlungsrecht, § 126 UmwG Rn. 218; Lutter/Teichmann, UmwG, § 131 Rn. 46; Kallmeyer/Kallmeyer/Sickinger, UmwG, § 126 Rn. 24; Rieble, ZIP 1997, 301, 310, die auf die Teilbarkeit abstellen).

ff) Verbindlichkeiten. Für **Verbindlichkeiten** genügt nach dem Beschl. des BAG v. 22.02.2005 104 (ZIP 2005, 957) die Formulierung, dass alle Verbindlichkeiten des Betriebes übergehen, die wirtschaftlich diesem zuzuordnen sind.

Bei der Einzelrechtsübertragung von Verbindlichkeiten ist nach §§ 414 ff. BGB im Prinzip die **Mitwir-** 105 **kung des Gläubigers** erforderlich. Nach ganz herrschender Meinung galten diese Vorschriften schon nach der alten Regelung des § 132 UmwG nicht für die Zuordnung von Verbindlichkeiten i. R. d. Spaltung, sodass dies nach der Neuregelung durch das Zweite Gesetz zur Änderung des UmwG und der Aufhebung des § 132 UmwG erst recht gilt (vgl. OLG Karlsruhe, NZG 2009, 315 = GmbHR 2008, 1219; Lutter/Teichmann, UmwG, § 131 Rn. 49; Hörtnagl, in: Schmitt/Hörtnagl/Stratz, § 126, Rn. 93, § 131 UmwG Rn. 45; Widmann/Mayer/Mayer, § 125 UmwG, Rn. 243; KölnerKommUmwG/Simon, § 126, Rn 28; Schröer, in: Semler/Stengel, § 126 UmwG Rn. 69; Ittner, MittRhNotK 1997, 115; vgl. auch ausdrücklich Begründung zum RegE, BR-Drucks. 75/94, S. 74; abgedruckt in: Limmer, Umwandlungsrecht, S. 314). Als Argument hierfür wird angeführt, dass Verbindlichkeiten kein Gegenstand i. S. d. § 22 UmwG sind bzw. dass der Gläubiger durch die gesamtschuldnerische Haftung i. R. d. Spaltung ausreichend geschützt ist (so Lutter/Teichmann, UmwG, § 131 Rn. 49; Hörtnagl, in: Schmitt/Hörtnagl/Stratz, § 126, Rn. 93, § 131 UmwG Rn. 45; Widmann/Mayer/Mayer, § 125 UmwG, Rn. 243). Eine Gläubigerzustimmung ist daher nicht erforderlich. Eine Gläubigerzustimmung ist daher schon nach bisher allgemeiner Meinung nicht erforderlich (Widmann/Mayer/Mayer, § 125 UmwG Rn. 243; Schröer, in: Semler/Stengel, § 126 UmwG Rn. 69; Kallmeyer, GmbHR 1996, 242, 243). Die herrschende Meinung geht daher davon aus, dass sowohl das Aktivals auch das Passivvermögen – auch ohne Zustimmung des Gläubigers – auf einen neuen Rechtsträger übertragen werden kann (Kallmeyer/Kallmeyer/Sickinger, § 126 UmwG Rn. 25; Widmann/Mayer/Mayer, § 126 UmwG, Rn. 243; Schröer, in: Semler/Stengel, § 126 UmwG Rn. 69; Lutter/Priester, § 126 UmwG Rn. 63). Daher können auch Verbindlichkeiten **geteilt** werden, wenn die Verbindlichkeit teilbar ist (Kallmeyer/Kallmeyer/Sickinger, § 136 UmwG Rn. 25; Lutter/Priester, § 126 UmwG Rn. 63; a. A. Rieble, ZIP 1997, 301, 310). Streitig ist, ob auch bei der Aufteilung von **Steuerverbindlichkeiten** völlige Freiheit besteht (vgl. Hörtnagl, in: Schmitt/Hörtnagl/Stratz, § 131 UmwG Rn. 41; Kallmeyer/Kallmeyer/Sickinger, § 126 UmwG Rn. 28; Leitzen, DStR 2009, 1853 ff.). Wurde für die Verbindlichkeit eine akzessorische Sicherheit bestellt, so ist umstritten, ob diese ohne weiteres übergeht. Z. T. wird entsprechend § 418 BGB angenommen, dass ein Übergang der Sicherheiten nur stattfindet, wenn der Sicherungsgeber zustimmt (Lutter/Teichmann, UmwG, § 131 Rn. 49; Hörtnagl, in: Schmitt/Hörtnagl/Stratz, § 131 UmwG Rn. 45). Nach anderer Meinung ist dies nicht erforderlich (Rieble, ZIP 1997, 301, 309 f.)

gg) Dauerschuld- und Vertragsverhältnisse. In der Literatur besteht Einigkeit, dass **Dauerschuld-** 106 **verhältnisse** und **Vertragsverhältnisse**, wie z. B. Darlehen, Miet-, Arbeits-, Pacht-, Leasingverträge etc., die aus einer Gesamtheit von Rechten und Pflichten zusammengesetzt sind, grds. durch Spaltung und Ausgliederung übertragbar sind. Mietverträge gehen auch mit der Eintragung der Umwandlung im Handelsregister im Wege der Gesamtrechtsnachfolge auf den neuen Unternehmensträger über, ohne dass es der Mitwirkung des Vertragspartners bedurfte (vgl. OLG Karlsruhe, RNotZ 2008, 628 = NZG 2009, 31 = GmbHR 2008, 1219; Lutter/Teichmann, UmwG, § 131 Rn. 57; Hörtnagl, in:

Schmitt/Hörtnagl/Stratz, § 131 UmwG Rn. 49; Bub/Treier, Handbuch der Geschäfts- und Wohn-raummiete, II Rn. 837; Palandt/Weidenkaff, BGB, § 535 Rn. 11, 12; Bieber/Ingendoh, Geschäfts-raummiete, § 6 Rn. 49; Kandelhard, WuM 1999, 253, 254). Auch hier dürfte wie bei Forderungen der Bestimmbarkeitsgrundsatz genügen, sodass feststellbar ist, welche Rechtsverhältnisse übertragen werden sollen. Da – wie bereits dargelegt – für den Verbindlichkeitsteil dieses Dauerschuldverhältnisses keine Zustimmung des Gläubigers nach § 415 BGB erforderlich ist, können diese ohne Weiteres über-tragen werden (so bereits bisher herrschende Meinung Widmann/Mayer/Mayer, Umwandlungsrecht, § 126 UmwG Rn. 226; Lutter/Teichmann, UmwG, § 131 Rn. 57; OLG Karlsruhe, NZG 2009, 315 = GmbHR 2008, 1219; Kallmeyer/Kallmeyer/Sickinger, UmwG, § 126 Rn. 25). Für die Individualisie-rung bei Forderungsgesamtheiten genügt daher ähnlich wie bei Sachgesamtheiten die Angabe, dass alle Forderungen aus einem bestimmten Geschäftsbetrieb, zu einer bestimmten Art von Rechtsgeschäften oder aus einem bestimmten Zeitraum übertragen werden sollen (vgl. Palandt/Heinrichs, BGB, § 398 Rn. 15).

107 ▶ **Hinweis:**

Soll bei einer Forderungsmehrheit eine einzelne Forderung nicht übertragen werden, bietet sich die Formulierung an, dass alle Forderungen mit Ausnahme der individuell aufgezählten übertragen wer-den. Bei wichtigeren Vertragsverhältnissen dürfte sich eine genauere Bezeichnung empfehlen, etwa nach Art, der Person des Vertragspartners und des Datums des Vertragsabschlusses.

108 Unklar ist, inwieweit die **Aufteilung eines einheitlichen Vertragsverhältnisses** oder die Vervielfältigung der aus dem Vertragsverhältnis resultierenden Rechtsposition zulässig ist. Ein großer Teil in der Litera-tur lässt die Aufspaltung der einheitlichen Vertragsverhältnisse zu, etwa in Forderungen und Verbind-lichkeiten oder bei einem gemeinsamen Mietvertrag über verschiedene Gebäude und Grundstücke, auf einzelne Gebäude und Grundstücke oder die Zuweisung der gemeinsamen Nutzung eines einheitlichen Mietvertrages an mehrere Rechtsträger (so Widmann/Mayer/Mayer, Umwandlungsrecht, § 126 UmwG Rn. 227; Hörtnagl, in: Schmitt/Hörtnagl/Stratz, § 131 UmwG Rn. 47; Lutter/Priester, UmwG, § 126 Rn. 64; Kallmeyer/Kallmeyer/Sickinger, UmwG, § 126 Rn. 25; Schröer, in: Semler/ Stengel, § 126 UmwG Rn. 69, 72; Mutter, ZIP 1997, 140; ähnlich auch Engelmeyer, AG 1996, 193, 196; Heidenhain, NJW 1995, 2873, 2877). Ein Teil der Literatur lehnt allerdings die Aufteilung ab (vgl. Hahn, GmbHR 1991, 246; Rieble, ZIP 1997, 301, 310).

109 Eine andere Frage ist es jedoch, ob bei Umwandlungsfällen mit Gesamtrechtsnachfolge in den Mietver-trag ggf. ein **Sonderkündigungsrecht des Vermieters** bestehen könnte. In der Literatur diskutiert wird die entsprechende Einräumung eines Kündigungsrechts wie beim Tod eines Mieters (§ 564 BGB). Im Ergebnis wurde eine solche Anwendung jedoch übereinstimmend abgelehnt, da die Gesamtrechtsnach-folge durch Umwandlung oder Verschmelzung nicht mit dem Tod des Mieters vergleichbar ist (Staudinger/Emmerich, BGB, § 569 Rn. 8; Schopp, ZMR 1961, 281, 283). Weitere Stimmen in der Literatur wollen es in Bezug auf Dauerschuldverhältnissen anerkennen, dass möglicherweise vom über-tragenden Rechtsträger bei Vertragsabschluss ein bestimmtes Vertrauen in Anspruch genommen wor-den ist. Bspw. bei Verträgen mit einer Partnerschaftsgesellschaft kann der Vertragspartner durch bestimmten Personen entgegengebrachtes Vertrauen zum Vertragsabschluss bewogen worden sein (Teichmann, ZGR 1993, 396, 413; Rieble, ZIP 1997, 301, 310). Diesem Gesichtspunkt sei durch eine im Einzelfall zu entwickelnde Lösung Rechnung zu tragen, wobei ggf. als Korrektiv dem Vertrags-partner ein Recht zur **außerordentlichen Kündigung** des übergegangenen Dauerschuldverhältnisses je-denfalls dann eingeräumt werden soll, wenn die Fortführung des Mietvertrages unter den geänderten Umständen für ihn unzumutbar ist (Rieble, ZIP 1997, 301, 305; Lutter/Priester, UmwG, § 126 Rn. 64; Widmann/Mayer/Mayer, Umwandlungsrecht, § 126 UmwG Rn. 229). Dabei müsse das Interesse der Beteiligten an der Spaltung einerseits und der Vertrauensschutz andererseits – nämlich Eingriff in die Partnerwahl bzw. die sog. negative Vertragsfreiheit des anderen – gegeneinander abgewogen werden.

Dabei muss auch berücksichtigt werden, dass es vom Gesetzgeber gewollt ist, eine **Erleichterung des Vermögenstransfers** für die an der Spaltung Beteiligten zu erreichen. Andererseits ist aber auch der von der Rechtsprechung entwickelte Grundsatz zu beachten, dass Dauerschuldverhältnisse bei Vorlie-gen eines wichtigen Grundes gekündigt werden können. Dies setzt allerdings die Unzumutbarkeit der

Fortsetzung des Vertragsverhältnisses voraus (Rieble, ZIP 1997, 301, 305). Letzten Endes geht es bei solchen Fällen jedoch auch um die Frage einer **ergänzenden Vertragsauslegung** (Bub/Treier, Handbuch der Geschäfts- und Wohnraummiete, IV Rn. 230). Insoweit ist danach zu fragen, ob es den Vertragsparteien gerade auf die Personenmehrheit auf der Mieterseite in ihrer beim Vertragsabschluss bestehenden Zusammensetzung grundlegend angekommen ist (MünchKomm-BGB/Häublein, § 564 Rn. 7 ff.). Dabei darf aber auch nicht außer Acht gelassen werden, dass diesbezügliche **vertragliche Vereinbarungen**, durch welche sich der Vermieter bei etwaigen Änderungen des Gesellschafterkreises bzw. für Umwandlungsfälle eine Zustimmung vorbehält, nicht nur ohne Weiteres möglich, sondern auch **gängige Praxis** sind (Neuhaus, Handbuch der Geschäftsraummiete, Rn. 88). Gerade beim Gewerberaummietvertrag ließe sich mithin auch der Standpunkt vertreten, dass die Parteien ein Zustimmungserfordernis bzw. ein Sonderkündigungsrecht für den hier gegebenen Fall vertraglich niedergelegt hätten, wäre dies bei Vertragsabschluss Bestandteil ihrer Abreden gewesen.

hh) Nebenrechte und Sicherheiten. Unselbstständige Neben- und Hilfsrechte können nur zusammen mit dem Hauptrecht übertragen werden (Lutter/Priester, UmwG, § 126 Rn. 62; Hörtnagl, in: Schmitt/Hörtnagl/Stratz, § 131 UmwG Rn. 30; Schröer, in: Semler/Stengel, § 126 UmwG Rn. 14; KölnerKommUmwG/Simon, § 131 Rn 27). Auch **akzessorische Sicherungsrechte** wie Hypotheken und Bürgschaften gehen automatisch auf denjenigen Rechtsträger über, der die zugrunde liegende Forderung erhält (Schröer, in: Semler/Stengel, § 131 UmwG Rn. 34; Lutter/Teichmann, UmwG, § 131 Rn. 37; Hörtnagl, in: Schmitt/Hörtnagl/Stratz, § 131 UmwG Rn. 83; Kallmeyer/Kallmeyer/Sickinger, UmwG, § 126 Rn. 24; § 131 UmwG Rn. 7; KölnerKommUmwG/Simon, § 131 Rn. 28; Rieble, ZIP 1997, 301, 310). **Abstrakte Sicherheiten** (insb. Grundschuld, abstraktes Schuldanerkenntnis) können dagegen im Spaltungsvertrag unabhängig von der gesicherten Forderung zugewiesen werden (Schröer, in: Semler/Stengel, § 131 UmwG Rn. 34; Hörtnagl, in: Schmitt/Hörtnagl/Stratz, § 131 UmwG Rn. 23; Lutter/Teichmann, UmwG, § 131 Rn. 37; vgl. allerdings zur Problematik der Klauselumschreibung und Eintritt in Sicherungsvertrag Teil 3 Rdn. 402). **110**

ii) Mitgliedschaftsrechte und Beteiligungen. In der Literatur wurde vor der Neuregelung teilweise dahin gehend differenziert, ob das Gesetz die **grds. Übertragbarkeit des Anteils an einer Mitgliedschaft** vorsieht oder nicht. Z. T. sollten daher vertragliche Veräußerungsverbote oder Zustimmungspflichten i. R. d. Spaltung wegen der partiellen Gesamtrechtsnachfolge genauso wie bei der Verschmelzung mit der vollen Gesamtrechtsnachfolge nicht gelten (so Engelmeyer, Die Spaltung von AG nach dem neuem Umwandlungsrecht, S. 342). Ein anderer Teil der Literatur ging davon aus, dass **einheitliche Übertragungsbeschränkungen** unabhängig von ihrer Herkunft (Gesetz oder Vertrag) auch i. R. d. Spaltung zu beachten seien (so wohl Lutter/Teichmann, UmwG, § 131 Rn. 69 f.; Widmann/Mayer/Mayer, Umwandlungsrecht, § 132 UmwG Rn. 61 ff. i. d. F. vor 2007; ausführlich Riedle, ZIP 1997, 301, 308; Heidenhain, ZIP 1995, 801 ff.). Demgemäß wären Anteile an Personengesellschaften nur mit Zustimmung der übrigen Gesellschafter übertragbar, bei GmbH-Anteilen und vinkulierten Aktien würde nach dieser Auffassung daher grds. das Gleiche gelten. Im Fall der **Genossenschaft** sollte § 77a GenG zumindest entsprechend gelten (so Lutter/Teichmann, UmwG, § 131 Rn. 70; Riedle, ZIP 1997, 301, 308; Widmann/Mayer/Mayer, Umwandlungsrecht, § 126 UmwG Rn. 221). Nach § 38 BGB wäre die Mitgliedschaft in einem **Verein** nicht übertragbar, wenn die Satzung des Verbandes nichts anderes zulässt. **111**

Nach der Aufhebung des § 132 UmwG durch das Zweite Gesetz zur Änderung des UmwG dürfte wie bei § 20 UmwG Folgendes gelten: Anteile an Kapitalgesellschaften gehen auf den übernehmenden Rechtsträger über. Auch eine **Vinkulierung** hindert nach überwiegender Meinung die Gesamtrechtsnachfolge nicht (vgl. Hörtnagl, in: Schmitt/Hörtnagl/Stratz, § 131 UmwG Rn. 34; Schröer in: Semler/ Stengel, § 131 UmwG Rn. 26; Widmann/Mayer/Mayer, Umwandlungsrecht, § 126 UmwG Rn. 221 und zu § 20 UmwG Lutter/Grunewald, UmwG, § 20 Rn. 17; Kübler, in: Semler/Stengel, § 20 UmwG Rn. 8; Kallmeyer/Kallmeyer/Sickinger, UmwG, § 20 Rn. 7; zur Spaltung vgl. Aha, AG 1997, 345, 351; Widmann/Mayer/Vossius, Umwandlungsrecht, § 20 UmwG Rn. 156). Auch das OLG Hamm hat mit Urteil vom 16.4.2014 (OLG Hamm RNotZ 2014, 507 = NZG 2014, 783; dazu Sickinger DB 2014, 1976) entschieden, dass bei einer Spaltung von **vinkulierten Geschäftsanteilen** diese auch ohne Zustimmung der zustimmungsbetroffenen Gesellschafter übergehen, obwohl dies bei einer Einzelübertragung nicht möglich wäre. Nach der Gesetzesbegründung handele es sich bei **112**

§ 132 S. 1 UmwG a. F. um eine »klarstellende Vorschrift, die den bereits zu § 126 Abs. 1 Nr. 9 UmwG erläuterten Grundsatz, dass die allgemeinen Vorschriften des Zivilrechts über die Übertragbarkeit von Gegenständen auch bei Spaltungen gelten, ausdrücklich im Gesetzestext verankert« habe (BRDrucks 75/94, S. 121). § 132 S. 2 UmwG a. F. stelle klar, dass bei der Aufspaltung (§ 131 Abs. 1 Nr. 2 UmwG) ein Abtretungsverbot nach § 399 BGB ebenso wenig wie bei der Verschmelzung greifen könne, da der übertragende Rechtsträger erlösche (BRDrucks 75/94, S. 121). Zu § 131 Abs. 1 Nr. 1 S. 2 UmwG heiße es in der Gesetzesbegründung, dass diese Vorschrift bei Abspaltung und Ausgliederung wie § 132 UmwG klarstelle, dass »die allgemeinen Vorschriften des Zivilrechts den Übergang eines bestimmten einzelnen Gegenstandes verhindern« könnten (BRDrucks 75/94, S. 120). möglich wäre. Dies folgt nach Meinung des Gerichts aus der Abschaffung des § 131 UmwG. Der insoweit eindeutige Wille des Gesetzgebers lasse keinen Raum dafür, aus den strukturellen Unterschieden zwischen Verschmelzung und Abspaltung hinsichtlich des Schicksals des übertragenden Rechtsträgers den Inhalt des aufgehobenen § 132 UmwG im Wege einer teleologischer Reduktion des § 131 Abs. 1 Nr. 1 UmwG in die umwandlungsrechtlichen Vorschriften wieder hineinzulesen. Vielmehr sei das Gegenteil der Fall, da in der Gesetzesbegründung ausdrücklich formuliert werde, dass die Aufhebung des § 132 UmwG deswegen erfolge, um die Gesamtrechtsnachfolge bei Verschmelzung und Spaltung denselben Grundsätzen zu unterwerfen.

Beteiligungen an Personengesellschaften gehen nach überwiegender Meinung nicht ohne Weiteres über; die Übertragung bedarf der Zustimmung aller Gesellschafter, es sei denn die Übertragbarkeit ist bereits im Gesellschaftsvertrag zugelassen. Die wohl überwiegende Meinung differenziert bei § 20 UmwG und auch bei § 131 UmwG dahin gehend, ob der Gesellschaftsvertrag den Übergang zulässt oder nicht; nur im Falle der Zulassung geht der Gesellschaftsanteil über (Lutter/Teichmann, UmwG, § 131 Rn. 69 f.; Widmann/Mayer/Mayer, Umwandlungsrecht, § 132 UmwG Rn. 61 ff.; Lutter/Grunewald, UmwG, § 20 Rn. 19; Schröer in: Semler/Stengel, § 131 UmwG Rn. 26; Kallmeyer/Kallmeyer/Sickinger, UmwG, § 20 Rn. 7; Riegger, in: FS für Bezzenberger, 2000, S. 379, 384; Stratz, in: Schmitt/Hörtnagl/Stratz, § 20 UmwG Rn. 64; Hörtnagl, in: Schmitt/Hörtnagl/Stratz, § 131 UmwG Rn. 34; Heidinger/Limmer/Holland/Reul, Gutachten des DNotI, Bd. IV, Gutachten zum Umwandlungsrecht, S. 102 f.; Kallmeyer/Kallmeyer/Sickinger, UmwG, § 20 Rn. 7). Nach anderer Auffassung ist nach der Neuregelung durch das Handelsrechtsreformgesetz eine andere Sichtweise notwendig (so Kiem, Unternehmensumwandlung, S. 23). Nach der Neufassung von § 139 Nr. 4 HGB, nach der der Tod eines OHG-Gesellschafters grds. zum Ausscheiden dieses Gesellschafters und nicht mehr zur Auflösung der Gesellschaft führe, werde man davon ausgehen können, dass die entsprechenden Beteiligungen der übertragenden Gesellschaft auch auf die übernehmende Gesellschaft übergehen. Diese Auffassung übersieht allerdings, dass auch nach der Neuregelung für die Möglichkeit des Erwerbes einer Beteiligung an einer Personengesellschaft eine Nachfolgeklausel erforderlich ist, die den Anteil vererblich stellt. Anderenfalls würde im Fall des Todes des Gesellschafters der Gesellschafter aus der Gesellschaft ausscheiden (so zu Recht Lutter/Grunewald, UmwG, § 20 Rn. 19; vgl. auch Kallmeyer/Kallmeyer/Sickinger, UmwG, § 20 Rn. 7; Stratz, in: Schmitt/Hörtnagl/Stratz, § 20 UmwG Rn. 64; Schröer in: Semler/Stengel, § 131 UmwG Rn. 26). Diese Regelung wird man dann wohl auch für die OHG oder den Komplementär der KG annehmen müssen. Etwas anderes gilt, wenn eine abweichende Regelung im Gesellschaftsvertrag vorgesehen ist. Ist der übertragende Rechtsträger Kommanditist oder stiller Gesellschafter, so ist die Gesamtrechtsnachfolge zulässig, sodass dies auch für die Verschmelzung gilt (Lutter/Grunewald, UmwG, § 20 Rn. 20).

113 **jj) Unternehmensverträge.** Ist der übertragende Rechtsträger **herrschendes Unternehmen**, so kann nach herrschender Meinung auch diese Rechtsposition i. R. d. Spaltung auf einen der übernehmenden Rechtsträger übertragen werden (Emmerich, in: Emmerich/Habersack, Aktien- und GmbH-Konzernrecht, § 297 AktG Rn. 46; Widmann/Mayer, UmwG, § 126 Rn. 232; Hörtnagl, in: Schmitt/Hörtnagl/Stratz, UmwG, § 131 Rn. 75; Meister, DStR 1999, 1741 f.; Wilken, DStR 1999, 677; Fuhrmann/Simon, AG 2000, 49, 58; Gutachten DNotI-Report 2009, 158). Die überwiegende Meinung billigt allerdings in diesen Fällen den abhängigen Gesellschaften ein **besonderes Kündigungsrecht** zu (so Widmann/Mayer/Mayer, Umwandlungsrecht, § 126 UmwG Rn. 232; Riedle, ZIP 1997, 301, 311; vgl. auch Schröer, in: Semler/Simon, UmwG, § 131 Rn. 28; Hörtnagl, in: Schmitt/Hörtnagl/Stratz, UmwG, § 131, 75; Müller, BB 2002, 157 ff.; Fedke, Der Konzern 2008, 533, 534). Eine andere Auffassung verlangt dagegen einen neuen Beherrschungsvertrag bzw. die Zustimmung der abhängigen Gesellschaft (Lutter/Teichmann, UmwG, § 131 Rn. 74 ff.; Lutter/Priester, UmwG, § 126 Rn. 65; vgl. auch die Meinungsübersicht bei Fedke, Der Konzern 2008, 533, 535). Eine Aufteilung des Unternehmensvertrages ist nicht möglich, da die Herrschaftsmacht koordiniert ausgeführt werden muss (Widmann/Mayer/Mayer, Umwandlungsrecht, § 126 UmwG Rn. 234, 235; Lutter/Priester, UmwG, § 126 Rn. 65; Heidenhain, NJW 1995, 2877).

Ist der übertragende Rechtsträger **abhängiges Unternehmen**, so ist umstritten, ob der Beherrschungs- **114** oder Gewinnabführungsvertrag durch entsprechende Zuordnung des Spaltungsvertrages auf einen übernehmenden oder neu gegründeten Rechtsträger erstreckt werden kann. Die wohl überwiegende Meinung lehnt dies für den Fall der Spaltung zur Aufnahme jedenfalls ohne Zustimmung der abhängigen Gesellschaft ab (Lutter/Priester, UmwG, § 126 Rn. 65; Lutter/Teichmann, UmwG, § 131 Rn. 76 f.; Fedke, Der Konzern 2008, 533, 534; Müller, BB 2002, 157, 161; Schröer, in: Semler/Simon, UmwG, § 131 Rn. 28; Hörtnagl, in: Schmitt/Hörtnagl/Stratz, UmwG, § 131, Rn. 75; Müller, BB 2002, 157 ff.; a. A. Widmann/Mayer/Mayer, Umwandlungsrecht, § 126 UmwG Rn. 233; Kallmeyer/Kallmeyer/Sickinger, UmwG, § 126 Rn. 26).

In der **neueren Literatur** wird davon ausgegangen, dass eine Spaltung des anderen (herrschenden) Ver- **115** tragsteils nicht zum Untergang des Unternehmensvertrages führt (vgl. nur MünchKomm-AktG/Altmeppen, § 297 Rn. 25 f.; Emmerich, in: Emmerich/Habersack, Aktien- und GmbH-Konzernrecht, § 297 AktG Rn. 46; Fedke, Der Konzern 2008, 533 ff.). Dabei kann der Vertrag auch einem neuen Rechtsträger zugewiesen werden (Emmerich, in: Emmerich/Habersack, Aktien- und GmbH-Konzernrecht, § 297 AktG Rn. 46; Widmann/Mayer/Mayer, Umwandlungsrecht, § 126 UmwG Rn. 232; Hörtnagl, in: Schmitt/Hörtnagl/Stratz, UmwG, UmwStG, § 131 UmwG Rn. 72; Meister, DStR 1999, 1741 f.; Wilken, DStR 1999, 677, 680; Lutter/Priester, UmwG, § 126 Rn. 65 [seines Erachtens ist die Zustimmung der Gesellschafter der aufnehmenden Gesellschaft erforderlich]; Kallmeyer/Kallmeyer/Sickinger, UmwG, § 126 Rn. 26; Fuhrmann/Simon, AG 2000, 49, 58; a. A. Lutter/Teichmann, UmwG, § 131 Rn. 77). Eine Zustimmung der Gesellschafterversammlung der abhängigen Gesellschaft ist nicht erforderlich (Widmann/Mayer/Mayer, Umwandlungsrecht, § 126 UmwG Rn. 232; Gutheil, Die Auswirkungen von Umwandlungen auf Unternehmensverträge nach §§ 291, 292 AktG und die Rechte außenstehender Aktionäre, S. 63 ff.; a. A. Lutter/Teichmann, UmwG, § 132 Rn. 53). Das Handelsregister der abhängigen Gesellschaft ist nur zu berichtigen (Widmann/Mayer/Mayer, Umwandlungsrecht, § 126 UmwG Rn. 232).

Der Wechsel des herrschenden Rechtsträgers ist zum **Handelsregister beim abhängigen Unternehmen** **116** **anzumelden** (Emmerich/Habersack, Aktien- und GmbH-Konzernrecht, § 295 AktG Rn. 36; Hüffer, AktG, § 295 Rn. 9.; Semler, in: FS für Werner, 1984, S. 855, 871; KK-AktG/Koppensteiner, § 295 Rn. 27; Fedke, Der Konzern 2008, 533, 538). Allerdings hat die unterlassene Anmeldung keine Auswirkungen auf die Wirksamkeit des Rechtsübergangs, das Umwandlungsrecht mit der Gesamtrechtsnachfolge geht hier vor (KK-AktG/Koppensteiner, § 294 Rn. 39; Fedke, Der Konzern 2008, 533, 539).

kk) Arbeitsverhältnisse. Auch Arbeitsverhältnisse können **im Grundsatz frei zugeordnet** werden. Al- **117** lerdings zieht hier § 613a BGB, der nach § 314 UmwG auch bei Spaltungen gilt, enge Grenzen. Bei Übertragung eines Betriebs oder Teilbetriebs gehen die zugehörigen Arbeitsverhältnisse automatisch über, soweit Arbeitnehmer nicht von ihrem Widerrufsrecht Gebrauch machen (vgl. dazu Kallmeyer/Kallmeyer/Sickinger, UmwG, § 126 Rn. 34; Kallmeyer/Willemsen, UmwG, § 324 Rn. 1 ff.; Schröer, in: Semler/Simon, UmwG, § 126 Rn. 73; Hörtnagl, in: Schmitt/Hörtnagl/Stratz, § 324 UmwG Rn. 1 ff.; Lutter/Joost, § 324 UmwG Rn. 3; Kappenhagen, AuA 2007, 90; Simon/Zerres, FA 2005, 231; Boecken, ZIP 1994, 1091 ff.; Lotzke, DB 1995, 43).

Dienstverhältnisse der Organmitglieder werden von § 613a BGB nicht geregelt und sind daher nach **118** § 613 Satz 2 BGB grds. ohne dessen Zustimmung nicht übertragbar (Widmann/Mayer/Mayer, Umwandlungsrecht, § 126 UmwG Rn. 236, 132, 40; Schröer, in: Semler/Simon, UmwG, § 126 Rn. 73; Simon, in: Semler/Simon, UmwG, § 131 Rn. 45 ff.; Hörtnagl, in: Schmitt/Hörtnagl/Stratz, § 131 UmwG Rn. 63).

119 **ll) Immaterialgüterrechte, gewerbliche Schutzrechte.** Immaterialgüterrechte, Patente, Warenzeichen, Marken etc. können übertragen werden. Patent- und Gebrauchsmusterrolle sowie Marken- und Geschmacksmusterregister werden unrichtig und müssen berichtigt werden. § 27 MarkenG findet Anwendung (Lutter/Teichmann, UmwG, § 131 Rn. 44: Kallmeyer/Kallmeyer/Sickinger, UmwG, § 126 Rn. 37; Schröer in: Semler/Stengel, § 131 UmwG Rn. 41).

120 **mm) Pensionsverpflichtungen.** Zu Diskussionen geführt hat die Frage der **Ausgliederung von Pensionsverpflichtungen** von nicht mehr aktiven Arbeitnehmern (vgl. Lutter/Teichmann, UmwG, § 131 Rn. 50 ff.; Simon, in: Semler/Simon, UmwG, § 131 49; Hörtnagl, in: Schmitt/Hörtnagl/Stratz, § 131 UmwG Rn. 81). Das BAG im Beschl. v. 22.02.2005 hatte folgenden Fall zu entscheiden (BAG, BB 2005, 2414 = ZIP 2005, 957, dazu Klemm/Hamisch, BB 2005, 2409): In dem Fall ging es um einen Kläger, der bei den Städtischen Kliniken der Stadt als Leiter und kaufmännischer Direktor beschäftigt war und während dieser Zeit einen Versorgungsanspruch erworben hatte. Nach dessen Ausscheiden gliederte die Stadt ihre als Eigenbetrieb geführten Städtischen Kliniken auf eine neu gegründete GmbH aus. Übertragen wurde der gesamte kommunale Eigenbetrieb mit allen Gegenständen des Aktiv- und Passivvermögens, insb. auch alle Verbindlichkeiten des Eigenbetriebes, die diesem wirtschaftlich zuzuordnen sind. Der Kläger war in keiner der anlässlich der Spaltung erstellten Urkunden namentlich genannt. Er klagte mit dem Ziel, die Einstandspflicht der Stadt für seine Versorgungsansprüche feststellen zu lassen. Es bestand dabei die Frage, ob § 4 **BetrAVG** ein Hindernis für die Ausgliederung von Pensionsverbindlichkeiten darstellt. Nach dieser Vorschrift können Versorgungsanwartschaften und laufende Rentenzahlungsverpflichtungen nur – mit Zustimmung der Arbeitnehmer – von einem neuen Arbeitgeber bzw. bei einer Einstellung der Betriebstätigkeit und Unternehmensliquidation von einer Pensionskasse oder einem Lebensversicherungsunternehmen übernommen werden. Die Versorgungsansprüche von Betriebsrentnern, die kein neues Arbeitsverhältnis eingehen, können nicht auf eine andere Gesellschaft übertragen werden, nicht einmal dann, wenn die Rentenempfänger ihr Einverständnis hierzu erklären.

121 Entscheidend ist, in welchem **Verhältnis die Vorschriften des UmwG und des Betriebsrentengesetzes**, namentlich § 4 BetrAVG, zueinanderstehen. Unbestritten ist, dass der Gesetzgeber mit dem Erlass des UmwG erleichterte Umstrukturierungsmöglichkeiten schaffen wollte. Die Vorschrift wird daher so ausgelegt, dass die Genehmigung des PSV ausreichend wäre. Der PSV erteilt allerdings derartige Genehmigungen nach eigener Aussage generell nicht. Fraglich ist daher, ob der **Schutzzweck des § 4 BetrAVG** die Verhinderung der Übertragung von Versorgungsverpflichtungen rechtfertigt. Das BAG war der Auffassung, dass auch unter der Geltung des § 132 UmwG a. F. der Übergang einer Versorgungsverbindlichkeit durch Spaltung nicht von einer Zustimmung des Versorgungsberechtigten und/oder des PSV abhänge. Das UmwG sieht nach Meinung des BAG ein **eigenständiges Haftungskonzept** vor: Nach §§ 133, 134 UmwG gebe es zum Schutz der Gläubiger eine gesamtschuldnerische Nachhaftung des übertragenden Rechtsträgers. Wie schon die ganz herrschende Meinung in der Literatur sieht auch das **BAG** diese Vorschriften des UmwG zur Haftung als speziellere Regelungen ggü. dem Betriebsrentenrecht an.

Demgegenüber waren das **LG Hamburg** (ZIP 2005, 2331, m. Anm. Laufersweiler, EwiR § 123 UmwG 1/06) und zuvor das AG Hamburg (ZIP 2005, 1249 = DB 2005, 1562) der Ansicht, dass eine Ausgliederung von Pensionsverpflichtungen unwirksam sei. Beide schließen daraus, dass nach § 132 UmwG allgemeine Vorschriften unberührt bleiben und dass das Haftungskonzept des UmwG gerade keine Spezialregelung zu § 4 BetrAVG sei. Die Nachhaftung verschaffe wegen ihrer Begrenzung auf 5 Jahre keine zureichende Kompensation, da bei langjährigen Pensionsverbindlichkeiten nach Ablauf der 5 Jahre ein Insolvenzrisiko bestehe. Weiter beruft sich das Gericht auf § 613a BGB, dessen Geltung ausdrücklich durch das UmwG in § 324 UmwG angeordnet wird.

122 Letztendlich dürfte sich dieser **Streit** durch die Aufhebung des § 132 UmwG und das neue gesetzgeberische Konzept **erledigt** haben und die Ausgliederung ohne Weiteres möglich sein. Der Gesetzgeber hat die Problematik durch das Zweite Gesetz zur Änderung des UmwG in § 133 Abs. 3 UmwG geregelt, wonach für die vor Wirksamwerden der Spaltung begründeten Versorgungsverpflichtungen aufgrund Betriebsrentengesetzes die **Haftungsfrist** des übertragenden Rechtsträgers auf **10 Jahre** verlängert wurde. Damit ist aber anderen Schutzmechanismen eine klare Absage erteilt worden.

Im Urt. v. 11.03.2008 hat das BAG (BAGE 126, 120 = BB 2009, 329 = GmbHR 2008, 1326) seine ursprüngliche Rechtsprechung bestätigt: Auch die Zuweisung der laufenden Versorgungsverbindlichkeiten an einen anderen Rechtsträger als den Inhaber des früheren Beschäftigungsbetriebs oder Betriebsteils bedarf nach Meinung des BAG nicht der Zustimmung des Versorgungsberechtigten oder des Pensions-Sicherungs-Vereins aG (Langohr-Plato, NZA 2005, 966, 968; Klose/Klose, RdA 2006, 48; a. A. Steffan, in: Ascheid/Preis/Schmidt, Kündigungsrecht, § 126 UmwG Rn. 32; MünchKomm-BGB/Müller-Glöge, § 613a Rn. 226; ErfK/Preis, 8. Aufl., § 613a BGB Rn. 189). Die §§ 22, 133, 134 UmwG bildeten ein eigenständiges Haftungssystem. In dieses System seien die Versorgungsverbindlichkeiten einbezogen worden (vgl. u. a. Heubeck, in Picot: Unternehmenskauf und Restrukturierung, IV Rn. 109). Dies zeige § 134 Abs. 2 UmwG und werde durch den am 25.04.2007 in Kraft getretenen § 133 Abs. 3 Satz 2 UmwG unterstrichen. Wie sich aus der Begründung zu § 22 UmwG ergebe (BT-Drucks. 12/6699, S. 92), sei der Gesetzgeber davon ausgegangen, dass sich die Verpflichtung zu Sicherheitsleistungen auf Versorgungsverbindlichkeiten erstrecke, jedoch nach § 22 UmwG insoweit entfalle, als der Pensions-Sicherungs-Verein aG einstandspflichtig sei. Die gesamtschuldnerische Haftung und das Recht auf Sicherheitsleistung wären unnötig, wenn der Pensions-Sicherungs-Verein aG und der Versorgungsberechtigte die Möglichkeit hätten, durch Verweigerung der Zustimmung den Übergang von Versorgungsverbindlichkeiten zu verhindern. Die Literatur folgt dem weitgehend (vgl. Lutter/Teichmann, UmwG, § 131 Rn. 50 ff.; Simon, in: Semler/Simon, UmwG, § 131, Rn. 49; Hörtnagl, in: Schmitt/Hörtnagl/Stratz, § 131 UmwG Rn. 81; KölnerKommUmwG/Simon § 131 UwG, Rn 29; Rubel/Sandhaus Der Konzern 2009, 327, 334).

Das Erfordernis der hinreichenden Ausstattung einer Rentnergesellschaft wird – von wenigen Gegenstimmen abgesehen – i. Ü. im Schrifttum ganz überwiegend bejaht (vgl. u. a. Bader/Ebert, DB 2006, 938, 940; Buchner, in: FS für Blomeyer, 2003, S. 33, 43, 48; Griebeling/Bepler, in: FS für Blomeyer, 2003, S. 99, 112 ff.; Hohenstatt/Seibt ZIP 2006, 546, 551).

nn) Sonstige Gegenstände und Rechte. Prokuren der übertragenden Gesellschaft erlöschen mit **123** der Aufspaltung, bei der Abspaltung oder Ausgliederung bestehen sie für die übertragende Gesellschaft weiter. Eine automatische Ausweitung oder Übertragung ist nicht möglich (OLG Köln, DNotZ 1996, 700). Prokuren müssen daher beim aufnehmenden Rechtsträger jeweils neu bestellt werden (Widmann/Mayer/Vossius, Umwandlungsrecht, § 131 UmwG Rn. 130; Lutter/Teichmann, UmwG, § 131 Rn. 63; Hörtnagl, in: Schmitt/Hörtnagl/Stratz, § 131 UmwG Rn. 63).

Vollmachten sind an das zugrunde liegende Rechtsverhältnis gebunden und folgen diesem (§ 168 **124** BGB). Sie können daher i. R. d. Spaltungsplans übertragen werden. Es gelten wohl jetzt dieselben Grundsätze wie bei der Verschmelzung nach § 20 UmwG (vgl. Widmann/Mayer/Vossius, Umwandlungsrecht, § 131 UmwG Rn. 115). Soweit der übertragende Rechtsträger **selbst von einem Dritten bevollmächtigt** worden ist, gilt nach überwiegender Ansicht für den Übergang der Vollmacht auf den übernehmenden Rechtsträger § 168 BGB (RGZ 150, 289; OLG Düsseldorf, MittRhNotK 1985, 103; LG Koblenz, MittRhNotK 1997, 321; Lutter/Grunewald, UmwG, § 20 Rn. 25; Lutter/Teichmann, UmwG, § 131 Rn. 63). Die Frage, ob die Vollmacht erlischt, bestimmt sich daher nach dem ihrer Erteilung zugrunde liegenden Rechtsverhältnis. Nach § 673 BGB erlischt dabei ein Auftrag im Zweifel durch den Tod des Beauftragten, hier also durch den Verlust der eigenen Rechtsfähigkeit infolge der Verschmelzung. Etwas anderes – nämlich dass die Vollmacht nicht endet –gilt, wenn sie gerade im Interesse des Bevollmächtigten erteilt wurde, d. h. der Vollmachtgeber im Kern ein für ihn neutrales Geschäft betreibt (LG Koblenz, MittRhNotK 1997, 321). Hat der übertragende Rechtsträger dagegen seinerzeit jemanden bevollmächtigt, so ist die Rechtslage unsicher. Z. T. wird § 168 BGB angewendet (Lutter/Grunewald, UmwG, § 20 Rn. 26).

Höchstpersönliche Rechtspositionen, etwa die Stellung eines Treuhänder- oder Testamentsvollstre- **125** ckers, sind grds. nicht übertragbar (Hörtnagl, in: Schmitt/Hörtnagl/Stratz, § 131 UmwG Rn. 92). Ebenfalls ist in der Praxis fraglich, ob der Übergang einer Verwalterstellung nach WEG durch Gesamtrechtsnachfolge bei Verschmelzung oder Spaltung stattfindet. Die obergerichtliche Rechtsprechung hat dies weitgehend abgelehnt (OLG München, DNotZ 2014, 523 m. Anm. Krampen-Lietzke; BayObLGZ 1990, 173; BayObLG, MDR 1997, 727; BayObLG, NJW-RR 2002, 732; LG Frankfurt, ZWE 2013, 30; OLG Köln, OLGR 2004, 49, LG Frankfurt/Oder, ZMR 2013, 981 ff.; LG München I,

ZWE 2013, 415 f. Zajonz/Nachtwey, ZfIR 2008 Heft 20, 701). Da die Verwalterstellung nicht höchstpersönlich ist, sollte man m. E. einen Übergang zulassen. Nach der überwiegenden Auffassung der Rechtsliteratur gehen Verwaltervertrag und Organstellung unabhängig von der Rechtsform des übertragenden Verwalters auf den übernehmenden Rechtsträger über. Das Umwandlungsgesetz enthalte mit der Gesamtrechtsnachfolge eine spezielle Regelung für die Verschmelzung (Stratz in Schmitt/Hörtnagl/Stratz, UmwG, § 20 Rn. 86; Vossius in Mayer/Widmann, UmwG, § 20 Rn. 322 f.; Lutter/Grunewald, UmwG, § 20 Rn. 24, Fußn. 4; Staudinger/Martinek, BGB § 673 Rdn. 6; Erman/Grziwotz, BGB, § 26 WEG Rdn. 1; Armbrüster, NZM 2012, 369, Wicke/Menzel, MittBayNot 2009, 203, 206; Lücke, ZfIR 2002, 469, 470 f.; Becker in Festschrift für Merle, 2010, 51, 59 ff.). Der BGH hat im Urteil vom 21.02.2014 (DNotZ 2014, 51 m. Anm. Krampen-Lietzke = NotBZ 2014, 250 = ZNotP 2014, 145 = BB 2014, 462 m. Anm. Heckschen) entschieden, dass der Verwaltervertrag jedenfalls bei der Verschmelzung von juristischen Personen auf den übernehmenden Rechtsträger übergeht; nichts anderes gelte für die Organstellung des Verwalters. Ob die Verschmelzung durch Aufnahme im Wege der Neugründung erfolge, sei nicht von Bedeutung. Die Verschmelzung der Verwalterin einer Wohnungseigentumsanlage stelle zwar als solche auch keinen wichtigen Grund dar, der eine vorzeitige Kündigung eines Verwaltervertrages rechtfertige; an die erforderlichen besonderen Umstände, die die Fortführung der Verwaltung durch den übernehmenden Rechtsträger für die Wohnungseigentümer unzumutbar machen, seien aber keine hohen Anforderungen zu stellen. Ob Gleiches auch für die Umwandlung von Personenhandelsgesellschaften oder einzelkaufmännische Unternehmen gilt, lässt der BGH ausdrücklich offen. Der BGH stellt entscheidend darauf ab, ob der Verwaltervertrag aus umwandlungsrechtlicher Sicht als höchstpersönliches Rechtsverhältnis anzusehen ist. Das sei jedenfalls dann zu verneinen, wenn der bisherige Verwalter eine juristische Person ist; dann stehe nämlich in aller Regel nicht die Ausführung der Dienstleistungen durch bestimmte natürliche Personen im Vordergrund. Hierauf haben die Wohnungseigentümer rechtlich gesehen auch keinen Einfluss; sie könnten weder die Auswechslung von Gesellschaftern oder Geschäftsführern verhindern (vgl. auch BayObLGZ 1987, 54, BayObLGZ 2002, 26) noch die Personalauswahl bestimmen. Mit diesem Argument spricht auch vieles dafür diese Grundsätze auch auf die Spaltung der juristischen Person zu übertragen, so dass auch hier eine Übertragung möglich sein müsste (ebenso Heckschen, in: Beck'sches Notarhandbuch, D IV Rn. 175). Das OLG München (DNotZ 2014, 523 m. Anm. Krampen-Lietzke = RNotZ 2014, 254 = GWR 2014, 238 m. Anm. Heckschen) hat die Übertragung der Verwalterstellung durch Spaltung allerdings vor der BGH-Entscheidung abgelehnt.

126 Bei **öffentlich-rechtlichen Erlaubnissen** ist im Grundsatz wie bei der Verschmelzung danach zu unterscheiden, ob sie höchstpersönlich, rechtsformbezogen (z. B. § 7 VAG, § 2a KWG) oder rechtsnachfolgefähig sind (vgl. Hörtnagl, in: Schmitt/Hörtnagl/Stratz, § 131 UmwG Rn. 85; Lutter/Teichmann, UmwG, § 131 Rn. 79; Semler, in: Semler/Simon, UmwG, § 131, Rn. 43; Kallmeyer/Marsch-Barner, UmwG, § 20 Rn. 26 f.; Lutter/Grunewald, UmwG § 20 Rn. 13; Geißer, DB 2000, 361, 363; Odenthal, GewArch 2005, 132; Bremer, GmbHR 2000, 865; Rubel/Sandhaus Der Konzern 2009, 327, 335; a. A. Zeppezauer, DVBl. 2007, 599, der darauf hinweist, dass die Mehrzahl der Genehmigungen sich nicht mehr eindeutig insoweit zuordnen lassen und daher für einen unterschiedslosen Genehmigungsübergang ist). Personenbezogene Rechtspositionen verbleiben bei Abspaltungen und Ausgliederungen beim übertragenden Rechtsträger, bei einer Aufspaltung erlöschen sie (Hörtnagl, in: Schmitt/Hörtnagl/Stratz, § 131 UmwG Rn. 85; Lutter/Teichmann, UmwG, § 131 Rn. 79; Rubel/Sandhaus Der Konzern 2009, 327, 335). **Höchstpersönlich** ist eine Rechtsbeziehung, die sich nicht von der Person ihres Trägers lösen lässt (vgl. BVerwGE 64, 105). Die Erlaubnis zum Betrieb einer Gaststätte wird – wie die meisten Genehmigungen nach dem Gewerberecht (z. B. auch §§ 34a bis c GewO, § 3 PBefG, § 11 GüKG) – für eine Person erteilt und ist an diese Person gebunden (vgl. Hörtnagl, in: Schmitt/Hörtnagl/Stratz, § 131 UmwG Rn. 85; Lutter/Teichmann, UmwG, § 131 Rn. 79; Semler, in: Semler/Simon, UmwG, § 131, Rn. 43; Geißer, DB, 2000, 361, 363; Metzner, GastG, § 8 Rn. 30; Pauly, in: Robinsky/Sprenger-Richter, Gewerberecht, N Rn. 65; Bremer GmbHR 2000, 865, 866). Eine Erlaubnis des § 34c GewO ist eine solche höchstpersönliche Genehmigung, da sie an die gewerberechtliche Zuverlässigkeit des übertragenden Rechtsträgers anknüpft. Daher geht diese Erlaubnis nicht auf den übernehmenden Rechtsträger über (Stratz in: Schmidt/Hörtnagl/Stratz, UmwG, UmwStG, § 20 UmwG Rn. 85; Lutter/Teichmann, UmwG, § 131 Rn. 79; Semler, in: Semler/Simon, UmwG, § 131, Rn. 43; Widmann/Mayer/Vossius, Umwandlungsrecht, § 20 UmwG Rn. 251; Gaiser, DB 2000, 361, 363;

Kallmeyer/Kallmeyer/Sickinger, UmwG, § 20 Rn. 26). Z. T. sollen allerdings öffentlich-rechtliche Erlaubnisse, die an persönliche Voraussetzungen gebunden sind, übergehen, wenn die Person, auf deren Voraussetzungen die öffentlich-rechtliche Rechtsposition beruht, in dem übernehmenden Rechtsträger eine entsprechende Rechtsposition erhält (Lutter/Grunewald, UmwG, § 20 Rn. 8; Zeppezauer, DVBl. 2007, 599). Bei **öffentlich-rechtlichen Rechtspositionen** (Genehmigung, Nutzungsbefugnis etc.) unterscheidet die herrschende Meinung also danach, ob die Rechtsbeziehung mit dem konkreten Gegenstand verbunden ist (z. B. Baugenehmigung mit Grundstück, Kfz-Genehmigung etc.) oder ob die Rechtsposition den übertragenden Rechtsträger selbst verdient wurde (z. B. Gaststättenkonzession etc.). Erstere sind hier nach der überwiegenden Auffassung i. R. d. Spaltung mit dem Gegenstand übertragbar (vgl. ausführlich Bremer, GmbHR 2000, 865; Schall, ZIP 2003, 327 ff.; Schmidt/Hörtnagl/Stratz, UmwG, UmwStG, § 20 UmwG Rn. 85; Lutter/Teichmann, UmwG, § 131 Rn. 79; Semler, in: Semler/Simon, UmwG, § 131, Rn. 43). Gleiches dürfte gelten für Betriebsgenehmigungen (z. B. nach Bundesemissionsschutzgesetz), die für eine bestimmte Anlage oder einen Betriebsteil erteilt wurde. Höchstpersönliche Rechtspositionen bleiben hingegen bei der Abspaltung oder Ausgliederung zwingend beim übertragenden Rechtsträger und Erlöschen bei einer Aufspaltung (Schmidt/Hörtnagl/Stratz, UmwG, UmwStG, § 20 UmwG Rn. 85; Lutter/Teichmann, UmwG, § 131 Rn. 79; Semler, in: Semler/Simon, UmwG, § 131, Rn. 43). Allerdings muss auch hier gelten, dass im Einzelfall zu prüfen ist, ob bei dem Spaltungsvorgang die erforderlichen Voraussetzungen für die öffentlich-rechtliche Genehmigung in sachlicher und persönlicher Hinsicht auch beim aufnehmenden Rechtsträger erfüllt werden, sodass dann ausnahmsweise die Übertragbarkeit annehmen könnte (so Bremer, GmbHR 2000, 865, vgl. oben bei dem übertragenden Rahmen der Verschmelzung, Teil 2 Rdn. 687 ff.).

6. Vergessene Gegenstände/fehlerhaft zugeordnete Gegenstände. Sofern ein Gegenstand des Aktiv- **127** vermögens des übertragenden Rechtsträgers versehentlich dem übernehmenden Rechtsträger nicht zugeordnet worden ist, bedarf es nach einhelliger Auffassung im Schrifttum **zunächst** der **ergänzenden Auslegung** des Ausgliederungsplans. § 131 Abs. 3 UmwG bestimmt für den Fall der Aufspaltung: Ist bei einer Aufspaltung ein Gegenstand im Vertrag keinem der übernehmenden Rechtsträger zugeteilt worden und lässt sich die Zuteilung auch nicht durch Auslegung des Vertrags ermitteln, so geht der Gegenstand auf alle übernehmenden Rechtsträger in dem Verhältnis über, das sich aus dem Vertrag für die Aufteilung des Überschusses der Aktivseite der Schlussbilanz über deren Passivseite ergibt; ist eine Zuteilung des Gegenstandes an mehrere Rechtsträger nicht möglich, so ist sein Gegenwert in dem bezeichneten Verhältnis zu verteilen. Zu prüfen ist also, ob durch Auslegung des Auslegungsplans doch noch eine Zuordnung angenommen werden kann (Schmidt/Hörtnagl/Stratz, UmwG, UmwStG, § 20 UmwG Rn. 116 ff.; Kübler, in: Semler/Simon, UmwG, § 131, Rn. 69 ff.; Widmann/Mayer/Vossius, Umwandlungsrecht, § 131 UmwG Rn. 203; Lutter/Teichmann, UmwG, § 131 Rn. 103 ff.). Dabei soll von einer Zuordnung an die bzw. eine bestimmte Übernehmerin dann ausgegangen werden, wenn der vergessene Gegenstand des Aktivvermögens zum **betriebsnotwendigen Vermögen** derjenigen Betriebe und Betriebsteile des ausgliedernden Rechtsträgers gehöre, die nach den Bedingungen des Ausgliederungsplans auf die übernehmende Gesellschaft übergehen sollen (Widmann/Mayer/Vossius, Umwandlungsrecht, § 131 UmwG Rn. 204). Ein weiteres Indiz kann sein, dass Gegenstände einer Sachgesamtheit von relativ untergeordneter Bedeutung vergessen worden sind (Widmann/Mayer/Vossius, Umwandlungsrecht, § 131 UmwG Rn. 206). Schließlich ist auch die wirtschaftliche Bedeutung bzw. Verwendbarkeit für die beteiligten Rechtsträger ein Kriterium der ergänzenden Vertragsauslegung (Widmann/Mayer/Vossius, Umwandlungsrecht, § 131 UmwG Rn. 208).

Soweit sich aus einer **ergänzenden Auslegung des Ausgliederungsplans** nicht ergibt, dass Gegenstände **128** des Aktivvermögens der Übernehmerin zugeordnet werden sollen, verbleiben diese nach der herrschenden Meinung bei der Überträgerin (Regierungsbegründung BR-Drucks. 75/94 zu § 131 UmwG, abgedruckt in: Limmer, Umwandlungsrecht, S. 314; Widmann/Mayer/Vossius, Umwandlungsrecht, § 131 UmwG Rn. 219; Schmidt/Hörtnagl/Stratz, UmwG, UmwStG, § 20 UmwG Rn. 116 ff.; Kübler, in: Semler/Simon, UmwG, § 131, Rn. 69 ff.; Lutter/Teichmann, UmwG, § 131 Rn. 103 ff.).

Für die rechtliche Behandlung **versehentlich zugeordneter Aktiva**, gelten die vorstehenden Ausführun- **129** gen unter umgekehrten Vorzeichen entsprechend. Auch insoweit ist also zunächst zu prüfen, ob die Auslegung des Ausgliederungsplans nicht den Verbleib der in Rede stehenden Aktiva bei der übertragenden Gesellschaft ergibt.

130 **7. Umtauschverhältnis und Anteilsgewährung. a) Allgemeines.** Bei Auf- und Abspaltung, nicht aber bei der Ausgliederung sind nach § 126 Abs. 1 Nr. 3 und Nr. 4 UmwG die **Regelungen für die Anteilsgewährung** in den Spaltungsvertrag aufzunehmen. Nach § 126 Abs. 1 Nr. 3 UmwG ist das Umtauschverhältnis und ggf. die Höhe der baren Zuzahlung im Spaltungsvertrag anzugeben. Nach § 126 Abs. 1 Nr. 4 UmwG sind bei Auf- und Abspaltung die Einzelheiten für die Übertragung der Anteile der übernehmenden Rechtsträger oder über den Erwerb der Mitgliedschaft bei den übernehmenden Rechtsträgern aufzunehmen.

131 Über das Umtauschverhältnis sind daher **bei der Ausgliederung keine Angaben** zu machen, denn hier findet ein Anteilstausch auf der Ebene der Gesellschafter nicht statt. Die Anteile an der übernehmenden Gesellschaft fallen bei der Ausgliederung in das Vermögen der übertragenden Gesellschaft. Dennoch muss nach § 126 Abs. 1 Satz 2 UmwG bei der Ausgliederung festgelegt werden, welche Anteile am übernehmenden Rechtsträger dem übertragenden gewährt wären (Lutter/Priester, UmwG, § 126 Rn. 22, 36; Kallmeyer/Kallmeyer/Sickinger, UmwG, § 126 Rn. 10; Schröer in: Semler/Stengel, § 126 UmwG Rn. 29 ff.; Hörtnagl, in: Schmitt/Hörtnagl/Stratz, § 126 UmwG Rn. 36; teilweise abweichend Widmann/Mayer/Mayer, Umwandlungsrecht, § 126 UmwG Rn. 130). Allerdings ist es notwendig Angaben über die Gegenleistung zu machen (Widmann/Mayer/Mayer, Umwandlungsrecht, § 126 UmwG Rn. 130; Schröer, in: Semler/Stengel, § 126 UmwG Rn. 130; Kallmeyer/Kallmeyer/Sickinger, UmwG, § 126 Rn. 10).

132 Das **Umtauschverhältnis** bedeutet – ebenso wie bei der Verschmelzung – die Angabe, wie viele Anteile am übernehmenden Rechtsträger auf einen Anteil des übertragenden Rechtsträgers entfallen (Schröer in: Semler/Stengel, § 126 UmwG Rn. 35 ff.; Lutter/Priester, UmwG, § 126 Rn. 31). Bei der Spaltung von AG werden i. d. R. spezifische Verhältniszahlen, etwa 1 : 2 oder 1 : 5 genannt. Bei der Spaltung von Personengesellschaften oder GmbH ist es nicht zwingend erforderlich, das Umtauschverhältnis zahlenmäßig festzulegen, da dies häufig nur in »krummen« Bruchzahlen, etwa 1,5 : 4 möglich ist. In diesen Fällen genügt es, wenn der Spaltungsvertrag die Beteiligungsverhältnisse am übertragenden Rechtsträger, die bisherigen Beteiligungsverhältnisse am übernehmenden Rechtsträger und die als Gegenleistung gewährten Anteile nennt, aus denen sich dann das Umtauschverhältnis errechnen lässt (so zu Recht Widmann/Mayer/Mayer, Umwandlungsrecht, § 126 UmwG Rn. 130; wohl auch Schröer in: Semler/Stengel, § 126 UmwG Rn. 35 ff.; Lutter/Priester, UmwG, § 126 Rn. 31).).

133 **b) Anteilsgewährungspflicht bei Spaltung und Ausgliederung.** Die Problematik der Anteilsgewährung ist im Grundsatz die gleiche wie bei der Verschmelzung, sodass auf die obigen Ausführungen verwiesen werden kann, vgl. Teil 1 Rdn. 168 ff., Teil 1 Rdn. 242 ff., Teil 2 Rdn. 252. Durch das **Zweite Gesetz zur Änderung des UmwG** sind jetzt auch bei der Spaltung Erleichterungen eingeführt worden.

134 Die Verpflichtung, bei der Durchführung einer Verschmelzung oder Spaltung Anteile zu gewähren, ist **ausdrücklich nicht geregelt** (Heidinger, Anm. zu OLG Frankfurt am Main, DNotZ 1999, 154 ff. und KG, DNotZ 1999, 157 ff., 161). In § 2 UmwG wird allerdings für die Verschmelzung festgestellt, dass Rechtsträger »*gegen Gewährung von Anteilen oder Mitgliedschaften*« verschmolzen werden (vgl. ausführlich oben Teil 2 Rdn. 96 ff.); eine gleiche Formulierung findet sich in § 123 Abs. 1, Abs. 2 und Abs. 3 UmwG bei allen Arten der Spaltung. Damit unterscheiden sich diese beiden Umwandlungsarten wesensmäßig von der Vermögensübertragung, die »*gegen Gewährung einer Gegenleistung . . ., die nicht in Anteilen oder Mitgliedschaften bestehe*«, erfolgt (vgl. § 174 Abs. 1 UmwG), und von dem Formwechsel, bei dem die bisherigen Anteilsinhaber an dem neuen formgewechselten Rechtsträger nach den neuen Vorschriften beteiligt bleiben (vgl. § 202 Abs. 1 Nr. 2 UmwG). Als wesentlicher Bestandteil eines Verschmelzungsvertrages wird in § 5 Abs. 1 Nr. 2 UmwG die Aufnahme der Vereinbarung über die Übertragung des Vermögens jedes übertragenden Rechtsträgers »*gegen Gewährung von Anteilen oder Mitgliedschaften*« verlangt. In den Nr. 3 bis Nr. 5 des § 5 Abs. 1 UmwG sind weitere Angaben über die gewährten Anteile genannt. § 20 Abs. 1 Nr. 3 UmwG bestimmt, dass die Anteilsinhaber der übertragenen Rechtsträger Anteilsinhaber des übernehmenden Rechtsträgers werden. Für die Spaltung finden sich entsprechende Regelungen in § 126 Abs. 1 Nr. 2 bis Nr. 5 und § 131 Abs. 1 Nr. 3 Satz 1 UmwG. Aus dem Zusammenhang der zitierten Vorschriften schließt die ganz herrschende Meinung in Rechtsprechung und Schrifttum, dass der Gesetzgeber sowohl bei der Verschmelzung als auch bei der Spaltung grds. von einer **Anteilsgewährungspflicht** ausgegangen ist (vgl. ausführlich oben bei der Verschmelzung Teil 2 Rdn. 96 ff. und Heidinger/Limmer/Holland/Reul, Gutachten des DNotI, Bd. IV, Gutachten zum Umwandlungsrecht, Nr. 18, S. 126 ff. zur Verschmelzung von Personengesellschaften, sowie Nr. 39, S. 290 ff. zur Ausgliederung aus dem Vermögen einer Gebietskörperschaft, jeweils m. w. N. auch der Gegenmeinung; Widmann/Mayer/Mayer, Umwandlungsrecht, § 5 UmwG Rn. 15 ff, 20, der von einem Dogma der Anteilsgewährungspflicht spricht; Widmann/Mayer/Fronhöfer, Umwandlungsrecht, § 2 UmwG Rn. 38 ff.; Lutter/Drygala, UmwG, § 2 Rn. 31; Kallmeyer/Marsch-Barner, UmwG, § 2 Rn. 12; Heckschen/Gassen, GWR 2010, 101; Stengel in: Semler/Stengel, § 2 UmwG Rn. 40 ff.; Reichert in: Semler/Stengel, § 54 UmwG Rn. 19 ff.; OLG Frankfurt am Main, DNotZ 1999, 154 ff.; KG, DNotZ 1999, 157 ff.; speziell zur Spaltung Widmann/Mayer/Mayer, Umwandlungsrecht, § 126 UmwG Rn. 65 ff.; Lutter/Priester, UmwG, § 126 Rn. 22 ff.; Schröer in: Semler/Stengel, § 126 UmwG Rn. 29 ff.; Kallmeyer/Kallmeyer/Sickinger, UmwG, § 123 Rn. 3; Hörtnagl, in: Schmitt/Hörtnagl/Stratz, § 126 UmwG Rn. 41; KölnKom/Sickinger § 126 UmwG, Rn. 25, der insoweit von einer »Mitgliedschaftsperpetuierung« spricht).

Eine **allgemeine Befreiung von der Anteilsgewährungspflicht** ist im Gesetz nur für die Fälle der Verschmelzung oder Spaltung einer Tochter auf ihre Muttergesellschaft vorgesehen, da hierbei im Gesellschaftsrecht allgemein gerade auch unter Gläubigerschutzgesichtspunkten unerwünschte eigene Anteile der aufnehmenden Muttergesellschaft entstehen würden (vgl. §§ 5 Abs. 2, 20 Abs. 1 Nr. 3 Satz 1 Halbs. 2, 131 Abs. 1 Nr. 3 Satz 1 Halbs. 2 UmwG). Umstritten ist, ob die Anteilsgewährungspflicht auch bei der Verschmelzung und Spaltung von Schwestergesellschaften gilt. **135**

Insoweit vertrat auch vor der Neuregelung durch das Zweite Gesetz zur Änderung des UmwG ein beachtlicher Teil der Literatur (Kallmeyer, GmbHR 1996, 80; Ihrig, ZHR 1996, 317 ff.; Lutter/Winter/Vetter, UmwG, 3. Aufl. § 54 Rn. 5 ff.; Bayer, ZIP 1997, 1613 ff., 1615; Baumann, BB, 1998, 2321) trotz der Tatsache, dass der Gesetzgeber im Gesetzgebungsverfahren den Vorschlag, die Schwesterfusion von der Anteilsgewährungspflicht aufzunehmen, bewusst nicht im UmwG aufgegriffen hat, die Ansicht, dass eine Anteilsgewährungspflicht bei der Verschmelzung von Schwestergesellschaften entbehrlich sei oder zu mindestens sein sollte. Auch erste Instanzgerichtsurteile (OLG München, MittBayNot 2013, 495 = BB 2013, 1940 = DStR 2013, 2018; LG München, GmbHR 1999, 35, für die Verschmelzung von Schwestergesellschaften ohne Kapitalerhöhung; LG Konstanz, ZIP 1998, 1226, für die Spaltung einer GmbH zu Null mit Begründung über § 128 UmwG, der eine Quoten abweichende Spaltung zulässt) haben sich vom Grundsatz der Anteilsgewährungspflicht distanziert. Dabei setzt sich das **LG München** (GmbHR 1999, 35) ausdrücklich über die entgegenstehende Gesetzesbegründung zu § 54 UmwG (für Notwendigkeit der Kapitalerhöhung bei Schwesterverschmelzungen) hinweg. Demgegenüber haben die beiden zitierten **obergerichtlichen Entscheidungen** (OLG Frankfurt am Main, DNotZ 1999, 154 ff.; KG, DNotZ, 1999, 157 ff.) ausdrücklich klargestellt, dass auch die Verschmelzung zur Aufnahme gem. § 2 Nr. 1 UmwG von Schwestergesellschaften *»gegen Gewährung von Anteilen«* erfolgen müsse. Das KG stellt darauf ab, dass die Gewährung von Anteilen die Gegenleistung für die Übertragung des Vermögens des übertragenden Rechtsträgers sei; sie sei wesentlicher Vertragsbestandteil und zwingendes Wesensmerkmal der Verschmelzung. Da sie auch öffentlichen Interessen des Kapitalschutzes diene, könne nicht auf sie verzichtet werden. Auch bei der Schwesterfusion bestehe die Pflicht zur Anteilsgewährung als zwingende gesetzliche Voraussetzung. In diesem Zusammenhang verweisen beide Obergerichte insb. auf die Gründe des Kapitalschutzes und die ebenfalls darauf abstellende Regierungsbegründung zu § 54 UmwG. **136**

Im Bereich der Spaltung wurde allerdings auch vor der gesetzlichen Neuregelung durch das Zweite Gesetz zur Änderung des UmwG das »Dogma« der **Anteilsgewährungspflicht in zweifacher Weise eingeschränkt:** **137**

Zum einen können mit Zustimmung **sämtlicher Anteilsinhaber** (vgl. § 128 UmwG) die Anteile des übernehmenden Rechtsträgers den Anteilsinhabern des übertragenden Rechtsträgers auch in einem abweichenden Anteilsverhältnis (sog. **nicht-verhältniswahrende Auf-/Abspaltung**) zugeteilt werden (vgl. eingehend Rubner/Fischer, NZG 2014, 761; für eine Übersicht über Erscheinungsformen der nicht-verhältniswahrende Spaltung vgl. Simon in Kölner Komm, § 128 Rn. UmwG, 6 ff.; Widmann/Mayer/Mayer, Umwandlungsrecht, § 128 UmwG Rn. 27 ff.; Lutter/Priester, UmwG, § 128 Rn. 8 ff.; Schröer in: Semler/Stengel, § 128 UmwG Rn. 5 ff.; Kallmeyer/Kallmeyer/Sickinger, UmwG, § 128 Rn. 2; **138**

Hörtnagl, in: Schmitt/Hörtnagl/Stratz, § 126 UmwG Rn. 4 ff., **zu den ertragsteuerlichen Folgen der nicht-verhältniswahrende Auf-/Abspaltung** vgl. Ruoff/Beutel, DStR 2015, 609). Da nach der Gesetzesbegründung hierdurch insb. die Auseinandersetzung und Trennung von Gesellschaftergruppen und Familiengesellschaften ermöglicht werden soll, hält die herrschende Meinung im Schrifttum auch eine sog. **Spaltung zu Null** für möglich, mit der Folge, dass ein Anteilsinhaber des übertragenden Rechtsträgers am übernehmenden Rechtsträger überhaupt nicht beteiligt werden muss (OLG München, MittBayNot 2013, 495 = BB 2013, 1940 = DStR 2013, 2018; dazu Lutz, notar 2015, 134; LG Konstanz, DB 1998, 1177 = GmbHR 1998, 837; LG Essen, ZIP 2002, 893 = NZG 2002, 736; Widmann/Mayer/Mayer, Umwandlungsrecht, § 128 UmwG Rn. 29; Lutter/Priester, UmwG, § 128 Rn. 13; Kallmeyer/Kallmeyer/Sickinger, UmwG, § 123 Rn. 4; § 128 Rn. 4; Schröer in: Semler/Stengel, § 126 UmwG Rn. 29, § 128 Rn. 6; Hörtnagl, in: Schmitt/Hörtnagl/Stratz, § 126 UmwG Rn. 12; Walpert, WiB 1996, 44, 45). Aus dem das gesamte Umwandlungsrecht beherrschenden Dogma der Anteilsgewährungspflicht wurde allerdings geschlossen, dass trotz der Sonderregelung des § 128 UmwG nur auf eine verhältniswahrende Anteilsgewährung, nicht jedoch auf eine generelle Anteilsgewährung verzichtet werden kann (Limmer, in: FS für Schippel, 1996, S. 415 ff.; Lutter, UmwG, § 5 Rn. 9; Korte, WiB 1997, 953). Danach müsste bei einer Spaltung »zu Null« die Nichtbeteiligung eines Anteilsinhabers des übertragenden Rechtsträgers dadurch kompensiert werden, dass dieser zumindest am Ausgangsrechtsträger beteiligt bleibt (Widmann/Mayer/Mayer, Umwandlungsrecht, § 126 UmwG Rn. 274 ff.; Lutter/Priester, UmwG, 4. Aufl. § 128 Rn. 10; ders., jetzt zweifelnd in DB 1997, 560, 566 in Fn. 93; dagegen soll die Einräumung einer entsprechend »höheren« Beteiligung am übertragenden Rechtsträger nicht erforderlich sein, LG Konstanz, DB 1998, 1177, 1178). Nachdem der Gesetzgeber im **Zweiten Gesetz zur Änderung des UmwG** in den §§ 54 und 68 UmwG eine Ausnahme durch Verzicht festlegt hat (dazu unten Rn. 127) findet in der Literatur ein Umdenken statt und die überwiegende Meinung läßt es zu, dass bei der Spaltung überhaupt keine Anteile gewährt werden und dass sogar im Rahmen der Spaltung ein Ausscheiden eines Anteilsinhabers möglich sein soll (so jetzt z. T. unter Aufgabe der früheren Meinung Widmann/Mayer/Mayer, Umwandlungsrecht, § 128 UmwG Rn. 275; Lutter/Priester, UmwG, § 128 Rn. 15; Schröer in: Semler/Stengel, § 128 UmwG Rn. 6; Kallmeyer/Kallmeyer/Sickinger, UmwG, § 128 Rn. 2; Hörtnagl, in: Schmitt/Hörtnagl/Stratz, § 126 UmwG Rn. 16; vgl. auch LG Konstanz ZIP 1998, 1226 m. Anm. Katschinski). Dem ist mE zu folgen: § 128 UmwG ist als derartige Sonderbestimmung zu sehen.

139   **Zum anderen** wird der Grundsatz der Anteilsgewährungspflicht bei der Spaltung dadurch modifiziert, dass die Vorschriften der §§ 126 Abs. 1 Nr. 10, 131 Abs. 1 Nr. 3 UmwG auch die dinglich wirkende Zuordnung von Anteilen **am übertragenden Rechtsträger** zulassen (Neye, ZIP 1997, 722, 725). Bis zur Änderung der zitierten Vorschriften durch das Gesetz zur Änderung des UmwG v. 22.07.1998 (BGBl. I, S. 1878), mit welcher die Worte »*der übernehmenden Rechtsträger*« durch »*der beteiligten Rechtsträger*« ersetzt worden sind, wäre die schlichte Zuweisung eines Anteils **im Spaltungsvertrag** nicht zulässig gewesen. Vielmehr hätte es nach überwiegender Ansicht im Schrifttum einer Abtretung oder einer Einziehung des Anteils bedurft (str., zum früheren Meinungsstand Walpert, WiB 1996, 44, 45;). Nach der Neuregelung durch das zweite Gesetz zur Änderung des UmwG v. 22.07.1998 konnte das gewünschte Ergebnis der Trennung von Gesellschaftergruppen auch dergestalt realisiert werden, dass im Spaltungsvertrag lediglich dem einen Gesellschafter an der aufnehmenden Gesellschaft ein neuer Geschäftsanteil und dem anderen Gesellschafter der bisher dem einen Gesellschafter zustehende Geschäftsanteil an der übertragenden Gesellschaft zugeordnet wird (Kallmeyer/Kallmeyer/Sickinger, UmwG, § 123 Rn. 5).

140   Der Gesetzgeber hat im **Zweiten Gesetz zur Änderung des UmwG** in den §§ 54 und 68 UmwG eine Ausnahme durch Verzicht festlegt (vgl. BR-Drucks. 548/06, S. 27): § 54 Abs. 1 Satz 3 UmwG n. F. (für die GmbH) bzw. § 68 Abs. 1 Satz 3 UmwG n. F. (für die AG) bestimmt nunmehr, dass die Kapitalerhöhung bei der übernehmenden Kapitalgesellschaft zur **Disposition aller Anteilsinhaber des übertragenden Rechtsträgers** steht. **Verzichten** alle Anteilsinhaber des übertragenden Rechtsträgers in notarieller Urkunde auf die Anteilsgewährung, darf die übernehmende Gesellschaft von der Anteilsgewährung absehen Kallmeyer/Kallmeyer/Sickinger, UmwG, § 125 Rn. 58; Widmann/Mayer/Mayer, § 126 UmwG Rn. 101; Schröer in: Semler/Stengel, § 126 UmwG Rn. 29). Durch die Verweisung in § 135 Satz 1 UmwG gilt diese Verzichtsmöglichkeit auch für die Spaltung. Zu kritisieren ist an dieser an sich erfreulichen Klarstellung, dass sie aufgrund der systematischen Stellung nur für die Verschmelzung auf die

AG und GmbH gilt, obwohl bei der Personengesellschaft oder anderen Rechtsträgern ähnliche Fragestellungen bestehen. M. E. kann man aber aus der gesetzlichen Neuregelung allgemein den Schluss ziehen, dass der Anteilsgewährungsgrundsatz disponibel ist, wenn alle Anteilsinhaber der übertragenden Rechtsträger darauf verzichten, denn was bei Kapitalgesellschaften gilt muss erst recht bei Personengesellschaften oder anderen Rechtsträgern mit geringerer Kapitalbindung gelten (vgl. oben Teil 2 Rdn. 96 ff.). Die Frage ist allerdings umstritten und noch nicht geklärt. In der Praxis empfiehlt es sich dies mit dem Registergericht zu klären. Aufgrund der Regelung in § 128 UmwG scheint diese Meinung im Vordringen zu sein (Widmann/Mayer/Mayer, Umwandlungsrecht, § 128 UmwG Rn. 275; Lutter/Priester, UmwG, § 128 Rn. 15; Schröer in: Semler/Stengel, § 128 UmwG Rn. 6; Kallmeyer/Kallmeyer/Sickinger, UmwG, § 128 Rn. 2; Hörtnagl, in: Schmitt/Hörtnagl/Stratz, § 126 UmwG Rn. 16; vgl. auch LG Konstanz ZIP 1998, 1226 m. Anm. Katschinski). Ferner ist dabei zu berücksichtigen, dass in der letzten Zeit disquotale Gesellschaftsakte auch vermehrt unter dem Aspekt einer steuerpflichtigen Schenkung mit der Folge der **Schenkungssteuerpflicht** geprüft werden. Im Urteil vom 27.08.2014 hat der BFH (BFHE 246, 506 = DNotZ 2015, 72 = RNotZ 2015, 105) zur Kapitalerhöhung entschieden, dass, wenn im Zuge einer Kapitalerhöhung einer GmbH ein Dritter zur Übernahme des neuen Gesellschaftsanteils zugelassen wird, darin eine freigebige Zuwendung der Altgesellschafter an den Dritten vorliegen kann, wenn der gemeine Wert des Anteils die zu leistende Einlage übersteigt (vgl. dazu Herbst, DNotZ 2015, 324 ff.; Rodewald, GmbHR 2014, 1340 ff.; Wachter, ZEV 2015, 53; Esskandari/Bick, ErbStB 2014, 327)). Die Problematik kann sich auch bei der disquotalen Spaltung stellen, so dass auch insoweit eine Steuerplanung notwendig ist.

c) **Ausnahmen von der Anteilsgewährungspflicht bei Auf- und Abspaltung.** Auf- und Abspaltung ähneln am ehesten noch der Verschmelzung. Es verwundert daher nicht, dass der Gesetzgeber bei Auf- und Abspaltung ähnliche **Ausnahmen von der Anteilsgewährungspflicht** vorgesehen hat, wie bei der Verschmelzung (vgl. Lutter/Priester, UmwG, § 131 Rn. 89; Schröer in: Semler/Stengel, § 126 UmwG Rn. 29; Kübler in: Semler/Stengel, § 131 UmwG Rn. 60, Kallmeyer/Kallmeyer/Sickinger, UmwG, § 131 Rn. 12; Hörtnagl, in: Schmitt/Hörtnagl/Stratz, § 126 UmwG Rn. 41 ff.). Geregelt sind die Ausnahmen in § 131 Abs. 1 Nr. 3 UmwG, der bei der Ausgliederung die Ausnahme nicht vorsieht. In Satz 3 ist ausnahmslos für die Ausgliederung geregelt, dass der übertragende Rechtsträger Anteilsinhaber der übernehmenden Rechtsträger wird. Außerdem gelten bei der Spaltung unter Beteiligung von GmbH und AG die sog. **Kapitalerhöhungsverbote und Wahlrechte** nach § 125 Satz 1 i. V. m. §§ 54, 68 UmwG (vgl. Lutter/Priester, UmwG, § 126 Rn. 24 f.; Schröer in: Semler/Stengel, § 126 UmwG Rn. 29; Hörtnagl, in: Schmitt/Hörtnagl/Stratz, § 126 UmwG Rn. 41 ff.; Kallmeyer/Kallmeyer/Sickinger, UmwG, § 126 Rn. 6). In den Fällen, in denen danach also Kapitalerhöhungsverbote bestehen und nach § 131 Abs. 1 Nr. 3 Satz 1 UmwG die Anteilsinhaber des übertragenden Rechtsträgers nicht Gesellschafter des übernehmenden werden können, besteht auch eine Ausnahme von der Anteilsgewährungspflicht. In diesen Fällen müssen also keine Anteile gewährt werden. Die Regelung ist ähnlich wie bei der Verschmelzung (vgl. oben Teil 2 Rdn. 106 ff.). Bei der **Ausgliederung** sind diese Vorschriften ausdrücklich ausgenommen (Lutter/Priester, UmwG, § 126 Rn. 26; Schmitt/Hörtnagl/Stratz, § 126 UmwG Rn. 47 ff.; Widmann/Mayer/Mayer, Umwandlungsrecht, § 126 UmwG Rn. 99; Kallmeyer/Kallmeyer/Sickinger, UmwG, § 131 Rn. 12; Lutter/H. Schmidt, Vor § 168 UmwG Rn. 14). Bei der Ausgliederung sind nach § 125 Satz 1 UmwG, die §§ 54, 68 und § 131 Abs. 1 Nr. 3 UmwG nicht anzuwenden, sodass bei der **Ausgliederung immer Anteile zu gewähren sind, die Kapitalerhöhungsverbote und -wahlrechte gelten nicht** (vgl. Kallmeyer/Kallmeyer/Sickinger, UmwG, § 125 Rn. 57; § 131 Rn. 12; Widmann/Mayer/Mayer, Umwandlungsrecht, § 126 UmwG Rn. 95; Lutter/Priester, § 126 UmwG Rn. 26; Hörtnagl, in: Schmitt/Hörtnagl/Stratz, § 126 UmwG Rn. 47 ff.; Ittner, MittRhNotK 1997, 109; Schröer in: Semler/Stengel, § 126 UmwG Rn. 31). Das kann zu Problemen bei Erwerb eigener Anteile führen, z. T. wird daher die – mE zu Recht – die Zulässigkeit eines Verzichtes auf die Anteilsgewährung bei der Ausgliederung angenommen (siehe dazu Rn. 135 und Kallmeyer/Kallmeyer/Sickinger, UmwG, § 125 Rn. 55; Schröer in: Semler/Stengel, § 126 UmwG Rn. 29; Lutter/Priester, § 126 UmwG Rn. 26; Hörtnagl, in: Schmitt/Hörtnagl/Stratz, § 126 UmwG Rn. 47; ablehnend Widmann/Mayer/Mayer, Umwandlungsrecht, § 126 UmwG Rn. 99; offenbar Lutter/H. Schmidt, Vor § 168 UmwG Rn. 14)

141

142 **aa) Auf- und Abspaltung von Tochter- auf Muttergesellschaft.** Aus § 131 Abs. 1 Nr. 3 UmwG folgt, dass bei der Auf- oder Abspaltung Ausnahmen von der Anteilsgewährungspflicht bestehen, soweit der übernehmende Rechtsträger Anteilsinhaber des übertragenden Rechtsträgers ist. Für GmbH und AG wird diese Ausnahme von der Anteilsgewährungspflicht durch das sog. **Kapitalerhöhungsverbot** bestätigt (§ 125 Satz 1 i. V. m. § 54 Abs. 1 Satz 1 Nr. 1, § 68 Abs. 1 Satz 1 Nr. 1 UmwG). Insofern besteht auch in der Literatur Einigkeit, dass in diesen Fällen keine Anteilsgewährungspflicht besteht, diese sogar verboten ist, da sich sonst der übertragende Rechtsträger eigene Anteile gewähren müsste. In dem Fall, in dem die aufnehmende Gesellschaft selbst zu den Gesellschaftern der übertragenden Gesellschaft gehört, würde sie sowohl Schuldnerin als auch Gläubigerin des Anspruchs auf Gewährung der Anteile an der neuen Gesellschaft sein, sodass der Anspruch in einer Person zusammentrifft. Insofern besteht daher kein Bedürfnis zur Schaffung neuer Geschäftsanteile. Die übernehmende Gesellschaft würde durch eine solche Neuschaffung nur eigene Geschäftsanteile erwerben (vgl. BayObLG, AG 1984, 22 = BB 1984, 91; Korte, WiB 1997, 953, 961; Kallmeyer/Kallmeyer/Kocher, § 55 UmwG Rn. 6 f.; Widmann/Mayer/Mayer, Umwandlungsrecht, § 5 UmwG Rn. 35 ff., § 54 UmwG Rn. 12 ff.; Schröer in: Semler/Stengel, § 126 UmwG Rn. 29; Kübler in: Semler/Stengel, § 131 UmwG Rn. 60; Lutter/Winter/Vetter/Vetter, UmwG, § 54 Rn. 17 ff.; Hörtnagl, in: Schmitt/Hörtnagl/Stratz, § 126 UmwG Rn. 43 f.; Lutter/Teichmann, § 131 UmwG, Rn. 89)). Der Gesetzgeber hat diesen Fall wie bei der Verschmelzung als Kapitalerhöhungsverbot ausgestaltet, um die – unerwünschte – **Schaffung eigener Anteile zu verhindern** (vgl. Hörtnagl, in: Schmitt/Hörtnagl/Stratz, § 126 UmwG Rn. 42; Kallmeyer/Kallmeyer/Sickinger, UmwG, § 131 Rn. 23 f.; Schröer in: Semler/Stengel, § 126 UmwG Rn. 29; Kübler in: Semler/Stengel, § 131 UmwG Rn. 60; Lutter/Teichmann, § 131 UmwG, Rn. 89). Bei der Ausgliederung gilt dies nicht (Kübler in: Semler/Stengel, § 131 UmwG Rn. 60; Kallmeyer/Kallmeyer/Sickinger, UmwG, § 131 Rn. 23 f.).

143 ▶ **Beispiel: 100 %ige Konzernkonstellation**

Die A-GmbH ist zu 100 % an der B-GmbH beteiligt. Die B-GmbH spaltet einen Teilbetrieb auf die A-GmbH ab. Anteile dürfen nicht gewährt werden (§ 54 Abs. 1 Satz 1 Nr. 1 UmwG i. V. m. § 125 Satz 1 UmwG).

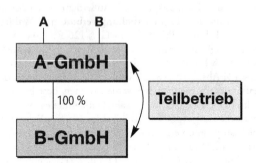

Damit ist nicht nur der Fall geregelt, dass sich alle Anteile eines übertragenden Rechtsträgers in der Hand des übernehmenden Rechtsträgers befinden, sondern auch der Fall der teilweisen Beteiligung des übernehmenden Rechtsträgers am übertragenden Rechtsträger (h. M., Widmann/Mayer/Mayer, Umwandlungsrecht, § 126 UmwG Rn. 75 ff.; Limmer, in: FS für Schippel, 1996, S. 415, 429; Lutter/Priester, UmwG, § 126 Rn. 24; Schröer in: Semler/Stengel, § 126 UmwG Rn. 29; Ittner, MittRhNotK 1997, 108). Diese Ausnahmen des § 131 Abs. 1 Nr. 3 UmwG gelten für alle Rechtsformen.

144 **bb) Übertragender Rechtsträger hält eigene Anteile.** Der **zweite Fall einer Ausnahme** von der Anteilsgewährungspflicht nach § 131 Abs. 1 Nr. 3 Satz 1 UmwG (§§ 54 Abs. 1 Satz 1 Nr. 2, 68 Abs. 1 Satz 1 Nr. 2 i. V. m. § 125 UmwG) betrifft die Konstellationen, in denen der übertragende Rechtsträger eigene Anteile innehat. Auch in diesen Fällen ist eine Anteilsgewährungspflicht und damit auch eine Kapitalerhöhung verboten, soweit die übertragende Gesellschaft die eigenen Anteile innehat. Diese

Vorschrift des Verschmelzungsrechts ist auch auf die Fälle der Spaltung anzuwenden (vgl. Kallmeyer/Kallmeyer/Sickinger, UmwG, § 131 Rn. 23 f.; Lutter/Priester, UmwG, § 126 Rn. 24; Kübler in: Semler/Stengel, § 131 UmwG Rn. 60; Schröer in: Semler/Stengel, § 126 UmwG Rn. 29; Hörtnagl, in: Schmitt/Hörtnagl/Stratz, § 126 UmwG Rn. 42; Widmann/Mayer/Mayer, Umwandlungsrecht, § 126 UmwG Rn. 67 ff.; Ittner, MittRhNotK 1997, 108). Bei der Ausgliederung gilt diese Ausnahme nicht, sodass auch hier die Verpflichtung zur Gewährung von Anteilen unbeschränkt besteht.

cc) Auf- und Abspaltung von der Mutter- auf die Tochtergesellschaft. Schwieriger zu beurteilen **145** ist die Situation, wenn die **Mutter- auf die Tochtergesellschaft abspaltet.** Dieser Fall ist bei den Kapitalgesellschaften durch die Verweisung in § 125 Satz 1 UmwG auch für die Auf- und Abspaltung in § 54 Abs. 1 Satz 1 Nr. 3 und § 54 Abs. 1 Satz 2 Nr. 2 UmwG bzw. § 68 Abs. 1 Satz 2 Nr. 2 UmwG für die AG behandelt (vgl. oben Teil 2 Rdn. 327). Hat ein übertragender Rechtsträger Geschäftsanteile an der aufnehmenden Gesellschaft, auf welche die Einlagen bereits in voller Höhe bewirkt sind, braucht der aufnehmende Rechtsträger sein Stammkapital nicht zu erhöhen (§§ 54 Abs. 1 Satz 2 Nr. 2, 68 Abs. 1 Satz 2 Nr. 2). Grund hierfür ist, dass in diesem Fall die übernehmende Gesellschaft die vorhandenen Anteile als Gegenleistung verwenden kann, sie muss dies aber nicht. Insofern stellt diese Vorschrift wie bei der Verschmelzung ein **Kapitalerhöhungswahlrecht** dar. Nach herrschender Meinung bleibt in diesen Fällen allerdings die **Anteilsgewährungspflicht** bestehen (so Lutter/Priester, UmwG, § 126 Rn. 24; Hörtnagl, in: Schmitt/Hörtnagl/Stratz, § 126 UmwG Rn. 42; Widmann/Mayer/Mayer, Umwandlungsrecht, § 126 UmwG Rn. 81; Ittner, MittRhNotK 1987, 108; zur Verschmelzung Lutter/Grunewald, UmwG, § 20 Rn. 55; Middendorf/Stegmann, DStR 2005, 1082 ff.; auch aus steuerrechtlicher Hinsicht, ferner Widmann/Mayer/Mayer, Umwandlungsrecht, § 5 UmwG Rn. 35 ff.; Heckschen, GmbHR 2008, 802 ff.; Enneking/Heckschen, DB 2006, 1099 ff.; Mertens, AG 2005, 1099 ff.; Klein/Stephanblome, ZGR 2007, 369 ff.; Reichert, in: Semler/Stengel, § 54 UmwG, Rn. 15; aus steuerlicher Sicht Rödder/Schumacher, DStR 2007, 369 ff.). Ob ein Verzicht nach § 125 Satz 1 UmwG i. V. m. § 54 Abs. 1 Satz 3 UmwG möglich ist, war unklar, da aus der systematischen Stellung gefolgert wurde, dass dies nur bei durch Kapitalerhöhung zu schaffende Anteile gilt (so Mayer/Weiler, DB 2007, 1235, 1291). M. E. sollte man auchn in diesen Fällen die Verzichtsmöglichkeit annehmen, da die Interessenkonstellation die Gleiche ist und keine grundsätzlichen Bedenken dagegen sprechen (so zu Recht Heinz/Wilke GmbHR 2012, 889, 891 bei Fn. 9 Widmann/Mayer/Mayer, Umwandlungsrecht, § 126 UmwG Rn. 81 unter ausdrücklicher Aufgabe der früheren Meinung; Neumann, GmbHR 2012, 141; wohl auch Schröer in: Semler/Stengel, § 126 UmwG Rn. 31).

▶ **Beispiel: 100 %iges Mutter-Tochter-Verhältnis** **146**

Die A-GmbH ist zu 100 % an der B-GmbH beteiligt. Die A-GmbH spaltet einen Teilbetrieb auf ihre Tochter, die B-GmbH auf. In diesem Fall hat die B-GmbH das Wahlrecht: Entweder kann sich ihr Stammkapital erhöhen und den Gesellschaftern der A-GmbH neue Geschäftsanteile ausgeben. Es besteht aber auch die Möglichkeit, dass die A-GmbH ihre an der B-GmbH gehaltenen Anteile an ihre eigenen Gesellschafter im Wege der Spaltung ausgibt (Kapitalerhöhungswahlrecht).

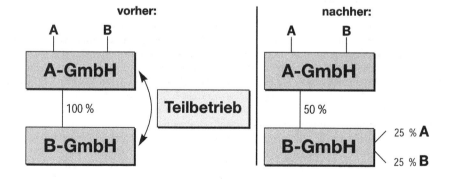

147   Eine **Ausnahme** sieht § 125 i. V. m. § 54 Abs. 1 Satz 1 Nr. 3 UmwG bzw. § 68 Abs. 1 Satz 1 Nr. 3 UmwG vor. Sind die Einlagen auf die Geschäftsanteile, die die Muttergesellschaft an der Tochtergesellschaft hält, nicht in voller Höhe bewirkt, besteht ein **Kapitalerhöhungsverbot**. Dann müssen neue Anteile im Wege der Kapitalerhöhung geschaffen werden.

148   Ebenso wie bei der Verschmelzung unter Zuweisung von vorhandenen Anteilen am aufnehmenden Rechtsträger bedarf es **keiner Einzelrechtsübertragung der Anteile** durch Geschäftsanteilsabtretung oder Übertragung der Aktien. Es genügt, dass im Spaltungsvertrag die Anteile der Tochtergesellschaft an die Gesellschafter der Muttergesellschaft zugewiesen werden. Mit der Eintragung der Spaltung erwerben dann die Gesellschafter der Muttergesellschaft diese Anteile ohne Einzelrechtsübertragung (Widmann/Mayer/Mayer, Umwandlungsrecht, § 126 UmwG Rn. 83; Kübler in: Semler/Stengel, § 131 UmwG Rn 59; Lutter/Teichmann, § 131 UmwG, Rn. 89; Kallmeyer/Kallmeyer/Sickinger, UmwG, § 131 Rn. 23 f.; Hörtnagl, in: Schmitt/Hörtnagl/Stratz, § 131 UmwG Rn. 102 ff.; vgl. auch oben Teil 2 Rdn. 159 ff.). Dies gilt auch bei der nichtverhältniswahrenden Spaltung (Lutter/Teichmann, § 131 UmwG, Rn. 89).

149   **dd) Auf- und Abspaltung bei Schwestergesellschaften / Verzicht auf Anteilsgewährung.** Auf die Problematik bei Schwestergesellschaften wurde bereits hingewiesen (vgl. oben Teil 1 Rdn. 168 ff., Teil 2 Rdn. 128 ff. Teil 2 Rdn. 321 ff.; Teil 3 Rdn. 149). Es war umstritten, ob bei Schwestergesellschaften auf die Anteilsgewährungspflicht verzichtet werden kann, wenn alle einverstanden sind. Durch das **Zweite Gesetz zur Änderung des UmwG** ist diese Frage durch die in § 125 Satz 1 UmwG i. V. m. § 54 Abs. 1 Satz 3 UmwG n. F. (für die GmbH) bzw. § 68 Abs. 1 Satz 3 UmwG n. F. (für die AG) Verzichtsmöglichkeit geklärt: **Verzichten alle Anteilsinhaber des übertragenden Rechtsträgers** in notarieller Urkunde auf die Anteilsgewährung, darf die übernehmende Gesellschaft von der Anteilsgewährung absehen (Kallmeyer/Kallmeyer/Sickinger, UmwG, § 125 Rn. 58; Widmann/Mayer/Mayer, Umwandlungsrecht, § 126 UmwG Rn. 87; Lutter/Priester, UmwG, § 126 Rn. 24; Schröer in: Semler/Stengel, § 126 UmwG Rn. 29; Hörtnagl, in: Schmitt/Hörtnagl/Stratz, § 126 UmwG Rn. 49; KölnerKommUmwG/Simon, § 126 UmwG Rn 29). Zu dem aus Gläubigerschutzsicht entstehenden Problem vgl. oben Teil 1 Rdn. 175 (vgl. auch zu den Streitfragen nach der Neuregelung Mayer/Weiler, DB 2007, 1235, 1239; Weiler, NZG 2008, 527 ff.; Kallmeyer, GmbHR 2006, 418 ff.; Drinhausen, BB 2006, 2313, 2315 ff.; Bayer/Schmidt, NZG 2006, 841; Keller/Klett, DB 2010, 1220 ff.; Krumm, GmbHR 2010, 24 ff.; Roß/Drögermüller, DB 2009, 580 ff.). Ferner ist zu berücksichtigen, dass in der letzten Zeit disquotale Gesellschaftsakte auch vermehrt unter dem Aspekt einer steuerpflichtigen Schenkung mit der Folge der **Schenkungssteuerpflicht** geprüft werden. Im Urteil vom 27.08.2014 hat der BFH (BFHE 246, 506 = DNotZ 2015, 72 = RNotZ 2015, 105) zur Kapitalerhöhung entschieden, dass, wenn im Zuge einer Kapitalerhöhung einer GmbH ein Dritter zur Übernahme des neuen Gesellschaftsanteils zugelassen wird, darin eine freigebige Zuwendung der Altgesellschafter an den Dritten vorliegen kann, wenn der gemeine Wert des Anteils die zu leistende Einlage übersteigt (vgl. dazu Herbst, DNotZ 2015, 324 ff.; Rodewald, GmbHR 2014, 1340 ff.; Wachter, ZEV 2015, 53; Esskandari/Bick, ErbStB 2014, 327)). Die Problematik kann sich auch bei der disquotalen Spaltung stellen, so dass auch insoweit eine Steuerplanung notwendig ist.

150   **ee) Ausgliederung.** Bei der Ausgliederung sind nach § 125 Satz 1 UmwG, die §§ 54, 68 und § 131 Abs. 1 Nr. 3 UmwG nicht anzuwenden, sodass bei der **Ausgliederung immer Anteile zu gewähren sind, die Kapitalerhöhungsverbote und -wahlrechte gelten nicht** (Lutter/Priester, UmwG, § 126 Rn. 26; Schmitt/Hörtnagl/Stratz, § 126 UmwG Rn. 47 ff.; Widmann/Mayer/Mayer, Umwandlungsrecht, § 126 UmwG Rn. 99; Kallmeyer/Kallmeyer/Sickinger, UmwG, § 125 Rn. 57; Lutter/H. Schmidt, Vor § 168 UmwG Rn. 14). Bei der Ausgliederung sind nach § 125 Satz 1 UmwG, die §§ 54, 68 und § 131 Abs. 1 Nr. 3 UmwG nicht anzuwenden, sodass bei der **Ausgliederung immer Anteile zu gewähren sind, die Kapitalerhöhungsverbote und -wahlrechte gelten nicht** (vgl. Kallmeyer/Kallmeyer/Sickinger, UmwG, § 125 Rn. 57; Widmann/Mayer/Mayer, Umwandlungsrecht, § 126 UmwG Rn. 9 ff., 99; Widmann/Mayer/Heckschen, § 168 UmwG, Rn. 198; Lutter/Priester, § 126 UmwG Rn. 26; Hörtnagl, in: Schmitt/Hörtnagl/Stratz, § 126 UmwG Rn. 47 ff.; Ittner, MittRhNotK 1997, 109; Schröer in: Semler/Stengel, § 126 UmwG Rn. 31; Perlitt in: Semler/Stengel, § 168 UmwG Rn. 63; Lepper, RNotZ 2006, 325 f.). Das kann zu Problemen bei Erwerb eigener Anteile führen, z. T. wird

daher – mE zu Recht – die **Zulässigkeit eines Verzichtes** auf die Anteilsgewährung bei der Ausgliederung angenommen (Kallmeyer/Kallmeyer/Sickinger, UmwG, § 125 Rn. 57; Schröer in: Semler/Stengel, § 126 UmwG Rn. 29, 31; Lutter/Priester, § 126 UmwG Rn. 26; Hörtnagl, in: Schmitt/Hörtnagl/Stratz, § 126 UmwG Rn. 47; ablehnend Widmann/Mayer/Mayer, Umwandlungsrecht, § 126 UmwG Rn. 99; auch Lutter/H. Schmidt, Vor § 168 UmwG Rn. 14)

Die durch das **Zweite Gesetz zur Änderung des UmwG** in § 125 Satz 1 UmwG i. V. m. § 54 Abs. 1 Satz 3 UmwG n. F. (für die GmbH) bzw. § 68 Abs. 1 Satz 3 UmwG n. F. (für die AG) vorgesehene Verzichtsmöglichkeit **entfällt damit grundsätzlich für die Ausgliederung**, da der Gesetzgeber bewusst, den Verzicht in § 54 bzw. § 68 UmwG geregelt hat und diese Vorschriften kraft der eindeutigen Ausnahme in § 125 Satz 1 UmwG bei der Ausgliederung nicht anwendbar ist (Widmann/Mayer/Mayer, Umwandlungsrecht, § 126 UmwG Rn. 100 Schröer in: Semler/Stengel, § 126 UmwG Rn. 30 ff.). Man könnte allenfalls eine **analoge Anwendung** erwägen, da die für die Verzichtsmöglichkeit vom Gesetzgeber angeführten Gründe (vgl. oben Teil 2 Rdn. 96 sowie BT-Drucks. 16/2919, S. 13) auch bei der Ausgliederung tragen. M. E. kann diese Analogie gezogen werden (ebenso Kallmeyer/Kallmeyer/Sickinger, UmwG, § 125 Rn. 55; Lutter/Priester, § 126 UmwG Rn. 26). Auch die Literatur hat sich mehrheitlich für die **Zulässigkeit eines Verzichtes** auf die Anteilsgewährung bei der Ausgliederung ausgesprochen (Kallmeyer/Kallmeyer/Sickinger, UmwG, § 125 Rn. 55; Schröer in: Semler/Stengel, § 126 UmwG Rn. 29, 31; Lutter/Priester, § 126 UmwG Rn. 26; Hörtnagl, in: Schmitt/Hörtnagl/Stratz, § 126 UmwG Rn. 47; ablehnend Widmann/Mayer/Mayer, Umwandlungsrecht, § 126 UmwG Rn. 99; offenbar auch Lutter/H. Schmidt, Vor § 168 UmwG Rn. 14). In der Praxis empfiehlt sich bis zu einer gerichtlichen Klärung den Grundsatz der Anteilsgewährung einzuhalten.

Bei der **Ausgliederung von der Tochter- auf die Muttergesellschaft** sind daher grundsätzlich Anteile zu gewähren, wenn man die Analogie ablehnt (so wohl h.M vgl. Schröer in: Semler/Stengel, § 126 UmwG Rn. 32; Hörtnagl, in: Schmitt/Hörtnagl/Stratz, § 126 UmwG Rn. 48; Widmann/Mayer/Mayer, Umwandlungsrecht, § 126 UmwG Rn. 95). Es bedürfte daher grds. einer Kapitalerhöhung und Anteilsgewährung. Bereits frühzeitig wurde auf die Schwierigkeiten hingewiesen, die diese zwingende Anteilsgewährungspflicht bei einer Ausgliederung von unten nach oben, also bei einer 100 %igen Tochtergesellschaft auf die Muttergesellschaft hervorruft. Gemeint ist der Fall, dass die Tochter Unternehmensteile auf ihre Mutter übertragen möchte (vgl. bereits Karollus, in: Lutter, Kölner Umwandlungsrechtstage, S. 157 ff.; Limmer, in: FS für Schippel, 1996, S. 434 f.; Widmann/Mayer/Mayer, Umwandlungsrecht, § 126 UmwG Rn. 95 ff.; Kallmeyer/Kallmeyer/Sickinger, UmwG, § 125 Rn. 57; Lutter/Priester, § 126 UmwG Rn. 21; Hörtnagl, in: Schmitt/Hörtnagl/Stratz, § 126 UmwG Rn. 48; Schröer in: Semler/Stengel, § 126 UmwG Rn. 32). Hält man zwingend an der Anteilsgewährungspflicht in diesen Fällen fest, dann müsste die Muttergesellschaft als aufnehmende Gesellschaft ihrer Tochtergesellschaft Anteile gewähren, obwohl dies u. U. gegen § 71d AktG bzw. § 33 GmbHG verstoßen kann. In der Literatur ist **umstritten, welche Rechtsfolgen** hieraus zu ziehen sind.

Man könnte sich auf den Standpunkt stellen, dass in diesen Fällen eine **Ausgliederung generell unzulässig** ist und daher nur die Möglichkeit der Abspaltung bleibt (so wohl Widmann/Mayer/Mayer, Umwandlungsrecht, § 126 UmwG Rn. 97 f.; Mayer/Weiler, DB 2007, 1235, 1239; Schöne, Die Spaltung unter Beteiligung von GmbH, S. 120; sowohl auch Karollus, in: Lutter, Kölner Umwandlungsrechtstage, S. 157 ff.). Eine andere Lösung wäre, in diesen Fällen eine **Ausnahme von der Anteilsgewährungspflicht** oder zumindest die Möglichkeit eines Verzichtes anzunehmen (vgl. oben Rn. 135; so auch Hörtnagl, in: Schmitt/Hörtnagl/Stratz, § 126 UmwG Rn. 48; Lutter/Priester, § 126 UmwG Rn. 26; Schröer, in: Semler/Stengel, § 126 UmwG Rn. 32 Kallmeyer/Kallmeyer/Sickinger, UmwG, § 125 Rn. 55 ff.; ablehnend Widmann/Mayer/Mayer, Umwandlungsrecht, § 126 UmwG Rn. 99; offenbar auch Lutter/H. Schmidt, Vor § 168 UmwG Rn. 14). Dies wird teilweise mit dem Hinweis verneint, dass die Anteilsgewährungspflicht dem Minderheitenschutz dient. Würde man nämlich eine Ausgliederung ohne Anteilsgewährung zulassen, so würden die Minderheitsgesellschafter der Tochter überhaupt keinen Gegenwert erhalten. Bei der Ausgliederung gegen Anteilsgewährung erhalten diese zumindest eine mittelbare Beteiligung.

151

152 ▶ **Hinweis:**

Allerdings wird man in den Fällen, in denen überhaupt keine Minderheitsgesellschafter bei der Tochter vorhanden sind, eine Ausnahme von der Anteilsgewährungspflicht machen können bzw. den Verzicht zulassen, sodass in diesen Fällen ausnahmsweise die Ausgliederung ohne Anteilsgewährung und ohne Verstoß gegen das Verbot des Erwerbs eigener Anteile möglich wäre (vgl. auch oben Rn 135, so auch Limmer, in: FS für Schippel, 1996, S. 435; a. A. die wohl h. M., vgl. Widmann/Mayer/Mayer, Umwandlungsrecht, § 126 UmwG Rn. 98; Schöne, Die Spaltung unter Beteiligung von GmbH, S. 120, 121; Ittner, MittRhNotK 1997, S. 109). In der Praxis empfiehlt sich bis zu einer gerichtlichen Klärung den Grundsatz der Anteilsgewährung einzuhalten. U. U. ist eine solche auch aus steuerlichen Gründen notwendig, wenn die Buchwertfortführung erreicht werden soll.

153 Für den umgekehrten Fall, der **Ausgliederung von der Mutter- auf die Tochtergesellschaft** besteht nach ganz herrschender Meinung die Anteilsgewährungspflicht, da der Gesetzgeber weder in § 131 Abs. 1 Nr. 3 UmwG eine Ausnahme gemacht hat noch § 54 bzw. § 68 UmwG nach § 125 UmwG anwendbar sind (Widmann/Mayer/Mayer, Umwandlungsrecht, § 126 UmwG Rn. 99; Limmer, in: FS für Schippel, 1996, S. 435; Ittner, MittRhNotK 1997, 809; Hörtnagl, in: Schmitt/Hörtnagl/Stratz, § 126 UmwG Rn. 47; Lutter/Priester, § 126 UmwG Rn. 26; Schröer, in: Semler/Stengel, § 126 UmwG Rn. 31). A. A. ist allerdings wie bereits erwähnt ein immer größerer Teil der Literatur, der auch hier einen Verzicht auf die Anteilsgewährung zulassen will (Kallmeyer/Kallmeyer/Sickinger, UmwG, § 126 Rn. 6; Lutter/Priester, § 126 UmwG Rn. 26; Schröer in: Semler/Stengel, § 126 UmwG Rn. 29, 31; Lutter/Priester, § 126 UmwG Rn. 26; Hörtnagl, in: Schmitt/Hörtnagl/Stratz, § 126 UmwG Rn. 47; ablehnend Widmann/Mayer/Mayer, Umwandlungsrecht, § 126 UmwG Rn. 99; offenbar auch Lutter/H. Schmidt, Vor § 168 UmwG Rn. 14).

154 Bei der **Ausgliederung zwischen Schwestergesellschaften** gilt das Gleiche wie bei der Auf- und Abspaltung, sodass auch hier immer eine Anteilsgewährungspflicht besteht (vgl. oben Teil 3 Rdn. 149; Widmann/Mayer/Mayer, Umwandlungsrecht, § 126 UmwG Rn. 100). Man könnte allenfalls auch hier eine **analoge Anwendung** erwägen, da die für die Verzichtsmöglichkeit vom Gesetzgeber angeführten Gründe (vgl. oben Teil 2 Rdn. 96 sowie BT-Drucks. 16/2919, S. 13) auch bei der Ausgliederung tragen. M. E. kann diese Analogie gezogen werden (ebenso Kallmeyer/Kallmeyer/Sickinger, UmwG, § 125 Rn. 55; Lutter/Priester, § 126 UmwG Rn. 26; Lutter/Priester, § 126 UmwG Rn. 26; Schröer in: Semler/Stengel, § 126 UmwG Rn. 29, 31; Lutter/Priester, § 126 UmwG Rn. 26; Hörtnagl, in: Schmitt/Hörtnagl/Stratz, § 126 UmwG Rn. 47; ablehnend Widmann/Mayer/Mayer, Umwandlungsrecht, § 126 UmwG Rn. 99; offenbar auch Lutter/H. Schmidt, Vor § 168 UmwG Rn. 14). In der Praxis empfiehlt sich bis zu einer gerichtlichen Klärung den Grundsatz der Anteilsgewährung einzuhalten. U. U. ist eine solche auch aus steuerlichen Gründen notwendig, wenn die Buchwertfortführung erreicht werden soll.

155 **d) Höhe der zu gewährenden Anteile (Umtauschverhältnis).** Wie bei der Verschmelzung bereits erläutert, geht das Gesetz davon aus, dass eine **wertentsprechende Anteilsgewährung** stattfindet (vgl. zu den vergleichbaren Problemen bei der Verschmelzung oben Teil 1 Rdn. 168 ff. Teil 2 Rn. 86 ff; 116 ff.; 221 ff.). Die Vermögensgegenstände, die im Wege der Spaltung übertragen werden, sind mit den in den Anteilen verkörperten Vermögensgegenständen des aufnehmenden Rechtsträgers zu vergleichen und es ist ein angemessenes Wertverhältnis zu finden. Dazu ist grds. eine **Unternehmensbewertung** notwendig. Die gewährten Anteile müssen dem Wert des übertragenden Vermögens entsprechen (vgl. oben Teil 2 Rdn. 286 ff.). Die Festlegung des **Bewertungsstichtag** ist streitig. Nach einem Teil der Literatur ist dies der Tag des Verschmelzungsbeschlusses (Widmann/Mayer/Mayer, Umwandlungsrecht, § 5 UmwG Rn. 131; Schröer, in: Semler/Stengel, § 5 UmwG Rn. 59; Bayer, AG 1989, 323, 329; Priester, BB 1992, 1594, 1596) Nach a. A. kann der Bewertungsstichtag von den Parteien frei gewählt werden, er müsse allerdings vor der Beschlussfassung liegen, so könne z. B. auf den Verschmelzungsstichtag abgestellt werden (Lutter/Drygala, § 5 UmwG Rn. 32, ähnlich wohl Stratz, in Schmitt/Hörtnagl/Stratz, § 5 UmwG Rn. 29 Dieses Leitbild entspricht dem Minderheitenschutz, da die Gesellschafter der übertragenden Gesellschaft bzw. die Mitglieder des übertragenden Rechtsträgers in ihren Rechten geschmälert werden, wenn sie keine wertentsprechenden Anteile erhalten würden. Wie bereits bei der Verschmelzung dargelegt (vgl. oben Teil 2 Rdn. 290) hat der Gesetzgeber **keine unverzichtbaren Pflichten** zur wertentsprechenden Anteilsgewährung vorgesehen. Die ganz herrschende Meinung ist daher der Auffassung, dass die Höhe der Kapitalerhöhung und der gewährten Anteile ins Belieben der Parteien gestellt wird. Diese Meinung wird in der Literatur insb. auch für die Aufspaltung und Ausgliederung vertreten. Die Gesetzesbegründung zu § 139 UmwG (BT-Drucks. 75/94 abgedruckt bei Limmer, Umwandlungsrecht, S. 317: »*Abspaltung oder Ausgliederung auf eine Kapitalgesellschaft mit einem erheblich niedrigeren Stamm- oder Grundkapital*«) ergibt, dass eine Festsetzung abweichend vom Nennkapital bzw. des den abgespaltenen oder ausgegliederten Teils entsprechenden Teil des Nennkapitals möglich ist. Hinzu kommt, dass auch auf Rechtsträger gespalten werden kann für die keine gesetzlich normierten Kapitalaufbringungsvorschriften bestehen, wie etwa auf Personenhandelsgesellschaften. Ein Gläubigerschutz wird über die gesamtschuldnerische Haftung der an der Spaltung beteiligten Rechtsträger in § 133 UmwG und über die Gläubigerschutzvorschriften der § 125 Satz 1 i. V. m. §§ 22, 25 ff. geschaffen (vgl. Limmer, in: FS für Schippel, 1996, S. 425; Kowalski, GmbHR 1996, 158, 159 ff.; Ittner, MittRhNotK 1997, 109; Widmann/Mayer/Mayer, Umwandlungsrecht, § 126 UmwG Rn. 70 f.; Baumann, BB 1998, 2321, 2324; Rodewald, GmbHR 1997, 19, 21; a. A. allerdings für die Verschmelzung Priester, DNotZ 1995, 429, 441; zweifelnd auch Bayer, ZIP 1997, 1615 Fn. 39). Diese herrschende Meinung stößt jedoch auch dann auf Bedenken, wenn sie zum »Wegverschmelzen« oder »Wegspalten« von geschütztem Stammkapital i. V. m. einer kurzfristigen späteren Ausschüttung beim aufnehmenden Rechtsträger führt (vgl. Heidinger, DNotZ 1999, 164). Ein Teil der Literatur will die Frage nur de lege ferenda lösen (Mayer, DNotZ 1998, 177; vgl. auch Heckschen, DB 1998, 1385, 1389 unter Hinweis auf Goette in der Podiumsdiskussion zum 25. Deutschen Notartag, DNotZ 1998, 207). Z. T. wird überlegt, in einem solchen Fall die für die Kapitalherabsetzung bestehende Ausschüttungssperre analog anzuwenden. Ein Teil der Literatur schlägt vor, in diesem Zusammenhang die frei gewordenen Verträge in eine zeitlich gebundene Rücklage bei der aufnehmenden Gesellschaft einzustellen (so Naraschewski, GmbHR 1998, 356, 360).

e) **Erfüllung der Anteilsgewährungspflicht.** Bei der Planung der Spaltung sind **grds. zwei Fragen** **156** zu klären (vgl. Teil 2 Rdn. 137 ff.):
– Besteht im konkreten Fall die Anteilsgewährungspflicht?
– Wie ist die Anteilsgewährungspflicht zu erfüllen?

Für die zweite Frage sind bei GmbH und AG die §§ 54 bzw. 68 i. V. m. § 125 UmwG bei Aufspaltung **157** und Abspaltung zu beachten, die **Kapitalerhöhungsverbote und Kapitalerhöhungswahlrechte** erhalten. Es ist dann zu prüfen, wie die notwendigen Anteile geschaffen werden. Folgende Wege sind daher unter Beachtung der Kapitalerhöhungsverbote und -wahlrechte zu berücksichtigen (vgl. dazu oben Teil 2 Rdn. 252 ff.):
– Die Anteile werden durch Kapitalerhöhung neu geschaffen;
– der übernehmende Rechtsträger verfügt bereits über eigene Anteile, die gewährt werden können (= Kapitalerhöhungswahlrechte der §§ 54 Abs. 1 Satz 2 Nr. 1, 68 Abs. 1 Satz 2 Nr. 1, 125 UmwG);
– der übertragende Rechtsträger verfügt über voll eingezahlte Anteile an der übernehmenden Gesellschaft, die auf diesen übergehen und daher von ihm gewährt werden können (Kapitalerhöhungswahlrechte der §§ 54 Abs. 1 Satz 2 Nr. 2, 68 Abs. 1 Satz 2 Nr. 2, 125 UmwG);
– Dritte übertragen Anteile.

Bei der Ausgliederung sind die **Kapitalerhöhungswahlrechte und -verbote** nach der ausdrücklichen Re- **158** gelung in § 125 UmwG **nicht anwendbar** (im Einzelnen str., vgl. dazu oben Teil 3 Rdn. 150). Daraus kann jedoch nicht gefolgert werden, dass eine übernehmende Kapitalgesellschaft stets die Kapitalerhöhung durchführen müsste. Auch hier könnten die Anteile anders – wie oben dargestellt – zur Verfügung gestellt werden (so zu Recht Ittner, MittRhNotK 1997, 110; Widmann/Mayer/Mayer, Umwandlungsrecht, § 126 UmwG Rn. 74; Lutter/Karollus, Vor § 153 UmwG Rn. 14).

f) **Einzelheiten für die Anteilsgewährung und bare Zuzahlungen.** Für die Frage, welche Anteile **159** zu gewähren und wie diese im Spaltungsvertrag zu bezeichnen sind, kann auf die Ausführungen zur Verschmelzung verwiesen werden (vgl. oben Teil 1 Rdn. 168 ff., Teil 2 Rdn. 96 ff., Teil 2 Rdn. 252). Bei einer **Personenhandelsgesellschaft** als übernehmenden Rechtsträger ist außerdem im Spaltungsvertrag zu bestimmen, ob die Anteilsinhaber des übertragenden Rechtsträgers die Stellung eines persönlich haftenden Gesellschafters oder eines Kommanditisten erhalten (§ 125 i. V. m. § 40 Abs. 1 Satz 1 UmwG; vgl. dazu oben Teil 2 Rdn. 783 ff.). Dabei ist der Betrag der Einlage jedes Gesellschafters festzusetzen. Anteilsinhabern eines übertragenden Rechtsträgers, die für dessen Verbindlichkeiten nicht als Gesamtschuldner persönlich unbeschränkt haften, ist die Stellung eines Kommanditisten zu gewähren; anderenfalls müssen diese dem Spaltungsbeschluss zustimmen (vgl. im Einzelnen oben Teil 2 Rdn. 783 ff.).

160 Sollen bei der Auf- oder Abspaltung **bare Zuzahlungen** geleistet werden, so sind diese ebenfalls im Spaltungsvertrag nach § 126 Abs. 1 Nr. 3 UmwG festzusetzen. Für die baren Zuzahlungen gelten die gleichen Vorschriften wie bei der Verschmelzung, diese dürfen insb. nicht den zehnten Teil des Gesamtnennbetrages der gewährten Geschäftsanteile der übernehmenden Gesellschaft übersteigen (§§ 54 Abs. 4, 68 Abs. 3 UmwG i. V. m. § 125 UmwG). Wegen der Einzelheiten kann auf die obigen Ausführungen verwiesen werden (vgl. oben Teil 2 Rdn. 137, Teil 2 Rdn. 331 ff.).

161 **g) Steuerrechtliche Behaltensfrist.** Eine weitere, auch i. R. d. gesellschaftsrechtlichen Gestaltung zu beachtende **Sperre** ist in § 15 Abs. 3 Satz 3 und Satz 4 UmwStG enthalten, wonach eine Auf- oder Abspaltung nicht steuerneutral erfolgen kann, wenn innerhalb von 5 Jahren nach dem steuerlichen Übertragungsstichtag Anteile an einer an der Spaltung beteiligte Körperschaft, die mehr als 20 % der vor Wirksamwerden der Spaltung an der Körperschaft bestehenden Anteile ausmachen, veräußert werden. Die Vorschrift kann also zu einem **rückwirkenden Verlust der Steuerneutralität** führen und zwar für die gesamte Spaltung (**vgl. Neumann** GmbHR 2012, 141 ff.; **Thieme** BB 2005, 204 ff.). In der Gestaltungspraxis ist daher sicherzustellen, dass eine solche Veräußerung unterbleibt oder nur mit Zustimmung aller Beteiligten möglich ist. In der vertragsgestaltenden Literatur werden hierbei folgende **Regelungen zur Vermeidung dieses Steuernachteils** vorgeschlagen (vgl. Löffler/Hansen, DB 2010, 1369 ff.; Neyer, DStR 2002, 2200; FG Düsseldorf, GmbHR 2004, 1292 m. Anm. Dieterlen/Golücke GmbHR 2004, 1264; Schumacher, Epg 2006, 518; Kallmeyer/Kallmeyer/Sickinger, UmwG, § 126 Rn. 53; Lutter/Schumacher, UmwG, Anh. § 151 Rn. 32 ff.; Schwedhelm/Streck/Mack, GmbHR 1995, 100, 102; Herzig/Förster, DB 1995, 338, 345; Formulierungsvorschlag bei Widmann/Mayer/Mayer, Umwandlungsrecht, § 126 UmwG Rn. 354.2; Lutter/Priester, § 126 UmwG Rn. 92; Schröer, in: Semler/Stengel, § 126 UmwG Rn. 100):

Treuhandlösung	Übertragung sämtlicher Anteile an den Nachfolgegesellschaften für 5 Jahre auf einen Treuhänder.
Vinkulierungslösung	Anteilsabtretung ist nach Satzung der aufnehmenden Gesellschaft nur mit Zustimmung aller Gesellschafter zulässig, außerdem sind die Gesellschafter der beiden aufnehmenden Gesellschafter jeweils gegenseitig zumindest mit kleinsten Anteilen wechselseitig beteiligt, um die Vinkulierung durchsetzen zu können. Die Vinkulierung sollte nur dann als Sonderrecht des Minderheitsgesellschafters ausgestattet werden.
Zuweisung der Steuerverbindlichkeiten	Die Steuerschuld wird der Gesellschaft zugewiesen, deren im Gesellschafter den Wegfall auslösen (Formulierungsvorschlag bei Widmann/Mayer/Mayer, Umwandlungsrecht, § 126 UmwG Rn. 354.2).
Vertragsstrafenvereinbarung	

162 Bei der Trennung von Gesellschafterstämmen besteht außerdem nach § 15 Abs. 2 Satz 5 UmwStG eine **Missbrauchsklausel**, wonach keine Steuerneutralität möglich ist, wenn die Beteiligung an der übertragenen Körperschaft nicht mindestens 5 Jahre vor dem steuerlichen Übertragungsstichtag bestanden hat. Nach Auffassung der Finanzverwaltung ist eine Trennung von Gesellschafterstämmen auch dann nicht möglich, wenn die übertragende Körperschaft noch keine 5 Jahre bestanden hat (UmwStE v. 11.01.2011, Tz. 15.36 ff.).

163 **8. Zeitpunkt der Gewinnberechtigung (§ 126 Abs. 1 Nr. 5 UmwG).** Nach § 126 Abs. 1 Nr. 5 UmwG muss ebenso wie bei der Spaltung der **Zeitpunkt der Gewinnberechtigung** der gewährten Anteile oder Mitgliedschaften angegeben werden, so wie alle Besonderheiten im Zug auf diesen Gewinnanspruch. In der Praxis fällt häufig der Zeitpunkt der Gewinnberechtigung mit dem Spaltungs-

stichtag zusammen, dies gilt vor allem, wenn ausdrücklich keine Gewinnbezugsberechtigung festgelegt wurde (vgl. oben Teil 2 Rdn. 164 ff.).

9. Spaltungsstichtag (§ 126 Abs. 1 Nr. 6 UmwG). Nach § 126 Abs. 1 Nr. 6 UmwG muss im Spal- 164 tungsvertrag der Zeitpunkt genannt werden, von dem an die Handlungen des übertragenen Rechtsträgers als für Rechnung jedes der übernehmenden Rechtsträgers vorgenommen gelten (**Spaltungsstichtag**). Wegen der Einzelheiten kann auf die Ausführungen bei der Verschmelzung verwiesen werden (vgl. oben Teil 2 Rdn. 168 ff.).

10. Sonderrechte und Sondervorteile (§ 125 Abs. 1 Nr. 7 und Nr. 8 UmwG). Die Vorschriften 165 entsprechen den bei der Verschmelzung. Es kann auf die obigen Ausführungen verwiesen werden (vgl. oben Teil 2 Rdn. 185 ff.).

11. Aufteilung der Anteile bei Auf- und Abspaltung (§ 126 Abs. 1 Nr. 10 UmwG) / Trennung 166 **von Gesellschafterstämmen.** Nach § 126 Abs. 1 Nr. 10 UmwG sind im Spaltungsvertrag bei Aufspaltung und Abspaltung die **Aufteilung der Anteile oder Mitgliedschaften** jedes der beteiligten Rechtsträger auf die Anteilsinhaber des übertragenden Rechtsträgers sowie der Maßstab für die Aufteilung anzugeben. Die Vorschrift wurde durch das Gesetz zur Änderung des UmwG v. 22.07.1998 (BGBl. I, S. 1878) dadurch geändert, dass die ursprünglich in der Vorschrift enthaltenen Worte »*der übernehmenden Rechtsträger*« durch die Worte »*der beteiligten Rechtsträger*« ersetzt worden sind (vgl. Neye, ZIP 1997, 722, 725). Hierdurch wollte der Gesetzgeber die umstrittene Rechtsfrage klarstellen, dass im Spaltungsvertrag auch die dinglich wirkende Zuordnung von Anteilen am übertragenden Rechtsträger und nicht nur am aufnehmenden Rechtsträger möglich ist (vgl. Neye, ZIP 1997, 722, 725). Bis zur Änderung dieser Vorschrift war umstritten, ob auch Anteile am übertragenden Rechtsträger mit dinglich wirkender Zuordnung verändert werden können. Damit hat der Gesetzgeber weitgehend Gestaltungsfreiheit der Anteilszuweisung i. R. d. Spaltung ermöglicht. Folgende Veränderungen sind daher zulässig:
– **Verhältniswahrende Spaltung:**

Die Anteile des übernehmenden Rechtsträgers werden den Anteilsinhabern bzw. Gesellschaftern des übertragenden Rechtsträgers bzw. der übertragenden Gesellschaft entsprechend ihren Beteiligungsquoten am übertragenden Rechtsträger zugeordnet.

▶ **Beispiel:** 167

An der A-GmbH sind beteiligt A und B jeweils zu 50 %. Die A-GmbH spaltet einen Teilbetrieb auf die B-GmbH ab. Die Gesellschafter erhalten an der B-GmbH wiederum jeweils 50 %.

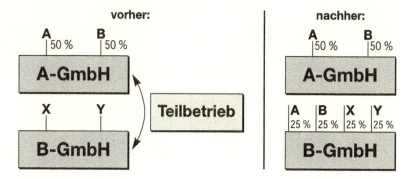

– **Nicht verhältniswahrende Spaltung:**

Bereits vor der Gesetzesänderung v. 22.07.1998 war wegen der eindeutigen Regelung des § 128 UmwG anerkannt, dass auch die Anteile am übernehmenden Rechtsträger nicht verhältniswahrend zugeteilt werden können (vgl. Begründung zum RegE zu § 126 BR-Drucks. 75/94, S. 118; vgl. OLG München,

MittBayNot 2013, 495 = BB 2013, 1940 = DStR 2013, 2018). Bei dieser Gestaltung kann allerdings die Steuerneutralität gefährdet sein, so dass eine Steuerplanung notwendig ist (vgl. Ruof/Beutel, DStR 2015, 609 mit diversen Beispielen; Rubner/Fischer, NZG 2014, 761, 768; Moszka in Semler/Stengel, UmwG Anh. UmwStG Rn. 517 ff.; Hörtnagl in Schmitt/Hörtnagl/Stratz, UmwG, UmwStG, § 15 UmwStG Rn. 251 ff.; Dötsch/Pung in Dötsch/Pung/Möhlenbrock, Die Körperschaftsteuer, Stand: April 2012, UmwStG § 15 Rn. 252; UmwStE 2011 Rn. 15.44, 13.03).

168 ▶ **Beispiel:**

An der A-GmbH sind beteiligt A und B zu jeweils 50 %. Es wird ein Teilbetrieb auf die B-GmbH abgespalten, an der bisher X und Y mit je 50 % beteiligt waren; A erhält 20 %, B 30 %. In diesen Fällen ist die Zustimmung aller Beteiligten nach § 128 UmwG erforderlich.

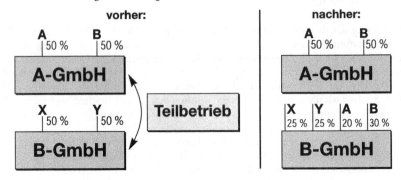

– Nicht verhältniswahrende Spaltung unter Veränderung der Anteile am übertragenen Rechtsträger/ Spaltung zu Null:

Die frühere Streitfrage, ob auch die Anteile am übertragenden Rechtsträger im Zuge der Spaltung mit dinglicher Wirkung verändert werden können, ohne dass es einer Einzelrechtsübertragung bedarf, hat der Gesetzgeber durch die Klarstellung im Gesetz beantwortet. Damit können auch die Anteile des übertragenen Rechtsträgers einbezogen werden. Dies ist besonders bei der sog. Spaltung von Gesellschafterstämmen sinnvoll (vgl. OLG München, MittBayNot 2013, 495 = BB 2013, 1940 = DStR 2013, 2018; Widmann/Mayer/Mayer, Umwandlungsrecht, § 126 UmwG Rn. 274 ff.; Lutter/Priester, UmwG, § 126 Rn. 56; Schröer in: Semler/Stengel, § 126 UmwG Rn. 29).

169 ▶ **Beispiel:**

An der A-GmbH sind A und B zu je 50 % beteiligt. Ein Teilbetrieb soll auf die B-GmbH abgespalten werden. Es findet eine Trennung der Gesellschafterstämme statt. A erhält an der A-GmbH 100 %, B an der B-GmbH 100 % der Anteile. In diesem Fall ist nach § 128 UmwG die Zustimmung aller Betroffenen erforderlich.

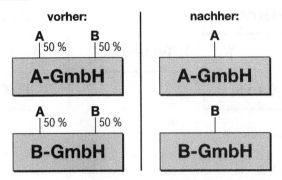

Mit Zustimmung sämtlicher Anteilsinhaber (vgl. § 128 UmwG) können die Anteile des übernehmenden Rechtsträgers den Anteilsinhabern des übertragenden Rechtsträgers auch in einem abweichenden Anteilsverhältnis (sog. **nicht-verhältniswahrende Auf-/Abspaltung**) zugeteilt werden (OLG München, MittBayNot 2013, 495 = BB 2013, 1940 = DStR 2013, 2018; Rubner/Fischer, NZG 2014, 761; Simon in Kölner Komm, § 128 Rn. UmwG, 6 ff.; Lutter/Priester, UmwG, § 128 Rn. 8 ff.; Kallmeyer/Kallmeyer/Sickinger, UmwG, § 128 Rn. 2; Hörtnagl, in: Schmitt/Hörtnagl/Stratz, § 126 UmwG Rn. 4 ff.; Widmann/Mayer/Mayer, Umwandlungsrecht, § 128 UmwG Rn. 27 ff.; Schröer in: Semler/Stengel, § 128 UmwG Rn. 5 ff.). Da nach der Gesetzesbegründung hierdurch insb. die Auseinandersetzung und Trennung von Gesellschaftergruppen und Familiengesellschaften ermöglicht werden soll, hält die herrschende Meinung im Schrifttum und Rechtsprechung auch eine sog. **Spaltung zu Null** für möglich, mit der Folge, dass ein Anteilsinhaber des übertragenden Rechtsträgers am übernehmenden Rechtsträger überhaupt nicht beteiligt werden muss (OLG München, MittBayNot 2013, 495 = BB 2013, 1940 = DStR 2013, 2018; LG Konstanz, DB 1998, 1177 = GmbHR 1998, 837; LG Essen, ZIP 2002, 893 = NZG 2002, 736; Widmann/Mayer/Mayer, Umwandlungsrecht, § 126 Rn. 274 ff.; § 128 UmwG Rn. 29; Lutter/Priester, UmwG, § 128 Rn. 10; Kallmeyer/Kallmeyer/Sickinger, UmwG, § 123 Rn. 4; § 128 Rn. 4; Walpert, WiB 1996, 44, 45; Schröer in: Semler/Stengel, § 128 UmwG Rn. 6). Umstritten ist, ob dadurch auch eine Spaltung möglich ist, bei der kein Anteilsinhaber Anteile erhält, also ein Anteilsverzicht vorliegt. Die herrschende Meinung lehnt dies aus den genannten Gründen ab (Widmann/Mayer/Mayer, Umwandlungsrecht, § 126 Rn. 275 f.; § 128 UmwG Rn. 29; a. A. Schröer, in: Semler/Stengel, § 128 Rn. 6 unter Hinweis auf LG Konstanz, DB 1998, 1177, das aber nur entschieden hat, dass einzelne Gesellschafter keine Anteile erhalten müssen). Aus dem das gesamte Umwandlungsrecht beherrschenden Dogma der Anteilsgewährungspflicht wird allerdings geschlossen, dass trotz der Sonderregelung des § 128 UmwG nur auf eine verhältniswahrende Anteilsgewährung, nicht jedoch auf eine generelle Anteilsgewährung verzichtet werden kann (Widmann/Mayer/Mayer, Umwandlungsrecht, § 5 UmwG Rn. 15 ff.; Limmer, in: FS für Schippel, 1996, S. 415 ff.; Lutter, UmwG, § 5 Rn. 9; Kallmeyer/Kallmeyer/Sickinger, UmwG, § 2 Rn. 12; Korte, WiB 1997, 953). Danach müsste bei einer Spaltung »zu Null« die Nichtbeteiligung eines Anteilsinhabers des übertragenden Rechtsträgers dadurch kompensiert werden, dass dieser zumindest am Ausgangsrechtsträger beteiligt bleibt (Widmann/Mayer/Mayer, Umwandlungsrecht, § 126 UmwG Rn. 274 ff.; Lutter/Priester, UmwG, § 128 Rn. 10; ders., jetzt zweifelnd in DB 1997, 560, 566 in Fn. 93; dagegen soll die Einräumung einer entsprechend »höheren« Beteiligung am übertragenden Rechtsträger nicht erforderlich sein, LG Konstanz, DB 1998, 1177, 1178). Das OLG München, das über die Spaltung zu Null entschied, hat sich mit dieser Frage nicht auseinandergesetzt (OLG München, MittBayNot 2013, 495 = BB 2013, 1940 = DStR 2013, 2018). Bei dieser Gestaltung der nicht-verhältniswahrende Auf-/Abspaltung kann allerdings die **Steuerneutralität** gefährdet sein, so dass eine Steuerplanung notwendig ist (vgl. Ruof/Beutel, DStR 2015, 609 mit diversen Beispielen; Rubner/Fischer, NZG 2014, 761, 768; Moszka in Semler/Stengel, UmwG Anh. UmwStG Rn. 517 ff.; Hörtnagl in Schmitt/Hörtnagl/Stratz, UmwG, UmwStG, § 15 UmwStG Rn. 2516 ff.; Dötsch/Pung in Dötsch/Pung/Möhlenbrock, Die Körperschaftsteuer, Stand: April 2012, UmwStG § 15 Rn. 252; UmwStE 2011 Rn. 15.44, 13.03). Ferner ist zu berücksichtigen, dass in der letzten Zeit disquotale Gesellschaftsakte auch vermehrt unter dem Aspekt einer steuerpflichtigen Schenkung mit der Folge der **Schenkungssteuerpflicht** geprüft werden. Im Urteil vom 27.08.2014 hat der BFH (BFHE 246, 506 = DNotZ 2015, 72 = RNotZ 2015, 105) zur Kapitalerhöhung entschieden, dass, wenn im Zuge einer Kapitalerhöhung einer GmbH ein Dritter zur Übernahme des neuen Gesellschaftsanteils zugelassen wird, darin eine freigebige Zuwendung der Altgesellschafter an den Dritten vorliegen kann, wenn der gemeine Wert des Anteils die zu leistende Einlage übersteigt (vgl. dazu Herbst, DNotZ 2015, 324). Die Problematik kann sich auch bei der disquotalen Spaltung stellen, so dass auch insoweit eine Steuerplanung notwendig ist.

12. Folgen für die Arbeitnehmer. Hier kann auf die allgemeinen Vorschriften für die Verschmelzung verwiesen werden (vgl. oben Teil 2 Rdn. 189 ff.).   **170**

13. Möglicher Vertragsinhalt. Zu **Abfindungsangeboten** s. Teil 2 Rdn. 597 ff.   **171**

Zu **Kündigungen und Bedingungen** s. o. Teil 2 Rdn. 70 ff.   **172**

173 **Firmenänderungen** bestimmen sich bei Aufspaltungen nach § 18 UmwG (s. hierzu Teil 5 Rdn. 1 ff.), nicht aber bei Abspaltungen vgl. § 125 Satz 1 UmwG.

174 I. Ü. ergibt sich die **Notwendigkeit weiterer Vertragsbestandteile** aus den geschilderten Unsicherheiten bei der Aufteilung von Vertragsverhältnissen und Verbindlichkeiten (s. o. Teil 2 Rdn. 899 ff. und das Formulierungsbeispiel unter Teil 2 Rdn. 1124).

II. Spaltungsplan bei der Abspaltung und Aufspaltung zur Neugründung

175 Auf die Abspaltung oder Aufspaltung zur Neugründung finden die Vorschriften der Spaltung zur Aufnahme entsprechende Anwendung (§ 135 Abs. 1 Satz 2 UmwG). Ausgenommen sind bestimmte Regelungen zum **Registerverfahren** (§§ 129, 130 Abs. 2, 16 Abs. 1 UmwG), die **Vorschriften über die Kündigung** (§ 7 UmwG) und die **Schadensersatzpflicht der Verwaltungsträger** des übernehmenden Rechtsträgers (§ 27 UmwG). Warum daneben auch § 4 UmwG nach dem Wortlaut von § 135 Abs. 1 Satz 1 UmwG nicht zur Anwendung kommen soll, bleibt weitgehend ungeklärt. Insb. der durch § 4 Abs. 1 Satz 2 UmwG bewirkte Ausschluss von § 311b Abs. 2 BGB muss jedenfalls für Aufspaltungen in gleicher Weise gelten, ebenso das in § 4 Abs. 2 UmwG normierte Erfordernis des Vorliegens eines Entwurfs, wenn die Beschlussfassung der Aufstellung eines Spaltungsplans vorausgeht (so auch Lutter/Priester, UmwG, § 136 Rn. 6; Widmann/Mayer/Mayer, Umwandlungsrecht, § 136 UmwG Rn. 6, die von einem Redaktionsversehen ausgehen; Kallmeyer/Kallmeyer/Sickinger, UmwG, § 135 Rn. 3; Schröer, in: Semler/Stengel, § 136 UmwG Rn. 5).

176 Auf den neu zu gründenden Rechtsträger finden die für ihn geltenden **Gründungsvorschriften** entsprechende Anwendung (§ 135 Abs. 2 Satz 1 UmwG). Ausnahmen sind bei den einzelnen Spaltungsfällen geregelt und sollen dort auch erörtert werden.

177 Eine nach den für den neu gegründeten Rechtsträger geltenden Vorschriften vorgesehene **Mindestzahl der Gründer** ist unbeachtlich (§ 125 Abs. 2 Satz 2 UmwG).

178 Da der neu zu gründende Rechtsträger einen Spaltungsvertrag noch nicht abschließen kann, tritt an die Stelle des Spaltungsvertrages ein **Spaltungsplan** (§ 136 Abs. 1 Satz 2 UmwG), der von den Vertretungsorganen – in vertretungsberechtigter Zahl – des übertragenden Rechtsträgers aufzustellen ist (§ 136 Abs. 1 Satz 1 UmwG). Bei dem Spaltungsplan handelt es sich um eine einseitige, nicht empfangsbedürftige Willenserklärung (Widmann/Mayer/Mayer, Umwandlungsrecht, § 136 UmwG Rn. 7; Lutter/Priester, UmwG, § 136 Rn. 4; Kallmeyer/Kallmeyer/Sickinger, UmwG, § 135 Rn. 1; Hörtnagl in Schmitt/Hörtnagl/Stratz, UmwG, UmwStG, § 136 UmwG Rn. 3; Schröer, in: Semler/Stengel, § 136 UmwG Rn. 3; Heidenhain, NJW 1995, 2873; Regierungsbegründung zu § 135 UmwG, abgedruckt in: Limmer, Umwandlungsrecht, S. 318). Ein vollmachtlose vertretung ist nach § 180 S. 1 BGB nicht möglich (Lutter/Priester, UmwG, § 136 Rn. 4; Widmann/Mayer/Mayer, Umwandlungsrecht, § 136 UmwG Rn. 15).

179 Der Spaltungsplan bedarf der **notariellen Beurkundung** (§ 135 Abs. 1 Satz 1 i. V. m. §§ 125 Satz 1, 6 UmwG) und muss den **Gesellschaftsvertrag**/die **Satzung** des neu zu gründenden Rechtsträgers enthalten (§ 135 Abs. 1 Satz 1 i. V. m. §§ 125 Satz 1, 37 UmwG).

180 Der **Inhalt des Spaltungsplans** i. Ü. bestimmt sich nach den Vorgaben zum Inhalt des Spaltungsvertrages (§ 135 Abs. 1 Satz 1 i. V. m. § 126 UmwG).

Vgl. i. Ü. zur Spaltung zur Neugründung die Ausführungen zur Verschmelzung zur Neugründung, Rn. 499 ff.

III. Spaltungsplan oder Spaltungsvertrag bei der Ausgliederung

181 Auf die Spaltung durch Ausgliederung finden die Bestimmungen über die Abspaltung und Aufspaltung zur Aufnahme oder zur Neugründung grds. entsprechende Anwendung. **Spezielle Regelungen** bestehen nur für die Ausgliederung aus dem Vermögen eines Einzelkaufmanns (§§ 152 ff. UmwG), einer rechtsfähigen Stiftung (§§ 161 ff. UmwG) und einer Gebietskörperschaft oder eines Zusammenschlusses von Gebietskörperschaften (§§ 168 ff. UmwG). Bei der Ausgliederung zur Aufnahme ist ein **Ausgliederungsvertrag**, bei der Ausgliederung zur Neugründung ein **Ausgliederungsplan** erforderlich.

Form, Abschlusskompetenz und Inhalt von Ausgliederungsvertrag und -plan bestimmen sich nach den Vorschriften über den Spaltungsvertrag bzw. -plan mit folgenden **Ausnahmen:** Da Anteile an dem aufnehmenden oder neu gegründeten Rechtsträger nicht den Anteilsinhabern des übertragenden Rechtsträgers, sondern dem übertragenden Rechtsträger selbst gewährt werden, entfallen die Angaben nach § 126 Abs. 1 Nr. 3, Nr. 4 und Nr. 10 und wohl auch zu Nr. 7 UmwG.

IV. Mischformen der Spaltung

Ausdrücklich, nämlich durch § 123 Abs. 4 UmwG, ist eine **Verbindung von Spaltung zur Aufnahme** **182** **und zur Neugründung** zugelassen. Erforderlich ist hierfür, dass Aufspaltungsvertrag und -plan in einem Entwurf bzw. einer Urkunde verbunden werden (so zu Recht Heidenhain, NJW 1995, 2873, 2874; vgl. dazu insgesamt oben Teil 3 Rdn. 42 ff.).

Daneben wird auch eine **Verbindung von Abspaltung und Ausgliederung** für möglich gehalten (so **183** etwa Kallmeyer, DB 1995, 81, 82; Mayer, DB 1995, 861; eher ablehnend Heidenhain, NJW 1995, 2873, 2874; Lutter/Teichmann, UmwG, § 123 Rn. 30 ff.; Widmann/Mayer/Schwarz, Umwandlungsrecht, § 123 UmwG Rn. 7.2; Kallmeyer/Kallmeyer/Sickinger, UmwG, § 123 Rn. 13; ders., DB 1995, 81, 82; Mayer, DB 1995, 861; Schöne, ZAP 1995, 693, 694; Bärwaldt, in: Semler/Stengel, UmwG, § 135 Rn. 8; Geck, DStR 1995, 416; Kallmeyer, DStR 1995, 81; Heckschen, in: Beck'sches Notar-Handbuch, D IV Rn. 58). Die Auffassung von Kallmeyer (DB 1995, 81, 82), auch eine Kombination von Aufspaltung und Ausgliederung sei in der Weise möglich, dass sämtliche Vermögensteile des übertragenden Rechtsträgers auf übernehmende Rechtsträger übergehen, ist abzulehnen, da der aufspaltende Rechtsträger mit Registereintragung erlischt (so zu Recht Widmann/Mayer/Mayer, Umwandlungsrecht, § 123 UmwG Rn. 15; offengelassen bei Heidenhain, NJW 1995, 2873, 2874), wobei allerdings die Gestaltungsgrenzen streitig sind. Von einem Teil der Literatur wird die Beteiligung mehrerer Rechtsträger als übertragende Rechtsträger, für die durchaus in der Praxis ein Bedürfnis bestehen kann, abgelehnt (Lutter/Teichmann, UmwG, § 123 Rn. 2; Feil, ZIP 1998, 361, 363; Widmann/Mayer/Schwarz, Umwandlungsrecht, § 123 UmwG Rn. 9). Als Argument hierfür ist anzuführen, dass der Wortlaut des § 123 UmwG nur von einem übertragenden Rechtsträger spricht. Die sog. **verschmelzende Spaltung,** sei es eine Verbindung von Spaltung und Verschmelzung in einem Rechtsakt, ist daher nicht möglich (Schwanna, in: Semler/Stengel, UmwG, § 123 Rn. 19; Hörtnagl, in: Schmitt/Hörtnagl/Stratz, UmwG, UmwStG, § 123 UmwG Rn. 18; KölnerKommUmwG/Simon, § 123 UmwG Rn 36; Lutter/Priester § 126 UmwG Rn 10).

Eine »**verschmelzende Spaltung**« oder »mehrfache Spaltung« ist unzulässig (vgl. oben Teil 3 Rdn. 42 ff.; Mayer, DB 1995, 862; Schwanna, in: Semler/Stengel, UmwG, § 123 Rn. 19; Hörtnagl, in: Schmitt/Hörtnagl/Stratz, UmwG, UmwStG, § 123 UmwG Rn. 18; a. A. Teichmann, in: Lutter, Kölner Umwandlungsrechtstage, S. 95). Das UmwG bot die Möglichkeit, dass zwei oder mehr Rechtsträger gleichzeitig jeweils einen Teil ihres Vermögens auf einen Dritten übertragen, nicht. Hier sind Spaltung und Verschmelzung hintereinander zu vollziehen (vgl. Schöne, ZAP Fach 15, S. 158).

D. Spaltung bzw. Ausgliederung zur Aufnahme und Kapitalerhöhung beim übernehmenden Rechtsträger

Ebenso wie bei der Verschmelzung ist eines der Merkmale der Spaltung die Gewährung von Geschäfts- **184** anteilen oder Mitgliedschaftsrechten an der aufnehmenden Gesellschaft (vgl. zur Dogmatik oben Teil 3 Rdn. 134 ff.; Widmann/Mayer/Mayer, Umwandlungsrecht, § 126 UmwG Rn. 65 ff.; Ittner, MittRhNotK 1997, 105, 108). Hierbei ist allerdings zu unterscheiden, ob es sich um eine Ausgliederung oder eine Spaltung handelt. Bei der Spaltung erhalten – wie bei der Verschmelzung – die Gesellschafter der übertragenden Gesellschaft zur **Abfindung für den Verlust ihres Vermögens** Anteile an der aufnehmenden Gesellschaft. Bei der Ausgliederung hingegen werden diese Anteile nicht an die Gesellschafter der ausgliedernden Gesellschaft, sondern an die Gesellschaft selbst gewährt (§ 123 Abs. 3 UmwG). In beiden Fällen ist wie bei der Verschmelzung die Anteilsgewährung Gegenleistung für die Übertragung des abgespaltenen Vermögens. Insofern stellt auch die Spaltung ein gegenseitiges Austauschverhältnis dar.

185 Eine Ausnahme vom Gebot der **Anteilsgewährungspflicht** stellt auch bei der Spaltung die Möglichkeit der **baren Zuzahlung** dar. Diese darf bei der Spaltung nach § 125 i. V. m. § 68 Abs. 3 UmwG den zehnten Teil des gesamten Nennbetrags der gewährten Aktien der übernehmenden Gesellschaft bzw. nach § 54 Abs. 4 UmwG der gewährten Geschäftsanteile der übernehmenden Gesellschaft nicht übersteigen. Für die Ausgliederung sind allerdings nach § 125 UmwG die Vorschriften der Barabfindung nach § 68 bzw. § 54 UmwG nicht anzuwenden.

186 Abgesehen von dieser Ausnahmevorschrift dürfte auch für die Spaltung der Grundsatz gelten, dass nur Aktien oder Geschäftsanteile der übernehmenden oder der neu gegründeten Gesellschaft **Gegenleistung** sein können. Geschäftsanteile anderer Unternehmen kommen ebenso wie bei der Verschmelzung genauso wenig infrage wie eine Entschädigung in Geld oder durch Sachleistung.

187 Bei der Spaltung zur Aufnahme stellt sich daher wie bei der Verschmelzung die Frage, **welche Geschäftsanteile zu gewähren** sind. Es muss auch bei der Spaltung, wie bei der Verschmelzung, geprüft werden, ob diese Geschäftsanteile erst im Wege der Kapitalerhöhung neu gebildet werden müssen oder ob eigene Anteile zur Verfügung stehen, die den Gesellschaftern der übertragenden Gesellschaft im Austausch gewährt werden können.

I. Erleichterte Kapitalerhöhung bei der Spaltung

188 Die Verweisung in § 125 UmwG auf die Vorschrift des Verschmelzungsrechts, insb. die §§ 53 ff. UmwG (für die GmbH) bzw. die §§ 66 ff. UmwG für die AG führt dazu, dass grds. die gleichen Vorschriften für die Kapitalerhöhung i. R. d. Spaltung wie bei der Verschmelzung gelten. Es kann daher auf die Ausführungen zur Verschmelzung verwiesen werden (vgl. oben Teil 2 Rdn. 252 ff.).

189 **1. Kapitalerhöhung bei der GmbH.** Bei der GmbH gelten nicht die §§ 55 Abs. 1, 56a, 57 Abs. 2, Abs. 3 Nr. 1 GmbHG. Das bedeutet, dass die nach § 55 Abs. 1 GmbHG erforderliche **Übernahmeerklärung entfällt.** Der Übernahmevertrag und die Übernahmeerklärung werden durch die Angaben des Verschmelzungsvertrages und die Zustimmungsbeschlüsse ersetzt. Die bei der GmbH geltenden Vorschriften über die Sicherung der Sacheinlage nach §§ 56a, 7 GmbHG gelten ebenfalls nicht, da durch die Gesamtrechtsnachfolge die Vorschriften über die Leistung der Einlage entbehrlich sind. Deshalb sind auch die entsprechenden **Erklärungen in der Anmeldung der Kapitalerhöhung** entbehrlich. Auch die **Versicherung des Geschäftsführers** nach § 57 Abs. 2 und Abs. 3 Nr. 1 GmbHG ist nicht notwendig (vgl. Widmann/Mayer/Mayer, Umwandlungsrecht, § 55 UmwG Rn. 41 ff.; Lutter/Winter/Vetter, UmwG, § 55 Rn. 24 ff.; Ittner, MittRhNotK 1997, 105, 119). Auch § 5 Abs. 1 Halbs. 2, Abs. 3 Satz 2 GmbHG (Mindestbetrag und Teilbarkeit der Einlagen) ist nicht anzuwenden. In § 54 Abs. 3 UmwG ist geregelt, dass die **Stückelungsvorschriften des § 5 GmbHG** insoweit unbeachtlich sind, als sie sonst bei der Teilung von Geschäftsanteilen gem. § 17 Abs. 4 GmbHG einzuhalten wären; jedoch muss der Nennbetrag jedes Teils der Geschäftsanteile auf volle Euro lauten. Zweck der Stückelungserleichterung ist es, möglichst jedem Inhaber des übertragenden Rechtsträgers die Möglichkeit zur Beteiligung an dem übernehmenden Rechtsträger zu eröffnen und nichtbeteiligungsfähige Spitzen weitgehend zu vermeiden. Nach § 46 Abs. 1 Satz 3 UmwG i. d. F. durch das MoMiG v. 23.10.2008 (BGBl. I 2008, S. 2026) muss der Nennbetrag auf volle Euro lauten.

190 I. Ü. bliebt es bei den allgemeinen Vorschriften der Kapitalerhöhung nach § 55 GmbH, sodass **folgende Schritte** bei der GmbH **erforderlich** sind (vgl. Ittner, MittRhNotK 1997, 119; Widmann/Mayer/Mayer, Umwandlungsrecht, § 55 UmwG Rn. 20 ff.; Lutter/Winter/Vetter, UmwG, § 55 Rn. 14 ff.; Reichert, in: Semler/Stengel, § 55 UmwG Rn. 3 ff., 23; Stratz, in: Schmitt/Hörtnagl/Stratz, § 55 UmwG Rn. 4 f.):
– satzungsändernder Erhöhungsbeschluss, mit einer Mehrheit von 3/4 der abgegebenen Stimmen; der Beschluss muss zum Inhalt haben, dass das Stammkapital der übernehmenden GmbH zur Durchführung der Spaltung erhöht werden soll und zwar in bestimmter Höhe; die Höhe der neuen Stammeinlage und die Namen der Gesellschafter müssen im Kapitalerhöhungsbeschluss nicht angegeben werden; wenn sie im Verschmelzungsbetrag benannt sind und hierauf Bezug genommen wird; eine Nennung ist allerdings auch nicht schädlich (vgl. Widmann/Mayer/Mayer, Umwandlungsrecht, § 55 UmwG Rn. 33; Kallmeyer/Kallmeyer/Sickinger, UmwG, § 55 Rn. 2);

- Anmeldung der Kapitalerhöhung durch sämtliche Geschäftsführer zum Handelsregister (§§ 57, 78 GmbHG);
- Eintragung der Kapitalerhöhung im Handelsregister;
- Bekanntmachung der Eintragung (§ 57b GmbHG).

Da der Erhöhungsbeschluss eine Satzungsänderung ist, muss durch ihn die Höhe der Kapitalveränderung und die neue Ziffer des Stammkapitals festgelegt und der Wortlaut der bisherigen Satzung entsprechend angepasst werden (Widmann/Mayer/Mayer, Umwandlungsrecht, § 55 UmwG Rn. 31 ff.; Stratz, in: Schmitt/Hörtnagl/Stratz, § 55 UmwG Rn. 4 f.).). Im Beschluss ist weiter anzugeben, dass die Mittel für die Kapitalerhöhung durch die Spaltung, d. h. durch den Übergang des Vermögens der übertragenden Gesellschaft aufgebracht werden (vgl. im Einzelnen oben Teil 2 Rdn. 259 ff.). **191**

Entgegen der missverständlichen Formulierung in § 138 UmwG ist ein **Sachgründungsbericht** nur bei der Spaltung zur Neugründung, nicht jedoch in den Fällen der Spaltung zur Aufnahme erforderlich (vgl. Widmann/Mayer/Mayer, Umwandlungsrecht, § 138 UmwG Rn. 1; Hörtnagl, in: Schmitt/Hörtnagl/Stratz, § 138 UmwG Rn. 3; Kallmeyer/Kallmeyer/Sickinger, UmwG, § 138 Rn. 1, a. A. allerdings Lutter/Priester, § 138 UmwG Rn. 8). Demgegenüber ist der wohl überwiegende Teil der Literatur und auch die Rechtsprechung der Auffassung, dass das Registergericht zwar keinen Sachgründungsbericht, aber zumindest im Einzelfall entsprechende Darlegungen verlangen kann (so OLG Köln, GmbHR 1996, 684; OLG Thüringen, GmbHr 1994, 710; Lutter/Hommelhoff/Lutter, GmbHG, § 56 Rn. 7; Bock, MittRhNotK 1981, 3; Ulmer/Ulmer, § 56 GmbHG Rn. 57; Baumbach/Hueck/Zöllner, GmbHG, § 56 Rn. 17; Michalski/Hermanns, § 56 GmbHG Rn. 64). Nach einer anderen Auffassung ist wiederum die Vorlage eines Sachkapitalerhöhungsberichts in jedem Fall notwendig (so Lutter/Priester, § 138 UmwG Rn. 8; Priester, DNotZ 1980, 526; Scholz/Priester, GmbHG, § 56 Rn. 90; Timm, GmbHR 1980, 290; Ehlke, GmbHR 1985, 290). Das OLG Stuttgart (GmbHR 1982, 112) war der Auffassung, dass das Registergericht im Rahmen seiner Amtsermittlungspflicht befugt und im Allgemeinen gehalten ist, einen Sachkapitalerhöhungsbericht zu verlangen. Das OLG Jena (GmbHR 1994, 710) stellt auf den Einzelfall ab. **192**

Die **Anmeldung der Kapitalerhöhung** bei der übernehmenden Gesellschaft ist neben der Spaltung gesondert vorzunehmen. Die Anmeldung der Kapitalerhöhung kann aber mit der Anmeldung der Spaltung durch die übernehmende GmbH verbunden werden. Anmeldepflichtig sind für die Kapitalerhöhung alle Geschäftsführer der übernehmenden GmbH (§ 78 GmbHG, vgl. oben Teil 2 Rdn. 271). Inhalt der Anmeldung ist bei der übernehmenden GmbH: die beschlossene Kapitalerhöhung (§ 57 Abs. 1 GmbHG), die Änderung der Satzung nach § 54 Abs. 1 Satz 1 GmbHG und die Erklärung, dass es sich um eine Kapitalerhöhung zur Durchführung der Spaltung handelt. Die Versicherung der Geschäftsführer nach § 57 Abs. 2 GmbHG entfällt nach §§ 125, 55 Abs. 1 Satz 1 UmwG. Da der Erhöhungsbeschluss **Satzungsänderung** ist, muss durch ihn die Höhe der Kapitalveränderung und die neue Ziffer des Stammkapitals festgelegt und der Wortlaut der bisherigen Satzung entsprechend korrigiert werden (Lutter/Hommelhoff, GmbHG, § 55 Rn. 8 f.). Im Beschluss ist weiter anzugeben, dass die Mittel für die Kapitalerhöhung durch die Spaltung, d. h. durch den Übergang des Vermögens der übertragenden Gesellschaft aufgebracht werden (vgl. zur Verschmelzung Widmann/Mayer/Mayer, Umwandlungsrecht, § 55 UmwG Rn. 36; Reichert, in: Semler/Stengel, § 55 UmwG Rn. 7; Stratz, in: Schmitt/Hörtnagl/Stratz, § 55 UmwG Rn. 3; Lutter/Winter/Vetter, UmwG, § 55 Rn. 9). **193**

Nach §§ 55 Abs. 2, 125 UmwG i. V. m. § 57 Abs. 3 Nr. 2 und Nr. 3 GmbHG sind der Anmeldung der Kapitalerhöhung **folgende Unterlagen** beizufügen: **194**
- beglaubigte Abschrift des Spaltungsvertrages,
- beglaubigte Abschriften der Zustimmungsbeschlüsse der übertragenden und der übernehmenden Gesellschaft,
- Beschluss über die Erhöhung des Stammkapitals und entsprechender Änderung der Satzung,
- bescheinigte Neufassung der Satzung gem. § 54 GmbHG,
- Liste der Übernehmer der neuen Stammeinlage (str., vgl. oben Teil 2 Rdn. 1021; Widmann/Mayer/Mayer, Umwandlungsrecht, § 55 UmwG Rn. 90),
- Gesellschafterliste, bescheinigt nach § 40 Abs. 2 Satz 1 GmbHG durch den Notar.

Durch das MoMiG v. 23.10.2008 (BGBl. I 2008, S. 2026) wurde die Bedeutung der Gesellschafterliste nach § 40 GmbHG erweitert. Nach § 40 Abs. 2 GmbHG ist der Notar, der an den Veränderungen in den Personen der Gesellschafter oder des Umfangs ihrer Beteiligung gem. § 40 Abs. 1 GmbHG mitgewirkt hat, verpflichtet, unverzüglich nach Wirksamwerden der Veränderungen eine Gesellschafterliste zu unterschreiben, diese mit einer Bescheinigung zu versehen und beim Handelsregister einzureichen (vgl. dazu Mayer DNotZ 2008, 403 ff.; Herrler, DNotZ 2008, 203 ff.; Tebben RNotZ 2008, 441 ff.; Wachter, ZNotP 2009, 378 ff.). Das gilt auch bei einer Kapitalerhöhung. Das OLG München hat im Beschl. v. 07.07.2010 entschieden, dass die Beurkundung des Beschlusses zur Kapitalerhöhung eine solche Mitwirkung darstellt. In diesem Fall obliege dem Notar auch die Bescheinigungspflicht nach § 40 Abs. 2 Satz 2 GmbHG (DB 2010, 1983 = DNotZ 2011, 63 = DStR 2010, 1537 zustimmend Mayer, MittBayNot 2014, 114, 120). Dies gilt demnach auch bei einer Verschmelzung mit Kapitalerhöhung (vgl. Flik, NZG 2010, 170 ff.). Zwar besteht die notarielle Pflicht zur Einreichung einer aktualisierten Gesellschafterliste erst nach Wirksamwerden der beurkundeten Veränderungen (hier: der Kapitalerhöhung); der Notar ist aber nach wohl überwiegender Meinung nicht gehindert, die aktualisierte Liste bereits vor Wirksamwerden der Veränderungen zu erstellen und mit der erforderlichen Notarbescheinigung zu versehen (OLG Jena DNotZ 2011, 64 = RNotZ 2010, 662; Link, RNotZ 2009, 193; Hasselmann, NZG 2009, 468, 491; Herrler, DNotZ 2008, 903, 910). Streitig ist, ob der Notar die Gesellschafterliste erst dann beim Handelsregister einreichen darf, wenn die Veränderung wirksam geworden ist, also nach Eintragung der Kapitalerhöhung im Handelsregister. In der Literatur wird jedoch teilweise die Auffassung vertreten, der Notar sei zumindest berechtigt (Herrler, DNotZ 2008, 903, 910 f., 915; Gustavus, Handelsregisteranmeldung, 7. Aufl. 2009, A 108, S. 109) oder gar verpflichtet (Wicke, GmbHG, 57 Rn. 5), schon mit der Anmeldung der Kapitalerhöhung eine Gesellschafterliste mit dem Stand nach der angemeldeten Kapitalerhöhung einzureichen. Z. T. wird dies abgelehnt (Mayer, MittBayNot 2014, 114, 121). Davon zu trennen ist die Liste bei Tochtergesellschaften: Fraglich ist, ob der Notar eine berichtigte Gesellschafterliste bei Tochter-GmbH-Beteiligungen der übertragenden Gesellschaft einzureichen hat (vgl. dazu Teil 2 Rn. 942).

195 Die **Schlussbilanz der übertragenden Gesellschaft** ist anders als bei der Verschmelzung als Wertnachweis-Unterlage für das Registergericht, außer in Fällen der Totalausgliederung, ungeeignet (so zu Recht Widmann/Mayer/Mayer, Umwandlungsrecht, § 126 UmwG Rn. 165; vgl. auch Schmidt/Heinz, DB 2008, 2969 ff.). Insofern kann es der übertragenden Gesellschaft überlassen bleiben, dem Registergericht durch entsprechende Unterlagen die Werthaltigkeit des übertragenden Vermögens nachzuweisen, ggf. kann eine aus der Schlussbilanz entwickelte Abspaltungsbilanz vorgelegt werden (vgl. Widmann/Mayer/Mayer, Umwandlungsrecht, § 126 UmwG Rn. 165; Stratz, in: Schmitt/Hörtnagl/Stratz, § 126 UmwG Rn. 8 ff; Mayer, DB 1995, 861; Lutter/Winter/Vetter, UmwG, § 55 Rn. 70; vgl. auch OLG Düsseldorf, DB 1995, 1392). Lässt sich aus der Schlussbilanz exakt ableiten, welche Vermögensteile auf die übertragende Gesellschaft übergehen, kann im Einzelfall diese Schlussbilanz als Wertnachweis genügen, wenn die Buchwerte fortgeführt werden (Widmann/Mayer/Mayer, Umwandlungsrecht, § 126 UmwG Rn. 165).

196 **2. Kapitalerhöhung bei der AG.** Eine ähnlich **vereinfachte Kapitalerhöhung** wie bei der Verschmelzung gilt auch bei der Spaltung auf eine AG (vgl. bereits oben bei der Verschmelzung Teil 2 Rdn. 275, Teil 2 Rdn. 1118 ff.). Nach § 125 Satz 1 ist auch § 69 Abs. 1 UmwG anwendbar. Es kann daher auch hier auf die obigen Vorschriften verwiesen werden (vgl. oben Teil 2 Rdn. 275 ff., Teil 2 Rdn. 1118 ff.).

Nach § 69 Abs. 1 UmwG sind insb. **folgende Vorschriften nicht anzuwenden:**
- § 182 Abs. 1 AktG, wonach das Grundkapital nicht erhöht werden soll, solange noch ausstehende Einlagen erlangt werden können;
- § 184 Abs. 2 AktG, der die entsprechende Regelung bei der Anmeldung enthält.
- Ebenfalls ausgeschlossen sind die Vorschriften über die Zeichnung der neuen Aktien, das Bezugsrecht und das vorrangige Bezugsrecht der Aktionäre (§§ 185, 186, 187 Abs. 1 AktG).
- Schließlich ist auch nicht § 188 Abs. 3 Nr. 1 AktG anzuwenden, der die Beifügung der Zweitschriften der Zeichnung schon bei der Anmeldung vorsieht und § 188 Abs. 2 AktG in seiner Verweisung auf die §§ 36 Abs. 2, 36a, 37 AktG.

I. Ü. gelten die allgemeinen Vorschriften der §§ 182 ff. AktG für die Kapitalerhöhung (vgl. Stratz, in: Schmitt/Hörtnagl/Stratz, § 69 UmwG Rn. 5; Lutter/Grunewald, § 69 UmwG Rn. 2; Widmann/Mayer/Rieger, Umwandlungsrecht, § 69 UmwG Rn. 3 ff.; Engelmeyer, Die Spaltung von AG nach dem neuen Umwandlungsrecht, S. 214 ff.; Kallmeyer/Marsch-Barner, UmwG, § 69 Rn. 4 ff.).

▶ **Hinweis:** 197

Zu beachten ist allerdings, dass anders als bei der Verschmelzung nach § 142 Abs. 1 UmwG bei der Spaltung unter Beteiligung einer AG oder KGaA als aufnehmende Gesellschaft eine Prüfung der Sacheinlage nach § 183 Abs. 3 AktG immer stattzufinden hat, auf die Rechtsform der übertragenden Gesellschaft kommt es – anders als bei der Verschmelzung – nicht an (vgl. Lutter/Schwab, UmwG, § 142 Rn. 1; krit. vgl. Kallmeyer/Kallmeyer/Sickinger, § 142 UmwG Rn. 1; Ihrig, GmbHR 1995, 622, 643; zur Sacheinlageprüfung bei der Spaltung vgl. Angermeyer, WPg 1995, 681, 687 ff.).

Grds. ist das **Verfahren der Kapitalerhöhung** bei der Spaltung das Gleiche wie bei der Kapitalerhöhung 198 gegen Sacheinlage (vgl. auch oben Teil 2 Rdn. 275 ff.). Die Einberufung der Hauptversammlung hat nach § 123 Abs. 1 AktG mindestens 30 Tage vor dem Tag der Versammlung zu erfolgen, sofern die Satzung keine andere Frist vorschreibt, und hat die Angaben nach § 121 AktG zu enthalten. Da die Spaltung eine Sacheinlage darstellt, sind in die **Tagesordnung** aufzunehmen und bekannt zu machen (§§ 183 Abs. 1, 124 Abs. 2 AktG):
– Wortlaut der vorgeschlagenen Satzungsänderung (Grundkapital und Erhöhungsbetrag, Zahl der neuen Aktien, Ausgabebetrag, Gattung und Art),
– Kapitalerhöhung zur Durchführung der Spaltung,
– übertragende Gesellschaft mit genauem Namen,
– Wert des Vermögens der übertragenden Gesellschaft und deren Grundkapital,
– der Nennbetrag bzw. bei Stückaktien die Zahl der als Gegenleistung zu gewährenden Aktien sowie
– die Höhe etwaiger barer Zuzahlungen.

Die Einberufung ist nach § 121 Abs. 4 AktG in den Gesellschaftsblättern bekannt zu machen. Sie muss die Firma, den Sitz der Gesellschaft, Zeit und Ort der Hauptversammlung angeben. Zudem ist die Tagesordnung anzugeben und bei börsennotierten Gesellschaften die in § 121 Abs. 3 Satz 2 AktG genannten Angaben (Voraussetzungen der Teilnahme an der Hauptversammlung und die Ausübung des Stimmrechts, ggf. Nachweisstichtag, Verfahren für Stimmabgabe bestimmte Rechte der Aktionäre, Nr. 3, Internetseite der Gesellschaft, Nr. 4). Sind die Aktionäre der Gesellschaft namentlich bekannt, so kann nach § 121 Abs. 4 AktG die Hauptversammlung mit eingeschriebenem Brief einberufen werden. Sind mehrere Gattungen von stimmberechtigten Aktien vorhanden, hat die Einladung auch die Bekanntmachung des Erfordernisses von Sonderbeschlüssen anzukündigen

Der Kapitalerhöhungsbeschluss hat den Inhalt der normalen Kapitalerhöhung; nach § 182 Abs. 1 AktG 199 ist eine Mehrheit erforderlich, die mindestens 3/4 des bei der Beschlussfassung vertretenen Grundkapitals umfasst. Inhaltlich muss der Beschluss **folgende Angaben** enthalten:
– Angabe, dass es sich um eine Kapitalerhöhung zur Durchführung der Spaltung handelt,
– Erhöhungsbetrag und neue Grundkapitalziffer,
– Festsetzung gem. § 183 Abs. 1 AktG: Person des übertragenden Rechtsträgers, Nennbetrag der zu gewährenden Aktien und Gegenstand der Sacheinlage (Angabe, dass der Erhöhungsbetrag durch den Übergang des Vermögens des übertragenden Rechtsträgers aufgebracht wird),
– Zahl, Art (Inhaber- oder Namensaktien) und Gattung (Stamm- oder Vorzugsaktien) der neuen Aktien,
– Nennbetrag der Aktien bzw. ob es sich um Stückaktien handelt.

Umstritten ist, ob die Festsetzung eines Mindestausgabebetrages der neuen Aktien i. S. v. § 182 200 Abs. 3 möglich und sogar erforderlich ist (vgl. Widmann/Mayer/Rieger, Umwandlungsrecht, § 69 UmwG Rn. 17; Lutter/Grunewald, § 69 UmwG Rn. 6; Diekmann, in: Semler/Stengel, § 69 UmwG Rn. 5). Sind mehrere Gattungen stimmberechtigter Aktien vorhanden, so bedarf der Hauptversammlungsbeschluss zu einer Wirksamkeit der Zustimmung der Aktionäre jeder Gattung durch Sonderbeschluss (§ 182 Abs. 2 AktG). Möglich ist auch die Durchführung einer bedingten Kapitalerhöhung, auch genehmigtes Kapital kann zur Durchführung der Spaltung genutzt werden (vgl. im Einzelnen oben Teil 2 Rdn. 1139 ff.). Der Kapitalerhöhungsbeschluss ist nach § 69 Abs. 1 UmwG wegen der Nichtanwendbarkeit des § 182 Abs. 4 AktG unabhängig davon zulässig, ob noch Einlagen auf das bisherige Grundkapital ausstehen und noch erlangt werden können (Ihrig, GmbHR 1995, 622, 640; Widmann/Mayer/Rieger, Umwandlungsrecht, § 69 UmwG Rn. 6; Lutter/Grunewald, § 69 UmwG Rn. 5; Kallmeyer/Marsch-Barner, § 69 UmwG Rn. 5; Diekmann, in: Semler/Stengel, § 69 UmwG Rn. 10; Stratz, in: Schmitt/Hörtnagl/Stratz, § 69 UmwG Rn. 6). 186 AktG ist nach § 69 Abs. 1 Satz 1 UmwG nicht anwendbar, sodass die **Altaktionäre kein Bezugsrecht** haben (vgl. Diekmann, in: Semler/Stengel, § 69 UmwG Rn. 15; Lutter/Grunewald, § 69 UmwG Rn. 17; Kallmeyer/Marsch-Barner, § 69 UmwG Rn. 12; Stratz, in: Schmitt/Hörtnagl/Stratz, § 69 UmwG Rn. 10). Da bei der Kapitalerhöhung zur Durchführung einer Verschmelzung die Zeichner im Verschmelzungsvertrag und Verschmelzungsbeschluss genannt werden, erfolgt keine Zeichnung neuer Aktien (vgl. Diekmann, in: Semler/Stengel, § 69 UmwG Rn. 14; Widmann/Mayer/Rieger, Umwandlungsrecht, § 69 UmwG Rn. 36; Lutter/Grunewald, § 69 UmwG Rn. 16; Stratz, in: Schmitt/Hörtnagl/Stratz, § 69 UmwG Rn. 9). § 185 AktG ist nach § 69 Abs. 1 Satz 1 UmwG ausdrücklich ausgeschlossen.

201   Ebenso wie bei der GmbH ist die **Anmeldung der Kapitalerhöhung** zur Durchführung der Spaltung gesondert vorzunehmen. Mit der Anmeldung über die Spaltung kann allerdings auch die Anmeldung der Kapitalerhöhung verbunden werden. Für die übernehmende AG melden deren Vorstandsmitglieder in vertretungsberechtigter Zahl und der Aufsichtsratsvorsitzende sowohl den Kapitalerhöhungsbeschluss als auch die Durchführung der Kapitalerhöhung an (§§ 184 Abs. 1 Satz 1, 188 Abs. 1 AktG; vgl. Widmann/Mayer/Rieger, Umwandlungsrecht, § 69 UmwG Rn. 38; Engelmeyer, Die Spaltung von AG nach dem neuen Umwandlungsrecht, S. 222 ff.). In der Literatur ist unklar, welche Anlagen der Anmeldung der Kapitalerhöhung und welche der Anmeldung der Durchführung beizufügen sind (vgl. den Streit bei Widmann/Mayer/Rieger, Umwandlungsrecht, § 69 UmwG Rn. 39), sodass es sich empfiehlt, in der Praxis von der Möglichkeit Gebrauch zu machen, alle drei erforderlichen Anmeldungen (Kapitalerhöhung, Durchführung der Kapitalerhöhung und der Spaltung) gleichzeitig vorzunehmen (so Widmann/Mayer/Rieger, Umwandlungsrecht, § 69 UmwG Rn. 42; Kallmeyer/ Marsch-Barner, § 69 UmwG Rn. 19).

202   Bei der übernehmenden AG ist **Inhalt der Anmeldung der Kapitalerhöhung**:
– der Kapitalerhöhungsbeschluss (§ 184 Abs. 1 Satz 1 AktG),
– die notwendige Änderung der Satzung (§ 181 Abs. 1 Satz 1 AktG),
– die Erklärung, dass es sich um eine Kapitalerhöhung zur Durchführung der Spaltung handelt,
– nach Erfolg der Durchführung ist die Durchführung der Kapitalerhöhung anzumelden (§ 188 Abs. 1 AktG).

203   Beizufügende Unterlagen sind bei einer übernehmenden AG folgende (vgl. Widmann/Mayer/Rieger, Umwandlungsrecht, § 69 UmwG Rn. 39 ff.; Ittner, MittRhNotK 1997, 122; Engelmeyer, Die Spaltung von AG nach dem neuen Umwandlungsrecht, S. 222 ff.):
– beglaubigte Abschrift des Spaltungsvertrages bzw. -plans,
– beglaubigte Abschrift der Zustimmungsbeschlüsse der übertragenden und der übernehmenden Gesellschaften,
– Beschluss über die Kapitalerhöhung inklusive evtl. erforderlicher Sonderbeschlüsse nach § 182 Abs. 2 AktG) und die entsprechende Änderung der Satzung,
– Bericht über die Prüfung der Sacheinlage, wenn erforderlich (§ 184 Abs. 1 Satz 2 AktG i. V. m. § 142 Abs. 1 UmwG),
– bescheinigte Neufassung der Satzung gem. § 181 Abs. 1 Satz 2 AktG,
– Berechnung der Kosten, die der AG durch die Ausgabe der neuen Aktien entstehen (§ 188 Abs. 3 Nr. 3 AktG),
– Schlussbilanz der übertragenden Gesellschaft, wegen Werthaltigkeitsprüfung (vgl. Widmann/Mayer/Mayer, Umwandlungsrecht, § 69 UmwG Rn. 39).

204   Die Kapitalerhöhung ist bei der Spaltung, genauso wie bei der Verschmelzung, eine **Kapitalerhöhung gegen Sacheinlage**, Gegenstand der Sacheinlage ist der Teil des abgespaltenen Vermögens. Die Einlagepflicht wird erfüllt durch Übertragung des abzuspaltenden Vermögens der übertragenen Gesellschaft. Genauso wie bei der Verschmelzung kann die Kapitalerhöhung nur im Zusammenhang mit

der Spaltung durchgeführt werden. Die **Anmeldung** erfolgt durch den Vorstand – in vertretungsberechtigter Zahl – und den Vorsitzenden des Aufsichtsrats (§ 184 Abs. 1 AktG; vgl. Diekmann, in: Semler/Stengel, § 69 UmwG Rn. 13). Die Anmeldung und Eintragung von Kapitalerhöhungsbeschluss und Durchführung der Kapitalerhöhung können nach § 188 Abs. 4 AktG verbunden werden. Mit der **Anmeldung** kann und sollte man darüber hinaus die Anmeldung der Verschmelzung verbinden (Diekmann in: Semler/Stengel, § 69 UmwG Rn. 25; Widmann/Mayer/Mayer, Umwandlungsrecht, § 69 UmwG Rn. 42; Lutter/Grunewald, § 69 UmwG Rn. 22).

II. Festlegung des Kapitalerhöhungsbetrages

Ebenso wie bei der Verschmelzung gelten daher bei der Spaltung die Grundsätze wie bei jeder Kapital- **205** erhöhung gegen eine Sacheinlage. Aus Gründen des Gläubigerschutzes ist daher sowohl bei der AG als auch bei der GmbH eine **Überbewertung** des abgespaltenen Vermögens bzw. eine **unter-pari-Emission** verboten (vgl. Teil 2 Rdn. 286 ff.). Es gilt allerdings auch hier der Grundsatz, dass wenn der Buchwert des übertragenen Vermögens zur Deckung des Kapitalerhöhungsbetrages nicht ausreicht, eine Aufstockung der Teilungsbilanz auf Zeitwerte und Verkehrswerte durchgeführt werden kann (vgl. Widmann/Mayer/Mayer, Umwandlungsrecht, § 126 UmwG Rn. 62; Lutter/Priester, UmwG, § 126 Rn. 71; Hörtnagl, in: Schmitt/Hörtnagl/Stratz, § 126 UmwG Rn. 50; Mayer, DB 1995, 861; Kallmeyer/Kallmeyer/Sickinger, UmwG, § 126 Rn. 29; Priester, in: Lutter, Kölner Umwandlungsrechtstage, S. 153).

Grds. ist für die **Berechnung des Umtauschverhältnisses** bei der Spaltung zur Aufnahme und damit **206** auch für die Festsetzung des Kapitalerhöhungsbetrages der wahre Wert der beiden betroffenen Gesellschaften und des übertragenen Vermögens maßgebend. Das übertragene Vermögen ist daher nach derselben Methode zu bewerten wie das aufnehmende Unternehmen. Maßgebend für die Werte sind die wahren Werte, stille Reserven müssen aufgedeckt und auch der Firmenwert muss berücksichtigt werden. Die Höhe der Kapitalerhöhung hängt wie bei der Verschmelzung vom Verhältnis des Wertes des abgespaltenen Vermögens der übertragenden Gesellschaft zum Wert der übernehmenden Gesellschaft ab (vgl. oben Teil 2 Rdn. 82 ff.; Kallmeyer/Kallmeyer/Sickinger, UmwG, § 126 Rn. 7; Widmann/Mayer/Mayer, Umwandlungsrecht, § 126 UmwG Rn. 70 ff.; Lutter/Priester, UmwG, § 126 Rn. 71; zur Verschmelzung vgl. Widmann/Mayer/Mayer, Umwandlungsrecht, § 55 UmwG Rn. 12; Lutter/Winter/Vetter, UmwG § 55 Rn. 26; Reichert, in: Semler/Stengel, § 55 UmwG Rn. 7; Kallmeyer/Kallmeyer/Kocher, § 55 UmwG Rn. 10; Stratz, in: Schmitt/Hörtnagl/Stratz, § 55 UmwG Rn. 9, 14, 27; ausführlich Korte, WiB 1997, 955, 957; § 69 Rn. 13; Ihrig, GmbHR 1995, 622; Limmer, in: FS für Schippel, 1996, S. 426; vgl. auch Lutter/Bayer, § 9c GmbHG Rn. 15).

Wenn im Grundsatz die wahren Werte für die Kapitalerhöhung ausschlaggebend sind, so ist wie bei der **207** Verschmelzung eine **Unterbewertung** des Vermögens der übertragenden Gesellschaft zulässig (vgl. oben Teil 2 Rdn. 290 ff.). Hierbei ist allerdings zu berücksichtigen, dass eine Unterbewertung in die Rechte des einzelnen Gesellschafters eingreift, wenn sie nicht in gleicher Weise und gleicher Relation auch beim Wertansatz der übernehmenden Gesellschaft geschieht (Lutter/Hommelhoff, GmbHG, 13. Aufl. 1991, § 21 KapErhG Rn. 7; Widmann/Mayer/Mayer, Umwandlungsrecht, § 55 UmwG Rn. 61zur Verschmelzung). Mit Zustimmung aller Gesellschafter der übertragenen Gesellschaft wird man allerdings eine Unterbewertung für zulässig erachten müssen, weil hierdurch zumindest Gläubigerinteressen nicht beeinträchtigt werden, sodass allein dem Minderheitenschutz Rechnung zu tragen ist (str., vgl. oben Teil 2 Rdn. 86 ff.; Widmann/Mayer/Mayer, Umwandlungsrecht, § 126 UmwG Rn. 70 ff.; vgl. zur Verschmelzung Kowalski, GmbHR 1996, 158, 159; Limmer, in: FS für Schippel, 1996, S. 415, 427; Widmann/Mayer/Mayer, Umwandlungsrecht, § 5 UmwG Rn. 46; ausführlich Ihrig, ZHR 1996, 317; Lutter, in: FS für Wiedemann, 2002, S. 1097 ff.; Lutter/Winter/Vetter, § 54 UmwG Rn. 21; Reichert, in: Semler/Stengel, § 54 UmwG Rn. 27 ff.; Tillmann, GmbHR 2003, 740, 743 ff.; Kalss, ZGR 2009, 74 ff.).

Es fragt sich allerdings, ob bei einer Unterbewertung die überschießenden Beträge in die **Kapitalrück-** **208** **lage** einzustellen sind oder ob, wie bei der Gründung einer Gesellschaft, eine **Darlehensverbindlichkeit** begründet werden kann (vgl. oben zur Verschmelzung Teil 2 Rn. 258). Gegen die Passivierung einer Darlehensverbindlichkeit könnte insb. das Verbot der baren Zuzahlung gem. § 125 i. V. m. § 54 Abs. 3 UmwG sprechen. Zur gleichlautenden Bestimmung des § 2 Abs. 1 Satz 2 Nr. 3 Spaltungstreuhandgesetz wurde in der Literatur die Auffassung vertreten, dass diese Vorschrift für die Spaltung nicht passt (Priester, DB 1991, 2377). Nachdem der Gesetzgeber aber nunmehr in § 125 UmwG uneingeschränkt auf das Verschmelzungsrecht verweist, wird man mit der Literatur davon ausgehen müssen, dass Darlehensgewährungen hinsichtlich des überschießenden Saldos zwischen Aktiva und Passiva grds. – d. h. auch innerhalb der 10 % – unzulässig sind (so Mayer, DB 1995, 861, 864; Widmann/Mayer/Mayer, Umwandlungsrecht, § 126 UmwG Rn. 140 ff.; zur Verschmelzung Widmann/Mayer/Mayer, Umwandlungsrecht,§ 5 UmwG Rn. 67, § 55 UmwG Rn. 67; Reichert, in: Semler/Stengel, § 55 UmwG Rn. 42; Lutter/Winter/Vetter, UmwG, § 54 Rn. 35). Ein Teil der Literatur will aber in der 10 %-Grenze die Darlehensgewährung zulassen (KölnKom/Simon/Nüssen in: § 54 Umwg Rn. 74). Es kommt daher bei einer Unterbewertung des übertragenen Vermögens nur eine Zuführung des Mehrbetrags in eine Kapitalrücklage in Betracht. Ebenso wie bei der Verschmelzung besteht auch bei der Spaltung die Möglichkeit, einen fehlenden Differenzbetrag durch eine Bareinlage der Gesellschafter auszugleichen (vgl. Teil 2 Rdn. 95 und Widmann/Mayer/Mayer, Umwandlungsrecht, § 126 UmwG Rn. 69.2; Suppliet, NotBZ 1997, 141; zum alten Umwandlungsrecht OLG Oldenburg DB 1994, 88). Zu beachten ist, dass bei der Ausgliederung eine Darlehensgewährung zulässig ist, da § 54 UmwG nicht gilt. Nach der Auffassung des OLG München (DNotZ 2012, 308 = DStR 2012, 142) und der allgemeinen Meinung in der Literatur kann deshalb der Ausgliederungs- und Übernahmevertrag bare Zuzahlungen in unbeschränkter Höhe festsetzen (vgl. Widmann/Fronhöfer, Umwandlungsrecht, § 125 Rn. 75; Kallmeyer/Sickinger, UmwG, § 125 Rn. 60; Lutter/Priester, UmwG, § 126 Rn. 35 Kadel, BWNotZ 2010, 46, 49). Bei der Ausgliederung kann folglich – anders als bei Abspaltung – auch eine Wertdifferenz zwischen dem eingebrachten Vermögen und dem Nennbetrag des Stammkapitals der aufnehmenden Gesellschaft als Darlehen gewährt werden (Semler/Stengel/Maier/Reimer, UmwG, § 152 UmwG Rn. 71; Kallmeyer/Sickinger, § 125 UmwG Rn. 60; Lutter/Karollus, UmwG, § 159 Rn. 16; Widmann/Mayer, Umwandlungsrecht, § 135 UmwG, Rn. 38; Widmann/Mayer, § 152 UmwG Rn. 102). Im Gegensatz zur Abspaltung werden bei der Ausgliederung die Anteilsinhaber des übertragenden Rechtsträgers nicht unmittelbar betroffen, da die Anteilsgewährung an den übertragenden Rechtsträger selbst erfolgt.

III. Kapitalerhöhungsverbote und Kapitalerhöhungswahlrechte

209   **1. Allgemeines.** § 125 Satz 1 AktG verweist bzgl. der Frage der Kapitalerhöhung und der Gewährung von Anteilen oder Mitgliedschaften auf die **allgemeinen Vorschriften**, d. h. insb. auf die Kapitalerhöhungsverbote und Kapitalerhöhungswahlrechte der §§ 54, 68 UmwG für GmbH bzw. AG. Im Grunde gelten daher die gleichen Grundsätze der Kapitalerhöhung und der Verwendung von Anteilen wie bei der Verschmelzung. Auf die obigen Ausführungen kann daher wegen der Einzelheiten verwiesen werden (vgl. oben Teil 2 Rdn. 303 ff.). Auch bei der Spaltung gilt nach § 126 Abs. 1 Nr. 2 UmwG, dass als Gegenleistung für die Übertragung des Vermögens Anteile zu gewähren sind. Die Anteilsgewährungspflicht ist Wesensmerkmal auch der Spaltung (vgl. oben Teil 3 Rdn. 133 ff. m. w. N. sowie Widmann/Mayer/Mayer, Umwandlungsrecht, § 126 UmwG Rn. 65). Allerdings hat der Gesetzgeber wie bei der Verschmelzung bestimmte Kapitalerhöhungsverbote und Kapitalerhöhungswahlrechte geschaffen, um auch die Entstehung eigener Anteile zu verhindern (vgl. oben Teil 2 Rdn. 303 ff.).

210   **2. Kapitalerhöhungsverbote. a) Übernehmer besitzt Anteile an der übertragenden Gesellschaft – Tochter- auf Muttergesellschaft (up-stream-merger).** Ein Kapitalerhöhungsverbot besteht zunächst in dem Fall, dass die **übernehmende Gesellschaft Anteile an der übertragenden Gesellschaft** besitzt (§ 125 i. V. m. §§ 54 Abs. 1 Satz 1 Nr. 1 UmwG, § 68 Abs. 1 Satz 1 Nr. 1 UmwG). Es handelt sich dabei um den sog. Up-Stream bzw. der Spaltung bzw. Ausgliederung von der **Tochter- auf die Muttergesellschaft** (vgl. oben Teil 2 Rdn. 307 ff.). Aus § 131 Abs. 1 Nr. 3 UmwG ergibt sich, dass, soweit der übernehmende Rechtsträger Anteile des übertragenden Rechtsträgers innehat, keine Anteilsgewährungspflicht besteht, die sogar verboten ist (vgl. Widmann/Mayer/Mayer, Umwandlungsrecht, § 126 UmwG Rn. 75 ff.; Kallmeyer/Kallmeyer/Sickinger, UmwG, § 131 Rn. 24). Dementsprechend darf die übernehmende Gesellschaft zur Durchführung der Spaltung ihr Stammkapital nicht erhöhen, soweit sie Anteile am übertragenden Rechtsträger innehat. Damit ist nicht nur der Fall geregelt, dass sich alle Anteile eines übertragenden Rechtsträgers in der Hand des übernehmenden Rechtsträgers befinden, sondern auch der Fall der teilweisen Beteiligung des übernehmenden Rechtsträgers am über-

tragenden Rechtsträger (Widmann/Mayer/Mayer, Umwandlungsrecht, § 126 UmwG Rn. 78; Reichert, in: Semler/Stengel, § 54 UmwG, Rn. 5; Kallmeyer/Kallmeyer/Kocher, § 54 UmwG Rn. 5 ff.; Limmer, in: FS für Schippel, 1996, S. 415, 429; Lutter/Priester, UmwG, § 126 Rn. 21; Ittner, MittRhNotK 1997, 108).

> **Beispiel: 100 %ige Konzernkonstellation**   211

> Die A-GmbH ist zu 100 % an der B-GmbH beteiligt. Die B-GmbH spaltet einen Teilbetrieb auf die A-GmbH ab. Anteile dürfen nicht gewährt werden (§ 54 Abs. 1 Satz 1 Nr. 1 UmwG; § 125).

> Die A-GmbH und die B-GmbH sind an der C-GmbH zu je 50 % beteiligt. Die C-GmbH spaltet einen Teilbetrieb auf die A-GmbH ab. Der A-GmbH dürfen keine Anteile gewährt werden, wohl aber der C-GmbH, da diese nicht Übernehmerin ist.

Bei der **Ausgliederung** sind die **§§ 54, 68 UmwG nicht anzuwenden** (§ 125 Satz 1 UmwG), wobei in 212
der Literatur z. T. Analogien befürwortet werden (vgl. dazu oben Teil 3 Rdn. 150). Auch § 131 Abs. 1 Nr. 3 UmwG nimmt nicht den Fall der Ausgliederung aus, sodass bei der Ausgliederung immer Anteile zu gewähren sind, die Kapitalerhöhungsverbote und Wahlrechte gelten nach herrschender Meinung nicht (vgl. Kallmeyer/Kallmeyer/Sickinger, UmwG, § 125 Rn. 57; § 131 Rn. 12; Widmann/Mayer/Mayer, Umwandlungsrecht, § 126 UmwG Rn. 95; Lutter/Priester, § 126 UmwG Rn. 21; Hörtnagl, in: Schmitt/Hörtnagl/Stratz, § 126 UmwG Rn. 47 ff.; Ittner, MittRhNotK 1997, 109 Schröer in: Semler/Stengel, § 126 UmwG Rn. 30). Bereits frühzeitig wurde allerdings auf die Schwierigkeiten hingewiesen, die diese zwingende Anteilsgewährungspflicht bei einer Ausgliederung »von unten nach oben«, also bei einer 100 %igen Tochtergesellschaft, auf die Muttergesellschaft hervorruft. Gemeint ist der Fall, dass die Tochter Unternehmensteile auf ihre Mutter übertragen möchte (vgl. bereits Karollus, in: Lutter, Kölner Umwandlungsrechtstage, S. 157 ff.; Limmer, in: FS für Schippel, 1996, S. 434 f.). Hält man zwingend an der Anteilsgewährungspflicht in diesen Fällen fest, dann müsste die Muttergesellschaft als aufnehmende Gesellschaft ihrer Tochtergesellschaft Anteile gewähren. Dies ist allerdings unter **bestimmten Voraussetzungen im Aktienrecht** gem. § 71d AktG und auch im GmbHG verboten. In der Literatur ist nun umstritten, welche Rechtsfolgen hieraus zu ziehen sind. Man könnte sich auf den Standpunkt stellen, dass in diesen Fällen eine Ausgliederung, die nur gegen Verstoß gegen § 33 GmbHG bzw. § 71d AktG möglich wäre, generell unzulässig ist und daher nur die Möglichkeit der Abspaltung bleibt (so Widmann/Mayer/Mayer, Umwandlungsrecht, § 126 UmwG Rn. 97; Mayer/Weiler, DB 2007, 1235, 1239; Schöne, Die Spaltung unter Beteiligung von GmbH, S. 120; wohl auch Karollus, in: Lutter, Kölner Umwandlungsrechtstage, S. 157 ff.). Eine andere Lösung wäre, in diesen Fällen eine **Ausnahme von der Anteilsgewährungspflicht** oder zumindest die Möglichkeit eines Verzichtes anzunehmen (so Hörtnagl, in: Schmitt/Hörtnagl/Stratz, § 126 UmwG Rn. 48; Lutter/Priester, § 126 UmwG Rn. 26; Schröer in Semler/Stengel, § 126 UmwG Rn. 32). Dies wird teilweise mit dem Hinweis verneint, dass die Anteilsgewährungspflicht dem Minderheitenschutz dient. Würde man nämlich eine Ausgliederung ohne Anteilsgewährung zulassen, so würden die Minderheitsgesellschafter der Tochter überhaupt keinen Gegenwert erhalten. Bei der Ausgliederung gegen Anteilsgewährung erhalten diese zumindest eine mittelbare Beteiligung an den übertragenden Vermögenswerten.

> **Hinweis:**   213

> Allerdings wird man in den Fällen, in denen überhaupt keine Minderheitsgesellschafter bei der Tochter vorhanden sind, eine Ausnahme von der Anteilsgewährungspflicht machen können, sodass in diesen Fällen ausnahmsweise die Ausgliederung ohne Anteilsgewährung und ohne Verstoß gegen das Verbot des Erwerbs eigener Anteile möglich wäre (so Limmer, in: FS für Schippel, 1996, S. 435; ablehnend Schöne, Die Spaltung unter Beteiligung von GmbH, S. 121). In der Praxis empfiehlt sich bis zu einer gerichtlichen Klärung den Grundsatz der Anteilsgewährung einzuhalten. U. U. ist eine solche auch aus steuerlichen Gründen notwendig, wenn die Buchwertfortführung erreicht werden soll.

> **b) Übertragende Gesellschaft hält eigene Anteile.** Der **zweite Fall** (§ 54 Abs. 1 Satz 1 Nr. 2, § 68 214
Abs. 1 Satz 1 Nr. 2 i. V. m. § 125 UmwG) betrifft die Konstellation, in denen die übertragende Gesell-

schaft eigene Anteile besitzt (vgl. oben Teil 2 Rdn. 311 ff.). Auch in diesen Fällen ist eine Kapitalerhöhung insofern verboten, soweit die übertragende Gesellschaft diese eigenen Anteile innehat. Diese Vorschrift des Verschmelzungsrechts ist auch auf die Fälle der Spaltung anzuwenden (so Widmann/ Mayer/Mayer, Umwandlungsrecht, § 126 UmwG Rn. 67; Kallmeyer/Kallmeyer/Sickinger, UmwG, § 131 Rn. 23 ff.; Engelmeyer, Die Spaltung von AG nach dem neuen Umwandlungsrecht, S. 210). § 131 Abs. 1 Nr. 3 UmwG bestimmt daher auch, dass, soweit der übertragende Rechtsträger eigene Anteile innehat, kein Anteilstausch stattfindet.

215 ▶ **Hinweis:**

Bei der Ausgliederung gilt diese Ausnahme nicht, sodass auch hier die Verpflichtung zur Gewährung von Anteilen unbeschränkt besteht.

216 c) **Übertragende Gesellschaft hält nicht voll einbezahlte Anteile der Übernehmerin.** Nach §§ 54 Abs. 1 Satz 1 Nr. 3, 68 Abs. 1 Satz 1 Nr. 3 i. V. m. § 125 UmwG ist schließlich auch eine Kapitalerhöhung nicht zulässig, soweit die übertragende Gesellschaft Geschäftsanteile an der übernehmenden besitzt, auf die die **Einlagen nicht in voller Höhe** bewirkt sind (vgl. oben Teil 2 Rdn. 313 ff.). Auch diese Vorschrift gilt bei der Spaltung (vgl. Widmann/Mayer/Mayer, Umwandlungsrecht, § 126 UmwG Rn. 109; Engelmeyer, Die Spaltung von AG nach dem neuen Umwandlungsrecht, S. 210). Die restliche Einlageforderung der übernehmenden Gesellschaft gegen die übertragende Gesellschaft erlischt mit dem Wirksamwerden der Aufspaltung oder Abspaltung durch Konfusion. Würde man in diesem Fall zulassen, dass die übernehmende Gesellschaft im Wege der Kapitalerhöhung neue Anteile schafft und sie den Gesellschaftern der übertragenden Gesellschaft zur Verfügung stellt, dann wären die neuen Anteile i. H. d. ausstehenden Alteinlagen nicht gedeckt.

217 3. **Kapitalerhöhungswahlrechte.** Die Kapitalerhöhungswahlrechte der §§ 54 Abs. 1 Satz 2, 68 Abs. 1 Satz 1 UmwG gelten auch bei der Spaltung, nicht hingegen bei der Ausgliederung (vgl. oben Teil 2 Rdn. 316 f.). Danach ist also bei der Spaltung die **Kapitalerhöhung nicht erforderlich,** soweit die übernehmende Gesellschaft eigene Anteile innehat oder ein übertragender Rechtsträger Geschäftsanteile dieser Gesellschaft innehat, auf die die Einlagen bereits in voller Höhe bewirkt sind. In diesem Fall kann die übernehmende Gesellschaft die vorhandenen eigenen Anteile als Gegenleistung verwenden, sie muss dies aber nicht. Insofern stellt diese Vorschrift ein Kapitalerhöhungswahlrecht dar, es können auch neue Anteile als Gegenleistung geschaffen werden (Widmann/Mayer/Mayer, Umwandlungsrecht, § 126 UmwG Rn. 108; Engelmeyer, Die Spaltung von AG nach dem neuen Umwandlungsrecht, S. 207).

218 4. **Anteile Dritter.** Ebenso wie bei der Verschmelzung (vgl. oben Teil 2 Rdn. 320) besteht auch die Möglichkeit der Anteilsgewährungspflicht dadurch nachzukommen, dass **Anteile Dritter** – allerdings nur an der aufnehmenden Gesellschaft – **als Gegenleistung** gewährt werden können (vgl. Widmann/ Mayer/Mayer, Umwandlungsrecht, § 126 UmwG Rn. 111).

219 5. **Spaltung bei Beteiligung von Schwestergesellschaften.** Bei der Spaltung bei Beteiligung von Schwestergesellschaften gilt das Gleiche wie bei der Verschmelzung. Die wohl überwiegende Meinung steht auf dem Standpunkt, dass auch bei Schwestergesellschaften Anteile zu gewähren sind, wenn nicht Ausnahmevorschriften eingreifen. Die Frage ist allerdings heftig umstritten (vgl. oben Teil 2 Rdn. 255 ff.). Die im Zweiten Gesetz zur Änderung des UmwG in den §§ 54 und 68 UmwG vorgesehene Ausnahme durch Verzicht (vgl. BR-Drucks. 548/06, S. 27) gilt auch für die Spaltung (Kallmeyer/ Kallmeyer/Sickinger, UmwG, § 125 Rn. 58; Schröer in: Semler/Stengel, § 126 UmwG Rn. 29; Widmann/Mayer/Mayer, § 126 UmwG Rn. 101).

220 6. **Bare Zuzahlungen.** Ebenso wie bei der Verschmelzung (vgl. oben Teil 2 Rdn. 331 ff.) sind bare Zuzahlungen bei Spaltung zulässig, dürfen aber nach § 125 Satz 1 i. V. m. § 154 Abs. 4, 68 Abs. 3 UmwG den zehnten Teil des gesamten Nennbetrages der gewährten Anteile der übernehmenden Gesellschaften nicht übersteigen. Bei der Ausgliederung ist § 54 UmwG nicht anwendbar, der in Abs. 4 bare Zuzahlungen auf den zehnten Teil des Gesamtnennbetrags der gewährten Geschäftsanteile der

übernehmenden Gesellschaft beschränkt. Nach der allgemeinen Meinung kann deshalb der Ausgliederungs- und Übernahmevertrag bare Zuzahlungen in unbeschränkter Höhe festsetzen (vgl. OLG München, DNotZ 2012, 308 = NZG 2012, 229; Widmann/Fronhöfer, UmwG § 125 Rn. 75; Kallmeyer/Sickinger, UmwG, § 125 Rn. 60; Lutter/Priester, UmwG, § 126 Rn. 35 a. E.; Kadel BWNotZ 2010, 46, 48). Bei der Ausgliederung kann folglich – anders als bei Abspaltung – auch eine Wertdifferent zwischen dem eingebrachten Vermögen und dem Nennbetrag des Stammkapitals der aufnehmenden Gesellschaft als Darlehen gewährt werden (OLG München, DNotZ 2012, 308 = NZG 2012, 229; Semler/Stengel/Maier/Reimer, UmwG, § 152 Rn. 71; Kallmeyer/Sickinger, § 125 Rn. 60; Lutter/Priester, § 126 Rn. 35; Lutter/Karollus, § 159 Rn. 16; Widmann/Mayer, § 135 UmwG Rn. 38; Widmann/Mayer, UmwG § 152 Rn. 102).

7. Verzicht auf Anteilsgewährung. Der Gesetzgeber hat bekanntlich im **Zweiten Gesetz zur Änderung des UmwG** in den §§ 54 und 68 UmwG eine Ausnahme durch Verzicht festlegt (vgl. BR-Drucks. 548/06, S. 27): § 54 Abs. 1 Satz 3 UmwG n. F. (für die GmbH) bzw. § 68 Abs. 1 Satz 3 UmwG n. F. (für die AG) bestimmt nunmehr, dass die Kapitalerhöhung bei der übernehmenden Kapitalgesellschaft zur Disposition **aller Anteilsinhaber des übertragenden Rechtsträgers** steht. Durch die Verweisung in § 125 Satz 1 UmwG gilt diese Verzichtsmöglichkeit auch bei der Spaltung (Kallmeyer/Kallmeyer/Sickinger, UmwG, § 125 Rn. 58; Widmann/Mayer/Mayer, § 126 UmwG Rn. 101; Schröer in: Semler/Stengel, § 126 UmwG Rn. 29). Sie gilt nicht bei der Ausgliederung, es sei denn man folgt der z. T. in der Literatur vertretenen Analogiemöglichkeit (s. o. Teil2 Rn. 114 f. und Teil 3 Rdn. 150 f.).

Für die Spaltung aber gilt: **Verzichten alle Anteilsinhaber des übertragenden Rechtsträgers** in notarieller Urkunde auf die Anteilsgewährung, darf die übernehmende Gesellschaft von der Anteilsgewährung absehen. Zu kritisieren ist an dieser an sich erfreulichen Klarstellung, dass sie aufgrund der systematischen Stellung nur für die Spaltung auf die AG und GmbH gilt, obwohl bei der Personengesellschaft oder anderen Rechtsträgern ähnliche Fragestellungen bestehen. M. E. kann man aber aus der gesetzlichen Neuregelung allgemein den Schluss ziehen, dass der Anteilsgewährungsgrundsatz disponibel ist, wenn alle Anteilsinhaber der übertragenden Rechtsträger darauf verzichten, denn was bei Kapitalgesellschaften gilt, muss erst recht bei Personengesellschaften gelten (a. A. Widmann/Mayer/Fronhöfer, Umwandlungsrecht, § 80 UmwG Rn. 18.1). Zu dem aus Gläubigerschutzsicht entstehenden Problem vgl. oben Teil 1 Rdn. 175 (vgl. auch zu den Streitfragen nach der Neuregelung Mayer/Weiler, DB 2007, 1235, 1239; Weiler, NZG 2008, 527 ff.; Kallmeyer, GmbHR 2006, 418 ff.; Drinhausen, BB 2006, 2313, 2315 ff.; Bayer/Schmidt, NZG 2006, 841; Keller/Klett, DB 2010, 1220 ff.; Krumm, GmbHR 2010, 24 ff.; Roß/Drögermüller, DB 2009, 580 ff.).

▶ **Hinweis:**

Aus ertragssteuerrechtlicher Sicht ist zu beachten, dass eine Anteilsgewährung zur Buchwertfortführung erforderlich sein kann (vgl. oben Teil 1 Rdn. 176; Mayer/Weiler, DB 2007, 1235, 1239; Krumm, GmbHR 2010, 24 ff.; Roß/Drögermüller, DB 2009, 580 ff.; Keller/Klett, DB 2010, 1220 ff.). Ferner ist zu berücksichtigen, dass in der letzten Zeit disquotale Gesellschaftsakte auch vermehrt unter dem Aspekt einer steuerpflichtigen Schenkung mit der Folge der **Schenkungssteuerpflicht** geprüft werden. Im Urteil vom 27.08.2014 hat der BFH (BFHE 246, 506 = DNotZ 2015, 72 = RNotZ 2015, 105) zur Kapitalerhöhung entschieden, dass, wenn im Zuge einer Kapitalerhöhung einer GmbH ein Dritter zur Übernahme des neuen Gesellschaftsanteils zugelassen wird, darin eine freigebige Zuwendung der Altgesellschafter an den Dritten vorliegen kann, wenn der gemeine Wert des Anteils die zu leistende Einlage übersteigt (vgl. dazu Herbst, DNotZ 2015, 324 ff.; Rodewald, GmbHR 2014, 1340 ff.; Wachter, ZEV 2015, 53; Esskandari/Bick, ErbStB 2014, 327)). Die Problematik kann sich auch bei einem Verzicht auf Anteilsgewährung stellen, so dass auch insoweit eine Steuerplanung notwendig ist.

Nach § 125 Satz 1 i. V. m. § 54 Abs. 1 Satz 3 UmwG (für die GmbH) bzw. § 68 Abs. 1 Satz 3 UmwG ist erforderlich, dass alle Anteilsinhaber eines übertragenden Rechtsträgers in **notariell beurkundeter Verzichtserklärung** verzichtet haben, nicht erforderlich ist der Verzicht der Gesellschafter des übernehmenden Rechtsträgers (Lutter/Winter/Vetter, § 54 UmwG Rn. 64). Zum Schutz der Anteilsinhaber sollen allerdings die Verzichtserklärungen notariell beurkundet werden. Die Beurkundung muss nach den

Vorschriften über die Beurkundung von Willenserklärungen (§§ 8 ff. BeurkG) erfolgen; eine Beurkundung nach den §§ 36 ff. BeurkG genügt nicht (vgl. zum vergleichbaren Fall des Verzichts nach § 8 UmwG: Priester, DNotZ 1995, 427, 433; Widmann/Mayer/Mayer, Umwandlungsrecht, § 8 UmwG Rn. 58Stratz, in Schmitt/Hörtnagl/Stratz, § 8 UmwG Rn. 71). Es reicht aus, wenn die Verzichtserklärungen spätestens bei der Anmeldung zum Handelsregister vorliegen (Widmann/Mayer/Mayer, Umwandlungsrecht, § 8 UmwG Rn. 60; Kallmeyer/Marsch-Barner, UmwG, § 8 Rn. 38). Ein genereller Verzicht, etwa bei Gründung der Gesellschaft, ist nicht ausreichend, eine Verzichtsbestimmung in der Satzung der Gesellschaft nicht zulässig (Stratz, in Schmitt/Hörtnagl/Stratz, § 8

224 UmwG Rn. 68; Lutter/Drygala, § 8 UmwG, Rn. 52; Simon in Kölner Komm., § Der Verzicht ist als **Gestaltungsrecht bedingungsfeindlich** und kann nicht mehr einseitig zurückgenommen werden (Widmann/Mayer/Mayer, Umwandlungsrecht, § 8 UmwG Rn. 58; Widmann/Mayer/Rieger Umwandlungsrecht, § 68 Rn. 37.4; Stratz, in Schmitt/Hörtnagl/Stratz, § 8 UmwG Rn. 71; Lutter/Drygala, § 8 UmwG, Rn. 55). Die Verzichtserklärungen müssen nicht in einer gesonderten Urkunde erklärt werden, vielmehr können die Verzichtserklärungen aller Gesellschafter in einer Urkunde i. R. d. Beschlussfassung niedergelegt werden, sofern die Vorschriften über die Beurkundung von Willenserklärungen nach §§ 8 ff. BeurkG eingehalten sind, insb. das Protokoll von allen Gesellschaftern unterzeichnet wird (Widmann/Mayer/Mayer, Umwandlungsrecht, § 8 UmwG Rn. 58). **Stellvertretung** ist zulässig. Der Verzicht kann auch in der Versammlung erklärt und protokolliert werden kann, die über die Verschmelzung beschließt (Lutter/Drygala, UmwG, § 8 Rn. 50 Stratz, in Schmitt/Hörtnagl/Stratz, § 8 UmwG Rn. 71; Decher, in: Lutter, Kölner Umwandlungsrechtstage, S. 201, 209 in Bezug auf den Formwechsel; ebenso: Priester, in: IDW Fachtagung 1994, S. 419, 426). Dies kann aber nur für eine Vollversammlung, bei der sämtliche Anteilsinhaber anwesend sind, gelten.

IV. Prüfung der Kapitalaufbringung durch das Registergericht

225 Da es sich bei der Spaltung zur Aufnahme mit Kapitalerhöhung wie bei der Verschmelzung (vgl. Teil 2 Rdn. 287 ff.) um eine Sacheinlage handelt, stellt sich die Frage, **welche Prüfungsbefugnis das Registergericht** im Hinblick auf das übertragene Vermögen hat. Für die AG bestimmt § 142 UmwG, dass § 69 UmwG mit der Maßgabe anzuwenden ist, dass eine **Sacheinlagenprüfung nach § 183 Abs. 3 AktG stets stattzufinden hat**. Bei einer Spaltung auf eine AG mit Kapitalerhöhung muss also das abgespaltene Vermögen stets einer Sacheinlagenprüfung wie bei einer Kapitalerhöhung unterworfen werden.

226 Für die GmbH bestimmt § 138 UmwG zwar, dass ein Sachgründungsbericht gem. § 5 Abs. 4 GmbHG stets erforderlich ist. Man wird diese Vorschrift wohl nur für die Spaltung zur Neugründung, nicht auch für die Spaltung mit Kapitalerhöhung anwenden können. Die Vorschrift ist allerdings vom Wortlaut her anders als § 142 UmwG nicht eindeutig und verweist auch nur auf § 5 Abs. 4 UmwG und nicht auf die Vorschriften über die Kapitalerhöhung. Darüber hinaus ist zum Kapitalerhöhungsrecht der GmbH umstritten, ob ein solcher **Sachkapitalerhöhungsbericht** erforderlich ist (vgl. oben Teil 2 Rdn. 298).

227 Generell gilt aber, wie bei der Verschmelzung (vgl. oben Teil 2 Rdn. 294 ff.), dass auch bei der Spaltung auf eine GmbH das Registergericht nach allgemeinen Vorschriften (§§ 57a, 9c GmbHG) ein Prüfungsrecht und auch eine Prüfungspflicht bzgl. der Werthaltigkeit des übertragenen Vermögens hat. Der **Prüfungspflicht und das Prüfungsrecht des Registergerichts** bei der Kapitalerhöhung gegen Sacheinlage folgt nach allgemeiner Meinung die Notwendigkeit, der Anmeldung auch Unterlagen beizufügen, die eine Prüfung ermöglichen. Als geeignete Unterlagen kommen etwa die Schlussbilanz der übertragenden Gesellschaft in Betracht (vgl. allgemein zur Kapitalerhöhung Scholz/Priester, GmbHG, § 57a Rn. 6). Das MoMiG hat den Prüfungsstandard des Registergerichts bei der GmbH allerdings in Anlehnung an § 38 Abs. 2 Satz 2 AktG verringert. Nach dem neuen § 9c Abs. 1 GmbHG beschränkt sich die Prüfungspflicht des Registergerichts nunmehr auf »*nicht unwesentliche*« Überbewertungen der Sacheinlage. Unwesentliche Überbewertungen bleiben außer Betracht (Lutter/Hommelhoff/Bayer, § 9c GmbHG Rn. 17; Baumbach/Hueck/Fastrich, § 9c GmbHG Rn. 7a). Mit dem Begriff »nicht unwesentlich« soll den Bewertungsschwierigkeiten Rechnung getragen werden (Hüffer, § 38 AktG Rn. 9).

228 ▶ **Hinweis:**

In der Praxis empfiehlt sich bei der Einbringung im Wege der Spaltung hinsichtlich der Ordnungsmäßigkeit der Wertansätze eine »bescheinigte« Schlussbilanz der übertragenden Gesellschaft, die durch einen Angehörigen der wirtschaftsprüfenden oder steuerberatenden Berufe zu erteilen ist. Dabei ist nicht Voraussetzung, dass die Einbringung zu Buchwerten erfolgt. Allerdings muss ggf. die Aufdeckung stiller Reserven dargelegt werden, was der Richter veranlassen kann, falls ein spezielles Gutachten verlangt wird. Werden die Wertansätze der Schlussbilanz fortgesetzt, wird man bei einer übertragenden Kapitalgesellschaft i. d. R. davon ausgehen können, dass Wertdeckung gegeben ist.

V. Besonderheiten bei der Ausgliederung und Kapitalerhöhung

§ 125 UmwG bestimmt allerdings, dass bei einer Ausgliederung die Vorschriften des Verschmelzungs- **229** rechts nicht anzuwenden sind, die eine Verschmelzung ohne Kapitalerhöhung vorsehen, d. h. § 54 UmwG für die GmbH und § 68 UmwG für die AG. Die Bedeutung dieser Verweisung ist unklar (vgl. im Einzelnen zu den Folgen der Anteilsgewährung und Kapitalerhöhung bei Ausgliederung unten Teil 3 Rdn. 151 ff.).

E. Besonderheiten bei der Spaltung und Ausgliederung zur Neugründung

Bei der Spaltung bzw. Ausgliederung durch Neugründung wird das abzuspaltende Vermögen auf eine **230** neu gegründete Gesellschaft übertragen und den Gesellschaftern bei der Spaltung bzw. der Gesellschaft bei der Ausgliederung Anteile an dieser neuen Gesellschaft gewährt. Die aufnehmende Gesellschaft wird dabei erst mit der Spaltung errichtet, wobei das abzuspaltende oder ausgegliederte Vermögen auf die neue Gesellschaft übergeht. Bei der Spaltung oder Ausgliederung zur Neugründung gründen die übertragenen Gesellschaften eine **neue übernehmende Gesellschaft**. Die übertragenden Gesellschaften sind die Gründer der neuen. Die Gründung erfolgt im Spaltungsvertrag bzw. Spaltungsplan (vgl. ausführlich oben Teil 2 Rdn. 334 ff.).

§ 135 Abs. 2 UmwG bestimmt daher, dass auf die Gründung der neuen Rechtsträger die für die jewei- **231** lige Rechtsform des neuen Rechtsträgers **geltenden Gründungsvorschriften** anzuwenden sind, soweit sich nicht aus den besonderen Vorschriften etwas anderes ergibt. Vorschriften, die für die Gründung eine Mindestzahl der Gründer vorschreiben, sind nicht bei der Spaltung zur Neugründung anzuwenden. § 135 Abs. 2 UmwG ist die Parallelvorschrift zu der Verschmelzungsvorschrift des § 36 Abs. 2 UmwG. Diese Vorschrift stellt daher sicher, dass nach der Spaltung nur solche Kapitalgesellschaften am Rechtsverkehr teilnehmen, die mit den nötigen Verkehrswerten ausgestattet sind, die den Mindestvorschriften entsprechen (vgl. Ganske, DB 1991, 794).

Ebenso wie bei der Verschmelzung wählt das Gesetz nunmehr einen anderen Ansatz als die alten Ver- **232** schmelzungsvorschriften, die lediglich auf einzelne Vorschriften des jeweiligen Gründungsrechts verwiesen. Jetzt ist grds. das gesamte Gründungsrecht der neuen Gesellschaft anzuwenden.

I. Gesellschaftsvertrag und Spaltungsplan

1. Satzung als Inhalt des Spaltungsplans. § 135 UmwG verweist über § 125 Abs. 2 UmwG auch **233** auf die **Vorschriften der Verschmelzung durch Neugründung**, also auch auf § 37 UmwG (vgl. Teil 2 Rdn. 338 ff.). Es muss daher auch im Spaltungsplan der Gesellschaftsvertrag, die Satzung oder das Statut des neuen Rechtsträgers enthalten sein und festgestellt werden (vgl. Kallmeyer/Kallmeyer/Sickinger, UmwG, § 135 Rn. 11 f.; Widmann/Mayer/Mayer, Umwandlungsrecht, § 135 UmwG Rn. 24 ff., § 136 Rn. 22 ff.). Hiermit ist klargestellt, dass die Satzung Teil des Spaltungsplans ist und damit auch durch die Vorstände bzw. Geschäftsführer der abspaltenden Gesellschaft festgestellt wird. Die spaltende Gesellschaft ist somit Gründer der neuen Gesellschaft. Bei der Spaltung zur Neugründung bestimmt daher auch § 135 Abs. 2 Satz 2 UmwG, dass den Gründern der übertragende Rechtsträger gleichsteht. Der übertragende Rechtsträger gilt also als Gründer (Widmann/Mayer/Mayer, Umwandlungsrecht, § 135 UmwG Rn. 14; Kallmeyer/Kallmeyer/Sickinger, UmwG, § 135 Rn. 15; Lutter/Teichmann, UmwG, § 135 Rn. 2). Die Gründung erfolgt im Spaltungsplan (vgl. auch Heidenhain, GmbHR 1995, 264). Da die Satzung der neuen Gesellschaft Bestandteil des Spaltungsplans ist, bedarf sie, auch wenn es sich bei der neu gegründeten Gesellschaft um eine Personengesellschaft handelt, ebenso wie dieser der notariellen Beurkundung.

234 ▶ **Hinweis:**

Dabei genügt es, wenn das Vertretungsorgan der Gesellschaft zunächst den schriftlichen Entwurf eines Spaltungsplans mit dem Entwurf der Satzung anfertigt, über den dann die Gesellschafterversammlung oder Hauptversammlung der spaltenden Gesellschaft entscheidet. Sodann kann der Spaltungsplan notariell beurkundet werden.

235 **2. Inhalt der Satzung.** Die Satzung oder Satzungen der i. R. d. Spaltung neu gegründeten Gesellschaften können nach allgemeinen Grundsätzen gestaltet werden. Bei der Abfassung ist darauf zu achten, dass es sich bei der Spaltung zur Neugründung um eine **Sachgründung** handelt, sodass das Stammkapital durch das eingebrachte Vermögen der abspaltenden Gesellschaft aufgebracht wird. Dies ist in der Satzung auszuweisen. Im Gesellschaftsvertrag sind daher insb. der Betrag der Stammeinlage und die Tatsache, dass die Stammeinlage durch Spaltung des Vermögens der übertragenen Gesellschaft erbracht wird, anzugeben (vgl. Widmann/Mayer/Mayer, Umwandlungsrecht, § 135 UmwG Rn. 44). Zur Berechnung der Stammeinlage bei der neu gegründeten Gesellschaft gelten die gleichen Grundsätze wie bei der Verschmelzung zur Neugründung (vgl. oben Teil 2 Rdn. 137 ff.). Es gilt auch hier das Verbot der unter-pari-Emission, dass eine Überbewertung des abspaltenden Vermögens nicht zulässig ist. Die Sacheinlagen, d. h. das abgespaltene Vermögen, muss daher die Stammeinlagen der neu gebildeten Gesellschaften decken. Weiter ist zu berücksichtigen, dass bare Zuzahlungen den Wert des eingebrachten Vermögens vermindern und daher bei der Berechnung der Deckung abgezogen werden müssen (vgl. zum Verschmelzungsrecht oben Teil 2 Rdn. 137 ff.).

236 Auch i. Ü. ergibt sich der **notwendige Inhalt der Satzung** aus den allgemeinen Vorschriften des GmbH-, Aktien- oder Genossenschaftsrechts (z. B. §§ 3 ff. GmbHG, § 23 AktG):

AG	Firma, Sitz, Gegenstand des Unternehmens, Höhe des Grundkapitals, Nennbeträge der einzelnen Aktien und Zahl der Aktien jedes Nennbetrages, ggf. Aktiengattungen, ob Inhaber- oder Namensaktien ausgegeben werden, die Zahl der Vorstandsmitglieder oder die Regelung über die Festlegung dieser Zahl und die Form der Bekanntmachung der Gesellschaft.
GmbH	Firma und Sitz der Gesellschaft, Gegenstand des Unternehmens, die Zahl und die Nennbeträge der Geschäftsanteile, die jeder Gesellschafter gegen Einlage auf das Stammkapital (Stammeinlage) übernimmt.

237 Sowohl im Verschmelzungsrecht (s. o. Teil 2 Rdn. 348 ff.), als auch bei der Spaltung zur Neugründung wird, wie dargelegt, auf das gesamte Gründungsrecht des neuen Rechtsträgers verwiesen. Sowohl bei GmbH als auch bei AG wird aus Gründen der **Satzungspublizität** verlangt, dass bei Sacheinlagen der Gegenstand der Sacheinlage und der Betrag der Stammeinlage, auf die sich die Sacheinlage bezieht, im Gesellschaftsvertrag bzw. der Satzung selbst festgesetzt werden müssen (§ 5 Abs. 4 GmbHG, § 27 Abs. 1 AktG). Für die GmbH hat der BGH im Urt. v. 24.07.2000 (NZG 2000, 1226 = DStR 2000, 2002 = DB 2000, 2260 = DNotI-Report 2000, 186) dahin gehend konkretisiert, dass der Gegenstand der einzubringenden Sacheinlage im Gesellschaftsvertrag so genau bestimmt werden muss, dass über seine Identität kein Zweifel besteht. Gegenstand des Verfahrens war allerdings die Einbringung eines Unternehmensteils im Wege der Einzelrechtsübertragung. Er weist darauf hin, dass in diesen Fällen aus dem Gesellschaftsvertrag ersichtlich sein müsste, um welche konkreten Vermögensgegenstände es gehe, auch auf eine Vermögensaufstellung könne Bezug genommen werden. Eine Spezifizierung der zu übernehmenden Vermögensgegenstände sei nur entbehrlich, wenn sämtliche Aktiva und Passiva übernommen worden wären.

238 In der Literatur besteht weitgehend Einigkeit, dass sowohl bei der Verschmelzung als auch bei der Spaltung zur Neugründung diese Vorschriften gelten (vgl. Widmann/Mayer/Mayer, Umwandlungsrecht, § 36 UmwG Rn. 78 und § 135 UmwG Rn. 44; Kallmeyer/Marsch-Barner, UmwG, § 36 Rn. 10; Ittner, MittRhNotK 1997, 105, 117 f.). Insofern genügt daher die **Festsetzung der Sacheinlage** im Verschmelzungs- oder Spaltungsvertrag nicht; vielmehr ist sie auch in der Satzung festzusetzen, und zwar nach Gegenstand der Sacheinlage und dem Wert, mit dem die i. R. d. Verschmelzung oder Spaltung übertragene Sacheinlage auf die Stammeinlage angerechnet wird.

Damit ist allerdings noch offen, mit welcher **Genauigkeit** die Festsetzungen zu erfolgen haben. Legt 239 man die BGH-Entscheidung zugrunde, dann dürfte es zumindest bei der Verschmelzung genügen, dass die Sacheinlage dadurch erbracht wird, dass das gesamte Vermögen der übertragenden Rechtsträger im Wege der Verschmelzung auf den aufnehmenden Rechtsträger übergeht und damit die Sacheinlage erfüllt. Während im GmbH-Recht dabei umstritten ist, ob eine Formulierung wie *»alle Aktiva und Passiva«* genügt, wenn die Firma und die Handelsregisternummer angegeben wird (so Baumbach/Hueck/Fastrich, GmbHG, § 5 Rn. 45; Lutter/Hommelhoff/Bayer, § 5 GmbHG Rn. 31; MünchKom/Schwandtner, § 5 GmbHG Rn. 224; Rowedder/Schmidt-Leithoff/Schmidt-Leithoff § 5 GmbHG Rn. 60) oder ob zusätzlich auch die letzte Bilanz beigefügt werden muss (so noch Lutter/Hommelhoff, GmbHG, 16. Aufl. § 5 Rn. 30).

Schwieriger zu beurteilen ist die **Sacheinlagefestsetzung bei der Spaltung**, da anders als bei der Ver- 240 schmelzung eine Individualzuordnung der betroffenen Vermögensgegenstände ähnlich wie bei der Einzelrechtsübertragung im Wege des Spaltungsvertrages möglich ist, sodass von vornherein nicht feststeht, welche konkreten Vermögensgegenstände im Wege der Spaltung auf die neu gegründete Gesellschaft übertragen werden. Insofern würde eine vollständige Individualisierung, etwa mit dem gleichen Genauigkeitsgrad wie im Spaltungsplan oder Spaltungsvertrag dazu führen, dass umfangreiche Anlagen Teil der Satzung würden. Dies würde nicht nur den Umfang einer Satzung sprengen, sondern ist auch aus sachlichen Gründen nicht geboten. Während der Spaltungsvertrag oder Spaltungsplan Transformationsfunktion hat, also die Vermögensgegenstände im Wege der partiellen Gesamtrechtsnachfolge mit dinglicher Wirkung auf den neu gegründeten Rechtsträger überträgt, sodass hier zumindest in der Tendenz die für Einzelübertragung geltenden Grundsätze annäherungsweise erreicht werden müssen, hat die Satzung nicht diese Funktion. Die Satzung soll vielmehr aus Gläubigerschutzgesichtspunkten nur klarstellen, durch welche konkreten Gegenstände die Stammeinlagen erbracht wurden. Die **Angaben in der Satzung** müssen daher **nicht dem Bestimmtheitsgrundsatz** des § 126 UmwG genügen, da mit diesen Angaben keinerlei dingliche Wirkungen verbunden sind. Insofern dürfte auch bei beweglichen und unbeweglichen Gegenständen ebenso bei Forderungen Bestimmbarkeit genügen.

Ist Gegenstand des Spaltungsplans ein Teilbetrieb, dann genügt ähnlich wie bei der Verschmelzung, 241 dass der als Sacheinlage dienende Teilbetrieb in der Satzung der neu gegründeten GmbH schlagwortartig mit einer verkehrsüblichen Bezeichnung identifiziert wird.

▶ **Hinweis:** 242

Sicherheitshalber kann man, die den Teilbetrieb bezeichnende Spaltungsbilanz als Anlage zur Satzung nach § 9 Abs. 1 Satz 2 BeurkG nehmen, die dann damit zum rechtsgeschäftlichen Inhalt der Satzung wird. Die Anlagen, auf die in der Satzung nach § 9 Abs. 1 Satz 2 BeurkG verwiesen wird, zählen damit auch bei späteren Abänderungen des Gesellschaftsvertrages etwa i. S. d. § 54 Abs. 1 Satz 2 GmbHG zum Wortlaut der Satzung.

Wird **kein Teilbetrieb** abgespalten, sondern nicht nach einer Sachgesamtheit bezeichnende einzelne 243 Vermögensgegenstände, so sollte in der Satzung eine **hinreichende Bestimmbarkeit** dieser Einzelrechtswirtschaftsgüter aufgenommen werden, was allerdings auch in einer Anlage zur Satzung erfolgen kann.

Einigkeit besteht jedenfalls, dass es nicht genügt, dass die Sacheinlage nur im Verschmelzungsvertrag 244 oder nur im Spaltungsvertrag festgesetzt wird, sie ist vielmehr auch in der Satzung anzugeben (vgl. auch Heidinger/Limmer/Holland/Reul, Gutachten des DNotI, Bd. IV, Gutachten zum Umwandlungsrecht, S. 232 ff.).

▶ **Hinweis:** 245

Zu beachten ist, dass nach §§ 57, 74 i. V. m. § 125 UmwG grds. auch Festsetzungen über Sondervorteile, Gründungsaufwand, Sacheinlagen und Sachübernahmen, die in den Gesellschaftsverträgen, Satzungen oder Statuten der übertragenden Rechtsträger enthalten waren, auch in die Satzung des neu gegründeten Rechtsträgers aufzunehmen sind. Die Vorschrift ist nach der Verweisung in § 125 UmwG auch für die Spaltung zur Neugründung anzuwenden. Für die Spaltung wird aber wohl die Einschränkung notwendig sein, dass dies nur gilt, wenn eine Aufspaltung erfolgt, bei der

der übertragende Rechtsträger erlischt, sodass eine Fortschreibung dieser Angaben sinnvoll ist. Bei der Abspaltung oder Ausgliederung scheint dies nicht notwendig (a. A. allerdings Widmann/Mayer/Mayer, Umwandlungsrecht, § 135 UmwG Rn. 44).

246 ▶ **Formulierungsbeispiel: Festsetzungen in der Satzung**

»1. Das Stammkapital der Gesellschaft beträgt 100.000,00 €.

2. Die Einlage wird in voller Höhe dadurch geleistet, dass sämtliche Aktiva und Passiva des Teilbetriebes Hochbau der A-GmbH mit Sitz in X-Stadt (HRB .....) im Wege der Abspaltung zur Neugründung (§ 123 Abs. 2 Nr. 2 UmwG) auf die Gesellschaft übertragen werden. Das übertragene Vermögen ist in der Spaltungsbilanz, die dieser Niederschrift als Anlage 2 beigefügt wird und auf die nach § 14 BeurkG verwiesen wird, bezeichnet.«

247 3. **Beteiligung Dritter während der Spaltung.** Zum Identitätsgrundsatz s. o. Teil 2 Rdn. 14.

248 Ebenso wie bei der Verschmelzung ist nach bisheriger Meinung eine **Beteiligung Dritter während der Spaltung** nicht möglich (Grundsatz der Identität). Dritte können danach also an der neu gegründeten Gesellschaft nicht beteiligt werden. In diesen Fällen müsste daher der Dritte entweder vor oder nach der Spaltung an einer der neu gegründeten Gesellschaften durch Anteilserwerb oder Kapitalerhöhung beteiligt werden oder sich vorher an der abspaltenden Gesellschaft beteiligen. Die Frage ist allerdings im Einzelnen umstritten (vgl. oben Teil 2 Rdn. 14 ff.). Allerdings kann nach allgemeinen Grundsätzen der mit der Eintragung der Spaltung entstehende Geschäftsanteil aufschiebend bedingt abgetreten werden (Mayer, DB 1995, 862). Unklar ist, welche Rechtsfolgen aus dem **BGH-Urt. v. 09.05.2005** (NZG 2005, 722, dazu Simon/Leuering, NJW-Spezial 2005, 459; Heckschen, DB 2008, 2122 ff.; Baßler, GmbHR 2007, 1252 ff.; Bärwaldt, in: Semler/Stengel, § 36 UmwG Rn. 70; Lutter/Grunewald, § 36 UmwG Rn. 15) zu ziehen sind. Die Entscheidung befasste sich im Kern mit der Stellung von Minderheitsgesellschaftern bei Umstrukturierungen.

249 In einem obiter dictum hat der **BGH** aber festgestellt:

»Der Umwandlungsbeschluss entsprach inhaltlich dem aus §§ 194 Abs. 1 Nr. 3, 202 Abs. 1 Nr. 2 Satz 1 UmwG abzuleitenden **Gebot der Kontinuität der Mitgliedschaft** bei der umgewandelten Gesellschaft. Aus diesem Prinzip folgt lediglich, dass Berechtigte, die zum Zeitpunkt der Eintragung des Formwechsels Anteilsinhaber sind, auch Mitglieder des Rechtsträgers neuer Rechtsform werden. Dabei ist es für den Formwechsel der AG in eine GmbH & Co. KG ausreichend, wenn die Hauptversammlung, wie hier, mit einer Stimmenmehrheit von 3/4 einen der bisherigen Aktionäre – oder **sogar einen im Zuge des Formwechsels neu hinzutretenden Gesellschafter** (vgl. dazu BGHZ 142, 1, 5) – mit dessen Zustimmung zum Komplementär der formgewechselten zukünftigen KG wählt und die Aktionäre i. Ü. Kommanditisten werden.«

250 Der BGH scheint also den Identitätsgrundsatz **in erster Linie als Minderheitenschutzelement** zu sehen: Die Gesellschafter haben das Recht Mitglieder des neuen oder bei der Verschmelzung des aufnehmenden Rechtsträgers zu werden. Umgekehrt kann man m. E. daraus folgern, dass mit deren Zustimmung der Grundsatz aufhebbar ist, also Veränderungen im Gesellschafterbestand – Zustimmung vorausgesetzt – zulässig sind. Die auf K. Schmidt zurückgehende These (GmbHR 1995, 693; ders., ZIP 1998, 181, 186), die eine Kombination des Umwandlungsrechts mit den allgemeinen Rechtsinstituten der **Anteilsübertragung** zulassen will, ist durch dieses Urteil gestützt worden.

251 Diese Gestaltungsfreiheit ist auch durch das Zweite Gesetz zur Änderung des UmwG bestätigt worden, indem der Gesetzgeber in den §§ 54 und 68 UmwG eine Ausnahme von der sog. Anteilsgewährungspflicht durch Verzicht festlegt (vgl. BR-Drucks. 548/06, S. 27): § 54 Abs. 1 Satz 3 UmwG n. F. (für die GmbH) bzw. § 68 Abs. 1 Satz 3 UmwG n. F. (für die AG) bestimmt nunmehr, dass die Kapitalerhöhung bei der übernehmenden Kapitalgesellschaft zur Disposition **aller Anteilsinhaber des übertragenden Rechtsträgers** steht. Verzichten diese in notarieller Urkunde auf die Anteilsgewährung, darf die übernehmende Gesellschaft von der Anteilsgewährung absehen. Daraus lässt sich das grds. **Prinzip der Vertragsfreiheit** im Umwandlungsrecht ableiten: Mit Zustimmung der betroffenen Gesellschafter kann auf die Schutzvorschriften – Identitätsgrundsatz und Anteilsgewährung – verzichtet werden. Wie der BGH feststellte, haben diese Grundsätze nur Schutzcharakter ggü. den Anteilsinhabern, es sind aber keine verzichtbaren oder drittschützenden Grundsätze.

II. Kapitalaufbringung

Wie bereits dargelegt, handelt es sich bei der Spaltung zur Neugründung um eine **Sachgründung** (Widmann/Mayer/Mayer, Umwandlungsrecht, § 135 UmwG Rn. 24; Lutter/Priester, UmwG, § 136 Rn. 10; Schröer in: Semler/Stengel, § 135 UmwG Rn. 16). Die Einlagepflicht wird durch Übertragung des abgespaltenen Vermögens erfüllt. Es gelten daher die gleichen Grundsätze wie bei jeder Sachgründung. Aus Gründen des Gläubigerschutzes ist daher sowohl bei der AG als auch bei der GmbH eine Überbewertung des übertragenen Vermögens bzw. eine unter-pari-Emission verboten (vgl. oben Teil 2 Rdn. 355 ff.). Dem **Registergericht** obliegt die Prüfung, ob eine Überbewertung des eingebrachten Vermögens im Wege der Spaltung vorliegt. Das MoMiG hat den Prüfungsstandard des Registergerichts bei der GmbH allerdings in Anlehnung an § 38 Abs. 2 Satz 2 AktG verringert. Nach dem neuen § 9c Abs. 1 GmbHG beschränkt sich die Prüfungspflicht des Registergerichts nunmehr auf »*nicht unwesentliche*« Überbewertungen der Sacheinlage. Unwesentliche Überbewertungen bleiben außer Betracht (Lutter/Hommelhoff/Bayer, § 9c GmbHG Rn. 17; Baumbach/Hueck/Fastrich, § 9c GmbHG Rn. 7a). Mit dem Begriff »nicht unwesentlich« soll den Bewertungsschwierigkeiten Rechnung getragen werden (Hüffer, § 38 AktG Rn. 9). Grds. ist für die Höhe der Stammkapitalziffer der Wert des übertragenen Vermögens maßgebend. **252**

Maßgebend für die Prüfung durch das **Registergericht** ist allerdings **nicht zwingend** der Buchwert des übertragenen Vermögens, sondern der wahre Wert. Bereits bei der Bestimmung des Umtauschverhältnisses im Spaltungsplan erfolgt eine Festlegung der wahren Werte. Dennoch dürfte wie bei der Verschmelzung eine Unterbewertung des Vermögens zulässig sein, wenn alle Gesellschafter zustimmen (vgl. oben Teil 2 Rdn. 290). Mit Zustimmung aller Gesellschafter der spaltenden Gesellschaft wird man daher eine **Unterbewertung** für zulässig erachten müssen, weil hierdurch zumindest Gläubigerinteressen nicht beeinträchtigt werden und so allein dem Minderheitenschutz Rechnung zu tragen ist. Außerdem können die Stammkapitalziffern durch Aufspaltung entstandener Gesellschaften in ihrer Summe von der Stammkapital-Ziffer der aufgespaltenen Gesellschaft abweichen (Mayer, DB 1995, 862). **253**

Die Freiheit der Beteiligten bei Bewertung des Vermögens findet ihre Grenze allerdings an den Grundsätzen der **Mindestkapitalaufbringung** bei jeder neuen Gesellschaft (Mayer, DB 1995, 862; Widmann/Mayer/Mayer, Umwandlungsrecht, § 135 UmwG Rn. 45; Lutter/Priester, UmwG, § 136 Rn. 10). Ebenfalls fraglich ist, ob im Fall einer Unterbewertung der Mehrbetrag des Reinvermögens der übertragenen Gesellschaft in die freien Rücklagen eingestellt werden muss oder auch als Darlehen geschuldet werden kann (Widmann/Mayer/Mayer, Umwandlungsrecht, § 135 UmwG Rn. 46). Bei einer Auf- und Abspaltung zur Neugründung kann wegen des Verbotes der baren Zuzahlung, das auf das Darlehen anwendbar ist, die Wertdifferenz zwischen dem Nettovermögen und dem Nennbetrag des Stammkapitals nicht als Darlehen gewährt werden (vgl. oben Teil 3 Rdn. 208 und Widmann/Mayer/Mayer, Umwandlungsrecht, § 126 UmwG Rn. 140 ff. und § 135 UmwG Rn. 38). Bei der Ausgliederung gilt allerdings die Sperre des § 54 Abs. 4 UmwG nicht, sodass in diesen Fällen ein Teil des Vermögens in ein Darlehen eingestellt werden darf. I. Ü. bestehen allerdings keinerlei Einschränkungen im Hinblick auf die Festsetzung des Stamm- bzw. Grundkapitals bei der neu entstehenden GmbH oder AG. Ebenso wie bei der Verschmelzung bei Aufnahme des Kapitalerhöhungsbetrages das übergehende Nettovermögen unterschritten werden kann, kann auch die Kapitalziffer bei der Spaltung zur Neugründung im Hinblick auf die Kapitalziffer der spaltenden Gesellschaften nach unten abweichen (vgl. Mayer, DB 1995, 861, 862). **254**

Ist das Kapital überbewertet worden und wird tatsächlich die Stammkapitalziffer nicht erreicht, darf die neue Gesellschaft nicht in das Handelsregister eingetragen werden. Umstritten ist, ob bei einer Überbewertung eine **Differenzhaftung** besteht (bejahend: Kallmeyer/Kallmeyer/Sickinger, UmwG, § 135 Rn. 14 ff.; Ihrig, GmbHR 1995, 622, 634 f., 638 f.). Der BGH hat dies i. R. d. Verschmelzung abgelehnt (BGH, DB 2007, 1241 = DStR 2007, 1049; vgl. auch oben Teil 2 Rdn. 257). **255**

III. Bardeckungspflicht (gemischte Bar-, Sachkapitalgründung)

256   Bei der Verschmelzung war früher umstritten, welche Möglichkeiten bestehen, wenn i. R. d. Verschmelzung das übertragene Vermögen **den Wert des Kapitalerhöhungsbetrages nicht erreicht**. Bei der Sachgründung besteht allgemein die Möglichkeit, dass der Einleger die Wertdifferenz in Form einer Bareinlage ausgleicht (vgl. Scholz/Priester, GmbHG, § 57 Rn. 12). Bekanntlich war die Frage streitig, ob sich diese Regelung bei der Verschmelzung übertragen lässt. Man wird es bei der Spaltung oder Ausgliederung zur Neugründung wohl zulassen müssen, sodass die Verbindung einer Sacheinlage mit einer Bareinlage als sog. **gemischte Einlage** zulässig und wohl auch erforderlich ist, wenn die abgespaltenen Vermögensgegenstände den Wert der übernommenen Einlagen nicht erreichen (im Ergebnis ebenso Suppliet, NotBZ 1997, 141, 146; Widmann/Mayer/Vossius, Umwandlungsrecht, § 20 UmwG Rn. 52; Widmann/Mayer § 55 UmwG Rn. 79.1; Kallmeyer/Kallmeyer/Kocher, § 55 UmwG Rn. 5; Lutter/Winter/Vetter, UmwG, § 55 Rn. 73; Reichert, in: Semler/Stengel, § 55 UmwG Rn. 10; zum alten Umwandlungsrecht OLG Oldenburg, DB 1994, 88; Priester, BB 1978, 1291). Die zusätzlichen Barmittel müssen dann aber z. B. gem. § 7 Abs. 3 GmbHG sofort vollständig geleistet werden.

IV. Organbestellung

257   **Gründer** der neu errichteten Gesellschaft bei der Spaltung zur Neugründung ist die abspaltende Gesellschaft und nicht deren Gesellschafter (vgl. § 135 Abs. 2 Satz 2 UmwG). Sowohl die Feststellung des Gesellschaftsvertrages als auch die Bestellung der Organe in den neuen Gesellschaften erfolgen somit durch die vertretungsberechtigten Organe – Geschäftsführer oder Vorstände – der übertragenden Gesellschaft.

258 ▶ **Hinweis:**

In der Praxis wird daher zweckmäßigerweise auch gleichzeitig mit dem Abschluss des Gesellschaftsvertrages der neuen Gesellschaft die Bestellung der ersten Geschäftsführer bzw. Vorstände der neu gegründeten Gesellschaften vorgenommen. Da die Anmeldung nach § 137 Abs. 1 UmwG der neuen Gesellschaft durch das Vertretungsorgan des übertragenden Rechtsträgers erfolgt, benötigt man zu diesem Zeitpunkt noch nicht die Geschäftsführer der neuen Gesellschaft. Die Bestellung kann daher, muss nicht, sogleich mit dem Gesellschaftsvertrag der neuen Gesellschaften vorgenommen werden, sie kann auch später in der Gesellschafterversammlung vorgenommen werden. In der Praxis erfolgt dies allerdings bereits – vorbehaltlich der Zustimmung der Gesellschafterversammlung – im Spaltungsplan. Allerdings findet bei der Spaltung zur Neugründung § 8 GmbHG in vollem Umfang Anwendung, sodass die vom GmbHG vorgeschriebenen Versicherungen spätestens bei der Anmeldung der neuen Gesellschaft notwendig sind (Mayer, DB 1995, 862). Deshalb sollten die Geschäftsführer der neuen Gesellschaft entweder bereits anlässlich der Beurkundung des Spaltungsplans oder spätestens bei der Beurkundung des Spaltungsbeschlusses bestellt werden (Widmann/Mayer/Mayer, Umwandlungsrecht, § 135 UmwG Rn. 117 f.).

V. Entstehung einer Vorgesellschaft

259   Für die Spaltung zur Neugründung verweist § 135 Abs. 2 UmwG auf die für die jeweilige Rechtsform des neuen Rechtsträgers bestehenden **Gründungsvorschriften**. Hieraus folgt, dass mit Beurkundung des Spaltungsplans und des Spaltungsbeschlusses davon auszugehen ist, dass eine Vorgesellschaft entsprechend den allgemeinen Regeln bis zur Eintragung im Handelsregister existiert. In der Praxis stellt sich die Frage, inwieweit nach diesem Zeitpunkt mit Gründung der Vorgesellschaft (vgl. dazu ausführlich Teil 2 Rdn. 246 ff.) **Kapitalerhöhungen zulässig** sind. Nach allgemeiner Ansicht sind auch Kapitalerhöhungen im Zeitraum der Vorgesellschaft möglich, streitig ist jedoch, unter welchen Voraussetzungen. Die herrschende Meinung sieht die Kapitalerhöhung im Stadium der Vorgesellschaft nicht als eine Satzungsänderung i. S. d. §§ 55 ff. GmbHG an, sondern als eine Änderung des Stammkapitalbetrags der Gründungssatzung (vgl. Lutter/Hommelhoff, GmbHG, § 55 Rn. 22; Hachenburg/Ulmer, GmbHG, § 55 Rn. 24; a. A. Scholz/Priester, GmbHG, § 55 Rn. 29). Überträgt man diese Vorschrift auf die Gründung im Wege der Spaltung, so ergibt sich daraus, dass dann der gesamte Ausgliederungsvorgang abgeändert werden muss.

VI. Zustimmungsbeschlüsse zum Gesellschaftsvertrag und zur Organbestellung

Gem. §§ 135, 125 Satz 1 i. V. m. § 59 UmwG (für die GmbH) bzw. § 76 Abs. 2 UmwG (für die AG) **260**
bedarf die Satzung bzw. der Gesellschaftsvertrag der neu gegründeten Gesellschaften bei der Abspaltung zu seiner Wirksamkeit der Zustimmung der Gesellschafter der übertragenden Gesellschaft durch Verschmelzungsbeschluss. Das Gesetz spricht davon, dass der **Zustimmungsbeschluss zum Gesellschaftsvertrag** »*durch Verschmelzungsbeschluss*« erfolgen muss. Hierdurch wird wohl klargestellt, dass die Sondervorschriften, die für den Verschmelzungsbeschluss gelten, auch für den Zustimmungsbeschluss zum Gesellschaftsvertrag bei der Spaltung Anwendung finden (vgl. oben Teil 2 Rdn. 364 ff.). Insb. sind die besonderen Mehrheiten des Verschmelzungsbeschlusses, die Sondervorschriften über die Einberufung und die Formvorschriften anzuwenden. Der Zustimmungsbeschluss bedarf der **notariellen Beurkundung**. Der Gesellschaftsvertrag ist ihm als Anlage beizufügen. I. d. R. erfolgen Zustimmungsbeschluss zur Spaltung und Zustimmungsbeschluss zum neuen Gesellschaftsvertrag in einer Gesellschafter- bzw. Hauptversammlung. Der Zustimmung bedürfen ebenfalls die Bestellung der Mitglieder des Aufsichtsrates der neuen Gesellschaft, soweit diese von den Anteilsinhabern der übertragenden Rechtsträger zu wählen sind, und die Bestellung der Geschäftsführer (§ 76 Abs. 2 UmwG).

VII. Sachgründungsbericht bzw. Gründungsbericht und Gründungsprüfung

1. GmbH. Anders als bei der Verschmelzung (§ 58 UmwG) bestimmt § 138 UmwG bei der Spaltung **261**
unter Beteiligung von GmbH, dass **stets ein Sachgründungsbericht erforderlich** ist. Der Sachgründungsbericht ist daher notwendig, unabhängig davon, ob die abspaltende Gesellschaft eine Kapitalgesellschaft oder eine Personenhandelsgesellschaft ist. Die Regierungsbegründung führt hierzu aus, dass, wenn eine GmbH im Wege der Spaltung neu gegründet wird, die Gläubiger dieses neuen Rechtsträgers besonders leicht gefährdet werden können, wenn der übertragende Rechtsträger die weniger wertvollen Vermögensteile abstößt oder wenn deren Zusammensetzung die Ertragsaussichten des übertragenden Betriebes sinken lässt. Dem soll auch durch einen Sachgründungsbericht vorgebeugt werden, wenn dem übertragenden Rechtsträger wegen der Strenge der für ihn geltenden Kapitalschutzvorschriften grds. Vertrauen entgegen gebracht werden könne (vgl. BR-Drucks. 75/94, S. 115, abgedruckt in: Limmer, Umwandlungsrecht, S. 320).

Der Sachgründungsbericht nach § 5 Abs. 4 Satz 2 GmbHG hat die Aufgabe, plausibel zu machen, wel- **262**
che Überlegungen für den Einlagewert des abgespaltenen Vermögens sprechen. Durch ihn soll die **Werthaltigkeit der Vermögensteile** im Hinblick auf das Stammkapital nachgewiesen werden. Dies können Markt- und Börsenpreise, bei Grundstücken die Unterlagen des gemeindlichen Gutachterausschusses, sonstige Gutachten, Schätzungen etc. sein.

Unklar ist, ob über § 125 Satz 1 UmwG auch die Vorschrift des § 58 Abs. 1 UmwG Anwendung findet, **263**
mit der Folge, dass im Sachgründungsbericht auch **Geschäftsverlauf und die Lage des abspaltenden Rechtsträgers** darzulegen ist. Es sind keine Gründe ersichtlich, warum die Verschmelzung zur Neugründung anders behandelt werden sollte als die Spaltung zur Neugründung, sodass man dies wohl verlangen muss, obwohl für den Fall der Ausgliederung aus dem Vermögen eines Einzelkaufmanns in § 159 Abs. 1 UmwG ausdrücklich auf § 58 Abs. 1 UmwG verwiesen wird, während eine solche Verweisung in § 138 UmwG nicht erfolgt (vgl. Mayer, DB 1995, 862; Widmann/Mayer/Mayer, Umwandlungsrecht, § 138 UmwG Rn. 14; Lutter/Priester, UmwG, § 138 Rn. 6). Die in diesem Zusammenhang darzustellenden Tatsachen entsprechen denen beim Lagebericht nach § 289 HGB, dessen wesentliche Angaben auch hier gelten: Die Darstellung muss ein dem tatsächlichen Verhältnis entsprechendes Bild vermitteln. Der Bericht bedarf nur der Schriftform, aber der Unterzeichnung durch alle Gründer persönlich. Da bei der Spaltung die abspaltende Gesellschaft Gründer ist, muss der Sachgründungsbericht von den Vertretungsorganen in vertretungsberechtigter Zahl, auch unechte Gesamtvertretung, abgegeben werden; rechtsgeschäftliche Bevollmächtigung ist nicht zulässig (Lutter/Priester, UmwG, § 138 Rn. 5; Kallmeyer/Zimmermann, § 137 UmwG Rn. 16; Reichert in: Semler/Stengel, § 138 Rn. 9).

2. AG. Eine vergleichbare Vorschrift ist für die AG vorgesehen. Bei der AG hat nach § 142 UmwG **264**
stets eine Prüfung der Sacheinlage stattzufinden. Ferner wird in § 144 UmwG bestimmt, dass grds. ein **Gründungsbericht** (§ 32 AktG) und eine **Gründungsprüfung** (§ 33 Abs. 2 AktG) erforderlich sind.

Auch hier stellt sich die Frage, ob über § 125 Satz 1 UmwG gem. § 75 UmwG in dem Gründungsbericht auch der Geschäftsverlauf und die Lage der übertragenden Rechtsträger darzustellen sind.

265 Der Gründungsbericht bei der AG ist wie bei der GmbH vom Vertretungsorgan der übertragenden Gesellschaft abzugeben. Nach § 32 Abs. 2 AktG sind insb. anzugeben:
– Die vorausgegangenen Rechtsgeschäfte, die auf den Erwerb der Gesellschaft hingezielt haben,
– die Anschaffungs- und Herstellungskosten aus den beiden letzten Jahren und
– die Betriebserträge aus den beiden letzten Geschäftsjahren.

§ 143 UmwG bestimmt allerdings i. d. F. des 3. Gesetzes zur Änderung des Umwandlungsgesetzes, dass bei verhältniswahrenden (Auf- oder Ab-) Spaltungen zur Neugründung ein Spaltungsbericht, eine Spaltungsprüfung und eine Zwischenbilanz nicht mehr erforderlich sind (vgl. Leitzen, DNotZ 2011, 526, 541; Simon/Merkelbach, DB 2011, 1317, 1323).

VIII. Anmeldung der neuen Gesellschafter im Handelsregister

266 Nach § 137 Abs. 1 UmwG hat das Vertretungsorgan des übertragenen Rechtsträgers jeden der neuen Rechtsträger bei dem Gericht, in dessen Bezirk es seinen Besitz haben soll, zur **Eintragung im Register** anzumelden.

F. Kapitalerhaltung und Kapitalherabsetzung bei der übertragenden Gesellschaft

267 Bei der Ausgliederung erhält die ausgliedernde Gesellschaft als **Gegenleistung** für die übertragenen Vermögensgegenstände Anteile an der aufnehmenden Gesellschaft. Es findet ein **Aktivtausch** statt, sodass sich auch hier keine Probleme der Kapitalerhaltung ergeben (vgl. Priester, in: FS für Schippel, 1996, S. 487 f.).

268 Bei einer Aufspaltung **erlischt die übertragende Gesellschaft** (§ 123 Abs. 1 UmwG), sodass sich Fragen der Kapitalerhaltung bei dieser Gesellschaft nicht stellen. Bei der Abspaltung hingegen wird lediglich ein Teil des Vermögens der übertragenden Gesellschaft auf eine bestehende oder neue Gesellschaft abgespalten, sodass auch das Kapital der übertragenden Gesellschaft im Hinblick auf die Kapitalerhaltungsgrundsätze betroffen sein kann. Der Gesetzgeber musste daher sicherstellen, dass bei einer Abspaltung die abspaltende GmbH weiterhin den Grundsätzen der Kapitalbindung genügt (vgl. eingehend Priester, in: FS für Schippel, 1996, S. 487 ff.; Naraschewski, GmbHR 1995, 697 ff.; Kallmeyer/Kallmeyer/Sickinger, UmwG, § 139 Rn. 1 ff.; Widmann/Mayer/Mayer, Umwandlungsrecht, § 139 UmwG Rn. 8 ff.; Lutter/Priester, UmwG, § 138 Rn. 1 ff.).

I. Versicherungspflicht bzw. vereinfachte Soliditätsprüfung

269 **1. Versicherungspflicht bei GmbH (§ 140 UmwG).** Diese Kapitalbindung wird zum einen durch bestimmte **Versicherungen der Vertretungsorgane** erreicht. So bestimmt § 140 UmwG für die GmbH, dass bei der Anmeldung der Abspaltung oder Ausgliederung zur Eintragung in das Register einer übertragenden GmbH deren Geschäftsführer auch zu erklären haben, dass die durch Gesetz und Gesellschaftsvertrag vorgesehenen Voraussetzungen für die Gründung dieser Gesellschaft unter Berücksichtigung der Abspaltung oder der Ausgliederung im Zeitpunkt der Anmeldung vorliegen. Hierdurch soll also Vorsorge dahin gehend getroffen werden, dass durch die Abspaltung oder die Ausgliederung die Kapitalausstattung der GmbH nicht unter die gesetzlichen Mindesterfordernisse für die Höhe des Stammkapitals absinkt und auch sonst die gesetzlichen Voraussetzungen für die Gründung einer GmbH, insb. die Vorschriften über die Mindesthöhe der Stammeinlagen, weiterhin beachtet werden.

Die **Begründung zum RegE** weist darauf hin, dass sichergestellt werden müsse, dass das im Gesellschaftsvertrag der übertragenden GmbH vorgesehene **Stammkapital, das über dem gesetzlichen Mindestkapital liegen kann, durch Aktiva weiter gedeckt ist.** Dafür sollen die Geschäftsführer durch eine Erklärung ggü. dem Registergericht einstehen, die **strafbewehrt** ist. Dagegen erscheint es nach Auffassung der Regierungsbegründung nicht erforderlich, für die übertragende GmbH eine neue Beobachtung der Gründungsvorschriften des GmbHG anzuordnen. Dies würde den Spaltungsvorgang zu stark mit förmlichen Erfordernissen, evtl. auch mit zusätzlichen Kosten, belasten (vgl. Begründung zum RegE, BR-Drucks. 75/94, S. 125, abgedruckt in: Limmer, Umwandlungsrecht, S. 320).

Wegen der Strafbewehrung geht ein **Teil der Literatur** davon aus, dass die Abgabe von **allen Geschäftsführern der übertragenden Gesellschaft abzugeben ist** und **höchstpersönlich** ist (Widmann/Mayer/Mayer, Umwandlungsrecht, § 140 UmwG Rn. 16 f.; Lutter/Priester § 140 UmwG Rn. 8; Kallmeyer/Zimmermann, UmwG, § 140 Rn. 6, § 146 Rn. 4). Diese Schlussfolgerung ist nicht zwingend; da die Erklärung im engen Zusammenhang mit der Anmeldung steht, bei der ein Handeln in vertretungsberechtigter Zahl genügt, sollte dies auch bei der Erklärung nach § 140 UmwG genügen (so Hörtnagl, in: Schmitt/Stratz/Hörtnagl, § 140 UmwG Rn. 3; Reichert, in: Semler/Stengel, UmwG, UmwStG, § 140 UmwG Rn. 4, zur vergleichbaren Vorschrift auch Lutter/Schwab, UmwG, § 146 Rn. 6). Unechte Gesamtvertretung und Bevollmächtigung wird überwiegend als nicht zulässig angesehen (so Hörtnagl, in: Schmitt/Stratz/Hörtnagl, § 140 UmwG Rn. 3; Lutter/Priester § 140 UmwG Rn. 8; Reichert, in: Semler/Stengel, UmwG, UmwStG, § 140 UmwG Rn. 4; Kallmeyer/Zimmermann, UmwG, § 140 Rn. 6, § 146 Rn. 4; anders zu § 146 UmwG: Lutter/Schwab, UmwG, § 146 Rn. 6;).

2. Vereinfachte Soliditätsprüfung bei AG (§ 146 UmwG). Eine ähnliche Vorschrift trifft § 146 **270** UmwG für die AG. Bei der Anmeldung der Abspaltung oder der Ausgliederung einer übertragenden AG hat deren **Vorstand zu erklären**, dass die durch Gesetz und Satzung vorgesehenen Voraussetzungen für die Gründung dieser Gesellschaft unter Berücksichtigung der Abspaltung oder der Ausgliederung im Zeitpunkt der Anmeldung vorliegen. Die Begründung zum RegE weist darauf hin, dass wie in § 140 UmwG bei der GmbH auch das Vertretungsorgan einer AG oder einer KGaA durch eine Erklärung ggü. dem Registergericht die Verantwortung dafür übernehmen soll, dass nach der Spaltung oder nach der Ausgliederung nicht eine Gesellschaft besteht, die den gesetzlichen Vorschriften oder den Erfordernissen der Satzung nicht mehr entspricht.

Auch bei § 146 UmwG ist umstritten, ob die Erklärung **von allen Vorstandsmitgliedern oder in ver- 271 tretungsberechtigter Zahl abzugeben** ist (vgl. zum Streit Kallmeyer/Zimmermann, UmwG, § 146 Rn. 4; Widmann/Mayer/Rieger, Umwandlungsrecht, § 146 UmwG Rn. 7; Lutter//Schwab, UmwG, § 146 Rn. 6 f.; Hörtnagl, in: Schmitt/Stratz/Hörtnagl, § 140 UmwG Rn. 2; Diekmann, in: Semler/Stengel, § 146 UmwG Rn. 6). Ebenfalls umstritten ist, ob die Erklärung **höchstpersönlich** ist (so Kallmeyer/Zimmermann, UmwG, § 146 Rn. 4; Widmann/Mayer/Rieger, Umwandlungsrecht, § 146 UmwG Rn. 7; Hörtnagl, in: Schmitt/Hörtnagl/Stratz, § 146 UmwG Rn. 2; Lutter//Schwab, UmwG, § 146 Rn. 6).

Bei der AG sollen darüber hinaus nach § 146 Abs. 2 UmwG bei der Anmeldung der **Spaltungsbericht 272** nach § 127 UmwG und bei der Abspaltung auch der Prüfungsbericht nach § 125 i. V. m. § 12 UmwG vorgelegt werden. Damit sollen dem Gericht Unterlagen zur Verfügung gestellt werden, die es ihm ermöglichen, Zweifel an der Solidität der nach der Spaltung verbleibenden Rumpfgesellschaft nachzugehen (Kallmeyer/Zimmermann, UmwG, § 146 Rn. 6; Widmann/Mayer/Rieger, Umwandlungsrecht, § 146 UmwG Rn. 16 ff.; Hörtnagl, in: Schmitt/Hörtnagl/Stratz, § 146 UmwG Rn. 9). Dagegen erschien es dem Gesetzgeber nicht erforderlich und auch zu kostspielig und zeitraubend, zusätzlich die Erstattung eines Prüfungsberichts einzuführen, der sich mit der Frage befasst, ob das verbleibende Reinvermögen der übertragenden AG noch den Gesamtnennbetrag des verbleibenden Grundkapitals deckt (vgl. Begründung zum RegE, BR-Drucks. 75/94, S. 127, abgedruckt in: Limmer, Umwandlungsrecht, S. 322). § 146 Abs. 2 UmwG ist im Prinzip überflüssig, da die Vorlagepflicht bereits aus §§ 127, 17 UmwG folgt (Kallmeyer/Zimmermann, UmwG, § 146 Rn. 6; Hörtnagl, in Schmitt/Hörtnagl/Stratz, § 146 UmwG Rn. 9). Umgekehrt entfällt die Einreichungspflicht, wenn materiellrechtlich kein Spaltungs- und/oder Prüfungsbericht notwendig ist (Kallmeyer/Zimmermann, UmwG, § 146 Rn. 6; Widmann/Mayer/Rieger, Umwandlungsrecht, § 146 UmwG Rn. 18; Hörtnagl, in: Schmitt/Hörtnagl/Stratz, § 146 UmwG Rn. 9).

Diese Vorschriften haben die Aufgabe, sicherzustellen, dass die **Grundsätze der Kapitalerhaltung** bei **273** der abspaltenden Kapitalgesellschaft auch weiterhin beachtet werden, wobei allerdings eine ausdrücklich erneute Kapitalerhaltungsprüfung nicht stattfindet, sondern nur die Versicherung durch die Geschäftsführer (bei der GmbH) bzw. bei der AG durch eine vereinfachte Soliditätsprüfung. Die Verantwortung trifft daher die Geschäftsführer bzw. Vorstände der abspaltenden oder ausgliedernden Gesellschaft. Diese müssen prüfen, dass durch Übergang des abgespalteten Vermögensteils weiterhin die satzungs- und gesetzmäßigen Erfordernisse der Kapitalerhaltung erfüllt sind. Es muss also daher das **satzungsmäßige Stammkapital** weiterhin durch die **übrigen Vermögensteile gedeckt** sein. Es darf also keine Unterbilanz entstehen.

274   **3. Maßstab für die Prüfung der Kapitaldeckung.**   Sowohl für die Erklärung nach § 140 bzw. § 146 UmwG als auch für das sich in der Praxis stellende Problem, inwieweit eine Kapitalherabsetzung (vgl. dazu Teil 3 Rdn. 278 ff.) erforderlich ist, ist zu prüfen, welche Maßstäbe für die Frage maßgebend sind, ob die **notwendige Kapitaldeckung noch gegeben** ist. Ansatzpunkte könnten zum einen die Buchwerte, zum anderen aber möglicherweise auch die Verkehrswerte sein. Z. T. wird die Auffassung vertreten, die Kapitalherabsetzung sei nur erforderlich, wenn auch die **stillen Reserven** zur Deckung des Stammkapitals nicht ausreichen, sodass für die Stammkapitaldeckung die Verkehrswerte maßgebend wären (so Sagasser/Bula, Umwandlungen, Rn. K 37, L 10; vgl. auch Issing/Thiel, DB 1991, 2021, 2024). Diese Auffassung wird von der herrschenden Meinung abgelehnt. Die herrschende Meinung orientiert sich an § 30 Abs. 1 GmbHG. Die Frage, ob die Abspaltung zu einer Unterbilanz führt, ist daher nach den gleichen Grundsätzen wie § 30 GmbHG zu beurteilen. Es kommt allein auf das **buchmäßige Eigenkapital** (Rücklagen, Gewinnvorträge) an, **stille Reserven bleiben außer Ansatz.** Maßgeblich sind die Buchwerte und offenen Rücklagen. Da eine Buchwertaufstockung auch bilanziell nicht zulässig wäre, können stille Reserven nicht herangezogen werden (so Widmann/Mayer/Mayer, Umwandlungsrecht, § 139 UmwG Rn. 10 f.; Kallmeyer/Kallmeyer/Sickinger, UmwG, § 139 Rn. 2; Kallmeyer, ZIP 1994, 1746, 1754; Hörtnagl, in: Schmitt/Hörtnagl/Stratz, § 139 UmwG Rn. 6 f.; Reichert, in: Semler/Stengel, § 139 UmwG Rn. 8; Priester, in: FS für Schippel, 1996, S. 502; Schöne, Die Spaltung unter Beteiligung von GmbH, S. 65 f.; Naraschewski, GmbHR 1995, 697; Lutter/Priester, UmwG, § 139 Rn. 6; IdW HFA 1/1998 Tz. 2, WpG 1998, 508, 510).

275   Da bei der Ausgliederung die als Gegenleistung zu gewährenden Geschäftsanteile an der aufnehmenden Gesellschaft nicht den Gesellschaftern, sondern der ausgliedernden Gesellschaft selbst gewährt werden (Aktivtausch), kommt es für die Frage der Stammkapitalerhaltung auf den **Zeitpunkt der Eintragung der Ausgliederung** an. Zu berücksichtigen sind also die neuen Anteile im Vermögen der ausgliedernden Gesellschaft. In den meisten Fällen, in denen eine wertentsprechende Anteilsgewährung stattgefunden hat, wird daher kein Fall des Entstehens einer Unterbilanz vorliegen, da die Kapitalerstattung der übertragenden Gesellschaft unverändert bleibt (Widmann/Mayer/Mayer, Umwandlungsrecht, § 139 UmwG Rn. 16; Kallmeyer/Kallmeyer/Sickinger, UmwG, § 139 Rn. 4; Lutter/Priester § 139 UmwG Rn. 4). Etwas anderes muss bei einer Ausgliederung zur Aufnahme gelten, wenn das Vermögen der aufnehmenden Gesellschaft bereits beeinträchtigt ist und die Anteile an dieser Gesellschaft daher nicht wertentsprechend sind (Widmann/Mayer/Mayer, Umwandlungsrecht, § 139 UmwG Rn. 17; Kallmeyer/Kallmeyer/Sickinger, UmwG, § 139 Rn. 4).

276 ▶ **Hinweis:**

Es muss daher immer geprüft werden, ob das bei der Rumpfgesellschaft verbleibende Vermögen zur Deckung des eingetragenen Stamm- bzw. Grundkapitals ausreicht. Dies kann entweder der Fall sein, wenn die offenen Reserven den Wert des übergegangenen Vermögens erreichen und damit die notwendige Kapitaldeckung sicherstellen. Reicht hingegen das übrig gebliebene Vermögen nicht aus, um das Stamm- bzw. Grundkapital zu decken, dann muss vor der Spaltung eine Kapitalherabsetzung der übertragenden Gesellschaft stattfinden. Allerdings darf diese Kapitalherabsetzung nicht dazu führen, dass das Mindestkapital nach AktG bzw. GmbHG unterschritten wird.

277   Maßgeblich ist das Kapital zum **Zeitpunkt der Anmeldung** unter Berücksichtigung der Spaltungswirkungen (Widmann/Mayer/Mayer, Umwandlungsrecht, § 140 UmwG Rn. 23; Hörtnagl, in: Schmitt/Hörtnagl/Stratz, § 140 UmwG Rn. 10; Lutter/Priester, § 140 UmwG Rn. 10; Reichert, in: Semler/Stengel, § 140 UmwG Rn. 6). Da bei einer Ausgliederung ein Aktivtausch stattfindet (vgl. Priester, in: FS für Schippel, 1996, S. 487 f.), ist bei der Erklärung auch der Zugang der Anteile an der aufnehmenden Gesellschaft zu berücksichtigen.

II. Notwendigkeit der Kapitalherabsetzung

§ 139 UmwG (für die GmbH) bzw. § 145 UmwG (für die AG) bestimmen daher, dass, wenn zur **278** Durchführung der Abspaltung oder der Ausgliederung eine Kapitalherabsetzung notwendig ist, dies in vereinfachter Form geschehen kann. Allerdings wird in § 139 Satz 2 bzw. § 145 Satz 2 UmwG bestimmt, dass, wenn das Stammkapital herabgesetzt wird, die Abspaltung oder Ausgliederung erst eingetragen werden darf, **nachdem die Herabsetzung des Stammkapitals im Register eingetragen** worden ist. Die Begründung zum RegE erläutert diese Vorschriften dahin gehend, dass, wenn eine GmbH im Wege der Abspaltung oder Ausgliederung einen Teil ihres Vermögens ausgliedert, dies eine Herabsetzung des Stammkapitals erfordern könne. Die Kapitalherabsetzung könnte bei einer Abspaltung oder Ausgliederung auf eine Kapitalgesellschaft mit einem erheblich niedrigeren Stamm- oder Grundkapital sowie bei einer Abspaltung oder Ausgliederung auf Rechtsträger ohne ausgeprägte Kapitalschutzvorschriften dazu führen, dass unmittelbar nach Wirksamwerden der Spaltung Ausschüttungen an die Gesellschafter der übertragenden GmbH vorgenommen werden, die bei einer zu anderen Zwecken durchgeführten Kapitalherabsetzung nicht zulässig wären. Dadurch könnte die den Altgläubigern übertragenen GmbH zur Verfügung stehende Zugriffsmasse verkürzt werden, auch wenn die an der Spaltung beteiligten Rechtsträger den Gläubigern gesamtschuldnerisch haften. Die Vorschriften über den Schutz der Gläubiger im Fall der Kapitalherabsetzung, bei einer GmbH also § 58 GmbHG, begegnen dieser Gefahr dadurch, dass eine **Befriedigung oder Sicherstellung der Gläubiger angeordnet** ist (vgl. § 58 Abs. 1 Nr. 2 GmbHG).

Andererseits ist die Begründung zum RegE der Auffassung, dass eine ordentliche Kapitalherabsetzung wegen der einjährigen Sperrfrist so viel Zeit in Anspruch nimmt, dass der **wirtschaftliche Erfolg der Spaltung**, zu deren Durchführung die Kapitalherabsetzung erforderlich sein kann, gefährdet werde. Deshalb soll nach § 58 Satz 1 GmbHG für eine Kapitalherabsetzung zur Durchführung einer Abspaltung oder einer Ausgliederung auch die vereinfachte Form nach den §§ 58a ff. GmbHG zugelassen werden. Zum Schutz des Rechtsverkehrs soll daneben durch § 58 Satz 2 GmbHG sichergestellt werden, dass die Tatsache der Kapitalherabsetzung nicht erst nach der tatsächlichen Vermögensminderung durch die Spaltung, sondern vor dieser Änderung offengelegt werde. Dies werde durch die Pflicht zur vorherigen Eintragung der Kapitalherabsetzung erreicht (vgl. Begründung zum RegE, BR-Drucks. 75/94, S. 125, abgedruckt in: Limmer, Umwandlungsrecht, S. 320).

Entscheidend ist, dass das frei gewordene Vermögen der Kapitalherabsetzung nicht zur Rückzahlung an **279** die Gesellschafter verwendet werden darf, **sondern in die Rücklagen eingestellt werden muss**, damit die Spaltung durchgeführt werden kann. Deshalb steht die Höhe der in vereinfachter Form beschlossenen Kapitalherabsetzung nicht im freien Ermessen der Gesellschafter. §§ 139 Satz 1, 145 Satz 1 UmwG gestatten nur eine »erforderliche« Kapitalherabsetzung. Insofern sind nach der wohl überwiegenden Meinung zunächst Gewinnvorträge und offene Rücklagen aufzulösen. Im zweiten Schritt ist dann zu prüfen, inwieweit der überschießende Betrag der Vermögensgegenstände, die abgespalten werden sollen, das Stammkapital angreift. Die Höhe der durch die Vermögensübertragung entstehenden Unterbilanz begrenzt zugleich den Umfang der vereinfachten Kapitalherabsetzung (vgl. Kallmeyer/Kallmeyer/Sickinger, UmwG, § 139 Rn. 2; Widmann/Mayer/Mayer, Umwandlungsrecht, § 139 UmwG Rn. 32 ff.; Lutter/Priester, § 139 UmwG Rn. 6; Priester, DNotZ 1995, 427, 448; Lutter/Schwab, UmwG, § 145 Rn. 16 ff.; Ittner, MittRhNotK 1997, 118; Schöne, Die Spaltung unter Beteiligung von GmbH, S. 68 ff.). Einigkeit besteht auch, dass die Beträge, die aus der Kapitalherabsetzung und den vorhergehenden Auflösungen von Rücklagen und Gewinnvorträgen stammen, nicht an die Gesellschafter ausgeschüttet werden dürfen, sondern nur zum Ausgleich des spaltungsbedingten Bilanzverlustes eingesetzt werden können (Widmann/Mayer/Mayer, Umwandlungsrecht, § 139 UmwG Rn. 69; Lutter/Schwab, UmwG, § 145 Rn. 23). Auszahlungen an Gesellschafter und Aktionäre sind verboten. Es kommt auch insoweit allein auf das **buchmäßige Eigenkapital** (Rücklagen, Gewinnvorträge) an, **stille Reserven bleiben außer Ansatz** (Kallmeyer/Kallmeyer/Sickinger, UmwG, § 139 Rn. 2; Widmann/Mayer/Mayer, Umwandlungsrecht, § 139 UmwG Rn. 32 ff.; Lutter/Priester, § 139 UmwG Rn. 6; Priester, DNotZ 1995, 427, 448).

III. Durchführung der Kapitalherabsetzung

280 Ist also die Spaltung nicht aus den offenen Eigenkapitalposten (Rücklagen, Gewinnvorträge) möglich, dann muss bei der abspaltenden Gesellschaft eine **Kapitalherabsetzung** durchgeführt werden. Es muss also geprüft werden, ob die verbleibenden Aktiva zur Deckung des ausgewiesenen Gesellschaftskapitals ausreichen. Anderenfalls hat die übertragende Gesellschaft vor oder spätestens gleichzeitig mit der Abspaltung eine Herabsetzung des Stamm- bzw. Grundkapitals durchzuführen.

281 Anzuwenden sind nach § 140 bzw. § 145 UmwG die **Vorschriften über die vereinfachte Kapitalherabsetzung**. Die Vorschriften über die vereinfachte Kapitalherabsetzung bei der GmbH (§§ 58a ff. GmbHG) wurden durch Art. 48 Nr. 4 EGJusO v. 05.10.1994 (BGBl. I, S. 2911) eingeführt. Die neuen Vorschriften des GmbHG orientieren sich dabei eng an den §§ 229 bis 236 AktG. Die vereinfachte Kapitalherabsetzung vollzieht sich grds. nach den gleichen Schritten wie eine ordentliche Kapitalherabsetzung, doch gelten andere Vorschriften zum **Gläubigerschutz**. Bei der GmbH entfällt insb. der Gläubigeraufruf, die Meldung der Gläubiger bei der Gesellschaft, ihr Anspruch auf Befriedigung oder auf Sicherheitsleistung und die Ein-Jahres-Frist nach § 58 Abs. 1 Nr. 3 GmbHG (vgl. Lutter/Hommelhoff, GmbHG, § 58 Rn. 4). Bei der AG findet insb. § 225 AktG keine Anwendung.

282 Notwendig für die Kapitalherabsetzung ist insb. der **Herabsetzungsbeschluss.** Beschlussinhalt ist die künftige Ziffer des Stammkapitals. Diese darf nicht unter dem Mindestkapital von 25.000,00 € für die GmbH bzw. 50.000,00 € für die AG liegen. Der Beschluss der Gesellschafterversammlung oder der Hauptversammlung muss zum Ausdruck bringen, welche Form der Kapitalherabsetzung, also ob die ordentliche oder die vereinfachte Kapitalherabsetzung, gewählt wird. Nur so besteht Klarheit, welche Gläubigervorschriften zur Anwendung kommen. Der Herabsetzungsbeschluss ist eine Satzungsänderung und bedarf daher der **für Satzungsänderungen erforderlichen Mehrheit**. Neben den allgemeinen Vorschriften der §§ 58 ff. GmbHG bzw. §§ 222 ff. AktG sind daher die allgemeinen für die Satzungsänderung geltenden Vorschriften anzuwenden.

283 Fehlen bei der abspaltenden Gesellschaft **Rücklagen**, aus denen die Spaltung möglich wäre und ist auch eine Kapitalherabsetzung nicht möglich, weil etwa das Mindestkapital unterschritten würde, würde die Spaltung zu einem Verstoß gegen § 30 GmbHG mit der Folge des § 31 GmbHG führen (vgl. Mayer, DB 1995, 865). Zulässig ist allerdings die Kapitalherabsetzung mit gleichzeitiger Kapitalerhöhung, durch die der Mindestbetrag erreicht wird (Widmann/Mayer/Mayer, Umwandlungsrecht, § 139 UmwG Rn. 49). Mayer empfiehlt in Fällen der Kapitalherabsetzung, den Kapitalherabsetzungsbeschluss unter der **auflösenden Bedingung** zu fassen, dass die Wirksamkeit der Spaltung nicht eintritt. Umgekehrt soll der Spaltungsbeschluss unter der **aufschiebenden Bedingung** des Wirksamwerdens der Kapitalherabsetzung gefasst werden (Widmann/Mayer/Mayer, Umwandlungsrecht, § 139 UmwG Rn. 44).

284 Ungeklärt ist die **Auslegung in § 139 bzw. § 145 UmwG**, die davon spricht, dass die Kapitalherabsetzung in vereinfachter Form erfolgen kann, wenn eine Kapitalherabsetzung »*erforderlich*« ist. Es stellt sich daher die Frage, ob die Kapitalherabsetzung dann nur durchgeführt werden darf, wenn keine Rücklagen zur Verfügung stehen, aus denen die Spaltung erfolgen könnte, oder ob auch bei Vorhandensein von Rücklagen dennoch eine Kapitalherabsetzung möglich ist. Z. T. wird die Vorschrift dahin gehend ausgelegt, dass der Begriff »*erforderlich*« wohl voraussetzt, dass anderenfalls eine Unterbilanz entsteht. Ist daher die Kapitalherabsetzung unter diesen Umständen nicht erforderlich, so kann nach dieser Meinung eine Kapitalherabsetzung in regulärer Form durchgeführt werden (vgl. Geck, DStR 1995, 416, 423). Allerdings sind dann bei der regulären Kapitalherabsetzung die Gläubigervorschriften, insb. das Sperrjahr zu beachten. Gegen diese Auffassung spricht die Tatsache, dass § 135 bzw. § 145 UmwG generell die Spaltung erleichtern will. Auch die Regierungsbegründung weist allgemein darauf hin, dass § 135 UmwG die Kapitalherabsetzung in Spaltungsfällen allgemein erleichtern will. Man wird daher davon ausgehen müssen, dass die Kapitalherabsetzung bei der Spaltung immer als einfache Kapitalherabsetzung möglich ist.

285 Ebenfalls umstritten ist, ob es sich bei der Verweisung in § 139 Satz 1 bzw. § 145 Satz 1 UmwG auf die §§ 58a ff. GmbHG bzw. §§ 229 ff. AktG um eine **Rechtsfolgen- oder um eine Rechtsgrundverweisung** handelt (wobei die rechtlichen Folgerungen nur sehr geringfügig sind vgl. Hohmut, Die Kapitalherabsetzung bei der GmbH 2007, S. 239; Lutter/Hommelhoff, GmbHG, § 58a Rn. 28). Im Fall der Rechts-

grundverweisung müssten zusätzlich zu den umwandlungsrechtlichen Voraussetzungen die Tatbestandsvoraussetzungen des § 58a GmbHG bzw. § 229 AktG vorliegen (für Rechtsfolgenverweisung: Kallmeyer/Kallmeyer/Sickinger, UmwG, § 139 Rn. 1; Reichert, in: Semler/Stengel, § 139 UmwG Rn. 6; Sagasser/Bula, Umwandlungen, Rn. K 39 ff.; Kallmeyer, ZIP 1995, 1646, 1754; Ittner, MittRhNotK 1997, 107; Priester, in: FS für Schippel, 1996, S. 487, 491; Naraschewski, GmbHR, 697, 698; Lutter/Hommelhoff, UmwG, § 145 Rn. 9, 22; für Rechtsgrundverweisung: Widmann/Mayer/Mayer, Umwandlungsrecht, § 139 UmwG Rn. 25; Hörtnagl, in: Schmitt/Hörtnagl/Stratz, § 139 UmwG Rn. 9; Lutter/Priester, § 139 UmwG Rn. 5; a. A. Mayer, DB 1995, 861, 866; Schöne, Die Spaltung unter Beteiligung von GmbH, S. 67 f.).

Im Grunde sprechen die besseren Argumente für eine Rechtsfolgenverweisung, weil sonst eine Verweisung überhaupt nicht notwendig gewesen wäre, da die §§ 58a ff. GmbHG bzw. 229 ff. AktG direkt anwendbar wären. Zu beachten ist allerdings, dass auch von den Befürwortern einer Rechtsfolgenverweisung durch den Begriff des »Erforderlich« klargestellt wird, dass die Höhe der Herabsetzung nicht im freien Ermessen der Gesellschafter steht, sondern nur zulässig ist, soweit das nach Auflösung der offenen Rücklagen und etwaiger Gewinnvorträge verbleibende Nettovermögen der übertragenden Gesellschaft deren Stammkapital nach der Spaltung nicht mehr deckt (vgl. oben Teil 3 Rdn. 274 ff.). Insofern besteht unabhängig von der dogmatischen Einordnung Einigkeit.

Das AG Charlottenburg (GmbHR 2008, 993 m. Anm. Priester GmbHR 2008, 994) hat entschieden, dass eine Kapitalherabsetzung in vereinfachter Form im Fall einer Abspaltung zur Neugründung nur dann »erforderlich« sei, wenn und soweit der durch den Eigenkapitalschutz der §§ 30 ff. GmbHG gewährleistete kumulierte Haftungsfonds der infolge Abspaltung zur Neugründung entstehenden Mehrheit von GmbH, also die Summe deren »Stammkapitalia«, nicht hinter dem Betrag des ursprünglichen Stammkapitals der übertragenden Gesellschaft zurückbleibt.

Ferner ist umstritten, ob die **Kapitalherabsetzung** zur Bildung von Nennkapital beim übernehmenden **286** oder neuen Rechtsträger **erforderlich** sein muss. Ein Teil der Literatur verlangt, dass die Kapitalherabsetzung nur zulässig ist, wie dies zur Bildung des Nennkapitals bei der übernehmenden Gesellschaft notwendig ist (AG Charlottenburg, GmbHR 2008, 993 m. Anm. Priester GmbHR 2008, 994; Priester, in: FS für Schippel, 1996, S. 497; Naraschewski, GmbHR 1995, 700; Lutter/Schwab, § 146 UmwG Rn. 16; Reichert, in: Semler/Stengel, § 139 UmwG Rn. 10). Entgegen der früheren Auffassung ist diese Bindung abzulehnen, da **kein zwingender Zusammenhang** zwischen der Höhe des übertragenden Vermögens und der Kapitalerhöhung bzw. dem Nennkapital der aufnehmenden Gesellschaft besteht (vgl. oben Teil 2 Rdn. 290, Teil 3 Rdn. 253). Insofern verstieße die Anpassung der Kapitalherabsetzung an die Nennkapitalpflicht bei der aufnehmenden Gesellschaft gegen diese Grundsätze. Das Gesetz sieht in manchen Fällen auch vor, dass keine Geschäftsanteile gewährt werden dürfen, sodass in diesen Fällen der Pflicht, dem Kapital zu entsprechen, nicht gefolgt werden könnte. Aus diesem Grund ist diese Auffassung abzulehnen (ebenso Kallmeyer/Kallmeyer/Sickinger, UmwG, § 139 Rn. 3; Widmann/Mayer/Mayer, Umwandlungsrecht, § 139 UmwG Rn. 51; Ittner, MittRhNotK 1997, 108; Schöne, Die Spaltung unter Beteiligung von GmbH, S. 69).

Schließlich ist unklar, ob die vereinfachte Kapitalherabsetzung **auch für die Ausgliederung zulässig** ist **287** (§ 139 Satz 1 UmwG). Bei der Ausgliederung findet aber ein Aktivtausch statt: Das ausgliedernde Unternehmen erhält als Gegenleistung Anteile an dem aufnehmenden, sodass eine Kapitalherabsetzung nicht erforderlich und damit wohl auch nicht zulässig ist (vgl. Naraschewski, GmbHR 1995, 763; Kallmeyer/Kallmeyer/Sickinger, UmwG, § 139 Rn. 4; Lutter/Priester, § 139 UmwG Rn. 4; Widmann/Mayer/Mayer, Umwandlungsrecht, § 139 UmwG Rn. 16; Priester, in: FS für Schippel, 1996, S. 487).

G. Spaltungsbericht

Nach § 127 UmwG haben die Vertretungsorgane jedes der an der Spaltung beteiligten Rechtsträgers **288** einen **ausführlichen schriftlichen Bericht** zu erstatten, in dem die Spaltung, der Vertrag oder sein Entwurf im Einzelnen und bei Aufspaltung und Abspaltung insb. das Umtauschverhältnis der Anteile oder die Angaben über die Mitgliedschaft bei den übernehmenden Rechtsträgern, der Maßstab für ihre Aufteilung sowie die Höhe einer anzubietenden Barabfindung rechtlich und wirtschaftlich erläutert und begründet werden. Der Spaltungsbericht ist das Gegenstück zum Verschmelzungsbericht gem. § 8

UmwG (vgl. oben Teil 2 Rdn. 376 ff.). Zusätzlich zum Verschmelzungsbericht ist bei Aufspaltung und Abspaltung im Spaltungsbericht auch der **Maßstab für die Aufteilung der Anteile** zu erläutern und zu begründen, um die Anteilsinhaber über den Umfang ihrer künftigen Beteiligung näher zu unterrichten.

§ 143 UmwG bestimmt allerdings i. d. F. des 3. Gesetzes zur Änderung des Umwandlungsgesetzes, dass bei verhältniswahrenden (Auf- oder Ab-) Spaltungen zur Neugründung ein Spaltungsbericht nicht mehr erforderlich ist (vgl. Leitzen, DNotZ 2011, 526, 541).

289 Ebenso wie der Verschmelzungsbericht soll der Spaltungsbericht die **Informationsmöglichkeiten der Gesellschafter** über die geplante Spaltung verbessern. Hinsichtlich der Anforderungen an den Spaltungsbericht gelten wohl die gleichen Anforderungen wie beim Verschmelzungsbericht.

I. Spaltungsbericht durch Vertretungsorgane

290 **Berichtspflichtig** sind nach § 127 UmwG die Vertretungsorgane jedes der an der Spaltung beteiligten Rechtsträgers, d. h. der Vorstand bzw. die Geschäftsführer oder die geschäftsführenden Gesellschafter in ihrer Gesamtheit. Ebenso wie der Verschmelzungsbericht kann gem. § 127 Halbs. 2 der Bericht auch von den Vertretungsorganen gemeinsam erstattet werden.

II. Inhalt des Spaltungsberichts

291 Die Vorschrift entspricht weitgehend § 8 UmwG bzgl. des Verschmelzungsberichts, sodass auf die allgemeinen Ausführungen zum Verschmelzungsbericht verwiesen werden kann (s. o. Teil 2 Rdn. 364 ff.). Im Einzelnen muss also auch der Spaltungsbericht **zu folgenden Punkten Stellung nehmen** (vgl. Lutter/Schwab, UmwG, § 127 Rn. 16 ff.; Widmann/Mayer/Mayer, Umwandlungsrecht, § 127 UmwG Rn. 12 ff.; Kallmeyer/Kallmeyer/Sickinger, UmwG, § 127 Rn. 5; Wirth, Die Spaltung von eingetragenen Genossenschaften, S. 171 ff.; OLG Düsseldorf, NZG 1999, 565; OLG Hamburg, NZG 1999, 560; Ossadnik, DB 1995, 105 ff.; OLG Hamm, NZG 1999, 562):
– zur Spaltung,
– zum Spaltungsvertrag bzw. -plan,
– zum Umtauschverhältnis der Anteile,
– zur Mitgliedschaft bei den übernehmenden Rechtsträgern,
– zur Höhe der anzubietenden Barabfindung.

292 Zusätzlich wurde – hierauf weist die Regierungsbegründung ausdrücklich hin – noch die **Verpflichtung** aufgenommen, bei Aufspaltung und Abspaltung auch den **Maßstab für die Aufteilung der Anteile zu erläutern** und zu begründen, um die Anteilsinhaber über den Umfang ihrer künftigen Beteiligung näher zu unterrichten. Insb. bei der nicht verhältniswahrenden Spaltung sind hier die Gründe und auch die einzelnen Verteilungsmaßstäbe für die Aufteilung der Anteile an den neuen Rechtsträgern ausführlich zu erläutern.

293 Die Erläuterung muss die **rechtlichen und wirtschaftlichen Verhältnisse** betreffen.

294 Darüber hinaus sind gem. § 127 Satz 2 UmwG i. Ü. die **Vorschriften des Verschmelzungsrechts** anzuwenden, d. h. § 8 Abs. 1 Satz 2 bis Satz 4, Abs. 2 und Abs. 3 UmwG. Das bedeutet, dass auf die besonderen Schwierigkeiten bei der Bewertung der Rechtsträger sowie auf die Folgen für die Beteiligung der Anteilsinhaber hinzuweisen ist. Ebenso wie bei der Verschmelzung gilt daher der Grundsatz, dass sich die Erläuterung nicht auf die Darlegung der Grundsätze beschränken darf, nach denen das Umtauschverhältnis der Anteile ermittelt wurde. Die Entscheidungen der OLG gingen zum Verschmelzungsrecht davon aus, dass der Verschmelzungsbericht und damit wohl auch der Spaltungsbericht Zahlenmaterial enthalten müssen, das den Gesellschaftern ermöglicht, das vorgeschlagene **Umtauschverhältnis** einer **Plausibilitätskontrolle** zu unterziehen (OLG Karlsruhe, WM 1989, 1134; OLG Hamm, ZIP 1988, 1051). Das OLG Karlsruhe war darüber hinaus der Auffassung, dass es erforderlich ist, dass die Wertverhältnisse der beteiligten Gesellschaften insoweit dargelegt werden, dass das insgesamt vorhandene Material einer Stichhaltigkeitskontrolle der vorgesehenen Umtauschwerte erlaubt. Dazu ist i. d. R. erforderlich, dass die Bewertungsergebnisse, also die nach der Bewertungsmethode entwickelten Unternehmenswerte, mitgeteilt werden. Darüber hinaus wird es erforderlich sein, aussagekräftige Einzelplanzahlen bekannt zu geben (OLG Karlsruhe, WM 1989, 1134 = ZIP 1989, 988).

I. Ü. kann hier auf die **Einzelfragen beim Verschmelzungsbericht** hingewiesen werden (vgl. oben Teil 2 **295** Rdn. 364 ff.).

III. Erweiterung der Berichtspflicht bei verbundenen Unternehmen

Gem. § 127 Satz 2 i. V. m. § 8 Abs. 1 Satz 3 und Satz 4 UmwG gilt die Erweiterung auch für den Fall **296** **verbundener Unternehmen**. Ist daher ein an der Verschmelzung beteiligter Rechtsträger ein verbundenes Unternehmen i. S. d. § 15 AktG, so sind in dem Bericht auch Angaben über alle für die Verschmelzung wesentlichen Angelegenheiten der anderen verbundenen Unternehmen zu machen. Die Auskunftspflichten der Vertretungsorgane erstrecken sich auch auf diese Angelegenheiten.

IV. Erweiterte Unterrichtungspflicht über Vermögensveränderungen nach § 64 Abs. 1 UmwG n. F. bei Beteiligung von AG

Durch das 3. UmwÄndG v. 15.07.2011 (BGBl. I, S. 1338) wurde die bisher nur in § 143 UmwG a. F. **297** bei Spaltungen von AG vorgesehene **erweiterte Unterrichtungspflicht** über Vermögensveränderungen bei Spaltungen unter Beteiligungen von AG und KGaA durch § 64 Abs. 1 UmwG n. F. eingeführt (vgl. dazu Teil 2 Rdn. 394 ff. und Neye/Jäckel, AG 2010, 237 ff.; Diekmann, NZG 2010, 489 ff.; Wagner, DStR 2010, 1629 ff.; Heckschen, NZG 2010, 1041 ff.; Leitzen, DNotZ 2011, 526, 529; Simon/Merkelbach, DB 2011, 1317, 1317; Bayer/J. Schmidt, ZIP 2010, 953 ff.; Sandhaus, NZG 2009, 41 ff.). Grundlage ist Art. 2 Nr. 4 der Richtlinie 2009/109/EG des Europäischen Parlaments und des Rates v. 16.09.2009 (ABl. EU L 259 v. 02.10.2009, S. 14). Voraussetzung ist eine »wesentliche Veränderung des Vermögens des Rechtsträgers, die zwischen dem Abschluss des Verschmelzungsvertrags oder der Aufstellung des Entwurfs und dem Zeitpunkt der Beschlussfassung eingetreten ist.«

Nach §§ 125, 64 Abs. 1 Satz 2 UmwG n. F. haben die der an der Spaltung beteiligten Aktiengesellschaften bzw. KGaA dessen Anteilsinhaber vor der Beschlussfassung über jede **wesentliche Veränderung des Vermögens des Rechtsträgers** zu unterrichten, die zwischen dem Abschluss des Spaltungsvertrags oder der Aufstellung des Entwurfs und dem Zeitpunkt der Beschlussfassung eingetreten ist. Die Vertretungsorgane haben über solche Veränderungen auch die Vertretungsorgane der anderen beteiligten Rechtsträger zu unterrichten; diese haben ihrerseits die Anteilsinhaber des von ihnen vertretenen Rechtsträgers vor der Beschlussfassung zu unterrichten.

Die Vorschrift gilt für **alle Spaltungen** unter Beteiligung von AG und KGaA (nach §§ 125, **298** 127 UmwG). Bisher war eine solche Unterrichtungspflicht nur bei der Spaltung und nur bei AG in § 143 UmwG vorgesehen. Die Unterrichtungspflicht entfällt nicht schon allein deshalb, weil bei Konzernspaltungen ein Beschluss der übernehmenden AG nicht erforderlich ist (§ 62 Abs. 1 UmwG). Denn zum einen sollen die Aktionäre auch anhand der Unterrichtung über Vermögensveränderungen entscheiden können, ob sie von dem in § 62 Abs. 2 UmwG geregelten Minderheitenrecht Gebrauch machen. Zum anderen besteht die Unterrichtungspflicht ggü. dem Vertretungsorgan der Tochtergesellschaft und mittelbar ggü. deren Minderheitsaktionären auch bei einer Beteiligung von 90 % (Begr. RegE, BT-Drucks. 17/3122, S. 11).

Voraussetzung ist eine »**wesentliche Veränderung des Vermögens** des Rechtsträgers, die zwischen dem **299** Abschluss des Spaltungsvertrags oder der Aufstellung des Entwurfs und dem Zeitpunkt der Beschlussfassung eingetreten ist.« Der Begriff ist relativ unscharf, sodass die Praxis im Zweifel eher zu viel als zu wenig berichten sollte. In § 143 UmwG a. F. wurde dieses Tatbestandsmerkmal dahin gehend ausgelegt, dass es sich um eine Veränderung handeln muss, die für die Unternehmensbewertung – und damit für das Umtauschverhältnis der Anteile bzw. die Höhe der Abfindung (§ 29 UmwG) – relevant ist, d. h. diese berühren oder betreffen kann (Leitzen, DNotZ 2011, 526, 529; KK -UmwG/Simon, § 143 Rn. 10). Wenn dieser Umstand vorliegt, so soll daraus auch die Wesentlichkeit folgen (Kallmeyer/Kallmeyer/Sickinger, UmwG, § 143 Rn. 2; KK -UmwG/Simon, § 143 Rn. 11). Es ist aber nicht erforderlich, dass die Veränderung tatsächlich zu einer anderen Bewertung führt; vielmehr genügt, dass sie Anlass zur Überprüfung der früheren Bewertung gibt (Leitzen, DNotZ 2011, 529; KK -UmwG/Simon, § 143 Rn. 10; Simon/Merkelbach, DB 2011, 1317, 1318). Gegenstand der Bewertung muss das »Vermögen« sein, worunter auch das Passivvermögen fällt. Andere Veränderungen, die für die Verschmelzung ebenfalls relevant sein können, z. B. das wirtschaftliche Umfeld, Konkurrenzsituation, spielen keine Rolle, wobei natürlich solche Änderungen auf das Vermögen durchschlagen können.

300   Zu informieren sind die **Anteilseigner vor der Beschlussfassung** und nach § 8 Abs. 3 Satz 2 UmwG n. F. auch **die Vertretungsorgane der anderen Rechtsträger**, die an der Verschmelzung beteiligt sind. Diese haben ihrerseits ihre Anteilsinhaber vor der Beschlussfassung zu informieren. Zu § 143 UmwG a. F. war umstritten wie die Information zu erfolgen hatte. Zu § 143 UmwG a. F. war ein Teil der Literatur der Meinung, dass ein schriftlicher Nachtragsbericht zum Spaltungsbericht notwendig sei (Kallmeyer/Sickinger, UmwG, § 143 Rn. 2; Lutter/Schwab, UmwG, § 143 Rn. 15 ff.; ebenso zu § 8 UmwG Keller/Klett, GWR 2010, 308122; Diekmann, NZG 2010, 489). Nach anderer Meinung genügte eine mündliche Information der Anteilseigner in der Hauptversammlung (so Leitzen, DNotZ 2011, 526, 530 f.; Wagner, DStR 2010, 1629, 1632; Heckschen, NZG 2010, 1041, 1042). § 64 Abs. 1 Satz 2 UmwG bestimmt nun, dass der Vorstand mündlich jede wesentlich Änderung zu erläutern hat (Leitzen, DNotZ 2011, 526, 530).

V. Einschränkung der Berichtspflicht

301   Gem. § 127 Satz 2 i. V. m. § 8 Abs. 2 UmwG gelten wie beim Verschmelzungsbericht die gleichen **Einschränkungen der Berichtspflicht**. In den Bericht brauchen Tatsachen nicht aufgenommen zu werden, deren Bekanntwerden geeignet ist, einem der beteiligten Rechtsträger oder einem verbundenen Unternehmen einen nicht unerheblichen Nachteil zuzufügen. In diesem Fall sind in diesem Bericht die Gründe, aus denen die Tatsachen nicht aufgenommen worden sind, darzulegen (vgl. im Einzelnen oben Teil 2 Rdn. 398).

VI. Verzicht auf den Spaltungsbericht bzw. Konzernspaltung

302   Nach § 127 Satz 2 i. V. m. § 8 Abs. 3 UmwG ist der Bericht nicht erforderlich, wenn entweder **alle Anteilsinhaber** in notariell beurkundeter Verzichtserklärung auf die Erstellung **verzichtet** haben oder sich alle Anteile des übertragenden Rechtsträgers in der Hand des übernehmenden Rechtsträgers befinden (vgl. oben Teil 2 Rdn. 400 ff.). Dies gilt auch für die Nachtragsberichterstattung bei AG nach § 64 Abs. 1 UmwG. Der Verzicht auf den Spaltungsbericht und die Nachtragsunterrichtung soll sowohl alternativ als auch kumulativ möglich sein (BEgrRegE BT-Drucks. 17/3122, S. 14). § 143 UmwG bestimmt i. d. F. des **3. UmwÄndG v. 15.07.2011** (BGBl. I 2011, S. 1338), dass bei **verhältniswahrenden (Auf- oder Ab-) Spaltungen zur Neugründung einer Aktiengesellschaft** die §§ 8 bis 12 UmwG nicht anzuwenden sind, ein Spaltungsbericht also nicht mehr erforderlich ist (vgl. Leitzen, DNotZ 2011, 526, 541; Diekmann in: Semler/Stengel, § 143 UmwG Rn. 3 ff.; Simon/Merkelbach, DB 2011, 1317, 1323). Die Vorschrift ist allerdings missverständlich, da § 127 UmwG (Spaltungsbericht) nicht ausdrücklich erwähnt wird, aber § 8 UmwG. Die Literatur geht von einem Redaktionsversehen aus (vgl. Simon/Merkelbach, DB 2011, 1317, 1323).

H. Spaltungsprüfung

303   Nach § 9 Abs. 1 i. V. m. § 125 Satz 1 UmwG ist der Spaltungsvertrag oder sein Entwurf durch einen oder mehrere **sachverständige Prüfer** zu prüfen. Durch die Verweisung auf die §§ 9 ff. UmwG hat das Rechtsinstitut der Spaltung bei Auf- und Abspaltung ebenso wie bei der Verschmelzung die Prüfung allgemein geregelt. Gesetzestechnisch hat der Gesetzgeber allerdings nicht für alle Fälle die Spaltungsprüfung vorgesehen, sondern nur für bestimmte Gesellschaften und Rechtsträger. Das Rechtsinstitut der Prüfung wird daher allgemein in den §§ 9 ff. UmwG erläutert, die Verpflichtung zur Prüfung ergibt sich jedoch jeweils im besonderen Teil bei den einzelnen Gesellschaften und Rechtsträgern.

§ 143 UmwG bestimmt allerdings i. d. F. des **3. UmwÄndG v. 15.07.2011** (BGBl. I 2011, S. 1338), dass bei **verhältniswahrenden (Auf- oder Ab-) Spaltungen zur Neugründung einer Aktiengesellschaft** die §§ 8 bis 12 UmwG nicht anzuwenden sind, eine Spaltungsprüfung also nicht mehr erforderlich ist (vgl. Leitzen, DNotZ 2011, 526, 541; Diekmann in: Semler/Stengel, § 143 UmwG Rn. 3 ff.; Simon/Merkelbach, DB 2011, 1317, 1323).

304   Nach § 125 Satz 2 UmwG findet insb. eine **Prüfung** bei der **Ausgliederung** nicht statt.

Im Prinzip sind die gleichen Gesellschaften prüfungspflichtig wie bei der Verschmelzung (vgl. oben **305** Teil 2 Rdn. 405 ff.). Durch die Verweisung auf §§ 9 ff. UmwG gelten die gleichen Vorschriften wie bei der Verschmelzung für die Spaltungsprüfung (vgl. oben Teil 2 Rdn. 405 ff.). Allerdings sieht § 125 Satz 1 UmwG vor, dass § 9 Abs. 2 UmwG generell nicht gilt. Das bedeutet, dass **eine Spaltungsprüfung auch in den Fällen der Konzernspaltung**, d. h. bei der Abspaltung einer 100 %igen **Tochtergesellschaft auf die Mutter**, stattfinden muss (Kallmeyer/Kallmeyer/Sickinger, UmwG, § 125 Rn. 9). Selbst wenn sich alle Anteile eines übertragenden Rechtsträgers in der Hand des übernehmenden Rechtsträgers befinden, so ist anders als bei der Verschmelzung eine Spaltungsprüfung stets erforderlich, wenn die besonderen Vorschriften dies vorsehen. Die Regierungsbegründung weist darauf hin, dass die für die Spaltung in § 9 Abs. 2 UmwG vorgesehene Ausnahme bei der Konzernverschmelzung deshalb nicht passt, da es bei der Aufspaltung und Abspaltung stets zu einem Anteilstausch kommt, sodass eine Prüfung durch Sachverständige erforderlich sein kann (vgl. Begründung zum RegE, abgedruckt in: Limmer, Umwandlungsrecht, S. 312). Ein Teil der Literatur spricht sich für eine teleologische Reduktion aus (Widmann/Mayer/Fronhöfer, Umwandlungsrecht, § 125 UmwG Rn. 45; wohl auch Hörtnagl, in: Schmitt/Hörtnagl/Stratz, § 125 UmwG Rn. 13).

Auf die Spaltungsprüfung kann allerdings gem. § 9 Abs. 3 i. V. m. § 125 Satz 1 UmwG durch **notarielle Zustimmungserklärung verzichtet** werden (Kallmeyer/Kallmeyer/Sickinger, UmwG, § 125 Rn. 9).

I. Vorbereitung der Gesellschafter- bzw. Hauptversammlung

Die Vorbereitung der Gesellschafter- bzw. Hauptversammlung, in der über die Spaltung abgestimmt **306** werden soll, unterliegt den gleichen Vorschriften wie bei den Verschmelzungen. § 125 Satz 1 UmwG verweist insgesamt bzgl. dieser Vorbereitungsvorschriften auf die Vorschriften des Zweiten Buches bzgl. der Verschmelzung. Es gelten daher die **besonderen Vorschriften über die einzelnen Gesellschafts- und Rechtsträgerformen** bei der Verschmelzung, bei denen geregelt ist, dass vor Gesellschafter- oder Hauptversammlung die Gesellschafter über die Verschmelzung und ihre Einzelheiten zu unterrichten sind.

§ 42 UmwG sieht bei der Spaltung unter Beteiligung von Personenhandelsgesellschaften vor, dass der **307** Spaltungsvertrag oder sein Entwurf und der Spaltungsbericht den Gesellschaftern, die nicht von der Geschäftsführung ausgeschlossen sind, spätestens zusammen mit der Einberufung der Gesellschafterversammlung zu übersenden sind (vgl. oben Teil 2 Rdn. 445 ff.). Nach § 45c Satz 2 UmwG sind bei der Spaltung unter Beteiligung von Partnerschaftsgesellschaften von der Geschäftsführung ausgeschlossene Partner entsprechend § 42 UmwG wie bei der Personengesellschaft zu unterrichten. Für **Personengesellschaften** sieht allerdings § 41 UmwG eine Erleichterung vor: Ist an der Spaltung eine Personenhandelsgesellschaft beteiligt, so muss für diese ein Spaltungsbericht nicht erstellt werden, wenn **alle Gesellschafter zur Geschäftsführung** berechtigt sind. Bei der Partnerschaftsgesellschaft ist der Bericht nur erforderlich, wenn ein Partner von der Geschäftsführung ausgeschlossen ist.

Bei der GmbH sieht zum einen § 47 UmwG die **Unterrichtung der Gesellschafter** dadurch vor, dass **308** ebenfalls der Spaltungsvertrag oder sein Entwurf und der Spaltungsbericht den Gesellschaftern spätestens zusammen mit der Einberufung der Gesellschafterversammlung zu übersenden ist. Darüber hinaus ist nach § 49 Abs. 1 UmwG in der Einberufung der Gesellschafterversammlung die Spaltung als Gegenstand der Beschlussfassung anzukündigen, um die Gesellschafter ausdrücklich auf diesen wichtigen Vorgang aufmerksam zu machen. Nach § 49 Abs. 2 UmwG sind von der Einberufung an in dem Geschäftsraum der Gesellschaft die Jahresabschlüsse und die Lageberichte der an der Spaltung beteiligten Rechtsträger für die letzten 3 Geschäftsjahre zur Einsicht durch die Gesellschafter auszulegen (vgl. oben Teil 2 Rdn. 447 ff.). Es ist umstritten, ob § 41 UmwG analog bei der GmbH gilt (befürwortend Lutter/Drygala, § 8 UmwG Rn. 54; ablehnend Bayer, ZIP 1997, 1613, 1620; Lutter/H. Schmidt, § 47 UmwG Rn. 3; Ihrig, in: Semler/Stengel, § 41 UmwG Rn. 3; zweifelnd Kallmeyer/Kallmeyer, § 47 UmwG Rn. 2).

Das **formalisierte Verfahren der Unterrichtung der Gesellschafter** für die AG ist in §§ 61 und **309** 63 UmwG geregelt. Nach § 61 UmwG ist der Spaltungsvertrag oder sein Entwurf vor der Einberufung der Hauptversammlung, die über die Verschmelzung beschließt, zum Register einzureichen. Das Gericht hat in der Bekanntmachung nach § 10 HGB in seinem elektronischen Informationssystem (www.handelsregister.de) einen Hinweis darauf bekannt zu machen, dass der Vertrag oder sein Entwurf beim Handelsregister eingereicht worden ist.

§ 63 UmwG regelt die Offenlegungspflicht des Vorstandes der AG. Von der Einberufung der Hauptversammlung an sind in den Geschäftsräumen der Gesellschaft zur Einsicht der Aktionäre der Spaltungsvertrag oder sein Entwurf, die Jahresabschlüsse und die Lageberichte, der an der Spaltung beteiligten Rechtsträger für die letzten 3 Geschäftsjahre – falls sich der letzte Jahresabschluss auf ein Geschäftsjahr bezieht, das mehr als 6 Monate vor dem Abschluss des Spaltungsvertrages abgelaufen ist – eine **Zwischenbilanz** und die zu erstattenden Spaltungsberichte sowie die Prüfungsberichte auszulegen. Jeder Aktionär kann nach § 63 Abs. 3 UmwG eine kostenlose Abschrift dieser Unterlagen verlangen. Durch das Gesetz zur Umsetzung der Aktionärsrechtrichtlinie (ARUG) v. 30.07.2009 (BGBl. I, S. 2479) wurde eine Vereinfachung in § 63 Abs. 4 UmwG geschaffen: Die Verpflichtungen nach den Abs. 1 und 3 entfallen, wenn die in Abs. 1 bezeichneten Unterlagen für denselben Zeitraum über die Internetseite der Gesellschaft zugänglich sind. Durch das 3. UmwÄndG wurde § 63 Abs. 2 Satz 5 UmwG dadurch ergänzt, dass zum einen § 8 Abs. 4 Satz 1 Nr. 1 und 2 UmwG anwendbar sind, sodass eine Zwischenbilanz nicht erforderlich ist bei entsprechenden Verzichtserklärungen aller Anteilseigner aller beteiligten Rechtsträger (§ 8 Abs. 4 Satz 1 Nr. 1) oder bei Verschmelzung der 100 %igen Tochter auf ihre Mutter (Nr. 2). Die Zwischenbilanz muss nach § 62 Abs. 3 UmwG auch dann nicht aufgestellt werden muss, wenn die Gesellschaft seit dem letzten Jahresabschluss einen Halbjahresfinanzbericht gem. § 37w WpHG veröffentlicht hat. Der Halbjahresfinanzbericht tritt zum Zwecke der Vorbereitung der Hauptversammlung an die Stelle der Zwischenbilanz. Außerdem wurde § 63 Abs. 3 UmwG wie folgt ergänzt: Die nach § 63 zu übermittelnden Unterlagen können dem Aktionär mit dessen Einwilligung auf dem Wege elektronischer Kommunikation übermittelt werden. Nach dieser Vorschrift, die ihrer Systematik nach nur dann anwendbar ist, wenn übernehmender Rechtsträger eine AG (oder KGaA oder SE) ist (Leitzen, DNotZ 2011, 526, 532 f.; Simon/Merkelbach, DB 2011, 1317 f.) und die Voraussetzungen des Abs. 1 vorliegen, können die im Vorfeld der Hauptversammlung zu übermittelnden Unterlagen zur Spaltung dem Aktionär mit dessen Einwilligung auf dem Wege elektronischer Kommunikation übermittelt werden. »Einwilligung« ist die vorherige Zustimmung nach § 183 Satz 1 BGB. Diese muss weder in einer bestimmten Form noch ausdrücklich erklärt werden (Wagner, DStR 2010, 1629; Leitzen, DNotZ 2011, 526, 532 f.; Simon/Merkelbach, DB 2011, 1317 f.). Da der durch das ARUG eingeführte § 62 Abs. 3 Satz 7 UmwG aber anstelle der Auslegung bzw. Übermittlung die Veröffentlichung und Zugänglichkeit des Umwandlungsberichts über die Internetseite der Gesellschaft genügen lässt, wird sich die praktische Bedeutung der Neuregelung auf Nicht-Publikumsgesellschaften beschränken (so Leitzen, DNotZ 2011, 526, 532 f.). § 143 UmwG bestimmt i. d. F. des **3. UmwÄndG v. 15.07.2011** (BGBl. I 2011, S. 1338), dass bei **verhältniswahrenden (Auf- oder Ab-) Spaltungen zur Neugründung einer Aktiengesellschaft** § 63 Abs. 1 Nr. 3 UmwG nicht anzuwenden ist, eine Zwischenbilanz also nicht erforderlich ist (vgl. Leitzen, DNotZ 2011, 526, 541; Simon/Merkelbach, DB 2011, 1317, 1323).

310 Bei der **Genossenschaft** bestimmt § 82 UmwG, dass in den Geschäftsräumen jeder beteiligten Genossenschaft dieselben Unterlagen wie bei der AG sowie das Gutachten des Prüfungsverbandes zur Einsicht der Genossen auszulegen ist. Auch hier ist jedem Genossen auf dessen Verlangen unverzüglich eine kostenlose Abschrift dieser Unterlagen zu übersenden.

311 Bei der Spaltung unter Beteiligung **rechtsfähiger Vereine** sind die gleichen Unterlagen im Geschäftsraum des Vereins sowie ein nach § 100 UmwG erforderlicher Prüfungsbericht zur Einsicht der Mitglieder auszulegen (§ 101 UmwG).

312 I. Ü. gelten für die Einberufung der Gesellschafterversammlung oder der Hauptversammlung die allgemeinen Vorschriften, d. h. für die GmbH die §§ 49 ff. GmbHG und für die AG die §§ 121 ff. AktG.

J. Spaltungsbeschlüsse

I. Zuständigkeit

313 Auch für die Spaltung ist nach § 125 Satz 1 i. V. m. § 13 UmwG ein Beschluss der Anteilsinhaber der Rechtsträger erforderlich, also ein sog. Spaltungsbeschluss. Es gilt daher § 13 Abs. 1 UmwG, sodass der

Spaltungsvertrag nur wirksam wird, wenn die **Anteilsinhaber der beteiligten Rechtsträger** ihm durch Beschluss **zustimmen**. Der Beschluss kann nur in einer Versammlung der Anteilsinhaber gefasst werden. Die Vorschrift schreibt also das zwingende Beschlusserfordernis sowohl bei der abspaltenden Gesellschaft als auch bei der aufnehmenden Gesellschaft vor. Der Spaltungsbeschluss stellt ebenso wie der Verschmelzungsbeschluss die Billigung des Spaltungsvertrages durch die Gesellschafter dar. Er ist notwendig, da die Vertretungsmacht der Geschäftsführer bzw. des Vorstandes im Hinblick auf die Spaltung beschränkt ist (vgl. oben Teil 2 Rdn. 483 ff.).

Durch das 3. UmwÄndG wurde ein § 62 Abs. 4 UmwG neu eingeführt, der bestimmt, dass, wenn sich das **gesamte Stamm- oder Grundkapital** einer übertragenden Kapitalgesellschaft in der Hand einer übernehmenden AG befindet, ein Verschmelzungsbeschluss des Anteilsinhabers der übertragenden Kapitalgesellschaft nicht erforderlich ist (vgl. dazu Neye/Jäckel, AG 2010, 237 ff.; Diekmann, NZG 2010, 489 ff.; Wagner, DStR 2010, 1629 ff.; Heckschen, NZG 2010, 1041 ff.; Leitzen, DNotZ 2011, 526, 533 ff.; Simon/Merkelbach, DB 2011, 1318 f.; Bayer/J. Schmidt, ZIP 2010, 953 ff.; Sandhaus, NZG 2009, 41 ff.). Die Vorschrift gilt – anders als der neue § 62 Abs. 5 UmwG – durch die Verweisung in § 125 Satz 1 UmwG auch für die Spaltung zur Aufnahme, bei der die übernehmende AG bzw. KGaA alle Anteile der übertragenden Gesellschaft hält (so Leitzen, DNotZ 2011, 526, 534; Simon/Merkelbach, DB 2011, 1317, 1318 f.). § 62 Abs. 4 UmwG n. F. regelt damit als »Gegenstück« zu Abs. 1 auch die Entbehrlichkeit eines Verschmelzungsbeschlusses aufseiten der übertragenden Kapitalgesellschaft. Bei einer 100 %igen Mutter-Tochterkonstellation ist es möglich, die Spaltung ganz ohne Zustimmungsbeschluss durchzuführen.

Grds. kann die Zustimmung zum konkreten Spaltungsvertrag bzw. Spaltungsplan sowohl durch **Einwilligung** vor als auch durch **Genehmigung** nach Abschluss des Spaltungsvertrages erfolgen. Im ersten Fall genügt als Beschlussgrundlage der vollständige, aber noch nicht beurkundete Vertragsentwurf. Dies ist in § 13 Abs. 3 Satz 3 UmwG vorgesehen. **314**

II. Wirkung der Spaltungsbeschlüsse

Die **Beschränkung der Vertretungsmacht** hat wie bei der Verschmelzung für die Bindungswirkung des Spaltungsvertrages Bedeutung. Haben die Gesellschafter dem Spaltungsvertrag zugestimmt, ist er für die Gesellschafter untereinander und für die Geschäftsführer verbindlich. Die Bindungswirkung des Spaltungsvertrages tritt also erst mit den Zustimmungsbeschlüssen ein. Von dieser Bindungswirkung ist allerdings die Wirksamkeit der Spaltung zu unterscheiden, diese tritt erst mit der Eintragung der Spaltung ein (vgl. oben Teil 2 Rdn. 456 ff.). **315**

Der Spaltungsbeschluss hat aber darüber hinaus eine **innergesellschaftliche Wirkung**. Er bindet auch die Gesellschafter untereinander und die Geschäftsführer. Die Geschäftsführer sind den Gesellschaftern ggü. verpflichtet, die Spaltung durchzuführen. Liegt den Verschmelzungsbeschlüssen lediglich ein Entwurf zugrunde, so tritt allerdings im Außenverhältnis noch keine Bindung ein. Dies setzt den Abschluss des Spaltungsvertrages voraus (vgl. oben Teil 2 Rdn. 456 ff.). **316**

III. Versammlung der Anteilsinhaber

Nach § 13 Abs. 1 Satz 2 i. V. m. § 125 Satz 1 UmwG kann der Spaltungsbeschluss nur in einer Versammlung der Anteilsinhaber gefasst werden. Die herrschende Meinung geht davon aus, dass diese Vorschrift zwingend ist, sodass eine **andere Form der Beschlussfassung nicht zulässig** ist. Auch eine andere delegierende Satzungsregelung ist nicht möglich (vgl. oben Teil 2 Rdn. 461 f.). **317**

Für die **Durchführung der Hauptversammlung** bzw. der Gesellschafterversammlung oder einer sonstigen Versammlung der Anteilsinhaber sehen die Vorschriften des besonderen Teiles für die einzelnen Rechtsformen Besonderheiten im Vergleich zu den sonstigen Gesellschafterversammlungen bzw. Hauptversammlungen vor. **318**

IV. Informationsrecht

319 Neben den allgemeinen, etwa in §§ 121 ff. AktG bzw. §§ 50 ff. GmbHG vorgesehenen Regularien hat der Gesetzgeber v. a. die **Auskunftspflicht** und das **Informationsrecht** ggü. den allgemeinen Vorschriften deutlich erweitert.

320 Bei **Personenhandelsgesellschaften** wird dem Informationsbedürfnis durch die Verpflichtung zur Unterrichtung über den Spaltungsvertrag und den Spaltungsbericht vor der Einberufung der Gesellschafterversammlung in § 42 UmwG Rechnung getragen. Für die Versammlung selbst sieht das Gesetz keine Besonderheiten vor. Für die Partnerschaftsgesellschaft gilt das Gleiche wie bei der Personengesellschaft (§ 45c Satz 2 UmwG).

321 Bei der **GmbH** ist zum einen die Pflicht zur Unterrichtung der Gesellschafter nach § 47 UmwG und die der Auslegung der Jahresabschlüsse und der Lageberichte der an der Spaltung beteiligten Rechtsträger in den Geschäftsräumen der Gesellschaft vorgesehen. Nach § 49 Abs. 3 UmwG haben die Geschäftsführer jedem Gesellschafter auf Verlangen jederzeit Auskunft auch über alle für die Spaltung wesentlichen Angelegenheiten der anderen beteiligten Rechtsträger zu geben (vgl. im Einzelnen oben Teil 2 Rdn. 444 ff.).

322 Am weitesten ausgeprägt sind **Informations- und Offenlegungspflichten** bei der **AG**. Neben den in § 63 UmwG geregelten Pflichten zur vorbereiteten Auslegung oder Bereitstellung im Internet (§ 63 Abs. 4 UmwG) bestimmter, für die Verschmelzung wichtiger Unterlagen und der Pflicht, jedem Aktionär kostenlos eine Abschrift dieser Unterlagen – i. R. d. § 63 Abs. 3 letzter Satz UmwG in elektronischer Form – zu erteilen (§ 63 Abs. 3 UmwG), sieht § 64 Abs. 1 UmwG vor, dass in der **Hauptversammlung** folgende **Unterlagen zugänglich zu machen** sind:
– der Spaltungsvertrag oder sein Entwurf,
– die Jahresabschlüsse und Jahresberichte der an der Spaltung beteiligten Rechtsträger für die letzten 3 Geschäftsjahre, falls sich der letzte Jahresabschluss auf ein Geschäftsjahr bezieht, das mehr als 6 Monate vor dem Abschluss des Spaltungsvertrages abgelaufen ist,
– eine Zwischenbilanz bzw. im Fall des neuen § 62 Abs. 3 Satz 6 UmwG der Halbjahresfinanzbericht gem. § 37w WpHG,
– die Spaltungsberichte und
– die Spaltungsprüfungsberichte.

Darüber hinaus hat der Vorstand den Spaltungsvertrag oder seinen Entwurf zu Beginn der Verhandlung **mündlich zu erläutern**. Durch diese **Zugänglichmachung während der gesamten Dauer der Hauptversammlung** soll den Aktionären, die diese Unterlagen nicht in dem Geschäftsraum der Gesellschaft eingesehen oder keine Abschrift verlangt haben, die Möglichkeit eröffnet werden, sich noch in der Hauptversammlung zu informieren. Durch das Gesetz zur Umsetzung der Aktionärsrechterichtlinie (ARUG) v. 30.07.2009 (BGBl. I, S. 2479) wurde in § 64 Abs. 1 UmwG der Begriff des »Auslegens« durch »zugänglich machen« ersetzt. Damit soll auch die Publikation über das Internet möglich sein, wobei allerdings während der Hauptversammlung die Möglichkeit gewährleistet sein muss, über Monitore die Unterlagen einzusehen (Kallmeyer/Marsch-Barner, § 64 UmwG Rn. 1; J. Schmidt, NZG 2008, 734, 735).

Bei physischer Auslegung sollten die Unterlagen in ausreichender Zahl ausliegen (so KK-AktG/Kraft, § 340d Rn. 13; Widmann/Mayer/Rieger, Umwandlungsrecht, § 63 UmwG Rn. 28; Diekmann, in: Semler/Stengel, § 49 UmwG Rn. 5; enger Kallmeyer/Marsch-Barner, § 64 UmwG Rn. 1, wonach ein Exemplar genügt). Die Vorschriften entsprechen § 340d Abs. 5 und 6 AktG a. F. Die Erläuterungspflicht dient ebenfalls dem Informationsbedürfnis. Zur Erläuterung gehört zum einen die Darstellung des Vertragsinhalts, v. a. aber auch die wirtschaftlichen und rechtlichen Zusammenhänge der Verschmelzung, die sachlichen Gründe für die Verschmelzung, die Angaben über die Angemessenheit des Umtauschverhältnisses und auch die Zukunftsaussichten (vgl. Widmann/Mayer/Rieger, Umwandlungsrecht, § 64 UmwG Rn. 5 ff.; Diekmann, in: Semler/Stengel, § 64 UmwG Rn. 7; Lutter/Grunewald, § 64 UmwG Rn. 3 ff. (vgl. im Einzelnen oben Teil 2 Rdn. 468 ff.).

V. Beschlussmehrheiten

Die **Mehrheiten** entsprechen denen bei der Verschmelzung, sie sind bei den einzelnen Rechtsformen im besonderen Teil des Verschmelzungsrechts geregelt. Auf dieses verweist § 125 Satz 1 UmwG vollumfänglich (vgl. im Einzelnen oben Teil 2 Rdn. 474 ff.): **323**

Personengesellschaften (§ 43 Abs. 1 UmwG)	Zustimmung aller anwesenden Gesellschafter und auch der nicht erschienenen Gesellschafter; nach § 43 Abs. 2 UmwG kann der Gesellschaftsvertrag eine Mehrheitsentscheidung mit 3/4-Mehrheit vorsehen.
Partnerschaftsgesellschaft (§ 45d UmwG)	Zustimmung aller anwesenden Partner, auch die nicht erschienenen Partner müssen zustimmen. Der Partnerschaftsvertrag kann eine Mehrheitsentscheidung der Partner vorsehen; die Mehrheit muss mindestens 3/4 der abgegebenen Stimmen betragen (§ 45d Abs. 2 UmwG).
GmbH (§ 50 Abs. 1 UmwG)	3/4-Mehrheit der abgegebenen Stimmen.
AG (§ 65 UmwG)	3/4 des bei der Beschlussfassung vertretenen Grundkapitals.
Genossenschaften (§ 84 UmwG)	3/4 der abgegebenen Stimmen.
Rechtsfähige Vereine (§ 103 UmwG)	3/4 der erschienenen Mitglieder.

Bzgl. möglicher Satzungsregelungen zu Beschlussmehrheit und der Stimmberechtigung gelten die **Ausführungen zur Verschmelzung** (vgl. oben Teil 2 Rdn. 481 ff.). **324**

VI. Zustimmung von Vorzugs- und Sonderrechtsinhabern

Hinsichtlich der **besonderen Zustimmungserfordernisse** von Vorzugs- und Sonderrechtsinhabern gelten bei der Spaltung die gleichen Vorschriften wie bei den einzelnen Rechtsträgern bei der Verschmelzung (vgl. oben Teil 2 Rdn. 551 ff.). Besonderer Zustimmungserfordernisse bedarf es also auch bei der Spaltung, wenn einem oder mehreren Gesellschaftern der übertragenen Gesellschaft Vorzugs- oder Sonderrechte eingeräumt sind. **325**

VII. Zustimmung bei nicht verhältniswahrender Spaltung (§ 128 UmwG)

Einen **Sondertatbestand eines Zustimmungserfordernisses** regelt § 128 UmwG: Werden bei der Abspaltung oder Aufspaltung die Anteile oder Mitgliedschaften der übernehmenden Rechtsträger den Anteilsinhabern des übertragenden Rechtsträgers nicht in dem Verhältnis zugeteilt, das ihrer Beteiligung an dem übertragenden Rechtsträger entspricht, so bedarf der Spaltungsvertrag der Zustimmung aller Anteilsinhaber des übertragenen Rechtsträgers. § 128 UmwG regelt also die sog. **nicht verhältniswahrende Spaltung** (vgl. oben Teil 3 Rdn. 138 ff.). Es handelt sich hierbei um eine Vorschrift zum Schutz der Anteilsinhaber bei der nicht verhältniswahrenden Spaltung, bei der die Beteiligungsquote der Anteilsinhaber an den übernehmenden oder neuen Rechtsträgern im Spaltungsvertrag abweichend von der Beteiligungsquote an dem übertragenden Rechtsträger festgesetzt wird. Diese Art der Spaltung ist nach § 126 Abs. 1 Nr. 10 UmwG zulässig, bedarf aber der Zustimmung aller beteiligten Gesellschafter. Der Gesetzgeber wollte mit dieser Regelung erreichen, dass die Anteilsinhaber hinreichend geschützt werden, weil es sonst möglich wäre, durch eine Mehrheitsentscheidung einzelne Anteilsinhaber oder bestimmte Gruppen von ihnen auf die Beteiligung an einem übernehmenden Rechtsträger zu verweisen, dem im Spaltungsvertrag geringere Vermögenswerte zugewiesen werden als anderen Übernehmern (vgl. Begründung zum RegE, BR-Drucks. 75/94, S. 120, abgedruckt in: Limmer, Umwandlungsrecht, S. 315). Dies soll dadurch verhindert werden, dass bei der nicht verhältniswahrenden Spaltung alle Anteilsinhaber zustimmen müssen, um die Spaltung wirksam werden zu lassen. **326**

Mit Zustimmung sämtlicher Anteilsinhaber (vgl. § 128 UmwG) können die Anteile des übernehmenden Rechtsträgers den Anteilsinhabern des übertragenden Rechtsträgers auch in einem abweichenden Anteilsverhältnis (sog. nicht verhältniswahrende Auf-/Abspaltung) zugeteilt werden (Widmann/Mayer/Mayer, Umwandlungsrecht, § 128 UmwG Rn. 27 ff.). Da nach der Gesetzesbegründung hierdurch insb.

die Auseinandersetzung und Trennung von Gesellschaftergruppen und Familiengesellschaften ermöglicht werden soll, hält die herrschende Meinung im Schrifttum und Rechtsprechung auch eine sog. **Spaltung zu Null** für möglich, mit der Folge, dass ein Anteilsinhaber des übertragenden Rechtsträgers am übernehmenden Rechtsträger überhaupt nicht beteiligt werden muss (vgl. dazu oben Rdn. 166; OLG München, MittBayNot 2013, 495 = BB 2013, 1940 = DStR 2013, 2018; LG Konstanz, DB 1998, 1177 = GmbHR 1998, 837; LG Essen, ZIP 2002, 893 = NZG 2002, 736; Widmann/Mayer/Mayer, Umwandlungsrecht, § 126 Rn. 274 ff.; § 128 UmwG Rn. 29; Lutter/Priester, UmwG, § 128 Rn. 10; Kallmeyer/Kallmeyer/Sickinger, UmwG, § 123 Rn. 4; § 128 Rn. 4; Walpert, WiB 1996, 44, 45).

327 Bei der Spaltung zur Aufnahme regelt § 128 Satz 2 UmwG **wie die Anteile zu berechnen** sind. Bei der Berechnung des Beteiligungsverhältnisses ist der jeweils zu übertragende Teil des Vermögens zugrunde zu legen.

328 Die **Zustimmungserklärungen nicht erschienener Anteilsinhaber** müssen notariell beurkundet werden. Dies folgt aus § 13 Abs. 3 Satz 1 UmwG (vgl. Begründung zum RegE, BR-Drucks. 75/94, S. 315; Kallmeyer/Zimmermann, UmwG, § 128 Rn. 5; Widmann/Mayer/Mayer, Umwandlungsrecht, § 128 UmwG Rn. 21).

329 Nicht nur die stimmberechtigten Gesellschafter, sondern auch die **Gesellschafter** müssen zustimmen, die **kein Stimmrecht** besitzen, da die nicht verhältniswahrende Spaltung einen Eingriff in den Kernbereich der Mitgliedschaft darstellt (so Widmann/Mayer/Mayer, Umwandlungsrecht, § 128 UmwG Rn. 20; Kallmeyer/Kallmeyer/Sickinger, UmwG, § 128 Rn. 5).

VIII. Notarielle Beurkundung der Gesellschafterversammlung

330 Nach § 125 Satz 1 i. V. m. § 13 Abs. 3 UmwG bedürfen der Spaltungsbeschluss und die notwendigen Zustimmungserklärungen von Sonderrechtsinhabern der **notariellen Beurkundung** (vgl. im Einzelnen oben Teil 2 Rdn. 496 ff.).

K. Minderheitenschutz und Schutz von Inhabern besonderer Rechte

331 Aufgrund der Verweisung in § 125 Satz 1 UmwG auf das Verschmelzungsrecht gelten bei der Spaltung grds. die gleichen **Minderheitsschutzvorschriften** wie bei der Verschmelzung (vgl. im Einzelnen oben Teil 2 Rdn. 539 ff.). Durch ein Geflecht verschiedener Instrumente wird auch in der Spaltung derselbe Minderheitenschutz wie bei der Verschmelzung erreicht:
– Information der Anteilseigner (vgl. oben Teil 2 Rdn. 546 ff.),
– qualifizierte Beschlussmehrheiten (vgl. oben Teil 2 Rdn. 549 ff.),
– Zustimmung von Sonderrechtsinhabern (vgl. oben Teil 2 Rdn. 551 ff.),
– zusätzlich Zustimmungserfordernis bei nicht verhältniswahrender Spaltung gem. § 128 UmwG (vgl. oben Teil 3 Rdn. 326 ff.).

332 Zur besseren Übersicht soll nachfolgend noch einmal ein **Überblick über die einzelnen besonderen Zustimmungspflichten** bei der Verschmelzung, die auch bei der Spaltung gelten, gegeben werden (vgl. eingehend oben Teil 2 Rdn. 551 ff.):

§ 13 Abs. 2	Zustimmung bei Genehmigungsvorbehalt,
§ 23 (i. V. m. § 133 Abs. 2)	allgemeiner Verwässerungsschutz,
§ 51 Abs. 1	Zustimmung bei nicht voll eingezahlten Anteilen der übernehmenden Gesellschaft,
§ 51 Abs. 2	Zustimmung bei Fehlen anteilsproportionaler Beteiligungsmöglichkeit,
§ 65 Abs. 2	Sonderbeschluss nach Aktiengattungen,
§ 43 Abs. 2	Zustimmungspflicht bei Entstehen einer persönlichen Haftung,
§ 50 Abs. 2, 1. Alt.	Zustimmung bei Verlust von Minderheitsrechten,
§ 50 Abs. 2, 2. Alt.	Zustimmung bei Verlust von bestimmten Sonderrechten bzgl. Geschäftsführung und Bestellungs- und Vorschlagsrechte für die Geschäftsführung.

Der **Schutz der Inhaber von Sonderrechten** gem. § 23 UmwG ist allerdings bei der Spaltung durch 333
§ 133 Abs. 2 UmwG besonders ausgestaltet. Grds. ist auch bei der Spaltung für Inhaber von Rechten
in einer übertragenen Gesellschaft, die kein Stimmrecht gewähren, insb. den Inhabern von Anteilen
ohne Stimmrecht, von Wandelschuldverschreibungen, von Gewinnschuldverschreibungen und von Genussrechten gleichwertige Rechte in der übernehmenden Gesellschaft zu gewähren. § 133 Abs. 2
UmwG bestimmt darüber hinaus, dass zum einen für die Erfüllung dieser Verpflichtung alle an der Spaltung beteiligten Gesellschaften als Gesamtschuldner haften. Bei Abspaltung und Ausgliederung können die gleichwertigen Rechte i. S. d. § 123 i. V. m. § 125 UmwG auch in der übertragenen Gesellschaft
gewährt werden. Die Begründung zum RegE weist darauf hin, dass diese Regelung erforderlich ist, weil
ohne sie diese Berechtigten sich ohne zwingenden Grund einem Schuldnerwechsel gegenübersehen.
Darüber hinaus sei diese Vorschrift aber auch für die Umgestaltung der Rechte eine notwendige Ermächtigung, weil durch die Abspaltung oder die Ausgliederung eines Vermögensteils der innere
Wert dieser Rechte vermindert werden kann (vgl. Begründung zum RegE, BR-Drucks. 75/94, S. 122,
abgedruckt in: Limmer, Umwandlungsrecht, S. 317).

L. Austritts- und Abfindungsrechte

Die Frage der Barabfindung und die Austritts- und Abfindungsrechte bei besonderen Spaltungsvorgän- 334
gen werden durch die allgemeinen Verweisungen in § 125 UmwG auf das Verschmelzungsrecht geregelt. § 125 Satz 1 UmwG verweist auf § 29 UmwG, sodass unter den gleichen Voraussetzungen wie bei
der Verschmelzung im Spaltungsvertrag ein **Abfindungsangebot** bei Abspaltung und Aufspaltung zu
machen ist. Gem. § 29 UmwG muss also bereits **im Spaltungsvertrag bzw. Spaltungsplan** ein **Abfindungsangebot** in folgenden Fällen aufgenommen werden (vgl. oben Teil 2 Rdn. 580 ff.):

Mischspaltung	Spaltung eines Rechtsträgers im Wege der Aufnahme durch einen Rechtsträger anderer Rechtsformen (z. B. GmbH auf AG, AG auf Personengesellschaft, Personengesellschaft auf GmbH etc.).
Anteilsvinkulierung	Wenn durch die Spaltung von Rechtsträgern derselben Rechtsform Anteile an dem über-tragenen Rechtsträger durch Anteile an dem übernehmenden Rechtsträger ersetzt werden, die Verfügungsbeschränkungen unterworfen sind. In diesen Fällen hat derjenige Gesell-schafter bzw. Anteilsinhaber einen **Anspruch auf Austritt** aus der Gesellschaft gegen Bar-abfindung, wenn er Widerspruch zur Niederschrift i. R. d. Versammlung erklärt, die über die Spaltung entscheidet (vgl. im Einzelnen oben Teil 2 Rdn. 588 ff.). Für die Ausglie-derung gelten die §§ 29 UmwG allerdings nicht.

M. Besonderheiten bei der Ausgliederung

Das Gesetz **definiert in § 123 Abs. 3 UmwG** die Ausgliederung als die Übertragung eines Teils oder 335
mehrerer Teile aus dem Vermögen eines Rechtsträgers zur Aufnahme durch die Übertragung dieses
Teils oder dieser Teile jeweils als Gesamtheit auf einen bestehenden oder mehrere bestehende Rechtsträger oder zur Neugründung durch Übertragung dieses Teils oder der Teile auf neu gegründete Rechtsträger. Entscheidend ist, dass die Anteile oder Mitgliedschaftsrechte an den aufnehmenden Rechtsträgern oder Gesellschaften nicht den Gesellschaftern des übertragenden Rechtsträgers, sondern der
Gesellschaft selbst gewährt werden. Es entsteht also durch die Ausgliederung ein Mutter-Tochter-Verhältnis, wobei der übertragende Rechtsträger selbst Anteilsinhaber und damit Muttergesellschaft im
Verhältnis zur aufnehmenden Gesellschaft wird.

Bei der Ausgliederung ist in der Praxis zunächst die Frage zu stellen, ob das **wirtschaftliche Ergebnis** der 336
Übertragung eines Vermögensteils auf eine bestehende oder neu gegründete Gesellschaft durch das
Rechtsinstitut der Ausgliederung oder durch Einzelübertragung der Vermögensgüter im Wege der
Sachgründung oder **Sachkapitalerhöhung** erfolgen soll. Während bei der Spaltung umständlich die An-
teile an die Gesellschafter übertragen werden müssten, wenn der Weg der Einzelübertragung gewährt
wird, ist es bei der Ausgliederung durch den Übergang der Anteile in das Vermögen der ausgliedernden
Gesellschaft selbst naheliegender, den Weg der **Einzelübertragung** zu wählen. Es besteht Einigkeit, dass
der Gesetzgeber mit der Schaffung des Instituts der Ausgliederung nicht diese Möglichkeit der Einzel-

rechtsübertragung verschließen wollte. Die allgemeinen Regeln der Einzelübertragung und der Sachgründung bzw. Sachkapitalerhöhung bleiben weiterhin eröffnet (so Feddersen/Kiem, ZIP 1994, 1078, 1079; Geck, DStR 1995, 423; Kallmeyer, ZIP 1994, 1746, 1749).

Die **Begründung zum RegE** (BT-Drucks. 12/6699, S. 80, abgedruckt in: Limmer, Umwandlungsrecht, S. 275) erläutert, dass der numerus clausus der Umwandlungsmöglichkeiten nach § 1 Abs. 2 UmwG nur die in dem Gesetz definierten Arten der Umwandlung betrifft, wie der Wortlaut des Abs. 2 ausdrücklich hervorhebe. Insb. die bisher schon möglichen Methoden, eine Ausgliederung von Unternehmensteilen im Wege der Übertragung der einzelnen Gegenstände und der Überleitung einzelner Verbindlichkeiten herbeizuführen, bleibe erhalten. Dies sei insb. für Sacheinlagen und Sachgründungen und ihr Verhältnis zu dem neuen Rechtsinstitut der Ausgliederung wichtig.

337 Insb. bei der Ausgliederung muss also abgewogen werden, ob die **Vorteile des Rechtsinstituts der Ausgliederung** überwiegen, sodass die erhöhten Förmlichkeiten bei der Ausgliederung in Kauf genommen werden. V. a. bedarf es bei einer Einzelrechtsübertragung i. d. R. keines Zustimmungsbeschlusses der Hauptversammlung oder Gesellschafterversammlung. Hier ist allerdings auf die »**Holzmüller**«-Entscheidung des BGH hinzuweisen, der bei bestimmten Umständen der Ausgliederung im Wege der Einzelrechtsnachfolge eine Zustimmungspflicht der Hauptversammlung vorsieht (vgl. BGHZ 83, 122 = ZIP 1982, 568). In der Literatur wird zurzeit heftig diskutiert, ob die Vorschriften des UmwG z. T. auch auf die Einzelübertragung anwendbar sind (vgl. oben Teil 3 Rdn. 14 ff.). Ebenfalls muss die spezifische Haftung gem. §§ 133 ff. UmwG bei der Ausgliederung als Nachteil angesehen werden, die in dieser Form bei der wirtschaftlichen Einzelübertragung nicht besteht. Insb. wenn nur ein unerheblicher Betriebsteil ausgegliedert wird, kann sich die Haftung als unangemessen darstellen, sodass in solchen Fällen der Weg der Einzelrechtsnachfolge vorzuziehen wäre (vgl. Kallmeyer, ZIP 1994, 1750; Feddersen/Kiem, ZIP 1994, 1083).

338 ▶ **Hinweis:**

Vorteilhaft ist bei der Ausgliederung, dass für die Übertragung der Verbindlichkeiten **keine Zustimmung** der Gläubiger erforderlich ist. Besonders Dauerschuldverhältnisse können auf diese Weise problemlos ausgegliedert werden.

I. Ausgliederungsbericht

339 Auch bei der Ausgliederung ist nach § 127 UmwG ein Ausgliederungsbericht erforderlich. Lediglich bei der **Ausgliederung aus dem Vermögen eines Einzelkaufmanns** ist nach § 153 UmwG der Ausgliederungsbericht nicht erforderlich. Davon unabhängig ist allerdings die Frage zu beantworten, ob ein solcher Bericht für die Gesellschafter der übernehmenden Gesellschaft notwendig ist. In diesem Verhältnis beurteilt sich der Ausgliederungsbericht nach dem Sonderrecht der aufnehmenden Gesellschaft (vgl. Lutter/Karollus, UmwG, § 153 Rn. 7).

340 Der **Inhalt des Ausgliederungsberichts** entspricht vollumfänglich dem Spaltungsbericht (vgl. oben Teil 3 Rdn. 288 f. und allgemein zum Verschmelzungsbericht Teil 2 Rdn. 376 ff.). Da es allerdings bei einer Ausgliederung nicht zu einem Tausch von Mitgliedschaftsrechten kommt, beschränkt sich die **Berichtspflicht** im Wesentlichen auf die Gründe für die Ausgliederung (so Begründung zum RegE, BT-Drucks. 12/6699, S. 119, abgedruckt in: Limmer, Umwandlungsrecht, S. 314; vgl. Feddersen/Kiem, ZIP 1994, 1080). Der Ausgliederungsbericht muss damit also zur Ausgliederung als solcher, zum Ausgliederungsvertrag und ggf. über die Höhe einer anzubietenden Barabfindung Stellung nehmen. Dabei ist die Ausgliederung rechtlich und wirtschaftlich zu begründen (vgl. im Einzelnen oben Teil 3 Rdn. 288 ff.; Teil 2 Rdn. 376 ff.).

341 Feddersen/Kiem (ZIP 1994, 1080) weisen zu Recht darauf hin, dass durch diesen Bericht für den Bereich der Ausgliederung insoweit Neuland betreten wird, als jede in der Form der Ausgliederung durchgeführte Umorganisationsmaßnahme einem umfassenden Berichterstattungsangebot unterstellt wird. Diese **aktive Berichtpflicht** gelte jedenfalls für alle Fälle, in denen die Ausgliederung keine wesentliche Umstrukturierungsmaßnahme darstelle und erheblich über die allgemeinen Unterrichtungspflichten und die Beantwortungspflichten bei Ausübung des Fragerechts hinausgehe. Feddersen/Kiem weisen

allerdings auch darauf hin, dass für eine großvolumige Ausgliederung die Kodifikation der Berichtspflicht jedoch beschreibe, was bislang schon zumindest als zweckmäßig angesehen werden musste und mit guten Gründen schon bereits jetzt als gesetzlich verbrieftes Informationsrecht der Anteilseigner anzusehen sei (vgl. Lutter, in: FS für Fleck, 1989, S. 169, 175; Krieger, in: Münchener Handbuch des Gesellschaftsrechts, Bd. IV, § 69 Rn. 8).

▶ **Hinweis:** 342

Zu beachten ist, dass durch die Verweisung in § 127 Satz 2 UmwG auf § 8 Abs. 3 UmwG ein Bericht nicht erforderlich ist, wenn alle Anteilsinhaber aller beteiligten Gesellschaften auf die Erstattung durch **notariell beurkundete Verzichtserklärungen** verzichten oder sich alle Anteile des übertragenden Rechtsträgers in der Hand des übernehmenden Rechtsträgers befinden. Bei der **Konzernausgliederung** ist daher unter diesen Umständen bei 100 % Beteiligung kein Ausgliederungsbericht erforderlich. Bei der Ausgliederung einer 100 %igen Tochtergesellschaft auf die Muttergesellschaft muss daher der Ausgliederungsbericht nicht erstellt werden. Der Regelfall der Konzernausgliederung, die Ausgliederung von der Muttergesellschaft auf die 100 %ige Tochtergesellschaft, ist hierdurch allerdings nicht erfasst, sodass die allgemeinen Regeln der Berichtspflicht gelten (so Feddersen/Kiem, ZIP 1994, 1081; Karollus, in: Lutter, Kölner Umwandlungsrechtstage, S. 167).

II. Keine Ausgliederungsprüfung

§ 125 Satz 2 UmwG bestimmt, dass eine **Prüfung i. S. d. §§ 9 ff. UmwG** bei der Ausgliederung grds. 343 nicht stattfindet. Denn bei diesem Vorgang kommt es nicht zum Anteilstausch, sodass die Prüfung entbehrlich ist. Allerdings hat das Leitungsorgan des ausgliedernden Rechtsträgers im Rahmen seiner Sorgfaltspflicht auf die Angemessenheit der Gegenleistung für die übergehenden Werte zu achten (vgl. Begründung zum RegE, BR-Drucks. 75/94, S. 117, abgedruckt in: Limmer, Umwandlungsrecht, S. 312).

III. Vorbereitung der Gesellschafter- bzw. Hauptversammlungen

Die Ausgliederung unterliegt bzgl. der Vorbereitung der Gesellschafter- oder Hauptversammlungen 344 den gleichen Informationspflichten wie die Spaltung (vgl. oben Teil 3 Rdn. 306 ff. und zur Verschmelzung Teil 2 Rdn. 445 ff.).

IV. Ausgliederungsbeschlüsse

Ebenso wie bei der Spaltung müssen auch bei der Ausgliederung die **Anteilsinhaber** aller beteiligten 345 Rechtsträger **der Ausgliederung zustimmen** (§§ 125, 13 Abs. 1 UmwG). Damit ist sowohl in der ausgliedernden als auch in der aufnehmenden Gesellschaft die Fassung eines Ausgliederungsbeschlusses erforderlich. Anders als bei der Übertragung durch Einzelrechtsnachfolge gilt dieses Beschlusserfordernis unabhängig von der Frage, ob ein **wesentlicher oder unwesentlicher Betriebsteil** ausgegliedert wird. Damit unterscheidet sich das Ausgliederungsrecht nach dem UmwG deutlich von der **BGH-Rechtsprechung seit »Holzmüller«**, nach der ein Beschluss nur dann erforderlich ist, wenn ein wesentlicher Betriebsteil ausgegliedert wird (vgl. Rehbinder, ZGR 1983, 92, 98; Hommelhoff, ZHR 1987, 493, 506).

Eine **Ausnahme** von der Notwendigkeit des Ausgliederungsbeschlusses gilt bei der AG aufgrund § 125 346 Satz 1 i. V. m. § 62 Abs. 1 UmwG. Ein Hauptversammlungsbeschluss ist danach bei der übernehmenden AG entbehrlich, wenn ihr mindestens 90 % des Grund- oder Stammkapitals der Gesellschaft gehören, deren Vermögensgegenstände auf die Muttergesellschaft ausgegliedert werden (Ausgliederung Tochter auf Mutter). I. Ü. gelten hinsichtlich der Einzelheiten des Zustimmungsbeschlusses die allgemeinen Vorschriften (vgl. oben Teil 3 Rdn. 313 ff.; Teil 2 Rdn. 483 ff.). Eine **weitere Ausnahme** besteht bei der Ausgliederung aus dem Vermögen eines Einzelkaufmanns, hier ist kein Ausgliederungsbeschluss notwendig, da es schon an »Anteilsinhabern« fehlt (Lutter/Karollus, UmwG, Vor § 153 Rn. 11).

Durch das 3. UmwÄndG wurde ein § 62 Abs. 4 UmwG neu eingeführt, der bestimmt, dass, wenn sich das **gesamte Stamm- oder Grundkapital** einer übertragenden Kapitalgesellschaft in der Hand einer übernehmenden AG befindet, ein Spaltungsbeschluss des Anteilsinhabers der übertragenden Kapitalgesellschaft nicht erforderlich ist. Die Vorschrift gilt – anders als der neue § 62 Abs. 5 UmwG durch die Verweisung in § 125 Satz 1 UmwG auch für die Spaltung und Ausgliederung. § 62 Abs. 4 UmwG n. F.

regelt damit als »Gegenstück« zu Abs. 1 auch die Entbehrlichkeit eines Verschmelzungsbeschlusses auf seiten der übertragenden Kapitalgesellschaft. Bei einer 100 %igen Mutter-Tochterkonstellation mit einer Mutter-AG oder -KGaA ist es möglich, die Spaltung und m. E. auch die Ausgliederung ganz ohne Zustimmungsbeschluss durchzuführen (vgl. Leitzen, DNotZ 2011, 526, 534; Simon/Merkelbach, DB 2011, 1317, 1318 f.).

V. Zustimmung von Vorzugs- und Sonderrechtsinhabern

347 Da § 125 Satz 1 UmwG bzgl. der **Notwendigkeit der Zustimmungen von Vorzugs- und Sonderrechtsinhabern** für die Ausgliederung keine Besonderheiten vorsieht, sind auch bei der Ausgliederung die besonderen Zustimmungserfordernisse zu beachten (vgl. im Einzelnen oben Teil 3 Rdn. 325; Teil 3 Rdn. 331 ff.; Teil 2 Rdn. 551 ff.). Feddersen/Kiem (ZIP 1994, 1082) sind der Auffassung, dass durch diese undifferenzierte Verweisung des Verschmelzungsrechts der Schutz der Inhaber von Sonderrechten zu stark ausgestaltet ist und für die Ausgliederung eine unangemessene Regelung darstellt. Die Praxis wird sich allerdings hieran orientieren müssen, sodass auch bei der Ausgliederung die allgemeinen Zustimmungen notwendig sind (vgl. auch die Kritik von Baums, AG 1994, 1, 7).

So passen etwa die **Zustimmungstatbestände der §§ 50 Abs. 2 und 51 UmwG** nicht, da mangels Anteilstausch die Gesellschafter keiner Haftungsgefahr ausgesetzt sind oder Minderheitsrechte verlieren (Karollus, in: Lutter, Kölner Umwandlungsrechtstage, S. 170). Hier erscheint eine **teleologische Reduktion** der allgemeinen Verweisung gerechtfertigt.

VI. Keine Abfindungsansprüche

348 § 125 Satz 1 UmwG verweist für die Ausgliederung allerdings nicht auf die Vorschriften über die Abfindung, sodass sich bei der Ausgliederung **Abfindungsfragen nicht stellen.**

VII. Ausgliederung zur Aufnahme und Kapitalerhöhung bei dem übernehmenden Rechtsträger

349 Grds. ist bei einer Ausgliederung zur Aufnahme die Kapitalerhöhung die gleiche wie bei einer Spaltung zur Aufnahme (vgl. oben Teil 3 Rdn. 193 ff.). Allerdings **verweist** § 125 Satz 1 UmwG für die Ausgliederung **nicht auf die Kapitalerhöhungsverbote in § 54 UmwG** (für die GmbH) und **§ 68 UmwG** (für die AG). Die Einzelheiten sind umstritten, insb. die Frage inwieweit Analogien zur Spaltung zulässig sind (vgl. oben Teil 3 Rdn. 150). Damit sind also diese Vorschriften ausgeschlossen, die für eine übernehmende Kapitalgesellschaft die Erhöhung des Stammkapitals oder des Grundkapitals in bestimmten Fällen verbieten. Die Begründung zum RegE weist darauf hin, dass dies zulässig ist, da es bei der Ausgliederung nicht zu einem Anteilstausch kommt, sodass eigene Aktien jedenfalls dadurch nicht entstehen können und damit der Zweck der §§ 54, 68 UmwG für die Ausgliederung nicht zutreffe (vgl. Begründung zum RegE, BR-Drucks. 75/94, S. 117, abgedruckt in: Limmer, Umwandlungsrecht, S. 312).

350 Welche Folgerungen man aus der Herausnahme der Verweisung auf die §§ 54, 68 UmwG zu ziehen hat, ist nicht ganz klar. Die **Definition in § 123 Abs. 3 UmwG** verlangt, dass die Vermögensübertragung gegen Gewährung von Anteilen oder Mitgliedschaften an dem aufnehmenden Rechtsträger erfolgt. I. R. d. Gesetzgebungsverfahrens wurde zwar vorgebracht, dass ein Zwang zur Anteilsgewährung in diesen Fällen ebenso sinnlos sei wie bei der Verschmelzung von Schwester-Gesellschaften (vgl. Krieger, ZGR 1990, 517, 521; Stellungnahme des DAV, WM-Sonderbeilage Nr. 2/1993 Rn. 110 f.). Der Gesetzgeber ist diesen Anregungen aber ebenso wenig gefolgt wie bei der Verschmelzung zwischen Schwestergesellschaften. Unter Beachtung des allgemeinen Grundsatzes, der auch zum Verschmelzungsrecht aufgestellt wurde (vgl. oben Teil 2 Rdn. 252 ff.), müsste man hieraus den Schluss ziehen, dass eine Ausgliederung immer nur gegen Anteilsgewährung erfolgen kann und die Anteilsgewährungspflicht daher auch bei der Ausgliederung zwingend ist (so Widmann/Mayer/Mayer, Umwandlungsrecht, § 126 UmwG Rn. 95; Ittner, MittRhNotK 1997, 109; Limmer, in: FS für Schippel, 1996, S. 434; Karollus, in: Lutter, Kölner Umwandlungsrechtstage, S. 161, Kallmeyer/Kallmeyer/Sickinger, UmwG, § 125 Rn. 55). Für dieses Ergebnis spricht auch, dass § 54 Abs. 4 und § 68 Abs. 3 UmwG, die bare Zuzahlungen i. H. v. höchstens 10 % des Nennwertes der Anteile zulassen, gem. § 125 Satz 1 UmwG nicht für die Ausgliederung gelten. Hieraus wird man wohl auch folgern können, dass bei der Ausgliederung überhaupt keine Zuzahlungen zulässig sind. Von Karollus (in: Lutter, Kölner Umwandlungsrechtstage,

S. 178 ff.) wurde allerdings auf die Schwierigkeiten hingewiesen, die diese zwingende Anteilsgewährungspflicht bei einer **Ausgliederung »von unten nach oben«** mit sich bringt. Gemeint ist der Fall, dass die Tochter Unternehmensteile auf die Mutter übertragen möchte. Würde man nun zwingend an der Anteilsgewährungspflicht festhalten, dann müsste die Muttergesellschaft als aufnehmende Gesellschaft ihrer Tochtergesellschaft Anteile gewähren. Dies ist allerdings unter bestimmten Voraussetzungen im Aktienrecht gem. § 71d AktG und auch im GmbHG verboten (vgl. Lutter/Hommelhoff, GmbHG, § 33 Rn. 17 ff.). Es wäre daher sachgerecht gewesen, zumindest vergleichbare Vorschriften, wie in § 54 und § 68 UmwG, vorzusehen. Denn **Konsequenz dieser Verbotsvorschriften** wäre, dass in einem solchen Fall eine Ausgliederung überhaupt nicht möglich wäre. Während für die Auf- und Abspaltung durch die Verweisung auf die §§ 54 und 68 UmwG und durch die Vorschrift des § 131 Abs. 1 Nr. 3 Satz 1 Halbs. 2 UmwG in diesem Fall die Anteilsgewährungspflicht entfällt, wurde Vergleichbares für die Ausgliederung nicht vorgesehen. Karollus (in: Lutter, Kölner Umwandlungsrechtstage, S. 180 f.) ist der Auffassung, dass der Gesetzgeber bei diesem faktischen Verbot der Ausgliederung von »unten nach oben« ein legitimes Ziel vor Augen hatte. Würde man nämlich eine Ausgliederung ohne Anteilsgewährung zulassen, so würden die Minderheitsgesellschafter der Tochter überhaupt keinen Gegenwert erhalten. Bei der Ausgliederung gegen Anteilsgewährung erhalten diese zumindest eine mittelbare Beteiligung an den übertragenen Vermögenswerten, indem diese Anteile in das Vermögen ihrer Gesellschaft gelangen und damit auch den Wert ihrer Beteiligung mittelbar erhöhen. Insofern stellt sich also die unbedingte Anteilsgewährungspflicht als **Schutzvorschrift zugunsten von Minderheitsgesellschaftern** dar. In den Fällen, in denen allerdings bei der Tochter keine Minderheitsgesellschafter vorhanden sind, also im Fall eines 100 %igen Konzernverhältnisses, wird man aber eine Ausnahme von der Anteilsgewährungspflicht bei der Ausgliederung von der Mutter auf die Tochter zulassen müssen (vgl. Limmer, in: FS für Schippel, 1996, S. 435; wohl auch Kallmeyer/Kallmeyer/Sickinger, UmwG, § 125 Rn. 55; a. A. die h. M. vgl. Teil 3 Rdn. 150 f.); das Gleiche gilt, wenn alle Gesellschafter einverstanden sind.

Da, bei der Ausgliederung ist § 54 UmwG nicht anwendbar ist, der in Abs. 4 bare Zuzahlungen auf den zehnten Teil des Gesamtnennbetrags der gewährten Geschäftsanteile der übernehmenden Gesellschaft beschränkt. Nach der allgemeinen Meinung kann deshalb der Ausgliederungs- und Übernahmevertrag bare Zuzahlungen in unbeschränkter Höhe festsetzen (vgl. OLG München, DNotZ 2012, 308 = NZG 2012, 229; Widmann/Fronhöfer, UmwG § 125 Rn. 75; Kallmeyer/Sickinger, UmwG, § 125 Rn. 60; Lutter/Priester, UmwG, § 126 Rn. 35 a. E.; Kadel BWNotZ 2010, 46, 48). Bei der Ausgliederung kann folglich – anders als bei Abspaltung – auch eine Wertdifferent zwischen dem eingebrachten Vermögen und dem Nennbetrag des Stammkapitals der aufnehmenden Gesellschaft **als Darlehen** gewährt werden (OLG München, DNotZ 2012, 308 = NZG 2012, 229; Semler/Stengel/Maier/Reimer, UmwG, § 152 Rn. 71; Kallmeyer/Sickinger, § 125 Rn. 60; Lutter/Priester, § 126 Rn. 35; Lutter/Karollus, § 159 Rn. 16; Widmann/Mayer, 2000, § 135 UmwG Rn. 38; Widmann/Mayer, UmwG § 152 Rn. 102).

Die durch das **Zweite Gesetz zur Änderung des UmwG** in § 125 Satz 1 i. V. m. § 54 Abs. 1 Satz 3 **351** UmwG n. F. (für die GmbH) bzw. § 68 Abs. 1 Satz 3 UmwG n. F. (für die AG) vorgesehene **Verzichtsmöglichkeit** entfällt für die Ausgliederung, da der Gesetzgeber bewusst den Verzicht in § 54 bzw. § 68 UmwG geregelt hat und diese Vorschriften kraft der eindeutigen Ausnahme in § 125 Satz 1 UmwG bei der Ausgliederung nicht anwendbar ist. Man könnte allenfalls eine **analoge Anwendung** erwägen, da die für die Verzichtsmöglichkeit vom Gesetzgeber angeführten Gründe (vgl. oben Teil 2 Rdn. 128 sowie BT-Drucks. 16/2919, S. 13) auch bei der Ausgliederung tragen. M. E. kann diese Analogie gezogen werden (ebenso Kallmeyer/Kallmeyer/Sickinger, UmwG, § 125 Rn. 55; Lutter/Priester, § 126 UmwG Rn. 26). In der Praxis empfiehlt sich bis zu einer gerichtlichen Klärung den Grundsatz der Anteilsgewährung einzuhalten.

In der Literatur ebenfalls umstritten ist die Frage, ob bei der **Schaffung von Holding-Strukturen** die **352** übertragende Gesellschaft ihr gesamtes Vermögen und nicht lediglich einen Teil ausgliedern kann, um als reine beteiligungsverwaltende Holding zu fungieren (ablehnend Kallmeyer, DB 1995, 81 ff.). Bei der Ausgliederung wird man dieses Verfahren für zulässig erachten müssen, da der übertragende Rechtsträger bei der Ausgliederung nicht vermögenslos wird, weil er im Gegenzug die Anteile erhält (so zu Recht Karollus, in: Lutter [Hrsg.], Kölner Umwandlungsrechtstage, S. 177 f. vgl. allgemein zur Totalausgliederung oben Teil 3 Rdn. 55). Auch die Grundsätze der Kapitalerhaltung bei der übertragenden Gesellschaft (vgl. oben Teil 3 Rdn. 267 ff.) sprechen dann nicht gegen eine Ausgliederung des gesamten Vermögens, wenn die im Gegenzug gewährten Anteile wiederum das Stammkapital oder Grundkapital decken.

VIII. Ausgliederung zur Neugründung

353 Bei der Ausgliederung zur Neugründung wird das Vermögen der ausgliedernden Gesellschaft auf einen oder mehrere Gesellschaften übertragen, die i. R. d. Ausgliederung neu gegründet werden. Es gelten hier die **allgemeinen Vorschriften über die Spaltung zur Neugründung**. Insb. muss die Satzung oder der Gesellschaftsvertrag der neuen Gesellschaft im Ausgliederungsplan enthalten sein (vgl. im Einzelnen oben Teil 3 Rdn. 252 ff.).

N. Registerverfahren bei der Spaltung

I. Überblick

354 Das Registerverfahren ist in § 130 **UmwG** geregelt, der an die Stelle von § 19 Abs. 1 und Abs. 2 UmwG tritt. Daneben bleibt § 19 Abs. 3 i. V. m. § 125 UmwG anwendbar.

355 I. R. d. Registerverfahrens sind daher **folgende Schritte notwendig:**

---

1. Schritt:
Anmeldung der Spaltung beim Register des übernehmenden Rechtsträgers (§ 130 Abs. 1 UmwG).

↓

2. Schritt:
Eintragung der Spaltung im Register des Sitzes der übernehmenden Rechtsträger mit dem Vermerk, dass die Spaltung erst mit der Eintragung im Register des Sitzes des übertragenden Rechtsträgers wirksam wird (§ 130 Abs. 1 Satz 2 UmwG).

↓

3. Schritt:
Bekanntmachung der Eintragung (2. Schritt) im elektronischen Bundesanzeiger und einem weiteren Veröffentlichungsblatt (§ 125, 19 Abs. 3 UmwG).

↓

4. Schritt:
Anmeldung der Spaltung beim Register des übertragenden Rechtsträgers (§ 130 Abs. 1 Satz 1 UmwG).

↓

5. Schritt:
Eintragung der Spaltung im Register des übertragenden Rechtsträgers.

↓

6. Schritt:
Bekanntmachung der Eintragung (5. Schritt) im elektronischen Bundesanzeiger und einem weiteren Veröffentlichungsblatt.

Das Gericht des Sitzes des übertragenden Rechtsträgers hat von Amts wegen dem Gericht des Sitzes **356** jedes der übernehmenden Rechtsträger den **Tag der Eintragung der Spaltung** mitzuteilen sowie einen **Registerauszug** und eine beglaubigte Abschrift des Gesellschaftsvertrages, des Partnerschaftsvertrages, der Satzung oder des Statuts des übertragenden Rechtsträgers zu übersenden. Nach Eingang der Mitteilung hat das Gericht den Sitz jedes der übernehmenden Rechtsträger von Amts wegen den Tag der Eintragung der Spaltung im Register des Sitzes des übertragenden Rechtsträgers zu vermerken (§ 130 Abs. 2 UmwG).

Wird für die Durchführung der Spaltung eine **Kapitalerhöhung** vorgenommen, so ist vor der Spaltung **357** zunächst die Kapitalerhöhung beim Register des übernehmenden Rechtsträgers anzumelden und einzutragen (§§ 125 Satz 1 i. V. m. §§ 53, 66 UmwG). Gleiches gilt, wenn bei der Spaltung oder Ausgliederung eine Herabsetzung des Stammkapitals einer übertragenden Gesellschaft erforderlich ist (§ 139 Satz 2 UmwG).

Die Mitteilung über die Voreintragung beim übernehmenden Rechtsträger erfolgt nicht von Amts wegen. **358** Diese Mitteilung ist daher durch die Anmeldenden beim Registergericht der übertragenden Gesellschaft durch beglaubigten Handelsregisterauszug selbst nachzuweisen. Der **Eintragungsnachweis** kann der Anmeldung beim übertragenden Rechtsträger aber zeitlich nachfolgen, sodass eine relativ zeitnahe Anmeldung bei beiden Registern möglich ist (vgl. Lutter/Priester, UmwG, UmwStG, § 130 UmwG Rn. 10; Kallmeyer/Zimmermann, UmwG, § 130 Rn. 11; Kübler in Semler/Stengel, § 130 UmwG Rn. 8 ff.; Ittner, MittRhNotK 1997, 124).

II. Prüfung des Registergerichts

Das Registergericht hat hier grds. die gleichen Aufgaben wie bei der Verschmelzung, insb. ein **eigenes** **359** **Prüfungsrecht** (vgl. hierzu oben ausführlich Teil 2 Rdn. 630 ff.). Es hat die Vollständigkeit und die Ordnungsmäßigkeit des Vorgangs zu prüfen.

Unklar ist das **Verhältnis der Registergerichte** untereinander, wenn für den Spaltungsvorgang verschiedene Registergerichte zuständig sind. Einigkeit besteht dabei allerdings, dass eine gewisse wechsel- **360** seitige Bindung an die Entscheidungen und Eintragungen des anderen Registergerichts besteht (vgl. Lutter/Priester, UmwG, § 130 Rn. 7; Kallmeyer/Zimmermann, UmwG, § 130 Rn. 11; Widmann/ Mayer/Schwarz, Umwandlungsrecht, § 130 UmwG Rn. 2). Zu beachten ist aber, dass der Gesetzgeber mit der Einschaltung von zwei Registergerichten mit unterschiedlichen Aufgaben wohl auch eine **getrennte Kontrolle** gewünscht hat. Insofern ist der Auffassung zuzustimmen, dass die nur bei einem Gericht einzureichenden Unterlagen allein von diesem kontrolliert sind und eine wechselseitige Bindung besteht, soweit ein Registergericht Entscheidungen getroffen hat. Hat etwa das eine Registergericht einer übernehmenden Gesellschaft die Kapitalerhöhung eingetragen, ist das Registergericht der übertragenden Gesellschaft daran gebunden. Das Gleiche gilt für die Eintragung der Spaltung in das Register des übernehmenden Rechtsträgers (vgl. Lutter/Priester, UmwG § 130 Rn. 7; Goutier/Knopf/Bermel, Umwandlungsrecht, § 19 UmwG Rn. 10).

III. Anmeldungen zum Handelsregister

1. Überblick. Für das Registerverfahren gilt auch die **Verweisung in § 125 Satz 1 UmwG** auf die Be- **361** stimmungen der Verschmelzung (vgl. daher oben Teil 2 Rdn. 627 ff.). § 129 UmwG stellt klar, dass zur Anmeldung der Spaltung auch das Vertretungsorgan jeder der übernehmenden Rechtsträger berechtigt ist. Grds. sind **folgende Registeranmeldungen** vorzunehmen:
- Anmeldung der spaltungsdurchführenden Kapitalerhöhung und der Spaltung zum Register des übernehmenden Rechtsträgers,
- Anmeldung der Spaltung zum Register des übertragenden Rechtsträgers, evtl. Anmeldung der Kapitalherabsetzung,
- Anmeldung der Spaltung zur Neugründung beim Register des neu gegründeten Rechtsträgers.

Eine **Reihenfolge der Anmeldung** ist nicht vorgeschrieben, sondern nur die der Eintragungen (§ 130 **362** UmwG).

363 **2. Anmeldung bei Spaltung zur Aufnahme des übernehmenden Rechtsträgers. a) Allgemeines.** Sind an der Spaltung **mehrere aufnehmende Gesellschaften** beteiligt, so ist das Vertretungsorgan jeder übernehmenden Gesellschaft zwar berechtigt, die Spaltung auch bei der übertragenden Gesellschaft anzumelden, nicht jedoch bei den übrigen übernehmenden Gesellschaften (Lutter/Priester, UmwG, § 129 Rn. 2; Widmann/Mayer/Schwarz, Umwandlungsrecht, § 129 UmwG Rn. 10; Kallmeyer/Zimmermann, UmwG, § 129 Rn. 3; Schwanna in: Semler/Stengel, § 129 UmwG Rn. 5).

364 **b) Anmelder.** Nach § 16 Abs. 1 Satz 1 i. V. m. § 125 UmwG hat die Anmeldung durch die Vertretungsorgane der beteiligten Rechtsträger zu erfolgen. Bei den **Kapitalgesellschaften** hat die Anmeldung durch Vorstand oder Geschäftsführer und zwar in vertretungsberechtigter Zahl zu erfolgen. Zulässig ist auch **unechte Gesamtvertretung** unter Mitwirkung eines Prokuristen (Lutter/Priester, UmwG, § 129 Rn. 3; Kallmeyer/Zimmermann, UmwG, § 129 Rn. 2; Schwanna, in: Semler/Stengel, § 129 UmwG Rn. 3). Auch eine **Bevollmächtigung** ist bei der Anmeldung der Spaltung zulässig (Lutter/Priester, UmwG, § 129 Rn. 3). Bei der OHG oder KG erfolgt die Anmeldung durch die Gesellschafter bzw. Komplementäre, bei der Genossenschaft ist die Anmeldung nach § 157 GenG i. V. m. § 6 Abs. 2 Nr. 7 der Verordnung über das Genossenschaftsregister durch sämtliche Mitglieder des Vorstandes – einschließlich der Stellvertreter – in öffentlich beglaubigter Form einzureichen. Die Anmeldung soll dabei eine höchstpersönliche, organschaftliche Pflicht des Vorstandes sein, eine Vollmacht soll nicht genügen (vgl. Wirth, Die Spaltung einer eingetragenen Genossenschaft, S. 299 f.).

365 Im Gegensatz zur Eintragung ist für die Anmeldung zum Register **keine verbindliche Reihenfolge** für die beteiligten Rechtsträger vorgeschrieben (Kallmeyer/Zimmermann, UmwG, § 129 Rn. 9). Die übertragene Gesellschaft kann daher ihre Registeranmeldung bereits vor der Anmeldung der übernehmenden Rechtsträger in deren Register vornehmen. Das Registergericht des übertragenden Rechtsträgers wird dann aber, bis zum Eingang der Mitteilung der Registergerichte der übernehmenden Rechtsträger, keine Eintragungstätigkeiten vornehmen.

366 ▶ **Hinweis:**

Bei der Frage, wer im konkreten Fall anzumelden hat, ist allerdings zu berücksichtigen, dass bestimmte Erklärungen oder weitere Anmeldungen nach den Sondervorschriften von allen Geschäftsführern bzw. der Vorstandsmitgliedern abzugeben sind (so z. B. Kapitalerhöhung nach § 78 GmbHG). Auch die Erklärung nach § 140 UmwG soll nach überwiegender Meinung von allen Geschäftsführern höchstpersönlich abzugeben sein.

367 **3. Einzelheiten der Anmeldung der Spaltung beim Register des übernehmenden Rechtsträgers. a) Anmeldung der Kapitalerhöhung.** Ist eine Kapitalerhöhung erforderlich, so muss neben der Spaltung auch die **Kapitalerhöhung angemeldet** werden. Die Anmeldung der Kapitalerhöhung zur Durchführung kann mit der Anmeldung der Spaltung **in einer Urkunde** verbunden werden.

368 **aa) Anmeldende**

Übernehmende GmbH	Alle Geschäftsführer (§ 78 i. V. m. § 57 Abs. 1 GmbHG).
AG	Anmeldung des Kapitalerhöhungsbeschlusses und der Durchführung der Kapitalerhöhung durch Vorstandsmitglieder in vertretungsberechtigter Zahl und den Aufsichtsratsvorsitzenden (§§ 184 Abs. 1 Satz 1, 188 Abs. 1 AktG).

369 **bb) Inhalt der Anmeldung**

GmbH	Beschlossene Kapitalerhöhung (§ 57 Abs. 1 GmbHG), notwendige Änderung der Satzung (§ 54 Abs. 1 GmbHG), Erklärung, dass es sich um eine Kapitalerhöhung zur Durchführung der Spaltung handelt.
AG	Kapitalerhöhungsbeschluss (§ 184 Abs. 1 Satz 1 AktG), die notwendige Änderung der Satzung (§§ 181 Abs. 1 Satz 1 AktG), die Erklärung, dass es sich um eine Kapitalerhöhung zur Durchführung der Spaltung handelt, die Durchführung der Kapitalerhöhung (§ 188 Abs. 1 AktG).

cc) Beizufügende Unterlagen

370

GmbH	Beschlüsse über die Kapitalerhöhung und Satzungsänderung in Ausfertigung oder beglaubigter Abschrift, Spaltungsvertrag und Spaltungsbeschlüsse in Ausfertigung oder beglaubigter Abschrift, Liste der Übernehmer der neuen Einlagen (str., vgl. oben Teil 2 Rdn. 1018), Satzungsbescheinigung nach § 54 Abs. 1 Satz 2 GmbHG, evtl. Unterlagen für die Werthaltigkeit (z. B. Abspaltungsbilanz, Gutachten etc.), neue Gesellschafterliste (§ 125 UmwG, § 40 GmbHG).
AG	Spaltungsvertrag und Spaltungsbeschlüsse in Ausfertigung oder beglaubigten Abschriften (§§ 125, 69 Abs. 2 UmwG), Beschluss über die Kapitalerhöhung, evtl. Sonderbeschlüsse und die Satzungsänderung in Ausfertigung oder beglaubigter Abschrift, Bericht über die Prüfung der Sacheinlage (§ 184 Abs. 1 Satz 2 AktG i. V. m. § 142 Abs. 2 UmwG), Berechnung der Kosten, die der AG durch die Ausgabe der neuen Aktien entstehen, vollständiger Wortlaut der geänderten Satzung mit Notarbescheinigung (§ 181 Abs. 1 Satz 2 AktG).

b) Anmeldung der Spaltung. aa) Anmeldende. Anmeldende sind die **Vertretungsorgane in vertretungsberechtigter Zahl,** bei Genossenschaften sämtliche Mitglieder des Vorstandes. 371

bb) Inhalt der Anmeldung. Gegenstand der Anmeldung ist die Spaltung als solches, nicht der Spaltungsvertrag, auch nicht die Spaltungsbeschlüsse; angegeben werden muss die Spaltungsart, Aufspaltung, Abspaltung oder Ausgliederung (vgl. Lutter/Priester, UmwG, § 129 Rn. 6; Kallmeyer/Zimmermann, UmwG, § 129 Rn. 6). Außerdem muss die **Negativerklärung nach § 125 Satz 1 i. V. m. § 16 Abs. 2 Satz 1 UmwG,** dass sämtliche Spaltungsbeschlüsse aller beteiligten Rechtsträger nicht durch Klage angegriffen worden sind, bzw. eine Klage nicht fristgemäß erhoben oder eine solche Klage abgewiesen oder zurückgenommen worden ist, enthalten sein (vgl. dazu eingehend oben Teil 2 Rdn. 648 ff.). 372

cc) Erklärungen nach §§ 52 Abs. 1, 62 Abs. 3 Satz 5 i. V. m. § 125 UmwG. Bei der Anmeldung der Verschmelzung zur Eintragung in das Register haben die Vertretungsorgane der an der Verschmelzung beteiligten Rechtsträger im Fall der Beteiligung einer GmbH an der Verschmelzung, auf deren Geschäftsanteile nicht alle zu leistenden Einlagen in voller Höhe bewirkt sind, **als übernehmender Rechtsträger zu erklären,** dass dem Verschmelzungsbeschluss jedes der übertragenden Rechtsträger alle bei der Beschlussfassung anwesenden Anteilsinhaber dieses Rechtsträgers und, sofern der übertragende Rechtsträger eine Personenhandelsgesellschaft, eine Partnerschaftsgesellschaft oder eine GmbH ist, auch die nicht erschienenen Gesellschafter dieser Gesellschaft zugestimmt haben. Dies gilt auch bei der Spaltung. 373

Nach § 62 Abs. 3 Satz 5 UmwG hat der Vorstand bei der Anmeldung zu erklären, ob ein **Antrag nach § 62 Abs. 2 UmwG,** der die Einberufung einer Hauptversammlung zur Fassung eines Zustimmungsbeschlusses verlangt, gestellt worden ist. 374

dd) Anlagen. Durch § 125 Satz 1 UmwG gilt für die Spaltung auch der **Katalog des § 17 UmwG** bzgl. der Anmeldung beizufügenden Anlagen. 375

Danach sind folgende Anlagen **immer der Anmeldung beizufügen:** 376
- beglaubigte Abschrift oder Ausfertigung des notariell beurkundeten Spaltungsvertrages bzw. des Spaltungsplans;
- beglaubigte Abschrift oder Ausfertigung der Niederschriften über die Zustimmungsbeschlüsse einschließlich etwa erforderlicher Zustimmungen nicht erschienener Anteilsinhaber; vorzulegen sind die Zustimmungen aller beteiligten Rechtsträger zu jeder Anmeldung, also auch die Zustimmung des übertragenden Rechtsträgers bei der Anmeldung zum übernehmenden Rechtsträger und umgekehrt, da das Vorliegen der Zustimmungsbeschlüsse Wirksamkeitsvoraussetzung für den Spaltungsvertrag ist;
- Spaltungsbericht bzw. beglaubigte Abschriften oder Ausfertigung der Niederschrift über die Verzichtserklärungen, jeweils aber wohl nur für den Rechtsträger, zu dem die Anmeldung erfolgt;
- Spaltungsprüfungsbericht bzw. beglaubigte Abschriften oder Ausfertigungen der Niederschrift über die Verzichtserklärungen, wiederum wohl nur für den Rechtsträger, für den angemeldet wird;

- Nachweis über die Zuleitung des Entwurfs bzw. einer Abschrift des Vertrages an einen etwa bestehenden Betriebsrat, wohl jeweils wiederum nur bezogen auf den Rechtsträger, für den die Anmeldung erfolgt;
- Schlussbilanz des übertragenden Rechtsträgers, die auf einen Stichtag höchstens 8 Monate vor der Anmeldung aufgestellt sein darf, einzureichen bei dem Register des übertragenden Rechtsträgers.

377 Je nachdem, welcher Rechtsträger an der Spaltung beteiligt ist, kann sich das Erfordernis einer **Vorlage weiterer Anlagen** ergeben. Weitere **Anlagen nach Sondervorschriften** sind:
- bei der übernehmenden **GmbH** die berichtigte Gesellschafterliste nach §§ 125, 52 Abs. 2 UmwG, Übernehmerliste (vgl. dazu oben Teil 2 Rn. 942),
- bei der **AG** die Bekanntmachung nach § 62 Abs. 3 Satz 2 UmwG,
- Prüfungsgutachten der **Genossenschaft** nach § 86 UmwG.

378 **4. Anmeldung zum Register des übertragenden Rechtsträgers. a) Vereinfachte Kapitalherabsetzung.** Ist aus Kapitalschutzgründen eine **vereinfachte Kapitalherabsetzung** zur Durchführung der Spaltung oder Ausgliederung erforderlich, kann die Kapitalherabsetzung zusammen mit der Spaltung beim übertragenden Rechtsträger angemeldet werden (vgl. Widmann/Mayer/Mayer, Umwandlungsrecht, § 139 UmwG Rn. 57; Ittner, MittRhNotK 1997, 123). § 139 Satz 2 UmwG bestimmt allerdings, dass die Abspaltung oder Ausgliederung erst eingetragen werden darf, nachdem die Herabsetzung des Stammkapitals eingetragen worden ist.

379 **aa) Anmeldende**

GmbH	Bei der GmbH ist umstritten, ob die vereinfachte Kapitalherabsetzung durch die Geschäftsführer in vertretungsberechtigter Zahl nach § 78 Halbs. 1 GmbHG (so Kallmeyer/Zimmermann, UmwG, § 129 Rn. 4; Lutter/Priester, UmwG, § 129 Rn. 3; Scholz/Priester, § 58a GmbHG Rn. 32) oder durch sämtliche Geschäftsführer nach § 78 Halbs. 2 GmbHG analog anzumelden ist (so Widmann/Mayer/Mayer, Umwandlungsrecht, § 139 UmwG Rn. 55 f.; Lutter/Hommelhoff, GmbHG, § 58a Rn. 23; Baumbach/Hueck/Zöllner, GmbHG, § 58a Rn. 20; Schwanna, in: Semler/Stengel, § 129 UmwG Rn. 2). Erfolgt die Kapitalherabsetzung als reguläre Kapitalherabsetzung nach § 58 GmbHG, haben alle Geschäftsführer anzumelden (§§ 78, 58 Abs. 1 Nr. 3 GmbHG).
AG	Der Kapitalherabsetzungsbeschluss ist durch die Vorstandsmitglieder in vertretungsberechtigter Zahl und den Aufsichtsratsvorsitzenden (§§ 229 Abs. 3, 223 AktG), die Durchführung der Kapitalherabsetzung durch die Vorstandsmitglieder in vertretungsberechtigter Zahl anzumelden (§§ 229 Abs. 3, 227 Abs. 1 AktG; vgl. auch Kallmeyer/Zimmermann, UmwG, § 129 Rn. 4).

380 **bb) Inhalt der Anmeldung**

GmbH	Herabsetzung des Stammkapitals, Abänderung der Satzung (§§ 58a Abs. 5 i. V. m. § 54 Abs. 1 Satz 1 GmbHG); teilweise wird noch verlangt, dass eine Erklärung abgegeben wird, dass es sich um eine Kapitalherabsetzung zur Durchführung der Spaltung handelt (so Ittner, MittRhNotK 1997, 123).
AG	Kapitalherabsetzungsbeschluss (§§ 229 Abs. 3, 223 AktG), notwendige Änderung der Satzung (§ 181 Abs. 1 Satz 1 AktG), teilweise wird die Erklärung verlangt, dass es sich um eine Kapitalherabsetzung zur Durchführung der Spaltung handelt (so Ittner, MittRhNotK 1997, 123). Nach erfolgter Durchführung der Kapitalherabsetzung ist die Durchführung anzumelden (§§ 229 Abs. 3, 227 Abs. 1 AktG).

381 **cc) Anlagen**

GmbH	Beschluss über die Kapitalherabsetzung und Satzungsänderung in Ausfertigung oder beglaubigter Abschrift, vollständiger Wortlaut der geänderten Satzung mit Notarbescheinigung (§§ 58 Abs. 5, 54 Abs. 1 Satz 2 GmbHG).
AG	Beschluss über die Kapitalherabsetzung (auch evtl. erforderliche Sonderbeschlüsse, §§ 229 Abs. 3, 222 Abs. 2 AktG), Satzungsänderung in Ausfertigung oder beglaubigter Abschrift, vollständiger Wortlaut der geänderten Satzung mit Notarbescheinigung (§ 181 Abs. 1 Satz 2 AktG).

382 **b) Anmeldung der Spaltung.** Für die Anmeldung der Spaltung gelten die obigen Ausführungen entsprechend (vgl. oben Teil 3 Rdn. 371 ff.).

Beim übertragenden Rechtsträger sind allerdings noch folgende **Erklärungen bzw. Unterlagen** beizufü- 383
gen:
– Erklärung der Organe einer übertragenden GmbH nach § 140 UmwG bzw. AG/KGaA nach § 146
Abs. 1 UmwG, dass die durch Gesetz und Satzung vorgesehenen Voraussetzungen für die Gründung
dieser Gesellschaft unter Berücksichtigung der Abspaltung oder der Ausgliederung im Zeitpunkt der
Anmeldung vorliegen. Wie bereits dargelegt (vgl. oben Teil 3 Rdn. 271) ist umstritten, ob die nach
§ 313 Abs. 2 UmwG strafbewährte Erklärung höchstpersönlich und durch alle Geschäftsführer bzw.
Vorstandsmitglieder abgegeben werden muss oder ob ein Handeln in vertretungsberechtigter Zahl
genügt;
– Schlussbilanz des übertragenden Rechtsträgers (§§ 125, 17 Abs. 2 UmwG).

5. Spaltung zur Neugründung. Bei der Spaltung zur Neugründung ist **zu unterscheiden**, ob der neu 384
gegründete Rechtsträger angemeldet werden soll oder die Übertragung der Spaltung beim übertragenden Rechtsträger. Nach § 137 Abs. 1 UmwG soll das Vertretungsorgan des übertragenden Rechtsträgers bei der Spaltung zur Neugründung jeden der neuen Rechtsträger bei dem Gericht, in dessen Bezirk
er seinen Sitz haben soll, zur Eintragung in das Register anmelden. Nach § 137 Abs. 2 UmwG hat das
Vertretungsorgan des übertragenden Rechtsträgers die Spaltung selbst zur Eintragung in das Register
des Sitzes des übertragenden Rechtsträgers anzumelden.

a) Inhalt der Anmeldung der neuen Rechtsträger. Anzumelden ist der **neue Rechtsträger** und 385
nicht nur wie bei der übertragenden Gesellschaft die Spaltung (vgl. Lutter/Priester, UmwG, § 137
Rn. 4; Kallmeyer/Zimmermann, UmwG, § 137 Rn. 7; Hörtnagl, in: Schmitt/Hörtnagl/Stratz, § 137
UmwG Rn. 2).

Anmeldeberechtigt ist nach § 137 Abs. 1 UmwG das Vertretungsorgan des übertragenden Rechtsträ- 386
gers, und zwar auch für die Anmeldung des neuen Rechtsträgers (Lutter/Priester, UmwG, § 137 Rn. 10;
Kallmeyer/Zimmermann, UmwG, § 137 Rn. 2 f.). Die Geschäftsführer des neuen Rechtsträgers haben
insofern keine Anmeldebefugnis. Das Vertretungsorgan des übertragenden Rechtsträgers hat dabei das
Recht, alle Erklärungen und Handlungen, die bei der regulären Gründung notwendig oder zweckmäßig sind, abzugeben (vgl. Kallmeyer/Zimmermann, UmwG, § 137 Rn. 3). Etwas anderes gilt nur
für die Wissenserklärung oder höchstpersönlichen Erklärungen der Organe der neuen Gesellschaft,
die dann durch diese vorzunehmen sind: insb. Negativversicherung nach § 37 Abs. 2 AktG bzw. § 8
Abs. 3 GmbHG.

Der Inhalt der Anmeldung ist zunächst der allgemeine Inhalt der Spaltung, ergänzend greifen die für die 387
Neugründung maßgeblichen Anmeldevorschriften ein (vgl. Ittner, MittRhNotK 1997, 122; Lutter/
Priester, UmwG, § 137 Rn. 5 ff.). **Anzumelden** sind daher:
– der neue Rechtsträger unter Angabe, dass die Neugründung durch Spaltung zur Neugründung erfolgt und
– die Tatsache, dass eine Klage gegen die Wirksamkeit des Spaltungsbeschlusses nicht innerhalb der
Monatsfrist des § 14 UmwG erhoben oder rechtskräftig abgewiesen oder zurückgenommen worden
ist.

b) Sonderregelungen des jeweiligen Gründungsrechts 388

OHG, KG	Name, Vorname, Geburtsort und Wohnort jedes Gesellschafters, Firma der Gesellschaft, Ort, wo sie ihren Sitz hat, und die inländische Geschäftsanschrift; die Vertretungsmacht der Gesellschafter (§ 106 Abs. 2 HGB); bei Kommanditisten Betrag der Einlage (§ 162 Abs. 2 HGB).
GmbH	Anmeldung der Gesellschaft, Geschäftsführer und deren Vertretungsbefugnis; Versicherung der neuen Geschäftsführer über das Nichtvorliegen von Bestellungshindernissen und Belehrung über die Auskunftspflicht (§ 8 Abs. 3 GmbHG); streitig ist, ob die Versicherungen über die Bewirkung der Leistungen und die freie Verfügbarkeit nach § 8 Abs. 2 GmbHG erforderlich ist (so Widmann/Mayer/Mayer, Umwandlungsrecht, § 76 UmwG Rn. 13; Widmann/Mayer/Mayer, Umwandlungsrecht, § 135 UmwG Rn. 61; Lutter/Priester, UmwG, § 138 Rn. 3; ablehnend Kallmeyer/Zimmermann, UmwG, § 137 Rn. 9; Ihrig, GmbHR 1995, 63 8; Ittner, MittRhNotK 1997, 123); ferner ist anzugeben eine inländische Geschäftsanschrift und Art und Umfang der Vertretungsmacht der Geschäftsführer(§ 8 Abs. 4 GmbHG).

AG	Die Gesellschaft, Name, Vorname, Geburtsdatum, Wohnort der Vorstandsmitgliedern, Vertretungs-befugnis, persönliche Versicherung der Vorstandsmitglieder, dass kein Bestellungshindernis besteht (§ 37 Abs. 2 AktG), Zeichnung der Namensunterschrift nach § 37 Abs. 5 AktG; ebenso wenig wie bei der GmbH ist eine Erklärung zur Bewirkung der Leistung oder deren Verfügbarkeit abzugeben (vgl. oben Teil 2 Rdn. 1018); ferner ist anzugeben eine inländische Geschäftsanschrift und Art und Umfang der Vertretungsmacht der Vorstände (§ 31 Abs. 3 AktG) und die weiteren Angaben nach § 37 AktG.

389 **c) Beizufügende Anlagen.** Beizufügen sind die allgemeinen bei der Spaltung beizufügenden Anlagen nach §§ 125, 17 UmwG (vgl. oben Teil 3 Rdn. 375 ff.); außerdem diejenigen Anlagen, die das Gründungsrecht für den neuen Rechtsträger vorsieht (§ 135 Abs. 2 UmwG):

GmbH	Gesellschaftsvertrag als Teil des Spaltungsplans, Bestellung der Geschäftsführer, Liste der Gesellschafter, Sachgründungsbericht, Wertnachweise (z. B. Spaltungsbilanz). Die Liste der Gesellschafter ist nach wohl herrschender Meinung vom Notar nach § 40 Abs. GmbHG zu bescheinigen (vgl. Lutter/Hommelhoff/Bayer, § 40 GmbHG Rn. 24; OLG Hamm, DNotZ 2010, 214 = DB 2010, 495; Ising, DNotZ 2010, 214).
AG	Satzung als Bestandteil des Spaltungsplans, Niederschrift über Sitzung des Aufsichtsrates der Gesellschaft über die Bestellung der Vorstandsmitglieder, Wertnachweis über übertragenes Vermögen (i. d. R. Spaltungsbilanz), Gründungsbericht der Gründer, Gründungsprüfungsbericht der Mitglieder des Vorstands und des Aufsichtsrates, Nachweis, dass es die spaltende AG bereits 2 Jahre existiert (§ 141 UmwG; vgl. Kallmeyer/Zimmermann, UmwG, § 137 Rn. 17).

390 **6. Besonderheiten der Spaltungsbilanz.** Für alle Arten der Spaltung ist ebenso wie bei der Verschmelzung nach § 17 Abs. 2 i. V. m. § 125 UmwG eine **Schlussbilanz des übertragenden Rechtsträgers** aufzustellen und der Anmeldung der Umwandlung zur Eintragung in das Handelsregister des übertragenden Rechtsträgers beizufügen. Beim aufnehmenden oder neu gegründeten Rechtsträger kann die Spaltungsbilanz auch zum Nachweis der Werthaltigkeit notwendig werden. Wegen der Einzelheiten der Spaltungsbilanz kann zunächst auf die Verschmelzungsbilanz verwiesen werden (vgl. Teil 2 Rdn. 668 ff.).

391 **Folgende Besonderheiten** sind allerdings zu beachten: In der Literatur ist vor allen Dingen die Streitfrage entstanden, ob **eine Gesamtschlussbilanz** des übertragenden Rechtsträgers genügt oder ob eine oder gar zwei **Teilbilanzen** für die zurückbleibenden und zu übertragenden Unternehmensteile erforderlich sind. Teilweise wird auch in der Literatur gefordert, dass nur Teilbilanzen aufgestellt werden müssen (so insb. Widmann/Mayer/Mayer, Umwandlungsrecht, § 24 UmwG Rn. 163; vgl. Schmidt/Heinze, DB 2008, 2696 ff.). Nach Ansicht des IDW können im Fall der Abspaltung der Anmeldung statt einer Gesamtschlussbilanz geprüfte Teilschlussbilanzen für das übertragende und das verbleibende Vermögen beigefügt werden (IDW Stellungnahme, Wirtschaftsprüfung 1998, 509).

Die herrschende Meinung (Kallmeyer/Kallmeyer/Sickinger, UmwG, § 125 Rn. 23; Lutter/Priester, UmwG, § 134 Rn. 2; Schwanna, in: Semler/Stengel, UmwG, § 17 Rn. 23; vgl. Schmidt/Heinze, DB 2008, 2696 ff.) ist jedenfalls der Auffassung, dass es nach dem Gesetzeswortlaut genügt, wenn für alle Fälle eine Gesamtbilanz eingereicht wird; eine Aufgliederung in Teilbilanzen könne gesellschaftsrechtlich nicht verlangt werden (vgl. auch Müller, WPG 1996, 857, 865). Auch **Sauter** (in: FS für Widmann, 2000, S. 99, 111) empfiehlt, dass aufgrund der klaren gesetzlichen Regelung in jedem Fall Gesamtschlussbilanzen bei übertragenden Rechtsträgern nach § 17 Abs. 2 UmwG eingereicht werden sollten. Teilbilanzen würden sich empfehlen, insb. auch zum Nachweis der Werthaltigkeit des übertragenden Vermögens i. R. d. Kapitalerhöhung bei der aufnehmenden Gesellschaft (Sauter, in: FS für Widmann, 2000, S. 99, 111; ähnlich auch Kallmeyer/Kallmeyer/Sickinger, UmwG, § 125 Rn. 23). Soweit Teilschlussbilanzen für Spaltungsvorgänge dem Registergericht vorgelegt werden, sind sie gem. § 17 Abs. 2 Satz 2 UmwG zu prüfen, wenn ein Jahresabschluss des übertragenden Rechtsträgers auf den Stichtag der Gesamtschlussbilanz kraft Gesetzes prüfungspflichtig wäre (vgl. Pfitzer, in: WP-Handbuch, 13. Aufl. 2008, Bd. II, E Rn. 95; Sauter, in: FS für Widmann, 2000, S. 113).

Wegen der sonstigen Fragen kann auf die **Ausführungen zur Verschmelzungsbilanz** verwiesen werden (vgl. Teil 2 Rdn. 668 ff.).

O. Beschlussanfechtung und Eintragung trotz Beschlussanfechtung

Über die **allgemeine Verweisungsvorschrift des § 125 UmwG** finden bei der Spaltung die Vorschriften **392** über die Verschmelzung grds. entsprechende Anwendung.

Ausdrücklich **ausgenommen** davon ist für den Unterfall der Ausgliederung die Regelung in § 14 Abs. 2 **393** UmwG, wonach die Beschlussanfechtung nicht auf ein zu niedriges Umtauschverhältnis der Anteile gestützt werden kann. Grund dafür ist, dass bei der Ausgliederung kein Anteilstausch stattfindet, sodass die Regelung obsolet ist.

Dagegen findet die Vorschrift des § 16 UmwG und damit auch die Regelung über das neue **Rechts-** **394** **behelfsverfahren** zur Überwindung der Registersperre in § 16 Abs. 3 UmwG entsprechende Anwendung. Auf die Erläuterungen in den Teil 2 Rdn. 519 ff. wird verwiesen.

P. Wirkungen der Spaltung

I. Zeitpunkt

Maßgeblicher Zeitpunkt ist die Eintragung der Spaltung in das Register des übertragenden Rechtsträ- **395** gers (§ 131 Abs. 1 UmwG).

II. Vermögensübergang

1. Aufspaltung. Bei der Aufspaltung geht das gesamte Vermögen des übertragenden Rechtsträgers **396** auf die aufnehmenden oder neu gegründeten Rechtsträger entsprechend dem Spaltungsvertrag oder -plan im Wege der partiellen Gesamtrechtsnachfolge über (§ 131 Abs. 1 Nr. 1 UmwG; vgl. dazu OLG Hamm, DStR 2010, 991 = NJW 2010, 2591; OLG Karlsruhe, NZG 2009, 315 = GmbHR 2008, 1219; Hörtnagl, in: Schmitt/Hörtnagl/Stratz, § 123 UmwG Rn. 3; Widmann/Mayer/Schwarz, Umwandlungsrecht, § 123 UmwG Rn. 413; Kallmeyer/Kallmeyer/Sickinger, UmwG, § 123 Rn. 2; Schmidt, in: Habersack/Koch/Winter/Vetter, Die Spaltung im neuen Umwandlungsrecht und ihre Rechtsfolgen, S. 11; Lutter/Teichmann, UmwG, § 123 Rn. 8 ff.; Zöllner, ZGR 1995, 335, 339; Gutachten DNotI-Report 2011, 104). Der übertragende Rechtsträger erlischt, ohne dass es einer besonderen Löschung bedarf (§ 131 Abs. 1 Nr. 2 UmwG). Ist seine **Vermögensposition nicht im Vertrag zugeteilt** worden und lässt sich eine Zuteilung auch nicht durch Vertragsauslegung ermitteln, so geht der vergessene Vermögensgegenstand auf alle übernehmenden Rechtsträger in dem Verhältnis über, in dem die Aufteilung des Überschusses der Aktiv- über die Passivseite der Schlussbilanz erfolgt ist. Ist eine Aufteilung auf mehrere Rechtsträger nicht möglich, soll der Gegenwert im genannten Verhältnis aufgeteilt werden (§ 131 Abs. 3 UmwG). § 131 Abs. 3 UmwG sollte entsprechend auf vergessene Verbindlichkeiten angewendet werden (Dehmer, UmwG, UmwStG § 131 UmwG Rn. 6). Demnach muss trotz der gesamtschuldnerischen Haftung eine Primärzuordnung erfolgen. Es empfiehlt sich die Aufnahme einer Anpassungsklausel im Spaltungsvertrag.

Von der Rechtsnachfolge nach § 131 UmwG bleiben höchstpersönliche Rechte und Pflichten ausgenommen (BT-Drs. 16/2912, 19; OLG Karlsruhe, GRUR-RR 2014, 362; Sickinger in Kallmeyer, UmwG, § 131 Rn. 2; Hörtnagl in Schmitt/Hörtnagl/Stratz, § 131 UmwG Rn. 11; Schöer in Semler/ Stengel, UmwG, 3. Aufl., § 131 Rn. 33). Solche erlöschen im Falle der Aufspaltung, während bei der Abspaltung und der hier vorliegenden Ausgliederung das Recht beim übertragenden Rechtsträger verbleibt (Hörtnagl in Schmitt/Hörtnagl/Stratz, § 131 UmwG Rn. Rd. 33).

2. Abspaltung, Ausgliederung. Mit der Eintragung geht der mit der Abspaltung oder Ausgliederung **397** erfasste Vermögensteil einschließlich der Verbindlichkeiten auf den übertragenden Rechtsträger über (OLG Hamm, DStR 2010, 991 = NJW 2010, 2591; OLG Karlsruhe, NZG 2009, 315 = GmbHR 2008, 1219; Hörtnagl, in: Schmitt/Hörtnagl/Stratz, § 123 UmwG Rn. 3; Widmann/Mayer/Schwarz, Umwandlungsrecht, § 123 UmwG Rn. 413; Kallmeyer/Kallmeyer/Sickinger, UmwG, § 123 Rn. 2; Schmidt, in: Habersack/Koch/Winter/Vetter, Die Spaltung im neuen Umwandlungsrecht und ihre Rechtsfolgen, S. 11; Lutter/Teichmann, UmwG, § 123 Rn. 8 ff.; Zöllner, ZGR 1995, 335, 339; Gutachten DNotI-Report 2011, 104). Nicht durch Rechtsgeschäft übertragbare Gegenstände verbleiben im Eigentum des übertragenden Rechtsträgers (§ 131 Nr. 1 UmwG). Für den Erwerb der Mitgliedschaften und Anteile gelten die Regeln der Verschmelzung entsprechend (s. daher oben Teil 2 Rdn. 686 ff.).

398 Die übertragenden Rechtsträger bestehen fort. **Ausnahme** ist die Ausgliederung des gesamten Vermögens eines einzelnen kaufmännischen Unternehmens (§ 155 UmwG).

399 **3. Anteilserwerb.** Nach § 131 Abs. 3 UmwG werden ebenso wie bei der Verschmelzung die Anteilsinhaber des übertragenden Rechtsträgers entsprechend der im Spaltungs- und Übernahmevertrag vorgesehenen Aufteilung Anteilsinhaber der übernehmenden Rechtsträger. Es findet also wie bei der Verschmelzung ein **Direkterwerb** entsprechend den Festsetzungen im Spaltungsvertrag statt. Dieser Erwerb der Mitgliedschaft erfolgt kraft Gesetzes mit der Eintragung im Handelsregister, ohne dass es etwaiger Übertragungsakte bedarf (vgl. oben Teil 2 Rdn. 700). Dies gilt sowohl für die Anteile, die durch Kapitalerhöhung beim aufnehmenden Rechtsträger neu geschaffen werden, als auch für solche Anteile, die der aufnehmende Rechtsträger bereits als eigene Anteile besitzt. Nach herrschender Meinung gilt dies auch für die Fälle, in denen die Anteile vor der Verschmelzung dem übertragenden Rechtsträger gehörten. Da – wie dargestellt sogar – eine Anteilsveränderung der Anteile am übertragenden Rechtsträger möglich ist, tritt auch diese Rechtsänderung in der Anteilszuordnung mit der Eintragung der Spaltung ein (vgl. Lutter/Teichmann, UmwG, § 131 Rn. 9; Kallmeyer/Kallmeyer/Sickinger, UmwG, § 131 Rn. 23 ff.; Hörtnagl, in: Schmitt/Hörtnagl/Stratz, § 131 UmwG Rn. 93 ff.). Auch die sonstigen Wirkungen sind die gleichen wie bei der Verschmelzung, insb. die Frage der dinglichen Surrogation (vgl. oben Teil 2 Rdn. 715).

400 **4. Berichtigungen in Registern und im Grundbuch, Titelumschreibung.** Da die Übertragung der im Spaltungsvertrag festgelegten Vermögensgegenstände nicht im Wege der Einzelrechtsübertragung, sondern im Wege der **partiellen Gesamtrechtsnachfolge** mit der Eintragung der Spaltung außerhalb des Grundbuches geschieht, ist das Grundbuch nur zu berichtigen, eine Auflassung ist nicht erforderlich (vgl. LG Ellwangen, Rpfleger 1996, 154 = BWNotZ 1996, 125; eingehend Böhringer, Rpfleger 2001, 59 ff., Kallmeyer/Kallmeyer/Sickinger, UmwG, § 131 Rn. 7; Widmann/Mayer/Mayer, Umwandlungsrecht, § 126 UmwG Rn. 214; Widmann/Mayer/Vossius, Umwandlungsrecht, § 131 UmwG Rn. 38; Ittner, MittRhNotK 1997, 125; Volmer, WM 2002, 428 ff.).

Zum **Nachweis des Rechtsübergangs** genügt die Vorlage eines beglaubigten Handelsregisterauszuges betreffend die Eintragung der Spaltung beim übertragenden Rechtsträger (vgl. OLG Hamm FGPrax 2014, 239). Allerdings ist anders als bei der Verschmelzung, bei der eine Gesamtrechtsnachfolge stattfindet, zur Bezeichnung der betroffenen Vermögensgegenstände (Grundstücke, dingliche Rechte) eine **beglaubigte Abschrift** oder Ausfertigung des Spaltungsvertrages vorzulegen, aus der sich die grundbuchliche Bezeichnung der übergehenden Grundstücke und dinglichen Rechte ergibt (vgl. oben Teil 3 Rdn. 85 insb. zur Frage bei Teilflächen, Widmann/Mayer/Mayer, Umwandlungsrecht, § 126 UmwG Rn. 214; Ittner, MittRhNotK 1997, 125; Volmer, WM 2002, 428 ff.). **Genehmigungen** für die Einzelrechtsübertragung sind seit der Abschaffung des § 132 UmwG durch das **Zweite Gesetz zur Änderung des UmwG** v. 25.04.20076 (BGBl. I, S. 542) nicht mehr erforderlich. Im Fall der Abspaltung oder Ausgliederung kann, da es sich hier nur um eine Grundbuchberichtigung handelt, die Berichtigung auch auf der Grundlage einer Berichtigungsbewilligung des übertragenden Rechtsträgers i. V. m. einer Zustimmung des neuen bzw. aufnehmenden Rechtsträgers nach § 22 Abs. 2 GBO erfolgen (Böhringer, Rpfleger 1992, 1947; Ittner, MittRhNotK 1997, 126). Ferner ist eine **Unbedenklichkeitsbescheinigung des Finanzamtes** – Grunderwerbsteuerstelle – für jede Eigentumsberichtigung erforderlich (vgl. Schöner/Stöber, Grundbuchrecht, Rn. 995i, eingehend Böhringer, Rpfleger 2001, 59 ff.) Das Grundbuchamt hat die materiell-rechtliche Wirksamkeit der Spaltung im Grundbucheintragungsverfahren nicht zu überprüfen. Dies gilt insbesondere auch für die wirksame Vertretung der Beteiligten des Spaltungsvertrages, auch die Form des § 29 GBO spielt für die Vollmacht keine Rolle (OLG Hamm FGPrax 2014, 239).

401 **Dingliche Titel** (z. B. Urteile, vollstreckbare Urkunden, vollstreckbare Grundpfandrechte) sind auf den übernehmenden Rechtsträger nach § 727 ZPO umzuschreiben, wenn der Nachweis der Rechtsnachfolge durch öffentliche bzw. öffentlich-beglaubigte Urkunde geführt wird (vgl. OLG Frankfurt am

Main, OLG-Report 2000, 167). Insofern muss bei titulierten Forderungen der Nachweis des Rechtsübergangs der Forderung, bei Grundpfandrechten die Rechtsnachfolge bzgl. des Grundpfandrechts mit der notwendigen Bestimmtheit nachgewiesen werden. I. d. R. ist daher auch der Spaltungsvertrag vorzulegen, aus dem sich die Rechtsnachfolge bzgl. des konkreten Titels ergibt.

Für die Praxis war unklar, welche Auswirkungen das Urteil des BGH v. 30.03.2010 (BGHZ 185, 133 = **402** DNotZ 2010, 542 = MittBayNot 2010, 378 = NJW 2010, 2041) hat. Der BGH hatte entschieden, dass der Zessionar einer Sicherungsgrundschuld aus der Unterwerfungserklärung nur vorgehen könne, wenn er in den Sicherungsvertrag eintrete. Die Prüfung, ob der Zessionar einer Sicherungsgrundschuld in den Sicherungsvertrag eingetreten und damit neuer Titelgläubiger geworden sei, sei dem Klauselerteilungsverfahren vorbehalten, d. h. der Notar muss dies bei der Klauselerteilung prüfen (vgl. dazu Gutachten DNotI-Report 2010, 93 ff.; 121 ff.; 192 ff. auch zur Abgrenzung zu den Fällen nach dem Inkrafttreten des § 1192 Abs. 1a BGB durch das Risikobegrenzungsgesetzes). Verfahrensrechtlich musste nach dieser Entscheidung der Eintritt des Zessionars dem Notar in öffentlicher oder öffentlich beglaubigter Form nachgewiesen werden oder offenkundig sein (§ 727 ZPO; vgl. Gutachten DNotI-Report 2010, 192, 193; Heinze, ZIP 2010, 2030, 2032; Herrler, BB 2010, 1931, 1937; ders., ZfIR 2011, 186, 187; Stürner, JZ 2010, 774, 778; Everts, NJW 2011, 567, 568). Bei der Titelumschreibung nach einer **Ausgliederung** hätten die gleichen Anforderungen gegolten. Nach Ansicht des LG Krefeld (ZfIR 2011, 193 = RNotZ 2011, 300) wäre auch der Nachweis des »Eintritts in den Sicherungsvertrag« i. S. d. zitierten BGH-Urteils ebenfalls zu erbringen, wenn die Grundschuld infolge einer Ausgliederung gem. § 123 Abs. 3 UmwG auf einen anderen Rechtsträger übergeht. Auch das Deutsche Notarinstitut neigt dieser Auffassung zu (Gutachten, DNotI-Report 2011, 105).

Im Beschl. v. 29.06.2011 (DNotZ 2011, 751 = NJW 2011, 2803 = MittBayNot 2011, 489 = BB 2011, 2255 = ZNotP 2011, 353) hat der VII-Senat diese vom XI. Senat aufgestellten Grundsätze revidiert und festgestellt, der Notar müsse dem Zessionar einer Sicherungsgrundschuld die Klausel als Rechtsnachfolger ungeachtet der Entscheidung des BGH v. 30.03.2010 (XI ZR 200/09, BGHZ 185, 133) erteilen, wenn die Rechtsnachfolge in die Ansprüche durch öffentliche oder öffentlich beglaubigte Urkunden nachgewiesen ist. Die Einwendung, die Unterwerfungserklärung erstrecke sich nur auf Ansprüche aus einer treuhänderisch gebundenen Sicherungsgrundschuld und der Zessionar sei nicht in die treuhänderische Bindung eingetreten, könne der Schuldner nur mit der Klage nach § 768 ZPO geltend machen. Damit dürfte die Nachweisverpflichtung bzgl. des Sicherungsvertrages im Klauselverfahren wieder entfallen sein.

Fraglich ist, ob der Notar eine **berichtigte Gesellschafterliste** bei Tochter-GmbH-Beteiligungen der übertragenden Gesellschaft einzureichen hat. Umstritten ist, ob ein Mitwirken des Notars im Sinne des § 40 Abs. 2 Satz 1 GmbHG vorliegt, wenn die Anteilsveränderung nur eine mittelbare Folge der notariellen Urkunde, z. B. bei Spaltung ist (Roth, RNotZ 2014, 470 ff.; Löbbe, GmbHR 2012, 7, 11 ff; Lutter/Bayer, § 40 GmbHG Rdnr. 25; Mayer, MittBayNot 2014, 114, 116; Ising, NZG 2010, 812). Das OLG Hamm hat entschieden, dass auch im Fall einer nur mittelbaren Mitwirkung des Notars – weil sich der Gesellschafterbestand der beteiligten GmbH durch Verschmelzung geändert hat –der Notar die Liste einzureichen hat, zumindest dann, wenn er über interne Vorgänge der Beteiligten bestens informiert ist (OLG Hamm, DNotZ 2010, 214 = GmbHR 2010, 205 m. zust. Anm. Wachter; zust. auch Omlor, EWiR 2010, 251, und Herrler/Blath, ZIP 2010, 129, 130). Z. T. wird in der Literatur darauf abgestellt, ob der beurkundende Notar, zum Beispiel aufgrund der vorgelegten Schlussbilanz, sichere Kenntnis von der Beteiligung des übertragenden Rechtsträgers an der GmbH hat (Vossius, DB 2007, 2299, 2304; Apfelbaum, notar 2008, 160, 170). Teilweise wird eine Mitwirkung des Notars auch nur dann in Betracht gezogen, wenn der übertragende Rechtsträger über eine 100 %ige Beteiligung an der GmbH verfügt (Vossius, DB 2007, 2299, 2304). Gegen die Verpflichtung bei einer »mittelbaren« Mitwirkung als ungeschriebene Tatbestandsvariante spricht, dass eine klare Abgrenzung zwischen unmittelbarer und mittelbarer notarieller Mitwirkung vielfach kaum möglich ist (so zu Recht Roth, RNotZ 2014, 470, 474; Ising, DNotZ 2012 384, 389, ablehnend auch Mayer, MittBayNot 2014, 114, 116). D. Mayer empfiehlt bis zur höchstrichterlichen Klärung bei der Beurkundung von Umwandlungsvorgängen die Rechtslage vorsorglich mit den Beteiligten zu erörtern und auf die gesetzliche Pflicht zur Einreichung einer neuen Gesellschafterliste hingewiesen werden. Gehört zum Vermögen des übertragenden Rechtsträgers die Beteiligung an einer GmbH, so sollte ggf. geregelt werden, dass die Gesellschafterliste von der Geschäftsführung der betreffenden GmbH zu erstellen ist und der Notar beauftragt wird, die ihm übermittelte Gesellschafterliste ebenfalls zu unterzeichnen und mit einer Notarbescheinigung nach § 40 Abs. 2 Satz 2 GmbHG zu versehen und sodann elektronisch zum Handelsregister einzureichen (so der Vorschlag von Mayer, MittBayNot 2014, 114, 116). Das Registergericht muss also eine gemeinsam unterzeichnete Liste unverzüglich im Handelsregister aufnehmen, wenn die Liste sowohl die inhaltlichen Voraussetzungen für eine von der Geschäftsführung zu erstellende als auch eine notarbescheinigte Gesellschafterliste erfüllt. Diese Ansicht hat auch das OLG Hamm (NZG 2010, e 475 = BB 2010, 985) bestätigt und die Doppelunterschrift unter einer Gesellschafterliste akzeptiert (vgl. auch Heckschen/Heidinger, § 13 GmbHG Rn. 328, 341).

403 **5. Prozesse.** Bei der **Aufspaltung** stellen sich im Grunde die gleichen Fragen, wie bei der Verschmelzung (vgl. Teil 2 Rdn. 704). Die wohl herrschende Meinung setzt das Erlöschen des übertragenden Rechtsträgers mit dem Tod einer natürlichen Person gleich. Der Prozess wird unterbrochen, die Übernehmerin ist verpflichtet, den unterbrochenen Rechtsstreit wieder aufzunehmen (vgl. BGH, ZIP 2004, 1047, BGH, ZIP 2004, 92; OLG Hamburg, MDR 2010, 1479 = ZIP 2010, 2264; OLG München, DB 1989, 1918; Widmann/Mayer/Vossius, Umwandlungsrecht, § 131 UmwG Rn. 258; Meier-Reimer, in: Semler/Stengel, UmwG, § 133 Rn. 64; Stöber, NZG 2004, 547 ff.; Bork/Jacoby, ZHR 167 [2003] S. 440, 444 ff.). Nach einer anderen Auffassung passen diese Vorschriften nicht. Es sei daher davon auszugehen, dass der übernehmende Rechtsträger automatisch ohne Unterbrechungen in den Prozess einrückt, es sei von einem gesetzlichen Parteiwechsel auszugehen (so Lutter/Grunewald, UmwG, § 20 Rn. 53; MünchKomm-ZPO/Feiberl, § 239 Rn. 17; Kübler, in: Semler/Stengel, UmwG, § 131 Rn. 10; Mayer, JR 2007, 133, 135).

404 Die Literatur ging zunächst bei der **Abspaltung und Ausgliederung** ohne Weiteres davon aus, dass im Rahmen einer Spaltung **aktive wie passive Prozesse übertragen werden** können (Lutter/Teichmann, UmwG, § 132, Rn. 54; Kallmeyer/Kallmeyer/Sickinger, UmwG, § 131 Rn. 19; Widmann/Mayer/Vossius, Umwandlungsrecht, § 131 UmwG Rn. 258; Simon, Der Konzern 2003, 373). Bei der Übertragung der streitbefangenen Sache im Wege der Ausgliederung findet § 265 ZPO nach allgemeiner Meinung Anwendung (OLG Hamburg, MDR 2010, 1479 = ZIP 2010, 2264; Bork/Jacoby, ZHR 167 [2003] S. 440, 444 ff.; KK-UmwG/Simon, § 131 Rn. 36; Kübler, in: Semler/Stengel, UmwG, § 131 Rn. 10; Hörtnagl, in: Schmitt/Hörtnagl/Stratz, UmwG, § 131 Rn. 89; Stöber, NZG 2006, 574, 576; Mayer, JR 2007, 133 ff.). Im Ausgangspunkt besteht Einigkeit, dass Prozessrechtsverhältnisse und Verfahrensstellungen als solche nicht von der mit der Übertragung des Vermögensteils verbundenen Rechtsnachfolge erfasst werden. Im Urt. v. 06.12.2000 (NJW 2001, 1217 = ZIP 2001, 305) hat der **BGH** allerdings die **Übertragbarkeit des Passivprozesses** nach § 123 Abs. 3 UmwG abgelehnt: Zwar werde in der Literatur auch im Zusammenhang mit der Ausgliederung nach § 123 Abs. 3 UmwG zunehmend von »partieller Gesamtrechtsnachfolge« oder »geteilter Gesamtrechtsnachfolge« gesprochen. Diese Bezeichnung dürfe aber nicht darüber hinwegtäuschen, dass es sich jedenfalls bei der Ausgliederung nicht um den Übergang des gesamten Vermögens eines untergegangenen Rechtsträgers handele, sondern um eine besondere Übertragungsart, die es gestatte, statt der Einzelübertragung verschiedener Vermögensgegenstände eine allein durch den Parteiwillen zusammengefasste Summe von Vermögensgegenständen (einschließlich der Verbindlichkeiten: § 131 Abs. 1 Nr. 1 UmwG) in einem Akt zu übertragen. Aus dem Umstand, dass das Gesetz diese Art der Übertragung möglich gemacht habe, könne nicht ohne Weiteres geschlossen werden, dass diese Art der Übertragung prozessual andere Folgen habe als eine Einzelübertragung. Die Ausgliederung hindere den Kläger nicht, seinen Anspruch nach wie vor (auch) gegen den übertragenden Rechtsträger geltend zu machen. Dann müsse es aber auch möglich sein, den bereits anhängigen Prozess gegen den übertragenden Rechtsträger weiter zu betreiben. Die Ausgliederung könne nicht zur Folge haben, dass der Gläubiger, dem nun als Gesamtschuldner neben dem alten Schuldner ein neuer Schuldner haftet, gezwungen sei, den wegen dieses Anspruchs bereits rechtshängigen Prozess nur noch gegen den neuen Schuldner weiterzuverfolgen. Dieser Auffassung hat sich der **BFH** in seinem Urt. v. 07.08.2002 (Der Konzern 2003, 152) angeschlossen. Diesem Urteil lag ein Aktivprozess zwischen einer GmbH und dem FA zugrunde. Insb. durch die Novelle des UmwG wird deutlich, dass der Gesetzgeber eine möglichst große Freiheit der Zuordnung schaffen wollte, sodass auch das Prozessverhältnis mit dem zugehörigem Rechtverhältnis übertragen wird (vgl. Simon, Der Konzern 2003, 377). Das OLG Hamburg (MDR 2010, 1479 = ZIP 2010, 2264) hat in einem Wettbewerbsprozess festgestellt, dass die Verbindlichkeiten des übertragenden Rechtsträgers nicht i. S. e. Rechtsnachfolge auf den übernehmenden Rechtsträger übergehen; vielmehr bestimme § 133 Abs. 1 UmwG, dass die an der Spaltung beteiligten Rechtsträger für die vor der Spaltung begründeten Verbindlichkeiten als Gesamtschuldner haften. Insoweit unterscheiden sich also die Auswirkungen der Ausgliederungen unter dem Aspekt des § 265 ZPO je nach Maßgabe der prozessualen Situation: Der auf Beklagtenseite befindliche übertragende Rechtsträger bleibt – jedenfalls soweit nicht wettbewerbsrechtliche Unterlassung beansprucht wird auch nach der Ausgliederung aus der streitgegenständlichen Verbindlichkeit verpflichtet und es tritt gem. § 133 UmwG zu seiner Haftung diejenige des übernehmenden Rechtsträgers hinzu, sodass eine gegen den übertragenden Rechtsträger gerichtete Klage weiterhin begründet ist. Hingegen geht ein zum übertragenen Vermögensteil gehöriger Anspruch gem. § 133 UmwG vom übertragenden Rechtsträger auf den übernehmenden Rechtsträger über, sodass die Klage des übertragenden Rechtsträgers nicht (mehr) begründet wäre, griffe nicht § 265 ZPO ein.

6. Unternehmensverträge in der Spaltung. Vgl. zunächst oben Teil 2 Rdn. 695.   **405**

In der Literatur wird davon ausgegangen, dass eine Spaltung des anderen (herrschenden) Vertragsteils **406** **nicht zum Untergang des Unternehmensvertrages** führt (vgl. nur MünchKomm-AktG/Altmeppen, § 297 Rn. 25 f.; Emmerich, in: Emmerich/Habersack, Aktien- und GmbH-Konzernrecht, § 297 AktG Rn. 46). Dabei kann der Vertrag auch einem neuen Rechtsträger zugewiesen werden (Emmerich, in: Emmerich, Habersack, Aktien- und GmbH-Konzernrecht, § 297 AktG Rn. 46; Widmann/Mayer/ Mayer, Umwandlungsrecht, § 126 UmwG Rn. 232; Hörtnagl, in: Schmitt/Hörtnagl/Stratz, UmwG/ UmwStG, § 131 UmwG Rn. 72; Meister, DStR 1999, 1741 f.; Wilken, DStR 1999, 677, 680; Lutter/ Priester, UmwG, § 126 Rn. 49 [seines Erachtens ist die Zustimmung der Gesellschafter der aufnehmenden Gesellschaft erforderlich]; Kallmeyer/Kallmeyer/Sickinger, UmwG, § 126 Rn. 26; Fuhrmann/Simon, AG 2000, 49, 58; a. A. Lutter/Teichmann, UmwG, § 132 Rn. 53). Eine **Zustimmung der Gesellschafterversammlung** der abhängigen Gesellschaft ist nicht erforderlich (Widmann/Mayer/ Mayer, Umwandlungsrecht, § 126 UmwG Rn. 232; Gutheil, Die Auswirkungen von Umwandlungen auf Unternehmensverträge nach §§ 291, 292 AktG und die Rechte außenstehender Aktionäre, S. 63 ff.; a. A. Lutter/Teichmann, UmwG, § 132 Rn. 53). Das Handelsregister der abhängigen Gesellschaft ist nur zu berichtigen (Widmann/Mayer/Mayer, Umwandlungsrecht, § 126 UmwG Rn. 232).

7. Nachträgliche Änderung des Abspaltungsvertrages nach Eintragung im Handelsregister. In **407** der Praxis ist die Frage aufgenommen, ob ein Abspaltungsvertrag auch noch **nachträglich nach Eintragung** im Handelsregister geändert werden kann. Mit Wirksamwerden der Spaltung, also mit Eintragung der Spaltung in das Register des Sitzes des übertragenden Rechtsträgers, treten die in § 131 UmwG beschriebenen Rechtsfolgen kraft Gesetzes ein. Es bedarf keiner Einzelrechtsübertragung, und zwar weder bei den im Spaltungsvertrag genannten Vermögensteilen noch bei den als Gegenleistung genannten Anteilen oder wie hier Mitgliedschaftsrechten an der KG. Dieser Rechtsübergang aufgrund der Spaltung wird als Sonderrechtsnachfolge oder partielle Gesamtrechtsnachfolge bezeichnet (vgl. Widmann/Mayer/Vossius, Umwandlungsrecht, § 131 UmwG Rn. 24).

Schwarz (Widmann/Mayer/Schwarz, Umwandlungsrecht, § 123 UmwG Rn. 4.1.3) weist darauf hin, dass man besser von einer Sonderrechtsnachfolge sprechen sollte. Insofern besteht Einigkeit, dass auch die Übertragung der im Spaltungsvertrag genannten Anteile automatisch nach den Maßgaben des Spaltungsvertrages erfolgt. Rechtsgrundlage für eine derartige Zuweisung kraft Spaltungsvertrag ist daher § 131 Abs. 1 Nr. 3 UmwG (vgl. Widmann/Mayer/Mayer, Umwandlungsrecht, § 126 UmwG Rn. 83; Widmann/Mayer/Vossius, Umwandlungsrecht, § 131 UmwG Rn. 186; Lutter/Teichmann, UmwG, § 131 Rn. 9). Der Anteilserwerb tritt wie der Erwerb der zu übertragenden Vermögensgegenstände ex lege mit der Eintragung ein.

Insofern gilt, dass mit der Eintragung der Spaltung **sämtliche Vermögensgegenstände**, die im Spal- **408** tungsvertrag bezeichnet wurden, **übergegangen** sind und auch die Gegenleistung, wie im Spaltungsvertrag bezeichnet, auf den übertragenden Rechtsträger übergegangen ist. Dass das übertragende Vermögen u. U. diesen Kapitalanteil nicht rechtfertigt bzw. die Gegenleistung zu hoch war, ändert nichts an der kraft Gesetzes entstehenden Rechtsfolge. Die Angemessenheit der Gegenleistung ist keine

Rechtsbedingung für die Wirksamkeit der Spaltung bzw. den Eintritt der in § 131 UmwG genannten Rechtsfolgen. Es spielt keine Rolle, ob die Gegenleistung angemessen ist oder nicht. Allein entscheidend ist die Zuweisung der Anteile bzw. hier Geschäftsguthaben im Spaltungsvertrag. Dieses Ergebnis wird auch durch § 131 Abs. 2 UmwG bestätigt, wonach Mängel der Spaltung die Wirkungen der Eintragung unberührt lassen. Der Gesetzgeber hat damit auch bei schwerwiegenden Mängeln eine Rückabwicklung des Spaltungsvorganges abgelehnt. Denn aufgrund der Spaltung könnten sich derartige tiefe Eingriffe in die Struktur der beteiligten Unternehmen ergeben, sodass eine Wiederherstellung des ursprünglichen Zustandes nicht möglich ist, eine Rückabwicklung oder nachträgliche Änderung ist damit selbst bei Fehlern nicht möglich (vgl. Lutter/Teichmann, UmwG, § 131 Rn. 13; Widmann/Mayer/Vossius, Umwandlungsrecht, § 131 UmwG Rn. 195).

409 **8. Entstehung der Vorgesellschaft bei Spaltung zur Neugründung.** Eine ebenfalls für die Praxis relevante Frage ist, ob und **wann eine Vorgesellschaft** bei der Spaltung zur Neugründung **entsteht** (vgl. zur Kettenumwandlung oben Teil 2 Rdn. 21 ff.).

410 ▶ **Beispiel:**

> Ein Teilbetrieb einer GmbH soll auf eine neu zu gründende GmbH abgespalten werden. Aus dieser neu zu gründenden GmbH soll vor Eintragung im Handelsregister, aber nach Beurkundung der Abspaltung ein Teilbetrieb einer anderen GmbH ebenfalls abgespalten werden. Es stellt sich die Frage, ab wann dies frühestens möglich ist.

411 Für die Spaltung zur Neugründung verweist § 135 Abs. 2 UmwG auf die Geltung der für die jeweilige Rechtsform des neuen Rechtsträgers bestehenden **Gründungsvorschriften**, soweit sich aus dem UmwG nichts anderes ergibt. Gleiches regelt § 36 Abs. 2 UmwG für die Verschmelzung durch Neugründung. So könnte man aus dieser Formulierung des Gesetzgebers folgern, dass mit der Beurkundung des Spaltungsplans und des Spaltungsbeschlusses bzw. mit der Beurkundung des Verschmelzungsvertrages und des Verschmelzungsbeschlusses davon auszugehen ist, dass eine Vorgesellschaft entsprechend den allgemeinen Regeln zur Gründung einer Kapitalgesellschaft bis zur Eintragung der Ausgliederung oder Verschmelzung zur Neugründung im Handelsregister existiert. Diese Schlussfolgerung wird in der Literatur teilweise ohne Weiteres gezogen (so D. Mayer, DB 1995, 862; Ihrig, GmbHR 1995, 633, 636; Kallmeyer/Zimmermann, UmwG, § 59 Rn. 3; Widmann/Mayer/Mayer, Umwandlungsrecht, § 59 UmwG Rn. 12; Lutter/Drygala, UmwG, § 4 Rn. 17). Einigkeit besteht also, dass bei der Verschmelzung oder Spaltung zur Neugründung die Vorgesellschaft frühestens in dem Zeitpunkt entsteht, in dem der Vertrag (und die darin enthaltene Satzungsfeststellung) wirksam wird und die Vertragsparteien bindet, sodass die Zustimmungsbeschlüsse vorliegen müssen. Der Abschluss des Spaltungsplans oder des Verschmelzungsvertrages soll nicht genügen (so ausdrücklich Lutter, UmwG, § 4 Rn. 17; Ihrig, GmbHR 1995, 622, 633). Auch die **gesellschaftsrechtliche Literatur**, soweit sie sich mit diesen Fragen befasst, ist der Auffassung, dass im Fall der Umwandlung zu unterscheiden sei: der Formwechsel eines Rechtsträgers in die Rechtsform der GmbH lasse keine Vorgesellschaft entstehen. Anderes gelte für die Überführung eines Gesellschaftsvermögens auf eine als Rechtsträger neu entstehende Kapitalgesellschaft im Fall der Verschmelzung oder Spaltung zur Neugründung, denn dies sei der Sache nach eine vereinfachte Sachgründung (so auch Scholz/K. Schmidt, § 11 Rn. 22; bereits früher K. Schmidt, GmbHR 1987, 79).

412 Die Frage ist allerdings insofern nicht ganz einfach zu beurteilen, da das **Bedürfnis für die Anerkennung eines Rechtsträgers** vor Eintragung der neuen Kapitalgesellschaften in den Umwandlungsfällen weniger offensichtlich ist als bei einer »normalen« Neugründung, weil die übertragenden Rechtsträger bis zur Eintragung der Umwandlung im Handelsregister als Zurechnungsobjekt existieren und die von diesem abgeschlossenen Rechtsgeschäfte mit der Eintragung der Verschmelzung oder Spaltung im Wege der Gesamtrechtsnachfolge auf die neue Kapitalgesellschaft übergehen können (Lutter/Winter/Vetter, UmwG; § 56 Rn. 7 ist daher zweifelnd). **Wilken** (DStR 1999, 677; ders., ZIP 1999, 969) hat daher einschränkende Hinweise vorgebracht. Er weist darauf hin, dass der neue Rechtsträger bei der Spaltung zur Neugründung in das Handelsregister unter dem Registervorbehalt i. S. d. §§ 135 Abs. 1, 130 Abs. 1 Satz 2 UmwG eingetragen werde und dieser Registervorbehalt zur Folge haben, dass der neu eingetragene Rechtsträger bis zur Eintragung der Spaltung als nicht eingetragen gelte. Daher stehe fest, dass aufgrund der isolierten Eintragung des neuen Rechtsträgers weder ein vermögens- und subjektloser Rechtsträger noch eine Vorgesellschaft im herkömmlichen Sinn entstehe. Aufgrund seiner Eintragung erwerbe der neue Rechtsträger auch keinen Einlageanspruch, sondern er erwerbe das ihm zugewiesene Vermögen erst mit der konstitutiven Eintragung der Spaltung in das Handelsregister des übertragenden Rechtsträgers. Daraus folge zugleich, dass der neue Rechtsträger vor diesem Zeitpunkt kein Sondervermögen bilden könne. Ein **Teil der Literatur** lehnt daher wegen der Fähigkeit, Haftungsvermögen bis zur Eintragung der Spaltung zu bilden, jegliche Handlungs- und Verpflichtungsfähigkeit des neuen Rechtsträgers bis zur Eintragung der Spaltung oder Verschmelzung ab (so ausführlich Wilken, DStR 1999, 678; ähnlich auch Ihrig, GmbHR 1995, 622, 637; Lutter/Karollus, UmwG, § 159 Rn. 22, 31). Karollus (Lutter/Karollus, UmwG, § 159 Rn. 22) weist daher auf Folgendes hin:

»Da die Vorgesellschaft zunächst überhaupt kein Vermögen hat, spricht viel dafür, ein Handeln für die Vorgesellschaft generell als unzulässig bzw. gar – mangels Vertretungsmacht – als unmöglich anzusehen.«

In der **Rechtsprechung** hat bisher der BGH nur in einem Sonderfall der Umwandlung nach dem Treu- **413** handgesetz und der Umwandlungsverordnung der DDR Folgendes festgestellt (BGH, NJW-RR 1999, 1554, 1555):

»(. . .) ist dem jedenfalls für den hier in Betracht kommenden Fall einer aufgrund übertragender Umwandlung entstandenen Einmann-Vorgesellschaft nicht zu folgen. Bei dieser besteht nämlich die Besonderheit, dass die Vorgesellschaft nicht bereits Unternehmensträger sein kann, weil das Vermögen des umzuwandelnden Rechtsträgers erst im Zeitpunkt der Eintragung – in welchem die Umwandlung wirksam wird – auf den Rechtsnachfolger übergeht (. . .). Werden deshalb schon vor der Eintragung Rechtsgeschäfte abgeschlossen, so wird daraus – auch wenn bereits mit der Bezeichnung der Gründungsgesellschaft gehandelt wird – nach den Grundsätzen des betriebsbezogenen Geschäfts (. . .) grds. der wirkliche Betriebsinhaber, mithin der ursprüngliche Unternehmensträger, berechtigt und verpflichtet.«

Diese in der Literatur vorgetragenen Bedenken könnten daher den Schluss nahelegen, dass, selbst wenn man von einer Vorgesellschaft der neu zu gründenden Kapitalgesellschaft ausgeht, jedenfalls noch keine Handlungsfähigkeit mangels separaten Vermögens gegeben ist. Man muss allerdings berücksichtigen, dass die einschränkenden Stellungnahmen v. a. die **rechtsgeschäftlichen Handlungen des neu gegründeten Rechtsträgers** betreffen. So weist z. B. Wilken (ZIP 1999, 969) darauf hin, dass, wenn nicht im Namen des künftigen neuen Rechtsträgers gehandelt werde, die §§ 177 BGB Anwendung finden. Die Literatur will also insb. die Problematik der rechtsgeschäftlichen Handlung für die jetzige Vorgesellschaft ausschließen.

Davon zu unterscheiden ist die Frage, inwieweit für die zukünftige neu entstehende Kapitalgesellschaft **414** gehandelt werden kann. Diese Frage ist wiederum zu trennen von der Frage der Handlungsfähigkeit der Vorgesellschaft selber. Insofern wird die These von der Unfähigkeit, i. R. d. Umwandlung entstehende Vorgesellschaftsrechtsgeschäfte abzuschließen, dadurch bestätigt, dass die durch Spaltung oder Verschmelzung u. U. entstehende Vorgesellschaft selbst nicht verschmelzungs- oder spaltungsfähig ist. Die Literatur ist daher einhellig der Auffassung, dass auch die **Vorgesellschaft nicht verschmelzungs- oder spaltungsfähiger Rechtsträger** ist (so Lutter/Drygala, UmwG, § 3 Rn. 5; Dehmer, UmwG, UmwStG, § 3 UmwG Rn. 16). Auch Mayer (Widmann/Mayer/Mayer, Umwandlungsrecht, § 46 UmwG Rn. 83) weist darauf hin, dass die Verschmelzung einer Vor-GmbH im Wege der Verschmelzung zur Aufnahme weder für eine Vor-GmbH als übertragenden, noch als aufnehmenden Rechtsträger möglich sei.

Dies betreffe jedoch nur die Frage, ob die Verschmelzung oder Spaltung mit einer Vor-GmbH durchgeführt werden kann. Davon differenziert er wiederum die Frage, ob ein noch nicht verschmelzungsfähiger Rechtsträger schon **Vorbereitungshandlungen für eine Verschmelzung** oder Spaltung nach Entstehen treffen kann. So ist Lutter (UmwG, § 3 Rn. 5) der Auffassung, dass dem nichts entgegenstehen dürfte, da die rechtliche Wirkung erst nach Entstehung eintritt. Dies betrifft jedoch nur die Frage, ob die Spaltung durch Eintragung auch schon wirksam werden kann, bevor aus der aufnehmenden Vor-GmbH eine GmbH geworden ist. In der Literatur wird angenommen, dass der Verschmelzungsvertrag oder Spaltungsplan und der Zustimmungsbeschluss der Anteilsinhaber der beteiligten Vor-GmbH bereits in diesem Stadium geschlossen bzw. gefasst werden kann (Widmann/Mayer/Mayer, Umwandlungsrecht, § 46 UmwG Rn. 83; Widmann/Mayer/Heckschen, Umwandlungsrecht, § 168 UmwG Rn. 124, der ausdrücklich ausführt, dass anders wie die Vorgründungs-GmbH ein in Gründung befindlicher Rechtsträger, wie die Vor-GmbH oder die Vor-AG tauglicher aufnehmender Rechtsträger sein kann).

415 Mayer (Widmann/Mayer/Mayer, Umwandlungsrecht, Vor §§ 46 bis 59 UmwG Rn. 83) schlägt in diesem Fall ausdrücklich vor, dass der Verschmelzungsvertrag und der Zustimmungsbeschluss von der Vor-GmbH **aufschiebend bedingt auf den Zeitpunkt der Entstehung der GmbH** durch Eintragung in das Handelsregister abgeschlossen werden sollte (Verweis auf Scholz/Priester, GmbHG, 7. Aufl., Anh. § 19 KapErhG Rn. 8). Insofern ist es unproblematisch, dass der Spaltungsvertrag selbst unter einer Bedingung gefasst wird (vgl. § 125 i. V. m. § 7 UmwG). Bedingte Satzungsänderungsbeschlüsse sind dagegen bei der GmbH im Grundsatz unzulässig (Scholz/Priester, GmbHG, 8. Aufl. 1995, § 54 Rn. 57). Dem hier infrage stehenden Zustimmungsbeschluss zu einer Abspaltung zur Aufnahme kommt satzungsändernder Charakter zu. Allgemein für zulässig gehalten werden aber sog. Rechtsbedingungen. Im vorliegenden Fall könnte man die Entstehung der GmbH als Zulässigkeitsvoraussetzung für die Spaltung als Rechtsbedingung dergestalt interpretieren, dass die Wirksamkeit der Spaltung davon abhängig ist, dass die GmbH zunächst als Rechtsträger eingetragen wird. Somit könnte der hier infrage stehende Zustimmungsbeschluss von dieser Bedingung abhängig gemacht werden. Allerdings dürfte im Ergebnis auch genügen, nur den infrage stehenden Spaltungsvertrag aufschiebend bedingt zu schließen und die Zustimmungsbeschlüsse unbedingt zu fassen.

III. Gläubigerschutz

416 Für Verbindlichkeiten des übertragenden Rechtsträgers, die vor dem Wirksamwerden der Spaltung begründet worden sind, haften die beteiligten Rechtsträger als Gesamtschuldner (§ 133 Abs. 1 Satz 1 UmwG). Für diejenigen Rechtsträger, denen die Verbindlichkeit nicht zugewiesen worden ist, besteht jedoch nach § 133 Abs. 3 in Anlehnung an die **Regeln des Nachhaftungsbegrenzungsgesetzes** ein **Enthaftungstatbestand**: Ihre Mithaftung erlischt nach Ablauf von 5 Jahren seit Wirksamwerden der Spaltung, wenn sie nicht in dieser Zeit fällig und gerichtlich geltend gemacht worden sind oder der Anspruch schriftlich von den mithaftenden Rechtsträgern anerkannt worden ist (§ 133 Abs. 5 UmwG).

Die **Fünf-Jahres-Frist** beginnt dabei mit dem Ablauf des Tages, an dem jeweils das Letzte der die Bekanntmachung enthaltenen Blätter erschienen ist (§ 133 Abs. 4 UmwG).

417 Bzgl. des Anspruchs von Gläubigern auf **Sicherheitsleistung** gelten die Regelungen bei Verschmelzung entsprechend (vgl. § 133 Abs. 1 Satz 2 UmwG, s. daher oben Teil 2 Rdn. 541).

418 Einen besonderen Schutz erfahren **Arbeitnehmeransprüche**, wenn ein Rechtsträger in eine Anlage- und Betriebsgesellschaft aufgespalten und an beiden Rechtsträgern »*im Wesentlichen dieselben Personen*« beteiligt sind (§ 134 UmwG). In diesen Fällen besteht eine gesamtschuldnerische Haftung der Anlagegesellschaft für betriebsverfassungsrechtliche Sozialplan-, Abfindungs- und Ausgleichsansprüche gem. §§ 111 bis 113 BetrVG, wenn diese Ansprüche innerhalb von 5 Jahren nach Wirksamwerden der Spaltung begründet werden.

419 Das Gleiche gilt für **Versorgungsverpflichtungen** aufgrund des Gesetzes zur Verbesserung der betrieblichen Altersversorgung, die vor dem Wirksamwerden der Spaltung begründet worden sind. Die **gesamtschuldnerische Haftung** der Anlagegesellschaft ist auf einen Zeitraum von 10 **Jahren** nach der Spaltung begrenzt, was rechtstechnisch dadurch erreicht wird, dass die Fünf-Jahres-Frist nach § 133 Abs. 4 UmwG erst 5 Jahre nach Bekanntmachung der Eintragung der Spaltung in das Register des Sitzes des übertragenden Rechtsträgers zu laufen beginnt (§ 134 Abs. 3 UmwG).

Q. Sonderfragen

I. Spaltung bzw. Ausgliederung auf eine GmbH & Co. KG

420 Soll aus einer Kapitalgesellschaft auf eine GmbH & Co. KG abgespalten werden, stellt sich die Frage, auf welche Weise die Komplementär-GmbH der zukünftigen KG beteiligt werden muss. Wie dargelegt,

galt nach der herrschenden Meinung bisher der **Grundsatz der Personenidentität**, d. h. i. R. d. Umwandlungsvorgangs kann sich weder ein Dritter beteiligen noch ein Gesellschafter ausscheiden (vgl. oben Teil 2 Rdn. 14 ff.). Grds. wurden bisher für die Erreichung dieses Ergebnisses unter Berücksichtigung dieses Grundsatzes **zwei Möglichkeiten** diskutiert:

- **Spätere Beteiligung der Komplementär-GmbH:** Zunächst besteht die Möglichkeit, dass die Spaltung auf eine KG erfolgt und sich dann erst nach der Durchführung der Spaltung die Komplementär-GmbH an der KG beteiligt. Diese Lösung hat den Nachteil, dass zumindest für einige Zeit ein Gesellschafter der abspaltenden Gesellschaft die persönliche Haftung übernehmen muss.

- **Vorherige Beteiligung an der abspaltenden Kapitalgesellschaft:** Dieses Haftungsrisiko wird vermieden, wenn vor der Abspaltung sich an der abspaltenden Kapitalgesellschaft die Komplementär-GmbH mit einem Mini-Geschäftsanteil beteiligt. Es ist dann möglich, im Abspaltungsplan festzulegen, dass diese geringfügig an der spaltenden GmbH beteiligte GmbH in der neuen KG die Komplementärstellung erlangt. Mayer schlägt vor, dass die zukünftige Komplementär-GmbH den Mini-Geschäftsanteil an der abspaltenden GmbH nur treuhänderisch erhält und später am Kapital der GmbH & Co. KG direkt überhaupt nicht beteiligt sein soll (vgl. Widmann/Mayer/Mayer, Umwandlungsrecht, § 125 UmwG Rn. 354.1).

Unklar ist, welche Rechtsfolgen aus dem **BGH-Urt. v. 09.05.2005** (NZG 2005, 722 dazu Simon/Leuering NJW-Spezial 2005, 459) zu ziehen sind. Nach der hier vertretenen Auffassung (vgl. Teil 2 Rdn. 19) kann bei Zustimmung aller Beteiligten auch in der Spaltung die GmbH beitreten. **421**

Fraglich ist, ob eine **Kombination von Ausgliederung und Abspaltung** zulässig ist. Mit dieser Kombination könnte erreicht werden, dass in einem Zug die abspaltende GmbH als Ausgliederung direkt Anteile an der KG erwirbt und damit zur Komplementär-GmbH wird, während die Gesellschafter der GmbH im Wege der Abspaltung als Kommanditisten an der zukünftigen KG beteiligt werden. Die Mitgliedschaftsrechte an der KG, die an die Gesellschafter der GmbH direkt verteilt werden sollen, sind Teil der Abspaltung. Die Mitgliedschaftsrechte, die die abspaltende GmbH selbst erwerben soll, wären Teil der Ausgliederung. Ob eine solche Vermischung der beiden Formen zulässig ist, ist derzeit noch ungeklärt. Zu befürworten wäre eine derartige Mischung, da hierfür sachgerechte Gründe bestehen und auch keine grundlegenden Strukturunterschiede zwischen Ausgliederung und Abspaltung bestehen (bejaht wird eine derartige Vermischungsmöglichkeit auch von Kallmeyer, DB 1995, 81, 83; Widmann/Mayer/Schwarz, Umwandlungsrecht, § 123 UmwG Rn. 7.2; Kallmeyer/Kallmeyer/Sickinger, UmwG, § 123 Rn. 13; Lutter/Teichmann, UmwG, § 123 Rn. 30). **422**

II. Ausgliederung zur Neugründung auf eine Personenhandelsgesellschaft

Gem. § 152 UmwG ist eine **Ausgliederung** auf eine Personenhandelsgesellschaft **nicht zulässig.** Die Begründung zum RegE lässt dies deshalb nicht zu, da die Gründung einer Ein-Mann-Personenhandelsgesellschaft schon begrifflich ausgeschlossen sei (vgl. Begründung zum RegE, BR-Drucks. 75/94, S. 128, abgedruckt in: Limmer, Umwandlungsrecht, S. 323). Verneint man die Möglichkeit, dass sich während des Umwandlungsvorganges Dritte an der Umwandlung (Spaltung) beteiligen, dann ist diese Begründung konsequent. Es besteht dann nur die Möglichkeit, vor der Ausgliederung eine Personenhandelsgesellschaft zu gründen und die Ausgliederung dann im Wege der Ausgliederung zur Aufnahme durchzuführen, denn diese ist zulässig. Nach der hier vertretenen Auffassung (vgl. Teil 2 Rdn. 19) kann auf der Grundlage des **BGH-Urt. v. 09.05.2005** (NZG 2005, 722 dazu Simon/Leuering, NJW-Spezial 2005, 459 bei Zustimmung aller Beteiligten auch in der Spaltung ein Beitritt eines Dritten erfolgen. Die Frage ist allerdings noch ungeklärt. **423**

▶ **Hinweis:**   **424**

In der Praxis muss daher, wenn z. B. auf eine GmbH & Co. KG ausgegliedert werden soll und wenn man trotz des BGH Urt. v. 09.05.2005 am Identitätsgrundsatz festhält (vgl. Teil 3 Rdn. 421, Teil 2 Rdn. 19), diese zunächst vor der Spaltung neu gegründet werden, sodann ist der Ausgliederungsvertrag zwischen dem ausgliedernden Rechtsträger und der neu gegründeten GmbH & Co. KG zu schließen. Schließlich haben die Gesellschafter des übertragenden Rechtsträgers und der aufnehmenden neuen GmbH & Co. KG ihre Zustimmung zur Ausgliederung zu erklären.

425   Vor dem **Handelsrechtsreformgesetz** (HRefG) haben die Registergerichte teilweise die Auffassung vertreten, dass eine Ausgliederung zur Aufnahme voraussetzt, dass der übernehmende Rechtsträger vor Wirksamwerden der Spaltung ein vollkaufmännisches Handelsgewerbe betreibt und die Eintragung der GmbH & Co. KG zur Neugründung mangels vollkaufmännischen Handelsbetriebes nicht zugelassen. Diese Auffassung war bereits nach der alten Rechtslage fehlerhaft und ist es erst recht nach dem HRefG (zur alten Rechtslage vgl. Heidinger/Limmer/Holland/Reul, Gutachten des DNotI, Bd. IV, Gutachten zum Umwandlungsrecht, S. 305). Es bestand nämlich bereits bei der alten Rechtslage Einigkeit darüber, dass der Betrieb nicht bei Beginn der Geschäftstätigkeit als vollkaufmännisches Unternehmen vorhanden sein muss, sondern auf ein solches nur angelegt sein muss. Es genügte bereits nach der alten Rechtslage für die Eintragung einer Personenhandelsgesellschaft, dass der Betrieb des gemeinsamen Unternehmens als ein vollkaufmännisches von vornherein beabsichtigt ist. In solchen Fällen musste allerdings die Gewähr bestehen, dass das Unternehmen in Kürze eine die Firmenzeichnung rechtfertigende Einrichtung und Ausgestaltung des Geschäftsbetriebs erfährt (BGH, NJW 1960, 1644; BayObLG, NJW 1985, 983). Diese Anhaltspunkte waren bereits dann gegeben, wenn bereits im Gesellschaftsvertrag vereinbart wurde, dass der vollkaufmännische Gewerbebetrieb aus der Tatsache der Ausgliederung eines einzelkaufmännischen Unternehmens resultiert (vgl. Heidinger/Limmer/Holland/Reul, Gutachten des DNotI, Bd. IV, Gutachten zum Umwandlungsrecht, S. 305). Dies gilt nach dem HRefG erst recht, da eine KG auch ohne vollkaufmännisches Handelsgewerbe im Handelsregister eingetragen werden kann.

426   Darüber hinaus spricht einiges dafür, dass zum Zeitpunkt der Anmeldung der Ausgliederung die aufnehmende Personenhandelsgesellschaft im Handelsregister noch nicht eingetragen sein muss. Ausreichend ist, wenn die Personenhandelsgesellschaft spätestens bis zum Zeitpunkt der Eintragung der Ausgliederung erfolgt ist (Widmann/Mayer/Mayer, Umwandlungsrecht, § 152 UmwG Rn. 224.1). Auch das BayObLG (DB 2000, 36) hat allgemein festgestellt, dass es genügt, wenn die Voraussetzungen für den Formwechsel zum Zeitpunkt der Eintragung vorliegen. Insofern gelten auch für Ausgliederung die gleichen Grundsätze.

Kapitel 2: Einzelfälle der Spaltung

A. Spaltung von Personenhandelsgesellschaften

I. Checkliste

427 Beim **Ablauf des Spaltungsverfahrens** sind folgende Punkte zu beachten:

☐ Spaltungsvertrag (§§ 4 bis 6, 40 UmwG),

☐ Gründung der neuen Gesellschaft bei der Spaltung zur Neugründung (§ 135 Abs. 2 UmwG),

- ☐ Zuleitung des Spaltungsvertrages zum Betriebsrat (§ 126 Abs. 3 UmwG),
- ☐ Spaltungsbericht: nicht erforderlich, wenn alle Gesellschafter zur Geschäftsführung berechtigt sind (§§ 127, 41 UmwG),
- ☐ Unterrichtung der Gesellschafter (§ 42 UmwG),
- ☐ Spaltungsprüfung auf Verlangen eines Gesellschafters (§§ 9 bis 12, 44 UmwG),
- ☐ Spaltungsbeschluss der beteiligten Gesellschaften (§§ 13, 43 UmwG),
- ☐ notwendige Zustimmungserklärungen, insb. bei nichtverhältniswahrender Spaltung (§ 128 UmwG),
- ☐ Kapitalerhöhung, nur wenn die aufnehmende Gesellschaft eine Kapitalgesellschaft ist,
- ☐ Kapitalherabsetzung bei der übertragenden Gesellschaft, nur wenn die übertragende Gesellschaft eine Kapitalgesellschaft ist,
- ☐ Anmeldung zum Handelsregister bei der übertragenden Gesellschaft und bei der übernehmenden Gesellschaft (§§ 16, 17 i. V. m. § 125 UmwG),
- ☐ Eintragung der Spaltung zunächst in die Register des Sitzes jeder der übernehmenden Gesellschaften, sodann in das Register des Sitzes der übertragenden Gesellschaft (§ 130 UmwG).

II. Spaltungsvertrag bzw. Spaltungsplan

Bei der Spaltung von Personenhandelsgesellschaften gelten keine Besonderheiten (vgl. daher oben Teil 3 **428** Rdn. 37 ff.). Im Spaltungsvertrag ist insb. festzulegen, welche Rechtsstellung die Gesellschafter bei der übernehmenden Gesellschaft haben sollen (§§ 125, 40 UmwG; vgl. oben Teil 2 Rdn. 817 ff.).

III. Spaltungsbericht

Nach § 41 i. V. m. § 125 UmwG ist ein Spaltungsbericht gem. § 127 UmwG für eine an der Spaltung **429** beteiligte Personenhandelsgesellschaft nicht erforderlich, wenn alle Gesellschafter dieser Gesellschaft zur Geschäftsführung berechtigt sind. Darüber hinaus kann selbstverständlich der Bericht nach allgemeinen Vorschriften entfallen, insb. wenn gem. § 8 Abs. 3 UmwG alle Anteilsinhaber in notarieller beurkundeter Verzichtserklärung auf die Erstellung verzichtet haben, oder sich alle Anteile der übertragenden Gesellschaft in der Hand der übernehmenden befinden. Im Einzelnen kann auf die Ausführung zur Verschmelzung von Personenhandelsgesellschaften verwiesen werden (vgl. oben Teil 2 Rdn. 817 ff.).

IV. Vorbereitung der Gesellschafterversammlung

Auch die Unterrichtungspflicht knüpft an die **Frage der Geschäftsführungsbefugnis** an. Nach § 42 **430** i. V. m. § 125 UmwG sind der Spaltungsvertrag oder sein Entwurf und ggf. der Spaltungsbericht den Gesellschaftern, die von der Geschäftsführung ausgeschlossen sind, spätestens zusammen mit der Einberufung der Gesellschafterversammlung zu übersenden (vgl. im Einzelnen oben Teil 2 Rdn. 821 ff.).

Da es im Recht der Personengesellschaft und für die Einberufung der Gesellschafterversammlung **keine 431** **gesetzliche Frist** gibt, sieht auch das Umwandlungsrecht davon ab, eine bestimmte Frist vorzuschreiben. Die Übersendungspflicht ist allerdings an die Einberufung gekoppelt, sodass der späteste Zeitpunkt der der Einberufung ist.

V. Spaltungsbeschluss

1. **Gesellschafterversammlung.** Vgl. dazu die Ausführungen unter Teil 2 Rdn. 827 ff. **432**

2. **Durchführung der Gesellschafterversammlung.** Vgl. dazu im Einzelnen Teil 2 Rdn. 829 ff. **433**

3. **Beschlussmehrheiten.** Vgl. dazu die Ausführungen unter Teil 2 Rdn. 831 ff. **434**

4. **Zustimmungspflichten.** Auch bei der Spaltung ist die **allgemeine Zustimmungspflicht** nach **435** § 13 Abs. 2 UmwG zu beachten. Danach bedarf es der Zustimmung zur Spaltung der Gesellschafter,

wenn die Abtretung der Anteile der übertragenden Gesellschaft von der Genehmigung bestimmter einzelner Gesellschafter abhängig ist (vgl. hierzu Teil 2 Rdn. 846 ff.).

Schließlich bedarf es immer der Zustimmung aller Gesellschafter, wenn eine sog. **nichtverhältniswahrende Spaltung** durchgeführt wird (vgl. im Einzelnen oben Teil 3 Rdn. 30).

VI. Spaltungsprüfung

436 Vgl. im Einzelnen oben bei der Verschmelzung Teil 2 Rdn. 850 ff.

VII. Handelsregisteranmeldung

437 Vgl. zunächst die Ausführungen zu Teil 3 Rdn. 361 ff. Im Folgenden soll nur auf **Besonderheiten** eingegangen werden.

438 **Anzumelden** ist die Spaltung für beide Rechtsträger. Darüber hinaus ist der mit der Spaltung verbundene Eintritt der Gesellschafter der übertragenden Personengesellschaft anzumelden, bei Kommanditisten unter Angabe ihrer Haftsumme.

439 Abzugeben sind die **Negativerklärungen** nach § 16 Abs. 2 Satz 1 UmwG.

440 Für eine **geänderte Firmierung** des übernehmenden Rechtsträgers und für die Firma einer durch Verschmelzung neu gegründeten Personenhandelsgesellschaft ist § 18 UmwG zu beachten (s. dazu Teil 5 Rdn. 19).

VIII. Muster

1. Spaltungsvertrag bei der Abspaltung zur Aufnahme

441 ▶ **Muster: Spaltungsvertrag bei der Abspaltung zur Aufnahme**

UR.Nr. für . . . . .

Verhandelt zu . . . . .

am . . . . .

Vor dem unterzeichnenden

. . . . .

Notar mit dem Amtssitz in . . . . .

erschienen:

1.
a) Herr (Name, Geburtsdatum, Adresse),
b) Herr (Name, Geburtsdatum, Adresse),

hier handelnd nicht im eigenen Namen, sondern als alleinige persönlich haftende Gesellschafter der A-KG mit dem Sitz in . . . . ., eingetragen im Handelsregister des Amtsgerichts . . . . . unter HRA . . . . .,
2. Herr (Name, Geburtsdatum, Adresse),

hier handelnd nicht im eigenen Namen, sondern als alleiniger persönlich haftender Gesellschafter der B-KG mit dem Sitz in . . . . ., eingetragen im Handelsregister des Amtsgerichts . . . . . unter HRA . . . . .

Die Erschienenen wiesen sich dem Notar gegenüber aus durch Vorlage ihrer amtlichen Lichtbildausweise.

Die Erschienenen ließen folgenden

Spaltungsvertrag

beurkunden und erklärten, handelnd wie angegeben:

I. Vermögensübertragung

1. Die A-KG überträgt hiermit ihre nachstehend genannten Vermögensteile als Gesamtheit im Wege der Abspaltung zur Aufnahme auf die B-KG. Die B-KG gewährt als Ausgleich hierfür den Gesellschaftern der A-KG Beteiligungen an der B-KG.

2. Bei den als Gesamtheit übertragenen Gegenständen des Aktiv- und Passivvermögens der A-KG handelt es sich im Einzelnen um:

a) den im Grundbuch des Amtsgerichts . . . . . von . . . . ., Blatt . . . . ., verzeichneten Grundbesitz der Gemarkung . . . . ., Flur . . . . ., Flurstück Nr. . . . . ., groß . . . . . ar;

b) den auf dem vorbezeichneten Grundstück befindlichen Betriebsteil Kfz-Werkstatt der A-KG nebst dem hierzu gehörenden beweglichen Anlage- und Umlaufvermögen, wie es sich aus der Anlage 1 zu dieser Niederschrift ergibt; im Fall einer Veräußerung von Gegenständen durch die A-KG im regelmäßigen Geschäftsverkehr bis zu dem in Ziff. III. genannten Zeitpunkt treten ihre Surrogate an ihre Stelle;

c) alle den vorbezeichneten Betriebsteil zuzuordnenden Verträge, insbes. Leasingverträge, Lieferverträge, Werkverträge und sonstigen Rechte, wie sie sich aus der Anlage 2 zu dieser Niederschrift ergeben;

d) alle Verbindlichkeiten der A-KG, die dem vorbezeichneten Betriebsteil wirtschaftlich zuzuordnen sind, wie sie sich aus der Anlage 3 zu dieser Niederschrift ergeben;

e) die in der Anlage 4 zu dieser Niederschrift bezeichneten Arbeitsverhältnisse;

f) Sachen, Rechte, Vertragsverhältnisse, die nicht in den beigefügten Anlagen aufgeführt sind, soweit sie dem vorbezeichneten Betriebsteil im weitesten Sinne wirtschaftlich zuzuordnen sind; dies gilt insbes. für bis zur Eintragung der Spaltung in das Handelsregister erworbene Sachen oder Rechte und begründete Vertragsverhältnisse und Verbindlichkeiten.

II. Gegenleistung

1. Die B-KG gewährt folgende Beteiligungen:

a) dem Gesellschafter X einen festen Kapitalanteil von . . . . . €,

b) dem Gesellschafter Y einen festen Kapitalanteil von . . . . . €,

c) den Gesellschaftern S, T und U je einen festen Kapitalanteil von . . . . . €.

Die Anteile werden kostenfrei und mit Gewinnberechtigung ab dem . . . . . gewährt.

2. Den Gesellschaftern X und Y wird die Stellung von persönlich haftenden Gesellschaftern, den Gesellschaftern S, T und U die Stellung von Kommanditisten eingeräumt. Die Haftsumme der Kommanditisten entspricht dem Betrag ihres Kapitalanteils.

Bare Zuzahlungen werden nicht geleistet.

3. Das Umtauschverhältnis beträgt . . . . .

4. Die Aufteilung der Anteile erfolgt entsprechend dem Verhältnis der Beteiligungen der Gesellschafter an der A-KG.

III. Spaltungsstichtag

Die Übernahme des vorbezeichneten Vermögens der A-KG erfolgt im Innenverhältnis mit Wirkung zum Ablauf des . . . . . Vom . . . . . an gelten alle Handlungen und Geschäfte der A-KG, die das übertragene Vermögen betreffen, als für Rechnung der B-GmbH vorgenommen.

IV. Besondere Rechte

Besondere Rechte i. S. v. § 126 Abs. 1 Nr. 7 UmwG bestehen bei der B-KG nicht. Einzelnen Anteilsinhabern werden i. R. d. Spaltung keine besonderen Rechte gewährt.

V. Besondere Vorteile

Besondere Vorteile i. S. v. § 126 Abs. 1 Nr. 8 UmwG werden nicht gewährt.

VI. Folgen der Abspaltung für Arbeitnehmer und ihre Vertretungen

Durch die Abspaltung ergeben sich für die Arbeitnehmer und ihre Vertretungen die nachgenannten Folgen:

. . . . .

Insoweit sind folgende Maßnahmen vorgesehen:

. . . . .

VII. Sonstige Vereinbarungen

1. Sollten für die Übertragung der in Ziff. I.2. genannten Sachen, Rechte, Vertragsverhältnisse und Verbindlichkeiten weitere Voraussetzungen geschaffen werden müssen, so verpflichten sich die Vertragsbeteiligten alle erforderlichen Erklärungen abzugeben und Handlungen vorzunehmen.

2. Sollte eine Übertragung der in Ziff. I.2. genannten Sachen, Rechte, Vertragsverhältnisse und Verbindlichkeiten im Wege der Spaltung auf die B-KG rechtlich nicht möglich sein, so verpflichten sich die Vertragsbeteiligten alle erforderlichen Erklärungen abzugeben und alle erforderlichen Handlungen vorzunehmen, die rechtlich zu dem beabsichtigten Vermögensübergang auf die B-KG in anderer Weise führen.

VIII. Bedingungen

Der Spaltungsvertrag steht unter der aufschiebenden Bedingung, dass:

1. die formgerechten Zustimmungsbeschlüsse der Gesellschafterversammlung beider Gesellschaften bis zum ..... vorliegen und

2. die Gesellschafter der B-KG i. R. d. Zustimmungsbeschlusses eine Neufassung des Gesellschaftsvertrages der B-KG, in der Fassung wie er sich aus der Anlage 5 zu dieser Urkunde ergibt, beschließen, wobei der Beschluss unter der Bedingung des Wirksamwerdens der Spaltung bis zum ..... erfolgen kann.

IX. Kosten

Die durch diesen Vertrag und ihre Durchführung bei beiden Gesellschaften entstehenden Kosten trägt die B-KG. Sollte die Spaltung nicht wirksam werden, tragen die Kosten dieses Vertrages die Gesellschaften zu gleichen Teilen; alle übrigen Kosten trägt die jeweils betroffene Gesellschaft allein.

Diese Niederschrift nebst allen Anlagen wurde den Erschienenen vom Notar vorgelesen, von ihnen genehmigt und von ihnen und dem Notar eigenhändig wie folgt unterschrieben:

.....

2. Einberufung der Gesellschafterversammlung

442 ▶ **Muster: Einberufung der Gesellschafterversammlung**

B-KG

Geschäftsführung

An

Herrn

.....

Einladung zur Gesellschafterversammlung

Wir laden unsere Gesellschafter zu einer außerordentlichen Gesellschafterversammlung unserer Gesellschaft

am Donnerstag, den 27. April, 9.00 Uhr
in das Notariat Müller, Hauptstraße 5, Würzburg

ein.

Tagesordnung:

1. Zustimmung zum Spaltungsvertrag zwischen der A-KG als übertragende Gesellschaft und der B-KG als aufnehmende Gesellschaft. Der Spaltungsvertrag wurde am 15.04.2001 geschlossen und ist in beglaubigter Abschrift dieser Einladung beigefügt.

2. Da nach dem Gesellschaftsvertrag unserer Gesellschaft die Spaltung durch Mehrheitsentscheidung beschlossen werden kann, darf ich Sie bitten, der Geschäftsführung bis zum ..... mitzuteilen, ob Sie eine Spaltungsprüfung gemäß § 125 i. V. m. § 44 UmwG wünschen. Die Kosten dieser Prüfung würde die Gesellschaft tragen. Wird kein fristgemäßer Antrag auf Prüfung gestellt, unterbleibt diese.

3. Feststellung der Schlussbilanz der B-KG zum 31.12. .....

4. Änderung des Gesellschaftsvertrages § 3 (Haftung und Einlage), § 4 (Geschäftsführung und Vertretung)

Der Inhalt des Beschlusses ist in der Anlage beigefügt.

Mit freundlichen Grüßen

. . . . .

Anlagen:

Spaltungsvertrag vom . . . . .

Jahresbilanz vom 31.12. . . . . .

Änderungsbeschluss des Gesellschaftsvertrages

3. Zustimmungsbeschluss bei der übernehmenden Gesellschaft

▶ Muster: Zustimmungsbeschluss bei der übernehmenden Gesellschaft   443

Niederschrift über eine Gesellschafterversammlung

Heute, den . . . . . erschienen vor mir, dem unterzeichnenden Notar . . . . ., mit Amtssitz in . . . . ., an der Amtsstelle in . . . . .:

1. Herr W, Kaufmann, wohnhaft in . . . . .,

2. Herr Z, Kaufmann, wohnhaft in . . . . .,

3. Herr Y, Kaufmann, wohnhaft in . . . . .

Die Beteiligten sind mir, dem Notar persönlich bekannt.

Auf Antrag beurkunde ich den vor mir abgegebenen Erklärungen gemäß Folgendes:

I. Sachverhalt

Die Erschienenen sind Gesellschafter der B-KG, eingetragen im Handelsregister des Amtsgerichts München unter . . . . .

Die Kapitalanteile verteilen sich unter den Gesellschafter wie folgt:

1.   Persönlich haftender Gesellschafter:
       W.: 80.000,00 €
2.   Kommanditisten:
       Z: 10.000,00 €
       Y: 10.000,00 €

II. Gesellschafterversammlung

Die Erschienenen erklärten: Wir sind die alleinigen Gesellschafter der B-KG mit Sitz in München, unter Verzicht auf alle durch Gesetz oder Gesellschaftsvertrag vorgeschriebenen Formen und Fristen halten wir hiermit eine Gesellschafterversammlung der B-KG ab und beschließen:

1. Der Jahresabschluss zum 31.12. wird hiermit festgestellt (Dies muss nicht beurkundet werden.)

2. Dem Spaltungsvertrag zwischen der A-KG und der B-KG (Urkunde des Notars . . . . ., in . . . . ., vom . . . . ., UR.Nr. . . . . .) wird mit allen Stimmen vorbehaltlos zugestimmt. Er ist der Niederschrift als Anlage beigefügt.

3. Änderung des Gesellschaftsvertrages der B-KG:

§ 3 Haftung und Einlagen

I. Persönlich haftende Gesellschafter sind:

A mit einem Kapitalanteil von 20.000,00 €,

W mit einem Kapitalanteil von 80.000,00 €,

II. Kommanditisten sind:

B mit einem Kapitalanteil von 15.000,00 €,

C mit einem Kapitalanteil von 10.000,00 €,

Z mit einem Kapitalanteil von 10.000,00 €,

Y mit einem Kapitalanteil von 10.000,00 €.

Die Gesellschafter W, Z und Y hatten ihre Kapitalanteile durch Bareinlagen bei Abschluss des Gesellschaftsvertrages der B-KG erbracht. Die Gesellschafter A, B, C haben aufgrund des Spaltungsvertrages vom . . . . . den bisher von der A-KG betriebenen Betriebsteil »Vertrieb und Entwicklung von Software« in X-Stadt in die B-KG im Wege der Spaltung eingebracht. Der Einbringung wurde die Bilanz zum . . . . . zugrunde gelegt. Der Einlagewert ist der in der Jahresbilanz zum 31.12. . . . . . ausgewiesene Buchwert der abgespaltenen Vermögensteile. Hieran sind A, B, C entsprechend ihrer Einlageleistung beteiligt gewesen. Eine Auflösung stiller Reserven oder ein Ansatz des Geschäftswertes erfolgte nicht. Die Hafteinlagen entsprechen den Kapitalanteilen.

§ 4 Geschäftsführung, Vertretung

Zur Geschäftsführung und Vertretung berechtigt sind die persönlich haftenden Gesellschafter.

III. Verzichtserklärungen, Sonstiges

Die Gesellschafter verzichten auf die Prüfung der Spaltung, die Anfechtung dieses Beschlusses und Erstattung eines Spaltungsberichts und eines Spaltungsprüfungsberichts sowie vorsorglich auf eine Barabfindung nach §§ 29 ff. UmwG.

Der beurkundende Notar wies die Gesellschafter darauf hin, dass jeder von Ihnen die Erteilung einer Abschrift der Niederschrift über diese Gesellschafterversammlung und des Spaltungsvertrages verlangen kann. Die Kosten einschließlich der Durchführung dieses Beschlusses trägt die übernehmende Gesellschaft als Aufwand.

Vorgelesen vom Notar, von den Erschienenen genehmigt und eigenhändig unterschrieben.

. . . . .

4. Zustimmungsbeschluss der übertragenden Gesellschaft

444 ▶ **Muster: Zustimmungsbeschluss der übertragenden Gesellschaft**

Niederschrift über eine Gesellschafterversammlung

Heute den, ... erschienen vor mir, dem unterzeichnenden Notar . . . . ., mit Amtssitz in . . . . ., an der Amtsstelle in . . . . .:

1. Herr A, Kaufmann, wohnhaft in . . . . .,

2. Herr B, Kaufmann, wohnhaft in . . . . .,

3. Herr C, Kaufmann, wohnhaft in . . . . .

Die Beteiligten sind mir, Notar . . . . . persönlich bekannt.

Auf Antrag beurkunde ich den vor mir abgegebenen Erklärungen gemäß Folgendes:

I. Sachverhalt

Die Erschienenen sind Gesellschafter der A-KG, eingetragen im Handelsregister des Amtsgerichts München unter HRA . . . . . Gesellschafter dieser Gesellschaft sind nach Angabe
I. Persönlich haftender Gesellschafter:

Herr A mit einem Kapitalanteil von 40.000,00 €.
II. Kommanditisten:

Herr B mit einem Kapitalanteil von 30.000,00 €,

Herr C mit einem Kapitalanteil von 20.000,00 €.

II. Gesellschafterversammlung

Die vorgenannten Gesellschafter halten eine Gesellschafterversammlung der vorgenannten Gesellschaft unter Verzicht auf alle Frist- und Formvorschriften ab und stellen fest, dass die Gesellschafterversammlung als Vollversammlung beschlussfähig ist.

Die Gesellschaft beschließt mit allen Stimmen Folgendes:

1. Dem Spaltungsvertrag zwischen der A-KG und der B-KG mit Sitz in München vom . . . . ., UR.Nr. . . . . . des amtierenden Notars wird mit allen Stimmen vorbehaltlos zugestimmt. Der Spaltungsvertrag ist dieser Urkunde als Anlage beigefügt.

2. Die dieser Urkunde als Anlage 2 beigefügte Schlussbilanz (Spaltungsbilanz) zum 31.12. . . . . . wird festgestellt. (*Anm.*: Notarielle Beurkundung ist diesbezüglich nicht erforderlich).

III. Verzichtserklärungen, Sonstiges

Die Kosten dieser Urkunde trägt die Gesellschaft.

Alle Gesellschafter verzichten auf eine Prüfung der Spaltung und Erstattung eines Spaltungsberichts und eines Spaltungsprüfungsberichts sowie vorsorglich auf eine Barabfindung nach §§ 29 ff. UmwG.

Alle Gesellschafter verzichten auf die Anfechtung dieses Beschlusses ausdrücklich.

Der beurkundende Notar wies die Gesellschafter darauf hin, dass jeder von ihnen die Erteilung einer Abschrift der Niederschrift über diese Gesellschafterversammlung und des Spaltungsvertrages verlangen kann und dass, im Fall des Widerspruchs eines persönlich haftenden Gesellschafters, diesem im neuen Rechtsträger die Stellung eines Kommanditisten zu gewähren ist.

Vorgelesen vom Notar, von den Erschienenen eigenhändig unterschrieben.

. . . . .

5. Handelsregisteranmeldung für die übertragende Gesellschaft

▶ **Muster: Handelsregisteranmeldung für die übertragende Gesellschaft** 445

An das

Amtsgericht

– Handelsregister A –

Betrifft: HRA . . . . . – Müller & Co. KG

Ich, der unterzeichnende persönlich haftende Gesellschafter der Müller & Co. KG, überreiche in der Anlage:
1. Elektronisch beglaubigte Abschrift des Spaltungsvertrages vom . . . . . – UR.Nr. . . . . . des beglaubigenden Notars –,
2. Elektronisch beglaubigte Abschrift des Zustimmungsbeschlusses der Gesellschafter der Müller & Co. KG vom . . . . . – UR.Nr. . . . . . des beglaubigenden Notars –,
3. Elektronisch beglaubigte Abschrift des Zustimmungsbeschlusses der Gesellschafter der Schmitz & Söhne KG vom . . . . . – UR.Nr. . . . . . des beglaubigenden Notars –,
4. Elektronisch beglaubigte Abschrift der Verzichtserklärung der Gesellschafter der Müller & Co. KG auf Erstellung eines Spaltungsberichts und eines Prüfungsberichts vom . . . . . – UR.Nr. . . . . . des beglaubigenden Notars –,
5. Elektronisch beglaubigte Abschrift der Schlussbilanz der Müller & Co. KG zum Spaltungsstichtag,
6. Elektronisch beglaubigte Abschrift des Nachweises über die Zuleitung des Spaltungsvertragsentwurfs an den Betriebsrat der Gesellschaft

und melde zur Eintragung in das Handelsregister an:

Die Müller & Co. KG hat die im Spaltungsvertrag vom . . . . . – UR.Nr. . . . . . des beglaubigenden Notars – genannten Vermögensteile als Gesamtheit auf die Schmitz & Söhne KG als übernehmende Gesellschaft im Wege der Abspaltung durch Aufnahme übertragen.

Ich erkläre, dass weder der Spaltungsbeschluss der Gesellschafter der Müller & Co. KG noch der Spaltungsbeschluss der Gesellschafter der Schmitz & Söhne KG angefochten worden ist.

Die inländische Geschäftsanschrift und die Geschäftsräume befinden sich unverändert in (Ort, Straße).

. . . . ., den . . . . .   (Beglaubigungsvermerk)

6. Handelsregisteranmeldung für die übernehmende Gesellschaft

▶ **Muster: Handelsregisteranmeldung für die übernehmende Gesellschaft** 446

An das

Amtsgericht

– Handelsregister A –

Betrifft: HRA . . . . . – Schmitz & Söhne KG

In der Anlage überreichen wir, die unterzeichnenden persönlich haftenden Gesellschafter der Schmitz & Söhne KG:

1. Elektronisch beglaubigte Abschrift des Spaltungsvertrages vom . . . . . – UR.Nr. . . . . . des beglaubigenden Notars –,
2. Elektronisch beglaubigte Abschrift des Zustimmungsbeschlusses der Gesellschafter der Schmitz & Söhne KG vom . . . . . – UR.Nr. . . . . . des beglaubigenden Notars –,
3. Elektronisch beglaubigte Abschrift des Zustimmungsbeschlusses der Gesellschafter der Müller & Co. KG,
4. Elektronisch beglaubigte Abschrift der Verzichtserklärungen der Gesellschafter der Müller & Co. KG auf Erstellung eines Spaltungsberichts und eines Prüfungsberichts vom . . . . . – UR.Nr. . . . . . des beglaubigenden Notars –,
5. Elektronisch beglaubigte Abschrift des Nachweises über die Zuleitung des Spaltungsvertragsentwurfs an den Betriebsrat der Gesellschaft

und melden zur Eintragung in das Handelsregister an:

1. Die Müller & Co. KG hat die im Spaltungsvertrag vom . . . . . – UR.Nr. . . . . . des beglaubigenden Notars – genannten Teile ihres Vermögens als Gesamtheit im Wege der Abspaltung durch Aufnahme auf die Schmitz & Söhne KG übertragen.

2. I. R. d. Abspaltung sind
a) die persönlich haftenden Gesellschafter der Müller & Co. KG, nämlich
aa) (Name), (Geburtsdatum), (Wohnort),
bb) (Name), (Geburtsdatum), (Wohnort),

als neue persönlich haftende Gesellschafter,
b) die Kommanditisten der Müller & Co. KG, nämlich
aa) (Name), (Geburtsdatum), (Wohnort),
bb) (Name), (Geburtsdatum), (Wohnort),
cc) (Name), (Geburtsdatum), (Wohnort),

als neue Kommanditisten mit einer Kommanditbeteiligung von jeweils . . . . . €

in die Schmitz & Söhne KG eingetreten.

Konkrete Vertretungsbefugnis:

Die persönlich haftenden Gesellschafter A, B vertreten die Gesellschaft jeweils einzeln. Die Kommanditisten E, F, G sind nicht zur Vertretung der Gesellschaft berechtigt.

Wir erklären, dass weder der Spaltungsbeschluss der Gesellschafter der Müller & Co. KG noch der Spaltungsbeschluss der Schmitz & Söhne KG angefochten worden ist.

Die inländische Geschäftsanschrift und die Geschäftsräume befinden sich unverändert in (Ort, Straße).

. . . . ., den . . . . .   (Beglaubigungsvermerk)

B. Spaltung von Partnerschaftsgesellschaften

I. Checkliste

447 Beim **Ablauf des Spaltungsverfahrens** sind folgende Punkte zu beachten:

- ☐ Spaltungsvertrag (§§ 4 bis 6, 45b UmwG),
- ☐ Spaltungsbericht: Nur erforderlich, wenn ein Partner gem. § 6 Abs. 2 PartGG von der Geschäftsführung ausgeschlossen ist (§§ 8, 45c UmwG),
- ☐ Zuleitung des Spaltungsvertrages an den Betriebsrat (§ 5 Abs. 3 UmwG),
- ☐ Unterrichtung der von der Geschäftsführung ausgeschlossenen Partner nach §§ 45c, 42,
- ☐ Verschmelzungsprüfung auf Verlangen eines Partners (§§ 9 bis 12, 44, 45e UmwG),
- ☐ Verschmelzungsbeschlüsse der beteiligten Partnerschaften (§§ 13, 45d UmwG),
- ☐ notwendige Zustimmungserklärung (§ 13 Abs. 2 UmwG),
- ☐ Kapitalerhöhung – nur wenn die aufnehmende Gesellschaft eine Kapitalgesellschaft ist,

☐ Kapitalherabsetzung bei der übertragenden Gesellschaft (nur wenn die übertragende Gesellschaft eine Kapitalgesellschaft ist),

☐ Anmeldung zum Handels- oder Partnerschaftsregister bei der übertragenden Gesellschaft oder Partnerschaft und bei der übernehmenden Gesellschaft oder Partnerschaft (§§ 16, 17 UmwG),

☐ Eintragung der Spaltung zunächst in das Register des Sitzes der übernehmenden Gesellschaft oder Partnerschaft, sodann in das Register des Sitzes der übertragenden Gesellschaft oder Partnerschaft (§ 130 UmwG).

II. Spaltungsvertrag bzw. Spaltungsplan

Es gelten keine Besonderheiten (vgl. oben Teil 3 Rdn. 37 ff.). **448**

III. Spaltungsbericht

Nach § 45c i. V. m. § 125 UmwG ist ein Spaltungsbericht nur erforderlich, wenn ein Partner von der **449** Geschäftsführung ausgeschlossen ist (vgl. Teil 2 Rdn. 815 ff.).

IV. Vorbereitung der Gesellschafterversammlung

Auch die Unterrichtungspflicht knüpft an die Frage der Geschäftsführung an (§ 45c, 42 UmwG; vgl. **450** oben Teil 2 Rdn. 821 ff.).

V. Spaltungsbeschluss

1. Gesellschafterversammlung. Vgl. dazu die Ausführungen unter Teil 2 Rdn. 827 ff. **451**

2. Durchführung der Gesellschafterversammlung. Vgl. dazu im Einzelnen Teil 2 Rdn. 829. **452**

3. Beschlussmehrheit. Vgl. dazu die Ausführungen unter Teil 2 Rdn. 831 f. **453**

4. Zustimmungspflichten. Vgl. dazu die Ausführungen zu Teil 3 Rdn. 331 ff. **454**

VI. Spaltungsprüfung

Vgl. im Einzelnen oben bei der Verschmelzung Teil 2 Rdn. 850 ff. **455**

VII. Handelsregisteranmeldung

Vgl. die Ausführungen oben Teil 3 Rdn. 361 ff. **456**

C. Spaltung von GmbH und Unternehmergesellschaften

I. Checkliste

Beim **Ablauf des Spaltungsverfahrens** sind folgende Punkte zu beachten: **457**

☐ Spaltungsvertrag (§§ 4 bis 6, 46 UmwG),
☐ Gründung der neuen Gesellschaft bei der Spaltung zur Neugründung (§ 135 Abs. 2 UmwG),
☐ Sachgründungsbericht (§ 138 UmwG),
☐ Spaltungsbericht (§ 127 UmwG),
☐ Spaltungsprüfung (§§ 9 bis 12, 48 i. V. m. § 125 UmwG),
☐ Unterrichtung der Gesellschafter (§ 47 i. V. m. § 125 UmwG),
☐ Zuleitung des Spaltungsvertrages oder seines Entwurfs zum zuständigen Betriebsrat (§ 126 Abs. 3 UmwG),
☐ Spaltungsbeschluss der Beschlussorgane der beteiligten Gesellschaften (§§ 13, 49, 50 i. V. m. § 125 UmwG),
☐ notwendige Zustimmungserklärungen (§§ 125 i. V. m. § 50 Abs. 2, § 128 UmwG),
☐ Kapitalerhöhung, soweit erforderlich (§§ 54, 55 i. V. m. § 125 UmwG),
☐ Kapitalherabsetzung bei der übertragenden Gesellschaft, soweit erforderlich (§ 139 UmwG),

☐ Anmeldung zum Handelsregister bei der übertragenden Gesellschaft und bei der übernehmenden Gesellschaft (§§ 16, 17, 52 i. V. m. § 125 UmwG),

☐ Eintragung der Kapitalerhöhung (§ 53 i. V. m. § 125 UmwG),

☐ Eintragung der Kapitalherabsetzung (§ 139 UmwG),

☐ Eintragung der Spaltung zunächst in das Register des Sitzes jeder der übernehmenden Gesellschaften, sodann in das Register der übertragenden Gesellschaft (§ 130 UmwG).

II. Besonderheiten bei der Unternehmergesellschaft

458 Bei der durch das am 01.11.2008 in Kraft getretene Gesetz zur Modernisierung des GmbH-Rechts und zur Bekämpfung von Missbräuchen (MoMiG) neu eingeführten Unternehmergesellschaft handelt es sich nicht um die neue Rechtsform einer Kapitalgesellschaft, sondern um eine Variante der GmbH, die mit Ausnahme der Sonderregelung des § 5a GmbHG allen Vorschriften des gesamten deutschen Rechts, die die GmbH betreffen, unterliegt (vgl. BT-Drucks. 16/6140, S. 31 und BT-Drucks. 16/9737, S. 95). Da somit auf die Unternehmergesellschaft die für die GmbH geltenden Rechtsvorschriften Anwendung finden und lediglich die sich aus § 5a GmbHG ergebenden Besonderheiten zu beachten sind, können grds. auch die Vorschriften des UmwG auf die UG Anwendung finden. Deshalb ist sie auch wie die GmbH grds. umwandlungsfähig, obwohl sie nicht ausdrücklich im UmwG genannt ist (vgl. Stengel in: Semler/Stengel, § 3 UmwG Rn. 20a; § 124 UmwG Rn. 8a; Lutter/Teichmann, § 124 UmwG Rn. 2; Lutter/Drygala, UmwG, § 3 Rn. 11; Widmann/Mayer/Heckschen, § 1 UmwG Rn. 48.1 ff.; Stengel, in: Semler/Stengel, § 3 UmwG Rn. 20a; Stratz, in: Stratz/Schmitt/Hörtnagl, § 3 UmwG Rn. 18; Bormann, GmbHR 2007, 897, 899; Freitag/Riemenschneider, ZIP 2007, 1485, 1491; Veil, GmbHR 2007, 1080, 1084; Berninger, GmbHR 2010, 63; Hennrichs, NZG 2009, 1161; Gasteyer, NZG 2009, 1364; Heinemann, NZG 2008, 820; Meister, NZG 2008, 767; Gasteyer, NZG 2009, 1364/1367).

Als **übertragender Rechtsträger** kann die UG daher grds. wie die GmbH an einer Spaltung beteiligt sein (Wicke, GmbHG, § 5a Rn. 16; Freitag/Riemenschneider, ZIP 2007, 1485, 1491; Lutter/Drygala, UmwG, § 3 Rn. 12; Lutter/Teichmann, § 124 UmwG Rn. 2; Stengel, in: Semler/Stengel, § 3 UmwG Rn. 20a; Stratz, in: Stratz/Schmitt/Hörtnagl, § 3 UmwG Rn. 18).

459 Bei der Spaltung ergibt sich aber auch **für eine abspaltende UG eine Einschränkung**, wenn eine Kapitalherabsetzung nach § 139 UmwG erforderlich ist (vgl. Teil 3 Rdn. 267 ff., Teil 3 Rdn. 473 ff.). Das ist der Fall, wenn wegen der Abspaltung bei einer übertragenden UG durch den Vermögensübergang auf den übernehmenden Rechtsträger eine Unterbilanz entsteht; bzw. bei der Ausgliederung, wenn die übertragenen Vermögensteile nicht den im Gegenzug gewährten Vermögensteilen entsprechen und dadurch eine Unterbilanz hervorgerufen wird. Nach herrschender Meinung kann eine UG eine gem. § 139 UmwG zulässige vereinfachte Kapitalherabsetzung nicht durchführen: Die Rücklagenauflösung nach § 58a Abs. 1 GmbHG ist unvereinbar mit der Rücklagenbindung gem. § 5a Abs. 2 Satz 2 GmbHG. Ist gem. § 139 UmwG i. R. d. Durchführung einer Spaltung zur Vermeidung einer Unterbilanz beim übertragenden Rechtsträger eine Kapitalherabsetzung erforderlich, so ist außerdem nach § 58 Abs. 2 Satz 1 GmbHG zwingend das Mindeststammkapital von 25.000,00 € zu wahren (vgl. dazu unten Teil 3 Rdn. 282). Da dies bei einer UG ausgeschlossen ist, kann sie im Anwendungsbereich von § 139 UmwG nicht als übertragender Rechtsträger an einer Abspaltung oder Ausgliederung beteiligt sein (vgl. Meister, NZG 2008, 767; Weiler. notar 2009, 154).

Für die UG als **Zielrechtsträger gilt Folgendes:** Wie bei der Verschmelzung ergeben sich auch bei der Spaltung **Einschränkungen aus der Vorschrift des** § 5a Abs. 2 Satz 2 GmbHG. Dort ist ausdrücklich bestimmt, dass bei der UG Sacheinlagen ausgeschlossen sind. Aus dem dort verankerten Verbot von Sacheinlagen bei der Gründung einer UG folgt, dass eine **Spaltung oder Ausgliederung zur Neugründung mit einer UG** als übernehmender Gesellschaft kraft Gesetzes ausgeschlossen ist, weil insoweit zwingend die Gründungsvorschriften und damit auch § 5a Abs. 2 Satz 2 GmbHG anwendbar sind (BGH, Beschl. v. 11.04.2011, BB 2011, 1345 = DB 2011, 1263 = DStR 2011, 1137 = GmbHR 2011, 701 = NJW 2011, 1883; dazu Berninger, GmbHR 2001, 953 ff.; Bremer, GmbHR 2011, 703 ff.; OLG Frankfurt am Main, DStR 2010, 2093 = GmbHR 2010, 920 = ZIP 2010, 1798; zum Fall der Ausgliederung vgl. ferner Römermann/Passarge, ZIP 2009, 1497, 1500 f.; Gasteyer,

NZG 2009, 1364/1368; Weber, BB 2009, 842, 847; Heckschen, DStR 2009, 166; Tettinger, Der Konzern 2008, 75; Meister, NZG 2008, 767/768; Berninger, GmbHR 2010, 63; Heinemann, NZG 2008, 820; Lutter/Priester, UmwG, § 138 Rn. 3; Baumbach/Hueck, GmbHG, § 5a Rn. 17; Miras, Die neue Unternehmergesellschaft, Rn. 21; Lutter/Drygala, UmwG, § 3 Rn. 12; Lutter/Teichmann, § 124 UmwG Rn. 2; Stengel, in: Semler/Stengel, § 3 UmwG Rn. 20a; Stratz, in: Stratz/Schmitt/Hörtnagl, § 3 UmwG Rn. 20; Kallmeyer/Marsch-Barner, § 3 UmwG Rn. 9; Römermann/Passarge, ZIP 2009, 1497, 1500 f.; Gasteyer, NZG 2009, 1364/1368; Weber, BB 2009, 842, 847; Heckschen, DStR 2009, 166; Tettinger, Der Konzern 2008, 75; Meister, NZG 2008, 767/768; Berninger, GmbHR 2010, 63; Heinemann NZG 2008, 820; Lutter/Priester, UmwG, § 138 Rn. 3; Baumbach/Hueck, GmbHG, § 5a Rn. 17; Miras, Die neue Unternehmergesellschaft, Rn. 21). Denn bei einer durch Spaltung oder Ausgliederung neu gegründeten Gesellschaft erfolgt die Erbringung des Stammkapitals für den neuen Rechtsträger zwingend durch eine Vermögensübertragung des übertragenden Rechtsträgers. Bei dieser rechtlichen Konstruktion handelt es sich um die Einbringung einer Sacheinlage. Allerdings wird teilweise die Auffassung vertreten, dass eine einschränkende Auslegung des § 5a Abs. 2 Satz 2 GmbHG geboten ist, da hierdurch nur eine Vereinfachung der Gründung bezweckt werde, die die Sonderregelungen für Umwandlungen aber unberührt lasse (so Lutter/Lutter, UmwG, 4. Aufl., Einl. I Rn. 52 Fn. 2; Lutter/Hommelhoff/-Kleindieck, GmbHG, § 5a Rn. 33; Röhricht, Die Anwendung der gesellschaftsrechtlichen Gründungsvorschriften bei Umwandlungen, S. 95 ff.).

Im Beschl. v. 11.04.2011 hat der BGH (BB 2011, 1345 = DB 2011, 1263 = DStR 2011, 1137 = **460** GmbHR 2011, 701 = NJW 2011, 1883; dazu Bremer, GmbHR 2011, 703) nun festgestellt, dass aus dem in § 5a Abs. 2 Satz 2 GmbHG geregelten Verbot von Sacheinlagen, das über § 135 Abs. 2 Satz 1 UmwG zur Anwendung kommt, folgt, dass eine Unternehmergesellschaft **nicht** durch Abspaltung von einem anderen Rechtsträger nach 123 Abs. 2 Nr. 2 UmwG **neu gegründet** werden kann (so auch die überwiegende Meinung in der Lit., vgl. Teichmann, in: Lutter/Winter, UmwG, § 124 Rn. 2; Lutter/Priester UmwG, § 138 Rn. 3; Gündel, in: Keßler/Kühnberger, Umwandlungsrecht, § 138 Rn. 6; Widmann/Mayer/Heckschen, UmwG, § 1 Rn. 48.10; ders., Das MoMiG in der notariellen Praxis, Rn. 228, 243; MünchKomm-GmbHG/Rieder, § 5a Rn. 52; Schäfer in: Bork/Schäfer, GmbHG, § 5a Rn. 39; Fastrich, in: Baumbach/Hueck, GmbHG, § 5a Rn. 17; Michalski/Miras, GmbHG, § 5a Rn. 13; Roth, in: Roth/Altmeppen, GmbHG, § 5a Rn. 30; Wicke, GmbHG, § 5a Rn. 17; Riemenschneider/Freitag, in: Priester/Mayer, Münchener Handbuch des Gesellschaftsrechts, Bd. 3, § 8a Rn. 15; Vogt, in: Müller/Winkeljohann, Beck'sches Handbuch der GmbH, § 18 Rn. 47; Meister, NZG 2008, 767, 768; Heinemann, NZG 2008, 820, 822; Tettinger, Der Konzern 2008, 75, 77; Römermann/Passarge, ZIP 2009, 1497, 1500; Berninger, GmbHR 2010, 63, 69).

Bei der **Spaltung zur Aufnahme** muss in vielen Fällen eine **Sachkapitalerhöhung** durchgeführt werden. **461** Zwar ist es im Detail noch streitig, wie weit das Verbot der Sachkapitalerhöhung bei der Unternehmergesellschaft überhaupt reicht (s. zum Meinungsstand MünchKomm-GmbHG/Rieder, § 5a Rn. 25; DNotI-Gutachten Nr. 96024). In der Literatur wird teilweise undifferenziert angenommen, dass die UG generell nicht aufnehmender Gesellschafter im Rahmen einer Spaltung sein kann (Tettinger, Der Konzern 2008, 75; Heinemann, NZG 2008, 820, 822; wohl auch Lutter/Teichmann, § 124 UmwG Rn. 2). Nach richtiger Ansicht steht das Sacheinlageverbot der Verwendung einer Unternehmergesellschaft als Zielrechtsträger dann nicht entgegen, wenn keine Anteilsgewährung durch die UG als Zielrechtsträger stattfindet und damit eine Spaltung nach §§ 125, 54 UmwG ohne Kapitalerhöhung durchgeführt werden soll (MünchKomm-GmbHG/Rieder, § 5a Rn. 51; Heckschen/Heidinger, Die GmbH in der Gestaltungs- und Beratungspraxis, § 5 Rn. 102 ff.; Römermann/Passarge, ZIP 2009, 1497, 1450; Meister, NZG 2008, 767; KK-UmwG/Simon, § 3 Rn. 21; Lutter, in: Lutter/Hommelhoff, GmbHG, § 6 Rn. 33; Lutter/Drygala, UmwG, § 3 Rn. 13; Stengel, in: Semler/Stengel, § 3 UmwG Rn. 20a; Stratz, in: Stratz/Schmitt/Hörtnagl, § 3 UmwG Rn. 19, Römermann/Passarge, ZIP 2009, 1497, 1450; Meister, NZG 2008, 767; KK-UmwG/Simon, § 3 Rn. 21; Lutter, in: Lutter/Hommelhoff, GmbHG, § 5a6 Rn. 33). Das Sacheinlageverbot in § 5a Abs. 2 Satz 2 GmbHG soll die Gründung und Kapitalerhöhung erleichtern und beschleunigen, die UG aber nicht darüber hinaus in ihrer Entwicklung beschränken. In solchen Fällen sollte die Spaltung zulässig sein. Schließlich besteht die Möglichkeit die UG zur (»normalen«) GmbH nach § 5a Abs. GmbHG aufzuwerten; dazu wäre aber vor der

Spaltung eine Kapitalerhöhung auf 25.000,00 € notwendig. Denn in diesem Fall finden die Abs. 1 bis 4 des § 5a GmbHG keine Anwendung, die Firma darf aber beibehalten werden.

462 Im Beschl. v. 19.04.2011 hat **der BGH** (NJW 2011, 1881 = ZNotP 2011, 275 = BB 2011, 1550 = DB 2011, 1216 = DNotI-Report 2011, 86) entschieden, dass das Sacheinlagenverbot nach § 5a Abs. 2 Satz 2 GmbHG für eine den Betrag des Mindestkapitals nach § 5 Abs. 1 GmbHG erreichende oder übersteigende Erhöhung des Stammkapitals einer Unternehmergesellschaft (haftungsbeschränkt) **nicht gilt**. Der BGH weist darauf hin, dass vereinzelt die Ansicht vertreten werde, das Sacheinlagenverbot nach § 5a Abs. 2 Satz 2 GmbHG gelte (ohnehin) nur für die Gründung der Unternehmergesellschaft, sodass eine Kapitalerhöhung durch Sacheinlagen grds. möglich sei (Hennrichs, NZG 2009, 1161, 1162; Ulmer/Paura, GmbHG, § 5a Rn. 49, 66; Spies, Unternehmergesellschaft [haftungsbeschränkt], S. 159 f.; wohl auch Leistikow, Das neue GmbH-Recht, § 4 Rn. 13). Ein anderer Teil des Schrifttums, der mit der überwiegenden Meinung gehe zwar von einer zumindest entsprechenden Anwendung des Sacheinlagenverbots nach § 5a Abs. 2 Satz 2 GmbHG auf Kapitalerhöhungen der Unternehmergesellschaft aus, vertrete die Auffassung, das Verbot gelte aber nicht (mehr) für eine den Übergang zur normalen GmbH bewirkende Kapitalerhöhung (Füller, in: Ensthaler/Füller/Schmidt, GmbHG, § 5a Rn. 10; Miras, Die neue Unternehmergesellschaft, Rn. 162 ff.; Michalski/Miras, GmbHG, § 5a Rn. 111; MünchKomm-GmbHG/Rieder, § 5a Rn. 42; Roth, in: Roth/Altmeppen, GmbHG, § 5a Rn. 26; Schäfer, in: Henssler/Strohn, Gesellschaftsrecht, § 5a GmbHG Rn. 17; Schäfer, ZIP 2011, 53, 56; Scholz/H. P. Westermann, GmbHG, § 5a Rn. 18; Wicke, GmbHG, § 5a Rn. 7; Berninger, GmbHR 2010, 63, 65 f.; Freitag/Riemenschneider, ZIP 2007, 1485, 1491; Gasteyer, NZG 2009, 1364, 1367; Heinemann, NZG 2008, 820, 821; Klose, GmbHR 2009, 294, 295 f.; Lange, NJW 2010, 3686, 3687 f.; Meister, NZG 2008, 767 f.; Priester, ZIP 2010, 2182, 2184; Schreiber, DZWIR 2009, 492, 496 f.; Waldenberger/Sieber, GmbHR 2009, 114, 119). Die Gegenansicht halte bei der Unternehmergesellschaft die Leistung von Sacheinlagen erst ab dem Zeitpunkt der Eintragung eines die Mindestkapitalgrenze von 25.000,00 € erreichenden Stammkapitals für zulässig, sodass die den Übergang zur normalen GmbH erreichende Kapitalerhöhung nicht durch Sacheinlagen bewirkt werden könne (OLG München, ZIP 2010, 1991, 1992; Fastrich, in: Baumbach/Hueck, GmbHG, § 5a Rn. 33; Pfisterer, in: Saenger/Inhester, GmbHG, § 5a Rn. 26; Vogt in: Beck'sches Handbuch der GmbH, § 18 Rn. 37 f.; Wachter, in: Goette/Habersack, Das MoMiG in Wissenschaft und Praxis, Rn. 1.112; Bayer/Hoffmann/Lieder, GmbHR 2010, 9, 12). Die Regelungen der § 5a Abs. 2 Satz 2 und Abs. 5 GmbHG sind nach Meinung des BGH ihrem Sinn und Zweck nach dahin auszulegen, dass das Sacheinlagenverbot für die die Mindeststammkapitalgrenze nach § 5 Abs. 1 GmbHG erreichende Kapitalerhöhung nicht gilt. Die Anwendung des § 5a Abs. 2 Satz 2 GmbHG sei nicht auf die Gründung der Unternehmergesellschaft beschränkt. Eine solche Einschränkung ergebe sich weder aus dem Wortlaut dieser Vorschrift noch aus ihrem systematischen Zusammenhang. Die Regelung in § 5a Abs. 5 GmbHG spreche vielmehr dafür, dass das Sacheinlagenverbot grds. auch bei Kapitalerhöhungen nach der Gründung der Unternehmergesellschaft gilt. Andernfalls wäre der Verweis auf (den gesamten) Abs. 2 in Abs. 5 überflüssig (Meister, NZG 2008, 767, 767 f.). Ein gegenteiliger Wille des Gesetzgebers ist nicht erkennbar; er ergebe sich insb. nicht aus den Gesetzesmaterialien (vgl. BT-Drucks. 16/6140, S. 32). Nach § 5a Abs. 5 Halbs. 1 GmbHG finden die Abs. 1 bis 4 jedoch keine Anwendung mehr, wenn die Unternehmergesellschaft ihr Stammkapital so erhöht, dass es den Betrag des Mindeststammkapitals nach § 5 Abs. 1 GmbHG erreicht oder übersteigt. Dem Wortlaut dieser Vorschrift lässt sich nach Meinung des BGH nicht entnehmen, dass die für die Unternehmergesellschaft geltenden Sonderregelungen nach § 5a Abs. 1 bis 4 GmbHG erst dann nicht mehr gelten sollen, wenn ein Stammkapital von mindestens 25.000,00 € bar eingezahlt und in das Handelsregister eingetragen worden ist. Die sprachliche Fassung (»erreicht«) lässt vielmehr auch die Auslegung zu, dass die Sonderregeln bereits für eine die Mindestkapitalgrenze erreichende Kapitalerhöhung nicht mehr zur Anwendung gelangen sollen (Klose, GmbHR 2010, 1212; Miras, DB 2010, 2488, 2491; Priester, ZIP 2010, 2182, 2184; Lange, NJW 2010, 3686, 3687; Schreiber, DZWIR 2009, 492, 496 f.). Auch der Umstand, dass nach § 5a Abs. 5 GmbHG eine das Mindeststammkapital erreichende Kapitalerhöhung zur Folge hat, dass sämtliche Sonderregeln der Abs. 1 bis 4 keine Anwendung mehr finden, steht der Auslegung nicht entgegen, bereits die diese Grenze erreichende Kapitalerhöhung könne durch Sacheinlagen bewirkt werden. Nach der Begründung des Regierungsentwurfs zu § 5a Abs. 5 GmbHG soll die Pflicht zur Bildung der gesetzlichen Rücklage nach Abs. 3 der Vorschrift allerdings gelten, solange die Gesellschaft kein eingetragenes

Stammkapital i. H. d. Mindeststammkapitals nach § 5 Abs. 1 GmbHG hat (Regierungsentwurf zum MoMiG, BT-Drucks. 16/6140, S. 32). Die Anwendung der Sonderregelung des Abs. 2 Satz 2 auf die den Übergang zur normalen GmbH bewirkende Kapitalerhöhung würde die Unternehmergesellschaft ggü. der Neugründung einer normalen GmbH, bei der Sacheinlagen geleistet werden dürfen (§ 5 Abs. 4 GmbHG), deutlich in einer den Zielen der Neuregelung widersprechenden Weise benachteiligen (Klose, GmbHR 2009, 294, 296; Füller, in: Ensthaler/Füller/Schmidt, § 5a Rn. 9; Heinemann, NZG 2008, 820, 821). Die systembedingten Unterschiede zwischen der Unternehmergesellschaft und der normalen GmbH rechtfertigen diese Ungleichbehandlung nicht (so aber OLG München, ZIP 2010, 1991, 1992; Fastrich, in: Baumbach/Hueck, GmbHG, § 5a Rn. 33; Heckschen, DStR 2009, 166, 170). Gegen die Geltung des Sacheinlagenverbots für Kapitalerhöhungen auf den Betrag von 25.000,00 € (oder mehr) spricht nach Meinung des BGH v. a., dass der Übergang von der Unternehmergesellschaft zur normalen GmbH in der Systematik des Gesetzes angelegt ist (Miras, Die neue Unternehmergesellschaft, Rn. 164c; Michalski/Miras, GmbHG, § 5a Rn. 111; Joost, ZIP 2007, 2242, 2245; Gasteyer, NZG 2009, 1364, 1366; vgl. auch Stellungnahme des Handelsrechtsausschusses des DAV Nr. 43/07 v. 05.09.2007, Rn. 15; a. A. Spies, Unternehmergesellschaft [haftungsbeschränkt], S. 212 ff.). Durch die Pflicht zur Rücklagenbildung gem. § 5a Abs. 3 GmbHG soll gesichert werden, dass die Unternehmergesellschaft als in erster Linie für »Existenzgründer« gedachte Form der GmbH durch Thesaurierung innerhalb einiger Jahre eine höhere Eigenkapitalausstattung erreicht (BT-Drucks. 16/6140, S. 31 f.). Die Rücklage könne grds. – und soll ersichtlich auch in erster Linie – zur Erhöhung des Stammkapitals aus Gesellschaftsmitteln verwendet werden (§ 5a Abs. 3 Satz 2 Nr. 1, § 57c GmbHG). Die (erfolgreich) werbend tätige Unternehmergesellschaft soll daher nach der Gesetzessystematik typischerweise in die normale GmbH übergehen. Dieser Zielrichtung widerspräche es, diesen Übergang ohne sachlichen Grund zu erschweren. Sachliche Gründe gegen eine Erhöhung des Stammkapitals der Unternehmergesellschaft auf einen Betrag von 25.000,00 € durch Leistung von Sacheinlagen bestehen nicht. Entgegen der Auffassung des Beschwerdegerichts besteht nicht die Gefahr, dass die Gesellschafter allein mit dem Kapitalerhöhungsbeschluss unabhängig von der tatsächlichen Erbringung der Einlage die für die Unternehmergesellschaft geltenden Beschränkungen in Wegfall bringen könnten. Die Zulässigkeit der Erhöhung des Stammkapitals der Unternehmergesellschaft auf das Mindeststammkapital der normalen GmbH (§ 5 Abs. 1 GmbHG) im Wege der Sacheinlage ändert nichts daran, dass der Übergang zur vollwertigen GmbH erst mit der – von der Erfüllung der gesetzlichen Voraussetzungen (§§ 56 ff. GmbHG) abhängigen – Eintragung der Kapitalerhöhung in das Handelsregister bewirkt wird (Miras, Die neue Unternehmergesellschaft, Rn. 170). Dies hat zur Folge, dass bis dahin die Sonderregeln für die Unternehmergesellschaft (§ 5a Abs. 1 bis 4 GmbHG) i. Ü. weiter gelten.

Durch den Beschluss des BGH ist nun geklärt, dass Spaltungen auf eine Unternehmergesellschaft als aufnehmenden Rechtsträger mit Kapitalerhöhung zulässig sind, wenn i. R. d. Kapitalerhöhung ein Stammkapital von mindestens 25.000,00 € erreicht wird (so zu Recht Weiler, notar 2011, 207, 208; ebenso Stengel in: Semler/Stengel, § 124 UmwG Rn. 8a; Lutter/Teichmann, § 124 UmwG Rn. 2).

III. Spaltungsvertrag bzw. Spaltungsplan

Bei der Spaltung von GmbH gelten keine Besonderheiten (vgl. daher oben Teil 3 Rdn. 37 ff.). **463**

IV. Spaltungsbericht

Anders als bei Personenhandelsgesellschaften ist ein Spaltungsbericht bei Beteiligung von GmbH grds. **464** **immer erforderlich** (vgl. oben Teil 3 Rdn. 268 ff.). **Berichtspflichtig** sind bei GmbH gem. § 8 UmwG die Geschäftsführer in ihrer Gesamtheit. Im Einzelnen gelten die gleichen Ausführungen wie bei der Verschmelzung von GmbH (vgl. oben Teil 2 Rdn. 965 ff.).

V. Spaltungsprüfung

Eine Prüfung des Spaltungsvertrages ist für die GmbH **nur notwendig**, wenn dies ein Gesellschafter **465** verlangt (§ 48 i. V. m. § 125 UmwG; vgl. Teil 3 Rdn. 278 ff.).

VI. Vorbereitung der Gesellschafterversammlung

466 Für die **Einberufung der Gesellschafterversammlung,** die über die Spaltung beschließen soll, gelten die allgemeinen Grundsätze des GmbH-Rechts. Die Versammlung ist daher nach § 49 Abs. 1 GmbHG durch die Geschäftsführer einzuberufen. Nach § 51 Abs. 1 UmwG erfolgt die Einberufung der Versammlung durch Einladung der Gesellschafter mittels eingeschriebenen Brief. § 47 UmwG ergänzt die allgemeinen Vorschriften der Einberufung dahin gehend, dass der Spaltungsvertrag oder sein Entwurf und der Spaltungsbericht den Gesellschaftern spätestens zusammen mit der Einberufung der Versammlung zu übersenden sind (vgl. im Einzelnen die Ausführungen zur Verschmelzung Teil 2 Rdn. 972 ff.).

467 Zu den **Auslegungspflichten** vgl. oben Teil 2 Rdn. 979.

468 Zum **Auskunftsanspruch** vgl. oben Teil 2 Rdn. 980 f.

VII. Zustimmungsbeschluss zur Spaltung

469 Zur Gesellschafterversammlung vgl. oben Teil 2 Rdn. 982, zur **Durchführung der Gesellschafterversammlung und zu den Informationsrechten** vgl. oben Teil 2 Rdn. 983 ff. sowie zu den **Beschlussmehrheiten** Teil 2 Rdn. 991 ff.

VIII. Zustimmung von Sonderrechtsinhabern

470 Zu den **allgemeinen Zustimmungspflichten** nach § 13 Abs. 2 UmwG vgl. oben Teil 2 Rdn. 551 ff., zu den **besonderen Zustimmungspflichten bei der GmbH** vgl. oben Teil 2 Rdn. 995 ff. sowie zu der **Zustimmungspflicht bei nichtverhältniswahrender Spaltung** (§ 128 UmwG) Teil 2 Rdn. 1029.

IX. Kapitalerhöhung

471 Zur **Notwendigkeit und Zulässigkeit der Kapitalerhöhung** vgl. oben Teil 3 Rdn. 130 ff., zu den **Kapitalerhöhungsverboten** vgl. oben Teil 3 Rdn. 209 ff., zu den **Kapitalerhöhungswahlrechten** vgl. oben Teil 3 Rdn. 217 sowie zur **Durchführung der Kapitalerhöhung** vgl. oben Teil 3 Rdn. 189 ff.

X. Kapitalherabsetzung bei der übertragenden GmbH

472 Bei der abspaltenden Gesellschaft kann die Abspaltung eine Herabsetzung des Stammkapitals erfordern. Bei der Abspaltung wird lediglich ein Teil des Vermögens der übertragenden Gesellschaft auf eine bestehende und neue Gesellschaft abgespalten, sodass auch das Kapital der übertragenden Gesellschaft im Hinblick auf die **Kapitalerhaltungsgrundsätze** betroffen sein kann. Der Gesetzgeber musste daher sicherstellen, dass bei einer Abspaltung die abspaltende GmbH weiterhin den **Grundsätzen der Kapitalbindung** genügt (vgl. oben Teil 3 Rdn. 267 ff.).

473 Dies wird insb. durch eine **Versicherung der Vertretungsorgane** erreicht (vgl. dazu oben Teil 3 Rdn. 269). So bestimmt § 140 UmwG für die GmbH, dass bei der Anmeldung der Abspaltung oder Ausgliederung zur Eintragung in das Register einer übertragenden GmbH die Geschäftsführer auch zu erklären haben, dass die durch Gesetz und Gesellschaftsvertrag vorgesehenen Voraussetzungen für die Gründung dieser Gesellschaft unter Berücksichtigung der Abspaltung oder der Ausgliederung im Zeitpunkt der Anmeldung vorliegen. Hierdurch soll also Vorsorge getroffen werden, dass durch die Abspaltung oder die Ausgliederung die Kapitalausstattung der GmbH nicht unter das gesetzliche Mindesterfordernis für die Höhe des Stammkapitals absinkt und auch sonst die gesetzlichen Voraussetzungen für die Gründung einer GmbH, so insb. die Vorschriften über die Mindesthöhe der Geschäftsanteile, weiterhin beachtet werden. Wegen der Strafbewehrung geht ein **Teil der Literatur** davon aus, dass die Abgabe in unechter Gesamtvertretung nicht möglich ist, sondern von **allen Geschäftsführern der übertragenden Gesellschaft abzugeben ist,** eine Vertretung sei nicht möglich, auch nicht als unechte Gesamtvertretung (Widmann/Mayer/Mayer, Umwandlungsrecht, § 140 UmwG Rn. 16 f.; Kallmeyer/Zimmermann, UmwG, § 140 Rn. 6; Lutter/Priester, § 140 UmwG Rn. 8; Diekmann, in: Semler/Stengel, § 146 UmwG Rn. 6) und **höchstpersönlich** ist. Diese Schlussfolgerung ist nicht zwingend; da die Erklärung im engen Zusammenhang mit der Anmeldung steht, bei der ein Handeln in vertretungsberechtigter Zahl genügt, sollte dies auch bei der Erklärung nach § 140 UmwG genügen (so Hört-

nagl, in: Schmitt/Stratz/Hörtnagl, § 140 UmwG Rn. 3; Reichert, in: Semler/Stengel, UmwG, UmwStG, § 140 UmwG Rn. 4, zur vergleichbaren Vorschrift auch Lutter/Schwab, UmwG, § 146 Rn. 6). Unechte Gesamtvertretung und Bevollmächtigung wird überwiegend als nicht zulässig angesehen (so Hörtnagl, in: Schmitt/Stratz/Hörtnagl, § 140 UmwG Rn. 3; Lutter/Priester § 140 UmwG Rn. 8; Reichert, in: Semler/Stengel, UmwG, UmwStG, § 140 UmwG Rn. 4; Kallmeyer/Zimmermann, UmwG, § 140 Rn. 6, § 146 Rn. 4; anders zu § 146 UmwG: Lutter/Schwab, UmwG, § 146 Rn. 6).

▶ **Hinweis:** 474

Zu berücksichtigen ist hierbei, dass das **frei gewordene Vermögen** nicht an die Gesellschafter zurückgezahlt werden darf, sondern in die **Rücklagen** eingestellt werden muss, da andernfalls die Kapitalherabsetzung nicht geeignet ist, die durch die Spaltung entstehende Unterbilanz auszugleichen (im Einzelnen vgl. oben Teil 3 Rdn. 279 ff.).

1. Durchführung der Kapitalherabsetzung bei der GmbH. § 139 UmwG sieht vor, dass eine Herabsetzung des Stammkapitals, wenn sie zur Durchführung der Abspaltung oder der Ausgliederung erforderlich ist, **auch in vereinfachter Form** stattfinden kann. Die Vorschriften über die vereinfachte Kapitalherabsetzung bei der GmbH sind in den §§ 58a ff. GmbHG geregelt und wurden durch Art. 48 Nr. 4 EGInsO v. 05.10.1994 eingeführt; sie orientieren sich eng an den §§ 229 bis 236 AktG. 475

Die Verweisung auf die Vorschriften über die vereinfachte Kapitalherabsetzung, d. h. auf die §§ 58a ff. GmbHG ist eine **Rechtsfolgenverweisung** (str. vgl. oben Teil 3 Rdn. 285). Eine Rechtsgrundverweisung wäre gesetzestechnisch überflüssig, weil diese bereits aus den allgemeinen Vorschriften folgen würde. Das bedeutet, dass die Tatbestandsvoraussetzungen des § 58a Abs. 1 GmbHG nicht zu beachten sind. Zu beachten ist allerdings, dass auch von den Befürwortern einer Rechtsfolgenverweisung durch den Begriff »*Erforderlich*« klargestellt wird, dass die Höhe der Herabsetzung nicht im freien Ermessen der Gesellschafter steht, sondern nur zulässig ist, soweit das nach Auflösung der offenen Rücklagen und etwaiger Gewinnvorträge verbleibende Nettovermögen der übertragenden Gesellschaft deren Stammkapital nach der Spaltung nicht mehr deckt (vgl. oben Teil 3 Rdn. 274 ff.). Insofern besteht unabhängig von der dogmatischen Einordnung Einigkeit. Das AG Charlottenburg (GmbHR 2008, 993 m. Anm. Priester GmbHR 2008, 994) hat entschieden, dass eine Kapitalherabsetzung in vereinfachter Form im Fall einer Abspaltung zur Neugründung nur dann »erforderlich« sei, wenn und soweit der durch den Eigenkapitalschutz der §§ 30 ff. GmbHG gewährleistete kumulierte Haftungsfonds der infolge Abspaltung zur Neugründung entstehenden Mehrheit von Gesellschaften mit beschränkter Haftung, also die Summe deren »Stammkapitalia«, nicht hinter dem Betrag des ursprünglichen Stammkapitals der übertragenden Gesellschaft zurückbleibt. 476

Zweckmäßigerweise wird man die vereinfachte Kapitalherabsetzung i. R. d. § 139 UmwG auf den Stichtag der Spaltungsbilanz zurückbeziehen.

Wegen der Einzelheiten wird nach oben verwiesen (vgl. oben Teil 3 Rdn. 274 ff.). 477

Der **Ablauf der Kapitalherabsetzung** stellt sich wie folgt dar (vgl. Teil 3 Rdn. 280 ff.): 478
- Kapitalherabsetzungsbeschluss mit 3/4-Mehrheit,
- Beschluss über die Satzungsänderung und Anpassung der Geschäftsanteile an der neuen Stammkapitalziffer,
- Anmeldung der Kapitalherabsetzung samt Satzungsanpassung zum Handelsregister,
- Eintragung der Kapitalherabsetzung samt Satzungsanpassung im Handelsregister.

Die Abspaltung oder Ausgliederung darf erst ins Handelsregister eingetragen werden, nachdem die Herabsetzung des Stammkapitals eingetragen ist (§ 139 Satz 2 UmwG). 479

Die Vorschriften über die vereinfachte Kapitalherabsetzung verzichten daher auf die Notwendigkeit von **Sicherheitsleistungen** nach § 58 Abs. 1 Nr. 2 GmbHG, außerdem entfallen der **Gläubigeraufruf**, die **Meldung der Gläubiger bei der Gesellschaft**, der Anspruch auf Befriedigung oder Sicherheitsleistung und die **Einjahresfrist** (Sperrjahr) nach § 58 Abs. 1 Nr. 3 GmbHG. Die Kapitalherabsetzung kann daher sofort durchgeführt werden, ohne dass besondere Rücksicht auf die Gläubiger genommen werden muss (Widmann/Mayer/Mayer, Umwandlungsrecht, § 139 UmwG Rn. 26 f.; Kallmeyer/Kall- 480 meyer/Sickinger, UmwG, § 139 Rn. 5; Ittner, MittRhNotK 1997, 107 f.; Lutter/Hommelhoff/Lutter, § 58a GmbHG Rn. 3).

481 ▶ **Hinweis:**

I. R. d. Spaltung kann die Kapitalherabsetzung, wie § 139 UmwG ausdrücklich formuliert, durch **vereinfachte Kapitalherabsetzung** durchgeführt werden. Die Gesellschafter sind dabei nicht gezwungen, den Weg nach §§ 58a bis f GmbHG zu wählen, sie können auch die reguläre Kapitalherabsetzung durchführen. Dies wird allerdings wegen des Sperrjahres und sonstiger Schwierigkeiten i. d. R. wohl nicht der Fall sein.

482 **2. Kapitalherabsetzungsbeschluss.** § 58a Abs. 5 GmbHG bestimmt, dass das für die vereinfachte Kapitalherabsetzung die §§ 53 und 54 GmbHG, d. h. die **Vorschriften über die Satzungsänderungen,** anwendbar sind (vgl. im Einzelnen Widmann/Mayer/Mayer, Umwandlungsrecht, § 139 UmwG Rn. 43 ff.; Lutter/Hommelhoff/Lutter, § 58a GmbHG Rn. 15).

483 Hieraus ist zu folgern, dass der Beschluss mindestens einer **3/4-Mehrheit** der abgegebenen Stimmen bedarf und **notariell zu beurkunden** ist (§ 53 Abs. 2 GmbHG).

484 Der Beschluss über die Kapitalherabsetzung muss nach der wohl überwiegenden Meinung folgende **Bestandteile** enthalten (vgl. Lutter/Hommelhoff/Lutter, § 58a GmbHG Rn. 15 ff., 16; Scholz/Priester, GmbHG, § 58a Rn. 14 ff.; Maser/Sommer, GmbHR 1996, 28; Baumbach/Hueck/Zöllner, GmbHG, § 58a Rn. 7 ff.):
– Angabe, dass es sich um eine vereinfachte Kapitalherabsetzung handelt,
– Angabe des Zweckes der Kapitalherabsetzung
– Herabsetzungsbetrag,
– künftige Ziffer des Stammkapitals
– Zweck der Kapitalherabsetzung
– Anpassung der Nennbeträge der Geschäftsanteile.

485 Anders als § 229 Abs. 1 Satz 2 AktG verlangt § 58a GmbHG zwar keine **Zweckangabe.** Man wird aber mit der herrschenden Meinung davon ausgehen müssen, dass dies auch bei der vereinfachten Kapitalherabsetzung, wie bei der ordentlichen, erforderlich ist (vgl. nur BayObLG, GmbHR 1979, 111; Lutter/Hommelhoff/Lutter, § 58a GmbHG Rn. 16 ff.; Maser/Sommer, GmbHR 1996, 28; Scholz/Priester, GmbHG, § 58a Rn. 23; Ittner, MittRhNotK 1997, 119; Widmann/Mayer/Mayer, Umwandlungsrecht, § 139 UmwG Rn. 52 f.; Lutter/Priester, UmwG, § 139 Rn. 16).

486 Bei der Spaltung genügt die Angabe, dass die Herabsetzung zur Durchführung der Spaltung erforderlich ist, weil das verbleibende Vermögen der spaltenden Gesellschaft das **nominelle Kapital nicht mehr deckt** (Widmann/Mayer/Mayer, Umwandlungsrecht, § 139 UmwG Rn. 52).

487 Der wichtigste Bestandteil ist der sog. **Herabsetzungsbetrag.** Der Beschluss über die Kapitalherabsetzung muss also den Betrag angeben, um den das Kapital herabgesetzt werden soll. Hierbei ist zu berücksichtigen, dass der Mindestbetrag des Stammkapitals gem. § 5 Abs. 1 GmbHG i. H. v. 25.000,00 € grds. eingehalten werden muss (Widmann/Mayer/Mayer, Umwandlungsrecht, § 139 UmwG Rn. 49).

488 Gem. § 58a Abs. 3 GmbHG sind im Beschluss über die vereinfachte Kapitalherabsetzung die **Nennbeträge der Geschäftsanteile** dem herabgesetzten Stammkapital unbedingt anzupassen. Die Nennbeträge der Geschäftsanteile müssen auf volle Euro lauten (§ 5 Abs. 2 GmbHG).

489 Neben dem Beschluss über die Kapitalherabsetzung ist ein **Beschluss über die Änderung des Gesellschaftsvertrages** und der Anpassung der künftigen Ziffer des Stammkapitals erforderlich (str. Lutter/Hommelhoff/Lutter, § 58a GmbHG Rn. 17; Ittner, MittRhNotK 1997, 119; a. A. OLG Düsseldorf, GmbHR 1968, 223).

490 **Mayer** empfiehlt in Fällen der Kapitalherabsetzung zum Zweck der Spaltung, den Kapitalherabsetzungsbeschluss unter der **auflösenden Bedingung** zu fassen, sodass die Wirksamkeit der Spaltung nicht eintritt. Umgekehrt soll der Spaltungsbeschluss unter der aufschiebenden Bedingung des Wirksamwerdens der Kapitalherabsetzung gefasst werden (Mayer, DB 1995, 865).

3. Anmeldung und Eintragung der Kapitalherabsetzung. Die Kapitalherabsetzung ist in **öffent-** 491
lich-beglaubigter Form beim Sitzgericht gem. § 54 Abs. 1 GmbHG anzumelden. Dies kann unmittelbar nach dem Herabsetzungsbeschluss geschehen.

Umstritten ist, ob die Anmeldung der Kapitalherabsetzung nach § 139 UmwG **persönlich durch alle** 492
Geschäftsführer der GmbH (so Widmann/Mayer/Mayer, Umwandlungsrecht, § 139 UmwG Rn. 55; Priester, in: FS für Schippel, 1996, S. 489, 503; Lutter/Hommelhoff/Lutter, § 58a GmbHG Rn. 23; Schwanna, in: Semler/Stengel, § 129 UmwG Rn. 2; Baumbach/Hueck/Zöllner, GmbHG, § 58a Rn. 30) oder durch die Geschäftsführung in vertretungsberechtigter Zahl (Ittner, MittRhNotK 1997, 123; Scholz/Priester, GmbHG, § 58a Rn. 32; Kallmeyer/Zimmermann, UmwG, § 129 Rn. 4) zu erfolgen hat (vgl. eingehend oben Teil 3 Rdn. 378 ff.).

Inhalt der Anmeldung bei der übertragenden GmbH ist die Abänderung der Satzung und die Erklä- 493
rung, dass es sich um eine Kapitalherabsetzung der Durchführung der Spaltung handelt. Die Anmeldung der Kapitalherabsetzung kann mit der Anmeldung der Abspaltung bzw. Ausgliederung in einer Urkunde verbunden werden. In diesen Fällen solle die Anmeldung einen Hinweis darauf enthalten, dass die Abspaltung erst nach Eintragung der Kapitalherabsetzung erfolgen soll (Widmann/Mayer/ Mayer, Umwandlungsrecht, § 139 UmwG Rn. 57).

Bei der Anmeldung sind **folgende Unterlagen** beizufügen: 494
– Beschluss über die Kapitalherabsetzung und Satzungsänderung in elektronisch beglaubigter Abschrift und
– vollständiger Wortlaut der geänderten Satzung nebst Notarbescheinigung
– berichtigte Gesellschafterliste (vgl. oben Teil 2 Rn. 942).

XI. Spaltung zur Neugründung

Bei der Spaltung zur Neugründung gelten grds. die gleichen **Vorschriften wie bei der Verschmelzung** 495
zur Neugründung (vgl. oben Teil 3 Rdn. 175 ff., Teil 3 Rdn. 230 ff.). Bei der Spaltung bzw. Ausgliederung durch Neugründung wird das abzuspaltende Vermögen auf eine neu gegründete GmbH übertragen und den Gesellschaftern bei der Spaltung bzw. der Gesellschaft bei der Ausgliederung Anteile an dieser neuen Gesellschaft gewährt. Die aufnehmende Gesellschaft wird dabei erst mit der Spaltung errichtet. Die übertragenden Gesellschaften sind die Gründer der neuen. Die Gründung erfolgt im Spaltungsvertrag bzw. Spaltungsplan (vgl. ausführlich oben Teil 2 Rdn. 334 ff.).

§ 135 Abs. 2 UmwG bestimmt daher, dass auf die Gründung der neuen Gesellschaft die auf die jewei- 496
lige Rechtsform der neuen Gesellschaft geltenden **Gründungsvorschriften** anzuwenden sind, für die GmbH also die §§ 2 ff. GmbHG.

§ 125 i. V. m. § 37 UmwG bestimmt, dass bereits im **Spaltungsplan** die **Satzung der neuen GmbH** fest- 497
gestellt werden muss. Bei der Abfassung der Satzung ist darauf zu achten, dass es sich bei der Spaltung zur Neugründung um eine Sachgründung handelt, sodass das Stammkapital durch das eingebrachte Vermögen der spaltenden Gesellschaft erbracht wird. Dies ist in der Satzung auszuweisen (vgl. oben Teil 3 Rdn. 237 ff. und Widmann/Mayer/Mayer, Umwandlungsrecht, § 135 UmwG Rn. 44). Für die GmbH hat der BGH dies im Urt. v. 24.07.2000 (DB 2000, 2260; DNotI-Report 2000, 186) dahin gehend konkretisiert, dass der Gegenstand der einzubringenden Sacheinlage im Gesellschaftsvertrag so genau bestimmt werden muss, dass über seine Identität kein Zweifel besteht.

Auch i. Ü. ergibt sich der **notwendige Inhalt der Satzung** aus den allgemeinen Vorschriften des § 3 498
GmbHG:
– Firma und Sitz der Gesellschaft,
– Gegenstand des Unternehmens,
– Betrag des Stammkapitals und
– die Zahl und die Nennbeträge der Geschäftsanteile, die jeder Gesellschafter gegen Einlage auf das Stammkapital (Stammeinlage) übernimmt.

§ 57 i. V. m. § 125 UmwG bestimmt schließlich, dass in dem Gesellschaftsvertrag der neu zu gründen- 499
den Gesellschaft **Festsetzungen** über Vorteile, Gründungsaufwand, Sacheinlagen und Sachübernah-

men, die in den Gesellschaftsverträgen, Satzungen oder Statuten der abspaltenden Gesellschaft enthalten waren, zu übernehmen sind, andernfalls erlöschen sie mit der Spaltung.

500 Die **Gründer der neu errichteten Gesellschaft** bei der Spaltung durch Neubildung sind die spaltenden Gesellschaften und nicht deren Gesellschafter (vgl. ausführlich oben Teil 2 Rdn. 334 ff.). Sowohl die Feststellung der Satzung als auch Bestimmung der Organe in der neuen Gesellschaft erfolgt somit durch die vertretungsberechtigten Organe der übertragenden Gesellschaft (vgl. oben Teil 3 Rdn. 257). Zweckmäßigerweise wird auch gleichzeitig mit dem Abschluss des Gesellschaftsvertrages der neuen Gesellschaft die Bestellung der Geschäftsführer der neu gegründeten Gesellschaft vorgenommen.

XII. Handelsregisteranmeldung

501 Vgl. zunächst die Ausführungen zu Teil 3 Rdn. 361 ff. Im Folgenden soll nur auf **Besonderheiten** eingegangen werden.

502 Erfolgt zur Durchführung der Anteilsgewährung eine **Kapitalerhöhung** bei der übernehmenden GmbH, so muss zunächst die Kapitalerhöhung eingetragen werden, bevor die Eintragung der Spaltung erfolgt (§ 53 UmwG). Gleiches gilt bei einer etwa erforderlichen **Kapitalherabsetzung** durch die übertragende GmbH. Dies hindert aber nicht, die Anmeldung der Kapitalerhöhung bzw. Kapitalherabsetzung und der Spaltung in einer Urkunde zu verbinden.

503 Zu den Erklärungen und Anlagen, wenn bei einer beteiligten GmbH die **Stammeinlagen noch nicht in voller Höhe geleistet** sind, s. o. Teil 3 Rdn. 373.

504 Bei einer **Abspaltung** oder **Ausgliederung** müssen die Geschäftsführer der übertragenden Gesellschaft auch erklären, dass die durch Gesetz und Gesellschaftsvertrag vorgesehenen Voraussetzungen für die Gründung der übertragenden GmbH unter Berücksichtigung der Abspaltung oder Ausgliederung im Zeitpunkt der Anmeldung vorliegen (§ 140 UmwG).

505 Nach dem **Gesetzeswortlaut** (§ 138 UmwG) ist **immer ein Sachgründungsbericht** vorzulegen. Die zu weit geratene Gesetzesfassung dürfte unter Berücksichtigung der Gesetzesbegründung (abgedruckt in: Limmer, Umwandlungsrecht, S. 332) auf den Fall einer i. R. d. Spaltung erfolgenden Neugründung einer GmbH zu beschränken sein (ebenso Widmann/Mayer/Mayer, Umwandlungsrecht, § 125 UmwG Rn. 339; Hörtnagl, in: Schmitt/Hörtnagl/Stratz, § 138 UmwG Rn. 3; Kallmeyer/Kallmeyer/Sickinger, UmwG, § 138 Rn. 1 a. A. allerdings Lutter/Priester, § 138 UmwG Rn. 8). Demgegenüber ist der wohl überwiegende Teil der Literatur und auch die Rechtsprechung der Auffassung, dass das Registergericht zwar keinen Sachgründungsbericht, aber zumindest im Einzelfall entsprechende Darlegungen verlangen kann (so OLG Köln, GmbHR 1996, 684; OLG Thüringen, GmbHr 1994, 710; Lutter/Hommelhoff/Lutter, GmbHG, § 56 Rn. 7; Bock, MittRhNotK 1981, 3; Ulmer/Ulmer, § 56 GmbHG Rn. 57; Baumbach/Hueck/Zöllner, GmbHG, § 56 Rn. 17; Michalski/Hermanns, § 56 GmbHG Rn. 64). Nach einer anderen Auffassung ist wiederum die Vorlage eines Sachkapitalerhöhungsberichts in jedem Fall notwendig (so Lutter/Priester, § 138 UmwG Rn. 8; Priester, DNotZ 1980, 526; Scholz/Priester, GmbHG, § 56 Rn. 90; Timm, GmbHR 1980, 290; Ehlke, GmbHR 1985, 290). Das OLG Stuttgart (GmbHR 1982, 112) war der Auffassung, dass das Registergericht im Rahmen seiner Amtsermittlungspflicht befugt und im Allgemeinen gehalten ist, einen Sachkapitalerhöhungsbericht zu verlangen. Das OLG Jena (GmbHR 1994, 710) stellt auf den Einzelfall ab.

506 Fraglich ist, ob bei einer Spaltung durch Neugründung auch die **Versicherung nach § 8 Abs. 2 GmbHG** abgegeben werden muss. Die Verweisung in § 135 Abs. 2 UmwG auf die Gründungsvorschriften könnte dies nahelegen. **Mayer** hält eine eingeschränkte Versicherung für erforderlich (DB 1995, 861 ff.; und ebenso Widmann/Mayer/Mayer, Umwandlungsrecht, § 135 UmwG Rn. 202): Nicht erforderlich sei eine Versicherung, dass die Leistungen auf die Stammeinlagen bewirkt sind, da der Erwerb erst mit dem Wirksamwerden der Spaltung und damit kraft Gesetzes erfolgt. Erforderlich sei aber eine Versicherung, dass der Gegenstand der Leistungen sich endgültig in der freien Verfügung der Geschäftsführer befindet. Nach Ansicht von **Priester** ist jedenfalls beim Formwechsel über den Wortlaut von § 246 Abs. 3 UmwG hinaus eine Versicherung nach § 8 Abs. 2 GmbHG nicht erforderlich – oder doch nur »zur Besänftigung der Registergerichte« (DNotZ 1995, 427 ff., 452).

Richtiger Ansicht nach ist eine Versicherung nach § 8 Abs. 2 GmbHG nicht, auch nicht in der von 507 Mayer vorgeschlagenen »abgeschwächten« Fassung, erforderlich, und zwar aus folgenden Gründen (so Kallmeyer/Zimmermann, UmwG, § 137 Rn. 9; Lutter/Priester, § 138, Rn. 3; Schwanna, in: Semler/Stengel, § 137 Rn. 5; Ihrig, GmbHR 1995, 63 8; Ittner, MittRhNotK 1997, 123): § 8 Abs. 2 GmbHG geht für beide Bestandteile der Versicherung davon aus, dass die Leistung bereits vor der Anmeldung bewirkt ist. Nur dann ist den Geschäftsführern auch die Abgabe der – strafbewehrten! – Versicherung zuzumuten. Die Leistungen werden aber bei der Spaltung zur Neugründung erst mit dem Wirksamwerden der Spaltung erbracht, kraft Gesetzes und nicht durch rechtsgeschäftliche Übertragungsakte. Eine Versicherung, die Leistungen seien bewirkt, scheidet daher von vornherein aus. Da die Leistungen noch nicht bewirkt sind, können die Geschäftsführer entgegen der Ansicht von Mayer auch nicht erklären, dass sich der Gegenstand endgültig in der freien Verfügung der Geschäftsführer befindet. Auch eine Versicherung, dass der Gegenstand der Leistungen nach Wirksamwerden der Spaltung sich endgültig in der freien Verfügung der Geschäftsführer befinden wird, kann nicht verlangt werden, da die Geschäftsführer das Schicksal der eingebrachten Vermögenswerte bis zum Ablauf des Registerverfahrens nicht vorhersehen können.

XIII. Muster

1. Abspaltung GmbH auf GmbH zur Aufnahme. a) Spaltungsvertrag

▶ **Muster: Abspaltung GmbH auf GmbH zur Aufnahme** 508

UR.Nr. für . . . . .

Verhandelt zu . . . . .

am . . . . .

Vor dem unterzeichnenden

. . . . .

Notar mit dem Amtssitz in . . . . .

erschienen:
1. Herr (Name, Geburtsdatum, Adresse),

hier handelnd nicht im eigenen Namen, sondern als alleinvertretungsberechtigter Geschäftsführer der A-GmbH mit dem Sitz in . . . . ., eingetragen im Handelsregister des Amtsgerichts . . . . . unter HRB . . . . .,
2. Herr (Name, Geburtsdatum, Adresse),

hier handelnd nicht im eigenen Namen, sondern als alleinvertretungsberechtigter Geschäftsführer der B-GmbH mit dem Sitz in . . . . ., eingetragen im Handelsregister des Amtsgerichts . . . . . unter HRB . . . . .

Die Erschienenen wiesen sich dem Notar gegenüber aus durch Vorlage ihrer amtlichen Lichtbildausweise.

A. Vorbemerkung

Die Erschienenen erklärten:

I.

Das Stammkapital der im Handelsregister des Amtsgerichts . . . . . unter HRB . . . . . eingetragenen A-GmbH beträgt . . . . . €. An ihr sind beteiligt:
– Herr A, mit einem Gesellschaftsanteil i. H. v. . . . . . € (Anteil Nr. . . . . .),
– Herr B, mit einem Gesellschaftsanteil i. H. v. . . . . . € (Anteil Nr. . . . . .).

Das Stammkapital der Gesellschaft beträgt . . . . . €.

Die Geschäftsanteile wurden bei der Gründung erworben und sind voll einbezahlt, sodass keine besondere Zustimmungspflicht nach § 51 Abs. 1 UmwG besteht.

II.

Das Stammkapital der im Handelsregister des Amtsgerichts . . . . . unter HRB . . . . . eingetragenen B-GmbH beträgt . . . . . €. An ihr sind beteiligt:
– Herr X mit einem Gesellschaftsanteil i. H. v. . . . . . € (Anteil Nr. . . . . .),

– Herr Y mit einem Gesellschaftsanteil i. H. v. . . . . . € (Anteil Nr. . . . . .),

Die Geschäftsanteile wurden bei der Gründung erworben und sind voll einbezahlt, sodass keine besondere Zustimmungspflicht nach § 51 Abs. 1 UmwG besteht.

Die A-GmbH will ihren Teilbetrieb »Hochbau« auf die B-GmbH im Wege der Abspaltung durch Aufnahme übertragen.

Die Erschienenen ließen sodann folgenden

B. Spaltungsvertrag

beurkunden und erklärten, handelnd wie angegeben:

I. Beteiligte Rechtsträger, Spaltung

1. An der Abspaltung sind beteiligt die A-GmbH mit Sitz in . . . . . als übertragender Rechtsträger und die B-GmbH mit Sitz in . . . . . als übernehmender Rechtsträger.

2. Die A-GmbH überträgt hiermit ihre nachstehend unter Ziff. II. genannten Vermögensteile als Gesamtheit im Wege der Abspaltung zur Aufnahme auf die B-GmbH. Die B-GmbH gewährt als Ausgleich hierfür den Gesellschaftern der A-GmbH Geschäftsanteile an der B-GmbH.

II. Vermögensübertragung

1. Die A-GmbH überträgt den von ihr an drei Standorten unterhaltenen Teilbetrieb »Hochbau« auf die B GmbH mit allen Aktiva und Passiva. Die Abspaltung erfolgt auf der Basis der festgestellten Abspaltungsbilanz der WPG-Wirtschaftsprüfungsgesellschaft vom 31.12. . . . . . und diese Spaltungsbilanz ist Bestandteil dieses Spaltungsplans. Sie ist als Anlage 1 dieser Urkunde als wesentlicher Bestandteil beigefügt, auf sie wird nach §§ 9, 14 Abs. 1 BeurkG verwiesen. Die Beteiligten haben auf das Vorlesen verzichtet. Stattdessen wurden ihnen die Anlage 1 zur Durchsicht vorgelegt, von ihnen genehmigt und unterschrieben.

2. Im Einzelnen sind folgende Vermögensgegenstände Bestandteil des Teilbetriebes und werden i. R. d. Spaltung auf die B-GmbH übertragen. Von der Spaltung werden sämtliche zum Spaltungsstichtag vorhanden Vermögensgegenstände und Schulden des Teilbetriebes mit allen Rechten und Pflichten sowie die ausschließlich diesem Teilbetrieb zuzuordnenden Rechtsbeziehungen, insbes. Vertragsverhältnisse, nach näherer Maßgabe der nachfolgenden Bestimmungen erfasst, gleich ob sie bilanziert sind oder nicht.

Insbes. handelt es sich um folgende Vermögensgegenstände und Schulden, die dem Teilbetrieb mit allen Rechten und Pflichten zuzuordnen sind.

a) Grundstücke

Die folgenden im Grundbuch von X-Stadt eingetragenen Grundstücke mit sämtlichen Abteilungen II und III des Grundbuches eingetragenen Belastungen, einschließlich aufstehender Gebäude mit den dazugehörigen Betriebsvorrichtungen, sowie sämtliche auf die Grundstücke bezogenen Mietverträge:
– Bd. 120 Blatt 3503, Flurstück 400/20, X-Str. in X-Stadt in einer Größe von 10.000 qm,
– Bd. 105 Blatt 2763, Flurstück 733/23, Y-Str. in X-Stadt in einer Größe von 5.000 qm,
– Bd. 100 Blatt 7370, Flurstück 250/12, Z-Str. in X-Stadt mit einer Größe von 3.000 qm.

b) Anlage- und Umlaufvermögen

Sämtliche zum Anlage- und Umlaufvermögen gehörenden beweglichen Gegenstände des Teilbetriebs »Hochbau«, also alle beweglichen Gegenstände, die sich auf den unter a) beschriebenen Grundstücken und Gebäuden befinden, somit alle technischen Anlagen und Maschinen, Kfz-, Betriebs- und Geschäftsausstattung, geringwertige Wirtschaftsgüter, Zubehör und Ersatzteile, EDV-Hardware, sämtliche auf den Grundstücken befindliche Gegenstände des Umlaufvermögens, insbes. Roh-, Hilfs-, Betriebsstoffe, Ausstattung und Verpackungsmaterial. Soweit die A-GmbH Eigentum oder Miteigentum an diesen Gegenständen hat oder diese künftig erwirbt, wird das Eigentum oder Miteigentum übertragen; soweit die A-GmbH Anwartschaftsrechte auf Eigentumserwerb an dem ihr unter Eigentumsvorbehalt gelieferten beweglichen Vermögen hat, überträgt sie hiermit der B-GmbH diese Anwartschaftsrechte. Die beweglichen Vermögensgegenstände, insbes. Anlagen und Einrichtungen sind in der Anlage 2 aufgeführt, ohne jedoch auf die genannten Anlagen und Einrichtungen beschränkt zu sein.

c) Forderungen

Sämtliche Forderungen, die zum Teilbetrieb »Hochbau« zuzuordnen sind, insbes. Forderungen aus Lieferung und Leistung, geleisteten Anzahlungen, aus Darlehen, sowie Schadensersatzforderungen. Die Forderungen sind in der Anlage 3 aufgeführt. Soweit Forderungen in dieser Anlage nicht aufgeführt sind, werden sie dennoch übertragen, wenn und soweit sie dem Teilbetrieb »Hochbau« zuzuordnen sind.

d) Bankguthaben

Sämtliche Bankguthaben bei allen Banken, Kreditinstituten und sonstigen Einrichtungen mit ihrem jeweiligen zum Stichtag ausgewiesenen Bestand. Die Kreditinstitute und Einrichtungen sowie die betroffenen Bankkonten sind in Anlage 4 aufgeführt.

e) Vertragsverhältnisse

Alle dem Teilbetrieb »Hochbau« zuzuordnenden Verträge, insbes. Leasingverträge, Mietverträge, Kauf-, Dienst-, Werk-, Beratungs-, Darlehens-, Versorgungs-, Versicherungs-, Finanzierungsverträge, Verträge mit Handelsvertretern sowie Angebote und sonstige Rechtsstellungen zivilrechtlicher oder öffentlich-rechtlicher Art. Die Verträge sind in Anlage 5 beschrieben. Soweit Verträge und Vertragsverhältnisse in dieser Anlage nicht aufgeführt sind, werden sie dennoch übertragen, wenn und soweit sie den Betriebsteil »Hochbau« betreffen oder ihm zuzuordnen sind.

f) Schutzrechte

Sämtliche Schutzrechte der A-GmbH, die den Betriebsteil »Hochbau« betreffen. Schutzrechte umfassen insbes. alle Erfindungen, Know-how, Geschäfts- und Betriebsgeheimnisse, Patente, Verfahren, Formeln und sonstigen immateriellen Gegenstände, die nicht von gewerblichen Schutzrechten umfasst werden, und sämtliche Verkörperungen solcher Gegenstände (Muster, Marken, Zeichenpläne etc.). Die Schutzrechte sind in Anlage 6 ausgeführt.

g) Arbeitsverhältnisse

Sämtliche dem Teilbetrieb »Hochbau« zuzuordnenden Arbeitsverhältnisse einschließlich evtl. bestehender Verpflichtungen der betrieblichen Altersvorsorge, Rückdeckungsversicherung im betrieblichen Versorgungsinteresse und sonstigen Zusagen mit Versorgungscharakter gehen nach § 613a BGB auf die aufnehmende Gesellschaft über. Die Arbeitnehmer werden bei der aufnehmenden Gesellschaft zu gleichen Konditionen beschäftigt. Sollten einzelne Arbeitnehmer dem Übergang ihres Arbeitsverhältnisses widersprechen, so ist die B-GmbH verpflichtet, der A-GmbH alle dadurch entstehenden Kosten zu ersetzen. Die B-GmbH wird außerdem die A-GmbH von allen Ansprüchen aus den Arbeitsverhältnissen und den damit verbundenen Zusagen der betrieblichen Altersvorsorge und Zusagen mit Versorgungscharakter freistellen. Die Arbeitnehmer sind in Anlage 7 aufgeführt.

h) Steuern

Sämtliche Forderungen, Verbindlichkeiten und Rückstellungen gegenüber dem Finanzamt betreffend Körperschaftsteuer und Solidaritätszuschlag, Gewerbesteuer, Umsatzsteuer, Kfz-Steuer, Grundsteuer, Kapitalertragsteuer, Lohn- und Kirchensteuer, Zinsabschlagsteuer.

i) Beteiligung, Mitgliedschaften

Sämtliche zum Teilbereich »Hochbau« gehörenden Beteiligungen, Mitgliedschaften, Finanzanlagen und Ähnliches. Im Einzelnen handelt es sich um folgende Beteiligungen:
– die Mitgliedschaft der A-GmbH im Verband »Hoch- und Tiefbau e.V.«,
– die bestehende Beteiligung i. H. v. 10.000 Aktien an der X-AG,
– die der Geschäftsanteile i. H. v. 10.00,00 € an der Z-GmbH.

j) Verbindlichkeiten

Sämtliche zum Teilbetrieb »Hochbau« gehörenden und zuzuordnenden Verbindlichkeiten der A-GmbH, also sämtliche Schulden, Verbindlichkeiten, Rückstellungen sowie Verlustrisiko aus schwebenden Geschäften. Die Verbindlichkeiten sind in Anlage 8 zu diesem Vertrag aufgeführt.

k) Sonstiges

Sowie alle sonstigen in der Anlage 9 aufgeführten Vermögenspositionen.

3. Für sämtliche unter Ziff. 2 beschriebenen Aktiva und Passiva gilt, dass die Übertragung im Wege der Spaltung alle Wirtschaftsgüter, Gegenstände, materiellen und immateriellen Rechte, Verbindlichkeiten und Rechtsbeziehungen erfasst, die dem Teilbetrieb »Hochbau« dienen oder zu dienen bestimmt sind oder sonst den Teilbetrieb betreffen oder ihm wirtschaftlich zuzurechnen sind, unabhängig da-

von, ob die Vermögensposition bilanzierungsfähig ist oder nicht. Die Übertragung erfolgt auch unabhängig davon, ob der Vermögensgegenstand in den Anlagen 1–9 aufgeführt ist.

Sollten die zu übertragenden Rechtspositionen des Aktiv- oder Passivvermögens bis zum Wirksamwerden der Spaltung im regelmäßigen Geschäftsgang veräußert worden sein, so werden die an ihrer Stelle getretenen vorhandenen Surrogate übertragen. Übertragen werden auch die bis zum Wirksamwerden der Spaltung erworbenen Gegenstände des Aktiv- oder Passivvermögens, soweit sie zum übertragenen Teilbetrieb gehören.

4. Bei Zweifelsfällen, die auch durch Auslegung dieses Vertrages nicht zu klären sind, gilt, dass Vermögensgegenstände, Verbindlichkeiten, Verträge und Rechtspositionen, die nach obigen Regeln nicht zugeordnet werden können, bei der übertragenden Gesellschaft verbleiben. In diesen Fällen ist die A-GmbH berechtigt nach § 315 BGB eine Zuordnung nach ihrem Ermessen unter Berücksichtigung der wirtschaftlichen Zugehörigkeit vorzunehmen.

5. Soweit bilanzierte und nicht bilanzierte Vermögensgegenstände und Schulden in die Rechtsbeziehungen, die dem Teilbetrieb »Hochbau« wirtschaftlich zuzuordnen sind, nicht schon kraft Gesetzes mit der Eintragung der Spaltung in das Handelsregister der übertragenden Gesellschaft auf die aufnehmende Gesellschaft übergehen, wird die übertragende Gesellschaft diese Vermögensgegenstände oder Schulden sowie die Rechtsbeziehungen auf die B-GmbH übertragen. Ist die Übertragung im Außenverhältnis nicht oder nur mit unverhältnismäßigen Aufwand möglich oder unzweckmäßig, werden sich die beteiligten Gesellschaften im Innenverhältnis so stellen, wie sie stehen würden, wenn die Übertragung der Vermögensgegenstände und Passiva bzw. Rechtsbeziehungen auch im Außenverhältnis mit Wirkung zum Vollzug dabei erfolgt wäre. Wird die übertragende Gesellschaft aus Verbindlichkeiten in Anspruch genommen, die der aufnehmenden zuzuordnen sind, ist diese zur Freistellung verpflichtet oder hat Ausgleich zu leisten.

6. Auf die Anlagen 1–9, die dieser Urkunde als wesentlicher Bestandteil beigefügt sind, wird gemäß § 14 Abs. 1 BeurkG verwiesen. Die Beteiligten haben auf das Vorlesen verzichtet, stattdessen wurden ihnen die Anlagen 1–9 zur Kenntnisnahme vorgelegt, sie wurden von ihnen genehmigt und nach § 14 BeurkG unterschrieben.

7. Soweit für die Übertragung von bestimmten Gegenständen die Zustimmung eines Dritten oder eine Registrierung erforderlich ist, werden sich die übertragende und die aufnehmende Gesellschaft bemühen, die Zustimmung oder Registrierung beizubringen. Falls dies nicht oder nur mit unverhältnismäßig hohem Aufwand möglich sein würde, werden sich die übertragende und die aufnehmende Gesellschaft im Innenverhältnis so stellen, als wäre die Übertragung der Gegenstände des ausgegliederten Vermögens mit Wirkung zum Vollzugsdatum erfolgt.

8. Berichtigungen bei Registern, Grundbuch, Markenerklärungen

Die A-GmbH und die B-GmbH bewilligen und beantragen, nach Wirksamwerden der Spaltung die von der Spaltung betroffenen Markenregister entsprechenden Vorschriften dieses Vertrages zu berichtigen.

Die A-GmbH und die B-GmbH bewilligen und beantragen nach Wirksamwerden der Ausgliederung das Grundbuch bei den unter Ziff. 2 beschriebenen Grundstücken und dinglichen Rechten zu berichtigen.

III. Gegenleistung, Umtauschverhältnis

1. Die B-GmbH gewährt den Gesellschaftern der A-GmbH folgende Geschäftsanteile als Gegenleistung:

a) dem Gesellschafter A einen Geschäftsanteil im Nennbetrag von . . . . . €,

b) dem Gesellschafter B einen Geschäftsanteil im Nennbetrag von . . . . . €.

Die Geschäftsanteile werden kostenfrei und mit Gewinnberechtigung ab dem . . . . . gewährt.

2. Zur Durchführung der Abspaltung wird die B-GmbH ihr Stammkapital von bislang . . . . . € um . . . . . € auf . . . . . € erhöhen, und zwar durch Bildung eines Geschäftsanteils (Nr. . . . . .) im Nennbetrag von . . . . . € und eines weiteren Geschäftsanteils (Nr. . . . . .) im Nennbetrag von . . . . . €. Die Einlagen auf die neuen Geschäftsanteile werden durch Übertragung der in Ziffer II genannten Aktiva und Passive erbracht

Als bare Zuzahlungen erhalten . . . . . einen Betrag von . . . . . € und . . . . . einen Betrag von . . . . . €.

3. Das Umtauschverhältnis beträgt . . . . .

4. Die Aufteilung der Anteile erfolgt entsprechend dem Verhältnis der Beteiligungen der Gesellschafter an der A-GmbH.

5. Der Gesamtwert zu dem die erbrachte Sacheinlage von der aufnehmenden Gesellschaft übernommen wird, entspricht dem handelsrechtlichen Buchwert des übertragenen Vermögens zum Spaltungsstichtag. Soweit der Buchwert des übertragenen Nettovermögens den Nennbetrag der dafür gewährten Geschäftsanteile übersteigt, wird der Differenzbetrag in die Kapitalrücklage der aufnehmenden Gesellschaft eingestellt. Eine Vergütung für den Differenzbetrag wird nicht geschuldet.

6. Da zur Durchführung der Abspaltung eine Kapitalherabsetzung erforderlich ist, wird die A-GmbH ihr Stammkapital herabsetzen, wie folgt:

Das Stammkapital der Gesellschaft wird von . . . . . € um . . . . . € auf . . . . . € (in Worten: . . . . . Euro) herabgesetzt.

Die Kapitalherabsetzung erfolgt als vereinfachte Kapitalherabsetzung i. S. d. § 139 UmwG i. V. m. §§ 58a ff. GmbHG. Die Herabsetzung des Stammkapitals dient der Anpassung des Stammkapitals infolge der Spaltung, weil das verbleibende Vermögen der abspaltenden Gesellschaft das nominelle Kapital i. H. v. . . . . . € nicht mehr deckt.

IV. Spaltungsstichtag

Die Übernahme des vorbezeichneten Vermögens der A-GmbH erfolgt im Innenverhältnis mit Wirkung zum Ablauf des . . . . . Vom . . . . . an gelten alle Handlungen und Geschäfte der A-GmbH, die das übertragene Vermögen betreffen, als für Rechnung der B-GmbH vorgenommen.

V. Besondere Rechte

Besondere Rechte i. S. v. § 126 Abs. 1 Nr. 7 UmwG bestehen bei der B-GmbH nicht. Einzelnen Anteilsinhabern werden i. R. d. Spaltung keine besonderen Rechte gewährt.

VI. Besondere Vorteile

Besondere Vorteile i. S. v. § 126 Abs. 1 Nr. 8 UmwG werden weder einem Mitglied eines Vertretungs- oder Aufsichtsorgans noch dem Abschlussprüfer oder dem Spaltungsprüfer gewährt.

VII. Folgen der Abspaltung für Arbeitnehmer und ihre Vertretungen

Durch die Abspaltung ergeben sich für die Arbeitnehmer und ihre Vertretungen die

nachgenannten Folgen: . . . . .

Insoweit sind folgende Maßnahmen vorgesehen: . . . . .

VIII. Abfindungsangebot

Ein Abfindungsangebot ist nach den §§ 29, 125 UmwG nicht erforderlich.

IX. Sonstige Vereinbarungen

1. Sollten für die Übertragung der in Ziff. II. genannten Sachen, Rechte, Vertragsverhältnisse und Verbindlichkeiten weitere Voraussetzungen geschaffen werden müssen, so verpflichten sich die Vertragsbeteiligten alle erforderlichen Erklärungen abzugeben und Handlungen vorzunehmen.

2. Sollte eine Übertragung der in Ziff. II. genannten Sachen, Rechte, Vertragsverhältnisse und Verbindlichkeiten im Wege der Spaltung auf die B-GmbH rechtlich nicht möglich sein, so verpflichten sich die Vertragsbeteiligten alle erforderlichen Erklärungen abzugeben und alle erforderlichen Handlungen vorzunehmen, die rechtlich zu dem beabsichtigten Vermögensübergang auf die B-GmbH in anderer Weise führen.

3. Sollten einzelne Bestimmungen dieser Urkunde unwirksam oder nicht durchführbar sein, so soll dies die Gültigkeit dieses Vertrages i. Ü. nicht berühren. An die Stelle der unwirksamen oder undurchführbaren Vereinbarung soll eine solche treten, die dem wirtschaftlichen Ergebnis der unwirksamen oder undurchführbaren Klausel in zulässiger Weise am nächsten kommt.

X. Bedingungen

Der Spaltungsvertrag steht unter der aufschiebenden Bedingung, dass:

1. die formgerechten Zustimmungsbeschlüsse der Gesellschafterversammlung beider Gesellschaften bis zum . . . . . vorliegen und

2. die Gesellschafter der B-GmbH im Zustimmungsbeschluss die vorstehende Kapitalerhöhung zur Durchführung der Spaltung beschließen.

XI. Hinweise, Vollmacht

Der Notar hat auf Folgendes hingewiesen:
- Die Spaltung wird erst mit der Eintragung in das Handelsregister der übertragenden Gesellschaft wirksam.
- Die Beteiligten beauftragen und ermächtigen den Notar, die zum Vollzug notwendigen Genehmigungen und Zustimmungserklärungen einzuholen. Genehmigungen werden mit Eingang beim Notar wirksam. Dies gilt nicht für die Versagung von Genehmigungen oder deren Erteilung unter Bedingungen oder Auflagen.
- Nach § 133 UmwG haften für die vor dem Wirksamwerden der Spaltung begründeten Verbindlichkeiten des übertragenden Rechtsträgers alle an der Spaltung beteiligten Rechtsträger gesamtschuldnerisch; Gläubiger können für ihre Verbindlichkeiten Sicherheitsleistung nach §§ 125, 22 UmwG verlangen. Daneben können weitere Haftungsvorschriften anwendbar sein insbes. § 25 HGB und § 75 AO.
- Bei der Anmeldung der Abspaltung hat der Geschäftsführer der übertragenden Gesellschaft zu erklären, dass die durch Gesetz und Satzung vorgesehenen Voraussetzungen für die Gründung dieser Gesellschaft auch unter Berücksichtigung der Spaltung im Zeitpunkt der Anmeldung vorliegen.
- Bei nicht vollständig eingezahlten Stammeinlagen bestehen nach §§ 51 Abs. 1, 125 UmwG besondere Zustimmungspflichten.
- Die Mitglieder des Vertretungsorgans und auch eines Aufsichtsorgans sind nach § 25 UmwG als Gesamtschuldner zum Schadensersatz bei Verletzung ihrer Pflichten nach dem UmwG verpflichtet.
- Die Spaltung kann zur Grunderwerbsteuer führen.

XII. Kosten, Abschriften

Die durch diesen Vertrag und ihre Durchführung bei beiden Gesellschaften entstehenden Kosten trägt die B-GmbH. Sollte die Spaltung nicht wirksam werden, tragen die Kosten dieses Vertrages die Gesellschaften zu gleichen Teilen; alle übrigen Kosten trägt die jeweils betroffene Gesellschaft allein.

Von dieser Urkunde erhalten

Abschriften:
- die beteiligten Gesellschaften,
- die Gesellschafter der A- und der B-GmbH;

beglaubigte Abschriften:
- die Registergerichte in ..... ,(elektronisch)
- die Grundbuchämter in ..... (nach Eintragung),
- Grunderwerbsteuerstelle,
- Finanzamt nach § 54 EStDV.

Eine einfache Abschrift mit Veräußerungsanzeige erhält das Finanzamt (Grunderwerbsteuerstelle).

Diese Niederschrift nebst allen Anlagen wurde den Erschienenen vom Notar vorgelesen, von ihnen genehmigt und von ihnen und dem Notar eigenhändig wie folgt unterschrieben:

.....

b) Zustimmungsbeschluss bei der übernehmenden Gesellschaft (B-GmbH)

509 ▶ **Muster: Zustimmungsbeschluss bei der übernehmenden Gesellschaft (B-GmbH)**

Niederschrift über eine Gesellschafterversammlung

Heute, den ..... , erschienen vor mir, dem unterzeichnenden Notar ..... , mit Amtssitz in ..... an der Amtsstelle in .....

1. Herr X, Kaufmann, wohnhaft in .....

2. Herr Y, Kaufmann, wohnhaft in ..... ,

Beide Beteiligte sind mir, Notar ..... persönlich bekannt.

Auf Antrag beurkunde ich den vor mir abgegebenen Erklärungen gemäß Folgendes:

I. Sachverhalt

Die Erschienenen erklären:

Wir sind Gesellschafter der B-GmbH, eingetragen im Handelsregister des Amtsgerichts ..... unter HRB ..... mit einem Stammkapital von ..... €.

Herr X hält einen Geschäftsanteil i. H. v. . . . . . €.

Herr Y hält einen Geschäftsanteil i. H. v. . . . . . €.

Die Stammeinlagen sind voll einbezahlt.

II. Gesellschafterversammlung

Die vorgenannten Gesellschafter halten unter Verzicht auf alle Frist- und Formvorschriften eine Gesellschafterversammlung ab und stellen fest, dass die Gesellschafterversammlung als Vollversammlung beschlussfähig ist.

Die Gesellschafter beschließen mit allen Stimmen Folgendes:

§ 1 Zustimmung zum Spaltungsvertrag

Dem Spaltungsvertrag, Urkunde des Notars . . . . ., in . . . . . vom . . . . . UR.Nr. . . . . . wird mit allen Stimmen vorbehaltlos zugestimmt. Er ist dieser Niederschrift als Anlage in beglaubigter Abschrift beigefügt.

§ 2 Kapitalerhöhung

1. Das Stammkapital der Gesellschaft i. H. v. . . . . . € wird um . . . . . €

auf . . . . . € zur Durchführung der Spaltung gemäß § 55 UmwG erhöht.

2. Es werden zwei neue Geschäftsanteile i. H. v. je . . . . . € (Nr. . . . . . und Nr. . . . . .) gebildet. Zur Übernahme dieser Anteile werden jeweils Herr A und Herr B, Gesellschafter der abspaltenden A-GmbH, zugelassen.

3. Sie leisten ihre Einlagen durch die Übertragung des abgespaltenen Vermögens der A-GmbH nach Maßgabe des unter § 1 genannten Spaltungsvertrages. Der Übertragung des Vermögens liegt die in dieser Urkunde als Anlage . . . . . beigefügte Spaltungsbilanz der A-GmbH zum 31.12. . . . . . zugrunde.

4. Die neuen Geschäftsanteile sind ab 01.01. . . . . . gewinnbezugsberechtigt.

Mit der Durchführung der Verschmelzung sind die neuen Einlagen in voller Höhe bewirkt.

§ 3 Satzungsänderung

Der Gesellschaftsvertrag der B-GmbH wird in § 3 (Stammkapital) wie folgt geändert: »Das Stammkapital der Gesellschaft beträgt . . . . . € (in Worten: . . . . . Euro).«

III. Verzichtserklärungen, Sonstiges

§ 1 Sonstiges

Alle Gesellschafter verzichten (vorsorglich) auf eine Prüfung der Spaltung und auf die Erstellung eines Spaltungsberichts und Erstellung eines Spaltungsprüfungsberichts.

Alle Gesellschafter erklären, dass ihnen der Spaltungsvertrag spätestens zusammen mit der Einberufung der Gesellschafterversammlung übersandt wurde.

Alle Gesellschafter verzichten ausdrücklich auf eine Anfechtung dieses Beschlusses.

§ 2 Kosten, Abschriften

Die Kosten dieser Urkunde trägt die Gesellschaft.

Von dieser Urkunde erhalten

beglaubigte Abschriften:
– die Gesellschafter,
– die übertragende Gesellschaft,
– die übernehmende Gesellschaft;
– die Amtsgerichte (Registergerichte) elektronisch,
– das Grundbuchamt,
– Finanzamt nach § 54 EStDV.

Verlesen vom Notar und von den Beteiligten genehmigt und eigenhändig unterschrieben.

c) Zustimmungsbeschluss bei der übertragenden Gesellschaft (A-GmbH)

510 ▶ **Muster: Zustimmungsbeschluss bei der übertragenden Gesellschaft (A-GmbH)**

Niederschrift über eine Gesellschafterversammlung

Heute, den ..... erschienen vor mir, dem unterzeichnenden Notar ....., mit Amtssitz in ..... an der Amtsstelle in .....

1. Herr A, Kaufmann, wohnhaft in .....,

2. Herr B, Kaufmann, wohnhaft in .....

Die Beteiligten sind mir, Notar ....., persönlich bekannt. Auf Antrag beurkunde ich den vor mir abgegebenen Erklärungen gemäß Folgendes:

I. Sachverhalt

Im Handelsregister des Amtsgerichts ..... ist in der Abteilung B unter Nr. ...... die Firma A-GmbH mit Sitz in ..... eingetragen. Gesellschafter dieser Gesellschaft sind nach Angabe:
– Herr A, mit einem Gesellschaftsanteil i. H. v. ..... € (Anteil Nr. .....),
– Herr B, mit einem Gesellschaftsanteil i. H. v. ..... € (Anteil Nr. .....).

Das Stammkapital der Gesellschaft beträgt ..... €. Es ist voll eingezahlt.

II. Gesellschafterversammlung

Die vorgenannten Gesellschafter halten eine Gesellschafterversammlung der Gesellschaft unter Verzicht auf alle Frist- und Formvorschriften ab, und stellen fest, dass die Gesellschafterversammlung als Vollversammlung beschlussfähig ist.

Die Gesellschafter beschließen sodann mit allen Stimmen Folgendes:

§ 1 Zustimmung zum Spaltungsvertrag

Dem Spaltungsvertrag vom ..... UR.Nr. ..... des amtierenden Notars wird mit allen Stimmen vorbehaltlos zugestimmt.

Der Spaltungsvertrag ist dieser Urkunde als Anlage beigefügt.

§ 2 Kapitalherabsetzung

Die Gesellschafter erklären: Die Geschäftsanteile der Herren A und B sind voll eingezahlt. Da zur Durchführung der Abspaltung eine Kapitalherabsetzung erforderlich ist, beschließen die Gesellschafter weiter:

1. Das Stammkapital der Gesellschaft wird von ..... € um ..... € auf ..... € (in Worten: ..... €) herabgesetzt.

2. Die Kapitalherabsetzung erfolgt als vereinfachte Kapitalherabsetzung i. S. d. § 139 UmwG i. V. m. §§ 58a ff. GmbHG zum Ausgleich eines Spaltungsverlustes i. H. v. ..... €. Die Herabsetzung des Stammkapitals dient der Anpassung des Stammkapitals infolge der Spaltung, weil das verbleibende Vermögen der abspaltenden Gesellschaft das nominelle Kapital i. H. v. ..... € nicht mehr deckt und die Bilanz der A-GmbH keine Beträge in den Kapital- und Gewinnrücklagen ausweist. Auch ein Gewinnvortrag besteht nicht.

3. Die Nennbeträge der von den Gesellschaftern gehaltenen Geschäftsanteile beträgt nach der Herabsetzung des Stammkapitals je ..... €.

4. § 3 des Gesellschaftsvertrages wird wie folgt neu gefasst:
»§ 3 Stammkapital

Das Stammkapital der Gesellschaft beträgt ..... € (in Worten: ..... Euro).«

III. Verzichtserklärung, Sonstiges

Alle Gesellschafter verzichten (vorsorglich) auf die Erstattung eines Spaltungsberichts und eine Prüfung der Spaltung, Erstattung eines Spaltungsprüfungsberichts sowie die Anfechtung dieses Beschlusses.

Alle Gesellschafter erklären, dass ihnen der Spaltungsvertrag spätestens zusammen mit der Einberufung der Gesellschafterversammlung übersandt wurde und dass sie auch von allen übrigen Unterlagen Kenntnis erhalten haben.

Der Notar belehrte über die Vermögensbindung als Folge der vereinfachten Kapitalherabsetzung. Es dürfen insbes. keine Zahlungen an die Gesellschafter geleistet werden. Auch die Gewinnausschüttung ist gemäß § 58d GmbHG beschränkt.

Der beurkundende Notar wies die Gesellschafter weiter darauf hin, dass jeder von ihnen die Erteilung einer Abschrift der Niederschrift über diese Gesellschafterversammlung verlangen kann und dass ihnen ein Anspruch gegen die Geschäftsführer auf Auskunft über alle wesentlichen Angelegenheiten der anderen beteiligten Gesellschaften zusteht.

IV. Kosten, Abschriften

Die Kosten dieser Urkunde trägt die Gesellschaft. Von dieser Urkunde erhalten:

 beglaubigte Abschriften:
 – die Gesellschafter,
 – die übertragende Gesellschaft,
 – die übernehmende Gesellschaft;
 – die Amtsgerichte (Registergerichte), elektronisch
 – das Grundbuchamt/Finanzamt.

Vorgelesen vom Notar, von den Erschienenen genehmigt und eigenhändig unterschrieben.

. . . . .

d) Handelsregisteranmeldung für die übertragende GmbH (A-GmbH) bei der Abspaltung zur Aufnahme mit Kapitalherabsetzung

▶ **Muster: Handelsregisteranmeldung für die übertragende GmbH (A-GmbH) bei der** 511
Abspaltung zur Aufnahme mit Kapitalherabsetzung

An das

Amtsgericht

– Handelsregister B –

Betrifft: HRB . . . . . – A-GmbH

In der Anlage überreiche ich, der unterzeichnende alleinvertretungsberechtigte Geschäftsführer der A-GmbH:
1. Elektronisch beglaubigte Abschrift des Spaltungsplans vom . . . . . – UR.Nr. . . . . . des beglaubigenden Notars –,
2. Elektronisch beglaubigte Abschrift der Zustimmungsbeschlüsse der Gesellschafter der A-GmbH vom . . . . . – UR.Nr. . . . . . des beglaubigenden Notars –, der auch den Beschluss über die Kapitalherabsetzung samt Änderung des Gesellschaftsvertrages enthält, und der B-GmbH vom . . . . . – UR.Nr. . . . . . des beglaubigenden Notars –,
3. Elektronisch beglaubigte Abschrift der Verzichtserklärungen der Gesellschafter der A-GmbH und der B- GmbH auf Erstellung eines Spaltungsberichts und eines Prüfungsberichts und Durchführung einer Spaltungsprüfung vom . . . . . UR.Nr. . . . . . des beglaubigenden Notars –,
4. Elektronisch beglaubigte Abschrift des Nachweises über die Zuleitung des Entwurfs des Spaltungsvertrages an den Betriebsrat der A-GmbH,
5. Elektronisch beglaubigte Abschrift der Schlussbilanz der A-GmbH zum Spaltungsstichtag,
6. vollständigen Wortlaut des Gesellschaftsvertrages mit Satzungsbescheinigung des Notars nach § 54 Abs. 1 GmbHG,
7. berichtigte Gesellschafterliste (vgl. oben Teil 2 Rn. 943)

und melde zur Eintragung in das Handelsregister an:

1. Die A-GmbH hat die im Spaltungsvertrag vom . . . . . – UR.NR. . . . . . des beglaubigenden Notars – genannten Vermögensteile als Gesamtheit auf die B-GmbH mit dem Sitz in . . . . . (eingetragen im Handelsregister des Amtsgerichts . . . . . unter HRB . . . . .) als übernehmende GmbH im Wege der Abspaltung zur Aufnahme übertragen.

2. Das Stammkapital der A-GmbH i. H. v. . . . . . € (in Worten: . . . . . Euro) wurde im Wege der vereinfachten Kapitalherabsetzung nach § 139 UmwG i. V. m. §§ 58 ff. GmbHG um . . . . . € (in Worten: . . . . . Euro) auf . . . . . € (in Worten: . . . . . Euro) herabgesetzt. Die Satzung der A-GmbH wurde in § 3 entsprechend geändert.

Ich erkläre, dass die Spaltungsbeschlüsse aller an der Spaltung beteiligten Gesellschaften nicht angefochten worden sind und aufgrund der in den allen Spaltungsbeschlüssen enthaltenen Anfechtungsverzichtserklärungen sämtlicher Gesellschafter auch nicht angefochten werden können.

Ich erkläre ferner gemäß § 140 UmwG, dass die durch Gesetz und Gesellschaftervertrag vorgesehenen Voraussetzungen für die Gründung dieser Gesellschaft unter Berücksichtigung der Abspaltung im Zeitpunkt dieser Anmeldung vorliegen und dass ein Fall des § 51 Abs. 1 UmwG (nicht voll eingezahlte Geschäftsanteile) nicht vorliegt (§ 52 Abs. 1 UmwG).

Die inländische Geschäftsanschrift und die Geschäftsräume befinden sich unverändert in (Ort, Straße).

....., den .....   (Beglaubigungsvermerk)

e) Handelsregisteranmeldung für die aufnehmende GmbH (B-GmbH) bei der Abspaltung zur Aufnahme mit Kapitalerhöhung

512 ▸ Muster:Handelsregisteranmeldung für die aufnehmende GmbH (B-GmbH) bei der Abspaltung zur Aufnahme mit Kapitalerhöhung

An das

Amtsgericht

– Handelsregister B –

Betrifft: HRB ..... – B-GmbH

In der Anlage überreiche ich, der unterzeichnende, alleinvertretungsberechtigte Geschäftsführer der B-GmbH:
1. Elektronisch beglaubigte Abschrift des Spaltungsplans vom ..... – UR.Nr. ..... des beglaubigenden Notars –,
2. Elektronisch beglaubigte Abschrift der Zustimmungsbeschlüsse der Gesellschafter der B-GmbH vom ..... – UR.Nr. ..... des beglaubigenden Notars –, der auch den Beschluss über die Kapitalerhöhung samt Änderung des Gesellschaftsvertrages enthält; und der A-GmbH vom ..... – UR.Nr. ..... des beglaubigenden Notars –,
3. Elektronisch beglaubigte Abschrift der Verzichtserklärungen der Gesellschafter der A-GmbH und der B- GmbH auf Erstellung eines Spaltungsberichts und eines Prüfungsberichts und Durchführung einer Spaltungsprüfung vom ..... UR.Nr. ..... des beglaubigenden Notars,
4. Elektronisch beglaubigte Abschrift des Nachweises über die Zuleitung des Entwurfs des Spaltungsvertrages an den Betriebsrat der B-GmbH,
5. Elektronisch beglaubigte Abschrift der Abspaltungsbilanz der A-GmbH zum Spaltungsstichtag als Wertnachweis für den übertragenen Teilbetrieb,
6. vollständigen Wortlaut des Gesellschaftsvertrages mit Satzungsbescheinigung des Notars nach § 54 Abs. 1 GmbHG,
7. Übernehmerliste,
8. berichtigte Liste der Gesellschafter,

und melde zur Eintragung in das Handelsregister an:

1. Das Stammkapital der B-GmbH i. H. v. ..... € (in Worten: ..... Euro) wurde im Wege der Kapitalerhöhung zur Durchführung der Spaltung um ..... € (in Worten: ..... Euro) auf ..... € (in Worten: ..... Euro) erhöht. Die Satzung der B-GmbH wurde in § 3 entsprechend geändert.

2. Die A-GmbH (eingetragen im Handelsregister des Amtsgerichts ..... unter HRB .....) hat die im Spaltungsvertrag vom ..... – UR.Nr. ..... des beglaubigenden Notars – genannten Vermögensteile als Gesamtheit auf die B-GmbH mit dem Sitz in ..... als übernehmende GmbH im Wege der Abspaltung zur Aufnahme übertragen.

Ich erkläre, dass die Spaltungsbeschlüsse aller an der Spaltung beteiligten Gesellschaften nicht angefochten worden sind und aufgrund der in den allen Spaltungsbeschlüssen enthaltenen Anfechtungsverzichtserklärungen sämtlicher Gesellschafter auch nicht angefochten werden können.

Ich erkläre ferner, dass ein Fall des § 51 Abs. 1 UmwG (nicht voll eingezahlte Geschäftsanteile) nicht vorliegt (§§ 125, 52 Abs. 1 UmwG).

Die inländische Geschäftsanschrift und die Geschäftsräume befinden sich unverändert in (Ort, Straße).

....., den .....   (Beglaubigungsvermerk)

2. Abspaltung zur Neugründung A-GmbH auf B-GmbH. a) Spaltungsplan

▶ **Muster: Spaltungsplan bei der Abspaltung zur Neugründung A-GmbH auf B-GmbH**   513

UR.Nr. für .....

Verhandelt zu .....

am .....

Vor dem unterzeichnenden

.....

Notar mit dem Amtssitz in .....

erschien:

Herr (Name, Geburtsdatum, Adresse),

hier handelnd nicht im eigenen Namen, sondern als alleinvertretungsberechtigter Geschäftsführer der A-GmbH mit dem Sitz in ..... eingetragen im Handelsregister des Amtsgerichts ..... unter HRB .....

Der Erschienene wies sich dem Notar gegenüber aus durch Vorlage seines amtlichen Lichtbildausweises.

A. Vorbemerkung

Der Erschienene erklärte:

Das Stammkapital der im Handelsregister des Amtsgerichts ..... unter HRB ..... eingetragenen A-GmbH beträgt ..... €. An ihr sind beteiligt:
– Herr A, mit einem Gesellschaftsanteil i. H. v. ..... € (Anteil Nr. .....),
– Herr B, mit einem Gesellschaftsanteil i. H. v. ..... € (Anteil Nr. .....).

Das Stammkapital der Gesellschaft beträgt ..... €.

Die Geschäftsanteile wurden bei der Gründung erworben und sind voll einbezahlt, sodass keine besondere Zustimmungspflicht nach § 51 Abs. 1 UmwG besteht.

Die A-GmbH will ihren Teilbetrieb »Hochbau« auf die B-GmbH im Wege der Abspaltung durch Neugründung übertragen.

Der Erschienene ließ sodann folgenden

B. Spaltungsplan

beurkunden und erklärte, handelnd wie angegeben:

I. Beteiligte Rechtsträger, Spaltung, Gesellschaftsvertrag

1. An der Abspaltung sind beteiligt die A-GmbH mit Sitz in ..... als übertragender Rechtsträger und die B-GmbH mit Sitz in ..... als übernehmender Rechtsträger.

2. Die A-GmbH mit dem Sitz in ..... überträgt hiermit ihre nachstehend unter Ziff. II. genannten Vermögensteile als Gesamtheit im Wege der Abspaltung zur Neugründung auf die neu zu gründende B-GmbH. Die B-GmbH gewährt als Ausgleich hierfür den Gesellschaftern der A-GmbH Geschäftsanteile an der B-GmbH.

3. Die Firma der im Wege der Spaltung neu zu gründenden Gesellschaft lautet:

B-GmbH.

Ihr Sitz ist .....

Vorbehaltlich der Genehmigung der Gesellschafterversammlung der A-GmbH wird für die B-GmbH der als Anlage 1 zu dieser Urkunde genommene Gesellschaftsvertrag festgestellt. Auf die Anlage wird verwiesen, sie wurde mit verlesen und von dem Beteiligten genehmigt.

II. Vermögensübertragung

1. Die A-GmbH überträgt den von ihr an drei Standorten unterhaltenen Teilbetrieb »Hochbau« auf die B-GmbH mit allen Aktiva und Passiva. Die Abspaltung erfolgt auf der Basis der festgestellten Abspaltungsbilanz der WPG-Wirtschaftsprüfungsgesellschaft vom 31.12. . . . . . . und diese Spaltungsbilanz ist Bestandteil dieses Spaltungsplans. Sie ist als Anlage 1 dieser Urkunde als wesentlicher Bestandteil beigefügt, auf sie wird nach §§ 9, 14 Abs. 1 BeurkG verwiesen. Die Beteiligten haben auf das Vorlesen verzichtet. Stattdessen wurden ihnen die Anlage 2 zur Durchsicht vorgelegt, von ihnen genehmigt und unterschrieben.

2. Im Einzelnen sind folgende Vermögensgegenstände Bestandteil des Teilbetriebes und werden i. R. d. Spaltung auf die B-GmbH übertragen. Von der Spaltung werden sämtliche zum Spaltungsstichtag vorhandenen Vermögensgegenstände und Schulden des Teilbetriebes mit allen Rechten und Pflichten sowie die ausschließlich diesem Teilbetrieb zuzuordnenden Rechtsbeziehungen, insbes. Vertragsverhältnisse, nach näherer Maßgabe der nachfolgenden Bestimmungen erfasst, gleich ob sie bilanziert sind oder nicht.

Insbes. handelt es sich um folgende Vermögensgegenstände und Schulden, die dem Teilbetrieb mit allen Rechten und Pflichten zuzuordnen sind:

a) Grundstücke

Die folgenden im Grundbuch von X-Stadt eingetragenen Grundstücke mit sämtlichen Abteilungen II und III des Grundbuches eingetragenen Belastungen, einschließlich aufstehender Gebäude mit den dazugehörigen Betriebsvorrichtungen, sowie sämtliche auf die Grundstücke bezogenen Mietverträge:
– Bd. 120 Blatt 3503, Flurstück 400/20, X-Str. in X-Stadt mit einer Größe von 10.000 qm,
– Bd. 105 Blatt 2763, Flurstück 733/23, Y-Str. in X-Stadt mit einer Größe von 5.000 qm,
– Bd. 100 Blatt 7370, Flurstück 250/12, Z-Str. in X-Stadt mit einer Größe von 3.000 qm.

b) Anlage- und Umlaufvermögen

Sämtliche zum Anlage- und Umlaufvermögen gehörenden beweglichen Gegenstände des Teilbetriebs »Hochbau«, also alle beweglichen Gegenstände, die sich auf den unter a) beschriebenen Grundstücken und Gebäuden befinden, somit alle technischen Anlagen und Maschinen, Kfz-, Betriebs- und Geschäftsausstattung, geringwertige Wirtschaftsgüter, Zubehör und Ersatzteile, EDV-Hardware, sämtliche auf den Grundstücken befindliche Gegenstände des Umlaufvermögens, insbes. Roh-, Hilfs-, Betriebsstoffe, Ausstattung und Verpackungsmaterial. Soweit die A-GmbH Eigentum oder Miteigentum an diesen Gegenständen hat oder diese künftig erwirbt, wird das Eigentum oder Miteigentum übertragen; soweit die A-GmbH Anwartschaftsrechte auf Eigentumserwerb an dem ihr unter Eigentumsvorbehalt gelieferten beweglichen Vermögen hat, überträgt sie hiermit der B-GmbH diese Anwartschaftsrechte. Die wichtigsten beweglichen Vermögensgegenstände, insbes. Anlagen und Einrichtungen sind in der Anlage 3 aufgeführt, ohne jedoch auf die genannten Anlagen und Einrichtungen beschränkt zu sein.

c) Forderungen

Sämtliche Forderungen, die zum Teilbetrieb »Hochbau« zuzuordnen sind, insbes. Forderungen aus Lieferung und Leistung, geleisteten Anzahlungen, aus Darlehen, sowie Schadensersatzforderungen. Die Forderungen sind in der Anlage 4 aufgeführt. Soweit Forderungen in dieser Anlage nicht aufgeführt sind, werden sie dennoch übertragen, wenn und soweit sie dem Teilbetrieb »Hochbau« zuzuordnen sind.

d) Bankguthaben

Sämtliche Bankguthaben bei allen Banken, Kreditinstituten und sonstigen Einrichtungen mit ihrem jeweiligen zum Stichtag ausgewiesenen Bestand. Die Kreditinstitute und Einrichtungen sowie die betroffenen Bankkonten sind in Anlage 5 aufgeführt.

e) Vertragsverhältnisse

Alle dem Teilbetrieb »Hochbau« zuzuordnenden Verträge, insbes. Leasingverträge, Mietverträge, Kauf-, Dienst-, Werk-, Beratungs-, Darlehens-, Versorgungs-, Versicherungs-, Finanzierungsverträge, Verträge mit Handelsvertretern sowie Angebote und sonstige Rechtsstellungen zivilrechtlicher oder öffentlich-rechtlicher Art. Die Verträge sind in Anlage 6 beschrieben. Soweit Verträge und Vertragsverhältnisse in dieser Anlage nicht aufgeführt sind, werden sie dennoch übertragen, wenn und soweit sie den Betriebsteil »Hochbau« betreffen oder ihm zuzuordnen sind.

f) Schutzrechte

Sämtliche Schutzrechte der A-GmbH, die den Betriebsteil »Hochbau« betreffen. Schutzrechte umfassen insbes. alle Erfindungen, Know-how, Geschäfts- und Betriebsgeheimnisse, Patente, Verfahren, Formeln und sonstigen immateriellen Gegenstände, die nicht von gewerblichen Schutzrechten umfasst werden, und sämtliche Verkörperungen solcher Gegenstände (Muster, Marken, Zeichenpläne etc.). Die Schutzrechte sind in Anlage 7 ausgeführt.

g) Arbeitsverhältnisse

Sämtliche dem Teilbetrieb »Hochbau« zuzuordnenden Arbeitsverhältnisse einschließlich evtl. bestehender Verpflichtungen der betrieblichen Altersvorsorge um Zusage, Rückdeckungsversicherung im betrieblichen Versorgungsinteresse und sonstigen Zusagen mit Versorgungscharakter gehen nach § 613a BGB auf die aufnehmende Gesellschaft über. Die Arbeitnehmer werden bei der aufnehmenden Gesellschaft zu gleichen Konditionen beschäftigt. Sollten einzelne Arbeitnehmer dem Übergang ihres Arbeitsverhältnisses widersprechen, so ist die B-GmbH verpflichtet, der A-GmbH alle dadurch entstehenden Kosten zu ersetzen. Die B-GmbH wird außerdem die A-GmbH von allen Ansprüchen aus den Arbeitsverhältnissen und den damit verbundenen Zusagen der betrieblichen Altersvorsorge und Zusagen mit Versorgungscharakter freistellen.

h) Steuern

Sämtliche Forderungen, Verbindlichkeiten und Rückstellungen gegenüber dem Finanzamt betreffend Körperschaftsteuer und Solidaritätszuschlag, Gewerbesteuer, Umsatzsteuer, Kfz-Steuer, Grundsteuer, Kapitalertragsteuer, Lohn- und Kirchensteuer, Zinsabschlagsteuer.

i) Beteiligung, Mitgliedschaften

Sämtliche zum Teilbereich »Hochbau« gehörenden Beteiligungen, Mitgliedschaften, Finanzanlagen und Ähnliches. Im Einzelnen handelt es sich um folgende Beteiligungen:
– Die Mitgliedschaft der A-GmbH im Verband »Hoch- und Tiefbau e.V.«,
– die bestehende Beteiligung i. H. v. 10.000 Aktien an der X-AG,
– die der Geschäftsanteile i. H. v. 10.00,00 € an der Z-GmbH.

j) Verbindlichkeiten

Sämtliche zum Teilbetrieb »Hochbau« gehörenden und zuzuordnenden Verbindlichkeiten der A-GmbH, also sämtliche Schulden, Verbindlichkeiten, Rückstellungen sowie Verlustrisiko aus schwebenden Geschäften. Die Verbindlichkeiten sind in Anlage 8 zu diesem Vertrag aufgeführt.

k) Sonstiges

Sowie alle sonstigen in der Anlage 8 aufgeführten Vermögenspositionen.

3. Für sämtliche unter Ziff. 2 beschriebenen Aktiva und Passiva gilt, dass die Übertragung im Wege der Spaltung alle Wirtschaftsgüter, Gegenstände, materiellen und immateriellen Rechte, Verbindlichkeiten und Rechtsbeziehungen erfasst, die dem Teilbetrieb »Hochbau« dienen oder zu dienen bestimmt sind oder sonst den Teilbetrieb betreffen oder ihm wirtschaftlich zuzurechnen sind, unabhängig davon, ob die Vermögensposition bilanzierungsfähig ist oder nicht. Die Übertragung erfolgt auch unabhängig davon, ob der Vermögensgegenstand in den Anlagen 2–8 aufgeführt ist.

Sollten die zu übertragenden Rechtspositionen des Aktiv- oder Passivvermögens bis zum Wirksamwerden der Spaltung im regelmäßigen Geschäftsgang veräußert worden sein, so werden die an ihrer Stelle getretenen vorhandenen Surrogate übertragen. Übertragen werden auch die bis zum Wirksamwerden der Spaltung erworbenen Gegenstände des Aktiv- oder Passivvermögens, soweit sie zum übertragenen Teilbetrieb gehören.

4. Bei Zweifelsfällen, die auch durch Auslegung dieses Vertrages nicht zu klären sind, gilt, dass Vermögensgegenstände, Verbindlichkeiten, Verträge und Rechtspositionen, die nach obigen Regeln nicht zugeordnet werden können, bei der übertragenden Gesellschaft verbleiben. In diesen Fällen ist die A-GmbH berechtigt nach § 315 BGB eine Zuordnung nach ihrem Ermessen unter Berücksichtigung der wirtschaftlichen Zugehörigkeit vorzunehmen.

5. Soweit bilanzierte und nicht bilanzierte Vermögensgegenstände und Schulden in die Rechtsbeziehungen, die dem Teilbetrieb »Hochbau« wirtschaftlich zuzuordnen sind, nicht schon kraft Gesetzes mit der Eintragung der Spaltung in das Handelsregister der übertragenden Gesellschaft auf die aufnehmende Gesellschaft übergehen, wird die übertragende Gesellschaft diese Vermögensgegenstände oder Schulden sowie die Rechtsbeziehungen auf die B-GmbH übertragen. Ist die Übertragung im Außenverhältnis nicht oder nur mit unverhältnismäßigem Aufwand möglich oder unzweckmäßig,

werden sich die beteiligten Gesellschaften im Innenverhältnis so stellen, wie sie stehen würden, wenn die Übertragung der Vermögensgegenstände und Passiva bzw. Rechtsbeziehungen auch im Außenverhältnis mit Wirkung zum Vollzug dabei erfolgt wäre. Wird die übertragende Gesellschaft aus Verbindlichkeiten in Anspruch genommen, die der aufnehmenden zuzuordnen sind, ist diese zur Freistellung verpflichtet oder hat Ausgleich zu leisten.

6. Auf die Anlagen 1–7, die dieser Urkunde als wesentlicher Bestandteil beigefügt sind, wird gemäß § 14 Abs. 1 BeurkG verwiesen. Die Beteiligten haben auf das Vorlesen verzichtet, stattdessen wurden ihnen die Anlagen 1–7 zur Kenntnisnahme vorgelegt, sie wurden von ihnen genehmigt und nach § 14 BeurkG unterschrieben.

7. Soweit für die Übertragung von bestimmten Gegenständen die Zustimmung eines Dritten an einer öffentlich-rechtlichen Genehmigung oder eine Registrierung erforderlich ist, werden sich die übertragende und die aufnehmende Gesellschaft bemühen, die Zustimmung, Genehmigung oder Registrierung beizubringen. Falls dies nicht oder nur mit unverhältnismäßig hohem Aufwand möglich sein würde, werden sich die übertragende und die aufnehmende Gesellschaft im Innenverhältnis so stellen, als wäre die Übertragung der Gegenstände des ausgegliederten Vermögens mit Wirkung zum Vollzugsdatum erfolgt.

8. Berichtigungen bei Registern, Grundbuch, Markenerklärungen

Die A-GmbH und die B-GmbH bewilligen und beantragen, nach Wirksamwerden der Spaltung die von der Spaltung betroffenen Markenregister entsprechenden Vorschriften dieses Vertrages zu berichtigen.

Die A-GmbH und die B-GmbH bewilligen und beantragen nach Wirksamwerden der Ausgliederung das Grundbuch bei den unter Ziff. 2 beschriebenen Grundstücken und dinglichen Rechten zu berichtigen.

III. Gegenleistung, Umtauschverhältnis

1. Die B-GmbH gewährt folgende Anteile:
a) dem Gesellschafter A einen Geschäftsanteil im Nennbetrag von . . . . . €,
b) dem Gesellschafter B einen Geschäftsanteil im Nennbetrag von . . . . . €

Die Geschäftsanteile werden kostenfrei und mit Gewinnberechtigung ab dem . . . . . gewährt.

Bare Zuzahlungen werden nicht gewährt.

2. Das Umtauschverhältnis beträgt . . . . .

3. Die Aufteilung der Anteile erfolgt entsprechend dem Verhältnis der Beteiligungen der Gesellschafter an der A-GmbH.

4. Der Gesamtwert zu dem die erbrachte Sacheinlage von der aufnehmenden Gesellschaft übernommen wird, entspricht dem handelsrechtlichen Buchwert des übertragenen Vermögens zum Spaltungsstichtag. Soweit der Buchwert des übertragenen Nettovermögens den Nennbetrag der dafür gewährten Geschäftsanteile übersteigt, wird der Differenzbetrag in die Kapitalrücklage der aufnehmenden Gesellschaft eingestellt. Eine Vergütung für den Differenzbetrag wird nicht geschuldet.

5. Da zur Durchführung der Abspaltung eine Kapitalherabsetzung erforderlich ist, wird die A-GmbH ihr Stammkapital herabsetzen, wie folgt:

Das Stammkapital der Gesellschaft wird von . . . . . € um . . . . . € auf . . . . . € (in Worten: . . . . . Euro) herabgesetzt.

Die Kapitalherabsetzung erfolgt als vereinfachte Kapitalherabsetzung i. S. d. § 139 UmwG i. V. m. §§ 58a ff. GmbHG. Die Herabsetzung des Stammkapitals dient der Anpassung des Stammkapitals infolge der Spaltung, weil das verbleibende Vermögen der abspaltenden Gesellschaft das nominelle Kapital i. H. v. . . . . . € nicht mehr deckt.

IV. Spaltungsstichtag

Die Übernahme des vorbezeichneten Vermögens der A-GmbH erfolgt im Innenverhältnis mit Wirkung zum Ablauf des . . . . . Vom . . . . . an gelten alle Handlungen und Geschäfte der A-GmbH, die das übertragene Vermögen betreffen, als für Rechnung der B-GmbH vorgenommen.

V. Besondere Rechte

Besondere Rechte i. S. v. § 126 Abs. 1 Nr. 7 UmwG bestehen bei der B-GmbH nicht. Einzelnen Anteilsinhabern werden i. R. d. Spaltung keine besonderen Rechte gewährt.

VI. Besondere Vorteile

Besondere Vorteile i. S. v. § 126 Abs. 1 Nr. 8 UmwG werden weder einem Mitglied eines Vertretungs- oder Aufsichtsorgans, noch dem Abschlussprüfer oder dem Spaltungsprüfer gewährt.

VII. Folgen der Abspaltung für Arbeitnehmer und ihre Vertretungen

Durch die Abspaltung ergeben sich für die Arbeitnehmer und ihre Vertretungen die

nachgenannten Folgen: . . . . .

Insoweit sind folgende Maßnahmen vorgesehen: . . . . .

VIII. Abfindungsangebot

Ein Abfindungsangebot ist nach den §§ 29, 125 UmwG nicht erforderlich.

IX. Sonstige Vereinbarungen

1. Sollten für die Übertragung der in Ziff. II. genannten Sachen, Rechte, Vertragsverhältnisse und Verbindlichkeiten weitere Voraussetzungen geschaffen werden müssen, so verpflichten sich die Vertragsbeteiligten alle erforderlichen Erklärungen abzugeben und Handlungen vorzunehmen.

2. Sollte eine Übertragung der in Ziff. II. genannten Sachen, Rechte, Vertragsverhältnisse und Verbindlichkeiten im Wege der Spaltung auf die B-GmbH rechtlich nicht möglich sein, so verpflichten sich die Vertragsbeteiligten alle erforderlichen Erklärungen abzugeben und alle erforderlichen Handlungen vorzunehmen, die rechtlich zu dem beabsichtigten Vermögensübergang auf die B-GmbH in anderer Weise führen.

3. Sollten einzelne Bestimmungen dieser Urkunde unwirksam oder nicht durchführbar sein, so soll dies die Gültigkeit dieses Vertrages i. Ü. nicht berühren. An die Stelle der unwirksamen oder undurchführbaren Vereinbarung soll eine solche treten, die dem wirtschaftlichen Ergebnis der unwirksamen oder undurchführbaren Klausel in zulässiger Weise am nächsten kommt.

X. Geschäftsführerbestellung

Die A-GmbH als Gründerin hält eine erste Gesellschafterversammlung ab und beschließt unter Verzicht auf alle Form- und Fristvorschriften mit allen Stimmen Folgendes:

Zum ersten Geschäftsführer der B-GmbH wird Herr . . . . . bestellt. Er ist stets einzelvertretungsberechtigt und von den Beschränkungen des § 181 BGB befreit.

XI. Hinweise, Vollmacht

Der Notar hat auf Folgendes hingewiesen:
– Die Spaltung wird erst mit der Eintragung in das Handelsregister der übertragenden Gesellschaft wirksam.
– Nach § 133 UmwG haften für die vor dem Wirksamwerden der Spaltung begründeten Verbindlichkeiten des übertragenden Rechtsträgers alle an der Spaltung beteiligten Rechtsträger gesamtschuldnerisch; Gläubiger können für ihre Verbindlichkeiten Sicherheitsleistung nach §§ 125, 22 UmwG verlangen. Daneben können weitere Haftungsvorschriften anwendbar sein insbes. § 25 HGB und § 75 AO.
– Bei der Anmeldung der Abspaltung hat der Geschäftsführer der übertragenden Gesellschaft zu erklären, dass die durch Gesetz und Satzung vorgesehenen Voraussetzungen für die Gründung dieser Gesellschaft auch unter Berücksichtigung der Spaltung im Zeitpunkt der Anmeldung vorliegen.
– Bei nicht vollständig eingezahlten Stammeinlagen bestehen nach §§ 51 Abs. 1, 125 UmwG besondere Zustimmungspflichten.
– Die Mitglieder des Vertretungsorgans und auch eines Aufsichtsorgans sind nach § 25 UmwG als Gesamtschuldner zum Schadensersatz bei Verletzung ihrer Pflichten nach dem UmwG verpflichtet.
– Die Spaltung kann zur Grunderwerbsteuer führen.

XII. Kosten, Abschriften

Die durch diesen Vertrag und ihre Durchführung bei beiden Gesellschaften entstehenden Kosten trägt die B-GmbH. Sollte die Spaltung nicht wirksam werden, tragen die Kosten dieses Vertrages die Gesellschaften zu gleichen Teilen; alle übrigen Kosten trägt die jeweils betroffene Gesellschaft allein.

Von dieser Urkunde erhalten

beglaubigte Abschriften:
– die beteiligten Gesellschaften,
– die Gesellschafter der A- und der B-GmbH;

- die Registergerichte in . . . . .(elektronisch),
- die Grundbuchämter in . . . . .,
- die beteiligten Betriebsräte.

Eine einfache Abschrift mit Veräußerungsanzeige erhält das Finanzamt (Grunderwerbsteuerstelle).

Diese Niederschrift nebst allen Anlagen wurde dem Erschienenen vom Notar vorgelesen, von ihm genehmigt und von ihm und dem Notar eigenhändig wie folgt unterschrieben:

. . . . .

Anlagen:
- 1: Gesellschaftsvertrag der B-GmbH
- 2–8: Übertragenes Vermögen

Anlage 1 zur Urkunde vom . . . . . UR.Nr. . . . . .

Satzung der B-GmbH

§ 1 Firma und Sitz

Die Firma der Gesellschaft lautet . . . . .-GmbH. Sitz der Gesellschaft ist . . . . .

§ 2 Gegenstand des Unternehmens

Gegenstand des Unternehmens ist . . . . . Die Gesellschaft kann darüber hinaus alle Geschäfte betreiben, die dem Gesellschaftszweck dienen, insbes. auch den Handel und den Vertrieb mit . . . . .

Die Gesellschaft darf andere Unternehmen gleicher oder ähnlicher Art übernehmen, vertreten und sich an solchen Unternehmen beteiligen. Sie darf Zweigniederlassungen errichten.

§ 3 Stammkapital und Geschäftsanteile

1. Das Stammkapital der Gesellschaft beträgt . . . . . € (in Worten: . . . . . Euro).

Auf das Stammkapital erhalten:
- Herr A einen Geschäftsanteil von . . . . . € (Nr. . . . . .),
- Herr B einen Geschäftsanteil von . . . . . € (Nr. . . . . .).

2. Die Stammeinlage wird in voller Höhe dadurch geleistet, dass sämtliche Aktiva und Passiva des Teilbetriebes »Hochbau« der A-GmbH mit Sitz in X-Stadt (Handelsregister . . . . . HRB . . . . .) im Wege der Abspaltung zur Neugründung (§ 123 Abs. 2 Nr. 2 UmwG) auf die Gesellschaft nach Maßgabe des Spaltungsplans zur Urkunde des Notars . . . . . vom . . . . . (UR.Nr. . . . . .) übertragen wird. Das übertragene Vermögen ist in der Spaltungsbilanz, die dieser Niederschrift als Anlage 2 beigefügt wird und auf die nach § 14 BeurkG verwiesen wird, bezeichnet.

§ 4 Geschäftsjahr

Das Geschäftsjahr ist das Kalenderjahr.

Das erste Geschäftsjahr ist ein Rumpfgeschäftsjahr; es beginnt mit der Eintragung der Gesellschaft in das Handelsregister und endet am darauffolgenden 31.12.

§ 5 Geschäftsführung, Vertretung

Die Gesellschaft hat einen oder mehrere Geschäftsführer. Ist nur ein Geschäftsführer bestellt, so vertritt er die Gesellschaft allein.

Sind mehrere Geschäftsführer bestellt, wird die Gesellschaft durch zwei Geschäftsführer gemeinschaftlich oder durch einen Geschäftsführer und einen Prokuristen gemeinschaftlich vertreten.

Die Gesellschafterversammlung kann unabhängig von der Zahl der bestellten Geschäftsführer und Liquidatoren jederzeit einem, mehreren oder allen Geschäftsführern oder Liquidatoren Einzelvertretungsbefugnis und Befreiung von den Beschränkungen des § 181 BGB erteilen.

§ 6 Wettbewerbsverbot

Kein Gesellschafter darf der Gesellschaft während seiner Vertragzeit mittelbar oder unmittelbar, direkt oder indirekt, gelegentlich oder gewerbsmäßig im Geschäftszweig der Gesellschaft Konkurrenz machen oder sich an Konkurrenzunternehmen beteiligen.

Durch Gesellschafterbeschluss können einzelne oder alle Gesellschafter vom Wettbewerbsverbot befreit werden. Sie sind dann berechtigt, unmittelbar oder mittelbar, direkt oder indirekt im eigenen oder fremden Namen mit der Gesellschaft in den Wettbewerb zu treten oder sich an Konkurrenzunternehmen zu beteiligen. Die Befreiung kann auf bestimmte Bereiche beschränkt werden.

§ 7 Gesellschafterversammlungen

Die Einberufung einer Gesellschafterversammlung erfolgt durch die Geschäftsführer in vertretungsberechtigter Zahl mit eingeschriebenem Brief an jeden unter Mitteilung der Tagesordnung. Das Einladungsschreiben ist mindestens drei Wochen vor dem Versammlungstermin per Einschreiben zur Post zu geben. Für die Fristberechnung zählt der Tag der Absendung und der Tag der Versammlung nicht mit. Der Ort der Versammlung ist der Sitz der Gesellschaft, soweit nicht durch die Gesellschafter einstimmig anderes beschlossen wird.

Die Gesellschafterversammlung ist beschlussfähig, wenn 3/4 des Stammkapitals vertreten sind. Ist eine Gesellschafterversammlung nicht beschlussfähig, so ist durch den oder die Geschäftsführer innerhalb von einer Woche eine neue Gesellschafterversammlung mit der gleichen Tagesordnung einzuberufen. Diese Versammlung ist ohne Rücksicht auf die Zahl der vertretenen Stimmen beschlussfähig; hierauf ist in der Einladung hinzuweisen.

Die Gesellschafter können einstimmig auf die Einhaltung der Form- und Fristvorschriften verzichten.

Die Gesellschafter können sich in der Gesellschafterversammlung durch einen Bevollmächtigten vertreten und das Stimmrecht durch ihn ausüben lassen. Die Vertretungsvollmacht ist schriftlich nachzuweisen. Die Gesellschafterversammlung ist mindestens einmal jährlich als ordentliche Versammlung innerhalb der ersten Monate nach Beginn eines neuen Geschäftsjahres einzuberufen; außerordentliche Versammlungen sind bei wichtigen Gründen zulässig.

Die Versammlung wird durch den Vorsitzenden geleitet, der von den anwesenden Gesellschaftern mit einfacher Mehrheit zu wählen ist.

§ 8 Gesellschafterbeschlüsse

Gesellschafterbeschlüsse werden in Gesellschafterversammlungen gefasst. Beschlüsse außerhalb von Versammlungen können – soweit nicht zwingendes Recht eine besondere Form vorschreibt – auch telefonisch, schriftlich, per E-Mail oder in einer anderen vergleichbaren elektronischen Form gefasst werden, wenn alle Gesellschafter mit diesem Verfahren einverstanden sind. Auch kombinierte Beschlussfassungen sind zulässig. Wird die Gesellschafterversammlung nicht notariell beurkundet, so ist eine schriftliche Niederschrift anzufertigen, die vom Vorsitzenden zu unterzeichnen ist und die Beschlussgegenstände und den Inhalt des Beschlusses protokollieren muss. Jeder Gesellschafter hat Anspruch auf Übersendung einer Abschrift.

Abgestimmt wird in der Gesellschafterversammlung nach Geschäftsanteilen. Je 1,00 € eines Gesellschaftsanteils gewähren eine Stimme.

Gesellschafterbeschlüsse werden mit der einfachen Mehrheit der abgegebenen Stimmen gefasst, soweit nicht die Satzung oder das Gesetz eine höhere Mehrheit vorschreiben.

Beschlüsse der Gesellschafterversammlung können nur innerhalb einer Frist von zwei Monaten seit der Beschlussfassung angefochten werden. Die Anfechtungsfrist ist nur gewahrt, wenn innerhalb dieser Frist die Klage erhoben wird. Zur Erhebung der Klage ist jeder Gesellschafter und Geschäftsführer berechtigt.

§ 9 Jahresabschluss und Gewinnverteilung

Die Bilanz mit Gewinn- und Verlustrechnung, Anhang und – soweit erforderlich – der Lagebericht sind nach Beendigung des Geschäftsjahres von den Geschäftsführern innerhalb der gesetzlichen Frist nach den gesetzlichen Bestimmungen aufzustellen. Die Feststellung des Jahresabschlusses erfolgt durch die Gesellschafterversammlung.

§ 10 Gewinnverwendung

Für die Gewinnverwendung gilt die Regelung des § 29 GmbHG. Die Gesellschafterversammlung beschließt über die Gewinnverwendung, insbes. die Frage der Einstellung in die Rücklagen und der Ausschüttung.

§ 11 Verfügung über Geschäftsanteile

Die Geschäftsanteile können nur mit Zustimmung der Gesellschaft abgetreten und belastet werden.

§ 12 Einziehung von Geschäftsanteilen

Die Gesellschafterversammlung kann die Einziehung von Gesellschaftsanteilen mit Zustimmung des betroffenen Gesellschafters beschließen.

Die Einziehung des Geschäftsanteils ist ohne Zustimmung des Gesellschafters zulässig, wenn
- über das Vermögen des Gesellschafters das Insolvenzverfahren eröffnet ist oder die Eröffnung mangels Masse abgelehnt wird;
- die Zwangsvollstreckung aufgrund eines nicht nur vorläufig vollstreckbaren Titels in den Geschäftsanteil vorgenommen wird und diese Maßnahme nicht innerhalb von drei Monaten, spätestens bis zur Verwertung des Anteils, wieder aufgehoben wird;
- in der Person eines Gesellschafters ein wichtiger Grund vorliegt, insbes. wenn der Gesellschafter die Interessen der Gesellschafter grob verletzt hat und den übrigen Gesellschaftern eine weitere Zusammenarbeit nicht mehr zuzumuten ist;

Steht ein Geschäftsanteil mehreren Gesellschaftern gemeinschaftlich zu, so genügt es, wenn der Grund bei einem Gesellschafter vorliegt.

Bei einem Beschluss über die Einziehung hat der betroffene Gesellschafter kein Stimmrecht. Mit Beschlussfassung ruhen alle Gesellschafterrechte.

Statt der Einziehung kann die Gesellschafterversammlung beschließen, dass der Geschäftsanteil ganz oder geteilt an die Gesellschaft selbst, an einen oder mehrere Gesellschafter oder von der Gesellschaft zu benennende Dritte zu gleichen Bedingungen übertragen wird.

Der ausgeschlossene Gesellschafter ist mit dem Wert seines Geschäftsanteils, der gemäß den Bestimmungen dieses Vertrages zu bestimmen ist, abzufinden.

§ 13 Erbfolge

Im Fall des Todes eines Gesellschafters treten die Erben an die Stelle des verstorbenen Gesellschafters. Sind mehrere Erben vorhanden, so haben die Erben einen gemeinschaftlichen Vertreter zu bestimmen. Solange der Vertreter nicht bestimmt ist, ruhen die Gesellschafterrechte.

§ 14 Bewertung von Geschäftsanteilen und Abfindungen

Die Abfindung bemisst sich nach dem tatsächlichen Wert des Geschäftsanteils. Zu dessen Ermittlung ist eine Auseinandersetzungsbilanz aufzustellen. Maßgeblicher Zeitpunkt ist der Tag des Ausscheidens.

Im Fall der Einziehung des Geschäftsanteils nach § 12 beträgt der zu zahlende Abfindungsbetrag nur 60 % dieses Wertes.

Die Abfindungsforderung des ausgeschiedenen Gesellschafters ist wie folgt zu erfüllen: Die Abfindungsraten sind in fünf gleichen Halbjahresraten an den ausgeschiedenen Gesellschafter zu zahlen, erstmals am auf das Ausscheiden folgenden 31.12. Der ausstehende Betrag ist mit 4 % zu verzinsen.

§ 15 Dauer der Gesellschaft

Die Dauer der Gesellschaft ist unbestimmt.

Die Gesellschaft kann von jedem Gesellschafter mit jährlicher Frist zum Ende des Geschäftsjahres gekündigt werden, frühestens zum 31.12. Die Kündigung hat durch eingeschriebenen Brief an die Geschäftsführung zu erfolgen.

Die Gesellschaft wird durch Kündigung nicht aufgelöst. Sie wird nach Ausscheiden des betroffenen Gesellschafters von den übrigen Gesellschaftern fortgesetzt. Der ausscheidende Gesellschafter ist verpflichtet, seinen Geschäftsanteil nach Wahl der Gesellschaft ganz oder teilweise an die Gesellschaft, an einen oder mehrere Gesellschafter oder an einen von der Gesellschaft zu benennenden Dritten abzutreten oder die Einziehung des Geschäftsanteils zu dulden.

Falls der Geschäftsanteil des ausscheidenden Gesellschafters nicht bis zum Ablauf der Kündigungsfrist von einem anderen übernommen oder eingezogen wird, tritt die Gesellschaft in Liquidation.

Der Anteil des ausscheidenden Gesellschafters ist mit dem Wert des Geschäftsanteils zu vergüten, der sich nach § 14 Abs. 1 ergibt. Das Recht der fristlosen Kündigung wird jedoch nicht berührt.

§ 16 Liquidation

Im Fall der Auflösung der Gesellschaft erfolgt deren Abwicklung durch den oder die Geschäftsführer als Liquidatoren, soweit nicht durch Gesellschafterbeschluss andere Liquidatoren bestellt werden.

§ 17 Bekanntmachungen

Die Bekanntmachungen der Gesellschaft erfolgen im Elektronischen Bundesanzeiger.

§ 18 Sonstiges

Die Unwirksamkeit einzelner Bestimmungen dieses Vertrages lässt die Wirksamkeit des Vertrages i. Ü. unberührt. In einem solchen Fall ist die ungültige Bestimmung durch eine Regelung zu ergänzen, die dem gewünschten wirtschaftlichen Ergebnis in rechtsgültiger Weise am nächsten kommt.

§ 19 Gründungskosten

Die Kosten für den durch die Spaltung zur Neugründung entstehenden Gründungsaufwand trägt die Gesellschaft. Dieser Gründungsaufwand wird übereinstimmend mit . . . . . € angesetzt.

Gemäß § 125 i. V. m. § 57 UmwG werden die Festsetzungen über den Gründungsaufwand aus der Satzung der übertragenden Gesellschaft wie folgt übernommen: . . . . . (Anm.: *Text aus der Satzung der A-GmbH einfügen*).

b) Zustimmungsbeschluss bei der übertragenden Gesellschaft (A-GmbH)

▶ **Muster: Zustimmungsbeschluss bei der übertragenden Gesellschaft (A-GmbH)**   514

Niederschrift über eine Gesellschafterversammlung

Heute, den . . . . . erschienen vor mir, dem unterzeichnenden Notar . . . . ., mit Amtssitz in . . . . ., an der Amtsstelle in . . . . .

1. Herr A, Kaufmann, wohnhaft in . . . . .,

2. Herr B, Kaufmann, wohnhaft in . . . . .

Die Beteiligten sind mir, Notar . . . . ., persönlich bekannt. Auf Antrag beurkunde ich den vor mir abgegebenen Erklärungen gemäß Folgendes:

I. Sachverhalt

Im Handelsregister des Amtsgerichts . . . . ., ist in der Abteilung B unter Nr. . . . . . . die Firma A-GmbH mit Sitz in . . . . . eingetragen. Gesellschafter dieser Gesellschaft sind nach Angabe:
– Herr A, mit einem Gesellschaftsanteil i. H. v. . . . . . €,
– Herr B, mit einem Gesellschaftsanteil i. H. v. . . . . . €.

Das Stammkapital der Gesellschaft beträgt . . . . . €.

II. Gesellschafterversammlung

Die vorgenannten Gesellschafter halten eine Gesellschafterversammlung der Gesellschaft unter Verzicht auf alle Frist- und Formvorschriften ab und stellen fest, dass die Gesellschafterversammlung als Vollversammlung beschlussfähig ist.

Die Gesellschafter beschließen sodann mit allen Stimmen Folgendes:

§ 1 Zustimmung zum Spaltungsplan, Gesellschaftsvertrag und zur Geschäftsführerbestellung

Dem Spaltungsplan samt dem Gesellschaftsvertrag vom . . . . . UR.Nr. . . . . . des amtierenden Notars und der Bestellung von Herrn . . . . . zum Geschäftsführer wird mit allen Stimmen vorbehaltlos zugestimmt.

Der Spaltungsvertrag ist dieser Urkunde als Anlage beigefügt.

§ 2 Kapitalherabsetzung

Die Gesellschafter erklären: Die Geschäftsanteile der Herren A und B sind voll eingezahlt. Da zur Durchführung der Abspaltung eine Kapitalherabsetzung erforderlich ist, beschließen die Gesellschafter weiter:

1. Das Stammkapital der Gesellschaft wird von . . . . . € um . . . . . € auf . . . . . € (in Worten: . . . . . Euro) herabgesetzt.

2. Die Kapitalherabsetzung erfolgt als vereinfachte Kapitalherabsetzung i. S. d. § 139 UmwG i. V. m. §§ 58a ff. GmbHG zum Ausgleich eines Spaltungsverlustes i. H. v. . . . . . €. Die Herabsetzung des Stammkapitals dient der Anpassung des Stammkapitals infolge der Spaltung, weil das verbleibende Vermögen der abspaltenden Gesellschaft das nominelle Kapital i. H. v. . . . . . € nicht mehr deckt und die

Bilanz der A-GmbH keine Beträge in den Kapital- und Gewinnrücklagen ausweist. Auch ein Gewinn-vortrag besteht nicht.

3. Die Nennbeträge der von den Gesellschaftern gehaltenen Geschäftsanteile betragen nach der He-rabsetzung des Stammkapitals je . . . . . €.

4. § 3 des Gesellschaftsvertrages wird wie folgt neu gefasst:

»§ 3 Stammkapital

Das Stammkapital der Gesellschaft beträgt . . . . . € (in Worten: . . . . . Euro).«

III. Verzichtserklärung, Sonstiges

Alle Gesellschafter verzichten (vorsorglich) auf die Erstattung eines Spaltungsberichts und eine Prü-fung der Spaltung, Erstattung eines Spaltungsprüfungsberichts sowie die Anfechtung dieses Be-schlusses.

Alle Gesellschafter erklären, dass ihnen der Spaltungsvertrag spätestens zusammen mit der Einberu-fung der Gesellschafterversammlung übersandt wurde und dass sie auch von allen übrigen Unterla-gen Kenntnis erhalten haben.

Der Notar belehrte über die Vermögensbindung als Folge der vereinfachten Kapitalherabsetzung. Es dürfen insbes. keine Zahlungen an die Gesellschafter geleistet werden. Auch die Gewinnausschüttung ist gemäß § 58d GmbHG beschränkt.

Der beurkundende Notar wies die Gesellschafter weiter darauf hin, dass jeder von ihnen die Erteilung einer Abschrift der Niederschrift über diese Gesellschafterversammlung verlangen kann und dass ih-nen ein Anspruch gegen die Geschäftsführer auf Auskunft über alle wesentlichen Angelegenheiten der anderen beteiligten Gesellschaften zusteht.

IV. Kosten, Abschriften

Die Kosten dieser Urkunde trägt die Gesellschaft.

Von dieser Urkunde erhalten

 beglaubigte Abschriften:
 – die Gesellschafter,
 – die übertragende Gesellschaft,
 – die übernehmende Gesellschaft;
 – die Amtsgerichte (Registergerichte), elektronisch
 – das Grundbuchamt.

Vorgelesen vom Notar, von den Erschienenen genehmigt und eigenhändig unterschrieben.

. . . . .

c) Handelsregisteranmeldung für die übertragende GmbH bei der Abspaltung zur Neugrün-dung (A-GmbH)

515 ▶ **Muster: Handelsregisteranmeldung für die übertragende GmbH bei der Abspaltung zur Neugründung (A-GmbH)**

An das

Amtsgericht

– Handelsregister B –

Betrifft: HRB . . . . . A-GmbH

In der Anlage überreiche ich, der unterzeichnende, alleinvertretungsberechtigte Geschäftsführer der A-GmbH:
1. Elektronisch beglaubigte Abschrift des Spaltungsplans vom . . . . . – UR.Nr. . . . . . des beglaubigen-den Notars –,
2. Elektronisch beglaubigte Abschrift des Zustimmungsbeschlusses der Gesellschafter der A-GmbH vom . . . . . – UR.Nr. . . . . . des beglaubigenden Notars –, der auch den Beschluss über die Kapital-herabsetzung samt Änderung des Gesellschaftsvertrages enthält,

3. Elektronisch beglaubigte Abschrift der Verzichtserklärungen der Gesellschafter der A-GmbH auf Erstellung eines Spaltungsberichts und eines Prüfungsberichts und Durchführung einer Spaltungsprüfung vom . . . . . –UR.Nr. . . . . . des beglaubigenden Notars –,
4. elektronisch beglaubigter Nachweis über die Zuleitung des Entwurfs des Spaltungsplans an den Betriebsrat der A-GmbH,
5. elektronisch beglaubigte Abschrift der Schlussbilanz der A-GmbH zum Spaltungsstichtag,
6. vollständigen Wortlaut des Gesellschaftsvertrages mit Satzungsbescheinigung des Notars nach § 54 Abs. 1 GmbHG

und melde zur Eintragung in das Handelsregister an:

1. Die A-GmbH hat die im Spaltungsvertrag vom . . . . . – UR.Nr. . . . . . des beglaubigenden Notars – genannten Vermögensteile als Gesamtheit auf die B-GmbH mit dem Sitz in . . . . . als übernehmende GmbH im Wege der Abspaltung zur Neugründung übertragen. Die Geschäftsräume befinden sich in . . . . .

2. Das Stammkapital der A-GmbH i. H. v. . . . . . € (in Worten: . . . . . Euro) wurde im Wege der vereinfachten Kapitalherabsetzung nach § 139 UmwG i. V. m. §§ 58a ff. GmbHG um . . . . . € (in Worten: . . . . . Euro) auf . . . . . € (in Worten: . . . . . Euro) herabgesetzt. Die Satzung der A-GmbH wurde in § 3 entsprechend geändert.

Ich erkläre, dass der Spaltungsbeschluss der Gesellschafter der A-GmbH nicht angefochten worden ist und aufgrund der in den Spaltungsbeschlüssen enthaltenen Anfechtungsverzichtserklärungen sämtlicher Gesellschafter auch nicht angefochten werden kann.

Ich erkläre ferner gemäß § 140 UmwG, dass die durch Gesetz und Gesellschaftervertrag vorgesehenen Voraussetzungen für die Gründung dieser Gesellschaft unter Berücksichtigung der Abspaltung im Zeitpunkt dieser Anmeldung vorliegen und dass ein Fall des § 51 Abs. 1 UmwG (nicht voll eingezahlte Geschäftsanteile) nicht vorliegt (§ 52 Abs. 1 UmwG).

Die inländische Geschäftsanschrift und die Geschäftsräume befinden sich unverändert in (Ort, Straße).

. . . . ., den . . . . .   (Beglaubigungsvermerk)

d) Handelsregisteranmeldung für die neu gegründete GmbH (B-GmbH)

▶ **Muster: Handelsregisteranmeldung für die neu gegründete GmbH (B-GmbH)**   516

An das

Amtsgericht

– Handelsregister B –

Betrifft: Neugründung der B-GmbH mit dem Sitz in . . . . .

In der Anlage überreichen wir, der unterzeichnende alleinvertretungsberechtigte Geschäftsführer der A-GmbH – dortiges Handelsregister HRB . . . . . – und der neu bestellte Geschäftsführer der B-GmbH:
1. Elektronisch beglaubigte Abschrift des Spaltungsplans nebst Gesellschaftsvertrag und Beschluss über die Geschäftsführerbestellung der neu gegründeten B-GmbH vom . . . . . – UR.Nr. . . . . . des beglaubigenden Notars –,
2. Elektronisch beglaubigte Abschrift der Zustimmungsbeschlüsse der Gesellschafter der A-GmbH vom . . . . . – UR.Nr. . . . . . und . . . . . des beglaubigenden Notars –,
3. Elektronisch beglaubigte Abschriften der Verzichtserklärungen der Gesellschafter der A-GmbH auf Erstellung eines Verschmelzungsberichts und eines Prüfungsberichts vom . . . . . und . . . . . – UR.Nr. . . . . . und . . . . . des beglaubigenden Notars –,
4. elektronisch beglaubigte Abschrift der Nachweise über die Zuleitung des Entwurfs des Spaltungsplans an den Betriebsrat der A-GmbH,
5. elektronisch beglaubigte Abschrift der Gesellschafterliste,
6. elektronisch beglaubigte Abschrift des Sachgründungsberichtes,
7. Unterlagen über die Werthaltigkeit der übertragenen Vermögensteile

und melden zur Eintragung in das Handelsregister an:

Unter der Firma »B-GmbH« ist eine Gesellschaft mit beschränkter Haftung im Wege der Abspaltung durch Neugründung von der A-GmbH mit Sitz in . . . . . neu gegründet worden.

Sitz der Gesellschaft ist . . . . .

Abstrakte Vertretungsbefugnis:

Die Gesellschaft hat einen oder mehrere Geschäftsführer. Ist nur ein Geschäftsführer bestellt, so vertritt dieser die Gesellschaft allein. Sind mehrere Geschäftsführer bestellt, so wird die Gesellschaft durch zwei Geschäftsführer gemeinsam oder durch einen Geschäftsführer in Gemeinschaft mit einem Prokuristen vertreten. Durch Gesellschafterbeschluss kann einzelnen oder mehreren Geschäftsführern die Befugnis zur Einzelvertretung sowie die Befreiung von den Beschränkungen des § 181 BGB erteilt werden.

Zum ersten Geschäftsführer der Gesellschaft wurde bestellt:

(Name, Geburtsdatum, Adresse)

Konkrete Vertretungsbefugnis:

Er ist berechtigt, die Gesellschaft stets einzeln zu vertreten und von den Beschränkungen des § 181 BGB befreit.

Der mitunterzeichnende Geschäftsführer erklärt: Ich, [Name], versichere, dass keine Umstände vorliegen, die meiner Bestellung zum Geschäftsführer nach § 6 Abs. 2 GmbH-Gesetz entgegenstehen.

Der Geschäftsführer der Gesellschaft versichert insbesondere,

– dass er nicht wegen einer oder mehrerer vorsätzlicher Straftaten
a) des Unterlassens der Stellung des Antrags auf Eröffnung des Insolvenzverfahrens (Insolvenzverschleppung),
b) §§ 283–283d StGB (Insolvenzstraftaten),
c) der falschen Angaben nach § 82 GmbHG oder § 399 AktG,
d) der unrichtigen Darstellung nach § 400 AktG, § 331 HGB, § 313 UmwG oder § 17 PublizitätsG,
e) nach den §§ 263 StGB (Betrug), § 263a StGB (Computerbetrug), § 264 StGB (Kapitalanlagebetrug) § 264a (Subventionsbetrug) oder den §§ 265b StGB (Kreditbetrug), § 266 StGB (Untreue) bis § 266a StGB (Vorenthalten und Veruntreuen von Arbeitsentgelt – Nichtabführung von Sozialversicherungsbeiträgen) zu einer Freiheitsstrafe von mindestens einem Jahr

verurteilt worden ist, und
– dass ihm weder durch gerichtliches Urteil noch durch die vollziehbare Entscheidung einer Verwaltungsbehörde die Ausübung eines Berufes, eines Berufszweiges, eines Gewerbes oder eines Gewerbezweiges ganz oder teilweise untersagt wurde, und
– auch keine vergleichbaren strafrechtlichen Entscheidungen ausländischer Behörden oder Gerichte gegen ihn vorliegen, und
– dass er über die uneingeschränkte Auskunftspflicht gegenüber dem Gericht durch den Notar belehrt wurde.

Die inländische Geschäftsanschrift und die Geschäftsräume befinden sich in . . . . . (Ort, Straße).

Wir erklären, dass der Spaltungsbeschluss der Gesellschafter der A-GmbH nicht angefochten worden ist und aufgrund der in den Spaltungsbeschlüssen enthaltenen Anfechtungsverzichtserklärungen sämtlicher Gesellschafter auch nicht angefochten werden kann.

. . . . ., den . . . . .   (Beglaubigungsvermerk)

517 ▶ Hinweis:

Umstritten ist, ob folgende Versicherung nach § 8 GmbHG erforderlich ist (vgl. Teil 3 Rdn. 388):

»Der Geschäftsführer der B-GmbH versichert, dass ab der Eintragung der Spaltung im Handelsregister der übertragenden Gesellschaft das Vermögen der durch die Spaltung neu gegründeten Gesellschaft sich endgültig in der freien Verfügung des oder der Geschäftsführer befindet.«

e) Spaltungsvertrag bei Aufspaltung durch Aufnahme

▶ **Muster: Spaltungsvertrag** 518

UR.Nr. für . . . . .

Verhandelt zu . . . . .

am . . . . .

Vor dem unterzeichnenden

. . . . .

Notar mit dem Amtssitz in . . . . .

erschienen:

1. Herr (Name, Geburtsdatum, Adresse),

hier handelnd nicht im eigenen Namen, sondern als alleinvertretungsberechtigter Geschäftsführer der A-GmbH mit dem Sitz in . . . . ., eingetragen im Handelsregister des Amtsgerichts . . . . . unter HRB . . . . .,

2. Herr (Name, Geburtsdatum, Adresse),

hier handelnd nicht im eigenen Namen, sondern als alleinvertretungsberechtigter Geschäftsführer der B-GmbH mit dem Sitz in . . . . ., eingetragen im Handelsregister des Amtsgerichts . . . . . unter HRB . . . . .,

3. Herr (Name, Geburtsdatum, Adresse),

hier handelnd nicht im eigenen Namen, sondern als alleinvertretungsberechtigter Geschäftsführer der C-GmbH mit dem Sitz in . . . . ., eingetragen im Handelsregister des Amtsgerichts . . . . . unter HRB . . . . .

Die Erschienenen wiesen sich dem Notar gegenüber aus durch Vorlage ihrer amtlichen Lichtbildausweise.

A. Vorbemerkung

Die Erschienenen erklärten:

I.

Das Stammkapital der im Handelsregister des Amtsgerichts . . . . . unter HRB . . . . . eingetragenen A-GmbH beträgt . . . . . €. An ihr sind beteiligt:
– Herr A mit einem Geschäftsanteil von . . . . . € (Nr. . . . . .),
– Herr B mit einem Geschäftsanteil von . . . . . € (Nr. . . . . .).

Die Geschäftsanteile wurden bei der Gründung erworben und sind voll einbezahlt, sodass keine besondere Zustimmungspflicht nach § 51 Abs. 1 UmwG besteht.

II.

Das Stammkapital der im Handelsregister des Amtsgerichts . . . . . unter HRB . . . . . eingetragenen B-GmbH beträgt . . . . . €. An ihr sind beteiligt:
– Herr X mit einem Geschäftsanteil von . . . . . € (Nr. . . . . .),
– Herr Y mit einem Geschäftsanteil von . . . . . € (Nr. . . . . .).

Die Geschäftsanteile wurden bei der Gründung erworben und sind voll einbezahlt, sodass keine besondere Zustimmungspflicht nach § 51 Abs. 1 UmwG besteht.

III.

Das Stammkapital der im Handelsregister des Amtsgerichts . . . . . unter HRB . . . . . eingetragenen C-GmbH beträgt . . . . . €. An ihr sind beteiligt:
– Herr L mit einem Geschäftsanteil von . . . . . € (Nr. . . . . .),
– Herr M mit einem Geschäftsanteil von . . . . . € (Nr. . . . . .).

Die Geschäftsanteile wurden bei der Gründung erworben und sind voll einbezahlt, sodass keine besondere Zustimmungspflicht nach § 51 Abs. 1 UmwG besteht.

Die A-GmbH betreibt zwei Teilbetriebe, und zwar den Teilbetrieb »Hochbau« und den Teilbetrieb »Tiefbau«. Das gesamte Vermögen der A-GmbH in Form der beiden Teilbetriebe soll auf die B-GmbH

und die C-GmbH im Wege der Aufspaltung durch Aufnahme unter Auflösung ohne Abwicklung jeweils als Gesamtheit gegen Gewährung von Anteilen der B- und der C-GmbH an die Gesellschafter der A-GmbH übertragen werden.

Die Erschienenen ließen sodann folgenden

B. Spaltungsvertrag

beurkunden und erklärten, handelnd wie angegeben:

I. Beteiligte Rechtsträger, Spaltung

1. An der Abspaltung sind beteiligt die A-GmbH mit Sitz in ..... als übertragender Rechtsträger und die B-GmbH mit Sitz in ..... und die C-GmbH mit Sitz in ..... als übernehmende Rechtsträger.

2. Die A-GmbH überträgt hiermit ihr Vermögen als Ganzes ohne Abwicklung, nachstehend unter Ziff. II. genauer bezeichnet, im Wege der Aufspaltung zur Aufnahme auf die B-GmbH und die C-GmbH. Die B-GmbH und die C-GmbH gewähren als Ausgleich hierfür den Gesellschaftern der A-GmbH jeweils Geschäftsanteile an der B-GmbH und der C-GmbH.

II. Vermögensübertragung

1. Die A-GmbH überträgt den von ihr an drei Standorten unterhaltenen Teilbetrieb »Hochbau« auf die B-GmbH mit allen Aktiva und Passiva. Die Abspaltung erfolgt auf der Basis der festgestellten Abspaltungsbilanz I der WPG-Wirtschaftsprüfungsgesellschaft vom 31.12...... und diese Spaltungsbilanz ist Bestandteil dieses Spaltungsplans.

2. Die A-GmbH überträgt den von ihr an zwei Standorten unterhaltenen Teilbetrieb »Tiefbau« auf die C-GmbH mit allen Aktiven und Passiven. Die Abspaltung erfolgt auf der Basis der festgestellten Abspaltungsbilanz II der WPG-Wirtschaftsprüfungsgesellschaft vom 31.12...... und diese Spaltungsbilanz ist Bestandteil dieses Spaltungsplans.

3. Die Bilanzen sind als Anlagen 2 und 3 dieser Urkunde als wesentlicher Bestandteil beigefügt, auf sie wird nach §§ 9, 14 Abs. 1 BeurkG verwiesen. Die Beteiligten haben auf das Vorlesen verzichtet. Stattdessen wurden ihnen die Anlagen 1 und 2 zur Durchsicht vorgelegt, von ihnen genehmigt und unterschrieben.

4. Im Einzelnen sind folgende Vermögensgegenstände Bestandteil des Teilbetriebes »Hochbau« und werden i. R. d. Spaltung auf die B-GmbH übertragen .....

5. Im Einzelnen sind folgende Vermögensgegenstände Bestandteil des Teilbetriebes »Tiefbau« und werden i. R. d. Spaltung auf die C-GmbH übertragen .....

6. Für sämtliche unter Ziff. 3 und 4 beschriebenen Aktiva und Passiva gilt, dass die Übertragung im Wege der Spaltung alle Wirtschaftsgüter, Gegenstände, materiellen und immateriellen Rechte, Verbindlichkeiten, Rechtsbeziehungen erfasst, die dem jeweiligen Teilbetrieb dienen oder zu dienen bestimmt sind oder sonst den Teilbetrieb betreffen oder ihm wirtschaftlich zuzurechnen sind, unabhängig davon, ob die Vermögensposition bilanzierungsfähig ist oder nicht. Die Übertragung erfolgt auch unabhängig davon, ob der Vermögensgegenstand in den Anlagen 2–7 aufgeführt ist.

Sollten die zu übertragenden Rechtspositionen des Aktiv- oder Passivvermögens bis zum Wirksamwerden der Spaltung im regelmäßigen Geschäftsgang veräußert worden sein, so werden die an ihrer Stelle getretenen vorhandenen Surrogate übertragen. Übertragen werden auch die bis zum Wirksamwerden der Spaltung erworbenen Gegenstände des Aktiv- oder Passivvermögens, soweit sie zum übertragenen Teilbetrieb gehören.

7. Bei Zweifelsfällen, die auch durch Auslegung dieses Vertrages nicht zu klären sind, gilt, dass Vermögensgegenstände, Verbindlichkeiten, Verträge und Rechtspositionen, die nach obigen Regeln nicht zugeordnet werden können, bei der übertragenden Gesellschaft verbleiben. In diesen Fällen ist die A-GmbH berechtigt nach § 315 BGB eine Zuordnung nach ihrem Ermessen unter Berücksichtigung der wirtschaftlichen Zugehörigkeit vorzunehmen.

8. Soweit bilanzierte und nicht bilanzierte Vermögensgegenstände und Schulden in die Rechtsbeziehungen, die dem Teilbetrieb »Hochbau« wirtschaftlich zuzuordnen sind, nicht schon kraft Gesetzes mit der Eintragung der Spaltung in das Handelsregister der übertragenden Gesellschaft auf die aufnehmende Gesellschaft übergehen, wird die übertragende Gesellschaft diese Vermögensgegenstände oder Schulden sowie die Rechtsbeziehungen auf die B-GmbH übertragen. Ist die Übertragung im Außenverhältnis nicht oder nur mit unverhältnismäßigen Aufwand möglich oder unzweckmäßig, werden sich die beteiligten Gesellschaften im Innenverhältnis so stellen, wie sie stehen würden, wenn die Übertragung der Vermögensgegenstände und Passiva bzw. Rechtsbeziehungen auch im Außen-

verhältnis mit Wirkung zum Vollzug dabei erfolgt wäre. Wird die übertragende Gesellschaft aus Verbindlichkeiten in Anspruch genommen, die der aufnehmenden zuzuordnen sind, ist diese zur Freistellung verpflichtet oder hat Ausgleich zu leisten.

9. Auf die Anlagen 1–7, die dieser Urkunde als wesentlicher Bestandteil beigefügt sind, wird gemäß § 14 Abs. 1 BeurkG verwiesen. Die Beteiligten haben auf das Vorlesen verzichtet, stattdessen wurden ihnen die Anlagen 1–7 zur Kenntnisnahme vorgelegt, sie wurden von ihnen genehmigt und nach § 14 BeurkG unterschrieben.

10. Soweit für die Übertragung von bestimmten Gegenständen die Zustimmung eines Dritten an einer öffentlich-rechtlichen Genehmigung oder eine Registrierung erforderlich ist, werden sich die übertragende und die aufnehmende Gesellschaft bemühen, die Zustimmung, Genehmigung oder Registrierung beizubringen. Falls dies nicht oder nur mit unverhältnismäßig hohem Aufwand möglich sein würde, werden sich die übertragende und die aufnehmende Gesellschaft im Innenverhältnis zu stellen, als wäre die Übertragung der Gegenstände des ausgegliederten Vermögens mit Wirkung zum Vollzugsdatum erfolgt.

11. Berichtigungen bei Registern, Grundbuch, Markenerklärungen

Die A-GmbH und die B- und die C-GmbH bewilligen und beantragen, nach Wirksamwerden der Spaltung die von der Spaltung betroffenen Markenregister entsprechenden Vorschriften dieses Vertrages zu berichtigen.

Die A-GmbH und die B-und die C-GmbH bewilligen und beantragen nach Wirksamwerden der Ausgliederung das Grundbuch bei den unter Ziff. 2 beschriebenen Grundstücken und dinglichen Rechten zu berichtigen.

III. Gegenleistung, Umtauschverhältnis bei der B-GmbH

1. Die B-GmbH gewährt folgende Anteile:
a) dem Gesellschafter A einen Geschäftsanteil im Nennbetrag von . . . . . € (Nr. . . . . .),
b) dem Gesellschafter B einen Geschäftsanteil im Nennbetrag von . . . . . € (Nr. . . . . .).

Die Geschäftsanteile werden kostenfrei und mit Gewinnberechtigung ab dem . . . . . gewährt.

2. Zur Durchführung der Abspaltung wird die B-GmbH ihr Stammkapital von bislang . . . . . € um . . . . . € auf . . . . . € erhöhen, und zwar durch Bildung eines Geschäftsanteils im Nennbetrag von . . . . . € und eines weiteren Geschäftsanteils im Nennbetrag von . . . . . €.

Als bare Zuzahlungen erhalten . . . . . einen Betrag von . . . . . € und . . . . . einen Betrag von . . . . . €.

3. Das Umtauschverhältnis beträgt . . . . .

4. Die Aufteilung der Anteile erfolgt entsprechend dem Verhältnis der Beteiligungen der Gesellschafter an der A-GmbH.

5. Der Gesamtwert zu dem die erbrachte Sacheinlage von der aufnehmenden Gesellschaft übernommen wird, entspricht dem handelsrechtlichen Buchwert des übertragenen Vermögens zum Spaltungsstichtag. Soweit der Buchwert des übertragenen Nettovermögens den Nennbetrag der dafür gewährten Geschäftsanteile übersteigt, wird der Differenzbetrag in die Kapitalrücklage der aufnehmenden Gesellschaft eingestellt. Eine Vergütung für den Differenzbetrag wird nicht geschuldet.

IV. Gegenleistung, Umtauschverhältnis bei der C-GmbH

1. Die C-GmbH gewährt folgende Anteile:
a) dem Gesellschafter L einen Geschäftsanteil im Nennbetrag von . . . . . € (Nr. . . . . .),
b) dem Gesellschafter M einen Geschäftsanteil im Nennbetrag von . . . . . € (Nr. . . . . .).

Die Geschäftsanteile werden kostenfrei und mit Gewinnberechtigung ab dem . . . . . gewährt.

2. Zur Durchführung der Abspaltung wird die C-GmbH ihr Stammkapital von bislang . . . . . € um . . . . . € auf . . . . . € erhöhen, und zwar durch Bildung eines Geschäftsanteils im Nennbetrag von . . . . . € und eines weiteren Geschäftsanteils im Nennbetrag von . . . . . €.

Als bare Zuzahlungen erhalten . . . . . einen Betrag von . . . . . € und . . . . . einen Betrag von . . . . . €.

3. Das Umtauschverhältnis beträgt . . . . .

4. Die Aufteilung der Anteile erfolgt entsprechend dem Verhältnis der Beteiligungen der Gesellschafter an der A-GmbH.

5. Der Gesamtwert zu dem die erbrachte Sacheinlage von der aufnehmenden Gesellschaft übernommen wird, entspricht dem handelsrechtlichen Buchwert des übertragenen Vermögens zum Spaltungsstichtag. Soweit der Buchwert des übertragenen Nettovermögens den Nennbetrag der dafür gewährten Geschäftsanteile übersteigt, wird der Differenzbetrag in die Kapitalrücklage der aufnehmenden Gesellschaft eingestellt. Eine Vergütung für den Differenzbetrag wird nicht geschuldet.

V. Spaltungsstichtag

Die Übernahme des vorbezeichneten Vermögens der A-GmbH erfolgt im Innenverhältnis mit Wirkung zum Ablauf des . . . . . Vom . . . . . an gelten alle Handlungen und Geschäfte der A-GmbH, die das übertragene Vermögen betreffen, als für Rechnung der B- bzw. der C-GmbH vorgenommen.

VI. Besondere Rechte

Besondere Rechte i. S. v. § 126 Abs. 1 Nr. 7 UmwG bestehen bei der B-und der C-GmbH nicht. Einzelnen Anteilsinhabern werden i. R. d. Spaltung keine besonderen Rechte gewährt.

VII. Besondere Vorteile

Besondere Vorteile i. S. v. § 126 Abs. 1 Nr. 8 UmwG werden weder einem Mitglied eines Vertretungs- oder Aufsichtsorgans, noch dem Abschlussprüfer oder dem Spaltungsprüfer gewährt.

VIII. Folgen der Abspaltung für Arbeitnehmer und ihre Vertretungen

Durch die Abspaltung ergeben sich für die Arbeitnehmer und ihre Vertretungen die

nachgenannten Folgen: . . . . .

Insoweit sind folgende Maßnahmen vorgesehen: . . . . .

IX. Abfindungsangebot

Ein Abfindungsangebot ist nach §§ 29, 125 UmwG nicht erforderlich.

X. Sonstige Vereinbarungen

1. Sollten für die Übertragung der in Ziff. II. genannten Sachen, Rechte, Vertragsverhältnisse und Verbindlichkeiten nach § 132 UmwG weitere Voraussetzungen geschaffen oder staatliche Genehmigungen eingeholt werden müssen, so verpflichten sich die Vertragsbeteiligten, alle erforderlichen Erklärungen abzugeben und Handlungen vorzunehmen.

2. Sollte eine Übertragung der in Ziff. II. genannten Sachen, Rechte, Vertragsverhältnisse und Verbindlichkeiten im Wege der Spaltung auf die B-GmbH rechtlich nicht möglich sein, so verpflichten sich die Vertragsbeteiligten, alle erforderlichen Erklärungen abzugeben und alle erforderlichen Handlungen vorzunehmen, die rechtlich zu dem beabsichtigten Vermögensübergang auf die B-GmbH in anderer Weise führen.

3. Sollten einzelne Bestimmungen dieser Urkunde unwirksam oder nicht durchführbar sein, so soll dies die Gültigkeit dieses Vertrages i. Ü. nicht berühren. An die Stelle der unwirksamen oder undurchführbaren Vereinbarung soll eine solche treten, die dem wirtschaftlichen Ergebnis der unwirksamen oder undurchführbaren Klausel in zulässiger Weise am nächsten kommt.

XI. Bedingungen

Der Spaltungsvertrag steht unter der aufschiebenden Bedingung, dass:

1. die formgerechten Zustimmungsbeschlüsse der Gesellschafterversammlungen der Gesellschaften bis zum . . . . . vorliegen und

2. die Gesellschafter der B- und der C-GmbH im Zustimmungsbeschluss die vorstehende Kapitalerhöhung zur Durchführung der Spaltung beschließen.

XII. Hinweise, Vollmacht

Der Notar hat auf Folgendes hingewiesen:
- Die Spaltung wird erst mit der Eintragung in das Handelsregister der übertragenden Gesellschaft wirksam.
- Die Beteiligten beauftragen und ermächtigen den Notar, die zum Vollzug notwendigen Genehmigungen und Zustimmungserklärungen einzuholen. Genehmigungen werden mit Eingang beim Notar wirksam. Dies gilt nicht für die Versagung von Genehmigungen oder deren Erteilung unter Bedingungen oder Auflagen.
- Nach § 133 UmwG haften für die vor dem Wirksamwerden der Spaltung begründeten Verbindlichkeiten des übertragenden Rechtsträgers alle an der Spaltung beteiligten Rechtsträger gesamt-

schuldnerisch; Gläubiger können für ihre Verbindlichkeiten Sicherheitsleistung nach §§ 125, 22 UmwG verlangen. Daneben können weitere Haftungsvorschriften anwendbar sein, insbes. § 25 HGB und § 75 AO.

– Bei der Anmeldung der Abspaltung hat der Geschäftsführer der übertragenden Gesellschaft zu erklären, dass die durch Gesetz und Satzung vorgesehenen Voraussetzungen für die Gründung dieser Gesellschaft auch unter Berücksichtigung der Spaltung im Zeitpunkt der Anmeldung vorliegen.
– Bei nicht vollständig eingezahlten Stammeinlagen bestehen nach §§ 51 Abs. 1, 125 UmwG besondere Zustimmungspflichten.
– Die Mitglieder des Vertretungsorgans und auch eines Aufsichtsorgans sind nach § 25 UmwG als Gesamtschuldner zum Schadensersatz bei Verletzung ihrer Pflichten nach dem UmwG verpflichtet.
– Die Spaltung kann zur Grunderwerbsteuer führen.

XIII. Kosten, Abschriften

Die durch diesen Vertrag und ihre Durchführung bei beiden Gesellschaften entstehenden Kosten trägt die B-GmbH. Sollte die Spaltung nicht wirksam werden, tragen die Kosten dieses Vertrages die Gesellschaften zu gleichen Teilen; alle übrigen Kosten trägt die jeweils betroffene Gesellschaft allein.

Von dieser Urkunde erhalten

beglaubigte Abschriften:
– die beteiligten Gesellschaften,
– die Gesellschafter der A- und der B- und der C-GmbH;
– die Registergerichte in . . . . .(elektronisch),
– die Grundbuchämter in . . . . .,
– die beteiligten Betriebsräte,
– Finanzamt § 54 EStDV.

Eine einfache Abschrift mit Veräußerungsanzeige erhält das Finanzamt (Grunderwerbsteuerstelle).

Diese Niederschrift nebst allen Anlagen wurde den Erschienenen vom Notar vorgelesen, von ihnen genehmigt und von ihnen und dem Notar eigenhändig, wie folgt, unterschrieben.

. . . . .

f) Zustimmungsbeschluss bei einer übernehmenden Gesellschaft (B-GmbH)

▸ **Muster: Zustimmungsbeschluss bei einer übernehmenden Gesellschaft (B-GmbH)**   519

Niederschrift über eine Gesellschafterversammlung

Heute, den . . . . . erschienen vor mir, dem unterzeichnenden Notar . . . . ., mit Amtssitz in . . . . ., an der Amtsstelle in . . . . .

1. Herr W, Kaufmann, wohnhaft in . . . . .,

2. Herr Z, Kaufmann, wohnhaft in . . . . .

Beide Beteiligte sind mir, Notar . . . . ., persönlich bekannt.

Auf Antrag beurkunde ich den vor mir abgegebenen Erklärungen gemäß Folgendes:

I. Sachverhalt

Die Erschienenen erklären:

Wir sind Gesellschafter der B-GmbH, eingetragen im Handelsregister des Amtsgerichts . . . . . unter HRB . . . . ., mit einem Stammkapital von . . . . . €.

Herr W hält einen Geschäftsanteil i. H. v. . . . . . € (Nr. . . . . .).

Herr Z hält einen Geschäftsanteil i. H. v. . . . . . € (Nr. . . . . .).

Die Geschäftsanteile sind voll einbezahlt.

II. Gesellschafterversammlung

Die vorgenannten Gesellschafter halten unter Verzicht auf alle Frist- und Formvorschriften eine Gesellschafterversammlung ab und stellen fest, dass die Gesellschafterversammlung als Vollversammlung beschlussfähig ist.

Die Gesellschafter beschließen mit allen Stimmen Folgendes:

§ 1 Zustimmung zum Spaltungsvertrag

Dem Spaltungsvertrag, Urkunde des Notars ..... in ..... vom ..... UR.Nr. ..... wird mit allen Stimmen vorbehaltlos zugestimmt. Er ist dieser Niederschrift als Anlage beigefügt.

§ 2 Kapitalerhöhung

1. Das Stammkapital der Gesellschaft i. H. v. ..... € wird um ..... € auf ..... € zur Durchführung der Spaltung gemäß § 55 UmwG erhöht.

2. Es werden zwei Geschäftsanteile i. H. v. je ..... € gebildet (Nrn. .....). Zur Übernahme dieser Geschäftsanteile werden jeweils Herr A und Herr B, Gesellschafter der abspaltenden A-GmbH, zugelassen.

3. Sie leisten ihre Stammeinlage durch die Übertragung des abgespaltenen Vermögens der A-GmbH nach Maßgabe des unter § 1 genannten Spaltungsvertrages. Der Übertragung des Vermögens liegt die in dieser Urkunde als Anlage beigefügte Spaltungsbilanz der A-GmbH zum 31.12..... zugrunde.

4. Die neuen Geschäftsanteile sind ab 01.01..... gewinnbezugsberechtigt.

Mit der Durchführung der Verschmelzung sind die neuen Stammeinlagen in voller Höhe bewirkt.

§ 3 Satzungsänderung

Der Gesellschaftsvertrag der B-GmbH wird in § 3 (Stammkapital) wie folgt geändert:

»Das Stammkapital der Gesellschaft beträgt ..... € (in Worten: ..... Euro).«

III. Verzichtserklärungen, Sonstiges

§ 1 Sonstiges

Alle Gesellschafter verzichten (vorsorglich) auf eine Prüfung der Spaltung, Erstellung eines Spaltungsberichts und Erstellung eines Spaltungsprüfungsberichts.

Alle Gesellschafter erklären, dass ihnen der Spaltungsvertrag spätestens zusammen mit der Einberufung der Gesellschafterversammlung übersandt wurde.

Alle Gesellschafter verzichten ausdrücklich auf eine Anfechtung dieses Beschlusses.

§ 2 Kosten, Abschriften

Die Kosten dieser Urkunde trägt die Gesellschaft.

Von dieser Urkunde erhalten

beglaubigte Abschriften:
– die Gesellschafter,
– die übertragende Gesellschaft,
– die übernehmende Gesellschaft;
– die Amtsgerichte (Registergerichte), elektronisch
– das Grundbuchamt
– Finanzamt.

Verlesen vom Notar und von den Beteiligten genehmigt und eigenhändig unterschrieben.

g) Zustimmungsbeschluss bei der übertragenden Gesellschaft (A-GmbH)

520 ▶ Muster: Zustimmungsbeschluss bei der übertragenden Gesellschaft (A-GmbH)

Niederschrift über eine Gesellschafterversammlung

Heute, den ..... erschienen vor mir, dem unterzeichnenden Notar....., mit Amtssitz in ....., an der Amtsstelle in .....

1. Herr A, Kaufmann, wohnhaft in .....,

2. Herr B, Kaufmann, wohnhaft in .....

Die Beteiligten sind mir, Notar....., persönlich bekannt. Auf Antrag beurkunde ich den vor mir abgegebenen Erklärungen gemäß Folgendes:

I. Sachverhalt

Im Handelsregister des Amtsgerichts . . . . ., ist in der Abteilung B unter Nr. . . . . . die Firma A-GmbH mit Sitz in . . . . . eingetragen. Gesellschafter dieser Gesellschaft sind nach Angabe:
– Herr A mit einem Gesellschaftsanteil i. H. v. . . . . . € (Nr. . . . . .),
– Herr B mit einem Gesellschaftsanteil i. H. v. . . . . . € (Nr. . . . . .).

Das Stammkapital der Gesellschaft beträgt . . . . . €.

II. Gesellschafterversammlung

Die vorgenannten Gesellschafter halten eine Gesellschafterversammlung der Gesellschaft unter Verzicht auf alle Frist- und Formvorschriften ab, und stellen fest, dass die Gesellschafterversammlung als Vollversammlung beschlussfähig ist.

Die Gesellschafter beschließen sodann mit allen Stimmen Folgendes:

Dem Spaltungsvertrag vom . . . . . UR.Nr. . . . . . des amtierenden Notars über die Aufspaltung der A-GmbH auf die B- und die C-GmbH wird mit allen Stimmen vorbehaltlos zugestimmt.

Der Spaltungsvertrag ist dieser Urkunde als Anlage beigefügt.

III. Verzichtserklärung, Sonstiges

Alle Gesellschafter verzichten (vorsorglich) auf die Erstattung eines Spaltungsberichts und eine Prüfung der Spaltung, Erstattung eines Spaltungsprüfungsberichts sowie die Anfechtung dieses Beschlusses.

Alle Gesellschafter erklären, dass ihnen der Spaltungsvertrag spätestens zusammen mit der Einberufung der Gesellschafterversammlung übersandt wurde und dass sie auch von allen übrigen Unterlagen Kenntnis erhalten haben.

Der Notar belehrte über die Vermögensbindung als Folge der vereinfachten Kapitalherabsetzung. Es dürfen insbes. keine Zahlungen an die Gesellschafter geleistet werden. Auch die Gewinnausschüttung ist gemäß § 58d GmbHG beschränkt.

Der beurkundende Notar wies die Gesellschafter weiter darauf hin, dass jeder von ihnen die Erteilung einer Abschrift der Niederschrift über diese Gesellschafterversammlung verlangen kann und dass ihnen ein Anspruch gegen die Geschäftsführer auf Auskunft über alle wesentlichen Angelegenheiten der anderen beteiligten Gesellschaften zusteht.

IV. Kosten, Abschriften

Die Kosten dieser Urkunde trägt die Gesellschaft. Von dieser Urkunde erhalten

beglaubigte Abschriften:
– die Gesellschafter,
– die übertragende Gesellschaft,
– die übernehmende Gesellschaft;
– die Amtsgerichte (Registergerichte), elektronisch
– das Grundbuchamt,
– Finanzamt.

Vorgelesen vom Notar, von den Erschienenen genehmigt und eigenhändig unterschrieben.

. . . . .

h) Handelsregisteranmeldung für die übertragende GmbH bei der Abspaltung zur Aufnahme (A-GmbH)

▶ **Muster: Handelsregisteranmeldung für die übertragende GmbH bei der Abspaltung** 521 **zur Aufnahme (A-GmbH)**

An das

Amtsgericht

– Handelsregister B –

Betrifft: HRB . . . . . – A-GmbH

In der Anlage überreiche ich, der unterzeichnende, alleinvertretungsberechtigte Geschäftsführer der A-GmbH:

1. Elektronisch beglaubigte Abschrift des Spaltungsplans vom ..... – UR.Nr. ..... des beglaubigenden Notars –,
2. Elektronisch beglaubigte Abschrift der Zustimmungsbeschlüsse der Gesellschafter der A-GmbH vom ..... – UR.Nr. ..... des beglaubigenden Notars –, der auch den Beschluss über die Kapitalherabsetzung samt Änderung des Gesellschaftsvertrages enthält; der B-GmbH vom ..... – UR.Nr. ..... des beglaubigenden Notars –; der C-GmbH vom ..... – UR.Nr. ..... des beglaubigenden Notars –,
3. Elektronisch beglaubigte Abschrift der Verzichtserklärungen der Gesellschafter der A-GmbH, der B- und der C-GmbH auf Erstellung eines Spaltungsberichts und eines Prüfungsberichts und Durchführung einer Spaltungsprüfung vom ..... – UR.Nr. ..... des beglaubigenden Notars –,
4. Elektronisch beglaubigte Abschrift des Nachweises über die Zuleitung des Entwurfs des Spaltungsvertrages an den Betriebsrat der A-GmbH,
5. Elektronisch beglaubigte Abschrift der Schlussbilanz der A-GmbH zum Spaltungsstichtag

und melde zur Eintragung in das Handelsregister an:

Die A-GmbH hat im Spaltungsvertrag vom ..... – UR.Nr. ..... des beglaubigenden Notars – ihr Vermögen als Gesamtheit unter Auflösung ohne Abwicklung auf die B-GmbH mit dem Sitz in ..... (eingetragen im Handelsregister des Amtsgerichts ..... unter HRB .....) und die C-GmbH mit dem Sitz in ..... (eingetragen im Handelsregister des Amtsgerichts ..... unter HRB .....) als übernehmende GmbH im Wege der Aufspaltung zur Aufnahme gegen Gewährung von Anteilen an die Gesellschafter der A-GmbH übertragen.

Die A-GmbH ist damit erloschen.

Ich erkläre, dass die Spaltungsbeschlüsse aller an der Spaltung beteiligten Gesellschaften nicht angefochten worden sind und aufgrund der in den allen Spaltungsbeschlüssen enthaltenen Anfechtungsverzichtserklärungen sämtlicher Gesellschafter auch nicht angefochten werden können.

Ich erkläre ferner, dass ein Fall des § 51 Abs. 1 UmwG (nicht voll eingezahlte Geschäftsanteile) nicht vorliegt (§ 52 Abs. 1 UmwG).

....., den .....   (Beglaubigungsvermerk)

i) Handelsregisteranmeldung für eine aufnehmende GmbH bei der Abspaltung zur Aufnahme (B-GmbH)

522 ▶ **Muster: Handelsregisteranmeldung für eine aufnehmende GmbH bei der Abspaltung zur Aufnahme (B-GmbH)**

An das

Amtsgericht

– Handelsregister B –

Betrifft: HRB ..... – B-GmbH

In der Anlage überreiche ich, der unterzeichnende, alleinvertretungsberechtigte Geschäftsführer der B-GmbH:

1. Elektronisch beglaubigte Abschrift des Spaltungsplans vom ..... – UR.Nr. ..... des beglaubigenden Notars –,
2. Elektronisch beglaubigte Abschrift der Zustimmungsbeschlüsse der Gesellschafter der A-GmbH vom ..... – UR.Nr. ..... des beglaubigenden Notars –, der auch den Beschluss über die Kapitalherabsetzung samt Änderung des Gesellschaftsvertrages enthält; der B-GmbH vom ..... – UR.Nr. ..... des beglaubigenden Notars –, der C-GmbH vom ..... – UR.Nr. ..... des beglaubigenden Notars –,
3. Elektronisch beglaubigte Abschrift der Verzichtserklärungen der Gesellschafter der A-GmbH, der B- und der C-GmbH auf Erstellung eines Spaltungsberichts und eines Prüfungsberichts und Durchführung einer Spaltungsprüfung vom ..... UR.Nr. ..... des beglaubigenden Notars –,
4. Nachweis über die Zuleitung des Entwurfs des Spaltungsvertrages an den Betriebsrat der B-GmbH,
5. Abspaltungsbilanz der A-GmbH zum Spaltungsstichtag als Wertnachweis für den übertragenen Teilbetrieb,

6. vollständigen Wortlaut des Gesellschaftsvertrages mit Satzungsbescheinigung des Notars nach § 54 Abs. 1 GmbHG,
7. aktualisierte Liste der Gesellschafter, unter Angabe der Gesellschafter, denen die neuen Geschäftsanteile gewährt wurden,

und melde zur Eintragung in das Handelsregister an:

1. Das Stammkapital der B-GmbH i. H. v. . . . . . € (in Worten: . . . . . Euro) wurde im Wege der Kapitalerhöhung zur Durchführung der Spaltung um . . . . . € (in Worten: . . . . . Euro) auf . . . . . € (in Worten: . . . . . Euro) erhöht. Die Satzung der B-GmbH wurde in § 3 entsprechend geändert.

2. Die A-GmbH hat im Spaltungsvertrag vom . . . . . – UR.Nr. . . . . . des beglaubigenden Notars – ihr Vermögen als Gesamtheit unter Auflösung ohne Abwicklung auf die B-GmbH mit dem Sitz in . . . . . (eingetragen im Handelsregister des Amtsgerichts . . . . . unter HRB . . . . .) und die C-GmbH mit dem Sitz in . . . . . (eingetragen im Handelsregister des Amtsgerichts . . . . . unter HRB . . . . .) als übernehmende GmbH im Wege der Aufspaltung zur Aufnahme gegen Gewährung von Anteilen an die Gesellschafter der A-GmbH übertragen.

Ich erkläre, dass die Spaltungsbeschlüsse aller an der Spaltung beteiligten Gesellschaften nicht angefochten worden sind und aufgrund der in den allen Spaltungsbeschlüssen enthaltenen Anfechtungsverzichtserklärungen sämtlicher Gesellschafter auch nicht angefochten werden können.

Ich erkläre ferner, dass ein Fall des § 51 Abs. UmwG (nicht voll eingezahlte Geschäftsanteile) nicht vorliegt (§ 52 Abs. 1 UmwG).

Die inländische Geschäftsanschrift und die Geschäftsräume befinden sich unverändert in (Ort, Straße).

. . . . ., den . . . . .   (Beglaubigungsvermerk)

3. Ausgliederung zur Neugründung auf zwei neu gegründete GmbH. Die A-GmbH gliedert auf **523** die B- und die C-GmbH ihr gesamtes Vermögen aus und wird zur Holding (vgl. zum Problem der Totalausgliederung Teil 3 Rdn. 267, Teil 3 Rdn. 352).

a) Ausgliederungsplan

▶ **Muster: Ausgliederungsplan**   **524**

UR.Nr. für . . . . .

Verhandelt zu . . . . .

am . . . . .

Vor dem unterzeichnenden

. . . . .

Notar mit dem Amtssitz in . . . . .

erschien:

Herr (Name, Geburtsdatum, Adresse),

hier handelnd nicht im eigenen Namen, sondern als alleinvertretungsberechtigter Geschäftsführer der A GmbH mit dem Sitz in . . . . . eingetragen im Handelsregister des Amtsgerichts . . . . . unter HRB . . . . .

Der Erschienene wies sich dem Notar gegenüber aus durch Vorlage seines amtlichen Lichtbildausweises.

A. Vorbemerkung

Der Erschienene erklärte:

Das Stammkapital der im Handelsregister des Amtsgerichts . . . . . unter HRB . . . . . eingetragenen A-GmbH beträgt . . . . . €. An ihr sind beteiligt:
– Herr A mit einer Geschäftsanteil von . . . . . € (Nr. . . . . .),
– Herr B mit einer Geschäftsanteil von . . . . . € (Nr. . . . . .).

Die Geschäftsanteile wurden bei der Gründung erworben und sind voll einbezahlt, sodass keine besondere Zustimmungspflicht nach § 51 Abs. 1 UmwG besteht.

Die A-GmbH betreibt zwei Teilbetriebe, und zwar den Teilbetrieb »Hochbau« und den Teilbetrieb »Tiefbau«. Das gesamte Vermögen der A-GmbH in Form der beiden Teilbetriebe soll auf die B-GmbH und die C-GmbH im Wege der Ausgliederung zur Neugründung ohne Abwicklung jeweils als Gesamtheit gegen Gewährung von Anteilen der B- und der C-GmbH an die Gesellschafter der A-GmbH übertragen werden.

Der Erschienene ließ sodann folgenden

Ausgliederungsplan

beurkunden und erklärte, handelnd wie angegeben:

I. Beteiligte Rechtsträger, Ausgliederung

1. An der Abspaltung sind beteiligt die A-GmbH mit Sitz in ..... als übertragender Rechtsträger und die B-GmbH mit Sitz in ..... und die C-GmbH mit Sitz in ..... als übernehmende neu gegründete Rechtsträger.

2. Die A-GmbH überträgt hiermit ihr Vermögen als Ganzes ohne Abwicklung, nachstehend unter Ziff. II. genauer bezeichnet, im Wege der Ausgliederung zur Neugründung auf die B-GmbH und die C-GmbH. Die B-GmbH und die C-GmbH gewähren als Ausgleich hierfür der A-GmbH jeweils einen Geschäftsanteil an der B-GmbH und der C-GmbH nach Maßgabe der nachfolgenden Bestimmungen.

3. Die Firma der im Wege der Spaltung neu zu gründenden ersten Gesellschaft lautet:

B-GmbH.

Ihr Sitz ist .....

Vorbehaltlich der Genehmigung der Gesellschafterversammlung der A-GmbH wird für die B-GmbH der als Anlage 1 zu dieser Urkunde genommene Gesellschaftsvertrag festgestellt. Auf die Anlage wird verwiesen, sie wurde mit verlesen und von dem Beteiligten genehmigt.

4. Die Firma der im Wege der Spaltung neu zu gründenden zweiten Gesellschaft lautet:

C-GmbH.

Ihr Sitz ist .....

Vorbehaltlich der Genehmigung der Gesellschafterversammlung der A-GmbH wird für die B-GmbH der als Anlage 2 zu dieser Urkunde genommene Gesellschaftsvertrag festgestellt. Auf die Anlage wird verwiesen, sie wurde mit verlesen und von dem Beteiligten genehmigt.

II. Vermögensübertragung

1. Die A-GmbH überträgt den von ihr an drei Standorten unterhaltenen Teilbetrieb »Hochbau« auf die B-GmbH mit allen Aktiva und Passiva. Die Ausgliederung erfolgt auf der Basis der festgestellten Ausgliederungsbilanz I der WPG-Wirtschaftsprüfungsgesellschaft vom 31.12...... Diese Bilanz ist Bestandteil dieses Spaltungsplans.

2. Die A-GmbH überträgt den von ihr an zwei Standorten unterhaltenen Teilbetrieb »Tiefbau« auf die C-GmbH mit allen Aktiva und Passiva. Die Ausgliederung erfolgt auf der Basis der festgestellten Ausgliederungsbilanz II der WPG-Wirtschaftsprüfungsgesellschaft vom 31.12...... Diese Bilanz ist Bestandteil dieses Spaltungsplans.

3. Die Bilanzen sind als Anlagen 3 und 4 dieser Urkunde als wesentlicher Bestandteil beigefügt, auf sie wird nach §§ 9, 14 Abs. 1 BeurkG verwiesen. Die Beteiligten haben auf das Vorlesen verzichtet. Stattdessen wurden ihnen die Anlagen 1 und 2 zur Durchsicht vorgelegt, von ihnen genehmigt und unterschrieben.

4. Im Einzelnen sind folgende Vermögensgegenstände Bestandteil des Teilbetriebes »Hochbau« und werden i. R. d. Ausgliederung auf die B-GmbH übertragen .....

5. Im Einzelnen sind folgende Vermögensgegenstände Bestandteil des Teilbetriebes »Tiefbau« und werden i. R. d. Ausgliederung auf die C-GmbH übertragen .....

6. Für sämtliche unter Ziff. 3 und 4 beschriebenen Aktiva und Passiva gilt, dass die Übertragung im Wege der Ausgliederung alle Wirtschaftsgüter, Gegenstände, materiellen und immateriellen Rechte, Verbindlichkeiten, Rechtsbeziehungen erfasst, die dem jeweiligen Teilbetrieb dienen oder zu dienen bestimmt sind oder sonst den Teilbetrieb betreffen oder ihm wirtschaftlich zuzurechnen sind, unab-

hängig davon, ob die Vermögensposition bilanzierungsfähig ist oder nicht. Die Übertragung erfolgt auch unabhängig davon, ob der Vermögensgegenstand in den Anlagen 5–9 aufgeführt ist.

Sollten die zu übertragenden Rechtspositionen des Aktiv- oder Passivvermögens bis zum Wirksamwerden der Ausgliederung im regelmäßigen Geschäftsgang veräußert worden sein, so werden die an ihrer Stelle getretenen vorhandenen Surrogate übertragen. Übertragen werden auch die bis zum Wirksamwerden der Ausgliederung erworbenen Gegenstände des Aktiv- oder Passivvermögens, soweit sie zum übertragenen Teilbetrieb gehören.

7. In Zweifelsfällen, die auch durch Auslegung dieses Vertrages nicht zu klären sind, gilt, dass Vermögensgegenstände, Verbindlichkeiten, Verträge und Rechtspositionen, die nach obigen Regeln nicht zugeordnet werden können, bei der übertragenden Gesellschaft verbleiben. In diesen Fällen ist die A-GmbH berechtigt nach § 315 BGB eine Zuordnung nach ihrem Ermessen unter Berücksichtigung der wirtschaftlichen Zugehörigkeit vorzunehmen.

8. Soweit bilanzierte und nicht bilanzierte Vermögensgegenstände und Schulden in die Rechtsbeziehungen, die dem Teilbetrieb »Hochbau« wirtschaftlich zuzuordnen sind, nicht schon kraft Gesetzes mit der Eintragung der Ausgliederung in das Handelsregister der übertragenden Gesellschaft auf die aufnehmende Gesellschaft übergehen, wird die übertragende Gesellschaft diese Vermögensgegenstände oder Schulden sowie die Rechtsbeziehungen auf die B-GmbH übertragen. Ist die Übertragung im Außenverhältnis nicht oder nur mit unverhältnismäßigen Aufwand möglich oder unzweckmäßig, werden sich die beteiligten Gesellschaften im Innenverhältnis so stellen, wie sie stehen würden, wenn die Übertragung der Vermögensgegenstände und Passiva bzw. Rechtsbeziehungen auch im Außenverhältnis mit Wirkung zum Vollzug dabei erfolgt wäre. Wird die übertragende Gesellschaft aus Verbindlichkeiten in Anspruch genommen, die der aufnehmenden zuzuordnen sind, ist diese zur Freistellung verpflichtet oder hat Ausgleich zu leisten.

9. Auf die Anlagen 5–9, die dieser Urkunde als wesentlicher Bestandteil beigefügt sind, wird gemäß § 14 Abs. 1 BeurkG verwiesen. Die Beteiligten haben auf das Vorlesen verzichtet, stattdessen wurden ihnen die Anlagen 5–9 zur Kenntnisnahme vorgelegt, sie wurden von ihnen genehmigt und nach § 14 BeurkG unterschrieben.

10. Soweit für die Übertragung von bestimmten Gegenständen die Zustimmung eines Dritten an einer öffentlich-rechtlichen Genehmigung oder eine Registrierung erforderlich ist, werden sich die übertragende und die aufnehmende Gesellschaft bemühen, die Zustimmung, Genehmigung oder Registrierung beizubringen. Falls dies nicht oder nur mit unverhältnismäßig hohem Aufwand möglich sein würde, werden sich die übertragende und die aufnehmende Gesellschaft im Innenverhältnis so stellen, als wäre die Übertragung der Gegenstände des ausgegliederten Vermögens mit Wirkung zum Vollzugsdatum erfolgt.

11. Berichtigungen bei Registern, Grundbuch, Markenerklärungen

Die A-GmbH und die B- und die C-GmbH bewilligen und beantragen, nach Wirksamwerden der Ausgliederung die von der Ausgliederung betroffenen Markenregister entsprechenden Vorschriften dieses Vertrages zu berichtigen.

Die A-GmbH und die B- und die C-GmbH bewilligen und beantragen, nach Wirksamwerden der Ausgliederung das Grundbuch bei den unter Ziff. 2 beschriebenen Grundstücken und dinglichen Rechten zu berichtigen.

III. Gegenleistung, Umtauschverhältnis bei der B-GmbH

1. Die B-GmbH gewährt der A-GmbH einen Geschäftsanteil (Nr. . . . . .) im Nennbetrag i. H. v. . . . . . €.

Der Geschäftsanteil wird kostenfrei und mit Gewinnberechtigung ab dem . . . . . gewährt.

2. Bare Zuzahlungen sind nicht zu leisten.

3. Das Umtauschverhältnis beträgt . . . . .

4. Der Gesamtwert zu dem die erbrachte Sacheinlage von der aufnehmenden Gesellschaft übernommen wird, entspricht dem handelsrechtlichen Buchwert des übertragenen Vermögens zum Ausgliederungsstichtag. Soweit der Buchwert des übertragenen Nettovermögens den Nennbetrag der dafür gewährten Geschäftsanteile übersteigt, wird der Differenzbetrag in die Kapitalrücklage der aufnehmenden Gesellschaft eingestellt. Eine Vergütung für den Differenzbetrag wird nicht geschuldet.

IV. Gegenleistung, Umtauschverhältnis bei der C-GmbH

1. Die C-GmbH gewährt der A-GmbH einen Geschäftsanteil (Nr. . . . . .) zum Nennbetrag i. H. v. . . . . . €:

Der Geschäftsanteil wird kostenfrei und mit Gewinnberechtigung ab dem . . . . . gewährt.

2. Bare Zuzahlungen sind nicht zu leisten.

3. Das Umtauschverhältnis beträgt . . . . .

4. Der Gesamtwert zu dem die erbrachte Sacheinlage von der aufnehmenden Gesellschaft übernommen wird, entspricht dem handelsrechtlichen Buchwert des übertragenen Vermögens zum Ausgliederungsstichtag. Soweit der Buchwert des übertragenen Nettovermögens den Nennbetrag der dafür gewährten Geschäftsanteile übersteigt, wird der Differenzbetrag in die Kapitalrücklage der aufnehmenden Gesellschaft eingestellt. Eine Vergütung für den Differenzbetrag wird nicht geschuldet.

V. Ausgliederungsstichtag

Die Übernahme des vorbezeichneten Vermögens der A-GmbH erfolgt im Innenverhältnis mit Wirkung zum Ablauf des . . . . . Vom . . . . . an gelten alle Handlungen und Geschäfte der A-GmbH, die das übertragene Vermögen betreffen, als für Rechnung der B- bzw. der C-GmbH vorgenommen.

VI. Besondere Rechte

Besondere Rechte i. S. v. § 126 Abs. 1 Nr. 7 UmwG bestehen bei der B- und der C-GmbH nicht. Einzelnen Anteilsinhabern werden i. R. d. Ausgliederung keine besonderen Rechte gewährt.

VII. Besondere Vorteile

Besondere Vorteile i. S. v. § 126 Abs. 1 Nr. 8 UmwG werden weder einem Mitglied eines Vertretungs- oder Aufsichtsorgans, noch dem Abschlussprüfer oder dem Ausgliederungsprüfer gewährt.

VIII. Folgen der Abspaltung für Arbeitnehmer und ihre Vertretungen

Durch die Abspaltung ergeben sich für die Arbeitnehmer und ihre Vertretungen die nachgenannten Folgen: . . . . .

Insoweit sind folgende Maßnahmen vorgesehen: . . . . .

IX. Abfindungsangebot

Ein Abfindungsangebot ist nach den §§ 29, 125 UmwG nicht erforderlich.

X. Sonstige Vereinbarungen

1. Sollten für die Übertragung der in Ziff. II. genannten Sachen, Rechte, Vertragsverhältnisse und Verbindlichkeiten weitere Voraussetzungen geschaffen werden müssen, so verpflichten sich die Vertragsbeteiligten alle erforderlichen Erklärungen abzugeben und Handlungen vorzunehmen.

2. Sollte eine Übertragung der in Ziff. II. genannten Sachen, Rechte, Vertragsverhältnisse und Verbindlichkeiten im Wege der Ausgliederung auf die B-GmbH rechtlich nicht möglich sein, so verpflichten sich die Vertragsbeteiligten alle erforderlichen Erklärungen abzugeben und alle erforderlichen Handlungen vorzunehmen, die rechtlich zu beabsichtigten Vermögensübergang auf die B-GmbH in anderer Weise führen.

3. Sollten einzelne Bestimmungen dieser Urkunde unwirksam oder nicht durchführbar sein, so soll dies die Gültigkeit dieses Vertrages i. Ü. nicht berühren. An die Stelle der unwirksamen oder undurchführbaren Vereinbarung soll eine solche treten, die dem wirtschaftlichen Ergebnis der unwirksamen oder undurchführbaren Klausel in zulässiger Weise am nächsten kommt.

XI. Bedingungen

Der Ausgliederungsvertrag steht unter der aufschiebenden Bedingung, dass:

1. die formgerechten Zustimmungsbeschlüsse der Gesellschafterversammlungen der Gesellschaften bis zum . . . . . vorliegen und

2. die Gesellschafter der B-und der C-GmbH im Zustimmungsbeschluss die vorstehende Kapitalerhöhung zur Durchführung der Ausgliederung beschließen.

XII. Geschäftsführerbestellung

Die A-GmbH als Gründerin hält eine erste Gesellschafterversammlung ab und beschließt unter Verzicht auf alle Form- und Fristvorschriften mit allen Stimmen Folgendes:

1. Zum ersten Geschäftsführer der B-GmbH wird Herr . . . . . bestellt. Er ist stets einzelvertretungsberechtigt und von den Beschränkungen des § 181 BGB befreit.

2. Zum ersten Geschäftsführer der C-GmbH wird Herr . . . . . bestellt. Er ist stets einzelvertretungsberechtigt und von den Beschränkungen des § 181 BGB befreit.

XIII. Hinweise, Vollmacht

Der Notar hat auf Folgendes hingewiesen:
- Die Ausgliederung wird erst mit der Eintragung in das Handelsregister der übertragenden Gesellschaft wirksam.
- Die Beteiligten beauftragen und ermächtigen den Notar die zum Vollzug notwendigen Genehmigungen und Zustimmungserklärungen einzuholen. Genehmigungen werden mit Eingang beim Notar wirksam. Dies gilt nicht für die Versagung von Genehmigungen oder deren Erteilung unter Bedingungen oder Auflagen.
- Nach § 133 UmwG haften für die vor dem Wirksamwerden der Ausgliederung begründeten Verbindlichkeiten des übertragenden Rechtsträgers alle an der Ausgliederung beteiligten Rechtsträger gesamtschuldnerisch; Gläubiger können für ihre Verbindlichkeiten Sicherheitsleistung nach §§ 125, 22 UmwG verlangen Daneben können weitere Haftungsvorschriften anwendbar sein, insbes. die §§ 25 HGB und § 75 AO.
- Bei der Anmeldung der Abspaltung hat der Geschäftsführer der übertragenden Gesellschaft zu erklären, dass die durch Gesetz und Satzung vorgesehenen Voraussetzungen für die Gründung dieser Gesellschaft auch unter Berücksichtigung der Ausgliederung im Zeitpunkt der Anmeldung vorliegen.
- Bei nicht vollständig eingezahlten Stammeinlagen bestehen nach §§ 51 Abs. 1, 125 UmwG besondere Zustimmungspflichten.
- Die Mitglieder des Vertretungsorgans und auch eines Aufsichtsorgans sind nach § 25 UmwG als Gesamtschuldner zum Schadensersatz bei Verletzung ihrer Pflichten nach dem UmwG verpflichtet.
- Die Ausgliederung kann zur Grunderwerbsteuer führen.

XIV. Kosten, Abschriften

Die durch diesen Vertrag und ihre Durchführung bei beiden Gesellschaften entstehenden Kosten trägt die B-GmbH. Sollte die Ausgliederung nicht wirksam werden, tragen die Kosten dieses Vertrages die Gesellschaften zu gleichen Teilen; alle übrigen Kosten trägt die jeweils betroffene Gesellschaft allein.

Von dieser Urkunde erhalten

beglaubigte Abschriften:
- die beteiligten Gesellschaften,
- die Gesellschafter der A- und der B- und der C-GmbH;
- die Registergerichte in . . . . ., elektronisch
- die Grundbuchämter in . . . . .,
- die beteiligten Betriebsräte,
- Finanzamt.

Eine einfache Abschrift mit Veräußerungsanzeige erhält das Finanzamt (Grunderwerbsteuerstelle).

Diese Niederschrift nebst allen Anlagen wurde dem Erschienenen vom Notar vorgelesen, von ihm genehmigt und von ihm und dem Notar eigenhändig wie folgt unterschrieben.

Anlagen:
- Gesellschaftsverträge der B- und der C-GmbH
- Bilanzen
- Vermögensübersichten

b) Zustimmungsbeschluss bei der übertragenden Gesellschaft (A-GmbH) bei der Ausgliederung

▶ **Muster: Zustimmungsbeschluss bei der übertragenden Gesellschaft (A-GmbH) bei** 525 **der Ausgliederung**

Niederschrift über eine Gesellschafterversammlung

Heute, den . . . . . erschienen vor mir, dem unterzeichnenden Notar . . . . ., mit Amtssitz in . . . . ., an der Amtsstelle in . . . . .

1. Herr A, Kaufmann, wohnhaft in . . . . .,

2. Herr B, Kaufmann, wohnhaft in . . . . .

Die Beteiligten sind mir, Notar . . . . . persönlich bekannt. Auf Antrag beurkunde ich den vor mir abgegebenen Erklärungen gemäß Folgendes:

I. Sachverhalt

Im Handelsregister des Amtsgerichts . . . . . ist in der Abteilung B unter Nr. . . . . . die Firma A-GmbH mit Sitz in . . . . . eingetragen. Gesellschafter dieser Gesellschaft sind nach Angabe:
– Herr A mit einem Gesellschaftsanteil i. H. v. . . . . . € (Nr. . . . . .),
– Herr B mit einem Gesellschaftsanteil i. H. v. . . . . . € (Nr. . . . . .).

Das Stammkapital der Gesellschaft beträgt . . . . . €.

II. Gesellschafterversammlung

Die vorgenannten Gesellschafter halten eine Gesellschafterversammlung der Gesellschaft unter Verzicht auf alle Frist- und Formvorschriften ab, und stellen fest, dass die Gesellschafterversammlung als Vollversammlung beschlussfähig ist.

Die Gesellschafter beschließen sodann mit allen Stimmen Folgendes:

Zustimmung zum Ausgliederungsplan, Gesellschaftsverträge und zur Geschäftsführerbestellung

Dem Ausgliederungsplan zur Ausgliederung des Vermögens der A-GmbH auf die B- und die C-GmbH im Wege der Ausgliederung zur Neugründung samt den Gesellschaftsverträgen vom . . . . . UR.Nr. . . . . . des amtierenden Notars und der Bestellung von Herrn . . . . . zum Geschäftsführer der B-GmbH und Herrn . . . . . zum Geschäftsführer der C-GmbH wird mit allen Stimmen vorbehaltlos zugestimmt.

Der Ausgliederungsplan ist dieser Urkunde als Anlage beigefügt.

III. Verzichtserklärung, Sonstiges

Alle Gesellschafter verzichten (vorsorglich) auf die Erstattung eines Ausgliederungsberichts und eine Prüfung der Ausgliederung, Erstattung eines Ausgliederungsprüfungsberichts sowie die Anfechtung dieses Beschlusses.

Alle Gesellschafter erklären, dass ihnen der Ausgliederungsvertrag spätestens zusammen mit der Einberufung der Gesellschafterversammlung übersandt wurde und dass sie auch von allen übrigen Unterlagen Kenntnis erhalten haben.

Der beurkundende Notar wies die Gesellschafter weiter darauf hin, dass jeder von ihnen die Erteilung einer Abschrift der Niederschrift über diese Gesellschafterversammlung verlangen kann und dass ihnen ein Anspruch gegen die Geschäftsführer auf Auskunft über alle wesentlichen Angelegenheiten der anderen beteiligten Gesellschaften zusteht.

IV. Kosten, Abschriften

Die Kosten dieser Urkunde trägt die Gesellschaft. Von dieser Urkunde erhalten

beglaubigte Abschriften:
– die Gesellschafter,
– die übertragende Gesellschaft,
– die übernehmende Gesellschaft;

beglaubigte Abschriften:
– die Amtsgerichte (Registergerichte), elektronisch
– das Grundbuchamt.

Vorgelesen vom Notar, von den Erschienenen genehmigt und eigenhändig unterschrieben.

. . . . .

c) Handelsregisteranmeldung für die übertragende GmbH bei der Ausgliederung zur Neugründung (A-GmbH)

526 ▶ **Muster: Handelsregisteranmeldung für die übertragende GmbH bei der Ausgliederung zur Neugründung (A-GmbH)**

An das

Amtsgericht

– Handelsregister B –

Betrifft: HRB A-GmbH

In der Anlage überreiche ich, der unterzeichnende, alleinvertretungsberechtigte

Geschäftsführer der A-GmbH:
1. Elektronisch beglaubigte Abschrift des Ausgliederungsplans vom ..... – UR.Nr. ..... des beglaubigenden Notars –,
2. Elektronisch beglaubigte Abschrift des Zustimmungsbeschlusses der Gesellschafter der A-GmbH vom ..... – UR.Nr. ..... des beglaubigenden Notars –,
3. Elektronisch beglaubigte Abschrift der Verzichtserklärungen der Gesellschafter der A-GmbH auf Erstellung eines Ausgliederungsberichts und eines Prüfungsberichts und Durchführung einer Ausgliederungsprüfung vom ..... – UR.Nr. ..... des beglaubigenden Notars –,
4. elektronisch beglaubigter Nachweis über die Zuleitung des Entwurfs des Ausgliederungsvertrages an den Betriebsrat der A-GmbH,
5. elektronisch beglaubigte Schlussbilanz der A-GmbH zum Ausgliederungsstichtag,
6. vollständigen Wortlaut des Gesellschaftsvertrages mit Satzungsbescheinigung des Notars nach § 54 Abs. 1 GmbHG

und melde zur Eintragung in das Handelsregister an:

Die A-GmbH hat die im Ausgliederungsvertrag vom ..... – UR.Nr. ..... des beglaubigenden Notars – genannten Vermögensteile als Gesamtheit auf die B-GmbH mit dem Sitz in ..... und die C-GmbH mit Sitz in ..... als übernehmende GmbH im Wege der Ausgliederung zur Neugründung übertragen.

Ich erkläre, dass der Ausgliederungsbeschluss der Gesellschafter der A-GmbH nicht angefochten worden ist und aufgrund der in den Ausgliederungsbeschlüssen enthaltenen Anfechtungsverzichtserklärungen sämtlicher Gesellschafter auch nicht angefochten werden kann.

Ich erkläre ferner gemäß § 140 UmwG, dass die durch Gesetz und Gesellschaftervertrag vorgesehenen Voraussetzungen für die Gründung dieser Gesellschaft unter Berücksichtigung der Abspaltung im Zeitpunkt dieser Anmeldung vorliegen und dass ein Fall des § 51 Abs. 1 UmwG (nicht voll eingezahlte Geschäftsanteile) nicht vorliegt (§ 52 Abs. 1 UmwG).

Die inländische Geschäftsanschrift und die Geschäftsräume befinden sich in (Ort, Straße).

....., den .....   (Beglaubigungsvermerk)

d) Handelsregisteranmeldung für eine neu gegründete GmbH (B-GmbH)

▶ **Muster: Handelsregisteranmeldung für eine neu gegründete GmbH (B-GmbH)**   527

An das

Amtsgericht

– Handelsregister B –

Betrifft: Neugründung der B-GmbH mit dem Sitz in .....

In der Anlage überreichen wir, der unterzeichnende alleinvertretungsberechtigte Geschäftsführer der A-GmbH – dortiges Handelsregister HRB ..... – und der neu bestellte Geschäftsführer der neu gegründeten B-GmbH:
1. Elektronisch beglaubigte Abschrift des Ausgliederungsplans nebst Gesellschaftsvertrag und Beschluss über die Geschäftsführerbestellung der neu gegründeten B-GmbH vom ..... – UR.Nr. ..... des beglaubigenden Notars –,
2. Elektronisch beglaubigte Abschrift der Zustimmungsbeschlüsse der Gesellschafter der A-GmbH vom ..... – UR.Nr. ..... und ..... des beglaubigenden Notars –,
3. Elektronisch beglaubigte Abschriften der Verzichtserklärungen der Gesellschafter der A-GmbH auf Erstellung eines Verschmelzungsberichts und eines Prüfungsberichts vom ..... und ..... – UR.Nr. ..... und ..... des beglaubigenden Notars –,
4. elektronisch beglaubigte Nachweise über die Zuleitung des Entwurfs des Ausgliederungsplans an den Betriebsrat der A-GmbH,
5. elektronisch beglaubigte Gesellschafterliste,
6. elektronisch beglaubigter Sachgründungsbericht,
7. Unterlagen über die Werthaltigkeit der übertragenen Vermögensteile

und melden zur Eintragung in das Handelsregister an:

Unter der Firma »B-GmbH« ist eine Gesellschaft mit beschränkter Haftung im Wege der Ausgliederung durch Neugründung von der A-GmbH mit Sitz in . . . . . neu gegründet worden.

Sitz der Gesellschaft ist . . . . . Die inländische Geschäftsanschrift ist . . . . .

Die Gesellschaft hat einen oder mehrere Geschäftsführer. Ist nur ein Geschäftsführer bestellt, so vertritt dieser die Gesellschaft allein. Sind mehrere Geschäftsführer bestellt, so wird die Gesellschaft durch zwei Geschäftsführer gemeinsam oder durch einen Geschäftsführer in Gemeinschaft mit einem Prokuristen vertreten. Durch Gesellschafterbeschluss kann einzelnen oder mehreren Geschäftsführern die Befugnis zur Einzelvertretung sowie die Befreiung von den Beschränkungen des § 181 BGB erteilt werden.

Zum ersten Geschäftsführer der Gesellschaft wurde bestellt:

(Name, Geburtsdatum, Adresse)

Er ist berechtigt, die Gesellschaft stets einzeln zu vertreten und von den Beschränkungen des § 181 BGB befreit.

Der mitunterzeichnende Geschäftsführer der B-GmbH versichert:

Ich, [Name], versichere, dass keine Umstände vorliegen, die meiner Bestellung zum Geschäftsführer nach § 6 Abs. 2 GmbH-Gesetz entgegenstehen.

Der Geschäftsführer der Gesellschaft versichert insbesondere,

– dass er nicht wegen einer oder mehrerer vorsätzlicher Straftaten
a) des Unterlassens der Stellung des Antrags auf Eröffnung des Insolvenzverfahrens (Insolvenzverschleppung),
b) nach §§ 283 bis 283d StGB (Insolvenzstraftaten),
c) der falschen Angaben nach § 82 GmbHG oder § 399 AktG,
d) der unrichtigen Darstellung nach § 400 AktG, § 331 HGB, § 313 UmwG oder § 17 PublizitätsG,
e) nach den §§ 263 StGB (Betrug), § 263a StGB (Computerbetrug), § 264 StGB (Kapitalanlagebetrug) § 264a (Subventionsbetrug) oder den §§ 265b StGB (Kreditbetrug), § 266 StGB (Untreue) bis § 266a StGB (Vorenthalten und Veruntreuen von Arbeitsentgelt – Nichtabführung von Sozialversicherungsbeiträgen) zu einer Freiheitsstrafe von mindestens einem Jahr

verurteilt worden ist, und
– dass ihm weder durch gerichtliches Urteil noch durch die vollziehbare Entscheidung einer Verwaltungsbehörde die Ausübung eines Berufes, eines Berufszweiges, eines Gewerbes oder eines Gewerbezweiges ganz oder teilweise untersagt wurde, und
– auch keine vergleichbaren strafrechtlichen Entscheidungen ausländischer Behörden oder Gerichte gegen ihn vorliegen, und
– dass er über die uneingeschränkte Auskunftspflicht ggü. dem Gericht durch den Notar belehrt wurde.

Wir erklären, dass der Ausgliederungsbeschluss der Gesellschafter der A-GmbH nicht angefochten worden ist und aufgrund der in den Ausgliederungsbeschlüssen enthaltenen Anfechtungsverzichtserklärungen sämtlicher Gesellschafter auch nicht angefochten werden kann.

Die Geschäftsräume und die inländische Geschäftsanschrift der neu gegründeten Gesellschaft befinden sich in . . . . ., ...

. . . . ., den . . . . .   (Beglaubigungsvermerk)

528 ▶ **Hinweis:**

Umstritten ist, ob folgende Versicherung nach § 8 GmbHG erforderlich ist (vgl. Teil 3 Rdn. 388):

»Der Geschäftsführer der B-GmbH versichert, dass ab der Eintragung der Spaltung im Handelsregister der übertragenden Gesellschaft das Vermögen der durch die Spaltung neu gegründeten Gesellschaft sich endgültig in der freien Verfügung des oder der Geschäftsführer befindet.«

4. Abspaltung zur Neugründung A-GmbH auf B-GmbH & Co. KG. a) Spaltungsplan
▶ **Muster: Spaltungsplan**   529

UR.Nr. für . . . . .

Verhandelt zu . . . . .

am . . . . .

Vor dem unterzeichnenden

. . . . .

Notar mit dem Amtssitz in . . . . .

erschien:

Herr (Name, Geburtsdatum, Adresse),

hier handelnd nicht im eigenen Namen, sondern als alleinvertretungsberechtigter Geschäftsführer der A-GmbH mit dem Sitz . . . . . eingetragen im Handelsregister des Amtsgerichts . . . . . unter HRB . . . . .

Der Erschienene wies sich dem Notar gegenüber aus durch Vorlage seines amtlichen Lichtbildausweises.

A. Vorbemerkung

Der Erschienene erklärte:

Das Stammkapital der im Handelsregister des Amtsgerichts . . . . . unter HRB . . . . . eingetragenen A-GmbH beträgt . . . . . €. An ihr sind beteiligt:
– Herr A mit einem Geschäftsanteil von . . . . . € (Nr. . . . . .),
– Herr B mit einem Geschäftsanteil von . . . . . € (Nr. . . . . .).

Die B-Verwaltungs-GmbH mit einer Geschäftsanteil von . . . . . €.

Die Geschäftsanteile wurden bei der Gründung erworben und sind voll einbezahlt, sodass keine besondere Zustimmungspflicht nach § 51 Abs. 1 UmwG besteht.

Die A-GmbH will ihren Teilbetrieb »Hochbau« auf die B-GmbH & Co. KG im Wege der Abspaltung durch Neugründung übertragen.

Der Erschienene ließ sodann folgenden

B. Spaltungsplan

beurkunden und erklärte, handelnd wie angegeben:

I. Beteiligte Rechtsträger, Spaltung, Gesellschaftsvertrag

1. An der Abspaltung sind beteiligt die A-GmbH mit Sitz in . . . . . als übertragender Rechtsträger und die B-GmbH & Co. KG als neu zu gründender Rechtsträger mit Sitz in . . . . . als übernehmender Rechtsträger.

2. Die A-GmbH mit dem Sitz in . . . . . überträgt hiermit ihre nachstehend unter Ziff. II. genannten Vermögensteile als Gesamtheit im Wege der Abspaltung zur Neugründung auf die neu zu gründende B-GmbH & Co. KG. Die B-GmbH & Co. KG gewährt als Ausgleich hierfür den Gesellschaftern der A-GmbH Mitgliedschaften an der B-GmbH & Co. KG nach folgenden Maßgaben.

3. Die Firma der im Wege der Spaltung neu zu gründenden Gesellschaft lautet:

B-GmbH & Co. KG.

Ihr Sitz ist . . . . .

Vorbehaltlich der Genehmigung der Gesellschafterversammlung der A-GmbH wird für die B-GmbH & Co. KG der als Anlage 1 zu dieser Urkunde genommene Gesellschaftsvertrag festgestellt. Auf die Anlage wird verwiesen, sie wurde mitverlesen und von dem Beteiligten genehmigt.

II. Vermögensübertragung

1. Die A-GmbH überträgt den von ihr an drei Standorten unterhaltenen Teilbetrieb »Hochbau« auf die B-GmbH & Co. KG mit allen Aktiva und Passiva. Die Abspaltung erfolgt auf der Basis der festgestellten Abspaltungsbilanz der WPG-Wirtschaftsprüfungsgesellschaft vom 31.12. . . . . . und diese Spaltungsbilanz ist Bestandteil dieses Spaltungsplans. Sie ist als Anlage 1 dieser Urkunde als wesentlicher Be-

standteil beigefügt, auf sie wird nach §§ 9, 14 Abs. 1 BeurkG verwiesen. Die Beteiligten haben auf das Vorlesen verzichtet. Stattdessen wurde ihnen die Anlage 2 zur Durchsicht vorgelegt, von ihnen genehmigt und unterschrieben.

2. Im Einzelnen sind folgende Vermögensgegenstände Bestandteil des Teilbetriebes und werden i. R. d. Spaltung auf die B-GmbH & Co. KG übertragen. Von der Spaltung werden sämtliche zum Spaltungsstichtag vorhandenen Vermögensgegenstände und Schulden des Teilbetriebes mit allen Rechten und Pflichten sowie die ausschließlich diesem Teilbetrieb zuzuordnenden Rechtsbeziehungen, insbes. Vertragsverhältnisse, nach näherer Maßgabe der nachfolgenden Bestimmungen erfasst, gleich ob sie bilanziert sind oder nicht.

Insbes. handelt es sich um folgende Vermögensgegenstände und Schulden, die dem Teilbetrieb mit allen Rechten und Pflichten zuzuordnen sind:

a) Grundstücke

Die folgenden im Grundbuch von X-Stadt eingetragenen Grundstücke mit sämtlichen Abteilungen II und III des Grundbuches eingetragenen Belastungen, einschließlich aufstehender Gebäude mit den dazugehörigen Betriebsvorrichtungen, sowie sämtliche auf die Grundstücke bezogenen Mietverträge:
– Bd. 120 Blatt 3503, Flurstück 400/20, X-Str. in X-Stadt mit einer Größe von 10.000 qm,
– Bd. 105 Blatt 2763, Flurstück 733/23, Y-Str. in X-Stadt mit einer Größe von 5.000 qm,
– Bd. 100 Blatt 7370, Flurstück 250/12, Z-Str. in X-Stadt mit einer Größe von 3.000 qm.

b) Anlage- und Umlaufvermögen

Sämtliche zum Anlage- und Umlaufvermögen gehörenden beweglichen Gegenstände des Teilbetriebs »Hochbau«, also alle beweglichen Gegenstände, die sich auf den unter a) beschriebenen Grundstücken und Gebäuden befinden, somit alle technischen Anlagen und Maschinen, Kfz-, Betriebs- und Geschäftsausstattung, geringwertige Wirtschaftsgüter, Zubehör und Ersatzteile, EDV-Hardware, sämtliche auf den Grundstücken befindlichen Gegenstände des Umlaufvermögens, insbes. Roh-, Hilfs-, Betriebsstoffe, Ausstattung und Verpackungsmaterial. Soweit die A-GmbH Eigentum oder Miteigentum an diesen Gegenständen hat oder diese künftig erwirbt, wird das Eigentum oder Miteigentum übertragen; soweit die A-GmbH Anwartschaftsrechte auf Eigentumserwerb an dem ihr unter Eigentumsvorbehalt gelieferten beweglichen Vermögen hat, überträgt sie hiermit der B-GmbH diese Anwartschaftsrechte. Die wichtigsten beweglichen Vermögensgegenstände, insbes. Anlagen und Einrichtungen sind in der Anlage 3 aufgeführt, ohne jedoch auf die genannten Anlagen und Einrichtungen beschränkt zu sein.

c) Forderungen

Sämtliche Forderungen, die zum Teilbetrieb »Hochbau« zuzuordnen sind, insbes. Forderungen aus Lieferung und Leistung, geleisteten Anzahlungen, aus Darlehen, sowie Schadensersatzforderungen. Die Forderungen sind in der Anlage 4 aufgeführt. Soweit Forderungen in dieser Anlage nicht aufgeführt sind, werden sie dennoch übertragen, wenn und soweit sie dem Teilbetrieb »Hochbau« zuzuordnen sind.

d) Bankguthaben

Sämtliche Bankguthaben bei allen Banken, Kreditinstituten und sonstigen Einrichtungen mit ihrem jeweiligen zum Stichtag ausgewiesenen Bestand. Die Kreditinstitute und Einrichtungen sowie die betroffenen Bankkonten sind in Anlage 5 aufgeführt.

e) Vertragsverhältnisse:

Alle dem Teilbetrieb »Hochbau« zuzuordnenden Verträge, insbes. Leasingverträge, Mietverträge, Kauf-, Dienst-, Werk-, Beratungs-, Darlehens-, Versorgungs-, Versicherungs-, Finanzierungsverträge, Verträge mit Handelsvertretern sowie Angebote und sonstige Rechtsstellungen zivilrechtlicher oder öffentlich-rechtlicher Art. Die Verträge sind in Anlage 6 beschrieben. Soweit Verträge und Vertragsverhältnisse in dieser Anlage nicht aufgeführt sind, werden sie dennoch übertragen, wenn und soweit sie den Betriebsteil »Hochbau« betreffen oder ihm zuzuordnen sind.

f) Schutzrechte

Sämtliche Schutzrechte der A-GmbH, die den Betriebsteil »Hochbau« betreffen.

Schutzrechte umfassen insbes. alle Erfindungen, Know-how, Geschäfts- und Betriebsgeheimnisse, Patente, Verfahren, Formeln und sonstigen immateriellen Gegenstände, die nicht von gewerblichen

Schutzrechten umfasst werden, und sämtliche Verkörperungen solcher Gegenstände (Muster, Marken, Zeichenpläne etc.). Die Schutzrechte sind in Anlage 7 ausgeführt.

g) Arbeitsverhältnisse

Sämtliche dem Teilbetrieb »Hochbau« zuzuordnenden Arbeitsverhältnisse einschließlich evtl. bestehender Verpflichtungen der betrieblichen Altersvorsorge um Zusage, Rückdeckungsversicherung im betrieblichen Versorgungsinteresse und sonstigen Zusagen mit Versorgungscharakter gehen nach § 613a BGB auf die aufnehmende Gesellschaft über. Die Arbeitnehmer werden bei der aufnehmenden Gesellschaft zu gleichen Konditionen beschäftigt. Sollten einzelne Arbeitnehmer den Übergang ihres Arbeitsverhältnisses widersprechen, so ist die B-GmbH verpflichtet, der A-GmbH alle dadurch entstehenden Kosten zu ersetzen. Die B-GmbH wird außerdem die A-GmbH von allen Ansprüchen aus den Arbeitsverhältnissen und den damit verbundenen Zusagen der betrieblichen Altersvorsorge und Zusagen mit Versorgungscharakter freistellen.

h) Steuern

Sämtliche Forderungen, Verbindlichkeiten und Rückstellungen gegenüber dem Finanzamt betreffend Körperschaftsteuer und Solidaritätszuschlag, Gewerbesteuer, Umsatzsteuer, Kfz-Steuer, Grundsteuer, Kapitalertragsteuer, Lohn- und Kirchensteuer, Zinsabschlagsteuer.

i) Beteiligung, Mitgliedschaften

Sämtliche zum Teilbereich »Hochbau« gehörenden Beteiligungen, Mitgliedschaften, Finanzanlagen und Ähnliches. Im Einzelnen handelt es sich um folgende Beteiligungen:
- Die Mitgliedschaft der A-GmbH im Verband »Hoch- und Tiefbau e.V.«,
- die bestehende Beteiligung i. H. v. 10.000 Aktien an der X-AG,
- die der Geschäftsanteile i. H. v. 10.00,00 € an der Z-GmbH.

j) Verbindlichkeiten

Sämtliche zum Teilbetrieb »Hochbau« gehörenden und zuzuordnenden Verbindlichkeiten der A-GmbH, also sämtliche Schulden, Verbindlichkeiten, Rückstellungen sowie Verlustrisiko aus schwebenden Geschäften. Die Verbindlichkeiten sind in Anlage 8 zu diesem Vertrag aufgeführt.

k) Sonstiges

Sowie alle sonstigen in der Anlage 8 aufgeführten Vermögenspositionen.

3. Für sämtliche unter Ziff. 2 beschriebenen Aktiva und Passiva gilt, dass die Übertragung im Wege der Spaltung alle Wirtschaftsgüter, Gegenstände, materiellen und immateriellen Rechte, Verbindlichkeiten und Rechtsbeziehungen erfasst, die dem Teilbetrieb »Hochbau« dienen oder zu dienen bestimmt sind oder sonst den Teilbetrieb betreffen oder ihm wirtschaftlich zuzurechnen sind, unabhängig davon, ob die Vermögensposition bilanzierungsfähig ist oder nicht. Die Übertragung erfolgt auch unabhängig davon, ob der Vermögensgegenstand in den Anlagen 2–8 aufgeführt ist.

Sollten die zu übertragenden Rechtspositionen des Aktiv- oder Passivvermögens bis zum Wirksamwerden der Spaltung im regelmäßigen Geschäftsgang veräußert worden sein, so werden die an ihrer Stelle getretenen vorhandenen Surrogate übertragen. Übertragen werden auch die bis zum Wirksamwerden der Spaltung erworbenen Gegenstände des Aktiv- oder Passivvermögens, soweit sie zum übertragenen Teilbetrieb gehören.

4. Bei Zweifelsfällen, die auch durch Auslegung dieses Vertrages nicht zu klären sind, gilt, dass Vermögensgegenstände, Verbindlichkeiten, Verträge und Rechtspositionen, die nach obigen Regeln nicht zugeordnet werden können, bei der übertragenden Gesellschaft verbleiben. In diesen Fällen ist die A-GmbH berechtigt nach § 315 BGB eine Zuordnung nach ihrem Ermessen unter Berücksichtigung der wirtschaftlichen Zugehörigkeit vorzunehmen.

5. Soweit bilanzierte und nicht bilanzierte Vermögensgegenstände und Schulden in die Rechtsbeziehungen, die dem Teilbetrieb »Hochbau« wirtschaftlich zuzuordnen sind, nicht schon kraft Gesetzes mit der Eintragung der Spaltung in das Handelsregister der übertragenden Gesellschaft auf die aufnehmende Gesellschaft übergehen, wird die übertragende Gesellschaft diese Vermögensgegenstände oder Schulden sowie die Rechtsbeziehungen auf die B-GmbH übertragen. Ist die Übertragung im Außenverhältnis nicht oder nur mit unverhältnismäßigem Aufwand möglich oder unzweckmäßig, werden sich die beteiligten Gesellschaften im Innenverhältnis so stellen, wie sie stehen würden, wenn die Übertragung der Vermögensgegenstände und Passiva bzw. Rechtsbeziehungen auch im Außenverhältnis mit Wirkung zum Vollzug dabei erfolgt wäre. Wird die übertragende Gesellschaft aus Verbindlichkeiten in Anspruch genommen, die der aufnehmenden zuzuordnen sind, ist diese zur Freistellung verpflichtet oder hat Ausgleich zu leisten.

6. Auf die Anlagen 1–7, die dieser Urkunde als wesentlicher Bestandteil beigefügt sind, wird gemäß § 14 Abs. 1 BeurkG verwiesen. Die Beteiligten haben auf das Vorlesen verzichtet, stattdessen wurden ihnen die Anlagen 1–7 zur Kenntnisnahme vorgelegt, sie wurden von ihnen genehmigt und nach § 14 BeurkG unterschrieben.

7. Soweit für die Übertragung von bestimmten Gegenständen die Zustimmung eines Dritten an einer öffentlich-rechtlichen Genehmigung oder eine Registrierung erforderlich ist, werden sich die übertragende und die aufnehmende Gesellschaft bemühen, die Zustimmung, Genehmigung oder Registrierung beizubringen. Falls dies nicht oder nur mit unverhältnismäßig hohem Aufwand möglich sein würde, werden sich die übertragende und die aufnehmende Gesellschaft im Innenverhältnis so stellen, als wäre die Übertragung der Gegenstände des ausgegliederten Vermögens mit Wirkung zum Vollzugsdatum erfolgt.

8. Berichtigungen bei Registern, Grundbuch, Markenerklärungen

Die A-GmbH und die B-GmbH & Co. KG bewilligen und beantragen, nach Wirksamwerden der Spaltung die von der Spaltung betroffenen Markenregister entsprechenden Vorschriften dieses Vertrages zu berichtigen.

Die A-GmbH und die B-GmbH & Co. KG bewilligen und beantragen, nach Wirksamwerden der Ausgliederung das Grundbuch bei den unter Ziff. 2 beschriebenen Grundstücken und dinglichen Rechten zu berichtigen.

III. Gegenleistung, Umtauschverhältnis

1. Die B-Verwaltungs-GmbH wird alleinige Komplementärin der B-GmbH & Co. KG. Sie erbringt keine Einlage und wird auch nicht am Gesellschaftsvermögen beteiligt und erhält keinen Kapitalanteil.

2. Die B-GmbH & Co. KG räumt den Gesellschaftern A und B der A-GmbH als Gegenleistung für die Übertragung des Vermögens die Stellung als Kommanditisten mit folgenden Beteiligungen an der B-GmbH & Co. KG ein:

a) dem Gesellschafter A einen festen Kapitalanteil i. H. v. . . . . . €,

b) dem Gesellschafter B einen festen Kapitalanteil i. H. v. . . . . . €.

Die Kapitalanteile stellen gleichzeitig die in das Handelsregister einzutragende Hafteinlage der neuen Kommanditisten dar.

Die Beteiligungen werden kostenfrei und mit Gewinnberechtigung ab . . . . . gewährt.

3. Das Umtauschverhältnis der Beteiligungen beträgt . . . . .

4. Bare Zuzahlungen werden nicht gewährt.

5. Die Aufteilung der Anteile erfolgt entsprechend dem Verhältnis der Beteiligungen der Gesellschafter an der A-GmbH.

6. Der Gesamtwert zu dem die erbrachte Sacheinlage von der aufnehmenden Gesellschaft übernommen wird, entspricht dem handelsrechtlichen Buchwert des übertragenen Vermögens zum Spaltungsstichtag. Soweit der Buchwert des übertragenen Nettovermögens den Nennbetrag der dafür gewährten Geschäftsanteile übersteigt, wird der Differenzbetrag in die Kapitalrücklage der aufnehmenden Gesellschaft eingestellt. Eine Vergütung für den Differenzbetrag wird nicht geschuldet.

7. Da zur Durchführung der Abspaltung eine Kapitalherabsetzung erforderlich ist, wird die A-GmbH ihr Stammkapital herabsetzen, wie folgt:

Das Stammkapital der Gesellschaft wird von . . . . . € um . . . . . € auf . . . . . € (in Worten: . . . . . Euro) herabgesetzt.

Die Kapitalherabsetzung erfolgt als vereinfachte Kapitalherabsetzung i. S. d. § 139 UmwG i. V. m. §§ 58a ff. GmbHG. Die Herabsetzung des Stammkapitals dient der Anpassung des Stammkapitals infolge der Spaltung, weil das verbleibende Vermögen der abspaltenden Gesellschaft das nominelle Kapital i. H. v. . . . . . € nicht mehr deckt.

IV. Spaltungsstichtag

Die Übernahme des vorbezeichneten Vermögens der A-GmbH erfolgt im Innenverhältnis mit Wirkung zum Ablauf des . . . . . Vom . . . . . an gelten alle Handlungen und Geschäfte der A-GmbH, die das übertragene Vermögen betreffen, als für Rechnung der B-GmbH & Co. KG vorgenommen.

V. Besondere Rechte

Besondere Rechte i. S. v. § 126 Abs. 1 Nr. 7 UmwG bestehen bei der B-GmbH & Co. KG nicht. Einzelnen Anteilsinhabern werden i. R. d. Spaltung keine besonderen Rechte gewährt.

VI. Besondere Vorteile

Besondere Vorteile i. S. v. § 126 Abs. 1 Nr. 8 UmwG werden weder einem Mitglied eines Vertretungs- oder Aufsichtsorgans, noch dem Abschlussprüfer oder dem Spaltungsprüfer gewährt.

VII. Folgen der Abspaltung für Arbeitnehmer und ihre Vertretungen

Durch die Abspaltung ergeben sich für die Arbeitnehmer und ihre Vertretungen die nachgenannten Folgen: .....

Insoweit sind folgende Maßnahmen vorgesehen: .....

VIII. Abfindungsangebot

Für den Fall, dass ein Gesellschafter der übertragenden Gesellschaft bei der Beschlussfassung Widerspruch gegen die Spaltung zur Niederschrift erklärt, macht die aufnehmende Gesellschaft ihm schon jetzt folgendes Abfindungsangebot: .....

IX. Sonstige Vereinbarungen

1. Sollten für die Übertragung der in Ziff. II. genannten Sachen, Rechte, Vertragsverhältnisse und Verbindlichkeiten weitere Voraussetzungen geschaffen werden müssen, so verpflichten sich die Vertragsbeteiligten alle erforderlichen Erklärungen abzugeben und Handlungen vorzunehmen.

2. Sollte eine Übertragung der in Ziff. II. genannten Sachen, Rechte, Vertragsverhältnisse und Verbindlichkeiten im Wege der Spaltung auf die B-GmbH rechtlich nicht möglich sein, so verpflichten sich die Vertragsbeteiligten alle erforderlichen Erklärungen abzugeben und alle erforderlichen Handlungen vorzunehmen, die rechtlich zu dem beabsichtigten Vermögensübergang auf die B-GmbH in anderer Weise führen.

3. Sollten einzelne Bestimmungen dieser Urkunde unwirksam oder nicht durchführbar sein, so soll dies die Gültigkeit dieses Vertrages i. Ü. nicht berühren. An die Stelle der unwirksamen oder undurchführbaren Vereinbarung soll eine solche treten, die dem wirtschaftlichen Ergebnis der unwirksamen oder undurchführbaren Klausel in zulässiger Weise am nächsten kommt.

X. Hinweise, Vollmacht

Der Notar hat auf Folgendes hingewiesen:
- Die Spaltung wird erst mit der Eintragung in das Handelsregister der übertragenden Gesellschaft wirksam.
- Die Beteiligten beauftragen und ermächtigen den Notar, die zum Vollzug notwendigen Genehmigungen und Zustimmungserklärungen einzuholen. Genehmigungen werden mit Eingang beim Notar wirksam. Dies gilt nicht für die Versagung von Genehmigungen oder deren Erteilung unter Bedingungen oder Auflagen.
- Nach § 133 UmwG haften für die vor dem Wirksamwerden der Spaltung begründeten Verbindlichkeiten des übertragenden Rechtsträgers alle an der Spaltung beteiligten Rechtsträger gesamtschuldnerisch; Gläubiger können für ihre Verbindlichkeiten Sicherheitsleistung nach §§ 125, 22 UmwG verlangen. Daneben können weitere Haftungsvorschriften anwendbar sein insbes. § 25 HGB und § 75 AO.
- Bei der Anmeldung der Abspaltung hat der Geschäftsführer der übertragenden Gesellschaft zu erklären, dass die durch Gesetz und Satzung vorgesehenen Voraussetzungen für die Gründung dieser Gesellschaft auch unter Berücksichtigung der Spaltung im Zeitpunkt der Anmeldung vorliegen.
- Bei nicht vollständig eingezahlten Geschäftsanteilen bestehen nach §§ 51 Abs. 1, 125 UmwG besondere Zustimmungspflichten.
- Die Mitglieder des Vertretungsorgans und auch eines Aufsichtsorgans sind nach § 25 UmwG als Gesamtschuldner zum Schadenersatz bei Verletzung ihrer Pflichten nach dem UmwG verpflichtet.
- Die Spaltung kann zur Grunderwerbsteuer führen.

XI. Kosten, Abschriften

Die durch diesen Vertrag und ihre Durchführung bei beiden Gesellschaften entstehenden Kosten trägt die B-GmbH. Sollte die Spaltung nicht wirksam werden, tragen die Kosten dieses Vertrages die Gesellschaften zu gleichen Teilen; alle übrigen Kosten trägt die jeweils betroffene Gesellschaft allein.

Von dieser Urkunde erhalten

beglaubigte Abschriften:
– die beteiligten Gesellschaften,
– die Gesellschafter der A- und der B-GmbH;

beglaubigte Abschriften:
– die Registergerichte in . . . . .,elektronisch
– die Grundbuchämter in . . . . .,
– die beteiligten Betriebsräte,
– Finanzamt.

Eine einfache Abschrift mit Veräußerungsanzeige erhält das Finanzamt (Grunderwerbsteuerstelle).

Diese Niederschrift nebst allen Anlagen wurde dem Erschienenen vom Notar vorgelesen, von ihm genehmigt und von ihm und dem Notar eigenhändig wie folgt unterschrieben:

. . . . .

Anlagen:
– 1: Gesellschaftsvertrag der B-GmbH & Co. KG
– 2–8: Übertragenes Vermögen

b) Zustimmungsbeschluss bei der übertragenden Gesellschaft (A-GmbH)

530 ▶ **Muster: Zustimmungsbeschluss bei der übertragenden Gesellschaft (A-GmbH)**

Niederschrift über eine Gesellschafterversammlung

Heute, den . . . . . erschienen vor mir, dem unterzeichnenden Notar . . . . ., mit Amtssitz in . . . . ., an der Amtsstelle in . . . . .

1. Herr A, Kaufmann, wohnhaft in . . . . .,

2. Herr B, Kaufmann, wohnhaft in . . . . .

Die Beteiligten sind mir, Notar . . . . ., persönlich bekannt. Auf Antrag beurkunde ich den vor mir abgegebenen Erklärungen gemäß Folgendes:

I. Sachverhalt

Im Handelsregister des Amtsgerichts . . . . . ist in der Abteilung B unter Nr. . . . . . die Firma A-GmbH mit Sitz in . . . . . eingetragen. Gesellschafter dieser Gesellschaft sind nach Angabe:
– Herr A mit einem Gesellschaftsanteil i. H. v. . . . . . € (Nr. . . . . .),
– Herr B mit einem Gesellschaftsanteil i. H. v. . . . . . € (Nr. . . . . .).

Das Stammkapital der Gesellschaft beträgt . . . . . €.

II. Gesellschafterversammlung

Die vorgenannten Gesellschafter halten eine Gesellschafterversammlung der Gesellschaft unter Verzicht auf alle Frist- und Formvorschriften ab und stellen fest, dass die Gesellschafterversammlung als Vollversammlung beschlussfähig ist.

Die Gesellschafter beschließen sodann mit allen Stimmen Folgendes:

§ 1 Zustimmung zum Spaltungsplan, Gesellschaftsvertrag und zur Geschäftsführerbestellung

Dem Spaltungsplan samt dem Gesellschaftsvertrag vom . . . . . UR.Nr. . . . . . des amtierenden Notars zur Übertragung eines Teils des Vermögens der A-GmbH auf die B-GmbH & Co. KG im Wege der Abspaltung zur Neugründung wird mit allen Stimmen vorbehaltlos zugestimmt.

Der Spaltungsvertrag ist dieser Urkunde als Anlage beigefügt.

§ 2 Kapitalherabsetzung

Die Gesellschafter erklären: Die Geschäftsanteile der Herren A und B sind voll eingezahlt. Da zur Durchführung der Abspaltung eine Kapitalherabsetzung erforderlich ist, beschließen die Gesellschafter weiter:

1. Das Stammkapital der Gesellschaft wird von . . . . . € um . . . . . € auf . . . . . € (in Worten: . . . . . Euro) herabgesetzt.

2. Die Kapitalherabsetzung erfolgt als vereinfachte Kapitalherabsetzung i. S. d. § 139 UmwG i. V. m. §§ 58a ff. GmbHG zum Ausgleich eines Spaltungsverlustes i. H. v. . . . . . €. Die Herabsetzung des

Stammkapitals dient der Anpassung des Stammkapitals infolge der Spaltung, weil das verbleibende Vermögen der abspaltenden Gesellschaft das nominelle Kapital i. H. v. . . . . . € nicht mehr deckt und die Bilanz der A-GmbH keine Beträge in den Kapital- und Gewinnrücklagen ausweist. Auch ein Gewinnvortrag besteht nicht.

3. Die Nennbeträge der von den Gesellschaftern gehaltenen Geschäftsanteile betragen nach der Herabsetzung des Stammkapitals je . . . . . €.

4. § 3 des Gesellschaftsvertrages wird wie folgt neu gefasst:
»§ 3 Stammkapital

Das Stammkapital der Gesellschaft beträgt . . . . . € (in Worten: . . . . . Euro).«

III. Verzichtserklärung, Sonstiges

Alle Gesellschafter verzichten (vorsorglich) auf die Erstattung eines Spaltungsberichts und eine Prüfung der Spaltung, Erstattung eines Spaltungsprüfungsberichts sowie die Anfechtung dieses Beschlusses.

Alle Gesellschafter erklären, dass ihnen der Spaltungsvertrag spätestens zusammen mit der Einberufung der Gesellschafterversammlung übersandt wurde und dass sie auch von allen übrigen Unterlagen Kenntnis erhalten haben.

Der Notar belehrte über die Vermögensbindung als Folge der vereinfachten Kapitalherabsetzung. Es dürfen insbes. keine Zahlungen an die Gesellschafter geleistet werden. Auch die Gewinnausschüttung ist gemäß § 58d GmbHG beschränkt.

Der beurkundende Notar wies die Gesellschafter weiter darauf hin, dass jeder von ihnen die Erteilung einer Abschrift der Niederschrift über diese Gesellschafterversammlung verlangen kann und dass ihnen ein Anspruch gegen die Geschäftsführer auf Auskunft über alle wesentlichen Angelegenheiten der anderen beteiligten Gesellschaften zusteht.

IV. Kosten, Abschriften

Die Kosten dieser Urkunde trägt die Gesellschaft. Von dieser Urkunde erhalten

beglaubigte Abschriften:
– die Gesellschafter,
– die übertragende Gesellschaft,
– die übernehmende Gesellschaft;
– die Amtsgerichte (Registergerichte), elektronisch
– das Grundbuchamt,
– Finanzamt.

Vorgelesen vom Notar, von den Erschienenen genehmigt und eigenhändig unterschrieben.

. . . . .

c) Handelsregisteranmeldung für die übertragende GmbH bei der Abspaltung zur Neugründung (A-GmbH)

▶ **Muster: Handelsregisteranmeldung für die übertragende GmbH bei der Abspaltung** 531 **zur Neugründung (A-GmbH)**

An das

Amtsgericht

– Handelsregister B –

Betrifft: HRB A-GmbH

In der Anlage überreiche ich, der unterzeichnende alleinvertretungsberechtigte

Geschäftsführer der A-GmbH:
1. Elektronisch beglaubigte Abschrift des Spaltungsplans vom . . . . . – UR.Nr. . . . . . des beglaubigenden Notars –,
2. Elektronisch beglaubigte Abschrift des Zustimmungsbeschlusses der Gesellschafter der A-GmbH vom . . . . . – UR.Nr. . . . . . des beglaubigenden Notars –, der auch den Beschluss über die Kapitalherabsetzung samt Änderung des Gesellschaftsvertrages enthält,

3. Elektronisch beglaubigte Abschrift der Verzichtserklärungen der Gesellschafter der A-GmbH auf Erstellung eines Spaltungsberichts und eines Prüfungsberichts und Durchführung einer Spaltungsprüfung vom ....–UR.Nr. ..... des beglaubigenden Notars –,
4. elektronisch beglaubigter Nachweis über die Zuleitung des Entwurfs des Spaltungsvertrages an den Betriebsrat der A-GmbH,
5. elektronisch beglaubigter Schlussbilanz der A-GmbH zum Spaltungsstichtag,
6. elektronisch beglaubigter vollständigen Wortlaut des Gesellschaftsvertrages mit Satzungsbescheinigung des Notars nach § 54 Abs. 1 GmbHG

und melde zur Eintragung in das Handelsregister an:

1. Die A-GmbH hat die im Spaltungsvertrag vom ..... – UR.Nr. ..... des beglaubigenden Notars – genannten Vermögensteile als Gesamtheit auf die B-GmbH & Co. KG mit dem Sitz in ..... (eingetragen im Handelsregister des Amtsgerichts ..... unter HRB .....) als übernehmende Gesellschaft im Wege der Abspaltung zur Neugründung übertragen. Die Geschäftsräume befinden sich in .....

2. Das Stammkapital der A-GmbH i. H. v. ..... € (in Worten: ..... Euro) wurde im Wege der vereinfachten Kapitalherabsetzung nach § 139 UmwG i. V. m. §§ 58a ff. GmbHG um ..... € (in Worten: ..... Euro) auf ..... € (in Worten: ..... Euro) herabgesetzt. Die Satzung der A-GmbH wurde in § 3 entsprechend geändert.

Ich erkläre, dass der Spaltungsbeschluss der Gesellschafter der A-GmbH nicht angefochten worden ist und aufgrund der in den Spaltungsbeschlüssen enthaltenen Anfechtungsverzichtserklärungen sämtlicher Gesellschafter auch nicht angefochten werden kann.

Ich erkläre ferner gemäß § 140 UmwG, dass die durch Gesetz und Gesellschaftervertrag vorgesehenen Voraussetzungen für die Gründung dieser Gesellschaft unter Berücksichtigung der Abspaltung im Zeitpunkt dieser Anmeldung vorliegen und dass ein Fall des § 51 Abs. 1 UmwG (nicht voll eingezahlte Geschäftsanteile) nicht vorliegt (§ 52 Abs. 1 UmwG).

Die inländische Geschäftsanschrift und die Geschäftsräume befinden sich in (Ort, Straße).

....., den .....   (Beglaubigungsvermerk)

d) Handelsregisteranmeldung für die neu gegründete GmbH & Co. KG bei der Abspaltung zur Neugründung (A-GmbH)

532 ▶ **Muster: Handelsregisteranmeldung für die neu gegründete GmbH & Co. KG bei der Abspaltung zur Neugründung (A-GmbH)**

An das

Amtsgericht

– Handelsregister –

Anmeldung der Gründung einer Kommanditgesellschaft im Wege der Abspaltung

In der Anlage überreichen wir, der unterzeichnende, alleinvertretungsberechtigte Geschäftsführer der A-GmbH und der alleinvertretungsberechtigte Geschäftsführer der B-Verwaltungs-GmbH, diese als Komplementärin der B-GmbH & Co. KG:
1. Elektronisch beglaubigte Abschrift des Spaltungsplans vom ..... – UR.Nr. ..... des beglaubigenden Notars –,
2. Elektronisch beglaubigte Abschrift des Zustimmungsbeschlusses der Gesellschafter der A-GmbH vom ..... – UR.Nr. ..... des beglaubigenden Notars –, der auch den Beschluss über die Kapitalherabsetzung samt Änderung des Gesellschaftsvertrages enthält,
3. Elektronisch beglaubigte Abschrift der Verzichtserklärungen der Gesellschafter der A-GmbH auf Erstellung eines Spaltungsberichts und eines Prüfungsberichts und Durchführung einer Spaltungsprüfung vom .....–UR.Nr. ..... des beglaubigenden Notars –,
4. elektronisch beglaubigter Nachweis über die Zuleitung des Entwurfs des Spaltungsvertrages an den Betriebsrat

und melden zur Eintragung in das Handelsregister an:
1. Unter der Firma »B GmbH & Co. KG«

ist eine Kommanditgesellschaft im Wege der Abspaltung durch Neugründung von der A-GmbH mit Sitz in ..... neu gegründet worden.

2. Sitz der Gesellschaft ist .....

3. Persönlich haftende Gesellschafterin ist die B-Verwaltungs-GmbH in (HRB; Amtsgericht).

4. Kommanditisten sind folgende Personen (jeweils mit Name, Vorname, Geburtsdatum, Wohnort) mit folgenden Einlagen:
– mit einer Einlage von . . . . . €,
– mit einer Einlage von . . . . . €.

5. Die Gesellschaft wird durch die persönlich haftende Gesellschafterin, die B-Verwaltungs-GmbH, allein vertreten. Die persönlich haftende Gesellschafterin und ihre Geschäftsführer sind vom Verbot des Selbstkontrahierens gemäß § 181 BGB befreit.

6. Kommanditisten sind nicht vertretungsberechtigt.

7. Die Geschäftsräume und die inländische Geschäftsanschrift der Gesellschaft befinden sich in . . . . .

Abstrakte Vertretungsbefugnis:

Jeder persönlich haftende Gesellschafter vertritt die Gesellschaft einzeln.

Konkrete Vertretungsbefugnis:

Die B-Verwaltungs-GmbH vertritt die Gesellschaft einzeln. Die Kommanditisten . . . . . sind nicht zur Vertretung befugt.

8. Gegenstand des Unternehmens ist . . . . .

Wir erklären, dass der Spaltungsbeschluss der Gesellschafter der A-GmbH nicht angefochten worden ist und aufgrund der in den Spaltungsbeschlüssen enthaltenen Anfechtungsverzichtserklärungen sämtlicher Gesellschafter auch nicht angefochten werden kann.

. . . . ., den . . . . .   (Beglaubigungsvermerk)

5. Abspaltung eines Teilbetriebes von der A-GmbH auf die neu gegründete B-GmbH unter Trennung der Gesellschafter. a) Spaltungsplan

▸ **Muster: Spaltungsplan**   533

UR.Nr. für . . . . .

Verhandelt zu . . . . .

am . . . . .

Vor dem unterzeichnenden

. . . . .

Notar mit dem Amtssitz in . . . . .

erschien:

Herr (Name, Geburtsdatum, Adresse),

hier handelnd nicht im eigenen Namen, sondern als alleinvertretungsberechtigter Geschäftsführer der A-GmbH mit dem Sitz in . . . . ., eingetragen im Handelsregister des Amtsgerichts . . . . . unter HRB . . . . .

Der Erschienene wies sich dem Notar gegenüber aus durch Vorlage seines amtlichen Lichtbildausweises.

A. Vorbemerkung

Der Erschienene erklärte:

Das Stammkapital der im Handelsregister des Amtsgerichts . . . . . unter HRB . . . . . eingetragenen A-GmbH beträgt . . . . . €. An ihr sind beteiligt:
– Herr A mit einem Geschäftsanteil von . . . . . € (Nr. . . . . .),
– Herr B mit einem Geschäftsanteil von . . . . . € (Nr. . . . . .).

Die Geschäftsanteile wurden bei der Gründung erworben und sind voll einbezahlt, sodass keine besondere Zustimmungspflicht nach § 51 Abs. 1 UmwG besteht.

Die A-GmbH betreibt die Teilbetriebe »Hochbau« und »Tiefbau«.

Die A-GmbH will ihren Teilbetrieb »Hochbau« auf die B-GmbH im Wege der Abspaltung durch Neugründung übertragen. Die Abspaltung soll zur Trennung der beiden Gesellschafter führen, sodass nach der Spaltung Herr A Alleingesellschafter der A-GmbH ist und Herr B Alleingesellschafter der B-GmbH.

Der Erschienene ließ sodann folgenden

B. Spaltungsplan

beurkunden und erklärte, handelnd wie angegeben:

I. Beteiligte Rechtsträger, Spaltung, Gesellschaftsvertrag

1. An der Abspaltung sind beteiligt die A-GmbH mit Sitz in . . . . . als übertragender Rechtsträger und die B-GmbH mit Sitz in . . . . . als übernehmender Rechtsträger.

2. Die A-GmbH mit dem Sitz in . . . . . überträgt hiermit ihre nachstehend unter Ziff. II. genannten Vermögensteile als Gesamtheit im Wege der nichtverhältniswahrenden Abspaltung zur Neugründung auf die neu zu gründende B-GmbH. Die B-GmbH gewährt als Ausgleich hierfür dem Gesellschafter B der A-GmbH sämtliche Geschäftsanteile an der B-GmbH. Gleichzeitig sollen sämtliche Anteile an der übertragenden A-GmbH allein dem Gesellschafter A zugewiesen werden.

3. Die Firma der im Wege der Spaltung neu zu gründenden Gesellschaft lautet:

B-GmbH.

Ihr Sitz ist . . . . .

Vorbehaltlich der Genehmigung der Gesellschafterversammlung der A-GmbH wird für die B-GmbH der als Anlage 1 zu dieser Urkunde genommene Gesellschaftsvertrag festgestellt. Auf die Anlage wird verwiesen, sie wurde mitverlesen und von dem Beteiligten genehmigt.

II. Vermögensübertragung

1. Die A-GmbH überträgt den von ihr an drei Standorten unterhaltenen Teilbetrieb »Hochbau« auf die B-GmbH mit allen Aktiven und Passiven. Die Abspaltung erfolgt auf der Basis der festgestellten Abspaltungsbilanz der WPG-Wirtschaftsprüfungsgesellschaft vom 31.12. . . . . . und diese Spaltungsbilanz ist Bestandteil dieses Spaltungsplans. Sie ist als Anlage 1 dieser Urkunde als wesentlicher Bestandteil beigefügt, auf sie wird nach §§ 9, 14 Abs. 1 BeurkG verwiesen. Die Beteiligten haben auf das Vorlesen verzichtet. Stattdessen wurde ihnen die Anlage 2 zur Durchsicht vorgelegt, von ihnen genehmigt und unterschrieben.

2. Im Einzelnen sind folgende Vermögensgegenstände Bestandteil des Teilbetriebes und werden i. R. d. Spaltung auf die B-GmbH übertragen. Von der Spaltung werden sämtliche zum Spaltungsstichtag vorhanden Vermögensgegenstände und Schulden des Teilbetriebes mit allen Rechten und Pflichten sowie die ausschließlich diesem Teilbetrieb zuzuordnenden Rechtsbeziehungen, insbes. Vertragsverhältnisse, nach näherer Maßgabe der nachfolgenden Bestimmungen erfasst, gleich ob sie bilanziert sind oder nicht.

Insbes. handelt es sich um folgende Vermögensgegenstände und Schulden, die dem Teilbetrieb mit allen Rechten und Pflichten zuzuordnen sind:

a) Grundstücke

Die folgenden im Grundbuch von X-Stadt eingetragenen Grundstücke mit sämtlichen Abteilungen II und III des Grundbuches eingetragenen Belastungen, einschließlich aufstehender Gebäude mit den dazugehörigen Betriebsvorrichtungen, sowie sämtliche auf die Grundstücke bezogenen Mietverträge:
– Bd. 120 Blatt 3503, Flurstück 400/20, X-Str. in X-Stadt mit einer Größe von 10.000 qm,
– Bd. 105 Blatt 2763, Flurstück 733/23, Y-Str. in X-Stadt mit einer Größe von 5.000 qm,
– Bd. 100 Blatt 7370, Flurstück 250/12, Z-Str. in X-Stadt mit einer Größe von 3.000 qm.

b) Anlage- und Umlaufvermögen

Sämtliche zum Anlage- und Umlaufvermögen gehörenden beweglichen Gegenstände des Teilbetriebs »Hochbau«, also alle beweglichen Gegenstände, die sich auf den unter a) beschriebenen Grundstücken und Gebäuden befinden, somit alle technischen Anlagen und Maschinen, Kfz-, Betriebs- und Geschäftsausstattung, geringwertige Wirtschaftsgüter, Zubehör und Ersatzteile, EDV-Hardware, sämtliche auf den Grundstücken befindliche Gegenstände des Umlaufvermögens, insbes. Roh-, Hilfs-, Betriebsstoffe, Ausstattung und Verpackungsmaterial. Soweit die A-GmbH Eigentum oder Miteigentum an diesen Gegenständen hat oder diese künftig erwirbt, wird das Eigentum oder Miteigentum übertragen; soweit die A-GmbH Anwartschaftsrechte auf Eigentumserwerb an dem ihr unter Eigentumsvorbehalt gelieferten beweglichen Vermögen hat, überträgt sie hiermit der B-GmbH diese Anwartschaftsrechte. Die wichtigsten beweglichen Vermögensgegenstände, insbes. Anlagen und Einrichtungen sind in Anlage 3 aufgeführt, ohne jedoch auf die genannten Anlagen und Einrichtungen beschränkt zu sein.

c) Forderungen

Sämtliche Forderungen, die zum Teilbetrieb »Hochbau« zuzuordnen sind, insbes. Forderungen aus Lieferung und Leistung, geleisteten Anzahlungen, aus Darlehen, sowie Schadensersatzforderungen. Die Forderungen sind in der Anlage 4 aufgeführt. Soweit Forderungen in dieser Anlage nicht aufgeführt sind, werden sie dennoch übertragen, wenn und soweit sie dem Teilbetrieb »Hochbau« zuzuordnen sind.

d) Bankguthaben

Sämtliche Bankguthaben bei allen Banken, Kreditinstituten und sonstigen Einrichtungen mit ihrem jeweiligen zum Stichtag ausgewiesenen Bestand. Die Kreditinstitute und Einrichtungen sowie die betroffenen Bankkonten sind in Anlage 5 aufgeführt.

e) Vertragsverhältnisse

Alle dem Teilbetrieb »Hochbau« zuzuordnenden Verträge, insbes. Leasingverträge, Mietverträge, Kauf-, Dienst-, Werk-, Beratungs-, Darlehens-, Versorgungs-, Versicherungs-, Finanzierungsverträge, Verträge mit Handelsvertretern sowie Angebote und sonstige Rechtsstellungen zivilrechtlicher oder öffentlich-rechtlicher Art. Die Verträge sind in Anlage 6 beschrieben. Soweit Verträge und Vertragsverhältnisse in dieser Anlage nicht aufgeführt sind, werden sie dennoch übertragen, wenn und soweit sie den Betriebsteil »Hochbau« betreffen oder ihm zuzuordnen sind.

f) Schutzrechte

Sämtliche Schutzrechte der A-GmbH, die den Betriebsteil »Hochbau« betreffen. Schutzrechte umfassen insbes. alle Erfindungen, Know-how, Geschäfts- und Betriebsgeheimnisse, Patente, Verfahren, Formel und sonstige immateriellen Gegenstände, die nicht von gewerblichen Schutzrechten umfasst werden, und sämtliche Verkörperungen solcher Gegenstände (Muster, Marken, Zeichenpläne etc.). Die Schutzrechte sind in Anlage 7 ausgeführt.

g) Arbeitsverhältnisse

Sämtliche dem Teilbetrieb »Hochbau« zuzuordnenden Arbeitsverhältnisse einschließlich evtl. bestehender Verpflichtungen der betrieblichen Altersvorsorge um Zusage, Rückdeckungsversicherung im betrieblichen Versorgungsinteresse und sonstigen Zusagen mit Versorgungscharakter gehen nach § 613a BGB auf die aufnehmende Gesellschaft über. Die Arbeitnehmer werden bei der aufnehmenden Gesellschaft zu gleichen Konditionen beschäftigt. Sollten einzelne Arbeitnehmer den Übergang ihres Arbeitsverhältnisses widersprechen, so ist die B-GmbH verpflichtet, der A-GmbH alle dadurch entstehenden Kosten zu ersetzen. Die B-GmbH wird außerdem die A-GmbH von allen Ansprüchen aus den Arbeitsverhältnissen und den damit verbundenen Zusagen der betrieblichen Altersvorsorge und Zusagen mit Versorgungscharakter freistellen.

h) Steuern

Sämtliche Forderungen, Verbindlichkeiten und Rückstellungen gegenüber dem Finanzamt betreffend Körperschaftsteuer und Solidaritätszuschlag, Gewerbesteuer, Umsatzsteuer, Kfz-Steuer, Grundsteuer, Kapitalertragsteuer, Lohn- und Kirchensteuer, Zinsabschlagsteuer.

i) Beteiligung, Mitgliedschaften

Sämtliche zum Teilbereich »Hochbau« gehörenden Beteiligungen, Mitgliedschaften, Finanzanlagen und Ähnliches. Im Einzelnen handelt es sich um folgende Beteiligungen:
– Die Mitgliedschaft der A-GmbH im Verband »Hoch- und Tiefbau e.V.«,
– die bestehende Beteiligung i. H. v. 10.000 Aktien an der X-AG,
– die der Geschäftsanteile i. H. v. 10.00,00 € an der Z-GmbH.

j) Verbindlichkeiten

Sämtliche zum Teilbetrieb »Hochbau« gehörenden und zuzuordnenden Verbindlichkeiten der A-GmbH, also sämtliche Schulden, Verbindlichkeiten, Rückstellungen sowie Verlustrisiko aus schwebenden Geschäften. Die Verbindlichkeiten sind in Anlage 8 zu diesem Vertrag aufgeführt.

k) Sonstiges

Sowie alle sonstigen in der Anlage 8 aufgeführten Vermögenspositionen.

3. Für sämtliche unter Ziff. 2 beschriebenen Aktiva und Passiva gilt, dass die Übertragung im Wege der Spaltung alle Wirtschaftsgüter, Gegenstände, materiellen und immateriellen Rechte, Verbindlichkeiten und Rechtsbeziehungen erfasst, die dem Teilbetrieb »Hochbau« dienen oder zu dienen bestimmt sind oder sonst den Teilbetrieb betreffen oder ihm wirtschaftlich zuzurechnen sind, unabhängig davon, ob die Vermögensposition bilanzierungsfähig ist oder nicht. Die Übertragung erfolgt auch unabhängig davon, ob der Vermögensgegenstand in den Anlagen 2–8 aufgeführt ist.

Sollten die zu übertragenden Rechtspositionen des Aktiv- oder Passivvermögens bis zum Wirksamwerden der Spaltung im regelmäßigen Geschäftsgang veräußert worden sein, so werden die an ihre Stelle getretenen vorhandenen Surrogate übertragen. Übertragen werden auch die bis zum Wirksamwerden der Spaltung erworbenen Gegenstände des Aktiv- oder Passivvermögens, soweit sie zum übertragenen Teilbetrieb gehören.

4. Bei Zweifelsfällen, die auch durch Auslegung dieses Vertrages nicht zu klären sind, gilt, dass Vermögensgegenstände, Verbindlichkeiten, Verträge und Rechtspositionen, die nach obigen Regeln nicht zugeordnet werden können, bei der übertragenden Gesellschaft verbleiben. In diesen Fällen ist die A-GmbH berechtigt nach § 315 BGB eine Zuordnung nach ihrem Ermessen unter Berücksichtigung der wirtschaftlichen Zugehörigkeit vorzunehmen.

5. Soweit bilanzierte und nicht bilanzierte Vermögensgegenstände und Schulden in die Rechtsbeziehungen, die dem Teilbetrieb »Hochbau« wirtschaftlich zuzuordnen sind, nicht schon kraft Gesetzes mit der Eintragung der Spaltung in das Handelsregister der übertragenden Gesellschaft auf die aufnehmende Gesellschaft übergehen, wird die übertragende Gesellschaft diese Vermögensgegenstände oder Schulden sowie die Rechtsbeziehungen auf die B-GmbH übertragen. Ist die Übertragung im Außenverhältnis nicht oder nur mit unverhältnismäßigem Aufwand möglich oder unzweckmäßig, werden sich die beteiligten Gesellschaften im Innenverhältnis so stellen, wie sie stehen würden, wenn die Übertragung der Vermögensgegenstände und Passiva bzw. Rechtsbeziehungen auch im Außenverhältnis mit Wirkung zum Vollzug dabei erfolgt wäre. Wird die übertragende Gesellschaft aus Verbindlichkeiten in Anspruch genommen, die der aufnehmenden zuzuordnen sind, ist diese zur Freistellung verpflichtet oder hat Ausgleich zu leisten.

6. Auf die Anlagen 1–7, die dieser Urkunde als wesentlicher Bestandteil beigefügt sind, wird gemäß § 14 Abs. 1 BeurkG verwiesen. Die Beteiligten haben auf das Vorlesen verzichtet, stattdessen wurden ihnen die Anlagen 1–7 zur Kenntnisnahme vorgelegt, sie wurden von ihnen genehmigt und nach § 14 BeurkG unterschrieben.

7. Soweit für die Übertragung von bestimmten Gegenständen die Zustimmung eines Dritten an einer öffentlich-rechtlichen Genehmigung oder eine Registrierung erforderlich ist, werden sich die übertragende und die aufnehmende Gesellschaft bemühen, die Zustimmung, Genehmigung oder Registrierung beizubringen. Falls dies nicht oder nur mit unverhältnismäßig hohem Aufwand möglich sein würde, werden sich die übertragende und die aufnehmende Gesellschaft im Innenverhältnis so stellen, als wäre die Übertragung der Gegenstände des ausgegliederten Vermögens mit Wirkung zum Vollzugsdatum erfolgt.

8. Berichtigungen bei Registern, Grundbuch, Markenerklärungen

Die A-GmbH und die B-GmbH bewilligen und beantragen, nach Wirksamwerden der Spaltung die von der Spaltung betroffenen Markenregister entsprechenden Vorschriften dieses Vertrages zu berichtigen.

Die A-GmbH und die B-GmbH bewilligen und beantragen, nach Wirksamwerden der Ausgliederung das Grundbuch bei den unter Ziff. 2 beschriebenen Grundstücken und dinglichen Rechten zu berichtigen.

III. Gegenleistung, Umtauschverhältnis bei der B-GmbH

1. Die B-GmbH gewährt dem Gesellschafter B einen Geschäftsanteil im Nennbetrag von . . . . . €. Dieser wird Alleingesellschafter der B-GmbH im Wege der nichtverhältniswahrenden Spaltung.

Der Geschäftsanteil wird kostenfrei und mit Gewinnberechtigung ab dem . . . . . gewährt.

Bare Zuzahlungen werden nicht gewährt.

2. Das Umtauschverhältnis beträgt . . . . .

3. Der Gesamtwert zu dem die erbrachte Sacheinlage von der aufnehmenden Gesellschaft übernommen wird, entspricht dem handelsrechtlichen Buchwert des übertragenen Vermögens zum Spaltungsstichtag. Soweit der Buchwert des übertragenen Nettovermögens den Nennbetrag der dafür gewährten Geschäftsanteile übersteigt, wird der Differenzbetrag in die Kapitalrücklage der aufnehmenden Gesellschaft eingestellt. Eine Vergütung für den Differenzbetrag wird nicht geschuldet.

4. Da zur Durchführung der Abspaltung eine Kapitalherabsetzung erforderlich ist, wird die A-GmbH ihr Stammkapital herabsetzen, wie folgt:

Das Stammkapital der Gesellschaft wird von . . . . . € um . . . . . € auf . . . . . € (in Worten: . . . . . Euro) herabgesetzt.

Die Kapitalherabsetzung erfolgt als vereinfachte Kapitalherabsetzung i. S. d. § 139 UmwG i. V. m. §§ 58a ff. GmbHG. Die Herabsetzung des Stammkapitals dient der Anpassung des Stammkapitals infolge der Spaltung, weil das verbleibende Vermögen der abspaltenden Gesellschaft das nominelle Kapital i. H. v. . . . . . € nicht mehr deckt.

IV. Zuweisung der Anteile an der A-GmbH

Der Geschäftsanteil des Herrn B an der A-GmbH im Nennbetrag von . . . . . € wird im Wege der nichtverhältniswahrenden Spaltung nach §§ 126 Abs. 1 Nr. 10, 128 UmwG dem Gesellschafter A zugeordnet und geht mit dem Wirksamwerden der Spaltung gemäß § 131 Abs. 1 Nr. 3 UmwG ohne Einzelrechtsabtretung auf den Gesellschafter A über.

V. Spaltungsstichtag

Die Übernahme des vorbezeichneten Vermögens der A-GmbH erfolgt im Innenverhältnis mit Wirkung zum Ablauf des . . . . . Vom . . . . . an gelten alle Handlungen und Geschäfte der A-GmbH, die das übertragene Vermögen betreffen, als für Rechnung der B-GmbH vorgenommen.

VI. Besondere Rechte

Besondere Rechte i. S. v. § 126 Abs. 1 Nr. 7 UmwG bestehen bei der B-GmbH nicht. Einzelnen Anteilsinhabern werden i. R. d. Spaltung keine besonderen Rechte gewährt.

VII. Besondere Vorteile

Besondere Vorteile i. S. v. § 126 Abs. 1 Nr. 8 UmwG werden weder einem Mitglied eines Vertretungs- oder Aufsichtsorgans, noch dem Abschlussprüfer oder dem Spaltungsprüfer gewährt.

VIII. Folgen der Abspaltung für Arbeitnehmer und ihre Vertretungen

Durch die Abspaltung ergeben sich für die Arbeitnehmer und ihre Vertretungen die nachgenannten Folgen:

. . . . .

Insoweit sind folgende Maßnahmen vorgesehen:

. . . . .

IX. Abfindungsangebot

Ein Abfindungsangebot ist nach den §§ 29, 125 UmwG nicht erforderlich.

X. Sonstige Vereinbarungen

1. Sollten für die Übertragung der in Ziff. II. genannten Sachen, Rechte, Vertragsverhältnisse und Verbindlichkeiten nach § 132 UmwG weitere Voraussetzungen geschaffen oder staatliche Genehmigungen eingeholt werden müssen, so verpflichten sich die Vertragsbeteiligten alle erforderlichen Erklärungen abzugeben und Handlungen vorzunehmen.

2. Sollte eine Übertragung der in Ziff. II. genannten Sachen, Rechte, Vertragsverhältnisse und Verbindlichkeiten im Wege der Spaltung auf die B-GmbH rechtlich nicht möglich sein, so verpflichten sich die Vertragsbeteiligten alle erforderlichen Erklärungen abzugeben und alle erforderlichen Handlungen vorzunehmen, die rechtlich zu dem beabsichtigten Vermögensübergang auf die B-GmbH in anderer Weise führen.

3. Sollten einzelne Bestimmungen dieser Urkunde unwirksam oder nicht durchführbar sein, so soll dies die Gültigkeit dieses Vertrages i. Ü. nicht berühren. An die Stelle der unwirksamen oder undurchführbaren Vereinbarung soll eine solche treten, die dem wirtschaftlichen Ergebnis der unwirksamen oder undurchführbaren Klausel in zulässiger Weise am nächsten kommt.

XI. Geschäftsführerbestellung

Die A-GmbH als Gründerin hält eine erste Gesellschafterversammlung ab und beschließt unter Verzicht auf alle Form- und Fristvorschriften mit allen Stimmen Folgendes:

Zum ersten Geschäftsführer der B-GmbH wird Herr . . . . . bestellt. Er ist stets einzelvertretungsberechtigt und von den Beschränkungen des § 181 BGB befreit.

XII. Hinweise, Vollmacht

Der Notar hat auf Folgendes hingewiesen:
- Die Spaltung wird erst mit der Eintragung in das Handelsregister der übertragenden Gesellschaft wirksam.
- Die Beteiligten beauftragen und ermächtigen den Notar, die zum Vollzug notwendigen Genehmigungen und Zustimmungserklärungen einzuholen. Genehmigungen werden mit Eingang beim Notar wirksam. Dies gilt nicht für die Versagung von Genehmigungen oder deren Erteilung unter Bedingungen oder Auflagen.
- Nach § 133 UmwG haften für die vor dem Wirksamwerden der Spaltung begründeten Verbindlichkeiten des übertragenden Rechtsträgers alle an der Spaltung beteiligten Rechtsträger gesamtschuldnerisch; Gläubiger können für ihre Verbindlichkeiten Sicherheitsleistung nach §§ 125, 22 UmwG verlangen. Daneben können weitere Haftungsvorschriften anwendbar sein insbes. § 25 HGB und § 75 AO.
- Bei der Anmeldung der Abspaltung hat der Geschäftsführer der übertragenden Gesellschaft zu erklären, dass die durch Gesetz und Satzung vorgesehenen Voraussetzungen für die Gründung dieser Gesellschaft auch unter Berücksichtigung der Spaltung im Zeitpunkt der Anmeldung vorliegen.
- Bei nicht vollständig eingezahlten Geschäftsanteilen bestehen nach §§ 51 Abs. 1, 125 UmwG besondere Zustimmungspflichten.
- Die Mitglieder des Vertretungsorgans und auch eines Aufsichtsorgans sind nach § 25 UmwG als Gesamtschuldner zum Schadensersatz bei Verletzung ihrer Pflichten nach dem UmwG verpflichtet.
- Die Spaltung kann zur Grunderwerbsteuer führen.

XIII. Kosten, Abschriften

Die durch diesen Vertrag und ihre Durchführung bei beiden Gesellschaften entstehenden Kosten trägt die B-GmbH. Sollte die Spaltung nicht wirksam werden, tragen die Kosten dieses Vertrages die Gesellschaften zu gleichen Teilen; alle übrigen Kosten trägt die jeweils betroffene Gesellschaft allein.

Von dieser Urkunde erhalten

beglaubigte Abschriften:
- die beteiligten Gesellschaften,
- die Gesellschafter der A- und der B-GmbH;
- die Registergerichte in . . . . .,elektronisch
- die Grundbuchämter in . . . . .,
- die beteiligten Betriebsräte,
- Finanzamt.

Eine einfache Abschrift mit Veräußerungsanzeige erhält das Finanzamt (Grunderwerbsteuerstelle).

Diese Niederschrift nebst allen Anlagen wurde dem Erschienenen vom Notar vorgelesen, von ihm genehmigt und von ihm und dem Notar eigenhändig wie folgt unterschrieben:

. . . . .

Anlagen:
- 1: Gesellschaftsvertrag der B-GmbH
- 2–8: Übertragenes Vermögen

Anlage 1 zur Urkunde vom . . . . .UR.Nr. . . . . .

Satzung der B-GmbH

§ 1 Firma und Sitz

Die Firma der Gesellschaft lautet GmbH. Sitz der Gesellschaft ist . . . . .

§ 2 Gegenstand des Unternehmens

Gegenstand des Unternehmens ist . . . . . Die Gesellschaft kann darüber hinaus alle Geschäfte betreiben, die dem Gesellschaftszweck dienen, insbes. auch den Handel und den Vertrieb mit . . . . .

Die Gesellschaft darf andere Unternehmen gleicher oder ähnlicher Art übernehmen, vertreten und sich an solchen Unternehmen beteiligen. Sie darf Zweigniederlassungen errichten.

§ 3 Stammkapital und Geschäftsanteil

1. Das Stammkapital der Gesellschaft beträgt . . . . . € (in Worten: . . . . . Euro).

Auf das Stammkapital erhält:

Herr A einen Geschäftsanteil von . . . . . €.

2. Die Stammeinlage wird in voller Höhe dadurch geleistet, dass sämtliche Aktiva und Passiva des Teilbetriebes »Hochbau« der A-GmbH mit Sitz in X-Stadt (Handelsregister . . . . . HRB . . . . .) im Wege der Abspaltung zur Neugründung (§ 123 Abs. 2 Nr. 2 UmwG) auf die Gesellschaft nach Maßgabe des Spaltungsplans zur Urkunde des Notars . . . . . vom . . . . . (UR.Nr. . . . . .) übertragen wird. Das übertragene Vermögen ist in der Spaltungsbilanz, die dieser Niederschrift als Anlage 2 beigefügt wird und auf die nach § 14 BeurkG verwiesen wird, bezeichnet.

§ 4 Geschäftsjahr

Das Geschäftsjahr ist das Kalenderjahr.

Das erste Geschäftsjahr ist ein Rumpfgeschäftsjahr; es beginnt mit der Eintragung der Gesellschaft in das Handelsregister und endet am darauffolgenden 31.12.

§ 5 Geschäftsführung, Vertretung

Die Gesellschaft hat einen oder mehrere Geschäftsführer. Ist nur ein Geschäftsführer bestellt, so vertritt er die Gesellschaft allein.

Sind mehrere Geschäftsführer bestellt, wird die Gesellschaft durch zwei Geschäftsführer gemeinschaftlich oder durch einen Geschäftsführer und einen Prokuristen gemeinschaftlich vertreten.

Die Gesellschafterversammlung kann unabhängig von der Zahl der bestellten Geschäftsführer und Liquidatoren jederzeit einem, mehreren oder allen Geschäftsführern oder Liquidatoren Einzelvertretungsbefugnis und Befreiung von den Beschränkungen des § 181 BGB erteilen.

§ 6 Wettbewerbsverbot

Kein Gesellschafter darf der Gesellschaft während seiner Vertragszeit mittelbar oder unmittelbar, direkt oder indirekt, gelegentlich oder gewerbsmäßig im Geschäftszweig der Gesellschaft Konkurrenz machen oder sich an Konkurrenzunternehmen beteiligen.

Durch Gesellschafterbeschluss können einzelne oder alle Gesellschafter vom Wettbewerbsverbot befreit werden. Sie sind dann berechtigt, unmittelbar oder mittelbar, direkt oder indirekt im eigenen oder fremden Namen mit der Gesellschaft in den Wettbewerb zu treten oder sich an Konkurrenzunternehmen zu beteiligen. Die Befreiung kann auf bestimmte Bereiche beschränkt werden.

§ 7 Gesellschafterversammlungen

Die Einberufung einer Gesellschafterversammlung erfolgt durch die Geschäftsführer in vertretungsberechtigter Zahl mit eingeschriebenem Brief an jeden unter Mitteilung der Tagesordnung. Das Einladungsschreiben ist mindestens 3 Wochen vor dem Versammlungstermin per Einschreiben zur Post zu geben. Für die Fristberechnung zählt der Tag der Absendung und der Tag der Versammlung nicht mit. Der Ort der Versammlung ist der Sitz der Gesellschaft, soweit nicht durch die Gesellschafter einstimmig anderes beschlossen wird.

Die Gesellschafterversammlung ist beschlussfähig, wenn 3/4 des Stammkapitals vertreten sind. Ist eine Gesellschafterversammlung nicht beschlussfähig, so ist durch den oder die Geschäftsführer innerhalb von einer Woche eine neue Gesellschafterversammlung mit der gleichen Tagesordnung einzuberufen. Diese Versammlung ist ohne Rücksicht auf die Zahl der vertretenen Stimmen beschlussfähig; hierauf ist in der Einladung hinzuweisen.

Die Gesellschafter können einstimmig auf die Einhaltung der Form- und Fristvorschriften verzichten.

Die Gesellschafter können sich in der Gesellschafterversammlung durch einen Bevollmächtigten vertreten und das Stimmrecht durch ihn ausüben lassen. Die Vertretungsvollmacht ist schriftlich nachzuweisen. Die Gesellschafterversammlung ist mindestens einmal jährlich als ordentliche Versammlung innerhalb der ersten Monate nach Beginn eines neuen Geschäftsjahres einzuberufen; außerordentliche Versammlungen sind bei wichtigen Gründen zulässig.

Die Versammlung wird durch den Vorsitzenden geleitet, der von den anwesenden Gesellschaftern mit einfacher Mehrheit zu wählen ist.

§ 8 Gesellschafterbeschlüsse

Gesellschafterbeschlüsse werden in Gesellschafterversammlungen gefasst. Beschlüsse außerhalb von Versammlungen können – soweit nicht zwingendes Recht eine besondere Form vorschreibt – auch telefonisch, schriftlich, per E-Mail oder in einer anderen vergleichbaren elektronischen Form gefasst werden, wenn alle Gesellschafter mit diesem Verfahren einverstanden sind. Kombinierte Beschlussfassungen sind zulässig. Wird die Gesellschafterversammlung nicht notariell beurkundet, so ist eine schriftliche Niederschrift anzufertigen, die vom Vorsitzenden zu unterzeichnen ist und die Beschlussgegenstände und den Inhalt des Beschlusses protokollieren muss. Jeder Gesellschafter hat Anspruch auf Übersendung einer Abschrift.

Abgestimmt wird in der Gesellschafterversammlung nach Geschäftsanteilen. Je 50,00 € eines Gesellschaftsanteils gewähren eine Stimme.

Gesellschafterbeschlüsse werden mit der einfachen Mehrheit der abgegebenen Stimmen gefasst, soweit nicht die Satzung oder das Gesetz eine höhere Mehrheit vorschreiben.

Beschlüsse der Gesellschafterversammlung können nur innerhalb einer Frist von zwei Monaten seit der Beschlussfassung angefochten werden. Die Anfechtungsfrist ist nur gewahrt, wenn innerhalb dieser Frist die Klage erhoben wird. Zur Erhebung der Klage ist jeder Gesellschafter und Geschäftsführer berechtigt.

§ 9 Jahresabschluss und Gewinnverteilung

Die Bilanz mit Gewinn- und Verlustrechnung, Anhang und – soweit erforderlich – der Lagebericht sind nach Beendigung des Geschäftsjahres von den Geschäftsführern innerhalb der gesetzlichen Frist nach den gesetzlichen Bestimmungen aufzustellen.

Die Feststellung des Jahresabschlusses erfolgt durch die Gesellschafterversammlung.

§ 10 Gewinnverwendung

Für die Gewinnverwendung gilt die Regelung des § 29 GmbHG. Die Gesellschafterversammlung beschließt über die Gewinnverwendung, insbes. die Frage der Einstellung in die Rücklagen und der Ausschüttung.

§ 11 Verfügung über Geschäftsanteile

Die Geschäftsanteile können nur mit Zustimmung der Gesellschaft abgetreten und belastet werden.

§ 12 Einziehung von Geschäftsanteilen

Die Gesellschafterversammlung kann die Einziehung von Gesellschaftsanteilen mit Zustimmung des betroffenen Gesellschafters beschließen.

Die Einziehung des Geschäftsanteils ist ohne Zustimmung des Gesellschafters zulässig, wenn
– über das Vermögen des Gesellschafters das Insolvenzverfahren eröffnet ist oder die Eröffnung mangels Masse abgelehnt wird;
– die Zwangsvollstreckung aufgrund eines nicht nur vorläufig vollstreckbaren Titels in den Geschäftsanteil vorgenommen wird und diese Maßnahme nicht innerhalb von drei Monaten, spätestens bis zur Verwertung des Anteils, wieder aufgehoben wird;
– in der Person eines Gesellschafters ein wichtiger Grund vorliegt, insbes. wenn der Gesellschafter die Interessen der Gesellschafter grob verletzt hat und den übrigen Gesellschaftern eine weitere Zusammenarbeit nicht mehr zuzumuten ist.

Steht ein Geschäftsanteil mehreren Gesellschaftern gemeinschaftlich zu, so genügt es, wenn der Grund bei einem Gesellschafter vorliegt.

Bei einem Beschluss über die Einziehung hat der betroffene Gesellschafter kein Stimmrecht. Mit Beschlussfassung ruhen alle Gesellschafterrechte.

Statt der Einziehung kann die Gesellschafterversammlung beschließen, dass der Geschäftsanteil ganz oder geteilt an die Gesellschaft selbst, an einen oder mehrere Gesellschafter oder von der Gesellschaft zu benennende Dritte zu gleichen Bedingungen übertragen wird.

Der ausgeschlossene Gesellschafter ist mit dem Wert seines Geschäftsanteils, der gemäß den Bestimmungen dieses Vertrages zu bestimmen ist, abzufinden.

§ 13 Erbfolge

Im Fall des Todes eines Gesellschafters treten die Erben an die Stelle des verstorbenen Gesellschafters. Sind mehrere Erben vorhanden, so haben die Erben einen gemeinschaftlichen Vertreter zu bestimmen. Solange der Vertreter nicht bestimmt ist, ruhen die Gesellschafterrechte.

§ 14 Bewertung von Geschäftsanteilen und Abfindungen

Die Abfindung bemisst sich nach dem tatsächlichen Wert des Geschäftsanteils. Zu dessen Ermittlung ist eine Auseinandersetzungsbilanz aufzustellen. Maßgeblicher Zeitpunkt ist der Tag des Ausscheidens.

Im Fall der Einziehung des Geschäftsanteils nach § 12 beträgt der zu zahlende Abfindungsbetrag nur 60 % dieses Wertes.

Die Abfindungsforderung des ausgeschiedenen Gesellschafters ist wie folgt zu erfüllen: Die Abfindungsraten sind in fünf gleichen Halbjahresraten an den ausgeschiedenen Gesellschafter zu zahlen, erstmals am auf das Ausscheiden folgenden 31.12. Der ausstehende Betrag ist mit 4 % zu verzinsen.

§ 15 Dauer der Gesellschaft

Die Dauer der Gesellschaft ist unbestimmt.

Die Gesellschaft kann von jedem Gesellschafter mit jährlicher Frist zum Ende des Geschäftsjahres gekündigt werden, frühestens zum 31.12. Die Kündigung hat durch eingeschriebenen Brief an die Geschäftsführung zu erfolgen.

Die Gesellschaft wird durch Kündigung nicht aufgelöst. Sie wird nach Ausscheiden des betroffenen Gesellschafters von den übrigen Gesellschaftern fortgesetzt. Der ausscheidende Gesellschafter ist verpflichtet, seinen Geschäftsanteil nach Wahl der Gesellschaft ganz oder teilweise an die Gesellschaft, an einen oder mehrere Gesellschafter oder an einen von der Gesellschaft zu benennenden Dritten abzutreten oder die Einziehung des Geschäftsanteils zu dulden.

Falls der Geschäftsanteil des ausscheidenden Gesellschafters nicht bis zum Ablauf der Kündigungsfrist von einem anderen übernommen oder eingezogen wird, tritt die Gesellschaft in Liquidation.

Der Anteil des ausscheidenden Gesellschafters ist mit dem Wert des Geschäftsanteils zu vergüten, der sich nach § 14 Abs. 1 ergibt. Das Recht der fristlosen Kündigung wird jedoch nicht berührt.

§ 16 Liquidation

Im Fall der Auflösung der Gesellschaft erfolgt deren Abwicklung durch den oder die Geschäftsführer als Liquidatoren, soweit nicht durch Gesellschafterbeschluss andere Liquidatoren bestellt werden.

§ 17 Bekanntmachungen

Die Bekanntmachungen der Gesellschaft erfolgen im elektronischen Bundesanzeiger.

§ 18 Sonstiges

Die Unwirksamkeit einzelner Bestimmungen dieses Vertrages lässt die Wirksamkeit des Vertrages i. Ü. unberührt. In einem solchen Fall ist die ungültige Bestimmung durch eine Regelung zu ergänzen, die dem gewünschten wirtschaftlichen Ergebnis in rechtsgültiger Weise am nächsten kommt.

§ 19 Gründungskosten

Die Kosten für den durch die Spaltung zur Neugründung entstehenden Gründungsaufwand trägt die Gesellschaft. Dieser Gründungsaufwand wird übereinstimmend mit . . . . . € angesetzt.

Gemäß § 125 i. V. m. § 57 UmwG werden die Festsetzungen über den Gründungsaufwand aus der Satzung der übertragenden Gesellschaft wie folgt übernommen: . . . . . (Anm.: *Text aus der Satzung der A-GmbH einfügen*).

b) Zustimmungsbeschluss bei der übertragenden Gesellschaft (A-GmbH)

▸ **Muster: Zustimmungsbeschluss bei der übertragenden Gesellschaft (A-GmbH)**   534

Niederschrift über eine Gesellschafterversammlung

Heute, den . . . . . erschienen vor mir, dem unterzeichnenden Notar . . . . ., mit Amtssitz in . . . . ., an der Amtsstelle in . . . . .

1. Herr A, Kaufmann, wohnhaft in . . . . .,

2. Herr B, Kaufmann, wohnhaft in . . . . . .

Die Beteiligten sind mir, Notar . . . . ., persönlich bekannt. Auf Antrag beurkunde ich den vor mir abgegebenen Erklärungen gemäß Folgendes:

I. Sachverhalt

Im Handelsregister des Amtsgerichts . . . . . ist in der Abteilung B unter Nr. . . . . . die Firma A-GmbH mit Sitz in . . . . . eingetragen. Gesellschafter dieser Gesellschaft sind nach Angabe:
– Herr A mit einem Gesellschaftsanteil i. H. v. . . . . . € (Nr. . . . . .),
– Herr B mit einem Gesellschaftsanteil i. H. v. . . . . . € (Nr. . . . . .).

Das Stammkapital der Gesellschaft beträgt . . . . . €.

II. Gesellschafterversammlung

Die vorgenannten Gesellschafter halten eine Gesellschafterversammlung der Gesellschaft unter Verzicht auf alle Frist- und Formvorschriften ab und stellen fest, dass die Gesellschafterversammlung als Vollversammlung beschlussfähig ist.

Die Gesellschafter beschließen sodann mit allen Stimmen Folgendes:

§ 1 Zustimmung zum Spaltungsplan, Gesellschaftsvertrag und zur Geschäftsführerbestellung

Dem Spaltungsplan samt dem Gesellschaftsvertrag vom . . . . . UR.Nr. . . . . . des amtierenden Notars und der Bestellung von Herrn . . . . . zum Geschäftsführer wird mit allen Stimmen vorbehaltlos zugestimmt.

Der Spaltungsvertrag ist dieser Urkunde als Anlage beigefügt.

§ 2 Kapitalherabsetzung

Die Gesellschafter erklären: Die Geschäftsanteile der Herren A und B sind voll eingezahlt. Da zur Durchführung der Abspaltung eine Kapitalherabsetzung erforderlich ist, beschließen die Gesellschafter weiter:

1. Das Stammkapital der Gesellschaft wird von . . . . . € um . . . . . € auf . . . . . € (in Worten: . . . . . Euro) herabgesetzt.

2. Die Kapitalherabsetzung erfolgt als vereinfachte Kapitalherabsetzung i. S. d. § 139 UmwG i. V. m. §§ 58a ff. GmbHG zum Ausgleich eines Spaltungsverlustes i. H. v. . . . . . €. Die Herabsetzung des Stammkapitals dient der Anpassung des Stammkapitals infolge der Spaltung, weil das verbleibende Vermögen der abspaltenden Gesellschaft das nominelle Kapital i. H. v. . . . . . € nicht mehr deckt und die Bilanz der A-GmbH keine Beträge in den Kapital- und Gewinnrücklagen ausweist. Auch ein Gewinnvortrag besteht nicht.

3. Die Nennbeträge der von den Gesellschaftern gehaltenen Geschäftsanteile betragen nach der Herabsetzung des Stammkapitals je . . . . . €.

4. § 3 des Gesellschaftsvertrages wird wie folgt neu gefasst:
»§ 3 Stammkapital

Das Stammkapital der Gesellschaft beträgt . . . . . € (in Worten: . . . . . Euro).«

III. Verzichtserklärung, Sonstiges

Alle Gesellschafter verzichten (vorsorglich) auf die Erstattung eines Spaltungsberichts und eine Prüfung der Spaltung, Erstattung eines Spaltungsprüfungsberichts sowie die Anfechtung dieses Beschlusses.

Alle Gesellschafter erklären, dass ihnen der Spaltungsvertrag spätestens zusammen mit der Einberufung der Gesellschafterversammlung übersandt wurde und dass sie auch von allen übrigen Unterlagen Kenntnis erhalten haben.

Der Notar belehrte über die Vermögensbindung als Folge der vereinfachten Kapitalherabsetzung. Es dürfen insbes. keine Zahlungen an die Gesellschafter geleistet werden. Auch die Gewinnausschüttung ist gemäß § 58d GmbHG beschränkt.

Der beurkundende Notar wies die Gesellschafter weiter darauf hin, dass jeder von ihnen die Erteilung einer Abschrift der Niederschrift über diese Gesellschafterversammlung verlangen kann und dass ihnen ein Anspruch gegen die Geschäftsführer auf Auskunft über alle wesentlichen Angelegenheiten der anderen beteiligten Gesellschaften zusteht.

IV. Kosten, Abschriften

Die Kosten dieser Urkunde trägt die Gesellschaft. Von dieser Urkunde erhalten

beglaubigte Abschriften:
– die Gesellschafter,
– die übertragende Gesellschaft,
– die übernehmende Gesellschaft;
– die Amtsgerichte (Registergerichte), elektronisch
– das Grundbuchamt,
– Finanzamt.

Vorgelesen vom Notar, von den Erschienenen genehmigt und eigenhändig unterschrieben.

.....

c) Handelsregisteranmeldung für die übertragende GmbH bei der Abspaltung zur Neugründung (A-GmbH)

▶ **Muster: Handelsregisteranmeldung für die übertragende GmbH bei der Abspaltung** 535
zur Neugründung (A-GmbH)

An das

Amtsgericht

– Handelsregister B –

Betrifft: HRB ..... A-GmbH

In der Anlage überreiche ich, der unterzeichnende, alleinvertretungsberechtigte Geschäftsführer der A-GmbH:
1. Elektronisch beglaubigte Abschrift des Spaltungsplans vom ..... – UR.Nr. ..... des beglaubigenden Notars –,
2. Elektronisch beglaubigte Abschrift des Zustimmungsbeschlusses der Gesellschafter der A-GmbH vom ..... – UR.Nr. ..... des beglaubigenden Notars –, der auch den Beschluss über die Kapitalherabsetzung samt Änderung des Gesellschaftsvertrages enthält,
3. Elektronisch beglaubigte Abschrift der Verzichtserklärungen der Gesellschafter der A-GmbH auf Erstellung eines Spaltungsberichts und eines Prüfungsberichts und Durchführung einer Spaltungsprüfung vom .....–UR.Nr. ..... des beglaubigenden Notars –,
4. Elektronisch beglaubigter Nachweis über die Zuleitung des Entwurfs des Spaltungsplans an den Betriebsrat der A-GmbH,
5. Elektronisch beglaubigte Schlussbilanz der A-GmbH zum Spaltungsstichtag,
6. vollständigen Wortlaut des Gesellschaftsvertrages mit Satzungsbescheinigung des Notars nach § 54 Abs. 1 GmbHG

und melde zur Eintragung in das Handelsregister an:

1. Die A-GmbH hat die im Spaltungsvertrag vom ..... – UR.Nr. ..... des beglaubigenden Notars – genannten Vermögensteile als Gesamtheit auf die B-GmbH mit dem Sitz in ..... als übernehmende GmbH im Wege der Abspaltung zur Neugründung übertragen.

2. Das Stammkapital der A-GmbH i. H. v. ..... € (in Worten: ..... Euro) wurde im Wege der vereinfachten Kapitalherabsetzung nach § 139 UmwG i. V. m. §§ 58a ff. GmbHG um ..... € (in Worten: ..... Euro) auf ..... € (in Worten: ..... Euro) herabgesetzt. Die Satzung der A-GmbH wurde in § 3 entsprechend geändert.

Ich erkläre, dass der Spaltungsbeschluss der Gesellschafter der A-GmbH nicht angefochten worden ist und aufgrund der in den Spaltungsbeschlüssen enthaltenen Anfechtungsverzichtserklärungen sämtlicher Gesellschafter auch nicht angefochten werden kann.

Ich erkläre ferner gemäß § 140 UmwG, dass die durch Gesetz und Gesellschaftervertrag vorgesehenen Voraussetzungen für die Gründung dieser Gesellschaft unter Berücksichtigung der Abspaltung im Zeitpunkt dieser Anmeldung vorliegen und dass ein Fall des § 51 Abs. 1 UmwG (nicht voll eingezahlte Geschäftsanteile) nicht vorliegt (§ 52 Abs. 1 UmwG).

Die inländische Geschäftsanschrift und die Geschäftsräume befinden sich in (Ort, Straße).

....., den .....   (Beglaubigungsvermerk)

d) Handelsregisteranmeldung für die neu gegründete GmbH (B-GmbH)

536 ▶ **Muster: Handelsregisteranmeldung für die neu gegründete GmbH (B-GmbH)**

An das

Amtsgericht

– Handelsregister B –

Betrifft: Neugründung der B-GmbH mit dem Sitz in . . . . .

In der Anlage überreichen wir, der unterzeichnende alleinvertretungsberechtigte Geschäftsführer der A-GmbH – dortiges Handelsregister HRB . . . . . – und der neu bestellte Geschäftsführer der B-GmbH:
1. Elektronisch beglaubigte Abschrift des Spaltungsplans nebst Gesellschaftsvertrag und Beschluss über die Geschäftsführerbestellung der neu gegründeten B-GmbH vom . . . . . – UR.Nr. . . . . . des beglaubigenden Notars –,
2. Elektronisch beglaubigte Abschrift der Zustimmungsbeschlüsse der Gesellschafter der A-GmbH vom . . . . . – UR.Nr. . . . . . und . . . . . des beglaubigenden Notars –,
3. Elektronisch beglaubigte Abschriften der Verzichtserklärungen der Gesellschafter der A-GmbH auf Erstellung eines Verschmelzungsberichts und eines Prüfungsberichts vom . . . . . und . . . . . – UR.Nr. . . . . . und . . . . . des beglaubigenden Notars –,
4. elektronisch beglaubigter Nachweise über die Zuleitung des Entwurfs des Spaltungsplans an den Betriebsrat der A-GmbH,
5. elektronisch beglaubigte Gesellschafterliste,
6. elektronisch beglaubigter Sachgründungsbericht,
7. Unterlagen über die Werthaltigkeit der übertragenen Vermögensteile

und melden zur Eintragung in das Handelsregister an:

Unter der Firma »B-GmbH« ist eine Gesellschaft mit beschränkter Haftung im Wege der Abspaltung durch Neugründung von der A-GmbH mit Sitz in . . . . . neu gegründet worden.

Sitz der Gesellschaft ist . . . . . . Die inländische Geschäftsanschrift ist . . . . .

Die Gesellschaft hat einen oder mehrere Geschäftsführer. Ist nur ein Geschäftsführer bestellt, so vertritt dieser die Gesellschaft allein. Sind mehrere Geschäftsführer bestellt, so wird die Gesellschaft durch zwei Geschäftsführer gemeinsam oder durch einen Geschäftsführer in Gemeinschaft mit einem Prokuristen vertreten. Durch Gesellschafterbeschluss kann einzelnen oder mehreren Geschäftsführern die Befugnis zur Einzelvertretung sowie die Befreiung von den Beschränkungen des § 181 BGB erteilt werden.

Zum ersten Geschäftsführer der Gesellschaft wurde bestellt:

(Name, Geburtsdatum, Adresse)

Er ist berechtigt, die Gesellschaft stets einzeln zu vertreten und von den Beschränkungen des § 181 BGB befreit. Der Geschäftsführer der B-GmbH zeichnet seine Namensunterschrift wie folgt:

. . . . .

Der mitunterzeichnende Geschäftsführer der B-GmbH versichert:

Ich, [Name:], versichere, dass keine Umstände vorliegen, die meiner Bestellung zum Geschäftsführer nach § 6 Abs. 2 GmbH-Gesetz entgegenstehen.

Der Geschäftsführer der Gesellschaft versichert insbesondere,

– dass er nicht wegen einer oder mehrerer vorsätzlicher Straftaten
a) des Unterlassens der Stellung des Antrags auf Eröffnung des Insolvenzverfahrens (Insolvenzverschleppung),
b) nach §§ 283 bis 283d StGB (Insolvenzstraftaten),
c) der falschen Angaben nach § 82 GmbHG oder § 399 AktG,
d) der unrichtigen Darstellung nach § 400 AktG, § 331 HGB, § 313 UmwG oder § 17 PublizitätsG,
e) nach den §§ 263 StGB (Betrug), § 263a StGB (Computerbetrug), § 264 StGB (Kapitalanlagebetrug) § 264a (Subventionsbetrug) oder den §§ 265b StGB (Kreditbetrug), § 266 StGB (Untreue) bis § 266a StGB (Vorenthalten und Veruntreuen von Arbeitsentgelt – Nichtabführung von Sozialversicherungsbeiträgen) zu einer Freiheitsstrafe von mindestens einem Jahr

verurteilt worden ist, und

– dass ihm weder durch gerichtliches Urteil noch durch die vollziehbare Entscheidung einer Verwaltungsbehörde die Ausübung eines Berufes, eines Berufszweiges, eines Gewerbes oder eines Gewerbezweiges ganz oder teilweise untersagt wurde, und
– auch keine vergleichbaren strafrechtlichen Entscheidungen ausländischer Behörden oder Gerichte gegen ihn vorliegen, und
– dass er über die uneingeschränkte Auskunftspflicht ggü. dem Gericht durch den Notar belehrt wurde.

Wir erklären, dass der Spaltungsbeschluss der Gesellschafter der A-GmbH nicht angefochten worden ist und aufgrund der in den Spaltungsbeschlüssen enthaltenen Anfechtungsverzichtserklärungen sämtlicher Gesellschafter auch nicht angefochten werden kann.

Die Geschäftsräume und die inländische Geschäftsanschrift der neu gegründeten Gesellschaft befinden sich in . . . . ., ...

. . . . ., den . . . . .   (Beglaubigungsvermerk)

▶ **Hinweis:**   537

Umstritten ist, ob folgende Versicherung nach § 8 GmbHG erforderlich ist (vgl. Teil 3 Rdn. 388):

»Der Geschäftsführer der B-GmbH versichert, dass ab der Eintragung der Spaltung im Handelsregister der übertragenden Gesellschaft das Vermögen der durch die Spaltung neu gegründeten Gesellschaft sich endgültig in der freien Verfügung des oder der Geschäftsführer befindet.«

D. Spaltung von AG

I. Checkliste

Beim **Ablauf des Spaltungsverfahrens** sind folgende Punkte zu beachten: 537

- ☐ Spaltungsverbot für AG für 2 Jahre nach Gründung (§ 141 UmwG),
- ☐ Spaltungsvertrag bzw. Spaltungsplan (§§ 4 bis 6 i. V. m. § 125 UmwG),
- ☐ Spaltungsbericht (§ 8 i. V. m. § 125, § 142 UmwG),
- ☐ Spaltungsprüfung (§§ 9 bis 12, 60 i. V. m. § 125 UmwG),
- ☐ Bekanntmachung des Spaltungsvertrages bzw. -plans (§ 61 i. V. m. § 125 UmwG),
- ☐ Zuleitung des Spaltungsvertrages oder seines Entwurfs zum zuständigen Betriebsrat (§ 126 Abs. 3 UmwG),
- ☐ Vorbereitung der Hauptversammlung (§ 63 i. V. m. § 125 UmwG),
- ☐ Spaltungsverbot in der Nachgründungsphase (§ 141 UmwG),
- ☐ Spaltungsbeschluss der Beschlussorgane aller beteiligten Gesellschaften (§§ 13, 65 i. V. m. § 125 UmwG; Ausnahme § 62 UmwG),
- ☐ notwendige Zustimmungserklärung,
- ☐ Kapitalerhöhung, soweit erforderlich (§§ 68, 69 i. V. m. § 125, § 42 UmwG),
- ☐ Euroumstellung, falls notwendig,
- ☐ Kapitalherabsetzung, soweit erforderlich (§ 145 UmwG),
- ☐ Gründungsbericht und Gründungsprüfung (§ 144 UmwG i. V. m. §§ 32, 33 AktG),
- ☐ Anmeldung zum Handelsregister bei der übertragenden Gesellschaft und bei der übernehmenden Gesellschaft (§§ 16, 17 i. V. m. § 125 UmwG),
- ☐ Eintragung der Kapitalerhöhung (§ 66 i. V. m. § 125 UmwG),
- ☐ Eintragung der Kapitalherabsetzung (§ 145 UmwG),
- ☐ die Spaltung darf in das Register des Sitzes des übertragenden Rechtsträgers erst eingetragen werden, nachdem sie im Register des Sitzes jedes der übernehmenden Gesellschaften eingetragen worden ist (§§ 19, 20; § 130 UmwG). Die Eintragung im Register des Sitzes der übernehmenden Gesellschaft ist mit dem Vermerk zu versehen, dass die Spaltung erst mit der Eintragung im Register des Sitzes der übertragenden Gesellschaft wirksam wird.

II. Spaltungsvertrag und Spaltungsplan

539   Besondere **gesetzliche Anforderungen** an den Spaltungsvertrag oder -plan bestehen bei einer Beteiligung von AG nicht (vgl. daher Teil 3 Rdn. 37 ff.).

540   Zur Beschaffung der als Gegenleistung erforderlichen Aktien durch **Kapitalerhöhung** oder auf anderem Wege s. o. Teil 3 Rdn. 184 ff.

541   Bei der Spaltung durch **Neugründung** sind die Gründungsvorschriften zu berücksichtigen. Dies bedeutet insb., dass bei der Verteilung des Vermögens auch die Kapitalaufbringungsregeln zu beachten sind. Außerdem sind die als Sacheinlage eingebrachten Vermögensteile im Gesellschaftsvertrag schlagwortartig anzugeben (§ 27 Abs. 1 Satz 1 AktG), ebenso Festsetzungen von Sondervorteilen, Gründungsaufwand und Sacheinlagen (§§ 57, 74 UmwG), Letztere aber nur, sofern sie auf den neuen Rechtsträger übertragen werden (so zu Recht Heidenhain, NJW 1995, 2873, 2876).

III. Spaltungsbericht

542   Auch bei der AG ist gem. § 127 UmwG ein Spaltungsbericht erforderlich (vgl. im Einzelnen oben Teil 2 Rdn. 1048 ff.). Zu beachten ist außerdem als **Inhalt des Spaltungsberichts**, dass gem. § 142 Abs. 2 UmwG in dem Spaltungsbericht bei einer Spaltung mit Kapitalerhöhung über die Prüfung von Sacheinlagen bei der übernehmenden AG nach § 183 Abs. 3 AktG, sowie auf das Register, bei dem dieser Bericht zu hinterlegen ist, hinzuweisen ist. Diese Vorschrift soll sicherstellen, dass die Aktionäre aller beteiligten AG vollständig unterrichtet werden, indem auf den Bericht über die Prüfung der Sacheinlagen ausdrücklich im Spaltungsbericht nach § 127 UmwG hingewiesen wird. Die Angabe des zuständigen Handelsregisters soll die Einsichtnahme in diesen Sacheinlagenprüfungsbericht erleichtern. § 143 UmwG bestimmt i. d. F. des **3. UmwÄndG v. 15.07.2011** (BGBl. I 2011, S. 1338), dass bei **verhältniswahrenden (Auf- oder Ab-) Spaltungen zur Neugründung einer AG** die §§ 8 bis 12 UmwG nicht anzuwenden sind, ein Spaltungsbericht also nicht mehr erforderlich ist (vgl. Leitzen, DNotZ 2011, 526, 541; Diekmann in Semler/Stengel, § 143 UmwG Rn. 3 ff.; Simon/Merkelbach, DB 2011, 1317, 1323; Lutter/Schwab, § 143 UmwG Rn. 2). Die Vorschrift ist allerdings missverständlich, da § 127 UmwG (Spaltungsbericht) nicht ausdrücklich erwähnt wird, aber § 8 UmwG. Die Literatur geht von einem Redaktionsversehen aus (vgl. Simon/Merkelbach, DB 2011, 1317, 1323).

IV. Spaltungsprüfung

543   Gem. § 60 i. V. m. § 125 Satz 1 UmwG ist eine Spaltungsprüfung bei AG ohne Rücksicht darauf, ob ein Aktionär dies verlangt, durchzuführen. Gem. § 60 Abs. 2 UmwG muss von jeder AG mindestens ein Spaltungsprüfer bestellt werden. Die Prüfer werden jeweils vom Vorstand der Gesellschaft bestellt. Das **Verfahren zur Bestellung der Spaltungsprüfer**, ihre Stellung und Verantwortlichkeiten des Inhalts des Prüfungsberichts ist auch für die AG im allgemeinen Teil der §§ 9 bis 12 UmwG geregelt (vgl. oben Teil 2 Rdn. 405 ff.). Gem. § 60 Abs. 3 UmwG reicht für die Spaltung unter Beteiligung mehrerer AG die Prüfung durch einen oder mehrere Spaltungsprüfer für alle beteiligten AG nur aus, wenn diese Prüfer auf gemeinsamen Antrag der Vorstände durch das Gericht bestellt werden (vgl. im Einzelnen Teil 2 Rdn. 1051 ff.). § 143 UmwG bestimmt allerdings i. d. F. des **3. UmwÄndG v. 15.07.2011** (BGBl. I 2011, S. 1338), dass bei **verhältniswahrenden (Auf- oder Ab-) Spaltungen zur Neugründung einer AG** die §§ 8 bis 12 UmwG nicht anzuwenden sind, eine Spaltungsprüfung also nicht mehr erforderlich ist (vgl. Leitzen, DNotZ 2011, 526, 541; Diekmann in Semler/Stengel, § 143 UmwG Rn. 3 ff.; Simon/Merkelbach, DB 2011, 1317, 1323; Lutter/Schwab, § 143 UmwG Rn. 2)).

V. Bekanntmachung des Spaltungsvertrages bzw. -plans

544   Nach § 61 i. V. m. § 125 UmwG ist der Spaltungsvertrag bzw. -plan oder sein Entwurf vor der Einberufung der Hauptversammlung **zum Registergericht** einzureichen. Das Gericht hat in den für die Bekanntmachung seiner Eintragung bestimmten Blätter einen Hinweis darauf bekannt zu machen, dass der Vertrag oder sein Entwurf beim Handelsregister eingereicht worden ist (vgl. Teil 2 Rdn. 1055 ff.).

VI. Vorbereitung der Hauptversammlung

Für die Vorbereitung der Hauptversammlung gelten die allgemeinen Grundsätze wie bei der Ver- **545** schmelzung (vgl. im Einzelnen oben Teil 2 Rdn. 1060 ff.). Für die Einberufung der Hauptversammlung gelten die allgemeinen Grundsätze des Aktienrechts (§§ 121 ff. AktG). Gem. § 121 Abs. 2 AktG wird die Hauptversammlung durch den **Vorstand** einberufen, der darüber in einfacher Mehrheit beschließt. Die Einberufung ist gem. § 121 Abs. 4 AktG in den **Gesellschaftsblättern** bekannt zu machen. Das ist mindestens der Bundesanzeiger (www.bundesanzeiger.de; vgl. Hüffer/Koch, § 121 AktG Rn. 11a). Sieht die Satzung für die Bekanntmachung weitere Gesellschaftsblätter vor, so muss die Einberufung auch in diesen Blättern bekanntgemacht werden (§ 25 S. 2 AktG); in diesem Fall ist die Bekanntmachung erst mit dem Erscheinen des letzten Gesellschaftsblattes erfolgt.

Die Einberufung muss die Firma, den Sitz der Gesellschaft sowie Zeit und Ort der Hauptversammlung **546** enthalten. Zudem ist die Tagesordnung anzugeben. Bei börsennotierten Gesellschaften hat der Vorstand oder, wenn der Aufsichtsrat die Versammlung einberuft, der Aufsichtsrat in der Einberufung ferner anzugeben: die Voraussetzungen für die Teilnahme an der Versammlung und die Ausübung des Stimmrechts sowie ggf. den Nachweisstichtag nach § 123 Abs. 2 Satz 3 AktG und dessen Bedeutung; das Verfahren für die Stimmabgabe durch einen Bevollmächtigten unter Hinweis auf die Formulare, die für die Erteilung einer Stimmrechtsvollmacht zu verwenden sind, und auf die Art und Weise, wie der Gesellschaft ein Nachweis über die Bestellung eines Bevollmächtigten elektronisch übermittelt werden kann sowie durch Briefwahl oder im Wege der elektronischen Kommunikation gem. § 118 Ans. 1 Satz 2 AktG, soweit die Satzung eine entsprechende Form der Stimmrechtsausübung vorsieht; die Rechte der Aktionäre nach § 122 Abs. 2, 126 Abs. 1, §§ 127, 131 Abs. 1 AktG; die Angaben können sich auf die Fristen für die Ausübung der Rechte beschränken, wenn in der Einberufung i. Ü. auf weiter gehende Erläuterungen auf der Internetseite der Gesellschaft hingewiesen wird; die Internetseite der Gesellschaft, über die die Informationen nach § 124a AktG zugänglich sind.

Bei börsennotierten Gesellschaften müssen nach § 124a AktG alsbald nach der Einberufung der Haupt- **547** versammlung über die Internetseite der Gesellschaft zugänglich sein: der Inhalt der Einberufung; eine Erläuterung, wenn zu einem Gegenstand der Tagesordnung kein Beschluss gefasst werden soll; die Versammlung zugänglich zu machenden Unterlagen; die Gesamtzahl der Aktien und der Stimmrechte im Zeitpunkt der Einberufung, einschließlich getrennter Angaben zur Gesamtzahl für jede Aktiengattung; ggf. die Formulare, die bei Stimmabgabe durch Vertretung oder bei Stimmabgabe mittels Briefwahl zu verwenden sind, sofern diese Formulare den Aktionären nicht direkt übermittelt werden.

Bei börsennotierten Gesellschaften, die nicht ausschließlich Namensaktien ausgegeben haben und die Einberufung den Aktionären nicht unmittelbar nach § 121 Abs. 4 Satz 2 und 3 AktG übersenden, ist die Einberufung gem. § 121 Abs. 4a AktG spätestens zum Zeitpunkt der Bekanntmachung solchen Medien zur Veröffentlichung zuzuleiten, bei denen davon ausgegangen werden kann, dass sie die Information in der gesamten EU verbreiten.

Für börsennotierte AG ist die Einberufung der Hauptversammlung im elektronischen Bundesanzeiger **548** nach § 30b Abs. 1 Nr. 1 WpHG zwingend. Zusätzlich zu den Angaben nach §§ 121, 124 AktG muss die Veröffentlichung nach § 30b Abs. 1 Nr. 1 WpHG Angaben über die Gesamtzahl der Aktien und Stimmrechte im Zeitpunkt der Einberufung der Hauptversammlung enthalten.

Nach § 125 Abs. 1 AktG hat der Vorstand mindestens 21 Tage vor der Versammlung den Kreditinstituten und den Vereinigungen von Aktionären, die in der letzten Hauptversammlung Stimmrechte für Aktionäre ausgeübt oder die die Mitteilung verlangt haben, die Einberufung der Hauptversammlung mitzuteilen. Der Tag der Mitteilung ist nicht mitzurechnen. In der Mitteilung ist auf die Möglichkeiten der Ausübung des Stimmrechts durch einen Bevollmächtigten, auch durch eine Vereinigung von Aktionären, hinzuweisen. Bei börsennotierten Gesellschaften sind einem Vorschlag zur Wahl von Aufsichtsratsmitgliedern Angaben zu deren Mitgliedschaft in anderen gesetzlich zu bildenden Aufsichtsräten beizufügen; Angaben zu ihrer Mitgliedschaft in vergleichbaren in- und ausländischen Kontrollgremien von Wirtschaftsunternehmen sollen beigefügt werden. Die gleiche Mitteilung hat der Vorstand nach § 125 Abs. 2 AktG den Aktionären zu machen, die es verlangen oder zu Beginn des 14. Tages vor der Versammlung als Aktionär im Aktienregister der Gesellschaft eingetragen sind.

549 Durch das Gesetz für kleine AG und zur Deregulierung des Aktienrechts v. 02.08.1994 (BGBl. I, S. 1961) wurde die Möglichkeit der **Einberufung durch eingeschriebenen Brief** in § 121 Abs. 4 Satz 2 AktG geschaffen: Sind die Aktionäre der Gesellschaft namentlich bekannt, kann die Hauptversammlung mit eingeschriebenem Brief einberufen werden. Der Tag der Absendung gilt als Tag der Bekanntmachung. Unproblematisch kann die Einberufung durch eingeschriebenen Brief bei Namensaktion erfolgen (vgl. Hüffer/Koch, AktG, § 121 Rn. 11b). Bei Inhaberaktien scheidet die Einberufung durch eingeschriebenen Brief i. d. R. aus, es sei denn, es besteht ein kleiner überschaubarer Aktionärskreis, bei dem der Vorstand relativ sicher davon ausgehen kann, dass Personenkenntnis besteht (im Einzelnen str. vgl. Gutachten, DNotI-Report 2003, 130 ff.; Lutter, AG 1994, 429, 438; Hüffer/Koch, AktG, § 121 Rn. 11d; Hoffmann-Becking, ZIP 1995, 1, 6). Da die Inhaber solcher Inhaberaktien jedoch in keinem Aktienregister verzeichnet sind und eine entsprechende gesetzliche Vermutungswirkung wie nach § 67 Abs. 2 AktG nicht besteht, auch wenn die Aktionäre untereinander durch Abschluss schuldrechtlicher Vereinbarungen über Anmeldeverpflichtungen oder durch die Etablierung eines sonstigen gesellschaftsinternen Informationssystems Vorkehrungen dafür getroffen haben, dass der Gesellschaft ihre jeweiligen Aktionäre bekannt sind, kommt es hier letztlich auf die Kenntnis des einberufenden Organs von Name und Anschrift der Aktionäre an (DNotI-Report 2003, 130 ff.; Hüffer/Koch, § 121 AktG Rn. 11c). Wegen des Risikos einer zwischenzeitlichen Übertragung der Inhaberaktien auf einen anderen Eigentümer und der Tatsache, dass ein Einberufungsmangel nach § 241 Nr. 1 AktG grds. zur Nichtigkeit der in der Hauptversammlung gefassten Beschlüsse führt, wird in der aktienrechtlichen Literatur allerdings empfohlen, bei Inhaberaktien im Zweifel die Einberufung der Hauptversammlung immer öffentlich bekannt zu machen (Hölters/Deilmann/Buchta, S. 98; Obermüller/ Werner/Winden/Butzke, B Rn. 54 a. E.; Reichert/Schlitt in: Semler/Volhard, HVHdb., I B Rn. 291; Hoffmann-Becking, ZIP 1995, 1, 6; Hüffer/Koch, § 121 AktG Rn. 11c).

Streitig ist bei dieser Art der Einberufung noch, ob ein **Einwurf-Einschreiben** genügt oder ob stets ein Übergabe-Einschreiben erforderlich ist. Da auch ein Einwurf-Einschreiben letztlich ein Einschreiben i. S. d. Zustellvorschriften der Post darstellt, erscheint dies i. R. d. § 121 Abs. 4 AktG für ausreichend (so MünchKomm-AktG/Kubis, § 121 Rn. 31; Spindler/Stilz/Rieckers, § 121 AktG Rn 60; a. A. allerdings Baumbach/Hueck/Zöllner, GmbHG, § 51 Rn. 12; Hölters/Deilmann/Buchta, Die kleine Aktiengesellschaft, S. 99 f.).

550 Gem. § 123 Abs. 1 AktG beträgt die **Einberufungsfrist** mindestens 30 Tage vor dem Tag der Versammlung. Der Fristbeginn richtet sich nach der Bekanntmachung in den Gesellschaftsblättern. Maßgeblich ist das Erscheinungsdatum. Die Frist wird nach §§ 187 Abs. 1, 188 Abs. 2 BGB berechnet. Fristen, die von der Hauptversammlung zurückrechnen, sind nach § 123 Abs. 4 AktG jeweils vom nicht mitzählenden Tage der Versammlung zurückzurechnen; fällt das Ende der Frist auf einen Sonntag, einen am Sitz der Gesellschaft gesetzlich anerkannten Feiertag oder einen Sonnabend, so tritt an die Stelle dieses Tages der zeitlich vorhergehende Werktag. Die Modalitäten einer Anmeldung richtet sich ebenfalls nach den allgemeinen Vorschriften (§ 123 Abs. 3 AktG). Bei Inhaberaktien kann nach § 123 Abs. 3 AktG die Satzung bestimmen, wie die Berechtigung zur Teilnahme an der Hauptversammlung oder zur Ausübung des Stimmrechts nachzuweisen ist. Bei börsennotierten Gesellschaften reicht ein in Textform erstellter besonderer Nachweis des Anteilsbesitzes durch das depotführende Institut aus. Der Nachweis hat sich bei börsennotierten Gesellschaften auf den Beginn des 21. Tages vor der Versammlung zu beziehen und muss der Gesellschaft unter der in der Einberufung hierfür mitgeteilten Adresse bis spätestens am 7. Tage vor der Versammlung zugehen, soweit die Satzung keine kürzere Frist vorsieht (sog. record date). Im Verhältnis zur Gesellschaft gilt für die Teilnahme an der Hauptversammlung oder die Ausübung des Stimmrechts als Aktionär nur, wer den Nachweis erbracht hat (§ 123 Abs. 3 AktG).

551 Die **Bekanntmachung der Tagesordnung** ist in § 124 AktG geregelt. Sie ist bei der Einberufung in den Gesellschaftsblättern bekannt zu machen, wenn kein Fall des § 121 Abs. 4 Satz 2 AktG vorliegt. Gem. § 124 Abs. 3 AktG haben zu jedem Gegenstand der Tagesordnung, über den beschlossen werden soll, der Vorstand und der Aufsichtsrat in der Bekanntmachung der Tagesordnung Vorschläge zur Beschlussfassung zu machen. Des Weiteren sind in der Einberufung bei börsennotierten Gesellschaften die in § 121 Abs. 3 Nr. 1 bis 4 AktG genannten Angaben zu machen. Sie beziehen sich auf den Nachweisstichtag sowie dessen Bedeutung bei Inhaberaktien (sog. record date, vgl. § 123 Abs. 3 Satz 3 AktG), bei Namensaktien auch den Tag des Umschreibungsstopps im Aktienregister, was so aber im

Gesetz nicht ausdrücklich erwähnt wird (§ 121 Abs. 3 Satz 3 Nr. 1 AktG), die Modalitäten der Vollmachtserteilung (§ 121 Abs. 3 Satz 3 Nr. 2 AktG), die Fristen für den Zugang von Ergänzungs- bzw. Gegenanträgen sowie Wahlvorschlägen unter Angabe der konkreten Daten und den Zeitpunkt, in dem das Auskunftsrecht ausgeübt werden kann sowie eine Darstellung und Erläuterung dieser Rechte, die allerdings – bei entsprechendem Hinweis in der Einberufung – auch auf der Internetseite der Gesellschaft erfolgen kann (§ 121 Abs. 3 Satz 3 Nr. 3 AktG), diejenige Internetseite der Gesellschaft, auf welcher die Informationen nach § 124a AktG zugänglich sind (§ 121 Abs. 3 Satz 3 Nr. 4 AktG).

Bei der Zustimmung zum Spaltungsvertrag ist **§ 124 Abs. 2 Satz 2 AktG** zu beachten: Soll die Haupt- **552** versammlung über einen Vertrag beschließen, der nur mit Zustimmung der Hauptversammlung wirksam wird, so ist auch der wesentliche Inhalt des Vertrages bekannt zu machen. Die Literatur weist zu Recht darauf hin, dass es genügt, wenn der Inhalt des Vertrages so umschrieben wird, dass der Aktionär ein Urteil fassen kann, ob er sich näher unterrichtet und den Vertrag einsieht (vgl. auch BGHZ 119, 1, 11 f. = NJW 1992, 2760; Hüffer/Koch, AktG, § 124 Rn. 10; Widmann/Mayer/Rieger, Umwandlungsrecht, § 63 UmwG Rn. 2; Stratz, in: Schmitt/Hörtnagl/Stratz, § 63 UmwG Rn. 2; OLG Düsseldorf, Konzern 2006, 768, 775; LG Hanau ZIP 1996, 442; LG Wiesbaden NZG 1999, 177). In der Praxis wird häufig der gesamte Spaltungsvertrag bekannt gemacht; erforderlich ist dies allerdings nicht (vgl. Hüffer/Koch, AktG, § 124 Rn. 10; zum Verschmelzungsvertrag Widmann/Mayer/Rieger, Umwandlungsrecht, § 63 UmwG Rn. 2; Stratz, in: Schmitt/Hörtnagl/Stratz, § 63 UmwG Rn. 2; Kallmayer/Marsch-Barner § 63 UmwG Rn 14; vgl. LG Hanau ZIP 1996, 422; LG Wiesbaden NZG 1999, 177).

Zum **wesentlichen Inhalt** des Spaltungsvertrages gehören mindestens Angaben über die Vertragspart- **553** ner, die Art der Spaltung, der Spaltungsstichtag, das Umtauschverhältnis, Angaben über eventuelle Kapitalerhöhungen und die wesentlichen bilanziellen Auswirkungen (so Widmann/Mayer/Rieger, Umwandlungsrecht, § 63 UmwG Rn. 2; Kallmayer/Marsch-Barner, UmwG, § 63 Rn. 17; Stratz, in: Schmitt/Hörtnagl/Stratz, § 63 UmwG Rn. 2). Diese Auffassung hat das OLG Stuttgart weitgehend bestätigt (OLG Stuttgart, AG 1997, 138; strenger noch LG Hanau, AG 1996, 184). Das OLG Stuttgart hat entschieden, dass es genüge, wenn die Bekanntmachung den Aktionären die sinnvolle Ausübung ihrer Rechte ermögliche und ein ungefähres Bild von den Vor- und Nachteilen der Verträge gewährleistet.

Ergänzend zur Absicherung der Informationsrechte der Aktionäre bestimmen §§ 125, 63 Abs. 1 **554** UmwG, dass von der Einberufung der Hauptversammlung an, in dem Geschäftsraum der Gesellschaft zur Einsicht der Aktionäre auszulegen sind:

- der Spaltungsvertrag oder sein Entwurf;
- die Jahresabschlüsse und die Lageberichte der an der Spaltung beteiligten Rechtsträger für die letzten 3 Geschäftsjahre;
- falls sich der letzte Jahresabschluss auf ein Geschäftsjahr bezieht, das mehr als 6 Monate vor Abschluss des Spaltungsvertrages oder der Aufstellung des Entwurfs abgelaufen ist, eine Bilanz auf einen Stichtag, der nicht vor dem ersten Tag des dritten Monats liegt, der dem Abschluss und der Aufstellung vorausgeht (Zwischenbilanz);
- die nach § 8 UmwG erstatteten Spaltungsberichte;
- die nach § 60 i. V. m. § 12 UmwG erstatteten Prüfungsberichte.

Nach §§ 125, 63 Abs. 3 UmwG ist jedem Aktionär auf Verlangen unverzüglich und kostenlos eine Abschrift dieser Unterlagen zu erteilen. Durch das Gesetz zur Umsetzung der Aktionärsrechterichtlinie (ARUG, G. v. 30.07.2009, BGBl. I, S. 2479) wurde eine Vereinfachung in § 63 Abs. 4 UmwG geschaffen: Die Verpflichtungen nach den Abs. 1 und 3 entfallen, wenn die in Abs. 1 bezeichneten Unterlagen für denselben Zeitraum über die Internetseite der Gesellschaft zugänglich sind. Durch das 3. UmwÄndG wurde § 63 Abs. 2 Satz 5 UmwG dadurch ergänzt, dass zum einen § 8 Abs. 4 Satz 1 Nr. 1 und 2 UmwG anwendbar sind, sodass eine Zwischenbilanz nicht erforderlich ist bei entsprechenden Verzichtserklärungen aller Anteilseigner aller beteiligten Rechtsträger (§ 8 Abs. 4 Satz 1 Nr. 1) oder bei Verschmelzung der 100 %igen Tochter auf ihre Mutter (Nr. 2). Die Zwischenbilanz muss nach § 63 Abs. 2 Satz 6 UmwG auch dann nicht aufgestellt werden, wenn die Gesellschaft seit dem letzten Jahresabschluss einen Halbjahresfinanzbericht gem. § 37w WpHG veröffentlicht hat. Der Halbjahresfinanzbericht tritt zum Zwecke der Vorbereitung der Hauptversammlung an die Stelle der Zwischenbilanz. Außerdem wurde § 63 Abs. 3 UmwG wie folgt ergänzt: Die nach § 63 UmwG zu übermittelnden Unterlagen können dem Aktionär mit dessen Einwilligung auf dem Wege elektronischer Kommunikation übermittelt werden. Nach dieser Vorschrift, die ihrer Systematik nach nur dann anwendbar ist, wenn übernehmender Rechtsträger eine AG (oder KGaA oder SE) ist (Leitzen, DNotZ 2011, 526, 540) und die Voraussetzungen des Abs. 1 vorliegen, können die im Vorfeld der Hauptversammlung zu übermittelnden Unterlagen zur Verschmelzung dem Aktionär mit dessen Einwilligung auf dem Wege elektronischer Kommunikation übermittelt werden. »Einwilligung« ist die vorherige Zustimmung nach § 183 Satz 1 BGB. Diese muss weder in einer bestimmten Form noch ausdrücklich erklärt werden (Wagner, DStR 2010, 1629; Leitzen, DNotZ 2011, 526, 532 f.; Simon/Merkelbach, DB 2011, 1317 f.). Da der durch das ARUG eingeführte § 62 Abs. 3 Satz 7 UmwG aber anstelle der Auslegung bzw. Übermittlung die Veröffentlichung und Zugänglichkeit des Umwandlungsberichts über die Internetseite der Gesellschaft genügen lässt, wird sich die praktische Bedeutung der Neuregelung auf Nicht-Publikumsgesellschaften beschränken (so Leitzen, DNotZ 2011, 526, 532 f.; Simon/Merkelbach, DB 2011, 1317 f.).

Schließlich bestimmt § 143 UmwG i. d. F. des **3. UmwÄndG v. 15.07.2011** (BGBl. I 2011, S. 1338), dass bei **verhältniswahrenden (Auf- oder Ab-) Spaltungen zur Neugründung einer AG § 63** Abs. 1 Nr. 1 bis 5 UmwG nicht anzuwenden sind, eine Zwischenbilanz also nicht mehr erforderlich ist (vgl. Leitzen, DNotZ 2011, 526, 541; Diekmann in: Semler/Stengel, § 143 UmwG Rn. 3 ff.; Simon/Merkelbach, DB 2011, 1317, 1323).

VII. Zustimmungsbeschluss zur Spaltung

555 **1. Allgemeines.** Bzgl. der allgemeinen Ausführungen zum Zustimmungsbeschluss kann grds. auf die Vorschriften zur Verschmelzung verwiesen werden (vgl. oben Teil 2 Rdn. 1072 ff.).

Durch das 3. UmwÄndG v. 15.07.2011 (BGBl. I, S. 1338) wurden die Vereinfachungsregeln bei Verschmelzung von AG im Konzern erweitert (vgl. oben Teil 2 Rdn. 1087 ff. und Neye/Jäckel, AG 2010, 237 ff.; Diekmann, NZG 2010, 489 ff.; Wagner, DStR 2010, 1629 ff.; Heckschen, NZG 2010, 1041 ff.; Leitzen, DNotZ 2011, 526 ff.; Bayer/J. Schmidt, ZIP 2010, 953 ff.; Sandhaus, NZG 2009, 41 ff.). Diese gelten im Prinzip auch für die Spaltung, da in § 125 Satz 1 UmwG auf diese Vorschriften verwiesen wird (Kallmeyer/Kallmeyer/Sickinger, § 125 UmwG Rn. 68 ff.; Lutter/Teichmann, § 125 UmwG Rn. 6). Allerdings wird durch das 3. UmwÄndG v. 15.07.2011 (BGBl. I, S. 1338) der neu einzuführende § 62 Abs. 5 UmwG (**verschmelzungsspezifischer Squeeze-out**) von der Anwendung auf alle Arten der Spaltung in § 125 Satz 1 UmwG ausdrücklich ausgenommen (Neye/Kraft, NZG 2011, 681, 682; Lutter/Teichmann, § 125 UmwG Rn. 6. Die Begründung zum Regierungsentwurf (BT-Drucks. 17/3122 v. 01.10.2010) weist auf Folgendes hin:

> »Es bestehen keine gemeinschaftsrechtlichen Vorgaben, die eine entsprechende Regelung bei Spaltungen der Tochtergesellschaft zur Übertragung auf die Muttergesellschaft erfordern. Darüber hinaus wäre es nicht gerechtfertigt, den Squeeze-out schon bei einer 90-prozentigen Beteiligung zu ermöglichen, wenn bei der Tochtergesellschaft lediglich geringe Vermögensteile abgespalten werden.«

556 **2. Besondere Unterrichtungspflichten über Vermögensveränderungen (§ 143 UmwG).** § 143 UmwG sah bis zur Neuregelung durch das **3. UmwÄndG v. 15.07.2011** (BGBl. I, S. 1338) eine **besondere Unterrichtungspflicht** des Vorstandes bei Spaltungen vor. Der Vorstand einer übertragenden AG hatte die Aktionäre vor der Beschlussfassung über jede wesentliche Veränderung des Vermögens dieser Gesellschaft, die zwischen dem Abschluss des Vertrages oder der Aufstellung des Entwurfs und im Zeitpunkt der Beschlussfassung eingetreten ist, zu unterrichten. Der Vorstand hat darüber auch die Vertretungsorgane der übernehmenden Rechtsträger zu unterrichten, diese haben ihrerseits die Anteilsinhaber des von ihnen vertretenen Rechtsträgers vor der Beschlussfassung über die Spaltung zu unterrichten.

Durch das 3. UmwÄndG v. 15.07.2011 (BGBl. I, S. 1338) wurde die bisher nur in § 143 UmwG a. F. bei Spaltungen von AG vorgesehene **erweiterte Unterrichtungspflicht** über Vermögensveränderungen bei Spaltungen unter Beteiligungen von AG allgemein durch § 64 Abs. 1 UmwG n. F. eingeführt und gilt damit allgemein auch für alle Verschmelzungen und Spaltungen (s. oben Teil 2 Rdn. 394 ff.; vgl. dazu Neye/Jäckel, AG 2010, 237 ff.; Diekmann, NZG 2010, 489 ff.; Wagner, DStR 2010, 1629 ff.;

Heckschen, NZG 2010, 1041 ff.; Leitzen, DNotZ 2011, 526, 529; Bayer/J. Schmidt, ZIP 2010, 953 ff.; Sandhaus, NZG 2009, 41 ff.). Grundlage ist Art. 2 Nr. 4 der Richtlinie 2009/109/EG des Europäischen Parlaments und des Rates v. 16.09.2009 (ABl. EU L 259 v. 02.10.2009, S. 14).

Nach § 64 Abs. 1 Satz 2 UmwG n. F. i. V. m. § 125 hat der Vorstand über jede wesentliche Veränderung **557** des Vermögens der Gesellschaft zu unterrichten, die seit dem Abschluss des Spaltungsvertrages oder der Aufstellung des Entwurfs eingetreten ist. Der Vorstand hat über solche Veränderungen auch die Vertretungsorgane der anderen beteiligten Rechtsträger zu unterrichten; diese haben ihrerseits die Anteilsinhaber des von ihnen vertretenen Rechtsträgers vor der Beschlussfassung zu unterrichten. Die Vorschrift gilt für **alle Spaltungen** unter Beteiligung von AG und KGaA (nach §§ 125, 127 UmwG). Die Unterrichtungspflicht entfällt nicht schon allein deshalb, weil bei Konzernspaltungen ein Beschluss der übernehmenden AG nicht erforderlich ist (§ 62 Abs. 1 UmwG). Denn zum einen sollen die Aktionäre auch anhand der Unterrichtung über Vermögensveränderungen entscheiden können, ob sie von dem in § 62 Abs. 2 UmwG geregelten Minderheitenrecht Gebrauch machen. Zum anderen besteht die Unterrichtungspflicht ggü. dem Vertretungsorgan der Tochtergesellschaft und mittelbar ggü. deren Minderheitsaktionären auch bei einer Beteiligung von 90 % (Begr. RegE, BT-Drucks. 17/3122, S. 11).

Voraussetzung ist eine *»wesentliche Veränderung des Vermögens des Rechtsträgers, die zwischen dem Ab-* **558** *schluss des Spaltungsvertrags oder der Aufstellung des Entwurfs und dem Zeitpunkt der Beschlussfassung eingetreten ist.«* Der Begriff ist relativ unscharf, sodass die Praxis im Zweifel eher zu viel als zu wenig berichten sollte. In § 143 UmwG a. F. wurde dieses Tatbestandsmerkmal dahin gehend ausgelegt, dass es sich um eine Veränderung handeln muss, die für die Unternehmensbewertung – und damit für das Umtauschverhältnis der Anteile bzw. die Höhe der Abfindung (§ 29 UmwG) – relevant ist, d. h. diese berühren oder betreffen kann (Leitzen, DNotZ 2011, 526, 529; Simon/Merkelbach, DB 2011, 1317, 1318; KK-UmwG/Simon, § 143 Rn. 10). Wenn dieser Umstand vorliegt, so soll daraus auch die Wesentlichkeit folgen (KK-UmwG/Simon, § 143 Rn. 11). Es ist aber nicht erforderlich, dass die Veränderung tatsächlich zu einer anderen Bewertung führt; vielmehr genügt, dass sie Anlass zur Überprüfung der früheren Bewertung gibt (Leitzen, DNotZ 2011, 529; KK-UmwG/Simon, § 143 Rn. 10). Gegenstand der Bewertung muss das »Vermögen« sein, worunter auch das Passivvermögen fällt. Andere Veränderungen, die für die Verschmelzung ebenfalls relevant sein können, z. B. das wirtschaftliche Umfeld, Konkurrenzsituation, spielen keine Rolle, wobei natürlich solche Änderungen auf das Vermögen durchschlagen können.

Zu informieren sind die **Aktionäre vor der Beschlussfassung** und nach § 8 Abs. 3 Satz 2 UmwG n. F. **559** auch **die Vertretungsorgane der anderen Rechtsträger**, die an der Verschmelzung beteiligt sind. Diese haben ihrerseits ihre Anteilsinhaber vor der Beschlussfassung zu informieren. Zu § 143 UmwG a. F. war umstritten wie die Information zu erfolgen hatte. Zu § 143 UmwG war ein Teil der Literatur der Meinung, dass ein schriftlicher Nachtragsbericht zum Spaltungsbericht notwendig sei (Kallmeyer/Sickinger UmwG, 4. Aufl. § 143 Rn. 2; Lutter/Schwab, UmwG, 3. Aufl. § 143 Rn. 15 ff.; ebenso zu § 8 UmwG Keller/Klett, GWR 2010, 308122; Diekmann, NZG 2010, 489). Nach anderer Meinung genügte eine mündliche Information der Anteilseigner in der Gesellschafterversammlung (Hauptversammlung, so Leitzen, DNotZ 2011, 526, 530 f.; Wagner, DStR 2010, 1629, 1632; Heckschen, NZG 2010, 1041, 1042). § 64 Abs. 1 Satz 2 UmwG bestimmt nun, dass der Vorstand mündlich jede wesentlich Änderung zu erläutern hat (Leitzen, DNotZ 2011, 526, 530). Auf die Nachtragsberichterstattung können die Anteilsinhaber nach § 64 Abs. 1 Satz 2 UmwG n. F. verzichten. Der **Verzicht** muss nach § 64 Abs. 1 Satz 4 UmwG n. F. notariell beurkundet werden (vgl. Leitzen, DNotZ 2011, 526, 532).

VIII. Zustimmung von Sonderrechtsinhabern

Es gelten auch hier die Ausführungen zur Verschmelzung. Allerdings ist auch hier § 128 UmwG zu be- **560** achten, wonach in den Fällen der nichtverhältniswahrenden Spaltung alle Aktionäre zustimmen müssen (vgl. oben Teil 2 Rdn. 551 ff. und Teil 3 Rdn. 332 ff.).

IX. Keine Spaltung während der Nachgründungsfristen (2-jährige Sperrfrist, § 141 UmwG)

Nach § 141 UmwG darf eine AG, die **noch nicht 2 Jahre im Register** eingetragen ist, nicht gespalten **561** werden. Mit dieser Vorschrift soll sichergestellt werden, dass eine AG nicht schon in der sog. Nachgründungsperiode durch Aufspaltung wieder erlischt oder durch Abspaltung oder Ausgliederung einen gro-ßen Teil ihres Vermögens abgibt. § 141 UmwG stellt dies sicher, indem er die Spaltung während dieser Frist für unzulässig erklärt.

562 Diese Vorschrift galt ursprünglich für Ausgliederungen, und Aufspaltungen (Lutter/Schwab, UmwG,
563 § 141 Rn. 4 f.) Der Gesetzgeber hat im **Zweiten Gesetz zur Änderung des UmwG** die Vorschrift neu gefasst, sie lautet jetzt wie folgt:

»Eine Aktiengesellschaft oder eine Kommanditgesellschaft auf Aktien, die noch nicht zwei Jahre im Register eingetragen ist, kann außer durch Ausgliederung zur Neugründung nicht gespalten wer-den.«

Die **Begründung** (BT-Drucks. 16/2919, S. 19) führt dazu aus:

»Das generelle Spaltungsverbot in der Nachgründungsphase ist im Schrifttum wiederholt kritisiert worden. Die Regierungskommission Corporate Governance hat sich diese Kritik zu Eigen gemacht. Bemängelt wird, die Regelung behindere den Aufbau sinnvoller Holding-Strukturen. Die Praxis behelfe sich zwar mit Sachausgründungen, diese seien aber gegenüber einer Ausgliederung nach dem UmwG wegen der nicht möglichen partiellen Gesamtrechtsnachfolge mit höheren Trans-aktionskosten verbunden. Um dieser Kritik Rechnung zu tragen, soll künftig die Ausgliederung zur Neugründung von dem bisherigen Verbot ausgenommen werden. In diesem Fall erhält die über-tragende AG oder Kommandit-AG als Gegenleistung für das übertragene Vermögen die Anteile an dem neuen Rechtsträger. Für die Ausgliederung zur Aufnahme droht dagegen ein Vermögensver-lust, wenn der übernehmende Rechtsträger überschuldet ist oder dessen Anteile nicht vollständig der übertragenden Gesellschaft gehören und das Umtauschverhältnis unzutreffend festgesetzt wird. Für diesen Fall soll es daher bei dem Verbot bleiben.«

Erhalten bleibt das **Spaltungsverbot** für den Fall der **Ausgliederung zur Aufnahme** (vgl. Mayer/Weiler, DB 2007, 1291, 1293). Hier droht nach Auffassung des Gesetzgebers ein Vermögensverlust, wenn der übernehmende Rechtsträger überschuldet ist oder dessen Anteile nicht vollständig der übertragenden Gesellschaft gehören. Unverändert ist das Spaltungsverbot für alle Arten der Spaltung (Auf- und Abspal-tung), und zwar auch bei AG, die aus einem Formwechsel nach §§ 214, 238 ff. UmwG oder einer Ver-schmelzung zur Neugründung entstanden sind (Lutter/Schwab, UmwG, § 141 Rn. 10; Kallmeyer/ Kallmeyer/Sickinger, UmwG, § 141 Rn. 1; Widmann/Mayer/Rieger, Umwandlungsrecht, § 141 UmwG Rn. 6). Der Wortlaut des § 141 UmwG lässt nicht erkennen, ob für das Vorliegen der Tat-bestandsvoraussetzungen auf den Spaltungsvertrag/Spaltungsplan, die Spaltungsbeschlüsse oder auf den Zeitpunkt des Wirksamwerdens der Spaltung (d. h. Eintragung der Spaltung in das Register des Sitzes des übertragenden Rechtsträgers, § 131 UmwG) abzustellen ist (vgl. Kallmeyer/Kallmeyer/Si-ckinger, UmwG, § 141 Rn. 2). Nach einer Meinung kommt es auf den Spaltungsvertrag an (Lutter/ Schwab, UmwG, § 141 Rn. 13: Nichtigkeit des Spaltungsvertrages). Nach richtiger Meinung ist auf den letzten notwendigen Akt abzustellen (Kallmeyer/Kallmeyer/Sickinger, UmwG, § 141 Rn. 2).

X. Kapitalerhöhung bei Spaltung zur Aufnahme

564 **1. Allgemeines.** Bei der übernehmenden AG stellt sich wie bei der Verschmelzung die Frage, ob die zu gewährenden Aktien im Wege der **Kapitalerhöhung** beschafft werden müssen. Es gelten daher auch die gleichen Grundsätze für die Kapitalerhöhung bei der aufnehmenden AG wie bei der Verschmel-zung. § 125 UmwG verweist daher insgesamt auf die §§ 68, 69 UmwG (vgl. im Einzelnen oben Teil 3 Rdn. 130 ff., Teil 3 Rdn. 184 ff.).

565 **2. Sacheinlagenprüfung.** Eine **Besonderheit** enthält das Spaltungsrecht allerdings im Verhältnis zum Verschmelzungsrecht. § 142 Abs. 1 UmwG bestimmt, dass § 69 UmwG mit der Maßgabe anzu-wenden ist, dass eine **Sacheinlagenprüfung** nach § 183 Abs. 3 AktG stets stattzufinden hat (Kallmeyer/ Kallmeyer/Sickinger, § 143 UmwG Rn. 1; Lutter/Schwab, § 142 UmwG Rn. 1).

566 Bei der **Verschmelzung** findet eine Prüfung der Sacheinlagen gem. § 69 Abs. 1 Satz 1 Halbs. 2 UmwG **nur statt**, soweit der übertragende Rechtsträger die Rechtsform einer Personenhandelsgesellschaft oder eines rechtsfähigen Vereins hat, oder wenn die Vermögensgegenstände in der Schlussbilanz eines der

übertragenden Gesellschaft höher bewertet worden ist als in der letzten Jahresbilanz, oder wenn die in der Schlussbilanz angesetzten Werte nicht als Anschaffungskosten in den Jahresbilanzen der übernehmenden Gesellschaft angesetzt werden, oder wenn das Gericht Zweifel hat, ob der Wert der Sacheinlage den Nennbetrag der dazugehörenden Aktien erreicht.

Dies ist bei der Spaltung anders. Der Gesetzgeber geht davon aus, dass, anders als bei der Verschmelzung **567** von AG, bei der Spaltung selbst bei einer Fortführung der Buchwerte **auf die Prüfung** der Sacheinlage, die in dem Teil des übertragenden Unternehmens liegt, **nicht verzichtet** werden kann, weil der Gefahr einer Zuteilung nicht ausreichender Vermögensgegenstände begegnet werden muss (so die Begründung zum RegE, BR-Drucks. 75/94, S. 126, abgedruckt in: Limmer, Umwandlungsrecht, S. 321).

Bei der Spaltung unterliegt daher in den Fällen der Kapitalerhöhung bei der aufnehmenden Gesellschaft die Sacheinlage, die in der Übertragung des abgespaltenen Teils des Unternehmens liegt, der Prüfung gem. § 183 Abs. 3 AktG. § 183 Abs. 3 AktG verweist im Wesentlichen auf die **Vorschriften über die Gründungsprüfung** gem. § 33 Abs. 3 bis Abs. 5, § 34 Abs. 2 und Abs. 3, § 35 AktG. Gegenstand der Prüfung ist die Frage, ob der Wert des abgespaltenen Vermögens den Nennbetrag der im Gegenzug gewährten Anteile an der aufnehmenden Gesellschaft erreicht.

3. Kein Bezugsrecht. Es bleibt beim Grundsatz des § 69 Abs. 1 Satz 1 i. V. m. § 125 Satz 1 UmwG, **568** dass auch bei der Spaltung und bei der Ausgliederung ein **Bezugsrecht** bei der Kapitalerhöhung der übernehmenden AG nach § 186 AktG **nicht besteht.**

XI. Bestellung eines Treuhänders und Umtausch von Aktien

Zur Bestellung eines Treuhänders und zum Umtausch von Aktien gelten die gleichen Grundsätze wie **569** beim Verschmelzungsrecht (vgl. oben Teil 2 Rdn. 1148 ff.).

XII. Kapitalherabsetzung

1. Allgemeines. Bei der Aufspaltung **erlischt die übertragende Gesellschaft**, sodass sich die Frage der **570** Kapitalerhaltung bei dieser Gesellschaft nicht stellt. Bei der Abspaltung hingegen wird lediglich ein Teil des Vermögens der übertragenden Gesellschaft auf eine bestehende oder neue Gesellschaft abgespalten, sodass auch das Kapital der übertragenden Gesellschaft im Hinblick auf die Kapitalerhaltungsgrundsätze betroffen sein kann. Der Gesetzgeber musste daher sicherstellen, dass bei einer Abspaltung die abspaltende GmbH weiterhin den Grundsätzen der Kapitalbindung genügt (vgl. im Einzelnen Teil 3 Rdn. 267 ff.).

Wie bei der GmbH bestimmt § 145 UmwG, dass, wenn zur Durchführung der Abspaltung oder der **571** Ausgliederung eine Kapitalherabsetzung bei der übertragenden AG erforderlich ist, diese **in vereinfachter Form** durchgeführt werden kann. Auch hier stellt sich zunächst die Frage, ob es sich hierbei um eine Rechtsfolgenverweisung handelt. Dies wird man, wie bei der GmbH, bejahen müssen (vgl. Teil 3 Rdn. 285; vgl. Hohmut, Die Kapitalherabsetzung bei der GmbH, S. 239; Hörtnagl, in: Schmitt/Hörtnagl/Stratz, § 145 UmwG Rn. 2). Im Fall der Rechtsgrundverweisung müssten zusätzlich zu den umwandlungsrechtlichen Voraussetzungen die Tatbestandsvoraussetzungen des § 229 AktG vorliegen (für Rechtsfolgenverweisung: Lutter/Schwab, § 145 UmwG Rn. 9; Kallmeyer/Kallmeyer/Sickinger, UmwG, § 145 Rn. 1; § 139 Rn. 1; Sagasser/Bula, Umwandlungen, Rn. K 39 ff.; Kallmeyer, ZIP 1995, 1646, 1754; Ittner, MittRhNotK 1997, 107; Priester, in: FS für Schippel, 1996, S. 487, 491; Naraschewski, GmbHR, 697, 698; für Rechtsgrundverweisung: Widmann/Mayer/Rieger, Umwandlungsrecht, § 145 UmwG Rn. 15; Hörtnagl, in: Schmitt/Hörtnagl/Stratz, § 145 UmwG Rn. 2).

§ 145 UmwG bestimmt daher, dass, wenn zur Durchführung der Abspaltung oder der Ausgliederung eine Kapitalherabsetzung notwendig ist, dies in vereinfachter Form geschehen kann. Allerdings wird in § 145 Satz 2 UmwG bestimmt, dass, wenn das Grundkapital herabgesetzt wird, die Abspaltung oder Ausgliederung erst eingetragen werden darf, **nachdem die Herabsetzung des Grundkapitals im Register eingetragen** worden ist.

Entscheidend ist, dass das frei gewordene Vermögen der Kapitalherabsetzung nicht zur Rückzahlung an **572** die Gesellschafter verwendet werden darf, **sondern in die Rücklagen eingestellt werden muss,** damit die Spaltung durchgeführt werden kann. Deshalb steht die Höhe der in vereinfachter Form beschlossenen Kapitalherabsetzung nicht im freien Ermessen der Gesellschafter. § 145 Satz 1 UmwG gestattet nur eine »*erforderliche*« Kapitalherabsetzung. Insofern sind nach der wohl überwiegenden Meinung zunächst Gewinnvorträge und offene Rücklagen aufzulösen. Im zweiten Schritt ist dann zu prüfen, inwieweit der überschießende Betrag der Vermögensgegenstände, die abgespalten werden sollen, das Stammkapital angreift. Die Höhe der durch die Vermögensübertragung entstehenden Unterbilanz begrenzt zugleich den Umfang der vereinfachten Kapitalherabsetzung (vgl. Kallmeyer/Kallmeyer/Sickinger, UmwG, §§ 145 Rn. 1, 139 Rn. 2; Widmann/Mayer/Rieger, Umwandlungsrecht, § 145 UmwG Rn. 14 ff.; Priester, DNotZ 1995, 427, 448; Lutter/Schwab, UmwG, § 145 Rn. 16 ff.; Ittner, MittRhNotK 1997, 118; Schöne, Die Spaltung unter Beteiligung von GmbH, S. 68 ff.). Einigkeit besteht auch, dass die Beträge, die aus der Kapitalherabsetzung und den vorhergehenden Auflösungen von Rücklagen und Gewinnvorträgen stammen, nicht an die Gesellschafter ausgeschüttet werden dürfen, sondern nur zum Ausgleich des spaltungsbedingten Bilanzverlustes eingesetzt werden können (Widmann/Mayer/Mayer, Umwandlungsrecht, § 139 UmwG Rn. 69; Lutter/Schwab, UmwG, § 145 Rn. 23). Auszahlungen an Gesellschafter und Aktionäre sind verboten. Es kommt auch insoweit allein auf das **buchmäßige Eigenkapital** (Rücklagen, Gewinnvorträge) an, **stille Reserven bleiben außer Ansatz** (Kallmeyer/Kallmeyer/Sickinger, UmwG, § 139 Rn. 2; Widmann/Mayer/Mayer, Umwandlungsrecht, § 139 UmwG Rn. 32 ff.; Lutter/Priester, § 139 UmwG Rn. 6; Priester, DNotZ 1995, 427, 448).

573 Weiter stellt sich die Frage, wie der **Begriff des »Erforderlichen«** auszulegen ist. Nach der hier vertretenen Auffassung besteht ein Ermessen des Vorstands, ob er eine Kapitalherabsetzung durchführen möchte oder nicht (vgl. im Einzelnen oben Teil 3 Rdn. 284).

574 **2. Durchführung der Kapitalherabsetzung.** Die **Kapitalherabsetzung** läuft bei der AG wie folgt ab:
– Kapitalherabsetzungsbeschluss i. V. m. dem Beschluss über die Satzungsänderung,
– ggf. Sonderbeschlüsse bei mehreren Aktiengattungen (§ 222 Abs. 2 AktG),
– Kraftloserklären von Aktien bei der Kapitalherabsetzung durch Zusammenlegung (§ 226 AktG),
– Anmeldung der Durchführung der Herabsetzung des Grundkapitals zur Eintragung in das Handelsregister (§ 227 AktG).

575 Das AktG kennt **zwei verschiedene Formen der Kapitalherabsetzung** (vgl. Widmann/Mayer/Mayer, Umwandlungsrecht, § 145 UmwG Rn. 14 ff.; Ittner, MittRhNotK 1997, 119 ff.). Gem. § 222 Abs. 4 AktG, der gem. § 229 Abs. 3 AktG auch für die vereinfachte Kapitalherabsetzung gilt, kann das Grundkapital herabgesetzt werden (vgl. Hüffer/Koch, § 222 UmwG Rn. 21 ff.):
– durch Herabsetzung des Nennbetrages der Aktien oder
– durch Zusammenlegung der Aktien.

576 Die Kapitalherabsetzung muss gem. § 222 Abs. 1 i. V. m. § 229 Abs. 3 AktG **mit einer 3/4-Mehrheit beschlossen** werden, die mindestens 3/4 des bei der Beschlussfassung vertretenen Grundkapitals umfasst. Sind mehrere stimmberechtigte Gattungen von Aktien vorhanden, so bedarf der Beschluss der Hauptversammlung seiner Wirksamkeit der Zustimmung der Aktionäre jeder Gattung, die einen Sonderbeschluss zu fassen haben.

577 In allen Fällen der Kapitalherabsetzung ist der Zweck im **Beschluss der Hauptversammlung**, und damit auch in der Einberufung ausdrücklich mit hinreichender Bestimmtheit zu nennen (§ 222 Abs. 3 AktG). Dies bedeutet bei der Spaltung, dass festgelegt wird, dass die Kapitalherabsetzung zu den Zwecken des § 221 Abs. 1 AktG stattfindet, also zur Durchführung der Spaltung und zur Anpassung des Stammkapitals an das infolge der Spaltung verbleibende Vermögen, weil das verbleibende Vermögen der abspaltenden Gesellschaft das nominelle Kapital nicht mehr deckt (Hüffer/Koch, § 222 UmwG Rn. 21 ff.). Hier kann es sich empfehlen, den genauen Differenzbetrag anzugeben.

578 Weiter ist im Kapitalherabsetzungsbeschluss festzulegen, welche **Art der Kapitalherabsetzung** gewählt wird. Es muss also bestimmt werden, ob die Kapitalherabsetzung durch Zusammenlegung von Aktien oder durch Herabsetzung des Nennbetrags der Aktien stattfindet.

579 Außerdem ist im Kapitalherabsetzungsbeschluss anzugeben, um welchen **Betrag des Grundkapitals** die Herabsetzung erfolgt. Schließlich ist die Anpassung der Satzung im Hinblick auf das Grundkapital erforderlich.

Der nach §§ 229 Abs. 3, 222 Abs. 1 AktG erforderliche Kapitalherabsetzungsbeschluss kann vor oder   580
nach Abschluss des Spaltungs- und Übernahmevertrages sowie vor oder nach dem Spaltungsbeschluss
gefasst werden. In der Praxis wird i. d. R. der Kapitalherabsetzungsbeschluss zusammen mit dem Spaltungsbeschluss gefasst. Weiter zu beachten ist, dass infolge der Veränderung der Grundkapitalziffer
auch eine Satzungsänderung mit einem Satzungsänderungsbeschluss erforderlich ist, der i. d. R. ebenfalls zusammen mit den beiden Beschlüssen gefasst wird.

Der **Inhalt des Beschlusses** ist wie folgt (vgl. Hüffer/Koch, AktG, § 222 Rn. 12; Spindler/Stilz/   581
Marsch-Barner, § 222 AktG Rn. 22 ff.; Semler/Volhard, Arbeitshandbuch für die Hauptversammlung,
S. 593):
– der Betrag, um den das Grundkapital herabsetzt werden soll (Herabsetzungsbetrag); dieser ist grds.
  konkret zu beziffern,
– der Zweck, dem die Herabsetzung dienen soll; Deckung des durch die Abspaltung bzw. Ausgliederung entstandenen Verlustes,
– die Art der Herabsetzung (ob Grundkapital durch die Herabsetzung von Nennbeträgen (§ 222
  Abs. 4 Satz 1 AktG) oder durch Zusammenlegung von Aktien (§ 222 Abs. 4 Satz 2 AktG) oder
  auf beiden Wegen herabsetzt wird).

▶ **Hinweis:**   582

> Zu beachten ist, dass bei **Stückaktien** eine Nennbetragsherabsetzung ausscheidet. Das Gleiche gilt,
> wenn der Nennbetrag der Aktie einem Mindestnennbetrag von einem € (§ 8 Abs. 2 AktG) ent-
> spricht. Bei **Nennbetragsaktien** über dieser Grenze besteht die Möglichkeit der Herabsetzung des
> Nennbetrages und die Möglichkeit der Zusammenlegung von Aktien. Die Zusammenlegung ist
> subsidiär, kann dafür also nur erfolgen, wenn der Mindestnennbetrag der Aktie durch Anpassung
> unterschritten würde (BGHZ 138, 71, 76 = NJW 1998, 2054; Hüffer/Koch, AktG, § 222 Rn. 21;
> Spindler/Stilz/Marsch-Barner, § 222 AktG Rn. 39). Auch § 8 Abs. 2 Satz 4 AktG muss eingehalten
> werden.

Schließlich bedarf es noch einer entsprechenden Anpassung des Grundkapitals durch **Satzungsände-**   583
rungsbeschluss.

▶ **Formulierungsbeispiel: Satzungsänderungsbeschluss**   584

Das Grundkapital der Gesellschaft von . . . . . eingeteilt in . . . . . Aktien im Nennbetrag von je . . . . . wird
nach den Vorschriften über die vereinfachte Kapitalherabsetzung gemäß § 145 UmwG i. V. m.
§§ 229 ff. AktG um . . . . . auf . . . . . herabgesetzt. Die Herabsetzung des Grundkapitals dient der Anpas-
sung des Grundkapitals infolge der Spaltung. Die Herabsetzung erfolgt durch Herabsetzung des
Nennbetrags jeder Aktie von je . . . . . Auf je . . . . . sollen Aktiennennbeträge von je . . . . . ausgegeben
werden. Die weiteren Einzelheiten der Durchführung des Beschlusses trifft der Vorstand mit Zustim-
mung des Aufsichtsrates.

(Formulierungsalternative:

Das Grundkapital der Gesellschaft von . . . . . eingeteilt in . . . . . Stückaktien wird nach den Vorschriften über
die vereinfachte Kapitalherabsetzung gemäß § 145 UmwG i. V. m. §§ 229 ff. AktG um . . . . . auf . . . . . herab-
gesetzt. Die Herabsetzung des Grundkapitals dient der Anpassung des Grundkapitals infolge der Spaltung.
Die Herabsetzung erfolgt durch Zusammenlegung von jeweils . . . . . Stückaktien zu . . . . . Stückaktien. Die
weiteren Einzelheiten der Durchführung des Beschlusses trifft der Vorstand mit Zustimmung des Aufsichts-
rates.)

3. Anmeldung des Herabsetzungsbeschlusses zum Handelsregister. Gem. § 223 AktG haben der   585
Vorstand und der Vorsitzende des Aufsichtsrats den Beschluss über die Herabsetzung des Grundkapitals **zur Eintragung in das Handelsregister** anzumelden. Von der Anmeldung und Eintragung des Beschlusses sind Anmeldung und Eintragung der Durchführung gem. § 227 Abs. 1 AktG zu unterscheiden, die allerdings miteinander verbunden werden können.

Bei der übertragenden AG melden den Kapitalherabsetzungsbeschluss die Vorstandsmitglieder in ver-   586
tretungsberechtigter Zahl und der Aufsichtsratsvorsitzende an (§§ 229 Abs. 3, 223 AktG), die Durch-

führung der Kapitalherabsetzung melden die Vorstandsmitglieder in vertretungsberechtigter Zahl (§§ 229 Abs. 3, 227 AktG; vgl. Hüffer/Koch, AktG, § 223 Rn. 2; Spindler/Stilz/Marsch-Barner, § 222 AktG Rn. 2). Die Anmeldung und Eintragung der Durchführung und Herabsetzung des Grundkapitals können mit der anmeldenden Eintragung des Beschlusses über die Herabsetzung verbunden werden (§ 227 Abs. 2 AktG).

587 Ebenfalls davon zu unterscheiden sind Anmeldung und Eintragung der formellen Satzungsänderung, die mit Wirksamwerden der Kapitalherabsetzung wegen § 223 Abs. 3 Nr. 3 und Nr. 4 AktG notwendig sind.

588 ▶ **Hinweis:**

Zu beachten ist allerdings, dass eine Herabsetzung durch Zusammenlegung von Nennbetragsaktien gem. § 222 Abs. 4 Satz 2 AktG nur zulässig ist, soweit bei einer Kapitalherabsetzung der Mindestnennbetrag für Aktien von je 1,00 € nicht eingehalten werden kann. Bei Stückaktien ist eine Anpassung an geänderte Kapitalziffern nicht möglich und nicht erforderlich (vgl. Hüffer/Koch, AktG, § 222 Rn. 21a; Spindler/Stilz/Marsch-Barner, § 222 AktG Rn. 39).

589 **4. Antrag auf Genehmigung der Kraftloserklärung.** Wird eine Kapitalherabsetzung durch **Zusammenlegung der Aktien** durchgeführt, gilt das Verfahren über die Kraftloserklärung nach § 226 AktG. Die Kraftloserklärung setzt die drei Aufforderungen nach § 64 Abs. 2 AktG voraus.

590 **5. Anmeldung der Durchführung der Kapitalherabsetzung zum Handelsregister, Mitteilung an das Gericht und Satzungsanpassung.** Auch bei der vereinfachten Kapitalherabsetzung ist gem. § 229 Abs. 3 i. V. m. § 227 AktG die Durchführung der vereinfachten Kapitalherabsetzung **zur Eintragung in das Handelsregister** anzumelden. Die Kapitalherabsetzung ist durchgeführt, wenn die Höhe des neuen Grundkapitals und die Summe der Aktiennennbeträge durch geeignete Maßnahmen angepasst sind. Die Kapitalherabsetzung durch **Änderung der Aktiennennbeträge** bedarf keiner Durchführung. Bei dieser Herabsetzungsart gilt mit der Eintragung des Herabsetzungsbeschlusses der neue Nennbetrag (vgl. Hüffer/Koch, AktG, § 227 Rn. 2). Dagegen bedarf es bei der Kapitalherabsetzung durch Zusammenlegung von Aktien bestimmter Durchführungsmaßnahmen, deren Durchführung dann anzumelden ist.

XIII. Spaltung zur Neugründung

591 **1. Anwendung des Verschmelzungsrechts.** Grds. gelten bei der Spaltung zur Neugründung die Vorschriften über die Verschmelzung zur Neugründung, d. h. die §§ 73 bis 77 UmwG (vgl. im Einzelnen oben Teil 2 Rdn. 1153 ff.).

592 **2. Gründungsbericht und Gründungsprüfung.** Bei der Neugründung sieht allerdings § 144 UmwG vor, dass **grds. ein Gründungsbericht** gem. § 32 AktG und eine Gründungsprüfung gem. § 33 Abs. 3 AktG stets erforderlich sind. Der Gründungsbericht ist bei der AG vom Vertretungsorgan der übertragenden Gesellschaft abzugeben. Insb. sind nach § 32 Abs. 2 AktG anzugeben: die vorausgegangenen Rechtsgeschäfte, die auf den Erwerb der Gesellschaft hingezielt haben, die Anschaffungs- und Herstellungskosten aus den letzten beiden Jahren und die Betriebserträge aus den letzten beiden Geschäftsjahren.

593 Unklar ist, ob nach § 125 Satz 1 i. V. m. § 75 UmwG in dem Gründungsbericht **auch der Geschäftsverlauf** und die Lage der übertragenden Rechtsträger darzustellen ist. Es sind hier allerdings keine Gründe ersichtlich, warum die Verschmelzung zur Neugründung anders behandelt werden sollte, als die Spaltung zur Neugründung, sodass man dies wohl verlangen muss.

594 § 143 UmwG bestimmt allerdings i. d. F. des 3. Gesetzes zur Änderung des Umwandlungsgesetzes, dass bei Verhältnis wahrenden (Auf- oder Ab-)Spaltungen von AG zur Neugründung ein Spaltungsbericht nicht mehr erforderlich ist (vgl. Leitzen, DNotZ 2011, 526, 541).

XIV. Handelsregisteranmeldung

Vgl. zunächst die Ausführungen zu Teil 3 Rdn. 361 ff. 595

Erfolgt zur Durchführung der Anteilsgewährung eine **Kapitalerhöhung** bei der übernehmenden AG, so 596
muss zunächst die Kapitalerhöhung eingetragen werden, bevor die Eintragung der Spaltung erfolgt
(§ 125 i. V. m. § 53 UmwG). Gleiches gilt bei einer etwa erforderlichen **Kapitalherabsetzung** durch
die übertragende AG (§ 145 Satz 2 UmwG). Dies hindert aber nicht, die Anmeldung der Kapitalerhöhung bzw. Kapitalherabsetzung und der Spaltung in einer Urkunde zu verbinden.

Zur Frage, ob wegen des Verweises auf die Gründungsvorschriften in § 135 Abs. 2 UmwG bei einer 597
Spaltung durch Neugründung eine **Versicherung nach § 37 Abs. 1 Satz 1 AktG** abzugeben ist, gilt
das oben (Teil 3 Rdn. 388) Gesagte und eine Versicherung ist nicht erforderlich.

Bei einer **Abspaltung** oder **Ausgliederung** müssen die Vertretungsorgane der übertragenden Gesell- 598
schaft auch erklären, dass die durch Gesetz und Gesellschaftsvertrag vorgesehenen Voraussetzungen
für die Gründung der übertragenden AG unter Berücksichtigung der Abspaltung oder Ausgliederung
im Zeitpunkt der Anmeldung vorliegen (§ 146 Abs. 1 UmwG; vgl. oben Teil 3 Rdn. 270 f.).

Als Anlage ist bei Abspaltung und Ausgliederung immer der **Spaltungsbericht** nach § 127 UmwG bei- 599
zufügen, bei der Abspaltung darüber hinaus der **Prüfungsbericht** nach § 125 i. V. m. § 12 UmwG
(§ 146 Abs. 2 UmwG; vgl. oben Teil 3 Rdn. 272).

XV. Muster

1. Abspaltung A-AG auf B-AG zur Aufnahme. a) Spaltungsvertrag

▸ **Muster: Spaltungsvertrag bei Abspaltung A-AG auf B-AG zur Aufnahme** 600

UR.Nr. für . . . . .

Verhandelt zu . . . . .

am . . . . .

Vor dem unterzeichnenden

. . . . .

Notar mit dem Amtssitz in . . . . .

erschienen:

1. Herr (Name, Geburtsdatum, Adresse),

hier handelnd nicht im eigenen Namen, sondern als alleinvertretungsberechtigtes Vorstandsmitglied
der A-AG mit dem Sitz in . . . . ., eingetragen im Handelsregister des Amtsgerichts . . . . . unter HRB . . . . .,

2. Herr (Name, Geburtsdatum, Adresse),

hier handelnd nicht im eigenen Namen, sondern als alleinvertretungsberechtigtes Vorstandsmitglied
der B-AG mit dem Sitz in . . . . ., eingetragen im Handelsregister des Amtsgerichts . . . . . unter HRB . . . . .

Die Erschienenen wiesen sich dem Notar gegenüber aus durch Vorlage ihrer amtlichen Lichtbildausweise.

A. Vorbemerkung

Die Erschienenen erklärten:

Das Grundkapital der im Handelsregister des Amtsgerichts . . . . . unter HRB . . . . . eingetragenen A-AG
beträgt 4.000.000,00 €. Das Grundkapital ist vollständig eingezahlt.

Das Grundkapital ist eingeteilt in 40.000 auf den Inhaber lautenden Aktien im Nennbetrag von je
100,00 €.

Das Grundkapital der im Handelsregister des Amtsgerichts . . . . . unter HRB . . . . . eingetragenen B-AG
beträgt 2.000.000,00 €. Das Grundkapital ist vollständig eingezahlt.

Das Grundkapital ist eingeteilt in 40.000 auf den Inhaber lautenden Aktien im Nennbetrag von je
50,00 €.

Die A-AG will ihren Teilbetrieb »Hochbau« auf die B-AG im Wege der Abspaltung durch Aufnahme übertragen.

Die Erschienenen ließen sodann folgenden

B. Spaltungsvertrag

beurkunden und erklärten, handelnd wie angegeben:

I. Beteiligte Rechtsträger, Spaltung

1. An der Abspaltung sind beteiligt die A-AG mit Sitz in . . . . . als übertragender Rechtsträger und die B-AG mit Sitz . . . . . in als übernehmender Rechtsträger.

2. Die A-AG überträgt hiermit ihre nachstehend unter Ziff. II. genannten Vermögensteile als Gesamtheit im Wege der Abspaltung zur Aufnahme auf die B-AG. Die B-AG gewährt als Ausgleich hierfür den Aktionären der A-AG Aktien an der B-AG.

II. Vermögensübertragung

1. Die A-AG überträgt den von ihr an drei Standorten unterhaltenen Teilbetrieb »Hochbau« auf die B-AG mit allen Aktiva und Passiva. Die Abspaltung erfolgt auf der Basis der festgestellten Abspaltungsbilanz der WPG-Wirtschaftsprüfungsgesellschaft vom 31.12. . . . . und diese Spaltungsbilanz ist Bestandteil dieses Spaltungsplans. Sie ist als Anlage 1 dieser Urkunde als wesentlicher Bestandteil beigefügt, auf sie wird nach §§ 9, 14 Abs. 1 BeurkG verwiesen. Die Beteiligten haben auf das Vorlesen verzichtet. Stattdessen wurden ihnen die Anlage 1 zur Durchsicht vorgelegt, von ihnen genehmigt und unterschrieben.

2. Im Einzelnen sind folgende Vermögensgegenstände Bestandteil des Teilbetriebes und werden i. R. d. Spaltung auf die B-AG übertragen. Von der Spaltung werden sämtliche zum Spaltungsstichtag vorhanden Vermögensgegenstände und Schulden des Teilbetriebes mit allen Rechten und Pflichten sowie die ausschließlich diesem Teilbetrieb zuzuordnenden Rechtsbeziehungen, insbes. Vertragsverhältnisse, nach näherer Maßgabe der nachfolgenden Bestimmungen erfasst, gleich ob sie bilanziert sind oder nicht.

Insbes. handelt es sich um folgende Vermögensgegenstände und Schulden, die dem Teilbetrieb mit allen Rechten und Pflichten zuzuordnen sind:

a) Grundstücke

Die folgenden im Grundbuch von X-Stadt eingetragenen Grundstücke mit sämtlichen Abteilungen II und III des Grundbuches eingetragenen Belastungen, einschließlich aufstehender Gebäude mit den dazugehörigen Betriebsvorrichtungen, sowie sämtliche auf die Grundstücke bezogenen Mietverträge:
- Bd. 120 Blatt 3503, Flurstück 400/20, X-Str. in X-Stadt mit einer Größe von 10.000 qm,
- Bd. 105 Blatt 2763, Flurstück 733/23, Y-Str. in X-Stadt mit einer Größe von 5.000 qm,
- Bd. 100 Blatt 7370, Flurstück 250/12, Z-Str. in X-Stadt mit einer Größe von 3.000 qm.

b) Anlage- und Umlaufvermögen

Sämtliche zum Anlage- und Umlaufvermögen gehörenden beweglichen Gegenstände des Teilbetriebs »Hochbau«, also alle beweglichen Gegenstände, die sich auf den unter a) beschriebenen Grundstücken und Gebäuden befinden, somit alle technischen Anlagen und Maschinen, Kfz-, Betriebsund Geschäftsausstattung, geringwertige Wirtschaftsgüter, Zubehör und Ersatzteile, EDV-Hardware, sämtliche auf den Grundstücken befindliche Gegenstände des Umlaufvermögens, insbes. Roh-, Hilfs-, Betriebsstoffe, Ausstattung und Verpackungsmaterial. Soweit die A-AG Eigentum oder Miteigentum an diesen Gegenständen hat oder diese künftig erwirbt, wird das Eigentum oder Miteigentum übertragen; soweit die A-AG Anwartschaftsrechte auf Eigentumserwerb an dem ihr unter Eigentumsvorbehalt gelieferten beweglichen Vermögen hat, überträgt sie hiermit der B-AG diese Anwartschaftsrechte. Die wichtigsten beweglichen Vermögensgegenstände, insbes. Anlagen und Einrichtungen sind in der Anlage 2 aufgeführt, ohne jedoch auf die genannten Anlagen und Einrichtungen beschränkt zu sein.

c) Forderungen

Sämtliche Forderungen die zum Teilbetrieb »Hochbau« zuzuordnen sind, insbes. Forderungen aus Lieferung und Leistung, geleisteten Anzahlungen, aus Darlehen, sowie Schadensersatzforderungen. Die Forderungen sind in der Anlage 3 aufgeführt. Soweit Forderungen in dieser Anlage nicht aufgeführt sind, werden sie dennoch übertragen, wenn und soweit sie dem Teilbetrieb »Hochbau« zuzuordnen sind.

d) Bankguthaben

Sämtliche Bankguthaben bei allen Banken, Kreditinstituten und sonstigen Einrichtungen mit ihrem jeweiligen zum Stichtag ausgewiesenen Bestand. Die Kreditinstitute und Einrichtungen sowie die betroffenen Bankkonten sind in Anlage 3 aufgeführt.

e) Vertragsverhältnisse

Alle dem Teilbetrieb »Hochbau« zuzuordnenden Verträge, insbes. Leasingverträge, Mietverträge, Kauf-, Dienst-, Werk-, Beratungs-, Darlehens-, Versorgungs-, Versicherungs-, Finanzierungsverträge, Verträge mit Handelsvertretern sowie Angebote und sonstige Rechtsstellungen zivilrechtlicher oder öffentlich-rechtlicher Art. Die Verträge sind in Anlage 4 beschrieben. Soweit Verträge und Vertragsverhältnisse in dieser Anlage nicht aufgeführt sind, werden sie dennoch übertragen, wenn und soweit sie den Betriebsteil »Hochbau« betreffen oder ihm zuzuordnen sind.

f) Schutzrechte

Sämtliche Schutzrechte der A-AG, die den Betriebsteil »Hochbau« betreffen. Schutzrechte umfassen insbes. alle Erfindungen, Know-how, Geschäfts- und Betriebsgeheimnisse, Patente, Verfahren, Formeln und sonstigen immateriellen Gegenstände, die nicht von gewerblichen Schutzrechten umfasst werden, und sämtliche Verkörperungen solcher Gegenstände (Muster, Marken, Zeichenpläne etc.). Die Schutzrechte sind in Anlage 6 ausgeführt.

g) Arbeitsverhältnisse

Sämtliche dem Teilbetrieb »Hochbau« zuzuordnenden Arbeitsverhältnisse einschließlich evtl. bestehender Verpflichtungen der betrieblichen Altersvorsorge um Zusage, Rückdeckungsversicherung im betrieblichen Versorgungsinteresse und sonstigen Zusagen mit Versorgungscharakter gehen nach § 613a BGB auf die aufnehmende Gesellschaft über. Die Arbeitnehmer werden bei der aufnehmenden Gesellschaft zu gleichen Konditionen beschäftigt. Sollten einzelne Arbeitnehmer dem Übergang ihres Arbeitsverhältnisses widersprechen, so ist die B-AG verpflichtet, der A-AG alle dadurch entstehenden Kosten zu ersetzen. Die B-AG wird außerdem die A-AG von allen Ansprüchen aus den Arbeitsverhältnissen und den damit verbundenen Zusagen der betrieblichen Altersvorsorge und Zusagen mit Versorgungscharakter freistellen.

h) Steuern

Sämtliche Forderungen, Verbindlichkeiten und Rückstellungen gegenüber dem Finanzamt betreffend Körperschaftsteuer und Solidaritätszuschlag, Gewerbesteuer, Umsatzsteuer, Kfz-Steuer, Grundsteuer, Kapitalertragsteuer, Lohn- und Kirchensteuer, Zinsabschlagsteuer.

i) Beteiligung, Mitgliedschaften

Sämtliche zum Teilbereich »Hochbau« gehörenden Beteiligungen, Mitgliedschaften, Finanzanlagen und Ähnliches. Im Einzelnen handelt es sich um folgende Beteiligungen:
– Die Mitgliedschaft der A-AG im Verband »Hoch- und Tiefbau e.V.«,
– die bestehende Beteiligung i. H. v. 10.000 Aktien an der X-AG,
– die der Geschäftsanteile i. H. v. 10.00,00 € an der Z-AG.

j) Verbindlichkeiten

Sämtliche zum Teilbetrieb »Hochbau« gehörenden und zuzuordnenden Verbindlichkeiten der A-AG, also sämtliche Schulden, Verbindlichkeiten, Rückstellungen sowie Verlustrisiko aus schwebenden Geschäften. Die Verbindlichkeiten sind in Anlage 7 zu diesem Vertrag aufgeführt.

k) Sonstiges

Sowie alle sonstigen in der Anlage 8 aufgeführten Vermögenspositionen.

3. Für sämtliche unter Ziff. 2 beschriebenen Aktiva und Passiva gilt, dass die Übertragung im Wege der Spaltung alle Wirtschaftsgüter, Gegenstände, materiellen und immateriellen Rechte, Verbindlichkeiten, Rechtsbeziehungen erfasst, die dem Teilbetrieb »Hochbau« dienen oder zu dienen bestimmt sind oder sonst den Teilbetrieb betreffen oder ihm wirtschaftlich zuzurechnen sind, unabhängig davon, ob die Vermögensposition bilanzierungsfähig ist oder nicht. Die Übertragung erfolgt auch unabhängig davon, ob der Vermögensgegenstand in den Anlagen 1–7 aufgeführt ist.

Sollten die zu übertragenden Rechtspositionen des Aktiv- oder Passivvermögens bis zum Wirksamwerden der Spaltung im regelmäßigen Geschäftsgang veräußert worden sein, so werden die an ihre Stelle getretenen vorhandenen Surrogate übertragen. Übertragen werden auch die bis zum Wirksamwerden der Spaltung erworbenen Gegenstände des Aktiv- oder Passivvermögens, soweit sie zum übertragenen Teilbetrieb gehören.

4. Bei Zweifelsfällen, die auch durch Auslegung dieses Vertrages nicht zu klären sind, gilt, dass Vermögensgegenstände, Verbindlichkeiten, Verträge und Rechtspositionen, die nach obigen Regeln nicht zugeordnet werden können, bei der übertragenden Gesellschaft verbleiben. In diesen Fällen ist die A-AG berechtigt nach § 315 BGB eine Zuordnung nach ihrem Ermessen unter Berücksichtigung der wirtschaftlichen Zugehörigkeit vorzunehmen.

5. Soweit bilanzierte und nicht bilanzierte Vermögensgegenstände und Schulden in die Rechtsbeziehungen, die dem Teilbetrieb »Hochbau« wirtschaftlich zuzuordnen sind, nicht schon kraft Gesetzes mit der Eintragung der Spaltung in das Handelsregister der übertragenden Gesellschaft auf die aufnehmende Gesellschaft übergehen, wird die übertragende Gesellschaft diese Vermögensgegenstände oder Schulden sowie die Rechtsbeziehungen auf die B-AG übertragen. Ist die Übertragung im Außenverhältnis nicht oder nur mit unverhältnismäßigen Aufwand möglich oder unzweckmäßig, werden sich die beteiligten Gesellschaften im Innenverhältnis so stellen, wie sie stehen würden, wenn die Übertragung der Vermögensgegenstände und Passiva bzw. Rechtsbeziehungen auch im Außenverhältnis mit Wirkung zum Vollzug dabei erfolgt wäre. Wird die übertragende Gesellschaft aus Verbindlichkeiten in Anspruch genommen, die der aufnehmenden zuzuordnen sind, ist diese zur Freistellung verpflichtet oder hat Ausgleich zu leisten.

6. Auf die Anlagen 1–7, die dieser Urkunde als wesentlicher Bestandteil beigefügt sind, wird gemäß § 14 Abs. 1 BeurkG verwiesen. Die Beteiligten haben auf das Vorlesen verzichtet, stattdessen wurden ihnen die Anlagen 1–7 zur Kenntnisnahme vorgelegt, sie wurden von ihnen genehmigt und nach § 14 BeurkG unterschrieben.

7. Soweit für die Übertragung von bestimmten Gegenständen die Zustimmung eines Dritten an einer öffentlich-rechtlichen Genehmigung oder eine Registrierung erforderlich ist, werden sich die übertragende und die aufnehmende Gesellschaft bemühen, die Zustimmung, Genehmigung oder Registrierung beizubringen. Falls dies nicht oder nur mit unverhältnismäßig hohem Aufwand möglich sein würde, werden sich die übertragende und die aufnehmende Gesellschaft im Innenverhältnis so stellen, als wäre die Übertragung der Gegenstände des ausgegliederten Vermögens mit Wirkung zum Vollzugsdatum erfolgt.

8. Berichtigungen bei Registern, Grundbuch, Markenerklärungen

Die A-AG und die B-AG bewilligen und beantragen, nach Wirksamwerden der Spaltung die von der Spaltung betroffenen Markenregister entsprechenden Vorschriften dieses Vertrages zu berichtigen.

Die A-AG und die B-AG bewilligen und beantragen, nach Wirksamwerden der Ausgliederung das Grundbuch bei den unter Ziff. 2 beschriebenen Grundstücken und dinglichen Rechten zu berichtigen.

III. Gegenleistung

1. Die B-AG gewährt als Gegenleistung für das übertragene Vermögen den Aktionären der A-AG für jeweils eine Inhaberaktie an der A-AG im Nennbetrag von 100,00 € zwei Inhaberaktien im Nennbetrag von 50,00 € an der B-AG.

Die Aktien werden kostenfrei und mit Gewinnberechtigung ab dem . . . . . gewährt.

Bare Zuzahlungen werden nicht geleistet.

2. Das Umtauschverhältnis beträgt 1:2.

3. Die Aufteilung der Anteile erfolgt entsprechend dem Verhältnis der Beteiligungen der Gesellschafter an der A-AG.

4. Die A-AG bestellt als Treuhänder für den Empfang der zu gewährenden Aktien und der Aushändigung an die Aktionäre der B-AG die . . . . . Bank AG mit dem Sitz in . . . . . Die B-AG wird die Aktien dem Treuhänder vor der Eintragung in das Handelsregister der A-AG übergeben und ihn anweisen, die Aktien nach Eintragung der Verschmelzung in das Handelsregister der B-AG den Aktionären der A-AG zu übergeben.

5. Der Gesamtwert zu dem die erbrachte Sacheinlage von der aufnehmenden Gesellschaft übernommen wird, entspricht dem handelsrechtlichen Buchwert des übertragenen Vermögens zum Spaltungsstichtag. Soweit der Buchwert des übertragenen Nettovermögens den Nennbetrag der dafür gewährten Geschäftsanteile übersteigt, wird der Differenzbetrag in die Kapitalrücklage der aufnehmenden Gesellschaft eingestellt. Eine Vergütung für den Differenzbetrag wird nicht geschuldet.

IV. Kapitalerhöhung, Kapitalherabsetzung

1. Zur Durchführung der Abspaltung wird die B-AG ihr Grundkapital gegen Sacheinlage durch Spaltung von bislang 2.000.000,00 € um 1.000.000,00 € auf 3.000.0000,00 € erhöhen, und zwar durch Ausgabe von 20.000 Stück neuen Inhaberaktien im Nennbetrag von 50,00 € mit Gewinnbezugsrecht ab dem 01.01......

2. Als Folge der mit Abspaltung einhergehenden Vermögensübertragung wird die A-AG ihr Kapital herabsetzen. Die Herabsetzung des Stammkapitals dient der Anpassung des Grundkapitals infolge der Spaltung, weil das verbleibende Vermögen der abspaltenden Gesellschaft das nominelle Kapital i. H. v. 4.000.000,00 € nicht mehr deckt und die Bilanz der A-AG keine Beträge in den Kapital- und Gewinnrücklagen ausweist. Auch ein Gewinnvortrag besteht nicht.

Die Herabsetzung wird wie folgt durchgeführt werden:

Das Grundkapital der Gesellschaft von 4.000.000,00 € eingeteilt in 40.000 Aktien im Nennbetrag von je 100,00 € wird nach den Vorschriften über die vereinfachte Kapitalherabsetzung gemäß §§ 145 UmwG i. V. m. §§ 229 AktG um 1.000.000,00 € auf 3.000.000,00 € herabgesetzt. Die Herabsetzung erfolgt durch Herabsetzung des Nennbetrages jeder Aktie von je 100,00 € auf je 75,00 €. Es sollen neue Aktien verbunden in Nennbeträgen von je 75,00 € ausgegeben werden.

V. Spaltungsstichtag

Die Übernahme des vorbezeichneten Vermögens der A-AG erfolgt im Innenverhältnis mit Wirkung zum Ablauf des ..... Vom ..... an gelten alle Handlungen und Geschäfte der A-AG, die das übertragene Vermögen betreffen, als für Rechnung der B-AG vorgenommen.

VI. Besondere Rechte

Besondere Rechte i. S. v. § 126 Abs. 1 Nr. 7 UmwG bestehen bei der B-AG nicht. Einzelnen Aktionären werden i. R. d. Spaltung keine besonderen Rechte gewährt.

VII. Besondere Vorteile

Besondere Vorteile i. S. v. § 126 Abs. 1 Nr. 8 UmwG werden weder einem Mitglied eines Vertretungs- oder Aufsichtsorgans, noch dem Abschlussprüfer oder dem Spaltungsprüfer gewährt.

VIII. Folgen der Abspaltung für Arbeitnehmer und ihre Vertretungen

Durch die Abspaltung ergeben sich für die Arbeitnehmer und ihre Vertretungen die

nachgenannten Folgen:

.....

Insoweit sind folgende Maßnahmen vorgesehen:

.....

IX. Abfindungsangebot

Ein Abfindungsangebot ist nach den §§ 29, 125 UmwG nicht erforderlich.

X. Sonstige Vereinbarungen

1. Sollten für die Übertragung der in Ziff. II. genannten Sachen, Rechte, Vertragsverhältnisse und Verbindlichkeiten nach § 132 UmwG weitere Voraussetzungen geschaffen oder staatliche Genehmigungen eingeholt werden müssen, so verpflichten sich die Vertragsbeteiligten alle erforderlichen Erklärungen abzugeben und Handlungen vorzunehmen.

2. Sollte eine Übertragung der in Ziff. II. genannten Sachen, Rechte, Vertragsverhältnisse und Verbindlichkeiten im Wege der Spaltung auf die B-AG rechtlich nicht möglich sein, so verpflichten sich die Vertragsbeteiligten alle erforderlichen Erklärungen abzugeben und alle erforderlichen Handlungen vorzunehmen, die rechtlich zu dem beabsichtigten Vermögensübergang auf die B-AG in anderer Weise führen.

3. Sollten einzelne Bestimmungen dieser Urkunde unwirksam oder nicht durchführbar sein, so soll dies die Gültigkeit dieses Vertrages i. Ü. nicht berühren. An die Stelle der unwirksamen oder undurchführbaren Vereinbarung soll eine solche treten, die dem wirtschaftlichen Ergebnis der unwirksamen oder undurchführbaren Klausel in zulässiger Weise am nächsten kommt.

XI. Bedingungen

Der Spaltungsvertrag steht unter der aufschiebenden Bedingung, dass:

1. die formgerechten Zustimmungsbeschlüsse der Gesellschafterversammlung beider Gesellschaften bis zum . . . . . vorliegen und

2. die Gesellschafter der B-AG im Zustimmungsbeschluss die vorstehende Kapitalerhöhung zur Durchführung der Spaltung beschließen.

XII. Hinweise, Vollmacht

Der Notar hat auf Folgendes hingewiesen:

– Die Spaltung wird erst mit der Eintragung in das Handelsregister der übertragenden Gesellschaft wirksam.

– Die Beteiligten beauftragen und ermächtigen den Notar die zum Vollzug notwendigen Genehmigungen und Zustimmungserklärungen einzuholen. Genehmigungen werden mit Eingang beim Notar wirksam. Dies gilt nicht für die Versagung von Genehmigungen oder deren Erteilung unter Bedingungen oder Auflagen.

– Nach § 133 UmwG haften für die vor dem Wirksamwerden der Spaltung begründeten Verbindlichkeiten des übertragenden Rechtsträgers alle an der Spaltung beteiligten Rechtsträger gesamtschuldnerisch; Gläubiger können für ihre Verbindlichkeiten Sicherheitsleistung nach §§ 125, 22 UmwG verlangen. Daneben können weitere Haftungsvorschriften anwendbar sein insbes. § 25 HGB und § 75 AO.

– Bei der Anmeldung der Abspaltung hat der Geschäftsführer der übertragenden Gesellschaft zu erklären, dass die durch Gesetz und Satzung vorgesehenen Voraussetzungen für die Gründung dieser Gesellschaft auch unter Berücksichtigung der Spaltung im Zeitpunkt der Anmeldung vorliegen.

– Bei nicht vollständig eingezahlten Stammeinlagen bestehen nach §§ 51 Abs. 1, 125 UmwG besondere Zustimmungspflichten.

– Die Mitglieder des Vertretungsorgans und auch eines Aufsichtsorgans sind nach § 25 UmwG als Gesamtschuldner zum Schadensersatz bei Verletzung ihrer Pflichten nach dem UmwG verpflichtet.

– Die Spaltung kann zur Grunderwerbsteuer führen.

XIII. Kosten, Abschriften

Die durch diesen Vertrag und ihre Durchführung bei beiden Gesellschaften entstehenden Kosten trägt die B-AG. Sollte die Spaltung nicht wirksam werden, tragen die Kosten dieses Vertrages die Gesellschaften zu gleichen Teilen; alle übrigen Kosten trägt die jeweils betroffene Gesellschaft allein.

Von dieser Urkunde erhalten

beglaubigte Abschriften:
– die beteiligten Gesellschaften;
– die Registergerichte in . . . . ., elektronisch
– die Grundbuchämter in . . . . .,
– die beteiligten Betriebsräte,
– Finanzamt.

Eine einfache Abschrift mit Veräußerungsanzeige erhält das Finanzamt (Grunderwerbsteuerstelle).

Diese Niederschrift nebst allen Anlagen wurde den Erschienenen vom Notar vorgelesen, von ihnen genehmigt und von ihnen und dem Notar eigenhändig wie folgt unterschrieben.

. . . . .

b) Zustimmungs- und Kapitalerhöhungsbeschluss bei der aufnehmenden Gesellschaft (B-AG)

601 ▶ **Muster: Zustimmungs- und Kapitalerhöhungsbeschluss bei der aufnehmenden Gesellschaft (B-AG)**

Hauptversammlungsniederschrift

Heute, den . . . . .

begab ich mich, der unterzeichnende Notar . . . . ., mit Amtssitz in . . . . . auf Ansuchen in das Verwaltungsgebäude der Firma B-AG mit Sitz in München, um an der dorthin auf heute 16.00 Uhr einberufenen

ordentlichen Hauptversammlung

der Aktionäre der Firma B-AG teilzunehmen und über den Gang der Verhandlung sowie über die gefassten Beschlüsse die gesetzlich vorgeschriebene

Niederschrift

zu errichten wie folgt:

I.

Anwesend waren:

1. Vom Aufsichtsrat der Gesellschaft:
a) Herr W, Kaufmann, wohnhaft in . . . . . (Vorsitzender),
b) Herr Z, Kaufmann, wohnhaft in . . . . .,
c) Herr Y, Unternehmer, wohnhaft in . . . . .

2. Vom Vorstand der Gesellschaft:
a) Herr A, Dipl.-Ing., wohnhaft in . . . . . (Vorsitzender),
b) Herr B, Kaufmann, wohnhaft in . . . . .

3. Die im Teilnehmerverzeichnis nebst Nachträgen aufgeführten Aktionäre und Vertreter. Sie haben ihre Berechtigung zur Teilnahme an der Hauptversammlung und zur Ausübung des Stimmrechts i. S. d. Satzung und Einladung ordnungsgemäß nachgewiesen.

II.

Den Vorsitz der Versammlung führte der Vorsitzende des Aufsichtsrates. Er eröffnete die Versammlung um 16.15 Uhr. Er stellte fest, dass die Hauptversammlung form- und fristgemäß durch Bekanntmachung im elektronischen Bundesanzeiger Nr. . . . . . vom . . . . . einberufen worden ist. Ein Belegexemplar dieser Ausgabe wurde mir, dem Notar, übergeben. Es ist dieser Niederschrift als Anlage 1 beigefügt. Die Bekanntmachung enthält folgende Tagesordnung:
»1. Erläuterung des Spaltungsvertrages durch den Vorstand;
2. Beschluss über die Zustimmung zu dem Spaltungsvertrag mit der A-AG;
3. Beschluss über die Erhöhung des Grundkapitals von 2.000.000,00 € um 1.000.000,00 € auf 3.000.000,00 € durch Ausgabe von 20.000 auf den Inhaber lautenden Aktien im Nennbetrag von je 50,00 € mit Gewinnbezugsberechtigung ab Januar . . . . . Die neuen Aktien werden als Gegenleistung für die Übertragung der im Spaltungsvertrag bezeichneten Vermögensgegenstände und Verbindlichkeiten der A- AG im Wege der Spaltung ausgegeben, und zwar im Verhältnis von je zwei Aktien der A-AG mit dem Betrag von je 50,00 € zu einer Aktie der B-AG im Nennbetrag von 50,00 €. Der Vorstand wird ermächtigt, die Einzelheiten der Kapitalerhöhung und ihrer Durchführung festzulegen.
4. Beschluss über die Änderung von § 5 Abs. 1 der Satzung (Grundkapital): »Das Grundkapital beträgt 3.000.000,00 € und ist eingeteilt in 60.000 Stück Aktien im Nennbetrag von je 50,00 €. Die Aktien lauten auf den Inhaber.«

Anschließend wies der Vorsitzende darauf hin, dass das Verzeichnis der erschienenen oder vertretenen Aktionäre zur Einsichtnahme ausliegt, nachdem er erklärt hatte, dass sämtliche in dem Verzeichnis aufgeführten Aktionäre ihre Berechtigung zur Teilnahme an der Hauptversammlung ordnungsgemäß nachgewiesen haben. Das Teilnehmerverzeichnis wurde von der ersten Abstimmung für die gesamte Dauer der Hauptversammlung zur Einsicht für alle Teilnehmer ausgelegt. Bei Änderungen in der Präsenz fertigte der Vorsitzende vor jeder Abstimmung Nachträge, die ebenfalls für die restliche Dauer ausgelegt worden sind. Er stellte die Präsenz vor jeder Abstimmung durch Handaufheben fest und gab diese bekannt. Der Vorsitzende erklärte, dass die Abstimmung durch Handaufheben stattfinden werde, soweit nicht eine andere Abstimmungsart für eine Abstimmung angeordnet werde.

Der Vorsitzende stellte fest, dass der Spaltungsvertrag vor Einberufung der Hauptversammlung nach §§ 125, 61 UmwG zum Handelsregister eingereicht worden ist und dass das Register in den zur Bekanntmachung seiner Eintragung bestimmten Blättern, dem elektronischen Bundesanzeiger und dem . . . . . einen Hinweis darauf veröffentlicht hat, dass der Vertrag zum Handelsregister eingereicht worden ist.

Der Vorsitzende stellte weiter fest, dass der Spaltungsvertrag vor der Einberufung der Hauptversammlung zu den Registerakten der Gesellschaft bei dem Handelsregister des Amtsgerichts in Frankfurt eingereicht worden ist. Er stellte ferner fest, dass von der Einberufung der Hauptversammlung an in dem Geschäftsraum der Gesellschaft folgende Unterlagen zur Einsicht der Aktionäre ausgelegen haben und diese auch während der Dauer der Hauptversammlung im Versammlungssaal ausliegen:
1. der Spaltungsvertrag vom . . . . .,
2. die Jahresabschlüsse und die Lageberichte der übertragenden und der übernehmenden Gesellschaft der letzten drei Geschäftsjahre,

3. die Spaltungsberichte der beiden Vorstände,
4. die Prüfungsberichte der Spaltungsprüfer bzgl. beider Gesellschaften.

Der Spaltungsvertrag wird dieser Niederschrift als Anlage 3 beigefügt.

Daraufhin wurde die Tagesordnung wie folgt erledigt:

Punkt 1: Erläuterung des Spaltungsvertrages

Der Vorstandsvorsitzende erläuterte den Spaltungsvertrag vom . . . . . und begründete insbes. die Zweckmäßigkeit der Spaltung und das Umtauschverhältnis der Aktien. Auch die weiteren Punkte des Spaltungsvertrages wurden vom Vorstand erläutert. Verschiedenen Aktionären wurden Auskünfte über die für die Spaltung wesentlichen Angelegenheiten erteilt. Auf Verlesung wurde einstimmig verzichtet.

Punkt 2: Zustimmung zu dem Spaltungsvertrag

Vorstand und Aufsichtsrat schlugen vor, dem Spaltungsvertrag mit der A-AG, UR.Nr. . . . . . in . . . . . zuzustimmen.

Es wurde durch Handaufheben abgestimmt. Der Vorsitzende stellte fest:

Das Grundkapital der Gesellschaft beträgt 2.000.000,00 €.

Es ist eingeteilt in 40.000 Aktien im Nennbetrag von je 50,00 €. Hiervon sind

. . . . . Aktien

mit . . . . . Stimmen (. . . . . % vom Grundkapital) durch Aktionäre bzw. Vertretern von Aktionären vertreten. Das Teilnehmerverzeichnis wurde vor der ersten Abstimmung zur Einsicht für alle Teilnehmer ausgelegt und lag während der ganzen Dauer der Versammlung auf.

Die Hauptversammlung fasste entsprechend dem Antrag den Beschluss mit den nachfolgend genannten Stimmen:

Aktuelle Präsenz:	. . . . . Stimmen.
abgegebene gültige Stimmen:	. . . . . Stimmen

Das entspricht:

vertretenes Grundkapital: . . . . . %

Enthaltungen:	. . . . . (. . . %)
Nein-Stimmen:	. . . . . (. . . %)
Ja-Stimmen:	. . . . . (. . . . %)

Der Vorsitzende gab das Abstimmungsergebnis bekannt und stellte fest, dass die Hauptversammlung dem Spaltungsvertrag vom . . . . . zur Spaltung mit der A-AG mit der gesetzlichen erforderlichen Mehrheit zugestimmt hat.

Punkt 3: Erhöhung des Grundkapitals der Gesellschaft

Vorstand und Aufsichtsrat schlugen folgenden Kapitalerhöhungsbeschluss vor:

»Das Grundkapital der Gesellschaft wird von zurzeit 2.000.000,00 € um 1.000.000,00 € auf 3.000.000,00 € erhöht durch Ausgabe von 20.000 Stück auf den Inhaber lautenden Aktien im Nennbetrag von je 50,00 € mit Gewinnberechtigung ab Januar . . . . . Die neuen Aktien werden als Gegenleistung für die Übertragung der im Spaltungsvertrag bezeichneten Vermögensgegenstände und Verbindlichkeiten der A-AG im Wege der Spaltung an die Aktionäre der A-AG ausgegeben, und zwar im Verhältnis von je zwei Aktien der A-AG mit dem Betrag von je 50,00 € zu einer Aktie der B-AG im Nennbetrag von 50,00 €. Der Vorstand wird ermächtigt, die weiteren Einzelheiten der Kapitalerhöhung und ihrer Durchführung festzusetzen.«

Es wurde durch Handaufheben abgestimmt. Der Vorsitzende stellte fest, dass keine Änderung im Teilnehmerkreis stattgefunden hat.

Die Hauptversammlung fasste entsprechend dem Antrag den Beschluss mit den nachfolgend genannten Stimmen:

Aktuelle Präsenz:	. . . . . Stimmen.
abgegebene gültige Stimmen:	. . . . . Stimmen

Das entspricht:

vertretenes Grundkapital: . . . . . %

Enthaltungen:	. . . . . (. . . %)
Nein-Stimmen:	. . . . . (. . . %)
Ja-Stimmen:	. . . . . (. . . . %)

Der Vorsitzende gab das Abstimmungsergebnis bekannt und stellte fest, dass die Hauptversammlung der Kapitalerhöhung zur Durchführung der Spaltung mit der gesetzlich erforderlichen Mehrheit zugestimmt hat.

Punkt 4: Satzungsänderung

Der Vorsitzende stellte fest, dass der Aktionär Reinhard Müller die Hauptversammlung verlassen hat, ohne Vollmacht zu erteilen. Nach dem Teilnehmerverzeichnis sind nunmehr Aktien im Nennbetrag von 1.970.000,00 € mit 39.400 Stimmen vertreten. Diese Veränderung wurde in einem Nachtrag zum Teilnehmerverzeichnis vermerkt. Der Nachtrag wurde zur Einsicht ausgelegt.

Vorstand und Aufsichtsrat schlugen folgenden Beschluss vor: § 5 Abs. 1 der Satzung erhält folgende Fassung:

»Das Grundkapital beträgt 3.000.000,00 € und ist eingeteilt in 60.000 Stück Aktien im Nennbetrag von je 50,00 €. Die Aktien lauten auf den Inhaber.«

Die Hauptversammlung fasste entsprechend dem Antrag den Beschluss mit den nachfolgend genannten Stimmen:

Aktuelle Präsenz:	. . . . . Stimmen.
abgegebene gültige Stimmen:	. . . . . Stimmen

Das entspricht:

vertretenes Grundkapital: . . . . . %

Enthaltungen:	. . . . . (. . . %)
Nein-Stimmen:	. . . . . (. . . %)
Ja-Stimmen:	. . . . . (. . . . %)

Der Vorsitzende gab das Abstimmungsergebnis bekannt und stellte fest, dass die Hauptversammlung der Satzungsänderung mit der gesetzlich erforderlichen Mehrheit zugestimmt hat.

Gegen keinen der Beschlüsse wurde Widerspruch zur Niederschrift erklärt.

Damit war die Tagesordnung erledigt. Der Vorsitzende Schloss die Hauptversammlung um 19.00 Uhr.

Die Niederschrift wurde vom Notar wie folgt unterschrieben.

. . . . .

Anlagen:

Anlage 1: Teilnehmerverzeichnis

Anlage 2: Belegexemplar vom elektronischen Bundesanzeiger

Anlage 3: Spaltungsvertrag vom . . . . .

c) Zustimmungs- und Kapitalherabsetzungsbeschluss bei der übertragenden Gesellschaft

▶ **Muster: Zustimmungs- und Kapitalherabsetzungsbeschluss bei der übertragenden** 602 **Gesellschaft**

– Auszug aus dem notariellen Protokoll –

Zu Punkt 1:

Der Vorstandsvorsitzende erläutert den Spaltungsvertrag vom . . . . . und begründete insbes. die Zweckmäßigkeit der Spaltung des Umtauschverhältnisses der Aktien. Auf Vorlesen wurde einstimmig verzichtet.

Zu Punkt 2:

Der Vorsitzende stellte fest, dass der Spaltungsvertrag vor Einberufung der Hauptversammlung nach §§ 125, 61 UmwG zum Handelsregister eingereicht worden ist und dass das Register in den zur Bekanntmachung seiner Eintragung bestimmten Blättern, dem elektronischen Bundesanzeiger und dem . . . . ., einen Hinweis darauf veröffentlicht hat, dass der Vertrag zum Handelsregister eingereicht worden ist.

Der Vorsitzende stellte weiter fest, dass der Spaltungsvertrag, die Jahresabschlüsse und die Geschäftsberichte der beteiligten Gesellschaften für die letzten drei Geschäftsjahre, die Spaltungsberichte und die Prüfungsberichte von der Einberufung der Hauptversammlung an in den Geschäftsräumen der Gesellschaft zur Einsicht der Aktionäre ausgelegen haben und auch in der Hauptversammlung ausliegen.

Zu Punkt 3:

Die Hauptversammlung fasste einstimmig den Beschluss, den Spaltungsvertrag vom . . . . . zu genehmigen.

Der Vorsitzende gab das Abstimmungsergebnis bekannt und verkündete das Zustandekommen des Beschlusses.

Zu Punkt 4: Kapitalherabsetzung

Die Hauptversammlung fasste einstimmig folgenden Beschluss:

Das Grundkapital der Gesellschaft von 4.000.000,00 € eingeteilt in 40.000 Aktien im Nennbetrag von je 100,00 € wird nach den Vorschriften über die vereinfachte Kapitalherabsetzung gemäß §§ 145 UmwG i.V.m. §§ 229 AktG um 1.000.000,00 € auf 3.000.00,00 € herabgesetzt. Die Herabsetzung des Grundkapitals dient der Anpassung des Grundkapitals infolge der Spaltung. Die Herabsetzung erfolgt durch Herabsetzung des Nennbetrages jeder Aktie von je 100,00 € auf je 75,00 €. Es sollen neue Aktien verbunden in Nennbeträgen von je 75,00 € ausgegeben werden. Die weiteren Einzelheiten der Durchführung dieses Beschlusses trifft der Vorstand mit Zustimmung des Aufsichtsrates.

Der Vorsitzende gab das Abstimmungsergebnis bekannt und verkündete das Zustandekommen des Beschlusses.

Zu Punkt 5: Anpassung der Satzung

Die Hauptversammlung fasst einstimmig folgenden Beschluss:

§ 5 der Satzung (Grundkapital) erhält mit Wirksamwerden der Kapitalherabsetzung folgende Fassung:

»Das Grundkapital der Gesellschaft beträgt 3.000.000,00 €. Es ist eingeteilt in 40.000 auf den Inhaber lautende Aktien im Nennbetrag von je 75,00 €.«

Der Vorsitzende gab das Abstimmungsergebnis bekannt und verkündete das Zustandekommen des Beschlusses.

d) Handelsregisteranmeldung für die übertragende AG

603 ▶ Muster: Handelsregisteranmeldung für die übertragenden AG

An das

Amtsgericht

– Handelsregister B –

Betrifft: HRB . . . . . A-AG

In der Anlage überreiche ich, das unterzeichnende alleinvertretungsberechtigte Vorstandsmitglied der A-AG:
1. Elektronisch beglaubigte Abschrift des Spaltungsvertrages vom . . . . . – UR.Nr. . . . . . des beglaubigenden Notars –,
2. Elektronisch beglaubigte Abschrift des Zustimmungsbeschlusses der Hauptversammlungen der A-AG samt Beschluss über die Kapitalherabsetzung und Satzungsänderung vom . . . . . – UR.Nr. . . . . . des beglaubigenden Notars –,
3. Elektronisch beglaubigte Abschrift des Zustimmungsbeschlusses der Hauptversammlung der B-AG vom . . . . . – UR.Nr. . . . . . des beglaubigenden Notars –,
4. Elektronisch beglaubigte Abschrift der Spaltungsberichte,
5. Elektronisch beglaubigte Abschrift der Prüfungsberichte,
6. Elektronisch beglaubigte Abschrift des Nachweises über die Zuleitung des Entwurfs des Spaltungsvertrages an den Betriebsrat der A-AG,
7. Elektronisch beglaubigte Abschrift der Schlussbilanz der A-AG zum Spaltungsstichtag,

8. vollständigen Wortlaut des Satzung mit Satzungsbescheinigung des Notars

und melden zur Eintragung in das Handelsregister an:

1. Die A-AG hat die im Spaltungsvertrag vom . . . . . – UR.Nr. . . . . . des beglaubigenden Notars – genannten Vermögensteile als Gesamtheit auf die B-AG als übernehmende AG im Wege der Abspaltung durch Aufnahme übertragen.

2. Die Hauptversammlung der Gesellschaft hat am . . . . . die Herabsetzung des Grundkapitals der A-AG i. H. v. . . . . . € (in Worten: . . . . . Euro) im Wege der vereinfachten Kapitalherabsetzung nach § 145 UmwG i. V. m. §§ 229 ff. AktG um . . . . . € (in Worten: . . . . . Euro) auf . . . . . € (in Worten: . . . . . Euro) beschlossen. Die Satzung der A-AG wurde in § 3 (Grundkapital und Aktien) entsprechend geändert.

Ich erkläre, dass weder der Spaltungsbeschluss der Aktionäre der A-AG noch der Spaltungsbeschluss der Aktionäre der B-AG angefochten worden ist.

Ich erkläre ferner, dass die durch Gesetz und Gesellschaftsvertrag vorgesehenen Voraussetzungen für die Gründung dieser Gesellschaft unter Berücksichtigung der Abspaltung im Zeitpunkt dieser Anmeldung vorliegen.

Die Anzeige der als Treuhänderin für den Empfang der Aktien der B-AG bestellten Bank, dass sie im Besitz der Aktien ist, wird dem Gericht unmittelbar durch die Treuhänderin übersandt.

Die inländische Geschäftsanschrift und die Geschäftsräume befinden sich unverändert in (Ort, Straße).

. . . . ., den . . . . .   (Beglaubigungsvermerk)

e) Handelsregisteranmeldung für die übernehmende AG

▶ **Muster: Handelsregisteranmeldung für die übernehmende AG**   604

An das

Amtsgericht

– Handelsregister B –

Betrifft: HRB . . . . . B-AG

In der Anlage überreichen wir, die unterzeichnenden Vorstandsmitglieder der o. g. AG:
1. Elektronisch beglaubigte Abschrift des Spaltungsvertrages vom . . . . . – UR.Nr. . . . . . des beglaubigenden Notars –,
2. Elektronisch beglaubigte Abschrift des Zustimmungsbeschlusses der Hauptversammlungen der A- vom . . . . . – UR.Nr. . . . . . des beglaubigenden Notars –,
3. Elektronisch beglaubigte Abschrift des Zustimmungsbeschlusses der Hauptversammlung der B-AG samt Beschluss über die Kapitalerhöhung und Satzungsänderung vom . . . . . – UR.Nr. . . . . . des beglaubigenden Notars –,
4. Elektronisch beglaubigte Abschrift der Spaltungsberichte,
5. Elektronisch beglaubigte Abschrift der Prüfungsberichte,
6. Elektronisch beglaubigte Abschrift des Nachweis über die Zuleitung des Entwurfs des Spaltungsvertrages an den Betriebsrat der B-AG,
7. Berechnung der Kosten, die für die Gesellschaft durch die Ausgabe der neuen Aktien entstehen werden,
8. vollständigen Satzungswortlaut mit notarieller Übereinstimmungsbescheinigung,
9. Elektronisch beglaubigte Abschrift des Bericht über die Prüfung der Sachlage nach § 183 Abs. 3 AktG

und melden zur Eintragung in das Handelsregister an:

1. Die A-AG hat die im Spaltungsvertrag vom . . . . . – UR.Nr. . . . . . des beglaubigenden Notars – genannten Vermögensteile als Gesamtheit im Wege der Abspaltung durch Aufnahme auf die B-AG übertragen.

2. Die Hauptversammlung der Gesellschaft vom . . . . . hat die Erhöhung des Grundkapitals zum Zweck der Durchführung der Spaltung von . . . . . € um . . . . . € auf . . . . . € beschlossen. Dementsprechend ist § . . . . . der Satzung – Grundkapital – geändert und neu gefasst worden.

Wir erklären, dass weder der Spaltungsbeschluss der Gesellschafter der A-AG noch der Spaltungsbeschluss der Gesellschafter der B-AG angefochten worden ist.

Wir beantragen, die Eintragung der Kapitalerhöhung (Ziff. 2.) zunächst zu vollziehen und erst danach die Eintragung der Spaltung (Ziff. 1.).

Die inländische Geschäftsanschrift und die Geschäftsräume befinden sich unverändert in (Ort, Straße).

....., den .....   (Beglaubigungsvermerk)

2. Ausgliederung zur Aufnahme A-AG auf B-GmbH. a) Ausgliederungsvertrag

605 ▶ **Muster: Ausgliederungsvertrag bei der Ausgliederung zur Aufnahme A-AG auf B-GmbH**

UR.Nr. für .....

Verhandelt zu .....

am .....

Vor dem unterzeichnenden

.....

Notar mit dem Amtssitz in .....

erschienen:
1. Herr (Name, Geburtsdatum, Adresse),

hier handelnd nicht im eigenen Namen, sondern als alleinvertretungsberechtigtes Vorstandsmitglied der A-AG mit dem Sitz in ....., eingetragen im Handelsregister des Amtsgerichts ..... unter HRB .....,
2. Herr (Name, Geburtsdatum, Adresse),

hier handelnd nicht im eigenen Namen, sondern als alleinvertretungsberechtigtes Vorstandsmitglied der B-GmbH mit dem Sitz in ....., eingetragen im Handelsregister des Amtsgerichts ..... unter HRB
.....

Die Erschienenen wiesen sich dem Notar gegenüber aus durch Vorlage ihrer amtlichen Lichtbildausweise.

A. Vorbemerkung

Die Erschienenen erklärten:

Das Grundkapital der im Handelsregister des Amtsgerichts ..... unter HRB ..... eingetragenen A-AG beträgt 4.000.000,00 €. Das Grundkapital ist vollständig eingezahlt.

Das Grundkapital ist eingeteilt in 40.000 auf den Inhaber lautenden Aktien im Nennbetrag von je 100,00 €.

Die A-AG ist die alleinige Gesellschafterin der B-GmbH. Im Zuge umfassender Umstrukturierungsmaßnahmen beabsichtigt die A-AG zum Zweck der Schaffung einer weiteren, am Markt selbstständig auftretenden Einheit und zur Trennung von operativen und nicht betriebsnotwendigem Vermögen, ihr Geschäft im Bereich »Gartenmöbel« auf die B-GmbH auszugliedern. Durch die Ausgliederung wird eine transparente Holding-Struktur geschaffen, die der A-AG die gewünschte Anpassungsfähigkeit und Flexibilität auf ihren Teilmärkten ermöglicht. Die Ausgliederung soll im Wege der Ausgliederung zur Aufnahme nach § 123 Abs. 3 Nr. 1 UmwG erfolgen.

Die Erschienenen ließen sodann folgenden

B. Ausgliederungsvertrag

beurkunden und erklärten, handelnd wie angegeben:

I. Beteiligte Rechtsträger, Ausgliederung

1. An der Abspaltung sind beteiligt die A-AG mit Sitz in ..... als übertragender Rechtsträger und die B-GmbH mit Sitz in ..... als übernehmender Rechtsträger.

2. Die A-AG mit Sitz in ..... überträgt hiermit ihren Geschäftsbereich »Gartenmöbel« als Gesamtheit mit den nachfolgend in II dieses Vertrages und in den dort genannten Anlagen bezeichneten Aktiva

und Passiva auf die B-GmbH, und zwar im Wege der Ausgliederung zur Aufnahme nach § 123 Abs. 3 Nr. 1 UmwG. Die Übertragung erfolgt gegen Gewährung eines neuen Geschäftsanteils an der übernehmenden Gesellschaft B-GmbH an die übertragende Gesellschaft A-AG.

II. Vermögensübertragung

1. Die A-AG überträgt den von ihr an drei Standorten unterhaltenen Teilbetrieb »Gartenmöbel« auf die B-GmbH mit allen Aktiva und Passiva. Die Abspaltung erfolgt auf der Basis der festgestellten Abspaltungsbilanz der WPG-Wirtschaftsprüfungsgesellschaft vom 31.12...... und diese Ausgliederungsbilanz ist Bestandteil dieses Ausgliederungsplans. Sie ist als Anlage 1 dieser Urkunde als wesentlicher Bestandteil beigefügt, auf sie wird nach §§ 9, 14 Abs. 1 BeurkG verwiesen. Die Beteiligten haben auf das Vorlesen verzichtet. Stattdessen wurden ihnen die Anlage 1 zur Durchsicht vorgelegt, von ihnen genehmigt und unterschrieben.

2. Im Einzelnen sind folgende Vermögensgegenstände Bestandteil des Teilbetriebes und werden i. R. d. Ausgliederung auf die B-GmbH übertragen. Von der Ausgliederung werden sämtliche zum Ausgliederungsstichtag vorhanden Vermögensgegenstände und Schulden des Teilbetriebes mit allen Rechten und Pflichten sowie die ausschließlich diesem Teilbetrieb zuzuordnenden Rechtsbeziehungen, insbes. Vertragsverhältnisse, nach näherer Maßgabe der nachfolgenden Bestimmungen erfasst, gleich ob sie bilanziert sind oder nicht.

Insbes. handelt es sich um folgende Vermögensgegenstände und Schulden, die dem Teilbetrieb mit allen Rechten und Pflichten zuzuordnen sind:

a) Grundstücke

Das folgende im Grundbuch von X-Stadt eingetragene Grundstück mit sämtlichen Abteilungen II und III des Grundbuches eingetragenen Belastungen, einschließlich aufstehender Gebäude mit den dazugehörigen Betriebsvorrichtungen, sowie sämtliche auf das Grundstück bezogene Mietverträge:
– Bd. 120 Blatt 3503, Flurstück 400/20, X-Str. in X-Stadt in einer Größe von 10.000 qm.

b) Anlage- und Umlaufvermögen

Sämtliche zum Anlage- und Umlaufvermögen gehörenden beweglichen Gegenstände des Teilbetriebs »Gartenmöbel«, also alle beweglichen Gegenstände, die sich auf den unter a) beschriebenen Grundstücken und Gebäuden befinden, somit alle technischen Anlagen und Maschinen, Kfz-, Betriebs- und Geschäftsausstattung, geringwertige Wirtschaftsgüter, Zubehör und Ersatzteile, EDV-Hardware, sämtliche auf den Grundstücken befindliche Gegenstände des Umlaufvermögens, insbes. Roh-, Hilfs-, Betriebsstoffe, Ausstattung und Verpackungsmaterial. Soweit die A-AG Eigentum oder Miteigentum an diesen Gegenständen hat oder diese künftig erwirbt, wird das Eigentum oder Miteigentum übertragen; soweit die A-AG Anwartschaftsrechte auf Eigentumserwerb an dem ihr unter Eigentumsvorbehalt gelieferten beweglichen Vermögen hat, überträgt sie hiermit der B-AG diese Anwartschaftsrechte. Die wichtigsten beweglichen Vermögensgegenstände, insbes. Anlagen und Einrichtungen sind in der Anlage 2 aufgeführt, ohne jedoch auf die genannten Anlagen und Einrichtungen beschränkt zu sein.

c) Forderungen

Sämtliche Forderungen, die zum Teilbetrieb »Gartenmöbel« zuzuordnen sind, insbes. Forderungen aus Lieferung und Leistung, geleisteten Anzahlungen, aus Darlehen, sowie Schadensersatzforderungen. Die Forderungen sind in der Anlage 3 aufgeführt. Soweit Forderungen in dieser Anlage nicht aufgeführt sind, werden sie dennoch übertragen, wenn und soweit sie dem Teilbetrieb »Gartenmöbel« zuzuordnen sind.

d) Bankguthaben

Sämtliche Bankguthaben bei allen Banken, Kreditinstituten und sonstigen Einrichtungen mit ihrem jeweiligen zum Stichtag ausgewiesenen Bestand. Die Kreditinstitute und Einrichtungen sowie die betroffenen Bankkonten sind in Anlage 3 aufgeführt.

e) Vertragsverhältnisse

Alle dem Teilbetrieb »Gartenmöbel« zuzuordnenden Verträge, insbes. Leasingverträge, Mietverträge, Kauf-, Dienst-, Werk-, Beratungs-, Darlehens-, Versorgungs-, Versicherungs-, Finanzierungsverträge, Verträge mit Handelsvertretern sowie Angebote und sonstige Rechtsstellungen zivilrechtlicher oder öffentlich-rechtlicher Art. Die Verträge sind in Anlage 4 beschrieben. Soweit Verträge und Vertragsverhältnisse in dieser Anlage nicht aufgeführt sind, werden sie dennoch übertragen, wenn und soweit sie den Betriebsteil »Gartenmöbel« betreffen oder ihm zuzuordnen sind.

f) Schutzrechte

Sämtliche Schutzrechte der A-AG, die den Betriebsteil »Gartenmöbel« betreffen. Schutzrechte umfassen insbes. alle Erfindungen, Know-how, Geschäfts- und Betriebsgeheimnisse, Patente, Verfahren, Formeln und sonstigen immateriellen Gegenstände, die nicht von gewerblichen Schutzrechten umfasst werden, und sämtliche Verkörperungen solcher Gegenstände (Muster, Marken, Zeichenpläne etc.). Die Schutzrechte sind in Anlage 6 ausgeführt.

g) Arbeitsverhältnisse

Sämtliche dem Teilbetrieb »Gartenmöbel« zuzuordnenden Arbeitsverhältnisse einschließlich evtl. bestehender Verpflichtungen der betrieblichen Altersvorsorge um Zusage, Rückdeckungsversicherung im betrieblichen Versorgungsinteresse und sonstigen Zusagen mit Versorgungscharakter gehen nach § 613a BGB auf die aufnehmende Gesellschaft über. Die Arbeitnehmer werden bei der aufnehmenden Gesellschaft zu gleichen Konditionen beschäftigt. Sollten einzelne Arbeitnehmer dem Übergang ihres Arbeitsverhältnisses widersprechen, so ist die B-GmbH verpflichtet, der A-AG alle dadurch entstehenden Kosten zu ersetzen. Die B-GmbH wird außerdem die A-AG von allen Ansprüchen aus den Arbeitsverhältnissen und den damit zusammen verbundenen Zusagen der betrieblichen Altersvorsorge und Zusagen mit Versorgungscharakter freistellen.

h) Steuern

Sämtliche Forderungen, Verbindlichkeiten und Rückstellungen gegenüber dem Finanzamt betreffend Körperschaftsteuer und Solidaritätszuschlag, Gewerbesteuer, Umsatzsteuer, Kfz-Steuer, Grundsteuer, Kapitalertragsteuer, Lohn- und Kirchensteuer, Zinsabschlagsteuer.

i) Beteiligung, Mitgliedschaften

Sämtliche zum Teilbereich »GmbH« gehörenden Beteiligungen, Mitgliedschaften, Finanzanlagen und Ähnliches. Im Einzelnen handelt es sich um folgende Beteiligungen:
– die bestehende Beteiligung i. H. v. 10.000 Aktien an der X-AG,
– die Geschäftsanteile i. H. v. 10.000,00 € an der Z-GmbH.

j) Verbindlichkeiten

Sämtliche zum Teilbetrieb »Gartenmöbel« gehörenden und zuzuordnenden Verbindlichkeiten der A-AG, also sämtliche Schulden, Verbindlichkeiten, Rückstellungen sowie Verlustrisiko aus schwebenden Geschäften. Die Verbindlichkeiten sind in Anlage 7 zu diesem Vertrag aufgeführt.

k) Sonstiges

Sowie alle sonstigen in der Anlage 8 aufgeführten Vermögenspositionen.

3. Für sämtliche unter Ziff. 2 beschriebenen Aktiva und Passiva gilt, dass die Übertragung im Wege der Ausgliederung alle Wirtschaftsgüter, Gegenstände, materiellen und immateriellen Rechte, Verbindlichkeiten, Rechtsbeziehungen erfasst, die dem Teilbetrieb »Gartenmöbel« dienen oder zu dienen bestimmt sind oder sonst den Teilbetrieb betreffen oder ihm wirtschaftlich zuzurechnen sind, unabhängig davon, ob die Vermögensposition bilanzierungsfähig ist oder nicht. Die Übertragung erfolgt auch unabhängig davon, ob der Vermögensgegenstand in den Anlagen 1–7 aufgeführt ist.

Sollten die zu übertragenden Rechtspositionen des Aktiv- oder Passivvermögens bis zum Wirksamwerden der Ausgliederung im regelmäßigen Geschäftsgang veräußert worden sein, so werden die an ihrer Stelle getretenen vorhandenen Surrogate übertragen. Übertragen werden auch die bis zum Wirksamwerden der Ausgliederung erworbenen Gegenstände des Aktiv- oder Passivvermögens, soweit sie zum übertragenen Teilbetrieb gehören.

4. Bei Zweifelsfällen, die auch durch Auslegung dieses Vertrages nicht zu klären sind, gilt, dass Vermögensgegenstände, Verbindlichkeiten, Verträge und Rechtspositionen, die nach obigen Regeln nicht zugeordnet werden können, bei der übertragenden Gesellschaft verbleiben. In diesen Fällen ist die A-AG berechtigt nach § 315 BGB eine Zuordnung nach ihrem Ermessen unter Berücksichtigung der wirtschaftlichen Zugehörigkeit vorzunehmen.

5. Soweit bilanzierte und nicht bilanzierte Vermögensgegenstände und Schulden in die Rechtsbeziehungen, die dem Teilbetrieb »Gartenmöbel« wirtschaftlich zuzuordnen sind, nicht schon kraft Gesetzes mit der Eintragung der Ausgliederung in das Handelsregister der übertragenden Gesellschaft auf die aufnehmende Gesellschaft übergehen, wird die übertragende Gesellschaft diese Vermögensgegenstände oder Schulden sowie die Rechtsbeziehungen auf die B-GmbH übertragen. Ist die Übertragung im Außenverhältnis nicht oder nur mit unverhältnismäßigem Aufwand möglich oder unzweckmäßig, werden sich die beteiligten Gesellschaften im Innenverhältnis so stellen, wie sie stehen

würden, wenn die Übertragung der Vermögensgegenstände und Passiva bzw. Rechtsbeziehungen auch im Außenverhältnis mit Wirkung zum Vollzug dabei erfolgt wäre. Wird die übertragende Gesellschaft aus Verbindlichkeiten in Anspruch genommen, die der aufnehmenden zuzuordnen sind, ist diese zur Freistellung verpflichtet oder hat Ausgleich zu leisten.

6. Auf die Anlagen 1–7, die dieser Urkunde als wesentlicher Bestandteil beigefügt sind, wird gemäß § 14 Abs. 1 BeurkG verwiesen. Die Beteiligten haben auf das Vorlesen verzichtet, stattdessen wurden ihnen die Anlagen 1–7 zur Kenntnisnahme vorgelegt, sie wurden von ihnen genehmigt und nach § 14 BeurkG unterschrieben.

7. Soweit für die Übertragung von bestimmten Gegenständen die Zustimmung eines Dritten an einer öffentlich-rechtlichen Genehmigung oder eine Registrierung erforderlich ist, werden sich die übertragende und die aufnehmende Gesellschaft bemühen, die Zustimmung, Genehmigung oder Registrierung beizubringen. Falls dies nicht oder nur mit unverhältnismäßig hohem Aufwand möglich sein würde, werden sich die übertragende und die aufnehmende Gesellschaft im Innenverhältnis so stellen, als wäre die Übertragung der Gegenstände des ausgegliederten Vermögens mit Wirkung zum Vollzugsdatum erfolgt.

8. Berichtigungen bei Registern, Grundbuch, Markenerklärungen

Die A-AG und die B-GmbH bewilligen Ausgliederung und beantragen, nach Wirksamwerden der Ausgliederung die von der Ausgliederung betroffenen Markenregister entsprechenden Vorschriften dieses Vertrages zu berichtigen.

Die A-AG und die B-GmbH bewilligen und beantragen, nach Wirksamwerden der Ausgliederung das Grundbuch bei den unter Ziff. 2 beschriebenen Grundstücken und dinglichen Rechten zu berichtigen.

III. Gegenleistung

1. Die B-GmbH gewährt der A-AG als Gegenleistung einen Geschäftsanteil i. H. v. 495.000,00 €.

2. Zur Durchführung der Ausgliederung wird die B-GmbH ihr derzeitiges Stammkapital von 50.000,00 € um 495.000,00 € auf 545.000,00 € erhöhen, und zwar durch Bildung eines neuen Geschäftsanteils im Nennbetrag von 495.000,00 €.

3. Der der A-AG gewährte Geschäftsanteil ist ab dem Ausgliederungsstichtag gewinnbezugsberechtigt. Er ist mit keinen Besonderheiten ausgestattet.

4. Bare Zuzahlungen werden nicht geleistet.

5. Der Gesamtwert zu dem die erbrachte Sacheinlage von der aufnehmenden Gesellschaft übernommen wird, entspricht dem handelsrechtlichen Buchwert des übertragenen Vermögens zum Ausgliederungsstichtag. Soweit der Buchwert des übertragenen Nettovermögens den Nennbetrag der dafür gewährten Geschäftsanteile übersteigt, wird der Differenzbetrag in die Kapitalrücklage der aufnehmenden Gesellschaft eingestellt. Eine Vergütung für den Differenzbetrag wird nicht geschuldet.

IV. Ausgliederungsstichtag

Die Übernahme des vorbezeichneten Vermögens der A-AG erfolgt im Innenverhältnis mit Wirkung zum Ablauf des . . . . . Vom . . . . . an gelten alle Handlungen und Geschäfte der A-AG, die das übertragene Vermögen betreffen, als für Rechnung der B-GmbH vorgenommen.

V. Besondere Rechte

Besondere Rechte i. S. v. § 126 Abs. 1 Nr. 7 UmwG bestehen bei der B-GmbH nicht. Einzelnen Gesellschaftern werden i. R. d. Ausgliederung keine besonderen Rechte gewährt.

VI. Besondere Vorteile

Besondere Vorteile i. S. v. § 126 Abs. 1 Nr. 8 UmwG werden weder einem Mitglied eines Vertretungs- oder Aufsichtsorgans, noch dem Abschlussprüfer oder dem Ausgliederungsprüfer gewährt.

VII. Folgen der Abspaltung für Arbeitnehmer und ihre Vertretungen

Durch die Abspaltung ergeben sich für die Arbeitnehmer und ihre Vertretungen die nachgenannten Folgen:

1. Die Arbeitsverhältnisse der in Anlage 8 näher bezeichneten, dem Geschäftsbereich »Gartenmöbel« zuzurechnenden Mitarbeiter der A-AG gehen gemäß § 613a BGB mit allen Rechten und Pflichten einschließlich etwaiger Versorgungspflichten auf die B-GmbH über. Die A-GmbH tritt in die Rechte und Pflichten der im Zeitpunkt des Übergangs bestehenden vorerwähnten Arbeitsverhältnisse ein.

2. Die kündigungsrechtliche Stellung eines Arbeitnehmers, der vor dem Wirksamwerden der Ausgliederung des Geschäftsbereichs zu der A-AG in einem Arbeitsverhältnis steht, verschlechtert sich aufgrund der Ausgliederung für die Dauer von zwei Jahren ab dem Zeitpunkt des Wirksamwerdens nicht.

3. Weder bei der A-AG noch bei der B-GmbH existieren Betriebsräte oder Betriebsvereinbarungen.

4. Weder bei der A-AG noch bei der B-GmbH gibt es einen mitbestimmenden Aufsichtsrat. Der Übergang des Geschäftsbetriebs »Gartenmöbel« der A-AG begründet für die B-GmbH keine Verpflichtung, einen mitbestimmenden Aufsichtsrat einzurichten.

VIII. Sonstige Vereinbarungen

1. Sollten für die Übertragung der in Ziff. II. genannten Sachen, Rechte, Vertragsverhältnisse weitere Voraussetzungen geschaffen werden müssen, so verpflichten sich die Vertragsbeteiligten alle erforderlichen Erklärungen abzugeben und Handlungen vorzunehmen.

2. Sollte eine Übertragung der in Ziff. II. genannten Sachen, Rechte, Vertragsverhältnisse und Verbindlichkeiten im Wege der Ausgliederung auf die B-AG rechtlich nicht möglich sein, so verpflichten sich die Vertragsbeteiligten alle erforderlichen Erklärungen abzugeben und alle erforderlichen Handlungen vorzunehmen, die rechtlich zu dem beabsichtigten Vermögensübergang auf die B-AG in anderer Weise führen.

3. Sollten einzelne Bestimmungen dieser Urkunde unwirksam oder nicht durchführbar sein, so soll dies die Gültigkeit dieses Vertrages i. Ü. nicht berühren. An die Stelle der unwirksamen oder undurchführbaren Vereinbarung soll eine solche treten, die dem wirtschaftlichen Ergebnis der unwirksamen oder undurchführbaren Klausel in zulässiger Weise am nächsten kommt.

IX. Hinweise, Vollmacht

Der Notar hat auf Folgendes hingewiesen:
- Die Ausgliederung wird erst mit der Eintragung in das Handelsregister der übertragenden Gesellschaft wirksam.
- Die Beteiligten beauftragen und ermächtigen den Notar, die zum Vollzug notwendigen Genehmigungen und Zustimmungserklärungen einzuholen. Genehmigungen werden mit Eingang beim Notar wirksam. Dies gilt nicht für die Versagung von Genehmigungen oder deren Erteilung unter Bedingungen oder Auflagen.
- Nach § 133 UmwG haften für die vor dem Wirksamwerden der Ausgliederung begründeten Verbindlichkeiten des übertragenden Rechtsträgers alle an der Ausgliederung beteiligten Rechtsträger gesamtschuldnerisch; Gläubiger können für ihre Verbindlichkeiten Sicherheitsleistung nach §§ 125, 22 UmwG verlangen. Daneben können weitere Haftungsvorschriften anwendbar sein insbes. § 25 HGB und § 75 AO.
- Bei der Anmeldung der Abspaltung hat der Geschäftsführer der übertragenden Gesellschaft zu erklären, dass die durch Gesetz und Satzung vorgesehenen Voraussetzungen für die Gründung dieser Gesellschaft auch unter Berücksichtigung der Ausgliederung im Zeitpunkt der Anmeldung vorliegen.
- Bei nicht vollständig eingezahlten Stammeinlagen bestehen nach §§ 51 Abs. 1, 125 UmwG besondere Zustimmungspflichten.
- Die Mitglieder des Vertretungsorgans und auch eines Aufsichtsorgans sind nach § 25 UmwG als Gesamtschuldner zum Schadensersatz bei Verletzung ihrer Pflichten nach dem UmwG verpflichtet.
- Die Ausgliederung kann zur Grunderwerbsteuer führen.

X. Kosten, Abschriften

Die durch diesen Vertrag und ihre Durchführung bei beiden Gesellschaften entstehenden Kosten trägt die B-AG. Sollte die Ausgliederung nicht wirksam werden, tragen die Kosten dieses Vertrages die Gesellschaften zu gleichen Teilen; alle übrigen Kosten trägt die jeweils betroffene Gesellschaft allein.

Von dieser Urkunde erhalten

beglaubigte Abschriften:
- die beteiligten Gesellschaften;
- die Registergerichte in . . . . ., elektronisch
- die Grundbuchämter in . . . . .,
- die beteiligten Betriebsräte.

Eine einfache Abschrift mit Veräußerungsanzeige erhält das Finanzamt (Grunderwerbsteuerstelle).

Diese Niederschrift nebst allen Anlagen wurde den Erschienenen vom Notar vorgelesen, von ihnen genehmigt und von ihnen und dem Notar eigenhändig wie folgt unterschrieben:

. . . . .

b) Zustimmungsbeschluss bei der übernehmenden Gesellschaft (B-GmbH)

▸ **Muster: Zustimmungsbeschluss bei der übernehmenden Gesellschaft (B-GmbH)**   606

Niederschrift über eine Gesellschafterversammlung

Heute, den ..... erschien vor mir, dem unterzeichnenden Notar ....., mit Amtssitz in ....., an der Amtsstelle in .....

Herr (Name, Geburtsdatum, Adresse),

hier handelnd nicht im eigenen Namen, sondern als alleinvertretungsberechtigtes Vorstandsmitglied der A-AG mit dem Sitz in ..... eingetragen im Handelsregister des Amtsgerichts ..... unter HRB .....

Der Beteiligte ist mir, Notar ....., persönlich bekannt.

Auf Antrag beurkunde ich den vor mir abgegebenen Erklärungen gemäß Folgendes:

I. Sachverhalt

Der Erschienene erklärte:

Die A-AG ist die alleinige Gesellschafterin der B-GmbH, eingetragen im Handelsregister des Amtsgerichts ..... unter HRB ..... mit einem Stammkapital von 50.000,00 €.

Die Geschäftsanteile sind voll einbezahlt.

II. Gesellschafterversammlung

Die vorgenannte Gesellschafterin hält unter Verzicht auf alle Frist- und Formvorschriften eine Gesellschafterversammlung ab und stellt fest, dass die Gesellschafterversammlung als Vollversammlung beschlussfähig ist.

Die Gesellschafter beschließen mit allen Stimmen Folgendes:

§ 1 Zustimmung zum Ausgliederungsvertrag

Dem Ausgliederungsvertrag, Urkunde des Notars ..... in ..... vom ..... UR.Nr. ..... zwischen der A-AG und der B-GmbH wird mit allen Stimmen vorbehaltlos zugestimmt. Er ist dieser Niederschrift als Anlage beigefügt.

§ 2 Kapitalerhöhung

1. Das Stammkapital der Gesellschaft i. H. v. 50.000,00 € wird

um 495.000,00 €

auf 545.000,00 €

zur Durchführung der Ausgliederung gemäß § 55 UmwG erhöht.

2. Es wird eine neuer Geschäftsanteil i. H. v. 495.000,00 € gebildet. Dieser Geschäftsanteil wird der A-AG als Gegenleistung für das i. R. d. Ausgliederung übertragene Vermögen gewährt.

3. Die A-AG leistet ihre Einlage auf den neuen Geschäftsanteil durch die Übertragung des abgespaltenen Vermögens der A-AG nach Maßgabe des unter § 1 genannten Ausgliederungsvertrages. Der Übertragung des Vermögens liegt die in dieser Urkunde als Anlage beigefügte Ausgliederungsbilanz der A-GmbH zum 31.12. ..... zugrunde.

4. Die neuen Geschäftsanteile sind ab 01.01. ..... gewinnbezugsberechtigt.

Mit der Durchführung der Verschmelzung sind die neuen Einlagen auf den Geschäftsanteil in voller Höhe bewirkt.

§ 3 Satzungsänderung

Der Gesellschaftsvertrag der B-GmbH wird in § 3 (Stammkapital) wie folgt geändert:

»Das Stammkapital der Gesellschaft beträgt 545.000,00 € (in Worten: fünfhundertfünfundvierzigtausend Euro).«

III. Verzichtserklärungen, Sonstiges

§ 1 Sonstiges

Alle Gesellschafter verzichten (vorsorglich) auf eine Prüfung der Ausgliederung und auf die Erstellung eines Ausgliederungsberichts und auf die Erstellung eines Ausgliederungsprüfungsberichts.

Alle Gesellschafter erklären, dass ihnen der Ausgliederungsvertrag spätestens zusammen mit der Einberufung der Gesellschafterversammlung übersandt wurde.

Alle Gesellschafter verzichten ausdrücklich auf eine Anfechtung dieses Beschlusses.

§ 2 Kosten, Abschriften

Die Kosten dieser Urkunde trägt die Gesellschaft. Von dieser Urkunde erhalten

beglaubigte Abschriften:
– die Gesellschafter,
– die übertragende Gesellschaft,
– die übernehmende Gesellschaft;
– die Amtsgerichte (Registergerichte), elektronisch
– das Grundbuchamt,
– Finanzamt.

Verlesen vom Notar und von dem Beteiligten genehmigt und eigenhändig unterschrieben.

. . . . .

c) Zustimmungsbeschluss bei der übertragenden Gesellschaft (A-AG)

607 ▶ **Muster: Zustimmungsbeschluss bei der übertragenden Gesellschaft (A-AG)**

– Auszug aus dem notariellen Protokoll –

Zu Punkt 1:

Der Vorstandsvorsitzende erläuterte den Ausgliederungsvertrag vom . . . . . und begründete insbes. die Zweckmäßigkeit der Ausgliederung des Umtauschverhältnisses der Aktien. Auf Vorlesen wurde einstimmig verzichtet.

Zu Punkt 2:

Der Vorsitzende stellte fest, dass der Ausgliederungsvertrag vor Einberufung der Hauptversammlung nach §§ 125, 61 UmwG zum Handelsregister eingereicht worden ist und dass das Register in den zur Bekanntmachung seiner Eintragung bestimmten Blättern, dem elektronischen Bundesanzeiger und dem . . . . . einen Hinweis darauf veröffentlicht hat, dass der Vertrag zum Handelsregister eingereicht worden ist.

Der Vorsitzende stellte weiter fest, dass der Ausgliederungsvertrag, die Jahresabschlüsse und die Geschäftsberichte der beteiligten Gesellschaften für die letzten drei Geschäftsjahre, die Ausgliederungsberichte und die Prüfungsberichte von der Einberufung der Hauptversammlung an in den Geschäftsräumen der Gesellschaft zur Einsicht der Aktionäre ausgelegen haben und auch in der Hauptversammlung ausliegen.

Zu Punkt 3:

Die Hauptversammlung fasste einstimmig den Beschluss, den Ausgliederungsvertrag vom . . . . . zu genehmigen.

Der Vorsitzende gab das Abstimmungsergebnis bekannt und verkündete das Zustandekommen des Beschlusses.

d) Handelsregisteranmeldung für die übertragende A-AG

608 ▶ **Muster: Handelsregisteranmeldung für die übertragende A-AG**

An das

Amtsgericht

– Handelsregister B –

Betrifft: HRB . . . . . A-AG

In der Anlage überreiche ich, das unterzeichnende alleinvertretungsberechtigte Vorstandsmitglied der A-AG:
1. Elektronisch beglaubigte Abschrift des Ausgliederungsvertrages vom . . . . . – UR.Nr. . . . . . des beglaubigenden Notars –,

2. Elektronisch beglaubigte Abschrift des Zustimmungsbeschlusses der Hauptversammlungen der A-AG . . . . . – UR.Nr. . . . . . des beglaubigenden Notars –,
3. Elektronisch beglaubigte Abschrift des Zustimmungsbeschlusses der Gesellschafterversammlung der B- GmbH mit Verzichtserklärungen vom . . . . . – UR.Nr. . . . . . des beglaubigenden Notars –,
4. Elektronisch beglaubigte Abschrift des Ausgliederungsberichtes,
5. Elektronisch beglaubigte Abschrift des Prüfungsberichtes,
6. Elektronisch beglaubigte Abschrift des Nachweises über die Zuleitung des Entwurfs des Ausgliederungsvertrages an den Betriebsrat der A-AG,
7. Elektronisch beglaubigte Abschrift der Schlussbilanz der A-AG zum Ausgliederungsstichtag

und melde zur Eintragung in das Handelsregister an:

Die A-AG hat die im Ausgliederungsvertrag vom . . . . . – UR.Nr. . . . . . des beglaubigenden Notars – genannten Vermögensteile als Gesamtheit auf die B-GmbH als übernehmende AG im Wege der Abspaltung durch Aufnahme übertragen.

Ich erkläre, dass weder der Ausgliederungsbeschluss der Aktionäre der A-AG noch der Ausgliederungsbeschluss der Aktionäre der B-AG angefochten worden ist.

Ich erkläre ferner, dass die durch Gesetz und Gesellschaftsvertrag vorgesehenen Voraussetzungen für die Gründung dieser Gesellschaft unter Berücksichtigung der Abspaltung im Zeitpunkt dieser Anmeldung vorliegen.

Die inländische Geschäftsanschrift und die Geschäftsräume befinden sich unverändert in (Ort, Straße).

. . . . . ., den . . . . . .　　　　　　　　　　　　　　　　　　　(Beglaubigungsvermerk)

▶ **Hinweis:**　　　　　　　　　　　　　　　　　　　　　　　　　　　609

Ein Prüfung ist bei der Ausgliederung nicht erforderlich (§ 125 Satz 2 UmwG).

e) Handelsregisteranmeldung für die aufnehmende B-GmbH

▶ **Muster: Handelsregisteranmeldung für die aufnehmende B-GmbH**　　610

An das

Amtsgericht

– Handelsregister B –

Betrifft: HRB . . . . . B-GmbH

In der Anlage überreiche ich, der unterzeichnende alleinvertretungsberechtigte Geschäftsführer der B-GmbH:
1. Elektronisch beglaubigte Abschrift des Ausgliederungsplans vom . . . . . – UR.Nr. . . . . . des beglaubigenden Notars –,
2. Elektronisch beglaubigte Abschrift der Zustimmungsbeschlüsse der Hauptversammlung der A-AG vom . . . . . – UR.Nr. . . . . . des beglaubigenden Notars –, und der Gesellschafterversammlung der B-GmbH samt Kapitalerhöhungsbeschluss und Satzungsänderung,
3. Elektronisch beglaubigte Abschrift der Verzichtserklärungen der Gesellschafter der B-GmbH auf Erstellung eines Ausgliederungsberichts und eines Prüfungsberichts und Durchführung einer Ausgliederungsprüfung vom . . . . . UR.Nr. . . . . . des beglaubigenden Notars –,
4. Elektronisch beglaubigte Abschrift des Nachweises über die Zuleitung des Entwurfs des Ausgliederungsvertrages an den Betriebsrat der B-GmbH,
5. Elektronisch beglaubigte Abschrift der Abspaltungsbilanz der A-AG zum Ausgliederungsstichtag als Wertnachweis für den übertragenen Teilbetrieb,
6. Elektronisch beglaubigte Abschrift des Ausgliederungsberichtes,
7. vollständigen Wortlaut des Gesellschaftsvertrages mit Satzungsbescheinigung des Notars nach § 54 Abs. 1 GmbHG,
8. Elektronisch beglaubigte Abschrift der Übernehmerliste,
9. Elektronisch beglaubigte Abschrift der aktualisierte Liste der Gesellschafter,

und melde zur Eintragung in das Handelsregister an:

1. Das Stammkapital der B-GmbH i. H. v. 50.000,00 € (in Worten: ..... Euro) wurde im Wege der Kapitalerhöhung zur Durchführung der Ausgliederung um 495.000,00 € (in Worten: ..... Euro) auf 545.000,00 € (in Worten: ..... Euro) erhöht. Die Satzung der B-GmbH wurde in § 3 entsprechend geändert.

2. Die A-AG hat im Ausgliederungsvortrag vom ..... – UR.Nr. ..... des beglaubigenden Notars – einen Teil ihres Vermögens auf die B-GmbH mit dem Sitz in ....., (eingetragen im Handelsregister des Amtsgerichts ..... unter HRB, als übernehmende GmbH im Wege der Ausgliederung zur Aufnahme gegen Gewährung von Anteilen an die A-AG übertragen.

Ich erkläre, dass die Ausgliederungsbeschlüsse aller an der Ausgliederung beteiligten Gesellschaften nicht angefochten worden sind und aufgrund der in den allen Ausgliederungsbeschlüssen enthaltenen Anfechtungsverzichtserklärungen sämtlicher Gesellschafter auch nicht angefochten werden können.

Ich erkläre ferner, dass ein Fall des § 51 Abs. 1 UmwG (nicht voll eingezahlte Geschäftsanteile) nicht vorliegt (§ 52 Abs. 1 UmwG).

Die inländische Geschäftsanschrift und die Geschäftsräume befinden sich unverändert in (Ort, Straße).

......, den ......   (Beglaubigungsvermerk)

611 ▶ **Hinweis:**

Ein Prüfung ist bei der Ausgliederung nicht erforderlich (§ 125 Satz 2 UmwG).

3. Ausgliederung zur Neugründung A-AG auf B-GmbH. a) Ausgliederungsplan

612 ▶ **Muster: Ausgliederungsplan bei der Neugründung A-AG auf B-GmbH**

UR.Nr. für .....

Verhandelt zu .....

am .....

Vor dem unterzeichnenden

.....

Notar mit dem Amtssitz in

erschien:

Herr (Name, Geburtsdatum, Adresse),

hier handelnd nicht im eigenen Namen, sondern als alleinvertretungsberechtigtes Vorstandsmitglied der A-AG mit dem Sitz in ....., eingetragen im Handelsregister des Amtsgerichts ..... unter HRB .....

Der Erschienene wies sich dem Notar gegenüber aus durch Vorlage seines amtlichen Lichtbildausweises.

A. Vorbemerkung

Der Erschienene erklärte:

Das Grundkapital der im Handelsregister des Amtsgerichts ..... unter HRB ..... eingetragenen A-AG beträgt 4.000.000,00 €. Das Grundkapital ist vollständig eingezahlt.

Das Grundkapital ist eingeteilt in 40.000 auf den Inhaber lautenden Aktien im Nennbetrag von je 100,00 €.

Im Zuge umfassender Umstrukturierungsmaßnahmen beabsichtigt die A-AG zum Zweck der Schaffung einer weiteren, am Markt selbstständig auftretenden Einheit und zur Trennung von operativen und nicht betriebsnotwendigem Vermögen, ihr Geschäft im Bereich »Gartenmöbel« auf die neu zu gründende B-GmbH auszugliedern. Durch die Ausgliederung wird eine transparente Holding-Struktur geschaffen, die der A-AG die gewünschte Anpassungsfähigkeit und Flexibilität auf ihren Teilmärkten ermöglicht. Die Ausgliederung soll im Wege der Ausgliederung zur Neugründung nach §§ 123 ff. UmwG erfolgen.

Der Erschienene ließ sodann folgenden

B. Ausgliederungsplan

beurkunden und erklärte, handelnd wie angegeben:

I. Beteiligte Rechtsträger, Ausgliederung

1. An der Abspaltung sind beteiligt die A-AG mit Sitz in . . . . . als übertragender Rechtsträger und die B-GmbH mit Sitz in . . . . . als neu gegründeter Rechtsträger.

2. Die A-AG mit Sitz in . . . . . überträgt hiermit ihren Geschäftsbereich »Gartenmöbel« als Gesamtheit mit den nachfolgend in Ziff. II dieses Vertrages und in den dort genannten Anlagen bezeichneten Aktiva und Passiva auf die B-GmbH, und zwar im Wege der Ausgliederung zur Neugründung nach § 123 Abs. 3 Nr. 2 UmwG. Die Übertragung erfolgt gegen Gewährung eines neuen Geschäftsanteils an der neu gegründeten Gesellschaft B-GmbH an die übertragenden Gesellschaft A-AG.

3. Die Firma der im Wege der Spaltung neu zu gründenden ersten Gesellschaft lautet:

B-GmbH.

Ihr Sitz ist . . . . .

Vorbehaltlich der Genehmigung der Gesellschafterversammlung der A-GmbH wird für die B-GmbH der als Anlage 1 zu dieser Urkunde genommene Gesellschaftsvertrag festgestellt. Auf die Anlage wird verwiesen, sie wurde mitverlesen und von dem Beteiligten genehmigt.

II. Vermögensübertragung

1. Die A-AG überträgt den von ihr an drei Standorten unterhaltenen Teilbetrieb »Gartenmöbel« auf die B-GmbH mit allen Aktiva und Passiva. Die Abspaltung erfolgt auf der Basis der festgestellten Abspaltungsbilanz der WPG-Wirtschaftsprüfungsgesellschaft vom 31.12. . . . . . . und diese Ausgliederungsbilanz ist Bestandteil dieses Ausgliederungsplans. Sie ist als Anlage 1 dieser Urkunde als wesentlicher Bestandteil beigefügt, auf sie wird nach §§ 9, 14 Abs. 1 BeurkG verwiesen. Die Beteiligten haben auf das Vorlesen verzichtet. Stattdessen wurden ihnen die Anlage 1 zur Durchsicht vorgelegt, von ihnen genehmigt und unterschrieben.

2. Im Einzelnen sind folgende Vermögensgegenstände Bestandteil des Teilbetriebes und werden i. R. d. Ausgliederung auf die B-GmbH übertragen. Von der Ausgliederung werden sämtliche zum Ausgliederungsstichtag vorhandenen Vermögensgegenstände und Schulden des Teilbetriebes mit allen Rechten und Pflichten sowie die ausschließlich diesem Teilbetrieb zuzuordnenden Rechtsbeziehungen, insbes. Vertragsverhältnisse, nach näherer Maßgabe der nachfolgenden Bestimmungen erfasst, gleich ob sie bilanziert sind oder nicht.

Insbes. handelt es sich um folgende Vermögensgegenstände und Schulden, die dem Teilbetrieb mit allen Rechten und Pflichten zuzuordnen sind:

a) Grundstücke

Das folgende im Grundbuch von X-Stadt eingetragene Grundstück mit sämtlichen in Abteilungen II und III des Grundbuches eingetragenen Belastungen, einschließlich aufstehender Gebäude mit den dazugehörigen Betriebsvorrichtungen, sowie sämtliche auf das Grundstück bezogene Mietverträge:
– Bd. 120 Blatt 3503, Flurstück 400/20, X-Str. in X-Stadt in einer Größe von 10.000 qm.

b) Anlage- und Umlaufvermögen

Sämtliche zum Anlage- und Umlaufvermögen gehörenden beweglichen Gegenstände des Teilbetriebs »Gartenmöbel«, also alle beweglichen Gegenstände, die sich auf den unter a) beschriebenen Grundstücken und Gebäuden befinden, somit alle technischen Anlagen und Maschinen, Kfz-, Betriebs- und Geschäftsausstattung, geringwertige Wirtschaftsgüter, Zubehör und Ersatzteile, EDV-Hardware, sämtliche auf den Grundstücken befindliche Gegenstände des Umlaufvermögens, insbes. solche Roh-, Hilfs-, Betriebsstoffe, Ausstattung und Verpackungsmaterial. Soweit die A-AG Eigentum oder Miteigentum an diesen Gegenständen hat oder diese künftig erwirbt, wird das Eigentum oder Miteigentum übertragen; soweit die A-AG Anwartschaftsrechte auf Eigentumserwerb an dem ihr unter Eigentumsvorbehalt gelieferten beweglichen Vermögen hat, überträgt sie hiermit der B-AG diese Anwartschaftsrechte. Die wichtigsten beweglichen Vermögensgegenstände, insbes. Anlagen und Einrichtungen sind in der Anlage 2 aufgeführt, ohne jedoch auf die genannten Anlagen und Einrichtungen beschränkt zu sein.

c) Forderungen

Sämtliche Forderungen, die zum Teilbetrieb »Gartenmöbel« zuzuordnen sind, insbes. Forderungen aus Lieferung und Leistung, geleisteten Anzahlungen, aus Darlehen, sowie Schadensersatzforderungen. Die Forderungen sind in der Anlage 3 aufgeführt. Soweit Forderungen in dieser Anlage nicht aufgeführt sind, werden sie dennoch übertragen, wenn und soweit sie dem Teilbetrieb »Gartenmöbel« zuzuordnen sind.

d) Bankguthaben

Sämtliche Bankguthaben bei allen Banken, Kreditinstituten und sonstigen Einrichtungen mit ihrem jeweiligen zum Stichtag ausgewiesenen Bestand. Die Kreditinstitute und Einrichtungen sowie die betroffenen Bankkonten sind in Anlage 3 aufgeführt.

e) Vertragsverhältnisse

Alle dem Teilbetrieb »Gartenmöbel« zuzuordnenden Verträge, insbes. Leasingverträge, Mietverträge, Kauf-, Dienst-, Werk-, Beratungs-, Darlehens-, Versorgungs-, Versicherungs-, Finanzierungsverträge, Verträge mit Handelsvertretern sowie Angebote und sonstige Rechtsstellungen zivilrechtlicher oder öffentlich-rechtlicher Art. Die Verträge sind in Anlage 4 beschrieben. Soweit Verträge und Vertragsverhältnisse in dieser Anlage nicht aufgeführt sind, werden sie dennoch übertragen, wenn und soweit sie den Betriebsteil »Gartenmöbel« betreffen oder ihm zuzuordnen sind.

f) Schutzrechte

Sämtliche Schutzrechte der A-AG, die den Betriebsteil »Gartenmöbel« betreffen. Schutzrechte umfassen insbes. alle Erfindungen, Know-how, Geschäfts- und Betriebsgeheimnisse, Patente, Verfahren, Formeln und sonstigen immateriellen Gegenstände, die nicht von gewerblichen Schutzrechten umfasst werden, und sämtliche Verkörperungen solcher Gegenstände (Muster, Marken, Zeichenpläne etc.). Die Schutzrechte sind in Anlage 6 ausgeführt.

g) Arbeitsverhältnisse

Sämtliche dem Teilbetrieb »Gartenmöbel« zuzuordnenden Arbeitsverhältnisse einschließlich evtl. bestehender Verpflichtungen der betrieblichen Altersvorsorge um Zusage, Rückdeckungsversicherung im betrieblichen Versorgungsinteresse und sonstigen Zusagen mit Versorgungscharakter gehen nach § 613a BGB auf die aufnehmende Gesellschaft über. Die Arbeitnehmer werden bei der aufnehmenden Gesellschaft zu gleichen Konditionen beschäftigt. Sollten einzelne Arbeitnehmer den Übergang ihres Arbeitsverhältnisses widersprechen, so ist die B-GmbH verpflichtet, der A-AG alle dadurch entstehenden Kosten zu ersetzen. Die B-GmbH wird außerdem die A-AG von allen Ansprüchen aus den Arbeitsverhältnissen und den damit verbundenen Zusagen der betrieblichen Altersvorsorge und Zusagen mit Versorgungscharakter freistellen.

h) Steuern

Sämtliche Forderungen, Verbindlichkeiten und Rückstellungen gegenüber dem Finanzamt betreffend Körperschaftsteuer und Solidaritätszuschlag, Gewerbesteuer, Umsatzsteuer, Kfz-Steuer, Grundsteuer, Kapitalertragsteuer, Lohn- und Kirchensteuer, Zinsabschlagsteuer.

i) Beteiligung, Mitgliedschaften

Sämtliche zum Teilbereich »GmbH« gehörenden Beteiligungen, Mitgliedschaften, Finanzanlagen und Ähnliches. Im Einzelnen handelt es sich um folgende Beteiligungen:
– die bestehende Beteiligung i. H. v. 10.000 Aktien an der X-AG,
– die Geschäftsanteile i. H. v. 10.00,00 € an der Z-GmbH.

j) Verbindlichkeiten

Sämtliche zum Teilbetrieb »Gartenmöbel« gehörenden und zuzuordnenden Verbindlichkeiten der A-AG, also sämtliche Schulden, Verbindlichkeiten, Rückstellungen sowie Verlustrisiko aus schwebenden Geschäften. Die Verbindlichkeiten sind in Anlage 7 zu diesem Vertrag aufgeführt.

k) Sonstiges

Sowie alle sonstigen in der Anlage 8 aufgeführten Vermögenspositionen.

3. Für sämtliche unter Ziff. 2 beschriebenen Aktiva und Passiva gilt, dass die Übertragung im Wege der Ausgliederung alle Wirtschaftsgüter, Gegenstände, materiellen und immateriellen Rechte, Verbindlichkeiten, Rechtsbeziehungen erfasst, die dem Teilbetrieb »Gartenmöbel« dienen oder zu dienen bestimmt sind oder sonst den Teilbetrieb betreffen oder ihm wirtschaftlich zuzurechnen sind, unabhän-

gig davon, ob die Vermögensposition bilanzierungsfähig ist oder nicht. Die Übertragung erfolgt auch unabhängig davon, ob der Vermögensgegenstand in den Anlagen 1–7 aufgeführt ist.

Sollten die zu übertragenden Rechtspositionen des Aktiv- oder Passivvermögens bis zum Wirksamwerden der Ausgliederung im regelmäßigen Geschäftsgang veräußert worden sein, so werden die an ihre Stelle getretenen vorhandenen Surrogate übertragen. Übertragen werden auch die bis zum Wirksamwerden der Ausgliederung erworbenen Gegenstände des Aktiv- oder Passivvermögens, soweit sie zum übertragenen Teilbetrieb gehören.

4. Bei Zweifelsfällen, die auch durch Auslegung dieses Vertrages nicht zu klären sind, gilt, dass Vermögensgegenstände, Verbindlichkeiten, Verträge und Rechtspositionen, die nach obigen Regeln nicht zugeordnet werden können, bei der übertragenden Gesellschaft verbleiben. In diesen Fällen ist die A-AG berechtigt nach § 315 BGB eine Zuordnung nach ihrem Ermessen unter Berücksichtigung der wirtschaftlichen Zugehörigkeit vorzunehmen.

5. Soweit bilanzierte und nicht bilanzierte Vermögensgegenstände und Schulden in die Rechtsbeziehungen, die dem Teilbetrieb »Gartenmöbel« wirtschaftlich zuzuordnen sind, nicht schon kraft Gesetzes mit der Eintragung der Ausgliederung in das Handelsregister der übertragenden Gesellschaft auf die aufnehmende Gesellschaft übergehen, wird die übertragende Gesellschaft diese Vermögensgegenstände oder Schulden sowie die Rechtsbeziehungen auf die B-GmbH übertragen. Ist die Übertragung im Außenverhältnis nicht oder nur mit unverhältnismäßigem Aufwand möglich oder unzweckmäßig, werden sich die beteiligten Gesellschaften im Innenverhältnis so stellen, wie sie stehen würden, wenn die Übertragung der Vermögensgegenstände und Passiva bzw. Rechtsbeziehungen auch im Außenverhältnis mit Wirkung zum Vollzug dabei erfolgt wäre. Wird die übertragende Gesellschaft aus Verbindlichkeiten in Anspruch genommen, die der aufnehmenden zuzuordnen sind, ist diese zur Freistellung verpflichtet oder hat Ausgleich zu leisten.

6. Auf die Anlagen 1–7, die dieser Urkunde als wesentlicher Bestandteil beigefügt sind, wird gemäß § 14 Abs. 1 BeurkG verwiesen. Die Beteiligten haben auf das Vorlesen verzichtet, stattdessen wurden ihnen die Anlagen 1–7 zur Kenntnisnahme vorgelegt, sie wurden von ihnen genehmigt und nach § 14 BeurkG unterschrieben.

7. Soweit für die Übertragung von bestimmten Gegenständen die Zustimmung eines Dritten an einer öffentlich-rechtlichen Genehmigung oder eine Registrierung erforderlich ist, werden sich die übertragende und die aufnehmende Gesellschaft bemühen, die Zustimmung, Genehmigung oder Registrierung beizubringen. Falls dies nicht oder nur mit unverhältnismäßig hohem Aufwand möglich sein würde, werden sich die übertragende und die aufnehmende Gesellschaft im Innenverhältnis so stellen, als wäre die Übertragung der Gegenstände des ausgegliederten Vermögens mit Wirkung zum Vollzugsdatum erfolgt.

8. Berichtigungen bei Registern, Grundbuch, Markenerklärungen

Die A-AG und die B-GmbH bewilligen und beantragen, nach Wirksamwerden der Ausgliederung die von der Ausgliederung betroffenen Markenregister entsprechenden Vorschriften dieses Vertrages zu berichtigen.

Die A-AG und die B-GmbH bewilligen und beantragen, nach Wirksamwerden der Ausgliederung das Grundbuch bei den unter Ziff. 2 beschriebenen Grundstücken und dinglichen Rechten zu berichtigen.

III. Gegenleistung

1. Die B-GmbH gewährt der A-AG als Gegenleistung einen Geschäftsanteil i. H. v. . . . . . €.

2. Der der A-AG gewährte Geschäftsanteil ist ab dem Ausgliederungsstichtag gewinnbezugsberechtigt. Er ist mit keinen Besonderheiten ausgestattet.

3. Bare Zuzahlungen werden nicht geleistet.

4. Der Gesamtwert zu dem die erbrachte Sacheinlage von der aufnehmenden Gesellschaft übernommen wird, entspricht dem handelsrechtlichen Buchwert des übertragenen Vermögens zum Ausgliederungsstichtag. Soweit der Buchwert des übertragenen Nettovermögens den Nennbetrag der dafür gewährten Geschäftsanteile übersteigt, wird der Differenzbetrag in die Kapitalrücklage der aufnehmenden Gesellschaft eingestellt. Eine Vergütung für den Differenzbetrag wird nicht geschuldet.

IV. Ausgliederungsstichtag

Die Übernahme des vorbezeichneten Vermögens der A-AG erfolgt im Innenverhältnis mit Wirkung zum Ablauf des . . . . . Vom . . . . . an gelten alle Handlungen und Geschäfte der A-AG, die das übertragene Vermögen betreffen, als für Rechnung der B-GmbH vorgenommen.

V. Besondere Rechte

Besondere Rechte i. S. v. § 126 Abs. 1 Nr. 7 UmwG bestehen bei der B-GmbH nicht. Einzelnen Gesellschaftern werden i. R. d. Ausgliederung keine besonderen Rechte gewährt.

VI. Besondere Vorteile

Besondere Vorteile i. S. v. § 126 Abs. 1 Nr. 8 UmwG werden weder einem Mitglied eines Vertretungs- oder Aufsichtsorgans, noch dem Abschlussprüfer oder dem Ausgliederungsprüfer gewährt.

VII. Folgen der Abspaltung für Arbeitnehmer und ihre Vertretungen

Durch die Abspaltung ergeben sich für die Arbeitnehmer und ihre Vertretungen die nachgenannten Folgen:

1. Die Arbeitsverhältnisse der in Anlage 8 näher bezeichneten, dem Geschäftsbereich »Gartenmöbel« zuzurechnenden Mitarbeiter der A-AG gehen gemäß § 613a BGB mit allen Rechten und Pflichten einschließlich etwaiger Versorgungspflichten auf die B-GmbH über. Die A-GmbH tritt in die Rechte und Pflichten der im Zeitpunkt des Übergangs bestehenden vorerwähnten Arbeitsverhältnisse ein.

2. Die kündigungsrechtliche Stellung eines Arbeitnehmers, der vor dem Wirksamwerden der Ausgliederung des Geschäftsbereichs zu der A-AG in einem Arbeitsverhältnis steht, verschlechtert sich aufgrund der Ausgliederung für die Dauer von zwei Jahren ab dem Zeitpunkt des Wirksamwerdens nicht.

3. Weder bei der A-AG noch bei der B-GmbH existieren Betriebsräte oder Betriebsvereinbarungen.

4. Weder bei der A-AG noch bei der B-GmbH gibt es einen mitbestimmenden Aufsichtsrat. Der Übergang des Geschäftsbetriebs »Gartenmöbel« der A-AG begründet für die B-GmbH keine Verpflichtung, einen mitbestimmenden Aufsichtsrat einzurichten.

VIII. Sonstige Vereinbarungen

1. Sollten für die Übertragung der in Ziff. II genannten Sachen, Rechte, Vertragsverhältnisse und Verbindlichkeiten weitere Voraussetzungen geschaffen werden müssen, so verpflichten sich die Vertragsbeteiligten alle erforderlichen Erklärungen abzugeben und Handlungen vorzunehmen.

2. Sollte eine Übertragung der in Ziff. II genannten Sachen, Rechte, Vertragsverhältnisse und Verbindlichkeiten im Wege der Ausgliederung auf die B-AG rechtlich nicht möglich sein, so verpflichten sich die Vertragsbeteiligten alle erforderlichen Erklärungen abzugeben und alle erforderlichen Handlungen vorzunehmen, die rechtlich zu dem beabsichtigten Vermögensübergang auf die B-AG in anderer Weise führen.

3. Sollten einzelne Bestimmungen dieser Urkunde unwirksam oder nicht durchführbar sein, so soll dies die Gültigkeit dieses Vertrages i. Ü. nicht berühren. An die Stelle der unwirksamen oder undurchführbaren Vereinbarung soll eine solche treten, die dem wirtschaftlichen Ergebnis der unwirksamen oder undurchführbaren Klausel in zulässiger Weise am nächsten kommt.

IX. Geschäftsführerbestellung

Die A-AG als Gründerin hält eine erste Gesellschafterversammlung ab und beschließt unter Verzicht auf alle Form- und Fristvorschriften mit allen Stimmen Folgendes:

Zum ersten Geschäftsführer der B-GmbH wird Herr . . . . . bestellt. Er ist stets einzelvertretungsberechtigt und von den Beschränkungen des § 181 BGB befreit.

X. Hinweise, Vollmacht

Der Notar hat auf Folgendes hingewiesen:
– Die Ausgliederung wird erst mit der Eintragung in das Handelsregister der übertragenden Gesellschaft wirksam.
– Die Beteiligten beauftragen und ermächtigen den Notar die zum Vollzug notwendigen Genehmigungen und Zustimmungserklärungen einzuholen. Genehmigungen werden mit Eingang beim Notar wirksam. Dies gilt nicht für die Versagung von Genehmigungen oder deren Erteilung unter Bedingungen oder Auflagen.
– Nach § 133 UmwG haften für die vor dem Wirksamwerden der Ausgliederung begründeten Verbindlichkeiten des übertragenden Rechtsträgers alle an der Ausgliederung beteiligten Rechtsträger gesamtschuldnerisch; Gläubiger können für ihre Verbindlichkeiten Sicherheitsleistung nach §§ 125, 22 UmwG verlangen. Daneben können weitere Haftungsvorschriften anwendbar sein, insbes. § 25 HGB und § 75 AO.
– Bei der Anmeldung der Abspaltung hat der Geschäftsführer der übertragenden Gesellschaft zu erklären, dass die durch Gesetz und Satzung vorgesehenen Voraussetzungen für die Gründung dieser

Gesellschaft auch unter Berücksichtigung der Ausgliederung im Zeitpunkt der Anmeldung vorliegen.
- Bei nicht vollständig eingezahlten Stammeinlagen bestehen nach §§ 51 Abs. 1, 125 UmwG besondere Zustimmungspflichten.
- Die Mitglieder des Vertretungsorgans und auch eines Aufsichtsorgans sind nach § 25 UmwG als Gesamtschuldner zum Schadensersatz bei Verletzung ihrer Pflichten nach dem UmwG verpflichtet.
- Die Ausgliederung kann zur Grunderwerbsteuer führen.

XI. Kosten, Abschriften

Die durch diesen Vertrag und ihre Durchführung bei beiden Gesellschaften entstehenden Kosten trägt die B-AG. Sollte die Ausgliederung nicht wirksam werden, tragen die Kosten dieses Vertrages die Gesellschaften zu gleichen Teilen; alle übrigen Kosten trägt die jeweils betroffene Gesellschaft allein.

Von dieser Urkunde erhalten

 beglaubigte Abschriften:
- die beteiligten Gesellschaften;
- die Registergerichte in . . . . ., elektronisch
- die Grundbuchämter in . . . . .,
- die beteiligten Betriebsräte.

Eine einfache Abschrift mit Veräußerungsanzeige erhält das Finanzamt (Grunderwerbsteuerstelle).

Diese Niederschrift nebst allen Anlagen wurde dem Erschienenen vom Notar vorgelesen, von ihm genehmigt und von ihm und dem Notar eigenhändig wie folgt unterschrieben:

Anlagen:
- 1: Gesellschaftsvertrag der B-GmbH
- 2–8: Übertragenes Vermögen

Anlage 1 zur Urkunde vom . . . . . UR.Nr. . . . . .

Satzung der B-GmbH

§ 1 Firma und Sitz

Die Firma der Gesellschaft lautet . . . . . GmbH. Sitz der Gesellschaft ist . . . . .

§ 2 Gegenstand des Unternehmens

Gegenstand des Unternehmens ist . . . . . Die Gesellschaft kann darüber hinaus alle Geschäfte betreiben, die dem Gesellschaftszweck dienen, insbes. auch den Handel und den Vertrieb mit . . . . .

Die Gesellschaft darf andere Unternehmen gleicher oder ähnlicher Art übernehmen, vertreten und sich an solchen Unternehmen beteiligen. Sie darf Zweigniederlassungen errichten.

§ 3 Stammkapital und Geschäftsanteile

1. Das Stammkapital der Gesellschaft beträgt . . . . . € (in Worten: . . . . . Euro).

2. Die Einlage auf den Geschäftsanteil wird in voller Höhe dadurch geleistet, dass sämtliche Aktiva und Passiva des Teilbetriebes »Gartenmöbel« der A-AG mit Sitz in X-Stadt (Handelsregister . . . . . HRB . . . . .) im Wege der Ausgliederung zur Neugründung (§ 123 Abs. 2 Nr. 2 UmwG) auf die Gesellschaft nach Maßgabe des Ausgliederungsplans zur Urkunde des Notars . . . . . vom . . . . . (UR.Nr. . . . . .) übertragen werden. Das übertragene Vermögen ist in der Ausgliederungsbilanz, die dieser Niederschrift als Anlage 2 beigefügt wird und auf die nach § 14 BeurkG verwiesen wird, bezeichnet.

§ 4 Geschäftsjahr

Das Geschäftsjahr ist das Kalenderjahr.

Das erste Geschäftsjahr ist ein Rumpfgeschäftsjahr; es beginnt mit der Eintragung der Gesellschaft in das Handelsregister und endet am darauffolgenden 31.12.

§ 5 Geschäftsführung, Vertretung

Die Gesellschaft hat einen oder mehrere Geschäftsführer. Ist nur ein Geschäftsführer bestellt, so vertritt er die Gesellschaft allein.

Sind mehrere Geschäftsführer bestellt, wird die Gesellschaft durch zwei Geschäftsführer gemeinschaftlich oder durch einen Geschäftsführer und einen Prokuristen gemeinschaftlich vertreten.

Die Gesellschafterversammlung kann unabhängig von der Zahl der bestellten Geschäftsführer und Liquidatoren jederzeit einem, mehreren oder allen Geschäftsführern oder Liquidatoren Einzelvertretungsbefugnis und Befreiung von den Beschränkungen des § 181 BGB erteilen.

§ 6 Wettbewerbsverbot

Kein Gesellschafter darf der Gesellschaft während seiner Vertragszeit mittelbar oder unmittelbar, direkt oder indirekt, gelegentlich oder gewerbsmäßig im Geschäftszweig der Gesellschaft Konkurrenz machen oder sich an Konkurrenzunternehmen beteiligen.

Durch Gesellschafterbeschluss können einzelne oder alle Gesellschafter vom Wettbewerbsverbot befreit werden. Sie sind dann berechtigt, unmittelbar oder mittelbar, direkt oder indirekt im eigenen oder fremden Namen mit der Gesellschaft in den Wettbewerb zu treten oder sich an Konkurrenzunternehmen zu beteiligen. Die Befreiung kann auf bestimmte Bereiche beschränkt werden.

§ 7 Gesellschafterversammlungen

Die Einberufung einer Gesellschafterversammlung erfolgt durch die Geschäftsführer in vertretungsberechtigter Zahl mit eingeschriebenem Brief an jeden unter Mitteilung der Tagesordnung. Das Einladungsschreiben ist mindestens drei Wochen vor dem Versammlungstermin per Einschreiben zur Post zu geben. Für die Fristberechnung zählt der Tag der Absendung und der Tag der Versammlung nicht mit. Der Ort der Versammlung ist der Sitz der Gesellschaft, soweit nicht durch die Gesellschafter einstimmig anderes beschlossen wird.

Die Gesellschafterversammlung ist beschlussfähig, wenn 3/4 des Stammkapitals vertreten sind. Ist eine Gesellschafterversammlung nicht beschlussfähig, so ist durch den oder die Geschäftsführer innerhalb von einer Woche eine neue Gesellschafterversammlung mit der gleichen Tagesordnung einzuberufen. Diese Versammlung ist ohne Rücksicht auf die Zahl der vertretenen Stimmen beschlussfähig; hierauf ist in der Einladung hinzuweisen.

Die Gesellschafter können einstimmig auf die Einhaltung der Form- und Fristvorschriften verzichten.

Die Gesellschafter können sich in der Gesellschafterversammlung durch einen Bevollmächtigten vertreten und das Stimmrecht durch ihn ausüben lassen. Die Vertretungsvollmacht ist schriftlich nachzuweisen. Die Gesellschafterversammlung ist mindestens einmal jährlich als ordentliche Versammlung innerhalb der ersten Monate nach Beginn eines neuen Geschäftsjahres einzuberufen; außerordentliche Versammlungen sind bei wichtigen Gründen zulässig.

Die Versammlung wird durch den Vorsitzenden geleitet, der von den anwesenden Gesellschaftern mit einfacher Mehrheit zu wählen ist.

§ 8 Gesellschafterbeschlüsse

Gesellschafterbeschlüsse werden in Gesellschafterversammlungen gefasst. Beschlüsse außerhalb von Versammlungen können – soweit nicht zwingendes Recht eine besondere Form vorschreibt – auch telefonisch, schriftlich, per E-Mail oder in einer anderen vergleichbaren elektronischen Form gefasst werden, wenn alle Gesellschafter mit diesem Verfahren einverstanden sind. Wird die Gesellschafterversammlung nicht notariell beurkundet, so ist eine schriftliche Niederschrift anzufertigen, die vom Vorsitzenden zu unterzeichnen ist und die Beschlussgegenstände und den Inhalt des Beschlusses protokollieren muss. Jeder Gesellschafter hat Anspruch auf Übersendung einer Abschrift.

Abgestimmt wird in der Gesellschafterversammlung nach Geschäftsanteilen. Je 50,00 € eines Gesellschaftsanteils gewähren eine Stimme.

Gesellschafterbeschlüsse werden mit der einfachen Mehrheit der abgegebenen Stimmen gefasst, soweit nicht die Satzung oder das Gesetz eine höhere Mehrheit vorschreibt.

Beschlüsse der Gesellschafterversammlung können nur innerhalb einer Frist von zwei Monaten seit der Beschlussfassung angefochten werden. Die Anfechtungsfrist ist nur gewahrt, wenn innerhalb dieser Frist die Klage erhoben wird. Zur Erhebung der Klage ist jeder Gesellschafter und Geschäftsführer berechtigt.

§ 9 Jahresabschluss und Gewinnverteilung

Die Bilanz mit Gewinn- und Verlustrechnung, Anhang und – soweit erforderlich – der Lagebericht sind nach Beendigung des Geschäftsjahres von den Geschäftsführern innerhalb der gesetzlichen Frist nach den gesetzlichen Bestimmungen aufzustellen.

Die Feststellung des Jahresabschlusses erfolgt durch die Gesellschafterversammlung.

§ 10 Gewinnverwendung

Für die Gewinnverwendung gilt die Regelung des § 29 GmbHG. Die Gesellschafterversammlung beschließt über die Gewinnverwendung, insbes. die Frage der Einstellung in die Rücklagen und der Ausschüttung.

§ 11 Verfügung über Geschäftsanteile

Die Geschäftsanteile können nur mit Zustimmung der Gesellschaft abgetreten und belastet werden.

§ 12 Einziehung von Geschäftsanteilen

Die Gesellschafterversammlung kann die Einziehung von Gesellschaftsanteilen mit Zustimmung des betroffenen Gesellschafters beschließen.

Die Einziehung des Geschäftsanteils ist ohne Zustimmung des Gesellschafters zulässig, wenn

- über das Vermögen des Gesellschafters das Insolvenzverfahren eröffnet ist oder die Eröffnung mangels Masse abgelehnt wird;
- die Zwangsvollstreckung aufgrund eines nicht nur vorläufig vollstreckbaren Titels in den Geschäftsanteil vorgenommen wird und diese Maßnahme nicht innerhalb von drei Monaten, spätestens bis zur Verwertung des Anteils, wieder aufgehoben wird;
- in der Person eines Gesellschafters ein wichtiger Grund vorliegt, insbes. wenn der Gesellschafter die Interessen der Gesellschafter grob verletzt hat und den übrigen Gesellschaftern eine weitere Zusammenarbeit nicht mehr zuzumuten ist.

Steht ein Geschäftsanteil mehreren Gesellschaftern gemeinschaftlich zu, so genügt es, wenn der Grund bei einem Gesellschafter vorliegt.

Bei einem Beschluss über die Einziehung hat der betroffene Gesellschafter kein Stimmrecht. Mit Beschlussfassung ruhen alle Gesellschafterrechte.

Statt der Einziehung kann die Gesellschafterversammlung beschließen, dass der Geschäftsanteil ganz oder geteilt an die Gesellschaft selbst, an einen oder mehrere Gesellschafter oder von der Gesellschaft zu benennende Dritte zu gleichen Bedingungen übertragen wird.

Der ausgeschlossene Gesellschafter ist mit dem Wert seines Geschäftsanteils, der gemäß den Bestimmungen dieses Vertrages zu bestimmen ist, abzufinden.

§ 13 Erbfolge

Im Fall des Todes eines Gesellschafters treten die Erben an die Stelle des verstorbenen Gesellschafters. Sind mehrere Erben vorhanden, so haben die Erben einen gemeinschaftlichen Vertreter zu bestimmen. Solange der Vertreter nicht bestimmt ist, ruhen die Gesellschafterrechte.

§ 14 Bewertung von Geschäftsanteilen und Abfindungen

Die Abfindung bemisst sich nach dem tatsächlichen Wert des Geschäftsanteils. Zu dessen Ermittlung ist eine Auseinandersetzungsbilanz aufzustellen. Maßgeblicher Zeitpunkt ist der Tag des Ausscheidens.

Im Fall der Einziehung des Geschäftsanteils nach § 12 beträgt der zu zahlende Abfindungsbetrag nur 60 % dieses Wertes.

Die Abfindungsforderung des ausgeschiedenen Gesellschafters ist wie folgt zu erfüllen: Die Abfindungsraten sind in fünf gleichen Halbjahresraten an den ausgeschiedenen Gesellschafter zu zahlen, erstmals am auf das Ausscheiden folgenden 31.12. Der ausstehende Betrag ist mit 4 % zu verzinsen.

§ 15 Dauer der Gesellschaft

Die Dauer der Gesellschaft ist unbestimmt.

Die Gesellschaft kann von jedem Gesellschafter mit jährlicher Frist zum Ende des Geschäftsjahres gekündigt werden, frühestens zum 31.12. Die Kündigung hat durch eingeschriebenen Brief an die Geschäftsführung zu erfolgen.

Die Gesellschaft wird durch Kündigung nicht aufgelöst. Sie wird nach Ausscheiden des betroffenen Gesellschafters von den übrigen Gesellschaftern fortgesetzt. Der ausscheidende Gesellschafter ist verpflichtet, seinen Geschäftsanteil nach Wahl der Gesellschaft ganz oder teilweise an die Gesellschaft, an einen oder mehrere Gesellschafter oder an einen von der Gesellschaft zu benennenden Dritten abzutreten oder die Einziehung des Geschäftsanteils zu dulden.

Falls der Geschäftsanteil des ausscheidenden Gesellschafters nicht bis zum Ablauf der Kündigungsfrist von einem anderen übernommen oder eingezogen wird, tritt die Gesellschaft in Liquidation.

Der Anteil des ausscheidenden Gesellschafters ist mit dem Wert des Geschäftsanteils zu vergüten, der
sich nach § 14 Abs. 1 ergibt. Das Recht der fristlosen Kündigung wird jedoch nicht berührt.

§ 16 Liquidation

Im Fall der Auflösung der Gesellschaft erfolgt deren Abwicklung durch den oder die Geschäftsführer
als Liquidatoren, soweit nicht durch Gesellschafterbeschluss andere Liquidatoren bestellt werden.

§ 17 Bekanntmachungen

Die Bekanntmachungen der Gesellschaft erfolgen im elektronischen Bundesanzeiger.

§ 18 Sonstiges

Die Unwirksamkeit einzelner Bestimmungen dieses Vertrages lässt die Wirksamkeit des Vertrages
i. Ü. unberührt. In einem solchen Fall ist die ungültige Bestimmung durch eine Regelung zu ergänzen,
die dem gewünschten wirtschaftlichen Ergebnis in rechtsgültiger Weise am nächsten kommt.

§ 19 Gründungskosten

Die Kosten für den durch die Spaltung zur Neugründung entstehenden Gründungsaufwand trägt die
Gesellschaft. Dieser Gründungsaufwand wird übereinstimmend mit . . . . . € angesetzt.

Gemäß § 125 i. V. m. § 57 UmwG werden die Festsetzungen über den Gründungsaufwand aus der Satzung der übertragenden Gesellschaft wie folgt übernommen: . . . . . (Anm.: *Text aus der Satzung der
A-GmbH einfügen*).

b) Zustimmungsbeschluss bei der übertragenden Gesellschaft (A-AG)

613 ▶ **Muster: Zustimmungsbeschluss bei der übertragenden Gesellschaft (A-AG)**

– Auszug aus dem notariellen Protokoll –

Zu Punkt 1:

Der Vorstandsvorsitzende erläuterte den Ausgliederungsplan vom . . . . . und begründete insbes. die
Zweckmäßigkeit der Ausgliederung des Umtauschverhältnisses der Aktien.

Auf Vorlesen wurde einstimmig verzichtet.

Zu Punkt 2:

Der Vorsitzende stellte fest, dass der Ausgliederungsplan samt Gesellschaftsvertrag der B-GmbH und
der Geschäftsführerbestellung von Herrn . . . . . vor Einberufung der Hauptversammlung nach §§ 125,
61 UmwG zum Handelsregister eingereicht worden ist und dass das Register in den zur Bekanntmachung seiner Eintragung bestimmten Blättern, dem elektronischen Bundesanzeiger und dem . . . . .
einen Hinweis darauf veröffentlicht hat, dass der Vertrag zum Handelsregister eingereicht worden ist.

Der Vorsitzende stellte weiter fest, dass der Ausgliederungsplan samt Gesellschaftsvertrag der
B-GmbH und der Geschäftsführerbestellung von Herrn . . . . . die Jahresabschlüsse und die Geschäftsberichte der beteiligten Gesellschaften für die letzten drei Geschäftsjahre, die Ausgliederungsberichte
und die Prüfungsberichte von der Einberufung der Hauptversammlung an in den Geschäftsräumen
der Gesellschaft zur Einsicht der Aktionäre ausgelegen haben und auch in der Hauptversammlung
ausliegen.

Zu Punkt 3:

Die Hauptversammlung fasste einstimmig den Beschluss, den Ausgliederungsplan samt Gesellschaftsvertrag der B-GmbH und der Geschäftsführerbestellung von Herrn . . . . . vom . . . . . zu genehmigen.

Der Vorsitzende gab das Abstimmungsergebnis bekannt und verkündete das Zustandekommen des
Beschlusses.

c) Handelsregisteranmeldung für die neu gegründete GmbH (B-GmbH)

▸ **Muster: Handelsregisteranmeldung für die neu gegründete GmbH (B-GmbH)** 614

An das

Amtsgericht

– Handelsregister B –

Betrifft: Neugründung der B-GmbH mit dem Sitz in . . . . .

In der Anlage überreichen wir, das unterzeichnende alleinvertretungsberechtigte Vorstandsmitglied der A-AG – dortiges Handelsregister HRB . . . . . – und der neu bestellte Geschäftsführer der neu gegründeten B-GmbH:
1. Elektronisch beglaubigte Abschrift des Ausgliederungsplans nebst Gesellschaftsvertrag und Beschluss über die Geschäftsführerbestellung der neu gegründeten B-GmbH vom . . . . . – UR.Nr. . . . . . des beglaubigenden Notars –,
2. Elektronisch beglaubigte Abschrift des Zustimmungsbeschlusses der Hauptversammlung der A-AG vom . . . . . – UR.Nr. . . . . . . und . . . . . des beglaubigenden Notars – samt Zustimmung zum Gesellschaftsvertrag der B-GmbH,
3. elektronisch beglaubigter Ausgliederungsbericht,
4. Nachweise über die Zuleitung des Entwurfs des Ausgliederungsplans an den Betriebsrat der A-GmbH,
5. elektronisch beglaubigte Gesellschafterliste,
6. elektronisch beglaubigte Abschrift des Sachgründungsberichtes,
7. Unterlagen über die Werthaltigkeit der übertragenen Vermögensteile

und melden zur Eintragung in das Handelsregister an:

Unter der Firma »B-GmbH« ist eine Gesellschaft mit beschränkter Haftung im Wege der Ausgliederung durch Neugründung von der A-AG mit Sitz in . . . . . neu gegründet worden.

Sitz der Gesellschaft ist . . . . . Die inländische Geschäftsanschrift und die Geschäftsräume befinden sich in (Ort, Straße).

Die Gesellschaft hat einen oder mehrere Geschäftsführer. Ist nur ein Geschäftsführer bestellt, so vertritt dieser die Gesellschaft allein. Sind mehrere Geschäftsführer bestellt, so wird die Gesellschaft durch zwei Geschäftsführer gemeinsam oder durch einen Geschäftsführer in Gemeinschaft mit einem Prokuristen vertreten. Durch Gesellschafterbeschluss kann einzelnen oder mehreren Geschäftsführern die Befugnis zur Einzelvertretung sowie die Befreiung von den Beschränkungen des § 181 BGB erteilt werden.

Zum ersten Geschäftsführer der Gesellschaft wurde bestellt:

(Name), (Geburtsdatum), (Wohnort).

Er ist berechtigt, die Gesellschaft stets einzeln zu vertreten und von den Beschränkungen des § 181 BGB befreit.

Der mitunterzeichnende Geschäftsführer der B-GmbH versichert:

Ich, [Name:], versichere, dass keine Umstände vorliegen, die meiner Bestellung zum Geschäftsführer nach § 6 Abs. 2 GmbH-Gesetz entgegenstehen.

Der Geschäftsführer der Gesellschaft versichert insbesondere,

– dass er nicht wegen einer oder mehrerer vorsätzlicher Straftaten
a) des Unterlassens der Stellung des Antrags auf Eröffnung des Insolvenzverfahrens (Insolvenzverschleppung),
b) nach §§ 283 bis 283d StGB (Insolvenzstraftaten),
c) der falschen Angaben nach § 82 GmbHG oder § 399 AktG,
d) der unrichtigen Darstellung nach § 400 AktG, § 331 HGB, § 313 UmwG oder § 17 PublizitätsG,
e) nach den §§ 263 StGB (Betrug), § 263a StGB (Computerbetrug), § 264 StGB (Kapitalanlagebetrug) § 264a (Subventionsbetrug) oder den §§ 265b StGB (Kreditbetrug), § 266 StGB (Untreue) bis § 266a StGB (Vorenthalten und Veruntreuen von Arbeitsentgelt – Nichtabführung von Sozialversicherungsbeiträgen) zu einer Freiheitsstrafe von mindestens einem Jahr

verurteilt worden ist, und

– dass ihm weder durch gerichtliches Urteil noch durch die vollziehbare Entscheidung einer Verwaltungsbehörde die Ausübung eines Berufes, eines Berufszweiges, eines Gewerbes oder eines Gewerbezweiges ganz oder teilweise untersagt wurde, und

– auch keine vergleichbaren strafrechtlichen Entscheidungen ausländischer Behörden oder Gerichte gegen ihn vorliegen, und

– dass er über die uneingeschränkte Auskunftspflicht ggü. dem Gericht durch den Notar belehrt wurde.

Wir erklären, dass der Ausgliederungsbeschluss der Hauptversammlung der A-AG nicht angefochten worden ist.

Die Geschäftsräume und die inländische Geschäftsanschrift der neu gegründeten Gesellschaft befinden sich in . . . . ., ...

. . . . ., den . . . . .   (Beglaubigungsvermerk)

615 ▶ **Hinweis:**

Umstritten ist, ob folgende Versicherung nach § 8 GmbHG erforderlich ist:

»Der Geschäftsführer der B-GmbH versichert, dass ab der Eintragung der Spaltung im Handelsregister der übertragenden Gesellschaft das Vermögen der durch die Spaltung neu gegründeten Gesellschaft sich endgültig in der freien Verfügung des oder der Geschäftsführer befindet.«

Eine Prüfung ist bei der Ausgliederung nicht erforderlich (§ 125 Satz 2 UmwG)

d) Handelsregisteranmeldung für die übertragende A-AG

616 ▶ **Muster: Handelsregisteranmeldung für die übertragende A-AG**

An das

Amtsgericht

– Handelsregister B –

Betrifft: HRB . . . . . A-AG

In der Anlage überreichen wir, sämtliche Vorstandsmitglieder der A-AG:
1. Elektronisch beglaubigte Abschrift des Ausgliederungsplans vom . . . . . – UR.Nr. . . . . . des beglaubigenden Notars –,
2. Elektronisch beglaubigte Abschrift des Zustimmungsbeschlusses der Hauptversammlungen der A-AG . . . .– UR.Nr. . . . . . des beglaubigenden Notars –,
3. Elektronisch beglaubigte Abschrift des Ausgliederungsberichtes,
4. Elektronisch beglaubigte Abschrift des Nachweises über die Zuleitung des Entwurfs des Ausgliederungsvertrages an den Betriebsrat der A-AG,
5. Elektronisch beglaubigte Abschrift der Schlussbilanz der A-AG zum 31.12. . . . . .

und melden zur Eintragung in das Handelsregister an:

Die A-AG hat die im Ausgliederungsvertrag vom . . . . .– UR.Nr. . . . . . des beglaubigenden Notars – genannten Vermögensteile als Gesamtheit auf die B-GmbH als übernehmende GmbH im Wege der Ausgliederung zur Neugründung übertragen.

Wir erklären, dass der Ausgliederungsbeschluss der Aktionäre der A-AG nicht angefochten worden ist.

Wir erklären ferner, dass die durch Gesetz und Gesellschaftsvertrag vorgesehenen Voraussetzungen für die Gründung dieser Gesellschaft unter Berücksichtigung der Abspaltung im Zeitpunkt dieser Anmeldung vorliegen.

Die inländische Geschäftsanschrift und die Geschäftsräume befinden sich unverändert in (Ort, Straße).

. . . . ., den . . . . .   (Beglaubigungsvermerk)

▶ **Hinweis:** 617

Eine Prüfung ist bei der Ausgliederung nicht erforderlich (§ 125 Satz 2 UmwG).

E. Spaltung von Genossenschaften

I. Checkliste

Beim **Ablauf des Spaltungsverfahrens** sind folgende Punkte zu beachten: 618

- [ ] Spaltungsvertrag (§§ 4 ff. i. V. m. § 125 UmwG),
- [ ] Spaltungsbericht (§ 127 UmwG),
- [ ] Gutachten des Prüfungsverbandes (§ 81 i. V. m. § 125 UmwG),
- [ ] Zuleitung des Spaltungsvertrages zum Betriebsrat (§ 126 Abs. 3 UmwG),
- [ ] Neuregelung der Kapitalverhältnisse bei der übernehmenden Genossenschaft,
- [ ] Vorbereitung der Generalversammlung (§ 82 i. V. m. § 125 UmwG),
- [ ] Verschmelzungsbeschluss (§§ 13, 83, 84 i. V. m. § 125 UmwG),
- [ ] Anmeldung zum Handelsregister bei der übertragenden Genossenschaft und bei der übernehmenden Genossenschaft (§§ 16, 17, 86 i. V. m. § 125 UmwG),
- [ ] Eintragung der Spaltung zunächst in die Register des Sitzes der übernehmenden Genossenschaft, sodann in das Register des Sitzes der übertragenden Genossenschaft (§ 130 UmwG),
- [ ] Tausch von Geschäftsanteilen (§§ 87, 88 i. V. m. § 125 UmwG).

II. Spaltungsvertrag bzw. Spaltungsplan

Vgl. zunächst die Ausführungen zu Teil 2 Rdn. 1184 ff. 619

Eine **Genossenschaft** kann an einer Spaltung sowohl als übernehmender oder neu gegründeter Rechts- 620 träger als auch als übertragender Rechtsträger beteiligt sein und zwar in allen Formen der Spaltung (vgl. Lutter/Bayer, UmwG, § 147 Rn. 3; Hörtnagl, in: Schmitt/Hörtnagl/Stratz Vor §§ 147, 148 UmwG Rn. 1). Nach § 147 **UmwG** ist jedoch die Spaltung eines Rechtsträgers anderer Rechtsform zur Aufnahme von Teilen seines Vermögens durch eine eingetragene Genossenschaft nur zulässig, wenn die erforderliche Änderung des Statuts der übernehmenden Genossenschaft gleichzeitig mit der Spaltung beschlossen wird.

Die Vorschrift ist allerdings etwas missverständlich. Zu Recht weist die Literatur darauf hin, dass ob und welche Änderungen des Statuts erforderlich sind, im **Ermessen der Parteien des Spaltungsvertrages** liegt. Zwingend vorgeschrieben ist eine Satzungsänderung vom Gesetz nicht, auch nicht im Fall der Mischspaltung (Lutter/Bayer, UmwG, § 147 UmwG Rn. 18; Widmann/Mayer/Fronhöfer, Umwandlungsrecht, § 147 UmwG Rn. 7; Hörtnagl, in: Schmitt/Hörtnagl/Stratz § 147 UmwG Rn. 2). Es ist daher ebenso wie bei der Verschmelzung (vgl. oben Teil 2 Rdn. 1190 ff.) zu prüfen, ob eine Anpassung der Satzung aus den genannten Gründen erforderlich ist. Eine statutarische Anpassung kann insb. erforderlich sein, um der notwendigen Anteilsgewährungspflicht nachzukommen oder auch die Möglichkeit mehrerer Anteile zu schaffen (vgl. im Einzelnen dazu oben Teil 2 Rdn. 1192 ff.). Auch Fragen der Nachschusspflichten und der Pflichtbeteiligung können zu einer Änderung führen (vgl. im Einzelnen oben Teil 2 Rdn. 1189 ff.). Der **Zweck der Vorschrift** des § 147 UmwG beschränkt sich darauf, dass, wenn eine Statutenänderung erforderlich oder gewünscht ist, diese gleichzeitig mit der Beschlussfassung über die Spaltung zu erfolgen hat (Lutter/Bayer, UmwG, § 147 Rn. 24). Nach ganz allgemeiner Meinung kann sich daher eine **eingetragene Genossenschaft** an einer Spaltung nach §§ 123 ff. UmwG sowohl als übertragender als auch als übernehmender Rechtsträger beteiligen. Zulässig ist insb. auch die Beteiligung einer eingetragenen Genossenschaft an einer Ausgliederung (Widmann/Mayer/Fronhöfer, Umwandlungsrecht, vor § 147 UmwG Rn. 14 ff.; Lutter/Bayer, UmwG, § 147 Rn. 3; Beuthien, AG 1996, 349, 350). Diese Möglichkeiten der Spaltung bestehen dabei nicht nur für die »reinen Genossenschaftsspaltungen«. Zulässig sind vielmehr auch **sog. Mischspaltungen**, bei denen neben einer eingetragenen Genossenschaft auch Rechtsträger anderer Rechtsformen als übertragende, übernehmende oder neue Rechtsträger beteiligt sind. Einschränkungen für Mischspaltungen ergeben sich nur für die Teilnahmefähigkeit von Rechtsträgern in anderer Rechtsform als der der eingetragenen Genossenschaft, sofern die auf sie anwendbaren allgemeinen oder besonderen Vorschriften die Möglichkeiten bestimmter Spaltungsvorgänge ausschließen (Widmann/Mayer/Fronhöfer, Umwandlungsrecht, vor § 147 UmwG Rn. 16).

621 Unklar war, ob eine Total-Ausgliederung bei der Genossenschaft möglich ist mit der Folge, dass sich die Tätigkeit der Genossenschaft auf die einer »**Holding-Gesellschaft**« beschränkt. Solche Genossenschaften, die sich darauf beschränken, nur noch Beteiligungen an Unternehmen (= Förderunternehmen) zu halten, die für die Genossenschaft die Förderleistung erbringen, bzw., die ihre Betriebsgrundlagen an ein anderes Unternehmen (= Förderunternehmen) verpachten, sollen nach teilweise vertretener Ansicht gegen § 1 Abs. 1 GenG verstoßen. In ihrer Funktion als »Halte- und Pachtgenossenschaft« würde die Genossenschaft dann nicht mehr eine Mitgliederförderung mittels gemeinschaftlichen Geschäftsbetriebes bezwecken (vgl. dazu BayObLG, BB 1985, 426; LG Stuttgart, ZfgG 1970, 412, 413; Müller, GenG, § 1 Rn. 23; Hornung, Rpfleger 1980, 294 ff.; Blomeyer, Anm. zu LG Konstanz, ZfgG 1975, 305, 309, 312).

Nach **neuerer Ansicht** dürfte diese Auffassung jedoch als **überholt** gelten. Aus § 1 Abs. 2 GenG ergibt sich unmittelbar, dass sich die Genossenschaft an anderen Unternehmen beteiligen kann, wenn sie der Mitgliederförderung dient (§ 1 Abs. 2 Nr. 1 GenG, vgl. dazu auch Reul, Das Konzernrecht der Genossenschaften, S. 84 ff.; Schulte in: Lang/Weidmüller, § 1 GenG Rn. 20; Beuthien, AG 1996, 349, 352 ff.; Emmerich/Sonnenschein, Konzernrecht, S. 450). Diese Vorschrift zeigt, dass Genossenschaften ihren Förderzweck auch mittelbar durch bloße Beteiligung an anderen Gesellschaften erfüllen können. Argumentiert wird hierfür, dass das GenG an keiner Stelle fordere, dass die Mitgliederförderung unmittelbar durch die Genossenschaft selbst erfolgen müsse. Der Begriff des »gemeinschaftlichen Geschäftsbetriebes« i. S. d. § 1 Abs. 1 GenG sei inhaltlich neutral (Beuthien, AG 1996, 349, 352 f.). Keine Bedenken gegen die Zulässigkeit von »Halte- und Pachtgenossenschaften« bestehen daher jedenfalls, solange sichergestellt ist, dass die Beteiligungsgesellschaft wenigstens auch (mittelbar) den Förderzweck der Genossenschaft erfüllt (Emmerich/Sonnenschein, Konzernrecht, S. 450; Reul, Das Konzernrecht der Genossenschaften, S. 84 ff., 84 ff.; Beuthien, AG 1996, 349, 352 ff.; Schulte in: Lang/Weidmüller, § 1 GenG Rn. 20).

622 Bei einer Abspaltung oder Ausgliederung müssen die **Vertretungsorgane** der übertragenden Genossenschaft auch **erklären**, dass die durch Gesetz und Gesellschaftsvertrag vorgesehenen Voraussetzungen für die Gründung der übertragenden Genossenschaft unter Berücksichtigung der Abspaltung oder Ausgliederung im Zeitpunkt der Anmeldung vorliegen (§ 148 Abs. 1 UmwG). Anders als bei der Kapitalgesellschaft bestehen bei der Abspaltung bei einer Genossenschaft nicht die Probleme der Kapitalerhaltung, da die Genossenschaft über kein festes Stammkapital verfügt (vgl. BR-Drucks. 75/94, S. 127). Die Spaltung kann aber dazu führen, dass der Fortbestand der Genossenschaft gefährdet ist. § 148 UmwG will dieser Gefahr entgegenwirken. Entscheidend ist, ob die Genossenschaft nach der Abspaltung noch »lebensfähig« ist (so zu Recht Lutter/Bayer, UmwG, § 148 Rn. 23). Das verbleibende Vermögen darf nicht unter dem Gesamtbetrag der Geschäftsguthaben liegen. Die Erklärung ist nach der wohl überwiegenden Meinung entsprechend § 157 GenG von sämtlichen Mitgliedern des Vorstandes der übertragenden Genossenschaft abzugeben (vgl. oben Teil 2 Rdn. 1290; Widmann/Mayer/Fronhöfer, Umwandlungsrecht, § 148 UmwG Rn. 11; Hörtnagl, in: Schmitt/Hörtnagl/Stratz, § 148 UmwG Rn. 2; Bonow, in: Semler/Stengel, § 148 UmwG Rn. 4).

623 Als **Anlagen** sind bei Abspaltung und Ausgliederung immer der Spaltungsbericht nach § 127 UmwG, bei der Abspaltung darüber hinaus das Prüfungsgutachten nach § 15 i. V. m. § 12 UmwG (§ 148 Abs. 2 UmwG) beizufügen.

III. Neuregelung der Kapitalverhältnisse einer übernehmenden Genossenschaft bei der Spaltung zur Aufnahme

624 Es kann hier auf die Ausführungen zum Verschmelzungsrecht verwiesen werden (vgl. oben Teil 2 Rdn. 1189).

IV. Spaltungsbericht

625 Vgl. die Erläuterungen zur Verschmelzung (Teil 2 Rdn. 1229 ff.).

V. Gutachten des Prüfungsverbandes

Zum Gutachter des Prüfungsverbandes (§ 81 i. V. m. § 125) vgl. die Erläuterungen zur Verschmelzung **626** (Teil 2 Rdn. 1233 ff.).

VI. Vorbereitung der Generalversammlung

Auch diesbezüglich gelten uneingeschränkt die Vorschriften über die Verschmelzung (vgl. Teil 2 **627** Rdn. 1243 ff.).

VII. Durchführung der Generalversammlung

Auch hier gelten die Verschmelzungsvorschriften (vgl. Teil 2 Rdn. 1251 ff.). **628**

VIII. Besonderes Ausschlagungsrecht

Es gelten die Vorschriften über das Verschmelzungsrecht (§§ 90 ff. i. V. m. § 125; vgl. Teil 2 **629** Rdn. 1279 ff.).

IX. Spaltung zur Neugründung

Auch hier gelten die Vorschriften zur Verschmelzung (vgl. Teil 2 Rdn. 1282 ff.). **630**

1. Spaltungsvertrag bei der Abspaltung zur Aufnahme

▶ **Muster: Spaltungsvertrag bei der Abspaltung zur Aufnahme** **631**

UR.Nr. für . . . . .

Verhandelt zu . . . . .

am . . . . .

Vor dem unterzeichnenden

. . . . .

Notar mit dem Amtssitz in . . . . .

erschienen:
1. Herr (Name, Geburtsdatum, Adresse),
   hier handelnd nicht im eigenen Namen, sondern als alleinvertretungsberechtigtes Vorstandsmitglied der A-Genossenschaft mit dem Sitz in . . . . ., eingetragen im Genossenschaftsregister des Amtsgerichtes . . . . . unter GenR . . . . .,
2. Herr (Name, Geburtsdatum, Adresse),
   hier handelnd nicht im eigenen Namen, sondern als alleinvertretungsberechtigtes Vorstandsmitglied der B-Genossenschaft mit dem Sitz in . . . . ., eingetragen im Genossenschaftsregister des Amtsgerichts . . . . . unter GenR . . . . .

Die Erschienenen wiesen sich dem Notar gegenüber aus durch Vorlage ihrer amtlichen Lichtbildausweise.

Die Erschienenen ließen folgenden

Spaltungsvertrag

beurkunden und erklärten, handelnd wie angegeben:

I. Beteiligte Rechtsträger, Vermögensübertragung

An der Spaltung sind beteiligt die A-Genossenschaft mit Sitz in . . . . . als übertragender Rechtsträger und die B-Genossenschaft mit Sitz in . . . . . als aufnehmender Rechtsträger.

1. Die A-Genossenschaft mit dem Sitz in . . . . . überträgt hiermit ihre nachstehend genannten Vermögensteile als Gesamtheit im Wege der Abspaltung zur Aufnahme auf die B-Genossenschaft mit dem Sitz in . . . . . Die B-Genossenschaft gewährt als Ausgleich hierfür den Mitgliedern der A-Genossenschaft Mitgliedschaften in der B-Genossenschaft.

2. Bei den als Gesamtheit übertragenen Gegenständen des Aktiv- und Passivvermögens der A-Genossenschaft handelt es sich im Einzelnen um:

a) den im Grundbuch des Amtsgerichts . . . . . von . . . . ., Blatt . . . . ., verzeichneten Grundbesitz der Gemarkung . . . . ., Flur . . . . ., Flurstück Nr. . . . . ., groß . . . . . ar;

b) den auf dem vorbezeichneten Grundstück befindlichen Betriebsteil der A-Genossenschaft nebst dem hierzu gehörenden beweglichen Anlage- und Umlaufvermögen, wie es sich aus der Anlage 1 zu dieser Niederschrift ergibt; im Fall einer Veräußerung von Gegenständen durch die A-Genossenschaft im regelmäßigen Geschäftsverkehr bis zu dem in Ziff. III. genannten Zeitpunkt treten ihre Surrogate an ihre Stelle;

c) alle den vorbezeichneten Betriebsteil zuzuordnenden Verträge, insbes. Leasingverträge, Lieferverträge, Dienstverträge und sonstigen Rechte, wie sie sich aus der Anlage 2 zu dieser Niederschrift ergeben;

d) alle Verbindlichkeiten der A-Genossenschaft, die dem vorbezeichneten Betriebsteil wirtschaftlich zuzuordnen sind, wie sie sich aus der Anlage 3 zu dieser Niederschrift ergeben;

e) die in der Anlage 4 zu dieser Niederschrift bezeichneten Arbeitsverhältnisse;

f) Sachen, Rechte, Vertragsverhältnisse, die nicht in den beigefügten Anlagen aufgeführt sind, soweit sie dem vorbezeichneten Betriebsteil im weitesten Sinne wirtschaftlich zuzuordnen sind; dies gilt insbes. für bis zur Eintragung der Spaltung in das Genossenschaftsregister erworbene Sachen oder Rechte und begründete Vertragsverhältnisse und Verbindlichkeiten.

II. Gegenleistung

1. Die B-Genossenschaft gewährt mit Wirksamwerden der Spaltung jedem Mitglied der A-Genossenschaft die Mitgliedschaft in der B-Genossenschaft.

2. Jedes Mitglied der A-Genossenschaft erhält mit Wirksamwerden der Spaltung einen Geschäftsanteil i. H. v. . . . . . €.

3. Die Mitgliedschaften werden kostenfrei und mit Gewinnberechtigung ab dem . . . . . gewährt.

4. Die Aufteilung der Anteile und Mitgliedschaften erfolgt entsprechend dem Verhältnis der Anteile und Mitgliedschaften der Mitglieder der A-Genossenschaft.

5. Die Angaben zur Mitgliedschaft ergeben sich aus dem als Anlage 5 zu diesem Vertrag genommenen Wortlaut der geltenden Satzung der B-Genossenschaft.

III. Spaltungsstichtag

Die Übernahme des vorbezeichneten Vermögens der A-Genossenschaft erfolgt im Innenverhältnis mit Wirkung zum Ablauf des . . . . . Vom . . . . . an gelten alle Handlungen und Geschäfte der A-Genossenschaft, die das übertragene Vermögen betreffen, als für Rechnung der B-Genossenschaft vorgenommen.

IV. Besondere Rechte

Besondere Rechte i. S. v. § 126 Abs. 1 Nr. 7 UmwG bestehen bei der B-Genossenschaft nicht. Einzelnen Anteilsinhabern werden i. R. d. Spaltung keine besonderen Rechte gewährt.

V. Besondere Vorteile

Besondere Vorteile i. S. v. § 126 Abs. 1 Nr. 8 UmwG werden weder einem Mitglied eines Vertretungs- oder Aufsichtsorgans, noch dem Abschlussprüfer oder dem Spaltungsprüfer gewährt.

VI. Folgen der Abspaltung für Arbeitnehmer und ihre Vertretungen

Durch die Abspaltung ergeben sich für die Arbeitnehmer und ihre Vertretungen die nachgenannten Folgen:

. . . . .

Insoweit sind folgende Maßnahmen vorgesehen:

. . . . .

VII. Sonstige Vereinbarungen

1. Sollten für die Übertragung der in Ziff. I.2. genannten Sachen, Rechte, Vertragsverhältnisse und Verbindlichkeiten weitere Voraussetzungen geschaffen werden müssen, so verpflichten sich die Vertragsbeteiligten alle erforderlichen Erklärungen abzugeben und Handlungen vorzunehmen.

2. Sollte eine Übertragung der in Ziff. I.2. genannten Sachen, Rechte, Vertragsverhältnisse und Verbindlichkeiten im Wege der Spaltung auf die B-Genossenschaft rechtlich nicht möglich sein, so verpflichten sich die Vertragsbeteiligten alle erforderlichen Erklärungen abzugeben und alle erforderlichen Handlungen vorzunehmen, die rechtlich zu dem beabsichtigten Vermögensübergang auf die B-Genossenschaft in anderer Weise führen.

VIII. Bedingungen

Der Spaltungsvertrag steht unter der aufschiebenden Bedingung, dass die formgerechten Zustimmungsbeschlüsse der Generalversammlung beider Gesellschaften bis zum . . . . . vorliegen.

IX. Kosten

Die durch diesen Vertrag und ihre Durchführung bei beiden Gesellschaften entstehenden Kosten trägt die B-Genossenschaft. Sollte die Spaltung nicht wirksam werden, tragen die Kosten dieses Vertrages die Gesellschaften zu gleichen Teilen; alle übrigen Kosten trägt die jeweils betroffene Gesellschaft allein.

Diese Niederschrift nebst allen Anlagen wurde den Erschienenen vom Notar vorgelesen, von ihnen genehmigt und von ihnen und vom Notar eigenhändig, wie folgt, unterzeichnet.

. . . . .

2. Zustimmungsbeschluss bei der übernehmenden Genossenschaft

▶ **Muster: Zustimmungsbeschluss bei der übernehmenden Genossenschaft** 632

Niederschrift der Generalversammlung

Heute, den . . . . .

begab ich mich, der unterzeichnende Notar . . . . . mit Amtssitz in . . . . . auf Ansuchen in die Gastwirtschaft X in Würzburg, um an der dorthin auf heute 16.00 Uhr einberufenen

ordentlichen Generalversammlung

der Genossen der X-Genossenschaft teilzunehmen und über den Gang der Verhandlung sowie über die gefassten Beschlüsse die gesetzlich vorgeschriebene Niederschrift wie folgt zu errichten:

I.

Anwesend waren:

1. Vom Aufsichtsrat der Genossenschaft:
a) Herr X, Landwirt, wohnhaft in . . . . .,
b) Herr Z, Kaufmann, wohnhaft in . . . . .,
c) Herr Y, Bankkaufmann, wohnhaft in . . . . .,

2. Vom Vorstand der Genossenschaft:
a) Herr A, Bankkaufmann, wohnhaft in . . . . . (Vorsitzender),
b) Herr B, Kaufmann, wohnhaft in . . . . .

Dieser Niederschrift ist ein Verzeichnis der erschienenen oder vertretenen Genossen und der Vertreter von Genossen beigefügt. Bei jedem erschienenen oder vertretenen Genossen ist dessen Stimmenzahl vermerkt. Das Teilnehmerverzeichnis ist vom Versammlungsleiter unterzeichnet worden und wurde bei jeder Abstimmung bei Änderung der Teilnehmerzahl angepasst.

II.

Den Vorsitz der Versammlung führte der Vorsitzende des Aufsichtsrates. Er stellte fest, dass die Generalversammlung form- und fristgemäß durch Bekanntmachung im Verkündungsblatt Nr. . . . . . vom . . . . . einberufen worden ist. Ein Belegexemplar dieser Ausgabe wurde mir, dem Notar, übergeben. Es ist der Niederschrift als Anlage 2 beigefügt.

Anschließend legte er das anliegende, von ihm unterzeichnete Verzeichnis der erschienenen oder vertretenen Genossen zur Einsichtnahme aus, nachdem der Vorstand erklärt hatte, dass sämtliche in dem Verzeichnis aufgeführten Genossen ihre Berechtigung zur Teilnahme an der Generalversammlung ordnungsgemäß nachgewiesen haben.

Der Vorsitzende erklärte, dass die Abstimmung durch Handaufheben stattfinden werde, soweit nicht eine andere Abstimmungsart für die Abstimmung abgeordnet werde.

Der Vorsitzende stellte weiter fest, dass von der Einberufung der Generalversammlung an in dem Geschäftsraum der Genossenschaft folgende Unterlagen zur Einsicht der Genossen ausgelegt waren und diese auch während der Generalversammlung im Versammlungssaal auslagen:
– der Spaltungsvertrag;
– die Jahresabschlüsse und die Jahresberichte der übertragenden und der übernehmenden Genossenschaft der letzten drei Geschäftsjahre;
– der Spaltungsbericht der beiden Vorstände;
– das Prüfungsgutachten des Prüfungsverbandes bzgl. beider Genossenschaften.

Der Spaltungsvertrag wird dieser Niederschrift als Anlage 3 beigefügt.

Daraufhin wurde die Tagesordnung wie folgt erledigt:

Punkt 1:

Der Vorstandsvorsitzende erläuterte den Spaltungsvertrag vom ..... und begründete insbes. die Zweckmäßigkeit der Spaltung. Auch die weiteren Punkte des Spaltungsvertrages wurden vom Vorstand erläutert. Verschiedenen Genossen wurde Auskunft über wesentliche Angelegenheiten erteilt. Der von den Vorständen der beiden Genossenschaften abgeschlossene Spaltungsvertrag wurde wörtlich verlesen. Das Gutachten des Prüfungsverbandes, dass die Spaltung mit den Belangen der Mitglieder und der Gläubiger der Genossenschaft vereinbar ist, wurde ebenfalls verlesen.

Punkt 2: Zustimmung zum Spaltungsvertrag

Gegen die Zustimmung zu dem abgeschlossenen Spaltungsvertrag mit der A-Genossenschaft stimmten zehn Genossen. Dafür stimmten entsprechend dem Vorschlag von Vorstand und Aufsichtsrat 290 Genossen.

Der Vorsitzende stellte fest, dass die Spaltung mit der A-Genossenschaft durch Zustimmung zum Spaltungsvertrag von ..... mit mehr als 3/4 – Mehrheit der abgegebenen Stimmen beschlossen ist.

Damit war die Tagesordnung erledigt. Der Vorsitzende schloss die Hauptversammlung um 19.00 Uhr.

Die Niederschrift wurde vom Notar und vom Vorsitzenden und den anwesenden Mitgliedern des Vorstandes wie folgt unterschrieben.

.....

Anlagen:

Anlage 1: Teilnehmerverzeichnis

Anlage 2: Belegexemplar vom .....

Anlage 3: Spaltungsvertrag vom .....

633 **3. Zustimmungsbeschluss bei der übertragenden Genossenschaft.** Vgl. zu diesem Zustimmungsbeschluss das Muster unter Teil 3 Rdn. 632.

4. Registeranmeldung für die übertragende Genossenschaft

634 ▶ **Muster: Registeranmeldung für die übertragende Genossenschaft**

An das

Amtsgericht

– Genossenschaftsregister –

Betrifft: GenR ..... A-Genossenschaft

In der Anlage überreichen wir, sämtliche Mitglieder des Vorstandes der A-Genossenschaft:
1. Elektronisch beglaubigte Abschrift des Spaltungsvertrages vom ..... – UR.Nr. ...... des beglaubigenden Notars –,
2. Elektronisch beglaubigte Abschrift des Zustimmungsbeschlusses der Generalversammlung der A-Genossenschaft vom ..... – UR.Nr. ..... des beglaubigenden Notars –,
3. Elektronisch beglaubigte Abschrift des Zustimmungsbeschlusses der Generalversammlung der B-Genossenschaft vom ..... – UR.Nr. ..... des beglaubigenden Notars –,
4. Elektronisch beglaubigte Abschrift des Spaltungsberichtes,
5. Elektronisch beglaubigte Abschrift des Prüfungsgutachtens,

6. Elektronisch beglaubigte Abschrift des Nachweis über die Zuleitung des Entwurfs des Spaltungsvertrages an den Betriebsrat der A-Genossenschaft,
7. Elektronisch beglaubigte Abschrift der Schlussbilanz der A-Genossenschaft zum Spaltungsstichtag

und melden zur Eintragung in das Genossenschaftsregister an:

Die A-Genossenschaft hat die im Spaltungsvertrag vom . . . . . – UR.Nr. . . . . . des beglaubigenden Notars – genannten Vermögensteile als Gesamtheit auf die B-Genossenschaft als übernehmende Genossenschaft im Wege der Abspaltung durch Aufnahme übertragen.

Wir erklären, dass weder der Spaltungsbeschluss der Generalversammlung der A-Genossenschaft noch der Spaltungsbeschluss der Generalversammlung der B-Genossenschaft angefochten worden ist.

Wir erklären ferner, dass die durch Gesetz und Statut vorgesehenen Voraussetzungen für die Gründung dieser Gesellschaft unter Berücksichtigung der Abspaltung im Zeitpunkt dieser Anmeldung vorliegen.

Die inländische Geschäftsanschrift und die Geschäftsräume befinden sich unverändert in (Ort, Straße).

. . . . ., den . . . . .   (Beglaubigungsvermerk)

5. Registeranmeldung für die übernehmende Genossenschaft
▸ **Muster: Registeranmeldung für die übernehmende Genossenschaft**   635

An das

Amtsgericht

– Genossenschaftsregister B –

Betrifft: GenR . . . . . B-Genossenschaft

In der Anlage überreichen wir, die unterzeichnenden sämtliche Vorstandsmitglieder der o. a. Genossenschaft:
1. Elektronisch beglaubigte Abschrift des Spaltungsvertrages vom . . . . . – UR.Nr. . . . . . des beglaubigenden Notars –,
2. Elektronisch beglaubigte Abschrift des Zustimmungsbeschlusses der Generalversammlung der A-Genossenschaft vom . . . . . – UR.Nr. . . . . . des beglaubigenden Notars –,
3. Elektronisch beglaubigte Abschrift des Zustimmungsbeschlusses der Generalversammlung der B-Genossenschaft vom . . . . . – UR.Nr. . . . . . des beglaubigenden Notars –,
4. Elektronisch beglaubigte Abschrift des Spaltungsberichtes,
5. Elektronisch beglaubigte Abschrift des Prüfungsgutachtens,
6. Elektronisch beglaubigte Abschrift des Nachweises über die Zuleitung des Entwurfs des Verschmelzungsvertrages an den Betriebsrat der B-Genossenschaft

und melden zur Eintragung in das Genossenschaftsregister an:

Die A-Genossenschaft hat die im Spaltungsvertrag vom . . . . . – UR.Nr. . . . . . des beglaubigenden Notars – genannten Vermögensteile als Gesamtheit im Wege der Abspaltung durch Aufnahme auf die B-Genossenschaft übertragen.

Wir erklären, dass weder der Spaltungsbeschluss der Generalversammlung der A-Genossenschaft noch der Spaltungsbeschluss der Generalversammlung der B-Genossenschaft angefochten worden ist.

Die inländische Geschäftsanschrift und die Geschäftsräume befinden sich unverändert in (Ort, Straße).

. . . . ., den . . . . .   (Beglaubigungsvermerk)

F. Spaltung von Vereinen

I. Checkliste

636 Beim **Ablauf des Spaltungsverfahrens** sind folgende Punkte zu beachten (vgl. auch Hermann, ZIP 1998, 1249 ff. besonders zu Fußballvereinen):

☐ Spaltungsvertrag bzw. -plan (§§ 4 bis 6 UmwG),
☐ Spaltungsbericht (§ 127 UmwG),
☐ Zuleitung des Spaltungsvertrages zum Betriebsrat (§ 126 Abs. 3 UmwG).
☐ Spaltungsprüfung (§§ 9 bis 12, 100 i. V. m. § 125 UmwG), wenn mindestens 10 % der Mitglieder dies schriftlich verlangen,
☐ Unterrichtung der Mitglieder (§ 101 i. V. m. § 125 UmwG),
☐ Spaltungsbeschluss der Mitgliederversammlung (§§ 13, 103 i. V. m. § 125 UmwG),
☐ Anmeldung zum Handelsregister bzw. Bekanntmachung der Spaltung (§§ 16, 17, 104 i. V. m. § 125 UmwG),
☐ Eintragung der Spaltung (§§ 19, 20 UmwG) bzw. Bekanntmachung im elektronischen Bundesanzeiger (§ 104 UmwG).

II. Allgemeines

637 Vgl. zunächst die Ausführungen zu Teil 2 Rdn. 1296 ff.

638 Die **zulässigen Spaltungskombinationen** sind im Grunde die gleichen wie bei der Verschmelzung, da § 149 Abs. 2 UmwG § 99 Abs. 2 UmwG wörtlich entspricht (vgl. oben Teil 2 Rdn. 1297 ff.). Grds. können **rechtsfähige Vereine** nach § 124 i. V. m. § 3 UmwG an allen Arten der Spaltung (Aufspaltung, Abspaltung, Ausgliederung) beteiligt sein. Auch die Mischspaltung ist zulässig (Lutter/Hennrichs, UmwG, § 149 Rn. 7). Bei e. V. verbietet § 149 Abs. 2 UmwG allerdings die Mischspaltung von Rechtsträgern anderer Rechtsform auf einen e. V. (vgl. oben Teil 2 Rdn. 815 und Lutter/Hennrichs, UmwG, § 149 Rn. 9). Demgegenüber kann der e. V. auf Rechtsträger anderer Rechtsform spalten oder ausgliedern (Widmann/Mayer/Vossius, Umwandlungsrecht, § 149 UmwG Rn. 20 ff.). Möglich ist insb. die Abspaltung eines Teils des (übertragenden) Vereins zur Aufnahme auf einen bestehenden Verein oder zur Neugründung auf einen dadurch gegründeten neuen Verein gegen Gewährung von Mitgliedschaften des neuen Vereins an die Mitglieder des übertragenden Vereins.

§ 149 Abs. 2 UmwG schränkt also von seinem Wortlaut her nur Spaltungen mit einem e. V. als übernehmendem Rechtsträger ein. **Zweck der Vorschrift** ist es wie bei der Parallelvorschrift des § 99 Abs. 2 UmwG, Mischspaltungen von Rechtsträgern anderer Rechtsform auf einen e. V. zu verhindern (Lutter/Hennrichs, UmwG, § 149 Rn. 4). E. V. sollen Rechtsträger anderer Rechtsform im Wege der Spaltung nicht aufnehmen oder durch die Spaltung solcher Rechtsträger nicht neu gegründet werden können, weil dafür ein Bedürfnis nicht aufgetreten sei (Regierungsbegründung zu § 149 Abs. 2). Den Weg »aus« einem e. V. will § 149 Abs. 2 UmwG indessen nicht versperren (Lutter/Hennrichs, UmwG, § 149 Rn. 4). Die Ausgliederung einer nach wirtschaftlichen Grundsätzen betriebenen Abteilung aus einem e. V. auf einen gewerblichen Rechtsträger, z. B. GmbH, wird vom Gesetzgeber sogar als ein denkbarer Anwendungsfall der neuen Spaltungsmöglichkeiten hervorgehoben (vgl. Neye, UmwG, UmwStG, S. 250). Soweit der übernehmende oder neue Rechtsträger eine andere Rechtsform hat, steht § 149 Abs. 2 UmwG Mischspaltungen unter Beteiligung e. V. also nicht entgegen.

639 Zum **Inhalt des Spaltungsvertrages bzw. -plans** kann auf die Ausführungen zu Teil 3 Rdn. 37 ff. verwiesen werden. Besondere gesetzliche Vorschriften nennt das UmwG bis auf **folgende Ausnahmen** nicht:
– für den rechtsfähigen Verein ist die Möglichkeit einer Spaltung nur eröffnet, soweit dem die Vereinssatzung oder landesrechtliche Vorschriften nicht entgegenstehen (§ 149 Abs. 1 UmwG);
– ein e. V. kann als übernehmender Rechtsträger im Wege der Spaltung nur andere e. V. aufnehmen oder mit ihnen einen neuen e. V. gründen (§ 149 Abs. 2 UmwG).

640 Auch bzgl. der **sonstigen Voraussetzungen** kann auf die Verschmelzung verwiesen werden (vgl. oben Teil 2 Rdn. 1296 ff.).

Bei der Spaltung ist es auch möglich, dass **nur bestimmte Mitglieder** Vereinsmitglieder des neu zu grün- 641
denden Vereins werden. § 128 UmwG lässt die Quoten abweichende Spaltung im Gesetz ausdrücklich
zu. Daraus schließt die ganz herrschende Meinung, dass auch die Spaltung zu null dergestalt zulässig ist,
dass an dem neu zu gründenden Rechtsträger nur bestimmte Anteilsinhaber oder Mitglieder des übertragenden Rechtsträgers beteiligt werden (Semler/Stengel/Schröer, UmwG, § 128 Rn. 6; Mayer, in:
Münchener Handbuch des Gesellschaftsrechts, Bd. III, § 73 Rn. 679; in: Schmitt/Hörtnagl/Stratz,
UmwG, UmwStG, § 128 UmwG Rn. 11; LG Konstanz DB 1998, 1177, 1178). In diesem Zusammenhang wird es regelmäßig für ausreichend gehalten, dass dem nicht beim aufnehmenden oder neu zu
gründenden Rechtsträger berücksichtigten Anteilsinhaber oder Mitglied seine Beteiligung beim übertragenden Rechtsträger verbleibt, ohne dass ihm dort eine höhere Beteiligung gewährt werden müsste.

Das **Verfahren** entspricht den allgemeinen Spaltungsvorschriften (s. o. Teil 3 Rdn. 37 ff.) und den Be- 642
sonderheiten der Vereinsverschmelzung (vgl. oben Teil 2 Rdn. 1303 ff.).

Die Problematik der Zweckänderung des Vereins wurde schon bei der Verschmelzung erörtert; § 33 643
BGB ist daher anwendbar (vgl. oben Teil 2 Rdn. 1333). Nach dieser Vorschrift ist die **Änderung des
Zwecks** eines Vereines nur mit der Zustimmung aller Mitglieder zulässig; die Zustimmung der nicht
erschienenen Mitglieder muss schriftlich erfolgen. Die überwiegende Meinung in der Literatur geht davon aus, dass das Umwandlungsrecht **das zwingende Vereinsrecht nicht verdrängt**, sodass dann, wenn
sich mit der Zustimmung zur Spaltung der Vereinszweck ändert, die Zustimmung aller Mitglieder erforderlich ist, soweit die Satzung keine abweichende Regelung getroffen hat (Neumayer/Schulz,
DStR 1996, 873; a. A. Widmann/Mayer/Vossius, Umwandlungsrecht, § 99 UmwG Rn. 92). Bei der
Spaltung kann z. B. vom Eingreifen des § 33 Abs. 1 Satz 2 BGB ausgegangen werden, wenn der Zweck
(beider) Vereine durch die Spaltung verändert wird. § 33 Abs. 1 Satz 2 BGB ist allerdings nur anzuwenden, wenn sich die grds. Zweckrichtung des Vereins ändert (BGH, NJW 1986, 1083; Schwarz, in: Bam-
berger/Roth, BGB, § 33 Rn. 7; Palandt/Heinrichs, BGB, § 33 Rn. 3).

▶ **Beispiel:** 644

Ein Verein, der nach der Satzung sowohl gewerbliche Interessen als auch Verbraucherinteressen
wahrnimmt, gibt die Wahrnehmung der Verbraucherinteressen auf (BGH, NJW 1986, 1083; Reuter, ZGR 1987, 475, 480; Schwarz, in: Bamberger/Roth, BGB, § 33 Rn. 7).

Keine Vereinszweckänderungen, sondern einfache Satzungsänderungen nach § 33 Abs. 1 Satz 1 BGB
sind hingegen Zweckergänzungen und Zweckbeschränkungen, sofern die grds. Zweckrichtung aufrechterhalten bleibt (BayObLG, Rpfleger 2001, 307; LG Bremen, Rpfleger 1989, 415; Fronhöfer, in: Bam-
berger/Roth, BGB, § 33 Rn. 7).

III. Muster

1. Abspaltung zur Aufnahme (A-e. V. auf B-e. V.)

▶ **Muster: Abspaltung zur Aufnahme (A-e. V. auf B-e. V.)** 645

Spaltungsvertrag bei der Abspaltung zur Aufnahme

UR.Nr. für . . . . .

Verhandelt zu . . . . .

am . . . . .

Vor dem unterzeichnenden e. V. . . . . ., Notar mit dem Amtssitz in . . . . .

erschienen:

1. Herr (Name, Geburtsdatum, Adresse),

**hier handelnd nicht im eigenen Namen, sondern als alleinvertretungsberechtigtes Vorstandsmitglied
des A-e. V. mit dem Sitz in . . . . ., eingetragen im Vereinsregister des Amtsgerichts . . . . . unter VR . . . . .,**

2. Herr (Name, Geburtsdatum, Adresse),

**hier handelnd nicht im eigenen Namen, sondern als alleinvertretungsberechtigtes Vorstandsmitglied
des B-e. V. mit dem Sitz in . . . . ., eingetragen im Vereinsregister des Amtsgerichts . . . . . unter VR . . . . .**

Die Erschienenen wiesen sich dem Notar gegenüber aus durch Vorlage ihrer amtlichen Lichtbildausweise.

Die Erschienenen ließen folgenden

Spaltungsvertrag

beurkunden und erklärten, handelnd wie angegeben:

I. Beteiligte Rechtsträger

An der Spaltung sind beteiligt
- als übertragender Rechtsträger: A-e.V. mit Sitz in . . . . . eingetragen im Vereinsregister des Amtsgerichts . . . . . unter Nr. . . . . .
- als übernehmender Rechtsträger: B-e.V. mit Sitz in . . . . . eingetragen im Vereinsregister des Amtsgerichts . . . . . unter Nr. . . . . .

II. Vermögensübertragung

1. Der A-e.V. überträgt hiermit seine nachstehend genannten Vermögensteile als Gesamtheit im Wege der Abspaltung zur Aufnahme auf den B-e.V. Der B-e.V. gewährt als Ausgleich hierfür den Mitgliedern des A-e.V. Mitgliedschaften im B-e.V.

2. Der A-e.V. überträgt die von ihm betriebene Abteilung »Schwimmen« auf den B-e.V. mit allen Aktiva und Passiva.

3. Im Einzelnen sind folgende Vermögensgegenstände Bestandteil der Abteilung »Schwimmen« und werden i. R. d. Spaltung übertragen. Von der Spaltung werden sämtliche zum Spaltungsstichtag vorhanden Vermögensgegenstände und Schulden der Abteilung mit allen Rechten und Pflichten sowie die ausschließlich dieser Abteilung zuzuordnenden Rechtsbeziehungen, insbes. Vertragsverhältnisse, nach näherer Maßgabe der nachfolgenden Bestimmungen erfasst.

Insbes. handelt es sich um folgende Vermögensgegenstände und Schulden, die der Abteilung »Schwimmen« mit allen Rechten und Pflichten zuzuordnen sind:

a) Grundstücke

Das folgende im Grundbuch von X-Stadt eingetragene Grundstück (Frei- und Hallenschwimmbad) mit sämtlichen Abteilungen II und III des Grundbuches eingetragenen Belastungen, einschließlich aufstehender Gebäude mit den dazugehörigen Betriebsvorrichtungen, sowie sämtliche auf das Grundstück bezogene Mietverträge:
- Bd. 120 Blatt 3503, Flurstück 400/20, X-Str. in X-Stadt in einer Größe von 10.000 qm.

b) Anlage- und Umlaufvermögen

Sämtliche zum Anlage- und Umlaufvermögen gehörenden beweglichen Gegenstände der Abteilung »Schwimmen« also alle beweglichen Gegenstände, die sich auf den unter a) beschriebenen Grundstücken und Gebäuden befinden, somit alle technischen Anlagen und Maschinen, Kfz-, Betriebs- und Geschäftsausstattung, geringwertige Wirtschaftsgüter, Zubehör und Ersatzteile, EDV-Hardware, sämtliche auf den Grundstücken befindliche Gegenstände des Umlaufvermögens. Soweit der A-e.V. Eigentum oder Miteigentum an diesen Gegenständen hat oder diese künftig erwirbt, wird das Eigentum oder Miteigentum übertragen; soweit der A-e.V. Anwartschaftsrechte auf Eigentumserwerb an dem ihr unter Eigentumsvorbehalt gelieferten beweglichen Vermögen hat, überträgt er hiermit dem B-e.V. diese Anwartschaftsrechte. Die wichtigsten beweglichen Vermögensgegenstände, insbes. Anlagen und Einrichtungen sind in der Anlage 2 aufgeführt, ohne jedoch auf die genannten Anlagen und Einrichtungen beschränkt zu sein.

c) Forderungen

Sämtliche Forderungen, die der Abteilung »Schwimmen« zuzuordnen sind, insbes. Forderungen aus Leistungen, geleisteten Anzahlungen, aus Darlehen, sowie Schadensersatzforderungen. Die Forderungen sind in der Anlage 3 aufgeführt. Soweit Forderungen in dieser Anlage nicht aufgeführt sind, werden sie dennoch übertragen, wenn und soweit sie der Abteilung »Schwimmen« zuzuordnen sind.

d) Bankguthaben

Sämtliche Bankguthaben bei allen Banken, Kreditinstituten und sonstigen Einrichtungen mit ihrem jeweiligen zum Stichtag ausgewiesenen Bestand. Die Kreditinstitute und Einrichtungen sowie die betroffenen Bankkonten sind in Anlage 3 aufgeführt.

e) Vertragsverhältnisse

Alle der Abteilung »Schwimmen« zuzuordnenden Verträge, insbes. Leasingverträge, Mietverträge, Kauf-, Dienst-, Werk-, Darlehens-, Versorgungs-, Versicherungs-, Finanzierungsverträge, sowie Angebote und sonstige Rechtsstellungen zivilrechtlicher oder öffentlich-rechtlicher Art. Die Verträge sind in Anlage 4 beschrieben. Soweit Verträge und Vertragsverhältnisse in dieser Anlage nicht aufgeführt sind, werden sie dennoch übertragen, wenn und soweit sie die Abteilung »Schwimmen« betreffen oder ihr zuzuordnen sind.

f) Arbeitsverhältnisse

Sämtliche der Abteilung »Schwimmen« zuzuordnenden Arbeitsverhältnisse einschließlich evtl. bestehender Verpflichtungen der betrieblichen Altersvorsorge um Zusage, Rückdeckungsversicherung im betrieblichen Versorgungsinteresse und sonstigen Zusagen mit Versorgungscharakter gehen nach § 613a BGB auf die aufnehmende Gesellschaft über. Die Arbeitnehmer werden bei der aufnehmenden Gesellschaft zu gleichen Konditionen beschäftigt. Sollten einzelne Arbeitnehmer den Übergang ihres Arbeitsverhältnisses widersprechen, so ist der B-e.V. verpflichtet, dem A-e.V. alle dadurch entstehenden Kosten zu ersetzen.

g) Steuern

Sämtliche Forderungen, Verbindlichkeiten und Rückstellungen gegenüber dem Finanzamt betreffend Körperschaftsteuer und Solidaritätszuschlag, Gewerbesteuer, Umsatzsteuer, Kfz-Steuer, Grundsteuer, Kapitalertragsteuer, Lohn- und Kirchensteuer, Zinsabschlagsteuer.

h) Beteiligung, Mitgliedschaften

Sämtliche zur Abteilung »Schwimmen« gehörenden Beteiligungen, Mitgliedschaften, Finanzanlagen und Ähnliches. Im Einzelnen handelt es sich um folgende Beteiligung:
– Die Mitgliedschaft des A-e.V. im Deutschen Schwimmverband e.V.

i) Verbindlichkeiten

Sämtliche zur Abteilung »Schwimmen« gehörenden und zuzuordnenden Verbindlichkeiten, also sämtliche Schulden, Verbindlichkeiten, Rückstellungen sowie Verlustrisiko aus schwebenden Geschäften. Die Verbindlichkeiten sind in Anlage 7 zu diesem Vertrag aufgeführt.

j) Sonstiges

Sowie alle sonstigen in der Anlage 8 aufgeführten Vermögenspositionen.

3. Für sämtliche unter Ziff. 2 beschriebenen Aktiva und Passiva gilt, dass die Übertragung im Wege der Spaltung alle Wirtschaftsgüter, Gegenstände, materiellen und immateriellen Rechte, Verbindlichkeiten, Rechtsbeziehungen erfasst, die der Abteilung »Schwimmen« dienen oder zu dienen bestimmt sind oder sonst die Abteilung »Schwimmen« betreffen oder ihr wirtschaftlich zuzurechnen sind, unabhängig davon, ob die Vermögensposition bilanzierungsfähig ist oder nicht. Die Übertragung erfolgt auch unabhängig davon, ob der Vermögensgegenstand in den Anlagen 1–7 aufgeführt ist.

Sollten die zu übertragenden Rechtspositionen des Aktiv- oder Passivvermögens bis zum Wirksamwerden der Spaltung im regelmäßigen Geschäftsgang veräußert worden sein, so werden die an ihre Stelle getretenen vorhandenen Surrogate übertragen. Übertragen werden auch die bis zum Wirksamwerden der Spaltung erworbenen Gegenstände des Aktiv- oder Passivvermögens, soweit sie zur übertragenen Abteilung »Schwimmen« gehören.

4. Bei Zweifelsfällen, die auch durch Auslegung dieses Vertrages nicht zu klären sind, gilt, dass Vermögensgegenstände, Verbindlichkeiten, Verträge und Rechtspositionen, die nach obigen Regeln nicht zugeordnet werden können, bei der übertragenden Gesellschaft verbleiben. In diesen Fällen ist der A-e.V. berechtigt, nach § 315 BGB eine Zuordnung nach ihrem Ermessen unter Berücksichtigung der wirtschaftlichen Zugehörigkeit vorzunehmen.

5. Soweit Vermögensgegenstände und Schulden und Rechtsbeziehungen, die der Abteilung »Schwimmen« wirtschaftlich zuzuordnen sind, nicht schon kraft Gesetzes mit der Eintragung der Spaltung in das Handelsregister der übertragenden Gesellschaft auf die aufnehmende Gesellschaft übergehen, wird die übertragende Gesellschaft diese Vermögensgegenstände und Schulden sowie die Rechtsbeziehungen auf den B-e.V. übertragen. Ist die Übertragung im Außenverhältnis nicht oder nur mit unverhältnismäßigem Aufwand möglich oder unzweckmäßig, werden sich die beteiligten Gesellschaften im Innenverhältnis so stellen, wie sie stehen würden, wenn die Übertragung der Vermögensgegenstände und Passiva bzw. Rechtsbeziehungen auch im Außenverhältnis mit Wirkung zum Vollzug dabei erfolgt wäre. Wird die übertragende Gesellschaft aus Verbindlichkeiten in An-

spruch genommen, die der aufnehmenden zuzuordnen sind, ist diese zur Freistellung verpflichtet oder hat Ausgleich zu leisten.

6. Auf die Anlagen 1–7, die dieser Urkunde als wesentlicher Bestandteil beigefügt sind, wird gemäß § 14 Abs. 1 BeurkG verwiesen. Die Beteiligten haben auf das Vorlesen verzichtet, stattdessen wurden ihnen die Anlagen 1–7 zur Kenntnisnahme vorgelegt, sie wurden von ihnen genehmigt und nach § 14 BeurkG unterschrieben.

7. Soweit für die Übertragung von bestimmten Gegenständen die Zustimmung eines Dritten an einer öffentlich-rechtlichen Genehmigung oder eine Registrierung erforderlich ist, werden sich die übertragende und die aufnehmende Gesellschaft bemühen, die Zustimmung, Genehmigung oder Registrierung beizubringen. Falls dies nicht oder nur mit unverhältnismäßig hohem Aufwand möglich sein würde, werden sich die übertragende und die aufnehmende Gesellschaft im Innenverhältnis so stellen, als wäre die Übertragung der Gegenstände des ausgegliederten Vermögens mit Wirkung zum Vollzugsdatum erfolgt.

8. Berichtigungen bei Registern, Grundbuch

Der A-e.V. und der B-e.V. bewilligen und beantragen, nach Wirksamwerden der Ausgliederung das Grundbuch bei den unter Ziff. 2 beschriebenen Grundstücken und dinglichen Rechten zu berichtigen.

III. Gegenleistung

1. Der B-e.V. gewährt mit Wirksamwerden der Spaltung jedem Mitglied des A-e.V. eine Mitgliedschaft im B-e.V.

Die Angaben zu den Mitgliedschaften im B-e.V. ergeben sich aus dem Wortlaut der als Anlage 5 zu diesem Vertrag genommenen geltenden Satzung des B-e.V.

2. Die Mitgliedschaft im übertragenden Verein bleibt unverändert bestehen.

3. Soweit ein Mitglied des A-e.V. bereits Mitglied im B-e.V. ist (Doppelmitgliedschaft) erhält es im B-e.V. keine weitere Mitgliedschaft. Der dadurch entstehende Verlust der Mitgliedschaft wird dadurch ersetzt, dass eine Entschädigung entsprechend Ziff. VIII (Abfindung) bezahlt wird.

IV. Spaltungsstichtag

Die Übernahme des vorbezeichneten Vermögens des A-e.V. erfolgt im Innenverhältnis mit Wirkung zum Ablauf des . . . . . Vom . . . . . an gelten alle Handlungen und Geschäfte des A-e.V., die das übertragene Vermögen betreffen, als für Rechnung des B-e.V. vorgenommen.

V. Besondere Rechte

Besondere Rechte i. S. v. § 126 Abs. 1 Nr. 7 UmwG bestehen bei dem B-e.V. nicht. Einzelnen Mitgliedern werden i. R. d. Spaltung keine besonderen Rechte gewährt.

VI. Besondere Vorteile

Besondere Vorteile i. S. v. § 126 Abs. 1 Nr. 8 UmwG werden weder einem Mitglied eines Vertretungs- oder Aufsichtsorgans, noch dem Abschlussprüfer oder dem Spaltungsprüfer gewährt.

VII. Folgen der Abspaltung für Arbeitnehmer und ihre Vertretungen

Folgen i. S. v. § 126 Abs. 1 Nr. 11 UmwG für die Arbeitnehmer und ihre Vertretungen ergeben sich nicht.

VIII. Abfindungsangebot

Der B-e.V. macht den Mitgliedern des A-e.V. für den Fall, dass diese gegen den Verschmelzungsbeschluss einen Widerspruch zur Niederschrift erklären, folgendes Abfindungsangebot nach § 29 Abs. 1 UmwG: Für den Fall, dass die Mitglieder ihr Ausscheiden erklären, erhalten sie als Gegenleistung eine Barabfindung i. H. v. . . . . . €. Der B-e.V. trägt die Kosten des Ausscheidens.

IX. Sonstige Vereinbarungen

1. Sollten für die Übertragung der in Ziff. 1.2. genannten Sachen, Rechte, Vertragsverhältnisse und Verbindlichkeiten nach § 132 UmwG weitere Voraussetzungen geschaffen oder staatliche Genehmigungen eingeholt werden müssen, so verpflichten sich die Vertragsbeteiligten alle erforderlichen Erklärungen abzugeben und Handlungen vorzunehmen.

2. Sollte eine Übertragung der in Ziff. 1.2. genannten Sachen, Rechte, Vertragsverhältnisse und Verbindlichkeiten im Wege der Spaltung auf den B-e.V. rechtlich nicht möglich sein, so verpflichten sich die Vertragsbeteiligten alle erforderlichen Erklärungen abzugeben und alle erforderlichen Hand-

lungen vorzunehmen, die rechtlich zu dem beabsichtigten Vermögensübergang auf den B-e.V. in anderer Weise führen.

X. Bedingungen

Der Spaltungsvertrag steht unter der aufschiebenden Bedingung, dass die formgerechten Zustimmungsbeschlüsse der Mitgliederversammlungen beider Gesellschaften bis zum . . . . . vorliegen.

XI. Kosten

Die durch diesen Vertrag und ihre Durchführung bei beiden Gesellschaften entstehenden Kosten trägt der B-e.V. Sollte die Spaltung nicht wirksam werden, tragen die Kosten dieses Vertrages die Gesellschaften zu gleichen Teilen; alle übrigen Kosten trägt die jeweils betroffene Gesellschaft allein.

Diese Niederschrift nebst allen Anlagen wurde den Erschienenen vom Notar vorgelesen, von ihnen genehmigt und von ihnen und dem Notar eigenhändig, wie folgt, unterzeichnet:

. . . . .

2. Registeranmeldung für den übertragenden Verein

▸ **Muster: Registeranmeldung für den übertragenden Verein** 646

An das

Amtsgericht

– Vereinsregister –

Betrifft: VR . . . . . A-e.V.

In der Anlage überreiche ich, das unterzeichnende alleinvertretungsberechtigte Vorstandsmitglied der A-e.V.:
1. Elektronisch beglaubigte Abschrift des Spaltungsvertrages vom . . . . . – UR.Nr. . . . . . des beglaubigenden Notars –,
2. Elektronisch beglaubigte Abschrift des Zustimmungsbeschlusses der Mitgliederversammlung des A-e.V. vom . . . . . – UR.Nr. . . . . . des beglaubigenden Notars –,
3. Elektronisch beglaubigte Abschrift des Zustimmungsbeschlusses der Mitgliederversammlung des B-e.V. vom . . . . . – UR.Nr. . . . . . des beglaubigenden Notars –,
4. Elektronisch beglaubigte Abschrift des Spaltungsberichtes,
5. Elektronisch beglaubigte Abschrift des Prüfungsberichtes,
6. Elektronisch beglaubigte Abschrift des Schlussbilanz des A-e.V. zum Spaltungsstichtag

und melde zur Eintragung in das Vereinsregister an:

Der A-e.V. hat die im Spaltungsvertrag vom . . . . . – UR.Nr. . . . . . des beglaubigenden Notars – genannten Vermögensteile als Gesamtheit auf den B-e.V. mit dem Sitz in . . . . . als übernehmender eingetragener Verein im Wege der Abspaltung durch Aufnahme übertragen.

Ich erkläre, dass weder der Spaltungsbeschluss der Mitglieder des A-e.V. noch der Spaltungsbeschluss der Mitglieder des B-e.V. angefochten worden ist; weder der A-e.V. noch der B.-e.V. haben einen Betriebsrat, sodass eine Zuleitung nach § 5 Abs. 3 UmwG entbehrlich ist.

. . . . ., den . . . . .   (Beglaubigungsvermerk)

3. Registeranmeldung für den übernehmenden Verein

▸ **Muster: Registeranmeldung für den übernehmenden Verein** 647

An das

Amtsgericht

– Vereinsregister –

Betrifft: VR . . . . . B-e.V.

In der Anlage überreichen wir, die unterzeichnenden Vorstandsmitglieder des o. a. Vereins:
1. Elektronisch beglaubigte Abschrift des Spaltungsvertrages vom . . . . . – UR.Nr. . . . . . des beglaubigenden Notars –,

2. **Elektronisch beglaubigte Abschrift des Zustimmungsbeschlusses der Mitgliederversammlung des A-e. V. vom . . . . . – UR.Nr. . . . . . des beglaubigenden Notars –,**
3. **Elektronisch beglaubigte Abschrift des Zustimmungsbeschlusses der Mitgliederversammlung des B-e. V. vom . . . . . – UR.Nr. . . . . . des beglaubigenden Notars –,**
4. **Elektronisch beglaubigte Abschrift des Spaltungsberichtes,**
5. **Elektronisch beglaubigte Abschrift des Prüfungsberichtes**

und melden zur Eintragung in das Handelsregister an:

Der A-e. V. hat die im Spaltungsvertrag vom . . . . . – UR.Nr. . . . . . des beglaubigenden Notars – genannten Vermögensteile als Gesamtheit auf den B-e. V. mit dem Sitz in . . . . . als übernehmender eingetragener Verein im Wege der Abspaltung durch Aufnahme übertragen.

Ich erkläre, dass weder der Spaltungsbeschluss der Mitglieder des A-e. V. noch der Spaltungsbeschluss der Mitglieder des B-e. V. angefochten worden ist; weder der A-e. V. noch der B-e. V. haben einen Betriebsrat. Die Zuleitung an den Betriebsrat nach § 5 Abs. 3 UmwG war daher entbehrlich.

. . . . ., den . . . . .   **(Beglaubigungsvermerk)**

G. Ausgliederung aus dem Vermögen eines Einzelkaufmanns

I. Checklisten

648   Beim **Ablauf der Ausgliederung** sind folgende Punkte zu beachten:

1. Checkliste: Ausgliederung zur Neugründung

649   ☐ Ausgliederungsplan (§§ 126, 136 UmwG), der auch den Gesellschaftsvertrag der neuen Gesellschaft enthält,

☐ Zuleitung des Ausgliederungsplan an den Betriebsrat (§ 126 Abs. 3 UmwG),

☐ Sachgründungsbericht, wenn die neu gegründete Gesellschaft GmbH ist (§ 138 i. V. m. § 159 UmwG),

☐ Gründungsbericht und Gründungsprüfung gem. §§ 32, 33 AktG, wenn neu gegründete Gesellschaft AG ist (§ 144 i. V. m. § 159 UmwG),

☐ Anmeldung der Ausgliederung in das Register des Einzelkaufmanns und das Register der neuen Gesellschaft (§ 137 i. V. m. § 158 UmwG),

☐ Eintragung der neuen Gesellschaft in das Handelsregister und dann Eintragung der Ausgliederung in das Handelsregister des Einzelkaufmanns (§ 137 Abs. 3 UmwG).

2. Checkliste: Ausgliederung zur Aufnahme

650   ☐ Ausgliederungsvertrag (§ 126 UmwG),

☐ Ausgliederungsbericht für die aufnehmende Gesellschaft (§ 127 und § 153 UmwG),

☐ Ausgliederungsprüfung (§ 9 i. V. m. § 125 UmwG und den Vorschriften über die einzelnen Gesellschaften),

☐ Zuleitung des Ausgliederungsvertrages an Betriebsrat (§ 126 Abs. 3 UmwG),

☐ Unterrichtung der Gesellschafter der aufnehmenden Gesellschaft (§§ 47, 63 UmwG),

☐ Bekanntmachung des Ausgliederungsvertrages bei AG beim Handelsregister (§ 61 UmwG),

☐ Ausgliederungsbeschluss des Beschlussorgans der aufnehmenden Gesellschaft (§§ 13, 49, 50, 65 UmwG),

☐ notwendige Zustimmungserklärung,

☐ Kapitalerhöhung bei der aufnehmenden Gesellschaft, soweit erforderlich (§§ 54, 55 für die GmbH, §§ 68, 69 UmwG für die AG),

☐ Anmeldung zum Handelsregister beim Register des Einzelkaufmanns und bei der übernehmenden Gesellschaft (§§ 16, 17, 52 UmwG),

☐ Eintragung der Kapitalerhöhung (§ 53 bzw. § 66 UmwG),

☐ Eintragung der Ausgliederung, zunächst in das Register des Sitzes der übernehmenden Gesellschaft, sodann in das Register des Sitzes des Einzelkaufmanns (§ 130 Abs. 1 UmwG).

II. Allgemeines

1. Überblick. Vor dem Jahr 1995 war die Übertragung eines einzelkaufmännischen Unternehmens 651 auf eine Kapitalgesellschaft als **errichtende Umwandlung** geregelt (§§ 50 f. UmwG i. d. F. bis 1995). Das UmwG von 1995 behandelt diesen Fall nunmehr dogmatisch richtig als einen Fall der Ausgliederung. Diese Einordnung ist insofern zutreffend, denn der Einzelkaufmann besteht selbstverständlich als natürliche Person auch nach der Umwandlung weiter.

Daneben besteht die **Möglichkeit der Ausgliederung durch Einzelrechtsübertragung**, und zwar entwe-652 der zur Aufnahme auf eine bestehende Gesellschaft durch Sachkapitalerhöhung oder durch Neugründung einer Gesellschaft im Wege der Sachgründung. Zu beachten ist, dass auch im Ausgliederungsplan oder Vertrag die Vermögensgegenstände, die übertragen werden sollen, mit dem sachenrechtlichen Bestimmtheitsgrundsatz genügen müssen, sodass im Grunde ähnliche Anforderungen wie an die Einzelrechtsübertragung zu stellen sind (zu Recht Widmann/Mayer/Mayer, Umwandlungsrecht, § 152 UmwG Rn. 16). Für Verbindlichkeiten und sonstige Vertragsverhältnisse besteht der Vorteil, dass keine Zustimmung der Vertragspartner bzw. der Gläubiger nach §§ 414, 415 UmwG erforderlich ist. Insofern muss im Einzelfall abgewogen werden, welche Form der Ausgliederung (durch partielle Gesamtrechtsnachfolge oder durch Einzelrechtsübertragung) sachgerechter ist. Hier kommt es auf den Einzelfall und insb. auf die zu übertragenden Vermögensgegenstände und Verbindlichkeiten an. Der Nachteil der Ausgliederung nach §§ 152 ff. UmwG liegt darin, dass das Verfahren aufwendiger als die Einzelrechtsübertragung ist, da die Kautelen des UmwG zu berücksichtigen sind. Der Vorteil ist die Übertragung im Wege der partiellen Gesamtrechtsnachfolge ohne Zustimmung der Vertragspartner oder Gläubiger. Die Fragen sind im Einzelnen gegeneinander abzuwägen.

2. Zulässigkeitsvoraussetzungen. Die Zulässigkeitsvoraussetzungen werden in **§ 152 UmwG** gere-653 gelt.

a) Zulässigkeit. Voraussetzung ist zunächst, dass es sich um einen **Einzelkaufmann** handelt, »dessen 654 Firma im Handelsregister eingetragen ist«. Nach dem Handelsrechtsreformgesetz v. 22.06.1998 (BGBl. I, S. 1474) ist nur noch die **Unterscheidung zwischen Ist- und Kannkaufmann** maßgebend, Minderkaufleute existieren nicht mehr. Allein maßgeblich für § 152 UmwG ist nach dem Handelsrechtsreformgesetz nunmehr die Eintragung im Handelsregister, da damit jedes gewerbliche Unternehmen zum Kaufmann wird. Der Kaufmann, der noch nicht im Handelsregister eingetragen ist, genügt nach dem klaren Wortlaut des § 152 UmwG, der vom Handelsrechtsreformgesetz nicht geändert wurde, nicht. Es genügt aber, wenn die Eintragung bei der Eintragung der Ausgliederung vorliegt, sodass der Registeranmeldung des Kaufmanns zusammen mit der Anmeldung der Ausgliederung erfolgen kann (Lutter/Karollus, UmwG, § 152 Rn. 25).

Umstritten ist, ob die **Erbengemeinschaft**, die nach dem Tod eines Einzelunternehmens ein kaufmän-655 nisches Unternehmen betreibt, eine Ausgliederung vornehmen kann. Die wohl überwiegende Meinung lehnt dies auch zum neuen Recht ab (Widmann/Mayer/Mayer, Umwandlungsrecht, § 152 Rn. 30 ff.; Hörtnagl, in: Schmitt/Hörtnagl/Stratz, 152 UmwG Rn. 4). Demgegenüber ist ein anderer Teil der Literatur der Auffassung, dass die Erbengemeinschaft des Einzelkaufmanns handelsrechtlich und umwandlungsrechtlich dem Einzelkaufmann gleichzustellen sei (so insb. Karollus, in: Lutter, Kölner Umwandlungstage, S. 188; Lutter/Karollus, UmwG, § 152 Rn. 14; Kallmeyer/Kallmeyer/Sickinger, UmwG, § 152 Rn. 3; vgl. auch K. Schmidt, ZGR 1990, 580, 592). Der letzteren Auffassung ist m. E. zu folgen. Bejaht man die Ausgliederungsfähigkeit, dann müssen alle Erben gemeinsam den Ausgliederungsvertrag abschließen, die Anteile erhält dann die Erbengemeinschaft gesamthänderisch. Auch der Testamentsvollstrecker ist befugt, die Ausgliederung vorzunehmen (vgl. Lutter/Karollus, UmwG, § 152 Rn. 20; differenzierend Widmann/Mayer/Mayer, Umwandlungsrecht, § 152 UmwG Rn. 44).

b) Ausgliederung eines »Unternehmens«. Im Gegensatz zu den allgemeinen Spaltungsvorschriften 656 enthält § 152 UmwG die **Einschränkung**, dass es sich bei dem übertragenden Vermögen um ein »Unternehmen« oder einen Teil desselben handeln muss. Damit wollte der Gesetzgeber allerdings keine inhaltliche Einschränkung vornehmen (so Karollus, in: Lutter, Kölner Umwandlungsrechtstage, S. 190 f.; Lutter/Karollus, UmwG, § 152 Rn. 39; Kallmeyer/Kallmeyer/Sickinger, UmwG, § 152 Rn. 1; Hörtnagl, in: Schmitt/Hörtnagl/Stratz, 152 UmwG Rn. 12; Widmann/Mayer/Mayer, Umwandlungsrecht, § 152 UmwG Rn. 62 f.; Maier-Reimer/Seulen, in: Semler/Stengel, § 154 UmwG Rn. 62). Das bedeutet, dass der Einzelkaufmann nicht nur sein gesamtes Vermögen oder Teilvermögen, sondern auch **Einzelvermögensgegenstände** ausgliedern kann, die **nicht unternehmenszugehörig** sind. Dies kann insb. zur Herstellung einer Betriebsaufspaltung erfolgen (Kallmeyer/Kallmeyer/Sickinger, UmwG, § 152 Rn. 1). Ebenfalls zulässig ist, dass mehrere Unternehmen in einem Schritt auf eine neu gegründete Gesellschaft übertragen werden (Lutter/Karollus, UmwG, § 152 Rn. 40; Widmann/Mayer/Mayer, Umwandlungsrecht, § 152 UmwG Rn. 64 ff.; Hörtnagl, in: Schmitt/Hörtnagl/Stratz, 152 UmwG Rn. 17). Auch Vermögensgegenstände des Privatvermögens können in die Ausgliederung einbezogen werden, da die begriffliche Anknüpfung in § 152 UmwG keine Einschränkung der Parteiautonomie zur Folge hat (so zu Recht, Lutter/Karollus, UmwG, § 152 Rn. 41 f.; Kallmeyer/Kallmeyer/Sickinger, UmwG, § 152 Rn. 1; Widmann/Mayer/Mayer, Umwandlungsrecht, § 152 UmwG Rn. 62; Maier-Reimer/Seulen, in: Semler/Stengel, § 154 UmwG Rn. 67 f.).

657 **c) Überschuldete Unternehmen.** Nach § 152 Abs. 2 ist die **Ausgliederung ausgeschlossen**, wenn die Verbindlichkeiten des Einzelkaufmanns sein Vermögen übersteigen. Der Zweck dieser Vorschrift ist nicht ganz klar. Z. T. wird angenommen, dass durch die Sperre verhindert werden soll, dass der neue Rechtsträger überschuldet wird. Nach anderer richtiger Ansicht, spielt dies jedenfalls bei Rechtsträgern, bei denen die Kapitalaufbringung geprüft wird, keine gesonderte Rolle, sodass der Zweck wohl eher bei den Gläubigern des übertragenden Kaufmanns zu suchen ist (so Lutter/Karollus, UmwG, § 152 Rn. 45; Widmann/Mayer/Mayer, Umwandlungsrecht, § 152 UmwG Rn. 73 ff.; Hörtnagl, in: Schmitt/Hörtnagl/Stratz, 152 UmwG Rn. 24; Maier-Reimer/Seulen, in: Semler/Stengel, § 154 UmwG Rn. 74).

Die Vorschrift dürfte **rechtspolitisch** verfehlt sein, da den Gläubigern des Kaufmanns bei der Ausgliederung die neuen Anteile zur Verfügung stehen und nur ein Vermögenstausch stattfindet (so auch Widmann/Mayer/Mayer, Umwandlungsrecht, § 152 UmwG Rn. 79; Hörtnagl, in: Schmitt/Hörtnagl/Stratz, 152 UmwG Rn. 25). Zur Feststellung der Überschuldung ist ein Vermögensvergleich anzustellen, bei dem allerdings das gesamte Vermögen des Einzelkaufmanns unter Einschluss seines Privatvermögens zu den wahren Werten mit der Summe der privaten und der Unternehmensverbindlichkeiten zu vergleichen ist (Kallmeyer/Kallmeyer/Sickinger, UmwG, § 152 Rn. 4; Lutter/Karollus, UmwG, § 152 Rn. 45 f.). Anzusetzen sind dabei Liquidationswerte, auf eine Fortführungsprognose kommt es anders als im Insolvenzrecht nicht an (Widmann/Mayer/Mayer, Umwandlungsrecht, § 152 UmwG Rn. 78; Lutter/Karollus, UmwG, § 152 Rn. 45 f.; Kallmeyer/Kallmeyer/Sickinger, UmwG, § 152 Rn. 4; Hörtnagl, in: Schmitt/Hörtnagl/Stratz, 152 UmwG Rn. 26). Das **Registergericht** hat die Eintragung der Ausgliederung bei Überschuldung abzulehnen (§§ 154, 160 Abs. 2 UmwG). Str. ist, ob der Einzelkaufmann bei der Anmeldung zu seinem Register eine Erklärung abgeben muss, dass bei ihm keine Überschuldung vorliegt. Die herrschende Meinung verlangt dies (so Kallmeyer/Zimmermann, UmwG, § 154 Rn. 5; Widmann/Mayer/Mayer, Umwandlungsrecht, § 154 UmwG Rn. 12; Hörtnagl, in: Schmitt/Hörtnagl/Stratz, § 154 UmwG Rn. 4; Maier-Reimer/Seulen, in: Semler/Stengel, § 154 UmwG Rn. 3) krit. zu Recht Lutter/Karollus, UmwG, § 154 Rn. 11; a. A. KölnKom/Simon, § 154 UmwG Rn. 6).

658 **d) Aufnehmender Rechtsträger.** Aufnehmender Rechtsträger kann sein:
– Personenhandelsgesellschaft,
– Kapitalgesellschaft,
– Genossenschaft.

III. Ausgliederungsplan und Ausgliederungsvertrag

659 Grundlage für die Ausgliederung zur Aufnahme ist der **Ausgliederungsvertrag**, der wie der Spaltungsvertrag behandelt wird (vgl. im Einzelnen oben Teil 2 Rdn. 1184 ff.). Der Ausgliederungsvertrag wird von dem Einzelkaufmann auf der einen und von dem Geschäftsführungsorgan des aufnehmenden Rechtsträgers auf der anderen Seite abgeschlossen. Dabei sind die Besonderheiten zu beachten, die für den aufnehmenden Rechtsträger gelten. Es kann daher auf die spezifischen Besonderheiten oben (Teil 2 Rdn. 1184 ff.) verwiesen werden.

Auch der **Inhalt des Ausgliederungsvertrages** richtet sich nach den Vorschriften über den Spaltungsver- **660** trag, sodass auf die obigen Ausführungen verwiesen werden kann (vgl. oben Teil 2 Rdn. 1184 ff.).

Bei der Ausgliederung zur Neugründung ist ein **Ausgliederungsplan** als einseitiges Rechtsgeschäft er- **661** forderlich. Der Ausgliederungsplan wird von dem Einzelkaufmann als einseitiges Rechtsgeschäft erklärt. Es gilt § 136 UmwG, der Ausgliederungsplan tritt an die Stelle des Ausgliederungsvertrages. Inhaltlich gelten die Vorschriften des § 136 UmwG. Auch insofern kann auf die obigen Ausführungen verwiesen werden.

Bei der Ausgliederung zur Neugründung kann die **Ausgliederung nur auf eine Kapitalgesellschaft** er- **662** folgen. Eine Ausgliederung auf eine Personenhandelsgesellschaft oder Genossenschaft ist nur zur Aufnahme, nicht aber zur Neugründung zulässig (vgl. Kallmeyer/Kallmeyer/Sickinger, UmwG, § 152 Rn. 2; Lutter/Karollus, § 152 UmwG Rn. 31; Maier-Reimer/Seulen, in: Semler/Stengel, § 154 UmwG Rn. 51 f.). Dies macht der Gesetzeswortlaut deutlich. Die Begründung zum RegE nennt als Grund für die Unzulässigkeit der Ausgliederung zur Neugründung auf eine Personenhandelsgesellschaft, dass hier die Gründung einer Ein-Mann-Gesellschaft begrifflich ausgeschlossen ist (vgl. BR-Drucks. 75/94, S. 128, abgedruckt in: Limmer, Umwandlungsrecht, S. 323). Das Problem lässt sich allerdings relativ leicht dadurch lösen, dass kurz vor der Ausgliederung eine Personenhandelsgesellschaft oder Genossenschaft gegründet wird, auf die eine Ausgliederung zur Aufnahme erfolgt (vgl. Karollus, in: Lutter, Kölner Umwandlungsrechtstage, S. 185; Lutter/Karollus, § 152 UmwG Rn. 31; Maier-Reimer/Seulen, in: Semler/Stengel, § 154 UmwG Rn. 52).

IV. Ausgliederung zur Aufnahme und Kapitalerhöhung beim übernehmenden Rechtsträger

Eines der Merkmale ist ebenso wie bei der Spaltung zur Aufnahme der Ausgliederung die **Gewährung** **663** **von Geschäftsanteilen** oder Mitgliedschaftsrechten an der aufnehmenden Gesellschaft. Bei der Ausgliederung werden anders als bei der Spaltung diese Anteile an den Gesellschafter direkt gewährt. Es entsteht also eine **direkte Beteiligung des Einzelunternehmens** an der aufnehmenden Gesellschaft. Die Anteilsgewährung stellt die Gegenleistung für die Übertragung des ausgegliederten Vermögens dar. Insofern stellt auch Ausgliederung ein **gegenseitiges Austauschverhältnis** dar.

1. Erleichterte Kapitalerhöhung bei der Ausgliederung. Da für die Ausgliederung die allgemeinen **664** Spaltungsvorschriften gelten, führt die Verweisung in § 125 Satz 2 UmwG auf die Vorschriften des Verschmelzungsrechts dazu, dass die **Vorschriften über die erleichterte Kapitalerhöhung** bei der Verschmelzung, d. h. die §§ 53 ff. UmwG für die GmbH und die §§ 66 ff. UmwG für die AG gelten. Es kann daher auch hier auf die Ausführungen zur Verschmelzung verwiesen werden (vgl. oben Teil 3 Rdn. 184 ff.).

Die Kapitalerhöhung bei der Ausgliederung ist daher genauso wie bei der Verschmelzung eine **Kapital-** **665** **erhöhung gegen Sacheinlage.** Gegenstand der Sacheinlage ist der Teil des ausgegliederten Vermögens. Die **Einlagepflicht** wird durch Übertragung des ausgegliederten Vermögens der übertragenden Gesellschaft erfüllt (vgl. im Einzelnen Teil 3 Rdn. 205 ff.).

Auch bei der Spaltung stellt sich die Frage, wie der **Kapitalerhöhungsbetrag** bei der aufnehmenden Ge- **666** sellschaft festgelegt wird. Auch hier gilt aus Gründen des Gläubigerschutzes das Verbot der Überbewertung des ausgegliederten Vermögens bzw. das Verbot einer unter-pari-Emission (vgl. § 9 Abs. 1 AktG bzw. §§ 9c, 57a GmbHG).

Grds. ist für die Höhe der notwendigen Kapitalerhöhung der Wert des ausgegliederten Vermögens maß- **667** gebend. Bereits bei der **Bestimmung des Umtauschverhältnisses** im Ausgliederungsvertrag erfolgt eine Festlegung der Werte des ausgegliederten Vermögens in der Relation zum Wert der aufnehmenden Gesellschaft. Alle an der Ausgliederung beteiligten Unternehmen bzw. Unternehmensgegenstände sind daher nach denselben betriebswirtschaftlichen Methoden zu bewerten. Maßgebend ist grds. der wahre Wert, **stille Reserven** müssen aufgedeckt werden. Allerdings wird man es wie bei der Verschmelzung für zulässig erachten müssen, dass eine Unterbewertung des übertragenen Vermögens zulässig ist (vgl. oben Teil 3 Rdn. 205 ff.).

668 Da es sich bei der Ausgliederung mit Kapitalerhöhungen im Grundsatz um eine Sacheinlage in die aufnehmende Gesellschaft handelt, ist die **Prüfungsbefugnis** im Registerrecht wie bei der Kapitalerhöhung anzunehmen. Bei der Ausgliederung auf eine **AG** gilt auch daher § 142 UmwG mit der Verweisung auf § 69 UmwG, sodass eine Prüfung der Sacheinlage, die im Wege der Ausgliederung übertragen wird, nach § 183 Abs. 3 AktG stets stattfinden hat.

669 Für die **GmbH** gilt wie bei der Verschmelzung das Gleiche. Es stellt sich auch hier wie bei der Spaltung die Frage, ob generell ein Sachkapitalerhöhungsbericht verlangt werden kann (vgl. oben Teil 3 Rdn. 225). Jedenfalls kann das Registergericht bei der Ausgliederung zur Aufnahme die Vorlage der Unterlagen verlangen, die eine Prüfung ermöglichen. Als geeignete Unterlagen kommen etwa eine Schlussbilanz des übertragenen Einzelunternehmers in Betracht.

670 ▶ **Hinweis:**

In der Praxis empfiehlt sich jedenfalls bei der Einbringung im Wege der Spaltung hinsichtlich der Ordnungsmäßigkeit der Wertansätze eine »**bescheinigte« Ausgliederungsbilanz der übertragenen Gesellschaft**, die durch ein Angleichen der wirtschaftsprüfenden oder steuerberatenden Berufe erstellt wird. Dabei ist nicht Voraussetzung, dass die Einbringung zu Buchwerten erfolgt. Allerdings muss bei der Aufdeckung stiller Reserven dargelegt werden, wie die Werte zustande kommen. U. U. kann hier der Richter ein spezielles Gutachten verlangen.

671 **2. Kapitalerhöhungsverbote.** § 125 Satz 1 UmwG verweist bzgl. der Ausgliederung anders als die Spaltung **nicht auf die Vorschriften über die Kapitalerhöhungsverbote**, also die §§ 54 und 68 UmwG. Die Begründung zum RegE weist darauf hin, dass § 125 UmwG auch die Anwendung der Vorschriften ausschließt, die für eine übernehmende Kapitalgesellschaft die Erhöhung des Stammkapitals oder Grundkapitals im bestimmten Verhältnis verbieten. Da es bei der Ausgliederung nicht zu einem Anteilstausch kommt, können eigene Anteile bzw. eigene Aktien jedenfalls dadurch nicht entstehen, sodass der Zweck der §§ 54, 68 UmwG für die Ausgliederung nicht zutrifft (vgl. dazu oben Teil 3 Rdn. 349 ff.).

Findet also etwa eine Unterbewertung des übertragenen Vermögens statt, so wird man anders als bei der Verschmelzung oder bei der Spaltung eine **Begründung einer Darlehensverbindlichkeit** zulassen müssen, da das Verbot der baren Zuzahlung nicht gilt . Bei der Ausgliederung ist § 54 UmwG nicht anwendbar, der in Abs. 4 bare Zuzahlungen auf den zehnten Teil des Gesamtnennbetrags der gewährten Geschäftsanteile der übernehmenden Gesellschaft beschränkt. Nach der allgemeinen Meinung kann deshalb der Ausgliederungs- und Übernahmevertrag bare Zuzahlungen in unbeschränkter Höhe festsetzen (vgl. OLG München, DNotZ 2012, 308 = NZG 2012, 229; Widmann/Fronhöfer, UmwG § 125 Rn. 75; Kallmeyer/Sickinger, UmwG, § 125 Rn. 60; Lutter/Priester, UmwG, § 126 Rn. 35 a. E.; Kadel BWNotZ 2010, 46, 48). Bei der Ausgliederung kann folglich – anders als bei Abspaltung – auch eine Wertdifferent zwischen dem eingebrachten Vermögen und dem Nennbetrag des Stammkapitals der aufnehmenden Gesellschaft als Darlehen gewährt werden (OLG München, DNotZ 2012, 308 = NZG 2012, 229; Maier-Reimer/Seulen in: Semler/Stengel, UmwG, § 152 Rn. 71; Kallmeyer/Sickinger, § 125 Rn. 60; Lutter/Priester, § 126 Rn. 35; Lutter/Karollus, § 159 Rn. 16; Widmann/Mayer, § 135 UmwG Rn. 38; Widmann/Mayer, UmwG § 152 Rn. 102; Maier-Reimer/Seulen, in: Semler/Stengel, § 152 UmwG Rn. 71).

V. Ausgliederungsbericht

672 Grds. ist gem. § 127 UmwG wie bei der Spaltung ein **Ausgliederungsbericht erforderlich.** Allerdings bestimmt § 153 UmwG, dass für den Einzelkaufmann dieser Ausgliederungsbericht nicht erforderlich ist. Allerdings ist unabhängig davon die Frage zu beantworten, ob ein solcher Bericht für die Gesellschafter der aufnehmenden Gesellschaft notwendig ist (so zu Recht die Begründung zum RegE, abgedruckt in: Limmer, Umwandlungsrecht, S. 324; Lutter/Karollus, Vor § 153 UmwG Rn. 9).

Danach ist i. d. R. bei einer Ausgliederung zur Aufnahme ein Ausgliederungsbericht für die Gesellschafter der aufnehmenden Gesellschaft erforderlich, wenn nicht die **Sonderfälle des § 8 Abs. 3 i. V. m. § 125 UmwG** vorliegen, d. h., alle Gesellschafter der aufnehmenden Gesellschaft haben auf den Bericht verzichtet oder es findet eine Ausgliederung im 100 %igen Konzernverhältnis statt (Lutter/Karollus, Vor § 153 UmwG Rn. 9).

VI. Ausgliederungsprüfung

Eine Prüfung i. S. d. §§ 9 bis 12 UmwG findet bei einer Ausgliederung gem. § 125 Satz 2 nicht statt **673** (Lutter/Karollus, Vor § 153 UmwG Rn. 8). Soll auf eine Genossenschaft ausgegliedert werden, wird man diese Vorschrift analog auf § 81 UmwG anwenden müssen, da das **Gutachten des Prüfungsverbandes** die Ausgliederungsprüfung ersetzt.

VII. Ausgliederungsbeschluss

Ein Ausgliederungsbeschluss ist **nur bei der aufnehmenden Gesellschaft** erforderlich, da der Einzel- **674** kaufmann bei der Ausgliederung bereits die für ihn notwendige Erklärung i. R. d. Ausgliederungsvertrages abgibt und eine weitere rechtsgeschäftliche Erklärung überflüssig wäre (Widmann/Mayer/Mayer, Umwandlungsrecht, § 152 UmwG Rn. 94; Lutter/Karollus, UmwG, Vor § 153 Rn. 11; § 154 UmwG Rn. 12; Kallmeyer/Zimmermann, § 154 UmwG Rn. 3; Maier-Reimer/Seulen in: Semler/Stengel, UmwG, § 154 Rn. 11). Für den Ausgliederungsbeschluss bei der aufnehmenden Gesellschaft gelten aber die allgemeinen Grundsätze bzgl. Spaltungs- und Verschmelzungsbeschluss (vgl. oben Rn. 1719 ff.).

1. Vorbereitung der Gesellschafter- bzw. der Hauptversammlung. Die Vorbereitung der Gesell- **675** schafter- bzw. der Hauptversammlung, in der über die Ausgliederung beschlossen werden soll, unterliegt den **gleichen Vorschriften wie bei der Verschmelzung und Spaltung.** § 125 Satz 1 UmwG verweist insgesamt bzgl. dieser Vorbereitungsvorschriften auf die Vorschriften des Zweiten Buches bzgl. der Verschmelzung (vgl. oben Teil 3 Rdn. 306 ff.).

2. Hauptversammlung bzw. Gesellschafterversammlung. Auch bei der Ausgliederung ist nach **676** § 125 Satz 1 i. V. m. § 13 UmwG ein **Beschluss der Anteilsinhaber** des aufnehmenden Rechtsträgers erforderlich, also ein sog. Ausgliederungsbeschluss. Auch hier gelten die allgemeinen Vorschriften über die Verschmelzung, insb. auch bzgl. der Beschlussmehrheiten (vgl. oben Teil 3 Rdn. 323 ff.).

VIII. Ausgliederung zur Neugründung

Bei der Ausgliederung zur Neugründung wird das ausgegliederte Vermögen auf eine neu gegründete **677** Gesellschaft übertragen und dem Einzelunternehmer die Geschäftsanteile an dieser neuen Gesellschaft gewährt. Es handelt sich hierbei dann um eine **Ein-Mann-Gesellschaft.** Deshalb bestimmt § 152 UmwG, dass eine Ausgliederung aus dem Vermögen eines Einzelkaufmanns nicht auf eine Personengesellschaft erfolgen kann, da die Gründung einer Ein-Mann-Personengesellschaft oder eine Ein-Mann-Genossenschaft nicht möglich ist.

Bei der Ausgliederung zur Neugründung wird die aufnehmende Gesellschaft **erst mit der Ausglie- 678 derung errichtet,** wobei das Vermögen des ausgliedernden Rechtsträgers auf die neue Gesellschaft übergeht. Bei der Ausgliederung zur Neugründung gründet der übertragende Einzelunternehmer die neue übernehmende Gesellschaft. Er ist damit Gründer der neuen Gesellschaft (§ 135 Abs. 2 Satz 2 UmwG).

§ 135 Abs. 2 Satz 1 bestimmt, dass auf die Gründung der neuen Kapitalgesellschaft die **jeweiligen** **679** **Gründungsvorschriften** anzuwenden sind.

1. Gesellschaftsvertrag bzw. Satzung als Teil des Ausgliederungsplans. Es gilt daher auch § 37 **680** UmwG, der bestimmt, dass der Gesellschaftsvertrag bzw. die Satzung der neuen Gesellschaft Teil des Ausgliederungsplans ist. Hiermit ist klargestellt, dass die Satzung i. R. d. Ausgliederungserklärung festgestellt wird.

Bei der **Abfassung des Gesellschaftsvertrages** ist darauf zu achten, dass es sich bei der Ausgliederung zur **681** Neugründung um eine Sachgründung handelt, sodass das Stammkapital durch das eingebrachte Vermögen der verschmelzenden Gesellschaft erbracht wird. Dies ist in der Satzung auszuweisen. Im Gesellschaftsvertrag sind daher insb. der Nennbetrag des Geschäftsanteils und die Tatsache, dass die Sacheinlage durch Ausgliederung des Vermögens aus dem Vermögen des Einzelunternehmens erbracht wird, anzugeben.

682 Auch i. Ü. ergibt sich der notwendige **Inhalt der Satzung** aus den allgemeinen Vorschriften des GmbHG bzw. des AktG (§§ 3 ff. GmbHG, § 23 AktG, vgl. oben Teil 3 Rdn. 233 ff.).

683 **2. Kapitalaufbringung bei der neu gegründeten Gesellschaft.** Es gelten daher auch i. R. d. Anwendung der Gründungsvorschriften die **Kapitalaufbringungsgrundsätze.** Es muss bei der Ausgliederung zur Neugründung sichergestellt sein, dass das gesetzliche Mindestkapital ohne das darüber hinausgehend vereinbarte Stammkapital durch das übergehende Nettovermögen gedeckt ist (vgl. hierzu oben Teil 3 Rdn. 252 ff.).

684 Wie bei der Kapitalerhöhung wird man wohl eine Unterbewertung als zulässig erachten müssen. Da bei der Ausgliederung § 54 Abs. 4 UmwG nicht gilt, wird auch die Möglichkeit als zulässig erachtet werden müssen, überschießende Beträge als **Darlehensverbindlichkeiten** zu begründen. Nach der allgemeinen Meinung kann deshalb der Ausgliederungs- und Übernahmevertrag bare Zuzahlungen in unbeschränkter Höhe festsetzen (vgl. OLG München, DNotZ 2012, 308 = NZG 2012, 229; Widmann/Fronhöfer, UmwG § 125 Rn. 75; Kallmeyer/Sickinger, UmwG, § 125 Rn. 60; Lutter/Priester, UmwG, § 126 Rn. 35 a. E.; Kadel BWNotZ 2010, 46, 48). Bei der Ausgliederung kann folglich – anders als bei Abspaltung – auch eine Wertdifferent zwischen dem eingebrachten Vermögen und dem Nennbetrag des Stammkapitals der aufnehmenden Gesellschaft als Darlehen gewährt werden (OLG München, DNotZ 2012, 308 = NZG 2012, 229; Maier-Reimer/Seulen in: Semler/Stengel, UmwG, § 152 Rn. 71; Kallmeyer/Sickinger, § 125 Rn. 60; Lutter/Priester, § 126 Rn. 35; Lutter/Karollus, § 159 Rn. 16; Widmann/Mayer, § 135 UmwG Rn. 38; Widmann/Mayer, UmwG § 152 Rn. 102; Maier-Reimer/Seulen, in: Semler/Stengel, § 152 UmwG Rn. 71). Darüber hinaus darf, sofern dies im Ausgliederungsplan aufgenommen worden ist, auch eine Barauszahlung des überschießenden Betrages erfolgen, da, wie dargelegt, § 54 Abs. 4 bzw. § 68 Abs. 3 UmwG und seine Beschränkung der baren Zuzahlungen gem. § 125 Satz 1 UmwG nicht anwendbar sind (Lutter/Karollus, § 159 Rn. 16; Widmann/Mayer, § 135 UmwG Rn. 38; Widmann/Mayer, § 152 UmwG Rn. 102; Maier-Reimer/Seulen, in: Semler/Stengel, § 152 UmwG Rn. 71).

685 **3. Organbestellung.** Auch bei der Ausgliederung zur Neugründung wird man zweckmäßigerweise auch gleichzeitig mit dem Abschluss des Gesellschaftsvertrages der neuen Gesellschaft die **Bestellung der ersten Geschäftsführer** bzw. Vorstände der neu gegründeten Gesellschaft vornehmen (vgl. oben Teil 3 Rdn. 257).

686 **4. Sachgründungsbericht bzw. Gründungsbericht und Gründungsprüfung. a) Allgemeines.** Wie dargelegt, bestimmen § 139 bzw. § 145 UmwG, dass bei einer Spaltung zur Neugründung anders als bei der Verschmelzung **stets ein Sachgründungsbericht** bei der Gründung einer GmbH bzw. ein Gründungsbericht und eine Gründungsprüfung bei der Gründung einer AG erforderlich sind. Hierdurch soll verhindert werden, dass Gläubiger der neu gegründeten Gesellschaft gefährdet werden, wenn der übertragende Rechtsträger die weniger wertvollen Vermögensteile abstößt oder wenn deren Zusammensetzung die Ertragsaussichten des übertragenden Betriebes sinken lässt (vgl. Begründung zum RegE, BR-Drucks. 75/94, S. 125, abgedruckt in: Limmer, Umwandlungsrecht, S. 320). Daher sind auch bei der Ausgliederung aus dem Vermögen eines Einzelkaufmannes bei der Neugründung stets ein Sachgründungsbericht bzw. bei der Neugründung einer AG stets ein Gründungsbericht und eine Gründungsprüfung erforderlich.

687 Der Sachgründungsbericht nach § 5 Abs. 4 Satz 2 GmbHG hat die **Aufgabe,** plausibel zu machen, welche Überlegungen für den Einlagewert des ausgegliederten Vermögens sprechen. Dabei soll die Werthaltigkeit der Vermögensteile im Hinblick auf das Stammkapital der neu gegründeten Gesellschaft nachgewiesen werden.

688 § 159 Abs. 1 UmwG bestimmt, dass auf den Sachgründungsbericht bei der GmbH § 58 Abs. 1 UmwG, auf den Gründungsbericht – bei der AG § 75 Abs. 1 UmwG – entsprechend anzuwenden ist. Das bedeutet, dass in dem Sachgründungsbericht bzw. dem Gründungsbericht gem. § 32 AktG neben den sonstigen Angaben auch der **Geschäftsverlauf** und die **Lage des übertragenen Einzelunternehmens** dar-

zustellen sind. Die in diesem Zusammenhang darzustellenden Tatsachen entsprechen denjenigen beim Lagebericht nach §§ 289 ff. HGB, dessen wesentliche Angaben auch hier gelten: Die Darstellung muss ein dem tatsächlichen Verhältnis entsprechendes Bild vermitteln.

b) Gründungsprüfung bei Gründung einer AG. Für die Gründungsprüfung bei der AG gelten die **689** allgemeinen Regeln (vgl. auch Teil 3 Rdn. 264):
– interne Gründungsprüfung durch Vorstand und Aufsichtsrat (§ 33 Abs. 1 AktG),
– externe Gründungsprüfung nach § 33 Abs. 2 AktG durch vom Gericht zu bestellende Gründungsprüfer (§ 33 Abs. 3 AktG).

§ 159 Abs. 2 UmwG bestimmt weiter, dass im Fall der Gründung einer AG oder einer KGaA die Prü- **690** fung sich auch darauf zu erstrecken hat, ob die **Verbindlichkeiten des Einzelkaufmanns** sein Vermögen übersteigen (Kallmeyer/Kallmeyer/Sickinger, UmwG, § 159 Rn. 2; Lutter/Karollus, UmwG, § 159 Rn. 9). Dies gilt nach dem klaren Wortlaut sowohl für die interne Gründungsprüfung durch Vorstand und Aufsichtsrat als auch für die externe Gründungsprüfung nach § 33 Abs. 2 AktG durch vom Gericht zu bestellende Gründungsprüfer (Kallmeyer/Kallmeyer/Sickinger, UmwG, § 159 Rn. 2; Lutter/Karollus, UmwG, § 159 Rn. 9; Maier-Reimer/Seulen in: Semler/Stengel, UmwG, § 159 Rn. 8; Hörtnagl, in: Schmitt/Hörtnagl/Stratz, § 159 UmwG Rn. 4). Nach § 159 Abs. 3 UmwG hat zur Durchführung dieser Prüfung der Einzelkaufmann dem Prüfer eine **Aufstellung vorzulegen**, in der sein Vermögen seinen Verbindlichkeiten gegenübergestellt ist. Die Vermögensaufstellung nach § 159 Abs. 3 UmwG ist nur den Prüfern vorzulegen, nicht dem Handelsregister (Lutter/Karollus, UmwG, § 159 Rn. 10; Widmann/Mayer/Mayer, Umwandlungsrecht, § 159 UmwG Rn. 15; Hörtnagl, in: Schmitt/Hörtnagl/Stratz, § 154 UmwG Rn. 5, 9): Streitig ist ob auch die internen oder nur die externen Prüfer die Aufstellung erhalten. Richtig ist die Ansicht, dass beide Prüfungsorgane den Bericht erhalten (Lutter/Karollus, UmwG, § 159 Rn. 10; Hörtnagl, in: Schmitt/Hörtnagl/Stratz, § 159 UmwG Rn. 5, 9; anders offenbar Maier-Reimer/Seulen in: Semler/Stengel, UmwG, § 159 Rn. 12; Widmann/Mayer/Mayer, Umwandlungsrecht, § 159 UmwG Rn. 14). Die Vermögensaufstellung hat das gesamte Vermögen des Einzelkaufmann zu enthalten, auch sein Privatvermögen (Lutter/Karollus, UmwG, § 159 Rn. 11 ff.; Widmann/Mayer/Mayer, Umwandlungsrecht, § 159 UmwG Rn. 12 Hörtnagl, in: Schmitt/Hörtnagl/Stratz, § 159 UmwG Rn. 5 f., Maier-Reimer/Seulen in: Semler/Stengel, UmwG, § 159 Rn. 13). Ergänzt wird diese Vorschrift durch § 160 Abs. 2 UmwG, nach der die Eintragung der Gesellschaft abzulehnen ist, wenn die Verbindlichkeiten des Einzelkaufmanns sein Vermögen übersteigen. Die Vorschriften entsprechen weitestgehend der alten Vorschrift des § 53 Abs. 2 UmwG.

IX. Handelsregisteranmeldung

S. zunächst oben bei Teil 3 Rdn. 361 ff. **691**

Die Anmeldung des neu gegründeten Rechtsträgers haben sowohl der Einzelkaufmann als auch **sämt-** **692** **liche Geschäftsführer bzw. Vorstands- und Aufsichtsratsmitglieder** der neuen Gesellschaft **gemeinsam vorzunehmen** (§ 160 Abs. 1 UmwG; vgl. Kallmeyer/Zimmermann, UmwG, § 160 Rn. 3; Lutter/Karollus § 160 UmwG Rn. 3; Widmann/Mayer/Mayer § 160 UmwG Rn. 3; Hörtnagl, in: Schmitt/Hörtnagl/Stratz, § 160 UmwG Rn. 3; Maier-Reimer, in: Semler/Stengel, § 160 UmwG Rn. 2).

Wird das gesamte Unternehmen des Einzelkaufmanns ausgegliedert, erlischt mit der Eintragung der **693** Ausgliederung die Firma des Einzelkaufmanns. Das **Erlöschen** ist von Amts wegen einzutragen (§ 155 UmwG).

Die Ausgliederung bewirkt keine **Haftungsbefreiung** des Einzelkaufmanns von den übergegangenen **694** Verbindlichkeiten (§ 156 UmwG). Seine Haftung wird aber zeitlich begrenzt.

Die Literatur verlangt im Hinblick auf § 154 und § 160 Abs. 2 UmwG eine **Erklärung des Einzelkauf-** **695** **manns**, dass die Verbindlichkeiten sein Vermögen nicht übersteigen (so Kallmeyer/Zimmermann, UmwG, § 154 Rn. 5; Widmann/Mayer/Mayer, Umwandlungsrecht, § 154 UmwG Rn. 12; Hörtnagl, in: Schmitt/Hörtnagl/Stratz, 154 UmwG Rn. 4; Maier-Reimer, in: Semler/Stengel, § 154 UmwG Rn. 3; zweifelnd Lutter/Karollus, UmwG, § 154 Rn. 12). Einigkeit besteht, dass diese Erklärung sowohl i. R. d. Anmeldung, aber auch ergänzend ohne besondere Form erfolgen kann (Widmann/Mayer/Mayer, Umwandlungsrecht, § 154 UmwG Rn. 12).

1. Ausgliederungsplan bei der Neugründung einer GmbH

696 ▶ **Muster: Ausgliederungsplan bei der Neugründung einer GmbH**

UR.Nr. für . . . . .

Verhandelt zu . . . . .

am . . . . .

Vor dem unterzeichnenden

. . . . .

Notar mit dem Amtssitz in . . . . .

erschien:

Herr (Name, Geburtsdatum, Adresse).

Der Erschienene wies sich dem Notar gegenüber aus durch Vorlage seines amtlichen Lichtbildausweises.

Der Erschienene ließ folgende

Ausgliederung aus dem Vermögen eines Einzelkaufmanns durch Neugründung einer GmbH

beurkunden und erklärte:

I. Vermögensübertragung

1. Der Erschienene ist alleiniger Inhaber des unter der Firma . . . . . betriebenen einzelkaufmännischen Unternehmens mit dem Sitz in . . . . . Die Firma ist eingetragen im Handelsregister des Amtsgerichts . . . . . unter HRA . . . . .

Herr . . . . . gliedert das vorbezeichnete Unternehmen aus seinem Vermögen aus im Wege der Neugründung der nachgenannten Gesellschaft mit beschränkter Haftung.

2. Die Firma der im Wege der Ausgliederung neu zu gründenden Gesellschaft lautet:

A-GmbH.

Ihr Sitz ist . . . . .

Für die A-GmbH wird der als Anlage 1 zu dieser Urkunde genommene Gesellschaftsvertrag festgestellt.

3. Herr . . . . . überträgt alle Vermögensgegenstände des betriebenen Einzelunternehmens auf die GmbH mit allen Aktiva und Passiva. Die Ausgliederung erfolgt auf der Basis der festgestellten Schlussbilanzbilanz vom 31.12. . . . . . Diese Bilanz ist Bestandteil dieses Ausgliederungsplans.

Die Bilanz ist als Anlage 2 dieser Urkunde als wesentlicher Bestandteil beigefügt, auf sie wird nach §§ 9, 14 Abs. 1 BeurkG verwiesen. Der Beteiligte hat auf das Vorlesen verzichtet. Stattdessen wurden ihm die Anlage 2 zur Durchsicht vorgelegt, von ihm genehmigt und unterschrieben.

Für sämtliche nachfolgend beschriebenen Aktiva und Passiva gilt, dass die Übertragung im Wege der Ausgliederung alle Wirtschaftsgüter, Gegenstände, materiellen und immateriellen Rechte, Verbindlichkeiten, Rechtsbeziehungen erfasst, die dem Betrieb des Einzelunternehmens dienen oder zu dienen bestimmt sind oder sonst das Einzelunternehmen betreffen oder ihm wirtschaftlich zuzurechnen sind, unabhängig davon, ob die Vermögensposition bilanzierungsfähig ist oder nicht. Die Übertragung erfolgt auch unabhängig davon, ob der Vermögensgegenstand in den Anlagen aufgeführt ist.

Sollten die zu übertragenden Rechtspositionen des Aktiv- oder Passivvermögens bis zum Wirksamwerden der Ausgliederung im regelmäßigen Geschäftsgang veräußert worden sein, so werden die an ihre Stelle getretenen vorhandenen Surrogate übertragen. Übertragen werden auch die bis zum Wirksamwerden der Ausgliederung erworbenen Gegenstände des Aktiv- oder Passivvermögens, soweit sie zum übertragenen Vermögen des Einzelunternehmens gehören.

Bei Zweifelsfällen, die auch durch Auslegung dieses Vertrages nicht zu klären sind, gilt, dass Vermögensgegenstände, Verbindlichkeiten, Verträge und Rechtspositionen, die nach obigen Regeln nicht zugeordnet werden können, bei der übertragenden Gesellschaft verbleiben. In diesen Fällen ist Herr . . . . . berechtigt nach § 315 BGB eine Zuordnung nach seinem Ermessen unter Berücksichtigung der wirtschaftlichen Zugehörigkeit vorzunehmen.

Soweit bilanzierte und nicht bilanzierte Vermögensgegenstände und Schulden in die Rechtsbeziehungen, die dem Vermögen des Einzelunternehmens wirtschaftlich zuzuordnen sind, nicht schon kraft Gesetzes mit der Eintragung der Ausgliederung in das Handelsregister der übertragenden Gesellschaft auf die aufnehmende Gesellschaft übergehen, wird Herr . . . . . diese Vermögensgegenstände oder Schulden sowie die Rechtsbeziehungen auf die A-GmbH übertragen.

Auf die Anlagen die dieser Urkunde als wesentlicher Bestandteil beigefügt sind, wird gemäß § 14 Abs. 1 BeurkG verwiesen. Der Beteiligte hat auf das Vorlesen verzichtet, stattdessen wurden ihm die Anlagen zur Kenntnisnahme vorgelegt, sie wurden von ihm genehmigt und nach § 14 BeurkG unterschrieben.

Soweit für die Übertragung von bestimmten Gegenständen die Zustimmung eines Dritten oder eine Registrierung erforderlich ist, werden sich Herr . . . . . und die aufnehmende Gesellschaft bemühen, die Zustimmung oder Registrierung beizubringen. Falls dies nicht oder nur mit unverhältnismäßig hohem Aufwand möglich sein würde, werden sich die übertragende und die aufnehmende Gesellschaft im Innenverhältnis so stellen, als wäre die Übertragung der Gegenstände des ausgegliederten Vermögens mit Wirkung zum Vollzugsdatum erfolgt.

Herr . . . . . und die A-GmbH bewilligen und beantragen, nach Wirksamwerden der Ausgliederung das Grundbuch bei den unter Ziff. 3 beschriebenen Grundstücken und dinglichen Rechten zu berichtigen.

4. Bei den als Gesamtheit übertragenen Gegenständen des Aktiv- und Passivvermögens des einzelkaufmännischen Unternehmens handelt es sich im Einzelnen um:
a) den im Grundbuch des Amtsgerichts . . . . . von . . . . ., Blatt . . . . ., verzeichneten Grundbesitz der Gemarkung . . . . ., Flur . . . . ., Flurstück Nr. . . . . ., groß . . . . . ar;
b) den auf dem vorbezeichneten Grundstück befindlichen Betriebsteil Kfz-Werkstatt nebst dem hierzu gehörenden beweglichen Anlage- und Umlaufvermögen, wie es sich aus der Anlage 2 zu dieser Niederschrift ergibt; im Fall einer Veräußerung von Gegenständen durch das einzelkaufmännische Unternehmen im regelmäßigen Geschäftsverkehr bis zu dem in Ziff. III. genannten Zeitpunkt treten ihre Surrogate an ihre Stelle;
c) alle den vorbezeichneten Betriebsteil zuzuordnenden Verträge, insbes. Leasingverträge, Lieferverträge, Werkverträge und sonstigen Rechte, wie sie sich aus der Anlage 3 zu dieser Niederschrift ergeben;
d) alle Verbindlichkeiten des einzelkaufmännischen Unternehmens, die dem vorbezeichneten Betriebsteil wirtschaftlich zuzuordnen sind, wie sie sich aus der Anlage 4 zu dieser Niederschrift ergeben;
e) die in der Anlage 5 zu dieser Niederschrift bezeichneten Arbeitsverhältnisse;
f) Sachen, Rechte, Vertragsverhältnisse, die nicht in den beigefügten Anlagen aufgeführt sind, soweit sie dem vorbezeichneten Betriebsteil im weitesten Sinne wirtschaftlich zuzuordnen sind; dies gilt insbes. für bis zur Eintragung der Spaltung in das Handelsregister erworbene Sachen oder Rechte und begründete Vertragsverhältnisse und Verbindlichkeiten.

II. Gegenleistung

Das Stammkapital beträgt . . . . .€.

Herr . . . . . erhält und übernimmt den neu gebildeten Geschäftsanteil in gleicher Höhe mit Gewinnbezugsberechtigung zum . . .

Bare Zuzahlungen sind nicht zu leisten.

III. Spaltungsstichtag

Die Übernahme des vorbezeichneten Vermögens erfolgt im Innenverhältnis mit Wirkung zum Ablauf des . . . . . Vom . . . . . an gelten alle Handlungen und Geschäfte des einzelkaufmännischen Unternehmens, die das übertragene Vermögen betreffen, als für Rechnung der A-GmbH vorgenommen.

IV. Besondere Rechte

Besondere Rechte i. S. v. § 126 Abs. 1 Nr. 7 UmwG bestehen bei der A-GmbH nicht. Einzelnen Anteilsinhabern werden i. R. d. Spaltung keine besonderen Rechte gewährt.

V. Besondere Vorteile

Besondere Vorteile i. S. v. § 126 Abs. 1 Nr. 8 UmwG werden nicht gewährt.

VI. Folgen der Abspaltung für Arbeitnehmer und ihre Vertretungen

Durch die Abspaltung ergeben sich für die Arbeitnehmer und ihre Vertretungen die nachgenannten Folgen:

.....

Insoweit sind folgende Maßnahmen vorgesehen:

.....

VII. Sonstige Vereinbarungen

1. Sollten für die Übertragung der in Ziff. I. 2. genannten Sachen, Rechte, Vertragsverhältnisse und Verbindlichkeiten weitere Voraussetzungen geschaffen werden müssen, so verpflichtet sich Herr ..... alle erforderlichen Erklärungen abzugeben und Handlungen vorzunehmen.

2. Sollte eine Übertragung der in Ziff. I. 2. genannten Sachen, Rechte, Vertragsverhältnisse und Verbindlichkeiten im Wege der Spaltung auf die A-GmbH rechtlich nicht möglich sein, so verpflichtet sich Herr ..... alle erforderlichen Erklärungen abzugeben und alle erforderlichen Handlungen vorzunehmen, die rechtlich in anderer Weise zu dem beabsichtigten Vermögensübergang auf die A-GmbH führen.

VIII. Kosten

Die durch diesen Vertrag und ihre Durchführung bei beiden Gesellschaften entstehenden Kosten trägt die A-GmbH.

IX. Geschäftsführerbestellung

Herr ..... als Gründungsgesellschafter der neuen A-GmbH hält unter Verzicht auf alle Frist- und Formvorschriften eine Gesellschafterversammlung ab und beschließt einstimmig Folgendes:

Zum ersten Geschäftsführer der neu errichteten Gesellschaft mit beschränkter Haftung wird der Erschienene bestellt. Er ist stets einzelvertretungsberechtigt, auch wenn weitere Geschäftsführer bestellt sind, und von den Beschränkungen des § 181 BGB befreit.

Diese Niederschrift nebst allen Anlagen wurde dem Erschienenen vom Notar vorgelesen, von ihm genehmigt und von ihm und dem Notar eigenhändig wie folgt unterzeichnet:

.....

2. Handelsregisteranmeldung für das einzelkaufmännische Unternehmen

697 ▶ **Muster: Handelsregisteranmeldung für das einzelkaufmännische Unternehmen**

An das

Amtsgericht

– Handelsregister –

Betrifft: HRB .....

In der Anlage überreiche ich, der unterzeichnende alleinige Inhaber der Firma A:
1. Elektronisch beglaubigte Abschrift des Ausgliederungsplans vom ..... – UR.Nr. ..... des beglaubigenden Notars –,
2. Elektronisch beglaubigte Abschrift der Schlussbilanz der Firma zum Spaltungsstichtag,
3. Elektronisch beglaubigte Abschrift des Nachweises über die rechtzeitige Zuleitung zum Betriebsrat

und melde zur Eintragung in das Handelsregister an:

Ich habe durch Ausgliederung vom ..... – UR.Nr. ..... des beglaubigenden Notars – das gesamte Vermögen der Einzelfirma als Gesamtheit auf die neu gegründete B-GmbH mit dem Sitz in ..... als übernehmende GmbH im Wege der Ausgliederung durch Neugründung übertragen. Die Firma ist erloschen.

Ich versichere, dass meine Verbindlichkeiten nicht das Vermögen vor der Ausgliederung übersteigen.

....., den .....   (Beglaubigungsvermerk)

3. Handelsregisteranmeldung für die neu gegründete GmbH

▶ **Muster: Handelsregisteranmeldung für die neu gegründete GmbH** 698

An das

Amtsgericht

– Handelsregister B –

Betrifft: Neugründung der B-GmbH mit dem Sitz in . . . . .

In der Anlage überreiche ich, der unterzeichnende alleinige Inhaber der Firma A – dortiges Handelsregister HRA . . . . . – und alleinige Geschäftsführer der B-GmbH:
1. Elektronisch beglaubigte Abschrift des Ausgliederungsplans nebst Gesellschaftsvertrag der neu gegründeten B-GmbH vom . . . . . – UR.Nr. . . . . . des beglaubigenden Notars –,
2. Elektronisch beglaubigte Abschrift der Gesellschafterliste,
3. Elektronisch beglaubigte Abschrift des Sachgründungsberichtes,
4. Elektronisch beglaubigte Abschrift der Unterlagen über die Werthaltigkeit der übertragenen Vermögensteile sowie Schlussbilanz des übertragenden Rechtsträgers,
5. Elektronisch beglaubigte Abschrift des Nachweises über die rechtzeitige Zuleitung zum Betriebsrat

und melde zur Eintragung in das Handelsregister an:

Ich habe im Wege der Ausgliederung durch Neugründung eine Gesellschaft mit beschränkter Haftung unter der Firma »B-GmbH« gegründet. Ich versichere, dass meine Verbindlichkeiten nicht das Vermögen übersteigen.

Sitz der Gesellschaft ist . . . . .

Die Gesellschaft hat einen oder mehrere Geschäftsführer. Ist nur ein Geschäftsführer bestellt, so vertritt dieser die Gesellschaft allein. Sind mehrere Geschäftsführer bestellt, so wird die Gesellschaft durch zwei Geschäftsführer gemeinsam oder durch einen Geschäftsführer in Gemeinschaft mit einem Prokuristen vertreten. Durch Gesellschafterbeschluss kann einzelnen Geschäftsführern die Befugnis zur Einzelvertretung sowie die Befreiung von den Beschränkungen des § 181 BGB erteilt werden.

Zum ersten Geschäftsführer der Gesellschaft wurde ich, der Unterzeichnende, bestellt.

Ich bin berechtigt, die Gesellschaft stets einzeln zu vertreten und von den Beschränkungen des § 181 BGB befreit.

Ich, [Name:], versichere, dass keine Umstände vorliegen, die meiner Bestellung zum Geschäftsführer nach § 6 Abs. 2 GmbH-Gesetz entgegenstehen.

Der Geschäftsführer der Gesellschaft versichert insbesondere,

– dass er nicht wegen einer oder mehrerer vorsätzlicher Straftaten
a) des Unterlassens der Stellung des Antrags auf Eröffnung des Insolvenzverfahrens (Insolvenzverschleppung),
b) nach §§ 283 bis 283d StGB (Insolvenzstraftaten),
c) der falschen Angaben nach § 82 GmbHG oder § 399 AktG,
d) der unrichtigen Darstellung nach § 400 AktG, § 331 HGB, § 313 UmwG oder § 17 PublizitätsG,
e) nach den §§ 263 StGB (Betrug), § 263a StGB (Computerbetrug), § 264 StGB (Kapitalanlagebetrug) § 264a (Subventionsbetrug) oder den §§ 265b StGB (Kreditbetrug), § 266 StGB (Untreue) bis § 266a StGB (Vorenthalten und Veruntreuen von Arbeitsentgelt – Nichtabführung von Sozialversicherungsbeiträgen) zu einer Freiheitsstrafe von mindestens einem Jahr

verurteilt worden ist, und
– dass ihm weder durch gerichtliches Urteil noch durch die vollziehbare Entscheidung einer Verwaltungsbehörde die Ausübung eines Berufes, eines Berufszweiges, eines Gewerbes oder eines Gewerbezweiges ganz oder teilweise untersagt wurde, und
– auch keine vergleichbaren strafrechtlichen Entscheidungen ausländischer Behörden oder Gerichte gegen ihn vorliegen, und
– dass er über die uneingeschränkte Auskunftspflicht ggü. dem Gericht durch den Notar belehrt wurde.

Die Geschäftsräume und die inländische Geschäftsanschrift der neu gegründeten Gesellschaft befinden sich in . . . . ., ...

Ich erkläre, dass eine Anfechtung ausgeschlossen ist und daher eine Negativbilanzierung gemäß § 16 Abs. 2 UmwG entbehrlich ist.

....., den .....   (Beglaubigungsvermerk)

699 ▶ **Hinweis:**

Ob eine Versicherung nach § 8 GmbHG notwendig ist, ist umstritten.

H. Ausgliederung von öffentlichen Unternehmen aus Gemeinden und Landkreisen und sonstigen Gebietskörperschaften

I. Einführung

700 Das Umwandlungsrecht in seiner bis 1995 geltenden Fassung aus dem Jahr 1969 hatte die **Umwandlung von Unternehmen von Gebietskörperschaften in AG oder GmbH** in den §§ 57, 58 UmwG a. F. geregelt. Es handelte sich hierbei um einen Sonderfall der erleichterten übertragenden errichtenden Umwandlung. Die Umwandlung nach § 57 bzw. § 58 UmwG nahm die Umwandlung eines Unternehmens eines Einzelkaufmanns in eine AG zum Vorbild. An die Stelle des Einzelkaufmanns trat die Gebietskörperschaft oder der Gemeindeverband. Deshalb wurde auch auf eine Reihe von Bestimmungen zur Umwandlung eines Einzelkaufmanns verwiesen, die die Gründung einer AG oder GmbH und die Übertragung des Vermögens des unter Umwandlung bestimmten Eigenbetriebs zum Inhalt haben. Die Umwandlungserklärung war gem. § 52 UmwG notariell zu beurkunden. In der Umwandlungserklärung war die Satzung GmbH oder AG festzustellen (§ 52 Abs. 2 UmwG a. F.).

701 Die Umwandlungserklärung war grds. vom **vertretungsberechtigten Organ** (Bürgermeister, Landrat) der Gebietskörperschaft abzugeben. Gem. §§ 57 Abs. 2, 58 Abs. 2 i. V. m. § 52 Abs. 4 UmwG a. F. war der Umwandlungserklärung eine vom vertretungsberechtigten Organ (Bürgermeister, Landrat) unterschriebene, öffentlich beglaubigte Übersicht über die dem umzuwandelnden Unternehmen zuzuordnenden Vermögensgegenstände und Verbindlichkeiten beizufügen.

702 Ebenso wie im neuen Recht die Umwandlung eines Einzelkaufmanns in eine GmbH nicht mehr als Formwechsel, sondern als Fall der **Ausgliederung** behandelt wird (§ 152 UmwG), wird auch die »Umwandlung« eines Unternehmens einer Gebietskörperschaft nicht mehr als Formwechsel, sondern im neuen Umwandlungsrecht als Ausgliederung und damit Unterfall der Spaltung behandelt (§§ 168 ff. UmwG; vgl. eingehend Steuck, NJW 1995, 2887 ff.; Suppliet, NotBZ 1997, 37 ff.; 141 ff.; 1999, 49; Lepper, RNotZ 2006, 313 ff.).

II. Möglichkeiten der Ausgliederung

703 § 168 UmwG erweitert die Ausgliederungsmöglichkeiten im Vergleich zum alten Recht. Zum einen besteht die Möglichkeit der **Ausgliederung zur Neugründung**, d. h. im Zuge der Ausgliederung wird wie beim alten Recht eine neue Kapitalgesellschaft gegründet. Nach § 168 UmwG ist darüber hinaus auch die Neugründung einer Genossenschaft möglich. Außerdem erweitert § 168 UmwG die Ausgliederung auch auf eine **Ausgliederung zur Aufnahme** durch eine bereits bestehende AG oder GmbH. Darüber hinaus kann auch eine Aufnahme dieses Unternehmens durch eine bestehende Personenhandelsgesellschaft oder eine eingetragene Genossenschaft erfolgen. Die Begründung zum RegE weist darauf hin, dass sich auch für diese Form der Privatisierung ein Bedürfnis ergeben könne, insb. dann, wenn eine Körperschaft zum Zweck der Rationalisierung und Kostenersparnis ihren Regiebetrieb oder Eigenbetrieb auf einen bereits bestehenden privatrechtlich organisierten Dienst einer anderen Körperschaft übertragen will (vgl. Begründung zum RegE, BR-Drucks. 75/94, S. 132, abgedruckt in: Limmer, Umwandlungsrecht, S. 327).

III. Verhältnis zum öffentlichen Recht, ausgliederungsfähige Rechtsträger

704 Nach dem Gesetzeswortlaut werden als ausgliederungsfähige Rechtsträger eine **Gebietskörperschaft oder ein Zusammenschluss von Gebietskörperschaften**, der selbst nicht Gebietskörperschaft ist, zugelassen. Gebietskörperschaften in diesem Sinne sind u. a. Gemeinden, kreisfreie Städte oder Landkreise, auch der Bund und die Bundesländer (Lutter/Schmidt, UmwG § 168 Rn. 5; Lepper, RNotZ 2006, 316; Suppliet, NotBZ 1997, 38; Widmann/Mayer/Heckschen, Umwandlungsrecht, § 168 UmwG Rn. 135; Leitzen, MittBayNot 2009, 353). Zu Recht sind auch **Kirchen** als Gebietskörperschaften in diesem Sinne anzusehen (vgl. Borsch, DNotZ 2005, 10 ff.; Semler/Stengel/Perlitt, UmwG, § 168 Rn. 18; Pfeiffer, NJW 2000, 3694 ff.; Lepper, RNotZ 2006, 316; Lutter/Schmidt, UmwG § 168 Rn. 6; Lepper empfiehlt eine Abstimmung mit dem Registergericht). Umstritten ist, ob **mehrere übertragende Rechtsträger** beteiligt sein können. Z. T. wird dies abgelehnt (Lutter/Schmidt, UmwG, § 168 Rn. 9; Suppliet, NotBZ 1997, 147), z. T. aber wegen der unterschiedlichen Eintragungswirkung zugelassen (vgl. Lepper, RNotZ 2006, 317; Widmann/Mayer/Heckschen, Umwandlungsrecht, § 168 UmwG Rn. 143 ff.; Semler/Stengel/Perlitt, UmwG, § 168 Rn. 25). Offengelassen hat die Zulässigkeit das OLG Rostock (WM 1995, 1721, 1723), die überwiegende Literatur bejahen sie (Widmann/Mayer/Heckschen, § 168 Rn. 134, 143 f.; KölnKommUmwG/Loyering, § 168 Rn. 21; Perlitt in: Semler/Stengel, UmwG, § 168 Rn. 22 ff.; Geiser/Gimnich, in: Böttcher/Habighorst/Schulte, Umwandlungsrecht, 2015, § 168 UmwG Rn. 7 f.; Lepper, RNotZ 2006, 313, 317). Dem ist mE zu folgen.

Im Vergleich zum bis 1995 geltenden Recht ist auch das **Verhältnis zwischen öffentlichem Recht und** **705** **Umwandlungsrecht** klar geregelt. Im alten Recht war formuliert, dass eine Umwandlung nur zulässig ist, wenn das für die Gebietskörperschaft oder die Gemeindeverbände maßgebliche Bundes- und Landesrecht eine Umwandlung vorsieht oder zulässt (§§ 57 Abs. 1, 58 Abs. 1 UmwG a. F.), nach dem UmwG 1995 ist eine Umwandlung zulässig, »*wenn das für die Körperschaft oder in dem Zusammenschluss maßgebende Bundes- oder Landesrecht einer Ausgliederung nicht entgegensteht*«. Die Begründung zum RegE weist darauf hin, anders als bisher, müsse die Ausgliederung nicht mehr ausdrücklich oder sinngemäß durch Bundes- oder Landesrecht zugelassen sein, vielmehr soll ihr nur ein gesetzliches Verbot entgegenstehen. Diese Lösung solle es überflüssig machen, im Einzelfall eine Ausgliederung gesetzlich zulassen zu müssen, um es überhaupt erst möglich zu machen; dies wäre zu schwerfällig (Begründung zum RegE, BR-Drucks. 75/94, S. 132, abgedruckt in: Limmer, Umwandlungsrecht, S. 327).

Die Vorschriften sind in den **einzelnen Bundesländern** teilweise verstreut geregelt, so bestehen Genehmigungspflichten, Vorbehalte, Anzeigepflichten etc. (vgl. die Übersicht bei Suppliet, NotBZ 1997, 39 f.; Widmann/Mayer/Heckschen, Umwandlungsrecht, § 168 UmwG Rn. 392 ff.; Lepper, RNotZ 2006, 320 ff.; Lutter/Schmidt, UmwG § 168 Rn. 17). **706**

IV. Gegenstand der Ausgliederung

Schließlich ist im Vergleich zur Ausgliederung aus dem Vermögen eines anderen Rechtsträgers zu be- **707** achten, dass Gebietskörperschaften **nur gesamte Unternehmen ausgliedern** können. Unternehmen sind organisatorisch selbstständig und finanzwirtschaftlich als Sondervermögen geführte Vermögensgesamtheiten. Gewinnerlangungsabsicht ist nicht Voraussetzung (vgl. Widmann/Mayer/Heckschen, Umwandlungsrecht, § 168 UmwG Rn. 125 ff.; Lepper, RNotZ 2006, 318; Steuck, NJW 1995, 2888; Suppliet, NotBZ 1997, 41; Lutter/Schmidt, UmwG, § 168 Rn. 10 ff.; Semler/Stengel/Perlitt, UmwG, § 168 Rn 27; Hörtnagl, in: Schmitt/Hörtnagl/Stratz, § 168 UmwG Rn. 5; eingehend zum Unternehmensbegriff Schindhelm/Stein, DB 1999, 1375 ff.). Während Gesellschaften und andere Rechtsträger beliebig Vermögen ausgliedern und abspalten können, auch einen einzelnen Vermögensgegenstand, verlangt § 168 UmwG, dass das gesamte Vermögen ausgegliedert wird. Die Begründung zum RegE weist darauf hin, dass die Körperschaft nur dann einen Vermögensteil im Wege der Ausgliederung übertragen kann, wenn dieser ein Unternehmen ist. Die Übertragung könne ferner dieses Unternehmen nur als Ganzes erfassen, indes nur auf ein einziges Unternehmen oder neuen Rechtsträger überleiten. Diese Einschränkung entspreche nicht nur dem insoweit bewährten geltenden Recht, sondern sei auch deshalb nötig, weil die Wirkungen der Ausgliederung an eine Registereintragung geknüpft werden müssen, diese aber nur bei dem übernehmenden oder neuen Rechtsträger sichergestellt sei, denn Regiebetriebe oder Eigenbetriebe müssen nicht im Register eingetragen werden (vgl. BR-Drucks. 75/94, S. 132, abgedruckt in: Limmer, Umwandlungsrecht, S. 327).

Allerdings wird man auch hier eine **gewisse Gestaltungsfreiheit** anerkennen müssen. Entscheidend ist, **708** dass das Unternehmen in seinem Kernbestand ausgegliedert wird. Einzelne Vermögensgegenstände können von der Ausgliederung ausgenommen werden (so Steuck, NJW 1995, 2889; Widmann/Mayer/

Heckschen, Umwandlungsrecht, § 168 UmwG Rn. 131; Lutter/Schmidt, UmwG, § 168 Rn. 12; Semler/Stengel/Perlitt, UmwG, § 168 Rn 31; Hörtnagl, in: Schmitt/Hörtnagl/Stratz, § 168 UmwG Rn. 6).

709 Diese Meinung ist im Schrifttum von Schindhelm/Stein (DB 1999, 1375, 1377) bestätigt worden. Daraus folgt, dass eine »Unternehmensausgliederung« jedenfalls dann zulässig ist, wenn von den mehreren im Rahmen eines Eigenbetriebes betriebenen Unternehmen **nur einzelne ausgegliedert** würden. Denn dann handelte es sich bei den ausgegliederten »Vermögensteilen« um solche Einrichtungen, die nach einer Verselbstständigung als autonome Einheiten wirtschaftlich geführt werden könnten (Schindhelm/Stein, DB 1999, 1377, so auch Steuck, NJW 1995, 2887, 2889). In einem derartigen Fall wäre es nicht einmal erforderlich, dass **vor** der Ausgliederung noch die formelle Einteilung des bisher einheitlichen Eigenbetriebes in die auszugliedernden bzw. nicht auszugliedernden Unternehmen veranlasst werden würde.

710 Zweifelhaft ist, ob lediglich das **bewegliche Vermögen** eines Eigenbetriebs erfasst werden kann, Grundstücke und aufstehende Gebäude aber im Eigentum der Gebietskörperschaft belassen werden können. Es wird einhellig die Auffassung vertreten, dass auch bei der Ausgliederung nach § 168 UmwG eine gewisse Gestaltungsfreiheit anzuerkennen sei, weshalb es z. B. zulässig sei, auch einzelne Vermögensgegenstände von der Ausgliederung auszunehmen (Steuck, NJW 1995, 2889; Lutter/Schmidt, UmwG § 168 Rn. 12;; Widmann/Mayer/Heckschen, Umwandlungsrecht, § 168 UmwG Rn. 17; Hörtnagl, in: Schmitt/Hörtnagl/Stratz, § 168 UmwG Rn. 6; Semler/Stengel/Perlitt, UmwG, § 168 Rn 31; s. ausführlich auch Suppliet, NotBZ 1997, 37 ff.; 42 ff.). Die herrschende Meinung schränkt diese Gestaltungsfreiheit aber zugleich wieder dadurch ein, dass zumindest der **Unternehmenskern** ausgegliedert werden müsse (Widmann/Mayer/Heckschen, Umwandlungsrecht, § 168 UmwG Rn. 131; Steuck, NJW 1995, 2889), wobei darunter die dem Zweck der wirtschaftlichen Tätigkeit gewidmeten Sachen und Rechte und sonstigen wirtschaftlichen Rechte zu verstehen seien (statt aller Widmann/Mayer/Heckschen, Umwandlungsrecht, § 168 UmwG Rn. 131).

711 Möglicherweise kann die »Unternehmenseigenschaft« des auszugliedernden beweglichen Vermögens aber dadurch »hergestellt« werden, dass die ausgliedernde Kommune mit der neu zu gründenden GmbH **Miet- oder Pachtverträge** über die im Eigentum der Gebietskörperschaft verbleibenden Grundstücke abschließt, mit der Folge, dass der neu zu gründenden Gesellschaft das für den Betrieb des Unternehmens benötigte Anlagevermögen wenigstens auf schuldrechtlicher Nutzungsbasis zur Verfügung stünde. Eine solche, auf eine **Betriebsaufspaltung** abzielende Lösung wird im Schrifttum zu Recht für zulässig erachtet (Widmann/Mayer/Heckschen, Umwandlungsrecht, § 168 UmwG Rn. 131; Suppliet, NotBZ 1997, 42 ff.). Nach Heckschen (Widmann/Mayer/Heckschen, Umwandlungsrecht, § 168 UmwG Rn. 17) schließt die für die Unternehmenseigenschaft i. S. d. § 168 UmwG maßgebende **funktionale Betrachtungsweise** vom sog. Unternehmenskern die Möglichkeit mit ein, dass die Ausgliederung auch zum Zweck der Betriebsaufspaltung genutzt werden kann, wenn die Unternehmenseinheit bspw. dadurch ihre Funktionsfähigkeit erlangt, dass die betriebsnotwendigen Grundstücke im Wege eines Pachtvertrages überlassen werden. Dann stellt sich allerdings die Frage, zu welchem Zeitpunkt dieser schuldrechtliche Nutzungsvertrag rechtswirksam sein muss, um die Unternehmenseigenschaft des ausgegliederten Vermögens zu gewährleisten. Sofern ein solcher Pachtvertrag nämlich erst nach Wirksamwerden der Ausgliederung (vgl. § 171 UmwG) abgeschlossen würde, wären gerade nicht sämtliche dem Zweck der wirtschaftlichen Tätigkeit des neu gegründeten Rechtsträgers dienenden Rechte und Sachen Bestandteil des auszugliedernden Unternehmens. Von daher ist es erforderlich, dass der schuldrechtliche Nutzungsvertrag aufschiebend bedingt mit dem Wirksamwerden der Ausgliederung geschlossen wird. In diesem Fall stünde der neu gegründeten GmbH vom Beginn ihrer rechtlichen Existenz an die erforderliche Nutzungsbefugnis an den betriebsnotwendigen Grundstücken zu. Da mit der notariellen Beurkundung des Ausgliederungsplans und der in diesem Zusammenhang stattfindenden Feststellung der GmbH-Satzung bereits eine sog. (rechtsfähige) Vor-GmbH entsteht, wird man in dem Ausgliederungsplan die schuldrechtlichen Nutzungsbefugnisse an den betroffenen Grundstücken ggf. auch auf einen bestimmten Ausgliederungsstichtag zurückbeziehen können.

712 Nach überwiegender Meinung ist auch die **Ausgliederung mehrerer Unternehmen** zulässig (Widmann/Mayer/Heckschen, Umwandlungsrecht, § 168 UmwG Rn. 132 ff.; Lepper, RNotZ 2006, 318; Lutter/Schmidt, UmwG, § 168 Rn. 13). Es können daher auch nicht verschiedene Regie- oder Ei-

genbetriebe – jeweils als Gesamtheit – auf verschiedene Rechtsträger in einem Ausgliederungsvorgang übertragen werden.

V. Zuständiges Organ für Ausgliederungsplan

Die Vorschriften über die Ausgliederung aus dem Vermögen von Gebietskörperschaften sind Sonder-   **713** vorschriften der Ausgliederung, die wiederum Sondervorschriften der Spaltung darstellen. Es gelten daher grds. auch die **allgemeinen Vorschriften über Spaltung und Ausgliederung**, soweit nicht die §§ 168 ff. UmwG Sondervorschriften vorsehen. Es bedarf daher auch eines **Spaltungsplans**.

1. Vertretungsorgan. Gem. § 136 UmwG hat das **Vertretungsorgan des übertragenen Rechtsträ-**   **714** **gers** einen Spaltungsplan aufzustellen. Der Ausgliederungsplan oder -vertrag wird vom vertretungsberechtigten Organ erklärt, d. h. z. B. je nach Kommunalrecht vom Bürgermeister oder Landrat.

2. Form. Da gem. § 125 Satz 1 UmwG auf die Spaltung die Vorschriften des Zweiten Buches an-   **715** wendbar sind, gilt auch § 6 UmwG, d. h. der Spaltungs- bzw. Ausgliederungsplan muss **notariell beurkundet** werden.

3. Inhalt. Da die Ausgliederung ein Sonderfall der Spaltung ist, muss für den Ausgliederungsplan   **716** insb. § 126 UmwG berücksichtigt werden, der den **Inhalt des Spaltungsvertrages** beschreibt (vgl. den Überblick bei Suppliet, NotBZ 1998, 310 ff.).

In diesem Zusammenhang stellt sich insb. die Frage, **auf welche Weise** gem. § 126 Abs. 1 Nr. 9 UmwG   **717** die **Gegenstände zu bezeichnen** sind, die ausgegliedert werden sollen. Das neue Recht hat die Aufteilung der Vermögensgegenstände zum Inhalt des Spaltungs- und Übernahmevertrages gemacht und in § 126 Abs. 2 UmwG bestimmt, dass, soweit für die Übertragung von Gegenständen im Fall der Einzelrechtsnachfolge eine besondere Bezeichnung bestimmt sei, diese Regelung auch für die Bezeichnung der Gegenstände des Aktiv- und Passivvermögens im Spaltungsplan anzuwenden sei. Bereits zu der alten Vermögensübersicht, die allerdings nicht Gegenstand des Umwandlungsbeschlusses war, wurde die Einhaltung des sachenrechtlichen Bestimmtheitsgrundsatzes verlangt. Auch bei dieser **Vermögensübersicht** war die Anforderung an die Genauigkeit der Kennzeichnung aus dem Zweck der Übersicht zu bestimmen, da die Vermögensübersicht auch Transformationsfunktion hatte und nur die Gegenstände auf die neue Gesellschaft übergingen, die in der Vermögensübersicht aufgeführt waren. Die überwiegende Meinung war daher der Auffassung, dass auch hier der sachenrechtliche Bestimmtheitsgrundsatz gilt (vgl. zum alten Recht Scholz/Priester, GmbHG, Anh. Umwandlung, § 56c UmwG, UmwStG Rn. 6 ff.; Dehmer, UmwG, UmwStG, § 56c UmwG Anm. 7). Entscheidend war, dass die Angaben in der Übersicht die klare Feststellung ermöglichen mussten, welche Gegenstände in die Übertragung eingeschlossen seien und welche nicht (so auch Loos, DB 1973, 807, 808). Die Vermögensgegenstände mussten genau so beschrieben werden, dass sie unschwer identifiziert werden konnten. Die bloße Verweisung auf die Umwandlungsbilanz und die dazugehörigen Listen, wie Inventurlisten, genügte nach überwiegender Auffassung nicht.

Auch zum neuen Spaltungsrecht geht die wohl bisher überwiegende Meinung davon aus, dass es im Hin-   **718** blick auf den **sachenrechtlichen Bestimmtheitsgrundsatz** einer genauen Abgrenzung des Kreises der übergehenden Aktiva und Passiva, und zwar möglichst mit der gleichen Genauigkeit, mit der etwa bei der Veräußerung von Unternehmen im Wege der Übertragung von Einzelwirtschaftsgütern gearbeitet wird, bedarf (vgl. oben Teil 3 Rdn. 56 ff.).

Man könnte allerdings im Hinblick auf die frühere Rechtslage der Auffassung sein, dass bei der Ausglie-   **719** derung aus dem Vermögen einer Gebietskörperschaft weniger strenge Anforderungen an die Bestimmtheit zu stellen sind, da hier ein bilanzierendes Unternehmen insgesamt ausgegliedert werden muss und eine Aufteilung der Gegenstände insofern nicht erforderlich ist. Dies ist jedoch abzulehnen (vgl. ebenso, Widmann/Mayer/Heckschen, Umwandlungsrecht, § 168 UmwG Rn. 167; Suppliet, NotBZ 1998, 212 f.).

720 ▶ **Hinweis:**

Zu berücksichtigen ist, dass die Individualisierung Inhalt des Spaltungsplans und daher auch zu beurkunden ist.

VI. Sachgründungsbericht

721 Da die Ausgliederung zur Neugründung wie eine Spaltung zur Neugründung gem. § 135 Abs. 2 UmwG den Gründungsvorschriften des neuen Rechtsträgers unterliegt und § 138 UmwG ausdrücklich bestimmt, dass bei der Spaltung zur Neugründung einer neuen GmbH ein Sachgründungsbericht stets erforderlich ist, ist auch bei der Ausgliederung zur Neugründung auf eine GmbH **stets ein Sachgründungsbericht** erforderlich. Gem. § 170 UmwG ist in den Sachgründungsbericht auch der Geschäftsverlauf und die Lage des übertragenen Rechtsträgers, d. h. des Eigenbetriebs, darzulegen (§ 58 Abs. 1 UmwG).

VII. Anmeldung der Ausgliederung

722 Zur Anmeldung bestimmt § 137 Abs. 1 UmwG, dass bei der Spaltung zur Neugründung das Vertretungsorgan des übertragenden Rechtsträgers **jede neue Gesellschaft**, bei dem Gericht, in dessen Bezirk sie einen Sitz haben sollen, zur Eintragung in das Register **anzumelden** hat. Nach § 137 Abs. 1 UmwG ist also notwendiger **Inhalt** ausschließlich die Anmeldung der neuen Gesellschaft. Daneben ist aber über § 135 Abs. 2 UmwG i. V. m. § 6 Abs. 1 GmbHG zur Eintragung der neuen Gesellschaft die vorherige Bestellung und Anmeldung von Vertretungsorganen erforderlich (Suppliet, NotBZ 1999, 52).

723 ▶ **Hinweis:**

Zweckmäßig ist es daher, mit der Anmeldung nach § 137 UmwG die weiteren für die Eintragung der jeweiligen neuen Gesellschaft im Handelsregister erforderlichen Erklärungen und Zeichnungen zu verbinden, die ggü. dem Registergericht der neuen Gesellschaft abzugeben sind. Gem. § 137 Abs. 1 UmwG hat die Anmeldung der neuen Gesellschaft durch das Vertretungsorgan des übertragenden Rechtsträgers, also durch den Bürgermeister zu erfolgen.

724 Zu berücksichtigen ist, dass auch § 16 Abs. 2 UmwG gem. § 125 Satz 1 UmwG für die Spaltung und Ausgliederung gilt. Es bedarf daher auch der Versicherung gem. § 16 Abs. 2 UmwG, dass eine Klage gegen die Wirksamkeit eines Verschmelzungsbeschlusses nicht oder nicht fristgemäß erhoben wurde. Diese Erklärung ist von dem **Vertretungsorgan** abzugeben. Es fragt sich allerdings, ob diese Vorschrift des Spaltungsrechts auch für die Ausgliederung aus dem Vermögen einer Gebietskörperschaft gilt. § 16 UmwG ist eine Sonderregelung der Anfechtung von Verschmelzungs- und Spaltungsbeschlüssen des Beschlussorgans des übertragenden Rechtsträgers. § 169 UmwG bestimmt, dass die Voraussetzungen des Ausgliederungsbeschlusses bei Gebietskörperschaften sich nach dem Organisationsrecht der Körperschaft bestimmen. Wenn also etwa ein Gemeinderatsmitglied einen Ausgliederungsbeschluss anfechten wollte, so hat es dies im Rahmen eines Kommunalverfassungsstreits vorzunehmen. § 16 UmwG wird hierauf nicht anwendbar sein, sodass man wohl bei der Ausgliederung aus dem Vermögen einer Gebietskörperschaft keine entsprechende Erklärung benötigt.

VIII. Ausgliederungsbericht

725 Gem. § 169 UmwG ist ein Ausgliederungsbericht für die Körperschaft oder den Zusammenschluss nicht erforderlich.

IX. Ausgliederungsbeschluss

726 § 169 Satz 2 UmwG bestimmt, dass das Organisationsrecht der Körperschaft oder des Zusammenschlusses bestimmt, ob und **unter welchen Voraussetzungen** ein **Ausgliederungsbeschluss** erforderlich ist. Die Begründung zum RegE weist darauf hin, dass Satz 2 des § 169 UmwG klarstelle, dass die Entscheidung über eine Ausgliederung nach den öffentlich-rechtlichen Vorschriften, die für die Gebietskörperschaft oder den Zusammenschluss gelten, zu treffen sei (Begründung zum RegE, BR-Drucks. 75/94, S. 132, abgedruckt in: Limmer, Umwandlungsrecht, S. 327).

Sowohl aus dem Wortlaut als auch aus der Formulierung des Gesetzes muss man folgern, dass zumin- **727**
dest die Frage, ob ein Ausgliederungsbeschluss erforderlich ist, sich nach den **zuständigen Gemeinde-**
und Landkreisordnungen richtet (vgl. Widmann/Mayer/Heckschen, Umwandlungsrecht, § 169
UmwG Rn. 193 ff.; Lutter/Schmidt, UmwG § 169 Rn. 6; Hörtnagl, in: Schmitt/Hörtnagl/Stratz,
§ 169 UmwG Rn. 2; Suppliet, NotBZ 1999, 49 ff.). So sehen viele Gemeindeordnungen vor, dass
der Gemeinderat zwingend über die Umwandlung der Rechtsform von Eigenbetrieben entscheiden
muss und diese Entscheidung nicht anderen Organen übertragen kann (vgl. etwa § 28 Abs. 1
Nr. 16 GemO Schleswig-Holstein, § 32 Abs. 2 Nr. 15 GemO Rheinland-Pfalz, § 51 Nr. 12 Hess. GemO, § 40 Abs. 1 Nr. 10 Nds. GemO, Art. 32 Abs. 2 BayGemO etc.). I. d. R. ist daher bei Gemeinden
und Landkreisen ein Beschluss des Rates erforderlich, da es sich hierbei, auch wenn keine besondere
Regelung gegeben ist, um wesentliche Angelegenheiten handelt, die nicht zur laufenden Verwaltung
gehören (Widmann/Mayer/Heckschen, Umwandlungsrecht, § 168 UmwG Rn. 201; Lutter/Schmidt,
UmwG § 169 Rn. 6; Hörtnagl, in: Schmitt/Hörtnagl/Stratz, § 169 UmwG Rn. 2;).

Darüber hinaus ist im Einzelfall zu prüfen, ob nicht eine **kommunalaufsichtliche Anzeige oder Geneh-** **728**
migung erforderlich ist (vgl. Widmann/Mayer/Heckschen, Umwandlungsrecht, § 168 UmwG
Rn. 202 ff.; Lutter/Schmidt, UmwG § 169 Rn. 7; Lepper, RNotZ 2006, 323, 329 f.; Suppliet,
NotBZ 1997, 39).

Nach § 169 UmwG wird man auch aus dem Organisationsrecht die Frage beantworten müssen, welche **729**
Wirkungen ein Ausgliederungsbeschluss hat. Es stellt sich hier insb. die Frage, ob er wie bei Gesellschaften erst zur Wirksamkeit des Ausgliederungsplans führt und damit Außenwirkung hat oder ob es sich
hierbei lediglich um ein Internum des Körperschaftsrechts handelt. In den meisten Gemeindeordnungen hat allerdings der Bürgermeister im Außenverhältnis unbeschränkt Vertretungsbefugnis. Auch
wenn er Willenserklärungen abgibt, die über die Organzuständigkeit hinausgehen, sind diese zwar in-
tern rechtswidrig, im Außenverhältnis jedoch wirksam (vgl. BGH, NJW 1998, 3056; so etwa in Sachsen vgl. Gren, Sächsisches Kommunalrecht, S. 173; VGH Baden-Württemberg, Verwaltungsblatt
Baden-Württemberg 1982, 206; Pracker/Dehn, Gemeindeordnung für Schleswig-Holstein, § 51
Anm. 1). Demgegenüber ist z. B. in Bayern die Vertretungsmacht des Bürgermeisters auch im Außenverhältnis von einem Gemeinderatsbeschluss abhängig, wenn es sich nicht um die laufenden Geschäfte
der Verwaltung handelt, die in der ausschließlichen Zuständigkeit des Bürgermeisters liegen. Bei wesentlichen Erklärungen wie dem **Ausgliederungsplan** ist daher das Vorliegen des entsprechenden **Ge-**
meinderats- oder Ausschussbeschlusses Wirksamkeitsvoraussetzung (vgl. Bauer/Böhle/Ecker, Bayeri-
sche Kommunalgesetze, Art. 38 GO Anm. 1; Widtmann/Grasser, BayGemO, Art. 29 Anm. 5 g, bb).

Es stellt sich weiter die Frage, ob der Ausgliederungsbeschluss des Gemeinderates der **notariellen Beur-** **730**
kundung bedarf oder ob auch hier gem. § 169 UmwG die Vorschriften des Organisationsrechts die
Form bestimmen. Grds. bedarf ein Ausgliederungsbeschluss bei sonstigen Rechtsträgern der notariellen Beurkundung. Allerdings bestimmt § 169 UmwG, dass auch die Frage, unter welchen Voraussetzungen ein Ausgliederungsbeschluss erforderlich ist, sich nach dem Organisationsrecht richtet. Man
wird hieraus folgern können, dass der Gesetzgeber nicht die notarielle Beurkundung verlangt, die für
die Gemeinderatsbeschlüsse bisher unüblich ist (Widmann/Mayer/Heckschen, Umwandlungsrecht,
§ 168 UmwG Rn. 148; Suppliet, NotBZ 199, 49; Lutter/Schmidt, UmwG § 169 Rn. 6).

X. Muster

1. Ausgliederung zur Neugründung

▶ **Muster: Ausgliederung zur Neugründung** **731**

Verhandelt zu . . . . .

am . . . . .

Vor dem unterzeichnenden

. . . . .

Notar mit dem Amtssitz in . . . . .

erschien:

Herr . . . . .

Der Erschienene ist Bürgermeister der Gemeinde X-Stadt und handelt für diese. Er ist mir, Notar, persönlich bekannt.

Der Erschienene ließ folgende Ausgliederung aus dem Vermögen der Gemeinde X-Stadt durch Neugründung einer GmbH beurkunden und erklärte:

A. Rechtslage

Die Gemeinde X-Stadt ist Inhaber des in Form eines Eigenbetriebs geführten »Freibad X-Stadt«.

Nachstehend soll nunmehr der Eigenbetrieb »Freibad X-Stadt« im Wege der Ausgliederung zur Neugründung gemäß §§ 168 ff., 123 Abs. 3 Nr. 2 UmwG durch Übertragung auf die nachstehend neu gegründete »Freibad X-Stadt-GmbH« gegen Gewährung aller Gesellschaftsanteile an dieser GmbH an die Gemeinde X-Stadt ausgegliedert werden.

B. Ausgliederungsplan

Herr . . . . . gibt hiermit als Vertretungsorgan der übertragenden Gemeinde X-Stadt folgende Ausgliederungserklärung ab:

I. Beteiligte Rechtsträger

Als übertragender Rechtsträger ist an der Ausgliederung die Gemeinde X-Stadt beteiligt.

Durch Ausgliederung zur Neugründung entsteht die Firma »Freibad X-Stadt-GmbH« mit Sitz in X-Stadt (nachfolgend »übernehmende Gesellschaft«). Der Gesellschaftsvertrag der übernehmenden Gesellschaft ist in Anlage 1 dieser Urkunde beigefügt.

Vorbehaltlich der Genehmigung durch den Gemeinderat der Gemeinde X-Stadt stelle ich den Gesellschaftsvertrag der neugebildeten Gesellschaft wie in Anlage 1 aufgenommen fest.

II. Vereinbarung über die Vermögensübertragung

1. Die Gemeinde X-Stadt überträgt den gesamten Eigenbetrieb »Freibad X-Stadt« mit allen Aktiva und Passiva als Gesamtheit gegen Gewährung von Geschäftsanteilen auf die übertragende Gesellschaft. Die Ausgliederung erfolgt gemäß §§ 168 ff. UmwG.

Bei den als Gesamtheit übertragenen Gegenständen des Aktiv- und Passivvermögens des Eigenbetriebs handelt es sich im Einzelnen um:

a) Den im Grundbuch des Amtsgerichts . . . . . von . . . . ., Blatt . . . . ., verzeichneten Grundbesitz der Gemarkung . . . . ., Flur . . . . ., Flurstück-Nr. . . . . ., groß . . . . . ar;

b) das auf dem vorbezeichneten Grundstück befindliche zum Freibad gehörende bewegliche Anlage- und Umlaufvermögen, wie sich aus der Anlage 2 zu dieser Niederschrift ergibt;

c) alle dem Eigenbetrieb zuzuordnenden Verträge, insbes. Lieferverträge, Werkverträge und sonstige Rechte, wie sie sich aus Anlage 3 zu dieser Niederschrift ergeben;

d) alle Verbindlichkeiten des Eigenbetriebes, die diesem wirtschaftlich zuzuordnen sind, wie sie sich aus der Anlage 4 zu dieser Niederschrift ergeben;

e) die in der Anlage 5 zu dieser Niederschrift bezeichneten Arbeitsverhältnisse;

f) Sachen, Rechte, Vertragsverhältnisse, die nicht in den beigefügten Anlagen aufgeführt sind, sind soweit sie dem vorbezeichneten Eigenbetrieb im weitesten Sinne wirtschaftlich zuzuordnen sind, mitübertragen; dies gilt auch insbes. für bis zur Eintragung der Spaltung in das Handelsregister erworbene Rechte oder Sachen und begründete Vertragsverhältnisse und Verbindlichkeiten.

2. Die Gemeinde X überträgt alle Vermögensgegenstände des Eigenbetriebs auf die Freibad X-Stadt-GmbH mit allen Aktiva und Passiva. Die Ausgliederung erfolgt auf der Basis der festgestellten Bilanz vom 31.12. . . . . . . Diese Bilanz ist Bestandteil dieses Ausgliederungsplans.

Die Bilanz ist als Anlage 2 dieser Urkunde als wesentlicher Bestandteil beigefügt, auf sie wird nach §§ 9, 14 Abs. 1 BeurkG verwiesen. Der Beteiligte hat auf das Vorlesen verzichtet. Stattdessen wurden ihm die Anlage 2 zur Durchsicht vorgelegt, von ihm genehmigt und unterschrieben.

Für sämtliche nachfolgend beschriebenen Aktiva und Passiva gilt, dass die Übertragung im Wege der Ausgliederung alle Wirtschaftsgüter, Gegenstände, materiellen und immateriellen Rechte, Verbindlichkeiten, Rechtsbeziehungen erfasst, die dem Betrieb des Eigenbetriebs dienen oder zu dienen bestimmt sind oder sonst den Eigenbetrieb betreffen oder ihm wirtschaftlich zuzurechnen sind, unabhängig davon, ob die Vermögensposition bilanzierungsfähig ist oder nicht. Die Übertragung erfolgt auch unabhängig davon, ob der Vermögensgegenstand in den Anlagen aufgeführt ist.

Sollten die zu übertragenden Rechtspositionen des Aktiv- oder Passivvermögens bis zum Wirksamwerden der Ausgliederung im regelmäßigen Geschäftsgang veräußert worden sein, so werden die an ihre Stelle getretenen vorhandenen Surrogate übertragen. Übertragen werden auch die bis zum Wirksamwerden der Ausgliederung erworbenen Gegenstände des Aktiv- oder Passivvermögens, soweit sie zum übertragenen Vermögen des Eigenbetriebs gehören.

Bei Zweifelsfällen, die auch durch Auslegung dieses Vertrages nicht zu klären sind, gilt, dass Vermögensgegenstände, Verbindlichkeiten, Verträge und Rechtspositionen, die nach obigen Regeln nicht zugeordnet werden können, bei der übertragenden Gesellschaft verbleiben. In diesen Fällen ist die Gemeinde X berechtigt nach § 315 BGB eine Zuordnung nach ihrem Ermessen unter Berücksichtigung der wirtschaftlichen Zugehörigkeit vorzunehmen.

Soweit bilanzierte und nicht bilanzierte Vermögensgegenstände und Schulden in die Rechtsbeziehungen, die dem Vermögen des Eigenbetriebes wirtschaftlich zuzuordnen sind, nicht schon kraft Gesetzes mit der Eintragung der Ausgliederung in das Handelsregister der übertragenden Gesellschaft auf die aufnehmende Gesellschaft übergehen, wird die übertragende Gesellschaft diese Vermögensgegenstände oder Schulden sowie die Rechtsbeziehungen auf die übernehmende GmbH übertragen.

Auf die Anlagen die dieser Urkunde als wesentlicher Bestandteil beigefügt sind, wird gemäß § 14 Abs. 1 BeurkG verwiesen. Der Beteiligte hat auf das Vorlesen verzichtet, stattdessen wurden ihm die Anlagen zur Kenntnisnahme vorgelegt, sie wurden von ihm genehmigt und nach § 14 BeurkG unterschrieben.

Soweit für die Übertragung von bestimmten Gegenständen die Zustimmung eines Dritten oder eine Registrierung erforderlich ist, werden sich die übertragende Gemeinde und die aufnehmende Gesellschaft bemühen, die Zustimmung oder Registrierung beizubringen. Falls dies nicht oder nur mit unverhältnismäßig hohem Aufwand möglich sein würde, werden sich die übertragende Gemeinde und die aufnehmende Gesellschaft im Innenverhältnis so stellen, als wäre die Übertragung der Gegenstände des ausgegliederten Vermögens mit Wirkung zum Vollzugsdatum erfolgt.

Die Gemeinde und die Freibad X-Stadt-GmbH bewilligen und beantragen, nach Wirksamwerden der Ausgliederung das Grundbuch bei den unter Ziff. 3 beschriebenen Grundstücken und dinglichen Rechten zu berichtigen.

III. Gegenleistung

Das Stammkapital der übernehmenden Gesellschaft beträgt 1 Mio. €.

Die übernehmende Gesellschaft gewährt der Gemeinde X-Stadt als Gegenleistung für die Übertragung des vorgeschriebenen Vermögens den neugebildete Geschäftsanteil Nr. 1 in gleicher Höhe mit Gewinnbezugsberechtigung zum Übertragungsstichtag.

Bare Zuzahlungen sind nicht zu leisten.

IV. Spaltungsstichtag

Die Ausgliederung erfolgt aufgrund der Ausgliederungsbilanz zum 31.12......, die der heutigen Urkunde als Anlage 6 beigefügt ist. Die Übernahme des vorbezeichneten Vermögens erfolgt im Innenverhältnis mit Wirkung zum Ablauf des 31.12......, von diesem Zeitpunkt an gelten alle Handlungen und Geschäfte des Eigenbetriebes, die das übertragende Vermögen betreffen, als für Rechte der übernehmenden Gesellschaft vorgenommen.

V. Besondere Rechte

Besondere Rechte i. S. v. § 126 Abs. 1 Nr. 7 UmwG bestehen nicht. Einzelnen Gesellschaftern werden i. R. d. Ausgliederung keine besonderen Rechte gewährt.

VI. Besondere Vorteile

Besondere Vorteile i. S. v. § 126 Abs. 1 Nr. 8 UmwG werden nicht gewährt.

VII. Folgen der Abspaltung für die Arbeitnehmer und ihre Vertretungen

Durch die Abspaltung ergeben sich für die Arbeitnehmer und ihre Vertretungen die nachgenannten Folgen: .....

Insoweit sind folgende Maßnahmen vorgesehen: .....

VIII. Grundbuchberichtigung

Die Gemeinde bewilligt und beantragt, das Grundbuch bzgl. der von der Ausgliederung erfassten Grundstücke entsprechend dem Ausgliederungsplan zu berichtigen.

IX. Kosten

Die durch diesen Vertrag und ihre Durchführung entstehenden Kosten trägt die aufnehmende Gesellschaft.

C. Geschäftsführerbestellung

Die Gemeinde hält unter Verzicht auf Form- und Fristvorschriften eine Gesellschafterversammlung ab und beschließt:

Zum ersten Geschäftsführer der neu errichteten Gesellschaft wird Herr . . . . . bestellt. Er ist stets alleinvertretungsberechtigt, auch wenn weitere Geschäftsführer bestellt sind, und er ist von den Beschränkungen des § 181 BGB befreit.

Samt Anlagen vorgelesen vom Notar, von dem Beteiligten genehmigt und eigenhändig unterschrieben wie folgt:

. . . . .

2. Handelsregisteranmeldung der neu gegründeten GmbH

732 ▶ **Muster: Handelsregisteranmeldung der neu gegründeten GmbH**

An das

Amtsgericht

Handelsregister

Betrifft: HRB . . . . .

In der Anlage überreiche ich, der unterzeichnende Bürgermeister als Vertretungsorgan der Gemeinde X-Stadt, als übertragender Rechtsträger:
1. Elektronisch beglaubigte Abschrift des Ausgliederungsplans nebst Gesellschaftsvertrag der neu gegründeten GmbH vom . . . . . – UR.Nr. . . . . ., des beglaubigenden Notars –,
2. Elektronisch beglaubigte Abschrift der Gesellschafterliste,
3. Elektronisch beglaubigte Abschrift des Sachgründungsberichtes,
4. Elektronisch beglaubigte Abschrift des Ausgliederungsbeschluss des Gemeinderats der Gemeinde X-Stadt,
5. Elektronisch beglaubigte Abschrift der Unterlagen über die Werthaltigkeit der übertragenen Vermögensteile sowie Schlussbilanz,
6. Elektronisch beglaubigte Abschrift der kommunalaufsichtsrechtliche Genehmigung,
7. Elektronisch beglaubigte Abschrift des Nachweises über die Zuleitung des Ausgliederungsplans zum Betriebsrat

und melde zur Eintragung in das Handelsregister an:

Die Gemeinde X-Stadt hat im Wege der Ausgliederung durch Neugründung ihres Eigenbetriebes »Freibad X-Stadt« eine Gesellschaft mit beschränkter Haftung unter der Firma »Freibad X-Stadt-GmbH« gegründet.

Sitz der Gesellschaft ist X-Stadt.

Die Gesellschaft hat einen oder mehrere Geschäftsführer. Ist nur ein Geschäftsführer bestellt, so vertritt dieser die Gesellschaft allein. Sind mehrere Geschäftsführer bestellt, so wird die Gesellschaft durch zwei Geschäftsführer gemeinschaftlich oder durch einen Geschäftsführer in Gemeinschaft mit einem Prokuristen vertreten. Durch Gesellschafterbeschluss kann einzelnen Geschäftsführern die Befugnis zur alleinigen Vertretung sowie die Befreiung von den Beschränkungen des § 181 BGB erteilt werden.

Zum ersten Geschäftsführer der Gesellschaft wurde Herr . . . . . bestellt.

Er ist berechtigt, die Gesellschaft stets allein zu vertreten und von den Beschränkungen des § 181 BGB befreit.

Der miterschienene Geschäftsführer versichert, dass keine Umstände vorliegen, die meiner Bestellung zum Geschäftsführer nach § 6 Abs. 2 GmbH-Gesetz entgegenstehen.

Der Geschäftsführer der Gesellschaft versichert insbesondere,

– dass er nicht wegen einer oder mehrerer vorsätzlicher Straftaten
a) des Unterlassens der Stellung des Antrags auf Eröffnung des Insolvenzverfahrens (Insolvenzver-schleppung),
b) nach §§ 283 bis 283d StGB (Insolvenzstraftaten),
c) der falschen Angaben nach § 82 GmbHG oder § 399 AktG,
d) der unrichtigen Darstellung nach § 400 AktG, § 331 HGB, § 313 UmwG oder § 17 PublizitätsG,
e) nach den §§ 263 StGB (Betrug), § 263a StGB (Computerbetrug), § 264 StGB (Kapitalanlagebetrug) § 264a (Subventionsbetrug) oder den §§ 265b StGB (Kreditbetrug), § 266 StGB (Untreue) bis § 266a StGB (Vorenthalten und Veruntreuen von Arbeitsentgelt – Nichtabführung von Sozialver-sicherungsbeiträgen) zu einer Freiheitsstrafe von mindestens einem Jahr

verurteilt worden ist, und

– dass ihm weder durch gerichtliches Urteil noch durch die vollziehbare Entscheidung einer Verwal-tungsbehörde die Ausübung eines Berufes, eines Berufszweiges, eines Gewerbes oder eines Gewer-bezweiges ganz oder teilweise untersagt wurde, und
– auch keine vergleichbaren strafrechtlichen Entscheidungen ausländischer Behörden oder Gerichte gegen ihn vorliegen, und
– dass er über die uneingeschränkte Auskunftspflicht ggü. dem Gericht durch den Notar belehrt wur-de.

Die Geschäftsräume und die inländische Geschäftsanschrift der neu gegründeten Gesellschaft befin-den sich in . . . . ., ...

Eine Versicherung nach § 16 Abs. 2 UmwG ist bei der Ausgliederung aus Gebietskörperschaften nicht erforderlich.

. . . . ., den . . . . .

. . . . .   (Unterschriften und Beglaubigungsvermerk)

Teil 4: Formwechsel

Kapitel 1: Grundlagen des Formwechsels

A. Einführung

I. Entwicklung/Arten des Formwechsels

Das bis 1995 geltende Umwandlungsrecht war gekennzeichnet durch eine Dreiteilung der Umwand- **1**
lungsarten (vgl. K. Schmidt, ZGR 1990, 580; ders., AcP 191, 1991, 495; Zöllner, ZGR 1993, 334; Lutter, ZGR 1990, 392; Mertens, AG 1994, 66; Stengel, in: Semler/Stengel, § 190 UmwG Rn. 2 ff., Lutter/Decher/Hoger, Vor § 190 UmwG, Rn. 1 ff.; auch zur Entstehungsgeschichte Rn. 9 ff.):
– die gesetzliche Umwandlung,
– die formwechselnde Umwandlung,
– die übertragende Umwandlung.

(Zur Dogmatik der Umwandlung allgemein vgl. Widmann/Mayer/Mayer, Umwandlungsrecht, Einf. UmwG Rn. 75 ff.; Lutter/Decher Hoger, Vor § 190 UmwG, Rn. 1 ff.; K. Schmidt, ZGR 1990, 580; ders., in: IDW, S. 42 ff.; ders., AcP 1991, 495; Zöllner, ZGR 1993, 334; Lutter, ZGR 1990, 392; Mertens, AG 1994, 66; Hennrichs, Formwechsel und Gesamtrechtsnachfolge bei Umwandlungen, 1995; ders., ZIP 1995, 794; K. Schmidt, in: FS für Ulmer, 2003, S. 557 ff.; Semler/Stengel, in: Semler/Stengel, UmwG Einleitung A Rn. 58 ff.).

Im Recht der Personengesellschaft ist darüber hinaus der **identitätswahrende Wechsel** zwischen den **2**
Rechtsformen der GbR, der OHG und der KG zu nennen (vgl. allg. zur Umwandlung außerhalb des UmwG: Widmann/Mayer/Vossius, Umwandlungsrecht, § 191 Rn. 22; Kallmeyer/Meister/Klöcker, § 190 UmwG Rn. 14). Es handelt sich hierbei im Gegensatz zur Umwandlung im engeren Sinn um eine gesetzliche Umwandlung, die eintritt, wenn bestimmte Voraussetzungen für die Rechtsform nicht mehr vorliegen. Eine derartige gesetzliche Umwandlung findet z. B. statt, wenn eine GbR, deren Gewerbebetrieb kein Handelsgewerbe nach § 1 Abs. 2 HGB ist, sich im Handelsregister eintragen lässt. Die Folge ist, dass die GbR mit der Eintragung zur OHG wird. Durch das **Handelsrechtsreformgesetz** v. 25.06.1998 (BGBl. I, S. 1588) wurde dieser automatische Formwechsel im Recht der Gesamthandsgesellschaften grundlegend verändert, da die Registereintragung konstitutive Wirkung hat. Eine GbR bleibt auch solange OHG, wie sie im Handelsregister eingetragen ist. Vor der Handelsrechtsreform war dies anders (vgl. im Einzelnen dazu K. Schmidt, Gesellschaftsrecht, § 44 Abs. 3 Satz 1300 ff.). Ebenfalls eine der **gesetzlichen Umwandlungen** ist die Umwandlung einer Personengesellschaft in eine Einzelperson, wenn alle Gesellschafter bis auf einen aus der Gesellschaft austreten.

Diese gesetzlichen Änderungen des Rechtskleides der Gesellschaft können allerdings auch bewusst zur **3**
Vertragsgestaltung eingesetzt werden: bspw. wird die Umwandlung einer GmbH & Co. KG auf ihre Komplementär-GmbH im Wege des sog. **Anwachsungsmodells** vorgenommen (Kallmeyer/Meister/Klöcker, § 190 UmwG Rn. 14; Finken/Decher, AG 1989, 391, 393; Meister, NZG 2008, 767, 768). Um Umwandlung im engeren Sinn handelt es sich jedoch bei diesen Änderungen nicht. Hierunter werden in erster Linie solche Umwandlungen verstanden, die aufgrund eines rechtsgeschäftlichen Aktes entstehen. Die Dogmatik des bis 1995 geltenden Umwandlungsrechts war insb. gekennzeichnet durch die Zweiteilung zwischen formwechselnder und übertragender Umwandlung (vgl. K. Schmidt, Gesellschaftsrecht, § 12 Abs. 4 Satz 2b, S. 364 f.; Widmann/Mayer/Vossius, Umwandlungsrecht, § 190 UmwG Rn. 5 ff.; Usler, MittRhNotK 1998, 21, 22; Semler/Stengel, in: Semler/Stengel, UmwG Einleitung A Rn. 58 ff.; Stengel, in: Semler/Stengel, § 190 UmwG Rn. 2 ff., auch zur Entstehungsgeschichte Rn. 9 ff.).

Als **Umwandlung im technischen Sinn** wurde die Veränderung der Rechtsform eines Unternehmens **4**
ohne Liquidation und ohne Einzelübertragung im Wege der **Universalsukzession des Vermögens** verstanden.

Bei einer **formwechselnden Umwandlung** änderte sich allein die äußere Form der Gesellschaft, die **5**
Identität von Gesellschaft und Verband blieb unberührt. Von der **übertragenen Umwandlung** unterschied die alte Dogmatik diese Form der Umwandlung dadurch, dass kein Rechtsträgerwechsel und auch keine Vermögensübertragung stattfanden, die Gesellschaft änderte nur bei gleichbleibender Identität ihre Rechtsform. Eine derartige formwechselnde Umwandlung war etwa bei der Umwandlung einer AG in eine GmbH (§ 372 AktG i. d. F. bis 1995) oder einer GmbH in eine AG (§ 381 AktG i. d. F.

bis 1995) gegeben. Die alte Rechtslage hatte diese formwechselnde Umwandlung nur da zugelassen, wo alte und neue Rechtsformstruktur ähnlich waren.

6   Bei der **übertragenden Umwandlung** wurde die übertragende Gesellschaft liquidiert und das Vermögen auf eine neue Gesellschaft übertragen, aber nicht im Wege der Einzelrechtsnachfolge, sondern im Wege der **Gesamtrechtsnachfolge**. Das bisherige Umwandlungsrecht unterschied weiter zwischen der sog. errichtenden Umwandlung, bei der der neue Rechtsträger, auf den umgewandelt wird, erst mit der Umwandlung gegründet wurde, und der **verschmelzenden Umwandlung**, bei der das Vermögen der umzuwandelnden Gesellschaft auf eine bereits bestehende Gesellschaft übertragen wurde. Die Besonderheit dieser übertragenden Umwandlung war, dass es sich im Grunde hierbei um eine Form der Sachgründung (**errichtende Umwandlung**) oder Sachkapitalerhöhung (**verschmelzende Umwandlung**) handelte. Deshalb waren auch bei dieser Form der Umwandlung die Gründungsvorschriften für den neuen Rechtsträger einzuhalten.

II. Dogmatik des UmwG 1995

7   **1. Identitätsprinzip.** Diese grundlegende Zweiteilung des deutschen Gesellschaftsrechts wurde vom UmwG im Anschluss an moderne Theorien der Umwandlung zugunsten einer einheitlichen Regelung über den Formwechsel aufgegeben. K. Schmidt bezeichnet den **identitätswahrenden Formwechsel** als die reifste, technisch perfekteste Lösung des Umwandlungsrechts (K. Schmidt, ZGR 1990, 594). Wie dargelegt, war allerdings nach dem bisherigen Recht die formwechselnde Umwandlung als **identitätswahrende »Rechtskleidänderung«** nur zwischen strukturähnlichen Gesellschaftsformen erlaubt. K. Schmidt hat diese formwechselnde Umwandlung als »*das lupenreine, dogmatisch konsequente Umwandlungsmodell*« bezeichnet (vgl. K. Schmidt, Gesellschaftsrecht, § 13 Abs. 2, S. 375 ff.; ders., ZGR 1990, 594, der die übertragende Umwandlung als ein Relikt einer überholten Gesamthandslehre bezeichnet; vgl. auch ders., ZIP 1995, 1385, 1387; Usler, MittRhNotK 1998, 21, 22 f.; Widmann/Mayer/Vossius, Umwandlungsrecht, § 190 UmwG Rn. 23 ff.; Lutter/Decher/Hogerr, UmwG, § 190 Rn. 1 ff.; Kallmeyer/Meister/Klöcker, § 190 UmwG Rn. 6 f.; Zöllner, in: FS für Claussen, 1997, S. 423, 429; Stengel, in: Semler/Stengel, § 190 UmwG Rn. 2 ff.; Sagasser/Luke in: Sagasser/Bula/Brünger, Umwandlungen, § 26 Rn. 5 ff.).

8   Das UmwG 1995 hat diese frühere Zweiteilung aufgegeben und einheitlich in § 202 Abs. 1 Nr. 1 UmwG geregelt: »*Der formwechselnde Rechtsträger besteht in der in dem Umwandlungsbeschluss bestehenden Rechtsform weiter.*«

9   Das UmwG verzichtet damit darauf, die übertragende Umwandlung zwischen Personen- und Kapitalgesellschaften aufrechtzuerhalten, und ersetzt diese durch einen einheitlichen Ansatz: die **formwechselnde Umwandlung**. Die grds. Zweiteilung des deutschen Gesellschaftsrechts in **juristische Personen** und **Gesamthandsgemeinschaften** wurde hierdurch für den Bereich des Umwandlungsrechts negiert (so Lutter, ZGR 1990, 395; K. Schmidt, ZGR 1990, 595; ders., AcP 191, 1991, 506 f.; Lutter/Decher/Hoger, UmwG, § 190 Rn. 1 ff.). Auch die Vorschrift des § 190 Abs. 1 UmwG betont die Einheitlichkeit des Formwechsels. Nach dieser Vorschrift kann ein Rechtsträger durch Formwechsel eine andere Rechtsform erhalten. Der Formwechsel identitätswahrender Art findet danach auch bei der Umwandlung einer Personengesellschaft in eine Kapitalgesellschaft und umgekehrt einer Kapitalgesellschaft in eine Personengesellschaft statt.

10   Die Begründung zum RegE weist darauf hin, dass der wesentliche Unterschied des Formwechsels ggü. den anderen Arten der Umwandlung in der **wirtschaftlichen Kontinuität des Rechtsträgers vor und nach dem Formwechsel** liege. Diese Kontinuität beruhe zum einen auf einer fast ausnahmslosen **Identität des Personenkreises** und der Tatsache, dass der **Vermögensbestand** des Rechtsträgers vor und nach dem Formwechsel gleich bleibe. Durch den Formwechsel solle sich lediglich allein die rechtliche Organisation des Unternehmensträgers, dem vor und nach der Umwandlung dasselbe Vermögen zugeordnet werde, ändern. Deshalb müsse der wirtschaftlichen Identität auch die rechtliche Identität entsprechen (vgl. Begründung zum RegE, BT-Drucks. 75/94, S. 136; abgedruckt in: Limmer, Umwandlungsrecht, S. 343). Auch der BGH betonte stets, dass der Formwechsel zur **Wahrung der Identität** führt, es wird lediglich die Rechtsform geändert (vgl. BGH, AG 2010, 251 = DB 2010, 612 = NotBZ 2010, 187 = NZG 2010, 314 = ZIP 2010, 377).

Im Urt. v. 21.08.2002 (NJW 2002, 3339) hat der BGH ausgeführt: Wesentliches Merkmal des Formwechsels sei die wirtschaftliche Kontinuität des Rechtsträgers. Da dieser identisch bleibe (Identitätsgrundsatz), finde auch kein Vermögensübergang statt. Der bisherige Rechtsträger bestehe nach Durchführung des Formwechsels in seiner neuen Rechtsform weiter. Das führe dazu, dass Rechte und Pflichten, die während der Zeit der ursprünglichen Rechtsform entstanden sind, weiterbestehen, nunmehr allerdings in der Person des Rechtsträgers in seiner neuen Form.

Die Einzelheiten dieser Dogmatik sind auch heute noch nicht vollständig geklärt. Erste Stellungnah- **11** men zum UmwG 1995 warfen dem Gesetzgeber gewisse Widersprüche vor: Der Gesetzgeber habe am Prinzip der Identität selbst nicht strikt festgehalten. Wo Grundprinzipien des Gesellschaftsrechts wie der Schutz der Anteilsinhaber oder der Gläubigerschutz mit dem Prinzip der Identität in Konflikt geraten, erkläre der Gesetzgeber z. B. die Gründungsvorschriften (§ 197 UmwG) und die Organhaftung (§§ 205, 206 UmwG) für anwendbar und widerspreche damit im Grundsatz der Identitätsthese (so Decher, in: Lutter, Kölner Umwandlungsrechtstage, S. 205 f.; Lutter/Decher/Hoger, UmwG, § 190 Rn. 3 ff.; Mertens, Umwandlung und Universalsukzession, 1993, S. 231; vgl. auch Bärwaldt/Schabacker, ZIP 1998, 1293 ff.; Wiedemann, ZGR 1999, 568 ff.). Demgegenüber wies ein anderer Teil der Literatur darauf hin, dass diese angeblichen Ungereimtheiten sich auflösen, wenn man den Formwechsel mit seiner Identitätslösung als schlichte Rechtstechnik zur Gewährleistung der rechtlichen Kontinuität des sich umwandelnden Unternehmens ansieht (so Henrichs, ZIP 1995, 794, 796; ders., Formwechsel und Gesamtrechtsnachfolge bei Umwandlungen, 1995; Priester, DB 1995, 911, 912, Zöllner, in: FS für Gernhuber, 1993, S. 563, 566; Widmann/Mayer/Mayer, Umwandlungsrecht, § 193 UmwG Rn. 4; Zöllner, ZGR 1993, 334, 336; vgl. außerdem Hahn, GmbHR 1991, 242, 245). Der Formwechsel steht damit neben den anderen Gesetzestechniken, die sich im UmwG befinden, nämlich der Gesamtrechtsnachfolge bei Verschmelzung und der Sonderrechtsnachfolge bei Spaltung. Der Gesetzgeber hat beim Formwechsel auf die **Gesamtrechtsnachfolge** verzichtet, indem er die Unterscheidung zwischen übertragender Umwandlung mit Gesamtrechtsnachfolge und identitätswahrender Umwandlung aufgab und einheitlich für den Formwechsel der Identitätstheorie folgte.

2. Praktische Auswirkungen des Identitätsprinzips. Da sowohl die **Grunddogmatik** der vom **12** UmwG entwickelten Identitätstheorie umstritten ist, wundert nicht, dass auch die Einzelfragen, die daraus resultieren, in der Literatur heftig umstritten sind. Insb. gilt dies für die Auswirkungen der Identitätsthese auf das allgemeine Gesellschaftsrecht, aber auch auf Spezialfragen des Umwandlungsrechts, die aus der Identitätstheorie resultieren.

a) Auswirkungen auf das allgemeine Gesellschaftsrecht. Im Anschluss an die Neuregelung des **13** UmwG 1995 und die Gleichstellung der gesamthandsgeprägten Personengesellschaften mit den Kapitalgesellschaften als juristischen Personen wurde die Frage aufgeworfen, ob nunmehr von der **Rechtsfigur der Gesamthand** für den Bereich des gesamten Zivilrechts Abstand zu nehmen sei (so insb. Timm, NJW 1995, 3209 ff.; ders., ZGR 1996, 247, 251 ff.; Raiser, AcP 1994, 495, 504). Dabei wurde argumentiert, dass der Gesetzgeber im UmwG die bloße Weiterführung einer Gesamthand in der Form einer juristischen Person zugelassen hat, sodass damit im Grunde das Gesamthandsprinzip als Grundlage des Personengesellschaftsrechts aufgegeben werde. Insb. bei der GbR wurde angeführt, dass in § 191 Abs. 2 Nr. 1 UmwG die GbR als Rechtsträger bezeichnet werde. Entstehe sie infolge eines Formwechsels aus einer Kapitalgesellschaft, sei sie nach der ausdrücklichen Diktion des § 202 Abs. 1 Nr. 1 UmwG mit dieser (vormaligen) Kapitalgesellschaft identisch; die Gesellschaft besteht als GbR weiter. Dabei ist die Identität als gesetzliche Technik zur Herstellung der gewollten Kontinuität des Rechtssubjekts und der ihm zugeordneten dinglichen und schuldrechtlichen Rechtsverhältnisse zu verstehen (vgl. Timm, ZGR 1996, 251; Henrichs, ZIP 1995, 704, 706).

Die **Befürworter der Aufgabe** der Gesamthandstheorie stützten sich dabei insb. auf den Identitätsgrundsatz des UmwG und forderten insb. die Rechtsfähigkeit der GbR. Die Rechtsprechung des BGH ist dieser Rechtsfähigkeit der GbR gefolgt (vgl. BGH, NJW 1998, 1220 = DNotZ 1998, 744; BGHZ 136, 254 = NJW 1997, 2754 zur Scheckfähigkeit; BGHZ 116, 86, 88). Der BGH hat z. B. im Urt. v. 29.01.2001 diese literarischen Ansätze und die Rechtsfähigkeit der GbR weitgehend bestätigt, indem er auch der GbR vollständige Rechtsfähigkeit zuerkannt hat. In der Entscheidung des BGH v. 29.01.2001 wurde die Rechtsfähigkeit der GbR erstmals vom BGH vollständig anerkannt

(BGHZ 146, 342 = NJW 2001, 1056 = DNotZ 2001, 234). Der II. Zivilsenat des BGH hat die GbR in dem Umfang im Zivilprozess als parteifähig angesehen, indem sie als Teilnehmer am Rechtsverkehr Träger von Rechten und Pflichten sein kann. Hierbei hat der BGH weiter ausgeführt, dass nach seiner Rspr. die GbR als Gesamthandsgemeinschaft ihrer Gesellschafter im Rechtsverkehr grds., d. h. soweit nicht spezielle Gesichtspunkte entgegenstehen, jede Rechtsposition einnehmen kann. Bereits zuvor hatte sich der BGH mehrfach damit auseinandergesetzt, ob und wie die GbR am Rechtsverkehr teilnehmen kann (BGHZ 79, 374, 378 = NJW 1981, 1213; BGHZ 116, 86, 88 = NJW 1992, 499 ff.; BGHZ 136, 254, 257 = NJW 1997, 2754 ff.; DB 2000, 2117). Schließlich wurde auch die Grundbuchfähigkeit anerkannt (BGH, NJW 2009, 594 = NotBZ 2009, 98 = DB 2009, 109 = notar 2009 m. Anm. Jeep = ZNotP 2009, 66; dazu vgl. Böhringer, NotBZ 2009, 86; Zimmermann, MDR 2009, 237 ff.; Lautner, NotBZ 2009, 77; Tebben, NZG 2009, 288 ff.; vgl. auch BGH, NJW 2011, 1958 = MittBayNot 2011, 39 = NotBZ 2011, 257).

Wiedemann (ZGR 1999, 568 ff.) hat dabei nachgewiesen, dass auch außerhalb des Umwandlungsrechts, insb. bei Übergang des Vermögens von der Vor-Gesellschaft auf die juristische Person Kontinuität oder sogar Identität des Rechtsträgers besteht (Wiedemann, ZGR 1999, 568, 571 f.). Er schließt daraus, dass auch dem Umwandlungsgesetzgeber zumindest ein enges formales Verständnis der beiden Rechtsinstitute Gesamthand und juristische Personen zugrunde lag und inhaltlich dies wohl eine Annäherung bedeute.

14   **b) Identität des Gesellschafters und Anteilsinhaberkreises.** Eine der umstrittensten, aber auch in der Praxis bedeutsamste Frage ist die nach den **Auswirkungen der Identitätsthese** im Hinblick auf den an der Umwandlung beteiligten Personenkreis. Die Frage wird nicht nur beim Formwechsel, sondern auch bei der Verschmelzung und Spaltung diskutiert. Beim Formwechsel hat sie aber insofern die größere Bedeutung, da sowohl im Wortlaut des Gesetzes als auch in der Begründung das Identitätsprinzip genannt wird, sodass hieraus an sich auch eine Identität des Gesellschafterkreises bzw. des Kreises der Anteilsinhaber folgen müsste. Die wohl herrschende Meinung im Schrifttum stand lange Zeit auf dem Standpunkt, dass der Gesellschafterbestand des Ausgangsrechtsträgers **identisch** sein muss mit dem Gesellschafterbestand des Zielrechtsträgers (Lutter/Decher/Hoger, UmwG, § 190 Rn. 1; § 202 Rn. 10, Hanau, ZGR 1990, 548, 557; Kreßelk, BB 1995, 925, 926; Kallmeyer/Meister/Klöcker, § 194 UmwG Rn. 22, § 202 Rn. 28 ff.; Widmann/Mayer/Vossius, Umwandlungsrecht, § 228 UmwG Rn. 95; Priester, DNotZ 1995, 449; Formwechsel – allgemeine Vorschriften, in: Lutter, Kölner Umwandlungsrechtstage, S. 214; Kallmeyer, ZIP, 1994, 1746, 1756; Sigel, GmbHR 1998, 1208, 1210; Bärwaldt/Schabacker, ZIP 1998, 1293, 1294 f.; Heckschen, DB 1998, 1385, 1397; Usler, MittRhNotK 1998, 21, 55 f.; vgl. auch Heckschen, DB 2008, 2122 ff.; Baßler, GmbHR 2007, 1252 ff.). Auch die Regierungsbegründung (BT-Drucks. 12/6699, abgedruckt bei Ganske, Umwandlungsrecht, S. 217) spricht bei § 194 UmwG von der »*Identität des an dem Umwandlungsvorgang beteiligten Personenkreis*« und stellt zu § 202 UmwG klar, »*dass nach dem Formwechsel grds. jeder Anteilsinhaber des formwechselnden Rechtsträgers auch an dem Rechtsträger neuer Rechtsform beteiligt ist. Dies entspricht den Grundsätzen, die schon bisher für die im AktG geregelten Fälle der formwechselnden Umwandlung gegolten haben.*«

15   Als Ausnahme hat das UmwG 1995 lediglich das **Ausscheiden der Komplementäre durch Formwechsel** einer KGaA in den §§ 236, 247 Abs. 3 UmwG, den Formwechsel in eine KGaA in den §§ 194 Abs. 1 Nr. 4, 217 Abs. 3 Satz 2 und § 221 UmwG sowie den Ausschluss neuer Mitglieder von der Beteiligung an der Umwandlung eines Versicherungsvereins auf Gegenseitigkeit in § 294 Abs. 1 Satz 2 UmwG geregelt.

16   Für den Fall des **Ein- und Austritts von Komplementären ohne Kapitalanteil** wurde von Teilen des Schrifttums entgegen der (wohl) herrschenden Meinung in der Literatur eine Ausnahme von der grds. Gesellschafteridentität beim Formwechsel gefordert (K. Schmidt, GmbHR 1995, 693 ff.; Kallmeyer, GmbHR 1996, 80 ff.; Priester, DB 1997, 560 ff.; Bayer, ZIP 1997, 1613). Nach dieser Meinung soll zumindest bei der Komplementär-GmbH ohne Kapitalbeteiligung die simultane Umwandlung in eine GmbH & Co. KG **unter Beitritt** der Komplementär-GmbH im Handelsregister angemeldet werden können. Da die KG so zu keiner – auch nicht logischen – Sekunde ohne Komplementärin dastehe, erfülle sie im Augenblick der Eintragung die Normativbestimmungen des Kommanditgesellschaftsrechts. Eine Ausnahme von Identitätsprinzip für solche Gesellschafter, die nicht am Vermögen des je-

weiligen Rechtsträgers beteiligt seien, verstoße nicht gegen den Anteilsgewährungsgrundsatz. Die im Umwandlungsrecht beim Formwechsel in die KGaA vorgesehene Ausnahme vom Identitätsprinzip sei einer ausdehnenden Anwendung zugänglich.

Unklarheit hat eine Entscheidung des BGH zur Folge gehabt, allerdings vom Landwirtschaftssenat in **17** einer wenig beachteten Entscheidung v. 02.12.1994 (BGH, ZIP 1995, 422 = EWiR 1995, 601). Zum Problem der formwechselnden Umwandlung einer LPG im Beitrittsgebiet nach dem LwAnpG hat der BGH festgestellt, dass alle Anforderungen, die an einen identitätswahrenden Formwechsel zu stellen seien, erfüllt gewesen sind, obwohl zwischen Formwechselbeschluss und dessen Eintragung Mitglieder der ehemaligen LPG ausgeschieden waren und eine »GmbH-Gründung« des Zielrechtsträgers mit einem neuen Gesellschafter erfolgt war. Diese Entscheidung des BGH ist in Teilen des Schrifttums auf Zustimmung gestoßen (Neixler, BWR 1995, 601, 602; Bayer, ZIP 1997, 1613, 1616). Entscheidend sei, dass die betroffenen Anteilsinhaber zugestimmt haben. Der identitätswahrende Charakter des Formwechsels werde v. a. durch die Zuordnung des Vermögensbestandes bestimmt, d. h. die wirtschaftliche Kontinuität des Rechtsträgers vor und nach dem Formwechsel müsse gewahrt bleiben. Demgegenüber sei eine Identität des Mitgliederbestandes nicht zwingend erforderlich (Neixler, BWR 1995, 602).

Abgelehnt wurde die Entscheidung des BGH dagegen **von Lohlein** (Anm. zu BGH, Urt. v. 02.12.1994, ZIP 1995, 426, 427). Nach seiner Ansicht würde diese Rechtsprechung des BGH nicht verhindern, dass die Mitgliedschaftsrechte der Mitglieder beeinträchtigt werden. Eine solche Möglichkeit der Beeinträchtigung der Interessen der Mitglieder auch bei Aufnahme eines bisher Gesellschaftsfremden im Zuge der Umwandlung ergebe sich nämlich bereits aus der nicht auszuschließenden Gefahr der Verwässerung des Wertes der Beteiligungsrechte. An dem vorhandenen Vermögen sei auch der Neueintretende beteiligt, und zwar ohne Gewährleistung dafür, dass die zu erbringende Leistung den vollen Gegenwert für den auf ihn nunmehr entfallenden Anteil am Gesellschaftsvermögen darstelle. Ebenso verstoße diese Rechtsprechung gegen die Begründung des Gesetzesentwurfs zur Bereinigung des Umwandlungsrechts (BT-Drucks. 12/6699, S. 136), wonach im Zuge der Umwandlung keine neuen Mitglieder in den Verband aufgenommen werden sollen.

Eine spätere Entscheidung des Landwirtschaftssenats v. 17.05.1999 (BGH, BB 1999, 1450) hat aller- **18** dings den **Kontinuitätsgrundsatz der Mitgliedschaft** herausgestellt, allerdings offengelassen, ob diesem Prinzip »*zwar nicht entgegensteht, dass im Zuge des Formwechsels ein Gesellschafter neu hinzutritt*«. Mit einer identitätswahrenden Umwandlung sei es aber nicht vereinbar, dass von 512 LPG-Mitgliedern nur noch ein Treuhandkommanditist an dem neuen Rechtsträger beteiligt sein soll.

Auch das BayObLG hatte die Frage zu diskutieren, **wann** bei der Umwandlung die **gesetzlich vorgese-** **19** **henen Voraussetzungen erfüllt sein müssen.** Es hatte die Frage insb. bei der Umwandlung einer GmbH in eine GmbH & Co. KG zu entscheiden, dort stellte sich die Frage, ob es genügt, wenn die Komplementär-GmbH zwar nicht zum Zeitpunkt der Beschlussfassung über den Formwechsel, aber vor der Handelsregistereintragung Mitglied der formwechselnden Gesellschaft war. Das BayObLG folgt der Auffassung, dass es genügt, wenn der zukünftig persönlich haftende Gesellschafter die Gesellschafterstellung bei der Ausgangsgesellschaft zumindest eine logische Sekunde vor dem Wirksamwerden der Umwandlung innehat, also vor der Eintragung im Handelsregister (BayObLG, Urt. v. 04.11.1999 = DNotI-Report 2000, 7). Das BayObLG lässt dabei ausdrücklich offen, ob es der Literaturauffassung folgt, die einen Ein- und Austritt im Moment des Formwechsels zulässt.

▶ **Hinweis:**   20

In der Literatur wurden daher insb. beim **Formwechsel in die GmbH & Co. KG** konventionelle Ausweichlösungen gesucht. Die konventionelle und von sämtlichen Vertretern der genannten herrschenden Ansicht für die Wahrung des Identitätsgrundsatzes als ausreichend erachtete Lösung sah vor, dass die künftige Komplementär-GmbH z. B. treuhänderisch einen Geschäftsanteil im Betrag von z. B. 100,00 € an der Ausgangs-GmbH erhält. Bei Festsetzung der Kommanditeinlagen der GmbH & Co. KG wurde dann im Umwandlungsbeschluss bestimmt, dass der abtretende GmbH-Gesellschafter den Nennbetrag des Geschäftsanteils als Teil seiner Kommanditeinlage zurückerhält, während für die Komplementärin ein Kapitalkonto in der KG nicht festgesetzt wird. Ein solcher quotenabweichende **Formwechsel** ist zwar im Gesetz nicht vorgesehen, wird aber als zulässig angesehen (vgl. Lutter/Decher/Hoger, UmwG, § 194 Rn. 13; § 202 Rn. 14 f.; Stratz, in: Stratz/Schmitt/Hörtnagl, § 202 UmwG Rn. 7, Kallmeyer/Meister/Klöcker, § 194 UmwG Rn. 34; Widmann/Mayer/Vollrath § 194 UmwG Rn 17; KölnerKommUmwG/Dauner-Lieb/Tettinger § 231 Rn 3; Priester, DNotZ 1995, 427, 451; Heckschen, DB 2008, 2122 ff.; Baßler, GmbHR 2007, 1252 ff.; Simon/Leuering, NJW-Spezial 2005, 495). Im Schrifttum wurde zutreffend darauf hingewiesen, dass diese **treuhänderische Abtretung** genügt (Lutter/Göthel, UmwG, § 228 Rn. 24 ff.; Widmann/Mayer/Vossius, Umwandlungsrecht, § 226 UmwG Rn. 97 ff.;Stratz, in: Stratz/Schmitt/Hörtnagl, § 202 UmwG Rn. 3). Eine solche Abtretung vermeide eine verdeckte Einlage, da die Komplementär-GmbH an der KG zwar beteiligt sei, üblicherweise jedoch keinen Kapitalanteil halte (Widmann/Mayer/Vossius, Umwandlungsrecht, § 228 UmwG Rn. 100). Dabei genüge es, die Abtretung vor Eintragung des Formwechsels vorzunehmen. Sie könne aber auch zeitlich nach dem Umwandlungsbeschluss erfolgen (Widmann/Mayer/Vossius, Umwandlungsrecht, § 228 UmwG Rn. 97). Die künftige Komplementärin müsse damit zumindest eine logische Sekunde vor dem Formwechsel dem Kreis der Gesellschafter der formwechselnden Kapitalgesellschaft angehören.

Teilweise wurde dieser Weg auch mit Hinweis auf etwaige Risiken kritisiert (Carlé/Bauschatz, ZIP 2002, 2072, 2073 f.; Bauschatz, FR 2003, 1116, 1120; krit. zu den angeblichen Risiken Dremel, in: Hesselmann/Tillmann/Mueller-Thuns, Hdb. der GmbH & Co. KG, 19. Aufl. 2005, § 10, Rn. 10; Binz/Sorg, Die GmbH & Co. KG, § 27 Rn. 18).

21 Immer noch nicht völlig geklärt ist, welche Rechtsfolgen aus dem **BGH-Urt. v. 09.05.2005** (DNotZ 2005, 864 = ZNotP 2005, 392 = AG 2005, 613 = NZG 2005, 722 = DB 2005, 1842, dazu Simon/Leuering, NJW-Spezial 2005, 459; Decher, Der Konzern 2005, 621 ff.; Heckschen, DNotZ 2007, 451; Heckschen; DB 2008, 2122 ff.; Baßler, GmbHR 2007, 1262) zu ziehen sind. Die Entscheidung befasste sich im Kern mit der Stellung von Minderheitsgesellschaftern bei Umstrukturierungen. In einem obiter dictum hat der BGH aber festgestellt:

> »Der Umwandlungsbeschluss entsprach inhaltlich dem aus §§ 194 Abs. 1 Nr. 3, 202 Abs. 1 Nr. 2 Satz 1 UmwG abzuleitenden **Gebot der Kontinuität der Mitgliedschaft** bei der umgewandelten Gesellschaft. Aus diesem Prinzip folgt lediglich, dass Berechtigte, die zum Zeitpunkt der Eintragung des Formwechsels Anteilsinhaber sind, auch Mitglieder des Rechtsträgers neuer Rechtsform werden. Dabei ist es für den Formwechsel der AG in eine GmbH & Co. KG ausreichend, wenn die Hauptversammlung, wie hier, mit einer Stimmenmehrheit von 3/4 einen der bisherigen Aktionäre – oder **sogar einen im Zuge des Formwechsels neu hinzutretenden Gesellschafter** (vgl. dazu BGHZ 142, 1, 5) – mit dessen Zustimmung zum Komplementär der formgewechselten zukünftigen KG wählt und die Aktionäre i. Ü. Kommanditisten werden.«

Der BGH scheint also den Identitätsgrundsatz in erster Linie als **Minderheitenschutzelement** zu sehen: Die Gesellschafter haben das Recht Mitglieder des neuen oder bei der Verschmelzung des aufnehmenden Rechtsträgers zu werden. Umgekehrt kann man m. E. daraus folgern, dass mit deren Zustimmung der Grundsatz aufhebbar ist, also **Veränderungen im Gesellschafterbestand im Umwandlungsbeschluss zulässig sind** (eine größere Meinung in der Literatur unterstützt dies: vgl. Widmann/Mayer/Mayer, Umwandlungsrecht, § 197 UmwG Rn. 22; K. Schmidt, GmbHR 1995, 693, 695; ders., ZIP 1998, 181, 186; Priester, DB 1997, 565, 566; Kallmeyer, GmbHR 1996, 80, 82; Heckschen, DNotZ 2007, 451; ders., DB 2008, 2122 ff.;, Lutter/Decher/Hoger, UmwG, § 202 Rn. 15; Lutter/Göthel, UmwG, § 228 Rn. 25; Stratz, in: Schmitt/Hörtnagl/Stratz, UmwG/UmwStG, § 202, Rn. 7; § 226 Rn. 3; Baßler, GmbHR 2007, 1252, 1254; Kallmeyer/Meister/Klöcker, § 194 Rn. 34). Die auf **K. Schmidt** zurückgehende These (GmbHR 1995, 693; ders., ZIP 1998, 181, 186), die eine Kombination des Umwandlungsrechts mit den allgemeinen Rechtsinstituten der **Anteilsübertragung** zulassen will, ist durch dieses Urteil gestützt worden. Unklar bleibt allerdings die Frage, mit welcher Mehrheit der Ein- und Austritt erfolgen kann (vgl. Heckschen, DB 2008, 2122 ff.). Der BGH scheint die allgemeine Mehrheitsentscheidung und die Zustimmung des aus- oder eintretenden Gesellschafters als ausreichend anzusehen. Demgegenüber verlangt Heckschen (DB 2008, 2122 ff.) die Zustimmung aller Gesellschafter.

Diese Gestaltungsfreiheit ist auch durch das **Zweite Gesetz zur Änderung des UmwG** bestätigt worden, **22** indem der Gesetzgeber in den §§ 54 und 68 UmwG n. F. eine Ausnahme von der sog. Anteilsgewährungspflicht durch Verzicht festlegt (vgl. BR-Drucks. 548/06, S. 27): § 54 Abs. 1 Satz 3 UmwG (für die GmbH) bzw. § 68 Abs. 1 Satz 3 UmwG (für die AG) bestimmt nunmehr, dass die Kapitalerhöhung bei der übernehmenden Kapitalgesellschaft zur Disposition **aller Anteilsinhaber des übertragenden Rechtsträgers** steht. Verzichten diese in notarieller Urkunde auf die Anteilsgewährung, darf die übernehmende Gesellschaft von der Anteilsgewährung absehen. Daraus lässt sich das grds. Prinzip der Vertragsfreiheit im Umwandlungsrecht ableiten: Mit Zustimmung der betroffenen Gesellschafter kann auf die Schutzvorschriften – Identitätsgrundsatz und Anteilsgewährung – verzichtet werden. Wie der BGH feststellte, haben diese Grundsätze nur Schutzcharakter ggü. den Anteilsinhabern, es sind aber keine verzichtbaren oder drittschützenden Grundsätze.

c) Formwechsel in die Ein-Mann-Kapitalgesellschaft. Im engen Zusammenhang mit der Frage **23** des Gesellschafterwechsels steht auch die Frage des Formwechsels **in die Ein-Mann-Kapitalgesellschaft.** Da Personengesellschaften mindestens zwei Gesellschafter benötigen, ist an sich der Formwechsel auf eine Ein-Mann-Kapitalgesellschaft unmöglich, wenn man das Identitätskonzept zugrunde legt (vgl. Bärwaldt/Scharbacker, ZIP 1998, 1295). Auch hier wird von der überwiegenden Literatur, die dem Identitätskonzept folgt, verlangt, dass die Ein-Mann-Kapitalgesellschaft zunächst einen weiteren Gesellschafter aufnimmt und erst danach den Formwechsel durchführt (Kallmeyer/Dirksen/Blasche, UmwG, § 226 Rn. 3; Kallmeyer/Meister/Klöcker, § 191 Rn. 10; § 194, Rn. 21 ff.; Widmann/Mayer/Vossius, Umwandlungsrecht, § 226 UmwG Rn. 9; Lutter/Göthel, § 228 UmwG Rn. 27; Stratz, in: Schmitt/Hörtnagl/Stratz, UmwG/UmwStG, § 226 Rn. 6; Semler/Stengel/Bärwaldt, § 197 UmwG Rn 9; Semler/Stengel/Ihrig, § 228 UmwG Rn 14). Soll in die Ein-Mann-Kapitalgesellschaft formgewechselt werden, so bedarf es zunächst einer mehrgliedrigen Personenhandelsgesellschaft, die dann in eine mehrgliedrige Kapitalgesellschaft mit anschließendem Austritt eines Gesellschafters wechselt (vgl. Kallmeyer/Meister/Klöcker, UmwG, § 191 Rn. 10). Die neuere Literaturauffassung, die den einen Austritt auf den Zeitpunkt des Formwechsels zulässt, ist daher auch hier der Auffassung, dass es genügt, wenn zum Zeitpunkt der Eintragung der Eintritt erklärt wird (vgl. Bärwaldt/Scharbacker, ZIP 1998, 1298; Lutter/Göthel, § 228 UmwG Rn. 27; Stratz, in: Schmitt/Hörtnagl/Stratz, UmwG/UmwStG, § 226 Rn. 6).

d) Doppelcharakter der formwechselnden Gesellschaft. Wiedemann (ZGR 1999, 576) hat zu **24** Recht darauf hingewiesen, dass beim Formwechsel ein **Nebeneinander verschiedener Rechtsmaterien** zu berücksichtigen ist, wenn der Formwechselbeschluss gefasst wurde, aber die Handelsregistereintragung noch ausstehe. Dies ist der Bereich, der bei der Neugründung durch das Rechtsinstitut der Vorgesellschaft erklärt wird. Es besteht umgekehrt Einigkeit, dass beim Formwechsel keine Vorgesellschaft existiert, sondern bis zur Eintragung des Formwechsels im Handelsregister das Recht des Ausgangsrechtsträgers auch weiterhin nach Fassung des Formwechselbeschlusses noch anwendbar ist (vgl. Scholz/K. Schmidt, GmbHG, § 11 Rn. 22; Hachenburg/Ulmer, GmbHG, § 11 Rn. 5 für die alte identitätswahrende Umwandlung; zum neuen Recht vgl. Wolf, ZIP 1996, 1200, 1201). Dennoch muss man zu Recht feststellen, dass u. U. im Einzelfall Vorschriften über die Vorgesellschaft und die Rechte und Pflichten der Vorgesellschaft auch auf diesen Zeitpunkt anwendbar sein können (Wiedemann, ZGR 1999, 576 f.). Der Gesetzgeber hat selbst an einer Reihe von Stellen die **Anwendbarkeit der Gründungsvorschriften** vorgesehen (vgl. §§ 197, 219 UmwG). Dementsprechend sind zur Sicherung der Kapitalaufbringung die Vorschriften über die Gründungsprüfung insb. die Gründungshaftung entsprechend anwendbar (vgl. Priester, DB 1997, 911, 914; Kallmeyer/Meister/Klöcker, UmwG, § 197 Rn. 44; Lutter/Decher/Hoger, UmwG, § 197 Rn. 27; Bärwaldt/Scharbacker, ZIP 1998, 1295).

e) Identität des Gesellschaftsvermögens. Der Gesetzgeber weist in der Begründung zum RegE da- **25** rauf hin, »*dass der Vermögensbestand des Rechtsträgers vor und nach dem Formwechsel der gleiche bleibt*« (vgl. Begründung zum RegE, BT-Drucks. 12/6699, S. 136). So klar dieser Grundsatz allgemein zu sein scheint, so schwierig ist die Anwendung im Einzelfall. Eine Reihe von **Sonderfragen** knüpft sich an diese Grundfrage an. Ferner ist zu berücksichtigen, dass steuerliches **Sonderbetriebsvermögen** eines Gesellschafters einer Personengesellschaft zivilrechtlich nicht im Eigentum des formwechselnden Rechtsträgers steht und daher nicht vom Formwechsel erfasst wird, was zur Aufdeckung stiller Reserven führen kann. Daher muss dieses vorher zivilrechtlich eingebracht werden (Widmann/Mayer, Umwandlungsrecht, § 197 UmwG Rn. 35 ff.). Dies kann nach § 5 Abs. 2 GrEStG zur Grunderwerbsteuer führen.

aa) Kapitalaufbringung und Kapitalfestsetzung beim Formwechsel in die Kapitalgesell-
26 **schaft.** Für den Formwechsel einer Personengesellschaft in die Kapitalgesellschaft wird vom Gesetzgeber der **Identitätsgrundsatz insofern eingeschränkt**, als eine der Neugründung vergleichbare Kapitalschutzvorschrift i. S. d. § 220 UmwG vorgesehen ist. Danach darf der Nennbetrag des Stammkapitals der GmbH oder des Grundkapitals der AG das nach Abzug der Schulden verbleibende Vermögen der formwechselnden Gesellschaft nicht übersteigen. (sog. **Nettovermögensprinzip**). Die Gesellschaft neuer Rechtsform muss daher nach der Literaturauffassung im Zeitpunkt der Registeranmeldung (Priester, DNotZ 1995, 452; ders., DB 1995, 914) über ein Aktivvermögen verfügen, das die Schulden als Kapital deckt. Ähnliches gilt beim Formwechsel aus der Genossenschaft (§ 264 Abs. 1 UmwG), aus dem rechtsfähigen Verein (§ 277 UmwG) in die Kapitalgesellschaft, aber auch beim Formwechsel von Versicherungsvereinen auf Gegenseitigkeit (§§ 295, 303 UmwG). Darüber hinaus ist nach § 197 Satz 1 i. V. m. § 5 Abs. 1 GmbHG bzw. §§ 7 und 281 AktG das Mindestkapital der jeweiligen Rechtsform zu berücksichtigen. Umstritten ist in diesem Zusammenhang, auf welche Weise der Wert des Vermögens des formwechselnden Rechtsträgers zu ermitteln ist. Der Identitätsgrundsatz würde an sich nahelegen, dass die in der letzten Bilanz des übertragenden Rechtsträgers festgelegten **Buchwerte** auch maßgebend für die Frage der Deckung des gezeichneten Kapitals bzw. des Bestehens einer Unterbilanz sind. Dennoch ist die herrschende Meinung zu Recht der Auffassung, dass das Identitätsgebot bzgl. des Vermögens nicht eine Buchwertfortführung in gesellschaftsrechtlicher Hinsicht voraussetzt, sondern die **Kapitaldeckung anhand der Verkehrswerte** – zum Zeitpunkt der Handelsregisteranmeldung – geprüft werden muss (vgl. OLG Frankfurt, ZIP 2015, 1229; Kallmeyer/Dirksen/Blasche, UmwG, § 220 Rn. 8; Lutter/Jost, UmwG, § 220 Rn. 10; Lutter/Bayer, UmwG, § 264 Rn. 2; Widmann/Mayer/Vossius, Umwandlungsrecht, § 220 UmwG Rn. 16; KK-UmwG/Petersen, § 220 UmwG Rn. 6 ff.; Stratz, in: Schmitt/Hörtnagl/Stratz, UmwG/UmwStG, § 220 UmwG Rn. 6; Schlitt, in: Semler/Stengel, § 220 UmwG Rn. 16 ff.; Priester, DB 1995, 911, 914; ders., DNotZ 1995, 427, 452; Fischer, BB 1995, 2173, 2174; Usler, MittRhNotK 1998, 54; Zimmermann, DB 1999, 948). **Sinn und Zweck dieser Vorschrift** ist der Gläubigerschutz, dem ist aber Rechnung getragen, wenn die tatsächlichen Werte das Kapital decken, eine Buchwertverknüpfung kann man dem Identitätsgrundsatz wohl kaum ableiten (so auch Zimmermann, DB 1999, 948; Kallmeyer/Dirksen/Blasche, UmwG, § 220 Rn. 8). Als Argument wurde auch auf die im Gesetz bis zum **Zweiten Gesetz zur Änderung des UmwG** v. 15.04.2007 vorgesehene Vermögensaufstellung nach § 192 Abs. 2 UmwG verwiesen, in der die Gegenstände und Verbindlichkeiten des formwechselnden Rechtsträgers »mit dem wirklichen Wert anzusetzen sind, der ihnen am Tage der Erstellung des Berichts beizulegen ist«. Auch das Institut der Wirtschaftsprüfer hat in der Stellungnahme v. 04.04.2011 (IDW ERS HFA 41 »Auswirkungen eines Formwechsels auf den handelsrechtlichen Jahresabschluss«, WPg Supplement 2/2011, S. 137 ff., FN-IDW 6/2011, S. 374 ff., Tz. 15) festgestellt, dass das Gesetz keine ausdrückliche Regelung dazu enthalte, ob die Vermögensgegenstände und die Schulden des formwechselnden Rechtsträgers für den Nachweis der Kapitalaufbringung mit dem handelsrechtlichen Buchwert oder dem Zeitwert zu bewerten seien. Da der Formwechsel nach der gesetzlichen Konzeption mit einer Sachgründung vergleichbar und mit einer Prüfung verbunden sei, ob die Deckung des gezeichneten Kapitals real besteht, sei auf die Zeitwerte – als Wertobergrenze – abzustellen. Bei einem Formwechsel ist Gegenstand des sacheinlageähnlichen Vorgangs regelmäßig ein Unternehmen. Der Zeitwert des Unternehmens sei nach den Grundsätzen des **IDW S 1** zu ermitteln. Das OLG Frankfurt (ZIP 2015, 1229) hat daher zu Recht festgestellt, dass nur durch Zugrundelegung der wirklichen Werte des Gesellschaftsvermögens kann ein Gläubigerschutz vergleichbar mit dem bei einer unmittelbaren Sachgründung oder Sachkapitalerhöhung sichergestellt werden könne. Insoweit werde zu Recht auch darauf hingewiesen, dass bei einer Neugründung einer Kapitalgesellschaft unter Einbringung eines Handelsunternehmens als Sacheinlage unzweifelhaft dessen Verkehrswert zugrunde zu legen sei, und dann für den vereinfachten Weg der formwechselnden Umwandlung nichts anderes gelten könne. Somit gehörten alle Gegenstände, denen ein Vermögenswert beizumessen ist, unabhängig davon, ob sie bilanzierungsfähig oder- pflichtig sind, zu den zu berücksichtigenden Vermögensgegenständen, also auch selbst geschaffene immaterielle Vermögensgegenstände, sofern sie bewertbar seien. Daraus folgt nach Auffassung des OLG Frankfurt weiterhin, dass dann, wenn sich auch

unter Berücksichtigung der wirklichen Werte eine Unterdeckung und somit eine sogenannte »materielle Unterbilanz« ergibt, der Formwechsel entweder mangels Kapitaldeckung scheitert, wenn man darauf abstellt, dass diese Kapitaldeckung durch das vorhandene (eingezahlte) Vermögen der formwechselnden Gesellschaft sichergestellt sein müsse oder aber nach anderer Ansicht noch die Möglichkeit zur Zahlung des Differenzbetrages in bar begründet werde. Umgekehrt hindere lediglich eine allein formelle, also bilanzielle Unterbilanz den Formwechsel nicht, wenn materiell eine Reinvermögensdeckung gewährleistet sei. Allerdings werde trotzdem allgemein vertreten, dass für die von dem Registergericht vorzunehmende Prüfung der Reinvermögensdeckung – und den insoweit durch den Anmelder zu führenden entsprechenden Nachweis für die handelsrechtlich nicht zur Erstellung einer Schlussbilanz oder Eröffnungsbilanz verpflichtete formwechselnde Personenhandelsgesellschaft – die auf den Übertragungsstichtag aufzustellende steuerliche Einbringungsbilanz vorgelegt werden könne. Ergebe sich nach den dort ausgewiesenen Buchwerten bereits ein zur Deckung des Stammkapitals ausreichendes Eigenkapital (Reinvermögen), solle diese Steuerbilanz zum Nachweis der Reinvermögensdeckung ausreichen, ohne dass eine weitere Bewertung erforderlich sei. Die **Bewertung des Vermögens der formwechselnden GmbH** erfolgt genauso wie bei einer Sachgründung durch Einbringung eines Unternehmens (Widmann/Mayer/Vossius, Umwandlungsrecht, § 220 UmwG Rn. 18; Kallmeyer/Dirksen/Blasche, UmwG § 220 Rn. 8; KK-UmwG/Petersen, § 220 UmwG Rn. 13). Daher stellt sich nur noch die Frage, **wie** für das Vermögen beim Formwechsel der wahre Wert festgestellt wird. Zur Ermittlung des Verkehrswertes wird in der umwandlungsrechtlichen Literatur auf die verschiedenen Bewertungsmethoden hingewiesen (vgl. Schlitt, in: Semler/Stengel, § 220 UmwG Rn. 14; Busch, AG 1995, 555, 558; ausführlich Stratz, in: Schmitt/Hörtnagl/Stratz, UmwG, UmwStG, § 5 Rn. 9 ff. im Zusammenhang mit der Ermittlung des Umtauschverhältnisses: Ertragswertmethode, Substanzwertmethode, Mittelwertmethode und Stuttgarter Verfahren). Meist erfolgt ein Verweis auf die GmbH-rechtliche Kommentierung zur Sachgründung (vgl. Schlitt, in: Semler/Stengel, § 220 UmwG Rn. 14; Lutter/Joost, § 220 UmwG Rn. 10; s. dazu insb. Lutter/Hommelhoff/Bayer, GmbHG, § 5 Rn. 24 ff.; Scholz/Winter/Westermann, § 5 GmbHG Rn. 57; Baumbach/Hueck/Fastrich, GmbHG, § 5 Rn. 33 ff.). In diesem Zusammenhang wird wohl überwiegend ein Wertansatz nach dem Ertragswert des Unternehmens zuzüglich geschätzter Nettoeinzelveräußerungspreise der nicht betriebsnotwendigen Vermögensgegenstände, mindestens aber der Liquidationswert bevorzugt (Schlitt, in: Semler/Stengel, § 220 UmwG Rn. 14; Baumbach/Hueck/Fastrich, § 5 Rn. 34; Lutter/Hommelhoff/Bayer, GmbHG, § 5 Rn. 24; Scholz/Winter/Westermann, GmbHG, § 5 Rn. 57; Urban, in: FS für Sandrock, 1995, S. 309 ff.). Zum Nachweis dieses solchermaßen ermittelten Vermögens der GmbH kann eine Einbringungsbilanz zu den wirklichen Werten mit Werthaltigkeitsbescheinigung des Wirtschaftsprüfers oder Steuerberaters verwendet werden (Kallmeyer/Dirksen/Blasche, UmwG, § 220 Rn. 8, 11). Das OLG Frankfurt (ZIP 2015, 1229) hat zu Recht festgestellt, dass die in jedem Fall erforderlichen Ermittlung der Verkehrswerte im Rahmen des § 220 Abs. 1 UmwG im Hinblick darauf, dass es sich bei dem Formwechsel letztlich materiell um eine Sachgründung handele, auf die für die Bewertung von Sacheinlagen entwickelten Grundsätze zurückgegriffen werden könne. Es könne daher, da Gegenstand der »Sacheinlage« das Unternehmen der Personengesellschaft sei, im Hinblick auf die anzuwendenden allgemeinen Grundsätze zur Unternehmensbewertung für die Vermögensbewertung in erster Linie auf dessen Ertragswert abgestellt werden. Insoweit sei auch im Rahmen des Kapitalaufbringungsrechts anerkannt, dass Unternehmen bei Sacheinlagen nicht nach ihrem Substanz- oder Buchwert, sondern nach der sogenannten modifizierten Ertragswertmethode zu bewerten seien. Danach werde der Wert eines Unternehmens in erster Linie nach dessen Erträgen bestimmt, die es zukünftig erzielen werde. Diese müssten zunächst geschätzt werden und dann auf den Bewertungsstichtag abgezinst und dadurch zum Ertragswert kapitalisiert werden. Weiterhin sei der so bestimmte Ertragswert um den Wert des nicht betriebsnotwendigen Vermögens zu erhöhen. Dabei soll der Ertragswert nur dann nicht maßgeblich sein, wenn der Liquidationswert des Unternehmens höher liegt; der Liquidationswert soll also in aller Regel den Mindestwert des Unternehmens darstelle.

Auch in steuerlicher Hinsicht hat der **BFH im Urt. v. 19.10.2005** (BStBl. 2006 II, S. 568 = DB 2006, **27** 364) entgegen BMF-Schreiben v. 25.03.1998 (BStBl. 1998 I, S. 268 Tz. 20.30) entschieden, dass in den Fällen des Formwechsels einer Personengesellschaft in eine Kapitalgesellschaft die Kapitalgesellschaft das übergegangene Betriebsvermögen gem. § 25 Satz 1 i. V. m. § 20 Abs. 2 Satz 1 UmwStG 1995 mit seinem Buchwert oder mit einem höheren Wert ansetzen dürfe (dazu OFD Münster v. 28.08.2006 – ESt.Nr. 018/2006, GmbHR 2006, 1063).

28 **bb) Kapitalerhaltung im Vorfeld des Formwechsels.** Eng verknüpft mit diesen Fragen ist die Problematik, inwieweit ein **Kapitalabfluss** beim Formwechsel zulässig ist.

29 ▶ **Beispiel:**

Die A-OHG hat ein Gesamthandsvermögen i. H. v. 200.000,00 €, das auf den Kapitalkonten entsprechend verbucht ist. Vor dem Formwechsel in eine GmbH entnehmen die Gesellschafter 175.000,00 €, sodass die zukünftige GmbH nur noch das Mindestkapital von 25.000,00 € hat.

30 In der Literatur wurde zu Recht darauf hingewiesen, dass dem Identitätsgrundsatz zunächst nicht das Verbot entnommen werden kann, unmittelbar vor dem Formwechsel i. R. d. allgemeinen gesellschaftsrechtlichen Vorschriften Kapital zu entnehmen (vgl. Bärwaldt/Scharbacker, ZIP 1998, 1296). Zu beachten ist allerdings, dass **Kapitalschutzvorschriften des Ausgangsrechtsträgers** natürlich auch diesbezüglich gelten, so führt etwa die Rückgewähr von Kommanditeinlagen zur Auflebung der Kommanditistenhaftung nach § 171 Abs. 1, § 172 Abs. 4 HGB. Diese Haftung wird in der Enthaftungsregelung des § 224 Abs. 2 UmwG nicht erwähnt, denn och ist die wohl überwiegende Meinung der Auffassung, dass die Enthaftungsregelung auch auf diese Haftung entsprechend anzuwenden ist (h. M. vgl. Kallmeyer/Dirksen/Blasche, UmwG, § 224 Rn. 8; Widmann/Mayer/Vossius, Umwandlungsrecht, § 224 UmwG Rn. 41; Schlitt, in: Semler/Stengel, § 224 UmwG Rn. 8; Lutter/Joost, § 224 UmwG Rn. 16). Beschränkte sich die Gesellschaft zum Zweck der Vermeidung einer Kommanditistenhaftung auf den Abzug durch die Kommanditeinlage übersteigendes Kapital, so ergibt sich jedenfalls aus dem Identitätsgrundsatz keine Pflicht, unmittelbar vor dem Formwechsel derartige Maßnahmen zu unterlassen (so zu Recht Bärwaldt/Scharbacker, ZIP 1998, 1296). Der umgekehrte Fall bereitet ebenfalls Probleme, wenn nämlich etwa Kommanditisten den Vorschriften des Verbots der Einlagerückgewähr dadurch entgehen, dass der Kapitalabzug erst nach der Eintragung des Formwechsels beschlossen und durchgeführt wird.

31 ▶ **Beispiel:**

Bei der A-KG betragen die Kommanditeinlagen 100.000,00 €. Die A-KG wird in eine B-GmbH umgewandelt, wobei das Stammkapital auf nur 25.000,00 € festgesetzt wird. Anschließend wird der überschießende Betrag, der nicht der Kapitalbindung nach § 30 GmbHG unterliegt, entnommen.

32 Es stellt sich in diesem Zusammenhang die Frage, inwieweit die Pflicht besteht, das haftungsmäßig gebundene Kapital vor und nach dem Formwechsel aufrechtzuerhalten, ob etwa beim Formwechsel von der KG in die GmbH die Verpflichtung besteht, mindestens die Hafteinlage in gebundenes Kapital bei der Kapitalgesellschaft zu überführen. Die spezifischen Kapitalerhaltungsvorschriften des Ausgangsrechtsträgers, etwa §§ 171, 172 HGB, greifen jedenfalls dann nicht mehr, da ab Eintragung des Formwechsels der Rechtsträger den neuen Gesellschaftsvorschriften unterliegt (so zu Recht Wiedemann, ZGR 1999, 581). Die Frage ist vergleichbar mit der Diskussion i. R. d. Verschmelzung, inwieweit bei der Verschmelzung von Kapitalgesellschaften die Stammkapitalziffern der beteiligten Gesellschaft vor und nach der Verschmelzung gleich bleiben müssen oder ob die Verschmelzung auch dazu benutzt werden kann, gebundenes Kapital freizusetzen, indem bei der aufnehmenden Kapitalgesellschaft die Kapitalerhöhung nicht i. H. d. Stammkapitalziffer der übertragenden Gesellschaft erfolgt (vgl. Diskussion oben Teil 2 Rdn. 292 ff.). Die wohl überwiegende Meinung steht auf dem Standpunkt, dass keine Pflicht zur wertentsprechenden Anteilsgewährung und Kapitalerhöhung besteht (vgl. Widmann/Mayer/Mayer, Umwandlungsrecht, § 5 UmwG Rn. 46; Limmer, in: FS für Schippel, 1996, S. 415, 427; Lutter/Winter/Vetter, UmwG, § 54 Rn. 72; Kowalski, GmbHR 1996, 158 ff.). In Diskussionen wurden allerdings Zweifel an dieser vollständigen Ermessensfreiheit mit Blick auf den Gläubigerschutz geäußert. Es wurde insb. geltend gemacht, dass die Gläubigerschutzbestimmung des § 22 UmwG keinen ausreichenden Schutz bietet, sodass andere Lösungen gesucht werden müssten (vgl. die Diskussion am Deutschen Notartag, DNotZ-Sonderheft 1998, S. 206 ff.; Naraschewski, GmbHR 1998, 356 ff.). Wie bereits dargelegt, dürfte auch in diesem Bereich die strikte Auffassung abzulehnen sein, wonach die Kapitalziffern vor und nach der Umwandlung die gleichen sein müssen, das der Gesetzgeber es versäumt hat, wie z. B. im Österreichischen Spaltungsgesetz (vgl. § 3 Abs. 1 Satz 1 des Österreichischen Spaltungsgesetzes) für die an einem Umstrukturierungsvorgang beteiligten Kapitalgesellschaften bestimmte Mindestkapitalbeträge beim Zielrechtsträger festzusetzen. Vorzugswürdiger sind Lösungen, die sich an den Vorschriften über die Kapitalherabsetzung orientieren, sodass die Auskehrung des freigewordenen Kapitals erst nach Ablauf bestimmter Fristen, etwa in Anlehnung an § 225 Abs. 3 AktG nach 6 Monaten, erfolgen darf (so der Vorschlag von Naraschewski, GmbHR 1998, 360). Für den Bereich des Formwechsels würde dies bedeuten, dass keine Verpflichtung besteht, gebundenes Kapital vor und nach dem Formwechsel identisch zu lassen, sondern dass auch insofern Ermessensfreiheit bei der Wahl der Stammkapitalziffer des neuen Rechtsträgers besteht. Das Gesetz gibt in § 220 Abs. 1 UmwG nur eine **Höchstgrenze** des für die neue Rechtsform gezeichneten Kapitals an, aber **keine Untergrenze** (so zu Recht Wiedemann, ZGR 1999, 580; Bärwaldt/Scharbacker, ZIP 1998, 1296; Widmann/Mayer/Mayer, Umwandlungsrecht, § 197 UmwG Rn. 117 f.; Widmann/Mayer/Vossius, Umwandlungsrecht, § 220 UmwG Rn. 5). Den Gläubigerschutz wird man daher ähnlich wie bei der Verschmelzung dadurch erreichen müssen, dass man für das i. R. d. Formwechsels freiwerdende Kapital die Einstellung in eine Rücklage erfordert, die einer gewissen Ausschüttungssperre unterliegt. Hier könnte man in Anlehnung an die Vorschrift für die Kapitalherabsetzung die Jahresfrist verlangen (so Naraschewski, GmbHR 1998, 360).

cc) Nachhaftung des ausscheidenden Kommanditisten. Fraglich ist allerdings, wie dieser Forderung Rechnung getragen werden kann, wenn der Kommanditist gegen den Formwechsel **Widerspruch zur Niederschrift** einlegt, die daraufhin angebotene Barabfindung nach §§ 207 ff. UmwG annimmt und dann ausscheidet (vgl. dazu ausführlich Bärwaldt/Scharbacker, NJW 1998, 1909; dies., ZIP 1998, 1296). Da hier das Gesetz zwingend die Barabfindung vorsieht, ist der Kapitalabfluss gesetzliche Konsequenz des Formwechsels. Es bleibt die Frage, ob für diese Fälle die Nachhaftung aus § 172 HGB hergeleitet werden kann. Diese Frage muss aber eindeutig verneint werden, da das UmwG die Möglichkeit der Barabfindung als Minderheitenschutz vorgesehen hat, sodass es als spezielleres Gesetz dem allgemeinen Gläubigerschutzgedanken vorgeht. Außerdem erfolgt der Austritt zum Zeitpunkt, in dem dem widersprechenden Gesellschafter die Barabfindung für den »*Erwerb seiner umgewandelten Anteile*« (§ 207 UmwG) angeboten wird (vgl. Bärwaldt/Scharbacker, NJW 1998, 1909). **33**

dd) Quotenverschiebender Formwechsel. Zum Recht vor 1995 war die überwiegende Meinung der Auffassung, dass es den Gesellschaftern überlassen bleibt, eine Umwandlung vorzunehmen, bei der die Quotenverhältnisse vor und nach dem Formwechsel unterschiedlich sind (**nicht verhältniswahrender Formwechsel**). So war die frühere Literatur der Auffassung, dass bei der Umwandlung einer Personengesellschaft in eine AG bzw. eine GmbH es den Gesellschaftern unbenommen ist, um Umwandlungsbeschluss eine von Verhältnismäßigkeitsgrundsätzen abweichende Verteilung vorzunehmen (vgl. Müller, WPg 1969, 593; Scholz/Priester, GmbHG, 7. Aufl., Anh. Umwandlung, § 47 UmwG Rn. 6). Nach der Neuregelung stellte sich die Frage, ob der Identitätsgrundsatz nicht die Gleichheit der Anteilsverhältnisse vor und nach dem Formwechsel verlangt. Die herrschende Literaturauffassung lässt den quotenverschiebenden Formwechsel mit der Begründung zu, dass der Gesetzgeber in Kenntnis seiner früheren Rechtslage kein Verbot aufgenommen hat und auch sonst keinerlei Vorgaben für die Festlegung der Beteiligungsquoten vorgesehen hat. Nach der herrschenden Meinung ist daher der quotenverschiebende Formwechsel zulässig; es setzt allerdings voraus, dass die betroffenen Anteilsinhaber ihre Zustimmung erteilen (vgl. Lutter/Decher/Hoger, UmwG, § 194 Rn. 13; § 202 Rn. 14 f.2; Stratz, in: Stratz/Schmitt/Hörtnagl, § 202 UmwG Rn. 7, Kallmeyer/Meister/Klöcker, § 194 UmwG Rn. 34; Widmann/Mayer/Vollrath § 194 UmwG Rn 17; KölnerKommUmwG/Dauner-Lieb/Tettinger § 231 Rn 3; Priester, DNotZ 1995, 427, 451; Heckschen, DB 2008, 2122 ff.; Baßler, GmbHR 2007, 1252 ff.; Simon/Leuering, NJW-Spezial 2005, 495 Bärwaldt, in: Semler/Stengel, § 194 UmwG Rn. 18; Priester, DNotZ 1995, 427, 451; ders., DB 1997, 560, 566; Fischer, BB 1995, 2173, 2176; Veil, DB 1996, 2529, 2530; Usler, MittRhNotK 1998, 21, 53). Sogar der **quotenverschiebende Formwechsel zu Null** wird von einem Teil der Literatur zugelassen (Priester, DB 1997, 560, 56). In der Literatur wird allerdings auch zu Recht darauf hingewiesen, dass derartige Veränderungen Schwierigkeiten mit dem Identitätskonzept bereiten (Bärwaldt/Scharbacker, ZIP 1998, 1295). Andererseits lässt sich hier ähnlich wie beim Austritt auf den Zeitpunkt des Formwechsels darauf verweisen, dass der Gesetzgeber in einer Reihe von **34**

Sondervorschriften Änderungsmöglichkeiten und Änderungsverpflichtungen zwingend vorgesehen hat, die bereits aus dem Rechtsformwechsel als solchem resultieren, etwa die Pflicht beim Formwechsel in die Kapitalgesellschaft ein Stammkapital auszuweisen. Insofern geht der Gesetzgeber davon aus, dass gewisse Anpassungsmaßnahmen erforderlich sind, sodass die Strenge des Identitätsgrundsatzes sicherlich nicht hindert, in diesem Zusammenhang auch weitere Maßnahmen zu treffen, etwa die Quotenverschiebung. Insofern sind die Widersprüche lösbar.

35   **ee) Formwechsel bei ausstehenden Einlagen.** Ebenfalls eng verknüpft mit der Frage der Identität ist die Diskussion, ob bei einem Formwechsel einer Gesellschaft, bei der die Einlagen noch nicht vollständig geleistet sind, eine **Volleinzahlung zu erfolgen hat.** Ein Teil der Literatur ist der Auffassung, dass ungeachtet der Identitätsthese der Formwechsel materiell eine Sachgründung darstellt, sodass die Bestimmung über die Vermögensaufbringung im Zusammenhang mit der Deckung des Stammkapitals eingehalten werden muss, ebenso auch das im Gründungsrecht geltende Volleinzahlungsgebot (so, Lutter/Joost, UmwG, § 220 Rn. 16; Widmann/Mayer/Vossius § 220 UmwG Rn. 30 ff.). Argumentativ lässt sich dafür anführen, dass insb. offene Einlageforderungen bei Personengesellschaften, die in Kapitalgesellschaften umgewandelt werden sollen, im Grunde als Sacheinlagen zu behandeln sind mit der Folge der vollständigen Leistung. Die überwiegende Literatur lehnt es sowohl beim Formwechsel zwischen Kapitalgesellschaften als auch beim Formwechsel zwischen Personen- und Kapitalgesellschaften ab, dass Einlagen vollständig geleistet werden müssen (so die h. M.; K. Schmidt, ZIP 1995, 1385, 1387; Kallmeyer/Dirksen/Blasche, UmwG, § 220 Rn. 10, § 245 Rn. 7; Schlitt, in: Semler/Stengel, § 220 UmwG Rn. 16; Priester, in: FS für Zöllner, 1998, S. 449, 462; ders., DStR 2005, 788, 794; Mertens, AG 1995, 561; Busch, AG 195, 555; Lutter/Decher/Hoger, UmwG, § 197 Rn. 14; Lutter/Göthel, UmwG, § 245 Rn. 15; Widmann/Mayer/Rieger, § 245 UmwG Rn. 106 f.; Kallmeyer/Meister/Klöcker, UmwG, § 197 Rn. 24; a. A. Lutter/Joost, § 220 UmwG Rn. 11 ff., 16). Das Ergebnis der herrschenden Meinung folgt dem **Identitätsgrundsatz,** der insoweit auch nicht von dem nach § 197 UmwG anwendbaren Gründungsrecht aufgehoben wird. Sind noch Einzahlungen auf die Stammeinlagen zu erbringen, so bleibt der Gesellschaft, nach der neuen Rechtsform der Anspruch auf Volleinzahlung, unter Anwendung der neuen Vorschriften für ausstehenden Einlage erhalten (Widmann/Mayer/Rieger, Umwandlungsrecht, § 245 UmwG Rn. 98 ff.; Kallmeyer/Dirksen/Blasche, UmwG, § 245 Rn. 7; Lutter/Göthel, UmwG, § 245 Rn. 15; Schlitt, in: Semler/Stengel, § 220 UmwG Rn. 16). Weder beim Formwechsel bei Kapitalgesellschaften, noch beim Formwechsel von der Personengesellschaft in die Kapitalgesellschaft werden Vermögenswerte übertragen, sodass z. B. auch die Vorschrift des § 97 Abs. 1 AktG keine Anwendung findet. Dementsprechend sind die ausstehenden Einlageforderungen auch i. R. d. reinen Vermögensdeckung nach § 220 Abs. 1 UmwG jedenfalls dann zu berücksichtigen, wenn sie vollwertig sind.

Darüber hinaus besteht beim Formwechsel zwischen Kapitalgesellschaften auch kein Bedürfnis für eine vollständige Erbringung der Einlagen. Wenn der Gesetzgeber es sowohl bei der AG als auch bei der GmbH als ausreichend für den Gläubigerschutz ansieht, dass bei der Gründung der Kapitalgesellschaften Bareinlagen nicht voll, sondern nur zu 50 % eingezahlt werden, kann nichts anderes gelten, wenn aus den ursprünglichen Anteilen durch die Umwandlung Beteiligungen an der Gesellschaft neuer Rechtsform werden (Lutter/Göthel, UmwG, § 245 Rn. 15). Die herrschende Meinung vertritt daher zu Recht, dass auch bei der Umwandlung in eine AG oder eine GmbH rückständige Einlagen nicht geleistet zu werden brauchen, soweit nur die Anforderungen des § 36a AktG oder § 7 GmbHG erfüllt sind. Unter dieser Voraussetzung könnten also teileingezahlte Namensaktien (vgl. § 10 Abs. 2 AktG) ausgegeben bzw. teileingezahlte Geschäftsanteile anerkannt werden. Die fehlende Volleinzahlung als solche sei damit beim Formwechsel in die AG oder die GmbH kein Eintragungshindernis (K. Schmidt, ZIP 1995, 1385, 1386; Widmann/Mayer/Rieger, Umwandlungsrecht, § 245 UmwG Rn. 106;; Lutter/Göthel, UmwG, § 245 Rn. 16; Schlitt, in: Semler/Stengel, UmwG, § 220 Rn. 16). Die herrschende Meinung begründet ihre Auffassung damit, dass zum einen durch den Formwechsel sich nur die Organisations- und Haftungsverfassung der Gesellschaft ändert, ihr Vermögen aber nicht berührt werde (Lutter/Göthel, UmwG, § 245 Rn. 16; Schlitt, in: Semler/Stengel, § 220 UmwG Rn. 16), zum anderen beim Formwechsel zwischen Kapitalgesellschaften auch kein Bedürfnis für eine vollständige Erbringung der Einlagen bestehe. Denn wenn der Gesetzgeber es im Grundsatz sowohl bei der AG als auch bei der GmbH als ausreichend für den Gläubigerschutz angesehen habe, dass bei der Gründung der Kapitalgesellschaft Bareinlagen nicht voll, sondern nur zu 1/4 eingezahlt werden, kann nichts anderes gelten, wenn aus den ursprünglichen Anteilen durch den Formwechsel eine Beteiligung an der Gesellschaft neuer Rechtsform werde (Lutter/Göthel, UmwG, § 245 Rn. 15). Es bestehe auch kein Bedürfnis, den Formwechsel strenger zu behandeln als die Gründung einer Gesellschaft (K. Schmidt, ZIP 1995, 1385, 1386 und Schlitt, in: Semler/Stengel, UmwG, § 220 Rn. 16).

Anders sieht dies **Joost** (in: Lutter, UmwG, § 220 Rn. 16), allerdings für den **Formwechsel einer Per-   36 sonenhandelsgesellschaft in die GmbH**. Dort müsse die Kapitaldeckung i. S. d. § 220 UmwG durch das vorhandene (eingezahlte) Vermögen der Gesellschaft erfolgen. Ausstehende Bareinlagen in der Personengesellschaft als Ausgangsrechtsträger sollen dafür nicht genügen. Auch **Petersen** (KK-UmwG, § 220 Rn. 21 ff.) verlangt im Ergebnis – jedenfalls bei einer Personenhandelsgesellschaft als Ausgangsrechtsträger – eine Volleinzahlungspflicht. Entgegen **K. Schmidt** (ZIP 1995, 1385, 1386) und **Rieger** (Widmann/Mayer, UmwG, § 245 Rn. 107) will er offene Einlageforderungen gegen die Gesellschafter nicht i. R. d. Wertdeckung nach § 220 UmwG berücksichtigen. Daher sei gerade beim Formwechsel einer KG in eine Kapitalgesellschaft von einer Volleinzahlungspflicht auszugehen. Zum Formwechsel zwischen Kapitalgesellschaften schreibt **Petersen** (Der Gläubigerschutz im Umwandlungsrecht, S. 93) demgegenüber, dass die Entscheidung über die Frage des Volleinzahlungsgebotes für den Fall, dass nur Kapitalgesellschaften an der Umwandlung beteiligt sind, leicht falle, weil sie vom Gesetz vorgegeben sei und nicht unter Verkehrsschutzgesichtspunkten abgeändert werden müsse. Hier gelte, dass Sacheinlagen vollständig (§§ 36a Abs. 2 Satz 1 AktG, 7 Abs. 3 GmbHG) und Bareinlagen zu 1/4 (§§ 36a Abs. 1 AktG, 7 Abs. 2 GmbHG) erbracht werden müssten. Aktienrecht und GmbH-Recht mache hier also keinen Unterschied. Es sei deshalb kein Grund ersichtlich, eine Volleinzahlungspflicht bei einem Formwechsel von der einen in die andere Rechtsform anzunehmen.

Im Ergebnis ist festzuhalten, dass die überwiegende Meinung wohl **keine Volleinzahlung verlangt**, beim Formwechsel der Personengesellschaft ist dies allerdings umstritten.

f) Auswirkungen des Formwechsels auf Rechtsverhältnisse des formwechselnden Rechts-   37 trägers. Der Identitätsgrundsatz führt auch dazu, dass keinerlei Veränderungen der Rechtsverhältnisse eintreten, die zum formwechselnden Rechtsträger in seiner alten Rechtsform bestanden. Es findet keine Vermögensübertragung statt, es ändern sich nur die gesellschaftsrechtlichen Organisationsnormen, die auf den Rechtsträger anwendbar sind. Es bedarf daher auch keiner Vertragsübernahmen oder sonstiger Institute um etwa einen Rechtseintritt des neuen Rechtsträgers in alte Rechtsverhältnisse zu bewirken, sondern es bleibt ein einheitliches Rechtsband der Rechtsverhältnisse zu dem Rechtsträger bestehen. Dies gilt insb. für Verbindlichkeiten und Forderungen (vgl. Kallmeyer/Meister/Klöcker, UmwG, § 202 Rn. 17; Lutter/Decher/Hoger, UmwG, § 202 Rn. 7, 23 ff.). Auch Verträge des Rechtsträgers bleiben unverändert (Kallmeyer/Meister/Klöcker, UmwG, § 202 Rn. 17; Lutter/Decher/Hoger, UmwG, § 202 Rn. 23 ff.).

Vollmachten und Prokuren bleiben ebenfalls unverändert (OLG Köln, DNotZ 1996, 700; Widmann/   38 Mayer/Vossius, Umwandlungsrecht, § 202 UmwG Rn. 86, 87; Lutter/Decher/Hoger, UmwG, § 202 Rn. 40). Auch Rechtsstreitigkeiten werden nicht berührt. Der Formwechsel führt weder zu einer Unterbrechung nach § 239 ZPO noch zu einer Klageänderung nach § 263 ZPO oder zu einer Rechtsnachfolge nach § 265 ZPO (so zu Recht Lutter/Decher/Hoger, UmwG, § 202 Rn. 41; Widmann/Mayer/Vossius, Umwandlungsrecht, § 202 UmwG Rn. 39; Usler, MittRhNotK 1998, 52).

Ist der Rechtsträger **in öffentliche Register eingetragen**, sind zwar die Eintragungen im Grundbuch,   39 Handelsregister etc. zu berichtigen, um eine Grundbuchberichtigung nach dem § 22 GBO handelt es sich dabei allerdings nicht, sondern lediglich um eine von Amts wegen vorzunehmende Richtigstellung der Bezeichnung des Berechtigten (Böhringer, Rpfleger 2001, 59, 66; Lutter/Decher/Hoger, UmwG, § 202 Rn. 33; Kübler, in: Semler/Stengel, § 202 UmwG Rn. 8; Widmann/Mayer/Vossius, Umwandlungsrecht, § 202 UmwG Rn. 26, 38; Kallmeyer/Meister/Klöcker, UmwG, § 202 Rn. 19; vgl. auch OLG Oldenburg, DB 1997, 1126; BayObLG, ZfIR 1998, 753; BayObLG, DB 1998, 1402).

Problematisch sind die öffentlich-rechtlichen Genehmigungen (vgl. auch oben Teil 2 Rdn. 734) insb.   40 dann, wenn sie nach öffentlich-rechtlichen Grundsätzen **nur Unternehmen mit bestimmter Rechtsform** erteilt werden können oder personenbezogene Erlaubnisse, wie etwa die Gaststättenerlaubnis (vgl.

Eckart, ZIP 1998, 1950 ff.; Odenthal, GewArch 2005, 132 ff.). Obwohl im Gewerberecht Rechtsprechung und Literatur die Auffassung vertreten, dass Personenvereinigungen wie die OHG und KG mangels eigener Rechtspersönlichkeit keine Gewerberechtsfähigkeit haben (BVerwGE 91, 186, 190; VGH Bayern, NJW 1992, 1644; OVG Saarland, NJW 1992, 2846, Landmann/Rohmer/Marcks, GewO, § 14 Rn. 55, § 35 Rn. 64) geht die Literatur im Gesellschaftsrecht ohne weitere Diskussion davon aus, dass beim Formwechsel öffentlich-rechtliche Erlaubnis und Genehmigung grds. erhalten bleiben und nicht erlöschen (Lutter/Decher/Hoger, UmwG, § 202 Rn. 38; Kallmeyer/Meister/Klöcker, UmwG, § 202 Rn. 20; Widmann/Mayer/Vossius, Umwandlungsrecht, § 202 UmwG Rn. 105 f.; Usler, MittRhNotK 1998, 52; Gaiser, DB 2000, 362, 363; Kübler, in: Semler/Stengel, § 202 Rn. 11, 17; Bremer, GmbHR 2000, 865; Zeppezauer, DVBl. 2007, 599). Den gewerberechtlichen Vorgaben wird teilweise Rechnung getragen, sodass bei den Erlaubnissen, die dem neuen Rechtsträger nach öffentlich-rechtlichen Vorschriften nicht erteilt werden könnten, die Behörde zum Widerruf berechtigt ist (Widmann/Mayer/Vossius, Umwandlungsrecht, § 202 UmwG Rn. 107; Usler, MittRhNotK 1998, 52). In der öffentlich- rechtlichen Literatur wird danach unterschieden, ob aus einer Personengesellschaft in eine juristische Person oder umgekehrt umgewandelt wird. Denn dann ändere sich der Träger der Erlaubnis (Odenthal, GewArch 2005, 132, 134; Gaiser, DB 2000, 363; Eckert, ZIP 1998, 1952). Bei einem derartigen Wechsel würden neue gewerberechtliche Erlaubnisse erforderlich. Insofern besteht ein Widerspruch zwischen der Identitätsthese und den öffentlich-rechtlichen Vorgaben, sodass fraglich ist, welche Rechtsmaterie Vorrang hat. Der überwiegenden Literatur im Gesellschaftsrecht ist in diesem Zusammenhang zu folgen, da das öffentliche Recht die vom Gesetzgeber im Gesellschaftsrecht getroffene Entscheidung der Identität akzeptieren muss und allenfalls repressiv auf veränderte Umstände reagieren kann. Damit kommt allenfalls ein Widerruf nach den gewerberechtlichen Vorschriften und dem Verwaltungsverfahrensgesetz infrage, nicht aber das automatische Erlöschen (so auch zu Recht Eckart, ZIP 1998, 1950, 1953).

41 Fraglich sind die Auswirkungen auf die Gesellschafterliste bei Tochtergesellschaften. Beurkundet ein deutscher Notar den Formwechselbeschluss bei der Gesellschafterin einer GmbH, geht die wohl h. M. davon aus, dass er nach § 40 Abs. 2 GmbHG dazu verpflichtet ist, bei der Tochter-GmbH eine aktuelle Gesellschafterliste mit Notarbescheinigung einzureichen (Tebben, RNotZ 2008, 441, 452; Everts, § 1 Rn. 105; Heckschen, NotBZ 2010, 151, 152; Link, RNotZ 2009, 193, 196 Fn. 18; neutral Flick, GWR 2010, 33). Allerdings hat für gleichgelagerten Fall der Firmenänderung bei einer Gesellschafterin einer Tochter-GmbH das OLG Hamm (Beschl. v. 2.11.2011, GmbHR 2012, 38; zustimmend Heilmeier, NZG 2012, 217; ablehnend Ising, DNotZ 2012, 382, 384) die Zuständigkeit des Notars für die Listeneinreichung verneint, da nur eine mittelbare Mitwirkung an der Änderung vorliege, die keine Verpflichtung des Notars zur Einreichung der geänderten Gesellschafterliste gem. § 40 Abs. 2 GmbHG auslöse.

III. Gesetzessystematik

42 Entsprechend der Systematik der anderen Bücher des UmwG gliedert sich auch das Fünfte Buch in zwei Teile: Der Erste Teil enthält die allgemeinen Vorschriften, die grds. über alle Fälle des Formwechsels gelten, der Zweite Teil Sonderregelungen für Einzelfälle, die bei Formwechsel von Kapitalgesellschaften wiederum in einen Allgemeinen Teil und verschiedene Besondere Teile untergliedert sind. Angesichts des Strukturunterschiedes zwischen dem Formwechsel und den anderen Möglichkeiten einer Umwandlung – Verschmelzung und Spaltung – wird im Interesse einer besseren Handhabung des Gesetzes weniger als im Dritten und Vierten Buch auf das Zweite Buch der Verschmelzung als Grundregelungstyp verwiesen, stattdessen wurden **eigenständige Regelungen** im Recht des Formwechsels formuliert. Allerdings ist nicht zu verkennen, dass eine Reihe von Rechtsinstituten, wie etwa der Umwandlungsbericht, der Inhalt des Umwandlungsbeschlusses, die Vorschriften des Gläubiger und Minderheitenschutzes in vielen Bereichen ähnlich ausgestaltet sind wie im Verschmelzungsrecht, sodass die verschmelzungsrechtlichen Regelungen zur Auslegung dieser Vorschriften mit herangezogen werden können.

IV. Beseitigung der sog. Umwandlungssperre

43 Neben der Aufgabe der grundlegenden Unterscheidung zwischen errichtender und formwechselnder Umwandlung hat das UmwG aus dem Jahr 1995 eine Anzahl von weiteren Neuerungen gebracht.

Bedeutsam ist insb., dass die bisher in § 1 Abs. 2 Satz 1 UmwG i. d. F. vor 1995 enthaltende **Umwand-** 44
lungssperre entfallen ist. Nach altem Recht war die Umwandlung einer Kapitalgesellschaft in eine Personengesellschaft nicht zulässig, wenn an der Gesellschaft, in die die Kapitalgesellschaft umgewandelt wird, eine Kapitalgesellschaft als Gesellschafter beteiligt war. Bereits zum alten Recht hatte sich gezeigt, dass durchaus ein wirtschaftliches Bedürfnis bestand, auch in eine Personengesellschaft umzuwandeln, an der eine Kapitalgesellschaft beteiligt war. Insb. die Umwandlung einer Kapitalgesellschaft in eine GmbH & Co. KG war nach altem Recht unzulässig (vgl. zur früheren Rechtslage Schoedhelm, GmbHR 1993, 493 ff.). Diese Umwandlungssperre ist nunmehr **ersatzlos entfallen** (vgl. Lutter/Decher/Hoger, UmwG, Vor § 190 Rn. 5; Widmann/Mayer/Vossius, Umwandlungsrecht, § 190 UmwG Rn. 16).

V. Einsatz des Formwechsels in der Praxis

1. Überblick. Wie bereits dargelegt (vgl. oben Teil 1 Rdn. 253 ff.) sind die **Motive für den Einsatz** 45
des UmwG allgemein und für den Formwechsel im Besonderen in der Praxis vielfältig und lassen sich nicht abschließend beschreiben (vgl. auch Stengel, in: Semler/Stengel, § 190 UmwG Rn. 5 ff.). Vielfältige Einflüsse des Wirtschafts-, Rechts- und auch des Steuerrechtslebens führen dazu, dass Unternehmen im größeren Maße als früher Umwandlungsvorgängen unterworfen sind. Oben wurde bereits versucht, eine gewisse Systematisierung der Umwandlungsgründe darzustellen. Der Formwechsel mit seiner Kennzeichnung der Identität des Vermögens und des Rechtsträgers eignet sich besonders dafür, dass aus den wirtschaftlichen und rechtlichen Gründen nur das Rechtskleid geändert wird; mit der Folge, dass an das gleiche Unternehmen in gleicher Rechtsträgerschaft unterschiedliche Rechtsvorschriften anwendbar sind. Nachfolgend sollen nur einige **typische Fallkonstellationen des Formwechsels** vorgestellt werden, die in der Praxis eine besonders häufige Rolle spielen.

2. Formwechsel aus der Kapitalgesellschaft in die Personengesellschaft (besonders GmbH & 46
Co. KG). In den 80er Jahren war häufig – motiviert aus Haftungsbegrenzungsgründen – die
GmbH als die probate Rechtsform für kleinere und mittlere Unternehmen genannt worden. Grundlegende Veränderungen des rechtlichen Umfeldes der GmbH führten allerdings in den letzten Jahren dazu, vermehrt aus der Kapitalgesellschaft, insb. der GmbH, in die GmbH & Co. KG zu wechseln. Dies war zum einen bedingt durch eine immer strenger werdende Haftungsrechtsprechung in der GmbH, sodass der Effekt der Haftungsbegrenzung eingeschränkt wurde (vgl. Priester, Sonderheft Deutscher Notartag 1993, S. 121 ff.), besonders aber auch eine Verschärfung der Publizität durch das Bilanzrichtliniengesetz v. 19.12.1985, das mit der Übernahme der 4., 7. und 8. EG-Richtlinie das Recht der Rechnungslegung, Publizität und Konzernrechnungslegung rechtsformübergreifend für Kapitalgesellschaften umfassend in den §§ 238 ff. HGB geregelt hat, wurde damit vorgenommen. Weitere Argumente für eine Rückumwandlung in die Personengesellschaft, insb. die haftungsbeschränkte Personengesellschaft der GmbH & Co. KG, waren weiterhin die veränderten Steuergesetze, die insb. die Personengesellschaft einkommensteuerrechtlich günstiger darstellte, sowie Vermeidungsstrategien im Hinblick auf Mitbestimmung. Durch das Kapitalgesellschaften & Co Richtliniengesetz wurde allerdings der publizitätstechnische Vorteil der GmbH & Co. KG aufgehoben, da die BRD verpflichtet war, die Publizitätsvorschriften auch für GmbH & Co. KG einzuführen (vgl. BR-Drucks. 458/99). Dennoch hatten auch danach weiterhin günstige steuerliche Rahmenbedingungen den Weg in die GmbH & Co. KG gefördert (vgl. Siegel, GmbHR 1998, 1208).

▶ **Hinweis:** 47

I. R. d. Erbschaftsteuer kann eine Bewertung einer Rechtsform günstiger sein. Neben dem steuerlichen Vorteil werden auch in zivil- und gesellschaftsrechtlicher Hinsicht der Vorteil der freien Gestaltbarkeit und die Mitbestimmungsfreiheit genannt (Blumann/Beinert, DB 1997, 1636, 1639; Siegel, GmbHR 1998, 1208).

Aufgrund der Unternehmenssteuerreform 2001 war der umgekehrte Trend von der GmbH & Co. KG 48
in die GmbH festzustellen.

49 **3. Vorbereitung des Börsengangs.** Zur Vorbereitung eines Börsengangs dem sog. I. P. O. (initial public offering) kann es häufig notwendig sein die Rechtsform zu ändern. (vgl. allgemein zum Going-Public Schanz, Börseneinführung, 4. Aufl. 2012, Deutsche Börse AG, Praxishandbuch Börsengang: Von der Vorbereitung bis zur Umsetzung, 2007; Ziegenhain/Heln, WM 1998, 1417 ff.; Kallmeyer, GmbHR 1995, 88; ders., DB 1996, 28 ff.; Zacharias, Börseneinführung mittelständischer Unternehmen; Ehlers/Jurcher, Der Börsengang von Mittelstandsunternehmen). Die Motive und Vorteile des Börsengangs sind unterschiedlich, die wesentlichen werden in der Literatur beschrieben (vgl. z. B. Ehlers/Jurcher, Der Börsengang von Mittelstandsunternehmen, S. 17 ff.; Kallmeyer, GmbHR 1995, 888; Lutter/Decher/Hoger, Vor § 190 UmwG Rn. 18). **Zacharias** (Börseneinführung mittelständischer Unternehmen, S. 23 ff.) führt u. a. folgende Motive auf:

– Liquiditätsbeschaffung über die Börse und Schaffung einer ausreichenden Eigenkapitalbasis, um auch ein weiteres Wachstum zu finanzieren,
– Sicherung der Unternehmenskontinuität,
– Lösung der Nachfolgeproblematik bei mittelständischen Unternehmen durch die Möglichkeit der Drittorganschaft und Einstellung eines Managements,
– Fungibilität der Anteile am Aktienmarkt,
– Erhöhung der Wettbewerbsfähigkeit und des Bekanntheitsgrades,
– Möglichkeiten der Mitarbeiterbeteiligung durch Aktienoptionspläne etc.

50 Da der Börsengang nur über eine AG erfolgen kann, ist zwingend die **vorherige Umwandlung der Gesellschaft** in eine AG erforderlich. Im zweiten Schritt folgt dann das Verfahren der Börsenzulassung am jeweiligen Marktsegment (amtlicher Handel, geregelter Markt, neuer Markt, Freiverkehr und freie Emission vgl. Ziegenhain/Heln, WM 1998, 1417, 1422 ff.; Schanz, Börseneinführung, S. 15 ff.; Zacharias, Börseneinführung mittelständischer Unternehmen, S. 141 ff.).

51 Beim Formwechsel, z. B. der GmbH in die AG, zur Börseneinführung ist allerdings zu berücksichtigen, dass häufig bereits im Vorfeld vor dem Formwechsel Kapitalmaßnahmen von Beratungs- und Joint-Venture-Unternehmen getroffen wurden. Häufiges Gestaltungsmittel ist die Beteiligung dieses Unternehmens in Form einer atypischen stillen Gesellschaft an der GmbH. Beim Formwechsel in die AG ist zu berücksichtigen, dass nach der herrschenden Meinung eine stille Beteiligung an einer AG grds. als Teilgewinnabführungsvertrag anzusehen ist, der zu seiner Wirksamkeit der Zustimmung der Hauptversammlung nach § 293 AktG bedarf (vgl. Hüffer, AktG, § 292 Rn. 15; KK-AktG/Koppensteiner, § 292 Rn. 53). Dies gilt auch bei atypischer stiller Beteiligung, d. h. wenn dem stillen Gesellschafter Geschäftsführungsbefugnisse eingeräumt sind, da die Pflicht zur Abführung des Teilgewinns auch in diesem Fall besteht. Die wohl überwiegende Meinung ist allerdings der Auffassung, dass beim Formwechsel wegen des Identitätskonzeptes die stille Gesellschaft auch weiterhin bestehen bleibt und eine Neugründung nicht erforderlich ist (vgl. Widmann/Mayer/Vossius, Umwandlungsrecht, § 190 UmwG Rn. 171; Blaurock, Handbuch der stillen Gesellschaft, Rn. 1167 ff.).

52 **4. Rückumwandlung der AG (Going-Private).** Ebenfalls eine bedeutende Rolle gespielt hat der Einsatz des Umwandlungsrechts zur **Rückumwandlung einer AG in eine GmbH oder Personengesellschaft.** Zum einen kann dieser Weg erforderlich sein, wenn die höheren Kosten der AG vermieden werden sollen und die »kleinere« Rechtsform ausreichend ist. Als spezifischer Einsatz des sog. »Going-Private« wurde der Formwechsel einer Publikumsaktiengesellschaft zum Rückzug aus der Börse angesehen (vgl. dazu Zillmer, Going Private, 2013; Göckeler in: Müller/Rödder, Beck'sches Handbuch der AG, 2. Auflage 2009, § 28 Rn. 50 ff.; Seibt/Wollenschläger, AG 2009, 807; Matyschok, BB 2009 Heft 29, 1494; Steck, AG 1998, 460; Meyer-Landrut/Kiem, WM 1997, 1361 ff.; Lutter/Decher/Hoger, Vor § 190 UmwG Rn. 20). Es haben sich bereits früher eine Reihe von Publikumsaktiengesellschaften dieser Form des Formwechsels bedient (vgl. Schwab-Versand-AG, ZIP 1996, 422; Scheitmantel-AG, vgl. LG Heidelberg DB 1996, 1768; weitere Nachweise bei Meyer-Landrut/Kiem, WM 1997, 1362, Fn. 5). Die Besonderheit der börsennotierten AG liegt darin, dass der Wechsel der Rechtsform aus der AG heraus automatisch zur Beendigung der Börsenzulassung führt und damit eine Möglichkeit zum Erreichen des sog. »Delisting« darstellt. Im Einzelnen ist allerdings noch unklar, inwieweit den Aktionären ein spezifischer Schutz beim Börsenaustritt durch Formwechsel zuzuordnen ist (vgl. BGH Wicke, DNotZ 2015, 488 ff.; Volmer/Kroop, ZGR 1995, 459, 479; Meyer-Landrut/Kiem, WM 1997, 1367; ausführlich Krupp, Der Börseneintritt und Austritt im Spannungsfeld individueller und institutioneller

Interessen; Schwarck/Geißer, ZHR 1997, 739 ff.). Der BGH hat in dem sog. Frosta-Beschluss vom Oktober 2013 seine vormalige »Macrotron«-Rechtsprechung zum Delisting aufgegeben und entschieden, dass bei einem Widerruf der Börsenzulassung auf Veranlassung der Gesellschaft die Aktionäre keinen Anspruch auf eine Barabfindung haben und auch kein Beschluss der Hauptversammlung erforderlich ist (BGH, NJW 2014, 146; zustimmend Brellochs, AG 2014, 633; Paschos/Klaaßen, AG 2014, 33; Wieneke, NZG 2014, 22; Glienke/Röder, BB 2014, 899; Thomale, DStR 2013, 2529; Auer, JZ 2015, 71; a. A. Habersack, JZ 2014, 147; Stöber, WM 2014, 1757; grundlegend Bayer, ZfPW 2015, 163; vgl. auch Wicke, DNotZ 2015, 488 ff.; Tröder, notar 2014, 173, 174). Infolge dieser Rechtsprechungsänderung ist es zu einer regelrechten Welle von Börsenrückzügen gekommen (vgl. Bayer, ZfPW 2015, 163, 165). Politisch wurde daher die Frage nach einer Verbesserung des Anlegerschutzes diskutiert. Im Gespräch sind kapitalmarkt- bzw. börsenrechtliche Regelungen, insbesondere durch Verschärfung des § 39 Abs. 2 BörsG, wie auch eine zivilrechtliche Lösung im Aktien- oder Umwandlungsgesetz (vgl. dazu Wicke, DNotZ 2015, 488 ff.).

VI. Alternative Gestaltungsmöglichkeiten

Bereits oben wurde dargelegt, dass weder das Umwandlungsrecht noch das Gesellschaftsrecht all- **53** gemein es verbietet, anstelle des direkten Weges über den Formwechsel andere Wege zu wählen, um dasselbe wirtschaftliche Ergebnis zu erreichen. So kann etwa anstelle des Formwechsels von der GmbH in die GmbH & Co. KG der Weg auch dadurch erreicht werden, dass zunächst eine GmbH & Co. KG gegründet wird, auf die der Ausgangsrechtsträger verschmolzen wird. Im Bereich der Personengesellschaften wird häufig der **Formwechsel durch das Anwachsungs- und Abwachsungsmodell** gewählt, da diese einfacher sind (vgl. Kallmeyer/Meister/Klöcker, UmwG, § 190 Rn. 13; Usler, MittRhNotK 1998, 21, 27).

B. Formwechselfähige Rechtsträger

I. Grundsatz

Die **Rechtsträger**, die durch Formwechsel eine neue Rechtsform annehmen können, sind in § 191 **54** Abs. 1 UmwG abschließend aufgezählt (vgl. auch Übersicht bei Teil 1 Rdn. 134). Dies sind:
– Personenhandelsgesellschaften (OHG, KG, Kapitalgesellschaft & Co, vgl. dazu die Begründung zum RegE, BT-Drucks. 12/6699, S. 137, abgedruckt bei Neye, UmwG, UmwStG, S. 325) und Partnerschaftsgesellschaften,
– Kapitalgesellschaften (GmbH, AG, KGaA),
– eingetragene Genossenschaften,
– rechtsfähige Vereine,
– Versicherungsvereine auf Gegenseitigkeit,
– Körperschaften und Anstalten des öffentlichen Rechts.

Durch das UmwG 1995 wurde die Möglichkeit des Formwechsels für **Vereine** neu geschaffen. **55**

Eine weitere durch das UmwG 1995 geschaffene Neuerung ist die Regelung des Formwechsels zur Um- **56** wandlung in eine eingetragene **Genossenschaft**, mit der einem von den betroffenen Wirtschaftskreisen geltend gemachten Bedürfnis Rechnung getragen werden soll.

In § 191 Abs. 2 UmwG ist festgelegt, in welche Rechtsformen ein Rechtsträger grds. wechseln kann. **57** Die sind:
– GbR,
– Personenhandelsgesellschaften und Partnerschaftsgesellschaften,
– Kapitalgesellschaften,
– Genossenschaften.

Wie bei der Verschmelzung (vgl. Teil 2 Rdn. 43) und der Spaltung (vgl. Teil 3 Rdn. 31) ist auch die **58** **EWIV** einbezogen.

Nicht jede der in § 191 Abs. 1 UmwG genannten Rechtsträger kann die in Abs. 2 aufgeführten Rechts- **59** formen annehmen. Die **zulässigen Kombinationsmöglichkeiten** werden wie bei den Übertragungsvorgängen in den jeweiligen besonderen Vorschriften für die einzelnen Rechtsformen geregelt (vgl. die Hinweise oben Teil 1 Rdn. 96 ff.).

II. Die Unternehmergesellschaft im Formwechsel

60 **1. Personengesellschaft in UG.** Besonderheiten ergeben sich bei der **Unternehmergesellschaft – UG** (vgl. auch dazu zur Verschmelzung oben Teil 2 Rdn. 42, 902 ff.). Bei der durch das am 01.11.2008 in Kraft getretene Gesetz zur Modernisierung des GmbH-Rechts und zur Bekämpfung von Missbräuchen (MoMiG) neu eingeführten Unternehmergesellschaft handelt es sich nicht um die neue Rechtsform einer Kapitalgesellschaft, sondern um eine Variante der GmbH, die mit Ausnahme der Sonderregelung des § 5a GmbHG allen Vorschriften des gesamten deutschen Rechts, die die GmbH betreffen, unterliegt (vgl. BT-Drucks. 16/6140, S. 31 und BT-Drucks. 16/9737, S. 95). Da somit auf die Unternehmergesellschaft die für die GmbH geltenden Rechtsvorschriften Anwendung finden und lediglich die sich aus § 5a GmbHG ergebenden Besonderheiten zu beachten sind, können grds. auch die Vorschriften des UmwG auf die UG Anwendung finden. Deshalb ist sie auch wie die GmbH grds. umwandlungsfähig, obwohl sie nicht ausdrücklich im UmwG genannt ist (vgl. Bormann, GmbHR 2007, 897, 899; Freitag/Riemenschneider, ZIP 2007, 1485, 1491; Veil, GmbHR 2007, 1080, 1084; Berninger, GmbHR 2010, 63; Hennrichs, NZG 2009, 1161; Gasteyer, NZG 2009, 1364; Heinemann, NZG 2008, 820; Meister, NZG 2008, 767; Gasteyer, NZG 2009, 1364/1367).

Ebenso wie bei Verschmelzung und Spaltung ergeben sich auch beim Formwechsel **Einschränkungen aus der Vorschrift des § 5a Abs. 2 Satz 2 GmbHG**, die viele Umwandlungsvarianten mit der UG verhindern. Dort ist ausdrücklich bestimmt, dass bei der UG Sacheinlagen ausgeschlossen sind. Zwar ist beim Formwechsel umstritten, ob es sich dabei um eine Sachgründung handelt (vgl. unten Teil 4 Rdn. 205 ff.). Gem. § 197 UmwG steht ein Formwechsel einer Personenhandelsgesellschaft in eine Kapitalgesellschaft einer Sachgründung zumindest gleich (Lutter/Joost, UmwG, § 220 Rn. 4; Lutter/Decher UmwG, § 197 Rn. 5; Semler/Stengel/Schlitt, UmwG, § 218 Rn. 8). Im Ergebnis ist daher im Grundsatz ein **Formwechsel von der Personengesellschaft in die UG nicht möglich** (vgl. zur Abspaltung BGH, BB 2011, 1345 = DB 2011, 1263 = DStR 2011, 1137 = GmbHR 2011, 701 = NJW 2011, 1883 dazu Bremer, GmbHR 2011, 703; OLG Frankfurt am Main, DStR 2010, 2093 = GmbHR 2010, 920 = ZIP 2010, 1798; zum vergleichbaren Fall der Spaltung vgl. ferner Römermann/Passarge, ZIP 2009, 1497, 1500 f.; Gasteyer, NZG 2009, 1364/1368; Weber, BB 2009, 842, 847; Heckschen, DStR 2009, 166; Tettinger, Der Konzern 2008, 75; Meister, NZG 2008, 767/768; Berninger, GmbHR 2010, 63; Heinemann, NZG 2008, 820; Lutter/Priester, UmwG, § 138 Rn. 3; Baumbach/Hueck, GmbHG, § 5a Rn. 17; Miras, Die neue Unternehmergesellschaft, Rn. 21).

61 **2. UG in GmbH.** Der Wechsel der UG in die GmbH ist ein Sonderfall, der in § 5a Abs. 5 GmbHG eine Sonderregelung erfahren hat und daher kein Fall des UmwG ist. Sobald die Kapitalziffer nach § 5 Abs. 1 GmbHG erreicht ist, entfallen die Sonderregelungen des § 5a Abs. 1 bis 4 GmbHG. Materiellrechtlich erfolgt die »Umwandlung« somit nach der Erhöhung des Stammkapitals auf 25.000,00 € qua Gesetz. Ein Zwang zur formellen »Umwandlung« besteht indes nicht. Nach dem Wortlaut des § 5a Abs. 5 Halbs. 2 GmbHG könnte der Rechtsformzusatz »UG (haftungsbeschränkt)« oder »Unternehmergesellschaft (haftungsbeschränkt)« auch nach einer »Umwandlung« in eine GmbH beibehalten werden.

C. Checkliste für den Formwechsel von Rechtsträgern nach dem UmwG

62 ☐ Formwechselfähige Rechtsträger

§ 191 i. V. m. § 3 sowie zusätzlich bei

- Offene Handelsgesellschaft (OHG) und Kommandit-   → § 214
  gesellschaft (KG)
- Partnerschaft   → §§ 225a, 225c i. V. m. § 214 Abs. 2
- Aktiengesellschaft (AG),
- Kommanditgesellschaft auf Aktien (KGaA) und Ge-   → §§ 226, 228
  sellschaft mit beschränkter Haftung (GmbH)

- eingetragene Genossenschaft (e. G.) → § 258
- rechtsfähiger Verein → §§ 272, 273
- Versicherungsvereine auf Gegenseitigkeit → § 291
- Körperschaften und Anstalten des öffentlichen Rechts → § 301

☐ Entwurf des Umwandlungsbeschlusses (§ 192 Abs. 1 Satz 3)

- Mindestinhalt sowie zusätzlich bei → §§ 194, 213
- OHG, KG → § 218
- Partnerschaft → § 225c i. V. m. § 218
- GmbH, AG, KGaA → §§ 234, 243, 253
- e. G. → § 263
- rechtsfähiger Verein → §§ 276, 285
- VVaG → § 294
- Zuleitung an Betriebsrat → § 194 Abs. 2

☐ Erstattung eines Umwandlungsberichts

§ 192 sowie zusätzlich bei

- OHG, KG → § 215
- Partnerschaft → § 225b
- GmbH, AG, KGaA → §§ 229, 238 Satz 2

☐ Prüfung des Formwechsels nur bei

- OHG, KG → § 225
- Partnerschaft → § 225c i. V. m. § 225
- e. G. → § 259

☐ Vorbereitung des Umwandlungsbeschlusses durch Unterrichtungspflichten

- OHG, KG → § 216
- GmbH, AG, KGaA → §§ 230, 231, 238, 251
- Partnerschaft → § 225b
- e. G. → § 260
- rechtsfähiger Verein → §§ 274, 283
- VVaG → § 292

☐ Durchführung der Versammlung der Anteilsinhaber

- GmbH, AG, KGaA → §§ 232, 239, 251
- e. G. → § 261
- rechtsfähiger Verein → §§ 274, 283

☐ Beschluss der Anteilsinhaber, notariell beurkundet

§ 193 sowie zusätzlich bei

- OHG, KG → § 217
- Partnerschaft → § 225c i. V. m. § 217
- GmbH, AG, KGaA → §§ 233, 240, 244, 252
- e. G. → § 262
- rechtsfähiger Verein → §§ 275, 284
- VVaG → § 293
- Körperschaften und Anstalten des öffentlichen Rechts → § 302

☐ Zustimmungserklärungen einzelner Anteilsinhaber, notariell beurkundet

§ 193 Abs. 2 und Abs. 3 sowie zusätzlich bei

- OHG, KG → § 217 Abs. 3
- Partnerschaft → § 225c i. V. m. § 217 Abs. 3

- GmbH, AG, KGaA   → § 233 Abs. 2 und 3, § 240 Abs. 2 und Abs. 3, 241, 242, 252 Abs. 1
- e. G.   → § 262 Abs. 2
- rechtsfähiger Verein   → §§ 275, 284
- Körperschaften und Anstalten des öffentlichen Rechts   → § 303 Abs. 2

☐ Klage gegen die Wirksamkeit des Umwandlungsbeschlusses

§ 195

☐ Anmeldung des Formwechsels bei den zuständigen Registern

§ 198 sowie zusätzlich bei

- OHG, KG   → § 222
- Partnerschaft   → § 225c i. V. m. § 222
- GmbH, AG, KGaA   → §§ 235, 246, 254
- e. G.   → § 265
- rechtsfähiger Verein   → §§ 278, 286
- VVaG   → § 296

☐ Anlagen der Anmeldung

§ 199 sowie zusätzlich bei

- OHG, KG   → § 223
- Partnerschaft   → § 225c i. V. m. § 223
- e. G.   → § 265

☐ Eintragung und Bekanntmachung der neuen Rechtsform in den zuständigen Registern

§ 201 sowie zusätzlich bei

- rechtsfähiger Verein   → §§ 279, 287
- VVaG   → § 297

☐ Wirksamwerden und Wirkungen des Formwechsels

§ 202 sowie zusätzlich bei

- GmbH, AG, KGaA   → §§ 236, 247, 248, 255
- e. G.   → § 266
- rechtsfähiger Verein   → §§ 280, 288
- VVaG   → § 298
- Körperschaften und Anstalten des öffentlichen Rechts   → § 304

☐ Besondere Benachrichtigungspflichten beim Rechtsträger neuer Rechtsform

- AG, KGaA   → §§ 267, 268, 281, 299
- e. G.   → §§ 256, 289

Beachte ferner:

☐ Schutz der Anteilsinhaber

- **Nachbesserung des Beteiligungsverhältnisses § 196**
  Verfahren   → SpruchG
- **Barabfindung bei Ausscheiden**
  §§ 207 bis 212 sowie zusätzlich bei
  - GmbH, AG, KGaA   → §§ 227, 231, 250
  - e. G.   → § 270
  - rechtsfähiger Verein   → §§ 282, 290
  - VVaG   → § 300
  - Verfahren   → SpruchG

- **Schadenersatzansprüche**
  - gegen Mitglieder der Vertretungs- und Aufsichts-   → §§ 205, 206
    organe
  - gegen Prüfer (nur bei Personenhandelsgesellschaften)→ § 225 i. V. m. §§ 208, 30, 11

☐ Schutz der Inhaber von Sonderrechten (»Verwässerungsschutz«)

§ 204 i. V. m. § 23

☐ Schutz der Gläubiger

- Sicherheitsleistung   → § 204 i. V. m. § 22
- Fortdauer der persönlichen Haftung
- OHG, KG   → § 224
- Partnerschaft   → § 225c i. V. m. § 224
- KGaA   → §§ 237, 249, 257
- e. G.   → § 271
- Schadensersatzansprüche gegen Mitglieder der Vertre- → §§ 205, 206
  tungs- und Aufsichtsorgane

☐ Schutz des Rechtsverkehrs (Kapitalschutz)

- Anwendung des Gründungsrechts
- § 197 sowie zusätzlich bei
  - OHG, KG   → §§ 219, 220
  - Partnerschaft   → § 225c i. V. m. §§ 219, 220
  - GmbH, AG, KGaA   → § 245
  - e. G.   → § 264
  - rechtsfähiger Verein   → § 277
  - VVaG   → § 295
  - Körperschaften und Anstalten des öffentlichen → § 303 Abs. 1
    Rechts

D. Umwandlungsbericht

Die **Notwendigkeit eines Umwandlungsberichts,** der mit dem Verschmelzungsbericht vergleichbar ist, **63** war im bis 1995 geltenden Recht in den §§ 385d Abs. 2 Satz 2 und 385m AktG nur für den Fall der Umwandlung von Versicherungsvereinen und Genossenschaften vorgesehen. Das UmwG 1995 sieht dagegen **für alle Umwandlungsfälle** den Umwandlungsbericht vor.

§ 192 Abs. 1 UmwG bestimmt daher, dass allgemein das Vertretungsorgan des formwechselnden **64** Rechtsträgers einen ausführlichen schriftlichen Bericht zu erstatten hat, in dem der Formwechsel und insb. die künftige Beteiligung der Anteilsinhaber an dem Rechtsträger rechtlich und wirtschaftlich erläutert und begründet werden. Darüber hinaus muss der Umwandlungsbericht einen **Entwurf des Umwandlungsbeschlusses** (§ 192 Abs. 1 Satz 3 UmwG). Das frühere Erfordernis, dass der Bericht auch eine **Vermögensaufstellung** (§ 192 Abs. 2 UmwG a. F.) enthalten müsse, wurde durch das Zweite Gesetz zur Änderung des UmwG (BGBl. I 2007, S. 5429) aufgehoben (Bayer/Schmidt, NZG 2006, 841, 846; Mayer/Weiler, MittBayNot 2007, 368, 374).

Bereits die Formulierung des Gesetzes, die sich eng an § 8 Abs. 2 UmwG bzgl. des Verschmelzungsberichts anlehnt, zeigt die Parallele.

Die Begründung zum RegE macht deutlich, dass der Umwandlungsbericht im Wesentlichen die glei- **65** che Funktion hat wie Verschmelzungs- und Spaltungsbericht (vgl. Begründung zum RegE, BR-Drucks. 75/94, S. 138, abgedruckt in: Limmer, Umwandlungsrecht, S. 333):

> »Dieses formalisierte Informationsrecht hat u. a. für Rechtsträger mit großem Gesellschafter- und Mitgliederkreis Bedeutung. Sofern Anteilsinhaber nicht ihrerseits geschäftsführungsbefugt sind, haben sie ein besonderes Interesse an einer ausführlichen Vorabinformation und zwar unabhängig

von der Rechtsform, die der formwechselnde Rechtsträger aufgeben will oder die er durch den Formwechsel erlangen soll. Deshalb soll die Erstattung eines Umwandlungsberichts grds. für alle Rechtsträger vorgeschrieben werden, an denen mehrere Anteilsinhaber beteiligt sind (...). In Anlehnung an die in § 8 für den Verschmelzungsbericht vorgesehene Regelung soll in dem Umwandlungsbericht auch dargelegt werden, welche rechtlichen und wirtschaftlichen Gründe den Formwechsel zweckmäßig erscheinen lassen. Ferner sollen die Folgen des Formwechsels für die Anteilsinhaber erläutert werden, auch wenn mit der Umwandlung keine Änderung der Beteiligungsquote verbunden ist; denn der Formwechsel führt jedenfalls zu einer qualitativen Veränderung der Anteile oder sonstigen Mitgliedschaftsrecht. Dies ist u. a. für Minderheiten von großer Bedeutung (...)«.

66 Das Gesetz geht davon aus, dass alle Anteilsinhaber auch bei einem Formwechsel ein Interesse an einer ausführlichen Vorabinformation zur Vorbereitung ihres Umwandlungsbeschlusses haben. Der Umwandlungsbericht soll daher wie der Verschmelzungsbericht die Informationsmöglichkeiten der Gesellschafter über die geplante Umwandlung verbessern.

67 Wegen dieser gleichartigen Zweckrichtung des Umwandlungsberichts und auch der fast wortgetreuen Übernahme der Formulierung zum Verschmelzungsrecht wird man an den **Umwandlungsbericht** ähnliche Anforderungen stellen müssen wie an einen **Verschmelzungsbericht**. Auch die **Rechtsprechung** zum Verschmelzungsbericht wird daher hierzu beachten sein.

I. Umwandlungsbericht durch Vertretungsorgan

68 Berichtspflichtig ist nach § 192 Abs. 1 UmwG das **Vertretungsorgan des formwechselnden Rechtsträgers**, d. h. der Vorstand, bzw. die Geschäftsführer oder geschäftsführenden Gesellschafter **in ihrer Gesamtheit** (so die Auslegung zum Verschmelzungsrecht, vgl. oben Teil 2 Rdn. 375; so auch die herrschende Lehrmeinung Kallmeyer/Meister/Klöcker, UmwG, § 192 Rn. 36 f.; Stratz, in: Schmitt/Hörtnagl/Stratz, UmwG/UmwStG, § 192 UmwG Rn. 4; Bärwaldt, in: Semler/Stengel, § 192 UmwG Rn. 21;.; Useler, MittRhNotK 1998, 21, 29;). Umstritten ist allerdings, ob der Bericht von allen Mitgliedern des Geschäftsführungsorgans zu unterzeichnen ist (so zum Verschmelzungsbericht Kallmeyer/Marsch-Barner, UmwG, § 8 Rn. 2; Gehling, in: Semler/Stengel, UmwG § 8 Rn. 5; zum Umwandlungsbericht Bärwaldt, in: Semler/Stengel, § 192 UmwG Rn. 21) oder ob **Unterzeichnung in vertretungsberechtigter Zahl** genügt (so zum Verschmelzungsbericht: Stratz, in: Schmitt/Hörtnagl/Stratz, UmwG § 8 Rn. 7; Lutter/Drygala, UmwG, § 8 Rn. 6; Widmann/Mayer/Mayer, Umwandlungsrecht, § 8 UmwG Rn. 13 f.; Müller, NJW 2000, 2001; OLG Düsseldorf, WM 2005, 652 zum Bericht nach § 327c Abs. 2 AktG, zum Umwandlungsbericht mittlerweile auch die überwiegende Meinung Widmann/Mayer/Mayer, Umwandlungsrecht, § 192 UmwG Rn. 25; Lutter/Decher/Hoger, UmwG, § 192 Rn. 5; Stratz, in: Schmitt/Hörtnagl/Stratz, UmwG/UmwStG, § 192 UmwG Rn. 4). M. E. muss vertretungsberechtigte Zahl genügen. Wortlaut und Normzweck fordern m. E. lediglich die schriftliche Abfassung, nicht aber dessen Unterzeichnung, sodass vertretungsberechtigte Zahl genügen muss (vgl. KG, DB 2004, 2746 = AG 2005, 205; Fuhrmann, AG 2004, 135 ff.; Vossius, NotBZ 2007, 368). Der BGH hat im Beschl. v. 21.05.2007 (AG 2007, 625 = DB 2007, 1858 = DNotZ 2008, 143) beim Verschmelzungsbericht allerdings darauf hingewiesen, dass es bislang höchstrichterlich noch nicht entschieden worden sei, ob aus der gesetzlichen Anordnung der Schriftlichkeit in § 8 UmwG abzuleiten sei, dass eine eigenhändige Unterschrift jedes einzelnen Mitglieds des Vertretungsorgans erforderlich ist oder ob eine Unterzeichnung durch Organmitglieder in vertretungsberechtigter Zahl ausreiche (so Klaus J. Müller, NJW 2000, 2001). Für die zuletzt genannte Auffassung sprechen nach Meinung des BGH nachhaltig Sinn und Zweck der Regelung. Dem Verschmelzungsbericht gem. § 8 Abs. 1 Satz 1 UmwG komme v. a. eine umfassende Informationsfunktion zu: Er soll die Verschmelzung und den Verschmelzungsvertrag im Einzelnen, insb. das Umtauschverhältnis der Anteile, rechtlich und wirtschaftlich erläutern und begründen. Weil dem geschriebenen Wort eine größere Präzision, Nachvollziehbarkeit und Überprüfbarkeit zukommt, solle der Bericht schriftlich vorliegen und nicht lediglich mündlich vorgetragen werden. Dass bei Unterzeichnung des Berichts durch Organmitglieder nur in vertretungsberechtigter Zahl etwa die Gefahr bestünde, der Bericht entspreche nicht dem Willen der Mehrheit des Organs, erscheint lebensfremd: Eine solche Manipulation könnte nicht verborgen bleiben, weil der Verschmelzungsbericht in der Hauptversammlung – zumeist, so auch hier, in Anwesenheit

aller Vorstandsmitglieder – mündlich erläutert und erörtert werde. Letztendlich hat der BGH die Frage offengelassen. In der Literatur wird m. E. zu Recht aus der Entscheidung gefolgt, dass auch für den Umwandlungsbericht eine Unterzeichnung in vertretungsberechtigter Zahl genügt (Stratz, in: Schmitt/Hörtnagl/Stratz, UmwG/UmwStG, § 192 UmwG Rn. 4; Widmann/Mayer/Mayer, Umwandlungsrecht, § 192 UmwG Rn. 25; kritisch allerdings Bärwaldt, in: Semler/Stengel, § 192 UmwG Rn. 21).

Der Umwandlungsbericht ist von dem Vertretungsorgan des formwechselnden Rechtsträgers **schrift-** 69 **lich zu erstatten** (§ 192 Abs. 1 Satz 1 UmwG). Eine Stellvertretung ist dabei unzulässig, da es sich dabei nicht um eine Willenserklärung, sondern um eine **Wissenserklärung** handelt (vgl. oben Teil 2 Rdn. 381; Kallmeyer/Meister/Klöcker, UmwG, § 192 Rn. 36; Widmann/Mayer/Mayer Umwandlungsrecht, § 192 UmwG Rn. 25; Usler, MittRhNotK 1998, 21, 29; Stratz, in: Schmitt/Hörtnagl/Stratz, UmwG/UmwStG, § 192 UmwG Rn. 4; Bärwaldt, in: Semler/Stengel, § 192 UmwG Rn. 21).

II. Inhalt des Umwandlungsberichts

Das Gesetz geht zunächst wie beim Verschmelzungsrecht davon aus, dass ein **ausführlicher Bericht** zu 70 erstatten ist, in dem der Formwechsel als solcher und insb. die künftige Beteiligung der Anteilsinhaber an dem Rechtsträger rechtlich und wirtschaftlich erläutert und begründet werden. Darüber hinaus ist nach § 192 Abs. 1 Satz 3 UmwG auch ein Entwurf des Umwandlungsbeschlusses beizufügen. Hieraus folgt, dass insb. auch der Inhalt dieses Umwandlungsbeschlusses im Einzelnen erörtert werden muss.

Im Einzelnen muss also der Umwandlungsbericht **zu folgenden Punkten Stellung nehmen** (vgl. LG 71 Mannheim, AG 2014, 589 = ZIP 2014, 970; Widmann/Mayer/Mayer, Umwandlungsrecht, § 192 UmwG Rn. 25 ff.; Kallmeyer/Meister/Klöcker, UmwG, § 192 Rn. 8 ff.; Stratz, in: Schmitt/Hörtnagl/ Stratz, UmwG/UmwStG, § 192 UmwG Rn. 5 ff.; Bärwaldt, in: Semler/Stengel, § 192 UmwG Rn. 10 ff.; Lutter/Decher/Hoger, UmwG, § 192 Rn. 8 ff.):
– zum Formwechsel,
– zum Inhalt des Umwandlungsbeschlusses,
– zur künftigen Beteiligung der Anteilsinhaber an dem neuen Rechtsträger.

Der Umwandlungsbericht selbst besteht aus **drei Teilen:** 72
– Erläuterungs- und Begründungsteil (vgl. oben Teil 2 Rdn. 382 ff.),
– Entwurf des Umwandlungsbeschlusses (§ 192 Abs. 2 Satz 1 UmwG).

Die Erläuterung muss die **rechtlichen und wirtschaftlichen Verhältnisse** betreffen. Darüber hinaus ist 73 gem. § 192 Abs. 1 Satz 2 i. V. m. § 8 Abs. 1 Satz 2 UmwG auf besondere Schwierigkeiten bei der Bewertung der Rechtsträger sowie auf die Folgen für die Beteiligung der Anteilsinhaber hinzuweisen. Der BGH hat im Verschmelzungsrecht entschieden, dass sich die Erläuterung nicht auf die Darlegung der Grundsätze, nach denen das Umtauschverhältnis der Anteile ermittelt wurde, beschränken dürfe. Die **Kenntnisse der Bewertungsgrundsätze** ermögliche dem Gesellschafter noch nicht die Beurteilung, ob das **Umtauschverhältnis sachlich angemessen** sei (BGH, WM 1990, 149 = ZIP 1990, 168). Die Entscheidungen der OLG zum Verschmelzungsbericht gingen davon aus, dass dieser jedenfalls Zahlenmaterial enthalten müsse, das den Aktionären ermögliche, das vorgeschlagene **Umtauschverhältnis** einer **Plausibilitätskontrolle** zu unterziehen (OLG Karlsruhe, WM 1989, 1134; OLG Hamm, ZIP 1988, 1051). Das OLG Karlsruhe war der Auffassung, dass es erforderlich sei, die Wertverhältnisse der beteiligten Gesellschaften insoweit darzulegen, dass das insgesamt vorhandene Material einer stichhaltigen Kurzkontrolle der vorgesehenen Umtauschwerte erlaubte. Hierzu sei es nicht erforderlich, dem Aktionär eine Tatsachenvielfalt zu unterbreiten, die es ihm erlauben würde, kraft eigener Sachkunde oder unter Heranziehung eines Sachverständigen ein Gutachten über die Unternehmenswerte erstellen zu lassen, wohl aber müsse er in die Lage versetzt werden, eine Stichhaltigkeitsprüfung durchzuführen, ggf. unter Heranziehung eines Sachverständigen. Dazu ist es i. d. R. erforderlich, dass die Bewertungsergebnisse, also die nach der Bewertungsmethode ermittelten Unternehmenswerte, mitgeteilt werden.

1. Erläuterung des Formwechsels. Wie im Verschmelzungsrecht sieht der Umwandlungsbericht 74 vor, dass auch der Formwechsel als solcher rechtlich und wirtschaftlich erläutert und begründet wird. Es sind daher die wirtschaftlichen Hintergründe der durchzuführenden Umwandlung ausführlich zu erläutern, sodass sich die Anteilsinhaber ein Bild über die **wirtschaftliche Zweckmäßigkeit der Umwandlung** machen können (LG Mannheim, AG 2014, 589 = ZIP 2014, 970; Bärwaldt, in: Semler/Stengel, § 192 UmwG Rn. 10 ff.; zur Verschmelzung BGHZ 107, 296, 303). Es muss also dargelegt werden, aus welchen rechtlichen und wirtschaftlichen Gründen sich die Umwandlung als geeignetes Mittel zur Verfolgung des Unternehmungszweckes darstellt. Es ist darzulegen, welche Interessen die Umwandlung als solche rechtfertigen, welche weiter gehenden Unternehmensziele hiermit verfolgt werden sollen (vgl. Kallmeyer/Meister/Klöcker, UmwG, § 192 Rn. 8 ff.; Widmann/Mayer/Mayer, Umwandlungsrecht, § 192 UmwG Rn. 34 ff.). Ebenfalls wird dabei zu erörtern sein, ob die Umwandlung das geeignete, erforderliche und verhältnismäßige Mittel für die Erreichung der damit verbundenen Unternehmensziele darstellt (vgl. zu diesem allgemeinen Sachkontrollansatz Lutter, ZGR 1981, 171, 174; BGHZ 103, 184, 189). Im Ergebnis geht es also darum, die **Zweckmäßigkeit der Umwandlung als wirtschaftliche Maßnahme in Abgrenzung zu anderen unternehmensstrukturellen Maßnahmen** darzulegen. Dies bedeutet, dass nicht nur die Vorteile einer Umwandlung, sondern auch ihre Nachteile dargestellt werden müssen sowie die steuerlichen Folgen (OLG Hamm, ZIP 1999, 798; Widmann/Mayer/Mayer, Umwandlungsrecht, § 192 UmwG Rn. 25 ff.; Kallmeyer/Meister/Klöcker, UmwG, § 192 Rn. 8 ff.). Der Umwandlungsbericht hat dabei darzustellen, warum der Formwechsel ein geeignetes Mittel zur Verfolgung der unternehmerischen Strategie ist. Andere in Frage kommende gesellschaftsrechtliche Strukturmaßnahmen als Alternativen zum Formwechsel sind darzustellen, wobei aufzuzeigen ist, warum die Vorteile des Formwechsels überwiegen und andere Maßnahmen nicht gleichwertig sind (LG Mannheim, AG 2014, 589 = ZIP 2014, 970; Semler/Stengel/Bärwaldt, § 192, Randnr. 6; Lutter/Decher/Hoger§ 192 UmwG Rn. 19 f.). Eine Darstellung genereller Motive, die für einen Formwechsel sprechen ohne konkrete Bezugnahme auf den Einzelfall ist nicht ausreichend (Schmitt/Hörtnagl/Stratz, § 192 UmwG, Rn. 9). Aufgabe des Umwandlungsberichtes ist es, den Anteilsinhaber in die Lage zu versetzen, eine Plausibilitätskontrolle hinsichtlich der Entscheidung der Unternehmensleitung über die Vorteile und die Nachteile der Umwandlung durchzuführen (LG Mannheim, AG 2014, 589 = ZIP 2014, 970; Lutter/Decher/Hoger, § 192 UmwG, Rn. 10; Schmitt/Hörtnagl/Stratz, § 192 UmwG, Rn. 6).

75 **2. Erläuterung einer angebotenen Barabfindung.** Anders als bei der Verschmelzung und der Spaltung **verzichtet das UmwG beim Formwechsel auf eine umfassende Umwandlungsprüfung** – einzige Ausnahme ist der Formwechsel einer eingetragenen Genossenschaft (§ 259 UmwG). § 207 Abs. 1 UmwG bestimmt, dass der Formwechsel der Rechtsträger jedem Anteilsinhaber, der gegen den Umwandlungsbeschluss Widerspruch zur Niederschrift erklärt, den Erwerb seiner umgewandelten Anteile oder Mitgliedschaften gegen eine angemessene Barabfindung anzubieten hat. Die Verpflichtung zur Barabfindung besteht bei allen Fällen des Formwechsels rechtsformübergreifend. Allerdings nehmen verschiedene besondere Vorschriften einzelne Formwechselfälle ganz oder teilweise von der Regelung aus: Nach § 227 UmwG sind beim Formwechsel einer KGaA die §§ 207 ff. UmwG zwar grds. anwendbar, nicht jedoch auf deren persönlich haftende Gesellschafter, und zwar sowohl beim Formwechsel in eine Personengesellschaft als auch beim Formwechsel einer Kapitalgesellschaft anderer Rechtsform. Auf dem Formwechsel der KGaA in die AG und auf den Formwechsel der AG in die KGaA sind die §§ 207 ff. UmwG gem. § 250 UmwG von vornherein nicht anwendbar. Nach § 282 Abs. 2 UmwG finden die §§ 207 ff. UmwG keine Anwendung auf den Formwechsel eines eingetragenen Vereins, wenn dieser gem. § 5 Abs. 1 Nr. 9 KStG von der Körperschaftsteuer befreit ist.

76 Liegt der **Regelfall einer Barabfindung** vor, so gilt nach § 208 UmwG die Vorschrift des § 30 UmwG entsprechend, sodass die Barabfindung nach § 30 Abs. 2 UmwG auf ihre Angemessenheit zu prüfen ist. Die Angemessenheit ist daher in diesen Fällen stets zu prüfen. Dies gilt natürlich nur, wenn ein Abfindungsangebot überhaupt gemacht werden muss, was z. B. nicht der Fall ist, wenn der Umwandlungsbeschluss zu seiner Wirksamkeit der Zustimmung aller Anteilsinhaber bedarf oder wenn nur ein Anteilsinhaber beteiligt ist oder ein Verzicht nach § 30 Abs. 2 S. 3 UmwG vorliegt (§ 194 Abs. 1 Nr. 6 UmwG; vgl. Kallmeyer/Meister/Klöcker, UmwG, § 208 Rn. 5; Lutter/Decher/Hoger, UmwG, § 208 Rn. 138). In diesen Fällen ist also anders als bei der Verschmelzungsprüfung nicht der gesamte Vorgang des Formwechsels, sondern nur die Angemessenheit der Barabfindung Prüfungsgegenstand (vgl. Lutter/Decher/Hoger, UmwG, § 208 Rn. 18). Über das Ergebnis der Prüfung ist ein Prüfungsbericht anzufertigen, dessen Inhalt sich nach § 12 Abs. 2 UmwG richtet (Lutter/Decher/Hoger,

UmwG, § 208 Rn. 40; Kallmeyer/Müller, UmwG, § 208 Rn. 6 ff.). Für den Verschmelzungsprüfungsbericht hat der Gesetzgeber die Information der Gesellschafter ausdrücklich angeordnet (§§ 63 Abs. 1 Nr. 5, 78 Abs. 1 Satz 1, 82 Abs. 1 Satz 1, 101 Abs. 1 Satz 1 UmwG). Für den Formwechsel fehlen entsprechende Informationspflichten (vgl. Bayer, ZIP 1997, 1613, 1621).

In der **Rechtsprechung** ist daher **umstritten**, inwieweit der Umwandlungsbericht beim Formwechsel detaillierte Erläuterungen **über die Barabfindung** enthalten muss. Das LG Berlin (ZIP 1997, 1065 = GmbHR 1997, 658) war der Auffassung, dass der Prüfungsbericht beim Formwechsel einer AG weder den Anteilsinhabern vorzulegen ist noch Gegenstand von Auskünften in einer Hauptversammlung nach § 131 AktG sein kann. Das LG Berlin folgert dies zum einen aus § 8 Abs. 1 Satz 1 UmwG, zum anderen aus der fehlenden Erwähnung des Barabfindungsgebotes. Demgegenüber waren das LG Heidelberg (AG 1996, 523) und auch das KG (AG 1999, 126) der Auffassung, dass im Fall der Umwandlung einer AG in eine GmbH die Aktionäre die Vorlage des erforderlichen Prüfungsberichts verlangen können. Dieser Auffassung ist zu folgen (ebenso auch Bayer, ZIP 1997, 1622; Kallmeyer/Meister/Klöcker, UmwG, § 192 Rn. 9, § 207 Rn. 21). Das LG Heidelberg hat zu Recht darauf hingewiesen, dass der Inhalt dieses Prüfungsberichts für die zur Beschlussfassung über die Umwandlung der Gesellschaft berufenen Gesellschafter von erheblicher Bedeutung ist, da er den einzigen objektiven Anhaltspunkt für die Bewertung des vorgeschlagenen Abfindungsangebots darstellt. In dem Prüfungsbericht sei über die bloße Bestätigung der Angemessenheit der Abfindung hinaus auch anzugeben, nach welchen Methoden die vorgeschlagene Barabfindung ermittelt wurde, aus welchen Gründen die Anwendung der Methoden angemessen seien. Die damit fixierten besonderen inhaltlichen Anforderungen, denen der Prüfungsbericht zu genügen habe, liegen darin begründet, dass nach der Konzeption des UmwG die Berücksichtigung bestimmter Bewertungsmethoden nicht mehr vorgeschrieben sei. Das KG hat die Entscheidung des LG Berlin aufgehoben und sich der herrschenden Meinung angeschlossen, dass ein Umwandlungsbericht als ungenügend anzusehen ist, wenn er die Höhe der Barabfindung nicht plausibel erläutert (KG, KG-Report 1999, 388 = AG 1999, 126).

▸ **Hinweis:**   77

Im Umwandlungsbericht sollte daher die Angemessenheit der Barabfindung erläutert und der Prüfungsbericht offengelegt werden (dies wurde vom LG Heidelberg, AG 1996, 523, offengelassen, so aber Bayer, ZIP 1997, 1622; ebenso h. L. Kallmeyer/Meister/Klöcker, UmwG, § 192 Rn. 9; Widmann/Mayer/Mayer, Umwandlungsrecht, § 192 UmwG Rn. 44; Lutter/Decher/Hoger, § 192 UmwG Rn. 29; Bärwaldt, in: Semler/Stengel, § 192 UmwG Rn. 12 f.; Stratz, in: Schmitt/Hörtnagl/Stratz, UmwG/UmwStG, § 192 UmwG Rn. 2).

3. Entwurf des Umwandlungsbeschlusses als Teil des Umwandlungsberichts. Nach § 192   78
Abs. 1 Satz 3 UmwG muss der Umwandlungsbericht auch einen **Entwurf des Umwandlungsbeschlusses** enthalten (vgl. dazu Priester, DNotZ 1995, 427, 449; Kallmeyer/Meister/Klöcker, UmwG, § 192 Rn. 16; Lutter/Decher/Hoger, § 192 UmwG Rn. 28; Bärwaldt, in: Semler/Stengel, § 192 UmwG Rn. 20). Auch hier wurde durch das UmwG 1995 die früher nur für formwechselnde Versicherungsvereine auf Gegenseitigkeit und für formwechselnde Genossenschaften geltende Regelung, dass das Vertretungsorgan mit der Tagesordnung auch einen Vorschlag für den Umwandlungsbeschluss mitzuteilen hat, verallgemeinert und dahin gehend erweitert, dass in den Umwandlungsbericht der Entwurf des Umwandlungsbeschlusses bereits aufzunehmen ist. Durch diese **Vorabaufnahme in den Umwandlungsbericht** hat der Entwurf des Umwandlungsbeschlusses insoweit dieselbe **Funktion** wie bei der Verschmelzung oder Spaltung der Entwurf eines Verschmelzungsvertrages oder Spaltungsvertrages.

Mit dieser Aufnahme dürfte, auch wenn das Gesetz dies ausdrücklich nicht regelt, die **Pflicht zur Er-**   79
läuterung der einzelnen Punkte des Umwandlungsbeschlusses verbunden sein. Zwar spricht § 192
Abs. 1 anders als § 8 Abs. 1 UmwG nicht davon, dass auch der Entwurf des Umwandlungsbeschlusses zu erläutern ist. Diese Erläuterungspflicht folgt aus der Tatsache, dass der Formwechsel als solcher und insb. auch die künftige Beteiligung der Anteilsinhaber an dem Rechtsträger zu erläutern ist (ebenso Lutter/Decher/Hoger, UmwG, § 192 Rn. 28; Widmann/Mayer/Mayer, Umwandlungsrecht, § 192 UmwG Rn. 29; Kallmeyer/Meister/Klöcker, UmwG, § 192 Rn. 16; Priester, DNotZ 1995, 427, 449).
Der Umwandlungsbericht soll die Anteilsinhaber in die Lage versetzen, zu beurteilen, in welcher Form

sie an der neuen Gesellschaft beteiligt sind, d. h. mit welchen Rechten und Pflichten. Dies bedeutet, dass auch die Grundlagen dieser Rechte und Pflichten, der Gesellschaftsvertrag, erläutert werden müssen.

80 Schließlich sind auch gem. § 192 Abs. 1 Satz 2 i. V. m. § 8 Abs. 1 Satz 2 UmwG besondere Schwierigkeiten bei der Bewertung der Rechtsträger im Bericht zu nennen, soweit solche tatsächlich aufgetreten sind. Ein allgemeiner Hinweis auf Schwierigkeiten jeder Unternehmensbewertung reicht nicht aus (Priester, NJW 1983, 1461), vielmehr ist das **konkrete Bewertungsproblem** zu nennen und die gewählte Problemlösung zu erläutern.

III. Erweiterung der Berichtspflicht bei verbundenen Unternehmen

81 § 192 Abs. 1 Satz 2 UmwG verweist insgesamt auf § 8 Abs. 1 Satz 3 UmwG, sodass auch hier die Erweiterungen für den Fall **verbundener Unternehmen** gilt.

Ist daher der umzuwandelnde Rechtsträger ein verbundenes Unternehmen i. S. d. §§ 15 ff. AktG, so sind in dem Umwandlungsbericht auch Angaben über alle für die Umwandlung wesentlichen Angelegenheiten der anderen verbundenen Unternehmen zu machen (vgl. unten Teil 2 Rdn. 393).

IV. Einschränkung der Berichtspflicht

82 Über § 8 Abs. 2 UmwG, der gem. § 192 Abs. 1 Satz 2 UmwG entsprechend gilt, folgt auch die Einschränkung der Berichtspflicht. In den Umwandlungsbericht brauchen daher Tatsachen nicht aufgenommen zu werden, deren Bekanntwerden geeignet ist, einem der beteiligten Rechtsträger oder einem verbundenen Unternehmen einen **nicht unerheblichen Nachteil** zuzufügen. In diesem Fall sind in dem Bericht die Gründe, warum die Tatsachen nicht aufgenommen worden sind, darzulegen. Diese Vorschrift knüpft dabei an die **aktienrechtlichen Regelungen des Auskunftsverweigerungsrechts** im § 131 Abs. 3 Nr. 1 AktG an und berücksichtigt die hierzu ergangene höchstrichterliche Rechtsprechung hinsichtlich **Darlegung der Verweigerungsgründe** (BGHZ 107, 296, 305 f.; BGH, ZIP 1990, 168, 169; Widmann/Mayer/Mayer, Umwandlungsrecht, § 192 UmwG Rn. 46 f.; Kallmeyer/Meister/Klöcker, UmwG, § 192 Rn. 30 ff.). Das **Verweigerungsrecht** wird regelmäßig bei künftigen Ertragsprognosen gegeben sein, da aus diesen Daten Rückschlüsse auf die künftige Unternehmenspolitik möglich sind (LG Frankfurt am Main, WM 1987, 559). Die Darlegung der Gründe für das **Geheimhaltungsinteresse** müsse so konkret sein, dass der Anteilsinhaber eine **Plausibilitätskontrolle** durchführen kann (BGH, WM 1990, 2073).

V. Verzicht auf den Umwandlungsbericht

83 Wie § 8 Abs. 3 UmwG sieht auch § 192 Abs. 3 UmwG vor, dass ein Umwandlungsbericht nicht erforderlich ist, wenn an dem formwechselnden Rechtsträger **nur ein Anteilsinhaber beteiligt** ist oder wenn alle Anteilsinhaber **auf seine Erstattung verzichten.** Außerdem ist auf § 215 UmwG hinzuweisen (vgl. Widmann/Mayer/Mayer, Umwandlungsrecht, § 192 UmwG Rn. 19). Danach ist im Fall des Formwechsels einer Personenhandelsgesellschaft ein Umwandlungsbericht nicht erforderlich, wenn alle Gesellschafter der formwechselnden Gesellschaft zur Geschäftsführung berechtigt sind (vgl. im Einzelnen unten Teil 2 Rdn. 400 ff.).

84 Die Verzichtserklärungen sind ggü. dem Vertretungsorgan des formwechselnden Rechtsträgers anzugeben, es handelt sich dabei um eine **einseitige, empfangsbedürftige Willenserklärung** (Kallmeyer/Meister/Klöcker, UmwG, § 192 Rn. 58; Lutter/Decher/Hoger, § 192 UmwG Rn. 46; Bärwaldt, in: Semler/Stengel, § 192 UmwG Rn. 24; Usler, MittRhNotK 1998, 21, 29). Die Verzichtserklärungen sind nach § 192 Abs. 3 Satz 2 UmwG notariell zu beurkunden. Zu beachten ist, da es sich um eine Willenserklärung handelt, dass ein Verfahren nach §§ 8 ff. BeurkG erforderlich ist, das nach §§ 36 ff. BeurkG genügt nicht. Soll die Verzichtserklärung zusammen mit dem Umwandlungsbeschluss beurkundet werden, so müssen die §§ 6 ff. BeurkG beachtet werden. Der Verzicht kann bei der Fassung des Umwandlungsbeschlusses erklärt werden, er kann aber auch im Voraus erklärt und beurkundet werden (Widmann/Mayer/Mayer, Umwandlungsrecht, § 192 UmwG Rn. 16; Kallmeyer/Meister/Klöcker, UmwG, § 192 Rn. 60). Der späteste Zeitpunkt für die Verzichtserklärung ist deshalb die Anmeldung des Formwechsels zum Handelsregister (Lutter/Decher/Hoger, § 192 UmwG Rn. 46; Bärwaldt, in: Semler/

Stengel, § 192 UmwG Rn. 24; Kallmeyer/Meister/Klöcker, UmwG, § 192 Rn. 60; anders Widmann/ Mayer/Mayer, Umwandlungsrecht, § 192 UmwG Rn. 17: Eintragung im Handelsregister).

VI. Beifügung einer Vermögensaufstellung

1. Rechtsentwicklung. Nach dem bis 1995 geltenden Recht war bei der Umwandlung eine **Um-** 85 **wandlungsbilanz** aufzustellen, die entweder den Gesellschaftern zugeleitet oder zumindest bei der Anmeldung zum Handelsregister eingereicht werden musste (vgl. §§ 4, 43, 49 UmwG a. F., § 362 Abs. 3 AktG a. F.).

Die **Aufgaben dieser Umwandlungsbilanz** waren im früheren Recht je nach Art der Umwandlung un- 86 terschiedlich. Zum einen diente sie der Information der **Gesellschafter** und auch der **Gläubiger**, zum anderen aber, insb. bei der Umwandlung in eine Kapitalgesellschaft, hatte sie auch die Funktion, dem **Registergericht** die Prüfung zu erleichtern, ob das Grundkapital der zu errichtenden Kapitalgesellschaft durch das Reinvermögen der Personenhandelsgesellschaft gedeckt ist (vgl. etwa Dehmer, UmwG, UmwStG, § 43 Rn. 11; Scholz/Priester, GmbHG, Anh. UmwG, § 49 Rn. 5). Auch nach der früher herrschenden Meinung handelte es sich bei der Umwandlungsbilanz nicht um eine Erfolgsbilanz, die den allgemeinen handelsrechtlichen Bilanzierungsgrundsätzen unterlag, sondern um eine reine Vermögensbilanz zum Umwandlungsstichtag. Die herrschende Meinung ging davon aus, dass die Bewertungsvorschriften des HGB für diese Umwandlungsbilanz nicht galten. Der Höchstwert für den Einzelvermögensgegenstand war im Interesse der Bilanzwahrheiten und des Gläubigerschutzes der Zeitwert, der sich ergab, wenn man auf die Fortsetzung des Unternehmens abstellte. Es bestand aber Einigkeit, dass kein Zwang zum Ausweis der Höchstwerte und damit zur Aufdeckung stiller Reserven bestand, sondern es der Gesellschaft freigestellt war, die Vermögensgegenstände in der handelsrechtlichen Umwandlungsbilanz unter dem Zeitwert auszuweisen, sodass in der Praxis meist die letzte handelsrechtliche Erfolgsbilanz als handelsrechtliche Umwandlungsbilanz diente, in der nicht die Zeitwerte und Verkehrswerte, sondern lediglich Buchwerte ausgewiesen waren. Es bestand allerdings dann die Pflicht, die Abweichungen in der Bilanz zu erläutern.

2. Keine Vermögensaufstellung mehr seit Zweitem Gesetz zur Änderung des UmwG 2007. 87 § 192 Abs. 2 UmwG i. d. F. aus dem Jahr 1995 bis zum Zweiten Gesetz zur Änderung des UmwG 2007 enthielt nicht mehr die Pflicht zur Aufstellung einer Umwandlungsbilanz, sondern verlangte, dass dem Bericht eine Vermögensaufstellung beizufügen war, in der die Gegenstände und Verbindlichkeiten des formwechselnden Rechtsträgers mit dem wirklichen Wert anzusetzen waren, der ihnen am Tag der Erstellung des Berichts beizulegen ist.

Bei der Auslegung stellte sich u. a. die Frage, ob die bisherigen Vorschriften über die Umwandlungsver- 88 mögensbilanz gelten, sodass grds. auch lediglich die **Buchwerte der letzten Jahresschlussbilanz** angesetzt werden können (vgl. Neye, ZIP 1994, 917, 918).

Im Ergebnis ging die herrschende Meinung davon aus, dass alle materiellen und immateriellen Wirt- 89 schaftsgüter unter Aufdeckung stiller Reserven und stiller Lasten anzuführen waren (vgl. LG Mainz, DB 2001, 1136; Widmann/Mayer/Mayer, Umwandlungsrecht, § 192 UmwG Rn. 54; Kallmeyer/ Meister/Klöcker, UmwG, § 192 Rn. 26). Maßstab für die Bewertung war der Fortführungswert, d. h. der Wertansatz ist auf den Substanzwert der einzelnen Wirtschaftsgüter bei unterstellter Fortführung des Unternehmens abzustellen (Kallmeyer/Meister/Klöcker, UmwG, § 192 Rn. 27; Meyer-Landrut/ Kiem, WM 1997, 1413, 1417). Der Buchwert der Jahresbilanz sollte nicht genügen.

Im **Zweiten Gesetz zur Änderung des UmwG** hat der Gesetzgeber auf die Vermögensaufstellung voll- 90 ständig beim Formwechsel verzichtet. § 192 Abs. 2 UmwG wurde vollständig aufgehoben (vgl. Bärwaldt, in: Semler/Stengel, § 192 UmwG Rn. 4; Lutter/Decher/Hoger, UmwG, § 192 Rn. 49). Die Begründung zum RegE (BT-Drucks. 16/2919, S. 19) weist darauf hin, dass das in § 192 Abs. 2 UmwG bisher vorgesehene Erfordernis, dem Umwandlungsbericht eine Vermögensaufstellung beizufügen, als verfehlte Regelung kritisiert werde. Da gem. § 197 Satz 1 UmwG bei einem Formwechsel grds. die Gründungsvorschriften anzuwenden seien, erspare sie nicht den im Rahmen einer Gründungsprüfung nötigen Nachweis der Werthaltigkeit. Auch eine Unternehmensbewertung für die Bemessung der Barabfindung gem. § 208 i. V. m. § 30 UmwG werde nicht überflüssig. Die Aufdeckung aller stillen

Reserven aus Anlass eines Formwechsels sei aber nicht notwendig. Die Regelung soll daher ersatzlos gestrichen werden.

E. Formwechselprüfung

I. Grundsatz: Keine Formwechselprüfung

91   Anders als bei Verschmelzung und Spaltung ist im Recht des Formwechsels eine generelle Formwechselprüfung nicht vorgesehen (Begr. RegE, BT-Drucks. 12/6699, S. 139; Kallmeyer/Meister/Klöcker, UmwG, § 192 Rn. 49). Lediglich das **Prüfungsgutachten** beim Formwechsel einer eingetragenen Genossenschaft in eine Kapitalgesellschaft ist nach § 259 UmwG vorgesehen.

II. Prüfung bei Barabfindung

92   Eine **Ausnahme vom Prüfungsverzicht** enthält § 208 i. V. m. § 30 Abs. 2 UmwG. Ist ein Barabfindungsangebot gem. §§ 207, 194 Abs. 6 UmwG erforderlich, so ist dieses Angebot gem. § 30 Abs. 2 UmwG stets auf seine Angemessenheit zu prüfen (Kallmeyer/Meister/Klöcker, UmwG, § 192 Rn. 51). Gem. § 30 Abs. 2 UmwG sind auf diese Prüfung die Vorschriften über die Verschmelzungsprüfung anzuwenden, also die §§ 10 bis 12 UmwG (vgl. oben Teil 2 Rdn. 616 ff.). Die Berechtigten können allerdings auf die Prüfung oder den Prüfungsbericht durch notariell beurkundete Erklärungen verzichten.

III. Gründungsprüfung beim Formwechsel in AG und KGaA

93   Da nach § 197 UmwG auf den Formwechsel die für die neue Rechtsform geltenden Gründungsvorschriften anzuwenden sind, ist beim Formwechsel in die AG oder KGaA eine **Gründungsprüfung** nach §§ 32 ff. AktG **erforderlich** (vgl. §§ 220 Abs. 3 Satz 1, 245 Abs. 1 Satz 2, Abs. 2 Satz 2, Abs. 3 Satz 2, 264 Abs. 3 Satz 1, 277, 295, 303 Abs. 1; Kallmeyer/Meister/Klöcker, UmwG, § 192 Rn. 50).

F. Vorbereitung der Gesellschafter- bzw. Hauptversammlungen

94   Bei den besonderen Vorschriften über die einzelnen Gesellschafts- und Rechtsträgerformen ist durch unterschiedliche Regelungen vorgesehen, dass vor der Gesellschafter- oder Hauptversammlung, die über den Umwandlungsbeschluss zu entscheiden hat, die Gesellschafter über die Umwandlung und ihre **Einzelheiten zu unterrichten** sind.

95   Gem. § 216 UmwG hat bei der Umwandlung von **Personenhandelsgesellschaften** das Vertretungsorgan allen von der Geschäftsführung ausgeschlossenen Gesellschaftern spätestens mit der Einberufung der Gesellschafterversammlung den Formwechsel als Gegenstand der Beschlussfassung in Textform (§ 126b BGB) anzukündigen und den erforderlichen Umwandlungsbericht sowie ein Abfindungsangebot nach § 207 UmwG zu übersenden. Die Vorschrift konkretisiert das **Kontrollrecht** der von der Geschäftsführung ausgeschlossenen Gesellschafter einer **OHG**. Für die Kommanditisten einer **KG** wird dadurch für die Umwandlung ein **selbstständiges Auskunftsrecht** geschaffen, das ihre Stellung stärkt und ihnen eine Grundlage für eine Entscheidung gibt.

96   Nach § 225b UmwG ist ein Umwandlungsbericht bei einer **Partnerschaft** nur erforderlich, wenn ein Partner der formwechselnden Partnerschaft gem. § 6 Abs. 2 Partnerschaftsgesellschaftsgesetz von der Geschäftsführung ausgeschlossen ist. Er ist dann von der Geschäftsführung entsprechend § 216 UmwG zu unterrichten.

97   Bei der GmbH sieht § 230 Abs. 1 UmwG die Unterrichtung der Gesellschafter dadurch vor, dass die Geschäftsführer der formwechselnden GmbH allen Gesellschaftern spätestens zusammen mit der Einberufung der Gesellschafterversammlung den Formwechsel als Gegenstand der Beschlussfassung in Textform (§ 126b BGB) anzukündigen und den Umwandlungsbericht zu übersenden haben. Auch hier konkretisiert die Vorschrift das **allgemeine Auskunfts- und Einsichtsrecht** des GmbH-Gesellschafters nach § 51a GmbHG für den Vorgang des Formwechsels. Darüber hinaus hat gem. § 231 UmwG das Vertretungsorgan der formwechselnden Gesellschaft den Gesellschaftern spätestens zusammen mit der Einberufung der Gesellschafterversammlung das Abfindungsangebot nach § 207 UmwG zu übersenden. Der Übersendung steht es allerdings nach § 231 Satz 2 UmwG gleich, wenn das Abfindungsangebot im elektronischen Bundesanzeiger und den sonst bestimmten Gesellschaftsblättern bekannt gemacht wird.

§ 230 Abs. 2 UmwG regelt das formalisierte Verfahren der Unterrichtung der Aktionäre der AG. Nach **98** § 230 Abs. 2 ist der Umwandlungsbericht einer AG oder einer KGaA von der Einberufung der Hauptversammlung an in dem Geschäftsraum der Gesellschaft zur Einsicht der Aktionäre auszulegen. Auf Verlangen ist jedem Aktionär und jedem von der Geschäftsführung ausgeschlossenen persönlich haftenden Gesellschafter unverzüglich und kostenlos eine Abschrift des Umwandlungsberichts zu erteilen. Der Umwandlungsbericht kann dem Aktionär und dem von der Geschäftsführung ausgeschlossenen persönlich haftenden Gesellschafter mit seiner Einwilligung auf dem Wege elektronischer Kommunikation übermittelt werden. Diese Verpflichtungen nach den § 231 Abs. 2 Satz 1 und 2 entfallen, wenn der Umwandlungsbericht für denselben Zeitraum über die Internetseite der Gesellschaft zugänglich ist. Auch bei der AG ist gem. § 231 UmwG das Abfindungsangebot nach § 207 zu übersenden.

Für die **Genossenschaft** enthalten die §§ 260, 261 UmwG vergleichbare Vorschriften. Gem. § 260 **99** Abs. 1 UmwG hat der Vorstand der formwechselnden Genossenschaft allen Genossen spätestens zusammen mit der Einberufung der Generalversammlung den Formwechsel als Gegenstand der Beschlussfassung in Textform (§ 126b BGB) anzukündigen. In der Ankündigung ist auch die für die Beschlussfassung nach § 262 Abs. 1 UmwG erforderliche Mehrheit sowie auf die Möglichkeit der Erhebung eines Widerspruches und die sich daraus ergebenden Rechte hinzuweisen. Darüber hinaus ist gem. § 260 Abs. 2 i. V. m. § 230 Abs. 2 UmwG wie bei der AG der Umwandlungsbericht von der Einberufung der Generalversammlung an in dem Geschäftsraum der Genossenschaft zur Einsicht der Genossen auszulegen. Auch hier hat jeder Genosse Anspruch auf eine kostenlose Abschrift des Umwandlungsberichts. Darüber hinaus ist gem. § 260 Abs. 3 UmwG in dem Geschäftsraum der formwechselnden Genossenschaft auch das nach § 259 UmwG erstattete Prüfungsgutachten des Genossenschaftsverbandes zur Einsicht auszulegen.

Für **Vereine** bestimmt § 274 UmwG, dass auf die Vorbereitung der Mitgliederversammlung ebenfalls **100** die §§ 229, 230 und § 260 Abs. 1 UmwG entsprechend anzuwenden sind.

Dieser Überblick über die verschiedene Informations- und Auslegungspflichten zeigt, dass das Gesetz **101** diese Information der Anteilseigner auch beim Formwechsel wichtig nimmt. Die Einreichungs- und Auslegungspflichten betreffen die **Geschäftsführungsorgane**. I. Ü. gelten für die Einberufung der Gesellschafterversammlung oder der Hauptversammlung oder Generalversammlung die allgemeinen Vorschriften, d. h. etwa für die GmbH die §§ 49 ff. GmbHG sowie für die AG die §§ 121 ff. AktG.

G. Durchführung der Gesellschafter- bzw. Hauptversammlungen

I. Zuständigkeiten

§ 193 Abs. 1 UmwG bestimmt, dass bei einem Formwechsel ein Beschluss der Anteilsinhaber des form- **102** wechselnden Rechtsträgers erforderlich ist. Der Beschluss kann nur in einer **Versammlung der Anteils- inhaber** gefasst werden. Diese Vorschrift legt fest, dass für den Formwechsel ein Beschluss der Anteils- inhaber und Gesellschafter des formwechselnden Rechtsträgers erforderlich ist. Der Gesetzgeber wollte dies im Interesse der Klarheit als allgemeinen Grundsatz des Formwechsels ausdrücklich regeln (vgl. Begründung zum RegE; BR-Drucks. 75/94, S. 139, abgedruckt in: Limmer, Umwandlungsrecht, S. 334). Die herrschende Meinung geht ebenso wie bei der Verschmelzung davon aus, dass diese **Vor- schrift zwingend** ist, sodass eine andere Form der Beschlussfassung nicht zulässig ist. Eine andere dele- gierende Satzungsregelung (z. B. auf Beirat, Aufsichtsrat etc.) wäre nicht möglich (Kallmeyer/Zimmer- mann, UmwG, § 193 Rn. 3; Lutter/Decher/Hoger, § 193 UmwG Rn. 3; Bärwaldt, in: Semler/Stengel, § 193 UmwG Rn. 8). Durch diese Form wird auch insb. ausgeschlossen, dass der Umwandlungs- beschluss etwa in einem schriftlichen Abstimmungsverfahren erfolgen kann. Es muss **eine Versamm- lung** durchgeführt werden (Widmann/Mayer/Vollrath, Umwandlungsrecht, § 193 UmwG Rn. 20; Kallmeyer/Zimmermann, UmwG, § 193 Rn. 3; Lutter/Decher/Hoger, § 193 UmwG Rn. 3; Bärwaldt, in: Semler/Stengel, § 193 UmwG Rn. 8).

II. Durchführung der Versammlung der Anteilseigner und Informationsrecht

103 Für die Durchführung der Hauptversammlung, Gesellschafterversammlung oder Generalversammlung sehen die Vorschriften des Besonderen Teils für die einzelnen Rechtsfolgen Besonderheiten im Vergleich zu den sonstigen Gesellschafterversammlungen bzw. Hauptversammlungen vor. Neben den allgemeinen, etwa im §§ 121 ff. AktG bzw. §§ 51 ff. GmbHG vorgesehenen Regularien hat der Gesetzgeber insb. die Auskunftspflicht und das Informationsrecht und auch sonstige Regularien erweitert.

104 So muss etwa bei **Personenhandelsgesellschaften** gem. § 217 Abs. 2 UmwG der oder die Gesellschafter, die im Fall einer Mehrheitsentscheidung für den Formwechsel gestimmt haben, in der Niederschrift über den Umwandlungsbeschluss namentlich aufgeführt werden. Diese Vorschrift soll sicherstellen, dass diejenigen Gesellschafter als Gründer erfasst werden, die für den Formwechsel gestimmt haben. Nach § 219 Satz 2 UmwG sind nämlich im Fall einer Mehrheitsentscheidung Gründer die Gesellschafter, die für den Formwechsel gestimmt haben.

105 Beim Formwechsel der **Partnerschaft** gilt § 217 Abs. 2 nach § 225c UmwG entsprechend.

106 Bei **Kapitalgesellschaften** ist in den §§ 232 Abs. 1, 239 Abs. 1 und 251 Abs. 2 UmwG vorgesehen, dass in der Gesellschafterversammlung oder in der Hauptversammlung der Umwandlungsbericht auszulegen ist. Eine Verlesung des Berichts ist nicht erforderlich (Lutter/Göthel, § 232 UmwG Rn. 2; Widmann/Mayer/Vossius, Umwandlungsrecht, § 232 UmwG Rn. 27). In der Hauptversammlung der AG kann der Umwandlungsbericht nach § 232 Abs. 1 S. 2 UmwG auch auf andere Weise zugänglich gemacht werden. Durch das Gesetz zur Umsetzung der Aktionärsrechterichtlinie (ARUG) G. v. 30.07.2009 (BGBl. I S. 2479) wurde das »zugänglich machen« aufgenommen. Damit soll auch die Publikation über das Internet möglich sein, wobei allerdings während der Hauptversammlung die Möglichkeit gewährleistet sein muss, über Monitore die Unterlagen einzusehen (Kallmeyer/Marsch-Barner § 64 UmwG Rn. 1; Ihrig, in: Semler/Stengel, § 232 UmwG Rn. 6a; Lutter/Göthel, § 232 UmwG Rn. 2; J. Schmidt, NZG 2008, 734, 735). Darüber hinaus ist bei einer **AG** oder **KGaA** gem. §§ 232 Abs. 2, 239 Abs. 2, 251 Abs. 2 UmwG der Entwurf des Umwandlungsbeschlusses von dem Vertretungsorgan zu Beginn der Verhandlung mündlich zu erläutern. Durch diese Vorschriften soll erreicht werden, dass zum einen der Umwandlungsbericht und mit ihm auch die Vermögensaufstellung jederzeit während der Hauptversammlung oder Gesellschafterversammlung eingesehen werden kann. Außerdem wird das Umwandlungsverfahren hierdurch an die Grundsätze angeglichen, die nach § 64 Abs. 1 Satz 1 und § 78 Satz 1 und 2 UmwG auch für die Verschmelzung gelten (vgl. Begründung zum RegE, BR-Drucks. 75/94, S. 154; abgedruckt in: Limmer, Umwandlungsrecht, S. 349). Auch die in § 232 Abs. 2 UmwG dem Vertretungsorgan einer formwechselnden AG auferlegte Pflicht zur mündlichen Erläuterung des Umwandlungsbeschlusses dient ebenfalls der Angleichung des Umwandlungsverfahrens an die für die Verschmelzung vorgesehenen Verfahrensregeln des § 64 Abs. 1 Satz 2 und § 78 Satz 1 und Satz 2 UmwG.

107 Bei der **GmbH** dürfte sich eine ähnliche Verpflichtung zur Erläuterung der wirtschaftlichen und rechtlichen Bedeutung des Umwandlungsbeschlusses aus § 51a GmbHG ergeben.

108 Durch die Auslegung bzw. bei Hauptversammlung, Zugänglichmachung auf andere Weise, während der gesamten Dauer der Hauptversammlung oder Gesellschafterversammlung soll den Gesellschaftern, die diese Unterlagen nicht in dem Geschäftsraum der Gesellschaft eingesehen oder keine Abschrift verlangt haben, die Möglichkeit eröffnet werden, sich noch in der Hauptversammlung zu informieren. Daher sind diese Unterlagen in ausreichender Zahl auszulegen (vgl. oben zur Verschmelzung Teil 2 Rdn. 445 ff.). Zur Erläuterung im Fall der Umwandlung einer AG gehört zum einen die Darstellung des Inhalts des Umwandlungsbeschlusses, v. a. aber auch die wirtschaftlichen und rechtlichen Zusammenhänge der Umwandlung, die sachlichen Gründe für die Umwandlung und die Angaben über die Rechtsstellung in dem neuen Rechtsträger. Auskunftspflichtig ist in diesem Fall der Vorstand.

109 Für die **Genossenschaft** sieht § 261 UmwG vor, dass in der Generalversammlung der Umwandlungsbericht und das nach § 259 UmwG erstattete Prüfungsgutachten auszulegen sind. Ebenso wie bei der AG hat der Vorstand den Umwandlungsbeschluss zu Beginn der Verhandlung mündlich zu erläutern. Das Prüfungsgutachten ist außerdem gem. § 261 Abs. 2 UmwG in der Generalversammlung zu verlesen. Der Prüfungsverband ist berechtigt, an der Generalversammlung beratend teilzunehmen.

Gem. §§ 274 Abs. 2, 283 Abs. 2 i. V. m. § 239 UmwG ist wie bei der Verschmelzung bei der Umwandlung von Vereinen ebenfalls in der Mitgliederversammlung der Umwandlungsbericht auszulegen und zu Beginn der Verhandlung mündlich zu erläutern.

III. Beschlussmehrheiten

Die Beschlussmehrheiten sind ebenfalls bei den einzelnen Rechtsformen im Besonderen Teil des Form-wechselrechts geregelt: **110**

1. Personengesellschaften. Bei Personenhandelsgesellschaften bedarf gem. § 217 UmwG der **Um-** **111** **wandlungsbeschluss** der Gesellschafterversammlung der **Zustimmung aller anwesenden Gesellschaf-ter**, ihm müssen auch die nicht erschienenen Gesellschafter zustimmen. Nach § 217 Abs. 1 Satz 2 UmwG kann der **Gesellschaftsvertrag** allerdings eine **Mehrheitsentscheidung** der Gesellschafter vor-sehen. Die Mehrheit muss dann mindestens 3/4 der Stimmen der Gesellschafter betragen. Im Fall einer Mehrheitsentscheidung sind in der Niederschrift über den Umwandlungsbeschluss die Gesellschafter, die dafür gestimmt haben, namentlich aufzuführen (§ 217 Abs. 2 UmwG). Es gilt bei der Änderung der Beschlussmehrheit durch Gesellschaftsvertrag der Bestimmtheitsgrundsatz, d. h. die Klausel im Gesell-schaftsvertrag muss sich ausdrücklich auf den Beschluss über die Umwandlung beziehen. Nach der Rspr. sind Mehrheitsbeschlüsse im Bereich der sog. Grundlagengeschäfte nur zulässig, wenn der Gesell-schaftsvertrag nach dem sog. **Bestimmtheitsgrundsatz** i. E. die Beschlussgegenstände aufführt (vgl. BGH, NJW 1988, 411). Der **Bestimmtheitsgrundsatz** im Recht der Personengesellschaften verlangt, dass die Einführung des Mehrheitsgrundsatzes nur zulässig ist, wenn die der Mehrheitsunterscheidun-gen unterliegenden Entscheidungsgegenstände im Gesellschaftsvertrag klar bezeichnet sind und auch von der Minderheit eine antizipierte Zustimmung erfahren haben (Staub/Ulmer, HGB, § 119 Rn. 34 ff.; Baumbach/Hopt, HGB, § 119, Rn. 37 f.; Holler, DB 2008, 2067 ff.; Priester, DStR 2008, 1386 ff.; Giedinghagen/Fahl, DStR 2007, 1965 ff.; Schmidt, ZGR 2008, 1 ff.; Bohlken/Sprenger, DB 2010, 263 ff.). Weiter entwickelt wird diese Lehre durch die sog. **Kernbereichslehre**, die bestimmt, dass Mehrheitsentscheidungen nicht in unentziehbare Mitgliedschaftsrechte oder ihn gleichstehende Vertragsgrundlagen eingreifen dürfen (BGH, NJW 1996, 1678 ff.). Im sog. Otto-Urt. v. 15.01.2008 (BGHZ 170, 283 = NJW 2007, 1685 = ZIP 2007, 475; dazu K. Schmidt, ZGR 2008, 1 ff.; Haar, NZG 2007, 601; Wertenbruch, ZIP 2007, 798; fortgeführt von BGH, DB 2008, 2017) hat der BGH grundlegend entschieden, dass eine die Abweichung vom personengesellschaftsrechtlichen Ein-stimmigkeitsprinzip legitimierende Mehrheitsklausel dem Bestimmtheitsgrundsatz entsprechen muss. Dieser verlange nicht eine Auflistung der betroffenen Beschlussgegenstände, Grund und Tragweite der Legitimation für Mehrheitsentscheidungen können sich vielmehr auch durch Auslegung des Gesell-schaftsvertrages ergeben. Ob der konkrete Mehrheitsbeschluss wirksam getroffen worden sei, sei auf einer zweiten Stufe zu prüfen. Es genüge, wenn sich aus dem Gesellschaftsvertrag – sei es auch durch dessen Auslegung – eindeutig ergebe, dass der infrage stehende Beschlussgegenstand einer Mehrheits-entscheidung unterworfen sein solle. Ohnehin reiche die Eindeutigkeit einer vertraglichen Regelung – und selbst eine ausdrückliche Spezifizierung im Gesellschaftsvertrag – nicht in allen Fällen aus, um eine Mehrheitsentscheidung zu legitimieren. Diese unterliege vielmehr auf einer zweiten Stufe einer inhalt-lichen Wirksamkeitsprüfung. Im Urteil vom 21.10.2014 hat der BGH allerdings eine Entschärfung des Bestimmtheitsgrundsatzes unter Beibehaltung der Kernbereichslehre im Otto-Urteil vorgenommen (DStR 2014, 2403 = NJW 2015, 859 = DNotZ 2015, 65; vgl. Wertenbruch DB 2014, 2640; Schäfer; NZG 2014, 1401): Dem früheren Bestimmtheitsgrundsatz kommt nach der Entscheidung für die for-melle Legitimation einer Mehrheitsentscheidung keine Bedeutung mehr zu. Er sei bei der Auslegung auch nicht in Gestalt einer Auslegungsregel des Inhalts zu berücksichtigen, dass eine allgemeine Mehr-heitsklausel restriktiv auszulegen sei oder sie jedenfalls dann, wenn sie außerhalb eines konkreten Anlasses vereinbart wurde, Beschlussgegenstände, die die Grundlagen der Gesellschaft betreffen oder ungewöhnliche Geschäfte beinhalten, regelmäßig nicht erfasse. Den neuen Kriterien ist jedenfalls hinreichend Rechnung getragen, wenn sich der Gesellschaftsvertrag allgemein auf Umwandlungen oder Umstrukturierungen bezieht, spezielle Angaben wie »Formwechsel« sind für den Mehrheitsgrund-satz nicht erforderlich (Widmann/Mayer/Vossius, Umwandlungsrecht, § 217 UmwG Rn. 77 f.; Lut-ter/Joost, UmwG, § 217 Rn. 13). Es besteht Einigkeit, dass bei **Publikumspersonengesellschaften** die Anforderungen an die Zulässigkeit von Mehrheitsklauseln geringer sind; der BGH wendet den Bestimmtheitsgrundsatz in diesen Fällen nicht an (BGHZ 71, 53, 58; BGHZ 85, 351, 358). Die Literatur schränkt daher auch § 2172 UmwG dahin gehend ein, dass es bei Publikumsgesellschaften genügt, wenn generell ein Mehrheitsbeschluss zugelassen wird, ohne dass Umwandlungen ausdrücklich genannt werden (Widmann/Mayer/Vossius, Umwandlungsrecht, § 217 UmwG Rn. 77f ., ähnlich zur Verschmelzung: Lutter/H. Schmidt, UmwG, § 43 Rn. 16; Kallmeyer/Zimmermann, UmwG, § 43 Rn. 9).

112 **2. Partnerschaften.** Nach § 225c UmwG gelten für den Formwechsel einer Partnerschaft die **Vorschriften des § 217 UmwG entsprechend**, sodass der Umwandlungsbeschluss der Zustimmung aller anwesenden Partner bedarf, ihm müssen auch die nicht erschienenen Partner zustimmen.

113 **3. Kapitalgesellschaften.** Bei Kapitalgesellschaften unterscheidet das Gesetz dahin gehend, **in welche Gesellschaft umgewandelt** wird: in eine Personen/Partnerschaftsgesellschaft (§ 233 Abs. 1 und 2 UmwG) oder eine andere Kapitalgesellschaft (§ 240 UmwG).

114 Gem. § 233 Abs. 1 UmwG bedarf der Umwandlungsbeschluss der Gesellschafterversammlung oder der Hauptversammlung der Zustimmung aller anwesenden Gesellschafter oder Aktionäre zuzüglich der Zustimmung der nicht erschienenen Anteilsinhaber, wenn die formwechselnde Gesellschaft die Rechtsform einer **GbR** oder einer **OHG** oder **Partnerschaftsgesellschaft** erlangen soll. Nach § 233 Abs. 2 UmwG genügt allerdings eine Mehrheit von 3/4 der bei der Gesellschafterversammlung einer GmbH abgegebenen Stimmen oder des bei der Beschlussfassung einer AG oder KGaA vertretenen Grundkapitals, wenn die Kapitalgesellschaft in eine **KG** umgewandelt werden soll. Nach § 233 Abs. 2 Satz 3 UmwG müssen allerdings alle Gesellschafter oder Aktionäre zustimmen, die in der KG die Stellung eines persönlich haftenden Gesellschafters haben sollen.

115 Die gleiche Regelung gilt auch gem. § 240 Abs. 1 UmwG beim Formwechsel einer **Kapitalgesellschaft in eine Kapitalgesellschaft anderer Rechtsform.** Der Umwandlungsbeschluss bedarf dann einer Mehrheit von mindestens 3/4 der bei der Gesellschafterversammlung einer GmbH abgegebenen Stimmen oder des bei der Beschlussfassung einer AG vertretenen Grundkapitals. Der Gesellschaftsvertrag oder die Satzung der formwechselnden Gesellschaft kann eine größere Mehrheit und weitere Erfordernisse, beim Formwechsel einer KG auf Aktien in eine AG auch eine geringere Mehrheit bestimmen. Bei einer AG bedarf gem. § 240 Abs. 1 bzw. § 233 Abs. 2 i. V. m. § 65 Abs. 2 UmwG, wenn mehrere Aktiengattungen vorhanden sind, der Beschluss der Hauptversammlung zu seiner Wirksamkeit der Zustimmung der stimmberechtigten Aktionäre jeder Gattung. Über die Zustimmung haben die Aktionäre jeder Gattung einen Sonderbeschluss zu fassen.

116 Ist eine **3/4-Mehrheit** ausreichend, so gilt der Grundsatz, dass Zustimmungserklärungen, die außerhalb der Gesellschaftsversammlung abgegeben werden, die in der Gesellschafterversammlung selbst nicht erreichte Mehrheit nicht auffüllen können.

117 Bei der **AG** bedarf es mindestens 3/4 des bei der Beschlussfassung vertretenen Grundkapitals. Darunter ist eine doppelte Mehrheit zu verstehen (BGH, NJW 1975, 212; RGZ 125, 356, 359; Hüffer/Koch, AktG § 179 Rn. 14): Die Vorschrift verlangt zum einen die einfache Mehrheit der abgegebenen Stimmen i. S. d. § 133 AktG. Darüber hinaus erfordert sie eine Kapitalmehrheit von 3/4 des bei der Beschlussfassung vertretenen Grundkapitals.

118 Soll eine **Kapitalgesellschaft in eine eingetragene Genossenschaft** umgewandelt werden, so bedarf gem. § 252 Abs. 1 UmwG der Umwandlungsbeschluss der Zustimmung aller anwesenden Gesellschafter und der Zustimmung der nicht erschienenen Gesellschafter, wenn das Satzung der Genossenschaft eine Verpflichtung unter Genossen zur Leistung von Nachschüssen vorsieht. Ist dies nicht der Fall, so bedarf der Beschluss gem. § 252 Abs. 2 UmwG der Mehrheit mindestens von 3/4 der bei der Gesellschafterversammlung einer GmbH abgegebenen Stimmen oder des bei der Beschlussfassung einer AG vertretenen Grundkapitals. Auch hier ist § 65 Abs. 2 UmwG bei verschiedenen Aktiengattungen anzuwenden.

119 **4. Genossenschaften.** Für die **Genossenschaft** sieht § 262 Abs. 1 UmwG vor, dass der Umwandlungsbeschluss der Generalversammlung einer Mehrheit von mindestens 3/4 der abgegebenen Stimmen bedarf. Eine Mehrheit von 9/10 der abgegebenen Stimmen ist erforderlich, wenn spätestens bis zum Ablauf des dritten Tages vor der Generalversammlung wenigstens hundert Genossen, bei Genossenschaften mit weniger als tausend Genossen 1/10 der Genossen, durch eingeschriebenen Brief Widerspruch gegen den Formwechsel erhoben haben.

5. Vereine. Für **Vereine** sieht § 275 UmwG eine **differenzierende Regelung** vor. Wird der Zweck des 120 Rechtsträgers geändert, so bedarf der Beschluss der Mitgliederversammlung beim Verein gem. § 275 Abs. 1 UmwG der Zustimmung aller anwesenden Mitglieder einschließlich der nicht erschienenen Mitglieder. In allen anderen Fällen genügt gem. § 275 Abs. 2 UmwG eine Mehrheit von mindestens 3/4 der erschienenen Mitglieder. Auch hier gilt eine ähnliche Regelung wie bei der Genossenschaft. Eine Mehrheit von mindestens 9/10 der erschienenen Mitglieder ist erforderlich, wenn spätestens bis zum Ablauf des dritten Tages vor der Mitgliederversammlung wenigstens hundert Mitglieder, bei Vereinen mit weniger als tausend Mitgliedern 1/10 der Mitglieder, durch eingeschriebenen Brief Widerspruch gegen den Formwechsel erhoben haben.

IV. Satzungsregelungen zur Beschlussmehrheit

1. 3/4-Mehrheit als Mindestmehrheit. Soweit das Gesetz keine höheren Mehrheiten vorsieht, ist 121 die **3/4-Mehrheit** bei allen Gesellschaftsformen bzw. Rechtsträgerformen als Mindestmehrheit zwingend. Weder die Satzung der Kapitalgesellschaft noch der Gesellschaftsvertrag der Personengesellschaften kann bestimmen, dass eine geringere Mehrheit für den Zustimmungsbeschluss zur Umwandlung genügt (h. M. zur Verschmelzung, Widmann/Mayer/Mayer, Umwandlungsrecht, § 50 UmwG Rn. 1883; Kallmeyer/Dirksen/Blasche, UmwG, § 233 Rn. 2, § 240 Rn. 3; Widmann/Mayer/Vossius, § 233 UmwG Rn. 68; Ihrig, in: Semler/Stengel, § 233 UmwG Rn. 38; Arnold, in: Semler/Stengel, § 240 UmwG Rn. 8).

2. Zusätzliche satzungsmäßige Anforderungen. Das UmwG sieht vor, dass in den Fällen, in denen 122 kraft Gesetzes eine 3/4-Mehrheit ausreichen würde, der **Gesellschaftsvertrag** oder die **Satzung** der formwechselnden Gesellschaft eine größere Mehrheit und weitere Erfordernisse bestimmen kann (vgl. § 233 Abs. 2 Satz 2; § 240 Abs. 1 Satz 2; § 252 Abs. 2 Satz 2; § 262 Abs. 1 Satz 2; § 275 Abs. 2 Satz 2 UmwG; Kallmeyer/Dirksen/Blasche, UmwG, § 233 Rn. 2, § 240 Rn. 3; Widmann/Mayer/Vossius, § 233 UmwG Rn. 67; Arnold, in: Semler/Stengel, § 240 UmwG Rn. 8; Lutter/Göthel, § 233 UmwG Rn. 19, § 240 UmwG Rn. 3).

Im Einzelfall ist die **Auslegung der Satzung** nicht ganz einfach, wenn die Satzung nicht speziell die Um- 123 wandlung oder den Formwechsel regelt, sondern erhöhte Anforderungen – etwa höhere Mehrheiten, Einstimmigkeit oder die Zustimmung einzelner Gesellschafter – ganz allgemein bei Satzungsänderungen vorsieht. Es kann hier auf die Ausführungen zum Verschmelzungsrecht verwiesen werden, da die Frage der zusätzlichen satzungsmäßigen Anforderungen v. a. dort diskutiert wird (vgl. oben Teil 2 Rdn. 482 ff.). Hier ist allerdings durch Auslegung festzustellen, inwieweit die Gesellschafter durch bestimmte Satzungsbestimmungen Strukturänderungen, die mit der Umwandlung vergleichbar sind, regeln wollten.

V. Stimmberechtigung

Stimmberechtigung bei der Beschlussfassung haben grds. **alle Gesellschafter und Aktionäre.** Beim 124 Formwechsel von AG ist nach § 240 Abs. 1 UmwG, § 65 Abs. 2 UmwG entsprechend anzuwenden. Sind mehrere Gattungen stimmberechtigter Aktien vorhanden, so muss jede Gruppe in gesonderter Abstimmung oder gesonderter Versammlung (§ 138 AktG) mit der jeweils erforderlichen qualifizierten Mehrheit zustimmen.

VI. Stellvertretung beim Formwechselbeschluss

Im UmwG finden sich keine ausdrücklichen Regelungen über die **Vertretung bei der Stimmabgabe** in 125 Umwandlungsbeschlüssen und über die Form der diesbezüglichen Vollmacht (vgl. eingehend zur Vertretung bei Umwandlungsfällen Heidinger/Blath, Die Vertretung im Umwandlungsrecht, in: FS für Spiegelberger, 2009, S. 692 ff.). Insofern gelten grds. die allgemeinen Regelungen sowohl für die erforderliche Form der Vollmacht als auch für die Zulässigkeit des vollmachtlosen Vertretens. Gem. § 167 Abs. 2 BGB bedarf die Vollmacht nicht der Form, welche für das eigentliche Rechtsgeschäft bestimmt ist. Es gelten die jeweiligen Gesellschaftsrechte, d. h. bei der GmbH ist Textform (§ 47 Abs. 3 GmbHG), bei AG und KGaA grds. Textform (§ 134 Abs. 3 AktG) notwendig, sofern die Satzung nichts anderes bestimmt, bei Personengesellschaften ist sie grds. formlos. Daher kann nach allgemeinen Grundsätzen für die Vollmacht zur Vertretung beim Umwandlungsbeschluss nicht die notarielle Beurkundung wie für den Umwandlungsbeschluss selbst nach § 193 Abs. 3 Satz 1 BGB verlangt werden.

In der Literatur ist allerdings wie beim Verschmelzungsbeschluss umstritten, ob nicht zumindest die **notarielle Beglaubigung** erforderlich ist. Die herrschende Meinung lehnt dies m. E. zu Recht ab (Kallmeyer/Zimmermann, UmwG, § 193 Rn. 11; Lutter/Decher/Hoger, § 193 UmwG Rn. 4; Bärwaldt, in: Semler/Stengel, § 193 UmwG Rn. 12). Eine öffentliche Beglaubigung nach § 2 Abs. 2 GmbHG, § 134 Abs. 3 AktG der Vollmacht sei nicht erforderlich, obwohl subsidiär die Gründungsvorschriften anzuwenden seien. Selbst bei der Gründung von Kapitalgesellschaften sei dies nur für die Vereinbarung des Gesellschaftsvertrages vorgesehen, beim Formwechsel in die Kapitalgesellschaft seien Gesellschaftsvertrag und Satzung hingegen Inhalt des Beschlusses. Sie werden durch Beschlussfassung festgestellt. Insoweit werde das Gründungsrecht verdrängt (so Kallmeyer/Zimmermann, UmwG, § 193 Rn. 11; Lutter/Decher/Hoger, UmwG, § 193 Rn. 4).

126 Z. T. wird allerdings unter bestimmten Voraussetzungen öffentliche Beglaubigung verlangt (Widmann/Mayer/Vollrath, § 193 UmwG Rn. 24; Stratz, in: Schmitt/Hörtnagl/Stratz, UmwG/UmwStG, § 193 UmwG Rn. 8). **Vollrath** (Widmann/Mayer/Vollrath, Umwandlungsrecht, § 193 UmwG Rn. 23; ähnlich auch Widmann/Mayer/Heckschen, Umwandlungsrecht, § 13 UmwG Rn. 112) führt demgegenüber aus, dass die Stimmabgabe grds. persönlich zu erfolgen habe, soweit nicht Gesellschaftsvertrag oder Gesetz eine Stimmabgabe per Boten oder Bevollmächtigten zulasse, dass aber ein etwaiges Formerfordernis für die Stimmabgabe nach dem jeweiligen Einzelgesellschaftsrecht der Ausgangsrechtsform zu beachten sei, sodass ein etwa weiter gehendes Formerfordernis nach den Gründungsvorschriften der Zielrechtsform (z. B. § 2 Abs. 2 GmbHG) zu beachten sei. Weiter gehend könne § 193 Abs. 3 Satz 1 UmwG ein allgemeines Formerfordernis für Vollmachten entnommen werden, soweit hier bzgl. der Zustimmung nicht erschienener Anteilseigner ausdrücklich von der Regel des § 182 Abs. 2 BGB abgewichen werde. Stimmabgabe und Zustimmungserfordernis seien in den Fällen funktional gleichwertig, wo die Zustimmung des nicht erschienenen Anteilseigners verlangt werde (vgl. z. B. § 217 Abs. 1 Satz 1 Halbs. 2, § 233 Abs. 1 Halbs. 2 UmwG). In diesem Umfang müsse daher § 167 Satz 2 BGB zurücktreten, da nicht ersichtlich sei, inwieweit die Warnfunktion der notariellen Beurkundung bei der Bevollmächtigung entbehrlich sein soll, bei einer vorher erteilten Zustimmung jedoch nicht. Richtigerweise sei also zu differenzieren:

– Sei bei einem Fernbleiben des entsprechenden Anteilseigners seine **Zustimmung zum Beschluss** nach den Vorschriften des UmwG erforderlich, so bedürfe auch eine Vollmacht der **notariellen Beurkundung**; eine Beglaubigung reiche insoweit nicht aus.

– Sei eine solche Zustimmung nicht erforderlich, gelten die **allgemeinen Formerfordernisse** für die Stimmrechtsabgabe bei Ausgangsrechtsform und Gründungsvollmachten der Zielrechtsform.

127 Ob auch eine **vollmachtlose Vertretung** zulässig ist, kann wiederum nach den Grundsätzen im allgemeinen Gesellschaftsrecht der betreffenden Rechtsform, in der der Formwechselbeschluss gefasst wird, beurteilt werden. Daher ist die vollmachtlose Vertretung bei der Fassung des Umwandlungsbeschlusses grds. möglich, wenn sie vom Leiter der Versammlung zugelassen wurde (vgl. zur GmbH: Lutter/Hommelhoff/Bayer, § 47 GmbHG Rn. 26; Scholz/K.Schmidt, § 47 GmbHG Rn. 87; Baumbach/Hueck/Zöllner, § 47 UmwG Rn. 55; zum Umwandlungsbeschluss vgl.: Kallmeyer/Zimmermann, UmwG, § 193 Rn. 11; Lutter/Decher/Hoger, § 193 UmwG Rn. 4; Bärwaldt, in: Semler/Stengel, § 193 UmwG Rn. 12; Widmann/Mayer/Vollrath, § 193 UmwG Rn. 28 f.; Stratz, in: Schmitt/Hörtnagl/Stratz, UmwG/UmwStG, § 193 UmwG Rn. 8; Bärwaldt, in: Semler/Stengel, § 193 UmwG Rn. 16). Der Umwandlungsbeschluss wird allerdings erst mit entsprechend erteilter Genehmigung wirksam, sodass u. U. Probleme mit der (nur steuerlich wirkenden) 8-monatigen Rückwirkung auch beim Formwechsel auftreten können. Eine handelsrechtliche 8-monatige Ausschlussfrist nach § 17 Abs. 2 Satz 4 UmwG existiert beim Formwechsel demgegenüber nicht. Die Genehmigung des vollmachtlosen Handelns bedarf nach allgemeinen Grundsätzen nicht der Form, die für das genehmigungs-

bedürftige Rechtsgeschäft bestimmt ist (§ 182 Abs. 2 BGB). Dies gilt auch dann, wenn die Vollmacht selbst ausnahmsweise formbedürftig gewesen wäre (BGH, NJW 1994, 1344; Palandt/Ellenberger, BGB, § 167 Rn. 7 und § 182 Rn. 2; zur GmbH: Lutter/Hommelhoff/Bayer, § 47 GmbHG, Rn. 26; Scholz/K.Schmidt, § 47 GmbHG Rn. 87; Baumbach/Hueck/Zöllner, § 47 UmwG Rn. 55; a. A. Einsele, DNotZ 1996, 835; s. a. OLG Köln, BB 1995, 2545 für Formbedürftigkeit der Genehmigung eines GmbH-Vertrages bei Abschluss durch einen vollmachtlosen Vertreter).

H. Inhalt des Umwandlungsbeschlusses

§ 194 UmwG sieht vor, dass der **Inhalt des Umwandlungsbeschlusses sehr umfangreich** ist. Während **128** nach dem bis 1995 geltenden Umwandlungsrecht i. d. R. nur Beschlussgegenstand die Tatsache der Umwandlung und die neue Rechtsform waren, bestimmt § 194 UmwG, dass der Beschluss eine Reihe von regelungsbedürftigen Punkten enthalten muss. Wie die Regierungsbegründung (vgl. BR-Drucks. 75/94, S. 139; abgedruckt in: Limmer, Umwandlungsrecht, S. 334), deutlich macht, soll in enger Parallele zu § 5 UmwG über den Mindestinhalt eines Verschmelzungsvertrages in § 194 UmwG der Mindestinhalt des für den Formwechsel maßgebenden Umwandlungsbeschlusses festgelegt werden. Auch hierbei wird deutlich, dass der Umwandlungsbeschluss insb. auch wegen dieser Vielzahl von zu treffenden Regelungen die Funktion des Verschmelzungsvertrages und des Spaltungsvertrages übernimmt (vgl. auch Decher, in: Lutter, Kölner Umwandlungsrechtstage, S. 207). Der Entwurf des Umwandlungsbeschlusses ist auch Teil des Umwandlungsberichts (§ 192 Abs. 1 Satz 3 UmwG) und muss den Gesellschaftern vor der Vorbereitung der Gesellschafterversammlung oder Hauptversammlung rechtzeitig übersendet werden. Insb. unter Berücksichtigung dieser besonderen Informationspflichten wird die besondere Aufklärungsfunktion des Umwandlungsbeschlusses deutlich. Zum einen soll den Gesellschaftern bereits vor einer Versammlung deutlich gemacht werden, welche Rechtsfolgen sich aus der Umwandlung im Einzelnen ergeben. Zum anderen sollen diese Bestimmungen auch Beschlussgegenstand in der Gesellschafter- oder Hauptversammlung sein. Dadurch, dass diese Gegenstände zum Inhalt des Beschlusses gehören, werden die Gesellschafter gezwungen, sich mit diesen Fragen zu beschäftigen.

Auch § 194 UmwG ist daher wie § 5 UmwG bei der Verschmelzung nach dem Muster einer **Checkliste** **129** aufgebaut. In der Praxis wird es sich empfehlen, entsprechend der Reihenfolge des Gesetzes zu allen genannten Fragen Erklärungen im Umwandlungsbeschluss aufzunehmen, und sei auch nur durch eine entsprechende Negativerklärung (so auch Decher, in: Lutter, Kölner Umwandlungsrechtstage, S. 207).

Es fällt allerdings auf, dass anders als für den Verschmelzungs- und Spaltungsvertrag § 194 UmwG für **130** den **Mindestinhalt des Umwandlungsbeschlusses** beim Formwechsel keine Bestimmung über das rechtliche Schicksal des Unternehmens vorsieht. Während beim UmwG vor 1995 ausdrücklich die Übertragung des Vermögens etwa bei der Umwandlung einer Personenhandelsgesellschaft in eine Kapitalgesellschaft Gegenstand des Beschlusses sein musste, sind diese Fragen nach dem UmwG 1995 nicht mehr Inhalt des Umwandlungsbeschlusses. § 194 UmwG hat also das bis 1995 nur in Teilbereichen geltende Recht der identitätswahrenden formwechselnden Umwandlung auch auf die früheren Fälle der errichtenden Umwandlung ausgedehnt. Dies entspricht dem neuen gesetzlichen dogmatischen Ausgangspunkt von der einheitlichen Identität des Formwechsels, unabhängig davon, ob zwischen der Ausgangsgesellschaft und der Zielgesellschaft gleiche Struktur oder eine unterschiedliche Struktur besteht. Mit der Aufgabe der Unterscheidung in errichtende und formwechselnde Umwandlung war es auch nicht mehr notwendig, im Umwandlungsbeschluss das Schicksal des Unternehmensvermögens zu regeln, da die Identität aufgrund der neuen Dogmatik gewahrt bleibt, sodass eine Übertragung des Vermögens nicht mehr erforderlich ist.

Die **Begründung zum RegE** weist daher auch auf Folgendes hin (BR-Drucks. 75/94, S. 140); abge- **131** druckt in: Limmer, Umwandlungsrecht, S. 335):

> »Diesen unterschiedlichen Anforderungen des geltenden Rechts an den Inhalt eines Umwandlungsbeschlusses liegt die Auffassung zugrunde, es handelt sich bei der ersten Fallgruppe um eine identitätswahrende, bei der zweiten (der errichtenden) hingegen nicht um eine identitätswahrende Umwandlung. Da der Entwurf auch die zuletzt genannten Fälle als identitätswahrenden Formwechsel

behandelt, wird für alle im fünften Buch geregelten Umwandlungsfälle darauf verzichtet, den Formwechsel von einem besonderen Beschluss über die Vermögensübertragung abhängig zu machen.«

132 Weiter zu berücksichtigen ist, dass die besonderen Vorschriften **weitere Beschlussgegenstände** des Umwandlungsbeschlusses **zwingend** vorsehen. Insb. ist auf § 218 UmwG hinzuweisen. Bspw. bei einem Formwechsel von Personenhandelsgesellschaften in Kapitalgesellschaften muss in dem Umwandlungsbeschluss auch der Gesellschaftsvertrag der GmbH oder das Satzung der Genossenschaft oder die Satzung der AG festgestellt werden. Das Gleiche gilt gem. § 243 UmwG beim Formwechsel von Kapitalgesellschaften in eine Kapitalgesellschaft anderer Rechtsform. Der Gesetzgeber hat im **Zweiten Gesetz zur Änderung des UmwG** v. 25.04.2007 (BGBl. I, S. 542) § 234 Abs. 3 Nr. 3 UmwG n. F. dahin gehend geändert, dass anders als vor der Neuregelung auch der **Gesellschaftsvertrag der Personengesellschaft im Umwandlungsbeschluss enthalten sein** muss. Die Begründung zum RegE (BT-Drucks. 16/2919, S. 19) weist auch darauf hin, dass im Gegensatz zu § 218 UmwG beim Formwechsel einer Personenhandelsgesellschaft in eine GmbH in § 234 UmwG derzeit (außer für die Partnerschaftsgesellschaft) nicht ausdrücklich vorgeschrieben war, dass beim umgekehrten Fall des Formwechsels einer Kapitalgesellschaft in eine Personengesellschaft auch der Gesellschaftsvertrag dieser Gesellschaft Bestandteil des Umwandlungsbeschlusses sein muss. In der Praxis ergab sich daraus die Unsicherheit, ob bei einem Formwechsel in die KG mit der in § 233 Abs. 2 UmwG vorgeschriebenen 3/4-Mehrheit auch der Gesellschaftsvertrag beschlossen werden kann. Daher soll künftig wie in § 218 UmwG der Gesellschaftsvertrag ausdrücklich zum notwendigen Beschlussinhalt gehören. Zwar wird damit abweichend vom sonstigen Recht der Gesellschaftsvertrag der Personengesellschaft einem Formerfordernis unterworfen. Bei einem Wechsel aus der Kapitalgesellschaft in die Personengesellschaft erscheint dies dem Gesetzgeber aber angemessen.

133 Zu beachten ist, dass anders als bei der übertragenden Umwandlung nach dem UmwG vor 1995 die Festlegung eines **Formwechselstichtages** zumindest in gesellschaftsrechtlicher Hinsicht keinen Sinn gibt. Der Formwechsel wird mit der Eintragung im Register gesellschaftsrechtlich wirksam, eine Veränderung der Identität des Rechtsträgers findet wie dargelegt (vgl. oben Teil 4 Rdn. 7 ff.) nicht statt, sodass eine Rückbeziehung, wie etwa bei der Verschmelzung oder Spaltung auf einem vor der Eintragung liegenden Stichtag, gesellschaftsrechtlich keinen Sinn macht (vgl. auch Kallmeyer/Meister/Klöcker, UmwG, § 194 Rn. 10). Aus den gleichen Gründen hatte daher auch der Gesetzgeber keine Umwandlungsbilanz, sondern nur zur Information der Anteilsinhaber zunächst die Vermögensaufstellung vorgesehen (Kallmeyer/Meister/Klöcker, UmwG, § 194 Rn. 11; vgl. oben Teil 4 Rdn. 85 ff.). Durch das **Zweite Gesetz zur Änderung des UmwG** ist dogmatisch konsequent auch diese Vermögensaufstellung weggefallen.

Allerdings ist zu berücksichtigen, dass das **Umwandlungssteuerrecht** teilweise andere Anknüpfungspunkte wählt und die Aufstellung einer Steuerschlussbilanz und einer steuerlichen Eröffnungsbilanz für den Formwechsel einer Kapitalgesellschaft in eine Personengesellschaft bzw. einer Personenhandelsgesellschaft in eine Kapitalgesellschaft in § 14 Satz 2 bzw. § 25 Satz 2 UmwStG vorsieht. So bestimmt § 14 Satz 2 UmwStG, dass die Kapitalgesellschaft »für steuerliche Zwecke« auf den Zeitpunkt, in dem der Formwechsel wirksam wird, eine **Übertragungsbilanz** und die Personengesellschaft eine **Eröffnungsbilanz** aufzustellen hat. In diesem Zusammenhang darf auch der Stichtag höchstens 8 **Monate** vor der Anmeldung des Formwechsels liegen. Das Steuerrecht bestimmt daher in § 14 Satz 2 UmwStG für den Fall des Formwechsels einer Kapitalgesellschaft und einer Genossenschaft in eine Personengesellschaft und nach § 25 UmwStG für den Formwechsel einer Personenhandelsgesellschaft in eine Kapitalgesellschaft ebenso wie bei der Verschmelzung einen steuerrechtlichen Umwandlungsstichtag. Insofern kann bei diesen Fällen aus steuerlichen Gründen ein Umwandlungsstichtag im Umwandlungsbeschluss festgelegt werden.

I. Neue Rechtsform

134 Gem. § 194 Abs. 1 Nr. 1 UmwG muss in dem Umwandlungsbeschluss die **Rechtsform**, die der Rechtsträger durch den Formwechsel erlangen soll, **bestimmt werden**. Mit dieser Bestimmung legt der formwechselnde Rechtsträger den rechtlichen Rahmen fest, in dem der Gesellschaftsvertrag, die Satzung oder das Satzung des Rechtsträgers neuer Rechtsform gestaltet werden kann. Die Angabe ist daher auch ein wesentlicher Bestandteil des künftigen Inhalts des Gesellschaftsvertrages und der Satzung

(so die Begründung zum RegE, BR-Drucks. 75/94, S. 139; abgedruckt in: Limmer, Umwandlungsrecht, S. 334). Anzugeben sind im Umwandlungsbeschluss die nach dem einschlägigen Gesellschaftsrecht vorgesehenen Bezeichnungen.

II. Name oder Firma des neuen Rechtsträgers

Nach § 194 Abs. 1 Nr. 2 UmwG ist im Umwandlungsbeschluss außerdem der **Name oder die Firma** 135
des Rechtsträgers neuer Rechtsform anzugeben. Hier sind die firmenrechtlichen Fragen der neuen Gesellschafts- oder Rechtsträgerform zu beachten. Es ist hierbei zu klären, ob die alte Firma, und wenn, mit welchen Rechtsformzusätzen, übernommen werden kann oder ob eine neue Firma gebildet werden soll. Zu den **firmenrechtlichen Fragen** enthält das UmwG in § 200 UmwG **Sondervorschriften** (vgl. eingehend Teil 5 Rdn. 28 ff.).

▶ **Hinweis:** 136

Anders als bei der Verschmelzung ist im Umwandlungsbeschluss nicht der Sitz des Rechtsträgers anzugeben (Kallmeyer/Meister/Klöcker, UmwG, § 194 Rn. 19). Eine Abweichung davon enthält § 234 Nr. 1 UmwG, der für den Formwechsel der Kapitalgesellschaft in die Personengesellschaft die Bestimmung des Sitzes der Personengesellschaft verlangt.

III. Angabe der Beteiligung der bisherigen Anteilsinhaber an dem neuen Rechtsträger

Nach § 194 Abs. 1 Nr. 3 UmwG muss in dem Umwandlungsbeschluss eine **Beteiligung der bisherigen** 137
Anteilsinhaber an dem Rechtsträger nach den für die neue Rechtsform geltenden Vorschriften, soweit ihre Beteiligung nicht nach diesem Buch entfällt, bestimmt werden.

Diese Vorschrift besagt, dass der Umwandlungsbeschluss bestimmen muss, dass jeder Gesellschafter 138
und Anteilsinhaber an dem Rechtsträger alter Rechtsform auch eine Beteiligung an dem Rechtsträger neuerer Rechtsform enthält. Die Begründung zum RegE weist darauf hin, dass mit dieser Bestimmung die Identität des an dem Umwandlungsvorgang beteiligten Personenkreises zum Ausdruck gebracht werden soll (Begründung zum RegE, BR-Drucks. 75/94, S. 140; abgedruckt in: Limmer, Umwandlungsrecht, S. 335). Die Formulierung drückt den sog. **Grundsatz der Personenidentität** aus (vgl. Teil 4 Rdn. 14 ff.). Dieser Grundsatz besagt, dass während der Umwandlung weder Personen in die Gesellschaft aufgenommen noch Personen aus der Gesellschaft ausscheiden können und der Personenkreis vor und nach der Umwandlung derselbe sein muss (vgl. Kallmeyer/Meister/Klöcker, UmwG, § 194 Rn. 21 ff.; Kallmeyer, ZIP 1994, 1751). Im Einzelnen ist allerdings umstritten, inwieweit die Kombination des Formwechselrechts mit allgemeinem Gesellschaftsrecht den Eintritt bzw. Austritt auf den Zeitpunkt des Formwechsels zulässt (vgl. dazu im Einzelnen oben Teil 4 Rdn. 14 ff.).

§ 194 Abs. 1 Nr. 4 UmwG bestimmt allerdings, dass eine Beteiligung der bisherigen Anteilsinhaber 139
dann nicht erforderlich ist, wenn deren Beteiligung nach diesem Buch entfällt. Diese **Sondervorschrift** betrifft das Ausscheiden von Komplementären aus einer formwechselnden **KGaA** sowie den Ausschluss bestimmter Mitglieder eines formwechselnden Versicherungsvereins auf Gegenseitigkeit von der Beteiligung an der AG (vgl. Begründung zum RegE, BR-Drucks. 75/94, S. 140; abgedruckt in: Limmer, Umwandlungsrecht, S. 335). Auch an anderer Stelle zeigt die Regierungsbegründung deutlich, dass grds. an dem Grundsatz der Personenidentität festgehalten wird (vgl. Begründung zum RegE, BR-Drucks. 75/94, S. 331):

»Der wesentliche Unterschied des Formwechsels gegenüber den anderen Arten der Umwandlung liegt in der wirtschaftlichen Kontinuität des Rechtsträgers vor und nach dem Formwechsel. Diese Kontinuität beruht zum einen auf einer fast ausnahmslosen Identität des Personenkreises, der vor und nach der Umwandlung an dem Rechtsträger beteiligt ist. In dem Entwurf wird diese Personenidentität nur für die Komplementäre einer KGaA und für bestimmte Mitglieder eines formwechselnden Versicherungsvereins auf Gegenseitigkeit durchbrochen. Die persönlich haftenden Gesellschafter einer formwechselnden KGaA können mit dem Wirksamwerden des Formwechsels als solche aus dem Rechtsträger ausscheiden, oder es können einer durch den Formwechsel geschaffenen KGaA solche Gesellschafter im Rahmen des Formwechsels als Komplementäre beitreten, auch wenn sie an dem Rechtsträger vorher nicht beteiligt waren. Ferner können Mitglieder eines form-wechselnden Versicherungsvereins auf Gegenseitigkeit, die dem Verein noch keine drei Jahre ange-hören, von der Beteiligung an der AG ausgeschlossen werden. I. Ü. aber soll sich der Formwechsel unter Ausschluss Dritter allein im Kreis der schon bisher beteiligten Anteilsinhaber vollziehen.«

140 ▶ Hinweis:

Wie diese Formulierungen des Gesetzgebers deutlich machen, gilt also der **Grundsatz der Persone-nidentität** fast ausnahmslos. Die einzige Ausnahme ist die Ausscheidemöglichkeit der Komplemen-täre bei einer **KGaA** gem. §§ 236, 247 Abs. 3 UmwG sowie beim Formwechsel von Versicherungs-vereinen auf Gegenseitigkeit gem. § 294 Abs. 1 UmwG. Nach der BGH-Entscheidung v. 09.05.2005 (DNotZ 2005, 864 = ZNotP 2005, 392; s. o. Teil 4 Rdn. 21) dürfte jetzt ein Ein-oder Austritt zulässig sein (vgl. dazu im Einzelnen oben Teil 4 Rdn. 14 ff.).

IV. Unbekannte Aktionäre

141 Beim Formwechsel von AG besteht in der Praxis häufig das Problem, dass **nicht alle Aktionäre nament-lich bekannt** sind. § 213 UmwG bestimmt die Anwendung des § 35 Satz 1 UmwG. Dort ist Folgendes geregelt: Unbekannte Aktionäre einer übertragenden AG oder KG auf Aktien sind im Verschmelzungs-vertrag, bei Anmeldungen zur Eintragung in ein Register oder bei der Eintragung in eine Liste von Anteilsinhabern durch die Angabe des insgesamt auf sie entfallenden Teils des Grundkapitals der Ge-sellschaft und der auf sie nach der Verschmelzung entfallenden Anteile zu bezeichnen, soweit eine Be-nennung der Anteilsinhaber für den übernehmenden Rechtsträger gesetzlich vorgeschrieben ist; eine Bezeichnung in dieser Form ist nur zulässig für Anteilsinhaber, deren Anteile zusammen den zwanzigs-ten Teil des Grundkapitals der übertragenden Gesellschaft nicht überschreiten. Werden solche Anteils-inhaber später bekannt, so sind Register oder Listen von Amts wegen zu berichtigen. Bis zu diesem Zeit-punkt kann das Stimmrecht aus den betreffenden Anteilen in dem übernehmenden Rechtsträger nicht ausgeübt werden.

Problematisch war, ob sich der Rechtsträger auch dann des Verfahrens nach § 35 UmwG bedienen darf, wenn er zuvor keine ernsthaften Bemühungen zur namentlichen Ermittlung der unbekannten Aktio-näre unternommen hat.

Das **LG Augsburg** (ZIP 1996, 1011 = EWiR § 213 UmwG 1/96 m. Anm. Schöne) war der Auffassung, dass bei der Anmeldung detailliert die Anstrengungen dargelegt werden müssen, die die AG unternom-men hat, um die Aktionäre ausfindig zu machen. Erst wenn ernsthafte Ermittlungsmaßnahmen erfolg-los geblieben seien, könnten die Aktionäre als unbekannt behandelt werden. Das BayObLG war als nachfolgende Instanz hingegen liberaler (vgl. ZIP 1996, 1467 = NJW 1997, 747) und entschied, dass die AG bereits in ihrer Einladung zur beschlussfassenden Hauptversammlung ihre Aktionäre auf-zufordern habe, ihren Aktienbesitz unter Namensnennung der Gesellschaft anzuzeigen. Soweit dann Aktionäre unbekannt blieben, seien die auf sie entfallenden Aktienurkunden festzustellen und diese Ak-tionäre durch die Angaben ihrer Aktienurkunde in dem Umwandlungsbeschluss aufzunehmen. Zu wei-teren Vereinfachungen sah sich das BayObLG angesichts des klaren Wortlauts des § 35 UmwG nicht in der Lage.

Demgegenüber ist in der **Literatur** ein Teil der Auffassung, dass § 35 Abs. 1 UmwG erweiternd dahin gehend auszulegen sei, dass die nicht ermittelbaren Stücknummern unbekannter Aktionäre durch eine generalisierende Angabe des Inhalts ersetzt werden können, dass lediglich eine bestimmte Anzahl von Aktien auf unbekannte Gesellschafter entfalle. Die Nennwerte der früheren Aktienstücke müsste dabei angegeben werden sowie die Zahl von Aktien mit unterschiedlichem Nennwert differenziert benannt werden (so Lutter/Happ, UmwG, § 246 Rn. 24; Meyer-Landruth/Kiem, WM 1997, 1413, 1415).

142 Im **Zweiten Gesetz zur Änderung des UmwG** hat der Gesetzgeber ebenso wie bei Verschmelzung und Formwechsel die Problematik jetzt durch die Neufassung in § 35 UmwG geregelt. § 213 UmwG n. F. normiert die entsprechende Anwendung auch auf den Formwechsel. Unbekannte Aktionäre einer form-wechselnden AG oder KGaA sind im Formwechselbeschluss, bei Anmeldungen zur Eintragung in ein Register oder bei der Eintragung in eine Liste von Anteilsinhabern durch die Angabe des insgesamt auf sie entfallenden Teils des Grundkapitals der Gesellschaft und der auf sie nach der Verschmelzung entfallenden Anteile zu bezeichnen, soweit eine Benennung der Anteilsinhaber gesetzlich vorgeschrieben ist; eine Bezeichnung in dieser Form ist nur zulässig für Anteilsinhaber, deren Anteile zusammen den zwanzigsten Teil des Grundkapitals der übertragenden Gesellschaft nicht überschreiten. Werden solche Anteilsinhaber später bekannt, so sind Register oder Listen von Amts wegen zu berichtigen. Bis zu diesem Zeitpunkt kann das Stimmrecht aus den betreffenden Anteilen in dem übernehmenden Rechtsträger nicht ausgeübt werden. Die Begründung zum RegE (BR-Drucks. 548/06, S. 23) weist darauf hin, dass vorgesehene Bezeichnung unbekannter Aktionäre durch die Angabe ihrer Aktienurkunden praktische Schwierigkeiten bereitete, wenn sich die Aktien in der Girosammelverwahrung ohne Einzelverbriefung befinden oder der Verbriefungsanspruch gem. § 10 Abs. 5 AktG sogar ganz ausgeschlossen ist. Aufgrund der Neuregelung soll daher die Bezeichnung in der Weise zugelassen werden, dass die unbekannten Anteilsinhaber in einem Sammelvermerk durch die Angabe des auf sie insgesamt entfallenden Teils des Grundkapitals der AG und der auf sie entfallenden Anteile bestimmt werden. Um Missbräuche zu verhindern, soll diese besondere Möglichkeit der Bezeichnung aber nur für Anteilsinhaber möglich sein, deren Aktien max. 5 % des Grundkapitals der Gesellschaft umfassen. Mit der erleichterten Bezeichnung noch nicht gelöst werden die Probleme, die sich nach dem Formwechsel beim Vorhandensein unbekannter Anteilsinhaber für die Wirksamkeit von Gesellschafterbeschlüssen ergeben. Deshalb soll das Stimmrecht dieser Personen so lange ruhen bis ihre Identität geklärt ist.

Zur Anteilsbestimmung bei unbekannten Aktionären vgl. unten Teil 4 Rdn. 176.

V. Zahl, Art und Umfang der Anteile oder Mitgliedschaftsrechte an der neuen Rechtsform

Eine der wichtigsten Bestimmungen im Umwandlungsbeschluss sind die gem. § 194 Abs. 1 **143** Nr. 4 UmwG **festzulegenden Anteile oder Mitgliedschaften an dem neuen Rechtsträger**. Nach dieser Vorschrift sind Zahl, Art und Umfang der Anteile oder der Mitgliedschaften, welche die Anteilsinhaber durch den Formwechsel erlangen sollen oder die einem beitretenden persönlich haftenden Gesellschafter eingeräumt werden, im Umwandlungsbeschluss genau zu bezeichnen (vgl. dazu Kallmeyer/Meister/Kläcker UmwG, § 194 Rn. 30; Lutter/Decher/Hoger, § 194 UmwG Rn. 8 ff.; Bärwaldt, in: Semler/Stengel, § 194 UmwG Rn. 15 ff.; Stratz, in: Schmitt/Hörtnagl/Stratz, UmwG/UmwStG, § 194 UmwG Rn. 5).

Die Begründung zum RegE weist hierzu auf Folgendes hin (BR-Drucks. 75/94, S. 140; abgedruckt in: **144** Limmer, Umwandlungsrecht, S. 335):

> »Nach den Nummern vier und fünf soll es ferner erforderlich sein, die künftige Beteiligung der Anteilsinhaber in dem Umwandlungsbeschluss qualitativ und quantitativ näher zu bestimmen. Die Regelung entspricht auch insoweit dem notwendigen Mindestinhalt eines Verschmelzungsvertrages. Soweit der Umwandlungsbeschluss nach den Besonderen Vorschriften des Zweiten Teils auf den künftigen Wortlaut des Gesellschaftsvertrages oder der Satzung enthalten muss, soll es bei der näheren Bestimmung der Anteile oder des sonstigen Mitgliedschaftsrechts an dem Rechtsträger neuer Rechtsform möglich sein, hierauf Bezug zu nehmen. Einer besonderen gesetzlichen Regelung bedarf es hierfür jedoch nicht.«

Wie diese Ausführungen zeigen, geht es bei diesem Beschlusspunkt also um die **qualitative und quan- 145 titative Festlegung der Beteiligung** der Gesellschafter und Mitglieder des Rechtsträgers alter Rechtsform an dem neuen. Dies muss entweder ausdrücklich im Umwandlungsbeschluss geschehen oder, wenn aufgrund der besonderen Vorschrift der Gesellschaftsvertrag Teil des Umwandlungsbeschlusses ist, so genügt der Verweis hierauf.

▶ **Hinweis:** **146**

Die Vorschrift hat für alle an der Umwandlung Beteiligten große Bedeutung, da in diesem Beschlusspunkt auch bestimmt wird, welche vermögensmäßige Beteiligung die Gesellschafter und Anteilsinhaber an dem neuen Rechtsträger haben werden. Ähnlich wie beim Verschmelzungsvertrag, bei dem die Gegenleistung und das Umtauschverhältnis der Anteile bestimmt werden müssen, stellen sich auch hier **Fragen der Aufteilung der Anteile** im Hinblick auf das Vermögen des umgewandelten

Rechtsträgers. Hier werden auch die wirtschaftlichen Fragen festgelegt. Es verwundert daher nicht, dass auch hier dieser Beschlusspunkt das größte Streitpotenzial in sich birgt.

147 **1. Art der Anteile oder Mitgliedschaften.** Welche Art von Anteilen oder Mitgliedschaften die Gesellschafter oder Anteilsinhaber an der neuen Rechtsform haben, richtet sich nach dem Gesellschaftsrecht dieser neuen Rechtsform. Darüber hinaus ist es denkbar, dass das **Gesellschaftsrecht der neuen Rechtsform** unterschiedliche Formen der Beteiligung kennt, sodass weiter im Umwandlungsbeschluss festgelegt werden muss, welche dieser unterschiedlichen Rechtsformen die Gesellschafter erhalten sollen. So ist etwa bei einer KG zu entscheiden, ob der Gesellschafter **Kommanditist oder Komplementär** wird. Hierbei ist zu berücksichtigen, dass gem. § 233 Abs. 2 Satz 3 UmwG beim Formwechsel einer Kapitalgesellschaft in eine KG alle Gesellschafter oder Aktionäre zustimmen müssen, die in der KG die Stellung des persönlich haftenden Gesellschafters haben sollen. Die Bestimmung der Art der Beteiligung hat, wie dieses Beispiel zeigt, auch Folgen im Hinblick auf die notwendigen Mehrheiten.

148 Bei Aktien ist darüber hinaus zu entscheiden, welche **Aktiengattung** der Gesellschafter an der neuen AG erhält. Wie früher wird man davon ausgehen können, dass die Ausgabe von Aktien mit verschiedenen Rechten auch bei der Umwandlung zulässig ist (§ 11 AktG). Deshalb kann auch die Aktiengattung, soweit dies nach dem Aktienrecht zulässig ist, im Hinblick auf etwaige Besonderheiten der Gesellschaft einer umzuwandelnden Personenhandelsgesellschaft entsprechend ausgestaltet werden, etwa mit besonderen Stimmrechten oder Gewinnanteilen. Dies muss dann aber im **Umwandlungsbeschluss** festgelegt sein.

149 Soweit keine Sondervorschriften bestimmte Schutzregelungen für die Art der Gesellschafterbeteiligung vorsehen, ist § 202 i. V. m. § 23 UmwG zu beachten. Den Inhabern von Rechten in der formwechselnden Gesellschaft, die kein Stimmrecht gewähren, sind **gleichwertige Rechte** in dem übernehmenden Rechtsträger zu gewähren. Die Art der Beteiligung muss wirtschaftlich der alten Beteiligung gleichwertig sein. Darüber hinausgehend wird man den **allgemeinen Gleichheitsgrundsatz** heranziehen können, dass jeder Gesellschafter eine seiner Art der Beteiligung an der alten Gesellschaft wirtschaftlich entsprechende Beteiligung an der neuen verlangen kann (Widmann/Mayer/Vollrath, Umwandlungsrecht, § 194 UmwG Rn. 16; Kallmeyer/Meister/Klöcker, UmwG, § 194 Rn. 34; Lutter/Decher/Hoger, § 194 UmwG Rn. 13). Allerdings ist mit Zustimmung **ein nicht-verhältniswahrender Formwechsel** zulässig (vgl. dazu Teil 4 Rdn. 34; vgl. Lutter/DecherDecher/Hoger, UmwG, § 194 Rn. 13; § 202 Rn. 14 f.2; Stratz, in: Stratz/Schmitt/Hörtnagl, § 202 UmwG Rn. 7, Kallmeyer/Meister/Klöcker, § 194 UmwG Rn. 34; Widmann/Mayer/Vollrath § 194 UmwG Rn 17; KölnerKommUmwG/Dauner-Lieb/Tettinger § 231 Rn 3; Priester, DNotZ 1995, 427, 451; Heckschen, DB 2008, 2122 ff.; Baßler, GmbHR 2007, 1252 ff.; Simon/Leuering, NJW-Spezial 2005, 495). Sogar der **quotenverschiebende Formwechsel zu Null** wird von einem Teil der Literatur zugelassen (Priester, DB 1997, 560, 56).

150 **2. Zahl und Umfang der Anteile an der neuen Gesellschaft.** a) **Festsetzung von Stammkapital bzw. Grundkapital oder Einlageleistungen.** Vgl. zunächst zur Identität des Gesellschaftskapitals oben Teil 4 Rdn. 25 ff.

Die Verteilung des Vermögens der neuen Gesellschaft auf die Gesellschafter im Wege der Mitgliedschaftsrechte hängt entscheidend zunächst davon ab, welche Gesamthöhe das **Stammkapital bzw. Grundkapital** beim Wechsel in eine Kapitalgesellschaft bzw. welche **Kapitalkonten** beim Wechsel in eine Personengesellschaft vorgesehen werden. Bereits hier wird deutlich, dass unterschiedliche Gestaltungsmöglichkeiten im Hinblick auf Zahl und Umfang der Anteile und Mitgliedschaftsrechte bestehen, je nachdem ob von einer Personengesellschaft in eine Kapitalgesellschaft oder von einer Kapitalgesellschaft in eine Personengesellschaft umgewandelt wird. Insofern ist trotz der einheitlichen Dogmatik vom identitätswahrenden Formwechsel eine Differenzierung angebracht, wie sie zum alten Recht zwischen formwechselnder oder errichtender Umwandlung gegeben war.

151 Für den Formwechsel von einer **Kapitalgesellschaft in eine Kapitalgesellschaft** anderer Rechtsform (z. B. AG in GmbH) bestimmt § 247 **UmwG**, dass durch den Formwechsel das bisherige Stammkapital an der formwechselnden GmbH zum Grundkapital der Gesellschaft neuer Rechtsform oder das bisherige Grundkapital einer formwechselnden AG zum Stammkapital der Gesellschaft neuer Rechtsform

wird. Die Vorschrift bestimmt also in Übereinstimmung mit dem bis 1995 geltenden Recht (vgl. § 372 Satz 2, § 381 Satz 2, § 387 Abs. 1 Satz 2, § 391 Satz 2 AktG a. F.), dass beim Wechsel von der Rechtsform der GmbH zu einer anderen Form der Kapitalgesellschaft oder umgekehrt das bisherige Stammzum Grundkapital oder das bisherige Grund- zum Stammkapital wird. Die Begründung zum RegE weist darauf hin, dass das Nennkapital der Gesellschaft neuer Rechtsform beim Formwechsel nicht neu geschaffen, sondern im Gesellschaftsvertrag oder in der Satzung dieser Gesellschaft lediglich fortgeschrieben und im Zeitpunkt des Formwechsels kraft Gesetzes vom Stamm- zum Grund- oder vom Grund- zum Stammkapital wird (vgl. Begründung zum RegE, BR-Drucks. 75/94, S. 158; abgedruckt in: Limmer, Umwandlungsrecht, S. 353). Hieraus wird deutlich, dass die **Gesellschafter grds. keinen Einfluss auf die Höhe des Stamm- bzw. Grundkapitals der neuen Gesellschaft** haben (Happ, in: Lutter, Kölner Umwandlungsrechtstage, S. 243; Lutter/Göthel, § 247 UmwG Rn. 4 ff.; Kallmeyer/Dirksen/Blasche, UmwG, § 247 Rn. 2; Widmann/Mayer/Rieger, Umwandlungsrecht, § 247 UmwG Rn. 11; Stratz in Schmitt/Hörtnagl/Stratz, UmwG/UmwStG, § 247 UmwG Rn. 3; Scheel, in: Semler/Stengel, § 247 UmwG Rn. 1). Bei der Umwandlung von einer Kapitalgesellschaft auf eine andere stellt sich also dann nur die Frage, wie dieses gleichbleibende Kapital auf die einzelnen Anteile verteilt wird.

Etwas anderes gilt beim Formwechsel von einer **Personengesellschaft in eine Kapitalgesellschaft.** Hier **152** ist zunächst durch § 220 Abs. 1 UmwG ein Kapitalschutz geregelt. Die Vorschrift bestimmt, dass der Nennbetrag des Stammkapitals einer GmbH oder des Grundkapitals das nach Abzug der Schulden verbleibende Vermögen der formwechselnden Personengesellschaft nicht übersteigen darf. Die Vorschrift bestimmt in Übereinstimmung mit dem vor 1995 geltenden Recht, dass der Nennbetrag des künftigen Stamm- und Grundkapitals durch das Reinvermögen der formwechselnden Personenhandelsgesellschaft erreicht werden muss (vgl. Begründung zum RegE, BR-Drucks. 75/94, S. 150; abgedruckt in: Limmer, Umwandlungsrecht, S. 345). Auch hier stellt sich allerdings dann die Frage, ob das Grundbzw. Stammkapital sich automatisch aus den Buchwerten des Kapitals in der Handelsbilanz der Personengesellschaft ergibt oder ob eine sog. **Buchwertaufstockung zulässig** ist. Nur im letzten Fall hätten die Gesellschafter die Möglichkeit, die Höhe des neuen Grundkapitals bzw. Stammkapitals erst im Umwandlungsbeschluss zu regeln. Es fragt sich also auch hier, ob eine Identität des Kapitals wie bei dem Formwechsel von einer Kapitalgesellschaft in eine andere gegeben ist oder ob ein Gestaltungsspielraum besteht (vgl. oben Teil 4 Rdn. 73 ff.). Zum bis 1995 geltenden Recht (§§ 40 ff. bzw. 46 ff. UmwG a. F.) war es allgemeine Meinung, dass bei einer Umwandlung von Personenhandelsgesellschaften in Kapitalgesellschaften ein Ansatz wirklicher Werte in der Umwandlungsbilanz zulässig ist und stille Reserven bei einer solchen Umwandlung aufgedeckt werden konnten. Die Buchwertfortführung war also nicht zwingend (so Hachenburg/Schilling, GmbHG, § 77 Anh. § 47 UmwG Rn. 4; Rowedder/Zimmermann, GmbHG, Anh. § 77 Rn. 307; Scholz/Priester, GmbHG, 8. Aufl., Anh. Umwandlung § 47 UmwG Rn. 12). Es bestand also Einigkeit, dass es bei der Umwandlung einer Personenhandelsgesellschaft in eine Kapitalgesellschaft nicht auf die Buchwerte in der letzten Jahresschlussbilanz ankam, sondern auf das **Reinvermögen der Personengesellschaft**, wobei dieses nach sorgfältiger Ermittlung der Zeitwerte festgesetzt werden musste (vgl. auch Priester, DB 1995, 911). Allerdings waren einzelne Fragen der Buchwertaufstockung umstritten, insb. in der Frage, ob ein originärer Firmenwert bei der Umwandlung angesetzt werden durfte (vgl. Priester, DB 1995, 911).

Zum UmwG 1995 könnte man nun der Auffassung sein, dass eine Buchwertaufstockung unzulässig ist, da es sich nur noch um eine identitätswahrende Umwandlung handelt. Die Folge wäre, dass Personengesellschaften, bei denen die Summe der Kapitalkonten nicht als Mindestkapital der angestrebten Kapitalgesellschaft erreicht wird, nur umgewandelt werden konnten, wenn vorher Kapital zugeführt würde . Dem UmwG 1995 kann man mit der herrschenden Meinung keinen Zwang zur Buchwertfortführung entnehmen (vgl. ausführlich oben Teil 4 Rdn. 26 f.). § 220 Abs. 1 UmwG bringt den Grundsatz zum Ausdruck, dass die allgemeinen **Kapitalaufbringungsgrundsätze**, die auch bei der Sachgründung gelten würden, eingehalten werden – diese verbieten aber nicht die Ansetzung von wirklichen Werten in der Umwandlungsbilanz. Auch die Regierungsbegründung spricht für diese Auffassung, da sie darauf hinweist, dass der Nennbetrag des künftigen Stamm- oder Grundkapitals **durch das Reinvermögen der formwechselnden Personenhandelsgesellschaft erreicht werden muss** (Begründung zum RegE, BR-Drucks. 75/94, S. 150; abgedruckt in: Limmer, Umwandlungsrecht, S. 345). Von der überwiegenden Meinung wird daher zu Recht die Möglichkeit einer Buchwertaufstockung für zulässig erachtet (Priester, DB 1995, 911 ff.; h. M., K. Schmidt, ZIP 1995, 1385 in Fn. 5; Schöne, AG 1995,

555, 556; Kallmeyer/Dirksen/Blasche, UmwG, § 220 Rn. 8; Lutter/Joost, UmwG, § 220 Rn. 13; Priester, DNotZ 1995, 427, 452; Lutter/Bayer, UmwG, § 264 Rn. 2; Widmann/Mayer/Vossius, Umwandlungsrecht, § 220 UmwG Rn. 16 ff.; KK-UmwG/Petersen, § 220 UmwG Rn. 6 ff., 13; Stratz, in: Schmitt/Hörtnagl/Stratz, UmwG/UmwStG, § 226 UmwG Rn. 6; Schlitt, in: Semler/Stengel, § 220 UmwG Rn. 9 ff.; Priester, DB 1995, 911, 914; ders., DNotZ 1995, 427, 452; Fischer, BB 1995, 2173, 2174; Usler, MittRhNotK 1998, 54; Zimmermann, DB 1999, 948). Die herrschende Meinung ist zu Recht der Auffassung, dass das Identitätsgebot bzgl. des Vermögens nicht eine Buchwertfortführung in gesellschaftsrechtlicher Hinsicht voraussetzt, sondern die **Kapitaldeckung anhand der Verkehrswerte** – zum Zeitpunkt der Handelsregisteranmeldung – geprüft werden muss (vgl. OLG Frankfurt, ZIP 2015, 1229; Kallmeyer/Dirksen/Blasche, UmwG, § 220 Rn. 8; Lutter/Jost, UmwG, § 220 Rn. 10; Lutter/Bayer, UmwG, § 264 Rn. 2; Widmann/Mayer/Vossius, Umwandlungsrecht, § 220 UmwG Rn. 16; KK-UmwG/Petersen, § 220 UmwG Rn. 6 ff.; Stratz, in: Schmitt/Hörtnagl/Stratz, UmwG/UmwStG, § 220 UmwG Rn. 6; Schlitt, in: Semler/Stengel, § 220 UmwG Rn. 16 ff.; Priester, DB 1995, 911, 914; ders., DNotZ 1995, 427, 452; Fischer, BB 1995, 2173, 2174; Usler, MittRhNotK 1998, 54; Zimmermann, DB 1999, 948). **Sinn und Zweck dieser Vorschrift** ist der Gläubigerschutz, dem ist aber Rechnung getragen, wenn die tatsächlichen Werte das Kapital decken, eine Buchwertverknüpfung kann man dem Identitätsgrundsatz wohl kaum ableiten (so auch Zimmermann, DB 1999, 948; Kallmeyer/Dirksen/Blasche, UmwG, § 220 Rn. 8). Als Argument wurde auch auf die im Gesetz bis zum **Zweiten Gesetz zur Änderung des UmwG** v. 15.04.2007 vorgesehene Vermögensaufstellung nach § 192 Abs. 2 UmwG verwiesen, in der die Gegenstände und Verbindlichkeiten des formwechselnden Rechtsträgers »mit dem wirklichen Wert anzusetzen sind, der ihnen am Tage der Erstellung des Berichts beizulegen ist.« I. R. d. »Sachgründung« durch Formwechsel kann daher die **Bilanzkontinuität durchbrochen** werden (so Widmann/Mayer/Vossius, Umwandlungsrecht, §

UmwG Rn. 18; Priester, DB 1995, 911; K. Schmidt, ZIP 1995, 1385 in Fn. 5; KK-UmwG/Petersen, § 220 UmwG Rn. 13).

Aus dieser Möglichkeit, das Kapital bis zu den Verkehrswerten des Reinvermögens anzusetzen, folgt auch ein entsprechendes **Gestaltungsrecht bei der Festsetzung des Grund- bzw. Stammkapitals der neuen Gesellschaft.** Es muss daher im Umwandlungsbeschluss bestimmt werden, in welcher Weise von der Buchwertaufstockung gebrauch gemacht wird. Dementsprechend richten sich dann auch die Art und die Zahl der neuen Geschäftsanteile nach diesem Stammkapital. Die **Bewertung des Vermögens der formwechselnden GmbH** erfolgt genauso wie bei einer Sachgründung durch Einbringung eines Unternehmens (Widmann/Mayer/Vossius, Umwandlungsrecht, § 220 UmwG Rn. 18; Kallmeyer/Dirksen/Blasche, UmwG § 220 Rn. 8; KK-UmwG/Petersen, § 220 UmwG Rn. 13). Zur Ermittlung des Verkehrswertes wird in der umwandlungsrechtlichen Literatur auf die verschiedenen Bewertungsmethoden hingewiesen (vgl. Schlitt, in: Semler/Stengel, § 220 UmwG Rn. 14; Busch, AG 1995, 555, 558; ausführlich Stratz, in: Schmitt/Hörtnagl/Stratz, UmwG, UmwStG, § 5 Rn. 9 ff. im Zusammenhang mit der Ermittlung des Umtauschverhältnisses: Ertragswertmethode, Substanzwertmethode, Mittelwertmethode und Stuttgarter Verfahren). Meist erfolgt ein Verweis auf die GmbH-rechtliche Kommentierung zur Sachgründung (vgl. Schlitt, in: Semler/Stengel, § 220 UmwG Rn. 14; Lutter/Joost, § 220 UmwG Rn. 10; s. dazu insb. Lutter/Hommelhoff/Bayer, GmbHG, § 5 Rn. 24 ff.; Scholz/Winter/Westermann, § 5 GmbHG Rn. 57; Baumbach/Hueck/Fastrich, GmbHG, § 5 Rn. 33 ff.). In diesem Zusammenhang wird wohl überwiegend ein Wertansatz nach dem Ertragswert des Unternehmens zuzüglich geschätzter Nettoeinzelveräußerungspreise der nicht betriebsnotwendigen Vermögensgegenstände, mindestens aber der Liquidationswert bevorzugt (Schlitt, in: Semler/Stengel, § 220 UmwG Rn. 14; Baumbach/Hueck/Fastrich, § 5 Rn. 34; Lutter/Hommelhoff/Bayer, GmbHG, § 5 Rn. 24; Scholz/Winter/Westermann, GmbHG, § 5 Rn. 57; Urban, in: FS für Sandrock, 1995, S. 309 ff.). Zum Nachweis dieses solchermaßen ermittelten Vermögens der GmbH kann eine Einbringungsbilanz zu den wirklichen Werten mit Werthaltigkeitsbescheinigung des Wirtschaftsprüfers oder Steuerberaters verwendet werden (Kallmeyer/Dirksen/Blasche, UmwG, § 220 Rn. 8, 11).

153 **Bilanzrechtlich** besteht bei der Buchwertaufstockung noch Streit: Z. T. wird eine Wertaufstockung unter Durchbrechung der Bilanzkontinuität zugelassen. Erforderlich wäre dann eine Eröffnungsbilanz, bei der Wirtschaftsgüter bis zu den Zeitwerten angesetzt werden könnten (so Priester, DB 1995, 911, 915 ff.; Müller/Gattermann, WPg 1996, 868, 870;). Ein anderer Teil der Literatur, insb. das Insti-

tut der Wirtschaftsprüfer, will den Differenzbetrag als Bilanzverlust auf der Aktivseite der Handelsbilanz ausweisen (vgl. Widmann/Mayer/Vossius, Umwandlungsrecht, § 220 UmwG Rn. 27; Kallmeyer/Müller, UmwG, § 220 Rn. 10). Das Institut der Wirtschaftsprüfer hat in der Stellungnahme v. 04.04.2011 (IDW ERS HFA 41 »Auswirkungen eines Formwechsels auf den handelsrechtlichen Jahresabschluss«, WPg Supplement 2/2011, S. 137 ff., FN-IDW 6/2011, S. 374 ff.) festgestellt: Die Höhe des zum Umwandlungszeitpunkt vorhandenen bilanziellen Eigenkapitals einer Personenhandelsgesellschaft werde durch den Formwechsel nicht berührt; das Eigenkapital werde in seiner Summe zu Eigenkapital der Kapitalgesellschaft. Die individuellen Kapitalkonten verlieren ihre Bedeutung. Allerdings bestehe vor dem Formwechsel die Möglichkeit zur Abänderung des bilanziellen Eigenkapitals der Personenhandelsgesellschaft i. R. d. gesellschaftsrechtlichen Regelungen. Die Fortführung der Buchwerte der Vermögensgegenstände und Schulden könne zur Folge haben, dass das buchmäßige Reinvermögen in der Bilanz des formwechselnden Rechtsträgers trotz erbrachtem Kapitalaufbringungsnachweis (materielle Kapitalaufbringung zu Zeitwerten) nicht ausreiche, um das im Gesellschaftsvertrag bzw. in der Satzung festgesetzte Stamm- bzw. Grundkapital der Gesellschaft in der neuen Rechtsform bilanziell zu decken. Ein negativer Unterschiedsbetrag (d. h. der Betrag der buchmäßigen Unterbilanz) sei, soweit er durch Verluste der Personenhandelsgesellschaft entstanden sei, als Verlustvortrag, andernfalls in einem gesonderten Abzugsposten innerhalb des bilanziellen Eigenkapitals (bspw. als »Fehlbetrag zum festgesetzten Stammkapital«) auszuweisen. Es sei sachgerecht, diesen Fehlbetrag Abzugsposten) in der Folgezeit wie einen Verlustvortrag zu tilgen. **Stratz** (in: Schmitt/Hörtnagl/Stratz, UmwG/UmwStG, § 220 UmwG Rn. 11) will einen »formwechselbedingten Unterschiedbetrag«, der als Ausschüttungssperre wirke und mit zukünftigen Gewinnen zu verrechnen sei, in die Bilanz einstellen (ebenso auch Kallmeyer/Müller, § 220 UmwG Rn. 10; dazu krit. KölnerKommUmwG/Dauner-Lieb/Tettinger, § 220 UmwG Rn 11).

Beim Formwechsel einer Personenhandelsgesellschaft in eine Kapitalgesellschaft stellt sich die Frage, ob ausstehende Einlagen erfüllt sein müssen. Die Frage wurde bereits oben behandelt, sodass auf die obigen Ausführungen verwiesen werden kann (vgl. oben Teil 4 Rdn. 35). Im Ergebnis besteht Einigkeit, dass ein Formwechsel auch möglich ist, wenn noch ausstehende Einlageforderungen bzgl. Bareinlagen der Personenhandelsgesellschaft bestehen. Diese werden mitgenommen, sie werden nicht zu Sacheinlagen (vgl. Kallmeyer/Dirksen/Blasche, UmwG, § 220 Rn. 9).

Ebenfalls fraglich ist, inwieweit gebundenes Haftkapital vor und nach dem Formwechsel erhalten bleiben muss. Auch diese Frage ist in der Literatur umstritten und wurde oben bereits erörtert, sodass auf die obigen Ausführungen verwiesen werden kann (vgl. oben Teil 4 Rdn. 32 ff.).   **154**

Bei der Umwandlung einer **Kapitalgesellschaft in eine Personengesellschaft** stellt sich das Problem des Kapitaleinsatzes mangels Kapitalaufbringungsvorschriften nicht. Allerdings ist beim Formwechsel in eine KG gem. § 234 Nr. 2 UmwG der Betrag der Einlage jedes Kommanditisten anzugeben. Die Frage, wer Kommanditist wird und welche Einlage ihn trifft, gehört daher zum wesentlichen Inhalt des Umwandlungsbeschlusses bei der Umwandlung in eine KG. Auch hier ist zu beachten, dass die Haftsumme nicht die gleiche Höhe zu haben braucht wie der Kapitalanteil oder der Nennbetrag der Aktien des bisherigen Aktionärs. Früher konnte die Haftsumme, deren Einlage durch das Einbringen des Unternehmens der umgewandelten Gesellschaft geleistet wird, bis zum Verkehrswert geleistet werden. Die Hafteinlage gilt dann i. H. d. Verkehrswertes des Vermögens der Kapitalgesellschaft als erbracht, das anteilig den Kommanditisten zusteht. Andererseits bestand auch zum alten Recht die Möglichkeit der Buchwertfortführung. Diese Grundsätze sollten auch beim UmwG 1995 angewendet werden.   **155**

Es besteht daher ein **Gestaltungsspielraum über die Höhe der festzusetzenden Hafteinlage.**   **156**

▶ **Beispiel:**   **157**

Der Buchwert des Vermögens einer übertragenden GmbH beträgt 100.000,00 €, die stillen Reserven noch einmal 100.000,00 €. An der GmbH sind die A und B je mit 50.000,00 € Stammeinlagen beteiligt. Bei der Umwandlung in eine KG, bei der A persönlich haftender Gesellschafter und B Kommanditist werden soll, kann also die Hafteinlage des B entweder mit 50.000,00 € (Buchwert) bewertet werden. Möglich ist aber auch die Aufstockung der stillen Reserven mit der Folge, dass er auch eine Hafteinlage i. H. v. 100.000,00 € übernehmen kann und diese durch die Umwandlung des Unternehmens erbracht wird.

b) Verteilung des Vermögens durch Festlegung des Umfangs der neuen Anteile oder Mitglied-
158 **schaftsrechte bei verhältniswahrendem Formwechsel.** Im Umwandlungsbeschluss ist sodann die Frage zu klären, wie dieses im Umwandlungsbeschluss festgelegte Grund- bzw. Stammkapital der neuen Rechtsform auf die einzelnen Gesellschafter verteilt wird. Entscheidend ist also der **Aufteilungsmaßstab**, der den Umfang der Anteile bestimmt. Es muss also im Umwandlungsbeschluss die Höhe bzw. der Umfang des Anteils an Aktien bzw. Stammeinlagen festgelegt werden, die jeder Gesellschafter an der neuen Rechtsform erhält. In diesem Zusammenhang stellt sich auch insb. die Frage, ob der Formwechsel stets streng verhältniswahrend sein muss oder nicht (dazu Teil 4 Rdn. 34). Würde man einen **verhältniswahrenden Formwechsel** verlangen, dann müsste die Stückelung der neuen Beteiligungsrechte so gewählt werden, dass jeder Gesellschafter in Höhe seiner alten Beteiligung auch am Stamm- bzw. Grundkapital der Gesellschaft neuer Rechtsform beteiligt wird.

159 **aa) Umwandlung Personengesellschaft in Kapitalgesellschaft.** Zunächst stellt sich die Frage, welcher **Aufteilungsmaßstab bei einer verhältniswahrenden Umwandlung** einschlägig ist. Bei der Umwandlung einer **Personengesellschaft in eine AG** war die herrschende Meinung zu dem vor 1995 geltendem Recht (so Scholz/Priester, GmbHG, 8. Aufl., Anh. Umwandlung, § 47 Rn. 6; Rowedder/Zimmermann, GmbHG, 2. Aufl., Anh. § 77 Rn. 305) der Auffassung, dass maßgebend für die Errechnung der Quoten, nach denen die Gesellschafter bei der Umwandlung Aktien erhalten, das sein müsse, was jeder Gesellschafter erhalten würde, wenn statt der Umwandlung die Personengesellschaft aufgelöst würde. Denn im Verhältnis der Gesellschafter zueinander lasse sich die Umwandlung in gewisser Hinsicht mit der Auflösung der Personenhandelsgesellschaft vergleichen. Es sei vielmehr so anzusehen, als ob der Betrag des Grundkapitals im Wege der Auseinandersetzung zu verteilen wäre. Dieser Ansatz dürfte auch bei einer verhältniswahrenden Umwandlung nach dem UmwG 1995 maßgebend sein. Entscheidend ist also, wie bei der Liquidation das Vermögen verteilt werden müsste. Hierbei sind zum einen die **Kapitalkonten**, diese allerdings nur soweit Eigenkapital vorliegt (feste oder variable Kapitalkonten), entscheidend. Darüber hinaus muss aber auch der **Gewinnverteilungsschlüssel** berücksichtigt werden. Da dieser für die **Verteilung von etwaigen stillen Reserven** ausschlaggebend ist.

160 Wird also die Personenhandelsgesellschaft in eine Kapitalgesellschaft umgewandelt, bedarf es bei einer verhältniswahrenden Umwandlung der **Aufteilung des Stamm- oder Grundkapitals** der Kapitalgesellschaft entsprechend dem Kapitalanteil an der Personenhandelsgesellschaft. Anders als der Geschäftsanteil oder die Aktie ist allerdings bei den Personenhandelsgesellschaften der Kapitalanteil ohne sachenrechtliche Bedeutung. Er ist vielmehr nur eine Rechnungsgröße, d. h. ein auf eine bestimmte Geldsumme lautender Betrag, der die wertmäßige Beteiligung eines Gesellschafters am Gesellschaftsvermögen im Verhältnis zu den Mitgesellschaftern ausdrückt. In der Praxis wird i. d. R. neben dem festen Kapitalkonto, auf das bei der Gründung die Einlage in einem von dem Gesellschafter zu bestimmenden Geldwert eingezahlt wird, ein weiteres variables Konto geführt, auf welchem Gewinne und Verluste sowie Einnahmen und Entnahmen gebucht werden (vgl. zu den **Konten bei der Personengesellschaft** ausführlich oben Teil 2 Rdn. 779 ff.; Oppenländer, DStR 1999, 939 ff.; Rodewald, GmbHR 1998, 521 ff.; aus steuerrechtlicher Sicht BMF-Schreiben v. 30.05.1997, BStBl. 1997 I, S. 627 ff. und v. 26.11.2004, BStBl. 2004 I, S. 1190 ff.; Heymann/Emmerich, HGB, § 120 Rn. 31; K. Schmidt, Gesellschaftsrecht, § 47 Abs. 2 Satz 2d; Leitzen, ZNotP 2009, 255 ff.; Doege, DStR 2006, 489 ff.; Ley, DStR 2009, 613 ff.; Kempermann, DStR 2008, 1917 ff.). Bei der Umwandlung haben nun die Gesellschafter zu bestimmen, wie hoch der Nettowert des Gesellschaftsvermögens ist, der wiederum das Grund- bzw. Stammkapital der Kapitalgesellschaft bilden wird. In einem nächsten Schritt ist dann unter Berücksichtigung der verschiedenen Gesellschafterkonten der wertmäßige Anteil (Kapitalanteil) eines jeden einzelnen Gesellschafters an der Personenhandelsgesellschaft zu bestimmen (vgl. Widmann/Mayer/Vossius, Umwandlungsrecht, § 218 UmwG Rn. 21 ff.; Kallmeyer/Dirksen/Blasche, UmwG, § 218 Rn. 10). Die verhältnismäßige Beteiligung am Vermögen der Personenhandelsgesellschaft wird dann durch die Konten bestimmt, die Eigenkapitalcharakter haben, das sind i. d. R. die festen und variablen Kapitalkonten. Bei der Erstellung der Vermögensbilanz ist daher auch das variable

Kapitalkonto je nach Stand – positiv oder negativ – hinzuzuzählen oder vom festen Kapitalkonto abzuziehen.

Auf der Grundlage der so ermittelten endgültigen Kapitalanteile, die auch Maßstab bei einer Liquida-   161
tion wären, ist dann die **Verteilung der Anteile an der neuen Kapitalgesellschaft** vorzunehmen.

▶ **Beispiel:**   162

An der A-OHG sind A, B und C als Gesellschafter beteiligt. A hat einen Buchkapitalanteil
i. H. v. 20.000,00 €, B i. H. v. 20.000,00 € und C i. H. v. 10.000,00 €. Der Gewinnverteilungsschlüssel erfolgt allerdings nach gleichen Köpfen. Das Buchvermögen der Gesellschaft beträgt insgesamt 50.000,00 €. Außerdem sind stille Reserven i. H. v. 60.000,00 € vorhanden. Es ergebe sich
dann bei der Umwandlung in eine GmbH, bei der diese stille Reserven aufgelöst werden sollen (Zulässigkeit str. vgl. oben Teil 3 Rdn. 63) und dementsprechend ein Stammkapital i. H. v.
100.000,00 € gebildet werden soll, folgende Verteilungen. Die Verteilungen errechnen sich bzgl.
des Buchkapitals nach den festen Kapitalanteilen, bzgl. der stillen Reserven nach dem Gewinnverteilungsschlüssel, also nach Köpfen.

A: 40.000,00 € Stammeinlage

B: 40.000,00 € Stammeinlage

C: 30.000,00 € Stammeinlage

Eine weitere Frage, die sich in diesem Zusammenhang stellt, ist, ob bei der **Fortführung von Buchwer-**   163
ten der überschießende Betrag **zwingend in die Rücklagen** der Kapitalgesellschaft eingestellt werden
muss oder ob eine **Ausweisung als Darlehen** zulässig ist. Fraglich ist, ob, sofern nicht bereits vor der
Umwandlung das Reinvermögen der umzuwandelnden Personengesellschaft um die stillen Reserven
vermindert wird, indem etwa entsprechende Sachwerte oder Geldbeträge an die Gesellschafter ausgeschüttet werden, die Möglichkeit besteht, die vollen Sachwerte des Unternehmens mit der Umwandlung auf die Kapitalgesellschaft übergehen zu lassen, aber jedem Gesellschafter in Beachtung des bisherigen Kapitalanteils neben dem entsprechenden Anteil am Stammkapital eine Darlehensforderung zu
gewähren. Ein Teil der Literatur ist der Meinung, dass überschießende Beträge entweder in die Rücklagen eingestellt oder in Gesellschafterdarlehen umgewandelt werden können (so Lutter/Joost, § 218
UmwG Rn. 9; Kallmeyer/Dirksen/Blasche, UmwG, § 218 Rn. 8; Zimmermann, DB 1999, 948, 949).
Nach anderer Meinung ist dies problematisch (krit. Widmann/Mayer/Vossius, Umwandlungsrecht,
§ 218 UmwG Rn. 23; KölnerKommUmwG/Dauner-Lieb/Tettinger, § 218 UmwG Rn 27). Man
wird dies für zulässig erachten müssen, da insb. i. R. d. formwechselnden Vorschriften nicht auf die
Grenze der baren Zuzahlung des § 54 UmwG verwiesen wird. **Mayer** (in: Widmann/Mayer/Umwand-
lungsrecht, § 197 UmwG Rn. 36) schlägt vor entweder vor dem Formwechsel das Eigenkapital der Personengesellschaft zu reduzieren oder nach dem Formwechsel nach Einstellung in die Rücklage der Kapitalgesellschaft diese aufzulösen und in ein Gesellschafterdarlehen umzuwandeln.

bb) Umwandlung Kapitalgesellschaft in Kapitalgesellschaft. Bei der Umwandlung von einer Ka-   164
pitalgesellschaft in eine Kapitalgesellschaft anderer Rechtsform ist die verhältniswahrende Verteilung
des Umfangs der Anteile relativ einfach, da der Verhältnisschlüssel des alten Anteils zum Gesamtgrund-
kapital bzw. Stammkapital auch für das neue Stamm- bzw. Grundkapital entscheidend ist.

cc) Umwandlung Kapitalgesellschaft in Personengesellschaft. Bei der Umwandlung einer Kapi-   165
talgesellschaft in eine Personenhandelsgesellschaft sind zwei Fragen zu regeln:
– Umfang der Kapitalkonten,
– Gewinnverteilungsschlüssel.

Diese Verteilung des Kapitalkontos und des Gewinnverteilungsschlüssels richtet sich bei einer verhält-   166
niswahrenden Umwandlung nach dem **Verhältnis der Stammeinlagen** im Verhältnis zum Gesamtstammkapital bzw. der Gesamtaktien im Verhältnis zum Grundkapital.

167 **c) Nichtverhältniswahrender Formwechsel.** Zum UmwG vor 1995 war die überwiegende Meinung der Auffassung, dass es den Gesellschaftern überlassen bleibt, eine von dieser verhältnismäßigen Umwandlung abweichende Verteilung der neuen Anteile zu treffen. Bei der Umwandlung einer Personengesellschaft in eine AG bzw. eine GmbH sei es den Gesellschaftern grds. unbenommen, **im Umwandlungsbeschluss** eine von diesen Verhältnismäßigkeitsgrundsätzen **abweichende Verteilung vorzunehmen** (so Scholz/Priester, GmbHG, 8. Aufl., Anh. Umwandlung, § 47 UmwG Rn. 6; Rowedder/Zimmermann, GmbHG, 2. Aufl., § 77 Anh. Rn. 305; Müller, WP 1969, 593). Eine Identität der Beteiligungsverhältnisse bei der Personenhandelsgesellschaft und der durch Umwandlung errichteten GmbH bzw. AG wurde nach dieser Auffassung vom Gesetz nicht verlangt. Es bestand auch Einigkeit, dass etwa Rechte Dritter am Anteil eines Gesellschafters eine nicht verhältniswahrende Umwandlung nicht hinderten. Hierbei ist allerdings zu berücksichtigen, dass nach § 42 bzw. § 48 UmwG i. d. F. bis 1995 der Zustimmungsbeschluss der Zustimmung aller Gesellschafter bedurfte. Für den Formwechsel zwischen Kapitalgesellschaften ist in den §§ 241, 242 UmwG ein Sonderfall geregelt: Kann sich aufgrund der neuen Nennbeträge der Anteile an dem neuen Rechtsträger ein Gesellschafter nicht an dem Gesamtnennbetrag seiner Anteile an dem Rechtsträger beteiligen, so bedarf der Umwandlungsbeschluss seiner Zustimmung.

168 Es stellt sich daher die Frage, ob auch nach dem UmwG 1995 allgemein **ein nicht verhältniswahrender Formwechsel** zulässig ist. Dies ist insb. im Hinblick auf die Möglichkeit des Formwechsels mit Mehrheitsbeschluss problematisch. § 194 Abs. 1 Nr. 4 UmwG lässt in seiner Formulierung offen, ob mit qualifizierter Mehrheit der Gesellschafter im Einzelfall durch die Umwandlung die Beteiligungsverhältnisse grundlegend geändert werden können oder ob nur eine beteiligungswahrende Umwandlung zulässig ist. Nach § 195 Abs. 2 UmwG kann eine Klage gegen die Wirksamkeit des Umwandlungsbeschlusses nicht darauf gestützt werden, dass die Beteiligungsverhältnisse für den einzelnen Gesellschafter zu niedrig bemessen sind. Ihm verbleibt dann nur das **Spruchstellenverfahren** nach § 196 i. V. m. §§ 315 ff. UmwG. Die Begründung zu § 195 UmwG weist darauf hin, dass der Kreis der Anteilsinhaber beim Formwechsel im Allgemeinen der gleiche bleibe, dass aber die Umwandlung der Einzelanteile oder sonstiger Mitgliedschaftsrechte in Beteiligungen neuer Art schwierig sein können, sodass auch beim Formwechsel die Wirksamkeit des Umwandlungsbeschlusses nicht mit der Begründung infrage gestellt werden könne, dass der umgewandelte Anteil zu niedrig oder die neue Mitgliedschaft keinen ausreichenden Gegenwert für die bisherige Beteiligung am Rechtsträger sei (vgl. Begründung zum RegE BR-Drucks. 75/94 S. 140; abgedruckt in: Limmer, Umwandlungsrecht, S. 335). Man könnte nun aus dieser Regelung schließen, dass bei einer Mehrheitsumwandlung nur eine annähernd verhältniswahrende Umwandlung zulässig ist.

Eine **andere Möglichkeit** bestünde darin, eine nicht verhältniswahrende Umwandlung dann zuzulassen, wenn die betroffenen Gesellschafter zustimmen. Die Zustimmung könnte hier in Analogie zu § 128 UmwG, der die nicht verhältniswahrende Spaltung vorsieht, und aus §§ 241, 242 UmwG abgeleitet werden (so die h. L., Widmann/Mayer/Vollrath, Umwandlungsrecht, § 194 UmwG Rn. 17; Kallmeyer/Meister/Klöcker, UmwG, § 194 Rn. 34; Lutter/Decher/Hoger, UmwG, § 194 Rn. 13; Bärwaldt, in: Semler/Stengel, § 194 UmwG Rn. 18; Priester, DNotZ 1995, 427, 451; Veil, DB 1996, 2529; Usler, MittRhNotK 1998, 21, 51). Im Ergebnis wird man mit der herrschenden Meinung den **nicht verhältniswahrenden Formwechsel für zulässig** erachten müssen, da bei Zustimmung aller Gesellschafter die Interessen der Gesellschafter nicht verletzt werden können und kein Grund ersichtlich ist, warum nicht der Gestaltungsfreiheit der Vorzug zu geben ist. Stimmen allerdings die betroffenen Gesellschafter nicht zu, dann ist nur eine quotenerhaltende Umwandlung zulässig. Nach der herrschenden Meinung ist daher der quotenverschiebende Formwechsel zulässig; es setzt allerdings voraus, dass die betroffenen Anteilsinhaber ihre Zustimmung erteilen (vgl. Lutter/Decher/Hoger, UmwG, § 194 Rn. 13; § 202 Rn. 14 f.2; Stratz, in: Stratz/Schmitt/Hörtnagl, § 202 UmwG Rn. 7, Kallmeyer/Meister/Klöcker, § 194 UmwG Rn. 34; Widmann/Mayer/Vollrath § 194 UmwG Rn 17; KölnerKommUmwG/Dauner-Lieb/Tettinger § 231 Rn 3; Priester, DNotZ 1995, 427, 451; Heckschen, DB 2008, 2122 ff.; Baßler, GmbHR 2007, 1252 ff.; Simon/Leuering, NJW-Spezial 2005, 495 Bärwaldt, in: Semler/Stengel, § 194 UmwG Rn. 18; Priester, DNotZ 1995, 427, 451; ders., DB 1997, 560, 566; Fischer, BB 1995, 2173, 2176; Veil, DB 1996, 2529, 2530; Usler, MittRhNotK 1998, 21, 53). Entgegen § 195 Abs. 2 UmwG dürfte dann eine Klage gegen einen Beschluss, der eine grundlegende Veränderung der Anteilsverhältnisse ohne Zustimmung der Gesellschafter beschließt, nicht unzulässig sein. Das Spruchstellenverfahren wird man nur bzgl. der notwendigen Angleichung im Spitzenbereich für zulässig erachten können. Die Umwandlung darf anders als die Verschmelzung aber nicht die Möglichkeit bieten, unliebsame Gesellschafter in ihrer Beteiligung herabzusetzen.

d) Anzahl der Anteile. Nach der Neuregelung des § 5 Abs. 2 GmbHG durch das MoMiG **169** v. 23.10.2008 (BGBl. I, S. 2026), nach der ein Gesellschafter auch bei Errichtung der Gesellschaft mehrere Geschäftsanteile übernehmen kann stellt sich die früherer Frage bei der Umwandlung einer **AG in eine GmbH**, ob entgegen § 5 Abs. 2 GmbHG a. F. mehrere Aktien auch in mehrere Geschäftsanteile umgewandelt werden können, nicht mehr. Aus § 194 Abs. 1 Nr. 4 UmwG wurde bereits vor dem MoMiG geschlossen, dass mehrere Aktien auch in mehrere Geschäftsanteile umgewandelt werden können (so Happ, in: Lutter, Kölner Umwandlungsrechtstage, S. 237; Widmann/Mayer/Rieger, Umwandlungsrecht, § 243 UmwG Rn. 45; Lutter/Happ, UmwG, § 243 Rn. 14).

Bei **Personengesellschaften** gilt allerdings der Grundsatz, dass die Gesellschafter nur eine einheitliche **170** Beteiligung haben können.

Die Anzahl der Anteile richtet sich auch nach den Regelungen über die Nennbeträge der Aktien bzw. **171** Stammeinlagen. Hier ist zunächst zu berücksichtigen, dass eine Reihe von Sondervorschriften die allgemeinen Vorschriften verdrängen.

Beim **Formwechsel in eine GmbH** gilt der **Grundsatz** des § 5 Abs. 3 GmbHG i. d. F. durch das Mo- **172** MiG v. 23.10.2008 (BGBl. I, S. 2026), dass der Geschäftsanteil auf volle Euro lauten muss. Hierzu regelt das UmwG folgende Ergänzungen:

§ 243 Abs. 3 Satz 2 UmwG	Formwechsel **Kapitalgesellschaft** in GmbH: Stammkapital muss auf volle Euro lauten,
§ 258 Abs. 2 UmwG	Formwechsel **Genossenschaft** in GmbH: Der Formwechsel ist nur möglich, wenn auf jedes Mitglied, das an der Gesellschaft neuer Rechtsform beteiligt wird, als beschränkt haftender Gesellschafter ein Geschäftsanteil, dessen Nennbetrag auf volle Euro lautet, oder als Aktionär mindestens eine volle Aktie entfällt.
§ 276 i. V. m. § 243 Abs. 3 UmwG	Formwechsel **Verein** in GmbH: Stammkapital muss auf volle Euro lauten

Lediglich beim **Formwechsel von Personengesellschaften** in GmbH bleibt es daher bei der Grundregel **173** des GmbHG.

Beim **Formwechsel von Kapitalgesellschaften in die AG** ist die in § 243 Abs. 3 Satz 2 UmwG ursprüng- **174** lich vorgesehene Mindeststückelung von 50,00 € bereits durch das Stückaktiengesetz v. 25.03.1998 (BGBl. I, S. 590) ersatzlos weggefallen, sodass keine Vorgaben für die Aktien mehr bestehen. Beim **Formwechsel der Genossenschaft in die AG oder GmbH** ist bestimmt, dass in dem Beschluss bei der Festlegung von Zahl, Art und Umfang der Anteile (§ 194 Abs. 1 Nr. 4 UmwG) zu bestimmen ist, dass an dem Stammkapital oder an dem Grundkapital der Gesellschaft neuer Rechtsform jedes Mitglied, das die Rechtsstellung eines beschränkt haftenden Gesellschafters oder eines Aktionärs erlangt, in dem Verhältnis beteiligt wird, in dem am Ende des letzten vor der Beschlussfassung über den Formwechsel abgelaufenen Geschäftsjahres sein Geschäftsguthaben zur Summe der Geschäftsguthaben aller Mitglieder gestanden hat, die durch den Formwechsel Gesellschafter oder Aktionäre geworden sind. Der Nennbetrag des Grundkapitals ist so zu bemessen, dass auf jedes Mitglied möglichst volle Aktien entfallen. Die Geschäftsanteile einer GmbH sollen auf einen höheren Nennbetrag als 100,00 € nur gestellt werden, soweit auf die Mitglieder der formwechselnden Genossenschaft volle Geschäftsanteile mit dem höheren Nennbetrag entfallen. Aktien können nach § 263 Abs. 3 Satz 2 UmwG auf einen höheren Betrag als den nach § 8 Abs. 2 AktG vorgesehenen Mindestbetrag von 1,00 € nur gestellt werden, soweit volle Aktien mit dem höheren Betrag auf die Genossen entfallen. I. Ü. können daher beim Formwechsel in die AG entweder Stückaktien nach § 8 Abs. 3 AktG oder Nennbetragsaktien auf mindestens einen Euro nach § 8 Abs. 2 AktG ausgegeben werden.

e) Ausgleich von Spitzenbeträgen. Beim Formwechsel besteht in der Praxis nicht selten die Situa- **175** tion, dass aufgrund der besonderen Vorschriften über die Mindestnennbeträge des neuen Rechtsträgers den Gesellschaftern oder Anteilsinhabern am übertragenden Rechtsträger **nicht immer eine exakte gleichmäßige Zuteilung** an Anteilen am neuen Rechtsträger erfolgen kann. Für diesen Fall hat der Gesetzgeber in den verschiedensten Vorschriften die Einräumung von Teilrechten vorgesehen (vgl. ausführlich Widmann/Mayer/Vollrath, Umwandlungsrecht, § 194 UmwG Rn. 26):

Formwechsel GmbH in AG oder KGaA	Können Gesellschaftern keine Aktien zugeteilt werden, die dem Gesamtnennbetrag ihrer Geschäftsanteile entsprechen, können solche Geschäftsanteile ebenso wie freie Spitzen zusammengelegt werden. Aus den freien Spitzen und ausgefallenen Geschäftsanteilen gebildete Aktien stehen den Gesellschaftern gemeinschaftlich in GbR oder Bruchteilsgemeinschaft zu (§ 248 Abs. 1 i. V. m. §§ 226, 222 Abs. 4 Nr. 2 AktG; vgl. zum Verfahren Kallmeyer/Dirksen/Blasche, UmwG, § 248 Rn. 4; Lutter/Göthel, UmwG, § 248 Rn. 12; Stratz, in: Schmitt/Hörtnagl/Stratz, UmwG/UmwStG, § 248 UmwG Rn. 5; Scheel, in: Semler/Stengel, § 248 UmwG Rn. 15 ff.; Widmann/Mayer/Rieger, § 248 UmwG Rn. 23 ff.). In der Praxis wird eine solche Zusammenlegung kaum stattfinden, weil bei einer derartigen Festsetzung der Aktien – nämlich der Nennbeträge auf einen höheren als den Mindestbetrag nach § 8 Abs. 2 und Abs. 3 AktG – die betroffenen Gesellschafter zustimmen müssen (§ 241 Abs. 1 UmwG)
Formwechsel AG oder KGaA in GmbH	Auch in diesem Fall kann passieren, dass sich einzelne Gesellschafter nicht mit dem Gesamtnennbetrag ihrer Aktien an der GmbH beteiligen können. Die Spitzen, mit denen sie sich nicht beteiligen können, sind dann zu neuen Geschäftsanteilen zusammenzulegen (§ 248 Abs. 2 i. V. m. § 226 Abs. 1 und Abs. 2 AktG). Die Zusammenlegung kann erst erfolgen, wenn die Aktionäre aufgefordert sind, ihre Aktien einzureichen und ihnen zugleich mit der Aufforderung der Kraftloserklärung der Aktien angedroht worden ist. Die betroffenen Gesellschafter werden dann an dem so gebildeten Geschäftsanteil Gesellschafter in einer GbR oder Miteigentümer (vgl. zum Verfahren Kallmeyer/Dirksen/Blasche, UmwG, § 248 Rn. 8; Lutter/Göthel, UmwG, § 248 Rn. 25 ff.; Stratz, in: Schmitt/Hörtnagl/Stratz, UmwG/UmwStG, § 248 UmwG Rn. 8 F; Widmann/Mayer/Rieger, § 248 UmwG Rn. 53 ff.).

176 **f) Unbekannte Aktionäre und Festsetzung der Geschäftsanteile.** Ein besonderes Problem besteht bei unbekannten Aktionären, wenn der Formwechsel in die GmbH oder Personenhandelsgesellschaft gehen soll und nicht geklärt werden kann, **in welchem Umfang die unbekannten Aktionäre im Einzelnen Aktien besitzen** und dementsprechend Geschäftsanteile bzw. Kommanditanteile erhalten sollen (vgl. zu diesem Problem Widmann/Mayer/Rieger, Umwandlungsrecht, § 242 UmwG Rn. 7 ff.; Lutter/Göthel, UmwG, § 242 Rn. 17 ff.). Dabei ist zu unterscheiden, ob aufgrund des Nennbetrags der Aktien für jede Aktie ein Geschäftsanteil entsprechend gewährt werden kann oder aufgrund des hohen Nennbetrags der Aktien nicht in allen Fällen gesichert ist, dass eine verhältniswahrende Beteiligung aller unbekannten Aktionäre möglich ist. Ist eine verhältniswahrende Beteiligung möglich, so kann der Umwandlungsbeschluss vorsehen, dass auf jeden Aktionär Geschäftsanteile i. H. d. Beträge der von ihm gehaltenen Aktien entfallen. Darüber hinaus wird es in der Literatur zugelassen, dass im Umwandlungsbeschluss bestimmt wird, dass jeder unbekannte Aktionär einen einzigen Geschäftsanteil enthält, dessen Nennbetrag dem Gesamtnennbetrag seiner Aktien entspricht (so Lutter/Göthel, UmwG, § 242 Rn. 17; Widmann/Mayer/Rieger, Umwandlungsrecht, § 242 UmwG Rn. 3).

Durch die Neufassung des § 5 Abs. 3 GmbHG durch das MoMiG v. 23.10.2008 (BGBl. I, S. 2026) ist geregelt, dass der Geschäftsanteil (nur noch) auf volle Euro lauten muss. Die früheren Teilbarkeitsprobleme bei der Umwandlung von Aktien sind damit erledigt (vgl. zum alten Recht und den Teilbarkeitsproblemen Widmann/Mayer/Rieger, Umwandlungsrecht, § 242 UmwG Rn. 9).

177 Im **Zweiten Gesetz zur Änderung des UmwG** hat der Gesetzgeber ebenso wie bei Verschmelzung und Formwechsel die Problematik jetzt durch die Neufassung in § 35 UmwG geregelt. § 213 UmwG normiert die entsprechende Anwendung auch auf den Formwechsel. Unbekannte Aktionäre einer formwechselnden AG oder KGaA sind im Formwechselbeschluss, bei Anmeldungen zur Eintragung in ein Register oder bei der Eintragung in eine Liste von Anteilsinhabern durch die Angabe des insgesamt auf sie entfallenden Teils des Grundkapitals der Gesellschaft und der auf sie nach der Verschmelzung entfallenden Anteile zu bezeichnen, soweit eine Benennung der Anteilsinhaber gesetzlich vorgeschrieben ist; eine Bezeichnung in dieser Form ist nur zulässig für Anteilsinhaber, deren Anteile zusammen

den zwanzigsten Teil des Grundkapitals der übertragenden Gesellschaft nicht überschreiten. Werden solche Anteilsinhaber später bekannt, so sind Register oder Listen von Amts wegen zu berichtigen. Bis zu diesem Zeitpunkt kann das Stimmrecht aus den betreffenden Anteilen in dem übernehmenden Rechtsträger nicht ausgeübt werden. Die Begründung zum RegE (BR-Drucks. 548/06, S. 23) weist darauf hin, dass vorgesehene Bezeichnung unbekannter Aktionäre durch die Angabe ihrer Aktienurkunden praktische Schwierigkeiten bereitete, wenn sich die Aktien in der Girosammelverwahrung ohne Einzelverbriefung befinden oder der Verbriefungsanspruch gem. § 10 Abs. 5 AktG sogar ganz ausgeschlossen ist. Aufgrund der Neuregelung soll daher die Bezeichnung in der Weise zugelassen werden, dass die unbekannten Anteilsinhaber in einem Sammelvermerk durch die Angabe des auf sie insgesamt entfallenden Teils des Grundkapitals der AG und der auf sie entfallenden Anteile bestimmt werden. Um Missbräuche zu verhindern, soll diese besondere Möglichkeit der Bezeichnung aber nur für Anteilsinhaber möglich sein, deren Aktien max. 5 % des Grundkapitals der Gesellschaft umfassen. Mit der erleichterten Bezeichnung noch nicht gelöst werden die Probleme, die sich nach dem Formwechsel beim Vorhandensein unbekannter Anteilsinhaber für die Wirksamkeit von Gesellschafterbeschlüssen ergeben. Deshalb soll das Stimmrecht dieser Personen so lange ruhen, bis ihre Identität geklärt ist

VI. Sonder- und Vorzugsrechte

178 Gem. § 194 Abs. 1 Nr. 5 UmwG müssen im Umwandlungsbeschluss auch die Rechte bestimmt werden, die einzelnen Anteilsinhabern sowie den Inhabern besonderer Rechte wie Anteile ohne Stimmrecht, Vorzugsaktien, Mehrstimmrechtsaktien, Schuldverschreibung und Genussrechte (**Sonderrechte**) in der neuen Rechtsform gewährt werden sollen, oder die Maßnahmen, die für diese Personen vorgesehen sind. Diese Vorschrift hat auch insb. im Hinblick auf § 204 i. V. m. § 23 UmwG Bedeutung. Danach sind den Inhabern von Rechten in einem übertragenen Rechtsträger, die kein Stimmrecht gewähren, insb. den Inhabern von Anteilen ohne Stimmrecht, von Wandelschuldverschreibung, von Gewinnschuldverschreibung und von Genussrechten **gleichwertige Rechte in der neuen Gesellschaft zu gewähren**. Insofern haben diese Anteilsinhaber einen Anspruch auf Aufnahme einer Regelung in den Umwandlungsbeschluss gem. § 194 Abs. 1 Nr. 5 UmwG. Gem. § 204 UmwG wird also der **Verwässerungsschutz des Verschmelzungsrechts** auch auf die Umwandlung ausgedehnt. Die Inhaber von diesen stimmrechtslosen Rechten, die diese an der alten Rechtsform hatten, sollen vor einer Verwässerung ihrer Rechte durch die Umwandlung geschützt werden. Diesen sind Rechte einzuräumen, die wirtschaftlich gleichwertig sind (vgl. auch zum vergleichbaren Problem bei der Verschmelzung Teil 2 Rdn. 564 ff.; vgl. Kallmeyer/Meister/Klöcker, UmwG, § 194 Rn. 43, § 204 Rn. 10 ff., 22 ff.; Kalss, in: Semler/Stengel, § 204 UmwG Rn. 4 ff.; Stratz, in: Schmitt/Hörtnagl/Stratz, UmwG/UmwStG, § 23 UmwG Rn. 9 ff.; Rinnert, NZG 2001, 865 ff.; Widmann/Mayer/Vollrath, Umwandlungsrecht, § 194 UmwG Rn. 41.3; Lutter/Decher/Hoger, UmwG, § 194 Rn. 19; vgl. ferner Schürnbrand, ZHR 2009, 689 ff.; Hüffer/Koch, in: FS für Lutter, 2000, S. 1227; Kiem, ZIP 1997, 1627 ff.; Stratz, in: Schmitt/Hörtnagl/Stratz, § 23 UmwG Rn. 1; Kallmeyer/Marsch-Barner, UmwG, § 23 Rn. 1). Nach herrschender Meinung kann § 204 UmwG im Umwandlungsbeschluss **nicht abbedungen** werden. Darüber hinaus schafft die Vorschrift ein klagbares Recht, das mit einer Leistungsklage verwirklicht werden kann (vgl. Kallmeyer/Meister/Klöcker, UmwG, § 204 Rn. 13).

179 **Wirtschaftliche Gleichwertigkeit** bedeutet nicht formal-rechtliche Gleichwertigkeit. So muss etwa bei Wandelschuldverschreibungen das Umtausch- oder das Bezugsverhältnis nicht dem ursprünglichen entsprechen. Bei Gewinnschuldverschreibungen muss eine prozentuale Koppelung an die Dividende nicht exakt beibehalten werden. Vielmehr muss der wirtschaftliche Inhalt der Gläubigerrechte an die durch die Umwandlung veränderten Verhältnisse angepasst werden. Es ist dabei aber immer zu prüfen, ob das auf den neuen Rechtsträger anwendbare Recht die Gewährung eines entsprechenden Rechts zulässt oder nicht. Ist dies nicht der Fall, dann kommt die Gewährung eines Rechts in Betracht, dass dem durch Formwechsel untergehenden Recht rechtlich und wirtschaftlich am ehesten entspricht (Kallmeyer/Meister/Klöcker, UmwG, § 204 Rn. 23; Rinnert, NZG 2001, 865 ff.; Feddersen/Kiem, ZIP 1994, 1078, 1082; Widmann/Mayer/Vollrath, Umwandlungsrecht, § 194 UmwG Rn. 41.5; Lutter/Decher/Hoger, UmwG, § 204 Rn. 26; vgl. außerdem oben Teil 2 Rdn. 564 ff., Teil 3 Rdn. 117 ff.).

VII. Angebot auf Barabfindung

180 **1. Voraussetzungen.** Gem. § 194 Abs. 1 Nr. 6 UmwG muss der Umwandlungsbeschluss auch ein **Abfindungsangebot** nach § 207 UmwG enthalten, sofern nicht der Umwandlungsbeschluss nach den besonderen Vorschriften zu seiner Wirksamkeit der Zustimmung aller Anteilsinhaber bedarf oder an dem formwechselnden Rechtsträger nur ein Anteilsinhaber beteiligt ist (vgl. dazu auch ausführlich unten Teil 4 Rdn. 242 ff.).

181 Die Vorschrift sichert den **Abfindungsanspruch eines widersprechenden Gesellschafters** gem. § 207 Abs. 1 UmwG. Nach dieser Vorschrift hat der formwechselnde Rechtsträger jedem Anteilsinhaber, der gegen den Umwandlungsbeschluss Widerspruch zur Niederschrift erklärt, den Erwerb seiner umgewandelten Anteile oder Mitgliedschaften gegen eine angemessene Barabfindung anzubieten. Die Vorschrift entspricht weitgehend der Abfindung nach dem Verschmelzungsrecht (vgl. im Einzelnen oben Teil 2 Rdn. 550 ff.). Auch § 194 Abs. 1 Nr. 6 verlangt wie § 29 UmwG einen Abfindungsanspruch, sondern nur eine Verpflichtung der Gesellschafter, das Abfindungsangebot in den Umwandlungsbeschluss aufzunehmen. Das Abfindungsangebot ist also den Anteilsinhabern als Inhalt des Umwandlungsbeschlusses gem. § 194 Abs. 1 Nr. 6 UmwG zu unterbreiten (vgl. Decher, in: Lutter, Kölner Umwandlungsrechtstage, S. 218; Kallmeyer/Meister/Klöcker, UmwG, § 194 Rn. 45, § 207 Rn. 12 ff.; Lutter/Decher/Hoger, UmwG, § 194 Rn. 20; Useler, MittRhNotK 1998, 21, 32). Das Angebot wird durch den formwechselnden Rechtsträger abgegeben (Stratz, in: Schmitt/Hörtnagl/Stratz, UmwG/UmwStG, § 207 UmwG Rn. 9; Widmann/Mayer/Wälzholz, Umwandlungsrecht, § 207 UmwG Rn. 26).

182 Gem. § 194 Abs. 1 Nr. 6 kann ein **Abfindungsangebot** im Umwandlungsbeschluss **entfallen** (Kallmeyer/Meister/Klöcker, UmwG, § 194 Rn. 45, Lutter/Decher/Hoger, UmwG, § 194 Rn. 21 § 205 Rn. 4; Widmann/Mayer/Wälzholz, Umwandlungsrecht, § 207 UmwG Rn. 5; Stratz, in: Schmitt/Hörtnagl/Stratz, UmwG/UmwStG, § 207 UmwG Rn. 1), wenn
– der Umwandlungsbeschluss zu seiner Wirksamkeit der Zustimmung aller Anteilsinhaber bedarf oder
– an dem formwechselnden Rechtsträger nur ein Anteilsinhaber beteiligt ist.

Vgl. dazu ausführlich Teil 4 Rdn. 242 ff.

183 **2. Inhalt.** Nach § 208 UmwG ist auf den Anspruch auf Barabfindung **§ 30 UmwG entsprechend** anzuwenden. Dies bedeutet, dass die Barabfindung die Verhältnisse des übertragenden Rechtsträgers im Zeitpunkt der Beschlussfassung über die Verschmelzung berücksichtigen muss (§ 30 Abs. 1 UmwG) und die Angemessenheit stets durch Verschmelzungsprüfer zu prüfen ist. Nach § 30 Abs. 2 Satz 3 können allerdings die Berechtigten **auf die Prüfung und den Prüfungsbericht verzichten**, wobei die Verzichtserklärungen notariell zu beurkunden sind.

184 **3. Sondervorschriften.** Bei **verschiedenen Formwechselvarianten** ist allerdings vom Gesetzgeber ausdrücklich die Nichtanwendung der Vorschriften für das Barangebot vorgesehen (vgl. auch Widmann/Mayer/Wälzholz, Umwandlungsrecht, § 207 UmwG Rn. 5; Kalss, in: Semler/Stengel, § 207 UmwG Rn. 3):

§ 250 UmwG	Formwechsel zwischen AG und KGaA,
§ 282 Abs. 2 UmwG	Formwechsel eingetragener Vereine, die gem. § 5 Abs. 1 Nr. 9 KStG von der Körperschaftsteuer befreit sind,
§ 302 Satz 1 UmwG	Formwechsel einer Körperschaft oder Anstalt des öffentlichen Rechts,
§ 227 UmwG	Abfindung des persönlich haftenden Gesellschafters einer formwechselnden KGaA.

In diesen Fällen braucht der Entwurf des Umwandlungsbeschlusses **kein Barabfindungsangebot**.

185 **4. Verzicht auf das Abfindungsangebot.** Der Gesetzgeber hat eine Anregung, auf das Abfindungsangebot ebenfalls zu verzichten, wenn alle Gesellschafter der Umwandlung zustimmen, nicht aufgegriffen (vgl. auch oben Teil 2 Rdn. 599). Andererseits ist nur schwer verständlich, warum das Fehlen eines

Abfindungsangebots zur Rechtswidrigkeit des Beschlusses führt, wenn alle Gesellschafter der Umwandlung zustimmen. In diesem Zusammenhang stellt sich auch die Frage, inwieweit auf das **Abfindungsangebot im Vorfeld verzichtet** werden kann. Das Gesetz hat dies ausdrücklich nicht geregelt. Geregelt ist nur gem. § 208 i. V. m. § 30 Abs. 2 Satz 3 UmwG, dass auf die Prüfung der Angemessenheit der Barabfindung verzichtet werden kann. Die überwiegende Auffassung in der Literatur lässt zu Recht den vorherigen Verzicht auf das Barabfindungsgebot zu und folgert dies aus den allgemeinen Regeln der §§ 305, 397 (Lutter/Decher/Hoger, UmwG, § 194 Rn. 23; Bärwaldt, in: Semler/Stengel, § 194 UmwG Rn. 29; Kalss, in: Semler/Stengel, § 207 UmwG Rn. 17; Widmann/Mayer/Wälzholz, Umwandlungsrecht, § 207 UmwG Rn. 33; Kallmeyer/Meister/Klöcker, UmwG, § 194 Rn. 46; Priester, DNotZ 1995, 427, 450; Usler, MittRhNotK 1998, 21, 33). Die Barabfindung dient allein den Interessen der Gesellschafter, sodass keine Gründe gegen die Möglichkeit des Verzichts sprechen. Darüber hinaus spricht auch für die Tatsache, dass auf die Prüfung der Barabfindung verzichtet werden kann, dass bereits die Barabfindung verzichtbar ist. In Anlehnung an § 30 Abs. 2 Satz 3 UmwG wird man allerdings einen **notariell beurkundeten Verzicht** verlangen müssen, damit die Beteiligten über die Bedeutung dieses Verzichts entsprechend belehrt werden (Kalss, in: Semler/Stengel, § 207 UmwG Rn. 17; Widmann/Mayer/Wälzholz, Umwandlungsrecht, § 207 UmwG Rn. 34). Der Verzicht muss außerdem von allen Anteilsinhabern erklärt werden (Kallmeyer/Meister/Klöcker, UmwG, § 194 Rn. 46; Lutter/Decher/Hoger, UmwG, § 194 Rn. 21). Für die Beurkundung gelten die Vorschriften über Willenserklärungen, also die §§ 8 ff. BeurkG (Widmann/Mayer/Wälzholz, Umwandlungsrecht, § 207 UmwG Rn. 34). Er ist zum Handelsregister einzureichen (Widmann/Mayer/Wälzholz, Umwandlungsrecht, § 207 UmwG Rn. 34; Kallmeyer/Meister/Klöcker, UmwG, § 194 Rn. 46).

VIII. Folgen des Formwechsels für die Arbeitnehmer

Ebenso wie beim Spaltungs- und Verschmelzungsvertrag müssen im Umwandlungsbeschluss gem. **186** § 194 Abs. 1 Nr. 7 auch die **Folgen des Formwechsels** für die Arbeitnehmer und ihre Vertretungen sowie die insoweit vorgesehenen Maßnahmen enthalten sein. Insoweit kann auf die Ausführungen zum Verschmelzungsrecht verwiesen werden (vgl. oben Teil 2 Rdn. 101 ff.).

IX. Formwechselstichtag

Bei den verschiedenen Umwandlungsarten und insb. beim Formwechsel ist zwischen den **verschiedensten** **187** **Stichtagen genau zu differenzieren** (vgl. auch oben Teil 4 Rdn. 133). Die Verschmelzung und die Spaltung kennen die im Gesetz (§ 5 Abs. 1 Nr. 5 und Nr. 6 und § 126 Abs. 1 Nr. 5 und Nr. 6 UmwG) geregelten Stichtage einerseits von dem an die Anteile gewinnberechtigt sind und andererseits den sog. Verschmelzungs- bzw. Umwandlungsstichtag. Letzterer ist insb. im Zusammenhang mit der gesellschaftsrechtlich max. 8-monatigen Rückwirkung und der beizulegenden Bilanz nach § 17 Abs. 2 Satz 4 UmwG relevant. Demgegenüber kennt der Formwechsel nach UmwG zwingend im Formwechselbeschluss festzulegenden **keinen Formwechselstichtag**. Lediglich steuerlich kann (vgl. beim Formwechsel einer Personenhandelsgesellschaft in eine Kapitalgesellschaft §§ 25, 20 Abs. 7 und Abs. 8 Satz 1 UmwStG) die Rückwirkung auf einen Stichtag erfolgen, der höchstens 8 Monate vor der Anmeldung des Formwechsels zur Eintragung in das Handelsregister liegt. Gesellschaftsrechtlich bzw. handelsrechtlich bedarf es auch nicht der Beifügung einer max. 8 Monate alten Bilanz nach § 17 Abs. 2 Satz 4 UmwG. Denn § 17 Abs. 2 Satz 4 ist mangels Verweis in den §§ 190 ff. UmwG nicht auf den Formwechsel anwendbar. Die Acht-Monats-Frist bis zur Anmeldung spielt hier also keine Rolle. Aus den gleichen Gründen hat daher auch der Gesetzgeber keine Umwandlungsbilanz, sondern nur zu Information der Anteilsinhaber die Vermögensaufstellung vorgesehen (Kallmeyer/Meister/Klöcker, UmwG, § 194 Rn. 10 f.; vgl. oben Teil 4 Rdn. 85 ff.). Durch das **Zweite Gesetz zur Änderung des UmwG** ist dogmatisch konsequent auch diese Vermögensaufstellung weggefallen.

Gesellschaftsrechtlich/handelsrechtlich bzw. mit dinglicher Wirkung wird jede Umwandlung – sowohl der Formwechsel als auch die Spaltung oder Verschmelzung – erst mit der Eintragung im Handelsregister wirksam (vgl. für den Formwechsel § 202 Abs. 1 UmwG). Dabei ist § 202 Abs. 1 und Abs. 2 UmwG dergestalt zwingend, dass eine Rückwirkung des Formwechsels zu einem früheren Zeitpunkt als der entsprechenden Registereintragung ebenso wenig zulässig ist, wie eine spätere Festlegung dieses Zeitpunkt (Widmann/Mayer/Vossius, Umwandlungsrecht, § 202 UmwG Rn. 34).

I. Feststellung der Satzung bzw. des Gesellschaftsvertrages des neuen Rechtsträgers

1. Grundsatz

188 Nach § 197 UmwG sind auf den Formwechsel die für den neuen Rechtsträger geltenden Gründungs-vorschriften anzuwenden, soweit sich nichts anderes aus den besonderen Vorschriften des UmwG ergibt. Die Vorschriften über die einzelnen Gesellschaften und Rechtsträger sehen demgemäß vor, dass in dem **Umwandlungsbeschluss** neben den in § 194 UmwG genannten Bestimmungen bei den anderen Umwandlungsformen auch der Gesellschaftsvertrag, die Satzung des neuen Rechtsträgers festgestellt werden muss:
- Personenhandelsgesellschaft in Kapitalgesellschaft oder Genossenschaft (§ 218 Abs. 1 UmwG),
- Kapitalgesellschaft in Kapitalgesellschaft (§ 243 Abs. 1 i. V. m. § 218 Abs. 1 UmwG),
- Kapitalgesellschaft in Genossenschaft (§ 253 UmwG),
- Genossenschaft in Kapitalgesellschaft (§ 218 i. V. m. § 263 Abs. 1 UmwG),
- Verein in Kapitalgesellschaft oder Genossenschaft (§ 276 Abs. 1 i. V. m. § 218 Abs. 1 UmwG),
- Versicherungsverein auf Gegenseitigkeit in Kapitalgesellschaft oder Genossenschaft (§ 294 Abs. 1 i. V. m. § 218 Abs. 1 UmwG).

189 Lediglich beim Formwechsel einer Kapitalgesellschaft in eine Personengesellschaft sah § 234 UmwG i. d. F. bis zum Zweiten Gesetz zur Änderung des UmwG v. 25.04.2007 vor, dass nicht der Gesellschaftsvertrag der Personenhandelsgesellschaft oder der Personengesellschaft Bestandteil des Umwandlungsbeschlusses sein muss, sondern nur Mindestangaben. Der Gesetzgeber hat im **Zweiten Gesetz zur Änderung des UmwG** § 234 Nr. 3 UmwG dahin gehend geändert, dass auch der **Gesellschaftsvertrag der Personengesellschaft im Umwandlungsbeschluss enthalten sein** muss. Die Begründung zum RegE (BT-Drucks. 16/2919, S. 19) weist auch darauf hin, dass im Gegensatz zu § 218 UmwG beim Formwechsel einer Personenhandelsgesellschaft in eine GmbH in § 234 UmwG derzeit – außer für die Partnerschaftsgesellschaft – nicht ausdrücklich vorgeschrieben war, dass beim umgekehrten Fall des Formwechsels einer Kapitalgesellschaft in eine Personengesellschaft auch der Gesellschaftsvertrag dieser Gesellschaft Bestandteil des Umwandlungsbeschlusses sein muss.

190 ▶ **Hinweis:**

In der Praxis bestand bis zur Neuregelung im Jahr 2007 durch das **Zweite Gesetz zur Änderung des UmwG** die Unsicherheit, ob bei einem Formwechsel in die KG mit der in § 233 Abs. 2 vorgeschriebenen 3/4-Mehrheit auch der Gesellschaftsvertrag beschlossen werden kann. Daher hat das Zweite Gesetz zur Änderung des UmwG festgelegt, dass – wie in § 218 UmwG – der Gesellschaftsvertrag ausdrücklich zum notwendigen Beschlussinhalt gehört. Zwar wird damit abweichend vom sonstigen Recht der Gesellschaftsvertrag der Personengesellschaft einem Formerfordernis unterworfen. Bei einem Wechsel aus der Kapitalgesellschaft in die Personengesellschaft erscheint dem Gesetzgeber dies aber angemessen.

191 Mit dem Umwandlungsbeschluss beschließen also auch die Gesellschafter den Gesellschaftsvertrag oder die Satzung. Der Gesellschaftsvertrag gilt daher mit der Wirksamkeit der Umwandlung auch zugunsten der Gesellschafter, die gegen die Umwandlung gestimmt haben (Widmann/Mayer/Vossius, Umwandlungsrecht, § 218 UmwG Rn. 5; Kallmeyer/Dirksen/Blasche, UmwG, § 218 Rn. 2).

192 Der **Gesellschaftsvertrag bzw. die Satzung sind damit Teil des Umwandlungsbeschlusses** und mit diesem zu beurkunden. Eine gesonderte Unterzeichnung durch die Gesellschafter ist, da es sich hier um Teile des Beschlusses handelt, nicht erforderlich (so zu Recht h. M. Widmann/Mayer/Vossius, Umwandlungsrecht, § 217 f. UmwG Rn. 28; Widmann/Mayer/Rieger, Umwandlungsrecht, § 244 UmwG Rn. 17; Kallmeyer/Dirksen/Blasche, UmwG, § 218 Rn. 2; Stratz, in: Schmitt/Hörtnagl/ Stratz, UmwG/UmwStG, § 218 UmwG Rn. 5; Schlitt, in: Semler/Stengel, § 218 UmwG Rn. 6 ; a. A. allerdings Lutter/Joost, § 218 UmwG Rn. 3, der eine Unterzeichnung und die Beurkundung nach den §§ 8 ff. BeurkG verlangt, ebenso Lutter/Göthel § 244 UmwG Rn. 15, KölnKom/Petersen, § 244 UmwG Rn. 10; diese Auffassung ist abzulehnen). Allerdings ist die Unterzeichnung auch nicht schädlich (OLG Köln, BB 1993, 317, 318; Kallmeyer/Dirksen/Blasche, UmwG, § 218 Rn. 2, empfiehlt dies im Hinblick auf den Streit). Haben einzelne Gesellschafter an der Beschlussversammlung nicht teilgenommen, bedarf ihre Zustimmung der notariellen Beurkundung (§ 217 Abs. 1 Satz 1 i. V. m. § 193 Abs. 3 Satz 1 UmwG), die dann auch die Zustimmung zum Gesellschaftsvertrag, oder der Satzung erfasst. Dies braucht in der Zustimmungserklärung nicht gesondert erklärt werden (Kallmeyer/Dirksen/Blasche, UmwG, § 218 Rn. 2).

II. Ausgestaltung der Satzung bzw. des Gesellschaftsvertrages

Der Inhalt der Satzung oder des Gesellschaftsvertrages des neuen Rechtsträgers richtet sich nach den **193** Vorschriften, die auf den neuen Rechtsträger anwendbar sind. Es sind daher die Angaben zu machen, die nach den Spezialgesetzen (GmbHG, AktG, GenG, BGB etc.) vorgeschrieben sind.

Auch beim Formwechsel von einer Kapitalgesellschaft in eine Kapitalgesellschaft anderer Rechtsform **194** verweist § 243 Abs. 1 auf § 218 UmwG und bestimmt außerdem, dass Festsetzungen über Sondervorteile, Gründungsaufwand, Sacheinlagen und Sachübernahmen, die in dem Gesellschaftsvertrag oder in der Satzung der formwechselnden Gesellschaft enthalten sind, in den Gesellschaftsvertrag oder die Satzung der Gesellschaft neuer Rechtsform zu übernehmen sind. Insofern sind also nicht nur die durch den Formwechsel bedingten Veränderungen des Gesellschaftsvertrages, sondern der **gesamte Wortlaut** aufzunehmen (Kallmeyer/Dirksen/Blasche, UmwG, § 243 Rn. 1, 7).

1. Notwendige Satzungs-/Gesellschaftsvertragsänderungen. Da für die Satzung des Zielrechts- **195** trägers im Regelfall andere Vorschriften gelten als für die des Ausgangsrechtsträgers, müssen die **Satzungen** insofern den Vorschriften des neuen Rechtsträgers **angepasst** werden. Die Literatur spricht in diesem Zusammenhang von den sog. notwendigen Satzungsänderungen, die erforderlich sind, um Einklang mit den neuen Vorschriften herzustellen (vgl. Kallmeyer/Dirksen/Blasche, UmwG, § 243 Rn. 7; Lutter/Göthel, UmwG, § 243 Rn. 26 ff.; Widmann/Meyer/Rieger, Umwandlungsrecht, § 243 UmwG Rn. 10 f.; Stratz, in: Schmitt/Hörtnagl/Stratz, UmwG/UmwStG, § 218 UmwG Rn. 3, § 243 Rn. 3; Mutter, in: Semler/Stengel, § 243 UmwG Rn. 9; Meyer-Landruth/Kiem, WM 1997, 1361, 1368). Zu den notwendigen Satzungsänderungen wird man auch die rechnen müssen, die sich aus den **strukturellen Änderungen**, etwa Wegfall eines Aufsichtsrates o. ä. ergeben.

2. Fakultative Satzungsänderungen. Es besteht in der Literatur darüber hinausgehend zu Recht Ei- **196** nigkeit, dass i. R. d. Anpassung der Satzung auch Satzungsänderungen vorgenommen werden, die über die reinen notwendigen Satzungsänderungen hinausgehen (sog. **fakultative Satzungsänderungen**). Bereits zum bis 1995 geltenden Recht bestand überwiegend die Auffassung, dass auch eine vollumfängliche Neufassung der Satzung unter Einschluss aller sinnvoll erachteten Änderungen einheitlich mit dem Umwandlungsbeschluss vorgenommen werden kann (vgl. etwa Semler/Grunewald, in: Geßler/Hefermehl/Eckardt/Kopp, AktG, § 369 Rn. 11; KK-AktG/Zöllner, § 369 Rn. 13; zum UmwG 1995 Kallmeyer/Dirksen/Blasche, UmwG, § 243 Rn. 9; Lutter/Göthel, UmwG, § 243 Rn. 30; Widmann/Mayer/Rieger, Umwandlungsrecht, § 243 UmwG Rn. 12). So ergeben sich insb. auch **spezifische Anpassungsbedürfnisse**, die aus der Eigenart des formwechselnden Rechtsträgers resultieren. Wird etwa eine AG in eine Personengesellschaft (z. B. GmbH & Co. KG) umgewandelt, so wird, wenn es sich vorher um eine Publikumsaktiengesellschaft gehandelt hat, das gesetzliche Normalstatut für die Personengesellschaft nicht den besonderen Anforderungen einer Publikumsgesellschaft gerecht werden, sodass umfangreiche Anpassungen des Gesellschaftsvertrages erforderlich sind (vgl. dazu Meyer-Landruth/Kiem zum Formwechsel einer Publikums-AG in eine KG, WM 1997, 1361, 1368 ff.). In der Gestaltung des Gesellschaftsvertrages bzw. Satzung sind daher die Gesellschafter weitgehend frei (vgl. Kallmeyer/Dirksen/Blasche, UmwG, § 243 Rn. 9). Allerdings sind dabei auch Grenzen einzuhalten.

In der Literatur ist dabei umstritten, welche **Anforderungen** bzgl. der Beschlussmehrheiten an derartige fakultative Satzungsänderungen zu stellen sind. Z. T. geht die Literatur davon aus, dass, da die neue Satzung Teil des Umwandlungsbeschlusses ist, einheitlich unabhängig vom Inhalt der Satzungsänderung nur die Beschlussmehrheiten für den Umwandlungsbeschluss gelten, bei der Personengesellschaft also u. U. 3/4-Mehrheit (so Meyer-Landruth/Kiem, WM 1997, 1368; Kallmeyer/Dirksen/Blasche, UmwG, § 218 Rn. 2; wohl auch Mutter, in: Semler/Stengel, § 243 UmwG Rn. 12). Demgegenüber ist ein anderer Teil der Literatur der Auffassung, dass fakultative Satzungsänderungen stets nach den besonderen Beschlussvoraussetzungen der Ausgangsrechtsform gefasst werden müssen (so Lutter/Göthel, UmwG, § 243 Rn. 30; Reichert, GmbHR 1995, 176, 193; Widmann/Mayer/Rieger, Umwandlungsrecht, § 243 UmwG Rn. 14; Stratz, in: Schmitt/Hörtnagl/Stratz, UmwG/UmwStG, § 218 UmwG Rn. 3, § 243 UmwG Rn. 3; Kallmeyer/Dirksen/Blasche, UmwG, § 243 Rn. 9). Nach der letzten Meinung ist es nicht gerechtfertigt, Änderungen die nur bei Gelegenheit des Umwandlungsbeschlusses erfolgen eine 3/4-Mehrheit genügen zu lassen (so Widmann/Mayer/Rieger, Umwandlungsrecht, § 243 UmwG Rn. 14).

197 Das **wichtigste Beispiel** der fakultativen Satzungsänderung ist der Fall, in dem anlässlich der Umwandlung die Vinkulierung der Anteile des neuen Rechtsträgers eingeführt werden soll. Ist Ausgangsrechtsträger eine AG, bedürfte die nachträgliche Einführung der Vinkulierung von Aktien der Zustimmung der betroffenen Aktionäre gem. § 180 Abs. 2 AktG. Da der Gesetzgeber dieses Problem oftmals nicht gesehen hat, spricht einiges dafür, dass ein derartiger Vorgang des UmwG nicht gewollt war, sodass die besonderen Zustimmungserfordernisse für die fakultative Satzungsänderung einzuhalten sind (so auch die überwiegende Meinung Lutter/Göthel, UmwG, § 243 Rn. 30; Widmann/Mayer/Rieger, Umwandlungsrecht, § 243 UmwG Rn. 14; a. A. Meyer-Landruth/Kiem, WM 1997, 1368).

Der BGH hat in der sog. Freudenberg-Entscheidung v. 15.11.1982 (BGHZ 85, 350 = NJW 1983, 1065) festgestellt, dass die Umwandlung nicht dazu ausgenutzt werden darf, weitere, nicht durch die Umwandlung selbst oder ihre Gründe notwendig veranlasste Veränderungen der bestehenden Gesellschaftsstruktur zu beschließen; vielmehr sollen der Charakter der Gesellschaft, die Grundzüge der Gesellschaftsorganisation, die Kompetenzen der Gesellschaftsorgane und die Rechtsposition der einzelnen Gesellschafter i. R. d. rechtlich und tatsächlich Möglichen erhalten, angepasst und notwendige Veränderungen nur nach den Grundsätzen des geringstmöglichen Eingriffs vorgenommen werden. In der Entscheidung v. 09.05.2005 (AG 2005, 613 = DB 2005, 1842 = DNotZ 2005, 864 = ZNotP 2005, 392) hat er allerdings einschränkend festgestellt, dass es darauf ankomme, ob der Umwandlungsbeschluss etwa eine zusätzliche, nicht rechtsformbedingte, den Gesellschaftern nachteilige Ungleichbehandlung mit sich gebracht hätte. Daraus folgert auch die Literatur, dass der Inhalt des neuen Gesellschaftsvertrages der allgemeinen Treuepflicht unterliege, durch die Umwandlung dürfen also keine Nachteile zulasten der Minderheit beschlossen werden (so Kallmeyer/Dirksen/Blasche, UmwG, § 234, Rn. 8, § 243 Rn. 9; Lutter/Göthel, UmwG, § 243 Rn. 30 ff.).

III. Kapitalfestsetzung der neuen Gesellschaft

198 **1. Kapital der Zielgesellschaft.** Auch in der im Umwandlungsbeschluss festzusetzenden Satzung bzw. dem Gesellschaftsvertrag oder Satzung ist entsprechend den Sondergesetzen das Kapital der Gesellschaft festzusetzen. Da dieses bereits Teil des Umwandlungsbeschlusses ist, ist darauf zu achten, dass insofern **Übereinstimmung zwischen den Angaben** nach § 194 Abs. 1 Nr. 4 UmwG im Umwandlungsbeschluss und der Satzung besteht. Im Umwandlungsbeschluss könnte auch auf die beigefügte Satzung verwiesen werden. Wegen der Einzelheiten der Kapitalfestsetzung kann auf die obigen Ausführungen verwiesen werden (vgl. oben Teil 4 Rdn. 150 ff.).

199 **2. Kapitalmaßnahmen im Zusammenhang mit dem Formwechsel.** § 243 Abs. 2 UmwG bestimmt, dass beim Formwechsel von einer Kapitalgesellschaft in eine Kapitalgesellschaft anderer Rechtsform »*Vorschriften anderer Gesetze über die Änderung des Stammkapitals oder des Grundkapitals unberührt*« bleiben. Die Vorschrift ist im Zusammenhang mit § 247 Abs. 1 UmwG zu sehen. Denn diese Vorschrift bestimmt, dass das bisherige Stammkapital einer formwechselnden GmbH zum Grundkapital der Gesellschaft neuer Rechtsform oder das bisherige Grundkapital einer formwechselnden AG oder KGAA zum Stammkapital einer Gesellschaft neuer Rechtsform wird. Diese Vorschrift regelt also die sog. Kontinuität des Nennkapitals, die Höhe des Nennkapitals wird durch den Formwechsel nicht berührt (vgl. Lutter/Happ, UmwG, § 247 Rn. 4; Widmann/Mayer/Rieger, Umwandlungsrecht, § 247 UmwG Rn. 11).

200 Nach § 243 Abs. 2 UmwG besteht aber die Möglichkeit einer **Veränderung der Kapitalziffer** nach den allgemeinen Vorschriften. Solche Kapitaländerungen i. R. d. Formwechsels sind ohne Weiteres zulässig und können zur Anpassung an die neue Rechtsform sogar erforderlich sein, wenn etwa das Kapital der formwechselnden Gesellschaft nicht das für die neue Rechtsform vorgeschriebene Mindestkapital erreicht (vgl. Lutter/Göthel, UmwG, § 243 Rn. 40; Kallmeyer/Dirksen/Blasche, UmwG, § 243, Rn. 10, § 247 Rn. 2; Mertens, AG 1995, 561, 562).

Dem Gesetz lässt sich allerdings nicht entnehmen, ob auf die Kapitaländerungsmaßnahme das Recht **201** des formwechselnden Rechtsträgers oder das für die Gesellschaft neuer Rechtsform geltende Recht Anwendung findet. Die überwiegende Literatur stellt auf den **Eintragungszeitpunkt des Formwechsels** ab. Soll die Kapitalveränderung im Zeitpunkt der Wirksamkeit des Formwechsels, also bei dessen Eintragung bereits wirksam sein, so sind die für die formwechselnde Gesellschaft einschlägigen Vorschriften anzuwenden. Gleiches gilt, wenn die Kapitaländerungen zwar gleichzeitig mit der Umwandlung wirksam werden, aber von dieser rechtlich unabhängig sein sollen (Lutter/Göthel, UmwG, § 243 Rn. 36; Kallmeyer/Dirksen/Blasche, UmwG, § 243 Rn. 10; Mutter, in: Semler/Stengel, § 243 UmwG Rn. 25; teilw. abweichend Widmann/Mayer/Rieger, Umwandlungsrecht, § 243 UmwG Rn. 47 ff.).

▶ **Hinweis:** **202**

Wird die Kapitaländerung vor dem Formwechsel eingetragen und erfolgt sie nach altem Recht, so ist zu berücksichtigen, dass auch im Umwandlungsbeschluss die Veränderungen, die erst mit der Eintragung wirksam werden, die aber dann auch das Kapital des formwechselnden Rechtsträgers betreffen, berücksichtigt werden.

Eine **Ausnahme** lässt die Literatur für den Fall zu, dass die Kapitaländerung erst mit dem Formwechsel **203** wirksam wird und mit diesem stehen und fallen soll. In diesem Fall wird es als zulässig angesehen, anstelle der für die bisherige Rechtsform geltenden Vorschriften bereits das Recht anzuwenden, das für die neue Rechtsform gilt (Lutter/Göthel, UmwG, § 243 Rn. 37; Mertens, AG 1995, 561, 562; Widmann/Mayer/Rieger, Umwandlungsrecht, § 243 UmwG Rn. 51). Dies setzt allerdings voraus, dass die Kapitaländerung in dem Beschluss ausdrücklich von der Wirksamkeit des Formwechsels abhängig gemacht und diese Abhängigkeit auch in der Anmeldung der Eintragung der Kapitalveränderung zum Handelsregister ausgewiesen wird.

IV. Formwechsel als Sachgründung und besondere Angaben in der Satzung beim Formwechsel

In der Praxis stellen sich weitere Fragen der Satzungsgestaltung beim Formwechsel (vgl. ausführlich **204** Heidinger/Limmer/Holland/Reul, Gutachten des DNotI, Bd. IV, Gutachten zum Umwandlungsrecht, Nr. 48, S. 343).

1. Formwechsel als Sachgründung. Schon bei den Vorgängervorschriften des § 197 Satz 1 UmwG **205** im bis 1995 geltenden Umwandlungsrecht hat die allgemeine Verweisung auf die Gründungsvorschriften im Einzelfall zu **Zweifelsfragen hinsichtlich des konkreten Umfangs der Verweisung** geführt. Die Praxis der Registergerichte neigte bisweilen zu einer extensiven Anwendung der Sachgründungsvorschriften für die GmbH bzw. AG im Rahmen einer Umwandlung (Lutter/Decher/Hoger, UmwG, § 197 Rn. 4). Decher/Hoger (in: Lutter, UmwG, § 197 Rn. 4) weist darauf hin, dass die Formulierung in § 197 Satz 1 UmwG insoweit zu keiner Klärung beigetragen habe (vgl. auch Mertens, AG 1995, 561; K. Schmidt, ZGR 1993, 366, 369). Eine Weichenstellung für viele Zweifelsfragen ergebe sich allerdings aus dem Grundverständnis des § 197 Satz 1 UmwG. Dies ist aber offenbar bereits umstritten. Insb. werden zur Frage der dogmatischen Einordnung des Formwechsels allgemein als Sachgründung oder nur identitätswahrendem Wechsel des Rechtskleides in der Literatur sehr unterschiedliche Schwerpunkte gelegt. Davon ist aber gerade die Einordnung des § 197 UmwG abhängig. Die Frage wurde bereits oben angesprochen (vgl. Teil 4 Rdn. 7).

Decher/Hoger (Lutter/Decher/Hoger, UmwG, § 197 Rn. 5 ff.) meint, dass der Formwechsel in der Sa- **206** che nicht eine Neugründung des formwechselnden Rechtsträgers darstellt. Durch den Formwechsel ändere sich an der Identität des Rechtsträgers nichts. Der Formwechsel werde nur zur Vermeidung eines Unterlaufens der für das Kapitalgesellschaftsrecht grundlegenden Kapitalaufbringungsvorschriften entsprechend den Regeln für eine (Sach-) Gründung behandelt (vgl. auch Ganske, Regierungsbegründung, S. 220). Die Anwendung des § 197 Satz 1 UmwG diene also nur dem Umgehungsschutz. Daraus folge, dass beim Formwechsel trotz der allgemeinen Verweisung des § 197 Satz 1 UmwG nicht sämtliche Sachgründungsvorschriften anwendbar seien. Anderenfalls würde praktisch eine Neugründung erforderlich, die ausweislich der Gesetzesmaterialien durch den Formwechsel gerade vermieden werden sollte (Ganske, Regierungsbegründung, S. 220). Der Formwechsel werde im Grundsatz nur dann wie eine (Sach-) Gründung behandelt, soweit es eines Schutzes vor der Umgehung der Gründungsvorschriften im Kapitalgesellschaftsrecht – insb. des Grundsatzes der Kapitalaufbringung – bedürfe (ebenso schon zu § 378 AktG a. F.: Finken/Decher/Hoger, AG 1989, 391, 394).

207   **Joost** führt (Lutter/Joost, UmwG, § 220 Rn. 5, 6 und 15) allerdings zum Formwechsel aus der Personengesellschaft aus, dass § 220 Abs. 1 UmwG das für die Gründung von Kapitalgesellschaften grundlegende Prinzip der Deckung des Kapitals durch aufgebrachtes Vermögen verwirkliche und damit die Konsequenzen daraus ziehe, dass der Formwechsel in § 197 UmwG allgemein wie eine Gründung behandelt werde. Da der Formwechsel nach der gesetzlichen Konzeption wie eine Sachgründung behandelt werde, sei bei dem Formwechsel in eine AG ein **Gründungsbericht nach § 32 AktG anzufertigen**. Der Formwechsel enthalte, ungeachtet der Identitätsthese, materiell eine Sachgründung (vgl. Joost, Formwechsel von Personenhandelsgesellschaften, S. 245, 255; dies werde von K. Schmidt, ZIP 1995, 1385, 1389 nicht verkannt).

208   Vossius (Widmann/Mayer/Vossius, Umwandlungsrecht, § 190 UmwG Rn. 23 ff.) hält den Formwechsel ganz allgemein **nur für die Änderung der Rechtsform eines Rechtsträgers**. Kriterium des Formwechsels und zugleich sein Unterscheidungsmerkmal von den anderen Formen der Umwandlung bleibe die wirtschaftliche Kontinuität des Rechtsträgers vor und nach dem Formwechsel. Dabei verzichte das UmwG seinem Wortlaut und seiner Systematik nach auf die Figur der übertragenden Umwandlung (Widmann/Mayer/Vossius, Umwandlungsrecht, § 190 UmwG Rn. 25). Durch die Verweisung in § 197 Satz 1 UmwG auf die für die neue Rechtsform geltenden Gründungsvorschriften werden v. a. die für Kapitalgesellschaften wichtigen Vorschriften über die Gründungsprüfung und über die Verantwortlichkeit der Gründer in das Umwandlungsrecht einbezogen (Widmann/Mayer/Vossius, Umwandlungsrecht, § 197 UmwG Rn. 3). Damit werde dem Umstand Rechnung getragen, dass formwechselnde Umwandlungen ihrem Inhalt nach letztlich vereinfachte, privilegierte Sachgründungen darstellen. Aus dem das Recht des Formwechsels dominierenden Identitätsprinzip folge allerdings, dass der Formwechsel nicht einfach als fiktive Auflösung und Neugründung des Rechtsträgers mittels Sacheinlage definiert werden könne. Eine solche Sichtweise entspreche nicht dem Willen des Gesetzgebers. Ausweislich der Gesetzesbegründung (vgl. BR-Drucks. 75194, abgedruckt bei Gesetzesbegründung unter Begründung UmwG, S. 128) dürfen die Gründungsvorschriften »nicht uneingeschränkt für anwendbar erklärt werden«. Dadurch würde praktisch eine Neugründung erforderlich, die durch den Formwechsel gerade vermieden werden soll. Die Gesellschafter sollen also gerade nicht verpflichtet sein, Sacheinlagen zu übernehmen und zu leisten (zutreffend Fischer, BB 1995, 2173/2170; Goutier/Knopf/Tulloch/Laumann, Umwandlungsrecht, § 197 UmwG Rn. 2 und Rn. 3; K. Schmidt, ZIP, 1385/1389; Lutter/Decher/Hoger, UmwG, § 197 Rn. 5). Überdies seien nach dem Wortlaut des § 197 Satz 1 UmwG die Gründungsvorschriften nur insoweit anzuwenden, als sich aus dem Buch über den Formwechsel nichts anderes ergebe. Sinn und Zweck der Regelung in § 197 Satz 1 UmwG müsse es deshalb sein, unter grds. Beachtung des Identitätsprinzips sicherzustellen, dass durch den Formwechsel der Kapitalaufbringungsschutz und damit der Schutz der Gläubiger der Zielrechtsform nicht beeinträchtigt werde. Die Vorschrift diene somit dem Umgehungsschutz und verlange nach einer praktischen Umsetzung, die sich streng an diesem Schutzprinzip orientiert. Daraus folge, dass beim Formwechsel trotz allgemeiner Verweisung des § 197 Satz 1 UmwG nicht sämtliche Sachgründungsvorschriften uneingeschränkt anwendbar seien. Der Formwechsel werde im Grundsatz somit nur dann wie eine (Sach-) Gründung behandelt, soweit es eines Schutzes vor der Umgehung der Gründungsvorschriften im Kapitalgesellschaftsrecht – insb. des Grundsatzes der Kapitalaufbringung – bedürfe (vgl. Lutter/Decher/Hoger, UmwG, § 197 Rn. 5; Finken/Decher/Hoger, AG 1989, 391, 394).

209   Die in § 197 Satz 1 UmwG enthaltene **Verweisung auf das Gründungsrecht** wurde teilweise als widersprüchlich (vgl. Decher, in: Lutter, Kölner Umwandlungsrechtstage, S. 211) bzw. als rechtspolitisch verfehlt (vgl. Happ, in: Lutter, Kölner Umwandlungsrechtstage, S. 242; Stellungnahme des Handelsrechtsausschusses des Deutschen Anwaltsvereins e. V. zum RefE eines Gesetzes zur Bereinigung des Umwandlungsrechts, WPM 1993; Sonderbeilage Nr. 2 Rn. 162 und Rn. 185) kritisiert. Dabei ist jedoch zu beachten, dass der »Identitätsgrundsatz« keineswegs gleichbedeutend ist mit Kontinuität des

Rechtsträgers um jeden Preis (zutreffend Busch, AG 1995, 555). Über die Reichweite der Anwendung gründungsrechtlicher Vorschriften ist aber auch bei Berücksichtigung des Identitätsdogmas keine zwingende Aussage getroffen. Vorrangig muss sein, dass der Gläubigerschutz beim Ausgangsrechtsträger nicht dadurch umgangen werden dürfe, dass die Zielrechtsform weniger strengen Gründungsprüfungs- und Kapitalaufbringungsregeln unterworfen wird (vgl. hierzu auch Hennrichs, ZIP 1995, 794, 797; K. Schmidt, ZGR 1993, 366, 372), der die Einordnung des Formwechsel von Personenhandelsgesellschaften in Kapitalgesellschaften als Fall der Wahrung der Identität begrüßt, insofern das Erfordernis der gründungsrechtlichen Kapitalaufbringungskontrolle zumindest bejaht). Auf der anderen Seite ist aber auch zu beachten, dass die Gläubiger des Ausgangsrechtsträgers nach dem Formwechsel nicht stärker geschützt sein sollen als vor dem Formwechsel. Da die §§ 190 ff. UmwG nur den Wechsel der Rechtsform ein und desselben Rechtsträgers behandeln, müssen die jeweiligen Gründungsvorschriften, die auf einen echten Gründungsvorgang mit Vermögensübertragung abstellen, keineswegs – wie bereits ausgeführt –»sklavisch« angewandt werden. Entscheidender Gesichtspunkt ist, dass die vereinfachte Rechtstechnik des Formwechsels nicht zur Umgehung der für die eigentliche Zielrechtsform geltenden Gründungsvorschriften eingesetzt werden dürfe (vgl. K. Schmidt, ZGR 1993, 366, 369; Busch, AG 1995, 555, 556 und auch Dehmer, UmwG, UmwStG, § 197 UmwG Anm. 3).

Priester (Kapitalgrundlage beim Formwechsel, DB 1995, 911 ff., 913) vertritt – allerdings im Zusam- **210** menhang mit dem Formwechsel einer Personengesellschaft in die AG – die These, dass der Formwechsel mehr ist als eine bloße Satzungsänderung. Es sei im Prinzip **Gesellschaftsgründung**, wenn auch ohne Vermögenstransfer. **Meister / Klöcker** (in Kallmeyer UmwG, § 197 Rn. 7) sprechen sich daher auch für eine restriktive Anwendung der Sachgründungsvorschriften aus, der Formwechsel sei nicht Neugründung in Form der Sachgründung (vgl. auch o am Main, DB 1999, 733).

2. Satzungsinhalt. a) Formwechsel zwischen Kapitalgesellschaften (§ 243 Abs. 1 AktG). Im **211** Hinblick auf die Frage, welchen Inhalt die Satzung des Zielrechtsträgers, also der AG bzgl. des Gegenstandes der Sacheinlagen haben muss, ist genau zu differenzieren. § 243 Abs. 1 Satz 2 UmwG schreibt für den Formwechsel in eine Kapitalgesellschaft anderer Rechtsform vor, dass Festsetzungen über Sacheinlagen und Sachübernahmen, die in dem Gesellschaftsvertrag oder in der Satzung der formwechselnden Gesellschaft enthalten sind, in den Gesellschaftsvertrag oder in die Satzung der Gesellschaft neuer Rechtsform zu übernehmen sind. Dies betrifft allerdings hier nur die Angaben in der GmbH-Satzung, also die i. R. d. historischen Sachgründung erfolgten Festsetzungen im GmbH-Gesellschaftsvertrag (Lutter/Decher/Hoger, UmwG, § 197 Rn. 16; Kallmeyer/Meister/Klöcker, § 197 UmwG Rn. 17 f.).

b) Angaben über Sacheinlagen. Durch die Verweisung in § 197 UmwG auch auf §§ 26 und **212** 27 AktG könnte sich allerdings auch die Verpflichtung ergeben, in der Satzung der AG Angaben über Sacheinlagen und Sachübernahmen bzgl. der Entstehung der AG aus dem Formwechsel aufzunehmen. Diesbezüglich ist die Rechtslage streitig. Zum vor 1995 geltenden Recht vertrat **Priester** (AG 1986, 29132), dass Sacheinlagen aus Anlass der Umwandlung sich nur aus einer etwa gleichzeitig vorgenommenen Kapitalerhöhung ergeben könnten. Nach **Mayer** (Widmann/Mayer/Mayer, Umwandlungsrecht, § 197 UmwG Rn. 146, ebenso; Bärwaldt, in: Semler/Stengel, § 197 UmwG Rn. 43) bezieht sich die Bestimmung des § 27 AktG, die über § 197 Satz 1 UmwG Anwendung findet, auf den Übergang des Vermögens des formwechselnden Rechtsträgers auf die AG. Dementsprechend müsse die Satzung gem. § 197 Satz 1 UmwG i. V. m. § 27 Abs. 1 Satz 1 AktG Festsetzungen über den Gegenstand der Sacheinlage, die Person des Einlegenden und den Nennbetrag des Grundkapitals, auf den sich die Sacheinlage bezieht, enthalten. Im Kontext des Formwechsels bedeute dies, dass das Vermögen des formwechselnden Rechtsträgers und der formwechselnde Rechtsträger selbst zu bezeichnen sind. Hierfür genüge ein Hinweis, dass die Gesellschaft durch Formwechsel einer genau zu bezeichnenden Gesellschaft entstanden sei. Üblich sei eine Bezeichnung: »*Das Grundkapital wird durch Formwechsel der X-GmbH mit Sitz in J erbracht*«. Der »Nennbetrag der bei der Sacheinlage zu gewährenden Aktien« sei nicht näher zu bezeichnen, weil er im Fall des Formwechsels mit dem Betrag des Grundkapitals der AG identisch sei. Fehle es an den nach § 197 Satz 1 UmwG i. V. m. § 27 Abs. 1 AktG erforderlichen Festsetzungen, so dürfe die Umwandlung nicht im Handelsregister eingetragen werden (Widmann/Mayer/Mayer, Umwandlungsrecht, § 197 UmwG Rn. 147).

213 Auch Vossius (Widmann/Mayer/Vossius, Umwandlungsrecht, Anhang 4, Mustersatz 25, Formwechsel Rn. 170) geht in seinem Muster für den Formwechsel einer GmbH in die AG in der auszugsweise abgedruckten Satzung der AG davon aus, dass Angaben zur Aufbringung des Grundkapitals in der Satzung nach § 197 UmwG i. V. m. § 27 Abs. 1 Satz 1 AktG erforderlich sind (s. Widmann/Mayer/Vossius, Umwandlungsrecht, § Anhang 4, Mustersatz 25, Formwechsel Rn. 170). Im Hinblick auf § 202 Abs. 1 Nr. 1 UmwG genüge der Hinweis auf den Formwechsel, da weder eine Einzel- noch eine Gesamtrechtsnachfolge vorliege. Daher schlägt er als Formulierung Folgendes vor: »*Das Grundkapital wird durch Formwechsel des bisherigen Rechtsträgers des Vermögens und der Verbindlichkeiten der Gesellschaft, der N-GmbH mit dem Sitz in N, erbracht.*«

214 Laumann (Goutier/Knopf/Tulloch, Umwandlungsrecht, § 197 UmwG Rn. 24) sieht im Zusammenhang mit der Umwandlung in eine AG, dass jede Umwandlung im Grunde eine vereinfachte Sachgründung darstellt. Über den genauen Inhalt der AG-Satzung sagt er jedoch nichts. Er argumentiert jedoch, dass nicht die Gründung der Ausgangsrechtsform beim Formwechsel geprüft werden dürfe. Es genüge, wenn gem. § 197 UmwG die Ordnungsmäßigkeit der AG-Gründung geprüft werde. Die Kapitalschutzvorschriften des § 220 UmwG genügten zum institutionellen Gläubigerschutz vollauf. Wenn sich das Registergericht jedoch allein auf die Prüfung der AG-Gründung beschränken muss, ist es m. E. nur konsequent, auch entsprechende Angaben, die eine Gründungsprüfung ermöglichen, in der AG-Satzung zu verlangen. Göthel (Lutter/Göthel, UmwG, § 245 Rn. 33) sieht zwar, dass über § 197 Satz 1 UmwG in Prinzip auch § 27 AktG auf den Formwechsel in die AG anzuwenden sei. Diese Verweisung laufe jedoch regelmäßig leer, da aus Anlass der Umwandlung an sich weder Sacheinlagen (Argument § 246 Abs. 3 UmwG) noch Sachübernahmen anfallen (Verweis auch auf Priester, AG, 1986, 29, 32). Etwas anderes könne nur für den Fall einer im Zusammenhang mit dem Formwechsel beschlossenen Kapitalerhöhung gelten. Die entsprechenden Sacheinlagen bzw. Sachübernahmen wären dann entsprechend § 27 AktG in der Satzung der AG neuer Rechtsform anzugeben. Festzusetzen seien ferner die Sacheinlagen und Sachübernahmen, die in der Satzung der formwechselnden Gesellschaft enthalten sind. Die entsprechenden Angaben seien in der Satzung der Gesellschaft neuer Rechtsform nach § 243 Abs. 1 Satz 2 UmwG zu übernehmen.

215 Decher/Hoger (in: Lutter, UmwG, § 197 Rn. 14 ff., 16) sind im gleichen Kommentar im Ergebnis offenbar gleicher Ansicht. Sacheinlagen seien anlässlich einer AG-Gründung gem. § 27 Abs. 1 AktG in der Satzung aufzuführen. Einerseits seien beim Formwechsel einer GmbH in eine AG die i. R. d. historischen Sachgründung erfolgten Festsetzungen im GmbH-Gesellschaftsvertrag in die AG-Satzung zu übernehmen (§ 243 Abs. 1 Satz 2 UmwG). Andererseits führt er zum Formwechsel einer Personengesellschaft in eine Kapitalgesellschaft aus, dass der Formwechsel nur dann wie eine Sachgründung behandelt wird, wenn dies zur Vermeidung eines Unterlaufens der Gründungsvorschriften der auf den Rechtsträger neuer Rechtsform anwendbaren Rechtsordnung erforderlich ist. Diese Gefahr besteht nur bei einer historischen Sachgründung des formwechselnden Rechtsträgers und nicht bei einer Bargründung. Daher bedürfe es entgegen früheren Vorstellungen zur übertragenden Umwandlung beim Formwechsel einer seinerzeit bar gegründeten Personengesellschaft in eine Kapitalgesellschaft nicht besonderer Festsetzungen in der Satzung über Sacheinlagen.

216 ▶ **Hinweis:**

Im Ergebnis ist auch hier entsprechend dem unterschiedlichen dogmatischen Grundverständnis des Formwechsels die Rechtslage umstritten. Es spricht einiges dafür, dass schon aus **Gläubigerschutzgesichtspunkten** aus der Satzung der Zielgesellschaft selbst ersichtlich ist, wie das dort ausgewiesene Grundkapital erbracht wurde. Insofern sollte der Hinweis auf die Sacheinlage durch Formwechsel der bisherigen Kapitalgesellschaft erfolgen. Nicht verlangt werden kann allerdings eine entsprechende Auflistung sämtlicher Vermögensgegenstände der formwechselnden GmbH, da diese auch nicht übertragen werden. Auch im **Gesellschafterbeschluss** über den Formwechsel muss konsequenterweise ein Hinweis auf die Art der Aufbringung des Grundkapitals der AG erfolgen.

217 **Vossius** (Widmann/Mayer/Vossius, Umwandlungsrecht) schlägt **folgende Formulierung** vor:

»Das Stammkapital der Gesellschaft zu ... € wird in der bisherigen Höhe zum Grundkapital des neuen Rechtsträgers. An die Stelle der bisherigen Stammeinlagen der Gesellschafter treten insgesamt ... Stück auf den Namen ... lautende Stückzahlen in der Weise, dass jeder Gesellschafter für jeden Euro Stammeinlage eine Namensaktie erhält. Die Aktienurkunden sind unverzüglich nach Wirksamwerden des Formwechsels auszugeben; Zwischenscheine werden nicht ausgegeben. Darüber hinaus wird die Satzung der Beschlussniederschrift als Anlage beigefügt.«

Deshalb wird vorgeschlagen, dass die Beteiligten im Umwandlungsbeschluss ausdrücklich die Satzung der AG feststellen sowie dass die Satzung zu verlesen und von den Beteiligten zu genehmigen ist, sodass sie Bestandteil dieser Urkunde wird. Damit ist dem Bedürfnis nach Klarstellung, wie das Grundkapital der AG erbracht wird, Genüge geleistet. Insb. sind hier bei dem Inhalt des Umwandlungsbeschlusses keine Gläubigerschutzgesichtspunkte zu beachten, sondern nur die Informationsrechte der beschließenden GmbH-Gesellschafter.

J. Form des Umwandlungsbeschlusses und der Zustimmungserklärungen

I. Notarielle Beurkundung

§ 193 Abs. 3 UmwG bestimmt, dass der Umwandlungsbeschluss und etwaige erforderliche Zustim- **218** mungserklärungen einzelner Anteilsinhaber der **notariellen Beurkundung** bedürfen. Die Begründung zum RegE weist darauf hin, dass die vorgesehene notarielle Beurkundung des Umwandlungsbeschlusses mit Ausnahme für Vereinsbeschlüsse dem geltenden Recht entspreche. Diese Ausnahmefälle sollen nunmehr auch der notariellen Form unterliegen. Die **Regierungsbegründung** begründet dies wie folgt (Begründung zum RegE, BR-Drucks. 75/94, S. 139; abgedruckt in: Limmer, Umwandlungsrecht, S. 334):

> »Dagegen sollen die Umwandlungsbeschlüsse formwechselnder Vereine und Versicherungsvereine auf Gegenseitigkeit der allgemeinen Formvorschrift in Abs. 3 Satz 1 unterliegen. Der Umwandlungsbeschluss ist ein wirtschaftlich und rechtlich sehr bedeutsamer Vorgang. Seine Überwachung durch den Notar erscheint deshalb auch vom Formwechsel zweckmäßig.«

Darüber hinaus dürften auch die Ausführungen zu § 13 Abs. 3 UmwG deutlich machen, welche **219** **Schutzfunktionen** mit der **notariellen Beurkundung** verbunden sind. Dort weist die Regierungsbegründung auf Folgendes hin (Begründung zum RegE, BR-Drucks. 75/94, S. 281):

> »Die in Abs. 3 Satz 1 vorgesehene notarielle Beurkundung des Verschmelzungsbeschlusses dient der Rechtssicherheit durch die Kontrolle des Notars, der die Verantwortung dafür übernimmt, dass die Versammlung der Anteilsinhaber ordnungsgemäß abgewickelt wird.«

Wie diese Ausführungen zeigen, dient die notarielle Beurkundung des Umwandlungsbeschlusses ge- **220** nauso wie die des Verschmelzungsbeschlusses der **Rechtssicherheit** durch die **Kontrolle des Notars**, der die Verantwortung dafür übernimmt, dass die Versammlung der Gesellschafter ordnungsgemäß abgewickelt wird. Dem Notar obliegt bei der Beurkundung der Umwandlung daher eine Vielzahl von Schutzaufgaben, die originär im deutschen Gesellschaftsrecht begründet sind und die genaue Kenntnis des deutschen Rechts und die Verantwortlichkeit voraussetzen. Die notarielle Beurkundung soll auch dem Registergericht die Prüfung erleichtern, ob alle Erfordernisse der Umwandlung erfüllt sind. Hieraus folgt, dass zumindest für den Bereich der Umwandlung genauso wie bei der Verschmelzung die Auslandsbeurkundung nicht zulässig sein kann (vgl. im Einzelnen oben Teil 2 Rdn. 496 ff.).

II. Anwendbares Verfahren

Da der Gesellschafterbeschluss bei der Umwandlung einen sonstigen Vorgang i. S. d. § 36, 37 BeurkG **221** betrifft, ist eine **Niederschrift** erforderlich, die neben der Bezeichnung des beurkundenden Notars den Bericht über seine Wahrnehmung bei dem Beschluss enthalten und von ihm eigenhändig unterschrieben sein muss. Es bedarf daher nicht der Vorschriften über die Beurkundung von Willenserklärungen gem. §§ 8 ff. BeurkG (Kallmeyer/Zimmermann, § 193 UmwG Rn. 28; Widmann/Mayer/Vollrath, Umwandlungsrecht, § 193 UmwG Rn. 12 ff.; Stratz, in: Schmitt/Hörtnagl/Stratz, UmwG/UmwStG, § 218 UmwG Rn. 5, § 243 UmwG Rn. 3; Kallmeyer/Dirksen/Blasche, UmwG, § 218 Rn. 2; Scholz/Priester/Veil GmbHG § 53 Rn 69; OLG Köln BB 1993, 317, 318; Widmann/Mayer/Vossius § 218 Rn 5, § 217 Rn. 21, 24; KölnerKommUmwG/Dauner-Lieb/Tettinger Rn 17). A. A. ist allerdings Joost (in:

Lutter, § 218 UmwG Rn. 3) der die Beurkundung nach den §§ 8 ff. BeurkG verlangt; diese Auffassung ist abzulehnen.). Eine Beurkundung des Formwechselbeschlusses nach §§ 8 ff BeurkG ist allerdings unschädlich (OLG Köln BB 1993, 317, 318).

222   Es ist allerdings zu berücksichtigen, dass zum bis 1995 geltenden UmwG, insb. den §§ 17, 42 UmwG die Auffassung vertreten wurde, dass bei einer errichtenden Umwandlung die Gesellschafter nicht nur ihre Stimme abgeben würden, sondern auch ihren Willen erklären würden, eine neue Gesellschaft zu gründen, sodass der Beschluss eine **Doppelnatur** hat, die zum einen ein körperschaftlicher Willensakt an der Kapitalgesellschaft, gleichzeitig aber auch auf den Abschluss eines Gesellschaftsvertrages gerichtet und daher auch rechtsgeschäftliche Willenserklärungen enthält. Nach dieser Auffassung war daher der Umwandlungsbeschluss nicht nur gem. §§ 36, 37 BeurkG, sondern nach den Vorschriften über die Beurkundung von Rechtsgeschäften gem. §§ 6 ff. BeurkG zu beurkunden (so insb. KG, DNotZ 1938, 741; Schmidt, MittRhNotK 1982, 185, 191). Diese Auffassung war auch bereits zum alten Recht fragwürdig (vgl. Seybold/Schippel, BNotO, 6. Aufl. 1995 § 20 Rn. 148; Mecke, BeurkG, 2. Aufl. 1991, § 8 Rn. 10), nach dem UmwG v. 01.01.1995 würde dieses Ergebnis in keinem Fall mehr richtig sein, da es sich anders als bei der errichtenden Umwandlung jetzt nicht mehr um die Gründung einer neuen Gesellschaft, sondern lediglich um einen identitätswahrenden Formwechsel handelt, der z. B. auch mit der Satzungsänderung vergleichbar ist. Wie § 193 Abs. 1 UmwG deutlich macht, enthält dieser Beschluss keine rechtsgeschäftlichen Elemente mehr, sondern ist ein körperschaftsrechtlicher Abstimmungsakt, der daher nicht der Beurkundung nach den Vorschriften über Willenserklärungen, sondern nach den Vorschriften über die Protokollierung tatsächlicher Vorgänge nach den §§ 36, 37 BeurkG beurkundet werden kann. Dies gilt auch, soweit ein Gesellschaftsvertrag mit beurkundet wird, denn auch dieser ist, wie die besonderen Vorschriften, z. B. § 218 Abs. 1, § 243 Abs. 1 UmwG deutlich machen, Teil des Umwandlungsbeschlusses und nicht selbstständiger Errichtung einer neuen Gesellschaft (Widmann/Mayer/Vollrath, Umwandlungsrecht, § 193 UmwG Rn. 14; § 194 Rn. 60 ff.).

223   Etwas anderes gilt allerdings, wenn in der **Urkunde** auch **Zustimmungserklärungen gem. § 193 Abs. 3 UmwG beurkundet** werden. Bei diesen handelt es sich um rechtsgeschäftliche Willenserklärungen, die nur nach den Vorschriften über bürgerlich rechtliche Willenserklärungen, d. h. nach dem §§ 8 ff. BeurkG beurkundet werden müssen. Ein Tatsachenprotokoll nach den §§ 36, 37 BeurkG genügt bei den Zustimmungserklärungen nicht. Das Gleiche gilt auch für die Abgabe von notariell beurkundeten Verzichtserklärungen (Kallmeyer/Zimmermann, § 193 UmwG Rn. 28; Widmann/Mayer/Vollrath, Umwandlungsrecht, § 193 UmwG Rn. 13).

K. Sachliche Beschlusskontrolle

224   Auch im **Formwechselrecht** hat der Gesetzgeber bewusst die umstrittene Frage einer materiellen Beschlusskontrolle offengelassen (vgl. Begründung zum RegE, BT-Drucks. 75/94, S. 86; abgedruckt in: Limmer, Umwandlungsrecht, S. 287). Es gelten die gleichen Grundsätze wie die bei der Verschmelzung und der Spaltung, sodass auf die obigen Ausführungen unter Teil 2 Rdn. 505 ff. verwiesen werden kann.

225   Lediglich auf eine Besonderheit soll hingewiesen werden, die sich besonders beim Formwechsel einer börsennotierten AG ergibt. In der Literatur wird nämlich die Frage diskutiert, ob Aktionäre bei einem Börsenaustritt, insb. durch Formwechsel (**sog. delisting**) in besonderer Weise schutzwürdig sind, da der Verlust der Möglichkeit der Anteilsübertragung über die Börse die Interessen insb. der Kleinanleger erheblich beeinträchtigt (vgl. Volmer/Krupp, ZGR 1995, 459, 474; Klienke, WM 1995, 1089, 1099). Es wird insb. die Frage diskutiert, ob es eines besonderen über den Formwechsel hinausgehenden Beschlusses über den Börsenaustritt bedarf (vgl. auch Meyer-Landruth/Kiem, WM 1997, 1361, 1367). Der BGH hat in dem sog. Frosta-Beschluss vom Oktober 2013 seine vormalige »Macrotron«-Rechtsprechung zum Delisting aufgegeben und entschieden, dass bei einem Widerruf der Börsenzulassung auf Veranlassung der Gesellschaft die Aktionäre keinen Anspruch auf eine Barabfindung haben und auch kein Beschluss der Hauptversammlung erforderlich ist (BGH, NJW 2014, 146; zustimmend Brellochs, AG 2014, 633; Paschos/Klaaßen, AG 2014, 33; Wieneke, NZG 2014, 22; Glienke/Röder, BB 2014, 899; Thomale, DStR 2013, 2529; Auer, JZ 2015, 71; a. A. Habersack, JZ 2014, 147; Stöber, WM 2014, 1757; grundlegend Bayer, ZfPW 2015, 163; vgl. auch Wicke, DNotZ 2015; Tröder, notar 2014,

173, 174). Infolge dieser Rechtsprechungsänderung ist es zu einer regelrechten Welle von Börsenrückzügen gekommen (vgl. Bayer, ZfPW 2015, 163, 165). Politisch wurde daher die Frage nach einer Verbesserung des Anlegerschutzes diskutiert. Im Gespräch sind kapitalmarkt- bzw. börsenrechtliche Regelungen, insbesondere durch Verschärfung des § 39 Abs. 2 BörsG, wie auch eine zivilrechtliche Lösung im Aktien- oder Umwandlungsgesetz (vgl. dazu Wicke, DNotZ 2015, Heft 7, 488–497).

L. Minderheitenschutz und Schutz von Inhabern besonderer Rechte

I. Schutz der Mitgliedschaft im Recht des Formwechsels

Da nach dem durch das UmwG 1995 geschaffene Formwechselrecht in einer Vielzahl von Fällen der **226** **Formwechsel durch Mehrheitsbeschluss** möglich ist, stellt sich auch i. R. d. Formwechsels wie beim Verschmelzungsrecht die Frage des Minderheitenschutzes (vgl. eingehend oben Teil 2 Rdn. 270 ff.). Auch hier musste daher der Gesetzgeber als Gegenstück zum Grundsatz der Mehrheitsherrschaft bestimmte Schutzvorschriften zum Schutz einzelner Gesellschafter vorsehen. Der Formwechsel ist genauso wie Verschmelzung und Spaltung eine Strukturmaßnahme der Gesellschaft, die die Interessen der Gesellschafter erheblich beeinträchtigen können. Es ist für einen Gesellschafter von großem Interesse, ob er an einer Personen- oder an einer Kapitalgesellschaft beteiligt ist, denn die Mitbestimmungs- und Minderheitenrechte unterscheiden sich teilweise erheblich. Die Änderung der Rechtsform kann daher wie bei der Verschmelzung auch beim Formwechsel einen qualitativen Verlust an Rechten für Minderheitsgesellschafter zur Folge haben. Das Formwechselrecht hat daher auch die Aufgabe, durch ein Geflecht von unterschiedlichen Maßnahmen den notwendigen Minderheitenschutz zu gewährleisten. Der Gesetzgeber hatte bei der Bereinigung des Umwandlungsrechts aber auch die umgekehrte Problematik vor Augen. Ein zu weit getriebener **Minderheitenschutz** könnte die Umwandlung verhindern oder erschweren (vgl. Niederleithinger, DStR 1993, 879, 881). Auch im Formwechselrecht hat der Gesetzgeber durch unterschiedliche Instrumente versucht, diesen Interessengegensatz zwischen Minderheitenschutz und **Effektivität des Umwandlungsrechts** zu lösen.

Hierbei hatte der Gesetzgeber insb. die Aufgabe, **Nachteile**, die zum Eingriff in die rechtliche Struktur **227** der Mitgliedschaft führen, **zu kompensieren**. Die Mitgliedschaft kann i. R. d. Formwechsels beeinträchtigt sein, wenn das Anteilsrecht an der übernehmenden Gesellschaft keinen gleichwertigen Ersatz für das Anteilsrecht an der übertragenden Gesellschaft darstellt. Das Gesetz musste daher Vorsorge schaffen, dass der Verlust von Sonderrechten verhindert oder kompensiert wird. Durch den Formwechsel werden die Rechtsform und damit auch die Mitgliedschaft an der Gesellschaft erheblich geändert. Informationen zum Mitgliedschaftsrecht der Gesellschafter können eingeschränkt werden. Etwa die Umwandlung einer GmbH in eine AG macht dies deutlich. Der Einfluss der Gesellschafter in der AG ist im Vergleich zu der in der GmbH wesentlich geringer. Auch die Informationsrechte des Aktionärs bleiben hinter denen des GmbH-Gesellschafters erheblich zurück.

Der Gesetzgeber hat, wie beim Verschmelzungsrecht den **Minderheitenschutz durch verschiedene In- 228 stitute** geregelt, die sich teilweise ergänzen:
- Informationspflichten der Anteilseigner,
- qualifizierte Beschlussmehrheiten,
- Zustimmung von Sonderrechtsinhabern,
- Austritts- und Abfindungsrechte.

II. Information der Anteilseigner

Auch beim Formwechsel ist zur Vorbereitung der Information der Gesellschafter die Vorlage eines Um- **229** wandlungsberichts vorgesehen (vgl. oben Teil 2 Rdn. 376 ff.).

III. Beschlussmehrheiten

Der Formwechsel bedarf in allen Fällen eines **Beschlusses der Gesellschafter** der formwechselnden Ge- **230** sellschaft oder des formwechselnden Rechtsträgers. Die **Mehrheiten** sind allerdings nicht generell festgelegt, sondern unterschiedlich geregelt:

Personenhandelsgesellschaft (§ 217 UmwG)	Zustimmung aller anwesenden Gesellschafter zuzüglich Zustimmung nicht erschienener Gesellschafter, der Gesellschaftsvertrag kann allerdings eine Mehrheitsentscheidung vorsehen, mindestens 3/4-Mehrheit.
Partnerschaftsgesellschaft (§ 225c i. V. m. § 217 UmwG)	Zustimmung aller anwesenden Partner zuzüglich der nicht erschienenen Partner, der Partnerschaftsvertrag kann allerdings eine Mehrheitsentscheidung mit mindestens 3/4-Mehrheit vorsehen.
Kapitalgesellschaft (§ 233 Abs. 1 UmwG)	Zustimmung aller Gesellschafter bei Umwandlung in GbR oder OHG, 3/4 bei Umwandlung in KG, sowie nach § 240 UmwG 3/4-Mehrheit bei Umwandlung in eine andere Kapitalgesellschaft.
Genossenschaft (§ 262 UmwG)	3/4-Mehrheit der abgegebenen Stimmen mit Sondervorschriften bei Widerspruch.
Verein (§ 275 UmwG)	Alle Vereinsmitglieder, wenn der Zweck geändert werden soll, sonst 3/4-Mehrheit der erschienenen Mitglieder.

Die Übersicht zeigt, dass mit Ausnahme der Personengesellschaften und Partnerschaften das Mehrheitsprinzip **weitgehend einheitlich** verwirklicht ist. Erforderlich ist allerdings eine qualifizierte Mehrheit. Die Mehrheiten sind weitgehend an den Satzungsänderungskompetenzen angeglichen.

IV. Zustimmung von Sonderrechtsinhabern

231 **1. Überblick über die Zustimmungspflichten im Formwechselrecht.** Ebenso wie im Verschmelzungsrecht sind auch im Formwechselrecht eine **Vielzahl von besonderen Zustimmungspflichten** vorgesehen, die sich allerdings einem einheitlichen Grundsatz entziehen und unterschiedliche Situationen regeln. Abgesehen von Sonderregelungen besteht kein allgemeiner Zustimmungsvorbehalt zugunsten von Sonderrechtsinhabern.

232 Im Einzelnen handelt es sich hierbei um folgende **Zustimmungspflichten:**

§ 193 Abs. 2 UmwG	Zustimmung bei Genehmigungsvorbehalt,
§ 204 i. V. m. § 23 UmwG	allgemeiner Verwässerungsschutz,
§ 242 UmwG	Zustimmung beim Fehlen anteilsproportionaler Beteiligungsmöglichkeiten,
§ 233 Abs. 2 Satz 1, § 240 Abs. 1 Satz 1, § 252 Abs. 2 Satz 1 i. V. m. § 65 Abs. 2 UmwG	Sonderbeschluss nach Aktiengattungen,
§ 241 Abs. 3 UmwG	Individualzustimmung bei Wegfall von Nebenpflichten im Fall der Umwandlung der GmbH in eine AG,
§ 233 Abs. 2 Satz 3 UmwG	Zustimmungspflicht bei persönlicher Haftung,
§§ 233 Abs. 2, 241 Abs. 2, 252 Abs. 2 i. V. m. § 50 Abs. 2, 1. Alt. UmwG	Zustimmung beim Verlust von Minderheitsrechten,
§§ 233 Abs. 2, 241 Abs. 2, 252 Abs. 2 i. V. m. § 50 Abs. 2, 2. Alt. UmwG	Zustimmung beim Verlust von bestimmten Sonderrechten bzgl. Geschäftsführung und Bestellungs- und Vorschlagsrechten für die Geschäftsführung,
§ 221 UmwG	Bei der Umwandlung in eine KGaA, Zustimmung des Beitritts des persönlich haftenden Gesellschafters,
§ 252 Abs. 1 UmwG	Bei der Umwandlung von Kapitalgesellschaft in Genossenschaft, Zustimmung aller Gesellschafter, wenn die Satzung der Genossenschaft Nachschusspflichten vorsieht.

2. Zustimmungspflicht bei Genehmigungsbedürftigkeit der Anteilsabtretung. § 193 Abs. 2 **233**
UmwG bestimmt wie § 13 Abs. 2 UmwG, dass, wenn die Abtretung der Anteile des formwechselnden
Rechtsträgers von der **Genehmigung einzelner Anteilsinhaber** abhängig ist, der Umwandlungsbeschluss zu seiner Wirksamkeit deren Zustimmung bedarf. Im bis zum Jahr 1995 geltenden Recht
der Umwandlung fand sich die Ausprägung dieses Grundsatzes nur in § 376 Abs. 2 Satz 2 AktG a. F.
bei der Umwandlung einer GmbH in eine AG. Die Begründung zum RegE weist darauf hin, dass
auch § 193 Abs. 2 UmwG wie § 13 Abs. 2 UmwG Ausdruck des allgemeinen Rechtsgedankens sei,
dass Sonderrechte eines Anteilsinhabers nicht ohne dessen Zustimmung beeinträchtigt werden dürften
(vgl. Begründung zum RegE, abgedruckt in: Limmer, Umwandlungsrecht, S. 334).

Für die **Auslegung des § 193 Abs. 2 UmwG** kann auf die Auslegung des § 13 Abs. 2 UmwG verwiesen
werden (vgl. oben Teil 2 Rdn. 556).

3. Verwässerungsschutz. § 204 UmwG erklärt die Vorschrift des Verschmelzungsrechts des § 23 **234**
UmwG, die den Schutz der Inhaber von Sonderrechten garantiert, auch für den Formwechsel für **an-
wendbar** (vgl. auch oben Teil 4 Rdn. 178 f.). Die Begründung zum RegE weist darauf hin, dass diese
Vorschrift die Regelung des Verschmelzungsrechts und des bisherigen Umwandlungsrechts (§§ 7, 16
Satz 2, 19 Abs. 3, 20 Satz 1, 21 Abs. 2, 22 Abs. 2 UmwG; §§ 374, 388 AktG a. F.) übernimmt, weil
die Gläubiger und die Inhaber der Sonderrechte in vergleichbarer Weise gefährdet werden können (vgl.
Begründung zum RegE, BR-Drucks. 75/94, S. 154; abgedruckt in: Limmer, Umwandlungsrecht,
S. 340). Dementsprechend muss daher gem. § 23 i. V. m. § 204 UmwG den Inhabern von Rechten
an einem formwechselnden Rechtsträger, die kein Stimmrecht gewähren, insb. den Inhabern von Anteilen ohne Stimmrecht, von Wandelschuldverschreibungen, von Gewinnschuldverschreibungen und
von Genussrechten gleichwertige Rechte in der neuen Rechtsform gewährt werden.

Das Gesetz ordnet an, dass »**gleichwertige**« **Rechte an der neuen Gesellschaftsform** zu gewähren sind. **235**
Nach der herrschenden Meinung bedeutet gleichwertig nicht formalrechtliche, sondern wirtschaftliche
Gleichwertigkeit (vgl. auch zum vergleichbaren Problem bei der Verschmelzung Teil 2 Rdn. 564 ff.; vgl.
Kallmeyer/Meister/Klöcker, UmwG, § 194 Rn. 43, § 204 Rn. 10 ff., 22 ff.; Kalss, in: Semler/Stengel,
§ 204 UmwG Rn. 4 ff.: Stratz, in: Schmitt/Hörtnagl/Stratz, UmwG/UmwStG, § 23 UmwG Rn. 9 ff.;
Rinnert, NZG 2001, 865 ff.; Widmann/Mayer/Vollrath, Umwandlungsrecht, § 194 UmwG Rn. 41.3;
Lutter/Decher/Hoger, UmwG, § 194 Rn. 17; vgl. ferner Schürnbrand, ZHR 2009, 689 ff.; Hüffer/
Koch, in: FS für Lutter, 2000, S. 1227; Kiem, ZIP 1997, 1627 ff.; Stratz, in: Schmitt/Hörtnagl/Stratz,
§ 23 UmwG Rn. 1; Kallmeyer/Marsch-Barner, UmwG, § 23 Rn. 1). So muss etwa bei Wandelschuldverschreibungen das Umtausch- oder Bezugsverhältnis nicht dem ursprünglichen entsprechen, bei
Gewinnschuldverschreibungen muss eine prozentuale Koppelung an die Dividende nicht exakt beibehalten werden. Vielmehr muss der wirtschaftliche Inhalt der Gläubigerrechte an die durch die Verschmelzung veränderten Verhältnisse angepasst werden. Der Wortlaut lässt offen, ob die Vorschrift
den Umtausch der Rechte gleicher Art verlangt. Die überwiegende Meinung ging zum Jahr 1995 geltenden Rechts davon aus, dass man dies unter der Berücksichtigung der gesetzgeberischen Absicht annehmen müsse. Für den Formwechsel kann dies allerdings nur gelten, wenn die neue Gesellschaftsform
die Form des Sonderrechts kennt. Ist dies nicht der Fall, wird es genügen, wenn ein rechtlich der neuen
Gesellschaftsform entsprechendes Sonderrecht gewährt wird. Es muss daher geprüft werden, ob nach
dem Gesellschaftsrecht der neuen Rechtsform in der Satzung oder im Gesellschaftsvertrag ein wirtschaftlich vergleichbares Sonderrecht begründet werden kann. Ist dies nicht der Fall, muss ein Recht
gewährt werden, das dem alten rechtlich und wirtschaftlich am ehesten entspricht (so Kallmeyer/Meis-
ter/Klöcker, UmwG, § 204 Rn. 23; Rinnert, NZG 2001, 865 ff.; Feddersen/Kiem, ZIP 1994, 1078,
1082; Widmann/Mayer/Vollrath, Umwandlungsrecht, § 194 UmwG Rn. 41.5; Lutter/Decher/Ho-
ger, UmwG, § 204 Rn. 26; vgl. außerdem oben Teil 2 Rdn. 564 ff., Teil 3 Rdn. 117 ff.). Ist auch dies
nicht möglich, etwa bei einer AG, bei der der Gestaltungsspielraum enger als bei einer GmbH ist, stellt
sich die Frage der Rechtsfolgen. So könnte man annehmen, dass in diesem Fall die Umwandlung nur
mit Zustimmung des Sonderrechtsinhabers zulässig ist, da er sein Recht an der Satzung verlieren würde.
Eine andere Möglichkeit bestünde darin, den Verlust wirtschaftlich in anderer Weise zu kompensieren,
etwa durch eine höhere Zuteilung von Mitgliedschaftsrechten an dem neuen Rechtsträger (Kallmeyer/
Meister/Klöcker, UmwG, § 204 Rn. 18). Diese letztere Lösung erscheint vorzugswürdig, da auch § 23

i. V. m. § 204 UmwG eine wirtschaftliche Kompensation für ausreichend erachtet und nicht die Zustimmungspflicht erlangt (vgl. außerdem oben Teil 2 Rdn. 562 ff.).

4. Zustimmungspflicht bei Verlust von Sonderrechten und Minderheitsrechten bei Umwand-
236 **lung von GmbH.** Die §§ 233 Abs. 2, 241 Abs. 2 und 252 Abs. 2 UmwG verweisen auf § 50 Abs. 2 UmwG beim Formwechsel der GmbH in eine Personengesellschaft, Kapitalgesellschaft anderer Rechtsform oder Genossenschaft. § 50 Abs. 2 UmwG sieht eine **Sonderzustimmungspflicht** vor, wenn durch den Formwechsel auf dem Gesellschaftsvertrag beruhende Minderheitsrechte eines einzelnen Gesellschafters einer formwechselnden GmbH, oder die einzelnen Gesellschafter einer solchen GmbH nach dem Gesellschaftsvertrag zustehenden besonderen Rechte in der Geschäftsführung der Gesellschaft, bei der Bestellung der Geschäftsführer oder hinsichtlich eines Vorschlagsrechts der Geschäftsführung beeinträchtigt werden. Die Vorschrift gilt aber, wie sich auch § 50 Abs. 2 UmwG und seiner Stellung im Unterabschnitt über GmbH ergibt, nur für den Formwechsel einer GmbH (zur Auslegung vgl. oben Teil 2 Rdn. 569 ff.).

237 **5. Sonderbeschlüsse bei Vorhandensein mehrerer Aktiengattungen.** § 165 Abs. 2 UmwG bestimmt, dass wenn mehrere Gattungen von Aktien vorhanden sind, der Beschluss der Hauptversammlung zu seiner Wirksamkeit der **Zustimmung der stimmberechtigten Aktionäre jeder Gattung** bedarf. Die §§ 233 Abs. 2, 240 Abs. 2 und 252 Abs. 2 UmwG dehnen dieses Sonderbeschlusserfordernis auch auf die Umwandlung einer AG in eine Personengesellschaft, Kapitalgesellschaft anderer Rechtsform oder Genossenschaft aus. Für den Sonderbeschluss gilt ebenfalls § 65 Abs. 1 UmwG, sodass eine 3/4-Mehrheit erforderlich ist (vgl. oben Teil 2 Rdn. 572 ff.).

6. Individualzustimmung bei Wegfall von Nebenpflichten im Fall der Umwandlung einer
238 **GmbH in eine AG.** § 241 Abs. 3 UmwG bestimmt, dass bei der Umwandlung einer GmbH in eine AG die Zustimmung der betroffenen Gesellschaft für den Fall erforderlich ist, dass Nebenleistungspflichten der GmbH-Gesellschaft durch die Umwandlung erlöschen. Das GmbHG lässt weiter gehende Nebenleistungspflichten im Gesellschaftsweg zu als das AktG (§ 55 AktG). Die Vorschrift ist allerdings als solche nicht recht verständlich, weil der vom Wegfall einer Nebenleistungspflicht betroffene Gesellschafter durch die Befreiung regelmäßig keine Nachteile erfahren wird. Der Gedanke dieser Regelung liegt allerdings darin, dass die **Nebenleistungspflicht** mit den entsprechenden Rechten des Gesellschafters verbunden ist. Stehen sich daher bei einer Nebenleistung Vor- und Nachteile für den Gesellschafter gegenüber, ist seine Zustimmung zur Umwandlung erforderlich. Eine Zustimmung ist daher nicht erforderlich, wenn der Gesellschafter durch die Umwandlung ausschließlich begünstigt wird (Kallmeyer/Dirksen/Blasche, § 241 UmwG Rn. 7; Lutter/Göthel, § 241 UmwG Rn. 11, 14).

239 **7. Beeinträchtigung des Vermögenswertes der Mitgliedschaft.** § 242 UmwG bestimmt, dass bei einer Umwandlung einer AG oder KGaA die Zustimmung der betroffenen Aktionäre erforderlich ist, wenn die **Beteiligung des Aktionärs** beim Formwechsel in eine Kapitalgesellschaft anderer Rechtsform an dieser Kapitalgesellschaft infolge der Festsetzung eines abweichenden Nennbetrags der Geschäftsanteile **gemindert** wird. Hierdurch sollen Aktionäre in dem Sonderfall geschützt werden, wenn der neue Geschäftsanteil nicht dem gesamten Nennbetrag ihrer Aktien entspricht. Die Vorschrift schafft damit einen Schutz gegen wertmäßige Beeinträchtigungen der Mitgliedschaft aus Anlass einer Umwandlung, die über den wertmäßigen Ausgleich der Verbesserung des Umtauschverhältnisses nach § 15 UmwG hinausgeht (vgl. Hügel, Verschmelzung und Einbringung, S. 89). Voraussetzung für die Zustimmungspflicht ist, dass der Nennbetrag der Geschäftsanteile abweichend vom Nennbetrag der Aktien festgesetzt wird. Diese Bestimmung hat dann praktische Bedeutung, wenn es Aktionäre gibt, die mit ihren Aktien den für die GmbH geforderten Mindestnennbetrag etwa nicht erreichen. Das Zustimmungserfordernis entfällt jedoch, wenn die abweichende Festsetzung des Nennbetrags auf die Vorschriften über den Mindestnennbetrag der Stammeinlage beruht.

240 **8. Zustimmungspflicht bei persönlicher Haftung.** Eine **Individualzustimmung** ist auch dort erforderlich, wo eine Erweiterung der Haftung für den betroffenen Gesellschafter eintritt, wie dies etwa bei der Umwandlung in eine OHG der Fall sein kann. § 233 Abs. 1 UmwG bestimmt daher, dass der Formwechsel in eine GbR oder in eine OHG nur mit Zustimmung aller Anteilsinhaber der

formwechselnden Gesellschaft möglich sein soll, weil sie mit dem Wirksamwerden des Formwechsels zu Gesellschaftern werden, die nach den für die neue Rechtsform geltenden Vorschriften persönlich unbeschränkt mit Verbindlichkeiten einzustehen haben. Die Übernahme einer so weitgehenden Haftung kann den Anteilsinhabern aber nicht ohne ihre Zustimmung aufgezwungen werden. Nach § 233 Abs. 2 UmwG gilt dies auch bei einer KG im Hinblick auf die künftigen Komplementäre.

Nach § 233 Abs. 3 Satz 1 UmwG schließlich ist die Zustimmung für den besonderen Fall des **Form-** 241 **wechsels einer KGaA** erforderlich. In diesem Fall ist auch die Zustimmung der Komplementäre der formwechselnden Gesellschaft erforderlich.

V. Austritts- und Abfindungsrechte (Angebot auf Barabfindung)

Austritts- und Abfindungsrechte haben dort Bedeutung, wo die **Minderheit den Umwandlungs-** 242 **beschluss nicht verhindern** kann, weil eine Mehrheitsentscheidung vorgesehen und eine Zustimmung des Minderheitsgesellschafters nicht erforderlich ist. Im Verhältnis zum Erfordernis einer Einzelzustimmung, wie sie im UmwG an verschiedenen Stellen vorgesehen ist, die im Ergebnis den Formwechsel verhindert, bedeutet ein Austrittsrecht einen Minderheitenschutz geringere Intensität. Das Austritts- und Abfindungsrecht sichert die Vermögensinteressen der widersprechenden Gesellschafter, nicht aber deren Erwerbsinteresse an der bestehenden Gesellschaft. Es wird nur ein vermögensmäßiger Schutz des Status quo erreicht, nicht aber ein wirtschaftlicher. Das Abfindungsrecht stellt daher ein Institut des gesellschaftsrechtlichen Interessenausgleichs dar und einen Kompromiss zwischen dem Interesse der Gesellschafter oder Gesellschaftermehrheit an der Verschmelzung und den Belangen widersprechender Minderheitsgesellschafter (vgl. Nachweise oben bei Teil 2 Rdn. 580 ff.).

Das bis zum Jahr 1995 geltende Umwandlungsrecht gewährte in § 375 AktG a. F. das Austrittsrecht nur für den Fall der Umwandlung einer AG in eine GmbH. Im Fall der Umwandlung einer GmbH in eine AG bestand nach § 383 AktG a. F. ein **Preisgaberecht**. Schließlich war in §§ 12, 13 UmwG a. F. eine **Barabfindung** ausscheidender Aktionäre oder GmbH-Gesellschafter bei der Umwandlung einer AG, KGaA oder GmbH in eine Personengesellschaft durch Mehrheitsbeschluss vorgesehen. Hier handelte es sich allerdings nicht um ein Austrittsrecht, sondern um ein **zwangsweises Ausscheiden**, da nur die zustimmenden Gesellschafter an der Personengesellschaft beteiligt waren (§ 90 Abs. 1 UmwG a. F.).

§ 207 UmwG übernimmt diesen Schutz allgemein für alle Fälle der Umwandlung. Gem. § 207 hat der 243 formwechselnde Rechtsträger jedem Anteilsinhaber, der gegen den Umwandlungsbeschluss Widerspruch zur Niederschrift erklärt, den Erwerb seiner umgewandelten Anteile oder Mitgliedschaften gegen eine **angemessene Barabfindung** anzubieten. Kann der Rechtsträger aufgrund seiner neuen Rechtsform eigene Anteile und Mitgliedschaften nicht erwerben, so ist dem Gesellschafter eine Barabfindung für den Fall anzubieten, dass der Anteilsinhaber sein Ausscheiden aus dem Rechtsträger erklärt. Zu berücksichtigen ist, dass anders als bei § 29 UmwG bei der Verschmelzung die Barabfindung grds. bei jedem Formwechsel möglich ist (vgl. Teil 4 Rdn. 180 ff.).

1. Voraussetzungen für die Pflicht zur Aufnahme eines Abfindungsangebots. Nach § 194 Abs. 1 244 Nr. 6 UmwG muss bereits der **Entwurf** des Umwandlungsbeschlusses das **Abfindungsangebot nach** § 207 UmwG enthalten, sofern nicht der Umwandlungsbeschluss zu seiner Wirksamkeit der Zustimmung aller Anteilsinhaber bedarf oder an dem formwechselnden Rechtsträger nur ein Anteilsinhaber beteiligt ist.

Wie dargelegt, enthält § 207 anders als § 29 Abs. 1 UmwG bei der Verschmelzung keine weiteren Vo- 245 raussetzungen, als dass der Anteilsinhaber, der das Angebot der Barabfindung geltend machen will, **Widerspruch gegen den Umwandlungsbeschluss zur Niederschrift** erklärt hat. Der Gesellschafter, der einen Abfindungsanspruch geltend macht, muss also gegen die Umwandlung Widerspruch zur Niederschrift des Notars abgeben. In diesem Widerspruch bringt der Gesellschafter zum Ausdruck, dass er nicht Gesellschafter der neuen Gesellschaft werden möchte und dass er sich die Geltendmachung des Abfindungsanspruchs vorbehält (BGH, NJW 1989, 2693; Widmann/Mayer/Wälzholz, Umwandlungsrecht, § 207 UmwG Rn. 11; Kallmeyer/Meister/Klöcker, UmwG, § 207 Rn. 14; Lutter/Decher/Hoger, UmwG, § 207 Rn. 9). Der Widerspruch setzt voraus, dass der Gesellschafter zur Niederschrift des Notars in der Hauptversammlung oder Gesellschafterversammlung, in der der Zustimmungsbeschluss beurkundet wird, eindeutig erklärt, dass er mit dem gefassten Beschluss nicht einverstanden ist. Auf die Wortwahl kommt es – sofern der Wille eindeutig zum Ausdruck gebracht wird – nicht an. Eine Begründung des Widerspruchs ist nicht erforderlich (Widmann/Mayer/Wälzholz, Umwandlungsrecht, § 207 UmwG Rn. 33; Kallmeyer/Meister/Klöcker, UmwG, § 194 Rn. 46).

246 Da der widersprechende Gesellschafter nach Sinn und Zweck der gesetzlichen Regelung zunächst versuchen muss, die **Umwandlung als solche zu verhindern**, ging die herrschende Meinung zum bis 1995 geltenden Umwandlungsrecht davon aus, dass ein Barabfindungsanspruch nur entsteht, wenn der Gesellschafter in der Hauptversammlung oder Gesellschafterversammlung auch gegen die Umwandlung gestimmt hat (zum alten Recht vgl. BGH, NJW 1989, 2693; Semler/Grunewald, in: Geßler/Hefermehl, AktG, § 375 Rn. 5; KK-AktG/Zöllner, § 375 Rn. 5). Ob dies beim UmwG v. 01.01.1995 ebenso gilt, ist streitig. Ein Teil der Literatur ist der Auffassung, dass der Anspruch auf Barabfindung auch dem Anteilsinhaber zusteht, der bei der Beschlussfassung für den Formwechsel gestimmt hat, anschließend jedoch Widerspruch zur Niederschrift erklärt (so Kallmeyer/Meister/Klöcker, UmwG, § 207 Rn. 15; Lutter/Decher/Hoger, UmwG, § 207 Rn. 10, a. A. noch in der Vorauflage). Nach einer anderen Auffassung muss der ausscheidungswillige Anteilsinhaber auch gegen den Formwechsel stimmen, wenn er das Barabfindungsangebot annehmen will (Widmann/Mayer/Wälzholz, Umwandlungsrecht, § 207 UmwG Rn. 11; Stratz, in: Schmitt/Hörtnagl/Stratz, UmwG/UmwStG, § 207 UmwG Rn. 7; Kalss, in: Semler/Stengel, § 207 UmwG Rn. 7). Da das Gesetz nur den Widerspruch, nicht aber die Stimmabgabe anspricht, ist der ersteren Auffassung der Vorzug zu geben sein. Diese hat auch den Vorteil größerer Flexibilität für sich.

247 § 207 UmwG verweist darüber hinaus auf § 29 Abs. 2 UmwG. Diese **Vorschrift stellt eine Reihe von Tatbeständen dem Widerspruch zur Niederschrift gleich** (vgl. oben Teil 2 Rdn. 596 ff.). Es sind dies die Fälle, in denen ein Gesellschafter zu einem Widerspruch ohne eigenes Verschulden nicht in der Lage war. Gleichgestellt sind weiterhin die Fälle, in denen ein nicht erschienener Gesellschafter zur Versammlung zu Unrecht nicht zugelassen worden ist, oder die Versammlung nicht ordnungsgemäß einberufen oder der Gegenstand der Beschlussfassung nicht ordnungsgemäß bekannt gemacht worden ist. Zu § 375 AktG a. F. hat es der BGH noch offengelassen, ob dem Widerspruch Fälle gleichgestellt werden, in denen die Aktionäre die Umwandlung mangels rechtzeitiger Kenntnis nicht zugestimmt haben (BGH, NJW 1989, 2693). Das Gesetz schafft nun diese **Gleichstellung** in den drei genannten Fällen. Es bleibt abzuwarten, ob es auf andere Fälle des unverschuldeten Nichterscheinens im Wege der Analogie ausgedehnt werden kann.

248 In § 207 Abs. 1 Halbs. 2 UmwG ist normiert, dass § 71 Abs. 4 Satz 2 AktG, also die **aktienrechtliche Sanktion** für einen unzulässigen Erwerb eigener Aktien in der Gestalt der Nichtigkeit und des schuldrechtlichen Erwerbsgeschäfts, außer Kraft gesetzt wird, insoweit dies der Erfüllung der Verpflichtung nach § 207 Abs. 1 Satz 1 entgegenstehen könnte.

249 **2. Rechtsfolgen: Angebot auf Abfindung im Umwandlungsbeschluss.** § 207 UmwG ist wie § 29 UmwG formuliert. Es wird kein gesetzlicher Abfindungsanspruch begründet, sondern § 207 UmwG spricht nur davon, dass der formwechselnde Rechtsträger dem widersprechenden Gesellschafter ein Angebot auf Abfindung machen muss. Es besteht also dogmatisch **kein Abfindungsanspruch**, sondern nur die **Pflicht, ein Abfindungsangebot** zu unterbreiten. Dieser Pflicht entspricht auch § 197 Abs. 1 Nr. 6 UmwG, der bestimmt, dass dieses Abfindungsangebot bereits im Entwurf des Umwandlungsbeschlusses aufgenommen werden muss, der dann den Gesellschaftern vor der Versammlung zur Kenntnis gebracht wird.

250 Zum bis zum 1995 geltenden Recht, insb. zur Auslegung des § 369 Abs. 4 AktG a. F. war umstritten, ob das Abfindungsangebot bereits die Höhe der Abfindung nennen muss oder ob dies nicht erforderlich ist. Die wohl überwiegende Meinung war der Auffassung, dass, weil die Höhe der Barabfindung in § 375 Abs. 1 Satz 1 AktG geregelt wird, der Gesetzgeber zum Ausdruck gebracht habe, die Höhe der Barabfindung erst nach Fassung des Umwandlungsbeschlusses bestimmt werden müsse, jedoch in der Hauptversammlung, die über die Umwandlung beschließe (so Dehmer, UmwG, UmwStG, § 369 AktG Anm. 6; Semler/Grunewald, in: Geßler/Hefermehl, AktG, § 369 Rn. 35; KK-AktG/Zöllner, § 369 Rn. 54).

Beim UmwG 1995 wird man eine **präzise Angabe des Barangebots** verlangen müssen. Bereits der Ent- **251** wurf des Umwandlungsbeschlusses muss die konkrete Höhe der angebotenen Barabfindung enthalten. Sie muss so präzise sein, dass sie durch eine Annahmeerklärung nach § 209 UmwG einfach angenommen werden kann. Dies setzt voraus, dass der **Betrag genau beziffert**, also ein fester Geldbetrag angeboten wird (Lutter/Decher/Hoger, UmwG, § 207 Rn. 15; Kalss, in: Semler/Stengel, § 207 UmwG Rn. 9; Kallmeyer/Meister/Klöcker, UmwG, § 207 Rn. 28; Widmann/Mayer/Wälzholz, Umwandlungsrecht, § 207 UmwG Rn. 22). Das Barabfindungsangebot ist stets gem. § 209 i. V. m. § 30 Abs. 2 UmwG entsprechend den Regeln der **Verschmelzungsprüfung zu prüfen**. Über das Ergebnis haben auch die Prüfer einen Prüfungsbericht zu erstatten, sodass zumindest die Höhe des Angebots zum Zeitpunkt der Prüfung feststehen muss. Darüber hinaus spricht auch § 194 Abs. 1 Nr. 6 UmwG ganz allgemein davon, dass ein Abfindungsangebot nach § 207 UmwG zu machen ist. Man wird daher wohl davon ausgehen müssen, dass bereits die Höhe der Barabfindung im Umwandlungsbeschluss festgelegt sein muss (Widmann/Mayer/Wälzholz, Umwandlungsrecht, § 207 UmwG Rn. 22).

3. Ausschlussfrist für die Annahme des Angebots. Wie § 31 UmwG bestimmt § 207 UmwG, dass **252** das Angebot **nur innerhalb von 2 Monaten** nach dem Tag angenommen werden kann, an dem die Eintragung der neuen Rechtsform oder des Rechtsträgers neuer Rechtsform in das Register nach § 201 Satz 2 UmwG als bekannt gemacht gilt. Ist nach § 212 UmwG ein Antrag auf Bestimmung der Barabfindung gestellt worden, so kann das Angebot binnen 2 Monate nach dem Tag angenommen werden, an dem die Entscheidung im elektronischen Bundesanzeiger bekannt gemacht worden ist (vgl. zur Auslegung oben Teil 2 Rdn. 603 ff.).

4. Ablauf des Anteilserwerbs durch die Gesellschaft. Bzgl. des Anteilserwerbs durch die Gesell- **253** schaft kann auf die Ausführungen zum Verschmelzungsrecht verwiesen werden (vgl. oben Teil 2 Rdn. 605 ff.).

5. Abfindungsangebot ohne Anteilserwerb. Wie § 29 Abs. 1 Satz 3 UmwG sieht § 207 Abs. 1 **254** Satz 2 UmwG eine Regelung für den Fall vor, in dem die neue Rechtsform nach ihrem Gesellschaftsrecht **den Erwerb eigener Anteile** oder Mitgliedschaftsrechte **ausschließt**. Dies ist etwa bei Personengesellschaften, Vereinen oder Genossenschaften der Fall. Hier muss eine Barabfindung für den Fall angeboten werden, dass der Gesellschafter sein Ausscheiden aus der Gesellschaft erklärt. Hier steht also der Abfindung als »Gegenleistung« nicht der Erwerb der Anteile, sondern das Ausscheiden aus dem übernehmenden Rechtsträger ggü. (vgl. oben Teil 2 Rdn. 611 ff.).

6. Inhalt des Anspruchs auf Barabfindung und Prüfung der Barabfindung. Da § 208 UmwG **255** über den Inhalt der Barabfindung auf § **30 Abs. 1 UmwG** verweist, kann auf die Ausführungen oben ebenfalls verwiesen werden (vgl. oben Teil 2 Rdn. 613 ff.). Außerdem verweist § 208 UmwG auch auf § 30 Abs. 2 UmwG, wonach die **Angemessenheit der anzubietenden Barabfindung** stets durch einen Prüfer zu prüfen ist. Ist also ein Barabfindungsangebot gem. §§ 207, 194 Abs. 1 Nr. 6 UmwG erforderlich, so muss dieses Angebot auch durch einen Prüfer geprüft werden. Gem. § 30 Abs. 2 sind auf diese Prüfung die **Vorschriften über die Verschmelzungsprüfung** anzuwenden, also die §§ 10 bis 12 UmwG. Die Berechtigten können allerdings auf diese Prüfung oder auf den Prüfungsbericht durch notariell beurkundete Erklärung verzichten (§ 30 Abs. 2 Satz 2; vgl. im Einzelnen zur Prüfung der Abfindung die Ausführungen oben Teil 2 Rdn. 613 ff.).

7. Ausschluss von Klagen gegen den Umwandlungsbeschluss. Wie § 32 UmwG bestimmt § 210 **256** UmwG, dass eine **Klage gegen die Wirksamkeit des Formwechselbeschlusses** nicht darauf gestützt werden kann, dass das Barabfindungsangebot zu niedrig bemessen oder dass die Barabfindung im Umwandlungsbeschluss nicht oder nicht ordnungsgemäß angeboten worden ist. Hierfür sieht § 212 UmwG die gerichtliche Nachprüfung der Abfindung vor. Diese Vorschrift entspricht § 34 UmwG.

8. Anderweitige Veräußerung. Wie § 33 UmwG bestimmt § 211 UmwG, dass einer anderweitige **257** Veräußerung des Anteils durch den Anteilsinhaber innerhalb der in § 209 UmwG bestimmten Frist bestehende Verfügungsbeschränkung im Gesellschaftsvertrag oder in der Satzung des Rechtsträgers nicht entgegenstehen. Innerhalb der **Zwei-Monats-Frist** kann daher eine anderweitige Veräußerung des Anteils durch Anteilsinhaber erfolgen (vgl. im Einzelnen oben Teil 2 Rdn. 618).

258 **9. Ausnahmen vom Abfindungsangebot. a) Generelle Ausnahme.** Eine **Verpflichtung zum Angebot einer Barabfindung** besteht nach § 194 Abs. 1 Nr. 6 UmwG unter zwei Voraussetzungen nicht:
– der Umwandlungsbeschluss bedarf zu seiner Wirksamkeit der Zustimmung aller Anteilsinhaber;
– an dem Rechtsträger ist nur ein Anteilsinhaber beteiligt.

259 **b) Sondervorschriften.** Folgende Sondervorschriften sehen **Ausnahmen vom Barabfindungsangebot** vor:

§ 250 UmwG	Formwechsel zwischen AG und KGaA,
§ 282 Abs. 2 UmwG	Formwechsel eingetragener Vereine, die gem. § 5 Abs. 1 Nr. 9 KStG von der Körperschaftsteuer befreit sind,
§ 302 UmwG	Formwechsel einer Körperschaft oder Anstalt des öffentlichen Rechts,
§ 227 UmwG	Abfindung eines persönlich haftenden Gesellschafters einer formwechselnden KGaA.

260 **c) Verzicht auf das Abfindungsangebot.** Nach überwiegender Meinung ist auch ein **Verzicht auf das Abfindungsangebot** möglich (s. Lutter/Decher/Hoger, UmwG, § 194 Rn. 23; Bärwaldt, in: Semler/Stengel, § 194 UmwG Rn. 29; Kalss, in: Semler/Stengel, § 207 UmwG Rn. 17; Widmann/Mayer/Wälzholz, Umwandlungsrecht, § 207 UmwG Rn. 33; Kallmeyer/Meister/Klöcker, UmwG, § 194 Rn. 46; Priester, DNotZ 1995, 427, 450; Usler, MittRhNotK 1998, 21, 33; vgl. auch oben Teil 2 Rdn. 599) Umstritten ist, ob der Verzicht auf Abgabe eine Abfindungsangebotes auch noch nach dem Umwandlungsbeschluss möglich ist, das ist mE zu bejahen (so auch Widmann/Mayer/Wälzholz, Umwandlungsrecht, § 207 UmwG Rn. 33) Z. T. wird dies abgelehnt (Kalss, in: Semler/Stengel, § 207 UmwG Rn. 17)). Die Verzichtserklärung ist notariell zu beurkunden. Für die Beurkundung gelten die Vorschriften über Willenserklärungen, also die §§ 8 ff. BeurkG (Widmann/Mayer/Wälzholz, Umwandlungsrecht, § 207 UmwG Rn. 34). Er ist zum Handelsregister einzureichen (Widmann/Mayer/Wälzholz, Umwandlungsrecht, § 207 UmwG Rn. 34; Kallmeyer/Meister/Klöcker, UmwG, § 194 Rn. 46). Wälzholz (in: Widmann/Mayer, Umwandlungsrecht, § 207 UmwG Rn. 33 ff.) weist zu Recht darauf hin, dass streng zu unterscheiden ist zwischen dem Verzicht auf Abgabe eine Abfindungsangebotes und den Verzicht auf die Rechte eines ausgesprochenen Angebotes.

VI. Freiwilliges Kaufangebot des Mehrheitsaktionärs

261 In der Praxis werden Formwechsel von Publikums-AG häufig mit einem **öffentlichen Übernahmeangebot** des Mehrheitsaktionärs für die Aktien der außenstehenden Aktionäre verbunden (vgl. Meyer-Landrut/Kiem, WM 1997, 1413, 1420; Lutter/Decher/Hoger, UmwG, § 207 Rn. 20 ff.). Der Mehrheitsaktionär möchte dadurch erreichen, dass er möglichst viele Aktien des formwechselnden Rechtsträgers erwirkt, um vereinfachter die Umwandlung durchführen zu können und auch Risiken auszuschließen. Auch ist die Annahme eines freiwilligen Kaufangebots weniger aufwendig als ein Barabfindungsangebot nach § 207 UmwG. Insb. die Notwendigkeit des Widerspruchs zum Protokoll des Notars entfällt. Für den Aktionär ist die Annahme des freiwilligen Kaufangebots zum einen aus steuerlichen Gründen attraktiv, zum anderen ist das Angebot i. d. R. höher als das Barabfindungsangebot, da es sich am Aktienkurs orientiert (vgl. Meyer-Landrut/Kiem, WM 1997, 1413, 1420).

Vgl. zum Übernahmerecht auch Teil 5 Rdn. 175.

M. Gründungsvorschriften und Kapitalschutz beim Formwechsel

262 Auch das bis 1995 geltende Recht hatte in einer Vielzahl von Einzelvorschriften bestimmt, dass für bestimmte Umwandlungskonstellationen bestimmte Gründungsvorschriften der neuen Gesellschaft auch bei der Umwandlung zu beachten sind, obwohl im Zuge der Umwandlung keine neue Gesellschaft gegründet wird (vgl. zum alten Recht §§ 362 Abs. 4, 378, 385a Abs. 4, 385b, 385g Satz 1, 385m Abs. 5

AktG; §§ 16 Satz 1, 19 Abs. 1, 20 Satz 1, 21 Abs. 1, 22 Abs. 1, 23 Satz 1, 24 Abs. 1, 41 Abs. 1 Nr. 1 und Abs. 2, 42 Abs. 2, 47 Abs. 1, Satz 1 Nr. 1 und Abs. 2 UmwG; vgl. auch Art 13 der 2. Verschmelzungs-richtlinie).

Das UmwG bestimmt in § 197 UmwG, dass für alle Formwechselfälle die für die neue Rechtsform gel-   **263** tenden **Gründungsvorschriften** anzuwenden sind, soweit sich nicht aus den besonderen Vorschriften etwas anderes ergibt.

Decher (in: Lutter, Kölner Umwandlungsrechtstage, S. 211) hat zu Recht darauf hingewiesen, dass sich   **264** dieser Gedanke, dass mit dem Formwechsel eine Gründung der neuen Gesellschaft verbunden ist, grds. nicht mit dem **Prinzip der Identität** verträgt. Der Gesetzgeber hat allerdings die Anwendung der Grün-dungsvorschriften mit der **Notwendigkeit eines Umgehungsschutzes** begründet (vgl. Begründung zum RegE, BR-Drucks. 75/94, S. 141; abgedruckt in: Limmer, Umwandlungsrecht, S. 336):

> »Dieser Übergang in ein anderes Normensystem ist besonders dann kritisch, wenn nach den für den Rechtsträger neuer Rechtsform maßgebenden Gründungsvorschriften schärfere Anforderungen gelten, als sie für die Gründung des formwechselnden Rechtsträgers bestanden haben (so z. B. beim Formwechsel von Rechtsträgern, die keine Kapitalgesellschaften sind, in eine Kapitalgesell-schaft sowie beim Formwechsel einer GmbH in eine AG oder in eine KGaA). Wenn für die Errich-tung des formwechselnden Rechtsträgers mildere Gründungsvorschriften maßgeblich waren, sol-len die für die neue Rechtsform geltenden strengeren Maßstäbe durch den Formwechsel nicht unterlaufen werden können. Deshalb soll in § 197 Satz 1 als allgemeiner Grundsatz vorgesehen wer-den, dass die für die neue Rechtsform geltenden Gründungsvorschriften auf den Formwechsel an-zuwenden sind. Damit werden vor allem die für die Kapitalgesellschaften wichtigen Vorschriften über die Gründungsprüfung und über die Verantwortlichkeit der Gründer in das Umwandlungs-recht einbezogen. Für die Umwandlung in eine AG ist dies zum größten Teil gemeinschaftsrecht-lich durch Art. 13 der Zweiten gesellschaftsrechtlichen Richtlinie vorgegeben.«

Der Gesetzgeber hat allerdings in den besonderen Vorschriften wiederum **Einschränkungen von die-**   **265** **sem allgemeinen Grundsatz** gemacht. Bei den besonderen Vorschriften ist teilweise geregelt, dass ein-zelne Bestimmungen des Gründungsrechts nicht anwendbar sind; dies wird i. d. R. dann der Fall sein, wenn aufgrund des Formwechsels kein Bedarf für die Anwendung einer Gründungsvorschrift besteht. Die Begründung zum RegE weist darauf hin, dass diese Einschränkung im Besonderen Teil vor allen Dingen verhindern soll, dass die Anwendung der Gründungsvorschriften dazu führt, dass ein Formwechsel bzgl. der zu beachtenden Formalien praktisch eine Neugründung darstellt, die durch den Formwechsel gerade vermieden werden soll. Deshalb müsse der Grundsatz der Anwendbarkeit des Gründungsrechts in mehrfacher Hinsicht eingeschränkt werden (so Begründung zum RegE, BR-Drucks. 75/94, S. 141).

An anderer Stelle hat der Gesetzgeber bzgl. der Kapitalschutzfragen wiederum eine **Sonderregelung**   **266** getroffen. So ist in § 220 Abs. 1 UmwG geregelt, dass beim Formwechsel von einer Personenhandels-gesellschaft in eine Kapitalgesellschaft der Nennbetrag des Stammkapitals bei der GmbH oder des Grundkapitals bei der AG das nach Abzug der Schulden verbleibende Vermögen der formwechselnden Gesellschaft nicht übersteigen darf (vgl. hierzu K. Schmidt, ZIP 1995, 1385 ff.). Dieser Grundsatz gilt gem. § 245 Abs. 1 Satz 2 UmwG entsprechend beim Formwechsel einer GmbH in eine AG. § 264 und § 277 UmwG wiederholen diesen Grundsatz für den Formwechsel einer eingetragenen Genossenschaft oder eines Vereins in eine Kapitalgesellschaft. Der Gesetzgeber hat also für die besondere Problematik des Kapitalschutzes wiederum § 197 UmwG insofern erweitert, als er eine Sondervorschrift, die sich bisher nur in § 385m Abs. 4 Satz 2 AktG a. F. befand, für die meisten Formwechselfälle in Kapitalgesell-schaften erweiterte. Mit dieser Vorschrift soll erreicht werden, dass zum Schutz der Gläubiger die De-ckung des Stamm- oder Grundkapitals der Gesellschaft gesichert wird (vgl. Begründung zum RegE, BR-Drucks. 75/94, S. 150; abgedruckt in: Limmer, Umwandlungsrecht, S. 345).

I. Anwendung der Gründungsvorschriften

1. Vereinbarkeit mit der Identitätsthese. Ebenso wie bei der Verschmelzung oder Spaltung geht im   **267** Grundsatz der Gesetzgeber aufgrund der Anwendbarkeit der Gründungsvorschriften gem. § 197 UmwG davon aus, dass es sich beim Formwechsel um mehr handelt als um eine bloße identitätswahrende Rechtskleidänderung, sondern im Prinzip um eine Gesellschaftsgründung, wenn auch ohne Vermögenstransfer (so Priester, DB 1995, 911, 913). Da bei dieser Vorschrift im Ergebnis das Kapital der neuen Gesellschaft zwar identitätswahrend, aber doch unter Anwendung der Gründungsvorschriften aufgebracht werden muss, handelt es sich im Ergebnis um eine **Sachgründung** (vgl. Priester, DB 1995, 911, 913; ders., DNotZ 1995, 427, 451, K. Schmidt spricht von einer »Quasi-Sachgründung«, ZIP 1995, 1389). Dass sich diese Vorschrift des UmwG nur schwer mit dem neuen dogmatischen Ansatz vereinbaren lässt, wurde bereits dargelegt (vgl. oben Teil 4 Rdn. 205 ff.). Der Gesetzgeber hat es aus Umgehungsgründen nicht gewagt, den vollständigen Schritt zum identitätswahrenden Formwechsel zu gehen und sich zumindest im Hinblick auf die Gründungsvorschriften mehr an der vor 1995 geltenden Rechtslage der errichtenden Umwandlung orientiert. Auch zum bis 1995 geltenden Recht war die Umwandlung einer Personen- in eine Kapitalgesellschaft im Grundsatz eine Sachgründung durch Leistung von Sacheinlagen, da durch das Vermögen der Personenhandelsgesellschaft durch Gesamtrechtsnachfolge auf die neue Kapitalgesellschaft mit deren Eintragung übergeht. Entsprechende Vorschriften fanden sich im vor 1995 geltenden Recht in den §§ 41 Abs. 2, 47 Abs. 2 UmwG (vgl. Dehmer, UmwG, 1. Aufl., § 41 Anm. 6a).

268 **2. Formwechsel in eine GmbH.** Findet ein Formwechsel einer Personengesellschaft in eine GmbH statt, so sind daher neben den allgemeinen formwechselnden Vorschriften auch i. Ü. die **Sachgründungsvorschriften des GmbHG** zu beachten (vgl. Lutter/Decher/Hoger, § 197 UmwG Rn. 15 ff.) Diese sind bei der GmbH insb.:
– Festsetzung der Sacheinlage im Gesellschaftsvertrag,
– Sachgründungsbericht gem. § 5 Abs. 4 GmbHG i. V. m. § 220 Abs. 2 UmwG,
– Anmeldeversicherung gem. § 8 Abs. 2 GmbHG (str.), entfällt beim Formwechsel zwischen Kapitalgesellschaften (§ 246 Abs. 3 UmwG),
– Kapitalschutz gem. § 220 UmwG,
– Bestellung der ersten Geschäftsführer (§ 6 GmbHG),
– Einreichung von Wertnachweisunterlagen (§ 8 Abs. 1 Nr. 5 GmbHG).

269 Darüber hinaus sind auch die **Vorschriften über die Gründerhaftung**, d. h. die §§ 9, 9a und 9b GmbHG sowie § 11 Abs. 2 GmbHG anwendbar (vgl. Priester, DNotZ 1995, 427, 452; Lutter/Decher/Hoger, § 197 UmwG Rn. 36 ff.; Bärwaldt, in: Semler/Stengel, § 197 UmwG Rn. 33; Widmann/Mayer/Mayer, Umwandlungsrecht, § 197 UmwG Rn. 62; Kallmeyer/Meister/Klöcker, UmwG, § 197 Rn. 26). Beim Formwechsel einer Genossenschaft in eine GmbH sieht allerdings § 264 UmwG Erleichterungen vor.

270 **3. Formwechsel in eine AG.** Beim Formwechsel einer Personengesellschaft in eine AG gelten insb. §§ 197, 220 Abs. 1 und Abs. 3 UmwG. Dies bedeutet, dass i. R. d. »Gründung« der neuen AG im Wege des Formwechsels zusätzlich folgende **Bestimmungen des Gründungsrechts der AG** zu beachten sind (vgl. Lutter/Decher/Hoger, § 197 UmwG Rn. 15 ff.):
– Gründungsbericht gem. § 32 AktG i. V. m. § 220 Abs. 2 UmwG,
– Gründungsprüfung (§ 33 AktG i. V. m. § 220 Abs. 3 UmwG),
– Bestellung des ersten Aufsichtsrates der AG (§§ 30, 31 AktG), wobei allerdings nach § 197 Satz 2 UmwG die Vorschriften über die Bildung und Zusammensetzung des ersten Aufsichtsrats nicht anzuwenden sind (vgl. unten Teil 4 Rdn. 293 ff.),
– Bestellung des ersten Abschlussprüfers (§ 30 AktG),
– Bestellung des ersten Vorstandes (§ 30 AktG),
– Anmeldeversicherung hinsichtlich der Einlageleistung gem. § 37 Abs. 1 AktG (str.).

271 Gem. § 246 Abs. 3 UmwG wird allerdings für den Formwechsel unter Kapitalgesellschaften auf die Verpflichtung zur **Abgabe einer Anmeldeversicherung** gem. § 8 Abs. 2 GmbHG bzw. § 37 Abs. 1 AktG verzichtet. Beim Formwechsel einer Genossenschaft in eine AG enthält § 264 UmwG ebenfalls Erklärungen.

272 **4. Formwechsel in eine eingetragene Genossenschaft.** Beim Formwechsel in eine eingetragene Genossenschaft sind ebenfalls im Grundsatz die **Gründungsvorschriften des Genossenschaftsrechts** anzuwenden.

II. Kapitalschutz

Wie dargelegt (vgl. Teil 4 Rdn. 25 ff.), hat der Gesetzgeber in § 197 UmwG bzgl. der Kapitalaufbrin- **273** gungsfragen über die allgemeine Regelung der Anwendung der Gründungsvorschriften in §§ 220, 245 Abs. 1 Satz 2, 264 Abs. 1 und 277 UmwG den Grundsatz aufgestellt, dass i. d. R. bei der Umwandlung in eine Kapitalgesellschaft der **Nennbetrag des Stammkapitals** einer GmbH oder des Grundkapitals einer AG **das nach Abzug der Schulden verbleibende Vermögen der formwechselnden Gesellschaft nicht übersteigen** darf. Dies gilt gem. § 245 Abs. 1 Satz 2 UmwG sogar bei der Umwandlung einer GmbH in eine AG. Auch diese Vorschrift ist Ausdruck der Tatsache, dass es sich bei der Gründung der Gesellschaft um eine Sachgründung handelt, wobei das Vermögen des formwechselnden Rechtsträgers identitätswahrend übergeht (vgl. Priester, DNotZ 1995, 427, 451). Gegenstand der Sachgründung ist das vom formwechselnden Rechtsträger bisher betriebene Unternehmen (vgl. zum alten Recht, Dehmer, UmwG, UmwStG, 1. Aufl., § 47 UmwG Anm. 4a). Insb. gegen den Kapitalschutz auch beim Formwechsel innerhalb von Kapitalgesellschaften hat Happ (in: Lutter, Kölner Umwandlungsrechtstage, S. 241 f.). Bedenken angemeldet, da es beim dogmatischen Ausgangspunkt der Identität eines Rechtsträgers nahe gelegen hätte, auf die Kapital- und Gründungsregelungen bei der Umwandlung einer GmbH in eine AG zu verzichten.

Auf die mit dieser Vorschrift verbundenen **Probleme** wurde bereits oben hingewiesen (vgl. oben Teil 4 **274** Rdn. 25 ff.). Es stellt sich in diesem Zusammenhang insb. die Frage, ob für die **Kapitaldeckung** eine **Buchwertaufstockung**, d. h. die Aufstockung stiller Reserven zulässig ist oder ob die Kapitaldeckung am Jahresabschluss der Personengesellschaft zu messen ist, also die Buchwerte ihrer Vermögensgegenstände maßgebend sind. Besonders problematisch ist in diesem Zusammenhang die Tatsache, dass § 24 UmwG auf den Formwechsel ausdrücklich nicht anwendbar ist, wonach ein Aufstockungswahlrecht für Verschmelzung und Spaltung begründet wird. Wie bereits oben dargelegt, wird hier die Auffassung vertreten, dass für die Frage des Kapitalschutzes nicht zwingend die Buchwerte maßgebend sind, sondern auch eine **Buchwertaufstockung** zulässig ist und demgemäß für die Frage des Kapitalschutzes und der Kapitaldeckung die wirklichen Werte der formwechselnden Gesellschaft maßgebend sind (vgl. im Einzelnen oben Teil 4 Rdn. 25, 150 ff.). Die **Kapitaldeckung muss anhand der Verkehrswerte** – zum Zeitpunkt der Handelsregisteranmeldung – geprüft werden (vgl. OLG Frankfurt, ZIP 2015, 1229; Kallmeyer/Dirksen/Blasche, UmwG, § 220 Rn. 8; Lutter/Jost, UmwG, § 220 Rn. 13 f.; Lutter/Bayer, UmwG, § 264 Rn. 3; Widmann/Mayer/Vossius, Umwandlungsrecht, § 220 UmwG Rn. 16; KK-UmwG/Petersen, § 220 UmwG Rn. 6 ff.; Stratz, in: Schmitt/Hörtnagl/Stratz, UmwG/UmwStG, § 226 UmwG Rn. 6; Schlitt, in: Semler/Stengel, § 220 UmwG Rn. 16 ff.; Priester, DB 1995, 911, 914; ders., DNotZ 1995, 427, 452; Fischer, BB 1995, 2173, 2174; Usler, MittRhNotK 1998, 54; Zimmermann, DB 1999, 948).

III. Anwendbarkeit der Gründungsvorschriften auf den Formwechsel: Besonderheiten bei der AG

Nach § 197 Satz 1 UmwG sind auf den Formwechsel die **für die neue Rechtsform geltenden Grün-** **275** **dungsvorschriften** anzuwenden, soweit sich aus dem UmwG nichts anderes ergibt.

Der Begriff der Gründungsvorschriften ist in § 197 Satz 1 UmwG **nicht definiert** und muss daher für **276** jede Rechtsform gesondert bestimmt werden (Widmann/Mayer/Rieger, Umwandlungsrecht, § 197 UmwG Rn. 84). Trotz des nicht ganz eindeutigen Wortlauts verweist § 197 Abs. 1 UmwG nicht nur auf den mit »Gründung der Gesellschaft« überschriebenen Zweiten Teil des Ersten Buches des AktG (§§ 23 bis 54 AktG, sondern auf den ersten und zweiten Teil des ersten Buches des AktG (§§ 1 bis 53 AktG). Die grds. Anwendung der Gründungsvorschriften wird aber dadurch eingeschränkt, dass das fünfte Buch des UmwG Einschränkungen und Modifikation des grds. anwendbaren Gründungsrechts enthält und zum anderen die Gründungsvorschriften, nicht uneingeschränkt anwendbar sind. Ausweislich der Gesetzesbegründung (abgedruckt in: Limmer, Umwandlungsrecht, 1995, S. 336) soll durch die Möglichkeit des Formwechsels eine sonst notwendige Liquidation und Neugründung erspart werden. Die Gründungsvorschriften dürften nicht uneingeschränkt für anwendbar erklärt werden, da ansonsten praktisch eine Neugründung erforderlich werden würde, die durch den Formwechsel gerade vermieden werden sollte. Deshalb müsse der Grundsatz der Anwendbarkeit des Gründungsrechts in mehrfacher Hinsicht eingeschränkt werden. Die Anwendung der Gründungsvorschriften soll vielmehr feststellen, ob der formwechselnde Rechtsträger und insb. der Zustand des Vermögens dieses Rechtsträgers den Anforderungen des Rechtsträgers neuer Rechtsform genügt. Es geht somit in erster Linie darum, eine **Umgehung der strengeren Gründungsvorschriften** des Rechtsträgers neuer Rechtsform, insb. zur Kapitalausstattung- und Kapitalaufbringung zu vermeiden (vgl. dazu Widmann/Meyer/Rieger, Umwandlungsrecht, § 197 UmwG Rn. 87 ff.; Lutter/Decher/Hoger, UmwG, § 197 Rn. 5).

277   Deshalb gelten für einen Formwechsel in eine AktG grds. die **Nachgründungsvorschriften der §§ 52, 53 AktG** (Lutter/Decher/Hoger, UmwG, § 197 Rn. 42; Widmann/Meyer/Rieger, Umwandlungsrecht, § 197 UmwG Rn. 215; Kallmeyer/Meister/Klöcker, UmwG, § 197 Rn. 29 ff.). Dies wird in der Vorschrift des § 220 Abs. 3 Satz 2 UmwG noch einmal ausdrücklich bestätigt, nach der die für Nachgründungen in § 52 Abs. 1 AktG bestimmte Zwei-Jahres-Frist erst mit dem Wirksamwerden des Formwechsels, d. h. gem. § 202 Abs. 1 UmwG mit der Eintragung der neuen Rechtsform (AG) in das Handelsregister (Widmann/Meyer/Rieger, Umwandlungsrecht, § 197 UmwG Rn. 215; Lutter/Decher/Hoger, UmwG, § 220 Rn. 26). Diese sind allerdings durch das NaStraG mittlerweile entschärft.

278   Fraglich ist, ob auch die Vorschrift des § 27 Abs. 1 AktG hinsichtlich der Sachübernahmen bei dem Formwechsel einer Personengesellschaft **in eine AG** Anwendung findet. Denn durch die Verweisung in § 197 UmwG auch auf §§ 26 und 27 AktG könnte sich die Verpflichtung ergeben, in der Satzung der AG Angaben über Sacheinlagen und Sachübernahmen bzgl. der Entstehung der AG aus dem Formwechsel aufzunehmen. Diesbezüglich ist die Rechtslage allerdings streitig.

279   Zum bis 1995 geltenden Recht vertrat Priester (AG 1986, 29132), dass Sacheinlagen aus Anlass der Umwandlung sich nur aus einer etwa gleichzeitig vorgenommenen Kapitalerhöhung ergeben könnten.

280   Nach Rieger (Widmann/Meyer/Rieger, Umwandlungsrecht, § 197 UmwG Rn. 146) bezieht sich die Bestimmung des § 27 AktG auf den Übergang des Vermögens des formwechselnden Rechtsträgers auf die AG. Dementsprechend müsse die Satzung gem. § 197 Satz 1 UmwG i. V. m. § 27 Abs. 1 Satz 1 AktG Festsetzungen über den Gegenstand der Sacheinlage, die Person des Einlegenden und den Nennbetrag des Grundkapitals, auf den sich die Sacheinlage bezieht, enthalten. Im Kontext des Formwechsels bedeutet dies, dass das Vermögen des formwechselnden Rechtsträgers und der formwechselnde Rechtsträger selbst zu bezeichnen sind. Hierfür genüge ein Hinweis, dass die Gesellschaft durch Formwechsel einer genau zu bezeichnenden Gesellschaft entstanden sei.

281   Laumann (Goutier/Knopf/Tulloch, Umwandlungsrecht, § 197 UmwG Rn. 24) sieht im Zusammenhang mit der Umwandlung in eine AG, dass jede Umwandlung im Grunde eine vereinfachte Sachgründung darstellt. Die Gründung der Ausgangsrechtsform dürfe beim Formwechsel nicht geprüft werden, es genüge, wenn gem. § 197 UmwG die Ordnungsmäßigkeit der AG-Gründung geprüft werde. Die Kapitalschutzvorschriften des § 220 UmwG genügten zum institutionellen Gläubigerschutz vollauf.

282   Göthel (in: Lutter, UmwG, § 245 Rn. 31) führt aus, dass im Prinzip auch § 27 AktG auf den Formwechsel in eine AG anzuwenden sei. Diese Verweisung laufe jedoch regelmäßig leer, da aus Anlass der Umwandlung an sich weder Sacheinlagen noch Sachübernahmen anfallen (Verweis auch auf Priester, AG, 1986, 29, 32). Etwas anderes könne nur für den Fall einer im Zusammenhang mit dem Formwechsel beschlossenen Kapitalerhöhung gelten. Die entsprechenden Sacheinlagen bzw. Sachübernahmen wären dann entsprechend § 27 AktG in der Satzung der AG neuer Rechtsform anzugeben. Festzusetzen seien ferner die Sacheinlagen und Sachübernahmen, die in der Satzung der formwechselnden Gesellschaft enthalten seien.

283   Decher/Hoger (in: Lutter, UmwG, § 197 Rn. 15 ff.) ist der Auffassung, dass Sacheinlagen anlässlich einer AG-Gründung gem. § 27 Abs. 1 AktG in der Satzung aufzuführen sind. Beim Formwechsel einer Personengesellschaft in eine Kapitalgesellschaft werde der Formwechsel nur dann wie eine Sachgründung behandelt, wenn dies zur Vermeidung eines Unterlaufens der Gründungsvorschriften der auf den Rechtsträger neuer Rechtsform anwendbaren Rechtsordnung erforderlich sei. Diese Gefahr bestehe nur bei einer historischen Sachgründung des formwechselnden Rechtsträgers und nicht bei einer Bargründung. Daher bedürfe es beim Formwechsel einer seinerzeit bar gegründeten Personengesellschaft in eine Kapitalgesellschaft nicht besonderer Festsetzung in der Satzung.

Nach Auffassung von Meister/Klöcker (Kallmeyer/Meister/Klöcker, UmwG, § 197 Rn. 35) sind in der **284** Satzung gem. § 26 AktG die einzelnen Aktionäre oder Dritten im Zusammenhang mit dem Formwechsel gewährten Sondervorteile sowie der Gründungsaufwand i. S. d. § 26 Abs. 2 AktG festzusetzen. Festsetzungen im Gesellschaftsvertrag des formwechselnden Rechtsträgers über Sondervorteile, Gründungsaufwand, Sacheinlagen oder Sachübernahmen seien in die Satzung aufzunehmen, soweit nicht die Fristen gem. § 26 Abs. 4 und Abs. 5 AktG abgelaufen seien. Beim Formwechsel einer durch Sacheinlagen kapitalisierten Personenhandelsgesellschaft in eine AG sind gem. § 197 Satz 1 i. V. m. § 27 Abs. 1 AktG in der Satzung der AG Festsetzung über Sacheinlagen zu treffen.

Es bleibt daher festzuhalten, dass hinsichtlich der **Sachübernahmen** überwiegend die Auffassung ver- **285** treten wird, dass diese **in die Satzung der AG aufzunehmen** sind, soweit solche bereits bei Gründung des formwechselnden Rechtsträgers vorgenommen wurden. Soweit anlässlich des Umwandlungsbeschlusses bereits eine entsprechende Abrede mit einem Dritten getroffen wurde, spricht m. E. viel dafür, die Vorschrift des § 27 AktG bzgl. Sachübernahmen auch auf diesen Fall anzuwenden. Allerdings können m. E. bzgl. der Geschäfte, die zwischen dem Umwandlungsbeschluss und der Eintragung des Formwechsels getätigt wurden, die Vorschriften über die Sachübernahme keine Anwendung finden. Denn zum einen wäre es der Gesellschaft dann für die Zeit zwischen der Fassung des Umwandlungsbeschlusses und der Eintragung im Handelsregister verwehrt, Rechtsgeschäfte zu tätigen, und zum anderen hat bei der Eintragung des Formwechsels eine Werthaltigkeitsprüfung des als »Sacheinlage« eingebrachten Unternehmens stattfinden, bei dem diese von der Gesellschaft vorgenommenen Rechtsgeschäfte bereits berücksichtigt werden müssten.

IV. Bestellung der ersten Organe beim Formwechsel

1. Auswirkungen des Formwechsels auf die Organstellung. Mit der Eintragung des Formwech- **286** sels im Register und damit mit dessen Wirksamkeit **endet die Organstellung der Organe der formwechselnden Gesellschaft**; der Identitätsgrundsatz gilt nicht im Hinblick auf die Organe des früheren Rechtsträgers. Dies ergibt sich insb. aus der Tatsache, dass der anwendbare Normenbestand sich ändert (h. M. Widmann/Mayer/Mayer, Umwandlungsrecht, § 197 UmwG Rn. 50, 171; Widmann/Mayer/Vossius, Umwandlungsrecht, § 202 UmwG Rn. 32, 110; Kallmeyer/Meister/Klöcker, UmwG, § 202 Rn. 24; Lutter/Decher/Hoger, UmwG, § 202, Rn. 39; Kübler in: Semler/Stengel, UmwG, § 202 Rn. 10; Lupp, Die Auswirkungen einer Umwandlung auf Anstellungsverhältnisse von Vorständen und GmbH-Geschäftsführern, S. 13; Veil, Umwandlung einer AG in eine GmbH, S. 210 ff. krit. allerdings Hoger, ZGR 2007, 868, 869, der sich für Amtskontinuität ausspricht). Insofern gilt die Diskontinuität (a. A. Hoger, ZGR 2007, 868, 869). Es ergibt sich auch daraus, dass nach § 197 UmwG die neuen Organe nach den entsprechenden Gründungsvorschriften zu bestellen sind.

Andererseits besteht Einigkeit, dass wegen der Identität des Rechtsträgers die **Anstellungsverträge** der **287** Geschäftsführer und Vorstände auch nach dem Formwechsel **bestehen bleiben** und ggf. nach allgemeinen Regeln beendet werden müssen (BGH, NZG 2007, 590, 591 = DB 2007, 1072 = GmbHR 2007, 606 = ZIP 2007, 910; BGH, NJW 1989, 1928 = DB 1989, 472; BGH, NJW 1997, 2319 = DB 1997, 1455; BAG, BAGE 104, 358 = DB 2003, 942 = NJW 2003, 2473; BAG, NJW 1995, 675; Kallmeyer/Meister/Klöcker, UmwG, § 202 UmwG Rn. 24; Lohr, NZG 2001, 826, 831; Hoger, ZGR 2007, 868, 869). Ob ein solcher Vertrag nach Inhalt und Zeitdauer den Erfordernissen des neuen Rechts angepasst werden muss, hat der BGH bisher offengelassen (BGH, NJW 1989, 1928). Umstritten ist, ob der Formwechsel einen Grund zur außerordentlichen Kündigung des Dienstvertrages darstellt (vgl. Lutter/Decher/Hoger, UmwG, § 202 Rn. 39; Kallmeyer/Meister/Klöcker, UmwG, § 202 Rn. 24; Röder/Lingemann, DB 1993, 1341 ff.).

2. Bestellung der neuen Organe. Die Bestellung der neuen Organe für den Rechtsträger in seiner **288** neuen Rechtsform richtet sich nach den für diese Rechtsform geltenden Gründungsvorschriften, wobei teilweise die Umwandlungsvorschriften Besonderheiten vorsehen (Kallmeyer/Meister/Klöcker, UmwG, § 194 Rn. 56, § 197 Rn. 20 ff., 37 ff., 58 ff., § 202 Rn. 24 f.; Widmann/Mayer/Mayer, Umwandlungsrecht, § 197 UmwG Rn. 50, 171; Widmann/Mayer/Vossius, Umwandlungsrecht, § 202 UmwG Rn. 32).

289   Eine **Ausnahme** sieht § 203 UmwG nur für den Fall vor, dass im bisherigen wie im formwechselnden Rechtsträger in gleicher Weise ein Aufsichtsrat gebildet und zusammengesetzt werden muss. Für diesen Fall ordnet § 203 Satz 1 UmwG an, dass die Mitglieder dieses Aufsichtsrates den Rest ihrer Wahlzeit als Mitglieder des Aufsichtsrates des Rechtsträgers neuer Rechtsform im Amt bleiben. Allerdings können auch die Anteilsinhaber des formwechselnden Rechtsträgers im Umwandlungsbeschluss für ihre Aufsichtsratsmitglieder die Beendigung des Amtes bestimmen. Zu beachten ist, dass diese Vorschrift nur gilt, wenn es sich um einen gesetzlichen Aufsichtsrat handelt, der in seiner bisherigen und seiner neuen Rechtsform den gleichen mitbestimmungsrechtlichen Vorschriften unterliegt (vgl. Kallmeyer/ Meister/Klöcker, UmwG, § 203 Rn. 7; Widmann/Mayer/Vossius, Umwandlungsrecht, § 203 Rn. UmwG 12 ff.).

Wegen der Einzelheiten kann auf die Ausführungen bei den spezifischen Rechtsformen verwiesen werden.

290   **3. Aufsichtsrat. a) Bildung und Zusammensetzung des ersten Aufsichtsrates.** In § 197 Satz 1 UmwG werden für den Formwechsel ganz allgemein die für die neue Rechtsform geltenden Gründungsvorschriften für anwendbar erklärt. Davon macht § 197 Satz 2 UmwG aber insofern eine Ausnahme, dass die **Vorschriften über die Bildung und Zusammensetzung des ersten Aufsichtsrates nicht anwendbar** sein sollen. Das vor 1995 geltende Umwandlungsrecht hatte die Frage nicht ausdrücklich geregelt, ob auf die beim Formwechsel bislang notwendige Neubestellung des Aufsichtsrats im Rechtsträger neuer Rechtsform die für die neue Rechtsform geltenden Vorschriften des Gründungsrechts über die Bildung des ersten Aufsichtsrats anzuwenden sind. Im Schrifttum wurde diese Frage bereits verneint. Die Regierungsbegründung zu § 197 Satz 2 UmwG (Ganske, Umwandlungsrecht, S. 221) stellt daher fest, dass nach bisherigem Recht lediglich eine Neuwahl des Aufsichtsrats stattfand, sodass im Anwendungsbereich der Mitbestimmungsgesetze auch die Vertretung der Arbeitnehmer im Aufsichtsrat schon zum Zeitpunkt des Wirksamwerdens des Formwechsel gesichert war. An dieser Rechtslage sollte auch im künftigen Umwandlungsrecht festgehalten werden. Neben der allgemeinen subsidiären Anwendung des für die neue Rechtsform geltenden Gründungsrechts bedürfe es hierfür jedoch der im Halbs. 2 von § 197 Satz 2 UmwG vorgesehenen ausdrücklichen Regelung. Daraus schließt die Literatur ganz einheitlich, dass beim Formwechsel in eine AG auch **nicht die kurze Amtszeit** gem. § 30 Abs. 3 Satz 1 AktG, sondern die reguläre Amtszeit gilt (Parmentier, AG 2006, 476, 481; Kallmeyer/Meister/ Klöcker, UmwG, § 197 Rn. 61; Lutter/Decher/Hoger, UmwG, § 197 Rn. 48; Widmann/Mayer/Mayer, Umwandlungsrecht, § 197 UmwG Rn. 13; Heckschen/Simon, UmwR, § 9 Rn. 18; Stratz, in: Schmitt/Hörtnagl/Stratz, UmwG, UmwStG, § 197 Rn. 11; Semler/Stengel/Volhardt, UmwG, § 197 Rn. 69).

291   In der Literatur war umstritten, wie die Probleme aus der ungenauen Vorschrift des § 197 UmwG vor der Neuregelung durch das **Zweite Gesetz zur Änderung des UmwG** aus dem Jahr 2007 zu lösen waren. Beim Formwechsel in eine AG bedeutete dies insb., dass die Amtszeit der Mitglieder des ersten Aufsichtsrats nicht durch § 30 Abs. 3 AktG begrenzt ist und dass entgegen § 30 Abs. 2 AktG die Vorschriften über die Bestellung von Aufsichtsratsmitgliedern der Arbeitnehmer bereits auf den ersten Aufsichtsrat anzuwenden sind. Aus der undifferenzierten Formulierung des § 197 Satz 2 folgte auch – wenn auch vielleicht ungewollt –, dass die Sonderregel zur Bestellung des ersten Aufsichtsrats bei Sachgründung in § 31 AktG im Fall des Formwechsels nicht anzuwenden ist. Das hatte zur Folge, dass beim Formwechsel einer Gesellschaft, die bislang keinen Aufsichtsrat besaß, die von den Anteilseignern im Umwandlungsbeschluss bestimmten Aufsichtsratsmitglieder der Anteilseigner weder einen vollständig besetzten Aufsichtsrat nach § 30 Abs. 2 AktG, noch einen entscheidungsfähigen »Rumpfaufsichtsrat« nach § 31 AktG darstellten. Wegen des Ausschlusses des § 30 Abs. 2 war der erste Aufsichtsrat sogleich unter Beteiligung der Arbeitnehmervertreter zu besetzen. Ob eine gerichtliche Bestellung der Arbeitnehmervertreter nach § 104 AktG bereits vor Eintragung des Formwechsels möglich ist, wurde im Schrifttum bezweifelt.

292   Der Gesetzgeber hat im **Zweiten Gesetz zur Änderung des UmwG** § 197 UmwG um einen Satz 3 wie folgt ergänzt: »*Beim Formwechsel eines Rechtsträgers in eine AG ist § 31 des Aktiengesetzes anwendbar*«. Durch die Regelung in § 197 Satz 2 UmwG n. F. soll die Anwendung des § 31 AktG über die Bestellung des Aufsichtsrats bei einer Sachgründung für den Fall des Formwechsels nicht ausgeschlossen sein. Dies

wurde in einem neuen Satz ausdrücklich klargestellt (Begründung zum RegE BT-Drucks. 16/2919, S. 19). Damit kann der Formwechsel bei der AG schon vor der Wahl der Arbeitnehmervertreter zum Handelsregister angemeldet werden und die Eintragung erfolgen (Kallmeyer/Meister/Klöcker, § 197 Rn. 73; Kallmeyer/Dirksen/Blasche, § 222 Rn. 8). Das Statusverfahren soll zwar schon vor der Eintragung des Formwechsel eingeleitet werden können, von seinem Abschluss ist der Vollzug des Formwechsels aber nicht abhängig (Lutter/Decher/Hoger, § 197 Rn. 49; Kallmeyer/Meister/Klöcker, § 197 Rn. 74).

Vgl. dazu auch die Ausführungen bei Teil 4 Rdn. 434 ff.

b) Abberufung und Neuwahl eines Aufsichtsratsmitglieds einer AG zwischen Anmeldung und Eintragung. In der Praxis ist die Frage entstanden, **welche Rechtsfolgen** eintreten, wenn die Umwand- **293** lung einer GmbH in eine AG im Handelsregister angemeldet, aber noch nicht eingetragen ist und ein Mitglied des ersten Aufsichtsrates ausscheidet und durch ein anderes ersetzt werden soll. Dabei stellt sich insb. die Frage, wer für die Abberufung zuständig ist und ob eine Anmeldung zum Handelsregister erforderlich ist.

Nach § 197 Satz 1 UmwG sind auf den Formwechsel die für die neue Rechtsform geltenden Grün- **294** dungsvorschriften anzuwenden, soweit sich aus dem UmwG nichts anderes ergibt. Unbeschadet der **Ausnahmeregelung** des § 197 Satz 2 Halbs. 2 UmwG würde sich die Rechtslage unter **alleiniger Zugrundelegung** des Verweises in § 197 Satz 1 UmwG zunächst wie folgt darstellen:

Nach § 28 AktG i. V. m. § 30 Abs. 1 Satz 1 AktG wird der erste Aufsichtsrat von den Gründern der AG bestellt. Gem. § 245 Abs. 1 Satz 1 UmwG gelten im Fall des Formwechsels der GmbH in eine AG diejenigen GmbH-Gesellschafter, »die für den Formwechsel gestimmt haben«, als die Gründer i. S. d. Gründungsvorschriften. Unter Gründungsvorschriften i. S. d. § 245 Abs. 1 UmwG sind nach der Regierungsbegründung (abgedruckt in: Limmer, Umwandlungsrecht, S. 261) aber wohl nur die Kapitalschutzvorschriften (vgl. die Gesetzesüberschrift sowie § 245 Abs. 2 und Abs. 4 UmwG) des Zielrechtsträgers zu verstehen sein. Gründer der AG i. S. d. § 28 AktG sind bei einem Formwechsel sämtliche Gesellschafter der formwechselnden GmbH. Hinsichtlich der **Auswechslung** eines Aufsichtsratsmitglieds bei einer zwar zur Eintragung im Handelsregister **angemeldeten**, jedoch noch **nicht eingetragenen neu gegründeten AG** besteht im aktienrechtlichen Schrifttum darüber Einigkeit, dass die erforderliche Abberufung und Neubestellung bis zur Eintragung der AG nur durch die Gründer i. S. d. § 28 AktG erfolgen kann (Hüffer/Koch, AktG, § 30 Rn. 4; KK-AktG/Kraft, § 30 Rn. 26; GK-AktG/ Röhricht, § 30 Rn. 15).

Weitestgehend Einigkeit besteht im aktienrechtlichen Schrifttum auch darüber, dass auf den Abberufungsbeschluss die Vorschrift des **§ 103 Abs. 1 Satz 2 AktG** anzuwenden ist, die eine Mehrheit von 3/4 der abgegebenen Stimmen (der Gründer) verlangt (KK-AktG/Kraft, § 30 Rn. 26 m. w. N.; GK-AktG/Röhricht, § 30 Rn. 15 m. w. N.; MünchKom/Pentz, AktG § 30 Rn. 29; Hüffer/Koch, AktG, § 30 Rn. 4). Umstritten ist dagegen, ob die **Abberufung einer bestimmten Form** bedarf. Dies wird teilweise verneint (KK-AktG/Kraft, § 30 Rn. 26). Nach a. A. bedarf die Abberufung in analoger Anwendung des § 130 Abs. 1 Satz 1 AktG der notariellen Beurkundung (MünchKom/Pentz, AktG § 30 Rn. 29; GK-AktG/Röhricht, § 30 Rn. 15; Hüffer/Koch, AktG, § 30 Rn. 4; Gerber in: Spindler/Stilz AktG, § 30, Rn. 10) oder – sofern es sich um eine nicht börsennotierte AG handelt – in analoger Anwendung des § 130 Abs. 1 Satz 3 AktG eines privatschriftlichen Protokolls (Hüffer/Koch, AktG, § 30 Rn. 4: Das Mehrheitserfordernis des § 103 Abs. 1 Satz 2 AktG stehe der Anwendbarkeit des § 130 Abs. 1 Satz 3 AktG nicht entgegen, weil es sich auf abgegebene Stimmen beziehe, während § 130 Abs. 1 Satz 3 AktG die Kapitalmehrheit meine (vgl. auch Hüffer/Koch, AktG, § 130 Rn. 14b m. w. N.). Auch für die infolge der Abberufung eines Aufsichtsratsmitglieds erforderlich werdende Neubestellung (vgl. § 95 Abs. 1 Satz 1 AktG) sind nach herrschender Meinung in dem fraglichen Stadium zwischen Anmeldung und Eintragung der AG gem. § 30 Abs. 1 Satz 1 AktG die Gründer (i. S. d. § 28 AktG) zuständig (KK-AktG/Kraft, § 30 Rn. 28; Hüffer/Koch, AktG, § 30 Rn. 4; GK-AktG/Röhricht, § 30 Rn. 17). Die Bestellung erfolgt dabei durch einen notariell zu beurkundenden (vgl. § 30 Abs. 1 Satz 2 AktG), von den Gründern (i. d. R.) mit einfacher Mehrheit (vgl. § 133 Abs. 1 AktG) zu fassenden Gesellschafterbeschluss (KK-AktG/Kraft, § 30 Rn. 28; GK-AktG/Röhricht, § 30 Rn. 17; Hüffer/Koch, AktG, § 30 Rn. 2, 4).

295   Unter **alleiniger** Zugrundelegung des Verweises in § 197 Satz 1 UmwG wären also die GmbH-Gesellschafter für die Abberufung und Neuwahl eines Aufsichtsratmitglieds (in der vorbeschriebenen Art und Weise) **vor** Eintragung des Formwechsels **zuständig.**

296   Die vorstehend geschilderten Grundsätze gelten bei der Auswechslung eines Aufsichtsratmitglieds zwischen Anmeldung und Eintragung der formwechselnden Umwandlung einer GmbH in eine AG möglicherweise aber nicht, da nach § 197 Satz 2 Halbs. 2 UmwG bei der formwechselnden Umwandlung die **Vorschriften über die »Bildung und Zusammensetzung des ersten Aufsichtsrats« nicht anzuwenden** sind. Diese Gesetzesformulierung führte zu Auslegungsunsicherheiten und konnte darauf hindeuten, dass auf die »Auswechslung« eines Aufsichtsratmitglieds im Stadium zwischen Anmeldung und Eintragung des Formwechsels bereits die Bestimmungen der bestehenden AG gelten, mit der Folge, dass eine »Auswechslung« hier möglicherweise gar nicht in Betracht käme, da sich die dann ja zuständige Hauptversammlung (vgl. § 101 AktG) erst mit Vollzug des Formwechsels (§ 202 Abs. 1 Nr. 1 UmwG) konstituieren könnte.

297   Aus der Literatur zum Umwandlungsrecht geht nicht eindeutig hervor, **in welchem Umfang** die Vorschrift des § 197 Satz 2 Halbs. 2 UmwG die Anwendbarkeit des § 30 AktG über die Bestellung des Aufsichtsrats durch die Gründer der AG bei der formwechselnden Umwandlung ausschließt. Aus der Regierungsbegründung geht lediglich hervor, dass durch die Ausnahmevorschrift des § 197 Satz 2 Halbs. 2 UmwG die bislang schon herrschende Meinung im Schrifttum bestätigt werden soll, nämlich dass dann, wenn im Zuge des Formwechsels eine Neuwahl des Aufsichtsrates stattzufinden hat, die Vorschriften über die Wahl der **Aufsichtsratmitglieder der Arbeitnehmer** Anwendung finden sollen, sodass die Vertretung der Arbeitnehmer im Aufsichtsrat des Rechtsträgers neuer Rechtsform schon zum Zeitpunkt des Wirksamwerdens des Formwechsels gesichert ist (vgl. Begründung des RegE BT-Drucks. 12/6699; Lutter/Decher/Hoger, UmwG, § 197 Rn. 35; Kallmeyer/Meister/Klöcker, UmwG, § 197 Rn. 61). Ausweislich der Regierungsbegründung findet also insb. § 30 Abs. 2 AktG, der bestimmt, dass bei der Zusammensetzung und Bestellung des ersten Aufsichtsrats die Vorschriften über die Bestellung von Aufsichtsratmitgliedern der Arbeitnehmer nicht anwendbar sind, beim Formwechsel keine Anwendung (statt aller Meister/Klöcker, UmwG, § 197 Rn. 160).

298   Weder der **Wortlaut** des § 197 Satz 2 Halbs. 2 UmwG noch dessen **Sinn und Zweck** legen nahe, dass bei der »Auswechselung« eines Aufsichtsratmitglieds im Stadium zwischen Anmeldung und Eintragung des Formwechsels bereits die Bestimmungen der bestehenden AG gelten, mit der Folge, dass eine »Auswechslung« möglicherweise gar nicht in Betracht käme, da sich die dann ja zuständige Hauptversammlung erst mit Vollzug des Formwechsels (§ 202 Abs. 1 Nr. 1 UmwG) konstituieren könnte. Gegen die zuletzt genannte Sichtweise spricht zunächst bereits, dass die Bestellung der Aufsichtsratmitglieder unstreitig bereits im Umwandlungsbeschluss, mithin durch die Gründer der AG i. S. d. § 245 Abs. 1 Satz 1 UmwG erfolgen kann (statt aller Widmann/Mayer/Rieger, Umwandlungsrecht, § 197 UmwG Rn. 170; so ausdrücklich auch Kiem, Verträge zur Umwandlung von Unternehmen, Vertragsmuster auf S. 136), obwohl der Wortlaut des § 197 Satz 2 Halbs. 2 UmwG auch die Nichtanwendbarkeit des § 30 Abs. 1 Satz 1 AktG und damit inzidenter die Wahl des Aufsichtsrats nicht durch die Gründer, sondern durch die (künftige) Hauptversammlung der AG nahelegen könnte. Da Letzteres aber faktisch die Undurchführbarkeit des Formwechsels zur Folge hätte (der Formwechsel wäre dann nicht vollziehbar, da die AG nur eingetragen werden kann, wenn sie einen Aufsichtsrat und einen Vorstand hat), ist dies abzulehnen. Die Ausnahmevorschrift des § 197 Satz 2 Halbs. 2 AktG muss so ausgelegt werden, dass mit der Nichtanwendbarkeit der Vorschriften über die »Bildung und Zusammensetzung des ersten Aufsichtsrats« beim Formwechsel nicht die **Zuständigkeit der Gründer** (nach Maßgabe des UmwG) für die **Bestellung des ersten Aufsichtsrates** in Abrede gestellt werden soll. Dann ist es aber nur konsequent, wenn die Gründer auch für eine Änderung in der Zusammensetzung des Aufsichtsrats vor Entstehung der AG durch Vollzug des Formwechsels (§ 202 Abs. 1 Nr. 1 UmwG) zuständig sind. Auch die Regierungsbegründung zu § 197 Satz 2 Halbs. 2 UmwG zielt nicht in die Richtung, Änderungen in der Zusammensetzung des Aufsichtsrats vor Vollzug des Formwechsels mittelbar dadurch zu erschweren oder ggf. zu verhindern, dass die Zuständigkeit hierfür auf ein erst mit Vollzug des Formwechsels entstehendes Organ der AG verlagert wird. Denn Sinn und Zweck der in § 197 Satz 2 Halbs. 2 UmwG im Hinblick auf die Anwendbarkeit der Gründungsvorschriften für die AktG gemachten Einschränkungen ist es nach dem oben Gesagten allein, die Vertretung der Arbeitnehmer im Aufsichtsrat des Rechtsträgers

neuer Rechtsform schon zum Zeitpunkt des Wirksamwerdens des Formwechsels zu sichern (vgl. Begründung zum RegE, BT-Drucks. 12/6699, 141). Dieser Schutzzweck ist bei der hier in Rede stehenden Auswechslung eines Aufsichtsratsmitglieds in einer sog. kleinen AG aber nicht berührt.

Daher kann davon ausgegangen werden, dass diese Grundsätze **sinngemäß auch auf die Abberufung** **299** **und Neuwahl eines Aufsichtsratsmitglieds** in einer formgewechselten AG zwischen Anmeldung und Eintragung des Formwechsels im Handelsregister anwendbar sind. Fraglich dürfte allein sein, ob § 197 Satz 2 Halbs. 2 UmwG nicht die Formvorschrift des § 30 Abs. 1 Satz 2 AktG ausschließt, nach welcher die Bestellung – und nach herrschender Meinung auch die Neubestellung eines Aufsichtsratsmitglieds bei Auswechslung – der notariellen Beurkundung bedarf. Dieser Auffassung scheinen wohl die Autoren im umwandlungsrechtlichen Schrifttum zu sein, die über den Verweis in § 197 Satz 2 Halbs. 2 UmwG die vollständige Nichtanwendung der §§ 30, 31 AktG für angeordnet erachten (sowohl Lutter/Decher/Hoger, UmwG, § 197 Rn. 35; Goutier/Tulloch/Laumann, Umwandlungsrecht, § 197 UmwG Rn. 32; Kiem, Verträge zur Umwandlung von Unternehmen, S. 136, Rn. 333). Dafür, dass über § 197 Satz 2 Halbs. 2 UmwG auch die Vorschrift des § 30 Abs. 1 Satz 2 AktG aus den nach § 197 Satz 1 UmwG anwendbaren Gründungsvorschriften herausgenommen wird, spricht der Wortlaut des § 197 Satz 2 Halbs. 2 UmwG. Für die Praxis empfiehlt es sich, den Neubestellungsbeschluss auf der Grundlage des § 197 Satz 1 UmwG i. V. m. § 30 Abs. 1 Satz 2 in notariell beurkundeter Form zu fassen. Für die Abberufung des in Rede stehenden Aufsichtsratsmitglieds dürfte die Form des § 130 Abs. 1 Satz 3 AktG einschlägig sein.

Beim Formwechsel in die AG ist wegen der Anwendung der Gründungsvorschriften (§ 246 Abs. 1 **300** UmwG i. V. m. § 198 UmwG i. V. m. § 197 Satz 1 UmwG) u. a. auch die **Zusammensetzung des Aufsichtsrats** (vgl. hierzu § 37 Abs. 4 Nr. 3 AktG) bekannt zu machen (vgl. Widmann/Mayer/Rieger, Umwandlungsrecht, § 246 UmwG Rn. 30; Widmann/Mayer/Mayer, Umwandlungsrecht, § 197 UmwG Rn. 193; Lutter/Göthel, UmwG, § 256 Rn. 21; Semler/Stengel/Scheel, UmwG, § 246 Rn. 12). § 197 Satz 2 Halbs. 2 UmwG findet insoweit keine Anwendung, weil diese Vorschrift die Bildung und Zusammensetzung, nicht aber die **Anmeldung** und **Bekanntmachung** des ersten Aufsichtsrats betrifft (Widmann/Mayer/Rieger, Umwandlungsrecht, § 246 UmwG Rn. 30). Die Bekanntmachung erfolgt daher nicht nach § 106 AktG, sondern i. R. d. der Bekanntmachung der AG als Rechtsträger neuer Rechtsform nach Maßgabe des § 197 Satz 1 UmwG i. V. m. § 40 Abs. 1 Nr. 4 AktG (Widmann/Mayer/Rieger, Umwandlungsrecht, § 246 UmwG Rn. 30, Widmann/Mayer/Mayer, Umwandlungsrecht, § 197 UmwG Rn. 193).

Dies spricht dafür, dass auch die **Abberufung und Neubestellung des Aufsichtsratsmitglieds** beim **301** Handelsregister anzumelden ist, da nur so gewährleistet werden kann, dass das Registergericht Name, Beruf und Wohnort sämtlicher Mitglieder des ersten Aufsichtsrates nach § 197 Satz 1 UmwG i. V. m. § 40 Abs. 1 Nr. 4 AktG in zutreffender Weise bekannt machen kann.

N. Information des Betriebsrats

Gem. § 194 Abs. 2 UmwG ist wie bei der Verschmelzung und Spaltung der **Entwurf des Umwand-** **302** **lungsbeschlusses** spätestens einen Monat vor dem Tag der Versammlung der Anteilsinhaber, die den Formwechsel beschließen soll, dem **zuständigen Betriebsrat** des formwechselnden Rechtsträgers zuzuleiten. Durch die Pflicht soll ebenso wie bei der Verschmelzung der Betriebsrat in die Lage versetzt werden, die Rechte der Arbeitnehmer im Hinblick auf die Umwandlung wahrzunehmen (vgl. im Einzelnen oben 385 ff.).

O. Handelsregisteranmeldung

Für die Wirksamkeit der Umwandlung ist die **Registereintragung konstitutiv** (§ 202 UmwG). Deshalb **303** bestimmt § 198 Abs. 1 UmwG, dass die neue Rechtsform des Rechtsträgers zur Eintragung in das Register, in dem der formwechselnde Rechtsträger eingetragen ist, anzumelden ist. Gegenstand der Anmeldung ist allerdings abweichend vom bis 1995 geltenden Recht nicht mehr der Umwandlungsbeschluss (vgl. etwa § 49 Abs. 1 UmwG a. F.), sondern die neue Rechtsform des Rechtsträgers. Der Gesetzgeber hat mit dieser Neuregelung des Umwandlungsgegenstandes das Ziel der Umwandlung zum Gegenstand der Umwandlung gemacht und nicht deren Voraussetzung. Konsequenterweise ist daher der Umwandlungsbeschluss nur noch Anlage der Anmeldung, da er auch deren Voraussetzung und nicht deren Ziel ist.

304 Da nunmehr einheitlich die Vorschriften über die Anmeldung für alle Rechtsformen gelten, war in § 198 UmwG zu bestimmen, wie zu verfahren ist, wenn sich durch den Formwechsel das Register ändert, etwa vom Handels- zum Genossenschaftsregister oder sich durch eine mit dem Formwechsel verbundene Sitzverlegung auch die Zuständigkeit des Registergerichts ändert. Dies ist in § 198 Abs. 2 UmwG geregelt. Schließlich enthält § 198 in Abs. 3 UmwG durch die Verweisung auf § 16 Abs. 2 und Abs. 3 UmwG das neue Verfahren der **Klage gegen den Umwandlungsbeschluss**. Notwendig ist daher, wie bei der Verschmelzung und der Umwandlung eine sog. **Negativerklärung** (vgl. oben Teil 2 Rdn. 617 ff.).

I. Zuständiges Gericht

305 **1. Keine Änderung des Sitzes oder der Art des Registers.** Der einfachste Fall der Anmeldung des Formwechsels ist in § 198 Abs. 1 UmwG geregelt. Diese Vorschrift betrifft den Fall, dass der formwechselnde Rechtsträger im Handelsregister eingetragen ist und darin bleiben kann, dass sich also durch den Formwechsel weder unmittelbar noch mittelbar die Notwendigkeit ergibt, eine Eintragung in einem anderen Register (örtlich oder sachlich) vorzunehmen. Da der Rechtsträger **in demselben Register** eingetragen bleibt und sich nur die maßgebende Abteilung innerhalb desselben Registers ändern kann, so ist für den Formwechsel ausreichend, die neue Rechtsform des Rechtsträgers zur Eintragung in dieses Register anzumelden. Zuständiges Gericht ist also das **Gericht der alten Rechtsform**.

306 Entscheidend für diese Fälle ist also, dass der Rechtsträger alter Rechtsform und der Rechtsträger neuer Rechtsform jeweils **im gleichen Register eingetragen** sind. Diese sind in erster Linie die Fälle des Formwechsels zwischen Personen- und Kapitalgesellschaften.

307 **2. Fehlende Eintragung des formwechselnden Rechtsträgers.** § 198 Abs. 2 Satz 1 UmwG bestimmt, dass, wenn der formwechselnde Rechtsträger selbst in keinem Register eingetragen ist, der Rechtsträger neuer Rechtsform bei dem zuständigen Gericht zur Eintragung in das für die neue Rechtsform maßgebende Register anzumelden ist. § 198 Abs. 2 Satz 1 UmwG regelt also die Fälle des Formwechsels bei wirtschaftlichen Vereinen, denen die Möglichkeit zur Umwandlung in Kapitalgesellschaft und eingetragene Genossenschaft eröffnet wurde. Hier kommt, wenn der Verein nicht nach § 33 HGB in das Handelsregister eingetragen worden ist, schon von vornherein keine Eintragung des Formwechsels in das bisherige Register in Betracht. Deshalb soll auch in diesem Fall die künftige Kapitalgesellschaft oder Genossenschaft zur Eintragung in das für sie maßgebende Handels- oder Genossenschaftsregister angemeldet werden. Hier ist also das zuständige Gericht das **Gericht der neuen Rechtsform**.

308 **3. Änderung der Art des Registers.** § 198 Abs. 2 Satz 1 UmwG regelt den Fall, dass sich durch den Formwechsel die Art des für den Rechtsträger maßgebenden Registers ändert. Hier sind **zwei Anmeldungen notwendig**: In diesen Fällen soll in teilweiser Abweichung von den bis 1995 geltenden umwandlungsrechtlichen Vorschriften (vgl. § 385o Satz 1 AktG a. F., § 4 Abs. 1 Satz 1 UmwG a. F.) allerdings in Übereinstimmung mit einigen anderen umwandlungsrechtlichen Vorschriften (vgl. etwa § 44 Abs. 1 Satz 1, § 49 Abs. 2 Satz 1 UmwG a. F.) die Anmeldung in der Weise vor sich gehen, dass in diesen besonderen Fällen statt der neuen Rechtsform der Rechtsträger als solcher zur Eintragung in das für die neue Rechtsform maßgebende Register anzumelden ist. Zuständig für diese Anmeldung muss das **Gericht sein, in dessen Register der Rechtsträger wegen des Formwechsels übernommen werden muss** (vgl. Begründung zum RegE, BR-Drucks. 75/94, S. 142; abgedruckt in: Limmer, Umwandlungsrecht, S. 337). Von dieser Regelung werden die Fälle erfasst, in denen sich das Register ändert, also der Formwechsel zwischen Kapital- bzw. Personengesellschaften und Genossenschaften oder der Formwechsel zwischen eingetragenen Vereinen und Kapitalgesellschaften oder Genossenschaften. Kein Fall des § 198 Abs. 2 UmwG ist der Formwechsel zwischen Kapitalgesellschaften und Personengesellschaften, da sich nicht die Art des Registers ändert, sondern nur die Abteilung (A oder B) desselben Registers (so Lutter/Decher/Hoger, UmwG, § 198 Rn. 5; Kallmeyer/Zimmermann, UmwG, § 198 Rn. 5; Priester, DNotZ 1995, 427, 449; Schwanna, in: Semler/Stengel, § 198 UmwG Rn. 3).

In diesen Fällen ist nach § 198 Abs. 2 Satz 2 UmwG zunächst in das für die neue Rechtsform maß- **309** gebende Register anzumelden. Beim Formwechsel einer Kapitalgesellschaft in eine Genossenschaft ist also zunächst beim Genossenschaftsregister eine Anmeldung abzugeben.

Nach § 198 Abs. 2 Satz 3 UmwG ist allerdings die Umwandlung auch zur Eintragung in das Handels- **310** register anzumelden, in dem der formwechselnde Rechtsträger eingetragen ist. In dem Beispiel also in das **Handelsregister**. Diese Eintragung ist mit dem Vermerk zu versehen, dass die Umwandlung erst mit der Eintragung des Rechtsträgers neuer Rechtsform in das für diese maßgebende Register wirksam wird. Der Rechtsträger neuer Rechtsform darf erst eingetragen werden, nachdem die Umwandlung nach § 198 Abs. 2 Satz 3 und Satz 4 eingetragen worden ist.

Durch diese Vorschrift sollen also die Fälle geregelt werden, in denen der formwechselnde Rechtsträger **311** bisher in einem Register eingetragen war. Die insoweit gebotene Eintragung der Umwandlung in das neue Register (§ 198 Abs. 2 Satz 3) soll **vor der Eintragung des Rechtsträgers in das andere Register** (§ 198 Abs. 2 Satz 5) vorgenommen, aber erst mit der letztgenannten Eintragung wirksam werden (§ 198 Abs. 2 Satz 4). Dies entspricht dem vorgesehenen Eintragungsverfahren in den Fällen der über- tragenden Umwandlung durch, oder zur Neugründung nach dem alten Recht (vgl. Begründung zum RegE, BR-Drucks. 75/94, S. 142; abgedruckt in: Limmer, Umwandlungsrecht, S. 337).

4. Änderung des Registers infolge Sitzverlegung. Das gleiche Verfahren der Eintragung in die ver- **312** schiedenen Register wie beim Wechsel der Art des Registers ist beim **Wechsel der Örtlichkeit des Re- gisters infolge Sitzverlegung** geregelt. § 198 Abs. 2 Satz 2 bestimmt, dass auch bei der Sitzverlegung, bei der die Zuständigkeit eines anderen Registergerichts begründet wird, zunächst der Formwechsel in das **neue Register** anzumelden ist. Darüber hinaus ist allerdings auch die Umwandlung zur Eintra- gung in das **Register des alten Sitzes** anzumelden. Diese Eintragung ist mit dem Vermerk zu versehen, dass die Umwandlung erst mit der Eintragung des Rechtsträgers neuer Rechtsform in das für diese maß- gebende Register wirksam wird. Der Rechtsträger neuer Rechtsform darf in das Register des neuen Sit- zes erst eingetragen werden, nachdem die Umwandlung in das Register des alten Sitzes eingetragen wor- den ist.

II. Inhalt der Anmeldung

1. Anmeldung des Formwechsels. Anders als beim vor 1995 geltenden Recht ist Gegenstand der **313** Anmeldung nicht mehr der Umwandlungsbeschluss (vgl. etwa § 49 Abs. 1 UmwG a. F.), sondern die neue Rechtsform des Rechtsträgers (vgl. Kallmeyer/Zimmermann, UmwG, § 198 Rn. 11; Lutter/De- cher/Hoger, UmwG, § 198 Rn. 1; Schwanna in: Semler/Stengel, § 198 UmwG Rn. 2). Findet aller- dings beim Formwechsel eine Registeränderung statt oder bestand gar keine Voreintragung, ist also § 198 Abs. 2 UmwG anwendbar (bei Sitzverlegung oder Wechsel der Art des Registers), dann ist nicht die neue Rechtsform anzumelden, sondern der Rechtsträger als solcher in seiner neuen Rechtsform Ge- genstand der Anmeldung (vgl. Begründung zum RegE, BR-Drucks. 75/94, S. 142; abgedruckt in: Limmer, Umwandlungsrecht, S. 337; Kallmeyer/Zimmermann, UmwG, § 198 Rn. 11; Lutter/De- cher/Hoger, UmwG, § 198 Rn. 4).

Beim **Formwechsel in eine GbR** ist gem. § 235 Abs. 1 UmwG statt der neuen Rechtsform die Umwand- **314** lung der Gesellschaft zur Eintragung in das Register, in dem die formwechselnde Gesellschaft eingetra- gen ist, anzumelden.

Beim **Formwechsel in eine Genossenschaft** muss schließlich gem. § 222 Abs. 1 und § 254 Abs. 1 **315** UmwG auch die Satzung der Genossenschaft zum Register angemeldet werden.

2. Anmeldung weiterer Tatsachen. Da i. d. R. mit dem Formwechsel auch **weitere Beschlüsse** ge- **316** fasst werden, ist zu prüfen, ob auch diese der **Anmeldung bedürfen**: etwa die Bestellung von Geschäfts- führern oder die Sitzverlegung. Auch diese bedürfen nach den entsprechenden gesellschaftsrechtlichen Vorschriften der Anmeldung.

Auch hier ist wiederum zu prüfen, ob **weitere Versicherungen erforderlich** sind, wie etwa gem. § 8 **317** Abs. 2 GmbHG, dass keine Umstände vorliegen, die der Bestellung als Geschäftsführer entgegenstehen oder die Belehrung über die unbeschränkte Auskunftspflicht. Auch die Vertretungsbefugnis und die

Zeichnung der Geschäftsführer sind aufzunehmen. Gleiches gilt auch für die Bestellung des Vorstandes gem. § 76 Abs. 3 AktG.

318 Die **Anmeldung** muss daher folgende **Punkte des besonderen Gründungsrechts** enthalten (vgl. Lutter/ Decher/Hoger, UmwG, § 198 Rn. 12 ff.; Widmann/Mayer/Vossius, § 198 UmwG Rn. 41 ff.):

OHG	Name, Vorname, Geburtsdatum und Wohnort jedes Gesellschafters, die Firma der Gesellschaft und der Ort, an dem sie ihren Sitz hat, die inländische Geschäftsanschrift; Vertretungsmacht der Gesellschafter (§ 106 Abs. 2 HGB);
KG	Wie bei OHG, zusätzlich die Angaben der Bezeichnung der Kommanditisten und der Betrag der Einlage eines jeden von ihnen (§ 162 Abs. 1 UmwG);
GmbH	Gründung der Gesellschaft, Bestellung der Geschäftsführer, Versicherung, nach § 8 Abs. 2 GmbHG (str. vgl. unten Teil 4 Rdn. 381 ff.), Versicherung, dass keine Umstände vorliegen, die der Bestellung der Geschäftsführer nach § 6 Abs. 2 GmbHG entgegenstehen und dass sie über ihre unbeschränkte Auskunftspflicht ggü. dem Gericht belehrt worden sind, Befugnis der Geschäftsführer, Angaben der abstrakten und konkreten Vertretungsbefugnis (die Versicherung nach § 8 Abs. 2 entfällt bei Umwandlung von Kapitalgesellschaft auf Kapitalgesellschaft gem. § 246 Abs. 3 UmwG); die inländische Geschäftsanschrift.
AG	Neufassung der Satzung, Vorstandsmitglieder, Versicherung der Vorstandsmitglieder, dass keine Umstände gegen ihre Bestellung vorliegen und die beschränkte Auskunftpflicht besteht, Bestellung der Vorstände, Angabe der abstrakten und konkreten Vertretungsbefugnis (§§ 36, 37 AktG); inländische Geschäftsanschrift. Die Versicherung zur Leistung der Stammeinlagen entfällt bei Umwandlung von einer Kapitalgesellschaft gem. § 246 Abs. 3 UmwG.
Partnerschaft	Angaben wie bei der OHG, weiterhin Anmeldung die Zugehörigkeit jedes Partners zu dem freien Beruf, zu dem der Notar das Geschäft ausübt.
Genossenschaft	Satzung, Mitglieder des Vorstandes, Vertretungsbefugnis der Vorstandsmitglieder, Zeichen oder Namensunterschrift der Mitglieder des Vorstandes.

III. Versicherungen

319 **1. Einlagenversicherung.** Zum bis 1995 geltenden Recht war streitig, ob eine Versicherung hinsichtlich der Einlagenaufbringung abgegeben werden musste. Ein Teil der Literatur war der Auffassung, dass beim Formwechsel einer Personenhandelsgesellschaft in eine Kapitalgesellschaft die Personenhandelsgesellschafter zu versichern hätten, dass sich das Vermögen der Personenhandelsgesellschaft im gesamthänderisch gebundenen Vermögen der Gesellschafter befinde und keine Hindernisse bestünden, die mit dem Übergang des Gesellschaftsvermögens mit der Eintragung der Gesellschaft entgegenstehen (so Dehmer, UmwG, UmwStG, 1. Aufl., § 49 UmwG Rn. 4). Demgegenüber war ein verneinender anderer Teil der Literatur der Auffassung, dass eine solche Versicherung nicht notwendig sei, da sich die Aufbringung der Sacheinlage aus der Natur der Umwandlung ergebe (so Hachenburg/Schilling, GmbHG, Anh. Umwandlung § 49 Rn. 2; Scholz/Priester, GmbHG, Anh. Umwandlung § 49 Rn. 7; Rowedder/Zimmermann, Anh. Umwandlung § 77 Rn. 313).

320 Das UmwG 1995 verzichtet nur für den Formwechsel zwischen Kapitalgesellschaften nach § 246 Abs. 3 UmwG auf diese Einlagenversicherungen. Hieraus schließt ein Teil der Literatur, dass in allen anderen Fällen eine Einlagenversicherung erforderlich ist. Ein Teil der Literatur spricht sich daher für eine **modifizierte Versicherung** des § 8 Abs. 2 GmbHG bzw. § 37 Abs. 1 AktG aus, die etwa wie folgt lautet (vgl.; D. Mayer, DB 1995, 861, 862; K. Schmidt, ZIP 1995, 1385, 1391):

> »Die neu bestellten Geschäftsführer versichern hiermit, dass sich ab der Eintragung des Formwechsels im Handelsregister das Vermögen des formwechselnden Rechtsträgers endgültig in der freien Verfügung der Geschäftsführung befindet und nicht durch Schulden vorbelastet ist, ausgenommen den nach dem Gesellschaftsvertrag übernommenen Gründungsaufwand und die vorhandenen Verbindlichkeiten, welche aber den Saldo von Aktivvermögen und Stammkapital nicht übersteigen«.

321 Demgegenüber ist ein anderer Teil der Literatur (Priester, DNotZ 1995, 421, 452; Kallmeyer/Zimmermann, UmwG, § 198 Rn. 13; Stratz, in: Schmitt/Hörtnagl/Stratz, UmwG/UmwStG, § 246 UmwG

Rn. 4; Lutter/Decher/Hoger, UmwG, § 198 Rn. 11; Schwanna, in: Semler/Stengel, § 198 UmwG Rn. 7) der Auffassung, dass **auch in den sonstigen Fällen eine Anmeldeversicherung nicht erforderlich** sei, da die Einlagen auch beim Formwechsel von Personen- in Kapitalgesellschaften nicht geleistet werden. Dies gelte für das neue Identitätskonzept erst recht.

§ 8 Abs. 2 GmbHG verlangt die Versicherung, dass die Leistungen vor der Anmeldung bewirkt sind **322** und sich endgültig in der freien Verfügung der Geschäftsführer befinden. Beides ist bei einem Formwechsel dem Einfluss der Gesellschafter oder Geschäftsführer entzogen, da der Formwechsel an die Eintragung anknüpft. Es gibt daher keinen Sinn, diese auf ein Verhalten der Geschäftsführer abzielende, strafbewehrte Versicherung hier zu verlangen. Die Wirkungen des Formwechsels sind nicht durch die Geschäftsführer beeinflussbar. Es findet keine Einlageleistung statt.

2. Negativversicherung. Gem. § 198 Abs. 3 ist auch **§ 16 Abs. 2 und Abs. 3 UmwG entsprechend** **323** **anzuwenden.** Die Anmeldung muss daher die Erklärung der Vertretungsorgane enthalten, dass eine Klage gegen die Wirksamkeit eines Verschmelzungsbeschlusses nicht oder nicht fristgemäß erhoben oder eine solche Klage rechtskräftig abgewiesen oder zurückgenommen worden ist (vgl. im Einzelnen oben Teil 2 Rdn. 652 ff Entsprechend der ganz herrschenden Meinung zum vor 1995 geltenden Recht (vgl. BGHZ 112, 9; Grunewald, in: Geßler/Hefermehl, AktG, § 345 Rn. 9) wird man es ausreichen lassen, dass die Negativerklärung innerhalb einer vom Registergericht gesetzten Frist nachgereicht wird (ebenso Lutter/BorkDecher, UmwG, § 16 Rn. 2012; Kallmeyer/Marsch-Barner, UmwG, § 16 Rn. 25; Widmann/Mayer/Fronhöfer, Umwandlungsrecht, § 16 UmwG Rn. 96; Stratz, in: Schmitt/ Hörtnagl/Stratz, § 16 UmwG Rn. 272; Goutier/Knopf/Bermel, UmwG, § 16 Rn. 23). »Vertretungsorgan« sind die jeweils anmeldepflichtigen Personen (vgl. dazu unten Rn. 310 ff.; Lutter/Decher, § 198 UmwG Rn. 34). Die in § 16 Abs. 2 Satz 1 UmwG geforderte Negativerklärung der Vertretungsorgane kann wirksam erst nach Ablauf der für Klagen bestimmten Monatsfrist abgegeben werden (so BGH, AG 2006, 934 = DNotZ 2007, 54 = DStR 2007, 357 = NJW 2007, 224; OLG Hamm, NZG 2014, 1430; OLG Karlsruhe, NJW-RR 2001, 1326, 1327 = DB 2001, 1483, 1484; Kallmeyer/Marsch-Barner, UmwG, § 16 Rn. 26; Lutter/Decher, § 198 UmwG Rn. 34; Widmann/Mayer/Fronhöfer, Umwandlungsrecht, § 16 UmwG Rn. 73).

IV. Anmeldepflichtige Personen

Die Bestimmung der Personen, welche die Anmeldung zu bewirken haben, ist anders als bei der Ver- **324** schmelzung (vgl. § 16 Abs. 1 UmwG) nicht im Allgemeinen Teil des Formwechselrechts geregelt, sondern in den **besonderen Vorschriften des Zweiten Teils.** Die Regierungsbegründung weist darauf hin, dass insoweit Unterschiede beachtet werden müssten, die sich aus der Verschiedenheit der Umwandlungssituation ergeben (vgl. Begründung zum RegE, BR-Drucks. 75/94, S. 142; abgedruckt in: Limmer, Umwandlungsrecht, S. 337).

In den besonderen Vorschriften des UmwG ist **immer zu prüfen,** aus welcher Rechtsform in welche **325** Rechtsform umgewandelt werden soll:

Personenhandelsgesellschaft oder Partnerschaft (§ 225c UmwG) **in Kapitalgesellschaft oder Genossenschaft** (§ 222 UmwG)	Die Anmeldung des Formwechsels ist durch alle Mitglieder des künftigen Vertretungsorgans sowie, wenn der Rechtsträger nach dem Gesellschaftsrecht einen Aufsichtsrat haben muss, auch durch alle Mitglieder dieses Aufsichtsrates vorzunehmen. Ist der Rechtsträger neuer Rechtsform eine AG oder eine KGaA, so haben außerdem auch alle Gesellschafter die Anmeldung zu unterzeichnen, die nach § 219 UmwG den Gründern dieser Gesellschaft gleichstehen. Die Anmeldung beim bisherigen Register im Fall der Veränderung der Art des Registers oder bei der Sitzverlegung kann auch von den zur Vertretung der formwechselnden Gesellschaft ermächtigten Gesellschaftern vorgenommen werden (§ 222 Abs. 3 UmwG);
Kapitalgesellschaft in Personengesellschaft oder Partnerschaftsgesellschaft (§ 235 UmwG)	Vertretungsorgan der formwechselnden Gesellschaft;

Kapitalgesellschaft in Kapitalgesellschaft (§ 198 UmwG)	Vertretungsorgan der formwechselnden Gesellschaft, zugleich sind die Geschäftsführer der neuen Gesellschaft anzumelden;
Kapitalgesellschaft in Genossenschaft (§ 254 UmwG)	Vertretungsorgan der formwechselnden Gesellschaft, zugleich sind die Mitglieder des Vorstandes der neuen Genossenschaft zur Eintragung anzumelden;
Genossenschaft in Kapitalgesellschaft (§ 265, 222 Abs. 1 und 3 UmwG)	Alle Mitglieder des künftigen Vertretungsorgans, bei Formwechsel in AG auch Aufsichtsratsmitglieder;
Verein in Kapitalgesellschaft (§ 278 i. V. m. § 222 Abs. 1 und 3 UmwG)	Alle Mitglieder des neuen Vertretungsorgans nach Aufsichtsrat einer AG.

Im vor 1995 geltenden Recht war umstritten, ob **alle bisherigen Mitglieder** der Vertretungsorgane die Anmeldung unterzeichnen mussten oder ob dies durch eine **vertretungsberechtigte Anzahl** genügt. Das ab 1995 geltende UmwG unterscheidet diesbezüglich danach, ob die Anmeldung »durch das Vertretungsorgan« (§ 246 Abs. 1 UmwG), oder durch »alle Mitglieder des künftigen Vertretungsorgans« (§ 222 Abs. 1 UmwG) vorgenommen werden muss. Man wird hieraus wohl folgern können, dass der Begriff »durch das Vertretungsorgan« es ausreichen lässt, dass **in vertretungsberechtigter Zahl** gehandelt wird (Kallmeyer/Zimmermann, UmwG, § 198 Rn. 8; Kallmeyer/Dirksen/Blasche, UmwG, § 235 Rn. 5; Lutter/Decher/Hoger, UmwG, § 198 Rn. 10; Lutter/Göthel, § 235 UmwG Rn. 7; Stratz, in: Schmitt/Hörtnagl/Stratz, § 235 UmwG Rn. 4; Schwanna in: Semler/Stengel, § 198 UmwG Rn. 12; Ihrig, in: Semler/Stengel, § 235 UmwG Rn. 7; Widmann/Mayer/Vossius, § 235 UmwG Rn. 8). Auch **unechte Gesamtvertretung** mit einem Prokuristen ist nach herrschender Meinung zulässig (Kallmeyer/Zimmermann, UmwG, § 198 Rn. 8; Lutter/Decher/Hoger, UmwG, § 198 Rn. 10; Lutter/Göthel, § 235 UmwG Rn. 7; Stratz, in: Schmitt/Hörtnagl/Stratz, § 235 UmwG Rn. 4; Schwanna, in: Semler/Stengel, § 198 UmwG Rn. 12; Widmann/Mayer/Vossius, § 235 UmwG Rn. 8).

326 Man wird diese Regelungen des Besonderen Teils des Formwechselrechts entsprechend auf die Frage anwenden müssen, wer die **Versicherung nach § 16 Abs. 2 i. V. m. § 198 Abs. 3 UmwG** abzugeben hat. Es wäre hier ein Widerspruch in sich, wenn diese Versicherung dann doch von allen Mitgliedern des Vertretungsorgans abgetreten werden müsste, selbst wenn die Anmeldung als solche nur in vertretungsberechtigter Zahl genügt (Kallmeyer/Zimmermann, UmwG, § 198 Rn. 28; Lutter/Decher/Hoger, UmwG, § 198 Rn. 35; Widmann/Mayer/Vossius, § 198 UmwG Rn. 32 ff.).

V. Beizufügende Unterlagen

327 § 199 UmwG regelt die besonderen der Anmeldung beizufügenden Unterlagen, die bei jedem Formwechsel Anlagen der Anmeldung sein müssen. Die Vorschrift übernimmt für den Formwechsel die in § 17 Abs. 1 UmwG für die Verschmelzung vorgesehene Regelung über die Anlagen der Anmeldung zur Eintragung in das Register. Da Gegenstand der anzumeldenden Eintragung nicht mehr der Umwandlungsbeschluss als solcher ist, wie im alten Recht, sondern die neue Rechtsform bzw. der neue Rechtsträger, bestimmt § 199, dass in jedem Fall der **Umwandlungsbeschluss in Ausfertigung oder öffentlich beglaubigter Abschrift** beizufügen ist. Es bleibt daher bei der alten Regelung, dass die Niederschrift des Umwandlungsbeschlusses der Anmeldung als Anlage beizufügen ist (vgl. § 4 Abs. 1 Satz 2, § 43 Abs. 3 Satz 2, § 49 Abs. 1 Satz 2 UmwG).

328 Darüber hinaus ist zu beachten, dass in den besonderen Vorschriften des UmwG **Sondervorschriften** für die Einzelarten des Formwechsels vorgesehen sind, die bestimmen, dass **weitere Unterlagen** beizufügen sind.

329 Schließlich ist zu beachten, dass gem. § 197 UmwG auf den Formwechsel immer auch die **Gründungsvorschriften** anzuwenden sind, sodass auch zu prüfen ist, ob sich aus den Gründungsvorschriften der neuen Rechtsträgerform besondere Pflichten zur Beifügung von Unterlagen ergeben.

330 **1. Allgemeine Anlagen.** Nach § 199 UmwG sind immer folgende **Unterlagen bei jedem Formwechsel** beizufügen:
 – Ausfertigung oder beglaubigte Abschrift der Niederschrift des Umwandlungsbeschlusses,

- Ausfertigung oder beglaubigte Abschrift von Zustimmungserklärungen einzelner Anteilsinhaber bzw. nicht erschienener Anteilsinhaber,
- Urschrift oder Abschrift des Umwandlungsberichts,
- beglaubigte Abschrift oder Ausfertigung der Verzichtserklärungen des Umwandlungsberichts,
- Nachweis über die Zuleitung nach § 194 Abs. 2 UmwG zum Betriebsrat,
- evtl. staatliche Genehmigungsurkunden.

2. Weitere Unterlagen. Je nach Rechtsformwechsel sehen darüber hinaus die besonderen Vorschrif- **331** ten **weitere Unterlagen** vor:

Formwechsel in eingetragene Genossen-schaft (§ 265 UmwG)	Zu erstattendes Prüfungsgutachten nach § 259 UmwG;
Formwechsel in KGaA (§ 223 UmwG)	Urkunden über den Beitritt aller beitretenden persönlich haftenden Gesellschafter.

3. Gründungsunterlagen. Da gem. § 197 UmwG auch immer die einschlägigen Vorschriften des **332** Gründungsrechts des neuen Rechtsträgers anwendbar sind, ist zu prüfen, ob sich aus den besonderen Vorschriften des Gründungsrechts auch **besondere vorzulegende Unterlagen** ergeben:

Formwechsel in GmbH (§ 8 GmbHG)	Gesellschaftsvertrag, Liste der Gesellschafter, Sachgründungsbericht, Unterlagen darüber, dass der Wert der Sacheinlage den Betrag der dafür genommenen Stammeinlage erreicht;
Formwechsel in AG (§ 37 Abs. 4 AktG)	Satzung, Urkunden über die Bestellung des Vorstandes und des Aufsichtsrats, Gründungsbericht und Gründungsprüfungsbericht, soweit erforderlich.

P. Wirkungen des Formwechsels

Die Wirkungen der Eintragung der neuen Rechtsform aufgrund des Formwechsels in das Register und **333** damit auch die Wirkungen des Formwechsels als solchem sind in § 202 UmwG geregelt. Hieraus wird deutlich, dass die Rechtsfolgen des rechtsgeschäftlichen Formwechsels durch eine **konstitutive Registereintragung** ausgelöst werden.

I. Erhaltung der Identität des Rechtsträgers

1. Grundsatz. § 202 Abs. 1 Nr. 1 UmwG bestimmt den Grundsatz des neuen dogmatischen Konzep- **334** tes: Der formwechselnde Rechtsträger besteht in der in dem Umwandlungsbeschluss bestimmten Rechtsform weiter (vgl. bereits ausführlich oben Teil 4 Rdn. 7 ff.). Diese Vorschrift enthält die für jeden Formwechsel gültige Aussage, dass der Rechtsträger der neuen Rechtsform, die in dem Umwandlungsbeschluss bestimmt worden ist, weiter besteht. Die übernommene Formulierung macht deutlich, dass bei einem Formwechsel die **Identität des Rechtsträgers** erhalten bleibt (vgl. Begründung zum RegE, BR-Drucks. 75/94, S. 144; abgedruckt in: Limmer, Umwandlungsrecht, S. 339). Die Vorschrift entspricht weitgehend Formulierungen bei der vor 1995 geltenden formwechselnden Umwandlung (vgl. etwa § 381 AktG a. F.). Anders als bei Verschmelzung und Spaltung und auch bei der früher errichteten Umwandlung ist für das Rechtsinstitut der Gesamtrechtsnachfolge beim Formwechsel kein Anwendungsbereich mehr gegeben. Nach der Konzeption der formwechselnden Umwandlung bleiben die Identität der Gesellschaft und auch ihres Vermögens unberührt, allein das äußere »Rechtskleid« ändert sich. Die Rechtszuständigkeit wird nicht betroffen, eine Übertragung des Vermögens im Wege der Gesamtrechtsnachfolge ist daher nach neuem Umwandlungsrecht nicht mehr erforderlich. Nur der Rechtsträger wechselt seine Rechtsform, alle Aktiva und Passiva werden von demselben Rechtsträger in neuer Rechtsform fortgeführt (vgl. K. Schmidt, ZGR 1990, 594; ders., Gesellschaftsrecht, S. 316).

In den besonderen Vorschriften musste allerdings bei der Umwandlung zwischen Kapitalgesellschaften **335** rechtstechnisch geregelt werden, wie sich das Verhältnis von Grundkapital zu Stammkapital und umgekehrt verhält. Dies ist nunmehr in § 247 Abs. 1 UmwG geschehen. Durch den Formwechsel wird das bisherige Stammkapital einer formwechselnden GmbH zum Grundkapital bzw. das Grundkapital einer AG zum Stammkapital einer GmbH. Auch diese Vorschrift macht deutlich, dass das Vermögen identisch bleibt und lediglich die Bezeichnung und rechtliche Bindung geändert wird. Eine **Vermögensübertragung** findet also anders als in den Fällen der früher errichtenden Umwandlung nicht mehr statt. Damit verbunden ist auch der Wechsel der auf den Rechtsträger anwendbaren Normenstruktur. Mit der Eintragung des Formwechsels unterliegt also der Rechtsträger nicht mehr den Vorschriften nach dem alten Gesellschaftsrecht, sondern den Vorschriften des Gesellschaftsrechts, das auf die neue Rechtsträgerform anwendbar ist (vgl. Schwarz, DStR 1994, 1694, 1699).

336 **2. Auswirkungen des Formwechsels auf Verträge, Rechtsverhältnisse und Register.** Der Identitätsgrundsatz führt auch dazu, dass **keinerlei Veränderungen der Rechtsverhältnisse** eintreten, die vor dem Formwechsel zu dem Rechtsträger in seiner alten Rechtsform bestanden. Es findet keine Vermögensübertragung statt, es ändern sich nur die gesellschaftsrechtlichen Organisationsnormen, die auf den Rechtsträger anwendbar sind. Es bedarf daher auch keiner Vertragsübernahmen oder sonstiger Institute, um etwa einen Rechtseintritt des neuen Rechtsträgers in alte Rechtsverhältnisse zu bewirken, sondern es bleibt ein einheitliches Rechtsband der Rechtsverhältnisse zu dem Rechtsträger bestehen.

Auch der BGH betonte stets, dass der Formwechsel zur **Wahrung der Identität** führt, es wird lediglich die Rechtsform geändert (vgl. BGH, AG 2010, 251 = DB 2010, 612 = NotBZ 2010, 187 = NZG 2010, 314 = ZIP 2010, 377). Im Urt. v. 21.08.2002 (NJW 2002, 3339) hat der BGH ausgeführt: Wesentliches Merkmal des Formwechsels sei die wirtschaftliche Kontinuität des Rechtsträgers. Da dieser identisch bleibe (Identitätsgrundsatz), finde auch kein Vermögensübergang statt. Der bisherige Rechtsträger bestehe nach Durchführung des Formwechsels in seiner neuen Rechtsform weiter. Das führe dazu, dass Rechte und Pflichten, die während der Zeit der ursprünglichen Rechtsform entstanden sind, weiter bestehen, nunmehr allerdings in der Person des Rechtsträgers in seiner neuen Form.

Im Einzelnen bedeutet dies Folgendes:

337 **a) Verbindlichkeiten und Forderungen.** Verbindlichkeiten und Forderungen des Rechtsträgers **bestehen inhaltlich unverändert fort**, der Zustimmung von Dritten, insb. der Gläubiger bedarf es daher nicht (vgl. Kallmeyer/Meister/Klöcker, UmwG, § 202 Rn. 14; Lutter/Decher/Hoger, UmwG, § 202 Rn. 22, 32, 42). Auch Verträge des Rechtsträgers bleiben unverändert. Beim Formwechsel einer GmbH in eine typische, d. h. über eine natürliche Person als unbeschränkt haftenden Gesellschafter verfügende Personengesellschaft endet mit dem Wirksamwerden der Umwandlung die Verstrickung eines eigenkapitalersetzenden Darlehens (der eigenkapitalersetzenden Gesellschafterleistung), der Gesellschafter erlangt einen durchsetzbaren Anspruch auf Zahlung (OLG Dresden, EWiR 2009, 445 = GmbHR 2009, 881 = NotBZ 2009, 27; Habersack/Schürnbrand, NZG 2007, 81, 85 f.; Widmann/Mayer/Vossius, Umwandlungsrecht, UmwG § 202 Rn. 95; Lutter/Decher/Hoger, UmwG, § 202 Rn. 31); die Bindungen des Eigenkapitalersatzes entfallen.

338 **b) Berichtigung in Registern.** Ist der Rechtsträger in ein **öffentliches Register** (Handelsregister, Grundbuch etc.) eingetragen, so sind zwar diese Eintragungen im Hinblick auf den neuen Rechtsträger zu berichtigen; um eine Grundbuchberichtigung i. S. d. § 22 GBO handelt es sich dabei allerdings nicht, sondern lediglich um eine von Amts wegen vorzunehmende Richtigstellung der Bezeichnung des Berechtigten, die auch von Amts wegen vorzunehmen wäre (vgl. Böhringer, Rpfleger 2001, 59, 66; OLG Oldenburg, DB 1997, 1126; BayObLG, DB 1998, 1402; Lutter/Decher/Hoger, UmwG, § 202 Rn. 33; Kübler, in: Semler/Stengel, § 202 UmwG Rn. 8; Kallmeyer/Meister/Klöcker, UmwG, § 202 Rn. 19; Widmann/Mayer/Vossius, Umwandlungsrecht, § 202 UmwG Rn. 26, 38 ff.; Bauer/v. Oefele/Kula, GBO, § 22 Rn. 116). Es handelt sich dabei nur um einen Klarstellungsvermerk (vgl. auch Useler, MittRhNotK 1998, 21, 52). Als Nachweis empfiehlt sich dem Antrag auf Berichtigung einen beglaubigten Registerauszug über die Eintragung des Formwechsels beizufügen, obwohl der Nachweis des Formwechsels nicht der Form des § 29 GBO bedarf (vgl. auch Meikel/Böttcher, GBO, § 22 Rn. 77; Usler, MittRhNotK 1998, 52).

c) Vollmachten und Prokura. Vollmachten und Prokuren bleiben **ebenfalls unverändert** 339
(OLG Köln, DNotZ 1996, 700; Widmann/Mayer/Vossius, Umwandlungsrecht, § 202 UmwG
Rn. 86, 87; Lutter/Decher/Hoger, UmwG, § 202 Rn. 40; Kübler, in: Semler/Stengel, § 202 UmwG
Rn. 10; Kallmeyer/Meister/Klöcker, UmwG, § 202 Rn. 26).

d) Prozesse, Titel. Rechtsstreitigkeiten werden nicht berührt. Der Formwechsel führt weder zu 340
einer Unterbrechung nach § 239 ZPO noch zu einer Klageänderung nach § 263 ZPO oder zu einer
Rechtsnachfolge nach § 265 ZPO (Stöber, NZG 2006, 574, 576; Lutter/Decher/Hoger, UmwG,
§ 202 Rn. 41; Widmann/Mayer/Vossius, Umwandlungsrecht, § 202 UmwG Rn. 39; Kallmeyer/Meis-
ter/Klöcker, UmwG, § 202 Rn. 15). Ein vor Rechtshängigkeit erfolgter Formwechsel lässt die Parteifähigkeit unberührt (OLG Köln, GmbHR 2003, 1489). Für oder gegen den bisherigen Rechtsträger
lautende Titel (Urteile, vollstreckbare Urkunden etc.) sind ebenfalls nur zu berichtigen (Widmann/
Mayer/Vossius, Umwandlungsrecht, § 202 UmwG Rn. 39.1). Einer Umschreibung der Vollstreckungsklausel nach § 727 ZPO bedarf es wegen der Identität nicht, diese sind aber zu berichtigen (OLG Köln,
GmbHR 2003, 1489; vgl. auch BGH, Rpfleger 2004, 362; Widmann/Mayer/Vossius, Umwandlungsrecht, § 202 UmwG Rn. 39; Kallmeyer/Meister/Klöcker, UmwG, § 202 Rn. 15).

e) Genehmigungen und Erlaubnisse. Die Auswirkungen auf öffentlich-rechtliche Genehmigun- 341
gen wurde bereits erläutert (vgl. oben Teil 4 Rdn. 40 ff., vgl. auch Odenthal, GewArch 2005, 132 ff.;
Gaiser, DB 2000, 362, 363; Kübler, in: Semler/Stengel, § 202 Rn. 11, 17; Bremer, GmbHR 2000,
865; Zeppezauer, DVBl. 2007, 599). Mit der überwiegenden Meinung wird man davon ausgehen müssen, dass der Formwechsel **nicht zum Erlöschen der Genehmigung** führt, auch dann nicht, wenn diese
bestimmten Personenvereinigungen an sich nicht erteilt werden könnte. Der Identitätsgrundsatz lässt
auch öffentlich-rechtliche Genehmigungen uneingeschränkt fortbestehen, ermöglicht allerdings der
Behörde den Widerruf nach den Verwaltungsverfahrensvorschriften (so Widmann/Mayer/Vossius,
Umwandlungsrecht, § 202 UmwG Rn. 107; Kallmeyer/Meister/Klöcker, UmwG, § 202 Rn. 20; Lut-
ter/Decher/Hoger, UmwG, § 202 Rn. 38; Gaiser, DB 2000, 362, 363).

Problematisch sind die öffentlich-rechtlichen Genehmigungen insb. dann, wenn sie nach öffentlich-
rechtlichen Grundsätzen **nur Unternehmen mit bestimmter Rechtsform** erteilt werden können,
oder personenbezogene Erlaubnisse, wie etwa die Gaststättenerlaubnis (vgl. Eckart, ZIP 1998, 1950 ff.;
Odenthal, GewArch 2005, 132 ff.). Obwohl im Gewerberecht Rechtsprechung und Literatur die Auffassung vertreten, dass Personenvereinigungen wie die OHG und KG mangels eigener Rechtspersönlichkeit keine Gewerberechtsfähigkeit haben (BVerwGE 91, 186, 190; VGH Bayern, NJW 1992, 1644;
OVG Saarland, NJW 1992, 2846, Landmann/Romer/Marcks, GewO, § 14 Rn. 55, § 35 Rn. 64) geht
die Literatur im Gesellschaftsrecht ohne weitere Diskussion davon aus, dass beim Formwechsel öffent-
lich-rechtliche Erlaubnis und Genehmigung grds. erhalten bleiben und nicht erlöschen (Kallmeyer/
Meister/Klöcker, UmwG, § 202 Rn. 20; Widmann/Mayer/Vossius, Umwandlungsrecht, § 202
UmwG Rn. 105 f.; Useler, MittRhNotK 1998, 52). Den gewerberechtlichen Vorgaben wird teilweise
Rechnung getragen, sodass bei den Erlaubnissen, die dem neuen Rechtsträger nach öffentlich-rechtlichen Vorschriften nicht erteilt werden könnten, die Behörde zum Widerruf berechtigt ist (Widmann/
Mayer/Vossius, Umwandlungsrecht, § 202 UmwG Rn. 107; Useler, MittRhNotK 1998, 52). In der
öffentlich-rechtlichen Literatur wird danach unterschieden, ob aus einer Personengesellschaft in eine
juristische Person oder umgekehrt umgewandelt wird. Denn dann ändere sich der Träger der Erlaubnis
(Odenthal, GewArch 2005, 132, 134; Gaiser, DB 2000, 363; Eckert, ZIP 1998, 1952). Bei einem derartigen Wechsel würden neue gewerberechtliche Erlaubnisse erforderlich. Insofern besteht ein **Widerspruch zwischen der Identitätsthese und den öffentlich-rechtlichen Vorgaben**, sodass fraglich ist, welche Rechtsmaterie Vorrang hat. Der überwiegenden Literatur im Gesellschaftsrecht ist in diesem
Zusammenhang zu folgen, da das öffentliche Recht die vom Gesetzgeber im Gesellschaftsrecht getroffene Entscheidung der Identität akzeptieren muss und allenfalls repressiv auf veränderte Umstände reagieren kann. Damit kommt allenfalls ein Widerruf nach den gewerberechtlichen Vorschriften und dem
Verwaltungsverfahrensgesetz infrage, nicht aber das automatische Erlöschen.

f) Unternehmensverträge. Nicht klar ist die Behandlung von **Unternehmensverträgen nach dem** 342
Formwechsel. Grds. besteht ein Unternehmensvertrag i. S. v. §§ 291 ff. AktG bei einem Formwechsel

regelmäßig unverändert fort, es sei denn, das Vertragsverhältnis ist mit der Rechtsform der verpflichteten Gesellschaft nicht vereinbar (OLG Düsseldorf, ZIP 2004, 753 ff.; Vossius, in: FS für Widmann, 2000, S. 133, 157 f.; Lutter/Decher/Hoger, UmwG, § 202 Rn. 47; Kallmeyer/Meister/Klöcker, UmwG, § 202 Rn. 18; Vossius, in: FS für Widmann, 2000, 133, 157; Widmann/Mayer/Vossius, Umwandlungsrecht, § 202 UmwG Rn. 134; Emmerich, in: Emmerich/Habersack, Aktien- und GmbH-Konzernrecht, § 297 Rn. 45; Krieger, in: Münchener Handbuch des Gesellschaftsrechts, Bd. 4, § 70 Rn. 181; KK-AktG/Koppensteiner, § 297 Rn. 18; Stegemann/Middendorf, BB 2006, 1084 ff.). Die Frage wird aber v. a. beim Formwechsel von einer Kapitalgesellschaft in eine Personengesellschaft deshalb diskutiert, da bei der Personengesellschaft Unternehmensverträge nach z. T. vertretener Auffassung nicht zulässig sind. Eine Auffassung im Schrifttum lehnt den Abschluss eines Unternehmensvertrags mit einer Personengesellschaft, jedenfalls solange an ihr natürliche Personen beteiligt sind, ab. Nur wenn eine Personengesellschaft ausschließlich aus juristischen Personen bestehe, könne diese Personengesellschaft wie eine Kapitalgesellschaft ein abhängiges Unternehmen sein. Begründet wird dies mit dem Gebot der Selbstorganschaft und der Verbandssouveränität sowie der Unvereinbarkeit der einheitlichen, am Konzerninteresse ausgerichteten Leitung mit dem Erfordernis des gemeinsamen Zwecks sowie der Unvereinbarkeit von Fremdbestimmung und persönlicher Haftung (so Reuter, AG 1986, 130; Flume, Die Personengesellschaft, 1977, S. 255; Schneider, ZGR 1980, 511; vgl. auch OLG Düsseldorf ZIP 2004, 753 ff.). In der Literatur wird z. T. die Meinung vertreten, dass gegen die beherrschte, auch konzernierte Personengesellschaft keine grundsätzlichen Bedenken bestehen (Ulmer, ZHR-Beiheft 62m, 1989, 26, 37; K. Schmidt, GesellschaftsR, 3. Aufl., 1997, S. 509; Lutter/Decher/Hoger, § 202 Rdnr. 47; MünKomm AktG/Altmeppen § 297 Rn. 137; Spindler/Stilz/Veil, AktG § 297 AktG Rn. 48; Emmerich/Habersack, Aktien- und GmbH-Konzernrecht 7. Aufl. 2013, § 297 AktG, Rn. 45). Ein Teil der Literatur spricht sich auch in diesem Fall daher für den **Fortbestand des Unternehmensvertrages** aus, bejaht jedoch die Möglichkeit einer vorzeitigen Beendigung (Lutter/Decher/Hoger, UmwG, § 202 Rn. 47; Kallmeyer/Meister/Klöcker, UmwG, § 202 Rn. 18, Schwarz, ZNotP 2002, 106 ff.; Emmerich/Habersack, Aktien- und GmbH-Konzernrecht 7. Aufl. 2013, § 297 AktG, Rn. 45). In diesem Zusammenhang wird teilweise empfohlen, die vorsorgliche Beendigung des Unternehmensvertrages für den Fall und zum Zeitpunkt des Wirksamwerdens des Formwechsels vorzusehen. Z. T. geht die Literatur in diesem Fall, von der Beendigung aus (Kübler, in: Semler/Stengel, § 202 UmwG Rn. 16). Das OLG Düsseldorf (ZIP 2004, 753 ff.) hat entschieden, dass die formwechselnde Umwandlung einer beherrschten AG in eine GmbH & Co. KG einem Fortbestand von Gewinnabführungs- und Beherrschungsverträgen grundsätzlich nicht entgegen steht. Etwas anderes gelte, wenn der Komplementär der KG eine natürliche Person sei, welche nicht zum Kreis des herrschenden Unternehmens gehöre, und das herrschende Unternehmen selbst nicht an der Personengesellschaft beteiligt sei.

Nach einer anderen Auffassung in der Literatur wandelt sich der Unternehmensvertrag einer beherrschten Kapitalgesellschaft zu einem **Unternehmensvertrag nach allgemeinem Vertragsrecht** um (Widmann/Mayer/Vossius, Umwandlungsrecht, § 202 UmwG Rn. 133). Hingegen könne eine herrschende Personenhandelsgesellschaft Vertragspartner eines Unternehmensvertrages im engeren Sinne sein, sodass in diesem Fall der Unternehmensvertrag unberührt bleibe. Mit der Identitätsthese am ehesten vereinbaren lässt sich die Kontinuität des Unternehmensvertrages, allerdings mit der Möglichkeit einer Anpassung, etwa durch Einräumung eines Sonderkündigungsrechts.

343   Beim **Formwechsel innerhalb von Kapitalgesellschaften** bleibt der Unternehmensvertrag unberührt (vgl. Lutter/Decher/Hoger, UmwG, § 202 Rn. 47; Kallmeyer/Meister/Klöcker, UmwG, § 202 Rn. 18; KK-AktG/Koppensteiner, § 297 Rn. 18; Schwarz, MittRhNotK 1994, 49, 72, 75). Der Unternehmensvertrag muss daher auch bei der Anmeldung des Formwechsels nicht erwähnt bzw. nicht erneut angemeldet werden, er besteht fort.

344   **g) Stille Gesellschaft.** Gerade die stille Gesellschaft, häufig als atypische Gesellschaft organisiert, spielt bei der Vorbereitung eines Börsengangs eine Rolle. Insb. Beteiligungsunternehmen wählen die Form der atypisch stillen Gesellschaft, bei der dem Stillen darüber hinaus Zustimmung und Kontrollrechte in Fragen der Unternehmensführung eingeräumt werden sollen (vgl. dazu Bachmann/Veil, ZIP 1999, 348 ff.). In diesen Fällen stellt sich dann die Frage, welche **Auswirkungen der Formwechsel** z. B. in die AG auf die stille Gesellschaft hat. Zu beachten ist dabei, dass z. B. bei der AG die stille Betei-

ligung als Teilgewinnabführungsvertrag i. S. v. § 292 Abs. 1 Nr. 2 AktG angesehen wird, der zu seiner Wirksamkeit der Zustimmung der Hauptversammlung nach § 293 AktG bedarf und auch im Handelsregister eingetragen werden muss (vgl. BGH NJW 2003, 3412, BGH AG 2006, 546, BGH AG 2013, 92; OLG Hamburg, AG 2011, 339, 341; OLG Celle, AG 1996, 370; OLG Düsseldorf, AG 1996, 473; MünKomm AktG/Altmeppen § 292 AktG Rn. 65; Spindler/Stilz/Veil, AktG § 292 AktG Rn. 21, Hüffer/Koch, AktG, § 292 Rn. 15; KK-AktG/Koppensteiner, § 292 Rn. 53;).

Umwandlungsrechtlich ist die **Zustimmung des stillen Gesellschafters** nicht erforderlich, da dieser   **345** nicht zu den Gesellschaftern i. S. d. § 233 Abs. 2 i. V. m. § 50 Abs. 2 und § 241 Abs. 2 i. V. m. § 50 Abs. 2 UmwG gehört (vgl. Lutter/Decher/Hoger, UmwG, § 202 Rn. 45; Kübler, in: Semler/Stengel, § 202 UmwG Rn. 9; Jung, ZIP 1996, 1736; Blaurock, Handbuch der stillen Gesellschaft, Rn. 1144, 1169). Allerdings besteht grds. das interne Zustimmungserfordernis des stillen Gesellschafters. Der stille Gesellschafter ist vom geplanten Formwechsel auch nach § 233 Abs. 3 HGB und analog §§ 216, 230, 238, 251 UmwG zu informieren (Blaurock, Handbuch der stillen Gesellschaft, Rn. 1170). Wegen der Kontinuität der Identität des Unternehmensträgers setzt sich die stille Gesellschaft ohne Weiteres fort, unabhängig davon, ob es sich um einen Formwechsel unter Kapitalgesellschaften oder von einer Personenhandelsgesellschaft in eine Kapitalgesellschaft und umgekehrt handelt (so auch Blaurock, Handbuch der stillen Gesellschaft, Rn. 1171, 1172). Der Stille hat dabei nur einen Anspruch auf Vertragsanpassung nach § 23 UmwG (Mertens, AG 2000, 32, 37). Auch beim Formwechsel in die AG wird man keinen zusätzlichen Hauptversammlungsbeschluss verlangen können, da die stille Gesellschaft beim Ausgangsrechtsträger wirksam begründet wurde und unverändert fortbesteht. Allerdings spricht einiges dafür, anzunehmen, dass das Bestehen der stillen Gesellschaft als Teilgewinnabführungsvertrag zusammen mit dem Formwechsel zur Eintragung in das Handelsregister anzumelden ist (Lutter/Decher/Hoger, UmwG, § 202 Rn. 45; Kübler, in: Semler/Stengel, § 202 UmwG Rn. 9).

II. Kontinuität der Mitgliedschaft

1. Grundsatz. § 202 Abs. 1 Nr. 2 UmwG bestimmt, dass die Gesellschafter und Anteilsinhaber des   **346** formwechselnden Rechtsträgers an dem Rechtsträger neuer Rechtsform nach den für diese Rechtsform geltenden allgemeinen Vorschriften beteiligt sind, soweit ihre Beteiligung nicht nach den besonderen Vorschriften entfällt. Die Vorschrift enthält damit die allgemeine Regelung zur **Kontinuität der Mitgliedschaft** an dem Rechtsträger (Kallmeyer/Meister/Klöcker, UmwG, § 202 Rn. 28, 34; Lutter/Decher/Hoger, UmwG, § 202 Rn. 10 ff.; Kübler, in: Semler/Stengel, § 202 UmwG Rn. 24 ff.). In § 202 Abs. 1 Nr. 2 UmwG ist bestimmt, dass nach dem Formwechsel grds. jeder Anteilsinhaber des formwechselnden Rechtsträgers auch an dem Rechtsträger neuerer Rechtsform beteiligt ist. Dies entspricht den Grundsätzen, die schon bisher für die im Aktiengesetz geregelten Fälle der formwechselnden Umwandlung gegolten haben. Eine **Ausnahme** gilt nach den besonderen Vorschriften des Fünften Buches nur für die Komplementäre einer formwechselnden KGaA und für bestimmte Mitglieder eines formwechselnden Versicherungsvereines auf Gegenseitigkeit.

Im Grundsatz bleiben also die Gesellschafter und Anteilsinhaber **mit gleichem Anteilsverhältnis** aller-   **347** dings neuartiger Mitgliedschaft entsprechend dem Gesellschaftsrecht des neuen Rechtsträgers weiterhin an dem Rechtskleid neuerer Rechtsform beteiligt. Geschäftsanteile werden zu Aktien, Aktien zu Geschäftsanteilen, Geschäftsguthaben zu Geschäftsanteilen etc.

Auf die Streitfrage, inwieweit **Mitgliederveränderungen** auf den Zeitpunkt des Formwechsels möglich   **348** und zulässig sind, wurde bereits hingewiesen. Es kann auf die obigen Ausführungen verwiesen werden (vgl. oben Teil 4 Rdn. 14 ff.).

2. Eigene Anteile des formwechselnden Rechtsträgers. a) Formwechsel GmbH in Personengesellschaft oder Genossenschaft. Im Gegensatz zu § 20 Abs. 1 Nr. 3 Halbs. 2 UmwG enthält § 202   **349** Abs. 1 Nr. 2 UmwG **keinen Vorbehalt für eigene Anteile des formwechselnden Rechtsträgers** (Widmann/Mayer/Vossius, Umwandlungsrecht, § 202 UmwG Rn. 163). Eigene Anteile, die beim Ausgangsrechtsträger eines Formwechsels bestehen, verhindern grds. nicht die Möglichkeit eines Formwechsels. Denn im Gegensatz zu § 20 Abs. 1 Nr. 3 Halbs. 2 UmwG enthält § 202 Abs. 1 Nr. 2 UmwG keinen Vorbehalt für eigene Anteile des formwechselnden Rechtsträgers (Vossius, in: Widmann/Mayer, Umwandlungsrecht, § 202 UmwG Rn. 163). Für das Schicksal eigener Anteile ist demnach das allgemeine Gesellschaftsrecht maßgebend. Danach gehen im Fall des Formwechsels in eine Personenhandelsgesellschaft oder Genossenschaft eigene Anteile ersatzlos unter, da solche Anteile nach dem Recht der Personenhandelsgesellschaft oder Genossenschaft nicht möglich sind (Widmann/Mayer/Vossius, Umwandlungsrecht, § 202 UmwG Rn. 164); ebenso für Ausbuchen der eigenen Anteile Stellungnahme des IdW v. 04.04.2011 (IDW ERS HFA 41 »Auswirkungen eines Formwechsels auf den handelsrechtlichen Jahresabschluss«, WPg Supplement 2/2011, S. 137 ff., FN-IDW 6/2011, S. 374 ff.). Das Gleiche gilt beim Formwechsel in die Genossenschaft.

350   **b) Formwechsel GmbH in AG.** Unklar ist, ob die **Umwandlung einer GmbH in eine AG** zulässig ist, wenn die GmbH eigene Anteile hält und diese vor der Umwandlung nicht auf Dritte übertragen werden sollen. In § 71 AktG ist der Erwerb eigener Aktien durch Formwechsel nicht ausdrücklich geregelt. Allerdings wurde § 71 Abs. 1 Nr. 3 AktG dergestalt erweitert, dass gewisse Erwerbsvorgänge im Zusammenhang mit Umwandlungen von dem Verbot des Erwerbs eigener Anteile ausgenommen wurden. Es spricht viel dafür, die Sondervorschriften, insb. durch Ausnahmetatbestände des § 71 Abs. 1 Nr. 4 und Nr. 5 AktG, erweiternd auszulegen und auch den Formwechsel unter diese Vorschriften zu fassen, sodass ausnahmsweise der Formwechsel der GmbH in die AG nicht an den zwangsläufig entstehenden eigenen Aktien der AG scheitert (so mit eingehender Begründung Heidinger/Limmer/Holland/Reul, Gutachten des DNotI, Bd. IV, Gutachten zum Umwandlungsrecht, S. 368 ff.; Widmann/Mayer/Vossius, Umwandlungsrecht, § 202 UmwG Rn. 166). Allerdings ist auch die Regelung des § 71c Abs. 2 AktG zu berücksichtigen, wonach eine Veräußerungspflicht bzgl. der eigenen Aktien besteht.

III. Dingliche Surrogation

351   Satz 2 des § 202 Abs. 1 Nr. 2 UmwG übernimmt zum Schutz der Gläubiger von Anteilsinhabern des formwechselnden Rechtsträgers einen allgemeinen Grundsatz, der im alten Recht für Fälle der formwechselnden Umwandlung ebenso wie für Fälle der errichtenden Umwandlung galt (vgl. §§ 372 Satz 3, 381 Satz 3 AktG a. F.). Diese Vorschrift entspricht auch den Regelungen bei der Verschmelzung in § 20 Abs. 1 Nr. 3 Satz 2 UmwG. Sie legt fest, dass die **an einem Geschäftsanteil bestehenden Rechte Dritter** auch nach dem Formwechsel an dem Anteil oder der Mitgliedschaft des formwechselnden Rechtsträgers bestehen bleiben. Zum alten Recht war umstritten, ob schuldrechtliche Verpflichtungen auf Übereignung von Geschäftsanteilen durch die Umwandlung nachträglich unmöglich werden (so Meilicke, BB 1961, 1069; Semler/Grunewald, in: Geßler/Hefermehl, AktG, § 372 Rn. 12; a. A. KK-AktG/Zöllner, § 372 Anm. 9). Folgt man der neuen Theorie von der Identität sowohl des Rechtskleides und damit auch der Anteile, wird man wohl zumindest durch eine entsprechende Auslegung des schuldrechtlichen Vertrages davon ausgehen können, dass, soweit nach dem Gesellschaftsrecht des neuen Rechtsträgers eine Übereignung möglich ist, die schuldrechtlichen Verträge nicht unmöglich werden (Lutter/Decher/Hoger, UmwG, § 202 Rn. 22; Kübler, in: Semler/Stengel, § 202 UmwG Rn. 31).

IV. Heilung von Mängeln des Umwandlungsbeschlusses

352   Ebenso wie bei der Verschmelzung regelt § 202 Abs. 1 Nr. 3, dass der Mangel der notariellen Beurkundung des Umwandlungsbeschlusses und ggf. erforderlicher Zustimmungs- oder Verzichtserklärungen durch die **Eintragung** geheilt wird (vgl. oben Teil 2 Rdn. 725 ff.).

353   Darüber hinaus bestimmt § 202 Abs. 3 UmwG, dass allgemein **Mängel** des Formwechsels mit der Eintragung der neuen Rechtsform oder des Rechtsträgers neuer Rechtsform in das Register **unberührt** bleiben. Diese Einschränkung der Nichtigkeit des Formwechsels beruht auf einer allgemeinen Tendenz, gesellschaftsrechtliche Akte möglichst zu erhalten. Der Gesetzgeber hielt es für gerechtfertigt, die bisher vereinzelten Regelungen in § 60 Abs. 4 UmwG, § 61a Abs. 4 UmwG i. d. F. vor 1995 und § 385p Abs. 2 AktG i. d. F. vor 1995 auf andere Umwandlungsfälle zu erstrecken, weil die Rückabwicklung des Formwechsels bei Umwandlungsfällen aller Arten mit besonderen Schwierigkeiten, insb. bei der Rückführung neu erlangter Strukturelemente, verbunden sein kann. Ebenso wie bei der Verschmelzung hat daher der Gesetzgeber der Eintragung des Formwechsels in das Handelsregister weitgehende Heilungswirkung zugebilligt. Die herrschende Meinung befürwortet zu Recht einen umfassenden Bestandsschutz unabhängig von Art und Schwere der Mängel (Lutter/Decher/Hoger, UmwG, § 202 Rn. 53).

Eine Ausnahme von diesem Bestandsschutz des Formwechsels durch Eintragung in das Register wird allerdings dort gesehen, wenn es an einem Umwandlungsbeschluss fehlt oder ein sog. Nichtbeschluss vorliegt (Lutter/Decher/Hoger, UmwG, § 202 Rn. 57 m.w.N. in Fn. 1; Semler/Stengel/Kübler, UmwG, § 202 Rn. 36). Die Judikatur stellt aber keine hohen Anforderungen an das Zustandekommen überhaupt eines Umwandlungsbeschlusses (vgl. dazu BGHZ 132, 353, 360; 138, 371, 374). Es genügt, dass der Wille der Anteilsinhaber zur Umwandlung in irgendeinem Beschluss zum Ausdruck gekommen ist (Semler/Stengel/Kübler, UmwG, § 202 Rn. 36; OLG Brandenburg, ZIP 1995, 1457, 1458).

V. Weitere Wirkungen

Weitere Wirkungen der Eintragung ergeben sich außerdem aus den besonderen Vorschriften über die Umwandlung bei den einzelnen Rechtsformen. **354**

Q. Schutz der Gläubiger beim Formwechsel

I. Grundsatz

Unter Gläubigerschutz ist der Interessenschutz derjenigen Personen zu verstehen, die der Gesellschaft **355** Kredit gewährt haben oder denen der Verband aus besonderen Gründen zur Leistung verpflichtet ist. Der Gläubigerschutz verlangt allgemein, dass die Haftungs- und Vermögensstruktur der Gesellschaft so eingerichtet ist, dass ein angemessener **Interessenschutz** gewährleistet ist. Gläubigerschutz gehört zu den Grundprinzipien des deutschen Gesellschaftsrechts und findet sich in den verschiedensten Ausführungen verwirklicht.

Da bei den einzelnen unterschiedlichen Gesellschaftsformen der **Gläubigerschutz unterschiedlich aus- 356 gestaltet** ist – etwa bei Personengesellschaften durch persönliche Haftung, bei Kapitalgesellschaften durch strenge Kapitalaufbringungs- und Erhaltungsregeln – können sich bei der Umwandlung Probleme ergeben. Insb. bei den Personengesellschaften ist der Gläubigerschutz in erster Linie durch eine persönliche Haftung gewährleistet, während dies bei Kapitalgesellschaften durch Grundsätze der Kapitalaufbringung und Kapitalerhaltung erreicht wird. Es ist einsichtig, dass der Formwechsel innerhalb der Gesellschaftsformen zu Friktionen beim Gläubigerschutz führen kann. Aufgabe des Umwandlungsrechts und des Formwechselrechts ist es daher, diese unterschiedlichen Gläubigerschutzbestimmungen im Umwandlungsvorgang angemessen zu berücksichtigen und einen Ausgleich vorzunehmen.

Eines der **Grundanliegen des Umwandlungsbereinigungsgesetzes** war demgemäß auch der Gläubiger- **357** schutz (vgl. Niederleithinger, DStR 1991, 879, 881; K. Schmidt, in: IDW, S. 47 f.; Ganske, WM 1993, 1117, 1125; eingehend K. Schmidt, ZGR 1993, 366 ff.). Ebenso wie beim Verschmelzungs- und Spaltungsrechts, hat auch das Formwechselrecht den Gläubigerschutz durch eine Reihe unterschiedlicher Instrumente gesichert.

II. Anwendung des Gründungsrechts

In § 197 UmwG ist geregelt, dass auf den Formwechsel die für die neue Rechtsform geltenden Grün- **358** dungsvorschriften grds. anzuwenden sind. Der Gesetzgeber wollte mit dieser Vorschrift insb. folgende Erwägungen berücksichtigen: Mit dem Formwechsel soll sich auch das für die innere Struktur und für die Außenbeziehung des Rechtsträgers **maßgebende Normensystem**, insb. die Vorschriften des Gläubigerschutzes, ändern. Dieser Übergang in ein anderes Normensystem ist besonders dann kritisch, wenn nach den für den Rechtsträger neuer Rechtsform maßgebenden Gründungsvorschriften schärfere Anforderungen gelten, als sie für die Gründung des formwechselnden Rechtsträgers bestanden haben (so z.B. beim Formwechsel von Rechtsträgern, die keine Kapitalgesellschaften sind, in eine Kapitalgesellschaft). Wenn für die Errichtung des formwechselnden Rechtsträgers mildere Gründungs- und Kapitalaufbringungsvorschriften maßgeblich waren, sollen die für die neue Rechtsform geltenden strengeren Maßstäbe durch den Formwechsel nicht unterlaufen werden können. Deshalb ist in § 197 Satz 1 UmwG als allgemeiner Grundsatz vorgesehen worden, dass die für die neue Rechtsform geltenden Gründungsvorschriften auf den Formwechsel anzuwenden sind. Damit werden v.a. die für Kapitalgesellschaften wichtigen Vorschriften über die Gründungsprüfung und über die Verantwortlichkeit der

Gründer in das Umwandlungsrecht einbezogen (so Begründung zum RegE, BR-Drucks. 75/94, S. 141; abgedruckt in: Limmer, Umwandlungsrecht, S. 336).

III. Schadensersatzhaftung der Organe

359   Das Kapitalschutzrecht des Gründungsrechts wird flankiert durch eine **Schadenshaftung der Verwaltungsträger** der formwechselnden Gesellschaft. Gem. §§ 205 f. UmwG sind die Mitglieder des Vertretungsorgans und des Aufsichtsorgans als **Gesamtschuldner** zum Ersatz des Schadens verpflichtet, den der Rechtsträger, seine Anteilsinhaber oder seine Gläubiger durch den Formwechsel erleiden.

IV. Erhaltung der Haftungsmasse

360   Im Formwechsel stellt sich anders als bei der Spaltung nicht das Problem, dass die Haftungsmasse grds. beeinträchtigt werden kann. Im Bereich des Formwechsels wird durch die **Beibehaltung des Vermögens** garantiert, dass die ursprüngliche Haftungsmasse grds. den Gläubigern erhalten bleibt.

V. Sicherheitsleistung

361   Ergänzt wird schließlich der Gläubigerschutz genauso wie bei der Verschmelzung und bei der Spaltung durch das Institut der Sicherheitsleistung. § 204 UmwG verweist vollumfänglich auf die Vorschriften der **Sicherheitsleistung beim Verschmelzungsrecht** (§ 22 UmwG). Nach dieser Grundvorschrift ist den Altgläubigern den an der Umwandlung beteiligten Rechtsträger Sicherheit zu leisten, sofern sie innerhalb von 6 Monaten nach dem Wirksamwerden der Umwandlung ihren Anspruch anmelden und glaubhaft machen, dass durch den Formwechsel die Erfüllung ihrer Forderung gefährdet wird.

VI. Fortdauer der Haftung in besonderen Fällen

362   § 224 Abs. 1 UmwG bestimmt, dass der Formwechsel die Ansprüche von Gläubigern gegen einen persönlich haftenden Gesellschafter der formwechselnden Gesellschaft nicht berührt. Die Vorschrift begründet daher eine **Weiterhaftung persönlich haftender Gesellschafter** und verbietet letztendlich eine Flucht aus der persönlichen Haftung durch Formwechsel.

363   Der Vorschrift kommt in erster Linie eine **klarstellende Funktion** zu. Während nach dem vor 1995 geltenden Recht bei der errichtenden Umwandlung die umwandelnde Gesellschaft aufgelöst wurde, war klar, dass diese Auflösung einer Personenhandelsgesellschaft nicht zum Erlöschen der Haftung der persönlich haftenden Gesellschafter führt und auch bei der errichtenden Umwandlung der persönlich haftende Gesellschafter weiterhin haftet. Das alte Umwandlungsrecht hatte diesen Grundsatz auch an verschiedenen Stellen ausdrücklich geregelt (vgl. etwa § 44 Abs. 1 Satz 2; § 368 Satz 3 AktG a. F.). Das UmwG 1995 geht aber nunmehr nicht mehr von der Auflösung, sondern von der Identität des Rechtsträgers bei Mitgliedschaft und Vermögen aus. Deshalb war der Gesetzgeber der Auffassung, dass Unklarheiten darüber bestehen könnten, wie sich der Formwechsel auf die persönliche Haftung eines Gesellschafters auswirkt. Die Regelung in § 224 Abs. 1 UmwG sollte klarstellen, dass der Formwechsel nach neuem Recht hinsichtlich der alten Verbindlichkeiten eines persönlich haftenden Gesellschafters nicht als ein besonderer Enthaftungstatbestand angesehen werden kann. Er stellt damit klar, dass die persönliche Haftung auch weiterhin bestehen bleibt.

364   Den Gesellschaftsgläubigern stehen daher die neu errichtete Kapitalgesellschaft als auch die Gesellschafter der vormaligen Personenhandelsgesellschaft als Haftende zur Verfügung.

365   Die Vorschrift betrifft daher zunächst den **Formwechsel einer Personenhandelsgesellschaft in eine Kapitalgesellschaft**. Der persönlich haftende Gesellschafter der Personenhandelsgesellschaft haftet demgemäß auch weiterhin für die Verbindlichkeiten. Aufgrund verschiedener Verweisungsnormen gilt diese Vorschrift des § 224 UmwG auch für **andere Formwechsel:**
– Formwechsel einer KGaA in KG, bei der persönlich haftender Gesellschafter Kommanditist wird (§ 237 UmwG);
– Formwechsel einer KGaA in eine GmbH oder AG (§ 249 UmwG);
– Formwechsel einer KGaA in eine eingetragene Genossenschaft (§ 257 UmwG).

§ 224 Abs. 2 UmwG bestimmt, dass der Gesellschafter für diese **besondere Nachhaftung** nur haftet, **366** wenn die Haftung vor Ablauf von 5 Jahren nach dem Formwechsel fällig und daraus Ansprüche gegen ihn gerichtlich geltend gemacht sind. Die Frist beginnt mit dem Tag, an dem die Eintragung der neuen Rechtsform oder des Rechtsträgers neuer Rechtsform in das Register nach § 201 Satz 2 UmwG als bekannt gemacht gilt (§ 224 Abs. 3 UmwG). Einer gerichtlichen Geltendmachung bedarf es nicht, soweit der Gesellschafter einen Anspruch schriftlich anerkennt (§ 224 Abs. 4 UmwG). Mit diesen Vorschriften soll für die Ansprüche gegen die Gesellschafter aus Verbindlichkeiten der formwechselnden Gesellschaft die Haftungsbegrenzungsregelung des geltenden Rechts übernommen werden.

Kapitel 2: Einzelfälle des Formwechsels

A. Formwechsel von Personenhandelsgesellschaften und Partnerschaftsgesellschaften

I. Allgemeine Fragen

1. Checkliste. Bei einem Formwechsel von Personenhandelsgesellschaften und Partnerschaftsgesell- **367** schaften sind folgende Punkte zu beachten:

☐ Vorbereitung des Formwechselbeschlusses durch Erstellung eines Entwurfs des Umwandlungsbeschlusses (§ 192 Abs. 1 UmwG),

☐ Zuleitung des Entwurfs des Umwandlungsbeschlusses zum zuständigen Betriebsrat, soweit vorhanden (§ 194 Abs. 2 UmwG),

☐ Umwandlungsbericht (§ 192 Abs. 1 UmwG), entbehrlich, wenn alle Gesellschafter bzw. Partner zur Geschäftsführung berechtigt sind (§§ 215, 225b UmwG),

☐ Unterrichtung der nicht geschäftsführenden Gesellschafter (§ 216 UmwG) bzw. Partner (§ 223b UmwG),

☐ Einhaltung der Gründungsvorschriften des neuen Rechtsträgers (§ 197 UmwG) und Kapitalschutz (§ 220 UmwG),

☐ Umwandlungsbeschluss (§§ 193, 218, 225c UmwG), der auch den Gesellschaftsvertrag bzw. die Satzung feststellen muss,

☐ Beachtung von Zustimmungserfordernissen nach Sondervorschriften,

☐ Anmeldung des Formwechsels (§§ 198, 199, 222, 223 UmwG),

☐ Eintragung des Formwechsels (§ 202 UmwG).

368 **2. Sonderbetriebsvermögen bei Personengesellschaften.** Beim Formwechsel von der Personenhandelsgesellschaft in Kapitalgesellschaften oder Genossenschaften ist dem Sonderbetriebsvermögen, das bei der Personengesellschaft häufig existiert, besonderer Augenmerk zu widmen, um nicht **steuerliche Nachteile** zu erleiden (vgl. Schwedhelm/Wollweber, BB 2008, 2208 ff.; Boorberg/Boorberg, DB 2007, 1777 ff.; Stangl/Grundke, DStR 2010, 1871 ff.). Für ertragsteuerliche Zwecke fingiert § 25 Satz 1 UmwStG für den Formwechsel einer Personenhandelsgesellschaft in eine Kapitalgesellschaft durch entsprechende Anwendung der §§ 20 bis 23 UmwStG einen Rechtsträgerwechsel und eine Vermögensübertragung (BFH BStBl II 2006, 568; FG München EFG 2004, 1334; FG München EFG 2001, 32; Schmidt in: Schmitt/Hörtnagl/Stratz, Umwandlungsgesetz, Umwandlungssteuergesetz, § 25 UmwStG Rn. 3; vgl. UmwSt-Erl. 2011 BMF v. 11.11.11, BStBl. I 11, 1314, Tz. 25.01). Wird eine Personengesellschaft in eine Kapitalgesellschaft umgewandelt, geht das Steuerrecht nach § 20 Abs. 1 UmwStG also davon aus, dass die Gesellschafter der Personengesellschaft ihre Mitunternehmeranteile in die Kapitalgesellschaft einbringen. Gehört zu einem Mitunternehmeranteil Sonderbetriebsvermögen, das eine wesentliche Betriebsgrundlage des Betriebs der Personengesellschaft darstellt, so liegt eine Einbringung i. S. d. § 20 UmwStG nur vor, wenn auch das Sonderbetriebsvermögen in das Eigentum der übernehmenden Kapitalgesellschaft übergeht (vgl. ausführlich Abele in: Sagasser/Bula/Brünger, Umwandlungen, § 28 Rn. 36; Schwedhelm/Wollweber, BB 2008, 2208 ff.; Boorberg/Boorberg, DB 2007, 1777 ff.; Stangl/Grundke, DStR 2010, 1871 ff.). Die Anwendung der §§ 20 ff. UmwStG auf die Fälle der Einbringung setzt also voraus, dass alle wesentlichen Betriebsgrundlagen der Personengesellschaft auf die Kapitalgesellschaft übergehen. Dies gilt unabhängig davon, ob es sich um Gesamthandsvermögen oder Sonderbetriebsvermögen der Personengesellschaft handelt (BFHE 180, 97, BStBl II 1996, 342; BFH, BStBl. II 2010, 471; BFH BStBl. II 2011, 467; Düll in: Reichert, GmbH & Co. KG, 7. Aufl. 2015 § 57 Rn. 25; Schmitt in: Schmitt/Hörtnagl/Stratz UmwStG § 20 UmwStG Rn. 24). Das Sonderbetriebsvermögen ist häufig zivilrechtlich im Alleineigentum eines oder mehrerer Gesellschafter der Personengesellschaft und geht zivilrechtlich nicht mit der Eintragung ins Handelsregister auf die Kapitalgesellschaft über. Steuerrechtlich würde dies einen Entnahmetatbestand darstellen mit der Folge der Realisierung stiller Reserven. Auch insgesamt wäre die steuerneutrale Überführung des Vermögens der formwechselnden Handelsgesellschaft gefährdet (vgl. Widmann/Mayer/Mayer, Umwandlungsrecht, § 20 UmwG UmwStG, Rn. 6800, 6829; BFH, GmbHR 1996, 549; Schulze zur Wiesche, GmbHR 1996, 749 ff.). Nach dem Urteil des BFH v. 16.02.1996 (GmbHR 1996, 549) setzt die **steuerneutrale Einbringung** einer Personengesellschaft in eine Kapitalgesellschaft voraus, dass auch die bisher dem Sonderbetriebsvermögen eines Gesellschafters zuzurechnenden Wirtschaftsgüter zivilrechtlich auf die aufnehmende Gesellschaft übergehen. Auch im Urt. v. 08.06.2011 (Az. B 15/11) hat der BFH bestätigt, dass der Formwechsel von einer Personengesellschaft in eine Kapitalgesellschaft daher nur dann steuerneutral möglich sei, wenn u. a. die Voraussetzungen des § 20 Abs. 1 UmwStG erfüllt seien. Dies bedeute, dass alle wesentlichen Betriebsgrundlagen der Personengesellschaft auf die Kapitalgesellschaft übergehen müssen, und zwar auch das Sonderbetriebsvermögen der Gesellschafter, sofern es zu den wesentlichen Betriebsgrundlagen der Personengesellschaft zählt (BFH, BFHE 184, 425, DB 1998, 169 = BStBl. II 1998, S. 104; v. 16.02.1996, BFH, BFHE 180, 97 = BB 1998, 197 = DStR 1998, 76; BStBl. II 1996, S. 342). Werden im Zuge des Formwechsels wesentliche Betriebsgrundlagen im Sonderbetriebsvermögen der Gesellschafter in das Privatvermögen der Gesellschafter überführt, ist die Weiterführung der Buchwerte durch die Kapitalgesellschaft ausgeschlossen. Bei der Gestaltung eines Formwechsels einer Personenhandelsgesellschaft sind daher den Fragen, wie die Entstrickung des Sonderbetriebsvermögens verhindert werden kann, besonderer Augenmerk zu widmen. Voraussetzung für den Zwang zum Übergang auf die Zielgesellschaft ist jedoch, dass das Sonderbetriebsvermögen zu den wesentlichen Grundlagen des Betriebsvermögens gehört (BFH, BStBl. 1988 II, S. 667; BFH, BStBl. 1981 II, S. 635; BFH, BStBl. 1994 II, S. 458; Schulze zur Wiesche, GmbHR 1996, 749). Nach überwiegender Meinung gilt dies auch für Wirtschaftsgüter des Sonderbetriebsvermögens II, sofern es sich um funktional wesentliche Betriebsgrundlagen der Personengesellschaft handelt (Stangl/Grundke, DStR 2010, 1871 ff.). Nicht geklärt ist jedoch, wie die Beteiligung eines Kommanditisten an der Komplementär GmbH einzuordnen ist. Diese Frage ist nach einem Passus in dem Urteil des BFH (BB 2010, 1144 = BStBl. II 2010, 808 = DB 2010, 878 = ZIP 2010, 5 = GmbHR 2010, 60) wohl so zu beantworten, dass die Nichtmitübertragung der Anteile bei Umwandlungen von Kommandit- in Kapitalgesellschaften unschädlich ist, wenn die Komplementärin über keinen eigenen Geschäftsbetrieb verfügt und nicht am Vermögen der KG beteiligt ist (so Stangl/Grundke, DStR 2010, 1871 ff.).

In der **Literatur** wurden **verschiedene Modelle der Erhaltung der Betriebsvermögenseigenschaft** ent- **369** wickelt (vgl. Düll in: Reichert, GmbH & Co. KG, 7. Aufl. 2015 § 57 Rn. 27; Rödder/Herlinghaus/van Lishaut/Rabback § 25 UmwStG Rn. 51Schulze zur Wiesche, GmbHR 1996, 749; Wacker, NWB 1997, 105 ff.; Boorberg/Boorberg, DB 2007, 1777 ff.). Die in der Literatur vorgeschlagenen Ausweichgestaltungen, bei denen insb. verhindert werden soll, dass das Sonderbetriebsvermögen in das Eigentum der neuen Kapitalgesellschaft übergehen muss, sind in der Praxis mit Vorsicht anzuwenden, insb. auch im Hinblick auf die Regelungen durch § 6 Abs. 5 EStG. Auch Modelle, die der Auffassung sind, dass ein bloßes Nutzungsrecht zugunsten der aufnehmenden Kapitalgesellschaft genügt, wurden vom BFH abgelehnt (vgl. Blumers, DB 1995, 496). Der BFH hat im vergleichbaren Fall eines Teilbetriebs entschieden, dass die Übertragung eines Teilbetriebs i. S. d. UmwStG nur vorliegt, wenn auf den übernehmenden Rechtsträger alle funktional wesentlichen Betriebsgrundlagen des betreffenden Teilbetriebs übertragen werden. Daran fehlt es, wenn einzelne dieser Wirtschaftsgüter nicht übertragen werden, sondern der übernehmende Rechtsträger insoweit nur ein obligatorisches Nutzungsrecht erhält (BFH BFH, BStBl. II 2010,467= MittBayNot 2011, 169; vgl. auch Lutte/Schumacher, Anh. Nach § 151 UmwG Rn. 17; a. A. Kutt/Pitzal, DStR 2009, 1243). Als sicherster Weg wird daher in der Literatur auch weiterhin vorgeschlagen, das Sonderbetriebsvermögen vor dem Formwechsel auf die Personengesellschaft zu übertragen (vgl. Widmann/Mayer/Mayer, Umwandlungsrecht, § 197 UmwG Rn. 35). Unklar ist, ob dabei § 20 Abs. 8 Satz 3 UmwStG anwendbar ist, wonach die (steuerlich fingierte) Einlage auf einen Tag zurückbezogen werden darf, der höchstens 8 Monate vor dem Tag der Beurkundung des Umwandlungsbeschlusses liegt und höchstens 8 Monate vor dem Zeitpunkt liegt, an dem das fiktiv eingebrachte Betriebsvermögen auf die GmbH übergeht. Dabei stellt sich also die Frage, ob die steuerliche Rückbeziehung auch auf die Einbringung eines einzelnen Vermögensgegenstandes aus dem Sonderbetriebsvermögen dem Privileg der Rückbeziehung unterfällt (so Engel, in: Steuerliches Vertrags- und Formularbuch, S. 701; unklar BMF-Schreiben v. 25.03.1998, GmbHR 1998, 444 bei Tz. 20.18).

Als Alternative wird auch das **Anwachsungsmodell** mit der Schaffung einer Betriebsaufspaltungskon- **370** stellation diskutiert (vgl. Hesselmann/Tillmann, Handbuch der GmbH & Co. KG, Rn. 1500; Schulze zur Wiesche, GmbHR 1996, 750).

II. Umwandlungsbericht

Grds. ist auch bei der Umwandlung einer Personenhandelsgesellschaft oder einer Partnerschaftsgesell- **371** schaft ein **Umwandlungsbericht gem. § 192 UmwG** erforderlich. Ebenso wie beim Verschmelzungsrecht (§ 41 UmwG) sieht auch das Formwechselrecht in § 215 bzw. § 225b UmwG vor, dass ein Umwandlungsbericht nicht erforderlich ist, wenn alle Gesellschafter bzw. Partner der formwechselnden Gesellschaft bzw. Partnerschaftsgesellschaft zur Geschäftsführung berechtigt sind. Der Zweck dieser Einschränkung liegt wie bei der Verschmelzung darin, dass der Umwandlungsbericht der Unterrichtung der Gesellschafter dient, denen es nicht möglich ist, an der Geschäftsführung teilzunehmen und sich damit selbst über alle Vorgänge zu unterrichten. Das Gesetz geht daher davon aus, dass der Bericht entbehrlich ist, wenn alle Gesellschafter geschäftsführungsberechtigt sind und deshalb die Möglichkeit haben, alle Unterlagen einzusehen und bei der Vorbereitung des Formwechsels mitzuwirken (so die Begründung zum RegE zu § 41, BR-Drucks. 75/94, S. 98; abgedruckt in: Limmer, Umwandlungsrecht, S. 293; vgl. auch Joost, in: Lutter, Kölner Umwandlungsrechtstage, S. 248).

372 Beim Formwechsel von Personenhandelsgesellschaften oder Partnerschaftsgesellschaften muss daher der Gesellschaftsvertrag überprüft werden, ob alle **Gesellschafter an der Geschäftsführung beteiligt** sind oder nicht. Bei einer OHG kann etwa der Gesellschaftsvertrag die Geschäftsführungsbefugnis den einzelnen Gesellschaftern übertragen, dann sind die übrigen Gesellschafter gem. § 114 Abs. 2 HGB von der Geschäftsführung ausgeschlossen. Bei der KG wird im Regelfall ein Umwandlungsbericht erforderlich sein, da nach § 164 HGB die Kommanditisten nach der gesetzlichen Kompetenzverteilung von der Führung der Geschäfte ausgeschlossen sind. Nach herrschender Meinung ist allerdings diese Kompetenzverteilung des § 164 HGB auch für die KG nicht zwingend. Der Gesellschaftsvertrag kann hiervon abweichen und den Kommanditisten Geschäftsführungsrechte verleihen (vgl. BGH, BB 1976, 526; Baumbach/Hopp, HGB, § 164 Rn. 7).

373 Darüber hinaus kann selbstverständlich der **Bericht** nach den allgemeinen Vorschriften **entfallen**, insb. ist der Umwandlungsbericht gem. § 192 Abs. 3 UmwG nicht erforderlich, wenn alle Gesellschafter oder Partner auf seine Erstattung verzichten, wobei die Verzichtserklärung notariell zu beurkunden ist (zum **Inhalt des Umwandlungsberichts** vgl. oben Teil 4 Rdn. 70 ff.).

III. Vorbereitung der Gesellschafterversammlung

374 § 216 UmwG bestimmt, dass das Vertretungsorgan der formwechselnden Personenhandelsgesellschaft allen von der Geschäftsführung ausgeschlossenen Gesellschaftern spätestens zusammen mit der Einberufung der Gesellschafterversammlung, die über den Formwechsel beschließen soll, diesen Formwechsel als Gegenstand der Beschlussfassung **in Textform anzukündigen** und einen etwa erforderlichen Umwandlungsbericht sowie ein Abfindungsangebot nach § 207 UmwG zu übersenden hat. Gleiches gilt nach § 226b UmwG für die Partnerschaftsgesellschaft.

375 Diese Vorschrift konkretisiert das **Kontrollrecht der von der Geschäftsführung ausgeschlossenen Gesellschafter** einer OHG. Für die Kommanditisten einer KG wird dadurch für die Umwandlung ein selbstständiges Auskunftsrecht geschaffen, das ihre Stellung stärkt und ihnen eine Grundlage für eine Entscheidung bei der Beschlussfassung gibt. Die Vorschrift entspricht § 42 UmwG für die Verschmelzung.

376 **1. Einberufung der Gesellschafterversammlung.** Im Recht der Personengesellschaften gibt es für die Einberufung der Gesellschafterversammlung **keine gesetzliche Frist.** Auch das Umwandlungsrecht sieht davon ab, eine bestimmte Frist für die Übersendung der Formwechselunterlagen vorzuschreiben. Die Übersendungspflicht ist allerdings an die Einberufung gekoppelt, sodass der späteste Zeitpunkt der der Einberufung ist. Hierdurch wird erreicht, dass gesellschaftsvertraglich Einberufungsfristen auch für die Unterrichtungspflicht i. R. d. Formwechsels Geltung erlangen.

377 Da der Formwechsel nur in einer Gesellschafterversammlung beschlossen werden kann, gilt, auch wenn der Gesellschaftsvertrag hierzu keine Regelung enthält, dass diese einberufen werden muss. Zwar sehen das Gesetz und die Rechtsprechung zu Personenhandelsgesellschaften **keine ausdrücklichen Formalien und Fristen** vor. Es besteht allerdings Einigkeit, dass Ort, Zeit und Art der Vorbereitung der Versammlung es allen Teilnehmern ermöglichen müssen, an der Versammlung teilzunehmen. Die Literatur geht daher davon aus, dass die Ladung der Gesellschafterversammlung mit ausreichender Frist und Ankündigung der Verhandlungsgegenstände erfolgen muss (vgl. Heymann/Emmerich, HGB, § 119 Rn. 7). Hierbei ist insb. zu beachten, dass auch Beschlüsse, die auf einer Gesellschafterversammlung gefasst werden, zu dem nicht ordnungsgemäß alle Gesellschafter geladen worden sind, grds. nichtig sind, außer wenn ihm alle Gesellschafter tatsächlich zustimmen. Etwas anderes gilt für Publikumsgesellschaften, wenn eindeutig feststeht, dass der Beschluss nicht auf diesem Mangel beruht (vgl. BGH, WM 1987, 425; WM 1987, 927).

378 **2. Inhalt der Unterrichtung.** Im Unterschied zum HGB bestimmt § 216 UmwG (Partnerschaftsgesellschaft: § 225b Satz 2 UmwG), dass bestimmte Informationen i. R. d. Unterrichtung übermittelt werden müssen:
– **Ankündigung des Formwechsels als Gegenstand des Beschlusses in Textform:** Die Ankündigung des Formwechsels als Gegenstand der Beschlussfassung in Textform (§ 126b BGB) entspricht der für eingetragene Genossenschaften und für Versicherungsvereine auf Gegenseitigkeit im alten Recht

ausdrücklich geregelten Übersendung der Tagesordnung und wird im neuen Recht als wesentlicher Bestandteil für die Vorbereitung der Versammlung, die den Umwandlungsbeschluss fassen soll, geregelt. Da das Gesetz vorsieht, dass auch der Umwandlungsbeschluss einer Personenhandelsgesellschaft nur in einer Gesellschafterversammlung gefasst werden kann, erschien dem Gesetzgeber die für andere Unternehmensformen selbstverständliche Ankündigung des Formwechsels zusammen mit der Einberufung dieser Versammlung auch hier geboten (vgl. Begründung zum RegE, BR-Drucks. 75/94, S. 148; abgedruckt in: Limmer, Umwandlungsrecht, S. 343);

– **Übersendung des Umwandlungsberichts**, sofern er erforderlich ist und nicht auf die Erstattung verzichtet worden ist (Widmann/Mayer/Vossius, § 216 UmwG Rn. 10; Schlitt, in: Semler/Stengel, § 216 UmwG Rn. 17); ähnlich wie in § 216 UmwG geregelt, wird man es ausreichen lassen, wenn der Bericht in Textform übersendet wird (so zu Recht Lutter/Joost, § 216 UmwG Rn. 4; Kallmeyer/Dirksen/Blasche, UmwG, § 216 Rn. 8);

– **Übersendung eines Abfindungsangebots** gem. § 207 UmwG: Gem. § 207 hat die formwechselnde Personenhandelsgesellschaft jedem Gesellschafter, der gegen den Umwandlungsbeschluss Widerspruch zur Niederschrift erklärt, den Erwerb seiner Anteile gegen eine angemessene Barabfindung anzubieten (vgl. im Einzelnen oben Teil 4 Rdn. 304 ff.). § 216 UmwG bestimmt daher, dass dieses Abfindungsangebot (nicht der Prüfungsbericht, vgl. Kallmeyer/Dirksen/Blasche, UmwG, § 216 Rn. 6) bereits bei der Unterrichtung der Gesellschafter mit zu übersenden ist. Dies ist allerdings nur erforderlich, wenn der Gesellschaftsvertrag eine Mehrheitsentscheidung bei der Umwandlung zulässt (vgl. Lutter/Joost, UmwG, § 216 Rn. 5; Kallmeyer/Dirksen/Blasche, UmwG, § 216 Rn. 6; Widmann/Mayer/Vossius, § 216 UmwG Rn. 12). Das Erfordernis der Übersendung des Abfindungsangebots bedeutet, dass es den Gesellschaftern in Textform (§ 126b BGB) mitzuteilen ist (vgl. Lutter/Joost, UmwG, § 216 Rn. 5 Begründung zum RegE, BR-Drucks. 75/94, S. 149; abgedruckt in: Limmer, Umwandlungsrecht, S. 343). Wie bereits oben dargelegt, stellt sich die Frage, ob auf das Abfindungsangebot, das i. d. R. nur unter Kostenaufwand zu erstellen ist, im Vorfeld der Umwandlung verzichtet werden kann. Nach der hier vertretenen Auffassung folgt aus dem Schutzzweck des Minderheitenschutzes, dass die Minderheitsgesellschafter auf den angebotenen Schutz durch notariell beurkundete Verzichtserklärung verzichten können (vgl. oben Teil 4 Rdn. 260). Liegt ein solcher Verzicht vor, ist auch eine Übersendung eines solchen Abfindungsangebots entbehrlich (Kallmeyer/Dirksen/Blasche, UmwG, § 216 Rn. 6; Widmann/Mayer/Vossius, § 216 UmwG Rn. 12).

Das Gesetz enthält keine Regelung darüber, ob **auf die Unterrichtung nach § 216 UmwG insgesamt** 379 **verzichtet** werden kann. Da die Bestimmung dem Schutz der Gesellschafter dient, ist ein Verzicht im Vorfeld zulässig. Der Verzicht ist auch formlos möglich, sollte aber zumindest in schriftlicher Form abgegeben werden (Widmann/Mayer/Vossius, Umwandlungsrecht, § 216 UmwG Rn. 21; Lutter/Joost, UmwG, § 216 Rn. 9; Kallmeyer/Dirksen/Blasche, UmwG, § 216 Rn. 11; Schlitt, in: Semler/Stengel, § 216 UmwG Rn. 28). Deshalb kann in der Praxis von der Unterrichtung nach § 216 UmwG abgesehen werden, wenn mit dem Verzicht zu rechnen ist (Widmann/Mayer/Vossius, Umwandlungsrecht, § 216 UmwG Rn. 23; Kallmeyer/Dirksen/Blasche, UmwG, § 216 Rn. 5; Schlitt, in: Semler/Stengel, § 216 UmwG Rn. 28).

IV. Umwandlungsbeschluss

1. Gesellschafterversammlung. Grds. können im Recht der Personengesellschaften Beschlüsse ent- 380 weder in Gesellschafterversammlungen oder auch außerhalb, etwa schriftlich oder konkludent gefasst werden. Für die Umwandlung von Personengesellschaften gilt allerdings gem. § 193 Abs. 1 UmwG, dass der Formwechselbeschluss **nur in einer Gesellschafterversammlung** gefasst werden kann. Eine andere Form der Beschlussfassung kann daher auch satzungsmäßig nicht vorgesehen werden (vgl. oben Teil 4 Rdn. 102 ff.).

2. Durchführung der Gesellschafterversammlung. Bzgl. der Durchführung der Gesellschafterver- 381 sammlung sieht das UmwG keine Besonderheiten vor, sodass das allgemeine Recht gilt. Auch das HGB sieht für die Durchführung einer Versammlung bei Personenhandelsgesellschaften **keine Förmlichkeiten** vor.

382 Unklar ist wie beim Verschmelzungsrecht, welchen Pflichten geschäftsführende Gesellschafter ggü. den nicht geschäftsführenden im Hinblick auf einen Umwandlungsbericht unterliegen. Anders als etwa beim Formwechsel von Kapitalgesellschaften, wo in § 232 UmwG bestimmt ist, dass der Entwurf des Umwandlungsbeschlusses vom Vertretungsorgan zu Beginn der Verhandlung mündlich zu erläutern ist, sieht das Formwechselrecht für Personengesellschaften keine besondere Auskunftspflicht den nicht geschäftsführungsberechtigten Gesellschaftern ggü. vor. Für die OHG dürfte eine derartige Erläuterungspflicht aber direkt aus § 118 HGB folgen. Auch den Kommanditisten steht nach herrschender Meinung über das gesetzlich geregelte Einsichtsrecht nach § 166 Abs. 1 HGB hinausgehend ein Anspruch auf sachlich gebotene ergänzende Auskünfte zu (vgl. Heymann/Horn, HGB, § 166 Rn. 11). Man wird daher wohl folgern müssen, dass auch die von der Geschäftsführung ausgeschlossenen Gesellschafter Anspruch auf ergänzende Auskünfte und Erläuterungen des Umwandlungsbeschlusses und eines Umwandlungsberichts innerhalb der Gesellschafterversammlung haben.

383 **3. Beschlussmehrheiten.** Zunächst ist zu beachten, dass im Recht der Personenhandelsgesellschaften und der Partnerschaftsgesellschaften der Grundsatz besteht, dass das **Stimmrecht höchst persönlich** ist, sodass es grds. nicht durch Vertreter ausgeübt werden kann, sofern nicht der Gesellschaftsvertrag oder im Einzelfall die Gesellschafter eine Vertretung zulassen (vgl. Heymann/Emmerich, HGB, § 119 Rn. 14; Baumbach/Hopt, § 119 HGB Rn. 21; BGHZ 65, 93, 99; Kallmeyer/Dirksen/Blasche, UmwG, § 217 Rn. 3).

384 **a) Einstimmigkeit.** Nach § 217 Abs. 1 UmwG bedarf der Umwandlungsbeschluss der **Zustimmung aller anwesenden Gesellschafter**; ihm müssen auch die nicht erschienenen Gesellschafter durch notariell beurkundete Erklärung gem. § 193 Abs. 3 UmwG zustimmen. Stimmenthaltung ist keine Zustimmung (Lutter/Joost, § 217 UmwG Rn. 4). Das Gleiche gilt bei der Partnerschaftsgesellschaft (§ 225c UmwG). Die Begründung zum RegE weist darauf hin, dass § 217 Abs. 1 Satz 1 in Übereinstimmung mit dem alten Recht Umwandlungen durch Mehrheitsbeschluss kraft Gesetzes ausschließt, weil es nach dem allgemeinen Recht der Personenhandelsgesellschaft und auch sonst kraft Gesetzes keine Mehrheitsbeschlüsse gibt (vgl. Begründung zum RegE, BR-Drucks. 75/94, S. 149; abgedruckt in: Limmer, Umwandlungsrecht, S. 344). Z. T. wird angenommen, dass die Zustimmung der Komplementär-GmbH bei Personenidentität entbehrlich sei (Schlitt, in: Semler/Stengel, § 217 UmwG Rn. 9; Lutter/Joost, § 217 UmwG Rn. 4; a. A. Kallmeyer/Dirksen/Blasche, UmwG, § 217 Rn. 4)

385 Aus dieser Gesetzesvorschrift folgt, dass jeder Gesellschafter, also nicht nur die auf der Gesellschafterversammlung anwesenden Gesellschafter ihre Zustimmung erklären müssen. Krankheit und sonstige **Abwesenheitsgründe** befreien ebenso wenig von diesem Grundsatz der Einstimmigkeit wie Gefahr im Verzug (so Schlegelberger/Mertens, HGB, § 119 Rn. 14). (Nur) abwesende Gesellschafter können allerdings vor oder nach dem Beschluss die Zustimmung in notarieller Form (nach §§ 6 ff. BeurkG) erklären (Kallmeyer/Dirksen/Blasche, UmwG, § 217 Rn. 3; Widmann/Mayer/Vossius, Umwandlungsrecht, § 217 UmwG Rn. 34 ff.; Schlitt, in: Semler/Stengel, § 217 UmwG Rn. 10, 22; Lutter/Joost, § 217 UmwG Rn. 3).

386 **Stimmberechtigt** sind dabei sämtliche Gesellschafter der Personenhandelsgesellschaft, bei der KG Komplementäre als auch Kommanditisten (OLG Zweibrücken, OLGZ 75, 402). Auch hier kann sich im Einzelfall die Frage stellen, dass in bestimmten Fällen Gesellschafter aufgrund ihrer Treuepflicht verpflichtet sein können, einem Beschluss zuzustimmen. Ob diese Zustimmungspflicht allerdings soweit reicht, dass einer Umwandlung zugestimmt werden muss, bleibt fraglich (vgl. Schlitt, in: Semler/Stengel, § 217 UmwG Rn. 13; Lutter/Joost, § 217 UmwG Rn. 7; Widmann/Mayer/Vossius, § 217 UmwG Rn. 39 und allgemein Heymann/Emmerich, HGB, § 119 Rn. 16 ff.).

387 **b) Mehrheitsbeschluss.** § 217 Abs. 1 Satz 2 UmwG bestimmt wie § 43 Abs. 2 UmwG bei der Verschmelzung, dass der Gesellschaftsvertrag auch eine Mehrheitsentscheidung der Gesellschafter vorsehen kann. Die Mehrheit muss dann mindestens **3/4 der Stimmen der Gesellschafter** betragen. Eine geringere Mehrheit darf der Gesellschaftsvertrag nicht vorsehen (Schlitt, in: Semler/Stengel, § 217 UmwG Rn. 20). Die Begründung zum RegE weist darauf hin, dass diese Möglichkeit des Mehrheitsbeschlusses unbedenklich erscheint, weil in dem Gesellschaftsvertrag einer Personenhandelsgesellschaft auch für andere wesentliche Entscheidungen, wie die Auflösung der Gesellschaft oder die Änderung des

Gesellschaftsvertrages, Mehrheitsbeschlüsse zugelassen werden können. Außerdem werde durch das in dem Gesetz verankerte Prinzip der Kontinuität der Mitgliedschaft in dem Rechtsträger sichergestellt, dass alle Gesellschafter, die der Personenhandelsgesellschaft im Zeitpunkt des Formwechsels angehören, auch Gesellschafter der Kapitalgesellschaft werden. Andererseits könne jeder widersprechende Gesellschafter gegen eine angemessene Barabfindung aus dem Rechtsträger der neuen Rechtsform ausscheiden (vgl. Begründung zum RegE, BR-Drucks. 75/94, S. 149, abgedruckt in: Limmer, Umwandlungsrecht, S. 344).

Erforderlich ist danach also eine **Bestimmung des Gesellschaftsvertrages**, die den Fall des Formwech- **388** sels oder der Umwandlung ausdrücklich regelt (BGHZ 85, 350, 355; in der Literatur werden dabei unterschiedliche Nuancierungen vertreten: vgl. Widmann/Mayer/Vossius, Umwandlungsrecht, § 217 UmwG Rn. 76; Kallmeyer/Dirksen/Blasche, UmwG, § 217 Rn. 8; Lutter/Joost, § 217 UmwG Rn. 13; a. A. allerdings Schlitt, in: Semler/Stengel, § 217 UmwG Rn. 16). Nach der Rspr. sind Mehrheitsbeschlüsse im Bereich der sog. Grundlagengeschäfte nur zulässig, wenn der Gesellschaftsvertrag nach dem sog. **Bestimmtheitsgrundsatz** i. E. die Beschlussgegenstände aufführt (vgl. dazu schon oben Teil 4 Rdn. 111). Der **Bestimmtheitsgrundsatz** im Recht der Personengesellschaften verlangt, dass die Einführung des Mehrheitsgrundsatzes nur zulässig ist, wenn die der Mehrheitsunterscheidungen unterliegenden Entscheidungsgegenstände im Gesellschaftsvertrag klar bezeichnet sind und auch von der Minderheit eine antizipierte Zustimmung erfahren haben (Staub/Ulmer, HGB, § 119 Rn. 34 ff.; Baumbach/Hopt, HGB, § 119, Rn. 37 f.; Holler, DB 2008, 2067 ff.; Priester, DStR 2008, 1386 ff.; Giedinghagen/Fahl, DStR 2007, 1965 ff.; Schmidt, ZGR 2008, 1 ff.; Bohlken/Sprenger, DB 2010, 263 ff.). Weiter entwickelt wird diese Lehre durch die sog. **Kernbereichslehre**, die bestimmt, dass Mehrheitsentscheidungen nicht in unentziehbare Mitgliedschaftsrechte oder ihn gleichstehende Vertragsgrundlagen eingreifen dürfen (BGH, NJW 1996, 1678 ff.). Im sog. Otto-Urt. v. 15.01.2008 (BGHZ 170, 283 = NJW 2007, 1685 = ZIP 2007, 475; dazu K. Schmidt, ZGR 2008, 1 ff.; Haar, NZG 2007, 601; Wertenbruch, ZIP 2007, 798; fortgeführt von BGH, DB 2008, 2017) hat der BGH grundlegend entschieden, dass eine die Abweichung vom personengesellschaftsrechtlichen Einstimmigkeitsprinzip legitimierende Mehrheitsklausel dem Bestimmtheitsgrundsatz entsprechen muss. Dieser verlange nicht eine Auflistung der betroffenen Beschlussgegenstände, Grund und Tragweite der Legitimation für Mehrheitsentscheidungen können sich vielmehr auch durch Auslegung des Gesellschaftsvertrages ergeben. Ob der konkrete Mehrheitsbeschluss wirksam getroffen worden sei, sei auf einer zweiten Stufe zu prüfen. Es genüge, wenn sich aus dem Gesellschaftsvertrag – sei es auch durch dessen Auslegung – eindeutig ergebe, dass der infrage stehende Beschlussgegenstand einer Mehrheitsentscheidung unterworfen sein solle. Ohnehin reiche die Eindeutigkeit einer vertraglichen Regelung – und selbst eine ausdrückliche Spezifizierung im Gesellschaftsvertrag – nicht in allen Fällen aus, um eine Mehrheitsentscheidung zu legitimieren. Diese unterliege vielmehr auf einer zweiten Stufe einer inhaltlichen Wirksamkeitsprüfung. Im Urteil vom 21.10.2014 hat der BGH allerdings eine Entschärfung des Bestimmtheitsgrundsatzes unter Beibehaltung der Kernbereichslehre im Otto-Urteil vorgenommen (DStR 2014, 2403 = NJW 2015, 859 = DNotZ 2015, 65; vgl. Wertenbruch DB 2014, 2640; Schäfer; NZG 2014, 1401): Dem früheren Bestimmtheitsgrundsatz kommt nach der Entscheidung für die formelle Legitimation einer Mehrheitsentscheidung keine Bedeutung mehr zu. Er sei bei der Auslegung auch nicht in Gestalt einer Auslegungsregel des Inhalts zu berücksichtigen, dass eine allgemeine Mehrheitsklausel restriktiv auszulegen sei oder sie jedenfalls dann, wenn sie außerhalb eines konkreten Anlasses vereinbart wurde, Beschlussgegenstände, die die Grundlagen der Gesellschaft betreffen oder ungewöhnliche Geschäfte beinhalten, regelmäßig nicht erfasse. Den neuen Kriterien ist jedenfalls hinreichend Rechnung getragen, wenn sich der Gesellschaftsvertrag allgemein auf Umwandlungen oder Umstrukturierungen bezieht, spezielle Angaben wie »Formwechsel« sind für den Mehrheitsgrundsatz nicht erforderlich (Widmann/Mayer/Vossius, Umwandlungsrecht, § 217 UmwG Rn. 77 f.; Lutter/Joost, UmwG, § 217 Rn. 13). Es besteht Einigkeit, dass bei **Publikumspersonengesellschaften** die Anforderungen an die Zulässigkeit von Mehrheitsklauseln geringer sind; der BGH wendet den Bestimmtheitsgrundsatz in diesen Fällen nicht an (BGHZ 71, 53, 58; BGHZ 85, 351, 358). Die Literatur schränkt daher auch § 217 UmwG dahin gehend ein, dass es bei Publikumsgesellschaften genügt, wenn generell ein Mehrheitsbeschluss zugelassen wird, ohne dass Umwandlungen ausdrücklich genannt werden (Widmann/Mayer/Vossius, Umwandlungsrecht, § 217 UmwG Rn. 77 f., ähnlich zur Verschmelzung: Lutter/H. Schmidt, UmwG, § 43 Rn. 16; Kallmeyer/Zimmermann, UmwG, § 43 Rn. 9).

389 Die Begründung zum RegE verweist auf die gleichlautende Vorschrift des § 43 UmwG beim Verschmelzungsrecht und weist darauf hin, dass für die Feststellung der notwendigen Mehrheit entsprechend der Vertragspraxis bei Personenhandelsgesellschaften auf die Zahl der Stimmen und nicht auf die Zahl der Gesellschafter abgestellt werden müsse (vgl. BR-Drucks. 75/94, S. 98, abgedruckt in: Limmer, Umwandlungsrecht S. 293; zustimmend Joost, in: Lutter, Kölner Umwandlungsrechtstage, S. 251).

390 Unklar war früher, auf **welche Weise die 3/4-Mehrheit** nach § 217 Abs. 1 Satz 3 UmwG **erreicht** werden muss. Mussten 3/4 der Stimmen aller Gesellschafter der Gesellschaft erreicht werden oder genügte die 3/4-Mehrheit der auf der Gesellschafterversammlung anwesenden Gesellschafter. Die herrschende Lehrmeinung (vgl. Lutter/Joost, UmwG, § 217 Rn. 17; Kallmeyer/Dirksen/Blasche, UmwG, 1. Aufl. § 217 Rn. 3) sprach sich ursprünglich dafür aus, dass wegen der grundlegenden Bedeutung des Beschlusses auf die Stimmen aller Gesellschafter abzustellen sei. Entsprechend dem in § 217 Abs. 1 Satz 1 UmwG zum Ausdruck gelangten Grundgedanken brauche die qualifizierte Mehrheit aber nicht notwendig bereits auf der Gesellschafterversammlung erreicht zu werden. Es genüge, wenn abwesende Gesellschafter zustimmen und die Mehrheit auf diese Weise erreicht werde. Der Gesetzgeber hat diese Frage im Gesetz zur Änderung des UmwG v. 22.07.1998 (BGBl. I, S. 1878) geregelt, dahin gehend, dass eine Mehrheit von 3/4 der abgegebenen Stimmen ausreichend ist (vgl. Widmann/Mayer/Vossius, Umwandlungsrecht, § 217 UmwG Rn. 80; Kallmeyer/Dirksen/Blasche, UmwG, § 217 Rn. 10). Die erforderliche Mehrheit kann nach h. M. allerdings nur innerhalb der Versammlung erreicht werden, die spätere Zustimmung abwesender Gesellschafter soll nicht genügen (Kallmeyer/Dirksen/Blasche, UmwG, § 217 Rn. ;;; Lutter/Joost, UmwG, § 217 Rn. 16; anders Widmann/Mayer/Vossius, Umwandlungsrecht, § 217 UmwG Rn. 81 ff; Schlitt, in: Semler/Stengel, § 217 UmwG Rn. 20).

391 **4. Namentliche Aufführung der zustimmenden Gesellschafter in der Niederschrift.** Gem. § 217 Abs. 2 UmwG sind die Gesellschafter, die im Fall einer Mehrheitsentscheidung für den Formwechsel gestimmt haben, in der Niederschrift über den Umwandlungsbeschluss namentlich aufzuführen. Zweck dieser Regelung ist es, sicher zu stellen, dass bei einer Umwandlung durch Mehrheitsbeschluss diejenigen Gesellschafter als Gründer erfasst werden, die für den Formwechsel gestimmt haben. § 219 UmwG bestimmt nämlich, dass die Rechtsstellung als Gründer – mit der Folge der Gründungsverantwortung und der Gründungshaftung – die Gesellschafter der formwechselnden Gesellschaft haben. Im Fall einer Mehrheitsentscheidung sind allerdings nur die Gesellschafter Gründer, die für den Formwechsel gestimmt haben. Zur Absicherung dieser Gründerstellung verlangt daher § 217 Abs. 2 UmwG, dass diese Gesellschafter, die dann auch der Gründungsverantwortung unterliegen, namentlich im Umwandlungsbeschluss aufgeführt werden. Man wird es allerdings für ausreichend erachten können, wenn bei Gesellschaftern, die nachträglich zustimmen, deren Zustimmungserklärung gem. § 193 Abs. 3 Satz 1 UmwG **notariell beurkundet** wird. Denn auch auf diese Weise wird hinreichend festgelegt, wer Gründer i. S. d. Vorschrift ist (Lutter/Joost, UmwG, § 217 Rn. 19; Kallmeyer/ Dirksen/Blasche, UmwG, § 217 Rn. 11; Schlitt, in: Semler/Stengel, § 217 UmwG Rn. 38).

392 **5. Zustimmungspflichten. a) Umwandlung in eine KGaA.** Gem. § 217 Abs. 3 UmwG müssen dem Formwechsel in eine KGaA alle die Gesellschafter zustimmen, die in der KGaA die **Stellung eines persönlich haftenden Gesellschafters** haben sollen. Hierdurch soll sichergestellt werden, dass den Gesellschaftern, die der persönlichen Haftung unterliegen, nicht durch Mehrheitsentscheidung diese persönliche Haftung aufgedrängt werden kann.

393 **b) Allgemeine Zustimmungspflichten.** I. Ü. sind die **allgemeinen Zustimmungspflichten** zu berücksichtigen (vgl. oben Teil 4 Rdn. 231 ff.), wobei insb. Folgendes eine Rolle spielen könnte:
– Zustimmung bei Genehmigungsbedürftigkeit der Anteilsabtretung (§ 193 Abs. 2 UmwG; vgl. auch oben Teil 4 Rdn. 233),
– Zustimmungspflicht beim nicht verhältniswahrenden Formwechsel.

394 **6. Notarielle Beurkundung der Gesellschafterversammlung.** Da auch beim Formwechsel einer Personenhandelsgesellschaft § 193 Abs. 3 UmwG gilt, sind der Umwandlungsbeschluss und die etwa erforderliche Zustimmungserklärung notariell zu beurkunden (vgl. hierzu oben Teil 4 Rdn. 167 ff.).

Bei der Fassung des Protokolls ist zu berücksichtigen, dass wenn die Umwandlung mehrheitlich be- **395** schlossen wird, nach § 217 Abs. 2 UmwG eine **namentliche Aufführung** der zustimmenden Gesellschafter in der Niederschrift erforderlich ist (vgl. oben Teil 4 Rdn. 391).

V. Inhalt des Umwandlungsbeschlusses

Der Inhalt des Umwandlungsbeschlusses ergibt sich auch bei Personenhandelsgesellschaften aus der **396** allgemeinen Regelung in § 194 UmwG; allerdings ist § 218 UmwG zu beachten, wonach auch der Gesellschaftsvertrag oder die Satzung der neuen Kapitalgesellschaft oder Genossenschaft Teil des Umwandlungsbeschlusses sein muss (vgl. oben Teil 4 Rdn. 128 ff.). Zu den einzelnen Punkten des Umwandlungsbeschlusses sind daher folgende Ergänzungen und Besonderheiten zu beachten (vgl. i. Ü. oben Teil 4 Rdn. 128 ff.).

1. Neue Rechtsform. Beim Formwechsel einer Personenhandelsgesellschaft muss im Umwandlungs- **397** beschluss an dieser Stelle genannt werden, ob der Formwechsel in eine Partnerschaftsgesellschaft, GmbH, AG oder eine KGaA oder eine Genossenschaft erfolgen soll.

2. Firma des neuen Rechtsträgers. Hier ist die Firma des Rechtsträgers neuer Rechtsform anzuge- **398** ben.

3. Angabe der Beteiligung der Gesellschafter an der neuen Gesellschaft oder Genossenschaft. Nach § 194 Abs. 1 Nr. 3 UmwG muss im Umwandlungsbeschluss bestimmt werden, welche **399** Beteiligung die Gesellschafter einer Personenhandelsgesellschaft bzw. die Partner bei der Partnerschaftsgesellschaft an der neuen Gesellschaft erhalten sollen. Hierbei ist in erster Linie zu bestimmen, dass die Gesellschafter der Personenhandelsgesellschaft **auch weiterhin Gesellschafter der Kapitalgesellschaft** oder Genossen der Genossenschaft sind. Wie bereits dargelegt (vgl. oben Teil 4 Rdn. 85 ff.), ist § 194 Abs. 1 Nr. 3 UmwG Ausdruck des sog. Identitätsgrundsatzes.

4. Zahl, Art und Umfang der Anteile oder Geschäftsanteile an der neuen Gesellschaft oder Genossenschaft. Auch für den Formwechsel einer Personenhandelsgesellschaft sind die Bestimmun- **400** gen gem. § 194 Abs. 1 Nr. 4 UmwG am bedeutendsten (vgl. im Einzelnen Teil 4 Rdn. 143 ff.). Danach sind **Zahl, Art und Umfang der Anteile** oder der Mitgliedschaften, welche die Gesellschafter durch den Formwechsel erlangen sollen, im Umwandlungsbeschluss genau zu bezeichnen. Zu bestimmen ist also die quantitative und qualitative Beteiligung der Gesellschafter an der neuen Gesellschaft oder Genossenschaft. Hierbei kommt es auch entscheidend auf die Gesellschaft neuer Rechtsform an.

a) Festsetzung von Stammkapital bzw. Grundkapital bei der Umwandlung in eine GmbH oder AG. Wie oben dargelegt (vgl. Teil 4 Rdn. 150 ff.) besteht die erste Frage darin, **welches Stamm- bzw.** **401** **Grundkapital** die neue Kapitalgesellschaft erhalten soll. Hier ist zunächst § 220 Abs. 1 UmwG zu beachten, der bestimmt, dass der Nennbetrag des Stammkapitals oder Grundkapitals das nach Abzug der Schulden verbleibende Vermögen der formwechselnden Gesellschaft nicht übersteigen darf. Die Vorschrift bestimmt aber, wie bereits dargelegt, dass für die Überprüfung dieser Voraussetzung das Reinvermögen der formwechselnden Personenhandelsgesellschaft entscheidend ist (so Begründung zum RegE, BR-Drucks. 75/94, S. 150; abgedruckt in: Limmer, Umwandlungsrecht, S. 345).

Es stellt sich daher die allgemeine Frage, ob sich das Grund- bzw. Stammkapital automatisch aus den **402** Buchwerten des Kapitals in der Handelsbilanz der Personengesellschaft ergibt oder ob eine sog. **Buchwertaufstockung** bis zu Zeitwerten des Vermögens abzgl. Verbindlichkeiten zulässig ist (vgl. oben Teil 4 Rdn. 26 ff., 152 ff.). Wie bereits dargelegt, steht die herrschende Meinung auf dem Standpunkt, dass für die Frage der Kapitaldeckung auf die Verkehrswerte und nicht die Buchwerte abzustellen ist (vgl. oben Teil 4 Rdn. 26, 152, vgl. OLG Frankfurt, ZIP 2015, 1229; vgl. Kallmeyer/Dirksen/Blasche, UmwG, § 220 Rn. 8; Lutter/Jost, UmwG, § 220 Rn. 10; Lutter/Bayer, UmwG, § 264 Rn. 2; Widmann/Mayer/Vossius, Umwandlungsrecht, § 220 UmwG Rn. 16; KK-UmwG/Petersen, § 220 UmwG Rn. 6 ff.; Stratz, in: Schmitt/Hörtnagl/Stratz, UmwG/UmwStG, § 220 UmwG Rn. 6; Schlitt, in: Semler/Stengel, § 220 UmwG Rn. 16 ff.; Priester, DB 1995, 911, 914; ders., DNotZ 1995, 427, 452; Fischer, BB 1995, 2173, 2174; Usler, MittRhNotK 1998, 54; Zimmermann, DB 1999, 948;). Maßgeblicher

Zeitpunkt ist der Zeitpunkt der Registeranmeldung, in diesem Zeitpunkt muss die Gesellschaft über ein Aktivvermögen verfügen, dass das Mindestkapital des neuen Rechtsträgers deckt. Aus dieser Möglichkeit der Buchwertaufstockung folgt auch ein entsprechendes **Gestaltungsrecht bei der Festsetzung des Grund- bzw. Stammkapitals** der neuen Gesellschaft. Es muss daher im Umwandlungsbeschluss bestimmt werden, in welcher Weise von der Buchwertaufstockung Gebrauch gemacht wird. Dementsprechend richten sich dann auch die Art und die Zahl der neuen Geschäftsanteile nach diesem Stammkapital oder Grundkapital.

403 Die Einzelheiten, wie die Kapitalfestsetzung bilanziell zu erfolgen hat, sind noch nicht vollständig geklärt (vgl. ausführlich Zimmermann, DB 1999, 948 ff.). Dabei sind folgende **Gestaltungsvarianten** zu unterscheiden:

Das bilanzielle Eigenkapital der Personenhandelsgesellschaft übersteigt das festgesetzte Nennkapital	Übersteigt das bilanzielle Eigenkapital der Personenhandelsgesellschaft das festgesetzte Grund- bzw. Stammkapital des neuen Rechtsträgers, so ist der steigende Betrag den übrigen Kapitalkategorien zuzuordnen, die für die Kapitalgesellschaften gesetzlich vorgesehen sind. Daher ist das der Personenhandelsgesellschaft durch Gesellschaftereinlagen zugeführte Kapital zunächst dem festgesetzten Grund- bzw. Stammkapital zuzuordnen; der verbleibende Betrag wird den Kapital- und Gewinnrücklagen gem. § 272 Abs. 2 und Abs. 3 HGB zugeordnet (vgl. IDW, WPg 1996, 507, 508; Zimmermann, DB 1999, 948 f.). Ein Teil der Literatur ist der Meinung, dass überschießende auch in Gesellschafterdarlehen umgewandelt oder ausgezahlt werden können (so Kallmeyer/Dirksen/Blasche, UmwG, § 218 Rn. 8; Zimmermann, DB 1999, 948, 949; Schlitt, in: Semler/Stengel, § 218 UmwG Rn. 16; Lutter/Joost, § 218 UmwG Rn. 9). Nach anderer Meinung ist dies problematisch (krit. Widmann/Mayer/Vossius, Umwandlungsrecht, § 218 UmwG Rn. 23).
Das bilanzielle Eigenkapital der Personenhandelsgesellschaft deckt nicht das gesetzlich vorgeschriebene Mindestnennkapital der neuen Rechtsform (Fall der Buchwertaufstockung)	Reicht das buchmäßige Kapital in der Bilanz der formwechselnden Personengesellschaft nicht aus um das Mindestkapital des neuen Rechtsträgers zu decken, so ist eine Buchwertaufstockung erforderlich. Die Einzelheiten der Buchwertaufstockung sind noch umstritten (vgl. oben Teil 4 Rdn. 153). Z. T. wird eine Wertaufstockung unter Durchbrechung der Bilanzkontinuität zugelassen. Erforderlich wäre dann eine Eröffnungsbilanz, bei der Wirtschaftsgüter bis zu den Zeitwerten angesetzt werden könnten (so Priester, DB 1995, 911, 915 ff.; Müller/Gattermann, WPg 1996, 868, 870;). Ein anderer Teil der Literatur, insb. das Institut der Wirtschaftsprüfer, will den Differenzbetrag als Bilanzverlust auf der Aktivseite der Handelsbilanz ausweisen (vgl. IDW ERS HFA 41 »Auswirkungen eines Formwechsels auf den handelsrechtlichen Jahresabschluss«, WPg Supplement 2/2011, S. 137 ff., FN-IDW 6/2011, S. 374 ff.; Widmann/Mayer/Vossius, Umwandlungsrecht, § 220 UmwG Rn. 27; Kallmeyer/Müller, UmwG, § 220 Rn. 11; dazu krit. KölnerKomm-UmwG/Dauner-Lieb/Tettinger, § 220 UmwG Rn 11). Dieser Bilanzverlust sei vorrangig als künftiger Gewinn zu tilgen und stellt damit eine Ausschüttungssperre dar. Nach einer dritten Auffassung schließlich kann der Ausgleich des formwechselbedingten Unterschiedsbetrages auch über § 265 Abs. 5 Satz 2 HGB durch Bilanzierung eines Sonderpostens hergestellt werden (so Stratz, in: Schmitt/Hörtnagl/Stratz, UmwG/UmwStG, § 220 UmwG Rn. 11; vgl. auch Zimmermann, DB 1999, 949).

404 ▶ **Hinweis:**

Der Kapitalnachweis im registergerichtlichen Verfahren ist bei einer Buchwertaufstockung naturgemäß schwerer zu führen als bei der Buchwertfortführung, da in diesem Zusammenhang auf frühere Bilanzen Bezug genommen werden kann. Soll eine Buchwertaufstockung erfolgen, ist u. U. die testierte Einbringungsbilanz vorzulegen (vgl. Kallmeyer/Dirksen/Blasche, UmwG, § 220 Rn. 11). Das Registergericht kann dann allerdings auch weitere Unterlagen verlangen.

b) Verteilung des Vermögens der Personenhandelsgesellschaft durch Festlegung des Umfangs der neuen Geschäftsanteile oder Aktien an der neuen GmbH oder AG. Es ist sodann die Frage 405 zu klären und im Umwandlungsbeschluss festzustellen, wie das im Umwandlungsbeschluss festgelegte Grund- bzw. Stammkapital der neuen Gesellschaft auf die einzelnen Gesellschafter der Personenhandelsgesellschaft verteilt wird. Festzulegen ist also der **Aufteilungsmaßstab** (vgl. im Einzelnen oben Teil 4 Rdn. 158 ff.). Soll eine **verhältniswahrende Umwandlung** durchgeführt werden, muss hier geprüft werden, welcher Maßstab für die Verteilung des neuen Grund- oder Stammkapitals maßgebend ist. Hierbei ist zu berücksichtigen, dass der sog. **Kapitalanteil** nicht den absoluten Wert der Beteiligung wiedergibt, denn die Summe der Kapitalanteile ist nicht identisch mit dem Wert des Gesellschaftsvermögens. Der Kapitalanteil ergibt auch nicht zwingend die verhältnismäßige Beteiligung der Gesellschafter am Gesellschaftsvermögen (vgl. K. Schmidt, Gesellschaftsrecht, § 47 Abs. 3 Satz 2, S. 1377 ff.). Es kommt hier darauf an, welche interne Verteilung die Gesellschafter nach ihrem Gesellschaftsvertrag gewählt haben. Häufig ist im Gesellschaftsvertrag eine Regelung der Kapitalkonten so gewählt worden, dass diese tatsächlich die verhältnismäßige Beteiligung am Vermögen widerspiegelt. In der Praxis wird das Kapitalkonto häufig in einen festen Teil für die Einlage (Kapitalkonto I) und einen variablen Teil für Gewinne, Verluste und Entnahmen (Kapitalkonto II) zweigeteilt (zu den Kapitalkonten vgl. ausführlich oben Teil 2 Rdn. 779 ff. und Oppenländer, DStR 1999, 939 ff.; Rodewald, GmbHR 1998, 521 ff.; aus steuerrechtlicher Sicht BMF-Schreiben v. 30.05.1997, BStBl. 1997 I, S. 627 ff. und v. 26.11.2004, BStBl. 2004 I, S. 1190 ff.; Heymann/Emmerich, HGB, § 120 Rn. 31; K. Schmidt, Gesellschaftsrecht, § 47 Abs. 2 Satz 2d; Leitzen, ZNotP 2009, 255 ff.; Doege, DStR 2006, 489 ff.; Ley, DStR 2009, 613 ff.; Kempermann, DStR 2008, 1917 ff.; Wälzholz, DStR 2011, 1815 ff). Diese Kapitalkonten können, soweit sie Eigenkapital darstellen, dann für die Verteilung des Stammkapitals herangezogen werden, wenn sie auch in der Liquidation der Personenhandelsgesellschaft Verteilungsmaßstab wären. Wie dargelegt, ist auch für die Verteilung des Stammkapitals oder des Grundkapitals entscheidend, wie bei einer Liquidation das Vermögen der Gesellschaft auf die Gesellschafter verteilt werden müsste. Nach § 155 HGB ist der Kapitalanteil maßgebend für das Auseinandersetzungsguthaben im Fall einer Liquidation. In der **Liquidationsschlussbilanz** müssen allerdings gem. § 154 HGB die Kapitalanteile neu festgesetzt werden. Dies geschieht zunächst dadurch, dass der Reinerlös der Liquidation mit dem in der letzten Jahresbilanz ausgewiesenen Eigenkapital bzw. der Summe der Kapitalanteile der Gesellschafter verglichen wird. Ergibt sich danach ein über das Eigenkapital hinausgehender Reinerlös, d. h. ein Gewinn, so ist der Betrag nach dem Gewinnverteilungsschlüssel auf die Kapitalanteile der einzelnen Gesellschafter zu verteilen (vgl. Baumbach/Hopt, HGB, § 154 Anm. 2b; Heymann/Sonnenschein, HGB, § 154 Rn. 5). Erst das Vermögen, das nach dieser Aufteilung verbleibt, ist nach dem Verhältnis der jetzt neu ermittelten Kapitalanteile an die einzelnen Gesellschafter auszuschütten (BGHZ 19, 42, 47 f.).

▶ **Beispiel:** 406

An der A und B-OHG sind A mit einem Kapitalkonto i. H. v. 20.000,00 € und B mit einem Kapitalkonto i. H. v. 10.000,00 € beteiligt. Ist der Gewinnverteilungsschlüssel ebenfalls im Verhältnis 2:1, wird eine Verteilung der Aktien bzw. der GmbH-Stammeinlagen im Verhältnis von 2:1 einer verhältniswahrenden Umwandlung entsprechen. Ist hingegen der Gewinnverteilungsschlüssel 1:1, dann müsste eine Schlussbilanz aufgestellt werden, die erkennen lässt, wie sich das Vermögen der Gesellschaft im Liquidationszeitraum entwickelt hat. Diese ist als Vermögensbilanz aufzustellen. Aus dem Vergleich mit der Eröffnungsbilanz ergibt sich als Unterschied ein Abwicklungsgewinn oder -verlust. Dieser Betrag ist wie der laufende Gewinn oder Verlust bei der werbenden Gesellschaft nach dem Gewinnverteilungsschlüssel auf die einzelnen Gesellschafter aufzuteilen und den Kapitalkonten gutzuschreiben oder hiervon abzubuchen. Dieses Vermögen, das nach dieser Aufteilung verbleibt, ist dann nach dem Verhältnis der so ermittelten Kapitalanteile aufzuteilen und stellt den Verteilungsmaßstab dar (so zur Liquidationsbilanz Heymann/Sonnenschein, HGB, § 154 Rn. 5: K. Schmidt, Liquidationsbilanzen und Konkursbilanzen, 1989, S. 56 ff.; Schärer/Heni, Liquidationsrechnungslegung, S. 198 ff.).

407 Zulässig ist allerdings auch entsprechend den Grundsätzen über den **nicht verhältniswahrenden Formwechsel** (vgl. oben Teil 4 Rdn. 167 ff.) eine völlig freie Aufteilung des Grund- oder Stammkapitals, dies allerdings nur, wenn alle Gesellschafter zustimmen.

c) Anzahl der Geschäftsanteile bzw. der Aktien. aa) Formwechsel Personengesellschaft in
408 **GmbH.** Beim Formwechsel einer Personenhandelsgesellschaft in eine GmbH gilt seit dem MoMiG § 5 Abs. 2 GmbHG, sodass ein **künftiger GmbH-Gesellschafter** anders als bei dem bei der Personengesellschaft geltenden Grundsatz, dass die Gesellschafter nur eine einheitliche Beteiligung haben können und auch **mehre Geschäftsanteile** übernehmen können.

409 Beim Formwechsel in die GmbH gilt allerdings anders als bei den sonstigen Formwechseln (vgl. oben Teil 4 Rdn. 169 ff.) der Grundsatz des § 5 Abs. 1 bis Abs. 3 GmbHG, dass die vom Personenhandelsgesellschafter zu übernehmende Stammeinlage auf volle Euro lauten muss. Bleibt unter Zugrundelegung dieser Regelung ein **nicht verteilbarer Spitzenbetrag**, ist zu erwägen, vorher eine **Anpassung durch Entnahme von Vermögenswerten** aus der Personenhandelsgesellschaft zu erreichen oder bei der GmbH eine **gemeinschaftliche Stammeinlage** zu bilden (vgl. Widmann/Mayer/Vollrath, Umwandlungsrecht, § 194 UmwG Rn. 26 ff.).

410 Ergeben sich bei der Verteilung der Stammeinlagen überschießende Beträge, können diese auch durch Einstellung in die Rücklagen zum Eigenkapital der Gesellschaft gemacht werden, also in die Kapital- und Gewinnrücklagen gem. § 272 Abs. 2 und Abs. 3 HGB (vgl. IWD, WPg 1996, 507, 508; Zimmermann, DB 1999, 949; Kallmeyer/Dirksen/Blasche, UmwG, § 218 Rn. 8). Nach obiger Auffassung können überschießende Beträge allerdings auch nach dem Verhältnis der beteiligten Gesellschafter in Gesellschafterdarlehen umgewandelt werden (so auch Kallmeyer/Dirksen/Blasche, UmwG, § 218 Rn. 8; Schlitt, in: Semler/Stengel, § 218 UmwG Rn. 16; Lutter/Joost, § 218 UmwG Rn. 9). Nach anderer Meinung ist dies problematisch (krit. Widmann/Mayer/Vossius, Umwandlungsrecht, § 218 UmwG Rn. 23). Eine genaue Bezifferung des Darlehens ist in diesen Fällen nicht erforderlich. Ebenso wäre eine Rückzahlung zulässig.

411 **bb) Umwandlung einer Personengesellschaft in eine AG.** Wird in eine AG umgewandelt, so ist das **Mindestkapital i. H. v. 50.000,00 €** (§ 7 AktG) einzuhalten. Ausgegeben werden können entweder Stückaktien, die dann keinen Nennbetrag enthalten, oder Nennbetragsaktien, die mindestens auf einen Euro lauten müssen (§ 8 AktG). Ebenfalls geregelt werden muss die Gattungsart und die Frage, ob Inhaber- oder Namensaktien ausgegeben werden.

412 **cc) Umwandlung in eine KGaA.** Wird in eine KGaA umgewandelt, so muss geklärt werden, **welcher Gesellschafter unbeschränkt haftender Gesellschafter an der KGaA wird** (§ 278 Abs. 1 AktG). Nach § 208 Abs. 2 UmwG muss daher der Beschluss vorgesehen werden, dass sich an der KGaA mindestens ein Gesellschafter als persönlich haftender Gesellschafter beteiligt. Das Gesetz lässt in diesem Zusammenhang zu, dass entweder ein Gesellschafter der Ausgangspersonengesellschaft Komplementäre wird oder dass der KGaA mindestens ein persönlich haftender Gesellschafter beitritt (§ 218 Abs. 2 UmwG). Die Vorschrift stellt daher insoweit eine Ausnahme vom Identitätsgrundsatz auf, da der beitretende Gesellschafter nicht vorher am Ausgangsrechtsträger beteiligt sein muss. Nach § 221 AktG muss der Beitritt notariell beurkundet werden. Die Satzung der KGaA ist von jedem beitretenden persönlich haftenden Gesellschafter zu genehmigen.

413 Der BGH hat geklärt, dass eine **GmbH einzige persönlich haftende Gesellschafterin** einer KGaA sein kann (BGH, NJW 1997, 1923), sodass auch i. R. d. Formwechsels der Beitritt einer GmbH nach § 218 Abs. 2 i. V. m. § 221 erfolgen kann.

5. Besonderheiten beim Formwechsel in eine Genossenschaft. a) Regelung von Hafthöhe und
414 **Haftart.** Beim Formwechsel einer Personenhandelsgesellschaft in eine Genossenschaft ist zunächst als Art der Beteiligung zu klären, welche Haftungsform die Gesellschafter erhalten sollen. **Drei verschiedene Haftungsformen** sind möglich (vgl. Schulte in: Lang/Weidmüller, GenG, § 8 Rn. 15 ff.; vgl. auch oben Teil 2 Rdn. 1189):
– die unbeschränkte Nachschusspflicht,

- die beschränkte Nachschusspflicht,
- der Verzicht auf jede Nachschusspflicht.

Handelt es sich um eine **Genossenschaft mit beschränkter Nachschusspflicht**, spielt außerdem die je- **415** weilige Haftsumme, die in den Satzungen geregelt ist, eine Rolle und kann unterschiedlich gestaltet sein.

b) Regelung des Geschäftsanteils. Ein ähnliches Regelungsbedürfnis besteht im Hinblick auf den **416** Geschäftsanteil, den die Gesellschafter als Genossen an der neuen Genossenschaft erhalten sollen. Der Geschäftsanteil ist der Betrag, zu dem sich der einzelne Genosse mit Einlagen beteiligen kann (§ 7 Nr. 1 GenG). Es handelt sich hierbei lediglich um eine **in der Satzung festzulegende Beteiligungsgröße**, die den Höchstbetrag dieser Einlage bezeichnet (vgl. dazu ausführlich oben Teil 2 Rdn. 1192; Beuthien, AG 2002, 266; Lutter/Bayer, § 80 UmwG Rn. 14; Scholder in: Semler/Stengel, § 80 UmwG Rn. 14). Der Geschäftsanteil muss für alle Mitglieder gleich sein (RGZ 64, 193). Der Geschäftsanteil ist eine bloße abstrakte Rechnungsgröße, die in der Bilanz der Genossenschaft nicht erscheint und über die tatsächliche finanzielle Beteiligung des Genossen nichts aussagt (vgl. Schlitt, in: Semler/Stengel, § 218 UmwG Rn. 60; Beuthien, GenG, § 7 Rn. 1; Müller, GenG, § 7 Rn. 1; Schulte, in: Lang/Weidmüller, GenG, § 7 Rn. 2 ff.; Hettrich/Pöhlman/Gräser/Röhrich, GenG, § 7 Rn. 1; Hillebrandt/Kessler, Berliner Kommentar zum GenG, §§ 6, 7 Rn. 12; Scholderer, in: Semler/Stengel, UmwG, § 80 Rn. 14 ff.; Beuthien, AG 2002, 266 f.). Die tatsächliche finanzielle Beteiligung ergibt sich aus dem sog. **Geschäftsguthaben**, das den Betrag darstellt, der tatsächlich auf den oder die Geschäftsanteile eingezahlt ist (vgl. Schulte, in: Lang/Weidenmüller, § 7 Rn. 5; Widmann/Mayer/Fronhöfer, Umwandlungsrecht, § 80 UmwG Rn. 8; Hettrich/Pöhlmann/Gräser/Röhrich, GenG, § 7 Rn. 3; Scholderer, in: Semler/Stengel, UmwG, § 80 Rn. 14 ff.; Beuthien, AG 2002, 266 f.; Lutter/Bayer, § 80 UmwG Rn. 15). Während der Geschäftsanteil für alle Mitglieder gleich hoch sein muss, kann die Einzahlungspflicht gestaffelt sein, wenn dafür eine sachliche Begründung besteht (relative Gleichbehandlung; Schulte, in: Lang/Weidmüller, § 7 Rn. 12; Beuthien, GenG, § 7 Rn. 8; KG, JFG 5, 279 = JW 1928, 1604; Müller, GenG § 7 Rn. 11; Hillebrand/Keßler, Berliner Kommentar zum GenG, §§ 6, 7 Rn. 21). Bei Wohnungsgenossenschaften besteht z. T. eine Differenzierung zwischen Wohnungsnutzern und sonstigen Mitgliedern oder abhängig von der Größe oder Ausstattung der überlassenen Wohnung genannt (Hillebrand/Keßler, Berliner Kommentar zum GenG, §§ 6, 7 Rn. 21).

Wie bei Kapitalgesellschaften ist auch hierbei das **Eigenkapital der Genossenschaft** zu berechnen, die- **417** ses setzt sich aus dem Geschäftsguthaben der Mitglieder und evtl. Rücklagen zusammen. Es hat grds. mit diesen beiden Komponenten **Finanzierungs- und Haftungsfunktion** (vgl. Schulte in: Lang/Weidmüller, GenG, § 7 Rn. 79; Hettrich/Pöhlmann/Gräser/Röhrich, GenG, § 7 Rn. 3). Grds. ist das Eigenkapital der Genossenschaft variabel, denn mit jedem Beitritt eines neuen Mitglieds erhöht sich das Geschäftsguthaben bzw. vermindert sich durch den Austritt. Bei einer Umwandlung muss allerdings zum Umwandlungsstichtag ein Eigenkapital bestimmt und dementsprechend das Geschäftsguthaben und die Geschäftsanteile auf die einzelnen Genossen verteilt werden. Die Verteilung erfolgt entsprechend den Regelungen beim Formwechsel in eine Kapitalgesellschaft. § 218 Abs. 3 UmwG konkretisiert § 194 Abs. 1 Nr. 4 UmwG für die Umwandlung einer Personenhandelsgesellschaft in eine Genossenschaft. Der Beschluss zur Umwandlung in eine Genossenschaft muss daher die Beteiligung jedes Mitglieds mit mindestens einem Geschäftsanteil vorsehen (vgl. Widmann/Mayer/Vossius, § 218 UmwG Rn. 29 ff.; Stratz, in: Schmitt/Hörtnagl/Stratz, § 218 UmwG Rn. 9 ff.; Lutter/Joost, § 218 UmwG Rn. 56 ff.; Schlitt, in: Semler/Stengel, § 218 UmwG Rn. 59). In dem Beschluss kann auch bestimmt werden, dass jedes Mitglied bei der Genossenschaft mit mindestens einem und i. Ü. mit so vielen Geschäftsanteilen, wie sie durch Anrechnung seines Geschäftsguthabens bei dieser Genossenschaft als voll eingezahlt anzusehen sind, beteiligt wird. Durch diese Vorschrift kann also zur Erhaltung der Kapitalgrundlage der Personenhandelsgesellschaft auch eine gestaffelte Beteiligung mit mehreren Geschäftsanteilen vorgesehen werden, die nach dem Grundsatz der Gleichbehandlung das Verhältnis berücksichtigen müssen, in dem die Gesellschafter an der Personenhandelsgesellschaft bisher beteiligt waren. Dieser Bezug soll dadurch hergestellt werden, dass die Geschäftsguthaben der einzelnen Genossen auf der Grundlage ihrer bisherigen Beteiligung an der Personenhandelsgesellschaft zu berechnen sind. I. d. R. ist daher zur Erhaltung der kapitalmäßigen Beteiligung der Gesellschafter an der Personenhandelsgesellschaft auch bei der Genossenschaft eine Regelung vorzusehen, die die Möglichkeit mehrerer

Geschäftsanteile zulässt. Die Höchstzahl der zu erwerbenden Anteile ist daher so zu bemessen, dass die Kapitalbeteiligungen der Personenhandelsgesellschafter bei der übernehmenden Genossenschaft als Geschäftsguthaben und damit als Kapitalbasis erhalten bleibt (vgl. Widmann/Mayer/Vossius, § 218 UmwG Rn. 29 ff.; Stratz, in: Schmitt/Hörtnagl/Stratz, § 218 UmwG Rn. 9 ff.; Lutter/Joost, § 218 UmwG Rn. 56 ff.; Schlitt, in: Semler/Stengel § 218 UmwG Rn. 59).

418 **6. Besonderheiten bei der Umwandlung einer GmbH & Co. KG.** In der Praxis hat sich der **Gesellschafter ohne Kapitalanteil** entwickelt (vgl. Heymann/Emmerich, HGB, § 120 Rn. 26; K. Schmidt, Gesellschaftsrecht, § 47 Abs. 3 S. 1138; Binz/Sorg, Die GmbH & Co. KG, § 3 Rn. 28 ff.; Gummert in: Münchener Handbuch des Gesellschaftsrechts Bd. 2, § 50 Rn. 22). Häufig wird diese Regelung bei der GmbH & Co. KG eingesetzt, wo in den Verträgen oft bestimmt ist, dass die GmbH keine Einlage leistet und auch keinen Kapitalanteil hat. Dies bedeutet, dass die übrigen Gesellschafter, i. d. R. die Kommanditisten, allein am Vermögen der KG beteiligt sind. Der Gesellschafter ohne Kapitalanteil hat daher insb. keine Ansprüche am Liquidationserlös bei Auflösung der Gesellschaft (so Heymann/Emmerich, HGB, § 120 Rn. 26; Binz/Sorg, Die GmbH & Co. KG, § 3 Rn. 28 ff.), sodass er auch bei der Umwandlung in der neuen Gesellschaft keine Beteiligung hätte. Dies würde allerdings gegen den Grundsatz der Personenidentität verstoßen, wobei allerdings umstritten ist, ob dieser in seiner strengen Form gilt (vgl. Teil 4 Rdn. 14 ff.). Es müssten daher vor dem Formwechsel Maßnahmen getroffen werden, um dieses dem Umwandlungsrecht widersprechende Ergebnis zu verhindern. Hier lassen sich unterschiedliche Gestaltungsvarianten einsetzen (vgl. Kallmeyer/Dirksen/Blasche, UmwG, § 218 Rn. 11; Lutter/Decher/Hoger, UmwG, § 202 Rn. 12). Entweder leistet die Komplementär-GmbH vor dem Formwechsel eine Einlage oder die Kommanditisten treten der GmbH vor der Umwandlung Anteile ab, dieses kann auch nur treuhänderisch erfolgen, oder die Komplementär-GmbH scheidet vor der Umwandlung aus der KG aus.

Es wurde bereits oben (Teil 4 Rdn. 16) darauf hingewiesen, dass ein Teil der Literatur der Auffassung ist, dass insb. beim Ein- und Austritt von Komplementären ohne Kapitalanteil eine **Ausnahme vom Identitätsgrundsatz** zu machen ist (vgl. Widmann/Mayer/Mayer, Umwandlungsrecht, § 197 UmwG Rn. 22; K. Schmidt, GmbHR 1995, 693, 695; ders., ZIP 1998, 181, 186; Priester, DB 1997, 565, 566; Kallmeyer, GmbHR 1996, 80, 82; Heckschen, DNotZ 2007, 451; ders., DB 2008, 2122 ff.; Lutter/Decher/Hoger, UmwG, § 202 Rn. 15; Lutter/Göthel, UmwG, § 228 Rn. 25; Stratz, in: Schmitt/Hörtnagl/Stratz, UmwG/UmwStG, § 202, Rn. 7; § 226 Rn. 3; Baßler, GmbHR 2007, 1252, 1254; Kallmeyer/Meister/Klöcker, § 194 Rn. 34). Bei dem Formwechsel in die GmbH & Co. KG wäre es daher für die Praxis eine große Erleichterung, wenn man den Beitritt der Komplementär-GmbH im Zeitpunkt des Formwechsels erreichen könnte. Wie bereits dargelegt (Teil 4 Rdn. 65) kann man dieses Ergebnis jetzt auch aus dem **BGH-Urt. v. 09.05.2005** (DNotZ 2005, 864 = ZNotP 2005, 392 = AG 2005, 613 = NZG 2005, 722 = DB 2005, 1842, dazu Simon/Leuering, NJW-Spezial 2005, 459; Decher, Der Konzern 2005, 621 ff.; Heckschen, DNotZ 2007, 451; ders.; DB 2008, 2122 ff.; Baßler, GmbHR 2007, 1262.) folgern: Die Entscheidung befasste sich im Kern mit der Stellung von Minderheitsgesellschaftern bei Umstrukturierungen. In einem obiter dictum hat der BGH aber festgestellt:

> »Der Umwandlungsbeschluss entsprach inhaltlich dem aus §§ 194 Abs. 1 Nr. 3, 202 Abs. 1 Nr. 2 Satz 1 UmwG abzuleitenden **Gebot der Kontinuität der Mitgliedschaft** bei der umgewandelten Gesellschaft. Aus diesem Prinzip folgt lediglich, dass Berechtigte, die zum Zeitpunkt der Eintragung des Formwechsels Anteilsinhaber sind, auch Mitglieder des Rechtsträgers neuer Rechtsform werden. Dabei ist es für den Formwechsel der AG in eine GmbH & Co. KG ausreichend, wenn die Hauptversammlung, wie hier, mit einer Stimmenmehrheit von 3/4 einen der bisherigen Aktionäre – oder **sogar einen im Zuge des Formwechsels neu hinzutretenden Gesellschafter** (vgl. dazu BGHZ 142, 1, 5) – mit dessen Zustimmung zum Komplementär der formgewechselten zukünftigen KG wählt und die Aktionäre i. Ü. Kommanditisten werden.«

Der BGH scheint also den Identitätsgrundsatz in erster Linie als **Minderheitenschutzelement** zu sehen: Die Gesellschafter haben das Recht Mitglieder des neuen oder bei der Verschmelzung des aufnehmenden Rechtsträgers zu werden. Umgekehrt kann man m. E. daraus folgern, dass mit deren Zustimmung der Grundsatz aufhebbar ist, also **Veränderungen im Gesellschafterbestand im Umwandlungsbeschluss zulässig sind** (eine größere Meinung in der Literatur unterstützt dies: vgl. Widmann/Mayer/

Mayer, Umwandlungsrecht, § 197 UmwG Rn. 22; K. Schmidt, GmbHR 1995, 693, 695; ders. ZIP 1998, 181, 186; Priester, DB 1997, 565, 566; Kallmeyer, GmbHR 1996, 80, 82; Heckschen, DNotZ 2007, 451; ders., DB 2008, 2122 ff.; Decher/Hoger, in: Lutter, UmwG, § 202 Rn. 15; Stratz, in: Schmitt/Hörtnagl/Stratz, UmwG/UmwStG, § 226 Rn. 3; Baßler, GmbHR 2007, 1252, 1254; krit. Kallmeyer/Meister/Klöcker, § 191, Rn. 12). Die auf **K. Schmidt** zurückgehende These (GmbHR 1995, 693; ders., ZIP 1998, 181, 186), die eine Kombination des Umwandlungsrechts mit den allgemeinen Rechtsinstituten der **Anteilsübertragung** zulassen will, ist durch dieses Urteil gestützt worden. Unklar bleibt allerdings die Frage, mit welcher Mehrheit der Ein- und Austritt erfolgen kann (vgl. Heckschen, DB 2008, 2122 ff.). Der BGH scheint die allgemeine Mehrheitsentscheidung und die Zustimmung des Aus- oder Eintretenden Gesellschafters als ausreichend anzusehen. Demgegenüber verlangt Heckschen (DB 2008, 2122 ff.) die Zustimmung aller Gesellschafter.

Diese Gestaltungsfreiheit ist auch durch das **Zweite Gesetz zur Änderung des UmwG** bestätigt worden, **419** indem der Gesetzgeber in den §§ 54 und 68 eine Ausnahme von der sog. Anteilsgewährungspflicht durch Verzicht festlegt (vgl. BR-Drucks. 548/06, S. 27): § 54 Abs. 1 Satz 3 UmwG n. F. (für die GmbH) bzw. § 68 Abs. 1 Satz 3 UmwG n. F. (für die AG) bestimmt nunmehr, dass die Kapitalerhöhung bei der übernehmenden Kapitalgesellschaft zur Disposition **aller Anteilsinhaber des übertragenden Rechtsträgers** steht. Verzichten diese in notarieller Urkunde auf die Anteilsgewährung, darf die übernehmende Gesellschaft von der Anteilsgewährung absehen. Daraus lässt sich **das grds. Prinzip der Vertragsfreiheit im Umwandlungsrecht** ableiten: Mit Zustimmung der betroffenen Gesellschafter kann auf die Schutzvorschriften – Identitätsgrundsatz und Anteilsgewährung – verzichtet werden. Wie der BGH feststellte, haben diese Grundsätze nur Schutzcharakter ggü. den Anteilsinhabern, es sind aber keine verzichtbaren oder drittschützenden Grundsätze. Insb. beim Formwechsel einer GmbH & Co. KG mit einem Komplementär ohne Kapitalanteil führt diese Lösung zu praxisgerechten Ergebnissen.

7. Sonder- und Vorzugsrechte. Gem. § 194 Abs. 1 Nr. 5 UmwG müssen im Umwandlungs- **420** beschluss auch die **Rechte bestimmt werden**, die einzelnen Anteilsinhabern sowie den Inhabern besonderer Rechte, gewährt werden sollen oder die Maßnahmen, die für diese Personen vorgesehen sind. Die Vorschrift hat insb. auch im Hinblick auf § 204 i. V. m. § 23 UmwG Bedeutung. Danach sind den Inhabern von Rechten, die kein Stimmrecht gewähren, in der neuen Gesellschaft gleichwertige Rechte zu gewähren. Insofern haben diese Gesellschafter einen Anspruch auf Aufnahme einer Regelung in den Umwandlungsbeschluss. Hier ist insb. auch zu prüfen, inwieweit einzelnen Gesellschaftern an einer Personenhandelsgesellschaft zustehende Sonderrechte auch in der neuen Gesellschaft zugebilligt werden.

8. Angebot auf Barabfindung. Beim Formwechsel einer Personenhandelsgesellschaft muss der Um- **421** wandlungsbeschluss ein **Abfindungsangebot nur dann enthalten**, wenn eine Mehrheitsentscheidung möglich ist (vgl. im Einzelnen oben Teil 4 Rdn. 242 ff.). Die Prüfung der Barabfindung ist gem. § 225 UmwG beim Formwechsel einer Personenhandelsgesellschaft nur dann erforderlich, wenn ein Gesellschafter dies verlangt, wobei die Kosten von der Gesellschaft zu tragen sind.

VI. Feststellung der Satzung des neuen Rechtsträgers

1. Notwendiger Inhalt der Satzung. Beim Formwechsel einer Personenhandelsgesellschaft in eine **422** Kapitalgesellschaft oder Genossenschaft muss gem. § 218 Abs. 1 UmwG auch der Gesellschaftsvertrag der GmbH, die Satzung der Genossenschaft oder die Satzung der AG oder KGaA festgestellt werden. Die Regierungsbegründung weist darauf hin, dass die erheblichen strukturellen Unterschiede zwischen einer Personenhandelsgesellschaft einerseits und einer Kapitalgesellschaft oder einer Genossenschaft andererseits diese Einbeziehung des Gesellschaftsvertrages oder der Satzung in den Umwandlungsbeschluss erforderlich machten (vgl. Begründung zum RegE, BR-Drucks. 75/94, S. 149; abgedruckt in: Limmer, Umwandlungsrecht, S. 344). Mit dem Umwandlungsbeschluss beschließen also auch die Gesellschafter den Gesellschaftsvertrag oder die Satzung der neuen Gesellschaft bzw. des neuen Rechtsträgers.

423 Der **notwendige Inhalt der Satzung** ergibt sich damit aus den allgemeinen Vorschriften des GmbHG, AktG (§§ 3 ff. GmbHG, § 23 AktG) oder des GenG; zu beachten ist, dass es sich im Grunde um eine **Sachgründung** handelt (vgl. Priester, DNotZ 1995, 427, 451; Kallmeyer/Dirksen/Blasche, UmwG, § 218 Rn. 4 ff.; Lutter/Joost, UmwG, § 218 Rn. 3 ff.):

AG	Firma, Sitz, Gegenstand des Unternehmens, Höhe des Grundkapitals, die Zerlegung des Grundkapitals entweder in Nennbetragsaktien oder in Stückaktien, bei Nennbetragsaktien deren Nennbeträge und die Zahl der Aktien jeden Nennbetrags, bei Stückaktien deren Zahl, außerdem, wenn mehrere Gattungen bestehen, die Gattung der Aktien und die Zahl der Aktien jeder Gattung, ob die Aktien auf den Inhaber oder auf den Namen ausgestellt werden die Zahl der Vorstandsmitglieder oder die Regelung über die Festlegung dieser Zahl und die Form der Bekanntmachung der Gesellschafter;
GmbH	Firma und Sitz der Gesellschaft, Gegenstand des Unternehmens, Betrag des Stammkapitals, die Zahl und die Nennbeträge der Geschäftsanteile, die jeder Gesellschafter gegen Einlage auf das Stammkapital (Stammeinlage) übernimmt
Genossenschaft	Firma und Sitz der Genossenschaft, Gegenstand des Unternehmens, Bestimmungen über die Haftsumme und die Bestimmungen über die Form für die Einberufung der Generalversammlung der Genossen, sowie für die Beurkundung ihrer Beschlüsse und über den Vorsitzenden der Versammlung, Bestimmungen über die Form, in welcher Bekanntmachung zu veröffentlichen sind. Ferner Bestimmungen über den Geschäftsanteil, sowie die Einzahlung auf den Geschäftsanteil und die Bildung einer gesetzlichen Rücklage;
KGaA	Bei der Umwandlung in eine KGaA muss mindestens ein Gesellschafter die persönliche Haftung übernehmen. § 218 Abs. 2 UmwG bestimmt deshalb, dass der Beschluss zur Umwandlung die Beteiligung mindestens eines Gesellschafters als persönlich haftenden Gesellschafter vorsieht (vgl. außerdem § 218 Abs. 2 und Abs. 3 UmwG).

424 Bei der **Ausgestaltung der Satzung** ist allerdings zu beachten, dass die Satzung inhaltlich den Vorgaben des Umwandlungsbeschlusses, soweit dieser Satzungsfragen regelt, entsprechen muss. Ferner ist zu berücksichtigen, dass neben den allgemeinen formwechselnden Vorschriften auch im übrigen die Sachgründungsvorschriften des AktG bzw. GmbHG zu beachten sind und wie bei der Neugründung einer AG oder GmbH der **Gründungsaufwand nach § 26 Abs. 2 AktG**, der bei der GmbH analog angewendet wird (vgl. Baumbach/Hueck/Fastrich, § 5 GmbHG Rn. 57, Cramer, NZG 2015, 373), in der Satzung anzugeben ist, also die Kosten des Formwechsels (so h.M. Widmann/Mayer/Mayer, § 197 UmwG Rn. 27; Lutter/Decher/Hoger, § 197 UmwG Rn. 23; Bärwaldt in: Semler/Stengel, § 197 UmwG Rn. 21, 42; Stratz, in: Schmitt/Hörtnagl/Stratz, § 197 UmwG Rn. 16). Unrichtig ist mE die Meinung, die wie bei einer Neugründung einen Höchstbetrag verlangt, so dass der Rest von den Gesellschaftern getragen werden müßte. Die Gesellschafter kommen hierfür richtigerweise nicht in Frage, da sie gerade nicht Gründer sind (§ 245 Abs. 1 UmwG gilt nicht) und nach h.M. nicht einer Gründerhaftung unterliegen (so zu Recht Kerschbaumer, NZG 2011, 892, 894; ähnlich bereits Priester, AG 1986, 29, 32). Kerschbaumer (NZG 2011, 892, 894) weist zu Recht darauf hin, dass bei der Neugründung einer GmbH diese erst mit der Eintragung entsteht. Zuvor entstandene Gründungskosten können somit grundsätzlich nicht Kosten der Gesellschaft sein, die zum Zeitpunkt der Entstehung der Kosten noch gar nicht wirksam als Rechtsträger besteht. Beim Formwechsel wird der Rechtsträger hingegen nicht neu gegründet. Vielmehr wechselt der bereits bestehende Rechtsträger seine Rechtsform. Der Rechtsträger als solcher bleibt dabei mit allen Forderungen und Verbindlichkeiten bestehen. Die Kosten des Formwechsels sind daher vollständig von dem Rechtsträger zu tragen, unabhängig von etwaigen gesellschaftsvertraglichen Bestimmungen. Zu beachten ist allerdings, dass dies in der Literatur (Cramer, NZG 2015, 373) und in einigen Formularbüchern offenbar anders gesehen wird und Höchstgrenzen vorgesehen sind (z.B. Mozka/Hübner, in: Müchener Vertragshandbuch, gesellschaftsrecht Band, 7. Aufl. 2011, Formular XIII 5, Rn. 15, 23; Widman/Mayer/Vossius, Umwandlungsrecht, Anhang 4 Mustersatz 22, Rn. M 156). Auch die Gerichte scheinen dies zu erwarten, so dass im Zweifel eine Klärung mit dem Gericht sinnvoll erscheint oder vosrischthalber eine Höchstgrenze anzugeben ist. Dabei ist dann wieder zu beachten, dass das Gesetz zwar keine Obergrenze vorsieht, dass aber Gründungsaufwand von den Registergerichten idR bis 10 % des ausgewiesenen Stammkapitals ohne Einzelnachweis akzeptiert wird (Jürgenmeyer/Maier BB 1996, 2135, 21399. So hat das OLG Celle entschieden (NZG

2014, 1383, Anm. Cramer, NZG 2015, 373, der eine ostentragung bis zur Höhe des Stammkapitals befürwortet): »Sieht eine GmbH-Satzung vor, dass die GmbH mit einem Stammkapital von 25.000.– € Gründungskosten bis zu 15.000.– € trägt, so sind diese Kosten unangemessen; diese Satzungsgestaltung ist unzulässig und steht der Eintragung im Handelsregister entgegen. Das ist auch dann nicht anders, wenn diese GmbH im Wege der Umwandlung entsteht und als Sacheinlage eine Kommanditgesellschaft eingebracht wird.«

Vgl. zur Regelungsfreiheit bei der Satzungsgestaltung unten Teil 4 Rdn. 193 ff.

2. Strukturwahrung durch Umwandlung. Das seit 1995 geltende UmwG hat ebenso wenig wie das **425** bis 1995 geltende Recht die Frage geregelt, inwieweit **umwandlungsbedingte Strukturänderungen** i. R. d. Möglichen auszugleichen sind. Insb. beim Formwechsel einer Personenhandelsgesellschaft in eine Kapitalgesellschaft kann diese Frage besonders problematisch werden. So sind etwa bei der Personenhandelsgesellschaft die persönlich haftenden Gesellschafter i. d. R. auch geschäftsführungsberechtigt. Durch die Umwandlung werden die bisherigen geschäftsführenden Gesellschafter nicht automatisch Vorstände der AG oder Geschäftsführer der GmbH, sondern sind durch Mehrheitsbeschluss neu zu bestellen. Es stellt sich daher die Frage, auf welche Weise solchen umwandlungsbedingten Strukturänderungen Rechnung zu tragen ist. Wie oben dargelegt, hat das UmwG 1995 eine Reihe von **Zustimmungspflichten von Sonderrechtsinhabern** vorgesehen (vgl. Teil 4 Rdn. 231 ff.). Anders als beim Formwechsel einer GmbH fehlt allerdings eine § 50 Abs. 2 GmbHG vergleichbare Vorschrift, die insb. Geschäftsführungsrechte und dergleichen sichert. Beim Formwechsel einer Personenhandelsgesellschaft verbleibt es nur bei der allgemeinen Regelung des § 193 Abs. 2 (vgl. Teil 4 Rdn. 233 ff.), die aber nur die Zustimmung bei der Genehmigungspflicht der Anteilsabtretung verlangt. Außerdem gilt gem. § 204 UmwG der Verwässerungsschutz des § 23 UmwG ebenfalls beim Formwechsel einer Personenhandelsgesellschaft.

Ist ein **Formwechsel nur durch Einstimmigkeit**, wie im Regelfall bei der Personenhandelsgesellschaft, **426** möglich, so stellt sich die Problematik nicht in der genannten Schärfe. In diesem Fall ist dann durch entsprechende Ausgestaltung der Satzung der neuen Gesellschaft sicherzustellen, dass die Gesellschafter mit besonderem Recht, etwa Geschäftsführungsrechten, auch in der neuen Gesellschaft vergleichbare Rechte erhalten, damit auf diese Weise die Zustimmung erreicht werden kann.

Beim **Formwechsel in eine AG** kann auch die Aktienbeteiligung der einzelnen Gesellschafter der um- **427** zuwandelnden Personenhandelsgesellschaft entsprechend ihrer Mitgliedschaftsrechte bei der Personenhandelsgesellschaft ausgestaltet werden (Stimmrecht, Gewinnanteil, Anteil am Abwicklungserlös, soweit dies nach Aktienrecht zulässig ist). Bei der **GmbH** ist dies noch einfacher, da hier relativ weitgehende Gestaltungsfreiheit besteht.

Schwieriger ist die Situation zu beurteilen, wenn der Gesellschaftsvertrag einer Personenhandelsgesell- **428** schaft einen **Formwechsel durch Mehrheitsbeschluss** vorsieht. Es besteht dann die Gefahr, dass den Gesellschaftern Rechtspositionen durch Mehrheitsbeschluss entzogen werden können, ohne dass sie entsprechende Rechte an der neuen Gesellschaftsform erhalten. Zum alten Umwandlungsrecht wurde in der Literatur z. T. die Auffassung vertreten, dass die Struktur der neuen Gesellschaft der alten Struktur möglichst nahe kommen muss (so Mecke, ZHR 153, 1989, 35, 50). Z. T. wurde zur Begründung hierfür das Prinzip der Gleichbehandlung der Gesellschafter herangezogen, bei gleichen Voraussetzungen nicht schlechter als andere Gesellschafter gestellt zu werden.

Zum UmwG 1995 ist allerdings zu berücksichtigen, dass § 195 Abs. 2 UmwG bestimmt, dass eine **429** **Klage gegen die Wirksamkeit des Umwandlungsbeschlusses** nicht darauf gestützt werden kann, dass die neuen Anteile »keinen ausreichenden Gegenwert für die Anteile oder Mitgliedschaft bei dem formwechselnden Rechtsträger« sind.

Als Ausgleich für den **Verlust des Anfechtungsrechts** wird den Anteilsinhabern in § 196 UmwG nur die **430** Möglichkeit zugebilligt, in einem Spruchverfahren Ausgleich durch bare Zuzahlung zu verlangen. Man könnte hieraus schließen, dass insb. der Verlust von Sonderrechten nur finanziell ausgeglichen werden muss. Andererseits nennt die Regierungsbegründung § 193 Abs. 2 UmwG als Ausdruck des allgemeinen Rechtsgedankens, dass Sonderrechte eines Anteilsinhabers nicht ohne dessen Zustimmung beeinträchtigt werden dürfen (vgl. Begründung zum RegE, BR-Drucks. 75/94, S. 139; abgedruckt in:

Limmer, Umwandlungsrecht, S. 334). Wie bereits oben dargelegt könnte man das Gesetz über seinen Wortlaut hinaus dahin gehend auslegen, dass nicht nur die Fälle einer Anteilsvinkulierung, sondern ganz generell der auch zum alten Recht vertretene Grundsatz in § 193 Abs. 2 UmwG ebenso wie in § 13 Abs. 2 UmwG festgeschrieben werden soll, dass alle Formen der Sonderrechte, auch Geschäftsführungsrechte, geschützt werden und daher die Zustimmung des betroffenen Rechtsinhabers erforderlich ist.

VII. Bestellung der ersten Organe

431 Bei der Umwandlung einer Personenhandelsgesellschaft werden die bisherigen geschäftsführenden Gesellschafter **nicht automatisch Geschäftsführer der GmbH** oder Vorstände der AG. § 197 UmwG bestimmt daher allgemein, dass auf den Formwechsel die für die neue Rechtsform geltenden Gründungsvorschriften anzuwenden sind. Hieraus folgt, dass auch die Vorschriften über die Bestellung der ersten Organe ebenfalls i. R. d. Umwandlungsvorganges anzuwenden sind (vgl. oben Teil 4 Rdn. 286 ff.; Hoger, ZGR 2007, 868 ff.; Kallmeyer/Meister/Willemsen, UmwG, § 194 Rn. 56, § 197 Rn. 20 ff., 37 ff., 58 ff., § 202 Rn. 24 f.; Widmann/Mayer/Mayer, Umwandlungsrecht, § 197 UmwG Rn. 50, 171; Widmann/Mayer/Vossius, Umwandlungsrecht, § 202 UmwG Rn. 32; Kübler, in: Semler/Stengel, UmwG, § 202 Rn. 10; Lupp, Die Auswirkungen einer Umwandlung auf Anstellungsverhältnisse von Vorständen und GmbH-Geschäftsführern, S. 13; Veil, Umwandlung einer AG in eine GmbH, S. 210 ff.).

432 **1. Formwechsel in eine GmbH.** Die Geschäftsführer sind daher gem. § 6 Abs. 3 Satz 2 GmbHG im Gesellschaftsvertrag oder durch gesonderten Gesellschafterbeschluss zu bestellen (Lutter/Joost, UmwG, § 218 Rn. 14; Kallmeyer/Dirksen/Blasche, UmwG, § 218 Rn. 16; Widmann/Mayer/Vossius, Umwandlungsrecht, § 218 UmwG Rn. 44 ff.). Soll die GmbH einen fakultativen Aufsichtsrat haben, können seine Mitglieder vor Eintragung oder später bestellt werden (§ 52 Abs. 2 GmbHG). Da nach § 219 Satz 1 UmwG bei der Anwendung der Gründungsvorschriften den Gründern die Gesellschafter der formwechselnden Personenhandelsgesellschaft gleichstehen, ist also die Organbestellung auch durch diese Gesellschafter vorzunehmen (Kallmeyer/Dirksen/Blasche, UmwG, § 218 Rn. 14). Bei Anwendung des MitbestG erfolgt die Bestellung durch den Aufsichtsrat (Kallmeyer/Dirksen/Blasche, UmwG, § 218 Rn. 14).

433 Erhält die GmbH einen **Aufsichtsrat**, so ist die Bestimmung der Mitglieder Teil des Umwandlungsbeschlusses (Lutter/Joost, UmwG, § 218 Rn. 15; Kallmeyer/Dirksen/Blasche, UmwG, § 218 Rn. 17). Besteht aus Gründen der MitBestG oder des BetrVG ein zwingender Aufsichtsrat sind Angaben im Umwandlungsbeschluss erforderlich. Umstritten ist, ob der mitbestimmte Aufsichtsrat, bereits im Gründungsstadium zu bilden ist (vgl. Streitstand bei Halm, BB 2000, 1849 ff.; Krause-Ablaß/Link, GmbHR 2005, 731 ff.; Lutter/Joost, UmwG, § 218 Rn. 16). Das BayObLG hat im Beschl. v. 09.06.2000 (BB 2000, 1538) dies abgelehnt (ebenso Halm, BB 2000, 1849 ff.; a. A. Lutter/Joost, UmwG, § 218 Rn. 16). Die wohl herrschende Meinung geht davon aus, dass der Aufsichtsrat bereits im Gründungsstadium einzusetzen ist (Kallmeyer/Dirksen/Blasche, UmwG, § 218 Rn. 17 ff.; Schlitt, in: Semler/Stengel, UmwG, § 218 Rn. 27; Lutter/Joost, § 218 UmwG Rn. 16). Umstritten ist, ob die durch das **Zweiten Gesetz zur Änderung des UmwG** in § 197 Satz 3 erfolgte Ergänzung (vgl. dazu oben Teil 4 Rdn. 292) auch bei der GmbH analog gilt (dafür spricht sich Widmann/Mayer/Mayer, Umwandlungsrecht, § 197 UmwG Rn. 15 aus, dagegen die wohl h. M.: Kallmeyer/Dirksen/Blasche, UmwG, § 218 Rn. 17 ff.; Schlitt, in: Semler/Stengel, UmwG, § 218 Rn. 27; Lutter/Joost, § 218 UmwG Rn. 16).

434 **2. Formwechsel in eine AG.** Auch für den **Formwechsel in eine AG** gilt, dass die Bestellung der ersten Organe erforderlich ist. Das bis 1995 geltende Recht hatte die Frage nicht ausdrücklich geregelt, ob auf die beim Formwechsel bislang notwendige Neubestellung des Aufsichtsrats in der Gesellschaft neuer Rechtsform die Vorschriften des für die neue Rechtsform geltenden Gründungsrechts über die Bildung des ersten Aufsichtsrats (§ 30 AktG) anzuwenden sind (vgl. oben Teil 4 Rn. 276 ff.).

435 Zum vor 1995 geltenden Umwandlungsrecht war die überwiegende Meinung der Auffassung, dass zumindest beim Formwechsel einer GmbH in eine AG und beim Formwechsel einer AG in eine GmbH selbst dann, wenn der formwechselnde Rechtsträger einen Aufsichtsrat hatte, keine sog. Amtskontinui-

tät vorliege und deshalb das Amt der bisherigen Aufsichtsratmitglieder anlässlich der Umwandlung ende (so Semler/Grunewald, in: Geßler/Hefermehl, AktG, § 377 Rn. 13; § 317 Rn. 14; KK-AktG/Zöllner, § 370 Rn. 8; § 377 Rn. 12; Rowedder/Zimmermann, GmbHG, 2. Aufl., Anh. zu § 77 Rn. 45: a. A. Dehmer, UmwG, UmwStG, 1. Aufl., § 377 AktG Anm. 2, der von einer Amtskontinuität ausgeht, ebenso Pöstler, BB 1993, 81). Lediglich beim **Formwechsel einer AG in eine KGaA** war die überwiegende Meinung der Auffassung, dass sich, wenn sich die Zusammensetzung und Mitgliederzahl des Aufsichtsrates nicht ändere, die Aufsichtsratmitglieder der AG auch bei der KGaA im Amt bleiben, da durch die formwechselnde Umwandlung die Identität der Gesellschaft nicht berührt wird (vgl. Dehmer, UmwG, UmwStG, 1. Aufl., § 363 AktG Anm. 7 m. w. N.).

In den meisten Fällen war daher die überwiegende Meinung der Auffassung, dass **Neuwahlen erforder-** **436** **lich** sind, nicht aber die Vorschriften für die Bildung des ersten Aufsichtsrats anwendbar seien. Nach altem Recht fand also in diesen Fällen lediglich eine Neuwahl des Aufsichtsrates statt, sodass im Anwendungsbereich der Mitbestimmungsgesetze die Vertretung der Arbeitnehmer im Aufsichtsrat schon zum Zeitpunkt des Wirksamwerdens des Formwechsels gesichert war.

Der Gesetzgeber wollte an dieser Rechtslage auch im neuen Umwandlungsrecht festhalten und hat da- **437** her in § 197 Satz 2 UmwG bestimmt, dass jedenfalls die Vorschriften über die Bildung und Zusammensetzung des ersten Aufsichtsrates bei der Umwandlung nicht anwendbar sind (vgl. Parmentier, GmbHR 2006, 476 ff.).

Das Gesetz hat die Frage nicht geregelt, wie zu verfahren ist, wenn die **formwechselnde Gesellschaft** **438** **bisher keinen Aufsichtsrat** hat oder der Aufsichtsrat nur aus Mitgliedern der Aktionäre zusammengesetzt war und Arbeitnehmervertreter nicht enthielt. Diese Frage war im vor 1995 geltenden Recht in § 377 Abs. 2 Satz 2 AktG a. F. geregelt. Danach konnte der Aufsichtsrat bei der Umwandlung aus Aufsichtsratmitgliedern der Aktionäre zusammengesetzt werden. Eine Benachteiligung der Arbeitnehmer bestand in diesem Fall nicht, da ihr Mitbestimmungsrecht durch die Verpflichtung des Vorstandes gem. § 97 Abs. 1 AktG, das **Statusverfahren** einzuleiten, gesichert war (vgl. Parmentier, GmbHR 2006, 476 ff.). Bei der Neugründung einer AG besteht die Möglichkeit, dass die Gesellschafter nur so viele Aufsichtsratmitglieder bestellen, wie nach den gesetzlichen Vorschriften vor der Hauptversammlung ohne Bindung an die Wahlvorschläge zu wählen sind, jedoch mindestens drei.

In der Literatur war daher umstritten, wie die Probleme aus der ungenauen Vorschrift des § 197 UmwG **439** vor der Neuregelung durch das Zweite Gesetz zur Änderung des UmwG aus dem Jahr 2007 zu lösen waren (vgl. Parmentier, GmbHR 2006, 476 ff.) Ist der **Aufsichtsrat** mitbestimmt, so müssen grds., da die Vorschriften über den ersten Aufsichtsrat nicht anzuwenden sind, die Vorschriften über die Bestellung von Aufsichtsratmitgliedern der Arbeitnehmer angewendet werden, d. h. die Wahl des mitbestimmten Aufsichtsrates muss durchgeführt werden (vgl. Widmann/Mayer/Mayer, Umwandlungsrecht, § 197 UmwG Rn. 13; Hergeth/Mingau, DStR 1999, 1948; Joost, in: FS für Claussen, 1997, S. 187 ff.). Nach der überwiegenden Meinung kann der erste Vorstand nur vom gesamten Aufsichtsrat unter Einschluss der Arbeitnehmervertreter gewählt werden; auch die Handelsregisteranmeldung nach § 222 UmwG ist vom Aufsichtsrat zu erklären, sodass dies zu erheblichen Verzögerungen führen kann.

Ein Teil der Literatur wollte in diesen Fällen § 104 AktG analog anwenden, wonach das zuständige Gericht auf Antrag eines Anteilsinhabers, des zuständigen Betriebsrats, einer Mindestzahl von Arbeitnehmern oder einer zuständigen Gewerkschaft einen Notaufsichtsrat, insb. zur Bestellung des Vorstandes, durch Beschluss zu ernennen hat (so Widmann/Mayer/Mayer, Umwandlungsrecht, § 197 UmwG Rn. 15; Widmann/Mayer/Rieger, Umwandlungsrecht, § 197 UmwG Rn. 164; Kallmeyer/Meister/Klöcker, UmwG, § 197 Rn. 70 ff., ablehnend BayObLG, NJW-RR 2000, 1482 zur Ausgliederung).

Ein anderer Teil der Literatur versuchte das Problem durch analoge Anwendung des § 31 AktG i. V. m. § 197 UmwG zu lösen (so Lutter/Decher/Hoger, UmwG, § 197 Rn. 48 f., § 203 Rn. 21). Danach sollen die Gründer gem. § 31 AktG so viele Aufsichtsratmitglieder wählen, die nach den für maßgebend gehaltenen gesetzlichen Vorschriften von der Arbeitgeberseite zu stellen sind. Um jedoch die Beschlussfähigkeit zu gewährleisten, seien bei einem freien Aufsichtsrat zunächst alle Aufsichtsräte durch die Aktionäre zu bestellen. Erst nach Wirksamwerden des Formwechsels sei das Statusverfahren nach §§ 97 ff. AktG durchzuführen.

Wiederum eine weitere Auffassung knüpfte an die Frage der Beschlussfähigkeit des Aufsichtsrates an. Sie läßt es genügen, wenn im Zuge der Umwandlung die Gründer und damit künftigen Aktionäre ihre Vertreter in den Aufsichtsrat wählen. Ist der Aufsichtsrat dann nach den einschlägigen Vorschriften beschlussfähig (insb. bei Mitbestimmung nach § 76 Abs. 1, Abs. 6 BetrVG 1992), dann könne dieser nach § 197 Abs. 1 UmwG i. V. m. § 30 Abs. 4 AktG den Vorstand bestellen und auch die Handelsregisteranmeldung nach § 92 UmwG abgeben (so der Vorschlag von Hergeth/Mingau, DStR 1999, 1948). Da der Formwechsel einer Sachgründung am ehesten entspricht, sollte trotz der Formulierung in § 197 Satz 2 UmwG § 31 AktG angewendet werden (Joost, in: FS für Claussen, 1997, S. 194 f.; teleologische Reduktion).

Einigkeit besteht auch heute bei der Annahme, dass der Aufsichtsrat kein »erster Aufsichtsrat« i. S. v. § 30 AktG sein soll. Entgegen § 30 Abs. 2 AktG sind die Vorschriften über die Bestellung von Aufsichtsratsmitgliedern der Arbeitnehmer anwendbar. Es gilt auch nicht die kurze **Amtszeit** nach § 30 Abs. 3 Satz 1 AktG, sondern die reguläre Amtszeit nach § 102 Abs. 1 Satz 1 AktG (Parmentier, GmbHR 2006, 476, 481; Widmann/Mayer/Mayer, § 197 UmwG Rn. 13; Lutter/Decher/Hoger, UmwG, § 197 Rn. 48; Kallmeyer/Meister-Klöcker, UmwG, § 197 Rn. 61). Damit stellte sich bis zur Neuregelung im Jahr 2007 für die Praxis die Frage, ob der unvollständig besetzte Aufsichtsrat im Gründungsstadium überhaupt wirksam die Vorstandsmitglieder bestellen kann, da die durch § 31 MitbestG vorgeschriebene Mehrheit von zwei Dritteln der Soll-Stärke des Aufsichtsrats nicht erreichbar war. Probleme ergaben sich auch bei der Anmeldung des Formwechsels, die nach dem herrschenden Verständnis von § 222 UmwG durch alle Mitglieder des Aufsichtsrats erfolgen musste (vgl. auch Stellungnahme des DAV, NZG 2006, 802, 807).

440 Der Gesetzgeber hat im **Zweiten Gesetz zur Änderung des UmwG** § 197 UmwG um einen Satz 3 wie folgt ergänzt: »*Beim Formwechsel eines Rechtsträgers in eine AG ist § 31 des Aktiengesetzes anwendbar*«. Durch die Regelung in § 197 Satz 2 soll die Anwendung des § 31 AktG über die Bestellung des Aufsichtsrats bei einer Sachgründung für den Fall des Formwechsels nicht ausgeschlossen sein. Dies soll in einem neuen Satz ausdrücklich klargestellt werden (vgl. Begründung zum RegE BT-Drucks. 16/2919, S. 19). Das bedeutet, dass zunächst nur die Aufsichtsratsmitglieder der Anteilseigner zu bestellen wären (Rumpfaufsichtsrat) und der Vorstand hätte unverzüglich nach dem Formwechsel bekannt zu geben, nach welchen gesetzlichen Vorschriften seiner Ansicht nach der Aufsichtsrat zusammengesetzt sein müsste (vgl. Parmentier, GmbHR 2006, 476, 484). Für die Bestellung des ersten Aufsichtsrats im Fall einer Sachgründung enthält § 31 AktG Sondervorschriften, soweit Gegenstand der Sacheinlage oder Sachübernahme die Einbringung oder Übernahme eines Unternehmens oder eines Teils eines Unternehmens ist (vgl. auch Mayer/Weiler, DB 2007, 1291, 1293). In diesem Fall haben die Gründer nur so viele Aufsichtsratsmitglieder der Anteilseignerseite zu bestellen, wie nach ihrer Ansicht künftig unter Beachtung der Mitbestimmungsgesetze erforderlich sein werden, mindestens aber drei (§ 31 Abs. 1 Satz 1 AktG). Sind die Arbeitnehmervertreter noch nicht bestellt, ist der allein aus Anteilseignern zusammengesetzte Aufsichtsrat voll funktionsfähig (§ 31 Abs. 2 AktG). Für diese gilt allerdings die kurze Amtszeit des § 30 Abs. 3 Satz 1 AktG. Dies gilt nicht für die nach § 31 Abs. 3 AktG bestellten Aufsichtsratsmitglieder der Arbeitnehmer (§ 31 Abs. 5 AktG). Man wird die Neuregelung dahin gehend auslegen müssen, dass dann, wenn keine Mitbestimmung besteht, sofort ein regulärer Aufsichtsrat gebildet werden kann (Parmentier, GmbHR 2006, 476, 484). Damit kann der Formwechsel bei der AG schon vor der Wahl der Arbeitnehmervertreter zum Handelsregister angemeldet werden und die Eintragung erfolgen (Kallmeyer/Meister/Klöcker, § 197 Rn. 73; Kallmeyer/Dirksen/Blasche, § 222 Rn. 8). Das Statusverfahren soll zwar schon vor der Eintragung des Formwechsel eingeleitet werden können, von seinem Abschluss ist der Vollzug des Formwechsels aber nicht abhängig (Lutter/Decher/Hoger, § 197 Rn. 49; Kallmeyer/Meister/Klöcker, § 197 Rn. 74; Widmann/Mayer/Mayer, § 197 UmwG Rn. 14).

Vgl. dazu auch die Ausführungen bei Teil 4 Rdn. 290 ff.

441 **3. Formwechsel in eine Genossenschaft.** Auch beim Formwechsel einer Genossenschaft haben die Gesellschafter als Gründer die ersten Organe zu bestellen. D. h. auch in der Genossenschaft sind **Vorstand und Aufsichtsrat zu bestellen.**

VIII. Zustimmungspflichten

1. Zustimmung von Sonderrechtsinhabern. Beim Formwechsel von Personenhandelsgesellschaf- 442
ten kommt **nur § 193 Abs. 2 UmwG zur Anwendung**, der bestimmt, dass, wenn die Abtretung der Anteile der formwechselnden Personenhandelsgesellschaft von der Genehmigung einzelner Anteilsinhaber
abhängig ist, der Umwandlungsbeschluss zu seiner Wirksamkeit deren Zustimmung bedarf (vgl. oben
Teil 4 Rdn. 231).

2. Zustimmungspflicht bei Formwechsel in KGaA. Dem Formwechsel in eine KGaA müssen alle 443
Gesellschafter zustimmen, die in der KGaA die **Stellung eines persönlich haftenden Gesellschafters**
haben sollen (§ 217 Abs. 3 UmwG).

IX. Gründungsrecht und Kapitalschutz, Nachgründung

Beim Formwechsel einer Personenhandelsgesellschaft in eine Kapitalgesellschaft spielt insb. der **Kapi-** 444
talschutz eine große Rolle, beim Formwechsel in die AG auch die **Nachgründungsvorschriften**. Der
Gesetzgeber hat daher in § 220 UmwG ausdrücklich dieses Problem geregelt und bestimmt, dass der
Nennbetrag des Stammkapitals einer GmbH oder des Grundkapitals einer AG das nach Abzug verbleibende Vermögen der formwechselnden Gesellschaft nicht übersteigen darf. Der Grund für diese besondere Vorschrift liegt darin, dass in der Personenhandelsgesellschaft keine Bestimmungen zur Kapitalerhaltung und Kapitalaufbringung bestehen, sodass erstmals i. R. d. Umwandlung ein gewisser
Gleichklang mit einer Sachgründung geschaffen werden musste. In § 220 Abs. 2 UmwG wird die Vorschrift des § 197 UmwG ergänzt, die bereits bestimmt, dass i. Ü. die Vorschriften über eine Sachgründung anzuwenden sind. § 220 Abs. 2 und Abs. 3 UmwG erläutern die Vorschrift über den Sachgründungsbericht und die Gründungsprüfung beim Formwechsel. Die für Nachgründungen bestimmte
Frist von 2 Jahren beginnt mit Wirksamwerden des Formwechsels.

Vgl. dazu auch die Ausführungen bei Teil 4 Rdn. 26 ff., 150 ff., 205 ff.

1. Kapitalaufbringung. Nach § 220 Abs. 1 UmwG muss das nach Abzug verbleibende Vermögen 445
der formwechselnden Personenhandelsgesellschaft mindestens den Nennbetrag des Stammkapitals
der GmbH oder des Grundkapitals der AG oder KGaA erreichen. Nach der hier vertretenen Auffassung
besteht allerdings die Möglichkeit einer **Buchwertaufstockung** (vgl. oben Teil 4 Rdn. 152), um das
Stammkapital durch **Reinvermögensdeckung** zu erreichen. Sollte das Reinvermögen der Personenhandelsgesellschaft allerdings nicht ausreichen, um das Stammkapital oder Grundkapital zu decken, so
empfiehlt sich durch **Einlagen in die Personenhandelsgesellschaft vor der Umwandlung** ein entsprechendes Kapital bei der Personenhandelsgesellschaft zu schaffen, sodass die notwendige Kapitaldeckung erreicht wird (Widmann/Mayer/Mayer Umwandlungsrecht, § 197 UmwG Rn. 35; Wid-
mann/Mayer/Vossius, Umwandlungsrecht, § 220 UmwG Rn. 30; vgl. hierzu auch Joost, in: Lutter,
Kölner Umwandlungsrechtstage, S. 257).

Ob eine **Mischung zwischen Formwechsel und Bargründung** etwa dergestalt zulässig ist, dass eine feh- 446
lende Kapitaldeckung durch Bareinlagen i. R. d. Formwechsels möglich wäre, ist umstritten. Z. T. wird
dies abgelehnt, da dies dem Identitätsgrundsatz des § 220 Abs. 1 UmwG widerspricht (so Widmann/
Mayer/Mayer Umwandlungsrecht, § 197 UmwG Rn. 35 ff.; Widmann/Mayer/Vossius, Umwandlungsrecht, § 220 UmwG Rn. 30; Lutter/Joost, § 220 UmwG Rn. 15 f.; KK-UmwG/Petersen, § 220
UmwG Rn. 27 f.). Ein anderer Teil der Literatur läßt dies hingegen zu; nach dieser Meinung können
die Gesellschafter weitere Bar- oder sogar Sacheinlagen leisten, bis das Kapital durch das Reinvermögen
gedeckt ist (so Stratz, in: Schmitt/Hörtnagl/Stratz, § 220 UmwG Rn. 10; Kallmeyer/Dirksen/Blasche,
UmwG, § 220 Rn. 9; Schlitt, in: Semler/Stengel, UmwG, § 220 Rn. 14; K. Schmidt, ZIP 1995, 1385,
11389; Priester FS Zöller, S. 466, Priester DStR 2005, 788, 794). M. E. ist dieser Auffassung zu folgen,
da der Identitätsgrundsatz nicht so weitgehend ist, dass er nicht weitere Leistungen zur Kapitaldeckung
erlaubt. Weiter umstritten ist, ob die Bareinlagen nur zu einem Viertel einzuzahlen sind (vgl. Schlitt, in:
Semler/Stengel, UmwG, § 220 Rn. 14). Das OLG Frankfurt hat diese Frage offengelassen (ZIP 2015,
1229).

447 **2. Sachgründungsbericht beim Formwechsel in eine GmbH (§ 220 Abs. 2 UmwG).** Wie sich aus **§ 220 Abs. 2 UmwG** ergibt, ist beim Formwechsel einer Personenhandelsgesellschaft in eine GmbH immer ein Sachgründungsbericht erforderlich. Der Sachgründungsbericht nach § 5 Abs. 4 Satz 2 GmbH i. V. m. § 197 UmwG hat die Aufgabe plausibel zu machen, welche Überlegungen für den Einlagewert des Vermögens der formwechselnden Gesellschaft sprechen (Kallmeyer/Dirksen/Blasche, § 220 Rn. 16; Lutter/Joost, § 220 UmwG Rn. 23; Widmann/Mayer/Vossius Umwandlungsrecht, § 220 UmwG Rn. 34 ff.; Schlitt, in: Semler/Stengel, UmwG, § 220 Rn. 24). Durch ihn soll insb. die Werthaltigkeit im Hinblick auf § 220 UmwG nachgewiesen werden. Der Bericht bedarf der **Schriftform.** Den Bericht haben gem. § 219 UmwG die Gesellschafter der formwechselnden Personengesellschaft zu erstatten, im Fall einer Mehrheitsentscheidung die Gesellschafter, die für den Formwechsel gestimmt haben (Kallmeyer/Dirksen/Blasche, § 220 Rn. 15 ff.; Schlitt, in: Semler/Stengel, UmwG, § 220 Rn. 26).(Widmann/Mayer/Vossius Umwandlungsrecht, § 220 UmwG Rn. 34 ff.) Gem. § 220 Abs. 2 UmwG sind darüber hinaus der Geschäftsverlauf der letzten 2 Jahre und die Lage der formwechselnden Gesellschaft darzulegen. Nach ganz allgemeiner Meinung in der Literatur kommt im Hinblick auf den höchstpersönlichen Charakter der Mitwirkung beim Gründungsbericht (falsche Angaben sind nach § 399 Abs. 1 Nr. 2 AktG strafbewehrt) bei der Unterzeichnung des Gründungsberichts eine Stellvertretung nicht infrage (Stratz, in: Schmitt/Hörtnagl/Stratz, § 197 UmwG Rn. 23; Melchior, GmbHR 1999, 520, 521; Kallmeyer/Dirksen/Blasche, UmwG, § 220 Rn. 15; Schlitt, in: Semler/Stengel, UmwG, § 220 Rn. 26).

3. Gründungsbericht und Gründungsprüfung beim Formwechsel in eine AG (§ 220 Abs. 3
448 **Satz 1 UmwG).** Auch für die AG gelten die **allgemeinen Vorschriften** über den Gründungsbericht (§ 32 AktG) und die Gründungsprüfung (§ 33 Abs. 2 AktG). Der Gründungsbericht bei der AG ist wie bei der GmbH vom Vertretungsorgan der Gesellschaft abzugeben. Nach § 32 Abs. 2 AktG sind insb. anzugeben:
– die vorausgegangenen Rechtsgeschäfte, die auf den Erwerb der Gesellschaft hingezielt haben,
– die Anschaffungs- und Herstellungskosten aus den beiden letzten Jahren und
– die Betriebserträge aus den beiden letzten Geschäftsjahren.

Nach § 220 Abs. 1 UmwG sind darüber hinaus auch der Geschäftsverlauf und die Lage der formwechselnden Gesellschaft darzulegen.

449 **a) Gründungsbericht.** Der Gründungsbericht dient als **Grundlage für die Prüfung der Gründung der AG** durch den Vorstand, den Aufsichtsrat, die Gründungsprüfer und das Registergericht (vgl. Widmann/Mayer/Vossius, Umwandlungsrecht, § 220, UmwG Rn. 43 ff.; Kallmeyer/Dirksen/Blasche, § 220 Rn. 15 ff.; Schlitt, in: Semler/Stengel, UmwG, § 220 Rn. 27 ff.). Den Bericht über den Hergang der Gründung haben gem. § 219 UmwG die Gesellschafter der formwechselnden Personengesellschaft zu erstatten, im Fall einer Mehrheitsentscheidung die Gesellschafter, die für den Formwechsel gestimmt haben (Kallmeyer/Dirksen/Blasche, § 220 Rn. 13). Nach ganz allgemeiner Meinung in der Literatur kommt im Hinblick auf den höchstpersönlichen Charakter der Mitwirkung beim Gründungsbericht (falsche Angaben sind nach § 399 Abs. 1 Nr. 2 AktG strafbewehrt) bei der Unterzeichnung des Gründungsberichts eine Stellvertretung nicht infrage (Widmann/Mayer/Vossius, Umwandlungsrecht, § 220, UmwG Rn. 45; Lutter/Göthel, § 245 Rn. 44; Stratz, in: Schmitt/Hörtnagl/Stratz, § 197 UmwG Rn. 23; Melchior, GmbHR 1999, 520, 521; Kallmeyer/Dirksen/Blasche, UmwG, § 220 Rn. 15; Schlitt, in: Semler/Stengel, § 220 UmwG Rn. 28).

450 Gem. § 32 AktG sind im Gründungsbericht die **wesentlichen Umstände darzulegen,** von denen die Angemessenheit der Leistungen für Sacheinlagen oder Sachübernahmen abhängt. Dabei sind die vorausgegangenen Rechtsgeschäfte anzugeben, die auf den Erwerb durch die Gesellschaft hingezielt haben, die Anschaffungs- und Herstellungskosten aus den letzten beiden Jahren und beim Übergang eines Unternehmens auf die Gesellschaft die Betriebsverträge aus den letzten beiden Geschäftsjahren. Außerdem ist anzugeben, ob und in welchem Umfang bei der Gründung für Rechnung eines Mitglieds eines Vorstandes oder des Aufsichtsrats Aktien übernommen worden sind und ob und in welcher Weise ein Mitglied des Vorstandes oder des Aufsichtsrats durch einen besonderen Vorteil oder eine besondere Entschädigung oder Belohnung ausbedungen hat. Gem. § 220 Abs. 2 UmwG sind darüber hinaus Darstellungen über den bisherigen Geschäftsverlauf und die Lage der sich umwandelnden Gesellschaft er-

forderlich. Nach der herrschenden Meinung muss wegen dieser Bestimmung die geschäftliche Entwicklung der beiden letzten Geschäftsjahre vor dem Umwandlungsstichtag für Dritte deutlich werden (vgl. Widmann/Mayer/Vossius, Umwandlungsrecht, § 220 UmwG Rn. 43 ff.; Kallmeyer/Dirksen/Blasche, UmwG, § 220 Rn. 14; Stratz, in: Schmitt/Hörtnagl/Stratz, § 197 UmwG Rn. 23; Melchior, GmbHR 1999, 520, 521).

b) Gründungsprüfung. Gem. § 220 Abs. 3 UmwG i. V. m. § 33 Abs. 1 AktG haben die Mitglieder **451** des Vorstandes und des Aufsichtsrates den Hergang der Gründung zu prüfen (interne Gründungsprüfung). Außerdem hat stets gem. § 33 Abs. 2 AktG i. V. m. § 220 Abs. 3 UmwG in jedem Fall eine **Gründungsprüfung durch einen oder mehrere Prüfer** (externe Gründungsprüfung) stattfinden.

Die Prüfung durch die Mitglieder des Vorstandes und des Aufsichtsrates sowie die Prüfung durch einen **452** Gründungsprüfer haben sich gem. § 34 AktG namentlich darauf zu erstrecken, ob die Angaben der Gründer über die Übernahme der Aktien, über die Einlagen auf das Grundkapital und über die Festsetzungen nach §§ 26 und 27 UmwG **richtig und vollständig** sind, und insb., ob der Wert der Sacheinlagen den Nennbetrag der dafür zu gewährenden Aktien erreicht (Kallmeyer/Dirksen/Blasche, UmwG, § 220 Rn. 18; Stratz, in: Schmitt/Hörtnagl/Stratz, § 197 UmwG Rn. 25 ff.; Widmann/Mayer/Vossius, Umwandlungsrecht, § 220 UmwG Rn. 50 ff.; Schlitt, in: Semler/Stengel, § 220 UmwG Rn. 30).

4. Prüfung durch das Registergericht. Gem. § 38 AktG hat beim Formwechsel in eine AG das **Ge- 453 richt zu prüfen**, ob die Gesellschaft ordnungsgemäß errichtet und angemeldet ist. Eine ähnliche Regelung trifft § 9c GmbHG für die Gründung einer GmbH: Ist die Gesellschaft nicht ordnungsgemäß errichtet und angemeldet, hat das Gericht die Eintragung abzulehnen. Dies gilt auch, wenn Sacheinlagen überbewertet worden sind. Grds. sind diese Vorschriften durch die Verweisung in § 197 UmwG auf das Gründungsrecht ebenfalls anwendbar.

Zum bis 1995 geltenden alten Recht, das ebenfalls auf die Gründungsvorschriften bei der errichtenden **454** Umwandlung verwies, war die überwiegende Meinung der Auffassung, dass **§ 9c GmbHG auch für die Umwandlung** gilt (Kallmeyer/Meister/Klöcker, § 192 UmwG Rn. 28; Lutter/Decher/Hoger, § 197 UmwG Rn. 31). Das Registergericht musste danach gem. § 9c Satz 1 GmbHG die Ordnungsmäßigkeit der Errichtung und Anmeldung prüfen. Insoweit waren v. a. der Umwandlungsbeschluss, die Satzung der GmbH und die Wahrung der Formvorschriften, die Vollständigkeit der Anmeldung und ihre Anlagen sowie die Einhaltung der Frist für die Umwandlungsbilanz zu prüfen (vgl. Scholz/Priester, GmbHG, Anh. Umwandlung, § 47 Rn. 18). Gem. § 9c Satz 2 GmbHG sollte die richterliche Prüfung auch den Wert der Sacheinlagen erfassen, wobei Prüfungsunterlagen in erster Linie der Sachgründungsbericht und auch die Wertnachweisunterlagen in Gestalt der testierten Umwandlungsbilanz waren (vgl. Scholz/Priester, GmbHG, Anh. Umwandlung, § 47 Rn. 18).

Gem. § 38 Abs. 1 Satz 1 AktG i. d. F. bis 1995 hatte das **Registergericht** nach altem Recht zu prüfen, ob **455** die Gesellschaft ordnungsgemäß errichtet und angemeldet ist. Sinngemäße Anwendung i. S. v. § 378 Abs. 1 AktG a. F. bedeutete, dass auch die Prüfung des Registergerichts sich nur auf die Umwandlung zu beziehen habe (so Priester, AG 1986, 29; Dehmer, UmwG, UmwStG, § 378 UmwG AktG Anm. 3d). Das Registergericht war danach darauf beschränkt, die Angabe im Umwandlungsbericht und den jeweiligen Prüfungsbericht zu überprüfen.

Diese Grundsätze gelten auch zum UmwG 1995 neuen Recht, da das neue Recht zumindest beim **456** Formwechsel einer Personengesellschaft in eine Kapitalgesellschaft und auch beim Formwechsel einer GmbH in eine AG die Kapitalprüfung gem. § 220 UmwG bzw. § 245 UmwG verlangt.

5. Gründungshaftung. Da § 197 UmwG vollumfänglich auf die Gründungsvorschriften des Kapi- **457** talgesellschaftsrechts verweist, sind auch die Vorschriften über die Gründungshaftung anwendbar (so auch Priester, DNotZ 1995, 421, 452; Widmann/Mayer/Mayer Umwandlungsrecht, § 197 UmwG Rn. 61 ff.). Auch die Begründung zum RegE weist darauf hin, dass gem. § 197 UmwG die Vorschriften über die Verantwortlichkeit der Gründer anzuwenden seien (vgl. Begründung zum RegE, BR-Drucks. 75/94, S. 141; abgedruckt in: Limmer, Umwandlungsrecht, S. 336). Dies bedeutet, dass beim Formwechsel in eine **GmbH** die **Differenzhaftung des Sacheinlegers** gem. § 9 GmbHG gilt und auch die **Gründerhaftung** gem. §§ 9a, 9b GmbHG bei Falschangaben im Zusammenhang mit der Gründung anwendbar ist. Diese Differenzhaftung findet auch nach herrschender Meinung bei der AG analoge Anwendung (vgl. Hüffer/Koch, AktG, § 9 Rn. 6; Hoffmann-Becking, in: Münchener Handbuch des Gesellschaftsrechts, Bd. 4, § 4 Rn. 28).

458 ▶ **Hinweis:**

Zu beachten ist, dass diese Verantwortlichkeit allerdings nicht alle Gesellschafter trifft, sondern hier § 219 UmwG anwendbar ist, sodass im Fall einer Mehrheitsentscheidung an die Stelle der Gründer die Gesellschafter treten, die für den Formwechsel gestimmt haben. Diese sind als Gründer i. S. d. Gründungsrechts zu behandeln, also auch i. S. d. Haftungsvorschrift (so auch Begründung zum RegE, BR-Drucks. 75/94, S. 150; abgedruckt in: Limmer, Umwandlungsrecht, S. 345; vgl. Widmann/Mayer/Mayer Umwandlungsrecht, § 197 UmwG Rn. 64; Bärwaldt, in: Semler/Stengel, § 197 UmwG Rn. 33; Lutter/Joost, § 219 UmwG Rn. 5; Kallmeyer/Dirksen/Blasche, UmwG, § 219 Rn. 6).

459 **6. Nachgründung (§ 220 Abs. 3 Satz 2 UmwG).** Da § 197 Satz 1 UmwG auf die Gründungsvorschriften verweist, gelten auch die Nachgründungsvorschriften beim Formwechsel in eine AG nach §§ 52 ff. AktG (vgl. Kallmeyer/Dirksen/Blasche, UmwG, § 220 Rn. 16).

§ 220 Abs. 3 Satz 2 UmwG stellt klar, dass die Zwei-Jahres-Frist für die Nachgründung mit dem Wirksamwerden des Formwechsels zu laufen beginnt.

X. Handelsregisteranmeldung

460 Die Grundnorm für die Anmeldung des Formwechsels bildet § 198 UmwG (vgl. oben Teil 4 Rdn. 303 ff.). Danach ist der **Inhalt der Anmeldung** die neue Rechtsform des Rechtsträgers. Grds. verbleibt es bei dieser einen Anmeldung, wenn nicht gleichzeitig eine Sitzverlegung stattfindet. In diesem Fall ist nach § 198 Abs. 2 UmwG der Formwechsel bei dem Register des neuen Sitzes anzumelden, darüber hinaus aber auch zur Eintragung in das Register, in dem die formwechselnde Personengesellschaft eingetragen ist. § 222 UmwG regelt nun, von wem diese verschiedenen Anmeldungen vorzunehmen sind. Eine Vertretung ist wegen der strafrechtlichen und zivilrechtlichen Verantwortung nicht zulässig (Kallmeyer/Dirksen/Blasche, UmwG, § 222 Rn. 6, 8; Lutter/Joost, § 222 UmwG Rn. 2; Schlitt, in: Semler/Stengel, UmwG, § 222 Rn. 12).

461 **1. Formwechsel einer Personenhandelsgesellschaft in eine GmbH.** Nach § 222 Abs. 1 UmwG ist beim Formwechsel in eine GmbH die Anmeldung von **allen Geschäftsführern** der neuen GmbH vorzunehmen. Hat die GmbH einen obligatorischen **Aufsichtsrat** gem. § 77 BVerfG oder § 1 Abs. 1 MitBestG, ist umstritten, ob auch **alle Aufsichtsratsmitglieder** die Anmeldung vornehmen müssen. Zum Teil wird dies bei der GmbH generell verneint (Widmann/Mayer/Vossius, § 222 UmwG Rn. 16; Stratz, in: Schmitt/Hörtnagl/Stratz, § 197 UmwG Rn. 3). Nach anderer Auffassung müssen auch die Aufsichtsratsmitglieder anmelden (Lutter/Joost, § 222 UmwG Rn. 4; Kallmeyer/Dirksen/Blasche § 222 UmwG Rn. 5). Dabei ist wiederum umstritten, ob die Arbeitnehmervertreter im Zeitpunkt der Anmeldung bereits bestellt sein müssen. Zum Teil wird dies verneint). Zur Anmeldung sind nach einer Auffassung nur diejenigen Aufsichtsratsmitglieder verpflichtet, die bereits gewählt worden sind (Lutter/Joost, § 222 UmwG Rn. 3). Andere erstrecken die Anmeldungspflicht auch auf die Arbeitnehmervertreter, die notfalls gerichtlich zu bestellen seien (so Schlitt, in: Semler/Stengel, UmwG, § 222 bei Rn. 9 zur GmbH, anders aber bei der AG bei Rn. 16). Das ist aber abzulehnen. (siehe nachfolgende Rn. 446 ff.)). Ein fakultativer Aufsichtsrat muss nicht mitwirken (Schlitt, in: Semler/Stengel, UmwG, § 222 Rn. 10; Lutter/Joost, § 222 UmwG Rn. 4; Widmann/Mayer/Vossius, § 222 UmwG Rn. 15; Kallmeyer/Dirksen, § 222 UmwG Rn. 5)

462 Ist die nach § 198 Abs. 2 Satz 3 UmwG infolge des Sitzwechsels notwendige Anmeldung **beim alten Handelsregister** erforderlich, kann diese nach § 222 Abs. 3 UmwG auch von den Gesellschaftern der Personenhandelsgesellschaft vorgenommen werden, die zur Vertretung dieser berechtigt sind. Daneben kann dies natürlich auch von den Geschäftsführern der GmbH, evtl. ergänzt durch die Mitglie-

der des Aufsichtsrates, geschehen (vgl. Kallmeyer/Dirksen/Blasche § 222 UmwG Rn. 12; Widmann/Mayer/Vossius, § 222 UmwG Rn. 11 f.; Lutter/Joost, § 222 UmwG Rn. 10).

2. Formwechsel einer Personenhandelsgesellschaft in eine AG. Die Anmeldung der AG als neue **463** Rechtsform ist von **sämtlichen Vorstandsmitgliedern**, allen Mitgliedern des zukünftigen **Aufsichtsrates** und den **Gesellschaftern**, die der Umwandlung zugestimmt haben und deshalb Gründer nach § 219 UmwG sind, vorzunehmen (vgl. Lutter/Joost, UmwG, § 222 Rn. 3; Kallmeyer/Dirksen/Blasche, UmwG, § 222 Rn. 8; Widmann/Mayer/Vossius, § 222 UmwG Rn. 20 ff.; Schlitt, in: Semler/Stengel, § 222 UmwG Rn. 16). Wie bereits dargelegt (vgl. oben Teil 4 Rdn. 439 ff., 461) war in der Literatur bzgl. der Aufsichtsratsmitglieder umstritten, ob unter dem Begriff »alle Mitglieder des Aufsichtsrates« die satzungsmäßig festgelegte Mitgliederzahl erforderlich ist, sodass im Fall der Mitbestimmung die Anmeldung erst nach Durchführung der langwierigen Wahlverfahren erfolgen kann (so Lutter/Joost, UmwG, 1. Aufl., § 222 Rn. 4; Kallmeyer/Dirksen/Blasche, UmwG, § 222 Rn. 3 f.). Die Auslegung war bis zum Zweiten Gesetz zur Änderung des UmwG umstritten. Ein Teil der Literatur wollte in diesen Fällen § 104 AktG anwenden, sodass zur Herstellung der Handlungsfähigkeit des Aufsichtsrates ein Notaufsichtsrat vom Gericht bestellt werden sollte (Widmann/Mayer/Vossius, Umwandlungsrecht, § 222 UmwG Rn. 22). Z. T. wurde es als ausreichend erachtet, wenn die Handelsregisteranmeldung vonseiten des Aufsichtsrates durch alle Arbeitgebervertreter durchgeführt wurde. Die Literatur, die dieser Ansicht folgte, legte § 222 Abs. 1 Satz 1 UmwG dahin gehend aus, dass mit dem Begriff »alle Mitglieder« alle zum Zeitpunkt bestellt Aufsichtsratsmitglieder zu verstehen waren (so Widmann/Mayer/Vossius, Umwandlungsrecht, § 222 UmwG Rn. 21; Hergeth/Mingau, DStR 1999, 1948, 1950).

Der Gesetzgeber hat im **Zweiten Gesetz zur Änderung des UmwG** § 197 UmwG um einen Satz 2 wie folgt ergänzt: »*Beim Formwechsel eines Rechtsträgers in eine AG ist § 31 des Aktiengesetzes anwendbar*«. Durch die Regelung in § 197 Satz 2 UmwG n. F. soll die Anwendung des § 31 AktG über die Bestellung des Aufsichtsrats bei einer Sachgründung für den Fall des Formwechsels nicht ausgeschlossen sein. Dies soll in einem neuen Satz ausdrücklich klargestellt werden (Begründung zum RegE BT-Drucks. 16/2919, S. 19). Damit ist der Meinung zu folgen, dass es für die Anmeldung ausreicht, wenn die bestellten Gesellschaftervertreter bei der Anmeldung mitwirken (so Lutter/Joost, § 222 UmwG Rn. 3; Kallmeyer/Dirksen/Blasche, UmwG, § 222 Rn. 7; Widmann/Mayer/Vossius, § 222 UmwG Rn. 21 f.; Schlitt, in: Semler/Stengel, UmwG, § 222 Rn. 16).

Ist mit dem Formwechsel eine Sitzverlegung verbunden, hat die Anmeldung sowohl bei den bisher zuständigen als auch dem in Zukunft zuständigen Register zu erfolgen. Im Fall der Sitzverlegung kann nach § 222 Abs. 3 UmwG die Anmeldung bei dem bisher örtlich zuständigen Register durch die für die Vertretung der formwechselnden Handelsgesellschaft berechtigten persönlich haftenden Gesellschafter erfolgen. Vgl. ausführlich auch Teil 4 Rdn. 290 ff., 434 ff.

3. Formwechsel einer Personenhandelsgesellschaft in eine Genossenschaft. Beim Formwechsel **464** einer Genossenschaft hat ebenfalls jedes Mitglied des **Vorstandes** und des **Aufsichtsrates** die Anmeldung vorzunehmen. Gem. § 222 Abs. 1 Satz 2 UmwG sind darüber hinaus zugleich mit der Genossenschaft auch die Mitglieder des Vorstandes zur Eintragung in das Register anzumelden (Widmann/Mayer/Vossius, § 222 UmwG Rn. 46 ff.; Schlitt, in: Semler/Stengel, § 222 UmwG Rn. 26). Hierdurch soll sichergestellt werden, dass die Genossenschaft und die Mitglieder ihres Vertretungsorgans gleichzeitig zur Eintragung in das Genossenschaftsregister angemeldet werden, damit sofort Klarheit über die Vertragsverhältnisse herrscht.

Im Fall des Formwechsels einer Personenhandelsgesellschaft in eine Genossenschaft ist immer ein Fall **465** des § 198 Abs. 2 Satz 3 UmwG gegeben, da sich stets die Art des für den Rechtsträger maßgeblichen Registers ändert (Widmann/Mayer/Vossius, § 222 UmwG Rn. 46). Zu unterscheiden ist daher zwischen der Anmeldung der neuen Rechtsform zum **Genossenschaftsregister** und der Anmeldung des Formwechsels zum Handelsregister. Die Anmeldung der neuen Rechtsform ist nach § 222 Abs. 1 UmwG vom Vorstand und vom Aufsichtsrat vorzunehmen. Nach § 222 Abs. 1 Satz 1 UmwG ist darüber hinausgehend bei der Umwandlung in eine Genossenschaft die Satzung durch alle Mitglieder des Vorstandes sowie des Aufsichtsrates anzumelden (Widmann/Mayer/Vossius, § 222 UmwG Rn. 48 f.; Lutter/Joost, § 222 UmwG Rn. 7; Schlitt, in: Semler/Stengel, § 222 UmwG Rn. 25). Eine Unterzeichnung der Satzung ist allerdings nicht erforderlich (Lutter/Joost, UmwG, § 222 Rn. 9). Außerdem ist der Formwechsel bei der Personenhandelsgesellschaft in das **Handelsregister** anzumelden. Nach § 222 Abs. 3 UmwG genügt auch in diesem Fall die Anmeldung durch die vertretungsberechtigten Gesellschafter der formwechselnden Personenhandelsgesellschaft.

466 **4. Einlagenversicherung und Negativversicherung.** Da gem. § 197 UmwG jeweils Gründungsrecht anzuwenden ist, richtet sich auch der weitere Inhalt der Anmeldung nach den **jeweiligen Gründungsvorschriften** (vgl. oben Teil 4 Rdn. 319 ff.).

467 **5. Anlagen der Anmeldung.** Bzgl. der Anlagen der Anmeldung gelten § 199 UmwG und darüber hinaus die besondere Vorschrift des § 223 UmwG für den Formwechsel einer KGaA (vgl. oben Teil 4 Rdn. 327 ff.).

468 **6. Weitere anmeldepflichtige Tatsachen.** Es richtet sich nach dem Gründungsrecht des jeweiligen Rechtsträgers, welche weiteren Angaben zu machen sind:

GmbH	Bestellung der Geschäftsführer, abstrakte und konkrete Vertretungsbefugnisse der Geschäftsführer, Versicherung nach § 8 Abs. 2 und Abs. 3 GmbHG; inländische Geschäftsanschrift.
AG	Bestellung der Vorstände, abstrakte und konkrete Vertretungsbefugnis der Vorstände, Zusammensetzung des Aufsichtsrats, Versicherungen durch Gründer, Vorstände und Aufsichtsräte nach § 37 Abs. 1 und Abs. 2 AktG; inländische Geschäftsanschrift.
Genossenschaft	Satzung der Genossenschaft, Mitglieder des Vorstandes, Vertretungsbefugnis der Mitglieder.

XI. Muster

1. Formwechsel einer KG in eine GmbH. a) Umwandlungsbeschluss

469 ▶ **Muster: Umwandlungsbeschluss bei Formwechsel einer KG in eine GmbH**

Niederschrift über eine Gesellschafterversammlung

Heute, den . . . . ., erschienen vor mir, dem unterzeichnenden Notar . . . . ., mit dem Amtssitz in . . . . ., an der Amtsstelle in . . . . .

1. Herr A, Kaufmann, wohnhaft in . . . . .,

2. Herr B, Kaufmann, wohnhaft in . . . . .,

3. Herr C, Kaufmann, wohnhaft in . . . . .

Alle Beteiligten sind mir, Notar, persönlich bekannt.

Die Erschienenen baten um Beurkundung der folgenden

Umwandlung

und erklärten:

A. Rechtslage

1. Erschienen sind Gesellschafter der A-KG, eingetragen im Handelsregister des Amtsgerichts München unter HRA Nr. . . . . . Die Firma betreibt den Handel mit Gebrauchtwagen und Kfz-Zubehör.

2. Die Kapitalanteile verteilen sich unter den Gesellschaftern wie folgt:

Persönlich haftender Gesellschafter:
– Herr A: 80.000,00 €.

Kommanditisten:
– Herr B: 10.000,00 €,
– Herr C: 10.000,00 €.

3. Zum Vermögen der KG erklären die Beteiligten Folgendes: Der Buchwert des Vermögens der KG beträgt 100.000,00 €, laut Vermögensbilanz des Steuerberaters X vom . . . . . betragen die stillen Reserven noch einmal 100.000,00 €. Der Gewinnverteilungsschlüssel erfolgt entsprechend den Kapitalanteilen. Die Gesellschafter erklären daher, dass sie aufgrund dieser Vermögensbilanz davon aus-

gehen, dass die Kapitalanteile verhältnismäßig ihre vermögensmäßigen Beteiligung an der KG widerspiegeln, sodass die Verteilung des Vermögens entsprechend diesen Kapitalanteilen auch an der neuen Gesellschaft erfolgen kann.

4. Die Gesellschaft hat keinen Grundbesitz.

5. Die Gesellschafter erklären weiter, dass dem Betriebsrat der Gesellschaft der Entwurf des Umwandlungsbeschlusses fristgemäß zugeleitet wurde.

B. Umwandlungsbeschluss

Die Erschienenen erklären sodann: Wir sind die alleinigen Gesellschafter der A-KG mit Sitz in München. Unter Verzicht auf alle durch Gesetz oder Gesellschaftsvertrag vorgeschriebenen Formen und Fristen halten wir hiermit eine Gesellschaftervollversammlung der A-KG ab und beschließen einstimmig Folgendes:

1. Die A-KG wird durch Formwechsel in eine GmbH umgewandelt. Der Gesellschaftsvertrag der GmbH ist dieser Niederschrift als Anlage 1 beigefügt, die mit verlesen und genehmigt wurde. Die Gesellschafter stellen den Gesellschaftsvertrag fest. Auf die Anlage 1 wird verwiesen.

2. Sitz der A-GmbH ist München. Die Firma der GmbH lautet: A-GmbH.

3. Die A-GmbH erhält ein Stammkapital von 100.000,00 €.

Das Vermögen der A-KG beträgt nach der letzten Schlussbilanz vom 31.12. . . . .: 100.000,00 €.

Am Stammkapital der GmbH werden die Gesellschafter wie folgt beteiligt:

Herr A: Geschäftsanteil Nr. 1 i. H. v. 80.000,00 €,

Herr B: Geschäftsanteil Nr. 2 i. H. v. 10.000,00 €,

Herr C: Geschäftsanteil Nr. 3 i. H. v. 10.000,00 €.

4. Der persönlich haftende Gesellschafter der A-KG, Herr A, erhält an der neuen A-GmbH ein Sonderrecht auf Geschäftsführung, das in Anlage 1 der niedergelegten Satzung als satzungsmäßiger und unentziehbarer Bestandteil geregelt ist.

5. Sonstige besonderen Rechte wie Anteile ohne Stimmrecht, Vorzugsanteile, Mehrstimmrechte etc. werden nicht gewährt.

6. Ein Abfindungsangebot nach § 207 UmwG ist nicht erforderlich, da der Umwandlungsbeschluss nach dem Gesellschaftsvertrag der KG nur einstimmig gefasst werden kann.

7. Die A-GmbH übernimmt die Arbeitnehmer der A-KG, weitere Maßnahmen sind für die Arbeitnehmer der A-KG nicht vorgesehen. Es ergeben sich keine weiteren Auswirkungen tarifvertraglicher oder mitbestimmungsrechtlicher Art.

C. Gesellschafterbeschluss

Die Erschienenen halten als Gesellschafter unter Verzicht auf sämtliche Form- und Fristvorschriften eine weitere Gesellschafterversammlung ab und beschließen einstimmig:

Zum ersten Geschäftsführer der A-GmbH wird Herr A bestellt. Er ist stets einzelvertretungsberechtigt und von den Beschränkungen des § 181 BGB befreit.

Weitere Beschlüsse werden nicht getroffen.

D. Zustimmungs- und Verzichtserklärungen

Alle Gesellschafter verzichten auf Erstattung eines Umwandlungsberichts, auf die Anfechtung dieses Beschlusses und ein Abfindungsangebot und dessen Prüfung ausdrücklich.

E. Schlussbestimmungen

Die Kosten dieser Urkunde und etwaige anfallende Verkehrsteuer trägt die Gesellschaft.

Von dieser Urkunde erhalten

Ausfertigung:
– die Beteiligten nach Vollzug;

Beglaubigte Abschriften:
– die Beteiligten,
– das Registergericht und
– das Finanzamt.

Samt Anlagen vorgelesen vom Notar, von den Erschienenen genehmigt und eigenhändig unterschrieben:

In die GmbH Satzung sollten folgende Regelungen aufgenommen werden:

§ 3 Stammkapital, Stammeinlagen
1. Das Stammkapital beträgt 100.000,00 Euro
   – in Worten: einhunderttausend Euro –
2. Vom Stammkapital haben folgende Gesellschafter flgende Geschäftsanteile übernommen:
   Herr A: Geschäftsanteil Nr. 1 i. H. v. 80.000,00 €,

Herr B: Geschäftsanteil Nr. 2 i. H. v. 10.000,00 €,

Herr C: Geschäftsanteil Nr. 3 i. H. v. 10.000,00 €.
3. Das Stammkapital wird durch Sacheinlagen erbracht, indem das Vermögen der A- KG im Wege des Formwechsels gem.§§ 190 ff. UmwG zum Vermögen der A-GmbH im wert von 100.000,– € erbracht wird.

Gründungskosten

Die Kosten der Beurkundung des Formwechsels, der Bekanntmachung, der Anmeldung der Gesellschaft und ihrer Eintragung im Handelsregister, die Kosten der Gründungsberatung trägt die Gesellschaft bis zu einem geschätzten Betrag von ... €.

. . . . .

b) Handelsregisteranmeldung bei Formwechsel KG in GmbH

470 ▶ **Muster: Handelsregisteranmeldung bei Formwechsel KG in GmbH**

Amtsgericht

Handelsregister

München

HRA Nr. . . . . .

Formwechsel der A-KG mit Sitz in München, ...

Zur Eintragung in das Handelsregister melde ich als einziger Geschäftsführer (*Anm.*: Bei mehreren durch »alle«) der künftigen GmbH an:

1. Die A-KG wurde aufgrund Umwandlungsbeschlusses vom . . . . . UR.Nr. . . . . . in die Rechtsform einer GmbH in Firma A-GmbH umgewandelt. Die neue A-GmbH mit dem Sitz in . . . . . wird hiermit angemeldet.

2. Zum ersten Geschäftsführer der Gesellschaft wurden bestellt: Herr A, geb. am . . . . ., Wohnort . . . . .

3. Abstrakte Vertretungsbefugnis: Die Gesellschaft hat einen oder mehrere Geschäftsführer. Ist nur ein Geschäftsführer bestellt, so vertritt er die Gesellschaft allein. Sind mehrere Geschäftsführer bestellt, so wird die Gesellschaft durch zwei Geschäftsführer gemeinschaftlich oder durch einen Geschäftsführer und einen Prokuristen gemeinschaftlich vertreten. Die Gesellschafterversammlung kann unabhängig von der Zahl der bestellten Geschäftsführer jederzeit einen, mehreren oder allen Geschäftsführern Einzelvertretungsbefugnis erteilen sowie die Befreiung von § 181 BGB.

4. Konkrete Vertretungsbefugnis: Herr A ist berechtigt, die Gesellschaft einzeln zu vertreten und von den Beschränkungen des § 181 BGB befreit.

5. Die inländische Geschäftsanschrift lautet . . . . .

6. Die Gesellschafter erbringen die von ihnen übernommenen Stammeinlagen durch Formwechsel der A-KG in die A-GmbH.

Der Geschäftsführer versichert, dass das Vermögen der A-KG mit Eintragung des Formwechsels in das Handelsregister sich endgültig in der freien Verfügung des Geschäftsführers befindet. Er versichert weiter, dass das Vermögen der Gesellschaft nicht durch andere Verbindlichkeiten als die, die in der Bilanz zum 31.12. . . . . . aufgeführt sind, und durch den Gründungsaufwand i. H. v. 4.000,00 € vorbelastet ist und den seit dem Bilanzstichtag eingegangenen Verbindlichkeiten seit diesem Zeitpunkt erworbene Aktiva von höherem Wert gegenüberstehen (*Anm.*: Nach der hier vertretenen Auffassung kann auf die Versicherung verzichtet werden; vgl. oben Teil 4 Rdn. 319 ff.).

Jeder Geschäftsführer erklärt: Ich, Name: [. . . . .], versichere, dass keine Umstände vorliegen, die meiner Bestellung zum Geschäftsführer nach § 6 Abs. 2 GmbH-Gesetz entgegenstehen.

Der Geschäftsführer der Gesellschaft versichert insbesondere,

– dass er nicht wegen einer oder mehrerer vorsätzlicher Straftaten
 a) des Unterlassens der Stellung des Antrags auf Eröffnung des Insolvenzverfahrens (Insolvenzverschleppung),
 b) nach §§ 283 bis 283d StGB (Insolvenzstraftaten),
 c) der falschen Angaben nach § 82 GmbHG oder § 399 AktG,
 d) der unrichtigen Darstellung nach § 400 AktG, § 331 HGB, § 313 UmwG oder § 17 PublizitätsG,
 e) nach den §§ 263 StGB (Betrug), § 263a StGB (Computerbetrug), § 264 StGB (Kapitalanlagebetrug) § 264a (Subventionsbetrug) oder den §§ 265b StGB (Kreditbetrug), § 266 StGB (Untreue) bis § 266a StGB (Vorenthalten und Veruntreuen von Arbeitsentgelt – Nichtabführung von Sozialversicherungsbeiträgen) zu einer Freiheitsstrafe von mindestens einem Jahr

verurteilt worden ist, und
– dass ihm weder durch gerichtliches Urteil noch durch die vollziehbare Entscheidung einer Verwaltungsbehörde die Ausübung eines Berufes, eines Berufszweiges, eines Gewerbes oder eines Gewerbzweiges ganz oder teilweise untersagt wurde, und
– auch keine vergleichbaren strafrechtlichen Entscheidungen ausländischer Behörden oder Gerichte gegen ihn vorliegen, und
– dass er über die uneingeschränkte Auskunftspflicht ggü. dem Gericht durch den Notar belehrt wurde.

Geschäftsräume

. . . . .

Zu dieser Anmeldung werden folgende Anlagen überreicht:
– elektronisch beglaubigte Abschrift des Umwandlungsbeschlusses samt Geschäftsführerbestellung und Verzichtserklärungen der Gesellschafter auf Erstellung eines Umwandlungsberichts und Anfechtung des Beschlusses zur Urkunde des Notars . . . . ., in . . . . . UR.Nr. . . . . .,
– elektronisch beglaubigter Nachweis über die Zuleitung des Umwandlungsbeschlusses zum Betriebsratsvorsitzenden,
– elektronisch beglaubigte der Liste der Gesellschafter,
– elektronisch beglaubigter Sachgründungsbericht -Unterlagen über die Werthaltigkeit des übertragenen Vermögens.

Weiter wird erklärt, dass Klagen gegen den Umwandlungsbeschluss nicht erhoben sind und im Umwandlungsbeschluss die Gesellschafter auf eine Anfechtung verzichtet haben.

. . . . .

(Unterschrift des Geschäftsführers A)

(Beglaubigungsvermerk)

2. Formwechsel einer GmbH & Co. KG in eine AG. a) Umwandlungsbeschluss

▸ **Muster: Umwandlungsbeschluss bei Formwechsel einer GmbH & Co. KG in eine AG** 471

Niederschrift über eine Gesellschafterversammlung

Heute, den . . . . . erschienen vor mir, dem unterzeichnenden Notar . . . . ., mit Amtssitz in . . . . ., an der Amtsstelle in . . . . .

1. Herr A, Kaufmann, wohnhaft in . . . . .,

2. Herr B, Kaufmann, wohnhaft in . . . . .,

3. Herr C, Kaufmann, wohnhaft in . . . . .

Alle Beteiligten sind mir, Notar, persönlich bekannt.

(Vorbefassungsvermerk nach § 3 BeurkG)

Der Erschienene zu 1 erklärte, nachstehend nicht im eigenen Namen zu handeln, sondern als alleinvertretungsberechtigter Geschäftsführer der A-Verwaltungs-GmbH mit Sitz in . . . . ., eingetragen im Handelsregister des Amtsgerichts X-Stadt und HRB . . . . .

Die Erschienenen baten um Beurkundung der folgenden

Umwandlung

und erklärten:

A. Rechtslage

1. Im Handelsregister des Amtsgerichts X-Stadt unter HRA Nr. . . . . . ist die Firma A-GmbH & Co. KG eingetragen.

2. Die Kapitalanteile verteilen sich unter den Gesellschaftern wie folgt:

Persönlich haftende Gesellschafterin: A-Verwaltungs-GmbH: 100,00 € (der Anteil wurde vorher treuhänderisch übernommen)

Kommanditisten:

Herr B: 24.450,00 €,

Herr C: 24.450,00 €.

3. Die Gesellschafter erklären, dass die Gesellschaft keinen Grundbesitz hat und dass dem Betriebsrat der Gesellschaft der Entwurf des Umwandlungsbeschlusses fristgemäß zugeleitet wurde.

B. Umwandlungsbeschluss

Die Erschienenen erklären sodann: Wir sind die alleinigen Gesellschafter der A-GmbH & Co. KG mit Sitz in X-Stadt. Unter Verzicht auf alle durch Gesetz oder Gesellschaftsvertrag vorgeschriebenen Formen und Fristen halten wir hiermit eine Gesellschafterversammlung ab und beschließen einstimmig Folgendes:

1. Die A-GmbH & Co. KG wird durch Formwechsel in eine AG umgewandelt. Die Satzung der AG ist dieser Niederschrift als Anlage I beigefügt, die mitverlesen und genehmigt wurde. Die Gesellschafter stellen die Satzung fest. Auf die Anlage wird verwiesen.

2. Die Firma der AG lautet: A-AG. Sie hat ihren Sitz in X-Stadt.

3. Die A-AG erhält ein Grundkapital von 50.000,00 €. Das Vermögen der A-KG beträgt nach der letzten Schlussbilanz vom 31.12. . . . . . 50.000,00 €. Das Grundkapital ist eingeteilt in 50.000 auf den Inhaber lautende Stückaktien. Für die Form der Aktienurkunden und die Ausgabe wird auf die Bestimmung der Satzung verwiesen.

Am Grundkapital der AG werden die Gesellschafter wie folgt beteiligt:

Die A-Verwaltungs-GmbH mit 100 Stückaktien (treuhänderisch gehalten)
– Herr B mit 24.450 Stückaktien,
– Herr C mit 24.450 Stückaktien.

4. Bei der Gesellschaft bestehen keine Sonderrechte i. S. v. § 194 Abs. 1 Nr. 5 UmwG, es werden auch keine besonderen Rechte wie Vorzugsaktien, Mehrstimmrechte etc. gewährt.

5. Ein Abfindungsangebot nach § 207 UmwG ist nicht erforderlich, da der Umwandlungsbeschluss nach dem Gesellschaftsvertrag der GmbH & Co. KG nur einstimmig gefasst werden kann (§ 194 Abs. 1 Nr. 6 UmwG).

6. Die A-AG übernimmt sämtliche Arbeitnehmer der A-GmbH & Co. KG. Es bleiben daher die Arbeitsverhältnisse in unveränderter Form bestehen.

Weitere Maßnahmen sind für die Arbeitnehmer der A-GmbH & Co. KG nicht vorgesehen. Es ergeben sich auch keine weiteren Auswirkungen tarifvertraglicher und mitbestimmungsrechtlicher Art. Dem Aufsichtsrat der künftigen AG werden Arbeitnehmervertreter nicht angehören, da die Gesellschaft weniger als 500 Arbeitnehmer beschäftigt (§ 76 BVerfG 1952).

C. Gesellschafterbeschluss

Die Erschienenen halten als Aktionäre der neuen AG unter Verzicht auf alle durch Gesetz oder Gesellschaftsvertrag vorgeschriebenen Formen und Fristen eine Hauptversammlung ab und beschließen einstimmig:

1. In den Aufsichtsrat der Gesellschaft werden gewählt:

Herr X, Kaufmann, Wohnort,

Herr Y, Ingenieur, Wohnort,

Herr Z, Kaufmann, Wohnort.

2. Die Bestellung erfolgt für die Zeit bis zur Beendigung der Hauptversammlung, die über die Entlassung des Aufsichtsrates für das vierte Geschäftsjahr nach Beginn der Amtszeit beschließt.

3. Zum Abschlussprüfer für das am . . . . . endende erste Rumpfgeschäftsjahr wird bestellt die Meyer & Müller Wirtschaftsprüfungsgesellschaft in X-Stadt.

D. Zustimmungs- und Verzichtserklärung, Sonstiges

Alle Gesellschafter verzichten auf die Erstattung eines Umwandlungsberichts samt Vermögensaufstellung, auf die Anfechtung dieses Beschlusses und ein Abfindungsangebot ausdrücklich.

Es wird weiter festgestellt, dass für den Formwechsel folgende namentlich besser bezeichneten Personen gestimmt haben (§ 217 Abs. 2 UmwG), die damit Gründer der AG sind: . . . . .

E. Schlussbestimmungen

Die Kosten dieser Urkunde trägt die Gesellschaft.

Von dieser Urkunde erhalten

Ausfertigungen:
– . . . . .
– . . . . .

Beglaubigte Abschriften:
– . . . . .
– . . . . .

Samt Anlagen vorgelesen von Notar, von den Erschienenen genehmigt und eigenhändig unterschrieben:

. . . . .

b) Handelsregisteranmeldung beim Formwechsel GmbH & Co. KG in AG

▶ **Muster: Handelsregisteranmeldung beim Formwechsel GmbH & Co. KG in AG**   472

Amtsgericht

Handelsregister

X-Stadt

HRA-Nr. . . . . .

Formwechsel der A-GmbH & Co. KG mit Sitz in X-Stadt

Zur Eintragung in das Handelsregister melden wir, die Gründer, alle Mitglieder des ersten Vorstandes und des ersten Aufsichtsrates, der A-AG Folgendes an:

1. Die A-GmbH & Co. KG ist durch Formwechsel aufgrund des Umwandlungsbeschlusses vom . . . . . zur Urkunde des Notars . . . . . UR.Nr. . . . . . . in die A-AG umgewandelt. Die neue A-AG wird hiermit angemeldet.

2. Gründer der Gesellschaft sind nach § 219 UmwG:

Die A-Verwaltungs-GmbH mit Sitz in X-Stadt (HRB . . . . .)
– Herr B, Kaufmann, Wohnort,
– Herr C, Kaufmann, Wohnort.

3. Mitglieder des ersten Aufsichtsrates sind:
– Herr X, Kaufmann in X-Stadt,
– Herr Y, Ingenieur in Y-Stadt,
– Herr Z, Kaufmann in X-Stadt.

4. Zu Mitgliedern des Vorstandes wurden bestellt:
– Herr A, Kaufmann, Wohnort,
– Herr B, Kaufmann, Wohnort.

5. Die beiden Vorstandsmitglieder, Herr A und Herr B, sind berechtigt, die Gesellschaft stets einzeln zu vertreten.

6. Abstrakte Vertretungsbefugnis

Die Gesellschaft wird durch zwei Mitglieder des Vorstandes oder durch ein Mitglied des Vorstandes zusammen mit einem Prokuristen vertreten. Besteht der Vorstand nur aus einer Person, vertritt dieser allein. Der Aufsichtsrat kann einzelnen Mitgliedern des Vorstandes die Befugnis zur Einzelvertretung erteilen.

7. Die Vorstandsmitglieder versichern, dass keine Umstände vorliegen, die ihrer Bestellung nach § 76 Abs. 3 Satz 2 und 3 AktG entgegenstehen.

Jedes Vorstandsmitglied versichert insbesondere,

– dass er nicht wegen einer oder mehrerer vorsätzlicher Straftaten
a) des Unterlassens der Stellung des Antrags auf Eröffnung des Insolvenzverfahrens (Insolvenzverschleppung),
b) nach §§ 283 bis 283d StGB (Insolvenzstraftaten),
c) der falschen Angaben nach § 82 GmbHG oder § 399 AktG,
d) der unrichtigen Darstellung nach § 400 AktG, § 331 HGB, § 313 UmwG oder § 17 PublizitätsG,
e) nach den §§ 263 StGB (Betrug), § 263a StGB (Computerbetrug), § 264 StGB (Kapitalanlagebetrug) § 264a (Subventionsbetrug) oder den §§ 265b StGB (Kreditbetrug), § 266 StGB (Untreue) bis § 266a StGB (Vorenthalten und Veruntreuen von Arbeitsentgelt – Nichtabführung von Sozialversicherungsbeiträgen) zu einer Freiheitsstrafe von mindestens einem Jahr

verurteilt worden ist, und
– dass ihm weder durch gerichtliches Urteil noch durch die vollziehbare Entscheidung einer Verwaltungsbehörde die Ausübung eines Berufes, eines Berufszweiges, eines Gewerbes oder eines Gewerbezweiges ganz oder teilweise untersagt wurde, und
– auch keine vergleichbaren strafrechtlichen Entscheidungen ausländischer Behörden oder Gerichte gegen ihn vorliegen, und
– dass er über die uneingeschränkte Auskunftspflicht ggü. dem Gericht durch den Notar belehrt wurde.

8. Die Geschäftsräume und die inländische Geschäftsanschrift der Gesellschaft befinden sich . . . . .

9. Das Grundkapital der Gesellschaft beträgt 50.000,00 € und ist eingeteilt in 50.000 Stückaktien, die auf den Inhaber lauten.

(*Anm.*: Wie dargelegt ist umstritten, ob beim Formwechsel von Personenhandelsgesellschaften in Kapitalgesellschaften eine Einlagenversicherung wie bei der Sachgründung erforderlich ist [vgl. oben Teil 4 Rdn. 319 ff.]. Folgt man der hier vertretenen Auffassung, bedarf es einer solchen Versicherung nicht. Folgt man der anderen Auffassung, könnte eine solche Anmeldeversicherung wie folgt lauten:

»Sämtliche Aktien wurden von den Gesellschaften der A-GmbH & Co. KG gegen Sacheinlage gemäß den Festsetzungen in der Satzung übernommen, wonach die Sacheinlagen geleistet werden, indem die A-GmbH & Co. KG formwechselnd in die Rechtsform der AG unter der Firma A-AG umgewandelt wird.

Der Wert der Sachleistungen entspricht dem Ausgabebetrag der dafür gewährten Aktien.

Die Voraussetzungen des § 36 Abs. 2, § 36a AktG sind damit erfüllt. Die Sacheinlagen sind vollständig geleistet.«)

Zu dieser Anmeldung überreichen wir folgende Anlagen:
– elektronisch beglaubigte Abschrift des Umwandlungsbeschlusses samt Satzung und Aufsichtsratsbestellung zur Urkunde des Notars . . . . ., in . . . . ., UR.Nr. . . . . .,
– elektronisch beglaubigter Nachweis über die Zuleitung des Umwandlungsbeschlusses zum Betriebsratsvorsitzenden,
– elektronisch beglaubigte Abschrift des Beschlusses des Aufsichtsrates über die Bestellung der Mitglieder des Vorstandes,
– elektronisch beglaubigter Gründungsbericht der Gründer,
– elektronisch beglaubigter Prüfungsbericht der Mitglieder des Vorstandes und des Aufsichtsrates,
– elektronisch beglaubigter Prüfungsbericht des Gründungsprüfers,
– elektronisch beglaubigte Berechnung des Gründungsaufwandes.

Auf den Umwandlungsbericht wurde verzichtet. Weiter erklären wir, dass Klagen gegen den Umwandlungsbeschluss nicht erhoben sind und im Umwandlungsbeschluss die Gesellschafter auf eine Anfechtung verzichtet haben.

. . . . .

(Unterschrift sämtlicher Gründer, der Vorstandsmitglieder und der Aufsichtsratsmitglieder der AG)

(Beglaubigungsvermerk)

B. Formwechsel von Kapitalgesellschaften

I. Checkliste

Bei einem **Formwechsel von Kapitalgesellschaften** sind folgende Punkte zu beachten: 473

- ☐ Vorbereitung des Formwechselbeschlusses durch Erstellung eines Entwurfs des Umwandlungsbeschlusses (§ 192 Abs. 2 UmwG),
- ☐ Zuleitung des Entwurfs des Umwandlungsbeschlusses zum zuständigen Betriebsrat, soweit vorhanden (§ 194 Abs. 2 UmwG),
- ☐ Umwandlungsbericht (§ 192 Abs. 1 UmwG),
- ☐ Unterrichtungspflichten (§§ 230, 238, 251 UmwG),
- ☐ Einhaltung der Gründungsvorschriften für den neuen Rechtsträger (§ 197 UmwG) und Kapitalschutz (§ 245 UmwG),
- ☐ Umwandlungsbeschluss (§§ 193, 194, 233, 240, 252, 253 UmwG), der auch den Gesellschaftsvertrag, bzw. die Satzung des neuen Rechtsträgers feststellen muss,
- ☐ Beachtung von Zustimmungserfordernissen nach Sondervorschriften (vgl. oben Teil 4 Rdn. 231 ff.),
- ☐ Anmeldung des Formwechsels (§§ 198, 199, 235, 246, 254 UmwG),
- ☐ Eintragung des Formwechsels (§ 202 UmwG).

II. Grundlagen

Die §§ 226 ff. UmwG regeln den Formwechsel von Kapitalgesellschaften. Das Gesetz unterscheidet 474 auch hierbei wiederum **allgemeine Vorschriften**, die allerdings nur die §§ 226 und 227 UmwG betreffen und **besondere Vorschriften** für die Fälle des Formwechsels der Kapitalgesellschaft

- in eine Personengesellschaft (§§ 228 ff. UmwG),
- in eine andere Kapitalgesellschaft (§§ 238 ff. UmwG),
- in eine eingetragene Genossenschaft (§§ 251 ff. UmwG).

Anzuwenden sind daher zunächst die allgemeinen Vorschriften der §§ 190 ff. UmwG und sodann die 475 besonderen Vorschriften der §§ 226, 227 UmwG und anschließend die besonderen Vorschriften je nachdem, in welche Rechtsform die Kapitalgesellschaft umgewandelt werden soll. Der **Ablauf** ist allerdings grds. der gleiche wie bei den anderen Formen des Formwechsels. Auch die dogmatischen Grundlagen sind, wie bereits dargelegt (vgl. oben Teil 4 Rdn. 7 ff.), für alle Formwechselarten dieselben. Es gilt daher auch z. B. beim Formwechsel einer Kapitalgesellschaft in eine Personenhandelsgesellschaft der **Grundsatz der Identität**, nämlich der Kontinuität des Rechtsträgers bei bloßer Änderung des »Rechtskleides«. Allerdings ist auch hier das Konzept nicht in jeder Hinsicht durchgehalten, so hat der Gesetzgeber z. B. beim Formwechsel einer GmbH in eine AG § 220 UmwG mit seinem **Kapitalschutz** entsprechend für anwendbar erklärt (§ 245 Abs. 1 UmwG). Dies zeigt, dass bestimmte Grundprinzipien des Gesellschaftsrechts, hier der **Gläubigerschutz**, mit dem Prinzip der Identität in Konflikt gerät und deshalb doch die Identitätsthese nicht vollständig durchgehalten wird.

1. Beseitigung der sog. Umwandlungssperre. Bedeutsam ist für den Formwechsel von Kapitalge- 476 sellschaften insb., dass die bis 1995 in § 1 Abs. 2 Satz 1 UmwG a. F. enthaltene Umwandlungssperre ersatzlos entfallen ist. Nach altem Recht war die Umwandlung einer Kapitalgesellschaft in eine Personengesellschaft nicht zulässig, wenn an der Gesellschaft, in die die Kapitalgesellschaft umgewandelt wird, eine Kapitalgesellschaft als Gesellschafter beteiligt war.

2. Umwandlungsbericht. Die §§ 226 ff. UmwG sehen **keine Besonderheiten für den Umwand- 477 lungsbericht** vor, sodass § 192 UmwG ohne Veränderungen gilt. Beim Formwechsel einer Kapitalgesellschaft muss daher das Vertretungsorgan, d. h. die Geschäftsführer oder der Vorstand gem. § 192 Abs. 1 UmwG einen ausführlichen schriftlichen Bericht erstatten, in dem der Formwechsel und insb. die künftige Beteiligung der Gesellschafter an dem neuen Rechtsträger rechtlich und wirtschaftlich erläutert und begründet werden. Dem Umwandlungsbericht ist ein **Entwurf des Umwandlungsbeschlusses** beizufügen. Wegen der Einzelheiten kann daher auf die obigen Ausführungen verwiesen werden (vgl. oben Teil 4 Rdn. 63 ff.).

478 Die Besonderheit des § 229 UmwG bzgl. der Vermögensaufstellung beim Formwechsel in die KGaA sind durch die Aufhebung dieser Vorschrift durch das **Zweite Gesetz zur Änderung des UmwG** entfallen.

479 Im Zweiten Gesetz zur Änderung des UmwG hat der Gesetzgeber auf die **Vermögensaufstellung beim Formwechsel verzichtet.** § 192 Abs. 2 UmwG wurde vollständig aufgehoben. Bis zur Neuregelung galt Folgendes: Beim Formwechsel einer Kapitalgesellschaft in eine Kapitalgesellschaft anderer Rechtsform war § 192 Abs. 2 UmwG gem. § 238 Satz 2 UmwG nicht anzuwenden, sodass in diesem Fall eine Vermögensaufstellung nicht notwendig war.

480 **3. Vorbereitung der Gesellschafter bzw. der Hauptversammlung.** Auch für den Formwechsel von Kapitalgesellschaften sieht das UmwG **besondere Regelungen** für die Vorbereitung der Versammlung der Anteilsinhaber vor (vgl. oben Teil 4 Rdn. 152 ff.). Diese Vorschriften sind einheitlich in § 230 und § 231 UmwG für den Formwechsel von Kapitalgesellschaften geregelt. Zwar finden sich diese Vorschriften beim Formwechsel von Kapitalgesellschaften in eine Personengesellschaft (2. Unterabschnitt), die anderen Vorschriften verweisen allerdings vollinhaltlich für die Vorbereitung auf § 230 und § 231 UmwG: so § 238 UmwG für den Formwechsel in eine Kapitalgesellschaft anderer Rechtsform und § 251 Abs. 1 UmwG für den Formwechsel einer Kapitalgesellschaft in eine eingetragene Genossenschaft.

481 **a) Formwechsel einer GmbH.** Bei der GmbH sieht § 230 Abs. 1 UmwG die **Unterrichtung der Gesellschafter** dadurch vor, dass die Geschäftsführer der formwechselnden GmbH allen Gesellschaftern spätestens zusammen mit der Einberufung der Gesellschafterversammlung, die über den Formwechsel beschließen soll, diesen Formwechsel als Gegenstand der Beschlussfassung in Textform anzukündigen und den Umwandlungsbericht zu übersenden haben. Durch diese Vorschrift wird das allgemeine **Auskunfts- und Einsichtsrecht der Gesellschafter einer formwechselnden GmbH** (vgl. § 51a GmbHG) konkretisiert. Da der Formwechsel für sie wegen der **Einschränkung ihrer Rechte** ein besonders bedeutsamer Vorgang ist, sollen diese rechtzeitig auf die bevorstehende Beschlussfassung hingewiesen und durch die Übersendung des Umwandlungsberichts, der nach § 192 Abs. 1 Satz 2 UmwG auch einen **Entwurf des Umwandlungsbeschlusses** enthalten muss, die für ihre Zustimmung zu dem Formwechsel entscheidenden Informationen enthalten. Anzugeben ist nach h. M. bei der Tagesordnung die **Satzung bzw. der Gesellschaftsvertrag** der Gesellschaft neuer Rechtsform (so LG Hanau, ZIP 1996, 422; Ihrig, in: Semler/Stengel, § 230 UmwG Rn. 10; Lutter/Göthel, UmwG, § 230 Rn. 29; Kallmeyer/Dirksen/Blasche, UmwG, § 230 Rn. 4; a. A. Meyer-Landruth/Kiem, WM 1997, 1413, 1414).

482 Abweichend von § 24 Abs. 2 Nr. 1 UmwG i. d. F. vor dem Jahr 1995 a. F. soll es für die vorherige Information der Gesellschafter jedoch ausreichen, die für die Einberufung der Gesellschafterversammlung in § 51 Abs. 1 Satz 2 GmbHG bestimmte **Frist von mindestens einer Woche** einzuhalten (so die Begründung zum RegE, BR-Drucks. 75/94, S. 153; abgedruckt in: Limmer, Umwandlungsrecht, S. 348; vgl. auch Ihrig, in: Semler/Stengel, § 230 UmwG Rn. 20). Eine Übersendung des Umwandlungsberichts bedarf es dann nicht, wenn ein Umwandlungsbericht wegen einer Einpersonengesellschaft oder aufgrund des Verzichts aller Anteilsinhaber nicht erforderlich ist (§ 192 Abs. 2 UmwG). Der Verzicht auf den Umwandlungsbericht schließt selbstverständlich den Verzicht auf seine Übersendung mit ein (Widmann/Mayer/Vossius, Umwandlungsrecht, § 230 UmwG Rn. 14; Kallmeyer/Dirksen/Blasche § 230 UmwG Rn. 3).

483 Für die **Einberufung der Gesellschafterversammlung** bei der GmbH gelten die allgemeinen Grundsätze des GmbH-Rechts. Die Versammlung ist daher nach § 49 Abs. 1 GmbHG durch die Geschäftsführer einzuberufen. Die Einberufungskompetenz liegt selbst bei mehreren Geschäftsführern bei jedem einzelnen Geschäftsführer und zwar selbst dann, wenn die Geschäftsführer zur Gesamtvertretung berechtigt sind (vgl. OLG Frankfurt am Main, GmbHR 1976, 110; OLG Düsseldorf, NZG 2004, 916, 921; Scholz/K. Schmidt/Seibt, § 49 GmbHG Rn. 4; Lutter/Hommelhoff/Bayer, GmbHG, § 49 Rn. 2). Nach § 51 Abs. 1 GmbHG erfolgt die Einberufung der Versammlung durch Einladung der Gesellschafter mittels eingeschriebenem Brief. Sie ist mit einer **Frist** von mindestens einer Woche

zu bewirken. Nach herrschender Meinung muss die Einladung auch den Einberufenden ausweisen. Zur Sicherheit sollte(n) der oder die Einberufende(n) persönlich unterschreiben mit ausdrücklichem Hinweis, aus dem sich die Einberufungsbefugnis ergibt. In der Einladung sind die Gesellschafter unter Angabe von Ort und Tag zur Gesellschafterversammlung einzuladen.

Nach § 231 UmwG haben außerdem der oder die Geschäftsführer der formwechselnden GmbH den **484** Gesellschaftern spätestens zusammen mit der Einberufung der Gesellschafterversammlung das **Abfindungsangebot** nach § 207 UmwG zu übersenden. Der Übersendung steht es gleich, wenn das Abfindungsangebot im elektronischen Bundesanzeiger und in den sonst bestimmten Gesellschaftsblättern bekanntgemacht wird. Dabei steht es den Geschäftsführern frei, welchen Bekanntmachungsweg sie wählen (vgl. Ihrig, in: Semler/Stengel, § 230 UmwG Rn. 8 f.). Die Übersendung hat grds. durch eingeschriebenen Brief zu erfolgen (vgl. Ihrig, in: Semler/Stengel, § 230 UmwG Rn. 9; Kallmeyer/Dirksen/Blasche § 230 UmwG Rn. 6; a. A. KK-UmwG/Dauner-Lieb/Tettinger, § 230 UmwG Rn. 12). Mit dieser Regelung soll für alle Gesellschafter ein unmittelbarer Zugang zu dem Abfindungsangebot sichergestellt werden, zumal dieses Angebot nur innerhalb einer bestimmten Frist nach Durchführung des Formwechsels angenommen werden kann (vgl. § 209 UmwG). Die Begründung zum RegE weist darauf hin, dass eine Auslegung des Angebots im Geschäftsraum der formwechselnden Gesellschaft, auch wenn eine kostenlose Abschrift angefordert werden könnte, nicht ausreichend wäre (vgl. BR-Drucks. 75/94, S. 154; abgedruckt in: Limmer, Umwandlungsrecht, S. 349).

Anders als bei der Verschmelzung fehlt allerdings eine § 49 Abs. 2 und Abs. 3 UmwG entsprechende **485** Vorschrift, nach der bestimmte Unterlagen in den Geschäftsräumen auszulegen sind und die Gesellschafter auf Verlangen jederzeit Auskunft über bestimmte Angelegenheiten haben. Diese Vorschrift war allerdings beim Formwechsel entbehrlich, da hier der **Auskunftsanspruch direkt aus § 51a GmbHG** folgt, da es nur um dieselbe Gesellschaft und nicht wie bei der Verschmelzung auch um andere Gesellschaften geht.

b) Formwechsel von AG und KGaA. Nach § 230 Abs. 2 UmwG ist der **Umwandlungsbericht** samt **486** Entwurf des Umwandlungsbeschlusses einer AG oder KGaA von der Einberufung der Hauptversammlung an, in dem Geschäftsraum der Gesellschaft zur Einsicht der Aktionäre auszulegen. Auf Verlangen ist jedem Aktionär und jedem von der Geschäftsführung ausgeschlossenen persönlich haftenden Gesellschafter unverzüglich und kostenlos eine Abschrift des Umwandlungsberichts zu erteilen. Der Umwandlungsbericht kann dem Aktionär und dem von der Geschäftsführung ausgeschlossenen persönlich haftenden Gesellschafter mit seiner Einwilligung auf dem Wege elektronischer Kommunikation übermittelt werden. Die vorgenannten Verpflichtungen nach den Sätzen 1 und 2 des § 230 Abs. 1 UmwG entfallen gem. § 230 Abs. 2 Satz 3 UmwG, wenn der Umwandlungsbericht für denselben Zeitraum über die Internetseite der Gesellschaft zugänglich ist.

Für die **Einberufung der Hauptversammlung** gelten die allgemeinen Grundsätze des Aktienrechts **487** (§§ 121 ff. AktG). Gem. § 121 Abs. 2 AktG wird die Hauptversammlung durch den **Vorstand** einberufen, der darüber in einfacher Mehrheit beschließt. Die Einberufung ist gem. § 121 Abs. 4 AktG in den **Gesellschaftsblättern** bekannt zu machen. Das ist mindestens der eBundesanzeiger (www.ebundesanzeiger.de, vgl. Hüffer/Koch, § 121 AktG Rn. 11a). Sieht die Satzung für die Bekanntmachung weitere Gesellschaftsblätter vor, so muss die Einberufung auch in diesen Blättern bekanntgemacht werden (§ 25 S. 2 AktG); in diesem Fall ist die Bekanntmachung erst mit dem Erscheinen des letzten Gesellschaftsblattes erfolgt.

Vgl. zu den Einzelheiten auch die Erläuterungen oben Teil 2 Rdn. 1060 ff.

Die Einberufung muss die Firma, den Sitz der Gesellschaft sowie Zeit und Ort der Hauptversammlung enthalten. Zudem ist die Tagesordnung anzugeben.

Bei börsennotierten Gesellschaften hat der Vorstand oder, wenn der Aufsichtsrat die Versammlung ein- **488** beruft, der Aufsichtsrat in der Einberufung ferner anzugeben:
– die Voraussetzungen für die Teilnahme an der Versammlung und die Ausübung des Stimmrechts sowie ggf. den Nachweisstichtag nach § 123 Abs. 2 Satz 3 AktG und dessen Bedeutung;
– das Verfahren für die Stimmabgabe durch einen Bevollmächtigten unter Hinweis auf die Formulare, die für die Erteilung einer Stimmrechtsvollmacht zu verwenden sind, und auf die Art und Weise, wie

der Gesellschaft ein Nachweis über die Bestellung eines Bevollmächtigten elektronisch übermittelt werden kann sowie durch Briefwahl oder im Wege der elektronischen Kommunikation gem. § 118 Ans. 1 Satz 2 AktG, soweit die Satzung eine entsprechende Form der Stimmrechtsausübung vorsieht;
- die Rechte der Aktionäre nach § 122 Abs. 2, 126 Abs. 1, §§ 127, 131 Abs. 1 AktG;
- die Angaben können sich auf die Fristen für die Ausübung der Rechte beschränken, wenn in der Einberufung i. Ü. auf weiter gehende Erläuterungen auf der Internetseite der Gesellschaft hingewiesen wird;
- die Internetseite der Gesellschaft, über die die Informationen nach § 124a AktG zugänglich sind.

Bei börsennotierten Gesellschaften müssen nach § 124a AktG alsbald nach der Einberufung der Hauptversammlung über die **Internetseite der Gesellschaft** zugänglich sein:
- der Inhalt der Einberufung;
- eine Erläuterung, wenn zu einem Gegenstand der Tagesordnung kein Beschluss gefasst werden soll;
- die der Versammlung zugänglich zu machenden Unterlagen;
- die Gesamtzahl der Aktien und der Stimmrechte im Zeitpunkt der Einberufung, einschließlich getrennter Angaben zur Gesamtzahl für jede Aktiengattung;
- ggf. die Formulare, die bei Stimmabgabe durch Vertretung oder bei Stimmabgabe mittels Briefwahl zu verwenden sind, sofern diese Formulare den Aktionären nicht direkt übermittelt werden.

489 Bei börsennotierten Gesellschaften, die nicht ausschließlich Namensaktien ausgegeben haben und die Einberufung den Aktionären nicht unmittelbar nach § 121 Abs. 4 Satz 2 und 3 AktG übersenden, ist die Einberufung gem. § 121 Abs. 4a AktG spätestens zum Zeitpunkt der Bekanntmachung solchen Medien zur Veröffentlichung zuzuleiten, bei denen davon ausgegangen werden kann, dass sie die Information in der gesamten EU verbreiten.

490 Für börsennotierte AG ist die Einberufung der Hauptversammlung im elektronischen Bundesanzeiger nach § 30b Abs. 1 Nr. 1 WpHG zwingend. Zusätzlich zu den Angaben nach §§ 121, 124 AktG muss die Veröffentlichung nach § 30b Abs. 1 Nr. 1 WpHG Angaben über die Gesamtzahl der Aktien und Stimmrechte im Zeitpunkt der Einberufung der Hauptversammlung enthalten.

491 Nach § 125 Abs. 1 AktG hat der Vorstand mindestens 21 Tage vor der Versammlung den Kreditinstituten und den Vereinigungen von Aktionären, die in der letzten Hauptversammlung Stimmrechte für Aktionäre ausgeübt oder die die Mitteilung verlangt haben, die Einberufung der Hauptversammlung mitzuteilen. Der Tag der Mitteilung ist nicht mitzurechnen. In der Mitteilung ist auf die Möglichkeiten der Ausübung des Stimmrechts durch einen Bevollmächtigten, auch durch eine Vereinigung von Aktionären, hinzuweisen. Bei börsennotierten Gesellschaften sind einem Vorschlag zur Wahl von Aufsichtsratsmitgliedern Angaben zu deren Mitgliedschaft in anderen gesetzlich zu bildenden Aufsichtsräten beizufügen; Angaben zu ihrer Mitgliedschaft in vergleichbaren in- und ausländischen Kontrollgremien von Wirtschaftsunternehmen sollen beigefügt werden. Die gleiche Mitteilung hat der Vorstand nach § 125 Abs. 2 AktG den Aktionären zu machen, die es verlangen oder zu Beginn des 14. Tages vor der Versammlung als Aktionär im Aktienregister der Gesellschaft eingetragen sind.

492 Durch das Gesetz für kleine AG und zur Deregulierung des Aktienrechts v. 02.08.1994 (BGBl. I, S. 1961) wurde die Möglichkeit der **Einberufung durch eingeschriebenen Brief** in § 121 Abs. 4 Satz 2 AktG geschaffen: Sind die Aktionäre der Gesellschaft namentlich bekannt, kann die Hauptversammlung mit eingeschriebenem Brief einberufen werden. Der Tag der Absendung gilt als Tag der Bekanntmachung. Unproblematisch kann die Einberufung durch eingeschriebenen Brief bei Namensaktion erfolgen (vgl. Hüffer/Koch, AktG, § 121 Rn. 11b). Bei Inhaberaktien scheidet die Einberufung durch eingeschriebenen Brief i. d. R. aus, es sei denn, es besteht ein kleiner überschaubarer Aktionärskreis, bei dem der Vorstand relativ sicher davon ausgehen kann, dass Personenkenntnis besteht (im Einzelnen str., vgl. Gutachten DNotI-Report 2003, 130 ff.; Lutter, AG 1994, 429, 438; Hüffer/Koch, AktG, § 121 Rn. 11d; Hoffmann-Becking, ZIP 1995, 1, 6). Da die Inhaber solcher Inhaberaktien jedoch in keinem Aktienregister verzeichnet sind und eine entsprechende gesetzliche Vermutungswirkung wie nach § 67 Abs. 2 AktG nicht besteht, auch wenn die Aktionäre untereinander durch Abschluss schuldrechtlicher Vereinbarungen über Anmeldeverpflichtungen oder durch die Etablierung eines sonstigen gesellschaftsinternen Informationssystems Vorkehrungen dafür getroffen haben, dass der Gesellschaft ihre jeweiligen Aktionäre bekannt sind, kommt es hier letztlich auf die Kenntnis des einberufen-

den Organs von Name und Anschrift der Aktionäre an (DNotI-Report 2003, 130 ff.; Hüffer/Koch, § 121 AktG Rn. 11c). Wegen des Risikos einer zwischenzeitlichen Übertragung der Inhaberaktien auf einen anderen Eigentümer und der Tatsache, dass ein Einberufungsmangel nach § 241 Nr. 1 AktG grds. zur Nichtigkeit der in der Hauptversammlung gefassten Beschlüsse führt, wird in der aktienrechtlichen Literatur allerdings empfohlen, bei Inhaberaktien im Zweifel die Einberufung der Hauptversammlung immer öffentlich bekannt zu machen (Hölters/Deilmann/Buchta, Die kleine AG, S. 98; Obermüller/Werner/Winden/Butzke, B Rn. 54 a. E.; Reichert/Schlitt, in: Semler/Volhard, HVHdb., I B Rn. 291; Hoffmann-Becking, ZIP 1995, 1, 6; Hüffer/Koch,§ 121 AktG Rn. 11c).

Streitig ist bei dieser Art der Einberufung noch, ob ein **Einwurf-Einschreiben** genügt oder ob stets ein Übergabe-Einschreiben erforderlich ist. Da auch ein Einwurf-Einschreiben letztlich ein Einschreiben i. S. d. Zustellvorschriften der Post darstellt, erscheint dies i. R. d. § 121 Abs. 4 AktG für ausreichend (so MünchKomm-AktG/Hüffer/Koch, § 124 Rn. 31; Spindler/Stilz/Rieckers, § 121 AktG Rn 60; a. A. allerdings Baumbach/Hueck/Zöllner, GmbHG, § 51 Rn. 12; Hölters/Deilmann/Buchta, Die kleine AG, S. 99 f.).

Gem. § 123 Abs. 1 AktG beträgt die **Einberufungsfrist** mindestens 30 Tage vor dem Tag der Versammlung. Der Fristbeginn richtet sich nach der Bekanntmachung in den Gesellschaftsblättern. Maßgeblich ist das Erscheinungsdatum. Die Frist wird nach §§ 187 Abs. 1, 188 Abs. 2 BGB berechnet. Fristen, die von der Hauptversammlung zurückrechnen, sind nach § 123 Abs. 4 AktG jeweils vom nicht mitzählenden Tage der Versammlung zurückzurechnen; fällt das Ende der Frist auf einen Sonntag, einen am Sitz der Gesellschaft gesetzlich anerkannten Feiertag oder einen Sonnabend, so tritt an die Stelle dieses Tages der zeitlich vorhergehende Werktag. Die Modalitäten einer Anmeldung richtet sich ebenfalls nach den allgemeinen Vorschriften (§ 123 Abs. 3 AktG). Bei Inhaberaktien kann nach § 123 Abs. 3 AktG die Satzung bestimmen, wie die Berechtigung zur Teilnahme an der Hauptversammlung oder zur Ausübung des Stimmrechts nachzuweisen ist. Bei börsennotierten Gesellschaften reicht ein in Textform erstellter besonderer Nachweis des Anteilsbesitzes durch das depotführende Institut aus. Der Nachweis hat sich bei börsennotierten Gesellschaften auf den Beginn des 21. Tages vor der Versammlung zu beziehen und muss der Gesellschaft unter der in der Einberufung hierfür mitgeteilten Adresse bis spätestens am 7. Tage vor der Versammlung zugehen, soweit die Satzung keine kürzere Frist vorsieht (sog. record date). Im Verhältnis zur Gesellschaft gilt für die Teilnahme an der Hauptversammlung oder die Ausübung des Stimmrechts als Aktionär nur, wer den Nachweis erbracht hat (§ 123 Abs. 3 AktG). **493**

Die **Bekanntmachung der Tagesordnung** ist in § 124 AktG geregelt. Sie ist bei der Einberufung in den Gesellschaftsblättern bekannt zu machen, wenn kein Fall des § 121 Abs. 4 Satz 2 AktG vorliegt. Gem. § 124 Abs. 3 AktG haben zu jedem Gegenstand der Tagesordnung, über den beschlossen werden soll, der Vorstand und der Aufsichtsrat in der Bekanntmachung der Tagesordnung Vorschläge zur Beschlussfassung zu machen. Des Weiteren sind in der Einberufung bei börsennotierten Gesellschaften die in § 121 Abs. 3 Nr. 1 bis 4 AktG genannten Angaben zu machen. Sie beziehen sich auf den Nachweisstichtag sowie dessen Bedeutung bei Inhaberaktien (sog. record date, vgl. § 123 Abs. 3 Satz 3 AktG), bei Namensaktien auch den Tag des Umschreibungsstopps im Aktienregister, was so aber im Gesetz nicht ausdrücklich erwähnt wird (§ 121 Abs. 3 Satz 3 Nr. 1 AktG), die Modalitäten der Vollmachtserteilung (§ 121 Abs. 3 Satz 3 Nr. 2 AktG), die Fristen für den Zugang von Ergänzungs- bzw. Gegenanträgen sowie Wahlvorschlägen unter Angabe der konkreten Daten und den Zeitpunkt, in dem das Auskunftsrecht ausgeübt werden kann sowie eine Darstellung und Erläuterung dieser Rechte, die allerdings – bei entsprechendem Hinweis in der Einberufung – auch auf der Internetseite der Gesellschaft erfolgen kann (§ 121 Abs. 3 Satz 3 Nr. 3 AktG). Ferner ist anzugeben diejenige Internetseite der Gesellschaft, auf welcher die Informationen nach § 124a AktG zugänglich sind (§ 121 Abs. 3 Satz 3 Nr. 4 AktG). **494**

§ 231 UmwG **gilt auch für die AG oder die KGaA**, sodass der Vorstand der formwechselnden AG oder KGaA spätestens zusammen mit der Einberufung der Hauptversammlung das **Abfindungsangebot** nach § 207 UmwG zu übersenden hat. Der Übersendung steht es gleich, wenn das Abfindungsangebot im elektronischen Bundesanzeiger oder in den sonst bestimmten Gesellschaftsblättern bekannt gemacht wird (vgl. zu den Einzelheiten oben Teil 4 Rdn. 484). **495**

496 Dem Gesetz lässt sich nicht entnehmen, ob bei den Veröffentlichungspflichten der AG oder KGaA oder bei der Bekanntmachung des Umwandlungsberichts zusätzlich zu der Auslegung in den Geschäftsräumen der Gesellschaft zur Einsicht der Aktionäre der **Entwurf des zukünftigen Gesellschaftsvertrages** noch im elektronischen Bundesanzeiger veröffentlicht werden muss. Nach § 124 Abs. 2 Satz 2 AktG wäre der Wortlaut einer Satzungsänderung, über die die Hauptversammlung beschließen soll, in den Gesellschaftsblättern bekannt zu machen. Es stellt sich daher die Frage, ob die Auslage des Umwandlungsberichts in den Geschäftsräumen der Gesellschaft als abschließende Publizitätsregelung anzusehen ist. Die überwiegende Meinung in der Rechtsprechung und Literatur ist jedoch der Auffassung, dass § 124 AktG durch die Regelung des UmwG nicht ausgeschlossen sei. Anzugeben sei ferner daher bei der Tagesordnung die Satzung bzw. der Gesellschaftsvertrag der Gesellschaft neuer Rechtsform und auch der wesentliche Inhalt des Umwandlungsbeschlusses (so LG Hanau, ZIP 1996, 422; Lutter/Göthel, UmwG, § 230 Rn. 25; Kallmeyer/Dirksen/Blasche, UmwG, § 230 Rn. 7; a. A. Meyer-Landruth/Kiem, WM 1997, 1413, 1414).

497 Das **LG Hanau** hat im Urt. v. 02.11.1995 (»Schwab/Otto«, ZIP 1996, 422) darauf hingewiesen, dass beim Formwechsel einer AG in eine GmbH die Einladung zur Hauptversammlung sowohl den Wortlaut des Umwandlungsbeschlusses als auch den vorgeschlagenen neuen Satzungstext enthalten müsse. Das LG Hanau bezieht sich dabei auf § 124 Abs. 2 Satz 2 AktG für Satzungsänderungen und verlangt auch beim Formwechsel die wortgetreue Wiedergabe dieser Unterlagen. Durch die komplette Wiedergabe in der Bekanntmachung erhalte der Aktionär die für die Entscheidungsfindung erforderliche Vorabinformation.

498 Auf die Frage der **Identifizierung unbekannter Aktionäre** wurde oben bereits hingewiesen, sodass auf die obigen Ausführungen verwiesen werden kann (vgl. oben Teil 4 Rdn. 141).

III. Einzelfälle des Formwechsels von Kapitalgesellschaften

1. Formwechsel einer Kapitalgesellschaft in eine Personengesellschaft oder Partnerschaftsge-
499 **sellschaft. a) Maßgeblichkeit des Unternehmensgegenstandes.** Beim Formwechsel einer Kapitalgesellschaft in eine Personenhandelsgesellschaft oder Partnerschaftsgesellschaft hatte der Gesetzgeber zunächst die Formwechselfreiheit durch § 228 UmwG eingeschränkt. § 228 Abs. 1 UmwG bestimmt, dass durch den Formwechsel eine Kapitalgesellschaft die Rechtsform einer Personenhandelsgesellschaft nur erlangen kann, wenn der Unternehmensgegenstand im Zeitpunkt des Wirksamwerdens des Formwechsels den Vorschriften über die Gründung einer OHG nach § 105 Abs. 1 und Abs. 2 HGB genügt. Ein Formwechsel in eine Partnerschaftsgesellschaft ist nach § 228 Abs. 3 UmwG nur möglich, wenn im Zeitpunkt seines Wirksamwerdens alle Anteilsinhaber des formwechselnden Rechtsträgers natürliche Personen sind, die einen freien Beruf i. S. d. Partnerschaftsgesellschaftsgesetzes ausüben.

500 In ihrer ursprünglichen Fassung vor dem **Handelsrechtsreformgesetz** (HRefG) v. 22.06.1998 (BGBl. I, S. 1474) war Aufgabe dieser Vorschrift sicherzustellen, dass Kapitalgesellschaften, die kein vollkaufmännisches Handelsgewerbe betrieben, nicht in eine OHG formwechseln konnten, sondern nur in eine GbR. Das HRefG hat den **Kaufmannsbegriff** auch bei den Personengesellschaften grundlegend geändert (vgl. Diklinsky, ZIP 1998, 1169 ff.; K. Schmidt, NJW 1998, 2161 ff.; Schäfer, DB 1998, 1269 ff.). **Handelsgewerbe** ist nach § 1 Abs. 2 HGB i. d. F. nach dem Handelsrechtsreformgesetz nunmehr jeder Gewerbebetrieb, es sei denn, dass das Unternehmen nach Art oder Umfang einen in kaufmännischer Weise weiter eingerichteten Geschäftsbetrieb nicht erfordert. Handelsgewerbe ist somit jedes gewerbliche Unternehmen, es sei denn, es fehlt an der Erforderlichkeit kaufmännischer Einrichtungen, was i. d. R. nur bei Kleingewerbetreibenden der Fall ist. Dementsprechend ist auch § 105 HGB angepasst worden; danach ist eine Gesellschaft, deren Zweck auf den Betrieb eines Handelsgewerbes unter gemeinschaftlicher Firma gerichtet ist, eine OHG, wenn die Haftung nicht beschränkt ist. Dies bedeutet, dass zunächst jedes in der Gesellschaft ausgeübte Gewerbe zur Entstehung der OHG führt, wenn es das Unternehmen nach Art oder Umfang eines in kaufmännischer Weise eingerichteten Geschäftsbetriebes erfordert. Aber auch ein **Kleingewerbe**, das dieses Erfordernis nicht erfüllt, kann nach § 105 Abs. 2 HGB durch Handelsregistereintragung zum Handelsgewerbe werden und damit auch zur OHG führen.

Darüber hinausgehend ist in § 105 Abs. 2 HGB nun auch die Möglichkeit vorgesehen, Gesellschaften, **501** die überhaupt keinen Gewerbebetrieb betreiben oder nur eigenes Vermögen verwalten, in die Rechtsform der OHG zu überführen, wenn die Eintragung im Handelsregister erfolgt. Insofern hat sich das Verhältnis zwischen § 228 UmwG und § 105 HGB grundlegend geändert, da im Grunde jede Gesellschaft zur OHG werden kann, wenn die Handelsregistereintragung erfolgt (vgl. Schäfer, DB 1998, 1269, 1273). Ausgenommen ist nur die **freiberufliche Tätigkeit**; diese genügt nicht den Anforderungen des § 105 Abs. 2 HGB (vgl. Baumbach/Hopt, HGB, § 105 Rn. 13 m. w. N.; Wertenbruch in Ebenroth/Boujong/Joost/Strohn, Handelsgesetzbuch, § 105 HGB Rn. 36). Die Anpassung des § 228 Abs. 1 UmwG an das HRefG ließ daher einige Fragen offen, da im Grunde jeder Gegenstand bei Handelsregistereintragung den Vorschriften über die Gründung einer OHG genügt. Während vor dem HRefG die Vorschrift im Grunde verlangte, dass der Gewerbebetrieb nach Art und Umfang einen in kaufmännischer Weise eingerichteten Geschäftsbetrieb erforderte und der Gesetzgeber dem Wechselverhältnis zwischen OHG oder GbR Rechnung getragen hat, bleibt fraglich, welchen Anwendungsbereich die Vorschrift nach dem HRefG hat. Bekanntlich hatte sich auch eine OHG im Zeitablauf kraft Gesetzes identitätswahrend in eine GbR verwandeln können, wenn der Geschäftsbetrieb der OHG nach altem Recht minderkaufmännisch wurde. Entsprechend diesem allgemeinen dogmatischen Grundsatz des Gesellschaftsrechts musste der Gesetzgeber in § 228 UmwG vor dem HRefG sicherstellen, dass Kapitalgesellschaften, deren Unternehmensgegenstand nicht auf den Betrieb eines vollkaufmännischen Handelsgewerbes gerichtet war, nicht allein durch den Formwechsel die Rechtsform einer OHG verlangen konnten. In diesen Fällen bestimmte dann auch § 228 Abs. 2 UmwG, dass, wenn der Gegenstand des Unternehmens nicht den Vorschriften des HGB genügt, bestimmt werden kann, dass die formwechselnde Gesellschaft die Rechtsform einer **GbR** erlangt. § 228 Abs. 2 UmwG sollte daher sicherstellen, dass der Formwechsel nicht daran scheitert, dass den handelsrechtlichen Voraussetzungen für die OHG nicht genügt wird, sodass in jedem Fall hilfsweise die GbR formgewechselt wird. Kann aber – wie dargelegt – nach dem HRefG auch die vermögensverwaltende oder kleingewerbliche Personengesellschaft in eine OHG durch Eintragung der Firma umgewandelt werden, dann kann auch der Formwechsel jeder Kapitalgesellschaft in die OHG erfolgen, wenn die Handelsregistereintragung der Firma erfolgt.

Der Gesetzgeber hat im **Zweiten Gesetz zur Änderung des UmwG** § 228 Abs. 2 UmwG aufgehoben. **502** Die Begründung zum RegE (BT-Drucks. 16/2919, S. 19) führt dazu aus:

»Wegen der früher im Einzelfall bestehenden Unsicherheit der Einordnung einer Personengesellschaft als BGB-Gesellschaft oder als Personenhandelsgesellschaft sah § 228 Abs. 2 bisher vor, dass im Umwandlungsbeschluss einer Kapitalgesellschaft hilfsweise der Wechsel in die BGB-Gesellschaft vorgesehen werden kann, wenn der Unternehmensgegenstand nicht den Anforderungen an eine offene Handelsgesellschaft genügt. Nach der Änderung des § 105 Abs. 2 HGB durch das Handelsrechtsreformgesetz, wonach eine im Handelsregister eingetragene Gesellschaft oHG ist, erscheint die Regelung entbehrlich. Sie soll daher gestrichen werden.«

Meyer/Weiler (DB 2007, 1291, 1294) weisen allerdings zu Recht darauf hin, dass damit das **Abgrenzungsproblem zur freiberuflichen Tätigkeit** offenbleibt. In diesen Fällen fehlt eine gesetzliche Auffangregelung mit der Rechtsfolge der Umwandlung in eine GbR (vgl. auch Kallmeyer/Dirksen/Blasche, UmwG, § 228 Rn. 4; Widmann/Mayer/Vossius, Umwandlungsrecht, § 228 UmwG Rn. 2 ff.; Lutter/Göthel, § 228 UmwG Rn. 10 ff.).

▶ **Hinweis:** **503**

In der Praxis ist daher zu empfehlen, in den Zweifelsfällen hilfsweise den Formwechsel in die GbR vorzusehen, falls sie zum Zeitpunkt des Wirksamwerdens des Formwechsels kein Handelsgewerbe betreibt (Kallmeyer/Dirksen/Blasche, UmwG, § 228 Rn. 4 f.; Widmann/Mayer/Vossius, Umwandlungsrecht, § 228 UmwG Rn. 3; a. A. Lutter/Göthel, § 228 UmwG Rn. 17.). Allerdings ist dabei auch umstritten, ob der hilfsweise Formwechsel noch zulässig ist (bejahend Tettinger, Der Konzern 2006, 844, 848; ablehnend Lutter/Göthel, § 228 UmwG Rn. 36). Das ist m. E. zu Recht zu bejahen (so auch Ihrig, in: Semler/Stengel, § 228 UmwG Rn. 36; Kallmeyer/Dirksen/Blasche, UmwG, § 228 Rn. 6 ff., wohl auch Stratz in Schmitt/Hörtnagl/Stratz, § 228 UmwG Rn. 6 f.). Es gibt keinen sachlichen Grund nicht von vorneherein einen derartigen Formwecshel zuzulassen; die Gesellschafter sind ja dadurch informiert und stimmen dem im Beschluss zu.

504 Ein Formwechsel einer **Partnerschaftsgesellschaft** ist nur möglich, wenn im Zeitpunkt seines Wirksamwerdens alle Anteilsinhaber des formwechselnden Rechtsträgers natürliche Personen sind, die einen freien Beruf i. S. d. Partnerschaftsgesellschaftsgesetzes ausüben.

505 **b) Umwandlungsbeschluss. aa) Gesellschafter- oder Hauptversammlung.** § 193 Abs. 1 UmwG bestimmt, dass bei einem Formwechsel ein **Beschluss der Anteilsinhaber** des formwechselnden Rechtsträgers erforderlich ist. Der Beschluss kann nur in einer Versammlung der Anteilsinhaber gefasst werden. Dies bedeutet, dass der Umwandlungsbeschluss zwingend in der Hauptversammlung oder Gesellschafterversammlung gefasst werden muss. Eine andere Form der Beschlussfassung kann daher auch satzungsmäßig nicht vorgesehen werden (vgl. im Einzelnen oben Teil 4 Rdn. 102 ff.).

506 **bb) Durchführung der Gesellschafter- oder Hauptversammlung.** Für die Durchführung der Haupt- oder Gesellschafterversammlung gelten zunächst die **allgemeinen Vorschriften** des GmbHG oder AktG (vgl. dazu oben Teil 2 Rdn. 1073 ff.). Außerdem bestimmt § 232 UmwG eine **Sondervorschrift** für die Durchführung. Gem. § 232 Abs. 1 UmwG ist in der Gesellschafterversammlung oder in der Hauptversammlung der Umwandlungsbericht auszulegen. In der Hauptversammlung kann der Umwandlungsbericht auch auf andere Weise zugänglich gemacht werden. Durch das Gesetz zur Umsetzung der Aktionärsrechterichtlinie (ARUG) v. 30.07.2009 (BGBl. I, S. 2479) wurde das »zugänglich machen« aufgenommen. Damit soll auch die Publikation über das Internet möglich sein, wobei allerdings während der Hauptversammlung die Möglichkeit gewährleistet sein muss, über Monitore die Unterlagen einzusehen (Kallmeyer/Marsch-Barner, § 64 UmwG Rn. 1; J. Schmidt, NZG 2008, 734, 735).

507 Gem. § 232 Abs. 2 UmwG ist der Entwurf des Umwandlungsbeschlusses bei einer AG oder KGaA vom Vertretungsorgan zu Beginn der Verhandlung mündlich zu erläutern. Für die GmbH ist eine derartige zwingende **Erläuterungspflicht** nicht vorgesehen. Allerdings ergibt sich wohl aus § 51a GmbHG, dass die Geschäftsführer der Gesellschaft auf Verlangen Auskunft über den Inhalt geben müssen (Kallmeyer/Dirksen/Blasche, UmwG, § 232 Rn. 2). Die Auskunft ist allerdings anders als gem. § 232 Abs. 2 UmwG bei der AG oder KGaA bei der GmbH nur »auf Verlangen« zu gewähren.

508 **cc) Beschlussmehrheit.** § 233 UmwG, der die Frage der **Beschlussmehrheiten** regelt, unterscheidet zunächst dahin gehend, ob der Formwechsel in eine OHG, GbR oder Partnerschaftsgesellschaft erfolgen soll oder in eine KG. Außerdem bestimmt § 233 Abs. 3, dass beim Formwechsel einer KGaA die persönlich haftenden Gesellschafter zustimmen müssen.

509 **(1) Formwechsel in OHG, GbR oder Partnerschaftsgesellschaft.** Gem. § 233 Abs. 1 UmwG bedarf der Umwandlungsbeschluss der Gesellschafterversammlung oder Hauptversammlung der **Zustimmung aller anwesenden Gesellschafter** oder Aktionäre und der Zustimmung auch der nicht erschienenen Anteilsinhaber, wenn die Kapitalgesellschaft in eine OHG, Partnerschaftsgesellschaft oder in eine GbR umgewandelt werden soll. Grund für das **Einstimmigkeitsprinzip** ist, dass mit dem Wirksamwerden des Formwechsels die Gesellschafter der Kapitalgesellschaft zu Gesellschaftern werden, die für die Verbindlichkeiten der Gesellschaft persönlich haften (Kallmeyer/Dirksen/Blasche, UmwG, § 233 Rn. 2; Lutter/Göthel, § 233 UmwG Rn. 3 f.). Die Regierungsbegründung weist darauf hin, dass die Übernahme einer so weitgehenden Haftung den Anteilsinhabern nicht ohne ihre Zustimmung aufgezwungen werden könne (vgl. Begründung zum RegE, BR-Drucks. 75/94, S. 154; abgedruckt in: Limmer, Umwandlungsrecht, S. 349). Hieraus folgt, dass jeder Gesellschafter, also nicht nur die auf der Gesellschafterversammlung anwesenden Gesellschafter ihre Zustimmung erklären müssen. Krankheit und sonstige Abwesenheitsgründe befreien ebenso wenig von diesem Grundsatz der Einstimmigkeit wie Gefahr in Verzug. Stimmenthaltung ist nicht Zustimmung (vgl. Ihrig, in: Semler/Stengel, § 232 UmwG Rn. 11).

▶ **Hinweis:** 510

> Auch hier kann sich im Einzelfall die Frage stellen, ob die Gesellschafter in bestimmten Fällen nicht aufgrund ihrer Treuepflicht verpflichtet sind, einem Beschluss zuzustimmen. Es bleibt aber auch hier die Frage, ob diese Zustimmungspflicht soweit reicht, dass einer Umwandlung zugestimmt werden muss, bei der die Gesellschafter zu persönlich haftenden Gesellschaftern werden.

Auch beim Formwechsel einer AG in eine OHG, Partnerschaftsgesellschaft oder GbR bedarf der Um- 511 wandlungsbeschluss der **Zustimmung der stimmberechtigten Aktionäre jeder Gattung** (vgl. Kallmeyer/Dirksen/Blasche, UmwG, § 233 Rn. 3 ff.; Meyer-Landruth/Kiem, WM 1997, 1418). Umstritten ist, ob beim Formwechsel in die GbR, OHG oder Partnerschaftsgesellschaft wegen der persönlichen Haftung auch die Anteilsinhaber bei der Kapitalgesellschaft zustimmen müssen, denen kein Stimmrecht zusteht (z. B. Geschäftsanteile ohne Stimmrecht oder Vorzugsaktien ohne Stimmrecht). Z. T. wird dies abgelehnt (so Kallmeyer/Zimmermann, UmwG, § 193 Rn. 4; Widmann/Mayer/Vossius, Umwandlungsrecht, § 233 UmwG Rn. 93 f.). Demgegenüber ist ein anderer Teil der Literatur der Auffassung, dass auch diejenigen Anteilsinhaber für die Umwandlung stimmen bzw. ihre Zustimmung abgeben müssen, denen kein Stimmrecht zusteht (Lutter/Göthel, UmwG, § 233 Rn. 4; Kallmeyer/Dirksen/Blasche, UmwG, § 233 Rn. 5 ff.; Ihrig, in: Semler/Stengel, § 233 UmwG Rn. 11). Wegen der persönlichen Haftung wird man letzterer Auffassung folgen müssen, dass der Schutz der §§ 204, 23 UmwG nicht gegen die persönliche Haftung schützt, sondern nur wirtschaftlichen Ausgleich gewährt, der bei der persönlichen Haftung allerdings nicht ausreicht.

Sind **mehrere Gattungen von Aktien** vorhanden, so wird man wie beim Verschmelzungsrecht nach 512 § 65 Abs. 2 UmwG einen Sonderbeschluss als Wirksamkeitserfordernis verlangen müssen. Die Sonderbeschlüsse treten neben den Beschluss der Hauptversammlung insgesamt. Der Sonderbeschluss kann entweder in gesonderter Versammlung oder durch besondere Abstimmung unter gesondertem Tagungsordnungspunkt in derselben Hauptversammlung gefasst werden (vgl. Widmann/Mayer/Vossius, Umwandlungsrecht, § 233 UmwG Rn. 95 ff.).

(2) Formwechsel in eine KG. Beim Formwechsel der Kapitalgesellschaft in eine KG bedarf der Um- 513 wandlungsbeschluss nur einer **Mehrheit von mindestens 3/4** der bei der Gesellschafterversammlung der GmbH abgegebenen Stimmen oder des bei der Beschlussfassung der AG oder der KGaA vertretenen Grundkapitals. Allerdings müssen dem Formwechsel alle Gesellschafter oder Aktionäre zustimmen, die in der KG die Stellung eines persönlich haftenden Gesellschafters haben sollen. Gem. § 233 Abs. 2 UmwG kann der Gesellschaftsvertrag oder die Satzung der formwechselnden Kapitalgesellschaft eine größere Mehrheit oder weitere Erfordernisse bestimmen.

Die **notwendige 3/4-Mehrheit** bedeutet, dass genau 75 % ausreichend sind. Es brauchen also nicht 514 mehr als 75 % zu sein. Die Mehrheit bestimmt sich bei der GmbH nach der Nominalgröße der Geschäftsanteile. Gezählt werden nur die abgegebenen Stimmen der Gesellschafter, die sich nach § 16 GmbHG angemeldet haben (vgl. Lutter/Hommelhoff/Bayer, GmbHG, § 47 Rn. 7; Scholz/Priester, GmbHG, § 53 Rn. 83; Baumbach/Hopt/Zöllner, § 47 GmbHG Rn. 23). Eine **Kapitalmehrheit** wird daher nicht verlangt. Es zählen nur die Stimmen der Gesellschafter, die sich an der Abstimmung beteiligen, Stimmenthaltungen gelten als nicht abgegeben, sie zählen bei der Feststellung nicht mit, das Gleiche gilt für ungültige Stimmen (vgl. BGHZ 76, 154, 158; BGHZ 80, 212, 215; Baumbach/Hueck/Zöllner, § 47 GmbHG Rn. 23; Lutter/Hommelhoff/Bayer, GmbHG, § 47 Rn. 7). Stehen der Gesellschaft eigene Anteile zu, ruht das Stimmrecht aus diesen Geschäftsanteilen. Bei der AG und KGaA bedarf es einer Mehrheit von mindestens 3/4 des bei der Beschlussfassung vertretenen Grundkapitals. Darunter ist eine **doppelte Mehrheit** zu verstehen (BGH, NJW 1975, 212; RGZ 125, 356, 359; Hüffer/Koch, AktG § 179 Rn. 14; Kallmeyer/Dirksen/Blasche, UmwG, § 233 Rn. 10). Die Vorschrift verlangt zum einen die einfache Mehrheit der abgegebenen Stimmen i. S. d. § 133 AktG, wobei Mehrstimmrechtsaktien mit ihrer Stimmenmacht zählen. Darüber hinaus erfordert sie eine Kapitalmehrheit von 3/4 des bei der Beschlussfassung vertretenen Grundkapitals.

Weiter ist zu berücksichtigen, dass § 233 Abs. 2 Satz 1 Halbs. 2 UmwG auf § 65 Abs. 2 UmwG ver- 515 weist. Es gilt daher bei der AG auch der Grundsatz, dass, wenn mehrere Gattungen von Aktien vorhanden sind, der Beschluss der Hauptversammlung zu seiner Wirksamkeit der Zustimmung der stimmberechtigten Aktionäre jeder Gattung bedarf (Kallmeyer/Dirksen/Blasche, UmwG, § 233 Rn. 10). Über die Zustimmung haben die Aktionäre jeder Gattung einen Sonderbeschluss zu fassen, für den die 3/4-Mehrheit ebenfalls gilt. Für die **Sonderbeschlüsse** ist § 138 AktG zu beachten. Bei Vorliegen der Voraussetzungen von § 138 Satz 3 AktG muss daher eine gesonderte Versammlung durchgeführt werden, anderenfalls genügt eine gesonderte Abstimmung (§ 138 Satz 1 AktG).

516 Anders als beim Formwechsel in eine OHG oder GbR sind wegen der Verweisung auf § 65 Abs. 2 UmwG nur die stimmberechtigten Aktionäre jeder Gattung stimmberechtigt. **Vorzugsaktionäre** müssen daher in dieser Fallvariante nicht zustimmen.

517 Schließlich bedarf nach § 233 Abs. 2 Satz 1 Halbs. 2 i. V. m. § 50 Abs. 2 UmwG der Beschluss über den Formwechsel der Zustimmung derjenigen Gesellschafter, deren auf dem Gesellschaftsvertrag beruhende Minderheitsrechte oder besondere Rechte der Geschäftsführung bei der Bestellung der Geschäftsführung oder hinsichtlich eines Vorschlagsrechts für die Geschäftsführung durch den Formwechsel beeinträchtigt werden (vgl. dazu Teil 4 Rdn. 236 ff.).

518 **(3) Formwechsel einer KGaA.** Beim Formwechsel einer KGaA müssen gem. § 233 Abs. 3 UmwG immer deren **persönlich haftende Gesellschafter zustimmen.** Die Satzung der formwechselnden Gesellschaft kann allerdings für den Fall des Formwechsels in eine KG eine Mehrheitsentscheidung dieser Gesellschafter vorsehen. Jeder dieser Gesellschafter kann sein Ausscheiden aus dem Rechtsträger für den Zeitpunkt erklären, in dem der Formwechsel wirksam wird.

519 **dd) Stimmberechtigung.** Stimmberechtigt bei der Beschlussfassung sind **grds. alle Gesellschafter** und Aktionäre. Stimmrechtslose Vorzugsaktien haben keine Stimmen (vgl. allerdings Teil 4 Rdn. 511).

520 **ee) Durchführung der Gesellschafterversammlung bzw. Hauptversammlung. (1) Gesellschafterversammlung bei der GmbH.** Neben den besonderen Vorschriften gelten die allgemeinen Vorschriften des GmbHG für die Durchführung der Gesellschafterversammlung. Das GmbHG kennt keinen **Versammlungsleiter,** ein solcher ist allerdings zweckmäßig. Auch ist nicht wie in § 129 AktG eine Anwesenheitsfeststellung vorgeschrieben, bei größeren Versammlungen ist dies ebenfalls zweckmäßig. Sie erfolgt nach Bestimmung des Versammlungsleiters, bei Versammlungen ohne Vorsitzenden durch Umlauf einer Liste.

521 Eine **förmliche Feststellung des Beschlussergebnisses** ist im GmbHG im Gegensatz zum Aktienrecht (§ 130 Abs. 2 AktG) nicht Wirksamkeitserfordernis des Beschlusses (BGHZ 76, 156). Im Regelfall empfiehlt sich dies allerdings, da die förmliche Feststellung und Verkündung des Abstimmungsergebnisses den Beschlussinhalt verbindlich festlegt (Scholz/K. Schmidt, GmbHG, § 48 Rn. 58). Die Feststellung des Beschlussergebnisses kann auch auf den beurkundenden Notar übertragen werden (Baumbach/Hueck/Zöllner, GmbHG, § 53 Rn. 36).

522 **(2) Hauptversammlung bei der AG.** § 193 Abs. 3 UmwG bestimmt, dass der Umwandlungsbeschluss und etwaige erforderliche Zustimmungserklärungen einzelner Anteilsinhaber der notariellen Beurkundung bedürfen (vgl. oben Rn. 204 ff.). Fraglich ist allerdings, ob bei einer sog. kleinen AG, die nicht börsennotiert ist, und bei der nach § 130 Abs. 1 Satz 3 AktG ein privatschriftliches Protokoll bei Beschlüssen, die keiner Dreiviertel- oder größeren Mehrheit bedürfen, ausreichend ist, die gesamte Hauptversammlung beurkundet werden muss, wenn über eine Verschmelzung beschlossen wird, oder ob es genügt, wenn nur der Formwechselbeschluss beurkundet wird (sog. »gemischte« Hauptversammlung). Die überwiegende Ansicht geht bei der AG davon aus, dass das Protokoll einer Hauptversammlung, bei der beurkundungsbedürftige Beschlüsse und nicht beurkundungsbedürftige Beschlüsse gefasst werden, insgesamt zu beurkunden ist (OLG Jena, NotBZ 2015, 52; Reul, in: Wachter, Handbuch des Fachanwalts für Handels- und Gesellschaftsrecht, Teil 2 Kap. 2 Rn. 927; Ek, Praxisleitfaden für die Hauptversammlung, § 17 Rn. 581; Faßbender, RNotZ 2009, 425, 428 f.; HüfferHüffer/Koch, Aktiengesetz, § 130 Rn. 14c b ff.; Reger in Bürgers/Körber, Aktiengesetz, § 130 Rz. 33; Ziemonis in K. Schmidt/Lutter, Aktiengesetz, § 130 Rn. 35, 37; MünchKomm-AktG/Kubis, § 130 Rn. 3027; Hoffmann-Becking, ZIP 1995, 1, 7; Hüffer, AktG, § 130 Rn. 14b; Obermüller/Werner/Winden/Butzke,

Die Hauptversammlung der AG, N Rn. 20; Semler/Volhard, Arbeitshandbuch für die Hauptversammlung, § 15 Rn. 5; Hölters/Deilmann/Buchta, Die kleine AG, S. 106 f.; Heckschen, DNotZ 1995, 275, 283 f.; Ammon/Görlitz, Die kleine AG, 67; Steiner, Die Hauptversammlung der AG, S. 167; Priester, DNotZ 2001, 661, 664; a. A. Seibert/Köster/Kiem, Die kleine AG, § 130 Rn. 165; Blanke, BB 1995, 681, 682; Happ, Aktienrecht, 10.09 Rn. 1; Schaaf, Praxis der Hauptversammlung, Rn. 812 f.; Lutter, AG 1994, 429, 440.). Dabei wird allerdings hauptsächlich mit dem Wortlaut des § 130 AktG argumentiert, dass »die Niederschrift« zu beurkunden ist (so Widmann/Mayer/Heckschen, Umwandlungsrecht, § 13 UmwG Rn. 221.1; Heckschen, in: Beck'sches Notar-Handbuch, D III Rn. 22).

Anders als bei der GmbH sieht das AktG eine **Reihe von Förmlichkeiten** über den Inhalt der Niederschrift und die Durchführung der Versammlung vor (vgl. dazu Faßbender, RNotZ 2009, 425, 440 ff.).

Der **Inhalt der Niederschrift** richtet sich nach § 130 AktG (vgl. dazu Faßbender, RNotZ 2009, 425, **523** 440 ff.). In der Niederschrift sind nach § 130 Abs. 2 AktG der Ort und der Tag der Verhandlung, der Name des Notars sowie die Art und das Ergebnis der Abstimmung und die Feststellung des Vorsitzenden über die Beschlussfassung anzugeben (§ 130 Abs. 2 AktG). Darüber hinaus bestehen weitere Tatsachen, die protokollierungspflichtig sind: z. B. Minderheitsverlangen(§ 130 Abs. 1 Satz 2 AktG), Festhalten der Einberufungsunterlagen (§ 130 Abs. 3 AktG), die von Aktionären als nicht beantwortet gerügten Fragen (§ 131 Abs. 5 AktG) oder der sog. »Protokollwiderspruch« (§ 245 Nr. 1 AktG). Darüber hinaus wird z. T. angenommen, dass weitere ungeschriebene Pflichtangaben bestehen (vgl. Faßbender, RNotZ 2009, 425, 445; Ziemons, in: K. Schmidt/Lutter, AktG, § 130 Rn. 14; Reul/Zetsche, AG 2007, 561, 563; Priester, DNotZ 2001, 661, 667 f.; Hüffer/Koch, AktG, § 130 Rn. 5, 6; Kubis, in: MünchKomm AktG, § 130 Rn. 61; Wicke, in: Spindler/Stilz, AktG, § 130 Rn. 12). I. R. d. Frage inwieweit ein Hauptversammlungsprotokoll noch nach der Hauptversammlung berichtigt werden kann, hat der BGH im Urteil vom 16.02.2009 grundlegend entschieden, dass ein notarielles Hauptversammlungsprotokoll i. S. d. § 130 Abs. 1 Satz 1 AktG den Charakter eines Berichtes Notars über seine Wahrnehmungen habe; es müsse von ihm nicht in der Hauptversammlung fertiggestellt, sondern könne auch noch danach im Einzelnen ausgearbeitet und unterzeichnet werden (BGH, DNotZ 2009, 688 = NotBZ 2009, 12 = ZIP 2009, 460; vgl. auch *Kanzleiter*, DNotZ 2007, 804 ff.; *Eylmann*, ZNotP 2005, 300 ff.).

Nach § 130 Abs. 3 AktG sind die Belege über die Einberufung der Versammlung der Niederschrift als Anlage beizufügen, wenn sie nicht unter Angabe ihres Inhalts in der Niederschrift aufgeführt sind. Nach § 13 Abs. 3 S. UmwG ist ferner der Verschmelzungsvertrag oder sein Entwurf dem Beschluss als Anlage beizufügen. Zusätzlich muss nach der Literatur auf die beigefügten Anlagen ausdrücklich verwiesen werden (so Kubis, in: MünchKomm AktG, § 130 Rn. 75; Werner in Großkomm AktG Rn 50; Wilhelmi BB 1987, 1331, 1336; Lamers DNotZ 1962, 287, 301). Die Niederschrift ist vom **Notar** zu unterschreiben (§ 130 Abs. 4 AktG). Gem. § 130 Abs. 5 AktG hat der **Vorstand** eine öffentlich beglaubigte Abschrift und Niederschrift und ihre Anlagen zum **Handelsregister** unverzüglich einzureichen. Nach der Regelung durch das NaStraG v. 18.01.2001 (BGBl. I, S. 123) ist das Teilnehmerverzeichnis nicht mehr zum Handelsregister einzureichen. Dementsprechend ist das Teilnehmerverzeichnis auch nicht der Urkunde beizufügen; nach § 129 Abs. 4 S. 2 ist das Teilnehmerverzeichnis nunmehr bei der Gesellschaft zur Einsichtnahme durch die Aktionäre für mindestens zwei Jahre aufzubewahren. Unter **Art der** **524** **Abstimmung** ist die Form zu verstehen, in der das Stimmrecht ausgeübt wird, z. B. ob geheim, schriftlich, durch Aufstehen, Hand erheben oder namentliche Abstimmung, durch Stimmzettel, elektronische Abstimmungsgeräte etc. (vgl. Kubis, in: MünchKomm AktG, § 130 Rn. 51; Faßbender, RNotZ 2009, 425, 442 Werner in Großkomm AktG Rn 19; Grumann/Gillmann NZG 2004, 839, 840). Umstritten ist, ob in der Niederschrift Angaben zur Stimmauszählung zu machen sind. Die h.M bejaht dies (OLG Düsseldorf, RNotZ 2003, 328, 330; Hüffer/Koch, AktG, § 130 Rn. 17; Kubis, in: MünchKomm AktG, § 130 Rn. 52; Faßbender, RNotZ 2009, 425, 442; einschr. Reul AG 2002, 543, 546). Daher ist im Protokoll auch zu festzustellen, ob nach dem sog. Additionsverfahren nur die Ja-Stimmen oder nach dem sog. Subtraktionsverfahren. Unter dem **Ergebnis der Abstimmung** ist sowohl der sachliche Inhalt des Beschlusses als auch das ziffernmäßige Ergebnis der Abstimmung zu verstehen, also die Anzahl der für den Antrag und der gegen ihn abgegebenen Stimmen (Hüffer/Koch, AktG, § 130 Rn. 19; Kubis, in: MünchKomm AktG, § 130 Rn. 56; Faßbender, RNotZ 2009, 425, 443). Festzuhalten ist, wie viel Stimmen für und wie viel Stimmen gegen die Verschmelzung stimmen. Allein die Angabe der Kapitalbeträge genügt nicht (BGH, DNotZ 1995, 549 = ZIP 1994, 1171 = DB 1994, 1769).

Ob auch **Stimmenthaltungen** angegeben werden müssen, ist streitig, in der Praxis dürfte sich dies wohl aus Sicherheitsgründen empfehlen (vgl. Heng/Schulte, AG 1985, 33, 38; Hüffer/Koch, AktG, § 130 Rn. 19). Bei börsennotierten Gesellschaften gelten seit dem ARUG nach § 130 Abs. 2 Satz 2 Nr. 3 AktG strengere Regeln (Hüffer/Koch, AktG, § 130 Rn. 23a; Kubis, in: MünchKomm AktG, § 130 Rn. 64 ff.; Faßbender, RNotZ 2009, 425, 455 f.). Bei börsennotierten Gesellschaften umfasst seit dem Gesetz zur Umsetzung der Aktionärsrechterichtlinie (ARUG) v. 30.07.2009 (BGBl. I, S. 2479) die Feststellung über die Beschlussfassung nach § 130 Abs. 2 Satz 2 AktG für jeden Beschluss auch

– die Zahl der Aktien, für die gültige Stimmen abgegeben wurden,
– den Anteil des durch die gültigen Stimmen vertretenen Grundkapitals wobei gemeint ist nicht das in der Hauptversammlung vertretene, sondern das insgesamt vorhandene Grundkapital (Hüffer/Koch, AktG, § 130 Rn. 23a; Kubis, in: MünchKomm AktG, § 130 Rn. 64 ff. Scholz/Wenzel AG 2010, 443, 444 ff.; Merkner/Sustmann NZG 2010, 568, 569 f.; Bungert/Wettich ZIP 2011, 160, 165), sowie
– die Zahl der abgegebenen Ja- und Nein-Stimmen sowie ggf. der Enthaltungen angeben.

Sofern kein Aktionär widerspricht, kann der Versammlungsleiter seine Feststellungen darauf beschränken, dass die für den Beschluss erforderliche Mehrheit erreicht wurde (§ 130 Abs. 2 Satz 2 AktG). Entsprechend reduziert sich die Protokollierungspflicht des Notars. Da jedoch nach § 130 Abs. 6 börsennotierte Gesellschaften seit dem ARUG alle in § 130 Abs. 2 geforderten Angaben innerhalb von 7 Tagen nach der Hauptversammlung auf ihrer Internetseite veröffentlichen müssen, wird aller Wahrscheinlichkeit nach in der Praxis von den verkürzten Feststellungsmöglichkeiten des Versammlungsleiters nur selten Gebrauch gemacht werden.

525 Wenn die Abstimmung nach **Aktiengattungen** getrennt erfolgt, ist nach früherer herrschenden Meinung auch eine **getrennte Feststellung des Abstimmungsergebnisses** erforderlich. In der Literatur wird dies mittlerweile angezweifelt (vgl. zum Streitstand Hüffer/Koch, § 130 AktG Rn. 20; Wicke, in: Spindler/Stilz, § 130 AktG Rn. 49 Kubis, in: MünchKomm AktG, § 130 Rn. 61 ff). Erforderlich ist nach § 130 Abs. 2 AktG schließlich, dass die **Feststellungen des Vorsitzenden über die Beschlussfassung** in die Niederschrift aufgenommen werden. Das bedeutet, dass in der Niederschrift sowohl die Feststellung des Notars über die Art und das Ergebnis der Abstimmung als auch die Feststellung des Vorsitzenden über die Beschlussfassung enthalten sein müssen. Mit dem BayObLG (BayObLG 1972, 354, 359 = NJW 1973, 250) wird man wohl die Feststellung des Vorsitzenden fordern müssen, dass ein Beschluss eines bestimmten Inhaltes mit der dafür notwendigen Mehrheit gefasst worden ist.

526 In der Hauptversammlung ist ein **Verzeichnis der Teilnehmer** gem. § 129 Abs. 1 Satz 2 AktG aufzustellen. In das Verzeichnis sind aufzunehmen: die erschienenen oder vertretenen Aktionäre und die Vertreter von Aktionären mit Angabe ihres Namens und Wohnorts sowie bei Nennbetragsaktien des Betrags, bei Stückaktien der Zahl der von jedem vertretenen Aktien unter Angabe ihrer Gattung. Nach der Neuregelung durch das NaStraG v. 18.01.2001 (BGBl. I, S. 123) ist eine Unterzeichnung des Teilnehmerverzeichnisses nicht mehr erforderlich. Die **Aktionäre** und ggf. **Stellvertreter** sind durch Namen und Wohnort zu bezeichnen (vgl. Hüffer/Koch, AktG, § 129 Rn. 3). Neben Namen und Wohnort müssen der Betrag der gehaltenen oder vertretenen Aktien sowie ihre Gattungen angegeben werden. Gemeint ist dabei der Gesamtbetrag, nicht der Nennbetrag der Einzelstücke. Nachträgliches Erscheinen von Aktionären oder auch vorzeitiges Verlassen der Hauptversammlung ist nach der herrschenden Meinung im Teilnehmerverzeichnis zu vermerken (vgl. KK-AktG/Zöllner, § 129 Rn. 13; Hüffer/Koch, AktG, § 129 Rn. 10; Wicke, in: Spindler/Stilz, § 129 AktG Rn. 24).

527 **ff) Zustimmungspflichten. (1) Zustimmungspflicht bei persönlicher Haftung.** Wie bereits dargelegt, müssen bei einer Mehrheitsumwandlung einer Kapitalgesellschaft in eine KG dem Formwechsel alle Gesellschafter oder Aktionäre zustimmen, die in der KG die Stellung eines persönlich haftenden Gesellschafters haben sollen (§ 233 Abs. 2 Satz 3 UmwG).

528 **(2) Zustimmung beim Verlust von Minderheitsrechten.** Da § 233 Abs. 2 auf § 50 Abs. 2 UmwG verweist, gelten auch die **Minderheitsvorschriften des § 50 Abs. 2 UmwG** für den Formwechsel einer GmbH. Danach müssen auch die Gesellschafter zustimmen, deren auf dem Gesellschaftsvertrag beru-

henden Minderheitenrechte beeinträchtigt werden. I. Ü. kann zur Auslegung des § 50 Abs. 2, 1. Alt. UmwG auf die obigen Ausführungen verwiesen werden (vgl. Teil 4 Rdn. 236 ff.).

(3) Zustimmung beim Verlust von bestimmten Sonderrechten bzgl. Geschäftsführung und Bestellungs- und Vorschlagsrechte für die Geschäftsführung. Ebenfalls zustimmen müssen die Ge- 529
sellschafter beim Formwechsel einer GmbH in eine Personengesellschaft, deren **besonderen Rechte in der Geschäftsführung** der Gesellschaft, bei der Bestellung der Geschäftsführer oder hinsichtlich eines Vorschlagsrechts für die Geschäftsführung beeinträchtigt werden (vgl. ebenfalls Teil 4 Rdn. 236 ff.).

c) Inhalt des Umwandlungsbeschlusses. Der Inhalt des Umwandlungsbeschlusses ergibt sich auch 530
bei Kapitalgesellschaften aus der **allgemeinen Regelung** in § 194 UmwG. Allerdings ist außerdem § 234 UmwG zu beachten, wonach auch die Bestimmung des Sitzes der Personengesellschaft und beim Formwechsel in eine KG die Angabe der Kommanditisten sowie des Betrages der Einlage eines jeden von ihnen im Umwandlungsbeschluss enthalten sein müssen. Diese Vorschrift war erforderlich, da anders als beim Formwechsel in eine Kapitalgesellschaft beim Formwechsel einer Kapitalgesellschaft in eine Personengesellschaft der Gesellschaftsvertrag der Personengesellschaften nicht im Umwandlungsbeschluss enthalten sein musste. Die Begründung zum RegE wies darauf hin, dass wegen der mangelnden Formbedürftigkeit eines Vertrages einer Personengesellschaft davon abgesehen wurde, diesen als Teil des formbedürftigen Umwandlungsbeschlusses zu machen (Begründung zum RegE, BR-Drucks. 75/94, S. 154, abgedruckt in: Limmer, Umwandlungsrecht, S. 349).

Der Gesetzgeber hat im **Zweiten Gesetz zur Änderung des UmwG** v. 25.04.2007 (BGBl. I, S. 542) 531
§ 234 Abs. 3 Nr. 3 UmwG n. F. dahin gehend geändert, dass anders als vor der Neuregelung auch der **Gesellschaftsvertrag der Personengesellschaft im Umwandlungsbeschluss enthalten sein** muss. Die Begründung zum RegE (BT-Drucks. 16/2919, S. 19) weist auch darauf hin, dass im Gegensatz zu § 218 UmwG beim Formwechsel einer Personenhandelsgesellschaft in eine GmbH in § 234 UmwG derzeit (außer für die Partnerschaftsgesellschaft) nicht ausdrücklich vorgeschrieben war, dass beim umgekehrten Fall des Formwechsels einer Kapitalgesellschaft in eine Personengesellschaft auch der Gesellschaftsvertrag dieser Gesellschaft Bestandteil des Umwandlungsbeschlusses sein muss. In der Praxis ergab sich daraus die Unsicherheit, ob bei einem Formwechsel in die KG mit der in § 233 Abs. 2 UmwG vorgeschriebenen 3/4-Mehrheit auch der Gesellschaftsvertrag beschlossen werden kann. Daher soll künftig wie in § 218 UmwG der Gesellschaftsvertrag ausdrücklich zum notwendigen Beschlussinhalt gehören. Zwar wird damit abweichend vom sonstigen Recht der Gesellschaftsvertrag der Personengesellschaft einem Formerfordernis unterworfen. Bei einem Wechsel aus der Kapitalgesellschaft in die Personengesellschaft erscheint dies dem Gesetzgeber aber angemessen.

In der Literatur ist allerdings trotz der Änderung umstritten, welche **Anforderungen** bzgl. der Beschlussmehrheiten an fakultative Satzungsänderungen zu stellen sind, die über die reinen durch den Formwechsel notwendigen Änderungen des Gesellschaftsvertrages hinausgehen (vgl. oben Teil 4 Rdn. 196 ff.). Z. T. geht die Literatur davon aus, dass, da die neue Satzung/Gesellschaftsvertrag Teil des Umwandlungsbeschlusses ist, einheitlich unabhängig vom Inhalt der Änderung nur die Beschlussmehrheiten für den Umwandlungsbeschluss gelten, bei der Personengesellschaft also u. U. 3/4-Mehrheit (so Meyer-Landruth/Kiem, WM 1997, 1368; Kallmeyer/Dirksen/Blasche, UmwG, § 218 Rn. 2). Demgegenüber ist ein anderer Teil der Literatur der Auffassung, dass fakultative Satzungsänderungen stets nach den besonderen Beschlussvoraussetzungen der Ausgangsrechtsform gefasst werden müssen (so Lutter/Göthel, UmwG, § 243 Rn. 30; Reichert, GmbHR 1995, 176, 193; Widmann/Mayer/Rieger, Umwandlungsrecht, § 243 UmwG Rn. 14; Stratz, in: Schmitt/Hörtnagl/Stratz, UmwG/UmwStG, § 218 UmwG Rn. 3, § 243 UmwG Rn. 3; Kallmeyer/Dirksen/Blasche, UmwG, § 243 Rn. 9 ff.; Mutter, in: Semler/Stengel, § 243 UmwG Rn. 12). Nach der letzten Meinung ist es nicht gerechtfertigt, für Änderungen, die nur bei Gelegenheit des Umwandlungsbeschlusses erfolgen eine 3/4-Mehrheit genügen zu lassen (so Widmann/Mayer/Rieger, Umwandlungsrecht, § 243 UmwG Rn. 14). In der Entscheidung v. 09.05.2005 (AG 2005, 613 = DB 2005, 1842 = DNotZ 2005, 864 = ZNotP 2005, 392) hat der BGH festgestellt, dass es darauf ankomme, ob der Umwandlungsbeschluss etwa eine zusätzliche, nicht rechtsformbedingte, den Gesellschaftern nachteilige Ungleichbehandlung mit sich gebracht hätte. Daraus folgert auch die Literatur, dass der Inhalt des neuen Gesellschaftsvertrages der allgemeinen Treuepflicht unterliege, durch die Umwandlung dürfen also keine Nachteile zulasten der Minderheit beschlossen werden (so Kallmeyer/Dirksen/Blasche, UmwG, § 234, Rn. 8, § 243 Rn. 9; Lutter/Göthel, UmwG, § 243 Rn. 30 ff.).

532 **aa) Neue Rechtsform.** Beim Formwechsel einer Kapitalgesellschaft in eine Personenhandelsgesellschaft muss im Umwandlungsbeschluss an dieser Stelle genannt werden, ob der Formwechsel in eine OHG bzw. GbR oder eine KG erfolgen soll (§ 194 Abs. 1 Nr. 1 UmwG).

533 **bb) Firma des neuen Rechtsträgers.** Gem. § 194 Abs. 1 Nr. 2 UmwG ist die **Firma der Personengesellschaft anzugeben.** Unklar ist, was hier genannt werden soll, wenn, wie bei einer GbR, eine Firmenbildung nicht zulässig ist. Hier wird zu erwägen sein, ob nicht eine allgemeine Bezeichnung der Gesellschaft erforderlich ist.

534 **cc) Sitz der Gesellschaft.** Nach § 234 Nr. 1 UmwG muss auch der **Sitz der Personengesellschaft** im Umwandlungsbeschluss bestimmt werden.

535 **dd) Angabe der Beteiligung der Gesellschafter an der neuen Personengesellschaft.** Nach § 194 Abs. 1 Nr. 3 UmwG muss im Umwandlungsbeschluss bestimmt werden, **welche Beteiligung** die Gesellschafter der Kapitalgesellschaft an der neuen Gesellschaft erhalten sollen. Jeweils in erster Linie ist zu bestimmen, dass die Gesellschafter oder Aktionäre der GmbH oder AG auch weiterhin Gesellschafter der Personenhandelsgesellschaft sind. Wie bereits dargelegt (vgl. Teil 4 Rdn. 137 ff.), ist § 194 Abs. 1 Nr. 3 UmwG Ausdruck des sog. Identitätsgrundsatzes, d. h. während des Formwechsels kann kein Gesellschafter ausscheiden oder beitreten.

536 Das UmwG 1995 lässt anders als das vor 1995 geltende den **Formwechsel einer Kapitalgesellschaft in eine GmbH & Co. KG** zu. Die alte Umwandlungssperre ist entfallen. Allerdings bereitet der Grundsatz der Identität der Person vor und nach der Umwandlung bei der Umwandlung einer Kapitalgesellschaft in eine GmbH & Co. KG Probleme (vgl. ausführlich Teil 4 Rdn. 14 ff.). Denn i. d. R. steht vor der Umwandlung eine Komplementär-GmbH nicht zur Verfügung. Denn diese müsste vor der Umwandlung an der formwechselnden Kapitalgesellschaft beteiligt sein, damit sie nach der Umwandlung an der KG die Stellung eines persönlich haftenden Gesellschafters wahrnehmen muss. Möglich wäre zwar auch der umgekehrte Weg, dass sich die Komplementär-GmbH als neu gegründete Gesellschaft erst nach dem Formwechsel an der KG beteiligt. Diese Lösung hätte allerdings den Nachteil, dass für die Zwischenzeit bis zum Beitritt zumindest ein Gesellschafter der Kapitalgesellschaft persönlich haftender Gesellschafter der KG sein müsste.

537 ▶ **Hinweis:**

In der Praxis wird sich daher dieses Modell nicht empfehlen und bis zur rechtssicheren Klärung der Frage, ob ein Beitritt i. R. d. Formwechsels möglich ist, der **vorherige Beitritt der Komplementär-GmbH** bei der formwechselnden Kapitalgesellschaft erforderlich sein (vgl. oben Teil 4 Rdn. 14 ff.; Happ, in: Lutter, Kölner Umwandlungsrechtstage, S. 225 f.; Kallmeyer, ZIP 1994, 1746, 1751).

538 Der für den Beitritt der Komplementär-GmbH notwendige Geschäftsanteil kann vor der Umwandlung entweder durch Abtretung eines bestehenden Geschäftsanteils oder durch Schaffung eines neuen im Wege der Kapitalerhöhung geschaffen werden. Die Komplementär-GmbH kann dabei den Geschäftsanteil auch treuhänderisch halten und sich auch verpflichten, nach der Umwandlung den Anteil wiederum an einen Gesellschafter abzutreten (so auch Widmann/Mayer/Vossius, Umwandlungsrecht, § 228 UmwG Rn. 208). Unklar ist, welche Rechtsfolgen aus dem **BGH-Urt. v. 09.05.2005** (AG 2005, 613 = NZG 2005, 722; dazu Simon/Leuering, NJW-Spezial 2005, 459; Decher/Hoger, Der Konzern 2005, 621 ff.; Heckschen, DNotZ 2007, 451; ders., DB 2008, 2122 ff.; Baßler, GmbHR 2007, 1262) zu ziehen sind. Nach der hier vertretenen Auffassung kann die GmbH im Formwechsel beitreten (vgl. Teil 4 Rdn. 16), sodass treuhänderische Lösungen nicht mehr erforderlich wären.

539 **ee) Zahl, Art und Umfang der Beteiligung der Gesellschafter an der Personengesellschaft.** Auch für den Formwechsel einer Kapitalgesellschaft in eine Personengesellschaft sind die **Bestimmungen**

gem. § 194 Abs. 1 Nr. 4 UmwG am bedeutendsten (vgl. Teil 4 Rdn. 143 ff.). Danach sind Zahl, Art und Umfang der Mitgliedschaften, welche die Gesellschafter durch den Formwechsel erlangen sollen, in dem Beschluss anzugeben. Die Vorschrift wird ergänzt durch § 234 UmwG, wonach beim Formwechsel in eine KG die Angabe des Kommanditisten sowie des Betrages der Einlage eines jeden Kommanditisten im Beschluss zu nennen sind. Zu bestimmen ist also die quantitative und qualitative Beteiligung der Gesellschaft an der neuen Personengesellschaft.

(1) Art der Mitgliedschaft. Beim Formwechsel in eine KG ist daher zu entscheiden, ob der Gesell- **540** schafter **Kommanditist oder Komplementär** wird. Hierbei ist zu berücksichtigen, dass gem. § 233 Abs. 2 Satz 3 UmwG beim Formwechsel einer Kapitalgesellschaft in eine KG all die Gesellschafter bzw. Aktionäre zustimmen müssen, die in der KG die Stellung des persönlich haftenden Gesellschafters haben sollen.

(2) Umfang der Anteile an der Personenhandelsgesellschaft. Bei der Umwandlung einer Kapital- **541** gesellschaft in eine Personengesellschaft ist weiter zu regeln, welchen Kapitalanteil und auch welchen Gewinnverteilungsschlüssel die Gesellschafter erhalten sollen (vgl. dazu eingehend Teil 4 Rdn. 150 ff., 158 ff.). Hierbei ist zu berücksichtigen, dass der sog. Kapitalanteil nicht den absoluten Wert der Beteiligung wiedergibt, denn die Summe der Kapitalanteile ist nicht identisch mit dem Wert des Gesellschaftsvermögens. Insb. ergibt auch der Kapitalanteil nicht zwingend die verhältnismäßige Beteiligung der Gesellschafter am Gesellschaftsvermögen. Es kommt hier darauf an, welche **interne Verteilung** die Gesellschafter nach dem Gesellschaftsvertrag gewählt haben. Insb. für die **Verteilung der stillen Reserven** ist nicht immer zwingend der Kapitalanteil maßgebend, sondern der Gewinnverteilungsschlüssel. Häufig ist im Gesellschaftsvertrag eine **Regelung der Kapitalkonten** so gewählt worden, dass diese tatsächlich die verhältnismäßige Beteiligung am Vermögen widerspiegelt.

Ebenso wie beim Formwechsel einer Personengesellschaft in eine Kapitalgesellschaft dürfte auch im **542** umgekehrten Weg des Wechsels einer Kapitalgesellschaft in eine Personengesellschaft letztendlich die **wertmäßige Beteiligung**, die die Gesellschafter an der Personengesellschaft erhalten, sich danach richten, wie die Verteilung des Vermögens bei einer Liquidation der Gesellschaft zu erfolgen hätte (vgl. im Einzelnen oben Teil 3 Rdn. 256 ff.). Nach § 155 HGB ist nämlich der Kapitalanteil maßgebend für das Auseinandersetzungsguthaben im Fall einer Liquidation. In der Liquidationsbilanz müssen allerdings gem. § 154 HGB die Kapitalanteile neu festgesetzt werden. Dies geschieht zunächst dadurch, dass der Reinerlös der Liquidation mit dem in der letzten Jahresbilanz ausgewiesenen Eigenkapital bzw. der Summe der Kapitalanteile der Gesellschafter verglichen wird. Ergibt sich danach ein über das Eigenkapital hinausgehender Reinerlös, d. h. ein Gewinn, so ist der Betrag nach dem Gewinnverteilungsschlüssel auf die Kapitalanteile der einzelnen Gesellschafter zu verteilen (vgl. Baumbach/Hopt, HGB, § 154 Anm. 2b; Heymann/Sonnenschein, HGB, § 154 Rn. 5).

Erst das Vermögen, das nach dieser Aufteilung verbleibt, ist im Fall einer Liquidation nach dem Ver- **543** hältnis der jetzt neu ermittelten Kapitalanteile an die einzelnen Gesellschafter auszuschütten (vgl. BGHZ 19, 42, 47 f.).

Wie diese Ausführungen zeigen, wird die **wertmäßige Beteiligung des Gesellschafters an seiner Per- 544 sonengesellschaft** daher durch zwei Faktoren maßgeblich beeinflusst:
– das Kapitalkonto,
– den Gewinnverteilungsschlüssel.

Es muss daher auch beim Formwechsel einer Kapitalgesellschaft in eine Personengesellschaft über beide **545** Fragen diskutiert werden und es ist entscheidend, welche Kapitalkonten und welcher Gewinnverteilungsschlüssel bei der Personengesellschaft gelten soll.

Dabei spielen die verschiedenen **Kapitalkonten** eine entscheidende Rolle (vgl. zu den Konten bei der Personengesellschaft oben Teil 2 Rdn. 779 ff. und Oppenländer, DStR 1999, 939 ff.; Rodewald, GmbHR 1998, 521 ff.; aus steuerrechtlicher Sicht BMF-Schreiben v. 30.05.1997, BStBl. 1997 I, S. 627 ff. und v. 26.11.2004, BStBl. 2004 I, S. 1190 ff.; Heymann/Emmerich, HGB, § 120 Rn. 31; K. Schmidt, Gesellschaftsrecht, § 47 Abs. 2 Satz 2d; Leitzen, ZNotP 2009, 255 ff.; Doege, DStR 2006, 489 ff.; Ley, DStR 2009, 613 ff.; Kempermann, DStR 2008, 1917 ff.). Gesellschafterkonten können gesellschaftsrechtlicher Natur (dann sind sie »Eigenkapital«) oder schuldrechtlicher Natur (dann haben sie Darlehenscharakter und sind »Fremdkapital«) sein. Die Abgrenzung von Eigenkapital und Fremdkapital ist auch steuerrechtlich von Bedeutung, z. B. im Zusammenhang mit § 15a EStG. Im HGB wird von einem variablen Kapitalanteil ausgegangen (§ 120 HGB). Dieses ist in der Praxis allerdings unpraktisch und i. d. R. unerwünscht. In der Praxis ist es i. d. R. üblich, mindestens ein **festes Kapitalkonto** zu bilden, auf dem die Einlagen der Gesellschafter verbucht werden, die die Beteiligung an der Gesellschaft darstellen. Dieses Kapitalkonto ist unveränderlich. Darüber hinaus werden häufig ein oder mehrere variable Konten gebildet, über die die sonstigen Ein- und Auszahlungen gebucht werden. Bei einfachem Sachverhalt genügt ein variables Privatkonto. Sollen auch Rücklagen gebildet werden, empfiehlt sich weiterhin ein Rücklagenkonto. Das Kapitalkonto eines Gesellschafters repräsentiert die absolute Höhe der Beteiligung am Eigenkapital der Gesellschaft. Das Kapitalkonto stellt damit auch die Grundlage für die Ermittlung der prozentualen Beteiligungsquote dar. Regelmäßig wird das Kapitalkonto in Form von wenigstens zwei Unterkonten, nämlich einem »festen« Kapitalkonto I und einem »variablen« Kapitalkonto II, geführt. Auf dem **festen Kapitalkonto I** wird die ursprüngliche Eigenkapitaleinlage eines Gesellschafters verbucht und grds. in unveränderter Höhe weitergeführt. Dieses Konto zeigt unmittelbar die individuelle Beteiligungsquote (Kapitalkonto I: Summe des gezeichneten Eigenkapitals). Auf dem **variablen Kapitalkonto II** werden die im Zeitablauf anfallenden Gewinn- und Verlustanteile des Anlegers erfasst. Zur besseren Übersichtlichkeit kann das variable Kapitalkonto II auch in Form eines separaten Gewinn- und eines Verlustkontos geführt werden.

546 Aus steuerlicher Sicht ist das **Kapitalkonto des Kommanditisten** einer KG oder GmbH & Co. KG (bzw. die Summe der einzelnen Unterkonten) für die Ermittlung der sofort ausgleichsfähigen Verlustanteile sowie für die aufgrund der Verlustausgleichsbeschränkung des § 15a des EStG lediglich verrechenbaren, d. h. vortragsfähigen Verlustanteile von Bedeutung. Auf einen Kommanditisten entfallende Verluste sind nur insoweit sofort und unmittelbar steuerlich ausgleichsfähig, als durch diesen Verlustanteil kein negatives Kapitalkonto des Gesellschafters entsteht oder ein bereits negativer Saldo auf dem Kapitalkonto erhöht wird. Für Kommanditisten sieht das Gesetz nur zwei Gesellschafterkonten vor. Auch der Kommanditist hat ein bewegliches Kapitalkonto i. S. d. § 120 HGB. Sein Kapitalanteil ist jedoch durch § 167 Abs. 2 HGB auf den Betrag der vertraglich festgesetzten Einlage (Haft- und ggf. Pflichteinlage) beschränkt. Soweit er seine Einlage erbracht hat, werden daher weitere Gewinne einem zweiten Konto gutgeschrieben. Dieses Konto weist eine jederzeit fällige Forderung des Kommanditisten gegen die Gesellschaft aus. Das gilt unabhängig davon, ob die Entnahmen beschränkt sind. Dieses zweite Konto ist zu unterscheiden von dem nachstehend beschriebenen variablen »Kapitalkonto II«, das nach der Vertragspraxis üblich ist, weil das Einlagekonto (Kapitalkonto I) als festes Konto geführt werden soll. Über die **Gestaltung dieser Konten** wird damit die wertmäßige Beteiligung festgelegt.

547 Bei den Kommanditisten ist darüber hinaus gem. § 234 Nr. 1 UmwG die **Hafteinlage** zu bestimmen.

548 Zum bis 1995 geltenden Recht bestand Einigkeit, dass die **Haftsumme** des Kommanditisten nicht die gleiche Höhe haben muss wie der Kapitalanteil oder der Nennbetrag der Aktien des bisherigen Aktionärs. Nach altem Recht konnte daher die Haftsumme, deren Einlage durch das Einbringen des Unternehmens zur umgewandelten Gesellschaft geleistet wird, bis zum Verkehrswert geleistet werden. Es gilt hier aber der Grundsatz, dass auch der Kommanditist wie die anderen Gesellschafter beim Formwechsel das Unternehmen der umgewandelten Kapitalgesellschaft in die KG einbringt und demgemäß die Einlage bis zum Verkehrswert dieses Unternehmens erfolgen kann. Die Hafteinlage gilt dann i. H. d. Verkehrswertes des Vermögens der Kapitalgesellschaft als erbracht, das anteilig dem Kommanditisten zusteht. Andererseits besteht auch die Möglichkeit der Buchwertfortführung, sodass sich dann die Hafteinlage nach dem Buchwert des Stammkapitals berechnet.

549 ▶ **Beispiel:**

Der Buchwert des Vermögens an der übertragenden GmbH beträgt 100.000,00 €, die stillen Reserven noch einmal 100.000,00 €. An der GmbH sind A und B je mit 50.000,00 € Stammeinlagen beteiligt. Bei der Umwandlung in eine KG, bei der A persönlich haftender Gesellschafter und B Kommanditist werden soll, kann also die Hafteinlage des B entweder mit 50.000,00 € (Buchwert) bewertet werden. Möglich ist aber auch die Aufstockung der stillen Reserven mit der Folge, dass er auch eine Hafteinlage i. H. v. 100.000,00 € übernehmen kann und diese durch die Umwandlung des Unternehmens erbracht wird. Die Kapitalkonten können ebenfalls entweder auf 50.000,00 € oder 100.000,00 € jeweils gestellt werden. Beim verhältniswahrenden Formwechsel müsste daher auch der Gewinnverteilungsschlüssel 1:1 festgesetzt werden.

Insgesamt gilt daher der Grundsatz, dass sich beim verhältniswahrenden Formwechsel der Kapitalge- 550
sellschaft in die Personengesellschaft das Kapitalkonto und der Gewinnverteilungsschlüssel nach dem **Verhältnis der Stammeinlagen im Verhältnis zum Gesamtstammkapital** bzw. der Gesamtaktien im Verhältnis zum Grundkapital richten.

Der **nicht verhältniswahrende Formwechsel ist allerdings zulässig,** wenn alle Gesellschafter zustimmen 551
(vgl. dazu oben Teil 4 Rdn. 167).

ff) Sonder- und Vorzugsrechte. Gem. § 194 Abs. 1 Nr. 5 UmwG müssten im Umwandlungs- 552
beschluss auch die Rechte bestimmt werden, die einzelnen Gesellschaftern, sowie den Inhabern besonderer Rechte, gewährt werden sollen, oder die Maßnahmen, die für diese Personen vorgesehen sind.

gg) Angebot auf Barabfindung. Beim Formwechsel der Kapitalgesellschaft in eine Personengesell- 553
schaft muss ein **Angebot auf Barabfindung** nur aufgenommen werden, wenn eine Mehrheitsentscheidung möglich ist, also nur beim Formwechsel der Kapitalgesellschaft in eine KG.

d) Handelsregisteranmeldung. Die **Grundnorm für die Anmeldung des Formwechsels** bildet 554
§ 198 UmwG (vgl. oben Teil 4 Rdn. 303 ff.). Danach ist der Inhalt der Anmeldung die neue Rechtsform
des Rechtsträgers. Grds. verbleibt es bei dieser einen Anmeldung, wenn nicht gleichzeitig eine Sitzverlegung stattfindet. Wie bereits dargelegt, handelt es sich beim Formwechsel einer Kapitalgesellschaft in
eine Personengesellschaft nicht um einen Formwechsel, bei dem sich die Art des Registers ändert (vgl.
oben Teil 4 Rdn. 305 ff.). Die verschiedenen Abteilungen des Handelsregisters sind nicht Register verschiedener Art, sondern Unterabteilungen desselben Registers, sodass § 198 Abs. 2 UmwG nicht einschlägig ist.

Die Anmeldung ist gem. § 235 Abs. 2 UmwG durch das **Vertretungsorgan der formwechselnden Ge-** 555
sellschaft vorzunehmen, also durch die Geschäftsführung oder den Vorstand. Damit soll v. a. für den
Fall des Formwechsels in eine Personenhandelsgesellschaft vermieden werden, dass die Anmeldung von
sämtlichen Gesellschaftern vorgenommen werden muss (so die Begründung zum RegE, BR-
Drucks. 75/94, S. 155; abgedruckt in: Limmer, Umwandlungsrecht, S. 350). Der Begriff »Vertretungsorgan« lässt es ausreichen, dass **in vertretungsberechtigter Zahl** gehandelt wird (Kallmeyer/Zimmer-
mann, UmwG, § 198 Rn. 8; Kallmeyer/Dirksen/Blasche, UmwG, § 235 Rn. 5; Lutter/Decher/Hoger,
UmwG, § 198 Rn. 10; Lutter/Göthel, § 235 UmwG Rn. 7; Stratz, in: Schmitt/Hörtnagl/Stratz, § 235
UmwG Rn. 4; Schwanna, in: Semler/Stengel, § 198 UmwG Rn. 12; Ihrig, in: Semler/Stengel, § 235
UmwG Rn. 7; Widmann/Mayer/Vossius, § 235 UmwG Rn. 8). Auch **unechte Gesamtvertretung**
mit einem Prokuristen ist nach herrschender Meinung zulässig, nicht hingegen Prokuristen allein (Kall-
meyer/Zimmermann, UmwG, § 198 Rn. 8; Lutter/Decher/Hoger, UmwG, § 198 Rn. 10; Lutter/Göt-
hel, § 235 UmwG Rn. 7; Stratz, in: Schmitt/Hörtnagl/Stratz, § 235 UmwG Rn. 4; Schwanna, in: Sem-
ler/Stengel, § 198 UmwG Rn. 12; Widmann/Mayer/Vossius, § 235 UmwG Rn. 8).

Beim **Formwechsel einer Kapitalgesellschaft in eine GbR** ist statt der neuen Rechtsform, die in keinem 556
Register eingetragen ist, die Umwandlung der Kapitalgesellschaft zur Eintragung in das Register, in
dem die Kapitalgesellschaft eingetragen ist, anzumelden (Kallmeyer/Dirksen/Blasche, UmwG, § 235
Rn. 2; Ihrig, in: Semler/Stengel, § 235 UmwG Rn. 9). § 198 Abs. 2 UmwG ist nicht anzuwenden.

2. Formwechsel einer Kapitalgesellschaft in eine Kapitalgesellschaft anderer Rechtsform.
a) Durchführung der Gesellschafterversammlung. Bzgl. der **Durchführung der Gesellschafter-** 557
versammlung gilt, wie bereits oben dargelegt, das allgemeine Recht der formwechselnden Gesellschaft,
d. h. das GmbHG oder das AktG (vgl. oben Teil 4 Rdn. 103 ff.).

§ 239 UmwG bestimmt wie § 232 UmwG wortgleich, dass beim Formwechsel in der Gesellschafterversammlung oder in der Hauptversammlung, die über den Formwechsel beschließen soll, der Umwandlungsbericht auszulegen ist. In der Hauptversammlung kann der Umwandlungsbericht auch auf andere Weise zugänglich gemacht werden.

Bei einer AG oder KGaA hat darüber hinaus gem. § 239 Abs. 2 der Vorstand den Umwandlungsbeschluss mündlich zu erläutern (vgl. im Einzelnen oben Teil 4 Rdn. 102 ff.).

558 **aa) Beschlussmehrheiten.** Der Umwandlungsbeschluss über den Formwechsel einer Kapitalgesellschaft in eine Kapitalgesellschaft anderer Rechtsform bedarf einer **Mehrheit von mindestens 3/4** der bei der Gesellschafterversammlung einer GmbH abgegebenen Stimmen oder des bei der Beschlussfassung einer AG oder einer KGaA vertretenen Grundkapitals.

559 Bei der **GmbH** ist also eine 3/4-Mehrheit der in der Gesellschafterversammlung anwesenden Gesellschafter notwendig. Die **notwendige 3/4-Mehrheit** bedeutet, dass genau 75 % ausreichend sind. Es brauchen also nicht mehr als 75 % zu sein. Die Mehrheit bestimmt sich bei der GmbH nach der Nominalgröße der Geschäftsanteile. Gezählt werden nur die abgegebenen Stimmen der Gesellschafter, die sich nach § 16 GmbHG angemeldet haben (vgl. Lutter/Hommelhoff/Bayer, GmbHG, § 47 Rn. 7; Scholz/Priester, GmbHG, § 53 Rn. 83; Baumbach/Hopt/Zöllner, § 47 GmbHG Rn. 23). Eine **Kapitalmehrheit** wird daher nicht verlangt. Es zählen nur die Stimmen der Gesellschafter, die sich an der Abstimmung beteiligen, Stimmenthaltungen gelten als nicht abgegeben, sie zählen bei der Feststellung nicht mit, das Gleiche gilt für ungültige Stimmen (vgl. BGHZ 76, 154, 158; BGHZ 80, 212, 215; Lutter/Hommelhoff/Bayer, GmbHG, § 47 Rn. 7). Stehen der Gesellschaft eigene Anteile zu, ruht das Stimmrecht aus diesen Geschäftsanteilen.

560 Bei der AG und KGaA bedarf es einer Mehrheit von mindestens 3/4 des bei der Beschlussfassung vertretenen Grundkapitals. Darunter ist eine **doppelte Mehrheit** zu verstehen (BGH, NJW 1975, 212; RGZ 125, 356, 359; Hüffer/Koch, AktG § 179 Rn. 14; Kallmeyer/Dirksen/Blasche, UmwG, § 233 Rn. 10). Die Vorschrift verlangt zum einen die einfache Mehrheit der abgegebenen Stimmen i. S. d. § 133 AktG, wobei Mehrstimmrechtsaktien mit ihrer Stimmmacht zählen. Darüber hinaus erfordert sie eine Kapitalmehrheit von 3/4 des bei der Beschlussfassung vertretenen Grundkapitals.

561 **bb) Sonderbeschlüsse bei Aktien verschiedener Gattungen.** § 240 Abs. 1 UmwG verweist auf § 65 Abs. 2 UmwG, sodass bei **Vorhandensein verschiedener Aktiengattungen** der Beschluss der Hauptversammlung zu seiner Wirksamkeit der Zustimmung der stimmberechtigten Aktionäre jeder Gattung bedarf (vgl. Lutter/Göthel, UmwG, § 240 Rn. 6; Arnold, in: Semler/Stengel, § 240 UmwG Rn. 13). Diese haben über die Zustimmung einen Sonderbeschluss zu fassen, der ebenfalls einer 3/4-Mehrheit bedarf. Jeder Sonderbeschluss bedarf daher einer 3/4-Mehrheit des vertretenen Grundkapitals der jeweiligen Gattung. Für die Sonderbeschlüsse gilt § 138 AktG. Auf Verlangen einer 10 %igen Mehrheit muss eine gesonderte Versammlung durchgeführt werden (§ 138 Satz 3 AktG). Anderenfalls genügt eine gesonderte Abstimmung (§ 138 Satz 1 AktG). Vorzugsaktionäre sind nicht stimmberechtigt (vgl. Lutter/Göthel, UmwG, § 240 Rn. 7; Arnold, in: Semler/Stengel, § 240 UmwG Rn. 14; Kallmeyer/Dirksen/Blasche, UmwG, § 240 Rn. 4). Streitig ist, ob analog § 141 AktG ein Sonderbeschluss der Vorzugsaktionäre erforderlich ist, wenn beim Rechtsträger neuer Rechtsform kein vergleichbares Sonderrecht geschaffen wird (so Kallmeyer/Dirksen/Blasche, UmwG, § 240 Rn. 3; Lutter/Göthel, UmwG, § 240 Rn. 7; a. A. Lutter/Grunewald, UmwG, § 65 Rn. 8; Arnold, in: Semler/Stengel, § 240 UmwG Rn. 14).

562 **cc) Zustimmungspflichten.** Gem. § 240 Abs. 2 UmwG muss beim **Formwechsel einer GmbH oder einer AG in eine KGaA** jeder Gesellschafter oder Aktionär zustimmen, der in der neuen Gesellschaft die Stellung eines persönlich haftenden Gesellschafters haben soll.

563 Beim **Formwechsel einer KGaA** müssen außerdem immer die persönlich haftenden Gesellschafter zustimmen. Die Satzung kann allerdings eine Mehrheitsentscheidung dieser Gesellschafter vorsehen.

564 **dd) Besondere Zustimmungserfordernisse beim Formwechsel einer GmbH.** Beim Formwechsel einer GmbH in eine AG oder KGaA sieht das Gesetz in § 241 UmwG besondere Zustimmungserforder-

nisse vor. Zu beachten ist das aus § 241 Abs. 2 UmwG folgende Zustimmungserfordernis. Hier hat der Gesetzgeber den Rechtsgedanken des § 50 Abs. 2 UmwG aus dem Verschmelzungsrecht übernommen.

(1) Zustimmungserfordernis bei nichtverhältnismäßiger Beteiligung (§ 241 UmwG). Wird 565 durch den Umwandlungsbeschluss einer GmbH der **Nennbetrag der Aktien** in der Satzung der AG oder KGaA auf einen höheren Betrag als den Mindestbetrag nach § 8 Abs. 2 und Abs. 3 AktG (Nennbetragsaktie über 1,00 € oder Stückaktie) und abweichend vom Nennbetrag der Geschäftsanteile der formwechselnden Gesellschaft festgesetzt, muss jeder Gesellschafter der Festsetzung zustimmen, der sich nicht dem Gesamtnennbetrag seiner Geschäftsanteile entsprechend beteiligen kann. Man kann dieser Regelung den Gedanken entnehmen, dass die Stückelung der Beteiligungsrechte nach Möglichkeit so gewählt werden muss, dass jeder Gesellschafter in Höhe seiner alten Beteiligung auch am Grundkapital der AG beteiligt wird. Werden die Aktien anders festgesetzt, muss jeder Gesellschafter zustimmen, der sich nicht dem Gesamtnennbetrag seiner GmbH-Geschäftsanteile entsprechend beteiligen kann (Lutter/Göthel, UmwG, § 241 Rn. 3 ff. und Arnold, in: Semler/Stengel, § 241 UmwG Rn. 6 beide mit Beispielen).

Der Vorschrift kann aber umgekehrt auch entnommen werden, dass eine Übereinstimmung zwischen 566 Nennbetrag des GmbH-Geschäftsanteils und des Aktienbetrages nicht erforderlich ist. Lediglich wenn die **Stückelung der neuen Aktien** dazu führt, dass sich die Gesellschafter der GmbH nicht entsprechend ihrem Geschäftsanteil an der GmbH beteiligen können, ist deren **Zustimmung** erforderlich (vgl. Lutter/Göthel, UmwG, § 241 Rn. 3 ff.; Kallmeyer/Dirksen/Blasche, UmwG, § 241 Rn. 3; Arnold, in: Semler/Stengel, § 241 UmwG Rn. 5).

Nach § 241 Abs. 1 Satz 2 UmwG ist § 17 Abs. 6 GmbHG nicht anzuwenden, wenn im Zuge des Form- 567 wechsels eine Teilung aufgrund der veränderten Stückelung der Aktiennennbeträge erforderlich ist.

▶ **Beispiel:** 568

An der A-GmbH sind zehn Gesellschafter mit je 10.000,00 € beteiligt. Das Stammkapital beträgt 100.000,00 €. Bei der Umwandlung sollen Aktien im Nennbetrag von je 1.000,00 € ausgegeben werden. Eine Zustimmung ist nicht erforderlich, da eine verhältniswahrende Beteiligung möglich ist.

Hat hingegen bei der A-GmbH ein Gesellschafter einen Geschäftsanteil i. H. v. 15.500,00 €, dann kann er sich bei der Stückelung von 1.000,00 €-Aktien nicht entsprechend beteiligen und der Beschluss bedarf daher seiner Zustimmung.

(2) Zustimmung von Sonderrechtsinhabern in der GmbH. § 241 Abs. 2 UmwG verweist auf die 569 Vorschrift des Verschmelzungsrechts des § 50 Abs. 2 UmwG, sodass beim Verlust von bestimmten Sonderrechten die **Zustimmung des Berechtigten** erforderlich ist. Die Vorschrift erfasst zwei Gruppen:
– zum einen Geschäftsführungssonderrechte sowie Bestellungsrechte und Vorschlagsrechte für die Geschäftsführung aufgrund des Gesellschaftsvertrages
– und zum anderen auf dem Gesellschaftsvertrag beruhende Minderheitenrechte. Es muss sich hierbei um Individualrechte handeln, also nicht um Rechte, die z. B. erst bei einer bestimmten Beteiligungsquote eingreifen (vgl. im Einzelnen oben Teil 4 Rdn. 236 ff.).

(3) Zustimmung bei Nebenleistungspflichten. Nach § 241 Abs. 3 UmwG bedarf der Formwech- 570 sel der **Zustimmung der Gesellschafter**, wenn diesen Gesellschaften außer der Leistung von Kapitaleinlagen noch andere Nebenleistungsverpflichtungen ggü. der Gesellschaft auferlegt wurden und wenn diese wegen der eingeschränkten Bestimmung des § 55 AktG nicht aufrechterhalten werden können.

Die Vorschrift bestimmt daher wie das bis 1995 geltende Recht in § 376 Abs. 2 Satz 3 AktG a. F., dass 571 bei der Umwandlung einer GmbH in eine AG die Zustimmung des betroffenen Gesellschafters für den Fall erforderlich ist, dass **Nebenleistungspflichten des GmbH-Gesellschafters** durch die Umwandlung erlöschen. Das GmbHG lässt viel weiter gehende Nebenleistungspflichten im Gesellschaftsvertrag zu, als das AktG (§ 55 AktG). Der Gedanke dieser Regelung liegt allerdings darin, dass die Nebenleistungspflicht mit entsprechenden Rechten des Gesellschafters verbunden ist. Stehen daher bei einer Nebenleistung Vor- und Nachteile für den Gesellschafter ggü., ist seine Zustimmung zur Umwandlung erforderlich. Es ist bedauerlich, dass das UmwG diese unklare Gesetzformulierung nicht klargestellt hat. Zum bis 1995 geltenden Recht war die herrschende Meinung der Auffassung, dass wegen dieses Gesetzeszweckes eine Zustimmung dann nicht erforderlich ist, wenn der Gesellschafter durch die Umwandlung ausschließlich begünstigt wird (so Semler/Grunewald, in: Geßler/Hefermehl, AktG, § 376 Rn. 21; Dehmer, UmwG, UmwStG, 1. Aufl., § 376 AktG Anm. 7; KK-AktG/Zöllner, § 376 Anm. 28). Man wird daher diese Auslegung übernehmen müssen, da sich die Vorschrift auch vom Wortlaut her nicht geändert hat und daher § 376 Abs. 2 Satz 3 AktG a. F. entspricht. Die Zustimmungspflicht ist daher nur erforderlich, wenn bei einer Nebenleistung Vor- und Nachteile für den Gesellschafter bestehen (so auch Lutter/Göthel, UmwG, § 241 Rn. 9; Kallmeyer/Dirksen/Blasche, UmwG, § 241 Rn. 7). Eine Zustimmung ist daher nicht erforderlich, wenn der Gesellschafter durch die Umwandlung ausschließlich begünstigt wird (Kallmeyer/Dirksen/Blasche § 241 UmwG Rn. 7; Lutter/Göthel, § 241 UmwG Rn. 11, 14; Arnold, in: Semler/Stengel, § 241 UmwG Rn. 25, Widmann/Mayer/Rieger, § 241 UmwG Rn. 54).

572 ee) **Zustimmung beim Formwechsel einer AG oder KGaA.** Ähnlich wie § 241 Abs. 1 UmwG bestimmt § 242 UmwG für den Formwechsel einer AG oder KGaA in eine GmbH ein **Zustimmungserfordernis für den Aktionär**, der sich nicht entsprechend dem Betrag seiner Aktien am Stammkapital der GmbH beteiligen kann. Die Vorschrift entspricht § 369 Abs. 6 Satz 3 AktG i. d. F. vor 1995. Die Vorschrift zeigt wie § 241 UmwG, dass eine Identität zwischen dem Nennbetrag der Geschäftsanteile und dem Nennbetrag der Aktien nicht erforderlich ist, selbst dann, wenn sich Grundkapital und Stammkapital entsprechen (so zum alten Recht KK-AktG/Zöllner, § 369 Rn. 80; Semler/Grunewald, in: Geßler/Hefermehl, AktG, § 369 Rn. 53; zum UmwG 1995: Kallmeyer/Dirksen/Blasche § 242 UmwG Rn. 1; Widmann/Mayer/Rieger, § 242 UmwG Rn. 1 ff., 11). In diesem Fall ist nur gem. § 242 UmwG die Zustimmung der Aktionäre erforderlich, die sich nicht dem Gesamtnennbetrag ihrer Aktien entsprechend an der GmbH beteiligen können. Sollen diese Zustimmungspflichten vermieden werden, muss nach Möglichkeit die Stückelung der GmbH-Geschäftsanteile so gewählt werden, dass sich jeder Aktionär in Höhe seiner alten Beteiligung auch am Stammkapital der GmbH beteiligen kann.

573 Für die Geschäftsanteile einer GmbH gilt der **Grundsatz** des § 5 Abs. 3 GmbHG i. d. F. durch das MoMiG v. 23.10.2008 (BGBl. I, S. 2026), dass der Geschäftsanteil auf volle Euro lauten muss. Auch bei einer Umwandlung einer GmbH sollten daher die Nennbeträge der Geschäftsanteile möglichst so festgesetzt werden, dass sich jeder Aktionär entsprechend dem Gesamtnennbetrag seiner Aktien an der GmbH beteiligen kann. Ein **Herausdrängen (squeeze out)** eines Aktionärs ist dabei unzulässig (vgl. Kallmeyer/Meister/Klöcker, UmwG, § 194 Rn. 24; Kallmeyer/Dirksen/Blasche, UmwG, § 242 Rn. 1; Lutter/Göthel, § 242 UmwG Rn. 4; Veil, DB 1996, 2529). Am einfachsten ist es daher, wenn die Nennbeträge der Geschäftsanteile den Gesamtnennbeträgen der Aktien entsprechen. Weichen die Nennbeträge der Gesellschaftsanteile von dem Nennbetrag der Aktien einzelner Aktionäre ab, können sich daher die Aktionäre nicht entsprechend dem Gesamtnennbetrag ihrer Aktien beteiligen, so bedarf es ihrer Zustimmung (Kallmeyer/Dirksen/Blasche, UmwG, § 242 Rn. 4; Lutter/Göthel, § 242 UmwG Rn. 10).

574 Ein weiteres Problem besteht bei **unbekannten Aktionären**. Sind bei einer AG oder KGaA einzelne Aktionäre unbekannt, so stellt sich das Problem der Festsetzung der Nennbeträge in besonderer Form. Zunächst ist die Entscheidung des BayObLG (NJW 1997, 747 = DB 1996, 1814) zu berücksichtigen. Für unbekannte Aktionäre gilt § 213 i. V. m. § 35 UmwG. In dem Umwandlungsbeschluss sind die unbekannten Aktionäre durch Angabe ihrer Aktienurkunden zu bezeichnen. Darüber hinaus stellt sich die Frage, wie der Geschäftsanteil für die unbekannten Aktionäre zu bilden ist (vgl. dazu auch Widmann/Mayer/Rieger, Umwandlungsrecht, § 242 UmwG Rn. 7 ff.; Kallmeyer/Dirksen/Blasche, UmwG, § 242 Rn. 3; Lutter/Göthel, § 242 UmwG Rn. 17). Die Literatur weist darauf hin, dass in der Praxis teilweise folgende Zusammenlegung der Anteile der unbekannten Aktionäre zu einem **einheitlichen gemeinsamen Geschäftsanteil** im Hinblick auf den Wortlaut des § 35 und auch § 242 UmwG unzulässig sein dürfte (so Lutter/Göthel, UmwG, § 242 Rn. 20; Widmann/Mayer/Rieger, Umwandlungsrecht, § 242 UmwG Rn. 10). Im **Zweiten Gesetz zur Änderung des UmwG** v. 25.04.2007 hat der Gesetzgeber ebenso wie bei Verschmelzung und Formwechsel die Problematik durch die Neufassung in § 35 UmwG geregelt. § 213 UmwG normiert die entsprechende Anwendung auch auf den Formwechsel. Unbekannte Aktionäre einer formwechselnden AG oder KGaA sind im Formwechselbeschluss, bei Anmeldungen zur Eintragung in ein Register oder bei der Eintragung in eine Liste von Anteilsinhabern durch die Angabe des insgesamt auf sie entfallenden Teils des Grundkapitals der Gesellschaft und der auf sie nach der Verschmelzung entfallenden Anteile zu bezeichnen, soweit eine Benennung der Anteilsinhaber gesetzlich vorgeschrieben ist; eine Bezeichnung in dieser Form ist nur zulässig für Anteilsinhaber, deren Anteile zusammen den zwanzigsten Teil des Grundkapitals der übertragenden Gesellschaft nicht überschreiten. Werden solche Anteilsinhaber später bekannt, so sind Register oder Listen von Amts wegen zu berichtigen. Bis zu diesem Zeitpunkt kann das Stimmrecht aus den betreffenden Anteilen in dem übernehmenden Rechtsträger nicht ausgeübt werden. Die Begründung zum RegE (BR-Drucks. 548/06, S. 23) weist darauf hin, dass vorgesehene Bezeichnung unbekannter Aktionäre durch die Angabe ihrer Aktienurkunden praktische Schwierigkeiten bereitete, wenn sich die Aktien in der Girosammelverwahrung ohne Einzelverbriefung befinden oder der Verbriefungsanspruch gem. § 10 Abs. 5 AktG sogar ganz ausgeschlossen ist. Aufgrund der Neuregelung soll daher die Bezeichnung in der Weise zugelassen werden, dass die unbekannten Anteilsinhaber in einem Sammelvermerk durch die Angabe des auf sie insgesamt entfallenden Teils des Grundkapitals der AG und der auf sie entfallenden Anteile bestimmt werden. Um Missbräuche zu verhindern, soll diese besondere Möglichkeit der Bezeichnung aber nur für Anteilsinhaber möglich sein, deren Aktien max. 5 % des Grundkapitals der Gesellschaft umfassen. Mit der erleichterten Bezeichnung noch nicht gelöst werden die Probleme, die sich nach dem Formwechsel beim Vorhandensein unbekannter Anteilsinhaber für die Wirksamkeit von Gesellschafterbeschlüssen ergeben. Deshalb soll das Stimmrecht dieser Personen so lange ruhen bis ihre Identität geklärt ist. Ungeklärt ist dabei, ob allein die Berufung auf praktische Schwierigkeiten genügt (vgl. dazu Kallmeyer/Meister/Klöcker, UmwG, § 213 Rn. 7; Lutter/Decher/Hoger, § 213 UmwG Rn. 6; Ihrig, in: Semler/Stengel § 234 UmwG Rn. 11; Schwanna, in: Semler/Stengel § 213 UmwG Rn. 7; Widmann/Mayer/Wälzholz § 35 UmwG Rn. 28 f.).

ff) Notarielle Beurkundung der Gesellschafterversammlung. (1) Allgemeines. Da auch beim **575** Formwechsel der GmbH oder AG § 193 Abs. 3 UmwG gilt, bedarf der Umwandlungsbeschluss der **notariellen Beurkundung** (vgl. im Einzelnen oben Teil 4 Rdn. 217 ff.). Während das GmbHG für die Niederschrift keine besonderen Vorschriften vorsieht, ist für die AG außerdem § 130 AktG zu beachten.

(2) Namentliche Nennung von Gesellschaftern beim Formwechsel einer AG oder KGaA in eine GmbH. Eine **Sondervorschrift für die Niederschrift** sieht § 244 Abs. 1 UmwG vor. Danach sind näm- **576** lich in der Niederschrift die Personen, die nach § 245 Abs. 1 bis 3 UmwG den Gründern der Gesellschaft gleichstehen, namentlich aufzuführen. Die Vorschrift entspricht inhaltlich § 276 Abs. 3 Satz 2 AktG a. F. Die Vorschrift gilt nur für den Formwechsel einer GmbH in eine AG, den Formwechsel einer AG in eine KGaA oder den Formwechsel einer KGaA in eine AG. Sie gilt nicht für den Formwechsel einer AG in eine GmbH, weil die strengen aktienrechtlichen Gründungsvorschriften insoweit keine Rolle spielen (vgl. Arnold, in: Semler/Stengel, § 244 UmwG Rn. 4; Lutter/Göthel, § 244 UmwG Rn. 10).

Zu nennen sind daher bei den Formwechseln folgende **Personen:** **577**

GmbH in AG	Die Gesellschafter, die für den Formwechsel gestimmt haben (§ 245 Abs. 1 UmwG);
GmbH in KGaA	die Gesellschafter, die für den Formwechsel gestimmt haben, sowie beitretende persönlich haftende Gesellschafter (§ 245 Abs. 1 UmwG);
AG in KGaA	die persönlich haftenden Gesellschafter der KGaA (§ 245 Abs. 2 UmwG);
KGaA in AG	die persönlich haftenden Gesellschafter der KGaA (§ 245 Abs. 3 UmwG).

(3) Entbehrlichkeit der Unterzeichnung des Gesellschaftsvertrages. Wenig verständlich ist die **578** **Formulierung des § 244 Abs. 2 UmwG,** der bestimmt, dass bei der Formwechsel einer AG oder KGaA in eine GmbH der Gesellschaftsvertrag von den Gesellschaftern nicht unterzeichnet zu werden braucht. In der Literatur wird teilweise im Umkehrschluss dieser Vorschrift gefolgt, dass bei der Umwandlung einer GmbH in eine AG oder KGaA der Gesellschaftsvertrag durch die Gesellschafter zu unterzeichnen sein sollte (so Kallmeyer/Dirksen/Blasche, UmwG, § 244 Rn. 7; Lutter/Göthel, UmwG, § 244 Rn. 15). Nach richtiger Auffassung ist § 244 Abs. 2 UmwG überflüssig, da sich der Verweis auf die Gründungsvorschrift des § 194 UmwG, nicht auf solche Bestimmungen bezieht, die die Formalien der Gründung betreffen. Anders als bei der Gründung einer GmbH nach allgemeinem Gesellschafterrecht erfolgt die Gründung im Fall des Formwechsels durch den Umwandlungsbeschluss, der selbst der notariellen Beurkundung bedarf, wobei der Gesellschaftsvertrag oder die Satzung des neuen Rechtsträgers Teil des Umwandlungsbeschlusses ist. Die notarielle Beurkundung erfolgt nach §§ 36 ff. BeurkG und muss daher grds. nicht durch die Gesellschafter unterzeichnet werden (so zu Recht Widmann/Mayer/Rieger, Umwandlungsrecht, § 244 UmwG Rn. 17; Widmann/Mayer/Vossius, Umwandlungsrecht, § 217 f. UmwG Rn. 28; Kallmeyer/Dirksen/Blasche, UmwG, § 218 Rn. 2; Stratz, in: Schmitt/Hörtnagl/Stratz, UmwG/UmwStG, § 218 UmwG Rn. 5; a. A. allerdings Lutter/Joost, § 218 UmwG Rn. 3, diese Auffassung ist abzulehnen). Allerdings ist die Unterzeichnung auch nicht schädlich (OLG Köln, BB 1993, 317, 318; Kallmeyer/Dirksen/Blasche, UmwG, § 218 Rn. 2 und Arnold, in: Semler/Stengel, § 244 UmwG Rn. 14 empfehlen dies im Hinblick auf den Streit).

579 (4) **Bezeichnung der Geschäftsanteile beim Formwechsel einer AG in eine GmbH.** Im Umwandlungsbeschluss sind die nach §§ 242, 243 UmwG festzusetzenden Nennbeträge der Geschäftsanteile an der GmbH zu bezeichnen. Dabei ist insb. die **Zahl der** beim Formwechsel auf jeden Anteilseigner **entfallenden Geschäftsanteile** anzugeben. Bei kleinem Gesellschafterkreis wird dies i. d. R. durch Auflistung der Gesellschafter und Festsetzung der auf diesen entfallende Anteil und die Höhe der Anteile erreicht. Da nach **Inkrafttreten des MoMiG** auch bei der Errichtung einer GmbH nach § 5 Abs. 2 Satz 2 GmbHG die Beteiligung mit mehreren Geschäftsanteilen zulässig ist, stellt sich dieses Problem nicht mehr.

580 Anzugeben ist auch die Zahl der beim Formwechsel auf jeden Anteilseigner entfallenden Beteiligungsrechte. Bei kleinen Gesellschaften wird üblicherweise eine namentliche Auflistung der Gesellschafter und ihre Anteile im Umwandlungsbeschluss vorgenommen. Nach überwiegender Meinung ist dies allerdings nicht erforderlich, da anders als bei § 234 Nr. 2 (Formwechsel in eine KG) § 194 Abs. 1 Nr. 4 UmwG nicht die Angabe der einzelnen Gesellschafter erfordert. Deshalb sind nach überwiegender Meinung auch pauschale Angaben zulässig, beim Wechsel einer Genossenschaft in die Rechtsform einer Kapitalgesellschaft sind diese sogar nach § 263 Abs. 2 Satz 1 vorgeschrieben (vgl. Lutter/Göthel, UmwG, § 243 Rn. 11). Möglich ist daher auch, die Anzahl dadurch zu bestimmen, dass mit oder ohne Namensnennung der Maßstab der Zuteilung genannt wird (Lutter/Göthel, UmwG, § 243 Rn. 13; Lutter/Stecher, UmwG, § 194 Rn. 7).

581 ▸ **Formulierungsbeispiel: Geschäftsanteile bei Umwandlung von Nennbetragsaktien**

An die Stelle sämtlicher Aktien eines Aktionärs tritt ein Geschäftsanteil an der GmbH in dem Nennbetrag, der sich aus der Summe der Nennbeträge der von dem jeweiligen Aktionär gehaltenen Aktien ergibt.

582 b) **Inhalt des Umwandlungsbeschlusses.** Auch hier ergibt sich der Inhalt des Umwandlungsbeschlusses aus der allgemeinen Regelung des § 194 UmwG. Zu berücksichtigen ist allerdings, dass § 243 UmwG **Sondervorschriften** enthält. Durch die Verweisung auf § 218 UmwG ergibt sich, dass der Umwandlungsbeschluss auch den Gesellschaftsvertrag oder die Satzung enthalten muss. Zu den einzelnen Punkten des Umwandlungsbeschlusses sind daher folgende **Besonderheiten und Ergänzungen** beim Formwechsel von GmbH in AG oder AG in GmbH bzw. KGaA zu beachten (vgl. i. Ü. oben Teil 4 Rdn. 128 ff.).

583 aa) **Neue Rechtsform.** Beim Formwechsel einer Kapitalgesellschaft in eine Kapitalgesellschaft anderer Rechtsform muss an dieser Stelle genannt werden, ob der Formwechsel von der AG in die GmbH oder von der GmbH in die AG bzw. KGaA erfolgen soll (§ 194 Abs. 1 Nr. 1 UmwG).

584 bb) **Firma des neuen Rechtsträgers.** Hier ist die **Firma der neuen Rechtsform** anzugeben (§ 194 Abs. 1 Nr. 2 UmwG).

cc) Angabe der Beteiligung der Gesellschafter an der neuen Gesellschaft. Wie bereits dargelegt, 585
ist in erster Linie zu bestimmen, dass die Gesellschafter der Personenhandelsgesellschaft auch weiterhin
Gesellschafter der Kapitalgesellschaft sind. § 194 Abs. 1 Nr. 3 UmwG ist Ausdruck des sog. **Identitätsgrundsatzes,** d. h. während des Formwechsels kann – sofern keine Ausnahme vorliegt – kein Gesellschafter ausscheiden oder beitreten (vgl. im Einzelnen oben Teil 4 Rdn. 113 ff.).

**dd) Zahl, Art und Umfang der Aktien oder der Geschäftsanteile an der Gesellschaft neuer
Rechtsform.** Auch für den Formwechsel von Kapitalgesellschaften untereinander sind die Bestim- 586
mungen gem. § 194 Abs. 1 Nr. 4 UmwG am bedeutendsten (vgl. oben im Einzelnen Teil 4
Rdn. 117 ff.). Danach sind Zahl, Art und Umfang der Anteile der Gesellschafter an der neuen Rechtsform im Umwandlungsbeschluss genau zu bezeichnen. Zu bestimmen ist also die quantitative und qualitative Beteiligung der Gesellschafter an der neuen Gesellschaft.

(1) Festsetzung von Stammkapital bzw. Grundkapital bei der neuen Rechtsform. Für den Form- 587
wechsel von einer Kapitalgesellschaft in eine Kapitalgesellschaft (also AG in GmbH oder GmbH in AG
bzw. KGaA) bestimmt § 247 UmwG, dass durch den Formwechsel das bisherige **Stammkapital** einer
formwechselnden GmbH zum **Grundkapital** der AG oder das bisherige Grundkapital der formwechselnden AG zum Stammkapital der GmbH wird. Die Vorschrift entspricht weitgehend den bis 1995
geltenden Regelungen (vgl. etwa § 372 Satz 2, § 381 Satz 2, § 387 Abs. 1 Satz 2, § 391 Satz 2
AktG a. F.). Die Vorschrift regelt also, dass beim Wechsel von der Rechtsform der GmbH zu einer anderen Form der Kapitalgesellschaft oder umgekehrt vom Formwechsel der AG in eine GmbH das
bisherige Stamm- zum Grundkapital oder das bisherige Grund- zum Stammkapital wird. Die Begründung zum RegE weist darauf hin, dass das Nennkapital der Gesellschaft neuer Rechtsform beim Formwechsel nicht neu geschaffen, sondern im Gesellschaftsvertrag oder in der Satzung dieser Gesellschaft
lediglich fortgeschrieben und im Zeitpunkt des Formwechsels kraft Gesetzes vom Stamm- zum Grundkapital oder vom Grund- zum Stammkapital werde. Diese Ergänzung der in § 202 UmwG für den
Formwechsel allgemein bestimmten Rechtsfolgen sei eine Konsequenz aus der rechtlichen Kontinuität
und Identität des Rechtsträgers beim Übergang von der einen in eine andere Form der Kapitalgesellschaft (vgl. Begründung zum RegE, BR-Drucks. 75/94, S. 158; abgedruckt in: Limmer, Umwandlungsrecht, S. 353). Hieraus wird deutlich, dass die Gesellschafter keinen Einfluss auf die Höhe des Stamm-
bzw. Grundkapitals der neuen Gesellschaft haben (so auch Happ, in: Lutter, Kölner Umwandlungsrechtstage, S. 243). Bei der Umwandlung von einer Kapitalgesellschaft auf eine andere stellt sich daher
in der Praxis die Frage, wie dieses **gleichbleibende Kapital auf die einzelnen Anteile verteilt** wird.

Es wurde bereits oben dargelegt, dass die Vorschrift **Ausdruck des Identitätsprinzips ist,** das auch in 588
vermögensrechtlicher Hinsicht gilt, auch das Gesellschaftsvermögen bleibt identisch. Auf die Einzelfragen der Kapitalaufbringung, der Kapitalfestsetzung und auch Kapitalerhaltung im Vorfeld des Formwechsels wurde bereits oben hingewiesen. Es kann daher auf die obigen Erläuterungen verwiesen
werden (vgl. im Einzelnen oben Teil 4 Rdn. 25 ff.). Zu berücksichtigen sind allerdings, da das Gründungsrecht nach § 197 UmwG anwendbar ist, die Mindestkapitalziffern, also 25.000,00 € bei der
GmbH und 50.000,00 € bei der AG. Beträgt das Nennkapital der GmbH, die durch Formwechsel
in eine AG umgewandelt werden soll, weniger als 50.000,00 €, dann muss der Formwechsel mit einer
Kapitalerhöhung verbunden werden.

(2) Kapitalveränderungsmaßnahmen beim Formwechsel. Die Einzelfragen bei der Kapitalände- 589
rungsmaßnahme im Zusammenhang mit dem Formwechsel wurden bereits oben behandelt, sodass auf
die obigen Ausführungen verwiesen werden kann (vgl. oben Teil 4 Rdn. 198 ff.). Nach § 243 Abs. 3
UmwG bleiben die Vorschriften anderer Gesetze über die Änderung des Stammkapitals oder des
Grundkapitals unberührt. Hieraus ist zu folgern, dass die Kapitalerhöhung auf Anlass einer Umwandlung nach den Vorschriften des Gesetzgebers nicht **unter das Gründungsrecht** fällt (Mertens, AG 1995,
561, 562). Die überwiegende Meinung stellt für die Frage, welches Recht auf die Kapitaländerung an-
wendbar ist, auf den Eintragungszeitpunkt ab (Widmann/Mayer/Rieger, Umwandlungsrecht, § 243
UmwG Rn. 47; Kallmeyer/Dirksen/Blasche, § 243 UmwG Rn. 10; Mutter, in: Semler/Stengel, § 243
UmwG Rn. 25, Lutter/Happ § 243, Rn. 44). Hierfür spricht auch eine Entscheidung des BayObLG
(ZAP 2000, 230 = DB 2000, 36 = DNotI-Report 2000, 7), in der im anderen Zusammenhang das

BayObLG darauf hinweist, dass der maßgebliche Beurteilungszeitpunkt der Zeitpunkt der Handelsregistereintragung ist. Dementsprechend ist das Recht der formwechselnden Kapitalgesellschaft anwendbar, wenn die Kapitaländerungsmaßnahme vor dem Formwechsel in das Handelsregister eingetragen werden soll.

Zu Recht lässt die herrschende Lehre allerdings dann eine **Ausnahme** zu, wenn die Wirksamkeit des Formwechsels, d. h. die Eintragung des Formwechsels, Wirksamkeitsvoraussetzung der Kapitaländerungsmaßnahme ist. In diesem Fall, wenn die Kapitaländerungsmaßnahmen von der Wirksamkeit des Formwechsels abhängen, soll ein Wahlrecht bestehen, ob die Kapitaländerung nach den für die formwechselnde Gesellschaft oder nach dem für die Gesellschaft neuer Rechtsform geltenden Bestimmungen durchgeführt werden soll (so Widmann/Mayer/Rieger, Umwandlungsrecht, § 243 UmwG Rn. 50; Lutter/Göthel, § 243 UmwG Rn. 44; Mertens, AG 1995, 561, 562; Semler/Stengel/Mutter/Arndt, UmwG, § 243 Rn. 25; strenger allerdings Kallmeyer/Dirksen/Blasche, § 243 UmwG Rn. 10). In einem solchen Fall sollte der Kapitalerhöhungsbeschluss auf die Wirksamkeit des Formwechsels aufschiebend bedingt werden (zur Zulässigkeit vgl. KK-AktG/Lutter, 2. Aufl., § 243 Rn. 14; Grunewald, AG, 1990, 133, 137).

590 **(3) Umwandlung bei Vorliegen einer Unterbilanz.** Zum bis 1995 geltenden Recht war weitgehend anerkannt, dass eine **Unterbilanz die Umwandlung nicht hindert.** Die herrschende Meinung war ganz einhellig der Auffassung, dass jedenfalls beim Formwechsel einer AG in eine GmbH ein Formwechsel auch dann durchgeführt werden kann, wenn das Reinvermögen der Gesellschaft die Höhe des ausgewiesenen Stammkapitals nicht erreicht und daher eine Unterbilanz besteht (vgl. KK-AktG/Zöllner, § 369 Rn. 77; Semler/Grunewald in: Geßler/Hefermehl, AktG, § 369 Rn. 49; Dehmer, UmwG, UmwStG, 1. Aufl., § 369 AktG Anm. 13; K. Schmidt, AG 1985, 150; Priester, AG 1986, 29).

591 Auch beim **Formwechsel einer GmbH in eine AG** war die wohl überwiegende Meinung der Auffassung, dass die Unterbilanz den Formwechsel nicht hindert, da sich bei der formwechselnden Umwandlung die Identität des Rechtsträgers fortsetze und das Defizit im Reinvermögen daher vor und nach der Umwandlung identisch sei (so KK-AktG/Zöllner, § 376 Rn. 45, 46; Priester, AG 1986, 29, 30; K. Schmidt, AG 1985, 150, 151; Dehmer, UmwG, UmwStG, 1. Aufl., § 376 AktG, Anm. 12). Ein Teil der Literatur lehnte die Möglichkeit der Umwandlung einer GmbH in eine AG in diesen Fällen allerdings ab, da gewährleistet sein müsse, dass die künftige AG mit einem ihren Nennkapital entsprechenden Reinvermögen ausgestattet sein müsse (so Godin/Wilhelmi, AktG, § 369 Anm. 13; Noelle, AG 1990, 475).

592 Das **Umwandlungsrecht ab 1995** hat diese Frage nicht ausdrücklich geregelt (vgl. dazu auch bereits oben Teil 4 Rdn. 26 ff.). Allerdings weist die Begründung zum RegE darauf hin, da durch § 247 UmwG der Identitätsgrundsatz zum Ausdruck komme und das Gründungsrecht insoweit verdrängt werde, werde ein Formwechsel bei Unterbilanz wie bisher nicht ausgeschlossen (so Begründung zum RegE, BR-Drucks. 75/94, S. 158; abgedruckt in: Limmer, Umwandlungsrecht, S. 353). Unklarheit ist allerdings dadurch entstanden, dass § 245 Abs. 1 Satz 2 UmwG (nur!) für die **Umwandlung einer GmbH in eine AG** die entsprechende Anwendung der gesamten Bestimmung von § 220 UmwG und damit auch die Vorschrift des § 220 Abs. 1 anordnet. Die parallele Vorschrift des § 245 Abs. 4 UmwG für den Formwechsel AG in GmbH enthält keine derartige Verweisung. Der Gesetzgeber hat also in § 245 Abs. 1 bis Abs. 3 UmwG bei folgenden Fällen einen besonderen **Kapitalschutz** aus § 220 UmwG angeordnet:
– GmbH in AG oder KGaA (§ 245 Abs. 1 UmwG),
– AG in KGaA (§ 245 Abs. 2 UmwG),
– KGaA in AG (§ 245 Abs. 3 UmwG).

Im Fall des Formwechsels einer **AG in GmbH** ist jedoch **kein Kapitalschutz** angeordnet.

593 Beim Formwechsel einer **GmbH in eine AG** gilt daher nach dem klaren Wortlaut über § 245 Abs. 1 Satz 2 UmwG das **Gebot der Reinvermögensdeckung** i. S. d. § 220 Abs. 1 UmwG. Der eindeutige Wortlaut des § 245 Abs. 1 Satz 2 UmwG i. V. m. § 220 Abs. 1 UmwG lässt eine formwechselnde Umwandlung von der GmbH in die AG bei materieller Unterbilanz nicht zu (ausführlich hierzu Busch, AG 1995, 555, 556 f.; Widmann/Mayer/Rieger, Umwandlungsrecht, § 245 UmwG Rn. 50; Kallmeyer/Dirksen/Blasche, § 245 UmwG Rn. 7 ff.; Scheel, in: Semler/Stengel, § 245 UmwG Rn. 36 ff.;

Stratz, in: Schmitt/Hörtnagl/Stratz, UmwG/UmwStG, § 245 UmwG Rn. 6 f.). In der Literatur wird z. T. vorgeschlagen, die Verweisung auf § 220 UmwG teleologisch auf dessen Abs. 2 und Abs. 3 zu reduzieren (Lutter/Happ, UmwG, 2. Aufl. § 245 Rn. 11 ff.; Lutter/Göthel § 245 UmwG Rn. 12 in der aktuellen Aufl. vertritt dies offenbar nicht mehr.). Dieser einschränkenden Auslegung der Verweisung des § 245 Abs. 1 Satz 2 UmwG auf § 220 UmwG dürfte aber die Gesetzgebungsgeschichte entgegenstehen (so überzeugend Widmann/Mayer/Rieger, Umwandlungsrecht, § 245 UmwG Rn. 50). Nach ganz herrschender Meinung ist die **Deckung des Nennkapitals durch das Reinvermögen der Gesellschaft** nicht an einen Buchwert in der Bilanz der formwechselnden Kapitalgesellschaft, sondern an den Zeitwert an der Aktiva einschließlich immaterieller, auch selbst geschaffener und daher nicht bilanzierte Wirtschaftsgüter zu messen (Widmann/Mayer/Rieger, Umwandlungsrecht, § 245 UmwG Rn. 56; Lutter/Göthel § 245 UmwG Rn. 12; Kallmeyer/Dirksen/Blasche, § 245 UmwG Rn. 7 ff.; KölnKom/Petersen, § 2445 UmwG Rn. 12; Priester, DB 1995, 911, 913 f.; Busch, AG 1995, 558).

In § 245 Abs. 1 bis Abs. 3 UmwG wird aber nur auf § 220 UmwG für die Fälle des Formwechsels in eine **594** AG oder KGaA verwiesen. Der umgekehrte Fall des Formwechsels einer **AG in eine GmbH** (vgl. Regelung des § 245 Abs. 4 UmwG) enthält demgegenüber **keine Bezugnahme auf § 220 UmwG.** Daraus schließt die ganz herrschende Meinung in der Literatur, dass in diesem Fall das nach Abzug der Schulden verbleibende Vermögen der formwechselnden Gesellschaft nicht den Nennbetrag des Stammkapitals der Ziel-GmbH erreichen muss (Stratz, in: Schmitt/Hörtnagl/Stratz, UmwG, UmwStG, § 245 Rn. 6; Widmann/Mayer/Rieger, Umwandlungsrecht, § 245 UmwG Rn. 46; Busch, AG 1995, 558; Kallmeyer/Dirksen/Blasche, UmwG, § 245 Rn. 7 ff.; Scheel, in: Semler/Stengel, § 245 UmwG Rn. 44 ff.; Lutter/Göthel § 245 UmwG Rn. 12). Insofern kann der Formwechsel einer AG in eine GmbH auch dann erfolgen, wenn das Stammkapital der Ziel-GmbH nicht mehr durch das Reinvermögen der Ausgangsaktiengesellschaft gedeckt ist, also eine materielle Unterbilanz vorliegt.

(4) Umwandlung bei ausstehenden Einlagen. Ebenfalls umstritten ist, ob bei einem Formwechsel **595** einer Gesellschaft, bei der die Einlagen noch nicht vollständig geleistet sind, **vorher eine Volleinzahlung** zu erfolgen hat (vgl. oben Teil 4 Rdn. 35). Ein Teil der Literatur ist der Auffassung, dass ungeachtet der Identitätskrise der Formwechsel materielle Sachgründung darstellt, sodass die Bestimmung über die Vermögensaufdrängung im Zusammenhang der Deckung des Stammkapitals eingehalten werden müsste, ebenso das im Gründungsrecht geltende Volleinzahlungsgebot (so Lutter/Joost, UmwG, § 220 Rn. 15). Argumentativ wurde angeführt, dass insb. offene Einlagenforderungen im Grunde als Sacheinlagen zu behandeln wären, mit der Folge der vollständigen Leistung. Die überwiegende Literatur lehnt zu Recht dies in allen Fällen ab (so die h. M.; K. Schmidt, ZIP 1995, 1385, 1387; Kallmeyer/Dirksen/Blasche, UmwG, § 220 Rn. 9, § 245 Rn. 7; Priester, in: FS für Zöllner, 1998, S. 449, 462; Mertens, AG 1995, 561; Busch, AG 195, 555; Lutter/Decher/Hoger, UmwG, § 197 Rn. 513; Rowedder/Schmidt-Leithoff/Zimmermann, GmbHG, Anh. nach § 77 Rn. 130; Kallmeyer/Meister/Klöcker, UmwG, § 197 Rn. 24). Das Ergebnis der herrschenden Meinung folgt dem **Identitätsgrundsatz,** der insoweit auch nicht von dem nach § 197 UmwG anwendbaren Gründungsrecht aufgehoben wird. Sind noch Einzahlungen auf die Stammeinlagen zu erbringen, so bleibt der Gesellschaft, nach der neuen Rechtsform der Anspruch auf Volleinzahlung, unter Anwendung der neuen Vorschriften für ausstehenden Einlage erhalten (Widmann/Mayer/Rieger, Umwandlungsrecht, § 245 UmwG Rn. 98 ff.; Kallmeyer/Dirksen/Blasche, UmwG, § 245 Rn. 7; Lutter/Göthel, UmwG, § 245 Rn. 15; K. Schmidt, ZIP 1995, 1385, 1389). Weder beim Formwechsel bei Kapitalgesellschaften, noch beim Formwechsel von der Personengesellschaft in die Kapitalgesellschaft werden Vermögenswerte übertragen, sodass z. B. auch die Vorschrift des § 197 Abs. 1 AktG keine Anwendung findet. Dementsprechend sind die ausstehenden Einlageforderungen auch i. R. d. reinen Vermögensdeckung nach § 220 Abs. 1 UmwG jedenfalls dann zu berücksichtigen, wenn sie vollwertig sind.

Die Argumente hierfür wurden bereits oben erörtert, sodass auf die obigen Ausführungen verwiesen werden kann (vgl. oben Teil 4 Rdn. 35 f.).

(5) Ermittlung des für die Kapitaldeckung erforderlichen Vermögens. Bereits beim Formwechsel **596** der Personengesellschaft in die Kapitalgesellschaft wurde die Frage des **Kapitalschutzes** und der Ermittlung des maßgeblichen Vermögens zur Kapitaldeckung behandelt (vgl. oben Teil 4 Rdn. 26 ff., 401 ff.). Die Frage stellt sich auch im Zusammenhang mit der Frage, ob die Unterbilanz den Formwechsel hindert und wie ein solches Hindernis zu beseitigen ist. Grds. gilt, soweit nach § 245 Abs. 1 Satz 2 UmwG die Regelung des § 220 UmwG auch auf den Formwechsel einer Kapitalgesellschaft in eine Kapitalgesellschaft anderer Rechtsform entsprechend Anwendung findet, dass das saldierte Reinvermögen des formwechselnden Rechtsträgers ausreichen muss, um das nach der Satzung festgesetzte Grundkapital zu decken. Insofern müssen ggf. vor der Durchführung der entsprechenden Kapitaländerungsmaßnahmen, etwa Kapitalerhöhungen gegen Bareinlagen nach allgemeinen Vorschriften durchgeführt und eingetragen werden (Stratz, in: Schmitt/Hörtnagl/Stratz, UmwG/UmwStG, § 245 UmwG Rn. 7; K. Schmidt, ZIP 1995, 1385, 1387; Kallmeyer/Dirksen/Blasche, UmwG, § 220 Rn. 9, § 245 Rn. 7; Priester, in: FS für Zöllner, 1998, S. 449, 462; Mertens, AG 1995, 561; Busch, AG 195, 555; Lutter/Decher/Hoger, UmwG, § 197 Rn. 513; Kallmeyer/Meister/Klöcker, UmwG, § 197 Rn. 24).

597   Auch beim Formwechsel zwischen Kapitalgesellschaften ist umstritten, ob für die Bewertung des Vermögens nur die **Buchwerte** maßgeblich sind oder auch die **Zeitwerte der Aktiva** einschließlich immaterieller Wirtschaftsgüter. Auch beim Formwechsel unter Kapitalgesellschaften geht die überwiegende Meinung davon aus, dass die Deckung des Nennkapitals nicht an den Buchwerten in der Bilanz der formwechselnden Kapitalgesellschaft, sondern an den Zeitwerten der Aktiva einschließlich immaterieller auch selbst geschaffener und daher nicht bilanzierter Wirtschaftsgüter zu messen ist (Widmann/Mayer/Rieger, Umwandlungsrecht, § 245 UmwG Rn. 56; IDW, WPg 1996, 71; Fischer, BB 1995, 2173, 2179; Priester, DB 1995, 911, 913; Busch, AG 1995, 555, 558). Wie bei einer Neugründung ist der tatsächliche Wert der Sacheinlagen, nicht der Buchwert maßgebend (sog. **Reinvermögensdeckung**, vgl. Kallmeyer/Dirksen/Blasche, UmwG, § 245 Rn. 6; Lutter/Göthel, UmwG, § 245 Rn. 15; Scheel, in: Semler/Stengel, § 245 UmwG Rn. 41; Priester, DNotZ 1995, 427, 451; Stellungnahme des IdW v. 04.04.2011, IDW ERS HFA 41 »Auswirkungen eines Formwechsels auf den handelsrechtlichen Jahresabschluss«, WPg Supplement 2/2011, S. 137 ff., FN-IDW 6/2011, S. 374 ff.).

598   **(6) Zwang zur Buchwertfortführung.** Von der Frage, ob es auf Buch- oder Zeitwerte für die Feststellung der Nennkapitaldeckung ankommt, ist die Frage zu unterscheiden, ob beim Formwechsel von einer Kapitalgesellschaft in eine Kapitalgesellschaft anderer Rechtsform handelsbilanziell eine **Pflicht zur Buchwertfortführung** besteht. Auch insofern kann auf die Ausführungen beim Formwechsel von Personenkapitalgesellschaften verwiesen werden (vgl. Teil 4 Rdn. 26 f., 401 ff.). Die wohl überwiegende Auffassung steht auf dem Standpunkt, dass die Grundkonzeption des Formwechsels nach allgemeinen Bilanzierungsregeln die Fortführung der Buchwerte erforderlich macht (Widmann/Mayer/Rieger, Umwandlungsrecht, § 245 UmwG Rn. 96; Fischer, BB 1995, 2173, 2178; Busch, AG 1995, 555, 559). Mangels eines Anschaffungsgeschäftes sei der neue Rechtsträger an die fortgeführten Anschaffungskosten des alten Rechtsträgers gebunden. Nach a. A. im Schrifttum (Priester, DB 1995, 916; Müller/Gassermann, WPg 1996, 870) ist die Aufstockung der Buchwerte beim Zielrechtsträger trotz fehlenden Anschaffungsgeschäftes zulässig. Gegen diese Auffassung spricht, dass damit Grundkonzeption des Gesellschaftsrechts, insb. die Ausschüttungssperre des § 30 GmbHG, außer Kraft gesetzt werden könnten, sodass dies gegen eine Buchwertaufstockung spricht. Soweit daher das Grundkapital durch das zu Zeitwerten eingesetzte Reinvermögen gedeckt ist, bleibt es insoweit bei dem Ausweis des Verlustes, der in diesem Fall auch bereits in der letzten Jahresbilanz der formwechselnden Gesellschaft ausgewiesen ist (so Widmann/Mayer/Rieger, Umwandlungsrecht, § 245 UmwG Rn. 97).

Vgl. zur Kapitalfestsetzung und Bilanz Teil 4 Rdn. 403.

599   **(7) Nachweis der Reinvermögensdeckung.** Von der Frage der Buchwertfortführung ist die Frage des **Nachweises der Reinvermögensdeckung** ggü. dem Handelsregister zu trennen. Zum Nachweis gelten die allgemeinen Möglichkeiten, etwa Vorlage einer testierten Umwandlungsbilanz, die allerdings zwingend erforderlich ist (Busch, AG 1995, 555, 560). Der Nachweis kann auch durch Angaben im Bericht der Gründer (§ 32 Abs. 1 AktG), der internen (§ 33 Abs. 1 AktG) und v. a. der externen (§ 33 Abs. 2 AktG) Gründungsprüfer erfüllt werden. Auch möglich ist eine Vermögensaufstellung, an die sich der Sachgründungsbericht bei der GmbH bzw. der Gründungsbericht und die Gründungsprüfung bei der AG anschließen (Kallmeyer/Dirksen/Blasche, UmwG, § 245 Rn. 9; vgl. dazu auch Teil 4 Rdn. 26 f., 152, 401 f.).

(8) Beachtung der Nachgründungsvorschriften bei der AG. Bei der Umwandlung in eine AG/ 600
KGaA finden die Vorschriften über die Nachgründung ebenfalls Anwendung (§ 245 Abs. 1 bis 3
i. V. m. § 220 Abs. 3 Satz 2 UmwG). § 245 Abs. 1 Satz 2 UmwG verweist über § 220 Abs. 3 Satz 2
UmwG auf die Anwendung der Nachgründungsregeln in §§ 52 ff. AktG. Beim Formwechsel einer
GmbH in eine AG oder KGaA ist aber zu berücksichtigen, dass sich die Kapitalaufbringung bei der
GmbH nicht grundlegend von den Kapitalaufbringungsregeln des AktG unterscheidet. Für diesen
Fall hat nunmehr das **Zweite Gesetz zur Änderung des UmwG** v. 25.04.2007 geregelt, dass die Anwendung des § 52 AktG nur vorgeschrieben wird, wenn die GmbH vor dem Wirksamwerden des Formwechsels weniger als 2 Jahre im Handelsregister eingetragen war. Klargestellt wurde ferner in Abs. 2
und Abs. 3, dass beim Formwechsel einer AG in eine KGaA und umgekehrt die Nachgründungsvorschrift des § 52 AktG, die bereits für die Ausgangsrechtsform zu beachten war, nicht erneut angewendet
werden muss (vgl. dazu auch Teil 4 Rdn. 459).

Für die beiden letztgenannten Fälle des Formwechsels einer AG in eine KGaA und umgekehrt ging die
herrschende Meinung schon bisher davon aus, dass die **Nachgründungsvorschriften** nicht gelten (Wid-
mann/Mayer/Rieger, Umwandlungsrecht, § 245 UmwG Rn. 91 f.). Dies wurde jetzt klargestellt. Die
Anwendung der Nachgründungsvorschriften beim Formwechsel einer GmbH in eine AG wurde ebenfalls kritisiert (Markus, ZGR 1999, 548). Durch die Neuregelung wird auch dieser Kritik Rechnung
getragen; die Nachgründung gilt nur noch bei GmbH, die keine 2 Jahre alt sind (Mayer/Weiler,
DB 2007, 1245).

(9) Verhältniswahrende oder nicht verhältniswahrende Umwandlung. Im Umwandlungs- 601
beschluss ist festzustellen, **wie das Grund- bzw. Stammkapital** der neuen Gesellschaft auf die einzelnen
Gesellschafter bzw. Aktionäre **verteilt wird**. Festzulegen ist also der Aufteilungsmaßstab (vgl. im Einzelnen oben Teil 4 Rdn. 28 ff.). In diesem Zusammenhang muss die Frage geklärt werden, ob eine verhältniswahrende Umwandlung durchgeführt werden soll oder ob eine völlig freie Aufteilung des Grund-
oder Stammkapitals nicht verhältniswahrend erfolgen soll, die allerdings der Zustimmung aller Gesellschafter bedarf (vgl. allgemein dazu dazu Teil 4 Rdn. 34).

§§ 241, 242 UmwG regeln den **Sonderfall**, dass aufgrund der unterschiedlichen Stückelung der Anteile 602
ein Gesellschafter sich nicht dem gesamten Nennbetrag seiner Anteile entsprechend beteiligen kann.
Für diesen Sonderfall zieht das Gesetz ausdrücklich die Zustimmung des betroffenen Gesellschafters
vor. Dieser Rechtsgedanke muss ganz allgemein für den nicht verhältniswahrenden Formwechsel gelten.

(10) Anzahl und Stückelung der Anteile und Aktien. Durch den Formwechsel wird das Stamm- 603
kapital zum Grundkapital bzw. das Grundkapital zum Stammkapital. Zum alten Recht war umstritten,
ob eine **Identität zwischen dem Nennbetrag der Geschäftsanteile und dem Nennbetrag der Aktien**
beim Formwechsel einer GmbH in eine AG oder umgekehrt eine Identität nicht erforderlich ist (vgl.
KK-AktG/Zöllner, § 369 Rn. 80; Semler/Grunewald, in: Geßler/Hefermehl, AktG, § 369 Rn. 53).
Diese alte Streitfrage ist durch § 243 Abs. 3 Satz 1 UmwG geregelt. Dort ist bestimmt, dass im Gesell-
schaftsvertrag oder in der Satzung der Gesellschaft neuer Rechtsform der Nennbetrag der Anteile ab-
weichend vom Nennbetrag der Anteile der formwechselnden Gesellschaft festgesetzt werden kann.
Der Gesetzgeber ist damit der herrschenden Meinung gefolgt, die dies auch zum bis 1995 geltenden
Recht für zulässig erachtete. Die Gesellschafter sind daher bei der Stückelung und dementsprechenden
Aufteilung des Stamm- bzw. Grundkapitals frei und müssen sich nur an die Vorgaben des Aktien- bzw.
GmbHG halten, soweit dies bestimmte Mindestnennbeträge vorsieht.

(a) Formwechsel AG bzw. KGaA in GmbH. Beim Formwechsel der AG bzw. KGaA in die GmbH 604
gilt für die Geschäftsanteile einer GmbH der **Grundsatz** des § 5 Abs. 3 GmbHG i. d. F. durch das Mo-
MiG v. 23.10.2008 (BGBl. I, S. 2026), dass der Geschäftsanteil auf volle Euro lauten muss.

Geklärt ist durch das MoMiG auch, dass mehrere Geschäftsanteile gewährt werden können. 605

Auf die Fragen der verhältniswahrenden und nicht verhältniswahrenden Umwandlungen wurde bereits 606
hingewiesen (vgl. oben Teil 4 Rdn. 34).

607   **(b) Umwandlung GmbH in AG.** Aus § 241 Abs. 1 UmwG ist zu folgern, dass die Aktien beim Formwechsel einer GmbH in eine AG entweder als **Stückaktien** nach § 8 Abs. 3 AktG oder als **Nennbetragsaktien** auf den Mindestnennbetrag von 1,00 € festgesetzt werden können. I. d. R. besteht die Verpflichtung, zu einer entsprechenden Abbildung des GmbH-Anteils durch Bildung entsprechender Aktien. Sollen die Aktien anders festgesetzt werden und führt dies zu einer nicht entsprechenden Beteiligung der GmbH-Gesellschafter, so ist deren Zustimmung nach § 241 Abs. 1 UmwG erforderlich (vgl. dazu oben Teil 4 Rdn. 236 ff.).

608   **ee) Sonder- und Vorzugsrechte.** Gem. § 194 Abs. 1 Nr. 5 UmwG müssen im Umwandlungsbeschluss auch die **Rechte** bestimmt werden, die einzelnen Anteilsinhabern sowie den Inhabern besonderer Rechte wie Anteile ohne Stimmrechte, Vorzugsaktien, Mehrstimmrechtsaktien, Schuldverschreibungen und Genussrechte an **der neuen Rechtsform gewährt werden** sollen, oder die Maßnahmen, die für diese Personen vorgesehen sind. Diese Vorschrift hat insb. im Hinblick auf § 23 i. V. m. § 204 UmwG Bedeutung. Danach sind den Inhabern von Rechten in einem übertragenden Rechtsträger, die kein Stimmrecht gewähren, insb. den Inhabern von Anteilen ohne Stimmrecht von Wandelschuldverschreibungen, von Gewinnschuldverschreibungen und von Genussrechten gleichwertige Rechte an der neuen Gesellschaft zu gewähren. Insofern haben diese Anteilsinhaber einen Anspruch auf Aufnahme einer Regelung in den Umwandlungsbeschluss (vgl. im Einzelnen oben Teil 4 Rdn. 234 ff.).

609   **ff) Angebot auf Barabfindung.** Beim Formwechsel einer Kapitalgesellschaft in eine Kapitalgesellschaft anderer Rechtsform muss der Umwandlungsbeschluss i. d. R. ein **Abfindungsangebot** enthalten, da jedenfalls nach der gesetzlichen Regelung eine Mehrheitsentscheidung stets möglich ist (vgl. im Einzelnen oben Teil 4 Rdn. 242 ff.). Grds. ist beim Formwechsel zwischen Kapitalgesellschaften ein Abfindungsangebot erforderlich. Allerdings bestimmt § 250 UmwG, dass die Vorschriften über das Abfindungsangebot beim Formwechsel einer AG in eine KGaA oder beim Formwechsel einer KGaA in eine AG nicht anwendbar sind, sodass in diesem Fall ein Abfindungsangebot nicht erforderlich ist.

610   **c) Feststellung der Satzung der neuen Gesellschaft. aa) Allgemeines.** § 243 Abs. 1 UmwG verweist inhaltlich auf § 218 UmwG, sodass in dem Umwandlungsbeschluss auch der **Gesellschaftsvertrag** oder die **Satzung der neuen Gesellschaft festgestellt** werden muss. Darüber hinaus sind Festsetzungen über Sondervorteile, Gründungsaufwand, Sacheinlagen und Sachübernahmen, die in dem Gesellschaftsvertrag oder in der Satzung der formwechselnden Gesellschaft enthalten sind, auch in die Satzung oder den Gesellschaftsvertrag der neuen Gesellschaft zu übernehmen. Mit dem Umwandlungsbeschluss beschließen also auch die Gesellschafter den Gesellschaftsvertrag oder die Satzung der neuen Gesellschaft. Der notwendige Inhalt der Satzung ergibt sich aus den allgemeinen Vorschriften des GmbHG bzw. AktG (§§ 33 ff. GmbHG, § 23 AktG).

611   § 244 Abs. 2 UmwG bestimmt, dass beim Formwechsel einer AG oder einer KGaA in eine GmbH der Gesellschaftsvertrag von den Gesellschaftern **nicht zu unterzeichnet werden braucht.**

612   Die Begründung zum RegE (BR-Drucks. 74/94, S. 150 f., abgedruckt in: Limmer, Umwandlungsrecht, S. 351 f.) weist auf Folgendes hin:

>»Nach Abs. 1 Satz 1 soll der Umwandlungsbeschluss den vollständigen Text des Gesellschaftsvertrages oder der Satzung der Gesellschaft neuer Rechtsform und nicht nur die für den Formwechsel unerlässlichen Änderungen gegenüber dem bisherigen Gesellschaftsvertrag oder der bisherigen Satzung enthalten. Durch den Umwandlungsbeschluss soll klar dokumentiert werden, in welcher Fassung der Gesellschaftsvertrag oder die Satzung vom Zeitpunkt des Formwechsels an gilt. Diese Abweichung vom geltenden Recht, dass die Aufnahme bloßer Textänderungen in den Umwandlungsbeschluss zulässt, ist im Interesse einer Vereinheitlichung des Umwandlungsverfahrens geboten und wird auch dadurch gerechtfertigt, dass der Formwechsel auch in diesen Fällen über eine bloße Satzungsänderung hinausgeht. Über dies entspricht dies dem an anderer Stelle zum Ausdruck gekommenen Willen des Gesetzgebers, dass im Handelsregister stets der vollständige Wortlaut des Gesellschaftsvertrages oder der Satzung zur Verfügung stehen muss.«

613   Außerdem verweist § 243 Abs. 1 UmwG inhaltlich auf § 218 UmwG, sodass für den Formwechsel einer GmbH in eine KGaA auch § 218 Abs. 2 UmwG gilt. Der Beschluss zur Umwandlung in eine KGaA

muss daher vorsehen, dass sich an dieser Gesellschaft **mindestens ein Gesellschafter der formwechseln-den Gesellschaft als persönlich haftender Gesellschafter beteiligt**, oder dass der Gesellschaft mindestens ein persönlich haftender Gesellschafter beitritt. Hierbei handelt es sich um eine Ausnahme vom Grundsatz der Personenidentität, im Umwandlungsvorgang kann ein Beitritt erfolgen.

bb) Inhalt der neuen Satzung. Bei der **Ausgestaltung der neuen Satzung** für die Gesellschaft neuer **614** Rechtsformen sind die allgemeinen Vorschriften des Gründungsrechts zu beachten. Wegen der Einzelheiten kann auf die obigen Ausführungen verwiesen werden (vgl. oben Teil 4 Rdn. 188 ff.).

cc) Besondere Festsetzungen. Nach § 243 Abs. 1 Satz 2 UmwG sind in dem Gesellschaftsvertrag **615** oder der Satzung der Gesellschaft enthaltenen **Festsetzungen über Sondervorteile, Gründungsaufwand, Sacheinlagen und Sachübernahmen** zu übernehmen. Nach § 26 Abs. 4 AktG können die Festsetzungen erst geändert werden, wenn die Gesellschaft **5 Jahre im Handelsregister** eingetragen ist. Nach § 26 Abs. 5 AktG können Satzungsbestimmungen über die Festsetzung durch Satzungsänderung erst beseitigt werden, wenn die Gesellschaft **30 Jahre im Handelsregister eingetragen** ist und wenn die Rechtsverhältnisse die der Festsetzung zugrunde liegen, seit mindestens 5 Jahren abgewickelt sind (vgl. Mutter, in: Semler/Stengel, § 243 UmwG Rn. 16 f.; Lutter/Göthel, UmwG, § 243 Rn. 23).

▶ **Hinweis:** **616**

Unklar ist, ob i. R. d. Umwandlung auch in der Satzung des Ausgangsrechtsträgers enthaltene Festsetzungen über Sacheinlagen und Sachübernahmen geändert oder beseitigt werden können. Dagegen spricht, dass § 243 Abs. 1 Satz 3 und § 26 Abs. 4 und 5 AktG nicht aber § 27 Abs. 5 AktG für anwendbar erklärt wurden. Dennoch geht die überwiegende Meinung davon aus, dass auch diese Festsetzungen über Sacheinlagen und Sachübernahmen geändert oder sogar beseitigt werden dürfen, wenn die Voraussetzungen nach § 27 Abs. 5 i. V. m. § 26 Abs. 4, 5 AktG vorliegen (Lutter/Göthel, UmwG, § 243 Rn. 24; Widmann/Mayer/Rieger, Umwandlungsrecht, § 243 UmwG Rn. 23; Kallmeyer/Dirksen/Blasche, UmwG, § 243 Rn. 8; Mutter, in: Semler/Stengel, § 243 UmwG Rn. 18).

dd) Weitere Festsetzungen in der Satzung. Während § 243 Abs. 1 Satz 2 UmwG die vorhandenen **617** Festsetzungen über Sacheinlagen in dem Gesellschaftsvertrag oder in der Satzung der alten Rechtsform behandelt, bleibt die Frage, ob nach allgemeinem Gründungsrecht auch in der Satzung oder in dem **Gesellschaftsvertrag neuer Rechtsform die Sacheinlagen festzusetzen** sind. Nach einem Teil der Literatur bezieht sich die Bestimmung des § 27 AktG, die über § 197 Satz 1 UmwG Anwendung findet, auf den Übergang des Vermögens des formwechselnden Rechtsträgers auf die AG. Dementsprechend muss noch die Satzung gem. § 197 Satz 1 UmwG i. V. m. § 27 Abs. 1 AktG Festsetzungen über den **Gegenstand der Sacheinlage**, die Person des Einlegenden und das eingetragene Grundkapital, auf das sich die Sacheinlage bezieht, enthalten. Beim Formwechsel würde dies bedeuten, dass das Vermögen des formwechselnden Rechtsträgers und der formwechselnde Rechtsträger selbst zu bezeichnen sind (so Widmann/Mayer/Mayer, Umwandlungsrecht, § 197 UmwG Rn. 146 f.; einschränkend Bärwaldt, in: Semler/Stengel, § 197 UmwG Rn. 43). Nach anderer Auffassung fallen beim Formwechsel weder Sacheinlagen noch Sachübernahmen an, sofern es keiner Bezeichnung in der Satzung nach § 27 AktG bedarf (so Lutter/Göthel, UmwG, § 245 Rn. 36; Stratz, in: Schmitt/Hörtnagl/Stratz, UmwG/UmwStG, § 197 UmwG Rn. 16; ähnlich Lutter/Decher/Hoger, UmwG, § 197 Rn. 16, der allerdings eine Festsetzung vorsichtshalber empfiehlt; unklar Kallmeyer/Meister/Klöcker, UmwG, § 197 Rn. 35). Es spricht einiges dafür, dass wegen des Identitätsgrundsatzes der Formwechsel nicht als Sacheinlage anzusehen ist, sodass nur die historischen Sacheinlageangaben nach § 243 Abs. 1 Satz 2 UmwG weiter fortzuführen sind, nicht aber bei einer bar gegründeten Ausgangskapitalgesellschaft in der Satzung der formgewechselten Gesellschaft Sacheinlagen anzugeben. Trotz der Anwendung des Gründungsrechts geht das UmwG von der Identität des Vermögens aus, sodass kein Raum für Angaben in der Satzung über eine etwaige Sacheinlage besteht. Die Frage ist allerdings in der Literatur umstritten. Die Literatur, die die Anwendung des § 27 AktG bejaht, lässt allerdings eine Bezeichnung wie »*das Grundkapital durch den Formwechsel der X-GmbH mit dem Sitz in Y erbracht*« ausreichen (Widmann/Mayer/Rieger, Umwandlungsrecht, § 197 UmwG Rn. 146; Bärwaldt, in: Semler/Stengel, § 197 UmwG Rn. 43).

Ferner ist zu berücksichtigen, dass neben den allgemeinen formwechselnden Vorschriften auch im übrigen die Sachgründungsvorschriften des AktG bzw. GmbHG zu beachten sind und wie bei der Neugründung einer AG oder GmbH der **Gründungsaufwand nach § 26 Abs. 2 AktG**, der bei der GmbH analog angewendet wird (vgl. Baumbach/Hueck/Fastrich, § 5 GmbHG Rn. 57, Cramer, NZG 2015, 373), in der Satzung anzugeben ist, also die Kosten des Formwechsels (so h. M. Widmann/Mayer/Mayer, § 197 UmwG Rn. 27; Lutter/Decher/Hoger, § 197 UmwG Rn. 23; Bärwaldt in: Semler/Stengel, § 197 UmwG Rn. 21, 42; Stratz, in: Schmitt/Hörtnagl/Stratz, § 197 UmwG Rn. 16). Unrichtig ist mE die Meinung, die wie bei einer Neugründung einen Höchstbetrag verlangt, so dass der Rest von den Gesellschaftern getragen werden müßte. Die Gesellschafter kommen hierfür richtigerweise nicht in Frage, da sie gerade nicht Gründer sind (§ 245 Abs. 1 UmwG gilt nicht) und nach h. M. nicht einer Gründerhaftung unterliegen (so zu Recht Kerschbaumer, NZG 2011, 892, 894; ähnlich bereits Priester, AG 1986, 29, 32). Kerschbaumer (NZG 2011, 892, 894) weist zu Recht darauf hin, dass bei der Neugründung einer GmbH diese erst mit der Eintragung entsteht. Zuvor entstandene Gründungskosten können somit grundsätzlich nicht Kosten der Gesellschaft sein, die zum Zeitpunkt der Entstehung der Kosten noch gar nicht wirksam als Rechtsträger besteht. Beim Formwechsel wird der Rechtsträger hingegen nicht neu gegründet. Vielmehr wechselt der bereits bestehende Rechtsträger seine Rechtsform. Der Rechtsträger als solcher bleibt dabei mit allen Forderungen und Verbindlichkeiten bestehen. Die Kosten des Formwechsels sind daher vollständig von dem Rechtsträger zu tragen, unabhängig von etwaigen gesellschaftsvertraglichen Bestimmungen. Zu beachten ist allerdings, dass dies in der Literatur (Cramer, NZG 2015, 373) und in einigen Formularbüchern offenbar anders gesehen wird und Höchstgrenzen vorgesehen sind (z. B. Mozka/Hübner, in: Müchener Vertragshandbuch, gesellschaftsrecht Band, 7. Aufl. 2011, Formular XIII 5, Rn. 15, 23; Widman/Mayer/Vossius, Umwandlungsrecht, Anhang 4 Mustersatz 22, Rn. M 156). Auch die Gerichte scheinen dies zu erwarten, so dass im Zweifel eine Klärung mit dem Gericht sinnvoll erscheint oder vosrsichtshalber eine Höchstgrenze anzugeben ist. Dabei ist dann wieder zu beachten, dass das Gesetz zwar keine Obergrenze vorsieht, dass aber Gründungsaufwand von den Registergerichten idR bis 10 % des ausgewiesenen Stammkapitals ohne Einzelnachweis akzeptiert wird (Jürgenmeyer/Maier BB 1996, 2135, 21399. So hat das OLG Celle entschieden (NZG 2014, 1383, Anm. Cramer, NZG 2015, 373, der eine ostentragung bis zur Höhe des Stammkapitals befürwortet): »Sieht eine GmbH-Satzung vor, dass die GmbH mit einem Stammkapital von 25.000.– € Gründungskosten bis zu 15.000.– € trägt, so sind diese Kosten unangemessen; diese Satzungsgestaltung ist unzulässig und steht der Eintragung im Handelsregister entgegen. Das ist auch dann nicht anders, wenn diese GmbH im Wege der Umwandlung entsteht und als Sacheinlage eine Kommanditgesellschaft eingebracht wird.«

618 **ee) Eigene Geschäftsanteile beim Formwechsel einer GmbH in eine AG.** Unklar ist, ob die Umwandlung einer GmbH in eine AG zulässig ist, wenn die **GmbH eigene Anteile** hält und diese vor der Umwandlung **nicht auf Dritte übertragen werden sollen.** In § 71 AktG ist der Erwerb eigener Aktien durch Formwechsel nicht ausdrücklich geregelt. Allerdings wurde § 71 Abs. 1 AktG durch das UmwG in der Nr. 3 dergestalt erweitert, dass gewisse Erwerbsvorgänge im Zusammenhang mit Umwandlungen von dem Verbot des Erwerbs eigener Anteile ausgenommen wurden. Es spricht viel dafür, die Sondervorschriften, insb. durch Ausnahmetatbestände des § 71 Abs. 1 Nr. 4 und 5 AktG, erweiternd auszulegen und auch den Formwechsel unter diese Vorschriften zu fassen, sodass ausnahmsweise der Formwechsel der GmbH in die AG nicht an den zwangsläufig entstehenden eigenen Aktien der AG scheitert (so mit eingehender Begründung Heidinger/Limmer/Holland/Reul, Gutachten des DNotI, Bd. IV, Gutachten zum Umwandlungsrecht, S. 368 ff.; Widmann/Mayer/Vossius, Umwandlungsrecht, § 202 UmwG Rn. 166). Allerdings ist auch die Regelung des § 71c Abs. 2 AktG zu berücksichtigen, wonach eine Veräußerungspflicht bzgl. der eigenen Aktien besteht.

619 **d) Bestellung der ersten Organe.** Bei der Umwandlung einer Kapitalgesellschaft in eine Kapitalgesellschaft anderer Rechtsform werden die **bisherigen Geschäftsführer nicht automatisch Vorstände** und die bisherigen Vorstände nicht automatisch Geschäftsführer der neuen Gesellschaft. § 197 UmwG bestimmt daher allgemein, dass auf den Formwechsel die für die neue Rechtsform geltenden Gründungsvorschriften anzuwenden sind (vgl. eingehend Teil 4 Rdn. 286 ff.). Der Anstellungsvertrag mit dem Geschäftsführer bzw. den Vorständen bleibt infolge der rechtlichen Identität auch nach dem Formwechsel bestehen und muss ggf. nach allgemeinen Regeln beendet werden (vgl. BGH, NJW 1989,

1928 = DB 1989, 472); dagegen verlieren die Geschäftsführer bzw. Vorstände infolge des Wirksamwerdens des Formwechsels ihre Organstellung. Dies ergibt sich insb. aus der Tatsache, dass der anwendbare Normenbestand sich ändert (h. M. Widmann/Mayer/Mayer, Umwandlungsrecht, § 197 UmwG Rn. 50, 171; Widmann/Mayer/Vossius, Umwandlungsrecht, § 202 UmwG Rn. 32, 110; Kallmeyer/Meister/Klöcker, UmwG, § 202 Rn. 24; Lutter/Decher/Hoger, UmwG, § 202, Rn. 39; Kübler, in: Semler/Stengel, UmwG, § 202 Rn. 10; Lupp, Die Auswirkungen einer Umwandlung auf Anstellungsverhältnisse von Vorständen und GmbH-Geschäftsführern, S. 13; Veil, Umwandlung einer AG in eine GmbH, S. 210 ff. krit. allerdings Hoger, ZGR 2007, 868, 869 der sich für Amtskontinuität ausspricht). Insofern gilt die Diskontinuität (a. A. Hoger, ZGR 2007, 868, 869). Es ergibt sich auch daraus, dass nach § 197 UmwG die neuen Organe nach den entsprechenden Gründungsvorschriften zu bestellen sind. Es müssen daher nach den allgemeinen Vorschriften die ersten Organe bestellt werden.

Beim Formwechsel der GmbH in die AG gilt, dass die **Bestellung der ersten Organe erforderlich** ist. Es müssen daher Aufsichtsrat und Vorstand bestellt werden.   620

Beim Formwechsel von Kapitalgesellschaften in die AG bestehen bzgl. des **ersten Aufsichtsrates** ähnliche Fragen wie beim Formwechsel der Personenhandelsgesellschaft in die AG, sodass auf die obigen Ausführungen verwiesen werden kann (vgl. oben Teil 4 Rdn. 434 ff.). § 197 Satz 2 UmwG bestimmt, dass die Vorschrift über die Bildung und Zusammensetzung des ersten Aufsichtsrates nicht anzuwenden ist. Der Gesetzgeber hat im **Zweiten Gesetz zur Änderung des UmwG** § 197 UmwG um einen Satz 2 wie folgt ergänzt: »*Beim Formwechsel eines Rechtsträgers in eine AG ist § 31 des Aktiengesetzes anwendbar*«. Durch die Regelung in § 197 Satz 2 soll die Anwendung des § 31 AktG über die Bestellung des Aufsichtsrats bei einer Sachgründung für den Fall des Formwechsels nicht ausgeschlossen sein. Dies soll in einem neuen Satz ausdrücklich klargestellt werden (Begründung zum RegE BT-Drucks. 16/2919, S. 19).   621

Außerdem regelt **§ 203 UmwG**, dass, wenn bei einem Formwechsel bei dem Rechtsträger neuer Rechtsform in gleicher Weise wie bei dem formwechselnden Rechtsträger ein Aufsichtsrat gebildet und zusammengesetzt wird, die Mitglieder des Aufsichtsrats für den Rest ihrer Wahlzeit als Mitglieder des Aufsichtsrats des Rechtsträgers neuer Rechtsform im Amt bleiben. Die Anteilsinhaber des formwechselnden Rechtsträgers können im Umwandlungsbeschluss für ihre Aufsichtsratsmitglieder die Beendigung des Amtes bestimmen. Die Vorschrift betrifft allerdings nur den Sonderfall, dass sich durch die Bildung und Zusammensetzung des Aufsichtsrates auch ein Mitbestimmungsrecht ergibt, nicht aber z. B. bei freiwilliger Bildung eines Aufsichtsrates bei der formwechselnden GmbH (vgl. Lutter/Decher/Hoger, UmwG, § 203 Rn. 6 ff.; Kallmeyer/Meister/Klöcker, UmwG, § 203 Rn. 6 ff., 11; Simon, in: Semler/Stengel, § 203 UmwG Rn. 3; Widmann/Mayer/Vossius, Umwandlungsrecht, § 203 UmwG Rn. 10). Nur für diesen Sonderfall gilt die Kontinuität des Aufsichtsrates, in allen anderen Fällen besteht Diskontinuität, d. h. das Amt des Aufsichtsrates deren freiwillige Vorschriften gebildet sind, endet. Es ist wie beim Formwechsel einer Kapitalgesellschaft ohne Aufsichtsrat ein neuer Aufsichtsrat nach den neuen Vorschriften zu bilden. In diesen Fällen gelten die gleichen Vorschriften wie beim Formwechsel der Personengesellschaft in die AG, sodass auch die gleichen Auslegungsschwierigkeiten bestehen (vgl. oben Teil 4 Rdn. 434 ff.). Vom Aufsichtsrat ist dann der Vorstand zu wählen.   622

aa) Formwechsel einer AG in eine GmbH. Die Geschäftsführer sind daher gem. § 6 Abs. 3 Satz 2 GmbHG im Gesellschaftsvertrag oder durch gesonderten **Gesellschafterbeschluss** zu bestellen. Soll die GmbH einen fakultativen Aufsichtsrat haben, können seine Mitglieder vor Eintragung oder später bestellt werden (§ 252 Abs. 2 GmbHG).   623

bb) Formwechsel GmbH in AG bzw. KGaA. Vgl. Teil 4 Rdn. 621, 434 ff.   624

e) Gründungsvorschriften und Kapitalschutz beim Formwechsel. Beim Formwechsel einer Kapitalgesellschaft in eine Kapitalgesellschaft anderer Rechtsform spielt der **Kapitalschutz eine geringere Rolle als beim Formwechsel einer Personengesellschaft** in eine Kapitalgesellschaft, da in beiden Fällen Kapitalerhaltungsgrundsätze zu beachten sind. Allerdings ist zu berücksichtigen, dass bei der GmbH die Kapitalerhaltungsgrundsätze weniger streng ausgebildet sind, als bei der AG. Es lag daran, dass   625 der Gesetzgeber diesen Sonderfall des Formwechsels einer GmbH in eine AG strengeren Kapitalerhaltungsvorschriften unterwarf, als im umgekehrten Fall.

626 aa) **Kapitalaufbringung.** In § 245 UmwG hat daher der Gesetzgeber die in § 197 Satz 1 UmwG bestimmte Anwendung des Gründungsrechts konkretisiert. Es kann zunächst auf die obigen Ausführungen verwiesen werden (vgl. Teil 4 Rdn. 198 ff.).

627 bb) **Formwechsel GmbH in AG oder KGaA.** (1) **Kapitalaufbringung.** Beim Formwechsel einer GmbH in eine AG oder in eine KGaA ist in § 245 Abs. 1 Satz 2 UmwG bestimmt, dass die Kapitalschutzvorschrift des § 220 UmwG entsprechend anwendbar ist. Es gilt daher der für das Recht der Personengesellschaft aufgestellte Grundsatz des § 220 UmwG Abs. 1, dass der Nennbetrag des Grundkapitals der AG oder der KGaA das nach Abzug der Schulden verbleibende Vermögen der formwechselnden GmbH nicht übersteigen darf. Also auch beim Formwechsel einer GmbH in eine AG gilt daher der Grundsatz, dass der **Nennbetrag des künftigen Grundkapitals** durch das **Reinvermögen der GmbH** erreicht werden muss (vgl. Busch, AG 1995, 555, 556 f.; Widmann/Mayer/Rieger, Umwandlungsrecht, § 245 UmwG Rn. 50; Kallmeyer/Dirksen/Blasche, § 245 UmwG Rn. 4 ff.; Scheel, in: Semler/Stengel, § 245 UmwG Rn. 36 ff.; Stratz, in: Schmitt/Hörtnagl/Stratz, UmwG/UmwStG, § 245 UmwG Rn. 6 f.).

628 Auf die Fragen des Nennbetrags des künftigen Grundkapitals wurde bereits hingewiesen. **Folgende Probleme** sind zu beachten: Keine Umwandlung bei Vorliegen einer Unterbilanz und Reinvermögensdeckung aber Buchwertfortführung (vgl. oben Teil 4 Rdn. 25 ff., 590 ff.).

629 (2) **Gründungsbericht und Gründungsprüfung.** § 245 Abs. 1 Satz 2 UmwG verweist vollumfänglich auf § 220 UmwG, sodass auch § 220 Abs. 3 UmwG gilt. Diese Vorschrift bestimmt, dass beim Formwechsel in eine AG oder in eine KGaA die **Gründungsprüfung durch einen oder mehrere Prüfer** in jedem Fall stattzufinden hat. § 220 Abs. 2 UmwG macht deutlich, dass in jedem Fall auch ein Gründungsbericht erforderlich ist, in dem auch der bisherige Geschäftsverlauf und die Lage der formwechselnden Gesellschaft darzulegen ist. Die Begründung zum RegE weist darauf hin, dass für den Formwechsel in die AG oder KGaA die Vorschriften des AktG über die Erstattung eines Gründungsberichts, über die Gründungsprüfung anzuwenden seien (vgl. Begründung zum RegE, BR-Drucks. 75/94, S. 157; abgedruckt in: Limmer, Umwandlungsrecht, S. 352). I. Ü. kann bzgl. der Einzelheiten auf die obigen Ausführungen zum Formwechsel einer Personengesellschaft in eine AG verwiesen werden (vgl. Teil 4 Rdn. 448 ff.).

630 (3) **Anwendung der Nachgründungsvorschriften.** Bei der Umwandlung in eine AG/KGaA finden **die Vorschriften über die Nachgründung** ebenfalls Anwendung (§ 245 Abs. 1 bis Abs. 3 i. V. m. § 220 Abs. 3 Satz 2 UmwG). § 245 Abs. 1 Satz 2 verweist über § 220 Abs. 3 Satz 2 auf die Anwendung der Nachgründungsregeln in § 52 AktG. Beim Formwechsel einer GmbH in eine AG oder Kommandit-AG ist aber zu berücksichtigen, dass sich die Kapitalaufbringung bei der GmbH nicht grundlegend von den Kapitalaufbringungsregeln des AktG unterscheidet. Für diesen Fall hat nunmehr das **Zweite Gesetz zur Änderung des UmwG** geregelt, dass die Anwendung des § 52 AktG nur vorgeschrieben wird, wenn die GmbH vor dem Wirksamwerden des Formwechsels weniger als 2 Jahre im Handelsregister eingetragen war. Klargestellt wurde ferner in § 52 Abs. 2 und Abs. 3 AktG, dass beim Formwechsel einer AG in eine Kommandit-AG und umgekehrt die Nachgründungsvorschrift des § 52 AktG, die bereits für die Ausgangsrechtsform zu beachten war, nicht erneut angewendet werden muss (vgl. dazu auch schon Teil 4 Rdn. 600).

631 (4) **Formwechsel AG in KGaA.** Die **gleichen Vorschriften** gelten gem. § 245 UmwG beim Formwechsel einer AG in eine KGaA. Auch hier treten bei der Anwendung der Gründungsvorschriften der AG an die Stelle der Gründer die Gesellschafter der KGaA und auch § 220 ist entsprechend anzuwenden.

632 Dasselbe gilt für den Formwechsel einer KGaA in eine AG gem. § 245 Abs. 3 UmwG.

(5) Formwechsel AG in GmbH. Für den Formwechsel einer AG in eine GmbH hat der Gesetzgeber **633** nicht auf § 220 verwiesen, sodass der Grundsatz der **Reinvermögensdeckung** nicht gilt. Die Begründung zum RegE (BR-Drucks. 75/94, S. 157, abgedruckt in: Limmer, Umwandlungsrecht, S. 352) weist zu dieser wenigen strengen Vorschrift auf Folgendes hin:

> »Ist der Rechtsträger neuer Rechtsform eine GmbH, so spielen die Gründungsvorschriften nur eine untergeordnete Rolle, weil in diesem Fall der formwechselnde Rechtsträger ohnehin schärferen Kapitalschutzvorschriften unterliegt als die Gesellschaft neuer Rechtsform. Deshalb soll nach Abs. 4 auch ein Sachgründungsbericht entbehrlich sein«.

Das bedeutet nach dem klaren Wortlaut der Vorschriften, dass beim Formwechsel von der AG oder **634** KGaA in die GmbH **keine Prüfung** dahin gehend erfolgt, dass das Reinvermögen der formwechselnden Gesellschafter das Stammkapital der GmbH deckt (vgl. Widmann/Mayer/Rieger, Umwandlungsrecht, § 245 UmwG Rn. 47; Kallmeyer/Dirksen/Blasche, UmwG, § 245 Rn. 4 Busch, AG 1995, 555, 556 f.; Scheel, in: Semler/Stengel, § 245 UmwG Rn. 46; Stratz, in: Schmitt/Hörtnagl/Stratz, UmwG/UmwStG, § 245 UmwG Rn. 6 f.).

Demgemäß bestimmt § 245 Abs. 4 UmwG, dass für den Formwechsel einer AG oder einer KGaA in **635** eine GmbH ein Sachgründungsbericht nicht erforderlich ist.

f) Handelsregisteranmeldung. Die **Grundnorm** für die Anmeldung eines Formwechsels bildet **636** auch beim Formwechsel zwischen Kapitalgesellschaften **§ 198 UmwG.** Die Vorschrift wird ergänzt durch § 246 UmwG. Danach ist der Inhalt der Anmeldung die neue Rechtsform des Rechtsträgers. Grds. verbleibt es bei dieser einen Anmeldung, wenn nicht gleichzeitig eine Sitzverlegung stattfindet. In diesem Fall ist nach § 198 Abs. 2 UmwG der Formwechsel bei dem Register des neuen Sitzes anzumelden, darüber hinaus aber auch zur Eintragung in das Register, in dem die formwechselnde Kapitalgesellschaft eingetragen ist.

aa) Anmeldepflichtige Personen. § 246 Abs. 1 UmwG verlangt, dass die **Anmeldung durch das** **637** **Vertretungsorgan** der formwechselnden Gesellschaft vorzunehmen ist (vgl. oben Teil 4 Rdn. 324 ff.). Die Vorschrift übernimmt das bis 1995 geltende Recht (vgl. etwa § 364, § 367 AktG a. F.). Damit ist die Anmeldung beim Formwechsel einer AG vom Vorstand der AG in vertretungsberechtigter Zahl vorzunehmen (§§ 83 Abs. 2, 78 AktG) und von den Geschäftsführern einer GmbH ebenfalls in vertretungsberechtigter Zahl (Kallmeyer/Zimmermann, UmwG, § 198 Rn. 8; Kallmeyer/Dirksen/Blasche, UmwG, § 235 Rn. 5; Lutter/Decher/Hoger, UmwG, § 198 Rn. 10; Lutter/Göthel, § 235 UmwG Rn. 7, § 246 Rn. 4 f.; Stratz, in: Schmitt/Hörtnagl/Stratz, § 235 UmwG Rn. 4; Schwanna, in: Semler/Stengel, § 198 UmwG Rn. 12; Ihrig, in: Semler/Stengel, § 235 UmwG Rn. 7; Widmann/Mayer/Vossius, § 235 UmwG Rn. 8 Widmann/Mayer/Rieger, § 246 UmwG Rn. 8). Auch **unechte Gesamtvertretung** mit einem Prokuristen ist nach herrschender Meinung zulässig (Kallmeyer/Zimmermann, UmwG, § 198 Rn. 8; Lutter/Decher/Hoger, UmwG, § 198 Rn. 10; Lutter/Göthel, § 235 UmwG Rn. 7; § 246 Rn. 4f; Stratz, in: Schmitt/Hörtnagl/Stratz, § 235 UmwG Rn. 4; Schwanna, in: Semler/Stengel, § 198 UmwG Rn. 12; Widmann/Mayer/Vossius, § 235 UmwG Rn. 8).

bb) Anmeldung der Geschäftsführer und der Vorstandsmitglieder. Nach § 246 Abs. 2 UmwG **638** sind zugleich mit der neuen Rechtsform die Geschäftsführer der GmbH, die Vorstandsmitglieder der AG oder die persönlich haftenden Gesellschafter der KGaA **zur Eintragung in das Register anzumelden.** Diese Vorschrift soll sicherstellen, dass gleichzeitig mit der Anmeldung der neuen Rechtsform auch das neue Vertretungsorgan zur Eintragung in das Handelsregister angemeldet wird. Notwendig ist also eine gleichzeitige Anmeldung des Formwechsels und des Vertretungsorgans. Gem. § 197 UmwG sind daher auch die Versicherungen der Geschäftsführer erforderlich. Etwa die gem. § 6 Abs. 2 GmbHG, dass keine Umstände vorliegen, die der Bestellung der Geschäftsführer entgegenstehen und dass diese über ihre unbeschränkte Auskunftspflicht ggü. dem Registergericht belehrt worden sind. Auch ist die Vertretungsbefugnis und die Zeichnung der Geschäftsführer aufzunehmen. Gleiches gilt für die Bestellung des Vorstandes einer AG gem. § 76 Abs. 3 AktG.

639 **cc) Keine Einlagenversicherung.** Wie bereits dargelegt (vgl. Teil 4 Rdn. 319), ist jedenfalls beim Formwechsel einer Kapitalgesellschaft in eine Kapitalgesellschaft anderer Rechtsform die **Einlagenversicherung** gem. § 8 Abs. 2 GmbHG bzw. § 37 Abs. 1 AktG **nicht erforderlich**.

640 Notwendig ist allerdings die **Negativversicherung gem. § 16 Abs. 2 UmwG**. Die Anmeldung muss daher die Erklärung der Vertretungsorgane enthalten, dass eine Klage gegen die Wirksamkeit des Verschmelzungsbeschlusses nicht oder nicht fristgemäß erhoben oder eine solche Klage rechtskräftig abgewiesen oder zurückgenommen worden ist.

641 **dd) Beizufügende Unterlagen.** Das besondere Recht regelt für die Frage der **beizufügenden Unterlagen** keine Besonderheiten, sodass die allgemeine Vorschrift des § 199 UmwG gilt (vgl. im Einzelnen Teil 4 Rdn. 386 ff.).

642 **3. Formwechsel einer Kapitalgesellschaft in eine eingetragene Genossenschaft. a) Besonderheiten zum Umwandlungsbeschluss. aa) Beschlussmehrheiten. (1) Einstimmigkeit.** § 252 Abs. 1 UmwG stellt für den Umwandlungsbeschluss **unterschiedliche Mehrheitserfordernisse** auf. Sieht die Satzung der Genossenschaft für den Fall, dass die Gläubiger des Rechtsträgers in der Insolvenz nicht befriedigt werden, eine summenmäßig beschränkte oder gar unbeschränkte Nachschusspflicht der Genossen vor, so bedarf der Umwandlungsbeschluss der Zustimmung aller anwesenden Gesellschafter oder Aktionäre; ihm müssen auch die nicht erschienenen Gesellschafter zustimmen.

643 Grds. sind in der Genossenschaft **drei verschiedene Haftformen** möglich: die unbeschränkte Nachschusspflicht, die beschränkte Nachschusspflicht und der Verzicht auf jede Nachschusspflicht (vgl. im Einzelnen oben Teil 2 Rdn. 1190 ff.). In der Satzung der Genossenschaft wird diese Haftungsform gem. § 6 Nr. 3 GenG geregelt. Es kommt also für die notwendige Mehrheit darauf an, ob eine unbeschränkte oder beschränkte Nachschusspflicht nach der Satzung der Genossenschaft vorgesehen ist. Ist dies der Fall, dann muss der Beschluss einstimmig gefasst werden.

644 **(2) Mehrheitsbeschluss.** Besteht keine beschränkte oder unbeschränkte Nachschusspflicht, so kann der Umwandlungsbeschluss mit einer **3/4-Mehrheit** gefasst werden:
– 3/4-Mehrheit der bei der GmbH in der Gesellschafterversammlung abgegebenen Stimmen oder
– 3/4 des bei der Beschlussfassung einer AG oder KGaA vertretenen Grundkapitals.

645 Der Gesellschaftsvertrag oder die Satzung der Gesellschaft kann eine größere Mehrheit und weitere Erfordernisse bestimmen.

646 **(3) Beschluss einer KGaA.** Gem. § 252 Abs. 3 i. V. m. § 240 Abs. 3 UmwG muss beim Formwechsel einer KGaA in eine Genossenschaft auch **jeder persönlich haftende Gesellschafter zustimmen**. Die Satzung kann allerdings auch hier eine Mehrheitsentscheidung dieser Gesellschafter vorsehen.

647 **bb) Zustimmungspflichten. (1) GmbH.** § 252 Abs. 1 Satz 1 UmwG verweist im Hinblick auf die **Zustimmungspflichten** auf § 50 Abs. 2 UmwG, sodass die Zustimmungspflicht der Gesellschafter erforderlich ist, deren auf dem Gesellschaftsvertrag beruhende Minderheitsrechte oder deren besonderen Rechte in der Geschäftsführung der Gesellschaft, bei der Bestellung der Geschäftsführer oder hinsichtlich eines Vorschlagsrechts für die Geschäftsführung beeinträchtigt werden (vgl. oben Teil 4 Rdn. 236).

648 **(2) Sonderbeschlüsse bei der AG.** Außerdem gilt gem. § 252 Abs. 2 Satz 1 auch § 65 Abs. 2 UmwG, sodass bei Vorhandensein von **mehreren Gattungen von Aktien** der Beschluss der Hauptversammlung zu seiner Wirksamkeit der Zustimmung der stimmberechtigten Aktionäre jeder Gattung bedarf. Diese haben über die Zustimmung einen Sonderbeschluss zu fassen (vgl. oben Teil 4 Rdn. 237), Vorzugsaktionäre grds. nicht (vgl. oben Teil 4 Rdn. 561).

649 **b) Inhalt des Umwandlungsbeschlusses.** Der Umwandlungsbeschluss ergibt sich zunächst aus der **allgemeinen Regelung** in § 194 UmwG. Allerdings ist auch § 253 Abs. 1 UmwG zu beachten, wonach auch die Satzung der Genossenschaft im Beschluss enthalten sein muss. Eine Unterzeichnung der Satzung durch die Genossen ist nicht erforderlich. Zu den einzelnen Punkten des Umwandlungsbeschlusses sind daher folgende Ergänzungen und Besonderheiten zu beachten (vgl. i. Ü. oben Teil 4 Rdn. 128 ff.).

aa) Neue Rechtsform. Beim Formwechsel der Kapitalgesellschaft in die Genossenschaft muss an dieser Stelle genannt werden, dass der Formwechsel in eine Genossenschaft erfolgen soll. **650**

bb) Zahl, Art und Umfang der Geschäftsanteile an der Genossenschaft. Auch für den Formwechsel einer Kapitalgesellschaft in eine Genossenschaft sind die Bestimmungen des § 194 Abs. 1 Nr. 4 UmwG am bedeutendsten (vgl. im Einzelnen Teil 4 Rdn. 131 ff.). Danach sind Zahl, Art und Umfang der Geschäftsanteile an der Genossenschaft, welche die Gesellschafter durch den Formwechsel erlangen sollen, im Umwandlungsbeschluss genau zu bezeichnen. Zu bestimmen ist also die **quantitative und qualitative Beteiligung der Gesellschafter** an der Genossenschaft. **651**

(1) Umfang des Geschäftsguthabens. § 256 Abs. 1 UmwG regelt die **Umwandlung der vermögensmäßigen Beteiligung** des Gesellschafters an der Kapitalgesellschaft in die Vermögensbeteiligung an der Genossenschaft. Danach ist jedem Mitglied als Geschäftsguthaben der Wert der Geschäftsanteile oder der Aktien gutzuschreiben, mit denen es an der formwechselnden Gesellschaft beteiligt war. Übersteigt das durch den Formwechsel erlangte Geschäftsguthaben eines Mitglieds den Gesamtbetrag der Geschäftsanteile, mit denen es bei der Genossenschaft beteiligt ist, so ist der übersteigende Betrag nach Ablauf von 6 Monaten seit dem Tage, an dem die Eintragung der Genossenschaft in das Register bekannt gemacht worden ist, an das Mitglied auszuzahlen. Die Auszahlung darf jedoch nicht erfolgen, bevor die Gläubiger, die sich nach § 204 i. V. m. § 22 UmwG gemeldet haben, befriedigt oder sichergestellt sind (vgl. Widmann/Mayer/Fronhöfer, § 256 UmwG Rn. 1). **652**

Zum Verständnis der Vorschrift ist das **Verhältnis von Geschäftsanteil und Geschäftsguthaben** bei der Genossenschaft zu beachten. Der Geschäftsanteil ist der Betrag, bis zu dem sich der einzelne Genosse mit Einlagen an der Genossenschaft beteiligen kann (§ 7 Nr. 1 GenG). Es handelt sich hierbei lediglich um eine in der Satzung festzulegende Beteiligungsgröße, die den Höchstbetrag dieser Einlage bezeichnet. Der Geschäftsanteil muss für alle Mitglieder gleich sein (vgl. Lang/Weidmüller/Schulte, GenG, § 7 Rn. 2 ff.; Widmann/Mayer/Fronhöfer, § 256 UmwG Rn. 2.3). Der Geschäftsanteil ist bloß eine abstrakte Rechnungsgröße, die in der Bilanz der Genossenschaft nicht erscheint und über die tatsächliche finanzielle Beteiligung der Genossen nichts aussagt (vgl. Müller, GenG, § 7 Rn. 1). **653**

Die tatsächliche finanzielle Beteiligung ergibt sich vielmehr aus dem sog. **Geschäftsguthaben**, das den Betrag darstellt, der tatsächlich auf den oder die Geschäftsanteile eingezahlt ist (vgl. Widmann/Mayer/Fronhöfer, § 256 UmwG Rn. 2.2). Es repräsentiert den Wert der Beteiligung an der Genossenschaft (vgl. Schulte, in: Lang/Weidenmüller, § 7 Rn. 5; Widmann/Mayer/Fronhöfer, Umwandlungsrecht, § 80 UmwG Rn. 8; Hettrich/Pöhlmann/Gräser/Röhrich, GenG, § 7 Rn. 3; Scholderer, in: Semler/Stengel, UmwG, § 80 Rn. 14 ff.; Bonow, in: Semler/Stengel, UmwG, § 256 Rn. 4; Beuthien, AG 2002, 266 f.). Nach § 7 Nr. 1 GenG muss daher die Satzung bestimmen, welche Einzahlungspflichten der Mitglieder in Bezug auf die Geschäftsanteile bestehen. Das Gesetz verlangt nur eine Mindestvoraussetzung, dass hinsichtlich eines Zehntels des Geschäftsanteils festgelegt wird, welcher Betrag zu welchem Zeitpunkt einzuzahlen ist. Die Einzahlungspflicht und damit auch das Geschäftsguthaben hängt daher von der tatsächlichen Einzahlung auf den Geschäftsanteil ab. **654**

Das Verhältnis von Geschäftsguthaben und Geschäftsanteil wird daher durch § 256 Abs. 1 und Abs. 2 UmwG und § 253 Abs. 2 UmwG geregelt. Zunächst gilt, dass der Wert der Geschäftsanteile oder Aktien an der GmbH oder AG jedem Genossen als Geschäftsguthaben gutzuschreiben ist (vgl. Widmann/Mayer/Fronhöfer, § 256 UmwG Rn. 3; Bonow, in: Semler/Stengel, UmwG, § 256 Rn. 5). Es besteht daher hinsichtlich des Geschäftsguthabens beim Formwechsel **keine Gestaltungsfreiheit**. Vielmehr tritt mit der Eintragung des Formwechsels eine automatische Gutschreibung dieses Geschäftsguthabens ein. Übersteigt das durch den Formwechsel erlangte Geschäftsguthaben den Gesamtbetrag der Geschäftsanteile, mit dem der Genosse bei der Genossenschaft beteiligt ist, so ist dieser übersteigende Betrag gem. § 256 Abs. 2 UmwG auszuzahlen. Aus dieser Formulierung wird deutlich, dass nicht zwingend so viele Geschäftsanteile vorgesehen werden müssen, dass sie durch das Geschäftsguthaben gedeckt sind. **655**

Die dabei entstehende Frage ist, dass zunächst der Wert der bisherigen Beteiligung an der Ausgangsgesellschaft zu ermitteln ist. Nach herrschender Meinung ist dies der **innere Wert**, der auch Grundlage eines Abfindungsangebotes wäre (vgl. Widmann/Mayer/Fronhöfer, § 256 UmwG Rn. 3; Lutter/Göthel, § 256 UmwG Rn. 2; Bonow, in: Semler/Stengel, § 256 UmwG Rn. 6; Stratz, in: Schmitt/Hörtnagl/Stratz, UmwG/UmwStG, § 256 UmwG Rn. 4). Dies erfolgt im Rahmen einer Unternehmensbewertung mit Aufdeckung stiller Reserven (Widmann/Mayer/Fronhöfer, § 256 UmwG Rn. 3; Lutter/Göthel, § 256 UmwG Rn. 3; Bonow, in: Semler/Stengel, § 256 UmwG Rn. 7; Stratz, in: Schmitt/Hörtnagl/Stratz, UmwG/UmwStG, § 256 UmwG Rn. 4).

656 **(2) Regelung bzgl. der Geschäftsanteile an der Genossenschaft.** § 253 Abs. 2 UmwG bestimmt nur, dass der Umwandlungsbeschluss die **Beteiligung jedes Genossen** mit einem Geschäftsanteil versehen muss. In dem Beschluss kann allerdings auch bestimmt werden, dass jeder Genosse bei der Genossenschaft mit mindestens einem und i. Ü. mit so vielen Geschäftsanteilen beteiligt wird, wie diese durch Anrechnung seines Geschäftsguthabens bei dieser Genossenschaft als voll eingezahlt anzusehen sind.

657 Es kann also gem. § 253 Abs. 2 Satz 2 UmwG zur Erhaltung der Kapitalgrundlage der formwechselnden Kapitalgesellschaft auch eine **gestaffelte Beteiligung** mit mehreren Geschäftsanteilen vorgesehen werden, die nach dem Grundsatz der Gleichbehandlung das Verhältnis berücksichtigen muss, in dem die Anteilsinhaber aber bisher an der formwechselnden Gesellschaft beteiligt waren. Der Bezug soll dadurch hergestellt werden, dass die Geschäftsguthaben der einzelnen Genossen auf der Grundlage ihrer bisherigen Beteiligung an der formwechselnden Gesellschaft zu berechnen sind (vgl. Begründung zum RegE, BR-Drucks. 75/94, S. 149 f.; abgedruckt in: Limmer, Umwandlungsrecht, S. 344 f.).

658 Die Gesellschafter können daher im Umwandlungsbeschluss bestimmen, ob eine **vollständige Wertangleichung von Geschäftsguthaben und Geschäftsanteil** erfolgt. In diesem Fall wird dann das Geschäftsguthaben, das dem bisherigen Anteil an der Kapitalgesellschaft entspricht, auf die einzelnen Geschäftsanteile verrechnet (§ 246 Abs. 1 i. V. m. § 253 Abs. 2 Satz 2 UmwG). Wird hingegen im Umwandlungsbeschluss bestimmt, dass eine Beteiligung nur mit einem Geschäftsanteil erfolgt und übersteigt in diesem Fall das durch den Formwechsel erlangte Geschäftsguthaben den Gesamtbetrag, so ist gem. § 256 Abs. 2 UmwG der Überschuss auszuzahlen.

659 Insofern besteht daher im Umwandlungsbeschluss die **Gestaltungsfreiheit**, dass geregelt werden kann, ob eine vollständige Verrechnung stattfindet oder eine Auszahlung.

660 **cc) Feststellung der Satzung des neuen Rechtsträgers.** § 253 Abs. 1 UmwG bestimmt, dass in dem Umwandlungsbeschluss auch die **Satzung der Genossenschaft enthalten** sein muss. Eine Unterzeichnung der Satzung ist nicht erforderlich. Mit dem Umwandlungsbeschluss wird also die Satzung der Genossenschaft festgestellt.

661 Bzgl. des Inhalts der Satzung gelten die allgemeinen Vorschriften der §§ 6 ff. GenG. Nach § 6 GenG muss die Satzung enthalten:
1. die Firma und den Sitz der Genossenschaft;
2. den Gegenstand des Unternehmens;
3. Bestimmungen darüber, ob die Mitglieder für den Fall, dass die Gläubiger im Insolvenzverfahren über das Vermögen der Genossenschaft nicht befriedigt werden, Nachschüsse zur Insolvenzmasse unbeschränkt, beschränkt auf eine bestimmte Summe (Haftsumme) oder überhaupt nicht zu leisten haben;
4. Bestimmungen über die Form für die Einberufung der Generalversammlung der Mitglieder sowie für die Beurkundung ihrer Beschlüsse und über den Vorsitz in der Versammlung; die Einberufung der Generalversammlung muss durch unmittelbare Benachrichtigung sämtlicher Mitglieder oder durch Bekanntmachung in einem öffentlichen Blatt erfolgen; das Gericht kann hiervon Ausnahmen zulassen; die Bekanntmachung im Bundesanzeiger genügt nicht;
5. Bestimmungen über die Form der Bekanntmachungen der Genossenschaft sowie Bestimmung der öffentlichen Blätter für Bekanntmachungen, deren Veröffentlichung in öffentlichen Blättern durch Gesetz oder Satzung vorgeschrieben ist.

Nach **§ 7 GenG** muss die Satzung ferner bestimmen: 662

1. den Betrag, bis zu welchem sich die einzelnen Mitglieder mit Einlagen beteiligen können (Geschäftsanteil), sowie die Einzahlungen auf den Geschäftsanteil, zu welchen jedes Mitglied verpflichtet ist; diese müssen bis zu einem Gesamtbetrage von mindestens einem Zehntel des Geschäftsanteils nach Betrag und Zeit bestimmt sein;

2. die Bildung einer gesetzlichen Rücklage, welche zur Deckung eines aus der Bilanz sich ergebenden Verlustes zu dienen hat, sowie die Art dieser Bildung, insb. den Teil des Jahresüberschusses, welcher in diese Rücklage einzustellen ist, und den Mindestbetrag der Letzteren, bis zu dessen Erreichung die Einstellung zu erfolgen hat.

Nach **§ 7a GenG** kann die Satzung schließlich bestimmen, dass die Genossen mit mehr als einem Geschäftsanteil beteiligt sind bzw. sich mit mehreren zu beteiligen haben.

c) Bestellung der ersten Organe. Auch beim Formwechsel einer Kapitalgesellschaft in eine Genos- 663 senschaft bedarf es der **Bestellung der Organe der Genossenschaft.**

d) Handelsregisteranmeldung. Die **Grundnorm** für die Anmeldung des Formwechsels einer Kapi- 664 talgesellschaft in eine Genossenschaft bildet auch hier **§ 198 UmwG.** Die Vorschrift wird ergänzt durch § 254 UmwG. Danach ist der Inhalt der Anmeldung die neue Rechtsform des Rechtsträgers. Es liegt beim Formwechsel einer Kapitalgesellschaft allerdings ein Fall des § 198 Abs. 2 Satz 2 UmwG vor, d. h. durch den Formwechsel ändert sich die Art des für den Rechtsträger maßgebenden Registers. Es sind daher **zwei Anmeldungen** erforderlich: Der Rechtsträger neuer Rechtsform ist in das **Genossenschaftsregister** einzutragen (§ 198 Abs. 2 Satz 1 i. V. m. Satz 2 UmwG). Außerdem ist die Umwandlung in das Register anzumelden, in dem die formwechselnde Kapitalgesellschaft eingetragen ist, also in das **Handelsregister** (§ 198 Abs. 2 Satz 3 UmwG).

aa) Anmeldepflichtige Personen. § 254 Abs. 1 UmwG bestimmt, dass die Anmeldung der Genos- 665 senschaft und auch ihrer Satzung abweichend vom Gründungsrecht (vgl. § 11 Abs. 1 GenG) noch dem **Vertretungsorgan der formwechselnden Kapitalgesellschaft** obliegt. Diese Erleichterung des Verfahrens entspricht i. Ü. dem auch sonst für den Formwechsel einer Kapitalgesellschaft vorgesehenen Verfahren (vgl. § 235 Abs. 2, § 246 Abs. 1 UmwG). Das bedeutet, dass die Genossenschaft und auch ihre Satzung im Genossenschaftsregister als neue Rechtsform von dem Vorstand der AG bzw. den Geschäftsführern der GmbH jeweils in vertretungsberechtigter Zahl angemeldet werden muss.

bb) Anmeldung der Satzung. Gem. § 10 Abs. 1 GenG ist die Satzung **beim Genossenschaftsregis-** 666 **ter einzutragen.** Die Satzung der Genossenschaft ist nach dem Wortlaut des § 254 Abs. 1 UmwG nicht nur der Anmeldung beizufügen, sondern eine eintragungspflichtige und damit anmeldepflichtige Tatsache. § 254 Abs. 1 UmwG bestimmt, dass auch die Anmeldung der Satzung der Genossenschaft durch das Vertretungsorgan der formwechselnden Kapitalgesellschaft – also Vorstand bzw. Geschäftsführer – vorgenommen wird. Die Satzung muss gem. § 253 Abs. 1 Satz 2 UmwG nicht durch die Genossen gesondert unterzeichnet sein (abweichend von § 11 Abs. 2 Nr. 1 GenG).

cc) Anmeldung der Vorstandsmitglieder. § 10 Abs. 1 GenG bestimmt weiter, dass auch die Mit- 667 glieder des Vorstandes der Genossenschaft beim **Genossenschaftsregister** einzutragen sind. Auch hier bestimmt § 254 Abs. 2 UmwG, dass zugleich mit der Genossenschaft die Mitglieder des Vorstandes zur Eintragung in das Register anzumelden sind. Die Vorschrift stellt damit sicher, dass die Genossenschaft und die Mitglieder ihres Vertretungsorgans gleichzeitig zur Eintragung in das Genossenschaftsregister angemeldet werden, damit sofort Klarheit über die Vertretungsverhältnisse herrscht. Man wird die Vorschrift dahin gehend verstehen müssen, dass auch die Anmeldung der Mittel des Vorstandes noch durch das Vertretungsorgan der formwechselnden Kapitalgesellschaft vorzunehmen ist. Denn anderenfalls wäre die Erleichterung des § 254 Abs. 1 UmwG obsolet.

dd) Beizufügende Unterlagen. Das besondere Recht regelt für die Frage der beizufügenden Unter- 668 lagen keine Besonderheiten, sodass die allgemeine Vorschrift des § 199 UmwG gilt.

IV. Muster

1. Formwechsel GmbH in GmbH & Co. KG. a) Umwandlungsbeschluss

669 ▶ **Muster: Umwandlungsbeschluss bei Formwechsel GmbH in GmbH & Co. KG**

Niederschrift über eine Gesellschafterversammlung

Umwandlung einer GmbH in eine GmbH & Co. KG

Heute, den . . . . ., erschienen vor mir, dem unterzeichnenden Notar . . . . . mit Amtssitz in . . . . ., an der Amtsstelle in . . . . .

1. Herr A, Kaufmann, wohnhaft in . . . . .,

2. Herr B, Kaufmann, wohnhaft in . . . . .,

3. Herr C, Kaufmann, wohnhaft in . . . . .

Alle Beteiligten sind mir, ..., Notar, persönlich bekannt.

Herr A handelt im eigenen Namen und zugleich als alleinvertretungsberechtigter Geschäftsführer der Verwaltungsgesellschaft A. Italien-Fliesen GmbH.

Hierzu bescheinige ich, Notar, aufgrund der Einsicht in das Handelsregister vom . . . . ., dass dort unter HRB . . . . . die Firma Verwaltungsgesellschaft A. Italien-Fliesen GmbH eingetragen ist und Herr A alleinvertretungsberechtigt und den von Beschränkungen des § 181 BGB befreiter Geschäftsführer ist.

Die Erschienenen baten um Beurkundung der folgenden Umwandlung einer GmbH in eine GmbH & Co. KG und erklärten:

A. Rechtslage

(*Anm.*: Die Komplementär-GmbH wurde vor dem Formwechsel neu gegründet und erhielt vom Gesellschafter C einen Minianteil an der formwechselnden GmbH i. H. v. 500,00 €. Eine andere Lösung schlägt K. Schmidt vor: Formwechsel mit gleichzeitigem Beitritt der Komplementär-GmbH [vgl. ZIP 1995, 693 ff.]. Diese Lösung ist m. E. jetzt nach BGH-Urt. v. 09.05.2005 [DNotZ 2005, 864 = ZNotP 2005, 392; vgl. dazu Teil 4 Rdn. 21 f.] zulässig. Das Vermögen der formwechselnden GmbH enthielt 50.000,00 € Buchwerte und noch einmal 50.000,00 € stille Reserven. Diese wurden i. R. d. Formwechsels aufgedeckt.)

Die Erschienenen und die Verwaltungsgesellschaft A. Italien-Fliesen GmbH sind Gesellschafter der A. Italien-Fliesen GmbH, eingetragen im Handelsregister des Amtsgerichts X unter HRB Nr. . . . . . Die Firma betreibt den Handel, Import und Export mit Fliesen aus Italien.

Das Stammkapital beträgt 50.000,00 €.

Das Stammkapital verteilt sich unter den Gesellschaftern wie folgt:
– Herr A: Geschäftsanteil Nr. 1 i. H. v. 20.000,00 €,
– Herr B: Geschäftsanteil Nr. 2 i. H. v. 20.000,00 €,
– Herr C: Geschäftsanteil Nr. 5 i. H. v. 9.900,00 €.

Verwaltungsgesellschaft A. Italien-Fliesen GmbH: Geschäftsanteil Nr. 4 i. H. v. 100,00 € (*Anm.*: entfällt, wenn der Beitritt im Formwechsel erklärt wird).

Die Beteiligten erklären, dass die Geschäftsanteile in voller Höhe eingezahlt sind.

Die Gesellschaft hat keinen Grundbesitz. Die Gesellschafter erklären, dass dem Betriebsrat der Gesellschaft der Entwurf des Umwandlungsbeschlusses fristgemäß zugeleitet wurde.

B. Beschluss über die Umwandlung

Die Erschienenen erklären sodann: Wir sind die alleinigen Gesellschafter der A. Italien-Fliesen GmbH mit Sitz in X-Stadt. Unter Verzicht auf alle durch Gesetz oder Gesellschaftsvertrag vorgeschriebenen Formen und Fristen halten wir hiermit eine Gesellschaftervollversammlung der GmbH ab und beschließen einstimmig folgenden

Umwandlungsbeschluss:

1. Die A. Italien-Fliesen GmbH wird durch Formwechsel in eine Kommanditgesellschaft umgewandelt.

2. Die Firma der KG lautet: A. Italien-Fliesen GmbH & Co. KG.

Sitz der GmbH ist X-Stadt.

3. Komplementärin ist die Verwaltungsgesellschaft A. Italien-Fliesen GmbH.

(*Formulierungsalternative*: »Diese tritt hiermit mit Eintragung des Formwechsels im Handelsregister der GmbH & Co. KG bei.«)

4. Kommanditisten sind mit folgenden Hafteinlagen beteiligt:
- Herr A: Hafteinlage 20.000,00 €,
- Herr B: Hafteinlage 20.000,00 €,
- Herr C: Hafteinlage 9.500,00 €.

5. Die Gesellschafter erhalten folgende Kapitalkonten:

Die Komplementärin:

Ist nicht am Vermögen beteiligt; sie erhält keinen Kapitalanteil,
- Herr A: 40.000,00 €,
- Herr B: 40.000,00 €,
- Herr C: 20.000,00 €.

Die Gewinnverteilung nach dem in der Anlage beigefügten Gesellschaftsvertrag entspricht dem Verhältnis der Kapitalkonten I.

6. Die Beteiligten stellen für die Kommanditgesellschaft den Gesellschaftsvertrag fest, der dieser Urkunde als Anlage beigefügt ist; er ist Bestandteil dieser Urkunde und wurde mit verlesen. Auf die Anlage wird verwiesen.

7. Besondere Rechte werden i. S. v. § 194 Abs. 1 Nr. 5 UmwG einzelnen Gesellschaftern oder Dritten nicht eingeräumt.

8. Die KG übernimmt die Arbeitnehmer der GmbH; die Arbeitsverhältnisse bleiben unverändert bestehen (§ 613a BGB). Weitere Maßnahmen sind daher für die Arbeitnehmer nicht vorgesehen. Auswirkungen mitbestimmungsrechtlicher oder tarifvertraglicher Art ergeben sich für die Arbeitnehmer nicht.

Weitere Beschlüsse werden nicht getroffen.

C. Zustimmungs- und Verzichtserklärungen

1. Herr A erklärt seine Zustimmung zu diesem Beschluss gem. § 233 Abs. 2 i. V. m. § 50 Abs. 2 UmwG. Ihm war in der GmbH ein Sonderrecht auf Geschäftsführung eingeräumt.

2. Alle Gesellschafter verzichten auf ein Abfindungsangebot gem. § 207 UmwG.

3. Alle Gesellschafter verzichten auf eine Erstattung eines Umwandlungsberichts und auf die Anfechtung des Beschlusses ausdrücklich.

4. Die nach § 233 Abs. 2 Satz 2 UmwG erforderliche Zustimmungserklärung der Verwaltungsgesellschaft A. Italien-Fliesen-GmbH als persönlich haftende Gesellschafterin wurde mit dem Umwandlungsbeschluss erteilt.

D. Schlussbestimmungen

Von dieser Urkunde erhalten

Ausfertigungen:
- die Beteiligten nach Vollzug;

Beglaubigte Abschriften:
- die Beteiligten,
- das Registergericht und
- das Finanzamt.

Die Kosten der Urkunde trägt die Gesellschaft, ebenso anfallende Verkehrsteuern.

Samt Anlagen vorgelesen vom Notar, von den Erschienenen und vom Notar eigenhändig unterschrieben.

. . . . .

b) Handelsregisteranmeldung

670 ▶ **Muster: Handelsregisteranmeldung bei Umwandlung GmbH in GmbH & Co. KG**

An das

Amtsgericht X-Stadt

– Handelsregister –

HRB . . . . .

A. Italien-Fliesen GmbH

Zur Eintragung in das Handelsregister wird angemeldet:

1. Die A. Italien-Fliesen GmbH wurde aufgrund Umwandlungsbeschlusses vom . . . . ., UR.Nr. . . . . . in die Rechtsform einer Kommanditgesellschaft in Firma A. Italien-Fliesen GmbH & Co. KG umgewandelt. Diese wird hiermit angemeldet.

2. Die Kommanditgesellschaft hat ihren Sitz in X-Stadt.

3. Persönlich haftende Gesellschafterin ist die Verwaltungsgesellschaft A. Italien-Fliesen GmbH in X-Stadt (HRB . . . . .).

4. Kommanditisten sind folgende Personen (jeweils mit Name, Vorname, Geburtsdatum, Wohnort) mit folgenden Hafteinlagen:
– Herr A: Hafteinlage 20.000,00 €,
– Herr B: Hafteinlage 20.000,00 €,
– Herr C: Hafteinlage 10.000,00 €.

5. Das Geschäftslokal und die inländische Geschäftsanschrift der Kommanditgesellschaft befinden sich in . . . . .

6. Die Kommanditgesellschaft hat den Handel, Import und Export mit Fliesen aus Italien zum Gegenstand.

7. Abstrakte Vertretungsbefugnis

Jeder persönlich haftende Gesellschafter (Komplementär) ist einzeln zur Vertretung der Gesellschaft berechtigt; die Kommanditisten sind von der Vertretung ausgeschlossen.

8. Konkrete Vertretungsbefugnis

Die derzeit einzige persönlich haftende Gesellschafterin, die

. . . . .-GmbH

mit dem Sitz in . . . . .

ist stets allein zur Vertretung der Gesellschaft berechtigt. Die persönlich haftende Gesellschafterin und ihre Geschäftsführer sind im Verhältnis zur Kommanditgesellschaft von den Beschränkungen des § 181 BGB befreit.

Die inländische Geschäftsanschrift ist . . .

Zu dieser Anmeldung überreichen wir folgende Anlagen:
– elektronische beglaubigte Abschrift des Umwandlungsbeschlusses zur Urkunde des Notars . . . . ., in . . . . ., UR.Nr. . . . . . samt Verzichtserklärungen und Zustimmungserklärung;
– elektronische beglaubigte Abschrift des Nachweises über die Zuleitung des Umwandlungsbeschlusses zum Betriebsratsvorsitzenden.

Weiter erklären wir, dass Klagen gegen den Umwandlungsbeschluss nicht erhoben sind und im Umwandlungsbeschluss die Gesellschafter auf eine Anfechtung verzichtet haben.

. . . . .

(Unterschrift des Geschäftsführers der A. Italien-Fliesen GmbH, des Herrn A)

(Beglaubigungsvermerk)

2. Formwechsel GmbH in OHG. a) Umwandlungsbeschluss

▶ **Muster: Umwandlungsbeschluss bei Formwechsel GmbH in OHG** 671

Niederschrift über eine Gesellschafterversammlung

Umwandlung einer GmbH in eine OHG

Heute, den . . . . ., erschienen vor mir, dem unterzeichnenden Notar . . . . . mit Amtssitz in . . . . ., an der Amtsstelle in . . . . .

1. Herr A, Kaufmann, wohnhaft in . . . . .,

2. Herr B, Kaufmann, wohnhaft in . . . . .,

3. Herr C, Kaufmann, wohnhaft in . . . . .

Alle Beteiligten sind mir, ..., Notar, persönlich bekannt.

Die Erschienenen baten um Beurkundung der folgenden Umwandlung einer GmbH in eine OHG und erklärten:

A. Rechtslage

Die Erschienenen sind Gesellschafter der A. Italien-Fliesen GmbH, eingetragen im Handelsregister des Amtsgerichts X unter HRB Nr. . . . . . . Die Firma betreibt den Handel, Import und Export mit Fliesen aus Italien.

Das Stammkapital beträgt 50.000,00 €.

Das Stammkapital verteilt sich unter den Gesellschaftern wie folgt:
– Herr A: Geschäftsanteil Nr. 1 i. H. v. 20.000,00 €,
– Herr B: Geschäftsanteil Nr. 2 i. H. v. 20.000,00 €,
– Herr C: Geschäftsanteil Nr. 3 i. H. v. 10.000,00 €.

Die Beteiligten erklären, dass die Einlagen in voller Höhe eingezahlt sind.

Die Gesellschaft hat keinen Grundbesitz. Die Gesellschafter erklären, dass dem Betriebsrat der Gesellschaft der Entwurf des Umwandlungsbeschlusses fristgemäß zugeleitet wurde.

B. Beschluss über die Umwandlung

Die Erschienenen erklären sodann: Wir sind die alleinigen Gesellschafter der A. Italien-Fliesen GmbH mit Sitz in X-Stadt. Unter Verzicht auf alle durch Gesetz oder Gesellschaftervertrag vorgeschriebenen Formen und Fristen halten wir hiermit eine Gesellschaftervollversammlung der GmbH ab und beschließen einstimmig folgenden

Umwandlungsbeschluss:

1. Die A. Italien-Fliesen GmbH wird durch Formwechsel in eine offene Handelsgesellschaft umgewandelt.

2. Die Firma der KG lautet: A. Italien-Fliesen OHG

Sitz der GmbH ist X-Stadt.

3. Das Gesellschaftskapital beträgt 100.000,00 €.

Gesellschafter sind:
– Herr A mit einer Einlage von 40.000,00 €,
– Herr B mit einer Einlage von 40.000,00 €,
– Herr C mit einer Einlage von 20.000,00 €.

Die Einlagen werden durch das Vermögen der umgewandelten GmbH erbracht.

Die Gesellschafter erhalten folgende Kapitalkonten I:
– Herr A: 40.000,00 €,
– Herr B: 40.000,00 €,
– Herr C: 20.000,00 €.

Die Gewinnverteilung nach dem in der Anlage beigefügten Gesellschaftsvertrag entspricht dem Verhältnis der Kapitalkonten I.

4. Die Beteiligten stellen für die OHG den Gesellschaftsvertrag fest, der dieser Urkunde als Anlage beigefügt ist, der mit verlesen wurde und auf den verwiesen wird. Er ist Bestandteil dieser Urkunde. Auf die Anlage wird verwiesen.

5. Besondere Rechte werden einzelnen Gesellschaftern oder Dritten nicht eingeräumt.

6. Die OHG übernimmt die Arbeitnehmer der GmbH, weitere Maßnahmen sind daher für die Arbeitnehmer nicht vorgesehen. Auswirkungen mitbestimmungsrechtlicher oder tarifvertraglicher Art ergeben sich für die Arbeitnehmer nicht.

Weitere Beschlüsse werden nicht getroffen.

C. Zustimmungs- und Verzichtserklärungen

1. Herr A erklärt seine Zustimmung zu diesem Beschluss gem. § 233 Abs. 2 i.V. m. § 50 Abs. 2 UmwG. Ihm war in der GmbH ein Sonderrecht auf Geschäftsführung eingeräumt.

2. Alle Gesellschafter verzichten auf ein Abfindungsangebot gem. § 207 UmwG.

3. Alle Gesellschafter verzichten auf eine Erstattung eines Umwandlungsberichts und auf die Anfechtung des Beschlusses ausdrücklich.

D. Schlussbestimmungen

Von dieser Urkunde erhalten

Ausfertigungen:
– die Beteiligten nach Vollzug;

Beglaubigte Abschriften:
– die Beteiligten,
– das Registergericht und
– das Finanzamt.

Die Kosten der Urkunde trägt die Gesellschaft, ebenso anfallende Verkehrsteuern.

Samt Anlagen vorgelesen vom Notar, von den Erschienenen und vom Notar eigenhändig unterschrieben.

. . . . .

b) Handelsregisteranmeldung

672 ▶ **Muster: Handelsregisteranmeldung bei Umwandlung GmbH in OHG**

An das

Amtsgericht X-Stadt

– Handelsregister –

HRB . . . . .

A. Italien-Fliesen GmbH

Zur Eintragung in das Handelsregister wird angemeldet:

1. Die A. Italien-Fliesen GmbH wurde aufgrund Umwandlungsbeschlusses vom . . . . ., UR.Nr. . . . . . in die Rechtsform einer offenen Handelsgesellschaft in Firma A. Italien-Fliesen OHG umgewandelt.

2. Die OHG hat ihren Sitz in X-Stadt.

3. Gesellschafter sind (Name, Vorname, Geburtsdatum, Wohnort).

4. Die Geschäftsräume befinden sich in (PLZ, Ort, Straße); dies ist auch die inländische Geschäftsanschrift i. S. v. § 106 Abs. 2 Nr. 2 HGB.

5. Abstrakte Vertretungsbefugnis

Jeder persönlich haftende Gesellschafter ist einzeln zur Vertretung der Gesellschaft berechtigt. Einem Gesellschafter kann durch Beschluss der Gesellschafter Befreiung von den Beschränkungen des § 181 BGB erteilt werden

6. Konkrete Vertretungsbefugnis

Herr A und Herr B sind einzeln zur Vertretung der Gesellschaft berechtigt. Jeder ist befugt, die Gesellschaft bei Vornahme eines Rechtsgeschäfts mit sich selbst oder einem Vertreter eines Dritten uneingeschränkt zu vertretenen (Befreiung von den Beschränkungen des § 181 BGB).

7. Die OHG hat den Handel, Import und Export mit Fliesen aus Italien zum Gegenstand.

Zu dieser Anmeldung überreichen wir folgende Anlagen:
– elektronische beglaubigte Abschrift des Umwandlungsbeschlusses zur Urkunde des Notars . . . . ., in . . . . ., UR.Nr. . . . . .;
– elektronische beglaubigte Abschrift des Nachweises über die Zuleitung des Umwandlungsbeschlusses zum Betriebsratsvorsitzenden.

Weiter erklären wir, dass Klagen gegen den Umwandlungsbeschluss nicht erhoben sind und im Umwandlungsbeschluss die Gesellschafter auf eine Anfechtung verzichtet haben.

. . . . .

(Unterschriften)

(Beglaubigungsvermerk)

3. Formwechsel GmbH in AG. a) Umwandlungsbeschluss

▶ **Muster: Umwandlungsbeschluss bei Formwechsel GmbH in AG**   673

Niederschrift über eine Gesellschafterversammlung

Heute, den . . . . ., erschienen vor mir, dem unterzeichnenden Notar . . . . ., mit Amtssitz in . . . . ., an der Amtsstelle in . . . . .

1. Herr A, Kaufmann, wohnhaft in . . . . .,

2. Herr B, Kaufmann, wohnhaft in . . . . .,

3. Herr C, Kaufmann, wohnhaft in . . . . .

Alle Beteiligten sind mir, ..., Notar, persönlich bekannt.

Die Erschienenen baten um Beurkundung der folgenden Umwandlung durch Formwechsel einer GmbH in eine AG und erklärten:

A. Rechtslage

Die Erschienenen sind Gesellschafter der A. Baumwolle GmbH, eingetragen im Handelsregister des Amtsgerichts X-Stadt und HRB Nr. . . . . . Die Firma betreibt den Betrieb von Spinnereien, die Bearbeitung von textilen Rohstoffen und den Handel mit denselben.

Die GmbH hat ein Stammkapital i. H. v. 100.000,00 €.

Die Geschäftsanteile der Gesellschafter verteilen sich wie folgt:
– Herr A: 40.000,00 € (Anteil Nr. 1),
– Herr B: 40.000,00 € (Anteil Nr. 2),
– Herr C: 20.000,00 €(Anteil Nr. 3).

Die Gesellschafter stellen weiter fest, dass das Vermögen der A. Baumwolle GmbH nach der letzten Schlussbilanz vom 31.12. . . . . ., die dieser Urkunde als Anlage 1 beigefügt ist, 100.000,00 € beträgt.

Die Gesellschaft hat folgenden Grundbesitz: Grundstück Bahnhofstraße 25, Flurstücknr. 256, eingetragen im Grundbuch des Amtsgerichts X-Stadt unter Band . . . . . und Blatt . . . . .

Die Gesellschafter erklären, dass dem Betriebsrat der Gesellschaft der Entwurf des Umwandlungsbeschlusses rechtzeitig zugeleitet wurde.

B. Umwandlungsbeschluss

Die Erschienenen erklären sodann: Wir sind die alleinigen Gesellschafter der A. Baumwolle GmbH mit Sitz in X-Stadt. Unter Verzicht auf alle durch Gesetz oder Gesellschaftsvertrag vorgeschriebenen Formen und Fristen halten wir hiermit eine Gesellschaftervollversammlung der A-GmbH ab und beschließen einstimmig Folgendes:

1. Die A. Baumwolle GmbH wird durch Formwechsel in eine AG umgewandelt.

2. Die Firma der AG lautet: A. Baumwolle AG. Sie hat ihren Sitz in . . . . .

3. Die A. Baumwolle AG erhält ein Grundkapital i. H. v. 100.000,00 €.

4. Das Grundkapital ist eingeteilt in 2000 Stückaktien. Die Aktien lauten auf den Inhaber.

5. Am Grundkapital der Gesellschaft werden die Gesellschafter wie folgt beteiligt:
- Herr A: 800 Stückaktien,
- Herr B: 800 Stückaktien,
- Herr C: 400 Stückaktien.

6. Die Beteiligten stellen für die A. Baumwolle AG die Satzung gem. Anlage 2 zu dieser Urkunde fest. Die Satzung wurde mit verlesen und von den Beteiligten genehmigt. Sie ist Bestandteil dieser Urkunde. Auf diese wird verwiesen. Besondere Rechte, wie Vorzugsaktien, Mehrstimmrechtsaktien, Schuldverschreibungen und Genussrechte oder dergleichen werden nicht gewährt.

7. Die AG übernimmt die Arbeitnehmer der GmbH; die Arbeitsverhältnisse werden unverändert fortgesetzt (§ 613a BGB). Weitere Maßnahmen sind für die Arbeitnehmer daher nicht vorgesehen. Auswirkungen mitbestimmungsrechtlicher oder tarifvertraglicher Art ergeben sich nicht. Dem Aufsichtsrat der künftigen AG werden Arbeitnehmervertreter nicht angehören, da die Gesellschaft lediglich 200 Arbeitnehmer beschäftigt.

8. In den Aufsichtsrat der AG werden gewählt:
- Herr X, Bankier in X-Stadt,
- Herr Y, Kaufmann in A-Stadt,
- Herr Z, Kaufmann in X-Stadt.

Die Bestellung erfolgt für die Zeit bis zur Beendigung der Hauptversammlung, die über die Entlastung des Aufsichtsrates für das vierte Geschäftsjahr nach Beginn der Amtszeit beschließt.

9. Zum Abschlussprüfer für das am . . . . . endende erste Rumpfgeschäftsjahr wird bestellt die Mayer & Müller Wirtschaftsprüfungsgesellschaft in X-Stadt.

10. Es wird festgestellt, dass für den Formwechsel folgende namentlich bezeichnete Personen gestimmt haben (§§ 244 Abs. 1, 245 Abs. 1 UmwG) . . . . .

C. Zustimmungs- und Verzichtserklärung

1. Herr A erklärt seine Zustimmung zu diesem Umwandlungsbeschluss gem. § 241 Abs. 2 i.V. m. § 50 Abs. 2 UmwG, da ihm in der GmbH das Sonderrecht auf Geschäftsführung eingeräumt war. Weitere Zustimmungen sind nicht erforderlich.

2. Alle Beteiligten verzichten einvernehmlich auf ein Abfindungsangebot nach § 207 UmwG.

3. Alle Gesellschafter verzichten auf Erstattung eines Umwandlungsberichts und auf die Anfechtung dieses Beschlusses ausdrücklich.

D. Schlussbestimmungen

Von dieser Urkunde erhalten

Ausfertigungen:
- die Beteiligten nach Vollzug;

Beglaubigte Abschriften:
- das Registergericht und
- das Finanzamt.

Die Kosten dieser Urkunde und etwaige Verkehrsteuer trägt die Gesellschaft.

Samt Anlagen vorgelesen vom Notar, von den Erschienenen genehmigt und vom Notar und von den Erschienenen eigenhändig unterschrieben.

. . . . .

Anlage: Auszug aus der Satzung der AG

1. Das Grundkapital der Gesellschaft beträgt 100.000,00 €.

2. Das Grundkapital der Gesellschaft ist eingeteilt in 2000 Stückaktien. Die Aktien lauten auf den Inhaber.

3. Die Form der Aktienurkunden setzt der Vorstand mit Zustimmung des Aufsichtsrats fest. Die Gesellschaft kann einzelne Aktien in Aktienurkunden zusammenfassen, die eine Mehrzahl von Aktien verbriefen.

4. Das Grundkapital wird durch Formwechsel des Vermögens der A. Baumwolle GmbH mit allen Aktiva und Passiva erbracht.

b) Handelsregisteranmeldung

▶ **Muster: Handelsregisteranmeldung: Umwandlung GmbH in AG** 674

An das

Amtsgericht X-Stadt

– Handelsregister –

HRB . . . . .

A. Baumwolle GmbH

Zur Eintragung in das Handelsregister melden wir an:

1. Die durch Formwechsel der A. Baumwolle GmbH aufgrund des Umwandlungsbeschlusses vom . . . . . UR.Nr. . . . . . umgewandelte A. Baumwolle AG. Der AG liegt die beigefügte Satzung zugrunde. Gründer der Gesellschaft sind alle Gesellschafter der GmbH, d. h. Herr A, Herr B, Herr C (Name und Wohnort).

2. Zu Mitgliedern des Vorstandes wurden bestellt:
– Herr A, Kaufmann in X-Stadt,
– Herr B, Kaufmann in X-Stadt.

Zu Mitgliedern des ersten Aufsichtsrats wurden bestellt:
– Herr X, Bankier in X-Stadt,
– Herr Y, Kaufmann in J-Stadt,
– Herr Z, Kaufmann in X-Stadt.

3. Die beiden Vorstandsmitglieder, Herr A und Herr B, sind berechtigt, die Gesellschaft stets einzeln zu vertreten.

4. Abstrakte Vertretungsbefugnis:

Die Gesellschaft wird durch zwei Mitglieder des Vorstandes oder durch ein Mitglied des Vorstandes zusammen mit einem Prokuristen vertreten. Besteht der Vorstand nur aus einer Person, vertritt dieser allein. Der Aufsichtsrat kann einzelnen Mitgliedern des Vorstandes die Befugnisse zur Alleinvertretung erteilen.

5. Die Vorstandsmitglieder versichern, dass keine Umstände vorliegen, die ihrer Bestellung nach § 76 Abs. 3 Satz 2 und 3 AktG entgegenstehen.

Jedes Vorstandsmitglied versichert insbesondere,

– dass es nicht wegen einer oder mehrerer vorsätzlicher Straftaten
a) des Unterlassens der Stellung des Antrags auf Eröffnung des Insolvenzverfahrens (Insolvenzverschleppung),
b) nach §§ 283 bis 283d StGB (Insolvenzstraftaten),
c) der falschen Angaben nach § 82 GmbHG oder § 399 AktG,
d) der unrichtigen Darstellung nach § 400 AktG, § 331 HGB, § 313 UmwG oder § 17 PublizitätsG,
e) nach den §§ 263 StGB (Betrug), § 263a StGB (Computerbetrug), § 264 StGB (Kapitalanlagebetrug) § 264a (Subventionsbetrug) oder den §§ 265b StGB (Kreditbetrug), § 266 StGB (Untreue) bis § 266a StGB (Vorenthalten und Veruntreuen von Arbeitsentgelt – Nichtabführung von Sozialversicherungsbeiträgen) zu einer Freiheitsstrafe von mindestens einem Jahr

verurteilt worden ist, und
– dass ihm weder durch gerichtliches Urteil noch durch die vollziehbare Entscheidung einer Verwaltungsbehörde die Ausübung eines Berufes, eines Berufszweiges, eines Gewerbes oder eines Gewerbezweiges ganz oder teilweise untersagt wurde, und
– auch keine vergleichbaren strafrechtlichen Entscheidungen ausländischer Behörden oder Gerichte gegen ihn vorliegen, und
– dass er über die uneingeschränkte Auskunftspflicht ggü. dem Gericht durch den Notar belehrt wurde.

6. Die Geschäftsräume und die inländische Geschäftsanschrift der Gesellschaft befinden sich in . . . . .

7. Das Grundkapital der Gesellschaft beträgt 100.000,00 € und ist eingeteilt in 2000 Stückaktien, die auf den Inhaber lauten.

Zu dieser Anmeldung überreichen wir folgende Anlagen:
– elektronische beglaubigte Abschrift des des Umwandlungsbeschlusses samt Satzung und Aufsichtsratsbestellung zur Urkunde des Notars ....., in ....., UR.Nr. .....,
– elektronische beglaubigte Abschrift des Nachweises über die Zuleitung des Umwandlungsbeschlusses zum Betriebsratsvorsitzenden,
– elektronische beglaubigte Abschrift der Ausfertigung des Beschlusses des Aufsichtsrates über die Bestellung der Mitglieder des Vorstandes,
– elektronische beglaubigte Abschrift des Gründungsberichtes der Gründer,
– elektronische beglaubigte Abschrift des Prüfungsberichtes der Mitglieder des Vorstandes und des Aufsichtsrates,
– elektronische beglaubigte Abschrift des Prüfungsberichtes des Gründungsprüfers,
– elektronische beglaubigte Abschrift der Berechnung des Gründungsaufwandes.

Auf den Umwandlungsbericht wurde verzichtet.

Weiter erklären wir, dass Klagen gegen den Umwandlungsbeschluss nicht erhoben sind und im Umwandlungsbeschluss die Gesellschafter auf eine Anfechtung verzichtet haben.

.....

(Unterschrift der GmbH-Geschäftsführer in vertretungsberechtigter Zahl)

(Beglaubigungsvermerk)

4. Formwechsel AG in GmbH. a) Umwandlungsbeschluss

675 ▶ **Muster: Umwandlungsbeschluss bei Formwechsel AG in GmbH**

Hauptversammlungsniederschrift

Heute, den ..... begab ich mich, der unterzeichnende Notar ..... mit Amtssitz in ..... auf Ansuchen in das Verwaltungsgebäude der Firma A-AG mit Sitz in X-Stadt, um an der dorthin auf heute 16.00 Uhr einberufenen

Ordentlichen Hauptversammlung

der Aktionäre der Firma A-AG teilzunehmen und über den Gang der Verhandlung sowie über die gefassten Beschlüsse die gesetzlich vorgeschriebene

Niederschrift

zu errichten, wie folgt:

I. Anwesenheit:
  1. Vom Aufsichtsrat der Gesellschaft:
     a) Herr W, Kaufmann, wohnhaft in ..... (Vorsitzender),
     b) Herr Z, Kaufmann, wohnhaft in .....,
     c) Herr Y, Unternehmer, wohnhaft in .....
  2. Vom Vorstand der Gesellschaft:
     a) Herr A, Dipl.-Ing., wohnhaft in ..... (Vorsitzender),
     b) Herr B, Kaufmann, wohnhaft in .....
  3. Die in dem von der AG erstellten Teilnehmerverzeichnis nebst Nachträgen aufgeführten Aktionäre und Vertreter. Sie haben ihre Berechtigung zur Teilnahme an der Hauptversammlung und zur Ausübung des Stimmrechts i. S. d. Satzung und Einladung ordnungsgemäß nachgewiesen.
II. Ablauf der Hauptversammlung

Den Vorsitz der Versammlung führte der Vorsitzende des Aufsichtsrates. Er eröffnet die Versammlung um 15.00 Uhr. Er stellte fest, dass die Hauptversammlung form- und fristgemäß durch Bekanntmachung im elektronischen Bundesanzeiger Nr. ..... vom ..... einberufen worden ist. Ein Ausdruck wurde mir, dem Notar, übergeben. Er ist dieser Niederschrift als Anlage 2 beigefügt. Die Bekanntmachung enthält folgende Tagesordnung:

1. Erläuterung des Entwurfs des Umwandlungsbeschlusses und des Umwandlungsberichts durch den Vorstand,

2. Beschluss über die Umwandlung der A-AG in die A-GmbH,

3. Beschluss über die Bestellung der Geschäftsführer der B-GmbH.

Anschließend legte der Vorsitzende das Verzeichnis der erschienenen oder vertretenen Aktionäre zur Einsichtnahme aus, nachdem er erklärt hatte, dass sämtliche in dem Verzeichnis aufgeführten Aktionäre ihre Berechtigung zur Teilnahme an der Hauptversammlung ordnungsgemäß nachgewiesen haben. Das Teilnehmerverzeichnis wurde von der ersten Abstimmung für die gesamte Dauer der Hauptversammlung zur Einsicht für alle Teilnehmer ausgelegt. Bei Änderung in der Präsenz fertigte der Vorsitzende vor jeder Abstimmung Nachträge, die ebenfalls für die restliche Dauer ausgelegt wurden. Er stellte die Präsenz vor jeder Abstimmung fest und gab diese bekannt. Der Vorsitzende erklärte, dass die Abstimmung durch Handaufheben stattfinden werde, soweit nicht eine andere Abstimmungsart für eine Abstimmung angeordnet werde.

Der Vorsitzende stellte weiter fest, dass der Umwandlungsbericht von der Einberufung der Hauptversammlung an in dem Geschäftsraum der Gesellschaft ausgelegt wurde, dieser auch während der Dauer der Hauptversammlung im Versammlungssaal ausliegt. Der Vorsitzende stellte weiter fest, dass den Aktionären mit der Einberufung der Hauptversammlung ein Abfindungsangebot nach § 207 UmwG übersandt wurde. Weiter stellte der Vorsitzende fest, dass die XY-Wirtschaftsprüfungsgesellschaft die Angemessenheit der im Entwurf des Umwandlungsbeschlusses angebotenen Barabfindung in ihrem Prüfungsbericht festgestellt hat. Der Prüfungsbericht wurde allen Beteiligten zusammen mit dem Abfindungsangebot übersandt und liegt auch heute in der Hauptversammlung aus.

Weiter stellt der Vorsitzende fest, dass der Entwurf des Umwandlungsbeschlusses dem Betriebsrat fristgemäß zugeleitet wurde (§ 194 Abs. 2 UmwG).

Punkt 1: Erläuterung des Entwurfs des Umwandlungsbeschlusses

Der Vorstandsvorsitzende erläuterte den Entwurf des Umwandlungsbeschlusses. Verschiedenen Aktionären wurden Auskünfte über die für die Umwandlung wesentlichen Angelegenheiten erteilt.

Punkt 2: Umwandlungsbeschluss

Der Vorsitzende stellte den Antrag der Verwaltung, den Formwechsel der AG wie folgt zu beschließen, zur Abstimmung:

(1) Die AG wird durch den Formwechsel in eine GmbH umgewandelt. Die Satzung der GmbH ist dieser Niederschrift als Anlage 2 beigefügt. Sie war Bestandteil des Entwurfs des Umwandlungsbeschlusses, der allen Aktionären zugesandt wurde. Die Satzung wird festgestellt.

(2) Die Firma der GmbH lautet: A-GmbH.

(3) Die A-GmbH enthält ein Stammkapital von 200.000,00 €.

Daran sind die Gesellschafter wie folgt beteiligt:
– Herr A: mit einem Geschäftsanteil von 50.000,00 €,
– Herr B: mit einem Geschäftsanteil von 50.000,00 €,
– Herr C: mit einem Geschäftsanteil von 50.000,00 €,
– Herr D: mit einem Geschäftsanteil von 20.000,00 €,
– Herr E: mit einem Geschäftsanteil von 20.000,00 €,
– Herr F: mit einem Geschäftsanteil von 10.000,00 €.

(4) Sonstige besondere Rechte (z. B. Anteile ohne Stimmrecht, Mehrstimmrechtsanteile etc.) für einzelne Gesellschafter oder Dritte werden nicht gewährt.

(5) Die Gesellschaft bietet jedem Aktionär, der gegen den Umwandlungsbeschluss Widerspruch zu Protokoll des die Gesellschafterversammlung beurkundenden Notars erklärt, den Erwerb seiner Aktien Zug um Zug gegen Zahlung einer Barabfindung nach Maßgabe der §§ 207 bis 211 UmwG an. Die Barabfindung beträgt

je Aktie . . . . .

(6) Die Arbeitsverhältnisse mit den Arbeitnehmern der AG werden auch in der neuen Rechtsform fortgesetzt. Auswirkungen mitbestimmungsrechtlicher oder tarifrechtlicher Art ergeben sich nicht.

Sodann stimmen die Aktionäre durch Handaufhebung ab. Der Vorsitzende stellt fest, dass nach dem Teilnehmerverzeichnis Aktien im Nennbetrag von 200.000,00 € mit 4000 Stimmen vertreten sind. Für den Umwandlungsbeschluss stimmen alle Aktionäre. Stimmenthaltungen gab es keine.

Der Vorsitzende gab das Abstimmungsergebnis bekannt und stellte fest, dass die Umwandlung mit mehr als 3/4-Mehrheit des vertretenen Grundkapitals beschlossen ist.

Punkt 3: Bestellung der ersten Geschäftsführer

Der Vorstand stellte folgenden Antrag der Verwaltung zur Abstimmung:

Zu ersten Geschäftsführern der A-GmbH werden Herr A und Herr B bestellt. Ferner wird beantragt, den Geschäftsführern Einzelvertretungsbefugnis zu erteilen; ferner Befreiung von den Beschränkungen des § 181 BGB. Für diesen Antrag entsprechend dem Vorschlag des Vorstandes stimmen alle Aktionäre, Stimmenthaltungen gab es keine. Der Vorsitzende gab das Abstimmungsergebnis bekannt und stellte fest, dass zum ersten Geschäftsführer die Herren A und B bestellt wurden und ihnen Einzelvertretungsbefugnis und Befreiung von den Beschränkungen des § 181 BGB erteilt wurde.

Gegen keinen der Beschlüsse wurde Widerspruch zur Niederschrift erklärt.

Damit war die Tagesordnung erledigt. Der Vorsitzende schloss die Hauptversammlung um 19.00 Uhr.

Die Niederschrift wurde vom Notar wie folgt unterschrieben:

. . . . .

Anlagen:

Anlage 1: Belegexemplar vom elektronischen Bundesanzeiger

Anlage 2: Satzung der A-GmbH

b) Handelsregisteranmeldung

676 ▶ **Muster: Handelsregisteranmeldung bei Umwandlung AG in GmbH**

An das

Amtsgericht X-Stadt

– Handelsregister –

HRB Nr. . . . . .

Zur Eintragung in das Handelsregister wird angemeldet:

1. Die A-AG wurde aufgrund Umwandlungsbeschlusses vom . . . . ., UR.Nr. . . . . . in die Rechtsform einer GmbH in Firma A-GmbH umgewandelt.

2. Zu ersten Geschäftsführern der Gesellschaft wurden bestellt:
– Herr A, Kaufmann in . . . . .,
– Herr B, Kaufmann in . . . . .

Diese Geschäftsführer sind beide berechtigt, die Gesellschaft stets einzeln zu vertreten. Von den Beschränkungen des § 181 BGB sind sie befreit.

3. Abstrakte Vertretungsbefugnis:

Die Gesellschaft hat einen oder mehrere Geschäftsführer. Ist nur ein Geschäftsführer bestellt, vertritt er die Gesellschaft einzeln. Sind mehrere Geschäftsführer bestellt, so wird die Gesellschaft durch zwei Geschäftsführer gemeinschaftlich oder durch einen Geschäftsführer und einen Prokuristen gemeinschaftlich vertreten.

Die Gesellschafterversammlung kann unabhängig von der Zahl der bestellten Geschäftsführer jederzeit einen, mehreren oder allen Geschäftsführern Einzelvertretungsbefugnis und Befreiung von § 181 BGB erteilen.

4. Jeder Geschäftsführer erklärt: Ich, [Name: . . . . .], versichere, dass keine Umstände vorliegen, die meiner Bestellung zum Geschäftsführer nach § 6 Abs. 2 GmbH-Gesetz entgegenstehen.

Der Geschäftsführer der Gesellschaft versichert insbesondere,

– dass er nicht wegen einer oder mehrerer vorsätzlicher Straftaten
a) des Unterlassens der Stellung des Antrags auf Eröffnung des Insolvenzverfahrens (Insolvenzverschleppung),
b) nach §§ 283 bis 283d StGB (Insolvenzstraftaten),
c) der falschen Angaben nach § 82 GmbHG oder § 399 AktG,
d) der unrichtigen Darstellung nach § 400 AktG, § 331 HGB, § 313 UmwG oder § 17 PublizitätsG,
e) nach den §§ 263 StGB (Betrug), § 263a StGB (Computerbetrug), § 264 StGB (Kapitalanlagebetrug) § 264a (Subventionsbetrug) oder den §§ 265b StGB (Kreditbetrug), § 266 StGB (Untreue) bis

§ 266a StGB (Vorenthalten und Veruntreuen von Arbeitsentgelt – Nichtabführung von Sozialversicherungsbeiträgen) zu einer Freiheitsstrafe von mindestens einem Jahr

verurteilt worden ist, und
– dass ihm weder durch gerichtliches Urteil noch durch die vollziehbare Entscheidung einer Verwaltungsbehörde die Ausübung eines Berufes, eines Berufszweiges, eines Gewerbes oder eines Gewerbezweiges ganz oder teilweise untersagt wurde, und
– auch keine vergleichbaren strafrechtlichen Entscheidungen ausländischer Behörden oder Gerichte gegen ihn vorliegen, und
– dass er über die uneingeschränkte Auskunftspflicht ggü. dem Gericht durch den Notar belehrt wurde.

5. Die Geschäftsräume und die inländische Geschäftsanschrift der Gesellschaft befinden sich in . . . . .

6. Zu dieser Anmeldung überreichen wir folgende Anlagen:
– elektronische beglaubigte Abschrift des Umwandlungsbeschlusses zur Urkunde des Notars . . . . ., in . . . . . UR.Nr. . . . . .,
– elektronische beglaubigte Abschrift des Beschlusses über die Geschäftsführerbestellung, in der gleichen Urkunde enthalten,
– elektronische beglaubigte Abschrift des Umwandlungsberichtes samt Vermögensaufstellung gem. § 192 UmwG,
– elektronische beglaubigte Abschrift des Nachweises über die Zuleitung des Umwandlungsbeschlusses zum Betriebsratsvorsitzenden,
– elektronische beglaubigte Abschrift der Liste der Gesellschafter,
– ein Sachgründungsbericht ist nicht erforderlich (§ 245 Abs. 4 UmwG).

7. Weiter erklären wir, dass eine Klage gegen Wirksamkeit des Umwandlungsbeschlusses nicht oder nicht fristgemäß erhoben worden ist.

. . . . .

(Unterschrift der Vorstandsmitglieder der A-AG in vertretungsberechtigter Zahl)

(Beglaubigungsvermerk)

5. Formwechsel AG in GmbH & Co. KG. a) Umwandlungsbeschluss

▶ **Muster: Umwandlungsbeschluss bei Formwechsel AG in GmbH & Co. KG** 677

Hauptversammlungsniederschrift (Auszug)

Heute, den . . . . . begab ich mich, der unterzeichnende Notar . . . . . mit Amtssitz in . . . . . auf Ansuchen in das Verwaltungsgebäude der Firma A-AG mit Sitz in X-Stadt, um an der dorthin auf heute 16.00 Uhr einberufenen

Ordentlichen Hauptversammlung

der Aktionäre der Firma A-AG teilzunehmen und über den Gang der Verhandlung sowie über die gefassten Beschlüsse die gesetzlich vorgeschriebene

Niederschrift

zu errichten, wie folgt:

I. Anwesenheit
1. Vom Aufsichtsrat der Gesellschaft:
a) Herr W, Kaufmann, wohnhaft in . . . . . (Vorsitzender),
b) Herr Z, Kaufmann, wohnhaft in . . . . .,
c) Herr Y, Unternehmer, wohnhaft in . . . . .
2. Vom Vorstand der Gesellschaft:
a) Herr A, Dipl.-Ing., wohnhaft in . . . . . (Vorsitzender),
b) Herr B, Kaufmann, wohnhaft in . . . . .
3. Die in dieser Urkunde als Anlage 1 beigefügten Teilnehmerverzeichnisse nebst Nachträgen aufgeführter Aktionäre und Vertreter. Sie haben ihre Berechtigung zur Teilnahme an der Hauptversammlung und zur Ausübung des Stimmrechts i. S. d. Satzung und Einladung ordnungsgemäß nachgewiesen.
II. Ablauf der Hauptversammlung

Den Vorsitz der Versammlung führte der Vorsitzende des Aufsichtsrates. Er eröffnet die Versammlung um 15.00 Uhr. Er stellte fest, dass die Hauptversammlung form- und fristgemäß durch Bekanntmachung im elektronischen Bundesanzeiger vom ..... einberufen worden ist. Ein Ausdruck wurde mir, dem Notar, übergeben. Er ist dieser Niederschrift als Anlage 2 beigefügt. Die Bekanntmachung enthält folgende Tagesordnung:

»1. Erläuterung des Entwurfs des Umwandlungsbeschlusses und des Umwandlungsberichts durch den Vorstand.

2. Beschluss über die Umwandlung der A-AG in die A-GmbH & Co. KG.«

Anschließend legte der Vorsitzende das Verzeichnis der erschienenen oder vertretenen Aktionäre zur Einsichtnahme aus, nachdem er erklärt hatte, dass sämtliche in dem Verzeichnis aufgeführten Aktionäre ihre Berechtigung zur Teilnahme an der Hauptversammlung ordnungsgemäß nachgewiesen haben. Das Teilnehmerverzeichnis wurde von der ersten Abstimmung für die gesamte Dauer der Hauptversammlung zur Einsicht für alle Teilnehmer ausgelegt. Bei Änderung in der Präsenz fertigte der Vorsitzende vor jeder Abstimmung Nachträge, die ebenfalls für die restliche Dauer ausgelegt wurden. Er stellte die Präsenz vor jeder Abstimmung fest und gab diese bekannt. Der Vorsitzende erklärte, dass die Abstimmung durch Handaufheben stattfinden werde, soweit nicht eine andere Abstimmungsart für eine Abstimmung angeordnet werde.

Der Vorsitzende stellte weiter fest, dass der Umwandlungsbericht von der Einberufung der Hauptversammlung an in dem Geschäftsraum der Gesellschaft ausgelegt wurde, dieser auch während der Dauer der Hauptversammlung im Versammlungssaal ausliegt. Der Vorsitzende stellte weiter fest, dass den Aktionären mit der Einberufung der Hauptversammlung ein Abfindungsangebot nach § 207 UmwG übersandt wurde. Weiter stellte der Vorsitzende fest, dass die XY-Wirtschaftsprüfungsgesellschaft die Angemessenheit der im Entwurf des Umwandlungsbeschlusses angebotenen Barabfindung in ihrem Prüfungsbericht festgestellt hat. Der Prüfungsbericht wurde allen Beteiligten zusammen mit dem Abfindungsangebot übersandt und liegt auch heute in der Hauptversammlung aus.

Weiter stellt der Vorsitzende fest, dass der Entwurf des Umwandlungsbeschlusses dem Betriebsrat fristgemäß zugeleitet wurde (§ 194 Abs. 2 UmwG).

Punkt 1: Erläuterung des Entwurfs des Umwandlungsbeschlusses

Der Vorstandsvorsitzende erläuterte den Entwurf des Umwandlungsbeschlusses. Verschiedenen Aktionären wurden Auskünfte über die für die Umwandlung wesentlichen Angelegenheiten erteilt.

Punkt 2: Umwandlungsbeschluss

Vorstand und Aufsichtsrat schlagen vor, die A-AG im Wege des Formwechsels in die A-GmbH & Co. KG umzuwandeln und wie folgt zu beschließen:

(1) Die A-AG mit Sitz in X-Stadt wird formwechselnd gem. §§ 190 ff., 228 ff. UmwG in eine Kommanditgesellschaft umgewandelt.

(2) Die Firma der KG lautet: A GmbH & Co. KG. Sie hat ihren Sitz in X-Stadt.

(3) Die Kommanditgesellschaft erhält den in der Anlage 1 wiedergegebenen Gesellschaftsvertrag. Der Gesellschaftsvertrag wird hiermit festgestellt und der Niederschrift über diese Beschlussfassung beigefügt.

(4) Komplementärin der KG ist die A-Verwaltungs-GmbH mit Sitz in X-Stadt, eingetragen im Handelsregister des Amtsgerichts ..... unter HRB ..... Die Komplementärin ist nicht am Vermögen der KG beteiligt. Sie erhält keinen Festkapitalanteil.

Als Kommanditistin sind alle übrigen Aktionäre der A-AG, gleich ob namentlich bekannt oder nicht, mit einem Kapitalanteil an der A-GmbH & Co. KG beteiligt, der der Summe der Nennbeträge der von Ihnen im Zeitpunkt der Eintragung der KG als neuer Rechtsform der A-AG im Handelsregister gehaltenen Aktien entspricht. Die Kapitalanteile entsprechen der jeweiligen Kommanditeinlage, die infolge des Formwechsels durch das Reinvermögen der A-AG im Zeitpunkt des Wirksamwerdens des Formwechsels in voller Höhe aufgebracht wird.

Die Hafteinlage der Kommanditisten entspricht jeweils ihrem Kapitalanteil. Die Kommanditisten sind daher mit einer Kommanditeinlage von je 1,00 € für jede von ihnen gehaltene Stückaktien an der Gesellschaft beteiligt. Die Summe der Kapitalanteile der Gesellschafter der A-GmbH & Co. KG entspricht dem Grundkapital der A-AG abzüglich des auf eigene Aktien der A-AG entfallenden Anteils am Grundkapital im Zeitpunkt des Wirksamwerdens des Formwechsels. Soweit das buchmäßige Eigenkapital der A-AG, gemindert um eine für eigene Aktien gebildete Rücklage, das Gesellschaftskapital der

A-GmbH & Co. KG übersteigt, wird der überschießende Betrag jeweils anteilig dem jeweiligen Rücklagenkonto der Gesellschafter in dem Verhältnis gutgeschrieben, in dem diese an der A-GmbH & Co. KG beteiligt sind.

Der Vorstand konnte die Mehrzahl der Aktionäre namentlich feststellen. Neben der A-Verwaltungs-GmbH als einzige Komplementärin sind danach als Kommanditisten an der A-GmbH & Co. KG alle in der dem Gesellschaftsvertrag der KG als Anlage beigefügten Gesellschafterliste unter Angabe ihrer Kapitalanteile aufgeführten Aktionäre der A-AG beteiligt. Der Vorstand ist ermächtigt und beauftragt, diese Gesellschafterliste laufend zu aktualisieren, die Anmeldung des Formwechsels beim Handelsregister unter Vorlage einer aktualisierten Gesellschafterliste vorzunehmen und alle bis zur Eintragung des Formwechsels bekanntwerdenden Veränderungen dem Amtsgericht mitzuteilen. Damit entfällt auf die nicht bekannten Aktionäre der Gesellschaft eine Kommanditeinlage i. H. v. insgesamt . . . . . €. Auf die unbekannten Aktionäre der Gesellschaft mit dieser Gesamtkommanditeinlage entfallen folgende Aktiennummern:
– Nummern XY – WZ (Aktienurkunden über je eine Stückaktie),
– Nummer 6187 (eine Globalurkunde über 4.000 Aktien).

(5) Die A-Verwaltungs-GmbH wird in der A-GmbH & Co. KG die Stellung als persönlich haftende Gesellschafterin einnehmen. Besondere Rechte i. S. v. § 194 Abs. 1 Nr. 5 UmwG werden in der Kommanditgesellschaft nicht gewährt. Maßnahmen nach § 194 Abs. 1 Nr. 5 UmwG sind nicht vorgesehen.

(6) Jedem Aktionär, der gegen den Umwandlungsbeschluss Widerspruch zur Niederschrift erklärt, wird gegen Ausscheiden aus der Gesellschaft eine Barabfindung i. H. v. . . . . . € für jede Stückaktie für den Fall ausgeboten, dass er sein Ausscheiden aus der Gesellschaft gegenüber der Gesellschaft erklärt.

Das Abfindungsangebot kann nur innerhalb der Frist von § 209 UmwG angenommen werden. Die Frist endet zwei Monate nach dem Tag, an dem die Eintragung der neuen Rechtsform nach § 201 Satz 2 UmwG als bekanntgemacht gilt. Ist nach § 212 UmwG ein Antrag auf Bestimmung der Barabfindung durch Gericht bestellt worden, kann das Angebot binnen zwei Monaten nach dem Tag angenommen werden, an dem die Entscheidung des Gerichts im elektronischen Bundesanzeiger bekanntgemacht worden ist.

(7) Die Arbeitsverhältnisse mit den Arbeitnehmern der Gesellschaft werden von ihr in der neuen Rechtsform fortgesetzt. Die Rechte und Pflichten der Arbeitnehmer aus den bestehenden Anstellungs- und Arbeitsverhältnissen bleiben unberührt. Auswirkungen auf tarifvertragliche oder kollektivrechtliche Ansprüche ergeben sich nicht. Sämtliche Tarifverträge und Betriebsvereinbarungen gelten fort. Der Betriebsrat und der Wirtschaftsausschuss und deren betriebsverfassungsrechtliche Beteiligungsrechte bleiben bestehen. Der gesetzliche Aufsichtsrat und demgemäß die Mitbestimmung der Arbeitnehmer nach Maßgabe des Betriebsverfassungsgesetzes 1952 entfällt. Das Amt der Aufsichtsratsmitglieder, auch dass der Arbeitnehmervertreter im Aufsichtsrat, entfällt mit Wirksamwerden des Formwechsels.

(8) Die A-Verwaltungs-GmbH stimmt diesem Umwandlungsbeschluss und der Übernahme der persönlichen Haftung einer Komplementärin in der A-GmbH & Co. KG ausdrücklich zu.

(9) Die Kosten des Formwechsels trägt die Gesellschaft.

Sodann stimmen die Aktionäre durch Handaufhebung ab. Der Vorsitzende stellt fest, dass nach dem Teilnehmerverzeichnis Aktien im Nennbetrag von 200.000,00 € mit 4000 Stimmen vertreten sind. Für den Umwandlungsbeschluss stimmen alle Aktionäre. Stimmenthaltungen gab es keine.

Der Vorsitzende gab das Abstimmungsergebnis bekannt und stellte fest, dass die Umwandlung mit mehr als 3/4-Mehrheit des vertretenen Grundkapitals beschlossen ist.

Gegen keinen der Beschlüsse wurde Widerspruch zur Niederschrift erklärt.

Damit war die Tagesordnung erledigt. Der Vorsitzende schloss die Hauptversammlung um 19.00 Uhr.

Die Niederschrift wurde vom Notar wie folgt unterschrieben:

. . . . .

Anlage 1: Teilnehmerverzeichnis

Anlage 2: Ausdruck vom elektronischen Bundesanzeiger

Anlage 3: Satzung der A-GmbH

b) Handelsregisteranmeldung

678 ▶ **Muster: Handelsregisteranmeldung bei Umwandlung AG in GmbH & Co. KG**

An das

Amtsgericht X-Stadt

– Handelsregister –

HRB Nr. . . . . .

Zur Eintragung in das Handelsregister melden wir, die gemeinsam zur Vertretung berechtigten Vorstandsmitglieder der A-AG, Folgendes an:

1. Die A-AG mit Sitz in X-Stadt wurde aufgrund Umwandlungsbeschlusses vom . . . . . des Notars . . . . . UR.Nr. . . . . . in die Rechtsform einer Kommanditgesellschaft mit der Firma A-GmbH & Co. KG mit Sitz in X-Stadt umgewandelt.

2. Persönlich haftende Gesellschafterin ist die A-Verwaltungs-GmbH in X-Stadt (HRB . . . . .).

3. Kommanditisten sind folgende Personen (jeweils mit Namen, Vornamen, Geburtsdatum und Wohnort) mit folgenden Hafteinlagen: . . . . .

4. Namentlich bekannte Aktionäre: . . . . .

5. Trotz Aufforderung der Aktionäre bei der Einladung zur beschlussfassenden Hauptversammlung, den Aktienbesitz offenzulegen und eigener Ermittlungsbemühungen, sind nicht alle Aktionäre namentlich festgestellt worden. Im Gesamtwert von . . . . . € sind Aktionäre namentlich unbekannt. Auf diese fällt eine Kommandit- und Hafteinlage von je 1,00 € für jede von ihnen gehaltene Stückaktie. Auf die unbekannten Aktionäre dieser Kommanditeinlagen entfallen folgende Aktiennummern . . . . .

6. Das Geschäftslokal und die inländische Geschäftsanschrift der Kommanditgesellschaft befinden sich in . . . . .

7. Die Kommanditgesellschaft hat folgenden Unternehmensgegenstand . . . . . Zu dieser Anmeldung überreichen wir folgende Anlagen: . . . . .

8. Abstrakte Vertretungsbefugnis

Jeder persönlich haftende Gesellschafter (Komplementär) ist einzeln zur Vertretung der Gesellschaft berechtigt; die Kommanditisten sind von der Vertretung ausgeschlossen.

9. Konkrete Vertretungsbefugnis

Die derzeit einzige persönlich haftende Gesellschafterin, die

. . . . .-GmbH

mit dem Sitz in . . . . .

ist stets allein zur Vertretung der Gesellschaft berechtigt. Die persönlich haftende Gesellschafterin und ihre Geschäftsführer sind im Verhältnis zur Kommanditgesellschaft von den Beschränkungen des § 181 BGB befreit.

Weiter erklären wir, dass eine Klage gegen die Wirksamkeit des Umwandlungsbeschlusses nicht erhoben worden ist.

. . . . .

(Unterschrift der Vorstandsmitglieder A-AG)

(Beglaubigungsvermerk)

(Anlagen)

6. Umwandlungsbeschluss durch Formwechsel einer AG in eine AG & Co. KG

679 ▶ **Muster: Umwandlungsbeschluss bei Formwechsel AG in AG & Co. KG**

Hauptversammlungsniederschrift

Heute, den . . . . . begab ich mich, der unterzeichnende Notar . . . . . mit Amtssitz in . . . . . auf Ansuchen in das Verwaltungsgebäude der Firma A-AG mit Sitz in X-Stadt, um an der dorthin auf heute 16.00 Uhr einberufenen

Ordentlichen Hauptversammlung

der Aktionäre der Firma A-AG teilzunehmen und über den Gang der Verhandlung sowie über die gefassten Beschlüsse die gesetzlich vorgeschriebene

Niederschrift

zu errichten, wie folgt:

I. Anwesenheit
1. Vom Aufsichtsrat der Gesellschaft:
   a) Herr W, Kaufmann, wohnhaft in . . . . . (Vorsitzender),
   b) Herr Z, Kaufmann, wohnhaft in . . . . .,
   c) Herr Y, Unternehmer, wohnhaft in . . . . .
2. Vom Vorstand der Gesellschaft:
   a) Herr A, Dipl.-Ing., wohnhaft in . . . . . (Vorsitzender),
   b) Herr B, Kaufmann, wohnhaft in . . . . .
3. Die im von der AG erstellten Teilnehmerverzeichnis nebst Nachträgen aufgeführten Aktionäre und Vertreter. Sie haben ihre Berechtigung zur Teilnahme an der Hauptversammlung und zur Ausübung des Stimmrechts i. S. d. Satzung und Einladung ordnungsgemäß nachgewiesen.

II. Ablauf der Hauptversammlung

Den Vorsitz der Versammlung führte der Vorsitzende des Aufsichtsrates. Er eröffnete die Versammlung um 15.00 Uhr. Er stellte fest, dass die Hauptversammlung form- und fristgemäß durch Bekanntmachung im elektronischen Bundesanzeiger vom . . . . . einberufen worden ist. Ein Ausdruck wurde mir, dem Notar, übergeben. Er ist dieser Niederschrift als Anlage 2 beigefügt. Die Bekanntmachung enthält folgende Tagesordnung:

1. Erläuterung des Entwurfs des Umwandlungsbeschlusses und des Umwandlungsberichts durch den Vorstand.

2. Beschluss über die Umwandlung der A-AG in die A-GmbH.

3. Beschluss über die Bestellung der Geschäftsführer der B-GmbH.

Anschließend legte der Vorsitzende das Verzeichnis der erschienenen oder vertretenen Aktionäre zur Einsichtnahme aus, nachdem er erklärt hatte, dass sämtliche in dem Verzeichnis aufgeführten Aktionäre ihre Berechtigung zur Teilnahme an der Hauptversammlung ordnungsgemäß nachgewiesen haben. Das Teilnehmerverzeichnis wurde von der ersten Abstimmung für die gesamte Dauer der Hauptversammlung zur Einsicht für alle Teilnehmer ausgelegt. Bei Änderung in der Präsenz fertigte der Vorsitzende vor jeder Abstimmung Nachträge, die ebenfalls für die restliche Dauer ausgelegt wurden. Er stellte die Präsenz vor jeder Abstimmung fest und gab diese bekannt. Der Vorsitzende erklärte, dass die Abstimmung durch Handaufheben stattfinden werde, soweit nicht eine andere Abstimmungsart für eine Abstimmung angeordnet werde.

Der Vorsitzende stellte weiter fest, dass der Umwandlungsbericht von der Einberufung der Hauptversammlung an in dem Geschäftsraum der Gesellschaft ausgelegt wurde, dieser auch während der Dauer der Hauptversammlung im Versammlungssaal ausliegt. Der Vorsitzende stellte weiter fest, dass den Aktionären mit der Einberufung der Hauptversammlung ein Abfindungsangebot nach § 207 UmwG übersandt wurde. Weiter stellte der Vorsitzende fest, dass die XY-Wirtschaftsprüfungsgesellschaft die Angemessenheit der im Entwurf des Umwandlungsbeschlusses angebotenen Barabfindung in ihrem Prüfungsbericht festgestellt hat. Der Prüfungsbericht wurde allen Beteiligten zusammen mit dem Abfindungsangebot übersandt und liegt auch heute in der Hauptversammlung aus.

Weiter stellt der Vorsitzende fest, dass der Entwurf des Umwandlungsbeschlusses dem Betriebsrat fristgemäß zugeleitet wurde (§ 194 Abs. 2 UmwG).

Punkt 1: Erläuterung des Entwurfs des Umwandlungsbeschlusses

Der Vorstandsvorsitzende erläuterte den Entwurf des Umwandlungsbeschlusses. Verschiedenen Aktionären wurden Auskünfte über die für die Umwandlung wesentlichen Angelegenheiten erteilt.

Punkt 2: Umwandlungsbeschluss

Vorstand und Aufsichtsrat schlagen vor, den Formwechsel der AG in eine AG & Co. KG wie folgt zu fassen:

(1) Die A-AG wird durch Formwechsel gem. §§ 190 ff., 228 ff. UmwG umgewandelt in eine Kommanditgesellschaft.

(2) Die Kommanditgesellschaft führt die Firma AB-AG & Co. KG.

(3) Sitz der Kommanditgesellschaft ist X-Stadt.

(4) Die Kommanditgesellschaft erhält den in der Anlage 1 zu diesem Beschluss beigefügten Gesellschaftsvertrag, der hiermit festgestellt wird. Aus dem Gesellschaftsvertrag erheben sich Zahl, Art und Umfang der Mitgliedschaftsrechte, die die Aktionäre der A-AG durch den Formwechsel an der Kommanditgesellschaft erlangen.

(5) Gesellschafter der AB-AG & Co. KG werden diejenigen Personen und Gesellschaften, die im Zeitpunkt der Eintragung der neuen Rechtsform im Handelsregister Aktionäre der A-AG sind. Die in Form von Aktien bestehenden Mitgliedschaftsrechte an der A-AG wandeln sich nach Maßgabe wie folgt in Gesellschaftsanteile an der AB-AG & Co. KG um:
– Die AB-Verwaltungsgesellschaft wird Komplementärin der AB-AG & Co. KG. Diese ist am Festkapital der Kommanditgesellschaft mit einem Festkapitalanteil im Nennbetrag von 100,00 € beteiligt. Der Festkapitalanteil geht hervor aus der Umwandlung der von der AB-Verwaltungs-AG gehaltenen 26 Stückaktien auf die jeweils ein anteiliger Betrag des Grundkapitals der A-AG von 1,00 € entfällt.
– Alle übrigen Aktionäre der A-AG auch die namentlich nicht bekannten Aktionäre, werden Kommanditisten der AB-AG & Co. KG. Die Aktionäre erhalten für jede gehaltene Stammstückaktie eine Kommanditeinlage von 1,00 €. Damit werden die Aktionäre, die neben der AB-Verwaltungs-GmbH die restlichen 9.900.000 Stückaktien und 10.000.000 Vorzugsstückaktien halten, Kommanditisten der Kommanditgesellschaft. Die Summe der Einlagen der Kommanditisten beträgt somit 19.900.000,00 €. Die Einlagen werden durch die Umwandlung erbracht. Soweit das buchmäßige Eigenkapital der A-AG in der letzten Handelsbilanz, die vor Eintragung des Formwechsels festgestellt wurde, das Festkapital der AB-AG & Co. KG übersteigt, wird es nach Maßgabe des Gesellschaftsvertrages anteilig den Rücklagenkonten der Gesellschafter der AB-AG & Co. KG gutgeschrieben. Der Betrag der Einlage, die zugleich auch die Haftsumme eines jeden Kommanditisten ist, entspricht dem Betrag seines Anteils im Festkapital der AB-AG & Co. KG. Danach werden nach dem derzeitigen Kenntnisstand der Gesellschaft als Kommanditisten an der AB-AG & Co. KG und ihrem Festkapital folgende Personen beteiligt sein:
– ..... (Name, Adresse, Einlage)
– Unbekannte Aktionäre mit insgesamt 10.000 Vorzugsstückaktien im rechnerischen Betrag von jeweils 1,00 € werden daher Kommanditisten in einer Gesamteinlage von insgesamt 10.000,00 €. Es handelt sich dabei um folgende Aktiennummern .....
– Der Vorstand wird von der Hauptversammlung beauftragt, die bisherigen Kommanditisten nach besten Kräften laufend zu aktualisieren und im Handelsregister des Amtsgerichts X-Stadt mitzuteilen.

(6) Den Kommanditisten der AB-AG & Co. KG, die an der A-AG mit Vorzugsstückaktien beteiligt sind, wird folgendes Recht i. S. v. § 194 Abs. 1 Nr. 5 UmwG eingeräumt:

Sie erhalten aus dem Jahresüberschuss der AB-AG & Co. KG einen um 20 % ihres Festkapitalanteils – soweit dieser aus Vorzugsstückaktien hervorgegangen ist – höheren Gewinnanteil als die Gesellschafter, die zu diesem Zeitpunkt mit Stammstückaktien an der A-AG beteiligt sind (Mehrgewinnanteil), mindestens jedoch einen Gewinnanteil i. H. v. 50 % ihres Festkapitalanteils – soweit dieser aus Vorzugsstückaktien hervorgegangen ist: (Vorzugsgewinnanteil). Reicht der Jahresüberschuss eines oder mehrerer Geschäftsjahre nicht zur Gewährung des Vorzugsgewinnanteils aus, so werden die fehlenden Beträge ohne Zinsen aus dem Jahresüberschuss des folgenden Geschäftsjahres in der Weise gewährt, dass den Darlehenskonten die älteren Rückstände von den jüngeren und die aus dem Jahresüberschuss eines Geschäftsjahres für dieses zu gewährenden Vorzugsgewinnanteile erst nach Ausgleich sämtlicher Rückstände gut zu erbringen sind. Rückständige Vorzugsgewinnanteile sind Bestandteil des Gewinnanteils desjenigen Geschäftsjahres, aus dessen Jahresüberschuss der Vorzugsgewinnanteil gutgebracht wird.

Weitere Rechte oder Maßnahmen nach § 134 Abs. 1 Nr. 5 UmwG sind nicht vorgesehen.

(7) Jedem Aktionär der gegen diesen Umwandlungsbeschluss Widerspruch zu Protokoll erklärt, ist eine Barabfindung i. H. v. ..... € für jede Vorzugsstückaktie im rechnerischen Betrag von 1,00 € und eine Barabfindung von ..... € anzubieten. Für jede Stammstückaktie im rechnerischen Betrag von 1,00 € für den Fall angeboten, dass er sein Ausscheiden aus der Gesellschaft erklärt. Das Angebot ist befristet. Es kann nur innerhalb von zwei Monaten nach dem Tag angenommen werden, an dem die Eintragung des Rechtsträgers neuer Rechtsform im Handelsregister nach § 201 UmwG als bekanntgemacht gilt oder nachdem eine gerichtliche Entscheidung über die Bestimmung der Barabfindung im elektronischen Bundesanzeiger bekanntgemacht wurde.

(8) Angaben zu den arbeitsrechtlichen Folgen (vgl. die vorhergehenden Formulare)

(9) Die künftige persönlich haftende Gesellschafterin, die AB-Verwaltungs-AG, stimmt dem Umwandlungsbeschluss und insbes. der Übernahme der Stellung als persönlich haftende Gesellschafterin ausdrücklich zu.

Sodann stimmen die Aktionäre durch Handaufhebung ab. Der Vorsitzende stellt fest, dass nach dem Teilnehmerverzeichnis Aktien im Nennbetrag von . . . . . € mit . . . . . Stimmen vertreten sind. Für den Umwandlungsbeschluss stimmen alle Aktionäre. Stimmenthaltungen gab es keine.

Der Vorsitzende gab das Abstimmungsergebnis bekannt und stellte fest, dass die Umwandlung mit mehr als 3/4-Mehrheit des vertretenen Grundkapitals beschlossen ist.

Damit war die Tagesordnung erledigt. Der Vorsitzende schloss die Hauptversammlung um 19.00 Uhr.

Die Niederschrift wurde vom Notar wie folgt unterschrieben:

. . . . .

Anlage 1: Elektronischer Bundesanzeiger

Anlage 2: Satzung der A-GmbH

C. Formwechsel von Genossenschaften

I. Checkliste

☐ Vorbereitung des Formwechselbeschlusses durch Stellung eines Entwurfs des Umwandlungs- **680** beschlusses (§ 192 Abs. 1 UmwG),

☐ Zuleitung des Entwurfs des Umwandlungsbeschlusses zum zuständigen Betriebsrat (§ 194 Abs. 3 UmwG),

☐ Umwandlungsbericht, der den Umwandlungsbeschluss und eine Vermögensaufstellung enthält (§ 192 UmwG),

☐ Gutachten des Prüfungsverbandes (§ 259 UmwG),

☐ Vorbereitung der Generalversammlung (§ 260 UmwG),

☐ Umwandlungsbeschluss, der auch den Gesellschaftsvertrag bzw. die Satzung feststellen muss (§§ 193, 218, 263 UmwG),

☐ Einhaltung der Gründungsvorschrift des neuen Rechtsträgers (§ 197 UmwG) und Kapitalschutz (§ 264 UmwG),

☐ Anmeldung des Formwechsels (§§ 265, 198, 222 UmwG),

☐ Eintragung des Formwechsels (§ 202 UmwG).

II. Einführung

Die §§ 258 ff. UmwG regeln den **Formwechsel von Genossenschaften**. Auch hier gilt der allgemeine **681** Aufbau des Gesetzes, d. h. zunächst anzuwenden sind die allgemeinen Vorschriften der §§ 190 ff. UmwG und sodann die Vorschriften der §§ 258 ff. Auch der Ablauf ist grds. der gleiche wie bei den anderen Formen des Formwechsels. Auch die dogmatischen Grundlagen sind, wie bereits dargelegt für alle Formwechselarten dieselben.

Die §§ 258 ff. UmwG folgen weitgehend den Vorschriften des bis 1995 geltenden Rechts über die form- **682** wechselnde Umwandlung einer eingetragenen Genossenschaft in eine AG (§§ 385 bis 385q AktG i. d. F. vor 1995).

1. Formwechsel in eine Kapitalgesellschaft. § 258 Abs. 1 UmwG bestimmt, dass eine eingetragene **683** Genossenschaft aufgrund eines Umwandlungsbeschlusses nach dem UmwG **nur die Rechtsform einer Kapitalgesellschaft** erlangen kann (vgl. Widmann/Mayer/Fronhöfer, Umwandlungsrecht, § 258 UmwG Rn. 3 ff.). Über das bis 1995 geltende Recht hinausgehend ist daher also der Formwechsel in jede Art von Kapitalgesellschaft zulässig. Das alte Recht sah nur die Möglichkeit des Formwechsels in eine AG vor.

Außerdem bestimmt § 258 Abs. 2 UmwG, dass der **Formwechsel nur möglich** ist, wenn auf jedes Mit- **684** glied, das an der Gesellschaft neuer Rechtsform beteiligt wird, als beschränkt haftender Gesellschafter ein Geschäftsanteil, dessen Nennbetrag auf volle Euro lautet, oder als Aktionär mindestens eine volle Aktie entfällt. Würden auf ein Mitglied nur Teilrechte entfallen, so scheidet der Formwechsel aus (vgl. Widmann/Mayer/Fronhöfer, Umwandlungsrecht, § 258 UmwG Rn. 7; Bonow, in: Semler/Stengel, § 258 UmwG Rn. 19; Lutter/Bayer, § 258 UmwG Rn. 17). Für den Formwechsel in eine KGaA gilt dies nicht, weil die Komplementäre einer KGaA nicht am Grundkapital der Gesellschaft zu beteiligen sind.

685 **2. Umwandlung einer früheren Landwirtschaftlichen Produktionsgenossenschaft.** Für die **neuen Bundesländer** hat Art. 19 des UmwBerG in § 38a weiter gehende Umwandlungsmöglichkeiten vorgesehen. § 38a LwAnpG bestimmt in seiner neuen Form, dass eine eingetragene Genossenschaft, die seinerseits durch formwechselnde Umwandlung einer Landwirtschaftlichen Produktionsgenossenschaft (LPG) entstanden ist, erneut durch Formwechsel in eine Personengesellschaft umgewandelt werden kann. Für die Umwandlung gelten dann die Vorschriften des LwAnpG entsprechend (vgl. Lutter/Bayer, § 258 UmwG Rn. 5 ff.). Diese Vorschrift ist auf Beschlussempfehlung des Rechtsausschusses erst in das Gesetz gelangt. Die Begründung des Rechtsausschusses weist hierzu auf Folgendes hin (vgl. bei Limmer, Umwandlungsrecht, S. 531):

> »In den neuen Bundesländern hat sich ein Bedürfnis gezeigt, Genossenschaften, die aus der Umwandlung einer früheren LPG hervorgegangen sind, die Möglichkeit einzuräumen, durch eine erneute Änderung ihrer Rechtsform in eine Personengesellschaft umgewandelt zu werden. Um den gesetzlichen Regelungsaufwand möglichst gering zu halten, sollen für diesen Vorgang die Vorschriften des Landwirtschaftsanpassungsgesetzes über den Formwechsel einer LPG in eine Personengesellschaft entsprechend anwendbar sein.«

686 Der Formwechsel richtet sich also in diesem **Spezialfall** nicht nach dem UmwG, sondern weiterhin nach dem LwAnpG. Für die neuen Bundesländer muss daher stets geprüft werden, ob die Genossenschaft aus einer LPG hervorgegangen ist. Ist dies der Fall, dann besteht auch die Möglichkeit eines Formwechsels in eine Personengesellschaft.

III. Umwandlungsbericht

687 Auch beim Formwechsel von Genossenschaften gilt **§ 192 UmwG**, sodass der Vorstand der Genossenschaft einen ausführlichen, schriftlichen Bericht zu erstatten hat, in dem der Formwechsel und insb. die künftige Beteiligung der Genossen an dem neuen Rechtsträger rechtlich und wirtschaftlich erläutert und begründet wird. Dem Umwandlungsbericht ist ebenfalls ein Entwurf des Umwandlungsbeschlusses beizufügen.

688 Es gilt auch § 192 Abs. 3 UmwG, sodass der Umwandlungsbericht nicht erforderlich ist, wenn alle Genossen auf seine Erstattung verzichten. Die **Verzichtserklärung** ist notariell zu beurkunden.

IV. Gutachten des Prüfungsverbandes

689 Ebenso wie bei der Verschmelzung in § 81 UmwG sieht § 259 UmwG vor, dass **vor der Einberufung der Generalversammlung**, die über den Formwechsel beschließen soll, eine **gutachterliche Äußerung des Prüfungsverbandes** einzuholen ist, ob der Formwechsel mit den Belangen der Mitglieder und der Gläubiger der Genossenschaft vereinbar ist, insb. ob bei der Festsetzung des Stammkapitals oder des Grundkapitals § 263 Abs. 2 Satz 2 und § 264 Abs. 1 UmwG beachtet wurden (vgl. dazu oben Teil 2 Rdn. 1233 ff.). Gem. § 260 Abs. 3 UmwG ist in dem Geschäftsraum der formwechselnden Genossenschaft neben den sonstigen Unterlagen auch das Prüfungsgutachten zur Einsicht der Genossen auszulegen. Nach § 260 Abs. 1 UmwG hat der Vorstand der formwechselnden Genossenschaft allen Mitgliedern spätestens zusammen mit der Einberufung der Generalversammlung, die den Formwechsel beschließen soll, diesen Formwechsel als Gegenstand der Beschlussfassung in Textform anzukündigen. In der Ankündigung ist auf die für die Beschlussfassung nach § 262 Abs. 1 UmwG erforderlichen Mehrheiten sowie auf die Möglichkeit der Erhebung eines Widerspruchs und die sich daraus ergebenden Rechte hinzuweisen.

Nach § 261 Abs. 2 UmwG schließlich ist das **Prüfungsgutachten in der Generalversammlung zu verlesen.** Der Prüfungsverband ist berechtigt, an der Generalversammlung beratend teilzunehmen.

Der Grund für diese **obligatorische Begutachtung des Formwechsels** liegt wie bei der Verschmelzung 690
in den erheblichen Auswirkungen des Formwechsels auf das Schicksal der beteiligten Genossen und die
Risiken, die daraus den Mitgliedern und den Genossenschaftsgläubigern erwachsen können (vgl. Wid-
mann/Mayer/Fronhöfer, Umwandlungsrecht, § 259 UmwG Rn. 3 ff.; Lutter/Bayer, § 259 UmwG
Rn. 7). Die Begutachtung durch den Prüfungsverband soll diesen erste Gelegenheit zur Stellungnahme
geben, um auf diese Weise übereilten Schritten der Generalversammlung entgegenwirken zu können.
Darüber hinaus soll das Prüfungsgutachten auch einer Erleichterung der Meinungsbildung der Gene-
ralversammlung dienen. Die **Generalversammlung** ist nicht an das Ergebnis des Gutachtens gebunden.
Ein **negatives Gutachten** hindert ebenso wenig wie bei der Verschmelzung die Wirksamkeit des von der
Generalversammlung gefassten Umwandlungsbeschlusses.

Bzgl. des **Inhaltes des Gutachtens** entspricht § 259 UmwG weitgehend § 81 UmwG, sodass das Prü- 691
fungsgutachten insb. zu folgenden Punkten Stellung nehmen muss (Widmann/Mayer/Fronhöfer, Um-
wandlungsrecht, § 259 UmwG Rn. 3 ff.; Lutter/Bayer, § 259 UmwG Rn. 7 ff.):
– Vereinbarkeit des Formwechsels mit den Belangen der Genossen,
– Vereinbarkeit des Formwechsels mit den Belangen der Gläubiger,
– Überprüfung der Festsetzung des Stamm- oder Grundkapitals.

Es muss also hier insb. die **Darstellung der Folgen des Formwechsels** für die Gläubiger und Genossen 692
enthalten sein. Hauptsächlich muss über die wirtschaftliche Zukunft der Genossenschaft sowie das Für
und Wider des Formwechsels eine klare Aussage gemacht werden, ob der Formwechsel mit den Belangen der Gläubiger und Mitglieder vereinbar ist, besonders im Hinblick auf die zukünftig zu erwartende
Entwicklung (vgl. oben Teil 2 Rdn. 1238 ff. zur Verschmelzung).

V. Vorbereitung der Generalversammlung

1. Einberufung der Generalversammlung. Gem. § 44 Abs. 1 GenG wird die **Generalversamm-** 693
lung durch den Vorstand einberufen. Die Generalversammlung wird in der Form der Einladung einberufen, wobei die näheren Formalitäten die Satzung gem. § 6 Nr. 4 GenG zu regeln hat. Nach den
Satzungen wird die Generalversammlung i. d. R. entweder durch unmittelbare Benachrichtigung sämtlicher Mitglieder oder durch Bekanntmachung in den für die Satzung bestimmten Veröffentlichungsblättern durchgeführt.

Gem. § 46 Abs. 1 GenG ist die **Einberufung der Generalversammlung** mit einer **Mindestfrist** von 2 694
Wochen vorzunehmen. In der Praxis werden allerdings längere Fristen eingehalten. Bei der Einberufung
ist die Tagesordnung bekannt zu machen. Die Tagesordnung einer Vertreterversammlung ist allen Mitgliedern durch Veröffentlichung in den Genossenschaftsblättern oder im Internet unter der Adresse der
Genossenschaft oder durch unmittelbare schriftliche Benachrichtigung bekannt zu machen.

Nach § 46 Abs. 2 GenG muss die Einberufung eine **Tagesordnung** enthalten. Bei der Einberufung ist 695
die Tagesordnung bekannt zu machen. Die Tagesordnung einer Vertreterversammlung ist allen Mitgliedern durch Veröffentlichung in den Genossenschaftsblättern oder im Internet unter der Adresse der
Genossenschaft oder durch unmittelbare schriftliche Benachrichtigung bekannt zu machen. Über Gegenstände, deren Verhandlung nicht in der durch die Satzung oder nach § 45 Abs. 3 GenG vorgese-
nen Weise mindestens eine Woche vor der Generalversammlung angekündigt ist, können Beschlüsse
nicht gefasst werden. Der Tagesordnungspunkt muss hinreichend konkret sein, so reicht z. B. der Tagesordnungspunkt »Satzungsänderung« grds. nicht aus, es müssen mindestens die zu ändernden Vorschriften der Satzung bezeichnet werden.

Für den Formwechsel bestimmt § 260 Abs. 1 UmwG, dass der Vorstand der formwechselnden Genos- 696
senschaft allen Genossen spätestens zusammen mit der Einberufung der Generalversammlung den
Formwechsel als Gegenstand der Beschlussfassung in Textform ankündigen muss, sodass anders als
für die Einberufung eine Bekanntmachung in einem öffentlichen Blatt nicht ausreichend ist (vgl. Wid-
mann/Mayer/Fronhöfer, Umwandlungsrecht, § 260 UmwG Rn. 6; Bonow, in: Semler/Stengel, § 260
UmwG Rn. 5; Lutter/Bayer, § 260 UmwG Rn. 6). In der **Ankündigung** ist auf die für die Beschlussfassung nach § 262 Abs. 1 UmwG erforderlichen Mehrheiten sowie auf die Möglichkeit der Erhebung
eines Widerspruchs und die sich daraus ergebenden Rechte hinzuweisen (vgl. Widmann/Mayer/Fron-
höfer, Umwandlungsrecht, § 260 UmwG Rn. 4 ff.). Die Ankündigung hat ggü. **jedem einzelnen Mit-**

glied zu erfolgen (vgl. Widmann/Mayer/Fronhöfer, Umwandlungsrecht, § 260 UmwG Rn. 5; Bonow, in: Semler/Stengel, § 260 UmwG Rn. 5; Lutter/Bayer, § 260 UmwG Rn. 3).

697   **2. Mitteilung des Abfindungsangebots.** § 260 Abs. 2 UmwG verweist (nur) auf § 231 Satz 1 UmwG, sodass der Vorstand der formwechselnden Genossenschaft den Genossen spätestens zusammen mit der Einberufung der Generalversammlung das **Abfindungsangebot** nach § 207 UmwG zu übersenden hat. Auch hier genügt öffentliche Bekanntmachung nicht, da der Gesetzgeber nicht auf die Vereinfachungen nach § 231 Satz 2 UmwG verwiesen hat (vgl. Widmann/Mayer/Fronhöfer, Umwandlungsrecht, § 260 UmwG Rn. 10).

698   **3. Auszulegende Unterlagen.** § 260 Abs. 2 i. V. m. § 230 Abs. 2 und § 260 Abs. 3 UmwG bestimmt weiter, dass von der Einberufung der Generalversammlung an, **in dem Geschäftsraum** der Genossenschaft **folgende Unterlagen** auszulegen sind:
– Umwandlungsbericht samt Entwurf des Umwandlungsbeschlusses und Vermögensübersicht,
– Prüfungsgutachten des Prüfungsverbandes – auf Verlangen ist jedem Genossen unverzüglich und kostenlos eine Abschrift des Prüfungsgutachtens zu erteilen.

VI. Durchführung der Generalversammlung

699   **1. Auslegungs- und Erläuterungspflicht.** Gem. § 261 Abs. 1 UmwG sind **in der Generalversammlung folgende Unterlagen** auszulegen:
– Umwandlungsbericht samt Entwurf des Umwandlungsbeschlusses,
– Prüfungsgutachten des Prüfungsverbandes. Darüber hinaus ist nach § 261 Abs. 2 UmwG das Prüfungsgutachten in der Generalversammlung zu verlesen. Der Prüfungsverband ist weiter berechtigt, an der Generalversammlung beratend teilzunehmen. Schließlich hat der Vorstand den Umwandlungsbeschluss zu Beginn der Verhandlung mündlich zu erläutern.

700   **2. Ablauf.** Die Generalversammlung wird nach den meisten Mustersatzungen entweder vom Vorsitzenden des Aufsichtsrates oder dessen Stellvertreter geleitet. Sind beide verhindert, so beschließt die Generalversammlung mit einfacher Mehrheit über die Person des **Versammlungsleiters.**

701   Jedes **Mitglied** hat grds. das Recht, an der Generalversammlung persönlich oder durch einen Vertreter teilzunehmen. Darüber hinaus hat gem. § 261 Abs. 2 Satz 2 UmwG der Prüfungsverband das Recht, an der Generalversammlung beratend teilzunehmen.

702   Nach § 261 Abs. 2 UmwG ist das – gesamte – Prüfungsgutachten in der Generalversammlung zu verlesen; ein Verzicht ist nicht möglich (vgl. Widmann/Mayer/Fronhöfer, Umwandlungsrecht, § 261 UmwG Rn. 7; Lutter/Bayer, § 261 UmwG Rn. 12; Bonow, in: Semler/Stengel, § 261 UmwG Rn. 21). Außerdem haben die Mitglieder in der Generalversammlung ein **allgemeines Auskunftsrecht** über die Angelegenheiten der Genossenschaft, sowie zu den Tagesordnungspunkten (vgl. Lang/Weidmüller/Metz, GenG, § 43 Rn. 39; Widmann/Mayer/Fronhöfer, Umwandlungsrecht, § 261 UmwG Rn. 6; Lutter/Bayer, § 261 UmwG Rn. 8 f.). Die Auskunft hat im Allgemeinen der Vorstand zu erteilen. Nach § 261 Abs. 1 Satz 2 ist darüber hinaus der Umwandlungsbeschluss zu Beginn der Verhandlung mündlich zu erläutern; ein Verzicht ist nicht möglich (vgl. Widmann/Mayer/Fronhöfer, Umwandlungsrecht, § 261 UmwG Rn. 5; Lutter/Bayer, § 261 UmwG Rn. 8).

703   Für die Durchführung der Versammlung gilt, dass der Versammlungsleiter nach Beendigung der Aussprache zum Beschlussgegenstand die **Abstimmung** durchzuführen hat und hierbei ausdrücklich zu fragen hat, wer für den Antrag ist und wer gegen den Antrag ist. Die Feststellung der Stimmenthaltung ist rechtlich bedeutungslos. Sodann hat der Versammlungsleiter das Ergebnis der Abstimmung formell festzusetzen und zu verkünden. Der Beschluss wird erst mit der Verkündung des Ergebnisses wirksam (vgl. Lang/Weidmüller/Metz, GenG, § 43 Rn. 142; Werhahn, Die Generalversammlung und die Vertreterversammlung der Genossenschaft, S. 73).

704   Die **Beschlussfassung** kann offen – durch Handzeichen, Erheben der Stimmkarte, Zuruf – oder auch geheim – durch Stimmzettel – durchgeführt werden. Soweit die Satzung hierzu keine Regelungen enthält, bestimmt der Versammlungsleiter das Verfahren nach pflichtgemäßem Ermessen (vgl. Bonow, in:

Semler/Stengel, § 261 UmwG Rn. 18; Beuthien, § 43 GenG Rn. 9). Nach den meisten Satzungen ist die Verschmelzung oft in offener Form vorgesehen, wenn nicht ein entsprechender Antrag mit einer bestimmten Mehrheit gestellt wird (vgl. Bonow, in: Semler/Stengel, § 261 UmwG Rn. 19).

3. Beschlussmehrheit. Für die **Beschlussfähigkeit der Generalversammlung** sieht weder das GenG 705 und noch das UmwG eine Vorschrift vor, die Satzung kann allerdings Voraussetzungen für die Beschlussfähigkeit aufstellen. Allerdings geht die herrschende Lehre davon aus, dass auch, wenn die Satzung keine Regelung enthält, für eine Versammlung mindestens drei Mitglieder anwesend sein müssen (vgl. Cario, in: Lang/Weidmüller, GenG, § 43 Rn. 51; Werhahn, Die Generalversammlung und die Vertreterversammlung der Genossenschaft, S. 54; Bonow, in: Semler/Stengel, § 262 UmwG Rn. 3).

§ 262 Abs. 1 UmwG bestimmt, dass der Umwandlungsbeschluss der Generalversammlung einer 706 **Mehrheit von mindestens 3/4 der abgegebenen Stimmen** bedarf. Notwendig ist danach die Mehrheit der abgegebenen Stimmen. »Abgegebene Stimmen« bedeutet, dass Stimmenthaltungen nicht mitgezählt werden, also auch nicht den Neinstimmen zuzurechnen sind (BGH, NJW 1970, 46; BGH, NJW 1982, 1585). Da das Gesetz nicht generell von den »anwesenden Mitgliedern« spricht, sondern von den »abgegebenen Stimmen«, kommt es also für die Stimmverhältnisse nur auf die tatsächlich abgegebenen Stimmen an.

§ 262 Abs. 1 Satz 2 UmwG sieht allerdings eine **erhöhte Mehrheit**, nämlich eine Mehrheit von 9/10 der 707 abgegebenen Stimmen vor, wenn spätestens bis zum Ablauf des dritten Tages vor der Generalversammlung wenigstens 100 Genossen, bei der Genossenschaft mit weniger als 1000 Genossen 1/10 der Genossen, durch eingeschriebenen Brief Widerspruch gegen den Formwechsel erhoben haben.

Darüber hinaus kann die **Satzung** größere Mehrheiten und weitere Erfordernisse bestimmen. Auch in 708 diesem Zusammenhang stellt sich die Frage, ob, wenn die Satzung zwar den Formwechsel nicht ausdrücklich regelt, aber besondere Anforderungen an die Satzungsänderung oder den Auflösungsbeschluss stellt, diese statuarischen Anforderungen auch an den Formwechselbeschluss der übertragenden Genossenschaft zu stellen sind (vgl. oben zum Problem bei der Verschmelzung Teil 2 Rdn. 1263). Zum alten Recht bei der Verschmelzung wurde jedenfalls vertreten, dass das statuarische Erschweren für Satzungsänderungen auf die Verschmelzung keine Anwendung findet (vgl. Meyer/Meulenbergh, GenG, 12. Aufl. 1983, § 93a Anm. 2).

Schließlich bestimmt § 262 Abs. 2 UmwG, dass auf den Formwechsel einer Genossenschaft in eine 709 KGaA **§ 240 Abs. 2 UmwG entsprechend anzuwenden** ist, sodass jedenfalls alle Genossen zustimmen müssen, die in der KGaA die Stellung eines persönlich haftenden Gesellschafters haben sollen. Auf den Beitritt persönlich haftender Gesellschafter ist § 221 UmwG entsprechend anzuwenden.

4. Notarielle Beurkundung. Nach § 193 Abs. 3 UmwG bedarf auch der Formwechselbeschluss bei 710 einer Genossenschaft der notariellen Beurkundung. Für die Anfertigung des notariellen Protokolls dürften die allgemeinen Grundsätze gelten (vgl. Teil 3 Rdn. 96 ff.). Darüber hinaus wird man annehmen müssen, dass § 47 GenG, der die Versammlungsniederschrift regelt, auch für das notarielle Protokoll gilt, da dieses nunmehr die Versammlungsniederschrift des Vorsitzenden ersetzt (vgl. im Einzelnen oben Teil 2 Rdn. 1268 ff.).

VII. Inhalt des Umwandlungsbeschlusses

Der **Inhalt des Umwandlungsbeschlusses** ergibt sich auch beim Formwechsel der Genossenschaft aus 711 der allgemeinen Regelung in § 194 UmwG. Allerdings bestimmt § 263 UmwG Sonderregelungen. Zunächst sind auf den Umwandlungsbeschluss die §§ 218, 243 Abs. 2 und 244 Abs. 2 gem. § 263 Abs. 1 UmwG entsprechend anzuwenden. Danach muss der Umwandlungsbeschluss auch zumindest als Anlage den vollständigen Text des Gesellschaftsvertrages oder der Satzung der neuen Gesellschaft enthalten.

Darüber hinaus wird durch die Vorschrift auch zugelassen, dass der **Personenkreis der Anteilsinhaber** 712 i. R. d. Formwechsels ausnahmsweise durch den Beitritt persönlich unbeschränkt haftender Gesellschafter beim Formwechsel in die KGaA erweitert wird. § 263 Abs. 1 UmwG verweist daher auch auf § 218 Abs. 2 UmwG. Der Beschluss der Genossenschaft zur Umwandlung in eine KGaA muss daher vorsehen, dass hier an dieser Gesellschaft mindestens ein Gesellschafter der formwechselnden Gesellschaft als persönlich haftender Gesellschafter beteiligt oder dass der Gesellschaft mindestens ein persönlich haftender Gesellschafter beitritt (§ 218 Abs. 2 UmwG).

713 Außerdem verweist § 263 UmwG auf § 243 Abs. 3 UmwG, sodass in dem Gesellschaftsvertrag oder in der Satzung der Gesellschaft neuer Rechtsform der auf die Anteile entfallende Betrag des Stamm- oder Grundkapitals abweichend vom Betrag der Anteile der formwechselnden Gesellschaft festgesetzt werden kann. Bei einer GmbH muss er auf volle Euro lauten.

714 Die Verweisung auf § 244 Abs. 2 UmwG macht die Unterzeichnung des Gesellschaftsvertrages einer GmbH durch die Gesellschafter entbehrlich. Die Klarstellung war geboten, weil der Entwurf den Formwechsel nicht als bloße Satzungsänderung behandelt, sondern grds. das Gründungsrecht für anwendbar erklärt.

715 § 263 Abs. 2 und Abs. 3 UmwG schließlich konkretisiert § 194 Abs. 1 Nr. 4 UmwG. Er regelt **Einzelheiten** über die Festlegung von Zahl, Art und Umfang der Anteile.

716 **1. Neue Rechtsform.** Beim Formwechsel der Genossenschaft muss festgelegt werden, ob der Formwechsel in eine GmbH, AG oder KGaA erfolgen soll (§ 194 Abs. 1 Nr. 1 UmwG).

717 **2. Firma des neuen Rechtsträgers.** Hier ist die **Firma der neuen Gesellschaft** anzugeben (§ 194 Abs. 1 Nr. 2 UmwG).

718 **3. Angaben der Beteiligung der Gesellschaft an der neuen Personengesellschaft.** Nach § 194 Abs. 1 Nr. 3 UmwG muss im Umwandlungsbeschluss bestimmt werden, welche Beteiligung die Genossen der Genossenschaft an der neuen Gesellschaft erhalten sollen. In erster Linie ist jeweils zu bestimmen, dass die Genossen auch weiterhin Gesellschafter der AG, GmbH oder KGaA sind. § 194 Abs. 1 Nr. 3 UmwG ist in erster Linie Ausdruck des sog. **Identitätsgrundsatzes**, d. h. während des Formwechsels kann kein Gesellschafter ausscheiden oder beitreten.

719 Allerdings sieht das Gesetz beim Formwechsel einer Genossenschaft in eine KGaA gem. § 263 Abs. 1 i. V. m. § 218 Abs. 2 UmwG die Möglichkeit vor, dass **ausnahmsweise ein persönlich unbeschränkt haftender Gesellschafter** dem Formwechsel beitreten kann.

720 **4. Zahl, Art und Umfang der Beteiligung der Genossen an der neuen Gesellschaft.** Auch für den Formwechsel einer Genossenschaft in eine Kapitalgesellschaft sind die Bestimmungen gem. § 194 Abs. 1 Nr. 4 UmwG am bedeutendsten. Danach sind Zahl, Art und Umfang der Mitgliedschaften, welche die Genossen durch den Formwechsel erlangen sollen, in dem Beschluss anzugeben. Die Vorschrift wird ergänzt durch § 263 Abs. 2 und Abs. 3. Zu bestimmen ist also die **quantitative und qualitative Beteiligung der Genossen** an der neuen Kapitalgesellschaft.

721 **a) Festsetzung von Stammkapital bzw. Grundkapital bei der Umwandlung in eine GmbH oder AG.** Auch beim Formwechsel einer Genossenschaft in eine Kapitalgesellschaft besteht die erste Frage darin, **welches Stamm- bzw. Grundkapital** die neue Kapitalgesellschaft erhalten soll. Hier gibt § 263 Abs. 3 UmwG genaue Vorschriften. In dem Beschluss ist der Nennbetrag des Stammkapitals oder Grundkapitals so zu bemessen, dass auf jeden Genossen möglichst ein voller Geschäftsanteil oder eine volle Aktie oder ein möglichst hoher Teil eines Geschäftsanteils oder einer Aktie (Teilrecht) entfällt.

722 § 263 Abs. 2 Satz 1 UmwG verlangt, dass in dem Beschluss bei der Festlegung von Zahl, Art und Umfang der Anteile zu bestimmen ist, dass an dem Stammkapital oder an dem Grundkapital der Kapitalgesellschaft **jeder Genosse in dem Verhältnis** beteiligt wird, in dem am Ende des letzten vor der Beschlussfassung über den Formwechsel abgelaufenen Geschäftsjahres sein Geschäftsguthaben zur Summe der Geschäftsguthaben aller Genossen gestanden hat, die durch den Formwechsel Gesellschafter oder Aktionäre geworden sind (vgl. zur Bedeutung des Geschäftsguthabens Teil 4 Rdn. 654 ff.).

723 § 263 Abs. 2 UmwG erhält eine Reihe von Vorgaben, die in ihrer Zusammenfassung auch die **Höhe des Stammkapitals** regeln.

Die Vorschrift baut auf dem **Geschäftsguthaben** der Genossen in der Genossenschaft auf. Zum Verständnis des Geschäftsguthabens ist zu beachten, dass der Geschäftsanteil der Betrag ist, bis zu dem sich der einzelne Genosse mit Einlagen an der Genossenschaft beteiligen kann (§ 7 Nr. 1 GenG). Es handelt sich hierbei lediglich um eine in der Satzung festzulegende Beteiligungsgröße, die den Höchstbetrag dieser Einlage bezeichnet. Er ist eine bloße abstrakte Rechnungsgröße, die in der Bilanz der Genossenschaft nicht erscheint und über die tatsächliche finanzielle Beteilung der Genossen nichts aussagt. 724

Die **tatsächliche finanzielle Beteiligung** ergibt sich vielmehr aus dem sog. Geschäftsguthaben, das den Betrag darstellt, der tatsächlich auf den oder die Geschäftsanteile eingezahlt ist (vgl. zur Bedeutung des Geschäftsguthabens Teil 4 Rdn. 654 ff.). Entscheidend ist also die Summe der Geschäftsguthaben. Diese bestimmen dann den Nennbetrag des Stammkapitals oder des Grundkapitals. Maßgebend ist allerdings gem. § 263 Abs. 2 Satz 1 UmwG das Ende des letzten vor der Beschlussfassung über den Formwechsel abgelaufenen Geschäftsjahres. Auf diesen Stichtag sind die Geschäftsguthaben der Genossen zu berechnen, um dem Verhältnismäßigkeitsgrundsatz des § 263 Abs. 2 Satz 1 UmwG Rechnung tragen zu können. 725

b) **Beteiligungsquote des einzelnen Genossen am Grund- oder Stammkapital.** § 263 Abs. 2 726
UmwG bestimmt sodann, dass jeder Genosse am Grund- oder Stammkapital in dem Verhältnis zu beteiligen ist, in dem am Ende des letzten vor der Beschlussfassung über den Formwechsel abgelaufenen Geschäftsjahres sein Geschäftsguthaben zur Summe der Geschäftsguthaben aller Genossen gestanden hat, die durch den Formwechsel Gesellschafter oder Aktionäre geworden sind. Es besteht also nur die Möglichkeit einer **verhältniswahrenden Umwandlung**. Eine nicht verhältniswahrende Umwandlung ist bei der Genossenschaft danach nicht zulässig. Die Quote wird also zwingend aus dem Verhältnis der Geschäftsguthaben des Einzelnen zur Summe der Guthaben aller Genossen, die Aktionäre oder Gesellschafter werden, errechnet. Der Gesamtbetrag der Geschäftsguthaben der Genossen ergibt sich aus dem Überschuss der Bilanzposten der Aktivseite über die Posten der Passivseite der letzten Jahresbilanz. Die einzelnen Geschäftsguthaben werden, ausgehend von den auf die Geschäftsanteile geleisteten Einzahlungen, durch Zuschreibung von Gewinn und Abschreibung von Verlusten nach § 19 GenG ermittelt (vgl. Semler/Grunewald, in: Geßler/Hefermehl, AktG, § 385n Rn. 8).

Notwendig ist also zum einen, dass im Umwandlungsbeschluss bestimmt wird, dass diese **beteiligungs-** 727
wahrende Quote gegeben ist. Außerdem ist im Umwandlungsbeschluss, wie bei jeder Umwandlung, über Zahl, Art und Umfang der Anteile zu bestimmen. Diese Verteilung muss allerdings wiederum dieser Beteiligungsquote, die § 263 Abs. 2 Satz 1 UmwG vorgibt, entsprechen.

5. **Anzahl und Stückelung der Anteile bzw. Aktien.** Beim Formwechsel der Genossenschaft in eine 728
GmbH gilt seit dem MoMiG § 5 Abs. 2 GmbHG, sodass ein **künftiger GmbH-Gesellschafter** auch **mehrere Geschäftsanteile** übernehmen kann. Beim Formwechsel in die GmbH gilt allerdings, anders als bei den sonstigen Formwechseln (vgl. oben Teil 4 Rdn. 169 ff.), der Grundsatz des § 5 Abs. 1 bis Abs. 3 GmbHG, dass der Geschäftsanteil auf volle Euro lauten muss.

Weiter zu berücksichtigen ist allerdings, dass gem. § 263 Abs. 3 UmwG die Geschäftsanteile einer 729
GmbH nur auf einen höheren **Nennbetrag** als 100,00 € gestellt werden, soweit auf die Genossen der formwechselnden Genossenschaft voll Geschäftsanteile mit dem höheren Nennwert entfallen.

Beim Formwechsel in eine AG gilt § 8 Abs. 1 Satz 1 und Abs. 2 AktG, sodass die **Aktien mindestens auf** 730
einen vollen Euro lauten müssen. Die Verweisung auf § 243 Abs. 2 Satz 2 UmwG ist damit überflüssig. Allerdings ist auch hier zu berücksichtigen, dass gem. § 263 Abs. 3 Satz 2 UmwG Aktien auf einen höheren Nennbetrag als den Mindestbetrag nach § 8 Abs. 2 und 3 AktG nur gestellt werden können, soweit volle Aktien mit dem höheren Nennbetrag auf die Genossen entfallen. Wird das Vertretungsorgan der AG oder der KGaA in der Satzung ermächtigt, das Grundkapital bis zu einem bestimmten Nennbetrag durch Ausgabe neuer Aktien gegen Einlage zu erhöhen, so darf die Ermächtigung nicht vorsehen, dass das Vertretungsorgan über den Ausschluss des Bezugsrechts entscheidet.

731 **6. Sonder- und Vorzugsrechte.** Gem. § 194 Abs. 1 Nr. 5 UmwG müssen im Umwandlungsbeschluss auch die Rechte bestimmt werden, die einzelnen Anteilsinhabern sowie den Inhabern besonderer Rechte gewährt werden (vgl. Teil 4 Rdn. 178 ff.).

732 **7. Angebot auf Barabfindung.** Beim Formwechsel einer Genossenschaft in eine Kapitalgesellschaft
muss der Umwandlungsbeschluss i. d. R. ein **Angebot auf Barabfindung** enthalten (§ 194 Abs. 1
Nr. 6 UmwG).

733 Beim Formwechsel einer Genossenschaft in eine Kapitalgesellschaft gilt bzgl. der Barabfindung folgende **in § 270 UmwG geregelte Besonderheit.** Das Abfindungsangebot gilt auch für jeden Genossen,
der dem Formwechsel bis zum Ablauf des dritten Tages vor dem Tage, an dem der Umwandlungsbeschluss gefasst worden ist, durch eingeschriebenen Brief widersprochen hat. Diese Vorschrift erleichtert für widersprechende Genossen die Voraussetzung für einen Abfindungsanspruch.

VIII. Feststellung der Satzung oder des Gesellschaftsvertrages der neuen Gesellschaft

734 § 263 verweist voll inhaltlich auf § 218 UmwG, sodass in dem Umwandlungsbeschluss auch der **Gesellschaftsvertrag oder die Satzung der neuen Gesellschaft festgestellt** werden muss (vgl. Widmann/May-
er/Fronhöfer, Umwandlungsrecht, § 263 UmwG Rn. 3; Lutter/Bayer, § 263 UmwG Rn. 13; Bonow, in:
Semler/Stengel, § 263 UmwG Rn. 4). Der Beschluss zur Umwandlung in eine KGaA muss darüber hinaus vorsehen, dass sich an dieser Gesellschaft mindestens ein Gesellschafter der formwechselnden Gesellschaft als persönlich haftender Gesellschafter beteiligt oder dass der Gesellschaft mindestens ein persönlich haftender Gesellschafter beitritt. § 263 UmwG verweist auf § 244 Abs. 2 UmwG, sodass beim
Formwechsel in eine GmbH der Gesellschaftsvertrag **nicht von den Gesellschaftern unterzeichnet werden** braucht (Lutter/Bayer, § 263 UmwG Rn. 14).

IX. Bestellung der ersten Organe

735 Auch beim Formwechsel einer Genossenschaft in eine Kapitalgesellschaft werden die bisherigen Vorstände **nicht automatisch Vorstände oder Geschäftsführer** der bisherigen Gesellschaft. § 197 UmwG
bestimmt daher allgemein, dass auf den Formwechsel die für die neue Rechtsform geltenden Gründungsvorschriften anzuwenden sind. Hieraus wird man daher folgern müssen, dass auch die Vorschriften über die Bestellung der ersten Organe ebenfalls i. R. d. Umwandlungsvorganges anzuwenden sind
(vgl. im Einzelnen Teil 4 Rdn. 286 ff.).

X. Gründungsvorschriften und Kapitalschutz beim Formwechsel einer Genossenschaft in eine Kapitalgesellschaft

736 Beim Formwechsel einer Genossenschaft in eine Kapitalgesellschaft spielt auch der **Kapitalschutz** eine
große Rolle. Der Gesetzgeber hat daher in § 264 UmwG das Problem ausdrücklich geregelt und bestimmt, dass der Nennbetrag des Stammkapitals einer GmbH oder des Grundkapitals einer AG oder
KGaA das nach Abzug der Schulden verbleibende Vermögen der formwechselnden Genossenschaft nicht übersteigen darf. Außerdem gilt eben gem. § 197 UmwG, dass die allgemeinen Vorschriften des Gründungsrechts der neuen Gesellschaft anzuwenden sind, wobei allerdings § 264 Abs. 2 und
Abs. 3 UmwG gewisse Sondervorschriften und Erleichterungen vorsieht.

737 **1. Kapitalaufbringung.** Nach § 264 Abs. 1 UmwG darf also der **Nennbetrag des Stammkapitals**
einer GmbH oder des Grundkapitals einer AG oder KGaA das nach Abzug der Schulden verbleibende
Vermögen der formwechselnden Genossenschaft nicht übersteigen. Das bedeutet also, dass der Nennbetrag des künftigen Stamm- oder Grundkapitals der Gesellschaft neuer Rechtsform durch das **Reinvermögen der formwechselnden Genossenschaft** gedeckt sein muss (vgl. Bonow, in: Semler/Stengel,
§ 264 UmwG Rn. 4; Lutter/Bayer, § 264 UmwG Rn. 2; KölnKom/Schöpflin § 264 UmwG Rn. 3).
Die Vorschrift entspricht weitgehend der vergleichbaren Vorschrift beim Formwechsel einer Personengesellschaft in eine Kapitalgesellschaft (vgl. § 220 Abs. 1 UmwG).

738 Unklar ist hierbei ebenfalls, ob die Möglichkeit einer **Buchwertaufstockung** besteht. Das wird man
wohl auch hier bejahen müssen (vgl. Bonow, in: Semler/Stengel, § 264 UmwG Rn. 6 f.). Sollte das Rein-

vermögen der Genossenschaft allerdings nicht ausreichen um das Stammkapital oder Grundkapital zu decken, empfiehlt sich das **einfachste Verfahren**, durch Einlagen in die Genossenschaft vor der Umwandlung ein entsprechendes Kapital bei der Genossenschaft zu schaffen, sodass die notwendige Kapitaldeckung erreicht wird. Auch die ergänzende Bareinlage wird zu Recht als zulässig angesehen (Lutter/Bayer, § 264 UmwG Rn. 2; Widmann/Mayer/Fronhöfer, Umwandlungsrecht, § 264 UmwG Rn. 2; KölnKom/Schöpflin § 264 UmwG Rn. 4).

2. Sachgründungsbericht beim Formwechsel in GmbH. Wie sich aus § 264 Abs. 2 UmwG ergibt, ist beim Formwechsel in eine GmbH ein Sachgründungsbericht nicht erforderlich. **739**

3. Gründungsbericht und Gründungsprüfung beim Formwechsel in AG. Beim Formwechsel in **740** eine AG oder eine KGaA hat die **Gründungsprüfung** durch einen oder mehrere Prüfer gem. § 30 Abs. 2 AktG in jedem Fall stattzufinden. Jedoch sind die Genossen der formwechselnden Genossenschaft nicht verpflichtet, einen Gründungsbericht zu erstatten. Die §§ 32, 35 Abs. 1 und Abs. 2, § 46 AktG sind daher nicht anzuwenden. Bei der Umwandlung in eine AG/KGaA finden die Vorschriften über die Nachgründung ebenfalls Anwendung (§ 245 Abs. 1 bis Abs. 3 i. V. m. § 220 Abs. 3 Satz 2 UmwG). § 245 Abs. 1 Satz 2 UmwG verweist über § 220 Abs. 3 Satz 2 UmwG auf die Anwendung der Nachgründungsregeln in § 52 AktG. Beim Formwechsel einer GmbH in eine AG oder Kommandit-AG ist aber zu berücksichtigen, dass sich die Kapitalaufbringung bei der GmbH nicht grundlegend von den Kapitalaufbringungsregeln des AktG unterscheidet. Für diesen Fall hat nunmehr das **Zweite Gesetz zur Änderung des UmwG** geregelt, dass die Anwendung des § 52 AktG nur vorgeschrieben wird, wenn die GmbH vor dem Wirksamwerden des Formwechsels weniger als 2 Jahre im Handelsregister eingetragen war. Klargestellt wurde ferner in Abs. 2 und Abs. 3, dass beim Formwechsel einer AG in eine Kommandit-AG und umgekehrt die Nachgründungsvorschrift des § 52 AktG, die bereits für die Ausgangsrechtsform zu beachten war, nicht erneut angewendet werden muss.

Auch hier wollte der Gesetzgeber wie beim Formwechsel in eine GmbH sicherstellen, dass die Genossen **741** nicht die **Verantwortung als Gründer** haben (vgl. Begründung zum RegE, BR-Drucks. 75/94, S. 162; abgedruckt in: Limmer, Umwandlungsrecht, S. 357).

Bzgl. des Gründungsrechts kann auf die vorherigen Ausführungen verwiesen werden (vgl. im Einzelnen **742** Teil 4 Rdn. 262 ff.).

4. Prüfung durch das Registergericht. Gem. § 38 AktG hat beim Formwechsel in eine AG das Ge- **743** richt zu prüfen, ob die Gesellschaft ordnungsgemäß errichtet und angemeldet ist. Eine ähnliche Vorschrift trifft § 9c GmbHG für die Gründung einer GmbH. Grds. sind diese Vorschriften durch die Verweisung in § 197 UmwG für das Gründungsrecht ebenfalls anwendbar. Insb. § 264 UmwG trifft keine Ausnahme hiervon. Allerdings stellt sich die Frage, wie beim Formwechsel einer Genossenschaft in eine GmbH das Registergericht prüfen kann, ob die Kapitalaufbringung eingehalten ist, wenn ein Sachgründungsbericht nicht erforderlich ist. Man wird daher davon ausgehen können, dass eine **richterliche Prüfung** über den Wert der Sacheinlage nur zulässig ist, wenn keine Buchwertaufstockung erfolgt.

5. Gründungshaftung. Eine **Gründungshaftung der Genossen** kommt, wie die Regierungsbegrün- **744** dung deutlich macht (vgl. BR-Drucks. 75/94, S. 162, abgedruckt in: Limmer, Umwandlungsrecht, S. 357), nicht infrage. Der Gesetzgeber hat insb. die Vorschriften von der Verweisung in § 264 UmwG ausgenommen, die eine Gründungshaftung vorsehen.

XI. Handelsregisteranmeldung

Die Grundnorm für die Anmeldung des Formwechsels bildet auch hier § 198 UmwG (vgl. Teil 4 **745** Rdn. 303 ff.). Danach ist der Inhalt der Anmeldung die neue Rechtsform des Rechtsträgers. Im vorliegenden Fall gilt allerdings auch § 198 Abs. 2 UmwG, da sich das zuständige Register ändert. Es bedarf daher im vorliegenden Fall **zwei Anmeldungen:**
– Anmeldung beim Genossenschaftsregister,
– Anmeldung des Rechtsträgers neuer Rechtsform beim neuen zuständigen Handelsregister (§ 198 Abs. 2 Satz 2 UmwG).

746   § 265 verweist auf § 222 Abs. 1 Satz 1 und Abs. 3 UmwG, sodass die Vorschriften über die Person des Anmeldenden ebenfalls gelten.

747   **1. Formwechsel in GmbH.**   Nach § 222 Abs. 1 Satz 1 i. V. m. § 265 UmwG ist beim **Formwechsel in eine GmbH** die Anmeldung von allen Geschäftsführern vorzunehmen. Hat die GmbH einen obligatorischen Aufsichtsrat gem. § 77 BetrVerfG oder § 1 Abs. 1 MitBestG, so müssen auch alle Aufsichtsratsmitglieder die Anmeldung vornehmen. Gem. § 222 Abs. 3 i. V. m. § 265 UmwG kann allerdings die Anmeldung zur Eintragung in das Genossenschaftsregister der formwechselnden Genossenschaft gem. § 198 Abs. 2 Satz 3 UmwG vom Vorstand der Genossenschaft vorgenommen werden.

748   **2. Formwechsel in AG.**   Beim Formwechsel in eine AG gilt im Grundsatz das Gleiche. Die **Anmeldung ist vom gesamten Vorstand** und Aufsichtsrat vorzunehmen. Die Anmeldung bei der Genossenschaft kann gem. § 222 Abs. 3 i. V. m. § 265 UmwG auch vom Vorstand der Genossenschaft vorgenommen werden.

749   **3. Versicherung.**   Da gem. § 197 UmwG **jeweils das Gründungsrecht** anzuwenden ist, richtet sich auch der weitere Inhalt der Anmeldung nach den jeweiligen Gründungsvorschriften (vgl. oben Teil 4 Rdn. 328 ff.).

750   **4. Anlagen der Anmeldung.**   Bzgl. der **Anlagen der Anmeldung** gilt § 199 UmwG. Außerdem ist gem. § 265 Satz 2 UmwG der Anmeldung auch das Prüfungsgutachten in Urschrift oder öffentlich beglaubigter Abschrift beizufügen.

XII. Wirkung des Formwechsels

751   Durch den Formwechsel werden die bisherigen Geschäftsanteile **zum Anteil an der Gesellschaft neuer Rechtsform und zu Teilrechten.** Das Vertretungsorgan der Gesellschafter neuer Rechtsform hat jedem Anteilsinhaber unverzüglich nach der Bekanntmachung der Eintragung der Gesellschaft in das Register deren Inhalt sowie die Zahl und den Nennbetrag der Anteile und des Teilrechts, die auf ihn fallen, schriftlich mitzuteilen. Anschließend sind die Aktionäre aufzufordern, die ihnen zustehenden Aktien abzuholen (§ 268 UmwG).

XIII. Muster

1. Umwandlungsbeschluss bei Formwechsel Genossenschaft in AG

752   ▶ **Muster: Umwandlungsbeschluss bei Formwechsel Genossenschaft in AG**

Niederschrift der Generalversammlung

Heute, den . . . . .

begab ich mich, der unterzeichnende Notar . . . . . mit Amtssitz in . . . . . auf Ansuchen in die Gastwirtschaft X in Würzburg, um an der dortigen auf heute 16.00 Uhr einberufenen

Ordentlichen Generalversammlung

der Genossen der X-Genossenschaft teilzunehmen und über den Gang der Verhandlung sowie über die gefassten Beschlüsse die gesetzlich vorgeschriebene Niederschrift wie folgt zu errichten.

I. Anwesenheit
 1. Vom Aufsichtsrat der Genossenschaft
   a) Herr X, Landwirt, wohnhaft in . . . . .,
   b) Herr Z, Kaufmann, wohnhaft in . . . . .,
   c) Herr Y, Bankkaufmann, wohnhaft in . . . . .
 2. Vom Vorstand der Genossenschaft
   a) Herr A, Bankkaufmann, wohnhaft in . . . . ., Vorsitzender,
   b) Herr B, Kaufmann, wohnhaft in . . . . .
 3. Vom Prüfungsverband der Genossenschaft . . . .

Dieser Niederschrift ist ein Verzeichnis der erschienenen oder vertretenen Genossen und der Vertreter von Genossen beigefügt. Bei jedem erschienenen oder vertretenen Genossen ist also Stimmenzahl

vermerkt. Das Teilnehmerverzeichnis ist vom Versammlungsleiter unterzeichnet worden und wurde bei jeder Abstimmung bei Änderung der Teilnehmerzahl angepasst.

II. Ablauf der Generalversammlung

Den Vorsitz der Versammlung führte entsprechend der Satzung der Vorsitzende des Aufsichtsrates. Er stellte fest, dass die Generalversammlung form- und fristgemäß einberufen worden ist. Der Einladung war das Abfindungsangebot gem. § 207 UmwG beigefügt.

Anschließend legte er das anliegende, von ihm unterzeichnete Verzeichnis der erschienenen und vertretenen Genossen zur Einsichtnahme aus, nachdem der Vorstand erklärt hatte, dass sämtliche, in dem Verzeichnis aufgeführten Genossen ihre Berechtigung zur Teilnahme an der Generalversammlung ordnungsgemäß nachgewiesen haben.

Der Vorsitzende stellt weiter fest, dass von der Einberufung der Generalversammlung an in dem Geschäftsraum der Genossenschaft folgende Unterlagen zur Einsicht der Genossen ausgelegt waren und diese auch während der Generalversammlung im Versammlungssaal ausliegen:
– der Umwandlungsbericht samt Entwurf eines Umwandlungsbeschlusses,
– das Prüfungsgutachten des Prüfungsverbandes.

Der Vorsitzende stellte fest, dass der Formwechsel als Gegenstand der Beschlussfassung schriftlich angekündigt wurde. In der Ankündigung war auf die nach § 262 Abs. 1 UmwG erforderlichen Mehrheiten sowie auf die Möglichkeit der Erhebung eines Widerspruchs und die sich daraus ergebenden Rechte hingewiesen. Die Einladung wird als Anlage zu diesem Protokoll genommen, sie enthält auch die Tagesordnung.

Er stellte weiter fest, dass der Entwurf des Umwandlungsbeschlusses fristgemäß dem Betriebsrat zugeleitet wurde.

Nunmehr gab der Vorsitzende bekannt, dass von insgesamt 3.000 Genossen 115 Genossen rechtzeitig und formgerecht Widerspruch gegen den beabsichtigten Formwechsel erhoben haben, sodass gem. § 262 Abs. 1 UmwG der Umwandlungsbeschluss eine Mehrheit von 9/10 der abgegebenen Stimmen bedarf.

Der Vorsitzende erklärte, dass die Abstimmung durch Handaufheben stattfinden werde, soweit nicht eine andere Abstimmungsart für die Abstimmung angeordnet werde.

Daraufhin wurde die Tagesordnung wie folgt erledigt:

Punkt 1: Erläuterungen des Umwandlungsberichts

Der Vorstandsvorsitzende erläuterte den Umwandlungsbeschluss zu Beginn der Verhandlung mündlich. Verschiedenen Genossen wurde Auskunft über weitere Angelegenheiten erteilt.

Punkt 2: Verlesung des Prüfungsgutachtens

Das Prüfungsgutachten wurde gem. § 261 Abs. 2 UmwG verlesen.

Punkt 3: Umwandlungsbeschluss

Der Vorsitzende schlägt vor, dass die Genossenschaft folgenden Umwandlungsbeschluss fasst:

a) Die X-Genossenschaft wird in eine AG umgewandelt. Die Satzung der AG, die als Anlage dem Protokoll beigefügt ist, wurde vor der Beschlussfassung verlesen. Sie wird festgestellt.

b) Die Firma der AG lautet X-AG.

c) Das Grundkapital der AG wird auf 500.000,00 € festgesetzt und in 10.000 Aktien im Nennbetrag von je 50,00 € eingeteilt. Die Aktien lauten auf den Inhaber.

d) Auf je 50,00 € des Geschäftsguthabens entfällt eine Aktie im Nennbetrag von 50,00 €. Jeder Genosse wird daher in dem Verhältnis beteiligt, in dem am Ende des letzten vor der Beschlussfassung über den Formwechsel abgelaufenen Geschäftsjahres sein Geschäftsguthaben zur Summe der Geschäftsguthaben aller Genossen gestanden hat, die durch den Formwechsel Aktionäre werden.

Sonstige besondere Rechte wie stimmrechtslose Vorzugsaktien, Mehrstimmrechtsaktien etc. werden weder den Genossen noch Dritten gewährt.

e) Abfindungsangebot

Die Genossenschaft bietet jedem Genossen, der gegen den Umwandlungsbeschluss Widerspruch zur Niederschrift erklärt oder der dem Formwechsel bis zum Ablauf des dritten Tages von dem Tag an, an dem der Umwandlungsbeschluss gefasst wurde, durch eingeschriebenen Brief widersprochen hat, den Erwerb seines Geschäftsanteils gegen eine Barabfindung von 50,00 € an. Die Barabfindung beruht auf dem Gutachten der Wirtschaftsprüfungsgesellschaft XY.

f) Die X-AG übernimmt die Arbeitnehmer der X-Genossenschaft, weitere Maßnahmen sind für die Arbeitnehmer daher nicht vorgesehen.

Gegen diesen Vorschlag des Vorstandes stimmten zehn Genossen. Dafür stimmten entsprechend dem Vorschlag des Vorstandes und Aufsichtsrates 2990 Genossen.

Der Vorsitzende stellte fest und verkündete, dass die Umwandlung mit mehr als 9/10 der abgegebenen Stimmen beschlossen ist.

Punkt 4: Bestellung des Aufsichtsrates

Der Vorstand schlägt vor, folgende Personen zu Mitgliedern des Aufsichtsrates zu bestellen.
a) Herrn Z, Bankkaufmann, wohnhaft in . . . . .,
b) Herrn Y, Bankkaufmann, wohnhaft in . . . . .,
c) Herrn T, Ingenieur, wohnhaft in . . . . .,
d) Herrn X, wohnhaft in . . . . .

Die Bestellung erfolgt für die Zeit bis zur Beendigung der Hauptversammlung, die über die Entlassung des Aufsichtsrats für das vierte Geschäftsjahr nach Beginn der Amtszeit beschließt.

Gegen diesen Vorschlag stimmten zehn Genossen. Dafür stimmten entsprechend dem Vorschlag von Vorstand und Aufsichtsrat 2.500 Genossen.

Der Vorsitzende stellte fest und verkündete, dass die Aufsichtsratsmitglieder gewählt wurden.

Die gewählten Herren erklärten sodann einzeln auf Befragen:

»Ich nehme die Wahl an.«

Punkt 5: Bestellung der Abschlussprüfer

Auf einstimmigen Beschluss wurde zum Abschlussprüfer für das Geschäftsjahr . . . . . die Wirtschaftsprüfungsgesellschaft XY-GmbH in Z-Stadt gewählt.

Weitere Beschlüsse wurden nicht getroffen.

Damit war die Tagesordnung erledigt. Der Vorsitzende schloss die Hauptversammlung um 19.00 Uhr.

Die Niederschrift wurde vom Notar und vom Vorsitzenden und den anwesenden Mitgliedern des Vorstandes wie folgt unterschrieben:

. . . . .

Anlage 1: Teilnehmerverzeichnis

Anlage 2: Exemplar über die Einberufung zur Versammlung

Anlage 3: Satzung der X-AG

2. Handelsregisteranmeldung der AG

753 ▶ **Muster: Handelsregisteranmeldung bei Formwechsel Genossenschaft in AG**

An das

Amtsgericht X-Stadt

– Handelsregister –

Zur Eintragung in das Handelsregister melden wir an:

1. Die durch Formwechsel der X-Genossenschaft aufgrund des Umwandlungsbeschlusses vom . . . . . UR.Nr. . . . . . umgewandelte X-AG. Der AG liegt die beigefügte Satzung zugrunde.

2. Zu Mitgliedern des Vorstandes wurden bestellt:
– Herr A, Kaufmann in X-Stadt,
– Herr B, Kaufmann in X-Stadt.

Zu Mitgliedern des ersten Aufsichtsrats werden bestellt: . . . . .

3. Konkrete Vertretungsbefugnis

Die beiden Vorstandsmitglieder, Herr A und Herr B, sind berechtigt, die Gesellschaft stets einzeln zu vertreten.

4. Abstrakte Vertretungsbefugnis

Die Gesellschaft wird durch zwei Mitglieder des Vorstandes oder durch ein Mitglied des Vorstandes zusammen mit einem Prokuristen vertreten. Besteht der Vorstand nur aus einer Person, vertritt dieser allein. Der Aufsichtsrat kann einzelnen Mitgliedern des Vorstandes die Befugnisse zur Einzelvertretung erteilen.

5. Die Vorstandsmitglieder versichern, dass keine Umstände vorliegen, die ihrer Bestellung nach § 76 Abs. 3 Satz 2 und 3 AktG entgegenstehen.

Jedes Vorstandsmitglied versichert insbesondere,

– dass es nicht wegen einer oder mehrerer vorsätzlicher Straftaten
a) des Unterlassens der Stellung des Antrags auf Eröffnung des Insolvenzverfahrens (Insolvenzverschleppung),
b) nach §§ 283 bis 283d StGB (Insolvenzstraftaten),
c) der falschen Angaben nach § 82 GmbHG oder § 399 AktG,
d) der unrichtigen Darstellung nach § 400 AktG, § 331 HGB, § 313 UmwG oder § 17 PublizitätsG,
e) nach den §§ 263 StGB (Betrug), § 263a StGB (Computerbetrug), § 264 StGB (Kapitalanlagebetrug) § 264a (Subventionsbetrug) oder den §§ 265b StGB (Kreditbetrug), § 266 StGB (Untreue) bis § 266a StGB (Vorenthalten und Veruntreuen von Arbeitsentgelt – Nichtabführung von Sozialversicherungsbeiträgen) zu einer Freiheitsstrafe von mindestens einem Jahr

verurteilt worden ist, und
– dass ihm weder durch gerichtliches Urteil noch durch die vollziehbare Entscheidung einer Verwaltungsbehörde die Ausübung eines Berufes, eines Berufszweiges, eines Gewerbes oder eines Gewerbezweiges ganz oder teilweise untersagt wurde, und
– auch keine vergleichbaren strafrechtlichen Entscheidungen ausländischer Behörden oder Gerichte gegen ihn vorliegen, und
– dass er über die uneingeschränkte Auskunftspflicht ggü. dem Gericht durch den Notar belehrt wurde.

6. Die Geschäftsräume und die inländische Geschäftsanschrift der Gesellschaft befinden sich in . . . . .

7. Das Grundkapital der Gesellschaft beträgt 500.000,00 € und ist eingeteilt in 10.000 Aktien im Nennbetrag von 50,00 € die auf den Inhaber lauten.

Zu dieser Anmeldung überreichen wir folgende Anlagen:
– elektronisch beglaubigte Abschrift des Umwandlungsbeschlusses zur Urkunde des Notars . . . . ., in . . . . ., UR.Nr. . . . . ., der auch die Satzung der AG und die Bestellung der Aufsichtsratsmitglieder enthält;
– elektronisch beglaubigte Abschrift des Nachweises über die Zuleitung des Umwandlungsbeschlusses zum Betriebsratsvorsitzenden;
– elektronisch beglaubigte Abschrift des Beschlusses des Aufsichtsrates über die Bestellung der Mitglieder des Vorstandes;
– elektronisch beglaubigte Abschrift des Gründungsberichtes der Gründer ist nicht erforderlich (§ 264 Abs. 3 UmwG);
– elektronisch beglaubigte Abschrift des Prüfungsberichtes der Mitglieder des Vorstandes und des Aufsichtsrates;
– elektronisch beglaubigte Abschrift des Prüfungsberichtes des Gründungsprüfers;
– elektronisch beglaubigte Abschrift des Gutachtens des Prüfungsverbandes;
– elektronisch beglaubigte Abschrift des Umwandlungsberichtes;
– elektronisch beglaubigte Abschrift der Berechnung des Gründungsaufwandes

*(**Anm.:** Es ist umstritten, ob eine Versicherung nach § 37 AktG erforderlich ist [vgl. oben Teil 3 Rdn. 183], z. B.: »Es wird versichert, dass durch Eintragung des Formwechsels ins Handelsregister das Vermögen der Gesellschaft vollständig geleistet ist und der Wert des Vermögens den Ausgabebetrag der dafür gewährten Aktien entspricht. Die Voraussetzungen der §§ 36 Abs. 2, 36a Abs. 2 AktG sind damit erfüllt.«)*

Weiter erklären wir, dass Klagen gegen den Umwandlungsbeschluss nicht erhoben sind.

. . . . .

(Unterschriften aller Vorstandsmitglieder und aller Mitglieder des Aufsichtsrates)

3. Anmeldung zum Genossenschaftsregister

754 ▶ **Muster: Anmeldung zum Genossenschaftsregister**

An das

Amtsgericht

Abt. Genossenschaftsregister

X-Stadt

Handelsregistersache X-Genossenschaft

Zur Eintragung in das Handelsregister melden wir an:

**Die X-Genossenschaft ist durch Formwechsel aufgrund des Umwandlungsbeschlusses vom .....
UR.Nr. ..... in die X-AG umgewandelt worden.**

Der Formwechsel zum Handelsregister der AG ist mit gleicher Post angemeldet worden.

**Wir erklären, dass Klagen gegen den Umwandlungsbeschluss nicht erhoben sind und im Umwand-
lungsbeschluss die Gesellschafter auf eine Anfechtung verzichtet haben.**

Zu dieser Anmeldung überreichen wir folgende Anlagen:
- **elektronisch beglaubigte Abschrift des des Umwandlungsbeschlusses zur Urkunde des Notars
  ....., in ....., UR.Nr. .....;**
- **elektronisch beglaubigte Abschrift des Nachweises über die Zuleitung des Umwandlungsbeschlusses zum Betriebsratsvorsitzenden;**
- **elektronisch beglaubigte Abschrift des Gutachtens des Prüfungsverbandes;**
- **elektronisch beglaubigte Abschrift des Umwandlungsberichtes;**

.....

.....

**(Unterschriften aller Vorstandsmitglieder und Unterschriften aller Aufsichtsratsmitglieder oder alter-
nativ Unterschriften der Vorstandsmitglieder der Genossenschaft in vertretungsberechtigter Zahl;
§ 265 i. V. m. § 222 Abs. 3 UmwG).**

(Beglaubigungsvermerk)

D. Formwechsel rechtsfähiger Vereine

I. Checkliste

755 Bei einem **Formwechsel rechtsfähiger Vereine** sind nach dem UmwG folgende Punkte zu beachten:

☐ Vorbereitung des Formwechselbeschlusses durch Erstellung eines Entwurfs des Umwandlungsbeschlusses (§§ 274 Abs. 1, 229, 230 Abs. 2, 192 Abs. 2 UmwG),

☐ Zuleitung des Entwurfs des Umwandlungsbeschlusses zum ständigen Betriebsrat, soweit vorhanden (§ 194 Abs. 2 UmwG),

☐ Umwandlungsbericht (§§ 274 Abs. 1, 229, 230 Abs. 2, 192 UmwG), entbehrlich wenn alle Vereinsmitglieder auf Erstattung verzichten (§§ 192 Abs. 3, 274 Abs. 1 Satz 2 UmwG),

☐ Einberufung der Mitgliederversammlung durch Vorstand unter schriftlicher Ankündigung des
  Formwechsels als Gegenstand der Beschlussfassung (§§ 274 Abs. 1, 260 Abs. 1 UmwG); zusammen
  mit der Einberufung ist das Abfindungsangebot nach § 207 zu übersenden (§§ 274 Abs. 1,
  231 UmwG),

☐ der Umwandlungsbericht ist von der Einberufung der Mitgliederversammlung an in dem Geschäftsraum des Vereins zur Ansicht auszulegen (§§ 274, 230 Abs. 2 UmwG),

☐ Umwandlungsbeschluss (§§ 275, 276, 193 UmwG), der auch den Gesellschaftsvertrag bzw. die Satzung feststellen muss,

☐ Einhaltung der Gründungsvorschriften des neuen Rechtsträgers (§ 197 UmwG) und Kapitalschutz
  (§§ 277, 264 UmwG),

☐ Anmeldung des Formwechsels (§§ 278, 222 Abs. 1, 3, 198 UmwG) beim Vereinsregister und beim
  Handelsregister,

☐ Eintragung des Formwechsels beim Vereinsregister und beim Handelsregister.

II. Allgemeines

Die §§ 272 ff. UmwG regeln den **Formwechsel rechtsfähiger Vereine**. Auch hier gilt der allgemeine 756
Aufbau des Gesetzes, d. h. zunächst sind die allgemeinen Vorschriften der §§ 190 ff. UmwG und sodann die Vorschriften der §§ 258 ff. UmwG anzuwenden. Darüber hinaus wird auf die Vorschriften
über den Formwechsel einer KGaA und einer Genossenschaft z. T. verwiesen. Auch der Ablauf des
Grundes ist der gleiche wie bei den anderen Formen des Formwechsels.

Nach § 272 Abs. 1 UmwG kann ein rechtsfähiger Verein **nur die Rechtsform einer Kapitalgesellschaft** 757
oder einer eingetragenen Genossenschaft erlangen. Ein Verein kann daher nicht in eine Personengesellschaft umgewandelt werden. Ebenso wie bei der Verschmelzung in § 99 Abs. 1 UmwG sieht § 272
Abs. 2 UmwG einen landesrechtlichen oder satzungsmäßigen Vorbehalt vor. Ein Verein kann daher
die Rechtsform nur wechseln, wenn seine Satzung oder die Vorschriften des Landesrechts nicht entgegenstehen. Es kann daher zunächst auf die obigen Ausführungen (vgl. oben Teil 2 Rdn. 1297) verwiesen werden. Nach der überwiegenden Meinung sind nicht nur ausdrückliche satzungsmäßige Form-
wechselungsverbote entgegenstehend, sondern auch, wenn sich ein derartiges Verbot des Formwechsels
aus dem Gesamtzusammenhang der Satzung ergibt (vgl. Begründung zum RegE, abgedruckt bei
Limmer, Umwandlungsrecht, S. 359; Lutter/Krieger/Bayer, § 272 UmwG Rn. 5; zur vergleichbaren
Vorschrift des § 99 UmwG vgl. HennrichsLutter/Henrichs, UmwG, § 99 Rn. 12; Widmann/Mayer/
Vossius, Umwandlungsrecht, § 99 UmwG Rn. 21). Die Satzung eines Vereins kann Bestimmungen
enthalten, die einer grundlegenden Veränderung der Verbandstruktur ausdrücklich oder sinngemäß
entgegenstehen. Solche Satzungen kommen v. a. bei Vereinen vor, deren Zweck nicht auf einen wirtschaftlichen Geschäftsbetrieb gerichtet ist oder die als wirtschaftlicher Verein gleichwohl einem gemeinnützigen Zweck dienen. Für eine Änderung solcher Bestimmungen können in der Satzung besondere Erfordernisse vorgesehen sein. Deshalb sollen derartige Satzungen zunächst geändert werden,
bevor der Formwechsel möglich ist. Voraussetzung ist allerdings, dass sich für ein derartiges Verbot konkrete Anhaltspunkte in der Satzung finden (Lutter/Hennrichs, UmwG, § 99 Rn. 12; Widmann/May-
er/Vossius, Umwandlungsrecht, § 99 UmwG Rn. 25).

Beim Formwechsel einer Kapitalgesellschaft ist außerdem § 273 UmwG zu beachten. Danach ist der 758
Formwechsel in eine Kapitalgesellschaft nur möglich, wenn auf jedes Mitglied ein **bestimmter Min-**
destbetrag vom Grundkapital entfällt.

III. Umwandlungsbericht

Auch beim **Formwechsel von eingetragenen Vereinen** gilt § 192 UmwG, sodass der Vorstand des Ver- 759
eins einen ausführlichen, schriftlichen Bericht zu erstatten hat, in dem der Formwechsel und insb. die
künftige Beteiligung der Mitglieder an dem neuen Rechtsträger rechtlich und wirtschaftlich erläutert
und begründet werden. Dem Umwandlungsbericht ist ebenfalls ein Entwurf des Umwandlungsbeschlusses beizufügen (§ 192 Abs. 1 UmwG).

Es gilt auch nach § 274 Abs. 1 Satz 2 bzw. § 283 Abs. 1 Satz 2 UmwG die **Verzichtsmöglichkeit nach** 760
§ 192 Abs. 3 UmwG. Der Umwandlungsbericht ist daher nicht erforderlich, wenn alle Mitglieder des
Vereins auf seine Erstattung verzichten. Die Verzichtserklärung ist notariell zu beurkunden. Bei Vereinen wird dies angesichts der Zahl der Mitglieder allerdings meist praktisch ausscheiden.

IV. Vorbereitung der Mitgliederversammlung

1. Einberufung der Mitgliederversammlung. Die **Einberufung der Mitgliederversammlung** wird 761
vom UmwG nicht geregelt. Insofern bleibt es bei den allgemeinen Bestimmungen der §§ 32, 37 BGB
und der Satzung des Vereins. Für die Einberufung ist, soweit die Satzung nichts anderes bestimmt, der
Vorstand i. S. d. § 26 BGB zuständig, nicht der erweiterte Vorstand (vgl. KG, OLGZ 78, 276; Sauter/
Schweyer/Waldner, Der eingetragene Verein, S. 157; Hager, RNotZ 2011, 565, 580). I. d. R. ist zur Einberufung ein **Vorstandsbeschluss** seit 2009 nicht mehr notwendig (Sauter/Schweyer/Waldner, Der eingetragenen Verein, Rn. 157; vgl. zur alten Rechtslage BGH, NJW 1977, 2310 = DNotZ 1978, 88). Das
Vereinsrecht kennt keine Vorschrift, in welcher Form die Mitgliederversammlung einzuberufen ist (Sau-
ter/Schweyer/Waldner, Der eingetragene Verein, Rn. 171; Kölsch, Rpfleger 1985, 137 ff.). In § 58
Nr. 4 BGB ist allerdings bestimmt, dass diese Form in der Satzung festgelegt werden kann.

762 Die **Tagesordnung wird vom Vorstand festgelegt**. Gem. § 32 Abs. 1 Satz 2 BGB muss die Mitteilung der Tagesordnung in der Einladung so genau sein, dass die Mitglieder über die Notwendigkeit einer Teilnahme entscheiden und sich sachgerecht vorbereiten können.

763 Für den **Inhalt der Tagesordnung** verweisen §§ 274 Abs. 1, 283 Abs. 1 UmwG auf § 260 Abs. UmwG, der an sich die Vorbereitung der Generalversammlung einer formwechselnden Genossenschaft regelt.

764 Dementsprechend hat der Vorstand des formwechselnden Vereins allen Mitgliedern spätestens zusammen mit der Einberufung der Mitgliederversammlung, die den Formwechsel beschließen soll, diesen Formwechsel als **Gegenstand der Beschlussfassung in Textform anzukündigen**, sodass anders als für die Einberufung eine Bekanntmachung in einem öffentlichen Blatt nicht ausreichend ist (vgl. Widmann/Mayer/Vossius Umwandlungsrecht, § 274 UmwG Rn. 15; Katschinski, in: Semler/Stengel, § 274 UmwG Rn. 5). In der Ankündigung ist auf die nach § 275 bzw. § 284 UmwG erforderlichen Abstimmungsmehrheiten sowie auf die Möglichkeit der Erhebung des Widerspruchs und die sich daraus ergebenden Rechte hinzuweisen. Die Ankündigung hat ggü. **jedem einzelnen Mitglied** zu erfolgen (vgl. Widmann/Mayer/Fronhöfer, Umwandlungsrecht, § 260 UmwG Rn. 5; Katschinski, in: Semler/Stengel, § 274 UmwG Rn. 5; Lutter/KriegerBayer, § 260 UmwG Rn. 3).

765 Außerdem ist nach §§ 274 Abs. 1, 283 Abs. 1 i. V. m. § 231 Satz 1 UmwG den Mitgliedern des Vereins vom Vorstand spätestens zusammen mit der Einberufung der Mitgliederversammlung, die über den Formwechsel beschließen soll, dass **Abfindungsangebot** nach § 297 UmwG **zu übersenden**. Auch hier genügt öffentliche Bekanntmachung nicht, da nicht auf § 231 Satz 2 UmwG verwiesen wird (vgl. Widmann/Mayer/Vossius Umwandlungsrecht, § 274 UmwG Rn. 15; Katschinski, in: Semler/Stengel, § 274 UmwG Rn. 6; Lutter/Krieger/Bayer, § 274 UmwG Rn. 9).

766 **2. Auslegungspflicht.** Nach § 274 Abs. 1 bzw. § 283 Abs. 1 i. V. m. § 230 Abs. 2 UmwG ist der Umwandlungsbericht (samt Umwandlungsbeschluss) von der Einberufung der Mitgliederversammlung an, die den Formwechsel beschließen soll, in dem Geschäftsraum des Vereins **zur Einsicht der Mitglieder auszulegen**. Auf Verlangen ist jedem Mitglied unverzüglich und kostenlos eine Abschrift des Umwandlungsberichts zur Verfügung zu stellen.

V. Durchführung der Mitgliederversammlung

767 **1. Auslegungs- und Erläuterungspflicht.** Nach § 274 Abs. 2 bzw. § 283 Abs. 2 i. V. m. § 239 UmwG ist **in der Mitgliederversammlung**, die über den Formwechsel beschließen soll, der Umwandlungsbericht (samt Entwurf eines Umwandlungsbeschlusses) auszulegen.

768 Der Vorstand hat zu Beginn der Verhandlung den **Entwurf des Umwandlungsbeschlusses** mündlich zu erläutern.

769 **2. Ablauf.** Die **Leitung der Mitgliederversammlung** obliegt nach der Satzung meistens bestimmten Personen (z. B. Vorsitzenden des Vereins). Nur wenn dieser nicht erscheint, kann die Versammlung einen Leiter wählen. Schweigt die Satzung, ist der Vorstandsvorsitzende zuständig. Über die Abstimmungsart entscheidet ebenfalls bei Schweigen der Satzung der Versammlungsleiter.

770 **3. Beschlussmehrheit.** Die Beschlussmehrheiten sind in § 275 UmwG für den Formwechsel einer Kapitalgesellschaft und in § 283 UmwG für den Formwechsel einer Genossenschaft geregelt.

771 **a) Formwechsel in eine Kapitalgesellschaft.** Der Umwandlungsbeschluss bedarf nach § 275 Abs. 1 UmwG, wenn der Zweck des Rechtsträgers geändert werden soll (§ 33 Abs. 1 Satz 2 BGB) der **Zustimmung aller anwesenden Mitglieder**; ihm müssen auch nicht erschienene Mitglieder zustimmen. In allen anderen Fällen bedarf nach § 275 Abs. 2 UmwG der Umwandlungsbeschluss einer **Mehrheit von mindestens 3/4 der erschienenen Mitglieder**. Es bedarf mindestens 9/10 der erschienenen Mitglieder, wenn spätestens bis zum Ablauf des dritten Tages vor der Mitgliederversammlung wenigstens 100 Mitglieder, bei Vereinen bei weniger als 1000 Mitgliedern 1/10 der Mitglieder, durch eingeschriebenen Brief Widerspruch gegen den Formwechsel erhoben haben.

Die **Satzung** kann **größere Mehrheiten** und weitere Erfordernisse bestimmen. Entscheidend ist also, ob **772** es sich um eine Umwandlung mit oder ohne Änderung des Verbandszweckes handelt. Wird der Formwechsel nicht darauf beschränkt, den bisherigen Vereinszweck durch einen Rechtsträger anderer Rechtsform zu verwirklichen, sondern ergibt sich darüber hinaus aus dem neuen Gesellschaftsvertrag oder der Satzung eine Änderung des Unternehmenszweckes, so verlangt § 275 Abs. 1 UmwG für den Umwandlungsbeschluss die Zustimmung aller Vereinsmitglieder. Eine Änderung des Vereinszwecks gegen den Willen einzelner Mitglieder soll daher aus grds. Erwägungen nicht hingenommen werden. Einstimmigkeit bei der Beschlussfassung ist z. B. dann geboten, wenn der künftige Unternehmensgegenstand im Betrieb eines Handelsgewerbes bestehen soll, der formwechselnde Rechtsträger jedoch ein Idealverein ist, dessen Zweck bisher noch nicht auf einen wirtschaftlichen Geschäftsbetrieb gerichtet war (vgl. die Begründung zum RegE, abgedruckt bei Limmer, Umwandlungsrecht, S. 359). Dient der Formwechsel dagegen der Verwirklichung des bisherigen Vereinszwecks in einer anderen Rechtsform, so soll er nach § 275 Abs. 2 UmwG auch mehrheitlich beschlossen werden können. Dabei muss mindestens die Mehrheit erreicht werden, die nach § 33 Abs. 1 BGB für die Satzungsänderung und nach § 41 Abs. 2 BGB für die Auflösung des Vereins erforderlich wäre.

b) Formwechsel in eine eingetragene Genossenschaft. Eine **ähnliche Unterscheidung** ist in § 284 **773** UmwG für den Formwechsel eines eingetragenen Vereins in eine eingetragene Genossenschaft vorgesehen. Auch dort bedarf der Umwandlungsbeschluss der Mitgliederversammlung, wenn der Zweck des Rechtsträgers geändert werden soll oder, wenn die Satzung der Genossenschaft eine Verpflichtung der Genossen zur Leistung von Nachschüssen vorsieht, der Zustimmung aller anwesenden Mitglieder. Auch die nicht erschienenen Mitglieder müssen dann zustimmen. I. Ü. gilt das Mehrheitserfordernis wie beim Formwechsel einer Kapitalgesellschaft.

4. Notarielle Beurkundung. Nach § 193 Abs. 3 UmwG bedarf auch der Formwechselbeschluss bei **774** einem Verein der **notariellen Beurkundung.** Es gelten die allgemeinen Grundsätze (vgl. oben Teil 4 Rdn. 217 ff.).

VI. Inhalt des Umwandlungsbeschlusses

Der **Inhalt des Umwandlungsbeschlusses** ergibt sich auch beim Formwechsel des Vereins aus der all- **775** gemeinen Regelung in § 194 UmwG (vgl. Teil 4 Rdn. 229 ff.). Allerdings bestimmen die §§ 276 und 285 UmwG Sonderregelungen.

1. Formwechsel in eine Kapitalgesellschaft. a) Überblick. § 276 Abs. 1 verweist auf eine Reihe **776** von Vorschriften des Formwechsels einer Genossenschaft. Im Einzelnen handelt es sich um folgende neben § 194 UmwG zu beachtende Vorschriften:

§ 218 UmwG	Feststellung des Gesellschaftsvertrages der GmbH oder der Satzung der AG oder KGaA;
§ 243 Abs. 3 UmwG	in dem Gesellschaftsvertrag oder in der Satzung der Gesellschaft neuer Rechtsform kann der auf die Anteile entfallende Betrag des Stamm- oder Grundkapitals abweichend vom Betrag der Anteile der formwechselnden Gesellschaft festgesetzt werden. Bei einer GmbH muss er auf volle Euro lauten.
§ 244 Abs. 2 i. V. m. § 276 UmwG	Beim Formwechsel in die GmbH braucht der Gesellschaftsvertrag von den Gesellschaftern nicht unterzeichnet zu werden.
§ 263 Abs. 2 Satz 2 i. V. m. § 276 UmwG	Der Nennbetrag des Stammkapitals der GmbH oder des Grundkapitals der AG oder KGaA ist so zu bemessen, dass auf jeden Genossen möglichst ein voller Geschäftsanteil oder eine volle Aktie oder ein möglichst hoher Teil eines Geschäftsanteils oder einer Aktie (Teilrecht) entfällt.

§ 263 Abs. 3 i. V. m. § 276 UmwG	Die Geschäftsanteile einer GmbH sollen auf einen höheren Nennbetrag als 100,00 € nur gestellt werden, soweit auf die Mitglieder der formwechselnden Genossenschaft volle Geschäftsanteile mit dem höheren Nennbetrag entfallen. Aktien können auf einen höheren Betrag als den Mindestbetrag nach § 8 Abs. 2 und 3 AktG nur gestellt werden, soweit volle Aktien mit dem höheren Betrag auf die Mitglieder entfallen. Wird das Vertretungsorgan der AG oder der KG auf Aktien in der Satzung ermächtigt, das Grundkapital bis zu einem bestimmten Nennbetrag durch Ausgabe neuer Aktien gegen Einlagen zu erhöhen, so darf die Ermächtigung nicht vorsehen, dass das Vertretungsorgan über den Ausschluss des Bezugsrechts entscheidet.
§ 276 Abs. 2 UmwG	Diese Vorschrift legt die Maßstäbe fest, die der Umwandlung der Vereinsmitgliedschaften einer Beteiligung am künftigen Stamm- oder Grundkapital des Rechtsträgers zugrunde gelegt werden können. Es handelt sich also um eine Aufzählung zulässiger Verteilungsmaßstäbe.

777 **b) Neue Rechtsform.** Beim Formwechsel des Vereins muss festgelegt werden, ob der Formwechsel in die GmbH, AG oder KGaA oder Genossenschaft erfolgen darf (§ 194 Abs. 1 Nr. 1 UmwG).

778 **c) Firma des neuen Rechtsträgers.** Hier ist die **Firma der neuen Gesellschaft** anzugeben (§ 194 Abs. 1 Nr. 2 UmwG).

779 **d) Angaben der Beteiligung der Mitglieder an der neuen Gesellschaft.** Nach § 194 Abs. 1 Nr. 3 UmwG muss im Umwandlungsbeschluss bestimmt werden, **welche Beteiligung** die Mitglieder des Vereins in der neuen Gesellschaft erhalten sollen. In erster Linie ist jeweils zu bestimmen, dass die Mitglieder auch weiterhin Gesellschafter der AG, GmbH oder KGaA sind. § 194 Abs. 1 Nr. 3 UmwG ist in erster Linie Ausdruck des sog. Identitätsgrundsatzes, d. h. während des Formwechsels kann kein Mitglied ausscheiden oder beitreten.

780 Allerdings sieht das Gesetz beim Formwechsel eines Vereins in eine KGaA gem. § 276 i. V. m. § 218 Abs. 2 UmwG die Möglichkeit vor, dass **ausnahmsweise ein persönlich unbeschränkt haftender Gesellschafter** dem Formwechsel beitreten kann.

781 **e) Zahl, Art und Umfang der Beteiligung der Mitglieder des Vereins an der neuen Gesellschaft.** Auch für den Formwechsel eines Vereins in eine Kapitalgesellschaft sind die Bestimmungen des § 194 Abs. 1 Nr. 4 UmwG am bedeutendsten (vgl. oben Teil 3 Rdn. 55 ff.). Danach sind Zahl, Art und Umfang der Mitgliedschaft, welche die Mitglieder des Vereins durch den Formwechsel an der neuen Gesellschaft erlangen sollen, in dem Beschluss anzugeben. Diese Vorschrift wird ergänzt durch § 276 i. V. m. § 243 Abs. 3 und § 263 Abs. 2 Satz 2, Abs. 3 und § 276 Abs. 2 UmwG.

782 **aa) Festsetzung von Stammkapital bzw. Grundkapital bei der Umwandlung in eine GmbH oder AG.** Auch beim Formwechsel eines Vereins in eine Kapitalgesellschaft besteht die erste Frage darin, **welches Stamm- bzw. Grundkapital** die neue Gesellschaft erhalten soll. Hier bestimmt zunächst § 276 Abs. 1 i. V. m. § 263 Abs. 2 Satz 3 UmwG, dass der Nennbetrag des Stammkapitals oder das Grundkapital so zu bemessen ist, dass auf jedes Vereinsmitglied möglichst ein voller Geschäftsanteil oder eine volle Aktie oder ein möglichst hoher Teil des Geschäftsanteils oder einer Aktie entfällt.

783 § 276 Abs. 2 UmwG gibt dann für die Umwandlung des Vereinsvermögens in das Stammkapital oder Grundkapital **weitere Maßstäbe** an, nach denen die Beteiligung der Mitglieder am Stammkapital oder am Grundkapital der Gesellschaft neuer Rechtsform verteilt werden soll. Sollen nicht alle Mitglieder einen gleich hohen Anteil erhalten, so darf der Zuschnitt der Anteile nur noch nach einem oder mehreren der folgenden Maßstäbe festgesetzt werden:
– bei Vereinen, deren Vermögen in übertragbare Anteile zerlegt ist, nach dem Nennbetrag oder dem Wert dieser Anteile,
– nach der Höhe der Beiträge,
– bei Vereinen, die zu ihren Mitgliedern oder einem Teil der Mitglieder in vertraglichen Geschäftsbeziehungen stehen, nach dem Umfang der Inanspruchnahme von Leistungen des Vereins durch

die Mitglieder oder nach dem Umfang der Inanspruchnahme von Leistungen der Mitglieder durch den Verein,
– nach einem in der Satzung bestimmten Maßstab für die Verteilung des Überschusses,
– nach einem in der Satzung bestimmten Maßstab für die Verteilung des Vermögens,
– nach Dauer der Mitgliedschaft.

Die **Prüfungsfolge** ist also die folgende (vgl. Widmann/Mayer/Vossius, § 276 UmwG Rn. 16 ff.; Kat- **784** schinski, in: Semler/Stengel, § 276 UmwG Rn. 12 ff.; Lutter/Krieger/Bayer, § 276 UmwG Rn. 11 ff.):

Zunächst ist zu prüfen, ob alle Mitglieder einen gleich hohen Anteil erhalten sollen, dann bedarf es § 276 Abs. 2 UmwG nicht. Hat der Verein Sondervorschriften, die auf anderen Kriterien für die Verteilung des Vereinsvermögens abstellen, dann muss die Verteilung der neuen Anteile nach dem Maßstab des § 276 Abs. 2 UmwG erfolgen. Die Begründung zum RegE weist darauf hin, dass die Festlegung solcher besonderer Kriterien erforderlich sei, weil den Mitgliedern eines Vereins allein durch ihre Mitgliedschaft im Allgemeinen keine Beteiligung am Vereinsvermögen vermittelt werde (vgl. Begründung zum RegE, abgedruckt bei Limmer, Umwandlungsrecht, S. 360).

bb) Anzahl und Stückelung der Anteile bzw. Aktien. Beim Formwechsel des Vereins in eine **785** GmbH gilt § 5 Abs. 2 UmwG, sodass der künftige GmbH-Gesellschafter **auch mehrere Geschäftsanteile übernehmen** kann. Außerdem gilt beim Formwechsel in die GmbH, dass der Nennbetrag jedes Geschäftsanteils auf volle Euro lauten muss.

Weiter ist zu berücksichtigen, dass gem. § 263 Abs. 3 i. V. m. § 276 Abs. 1 UmwG die Geschäftsanteile **786** einer GmbH nur auf einen **höheren Nennbetrag als 100,00 € gestellt** werden sollen, soweit auf die Mitglieder des Vereins volle Geschäftsanteile mit dem höheren Nennwert entfallen.

Beim Formwechsel einer AG gilt § 8 AktG, sodass die Aktien **mindestens auf einen vollen Euro** lauten **787** oder als Stückaktien ausgegeben werden müssen.

f) Sonder- und Vorzugsrechte. Gem. § 194 Abs. 1 Nr. 5 UmwG müssen im Umwandlungs- **788** beschluss auch die Rechte bestimmt werden, die einzelnen Mitgliedern sowie den Inhabern besondere Rechte gewährt werden (vgl. oben Teil 4 Rdn. 231 ff.).

g) Angebot auf Barabfindung. Beim Formwechsel eines Vereins in eine Kapitalgesellschaft muss der **789** Umwandlungsbeschluss i. d. R. ein **Angebot auf Barabfindung** enthalten (§ 194 Abs. 1 Nr. 6 UmwG). Beim Formwechsel eines Vereins gilt wie bei der Genossenschaft bzgl. der Barabfindung folgende in § 270 UmwG geregelte Besonderheit. Das Abfindungsangebot gilt auch für jeden Genossen, der dem Formwechsel bis zum Ablauf des dritten Tages vor dem Tage, an dem der Umwandlungsbeschluss gefasst worden ist, durch eingeschriebenen Brief widersprochen hat. Diese Vorschrift erleichtert für widersprechende Genossen die Voraussetzung für einen Abfindungsanspruch.

2. Formwechsel in eine Genossenschaft. Beim Formwechsel des Vereins in eine Genossenschaft **790** gelten im Wesentlichen die gleichen Grundsätze wie beim Formwechsel in eine Kapitalgesellschaft. Nach § 285 Abs. 1 i. V. m. § 253 Abs. 1 UmwG muss in dem Umwandlungsbeschluss auch die **Satzung der Genossenschaft** enthalten sein. Eine Unterzeichnung der Satzung durch die Mitglieder ist nicht erforderlich.

Der Umwandlungsbeschluss muss die Beteiligung jedes Mitglieds mit **mindestens einem Geschäfts-** **791** **anteil** vorsehen (§ 253 Abs. 2 Satz 1 i. V. m. § 285 Abs. 1 UmwG).

Sollen bei der Genossenschaft alle Mitglieder **mit der gleichen Zahl von Geschäftsanteilen** beteiligt **792** werden, so darf die unterschiedlich hohe Beteiligung nur nach einem der o. g. Maßstäbe festgesetzt werden. § 289 Abs. 1 UmwG bestimmt schließlich, dass jedem Mitglied als Geschäftsguthaben aufgrund des Formwechsels höchstens der Nennbetrag der Geschäftsanteile gutgeschrieben werden kann, mit denen er bei der Genossenschaft beteiligt ist.

VII. Feststellung der Satzung eines Gesellschaftsvertrages der neuen Gesellschaft bzw. der Satzung der Genossenschaft

793 § 276 UmwG verweist vollinhaltlich auf § 218 UmwG, sodass in dem Umwandlungsbeschluss auch der **Gesellschaftsvertrag der GmbH oder die Satzung der AG oder KGaA festgestellt** werden muss. Der Beschluss zur Umwandlung einer KGaA muss darüber hinaus vorsehen, dass sich an dieser Gesellschaft mindestens ein Gesellschafter der formwechselnden Gesellschaft als persönlich haftender Gesellschafter beteiligt, oder dass der Gesellschaft mindestens ein persönlich haftender Gesellschafter beitritt. Der Gesellschaftsvertrag braucht nicht von den Gesellschaftern unterzeichnet zu werden.

VIII. Bestellung der ersten Organe

794 Auch beim Formwechsel eines Vereins in eine Kapitalgesellschaft oder Genossenschaft werden die **bisherigen Vorstände nicht automatisch in das Leitungsorgan der neuen Gesellschaft** berufen. § 197 UmwG bestimmt daher allgemein, dass auf den Formwechsel die für die neue Rechtsform geltenden Gründungsvorschriften anzuwenden sind. Es sind daher auch beim Formwechsel des Vereins die Organe zu bestellen.

IX. Gründungsvorschriften und Kapitalschutz beim Formwechsel eines Vereins in eine Kapitalgesellschaft

795 Ebenso wie beim Formwechsel einer Genossenschaft in eine Kapitalgesellschaft spielt auch beim Formwechsel des Vereins in eine Kapitalgesellschaft der **Kapitalschutz** eine große Rolle. Der Gesetzgeber hat daher in § 277 UmwG vollinhaltlich auf die Vorschriften des Formwechsels der Genossenschaft in eine Kapitalgesellschaft, d. h. § 264 UmwG verwiesen (vgl. Widmann/Mayer/Vossius, § 277 UmwG Rn. 1 ff. Lutter/Krieger/Bayer, § 277 UmwG Rn. 1 ff.). In § 264 Abs. 1 UmwG ist daher bestimmt, dass der Nennbetrag des Stammkapitals der GmbH oder des Grundkapitals der AG oder KGaA, das nach Abzug der Schulden verbleibende Vermögen des Vereins nicht übersteigen darf. Der Gesetzgeber knüpft daher an die gleiche Problematik wie bei der Genossenschaft an. Da auch der rechtsfähige Verein ebenso wie die Genossenschaft kein festes Nennkapital hat, sind dieselben Vorkehrungen wie bei der Genossenschaft vorgesehen. Es kann daher auf die obigen Ausführungen verwiesen werden (vgl. oben Teil 4 Rdn. 736 ff.).

X. Handelsregisteranmeldung

796 Die **Grundnorm** für die Anmeldung des Formwechsels bildet auch hier § 198 UmwG (vgl. oben Teil 4 Rdn. 303 ff.). Es gilt auch § 198 Abs. 2 UmwG, da sich das zuständige Register ändert. Es bedarf daher **zweier Anmeldungen:**
– Anmeldung beim Vereinsregister,
– Anmeldung der GmbH oder AG oder KGaA beim zuständigen Handelsregister bzw. beim Formwechsel in die Genossenschaft beim zuständigen Genossenschaftsregister (§ 198 Abs. 2 Satz 2 UmwG).

797 § 278 Abs. 1 UmwG verweist auch hier – wie beim Formwechsel der Genossenschaft – auf die allgemeinen Vorschriften der §§ 292 Abs. 1 und Abs. 3 UmwG.

798 Die **Anmeldung ist daher durch alle Mitglieder des künftigen Vertretungsorgans** (gesamter Vorstand oder aller Geschäftsführer der GmbH) sowie, wenn der Rechtsträger nach den für die neue Rechtsform geltenden Vorschriften einen Aufsichtsrat haben muss, auch durch alle Mitglieder des Aufsichtsrates vorzunehmen.

799 Die Anmeldung der Umwandlung zur Eintragung in das Vereinsregister des formwechselnden Vereins kann **vom Vorstand des Vereins** vorgenommen werden (§ 222 Abs. 3 i. V. m. § 278 Abs. 1 UmwG).

800 Da gem. § 197 UmwG jeweils das Gründungsrecht anzuwenden ist, richtet sich auch der weitere **Inhalt der Anmeldung** nach den jeweiligen Gründungsvorschriften (vgl. oben Teil 4 Rdn. 328 ff.).

Bzgl. der Anlagen der Anmeldung gilt § 199 UmwG (vgl. oben Teil 4 Rdn. 390 ff.).

XI. Muster

1. Umwandlungsbeschluss beim Formwechsel eines eingetragenen Vereins in eine GmbH 801

▶ **Muster: Umwandlungsbeschluss beim Formwechsel eines eingetragenen Vereins in eine GmbH**

Heute, den . . . . .

begab ich mich, der unterzeichnende Notar . . . . ., mit Amtssitz in . . . . . auf Ansuchen in die Gaststätte Bürgerbräu, Ottostraße 3, München, um an der dorthin auf heute 16.00 Uhr einberufenen

ordentlichen Mitgliederversammlung

der Mitglieder des Schützenvereins A-e.V. teilzunehmen und über den Gang der Verhandlung sowie über die gefassten Beschlüsse die vorgeschriebene Niederschrift zu errichten wie folgt:

I.

Anwesend waren:

vom Vorstand der Gesellschaft
a) Herr A, Kaufmann, wohnhaft in . . . . . (Vorsitzender),
b) Herr B, Landwirt, wohnhaft in . . . . .,
c) Herr C, Bankkaufmann, wohnhaft in . . . . .

Dieser Urkunde ist das Teilnehmerverzeichnis der erschienenen Mitglieder als Anlage beigefügt.

II.

Den Vorsitz der Versammlung führte der Vorstandsvorsitzende. Er stellte fest, dass die Mitgliederversammlung form- und fristgemäß durch Bekanntmachung in der örtlichen Tageszeitung vom . . . . . einberufen worden ist. Ein Belegexemplar dieser Ausgabe wurde mir, dem Notar, übergeben. Es ist dieser Niederschrift als Anlage 2 beigefügt.

Anschließend legte er das anliegende, von ihm unterzeichnete Verzeichnis der erschienenen Mitglieder aus.

Der Vorsitzende erklärte, dass die Abstimmung durch Handaufheben stattfinden werde.

Der Vorsitzende stellte weiter fest, dass von der Einberufung der Mitgliederversammlung an in dem Geschäftsraum des Vereins folgende Unterlagen zur Einsicht der Mitglieder ausgelegen haben und diese auch während der Dauer der Mitgliederversammlung im Versammlungssaal ausliegen:
– der Umwandlungsbeschluss,
– der Umwandlungsbericht.

Der Vorsitzende gab die Tagesordnung wie folgt bekannt:
– Erläuterung der Umwandlung durch den Vorstand,
– Beschlussfassung über die Umwandlung.

Daraufhin wurde die Tagesordnung wie folgt erledigt:

Punkt 1:

Der Vorsitzende erläuterte den Umwandlungsbeschluss vom . . . . . und begründete insbes. die Zweckmäßigkeit der Umwandlung und die Mitgliedschaftsrechte für die Mitglieder des übertragenden Vereins. Auch die weiteren Punkte des Umwandlungsbeschlusses wurden vom Vorstand erläutert. Der Umwandlungsbeschlussvertrag wurde verlesen.

Punkt 2: Umwandlungsbeschluss

Der Vorsitzende schlägt vor, dass die Mitgliederversammlung folgenden Umwandlungsbeschluss fasst:

(1) Der A-e.V. wird in eine GmbH umgewandelt. Der Gesellschaftsvertrag der GmbH, der als Anlage dem Protokoll beigefügt ist, wurde vor Beschlussfassung verlesen. Er wird festgestellt.

(2) Die Firma der GmbH lautet X-GmbH.

(3) Das Stammkapital der GmbH wird auf 100.000,00 € festgesetzt. An die Stelle der bisherigen Mitgliedschaftsrechte der Mitglieder am Verein treten die Geschäftsanteile an der GmbH. Jedes Vereinsmitglied erhält einen Geschäftsanteil im Nennbetrag von 50,00 €. Auf eine Mitgliedschaft am Verein entfällt daher ein Geschäftsanteil i. H. v. 50,00 €.

(4) Die Namen der Vereinsmitglieder und ihrer Stammeinlagen sind diesem Protokoll als Anlage beigefügt. Sie wurden vom Vorsitzenden verlesen. Die Einzelheiten der Mitgliedschaft ergeben sich aus der diesem Protokoll beigefügten Satzung der GmbH.

(5) Sonstige besondere Rechte wie stimmrechtslose Anteile, Mehrstimmenanteile etc. werden weder den Mitgliedern noch Dritten gewährt.

(6) Abfindungsangebot

Vereinsmitgliedern, die gegen den Umwandlungsbeschluss Widerspruch zur Niederschrift erklären oder die dem Formwechsel bis zum Ablauf des dritten Tages vor dem Tage, an dem der Umwandlungsbeschluss gefasst worden ist, durch eingeschriebenen Brief widersprochen haben, wird der Erwerb ihrer Mitgliedschaftsrechte gegen eine Barabfindung von 50,00 € angeboten.

Das Angebot kann nur binnen zwei Monaten nach dem Tage angenommen werden, an dem die Eintragung der neuen Rechtsform in das Register bekanntgemacht wurde. Ist nach § 212 UmwG ein Antrag auf Bestimmung der Barabfindung durch das Gericht gestellt worden, so kann das Angebot binnen zwei Monaten nach dem Tage angenommen werden, an dem die Entscheidung im elektronischen Bundesanzeiger gemacht worden ist.

(7) Die X-GmbH übernimmt die Arbeitnehmer des X-e.V. Der Verein verfügt über keinen Betriebsrat. Für die Arbeitnehmer des Vereins sind daher keine weiteren Maßnahmen vorgesehen. Ihre Arbeitsverhältnisse bestehen mit dem neuen Rechtsträger fort.

(8) Die Kosten des Formwechsels trägt die GmbH.

Gegen diesen Vorschlag des Vorstandes stimmten drei Mitglieder. Dafür stimmten entsprechend dem Vorschlag des Vorstandes 100 Mitglieder. Der Vorstand stellte fest, dass die Umwandlung mit mehr als 9/10 der abgegebenen Stimmen beschlossen ist.

Punkt 3: Bestellung der ersten Geschäftsführer

Der Vorstand schlägt vor, folgende Personen zu Geschäftsführern der neuen GmbH zu bestellen.

(1) Herrn Z, Kaufmann, wohnhaft in . . . . .,

(2) Herrn Y, Kaufmann, wohnhaft in . . . . .

Diese Geschäftsführer sind berechtigt, die Gesellschaft stets einzeln zu vertreten. Sie sind in allen Fällen von den Beschränkungen des § 181 BGB befreit.

Gegen diesen Vorschlag stimmte kein Mitglied. Dafür stimmten entsprechend dem Vorschlag 103 Mitglieder. Der Vorsitzende stellte fest, dass die Geschäftsführer gewählt wurden. Die gewählten Herren erklärten sodann einzeln auf Befragen:

»Ich nehme die Wahl an.«

802   2. Handelsregisteranmeldung der GmbH

▶ **Muster: Handelsregisteranmeldung der GmbH**

Amtsgericht

Handelsregister

. . . . .

HRA Nr. . . . . .

Formwechsel des A-e.V. mit Sitz in, ...

Zur Eintragung in das Handelsregister melde ich als Geschäftsführer der künftigen GmbH an:

1. Der A-e.V. wurde aufgrund Umwandlungsbeschlusses vom . . . . ., UR.Nr. . . . . . in die Rechtsform einer GmbH in Firma A-GmbH umgewandelt.

2. Zu ersten Geschäftsführern der Gesellschaft wurden bestellt:

(1) Herr Z, Kaufmann, wohnhaft in . . . . .,

(2) Herr Y, Kaufmann, wohnhaft in . . . . .

Diese Geschäftsführer sind berechtigt, die Gesellschaft stets einzeln zu vertreten. Sie sind in allen Fällen von den Beschränkungen des § 181 BGB befreit.

3. Abstrakte Vertretungsbefugnis: Die Gesellschaft hat einen oder mehrere Geschäftsführer. Ist nur ein Geschäftsführer bestellt, so vertritt er die Gesellschaft allein. Sind mehrere Geschäftsführer bestellt, so wird die Gesellschaft durch zwei Geschäftsführer gemeinschaftlich oder durch einen Geschäftsführer und einen Prokuristen gemeinschaftlich vertreten. Die Gesellschafterversammlung kann unabhängig von der Zahl der bestellten Geschäftsführer jederzeit einen, mehreren oder allen Geschäftsführern Einzelvertretungsbefugnis erteilen sowie die Befreiung von § 181 BGB.

Die Gesellschafter erbringen die von ihnen übernommenen Stammeinlagen durch Formwechsel des A-e.V. in die A-GmbH.

Der Geschäftsführer versichert, dass das Vermögen des A-e.V. mit Eintragung des Formwechsels in das Handelsregister sich endgültig in der freien Verfügung des Geschäftsführers befindet. Er versichert weiter, dass das Vermögen der Gesellschaft nicht durch andere Verbindlichkeiten als die, die in der Bilanz zum 21.12. . . . . aufgeführt sind, und durch den Gründungsaufwand i. H. v. 4.000,00 € vorbelastet ist und den seit dem Bilanzstichtag eingegangenen Verbindlichkeiten seit diesem Zeitpunkt erworbene Aktiva von höherem Wert gegenüberstehen.

4. Die inländische Geschäftsanschrift lautet . . . . .

5. Jeder Geschäftsführer erklärt: Ich, [Name: [. . . .], versichere, dass keine Umstände vorliegen, die meiner Bestellung zum Geschäftsführer nach § 6 Abs. 2 GmbH-Gesetz entgegenstehen.

Jeder Geschäftsführer der Gesellschaft versichert insbesondere,

– dass er nicht wegen einer oder mehrerer vorsätzlicher Straftaten
a) des Unterlassens der Stellung des Antrags auf Eröffnung des Insolvenzverfahrens (Insolvenzverschleppung),
b) nach §§ 283 bis 283d StGB (Insolvenzstraftaten),
c) der falschen Angaben nach § 82 GmbHG oder § 399 AktG,
d) der unrichtigen Darstellung nach § 400 AktG, § 331 HGB, § 313 UmwG oder § 17 PublizitätsG,
e) nach den §§ 263 StGB (Betrug), § 263a StGB (Computerbetrug), § 264 StGB (Kapitalanlagebetrug) § 264a (Subventionsbetrug) oder den §§ 265b StGB (Kreditbetrug), § 266 StGB (Untreue) bis § 266a StGB (Vorenthalten und Veruntreuen von Arbeitsentgelt – Nichtabführung von Sozialversicherungsbeiträgen) zu einer Freiheitsstrafe von mindestens einem Jahr

verurteilt worden ist, und
– dass ihm weder durch gerichtliches Urteil noch durch die vollziehbare Entscheidung einer Verwaltungsbehörde die Ausübung eines Berufes, eines Berufszweiges, eines Gewerbes oder eines Gewerbezweiges ganz oder teilweise untersagt wurde, und
– auch keine vergleichbaren strafrechtlichen Entscheidungen ausländischer Behörden oder Gerichte gegen ihn vorliegen, und
– dass er über die uneingeschränkte Auskunftspflicht ggü. dem Gericht durch den Notar belehrt wurde.

Geschäftsräume . . . . .

Zu dieser Anmeldung werden folgende Anlagen überreicht:
– elektronisch beglaubigte Abschrift des Umwandlungsbeschlusses samt Geschäftsführerbestellung und Verzichtserklärungen der Gesellschafter auf Erstellung eines Umwandlungsverzichts und Anfechtung des Beschlusses zur Urkunde des Notars . . . . ., in . . . . . UR.Nr. . . . . .,
– elektronisch beglaubigte Abschrift des Nachweises über die Zuleitung des Umwandlungsbeschlusses zum Betriebsratsvorsitzenden,
– elektronisch beglaubigte Abschrift der Liste der Gesellschafter,
– elektronisch beglaubigte Abschrift des Sachgründungsberichtes,
– elektronisch beglaubigte Abschrift der Unterlagen über die Werthaltigkeit des übertragenen Vermögens.

Weiter wird erklärt, dass Klagen gegen den Umwandlungsbeschluss nicht erhoben sind und im Umwandlungsbeschluss die Gesellschafter auf eine Anfechtung verzichtet haben.

. . . . .

(Unterschrift des Geschäftsführers A)

(Beglaubigungsvermerk)

803 3. Anmeldung zum Vereinsregister

▶ **Muster: Vereinsregisteranmeldung**

An das Amtsgericht

– Vereinsregister –

X-Stadt

VR-Nr.: . . . . .

Name: A-e.V. mit Sitz in X-Stadt

Zur Eintragung in das Genossenschaftsregister melden wir an:

Der A-e.V. mit Sitz in X-Stadt ist durch Formwechsel aufgrund des Umwandlungsbeschlusses des Notars . . . . . vom . . . . . UR.Nr. . . . . . in die A-GmbH umgewandelt worden.

Der Formwechsel zum Handelsregister der GmbH ist mit gleicher Post angemeldet worden.

Wir erklären, dass Klagen gegen den Umwandlungsbeschluss nicht erhoben worden sind.

Zu dieser Anmeldung überreichen wir folgende Anlagen:
– Beglaubigte Abschrift des Umwandlungsbeschlusses zur Urkunde des Notar . . . . . in . . . . . UR.Nr. . . . . .;
– Nachweis über die Bestellung der Geschäftsführer der neuen GmbH (zum Nachweis der Anmeldebefugnis). Weiter versichern wir, dass der Formwechsel der Rechtsträger über keinen Betriebsrat verfügt, sodass auch keine Zuleitung des Umwandlungsbeschlusses zum Betriebsart möglich war. (Unterschrift aller GmbH-Geschäftsführer, evtl. vorhandener Aufsichtsratsmitglieder oder alternativ Unterschrift der Vorstandsmitglieder des Vereins in vertretungsberechtigter Zahl; § 278 Abs. 1 i.V. m. § 222 Abs. 3 UmwG);
– Umwandlungsbericht.

. . . . .

(Unterschriften)

(Beglaubigungsvermerk)

804 4. Umwandlungsbeschluss beim Formwechsel eines eingetragenen Vereins in eine Genossenschaft

▶ **Muster: Umwandlungsbeschluss beim Formwechsel eines eingetragenen Vereins in eine Genossenschaft**

Heute, den . . . . .

begab ich mich, der unterzeichnende Notar . . . . . mit Amtssitz in . . . . ., auf Ansuchen in die Räume des Hotels . . . . . um die dorthin einberufene

außerordentlichen Mitgliederversammlung

des A-e.V. zu beurkunden.

Über die Verhandlung und Beschlüsse der Versammlung errichte ich folgende

Niederschrift:

Anwesend waren:
a) vom Vorstand:
  – Herr . . . . ., geb. am . . . . ., ausgewiesen durch Personalausweis,
  – Frau . . . . ., geb. am . . . . ., ausgewiesen durch Personalausweis;
b) die Mitglieder, die in dem der Urkunde als Anlage 1 beigefügten Teilnehmerverzeichnis aufgeführt sind.

Einstimmig wurde Herr . . . . . zum Vorsitzenden der Versammlung gewählt.

Der Vorsitzende eröffnete die Versammlung, übernahm deren Vorsitz und leitete die Mitgliederversammlung.

Er stellte nach der Begrüßung fest:

Die Mitgliederversammlung ist durch Einladung vom . . . . . an die Mitglieder ordnungsgemäß und fristgemäß einberufen worden. Der Wortlaut der Einberufung der Tagesordnung ist dieser Niederschrift als Anlage 2 beigefügt. Die Mitgliederversammlung ist nach der Satzung beschlussfähig.

Der Vorsitzende schlug vor, dass, wie auch bisher üblich, jeweils durch Handerheben abgestimmt wird. Antrag auf geheime Abstimmung wurde nicht gestellt.

Hiergegen wurde kein Widerspruch erhoben.

Die Mitgliederversammlung nahm die Vorschläge zum Verfahren einstimmig an.

Der Vorsitzende stellte weiter fest, dass von der Einberufung der Mitgliederversammlung an in dem Geschäftsraum des Vereins folgende Unterlagen zur Einsicht der Mitglieder ausgelegen haben und diese auch während der Dauer der Mitgliederversammlung im Versammlungssaal ausliegen:
– Entwurf des Umwandlungsbeschlusses;
– Umwandlungsbericht des Vorstandes.

Der Vorsitzende stellte fest, dass kein Mitglied eine Umwandlungsprüfung beantragte. Ein Widerspruch gegen den Formwechsel wurde bisher nicht erklärt.

Der Vorsitzende gab die Tagesordnung wie in der Anlage beigefügt bekannt.

Die Mitgliederversammlung erledigte hierauf die Tagesordnung wie folgt:

Daraufhin wurde die Tagesordnung wie folgt erledigt:

(TOP 1–7 sind nicht beurkundet)

TOP 8

Der Vorsitzende erläutert die geplante Umwandlung samt Satzung und Umwandlungsbericht. Fragen der Mitglieder werden vom Vorsitzenden beantwortet.

TOP 9

Der Vorsitzende schlägt vor, dass die Mitgliederversammlung folgenden Umwandlungsbeschluss fasst:

Vorbemerkung

Im Vereinsregister des Amtsgerichts . . . . . ist unter VR . . . . . der A-e.V. eingetragen.

Vereinsmitglieder sind die in der Mitgliederliste vom April 06 (Anlage 3) genannten Personen; in dieser Liste sind auch die auf die jeweiligen Mitglieder entfallenden Einlagen genannt.

Diese Einlagen sind voll eingezahlt.

Der eingetragene Verein hat keinen Grundbesitz.

Umwandlung in eine Genossenschaft

Der A-e.V. wird formwechselnd gem. §§ 190 ff., 251 ff. und § 272 UmwG in eine eingetragene Genossenschaft (e. G.) umgewandelt.

Die Umwandlung erfolgt steuerlich auf der Basis der Bilanz des A-e.V. zum 31.12. . . . . ./24.00 Uhr, als Schlussbilanz bzw. Eröffnungsbilanz gem. § 20 Abs. 8 UmwStG. Die Umwandlung erfolgt im Innenverhältnis mit Wirkung zum 31.12. . . . . ./24.00 Uhr. Der Zeitpunkt von dem an die Handlungen und Geschäfte des A-e.V. steuerlich als für Rechnung der e. G. vorgenommen gelten, ist der 01.01. . . . . ./00.00 Uhr.

Die eingetragene Genossenschaft führt die Firma »A-e. G.« und hat ihren Sitz in . . . . .

Durch den Formwechsel werden aus den bisherigen festen Vereinsanteilen Geschäftsanteile und Geschäftsguthaben. Maßgeblich sind die bisherigen Vereinsanteile, wie in der Liste zum April 2006 (Anlage 3) dargestellt. Jedes Mitglied erhält so viele Geschäftsanteile, wie sich aus seiner in der Liste zum April 2006 (Anlage 3) bezeichnete Einlage aufgerundet auf den nächsten durch 200 teilbaren Betrag geteilt durch 200 ergibt (z. B. 1534,00 € = 8 Geschäftsanteile à 200,00 €). Der im Vergleich zur bisherigen Einlage fehlende Betrag ist in bar einzuzahlen.

Eine Nachschusspflicht besteht bei der Genossenschaft nicht.

Art und Umfang der Beteiligung an der A-e. G. sowie die Rechte und Pflichten der Genossen im Einzelnen ergeben sich aus der hiermit vereinbarten Satzung der A-e. G., die Bestandteil dieses Umwandlungsbeschlusses ist und mit der Beschlussfassung geschlossen wird. Die Satzung ist dieser Urkunde als Anlage 4 beigefügt. Sie wird hiermit festgestellt.

Einzelnen Mitgliedern werden keine stimmrechtslosen Geschäftsanteile, Vorzugsgeschäftsanteile, Mehrstimmrechtsanteile, Schuldverschreibungen, Genussrechte oder sonstige besonderen Rechte oder Vorzüge gewährt. Derartige Sonderrechte, Vorzüge oder besonderen Geschäftsanteile bestehen beim A-e.V. nicht. Durch die Umwandlung werden weder einzelnen Mitgliedern, noch Mitgliedern eines Vertretungs- oder Aufsichtsorgans besondere Rechte oder Vorteile gewährt.

Da zum Zeitpunkt der Umwandlung beim A-e.V. keine Arbeitnehmer beschäftigt werden, ergeben sich für diese auch keine weiteren Auswirkungen.

Die Kosten des Formwechsels trägt die Genossenschaft bis zum Betrag von . . . . . €.

Vereinsmitglieder, die gegen den Umwandlungsbeschluss Widerspruch zur Niederschrift erklären oder die dem Formwechsel bis zum Ablauf des dritten Tages vor dem Tage, an dem der Umwandlungsbeschluss gefasst worden ist, durch eingeschriebenen Brief widersprochen haben, wird der Erwerb ihrer Mitgliedschaftsrechte gegen eine Barabfindung angeboten. Diese erhalten die von ihnen beim A-e.V. geleisteten Einlagen nebst 3 % Verzinsung. Das Angebot kann nur binnen zwei Monaten nach dem Tage angenommen werden, an dem die Eintragung der neuen Rechtsform in das Register bekanntgemacht wurde. Ist nach § 212 UmwG ein Antrag auf Bestimmung der Barabfindung durch das Gericht gestellt worden, so kann das Angebot binnen zwei Monaten nach dem Tage angenommen werden, an dem die Entscheidung im elektronischen Bundesanzeiger gemacht worden ist.

Der Notar hat die Erschienen auf Folgendes hingewiesen:

Der Vorstand der A-e. G. und diese selbst haben bei Verletzung ihrer Sorgfaltspflicht dem A-e.V., ihren Mitgliedern und Gläubigern allen Schaden zu ersetzen, den diese durch den Formwechsel erleiden (§ 205 UmwG).

Der Formwechsel wird erst wirksam, wenn die neue Rechtsform »eingetragene Genossenschaft« in dem für sie zuständigen Register eingetragen ist.

Rechte Dritter an den Anteilen der Mitglieder am A-e.V. bestehen an den künftigen genossenschaftlichen Geschäftsanteilen fort.

Der neuen Rechtsform »eingetragene Genossenschaft« steht ein Eintragungshindernis entgegen, wenn der Umwandlungsbeschluss nicht eine Stimmenmehrheit von mindestens drei Vierteln der erschienen Mitglieder erhält (§ 275 Abs. 2 UmwG).

Das Registergericht wird die Eintragung des Formwechsels bekanntmachen. Darin werden die Gläubiger des A-e.V. auf folgendes Recht hingewiesen werden: Wenn sie binnen sechs Monaten nach Bekanntmachung ihren Anspruch nach Grund und Höhe schriftlich anmelden und glaubhaft machen, dass die Erfüllung ihrer Forderung durch den Formwechsel gefährdet wird, können sie Sicherheitsleistung verlangen, sofern sie nicht schon die Befriedigung ihrer Forderung beanspruchen können.

Der Notar hat ferner über die Notwendigkeit des Beitritts zu einem genossenschaftlichen Prüfungsverband und die Vorlage eines Prüfungsgutachtens hingewiesen.

Der Vorsitzende stellte den Vorschlag zur Abstimmung.

Es wurde durch Handaufheben abgestimmt.
– für den Umwandlungsbeschluss stimmten (entsprechend dem Vorschlag des Vorstandes)
50 Mitglieder;
– gegen den Umwandlungsbeschluss stimmten:
0 Mitglieder;
– Stimmenthaltungen:
keine.

Der Vorsitzende gab das Abstimmungsergebnis bekannt und stellte fest, dass Umwandlung mit mehr als 3/4-Mehrheit der anwesenden Mitglieder beschlossen ist.

TOP 10

Die Mitgliederversammlung wählte gem. § 24 der Satzung in offener Abstimmung mit folgenden Stimmen die nachstehend genannten Damen und Herren in den Aufsichtsrat der neuen Genossenschaft:
– Ja: . . . . .
– Nein: . . . . .
– Enthaltung: . . . . .

Der Vorsitzende gab das Abstimmungsergebnis bekannt und stellte fest, dass die genannten Personen als Aufsichtsratsmitglieder gewählt sind.

Diese nehmen die Wahl an.

TOP 11

Hierauf wird die Versammlung für kurze Zeit unterbrochen, damit der gewählte Aufsichtsrat zusammentreten, sich konstituieren und die Bestellung der Vorstandsmitglieder gemäß § 18 Abs. 3 der Satzung vornehmen kann.

Sodann wird die Versammlung vom Vorsitzenden wieder eröffnet und bekanntgegeben, dass der Aufsichtsrat zu Mitgliedern des Vorstands bestellt hat. Das Protokoll der Aufsichtsratssitzung ist dieser Urkunde als Anlage 6 beigefügt:

Diese erklären hierzu ihr Einverständnis.

Schlussbestimmungen:

Von dieser Urkunde erhalten

Ausfertigungen:
– die Genossenschaft und
– das Registergericht;

beglaubigte Abschrift:
– die zuständigen Finanzämter (§ 54 Abs. 1 EStDV).

Über den Verlauf der Versammlung wird von mir, Notar . . . . ., ausdrücklich festgestellt:

Sämtliche Abstimmungen in der heutigen Hauptversammlung erfolgten mündlich durch Handheben.

Sämtliche Abstimmungen und Wahlen erfolgten in der festgelegten Abstimmungsform mit den festgestellten Abstimmungsergebnissen.

Widerspruch zur Niederschrift wurde nicht erklärt.

. . . . .

(Unterschriften der Vorstandsmitglieder)

Hierüber Niederschrift

. . . . .

(Unterschrift Notar)

Anlage 1: Teilnehmerverzeichnis

Anlage 2: Einladung

Anlage 3: Mitgliederliste vom . . . . .

Anlage 4: Satzung

Anlage 5: schriftlicher Umwandlungsbericht des Vorstandes

Anlage 6: Aufsichtsratsprotokoll Vorstandbestellung

5. Anmeldung beim Formwechsel eines eingetragenen Vereins in eine Genossenschaft

▶ **Muster: Registeranmeldung beim Formwechsel eines eingetragenen Vereins in eine** 805
Genossenschaft

VR . . . . .

A e.V.

mit dem Sitz in . . . . .

– künftig: A-e. G. –

Geschäftsadresse: . . . . .

Wir, sämtliche Mitglieder des künftigen Vorstandes der Genossenschaft sowie die Mitglieder des Aufsichtsrates, melden zur Eintragung in das Genossenschaftsregister an:

Der A-e.V. wurde aufgrund Umwandlungsbeschluss vom . . . . . zur Urkunde des beglaubigenden Notars – URNr. . . . . . – in die Rechtsform einer Genossenschaft in die Firma

A-e. G.

umgewandelt.

Die Genossenschaft hat ihren Sitz in . . . . . . Die Geschäftsräume sind in . . . . . .

Wir melden hiermit die neue Rechtsform, d. h. die »A-e. G.« zur Eintragung in das Register an.

Der Genossenschaft liegt die beigefügte Satzung, die in der Mitgliederversammlung im Umwandlungsbeschluss festgestellt wurde, zugrunde.

Wir melden hiermit auch die Satzung der Genossenschaft an.

Wir melden ferner die Vorstandsmitglieder der Genossenschaft an:

. . . . .

Der Vorstand besteht aus folgenden Personen:

. . . . .

Gemäß § 15 der Satzung können zwei Vorstandsmitglieder rechtsverbindlich für die Genossenschaft zeichnen und Erklärungen abgeben. Die Genossenschaft kann auch durch ein Vorstandsmitglied in Gemeinschaft mit einem Prokuristen gesetzlich vertreten werden.

Konkrete Vertretungsbefugnis:

Die vorgenannten Vorstandsmitglieder vertreten satzungsgemäß, d. h. sie können jeweils mit einem weiteren Vorstandsmitglied oder in Gemeinschaft mit einem Prokuristen die Genossenschaft vertreten.

Der Formwechsel zum Vereinsregister ist mit gleicher Post angemeldet worden.

Wir erklären, dass Klagen gegen den Umwandlungsbeschluss nicht erhoben worden sind.

Wir erklären, dass der formwechselnde Verein keinen Betriebsrat hat.

Dieser Anmeldung fügen wir bei:
– elektronisch beglaubigte Abschrift des Umwandlungsbeschlusses, die auch das Statut und die Bestellung des ersten Aufsichtsrates enthält, zur Urkunde des beglaubigenden Notars – URNr. . . . . . .–;
– elektronisch beglaubigte Abschrift der Satzung;
– elektronisch beglaubigte Abschrift des Umwandlungsberichtes des Vorstandes;
– elektronisch beglaubigte Abschrift über die Urkunde der Bestellung des Vorstandes durch den Aufsichtsrat;
– elektronisch beglaubigte Abschrift der Bescheinigung des Prüfungsverbandes, dass die Genossenschaft zum Beitritt zugelassen ist;
– elektronisch beglaubigte Abschrift der gutachterlichen Äußerung des Prüfungsverbandes, dass den persönlichen oder wirtschaftlichen Verhältnissen, insbes. Vermögenslage der Genossenschaft, eine Gefährdung der Belange der Genossenschaft oder der Gläubiger der Genossenschaft nicht zu besorgen ist.

Die Kosten dieser Anmeldung und ihrer Eintragung trägt die Genossenschaft.

Um Vollzugsnachricht an den beglaubigenden Notar und die beteiligten Rechtsträger wird gebeten.

Unterschrift durch sämtliche Vorstands- und Aufsichtsratsmitglieder mit Vor- und Zuname:

. . . . .

Teil 5: Sonderfragen

Kapitel 1: Firmenrecht und Umwandlung

A. Überblick

Das UmwG hat die **Frage der Firmenbildung** in § 18 UmwG für die Verschmelzung, für die Spaltung **1** i. V. m. § 125 UmwG und für den Formwechsel in § 200 UmwG einigen Sonderregelungen zugeführt. Daneben gelten die allgemeinen firmenrechtlichen Vorschriften der §§ 17 ff. HGB, soweit das UmwG nicht eine speziellere Regelung vorsieht. Durch das HRefG v. 22.06.1998 (BGBl. I, S. 1474), das seit 01.07.1998 in Kraft ist, wurden die allgemeinen Regeln der Firmenbildung grundlegend neu geändert. Ziel der Reform war es, das im europäischen Vergleich viel zu strenge deutsche Firmenbildungsrecht zu liberalisieren und grundlegend zu vereinfachen, um auch Wettbewerbsnachteilen deutscher Unternehmen im Europäischen Binnenmarkt entgegenzuwirken (vgl. Begründung zum RegE, BR-Drucks. 43/97, S. 19; Schäfer, Handelsrechtsreformgesetz, S. 13 ff.; Lutter/Welp, ZIP 1999, 1074 ff.; Kaiser, JZ 1999, 495; *Gustavus*, GmbHR 1998, 17; *K. Schmidt*, NJW 1998, 2161, 2167; *Bokelmann*, GmbHR 1998, 57; *Möller*, DNotZ 2000, 830). Neben der bekannten Aufgabe der bis dahin geltenden Unterscheidung zwischen Muss- und Sollkaufmann (§§ 1, 2 HGB a. F.) ist die **Liberalisierung des Firmenrechts** einer der wichtigsten Gegenstände des HRefG gewesen. Auch für Kapitalgesellschaften ist in § 4 GmbHG bzw. § 4 AktG eine Liberalisierung eingetreten. Beim Einzelkaufmann und in Personengesellschaften ist grundlegendes Merkmal der Reform der Wegfall der Namensbezeichnung der Gesellschafter bzw. des Einzelkaufmanns; bei Kapitalgesellschaften der Wegfall des sog. Entlehnungsgebotes, wonach früher zwingend bei der Kapitalgesellschaft die Firma dem Gegenstand des Unternehmens entlehnt sein musste (vgl. Bokelmann, Das Recht der Firmen- und Geschäftsbezeichnungen, Rn. 552; Lutter/Welp, ZIP 1999, 1073; *Krafka/Willer/Kühn*, Registerrecht, Rn. 203 ff.; *Baumbach/Hopt*, § 17 HGB Rn. 3 ff.). Alle Firmenträger können daher entscheiden, ob sie eine Personen- oder Sachfirma wählen wollen, auch die Wahl einer reinen Fantasiefirma, die nicht dem Unternehmensgegenstand entnommen ist, ist zulässig. Dementsprechend kann der Einzelkaufmann sowohl eine Sachfirma, eine Fantasiefirma als auch eine Personenfirma wählen. Umgekehrt könnten auch Kapitalgesellschaften beliebig entscheiden, ob sie eine Personen-, Sach- oder Fantasiefirma wählen. Abgrenzungs- und Zulässigkeitskriterium ist nach § 18 Abs. 1 HGB die Unterscheidungskraft: Die Firma muss zur **Kennzeichnung des Kaufmanns** geeignet sein und **Unterscheidungskraft besitzen** und sie darf nach § 18 Abs. 2 HGB keine Angaben enthalten, die geeignet sind, über geschäftliche Verhältnisse, die für die angesprochene Verkehrskreise wesentlich sind, zu täuschen (**Irreführungsverbot**; zum Irreführungsverbot vgl. eingehend Meyer, ZNotP 2009, 250 ff.; Krafka/Willer/Kühn, Registerrecht, Rn. 222 ff.; Baumbach/Hopt, § 18 HGB Rn. 9 ff.). Es bleiben also materielle Zulässigkeitskriterien, die im Einzelfall zu prüfen sind, allerdings mit anderen Zielrichtungen. Es besteht außerdem nach § 18 Abs. 1 HGB die Vorgabe, dass die Firma individualisierungsfähig ist (vgl. dazu Bülow, DB 1999, 269, 270; Krafka/Willer/Kühn, Registerrecht, Rn. 220 ff.; Baumbach/Hopt, § 17 HGB Rn. 4 ff.). Darüber hinaus gilt das **Gebot der Firmenunterscheidbarkeit** nach § 30 HGB: Jede neue Firma muss sich von den bereits eingetragenen deutlich unterscheiden. Eine fehlende Unterscheidbarkeit kann ein Ordnungswidrigkeitsverfahren und zivilrechtliche Unterlassungsansprüche auslösen. Die AG kann daher auch eine reine Personenfirma neu bilden. Auch Mischfirmen, die sich aus Elementen des Namens, des Gegenstandes und von Fantasiezusätzen zusammensetzen, sind zulässig (Lutter/Welp, ZIP 1999, 1076). Das Individualisierungsgebot des § 18 Abs. 1 HGB verhindert aber weiterhin die ausschließliche Verwendung von Gattungs-, Branchen- oder geografischen Bezeichnungen, da die notwendige Unterscheidungskraft fehlt (Lutter/Welp, ZIP 1999, 1076; Bülow, DB 1999, 270; *K. Schmidt*, NJW 1998, 2161; *Meyer*, ZNotP 2009, 250 ff.).

2 Im Zuge der Liberalisierung konnten auch einige Einschränkungen der firmenspezifischen Vorschriften des UmwG gestrichen werden.

B. Verschmelzung

I. Überblick

3 Das UmwG unterscheidet zwischen der Verschmelzung zur Aufnahme und der Verschmelzung zur Neugründung. Bei beiden Verschmelzungsformen erlischt der übertragende Rechtsträger, das Vermögen geht im Wege der Gesamtrechtsnachfolge auf den aufnehmenden Rechtsträger über. Firmenrechtliche Folge wäre an sich der Untergang der Firma des übertragenden Rechtsträgers. § 18 Abs. 1 UmwG hat einen Teilbereich der firmenrechtlichen Fragen bei der Verschmelzung geregelt und bestimmt, dass der übernehmende Rechtsträger die Firma eines der übertragenden Rechtsträger, dessen Handelsgeschäft er durch Verschmelzung erwirbt, mit oder ohne Beifügung eines das Nachfolgeverhältnis andeutenden Zusatzes fortführen kann. Damit erhält die Vorschrift das Prinzip der **Firmenkontinuität** auch i. R. d. Verschmelzung. Sie stellt nach herrschender Meinung einen Sondertatbestand des § 22 HGB dar und unterscheidet sich v. a. dadurch, dass keine Einwilligung zur Firmenfortführung erforderlich ist, sondern das Fortführungsrecht immer i. R. d. Verschmelzung besteht (vgl. auch Bokelmann, ZNotP 1998, 265, 266; Kögel, GmbHR 1996, 169; Kallmeyer/Marsch-Barner, § 18 UmwG Rn. 3 ff.; Lutter/Decher/Hoger, § 18 UmwG Rn. 3 ff.; Schwanna, in: Semler/Stengel § 18 UmwG Rn. 3 ff.; Stratz, in Schmitt/Hörtnagl/Stratz, § 18 UmwG Rn. 7 ff.). Die Vorschrift wurde i. R. d. HRefG insofern geändert, als einschränkende Bestimmungen des § 18 UmwG wegfielen. Vorher war für Personengesellschaften die Einschränkung enthalten, dass eine Personenhandelsgesellschaft eine Firma nur fortführen darf, wenn diese den Namen einer natürlichen Person enthält. Dies war eine **Durchbrechung** der Firmenkontinuität i. R. d. Verschmelzung und wurde in der Literatur kritisiert (vgl. Kögel, GmbHR, 1996, 169). Das HRefG hat diese Einschränkung ersatzlos aufgehoben, sodass i. R. d. Liberalisierung des Firmenrechts auch bei Personenhandelsgesellschaften die unbeschränkte Firmenfortführung möglich ist.

4 Wie bereits dargelegt, bleiben neben diesen Sondervorschriften in § 18 UmwG die allgemeinen Vorschriften anwendbar. Dies bedeutet zum einen, dass **kein Zwang zur Firmenfortführung** besteht, sondern unter Anwendung der allgemeinen Firmengrundsätze eine neue Firma gebildet werden kann. Einschränkend setzt die Firmenfortführung allerdings voraus, dass die allgemeinen Grundsätze beachtet werden, insb. keine Irreführung eintreten darf (Bokelmann, ZNotP 1998, 266).

II. Einzelfragen

5 **1. Beibehaltung der bisherigen Firma.** Der aufnehmende Rechtsträger kann selbstverständlich bei der Verschmelzung zur Aufnahme seine **bisherige Firma beibehalten** (vgl. Kallmeyer/Marsch-Barner, § 18 UmwG Rn. 2; Lutter/Decher/Hoger, § 18 UmwG Rn. 3). Es besteht kein Zwang, die Firma der übertragenden Rechtsträger in irgendeiner Form aufzunehmen. In diesem Fall geht die alte Firma ersatzlos unter und kann auch nicht wiederbelebt werden (vgl. Kögel, GmbHR 1996, 169; Kallmeyer/ Marsch-Barner, UmwG, § 18 Rn. 2; Lutter/Decher/Hoger, UmwG, § 18 Rn. 2).

6 **2. Firmenneubildung.** Der übernehmende Rechtsträger hat darüber hinausgehend die Möglichkeit, unter Beachtung allgemeiner Grundsätze, eine völlig neue Firma zu bilden (vgl. Kallmeyer/Marsch-Barner, § 18 UmwG Rn. 2; Lutter/Decher/Hoger, § 18 UmwG Rn. 3; Schwanna, in: Semler/Stengel, § 18 UmwG Rn. 7; vgl. den Überblick über die firmenrechtliche Rechtsprechung, Clausnitzer DNotZ 2010, 345 ff.). Die Firmenneubildung ist beim aufnehmenden Rechtsträger Änderung des Gesellschaftsvertrages bzw. der Satzung, es gelten die allgemeinen Grundsätze des spezifischen Gesellschafts-

rechts. Firmenrechtlich gelten die allgemeinen firmenrechtlichen Grundsätze, also insb. das in § 18 Abs. 2 HGB n. F. enthaltene **Täuschungsverbot**: Bei der Firmenneubildung darf die Firma nicht durch ihre Art und nicht durch die Wahl ihrer Worte über geschäftliche Verhältnisse, über den Unternehmensträger sowie die Tätigkeit und Bedeutung der betreffenden Gesellschaft und ihre sonstigen Verhältnisse täuschen (BGH, BB 1989, 1844; Bokelmann, DB 1990, 1021 ff.; Baumbach/Hueck/Fastrich, § 4 GmbHG Rn. 4 ff.; Lutter/Hommelhoff/Bayer, § 4 GmbHG Rn. 28 ff.; Clausnitzer DNotZ 2010, 345, 351 f.). Da das Entlehnungsgebot bei Kapitalgesellschaften weggefallen ist, besteht auch im Hinblick auf den Namen in Bezug auf den Unternehmensgegenstand größere Liberalität bei der Firmenbildung. Allerdings dürfte aus dem Täuschungsverbot insofern eine dem Entlehnungsgebot ähnliche Schranke folgen, als eine Firma, die den Tätigkeitsbereich des Unternehmens falsch darstellt, unzulässig ist, da sie geeignet ist, den Rechtsverkehr zu täuschen (so auch Lutter/Welp, ZIP 1999, 1073, 1081 f.). Ob eine Firma oder ein Firmenbestandteil geeignet ist, zu täuschen, hat das Registergericht der »Entschärfung des firmenrechtlichen Irreführungsverbotes« (vgl. BT-Drucks. 13/8444, S. 38) nur noch in beschränktem Umfang zu überprüfen. Die **Eignung zur Irreführung** ist gem. § 18 Abs. 2 Satz 2 HGB nur zu berücksichtigen, wenn sie ersichtlich ist (vgl. K. Schmidt, NJW 1998, 2161; Meyer, ZNotP 2009, 250 ff. Clausnitzer DNotZ 2010, 345, 351 ff.). Dies setzt die Grenzen für die Ermittlungspflicht des Registergerichts (§ 26 FamFG) herab. Von einer völligen Abschaffung der Prüfung der Täuschungsgeeignetheit durch das Registergericht hat das HRefG u. a. aus Gründen des Verbraucherschutzes und wegen der zu befürchtenden deutlichen Zunahme wettbewerbsrechtlicher Streitigkeiten abgesehen. Mit der Herabsetzung der Grenzen der Ermittlungspflicht soll eine »Entsteinerung« des Irreführungsverbots erreicht werden (vgl. Schaefer, DB 1998, 1269; vgl. auch BT-Drucks. 43/97, S. 36). Es genügt daher nicht, wenn nur Einzelne irregeführt werden könnten. Vielmehr ist die Möglichkeit der Täuschung der angesprochenen Verkehrskreise, also einer Gruppe von Adressaten, erforderlich. Des Weiteren genügt es nicht, dass die Firma geeignet ist, über die tatsächlichen oder rechtlichen Verhältnisse ihres Inhabers zu täuschen, sondern die in Betracht kommende Irreführung muss von gewisser Bedeutung für die angesprochenen Verkehrskreise sein (vgl. Jung, ZIP 1998, 677, 678). Die Angabe muss also aus der Sicht des durchschnittlichen Angehörigen dieser Kreise von Erheblichkeit in der Einschätzung des Unternehmensträgers sein. Das Verbot der Irreführung setzt bereits dann ein, wenn die in der Firma bezeichnete Person für die angesprochenen Verkehrskreise eine wenn auch geringfügige Relevanz hat und deshalb der durch die Verwendung des Personennamens begründete Schluss auf eine maßgebliche Beteiligung des Namensträgers von wesentlicher Bedeutung für die wirtschaftliche Entscheidung ist (OLG Brandenburg, MdP 2005, 176; LG Limburg, GmbHR 2006, 261). Eine besondere Bedeutung des Personennamens ist v. a. dann gegeben, wenn der Person im Zusammenhang mit einem bestimmten Tätigkeitsbereich ein gewisses Vertrauen entgegengebracht wird, d. h. wenn die Person für die angesprochenen Fachkreise ein »bekannter Name« ist (Bayer, in: Lutter/Hommelhoff, GmbHG, § 4 Rn. 35; vgl. LG Wiesbaden, NJW-RR 2004, 1106).

Fraglich ist in diesem Zusammenhang, ob eine Personenfirma ohne Gesellschafterbezug gebildet werden kann, ob also Namen verwendet werden dürfen, die nicht den Namen der oder eines Gesellschafters entsprechen. Das in § 4 Abs. 1 Satz 2 GmbHG i. d. F. vor dem HRefG enthaltene Gebot, wonach Namen anderer Personen als der Gesellschafter nicht in die Firma aufgenommen werden dürfen, wurde gestrichen. Die überwiegende Meinung geht davon aus, dass z. B. die Firma einer OHG oder KG heute grds. aus dem Namen auch von Nichtgesellschaftern oder von Kommanditisten (vgl. OLG Saarbrücken, DB 2006, 1002) gebildet werden kann (vgl. OLG Rostock NZG 2015, 243; OLG Karlsruhe, GmbHR 2010, 1096; OLG Jena, NZG 2010, 1354; Bayer in Lutter/Hommelhoff, GmbHG, § 4 Rn. 34; Müther, Das Handelsregister in der Praxis, Rn. 29; Roth, in: Altmeppen/Roth, GmbHG, § 4 Rn. 12; Schmidt-Leithoff, in: Rowedder, GmbHG, § 4 Rn. 44; Hueck-Fastrich, in: Baumbach/Hueck, GmbHG § 4 Rn. 12; Ammon/Ries in Röhricht/Graf von Westphalen, HGB, § 18 Rn. 32 und § 19 Rn. 24; offen gelassen von OLG Stuttgart, BB 2001, 14 f.). Im Einzelfall kann aber eine derartige Personenfirma ohne Gesellschafterbezug gegen das Täuschungsverbot verstoßen (für Einzelfallprüfung OLG Karlsruhe, GmbHR 2010, 1096; vgl. auch Lutter/Welp, ZIP 1999, 1081; Baumbach/Hueck/Fastrich, § 4 GmbHG Rn. 12 f.; Lutter/Hommelhoff/Bayer, § 4 GmbHG Rn. 34 f.; Scholz/Emmerich § 4 GmbHG Rn. 37). **7**

Zu Buchstabenfolgen als Firma, die in der Praxis nicht unproblematisch waren, hat der BGH im Beschl. v. 08.12.2008 (BGH, ZIP 2009, 168 = BB 2009, 354) i. S. e. liberalen Firmenrechts entschieden, dass **8** der Aneinanderreihung einer **Buchstabenkombination** gem. § 18 Abs. 1 HGB neben der Unterscheidungskraft auch die erforderliche Kennzeichnungseignung – und damit zugleich Namensfunktion (§ 17 Abs. 1 HGB) im Geschäftsverkehr – für die Firma von Einzelkaufleuten, Personen- und Kapitalgesellschaften zukomme, wenn sie im Rechts- und Wirtschaftsverkehr zur Identifikation der dahinter stehenden Gesellschaft ohne Schwierigkeiten akzeptiert werden könne. Hierfür reiche als notwendige, aber zugleich hinreichende Bedingung die Aussprechbarkeit der Firma i. S. d. Artikulierbarkeit (hier: »HM & A« bei einer GmbH & Co. KG) aus (vgl. auch KG NZG 2013, 1153; OLG Frankfurt am Main, NJW 2002, 2400; Zimmer in: Ebenroth/Boujong/Joost/Strohn, HGB, § 18 Rn. 28; Lutter/Welp, ZIP 1999, 1073, 1078; Heidinger in: MünchKomm-HGB, § 18 Rn. 17; Ammon, in: Röhricht/v. Westphalen, HGB, § 18 Rn. 12; Schulenburg, NZG 2000, 1156, 1157; Kögel, Rpfleger 2000, 255, 257; Hopt, in: Hopt/Merkt, HGB 33. Aufl. § 18 Rn. 4; einschränkend Roth, in: Koller/Roth/Morck, HGB, § 18 Rn. 3). Allerdings wurde nach früher herrschender Ansicht zur firmenrechtlichen Rechtslage vor dem HReformG eine – aus sich heraus nicht verständliche – Buchstabenkombination als namensfähiger Firmenbestandteil grds. nur dann anerkannt, wenn sie »als Wort aussprechbar« war; anderes sollte für eine reine Buchstabenkombination nur ausnahmsweise dann gelten, wenn sie als Buchstabenfolge bereits eine entsprechende Verkehrsgeltung erworben hatte. Für eine derartige Einschränkung der Anerkennung reiner Buchstabenkombinationen als namensfähig, ist nach Auffassung des BGH jedoch nach der Neuregelung des § 18 HGB durch das HReformG – sowohl nach dem Wortlaut der Bestimmung als auch insb. nach dem vom Reformgesetzgeber erstrebten Gesetzeszweck – kein Raum mehr.

9   In § 18 Abs. 2 UmwG i. d. F. vor dem HRefG war noch eine spezifische Regelung der Firmenneubildung bei **Personenhandelsgesellschaften** enthalten, die allerdings i. R. d. HRefG ebenfalls gestrichen wurde. Die damalige Regelung, die dem Registergericht die Befugnis verlieh, eine Genehmigung auszusprechen, dass eine Personenhandelsgesellschaft, die durch die Verschmelzung das Handelsgeschäft eines übertragenden Rechtsträgers erwirbt, bei der Bildung ihrer neuen Firma den in der Firma dieses Rechtsträgers enthaltenen Namen einer natürlichen Person verwendet und insoweit von § 19 HGB abweicht, war spezifisch auf die Einschränkung des § 19 Abs. 1 HGB a. F. zugeschnitten, wonach in die Firma nur Namen von persönlich haftenden Gesellschaftern aufgenommen werden durften. Da auch dieses Erfordernis i. R. d. Handelsrechtsreform entfallen ist, konnte auch § 18 Abs. 2 UmwG gestrichen werden.

10   Einschränkend ist allerdings § 18 Abs. 2 UmwG zu beachten, wonach auch bei der **Firmenneubildung** der **Name einer natürlichen Person** eines der übertragenden Rechtsträger, die an dem übernehmenden Rechtsträger nicht beteiligt wird, nur dann in der neu gebildeten Firma verwendet werden darf, wenn der betroffene Anteilsinhaber oder dessen Erben ausdrücklich in die Verwendung einwilligen.

11   **3. Firmenfortführung.** Wichtigste Regelung ist die des § 18 Abs. 1 UmwG, wonach der übernehmende Rechtsträger die Firma eines der übertragenden Rechtsträger mit oder ohne Beifügung eines das Nachfolgeverhältnis andeutenden Zusatzes fortführen darf. Diese Regelung stellt eine Spezialvorschrift zu den allgemeinen Firmenfortführungsregelungen des § 22 HGB dar (vgl. Kallmeyer/Marsch-Barner, § 18 UmwG Rn. 3; Lutter/Decher/Hoger, UmwG, § 18 Rn. 2; Kögel, GmbHR 1996, 168, 171; Bokelmann, ZNotP 1998, 266; Widmann/Mayer/Vollrath, Umwandlungsrecht, § 18 UmwG Rn. 13 ff.). Die Firmenfortführung kann mit oder ohne Beifügung eines das Nachfolgeverhältnis andeutenden Zusatzes erfolgen. Ansonsten heißt »Fortführung« wie nach § 22 HGB, dass die Firma im Wesentlichen unverändert verwendet wird (Schwann in:, Semler/Stengel/UmwG, § 18 Rn. 2; Lutter/Decher/Hoger, UmwG, § 18 Rn. 5; Kallmeyer/Marsch-Barner, § 18 UmwG Rn. 6). Anders als bei § 22 HGB ist **keine Einwilligung** der übertragenden Rechtsträger oder eines Gesellschafters der übertragenden Gesellschaft erforderlich (vgl. Schwanna, in: Semler/Stengel, § 18 UmwG Rn. 3). Dies gilt auch, wenn bei der Firmenfortführung der Name einer Person verwendet wird, die in der alten Firma bereits enthalten war. Das Gesetz geht dann davon aus, dass, wenn nicht der Fall des § 18 Abs. 2 UmwG, d. h. das Ausscheiden des Gesellschafters, vorliegt, der Gesellschafter zumindest konkludent mit der Firmierung einverstanden ist (Kallmeyer/Marsch-Barner, UmwG, § 18 Rn. 12). Findet demgegenüber i. R. d. Verschmelzung ein Ausscheiden aufgrund der Annahme eines Abfindungsangebots nach § 29 UmwG statt, so darf auch bei der Firmenfortführung nach § 18 Abs. 2 UmwG der Name des Gesellschafters nur dann in der fortgeführten Firma verwendet werden, wenn dieser oder seine Erben ausdrücklich

in die Verwendung einwilligen (Stratz, in: Schmitt/Hörtnagl/Stratz, § 18 UmwG Rn. 17; Kallmeyer/Marsch-Barner, § 18 UmwG Rn. 13; Lutter/Decher/Hoger, UmwG, § 18 Rn. 6). Insofern hat der Gesetzgeber dem Persönlichkeitsschutz eines ausscheidenden Gesellschafters Rechnung getragen. Die Einwilligung muss ausdrücklich erklärt werden, bedarf aber keinen bestimmten Form, auch konkludente Einwilligung soll genügen (Lutter/Decher/Hoger, UmwG, § 18 Rn. 7; Kallmeyer/Marsch-Barner, UmwG, § 18 Rn. 13; Stratz, in: Schmitt/Hörtnagl/Stratz, § 18 UmwG Rn. 19).

Da die Einschränkung des § 18 Abs. 1 Satz 2 UmwG i. d. F. vor dem HRefG im Fall einer aufnehmen- **12** den Personenhandelsgesellschaft weggefallen ist, bestehen die Grundsätze der Firmenfortführung auch unbeschränkt nach dem HRefG, wenn aufnehmende Gesellschaft eine **Personenhandelsgesellschaft** ist. Auch diese kann eine Sachfirma, z. B. eine Kapitalgesellschaft, ohne Weiteres fortführen. Dies folgt schon aus den allgemeinen **Liberalisierungsregelungen des HRefG**.

Fortführung der Firma bedeutet aber, dass die bisherige Firma des übernehmenden Rechtsträgers auf- **13** gegeben und durch die Firma des übertragenden Rechtsträgers ersetzt wird. Dies bedarf ebenso wie bei der Firmenneubildung der Änderung des Gesellschaftsvertrages bzw. der Satzung des aufnehmenden Rechtsträgers.

Zu § 22 HGB war die herrschende Meinung der Auffassung, dass die Firmenfortführung **nur im** **14** **Grundsatz** unverändert erfolgen darf, es dürfen nicht einzelne Teile der Firma verändert oder weggelassen werden (vgl. Bokelmann, Das Recht der Firmen- und Geschäftsbezeichnungen, Rn. 695 f.; Baumbauch/Hopt, HGB, § 22 Rn. 15). Argument ist, dass es im Rechtsverkehr nicht zu berechtigten Zweifeln an der Identität der bisherigen mit der fortgeführten Firma kommen dürfe. Auch zu § 18 Abs. 1 UmwG ist die herrschende Meinung der Auffassung, die Firma sei im Wesentlichen unverändert fortzuführen (Widmann/Mayer/Vollrath, Umwandlungsrecht, § 18 UmwG Rn. 19; Bokelmann, ZNotP 1998, 266; Kallmeyer/Marsch-Barner, UmwG, § 18 Rn. 6; Lutter/Decher/Hoger, § 18 UmwG Rn. 5; Schwanna, in: Semler/Stengel § 18 UmwG Rn. 2). **Nur geringfügige Änderungen**, z. B. in der Schreibweise, sind möglich (z. B. Ersetzung des kaufmännischen »&« durch »und«). Maßstab für die Frage der unveränderten Firmenfortführung ist, ob nach der Auffassung des Verkehrs die bisherige Firma fortgeführt wird; das Gesamtbild ist entscheidend (vgl. OLG Hamm, Rpfleger 1965, 148; Bokelmann, ZNotP 1998, 266; ders., Das Recht der Firmen- und Geschäftsbezeichnungen, Rn. 697). Streitig ist, ob die Vereinigung der Firma der aufnehmenden mit der übertragenden oder mit mehreren übertragenden zulässig ist (ablehnend Kallmeyer/Marsch-Barner, UmwG, § 18 Rn. 6; Stratz, in: Schmitt/Hörtnagl/Stratz, § 18 UmwG Rn. 8; zustimmend Baumbach/Hopt, HGB, § 22 Rn. 19; Kögel, GmbHR 1996, 168; 169; Bokelmann, ZNotP 1998, 267; Widmann/Mayer/Vollrath, Umwandlungsrecht, § 18 UmwG Rn. 22; Schwanna, in: Semler/Stengel § 18 UmwG Rn. 2; Lutter/Decher/Hoger, § 18 UmwG Rn. 3). Man sollte dies zulassen, da keine grundlegenden Bedenken dagegen sprechen.

Zusammenfassend ist also festzustellen, dass nach der alten Regelung des § 22 HGB und auch des § 18 **15** Abs. 1 UmwG Abweichungen von der bisherigen Firma nur zulässig waren, wenn die Änderung unwesentlich war, z. B. Anpassung einer veralteten Schreibweise, Wechsel von Groß- auf Kleinbuchstaben etc. Kraft Gesetzes geregelt ist die **Beifügung eines Nachfolgezusatzes** (§ 18 Abs. 1 UmwG). Bereits vor dem HRefG bestand zu § 22 HGB Einigkeit, dass Rechtsformzusätze dann möglich sind, wenn das Spezialgesetz dies vorsieht. So musste etwa eine Kapitalgesellschaft, die die Firma eines Einzelkaufmanns erwirbt, den Kapitalgesellschaftszusatz kraft Gesetzes aufnehmen. Nach § 19 Abs. 1 HGB gilt dieser Zwang zum Rechtsformzusatz generell auch für Einzelkaufleute und Personengesellschaften. Die Firma muss nach dem ausdrücklichen Wortlaut des § 19 Abs. 1 HGB auch, wenn sie nach § 22 HGB oder nach anderen gesetzlichen Vorschriften fortgeführt wird, den spezifischen Rechtsformzusatz enthalten. Daraus folgt eindeutig auch für § 18 Abs. 1 UmwG, dass immer der Rechtsformzusatz entsprechend der neuen Rechtsform aufgenommen werden muss. Noch nicht geklärt ist, inwieweit die Grundsätze des § 22 HGB gelten. § 22 HGB ist nicht geändert worden, sodass Einiges dafür spricht, dass die Grundsätze weiter gelten. Zu berücksichtigen ist allerdings zum einen die angestrebte Liberalisierung und zum anderen, dass auch zum alten Recht eine Firmenänderung bei Firmenfortführung als zulässig anerkannt wurde, wenn sich diese nach Übertragung des Unternehmens durch Veränderung des Geschäftsumfangs, Wegfall oder Hinzukommen eines neuen Geschäftszweiges oder einer Sitzverlegung ergeben hat (vgl. BGHZ 44, 116; Bokelmann, Das Recht der Firmen- und Geschäftsbezeichnungen, Rn. 706 ff.). Insgesamt sollte man daher bei den allgemeinen Vorschriften der Firmenfortführung auch die Möglichkeit wesentlicher Änderungen, die zumindest sachlich geboten sind, großzügiger beurteilen als früher.

16 Allgemeine Grenze der Firmenfortführung ist i. R. d. § 18 Abs. 1 UmwG das jetzt in § 18 Abs. 2 HGB geregelte **Täuschungsverbot**. Die Firmenfortführung ist nicht zulässig, wenn ein Verstoß gegen das Täuschungsverbot vorliegt, weil die fortgeführte Firma durch ihre Art und durch die Wahl ihrer Worte über geschäftliche Verhältnisse, also über den Unternehmensträger sowie die Tätigkeit und Bedeutung der betreffenden Gesellschaften ihrer sonstigen Verhältnisse täuscht (vgl. bereits zum alten Recht Bokelmann, ZNotP 1998, 266; Kallmeyer/Marsch-Barner, UmwG, § 18 Rn. 8).

17 Wird die Firma fortgeführt, gilt dies auch für etwaige **Zweigniederlassungen** des übernehmenden Rechtsträgers (Kallmeyer/Marsch-Barner, UmwG, § 18 Rn. 10); die Zweigniederlassung kann kein von der Hauptfirma abweichendes Leben führen. Zulässig ist aber, dass sich die Firmenfortführung nur auf die Zweigniederlassung beschränkt, wenn das erworbene Handelsgeschäft als Zweigniederlassung weitergeführt wird und die Verbindung zur Hauptniederlassung in der Firma der Zweigniederlassung erkennbar ist (Widmann/Mayer/Vollrath, Umwandlungsrecht, § 18 UmwG Rn. 23; Bokelmann, ZNotP 1998, 267; Kallmeyer/Marsch-Barner, UmwG, § 18 Rn. 10).

18 **4. Verschmelzung einer Kapitalgesellschaft auf ihren alleinigen Gesellschafter.** Für die Verschmelzung einer Kapitalgesellschaft auf ihren alleinigen Gesellschafter verweist § 122 UmwG auf § 18, sodass die soeben genannten Grundsätze **auch bei der Verschmelzung auf eine natürliche Person** gelten. Es bestehen daher mehrere Möglichkeiten. Hat der Gesellschafter bereits eine Einzelfirma nach § 18 HGB, so kann er diese fortführen. Hat er bisher noch keine eigenen Firma geführt, kann er unter Beachtung des § 18 HGB auch eine neue Firma bilden (Lutter/Decher/Hoger, UmwG, § 18 Rn. 6; Lutter/Karollus, § 122 UmwG Rn. 17 ff.; Maier-Reimer in Semler/Stengel § 122 UmwG Rn. 17 ff.; Kallmeyer/Zimmermann, UmwG, § 122 Rn. 9). Die Sonderregelungen des § 122 und § 18 UmwG lassen eine Firmenfortführung darüber hinausgehend ausdrücklich auch bei der Verschmelzung von der Ein-Mann-Kapitalgesellschaft auf ihren einzigen Gesellschafter zu. Die ursprünglichen Einschränkungen des Handelsrechts, wonach der Einzelkaufmann keine Sachfirma führen durfte, sind durch das HRefG weggefallen, sodass im Grundsatz unbeschränkte Firmenfortführungs- und Neubildungsmöglichkeiten auch beim Einzelkaufmann bestehen. Es gilt auch hier nur der allgemeine Grundsatz des Täuschungsverbotes nach § 18 Abs. 2 HGB und die Verpflichtung zur Beiführung des Rechtsformzusatzes, d. h. die Beifügung des Zusatzes »e. K.« oder »e.Kfm.« oder »e.Kfr.«.

C. Spaltungen

I. Überblick

19 Bei der Spaltung wird unterschieden zwischen der **Auf-** und der **Abspaltung**. Bei der Aufspaltung erlischt ähnlich wie bei der Verschmelzung der übertragende Rechtsträger und überträgt all seine Vermögensteile auf die aufnehmenden Rechtsträger. Bei der Abspaltung wird nur ein Teil des Vermögens auf den aufnehmenden Rechtsträger übertragen, der übertragende Rechtsträger existiert weiterhin. Die Ausgliederung schließlich ist dadurch gekennzeichnet, dass die Anteile der aufnehmenden oder neu zu gründenden Gesellschaft nicht den Gesellschaftern der übertragenden Gesellschaft, sondern der übertragenden Gesellschaft selbst gewährt werden. Es entsteht also ein Mutter-Tochter-Verhältnis. § 125 **Satz 1 UmwG verweist nur für den Fall der Aufspaltung auf § 18 UmwG**, bei Abspaltung und Ausgliederung nimmt er die Sonderregelung des § 18 UmwG ausdrücklich aus.

II. Neufirmierung und Beibehaltung der Firma des aufnehmenden Rechtsträgers

20 Ebenso wie bei der **Verschmelzung** bestehen selbstverständlich die Möglichkeiten der Neufirmierung bzw. Beibehaltung der alten Firma beim aufnehmenden Rechtsträger, wenn es sich um eine Aufspaltung oder Abspaltung zur Aufnahme handelt. Es besteht keine Verpflichtung zur Firmenfortführung. Die Spaltung kann Gelegenheit sein, nach allgemeinen Grundsätzen die Firma beim aufnehmenden Rechtsträger zu ändern, dann gelten allerdings keine Besonderheiten (es gilt das oben Ausgeführte, vgl. Teil 5 Rdn. 3 ff.).

III. Firmenfortführung bei Aufspaltung

Wie bereits erwähnt, hat der Gesetzgeber die Firmenfortführung durch Verweisung auf § 18 UmwG **21**
nur für den Fall der Aufspaltung in § 125 Satz 1 UmwG angeordnet. Die Vorschrift enthält allerdings
insofern eine Unklarheit, da bei der Aufspaltung anders als bei der Verschmelzung mehrere Rechtsträger
das Vermögen der übertragenden Gesellschaft aufnehmen, sodass zum einen die Einheit des fortgeführten Handelsgeschäftes fehlt und zum anderen die Frage besteht, wer die neue Firma fortführen darf.
Z. T. wird die Auffassung vertreten, dass nur derjenige die Firma fortführen darf, der die größten Teile
des Unternehmens übernimmt (Lutter/Teichmann, UmwG, § 131 Rn. 68). Andere sprechen sich für
eine größere Liberalität aus und sehen darin den entscheidenden Zweck der Verweisung auf § 18
UmwG, sodass die Firmenfortführung auch dann zulässig sein soll, wenn nur **Teile des Handelsgeschäftes** von der fortführenden Gesellschaft erworben werden (Bokelmann, ZNotP 1998, 268; Kallmeyer/
Kallmeyer/Sickinger, UmwG, § 125 Rn. 28).

Ebenfalls unklar ist, ob die Spaltung im Grunde zu einer **Firmenvervielfältigung** führen kann, ob also **22**
jeder aufnehmende Rechtsträger befugt ist, die Firma des übertragenden Rechtsträgers fortzuführen.
Die Literatur lehnt die unbeschränkte Firmenvervielfältigung ab (Kallmeyer/Kallmeyer, UmwG, § 125
Rn. 28; vgl. auch Bokelmann, ZNotP 1998, 269; a. A. Kögel, GmbHR 1996, 178). Ein Teil der Literatur ist allerdings der Auffassung, dass eine teilweise Firmenfortführung nur zulässig ist, soweit dies
mit dem übernommenen Vermögen in Einklang steht. Sind bspw. einzelne Erwerbssparten in die Firma
aufgenommen worden, so darf die Firma jedenfalls nur so fortgeführt werden, dass die nicht mehr zutreffenden Geschäftszweige gestrichen werden (so Bokelmann, ZNotP 198, 269; Kallmeyer/Kallmeyer,
UmwG, § 125 Rn. 28). In der Tendenz scheint daher viel dafür zu sprechen, dass, wenn eine Firmenfortführung in vervielfältigter Form gewünscht ist, zumindest Unterscheidungskriterien aufgenommen
werden müssen. Dies entspricht auch § 18 HGB, der die Unterscheidungskraft der Firma verlangt.

IV. Abspaltung und Ausgliederung

1. Streitstand. Für die Abspaltung und Ausgliederung ist in § 125 Abs. 1 UmwG die Anwendbarkeit **23**
von § 18 UmwG eindeutig ausgeschlossen, sodass in der Literatur heftig diskutiert wird, welche **Rechtsfolgen** hieraus zu ziehen sind. In der Literatur wird eine entsprechende Anwendung im Grundsatz überwiegend abgelehnt (vgl. Gutachten, DNotI-Report 2014, 188; KölnKommUmwG/Simon, § 125
Rn. 12; Stengel, in: Semler/Stengel, UmwG, § 125 Rn. 7; Hörtnagl, in: Schmitt/Hörtnagl/Stratz,
UmwG/UmwStG, § 125 UmwG Rn. 16; Lutter/Teichmann, UmwG, § 125 Rn. 9; Sagasser/Bult-
mann, in: Sagasser/Bula/Brünger, Umwandlungen, 4. Aufl. 2011, § 18 Rn. 66; Reuschle, in: Ebenroth/
Boujong/Joost/Strohn, HGB, § 22 Rn. 86).

Teichmann (Lutter/Teichmann, UmwG, § 131 Rn. 68) hält den **Ausschluss von § 18 UmwG** dann
nicht für überzeugend, wenn bspw. ein Einzelkaufmann Unternehmen und Privatvermögen trennt
und das Unternehmen auf einen neuen Rechtsträger (etwa zur Neugründung) transferiert wird oder
wenn der übertragende Rechtsträger nur einen Nebenbetrieb behält. Hier könnten aber die **§§ 22 ff.
HGB** eingreifen, d. h. der übernehmende Rechtsträger kann, wenn eine Unternehmenskontinuität gegeben ist, die Firma mit Einwilligung des übertragenden Rechtsträgers fortführen. Eine Sperrwirkung
der §§ 125, 18 UmwG sei nicht anzunehmen.

Kögel (GmbHR 1996, 168 ff., 174) sieht den Ausschluss des § 18 UmwG als **eklatante Folgen bei der
Ausgliederung des gesamten Unternehmens** eines Einzelkaufmanns, da die Eintragung der Ausgliederung das Erlöschen der von dem Einzelkaufmann geführten Firma bewirkt, welches von Amts wegen
in das Register einzutragen ist (§ 155 UmwG). Seiner Ansicht nach komme es in den meisten anderen
Konstellationen der Ausgliederung auf eine besondere firmenrechtliche Regelung entsprechend § 18
UmwG, die die Firmenfortführung erlauben würde, überhaupt nicht an. Dass § 125 UmwG für
eine Ausgliederung § 18 UmwG für nicht anwendbar erkläre, habe nahezu keine Bedeutung. Da bei
der Ausgliederung die Anteile an dem ausgegliederten Betriebsteil – im Gegensatz zur Abspaltung –
dem übertragenden Rechtsträger selbst gewährt würden, könne dieser nämlich für das durch Ausgliederung entstehende Tochterunternehmen eine Personenfirma bilden, was denselben Effekt habe. Für
den Fall der Ausgliederung des Gesamtunternehmens eines Einzelkaufmannes sei aber der Firmenfortführung entgegen dem Gesetzeswortlaut zuzustimmen.

Widmann/Mayer (Umwandlungsrecht, § 125 UmwG Rn. 104) sieht für den Fall, dass der Einzelkaufmann sein gesamtes Unternehmen ausgliedert und damit seine Firma nach § 155 UmwG erlischt, § 4 Abs. 1 Satz 3 GmbHG nicht als verdrängt an. Diesen Fall habe die Gesetzesbegründung übersehen, sodass eine Firmenfortführung auch hier zulässig sein müsse.

Kallmeyer/Sickinger (in: UmwG, § 125 Rn. 29) wollen die Erleichterungen des § 18 Abs. 1 Satz 1 UmwG für die Firmenfortführung **auch für Abspaltung und Ausgliederung** gelten lassen. Denn sie seien teleologisch nicht davon abhängig, dass der übertragende Rechtsträger erlischt. Die Auflösung habe ausweislich der Begründung nur Bedeutung für den Verzicht auf die Einwilligung des übertragenden Rechtsträgers in die Firmenfortführung. Auch bei Abspaltung und Ausgliederung sei also umwandlungsrechtlich eine Firmenfortführung möglich. Bei Abspaltung und Ausgliederung setze die Fortführung der Firma des übertragenden Rechtsträgers durch einen übernehmenden oder neuen Rechtsträger mangels Auflösung des übertragenden Rechtsträgers freilich voraus, dass der übertragende Rechtsträger seine bisherige Firma aufgibt und eine Firma bildet. Ein solches Vorgehen sei z. B. bei der Abspaltung oder Ausgliederung eines Betriebes wirtschaftlich sinnvoll, dessen Unternehmensgegenstand bisher für die Firmenbildung des übertragenden Rechtsträgers als Sachfirma ausschlaggebend war. Diese Meinung würde jedoch die Möglichkeiten der Firmenfortführung auch bei der Abspaltung und Ausgliederung weit über die Fälle des Erwerbs eines Handelsgeschäftes nach § 22 HGB hinaus erweitern.

Mayer (DB 1995, 861, 863) stellt einen Rückgriff auf die allgemeinen firmenrechtlichen Grundsätze des § 4 Abs. 1 Satz 3 GmbHG **auch bei der Ausgliederung oder Aufspaltung eines Teilbetriebes** vor. Das LG Hagen (Beschl. v. 01.12.1995, GmbHR 1996, 127 ff.) hat zumindest für die Ausgliederung, die das Gesamtunternehmen eines Einzelkaufmanns erfasst, entschieden, dass eine Firmenfortführung möglich sein muss. Da in diesem Fall die Firma des Einzelkaufmanns nach §§ 155, 158 UmwG erlösche, sei der Fall vergleichbar mit der Aufspaltung. In diesem Fall müsse auch eine Firmenfortführung durch die GmbH entgegen dem Gesetzeswortlaut zulässig sein. Nur diese Rechtsfolge entspreche dem in der Entstehungsgeschichte und den Materialien deutlich werdenden Sinn und Zweck des Gesetzes. Insoweit könne im Ergebnis daher dahingestellt bleiben, ob auslegungsmethodisch eine Gesetzeslücke anzunehmen sei, weil § 125 UmwG keine Sonderregelung für den Fall der Ausgliederung des gesamten Unternehmens eines Einzelkaufmanns vorsehe. Eine solche Regelungslücke wäre durch analoge Anwendung des § 18 UmwG zu schließen. Mindestens sei es gerechtfertigt, in Anwendung von § 135 Abs. 2 Satz 1 UmwG i. V. m. § 4 Abs. 1 Satz 2 und Satz 3 GmbHG auf die allgemeine Regelung in § 22 HGB zurückzugreifen.

Auch **Bokelmann** (ZNotP 1998, 265 ff., 269) spricht sich für die Anwendung der Grundsätze des § 18 UmwG **zumindest bei der Totalausgliederung** aus, die nach § 131 UmwG zum Erlöschen der von dem Einzelkaufmann geführten Firma führt. Im Ergebnis ist Vieles umstritten. Die ganz herrschende Meinung in der Literatur und die erste Rechtsprechung gehen aber davon aus, dass eine Firmenfortführung zumindest bei einer »Totalausgliederung« eines einzelkaufmännischen Unternehmens möglich sein muss. Die diesbezüglich engere Meinung geht dabei von einer Firmenfortführung nach § 22 HGB aus, sodass die dort verlangten Voraussetzungen (Handelsgeschäft und Zustimmung des Firmeninhabers) gegeben sein müssten. Im Ergebnis lässt die herrschende Meinung mit unterschiedlicher Begründung bei einer Totalausgliederung des Unternehmensbereichs des Einzelkaufmanns, die ein Erlöschen der Firma beim Einzelkaufmann zur Folge hätte, eine Firmenfortführung beim aufnehmenden oder neu gegründeten Rechtsträger auch bei einer Ausgliederung zu (vgl. LG Hagen, GmbHR 1996, 127 ff.; Widmann/Mayer/Mayer, Umwandlungsrecht, § 152 UmwG Rn. 104; Gutachten, DNotI-Report 2014, 188; Sagasser/Bultmann, § 18 Rn. 67;; Lutter/Teichmann, UmwG, § 131 Rn. 68; vgl. auch Kallmeyer/Kallmeyer/Sickinger, UmwG, § 125 Rn. 29; Bokelmann, ZNotP 1998, 265, 269; a. A. wohl Hörtnagl, in: Schmitt/Hörtnagl/Stratz, UmwG, UmwStG, § 125 UmwG Rn. 14).

24 **2. Firmenfortführung nach allgemeinen Grundsätzen.** Auch wenn man eine Anwendung des § 18 UmwG bei der Ausgliederung oder Abspaltung verneint, ist zu überlegen, ob nicht eine Firmenfortführung auch bei der Ausgliederung nach **allgemeinen Grundsätzen des Firmenrechts** zulässig ist. Nach richtiger Ansicht in der Literatur kann neben der Möglichkeit nach § 18 UmwG auch eine Firmenfortführung weiterhin nach den allgemeinen Regeln des § 22 HGB erfolgen. § 22 HGB soll durch § 125 UmwG nicht gesperrt sein (Gutachten, DNotI-Report 2014, 188; Lutter/Teichmann, § 131 Rn. 68;

KölnKommUmwG/Simon, § 125 Rn. 12; Semler/Stengel/Schröer, § 131 Rn. 44 im. Fn. 175; Mayer, in: Widmann/Mayer, § 126 UmwG Rn. 45 f.;; ablehnend aber Bokelmann, ZNotP 1998, 269). Denn § 18 UmwG soll insofern nur eine Erleichterung der bereits gegebenen Möglichkeiten der Firmenfortführung bieten.

Eine weitere Voraussetzung des § 22 HGB ist, dass »**ein Handelsgeschäft**« erworben würde. Dies bedeu- **25** tet dann, dass der Übergang des Unternehmens im Großen und Ganzen erfolgen muss, d. h. derjenigen Bestandteile, welche die Betriebsfortführung ermöglichen und Unternehmenskontinuität erwarten lassen (BGH, NJW 1972, 2123 = NJW 1991, 1353; BGH NJW 1991, 1353,1354 = MittBayNot 1991, 89 MünchKommHGB/Heidinger, § 22 Rn. 15; Gutachten, DNotI-Report 2014, 188, 189). Eine Teilübertragung, z. B. eine gesonderte Betriebsabteilung, genügt also nicht (Baumbach/Hopt, HGB, § 22 Rn. 4; OLG Hamburg, BB 1989, 1145). Selbst bei mehreren Geschäftszweigen ist § 22 HGB nicht anwendbar, wenn einer der gleichwertigen Geschäftszweige auf einen Dritten übertragen wird (MünchKomm-HGB/Heidinger, § 22 Rn. 16). Das Recht zur Fortführung der Firma erlischt also bei Teilungen, falls nicht ein Teil so überwiegt, dass er das Ganze fortsetzt (Baumbach/Hopt, HGB, § 22 Rn. 21; BGH, BB 1957, 943). Ansonsten würde die Anwendung von § 22 HGB zu einer unzulässigen Aufspaltung und Verdoppelung der Firma führen (MünchKomm-HGB/Heidinger, § 22 Rn. 16).

Emmerich (Emmerich/Heymann, HGB, § 22 Rn. 7) erwähnt in diesem Zusammenhang auch die Unzulässigkeit der Firmenfortführung ausdrücklich bei der Veräußerung einzelner von zahlreichen Geschäftsstellen in verschiedenen Städten (Verweis in Fn. 12 auf RGZ 56, 187, 189; BGH, NJW 1991, 1353 u. v. a.).

Eine Möglichkeit zur Verdoppelung der existierenden Firma bietet allerdings die gesonderte Übertra- **26** gung oder **Gründung von Zweigniederlassungen**. Denn durch Veräußerungen der Zweigniederlassung mit der abgeleiteten Firma erlischt dieselbe nicht (Bokelmann, GmbHR 1978, 65; vgl. auch das Beispiel bei Wessel/Zwernemann, Die Firmengründung, Rn. 507 ff.). Soweit es sich bei den verschiedenen Standorten des übertragenden Einzelunternehmers um selbstständige Zweigniederlassungen i. S. d. § 13 GmbHG mit eigenen Firmen handelt, ist die Firmenfortführung der ehemaligen Zweigniederlassung bei der durch Aufspaltung, Abspaltung oder Ausgliederung gebildeten neu gegründeten GmbH genauso denkbar wie die separate Veräußerung einer Zweigniederlassung zusammen mit ihrer Firma (Bokelmann, GmbHR 1978, 65; vgl. auch das Beispiel bei Wessel/Zwernemann, Die Firmengründung, Rn. 507 ff.; ganz h. M., vgl. nur Emmerich/Heymann, HGB, § 22 Rn. 7 m. w. N. in Fn. 15).

In der Diskussion des HRefG wurde z. T. empfohlen, den zu § 125 UmwG i. V. m. § 18 UmwG wegen **27** der Fortführung der bisherigen Firma herrschenden Streit dahin gehend gesetzgeberisch klarzustellen, dass ein Rückgriff auf die allgemeinen firmenrechtlichen Grundsätze (etwa § 22 HGB, § 4 Abs. 1 Satz 3 GmbHG) grds. zulässig bleibt. Dies sollte insb. in den Fällen der Abspaltung oder Ausgliederung einer Zweigniederlassung einer Kapitalgesellschaft mit der bisherigen Firma gelten (vgl. dazu auch OLG Frankfurt am Main, DB 1980, 250 und Neye, Neues Umwandlungsrecht, S. 16; ausführlich dazu D. Mayer, DB 1995, 1861, 1863). Dies ist leider unterblieben. Daher äußert **Bokelmann** (ZNotP 1998, 265) Bedenken, da § 18 Abs. 1 UmwG als Spezialvorschrift zu § 22 HGB zu begreifen sei. Es handele sich insoweit um eine echte Firmenfortführung im firmenrechtlichen Sinne. Schließe aber § 125 Satz 1 UmwG die Anwendbarkeit von § 18 UmwG eindeutig aus, könne nicht über die Hintertür nach § 22 HGB ein gegenteiliges Ergebnis herbeigeführt werden. Die Entscheidung des Gesetzgebers sei zu beklagen und es hätte nahegelegen, zumindest die Möglichkeit zu eröffnen, dem abgespaltenen Betriebsteil die Firma nachfolgen zu lassen. Der Gesetzgeber hat aber weder im Handelsrechtsreformgesetz noch im ersten Änderungsgesetz zum Umwandlungsrecht eine diesbezügliche Klarstellung durchgeführt.

D. Formwechsel

Firmenrechtliche Fragen des Formwechsels sind in § 200 UmwG geregelt. Nach § 200 Abs. 1 UmwG **28** darf der Rechtsträger neuer Rechtsform seine **bisher geführte Firma beibehalten**, soweit sich aus dem UmwG nichts anderes ergibt. Zusätzliche Bezeichnungen, die auf die Rechtsform der formwechselnden Gesellschaft hinweisen, dürfen auch dann nicht verwendet werden, wenn der Rechtsträger die bisher geführte Firma beibehält. Die Begründung zum RegE (BT-Drucks. 75/94, S. 145) weist darauf hin, dass nach dieser Vorschrift der Rechtsträger neuer Rechtsform auch dann auf den in der Firma des formwechselnden Rechtsträgers enthaltenen Rechtsformzusatz verzichten und ihn gegen den für die neue Rechtsform vorgeschriebenen Zusatz austauschen muss, wenn eine Täuschung über die neue Rechtsform des Rechtsträgers durch einen Nachfolgezusatz verwiesen werden könnte. Bereits vor dem HRefG bestand also keine Möglichkeit, den **Rechtsformzusatz** auch evtl. **mit Nachfolgezusatz** beizubehalten (vgl. Kögel, GmbHR 1996, 174; Bokelmann, ZNotP 1998, 270). Das war bereits zum alten Recht folgerichtig, da der Formwechsel nach der neueren Identitätstheorie keine Rechtsnachfolge ist, sondern rechtliche und wirtschaftliche Kontinuität des Unternehmens vorliegt. Nach dem neuen HRefG findet sich dieser Zwang zur Angabe des Rechtsformzusatzes in § 19 HGB, wonach der zwingende Hinweis auf die Rechtsform des Unternehmensträgers besteht. Beim Formwechsel in die Kapitalgesellschaft muss daher immer der Zusatz »AG« oder »GmbH« geführt werden, beim Formwechsel in die Personengesellschaft immer der Zusatz »OHG« oder »KG«. Die Fortführung des Rechtsformzusatzes ist unzulässig.

29 **Vor dem HRefG** waren in § 200 Abs. 1 UmwG ähnliche Beschränkungen im Hinblick auf die Beteiligtenstellungen von bestimmten Personen enthalten wie bei der Verschmelzung. Durch die Liberalisierung des Handelsrechts i. R. d. HRefG konnten diese in der Literatur bereits zitierten Beschränkungen (vgl. Kögel, GmbHR 1996, 174) ersatzlos entfallen. Die Personengesellschaft kann jetzt unbeschränkt die reine Sachfirma fortführen, die Kapitalgesellschaft die Personenfirma. Ebenfalls zulässig sind selbstverständlich Fantasiefirmen.

30 Neben der Firmenfortführung, die § 200 UmwG in erster Linie regelt, besteht auch die Möglichkeit der **Neubildung der Firma.** Auch das lässt § 200 UmwG zu und sieht einige der Vorschriften vor (vgl. Kallmeyer/Meister/Klöcker, UmwG, § 200 Rn. 14 ff.; Widmann/Mayer/Fronhöfer, Umwandlungsrecht, § 200 UmwG Rn. 15; Lutter/Decher/Hoger/Hoger, § 200 UmwG Rn. 12). Für die Neubildung der Firma des Rechtsträgers neuer Rechtsform gelten zunächst die allgemeinen Vorschriften nach dem HRefG, sodass alle Möglichkeiten der Firmenfortführung gegeben sind, sofern keine Täuschung nach § 18 HGB vorliegt:

– Personenfirma,
– Sachfirma,
– Fantasiebezeichnung.

31 Eine Einschränkung enthält allerdings § 200 Abs. 3 UmwG. War an dem **formwechselnden Rechtsträger** eine **natürliche Person** beteiligt, deren Beteiligung an dem Rechtsträger neuer Rechtsform entfällt, so darf der Name dieses Anteilsinhabers oder Gesellschafters nur dann in der beibehaltenen bisherigen oder in der neugebildeten Firma verwendet werden, wenn der betroffene Gesellschafter oder dessen Erben ausdrücklich in die Verwendung des Namens einwilligen (vgl. Kallmeyer/Meister/Klöcker, UmwG, § 200 Rn. 26; Lutter/Decher/Hoger, § 200 UmwG Rn. 8 f.; Widmann/Mayer/Fronhöfer, Umwandlungsrecht, § 200 UmwG Rn. 16). Dadurch soll der Name eines ausscheidenden Gesellschafters geschützt werden. Die Einwilligung muss ausdrücklich erklärt werden, bedarf aber keinen bestimmten Form, auch konkludente Einwilligung soll genügen (Lutter/Decher/Hoger, UmwG, § 200 Rn. 9). Eine weitere Einschränkung ergibt sich nach § 200 Abs. 4 UmwG: Ist formwechselnder Rechtsträger oder Rechtsträger neuer Rechtsform eine **Partnerschaftsgesellschaft,** gelten für die Beibehaltung oder Bildung der Firma oder des Namens § 200 Abs. 1 und 3 UmwG entsprechend. Eine Firma darf allerdings als Name einer Partnerschaftsgesellschaft nur unter den Voraussetzungen des § 2 Abs. 1 des PartGG beibehalten werden. Danach muss, wenn in die Partnerschaft formgewechselt wird, der Name der Partnerschaft den Namen mindestens eines Partners, den Zusatz »und Partner« oder »Partnerschaft« sowie die Berufsbezeichnungen aller in der Partnerschaft vertretenen Berufe enthalten (vgl. Lutter/Decher/Hoger, § 200 UmwG Rn. 10). Die Beifügung von Vornamen ist nicht erforderlich. Die Namen anderer Personen als der Partner dürfen nicht in den Namen der Partnerschaft aufgenommen werden. Die Beibehaltung einer Fantasie- oder Sachfirma wäre unzulässig (Lutter/Decher/Hoger, § 200 UmwG Rn. 10). Die überwiegende Meinung nimmt an, dass beim Formwechsel einer Partnerschaftsgesellschaft in eine andere Rechtsform der Rechtsformzusatz »und Partner« beim Zielrechtsträger nicht fortgeführt werden kann, da auch die Vorschrift des § 11 PartGG, die in Abs. 1 S. 1 eine Exklusivität des in § 2 Abs. 1 PartGG vorgesehenen Zusatzes »Partnerschaft« oder »und Partner« für die Partnerschaftsgesellschaft vorsieht, anwendbar ist (so Lutter/Decher/Hoger, § 200 UmwG Rn. 10;

Schwanna in: Semler/Stengel, § 200 UmwG Rn. 12; Widmann/Mayer/Fronhöfer, § 200 UmwG Rn. 20;; ähnlich auch OLG Frankfurt, MittBayNot 1999, 394). Z. T. wird allerdings wird danach differenziert, ob der Name der Partnerschaft von einer nach § 11 PartGG abgeleiteten Firma herrührt (Lutter/Decher, § 18 UmwG Rn. 10; Henssler, PartGG, 2. Aufl. 2008, § 11 Rn. 10; Wolff in: Meilicke u. a., PartGG, 2. Aufl. 2006, § 11 Rn. 16). Findet der Formwechsel in eine **GbR** statt, so erlischt nach § 200 Abs. 5 UmwG die Firma des formwechselnden Rechtsträgers

Vor dem HRefG bestanden eine Vielzahl von Fragen der Firmenfortführung, insb. die Frage, inwieweit 32 eine Sachfirma bei der Umwandlung einer Kapitalgesellschaft in eine Personengesellschaft, besonders GmbH & Co. KG, zulässig ist (vgl. dazu Kallmeyer/Meister/Klöcker, UmwG, § 200 Rn. 1 ff.; LG Bielefeld, GmbHR 1996, 543). Diese Fragen sind durch die Liberalisierung des Handelsrechts obsolet geworden, da nun auch **Personengesellschaften** ohne Weiteres **Sachfirmen** führen können.

Findet ein **Formwechsel in eine Genossenschaft** statt, so gilt nach § 3 GenG, dass die Firma der Ge- 33 nossenschaft, auch wenn sie eine fortgeführte Firma ist, die Bezeichnung »eingetragene Genossenschaft« oder die Abkürzung »e. G.« enthalten muss. Nach Abs. 2 der Vorschrift darf die Firma keinen Zusatz enthalten, der darauf hindeutet, ob und in welchem Umfang die Genossen zur Leistung von Nachschüssen verpflichtet sind.

Abschließend ist für den häufigen Fall der Umwandlung einer GmbH in eine GmbH & Co. KG fest- 34 zustellen, dass durch den in § 19 Abs. 1 Satz 3 HGB i. V. m. § 200 Abs. 2 UmwG geschaffenen Zwang, die Rechtsform in die Firma aufzunehmen, gilt, dass die früher zulässige **Firmierung** »**GmbH & Co.**« in Zukunft unzulässig ist (vgl. Schlitt, NZG 1998, 580, 582; Bokelmann, GmbHR 1998, 57 ff.; Kögel, BB 1998, 1645, 1646). Bei der GmbH & Co. KG wird daher auch immer der KG-Zusatz in die Firma aufzunehmen sein, auch wenn die Firma nach umwandlungsrechtlichen Grundsätzen nach Formwechsel fortgeführt wird.

Kapitel 2: Umwandlungen vor und in der Insolvenz

A. Einführung

I. Sanierung und Reorganisation vor und in der Insolvenz nach der InsO

35 Umstrukturierungsmaßnahmen – **Verschmelzung, Spaltung, Formwechsel** – betreffen in erster Linie »gesunde« Unternehmen: Dem Unternehmer soll die Möglichkeit gegeben werden, das starre Rechtskleid, das er einmal gewählt hat, durch Umwandlungsvorgänge wieder zu verlassen, um eine seiner wirtschaftlichen Entwicklung angemessene Rechtsform zu erhalten. Auch bei diesen Umstrukturierungsmaßnahmen spielt aber häufig der Gedanke der Verbesserung des wirtschaftlichen Leistungsprozesses des Unternehmens eine erhebliche Rolle. Die Fusionsfälle der 1980er-Jahre waren getragen von der Idee, durch Größen- und Synergievorteile das wirtschaftliche Ergebnis optimieren zu können. Die letzten Jahre standen im gegenteiligen Trend. In der betriebswirtschaftlichen Wissenschaft wurden moderne Organisationsformen wie die »Management-Holding« (vgl. v. a. Bühner, Management-Holding. Unternehmensstruktur der Zukunft; Keller, Die Führung der Holding, in: Lutter/Jesse/Keller, Holding-Handbuch, S. 123 ff.; Borchers, Beteiligungscontrolling in der Management-Holding; Schumacher, Beteiligungscontrolling in der Management-Holding; Bullinger/Spath/Warnecke/Westkämper, Handbuch Unternehmensorganisation: Strategien, Planung, Umsetzung, S. 187 ff.; Zeiss, Die Management-Holding: Anspruch, Wirklichkeit und Weiterentwicklung, 2006) oder auch »Lean-Production« entwickelt, die kleinere, rechtlich selbstständige Einheiten als wirtschaftlichere Organisationsmaßnahmen vorschlugen. Es verwundert daher nicht, dass auch in der Krise der Unternehmung Umwandlungs- und Umstrukturierungsmaßnahmen eine große Bedeutung haben. Insb. im Stadium **vor** der **Insolvenz-**

eröffnung werden verschiedenste Techniken der Sanierung diskutiert und in der Praxis auch eingesetzt. Bekanntes Defizit der KO war, dass sie in erster Linie auf Liquidation und Gläubigerbefriedigung ausgerichtet war und daher das Ziel einer Sanierung des Unternehmens nur sehr unzureichend unterstützte. Insb. das Instrumentarium – besonders die VerglO – zur Sanierung insolventer Unternehmen hat sich nach Einschätzung von Praxis und Wissenschaft als unzureichend erwiesen (vgl. etwa Kilger, KTS 1975, 142; Uhlenbruck, NJW 1975, 897; ders., Erster Bericht der Kommission für Insolvenzrecht, S. 1 ff.).

Die InsO verfolgt daher insb. das Ziel einer allgemeinen **Förderung der Unternehmenssanierung** (vgl.   **36** Begründung zum ReE, BT-Drucks. 12/2443, S. 75 ff.). Besonders zu nennen sind hier die Beseitigung der Haftung des Vermögensübernehmers nach § 419 BGB (vgl. hierzu Uhlenbruck, MittRhNotK 1994, 305, 308), die Einführung der vereinfachten Kapitalherabsetzung bei der GmbH durch die §§ 58a ff. GmbHG (vgl. hierzu Uhlenbruck, GmbHR 1995, 81, 84 ff.; Lutter/Hommelhoff/Lutter, GmbHG, § 58a Rn. 1). Von besonderer Bedeutung ist die Tatsache, dass die Durchführung der Insolvenz auf drei vom Gesetzgeber als gleichrangig erachteten Wegen erfolgen kann, nämlich Liquidation, Sanierung und **übertragende Sanierung** (vgl. dazu Wellensiek/Schluck-Amend in: Römermann, Münchener Anwaltshandbuch GmbH-Recht, § 23 Rn. 70 ff.; Brete/Thomsen, NJOZ 2008, 4159, 4162; K. Schmidt, in: Schmidt/Uhlenbruck, Die GmbH in Krise, Sanierung und Insolvenz, Rn. 4.1, 4.20 und 7.99; Wellensiek, NZI 2002, 233 ff.; Bittner, ZGR 2010, 147, 153 ff.; Undritz, ZGR 2010, 201 ff.; Bork, Einführung in das Insolvenzrecht, 5. Aufl. 2009, S. 2 ff. m. w. N.; Strümpell, Die übertragende Sanierung innerhalb und außerhalb der Insolvenz, 2006; Jaeger/Henckel, InsO, 9. Aufl. 2004, § 1 Rn 12 ff.; Bitter/Rauhut, KSI 2007, 197 ff., 258 ff.; Bichlmaier, AiB 2006, 355 ff.; Arends/Hofert-von Weiss, BB 2009, 1538 ff.; Krause, BB 2008, 1029 ff.; Heckschen, DB 2005, 2283; Balz, ZIP 1988, 273; Bichlmeier/Engberding/Oberhofer, Insolvenz-Handbuch., 2. Aufl. (2003), S. 305; Bitter/Rauhut, KSI 2007, 197; Falk/Schäfer, ZIP 2004, 1337; Leibner, DStZ 2002, 679; Paulus, DStR 2004, 1568; Smid, WM 1998, 2489). Das Instrument des Insolvenzplans soll die Sanierung erleichtern. § 1 Satz 1 und § 217 InsO, die hervorheben, dass ein Insolvenzplan insb. zum Erhalt des Unternehmens in Betracht kommt, machen die besondere Bedeutung des Insolvenzplans als wichtigstes Sanierungsinstrument deutlich. Hierdurch wird das weitere Schicksal des Unternehmens, insb. die Sanierung und die Art der Sanierung in die Autonomie der Beteiligten, insb. der Gläubiger, gelegt.

Die InsO schließt allerdings keineswegs die **Sanierung im Vorfeld** des Insolvenzverfahrens aus (so zu   **37** Recht Uhlenbruck, GmbHR 1995, 81, 83 f.; Wellensiek, NZI 2002, 233 ff.; vgl. auch Rudolph, Unternehmensfinanzierung und Kapitalmarkt, S. 535 ff.). Die Sanierung vor Eröffnung des Insolvenzverfahrens hat erhebliche praktische Bedeutung, da hier den Gesellschaftern und Geschäftsführern des Krisenunternehmens noch die weitesten Entscheidungsfreiheiten verbleiben (vgl. Graf-Schlicker/Remmert, NZI 2001, 569 ff.; Bitter/Rauhut, KSI 2007, 258 ff. mit Hinweis auf die Anfechtungsrisiken; Strümpell, Die übertragende Sanierung innerhalb und außerhalb der Insolvenz, S. 20 ff.; Heckschen, DB 2005, 2283).

Weder die InsO noch das UmwG haben spezifische Vorschriften für Umwandlungen vor und in der Insolvenz geschaffen. Umstrukturierungen bei Krisenunternehmen müssen daher unter Berücksichtigung beider Rechtsmaterien vorgenommen werden. Die Umstrukturierung von Krisenunternehmen zum Zweck der Sanierung führt allerdings zu Problemen, die sich bei der Umwandlung von gesunden Unternehmen nicht stellen. Angesichts der erheblichen Sanierungsfreudigkeit der neuen InsO werden die bekannten Sanierungsmaßnahmen vor und in der Krise voraussichtlich noch größere Bedeutung gewinnen.

Im vor der InsO geltenden Recht waren Sanierungsbemühungen allerdings in erster Linie Probleme im Vorfeld des Konkurses. K. Schmidt hat hier den **Begriff der freien Sanierung** geprägt (Schmidt, Möglichkeiten der Sanierung von Unternehmen durch Maßnahmen im Unternehmens-, Arbeits-, Sozial- und Insolvenzrecht, Gutachten D zum 54. Deutschen Juristentag 1982, D 103) und meint hiermit die Sanierung außerhalb des Insolvenzverfahrens. Es besteht Einigkeit, dass die InsO diese insolvenzverfahrensfreie Sanierung nicht nur nicht ausschließt, sondern im Gegenteil bestrebt ist, die außergerichtliche Sanierung zu fördern (so Uhlenbruck, GmbHR 1995, 81, 83). Der Schwerpunkt für Umstrukturierungsmaßnahmen wird sicherlich auch im neuen Recht bei der freien Sanierung liegen, da hier die

Gesellschafter und Geschäftsführer noch weitgehend frei über diese Umstrukturierungsmaßnahmen entscheiden können.

38 Am 01.03.2012 ist das Gesetz zur weiteren Erleichterung der Sanierung von Unternehmen (ESUG; BGBl. I, S. 2582, vgl. zum Entwurf BT-Drucks. 17/5712 v. 04.05.2011, BR-Drucks. 127/11) in Kraft getreten, mit dem die Fortführung von sanierungsfähigen Unternehmen erleichtert werden soll. Schwerpunkt des Gesetzes ist die Erleichterung der Sanierung von Unternehmen durch einen stärkeren Einfluss der Gläubiger auf die Auswahl des Insolvenzverwalters, durch Ausbau und Straffung des Insolvenzplanverfahrens, durch die Vereinfachung des Zugangs zur Eigenverwaltung und durch eine größere Konzentration der Zuständigkeit der Insolvenzgerichte. Die Begründung zum Entwurf weist darauf hin, dass die Finanzmarktkrise erneut gezeigt habe, dass eine Sanierung von Unternehmen häufig Eingriffe in die Rechte der Anteilsinhaber erfordere (vgl. BT-Drucks. 17/5712, S. 17 ff.). Das geltende deutsche Insolvenzrecht lasse die Rechte der Anteilseigner des insolventen Unternehmens bei einer Sanierung durch Insolvenzplan unberührt. Änderungen dieser Rechte seien nur mit Zustimmung der Inhaber nach den Vorschriften des Gesellschaftsrechts zulässig. Durch das ESUG soll die strikte Trennung von Insolvenzrecht und Gesellschaftsrecht überwunden werden. Das ESUG sieht z. B. vor, dass bei drohender Zahlungsunfähigkeit ein vorgelagertes Sanierungsverfahren stattfindet, d. h. dem Gläubiger max. 3 Monate gewährt werden, um ein Sanierungskonzept vorzulegen, welches anschließend im Rahmen eines Insolvenzplanverfahrens umgesetzt wird. Nach dem früheren Recht konnte auch im Rahmen eines Insolvenzplanverfahrens nicht in Gesellschafterrechte eingegriffen werden, sie waren nicht Gegenstand des Verfahrens. Aber gerade Kapitalmaßnahmen, die auf die bestehenden Anteilsrechte abzielen, sind ein wirkungsvolles Sanierungsinstrument. Umwandlungen von Forderungen in oder auch die Übertragung von bestehenden Anteilen seien früher nicht ohne die Mitwirkung der Altgesellschafter möglich und gewährten diesen ein enormes Blockadepotenzial. Mit der Neuregelung soll es möglich sein, Eingriffe in die Gesellschafterrechte vorzunehmen, auch ohne, dass es dazu der Mitwirkung der Altgesellschafter bedarf (vgl. aus der Literatur Bernaus, BB 2011, 1 ff.; Brinkmann, WM 2011, 97; Hölzle, NZI 2011, 124; Schmidt, BB 2011, 1603; Willemsen/Rechel, BB 2011, 834).

II. Kein Vorrang der InsO, Umwandlung trotz Überschuldung

39 Da es keinen Vorrang der InsO vor dem UmwG gibt, kann auch ein Rechtsträger, der überschuldet oder zahlungsunfähig ist, grds. verschmolzen werden (OLG Stuttgart, ZIP 2005, 2066 = DNotZ 2006, 302 = NotBZ 2005, 44 = DB 2005, 2681; LG Leipzig, DB 2006, 885; Lutter/Drygala, § 3 UmwG Rn. 24; Heckschen/Simon, Umwandlungsrecht, § 3 Rn. 84 ff.; Heckschen, DB 2005, 2283; ders., ZInsO 2008, 824, 825; Tillmann, BB 2004, 673 ff.; Stengel, in: Semler/Stengel, § 3 UmwG Rn. 44; Lutter/Karollus, § 120 UmwG Rn. 30; Widmann/Mayer/Heckschen, § 1 UmwG Rn. 80.1; vgl. auch zum Formwechsel OLG Naumburg, ZIP 2004, 566 = GmbHR 2003, 1432). Das hat auch das OLG Stuttgart im Beschl. v. 04.10.2005 (ZIP 2005, 2066 = DNotZ 2006, 302 = NotBZ 2005, 44 = DB 2005, 2681 = EWiR § 120 UmwG m. Anm. Heckschen) zu Recht bestätigt und festgestellt, dass bei der Verschmelzung auf den Alleingesellschafter nach § 120 UmwG aus umwandlungsrechtlichen Gründen bei der Eintragung der Verschmelzung vom Registergericht grds. weder zu prüfen sei, ob der übertragende Rechtsträger überschuldet ist noch ob der aufnehmende Alleingesellschafter durch die Verschmelzung in die Überschuldung gerät. In der Literatur wird dies ebenfalls weitgehend so gesehen (Kallmeyer/Müller, § 17 UmwG Rn. 44; Kallmeyer/Marsch-Barner, § 3 UmwG Rn. 22; Wälzholz, AG 2006, 469 ff.; Semler/Stengel/Maier-Reimer, UmwG, § 120 Rn. 13; Stratz, in: Schmitt/Hörtnagl/Stratz, UmwG, UmwStG, § 120 Rn. 4; Lutter/Drygala, § 3 UmwG Rn. 24; Widmann/Mayer/Mayer, Umwandlungsrecht, § 120 UmwG Rn. 8.6; Limmer, DNotZ 1999, 150, 152 – Anm. zur Entscheidung des KG v. 22.09.1998, dazu EWiR 1998, 1145 [Rottnauer]; Klein/Stephanblome, ZGR 2007, 351, 367). Ein Teil der Literatur ist allerdings anderer Meinung (krit. Lutter/Karollus, 3. Aufl. § 120 UmwG Rn. 19a; in der 4. Aufl. hat Karollus diese Auffassung aufgegeben, vgl. Lutter/Karollus, § 120 UmwG Rn. 21; vgl. auch Maier-Reimer in: Semler/Stengel, § 120 UmwG Rn. 26). Es ist allerdings zu berücksichtigen, dass die Verletzung der Insolvenzantragspflicht nicht rückwirkend durch den Umwandlungsvorgang beseitigt und somit strafrechtlich weiterhin sanktioniert bleibt (Heckschen, in: FS für Widmann, 2000, S. 31, 41 f.). Ferner sind die nachfolgend beschriebenen Grenzen zu beachten, die aus den **Grundsätzen der Kapitalerhaltung** folgen (vgl. Teil 5 Rdn. 48 ff.).

III. Überblick über die Sanierung durch Fortführungsgesellschaften und die Bedeutung der gesellschaftsrechtlichen Umstrukturierung

1. Allgemeines. Flessner (Sanierung und Reorganisation – Insolvenzverfahren für Großunternehmen in rechtsvergleichender und rechtspolitischer Untersuchung, S. 2) hat **Sanierung im weitesten Sinne** definiert als »alle organisatorischen, finanziellen und rechtlichen Maßnahmen, die ein Unternehmen aus einer ungünstigen wirtschaftlichen Situation herausführen sollen, um seine Weiterexistenz zu sichern, also z. B.: **40**

– Umstellung von Einkauf, Produktion und Absatz;
– Abstoßung von Unternehmensteilen;
– Neuordnung der Unternehmensleitung;
– Herabsetzung und Schaffung von Eigenkapital und Fremdkapital;
– Umwandlung von kurzfristigem in langfristiges Fremdkapital, von Fremdkapital in Eigenkapital;
– Verschmelzung mit anderen Unternehmen«.

Bereits diese Definition zeigt, dass – neben den eigentlichen betriebswirtschaftlichen Sanierungsmaßnahmen – eine Reihe von Änderungen auf der Ebene des Gesellschaftsrechts ebenfalls zur Sanierung gezählt werden. Angesichts der erheblichen Ausweitung der Umstrukturierungsmaßnahmen durch das neue UmwG werden auch die gesellschaftsrechtlichen Maßnahmen größere Bedeutung i. R. d. Sanierung haben.

In Literatur und Praxis werden entsprechend der auf **Groß** (Sanierung durch Fortführungsgesellschaften, S. 255 ff.; vgl. auch Hess/Fechner, Sanierungshandbuch, S. 263 ff.) zurückgehenden Begriffsbildung **folgende Typen** sog. Fortführungsgesellschaften unterschieden. Fortführungsgesellschaft ist dabei der Oberbegriff für alle Gesellschaften, deren Zweck es ist, den Betrieb notleidender, v. a. insolventer Unternehmen zu retten und fortzuführen (vgl. Groß, Sanierung durch Fortführungsgesellschaften, S. 131; Gutachten DNotI-Report 2009, 115 ff.; zustimmend Post, DB 1984, 280; Wolf, ZIP 1984, 669 ff.; zustimmend auch weitgehend Uhlenbruck, Gläubigerberatung in der Insolvenz, S. 429 ff.; ders., Die GmbH & Co. KG in Krise, Konkurs und Vergleich, S. 429 ff.; Buth/Herrmanns, Restrukturierung, Sanierung, Insolvenz, 4. Aufl. § 17 Rn. 2 ff.; Rohde, in: Münchener Anwaltshandbuch Insolvenz und Sanierung, § 4 Rn. 134 ff.; Brete/Thomsen, NJOZ 2008, 4159 ff.). Als unterschiedliche Maßnahmen werden hierbei unterschieden:

– die **Sanierungsgesellschaft,**
– die **Betriebsübernahmegesellschaft,**
– die **Auffanggesellschaft.**

2. Sanierungsgesellschaft. Die Sanierungsgesellschaft ist dadurch gekennzeichnet, dass sie die Sanierung des Krisenunternehmens durch **zusätzliche Kapitalzuführung** bezweckt (vgl. Gutachten DNotI-Report 2009, 115 ff.; Groß, Sanierung durch Fortführungsgesellschaften, S. 255; Wolf, ZIP 1984, 672; Post, DB 1984, 280; Buth/Herrmanns, Restrukturierung, Sanierung, Insolvenz, § 17 Rn. 5 ff., 25 ff.; Müller-Feldhammer, ZIP 2003, 2186 ff.; Rohde, in: Münchener Anwaltshandbuch Insolvenz und Sanierung, § 4 Rn. 135, Brete/Thomsen, NJOZ 2008, 4159). Die Kapitalzufuhr kann entweder durch die Gesellschaften selbst oder – und dies ist wohl der bedeutsame Fall – durch neue Gesellschaften erfolgen. Uhlenbruck (Gläubigerberatung in der Insolvenz, S. 430) definiert daher die Sanierungsgesellschaft wie folgt: **41**

»Bei der Sanierungsgesellschaft engagieren sich alte und/oder neue Gesellschafter, um durch Kapitaleinsatz und/oder durch Mitarbeit das in Konkurs befindliche Unternehmen zu sanieren«.

Umstrukturierungen sind für Sanierungsgesellschaften als solche nicht erforderlich. **Groß** (Sanierung durch Fortführungsgesellschaften, S. 55) weist jedoch darauf hin, dass Umwandlungs- oder Umgründungsvorgänge für Sanierungsgesellschaften ein häufig anzutreffendes Merkmal seien. Insb. **bei Gesellschaften mit unbeschränkter Haftung** wird bereits aus Haftungsbeschränkungsgründen eine Umwandlung zumindest dergestalt notwendig sein, dass die neuen Gesellschafter keine persönliche Haftung trifft. Darüber hinaus können auch organisatorische Gründe für die Umstrukturierung verantwortlich sein. Soll etwa der bisherige persönlich haftende Gesellschafter einer OHG durch externe Fremdgeschäftsführer ersetzt werden, so bedarf es wegen des Verbotes der Fremdorganschaft bei Personenge- **42** sellschaften einer Umwandlung in eine Kapitalgesellschaft. Darüber hinaus weist auch **Groß** (Sanierung durch Fortführungsgesellschaften, S. 260) daraufhin, dass üblicherweise der Gesellschafterbeitritt von neuen Gesellschaftern durch formwechselnde Umwandlungen vorbereitet werde.

43 Um einen **Unterfall** der Sanierungsgesellschaft handelt es sich auch bei der sog. **Sanierungsfusion.** Bei der Sanierungsfusion wird das Krisenunternehmen mit einem anderen Unternehmen zur Sanierungsgesellschaft verschmolzen (vgl. zur Sanierungsfusion Groß, Sanierung durch Fortführungsgesellschaften, S. 35 ff.; Gottwald, KTS 1984, 1, 15; Schmidt, AG 1982, 169 ff.; Lutter/Timm, DB 1976, 1617; Möschel, in: FS für R. Fischer, 1979, S. 489; Buth/Herrmanns, Restrukturierung, Sanierung, Insolvenz, § 17 Rn. 43 ff., 78 ff., 90; Tautorus/Janner/Nerlich/Kreplin Münchener Anwalts Handbuch, § 17 Rn. 105; Loose/Maier in: Lüdicke/Sistermann, Unternehmenssteuerrecht, 2008, § 17 Rn. 107 ff., Blasche, GWR 2010, 441 ff. vgl. auch Uhlenbruck, Die GmbH und Co. KG in Krise, Konkurs und Vergleich, S. 745 f.).

44 Eine weitere Form der Sanierungsgesellschaft ist auch die Einbringung von einzelnen Betriebsteilen des Krisenunternehmens im Wege der Einzelrechtsnachfolge in eine neue Gesellschaft, an der sich neue Gesellschafter mit neuem Kapital beteiligen (vgl. Groß, Sanierung durch Fortführungsgesellschaften S. 264). Für diesen bisher nur durch Einzelübertragung der einzelnen Vermögensgegenstände möglichen Fall der Sanierung steht nunmehr grds. **auch das Instrument der Spaltung und der Ausgliederung** zur Verfügung. Es bleibt abzuwarten, inwieweit sich die Praxis in Zukunft auch der dann als Sanierungsspaltung oder Sanierungsausgliederung zu bezeichnenden Umstrukturierungsmaßnahme bedienen wird.

45 **3. Betriebsübernahmegesellschaften.** Während bei der Sanierungsgesellschaft noch im weitesten Sinne **Rechtsidentität** zwischen dem Krisenunternehmen und der Sanierungsgesellschaft vorliegt und die Sanierungsgesellschaft voll in die Stellung des Krisenunternehmens eintritt und für die Schuldenregulierung verantwortlich bleibt, ist die Betriebsübernahmegesellschaft durch die »Herausnahme« des Betriebes aus dem Unternehmen gekennzeichnet (vgl. zu den Definitionen Gutachten DNotI-Report 2009, 115 ff.; Groß, Sanierung durch Fortführungsgesellschaften, S. 399 ff.; Uhlenbruck, Gläubigerberatung in der Insolvenz, S. 431; Wolf, ZIP 1984, 672; Post, DB 1984, 280; Brete/Thomsen, NJOZ 2008, 4159; Buth/Herrmanns, Restrukturierung, Sanierung, Insolvenz, § 17 Rn. 3, 14 f.). Die Betriebsübernahmegesellschaft zielt also mit der Herauslösung des Betriebes aus dem Krisenunternehmen auf eine Trennung der Aktiva von den Passiva. Hierzu wird i. d. R. ein neuer Rechtsträger geschaffen, der dann das Unternehmen erwirbt, möglich ist aber auch die Übernahme des Betriebes durch eine andere existierende Gesellschaft (vgl. Groß, Sanierung durch Fortführungsgesellschaften, S. 400; Post, DB 1984, 280; Rhode, in: Münchener Anwaltshandbuch Sanierung und Insolvenz, § 4 Rn. 133 ff.; Noack/Bunke, KTS 2005, 129; Frege/Keller/Riedel, Insolvenzrecht, Rn. 994; Beck/Depré/Köhler, Praxis der Insolvenz, 2003, § 24 Rn. 175 ff.; Mohrbutter/Ringstmeier, Handbuch der Insolvenzverwaltung, § 23 Rn. 98; Buth/Herrmanns, Restrukturierung, Sanierung, Insolvenz, § 2 Rn. 46; Uhlenbruck, Die GmbH & Co. KG in Krise, Konkurs und Vergleich, S. 145 ff.; grundlegend K. Schmidt, ZIP 1980, 328, 336). Nach den früheren Sanierungstechniken wurde die Betriebsübernahme i. d. R. durch Unternehmenskauf bzw. für den Fall, dass nur Teilbetriebe oder einzelne Wirtschaften übernommen werden sollten, durch Kauf dieser Wirtschaftsgüter mit nachfolgender Einzelrechtsnachfolge vorgenommen (vgl. Wolf, ZIP 1984, 672; Groß, Sanierung durch Fortführungsgesellschaften, S. 418). Ziel ist es, dass die Erwerber »die rentablen Teile aus dem Betrieb herauskaufen und allen überflüssigen »Ballast« bei der Konkursmasse belassen« (so Post, DB 1984, 280). Es wird hier zu prüfen sein, inwieweit für diese Betriebsübernahme auch das Rechtsinstitut der Spaltung Verwendung finden kann.

46 **4. Auffanggesellschaften.** Die Auffanggesellschaft unterscheidet sich von der Sanierungsgesellschaft dadurch, dass sie **keine Verbindlichkeiten übernehmen** will und von der Betriebsübernahmegesellschaft, dass **keine Kaufpreisverpflichtung** aus dem Erwerb des gesamten Betriebsvermögens entstehen soll. Groß bezeichnet daher die Auffanggesellschaft als **Zwischentyp** von Sanierungs- und Betriebsübernahmegesellschaft (allgemein vgl. zur Auffanggesellschaft Gutachten DNotI-Report 2009, 115 ff.; Groß, Sanierung durch Fortführungsgesellschaften, S. 134, S. 440 ff.; Brete/Thomsen, NJOZ 2008, 4159; Buth/Herrmanns, Restrukturierung, Sanierung, Insolvenz, § 17 Rn. 3, 20 ff.; Post, DB 1984, 281; Wolf, ZIP 1984, 672; Uhlenbruck, Gläubigerberatung in der Insolvenz, S. 432; ders.,

Die GmbH & Co. KG, S. 146 ff.; Rhode, in: Münchener Anwaltshandbuch Sanierung und Insolvenz, § 4 Rn. 133 ff.; Noack/Bunke, KTS 2005, 129; Frege/Keller/Riedel, Insolvenzrecht, Rn. 994; Beck/Depré/Köhler, Praxis der Insolvenz, 2003, § 24 Rn. 175 ff.; Mohrbutter/Ringstmeier, Handbuch der Insolvenzverwaltung, § 23 Rn. 98; Uhlenbruck, Die GmbH & Co. KG in Krise, Konkurs und Vergleich, S. 145 ff.; grundlegend K. Schmidt, ZIP 1980, 328, 336). Unterschieden wird in der Literatur weiterhin zwischen der **sog. Sanierungsauffanggesellschaft** und der **sog. Übernahmeauffanggesellschaft**. Die Sanierungsauffanggesellschaft pachtet meist den Betrieb des insolvenzbedrohten Unternehmens oder wird als dessen Treuhänder tätig. Der Zweck dieser Sanierungsauffanggesellschaft besteht darin, zunächst in Ruhe prüfen zu können, in welcher Weise die Sanierung fortgeführt werden kann. Die Sanierungsauffanggesellschaft kann sich bei entsprechender Entscheidung aller Beteiligten dann in eine Sanierungsgesellschaft umwandeln, wenn die Auffanggesellschaft den Betrieb samt Verbindlichkeiten übernimmt. In diesem Stadium spielen dann die genannten Strukturierungsmaßnahmen – Verschmelzung, Spaltung, Umwandlung – wiederum eine Rolle. Andererseits werden sog. Übernahmeauffanggesellschaften unterschieden, deren Gesellschafter die Übernahme des sanierungsfähigen Betriebes – allerdings ohne Verbindlichkeiten – bezwecken. Bei dieser Übernahmeauffanggesellschaft erlangt nach dem späteren Erwerb des Betriebs die Gesellschaft den Charakter einer Betriebsübernahmegesellschaft (vgl. Groß, Sanierung durch Fortführungsgesellschaften, S. 134; Post, DB 1984, 281; Wolf, ZIP 1984, 672; Uhlenbruck, Gläubigerberatung in der Insolvenz, S. 147 f.).

Darüber hinaus kann die Auffanggesellschaft auch eine Rolle spielen, falls notleidende Krisenunternehmen in eine Betriebs- und eine Vertriebsgesellschaft im Wege der Betriebsaufspaltung aufgespalten werden (vgl. Uhlenbruck, Gläubigerberatung in der Insolvenz, S. 151 f.). Bei dieser Betriebsaufspaltung übernimmt die Auffanggesellschaft als Vertriebsgesellschaft den gesamten Betrieb kraft Geschäftsbesorgungsvertrages. Auch hier sind **verschiedene Varianten** denkbar. Wird die klassische Betriebsaufspaltung gewählt, wird der Betrieb an eine Betriebsgesellschaft verpachtet, wenn das Anlagevermögen bei der Besitzgesellschaft bleibt. Möglich ist aber auch die Ausgliederung einzelner Betriebsteile und deren Einbringung in eine neue Gesellschaft (Auffanggesellschaft). **47**

B. Verschmelzung

I. Sanierungsfusion zur Aufnahme und Probleme der Kapitalerhöhung

1. Anteilsgewährung und Kapitalerhöhung. Nach herrschender Meinung besteht bei einer **Verschmelzung zur Aufnahme** grds. die zwingende Pflicht, den Gesellschaftern der übertragenden Gesellschaft Anteile zu gewähren. Ohne Gewährung von Anteilen liegt eine Verschmelzung nicht vor, ein gleichwohl geschlossener Verschmelzungsvertrag ist nichtig (vgl. oben Teil 2 Rdn. 97 ff.; BayObLG, DB 1989, 1558; BayObLG, BB 1984, 91; Lutter/Drygala, UmwG, § 5 Rn. 9; Kallmeyer/Marsch-Barner, UmwG, § 2 Rn. 12; Heidinger/Limmer/Holland/Reul, Gutachten des DNotI, Bd. IV, Gutachten zum Umwandlungsrecht, S. 127; Korte, WiB 1997, 953; Widmann/Mayer/Mayer, Umwandlungsrecht, § 5 UmwG Rn. 15; BayObLG, DB 1989, 1560, 1561 m. Anm. Heckschen; Limmer, Umwandlungsrecht, in: FS für Schippel, 1996, S. 415 ff.). **48**

Im Regelfall müssen die neuen Geschäftsanteile, die i. R. d. Verschmelzung zu gewähren sind, erst im Rahmen einer Kapitalerhöhung geschaffen werden. Von diesem Regelfall geht auch das neue UmwG in den §§ 54, 55 bzw. 68, 69 aus. Allerdings sind in §§ 55 bzw. 68 UmwG bestimmte Ausnahmen von der Kapitalerhöhungs- bzw. Anteilsgewährungspflicht vorgesehen: etwa bei der Verschmelzung einer Tochtergesellschaft auf die Konzernmutter (§ 54 Abs. 1 Satz 1 Nr. 1 UmwG). Eine weitere **Ausnahme** der Anteils- und Kapitalerhöhungspflicht liegt schließlich auch in der Möglichkeit der **baren Zuzahlung**. Diese darf aber gem. § 54 Abs. 4 bzw. § 68 Abs. 3 UmwG 10 % des Gesamtnennbetrages der gewährten Geschäftsanteile der übernehmenden Gesellschaft nicht übersteigen. **49**

Der Gesetzgeber hat im **Zweiten Gesetz zur Änderung des UmwG** in den §§ 54 und 68 UmwG n. F. eine Ausnahme durch Verzicht festgelegt (vgl. BR-Drucks. 548/06, S. 27). § 54 Abs. 1 Satz 3 UmwG n. F. (für die GmbH) bzw. § 68 Abs. 1 Satz 3 UmwG n. F. (für die AG) bestimmt nunmehr, dass die Kapitalerhöhung bei der übernehmenden Kapitalgesellschaft zur Disposition **aller Anteilsinhaber des übertragenden Rechtsträgers** steht (vgl. Teil 5 Rdn. 51 und oben Teil 3 Rdn. 251). **50**

**2. Probleme der Kapitalaufbringung bei der Sanierungsfusion, Verzicht auf Kapitalerhö-
51 hung.** Bei der Kapitalerhöhung i. R. d. Verschmelzung handelt es sich nach herrschender Meinung um eine **Kapitalerhöhung gegen** eine **Sacheinlage.** Die Einlagepflicht wird erfüllt durch Übertragung des Vermögens der übertragenden Gesellschaft (vgl. oben Teil 2 Rdn. 252 ff.; vgl. Lutter/Winter/Vetter, UmwG, § 55 Rn. 24; Widmann/Mayer, § 55 UmwG Rn. 12, 36; Reichert in: Semler/Stengel, § 55 UnwG Rn. 7; Stratz in: Schmitt/Hörtnagl/Stratz, § 55 UmwG Rn. 3; Lutter, DB 1980, 1313; Kallmeyer/Marsch-Barner, § 55 UmwG Rn. 2; Heidinger/Limmer/Holland/Reul, Gutachten des DNotI, Bd. IV, Gutachten zum Umwandlungsrecht, S. 144; Gerold, MittRhNotK 1997, 205, 223; Korte, WiP 1997, 953; Kallmeyer/Zimmermann, UmwG, § 66 Rn. 17 f., speziell bei vermögenslosen Gesellschaften Tillmann, BB 2004, 673 ff.). Aus Gründen des Gläubigerschutzes, der sich hier nur aus Kapitalerhöhungsgrundsätzen und nicht aus dem Verschmelzungsrecht ergibt, ist daher sowohl bei der AG als auch bei der GmbH als aufnehmende Gesellschaft eine Überbewertung des Vermögens der übertragenden Gesellschaft bzw. eine **unter-pari-Emission** verboten, wenn eine Kapitalerhöhung durchgeführt wird (so Lutter/Winter/Vetter, UmwG, § 55 Rn. 26; Reichert in: Semler/Stengel, § 55 UnwG Rn. 8; Widmann/Mayer/Mayer, Umwandlungsrecht, § 55 UmwG Rn. 61; Stratz in: Schmitt/Hörtnagl/Stratz, § 55 UmwG Rn. 20; Heidinger/Limmer/Holland/Reul, Gutachten des DNotI, Bd. IV, Gutachten zum Umwandlungsrecht, S. 114). Hierin liegt die Problematik der Verschmelzung von überschuldeten Gesellschaften (vgl. auch Heckschen, DB 2005, 2283 ff.; ders., ZInsO 2008, 824, 827 ff.; Blasche, GWR 2010, 441, 444). Es ist zwar denkbar, dass das Stammkapital etwa bei der GmbH nur um den Mindestbetrag von 1,00 € erhöht wird, aber selbst dieser geringfügige Erhöhungsbetrag wird bei einer überschuldeten übertragenden Gesellschaft nicht erreicht. Es gilt zwar der Grundsatz, dass maßgebend für die Kapitaldeckung der tatsächliche Wert des übertragenden Unternehmens ist und nicht der Buchwert, sodass eine Kapitaldeckung auch dann vorliegt, wenn die übertragende Gesellschaft hinreichend hohe stille Reserven oder einen **Firmenwert** hat, der in der Schlussbilanz nicht erscheint (vgl. Kallmeyer/Marsch-Barner, § 55 UmwG Rn. 7 ff.; Reichert, in: Semler/Stengel, § 55 UmwG Rn. 64; Lutter/Winter/Vetter, § 55 UmwG Rn. 31 f.; Widmann/Mayer/Mayer, Umwandlungsrecht, § 55 UmwG Rn. 64 ff.; 83.7). Da diese Werthaltigkeit bei einer überschuldeten übertragenen Gesellschaft nicht gegeben ist, scheidet eine Verschmelzung mit Kapitalerhöhung in diesen Fällen aus (vgl. Groß, Sanierung durch Fortführungsgesellschaften, S. 336; Heidinger/Limmer/Holland/Reul, Gutachten des DNotI, Bd. IV, Gutachten zum Umwandlungsrecht, S. 145; Widmann/Mayer/Mayer, Umwandlungsrecht, § 55 UmwG Rn. 83.6 f.; Klein/Stephanblome, ZGR 2007, 351, 367; Wälzholz, AG 2006, 469; Gerold, MittRhNotK 1997, 203, 205; Tillmann, BB 2004, 673 ff.). Soll die überschuldete Gesellschaft auf die gesunde Gesellschaft verschmolzen werden, muss zunächst die Überschuldung zumindest insoweit ausgeglichen werden, dass die Werthaltigkeit des Erhöhungsbetrages, also des Mindestbetrages von einem Geschäftsanteil i. H. v. 1,00 € erreicht wird (vgl. Widmann/Mayer/Mayer, Umwandlungsrecht, § 55 UmwG Rn. 83.8). Dies kann entweder durch Zahlung eines verlorenen Zuschusses durch die vorhandenen Gesellschafter geschehen oder – wie in der Praxis üblich – durch eine sanierende Kapitalherabsetzung mit anschließender Kapitalerhöhung, die auch bei der GmbH nach den §§ 58a ff. GmbHG möglich ist (vgl. Maser/Sommer, GmbHR 1996, 22; Uhlenbruck, GmbHR 1995, 81, 82; Widmann/Mayer/Mayer, Umwandlungsrecht, § 55 UmwG Rn. 83.8; Heckschen, DB 2005, 2283, 2286; ders., ZInsO 2008, 824, 825). Allerdings muss m. E. die neue Einzahlung nicht dazu führen, dass das ursprüngliche Stammkapital der übertragenen Gesellschaft wieder erreicht wird, denn i. R. d. Verschmelzung kommt es nur darauf an, dass der Erhöhungsbetrag werthaltig gedeckt ist. Die Sanierungsmaßnahme müsste daher nur den Betrag an Kapitaldeckung erreichen, der mindestens nach den Kapitalerhöhungsvorschriften des UmwG erforderlich ist: also 1,00 € für die GmbH bzw. 1,00 € für die AG, sofern nur ein Geschäftsanteil bzw. eine Aktie ausgegeben werden soll. Die Gesellschafter können aber der Register- und damit der Werthaltigkeitskontrolle entgehen, **wenn sie auf die Kapitalerhöhung verzichten** (vgl. dazu Teil 5 Rdn. 57).

52 Erfolgt eine **Sanierung durch verlorenen Zuschuss**, ist dieser entweder in die Kapitalrücklage (§ 272 Abs. 2 Nr. 4 HGB) einzustellen oder als die Überschuldung unmittelbar verringernde Behandlung als Ertrag (vgl. Widmann/Mayer/Mayer, Umwandlungsrecht, § 55 UmwG Rn. 83.9; Scholz/Priester, GmbHG, § 58 Rn. 80 m. w. N.).

3. Lösungsmöglichkeiten. Nachfolgend sollen **Alternativlösungen** geprüft werden, die die vor- 53
herige Sanierung entbehrlich machen.

a) Verschmelzung der »gesunden« Gesellschaft auf die insolvente Gesellschaft. Eine Lösung der 54
Problematik könnte darin liegen, dass die »gesunde« Gesellschaft, bei der das Stammkapital durch entsprechendes Vermögen gedeckt ist, auf die insolvente Gesellschaft verschmolzen wird (vgl. Widmann/
Mayer/Mayer, Umwandlungsrecht, § 55 UmwG Rn. 83.10; Heckschen, DB 2005, 2283, 2286; ders.,
ZInsO 2008, 824, 827; Blasche, GWR 2010, 441, 444). Die **insolvente Gesellschaft** ist dabei die **aufnehmende Gesellschaft.** Folge dieser Lösung wäre, dass bei der insolventen Gesellschaft eine Kapitalerhöhung stattfinden müsste, wobei das Vermögen der »gesunden« Gesellschaft als übertragende Gesellschaft den Kapitalerhöhungsbetrag decken müsste. Gegen diese Art der Verschmelzung sind aus Sicht
des Kapitalerhöhungsrechts keine Bedenken angemeldet. So wurde bereits vor den Neuregelungen der
sanierenden Kapitalherabsetzung bei der GmbH die Möglichkeit anerkannt, bei einer Unterbilanz oder
überschuldeten GmbH eine Kapitalerhöhung durchzuführen (vgl. Scholz/Priester, GmbHG, § 58
Rn. 78; Sommer, Die sanierende Kapitalherabsetzung bei der GmbH, S. 62; Hachenburg/Ulmer,
GmbHG, § 58 Rn. 84; Lutter/Hommelhoff, GmbHG, 13. Aufl., § 58 Rn. 20). Der **Nachteil** dieser Lösung bei überschuldeten Gesellschaften liegt aber darin, dass die im Ergebnis weitgehend wertlosen Anteile der Gesellschafter an der überschuldeten GmbH mit den werthaltigen Anteilen der Gesellschaft
der übertragenden Gesellschaft zusammentreffen und hieraus **Ungerechtigkeiten** im **Beteiligungsverhältnis** der Gesellschaftergruppen entstehen (vgl. Klein/Stephanblome, ZGR 2007, 351, 367 ff.; Kall-
meyer/Marsch-Barner, § 3 UmwG Rn. 22; Weiler, NZG 2008, 527, 540 ff.; Wälzholz, AG 2006, 469;
Widmann/Mayer/Mayer, Umwandlungsrecht, § 55 UmwG Rn. 83.10; Heckschen, ZInsO 2008, 824,
827; ders., DB 2005, 2283 ff.; Keller/Klett, DB 2010, 1220, 1222 f.; Blasche, GWR 2010, 441, 444).
Den Gesellschaftern der aufnehmenden Gesellschaft würden im Ergebnis im Verhältnis zu den Gesellschaftern der übertragenden Gesellschaft ein Zuviel an Gewinn- und Stimmrechten zustehen, das ihnen aufgrund ihres durch die Überschuldung gleichsam wertlosen Anteilswertes nicht zusteht (vgl.
Widmann/Mayer/Mayer, Umwandlungsrecht, § 55 UmwG Rn. 83.10; Heckschen, ZInsO 2008,
824, 827; ders. DB 2005, 2283 ff.; Rowedder/Zimmermann, § 58 Rn. 44; Hachenburg/Ulmer,
GmbHG, § 58 Rn. 85; Scholz/Priester, GmbHG, § 58 Rn. 78; Sommer, Die sanierende Kapitalherabsetzung bei der GmbH, S. 62). Diese Problematik stellt sich auch bei der Verschmelzung.

▶ **Beispiel:** 55

Die A-GmbH hat ein Stammkapital von 50.000,00 €, Verbindlichkeiten i. H. v. 100.000,00 €, es
besteht also eine Überschuldung von 50.000,00 €. Die B-GmbH hat ein Stammkapital von
100.000,00 €, das auch dem wahren Wert entspricht (also keine stillen Reserven). Wird nun die
B-GmbH auf die A-GmbH verschmolzen, so würde eine Kapitalerhöhung um 100.000,00 € –
dies wäre zulässig – dazu führen, dass mit der Eintragung der Verschmelzung sofort eine Unterbilanz
i. H. v. 100.000,00 € entstehen würde und außerdem die Gesellschafter der A-GmbH an dem verbleibenden gedeckten Stammkapital von 50.000,00 € beteiligt werden, obwohl ihre ursprünglichen
Anteile überhaupt keinen Wert mehr hatten, sondern im Minus lagen.

▶ **Hinweis:** 56

Dem Missverhältnis zwischen den Gesellschaften könnte allenfalls durch **freiwillige Vereinbarungen** zwischen den Gesellschaftern der übertragenden Gesellschaft und der aufnehmenden Gesellschaft abgeholfen werden. Denkbar wäre außerdem auch, dass eine Verpflichtung zu einer anschließenden Kapitalherabsetzung aufgenommen würde, mit der die Unterbilanz dann beseitigt werden
könnte (im Beispiel Herabsetzung auf 50.000,00 €). Die wohl überwiegende Meinung sieht letztendlich im Minderheitenschutz kein Hindernis für die Verschmelzung, in Einzelfällen sei die **allgemeine Missbrauchskontrolle** bzw. Treuepflicht anzuwenden (vgl. dazu unten Teil 5 Rdn. 75 ff.
und Kallmeyer/Marsch-Barner, § 3 UmwG Rn. 22; Weiler, NZG 2006, 527, 530 ff.; Lutter/Dryga-
la, § 3 UmwG Rn. 24; Keller/Klett, DB 2010, 1220, 1222 f.; Heckschen, ZInsO 2008, 824, 827;
ders., DB 2005, 2283, 2286 ff.; Klein/Stephanblome, ZGR 2007, 351, 367; Wälzholz, AG 2006,
469; a. A. wohl Lutter/Karollus, § 120 UmwG Rn. 30, der eine Verschmelzung bei Überschuldung

für nicht zulässig hält; vgl. auch Maier-Reimer, in: Semler/Stengel, § 120 UmwG Rn. 26). Heckschen (in: Beck'sches Notar-Handbuch, D IV Rn. 130) will eine Kontrolle am Maßstab des § 138 BGB: Seien Minderheitsgesellschafter am aufnehmenden Rechtsträgers beteiligt, so könne ein Verschmelzungsvertrag wegen Verstoßes gegen die gesellschaftsrechtliche Treuepflicht und/oder wegen Sittenwidrigkeit nichtig sein, wenn den Anteilseignern des übertragenden Rechtsträgers unverhältnismäßige Vorteile zu Lasten der Anteilseigner des übernehmenden Rechtsträgers eingeräumt würden (unter Hinweis auf LG Mühlhausen DB 1996, 1967). Dies müsse im umgekehrten Fall der Verschmelzung einer gesunden Gesellschaft auf eine überschuldete Gesellschaft ebenso gelten. Vom Registergericht sei dies jedoch nicht zu prüfen (OLG Naumburg NJW-RR 1998, 178). Lediglich bei positiver Kenntnis des Registergerichts von der Insolvenz der übertragenden Gesellschaft oder der Insolvenz der aufnehmenden Gesellschaft durch die Verschmelzung, etwa durch eine Schutzschrift, könne dieses eine Eintragung ablehnen, wenn hier eine strafbare Handlung i. S. d. 283 StGB vorliege (vgl. auch Widmann/Mayer/Mayer § 55 Rn. 83.13).

57   **b) Verschmelzungen ohne Kapitalerhöhung, Verzicht.** Der Gesetzgeber hat im **Zweiten Gesetz zur Änderung des UmwG** in den §§ 54 und 68 UmwG n. F. eine Ausnahme durch Verzicht festgelegt (vgl. BR-Drucks. 548/06, S. 27). § 54 Abs. 1 Satz 3 UmwG n. F. (für die GmbH) bzw. § 68 Abs. 1 Satz 3 UmwG n. F. (für die AG) bestimmt nunmehr, dass die Kapitalerhöhung bei der übernehmenden Kapitalgesellschaft zur Disposition **aller Anteilsinhaber des übertragenden Rechtsträgers** steht. **Verzichten alle Anteilsinhaber des übertragenden Rechtsträgers** in notarieller Urkunde auf die Anteilsgewährung, darf die übernehmende Gesellschaft von der Anteilsgewährung absehen (vgl. auch oben Teil 2 Rdn. 103, Teil 2 Rdn. 128 und Teil 2 Rdn. 252, vgl. auch zu den Fragen nach der Neuregelung Widmann/Mayer/Heckschen, Umwandlungsrecht, Einf. UmwG Rn. 34 ff.; Mayer/Weiler, DB 2007, 1235, 1239; Weiler, NZG 2008, 527 ff.; Kallmeyer, GmbHR 2006, 418 ff.; Drinhausen, BB 2006, 2313, 2315 ff.; Bayer/Schmidt, NZG 2006, 841; Roß/Drögermüller, DB 2009, 580 ff.; Keller/Klett, DB 2010, 1220 ff.; Krumm, GmbHR 2010, 24 ff.). Zu kritisieren ist an dieser an sich erfreulichen Klarstellung, dass sie aufgrund der systematischen Stellung nur für Verschmelzungen auf die AG und GmbH gilt, obwohl bei der Personengesellschaft oder anderen Rechtsträgern ähnliche Fragestellungen bestehen. M. E. kann man aber aus der gesetzlichen Neuregelung allgemein den Schluss ziehen, dass der Anteilsgewährungsgrundsatz disponibel ist, wenn alle Anteilsinhaber der übertragenden Rechtsträger darauf verzichten, denn was bei Kapitalgesellschaften gilt muss erst recht bei Personengesellschaften gelten. Ebenfalls klargestellt wurde m. E. dadurch, dass der Anteilsgewährungsgrundsatz keine gläubigerschützende Funktion hat, denn sonst dürfte er nicht verzichtbar sein. Damit sind eine Reihe von Streitfragen und Praxisproblemen vom Gesetzgeber gelöst worden (auf Widersprüche der Summentheorie hat bereits Lutter hingewiesen in: FS für Wiedemann, 2002, S. 1097 ff.). Der Gläubigerschutz im Rahmen von Verschmelzung und Umwandlung wird nur über die spezifischen Gläubigerschutzbestimmungen wie z. B. § 22 UmwG gewährleistet.

58   ▶   **Hinweis:**

Zu beachten ist dabei, dass die Anteilseigner des aufnehmenden Rechtsträgers nun mit der Gefahr konfrontiert werden, dass ein überschuldeter Rechtsträger auf sie verschmolzen wird. Einen Schutz für Minderheitsgesellschafter des aufnehmenden Rechtsträgers hat der Gesetzgeber nicht aufgenommen und es bei diesem Rechtsträger bei der 3/4-Mehrheit belassen (§ 13 UmwG).

59   Ferner, enthält das UmwG in § 54 bzw. § 68 eine Reihe von Tatbeständen, bei denen eine Kapitalerhöhung verboten ist bzw. ein Wahlrecht besteht, ob eine Kapitalerhöhung durchgeführt werden soll. Diese Tatbestände könnten **i. R. d. Sanierungsfusion** eingesetzt werden, um die Kapitalerhöhung mit ihrer Werthaltigkeitsprüfung zu vermeiden. Ist nämlich keine Kapitalerhöhung erforderlich, dann stellt sich die Frage der Kapitalerhöhung im Zusammenhang mit der Verschmelzung nicht und damit auch nicht die Frage, ob es sich bei dem übergehenden Vermögen der übertragenden Gesellschaft um einen aktiven Wert oder um einen Verlust handelt. Anders als bei der Ausgliederung, wo § 54 UmwG bestimmt, dass die Eintragung der Ausgliederung aus dem Vermögen eines Einzelkaufmanns sein Vermögen übersteigen, sieht das Verschmelzungsrecht keine derartige Vorschrift vor, die bestimmt, dass nur Vermögen von Gesellschaften im Wege der Verschmelzung übertragen werden kann, bei dem die Aktiva die Passiva überwiegen. Es muss daher wegen dieses Fehlens eines vergleichbaren Grundsatzes möglich sein, auch ein überschuldetes Unternehmen zu verschmelzen, wenn kein Kapitalerhaltungsgrundsatz eine Kapitaldeckung verlangt.

Wichtigster Fall dürfte wohl die **Konzernverschmelzung** gem. § 54 Abs. 1 Satz 1 Nr. 1 UmwG sein. **60** Hat die aufnehmende Gesellschaft 100 % der Anteile der übertragenden Gesellschaft inne, ist eine Kapitalerhöhung unzulässig. Bei Schwestergesellschaften war vor dem UmwG umstritten, ob eine Fusion ohne Kapitalerhöhung zulässig ist (vgl. zum alten Umwandlungsrecht Priester, DB 1985, 363; BayObLG, DB 1989, 1558; OLG Hamm, BB 1988, 1411). Aufgrund der eindeutigen Stellungnahme in der Begründung zum RegE und der Tatsache, dass § 54 UmwG keine entsprechende Ausnahme für diesen Fall vorsieht, wird man nach neuem Recht davon ausgehen müssen, dass bei der Fusion von Schwestergesellschaften immer eine Kapitalerhöhung erforderlich ist, wenn kein Verzicht vorliegt (so auch Widmann/Mayer/Mayer, Umwandlungsrecht, § 55 UmwG Rn. 83.11; Gerold, MittRhNotK 1997, 205, 226; OLG Frankfurt am Main, GmbHR 1998, 542 = DB 1998, 917 m. Anm. Meyer = DNotZ 1999, 154; a. A. allerdings ein beachtlicher Teil der Literatur, der auch bei Schwestergesellschaften eine Anteilsgewährung und damit eine Kapitalerhöhung für entbehrlich hält: Kallmeyer/Kallmeyer/Kocher, UmwG, § 54 Rn. 5; LG München I, GmbHR 1999, 35; Lutter/Winter/Vetter, UmwG, § 54 Rn. 5 f.; Bayer, ZIP 1997, 1613). In diesen, aber auch in allen anderen Fällen, kann allerdings § 54 Abs. 1 Satz 1 Nr. 1 UmwG immer ausgenutzt werden, indem durch Abtretung der Geschäftsanteile zuvor zwischen den zu verschmelzenden Gesellschaften ein Mutter-Tochter-Verhältnis hergestellt wird. Fraglich ist inwieweit bei einer **Mehrfachverschmelzung** eine gesunde Schwestergesellschaft eine vermögenslose i. R. d. Kapitalerhöhung ausgleichen kann; m. E., muss ein derartiger Ausgleich im Rahmen einer Verschmelzung zulässig sein (im Ergebnis ebenso Tillmann, BB 2004, 673 ff.).

Ebenfalls eine **Lösungsmöglichkeit** besteht in der Anwendung des § 54 Abs. 1 Satz 1 Nr. 2 UmwG. Die **61** übernehmende Gesellschaft braucht nämlich ihr Stammkapital nicht zu erhöhen, soweit sie eigene Anteile innehat. In diesem Fall können nämlich die eigenen Anteile verwendet werden, um die Gesellschafter der übertragenden, überschuldeten Gesellschaft abzufinden. Notfalls können eigene Anteile zuvor durch Einziehung oder Abtretung geschaffen werden. Ungeklärt ist, ob auch Anteile eines Dritten verwendet werden können, um der Anteilsgewährungspflicht nachzukommen. Bereits zum alten Recht war allerdings die herrschende Meinung der Auffassung, dass in den Fällen auf eine Kapitalerhöhung verzichtet werden kann, wenn die Anteile eines Dritten an der übernehmenden Gesellschaft, die dieser zur Verfügung stellt, den Gesellschaftern der übertragenden Gesellschaft gewährt werden können. Voraussetzung nach altem Recht war allerdings, dass sich die Anteile spätestens bei Wirksamwerden der Verschmelzung im Vermögen der übernehmenden Verschmelzung befinden, damit die Übertragung auf die – im Verschmelzungsvertrag namentlich festgelegten – Gesellschafter der übertragenden Gesellschaft sichergestellt war. Man wird diesen Weg wohl auch nach neuem Umwandlungsrecht für zulässig erachten müssen, da er keinen Verstoß gegen grundsätzliche Regelungen des Verschmelzungsrechts darstellt und nur ein Verfahren beinhaltet, die Anteile im Vorfeld zu erwerben und anschließend zur Übertragung zu verwenden. Die Sicherstellung der Übertragung nach der herrschenden Meinung kann zum einen dadurch erreicht werden, dass die übernehmende Gesellschaft die Anteile vor der Verschmelzung selbst erwirbt, wobei allerdings § 33 GmbHG zu berücksichtigen ist. Zulässig erachtet wurde zum alten Recht auch die Möglichkeit, dass der Dritte die Anteile direkt an die Gesellschaft der übertragenden Gesellschaft abtritt (so Scholz/Priester, GmbHG, 7. Aufl., Anh. Umwandlung § 23 KapErhG Rn. 6; Lutter/Hommelhoff, GmbHG, 13. Aufl., § 23 KapErhG Rn. 3).

c) **Grenzen der Verschmelzung ohne Kapitalerhöhung – Gläubigerschutz.** Problematisch bleibt **62** bei all diesen Lösungen mit Anteilsverzicht die Frage der **Grenzen des Anteilsverzichtes** (vgl. speziell bei der Sanierungsfusion Keller/Klett, DB 2010, 1220, 1222 ff.; Widmann/Mayer/Mayer, Umwandlungsrecht, § 55 UmwG Rn. 83.12 ff.). Offen bleibt, wie **Aspekte des Minderheiten- und Gläubigerschutzschutzes bei Übertragung negativen Vermögens** auf der Ebene der übernehmenden Gesellschaft verwirklicht werden, da es nur auf den Verzicht der Gesellschafter der übertragenden Gesellschaft ankommt. Mangels Anteilsgewährung und damit einhergehender Kapitalerhöhung entfällt der bisherige Schutz durch registergerichtliche Kontrolle (vgl. Heckschen, ZInsO 2008, 824, 827; ders., DB 2005, 2283, 2286 ff.). Die Gesellschafter können also der Register- und damit der Werthaltigkeitskontrolle entgehen, wenn sie auf die Kapitalerhöhung verzichten (krit. dazu Mayer/Weiler, DB 2007,

1235, 1238 f.; Weiler, NZG 2008, 527, 528). In der **neueren Literatur** wurde vor der Neuregelung im **Zweiten Gesetz zur Änderung des UmwG** vertreten, das gebundene Kapital der übernehmenden Gesellschaft müsse zwingend um den Nennbetrag des gebundenen Kapitals der übertragenen Gesellschaft erhöht werden, um eine »kalte Kapitalherabsetzung« durch Verschmelzung zu verhindern (sog. »**Summengrundsatz**«; vgl. Petersen, Gläubigerschutz im Umwandlungsrecht, S. 210; Winter in: FS für Lutter, 2000, S. 1279, 1284; Ihrig, ZHR 160, 1996, 317, 321). Die überwiegende Auffassung in der Literatur ging aber auch bereits vor der Neuregelung davon aus, dass die Anteilsgewährung nicht wertentsprechend, also nicht mindestens in der Höhe des Stammkapitals der übertragenden Gesellschaft durchgeführt werden muss (vgl. Kowalski, GmbHR 1996, 158, 159; Limmer, in: FS für Schippel, 1996, S. 415, 427; Widmann/Mayer/Mayer, Umwandlungsrecht, § 5 UmwG Rn. 46; ausführlich Ihrig, ZHR 1996, 317, Lutter, in: FS für Wiedemann, 2002, S. 1097 ff.; Lutter/Winter/Vetter, § 54 UmwG Rn. 21; Reichert, in: Semler/Stengel, § 54 UmwG Rn. 27 ff.; Tillmann, GmbHR 2003, 740, 743 ff.; Kalss, ZGR 2009, 74 ff.). Der Gesetzgeber hat m. E. diese Meinung bestätigt.

63   Z.T wird auch versucht Grenzen aus den §§ 30, 31 GmbHG abzuleiten (so Keller/Klett, DB 2010, 1220, 1222 f.). Keller/Klett (DB 2010, 1220, 1222 f.) sind der Meinung, dass wenn z. B. ein sidestreammerger dazu führe, dass durch die Übertragung eines überschuldeten Rechtsträgers das zur Erhaltung des Stammkapitals des übernehmenden Rechtsträgers erforderliche Vermögen angegriffen werde, so liege hierin eine unzulässige Einlagenrückgewähr. Die Ansicht, dass die §§ 30, 31 GmbHG vom UmwG als lex specialis verdrängt werden bzw. ihr Anwendungsbereich nicht eröffnet sei, könne nicht überzeugen. Insb. müsse der wirtschaftliche Effekt der Verschmelzung auf die Gläubiger beider beteiligten Rechtsträger und damit auch ein etwaiger übergehender Schuldenübergang zulasten der Altgläubiger des übernehmenden Rechtsträgers berücksichtigt werden. Die Anwendung der §§ 30, 31 GmbHG habe zwar nicht die Nichtigkeit der Verschmelzung und grds. auch keine Registersperre, wohl aber gem. § 31 GmbHG eine Zahlungspflicht des Anteilseigners des übernehmenden Rechtsträgers i. H. d. entstandenen Unterbilanz zur Folge. Andererseits seien keine überzeugenden Gründe dafür ersichtlich, die sanierende Verschmelzung auch in Fällen für unzulässig zu halten, in denen trotz der Zuführung negativen Vermögens das zur Erhaltung des Stammkapitals erforderliche Vermögen des übernehmenden Rechtsträgers unangetastet bleibe. Jedenfalls in dem Umfang, in dem der Gesellschafter Gesellschaftsvermögen entnehmen dürfe, dürfe er auch negatives Vermögen zuführen. Das gelte auch dann, wenn das Stammkapital des übernehmenden Rechtsträgers wesentlich geringer sei als das des übertragenden Rechtsträgers, die Verschmelzung also eine Art »kalte Kapitalherabsetzung« darstelle. Schließlich könne die Verschmelzung in Ausnahmefällen zur Haftung des Anteilseigners des übernehmenden Rechtsträgers aus § 826 BGB unter dem Gesichtspunkt des *existenzvernichtenden Eingriffs* führen.

64   Offen ist auch die schwierige Frage, ob nicht bei Insolvenzreife vorrangig ein **Insolvenzverfahren** durchzuführen ist (vgl. dazu Widmann/Mayer/Mayer, Umwandlungsrecht, § 55 UmwG Rn. 83, 12 f.). Mayer (in: Widmann/Mayer, Umwandlungsrecht, § 55 UmwG Rn. 83.12) weist m. E. aber zu Recht darauf hin, dass i. R. d. für die **Fortbestehensprognose** die geplante Verschmelzung einzubeziehen ist, sodass von einer positiven Prognose ausgegangen werden kann, wenn die aufnehmende Gesellschaft nicht überschuldet ist und durch die Verschmelzung auch nicht überschuldet wird (ebenso auch Heckschen in: Beck'sches Notar-Handbuch, D IV Rn. 134; Heckschen, ZInsO 2008, 824, 827; ders., DB 2005, 2283, 2286 ff.; ähnlich auch Keller/Klett, DB 2010, 1220, 1222 f.; vgl. allgemein zur Fortführungsprognose BGHZ 119, 201, 214, KG, GmbHR 2006, 374, 376; OLG Naumburg, GmbHR 2004, 361, 362; Lutter/Hommelhoff/Kleindiek, GmbHG, Anh zu § 64 GmbHG Rn. 28).

65   Schließlich stellt sich die Frage der **Insolvenzanfechtung**. Dabei ist umstritten, ob eine im Handelsregister vollzogene Verschmelzung bzw. Spaltung überhaupt der Insolvenzanfechtung unterliegt (vgl. Heckschen, ZInsO 2008, 824, 829; Lutter/Winter/Vetter, § 54 UmwG Rn. 106). Nach einem unveröffentlichten Urteil des OLG Jena soll dies nicht der Fall sein (Urt. v. 03.03.1998 – 8 U 1166/98, n. v. zitiert von Keller/Klett, DB 2010, 1220 in Fn. 60). Gegen diese Argumentation haben sich Teile der insolvenzrechtlichen Literatur mit der Behauptung gewandt, Umwandlungsmaßnahmen wie die Verschmelzung oder Spaltung seien grds. anfechtbar und zwar auch nach der Eintragung der Umwandlung ins Handelsregister (so Ede/Hirte, in: Uhlenbruck, InsO § 129 Rn. 396 ff.; Paulus, in: Kübler/Prütting, InsO § 129 Rn. 12; vgl. auch Heckschen ZInsO 2008, 824, 829; Hirte FS Goette [2011], bei Fn. 38). Jeden-

falls nach Eintragung im Handelsregister ist m. E. für eine Anfechtung aus Gründen des Verkehrsschutzes und gesellschaftsrechtlichen Bestandsschutzes kein Raum mehr (so eingehend Lwowski/Wunderlich, NZI 2008, 595, 597, zustimmend auch Lutter/Winter/Vetter, § 54 UmwG Rn. 106; Keller/Klett, DB 2010, 1220, 1223 f.; Heckschen, ZInsO 2008, 824, 827). Keller/Klett (DB 2010, 1220, 1223 f.) sprechen sich aber für die Möglichkeit aus den Verzicht auf die Anteilsgewährung anzufechten.

d) Beseitigung der Überschuldung bei der Sanierungsfusion. In der Praxis wird sich die Frage **66** stellen, mit welchen Mitteln die Überschuldung beseitigt werden kann, um eine Sanierungsfunktion und die damit verbundene **Kapitalerhöhung** durchzuführen. Im Zentrum der Gestaltung werden zunächst die allgemeinen Sanierungsmaßnahmen stehen, wobei wichtigster Fall sicherlich die Zuführung neuen Kapitals sein wird. Allerdings werden in der Literatur auch die Rangrücktrittsvereinbarungen und Verbesserungsvereinbarungen als taugliche Sanierungsmittel gesehen. Fraglich ist allerdings, inwieweit diese geeignet sind, entsprechende Kapitalwerthaltigkeit zu schaffen, die i. R. d. Verschmelzung erforderlich ist.

Rangrücktrittsvereinbarungen werden zwischen einer GmbH und einem ihrer Gläubiger abgeschlos- **67** sen. Zweck einer solchen Vereinbarung ist, eine bevorstehende oder bereits eingetretene Überschuldung zu beseitigen (vgl. eingehend BGH NZI 2015, 315 m. Anm Schäfer; Frystatzki, NZI 2013, 609 ff.; Knof, KSI 2006, 93 ff.; Haas/Scholl, ZInsO 2002, 645 ff.; Heerma, BB 2005, 537 ff.; Teller, Rangrücktrittsvereinbarungen, S. 1 ff.; Schulze/Osterloh, WpG 1996, 97 ff.; K. Schmidt/Uhlenbruck/Wittig, Die GmbH in der Krise, Sanierung und Insolvenz, S. 268 ff.). Der Rangrücktritt ist eine Vereinbarung, die in erster Linie dem Zweck dient, die Überschuldung einer Kapitalgesellschaft zu verhindern oder zu beseitigen, indem eine Verbindlichkeit inhaltlich so umgestaltet wird, dass sie im Überschuldungsstatus nicht passiviert werden muss (vgl. BGH NZI 2015, 315; BGH, 08.01.2001 – II ZR 88/99, BGHZ 146, 264 = ZInsO 2001, 260 = ZIP 2001, 235; Schulze/Osterloh, WPG 1996, 97; Teller, Rangrücktrittsvereinbarungen zur Vermeidung der Überschuldung bei der GmbH, S. 1 f.; Ulmer/Habersack, GmbHG, Anh. § 30 Rn. 182; Saenger/Inhester/Kolmann, GmbHG, Anh. § 30 Rn. 162; Altmeppen in Roth/Altmeppen, GmbHG, § 42 Rn. 48)). Der BGH qualifizierte die Rangrücktrittsvereinbarung als »verfügenden Schuldänderungsvertrag« iSd § 311 BGB (BGH NZI 2015, 315). Die Formulierungen von Rangrücktrittsvereinbarungen sind höchst unterschiedlich. Inhalt und Reichweite eines Rangrücktritts können Gläubiger und Schuldner der Forderung im Prinzip frei vereinbaren (vgl. BGH NZI 2015, 315; Winnefeld, Bilanz-HdB., 4. Aufl., D Rn. 1536, M Rn. 957; Herrmann, Quasi-Eigenkapital im Kapitalmarkt- und UnternehmensR, 1996, 135 ff.; Ulmer/Habersack, Anh. § 30 Rn. 183). Die Literatur geht allerdings davon aus, dass eine korrekte Rangrücktrittserklärung einen bestimmten Inhalt haben muss, damit sie nicht nur die Passivierungspflicht im Überschuldungsstatus, sondern auch in der Handelsbilanz beseitigt (vgl. Formulierungsvorschläge bei Priester, DB 1977, 2429; Knobbe-Keuck, ZIP 1983, 128; Scholz/K. Schmidt, GmbHG, § 32a Rn. 85; Knof, KSI 2006, 93 ff.; Hölzle, GmbHR 2005, 852 ff.; Haas/Scholl, ZInsO 2002, 645 ff.; Heerma, BB 2005, 537 ff.). Der BGH hat im Urteil vom 5.3.2015 (NZI 2015, 315 m. Anm. Schäfer) die Anforderungen an eine solche Vereinbarung konkretisiert: Solle eine Rangrücktrittsvereinbarung die Vermeidung einer Insolvenz sicherstellen, müsse sie nach der bis zum Inkrafttreten des MoMiG am 1.11.2008 und den damit verbundenen Modifizierungen der §§ 19 Abs. 2, 39 Abs. 2 maßgeblichen, infolge der zeitlichen Gegebenheiten zu beachtenden Gesetzeslage sowohl vor als nach Verfahrenseröffnung ausschließen, dass eine Darlehensforderung als Verbindlichkeit in die Bilanz aufgenommen werde (BGH WM 1962, 764; BGH NZI 2011, 58). Demzufolge müsse sich der Regelungsbereich einer Rangrücktrittsvereinbarung auf den Zeitraum vor und nach Insolvenzeröffnung erstrecken (Frystatzki, NZI 2013, 609). Ein Rangrücktritt sei als rechtsgeschäftliches Zahlungsverbot des Inhalts auszugestalten, dass die Forderung des Gläubigers außerhalb des Insolvenzverfahrens nur aus ungebundenem Vermögen und in der Insolvenz nur im Rang nach den Forderungen sämtlicher normaler Insolvenzgläubiger (§ INSO § 38 InsO) befriedigt werden dürfe (Habersack, ZGR 2000, 384, 401; Knobbe-Keuk, ZIP 1983, 127, 128; Priester, DB 1977, 2429, 2431; Martinek/Omlor, WM 2008, 665, 667; Michalski/Heidinger, GmbHG, 2. Aufl, §§ 32 a, 32 b aF Rn. 403). Der Gläubiger müsse auf Grund der Rangrücktrittsvereinbarung dauerhaft gehindert sein, seine Forderung geltend zu machen. Unzureichend sei ein lediglich zeitlich begrenzter Rücktritt.

68 ▶ **Hinweis:**

Die Problematik der Rangrücktrittsvereinbarung i. R. d. Verschmelzung liegt darin, dass mit einer Rangrücktrittsvereinbarung zunächst nur die Überschuldung im insolvenzrechtlichen Sinne ausgeglichen werden soll, indem im einzelnen Überschuldungsstatus und in der Handelsbilanz die **Passivierungspflicht** der Verbindlichkeit entfällt. Damit wird zwar in insolvenzrechtlicher Hinsicht das Problem der Überschuldung beseitigt, für die Verschmelzung und die hier zu beachtenden Kapitalerhaltungsgrundsätze bedeutet dies nicht zwingend, dass auch eine Verschmelzung ohne Weiteres möglich ist, da hier andere Grundsätze gelten als i. R. d. Überschuldungsprüfung.

69 Nach der herrschenden Meinung handelt es sich bei der Kapitalerhöhung im Rahmen einer Verschmelzung um eine **Kapitalerhöhung gegen eine Sacheinlage.** Die Einlagepflicht wird durch Übertragung des Gesamtvermögens der übertragenden Gesellschaft erfüllt. Es gelten daher die gleichen Grundsätze wie bei jeder Kapitalerhöhung gegen eine Sacheinlage (vgl. etwa Lutter, DB 1980, 1318; Lutter/Winter/Vetter, UmwG, § 55 Rn. 7). Aus Gründen des Gläubigerschutzes ist daher eine Überbewertung des übertragenden Vermögens verboten (vgl. Lutter/Winter/Vetter, UmwG, § 55 Rn. 26; Reichert in: Semler/Stengel, § 55 UnwG Rn. 8; Widmann/Mayer/Mayer, Umwandlungsrecht, § 55 UmwG Rn. 61; Stratz in: Schmitt/Hörtnagl/Stratz, § 55 UmwG Rn. 20; Heidinger/Limmer/Holland/Reul, Gutachten des DNotI, Bd. IV, Gutachten zum Umwandlungsrecht, S. 114; Ihrig, GmbHR 1995, 622; Limmer, in: FS für Schippel, 1996, S. 426). Für die Höhe der notwendigen Kapitalerhöhung ist der Wert der übertragenden Gesellschaft maßgebend. Maßgebend für diese Werte sind nicht die Buchwerte in der Bilanz, sondern die **wahren Werte;** stille Reserven können aufgedeckt werden, ein Firmenwert kann ebenfalls als Aktiva berücksichtigt werden (vgl. zur Bewertung Lutter/Winter/Vetter, UmwG, § 55 Rn. 31). Das Registergericht kann i. R. d. Kapitalerhöhung ggf. Nachweise über den Wert des übertragenden Vermögens verlangen. Werden stille Reserven aufgelöst oder ein höherer Unternehmenswert geltend gemacht, wird dies regelmäßig nur durch Einholung eines Sachverständigengutachtens nachgewiesen werden können (so Lutter/Winter/Vetter, UmwG, § 55 Rn. 31 ff.).

70 Wie diese Ausführungen zeigen, kommt es auf die Buchwerte in der Bilanz für die Feststellung der Werthaltigkeit des übertragenden Vertrages nicht an. Soll eine Rangrücktrittsvereinbarung dazu führen, dass das übertragene Vermögen den Kapitalerhöhungsgrundsätzen entspricht, dann muss dieser besondere Zweck berücksichtigt werden. Die Formulierung des Rangrücktritts muss daher sicherstellen, dass dauerhaft das übertragene Vermögen zumindest so werthaltig ist, dass der Kapitalerhöhungsbetrag bei der aufnehmenden Gesellschaft erreicht wird. Insofern ist die Problematik etwas anderes als bei Überschuldungstatbestand, wo es zunächst um eine temporäre Beseitigung der eventuellen Überschuldung geht. Bei der Verschmelzung kann wohl nur eine **dauerhafte Werthaltigkeit** ausreichend sein. Die Literatur hat sich leider bisher mit der Frage noch nicht befasst, welche Anforderungen der Rangrücktritt haben muss, damit er i. R. d. Verschmelzung und der Kapitalerhöhung hinreichende Wirkung hat.

71 Die Parteien einer Rangrücktrittsvereinbarung verfolgen mit dieser Vereinbarung nach den bisherigen Lösungen den Zweck, die Eröffnung eines Insolvenzverfahrens wegen Überschuldung zu verhindern. Dies soll nicht durch eine **Mehrung des Vermögens** der Gesellschaft erfolgen. Vielmehr sollen die Verbindlichkeiten so gemindert werden, dass das Vermögen wieder ausreicht, alle Schulden zu begleichen. Dazu ist es notwendig, dass der Gläubiger Einschränkungen der Rechtsposition hinnimmt, die ihm seine Forderung vermittelt. Allerdings will er von seiner Rechtsposition i. d. R. sowenig wie möglich aufgeben. Der Gläubiger hofft, dass die Vermögenssituation der Gesellschaft sich in Zukunft wieder bessern werde. Gelingt es der Gesellschaft, Gewinne zu erwirtschaften und übersteigt ihr Vermögen wieder die Schulden, möchte er Befriedigung seiner Forderungen verlangen können. Er will mit der Rangrücktrittsvereinbarung aber nur ein Minimalopfer erbringen (vgl. hierzu Teller, Rangrücktrittsvereinbarungen zur Vermeidung der Überschuldung bei der GmbH, S. 94). Berücksichtigt man diesen Zweck i. R. d. Insolvenz, dann zeigt sich, dass für die Verschmelzung die Situation etwas anders ist. Hier geht es nicht darum, die Gesellschaft kurzfristig aus der Überschuldung zu befreien, sondern darum, dass das Vermögen insgesamt und dauerhaft in der Saldierung positiv ist. Die Gesellschafter der aufnehmenden Gesellschaft gewähren durch die Kapitalerhöhung den Gesellschaftern der übertragenden Gesellschaft Anteile an der aufnehmenden Gesellschaft als Gegenleistung für das übertragende Vermögen. Mit diesem Austauschprinzip bei der Verschmelzung (vgl. hierzu Limmer, in: FS für Schippel,

1999, S. 415 ff.), lässt sich nur ein Rangrücktritt vereinbaren, der dauerhaft die Werthaltigkeit des Vermögens der übertragenden Gesellschaft wieder herstellt. Es würde sonst dem Austauschprinzip, das auf Gleichmäßigkeit der Leistungen – auf der einen Seite Anteilsleistung, auf der anderen Seite Leistung des übertragenen Vermögens – beruht, widersprechen, wenn die Gegenleistung der übertragenden Gesellschaft nur zeitweise werthaltig ist. Insofern dürfte m. E. ein Rangrücktritt nicht den Grundsätzen der Kapitalerhöhung und Verschmelzung entsprechen, der der aufnehmenden Gesellschaft letztlich das Risiko aufbürdet, dass sie unter bestimmten Voraussetzungen die Schulden, die im Rangrücktritt erfasst werden, tilgen muss. Es ist daher fraglich, ob ein Rangrücktritt, der zur Beseitigung der Insolvenz ausreichend sein kann, auch i. R. d. Verschmelzung ausreicht, da hierdurch die Interessen der Gesellschafter der aufnehmenden Gesellschaft durch eine zumindest bedingt fehlende Werthaltigkeit des Vermögens beeinträchtigt werden. Auch Gläubigerschutz-Gesichtspunkte widersprechen dem, da auch die Gläubiger i. R. d. Kapitalerhöhung Vermögen als Haftkapital erhalten, das nur unter bestimmten Bedingungen werthaltig ist und dessen Werthaltigkeit nachträglich bei Eintritt der Voraussetzungen der Rangrücktrittsvereinbarung wieder entfallen kann. Dies könnte dem Grundsatz der Kapitalerhaltung widersprechen. Einige Autoren sehen daher auch in einer Rangrücktrittsvereinbarung einen bedingten Erlass, der bedingt ist durch das Vorhandensein neuer und ausreichender Eigenmittel der Gesellschaft (vgl. etwa Priester, DB 1977, 2429, 2433; Scholz/Tiedemann, GmbHG, § 84 Rn. 52; Teller, Rangrücktrittsvereinbarungen zur Vermeidung der Überschuldung bei der GmbH, S. 103). Eine Rangrücktrittsvereinbarung, die i. d. S. zu qualifizieren ist, würde aus den genannten Gründen nicht ausreichend sein, um den **Kapitalerhaltungsgrundsätzen** zu genügen. Im Ergebnis ist daher der Rangrücktritt i. R. d. Kapitalerhöhungsgrundsätze nicht geeignet, werthaltiges Vermögen zu schaffen, da nicht dauerhaft gesichert ist, dass das übertragene Vermögen als dauerhaft werthaltiges Haftkapital zur Verfügung steht. Denn beim Rangrücktritt besteht immer die Möglichkeit, dass die Forderung wieder aktivierungsfähig wird, wenn bestimmte Voraussetzungen – etwa Veränderungen der Vermögenssituation der übertragenden Gesellschaft – eintreten. M. E. kann nur ein endgültiger Forderungsverzicht dazu führen, dass dauerhaft werthaltiges Vermögen bei der übertragenden Gesellschaft geschaffen wird.

Das OLG Naumburg (ZIP 2004, 566 = GmbHR 2003, 1432) hat im Rahmen eines Formwechsels entschieden, dass Rangrücktrittsvereinbarungen, wenn sie bestimmten Anforderungen genügten, und zwar denen die denjenigen des § 16 Abs. 3 DMBilG entsprechen, eine sonst gegebene Überschuldung der Gesellschaft beseitigen. Damit stehe gleichzeitig fest, dass ein entsprechendes Reinvermögen der Gesellschaft bezogen auf den Bilanzstichtag der maßgeblichen Überschuldungsbilanz vorhanden ist. Die Möglichkeit einer außerordentlichen Kündigung durch den Gläubiger sei als lediglich mögliche Entwicklung in der Zukunft nicht geeignet, die auf den Stichtag der Umwandlung zu beziehende Beurteilung zu verändern. Die Umwandlung sei daher möglich (zustimmend auch Heckschen, DB 2005, 2283, 2286 f.). **72**

Es fragt sich, ob die gleichen Erwägungen auch für die **Besserungsvereinbarungen** gelten. Auch hier muss zwischen den verschiedenen Situationen der Besserungsabrede unterschieden werden. Es findet sich teilweise die Konstruktion des Forderungsverzichts mit Besserungsschein (vgl. etwa Heidinger in: Michalski, GmbHG, § 32b Rn. 77 f.; K. Schmidt/Uhlenbruck/Wittig, Die GmbH in der Krise, Sanierung und Insolvenz, S. 270 f.; Scholze/Osterloh, WPG, 1996, 102; Schulze/Osterloh, WPg 1996, 102; Teller, Rangrücktrittsvereinbarungen zur Vermeidung der Überschuldung bei der GmbH, S. 14; Herlinghaus, Forderungsverzicht und Besserungsvereinbarungen zur Sanierung von der Kapitalgesellschaft, 1994, S. 86 ff; Schrader, Die Besserungsabrede, 1995, S. 14 ff.). Anders als beim Rangrücktritt führt der Forderungsverzicht zunächst endgültig zum Erlöschen der Forderung, sodass hierdurch insgesamt werthaltiges Vermögen geschaffen werden kann. Es bleibt aber die weitere Frage, wie der Besserungsschein vermögensrechtlich im Hinblick auf die Kapitalerhaltungsgrundsätze i. R. d. Verschmelzung einzuordnen ist. Während beim Rangrücktritt i. d. R. der Inhalt des Schuldverhältnisses nur verändert wird, die Forderung aber grds. in ihrem Bestand unberührt bleibt (vgl. Schmidt/Uhlenbruck/Crezelius, Die GmbH in der Krise, Sanierung und Insolvenz, S. 270 ff.), wird bei Vereinbarung eines Besserungsscheins im Grunde ein Forderungsverzicht durch Erlassvertrag vorgenommen. Jedoch steht häufig der Erlass aufgrund des Besserungsscheins unter der auflösenden Bedingung, sodass der Forderungserlass bei Besserung der Vermögensverhältnisse entfällt. Hier kommt es auf die genaue Formulierung an, um die Problematik angemessen zu erfassen. Für den vorliegenden Fall einzig denkbare Lösung wäre eine Besserungsklausel in der Gestalt, dass auf die erlassene Schuld **Nachzahlungen** zu leisten sind, **73** sofern sich ein zukünftiger Gewinn ergibt. Wird der Besserungsschein als Bedingung der Forderung qualifiziert, so führt der Eintritt von Gewinnen zum Wiederaufleben der Forderung. Aus Gesichtspunkten des Minderheitenschutzes der Gesellschafter der aufnehmenden Gesellschaft ist m. E. **keine andere Wertung vorzunehmen als beim Rangrücktritt**. Die Gesellschafter erhalten i. R. d. Verschmelzung ein Vermögen, das belastet ist mit einer Forderung, die sich zum derzeitigen Zeitpunkt nicht genau spezifizieren lässt. Es bleibt die Problematik, wie die Besserungsabrede auszulegen ist, wenn die übertragende Gesellschaft, die die Besserungsabrede abgeschlossen hat, i. R. d. Verschmelzung erlischt und Gewinne bei der übernehmenden Gesellschaft entstehen. Um Auslegungsprobleme zu vermeiden, müsste der Besserungsschein dahin gehend formuliert werden, dass Nachzahlungen auf die erlassene Forderung zu leisten sind, wenn bei der aufnehmenden Gesellschaft Gewinne erzielt werden. Durch eine derartige Formulierung wird aber in die Interessen der Gesellschafter der aufnehmenden Gesellschaft erheblich eingegriffen. Außerdem stellt sich die Frage, ob nicht ein Verstoß gegen das Verbot der baren Zuzahlung vorliegt, da die Gesellschafter der übertragenden Gesellschaft Forderungen erhalten, die u. U. über der 10-%-Grenze des § 54 UmwG liegen.

Man könnte auch daran denken, dass es sich bei einem derartigen Besserungsschein, der im Hinblick auf eine konkrete Verschmelzung erklärt wird, auch um einen Sondervorteil i. S. d. § 5 Abs. 1 Nr. 7 UmwG handelt, der im Verschmelzungsvertrag offenzulegen ist. Die Vorschrift will den Gleichbehandlungsgrundsatz sichern. Durch die Besserungsabrede wird der Gesellschafter, der eine Gesellschafterforderung hat, im Vergleich zu den Gesellschaftern der aufnehmenden Gesellschaft dadurch besser gestellt, dass er aus künftigen Gewinnen der Gesellschaft besondere Anteile erhält. Dies dürfte auch dem Gleichbehandlungsgrundsatz in der aufnehmenden Gesellschaft widersprechen. Aus Gläubigerschutzgesichtspunkten könnte man der Auffassung sein, dass eine Besserungsabrede im Rahmen einer Verschmelzung keine Probleme mit sich bringt, da das Kapital der übertragenden und auch der aufnehmenden Gesellschaft nicht angegriffen werden, wenn die Nachzahlungen nur aus zukünftigen Gewinnen erfolgen sollen. Es spricht daher Einiges dafür, dass aus Gläubigergesichtspunkten ein Forderungsverzicht mit Besserungsabrede ein möglicher Weg wäre, um werthaltiges Vermögen zu schaffen.

74 Allerdings könnte eine Besserungsabrede gem. § 54 Abs. 4 UmwG dem **Verbot der baren Zuzahlung** über den 10 %igen Betrag des Nennbetrags der gewährten Geschäftsanteile widersprechen. Grds. hat jeder Gesellschafter der übertragenden Gesellschaft Anspruch auf Gewährung von Anteilen an der übernehmenden Gesellschaft. In geringem Umfang gestattet § 54 Abs. 4 UmwG bare Zuzahlung. Die Vorschrift erlaubt lediglich Geldleistungen, nicht dagegen die Hingabe von Sachwerten (vgl. Lutter/Winter/Vetter, UmwG, § 54 Rn. 142; Kallmeyer/Kallmeyer/Kocher § 54 UmwG Rn. 30; Stratz in: Schmit/Hötnagl/Stratz, § 54 UnwG Rn. 66). Z. T. wird eine Einschränkung dieses Verbotes für die Begründung von Darlehensverbindlichkeiten der aufnehmenden Gesellschaft ggü. den Gesellschaftern der übertragenden Gesellschaft diskutiert. Z. T. wird die Zulässigkeit angenommen (Kallmeyer/Kallmeyer/Kocher § 54 UmwG Rn. 30), z. t. zumindest dann wenn die notwendigen Zustimmungen vorliegen (Lutter/Winter/Vetter, UmwG, § 54 Rn. 144 ff.). Auch bei der Einbringung von Unternehmen im Wege der Sachkapitalerhöhung wird in der Praxis häufig vereinbart, dass der den Nennbetrag der Kapitalerhöhung übersteigende höhere Einbringungswert dem Inferenten als Darlehen gutgebracht wird. Ob derartige Gestaltungen sind im Zusammenhang mit der Verschmelzung unzulässig, wird unterschiedlich bewertet (ablehnend Mayer, DB 1995, 863, zustimmen unter gewissen Zustimmungsvoraussetzungen Lutter/Winter/Vetter, UmwG, § 54 Rn. 144 ff.; Kallmeyer/Kallmeyer/Kocher § 54 UmwG Rn. 30; KölnKom/Simon/Nießen, § 54 UmwG Rn. 74). Im Grunde handelt es sich bei einer Besserungsabrede um eine bedingte Forderung der Gesellschafter, die i. R. d. Verschmelzung oder im Hinblick auf die Verschmelzung gewährt wird. M. E. könnte eine derartige Gestaltung gegen § 54 Abs. 4 UmwG verstoßen. Die Vorschrift soll die Kapitalgrundlagen und die Liquidität der aufnehmenden Gesellschaft schützen. Die zukünftige Liquidität wird aber durch eine Besserungsabrede beeinträchtigt.

75 **4. Minderheitenschutz bei der Übertragung negativen Vermögens.** Wie bereits dargelegt, hat der Gesetzgeber im **Zweiten Gesetz zur Änderung des UmwG** v. 25.04.2007 die Frage der Anteilsgewährung und Kapitalerhöhung verzichtbar geregelt. Die aufnehmende Gesellschaft darf nach §§ 54 Abs. 1 bzw. 68 Abs. 1 UmwG n. F. von der Gewährung von Geschäftsanteilen bzw. Aktien absehen, wenn alle Anteilsinhaber des übertragenden Rechtsträgers darauf verzichten, wobei die Verzichtserklärungen no-

tariell zu beurkunden sind. Diese an sich zu begrüßende Ausnahme von der Anteilsgewährungsverpflichtung kann allerdings im Rahmen von überschuldeten oder vermögenslosen Gesellschaften zu Problemen führen (vgl. auch Meyer/Weiler, DB 2007, 1235, 1239; Kallmeyer/Marsch-Barner, § 3 UmwG Rn. 22; Weiler, NZG 2006, 527, 530 ff.; Lutter/Drygala, § 3 UmwG Rn. 24; Widmann/Mayer/Mayer, Umwandlungsrecht, § 5 UmwG Rn. 43 ff.; Klein/Stephanblome, ZGR 2007, 351, 367; Wälzholz, AG 2006, 469; Weiler, NZG 2008, 527, 530 ff.). Wie oben dargelegt, wurde bisher i. R. d. Registerkontrolle bei der Kapitalerhöhung verhindert, dass negatives Vermögen ohne Weiteres im Zuge der Verschmelzung übertragen werden kann. Mittelbar war damit auch ein Minderheitenschutz gewährleistet, unmittelbar Gläubigerschutz. Nach §§ 54 Abs. 1 Satz 3 bzw. 68 Abs. 1 Satz 3 UmwG n. F. ist jetzt allerdings nach der Neuregelung die Anteilsgewährung und damit auch die Kapitalerhöhung entbehrlich, wobei es nur auf den **Verzicht der Anteilseigner des übertragenen Rechtsträgers**, nicht aber auf die des übernehmenden Rechtsträgers ankommt. Aufseiten des übernehmenden Rechtsträgers verbleibt es bei den allgemeinen Regelungen zu den notwendigen Beschlussmehrheiten. Beherrscht etwa ein Gesellschafter zu 100 % die übertragende Gesellschaft und zu mindestens 75 % auch die übernehmende Gesellschaft, besteht die Möglichkeit, negatives Vermögen des übertragenden Rechtsträgers auf eine gesunde übernehmende Gesellschaft zulasten der Minderheitsgesellschafter dieses Rechtsträgers zu übertragen. Mit den im **Zweiten Gesetz zur Änderung des UmwG** v. 25.04.2007 geregelten Verzichtsmöglichkeiten wollte der Gesetzgeber ausweislich der Begründung zum RegE vor allen Dingen die Verschmelzung von Schwester-Gesellschaften erleichtern (vgl. BT-Drucks. 16/2919, S. 13).

Nach dem Wortlaut der Vorschrift gilt dies auch für den Fall der **Übertragung negativen Vermögens bei** **76** **fremden Gesellschaften.** Fraglich ist, wie die daraus folgenden Probleme zu lösen sind. Da die Verschmelzung im Grundsatz wie eine Sacheinlage behandelt wird, stellt sich die Frage, ob ein wirtschaftlich marodes Unternehmen überhaupt Gegenstand einer Sacheinlage sein kann. Einlagefähigkeit haben nämlich nur verkehrsfähige Vermögensgegenstände mit einem feststellbaren wirtschaftlichen Wert (vgl. BGHZ 29, 300, 304; Fastrich in: Baumbach/Hueck, GmbHG, § 5 Rn. 23; Lutter/Hommelhoff/Bayer § 5 GmbHG Rn 142). Verbindlichkeiten können nur eingebracht werden, wenn eine Verbindung zwischen der Verbindlichkeit und der Sacheinlage besteht, z. B. die Einbringung von Grundstücken, die mit Grundpfandrechten belastet sind, oder von Unternehmen mit ihren Aktiva und Passiva (vgl. Fastrich in: Baumbach/Hueck, GmbHG, § 5 Rn. 23 ff.; Lutter/Hommelhoff/Bayer § 5 GmbHG Rn 142 ff.). Wird ein überschuldeter Rechtsträger i. R. d. Verschmelzung eingebracht, übersteigen also die Verbindlichkeiten des Rechtsträgers das Eigenkapital, so stellt sich dies im Ergebnis als Einbringung von negativem Vermögen, also Verbindlichkeiten dar. Insofern könnte man bereits an der Einlagefähigkeit zweifeln (vgl. dazu auch Tilmann, BB 2004, 673). Dagegen spricht allerdings die Tatsache, dass das UmwG als solches, wie ebenfalls dargelegt, keinen Vorrang des Insolvenzrechts kennt und grds. Sanierungsfusionen zulässig sind und auch als wünschenswert angesehen werden. Der Minderheitenschutz und Gläubigerschutz wird auf andere Weise geregelt. Wie der Gesetzgeber durch die Neuregelung in § 54 und § 68 UmwG deutlich gemacht hat soll der Gläubigerschutz auch nicht i. R. d. Anteilsgewährungspflicht gewährleistet werden, sondern nur über die spezifischen Gläubigerschutzvorschriften des UmwG (zweifelnd Mayer/Weiler, DB 2007, 1235, 1239). Im Ergebnis bleibt daher in diesem Zusammenhang nur die Minderheitsschutzproblematik, die sich am einfachsten lösen lässt, wenn man § 54 Abs. 1 Satz 3 bzw. § 68 Abs. 1 Satz 3 UmwG n. F. auf den vorliegenden Fall des Übertragens negativen Vermögens analog anwendet und die **Zustimmung aller Gesellschafter der aufnehmenden Gesellschaft** verlangt (so auch Lutter/Drygala, § 3 UmwG Rn. 24; Klein/Stephanblome, ZGR 2007, 351, 368). Nach anderer Meinung ist nur die **allgemeine Missbrauchskontrolle** anzuwenden (so Keller/Klett, DB 2010, 1220, 1222 f.; Kallmeyer/Marsch-Barner, § 3 UmwG Rn. 22; Weiler, NZG 2006, 527, 530 ff.).

II. Wirkungen der Sanierungsfusion

Die Wirkungen der Verschmelzung sind in § 20 UmwG geregelt. Das Vermögen der übertragenden, zu **77** sanierenden Gesellschaft geht auf die aufnehmende Gesellschaft über, einschließlich der Verbindlichkeiten. Die übertragene Gesellschaft erlischt und die Gesellschafter der übertragenden Gesellschaft werden Gesellschafter der übernehmenden Gesellschaft, und zwar in dem **Anteilsverhältnis**, wie dies im **Verschmelzungsvertrag** bestimmt war.

78 Besonders von Bedeutung i. R. d. Sanierungsfusion ist sicherlich die **Gesamtrechtsnachfolge**. Das Vermögen der übertragenen Gesellschaft geht als Ganzes im Wege der Gesamtrechtsnachfolge auf die übernehmende Gesellschaft über. Auch die Verbindlichkeiten sind nun von der aufnehmenden Gesellschaft zu erfüllen.

79 Darüber hinaus können die Gläubiger der an der Verschmelzung beteiligten Gesellschaften **Sicherheitsleistungen** verlangen, wenn sie innerhalb von 6 Monaten nach dem Tag der Bekanntmachung der Eintragung der Verschmelzung ihren Anspruch nach Grund und Höhe schriftlich anmelden. Dieses Recht steht allerdings den Gläubigern nur zu, wenn sie glaubhaft machen, dass durch die Verschmelzung die Erfüllung ihrer Forderungen gefährdet wird (§ 22 Abs. 1 Satz 2 UmwG). Bei der Sanierungsfusion dürfte dies i. d. R. kaum der Fall sein, da die Erfüllung der Ansprüche i. d. R. bereits durch die Schwierigkeiten der übertragenden Gesellschaft begründet wurde und nicht durch die Verschmelzung.

III. Sanierungsfusion auf den Alleingesellschafter

80 Ein weiteres Mittel der Sanierung durch Fusion kann die Verschmelzung der GmbH auf den Alleingesellschafter nach § 120 UmwG darstellen (vgl. Heckschen, DB 2005, 2283, 2288, ders. ZInsO 2008, 824, 825 ff.). Teilweise wird in der Registerpraxis die Zulässigkeit mit Hinweis auf die Überschuldung abgelehnt. Dem hat das OLG Stuttgart zu Recht im Beschl. v. 04.10.2005 (ZIP 2005, 2066 = DB 2005, 2681 = DNotZ 2006, 302 = NotBZ 2005, 44 = EWiR 2005, 839 m. Anm. Heckschen) widersprochen: Der Gesetzgeber habe den Gläubigerschutz ausdrücklich geregelt in § 22 UmwG, wonach die Gläubiger Sicherheitsleistungen verlangen können. Außerdem finden Gläubigerinteressen Berücksichtigung im Sonderfall der Ausgliederung aus dem Vermögen eines Einzelkaufmanns (§ 152 Satz 2 UmwG). Das OLG Stuttgart hat festgestellt, dass bei der Verschmelzung auf den Alleingesellschafter nach § 120 UmwG aus umwandlungsrechtlichen Gründen bei der Eintragung der Verschmelzung vom Registergericht grds. weder zu prüfen sei, ob der übertragende Rechtsträger überschuldet ist noch ob der aufnehmende Alleingesellschafter durch die Verschmelzung in die Überschuldung gerät. In der Literatur wird dies ebenfalls weitgehend so gesehen (Kallmeyer/Marsch-Barner, § 17 UmwG Rn. 41; Semler/Stengel/Maier-Reimer, UmwG, § 120 Rn. 13; Stratz, in: Schmitt/Hörtnagl/Stratz, UmwG, UmwStG, § 120 UmwG Rn. 4; Widmann/Mayer/Mayer, Umwandlungsrecht, § 120 UmwG Rn. 8.6; Limmer, DNotZ 1999, 150, 152 – Anm. zur Entscheidung des KG v. 22.09.1998, dazu EWiR 1998, 1145 [Rottnauer]; Heckschen, DB 2005, 2283, 2288; ders., ZInsO 2008, 824, 825 ff.). Ein Teil der Literatur ist allerdings anderer Meinung (krit. Lutter/Karollus § 120 UmwG Rn. 30; vgl. auch Maier-Reimer in Semler/Stengel, § 120 UmwG Rn. 26). Teilweise wird differenziert, ob der Alleingesellschafter selbst überschuldet ist, da diesen keine Insolvenzantragspflicht trifft (vgl. Lutter/Karollus, § 120 UmwG Rn. 30; vgl. auch Maier-Reimer, in: Semler/Stengel, § 120 UmwG Rn. 26, ablehnend Heckschen, DB 2005, 2283, 2288; ders., ZInsO 2008, 824, 825 ff.).

Weitere Einschränkungen ergeben sich aus § 3 Abs. 3 UmwG, wonach bereits aufgelöste Rechtsträger an einer Verschmelzung nur beteiligt sein können, wenn die Fortsetzung dieser Rechtsträger beschlossen werden könnte (vgl. unten Teil 5 Rdn. 116 ff.).

C. Einsatz des neuen Spaltungsrechts zu Sanierungszwecken

I. Einsatz der Spaltung zu Sanierungszwecken

81 Auch die Spaltung oder Ausgliederung können im Zusammenhang mit Sanierungsmaßnahmen Bedeutung haben (Heckschen, DB 2005, 2283, 2287; ders., ZInsO 2008, 824, 828 ff.). Hierzu trägt auch insb. die Tatsache Rechnung, dass der Gesetzgeber im Spaltungsrecht **weitgehende Parteiautonomie** eröffnet hat (vgl. Heckschen, DB 2005, 2283, 2287; Naraschweski, GmbHR 1995, 697 ff.). § 126 Nr. 9 UmwG bestimmt, dass im Spaltungsvertrag die Gegenstände des Aktiv- und Passivvermögens, die an jeder der übernehmenden Gesellschaften übertragen werden, sowie die übergehenden Betriebe und Betriebsteile unter Zuordnung zu den übernehmenden Rechtsträgern genau bezeichnet und aufgeteilt werden müssen. Anders als der RefE v. 15.04.1992, der in § 123 Abs. 5 UmwG noch die Einschränkung vorsah, dass die Spaltung nicht zulässig ist, wenn im Wesentlichen nur ein einzelner Gegenstand übertragen oder eine einzelne Verbindlichkeit übergeleitet werden soll, sieht das UmwG nun keinerlei Beschränkungen der Parteiautonomie bei der Ausgestaltung der Übertragung mehr vor. In der

Literatur wurden die hieraus resultierenden **Gläubigerschutzprobleme** eingehend diskutiert (vgl. Teichmann, ZGR 1993, 396, 411 ff.; Kleindiek, ZGR 1992, 513 ff.). Aufgrund dieser erheblichen Vertragsfreiheit bietet daher die Spaltung grds. die Möglichkeit der vollständigen Trennung von Betrieben, Betriebsteilen und auch der Separierung von Verbindlichkeiten und Aktivvermögen (vgl. Heckschen, DB 2005, 2283, 2287; Naraschweski, GmbHR 1995, 697 ff.). Dass hier die Spaltung zum Zweck der übertragenden Sanierung Bedeutung hat, ist offensichtlich. Es besteht sogar die Möglichkeit, dass Betriebe und Betriebsteile sanierungsbedürftiger Unternehmen, die selbst Gewinne erwirtschaften und daher nicht sanierungsbedürftig sind, auf eine neu zu gründende Gesellschaft ausgegliedert werden (vgl. Heckschen, DB 2005, 2283, 2287). Die Anteile an dieser 100 %igen Tochtergesellschaft befinden sich dann im Vermögen der Krisengesellschaft. Auf diese Weise kann etwa ein Unternehmenskauf vorbereitet werden (vgl. etwa auch K. Schmidt, in: Leipold, Insolvenzrecht im Umbruch, S. 67, 68).

▶ **Hinweis:**   82

> Da bei der Spaltung auch der Schuldenübergang durch den Spaltungsvertrag bzw. Spaltungsplan von den Beteiligten autonom bestimmt werden kann, bietet dieses Verfahren insb. die Möglichkeit der Trennung des fortführungswerten Vermögens von den Schulden.

II. Kapitalerhaltung bei Spaltung und Ausgliederung

Zwar besteht auch bei der Spaltung zur Neugründung oder zur Aufnahme das **Problem der Werthaltig-** 83
keit des übergegangenen Vermögens ähnlich wie bei der Verschmelzung. Da aber hier keine Gesamtrechtsnachfolge mit Übergang aller Verbindlichkeiten stattfindet, sondern nur werthaltige Aktiva evtl. i. V. m. betriebsnotwendigen Verbindlichkeiten abgespalten oder ausgegliedert werden können, stellen sich die bei der Verschmelzung entstandenen Probleme der Kapitalerhöhung bei der Spaltung bei entsprechender Gestaltung nicht. Im Nachfolgenden soll allerdings untersucht werden, welche weiteren Probleme des Gläubigerschutzes hieraus resultieren.

1. Probleme der Kapitalaufbringung bei der Sanierungsspaltung. Ebenso wie bei der Verschmel- 84
zung ist eines der Merkmale der Spaltung die Gewährung von Geschäftsanteilen oder Mitgliedschaftsrechten an der aufnehmenden oder neugegründeten Gesellschaft. Auch hier hat der Gesetzgeber neuerdings die **Möglichkeit des Verzichts** vorgesehen (vgl. Teil 5 Rdn. 57). Bei der Spaltung zur Aufnahme stellt sich daher wie bei der Verschmelzung die Frage, welche Geschäftsanteile den Gesellschaftern der übertragenden Gesellschaft bzw. bei der Ausgliederung der Gesellschaft selbst zu gewähren sind. Es muss daher auch hier wie bei der Verschmelzung geprüft werden, ob diese Geschäftsanteile erst im Wege der Kapitalerhöhung neu gebildet werden müssen oder ob eigene Anteile zur Verfügung stehen, die den Gesellschaftern der übertragenen Gesellschaft im Austausch gewährt werden können. § 125 UmwG verweist vollständig auf die Vorschriften des Verschmelzungsrechts, insb. auch auf die §§ 53 ff. (für die GmbH) bzw. die §§ 66 ff. (für die AG). Es gelten daher grds. die gleichen Fragestellungen der Kapitalerhöhung i. R. d. Spaltung wie bei der Verschmelzung.

Die Kapitalerhöhung ist bei der Spaltung, genauso wie bei der Verschmelzung, eine Kapitalerhöhung gegen Sacheinlage. Gegenstand der Sacheinlage ist der Teil des abgespaltenen Vermögens. Die Einlagepflicht wird erfüllt durch Übertragung des abzuspaltenden Vermögens der übertragenden Gesellschaft. Das Gleiche gilt i. Ü. für die Spaltung zur Neugründung. § 135 Abs. 2 UmwG bestimmt, dass auf die Gründung der neuen Rechtsträger die für die jeweilige Rechtsform des neuen Rechtsträgers geltenden Gründungsvorschriften anzuwenden sind. Es gelten daher hier die **gleichen Grundsätze** wie bei **jeder Sachgründung** (vgl. eingehend oben Teil 2 Rdn. 275 ff. und Teil 3 Rdn. 198 ff.; Heckschen, DB 2005, 2283, 2287; Ihrig, GmbHR, 1995, 622, 623 ff.). Aus den gleichen Gründen wie bei der Verschmelzung ist daher sowohl bei der AG als auch bei der GmbH eine Überbewertung des übertragenen Vermögens bzw. eine unter-pari-Emission verboten. Dem Registergericht obliegt bei der Spaltung oder Ausgliederung zur Neugründung die Prüfung, ob eine Überbewertung des eingebrachten Vermögens im Wege der Spaltung vorliegt. Maßgebend für die Prüfung ist allerdings nicht der Buchwert des übertragenen Vermögens, sondern dessen wahrer Wert. Die Abspaltung eines überschuldeten Betriebsteils scheidet daher unter diesen Umständen aus, wenn nicht die Mindestkapitalziffer des Kapitalerhöhungsbetrages bzw. bei der Spaltung zur Neugründung der neu gegründeten Gesellschaft erreicht wird. In diesem Zusammenhang ist allerdings die Frage zu prüfen, ob, wie bei der Sachgründung, die Möglichkeit besteht, dass der Einleger die Wertdifferenz in Form einer Bareinlage ausgleicht (vgl. hierzu Heckschen, DB 2005, 2283, 2288 ff. und oben Teil 3 Rdn. 256). Bei der Spaltung zur Neugründung wird man diese Möglichkeit wohl zulassen müssen, sodass die Verbindung einer Sacheinlage mit einer Bareinlage als sog. gemischte Einlage zulässig und dann erforderlich ist, wenn die abgespalteten Vermögensgegenstände den Wert der übernommenen Einlagen nicht erreichen (vgl. Widmann/Mayer/Mayer, Umwandlungsrecht, Einführung Spaltung Rn. 144).

85   Der Gesetzgeber hat im **Zweiten Gesetz zur Änderung des UmwG** in den §§ 54 und 68 UmwG n. F. eine Ausnahme durch Verzicht festgelegt (vgl. BR-Drucks. 548/06, S. 27): § 54 Abs. 1 Satz 3 UmwG n. F. (für die GmbH) bzw. § 68 Abs. 1 Satz 3 UmwG n. F. (für die AG) bestimmt nunmehr, dass die Kapitalerhöhung bei der übernehmenden Kapitalgesellschaft zur Disposition **aller Anteilsinhaber des übertragenden Rechtsträgers** steht. Durch die Verweisung in § 125 Satz 1 UmwG gilt diese Verzichtsmöglichkeit auch bei Spaltung. Sie gilt nicht bei der Ausgliederung, es sei denn man folgt der hier vertretenen Analogiemöglichkeit. Für die Spaltung aber gilt: **Verzichten alle Anteilsinhaber des übertragenden Rechtsträgers** in notarieller Urkunde auf die Anteilsgewährung, darf die übernehmende Gesellschaft von der Anteilsgewährung absehen.

86   **2. Kapitalerhaltung bei der abspaltenden Gesellschaft.** Bei der Abspaltung wird ein Teil des Vermögens der übertragenden Gesellschaft auf eine bestehende oder neue Gesellschaft abgespalten, sodass **auch das Kapital der übertragenden Gesellschaft** im Hinblick auf Kapitalerhaltungsgrundsätze betroffen sein kann (vgl. Heckschen, DB 2005, 2283, 2288 f.). Das Gleiche gilt bei der Ausgliederung. Der Gesetzgeber hatte daher im Umwandlungsrecht sichergestellt, dass bei einer Abspaltung die abspaltende GmbH weiterhin den Grundsätzen der Kapitalbindung genügt.

87   Die Kapitalerhaltung wird zum einen durch bestimmte **Versicherungen** der **Vertretungsorgane** erreicht. § 140 UmwG bestimmt für die GmbH, dass bei der Anmeldung der Abspaltung oder Ausgliederung zur Eintragung in das Register einer übertragenden GmbH deren Geschäftsführer auch zu erklären habe, dass die durch Gesetz und Gesellschaftsvertrag vorgesehenen Voraussetzungen für die Gründung dieser Gesellschaft unter Berücksichtigung der Abspaltung und der Ausgliederung im Zeitpunkt der Anmeldung vorliegen. Hierdurch soll Vorsorge getroffen werden, dass durch die Abspaltung oder die Ausgliederung die Kapitalausstattung der GmbH nicht unter die gesetzlichen Mindesterfordernisse für die Höhe des Stammkapitals absinkt und auch sonst die gesetzlichen Voraussetzungen für die Gründung einer GmbH, so insb. die Vorschrift über die Mindesthöhe der Stammeinlagen, weiterhin beachtet werden. Dafür sollen die Geschäftsführer durch eine **Erklärung** ggü. dem Registergericht einstehen, die **strafbewehrt** ist (vgl. Begründung zum RegE in: Limmer, Umwandlungsrecht, S. 320; vgl. außerdem Heckschen, DB 2005, 2283, 2288 f.; Kallmeyer/Zimmermann, UmwG, § 140 Rn. 2 ff.; Widmann/Mayer/Mayer, Umwandlungsrecht, § 140 UmwG Rn. 6). Eine ähnliche Vorschrift trifft § 146 UmwG für die AG. Darüber hinaus sind bei der AG bei der Anmeldung nach § 127 UmwG der Spaltungsbericht und bei der Abspaltung auch der Prüfungsbericht nach § 15 UmwG vorzulegen.

88   Bei **Abspaltung und Ausgliederung** muss daher immer geprüft werden, ob das bei der Rumpfgesellschaft verbleibende Vermögen zur Deckung des eingetragenen Stamm- bzw. Grundkapitals ausreicht. Dies kann der Fall sein, wenn die offenen Reserven den Wert des übergegangenen Vermögens erreichen und damit die notwendige Kapitaldeckung sicherstellen. Reicht hingegen das übrig gebliebene Vermögen nicht aus, um das Stamm- bzw. Grundkapital zu decken, dann muss vor der Spaltung eine Kapitalherabsetzung der übertragenden Gesellschaft stattfinden (vgl. im Einzelnen Mayer, DB 1995, 861, 866; Priester, DNotZ 1995, 448; Widmann/Mayer/Mayer, Umwandlungsrecht, § 139 UmwG Rn. 23 ff.; Naraschewski, GmbHR 1995, 703). Diese darf allerdings nicht dazu führen, dass das Mindestkapital nach AktG bzw. GmbHG unterschritten wird. Ist aus diesen Gründen eine Kapitalherabsetzung notwendig, so bestimmen § 139 UmwG (für die GmbH) bzw. § 145 UmwG (für die AG), dass, wenn zur Durchführung der Abspaltung oder der Ausgliederung eine Kapitalherabsetzung notwendig ist, dies in vereinfachter Form geschehen kann (vgl. eingehend Naraschewski, GmbHR 1995, 697 ff.).

89   Die Spaltung von überschuldeten Gesellschaften scheidet wegen dieser Einhaltung der Stammerhaltungsgrundsätze bei der abgespalteten GmbH i. d. R. daher aus. Es müssen auch bei der Abspaltung wie bei der Verschmelzung vorher entsprechende Sanierungsmaßnahmen vorgenommen werden.

3. Besonderheiten bei der Ausgliederung. Der Gesetzgeber hat die **Möglichkeit der vereinbarten** **90** **Sachkapitalherabsetzung** und die **Versicherungspflicht** auch für die Ausgliederung vorgesehen (§§ 139 Satz 1 und 140 UmwG). Die Literatur hat allerdings zu Recht darauf hingewiesen, dass es zweifelhaft ist, ob ein Anwendungsfeld für die vereinfachte Kapitalherabsetzung für Ausgliederungen überhaupt besteht (vgl. Naraschewski, GmbHR 1995, 703; Kallmeyer/Kallmeyer/Sickinger, UmwG, § 139 Rn. 4; Lutter/Priester, UmwG, § 139 Rn. 4; Widmann/Mayer/Mayer, Umwandlungsrecht, § 139 UmwG Rn. 16). Durch die Ausgliederung ändert sich die tatsächliche Vermögenssituation der übertragenen Gesellschaft grds. nicht, es findet lediglich ein Austausch der Vermögensgegenstände statt. Anders als bei der Abspaltung, bei der die Gesellschafter der abspaltenden Gesellschaft die Anteile an der neuen Gesellschaft behalten, erhält bei der Ausgliederung die ausgliedernde Gesellschaft diese Anteile an der aufnehmenden oder neuen Gesellschaft. In der **Bilanz** stellt sich der Vorgang daher **neutral** dar, da nun auf der Aktivseite anstelle der ausgegliederten Vermögensgegenstände die entsprechenden Anteile in der Bilanz erscheinen. **Im Gegenteil:** In diesen Fällen scheidet eine Kapitalherabsetzung sogar aus, weil das übertragene Nettobuchvermögen mindestens durch die gewährten Beteiligungen ausgeglichen wird. Angesichts dieses reinen Aktivtausches ist allerdings die Versicherungspflicht nach § 140 UmwG bei der Ausgliederung nicht recht verständlich. Im Ergebnis würde sie die Ausgliederung bei einer Unterbilanz oder gar einer Überschuldung nicht zulassen, obwohl sich an der Gesamtsituation aufgrund des Aktivtausches bei der ausgliedernden Gesellschaft nichts ändert. Es spricht daher einiges für eine einschränkende Auslegung des § 140 UmwG für den Fall, dass aufgrund des Aktivtausches die Vermögensverhältnisse vor und nach der Ausgliederung grds. wertmäßig bei der ausgliedernden GmbH die Gleichen sind. Will man dieser Auslegung folgen, dann wäre tatsächlich die Ausgliederung auch bei einer überschuldeten Gesellschaft oder einer Gesellschaft mit Unterbilanz möglich. Hält man hingegen die Versicherungspflicht in allen Fällen für erforderlich, auch wenn ein Aktivtausch stattfindet, dann müssen auch hier zuvor die notwendigen Sanierungsmaßnahmen vor der Ausgliederung durchgeführt werden.

4. Aufspaltung bei Vorliegen einer Unterbilanz. Das Problem der Einhaltung der Kapitalerhal- **91** tungsvorschriften der abspaltenden GmbH stellt sich **bei der Aufspaltung** nicht. Die Erklärung nach § 140 UmwG bzw. § 146 UmwG erübrigt sich bei einer Aufspaltung, da hier der übertragende Rechtsträger erlischt (§ 131 Abs. 1 Nr. 2 UmwG).

§ 123 Abs. 1 UmwG definiert daher die Aufspaltung dahin gehend, dass die Gesellschaft bzw. ein **92** Rechtsträger sein gesamtes Vermögen unter Auflösung ohne Abwicklung entweder zur Aufnahme durch gleichzeitige Übertragung aller Vermögensteile jeweils als Gesamtakt auf andere bestehende Rechtsträger (Aufspaltung zur Aufnahme) oder zur Neugründung durch gleichzeitige Übertragung der Vermögensteile jeweils als Gesamtakt auf andere, dadurch neu gegründete Rechtsträger (Aufspaltung) zur Neugründung gegen Gewährung von Anteilen oder Mitgliedschaftsrechten dieser Rechtsträger aufspaltet. Die Aufspaltung kann auch gleichzeitig teilweise zur Aufnahme auf einen bestehenden Rechtsträger und zur Neugründung auf einen neu gegründeten Rechtsträger erfolgen. Als Gegenleistung für die Vermögensübertragung erhalten die Gesellschafter der übertragenden Gesellschaft Anteile an den übernehmenden oder der neu gegründeten Gesellschaft.

Bei der Aufspaltung interessiert daher die Vermögenssituation der aufspaltenden Gesellschaft nicht. **93** Die Aufspaltung ist zulässig, wenn eine **sog. Unterbilanz** besteht, wenn also der tatsächliche Wert der übertragenden Gesellschaft geringer ist als ihr Stammkapital. Die Aufspaltung kann in diesen Fällen ein Weg sein, die Unterbilanzsituation zu beenden (vgl. Hörtnagl, in: Schmitt/Hörtnagl/Stratz, UmwG, UmwStG, § 126 UmwG Rn. 33; Heckschen, DB 2005, 2283, 2288). Hier stellt sich die Frage der Kapitalaufbringung und Erhaltung nur auf der Ebene der aufnehmenden bzw. neu gegründeten Gesellschaften. Das **übertragene Vermögen** muss daher, wenn eine Neugründung oder eine Kapitalerhöhung stattfindet, diesen Kapitalerhöhungsbetrag decken bzw. bei der Neugründung zur Kapitalaufbringung des Stammkapitals **ausreichen** (Hörtnagl, in: Schmitt/Hörtnagl/Stratz, UmwG, UmwStG, § 126 UmwG Rn. 33; Heckschen, DB 2005, 2283, 2288). Bei der Aufspaltung zur Aufnahme können aber – wie bei der Verschmelzung – die o. g. Lösungsmöglichkeiten angewendet werden, um eine Kapitalerhöhung zu vermeiden. Wenn keine Kapitalerhöhung notwendig ist, stellt sie auch kein Problem der Kapitalaufbringung bei der Aufspaltung zur Aufnahme.

III. Wirkungen der Spaltung

94 Mit der Eintragung der Spaltung in das Register des übertragenen Rechtsträgers geht das gesamte Vermögen des übertragenen Rechtsträgers bei der Aufspaltung auf die aufnehmenden oder neu gegründeten Rechtsträger entsprechend dem Spaltungsvertrag im Wege der **partiellen Gesamtrechtsnachfolge** über und der übertragene Rechtsträger erlischt, ohne dass es einer besonderen Löschung bedarf (§ 131 Abs. 1 Nr. 1 und Nr. 2 UmwG). Bei der Abspaltung und Ausgliederung geht der im Spaltungsvertrag oder Spaltungsplan bezeichnete Vermögensteil einschließlich der bezeichneten Verbindlichkeit auf den übertragenden Rechtsträger über.

95 Nach langer Diskussion im Gesetzgebungsverfahren über den Gläubigerschutz bei der Spaltung (vgl. Teichmann, ZGR 1993, 396, 411 ff.; Kleindiek, ZGR 1992, 513 ff.; Heiss, DZWIR 1993, 12; Naraschewski, DB 1995, 1265) hat sich der Gesetzgeber für eine **gesamtschuldnerische Haftung aller beteiligten Rechtsträger** entschieden. Das bedeutet, dass für die Verbindlichkeiten zunächst und primär der Rechtsträger haftet, dem eine Verbindlichkeit i. R. d. Spaltungsvertrages zugewiesen wurde. Nach § 133 Abs. 1 UmwG haften allerdings die anderen Gesellschaften, denen die Verbindlichkeiten nicht direkt zugewiesen wurde, als Gesamtschuldner für diese Verbindlichkeit. Es besteht jedoch nach § 133 Abs. 3 UmwG in Anlehnung an die Regeln des Nachhaftungsbegrenzungsgesetzes ein **Enthaftungstatbestand**: Die gesamtschuldnerische Mithaftung erlischt nach Ablauf von 5 Jahren seit Wirksamwerden der Spaltung,

– wenn sie nicht in dieser Zeit fällig und gerichtlich geltend gemacht worden oder
– der Anspruch schriftlich von dem mithaftenden Rechtsträgern anerkannt worden ist (§ 133 Abs. 5 UmwG).

Diese **Haftungsperpetuierung** ist daher bei der Sanierungsspaltung zu beachten. Die Spaltung lässt sich daher nicht als Instrument zur Flucht aus der Haftung einsetzen.

D. Formwechsel zu Sanierungszwecken

I. Allgemeines

96 Wie bereits angedeutet, spielt die Umwandlung bzw. jetzt der Formwechsel bei der Errichtung von Sanierungsgesellschaften **eine bedeutende Rolle** (vgl. Heckschen, DB 2005, 2283, 2289, ders., ZInsO 2008, 824, 829). Die Gründe hierfür können unterschiedlichster Art sein. So war etwa vor Einführung der neuen §§ 58a ff. GmbHG die Sanierungsumwandlung einer GmbH in eine AG deshalb von Bedeutung, weil bei der AG die zur Sanierung notwendige vereinfachte Kapitalherabsetzung zulässig war, bei der GmbH hingegen nicht (vgl. K. Schmidt, AG 1985, 150 ff.). Diese, aus gesellschaftsrechtlichen Gründen notwendige Umwandlung ist jetzt durch die Neueinführung der vereinfachten Kapitalherabsetzung bei der GmbH nicht mehr erforderlich. Dennoch sind vielfältige Gründe denkbar, warum vor der Durchführung der Sanierung ein Formwechsel stattfindet. Der häufigste Umwandlungsfall bei Personengesellschaften ist die Umwandlung einer Personenhandelsgesellschaft mit unbeschränkter Haftung in eine solche mit beschränkter Haftung oder in eine Kapitalgesellschaft, etwa die Umwandlung einer OHG in eine KG oder GmbH oder eine GmbH & Co KG (vgl. Groß, Sanierung durch Fortführungsgesellschaften, S. 303; vgl. eingehend Kautz, Die gesellschaftsrechtliche Neuordnung der GmbH mit künftigen Insolvenzrecht, S. 256 ff.; vgl. auch den Fall FG Köln, EFG 1986, 576). Ziel dieser Umwandlungsform ist es, die Beteiligung von neuen Gesellschaftern zu erreichen, die keine persönliche Haftung übernehmen müssen und deshalb bereit sind, der Gesellschaft neues Kapital zur Verfügung zu stellen. Umgekehrt wird auch die Umwandlung einer AG in eine GmbH durchgeführt, wenn sich die Zahl der Aktionäre so verringert hat, dass sich der mit der AG verbundene erhöhte Verwaltungskostenaufwand nicht mehr rechtfertigt (vgl. Groß, Sanierung durch Fortführungsgesellschaften, S. 304).

97 ▶ **Hinweis:**

Mit einer Umwandlung kann nie allein die Sanierung der Gesellschaft bewirkt, sondern nur eine sachgerechte Rechtsform geschaffen werden, die auch die Sanierung erleichtert (vgl. Gottwald, KTS 1984, 1, 15).

Der Ablauf des Formwechsels ist durch das neue UmwG erheblich standardisiert und auch erweitert **98** worden. **Grundlage** des Formwechsels ist wie im alten Recht ein **Umwandlungsbeschluss**, der allerdings jetzt gem. § 192 UmwG durch einen **Umwandlungsbericht** vorzubereiten ist, dem auch der **Entwurf** des Umwandlungsbeschlusses beigefügt werden muss. Gem. § 192 Abs. 2 UmwG ist dem Bericht anstelle der früheren notwendigen Schlussbilanz eine Vermögensaufstellung beizufügen. In dem Umwandlungsbeschluss sind gem. § 194 Abs. 1 UmwG ähnlich wie beim Verschmelzungsvertrag und Spaltungsvertrag eine Reihe von Angaben aufzunehmen, die die neue Rechtsform und die Stellung der Anteilsinhaber an dieser neuen Rechtsform betreffen. Im Anschluss hieran ist dann der Formwechsel beim Register anzumelden. Mit der Eintragung besteht der Formwechsel des Rechtsträgers in der in dem Umwandlungsbeschluss bestehenden Rechtsform weiter.

II. Sanierungsumwandlung einer Personengesellschaft in eine Kapitalgesellschaft und Probleme der Kapitalaufbringung

Der Formwechsel überschuldeter Gesellschafter kann ähnlich wie die Verschmelzung Probleme mit der **99** Kapitalaufbringung mit sich bringen. Insb. beim Formwechsel einer Personenhandelsgesellschaft in eine Kapitalgesellschaft spielt der **Kapitalschutz** eine große Rolle. Der Gesetzgeber hat daher in § 220 UmwG ausdrücklich das Problem geregelt und bestimmt, dass der **Nennbetrag** des Stammkapitals einer GmbH oder das Grundkapital einer AG das nach Abzug **verbleibende Vermögen** der formwechselnden Gesellschaften **nicht übersteigen** darf. Der Grund hierfür liegt darin, dass in der Personenhandelsgesellschaft keine Bestimmungen für Kapitalerhebung und Kapitalaufbringung bestehen, sodass erstmals i. R. d. Umwandlung ein gewisser Gleichklang mit einer Sachgründung geschaffen werden musste. Auch das bisherige Recht hat in einer Vielzahl von Einzelvorschriften bestimmt, dass für bestimmte Umwandlungskonstellationen bestimmte Gründungsvorschriften der neuen Gesellschaft auch bei der Umwandlung zu beachten sind.

Das UmwG bestimmt darüber hinaus in § 197 UmwG, dass für alle Formwechselfälle, die auch für die **100** neue Rechtsform geltenden Gründungsvorschriften anzuwenden sind. Dass dieser Kapitalaufbringungsgrundsatz beim Formwechsel mit Identitätswahrung Probleme mit sich bringt, wurde in der Literatur schon dargelegt (vgl. Decker, in: Lutter, Verschmelzung, Spaltung und Formwechsel, Kölner Umwandlungsrechtstage, S. 211; Priester, DB 1995, 911, 913). Findet ein **Formwechsel** einer Personengesellschaft in eine **GmbH** statt, so sind neben den allgemeinen Formwechselvorschriften auch i. Ü. die **Sachgründungsvorschriften** des GmbHG zu beachten. Aufgrund dieser Vorschriften geht die überwiegende Auffassung in der Literatur davon aus, dass es sich zwar um eine identitätswahrende Umwandlung handelt, da diese aber doch unter Anwendung der Gründungsvorschriften erfolgt, dass es sich im Ergebnis um eine Sachgründung handelt (vgl. eingehend oben Teil 4 Rdn. 152, 204 ff. und Heckschen, DB 2005, 2283, 2289; Priester, DNotZ 1995, 427, 451; Schmidt, ZIP 1995, 1389; einschränkend Lutter/Decher/Hoger, UmwG, § 197 Rn. 6, der Formwechsel werde nur wie eine Sachgründung behandelt). Der Formwechsel einer Personenhandelsgesellschaft in eine Kapitalgesellschaft scheidet daher aus, wenn die Personenhandelsgesellschaft überschuldet ist und keine das Stammkapital bzw. Grundkapital der Kapitalgesellschaft deckende Aktiva vorhanden sind. Auch bei diesen Formwechseln müssen daher im Vorfeld der Umwandlung die entsprechenden Sanierungsmaßnahmen, etwa durch sanierende Kapitalherabsetzung mit anschließender Kapitalerhöhung oder durch freiwillige Zuschüsse, durchgeführt werden.

▶ **Hinweis:** **101**

Diese Probleme stellen sich bei einem Formwechsel einer Kapitalgesellschaft in eine Personengesellschaft nicht, da hier keine Kapitalaufbringungsgrundsätze gelten. Etwas anderes gilt allerdings für den Kommanditisten in der KG. Hier muss auch die Hafteinlage erreicht werden.

III. Formwechsel von Kapitalgesellschaften untereinander bei Überschuldung

Für den Formwechsel von einer Kapitalgesellschaft in eine Kapitalgesellschaft, also AG in GmbH oder **102** GmbH in AG, bestimmt § 247 UmwG, dass durch den Formwechsel das bisherige Stammkapital einer formwechselnden GmbH zum Grundkapital der AG und das bisherige Grundkapital der formwechselnden AG zum Stammkapital der GmbH wird. Die Begründung zum RegE zum UmwG weist darauf hin, dass das Nennkapital der Gesellschaft neuer Rechtsform beim Formwechsel nicht neu geschaffen, sondern im Gesellschaftsvertrag oder in der Satzung dieser Gesellschaft lediglich fortgeschrieben und im Zeitpunkt des Formwechsels kraft Gesetzes vom Stamm- zum Grund- oder vom Grund- zum Stammkapital werde. Diese Ergänzung der in § 202 UmwG über den Formwechsel allgemein bestimmten Rechtsfolgen sei eine Konsequenz aus der rechtlichen Kontinuität und Identität des Rechtsträgers zum Übergang von der einen in eine andere Form der Kapitalgesellschaft (vgl. Begründung zum RegE bei Limmer, Umwandlungsrecht, S. 353).

103 In der Literatur ist **umstritten**, inwieweit ein **Formwechsel** bei Vorliegen einer **Unterbilanz** zulässig ist (vgl. dazu Teil 4 Rdn. 590 ff.; Heckschen, DB 2005, 2283, 2289 f.). Im vor 1995 geltenden Umwandlungsrecht war weitgehend anerkannt, dass eine Unterbilanz die Umwandlung nicht hindert. Die herrschende Meinung war ganz einheiliger Auffassung, dass jedenfalls beim Formwechsel einer AG in eine GmbH ein Formwechsel auch dann durchgeführt werden kann, wenn das Reinvermögen der Gesellschaft die Höhe des ausgewiesenen Stammkapitals nicht erreicht und daher eine Unterbilanz besteht (vgl. KK-AktG/Zöllner, § 369 Rn. 77; Semler/Grunewald, in: Geßler/Hefermehl, AktG, § 369 Rn. 49; K. Schmidt, AG 1985, 150; Priester, AG 1986, 29). Auch beim Formwechsel einer GmbH in eine AG war die überwiegende Meinung der Auffassung, dass die Unterbilanz den Formwechsel nicht hindere, da sich bei der Umwandlung die Identität des Rechtsträgers fortsetze und das Defizit im Reinvermögen daher vor und nach der Umwandlung identisch sei. Ein Teil der Literatur lehnte allerdings die Möglichkeit der Umwandlung einer GmbH in eine AG in diesen Fällen ab, da gewährleistet sein müsse, dass die künftige AG mit einem ihrem Nennkapital entsprechenden Reinvermögen ausgestattet sein müsste (so Godin/Wilhelmi, AktG, § 369 Anm. 13; Noelle, AG 1990, 475).

104 Allerdings bestand ebenfalls zum alten Umwandlungsrecht Einigkeit, dass das Vorliegen einer Überschuldung die formwechselnde Umwandlung einer GmbH in eine AG ausschloss (so Priester, AG 1986, 29, 33; K. Schmidt, AG 1985, 150, 151).

105 Das **Umwandlungsrecht** 1995 hat diese Frage nicht geregelt und ist im Gegenteil **missverständlich**. Insb. die Verweisung in § 245 Abs. 1 Satz 2 UmwG auf § 220 UmwG bereitet hier erhebliche Probleme, denn auch beim Formwechsel einer GmbH in eine AG müsste nach dieser Verweisung das Vermögen der formwechselnden GmbH nach Abzug der Verbindlichkeiten das zukünftige Grundkapital der AG decken. Trotz dieser eindeutigen Verweisung im Wortlaut weist die Begründung zum RegE darauf hin, dass ein Formwechsel bei Unterbilanz wie bisher nicht ausgeschlossen werde (vgl. Begründung zum RegE bei Limmer, Umwandlungsrecht, S. 353).

106 In der Literatur wurde von Happ unter Hinweis auf die Gesetzesbegründung die Zulässigkeit der Umwandlung trotz einer Unterbilanz angenommen (Happ, in: Lutter, Kölner Umwandlungsrechtstage 1995, S. 243). Happ spricht sich für eine teleologische Reduktion der Verweisung des § 245 Abs. 1 Satz 2 UmwG auf § 220 UmwG aus. § 220 Abs. 1 UmwG sei von der Verweisung auszunehmen. Demgegenüber verneint ein anderer Teil der Literatur die Zulässigkeit der Umwandlung einer GmbH in eine AG bei Unterbilanz unter Hinweis auf § 245 Abs. 1 Satz 2 i. V. m. § 220 UmwG (so Priester, DB 1995, 911 f.; ders., DNotZ 1995, 427, 451 f.; K. Schmidt, ZIP 1995, 1385, 1386; Kallmeyer/Dirksen/Blasche, UmwG, § 245 Rn. 7 ff.; ähnlich auch Mertens, AG 1995, 561). Ein Teil der Literatur ist allerdings der Auffassung, dass eine Wertaufstockung zulässig ist, da es nicht auf die Bilanz, sondern auf den wahren Unternehmenswert für die Kapitaldeckung ankomme (so Priester, DB 1977, 2429, 2433; eingehend Busch, AG 1995, 555, 556 ff.; Kallmeyer/Dirksen/Blasche, UmwG, § 245 Rn. 7 ff.; Widmann/Mayer/Mayer, Umwandlungsrecht, § 245 UmwG Rn. 56). Nach a. A. sind allein die Buchwerte maßgebend (Kallmeyer, GmbHR 1995, 888). Der ersten Auffassung ist zu folgen, denn **entscheidend** für die Wertdeckung können nicht die Buchwerte, sondern die **wahren Werte** sein. Folgt man dieser Auffassung, dann ist ein Formwechsel einer GmbH in eine AG dann unzulässig, wenn entweder Überschuldung vorliegt oder die Unterbilanz nicht durch Aufdeckung der wahren Werte, also durch Buchwertaufstockung, ausgeglichen werden kann. Dies folgt dann zwingend aus der Verweisung auf § 220 UmwG, die sich nur schwerlich regieren lässt.

107 Ist – etwa bei der überschuldeten GmbH – ein Formwechsel aus diesen Gründen ausgeschlossen, bedarf es zunächst der entsprechenden Sanierungsmaßnahmen, durch die die Überschuldung oder die Unterbilanz ausgeglichen wird. Es stellt sich insb. auch die Frage, ob die entsprechende **sanierende Kapital-herabsetzung** mit anschließender Kapitalerhöhung im Zusammenhang mit dem Umwandlungsbeschluss **verbunden** werden kann. Mertens hat diese Frage eingehend untersucht (Mertens, AG 1995, 561 ff.). Er weist zu Recht darauf hin, dass die Kapitalerhöhung aus Anlass der Umwandlung relativ häufig vorkommt und jedenfalls dann erforderlich ist, wenn das Stammkapital der GmbH unter dem Mindestbetrag des Grundkapitals für AG liegt oder eine Unterbilanz oder gar eine Überschuldung vorliegt, die Anlass für Verbindung der Umwandlung mit einer Kapitalerhöhung ist. Wird die sanierende Kapitalherabsetzung mit anschließender Kapitalerhöhung vor der Umwandlung durchgeführt, dann richtet sie sich nach GmbH-Recht. Anerkannt ist aber auch, dass die Kapitalerhöhung i. V. m. der Umwandlung nach Aktienrecht erfolgen muss, wenn sie erst zum Zeitpunkt der Eintragung der Umwandlung oder später Wirksamkeit erlangen soll (vgl. Mertens, AG 1995, 561 ff. m. w. N.).

E. Besonderheiten der Sanierungsumwandlung nach Eröffnung des Insolvenzverfahrens

Die vorstehend behandelten Probleme sind unabhängig davon, ob bereits ein Insolvenzverfahren eröffnet wurde oder ob die Sanierungsumwandlung – Verschmelzung, Spaltung, Formwechsel – **noch außerhalb des Insolvenzverfahrens** stattfinden soll. Nachfolgend sollen die Fragen der Zulässigkeit und Besonderheiten der Sanierungsumwandlung nach Eröffnung des Insolvenzverfahrens untersucht werden. **108**

I. Zulässigkeit der Umwandlung nach Eröffnung des Insolvenzverfahrens

§ 3 Abs. 3 UmwG erklärt wie das vor 1995 geltende Recht (vgl. § 393 Abs. 2 AktG, § 19 Abs. 2 KapErhG, § 2 UmwG a. F.) auch die Verschmelzung bereits aufgelöster, übertragender Rechtsträger für zulässig, wenn deren Fortsetzung beschlossen werden könnte (vgl. zu den weiteren Voraussetzungen auch unten Teil 5 Rdn. 119). Das Gleiche gilt für die Spaltungen gem. § 124 Abs. 2 i. V. m. § 3 Abs. 3 UmwG und den Formwechsel gem. § 191 Abs. 3 UmwG. Auch nach der InsO führt die Eröffnung des Insolvenzverfahrens zur Auflösung der Personenhandelsgesellschaft, AG oder GmbH. Bei der Personenhandelsgesellschaft ist dies durch §§ 728 Abs. 1 Satz 1 BGB, 131 Abs. 1 Nr. 3, 161 Abs. 2 HGB geregelt, bei der GmbH durch § 60 GmbHG (vgl. EGInsO, Art. 48 Nr. 5a), bei der AG weiterhin durch § 262 Abs. 1 Nr. 3 AktG. Anders als z. B. in § 2 Abs. 1 UmwG a. F. hat der Gesetzgeber in § 3 Abs. 3 UmwG für die Verschmelzungsfähigkeit nicht vorausgesetzt, dass **noch nicht** mit der Verteilung des Vermögens begonnen worden sein darf. Dieses Erfordernis gilt aber weiterhin, denn es folgt aus dem Gesellschaftsrecht und nicht aus dem Umwandlungsrecht. Die Begründung zum RegE weist daher ebenfalls darauf hin, dass für einen Fortsetzungsbeschluss Voraussetzung ist, dass noch nicht mit der Verteilung des Vermögens an die Anteilsinhaber begonnen worden ist (Begründung zum RegE bei Limmer, Umwandlungsrecht, S. 277). Bei der AG ist dieses Erfordernis der Nichtverteilung als Voraussetzung für den Fortsetzungsbeschluss in § 274 Abs. 1 AktG geregelt. Nach ganz herrschender Meinung gilt dieses Erfordernis entsprechend § 274 Abs. 1 AktG auch bei der GmbH (vgl. OLG Düsseldorf, GmbHR 1979, 276; Lutter/Hommelhoff/Kleindiek, GmbHG, § 60 Rn. 29 f.; Lutter/Drygala, UmwG, § 3 Rn. 25; Stengel, in: Semler/Stengel, § 3 UmwG Rn. 38; Stratz, in: Schmitt/Hörtnagl/Stratz, UmwG, UmwStG, § 3 UmwG Rn. 50; Widmann/Mayer/Fronhöfer, Umwandlungsrecht, § 3 UmwG Rn. 48; Kallmeyer/Marsch-Barner, UmwG, § 3 Rn. 23). **109**

Nach ganz herrschender Meinung zum alten Verschmelzungs- und Konkursrecht führte die Eröffnung des Konkursverfahrens dazu, dass eine Verschmelzung unzulässig wurde, da der **Zweck des Konkursverfahrens den Zwecken der Verschmelzung entgegensteht**. Das bis 1995 geltende Umwandlungsrecht hatte dies in § 2 Abs. 2 UmwG ausdrücklich geregelt. Dieser Rechtsgedanke galt allerdings auch im Verschmelzungsrecht. Die herrschende Meinung war der Auffassung, dass der Verschmelzung oder Umwandlung während des Konkurses der **Konkursbeschlag** entgegensteht (so Kuhn/Uhlenbruck, KO, § 207 Rn. 5b; KK-AktG/Kraft, § 339 Rn. 44). Auch das UmwG 1995 hat diese Einschränkung aufgenommen. Auch wenn der Gesetzgeber auf die ausdrückliche Übernahme von § 2 Abs. 2 UmwG a. F. verzichtet hat, ging vor dem am 01.03.2012 in Kraft getretenen ESUG (Gesetz zur weiteren Erleichterung der Sanierung von Unternehmen vom 7. Dezember 2011, BGBl. I; S. 2582) die **110** überwiegende Meinung davon aus, dass Sinn und Zweck des § 3 Abs. 3 bzw. § 191 Abs. 3 UmwG verlange, dass **während eines Insolvenzverfahrens eine Umwandlung nicht möglich sei** (so Heckschen, DB 2005, 2283, 2284; ders., ZInsO 2008, 824, 825; Lutter/Drygala, 4. Aufl. § 3 UmwG Rn. 10;). Man gewann dieses Ergebnis aus dem Gesetzeswortlaut. Denn nach § 3 Abs. 3 bzw. § 191 Abs. 3 UmwG können aufgelöste Rechtsträger nur an Verschmelzung, Spaltung oder Formwechsel beteiligt sein, wenn ein Fortsetzungsbeschluss gefasst werden kann. Ein solcher war aber – nach der KO – nur möglich, wenn das Konkursverfahren eingestellt oder nach rechtskräftiger Bestätigung eines Zwangsvergleichs aufgehoben worden ist. In der InsO war vor Inkrafttreten des ESUG einheitlich für alle Gesellschaften geregelt, dass die Eröffnung des Insolvenzverfahrens zur Auflösung der Gesellschaft führte (§ 60 Abs. 1 Nr. 4 GmbHG bzw. § 274 Abs. 2 Nr. 1 AktG i. d. F. der EGInsO; vgl. Art. 47 Nr. 12 bzw. Art. 48 Nr. 5 EGInsO), und es war bestimmt, dass eine Fortsetzung der Gesellschaft beschlossen werden kann, wenn das Verfahren auf Antrag des Schuldners eingestellt oder nach Bestätigung eines Insolvenzplans, der den Fortbestand der Gesellschaft vorsieht, aufgehoben wurde.

Das ESUG (Gesetz zur weiteren Erleichterung der Sanierung von Unternehmen vom 7. Dezember 2011, BGBl. I. S. 2582) hat hier eine neue Lage geschaffen: Nach § 217 Satz 2 InsO gilt: »Ist der Schuldner keine natürliche Person, so können auch die Anteils- oder Mitgliedschaftsrechte der am Schuldner beteiligten Personen in den Plan einbezogen werden.« § 225a Abs. Absatz 2 InsO konkretisiert dies wie folgt: »Im gestaltenden Teil des Plans kann vorgesehen werden, dass Forderungen von Gläubigern in Anteils- oder Mitgliedschaftsrechte am Schuldner umgewandelt werden. Eine Umwandlung gegen den Willen der betroffenen Gläubiger ist ausgeschlossen. Insbesondere kann der Plan eine Kapitalherabsetzung oder -erhöhung, die Leistung von Sacheinlagen, den Ausschluss von Bezugsrechten oder die Zahlung von Abfindungen an ausscheidende Anteilsinhaber vorsehen.« § 225a InsO bestimmt weiter: »Im Plan kann jede Regelung getroffen werden, die gesellschaftsrechtlich zulässig ist, insbesondere die Fortsetzung einer aufgelösten Gesellschaft oder die Übertragung von Anteils- oder Mitgliedschaftsrechten.« Damit sind auch die Gesellschafter einer insolventen Gesellschaft planunterworfen, die Rechtstellung der Gesellschafter kann in dem Insolvenzplan gegen ihren Willen geändert werden (vgl. Eidenmüller in: MünchKom/InsO, § 225a Rn. 1 f., 17 ff.; Hirte in: Uhlenbruch/Hirte/Vallender, § 225a InsO, Rn. 1 ff.;; zu diesem Paradigmenwechsel vgl. ausführlich Eidenmüller/Engert, ZIP 2009, 541, 544 ff.). Möglich ist damit alles was gesellschaftsrechtlich zulässig ist (Eidenmüller in: MünchKom/InsO, § 225a Rn. 23; Hirte in: Uhlenbruch/Hirte/Vallender, § 225a InsO, Rn. 40 f.): Somit kann die Fortsetzung im Plan beschlossen werden. (Eidenmüller in: MünchKom/InsO, § 225a Rn. 84 ff.) Dies genügt um die Umwandlungsfähigkeit wieder herzustellen, damit sind dann – zumindest für den übertragenden insolventen Rechtsträger – grundsätzlich alle Formen der Umwandlung für den insolventen Rechtsträger als Ausgangsrechtsträger möglich: Verschmelzung, Spaltung; Ausgliederung Formwechsel, nicht jedoch Ausgliederung aus dem Vermögen eines Einzelkaufmanns (Widmann/Mayer/Heckschen, § 1 UmwG, Rn. 80.1; Heckschen in: Beck'sches Notar-Handbuch, DIV Rn. 136; Lutter/Drygala, § 3 UmwG Rn. 27; Madaus, ZIP 2012, 2134; Simon/Merkelbach, NZG 2012, 121, 128; Eidenmüller in: MünchKom/InsO, § 225a Rn. 97 ff.; Hirte in: Uhlenbruch/Hirte/Vallender, § 225a InsO, Rn. 44; Wellensiek/Schluck-Amend in: Römermann, Münchener Anwaltshandbuch GmbH-Recht, § 23 Rn. 337 ff.; Thies in: A. Schmidt: Hamburger Kommentar zum Insolvenzrecht, § 225a InsO, Rn. 50; speziell zur Ausgliederung Kahlert/Gerke, DStR 2013, 975; Simon/Brünkmans, ZIP 2014, 657; Becker, ZInsO 2013, 1885; Kahlert/Gehrke, DStR 2013, 975; Rattunde, AnwBl. 2012 146, 148). Ferner können auch die Anteilsrechte der Gesellschafter verändert werden (vgl. dazu Simon/Merkelbach, NZG 2012, 121 ff. LG Frankfurt a. M. NZI 2013, 749; NZI 2013, 981; NZI 2013, 986; Lang/Muschalle, NZI 2013, 953; Thole, ZIP 2013, 1937; Möhlenkamp, BB 2013, 2828). Wird der Fortsetzungsbeschluss im Insolvenzplan gefasst, ist er schwebend unwirksam; wirksam wird er erst mit Aufhebung des Insolvenzverfahrens nach rechtskräftiger Planbestätigung (Eidenmüller in: MünchKom/InsO, § 225a Rn. 84; Hirte in: Uhlenbruch/Hirte/Vallender, § 225a InsO, Rn. 42). Die Umwandlung kann damit nach den oben genannten Grundsätzen ein Weg sein um die Insolvenz zu beseitigen (Widmann/Mayer/Heckschen, § 1 UmwG, Rn. 80.1). Die Beteiligung eines nicht in Insolvenz befindlichen Dritten führt allerdings dazu, dass die Umwandlung nicht vollständig im Rahmen des Planverfahrens erfolgen kann, sondern der Verschmelzungs- bzw. Spaltungsvertrags selbst erst nach Bestätigung und Rechtskraft des Insolvenzplans und Aufhebung des Insolvenzverfahrens notariell beurkundet werden muss (so zu Recht Heckschen in: Beck'sches Notar-Handbuch,

DIV Rn. 136; Widmann/Mayer/Heckschen § 13 Rn. 149.6; a. A. Madaus ZIP 2012, 2133, der auch die notarielle Beurkundung durch die Planbestätigung als ersetzt ansieht). Die Ausgliederung aus dem Vermögen eines Einzelkaufmanns bleibt auch nach der Neuregelung nach § 152 S. 2 UmwG im Grundsatz unzulässig (vgl. zu dieser Sperre oben Teil 3 Rn. 610). Eine Ausnahmevorschrift ist in den §§ 217 ff. InsO nicht vorgesehen, weshalb der in § 225a Abs. 3 InsO normierte Grundsatz gilt, dass die im Insolvenzplan vorgesehenen Regelungen gesellschaftsrechtlich zulässig sein müssen (Eidenmüller in: MünchKom/InsO, § 225a Rn. 99; Madaus, ZIP 2012, 2133, 2134). Allerdings wird es genügen, wenn die Entschuldung gem. §§ 254, 254a UmwG simultan mit der Ausgliederung wirksam wird (so Eidenmüller in: MünchKom/InsO, § 225a Rn. 99; K. Schmidt/Spliedt, § 225a InsO Rn. 46; anders Madaus, ZIP 2012, 2133, 2134).

Unklar bleibt die Frage, ob auch eine Verschmelzung oder Spaltung **auf einen insolventen Rechtsträger** zulässig ist, ob also der insolvente Rechtsträger **Zielrechtsträger** sein kann. Auch schon vor der ESUG-Reform war streitig, ob das Schweigen des Gesetzgebers in § 3 Abs. 3 UmwG als fehlende Legitimation einer solchen Umwandlung anzusehen sei (OLG Naumburg, NJW-RR 1998, 178; 179 f.; Heidinger in Henssler/Strohn, GesR, 2. Aufl. 2014, § 3 UmwG Rn. 21; Stengel in Semler/Stengel, UmwG, 3. Aufl. 2012, § 3 Rn. 46 f.; Trölitzsch, WiB 1997, 797) oder aber als fehlendes Verbot solcher Fusionen (so etwa Heckschen, DB 1998, 1385, 1387; Stratz in Schmitt/Hörtnagel/Stratz, UmwG, § 3 Rn. 47 f.) zu werten sei.

Auch nach der Reform durch das ESUG ist die Frage umstritten. Z. T. wird dies bejaht. Madaus hat sich dafür ausgesprochen, für den Fall einer Sanierungsfusion und für den Fall einer gläubigerlosen Abwicklungsfusion, auch die Verschmelzung auf einen insolventen Rechtsträger zuzulassen (ZIP, 2012, 2033, 2034 f., ders., NZI 2015, 568). Dem folgt die Literatur z. T. (so Eidenmüller in: MünchKom/InsO, § 225a Rn. 98). Die erweiternde Auslegung des § 3 UmwG wird von dieser Meinung auf eine sanierungsfreundliche Interpretation gestützt. Die Verschmelzung auf einen insolventen Rechtsträger solle auch im Falle einer Abwicklungsfusion zugelassen werden, sofern die übertragende gesunde Gesellschaft die Tochtergesellschaft der insolventen Zielgesellschaft sei und keine eigenen Gläubiger habe, so dass der Gläubigerschutz daher keine Rolle spiele (»einfache und lautlose Gesamtliquidation«). Die Anforderung des Fortsetzungsbeschlusses könne nach dem ESUG für insolvente Zielrechtsträger schlicht dadurch erfüllt werden, dass im gestaltenden Teil des Insolvenzplans beide Beschlüsse enthalten sind und in der Folge beide Beschlüsse mit der rechtskräftigen Planbestätigung zeitgleich in Kraft treten (Madaus in Kübler, § 33 Rn. 9, ders. in: NZI 2015, 568). Eine Fusion, die den Auflösungszustand des Zielrechtsträgers beendet, indem sie dessen Fortführung bewirkt (Sanierungsfusion), sei damit – nach wie vor – zulässig. Das OLG Brandenburg hat im Beschluss vom 27.1.2015 (NZI 2015, 565 m. Anm. Madaus = GmbHR 2015, 588) festgestellt, dass die Verschmelzung auf einen insolventen Rechtsträger ist auch nach dem Inkrafttreten des ESUG unzulässig sei. § 3 Absatz 3 UmwG sehe vor, dass aufgelöste Rechtsträger nur als übertragende Rechtsträger beteiligt sein könnten. Eine Verschmelzung auf einen aufgelösten Rechtsträger als übernehmender Rechtsträger sei im Umwandlungsrecht nicht vorgesehen. Der Wortlaut sei mit der ausdrücklichen Spezifizierung für »übertragende Rechtsträger« eindeutig. Eine erweiternde Auslegung des § 3 Absatz 3 UmwG und die Einbeziehung auch übernehmender aufgelöster Rechtsträger sei ausgeschlossen (eingehend OLG Naumburg, NJW-RR 1998, 178 ebenso Pöhlmann/Fandrich/Bloehs, GenossenschaftsG, 4. Aufl. 2012, § 3 UmwG Rn. 4). Die Gegenauffassung, die, mangels eines ausdrücklichen Ausschlusses dieser Verschmelzung, den Gesetzeswortlaut für offen halte (Heckschen, DB 1998, 1387; zust. Schmitt/Hörtnagl/Stratz, UmwG, § 3 Rn. 47) überzeuge nicht. Umwandlungen seien nicht generell erlaubt. Vielmehr sei Umwandlungen nur dann zulässig, wenn sie durch das Gesetz erlaubt werde. Fehlt eine gesetzliche Erlaubnis, so sei sie verboten. Auch sei durch die Einführung des ESUG keine nachträgliche Regelungslücke in Bezug auf das UmwG entstanden, welche eine analoge Anwendung des § 3 Abs. 3 UmwG rechtfertigen könnte. Das käme nur dann in Betracht, wenn der ESUG-Gesetzgeber auch eine Verschmelzung auf einen insolventen Rechtsträger eröffnen wollte und dabei übersehen habe, dass hierfür eine Änderung auch des UmwG erforderlich sein würde. Der Gesetzesbegründung liesen sich hierfür keine Anhaltspunkte entnehmen. Zwar werde dort zu § 225 a Abs. 3 ausgeführt, dass es keines förmlichen Fortsetzungsbeschlusses der Gesellschafter mehr bedürfe, wenn die Gesellschaft weitergeführt werden soll (BT-Drs. 17/5712, 32). Damit ist aber auch nicht ansatzweise erkennbar, dass der Gesetzgeber Verschmelzungen bereits auf insolvente Rechtsträger eröffnen wollte. Vielmehr solle auch »die Übertragung von Beteiligungen des Schuldners an Drittgesellschaften in den Plan aufgenommen werden (können)« (BT-Drs. 17/5712, 32).

II. Bedeutung des Insolvenzplans i. R. d. Umwandlung

111   **1. Umwandlung als Teil des Insolvenzplans.** Wie bereits diese Vorschriften zeigen, ist Voraussetzung für die Möglichkeit eines Fortsetzungsbeschlusses und damit auch für die Umwandlungsfähigkeit von durch Eröffnung des Insolvenzverfahrens aufgelösten Gesellschaften, dass in einem Insolvenzplan der Fortbestand der Gesellschaft vorgesehen ist.

112   Der Insolvenzplan bietet die Möglichkeit, von allen zwingenden Vorschriften der InsO abzuweichen (§§ 1, 217 InsO). Im Insolvenzplan kann daher geregelt werden, ob das Schuldnerunternehmen liquidiert, saniert oder ob die Gesellschaftsanteile im Wege der übertragenden Sanierung auf einen anderen Unternehmensträger übertragen werden (vgl. Uhlenbruck, GmbHR 1995, 195, 209; Pick, NJW 1995, 992, 995; Barger/Schellberg, DB 1994, 1833 ff.; Hess/Weis, WM 1998, 2349 ff.; Kübler/Prütting, InsO, § 217 Rn. 24 ff.; Smid/Rattunde, InsO, § 217 Rn. 7 ff.; Flessner, in: HK-InsO, Vor §§ 217 ff. Rn 7). Durch diese Vorschrift ist die **weitgehende Gestaltungsfreiheit** aller am Insolvenzfall Beteiligten eröffnet, sodass die bestmögliche Verwertungsform im konkreten Fall autonom gestaltet gefunden werden kann. Durch das ESUG wurde, wie dargelegt auch die Möglichkeit geschaffen, die Anteils- oder Mitgliedschaftsrechte der am Schuldner beteiligten Personen in den Plan einzubeziehen und die Fortsetzung einer aufgelösten Gesellschaft oder die Übertragung von Anteils- oder Mitgliedschaftsrechten durchzuführen (Eidenmüller in: MünchKom/InsO, § 225a Rn. 1 f., 17 ff.; Hirte in: Uhlenbruch/Hirte/Vallender, § 225a InsO, Rn. 1 ff.; zu diesem Paradigmenwechsel vgl. ausführlich Eidenmüller/Engert, ZIP 2009, 541, 544 ff.; Widmann/Mayer/Heckschen, § 1 UmwG, Rn. 80.1; Heckschen in: Beck'sches Notar-Handbuch, DIV Rn. 136; Lutter/Drygala, § 3 UmwG Rn. 27; Madaus, ZIP 2012, 2134; Simon/Merkelbach, NZG 2012, 121, 128; Wellensiek/Schluck-Amend in: Römermann, Münchener Anwaltshandbuch GmbH-Recht, § 23 Rn. 337 ff.; Thies in: A. Schmidt: Hamburger Kommentar zum Insolvenzrecht, § 225a InsO, Rn. 50; speziell zur Ausgliederung Kahlert/Gerke, DStR 2013, 975; LG Frankfurt a. M. NZI 2013, 749; NZI 2013, 981; NZI 2013, 986; Lang/Muschalle, NZI 2013, 953; Thole, ZIP 2013, 1937; Möhlenkamp, BB 2013, 2828). Im darstellenden Teil des Insolvenzplans wird gem. § 220 InsO beschrieben, welche Maßnahmen nach der Eröffnung des Insolvenzverfahrens getroffen worden sind oder noch getroffen werden sollen, um die Grundlagen für die geplante Gestaltung der Rechte der Beteiligten zu schaffen. Im gestaltenden Teil des Insolvenzplans wird nach § 221 InsO festgelegt, wie die Rechtsstellung der Beteiligten durch den Plan geändert werden soll. Der RegE zur InsO ist noch ausführlicher und zeigt, an welche Maßnahmen hier insb. gedacht wurde: § 262 des RegE bestimmte noch, dass im darstellenden Teil auf Änderungen der Rechtsform, des Gesellschaftsvertrages oder der Satzung sowie der Beteiligungsverhältnisse hingewiesen werden soll. Die Begründung hierzu führt aus, dass eine Sanierung des insolventen Unternehmens auf die Weise, dass der bisherige Unternehmensträger das Unternehmen fortführen soll, häufig nur Erfolg versprechen könne, wenn die Rechtsform, die gesellschaftsrechtliche Struktur oder die Beteiligungsverhältnisse des Unternehmens geändert werden, insb. um neue Kapitalgeber für den Unternehmensträger zu gewinnen (vgl. zu § 262 des RegE und zur Begründung Kübler/Prütting, Das neue Insolvenzrecht, Bd. I, S. 620 sowie Uhlenbruck, Das neue Insolvenzrecht, S. 597). Nach der Neuregelung durch das ESUG können **auch Umstrukturierungsmaßnahmen, Umwandlungen, Verschmelzungen** oder **Spaltungen Gegenstand des Insolvenzplans** sein (vgl. Widmann/Mayer/Heckschen, § 1 UmwG, Rn. 80.1; Heckschen in: Beck'sches Notar-Handbuch, DIV Rn. 136; Lutter/Drygala, § 3 UmwG Rn. 27; Madaus, ZIP 2012, 2134; Simon/Merkelbach, NZG 2012, 121, 128; Wellensiek/Schluck-Amend in: Römermann, Münchener Anwaltshandbuch GmbH-Recht, § 23 Rn. 337 ff.; speziell zur Ausgliederung Kahlert/Gerke, DStR 2013, 975; Simon/Brünkmans, ZIP 2014, 657; Eidenmüller in: MünchKom/InsO, § 225a Rn. 1 f., 17 ff.; Hirte in: Uhlenbruch/Hirte/Vallender, § 225a InsO, Rn. 1 ff.; zu diesem Paradigmenwechsel vgl. ausführlich Eidenmüller/Engert, ZIP 2009, 541, 544 ff.; auch schon vor dem ESUG: Haas, in FS für Konzen, 2006, 173, Eidenmüller, ZGR 2001, 688 ff.; H. F. Müller, Der Verband in der Insolvenz, S. 308; Sasenrath, ZIP 2003, 1517 ff.; Kübler/Prütting, InsO, § 220 Rn. 12, § 221 Rn. 9; Smid/Rattunde, InsO, § 221 Rn. 3; Hess/Weis, WM 1998, 2349, 2352; Hess/Weis, InVo 1996, 170). Um die Umwandlungsfähigkeit nach § 3 Abs. 3 bzw. § 191 Abs. 3 UmwG überhaupt eröffnen zu können, muss der Insolvenzplan daher vorsehen, dass die Gesellschaft fortbestehen soll. Da im darstellenden Teil des Insolvenzplans aber eine umfassende Information aller Beteiligten gewährleistet werden soll, muss, der Insolvenzplan muss u. a. sowohl den Entwurf des Verschmelzungs- bzw. Spaltungsvertrags als auch die maßgeblichen Beschlüsse zur Umwandlungsmaßnahme des insolventen Rechtsträgers enthalten (Fortsetzungs- und Zustimmungsbeschluss, §§ 217 S. 2, 225a, 254a Abs. 2 InsO) und als Bedingung vorsehen, dass die Anteilsinhaber des nicht insolventen Rechtsträgers dem Entwurf des Verschmelzungs- bzw. Spaltungsvertrags zustimmen (Heckschen in: Beck'sches Notar-Handbuch, DIV Rn. 136; Kahlert/Gerke, DStR 2013, 975, 979; Simon/Merkelbach, NZG 2012, 121, 128).

Über den Plan wird in einzelnen Gruppen nach Abhaltung eines **Eröffnungstermins** (§ 235 InsO) ab- 113 gestimmt (§ 243 InsO). Stimmberechtigt sind die Gläubiger der Gesellschaft; gem. § 247 InsO ist allerdings auch die Zustimmung des Schuldners notwendig, diese gilt allerdings als erteilt, wenn der Schuldner dem Plan nicht spätestens im Abstimmungstermin oder zu Protokoll der Geschäftsstelle widerspricht. Bei Gesellschaften muss daher der Geschäftsführer zunächst fiktiv zustimmen. Nach Abstimmung bzw. Zustimmung des Schuldners bedarf der Plan der Bestätigung durch das Insolvenzgericht (§ 248 Abs. 1 InsO). Mit der Rechtskraft der Bestätigung des Insolvenzplans durch das Gericht treten die im gestalteten Teil festgelegten Wirkungen für und gegen alle Beteiligten ein (§ 245 Abs. 1 InsO). Außerdem wird gem. § 258 Abs. 1 InsO die Aufhebung des Insolvenzverfahrens durch das Gericht beschlossen. Mit dieser Aufhebung erlöschen die Ämter des Insolvenzverwalters. Der Schuldner erhält das Recht zurück, über die Insolvenzmasse frei zu verfügen (§ 259 Abs. 1 InsO). Da erst mit dieser **Aufhebung** auch die **Umwandlungsfähigkeit** der Gesellschaft wieder eintritt, kann der Verschmelzungsvertrag oder Spaltungsvertrag auch erst nach diesem Zeitpunkt geschlossen werden.

2. Zustimmung der Anteilsinhaber/Gesellschafter, Abschluss des Verschmelzungvertrages. 114
Problematisch war vor dem ESUG das Zusammenspiel zwischen dem nach Umwandlungsrecht notwendigen **Zustimmungsbeschluss** der Gesellschafter und dem Eintritt der Umwandlungsfähigkeit der Gesellschaft. Die insolvente Gesellschaft bleibt als Träger von Rechten und Pflichten bestehen. Dementsprechend blieben auch die gesellschaftsrechtlichen Verhältnisse zu den Gesellschaftern bestehen (vgl. eingehend Haas, in: FS für Konzen, 2006, 159 ff., s. a. Eidenmüller, ZGR 2001, 688 ff.; H. F. Müller, Der Verband in der Insolvenz, S. 308). Das Insolvenzrecht betraf nur das Vermögen der Gesellschaft, nicht aber die gesellschaftsrechtliche Struktur der Gesellschaft. Das Verhältnis Gesellschafter zur Gesellschaft blieb bestehen, wurde aber von den insolvenzrechtlichen Zielsetzungen überlagert (Haas, in: FS für Konzen, 2006, S. 160 ff.). Deshalb bedurfte vor dem ESUG die Sanierung durch Umwandlung im Grundsatz immer auch der gesellschaftsrechtlichen Zustimmung der Gesellschafter. Der Insolvenzplan konnte die Rechtsstellung der Gesellschafter nicht zu ihrem Nachteil verändern, sie sind nicht Beteiligte des Verfahrens (Flessner, in: HK-InsO § 221 Rn 3; Sassenrath, ZIP 2003, 1517 ff.; Noack/Bunke, KTS 2005, 129, 131). Das ESUG hat dies, wie bereits erwähnt, bzgl. der Gesellschafter der insolventen Gesellschaft geändert. Mit ESUG hat der Gesetzgeber die bisherige strikte Trennung von Insolvenzrecht und Gesellschaftsrecht aufgegeben und die Einbeziehung der Anteilsrechte der Gesellschafter in das Insolvenzplanverfahren ermöglicht (Heckschen in: Beck'sches Notar-Handbuch, DIV Rn. 136; Kahlert/Gerke, DStR 2013, 975, 979; Simon/Merkelbach, NZG 2012, 121, 128; Bous in: Eckhardt/Hermanns Kölner Handbuch Gesellschaftsrecht, 2. Aufl. 2014, E Rn. 233 ff.). Mit § 225a InsO wurde die Möglichkeit geschaffen, im Insolvenzplan in die Anteils und Mitgliedschaftsrechte einzugreifen sowie auch die Rechte der am Schuldner beteiligten Personen umzugestalten. Damit ist die Möglichkeit geschaffen worden, die Gesellschafterrechte in den Insolvenzplan einzubeziehen. Die Regelung verfolgt den Zweck, dass über die Änderung ihrer Rechte die Anteilsinhaber künftig im Rahmen des Insolvenzverfahrens sollen mitentscheiden dürfen, zur Abwehr von Störerstrategien für sie aber – wie schon bisher für die Gläubiger- ein Obstruktionsverbot gilt, wobei für überstimmte Anteilsinhaber ein Minderheitenschutz greift und in dieser Hinsicht wie auch im Hinblick auf Rechtsmittel die Anteilsinhaber den Gläubigern gleichgestellt sind (vgl. RegE BT-Drucks. 17/5712, S. 18). Die Gesellschafter werden zu Beteiligten des Insolvenzplanverfahrens, dürfen über den Insolvenzplan abstimmen, wobei ihre fehlende Zustimmung durch Erweiterung des in § 245 InsO geregelten Obstruktionsverbots überwunden werden kann (Vgl. Simon/Merkelbach, NZG 2012, 121, 128; Wellensiek/Schluck-Amend in: Römermann, Münchener Anwaltshandbuch GmbH-Recht, § 23 Rn. 337 ff.; Kahlert/Gerke, DStR 2013, 975; OLG Frankfurt, NZG 2013, 1388; LG Frankfurt a. M. NZI 2013, 749; NZI 2013, 981; NZI 2013, 986; Lang/Muschalle, NZI 2013, 953; Thole, ZIP 2013, 1937; Möhlenkamp,

BB 2013, 2828). Die Zustimmung der Altanteilsinhaber kann durch Abstimmungsmehrheit über §§ 244, 245 ersetzt werden. Nach Maßgabe des § 245 kann demzufolge eine gesellschaftsrechtliche Maßnahme auch ohne oder sogar gegen den Willen aller oder einzelner Gesellschafter erfolgen (so zu Recht Thies in: A. Schmidt: Hamburger Kommentar zum Insolvenzrecht, § 225a InsO, Rn. 8). Nicht erfasst von dieser Regelung sind naturgemäß die an der Umwandlung (Verschmelzung und Spaltung) anderen beteiligten Rechtsträger (Heckschen in: Beck'sches Notar-Handbuch, DIV Rn. 136). Der Verschmelzungs- oder Spaltungsvertrag bedarf daher auch der Zustimmung der Gesellschafterversammlung der anderen beteiligten Gesellschaften . Da dieser Zustimmungsbeschluss mangels Verschmelzungs- bzw. Spaltungsfähigkeit erst nach Aufhebung des Insolvenzverfahrens gefasst werden kann, stellt sich das Problem der Abstimmung. § 249 InsO hat dem Bedürfnis Rechnung getragen, dass insb. der gestaltende Teil des Insolvenzplans von bestimmten gesellschaftsrechtlichen Beschlüssen abhängig sein kann. Die Vorschrift sieht daher die Möglichkeit vor, dass der Plan erst bestätigt wird, wenn die Voraussetzungen erfüllt sind. Die Begründung zum RegE der InsO nennt als Bedingung für die Änderung der Rechtsstellung der Gläubiger etwa, dass bestimmte gesellschaftsrechtliche Beschlüsse gefasst werden, etwa eine Kapitalerhöhung. Die Vorschrift schaffe die Möglichkeit, da solche gesellschaftsrechtlichen Beschlüsse erst dann gefasst werden müssen, wenn die Zustimmung der Gläubiger für den Plan feststehe, dass andererseits aber der Plan nicht wirksam werde, wenn die vorgesehenen gesellschaftsrechtlichen Beschlüsse ausblieben. Gesellschaftsrechtliche und insolvenzrechtliche Beschlussfassungen könnten sinnvoll miteinander verzahnt werden (vgl. Begründung zum RegE bei Kübler/Prütting, InsO, S. 488 und Uhlenbruck, Das neue Insolvenzrecht, S. 637). Diese Möglichkeit dürfte auch i. R. d. Umwandlung eine Rolle spielen. Ist etwa im Insolvenzplan vorgesehen, dass eine Sanierungsfusion stattfinden soll, kann die Bedingung der gesellschaftsrechtlichen Zustimmungsbeschlüsse aufgenommen werden. Auch das Umwandlungsrecht bietet gem. § 4 Abs. 2 UmwG die Möglichkeit, dass der Vertrag erst nach den Zustimmungsbeschlüssen geschlossen wird und den **Zustimmungsbeschlüssen** der Gesellschafterversammlung lediglich ein **schriftlicher Entwurf** des Verschmelzungs- oder Spaltungsvertrages zugrunde liegt (Heckschen in: Beck'sches Notar-Handbuch, DIV Rn. 136). Im nächsten Schritt schließen schließlich die an der Umwandlungsmaßnahme beteiligten Gesellschaften in einem den notariell zu beurkundenden Verschmelzungs- bzw. Spaltungsvertrag (Heckschen in: Beck'sches Notar-Handbuch, DIV Rn. 136).

115 ▶ **Hinweis:**

Dieses Verfahren bietet sich auch bei der Sanierungsfusion oder -spaltung im Insolvenzverfahren an: Zunächst wird ein Insolvenzplan aufgestellt unter der Bedingung, dass die Gesellschafterversammlungen dem Entwurf eines bestimmten Verschmelzungs- oder Spaltungsvertrages zustimmen. Sodann werden die entsprechenden Gesellschafterbeschlüsse eingeholt, dann der Insolvenzplan bestätigt und das Insolvenzverfahren aufgehoben. Im Anschluss hieran können die Geschäftsführer der Gesellschaften den Verschmelzungs- oder Spaltungsvertrag abschließen und die Anmeldung im Handelsregister vornehmen. Wegen der beiden Regelungsebenen Insolvenz- und Gesellschaftsrecht müssen die Maßnahme der Innen- und Außenseite einer Reorganisation abgestimmt sein (Haas, in: FS für Konzen, 2006, S. 173, Noack, in: FS für Zöllner, 1999, Bd. I, S. 411, 421; H. F. Müller, Der Verband in der Insolvenz, S. 308).

F. Umwandlung von aufgelösten Rechtsträgern außerhalb des Insolvenzverfahrens

I. Überblick

116 Schwierig zu behandeln sind die Fälle, in denen ein Rechtsträger aufgelöst ist, aber ein **Insolvenzverfahren nicht durchgeführt** wird. Bereits zum vor 1995 geltenden Recht wurde in den weitaus überwiegenden Teilen der Fälle, in denen Anträge auf Eröffnung des Insolvenzverfahrens gestellt wurden, der Erlass eines Eröffnungsbeschlusses mangels Masse abgelehnt (§ 107 KO, § 4 Abs. 2 GesO; vgl. Schulz, Die masselose Liquidation der GmbH, 1995; Smid, WM 1998, 1313). Die InsO sollte Abhilfe schaffen, indem in § 26 InsO die Verfahrenseröffnung erleichtert wird (vgl. Häsemeyer, in: Leipold, Insolvenzrecht im Umbruch, S. 101, 110; Uhlenbruck, Das neue Insolvenzrecht, S. 44). Dennoch wird ein Teil

der Verfahren – zu befürchten bleibt der größere – ein Fall der »Massearmut« bleiben, sodass auch in diesen Fällen nach § 207 InsO eine Einstellung erfolgt (vgl. allgemein zur Abwicklung masseunzulänglicher Insolvenzverfahren nach neuem Recht: Smid, WM 1998, 1313 ff.; J. Uhlenbruck, in: Kölner Schrift zum Insolvenzrecht, S. 905 ff.). In diesen Fällen stellt sich die Frage, inwieweit die Instrumente der Sanierungsumwandlung eingesetzt werden können.

Durch das am 01.01.1999 in Kraft getretene Einführungsgesetz zur InsO wurde auch das Gesetz über **117** die Auflösung und Löschung von Gesellschaften und Genossenschaften v. 09.10.1934 (LöschG) aufgehoben. Der in der Praxis bisher häufige Auflösungstatbestand des § 1 LöschG nach Konkursabweisung mangels Masse befindet sich jetzt in § 60 Abs. 1 Nr. 5 GmbHG (vgl. auch § 262 Abs. 1 Nr. 4 AktG, § 81a Nr. 1 GenG, § 131 Abs. 2 Nr. 1 HGB). In diesen Fällen wird die Gesellschaft mit der Rechtskraft des Beschlusses, durch den die Eröffnung des Insolvenzverfahrens **mangels Masse** (§ 26 InsO) abgelehnt wird, aufgelöst.

II. Umwandlung von aufgelösten Gesellschaften

In der Praxis stellt sich nun die Frage, ob eine derartig aufgelöste Gesellschaft an einer Umwandlung **118** beteiligt sein kann. Auch hier ist im UmwG wieder § 3 Abs. 3 einschlägig, wonach grds. an der Verschmelzung auch als **übertragende Rechtsträger** aufgelöste Rechtsträger beteiligt sein können, wenn die **Fortsetzung dieser Rechtsträger beschlossen werden könnte**. Die Frage, ob ein aufgelöster Rechtsträger auch als aufnehmender Rechtsträger beteiligt sein kann, wird vom Gesetz nicht geregelt.

Das KG (DNotZ 1999, 148 m. Anm. Limmer) war zum alten LöschG der Auffassung, dass eine **119** GmbH, die nach § 1 Abs. 1 Satz 1 LöschG aufgelöst ist und ihre Fortsetzung nicht mehr beschließen kann, von der Beteiligung an einer Verschmelzung als übernehmende Rechtsträgerin ausgeschlossen sei. Die herrschende Meinung zu § 3 Abs. 3 UmwG geht davon aus, dass auch ein übernehmender Rechtsträger grds. an der Verschmelzung beteiligt sein kann, wenn er rechtlich in der Lage ist, seine Fortsetzung zu beschließen. Umstritten ist dabei, ob ein aufgelöster übernehmender Rechtsträger vor der Verschmelzung seine Fortsetzung beschlossen haben muss (so OLG Naumburg, NJW-RR 1998, 178) oder ob es ausreicht, wenn er seine Fortsetzung als werbendes Unternehmen beschließen könnte (so Bayer, ZIP 1997, 1613; Lutter/Drygala, UmwG, § 3 Rn. 23; Stratz, in: Schmitt/Hörtnagl/Stratz, UmwG, UmwStG, § 3 UmwG Rn. 52; Heckschen, DB 1998, 1385, 1387; Widmann/Mayer/Fronhöfer, Umwandlungsrecht, § 3 UmwG Rn. 48; Kallmeyer/Marsch-Barner, UmwG, § 3 Rn. 24). Die wohl überwiegend Literatur ist der Meinung, dass der Umwandlungs-/Verschmelzungsbeschluss den Fortsetzungsbeschluss ersetzt (Lutter/Drygala, UmwG, § 3 Rn. 26; Stengel in: Semler/Stengel, § 3 UmwG Rn. 43; Stratz, in: Schmitt/Hörtnagl/Stratz, UmwG, UmwStG, § 3 UmwG Rn. 52; Heckschen, DB 1998, 1385, 1387; Widmann/Mayer/Fronhöfer, Umwandlungsrecht, § 3 UmwG Rn. 48; Kallmeyer/Marsch-Barner, UmwG, § 3 Rn. 24). Aus Klarstellungsgründen wird allerdings empfohlen, diesen **Fortsetzungsbeschluss** ausdrücklich zu fassen (Kallmeyer/Marsch-Barner, UmwG, § 3 Rn. 24, AG Erfurt, Rpfleger 1996, 163).

Anders als z. B. in § 2 Abs. 1 UmwG a. F. hat der Gesetzgeber in § 3 Abs. 3 UmwG für die Verschmelzungsfähigkeit nicht vorausgesetzt, dass **noch nicht** mit der Verteilung des Vermögens begonnen worden sein darf. Dieses Erfordernis gilt aber weiterhin, denn es folgt aus dem Gesellschaftsrecht und nicht aus dem Umwandlungsrecht. Die Begründung zum RegE weist daher ebenfalls darauf hin, dass für einen Fortsetzungsbeschluss Voraussetzung ist, dass noch nicht mit der Verteilung des Vermögens an die Anteilsinhaber begonnen worden ist (Begründung zum RegE bei Limmer, Umwandlungsrecht, S. 277). Bei der AG ist dieses Erfordernis der Nichtverteilung als Voraussetzung für den Fortsetzungsbeschluss in § 274 Abs. 1 AktG geregelt. Nach ganz herrschender Meinung gilt dieses Erfordernis entsprechend § 274 Abs. 1 AktG auch bei der GmbH (vgl. OLG Düsseldorf, GmbHR 1979, 276; Lutter/Hommelhoff/Kleindiek, GmbHG, § 60 Rn. 29 f.; Dehmer, UmwG, UmwStG, § 3 UmwG Rn. 35).

In der Literatur hat sich eine differenziertere Auffassung entwickelt, die zu Recht darauf hinweist, dass unter bestimmten Voraussetzungen keine Interessen durch die Beteiligung eines aufgelösten Rechtsträgers als Zielgesellschaft gefährdet sind, sodass z. B. zur Durchführung einer gemeinsamen Liquidation zur Ersparung von Abwicklungskosten auch die Beteiligung eines aufgelösten Rechtsträgers als aufnehmender möglich sein muss (Heckschen, DB 1998, 1387; Bayer, ZIP 1997, 1613; Widmann/Mayer/

Fronhöfer, Umwandlungsrecht, § 3 UmwG Rn. 448). Im Ansatz folgt das KG in der genannten Entscheidung (DNotZ 1999, 148) wohl dieser interessen- und praxisorientierten Auffassung. M. E. sind die Interessen aller beteiligten Personengruppen auch dann gewahrt, wenn die Fortsetzung des aufnehmenden Rechtsträgers beschlossen werden könnte, der Fortsetzungsbeschluss aber unterbleibt, weil alle beteiligten Rechtsträger und ihre Gesellschafter die einheitliche Liquidation wollen. Dennoch lehnt das KG im Ergebnis eine Verschmelzung ab, da es der herrschenden Meinung zu § 1 LöschG folgt, nach der die Fortsetzung einer nach § 1 LöschG aufgelösten Gesellschaft ausgeschlossen ist (BayObLG, NJW 1994, 594; KG, NJW-RR 1994, 229; OLG Schleswig, ZIP 1993, 215). M. E. wird man aber auch bei dieser Form der Fusion entscheidend darauf abstellen müssen, ob die Interessen der beteiligten Personen beeinträchtigt werden oder nicht. Letzteren Falls kann allein das Formargument, dass die Gesellschaft nach dem LöschG aufgelöst ist, der Verschmelzung nicht entgegenstehen. Insb. die Gesellschafter der übertragenden Gesellschaft sind nicht schutzbedürftig, wenn sie der Verschmelzung einstimmig zustimmen. Insofern wird man hier entscheidend auf die Vereinbarungen abstellen müssen.

III. Sanierungsverschmelzung einer aufgelösten überschuldeten Gesellschaft

120 Das BayObLG (DNotZ 1999, 145 m. Anm. Limmer = ZIP 1998, 739 = NJW-RR 1998, 902 = Rpfleger 1998, 251 = EWiR 1998, 515 m. Anm. Kiem) hatte die Frage zu entscheiden, inwieweit die Verschmelzung einer durch Gesellschafterbeschluss aufgelösten GmbH als übertragende Gesellschaft zulässig ist, wenn die Fortsetzung der Gesellschaft **wegen ihrer Überschuldung** nicht mehr beschlossen werden könnte. Das BayObLG hat die Verschmelzung in diesem Fall weitgehend abgelehnt. Es schließt sich der früheren herrschenden Meinung an, wonach eine Überschuldung einer Gesellschaft i. S. d. § 63 GmbHG der Fortsetzung auch dann entgegensteht, wenn die Auflösung auf einen Beschluss der Gesellschafter beruht. Auch eine Verschmelzung soll in diesen Fällen nicht zulässig sein. Der Fall des BayObLG betraf die Verschmelzung einer überschuldeten Gesellschaft auf den Alleingesellschafter. Das BayObLG verneint im Ergebnis die Verschmelzung unter Hinweis auf § 3 Abs. 3 UmwG dann, wenn eine Überschuldung i. S. v. § 63 GmbHG vorliegt. Es folgt dies aus der **formalen Anwendung** des § 3 Abs. 3 UmwG. Wie dargelegt, ist dies nur zulässig, wenn die Fortsetzung des Rechtsträgers beschlossen werden könnte. Hierzu ist zunächst nach den jeweiligen **Spezialgesetzen** erforderlich, dass noch nicht mit der Verteilung des Vermögens an die Gesellschafter begonnen worden ist. Aus gesellschaftsrechtlicher, nicht umwandlungsrechtlicher Sicht ist in diesem Zusammenhang die Frage umstritten, welche Kapitalausstattung eine aufgelöste GmbH für die Fortsetzung haben muss.

Das BayObLG folgt der im Gesellschaftsrecht überwiegenden Auffassung, dass die GmbH nur fortgesetzt werden darf, wenn keine Pflicht zur Stellung eines Insolvenzantrages besteht und damit keine Überschuldung vorliegt oder diese beseitigt ist (vgl. Kallmeyer/Marsch-Barner, UmwG, § 3 Rn. 23; Lutter/Hommelhoff/Kleindiek, GmbHG § 60 Rn. 33; Stengel in: Semler/Stengel, § 3 UmwG Rn. 44; Stratz, in: Schmitt/Hörtnagl/Stratz, UmwG, UmwStG, § 3 UmwG Rn. 52). Dabei verkennt es m. E. aber, dass weder das GmbHG noch das UmwG die Frage der Fortsetzung regelt und demgemäß in allen Fällen eine Einzelbetrachtung unter Berücksichtigung der Gläubigerinteressen erforderlich ist. Auch die Literatur weist zu Recht darauf hin, dass in diesen Fällen eine **gläubigerinteressenorientierte Auslegung** bei der Frage der Fortsetzungsmöglichkeit notwendig ist (Lutter/Hommelhoff/Kleindiek, GmbHG § 60 Rn. 33; Roth/Altmeppen, GmbHG, § 60 Rn. 24; Scholz/K. Schmidt, GmbHG, § 60 Rn. 46). Wird, wie in der Entscheidung des BayObLG, die überschuldete GmbH auf eine natürliche Person als Alleingesellschafter verschmolzen, dann geht das gesamte Vermögen mit allen Aktiva und Passiva auf den Alleingesellschafter über, dieser haftet für die Schulden der GmbH unbeschränkt. Gläubigerinteressen werden hierdurch nicht beeinträchtigt, im Gegenteil: Die Gläubiger stehen nach der Fusion deutlich besser dar, da ihnen ein unbeschränktes Haftungsobjekt zur Verfügung steht, während sie in der Insolvenz nur eine Quote erhalten. M. E. müsste in diesen Fällen eine großzügigere Anwendung und Auslegung des § 3 Abs. 3 UmwG erfolgen. Auch die Konkursantragspflicht nach § 64 GmbHG dürfte in diesen Fällen einer Verschmelzung nicht entgegenstehen, wenn es sich um eine Sanierungsmaßnahme handelt.

121 Zwar besteht nach der herrschenden Meinung **kein generelles Sanierungsprivileg** (Scholz/K. Schmidt, GmbHG, § 64 Rn. 20; Lutter/Hommelhoff/Kleindiek, GmbHG, Anh § 64 Rn. 28). Die Insolvenzantragspflicht entfällt aber dann, wenn die Sanierungsbemühungen, etwa bei einer Verschmelzung, bereits soweit konkretisiert und in die Tat umgesetzt worden sind, dass die Lebensfähigkeit des Unternehmens für die Zukunft außer Zweifel steht und die Gläubigerinteressen nicht beeinträchtigt werden (vgl. OLG Hamm, NJW-RR 1993, 1445; Lutter/Hommelhoff/Kleindiek, GmbHG, Anh § 64 Rn. 28). Der Abschluss eines Verschmelzungsvertrages, der dazu führt, dass der übernehmende Rechtsträger die Verbindlichkeiten des Überschuldeten übernimmt, dürfte ausreichend sein, dass zumindest im Zeitpunkt der Verschmelzung, also mit der Eintragung der Verschmelzung, der Insolvenzgrund beseitigt wäre. Nur eine wirtschaftliche Gesamtbetrachtung der Sanierungsfusion wird den dahinterstehenden Interessen gerecht, bei der Auslegung des § 3 Abs. 3 UmwG kommt es daher m. E. bei der Frage der Fortsetzungsmöglichkeit einer aufgelösten Gesellschaft nicht darauf an, ob und in welcher Höhe Gesellschaftsvermögen vorhanden ist, wenn nach der Verschmelzung durch das Vermögen des aufnehmenden Rechtsträgers die Unterdeckung oder Überschuldung beseitigt wird und keine Gläubigerinteressen beeinträchtigt werden.

Kapitel 3: Umwandlung und Euroumstellung

A. Euroumstellung bei der Umwandlung unter Beteiligung einer GmbH

I. Allgemeine Fragen der Euroanpassung

122 Das Verhältnis von Euroanpassung und Umwandlungsrecht lässt sich nur verstehen, wenn zunächst die **Grundlagen der Euroanpassung** bei der GmbH beachtet werden (vgl. allgemein dazu Kopp/Heidinger, Notar und Euro, 2. Aufl. 2001; Kopp, MittBayNot 1999, 161; Heidinger, GmbHR 20000, 414 ff.; ders. DNotZ 2001, 750 ff.; ders., NZG 20000, 532 ff.; Mitzlaff, ZNotP 1998, 226; Führmann, DB 1997, 1381; Waldner, ZNotP 1998, 490; Theile/Köhler, GmbHR 1999, 516; Mehler/Birner, MittBayNot 1999, 269; Ries, GmbHR 2000, 264):

– Im **GmbH-Recht** ist die Euroanpassung nach dem MoMiG v. 23.10.2008 (BGBl. I 2008, S. 2026) in § 1 EGGmbHG (früher § 86 GmbHG) geregelt. Die Vorschrift unterscheidet, ob eine Gesellschaft vor dem 01.01.1999 in das Handelsregister eingetragen oder zur Eintragung angemeldet worden ist, ob sie erst zwischen dem 01.01.1999 und dem 31.12.2001 angemeldet und eingetragen ist oder wird, oder ob sie erst nach dem 31.12.2001 eingetragen wurde.

– **Altgesellschaften** sind nach § 1 Abs. 1 Satz 1 Halbs. 1 EGGmbHG die Gesellschaften, die vor dem 01.01.1999 in das Handelsregister eingetragen oder zumindest angemeldet worden sind. Diese dürfen ihr auf DM lautendes Stammkapital beibehalten.

123 – Behält die Altgesellschaft ihr Kapital in DM, so sind alle Kapitalmaßnahmen wie früher an diesen Maßstäben zu orientieren. Dies gilt grds. auch nach dem 31.12.2001. Allerdings besteht nach § 1 Abs. 1 Satz 4 EGGmbHG die sog. **Registersperre**: Eine Änderung des Stammkapitals bei Altgesellschaften darf nach dem 31.12.2001 nur eingetragen werden, wenn das Kapital auf Euro umgestellt wird. Die Altgesellschaft kann daher auch über den Stichtag des 01.01.2002 hinaus die Umstellung auf Euro solange aufschieben, bis aus sonstigen Gründen eine Kapitalmaßnahme erforderlich ist.

– Bei **Neugründungen** nach dem 31.12.1998 unterscheidet das Gesetz zwischen der Übergangsphase v. 01.01.1999 bis zum 31.12.2001 und der Europhase seit 01.01.2002. In der **Europhase** seit 01.01.2002 ist der Euro die einzige amtliche Währung, seit diesem Zeitpunkt kann eine GmbH nur noch in Euro gegründet werden.

II. Einzelfragen bei der Euroumstellung

124 Bei der **Umstellung auf Euro** sind zwei Arten zu unterscheiden: Die rein **rechnerische Umstellung** und die **Anpassung des Stammkapitals** auf gerade Euro-Beträge (Glättung). Bis zum 01.01.1999 konnten alle Gesellschaften die Euroumstellung in beiden Varianten wählen. Seit dem 01.01.2002 besteht auch für Altgesellschaften die Pflicht zur Glättung, wenn eine Kapitalmaßnahme durchgeführt wird (§ 1 Abs. 1 Satz 4 EGGmbHG):

125 **1. Rein rechnerische Umstellung.** Die rein **rechnerische Umstellung** richtet sich nach § 1 Abs. 3 EGGmbHG. Die Vorschrift sieht einige Verfahrenserleichterungen für diesen reinen Umstellungsbeschluss vor (vgl. Lutter/Hommelhoff/Bayer, GmbHG, § 1 EGGmbHG Rn. 10; Kopp/Heidinger, Notar und Euro, S. 13; Kopp, MittBayNot 1999, 162). Der **Umstellungsbeschluss** konnte mit einfacher Mehrheit der Gesellschafterversammlung gefasst werden. Er brauchte nicht notariell beurkundet werden. Die Handelsregisteranmeldung ist formlos möglich. Der Beschluss ist kostenprivilegiert (Art. 45 Abs. 2 EGHGB; vgl. Waldner, ZNotP 1998, 490; Tiedtke, MittBayNot 1999, 166). Die rein rechnerische Umstellung bedeutet nur die Umstellung des auf DM lautenden Stammkapitals und der Geschäftsanteile auf den umgerechneten Euro-Betrag.

▶ **Beispiel:**   126

Stammkapital 50.000,00 DM = 25.564,59 €

Geschäftsanteil 12.500,00 DM = 6.391,15 €

Bei der rein rechnerischen Umstellung besteht ein Rundungsproblem. Die überwiegende Meinung lässt – ohne ausdrückliche gesetzliche Grundlage bzw. in Analogie zu § 3 Abs. 4 EGAktG – die Rundung auf zwei Stellen hinter dem Komma zu (Kopp/Heidinger, Notar und Euro, S. 15; Kopp, Mitt-BayNot 1999, 162). Z. T. wird allerdings verlangt, dass auf die fehlende Rechtswirkung der Rundung entsprechend § 3 Abs. 4 Satz 3 EGAktG in den Beschlüssen und der Satzung hinzuweisen ist (Ries, GmbHR 2000, 264).

Findet nur eine rein rechnerische Umstellung statt, so erhält die GmbH ein krummes Stammkapital und krumme Geschäftsanteile.

2. Anpassung des Stammkapitals auf gerade Euro-Beträge. In der Praxis empfehlenswert und üb-   127
lich ist die Glättung auf gerade Euro-Beträge, wenn eine Euro-Umstellung erfolgen soll. Hier sind verschiedene Möglichkeiten denkbar (vgl. zusammenfassend Kopp/Heidinger, Notar und Euro, S. 15; Kopp, MittBayNot 1999, 163; Lutter/Hommelhoff/Bayer, GmbHG, § 1 EGGmbHG Rn. 12 ff.). In der Praxis die häufigste und einfachste Anpassung ist die Glättung durch **Kapitalerhöhung gegen Einlage** oder aus Gesellschaftsmitteln. Damit die Stammeinlagen auf einen geraden Euro-Betrag gestellt werden können, kann die Kapitalerhöhung nicht gegen Ausgabe neuer Geschäftsanteile erfolgen, sondern nur im Wege der sog. Aufstockung. Für diese Kapitaländerungsmaßnahmen gelten die allgemeinen Vorschriften (Lutter/Hommelhoff/Bayer, GmbHG, § 1 EGGmbHG Rn. 12). Die Kapitaländerung erfolgt in zwei Schritten:
– rechnerische Umrechnung auf Euro-Betrag,
– Kapitalerhöhung zur Glättung.

Nach den Änderungen durch das MoMiG müssen die neuen Geschäftsanteile nur noch auf volle Euro   128
lauten (vgl. Lutter/Hommelhoff/Bayer, GmbHG, § 1 EGGmbHG Rn. 14). Die früheren Probleme der Disproportionalität haben sich damit erledigt (zu den Problemen vgl. Vorauflage Rn. 2979 ff.).

III. Umwandlungen und Euroumstellung

Die Frage der Euroumstellung hat der Gesetzgeber in § 318 Abs. 2 UmwG nur bei der Umwandlung   129
oder Beteiligung von Kapitalgesellschaften geregelt. Die Vorschrift bestimmt, dass die Neufestsetzung der Nennbeträge von Anteilen einer Kapitalgesellschaft als übernehmendem Rechtsträger, deren Anteile noch der bis dahin gültigen Nennbetragseinteilung der alten DM-Beträge entsprechen, nach den bis zu diesem Zeitpunkt geltenden Vorschriften durchgeführt wird.

Verweist das UmwG dagegen auf die Gründungsvorschriften (Verschmelzung und Spaltung zur Neu-   130
gründung) oder liegt ein Wechsel in eine neue Rechtsform (Formwechsel) vor, so verweist das UmwG auf die für den neuen Rechtsträger geltenden Gründungsvorschriften und es gelten die spezifischen Übergangsvorschriften für neu gegründete Gesellschaften.

1. Umwandlung zur Neugründung. Umwandlungen zur Neugründung, also **Verschmelzung und**   131
Spaltung zur Neugründung, sind nach Ablauf der Übergangsvorschriften nur noch nur in Euro möglich.

132 **2. Umwandlung zur Aufnahme.** Bei **Verschmelzungen und Spaltungen zur Aufnahme** gilt der Grundsatz – wenn eine Kapitalmaßnahme wie in den meisten Fällen erforderlich ist – dass die Pflicht zur Umstellung auf Euro und Glättung besteht.

133 Möglich wäre die rein **rechnerische Umstellung auf Euro**, die dann allerdings vor der Kapitalerhöhung durchgeführt werden müsste.

134 ▶ **Hinweis:**

> Bei der Umwandlung muss also entschieden werden, ob vorher eine rechnerische Umstellung stattfindet mit der Folge der schwer handhabbaren krummen Folgebeträge. Dies dürfte in der Praxis nicht zu empfehlen sein.

135 Die andere praxisgerechte Alternative ist, dass vor der Verschmelzung oder Spaltung und der damit verbundenen Kapitalerhöhung bei der aufnehmenden Gesellschaft eine **Euroumstellung samt Glättung auf gerade Euro-Beträge** durchgeführt wird. Dann ist die aufnehmende GmbH vor der Kapitalerhöhung zur Umwandlung bereits auf gerade Euro-Beträge umgestellt mit der Folge, dass dann die Kapitalerhöhung nach Euro-Beträgen erfolgen kann. Dies dürfte der empfehlenswertere Weg sein, wenn i. R. d. Umwandlung eine Euroanpassung erfolgen soll.

136 ▶ **Hinweis:**

> Für die Praxis gilt daher, dass bei Verschmelzung und Spaltung zur Aufnahme im Regelfall vorher Euroumstellung und Glättung erfolgen sollten, und zwar i. d. R. durch Nennwertaufstockung zum nächstmöglichen durch Euro-Betrag nach obigen Grundsätzen (ebenso Widmann/Mayer/Mayer, Umwandlungsrecht, § 55 UmwG Rn. 45).

137 Die im Anschluss notwendige Kapitalerhöhung zur Durchführung der Verschmelzung sollte dann aufschiebend bedingt auf das Wirksamwerden der Eurokapitalerhöhung erfolgen (Widmann/Mayer/Mayer, Umwandlungsrecht, § 55 UmwG Rn. 45).

138 Es bleibt noch die **Problematik des Kapitalnachweises**, wenn die zu verschmelzenden oder zu spaltenden Gesellschaften vor der Umwandlung ihr Stammkapital in DM ausgewiesen haben. Wird nämlich i. R. d. Verschmelzung oder Spaltung das Kapital erhöht, so gelten die Grundsätze der Kapitalerhöhung auch i. R. d. Verschmelzung oder Spaltung. Der Betrag, um den das Kapital erhöht wird, um neue Geschäftsanteile an die Gesellschafter der übertragenden Gesellschaft auszugeben, muss durch das Vermögen der übertragenden Gesellschaft gedeckt sein.

139 Auch bei der Verschmelzung ist eine sog. unter-pari-Emission nicht zulässig (vgl. Widmann/Mayer/Mayer, Umwandlungsrecht, § 55 UmwG Rn. 12; vgl. oben Teil 2 Rdn. 286 ff.). Dem Registergericht obliegt dabei die Prüfung, ob eine Überbewertung des eingebrachten Vermögens im Wege der Verschmelzung oder Spaltung vorliegt und damit gegen das Verbot der **unter-pari-Emission** verstoßen wurde. I. d. R. wird als geeignete Unterlage für die Prüfung der Kapitalerhaltung die Schlussbilanz der übertragenden Gesellschaft vorgelegt. Aus dieser lässt sich dann allerdings auch relativ leicht durch Euroumrechnung feststellen, dass auch die neuen Euro-Beträge erreicht werden. Insofern stellen sich keine großen praktischen Probleme.

140 Zusammenfassend ist also festzustellen, dass bei der Verschmelzung oder Spaltung und der Euroumstellung **grds. drei Maßnahmen zu unterscheiden** sind:
 – rechnerische Umstellung des DM-Stammkapitals auf Euro,
 – Kapitalerhöhung zur Glättung,
 – allgemeine Kapitalerhöhung zur Umwandlung nach § 55 UmwG.

141 Es bedarf daher auch zur Euroumstellung eines **ausdrücklichen Umstellungsbeschlusses**, eines Kapitalerhöhungsbeschlusses zur Glättung und danach des Beschlusses über die Kapitalerhöhung nach neuen Euro-Beträgen zur Verschmelzung oder Spaltung. Die Vermischung der Kapitalerhöhung zur Verschmelzung und zur Umstellung ist an sich nicht zulässig.

Es fragt sich, wie eine **Glättung i. R. d. Umwandlung** erreicht werden kann. Zunächst bleibt selbstverständlich die Möglichkeit der Glättung nach allgemeinen Grundsätzen, die oben dargestellt wurden: Kapitalerhöhung aus Gesellschaftsmitteln bzw. Kapitalerhöhung zur Aufstockung durch Bareinlage. **142**

Es bleibt die Frage, ob die i. R. d. Verschmelzung oder Spaltung durchzuführende **Kapitalerhöhung beim aufnehmenden Rechtsträger auch zur Glättung verwandt** werden kann, ob also das Vermögen der übertragenden Gesellschaft zumindest z. T. verwendet werden kann, um eine der Glättung entsprechende Aufstockung der Geschäftsanteile zu erreichen. Dies hätte den Vorteil, dass dann keine Bareinlage zur Glättung erforderlich wäre. Auch bei diesem Verfahren ist zunächst die rechnerische Umstellung des Stammkapitals und der Geschäftsanteile auf Euro erforderlich, und zwar durch einen entsprechenden Umstellungsbeschluss. Sodann würde im nächsten Schritt das Kapital auf einen geraden Euro-Betrag erhöht, wobei Einlage die Sacheinlage i. R. d. Verschmelzung wäre. Dies würde zunächst voraussetzen, dass i. R. d. Verschmelzung die Kapitalerhöhung nicht nur gegen Ausgabe neuer Geschäftsanteile zulässig wäre, sondern auch zur Aufstockung. § 55 UmwG, der die Kapitalerhöhung i. R. d. Verschmelzung regelt und auch bei der Spaltung gilt, geht offenbar davon aus, dass neue Geschäftsanteile gebildet werden (§ 55 Abs. 1 Satz 2 UmwG). Es sprechen keine grundsätzlichen Erwägungen gegen eine Kapitalerhöhung zur Aufstockung. Zwar geht die überwiegende Meinung von einer sog. Geschäftsanteilsgewährungspflicht aus: i. R. d. Verschmelzung oder Spaltung sind nach dem Wesen der Verschmelzung oder Spaltung den Gesellschaftern der übertragenden Gesellschaft Geschäftsanteile in der neuen Gesellschaft zu gewähren, anderenfalls wäre die Verschmelzung nichtig (vgl. Widmann/Mayer/Mayer, Umwandlungsrecht, § 5 UmwG Rn. 15 ff.). Andererseits geht es im Grund darum, dass der Kapitalanteil an der aufnehmenden Gesellschaft die Gegenleistung für das Vermögen der übertragenden Gesellschaft ist, sodass dieser Grundsatz allein wohl nicht gegen die Aufstockung sprechen würde. Bei der Verschmelzung von Personengesellschaften ist die Aufstockung der Kapitalanteile auch die einzige Möglichkeit, da nach herrschender Meinung bei der Personengesellschaft ein Gesellschafter, der z. B. schon an der aufnehmenden Gesellschaft beteiligt ist, nicht mehrere Anteile halten kann. Insofern spricht einiges dafür, auch bei der Verschmelzung und bei der Spaltung eine Aufstockung im Rahmen einer Kapitalerhöhung zuzulassen. **143**

Unproblematisch ist die Situation allerdings nur bei der Verschmelzung von sog. **Schwestergesellschaften**, bei denen die Gesellschafter der übertragenden Gesellschaft auch im gleichen Anteilsverhältnis an der übernehmenden Gesellschaft beteiligt sind. Dann führt die Aufstockung ihrer Anteile an der übernehmenden Gesellschaft dazu, dass sie wirtschaftlich eine Gegenleistung für das Vermögen der übertragenden Gesellschaft erhalten. **144**

Die Literatur ist daher der Auffassung, dass in dem Fall, wenn ein Anteilsinhaber des übertragenden Rechtsträgers bereits Gesellschafter der übernehmenden GmbH ist, mit seiner Zustimmung auch die Zuweisung des neuen Anteils im Wege der Erhöhung des Nennbetrags seines Geschäftsanteils bei der übernehmenden GmbH erfolgen kann (Widmann/Mayer/Mayer, Umwandlungsrecht, § 5 UmwG Rn. 90). **145**

Besteht keine **Schwestersituation**, sind also unterschiedliche Gesellschafter an der aufnehmenden und an der übertragenden Gesellschaft beteiligt, müsste das übertragende Vermögen i. R. d. Verschmelzung teilweise dazu genutzt werden, neue Geschäftsanteile zu bilden und teilweise zur Aufstockung und Glättung des Stammkapitals der aufnehmenden Gesellschaft. **146**

In diesem Fall ist nach der wohl herrschenden Literaturauffassung eine – teilweise – Aufstockung nicht zulässig, da die Kapitalerhöhung nach § 55 UmwG nur zulässig »zur Durchführung der Verschmelzung« ist. Dies hat zur Folge, dass Verschmelzung und Kapitalerhöhung sich gegenseitig bedingen, sodass die Kapitalerhöhung unzulässig wäre, wenn ausschließlich oder teilweise neue Anteile für die bisherigen Gesellschafter gewährt werden sollen (Widmann/Mayer/Mayer, Umwandlungsrecht, § 55 UmwG Rn. 11; Lutter/Winter/Vetter, UmwG, § 55 Rn. 8; vgl. auch Kallmeyer/Kallmeyer, UmwG, § 55 Rn. 1). Die Verschmelzung kann in diesen Fällen allerdings mit einer ordentlichen Kapitalerhöhung verbunden werden (vgl. Widmann/Mayer/Mayer, Umwandlungsrecht, § 55 UmwG Rn. 115). **147**

IV. Beispiel

148 ▶ An der B-GmbH sind die Gesellschafter 1, 2 und 3 beteiligt und zwar mit Anteilen i. H. v. 20.000,00 DM, 10.000,00 DM und 30.000,00 DM. Die B-GmbH will eine Euroumstellung durchführen und anschließend das Kapital um 25.000,00 € erhöhen, um die A-GmbH, an der Herr Z als einziger Gesellschafter beteiligt ist, aufzunehmen.

149 ▶ **Formulierungsbeispiel: Euroumstellung unter Beteiligung einer GmbH**

– Auszug aus dem Verschmelzungsbeschluss –

Wir sind die alleinigen Gesellschafter der B-GmbH in Z-Stadt, HRB . . . . . Das Stammkapital der Gesellschaft i. H. v. 60.000,00 DM ist voll eingezahlt. Die Gesellschafter halten folgende Geschäftsanteile:
– Herr 1: 20.000,00 DM,
– Herr 2: 10.000,00 DM,
– Herr 3: 30.000,00 DM.

Unter Verzicht auf die Einhaltung der Form- und Fristvorschriften halten wir eine Gesellschafterversammlung ab und beschließen einstimmig Folgendes:

A. Zustimmung zum Verschmelzungsvertrag

(*Anm.*: Es folgt die übliche Formulierung.)

B. Euroumstellung

Das Stammkapital und die Geschäftsanteile der Gesellschaft sowie sämtliche Betragsangaben in der Satzung mit Ausnahme des Gründungsaufwandes werden auf Euro umgestellt. Nach dem amtlichen Umrechnungskurs von 1,00 € = 1,95583 DM beträgt das Stammkapital somit 30.677,52 € (gerundet), die Geschäftsanteile der Gesellschafter verteilen sich wie folgt:
– Herr 1: 10.225,84 € (gerundet),
– Herr 2: 5.112,92 € (gerundet),
– Herr 3: 15.338,76 € (gerundet).

Die eventuelle Rundung hat keine Rechtswirkungen.

C. Barkapitalerhöhung zur Glättung

Das Stammkapital der A-GmbH von 30.677,52 € wird um 0,48 € auf 30.678,00 € erhöht.

Zur Übernahme werden die Gesellschafter zugelassen. Die Kapitalerhöhung erfolgt durch Aufstockung der Geschäftsanteile. Die Geschäftsanteile werden wie folgt erhöht:

Herr 1: von 10.225,84 € um 0,16 auf 10.226,00 €,

Herr 2: von 5.112,92 € um 0,08 auf 5.113,00 €,

Herr 3: von 15.338,76 € um 0,24 auf 15.339,00 €.

Die neuen Einlagen zur Aufstockung der Geschäftsanteile sind sofort in voller Höhe in bar zu leisten.

Die erhöhten Geschäftsanteile sind gewinnberechtigt ab . . . . .

Die Satzung wird wie folgt geändert:

§ 5 der Satzung lautet:

»Das Stammkapital der Gesellschaft beträgt 30.678,00 €«.

D. Kapitalerhöhung zur Durchführung der Verschmelzung

Aufschiebend bedingt auf das Wirksamwerden der Kapitalerhöhung nach vorstehend C wird das Stammkapital der B-GmbH zur Durchführung der Verschmelzung der A-GmbH auf die B-GmbH von 30.678,00 € um 25.000,00 € auf 55.678,00 € erhöht. Die Kapitalerhöhung erfolgt zur Durchführung der Verschmelzung gem. § 54 UmwG.

Es wird ein Geschäftsanteil i. H. v. 25.000,00 € gebildet. Diese wird Herrn Z als Gegenleistung für die Übertragung des Vermögens der A-GmbH auf die B-GmbH gewährt.

Die Satzung wird wie folgt geändert:

§ 5 der Satzung lautet:

»Das Stammkapital der Gesellschaft beträgt 55.678,00 €«.

B. Euroumstellung bei der AG

I. Allgemeine Frage der Euroanpassung

Im Aktienrecht ist die Euroanpassung in §§ 1 ff. EGAktG geregelt (vgl. dazu Kopp/Heidinger, Notar 150
und Euro, S. 24 ff.; Schürmann, NJW 1998, 3162 ff.; Ihrig/Streit, NZG 1998, 201 ff.; Kopp, BB 1998,
701 ff.; Schröer, ZIP 1998, 306 ff.; Schröer, ZIP 1998, 529 ff.; Mitzlaff, ZNotP 1998, 226 ff.). Es findet
sich die gleiche Unterscheidung zwischen **Altgesellschaften** und **Neugründung** wie bei der GmbH.

Altgesellschaften, die vor dem 01.01.1999 in das Handelsregister eingetragen worden sind, dürfen die 151
Nennbeträge ihres Grundkapitals und ihre Aktien weiter in DM bezeichnen (§ 1 Abs. 2 EGAktG). Für
diese Altgesellschaften bleibt auch noch § 2 EGAktG der bis dahin gültige Mindestbetrag des Grundkapitals von 100.000,00 DM maßgeblich.

Dies gilt, ebenso wie bei der GmbH, auch nach dem 31.12.2001. Bei der AG besteht allerdings dann 152
nach § 3 Abs. 5 EGAktG die sog. **Registersperre:** Beschließt die Gesellschaft die Änderung ihres
Grundkapitals, darf der Beschluss nach dem 31.12.2001 in das Handelsregister nur eingetragen werden, wenn zugleich eine Satzungsänderung über die Anpassung der Aktiennennbeträge an die neuen
Euro-Beträge des § 8 AktG eingetragen wird.

Wie bei der GmbH kann bei Neugründungen ab 01.01.2002 die AG nur noch in Euro gegründet wer- 153
den.

Im **Gesetz über die Zulassung von Stückaktien** (BGBl. 1998 I, S. 590 ff.) wurde für die AG die Stück- 154
aktie eingeführt. Im Gegensatz zur **Nennbetragsaktie** lautet die Stückaktie nicht auf einen bestimmten
Nennbetrag, sondern auf sie entfällt der ihrem Anteil an der Gesamtzahl aller ausgegebenen Aktien entsprechende Teilbetrag des sich aus der Satzung der AG ergebenden Grundkapitals. Dieser Teilbetrag je
Aktie muss mindestens 1,00 € betragen (§ 8 Abs. 3 Satz 3 AktG). Ist eine AG mit Stückaktien vorhanden oder werden die Nennbetragsaktien in Stückaktien umgestellt, so besteht kein Bedarf zur Anpassung der Aktien, allenfalls zur Anpassung des Grundkapitals, wobei allerdings § 3 Abs. 5 EGAktG für
die Zeit nach dem 31.12.2001 nur die Registersperre zur Anpassung der Aktiennennbeträge vorsieht. In
der Praxis dürfte sich aber empfehlen, ohne gesetzgeberische Verpflichtung und Registersperre dennoch
eine Umstellung auf Euro auch bei AG durchzuführen, die nur Stückaktien ausgegeben haben (vgl.
Kopp/Heidinger, Notar und Euro, S. 27 f.).

II. Euroumstellung

1. Allgemeines. Auch bei der Umstellung auf Euro sind bei der AG ebenfalls zwei Arten zu unter- 155
scheiden: die **rein rechnerische Umstellung** und die **Anpassung des Stammkapitals auf gerade Euro-**
Beträge (Glättung). Die rein rechnerische Umstellung war nur in der Zeit v. 01.01.1999 bis zum
31.12.2001 möglich.

▶ **Hinweis:** 156

In der Praxis haben die meisten größeren Gesellschaften von der Möglichkeit der Einführung der
Stückaktie Gebrauch gemacht, die, wie ausgeführt, den Vorteil auch bei der Euroumstellung hat,
dass keine Aktiennennbeträge, sondern nur das Grundkapital umgestellt bzw. angepasst werden
muss. In der Praxis findet häufig mit der Umstellung auf Stückaktien auch die Euroanpassung
des Grundkapitals statt.

Die **Umstellung auf Stückaktien** stellt eine Satzungsänderung dar, der entsprechende Hauptversamm- 157
lungsbeschluss bedarf daher einer 3/4-Mehrheit des bei der Beschlussfassung vertretenen Grundkapitals, sofern die Satzung nicht eine andere Mehrheit vorschreibt (§ 179 Abs. 2 Satz 1 und Satz 2 AktG,
vgl. dazu Schröer, ZIP 1998, 306 f.; Mitzlaff, ZNotP 1998, 226, 230). Weiterer Anpassungsbedarf besteht bei den Satzungen, wo bestimmte Rechte an Aktiennennwerte anknüpfen.

158 ▶ **Beispiel:**

Eine Vorzugsdividende, die dann einen bestimmten Prozentsatz des Nennwertes der Stammaktien anknüpft.

159 ▶ **Hinweis:**

In der Praxis werden die Anpassungsmaßnahmen aber häufig mit der Euroumstellung verknüpft. Hier werden die Nennbeträge im Regelfall durch eine Kapitalerhöhung aus Gesellschaftsmitteln auf den nächsten ganzen Euro geglättet. Der Weg der Kapitalerhöhung gegen Einlagen ist bei der AG, anders als bei einer GmbH, nicht möglich. Die Kapitalerhöhung gegen Einlagen kann nach § 182 Abs. 1 Satz 4 AktG nur durch Ausgabe neuer Aktien ausgeführt werden, hierdurch wird aber dann keine Glättung erreicht. Denkbar wäre auch die Kapitalherabsetzung, die allerdings in der Praxis wenig Gefolgschaft gefunden hat.

160 **2. Nennbetragsaktien.** Hat die AG Nennbetragsaktien, so bedarf es sowohl bzgl. des Grundkapitals als auch bzgl. der Aktien eines **Umstellungsbeschlusses.** Börsennotierte Gesellschaften mussten in jedem Fall bis zum 01.01.2002 ihr Aktienkapital geglättet haben, für die nicht börsennotierten AG besteht die Registersperre nach diesem Zeitpunkt.

161 **3. Stückaktien.** Ist oder wird im Zuge der Euroumstellung die Stückaktie eingeführt, so müsste nach dem oben Ausgeführten **keine Glättungsmaßnahme** durchgeführt werden, da auch eine krumme Grundkapitalziffer, die nach der Euroumstellung entsteht, bei Stückaktien zulässig ist. § 8 Abs. 3 Satz 3 AktG verlangt nur, dass der auf eine einzelne Stückaktie entfallende anteilige Betrag des Grundkapitals 1,00 € nicht unterschreiten darf, verlangt aber nicht, dass es immer ein glatter Euro-Betrag sein muss, sodass auch Kommabeträge zulässig sind (vgl. Hüffer, AktG, § 8 Rn. 22). Auch das Euroumstellungsgesetz verlangt in § 3 Abs. 5 EGAktG ab dem 01.01.2000 nur die Anpassung auf glatte Aktiennennbeträge, nicht jedoch auf einen glatten Grundkapitalbetrag. Somit besteht für Altgesellschaften mit Stückaktien auch nach dem 01.01.2002 grds. keine Umstellungspflicht. Das Grundkapital kann weiterhin in krummen, ja sogar Kommabeträgen ausgewiesen werden.

162 Häufig wird allerdings eine **Glättung gewünscht.** In diesen Fällen bedarf nur die Grundkapitalziffer einer Umstellung und Glättung (vgl. Schröer, ZIP 1998, 306, 308).

III. Besonderheiten bei der Umwandlung

163 Auch bei der Umwandlung und der Euroumstellung unter Beteiligung von AG gilt § 318 Abs. 2 UmwG, die Probleme sind daher dieselben wie bei der Beteiligung von einer GmbH, sodass auf die obigen Ausführungen verwiesen werden kann. In der Praxis empfiehlt es sich auch bei Beteiligung von AG, **zunächst die Euroumstellung** durchzuführen, um anschließend die **Kapitalerhöhung** zur Durchführung der Verschmelzung auszuführen. Verschmelzung und Spaltung zur Neugründung müssen zwingend den neuen Signalbeträgen genügen; in der Praxis sollten daher die Verschmelzung und die Spaltung zur Neugründung immer gleich auf Euro erfolgen unter Beachtung des Mindestbetrags von 1,00 € (§ 8 AktG) und des Mindestgrundkapitals von 50.000,00 € (§ 7 AktG). Bei der Verschmelzung und Spaltung zur Aufnahme gilt das Gleiche wie bei der GmbH. Eine Besonderheit besteht – wie dargelegt – bei einer AG, die Stückaktien ausgegeben hat. Hier sind keine Glättungsmaßnahmen erforderlich, da das Kapital auch in krummen Beträgen ausgewiesen werden kann.

IV. Beispiel

164 ▶ Die A-AG hat ein Stammkapital i. H. v. 350 Mio. DM und ist eingeteilt in Nennbetragsaktien im Nennbetrag von 50,00 DM.

Der einfachste Weg der Umstellung liegt darin, das Grundkapital neu in Stückaktien einzuteilen, zwar noch in DM-Beträgen. An die Stelle einer Aktie im Nennbetrag von 50,00 DM könnte eine Stückaktie treten (möglich wären auch 50 Stückaktien). Hat eine Gesellschaft Aktien mit unterschiedlichen Nennbeträgen (z. B. 5,00 DM, 50,00 DM, 1.000,00 DM), muss vor einer Umstellung auf Stückaktien eine einheitliche Stückelung hergestellt werden, da Stückaktien zwingend denselben Anteil am Grundkapital verkörpern. Es ist dann ein Aktiensplitt erforderlich.

Im obigen Beispiel könnten die Beschlüsse wir folgt lauten:

▶ **Formulierungsbeispiel: Euroumstellung unter Beteiligung einer AG** 165

»Vorstand und Aufsichtsrat schlagen vor zu beschließen:

1. Das Grundkapital wird eingeteilt in Stückaktien. An die Stelle einer Aktie im Nennbetrag von 50,00 DM tritt eine Stückaktie. Bis zur Kraftloserklärung bzw. zum Umtausch der für die bisherigen Nennbetragsaktien ausgegebenen Aktienurkunden verkörpern je 50,00 DM einer Aktienurkunde eine Stückaktie.

2. Die Beschlüsse der Hauptversammlung der Gesellschaft von . . . . . über die Ermächtigung des Vorstandes, das Grundkapital der Gesellschaft um bis zu . . . . . DM und bis zu . . . . . DM durch Ausgabe neuer Inhaberstammaktien zu erhöhen, werden dahin geändert, dass die Erhöhung jeweils durch die Ausgabe neuer, auf den Inhaber lautende Stückaktien erfolgen.

3. Das Grundkapital der Gesellschaft, das genehmigte Kapital I und II sowie alle weiteren in der Satzung in DM genannten Beträge werden, ausgenommen die Gründungskosten, auf Euro und volle Cent bzw. auf volle Euro gerundet wie folgt umgestellt unter Zugrundelegung des amtlich festgelegten Umrechnungskurses von 1,00 € = 1,95583 DM.

Das Grundkapital auf 178.952.000,00 €.

Das genehmigte Kapital I auf 71.580.863,00 €.

Das genehmigte Kapital II auf 17.895.215,00 €.

4. Zur Anpassung an die Umstellung auf Stückaktien, die Neueinteilung des Grundkapitals und die Umstellung der in der Satzung in DM genannten Beträge werden die folgenden Satzungsbestimmungen geändert und wie folgt vollständig neu gefasst . . . . . Aufnahme des entsprechenden vollständigen Wortlautes der geänderten Satzung.

5. Rundungen haben keine Rechtswirkungen.«

C. Besonderheiten beim Formwechsel

Der Formwechsel in eine Kapitalgesellschaft anderer Rechtsform wird nach § 318 Abs. 2 Satz 2 UmwG **166** **einer Umwandlung zur Neugründung gleichgestellt.** Der Formwechsel von der GmbH in die AG oder von der AG in die GmbH wird daher vom Gesetzgeber so behandelt, als würde eine Neugründung stattfinden, sodass die obigen Vorschriften über die Neugründung gelten. Grds. möglich wäre zwar noch der Formwechsel unter Beibehaltung von DM-Beträgen, dann müssten allerdings beim Zielrechtsträger die Euro-Signalbeträge beachtet werden, die dann zwangsläufig zu krummen Beträgen führen. Insofern ist in der Praxis von einem DM-Formwechsel ab dem 01.01.1999 abzuraten und das Stammkapital beim Zielrechtsträger in Euro, und zwar unter Berücksichtigung der Mindestbeträge und Signalbeträge, auszuweisen (GmbH: Mindeststammkapital 25.000,00 €, Geschäftsanteil auf volle Euro bzw. beim Formwechsel in die AG Mindeststammkapital 50.000,00 €, Mindestaktiennennbetrag 1,00 € bzw. Stückaktien Mindestbetrag 1,00 €).

In der Praxis ist ein **Kollisionsproblem mit § 247 UmwG** aufgedeckt worden (vgl. dazu Heidinger, **167** NZG 2000, 532; Lutter/Happ, UmwG, § 247 Rn. 4). Nach dieser Vorschrift wird das bisherige Stammkapital einer formwechselnden GmbH zum Grundkapital einer AG oder das bisherige Grundkapital der formwechselnden AG zum Stammkapital der GmbH. Der Formwechsel zwischen Kapitalgesellschaft, der gleichzeitig von einem DM-Stammkapital in ein Euro-Stammkapital stattfindet, führt zwangsläufig zum Verstoß gegen die Teilbarkeitsvorschriften, da krumme Beträge entstehen. Etwas anderes gilt nur bei Stückaktien, da hier – wie dargelegt – das Grundkapital auch einen krummen Betrag ausweisen kann. Der Formwechsel der GmbH in die AG kann daher unter einfacher Umrechnung in Euro-Beträge ohne Weiteres erfolgen, wenn Stückaktien ausgegeben werden. Der Formwechsel von der AG in die GmbH oder die Ausgabe von Nennbetragsaktien ist danach nicht ohne Weiteres möglich. Das UmwG sieht keine Möglichkeit vor, im Umwandlungsbeschluss durch den Formwechsel die Kapitalziffer zu ändern (Heidinger, NZG 2000, 532). In der Literatur war umstritten, ob § 247 UmwG entsprechend einschränkend auszulegen ist (so Lutter/Happ, UmwG, § 247 Rn. 5). Happ will es zulassen, dass das umgerechnete Nennkapital nach dem Formwechsel unter dem bisherigen liegt und die entsprechende Differenz in einem vorübergehenden Abgrenzungsposten aus Kapitalumstellung ausgewiesen wird. Dieser Auffassung ist zu Recht Heidinger entgegengetreten, der darauf hinweist, dass unter Anwendung der allgemeinen Vorschriften vor dem Formwechsel eine Anpassung des Kapitals erfolgen kann und soll (Heidinger, NZG 2000, 533; ebenso Ries, GmbHR 2000, 266). Die erforderliche Umstellung und Kapitalmaßnahme muss dann nur noch nach dem Recht des Ausgangsrechtsträgers erfolgen.

D. Besonderheiten bei Personengesellschaften

168 Das EuroEG enthält zu den **Personengesellschaften keine Regelungen** (Kopp/Heidinger, Notar und Euro, S. 32).

169 Soll eine **Umwandlung in eine Personengesellschaft** erfolgen (z. B. Formwechsel GmbH in KG, Verschmelzung GmbH auf KG o. ä.), so bedarf es einer Euroumstellung.

170 Soll – wie in der Praxis üblich – mit der Umwandlung auch eine Euro-Gründung der Personengesellschaft erfolgen, so gelten dafür **keine Besonderheiten**. Die Gesellschafter sind grds. frei, wie sie z. B. bei einer KG als Zielrechtsträger das übergehende Vermögen verteilen. Das Stammkapital muss nicht zwingend zur Hafteinlage werden, da eine § 247 UmwG vergleichbare Vorschrift, die die Identität des Stammkapitals beim Formwechsel von Kapitalgesellschaften vorschreibt, beim Formwechsel in die Personengesellschaft fehlt (vgl. Lutter/Göthel UmwG, § 234 Rn. 32; LG Osnabrück, Beschl. v. 03.03.2000, unveröffentlicht). Deshalb kann auch das Vermögen der übergehenden Gesellschaft beliebig zur Euroumstellung verwendet werden, ohne dass es genauer Umrechnungen oder Anpassungsmaßnahmen bedarf. Einziger Grundsatz ist, dass das Vermögen ausreichend sein muss, um die Euro-Hafteinlage zu decken. Suchwertmäßige Änderungen sind zulässig, wenn alle Gesellschafter damit einverstanden sind.

E. Besonderheiten bei Genossenschaften

171 Durch das EuroEinfG v. 09.06.1998 (BGBl. I, S. 1242) wurde für die Genossenschaft **keine Verpflichtung zur Umstellung auf Euro** begründet. Das GenG schreibt weder ein bestimmtes Kapital noch einen Mindestbetrag für die Geschäftsanteile vor. Vielmehr wird die Höhe der Geschäftsanteile gem. § 7 GenG durch das Statut bestimmt. Die letzten gesetzlichen Vorgaben, dass der Betrag der Geschäftsanteile einer Genossenschaft mindestens 1,00 DM betragen und auf volle DM lauten müsse (§ 64 Abs. 2 DM-Bilanzgesetz v. 1949) sind durch das EuroEinfG (Art. 3 § 7) aufgehoben worden. Zwar können ab 01.01.2002 nur noch Genossenschaften gegründet werden, deren Statut Beträge in Euro enthalten (Kopp/Heidinger, Notar und Euro, S. 34). Für die Umstellung bestehender Genossenschaften hat sich der Gesetzgeber auf eine als § 164 GenG eingefügte **Übergangsbestimmung** beschränkt. Darin wird nicht nach den verschiedenen Zeiträumen der Übergangsfrist v. 01.01.1999 bis 31.12.2001 bzw. danach unterschieden. Die Genossenschaft kann – muss aber nicht – durch die bloße Umstellung der Geschäftsanteile auf Euro nichts an der Höhe der einzelnen Anteile verändern. Dabei entstehen anstelle der bisher glatten DM-Beträge gebrochene Euro-Beträge. Über diese Umstellung, die durch Änderung des Statuts i. S. d. § 16 Abs. 1 GenG erfolgt, beschließt die Generalversammlung abweichend von § 16 Abs. 4 GenG mit einfacher Stimmenmehrheit. Dies gilt auch dann, wenn damit eine Herabsetzung der Anteile verbunden ist, durch die deren Betrag auf volle Euro gestellt wird (§ 164 Abs. 1 Satz 1, 2 GenG). Im Fall einer Erhöhung der Anteile ist dagegen § 16 Abs. 2 GenG anzuwenden (3/4-Mehrheit). Bei der Herabsetzung des Anteils ist die Gläubigerschutzvorschrift des § 22 Abs. 1 bis Abs. 4 GenG stets zu beachten (Bekanntmachung, Sicherheitsleistung, Auszahlungsverbot, Rechnungsverbot). Der Beschluss über die Änderung des Statuts ist nach §§ 164 Abs. 1 Satz 3, 16 Abs. 5, 11 Abs. 1 GenG vom Vorstand zur Eintragung in das Genossenschaftsregister anzumelden. Er wird gem. § 16 Abs. 6 GenG erst mit der Eintragung wirksam. Die Anmeldung bedarf gem. § 164 Abs. 2 Satz 1 GenG nicht der öffentlich beglaubigten Form nach § 157 GenG, wenn der Beschluss lediglich der Umstellung der Geschäftsanteile zum amtlich festgelegten Kurs dient. Demgegenüber findet § 157

GenG Anwendung, wenn zugleich eine Glättung der Geschäftsanteile beschlossen wird. Nach §§ 156 Abs. 1 Satz 2, 16 Abs. 5 Satz 2, 12 Abs. 2 GenG erfolgt eine Bekanntmachung der Registereintragung nicht, sofern der Beschluss über die Umstellung nicht mit einer Herabsetzung der Geschäftsanteile verbunden ist (§ 22 Abs. 1 bis Abs. 3 GenG).

Im Fall der Umwandlung stellt sich die Frage, ob die **mögliche Umstellung auf Euro bei der Genossenschaft überhaupt erforderlich** ist. Der Formwechsel selbst ist aus Sicht der Genossenschaft ebenfalls grds. kein Grund auf Euro umzustellen. Allerdings stellt sich bei einem Formwechsel je nach beteiligten Rechtsträgern teilweise das Problem, dass dies zur Vorbereitung eines zulässigen Formwechsels noch beim Ausgangsrechtsträger (hier: e. G.) erforderlich sein könnte. Diese Problematik wird – wie bereits erörtert – beim Formwechsel der GmbH in eine AG und umgekehrt diskutiert (vgl. oben Teil 5 Rdn. 167 und ausführlich Heidinger, NZG 2000, 532 ff.). Denn § 318 Abs. 2 Satz 2 Halbs. 1, 2. Alt. UmwG setzt den Formwechsel einer Umwandlung zur Neugründung gleich. Daher müssen auch im Fall des Formwechsels in eine GmbH aus Sicht der durch den Formwechsel entstehenden GmbH bzgl. des Euro sowie der Teilbarkeit der Geschäftsanteile und der Höhe der Mindestgeschäftsanteile die Regelungen der Neugründung, also insb. §§ 86 Abs. 1 und Abs. 3 GmbH beachtet werden. Daraus ergibt sich, dass bei der GmbH, die durch den Formwechsel entsteht, grds. unmittelbar Geschäftsanteile mit glatten Euro-Beträgen entstehen müssen, die den Vorgaben des § 5 Abs. 1 und Abs. 3 GmbHG (mindestens 100.00,00 € und Teilbarkeit durch 50) entsprechen müssen. Diese Problematik wird besonders virulent beim Formwechsel der AG in die GmbH und umgekehrt, da § 247 UmwG zwingend vorschreibt, dass das Grundkapital der Ausgangs-AG identisch ist mit dem Stammkapital der entstehenden GmbH oder umgekehrt. Daraus wird die Notwendigkeit abgeleitet, dass schon beim Ausgangsrechtsträger ein entsprechendes Grund- bzw. Stammkapital gebildet wird, wie es beim Zielrechtsträger ebenfalls nach Eintragung des Formwechsels zulässig bleibt. Diese Problematik hat sich auch schon früher außerhalb der Euroumstellung beim Formwechsel der GmbH in eine AG gestellt, wenn die GmbH kein genügendes Stammkapital hatte, um die Anforderungen an das Mindestgrundkapital der entstehenden AG zu erfüllen.

Bei dem **Formwechsel einer eingetragenen Genossenschaft in eine Kapitalgesellschaft** (z. B. GmbH) **173** stellt sich die Frage, welche konkreten Auswirkungen diese Problematik hat. § 247 GmbHG gilt nur für den Formwechsel einer Kapitalgesellschaft in eine Kapitalgesellschaft anderer Rechtsform. Da diesbezüglich die eingetragene Genossenschaft nicht als Kapitalgesellschaft angesehen werden kann, ist § 247 UmwG nicht einschlägig. Aber auch beim Formwechsel eingetragener Genossenschaften wird eine Relation zwischen dem Geschäftsguthaben der Ausgangsgenossenschaft und dem Nennbetrag der Geschäftsanteile der Zielrechts-GmbH hergestellt. Einerseits regelt § 258 Abs. 2 UmwG, dass auf jeden Genossen, der an der Gesellschaft mit neuer Rechtsform beteiligt wird, als beschränkt haftender Gesellschafter ein Geschäftsanteil, dessen Nennbetrag auf volle Euro lautet, oder als Aktionär mindestens eine volle Aktie entfällt. Darüber hinaus regelt § 263 Abs. 2 UmwG, dass in dem Formwechselbeschluss zu bestimmen ist, dass an dem Stammkapital der neu entstehenden GmbH jeder Genosse, der die Rechtsstellung eines beschränkt haftenden Gesellschafters erlangt, in dem Verhältnis beteiligt wird, in dem am Ende des letzten vor der Beschlussfassung über den Formwechsel abgelaufenen Geschäftsjahres sein Geschäftsguthaben zur Summe der Geschäftsguthaben aller Genossen gestanden hat, die durch den Formwechsel Gesellschafter geworden sind. Damit wird zwar nicht die Gesamtsumme der Geschäftsguthaben der eingetragenen Genossenschaft als zukünftiges Stammkapital bei der GmbH festgeschrieben. Allerdings wird das Beteiligungsverhältnis der Genossen des Ausgangsrechtsträgers zum Stichtag der Bilanz des abgelaufenen Geschäftsjahres insofern geschützt, als dieses bei der entstehenden GmbH beizubehalten ist. Diese Regelung des § 263 Abs. 2 UmwG ist nach überwiegender Meinung in der Literatur zwingend (vgl. oben Teil 3 Rdn. 556 und Schmitz/Riol, Der Formwechsel der eingetragenen Genossenschaft in die Kapitalgesellschaft, S. 90; Lutter/Bayer, UmwG, § 263 Rn. 23; Widmann/Mayer/Schwarz, Umwandlungsrecht, § 263 UmwG Rn. 8). Bei abweichender Regelung ist bei dennoch erfolgender Eintragung des Formwechselbeschlusses diese Regelung und nicht § 263 Abs. 2 UmwG für die Zuweisung der Geschäftsanteile entscheidend. Dafür lässt das UmwG in § 266 Abs. 1 Satz 1 UmwG aber ausdrücklich auch die Entstehung von Teilrechten an der entstehenden GmbH zu. Zwar soll die Entstehung von Teilrechten so gering wie möglich gehalten werden (vgl. § 263 Abs. 3 Satz 1 und § 263 Abs. 2 Satz 2 UmwG). Nach § 263 Abs. 2 UmwG sind dergestalt entstehende Teilrechte selbstständig veräußerlich und vererblich. Für die Ausübung der Rechte aus den Teilrechten eines GmbH-Geschäftsanteiles greift vom Wortlaut her zwar § 263 Abs. 3 UmwG nicht ein. Dennoch wird von der herrschenden Meinung eine solche Ausübungssperre aus der entsprechenden Anwendung des § 57k GmbHG der Regelung für die Kapitalerhöhung aus Gesellschaftsmitteln abgeleitet (Lutter/Bayer, UmwG, § 266 Rn. 9 ff.; Widmann/Mayer/Schwarz, Umwandlungsrecht, § 266 UmwG Rn. 5; Flesch, ZIP 1996, 2153, 2155).

174 Aus diesen Überlegungen ergeben sich daher folgende möglichen **Vorgehensweisen beim Formwechsel einer eingetragenen Genossenschaft in eine GmbH:**
- Die unproblematischste Möglichkeit erscheint die **Umstellung der Genossenschaft auf Euro schon vor dem Formwechselbeschluss mit Glättung** zum nach § 263 Abs. 2 UmwG relevanten Stichtag (Ende des abgelaufenen Geschäftsjahres) der Geschäftsguthaben.
- Umwandlungsrechtlich zulässig erscheint aber auch die Möglichkeit, die genossenschaftsrechtlich am Ende des letzten abgelaufenen Geschäftsjahres feststehenden Geschäftsguthaben unverändert in entsprechende GmbH-Geschäftsanteile überzuführen.

Kapitel 4: Kapitalmarktrecht und Umwandlungsrecht

A. Übernahmerecht

Ab 01.01.2002 gilt das Wertpapier- und Übernahmegesetz (WpÜG; vgl. BGBl. 2001 I, S. 3822). Das **175**
WpÜG gibt die Rahmenbedingungen vor für Angebot zum Erwerb von Wertpapieren, zu Übernahme-
angeboten und Pflichtangaben und soll ein geordnetes und faires Verfahren gewährleisten. Das WpÜG
soll umfassende Transparenz bei Übernahmen gewährleisten, dafür sorgen, dass alle Aktionäre der Zielgesellschaft gleichbehandelt werden und ein rasches Übernahmeverfahren sichergestellt wird. Dementsprechend enthält es Erwerbs-, Übernahme- und Pflichtangebote. Im Zusammenhang mit Umwandlungen, insb. Verschmelzung und Spaltung spielt besonders § 35 Abs. 2 WpÜG eine Rolle. § 35
WpÜG bestimmt, dass jeder Anteilsinhaber, der Kontrolle i. S. d. WpÜG, d. h. mehr als 30 % der Aktien an einer börsennotierten Gesellschaft (§ 29 WpÜG) erlangt hat, verpflichtet ist, den übrigen Anteilsinhabern ein **Angebot zur Übernahme der Anteile zu machen**. Die Art des Erwerbes spielt keine
Rolle, der Erwerb kann börslich wie außerbörslich oder auch von Gesetzes wegen erfolgen (vgl. Begründung zum RegE, BT-Drucks. 14/7034, S. 59; Burghard, WM 2000, 616; Grabbe/Fett, NZG 2003,
755). Vom Wortlaut der Vorschrift können daher auch Umwandlungen, insb. Verschmelzungs- und
Spaltungsvorgänge zum kritischen Beteiligungserwerb führen. Die **Abgrenzung Umwandlungs- und
Übernahmerecht** war dem Gesetzgeber bewusst, er hat sie aber ausdrücklich offengelassen (vgl. Begründung zum RegE BT-Drucks. 14/7034, S. 31). Praktisch kann die Frage werden, wenn ein Gesellschafter, der an der Verschmelzung beteiligt ist, durch die Verschmelzung an der aufnehmenden Gesellschaft die 30 %-Schwelle der §§ 35 Abs. 2, 29 WpÜG erreicht. Dies kann dann geschehen, wenn einem
Gesellschafter einer übertragenden Gesellschaft im Zuge der Verschmelzung an der aufnehmenden Gesellschaft neue Anteile oder insgesamt so viele Anteile zugewendet werden, dass die 30-%-Schwelle erreicht wird (vgl. Widmann/Mayer/Mayer, Umwandlungsrecht, § 5 UmwG Rn. 268).

In der Literatur ist umstritten, ob **die Umwandlung zur Anwendung des § 35 WpÜG** führen kann (vgl.
Burg/Braun, AG 2009, 22 ff.; Grabbe/Fett, NZG 2003, 755 ff.; eingehend Faden, Das Pflichtangebot
nach dem Wertpapiererwerbs- und Übernahmegesetz, 2008, S. 135 ff.; Schwarte, Das Pflichtangebot
im Anschluss an Verschmelzung und Spaltung, 2006). Teilweise wird eine parallele Anwendung des
WpÜG und des UmwG verneint, weil das UmwG mit der Festsetzung eines festen Umtauschverhältnisses und seinen Berichtspflichten einen hinreichenden Schutz der Minderheitenaktionäre gewähr-
leiste (so Angerer, in: Geibel/Süssman, § 1 WpÜG Rn. 106; Weber/Rey/Schütz, AG 2001, 325,
328; Grabbe/Fett, NZG 2003, 755, 759 ff.; Vetter, WM 2002, 1999 ff.; Hecksen in Hecksen/Si-
mon § 6 Rn 16; Süßmann WM 2003, 1453, 1455;; Grabbe/Fett NZG 2003, 755, 759 ff.). Nach wohl
h.M . stehen die Schutzmechanismen des UmwG und des WpÜG nebeneinander und müssen daher
nebeneinander angewendet werden (so Schlitt/Ries in: Münchener Kommentar zum AktG; § 35
WpÜG Rn. 125 ff.; Kleindiek, ZGR 2002, 4, 5; Seibt/Heiser, ZHR 165, 466, 475; KK-WpÜG/Bülow,
§ 35 Rn. 68; Faden, Das Pflichtangebot nach dem Wertpapiererwerbs- und Übernahmegesetz, S. 139;
Lenz/Linke AG 2002, 361, 367 f.; Fleischer/Kalss, Wertpapiererwerbs- und Übernahmegesetz, S. 69;
Fleischer NZG 2002, 545, 549 f.; Hopt ZHR 166, 2002, 466, 477; Holzborn/Blank NZG 2002,
948, 953; Kleindiek ZGR 2002, 546, 568 ff.; Ekkenga/Hofschroer DStR 2002, 768, 774; Süßmann
WM 2003, 1453, 1455). Darüber hinaus gibt es auch Vorschläge, die je nach Verschmelzungsvariante
zu unterschiedlichen Lösungen kommen (Technau, AG 2002, 260, 261). Gegen eine Anwendung
spricht, dass es sich bei dem Zurechnungstatbestand des WpÜG um eine externe, im Prinzip ungere-
gelte Veränderung der Beteiligungsstruktur – beim Verschmelzungs- oder Spaltungsrecht demgegenüber um eine interne Veränderung der Gesellschafterstruktur – handelt, bei der das UmwG mit einer
Vielzahl von Minderheitenschutzmechanismen vorsieht, sodass man von einem Vorrang des UmwG
ausgehen sollte (so auch Widmann/Mayer/Mayer, Umwandlungsrecht, § 5 UmwG Rn. 269). In der
Praxis kann sich allerdings empfehlen, vorsichtshalber bis zur vollständigen Klärung der Rechtslage
auch die Vorschrift des § 35 Abs. 2 WpÜG zu beachten.

B. Mitteilungspflichten nach § 21 WpHG

176 **Kapitalmarktrechtliche Mitteilungspflichten** enthält § 21 WpHG. Die Vorschrift bestimmt, dass derjenige, der durch Erwerb, Veräußerung oder auf sonstige Weise 3 %, 5 %, 10 %, 15 %, 20 %, 25 %, 30 %, 50 % oder 75 % der Stimmrechte für einen Emittenten für Aktien erwirbt, wenn dieser seinen Sitz in Deutschland hat und seine Aktien an einem organisierten Markt in Deutschland, einem anderen Mitgliedsstaat der EU oder einem EWR-Staat zugelassen sind (§ 3 Abs. 6 WpHG), diesen Stimmrechtserwerb unverzüglich, spätestens innerhalb von 4 Handelstagen sowohl dem Emittenten als auch der BaFin mitteilen muss. Gem. § 18 WpAIV ist die Mitteilung **schriftlich** oder **mittels Telefax** in deutscher oder englischer Sprache an den Emittenten und die BaFin zu übersetzen. Die BaFin hat auf ihrer Homepage Hinweise für den Inhalt der Mitteilung erteilt. Die betroffene börsennotierte Gesellschaft hat die Information nach § 21 Abs. 1 Satz 1 WpHG unverzüglich, spätestens 3 Handelstage nach Zugang der Mitteilung zu veröffentlichen. Gem. § 19 WpAIV muss die Veröffentlichung die Angaben der Mitteilung enthalten, der Mitteilungspflichtige ist hierbei mit vollständigem Namen, Sitz und Staat, in dem sich sein Wohnort oder Sitz befindet, anzugeben. Gem. § 26 Abs. 1 Satz 1 WpHG hat der Emittent die Mitteilung auch unverzüglich an das Unternehmensregister zu übermitteln. Die Übermittlung darf jedoch nicht vor der Veröffentlichung der Mitteilung erfolgen.

177 Die Mitteilungspflichten betreffen nicht einen übertragenden Rechtsträger, da dieser im Zuge der Verschmelzung erlischt (so Widmann/Mayer/Mayer, Umwandlungsrecht, § 5 UmwG Rn. 261; Heppe, WM 2002, 60, 64). Der **übernehmende Rechtsträger** hat jedoch i. R. d. Verschmelzung **zu prüfen, welches Vermögen** des übertragenden Rechtsträgers im Wege der Gesamtrechtsnachfolge auf ihn übergeht. Sind Beteiligungen an dritten börsennotierten Gesellschaften enthalten, sind die Mitteilungsschwellen zu beachten (Heppe, WM 2002, 60 ff.).

Teil 6: Grenzüberschreitende Umwandlungen

Kapitel 1: Überblick

In Deutschland war lange Zeit herrschende Meinung, dass **grenzüberschreitende Umwandlungen** 1
nach dem Umwandlungsrecht **nicht zulässig** seien (Neye, ZIP 1994, 917, 919; Dötsch, BB 1998,
1029 f. zur Entwicklung der grenzüberschreitenden Verschmelzung vgl. Kulenkamp, Die grenzüberschreitende Verschmelzung von Kapitalgesellschaften in der EU, 2008, S. 49 ff.). § 1 Abs. 1 UmwG verlangt auch heute noch, dass alle an dem Umwandlungsvorgang beteiligten Gesellschaften ihren Sitz im
Inland haben müssen (Lutter/Drygala, UmwG, § 1 Rn. 4; Kallmeyer/Kallmeyer, UmwG, § 1 Rn. 3).
Bereits die Gesetzesbegründung zum UmwG wies darauf hin, dass die grenzüberschreitende Umwandlung durch das UmwG nicht geregelt werden sollte, u. a. auch um einer europaweit einheitlichen Lösung der internationalen Umwandlung nicht vorzugreifen.

Am 15.12.2005 ist die **Richtlinie 2005/56/EG über die Verschmelzung von Kapitalgesellschaften** aus 2
verschiedenen Mitgliedstaaten in Kraft getreten (im Folgenden: »**Verschmelzungsrichtlinie**«; vgl. dazu
eingehend oben Teil 1 Rdn. 31 ff.). Diese verpflichtet die Mitgliedstaaten Regelungen für die Verschmelzung von Kapitalgesellschaften, die nach dem Recht eines Mitgliedstaats gegründet worden
sind und ihren satzungsmäßigen Sitz, ihre Hauptverwaltung oder ihre Hauptniederlassung in der Gemeinschaft haben, in nationales Recht umzusetzen. Der Gesetzgeber ist dem gefolgt durch das **Zweite
Gesetz zur Änderung des UmwG** (BGBl. 2007 I, S. 542 ff.; vgl. oben Teil 1 Rdn. 91 ff.).

Parallel dazu hat insb. die Rechtsprechung des EuGH auf der Basis der im EU-Vertrag geregelten Nie- 3
derlassungs- und Kapitalverkehrsfreiheit grenzüberschreitende Umwandlungen zugelassen. Mit dem
Zweiten Gesetz zur Änderung des UmwG und der genannten EuGH-Rechtsprechung ergeben sich daher im Grundsatz zwei voneinander zu unterscheidende Rechtsmaterien, auf der die grenzüberschreitende Umwandlung innerhalb der EU zulässig ist. Neuste und wegweisende Entscheidung ist die des
OLG Nürnberg (»Moor Park II«) vom 19.06.2013 (DNotZ 2014, 150 m. Anm. Hushahn = DNotI-Report 2013, 189). Es ging um folgenden Fall:

Die Moor Park S. A. R.L war eine Gesellschaft mit beschränkter Haftung nach luxemburgischem Recht.
Letzter Sitz der Gesellschaft war Luxemburg. Zur Urkunde eines luxemburgischen Notars S beschlossen die beiden Gesellschafterinnen der S. A. R. L. in einer außerordentlichen Generalversammlung, »im
Einklang mit Artikel 67–1 (1) über die Handelsgesellschaften, den Gesellschafts- und Verwaltungssitz
von Luxemburg in die Bundesrepublik Deutschland zu verlegen und das deutsche Recht seitens der Gesellschaft anzunehmen.« Die Generalversammlung stellte hierzu fest, »dass die Verlegung des Gesellschaftssitzes in die Bundesrepublik Deutschland keine Gründung einer neuen Gesellschaft darstellt.«
Weiterhin beschloss die Generalversammlung, die Form einer deutschen GmbH anzunehmen und unter der Bezeichnung »Moor Park-GmbH« ihre Aktivitäten am neuen Gesellschaftssitz in Erlangen fortzusetzen. Im Übrigen beschloss sie die Abänderung des Gesellschaftszwecks und eine Satzung für die
künftige GmbH. deutschen Rechts. Am 24.02.2012 wurde die S. A. R. L. im Registre de Commerce et
des Sociétés in Luxemburg mit der Begründung gelöscht, dass der Sitz der Gesellschaft ins Ausland verlegt wurde (»transfert du siège à l'étranger«). Am 16.10.2012 hielten die Gesellschafter nach deutschem
Recht eine Gesellschafterversammlung der Moor Park S. A. R.L ab. Hierbei bestätigten bzw. wiederhol-
ten sie die Beschlüsse aus der vorgenannten Urkunde des Notars S zur Urkunde des deutschen Notars B.
Insbesondere beschlossen sie nochmals die Satzung der D-GmbH deutschen Rechts und die Bestellung
eines allein vertretungsberechtigtem Geschäftsführers. Weiter beschlossen sie, dass die C Moor Park
S. A. R.L zum Stichtag 01.10.2012 formwechselnd analog den §§ 190 ff. UmwG in eine GmbH
nach deutschem Recht umgewandelt wird. Unter dem 16.10.2012 wurde beim Amtsgericht – Registergericht – Fürth durch Sitzverlegung der Moor Park S. A. R.L von Luxemburg nach Deutschland unter Annahme des deutschen Rechts entstandene Moor Park-GmbH zur Eintragung in das Handelsregister an. Vorgelegt wurden eine beglaubigte Abschrift der Gesellschafterversammlung mit beschlossener
neuer Satzung vom 16.10.2012, eine beglaubigte Abschrift der vorgenannten Urkunde des Notars S,

Luxemburg, vom 20.05.2011 über die nach luxemburgischem Recht abgehaltene Generalversammlung der Moor Park S. A. R.L, ein Sachgründungsbericht sowie eine Gesellschafterliste.

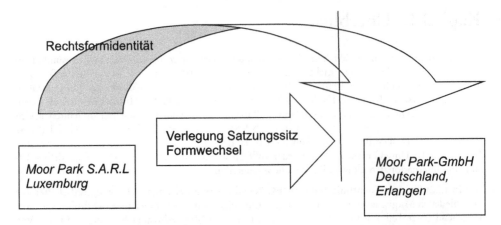

Mit Beschluss vom 27.02.2013 wies das Amtsgericht – Registergericht – Fürth den Eintragungsantrag vom 16.10.2012 zurück. Hiergegen richtete sich die Beschwerde beim OLG Nürnberg. Das OLG Nürnberg gab der Beschwerde statt. Interessant ist, dass das OLG in derselben Sache die Sitzverlegung mit Beschluss vom 13.02.2012 (NotBZ 2012, 180) noch abgelehnt hatte. Dort stellt es noch fest: »Die Verlegung des Satzungs- und Verwaltungssitzes einer ausländischen Kapitalgesellschaft (hier: Société à responsabilité limitée luxemburgischen Rechts) nach Deutschland unter identitätswahrendem Formwechsel in eine Kapitalgesellschaft deutschen Rechts (hier: GmbH) ist nach deutschem Sachrecht unzulässig.«

Kapitel 2: Grenzüberschreitende Umwandlungen auf der Grundlage der EuGH-Rechtsprechung

A. Einführung

I. Entwicklung der Rechtsprechung

1. Sitztheorie und Gründungstheorie. In Deutschland war lange Zeit, die sog. **Sitztheorie** herr- **4** schend, wonach darauf abzustellen war, wo sich der tatsächliche Sitz der Hauptverwaltung der Gesellschaft befand (BGHZ 97, 269; BGH, NJW 1995, 1032; BGH, ZIP 2002, 1736 ff.; MünchKomm-BGB/Kindler, IntGesR Rn. 33 ff.; Lutter/Hommelhoff/Bayer, GmbHG § 4a Rn. 9). Nach der früheren Rechtsprechung zum deutschen internationalen Gesellschaftsrecht beurteilte sich die Rechtsfähigkeit einer Gesellschaft nach dem Recht am Ort ihres tatsächlichen Verwaltungssitzes. Das galt auch dann, wenn eine Gesellschaft in einem anderen Staat wirksam gegründet worden war und anschließend ihren Verwaltungssitz in die BRD verlegte. Folge der Sitztheorie war die Meinung, dass z. B. die grenzüberschreitende Sitzverlegung einer Kapitalgesellschaft zwingend zur Auflösung der Gesellschaft und deren Liquidation führt (vgl. BayObLGZ 1992, 113; OLG Hamm, ZIP 1997, 1696; OLG Düsseldorf, NJW 2001, 2184; Staudinger/Großfeld, Internationales Gesellschaftsrecht, Rn. 28, 617 ff.; Michalski/Leible, GmbHG, Syst. Darst. 2, Rn. 4; Scholz/Westermann, GmbHG Einl. Rn. 94 ff.)Nach der sog. Gründungstheorie steht der Verlegung allein des tatsächlichen Verwaltungssitzes einer inländischen Gesellschaft in einen anderen Staat nichts entgegen, denn der neue Sitzstaat erkennt die nach dem Gründungsrecht erworbene Rechtsfähigkeit an und fordert keine neuerliche Inkorporation in Übereinstimmung mit den Gesetzen des aufnehmenden Staats (vgl. Staudinger/Großfeld, Internationales Gesellschaftsrecht, Rn. 18, 31, 156; Lutter/Hommelhoff/Bayer, GmbHG, § 4a Rn. 9; Bayer, BB 2003, 2357, 2363 f.; Altmeppen, NJW 2004, 97 ff.; Reithmann/Martiny/Hausmann, Internationales Vertragsrecht, Rn. 2199 ff.; OLG Hamburg NZG 2007, 597; Leible/Hoffmann, ZIP 2003, 925; Kußmaul/Richter/Ruiner, EWS 2009, 1). Letztendlich war auch die Auslegung des § 1 Abs. 2 UmwG, wonach eine grenzüberschreitende Umwandlung nicht zulässig sein soll, von diesem langjährigen Gedanken des deutschen internationalen Gesellschaftsrechts geprägt. Beispiel für die Anwendung der Gründungstheorie ist die englische Limited. Allgemein bekannt ist, dass diese nach ihrem Gründungsrecht ohne weiteres ihren tatsächlichen Verwaltungssitz nach Deutschland verlegen konnte und als solche weiter existent war. Eine Eintragung im deutschen Handelsregister kann »nur« nach

§ 13d HGB als Zweigniederlassung erfolgen (vgl. Kienle, Münchener Handbuch des Gesellschaftsrechts, Band 6, 4. Aufl. 2013, § 21 rdn. 1 ff.; Kühn/Kafke, NZG 2011, 209; Wachter, GmbHR 2005, 1131; ders. ZNotP 2005, 122). Diese im Wesentlichen anhand der grenzüberschreitenden Sitzverlegung diskutierten Fragen hat die Rechtsprechung des EuGH grds. verändert.

5 **2. Neubestimmung durch den EuGH: »Daily-Mail« bis »Überseering«.** Während die sog. »Daily-Mail«-Entscheidung aus dem Jahr 1988 (NJW 1989, 2186 = DB 1989, 269 = IPRax 1989, 381 m. Aufs. Behrens 354) im Grundsatz noch die Anerkennung der Sitztheorie und damit die Einschränkung einer internationalen Gesellschaftssitzverlegung anerkannt hat, wurde durch die sog. »Centros«-Entscheidung vom 09.03.1999 (NJW 1999, 2027 = DB 1999, 625 = MittBayNot 1999, 298 = EuZW 1999, 216 m. Aufs. Freitag (267) = NJW 1999, 2027 = IPRax 1999, 360 m.Aufs. Behrens (232) = NZG 1999, 298 Anm. Leible) vom EuGH die Niederlassungsfreiheit auch für Fragen grenzüberschreitender Gesellschaftsveränderungen ausgedehnt. Die Entscheidung betraf die Weigerung der dänischen Behörden, die Zweigniederlassung einer englischen Gesellschaft in das dänische Handelsregister einzutragen, weil die nach englischem Recht wirksam errichtete Gesellschaft mithilfe der Zweigniederlassung ihre gesamte Geschäftätigkeit in Dänemark ausüben wollte, ohne eine Tochtergesellschaft zu errichten. Der tatsächliche Verwaltungssitz der Gesellschaft sollte in Dänemark liegen, wo eine Zweigniederlassung der Centros Ltd. registriert werden sollte. Die dänische Registerbehörde verweigerte die Eintragung der Zweigniederlassung, weil die Umgehung des dänischen Gesellschaftsrechts rechtsmissbräuchlich sei. Die dänische Behörde lehnte die Eintragung u. a. mit der Begründung ab, die Centros, die seit ihrer Errichtung keine Geschäftätigkeit im Vereinigten Königreich entfaltet habe, beabsichtige unter Umgehung der nationalen Vorschriften insbesondere über die Einzahlung eines Mindestgesellschaftskapitals von 200 000 DKR gemäß dem Gesetz Nr. 886 vom 21. Dezember 1991 in Wirklichkeit, in Dänemark nicht eine Zweigniederlassung, sondern einen Hauptsitz zu errichten. Der EuGH entschied, dass Art. 46 EGV ein Verbot der Eintragung nicht rechtfertige. Zwar könne jeder Mitgliedstaat geeignete Maßnahmen treffen, um Missbräuche zu verhindern. Jedoch könne dies eine Einschränkung dergestalt nicht rechtfertigen, die Eintragung einer Zweigniederlassung einer in einem anderen Mitgliedstaat wirksam gegründeten Gesellschaft gänzlich zu verweigern. Auch Mindestkapitalerfordernisse des Zuzugstaats rechtfertigten nicht eine Verweigerung der Eintragung. Die Auswirkungen dieser Entscheidung auf die Sitztheorie wurden in der Literatur zunächst heftig diskutiert (vgl. Reithmann/Martiny/Hausmann, Internationales Vertragsrecht, Rn. 2275 ff.).

6 Der EuGH begründet dies wie folgt:

»(...) Nach ständiger Rechtsprechung umfasst die Niederlassungsfreiheit, die Artikel 52 EG-Vertrag den Gemeinschaftsangehörigen zuerkennt, das Recht zur Aufnahme und Ausübung selbständiger Erwerbstätigkeiten sowie zur Errichtung von Unternehmen und zur Ausübung der Unternehmertätigkeit nach den Bestimmungen, die im Niederlassungsstaat für dessen eigene Angehörigen gelten. Außerdem stellt Artikel 58 EG-Vertrag die nach dem Recht eines Mitgliedstaats gegründeten Gesellschaften, die ihren satzungsmäßigen Sitz, ihre Hauptverwaltung oder ihre Hauptniederlassung innerhalb der Gemeinschaft haben, den natürlichen Personen gleich, die Angehörige der Mitgliedstaaten sind. Hieraus folgt unmittelbar, dass diese Gesellschaften das Recht haben, ihre Tätigkeit in einem anderen Mitgliedstaat durch eine Agentur oder eine Zweigniederlassung oder Tochtergesellschaft auszuüben, wobei ihr satzungsmäßiger Sitz, ihre Hauptverwaltung oder ihre Hauptniederlassung, ebenso wie die Staatsangehörigkeit bei natürlichen Personen, dazu dient, ihre Zugehörigkeit zur Rechtsordnung eines Mitgliedstaats zu bestimmen (vgl. in diesem Sinne die Urteile Segers, Randnr. 13; vom 28. Januar 1986 in der Rechtssache 270/83, Kommission/Frankreich, Slg. 1986, 273, Randnr. 18; vom 13. Juli 1993 in der Rechtssache C-330/91, Commerzbank, Slg. 1993, I-4017, Randnr. 13; und vom 16. Juli 1998 in der Rechtssache C-264/96, ICI, Slg. 1998, I-4695, Randnr. 20). Verweigert ein Mitgliedstaat unter bestimmten Umständen die Eintragung der Zweigniederlassung einer Gesellschaft, die ihren Sitz in einem anderen Mitgliedstaat hat, so werden die nach dem Recht dieses anderen Mitgliedstaats gegründeten Gesellschaften an der Wahrnehmung ihres Niederlassungsrechts aus den Artikeln 52 und 58 EG-Vertrag gehindert. Ein solches Vorgehen beschränkt also die Ausübung der in diesen Bestimmungen gewährleisteten Freiheiten.«

Mit der sog. »**Überseering**«-Entscheidung aus dem Jahr 2002 hat der EuGH seine in Centros begon- **7** nene Rechtsprechung eindeutig fortgesetzt (EuGH, 05.11.2002, NJW 2002, 3614 = BB 2002, 2402 = DB 2002, 2425). Die Überseering BV war eine Kapitalgesellschaft, die nach niederländischem Recht gegründet wurde und im Handelsregister von Amsterdam eingetragen war. Anteilseigner waren zwei deutsche Staatsangehörige, die den Verwaltungssitz der Gesellschaft an ihren Wohnsitz nach Düsseldorf verlegt hatten und von dort aus die tatsächliche Geschäftsführung ausgeübt. Überseering wollt vor einem deutschen Gericht ein deutsches Bauunternehmen verklagen. Der BGH kam allerdings wie schon die Vorinstanzen zu dem Ergebnis, dass die Überseering BV nicht prozessfähig sei. Nach der in Deutschland damals herrschenden Sitztheorie wurde deutsches Recht angewandt und der niederländischen Kapitalgesellschaft mangels Neugründung und Eintragung in das deutsche Handelsregister die Rechts- und Parteifähigkeit versagt. Nach Ansicht des EuGH verstoße es gegen die Art. 43 und 48 EG, wenn einer Gesellschaft, die nach dem Recht des Mitgliedstaats, in dessen Hoheitsgebiet sie ihren satzungsmäßigen Sitz hat, gegründet worden ist und von der nach dem Recht eines anderen Mitgliedstaats angenommen wird, dass sie ihren tatsächlichen Verwaltungssitz dorthin verlegt hat, in diesem Mitgliedstaat die Rechtsfähigkeit und damit die Parteifähigkeit vor seinen nationalen Gerichten für das Geltendmachen von Ansprüchen aus einem Vertrag abgesprochen werde. Ist eine Gesellschaft nach dem Recht eines EG-Mitgliedstaates gegründet worden und ist sie in ihrem Gründungsstaat als Kapitalgesellschaft rechtsfähig, dann steht ihr dieses Recht nach der Entscheidung des EuGH auch in einem anderen Mitgliedstaat zu.

Der EuGH führte dazu aus:

> »(. . .) Überseering, die in den Niederlanden wirksam gegründet worden ist und dort ihren satzungsmäßigen Sitz hat, genießt aufgrund der Artikel 43 EG und 48 EG das Recht, als Gesellschaft niederländischen Rechts in Deutschland von ihrer Niederlassungsfreiheit Gebrauch zu machen. Insoweit ist es unbeachtlich, dass nach der Gründung dieser Gesellschaft deren gesamtes Kapital von in Deutschland ansässigen deutschen Staatsangehörigen erworben wurde, denn dieser Umstand hat offenbar nicht zum Verlust der Rechtspersönlichkeit geführt, die ihr die niederländische Rechtsordnung zuerkennt.
>
> Ihre Existenz hängt sogar untrennbar mit ihrer Eigenschaft als Gesellschaft niederländischen Rechts zusammen, da eine Gesellschaft, wie bereits ausgeführt wurde, jenseits der nationalen Rechtsordnung, die ihre Gründung und ihre Existenz regelt, keine Realität hat (in diesem Sinne Urteil Daily Mail and General Trust, Randnr. 19). Das Erfordernis, dieselbe Gesellschaft in Deutschland neu zu gründen, kommt daher der Negierung der Niederlassungsfreiheit gleich. Unter diesen Umständen stellt es eine mit den Artikeln 43 EG und 48 EG grundsätzlich nicht vereinbare Beschränkung der Niederlassungsfreiheit dar, wenn ein Mitgliedstaat sich u. a. deshalb weigert, die Rechtsfähigkeit einer Gesellschaft, die nach dem Recht eines anderen Mitgliedstaats gegründet worden ist und dort ihren satzungsmäßigen Sitz hat, anzuerkennen, weil die Gesellschaft im Anschluss an den Erwerb sämtlicher Geschäftsanteile durch in seinem Hoheitsgebiet wohnende eigene Staatsangehörige, ihren tatsächlichen Verwaltungssitz in sein Hoheitsgebiet verlegt haben soll, mit der Folge, dass die Gesellschaft im Aufnahmemitgliedstaat nicht zu dem Zweck parteifähig ist, ihre Ansprüche aus einem Vertrag geltend zu machen, es sei denn, dass sie sich nach dem Recht dieses Aufnahmestaats neu gründet (. . .).«

Schließlich hat der EuGH die Rechtsprechung in der Entscheidung »**Inspire-Art**« aus dem Jahr 2003 **8** (NJW 2003, 331 = AG 2003, 680) bestätigt. Die »Inspire Art Ltd« wurde am 28. Juli 2000 als »private company limited by shares« englischen Rechts mit Sitz in Folkestone (Vereinigtes Königreich) gegründet. Nach ihrer Registrierung in Großbritannien errichtete sie eine Zweigniederlassung in den Niederlanden. Die Geschäftstätigkeit wurde ausschließlich in den Niederlanden ausgeübt. Die Zweigniederlassung der Gesellschaft war im niederländischen Handelsregister eingetragen. Aufgrund nationaler Bestimmung verlangte die Handelskammer, dass die Eintragung der »Inspire Art Ltd.« um die Bezeichnung »formal ausländische Gesellschaft« erweitert wird. Damit wären auf Inspire Art Ltd. restriktiven Publizitäts-, Rechnungslegungs- und Mindestkapitalvorschriften eines speziellen niederländischen Gesetztes anwendbar gewesen.

Nach der Entscheidung des EuGH stehen stehen die Regelungen eines Mitgliedstaats der Niederlassungsfreiheit entgegen, die die Ausübung der Freiheit zur Errichtung einer Zweigniederlassung in diesem Staat durch eine nach dem Recht eines anderen Mitgliedstaats gegründete Gesellschaft von bestimmten Voraussetzungen abhängig machen, die im innerstaatlichen Recht für die Gründung von Gesellschaften bzw. des Mindestkapitals und der Haftung der Geschäftsführer vorgesehen seien.

Der EuGH begründete dies damit:

»... Nach der Rechtsprechung des Gerichtshofes sind nationale Maßnahmen, die die Ausübung der durch den EG-Vertrag garantierten Grundfreiheiten behindern oder weniger attraktiv machen können, gerechtfertigt, wenn vier Voraussetzungen erfüllt sind: Sie müssen in nichtdiskriminierender Weise angewandt werden, sie müssen aus zwingenden Gründen des Allgemeininteresses gerechtfertigt sein, sie müssen zur Erreichung des verfolgten Zieles geeignet sein, und sie dürfen nicht über das hinausgehen, was zur Erreichung dieses Zieles erforderlich ist (vgl. die Urteile vom 31. März 1993 in der Rechtssache C-19/92, Kraus, Slg. 1993, I-1663, Randnr. 32, vom 30. November 1995 in der Rechtssache C-55/94, Gebhard, Slg. 1995, I-4165, Randnr. 37, und Centros, Randnr. 34).

Folglich ist zu prüfen, ob Bestimmungen über das Mindestkapital wie die des Ausgangsverfahrens diese Voraussetzungen erfüllen.

Erstens ist zum Gläubigerschutz ohne weitere Prüfung, ob die Vorschriften über das Mindestkapital als solche einen geeigneten Schutzmechanismus bilden, festzustellen, dass die Inspire Art als Gesellschaft englischen Rechts und nicht als niederländische Gesellschaft auftritt. Ihre potenziellen Gläubiger sind hinreichend darüber unterrichtet, dass sie anderen Rechtsvorschriften als denen unterliegt, die in den Niederlanden die Gründung von Gesellschaften mit beschränkter Haftung regeln, u. a., was die Vorschriften über das Mindestkapital und die Haftung der Geschäftsführer betrifft. Wie der Gerichtshof in Randnummer 36 des Urteils Centros ausgeführt hat, können sich die Gläubiger ferner auf bestimmte gemeinschaftsrechtliche Schutzregelungen wie die Vierte und die Elfte Richtlinie berufen.

Zweitens ist bezüglich der Bekämpfung der missbräuchlichen Ausnutzung der Niederlassungsfreiheit daran zu erinnern, dass ein Mitgliedstaat berechtigt ist, Maßnahmen zu treffen, die verhindern sollen, dass sich einige seiner Staatsangehörigen unter Ausnutzung der durch den Vertrag geschaffenen Möglichkeiten in missbräuchlicher Weise der Anwendung des nationalen Rechts entziehen; die missbräuchliche oder betrügerische Berufung auf Gemeinschaftsrecht ist nicht gestattet (Urteil Centros, Randnr. 24 und die dort zitierte Rechtsprechung) (...).«

9 Daraus wurde weitgehend gefolgert, dass die Art. 43, 48 EG die Mitgliedstaaten nicht nur dazu verpflichten, auf der sachrechtlichen Ebene die Rechts- und Parteifähigkeit zugezogener Gesellschaften sicherzustellen, sondern erforderten die Anerkennung der Gesellschaft auf der Ebene des Kollisionsrechts (vgl. Reithmann/Martiny/Hausmann, Internationales Vertragsrecht, Rn. 2282). Damit ist weitgehend die **Gründungstheorie anerkannt** (vgl. Lutter, DB 2003, 7 ff.; Behrens, IPrax 2003, 193 ff.; Palandt/Thorn, BGB, Anh. zu Art. 12 EGBGB Rn. 6 ff.; Lutter, BB 2003, 7, 9; Eidenmüller, ZIP 2002, 2233, 2238; Heidenhain, NZG 2002, 1141, 1142; Großerichter, DStR 2003, 1, 15; Forsthoff, DB 2002, 2471, 2476; Leible/Hofmann, RIW 2002, 925, 929; Zimmer, BB 2003, 1, 5).

10 Aufgrund der Rechtsprechung des Europäischen Gerichtshofs in den Entscheidungen »Centros«, »Überseering« und »Inspire Art« (ZIP 1999, 438; 2002, 2037; 2003, 1885) hat sich auch der BGH für diejenigen Auslandsgesellschaften, die in einem Mitgliedstaat der Europäischen Union oder des EWR oder in einem mit diesen aufgrund eines Staatsvertrages in Bezug auf die Niederlassungsfreiheit gleichgestellten Staat gegründet worden sind, der sog. Gründungstheorie angeschlossen (BGHZ 154, 185; 164, 148 ZIP 2005, 805, NJW 2011, 3372). Danach ist die Rechtsfähigkeit einer Gesellschaft nach dem Recht ihres Gründungsstaats zu beurteilen. In der Entscheidung v. 21.07.2011 (BGH, NJW 2011, 3784 = DB 2011, 2140) hat der BGH erneut bestätigt, dass das Gesellschaftsstatut sich nach dem Gründungsstatut richtet. Nach den Entscheidungen des EuGH in den Sachen Centros sei es allgemeine Auffassung geworden, dass sich das Gesellschaftsstatut solcher Gesellschaften, die in einem Mitgliedstaat der europäischen Gemeinschaft gegründet worden sind, nicht nach dem Verwaltungssitz, sondern nach dem Gründungsort richten, weil nur so die europarechtlich verbürgte Nieder-

lassungsfreiheit gewährt werden kann (vgl. auch Hueck/Fastrich, in: Baumbach/Hueck, GmbHG, Einleitung Rn. 60; Michalski/Leible, GmbHG, Systematische Darstellung, Teil 2 Rn. 36 ff.; Palandt/ Thorn, BGB, Anh. zu Art. 12 EGBGB Rn. 6 ff.) Die Rechtsfähigkeit von Gesellschaften, die in einem »Drittstaat« gegründet worden sind, der weder der Europäischen Union angehört noch aufgrund von Verträgen hinsichtlich der Niederlassung gleichgestellt ist, hat die Rechtsprechung dagegen weiter nach der Sitztheorie beurteilt, wonach für die Rechtsfähigkeit einer Gesellschaft das Recht des Sitzstaates maßgeblich ist (BGHZ 153, 353, 355; Bay-ObLG DB 2003, 819; OLG Hamburg ZIP 2007, 1108). Nach der Rechtsprechung des EuGH ist daher die in einem Vertragsstaat nach dessen Vorschriften wirksam gegründete Gesellschaft in einem anderen Vertragsstaat – unabhängig von dem Ort ihres tatsächlichen Verwaltungssitzes – in der Rechtsform anzuerkennen, in der sie gegründet wurde (vgl. EuGH, ZIP 2002, 2037 – Überseering; bestätigt durch EuGH, ZIP 2003, 1885 – Inspire Art; vgl. auch BGHZ 154, 185, 189; vgl. ferner zur vergleichbaren Rechtslage beim Deutsch-Amerikanischen Freundschafts-, Handels- und Schifffahrtsvertrag: BGHZ 153, 353, 356 f.; Senatsurt., ZIP 2004, 1402 m. w. N.; BGH, ZIP 2004, 2230, 2231). Aus der Anerkennung der Rechtsfähigkeit einer solchen Gesellschaft folgt zugleich, dass deren Personalstatut auch in Bezug auf die Haftung für in ihrem Namen begründete rechtsgeschäftliche Verbindlichkeiten einschließlich der Frage nach einer etwaigen diesbezüglichen persönlichen Haftung ihrer Gesellschafter oder Geschäftsführer gegenüber den Gesellschaftsgläubigern maßgeblich ist (vgl. BGHZ 154, 185, 189 – auch zur passiven Parteifähigkeit; BGH, NJW-RR 2002, 1359 f.; Senatsurt., ZIP 2004, 1403). Die Anwendung der Gründungstheorie auf Auslandsgesellschaften, die in einem Mitgliedstaat der Europäischen Union gegründet wurden, hängt nach Auffassung des BGH auch nicht davon ab, ob ein über den reinen Registertatbestand hinausgehender realwirtschaftlicher Bezug zum Gründungsstaat (»genuine link«) gegeben ist (vgl. BGH, Urteil vom 14. März 2005 – II ZR 5/03, ZIP 2005, 805, 806; Paefgen in Westermann, Handbuch der Personengesellschaften [bei juris], § 60 Internationales Privatrecht Rn. 4118a; Servatius in Henssler/Strohn, Gesellschaftsrecht, IntGesR Rn. 27; aA Roth in Altmeppen/Roth, GmbHG, 6. Aufl., § 4a Rn. 43 f.; Kindler, NZG 2010, 576, 578). In der Entscheidung vom 27.10.2008 (Trabrennbahn, NJW 2009, 289 = DNotZ 2009, 385 = DNotI-Report 2009, 7) hat der BGH dies allerdings für Drittstaaten, wie z. B. die Schweiz offen gelassen. Er weist darauf hin, dass nach allgemeinen Regeln des deutschen Privatrechts die Rechtsfähigkeit einer in der Schweiz gegründeten Gesellschaft nach dem Recht des Ortes zu beurteilen sei, an dem sie ihren Verwaltungssitz habe (BGHZ 97, 269, 271). Eine in der Schweiz gegründete Aktiengesellschaft sei also nur dann in Deutschland rechtsfähig, wenn sie im deutschen Handelsregister eingetragen sei, was eine Neugründung voraussetze. Der BGH sehe keinen Anlass, diese Rechtsprechung grundsätzlich aufzugeben. Allerdings herrsche im Schrifttum Streit über die Frage, ob der Übergang von der »Gründungstheorie« zur »Sitztheorie« für Gesellschaften unter dem Regime der europarechtlichen Niederlassungsfreiheit einen ebensolchen Schritt für Gesellschaften aus Drittstaaten rechtfertige oder gar erfordere. Die dies befürwortenden Autoren beruften sich zur Begründung ihrer Meinung vor allem auf die Einheit des deutschen Kollisionsrechts und den durch die »Gründungstheorie« ausgelösten Wettbewerb der internationalen Gesellschaftsformen (Eidenmüller, ZIP 2002, 2233, 2244; Behrens in Großkomm.z.GmbHG Einl. B Rn. 36; Rehm in Eidenmüller, Ausländische Kapitalgesellschaften im deutschen Recht 2004, § 2 Rz. 87; Leible/Hoffmann, ZIP 2003, 925, 930; Paefgen, WM 2003, 561, 570). Die Gegenmeinung sehe die Gründe für die ursprünglich umfassende Geltung der »Sitztheorie« – Schutz der Gläubiger und Minderheitsgesellschafter nach deutschen Standards, Verhinderung einer Flucht in Gesellschaftsrechte mit den geringsten Anforderungen (»race to the bottom«) – im Verhältnis zu den Drittstaaten als nach wie vor gegeben an und will deshalb ein »gespaltenes« Kollisionsrecht in Kauf nehmen ((Hüffer/Koch, AktG § 1 Rn. 30 f.; MünchKommBGB/Kindler EGBGB, Internationales Handels- und Gesellschaftsrecht, Rn. 251; Erman/ Hohloch, BGB 12. Aufl., Anh. II Art. 37 EGBGB Rn. 30; MünchKommAktG/Heider, 3. Aufl. Einl. Rn. 94 ff.; Hausmann in Reithmann/Martiny, Internationales Vertragsrecht, 8. Aufl. Rn. 7.75; Wiedemann, GesR II § 1 IV 2, 3; Palandt/Heldrich, BGB Anh. zu Art. 12 EGBGB Rn. 9; Bayer, BB 2003, 2357, 2363 f.; Ebke, JZ 2003, 927, 929 f.; Horn, NJW 2004, 893, 897; Wachter, GmbHR 2005, 1484, 1485; Weller, ZGR 2006, 748, 765). Der Gesetzgeber habe dazu bisher noch keine Regelung getroffen. Insbesondere enthalte § 4a GmbHG i. d. F. des Gesetzes zur Modernisierung des GmbH-Rechts und zur Verhinderung von Missbräuchen (MoMiG) vom 23. Oktober 2008 (BGBl. I S. 2026) keine Regelung über die Anerkennung ausländischer Gesellschaften mit Verwaltungssitz im Inland (Kindler, AG 2007, 721, 725 f.). Wohl habe der Gesetzgeber – einer Empfehlung des Deutschen Rates für Internationales Privatrecht folgend (abgedruckt bei Sonnenberger/Bauer, RIW 2006 Beil. 1 zu Heft 4) – am 14. Dezember 2007 einen Referentenentwurf eines Gesetzes zum Internationalen Privatrecht der Gesellschaften, Vereine und juristischen Personen vorgelegt. Darin schlage er vor, die »Gründungstheorie« im deutschen Recht zu kodifizieren (Art. 10 EGBGB-E). Dieses Gesetzgebungsvorhaben sei indes noch nicht abgeschlossen. Gegen die generelle Geltung der »Gründungstheorie« seien im politischen Meinungsbildungsprozess Bedenken geäußert worden. Angesichts dessen sei es schon vom Ansatz her nicht Sache des BGH, der Willensbildung des Gesetzgebers vorzugreifen und die bisherige Rechtsprechung zu ändern. Damit hat die Sitztheorie außerhalb der EU/EWR weiter Geltung (bestätigt durch BGH ZIP 2010, 1003, BGH NJW 2011, 3372).

II. Entscheidung »Sevic«

11   Während die vorgenannte Rechtsprechung in erster Linie Fragen der grenzüberschreitenden Sitzverlegung und Anerkennung ausländischer Gesellschaften betraf, die aber im Grundsatz ihren Gründungssitz weiterhin im Ausgangsstaat behielten, diese Entscheidungen damit nur mittelbar internationale Umwandlungsfälle betreffen konnten, hat der EuGH in der Entscheidung »Sevic« die **Beschränkungen des deutschen Umwandlungsrechts** auf Rechtsträger mit Sitz im Inland überprüft und als **Verstoß gegen die Niederlassungsfreiheit** gekennzeichnet (EuGH DB 2005, 2804 = GmbHR 2006, 140). Die Entscheidung erging im Rahmen einer Beschwerde der Sevic-Systems-AG mit Sitz in Neuwied Deutschland gegen einen Beschluss des AG Neuwied, mit dem ihr Antrag auf Eintragung ihrer Verschmelzung mit der in Luxemburg ansässigen Gesellschaft in das deutsche Handelsregister mit der Begründung zurückgewiesen wurde, dass das deutsche Umwandlungsrecht nur die Verschmelzung von Gesellschaften mit Sitz in Deutschland vorsehe. Der EuGH bejahte zunächst die Anwendbarkeit der Niederlassungsfreiheit auf grenzüberschreitende Verschmelzungen. Von der Niederlassungsfreiheit seien nämlich alle Maßnahmen erfasst, die den Zugang zu einem anderen Mitgliedstaat als dem Sitzmitgliedstaat und die Ausübung einer wirtschaftlichen Tätigkeit in jenem Staat dadurch ermöglichen oder auch nur erleichtern, dass sie die tatsächliche Teilnahme der betroffenen Wirtschaftsbeteiligten am Wirtschaftsleben des letztgenannten Mitgliedstaats unter den selben Bedingungen gestatten, die für die inländische Wirtschaftsbeteiligten gelten. Die von den beteiligten Regierungen vorgebrachten Rechtfertigungsgründe, die gegen eine grenzüberschreitende Verschmelzung sprechen, wurden vom EuGH nicht akzeptiert. Zwar können zwingende Gründe des Allgemeininteresses wie der Schutz der Interessen von Gläubigern, Minderheitsgesellschafter und Arbeitnehmern sowie die Wahrung der Wirksamkeit der Steueraufsicht und der Lauterkeit des Handelsverkehrs unter bestimmten Umständen auch die Niederlassungsfreiheit beschränkenden Maßnahmen rechtfertigen. Eine generelle Verweigerung grenzüberschreitender Verschmelzungen könne damit allerdings nicht begründet werden.

12   Die Entscheidung betraf ein **sog. Hineinverschmelzen** nach Deutschland; die sog. **Hinausverschmelzung** aus Deutschland heraus behandelte der EuGH nicht. Der Generalanwalt Tizzano war in seinen Schlussanträgen v. 07.07.2005 (DB 2005, 1510) der Auffassung, dass neben dem Zuzug auch der Wegzug einer Gesellschaft in einen anderen EU-Mitgliedstaat von der Niederlassungsfreiheit geschützt sei. In der Literatur wird z. T. dennoch aus den Formulierungen des EuGH geschlossen, dass aufgrund der allgemein gehaltenen Entscheidungsgründe auch die Hinausverschmelzung von der Niederlassungsfreiheit gedeckt sei (Kallmeyer/Kappes, AG 2006, 224, 226; Krause/Kulpa, ZHR 171, 2007, 38, 45; Meilicke, GmbHR 2003, 793, 803; Zimmer, BB 2003, 1, 3). Nach a. A. wird dies allerdings auch verneint, da die Herausverschmelzung zu einem deutlichen Wertungswiderspruch ggü. der Behandlung der grenzüberschreitenden Sitzverlegung führen würde (Leible/Hoffmann, RIW 2006, 161, 165), da nach den bisherigen EuGH-Urteilen eine Sitzverlegung aus dem Inland heraus auch nach Auffassung des EuGH vom Staat verhindert werden könne.

III. Entscheidung »Cartesio« – grenzüberschreitende Herausumwandlung

13   Die **Frage des Wegzugs** wurde in der Sache »Cartesio« vom EuGH geklärt. Das ungarische Regionalgericht Szeged hatte sich mit einer Wegzugskonstellation befasst. Eine in Ungarn gegründete KG hatte ihren tatsächlichen Sitz nach Italien verlegt. Daraufhin hatte die KG beantragt, die Sitzverlegung in das ungarische Handelsregister einzutragen, was das Gericht ablehnte. Das Regionalgericht hat das Verfahren ausgesetzt und die Frage dem EuGH vorgelegt (ABl. EU C165/17, dazu ZIP 2006, 1536 =

EWiR Art. 43 EG 1/06, 459 m. Anm. Neye, vgl. auch Schmidtbleicher, BB 2007, 613). Der Generalanwalt hatte in seinem Schlussantrag – im Widerspruch zur Entscheidung des EuGH in Sachen **Daily
Mail** (Urt. v. 27.09.1988, 81/87, NJW 1989, 2186) – die Ansicht vertreten, die Niederlassungsfreiheit
verlange hier die Möglichkeit, den Geschäftssitz in einen anderen Mitgliedstaat zu verlegen (Schlussantrag v. 22.05.2008, DNotI-Report 2008, 103). In der Vorabentscheidung v. 16.12.2008 im Fall Cartesio (Rs. C-210/06 = DNotZ 2009, 553 = NJW 2009, 545 = BB 2009, 1 = NotBZ 2009, 109 =
ZIP 2009, 24) hat der EuGH schließlich zu der Frage Stellung genommen, inwieweit ein Mitgliedstaat
ohne Verstoß gegen die Niederlassungsfreiheit verhindern kann, dass eine inländische Gesellschaft ihren operativen Sitz (Hauptniederlassung) in einen anderen Mitgliedstaat verlegt. Der EuGH bestätigt –
entgegen den allgemeinen Erwartungen – die in seiner Daily Mail-Entscheidung getroffene Feststellung, dass der EG-Vertrag es zulasse, dass das Gesellschaftsrecht der Mitgliedstaaten für die nach ihrem
Recht gegründeten Gesellschaften einen effektiven Verwaltungssitz im Inland verlange. Insoweit wurde
die Vorlagefrage also negativ beantwortet und der Ruf des Generalanwalts nach einer Wegzugsfreiheit
der Gesellschaften abgewiesen. Im Ergebnis beschränkt der EuGH die Folgen auf die Befugnis der Gesellschaft, sich weiterhin als inländische Gesellschaft behandeln zu lassen. Im Gegenzug erhält die Gesellschaft die Möglichkeit, sich bei Versagung der Wegzugsmöglichkeit nach Maßgabe des im Zuzugsstaat geltenden Rechts dem Gesellschaftsrecht des Zuzugsstaats zu unterstellen. Der Wegzugsstaat
kann also nicht verhindern, dass die Gesellschaft nach Wegzug im Wege eines grenzüberschreitenden
Formwechsels in eine Gesellschaft nach dem Recht des Zuzugsstaates umgewandelt wird. Insoweit entwickelt der EuGH die Rechtsprechung seiner **SEVIC-Entscheidung** (DNotI-Report 2005, 149 =
DNotZ 2006, 210 = NJW 2006, 425) fort und lässt damit nach Maßgabe des nationalen Rechts des
Zuzugsstaates den grenzüberschreitenden Formwechsel zu (eingehend Leible/Hoffmann, BB 2009,
58).

Der EuGH führt aus:

»In Ermangelung einer einheitlichen gemeinschaftsrechtlichen Definition der Gesellschaften, denen die Niederlassungsfreiheit zugutekommt, anhand einer einheitlichen Anknüpfung, nach der
sich das auf eine Gesellschaft anwendbare Recht bestimmt, ist die Frage, ob Art. 43 EG auf eine
Gesellschaft anwendbar ist, die sich auf die dort verankerte Niederlassungsfreiheit beruft, ebenso
wie im Übrigen die Frage, ob eine natürliche Person ein Staatsangehöriger eines Mitgliedstaats
ist und sich aus diesem Grund auf diese Freiheit berufen kann, daher gemäß Art. 48 EG eine Vor-
frage, die beim gegenwärtigen Stand des Gemeinschaftsrechts nur nach dem geltenden nationalem
Recht beantwortet werden kann. Nur wenn die Prüfung ergibt, dass dieser Gesellschaft in Anbe-
tracht der in Art. 48 EG genannten Voraussetzungen tatsächlich die Niederlassungsfreiheit zugutekommt, stellt sich die Frage, ob sich die Gesellschaft einer Beschränkung dieser Freiheit im Sinne
des Art. 43 EG gegenübersieht.

Ein Mitgliedstaat kann somit sowohl die Anknüpfung bestimmen, die eine Gesellschaft aufweisen
muss, um als nach seinem innerstaatlichen Recht gegründet angesehen werden und damit in den
Genuss der Niederlassungsfreiheit gelangen zu können, als auch die Anknüpfung, die für den Erhalt
dieser Eigenschaft verlangt wird. Diese Befugnis umfasst die Möglichkeit für diesen Mitgliedstaat,
es einer Gesellschaft seines nationalen Rechts nicht zu gestatten, diese Eigenschaft zu behalten,
wenn sie sich durch die Verlegung ihres Sitzes in einen anderen Mitgliedstaat dort neu organisieren
möchte und damit die Anknüpfung löst, die das nationale Recht des Gründungsmitgliedstaats vorsieht.

Der Fall einer solchen Verlegung des Sitzes einer nach dem Recht eines Mitgliedstaats gegründeten
Gesellschaft in einen anderen Mitgliedstaat ohne Änderung des für sie maßgeblichen Rechts ist jedoch von dem Fall zu unterscheiden, dass eine Gesellschaft aus einem Mitgliedstaat in einen anderen Mitgliedstaat unter Änderung des anwendbaren nationalen Rechts verlegt und dabei in eine
dem nationalen Recht des zweiten Mitgliedstaats unterliegende Gesellschaftsform umgewandelt
wird.

Denn in diesem zweiten Fall kann die in Randnr. 110 des vorliegenden Urteils angesprochene Befugnis – die keinesfalls irgendeine Immunität des nationalen Rechts über die Gründung und Auflösung von Gesellschaften im Hinblick auf die Vorschriften des EG-Vertrags über die Niederlas-

sungsfreiheit impliziert – insbesondere nicht rechtfertigen, dass der Gründungsmitgliedstaat die Gesellschaft dadurch, dass er ihre Auflösung und Liquidation verlangt, daran hindert, sich in eine Gesellschaft nach dem nationalen Recht dieses anderen Mitgliedstaats umzuwandeln, soweit dies nach diesem Recht möglich ist.

Ein solches Hemmnis für die tatsächliche Umwandlung, ohne vorherige Auflösung und Liquidation, einer solchen Gesellschaft in eine Gesellschaft des nationalen Rechts des Mitgliedstaats, in den sie sich begeben möchte, stellt eine Beschränkung der Niederlassungsfreiheit der betreffenden Gesellschaft dar, die, wenn sie nicht zwingenden Gründen des Allgemeininteresses entspricht, nach Art. 43 EG verboten ist (vgl. in diesem Sinne insbesondere Urteil CaixaBank France, Randnrn. 11 und 17).

Darüber hinaus ist festzustellen, dass die in den Art. 44 Abs. 2 Buchst. g EG und 293 EG vorgesehenen legislativen und vertraglichen Arbeiten im Bereich des Gesellschaftsrechts seit den Urteilen Daily Mail and General Trust und Überseering bisher nicht die in diesen Urteilen aufgezeigten Unterschiede der nationalen Rechtsvorschriften betroffen haben, so dass diese nach wie vor bestehen. (...)

Hierzu ist festzustellen, dass diese auf der Grundlage von Art. 308 EG erlassenen Verordnungen zwar tatsächlich eine Regelung enthalten, wonach die mit ihnen eingeführten neuen Rechtsformen ihren satzungsmäßigen Sitz und damit auch ihren wahren Sitz, die nämlich in demselben Mitgliedstaat gelegen sein müssen, in einen anderen Mitgliedstaat verlegen können, ohne dass dies zur Auflösung der ursprünglichen juristischen Person und zur Schaffung einer neuen juristischen Person führt, dass eine solche Verlegung aber dennoch zwangsläufig die Änderung des auf die betreffende Einheit anwendbaren nationalen Rechts mit sich bringt.«

Im Ergebnis stellt der EuGH fest, dass die Art. 43 EG und 48 EG (jetzt geregelt in Art. 49 und Art 54 AEUV) beim gegenwärtigen Stand des Gemeinschaftsrechts dahin auszulegen sind, dass sie Rechtsvorschriften eines Mitgliedstaats nicht entgegenstehen, die es einer nach dem nationalen Recht dieses Mitgliedstaats gegründeten Gesellschaft verwehren, ihren Sitz in einen anderen Mitgliedstaat zu verlegen und dabei ihre Eigenschaft als Gesellschaft des nationalen Rechts des Mitgliedstaats, nach dessen Recht sie gegründet wurde, zu behalten. Lediglich der Wegzug in der Form der Herausumwandlung unterfällt dem Schutzbereich der Niederlassungsfreiheit. I. Ü. steht es den Mitgliedstaaten frei, den Wegzug zu begrenzen oder gar zu verbieten. Anders als die Verlegung von Verwaltungs- oder Satzungssitz in einen anderen Mitgliedstaat fallen **grenzüberschreitende Umwandlungsvorgänge** – wie vom EuGH in einem *obiter dictum* festgestellt – grds. umfassend in den Schutzbereich der Niederlassungsfreiheit (vgl. Herrler, DNotZ 2009, 484 ff.; Leible/Hoffmann, BB 2009, 58 ff.; Behme/Nohlen, BB 2009, 13 ff.; Kindler, NZG 2009, 130 ff.; Nolting, NotBZ 2009, 109 ff.; Teichmann, ZIP 2009, 393 ff.; Werner, GmbHR 2009, 191 f.; Zimmer/Naendrup, NJW 2009, 545 ff.; Koch/Eickmann, AG 2009, 73 ff.; Paefgen, WM 20009, 529 ff.). Im Ergebnis bedeutet dies, dass bis zum Eintritt der rechtsformwechselnden Sitzverlegung das nationale Recht des Wegzugstaates anwendbar ist, ab Wirksamkeit des Wegzuges wird die Gesellschaft dann von dem Recht des Aufnahmestaates geregelt (vgl. Leible/Hoffmann, BB 2009, 58, 60; Behme/Nohlen, BB 2009, 13, 14; Zimmer/Naendrup, NJW 2009, 545, 547 f.).

IV. Die »VALE«-Entscheidung – grenzüberschreitende Hereinumwandlung

Die Frage des internationalen Formwechsels in Form der Hereinumwandlung, vergleichbar der OLG Nürnberg-Konstellation, war Gegenstand der VALE-Entscheidung des EuGH 12.7.2012 (C-378/10, NJW 2012, 2715 m. Aufs. Böttcher/Kraft, 2701 = EuZW 2012, 621 Anm. Behrens = JuS 2012, 1142 (Streinz), dazu Jaensch EWS 2012, 353; Dazu Bayer/J. Schmidt ZIP 2012, 1481 ff.; Bayer/J.Schmidt BB 2013, 3, 9 f.; Behme NZG 2012, 936 ff.; Behrens EuZW 2012, 625; Böttcher/Kraft NJW 2012, 2701 ff.; Braun DZWiR 2012, 411 ff.; Ege/Klett DStR 2012, 2442 ff.; Frenzel NotBZ 2012, 349 ff.; Jaensch EWS 2012, 353 ff.; Kindler EuZW 2012, 888 ff.; König/Bormann NZG 2012, 1241 ff.; Kruis/Widmayer CFL 2012, 349 ff.; Menjucq JCP G 2012, 1089; Messenzehl/Schwarzfischer BB 2012, 2072 f.; Mörsdorf/Jopen ZIP 2012, 1398 ff.; Roth ZIP 2012, 1744 f.; C. Teichmann DB 2012, 2085 ff.; van Eck/Roelofs (2012) 9 ECL 319 ff.; Wicke DStR 2012, 1756 ff.; Wohlrab GPR 2012, 316 ff): Die VALE Costruzioni SRL, eine GmbH italienischen Rechts, beabsichtigte ihre gesamte

Geschäftstätigkeit nach Ungarn zu verlagern. Dort sollte sie als ungarische GmbH (Kft.) fortbestehen. Die italienische GmbH verlegte deshalb ihren rechtlichen und tatsächlichen Sitz nach Ungarn. Nach Löschung im italienischen Handelsregister gründeten die Gesellschafter eine GmbH des ungarischen Rechts (Kft.) und beantragten im ungarischen Register einen Hinweis auf die italienische GmbH als Rechtsvorgängerin. Dieser wurde die Eintragung in das Budapester Handelsregister verwehrt, da eine in Italien gegründete und eingetragene GmbH aufgrund der in Ungarn geltenden Rechtsvorschriften ihren Gesellschaftssitz nicht nach Ungarn verlegen und auch nicht als Rechtsvorgängerin einer ungarischen GmbH eingetragen werden kann. Es ging also um einen Zuzugsfall, d. h. um die Frage, ob die Niederlassungsfreiheit auch einen rechtsformkongruenten, identitätswahrenden Formwechsel über die Grenze schützt. Die erste wesentliche Aussage des Urteils besteht darin, dass der EuGH seine Aussagen, die er obiter in der Rechtssache Cartesio getroffen hat, bestätigt und ergänzt. Während dort nämlich die grenzüberschreitende Herausumwandlung (also die Wegzugsseite der grenzüberschreitenden Umwandlung) dem Schutz der Niederlassungsfreiheit unterstellt wird, ist seit VALE auch die Zuzugsseite, das heißt: Die Hereinumwandlung – von den Gewährleistungen der Niederlassungsfreiheit erfasst.

Der EuGH hat entschieden:

»1. Die Art. 49 AEUV und 54 AEUV sind dahin auszulegen, dass sie einer nationalen

Regelung entgegenstehen, die zwar für inländische Gesellschaften die Möglichkeit einer Umwandlung vorsieht, aber die Umwandlung einer dem Recht eines anderen Mitgliedstaatsunterliegenden Gesellschaft in eine inländische Gesellschaft mittels Gründung der letzt genannten Gesellschaft generell nicht zulässt.

2. Die Art. 49 AEUV und 54 AEUV sind im Kontext einer grenzüberschreitenden Umwandlung einer Gesellschaft dahin auszulegen, dass der Aufnahmemitgliedstaat befugt ist, das für einen solchen Vorgang maßgebende innerstaatliche Recht festzulegen und somit die Bestimmungenseines nationalen Rechts über innerstaatliche Umwandlungen anzuwenden, die – wiedie Anforderungen an die Erstellung einer Bilanz und eines Vermögensverzeichnisses – die Gründung und die Funktionsweise einer Gesellschaft regeln. Der Äquivalenzgrundsatz und der Effektivitätsgrundsatz verwehren es jedoch dem Aufnahmemitgliedstaat, – bei grenzüberschreitenden Umwandlungen die Eintragung der die Umwandlung beantragenden Gesellschaft als »Rechtsvorgängerin« zu verweigern,

– wenn eine solche Eintragung der Vorgängergesellschaft im Handelsregister bei innerstaatlichen Umwandlungen vorgesehen ist, und

– sich zu weigern, den von den Behörden des Herkunftsmitgliedstaats ausgestellten Dokumenten im Verfahren zur Eintragung der Gesellschaft gebührend Rechnung zu tragen.«

Damit ist nun geklärt und war auch für das OLG Nürnberg maßgeblich, dass der Aufnahmestaat (hier Ungarn) grenzüberschreitende Formwechsel nicht pauschal verbieten darf, sondern dann, wenn er für nationale Gesellschaften die Umwandlung zulässt, diese aus Gründen der Niederlassungsfreiheit (Art. 49, 54 AEUV) auch ausländischen gewähren muss. Der EuGH stellt fest:

»Da die im Ausgangsverfahren in Rede stehende nationale Regelung nur die Umwandlung einer Gesellschaft vorsieht, die ihren Sitz schon im betreffenden Mitgliedstaat hat, begründet diese Regelung eine unterschiedliche Behandlung von Gesellschaften in Abhängigkeit davon, ob es sich um eine innerstaatliche oder um eine grenzüberschreitende Umwandlung handelt; diese unterschiedliche Behandlung ist geeignet, Gesellschaften mit Sitz in anderen Mitgliedstaaten davon abzuhalten, von der im AEU-Vertrag verankerten Niederlassungsfreiheit Gebrauch zu machen, und stellt somit eine Beschränkung im Sinne der Art. 49 AEUV und 54 AEUV dar (vgl. in diesem Sinne Urteil SEVIC Systems, Randnrn. 22 und 23).«

Der aufnehmende Mitgliedsstaat ist nach Auffassung des EuGH allerdings berechtigt, die für einen solchen Umwandlungsvorgang maßgeblichen innerstaatlichen Regelungen zu bestimmen, etwa Vorschriften des Minderheiten-, Arbeitnehmer- und des Gläubigerschutzes. Allerdings müsse bei der Anwendung inländischen Rechts der Äquivalenz- und Effektivitätsgrundsatz gewahrt bleiben, der die

Ungleichbehandlung von in- und ausländischen Gesellschaften verbietet und die gebührende Berücksichtigung von Dokumenten der Behörden des Herkunftsmitgliedstaats gebietet.

Der EuGH stellt dazu fest:

»In Bezug auf eine Rechtfertigung durch zwingende Gründe des Allgemeininteresses wie den Schutz der Interessen von Gläubigern, Minderheitsgesellschaftern und Arbeitnehmern sowie der Wahrung der Wirksamkeit steuerlicher Kontrollen und der Lauterkeit des Handelsverkehrs steht fest, dass solche Gründe eine die Niederlassungsfreiheit beschränkende Maßnahme nur dann rechtfertigen können, wenn eine solche Maßnahme zur Erreichung der verfolgten Ziele geeignet ist und nicht über das hinausgeht, was zu ihrer Erreichung erforderlich ist (vgl. Urteil SEVIC Systems, Randnrn. 28 und 29).«

Zum Verfahren der grenzüberschreitenden Umwandlung stellt er fest:

»Solche (grenzüberschreitende) Umwandlungen setzen nämlich die sukzessive Anwendung von zwei nationalen Rechtsordnungen voraus.«

»Hierzu ist erstens darauf hinzuweisen, dass das abgeleitete Unionsrecht derzeit keine speziellen Vorschriften für grenzüberschreitende Umwandlungen enthält, so dass die einen solchen Vorgang ermöglichenden Bestimmungen nur im nationalen Recht zu finden sein können, und zwar im Recht des Herkunftsmitgliedstaats, dem die Gesellschaft unterliegt, die eine Umwandlung vornehmen möchte, und im Recht des Aufnahmemitgliedstaats, dem die Gesellschaft nach der Umwandlung unterliegen wird.«

Die anwendbaren Vorschriften sind daher, »Sache der innerstaatlichen Rechtsordnung eines jeden Mitgliedstaats sind; sie dürfen jedoch nicht ungünstiger sein als diejenigen, die gleichartige innerstaatliche Sachverhalte regeln (Äquivalenzgrundsatz), und die Ausübung der durch die Unionsrechtsordnung verliehenen Rechte nicht praktisch unmöglich machen oder übermäßig erschweren (Effektivitätsgrundsatz).«

Auch zur Frage der Anerkennung der Dokumente des Ausgangsstaates gibt der EuGH Vorgaben:

»Eine Praxis der Behörden des Aufnahmemitgliedstaats, die dahin geht, eine Berücksichtigung der von den Behörden des Herkunftsmitgliedstaats ausgestellten Dokumente im Rahmen des Eintragungsverfahrens generell abzulehnen, birgt aber die Gefahr, dass es der die Umwandlung beantragenden Gesellschaft unmöglich gemacht wird, nachzuweisen, dass sie den Anforderungen des Herkunftsmitgliedstaats tatsächlich entsprochen hat, und gefährdet dadurch die Verwirklichung der von der Gesellschaft eingeleiteten grenzüberschreitenden Umwandlung.

Infolgedessen sind die Behörden des Aufnahmemitgliedstaats nach dem Effektivitätsgrundsatz verpflichtet, bei der Prüfung eines Eintragungsantrags einer Gesellschaft den von den Behörden des Herkunftsmitgliedstaats ausgestellten Dokumenten, die bestätigen, dass die Gesellschaft dessen Bedingungen tatsächlich entsprochen hat, gebührend Rechnung zu tragen, sofern diese Bedingungen mit dem Unionsrecht vereinbar sind.«

Das bedeutet, dass zum einen die ausländische Gesellschaft entsprechend dem Äquivalenzgrundsatz als Rechtsvorgängerin eingetragen werden muss, sofern der Aufnahmestaat den Rechtsvorgängervermerk für innerstaatliche Umwandlungen kennt, also die Identitätswahrung auch deutlich gemacht wird. Zum anderen sind im Verfahren die Registerbehörden des Zuzugsstaates verpflichtet, ausländische Löschurkunden »hinreichend [zu] würdigen«.

14 Die **gerichtliche Praxis** war auch vor der EuGH-Entscheidung uneinheitlich (vgl. auch Widmann/Mayer/Heckschen, Umwandlungsrecht, Vor §§ 122a ff. UmwG Rn. 4 ff.; Kallmeyer/Marsch-Barner, Vor §§ 122a ff. UmwG Rn. 3). So berichten Rixen und Boetticher (GmbHR 1993, 572) von einer deutsch-französischen Verschmelzung, Kronke (ZGR 1994, 29) berichtet von einer vom Registergericht Hannover vollzogenen internationalen Umwandlung. Beim OLG Düsseldorf wurde die Verschmelzung einer italienischen SRRL auf eine deutsche GmbH zugelassen, sowie die Verschmelzung einer französischen SA auf eine deutsche GmbH (dazu Dorr/Stukenborg, DB 2003, 647). Das AG Amsterdam hat jetzt im Urt. v. 29.01.2007 (DB 2007, 677) die Verschmelzung einer niederlän-

dischen auf eine deutsche Kapitalgesellschaft unter Hinweis auf die »Sevic«-Entscheidung zugelassen. Damit hat es auch insb. den Fall der Hinausverschmelzung aus Sicht niederländischen Rechts und damit auch von der EuGH-Entscheidung als erfasst angesehen.

In einer Entscheidung v. 20.03.2003 hat der österreichische OGH die Zulässigkeit der grenzüberschreitenden verschmelzenden Umwandlung (Umwandlung durch Übertragung des Unternehmens auf einen deutschen Alleingesellschafter) zugelassen (OGH, ZIP 2003, 1086; dazu Doralt, GesRZ 2004, 26). Auch in diesem Fall handelt es sich um eine Hinausumwandlung. Der OGH bewilligte die Eintragung der grenzüberschreitenden verschmelzenden Umwandlung und wendete auf den gesamten Vorgang österreichisches Recht an. Das Kantonsgericht Amsterdam hat am 29.01.2007 (DB 2007, 677 m. Anm. Gsell) ebenfalls die Wirksamkeit einer grenzüberschreitenden Verschmelzung einer niederländischen B. V. auf eine deutsche GmbH auf der Grundlage der SEVIC-Rechtsprechung des EuGH bestätigt.

Mit dem MoMiG v. 23.10.2008 (BGBl. I, S. 2026) wurde dies auch gesetzlich in § 4a GmbHG und **15** § 5 AktG im Grunde anerkannt. Danach ist Sitz der Gesellschaft der Ort im Inland, den die Satzung bestimmt. Im Gegensatz zur früheren Rechtslage gibt es für den Sitz der Gesellschaft keine weiteren Anforderungen mehr. Insb. muss sich der Satzungssitz damit nicht mehr an einem Ort befinden, an dem die Gesellschaft einen Betrieb, ihre Geschäftsleitung oder ihre Verwaltung hat (z. B. § 5 Abs. 2 AktG a. F.). Zulässig ist nach neuer Rechtslage, dass die Gesellschaft ihren »**Satzungssitz**« nach § 5 AktG im Inland wählt, während der eigentliche »**Verwaltungssitz**«, an dem sich also die Geschäftsleitung befindet, im Ausland liegt (vgl. BT-Drucks. 16/9737, S. 94; vgl. zur GmbH Otte, BB 2009, 344; Lutter/Hommelhoff/Bayer, GmbHG, § 4a Rn. 1 ff.; Widmann/Mayer/Heckschen, Umwandlungsrecht, Vor §§ 122a ff. UmwG Rn. 4 ff.; Kallmeyer/Marsch-Barner, Vor §§ 122a ff. UmwG Rn. 5).

B. Grenzüberschreitende Umwandlungen auf der Basis der EuGH-Entscheidung

I. Abgrenzung zur Verschmelzung aufgrund Richtlinie

Nachdem die Verschmelzungsrichtlinie – Richtlinie 2005/56/EG des europäischen Parlaments und **16** Rates v. 26.10.2005 über die Verschmelzung von Kapitalgesellschaften aus verschiedenen Mitgliedstaaten – durch das **Zweite Gesetz zur Änderung des UmwG v. 25.04.2007** (BGBl. I, S. 542) in deutsches Recht umgesetzt wurde, stellt sich die Frage, welche Bedeutung dem »Sevic«-Urteil und der daraus resultierenden Umwandlungsmöglichkeit aufgrund primär-rechtlicher Niederlassungsfreiheit hat. Die Literatur geht weitgehend von einem **Nebeneinander der beiden Rechtsebenen** aus (Leible/Hoffmann, RIW 2006, 161, 167; Kallmeyer/Kappes, AG 2006, 224 ff.; Gesell/Krömker, DB 2006, 2558 ff.; Widmann/Mayer/Heckschen, Umwandlungsrecht, Vor §§ 122a ff. UmwG Rn. 66 ff.; Kallmeyer/Marsch-Barner, Vor §§ 122a ff. UmwG, Rn. 3 ff.; Drinhausen, in: Semler/Stengel, Einl C Rn. 21 ff.). Mit dem Inkrafttreten der deutschen Umsetzung der Verschmelzungsrichtlinie ergibt sich daher im Grundsatz ein Nebeneinander der Verschmelzung aufgrund primär-rechtlicher Niederlassungsfreiheit entsprechend der »Sevic«-Entscheidung und dem sekundären Verschmelzungsrecht aufgrund Richtlinie.

Dass dieses Nebeneinander auch nach Inkrafttreten der Richtlinie Bedeutung hat, ergibt sich v. a. **17** daraus, dass die Verschmelzungsrichtlinie und das deutsche Umsetzungsgesetz zunächst nur die Verschmelzung, nicht aber Formwechsel und Spaltung regeln und nur anwendbar sind auf Kapitalgesellschaften und europäische AG, also AG, KGaA und GmbH (§ 122b UmwG; vgl. Drinhausen, in: Semler/Stengel, Einl C Rn. 30; Kallmeyer/Marsch-Barner, Vor §§ 122a ff. UmwG Rn. 9 ff.; Lutter/Drygala, § 1 UmwG Rn. 9; Kallmeyer/Marsch-Barner, Vor §§ 122a ff. UmwG Rn. 85 ff.; Thümmel/Hack, Der Konzern 2009, 1, 3; Herrler, EuZW 2007, 299; Veil, Der Konzern 2007, 98, 99). Das Zweite Gesetz zur Änderung des UmwG bezieht sich sehr stark auf die Verschmelzungsrichtlinie und deren Umsetzung, **regelt aber nicht die weiter gehende Umwandlungsfreiheit**, die aus dem »Sevic«-Urteil folgt. Dies wurde von der Literatur z. T. kritisiert (vgl. Krause/Kulpa, ZHR 171, 2007, 38, 78). Aus Sicht des Gesetzgebers ist allerdings die Umsetzung der Richtlinie konsequent, da die »Sevic«-Entscheidung im Ergebnis wohl anderweitig, insb. über kollisionsrechtliche Vorschriften umgesetzt werden muss. Bis dahin wird aber die Praxis grds. von einem Nebeneinander auszugehen haben.

18 ▶ **Hinweis:**

Für die Praxis spricht viel dafür, im Anwendungsbereich der Richtlinie, also im Anwendungsbereich der §§ 122a ff. UmwG allein diesen Weg zu gehen, da dieser aufgrund der gesetzlichen Vorgaben eindeutig geregelt und auch in der Praxis der Registergerichte einfach durchgesetzt werden kann, während die primäre Umwandlungsfreiheit aufgrund EU-Vertrag und »Sevic«-Urteil mangels einschlägiger Vorschriften schwieriger zu konzipieren ist, ausgeschlossen ist sie jedoch nicht.

19 Durch die Umsetzung in den §§ 122a ff. UmwG wird man wohl davon ausgehen müssen, dass für die von der Verschmelzungsrichtlinie erfassten Umwandlungsmöglichkeiten, also Verschmelzung der genannten Kapitalgesellschaften, die §§ 122a ff. UmwG als durch sekundärrechtliche Konkretisierungsvorschrift die primäre Niederlassungsfreiheit verdrängende vorgängigen Vorschriften sind, sodass allein diese Umwandlungsvorschriften maßgebend sind (Spahlinger/Wegen, NZG 2006, 721, 725; Bayer/Schmidt, ZIP 2006, 210, 212; vgl. auch Forsthoff, DStR 2006, 613, 617; Kallmeyer/Kappes, AG 2006, 224, 226). Die Verschmelzungsrichtlinie ist also im Bereich grenzüberschreitender Umwandlungen **nicht abschließend**. Maßgeblich ist vielmehr die materielle Reichweite der Niederlassungsfreiheit aufgrund der »Sevic«-Entscheidung.

II. Grenzüberschreitende Verlegung des Verwaltungssitzes

1. Überblick. Bei der grenzüberschreitenden Sitzverlegung einer Gesellschaft müssen zunächst zwei Arten von Sitzverlegungen unterschieden werden:
– Verlegung des Satzungssitzes
– Verlegung des Verwaltungssitzes.

Verwaltungssitz und Satzungssitz können auch kombiniert verlegt werden. Dann sind die nachfolgenden Erörterungen gemeinsam zu berücksichtigen. Unter einer grenzüberschreitenden Verwaltungssitzverlegung ist die Verlegung des Hauptverwaltungssitzes in einen anderen Staat und eine andere Rechtsordnung zu verstehen, ohne das gleichzeitig der Satzungssitz bzw. der Registrierungsort geändert wird. Der Verwaltungssitz ist der tatsächliche Sitz der Hauptverwaltung (BGHZ NJW 1986, 2194, 2195; Löbbe in Ulmer/Habersack/Löbbe, GmbHG 2. Aufl. 2013, § 4a RNr. 6; Meckbach, NZG 2014, 526, 527), im Steuerrecht gleichbedeutend mit dem Ort der Geschäftsleitung nach § 10 AO. Es wurde bereits dargelegt, dass in den letzten Jahren in der Praxis eine häufige Erscheinungsform die Verlegung des Verwaltungssitzes einer englischen Limited nach Deutschland war. Diese Gesellschaften haben weiterhin ihren Satzungssitz und Registrierungsort in England, aber ihren Verwaltungssitz nach Deutschland verlegt und zu diesem Zweck eine inländische Zweigniederlassung gegründet (vgl. Heinze, RNotZ 2009, 586). Die Verwaltungssitzverlegung kann sich rein tatsächlich vollziehen. Dies war Sachverhalt in der EuGH Entscheidung Überseering (vgl. Kieninger in Münchener Handbuch des Gesellschaftsrechts, Band 6 § 52 RNr. 1). In den meisten Fällen aber wird die Verwaltungssitzverlegung auf der Grundlage eines Beschlusses erfolgen. Ein solcher wird nach gesellschaftsrechtlichen Gründen in der Rregel auch erforderlich sein, denn außßergewöhnliche Maßnehmen der Geschäftsführung bedürfen eines Gesellschafterbeschlusses (BGHHG NJW 1984, 1461). Unklar ist, ob dieser einer 3/4-Mehrheit bedarf (vgl. Leitzen, NZG 2009, 728, 729; Heckschen, DStR 2007, 1442, 1447; Katschinski/Rawert, ZIP 2008, 1993, 1998). Der Verwaltungssitz muss nicht in der Satzung festgeschrieben werden, bei grenzüberschreitenden Fällen kann dies allerdings auch aus KlLarheitsgründen zweckmäßig sein (zu Recht Leitzen, NZG 2009, 728, 729; Heckschen/Heidinger, §§ 4 RNr. 80).

Zu unterscheiden sind auch hier wiederum verschiedene Konstellationen:
– Verwaltungssitzverlegung nach Deutschland (Zuzugsfälle),
– Verwaltungssitzverlegung aus Deutschland (Wegzugsfälle).

Wiederum zu unterscheiden ist, ob der Zuzug oder Wegzug aus oder in ein EG-Mitgliedsstaat oder EWR/EFTA-Staaten erfolgt oder aus bzw. in Drittstaaten (vgl. eingehend Kienninger aaO).

2. Wegzugsfälle. a) Zulässigkeit nach deutschem Recht. Das DNotI hatte folgenden Fall zu beurteilen (Gutachten 90292 vom 08.12.2008):

Eine GmbH mit im Handelsregister des Amtsgerichtes P. eingetragenen Sitz in P. hat nach dem 01.11.2008 ihren Verwaltungssitz nach London verlegt. Der satzungsgemäße Sitz der Gesellschaft wurde nach G. im Bezirk des Amtsgerichtes S. verlegt. In G. befindet sich die inländische Geschäftsanschrift der Gesellschaft nach § 8 Abs. 4 Nr. 1 GmbH. Die zuständige Amtsrichterin des Handelsregisters in S. will die Sitzverlegung nach G. nicht ins Register eintragen. Sie verlangt die Vorlage eines Mietvertrages oder einer Gewerbeanmeldung, aus welchen sich ergeben soll, dass die GmbH nicht »missbräuchlich« ihren Satzungssitz nach G. verlegt hat. Im Wegzugsfall verlegt eine deutsche GmbH oder AG ihren tatsächlichen Verwaltungssitz ins Ausland. Wie bereits dargelegt, hat der EuGH in der Sache »Cartesio« seine in der »Daily Mail«- Entscheidung getroffene Feststellung bestätigt, dass es der EU-Vertrag zulasse, dass das Gesellschaftsrecht der Mitgliedsstaaten für die nach ihrem Recht gegründeten Gesellschaften einen effektiven Verwaltungssitz im Inland verlange. Insofern kann also ein Mitgliedstaat einen Wegzugsfall in Form einer Verwaltungssitzverlegung grundsätzlich verhindern. Bekanntlich war dies auch in Deutschland vor der Gesetzesänderung durch das MoMiG der Fall. Nach der früheren Regelung des § 4a Abs. 2 GmbHG hatte »der Gesellschaftsvertrag als Sitz der Gesellschaft in der Regel den Ort zu bestimmen, an dem die Gesellschaft einen Betrieb hat, sich die Geschäftsleitung befindet oder die Verwaltung geführt wird.« Ein Gesellschafterbeschluss wonach der Verwaltungssitz in einen anderen Mitgliedstaat verlegt wurde, führte nach alter Regelung zwingend zur Auflösung und Abwicklung der Gesellschaft (vgl. OLG Hamm, NJW 2001, 2183 f.; BayObLG, DNotZ 1993, 187; Staudinger/Großfeld, IntGesR, Rdnr. 651 ff.; Baumbach/Hueck/Fastrich, § 4a Rdnr. 10; Bayer, BB 2003, 2357, 2359 f.; offen lassend: BayObLG, DNotZ 2004, 72). Damit einher ging eine Prüfungsbefugnis durch die Registergerichte, die sich die Übereinstimmung des in der Satzung angegebenen Sitzes der Gesellschaft mit den tatsächlichen Gegebenheiten nachweisen lassen konnten (BGH ZNotP 2008, 453 = GmbHR 2008, 990 = NZG 2008, 707 = NotBZ 2008, 394 = DStR 2008, 1935 = NJW 2008, 2914; Scholz/Emmerich, GmbHG, 10. Aufl. 2006, § 4a Rn. 3). Durch das MoMiG wurden nun § 4a Abs. 2 GmbHG ersatzlos gestrichen. § 4a GmbHG lautet wie folgt: »Sitz der Gesellschaft ist der Ort im Inland, der den Gesellschaftsvertrag bestimmt«. Damit ist im Prinzip klargestellt, dass der Satzungssitz sich nicht mehr an einem Ort befinden muss, an dem die Gesellschaft einen Betrieb, eine Geschäftsleitung oder ihre Verwaltung hat. Zulässig ist danach, dassUmstritten ist allerdings trotzdem die Frage, ob die Vorschrift es zulässt, dass die Gesellschaft ihren Satzungssitz nach § 5 AktG bzw. § 4a GmbHG im Inland wählt, während der eigentliche Verwaltungssitz, an dem sich also die Geschäftsführung befindet, im Ausland liegt. Ob das neue Recht GmbHs mit Verwaltungssitz im Ausland – insbesondere außerhalb der EU – tatsächlich zulässt, ist auf Grund des Fehlens einer ausdrücklichen Regelung des Verhältnisses zwischen § 4a GmbHG und dem Gesellschaftskollisionsrecht noch immer nicht vollständig geklärt (vgl. Leitzen, NZG 2009, 728). Ein Teil der Literatur lehnte dies ab mit der Begründung, dass es sich bei § 4a GmbHG um eine rein schrechtliche Regelung handele und der Wegzug einer deutschen GmbH nicht möglich sei, solange die Sitztheorie gelte (Kindler AG 2007, 721; Eidenmüller, ZGR 2007, 168, 205 f.; Preuß, GmbHR 2007, 57, 60). Die überwiegende Meinung hingegen sieht insoweit keine Beschränkungen und entnimmt der Vorschrift auch einen kollisionsrechtlichen Gehalt en kann (vgl. Otte BB 2009, 344; Lutter/Hommelhoff/Bayer, GmbHG § 4a RNr. 1 ff., 15 Widmann/Mayer/Heckschen, Umwandlungsrecht, vor §§ 122a ff. UmwandlungsgesetzUmwGt RNr. 4 ff.; Hüffer, § 5 AkG, RNr. 3 ff.; Bormann/König, DNotZ 2008, 652, 658; Oppenhoff, BB 2008, 1630, 1633; Böhringer, BWNotZ 2008, 104, 105; Wachter, NotBZ 2008, 361, 382; Leitzen, NZG 2009, 728; ders. RNotZ 2011, 536, 537).

In der Gesetzesbegründung heißt es hierzu (BT-Drucksache 16/6140, S. 29):

> »Durch die Streichung des § 4a Abs. 2 und der älteren Parallelnorm des § 5 Abs. 2 AktG (s. Artikel 5 Nr. 1) soll es deutschen Gesellschaften ermöglicht werden, einen Verwaltungssitz zu wählen, der nicht notwendig mit dem Satzungssitz übereinstimmt. Damit soll der Spielraum deutscher Gesellschaften erhöht werden, ihre Geschäftätigkeit auch ausschließlich im Rahmeneiner (Zweig-)Niederlassung, die alle Geschäftsaktivitäten erfasst, außerhalb des deutschen Hoheitsgebiets zu entfalten. EU-Auslandsgesellschaften, deren Gründungsstaat eine derartige Verlagerung des Verwaltungssitzes erlaubt, ist es aufgrund der EuGH-Rechtsprechung nach den Urteilen Überseering vom 5. November 2002 (Rs. C-208/00) und Inspire Art vom 30. September 2003 (Rs. C-167/01) bereits heute rechtlich gestattet, ihren effektiven Verwaltungssitz in einem anderen Staat – also auch in Deutschland – zu wählen. Diese Auslandsgesellschaften sind in Deutschland als solche anzuer-

kennen. Umgekehrt steht diese Möglichkeit deutschen Gesellschaften schon aufgrund der Regelung in § 4a Abs. 2 GmbHG bzw. in § 5 Abs. 2 AktG nicht zur Verfügung. Es ist für ein ausländisches Unternehmen nicht möglich, sich bei der Gründung einesines Unternehmens für die Rechtsform der deutschen Aktiengesellschaft bzw. der GmbH zu entscheiden, wenn die Geschäftstätigkeit ganz oder überwiegend aus dem Ausland geführt werden soll. Es ist einer deutschen Konzernmutter nicht möglich, ihre ausländischen Tochtergesellschaften mit der Rechtsform der GmbH zu gründen. Unabhängig von der Frage, ob die neuere EuGH EuGH-Rechtsprechung zur Niederlassungsfreiheit gemäß den Artikeln 43 und 48 EG allein die Freiheit des Zuzuges von Gesellschaften in einen Mitgliedstaat verlangt hat oder damit konsequenterweise auch der Wegzug von Gesellschaften ermöglicht werden muss, sind Gesellschaften, die nach deutschem Recht gegründet worden sind, in ihrer Mobilität unterlegen. In Zukunft soll für die deutsche Rechtsform der Aktiengesellschaft und der GmbH durch die Möglichkeit, sich mit der Hauptverwaltung an einem Ort unabhängig von dem in der Satzung oder im Gesellschaftsvertrag gewählten Sitz niederzulassen, ein level playing field, also gleiche Ausgangsbedingungen gegenüber vergleichbaren Auslandsgesellschaften geschaffen werden. Freilich bleibt es nach dem Entwurf dabei, dass die Gesellschaften eine Geschäftsanschrift im Inland im Register eintragen und aufrechterhalten müssen. Die Neuregelungen zur Zustellung in Deutschland erhalten.«

Daraus folgert auch die ganz herrschende Meinung, dass auch eine Verlegung des Verwaltungssitzes ins Ausland nach deutschem Recht möglich ist (vgl. Lutter/Hommelhoff/Bayer, GmbHG § 4a RNr. 15; Peters, GmbHR 2008, 245, 247; Hirte, NZG 2008, 761, 766; Kieninger aaO RNr. 19; Hüffer § 5 AktG RNr. 3; Leitzen, NZG 2009, 728;). Der BGH hat sich, wie oben aufgeführt, in der Entscheidung »Trabrennbahn« dagegen ausgesprochen, die Gründungstheorie generell für alle Gesellschaften außerhalb der EU und EWR-Staaten insbesondere dem MoMiG zu entnehmen. Die Frage muss daher als offen betrachtet werden. Es ist daher umstritten, ob die Neuregelung im MoMiG auch einen kollisionsrechtlichen Gehalt hat, und damit für Deutschland die Gründungstheorie allgemein anerkennt (vgl. Leitzen, NZG 2009, 728; Kindler, AG 2007, 721, 722; Preuß, GmbHR 2007, 57, 60). Da allerdings bei EU-Sachverhalten die Gründungstheorie vom EuGH vorgegeben ist und bei Staaten, die der Gründungstheorie folgen, eine Rückverwesung zum deutschen Recht erfolgt, bleibt die Fragestellung nur bei Drittstaaten offen. Entnimmt man den Vorschriften § 5 Aktiengesetz, § 4a GmbHG auch einen kollisionsrechtlichen Gehalt, so kann eine GmbH oder AG ihren Verwaltungssitz ohne weiteres nach Sicht des deutschen Rechts in einen anderen Staat verlegen, ohne die Existenz als GmbH oder AG deutschen Rechts zu verlieren (vgl. Kieninger aaOAO, RdNr. 21; Mülsch/Nolan ZIP 2008, 1358, 1360; Teichmann ZIP 2009, 393, 401).

b) Zulässigkeit nach dem Recht des Zuzugstaates. Im nächsten Schritt ist zu prüfen, wie das Recht des aufnehmenden Staates die zugezogene GmbH oder AG beurteilt. Dies richtet sich nach seinen Regelungen. EU-/EWR-Staaten sind allerdings nach den EuGH-Entscheidungen verpflichtet, die Gesellschaft grundsätzlich nach ihrem Gründungsrecht, also nach deutschem Recht zu beurteilen (vgl. Kienninger aaO., RNr. 21, Fingerhut/Rumpf IPRax 2008, 90, 92). Länder die der Gründungstheorie folgen, wie z. B. Großbritannien lassen damit ohne weiteres deutsche Gesellschaften mit Verwaltungssitz in Großbritannien zu. Da der Gesetzgeber ausdrücklich die Möglichkeit der Verwaltungssitzverlegung auch ins Ausland eröffnet hat, kann dies – wenn nicht noch andere GrüGrpnnde eine Rolle spielen (vgl. z. B. KG ZIP 2011 m 1566) – nicht als rechtsmissbräuchlich angesehen werden, auch weitere Nachweiseanforderungen des Registergerichtes, wie im DNotI-Gutachtenfall, sind m. E. nicht mehr statthaft (so auch Leitzen, RNotZ 2011, 536, 537). Ist die Gesellschaft nach beiden betroffenen Rechtsordnungen anerkannt, bestimmt das Gesellschaftsstatut – hier also das deutsche GmbHG oder AktG – über die Verfassung der Gesellschaft (Süß/Wachter, Handbuch des internationen GmbH-Rechts, § 1; Leitzen, NZG 2009, 728, 729).

c) Formalien. Zu beachten ist, dass auch in diesen Fällen eine inländische Geschäftsanschrift im Handelsregister eingetragen werden muss (§§ 8 Abs. 4 GmbHG, 37 Abs. 3 Nr. 1 AktG). Bei ausländischem Verwaltungssitz kann dies auch ein Zustellungsbevollmächtigter (z. B. Rechtsanwalt, Steuerberater etc.) sein (Lutter/Hommelhoff/Bayer, GmbHG § 8 Rn. 20; Steffek, BB 2007, 2077; Gehrlein, Der Konzern 2007, 771, 777). Nnach § 24 Abs. 2 HRV ist die »Lage der Geschäftsräume« nur noch anzugeben, wenn sie mit der inländischen Geschäftsanschrift nicht übereinstimmt (vgl. Meckbach, NZG 2014, 526, 527).

d) Missbrauchskontrolle. Unklar ist, ob bei der Wahl des Verwaltungssitzes eine Kontrolle über das Rechtsmissbrauchsverbot stattfindet (vgl. zuletzt Meckbach, NZG 2014, 526 ff.). Z. T. wird dies für die Wahl eines Satzungssitzes im Inland angenommen zu dem keinerlei räumliche Beziehung besteht (Baumbach/Hueck/Fastrich, GmbHG § 4a Rn. 4). Die h. M. lehnt dies allerdings zu Recht ab (Leitzen, RNotZ 2011, 536; MüKoGmbHG/Mayer, 2010, § 4 a, Rn. 9; Roth/Altmeppen, GmbHG, 7. Aufl. 2012, § 4a Rn. 7, 9; vgl. auch Hoffmann, ZIP 2007, 1581, 1584).

e) GmbH & Co. KG. Ob für Personengesellschaften die gleichen Regeln gelten ist unklar. Das DNotI hatte folgenden Frage zu begutachten (Gutachten 134625 vom 10.06.2014):Es geht um die Verlegung des Verwaltungssitzes bei einer in Deutschland registrierten GmbH & Co. KG. Die Kommanditgesellschaft ist Eigentümerin in Deutschland belegenen Grundbesitzes. Es soll nun der Verwaltungssitz der Gesellschaft in die Niederlande verlegt werden, weil hiermit steuerliche Vorteile verbunden seien. Da nach der Trabrennbahn-Entscheidung des BGH sich das auf gesellschaftsrechtliche Rechtsverhältnisse anwendbare Recht weiterhin grundsätzlich nach der sog. Sitztheorie richtet, ist auch hier maßgeblich das Recht des Staates, in dem sich der Hauptverwaltungssitz der Gesellschaft befindet. Insoweit findet daher grundsätzlich mit Verlegung des Hauptverwaltungssitzes aus Deutschland in die Niederlande ein Statutenwechsel statt. Ab diesem Zeitpunkt wäre grundsätzlich das niederländische Recht anzuwenden. Diese Verweisung auf das niederländische Recht erfasst aber gem. Art. 4 Abs. 1 S. 1 EGBGB auch das niederländische Internationale Privatrecht. Insbesondere wäre gem. Art. 4 Abs. 1 S. 2 EGBGB eine Rückverweisung durch das niederländische IPR auf das deutsche Recht zu beachten (vgl. BGHZ 161, 224 und BGH NJW 2004, 3707; BGH NZG 2010, 909). In den Niederlanden ist das internationale Gesellschaftsrecht seit dem 1.1.2012 in Art. 10:118 des Burgerlijk Wetboek geregelt. Eine Kapitalgesellschaft, die nach ihrem Gesellschaftsvertrag oder ihrer Gründungsurkunde ihren statutarischen Sitz oder ihr Hauptverwaltungsbüro bzw. mangels solcher ihr nach außen tätiges Zentrum ihrer Aktivitäten in dem Gebiet des Staates hat, nach dessen Recht sie errichtet worden ist, unterliegt dem Recht dieses Staates. Dabei gelten als Kapitalgesellschaft (corporatie) in diesem Sinne gem. Art. 117 lit. a Burgerlijk Wetboek auch Personengesellschaften. Mithin bleibt nach niederländischem IPR auch nach Verlegung des Hauptverwaltungssitzes der in Deutschland eingetragenen Kommanditgesellschaft, die in Deutschland auch ursprünglich ihren Hauptverwaltungssitz hatte, in die Niederlande, das deutsche Recht weiterhin anwendbar. Insoweit ändert sich mithin durch die Verlegung des Sitzes in kollisionsrechtlicher Hinsicht nichts. Vielmehr bleibt die Fortgeltung des deutschen Personengesellschaftsrechts gewahrt. In der deutschen Literatur findet sich noch verbreitet der Hinweis, dass eine Personenhandelsgesellschaft nach deutschem Recht in das Liquidationsstadium übergehe (ungeschriebener Auflösungsgrund), wenn sie ihren Sitz ins Ausland verlege. Ein inländischer Verwaltungssitz sei ungeschriebene Voraussetzung für den Fortbestand einer Gesellschaft, auch einer Gesellschaft bürgerlichen Rechts. Eine Liquidation könne wiederum nicht erzwungen werden (so z. B. MünchHbd-GesR/Kieninger, Bd. 6, Internationales Gesellschaftsrecht, 4. Aufl. 2012, § 52 Rn. 26; NK-BGB/Hofmann, 2. Aufl. 2012, Anh. Zu Art. 12 EGBGB Rn. 178). Daraus ergäbe sich im vorliegenden Fall folgende Konsequenz: Bei einer Kommanditgesellschaft gibt es, da es sich hierbei nicht um eine Kapitalgesellschaft handelt, keinen echten statutarischen Sitz. Maßgeblicher Sitz i. S. v. § 106 HGB ist vielmehr ausschließlich der Verwaltungssitz (BGH WM 1957, 999; MünchKomm/Langhein, HGB, § 106 Rn. 26). Würde die Kommanditgesellschaft mithin ihren Verwaltungssitz in die Niederlande verlegen, fiele die Zuständigkeit des inländischen Handelsregisters für die Registrierung der Gesellschaft fort. Die KG wäre mithin aus dem deutschen Handelsregister zu löschen. Folge wäre, dass die Kommanditisten sich nicht länger auf ihre Haftungsbeschränkung berufen könnten. Auch ergäben sich dann mangels Registernachweises erhebliche Probleme beim Nachweis der Existenz und Vertretung gegenüber dem Grundbuchamt.

3. Zuzugsfälle. Nicht anders zu beurteilen sind die sogenannten Zuzugsfälle, d. h. die Übertragung des Verwaltungssitzes aus dem Ausland nach Deutschland. Das DNotI hatte folgende Fallgestaltung zu begutachten (Gutachten 129445 vom 01.10.2013):Eine im luxemburgischen Handelsregister eingetragene S.à.r.l. (GmbH) beabsichtigt, ihren Hauptsitz nach Koblenz zu verlegen. Dabei soll sie auch als

S.à.r.l. in das deutsche Handelsregister eingetragen werden. Im Bereich der EU-/EWR-Staaten, ist die Verwaltungssitzverlegung eine Form der Ausübung der primären Niederlassungsfreiheit. Bereits im Fall »Überseering«, dem eine Verwaltungssitzverlegung einer niederländischen Gesellschaft nach Deutschland zugrunde lag, bestätigte der EUGH, dass die Gerichte des Mitgliedsstaats verpflichtet sind, die Gesellschaft als solche des Herkunftslandes zu achten und deren Rrechtsfähigkeit auch dann anzuerkennen, wenn sie ihren Verwaltungssitz in diesen Staat verlegt hat. Insoweit erkennt auch der BGH die Gründungstheorie an (BGH NJW 2003, 1461). Die in dem anderen Mitgliedsstaat der EU gegründete Gesellschaft ist daher auch aus deutscher Sicht hinsichtlich ihrer Rechtsfähigkeit weiterhin nach dem Recht des Gründungsstaates zu beurteilen, und zwar selbst dann, wenn sie ihren Hauptverwaltungssitz ins Inland verlegt hat (BGHZ 154, 185 = NJW 2003, 718). Im Urteil vom 14.3.2005 (NJW 2005, 1648 = DNotZ 2005, 712 = DNotI-Report 2005, 87) hat der BGH bzgl. einer englischen Limited, die ihren Verwaltungssitz in Deutschland hatte, entschieden, dass nach der Rechtsprechung des EuGH die in einem Vertragsstaat nach dessen Vorschriften wirksam gegründete Gesellschaft in einem anderen Vertragsstaat – unabhängig von dem Ort ihres tatsächlichen Verwaltungssitzes -in der Rechtsform anzuerkennen sei, in der sie gegründet wurde. Das bedeutet, dass die zugezogene Gesellschaft nach ihrem Gründungsrecht zu beurteilen ist. Etwas anderes kann allerdings gelten, wenn der Gründungsstaat der Sitztheorie folgt und danach die Gesellschaft ihre Rechtsfähigkeit verliert (vgl. Kieneinger aaO, § 52 Rn. 7).

Das DNotI führte zum Ausgangsfall aus:

> »Ob dies für das luxemburgische Gesellschaftsrecht gilbt, erscheint uns zweifelhaft. Nach luxemburgischen Recht ist gem. Art. 159 der Lois sur les Sociétés Commerciales (LSC) offenbar weiterhin der Hauptverwaltungssitz (principal etablissement) für die Bestimmung des Gesellschaftsstatuts maßgeblich. Die Änderung der Nationalität einer luxemburgischen Gesellschaft ohne Verlust der Rechtspersönlichkeit bedarf des Einverständnisses aller Gesellschafter. Dies gilt gem. Art. 67–1 Abs. 1 LSC sowohl für die Verlegung des Hauptverwaltungssitzes als auch für die Verlegung des Satzungssitzes ins Ausland (so Schwachtgen, in: Süß/Wachter, Handbuch des internationalen GmbH-Rechts, 2. Aufl. 2010, Länderbericht Luxemburg, Rn. 120). Ein Beschluss, den Hauptverwaltungssitz einer S.à.r.l. in einen ausländischen Staat zu verlegen, führt dazu, dass die Gesellschaft nicht mehr weiterhin Gegenstand des luxemburgischen Rechts ist. Sie kann jedoch nach dem ausländischen Recht des Staates, in dem sich neuerdings der Hauptverwaltungssitz der Gesellschaft befindet, ihre Rechtsfähigkeit fortsetzen, wenn nach dem Recht dieses Staates die Sitzverlegung nicht zur Auflösung der Gesellschaft führt und die Gesellschaft nach dem Recht des Zuzugsstaats fortgesetzt werden kann (so Schmit/Gaozès, in: Van Hulle/Gesell, European Corporate Law, 2006, Länderbericht Luxemburg, Rn. 2, 3; Winandy, Manuel de Droit des Sociétés 2008, Luxemburg, 2008, S. 768). Insoweit wäre im vorliegenden Fall eine isolierte Verlegung des Hauptverwaltungssitzes von Luxemburg nach Deutschland ohne Beibehaltung eines problematisch.«

Ob dies Ausführungen auch für Drittstaaten außerhalb des EU-/EWR-Raumes gelten, ist, wie dargelegt, umstritten. Der im Inland errichtete Hauptverwaltungssitz ist dann allerdings nach den inländischen Handelsregistervorschriften als »Zweigniederlassung« anzumelden (s. bereits EuGH-Urt. v. 9.3.1999 – Centros Limited – NJW 1999, 2027 = DNotZ 1999, 593).

III. Grenzüberschreitende Verlegung des Satzungssitzes/der grenzüberschreitende Formwechsel

1. Überblick Grundlagen. Von der reinen Verwaltungssitzverlegung, die, wie dargelegt, sich dadurch kennzeichnet, dass der Verwaltungssitz zwar ins Ausland verlegt wird, die Gesellschaft aber weiterhin als Rechtsform des Wegzugsstaates behandelt werden möchte, also gerade kein Rechtsformwechsel eintritt, unterscheidet sich die Satzungssitzverlegung von einem Staat in den anderen. Das war, wie bereits erläutert, Gegenstand des Verfahrens des OLG Nürnberg: In diesem Fall wollte die aus Luxemburg kommende SARL den Sitz nach Fürth verlegen und gleichzeitig sich in eine GmbH nach deutschem Recht umwandeln. Aus deutscher Sicht handelt es sich dann hier um einen Zuzugsfall. Das DNotI hatte einen umgekehrten Fall zu begutachten (Internetgutachten 93683 vom 04.05.2009). In diesem Fall wollte eine deutsche GmbH mit Satzungs- und Verwaltungssitz in Augsburg ihren Satzungssitz nach Lichtenstein verlegen. Eine entsprechende Satzungsänderung wurde notariell beurkundet und zum Handelsregister angemeldet. Das Amtsgericht Augsburg hat die Anmeldung beanstandet und folgendes in der Zwischenverfügung ausgeführt:

»Es handelt sich hier um eine Gesellschaft, die nach deutschem Recht gegründet wurde, so dass § 4a GmbHG Anwendung findet, nachdem der satzungsmäßige Sitz in Deutschland liegen muss. Eine Satzungsänderung, nach der ein satzungsmäßiger Sitz außerhalb Deutschlands festgelegt wird, ist danach unwirksam. Daran ändert auch die Entscheidung des europäischen Gerichtshofes vom 16.12.2008 nichts, welche wohl zumindest unmittelbar auf den vorliegenden Fall keine Anwendung finden kann, da Liechtenstein nicht zur EU gehört. Das Gericht versteht die Entscheidung des Europäischen Gerichtshofs dahingehend, dass zwar eine Sitzverlegung ins Ausland nicht automatisch die Auflösung der Gesellschaft im Gründungsstaat zufolge hat, die Sitztheorie damit jedoch nicht zwangsweise aufgegeben wurde. Dies bedeutet, dass die Gesellschaft jeweils dem Gesellschaftsstatut unterliegt, in dem sie ihren satzungsmäßigen Sitz hat. Eine Gesellschaft, die ihren satzungsmäßigen Sitz in Liechtenstein hat, muss deshalb eine Rechtsform tragen, die sich nach liechtensteinischem Recht bestimmt. Eine solche Umwandlung hat jedoch vorliegend nicht stattgefunden. Ob sie nach internationalem Umwandlungsrecht überhaupt zulässig wäre, nachdem im UmwG – anders als bei der Verschmelzung – Regelungen für eine Umwandlung in Bezug auf ausländisches Recht fehlen, ist vorliegend nicht geprüft worden. Dagegen spricht zumindest gegenwärtig § 191 Abs. 2 UmwG, derlediglich inländische Gesellschaften als Rechtsträger der neuen Rechtsform aufzählt.« ....

Bis zur VALE-Entscheidung des EuGH und der Entscheidung des OLG Nürnberg ging die bisherige Rechtsprechung einhellig davon aus, dass das geltende deutsche Recht die identitätswahrende Auswanderung qua Formwechsel einer deutschen Kapitalgesellschaft nicht zulasse (OLG München DNotZ 2008, 397 = NZG 2007, 915, vgl. BayObLG v. 11.2.2004, DStR 2004, 1225 = GmbHR 2004, 490 = ZIP 2004, 806; LG Berlin NotBZ 2004, 224; OLG Brandenburg NotBZ 2005, 219 = DB 2005, 604; OLG Düsseldorf WM 2002, 1008). Das OLG München hatte etwa folgendes ausgeführt:

»Aus Art. 43 und 48 EG ergibt sich nichts anderes. Die Frage, ob eine nach dem Recht eines Mitgliedstaates gegründete Kapitalgesellschaft ihren (Satzungs-) Sitz identitätswahrend in einen anderen Mitgliedstaat verlegen kann, berührt zwar die Niederlassungsfreiheit. Diese gebietet es jedoch nicht, ohne die in Vorbereitung befindliche Rechtssetzung die Verlegung des Satzungssitzes einer nach deutschem Recht gegründeten GmbH in einen anderen Mitgliedstaat zuzulassen. Die grenzüberschreitende Verlegung des Satzungssitzes, die das deutsche Gesellschaftsrecht nicht vorsieht, bringt wegen des mit ihm verbundenen Wechsels der Rechtsform Gefahren für Gesellschafter und Gesellschaftsgläubiger mit sich (vgl. Habersack, Europ. GesR, 3. Aufl., § 4 Rdnrn. 36 f.). Die Unterschiede, die die Rechtsordnungen der Mitgliedstaaten hinsichtlich der für ihre Gesellschaften erforderlichen Anknüpfung sowie hinsichtlich der Möglichkeit und gegebenenfalls der Modalitäten einer Verlegung des satzungsmäßigen oder des tatsächlichen Sitzes aufweisen, stellen Fragen dar, die durch die Bestimmungen über die Niederlassungsfreiheit nicht gelöst sind, sondern einer Lösung im Wege der Rechtssetzung oder des Vertragsschlusses bedürfen (vgl. EuGH, Slg. 1988, I-5483 = NJW 1989, 2186 [2188] – Daily Mail). Ein Richtlinienvorschlag für die grenzüberschreitende Verlegung des Satzungssitzes von Kapitalgesellschaften wird derzeit von der Kommission erarbeitet. Dieser soll eine rechtliche Koordinierung der einzelstaatlichen Rechtsvorschriften in die Wege leiten, um Kapitalgesellschaften die Ausübung des Niederlassungsrechts in Form der Verlegung des Satzungssitzes zu ermöglichen mit dem Ziel, dort Rechtspersönlichkeit zu erlangen und sich dem dort geltenden Recht zu unterstellen, das ihrer Ansicht nach besser ihren Erfordernissen entspricht, ohne sich auflösen zu müssen. Dabei soll unter anderem dem Herkunftsmitgliedstaat die Möglichkeit eingeräumt werden, den Rechten bestimmter Personengruppen, insb. der Minderheitsaktionäre und Gläubiger, unter Beachtung des Verhältnismäßigkeitsprinzips besonderen Schutz zu gewähren (vgl. ec.europa.). Solange die auch vom EuGH für erforderlich angesehene Regelung auf Gemeinschaftsebene fehlt, kann deshalb die im nationalen Recht nicht vorgesehene Satzungssitzverlegung in einen anderen Mitgliedstaat auch nicht unmittelbar aus der Niederlassungsfreiheit hergeleitet werden (vgl. Kindler, in: MünchKomm-BGB, 4. Aufl., IntGesR Rdnr. 509; Baumbach/Hueck/Fastrich, GmbHG, Einl. Rdnr. 42).«

Jedenfalls nach der alten herrschenden Meinung führte der Statutenwechsel, der nach der damals herrschenden Sitztheorie an eine tatsächliche Verlegung des Verwaltungssitzes anknüpfte, zur Auflösung der Gesellschaft (Roth/Altmeppen, GmbHG, 5. Aufl. 2005, § 4a Rn. 10, 22, vgl. auch BGH, NJW 2008, 2914 zur faktischen Sitzverlegung als Satzungsmangel; in der Literatur war die Frage sehr umstritten, vgl.s. Ziemons, ZIP 2003, 1919; Maul/Schmidt, BB 2003, 2300; Bayer, BB 2003, 2363; Berner/Spindler, RIW 2003, 956; Triebel/v. Hase, BB 2003, 2409; Kleinert/Probs, DB 2217; Eidenmüller, ZIP 2002, 2233, 2243; ders., JZ 2004, 29; Meilicke, GmbHR 2003, 793, 803). Wie bereits erläutert, wurde diese Rechtsprechung zum Teil schon im Anschluss an die SEVIC-Eentscheidung des EuGH kritisiert. Die Zweifel an der Europarechtskonformität des deutschen Rechts haben dann nach der EuGH-Entscheidung in Sachen »Cartesio« weiter zugenommen. Da, wie dargelegt, der EuGH in einem oObiter dictum feststellte, dass die europarechtlichen Vorschriften nicht erlauben, »dass der Gründungsmitgliedstaat die Gesellschaft dadurch, dass er ihre Auflösung und Liquidation verlangt, daran hindert, sich in eine Gesellschaft nach dem nationalen Rechts dieseseines anderen Mitgliedsstaats umzuwandeln, soweit dies nach diesem Recht möglich ist.« Der BGHEuGH vertraitt also die Auffassung, dass Art. 43 EG verletzt ist, wenn ein Mitgliedsstaat eine nach seinem Recht gegründete und existente Gesellschaft an einem identitätswahrenden Wegzug dadurch hindert, dass er die Auflösung und Liquidation der Gesellschaft verlangt, und wenn hierfür keine zwingenden Gründe des Allgemeinwohls hierfür vorliegen. Die Literatur wurde bereits damals, als die Europawidrigkeit des deutschen Rechts gefolgt, wenn und soweit sie einen grenzüberschreitenden Formwechsel schlechtweg verbietet (so Zimmer/Naendrup, NJW 2009, 545, 548 f.; Teichmann, LMK 2009, 275584; Leible/Hoffmann, BB 2009, 58, 60; Meilicke, GmbHR 2009, 92, 93;......).

2. Die Moor-Park-Entscheidung des OLG Nürnberg. Durch die VALE-Entscheidung des EuGH ist schließlich der Weg zum Beschlussr Entscheidung des OLG Nürnberg geebnet worden. Die betroffene Gesellschaft, die Fa. Moor-Park S. A. R.L (nachfolgend kurz Moor-Park) hatte nach der ersten Ablehnung durch das OLG Nürnberg am 16.10.2012 nochmals eine Gesellschafterversammlung der Gesellschafter bei einem Notar in Erlangen durchgeführt und, folgendes beschlossen:

> »Mit diesamtlicher Urkunde vom 18. Juli 2011, URNr. R 1555/11, wurde aufgrund der Sitzverlegung die in der Gesellschaftsversammlung beschlossene Firma MOOR PARK GmbH mit dem Sitz in Erlangen zur Eintragung in Handelsregister angemeldet. Die Beschwerde, die gegen die zu der Anmeldung ergangene Zwischenverfügung des Registergerichts Fürth eingelegt wurde, hat das Oberlandesgericht Nürnberg unter AZ: 12 W 2361/11 im Wesentlichen mit der Begründung zurückgewiesen, dass das deutsche Gesellschaftsrecht eine grenzüberschreitende Verlegung des Satzungs- und Verwaltungssitzes unter identitätswahrendem Formwechsel nicht kenne und dass, selbst wenn aus Artikel 49, 54 AEUV eine Verpflichtung folgen solle, eine grenzüberschreitende Sitzverlegung unter entsprechender Anwendung der nationalen Umwandlungsvorschriften zuzulassen, jedenfalls deren Voraussetzungen nicht erfüllt seien. Am 24. Februar 2012 wurde die Moor Park S. a. r. l. im Registre de Commerce et des Socits in Luxemburg mit der Begründung gelöscht, dass der Sitz der Gesellschaft ins Ausland verlegt wurde.

Mit Urteil vom 12. Juli 2012 – AZ: C-378110 – hat der EuGH folgendes entschieden:

1.

Die Artikel 49 AEUV und 54 AEUV sind dahin auszulegen, dass sie einer nationalen Regelung entgegenstehen, die zwar für inländische Gesellschaf ten die Möglichkeit einer Umwandlung vorsieht, aber die Umwandlung einer dem Recht eines anderen Mitgliedsstaats unterliegenden Gesellschaft in eine inländische Gesellschaft mittels Gründung der letztgenannten Gesellschaft generell nicht zulässt.

2.

Die Artikel 49 AEUV und 54 AEUV sind im Kontext einer grenzüberschreitenden Umwandlung einer Gesellschaft dahin auszulegen, dass der Aufnahmemitgliedstaat befugt ist, das für einen solchen Vorgang maßgebende innerstaatliche Recht festzulegen und somit die Bestimmungen seines nationalen Rechts über die innerstaatlichen Umwandlungen anzulegen, die – wie die Anforderungen an die Erstellung einer Bilanz und eines Vermögensverzeichnisses – die Gründung und die

Funktionsweise einer Gesellschaft regeln. Aufgrund dieser Entscheidung ist ein Mitgliedsstaat, der für inländische Gesellschaften die Möglichkeit einer Umwandlung (Formwechsel) vorsieht, verpflichtet, dieselbe Möglichkeit auch Gesellschaften zu geben, die dem Recht eines anderen Mitgliedsstaats unterliegen und sich in Gesellschaften nach dem Recht des aufnehmenden Mitgliedsstaats umwandeln möchten.

Im Lichte dieses Urteils werden die Beschlüsse gefasst.

Beschlüsse

Die beiden vorbezeichneten Gesellschafterinnen, vertreten durch Herrn A, halten hiermit vorsorglich nochmals unter Verzicht auf alle Frist und Formvorschriften nach deutschem Recht eine Gesellschafterversammlung der MOOR PARK MB 18 Kiel-Umspannwerk S. a. r. l. ab und beschließen einstimmig folgendes:

1)

Sie bestätigen bzw. wiederholen die in der vorgenannten Urkunde des Notars S. gefassten Beschlüsse, insbesondere beschließen sie nochmals die hier als Anlage beigefügte Satzung der nunmehrigen GmbH und die Bestellung von Herrn A als deren stets einzeln vertretungsberechtigten, von den Beschränkungen des § 181 BGB und jedem Wettbewerbsverbot befreiten Geschäftsführer.

2)

Die Gesellschafter verzichten weiter vorsorglich auf die Erstattung eines Umwandlungsberichtes samt Prüfungsbericht und Vermögensaufstellung, auf die Anfechtung des nachfolgenden Beschlusses und ein Abfindungsangebot und fassen folgenden Formwechselbeschluss:

a. Die Moor Park S. a. r. l. wird formwechselnd analog den § 190 ff. UmwG in eine Gesellschaft mit beschränkter Haf ung nach deutschem Recht umgewandelt.

b. Die GmbH führt die Firma Moor Park GmbH und hat ihren Sitz in Erlangen.

c. Am Stammkapital der Gesellschaft in Höhe von 25.000,00 Euro sind beteiligt:

Die Firma A mit 22.500 22.500 Geschäftsanteilen im Nennwert von jeweils 1,00 EUR (lfde. Nrn. 1 bis 22.500) die Firma B mit 2.500 Geschäftsanteilen im Nennwert von jeweils 1,00 EUR (lfde. Nrn. 22.501 bis 25.000).

d. Art und Umfang der Beteiligung an der GmbH sowie die Rechte der

Gesellschafter im Einzelnen ergeben sich aus der hiermit festgestellten

Satzung der GmbH, die Bestandteil dieses Umwandlungsbeschlusses

und hier als Anlage beigefügt ist.

e. Einzelnen Gesellschaftern werden keine Sonderrechte oder Vorzüge gewährt.

f. Alle Arbeitnehmer der bisherigen S. a. r.l bleiben auch bei der GmbH beschäftigt. Ihre Rechte und Pflichten aus den bestehenden Anstellungs- und Arbeitsverträgen bleiben also unberührt. Ein Betriebsrat besteht nicht.

g. Der Formwechsel erfolgt zum 1. Oktober 2012 (Stichtag).«

Das OLG Nürnberg entschied mit Beschluss vom 19.06.2013 (DNotZ 2014, 150 m. Anm. Hushahn = DNotI-Report 2013, 189, dass aus der Niederlassungsfreiheit nach Art. 49, 54 AEUV die Zulässigkeit einer grenzüberschreitenden Sitzverlegung einer luxemburgischen SARL nach Deutschland unter identitätswahrender Umwandlung in die Rechtsform einer Kapitalgesellschaft nach deutschem Recht fFolge. Das OLG Nürnberg bestätigt, dass das deutsche Recht aufgrund der VALE-Entscheidung des EuGH die grenzüberschreitende Verlegung des Sitzes einer Kapitalgesellschaft und denr damit einhergehende Formwechsel in eine entsprechende Gesellschaft deutschen Rechts grundsätzlich anerkennen müsse. Der EuGH habe in der genannten Entscheidung ausgeführt, dass eine nationale Regelung, die zwar für inländische Gesellschaften die Möglichkeit einer Umwandlung vorsehe, aber die Umwandlung in einer dem Recht eines anderen Mitgliedsstaates unterliegenden Gesellschaft nicht erlaube, in den Anwendungsbereich der Art. 49 und 54 AEUV falle. Weiter habe der EuGH darauf hingewiesen, dass mit einer nationalen Regelung nur die Umwandlung einer Gesellschaft vorsehe, die ihren Sitz schon in dem betreffenden Mitgliedstaat habe, diese Regelung einer unterschiedliche Behandlung von Gesellschaften in Abhängigkeit davon begründe, ob es sich um eine innerstaatliche oder grenzüberschreitende Umwandlung handeln würde. Diese unterschiedliche Behandlung von Inlandsumwandlung und grenzüberschreitender Umwandlung sei geeignet, Gesellschaften mit Sitz in anderen Mitgliedsstaaten davon abzuhalten, von der im AEU-Vertrag verankerten Niederlassungsfreiheit Gebrauch zu machen und stellet somit eine Beschränkung im Sinne des Art. 49, 54 AEUV dar. Der EuGH habe weiter festgestellt, dass die genannten Artikel alle Mitgliedsstaaten verpflichten würden, die selben Möglichkeiten auch Gesellschaften zu geben, die dem Recht eines anderen Mitgliedsstaats unterliegen würden und sich in Gesellschaften nach dem Recht des erstgenannten Mitgliedsstaats umwandeln wollten. Daher seien die nationalen Vorschriften unter Beachtung dieser Pflicht aus den Art. 49, 54a EUVA anzuwenden. Das OLG stellt dabei fest, dass die Modalitäten der grenzüberschreitenden Umwandlung dürften nicht ungünstiger sein dürften, als diejenigen, die gleichartige innerstaatliche Sachverhalte regelten (Äquivalenzprinzip) und die Ausübung der durch die Unionsrechtsordnung verliehenen Recht nicht praktisch unmöglich machen oder übermäßig erschweren (Effektivitätsgrundsatz). Die Mitgliedsstaaten seien aber nicht verpflichtet, grenzüberschreitende Vorgänge günstiger zu behandeln, als innerstaatliche. Damit hat das OLG Nürnberg Möglichkeit, wie bereits in der Literatur seit langem gefordert, die Zulässigkeit einer grenzüberschreitenden (rechtsformkongruenten) Formwechsel anerkannt und damit auch die identitätswahrende statutenwechselnde Verlegung des Satzungssitzes von einem Mitgliedstaat in den anderen (vgl. Hushahn, RNotZ 2014, 137, 138). Der Wegzugsstaat darf den Herausformwechsel also nicht durch Auflösung und Liquidation sanktionieren, der aufnehmende Staat muss den Hineinformwechsel allerdings nur insoweit gestatten, wer nach nationalem Umwandlungsrecht auch seinen Gesellschaften gestattet ist, so dass auch dessen Regelungen anwendbar sind (Hushahn aaO).

3. Das anwendbare Verfahren. Mangels einschlägiger Vorschriften stellt sich natürlich die Frage, mit nach welchen Regelungen ein derartiger Formwechsel abgewickelt werden muss, welche Vorschriften und Vorgaben zu beachten sind (vgl. Hushahn, RNotZ 2014, 137 ff.; Widmann/Mayer/Vossius, § 191 UmwG Rn. 61 ff.; Checklisten des AG Charlottenburg vgl. Melchior, GmbHR 2014, R305 ff.). In der Literatur wurden bereits nach der VALE-Entscheidungen verschiedene Ansätze vorgeschlagen. Ein Teil der Literatur plädierte für eine entsprechende Anwendung der §§ 190 ff. UmwG (so Frenzel NotBZ 2012, 349, 351; Teichmann DB 2012, 2085, 2091; Wicke, DSTR 2012, 1756, 1759; Schön ZGR 2013, 333, 362f; Krafka/Kühn Registerrecht, 9. Auflage 2013, RN 1211a ff.; Verse, EuZW 2013, 336, 337). Als weitere Analogiegrundlage werden die europäischen Regelungen zur SE (Art. 8 SE-VO) sowie die Ausführungsvorschriften im deutschen Recht (§§ 12 ff. SE – AG) vorgeschlagen (Bayer/Schmidt ZIP 2012, 1481, 1488; Jentsch, EWS 2012, 353, 358). Z. T. wird auch durch die Heranziehung der §§ 122a ff. UmwG, also der Vorschriften der grenzüberschreitenden Verschmelzung angeregt (Bayer/Schmitt ZHR 173, 2009, 757 f.; wohl auch Widmann/Mayer/Vossius, § 191 UmwG Rn. 52 ff.). Der EuGH hat, wie bereits festgestellt, entschieden, dass solche »grenzüberschreitenden Umwandlungen die sukzessive Anwendung von zwei nationalen Rechtsordnungen voraussetze«. Da das Unionsrecht derzeit keine speziellen Vorschriften für grenzüberschreitende Umwandlung enthalte, könnten Vorschriften nur im nationalen Recht zu finden sein, und zwar im Recht des Herkunftsmitgliedsstaates, dem die Gesellschaft unterliegt und im Recht des Aufnahmemitgliedsstaates. Das OLG Nürnberg schloss sich in der Moor-Park-Entscheidung dem von der Literatur vorgeschlagenen Weg einer europarechtskonformen Anwendung der §§ 190 ff. UmwG an. Offenbar hatte das luxemburgische Handelsregister hatte für die Eintragung der Wegzugs-Löschung im Rahmen des Wegzugs seine nationalen Vorschriften angewendet, insbesondere Art. 67–1 des Gesetzes über Handelsgesellschaften. In Art. 67–1 ist folgendes geregelt: »Sofern nicht anderweitig in der Satzung geregelt, kann eine außerordentliche Generalversammlung die Satzung in all ihren Bestimmungen ändern. Änderungen der Nationalität der Gesellschaft und die Erhöhung des Kapitals ... können nur einstimmig gefasst werden«. Luxemburg lässt in Art. 67–1 eine grenzüberschreitende Satzungssitzverlegung ins Ausland zu, ohne dass dies zu einer Auflösung der Gesellschaft führt (Winandy, Manuell de Droit des Societes 2011, S.eite 259,). Es hat übrigens auch das OLG München in der Moor-Park1-Entscheidung bestätigt (vgl.

auch hierzu Schwachtken in Süß/Wachter, Handbuch des internationalen GmbH-Rechts, 2. Auflage, Länderbericht Luxemburg, RdNr. 120). Das OLG Nürnberg schloss sich in der Moor-Park-Entscheidung für die Prüfung der deutschen Rechtslage dem Vorschlag einer Anwendung des § 190 UmwG an. Die ergänzende Anwendung von § 122a ff. UmwG oder Art. 8 SE-VO fordert das OLG nicht. Das **Amtsgericht Charlottenburg** hat eine **Checkliste** entwickelt für die generell anwendbare Verfahrensweise für Zuzugs- und Wegzugsfälle auf der Grundlage der EuGH Rechtsprechung (vgl. Melchior, AG Charlottenburg, GmbHR 2014, R305)

4. Umwandlungsfähige Rechtsträger. Die erste Frage, die sich im Rahmen der verfahrensrechtlichen Vorgaben stellt, ist die, welche Rechtsträger im Rahmen der grenzüberschreitenden Umwandlung umwandlungsfähig sind. Das OLG Nürnberg wendet § 191 Abs. 1 UmwG an: danach kann formwechselnder Rechtsträger nur ein ausländischer Rechtsträger sein, der dort genannten Rechtsformen (Kapitalgesellschaften) entspricht. Daraus wird auch in der Literatur gefordert, dass nur den in § 191 Abs. 1 UmwG genannten deutschen Gesellschaften ein Herausformwechsel in die Rechtsform eines anderen EU-/EWR-Mitgliedsstaates gestattet ist. Umgekehrt können EU-/EWR-Gesellschaften sich in eine der in § 191 Abs. 2 UmwG aufgeführte Rechtsform umwandeln (vgl. Hushahn RNotZ 2014, 138, 139; Bayer/Schmidt ZIP 2012, 1481, 1491; Wachter GmbHR 2014, 99; vgl. auch Krafka/Kühn, Registerrecht, RdNr. 1211e; Bungert DDB 2014, 761, 763; Widmann/Mayer/Vossius, § 191 UmwG Rn. 61 ff.). Das OLG Nürnberg bestätigte, dass es sich bei der SARL luxemburgischen Rechts es sich um eine nach Art. 1 der RL 2009/101/eG (Publizitätsrichtlinie) um eine Kapitalgesellschaft entsprechend § 199 Abs. 1 Nr. 2 Umwandlungsgesetz handelt. Nicht ganz so einfach war die Problematik zu lösen, dass die SARL im konkreten Fall bereits zum Zeitpunkt des entsprechenden Formwechselbeschlusses im luxemburgischen Handels- und Gesellschaftsregister gelöscht war. Das OLG Nürnberg ist letztendlich der Auffassung, dass diese Situation, anders als nach Einschätzung des Amtsgerichtes, nicht dazu führt, dass zum Zeitpunkt des Umwandlungsbeschlusses kein umwandlungsfähiger Rechtsträger mehr bestanden habe. Zwar erhalte einen die SARL nach luxemburgischem Recht ihre volle Handlungsfähigkeit erst mit der Eintragung im Handels- und Gesellschaftsregister, die Löschung in diesem Register könne deshalb wieder zum Verlust der Rechtsfähigkeit führen. Im Rahmen europarechtskonformer Auslegung der entsprechenden Vorschriften gem. Art. 49, 54 AEUV dürfe dieser Umstand im Rahmen einer grenzüberschreitenden Umwandlung der Annahme eines umwandlungsfähigen Rechtsträgers nichts entgegenstehen, wenn eine Registerlöschung lediglich wegen der beim Register angemeldeten Sitzverlegung in das Ausland erfolgt sei. Andernfalls wäre eine formwechselnde grenzüberschreitende Umwandlung überhaupt nicht möglich.

5. Verfahrensfragen. Wie dargelegt, sind die Verfahrensfragen nach den Rechtssystemen beider Rechtsordnungen zu beantworten. Für das deutsche Recht bedeutet dies, dass zunächst die §§ 190 ff. UmwG Anwendung finden. In wieweit daneben noch Art. 8 SE-VO anzuwenden ist oder gar § 122a ff. UmwG, ist derzeit noch offen (differenzierend Widmann/Mayer/Vossius, § 191 UmwG Rn. 94 ff.; Melchior, AG Charlottenburg, GmbHR 2014, R305). Das OLG Nürnberg scheint dies nicht zu verlangen. Das AG Charlottenburg (Melchior, GmbHR 2014, R305) weist darauf hin, dass es sich aus Sicht des Zuzugsstaates um einen Gründungsakt handelt, so dass auch die Gründungsvorschriften zu beachten sind (so wohl auch Widmann/Mayer/Vossius, § 191 UmwG Rn. 84, 152 analog §§ 193, 194 UmwG)

a) Inhalt des Umwandlungsplanes/Umwandlungsbeschlusses. Art. 8 Abs. 2 SE-Verordnung verlangt einen sogenannten Verlegungsplan, der folgende Punkte enthalten muss:

Der Plan enthält die bisherige Firma, den bisherigen Sitz und die bisherige Registriernummer der SE sowie folgende Angaben:
a) den vorgesehenen neuen Sitz der SE,
b) die für die SE vorgesehene Satzung sowie gegebenenfalls die neue Firma,
c) die etwaigen Folgen der Verlegung für die Beteiligung der Arbeitnehmer,
d) den vorgesehenen Zeitplan für die Verlegung,
e) etwaige zum Schutz der Aktionäre und/oder Gläubiger vorgesehene Rechte.

§ 194 UmwG verlangt einen Umwandlungsbeschluss, der weitgehend den vorstehenden Vorgaben entspricht. Hier ist folgendes aufzunehmen:

1.

die Rechtsform, die der Rechtsträger durch den Formwechsel erlangen soll;

2.

der Name oder die Firma des Rechtsträgers neuer Rechtsform;

3.

eine Beteiligung der bisherigen Anteilsinhaber an dem Rechtsträger nach den für die neue Rechtsform geltenden Vorschriften, soweit ihre Beteiligung nicht nach diesem Buch entfällt;

4.

Zahl, Art und Umfang der Anteile oder der Mitgliedschaften, welche die Anteilsinhaber durch den Formwechsel erlangen sollen oder die einem beitretenden persönlich haftenden Gesellschafter eingeräumt werden sollen;

5.

die Rechte, die einzelnen Anteilsinhabern sowie den Inhabern besonderer Rechte wie Anteile ohne Stimmrecht, Vorzugsaktien, Mehrstimmrechtsaktien, Schuldverschreibungen und Genussrechte in dem Rechtsträger gewährt werden sollen, oder die Maßnahmen, die für diese Personen vorgesehen sind;

6.

ein Abfindungsangebot nach § 207, sofern nicht der Umwandlungsbeschluss zu seiner Wirksamkeit der Zustimmung aller Anteilsinhaber bedarf oder an dem formwechselnden Rechtsträger nur ein Anteilsinhaber beteiligt ist;

7.

die Folgen des Formwechsels für die Arbeitnehmer und ihre Vertretungen sowie die insoweit vorgesehenen Maßnahmen.

Im Ergebnis scheint viel dafür zu sprechen, die Regelung des Art. 8 Abs. 2 SEV mit der des § 194 Abs. 1 UmwG zu kombinieren, da insbesondere Art. 8 Abs. 2 SEVO den Besonderheiten der grenzüberschreitenden Situation gerecht wird (so auch Hushahn RNotZ 2014, 142; wohl auch Schön ZGR 2013, 333, 361 f; für die Anwendung § 122c UmwG Widmann/Mayer/Vossius, § 191 UmwG Rn. 95 ff.).

b) Minderheitenschutz. Einigkeit besteht in der Literatur, dass die Fragen des Minderheiten- und Gläubigerschutzes ebenfalls in Anlehnung an die bestehenden Vorschriften getroffen behandelt werden sollten. Nach § 207 Abs. 1 Satz 1 UmwG hat der formwechselnde Rechtsträger jedem Anteilsinhaber, der gegen den Umwandlungsbeschluss Widerspruch zur Niederschrift erklärt, den Erwerb seiner umgewandelten Anteile der Mitgliedschaften gegen eine angemessene Barabfindung anzubieten. Zu dieser Frage hat das OLG Nürnberg nicht zu entscheiden, da der Beschluss einstimmt gefasst wurde. Eine ähnliche Regelung sieht auch Art. 8 Abs. 5 SE-VO in Verbindung mit § 12 SE-AG vor. Angesichts der unter Umständen deutlich veränderten Rechtssituation nach ausländischem Recht, wird man auch beim grenzüberschreitenden Formwechsel ein derartiges Abfindungsgebot verlangen müssen (so auch Hushahn RNotZ 2014, 143; Bungert DB 2014, 761, 764; Widmann/Mayer/Vossius, § 191 UmwG Rn. 104 analog § 122i UmwG). Ein Verzicht auf Barabfindung ist allerdings wie bei § 29 UmwG durch notariell beurkundete Verzichtserklärung aller Anteilsinhaber möglich.

c) Umwandlungsprüfung. Unklar ist, ob auf eine Umwandlungsprüfung erforderlich ist. Anders als bei Verschmelzung und Spaltung ist im deutschen Recht des Formwechsels eine Formwechselprüfung nicht mehr vorgesehen. Eine Ausnahme vom Prüfungsverzicht enthält § 208 i.V.m. § 30 Abs. 2 UmwG. Ist ein Barabfindungsangebot gem. §§ 207, 194 Abs. 6 UmwG erforderlich, so ist dieses Angebot gem. § 30 Abs. 2 UmwG stets auf seine Angemessenheit zu prüfen. Gem. § 30 Abs. 2 sind auf diese Prüfung die Vorschriften über die Verschmelzungsprüfung anzuwenden, also die §§ 10–12 UmwG. Die Berechtigten können allerdings auf die Prüfung oder den Prüfungsbericht durch notariell beurkundete Erklärungen verzichten. Da nach § 197 UmwG auf den Formwechsel die für die neue Rechtsform geltenden Gründungsvorschriften anzuwenden sind, ist beim Formwechsel in die AG oder KGaA eine Gründungsprüfung nach §§ 32 ff. AktG erforderlich (vgl. §§ 220 Abs. 3 Satz 1, 245 Abs. 1 Satz 2, Abs. 2 Satz 2, Abs. 3 Satz 2, 264 Abs. 3 Satz 1, 277, 295, 303 Abs. 1). Das OLG Nürnberg verlangte keine Prüfung. Art. 8 Verschmelzungsrichtlinie fordert hingegen Berichte unabhängiger Sachverständiger, die zumindest Angaben zum Umtauschverhältnis nach Art. 10 Abs. 2 der Dritten gesellschaftsrechtlichen Richtlinien enthalten müssen. Nach Art. 8 Abs. 2 Verschmelzungsrichtlinie besteht auch die Möglichkeit, dass die Gesellschaften einen gemeinsamen Sachverständigen heranziehen. Der Bericht muss spätestens einen Monat vor der Gesellschafterversammlung den Gesellschaftern vorliegen. Prüfung und Bericht sind auch nach der Richtlinie entbehrlich, wenn alle Gesellschafter der beteiligten Gesellschaften hierauf verzichten (Art. 8 Abs. 4 Verschmelzungsrichtlinie). In §§ 122 f. UmwG n. F. sind diese Regelungen für die grenzüberschreitende Verschmelzung umgesetzt. Der Verschmelzungsplan oder sein Entwurf ist in diesem Rahmen nach den §§ 9 bis 12 UmwG zu prüfen, § 48 UmwG ist nicht anwendbar. Damit ist auch der Verschmelzungsvertrag für eine GmbH zu prüfen, während nach § 48 UmwG dies nur auf Verlangen eines Gesellschafters notwendig wäre. Dies gilt insbes. für die Fragen gemeinsamer Verschmelzungsprüfer, was nach § 122a Abs. 2 UmwG n. F. i. V. m. § 10 Abs. 1 Satz 2 und § 12 Abs. 1 Satz 2 UmwG möglich ist. (Neye/Timm, NotBZ 2007, 239, 241). Auch § 9 Abs. 2 UmwG gilt durch die Verweisung in § 122f Satz 1 UmwG n. F. und ist auch aufgrund der Verschmelzungsrichtlinie zugelassen. Eine Verschmelzungsprüfung entfällt daher, wenn sich alle Anteile eines übertragenden Rechtsträgers in der Hand des übernehmenden befinden (100 %iges Mutter-Tochter-Verhältnis). Aus der Vorgabe der Verschmelzungsrichtlinie und der Vorschrift des § 122f UmwG n. F. wird nicht ganz klar, ob auf eine derartige Prüfung entsprechend § 9 Abs. 3 UmwG durch notarielle Erklärung der Anteilseigner verzichtet werden kann. Dies ist indes zu bejahen (BR-Drucks. 54/06, S. 32; Widmann/Mayer/Vossius, § 191 UmwG Rn. 138; Simon/Rubner, Der Konzern 2006, 835, 839; Müller, NZG 2006, 286, 288; Drinhausen/Keinath, BB 2006, 725, 729; Neye/Timm, DB 2006, 488, 491; Kiem, WM 2006, 1091, 1097). Es besteht also die Möglichkeit, dass durch notariell beurkundete Erklärung aller Gesellschafter auf die Prüfung verzichtet werden kann. Für die Praxis empfiehlt sich daher vorsichtshalber einen Verzicht aufzunehmen.

d) Gläubigerschutz. Für den Gläubigerschutz wird wohl § 204 UmwG anwendbar sein. Gem. § 204 UmwG i. V. m. § 22 UmwG ist den Gläubigern des formwechselnden Rechtsträgers auf Verlangen Sicherheit zu leisten, wenn sie glaubhaft machen, dass durch den Formwechsel die Erfüllung ihrer Forderung gefährdet wird. Art. 8 Abs. 7 SE-VO i. V. m. § 13 Abs. 1 Satz 3 SEAG und § 122j UmwG sehen Ähnliches vor (vgl. Hushahn RNotZ 2014, 143; Bungert DB 2014, 764; Widmann/Mayer/Vossius, § 191 UmwG Rn. 142 ff.). In der Entscheidung Moor-Park II wurde ein entsprechender Vermerk im Handelsregister eingetragen.

e) Umwandlungsbericht. Das OLG Nürnberg lehnte unter anderem in der ersten Moor-Park-Entscheidung die Eintragung ab, da offenbar kein Umwandlungsbericht vorgelegt wurde und auch ein Verzicht nicht vorlag. In der Moor-Park-Entscheidung wurde von allen Gesellschaftern »vorsorglich auf die Erstattung eines Umwandlungsberichtes samt Prüfungsbericht und Vermögensaufstellung, auf die Anfechtung eines nachfolgenden Beschluss- und Abfindungsgebot verzichtet.« Das OLG Nürnberg bestätigte, dass entsprechend § 192 Abs. 2 UmwG auf den Umwandlungsbericht verzichtet werden könne. Während § 192 Abs. 2 UmwG vorsieht, dass der Bericht nicht erforderlich ist, wenn an dem formwechselnden Rechtsträger nur ein Anteilsinhaber beteiligt ist oder wenn alle Anteilsinhaber auf seine Erstattung verzichten, wird der Verzicht in Art. 8 Abs. 3 SE-VO und bei der grenzüberschreitenden Verschmelzung ausdrücklich in § 122e Satz 3 UmwG ausgeschlossen. Die Begründung zum RegE weist darauf hin, dass die Vorschrift ausdrücklich ausgeschlossen werden müsse, da die dort für innerstaatliche Verschmelzungen geregelten Ausnahmen von der Berichtspflicht in der Verschmelzungsrichtlinie nicht vorgesehen seien (BR-Drucks. 54/06, S. 32). In der Literatur war diese Interpretation der Verschmelzungsrichtlinie, insbes. die Frage, ob der Ausschluss der Verzichtbarkeit zwingend durch die Verschmelzungsrichtlinie vorgegeben ist, umstritten (gegen Verzichtbarkeit Drinhausen/Keinath, RIW 2006, 83; dies., BB 2006, 728; Müller, NZG 2006, 288 in Fn. 37; dies ablehnend Bayer/Schmidt,

NJW 2006, 403; Vetter, AG 2006, 620; differenzierend Widmann/Mayer/Vossius, § 191 UmwG Rn. 113 f.). So wurde z. T. darauf hingewiesen, dass soweit die beteiligte deutsche Gesellschaft keine Arbeitnehmer habe, denen der Bericht zugänglich gemacht werden könne, und die Gesellschafter auf den Bericht verzichteten, es keine sachliche Rechtfertigung für die Erstellung eines kostenaufwendigen Berichts gäbe (Vetter, AG 2006, 620). Der Gesetzgeber ist diesen Bedenken nicht gefolgt und hat generell die Verzichtsmöglichkeit ausgeschlossen, sodass in allen Fällen ein Verschmelzungsbericht erstellt werden muss. Liegt kein Verzicht vor, wird man einen von der Geschäftsführung erstellten und höchstpersönlich unterzeichneten Umwandlungsbericht verlangen müssen (so Hushahn RNotZ 2014, 144; Bungert DB 2014, 763).

f) Zugänglichmachen. Der Umwandlungsbeschluss und ggf. Umwandlungsbericht sind wohl vorsichtshalber auch entsprechend Art. 8 Abs. 4 SE-VO Gesellschaftern und Gläubigern mindestens einen Monat vor der Verhandlung zugänglich zu machen. In der Literatur wird auch empfohlen, analog § 122 e, f Satz 2 Umwandlungsbericht auch dem Betriebsrat und Arbeitnehmern zuzuleiten (so Hushahn RNotZ 2014, 145). Das OLG Nürnberg verlangte dergleichen allerdings nicht.

g) Umwandlungsbeschluss. Einigkeit besteht, dass entsprechend § 193 UmwG ein notariell zu beurkundender Umwandlungsbeschluss durch die Gesellschafter zu fassen ist (OLG Nürnberg aaO; Hushahn RNotZ 2014, 145f . Widmann/Mayer/Vossius, § 191 UmwG Rn. 145 ff.; Melchior, GmbHR 2014, R305, R306). Der Umwandlungsbeschluss muss grundsätzlich den oben genannten Inhalt haben. Zu beachten ist, dass in diesem Zusammenhang die beiden Rechtssysteme der betroffenen Rechtsordnungen zu harmonisieren sind und ggf. auch im Umwandlungsbeschluss Angaben aufzunehmen sind, die nach ausländischem Recht erforderlich sind. Umstritten ist, ob der Beschluss analog Art. 8 Abs. 6 Satz 1 SEVO, § 240 Abs. 1 UmwG mit einer Mehrheit von mindestens $^3/_4$ der abgegebenen Stimmen gefasst werden kann (Hushahn RNotZ 2014, 145f) oder ob Einstimmigkeit erforderlich ist (so Melchior, AG Charlottenburg, GmbHR 2014, R 305, R 306). M. E. genügt eine Mehrheit entspr. § 240 UmwG. Nach nationalem Recht zu prüfen sind, ob weitergehende Zustimmungserfordernisse, wie etwa nach § 193 Abs. 2 UmwG, § 241, 50 Abs. 2 UmwG (bei nicht verhältniswahrendem Formwechsel, Beeinträchtigung von Minderheitsrechten) erforderlich sind (Hushahn aaO). Zum Teil wird verlangt, dass der Umwandlungsbeschluss entsprechend Art. 8 Abs. 6 Satz 1 SE-VO erst zwei Monate nach Offenlegung des Umwandlungsplans gefasst werden dürfe (Hushahn RNotZ 2014, 146). Das OLG Nürnberg hat eine derartige Anwendung des Art. 8 Abs. 6 SE-VO nicht gefordert.

h) Arbeitnehmerschutz. Schwierig einzuordnen sind Fragen des Arbeitnehmerschutzes und der -mitbestimmung. In der Entscheidung des OLG Nürnberg spielte dies keine Rolle, da offenbar keine größere Anzahl von Arbeitnehmern und auch kein Betriebsrat vorhanden war. Gem. § 194 Abs. 2 UmwG ist der Entwurf des Umwandlungsbeschlusses spätestens einen Monat vor dem Tag der Versammlung der Anteilsinhaber, die den Formwechsel beschließen soll, dem zuständigen Betriebsrat des formwechselnden Rechtsträgers zuzuleiten. Durch die Pflicht soll ebenso wie bei der Verschmelzung der Betriebsrat in die Lage versetzt werden, die Rechte der Arbeitnehmer im Hinblick auf die Umwandlung wahrzunehmen. Dies wird man auch beim grenzüberschreitenden Formwechsel verlangen müssen. Der Verschmelzungsplan bei einer internationalen Verschmelzung ist anders als der Verschmelzungsvertrag nach nationalem Umwandlungsrecht (§ 5 Abs. 3 UmwG) nicht dem Betriebsrat zuzuleiten. Stattdessen erfolgt bei grenzüberschreitender Verschmelzung eine Zuleitung des Verschmelzungsberichts nach § 122e Satz 2 UmwG n. F. Dieser ist dem zuständigen Betriebsrat oder, falls es keinen Betriebsrat gibt, den Arbeitnehmern der an der grenzüberschreitenden Verschmelzung beteiligten Gesellschaften spätestens einen Monat vor der Versammlung der Anteilsinhaber zugänglich zu machen. Auch hier empfiehlt sich ggf. beide Vorschriften einzuhalten. Zum Teil wird die Anwendung der Vorschriften über eine grenzüberschreitende Verschmelzung (MGVG) vorgeschlagen (Teichmann/Ptak RIW 2010, 817, 820). Andere wiederum schlagen die Anwendung des § 18 Abs. 3 Satz 1 SEBG vor, (Hushahn RNotZ 2014, 144; ders. Notar 2014, 176). Danach würde eine Verhandlungspflicht bestehen, wenn durch den Formwechsel Beteiligungsrechte gemindert werden können. Werden hingegen keine Beteiligungsrechte gemindert, gilt das Mitbestimmungsrecht des Zuzugsstaates nach Wirksamwerden des Formwechsels. Das OLG Nürnberg verlangte dies hingegen nicht.

i) Weitergehende materielle Schutzvorschriften:. Das OLG Nürnberg hatte darauf hingewiesen, dass die Eintragung auch Vorhandensein eines ausreichenden Stammkapitals erfordere. In der Literatur wurde bereits vor der OLG-Nürnberg-Entscheidung verlangt, dass die Gründungsvoraussetzungen der Zielrechtsform beachtet werden müssen (Schön ZGR 2013, 333, 360). In § 197 UmwG ist allgemein geregelt, dass auf den Formwechsel die für die neue Rechtsform geltenden Gründungsvorschriften grundsätzlich anzuwenden sind. Der Formwechsel einer deutschen Gesellschaft wird durch eine analoge Anwendung des § 197 UmwG sichergestellt. Dies bedeutet namentlich, dass die Regelungen über die Errichtung der Gesellschaft sowie die Aufbringung des vorgesehenen Kapitals eingehalten werden müssen. Analog § 220 Abs. 2 UmwG ist daher beim Formwechsel in eine GmbH immer ein Sachgründungsbericht erforderlich. Der Sachgründungsbericht nach § 5 Abs. 4 Satz 2 GmbH i. V. m. § 197 UmwG hat die Aufgabe plausibel zu machen, welche Überlegungen für den Einlagewert des Vermögens der formwechselnden Gesellschaft sprechen. Durch ihn soll insbesondere die Werthaltigkeit im Hinblick auf § 220 UmwG nachgewiesen werden. Der Bericht bedarf der Schriftform und ist von den Gründern (§ 219 UmwG) zu unterschreiben. Gem. § 220 Abs. 2 UmwG sind darüber hinaus der Geschäftsverlauf und die Lage der formwechselnden Gesellschaft darzulegen. In der OLG Nürnberg-Entscheidung wurde ein solcher vorgelegt.

j) Tatsächliche wirtschaftliche Tätigkeit im Zuzugstaat. Unklar ist, ob neben den vorgenannten Regelungen weitergehende Vorgaben bestehen, ob insbesondere verlangt werden kann, dass die Gesellschaft im Zuzugsstaat tatsächlich eine wirtschaftliche Tätigkeit ausübt und dies auch gegenüber dem Handelsregister versichert werden muss (so Hushahn, notar 2014, 176; Piehler, Kölner Handbuch des Gesellschaftsrechts, 2. Aufl 2014, Rn. 481, Melchior, AG Charlottenburg, GmbHR 2014, R 305, R306). Diese Literatur bezieht sich auf die Einschränkung in der VALE Entscheidung des EuGH, der dort entschieden hat:

> »In Bezug auf das Vorliegen einer Beschränkung der Niederlassungsfreiheit ist darauf hinzuweisen, dass der Niederlassungsbegriff im Sinne der Bestimmungen des Vertrags über die Niederlassungsfreiheit die tatsächliche Ausübung einer wirtschaftlichen Tätigkeit mittels einer festen Einrichtung im Aufnahmemitgliedstaat auf unbestimmte Zeit impliziert. Daher setzt er eine tatsächliche Ansiedlung der betreffenden Gesellschaft und die Ausübung einer wirklichen wirtschaftlichen Tätigkeit in diesem Staat voraus (Urteil vom 12. September 2006, Cadbury Schweppes und Cadbury Schweppes Overseas, C-196/04, Slg. 2006, I-7995, Randnr. 54 und die dort angeführte Rechtsprechung).«

Dem ist zu folgen. Scheinauslandsgesellschaften haben kein Recht auf grenzüberschreitende Formwechsel (Melchior, AG Charlottenburg, GmbHR 2014, R 305, R306). Z. T. wird dies in der Literatur allerdings abgelehnt.

k) Registeranmeldung. Für die Anmeldung zum Handelsregister wird man auf § 198 UmwG zurückgreifen müssen. Anzumelden ist die neue Rechtsform des Rechtsträgers (vgl. Kallmeyer/Zimmermann, UmwG, § 198 Rn. 11; Lutter/Decher, UmwG, § 198 Rn. 9). Findet beim Formwechsel eine Registeränderung statt, ist analog § 198 Abs. 2 UmwG anwendbar (bei Sitzverlegung oder Wechsel der Art des Registers), dann ist nicht die neue Rechtsform anzumelden, sondern der Rechtsträger als solcher in seiner neuen Rechtsform Gegenstand der Anmeldung Da i. d. R. mit dem Formwechsel auch weitere Beschlüsse gefasst werden, ist zu prüfen, ob auch diese der Anmeldung bedürfen: etwa die Bestellung von Geschäftsführern oder die Sitzverlegung. Auch diese bedürfen nach den entsprechenden gesellschaftsrechtlichen Vorschriften der Anmeldung. Auch hier ist wiederum zu prüfen, ob weitere Versicherungen erforderlich sind, wie etwa gem. § 8 Abs. 2 GmbHG, dass keine Umstände vorliegen, die der Bestellung als Geschäftsführer entgegenstehen oder die Belehrung über die unbeschränkte Auskunftspflicht. Die Anmeldung muss ferner folgende Punkte des besonderen Gründungsrechts enthalten:

Gründung der Gesellschaft, Bestellung der Geschäftsführer, Versicherung, nach § 8 Abs. 2 GmbHG, Versicherung, dass keine Umstände vorliegen, die der Bestellung der Geschäftsführer nach § 6 Abs. 2 GmbHG entgegenstehen und dass sie über ihre unbeschränkte Auskunftspflicht gegenüber dem Gericht belehrt worden sind, Vertretungsmacht.

Das UmwG verzichtet nur für den Formwechsel zwischen Kapitalgesellschaften nach § 246 Abs. 3 UmwG auf eine Einlagenversicherungen. Hieraus wird zu schließen sein, dass in allen anderen Fällen eine Einlagenversicherung erforderlich ist. Ein Teil der Literatur spricht sich daher für eine modifizierte Versicherung des § 8 Abs. 2 GmbHG bzw. § 37 Abs. 1 AktG aus, die etwa wie folgt lautet (D. Mayer, DB 1995, 861, 862; K. Schmidt, ZIP 1995, 1385, 1391): Gem. § 198 Abs. 3 ist auch § 16 Abs. 2 und 3 UmwG entsprechend anzuwenden. Die Anmeldung muß daher die Erklärung der Vertretungsorgane enthalten, dass eine Klage gegen die Wirksamkeit eines Verschmelzungsbeschlusses nicht oder nicht fristgemäß erhoben oder eine solche Klage rechtskräftig abgewiesen oder zurückgenommen worden ist

l) Registereintragung. Die Abstimmung der verschiedenen Registergerichte, stellt in der Praxis noch ein Problem dar, da mangels entsprechender gesetzlicher Vorgaben keine konkreten Verfahrensschritte vorgegeben sind. Wie dargelegt, war in der Entscheidung des OLG Nürnberg in Luxemburg die Gesellschaft einfach gelöscht worden. Die Bescheinigung, wie sie etwa Art. 8 Abs. 8 SE-VO vorsieht, war offensichtlich nicht erteilt worden. Art. 8 Abs. 8 SE-VO sieht vor, dass der Staat des Wegzugs das Gericht, der Notar oder eine andere Behörde eine Bescheinigung ausstellt, aus der zweifelsfrei hervorgeht, dass die der Verlegung vorangehenden Rechtshandlungen die Formalitäten durchgeführt wurden. Die neue Eintragung kann nach Art. 8 Abs. 9 SE-VO erst erfolgen, wenn die Bescheinigung vorgelegt und die Erfüllung der für die Eintragung im neuen Sitzstaat erforderlichen Formalitäten nachgewiesen wurde. Auch das Amtsgericht Fürth hatte in der Begründung seines ablehnenden Beschlusses im Fall Moor-Park II darauf hingewiesen, dass die Eintragungsreihenfolge entsprechend § 198 Abs. 2 Satz 2–5 nicht eingehalten wurde, insbesondere die SARL bereits im Handelsregister gelöscht wurde, zu einem Zeitpunkt als sie im deutschen Handelsregister noch nicht eingetragen war. Nach Ansicht des OLG Nürnberg steht dies allerdings einer Registereintragung nicht entgegen. Die Eintragungsreihenfolge der vorgenannten Vorschriften enthalte insoweit eine registerverfahrensrechtliche Komponente, die bei der grenzüberschreitenden Sitzverlegung nicht einzuhalten sei. Bei den Eintragungen (Löschungen) im luxemburgischen Handels- und Gesellschaftsregister finden nicht das deutsche Registerrecht Anwendung, sondern nur das luxemburgische Recht als Lex fori. Damit könne allenfalls die sinngemäße Anwendung von § 198 Abs. 2 Satz 2–5 UmwG in Betracht kommen. Sicherlich wird es in der Zukunft sinnvoll sein, vom Wegzugsstaat eine entsprechende Bescheinigung zu beantragen, damit die Eintragung im Zuzugsstaat vereinfacht stattfinden kann. In wie weit die Wegzugsstaaten derartige Bescheinigung mangels gesetzlicher Grundlagen erteilen werden, bleibt derzeit noch offen.

IV. Verschmelzung/Spaltung aufgrund primärer Niederlassungsfreiheit

20 **1. Personengesellschaften.** Die Verschmelzungsrichtlinie regelt nur die **grenzüberschreitende Verschmelzung von Kapitalgesellschaften** (Widmann/Mayer/Heckschen, Umwandlungsrecht, Vor §§ 122a ff. UmwG Rn. 73 ff., § 122 UmwG Rn. 52; Kallmeyer/Marsch-Barner, § 122a UmwG, Rn. 6). Der Gesetzgeber ist der Forderung der Literatur (Drinhausen/Keinath, RIW 2006, 81, 87; Forsthoff, DStR 2006, 613, 618), die Verschmelzungsrichtlinie auch auf die Beteiligung von Personengesellschaften auszudehnen, nicht gefolgt. Für Personengesellschaften bleibt daher nur die Umwandlung aufgrund primärer Niederlassungsfreiheit (Widmann/Mayer/Heckschen, Umwandlungsrecht, Vor §§ 122a ff. UmwG Rn. 73 ff., § 122 UmwG Rn. 52; Kallmeyer/Marsch-Barner, § 122a UmwG, Rn. 6; Drinhausen, in: Semler/Stengel, UmwG Einl C Rn. 27).

21 **2. Grenzüberschreitende Spaltung.** Auch die grenzüberschreitende Spaltung ist **durch die Umsetzung der Verschmelzungsrichtlinie nicht geregelt** worden (Widmann/Mayer/Heckschen, Umwandlungsrecht, Vor §§ 122a ff. UmwG Rn. 85, § 122a Rn. 48 ff.; Kallmeyer/Marsch-Barner, Vor §§ 122a ff. UmwG Rn. 11). In der Literatur wird die »Sevic«-Entscheidung als Votum auch für die Zulassung grenzüberschreitender Spaltungen gesehen (Krause/Kulpa, ZHR 171, 2007, 38, 46; Spahlinger/Wegen, NZG 2006, 727; Kallmeyer/Kappes, AG 2006, 224, 234; Kallmeyer/Marsch-Barner, Vor §§ 122a ff. UmwG Rn. 11 ff.; Lutter/Drygala, § 1 UmwG Rn. 20; Veil, Der Konzern 2007, 98, 105; Thümmel/Hack, Der Konzern 2009, 1, 5; Drinhausen, in: Semler/Stengel, UmwG Einl C Rn. 28). Der EuGH führte im »Sevic«-Urteil unter Erwägungsgrund 19 aus:

> »Grenzüberschreitende Verschmelzungen entsprechen wie andere Gesellschaftsumwandlungen den Zusammenarbeits- und Umgestaltungsbedürfnissen von Gesellschaften mit Sitz in verschiede-

nen Mitgliedstaaten. Sie stellen besondere, für das reibungslose Funktionieren des Binnenmarktes wichtige Modalitäten der Ausübung der Niederlassungsfreiheit dar und gehören damit zu den wirtschaftlichen Tätigkeiten, hinsichtlich deren die Mitgliedstaaten der Niederlassungsfreiheit nach Art. 43 EG beachten müsse.«

Dementsprechend folgert die Literatur, dass auch Spaltungen vom Urteil erfasst anzusehen seien (Meilicke/Rabback, GmbHR 2006, 123, 126; Geyrhalter/Weber, DStR 2006, 146, 150; Kallmeyer/Kappes, AG 2006, 224, 234; für Hineinspaltungen auch Bungert, BB 2006, 53, 55; Leible/Hoffmann, RIW 2006, 161, 165; Gottschalk, EuZW 2006, 83, 84; Kallmeyer/Marsch-Barner, Vor §§ 122a ff. UmwG Rn. 11 ff.; Lutter/Drygala, § 1 UmwG Rn. 18, 20; Veil, Der Konzern 2007, 98, 105; Thümmel/Hack, Der Konzern 2009, 1, 5).

3. Hinausverschmelzung bzw. Hinausspaltung. Wie bereits erwähnt, wird die Frage der Zulässigkeit der Hinausverschmelzung bzw. Hinausspaltung kontrovers diskutiert (vgl. oben Rn. 3043). Der EuGH hat bekanntlich die Frage nach der Zulässigkeit von Herausverschmelzungen nicht behandelt. In der Literatur wird daher **teilweise die Herausverschmelzung nicht zugelassen** (Kappes, NZG 2006, 101; Leible/Hoffmann, RIW 2006, 161, 165 f.; Oechsler, NJW 2006, 812, 813; Meilicke/Rabback, GmbHR 2006, 123, 125; Forsthoff, DStR 2006, 613, 617; MünchKomm-BGB/Kindler, Internationales Gesellschaftsrecht, Rn. 873). Nach anderer Auffassung beeinträchtigt ein Verbot der Hinausverschmelzung immer auch die aufnehmende ausländische Gesellschaft, sodass sie aus europarechtlichen Grundsätzen zulässig sein müsse (Drygala, ZIP 2005, 1995, 1997; Spahlinger/Wegen, NZG 2006, 724; Geyrhalter/Weber, DStR 2006, 146, 149; Krause/Kulpa, ZHR 171, 2007, 44 ff.). Auch hier wird aus der Entscheidung »Cartesio« gefolgert, dass eine grenzüberschreitende Hinausverschmelzung oder -spaltung vom Wegzugsstaat im Prinzip (wenn nicht Grüne des Allgemeininteresses dagegen sprechen) zugelassen werden muss (so Drinhausen, in: Semler/Stengel, UmwG Einl C Rn. 30). Im Bereich der §§ 122a ff. UmwG ist dies gesetzlich geregelt, i. Ü. wird z. T. auch die analoge Anwendung der §§ 122a ff. UmwG befürwortet (vgl. Lutter/Drygala, § 1 UmwG Rn. 20; Kallmeyer/Kallmeyer, § 1 UmwG Rn. 13; Veil, Der Konzern 2007, 98, 105; Vetter, AG 2006, 613, 616).

III. Verfahren einer grenzüberschreitenden Verschmelzung/Spaltung aufgrund der »Sevic«-Entscheidung

1. Anwendbares Recht. Die Behandlung der grenzüberschreitenden Verschmelzung außerhalb des UmwG lässt sich nur durch einen Blick auf das maßgebliche Kollisionsrecht i. V. m. dem nationalen Recht verstehen (vgl. MünchKomm-BGB/Kindler, IntGesR Rn. 848 ff.; Widmann/Mayer/Heckschen, Umwandlungsrecht, Vor §§ 122a ff. UmwG Rn. 73 ff., 88 ff.; Kallmeyer/Marsch-Barner, Vor §§ 122a ff. UmwG Rn. 4, 12 ff.; Lutter/Drygala, § 1 UmwG Rn. 10 ff.; Hörtnagl, in: Schmitt/Hörtnagl/Stratz, § 1 UmwG Rn. 60; Veil, Der Konzern 2007, 98, 105; Thümmel/Hack, Der Konzern 2009, 1, 5; Koppensteiner, Der Konzern 2006, 40, 43). Kollisionsrechtlich ist davon auszugehen, dass die internationale Verschmelzung dem **Gesellschaftsstatut** unterliegt (MünchKomm-BGB/Kindler, Internationales Gesellschaftsrecht, Rn. 657). Herrschend ist mittlerweile die sog. **Vereinigungstheorie** nach der auf grenzüberschreitende Verschmelzungen und Spaltungen sowohl das Sachrecht des übertragenden als auch das Sachrecht des übernehmenden Rechtsträgers nebeneinander zu berücksichtigen sind (vgl. OLG München, DNotZ 2006, 78 = NotBZ 2006, 405 = ZIP 2006, 104; Kallmeyer/Marsch-Barner, Vor §§ 122a ff. UmwG Rn. 12; Eidenmüller/Engert, Ausländische Kapitalgesellschaften im deutschen Recht, § 4 Rn. 100 ff.; Louven/Dettmeier/Pöschke/Weng, BB 2006, 1, 5; C. Schmidt/Maul, BB 2006, 13; Wenglorz, BB 2006, 1061; Gottschalk, EuZW 2006, 83; Paefgen, GmbHR 2004, 463 ff.). Das Recht der übertragenden Gesellschaft ist demnach insoweit einschlägig, als es auf die mit dieser Gesellschaft verknüpften Interessen zielt, für die übernehmende gilt entsprechendes. Soweit für den Verschmelzungsvertrag die Interessen beider Rechtsträger berührt sind, setzt sich das jeweils strengere Recht durch (vgl. im Einzelnen Koppensteiner, Der Konzern 2006; Gesell/Krömker, DB 2006, 2560; Spahlinger/Wegen, NZG 2006, 721; Krause/Kulpa, ZHR 171, 2007, 50; MünchKomm-BGB/Kindler, Internationales Gesellschaftsrecht, Rn. 848 ff.; Kallmeyer/Kappes, AG 2006, 230; Bungert, BB 2006, 53, 54).

24 Auch das **OLG München** hat sich im Urt. v. 02.05.2006 (DNotZ 2006, 78 = NotBZ 2006, 405 = ZIP 2006, 1049 = NZG 2006, 513) für die Vereinigungstheorie ausgesprochen. Hiernach ist das Recht sämtlicher an der grenzüberschreitenden Verschmelzung beteiligten Unternehmen zu berücksichtigen. In dem zu entscheidenden Fall ging es um die M-Limited, die ihren Sitz in Großbritannien hatte aber über eine Zweigniederlassung in Deutschland verfügte. Die F-GmbH hatte ihren Sitz ebenfalls in Deutschland. Die M-Limited meldete die Verschmelzung der F-GmbH durch Aufnahme beim Handelsregister der Zweigniederlassung an. Dabei legte sie die entsprechenden notariellen Urkunden vor. Das Registergericht weigerte sich die Verschmelzung einzutragen. Das OLG München entschied, dass es der Eintragung grds. nicht entgegenstehe, dass an der Verschmelzung eine Gesellschaft beteiligt sei, die ihren Sitz nicht in Deutschland, sondern in einem anderen Mitgliedstaat der EU habe. Der EuGH habe im »Sevic«-Urteil klargestellt, dass grenzüberschreitende Verschmelzungen, wie andere Gesellschaftsumwandlungen zu den wirtschaftlichen Tätigkeiten gehörten und dass hier die Mitgliedstaaten die Niederlassungsfreiheit nach Art. 43 EG beachten müssen. In dem umgekehrten Fall, dass eine deutsche GmbH auf eine englische Limited verschmolzen wird, war aber das OLG München der Auffassung, dass nicht das deutsche Handelsregister der Zweigniederlassung zuständig ist, sondern die Verschmelzung müsste im Register am Satzungssitz der englischen Gesellschaft, also in England zur Eintragung vorgenommen werden. Denn die Eintragung für eine Filiale müsse grds. immer in das Register der Hauptniederlassung erfolgen.

25 Aus der Vereinigungstheorie ist daher zu folgern, dass sich Sachverhalte, die sich nur auf einen der beteiligten Rechtsträger beziehen, nach **dessen Sachrecht** bestimmen. Betrifft dagegen ein Sachverhalt beide Rechtsträger gleichermaßen, so sind die Fragen kumulativ nach allen betroffenen Gesellschaftsstatuten anzuknüpfen. Die strengste Sachnorm setzt sich dabei durch. Soweit Normwidersprüche auftreten, sind diese im Wege der Anpassung aufzulösen (Koppensteiner, Der Konzern 2006, 44).

26 **2. Verschmelzungsfähigkeit.** Die aktive und passive Verschmelzungsfähigkeit beurteilt sich nach dem **jeweiligen Personalstatut** (MünchKomm-BGB/Kindler, Internationales Gesellschaftsrecht, Rn. 852 ff.). Für Deutschland ist daher § 1 Abs. 1 UmwG maßgeblich, allerdings muss die Vorschrift im Licht der »Sevic«-Entscheidung interpretiert werden, sodass auch ausländische Rechtsträger mit Sitz in einem EU-Staat beteiligt sein können. Der Kreis der verschmelzungsfähigen ausländischen Rechte ist hierbei auf diejenigen beschränkt, die entsprechend zu den in § 3 UmwG dargestellten verschmelzungsfähigen Gesellschaftsformen gehören (Bungert, BB 2006, 53, 55; Krause/Kulpa, ZHR 171, 2007, 49).

27 **3. Verschmelzungs- und Spaltungsverfahren.** Das **Verfahren** ist, wie dargelegt, kumulativ aus den beteiligten Rechtsordnungen zu entwickeln. Für die deutsche beteiligte Gesellschaft gelten daher die allgemeinen Vorschriften des UmwG.

28 Dementsprechend sind im Grundsatz die allgemeinen Schritte **nach deutschem Recht** vorzusehen:
– Verschmelzungs-/Spaltungsvertrag/-plan,
– Verschmelzungs-/Spaltungsbericht,
– Verschmelzungs-/Spaltungsprüfung,
– Unterrichtung der Gesellschafter,
– Zuleitung des Verschmelzungs-/Spaltungsvertrages zum zuständigen Betriebsrat,
– Verschmelzungs-/Spaltungsbeschlüsse der deutschen Gesellschafterversammlung,
– notwendige Zustimmungserklärungen,
– Anmeldung zum Handelsregister bei der betroffenen Gesellschaft,
– Eintragung im Handelsregister der betroffenen Gesellschaft.

29 Für die **ausländischen Gesellschaften** sind deren Verfahrensregeln grds. einzuhalten. Bei der **Erstellung des Verschmelzungsvertrages** ist zu beachten, dass, da dieser beide Rechtsordnungen betrifft, dieses Dokument notwendigerweise sich nach beiden Rechtsordnungen kumulativ zu richten hat (Koppensteiner, Der Konzern 2006, 44). So enthält z.B. § 5 Abs. 1 UmwG insofern einen Katalog, der in zwei Punkten über das in Österreich Verlangte (§ 220 Abs. 2 Österr. AktG) hinausgeht. Zwar handelt es sich dabei um die Einzelheiten bei der Übertragung der Anteile des übernehmenden Rechtsträgers oder den Erwerb der Mitgliedschaft bei dem übernehmenden Rechtsträger einerseits und um die Folgen der Verschmelzung für die Arbeitnehmer und ihre Vertretungen andererseits (Koppensteiner, Der Konzern, 2006, 44). Ungeklärt ist die Frage, in welcher Sprache ein Verschmelzungs-/Spaltungsvertrag abzufassen ist. Hier wird es wohl notwendig sein, allein aus praktischen Gründen, dass der Vertrag zweisprachig gestaltet wird. Fordert eine Rechtsordnung die notarielle Beurkundung, so ist der gesamte Vertrag notariell zu beurkunden (Koppensteiner, Der Konzern 2006, 44; Eidenmüller/Engert, Ausländische Kapitalgesellschaften im deutschen Recht, S. 122; wohl auch Krause/Kulpa, ZHR 171, 2007, 50 f.).

Gesell/Krömker (DB 2006, 2558, 2561) beschreiben den **Praxisbericht über die Verschmelzung einer** 30 **niederländischen auf eine deutsche Kapitalgesellschaft**. Danach wäre etwa nach niederländischem Recht Folgendes zu beachten:
– Aufstellung eines Verschmelzungsplans durch die Vertretungsorgane der beteiligten Rechtsträger;
– Erläuterung des Verschmelzungsplans durch die Vertretungsorgane der beteiligten Rechtsträger;
– Aufstellung einer Zwischenbilanz durch den übernehmenden Rechtsträger;
– Einreichung des Verschmelzungsplans zum Handelsregister der Industrie- und Handelskammer zur Einsichtnahme mindestens einen Monat vor Vollzug der Verschmelzung;
– Auslegung des Verschmelzungsplans und der Erläuterung der Vertretungsorgane in den Geschäftsräumen beider beteiligten Rechtsträger;
– Veröffentlichung, dass die o. g. Dokumente bei dem Handelsregister und den Gesellschaften hinterlegt worden sind, in einer überregionalen Zeitung;
– Bestätigung durch die Geschäftsstelle des erstinstanzlichen Zivilgerichts, dass kein Gläubiger innerhalb eines Monats nach der Veröffentlichung eine Gegenvorstellung gegen die Verschmelzung bei Gericht eingereicht hat;
– Verschmelzungsbeschluss der Gesellschafterversammlungen der beteiligten Rechtsträger;
– Unterzeichnung einer notariellen Urkunde durch die Verschmelzungsorgane der beteiligten Rechtsträger, mit denen die Verschmelzung vollzogen wird nebst Bestätigung eines niederländischen Notars, ob alle Voraussetzungen für die Verschmelzung vorgelegen haben;
– Einreichung der Verschmelzungsvollzugsurkunde nebst notarieller Bestätigung zu dem Handelsregister der Industrie- und Handelskammer;
– deklaratorische Eintragung der Verschmelzung in das Handelsregister.

Wenn die einzelnen Rechtsordnungen z. B. beim Verschmelzungsvertrag unterschiedliche Anforderun- 31 gen vorsehen, kann es u. U. auch erforderlich sein, dass einzelne Maßnahmen mehrfach vorgenommen werden (vgl. Gesell/Krömker, DB 2006, 2561).

Auch für die Frage des **Verschmelzungsberichts** ist ggf. kumulativ nach den betroffenen Rechtsordnun- 32 gen zu beurteilen, ob ein gemeinsamer Bericht zulässig ist. Die Frage der **Handelsregisteranmeldung** wiederum richtet sich nach den zuständigen beteiligten Rechtsordnungen, die häufig ähnlich sind. Allerdings ist bspw. zu beachten, dass, wie z. B. das Beispiel Niederlande zeigt, **weiter gehende Dokumente** notwendig sind, etwa eine Entsprechensbescheinigung durch einen niederländischen Notar. Problematisch kann sein, dass nach den beteiligten Rechtsordnungen die Wirksamkeit auseinanderfallen kann. So wird etwa nach niederländischen Recht die Verschmelzung an dem Tag nach Beurkundung der Verschmelzungsvollzugsurkunde wirksam (vgl. Gesell/Krömker, DB 2006, 2563), während nach deutschem Recht nach § 20 UmwG der Wirksamkeitszeitpunkt der der Eintragung im Register des übernehmende Rechtsträgers ist. Diesen Widerspruch löst jedoch die Vereinigungslehre auf, nach der eine grenzüberschreitende Verschmelzung kumulativ die Einhaltung der Verschmelzungsrechte beider Beteiligten erfordert. Die kumulative Anforderung, z. B. im niederländischen Beispiel, ist jedoch erst mit der Eintragung im deutschen Handelsregister erfüllt, sodass die Verschmelzung am Tag der Eintragung im deutschen Handelsregister wirksam wird (so Gesell/Krömker, DB 2006, 2563).

IV. Referentenentwurf des »Gesetzes zum Internationalen Privatrecht der Gesellschaften, Vereine und juristischen Personen«

Am 07.01.2008 hat des Bundesministerium der Justiz einen Referentenentwurf des »Gesetzes zum In- 33 ternationalen Privatrecht der Gesellschaften, Vereine und juristischen Personen« vorgelegt (vgl. dazu Kußmaul/Richter/Ruiner, DB 2008, 451 ff.; Schneider, BB 2008, 566 ff.; Wagner/Timm, IPrax 2008, 81 ff.; Rotheimer, NZG 2008, 181 ff.; Bollacher, RIW 2008, 200 ff.). Die vorgesehenen Regelungen beruhen in wesentlichen Teilen auf Vorarbeiten der Sonderkommission »Internationales Gesellschaftsrecht« des Deutschen Rates für Internationales Privatrecht (vgl. dazu RIW, Beilage zu Heft 4/2006).

Wesentliche Eckpunkte des Entwurfs sind:
- Gesellschaften, Vereine und juristische Personen unterliegen dem Recht des Staates, in dem sie in ein öffentliches Register eingetragen sind (Gesellschaftsstatut);

34 ▶ Beispiel:

Auf eine in Großbritannien im Handelsregister eingetragene Private Limited Company kommt englisches Recht zur Anwendung, auch wenn die Gesellschaft ihre Tätigkeit ausschließlich in einer Niederlassung in Deutschland ausübt.

- Das Gesellschaftsstatut gilt insb. für Fragen der inneren Verfassung der Gesellschaft und ihres Auftretens im Rechtsverkehr sowie für die Haftung der Gesellschaft und ihrer Mitglieder;

Das Verfahren der Umwandlung einer Gesellschaft, eines Vereins oder einer juristischen Person, das vor allem bei Unternehmenszusammenschlüssen zum Tragen kommt, richtet sich künftig nach dem Recht des Gründungsstaates;

Die Gesellschaft kann unter Wahrung ihrer Identität dem Recht eines anderen Staates unterstellt werden, wenn die betroffenen Rechtsordnungen dies zulassen (grenzüberschreitender Rechtsformwechsel).

35 ▶ Beispiel:

Eine deutsche GmbH kann unter bestimmten Voraussetzungen ihren Sitz nach Frankreich verlegen, indem sie sich als »Société à responsabilité limitée« (S. A. R. L.) in das französische Register eintragen und im deutschen Handelsregister löschen lässt.

Die weitere Entwicklung dieses Gesetzgebungsvorhabens bleibt abzuwarten.

Kapitel 3: Grenzüberschreitende Verschmelzung nach den §§ 122a ff. UmwG

A. Allgemeines

I. Europarechtliche Grundlagen

Am 15.12.2005 ist die **Verschmelzungsrichtlinie – Richtlinie**2005/56/EG über die Verschmelzung **36** von Kapitalgesellschaften aus verschiedenen Mitgliedstaaten – in Kraft getreten (ABl. EU am 25.11.2005, Nr. L 310, S. 1 ff.).

Nach Art. 19 sind die Mitgliedstaaten verpflichtet, die Richtlinie bis zum Dezember 2007 **in nationales** **37** **Recht umzusetzen.** Dem ist der Gesetzgeber durch das Zweite Gesetz zur Änderung des UmwG gefolgt. Die Begründung zum RegE weist darauf hin, dass mit der Umsetzung der Richtlinie auch die Anforderungen erfüllt werden, die der Europäische Gerichtshof im »Sevic«-Urteil für den wirtschaftlich wichtigen Bereich der grenzüberschreitenden Verschmelzung von Kapitalgesellschaften aufgestellt hat (vgl. Begründung zum RegE BR-Drucks. 548/06, S. 19). Dies ist in den §§ 122a ff. UmwG geschehen.

Die **Geschichte der Richtlinie** ist lang (vgl. oben Teil 1 Rdn. 34 ff.). Bereits 1985 wurde von der EU- **38** Kommission ein entsprechender Text vorgeschlagen (ABl. EG Nr. C 23 v. 25.01.1985, S. 11 ff.; dazu Ganske, DB 1985, 581; Neye/Timm, DB 2006, 488; dies., ZNotP 2007, 239 ff. sowie oben Teil 1 Rdn. 40). Insb. die Frage der Mitbestimmung hat das Projekt sehr lange verzögert. Erst der politische Durchbruch der europäischen AG (SE) im Jahr 2000 machte auch den Weg frei für eine Fortsetzung der Arbeiten an der Richtlinie zur grenzüberschreitenden Verschmelzung (vgl. auch Gesetzgebungsgeschichte oben Teil 1 Rdn. 34 ff.). Nach Vorarbeiten einer Expertengruppe, die ihren Niederschlag in einem Abschlussbericht vom November 2002 fand, kündigte die Kommission in ihrem Aktionsplan

»Modernisierung des Gesellschaftsrechts und Verbesserung der Corporate Governance in der Europäischen Union« im Mai 2003 die kurzfristige Vorlage eines neuen Richtlinienvorschlags an(vgl. die Beilage zur NZG 2003, Heft 13). Dieser wurde Ende 2003 als »Vorschlag für eine Richtlinie des Europäischen Parlamentes und des Rates über die Verschmelzung von Kapitalgesellschaften aus verschiedenen Mitgliedstaaten« publik gemacht (vgl. Dok 2003/0277, veröffentlicht als BR-Drucks. 915/03; vgl. dazu Maul/Teichmann/Wenz, BB 2003, 2633; Müller, ZIP 2004, 1790).

Auch die **deutsche Gesetzgebungsarbeit** ging zügig voran (vgl. oben Teil 1 Rdn. 34 ff.). Anfang 2006 wurde bereits der RefE vorgestellt (vgl. dazu Neye/Timm, DB 2006, 488). Am 11.08.2006 schließlich wurde der Gesetzesentwurf der Bundesregierung zum Entwurf eines Zweiten Gesetzes zur Änderung des UmwG vorgestellt (BR-Drucks. 548/06). Auch in der Literatur wurde die Umsetzung der Richtlinie frühzeitig begleitet mit Stellungnahmen (Simon/Rubner, Der Konzern 2006, 835; Kallmeyer/Kappes, AG 2006, 224; Bayer/Schmidt, NZG 2006, 841; Louven, ZIP 2006, 2221; Drinhausen/Keinath, RIW 2006, 81; Haritz/v. Wolf, GmbHR 2006, 340).

II. Abgrenzung zur Umwandlung aufgrund Niederlassungsfreiheit

39 Der Gesetzgeber hat sich über die Frage der Abgrenzung zu der aufgrund der »Sevic«-Rechtsprechung eröffneten Umwandlungsmöglichkeit aufgrund allgemeiner Niederlassungsfreiheit ebenfalls Gedanken gemacht (vgl. BR-Drucks. 548/06, S. 20). Er weist darauf hin, dass für andere Umwandlungsarten als die Verschmelzung von Kapitalgesellschaften **derzeit keine gemeinschaftsrechtlichen Harmonisierungsregelungen** bestünden. Es sei auch kaum damit zu rechnen, dass solche Regelungen in Zukunft geschaffen würden. In diesem nicht harmonisierten Bereich ergebe sich aber bei demnächst 27 Mitgliedstaaten und weiteren drei EWR-Staaten eine nahezu unüberschaubare Anzahl von Kombinationsmöglichkeiten, sowohl was die möglichen Umwandlungsarten als auch die beteiligten Rechtsformen angehe. Vor diesem Hintergrund scheide zwangsläufig aus, alle im Anwendungsbereich des Art. 48 EG (jetzt Art. 54 AEUV) europaweit denkbaren Umwandlungen unter Berücksichtigung sämtlicher von dieser Vorschrift erfassten Rechtsformen mit der bisher vom UmwG gekannten Regelungstiefe zu kodifizieren. Der Gesetzgeber müsse hier vielmehr einen anderen Weg beschreiten. Nach dem Vorbild ausländischer Rechtsordnungen (z. B. das Schweizer Recht) solle ein kollisionsrechtlicher Ansatz gewählt werden. Auf der Grundlage eines Vorschlags des deutschen Rats für internationales Privatrecht (vgl. RIW, Beilage zu Heft 4/2006) solle generell geregelt werden, welches Recht auf Gesellschaften anwendbar sei, die eine Verbindung zum Recht mehrerer Staaten aufweisen. In diesem Zusammenhang sollten auch die Grundprinzipien für grenzüberschreitende Umstrukturierungsvorgänge normiert werden. Am 07.01.2008 hat des Bundesministerium der Justiz einen Referentenentwurf des »Gesetzes zum Internationalen Privatrecht der Gesellschaften, Vereine und juristischen Personen« vorgelegt (vgl. oben Teil 6 Rdn. 33), das diese Fragen im Internationalen Privatrecht regeln soll.

40 ▶ **Hinweis:**

Das bedeutet für die Praxis, dass bis zum Erlass derartiger kollisionsrechtlicher Regelungen die unter oben dargestellten Prinzipien der Vereinigungstheorie mit all den Unsicherheiten gelten, nur für den Bereich der Kapitalgesellschaften sind nun in den §§ 122a ff. UmwG ausreichende Regelungen erlassen worden.

III. Regelungstechnik

41 Entsprechend der bisherigen Systematik des UmwG wurden in den §§ 122a ff. UmwG **keine eigenständigen Regelungen grenzüberschreitender Verschmelzungen** geschaffen, sondern diese regeln nur die Besonderheiten grenzüberschreitender Umwandlungen, verweisen aber i. Ü. auf die allgemeinen Vorschriften des UmwG. § 122a Abs. 2 UmwG bestimmt daher, dass auf die Beteiligung einer Kapitalgesellschaft an einer grenzüberschreitenden Verschmelzung die Vorschriften des Ersten Teils und des Zweiten, Dritten und Vierten Abschnitts des Zweiten Teils entsprechend anzuwenden sind, soweit sich aus den §§ 122a ff. UmwG nichts anderes ergibt. Die Regelung über die innerstaatliche Verschmelzung von Kapitalgesellschaften soll daher grds. auch für die grenzüberschreitende Verschmelzung gel-

ten. **Neue Vorschriften** wurden nur für die Fälle geschaffen, in denen die Richtlinie abweichende oder zusätzliche Anforderungen formuliert (vgl. BR-Drucks. 548/06, S. 23).

IV. Definition grenzüberschreitender Verschmelzung, Verschmelzungsarten

1. Definition. Nach § 122a UmwG ist eine grenzüberschreitende Verschmelzung eine Verschmel- **42** zung, bei der mindestens eine der beteiligten Gesellschaften dem Recht eines anderen Mitgliedstaats der EU (oder eines anderen Vertragsstaats des Abkommens über den europäischen Wirtschaftsraum) unterliegt. Die Vorschrift **definiert die grenzüberschreitende Verschmelzung** in Übereinstimmung mit Art. 1 Verschmelzungsrichtlinie (Neye/Timm, NotBZ 2007, 239). Die Vertragsstaaten des europäischen Wirtschaftsraumes werden die Richtlinien voraussichtlich als Anlage zum Abkommen über den europäischen Wirtschaftsraum übernehmen. Grenzüberschreitende Verschmelzungen sind auch mit Gesellschaften aus Island, Liechtenstein und Norwegen möglich. Die Verschmelzungsrichtlinie ist durch Beschluss des gemeinsamen EWR-Ausschusses Nr. 177/2006 auf die EWR-Staaten Island, Liechtenstein und Norwegen ausgedehnt worden (ABl. Nr. 333 v. 30.11.2006, S. 59; vgl. auch Neye/Timm, NotBZ 2007, 239 in Fn. 7; Widmann/Mayer/Heckschen, Umwandlungsrecht, § 122a ff. UmwG Rn. 81 ff.; 88 ff.; Kallmeyer/Marsch-Barner, § 122a UmwG Rn. 2; Hörtnagl, in: Schmitt/Hörtnagl/Stratz, § 122a UmwG Rn. 9).

2. Verschmelzungsarten. Wie sich aus der Formulierung des § 122b Abs. 1 UmwG – »an einer **43** *grenzüberschreitenden Verschmelzung können als übertragende, übernehmende oder neue Gesellschaften*« – ergibt, kann es sich bei einer Verschmelzung nach § 122a ff. UmwG um eine **Verschmelzung zur Aufnahme oder eine Verschmelzung zur Neugründung** handeln. Entsprechend der Vorgabe der Richtlinie sieht das Gesetz die Verschmelzung zur Aufnahme sowie zur Neugründung und – systematisch wenig überzeugend – die Verschmelzung der Tochtergesellschaft auf die 100 %ige Muttergesellschaft vor. Aus welchen Gründen der Richtliniengeber in Art. 2 Nr. 2 diese Art der Konzernverschmelzung gesondert hervorgehoben hat, bleibt unklar. Im Ergebnis ist aber jede andere Art der Verschmelzung im Konzern, so z. B. auch die Verschmelzung der Mutter- auf die Tochtergesellschaft, ebenfalls zulässig (Widmann/Mayer/Heckschen, Umwandlungsrecht, § 122a UmwG Rn. 48 ff.; Kallmeyer/Marsch-Barner, § 122a UmwG Rn. 2 ff.; Lutter/Bayer, § 122a UmwG Rn. 25 ff.; Hörtnagl, in: Schmitt/Hörtnagl/Stratz, § 122a UmwG Rn. 9; Frenzel, RIW 2008, 12, 14; Geyrhalter/Weber, DStR 2006, 146, 150; Heckschen, DNotZ 2007, 444, 455).

V. Anwendbare Vorschriften, Verfahren

Aus der vorgenannten Systematik folgt, dass im Fall einer grenzüberschreitenden Verschmelzung nicht **44** nur die §§ 122a ff. UmwG und die allgemeinen Vorschriften des deutschen Umwandlungsrechts zu beachten sind, sondern auch die entsprechenden nationalen Regelungen des Staats, denen die anderen an der Verschmelzung beteiligten Rechtsträger angehören (Simon/Rubner, Der Konzern 2006, 836; Krause/Kulpa, ZHR 171, 2007, 54; Drinhausen/Keinath, DB 2006, 726). Im Ergebnis hat der Gesetzgeber insoweit auch die **Vereinigungstheorie** übernommen. Klargestellt durch die gesetzgeberischen Maßnahmen, dass sowohl die Herein- wie auch die Hinausverschmelzung möglich ist, sodass die Streitfrage, die bei Anwendung der allgemeinen Niederlassungsfreiheit besteht, in diesem Bereich geklärt ist. Art. 4 Verschmelzungsrichtlinie hat den Grundsatz festgeschrieben, dass auf grenzüberschreitende Verschmelzungen so weit wie möglich, dass jeweils für die beteiligten Gesellschaften geltende internationale Recht maßgeblich ist. So sollten grenzüberschreitende Verschmelzungen nur zwischen solchen Rechtsformen möglich sein, die auch innerstaatlich verschmelzen können. Dem ist der Gesetzgeber durch die vorgenannte Systematik gefolgt.

Vom Prinzip her nimmt der Richtliniengeber und in der Folge auch der deutsche Gesetzgeber die **45** **Grundstruktur des Verfahrens für nationale Verschmelzungen** basierend auf der sog. Dritten Richtlinie aus dem Jahr 1978 (Richtlinie 78/855/EWG v. 09.10.1978 gem. Art. 54 Abs. 3g des Vertrages betreffend die Verschmelzung von AG, ABl. EG Nr. L 295, 36), die durch die Spaltungsrichtlinie (Sechste Richtlinie 82/891/EWG v. 17.12.1982 gem. Art. 54 Abs. 3g des Vertrages betreffend die Spaltung von AG, ABl. EG Nr. L 378, 47) fortgeschrieben und auch i. R. d. SE-Verordnung (Verordnung [EG] Nr. 2157/2001 v. 08.10.2001 über das Statut der Europäischen Gesellschaft [SE], ABl. EG Nr.

L 294, 1), der SE-Richtlinie (Richtlinie 2001/86/EG v. 08.10.2001 zur Ergänzung des Statuts der Europäischen Gesellschaft hinsichtlich der Beteiligung der Arbeitnehmer, ABl. EG Nr. L 294, 22) und der SCE-Verordnung (Verordnung [EG] Nr. 1435/2003 v. 22.07.2003 über das Statut der Europäischen Genossenschaft [SCE], ABl. EU Nr. L 207, 1) fortgeschrieben wurde, auf.

46 Das Verfahren unterteilt sich bei jeder der beteiligten Kapitalgesellschaften in eine **Vorbereitungs-, eine Beschluss- und eine Vollzugsphase.** Während für die Vorbereitungs- und die Beschlussphase nun das jeweilige nationale Recht des Ausgangsrechtsträgers unter Berücksichtigung der ins nationale Recht transferierten Verschmelzungsrichtlinie zu berücksichtigen ist, gilt für den aufnehmenden bzw. neu entstehenden Rechtsträger das Recht im Aufnahme-/Zielstaat. Die Eintragung am Zielrechtsträger wird dadurch erleichtert, dass die Einhaltung der Vorschriften im Ausgangsrechtsstaat jeweils durch eine Rechtsmäßigkeitsbescheinigung attestiert und dann im Zielstaat nicht nochmals kontrolliert werden muss (vgl. nachstehend Teil 6 Rdn. 116). Hinsichtlich der Beteiligung der Arbeitnehmer werden in Grundzügen die Regelungen aus der SE-Richtlinie und der dementsprechenden nationalen Umsetzung übernommen, wobei jedoch signifikante Erleichterungen für die Unternehmen vorgesehen sind.

B. Verschmelzungsfähige Rechtsträger

47 In § 122b UmwG sind die **verschmelzungsfähigen Rechtsträger definiert:** An einer grenzüberschreitenden Verschmelzung können als übertragende, übernehmende oder neue Gesellschaften nur Kapitalgesellschaften i. S. d. Art. 2 Nr. 1 Verschmelzungsrichtlinie – 2005/56/EG des Europäischen Parlaments und des Rates v. 26.10.2005 über die Verschmelzung von Kapitalgesellschaften – aus verschiedenen Mitgliedstaaten beteiligt sein, die nach dem Recht eines Mitgliedstaats der EU (oder eines anderen Vertragsstaats des Abkommens für den europäischen Wirtschaftsraum) gegründet worden sind und ihren satzungsmäßigen Sitz, ihre Hauptverwaltung und ihre Niederlassung in einem Mitgliedstaat der EU (oder einem anderen Vertragsstaat des Abkommens über den europäischen Wirtschaftsraum) haben. Die Verschmelzungsrichtlinie ist durch Beschluss des gemeinsamen EWR-Ausschusses Nr. 177/2006 v. 22.09.2006 auf die EWR-Staaten Island, Liechtenstein und Norwegen ausgedehnt worden (ABl. Nr. 33 v. 30.11.2006, S. 59; vgl. auch Neyel/Timm, NotBZ 2007, 239).

48 Nach deutschem Recht sind also **KG, KGaA, GmbH und SE mit Sitz in Deutschland** verschmelzungsfähig. Für die Verschmelzung zur Neugründung einer europäischen AG (SE), d. h. in den Fällen, bei denen neu gegründete SE übernehmender Rechtsträger ist, sind weiterhin die Art. 2, 17 SE-Verordnung als lex spezialis heranzuziehen (Widmann/Mayer/Heckschen, Umwandlungsrecht, § 122b UmwG Rn. 40 ff.; Kallmeyer/Marsch-Barner, § 122b UmwG Rn. 2 ff.; Lutter/Bayer, § 122b UmwG Rn. 25 ff.; Hörtnagl, in: Schmitt/Hörtnagl/Stratz, § 122b UmwG Rn. 7; Drinhausen/Keinath, BB 2006, 726; Krause/Kulpa, ZHR 171, 2007, 54). Angesichts der Formulierung in Art. 1 Verschmelzungsrichtlinie bestanden Zweifel, ob auch die SE an einer derartigen Verschmelzungsmaßnahme teilnehmen kann. Maßgeblich muss hier aber sein, dass einerseits die SE-Verordnung das Gründungsverfahren der SE regelt, andererseits aber die SE nach Art. 9 der SE-Verordnung wie eine AG nationalen Rechts zu behandeln ist. Sie darf deswegen auch nicht diskriminiert werden. Richtigerweise folgt daraus, dass aus einem grenzüberschreitenden Vorgang eine SE nicht neu entstehen kann, aber i. Ü. die SE in vollem Umfang beteiligungsfähig ist (so die Begründung zum RegE, BT-Drucks. 16/2919, S. 14; Louven, ZIP 2006, 2021, 2024; Drinhausen/Keinath, BB 2006, 725, 726; Haritz/v. Wolff, GmbHR 2006, 340, 341; Bayer/Schmidt, NJW 2006, 401; Oechsler, NZG 2006, 161 f.; Kallmeyer/Kappes, AG 2006, 224, 232; Müller, NZG 2006, 286, 287; Simon/Rubner, Der Konzern 2006, 835, 836; Vetter, AG 2006, 613, 615; Spahlinger/Wegen, NZG 2006, 721, 723; Kiem, WM 2006, 1091, 1093; Widmann/Mayer/Heckschen, Umwandlungsrecht, § 122b UmwG Rn. 58 ff.; Kallmeyer/Marsch-Barner, § 122b UmwG Rn. 3; Lutter/Bayer, § 122b UmwG Rn. 25 ff.; Hörtnagl, in: Schmitt/Hörtnagl/Stratz, § 122b UmwG Rn. 7). Dies gilt auch für eine grenzüberschreitende Verschmelzung zur Aufnahme auf eine bestehende SE Drinhausen/Keinath, BB 2006, 725 f.; Simon/Rubner, Der Konzern 2006, 835, 837; Louven, ZIP 2006, 2021, 2024).

49 § 122a UmwG stellt ferner die Anforderung, dass die an der Verschmelzung beteiligten Kapitalgesellschaften **nach dem Recht eines EU- oder EWR-Mitgliedstaats gegründet sein** müssen und ihren **satzungsmäßigen Sitz, ihre Hauptverwaltung oder Niederlassung in einem Mitgliedstaat der EU** oder

eines anderen Vertragsstaats EWR-Abkommen haben müssen. Grund dieses Erfordernisses ist, dass eine Gesellschaft nicht zwingend ihrem Gründungsrecht unterliegen muss. Es ist jedoch nicht gesagt, dass in all diesen Staaten das auf die Gesellschaft anwendbare Recht immer das Gründungsrecht der Gesellschaft ist. Weiterhin ist denkbar, dass Staaten Gesellschaften, die nach ihrem Recht gegründet sind, den identitätswahrenden Wegzug in einen Drittstaat erlauben. Daher sollen sowohl das Erfordernis, dass die beteiligten Gesellschaften nach dem Recht eines Mitgliedstaats gegründet sind, als auch das Erfordernis, dass sie ihren Sitz, ihre Hauptverwaltung oder Hauptniederlassung in der Gemeinschaft haben müssen, aufgenommen werden (vgl. BR-Drucks. 548/06, S. 30).

Wie bereits erwähnt, sind andere Gesellschaftsformen nicht nach § 122a UmwG verschmelzungsfähige **50** Rechtsträger, für diese gelten die allgemeinen Regelungen (vgl. oben Teil 6 Rdn. 20), dies gilt also etwa für **Personengesellschaften, GmbH & Co. KG** etc. (vgl. Neye/Timm, NotBZ 2007, 239 f.; Widmann/ Mayer/Heckschen, Umwandlungsrecht, Vor §§ 122a ff. UmwG Rn. 73 ff., § 122 UmwG Rn. 52; Kallmeyer/Marsch-Barner, § 122a UmwG, Rn. 6).

Die Aufnahme von **Genossenschaften** wurde vom Gesetzgeber abgelehnt, da die Ausgestaltung der Ge- **51** nossenschaft in den Mitgliedstaaten sehr unterschiedlich sein könne, für die Beteiligung von Genossenschaften an grenzüberschreitenden Verschmelzungen ist daher nach Auffassung des Gesetzgebers kein Bedürfnis erkennbar. Die Möglichkeit der Gründung einer europäischen Genossenschaft aufgrund der Verordnung EG-Nr. 1435/2003 über das Statut der europäischen Genossenschaft erscheine ausreichend (vgl. BR-Drucks. 548/06, S. 30). Der Gesetzgeber macht von der Möglichkeit des Art. 3 Abs. 2 der Verschmelzungsrichtlinie Gebrauch (sog. Opting out) und entscheidet sich gegen die Einbeziehung dieser Rechtsform.

Ebenfalls auf der Grundlage von Art. 3 Abs. 3 Verschmelzungsrichtlinie ist die Regelung in § 122b **52** **Abs. 2 Nr. 2 UmwG** zu sehen, nicht erfasst sind auch Gesellschaften deren Ziel die gemeinsame Anlage von Wertpapieren ist, Anlagegesellschaften dieser Art unterliegen europaweiten Sondervorschriften (vgl. Richtlinie 85/611/EWG des Rates zur Koordinierung der Rechts- und Verwaltungsvorschriften betreffend bestimmte Organismen für gemeinsame Anlagen in Wertpapieren, OGAW, ABl. EG Nr. L 375 v. 31.12.1985, S. 3).

C. Verschmelzungsverfahren

I. Checkliste: Ablauf des Verschmelzungsverfahrens bei grenzüberschreitenden Verschmelzungen

- ☐ U. U. Einsetzung eines besonderen Verhandlungsgremiums und Beginn der Verhandlung über die **53** künftige Mitbestimmung nach MgVG (vgl. dazu Teil 6 Rdn. 150),
- ☐ Verschmelzungsplan (§ 122c UmwG),
- ☐ Verschmelzungsbericht (§§ 8 UmwG, 122e UmwG),
- ☐ Verschmelzungsprüfung (§§ 10 UmwG, 122f UmwG),
- ☐ Bekanntmachung des Verschmelzungsplans, Information der Arbeitnehmervertretungen, z. B. Betriebsrat (§ 6 MgVG), Unternehmensbewertungen zur Ermittlung des Umtauschverhältnisses und der Barabfindungen (§ 122i Abs. 1 UmwG),
- ☐ Auslage des Verschmelzungsberichts für Anteilsinhaber (§ 122e UmwG),
- ☐ Zugänglichmachung des Verschmelzungsberichts zum Betriebsrat bzw. Arbeitnehmern (§ 122e UmwG),
- ☐ Abschluss einer Mitbestimmungsvereinbarung (§ 22 MgVG),
- ☐ Ladung der Gesellschafter, Anteilsinhaber,
- ☐ Verschmelzungsbeschlüsse der Anteilsinhaber der übertragenden Gesellschaft und der Anteilsinhaber der übernehmenden Gesellschaft (§§ 13 UmwG, 122g UmwG), notwendige Zustimmungserklärung (§§ 13 Abs. 2, 50 Abs. 2, 51 UmwG etc.),
- ☐ Kapitalerhöhung soweit erforderlich (§§ 54, 55 UmwG für GmbH, §§ 68, 69 UmwG für AG),
- ☐ Verschmelzungsbescheinigung (§ 122k Abs. 2 UmwG),
- ☐ Anmeldungen zum Handelsregister bei der übertragenden Gesellschaft und bei der übernehmenden Gesellschaft: Unter Vorlage der notwendigen Unterlagen und Abgabe einer Negativerklärung nach § 16 Abs. 2 UmwG sowie einer Erklärung zum Gläubigerschutz (§ 122k Abs. 1 Satz 2

UmwG), Vorlage der Verschmelzungsbescheinigung durch das Vertretungsorgan der übertragenden Gesellschaft innerhalb von 6 Monaten zusammen mit dem Verschmelzungsplan bei der zuständigen Stelle des Staats, bei dem die übernehmende oder die neue Gesellschaft eingetragen wird (§ 122k Abs. 3 UmwG),

☐ Eintragung der Verschmelzung in das Register des Sitzes jeder der übertragenden Gesellschaften, Eintragung mit Vorbehalt und Verschmelzungsbescheinigung (§§ 16 Abs. 2, 3, 17 UmwG, 122k UmwG),

☐ Eintragung zum Register der übernehmenden Gesellschaft, Mitteilung an Register der übertragenden Gesellschaft (§ 122l UmwG),

☐ Ad-hoc-Publizitätspflichten (§ 15 WPHG).

II. Verschmelzungsplan

54 **1. Überblick.** In § 122c UmwG ist der sog. **Verschmelzungsplan** geregelt (vgl. Neye/Timm, NotBZ 2007, 239 f.). Die Vorschrift setzt Art. 5 Satz 1 Verschmelzungsrichtlinie um, wonach die an der Verschmelzung beteiligten Gesellschaften einen gemeinsamen Verschmelzungsplan aufzustellen haben. Bei einer grenzüberschreitenden Verschmelzung tritt dieser an die Stelle des Verschmelzungsvertrages (Begründung RegE BR-Drucks. 548/06, S. 31). Die Formulierung des § 122c Abs. 1 UmwG trägt der Tatsache Rechnung, dass hier lediglich eine Verpflichtung für die beteiligten Kapitalgesellschaften geregelt werden kann, die dem deutschen Recht unterliegen. In der Literatur wurde teilweise kritisiert, dass das Institut eines Plans im deutschen Schuldrecht nicht geläufig sei (Vetter, AG 2006, 617). Die Literatur geht aber zu Recht davon aus, dass es sich in rechtsdogmatischer Hinsicht **nicht um eine neue rechtsgeschäftliche Kategorie**, sondern um einen gesellschaftsrechtlichen Organiastionsakt handelt, der inhaltlich dem Verschmelzungsvertrag nach nationalem Umwandlungsrecht und der weitgehend den Vorgaben des § 5 UmwG im Grundsatz entspricht, Forsthoff, DStR 2006, 614; Krause/Kulpa, ZHR 171, 2007, 56; Vetter, AG 2006, 617; Simon/Rubner, Der Konzern 2006, 837; Lutter/ Bayer, § 122c UmwG Rn. 3; Widmann/Mayer/Heckschen, Umwandlungsrecht, § 122c ff. UmwG Rn. 15 ff.; Kallmeyer/Müller, § 122c UmwG Rn. 1 ff.; Kallmeyer, AG 2007, 472, 474; Hörtnagl, in: Schmitt/Hörtnagl/Stratz, § 122c UmwG Rn. 5; Kruse/Kruse, BB 2010, 3035 ff.). Letztendlich bedeutet der Begriff der Aufstellung des Verschmelzungsplans (§ 122c Abs. 1 UmwG) nichts anderes als den Vertragsschluss im nationalen Umwandlungsrecht (Simon/Rubner, Der Konzern 2006, 837). Auch die Anforderungen an seinen Inhalt sind weitgehend deckungsgleich mit denen des § 5 UmwG, der Gesetzgeber hat jedoch zur Vermeidung von Unklarheiten alle von der Verschmelzungsrichtlinie geforderten Angaben im Einzelnen nochmals festgeschrieben (Begründung zum RegE BT-Drucks. 12/2919, S. 33, krit. dazu Bayer/Schmidt, NZG 2006, 842). Allerdings enthält auch § 122c UmwG einige durch die Richtlinie bedingte Besonderheiten im Vergleich zu § 5 UmwG. Grds. wird man bei Auslegungsfragen und Problemstellungen, die in § 122c UmwG nicht geregelt sind, auf die allgemeinen Prinzipien des Verschmelzungsvertrages, wie sie in § 5 UmwG entwickelt wurden, zurückgreifen können (vgl. dazu oben Teil 2 Rdn. 52 ff.).

55 **2. Vertragsabschluss.** § 122c UmwG bestimmt, dass das Vertretungsorgan einer der beteiligten Gesellschaften zusammen mit den Vertretungsorganen der übrigen beteiligten Gesellschaft **einen gemeinsamen Verschmelzungsplan aufstellt** (vgl. Lutter/Bayer, § 122c UmwG Rn. 6; Widmann/Mayer/ Heckschen, Umwandlungsrecht, § 122c ff. UmwG Rn. 22; Kallmeyer/Müller, § 122c UmwG Rn. 5 ff.; Hörtnagl, in: Schmitt/Hörtnagl/Stratz, § 122c UmwG Rn. 8; Krause/Kulpa, ZHR 171, 2007, 38, 57; Herrler/Schneider, GmbHR 2011, 795, 796). Gemeint ist damit die Errichtung eines einheitlichen Dokuments für die beteiligten Rechtsträger, gleichlautende aberin unterschiedliche Dokumenten enthaltene Pläne reichen nicht aus (Widmann/Mayer/Mayer, § 122c UmwG, Rn. 19 ff.; Lutter/Bayer, § 122c UmwG Rn. 7; Drinhausen in: Semler/Stengel, § 122c UmwG Rn. 5; Marsch-Barner/Kallmeyer, § 122c UmwG Rn. 6). Auch hier wird man davon ausgehen können, dass Vertragspartner die beteiligten Rechtsträger und nicht deren Anteilsinhaber sind. Die Verpflichtung zur Aufstellung kann im deutschen Recht nur für die deutschen beteiligten Gesellschaften geregelt werden, § 122c Abs. 1 UmwG trägt deshalb dem Rechnung (vgl. Begründung RegE BR-Drucks. 548/06, S. 31). Abweichend von der Verschmelzungsrichtlinie spricht der Gesetzgeber nicht vom Leitungs- oder Verwaltungsorgan, sondern dem Vertretungsorgan. Dies wurde in der Literatur kritisiert (Drinhausen/Kei-

nath, BB 2006, 727; Krause/Kulpa, ZHR 171, 2007, 57). Hier hat der Gesetzgeber sich aber an die Terminologie des UmwG gehalten, sodass die allgemeinen Regelungen (vgl. oben Teil 2 Rdn. 65 ff.) auch hier gelten. Die Aufstellung durch die Vertretungsorgane der beteiligten Gesellschaften entspricht dem Vertragsschluss. Unklar ist allerdings, wer damit bei einer SE mit monistischem System zuständig ist. Veretretungsorgan sind nach § 41 Abs. 1 SEAG die geschäftsführenden Direktoren, Leitungsorgan ist der hingegen der Verwaltungsrat (Art. 43 Abs. 1 SE-VO, § 22 Abs. 1 SEAG. Die Literatur geht daher aufgrund richtlinienkonformer Auslegung von der Zuständigkeit des Verwaltungsrates aus (Widmann/ Mayer/Mayer, § 122c UmwG, Rn. 22; Lutter/Bayer, § 122c UmwG Rn. 6; Drinhausen in: Semler/ Stengel, § 122c UmwG Rn. 9; Marsch-Barner/Kallmeyer, § 122c UmwG Rn. 5).

3. Sprache. Im Gesetz nicht geregelt ist, **in welcher Sprache** oder welchen Sprachen der gemeinsame **56** Verschmelzungsplan aufzustellen ist. Aus § 122d UmwG folgt mittelbar, dass dieser zumindest auch in deutscher Sprache vorliegen muss. Die Vorschrift bestimmt nämlich, dass der Verschmelzungsplan zum Register einzureichen sei. Daraus wird zu Recht gefolgert, dass nach § 488 FamFG i. V. m. § 8 § 184 GVG deutsch weiterhin Gerichtssprache ist. Die Literatur folgert daraus, dass er zumindest auch in Deutsch vorliegen muss (Haritz/v. Wolf, GmbHR 2006, 341 in Fn. 7; Winter, Der Konzern 2007, 33; Krause/Kulpa, ZHR 171, 2007, 59; Freundorfer/Festner, GmbHR 2010, 195, 197; Lutter/Bayer, § 122c UmwG Rn. 10; Widmann/Mayer/Heckschen, Umwandlungsrecht, § 122c UmwG Rn. 24 ff.; Kallmeyer/Müller, § 122c UmwG, Rn. 7; Hörtnagl, in: Schmitt/Hörtnagl/Stratz, § 122c UmwG Rn. 42; Krause/Kulpa, ZHR 171, 2007, 38, 57; Klein, RNotZ 2007, 565, 588). Es wird empfohlen eine **mehrsprachige Fassung** zu erstellen (vgl. Widmann/Mayer/Heckschen, Umwandlungsrecht, § 122c UmwG Rn. 24 ff.; Kallmeyer/Müller, § 122c UmwG Rn. 7; Lutter/Bayer, § 122c UmwG Rn. 10; Müller, ZIP 2007, 1081, 1083). Daraus folgt aber nicht **zwingend, dass der Plan in deutscher Sprache beurkundet** werden muss. Insoweit ist die deutsche Rechtsordnung, anders als viele andere, sehr international. Vielmehr ist es ausreichend, wenn sich bspw. die Parteien auf eine englischsprachige Fassung einigen und diese dann für ihre nationalen Registergerichte in die jeweilige Amtssprache übersetzen lassen oder aber der Notar eine Übersetzung mit entsprechender Bescheinigung gem. § 50 Abs. 1 BeurkG einreicht (so zu Recht Heckschen, DNotZ 2007, 444, 458; Lutter/Bayer, § 122c UmwG Rn. 10; Kallmeyer/Müller, § 122c UmwG, Rn. 41.; Hörtnagl, in: Schmitt/Hörtnagl/Stratz, § 122c UmwG Rn. 8; Tebben/Tebben, DB 2007, 2355, 2357; Freundorfer/Festner, GmbHR 2010, 195, 197). § 5 BeurkG bestimmt zwar, dass Urkunden in deutscher Sprache errichtet werden. Der Notar kann aber auf Verlangen Urkunden auch in einer anderen Sprache errichten. Er soll dem Verlangen nur entsprechen, wenn er der fremden Sprache hinreichend kundig ist. Insofern kann der Notar ohne Weiteres bei Vorliegen dieser Voraussetzungen den Plan **in einer fremden Sprache** beurkunden (vgl. Kallmeyer/ Müller, § 122c UmwG Rn. 41.; Hörtnagl, in: Schmitt/Hörtnagl/Stratz, § 122c UmwG Rn. 8; Tebben/ Tebben, DB 2007, 2355, 2357; Freundorfer/Festner, GmbHR 2010, 195, 197).

§ 5 Abs. 2 BeurkG gestattet es auch, eine doppelsprachige Urkunde zu errichten, sodass zwei authen- **57** tische Texte vorliegen § 5 Abs. 2 BeurkG gestattet es auch, eine **doppelsprachige Urkunde** zu errichten (vgl. eingehend Hertel, in: FS für Wolfsteiner, 2007, S. 51 ff.; Preuß, in: Armbrüster/Preuß/Renner, BeurkG/DONot, § 5 BeurkG Rn. 89). Auslegungsprobleme können dann zwar bestehen, aber relativ leicht dadurch beseitigt werden, dass eine bei Zweifelsfragen maßgebliche Sprache bestimmt wird, wie dies bei internationalen Abkommen gängige Praxis ist. Fehlt eine solche Bestimmung, so dürfte wegen des Vorrangs der deutschen Sprache (§ 5 Abs. 1 BeurkG) die deutsche Fassung allein maßgebend sein.

Zulässig ist es auch, der (deutschen oder fremdsprachigen) Niederschrift eine vom Notar oder einem Dolmetscher verfasste Übersetzung beizufügen, die als solche zweifelsfrei gekennzeichnet ist, also den Vorrang bei dem anderen (authentischen) Text belässt. Die beiden Texte können – mit vorgenannter Einschränkung – ohne Weiteres räumlich nebeneinander stehen (Keidel/Winkler, BeurkG § 5 Rn. 1; Höfer/Huhn, Allgemeines Urkundenrecht, S. 81; Jansen, BeurkG § 5 Rn. 5). Zulässig ist es ferner, dass der Notar die deutsche Übersetzung einer Urkunde **mit der Bescheinigung der Richtigkeit und Vollständigkeit** versieht, wenn er die Urkunde selbst in fremder Sprache errichtet hat oder für die Erteilung einer Ausfertigung zuständig ist (§ 50 Abs. 1 Satz 1 BeurkG). Eine derartige Übersetzung gilt widerlegbar als richtig und vollständig (§ 50 Abs. 2 BeurkG). Die Übersetzung wird mit Urschrift verwahrt.

58 Es ist wohl davon auszugehen, dass viele andere Mitgliedstaaten der anderen beteiligten Rechtsträger die **Aufstellung des Plans in ihrer Sprache verlangen** werden. Ungeklärt ist, was bei Divergenzen in der Übersetzung gelten soll, hier empfiehlt es sich, eine Klarstellungsklausel in den Vertrag aufzunehmen. Letztendlich spricht viel dafür, die Fassung in der Amtssprache als maßgeblich anzusehen, die am Sitz der aufnehmenden Gesellschaft gilt, weil die zuständigen Behörden dieser Gesellschaft die abschließende und endgültige Entscheidung über die Verschmelzung treffen (so Krause/Kulpa, ZHR 171, 2007, 60).

59 **4. Form.** Nach § 122c Abs. 4 UmwG ist der Verschmelzungsplan **notariell zu beurkunden** (vgl. Lutter/Bayer, § 122c UmwG Rn. 10; Widmann/Mayer/Heckschen, Umwandlungsrecht, § 122c UmwG Rn. 189 ff.; Kallmeyer/Müller, § 122c UmwG, Rn. 41; Hörtnagl, in: Schmitt/Hörtnagl/Stratz, § 122c UmwG Rn. 5; Freundorfer/Festner, GmbHR 2010, 195, 197). Die Begründung zum RegE weist darauf hin, dass dies der Regelung für den Verschmelzungsvertrag in § 6 UmwG entspreche (BR-Drucks. 548/06). Auch hier gelten im Prinzip die allgemeinen Regelungen wie oben dargestellt (Teil 2 Rdn. 61 ff.). Ungeregelt ist die Frage, inwieweit die Beurkundung **durch einen deutschen Notar** zumindest für die Erfüllung der deutschen Formvorschrift erforderlich ist. Im deutschen Verschmelzungsrecht ist eine starke Meinung der Auffassung, dass Auslandsbeurkundungen weder bei der Beurkundung des Verschmelzungsvertrages noch bei der der Verschmelzungsbeschlüsse zulässig seien (vgl. oben Teil 2 Rdn. 497 f.; Teil 2 Rdn. 61 ff.). Insb. im Hinblick auf die Rechtsprechung des BGH zum Gesellschaftsrecht, nach der die notarielle Beurkundung die materielle Richtigkeitsgewähr garantiert (BGHZ 105, 324), wurden Auslandsbeurkundungen nicht mehr als ausreichend angesehen (Goette, in: FS für Boujong, 1996, S. 131 = DStR 1996, 109; ders., MittRhNotK 1997, 1; Kallmeyer/Zimmermann, UmwG, § 6 Rn. 10 ff.).

Generell gilt, dass die Frage, inwieweit eine durch einen ausländischen Notar vorgenommene Beurkundung die inländische Formvorschrift, wie hier des § 122c Abs. 4 UmwG erfüllt, **nicht einheitlich und generell beantwortet** werden kann, sondern es kommt auf den spezifischen **Schutzzweck der Formvorschrift** an (vgl. Winkler, BeurkG, Einleitung Rn. 54; Reithmann/Martiny, Internationales Vertragsrecht, Rn. 573 ff.; Eylmann/Vaasen/Limmer, BeurkG, § 2 Rn. 16). Notarielle Formvorschriften dienen nicht nur dem Schutz der Beteiligten durch Überlegungssicherung und Belehrungssicherung, sondern auch generell dem Rechtsverkehr durch erhöhte Beweissicherung und Gerichtsentlastung. Insb. bei den Beurkundungen, die Grundlage für eine Registereintragung sind, erfüllt der Notar durch Einhaltung des spezifischen Beurkundungsverfahrens **öffentlich-rechtliche Aufgaben:**

– Legalitätskontrolle (§ 14 Abs. 2 BNotO),
– Identitätskontrolle (§ 10 BeurkG),
– Prüfung der Geschäftsfähigkeit (§ 11 BeurkG),
– Prüfung der Vertretungsmacht (§ 12 BeurkG).

Mit der Wahrnehmung dieser im öffentlichen Interesse bestehenden Pflichten, wird die Richtigkeit der zum Zweck des öffentlichen Verkehrsschutzes geschaffenen Register und Grundbücher garantiert. Damit ist der **Notar Teil des Registerverfahrens** und nimmt damit Zwecke des inländischen Rechts wahr, die durch einen ausländischen Notar so nicht wahrgenommen werden können. Darüber hinaus bestehen vielfältige Mitteilungspflichten des öffentlichen Rechts und des Steuerrechts, deren Erfüllung allein im öffentlichen Interesse erfolgt und die zwingend mit der Beurkundung verknüpft sind; für die Verschmelzung z. B. § 54 EStDV ggü. dem FA. Die notarielle Beurkundung dient daher nicht nur dem Zweck der Errichtung einer beweissicheren Urkunde und dem Beteiligtenschutz, sondern vielfältigen öffentlich-rechtlichen, steuerrechtlichen und Verkehrsschutzinteressen. Da ausländische Notare weder den öffentlich-rechtlichen und steuerrechtlichen Mitteilungspflichten noch dem inländischen Verkehrsschutz und dem inländischen Registerverfahren verpflichtet sind, kann von einer Gleichwertigkeit, wie sie auch der Gesetzgeber in der Begründung zu § 122c Abs. 4 UmwG erwähnt (vgl. BR-Drucks. 548/06, S. 31) nur dann ausgegangen werden, wenn dem ausländischen Notar die gleichen Verpflichtungen auferlegt sind, was i. d. R. nicht der Fall ist (vgl. Reithmann/Martiny, Internationales Vertragsrecht, Rn. 573; Langhein, Kollisionsrecht, S. 100 ff.; ders., Rpfleger 1996, 45 ff.).

Darüber hinaus wird man an der o. g. **BGH-Rechtsprechung** festhalten müssen, dass Fälle, in denen die gesellschaftsrechtlichen Grundlagen der Gesellschaft, die sog. Verfassung betroffen sind, eine Gleichwertigkeit von vornherein ausscheidet (so auch OLG Hamm, NJW 1974, 1057; OLG Karlsruhe, RIW 1979, 568; LG Augsburg, NJW-RR 1997, 420; Goette, DStR 1996, 712 f.). Die Verschmelzung betrifft aber die Verfassung einer Gesellschaft in ihrer ureigensten Form (so zu Recht Krause/Kulpa, ZHR 171, 2007, 950; vgl. auch Widmann/Mayer/Heckschen, Umwandlungsrecht, Anhang 14 Rn. 202 ff.; MünchKomm-AktG/Schäfer, Bd. 9/2, Art. 20 SE-VO Rz. 7). Insofern wird man auch bei § 122c Abs. 4 UmwG davon ausgehen müssen, dass der Verschmelzungsplan für die deutsche Gesellschaft durch einen deutschen Notar beurkundet werden muss (so auch Krause/Kulpa, ZHR 171, 2007, 950; Heckschen, DNotZ 2007, 444, 458; wohl auch Vetter, AG 2006, 617).

Ausländische Rechtsordnungen sehen dies oft ähnlich und verlangen die Einbindung eines nationalen **60** Hoheitsträgers zum Schutz der vielfältigen mit der Verschmelzung verbundenen Verkehrs- und Beteiligteninteressen, sowie der öffentlichen Interessen, sodass auch diese Rechtsordnungen häufig die Beurkundung durch einen inländischen Notar verlangen. In diesen Fällen, in denen umgekehrt die Beurkundung durch den deutschen Notar dem ausländischen Recht nicht genügt, ist eine **doppelte Beurkundung erforderlich** (ebenso Vetter, AG 2006, 617; Winter, Der Konzern, 2007, 33; Simon/Rubner, Der Konzern 2006, 837; Freundorfer/Festner, GmbHR 2010, 195, 197; Müller, ZIP 2007, 1081, 1083; Widmann/Mayer/Heckschen, Umwandlungsrecht, § 122c UmwG Rn. 209). Letztendlich ist dies auch Ausfluss der sog. Vereinigungstheorie, die der Verschmelzungsrichtlinie und dem Umsetzungsgesetz zugrunde liegt. Dies ist auch angemessen angesichts der erheblichen Auswirkungen, die eine grenzüberschreitende Verschmelzung für die Beteiligten mit sich bringt, insb. Minderheitengesellschafter und die Wahrung von deren Interessen sowie der Schutz der Gläubiger, Arbeitnehmer und des öffentlichen Rechtsverkehrs durch Register.

5. Notwendiger Inhalt des Verschmelzungsplans (§ 122c Abs. 2 UmwG). § 122c Abs. 2 UmwG **61** regelt den **Inhalt des Verschmelzungsplans** und enthält ebenso wie § 5 UmwG einen **Katalog von Mindestangaben** für den Inhalt und setzt damit Art. 5 Satz 2 Verschmelzungsrichtlinie in deutsches Recht um. Dabei wurden zur Vermeidung von Unklarheiten alle von der Richtlinie geforderten Angaben aufgenommen, auch soweit sie weitgehend dem Inhalt des für innerstaatliche Verschmelzung nach § 5 UmwG vorgeschriebenen Verschmelzungsvertrag sachlich entsprechen und eine Verweisung möglich gewesen wäre (BR-Drucks. 548/06, S. 31). Die Beteiligten können auf freiwilliger Basis weitere Informationen und Regelungen in den Verschmelzungsplan aufnehmen (Begründung zum RegE, BR-Drucks. 548/06, S. 31; Krause/Kulpa, ZHR 171, 2007, 39, 57; Heckschen, DNotZ 2007, 444, 456; Kallmeyer/Müller, § 122c UmwG Rn. 4; Lutter/Bayer, § 122c UmwG Rn. 18; Widmann/Mayer/Heckschen, Umwandlungsrecht, § 122c UmwG Rn. 18; Hörtnagl, in: Schmitt/Hörtnagl/Stratz, § 122c UmwG Rn. 5).

Der Verschmelzungsplan oder sein Entwurf muss **mindestens folgende Angaben** enthalten (vgl. Kall- **62** meyer/Müller, § 122c UmwG Rn. 8 ff.; Lutter/Bayer, § 122c UmwG Rn. 13 ff.; Widmann/Mayer/ Heckschen, Umwandlungsrecht, § 122c UmwG Rn. 36 ff.; Hörtnagl, in: Schmitt/Hörtnagl/Stratz, § 122c UmwG Rn. 10 ff.; Lutz, BWNotZ 2010, 23, 28 ff.):

§ 122c Abs. 2 Nr. 1 UmwG	Rechtsform, Firma und Sitz der übertragenden und übernehmenden oder neuen Gesellschaft,
§ 122c Abs. 2 Nr. 2 UmwG	das Umtauschverhältnis der Gesellschaftsanteile und ggf. die Höhe der baren Zuzahlungen,
§ 122c Abs. 2 Nr. 3 UmwG	die Einzelheiten hinsichtlich der Übertragung der Gesellschaftsanteile der übernehmenden oder neuen Gesellschaft,
§ 122c Abs. 2 Nr. 4 UmwG	die voraussichtlichen Auswirkungen der Verschmelzung auf die Beschäftigung,
§ 122c Abs. 2 Nr. 5 UmwG	den Zeitpunkt, von dem an die Gesellschaftsanteile deren Inhabern das Recht auf Beteiligung am Gewinn gewähren, sowie alle Besonderheiten, die eine Auswirkung auf dieses Recht haben,
§ 122c Abs. 2 Nr. 6 UmwG	den Zeitpunkt, von dem an die Handlungen der übertragenden Gesellschaften unter dem Gesichtspunkt der Rechnungslegung als für Rechnung der übernehmenden oder neuen Gesellschaft vorgenommen gelten (Verschmelzungsstichtag),

§ 122c Abs. 2 Nr. 7 UmwG	die Rechte, die die übernehmende oder neue Gesellschaft den mit Sonderrechten ausgestatteten Gesellschaftern und den Inhabern von anderen Wertpapieren als Gesellschaftsanteilen gewährt, oder die für diese Personen vorgeschlagenen Maßnahmen,
§ 122c Abs. 2 Nr. 8 UmwG	etwaige besondere Vorteile, die den Sachverständigen, die den Verschmelzungs-plan prüfen, oder den Mitgliedern der Verwaltungs-, Leitungs-, Aufsichts- oder Kontrollorgane der an der Verschmelzung beteiligten Gesellschaften gewährt werden,
§ 122c Abs. 2 Nr. 9 UmwG	die Satzung der übernehmenden oder neuen Gesellschaft,
§ 122c Abs. 2 Nr. 10 UmwG	ggf. Angaben zu dem Verfahren, nach dem die Einzelheiten über die Beteiligung der Arbeitnehmer an der Festlegung ihrer Mitbestimmungsrechte in der aus der grenzüberschreitenden Verschmelzung hervorgehenden Gesellschaft geregelt werden,
§ 122c Abs. 2 Nr. 11 UmwG	Angaben zur Bewertung des Aktiv- und Passivvermögens, das auf die überneh-mende oder neue Gesellschaft übertragen wird,
§ 122c Abs. 2 Nr. 12 UmwG	den Stichtag der Bilanzen der an der Verschmelzung beteiligten Gesellschaften, die zur Festlegung der Bedingungen der Verschmelzung verwendet werden.

a) Rechtsform, Firma und Sitz der übertragenden und der übernehmenden oder neuen Gesell-
63 **schaft (§ 122c Abs. 2 Nr. 1 UmwG).** Ebenso wie § 5 Abs. 1 Nr. 1 UmwG sind die beteiligten Gesell-schaften mit ihrer **Rechtsform**, ihrer **Firma** und ihrem **Sitz** anzugeben (Kallmeyer/Marsch-Barner, § 122c UmwG Rn. 9; Lutter/Bayer, § 122c UmwG Rn. 13 ff.; Widmann/Mayer/Mayer, Umwand-lungsrecht, § 122c UmwG Rn. 42 ff.; Hörtnagl, in: Schmitt/Hörtnagl/Stratz, § 122c UmwG Rn. 12). Mit Sitz im Sinne dieser Vorschrift ist der Satzungssitz gemeint, nicht etwa der Verwaltungssitz. Wie bereits erläutert, besteht zumindest in Deutschland die Möglichkeit Verwaltungssitz und Satzungssitz in verschiedenen Staaten zu haben. In der Literatur besteht Einigkeit, dass hier nur der Satzungssitz ge-meint sein kann, dann nur dieser eine klare und rechtssichere Identifizierung der Gesellschaft und da-mit auch des anwendbaren Rechts gewährleistet (Widmann/Mayer/Mayer, § 122c UmwG, Rn. 43 ff.; Drinhausen in: Semler/Stengel, § 122c UmwG Rn. 12; Marsch-Barner/Kallmeyer, § 122c UmwG Rn. 9).

b) Umtauschverhältnis der Geschäftsanteile/Höhe barer Zuzahlung (§ 122c Abs. 2 Nr. 2
64 **UmwG).** Auch dieses Erfordernis entspricht weitgehend § 5 Abs. 1 Nr. 3 UmwG. Auch die grenzüber-schreitende Verschmelzung ist im Grundsatz eine **Verschmelzung gegen Anteilsgewährung** und aus-nahmsweise gegen bare Zuzahlungen. Grds. kann auf die obigen Ausführungen verwiesen werden (Teil 2 Rdn. 96 ff. und Kallmeyer/Müller, § 122c UmwG Rn. 10 ff.; Lutter/Bayer, § 122c UmwG Rn. 16 f.; Widmann/Mayer/Mayer, Umwandlungsrecht, § 122c UmwG Rn. 52 ff.; Hörtnagl, in: Schmitt/Hörtnagl/Stratz, § 122c UmwG Rn. 12). Nach § 122c Abs. 3 UmwG können ebenso wie beim Verschmelzungsvertrag nach § 5 Abs. 2 UmwG die Angaben über den Umtausch der Anteile ent-fallen, wenn sich alle Anteile einer übertragenden Gesellschaft in der Hand der übernehmenden Gesell-schaft befinden (vgl. Neye/Timm, NotBZ 2007, 239 f.). Insofern besteht auch bei grenzüberschreiten-den Verschmelzung der Grundsatz der Anteilsgewährung, wenn keine Ausnahme vorliegt. Umstritten ist, ob bei einer übernehmenden deutschen GmbH oder AG nach § 122a Abs. 2 iVm §§ 54 Abs. 1 S. 3, 68 Abs. 1 S. 3, 78 UmwG von der Anteilsgewährung abgesehen werden kann, wenn alle Anteilsinhaber eines übertragenden Rechtsträgers darauf verzichten. In der Literatur wird jedenfalls für die Hineinver-schmelzung die entsprechende Anwendung auch der §§ 54 Abs. 1 S. 3 und 68 Abs. 3 UmwG befürwor-tet (Hörtnagl, in: Schmitt/Hörtnagl/Stratz, UmwG, § 122c Rn. 16; Lutz, BWNotZ 2010, 23, 28).

Demgegenüber äußert Mayer (Widmann/Mayer, Umwandlungsrecht, § 122c UmwG Rn. 64 ff.; krit. auch Mayer/Weiler, DB 2007, 1235, 1239) Bedenken. Die internationale Verschmelzungsrichtlinie sehe Ausnahmen von der Anteilsgewährungspflicht nur für den Sonderfall der Verschmelzung einer 100 %-igen Tochtergesellschaft auf ihre Muttergesellschaft und für den Fall, dass bei der übertragenden Gesellschaft eigene Anteile vorhanden sind, vor. Weitere Ausnahmen von der Anteilsgewährungspflicht, insbesondere die Ermächtigung für die Mitgliedstaaten, eine Anteilsgewährung bei Verzicht bestimmter Anteilsinhaber einzuräumen, könne der internationalen Verschmelzungsrichtlinie nicht entnommen werden. Daher seien die Bestimmungen der §§ 54 Abs. 1 S. 3 und 68 Abs. 1 S. 3 UmwG nicht richtlinienkonform und könnten bei einer deutschen Kapitalgesellschaft, die im Rahmen einer grenzüberschreitenden Verschmelzung als übernehmender bzw. neu gegründeter Rechtsträger mitwirkt, keine Anwendung finden.

c) Einzelheiten hinsichtlich der Übertragung der Gesellschaftsanteile der übernehmenden oder neuen Gesellschaft (§ 122c Abs. 2 Nr. 3 UmwG). Auch dies entspricht weitgehend der Regelung in 65 § 5 Nr. 4 UmwG, sodass auf die obigen Ausführungen verwiesen werden kann (Teil 2 Rdn. 159 ff.).

d) Voraussichtliche Auswirkungen der Verschmelzung auf die Beschäftigung (§ 122c Abs. 2 Nr. 4 UmwG). Es ist umstritten, ob der Verschmelzungsplan anders als der Verschmelzungsvertrag 66 nach nationalem Umwandlungsrecht (§ 5 Abs. 3 UmwG) **nicht dem Betriebsrat** zuzuleiten ist oder ob dies doch geboten ist. Ein Teil der Literatur ist der Meinung, dass stattdessen bei grenzüberschreitender Verschmelzung eine Zuleitung des Verschmelzungsberichts nach § 122e Satz 2 UmwG n. F. erfolge, nicht aber des Plans (so Lutter/Bayer, § 122c UmwG Rn. 32; Kallmeyer/Willemsen, § 122c UmwG Rn. 18; Widmann/Mayer/Heckschen, Umwandlungsrecht, § 122a UmwG Rn. 132; Widmann/Mayer/Mayer, Umwandlungsrecht, § 122c UmwG Rn. 10, 29 ff.; Simon/Hinrichs, NZA 2008, 391, 392; Dzida, GmbHR 2009, 459, 465; Kallmeyer/Kappes, AG 2006, 224, 238). Dieser ist dem zuständigen Betriebsrat oder, falls es keinen Betriebsrat gibt, den Arbeitnehmern der an der grenzüberschreitenden Verschmelzung beteiligten Gesellschaften spätestens einen Monat vor der Versammlung der Anteilsinhaber zugänglich zu machen. Nach a. A. gilt § 5 Abs. 3 UmwG (Pflicht zur Zuleitung des Vertrages an den Betriebsrat) analog (Drinhausen/Keinath, BB 2006, 725, 727; Herrler, EuZW 2007, 295, 296; Müller, ZIP 2007, 1081, 1083; Krause/Kulpa, ZHR 171, 2007, 38, 60). Auch hier gilt, dass bis zur gerichtlichen Klärung die Zuleitung zu empfehlen ist (vgl. Kallmeyer/Willemsen, § 122c UmwG, Rn. 19).

Es stellt sich daher dabei auch die Frage, ob die Angaben nach § 122c Abs. 2 Nr. 4 UmwG den Angaben 67 des § 5 Abs. 1 Nr. 9 UmwG entsprechen (vgl. dazu oben Teil 2 Rdn. 189 ff.). Die Gesetzesformulierung ist unterschiedlich, da § 122c UmwG von den voraussichtlichen Auswirkungen der Verschmelzung auf die Beschäftigung spricht. In der Literatur wird aus der **unterschiedlichen Zuleitungsfunktion** und der Tatsache, dass die Arbeitnehmer den Verschmelzungsvertrag nicht erhalten, zu Recht gefolgert, dass die Angaben nach § 122c UmwG **nur die Gesellschafter betreffen** und daher nur solche **beschäftigungsbezogenen Informationen** in den Verschmelzungsplan aufzunehmen sind, die für die Anteilseigner relevant sind (so Vetter, AG 2006, 619; Simon/Rubner, Der Konzern 2006, 838; Heckschen, DNotZ 2007, 444, 456; Lutter/Bayer, § 122c UmwG Rn. 9; Klein, NotBZ 2007, 565, 581). Für die Gesellschafter regelmäßig interessant sind insb. die aktuell erwartenden Mitarbeiterzahlen, künftige Mitbestimmungsregeln und mit einem etwaigen Arbeitsplatzabbau verbundene Kosten (Simon/Rubner, Der Konzern 2006, 838). Daraus ist i. V. m. den abweichenden Regelungen zum Verschmelzungsbericht zu schließen, dass der Verschmelzungsplan nun keine Angaben mehr zu den Auswirkungen der Verschmelzung auf die Arbeitnehmervertretungen zu enthalten hat (so Heckschen, DNotZ 2007, 444, 456). Nach anderer Meinung hat der Gesetzgeber sich sachlich an der Regelung des § 5 Abs. 1 UmwG orientiert, sodass die Angaben weitgehend identisch seien (Kallmeyer/Willemsen, § 122c UmwG, Rn. 16; Drinhausen, in: Semler/Stengel, § 122c UmwG Rn. 21). Mayer (in: Widmann/Mayer, Umwandlungsrecht, § 122c UmwG Rn. 97, ähnlich speziell zur deutsch/österreichischen Verschmelzung Herrler/Schneider, GmbHR 2011, 795) empfiehlt daher aus Vorsichtsgründen keinen geringeren Standard bei den Informationen als bei der nationalen Verschmelzung aufzunehmen.

e) Zeitpunkt und Besonderheiten des Gewinnanspruchs (§ 122c Abs. 2 Nr. 5 UmwG). Fest- 68 zusetzen ist der **Zeitpunkt**, von dem an die Gesellschaftsanteile deren **Inhabern das Recht auf Beteiligung am Gewinn gewähren**, sowie alle Besonderheiten, die eine Auswirkung auf dieses Recht haben (§ 122c Abs. 2 Nr. 5 UmwG). Hier kann auf die obigen Ausführungen verwiesen werden (Teil 2 Rdn. 164 ff.).

69 **f) Festlegung des Verschmelzungsstichtages (§ 122c Abs. 2 Nr. 6 UmwG).** Nach § 122c Abs. 2 Nr. 6 UmwG ist in dem Verschmelzungsplan auch der Zeitpunkt aufzunehmen, von dem an die Handlungen der übertragenden Gesellschaften unter dem Gesichtspunkt der **Rechnungslegung** als Verrechnung der übernehmenden **auf die neue Gesellschaft vorgenommen gelten**; dies entspricht der Festlegung des Verschmelzungsstichtages nach § 5 Abs. 1 Nr. 6 UmwG (vgl. dazu oben Teil 2 Rdn. 168 ff.). Zu beachten sind ggf. ausländische Vorgaben für den Verschmelzungsstichtag (vgl. dazu Herrler/Schneider, DStR 209, 2433, 2438; Widmann/Mayer/Mayer, § 122c UmwG, Rn. 105.1). Die deutsche Möglichkeit der Rückbeziehung bis zu 8 Monaten muss nicht in den ausländischen Rechtsordnungen zulässig sein. Dies ist zu beachten. Teilweise sind die Fristen kürzer, häufig maximal 6 Monate (Widmann/Mayer/Mayer, § 122c UmwG, Rn. 105.1).

70 **g) Sonderrechte (§ 122c Abs. 2 Nr. 7 UmwG).** Nach § 122c Abs. 2 Nr. 7 UmwG sind ferner die Rechte, die die übernehmende oder neue Gesellschaft dem **mit Sonderrechten ausgestatteten Gesellschaftern** oder den Inhabern von anderen Wertpapieren als Gesellschaft Anteile gewährt, oder die für diese Personen vorgeschlagenen Maßnahmen. Auch dies entspricht weitgehend der Regelung in § 5 Abs. 1 Nr. 7 UmwG, sodass auf die obigen Ausführungen verwiesen werden kann (Teil 2 Rdn. 185 ff.). Die Begriffe »Sonderrechte« und »Wertpapiere« sind nach den beteiligten ausländischen Rechten zu bestimmen (Kallmeyer/Marsch-Barner, § 122c UmwG Rn. 24; Drinhausen, in: Semler/Stengel, § 122c UmwG Rn. 28).

71 **h) Vorteile für sonstige Beteiligte (§ 122c Abs. 2 Nr. 8 UmwG).** Nach § 122c Abs. 2 Nr. 8 UmwG sind etwaige **besondere Vorteile** aufzunehmen, die den Sachverständigen und den Verschmelzungsplan prüfen oder den Mitgliedern der Verwaltungs-, Leitungs-, Aufsichts- oder Kontrollorgane der an der Verschmelzung beteiligten Gesellschaften gewährt werden. Auch hier kann auf die obigen Ausführungen verwiesen werden (Teil 2 Rdn. 187 ff.).

72 **i) Satzung der übernehmenden oder neuen Gesellschaft (§ 122c Abs. 2 Nr. 9 UmwG).** Nach § 122c Abs. 2 Nr. 9 UmwG ist die **Satzung der übernehmenden oder neuen Gesellschaft** im Verschmelzungsplan anzugeben. Anders als bei nationalen Verschmelzungen ist also auch bei der Verschmelzung zur Aufnahme die Satzung Bestandteil des Verschmelzungsplanes. Dies ist insofern sinnvoll, da die Gesellschafter eines Verschmelzungspartners aus einem anderen Mitgliedstaat stammen und mit Satzungen der anderen beteiligten Rechte häufig nicht vertraut sind (so zu Recht Vetter, AG 2006, 618 Widmann/Mayer/Mayer, § 122c UmwG, Rn. 118; Drinhausen in: Semler/Stengel, § 122c UmwG Rn. 30; Marsch-Barner/Kallmeyer, § 122c UmwG Rn. 26). Die Satzung kann als Anlage zum Verschmelzungsplan aufgenommen werden (Widmann/Mayer/Mayer, § 122c UmwG, Rn. 121; Lutter/Bayer, § 122c UmwG Rn. 25; Drinhausen in: Semler/Stengel, § 122c UmwG Rn. 30). Dies gilt unabhängig davon, ob die Satzung des übernehmenden Rechtsträgers überhaupt geändert oder angepasst werden muss (Heckschen, DNotZ 2007, 444, 456; Kallmeyer/Marsch-Barner, § 122 c Rn. 26; Widmann/Mayer/Mayer, Umwandlungsrecht, § 122c UmwG Rn. 121, Klein RNotZ 2007, 565, 581; Lutter/Bayer, § 122c UmwG Rn. 24).

73 **j) Angaben zum Verfahren der Arbeitnehmermitbestimmung (§ 122c Abs. 2 Nr. 10 UmwG).** Anders als im § 5 UmwG sieht § 122c Abs. 2 Nr. 10 UmwG vor, dass **Angaben zu dem Verfahren** aufgenommen werden, nach dem die Einzelheiten über die Beteiligung der Arbeitnehmer an der Festlegung ihrer Mitbestimmungsrechte geregelt werden – sofern es zu einem derartigen Verfahren überhaupt kommt (vgl. dazu unten Teil 6 Rdn. 158 und Kallmeyer/Willemsen, § 122 c Rn. 27; Widmann/Mayer/Mayer, Umwandlungsrecht, § 122c UmwG Rn. 125 ff.). In der Literatur ist die überwiegende Meinung der Auffassung dass die Vertretungsorgane – v. a., wenn noch keine konkreten Ergebnisse vorliegen – sich auf die Wiedergabe der abstrakten Gesetzeslage oder grober Umschreibung des Verfahrens beschränken können (so Kallmeyer/Willemsen, § 122c Rn. 29 ff.; Widmann/Mayer/Mayer, Umwandlungsrecht, § 122c UmwG Rn. 135; Klein RNotZ 2007, 565, 582; Dzida/Schramm, NZG 2008, 512, 527). Nach anderen Meinung sind konkrete Angaben über das Verhandlungsergebnis zu machen (Simon/Rubner, Der Konzern 2006, 838). Soweit noch keine Ergebnisse der Verhandlung vorliegen, kann nur der bisherige Stand wiedergegeben werden. Simon/Rubner weisen darauf hin, dass die Anteilseigner es in der Hand haben, den Verschmelzungsplan uneingeschränkt zuzustimmen und dabei

in Kauf zu nehmen, dass in den Verhandlungen zwischen den Unternehmensleitungen und dem sog. **besonderen Verhandlungsgremium** (§§ 6 ff. MgVG) keine oder aus Sicht der Anteilsinhaber ungünstige Mitbestimmungsvereinbarungen getroffen werden. Im Ergebnis sollte der großzügigeren Auffassung gefolgt werden, nach der eine knappe abstrakte Darstellung der denkbaren Ergebnisse genügt (die Auffassung in ZNotP 2007, 242, 254 wird dabei aufgegeben).

k) Angaben zur Bewertung des Aktiv- und Passivvermögens (§ 122c Abs. 2 Nr. 11 UmwG). 74
Ebenfalls neu ist die Regelung in § 122 Abs. 2 Nr. 11 UmwG zu den **Angaben zur Bewertung des Aktiv- und Passivvermögens** der übertragenden Rechtsträger; diese beruht auf Art. 5 Buchst. k) Verschmelzungsrichtlinie. Die Bedeutung dieser Regelung erschließt sich nicht sofort. Die Literatur weist zu Recht darauf hin, dass die Unternehmensbewertung im Grundsatz nichts mit der Bewertung des Aktiv- und Passivvermögens zu tun hat, da die Unternehmensbewertung die der Ertragskraft nach den einschlägigen Methoden bewertet (vgl. oben Teil 2 Rdn. 405 ff.). Die Unternehmensbewertung spiegelt sich im Umtauschverhältnis wieder (so zu Recht Simon/Rubner, Der Konzern 2006, 838 Kallmeyer/Müller, § 122 c Rn. 31). Die überwiegende Meinung ist der Auffassung, dass die einzig sinnvolle Auslegung darin bestehe, Informationen über die Art und Weise zu geben, wie das übertragene Vermögen im Rechnungswesen des übernehmenden Rechtsträgers fortgeführt werde, ob also die Buchwerte oder Teil- oder Zwischenwerte angesetzt werden (Vetter, AG 2006, 618; im Ergebnis auch Kiehm, WM 2006, 1095; Kallmeyer/Müller, § 122 c Rn. 31; Widmann/Mayer/Mayer, Umwandlungsrecht, § 122c UmwG Rn. 138; Drinhausen, in: Semler/Stengel, § 122c UmwG 35; Lutter/Bayer, § 122c UmwG Rn. 26). Auch Simon/Rubner (Der Konzern 2006, 838) bestätigen dies. Dies entspreche auch der historischen Wurzel der zugrunde liegenden Richtlinienregelung in Art. 5 Buchst. k) Verschmelzungsrichtlinie, die auf das französische Verschmelzungsrecht zurückgehe. Danach ist abweichend vom deutschen Konzept bereits der Verschmelzungsvertrag selbst festzulegen, ob die Verschmelzung Buchwerte verknüpft oder nach dem Anschaffungskostenprinzip und ggf. mit welchen Wertansätzen durchgeführt werden sollen (vgl. auch Widmann/Mayer/Mayer, § 122c UmwG, Rn. 137; Lutter/Bayer, § 122c UmwG Rn. 27; Drinhausen in: Semler/Stengel, § 122c UmwG Rn. 35; Müller/Kallmeyer, § 122c UmwG Rn. 31). Nach deutschem Recht muss das Wahlrecht nach § 94 UmwG nicht den Verschmelzungsvertrag, sondern erst bei der Aufstellung des Jahresabschlusses ausgeübt werden. Umstritten ist auch, ob nach § 122c Abs. 2 Nr. 11 UmwG nun diese Angaben und damit auch die Ausübung des Wahlrechts im Verschmelzungsplan selbst gemacht werden müssen (so Kallmeyer/Müller, § 122c Rn. 34; Drinhausen, in: Semler/Stengel, § 122c UmwG 35; Lutter/Bayer, § 122c UmwG Rn. 26) oder ob es genügt, wenn nur die Angabe gemacht wird, dass die endgültige Bewertung i. R. d. Feststellung des Jahresabschlusses erfolgen wird (so Vetter, AG 2006, 618; Simon/Rubner, Der Konzern 2006, 838; Stellungnahme des Handelsrechtsausschusses des DAV zum Zweiten Gesetz zur Änderung des UmwG, NZG 2006, 737, 740; Louven, ZIP 2006, 2021, 2025; Kiem, WM 2006, 1091, 1095).

In der Literatur wird zu Recht darauf hingewiesen, dass das Gesetz und auch die Verschmelzungsricht- 75 linie **keine Verpflichtung zur endgültigen und unabweisbaren Entscheidung über die Buchwertfortführung** und die Wertansätze verlangen, sodass wohl auch Angaben zulässig sind, dass die endgültige Festlegung der Bewertung erst im Zusammenhang mit der Aufstellung des Jahresabschlusses des übernehmenden Rechtsträgers erfolgt, soweit keine der beteiligten Rechtsordnungen zwingend die Entscheidung über die Festlegung der Bilanzansätze im Verschmelzungsplan selbst verlangt (so Vetter, AG 2006, 619; ebenso Simon/Rubner, Der Konzern 2006, 838).

l) Stichtag der Jahresabschlüsse (§ 122c Abs. 2 Nr. 12 UmwG). Nach § 122c Abs. 2 Nr. 12 76
UmwG sind anzugeben der **Stichtag der Jahresabschlüsse** der an der Verschmelzung beteiligten Gesellschaften, die zur Festlegung der Bedingungen der Verschmelzung verwendet werden.

Auch diese Regelung erschließt sich nur aus den **Besonderheiten des französischen Verschmelzungs-** 77
rechts (Vetter, AG 2006, 619; Simon/Rubner, Der Konzern 2006, 838; Louven, ZIP 2006, 2021, 2025; Kiem, WM 2006, 1091, 1095; Widmann/Mayer/Mayer, Umwandlungsrecht, § 122c UmwG Rn. 139; Lutter/Bayer, § 122c UmwG Rn. 29; Drinhausen in: Semler/Stengel, § 122c UmwG Rn. 35; Müller/Kallmeyer, § 122c UmwG Rn. 37). Teilweise wird daraus gefordert, dass die Bilanzen selbst Teil des Verschmelzungsplans sein müssten (so Haritz/v. Wolf, GmbHR 2006, 340 f.). Dem kann

man sicherlich nicht folgen, da die Bilanzen für die Festlegung des Umtauschverhältnisses, wie dargelegt, nicht maßgeblich sind, sondern die Unternehmensbewertung, die nach ganz anderen Prinzipien als
den bilanziellen funktioniert (vgl. oben Teil 6 Rdn. 74). Vetter weist zu Recht darauf hin, dass die Regelung das Missverständnis offenbare, das Umtauschverhältnis könne aus den Bilanzen abgeleitet werden; das ist eindeutig nicht der Fall (Vetter, AG 2006, 619). Maßgeblich sind die letzten Bilanzen nur
für die Frage der Eröffnungsbilanz bei der aufnehmenden oder neuen Gesellschaft. Die Literatur vertritt
daher überwiegend zu Recht, dass nur die Stichtage der letzten Bilanzen der übertragenden Rechtsträger vor bzw. am Verschmelzungsstichtag anzugeben sind (Kallmeyer/Müller, § 122 c Rn. 36 ff.; Wid-
mann/Mayer/Mayer, Umwandlungsrecht, § 122c UmwG Rn. 141; Lutter/Bayer, § 122c UmwG
Rn. 28; Drinhausen, in: Semler/Stengel, § 122c UmwG 37; Vetter, AG 2006, 619; Simon/Rubner,
Der Konzern 2006, 838 f.). Bei einem zukünftigen Verschmelzungsstichtag können diese im Zeitpunkt
der Aufstellung des Verschmelzungsplans zukünftige Bilanzen sein. Im Ergebnis wird man aus dieser
Vorschrift kaum zusätzliche Angaben ableiten können, es sei denn das Recht eines der beteiligten
Rechtsträger verlangt weiter gehende Angaben zu entsprechenden Stichtagen über den Verschmel-
zungsstichtag oder den Stichtag der Schlussbilanz hinaus.

78 **6. Mutter-Tochter-Verschmelzung.** Ebenso wie § 5 Abs. 2 UmwG sieht § 122c Abs. 3 UmwG Erleichterungen bei einer 100 %igen Verschmelzung Tochter auf die Mutter: Die Angaben über den Umtausch der Anteile entfallen, wenn sich alle Anteile einer übertragenden Gesellschaft in der Hand der
übernehmenden Gesellschaft befinden. Diese Vorschrift setzt insofern die Ausnahme des Art. 15 Abs. 1
erster Spiegelstrich Verschmelzungsrichtlinie um. Wegen der Einzelheiten kann auf die obigen Ausführungen verwiesen werden (oben Teil 2 Rdn. 223 f.).

79 **7. Verschmelzung zur Aufnahme und Verschmelzung zur Neugründung.** Wie sich aus der Formulierung des § 122b Abs. 1 UmwG – »*an einer grenzüberschreitenden Verschmelzung können als übertragende, übernehmende oder neue Gesellschaften*« – und den Vorgaben der Verschmelzungsrichtlinie
ergibt, kann es sich bei einer Verschmelzung nach § 122a ff. UmwG um eine **Verschmelzung zur Aufnahme oder eine Verschmelzung zur Neugründung** handeln.

80 Es sind daher die **weiteren Besonderheiten** je nach Art der Verschmelzung zu beachten, z. B. Kapitalerhöhung, Neugründung etc. (dazu s. o. Teil 2 Rdn. 242 f.).

III. Abfindungsangebot im Verschmelzungsplan (§ 122i UmwG)

81 § 122i Abs. 1 UmwG sieht vor, dass ein **Abfindungsangebot nach §§ 29 ff.** UmwG den Gesellschaftern
des deutschen Verschmelzungspartners immer zu machen ist, wenn die übernehmende oder neue Gesellschaft ihren Sitz im Ausland hat. Die Vorschrift ist nicht anzuwenden, sofern von einer ausländischen Gesellschaft auf eine deutsche verschmolzen wird (Widmann/Mayer/Vossius, § 122i UmwG,
Rn. 6; Lutter/Bayer, § 122i UmwG Rn. 8; Marsch-Barner/Kallmeyer, § 122i UmwG Rn. 4). Hier richtet sich der Minderheitenschutz nach dem Recht des ausländischen Staates. Die Vorschrift stellt nur
darauf ab, ob die übernehmende oder neue Gesellschaft nicht dem deutschen Recht unterliegt. Deutsche Gesellschaften, die nur ihren Verwaltungssitz im Ausland haben, fallen daher auch nicht darunter,
ausländische mit nur Verwaltungssitz in Deutschland, z. B. englische limited dagegen schon (Wid-
mann/Mayer/Mayer, § 122i UmwG, Rn. 8 f.). Im Fall einer sog. Hinausverschmelzung ist daher jedem
widersprechenden Anteilsinhaber der Erwerb seiner Anteile gegen angemessene Barabfindung anzubieten. Damit führt der deutsche Gesetzgeber den Rechtsgedanken des § 29 UmwG fort, dass kein Anteilsinhaber gegen seinen Willen einen Wechsel der Rechtsform hinnehmen muss. Dies soll selbst dann gelten, wenn auch die übernehmende Gesellschaft börsennotiert ist (Winter, Der Konzern 2007, 33; a. A.
wohl Kallmeyer/Marsch-Barner, § 122i Rn. 2; Lutter/Bayer, § 122i UmwG Rn. 6).

82 **Grundlage der Regelung** ist Art. 4 Abs. 2 Satz 2 Verschmelzungsrichtlinie, wonach jeder Mitgliedstaat
in Bezug auf beteiligte Gesellschaften, die seinem Recht unterliegen, Vorschriften erlassen kann, um
einen angemessenen Schutz derjenigen Minderheitsgesellschafter zu gewährleisten, die sich gegen
die Verschmelzung ausgesprochen haben.

83 § 122i Abs. 1 Satz 1 UmwG sieht zum Schutz der Minderheitsgesellschafter ein **Austrittsrecht** vor,
wenn die aus der grenzüberschreitenden Verschmelzung hervorgegangene Gesellschaft nicht dem deut-

schen Recht unterliegt. Dem liegt der Gedanke zugrunde, dass kein Anteilsinhaber gezwungen werden soll, die mit diesem Wechsel in eine ausländische Rechtsform verbundene Änderung seiner Rechte und Pflichten hinzunehmen. Lediglich die Veränderung der Rechtsstellung der Anteilsinhaber ist ausschlaggebend (BR-Drucks. 548/06, S. 31).

Die Abfindung ist im Verschmelzungsplan »*oder seinem Entwurf*« anzubieten. Diese Formulierung **84** wurde aus § 29 Abs. 1 Satz 1 UmwG übernommen, obwohl sich § 29 UmwG auf den Verschmelzungsvertrag und nicht auf den Verschmelzungsplan bezieht. Da jedoch auch der **Verschmelzungsplan** gem. § 122c Abs. 4 UmwG **notariell zu beurkunden** ist, ist auch hier der Fall denkbar dass der Verschmelzungsplan bei Beschlussfassung der Hauptversammlung noch nicht beurkundet und somit lediglich als Entwurf anzusehen ist.

Die **Verpflichtung zur Barabfindung** der Anteilsinhaber einer übertragenden Gesellschaft, die dem **85** deutschen Recht unterliegt, geht mit Wirksamwerden der Verschmelzung im Wege der Universalsukzession auf die aus der Verschmelzung hervorgegangene Gesellschaft über (vgl. Kallmeyer/Marsch-Barner, § 122i Rn. 5).

Dies ergibt sich aus den in Umsetzung von Art. 14 Abs. 1 und Abs. 2 Verschmelzungsrichtlinie erlassenen Rechtsvorschriften desjenigen Mitgliedstaats, dessen Recht die übernehmende oder neue Gesellschaft unterliegt.

Die Verpflichtung zum Anteilserwerb entsteht mit Wirksamwerden der Verschmelzung (so Kallmeyer/ **86** Marsch-Barner, § 122i Rn. 5; Simon/Rubner, Der Konzern 2006, 838, 840; Klein, RNotZ 2007, 565, 601; a. A. Drinhausen, in: Semler/Stengel, § 122i UmwG Rn. 9). Die Ausschlussfrist von 2 Monaten beginnt danach mit Eintragung und Bekanntmachung der Verschmelzung im Sitzstaat der übernehmenden oder neuen Gesellschaft (vgl. Kallmeyer/Marsch-Barner, § 122i Rn. 5; Lutter/Bayer, § 122i UmwG Rn. 17). Die Übernahme der Anteile ist bei einer AG ein **Erwerb eigener Aktien** und bei einer GmbH ein **Erwerb eigener Geschäftsanteile**. § 122i Abs. 1 Satz 2 UmwG erklärt daher die Regelungen im AktG und im GmbHG für entsprechend anwendbar. Ebenso wie in § 29 UmwG wird von der Anwendung des Verbots des Erwerbs eigener Aktien in § 71 Abs. 4 Satz 2 AktG und § 33 Abs. 2 Satz 3 GmbHG ausdrücklich abgesehen.

Nach § 122i Abs. 1 Satz 3 UmwG ist auf das Abfindungsangebot im Verschmelzungsplan § 29 Abs. 1 **87** Satz 4 und Satz 5 und Abs. 2 UmwG entsprechend anzuwenden. § 29 Abs. 1 Satz 2 UmwG hat für die grenzüberschreitende Verschmelzung keinen Anwendungsbereich. Auch der in § 29 Abs. 1 Satz 3 UmwG geregelte Fall, dass keine Anteile angeboten werden können, ist bei den an einer grenzüberschreitenden Verschmelzung ausschließlich beteiligten Kapitalgesellschaften nicht denkbar. Entsprechend anwendbar sind aber die **Vorschriften über den Inhalt des Anspruchs auf Barabfindung** und deren Prüfung (§ 30 UmwG), die **Annahme des Angebots (§ 31 UmwG)** und die **anderweitige Veräußerung von Anteilen (§ 33 UmwG)**.

§ 122i Abs. 2 UmwG bestimmt die Voraussetzungen zur Anwendung des § 32 UmwG (Ausschluss der **88** Anfechtungsklage zur Überprüfung der Barabfindung) und § 34 UmwG (stattdessen Spruchverfahren). Es handelt sich um die Parallelregelung zu § 122h UmwG Das Spruchverfahren wird wie dort nur eröffnet, wenn gem. Art. 10 Abs. 3 Satz 1 Verschmelzungsrichtlinie die Anteilseigner der ausländischen Gesellschaft ausdrücklich zustimmen oder das ausländische Recht ebenfalls ein solches Überprüfungsverfahren vorsieht. Liegen diese Voraussetzungen nicht vor, verbleibt es bei der Möglichkeit, den Verschmelzungsbeschluss auch hinsichtlich der Barabfindung anzufechten (vgl. BR-Drucks. 548/06, S. 31).

IV. Bekanntmachung des Verschmelzungsplans (§ 122d UmwG)

Ähnlich wie § 61 UmwG bei der Verschmelzung von AG sieht § 122d UmwG eine **besondere Bekannt-** **89** **machungspflicht** durch Einreichung des Verschmelzungsplans zum Register vor. Der Verschmelzungsplan oder sein Entwurf ist **spätestens einen Monat** vor der Versammlung der Anteilsinhaber, die nach § 13 UmwG über die Zustimmung zum Verschmelzungsplan beschließen soll, zum Register einzureichen. Das Gericht hat in der Bekanntmachung nach § 10 HGB unverzüglich die **folgenden Angaben bekannt zu machen**:

§ 122d Nr. 1 UmwG	einen Hinweis darauf, dass der Verschmelzungsplan oder sein Entwurf beim Handelsregister eingereicht worden ist,
§ 122d Nr. 2 UmwG	Rechtsform, Firma und Sitz der an der grenzüberschreitenden Verschmelzung beteiligten Gesellschaften,
§ 122d Nr. 3 UmwG	die Register, bei denen die an der grenzüberschreitenden Verschmelzung beteiligten Gesellschaften eingetragen sind, sowie die jeweilige Nummer der Eintragung,
§ 122d Nr. 4 UmwG	einen Hinweis auf die Modalitäten für die Ausübung der Rechte der Gläubiger und der Minderheitsgesellschafter der an der grenzüberschreitenden Verschmelzung beteiligten Gesellschaften sowie die Anschrift, unter der vollständige Auskünfte über diese Modalitäten kostenlos eingeholt werden können.

Die bekannt zu machenden Angaben sind dem Register bei Einreichung des Verschmelzungsplans oder seines Entwurfs mitzuteilen. Die Einreichung hat durch die jeweils beteiligten Gesellschaften gem. § 12 Abs. 2 HGB in elektronischer Form zu erfolgen (vgl. Widmann/Mayer/Mayer, Umwandlungsrecht, § 122d UmwG Rn. 28 f.; zu den weiteren Einzelheiten des Verfahrens vgl. auch Kallmeyer/Marsch-Barner, § 122d Rn. 1; Lutter/Bayer; § 122d UmwG Rn. 5; Herrler/Schneider, GmbHR 2011, 795, 797 speziell zur deutsch/österreichischen Verschmelzung). Art. 6 Abs. 1 der Verschmelzungsrichtlinie sieht vor, dass der Hinweis spätestens einen Monat vor der Versammlung veröffentlicht sein muss. Es ist daher unklar, ob die deutsche Umsetzung mit der Richtlinie vereinbar ist (vgl. Herrler/Schneider, GmbHR 2011, 795, 797; Lutter/Bayer § 122d UmwG Rn. 7; Pfeiffer/Heilmeier, GmbHR 2009, 1317, 1318). Im deutschen Recht genügt die Einreichung eines Entwurfs, der von den zuständigen Organen erstellt wurde. In manchen Ländern genügt dies nicht (vgl. Herrler/Schneider, GmbHR 2011, 795, 797 speziell zur deutsch/österreichischen Verschmelzung).

90 Im Unterschied zu § 122d Satz 2 UmwG sieht § 61 UmwG jedoch nur die Bekanntmachung eines Hinweises auf die Einreichung eines Verschmelzungsplans durch das Registergericht vor, während § 122d Satz 2 Nr. 2 bis Nr. 4 UmwG die **zusätzlichen Angaben** des Art. 6 Abs. 2 Verschmelzungsrichtlinie enthält. Um dem Register die Bekanntmachung der in § 122 Satz 2 UmwG genannten Angaben zu ermöglichen, schreibt das Gesetz vor, dass diese Angaben dem Registergericht bei Einreichung des Verschmelzungsplans oder seines Entwurfs mitzuteilen sind.

V. Unterrichtung des Betriebsrates

91 **Umstritten ist**, ob der Verschmelzungsplan gem. § 5 Abs. 3 UmwG i. V. m. der Verweisung in § 122a Abs. 2 UmwG einen Monat vor dem Tag der über die Verschmelzung entscheidenden Gesellschafterversammlung dem Betriebsrat zuzuleiten ist. Grds. sind nach § 122a Abs. 2 UmwG die Vorschriften des Ersten Teils entsprechend anzuwenden, soweit sich nicht aus dem Zehnten Abschnitt etwas anderes ergibt. Ein Teil der Literatur ist der Meinung, dass stattdessen bei grenzüberschreitender Verschmelzung eine Zuleitung des Verschmelzungsberichts nach § 122e Satz 2 UmwG n. F. erfolge, nicht aber des Plans (so Lutter/Bayer, § 122c UmwG Rn. 32; Kallmeyer/Willemsen, § 122c UmwG, Rn. 18; Widmann/Mayer/Heckschen, Umwandlungsrecht, § 122a UmwG Rn. 132; Widmann/Mayer/Mayer, Umwandlungsrecht, § 122c UmwG Rn. 10, 29 ff.; Simon/Hinrichs, NZA 2008, 391, 392; Dzida, GmbHR 2009, 459, 465; Kallmeyer/Kappes, AG 2006, 224, 238). Dieser ist dem zuständigen Betriebsrat oder, falls es keinen Betriebsrat gibt, den Arbeitnehmern der an der grenzüberschreitenden Verschmelzung beteiligten Gesellschaften spätestens einen Monat vor der Versammlung der Anteilsinhaber zugänglich zu machen. Nach a. A. gilt § 5 Abs. 3 UmwG (Pflicht zur Zuleitung des Vertrages an den Betriebsrat) analog (Drinhausen/Keinath, BB 2006, 725, 727; Herrler, EuZW 2007, 295, 296; Müller, ZIP 2007, 1081, 1083; Krause/Kulpa, ZHR 171, 2007, 38, 60). Auch hier gilt, dass bis zur gerichtlichen Klärung die Zuleitung zu empfehlen ist (vgl. Kallmeyer/Willemsen, § 122c UmwG Rn. 19).

M. E. ist dies nicht erforderlich, da bei grenzüberschreitenden Verschmelzungen § 122e Satz 2 UmwG **ausdrücklich nur die Zuleitung des Verschmelzungsberichts** und dementsprechend spezielle Angaben im Verschmelzungsbericht vorsieht (§ 122e Satz 2 UmwG). Dies ist nicht erforderlich, da bei grenzüberschreitenden Verschmelzungen § 122e Satz 2 UmwG ausdrücklich nur die Zuleitung des Verschmelzungsberichts und dementsprechend spezielle Angaben im Verschmelzungsbericht vorsieht

(§ 122e Satz 2 UmwG). Die im nationalen Recht mit dem Verschmelzungsvertrag verbundene **Informationsfunktion des Betriebsrates** wird bei internationalen Verschmelzungen durch den Verschmelzungsbericht ausgefüllt. Dementsprechend muss § 122e UmwG als Spezialvorschrift ggü. § 5 Abs. 3 UmwG gesehen werden und eine Zuleitung des Verschmelzungsvertrages ist daher nicht erforderlich (ebenso Simon/Rubner, Der Konzern 2006, 837; Widmann/Mayer/Mayer, § 122c UmwG, Rn. 29 ff., 97; Lutter/Bayer, § 122c UmwG Rn. 33; Drinhausen in: Semler/Stengel, § 122c UmwG Rn. 44; Willemsen/Kallmeyer, § 122c UmwG Rn. 19).

VI. Verschmelzungsbericht (§ 122e UmwG)

1. Überblick. § 122e UmwG konkretisiert und ergänzt § 8 UmwG, wonach die Vertretungsorgane 92 jeden an der Verschmelzung beteiligten Rechtsträger einen **ausführlichen Bericht zu erstatten** haben (vgl. Neye/Timm, NotBZ 2007, 239 f.). § 122e Satz 1 UmwG bestimmt ausdrücklich, dass im Verschmelzungsbericht auch die **Auswirkungen auf die Gläubiger und Arbeitnehmer zu erläutern** sind. Entsprechend ist der Verschmelzungsbericht und nicht der Verschmelzungsplan den Betriebsräten bzw. den Arbeitnehmern zugänglich zu machen (str., vgl. oben Teil 6 Rdn. 91, Vetter, AG 2006, 620; Simon/Rubner, Der Konzern 2006, 837). Grds. finden die für die innerdeutsche Verschmelzung geltenden Regelungen entsprechend Anwendung (§ 122a Abs. 2 UmwG i. V. m. § 8 UmwG). Nach § 8 UmwG dient der Verschmelzungsbericht in erster Linie der Unterrichtung und Meinungsbildung der Gesellschafter (vgl. oben Teil 2 Rdn. 376). Dieses Informationsspektrum wird durch die Verschmelzungsrichtlinie und das Umsetzungsgesetz erweitert, es soll auch Gläubiger und Arbeitnehmer informiert werden. Im Hinblick auf die Gläubiger ist allerdings darauf hinzuweisen, dass der Verschmelzungsbericht nicht öffentlich zugänglich gemacht wird. Daraus wird zu Recht gefolgert, dass er nicht dem Schutz der Gläubiger dient, sondern allein deren Information (vgl. Vetter, AG 2006, 620).

2. Verschmelzungsbericht durch Vertretungsorgane. Berichtpflichtig sind die **Vertretungsorga-** 93 **ne**, es gelten die allgemeinen Ausführungen (vgl. oben Teil 2 Rdn. 381 ff. und Kallmeyer/Marsch-Barner, § 122e Rn. 2).

§ 8 Abs. 1 Satz 1 Halbs. 2 UmwG sieht nunmehr für innerstaatliche Verschmelzungen ausdrücklich vor, 94 dass der Bericht von dem Vertretungsorgan auch gemeinsam erstattet werden kann (gemeinsamer Bericht; vgl. oben Teil 2 Rdn. 381). In der Literatur zur Umsetzung der Verschmelzungsrichtlinie wird darauf hingewiesen, dass es zweifelhaft sei, ob diese Möglichkeit bei grenzüberschreitenden Verschmelzungen gangbar sei (vgl. Drinhausen/Keinath, BB 2006, 725, 728; Krause/Kulpa, ZHR 171, 2007, 62). Mindestvoraussetzung ist, dass die nationalen Rechte der anderen beteiligten Gesellschaften einen solchen **gemeinsamen Bericht ebenso zulassen** (vgl. Kallmeyer/Marsch-Barner, § 122e Rn. 4; Widmann/Mayer/Mayer, Umwandlungsrecht, § 122e UmwG Rn. 35 f.; Heckschen, DNotZ 2007, 444, 459; Bayer/Schmidt, NJW 2006, 401, 403; Drinhausen/Keinath, BB 2006, 725, 728; Klein, RNotZ 2007, 565, 592; Limmer, ZNotP 2007, 282; Herrler/Schneider, GmbHR 2011, 795, 798 speziell zur deutsch/österreichischen Verschmelzung). Dies muss daher im Einzelfall geprüft werden, damit auch die ausländischen Anforderungen an die Verschmelzung eingehalten werden. Fraglich ist auch, ob ein gemeinsamer Bericht durch die Verschmelzungsrichtlinie gedeckt ist. Diese selbst erwähnt die Problematik nicht. Zu Recht hat allerdings die Literatur aus Art. 8 Abs. 2 Verschmelzungsrichtlinie, die die gemeinsame Verschmelzungsprüfung zulässt, gefolgert, dass das Gleiche auch für den Verschmelzungsbericht gelten müsse (vgl. Krause/Kulpa, ZHR 171, 2007, 62).

3. Inhalt. Zunächst gelten bzgl. der inhaltlichen Anforderungen die **allgemeinen Regelungen** des § 8 95 UmwG (vgl. dazu oben Teil 2 Rdn. 382 ff.).

Darüber hinaus sind es die **besonderen Berichtserfordernisse** bei grenzüberschreitenden Verschmelzun- 96 gen, die § 122e UmwG im **Hinblick auf Gläubiger** und Arbeitnehmer verlangt, zu berücksichtigen (Kallmeyer/Marsch-Barner, § 122e Rn. 7; Widmann/Mayer/Mayer, Umwandlungsrecht, § 122e UmwG Rn. 22 ff.). Im Verschmelzungsbericht sind auch die Auswirkungen der grenzüberschreitenden Verschmelzung auf die Gläubiger und Arbeitnehmer der an der Verschmelzung beteiligten Gesellschaft zu erläutern. Der Verschmelzungsbericht ist den Anteilsinhabern sowie dem zuständigen Betriebsrat oder, falls es keinen Betriebsrat gibt, den Arbeitnehmern der an der grenzüberschreitenden Verschmelzung beteiligten Gesellschaft spätestens einen Monat vor der Versammlung der Anteilsinhaber, die nach § 13 UmwG über die Zustimmung zum Verschmelzungsplan beschließen soll, nach § 63 Abs. 1 Nr. 4 UmwG zugänglich zu machen. Nach Art. 7 Verschmelzungsrichtlinie ist ein Verschmelzungsbericht zu erstellen. Kraft der Verweisung in § 122a Abs. 2 UmwG gilt für den Verschmelzungsbericht grds. die Regelung in § 8 UmwG entsprechend. § 8 Abs. 1 Satz 1 UmwG regelt in Übereinstimmung mit Art. 7 Satz und Satz 3 Verschmelzungsrichtlinie zusätzliche Anforderungen an den Inhalt des Berichts. Danach sind auch die Auswirkungen auf Gläubiger und Arbeitnehmer zu erläutern. § 8 Abs. 1 Satz 2 UmwG setzt die in Art. 7 Satz 2 Verschmelzungsrichtlinie geregelte Pflicht um, den Bericht den Gesellschaftern und der Arbeitnehmerseite spätestens einen Monat vor der beschlussfassenden Gesellschafterversammlung zugänglich zu machen. Dies erfolgt gem. § 63 Abs. 1 Nr. 4 UmwG durch Auslage in den Geschäftsräumen der Gesellschaft.

97 Welche **Informationen den Arbeitnehmern** im Verschmelzungsbericht zu geben sind, ergibt sich m. E. aus der Gegenüberstellung der Angaben in § 122c Abs. 2 Nr. 4 UmwG (Angaben im Verschmelzungsplan) und § 122e Satz 1 UmwG (Auswirkungen der grenzüberschreitenden Verschmelzung auf die Arbeitnehmer). Im Verschmelzungsbericht sind auch die für die Arbeitnehmer maßgeblichen Informationen aufzunehmen. Insofern hat der Verschmelzungsbericht die Funktion, die der Verschmelzungsvertrag bei der innerstaatlichen Verschmelzung hat. Dementsprechend wird man wohl auf die Auslegungsergebnisse zu § 5 Abs. 1 Nr. 9 UmwG (Angaben der Folgen der Verschmelzung für die Arbeitnehmer im Verschmelzungsvertrag) zurückgreifen können (ebenso Vetter, AG 2006, 620). Es kann daher auf die obigen Ausführungen bzgl. der notwendigen Angaben zu den individual- und kollektivrechtlichen Folgen der Verschmelzung und etwaigen vorgesehenen Maßnahmen verwiesen werden (vgl. oben Teil 2 Rdn. 189 ff. und Kallmeyer/Marsch-Barner, § 122e Rn. 8; Widmann/Mayer/Mayer, Umwandlungsrecht, § 122e UmwG Rn. 30; Simon/Heinrichs, NZA 2008, 391, 393; Dzida/Schramm, NZG 2008, 521, 525 f.; Herrler/Schneider, GmbHR 2011, 795, 798 speziell zur deutsch/österreichischen Verschmelzung).

98 Ursprünglich war unklar, was unter »**Zugänglichmachung**« zu verstehen ist. Im Gesetz ist eine Klarstellung durch einen direkten Verweis auf § 63 Abs. 1 Nr. 4 UmwG vorgenommen worden, sodass die Auslegung in den Geschäftsräumen der Gesellschaft insgesamt für alle Adressaten des § 122e UmwG also auch die Arbeitnehmer, ausreichend ist. § 63 Abs. 1 UmwG bestimmt also, dass von der Einberufung der Gesellschafterversammlung an, die über die Zustimmung zum Verschmelzungsvertrag beschließen soll, in dem Geschäftsraum der Gesellschaft die zu erstattenden Verschmelzungsberichte zur Einsicht der Gesellschafter und damit auch der Arbeitnehmer auszulegen sind. Eine ersatzweise Veröffentlichung auf der Internetseite ist nicht ausdrücklich vorgesehen, sodass unklar ist, ob die Erleichterung des § 63 Abs. 4 UmwG i. d. F. des ARUG (BGBl. 2009 I, S. 2479) auch hier gilt (vgl. Kallmeyer/Marsch-Barner, § 122e Rn. 6).

99 **4. Erweiterung der Berichtspflicht bei verbundenen Unternehmen.** Die **Erweiterung in § 8 Abs. 1 Satz 3 und Satz 4 UmwG** für den Fall verbundener Unternehmen gelten bei grenzüberschreitenden Verschmelzungen ebenso (vgl. Teil 2 Rdn. 393).

100 **5. Einschränkung der Berichtspflicht.** § 8 Abs. 2 UmwG wird von § 122e UmwG nicht ausgeschlossen, sodass diese **Einschränkungen** gelten. In dem Bericht brauchen daher Tatsachen nicht aufgenommen zu werden, deren Bekanntmachung geeignet ist, einem der beteiligten Rechtsträger oder einem verbundenen Unternehmen einen nicht unerheblichen Nachteil zuzufügen. In diesem Fall sind in dem Bericht die Gründe, aus denen die Tatsachen nicht aufgenommen worden sind, darzulegen.

101 **6. Kein Verzicht auf Verschmelzungsbericht bzw. bei Konzernverschmelzung.** Während § 8 Abs. 3 UmwG vorsieht, dass der Bericht nicht erforderlich ist, wenn entweder alle Anteilsinhaber in notariell beurkundeten Verzichtserklärungen auf diese Stellung verzichtet haben oder sich alle Anteile des übertragenden Rechtsträgers in der Hand des Übernehmenden befinden (100 %iges Mutter-Tochter-Verhältnis) wird diese Regelung **ausdrücklich in § 122 Satz 3 UmwG ausgeschlossen**. Die Begründung zum RegE weist darauf hin, dass die Vorschrift ausdrücklich ausgeschlossen werden müsse, da die dort für innerstaatliche Verschmelzungen geregelten Ausnahmen von der Berichtspflicht in der Verschmelzungsrichtlinie nicht vorgesehen seien (BR-Drucks. 54/06, S. 32). In der Literatur war diese Interpre-

tation der Verschmelzungsrichtlinie, insb. die Frage, ob der Ausschluss der Verzichtbarkeit zwingend durch die Verschmelzungsrichtlinie vorgegeben ist, umstritten (gegen Verzichtbarkeit Drinhausen/Keinath, RIW 2006, 83; dies., BB 2006, 728; Müller, NZG 2006, 288 in Fn. 37; dies ablehnend Bayer/Schmidt, NJW 2006, 403; Vetter, AG 2006, 620). So wurde z. T. darauf hingewiesen, dass soweit die beteiligte deutsche Gesellschaft keine Arbeitnehmer habe, denen der Bericht zugänglich gemacht werden könne, und die Gesellschafter auf den Bericht verzichteten, es keine sachliche Rechtfertigung für die Erstellung eines kostenaufwendigen Berichts gäbe (Vetter, AG 2006, 620). Der Gesetzgeber ist diesen Bedenken nicht gefolgt und hat generell die Verzichtsmöglichkeit ausgeschlossen, sodass in allen Fällen ein Verschmelzungsbericht erstellt werden muss. In der Literatur wird allerdings eine **Verzichtsmöglichkeit** angenommen, wenn alle Anteilsinhaber und alle Arbeitnehmer und der Betriebsrat verzichten bzw. solche gar nicht vorhanden sind (so Kallmeyer/Marsch-Barner, § 122e Rn. 11; Lutter/Bayer, § 122e UmwG Rn. 10; Drinhausen, in: Semler/Stengel, § 122e UmwG Rn. 14; Bayer/Schmidt, NJW 2006, 401, 403). Da diese Frage höchst ungeklärt ist, empfiehlt sich für die Praxis nicht davon Gebrauch zu machen (so auch Freundorfer/Festner, GmbHR 2010, 196, 198).

VII. Zuleitung Verschmelzungsbericht an Betriebsrat/Arbeitnehmer

Da der Verschmelzungsbericht, wie ausgeführt (vgl. oben Teil 2 Rdn. 376 ff.) auch **Informationsfunk-** **102** **tion ggü. den Arbeitnehmern** hat und die Informationsfunktion, die an sich § 5 Abs. 3 UmwG erfüllt, ersetzt, sieht § 122e Satz 2 UmwG vor, dass der Verschmelzungsbericht dem zuständigen Betriebsrat oder, falls es keinen Betriebsrat gibt, den Arbeitnehmern der an der Verschmelzung beteiligten Gesellschaften spätestens einen Monat vor der Gesellschafterversammlung, die über den Plan beschließt, zugänglich gemacht werden muss.

VIII. Verschmelzungsprüfung (§ 122f UmwG)

1. Notwendigkeit der Verschmelzungsprüfung. Art. 8 Verschmelzungsrichtlinie fordert **Berichte** **103** **unabhängiger Sachverständiger**, die zumindest Angaben zum Umtauschverhältnis nach Art. 10 Abs. 2 der Dritten gesellschaftsrechtlichen Richtlinien enthalten müssen. Nach Art. 8 Abs. 2 Verschmelzungsrichtlinie besteht auch die Möglichkeit, dass die Gesellschaften einen gemeinsamen Sachverständigen heranziehen. Der Bericht muss spätestens einen Monat vor der Gesellschafterversammlung den Gesellschaftern vorliegen. Prüfung und Bericht sind auch nach der Richtlinie entbehrlich, wenn alle Gesellschafter der beteiligten Gesellschaften hierauf verzichten (Art. 8 Abs. 4 Verschmelzungsrichtlinie).

In §§ 122f UmwG sind diese Regelungen umgesetzt. Der Verschmelzungsplan oder sein Entwurf ist **104** nach den §§ 9 bis 12 UmwG zu prüfen, § 48 UmwG ist nicht anwendbar. Damit ist auch der Verschmelzungsvertrag für eine GmbH zu prüfen, während nach § 48 UmwG dies nur auf Verlangen eines Gesellschafters notwendig wäre. Die Prüfungspflicht gilt damit für alle grenzüberschreitenden Verschmelzungen (vgl. Kallmeyer/Marsch-Barner, § 122f Rn. 2; Herrler/Schneider, GmbHR 2011, 795, 798). Es gelten grds. die allgemeinen Vorschriften, sodass auf die obigen Ausführungen verwiesen werden kann (vgl. oben Teil 2 Rdn. 405 ff.). Dies gilt insb. für die Fragen gemeinsamer Verschmelzungsprüfer, was nach § 122a Abs. 2 UmwG i. V. m. § 10 Abs. 1 Satz 2 und § 12 Abs. 1 Satz 2 UmwG möglich ist (Neye/Timm, NotBZ 2007, 239, 241; Kallmeyer/Marsch-Barner, § 122f Rn. 9).

2. Keine Prüfung bei Verzichts- oder Konzernverschmelzung. Auch § 9 Abs. 2 UmwG gilt durch **105** die Verweisung in § 122f Satz 1 UmwG und ist auch aufgrund der Verschmelzungsrichtlinie zugelassen. Eine **Verschmelzungsprüfung entfällt daher**, wenn sich alle Anteile eines übertragenden Rechtsträgers in der Hand des übernehmenden befinden (100 %iges Mutter-Tochter-Verhältnis). Aus der Vorgabe der Verschmelzungsrichtlinie und der Vorschrift des § 122f UmwG wird nicht ganz klar, ob auf eine derartige Prüfung entsprechend § 9 Abs. 3 UmwG durch notarielle Erklärung aller Anteilseigner, auch der ausländischen Gesellschaft verzichtet werden kann. Dies ist zu bejahen (BR-Drucks. 54/06, S. 32; Simon/Rubner, Der Konzern 2006, 835, 839; Müller, NZG 2006, 286, 288; Drinhausen/Keinath, BB 2006, 725, 729; Neye/Timm, DB 2006, 488, 491; Kiem, WM 2006, 1091, 1097; Widmann/Mayer/Mayer, Umwandlungsrecht, § 122f UmwG Rn. 24; Kallmeyer/Marsch-Barner, § 122f Rn. 4; Lutter/Bayer, § 122f UmwG Rn. 16; Drinhausen, in: Semler/Stengel, § 122f UmwG Rn. 7; Herrler/Schneider, GmbHR 2011, 795, 798 speziell zur deutsch/österreichischen Verschmelzung). Es besteht also die Möglichkeit, dass durch notariell beurkundete Erklärung aller Gesellschafter auf die Prüfung verzichtet werden kann (Widmann/Mayer/Mayer, § 122f UmwG, Rn. 24 ff.; Lutter/Bayer, § 122f UmwG Rn. 16; Drinhausen in: Semler/Stengel, § 122f UmwG Rn. 7; Kallmeyer/Müller, § 122f UmwG Rn. 4; vgl. oben Teil 2 Rdn. 416).

Bzgl. der Frage nach Bestellung und Auswahl der Verschmelzungsprüfer, Prüfungsgegenstand, Inhalt des Prüfungsberichts und Unternehmensbewertung kann auf die obigen Ausführungen verwiesen werden (vgl. Teil 2 Rdn. 418 ff.).

106 **3. Monatsfrist.** Nach § 122f Satz 2 UmwG muss der Prüfungsbericht spätestens einen Monat vor der Versammlung der Anteilsinhaber, die nach § 13 UmwG den Verschmelzungsbeschluss fassen, vorliegen.

IX. Vorbereitung der Gesellschafterversammlungen

107 **Spezielle Regelungen** für die Vorbereitung der Gesellschafterversammlung enthalten die §§ 122a ff. UmwG nicht. Es gelten daher die allgemeinen Vorschriften, wobei auch die Besonderheiten der einzelnen Rechtsformen und deren Einberufungsmodalitäten zu berücksichtigen sind (vgl. oben Teil 2 Rdn. 444 ff. allgemein sowie Teil 2 Rdn. 972 ff. für GmbH und Teil 2 Rdn. 1060 ff. für AG und Herrler/Schneider, GmbHR 2011, 795, 798 speziell zur deutsch/österreichischen Verschmelzung). Zu berücksichtigen ist hierbei, dass in allen Fällen, unabhängig ob eine GmbH oder AG beteiligt ist, nach § 122e Satz 2 UmwG der **Verschmelzungsbericht** spätestens einen Monat vor der Versammlung der Gesellschafter nach **§ 63 Abs. 1 Nr. 4 UmwG zugänglich zu machen** ist, d. h. der Verschmelzungsbericht ist auch für die Gesellschafter und die Arbeitnehmer in dem Geschäftsraum der Gesellschaft zur Einsicht auszulegen (vgl. oben Teil 6 Rdn. 98). Bei der GmbH ist § 47 UmwG zu berücksichtigen, nach dem der Verschmelzungsvertrag oder der Entwurf von den verschmelzungsberichtigenden Gesellschaftern spätestens mit der Einberufung der Versammlung zu übersenden ist. Bei der AG oder europäischen AG (SE) sind die in § 63 UmwG genannten Unterlagen ab Einberufung der Hauptversammlung in den Geschäftsräumen auszulegen, hierzu gehören insb. der gemeinsame Verschmelzungsplan, der Verschmelzungsbericht, der Verschmelzungsprüfungsbericht sowie die Jahresabschlüsse der letzten 3 Jahre aller an der Verschmelzung beteiligten Rechtsträger ggf. auch Zwischenbilanzen (vgl. oben Teil 2 Rdn. 1070). In der Literatur wurde darauf hingewiesen, dass im Fall einer grenzüberschreitenden Verschmelzung die genannten Auslegungspflichten auf die entsprechenden Unterlagen der ausländischen Rechtsträger betreffen (Drinhausen/Keinath, BB 2006, 729; Krause/Kulpa, ZHR 171, 2007, 64). Aufgrund der Verweisung in § 122e UmwG auf § 49 Abs. 2 und § 63 Abs. 1 Nr. 3 UmwG sollten auch die **Jahresabschlüsse** der letzten 3 Jahre aller beteiligten Gesellschaften ausgelegt werden (vgl. Freundorfer/Festner, GmbHR 2010, 196, 199).

X. Verschmelzungsbeschlüsse

108 Art. 9 Verschmelzungsrichtlinie sieht die Beschlussfassung der Anteilsinhaber vor. Nach § 122a Abs. 2 UmwG gelten insoweit die **allgemeinen Vorschriften**, d. h.:

Allgemein	§ 13 UmwG
GmbH	§§ 50, 56 UmwG
AG	§§ 65, 73, 78 UmwG

109 Die Verschmelzungsrichtlinie und auch das Gesetz geben insoweit **keine Besonderheiten** vor, es gelten daher die allgemeinen Mehrheitsklauseln und die allgemeinen Prinzipien für die Fassung der Verschmelzungsbeschlüsse (vgl. oben Teil 2 Rdn. 456 ff.). Für die GmbH sieht § 50 Abs. 1 UmwG, dass der Beschluss einer Mehrheit von mindestens 3/4 der abgegebenen Stimmen bedarf. Für die AG sieht § 65 UmwG vor, dass der Beschluss einer Mehrheit bedarf, die mindestens 3/4 des bei der Beschlussfassung vertretenen Grundkapitals umfasst.

110 Das **Einberufungs- und Beschlussverfahren** richtet sich entsprechend Art. 4 Abs. 1b Satz 2 Verschmelzungsrichtlinie nach dem nationalen Recht, es gelten die obigen Ausführungen (vgl. Teil 2 Rdn. 465 ff.).

Es ist eine **notariell beurkundete Beschlussfassung** gem. § 13 Abs. 3 Satz 1 UmwG erforderlich. Unab- **111** hängig von der Frage, ob die Satzung des deutschen Rechtsträgers eine Beurkundung im Ausland zulässt und auch unabhängig von der weiteren Frage, ob eine derartige Versammlung überhaupt im Ausland abgehalten werden kann, stellt sich die Frage der **Wirksamkeit der Auslandsbeurkundung**. Für den beteiligten deutschen Rechtsträger ist dies nach den Grundsätzen zu beantworten, die zu § 13 UmwG entwickelt worden sind (vgl. oben Teil 2 Rdn. 62, Teil 2 Rdn. 497 f.).

Befinden sich **alle Anteile einer übertragenden Gesellschaft** in der Hand der übernehmenden Gesell- **112** schaft, so ist ein Verschmelzungsbeschluss der Anteilsinhaber der übertragenden Gesellschaft nicht erforderlich (§ 122e Abs. 2 UmwG **100 %iges Mutter-Tochter-Verhältnis**, zu den Besonderheiten der Konzernverschmelzungen vgl. Kruse/Kruse, BB 2010, 3035 ff.; Herrler/Schneider, GmbHR 2011, 795, 800 speziell zur deutsch/österreichischen Verschmelzung).

Art. 4 Abs. 2 Satz 1 Verschmelzungsrichtlinie sieht vor, dass sich der Schutz der Anteilseigner nach dem **113** für die verschmelzenden Gesellschaften nationalen Recht richtet. Damit gilt in Deutschland der generelle Verweis des § 122a Abs. 2 UmwG, sodass die entsprechenden **Zustimmungsvorbehalte, die dem Minderheitenschutz** dienen, auch entsprechend gelten (vgl. oben Teil 2 Rdn. 539 ff., Teil 2 Rdn. 555 ff.). Die allgemeinen Regelungen des Minderheitenschutzes und der Zustimmung von Sonderrechtsinhabern gelten daher entsprechend (vgl. dazu oben Teil 2 Rdn. 551 ff.).

Eine **Besonderheit** sieht § 122g Abs. 1 UmwG vor: Für den Zustimmungsbeschluss ist weiterhin zu be- **114** rücksichtigen, dass die oben erwähnte Beteiligung der Arbeitnehmer durchzuführen ist. Zum Zeitpunkt des Zustimmungsbeschlusses wissen die Anteilseigner u. U. nicht, wie das Ergebnis der Verhandlungen mit dem besonderen Verhandlungsgremium aussieht. Die Anteilsinhaber können nach § 122g Abs. 1 UmwG ihre Zustimmung davon abhängig machen, dass die **Art und Weise der Mitbestimmung** der Arbeitnehmer der übernehmenden oder neuen Gesellschaft ausdrücklich von ihnen bestätigt wird (**Bestätigungsvorbehalt**). Bzgl. der Bestätigung der Mitbestimmung gelten grds. dieselben Mehrheitserfordernisse wie für den Zustimmungsbeschluss selbst (Simon/Rubner, Der Konzern 2006, 839). In der Literatur wird es zu Recht zugelassen, dass die Versammlung einen **bedingten Verschmelzungsbeschluss** fasst (Simon/Rubner, Der Konzern 2006, 839; Widmann/Mayer/Heckschen, Umwandlungsrecht, § 122g UmwG Rn. 106 ff.; Kallmeyer/Marsch-Barner, § 122g Rn. 16 f.; Klein, RNotZ 2007, 565, 597; Lutter/Bayer, § 122g UmwG Rn. 30; Drinhausen, in: Semler/Stengel, § 122g UmwG Rn. 10). Der Vorbehalt ist Teil des Verschmelzungsbeschlusses und wird von dessen Erfordernissen, besonders bzgl. der Mehrheit erfasst (vgl. Widmann/Mayer/Heckschen, Umwandlungsrecht, § 122g UmwG Rn. 106 ff.; Kallmeyer/Marsch-Barner, § 122g Rn. 16 f.; Klein, RNotZ 2007, 565, 597; a. A. Lutter/Bayer, § 122g UmwG Rn. 30; Drinhausen, in: Semler/Stengel, § 122g UmwG Rn. 10). Die Bestätigung ist in einem weiteren Beschluss der Anteilseigner zu fassen (Widmann/Mayer/Heckschen, Umwandlungsrecht, § 122g UmwG Rn. 113; Kallmeyer/Marsch-Barner, § 122g Rn. 19; Drinhausen, in: Semler/Stengel, § 122g UmwG Rn. 1).

Vom Gesetz nicht ausdrücklich vorgesehen ist die Möglichkeit, die **Kompetenz zur Bestätigung** der **115** Mitbestimmungsregeln **auf bestimmte Personen** oder Gremien, etwa einen Beirat oder Aufsichtsrat **zu übertragen**. Auch hier hat die Literatur gegen die Zulässigkeit einer solchen Regelung keine Bedenken angenommen (Simon/Rubner, Der Konzern 2006, 839). Dem ist zuzustimmen.

XI. Vorabbescheinigung und Registerverfahren

1. Überblick. Nach dem Vorbild bei der europäischen AG (SE), d. h. den Art. 24 und 25 der SE-Ver- **116** ordnung ist auch in der Verschmelzungsrichtlinie in den Art. 10 und 11 ein **zweistufiges Rechtmäßigkeitskontrollverfahren** vorgesehen (vgl. Neye/Timm, NotBZ 2007, 242 f.; Lutter/Bayer, § 122k UmwG Rn. 2; Widmann/Mayer/Vossius, Umwandlungsrecht, § 122k UmwG Rn. 3 ff.; Freundorfer/Festner, GmbHR 2010, 196, 199). Diese Kontrolle wird entsprechend der Regelung im jeweiligen Mitgliedstaat durch ein Gericht, einen Notar oder eine zuständige Behörde durchgeführt (vgl. Neye/Timm, DB 2006, 489). Im **Sitzstaat der übertragenden Gesellschaften** wird zunächst geprüft, ob der gemeinsame Verschmelzungsplan wie vorgeschrieben aufgestellt und publiziert worden ist. Darüber soll nach Art. 10 Abs. 2 Verschmelzungsrichtlinie eine entsprechende Bescheinigung ausgestellt werden. Auf der **zweiten Stufe** wird diese Bescheinigung im Sitzstaat der übernehmenden oder neuen

Gesellschaft der dort jeweils zuständigen Stelle vorgelegt. Dabei wird gem. Art. 11 Verschmelzungs-richtlinie insb. geprüft, ob alle Gesellschaften einem gleichlautenden Verschmelzungsplan zugestimmt haben und ob eine Mitbestimmungsvereinbarung abgeschlossen wurde (vgl. Neye/Timm, DB 2006, 489).

117 Das **Verfahren nach der Verschmelzungsrichtlinie** stellt sich also wie folgt dar:

Art. 10 Verschmelzungsrichtlinie: Vorabbescheinigung	Jeder Mitgliedstaat benennt das Gericht, den Notar oder die zuständige Behörde, die die Rechtmäßigkeit der grenzüberschreitenden Verschmelzung für die Verfahrensabschnitte kontrolliert bzgl. der Gesellschaften, die seinem innerstaatlichen Recht unterliegen. Diese Stelle stellt dann eine Vorabbescheinigung aus, aus der zweifelsfrei hervorgeht, dass die der Verschmelzung vorangehenden Rechtshandlung und Formalitäten ordnungsgemäß vollzogen wurden.
Art. 11 Verschmelzungsrichtlinie: Überprüfung der Rechtmäßigkeit	Jeder Mitgliedstaat benennt nach Art. 11 Verschmelzungsrichtlinie das Gericht, den Notar oder die sonstige zuständige Behörde, die die Rechtmäßigkeit der Verschmelzung für die Verfahrensabschnitte kontrolliert, welche die Durchführung der grenzüberschreitenden Verschmelzung und ggf. die Gründung einer neuen Gesellschaft betreffen. Die Stelle muss sicherstellen, dass die verschmelzenden Gesellschaften einem gemeinsamen, gleichlautenden Verschmelzungsplan zugestimmt haben sowie ggf. eine Vereinbarung über die Mitbestimmung der Arbeitnehmer geschlossen haben.
Art. 13 Verschmelzungsrichtlinie: Eintragungsverfahren	Nach dem Recht des Mitgliedstaats bestimmt sich das Eintragungsverfahren.

118 **2. Verschmelzungsbescheinigung (§ 122k UmwG), Anmeldung zum Handelsregister und Eintragung (§ 122l UmwG). a) Überblick.** Nach Art. 10 Abs. 1 Verschmelzungsrichtlinie hat jeder Mitgliedstaat eine **staatliche Stelle zu benennen**, die die Rechtmäßigkeit der grenzüberschreitenden Verschmelzung in Bezug auf die Verfahrensabschnitte kontrolliert, die seinem Recht unterliegende, sich verschmelzende Gesellschaften betreffen. Für übertragende deutsche Gesellschaften ist dies in Anlehnung an die Regelung in § 16 Abs. 1 Satz 1 UmwG das Registergericht des Sitzes der Gesellschaft. Ist eine deutsche Gesellschaft übertragender Rechtsträger, hat nach § 122k UmwG das Vertretungsorgan der übertragenden deutschen Gesellschaft das Vorliegen aller die Gesellschaft betreffenden Voraussetzungen einer grenzüberschreitenden Verschmelzung **zur Eintragung beim Register am Sitz der Gesellschaft anzumelden**. Die Bescheinigung schafft eine Verfahrenserleichterung. Die übertragende Gesellschaft muss sich nur an ihr Register wenden, um die Voraussetzungen der Verschmelzung nachzuweisen (Neye/Timm, NotBZ 2007, 239, 243; Herrler/Schneider, GmbHR 2011, 795, 800 speziell zur deutsch/österreichischen Verschmelzung).

119 Von den Mitgliedern des Vertretungsorgans ist nach § 122k Abs. 1 Satz 3 UmwG eine **Versicherung** abzugeben, dass **allen Gläubigern** der übertragenden Gesellschaft, die einen Anspruch auf eine Sicherheitsleistung nach § 122j UmwG haben, eine **angemessene Sicherheit** geleistet wurde. Die Abgabe der Versicherung ist strafbewehrt (§ 314a UmwG). Ohne die Versicherung darf die Verschmelzungsbescheinigung nicht erteilt werden (§ 122k Abs. 2 Satz 4 UmwG).

120 § 122k UmwG enthält ferner eine Klarstellung, dass daneben § 16 Abs. 2 und Abs. 3 UmwG sowie § 17 UmwG entsprechend gelten. Es sind daher bei der Umwandlung **die in § 17 UmwG genannten Unterlagen beizufügen** (vgl. oben Teil 3 Rdn. 375) und die nach § 16 Abs. 2 UmwG erforderliche **Negativverklärung** abzugeben (vgl. oben Teil 2 Rdn. 661, Teil 2 Rdn. 734 ff. und Kallmeyer/Marsch-Barner, § 122k Rn. 6 ff., 11 f.; Lutter/Bayer § 122k UmwG Rn. 12; Widmann/Mayer/Vossius Umwandlungsrecht, § 122k UmwG Rn. 27 ff.; Herrler/Schneider, GmbHR 2011, 795, 800 f. speziell zur deutsch/österreichischen Verschmelzung).

121 Die Vorlage und Erklärungspflicht besteht aber nur **in Bezug auf die deutsche übertragende Gesellschaft**. Die ausländischen Gesellschaften unterliegen der Kontrolle in ihrem Sitzstaat und müssen dort entsprechende Erklärungen und Nachweise erbringen. So ist bspw. in entsprechender Anwendung von § 17 UmwG nur der Verschmelzungsbeschluss der übertragenden deutschen Gesellschaft beim Registergericht vorzulegen. Die Negativverklärung nach § 16 Abs. 2 UmwG ist ebenfalls nur im Hinblick

auf den Verschmelzungsbeschluss der deutschen Gesellschaft abzugeben (vgl. Neye/Timm, NotBZ 2007, 239, 243). Sie kann durch einen rechtskräftigen gerichtlichen Beschluss in einem Freigabeverfahren nach § 16 Abs. 3 UmwG ersetzt werden (vgl. BR-Drucks. 54/06, S. 32).

Sodann prüft das deutsche Registergericht, ob die Voraussetzungen für die Verschmelzung vorliegen **122** und stellt unverzüglich eine **Verschmelzungsbescheinigung aus (§ 122k Abs. 2 UmwG)**. Durch § 122k Abs. 2 Satz 2 UmwG wird klargestellt, dass die Nachricht über die Eintragung in das Register als Verschmelzungsbescheinigung gilt. Einer gesonderten Verschmelzungsbescheinigung bedarf es daher in Deutschland insoweit nicht (vgl. Neye/Timm, NotBZ 2007, 239, 243; Kallmeyer/Marsch-Barner, § 122k Rn. 15; Widmann/Mayer/Vossius, Umwandlungsrecht, § 122k UmwG Rn. 5).

Der Eintragung ist ein **Vermerk beizufügen**, dass die grenzüberschreitende Verschmelzung unter den **123** Voraussetzungen des Rechts des Staats, dem die übernehmende oder neue Gesellschaft unterliegt, wirksam wird (§ 122k Abs. 2 Satz 3 UmwG). Diese Verschmelzungsbescheinigung ist innerhalb von 6 Monaten nach ihrer Ausstellung zusammen mit dem Verschmelzungsplan der zuständigen Stelle des Staats vorzulegen, dessen Recht die übernehmende oder neue Gesellschaft unterliegt (Art. 11 Abs. 2 Verschmelzungsrichtlinie, § 122k Abs. 3 UmwG).

Diese Umsetzung wurde in der Literatur kritisiert, da offenbar eine **Abweichung vom zweistufigen** **124** **Rechtmäßigkeitskontrollverfahren** vorliegt (vgl. Haritz/v. Wolf, GmbHR 2006, 343 f.). Ferner wurde kritisiert, dass die Eintragung im Register und der beigefügte Vermerk keine Verschmelzungsbescheinigung – wie von der Verschmelzungsrichtlinie vorgesehen – sei. Es sei mehr als zweifelhaft, ob allein die Eintragung den Vorgaben von Art. 10 Abs. 2 Verschmelzungsrichtlinie gerecht werde. Denn dort werde eine Bescheinigung verlangt, »*aus der zweifelsfrei hervorgehe, dass die der Verschmelzung vorangehenden Rechtshandlungen und Formalitäten ordnungsgemäß vollzogen wurden*« (vgl. Bayer/Schmidt, NZG 2006, 843; Haritz/v. Wolff, GmbHR 2006, 340, 344). Es wurde daher verlangt, dass ebenso wie bei der SE die Form eines Beschlusses mit Tatbestand und Entscheidungsgründen vorliegen müsse. Der Gesetzgeber ist diesen Wünschen in der Literatur nicht gefolgt und hat es dabei belassen, dass als Verschmelzungsbescheinigung die Nachricht über die Eintragung im Register gilt. Z. T. wird eine solche verlangt, wenn die Eintragungsnachricht im Ausland als nicht ausreichend angesehen wird (vgl. Drinhausen, in: Semler/Stengel § 122k UmwG Rn. 22).

Das Vertretungsorgan der Gesellschaft hat die Verschmelzungsbescheinigung **innerhalb von 6 Mona-** **125** **ten** nach ihrer Ausstellung zusammen mit dem Verschmelzungsplan der zuständigen Stelle des Staats vorzulegen, dessen Recht die übernehmende oder neue Gesellschaft unterliegt (§ 122k Abs. 3 UmwG).

b) Anmeldung zum Handelsregister und Eintragung (§ 122l UmwG). aa) Grundsatz. Das **126** Anmeldeverfahren regelt sich nach den **allgemeinen Regelungen und den Besonderheiten** des § 122l Abs. 1 UmwG Unterliegt die aufnehmende oder neu gegründete Gesellschaft deutschem Recht, gelten zunächst die allgemeinen Vorschriften. Die Verschmelzung ist nach § 16 Abs. 1 Satz 2 UmwG anzumelden, bei der Verschmelzung durch Neugründung ist die neu gegründete Gesellschaft in Anlehnung an § 38 Abs. 2 UmwG anzumelden.

Bei einer **Verschmelzung durch Aufnahme** hat daher das Vertretungsorgan der inländischen übernehmenden Gesellschaft die Verschmelzung und bei einer Verschmelzung durch Neugründung haben die Vertretungsorgane der übertragenden Gesellschaften die neue Gesellschaft zur Eintragung in das Handelsregister des Sitzes der Gesellschaft anzumelden (Neye/Timm, NotBZ 2007, 239, 243; Widmann/Mayer/Vossius Umwandlungsrecht, § 122l UmwG Rn. 5; Kallmeyer/Marsch-Barner, § 122l Rn. 2 f.; Herrler/Schneider, GmbHR 2011, 795, 802 speziell zur deutsch/österreichischen Verschmelzung). Der Anmeldung sind die Verschmelzungsbescheinigungen aller übertragenden Gesellschaften, der gemeinsame Verschmelzungsplan und ggf. die Vereinbarung über die Beteiligung der Arbeitnehmer beizufügen. Die Verschmelzungsbescheinigungen dürfen nicht älter als 6 Monate sein; § 16 Abs. 2 und Abs. 3 UmwG und § 17 UmwG finden nur auf die inländische Gesellschaft, nicht auf die übertragenden ausländischen Gesellschaften Anwendung, eine Negativerklärung kann von den ausländischen Vertretungsorganen nicht verlangt werden (Widmann/Mayer/Vossius Umwandlungsrecht, § 122l UmwG Rn. 10; Kallmeyer/Marsch-Barner, § 122l Rn. 11; Drinhausen, in: Semler/Stengel, § 122l UmwG Rn. 8; Lutter/Bayer, § 122l UmwG Rn. 10). Als Anlagen sind i. Ü. die allgemeinen Anlagen beizufügen (vgl. oben Teil 2 Rdn. 666 ff. und Widmann/Mayer/Vossius, Umwandlungsrecht, § 122l UmwG Rn. 14; Kallmeyer/Marsch-Barner, § 122l Rn. 16).

128   Die Prüfung der Eintragungsvoraussetzungen erstreckt sich insb. darauf, ob die Anteilsinhaber aller an der grenzüberschreitenden Verschmelzung beteiligten Gesellschaften einem **gemeinsamen, gleichlautenden Verschmelzungsplan zugestimmt** haben und ob ggf. eine **Vereinbarung über die Beteiligung der Arbeitnehmer** geschlossen worden ist. Das Gericht des Sitzes der übernehmenden oder neuen Gesellschaft hat den Tag der Eintragung der Verschmelzung von Amts wegen jedem Register mitzuteilen, bei dem eine der übertragenden Gesellschaften ihre Unterlagen zu hinterlegen hatte.

129   Grds. gelten daher zunächst die allgemeinen Anmeldeprinzipien bei Verschmelzungen (vgl. oben Teil 2 Rdn. 634 ff., Teil 2 Rdn. 730 ff.).

130 ▶ **Hinweis:**

Dabei ist zu beachten, dass der Anmeldung die Verschmelzungsbescheinigungen aller übertragenden Gesellschaften, der gemeinsame Verschmelzungsplan und ggf. die Vereinbarung über die beteiligten Arbeitnehmer beizufügen ist (§ 122l Abs. 1 Satz 2 UmwG). Die Verschmelzungsbescheinigung dürfe nicht älter als 6 Monate sein (§ 122l Abs. 1 Satz 2 UmwG). Für die übertragenden Gesellschaften werden mit der Bescheinigung sämtliche Formalitäten erledigt. Deshalb bestimmt § 122l Abs. 1 Satz 2 Halbs. 2 UmwG, dass § 16 Abs. 2 und Abs. 3 UmwG und § 17 UmwG auf die übertragenden Gesellschaften keine Anwendung finden. Das Vorliegen der ausländischen Rechtmäßigkeitsvoraussetzungen, wird also nur durch die Vorlage der Verschmelzungsbescheinigung dokumentiert, weitere Unterlagen sind nicht beizubringen.

131   Das **zuständige Registergericht** prüft sodann anhand der ihm vorgelegten Unterlagen, ob die **Voraussetzungen einer Verschmelzung** vorliegen (§ 122l Abs. 2 UmwG). Von Amts wegen hat das Registergericht den Tag der Eintragung jedem Register mitzuteilen, bei dem eine der übertragenden Gesellschaften Unterlagen zu hinterlegen hat. Dies betrifft ebenso die ausländischen Register. Die Bekanntmachung der Eintragung richtet sich nach den allgemeinen Vorschriften des UmwG zur Verschmelzung (§ 122a Abs. 2 UmwG i. V. m. §§ 19 Abs. 3 und 20, 21 UmwG).

132   **bb) Anmeldung bei Hineinverschmelzung.** Aus den vorstehenden Regelungen folgt also für den Fall der Hineinverschmelzung einer ausländischen Gesellschaft auf eine deutsche, dass das **Vertretungsorgan** der übernehmenden deutschen Gesellschaft die **Verschmelzung zur Eintragung in das deutsche Handelsregister** des Sitzes der deutschen Gesellschaft anzumelden hat. Die Anmeldung hat die Negativerklärung nach § 16 Abs. 2 UmwG zu enthalten. Als Anlagen sind die in § 17 UmwG enthaltenen Dokumente für die deutsche Gesellschaft beizufügen (vgl. oben Teil 2 Rdn. 666 ff.; Widmann/Mayer/Vossius Umwandlungsrecht, § 122l UmwG Rn. 14; Kallmeyer/Marsch-Barner, § 122l Rn. 16; Herrler/Schneider, GmbHR 2011, 795, 802 speziell zur deutsch/österreichischen Verschmelzung). Beigefügt werden muss ferner die Verschmelzungsbescheinigung für die übertragende ausländische Gesellschaft, der gemeinsame Verschmelzungsplan und ggf. die Vereinbarung über Arbeitnehmerbeteiligung (§ 122l Abs. 1 Satz 2 UmwG). Nicht anzuwenden sind nach § 122l Abs. 1 Satz 3 UmwG § 16 Abs. 2 und Abs. 3 UmwG und § 17 UmwG auf die übertragende Gesellschaften, denn diese Unterlagen werden durch die ausländische Bescheinigung dokumentiert (vgl. Widmann/Mayer/Vossius Umwandlungsrecht, § 122l UmwG Rn. 10; Kallmeyer/Marsch-Barner, § 122l UmwG Rn. 11; Drinhausen, in: Semler/Stengel § 122l UmwG Rn. 8; Lutter/Bayer, § 122l UmwG Rn. 10; Herrler/Schneider, GmbHR 2011, 795, 802 speziell zur deutsch/österreichischen Verschmelzung). Ist eine deutsche Gesellschaft aufnehmender Rechtsträger oder soll die neu errichtete Gesellschaft in Deutschland ihren Satzungssitz erhalten, so sieht der nationale Gesetzgeber für einen an einem derartigen Vorgang beteiligten Rechtsträger keine vorherige Rechtmäßigkeitsprüfung vor. Die Prüfung der die deutsche aufnehmende Gesellschaft betreffenden Voraussetzungen erfolgt direkt bei der Eintragung der Verschmelzung (Neye/Timm, NotBZ 2007, 239, 243).

133   Die Anmeldung beim übertragenden **ausländischen Rechtsträger** richtet sich **nach dessen Recht.**

cc) Anmeldung bei Hinausverschmelzung. Aus den vorstehenden Regelungen folgt für den Fall **134** der Hinausverschmelzung einer deutschen Gesellschaft auf eine ausländische, dass das Vertretungs- organ der übertragenden deutschen Gesellschaft die Verschmelzung **zur Eintragung in das Handels- register des Sitzes** der deutschen Gesellschaft **anzumelden** hat (§ 122k Abs. 1 Satz UmwG) und dabei die Versicherung nach § 122k Abs. 1 Satz 3 UmwG abzugeben, dass **allen Gläubigern** der übertragen- den Gesellschaft, die einen Anspruch auf eine Sicherheitsleistung nach § 122j UmwG haben, eine **an- gemessene Sicherheit** geleistet wurde.

Die Anmeldung hat ferner nach § 122k Abs. 1 Satz 2 UmwG zu enthalten die **Negativerklärung** nach **135** § 16 Abs. 2 UmwG. Als **Anlagen** sind die in § 17 UmwG enthaltenen Dokumente für die deutsche Ge- sellschaft beizufügen (vgl. oben Teil 2 Rdn. 666 ff.; Kallmeyer/Marsch-Barner, § 122k Rn. 3 ff.).

Sodann prüft das deutsche Registergericht, ob die Voraussetzungen für die Verschmelzung vorliegen **136** und stellt unverzüglich eine **Verschmelzungsbescheinigung aus (§ 122k Abs. 2 UmwG)**. Nach § 122k Abs. 2 Satz 2 UmwG wird klargestellt, dass die **Nachricht über die Eintragung in das Register** als Ver- schmelzungsbescheinigung gilt. Eine gesonderte Verschmelzungsbescheinigung wird daher in Deutsch- land nicht erteilt (zur Kritik vgl. oben Teil 2 Rdn. 79). Es bleibt abzuwarten, ob für das ausländische Gericht die sehr knappe Eintragungsmitteilung als Verschmelzungsbescheinigung genügt.

Die Anmeldung bei aufnehmenden **ausländischen Rechtsträgern** richtet sich **nach dessen Recht**. **137**

3. Wirksamkeit. Art. 12 Verschmelzungsrichtlinie bestimmt den **Zeitpunkt der Wirksamkeit** **138** **grenzüberschreitender Verschmelzungen.** Der Zeitpunkt, an dem die grenzüberschreitende Verschmel- zung wirksam wird, bestimmt sich nach dem Recht des Mitgliedstaats, dem die aus der grenzüberschrei- tenden Verschmelzung hervorgehende Gesellschaft unterliegt (Art. 12 Verschmelzungsrichtlinie). Die §§ 122a ff. UmwG haben insoweit keine Sonderregelung geschaffen. Es gelten daher die allgemeinen Prinzipien über § 122a Abs. 2 UmwG und § 20 UmwG. Damit bewirkt die konstitutive Registereintra- gung die Wirksamkeit, es gelten insoweit die allgemeinen Regelungen bzgl. der Vermögensübertragung (vgl. oben Teil 1 Rdn. 97, Teil 1 Rdn. 128 ff.).

XII. Gläubigerschutz

Nach § 122j Abs. 1 UmwG ist **den Gläubigern** einer übertragenden Gesellschaft, wenn sie binnen 2 **139** Monaten nach dem Tag, an dem der Verschmelzungsplan oder sein Entwurf bekannt gemacht worden ist, ihren Anspruch nach Grund und Höhe schriftlich anmelden, **Sicherheit zu leisten**, soweit sie nicht Befriedigung verlangen können. Dieses Recht steht den Gläubigern jedoch nur zu, wenn sie glaubhaft machen, dass durch die Verschmelzung die Erfüllung ihrer Forderungen gefährdet wird. Nach § 122j Abs. 2 UmwG steht das Recht auf Sicherheitsleistung den Gläubigern nur im Hinblick auf solche For- derungen zu, die vor oder bis zu 15 Tage nach Bekanntmachung des Verschmelzungsplans oder seines Entwurfs entstanden sind.

Grundlage dieser Regelung ist Art. 4 Abs. 2 Satz 1 Verschmelzungsrichtlinie. Danach richtet sich der **140** Schutz der Gläubiger grds. nach dem anzuwendenden nationalen Recht, wobei der grenzüberschrei- tende Charakter der Verschmelzung zu berücksichtigen ist. § 122j UmwG trägt diesem **speziellen Schutzbedürfnis der Gläubiger** einer übertragenden Gesellschaft bei einer grenzüberschreitenden Ver- schmelzung Rechnung. Die Vorschrift lehnt sich an die entsprechende Regelung bei der innerstaat- lichen Verschmelzung in § 22 UmwG an. § 22 UmwG gewährt jedoch nur einen nachgeordneten Gläu- bigerschutz: Die Gläubiger können binnen 6 Monaten nach Eintragung der Verschmelzung ihren Anspruch schriftlich anmelden und ggf. Sicherheit verlangen. Insb. wenn die aus der grenzüberschrei- tenden Verschmelzung hervorgehende Gesellschaft ihren Sitz im Ausland hat oder einer anderen Rechtsordnung unterliegt, wird ein nachgeordneter Schutz den Interessen der Gläubiger in manchen Fällen möglicherweise nicht gerecht. Sie müssen ihre Interessen bereits vor Vollzug der Verschmelzung geltend machen können. Dies gewährleistet § 122j UmwG Die Gläubiger haben geltend zu machen, dass die grenzüberschreitende Verschmelzung die Erfüllung ihrer Forderungen konkret gefährdet. Diese Voraussetzung bietet den Gerichten ausreichenden Spielraum, um Kriterien zu entwickeln, die einen angemessenen Ausgleich zwischen dem Interesse der Gesellschaft am Vollzug der Verschmelzung und dem Schutz der Interessen der Gläubiger herstellen.

141 Für die Gläubiger einer übernehmenden deutschen Gesellschaft ist aufgrund der Verweisung in § 122a Abs. 2 UmwG die allgemeine Regelung in § 22 UmwG anzuwenden.

142 Weiter **verstärkt wird der Gläubigerschutz** durch die Regelung in § 122k Abs. 1 Satz 3 UmwG, die durch § 314a UmwG strafbewehrt werden soll.

Kapitel 4: Umwandlung einer bestehenden europäischen AG (SE)

A. Einleitung

Am 08.10.2004 ist die EU-Verordnung über das Statut der europäischen Gesellschaft in Kraft getreten **143** (ABl. EG Nr. 11294, S. 1). Am 29.12.2004 ist das Gesetz zur Einführung der europäischen Gesellschaft in Deutschland in Kraft getreten (BGBl. I, S. 3675). Für die Gründung einer SE stehen **vier verschiedene Möglichkeiten** zur Verfügung:
– Gründung durch Verschmelzung von AG aus verschiedenen EU/EWR-Staaten,
– Gründung einer Holding-SE durch GmbH oder AG aus mindestens zwei unterschiedlichen EU/EWR-Staaten,
– Gründung einer Tochter-SE durch Gesellschaften gleich welcher Rechtsform aus mindestens zwei unterschiedlichen EU/EWR-Staaten oder durch Gründung einer Tochter-SE durch eine bereits existierende SE,
– Umwandlung in eine SE.

Neben den sog. originären Gründungsmöglichkeiten gibt es die sog. **sekundäre Errichtung einer SE** **144** durch Gründung einer oder mehrerer Tochtergesellschaften. Grds. spielt das UmwG für die Gründung einer SE nur eine geringe Rolle. Art. 15 Abs. 1 SE-Verordnung stellt klar, dass die Bestimmungen der SE-Verordnung vorrangig gelten. Nur soweit diese Bestimmungen Raum für ergänzende Regelungen lassen, greift das am Sitz geltende Aktienrecht ein und damit auch mittelbar das UmwG. Die Abgrenzung dieser verschiedenen Normenhierarchien ist in der Literatur noch umstritten und nicht vollständig geklärt (vgl. dazu Kallmeyer/Marsch-Barner, UmwG, Anhang Rn. 5 ff.; Reinhard, Der Konzern 2005, 407; Vossius, ZIP 2005, 741; Marsch-Barner, in: FS für Haupt, 2006, S. 165 ff.; Oplustil/Schneider, NZG 2003, 13; Kossmann/Heinrich, ZIP 2007, 164).

Besondere Bedeutung hat dabei Art. 66 Abs. 1 Satz 1 SE-Verordnung. Dort ist bestimmt, dass eine SE in eine dem Recht ihres Sitzstaats unterliegende AG umgewandelt werden kann. Ein Umwandlungsbeschluss darf erst 2 Jahre nach Eintragung der SE oder nach Genehmigung der ersten beiden Jahresabschlüsse gefasst werden. Es wird daher in der Literatur die Frage gestellt, ob diese Vorschrift eine abschließende Regelung darstellt und die Möglichkeit anderer Umwandlungen einer SE ausschließt. Besondere Dynamik hat diese Frage wiederum durch die Regelung in § 122b UmwG erhalten. Nach dieser Vorschrift können sich an einer grenzüberschreitenden Verschmelzung nur Kapitalgesellschaften i. S. d. Art. 2 Nr. 1 Verschmelzungsrichtlinie beteiligen. Im deutschen Recht sind dies die in § 3 Abs. 1 Nr. 2 UmwG genannten Rechtsträger, d. h. AG, KGaA, GmbH und SE mit Sitz in Deutschland. Diese Regelung beruht auf Art. 2 Nr. 1a Verschmelzungsrichtlinie, wonach alle in Art. 1 Publizitätsrichtlinie genannten Kapitalgesellschaften beteiligt sein dürfen. Dazu gehört auch die SE (vgl. Öchsler, NZG 2006, 161; Neye/Timm, DB 2006, 490; Forsthoff, DStR 2006, 613; Kossmann/Heinrich, ZIP 2007, 166).

B. SE bei Umwandlungen nach UmwG

Wegen der **engen Formulierung in Art. 66 Abs. 1 SE-Verordnung** hat sich die Frage gestellt, inwieweit **145** die Regelung abschließend ist. Nach einer Ansicht ist Art. 66 SE-Verordnung abschließend. Danach gestattet diese Vorschrift den Formwechsel einer bestehenden SE in eine AG unter der Einschränkung aus zwei Gründen:
– zum einen soll auch in denjenigen Mitgliedstaaten der Formwechsel einer SE ermöglicht werden, die diese Umwandlungsvarianten nicht im nationalen Recht vorsehen,
– zum anderen soll Missbräuchen vorgebeugt werden.

Der europäische Gesetzgeber habe nur die **rein nationale Umwandlung als regelbedürftig** angesehen und daher nur einen Formwechsel nach Art. 66 SE-Verordnung anerkannt. Daraus wird gefolgert, dass der Formwechsel einer deutschen SE nur in eine AG in Betracht kommt, die Verschmelzung einer SE nur mit einer anderen deutschen SE oder einer deutschen AG möglich ist und eine Spaltung der SE ausscheidet (vgl. Kalss/Zollner, RdW 2004, 587 f.). Diese Auffassung schließt aus dem Wortlaut des Art. 66 SE-VO, dass diese Vorschrift eine abschließende Regelung für alle zulässigen Möglichkeiten des Formwechsels der SE enthalte und leitet daraus eine Sperrwirkung für das deutsche Umwandlungsrecht ab (Veil, in: Jannott/Frodermann, Handbuch der Europäischen Aktiengesellschaft, 2005, Kap. 10 Rn. 20; Vossius, ZIP 2005, 741, 749).

Demgegenüber ist ein anderer überwiegender Teil der Literatur der Auffassung, dass Art. 66 SE-Verordnung **nur eine eng auszulegende Ausnahmevorschrift** ist, die nur den Formwechsel einer SE in eine AG einschränkt, sodass die Vorschriften des deutschen UmwG ohne Einschränkung gelten und eine Verschmelzung oder Spaltung der SE ohne Weiteres möglich ist (so Widmann/Mayer/Vossius, Umwandlungsrecht, § 20 UmwG Rn. 425; Kallmeyer/Marsch-Barner, UmwG, Anh. Rn. 127 ff.; Kossmann/Heinrich, ZIP 2007, 164 ff.; Oplustil/Schneider, NZG 2003, 13 ff.). Nach der überwiegenden Gegenansicht in der Literatur kann daher aus der Regelung des Art. 66 SE-VO kein Wille des Verordnungsgebers abgeleitet werden, den Formwechsel der SE abschließend zu regeln (Gutachten, DNotI-Report 2010, 184; MünchKom-AktG/Schäfer Art. 66-SE-VO Rn. 1, 14 unter Aufgabe der Auffassung der Vorauflage; Bayer, in: Lutter/Hommelhoff, Die Europäische Gesellschaft, S. 25, 27 f.; Binder/Jünemann/Merz/Sinewe, Die Europäische Aktiengesellschaft, 2007, Kap. 4 Rn. 39; Kallmeyer/Marsch-Barner, Anhang Rn. 133 ff.; Kallmeyer/Meister/Klöcker, § 191 Rn. 6; KölnKomm-AktG/Kiem, Art. 66 SE-VO Rn. 11; KölnKomm-UmwG/Simon, § 3 Rn. 30; Kossmann/Heinrich, ZIP 2007, 164, 168; Lutter/Göthel, § 226 UmwG Rn. 3, Fn. 3; Lutter/Hommelhoff/Seibt, SE, 2008, Art. 66 SE-VO Rn. 3 f.; Marsch-Barner, liber amicorum Happ, 2006, S. 165, 177; Spindler/Stilz/Casper, AktG, 2. Aufl. 2010, Art. 2, 3 SE-VO Rn. 39). Auch das OLG Frankfurt (NZG 2012, 351) hat entschieden, dass Art. 66 SE-Vo nicht abschließend ist. Im Ergebnis sprechen wohl die aktuellen Entwicklungen durch das »Sevic«-Urteil und auch die Anerkennung der SE als verschmelzungsfähiger Rechtsträger in § 122a UmwG dafür, dass Art. 66 SE-Verordnung keine vollständige Umwandlungssperre beinhalten wollte. Damit spricht einiges dafür, dass die SE mit Sitz in Deutschland umwandlungsfähiger Rechtsträger i. S. d. § 1 Abs. 2 UmwG ist.

146   Darüber hinaus stellt sich die Frage, ob die in Art. 66 SE-Verordnung normierte **2-Jahres-Frist generell für alle Umwandlungen** gilt. Nach einer Ansicht gilt die Regelung entsprechend dem Wortlaut nur für den Formwechsel einer SE in eine deutsche AG (Vossius, ZIP 2005, 748 f.). Nach a. A. sind die Einschränkungen des Art. 66 SE-Verordnung für alle Umwandlungen anwendbar (Kallmeyer/Marsch-Barner, UmwG, Anh. Rn. 130; Schwarz, SE-VO, Art. 66 Rn. 31; MünchKom-AktG/Schäfer Art. 66-SE-VO Rn. 1, 14). Denn die Sperrfrist soll einen Missbrauch der SE zum Zweck einer grenzüberschreitenden Sitzverlegung entgegen wirken. Sinn und Zweck der Sperrfrist besteht darin, eine Flucht aus der Mitbestimmung temporär zu verhindern. Es soll vermieden werden, dass die Gründung einer SE zum Zweck der identitätswahrenden Sitzverlegung einer nationalen Aktiengesellschaft missbraucht wird, um dadurch das Mitbestimmungsniveau abzusenken (so Casper in: Spindler/Stilz, Aktiengesetz Art. 66 SE-Vo Rn. 4; MünchKom-AktG/Schäfer Art. 66-SE-VO Rn. 1, 14). Diesem Zweck entsprechend gilt die Sperrfrist daher auch für andere Wege aus der SE, also auch z. B. bei dem Formwechsel in eine GmbH, Spaltung oder Verschmelzung. Im Übrigen, wenn der Schutzzweck nicht betroffen ist, ist kein Raum für eine entsprechende Anwendung der Vorschrift. Ist die SE daher an einer Verschmelzung durch Aufnahme als übernehmender Rechtsträger beteiligt, fehlt es an einer für die entsprechende Anwendung des Art. 66 Abs. 1 S. 2 vergleichbaren Interessenlage (so zu Recht Drinhausen in: Habersack/Drinhausen, SE-Recht Art. 66-SE-VO Rn. 42; a. A. Marsch-Barner FS Happ, 2006, S. 165, 174, demzufolge die Sperrfrist nach Art. 66 Abs. 1 Satz 2 auch für die aufnehmende SE gelten soll).

147   Nach der hier vertretenen Auffassung kann die **SE grds. auch an Umwandlungsvorgängen nach dem UmwG beteiligt** sein, Art. 66 SE-Verordnung enthält keine Sperrwirkung für eine derartige Beteiligung. Eine SE mit Sitz in Deutschland kann daher grds. wie eine AG an einer Verschmelzung beteiligt sein, bei der Verschmelzung zur Aufnahme kann die SE sowohl übernehmender als auch übertragender

Rechtsträger sein. Eine SE deutschen Rechts kann sich daher wie eine AG auch an einer Verschmelzung durch Neugründung beteiligen. Allerdings kann die SE dabei nur übertragender Rechtsträger sein. Eine SE als neuer Rechtsträger ist dagegen ausgeschlossen, weil die Gründung einer SE durch Verschmelzung in Art. 2 Abs. 1, Art. 17 ff. SE-Verordnung abschließend geregelt ist (Kallmeyer/Marsch-Barner, Anhang, Rn. 9; Kossmann/Heinrich, ZIP 2007, 164 ff.; Lutter/Teichmann, § 124 UmwG Rn. 6 f.; Drinhausen in: Habersack/Drinhausen, SE-Recht Art. 66-SE-VO Rn. 42; MünchKom-AktG/Schäfer Art. 66-SE-VO Rn. 14). I. R. d. § 122a UmwG kann die SE daher auch an einer grenzüberschreitenden Verschmelzung beteiligt sein. Dies hat der Gesetzgeber bei der Neuregelung ausdrücklich klargestellt.

Grds. kann die SE **auch an einer Spaltung** nach Art. 9 Abs. 1 Buchst. c) ii SE-Verordnung nach Maß- **148**
gabe des UmwG beteiligt sein (vgl. Widmann/Mayer/Heckschen, Umwandlungsrecht, Anh. 14 Rn. 529; Kallmeyer/Marsch-Barner, UmwG, Anh. Rn. 137 ff.; Lutter/Teichmann, § 124 UmwG Rn. 6; Oplustil/Schneider, NZG 2003, 17; Schwarz, SE-VO, Art. 66 Rn. 29; Kossmann/Heinrich, ZIP 2007, 168; MünchKom-AktG/Schäfer Art. 66-SE-VO Rn. 1, 14; Drinhausen in: Habersack/Drinhausen, SE-Recht Art. 66-SE-VO Rn. 41). Dabei sind allerdings die Vorgaben des Gründungsrechts der SE-Verordnung zu berücksichtigen, sodass die SE durch Spaltung nicht entstehen kann. Die Bildung einer SE durch Auf- oder Abspaltung zur Neugründung ist daher i. R. d. Art. 3 Abs. 2 SE-Verordnung nicht möglich (Lutter/Teichmann, UmwG, § 124 Rn. 7; Kallmeyer/Marsch-Barner, UmwG, Anhang Rn. 11; Kossmann/Heinrich, ZIP 2007, 168; Drinhausen in: Habersack/Drinhausen, SE-Recht Art. 66-SE-VO Rn. 42; MünchKom-AktG/Schäfer Art. 66-SE-VO Rn. 14). Im Prinzip ist daher wegen des numerus clausus in Art. 1 SE-Verordnung die sekundäre Gründung einer SE durch Spaltung nicht möglich (Kossmann/Heinrich, ZIP 2007, 168; Lutter/Teichmann, UmwG, § 124 Rn. 7, a. A. Bayer, in: Lutter/Hommelhoff, Die europäische AG, S. 28). I. Ü. aber kann sich eine SE deutschen Rechts an jeder Form der Aufspaltung, Abspaltung oder Ausgliederung wie eine AG beteiligen. Sie kann Teile ihres Vermögens auf einen oder mehrere andere Rechtsträger abspalten oder sich selbst in mehrere neue Rechtsträger aufspalten (vgl. Kallmeyer/Marsch-Barner, UmwG, Anhang Rn. 12).

Soll eine **AG in eine SE umgewandelt** werden, so gelten wieder allein die Regelungen nach Art. 2 Abs. 4, **149**
37 SE-Verordnung. Art. 66 SE-Verordnung regelt zunächst ausdrücklich den Fall, dass eine SE in eine dem Recht des Sitzstaats unterliegende AG umgewandelt wird. Hier gilt die 2-Jahres-Sperrfrist. Dabei stellt sich wiederum die Frage, ob der Formwechsel einer SE in eine andere Rechtsform als die der AG ausgeschlossen werden soll. Auch hier wird insoweit vertreten, der **abschließende Charakter von Art. 66 SE-Verordnung** verbietet den unmittelbaren Formwechsel in eine andere Rechtsform (Münch-Komm-AktG/Schäfer, Art. 66-SE-VO Rn. 14; Semler/Stengel/Bärwaldt UmwG § 197 Rn. 55a). Nach anderer Auffassung wird auch insoweit Art. 66 SE-Verordnung keine abschließende Regelung entnommen werden können (Gutachten, DNotI-Report 2010, 184 Formwechsel SE in KGaA; Lutter/Decher/Hoger, Vor § 191 UmwG Rn. 32). Letztendlich könnte der Weg in die andere Rechtsform über den Formwechsel in die AG gehen, z. B. zunächst SE in AG und dann in eine GmbH, sodass der Umweg über die AG nur eine Formalität wäre (vgl. Kossmann/Heinrich, ZIP 2007, 168). Zu Recht wird daher die direkte Umwandlung der SE in eine andere Rechtsform als die der AG zugelassen, wiederum unter Beachtung der 2-Jahres-Frist (Schwarz, SE-VO, Art. 66 Rn. 30 f.; Lutter/Decher/Hoger, Vor § 191 UmwG Rn. 32; Oplustil/Schneider, NZG 2003, 15; Kossmann/Heinrich, ZIP 2007, 168; Gutachten, DNotI-Report 2010, 184).

Kapitel 5: Mitbestimmung nach dem Gesetz über die Mitbestimmung der Arbeitnehmer bei einer grenzüberschreitenden Verschmelzung (MgVG)

A. Grundlagen

I. Allgemeines

150   Die Verschmelzungsrichtlinie regelt die Mitbestimmung bei grenzüberschreitenden Verschmelzungen in Art. 16. Der deutsche Gesetzgeber hat ein gesondertes Gesetz über die Arbeitnehmerbeteiligung, das **Gesetz über die Mitbestimmung der Arbeitnehmer bei einer grenzüberschreitenden Verschmelzung** (MgVG, BGBl. 2006 I, S. 3332), erlassen.

II. Vorgaben der Richtlinie

151   Nach Art. 16 Abs. 1 Verschmelzungsrichtlinie findet grds. auf die aus der grenzüberschreitenden Verschmelzung hervorgehende Gesellschaft die Regelung für die Arbeitnehmermitbestimmung Anwendung, die ggf. in dem Mitgliedstaat gilt, in dem diese **Gesellschaft ihren Sitz hat**.

152   Abweichend von Art. 16 Abs. 1 Verschmelzungsrichtlinie, der auf das Sitzstaatsrecht abstellt, soll die **Mitbestimmung der Arbeitnehmer** nach Art. 16 Abs. 2 Verschmelzungsrichtlinie vorrangig im Verhandlungsweg gesichert werden.

Nach Art. 16 Abs. 2 Verschmelzungsrichtlinie finden diese Arbeitnehmermitbestimmungsregelungen des Sitzstaats nämlich keine Anwendung,
- wenn in den 6 Monaten vor der Veröffentlichung des Verschmelzungsplans mindestens eine der an der Verschmelzung beteiligten Gesellschaften durchschnittlich mehr als 500 Arbeitnehmer beschäftigt und in dieser Gesellschaft ein System der Arbeitnehmermitbestimmung i. S. d. Art. 2 Buchst. k) der Richtlinie 2001/86/EG besteht, oder
- wenn das für die aus der grenzüberschreitenden Verschmelzung hervorgehende Gesellschaft maßgebende innerstaatliche Recht
  - a) nicht mindestens den gleichen Umfang an Mitbestimmung der Arbeitnehmer vorsieht, wie er in den jeweiligen an der Verschmelzung beteiligten Gesellschaften bestand, wobei dieser Umfang als der Anteil der die Arbeitnehmer vertretenden Mitglieder des Verwaltungs- oder des Aufsichtsorgans oder ihrer Ausschüsse oder des Leitungsgremiums ausgedrückt wird, das für die Ergebniseinheiten der Gesellschaft zuständig ist, wenn eine Arbeitnehmermitbestimmung besteht, oder
  - b) für Arbeitnehmer in Betrieben der aus der grenzüberschreitenden Verschmelzung hervorgehenden Gesellschaft, die sich in anderen Mitgliedstaaten befinden, nicht den gleichen Anspruch auf Ausübung von Mitbestimmungsrechten vorsieht, wie sie den Arbeitnehmern in demjenigen Mitgliedstaat gewährt werden, in dem die aus der grenzüberschreitenden Verschmelzung hervorgehende Gesellschaft ihren Sitz hat.

In diesen Fällen des Art. 16 Abs. 2 Verschmelzungsrichtlinie sind die Mitgliedstaaten verpflichtet, die Mitbestimmung der Arbeitnehmer in der aus der grenzüberschreitenden Verschmelzung hervorgehenden Gesellschaft sowie ihre Mitwirkung an der Festlegung dieser Rechte entsprechend den Grundsätzen und Modalitäten der SE-Verordnung (Art. 12 Abs. 2, Abs. 3 und Abs. 4 der Verordnung [EG] Nr. 2157/2001) und der SE-Richtlinie (Richtlinie 2001/86/EG) zu regeln. Allerdings sieht die Verschmelzungsrichtlinie einige Modifikationen vor.

Hiernach sind also die Vorschriften über die **Mitbestimmung der Arbeitnehmer** in den Unternehmens- **153** organen nach der SE-Richtlinie (Richtlinie zur Ergänzung des Statuts der Europäischen Gesellschaft hinsichtlich der Beteiligung der Arbeitnehmer v. 08.10.2001, ABl. EG Nr. L 294, S. 22 ff.) auch in der aus einer **grenzüberschreitenden Verschmelzung hervorgehenden Gesellschaft** unter folgenden Voraussetzungen anwendbar (vgl. Begründung zum RegE, BT-Drucks. 16/2922, S. 15 f.):
– eine der an der grenzüberschreitenden Verschmelzung beteiligten Gesellschaften ist mitbestimmt und beschäftigte in den 6 Monaten vor der Veröffentlichung des Verschmelzungsplans i. d. R. mehr als 500 Arbeitnehmer (Art. 16 Abs. 2 Verschmelzungsrichtlinie) oder
– das innerstaatliche Recht, das für die aus der grenzüberschreitenden Verschmelzung hervorgehende Gesellschaft maßgeblich ist, gewährleistet nicht mindestens den gleichen Umfang an Mitbestimmung, wie er in den jeweiligen an der Verschmelzung beteiligten Gesellschaften bestand (Art. 16 Abs. 2 Buchst. a) Verschmelzungsrichtlinie), oder
– das für die aus der grenzüberschreitenden Verschmelzung hervorgehende Gesellschaft maßgebende innerstaatliche Recht gewährt Arbeitnehmern in Betrieben anderer Mitgliedstaaten nicht den gleichen Anspruch auf Ausübung von Mitbestimmungsrechten wie denjenigen Arbeitnehmern, die am Sitzstaat der Gesellschaft beschäftigt sind (Art. 16 Abs. 2 Buchst. b) Verschmelzungsrichtlinie).

Regelmäßig werden **zwei der genannten Voraussetzungen** bei einer grenzüberschreitenden Verschmel- **154** zung zu einer Kapitalgesellschaft mit Sitz in Deutschland **erfüllt sein**. Denn soweit eine nach den Mitbestimmungsgesetzen mitbestimmte Gesellschaft mit Sitz in Deutschland an der Verschmelzung beteiligt ist, greift bereits die erste Variante, da der Schwellenwert von Art. 16 Abs. 2 Verschmelzungsrichtlinie mit den Vorgaben des § 1 Abs. 1 Satz 1 Nr. 1 Drittelbeteiligungsgesetz übereinstimmt. Zudem wird die Variante des Art. 16 Abs. 2 Buchst. b) Verschmelzungsrichtlinie eingreifen, da den in einem anderen Mitgliedstaat beschäftigten Arbeitnehmern der Gesellschaft kein aktives Wahlrecht kraft Gesetzes für die Wahl der Arbeitnehmervertreter in den Aufsichtsrat und damit kein gleicher Anspruch auf Ausübung von Mitbestimmungsrechten eingeräumt wird.

Auch in anderen Mitgliedstaaten wird denjenigen Arbeitnehmern, die **außerhalb des Sitzstaats der Ge-** **155** **sellschaft beschäftigt werden**, kein aktives Wahlrecht zugebilligt. Dort wird wegen Art. 16 Abs. 2 Buchst. b) Verschmelzungsrichtlinie die Mitbestimmung der Arbeitnehmer durch die Verhandlungs-/ Auffangregelung normiert.

Durch die Verweisung in Art. 16 Abs. 3 Verschmelzungsrichtlinie auf die SE-Richtlinie gibt der euro- **156** päische Gesetzgeber den Mitgliedstaaten in den Fällen des Abs. 2 eine **einheitliche Grundstruktur für die Ausgestaltung der Mitbestimmung der Arbeitnehmer** in der aus einer grenzüberschreitenden Verschmelzung hervorgehenden Gesellschaft vor.

Entscheidendes Grundprinzip ist der Schutz erworbener Rechte der Arbeitnehmer durch das »Vorher- **157** Nachher-Prinzip« (Begründung zum RegE, BT-Drucks. 16/2922, S. 15 f.) Demnach soll sich der vorhandene Umfang an Mitbestimmungsrechten der Arbeitnehmer von den an der Verschmelzung beteiligten Gesellschaften grds. auch in der aus der grenzüberschreitenden Verschmelzung hervorgehenden Gesellschaft wieder finden. Dabei müssen aufgrund des grenzüberschreitenden Charakters der aus einer Verschmelzung hervorgehenden Gesellschaft **unterschiedliche Rechtslagen** verschiedener Mitgliedstaaten, in denen sie Arbeitnehmer beschäftigt, **berücksichtigt werden**. Die Verschmelzungsrichtlinie sieht daher in den Fällen des Art. 16 Abs. 2 Verschmelzungsrichtlinie ein von der SE und SCE her bekanntes **Verfahren zur Festlegung der Mitbestimmung der Arbeitnehmer** vor. Dabei haben praxisnahe Verhandlungslösungen über die Mitbestimmung der Arbeitnehmer Vorrang vor gesetzlich vorgeschriebenen Regelungen. Der Vorrang der Verhandlungslösung ermöglicht einen sinnvollen Ausgleich der in den einzelnen Mitgliedstaaten bestehenden Rechtslagen und zugleich eine sachgerechte Anpassung an die Bedürfnisse und Strukturen der zukünftigen Gesellschaft.

B. Gesetz über die Mitbestimmung der Arbeitnehmer bei einer grenzüberschreitenden Verschmelzung (MgVG)

I. Systematik

158 Das **MgVG** ist dem SEBG vergleichbar aufgebaut: Es gilt nach § 4 MgVG grds. das Sitzstaatsrecht, wenn nicht die Voraussetzungen einer Verhandlungspflicht nach § 5 MgVG vorliegen. Dann ist ein **besonderes Verhandlungsgremium** zu bilden (§§ 6 bis 12 MgVG), ein **Verhandlungsverfahren** findet statt (§§ 13 bis 21 MgVG), und es gibt schließlich eine **Mitbestimmung kraft Vereinbarung** (§ 22 MgVG) bzw. **kraft Gesetzes** (§§ 23 bis 28 MgVG).

159 Ist eine **grenzüberschreitende Verschmelzung von Kapitalgesellschaften** geplant und liegen die Voraussetzungen des Art. 16 Abs. 2 Verschmelzungsrichtlinie vor, leitet die Unternehmensseite die erforderlichen Schritte ein, um mit der Arbeitnehmerseite über die **Ausgestaltung einer Mitbestimmung** der Arbeitnehmer in der geplanten Gesellschaft zu verhandeln. Hierzu gehört u. a. die Information über die Identität der an der Verschmelzung beteiligten Gesellschaften und die Zahl der dort jeweils beschäftigten Arbeitnehmer. Die Registereintragung einer aus einer grenzüberschreitenden Verschmelzung hervorgehenden Gesellschaft in dem geplanten Sitzstaat kann erst nach einem Verfahren über die Ausgestaltung der Mitbestimmung der Arbeitnehmer erfolgen. Ein derartiges Verfahren ist entbehrlich, wenn die Leitungsorgane der an der Verschmelzung beteiligten Gesellschaften unmittelbar die Anwendung der Auffangregelung ohne jede vorhergehende Verhandlung beschließen (Art. 16 Abs. 4 Buchst. a) Verschmelzungsrichtlinie).

II. Sitzstaatsrecht

160 Vorbehaltlich des § 5 MgVG finden auf die aus einer grenzüberschreitenden Verschmelzung hervorgehende Gesellschaft die Regelungen über die Mitbestimmung der Arbeitnehmer in den Unternehmensorganen des Mitgliedstaats Anwendung, in dem diese Gesellschaft ihren Sitz hat (§ 4 MgVG). Die Vorschrift setzt Art. 16 Abs. 1 Verschmelzungsrichtlinie in nationales Recht um. Mit der vorgesehenen **Anwendung des Sitzstaatsrechts** wird dem Umstand Rechnung getragen, dass aus der grenzüberschreitenden Verschmelzung – anders als bei der Gründung einer SE oder einer SCE – keine europäische, sondern eine nationale Rechtsform (z. B. AG, GmbH) hervorgeht. Das Sitzstaatsrecht dürfte jedoch bei grenzüberschreitenden Verschmelzungen infolge der weit gefassten Regelung des § 5 MgVG nur selten zur Anwendung kommen.

III. Voraussetzung einer Verhandlung (§ 5 MgVG)

161 In § 5 MgVG sind die Voraussetzungen normiert, unter denen die **Regelungen über die Mitbestimmung der Arbeitnehmer kraft Vereinbarung und kraft Gesetzes** zur Anwendung gelangen, die im Wesentlichen den Regelungen über die Verhandlungs-/Auffangregelung im SEBG entsprechen. In § 5 MgVG sind also die Fälle geregelt, nach denen Verhandlungen aufgenommen werden müssen (vgl. Schubert, RdA 2007, 9 f.).

162 Danach ist über die Mitbestimmung zu verhandelnd, wenn **eine der folgenden Voraussetzungen des § 5 MgVG** vorliegt, entweder

§ 5 Nr. 1 MgVG	in den 6 Monaten vor der Veröffentlichung des Verschmelzungsplans mindestens eine der beteiligten Gesellschaften durchschnittlich mehr als 500 Arbeitnehmer beschäftigt und in dieser Gesellschaft ein Systeme der Mitbestimmung i. S. d. § 2 Abs. 7 besteht,
§ 5 Nr. 2 MgVG	das für die aus einer grenzüberschreitenden Verschmelzung hervorgehende Gesellschaft maßgebende innerstaatliche Recht nicht mindestens den gleichen Umfang an Mitbestimmung der Arbeitnehmer vorsieht, wie er in den jeweiligen an der Verschmelzung beteiligten Gesellschaften bestand; der Umfang an Mitbestimmung der Arbeitnehmer bemisst sich nach dem Anteil der Arbeitnehmervertreter a) im Verwaltungs- oder Aufsichtsorgan, b) in Ausschüssen, in denen die Mitbestimmung der Arbeitnehmer erfolgt oder c) im Leitungsgremium, das für die Ergebniseinheiten der Gesellschaften zuständig ist; oder

§ 5 Nr. 3 MgVG	das für die aus einer grenzüberschreitenden Verschmelzung hervorgehende Gesellschaft maßgebende innerstaatliche Recht für Arbeitnehmer in Betrieben dieser Gesellschaft, die sich in anderen Mitgliedstaaten befinden, nicht den gleichen Anspruch auf Ausübung von Mitbestimmung vorsieht, wie sie den Arbeitnehmern in demjenigen Mitgliedstaat gewährt werden, in dem die aus der grenzüberschreitenden Verschmelzung hervorgehende Gesellschaft ihren Sitz hat.

IV. Mitbestimmung aufgrund Entscheidung der Verwaltung (§ 23 Abs. 1 Nr. 3 MgVG)

Es besteht auch die Möglichkeit, dass die Leitungen der beteiligten Gesellschaften gem. § 23 Abs. 1 **163** Nr. 3 MgVG von vornherein vereinbaren, dass die **Auffangregelung nach §§ 23 ff. MgVG greifen soll**, d. h. die Leitungen der an der grenzüberschreitenden Verschmelzung beteiligten Gesellschaften können entscheiden, die Regelungen über die Mitbestimmung kraft Gesetzes ohne vorhergehende Verhandlung unmittelbar ab dem Zeitpunkt der Eintragung anzuwenden. In diesem Fall findet **keine Verhandlung** statt, die Mitbestimmung gilt unmittelbar.

Wenn sich die Unternehmensleitungen für diesen Weg entscheiden, ist die **Bildung eines besonderen** **164** **Verhandlungsgremiums nicht notwendig** (Schubert, RdA 2007, 9, 14). Dies hat den Vorteil, dass den Arbeitnehmern und ihren Vertretungen die Möglichkeit aus der Hand genommen wird, bewusst das Verschmelzungsverfahren durch eine verzögerte Bildung des Verhandlungsgremiums und durch das Hinauszögern der Verhandlungen zeitlich zu unterlaufen (vgl. Heckschen, DNotZ 2007, 444, 460 f.; Kienast, in: Jannott/Frodermann, Handbuch der Europäischen AG – Societas Europaea –, Kap. 13 Rn. 155 ff.).

V. Verhandlungsgremium und dessen Information (§§ 6 f. MgVG)

Wenn eine Verhandlung notwendig ist **folgendes Verfahren einzuschlagen.** **165**

1. Verhandlungsbeteiligte.

Ist eine grenzüberschreitende Verschmelzung von Kapitalgesellschaften **166** geplant und liegen die Voraussetzungen des Art. 16 Abs. 2 Verschmelzungsrichtlinie vor, **leitet die Unternehmensseite die erforderlichen Schritte ein**, um mit der Arbeitnehmerseite über die Ausgestaltung einer Mitbestimmung der Arbeitnehmer in der geplanten Gesellschaft zu verhandeln. Hierzu gehört u. a. die **Information über die Identität der an der Verschmelzung beteiligten Gesellschaften** und die Zahl der dort jeweils beschäftigten Arbeitnehmer. Die Registereintragung einer aus einer grenzüberschreitenden Verschmelzung hervorgehenden Gesellschaft in dem geplanten Sitzstaat kann erst nach einem Verfahren über die Ausgestaltung der Mitbestimmung der Arbeitnehmer erfolgen. Ein derartiges Verfahren ist entbehrlich, wenn die Leitungsorgane der an der Verschmelzung beteiligten Gesellschaften unmittelbar die Anwendung der Auffangregelung ohne jede vorhergehende Verhandlung beschließen (Art. 16 Abs. 4 Buchst. a) Verschmelzungsrichtlinie). Auf Unternehmensseite werden die Verhandlungen von den Leitungs- oder Verwaltungsorganen der beteiligten Gesellschaften geführt. Auf Arbeitnehmerseite ist ein besonderes Verhandlungsgremium zu errichten, für dessen Bildung die Richtlinie die Berücksichtigung regionaler mitgliedstaatenbezogener und proportionaler Aspekte in Bezug auf die Anzahl der beschäftigten Arbeitnehmer vorschreibt (Art. 16 Abs. 3 Buchst. a) Verschmelzungsrichtlinie i. V. m. Art. 3 Abs. 2 Buchst. a) SE-Richtlinie).

2. Information.

Die Verhandlungen werden auf Arbeitnehmerseite von einem **besonderen Verhand-** **167** **lungsgremium** geführt, das zu diesem Zweck zu bilden ist. Die Bildung erfolgt nach § 6 MgVG aufgrund einer schriftlichen Aufforderung der Leitungen der an der Verschmelzung beteiligten Gesellschaften. Diese führen auch die Verhandlungen für die Unternehmensseite. Ziel der Verhandlungen ist eine **schriftliche Vereinbarung über die Mitbestimmung.**

§ 6 Abs. 2 MgVG stellt die Verbindung her zwischen dem gesellschaftsrechtlichen Ablauf der Ver- **168** schmelzung und dem Verhandlungsverfahren über die Mitbestimmung der Arbeitnehmer. Wenn die Leitungen eine grenzüberschreitende Verschmelzung planen, informieren sie nach § 6 Abs. 2 MgVG die **Arbeitnehmervertretungen** und **Sprecherausschüsse** in den beteiligten Gesellschaften, betroffenen Tochtergesellschaften und betroffenen Betrieben über das Verschmelzungsvorhaben. Besteht keine Arbeitnehmervertretung, erfolgt die Information ggü. den Arbeitnehmern. Die Information erfolgt unaufgefordert und unverzüglich nach Offenlegung des Verschmelzungsplans.

169 § 6 Abs. 3 MgVG beschreibt, **welche Informationen die Leitungen zu erteilen haben.** Dies sind zumindest die Daten, die für die ordnungsgemäße Bildung und für das Abstimmungsverfahren **innerhalb des besonderen Verhandlungsgremiums** erforderlich sind. Hierzu gehören die Angaben über die Gesellschaften, in denen Mitbestimmung besteht, einschließlich der Anzahl der bei ihnen beschäftigten Arbeitnehmer. Die **Aufzählung ist nicht abschließend.** Die Information erstreckt sich danach insb. auf

§ 6 Abs. 3 Nr. 1 MgVG	die Identität und Struktur der beteiligten Gesellschaften, betroffenen Tochtergesellschaften und betroffenen Betriebe und deren Verteilung auf die Mitgliedstaaten,
§ 6 Abs. 3 Nr. 2 MgVG	die in diesen Gesellschaften und Betrieben bestehenden Arbeitnehmervertretungen,
§ 6 Abs. 3 Nr. 3 MgVG	die Zahl der in diesen Gesellschaften und Betrieben jeweils beschäftigten Arbeitnehmer sowie die daraus zu errechnende Gesamtzahl der in einem Mitgliedstaat beschäftigten Arbeitnehmer und
§ 6 Abs. 3 Nr. 4 MgVG	die Zahl der Arbeitnehmer, denen Mitbestimmungsrechte in den Organen dieser Gesellschaften zustehen.
§ 7 MgVG	Zusammensetzung und Bildung des besonderen Verhandlungsgremiums

170 In dem besonderen Verhandlungsgremium sollen die in jedem Mitgliedstaat beschäftigten Arbeitnehmer der beteiligten Gesellschaften repräsentiert sein. Bei seiner Bildung sind zwei **Schritte zu vollziehen:** Zunächst ist zu ermitteln, wie viele Sitze aus jedem Mitgliedstaat zu besetzen sind. Die SE-Richtlinie, auf die in Art. 16 Abs. 3 Verschmelzungsrichtlinie verwiesen wird, sieht dafür ein Verfahren vor, das eine Proportionalität zwischen Mitgliedstaaten, Unternehmen und Arbeitnehmerzahlen herstellen soll. Diese Verteilung auf die Mitgliedstaaten regelt § 7 MgVG. Danach ist zu entscheiden, welche Personen die Sitze aus dem einzelnen Mitgliedstaat einnehmen.

171 Für die in jedem Mitgliedstaat beschäftigten Arbeitnehmer der beteiligten Gesellschaften, betroffenen Tochtergesellschaften und betroffenen Betriebe werden nach § 7 Abs. 1 MgVG **Mitglieder für das besondere Verhandlungsgremium gewählt** oder bestellt. Für jeden Anteil der in einem Mitgliedstaat beschäftigten Arbeitnehmer, der 10 % der Gesamtzahl der in allen Mitgliedstaaten beschäftigten Arbeitnehmer der beteiligten Gesellschaften und der betroffenen Tochtergesellschaften oder betroffenen Betriebe oder einen Bruchteil davon beträgt, ist ein Mitglied aus diesem Mitgliedstaat in das besondere Verhandlungsgremium zu wählen oder zu bestellen.

172 § 7 Abs. 1 MgVG bestimmt als Grundsatz, dass die in jedem Mitgliedstaat beschäftigten Arbeitnehmer der beteiligten Gesellschaften, betroffenen Tochtergesellschaften und betroffenen Betriebe **im besonderen Verhandlungsgremium vertreten** sein müssen. Dafür ist zu ermitteln, wie die Gesamtarbeitnehmerzahl der beteiligten Gesellschaften und der betroffenen Tochtergesellschaften oder betroffenen Betriebe auf die einzelnen Mitgliedstaaten prozentual verteilt ist. Je angefangene 10 % aus jedem Mitgliedstaat ist ein Sitz zu besetzen. Daraus ergibt sich eine Mindestgröße des besonderen Verhandlungsgremiums von zehn Mitgliedern, bei Verteilung auf mehrere Mitgliedstaaten kann sich aber auch eine größere Zahl ergeben.

173 ▶ **Beispiel:**

Verschmelzen die Gesellschaft B aus Italien mit 3.000 Arbeitnehmern und die Gesellschaft C aus Österreich mit 1.500 Arbeitnehmern auf die Gesellschaft A aus Deutschland mit 2.500 Arbeitnehmern, so beträgt die Gesamtarbeitnehmerzahl 7.000. Davon fallen 35,7 % auf Deutschland, 42,9 % auf Italien und 21,4 % auf Österreich; Deutschland erhält folglich vier Sitze, Italien fünf Sitze, Österreich drei Sitze.

Jede beteiligte Gesellschaft, die Arbeitnehmer beschäftigt und infolge der Verschmelzung als eigene Rechtspersönlichkeit erlöschen wird, soll **durch mindestens ein Mitglied im besonderen Verhand-**

lungsgremium vertreten sein. Dies ist ggf. durch die Wahl oder Bestellung zusätzlicher Mitglieder zu gewährleisten. Die Wahl oder Bestellung zusätzlicher Mitglieder darf nicht dazu führen, dass Arbeitnehmer im besonderen Verhandlungsgremium doppelt vertreten werden.

Die **persönlichen Voraussetzungen** der Mitglieder des besonderen Verhandlungsgremiums richten sich nach § 8 Abs. 1 MgVG nach den jeweiligen Bestimmungen der Mitgliedstaaten, in denen sie gewählt oder bestellt werden. Zu Mitgliedern des besonderen Verhandlungsgremiums wählbar sind im Inland Arbeitnehmer der Gesellschaften und Betriebe sowie Gewerkschaftsvertreter. Frauen und Männer sollen entsprechend ihrem zahlenmäßigen Verhältnis gewählt werden. Für jedes Mitglied ist ein Ersatzmitglied zu wählen.

Die Mitglieder des Verhandlungsgremiums werden nach den §§ 10 ff. MgVG **von einem Wahlgre-**   **174**
mium gewählt. Um Aufwand und Kosten gering zu halten, wird – soweit möglich – aus den vorhandenen Betriebsratsstrukturen (Betriebsrat, Gesamtbetriebsrat, Konzernbetriebsrat, Spartenbetriebsrat und andere vereinbarte Formen nach § 3 BetrVG) ein Wahlgremium gebildet. Ist aus dem **Inland nur eine Unternehmensgruppe** an der Verschmelzung beteiligt, besteht das Wahlgremium aus den Mitgliedern des Konzernbetriebsrats oder, sofern ein solcher nicht besteht, aus den Mitgliedern der Gesamtbetriebsräte oder, sofern ein solcher in einem Unternehmen nicht besteht, aus den Mitgliedern des Betriebsrats. Betriebsratslose Betriebe und Unternehmen einer Unternehmensgruppe werden vom Konzernbetriebsrat, Gesamtbetriebsrat oder Betriebsrat mit vertreten (§ 10 Abs. 2 MgVG). Ist aus dem Inland nur ein Unternehmen an der Verschmelzung beteiligt, besteht das Wahlgremium aus den Mitgliedern des Gesamtbetriebsrats oder, sofern ein solcher nicht besteht, aus den Mitgliedern des Betriebsrats. Betriebsratslose Betriebe eines Unternehmens werden vom Gesamtbetriebsrat oder Betriebsrat mit vertreten (§ 10 Abs. 3 MgVG). Ist aus dem Inland nur ein Betrieb von der Verschmelzung betroffen, besteht das Wahlgremium aus den Mitgliedern des Betriebsrats (§ 10 Abs. 4 MgVG). Bei Unternehmensgruppen gilt § 10 Abs. 5 MgVG. Das Wahlgremium besteht aus höchstens 40 Mitgliedern (§ 10 Abs. 6 MgVG). Besteht keine Arbeitnehmervertretung, wählen die Arbeitnehmer die Mitglieder des besonderen Verhandlungsgremiums in geheimer und unmittelbarer Wahl (§ 10 Abs. 7 MgVG).

VI. Verhandlungsverfahren (§§ 13 ff. MgVG)

Ziel des Verhandlungsverfahrens ist der Abschluss einer Vereinbarung mit den Leitungen über die Mit-   **175**
bestimmung der Arbeitnehmer. Das Verfahren wird in den §§ 13 MgVG geregelt. Das besondere Verhandlungsgremium schließt nach § 15 Abs. 1 MgVG mit den Leitungen eine schriftliche Vereinbarung über die Mitbestimmung der Arbeitnehmer in der aus der grenzüberschreitenden Verschmelzung hervorgehenden Gesellschaft ab. Die Leitungen haben nach § 15 Abs. 2 MgVG dem besonderen Verhandlungsgremium rechtzeitig alle erforderlichen Auskünfte zu erteilen und die erforderlichen Unterlagen zur Verfügung zu stellen. Das besondere Verhandlungsgremium ist insb. über das Verschmelzungsvorhaben und den Verlauf des Verfahrens bis zur Eintragung der aus der grenzüberschreitenden Verschmelzung hervorgehenden Gesellschaft zu unterrichten. Zeitpunkt, Häufigkeit und Ort der Verhandlungen werden zwischen den Leitungen und dem besonderen Verhandlungsgremium einvernehmlich festgelegt.

Das besondere Verhandlungsgremium kann nach § 18 MgVG auch beschließen, **keine Verhandlungen**   **176**
aufzunehmen oder bereits **aufgenommene Verhandlungen abzubrechen.** Für diesen Beschluss ist eine Mehrheit von 2/3 der Mitglieder erforderlich, die mindestens 2/3 der Arbeitnehmer in mindestens zwei Mitgliedstaaten vertreten. Die Vorschriften über die Mitbestimmung der Arbeitnehmer, die in dem Mitgliedstaat gelten, in dem die aus der grenzüberschreitenden Verschmelzung hervorgehende Gesellschaft ihren Sitz haben wird, finden Anwendung.

Die Verhandlungen **beginnen** nach § 21 Abs. 1 MgVG **mit der Einsetzung des besonderen Verhand-**   **177**
lungsgremiums und können bis zu 6 Monate dauern. Einsetzung bezeichnet den Tag, zu dem die Leitungen zur konstituierenden Sitzung des besonderen Verhandlungsgremiums eingeladen haben. Nach § 21 Abs. 1 MgVG können die Parteien einvernehmlich beschließen, die Verhandlungen über diesen Zeitraum hinaus bis zu insgesamt einem Jahr ab der Einsetzung des besonderen Verhandlungsgremiums fortzusetzen.

VII. Verhandlungsergebnis (§ 22 MgVG)

178 Die **Inhalte einer Vereinbarung** über die Mitbestimmung der Arbeitnehmer können weitgehend frei ausgehandelt werden. Dies ermöglicht einen sinnvollen Ausgleich der in den jeweiligen Mitgliedstaaten bestehenden Rechtslagen und zugleich eine sachgerechte Anpassung an die Bedürfnisse und Strukturen der aus einer grenzüberschreitenden Verschmelzung hervorgehenden Gesellschaft. Zu folgenden Regelungsbereichen muss die Vereinbarung eine Aussage treffen (§ 22 Abs. 1 und Abs. 2 MgVG), hieran ist dann die Satzung einer aus einer grenzüberschreitenden Verschmelzung hervorgehenden Gesellschaft gebunden:

§ 22 Abs. 1 Nr. 1 MgVG	der Geltungsbereich der Vereinbarung, einschließlich der außerhalb des Hoheitsgebietes der Mitgliedstaaten liegenden Unternehmen und Betriebe, sofern diese in den Geltungsbereich einbezogen werden;
§ 22 Abs. 1 Nr. 2 MgVG	der Zeitpunkt des Inkrafttretens der Vereinbarung und ihre Laufzeit; ferner die Fälle, in denen die Vereinbarung neu ausgehandelt werden soll und das dabei anzuwendende Verfahren;
§ 22 Abs. 1 Nr. 3 MgVG	die Zahl der Mitglieder des Aufsichts- oder Verwaltungsorgans der aus der grenzüberschreitenden Verschmelzung hervorgehenden Gesellschaft, welche die Arbeitnehmer wählen oder bestellen können oder deren Bestellung sie empfehlen oder ablehnen können;
§ 22 Abs. 1 Nr. 4 MgVG	das Verfahren, nach dem die Arbeitnehmer diese Mitglieder wählen oder bestellen oder deren Bestellung empfehlen oder ablehnen können und
§ 22 Abs. 1 Nr. 5 MgVG	die Rechte dieser Mitglieder.

179 In der Vereinbarung soll nach § 22 Abs. 2 MgVG auch festgelegt werden, dass **auch vor strukturellen Änderungen** der aus der grenzüberschreitenden Verschmelzung hervorgehenden Gesellschaft Verhandlungen über die Mitbestimmung der Arbeitnehmer aufgenommen werden. Die Parteien können das dabei anzuwendende Verfahren regeln.

180 Die Vereinbarung kann bestimmen, dass die Regelungen der §§ 23 bis 27 MgVG über die Mitbestimmung kraft Gesetzes ganz oder in Teilen gelten.

VIII. Auffangregelung: Mitbestimmung kraft Gesetzes (§§ 23 ff. MgVG)

181 Die Verhandlungen können **bis zu 6 Monate**, im Fall eines einvernehmlichen Beschlusses der Verhandlungsparteien auch bis zu einem Jahr dauern. Erfolgt während des Verhandlungszeitraums keine Einigung über die Mitbestimmung der Arbeitnehmer in der geplanten Gesellschaft, sind die Verhandlungen gescheitert. In diesem Fall (sowie nach einer entsprechenden Entscheidung der Leitungen der an der Verschmelzung beteiligten Gesellschaften) kommt zur Sicherung der Mitbestimmungsrechte der Arbeitnehmer eine Auffangregelung in den §§ 23 ff. MgVG zur Anwendung.

182 Die Auffangregelungen finden nach § 23 Abs. 1 MgVG ab dem **Zeitpunkt der Eintragung** der aus der grenzüberschreitenden Verschmelzung hervorgehenden Gesellschaft Anwendung, wenn

§ 23 Abs. 1 Nr. 1 MgVG	die Parteien dies vereinbaren oder
§ 23 Abs. 1 Nr. 2 MgVG	bis zum Ende des in § 21 angegebenen Zeitraums keine Vereinbarung zustande gekommen ist und das besondere Verhandlungsgremium keinen Beschluss nach § 18 gefasst hat oder
§ 23 Abs. 1 Nr. 3 MgVG	die Leitungen der an der Verschmelzung beteiligten Gesellschaften entscheiden, diese Regelungen ohne vorherige Verhandlung unmittelbar ab dem Zeitpunkt der Eintragung anzuwenden.

183 Den **Umfang der Mitbestimmung kraft Gesetzes** regelt § 24 MgVG: Danach bemisst sich die Zahl der Arbeitnehmervertreter im Aufsichts- oder Verwaltungsorgan der aus der grenzüberschreitenden Verschmelzung hervorgehenden Gesellschaft nach dem höchsten Anteil an Arbeitnehmervertretern, der

in den Organen der beteiligten Gesellschaften vor der Eintragung der aus der grenzüberschreitenden Verschmelzung hervorgehenden Gesellschaft bestanden hat. Handelt es sich bei der aus der grenzüberschreitenden Verschmelzung hervorgehenden Gesellschaft um eine GmbH, so ist gem. § 24 Abs. 2 MgVG zwingend ein Aufsichtsrat zu errichten.

Hinsichtlich der Mitbestimmung soll daher – abhängig vom Anteil der Arbeitnehmer der aus der grenz- **184** überschreitenden Verschmelzung hervorgehenden Gesellschaft, denen vor der Verschmelzung Mitbestimmungsrechte zustanden – die **weitestgehende Mitbestimmung** entweder unmittelbar oder erst nach einem entsprechenden Beschluss des besonderen Verhandlungsgremiums zur Anwendung kommen. Die Auffangregelung findet unmittelbar Anwendung, wenn der vorgesehene Schwellenwert (1/3 der Gesamtzahl der Arbeitnehmer standen in den an der Verschmelzung beteiligten Gesellschaften Mitbestimmungsrechte zu) erreicht wird; bei einem Unterschreiten dieses Wertes ist für die Anwendung der Auffangregelung ein Beschluss des besonderen Verhandlungsgremiums notwendig, der mit der absoluten Mehrheit seiner Mitglieder gefasst werden kann. Die weitestgehende Mitbestimmung bemisst sich auch hier nicht nach qualitativen Aspekten, sondern nach dem höchsten Anteil an Arbeitnehmervertretern, der vor der Verschmelzung in den Organen der beteiligten Gesellschaften bestanden hat. Das Verfahren zur Bestellung der einzelnen nationalen Mitglieder des Aufsichts- oder Verwaltungsorgans der aus der grenzüberschreitenden Verschmelzung hervorgehenden Gesellschaft können die Mitgliedstaaten frei regeln. Steht die **Satzung** der aus einer grenzüberschreitenden Verschmelzung hervorgehenden Gesellschaft **im Widerspruch** zu den Regelungen über die Mitbestimmung kraft **Gesetzes**, ist die nach § 24 Abs. 3 MgVG Satzung anzupassen.

Kapitel 6: Muster

185 Die folgenden Muster stellen nur **Vorschläge aus deutscher Sicht** dar und müssen ggf. mit dem ausländischen Recht abgeglichen und ggf. auch in fremder Sprache zweisprachig errichtet werden (vgl. auch Herrler/Schneider, GmbH 2010, S. 49 ff., umfangreiche Muster zur Verschmelzung einer Limited auf eine GmbH).

A. Verschmelzungsplan einer holländischen BV auf eine deutsche GmbH zur Aufnahme

186 Der Plan muss ggf. mehrsprachig und zusätzlich durch einen ausländischen Notar beurkundet werden.

187 ▶ **Muster: Verschmelzungsplan einer holländischen BV auf eine deutsche GmbH zur Aufnahme**

Verhandelt zu . . . . .

am . . . . .

Vor dem unterzeichnenden

. . . . .

Notar mit dem Amtssitz in . . . . .

erschienen:

1.

a) Herr . . . . . **(Name, Geburtsdatum, Adresse),**

b) Frau . . . . . **(Name, Geburtsdatum, Adresse),**

beide handelnd nicht im eigenen Namen, sondern als gemeinsam vertretungsberechtigte Geschäftsführer der A-GmbH mit dem Sitz in . . . . ., **eingetragen im Handelsregister des Amtsgerichts unter HRB** . . . . .,

2. Herr . . . . . **(Name, Geburtsdatum, Adresse),**

handelnd nicht im eigenen Namen, sondern als Director für B.V. Nederlandse B mit dem Sitz . . . . . **Niederlande, eingetragen im Handelsregister Kamer von Koophandel, Amsterdam, Dossiernummer** . . . . .,

Die Erschienenen wiesen sich dem Notar gegenüber aus durch Vorlage ihrer amtlichen Lichtbildausweise.

Die Erschienenen ließen folgenden

Verschmelzungsplan

beurkunden und erklärten, handelnd wie angegeben:

I. Beteiligte Gesellschaften

An der Gesellschaft sind folgende Gesellschaften beteiligt:

A-GmbH mit dem Sitz in . . . . .,

eingetragen im Handelsregister des Amtsgerichts unter HRB . . . . .

B.V. Nederlandse B mit dem Sitz in . . . . . **Niederlande**

eingetragen im Handelsregister Kamer von Koophandel, Amsterdam, Dossiernummer . . . . .

II. Verschmelzung

Die B. V. Nederlandse B mit dem Sitz in . . . . . überträgt ihr Vermögen als Ganzes mit allen Rechten und Pflichten unter Ausschluss der Abwicklung auf die A-GmbH mit dem Sitz in . . . . . im Wege der Verschmelzung durch Aufnahme. Die A-GmbH gewährt als Ausgleich hierfür den Gesellschaftern der B. V. Nederlandse B mit dem Sitz in . . . . . Geschäftsanteile an der A-GmbH.

III. Einzelheiten der Übertragung der Gesellschaftsanteile, bare Zuzahlungen, Umtauschverhältnis

1. Die A-GmbH gewährt den Gesellschaftern der BV folgende Anteile:
a) dem Gesellschafter X einen Geschäftsanteil im Nennbetrag von . . . . . €,
b) dem Gesellschafter Y einen Geschäftsanteil im Nennbetrag von . . . . . €.

2. Die Geschäftsanteile werden kostenfrei und mit Gewinnberechtigung ab dem . . . . . gewährt.

3. Zur Durchführung der Verschmelzung wird die A-GmbH ihr Stammkapital von bislang . . . . . € um . . . . . € auf . . . . . € erhöhen, und zwar durch Bildung eines Geschäftsanteils im Nennbetrag von . . . . . € und eines weiteren Geschäftsanteils im Nennbetrag von . . . . . €. Als bare Zuzahlung erhält . . . . . einen Betrag von . . . . . € und . . . . . einen Betrag von . . . . . €.

4. Das Umtauschverhältnis beträgt . . . . .

IV. Voraussichtliche Auswirkungen der Verschmelzung auf die Beschäftigung

Für die Arbeitnehmer der Gesellschaften ergeben sich folgende Auswirkungen . . . . .

V. Bilanzstichtag

Der Verschmelzung wird die mit B. V. Nederlandse B zum . . . . . als Schlussbilanz zugrunde gelegt. Die beiden letzten Schlussbilanzen der beiden Gesellschaften haben folgende Stichtage: . . . . . *(Anm.*: Str. ist, ob die Bilanz beizufügen ist).

VI. Verschmelzungsstichtag

Die Übernahme des Vermögens der B. V. Nederlandse B erfolgt im Innenverhältnis mit Wirkung zum Ablauf des . . . . . Vom . . . . . an gelten alle Handlungen und Geschäfte der B-GmbH als für Rechnung der A-GmbH vorgenommen.

VII. Besondere Rechte

Besondere Rechte i. S. v. § 122c Abs. 2 Nr. 7 UmwG bestehen bei der B-GmbH nicht. Einzelnen Anteilsinhabern werden i. R. d. Verschmelzung keine besonderen Rechte gewährt.

VIII. Besondere Vorteile

Besondere Vorteile i. S. v. § 122c Abs. 2 Nr. 8 UmwG werden den Sachverständigen, die den Verschmelzungsplan prüfen, oder den Mitgliedern der Verwaltungs-, Leitungs-, Aufsichts- oder Kontrollorgane der an der Verschmelzung beteiligten Gesellschaften nicht gewährt.

IX. Satzung der übernehmenden GmbH

Die Satzung der A-GmbH ist dieser Urkunde als Anlage beigefügt. Auf diese wird nach § 9 BeurkG verwiesen, sie ist Bestandteil der Urkunde.

X. Angaben zum Verfahren der Arbeitnehmermitbestimmung

Angaben zu dem Verfahren, nach dem die Einzelheiten über die Beteiligung der Arbeitnehmer an der Festlegung ihrer Mitbestimmungsrechte in der aus der grenzüberschreitenden Verschmelzung hervorgehenden Gesellschaft geregelt werden, sind nur erforderlich, wenn die Voraussetzungen des § 5 MgVG vorliegen.

XI. Angaben zur Bewertung des Aktiv- und Passivvermögens, das auf die A-GmbH übertragen wird

Die A-GmbH wird das aufgrund der Verschmelzung übertragene Vermögen der B. V. Nederlandse B mit folgenden Werten in ihrer Bilanz ansetzen: Buchwert oder Teil- oder Zwischenwert.

(Anm. : Es ist str., ob auch folgende Formulierung zulässig ist:

»*Die endgültige Festlegung der Bewertung erfolgt erst im Zusammenhang mit der Aufstellung des Jahresabschlusses des A-GmbH.*«)

XII. Abfindungsangebot

Entfällt hier nach § 122i UmwG, wenn nicht sonstige Voraussetzungen dies erforderlich machen.

(Anm. : Falls doch ein Abfindungsangebot erforderlich ist, empfiehlt sich folgende Formulierung:

»Für den Fall, dass ein Gesellschafter der B. V. Nederlandse B bei der Beschlussfassung seinen Widerspruch gegen Verschmelzung zur Niederschrift erklärt, macht die A-GmbH ihm schon jetzt folgendes Abfindungsangebot: Die A-GmbH verpflichtet sich, an jeden Gesellschafter für je 100,00 € Kapitalanteil einen Barbetrag i. H. v . . . . . € zu zahlen, sofern der Gesellschafter seinen Austritt aus der A-GmbH erklärt. Die Kosten der Abfindung trägt die A-GmbH. Folgende Abfindungsbeträge werden somit angeboten:
– Gesellschafter X: . . . . . €,
– Gesellschafter Y: . . . . . €.«)

XIII. Änderung der Firma

Die Firma der A-GmbH wird geändert in:

A & B-GmbH

XIV. Kosten

Die durch diesen Vertrag und seiner Durchführung bei beiden Gesellschaften entstehenden Kosten trägt die A-GmbH. Sollte die Verschmelzung nicht wirksam werden tragen die Kosten dieses Vertrages die Gesellschaften zu gleichen Teilen; alle übrigen Kosten trägt die jeweils betroffene Gesellschaft alleine.

Diese Niederschrift wurde den Erschienenen vom Notar vorgelesen, von ihnen genehmigt und von ihnen und dem Notar eigenhändig, wie folgt, unterschrieben:

. . . . .

B. Verschmelzungsbeschluss der deutschen GmbH

188 ▶ **Muster: Verschmelzungsbeschluss der deutschen GmbH**

Niederschrift über eine Gesellschafterversammlung

Heute, den . . . . ., erschienen vor mir, dem unterzeichnenden Notar . . . . ., mit dem Amtssitz an der Amtsstelle in . . . . .

1. Herr W, Kaufmann, wohnhaft in . . . . .,

2. Herr Z, Kaufmann, wohnhaft in . . . . .

Beide Beteiligten sind mir, Notar, persönlich bekannt.

Auf Antrag beurkunde ich den vor mir abgegebenen Erklärungen gemäß Folgendes:

I. Sachstand

Die Erschienenen sind Gesellschafter der A-GmbH, eingetragen im Handelsregister des Amtsgerichts . . . . . unter HRB . . . . ., mit einem Stammkapital von . . . . . €.

Herr W hält einen Geschäftsanteil i. H. v. . . . . . €.

Herr Z hält einen Geschäftsanteil i. H. v. . . . . . €.

Die Gesellschafter erklären, dass alle Stammeinlagen voll einbezahlt sind, sodass keine Zustimmungspflicht nach § 51 UmwG besteht.

II. Gesellschafterversammlung

Die vorgenannten Gesellschafter halten unter Verzicht auf alle Frist- und Formvorschriften eine Gesellschafterversammlung ab und stellen fest, dass die Gesellschafterversammlung als Vollversammlung beschlussfähig ist.

Die Gesellschafter beschließen mit allen Stimmen Folgendes:

§ 1
Zustimmung zum Verschmelzungsvertrag

Dem Verschmelzungsplan, Urkunde des Notars . . . . ., in . . . . ., vom . . . . . UR-Nr. . . . . ., wird mit allen Stimmen vorbehaltlos zugestimmt. Er ist dieser Niederschrift als Anlage beigefügt.

§ 2
Kapitalerhöhung

1. Das Stammkapital der Gesellschaft i. H. v. . . . . . € wird um . . . . . € auf . . . . . € zur Durchführung der Verschmelzung gem. § 55 UmwG erhöht. Die Kapitalerhöhung erfolgt zum Zweck der Durchführung der unter § 1 beschlossenen Verschmelzung.

2. Es werden zwei Stammeinlagen i. H. v. je . . . . . € gebildet. Diese Stammeinlagen werden jeweils an Herrn . . . . . und Herrn . . . . ., bisherige Gesellschafter der übertragenden B. V. Nederlandse B als Gegenleistung für die Übertragung des Vermögens der B. V. Nederlandse B ausgegeben.

3. Sie leisten ihre Stammeinlage durch die Übertragung des Vermögens der B. V. Nederlandse B nach Maßgabe des unter § 1 genannten Verschmelzungsvertrages. Der Übertragung des Vermögens liegt die dieser Urkunde als Anlage 2 beigefügte Verschmelzungsbilanz der B. V. Nederlandse B zum 31.12. . . . . . zugrunde.

4. Die neuen Geschäftsanteile sind ab 01.01. . . . . . gewinnbezugsberechtigt.

5. Mit der Durchführung der Verschmelzung sind die neuen Stammeinlagen in voller Höhe bewirkt.

§ 3
Satzungsänderung

1. Der Gesellschaftsvertrag der A-GmbH wird in § 3 (Stammkapital) wie folgt geändert:

»Das Stammkapital der Gesellschaft beträgt . . . . . € (in Worten: . . . . . Euro)«.

2. Außerdem wird § 1 (Firma) des Gesellschaftsvertrages wie folgt geändert:

»Die Firma lautet: A & B-GmbH«.

III. Verzichtserklärungen, Sonstiges

Alle Gesellschafter verzichten auf eine Prüfung der Verschmelzung, auf Erstattung eines Verschmelzungsberichts und eines Verschmelzungsprüfungsberichts und auf eine Klage gegen die Wirksamkeit des Verschmelzungsbeschlusses.

Alle Gesellschafter erklären, dass der Verschmelzungsvertrag ihnen spätestens zusammen mit der Einberufung der Gesellschafterversammlung übersendet wurde.

Der beurkundende Notar wies die Gesellschafter darauf hin, dass jeder von Ihnen die Erteilung einer Abschrift der Niederschrift über diese Gesellschafterversammlung und des Verschmelzungsvertrages verlangen kann und dass ihnen ein Anspruch gegen die Geschäftsführer auf Auskunft auch über alle für die Verschmelzung wesentlichen Angelegenheiten durch anderen beteiligten Gesellschaften zusteht.

Vorgelesen vom Notar, von den Erschienenen genehmigt und eigenhändig unterschrieben.

. . . . .

C. Anmeldung für die übernehmende GmbH bei Verschmelzung durch Aufnahme

▶ **Muster: Anmeldung für die übernehmende GmbH bei Verschmelzung durch Auf-** 189
nahme

An das

Amtsgericht

– Handelsregister B –

Betrifft: HRB . . . . .

A-GmbH

In der Anlage überreichen wir, die unterzeichnenden alleinigen Geschäftsführer der o. a. GmbH

1. Ausfertigung des Verschmelzungsplans vom . . . . . – UR.Nr. . . . . . des beglaubigenden Notars –,

2. Ausfertigung des Zustimmungsbeschlusses der Gesellschafter der A-GmbH vom . . . . . – UR.Nr. . . . . . des beglaubigenden Notars –, samt Verzichtserklärungen der Gesellschafter der A-GmbH auf Erstel-

lung eines Verschmelzungsberichts und Verschmelzungsprüfung und Erstellung eines Verschmelzungsprüfungsberichts sowie Verzicht auf Anfechtung des Zustimmungsbeschlusses,

3. Verschmelzungsbescheinigung der für die B.V. Nederlandse B zuständigen Behörde, die bescheinigt dass Voraussetzungen für die grenzüberschreitende Verschmelzung für die B.V. Nederlandse B vorliegen (nicht älter als sechs Monate),

4. Verschmelzungsbericht,

5. vollständigen Satzungswortlaut nebst notarieller Übereinstimmungsbescheinigung,

6. Liste der Übernehmer,

7. berichtigte Gesellschafterliste,

8. Schlussbilanz der B.V. Nederlandse B zum 31.12. . . . . . ,

9. ggf. (falls erforderlich) Vereinbarung über die Beteiligung der Arbeitnehmer,

10. Nachweis über Betriebsratszuleitung

und melden zur Eintragung in das Handelsregister an:

1. Die B.V. Nederlandse B ist im Wege der Verschmelzung durch Aufnahme auf die A-GmbH verschmolzen.

2. Das Stammkapital der A-GmbH ist zum Zweck der Durchführung der Verschmelzung von . . . . . € um . . . . . € auf . . . . . € erhöht worden. Dementsprechend ist § 3 des Gesellschaftsvertrages – Stammkapital – geändert und neu gefasst worden.

3. Die Firma der A-GmbH ist geändert in:

»A & B-GmbH«.

Dementsprechend ist der Gesellschaftsvertrag in § 1 – Firma – geändert.

Wir erklären, dass der Verschmelzungsbeschluss der Gesellschafter der A-GmbH angefochten worden ist.

Wir beantragen, die Kapitalerhöhung (Ziff. 2.) zunächst zu vollziehen und erst danach die Verschmelzung und die Änderung der Firma (Ziff. 1. und Ziff. 3.).

. . . . . , den . . . . .

. . . . .

(Beglaubigungsvermerk)

Teil 7: Steuerrechtliche und bilanzrechtliche Aspekte des Umwandlungsrechts

Kapitel 1: Steuerrecht

A. Grundlagen

I. Einleitung

1 Das Umwandlungssteuergesetz (**UmwStG**) gilt heute in einer zuletzt 2006 grundlegend überarbeiteten Fassung. Neben rein nationalen Umwandlungsvorgängen, die nach wie vor den ganz überwiegenden Teil der Anwendungsfälle ausmachen, sind seither aufgrund einer »Europäisierung des Umwandlungssteuerrechts« auch Umwandlungsvorgänge in und unter Beteiligung von anderen EU-Mitgliedsstaaten mögliche Anwendungsfälle des deutschen UmwStG. Auf die Anwendung des UmwStG kommt es in der Regel dann an, wenn in Deutschland steuerpflichtiges Betriebsvermögen durch einen deutschen oder EU-ausländischen Umwandlungsvorgang übertragen werden soll. Dasselbe gilt, wenn eine Gesellschaft mit in Deutschland steuerpflichtigem Betriebsvermögen einen Formwechsel durchführen will, bei dem es zum Wechsel des Besteuerungsregimes kommt, d. h. von einer Körperschaft in eine Personengesellschaft und umgekehrt.

2 Ziel des UmwStG war und ist es unter anderem, wirtschaftlich sinnvolle Umstrukturierungen auch steuerneutral durchführen zu können. Dies ist nicht selbstverständlich, da jede Übertragung von Betriebsvermögen zwischen zwei Rechtsträgern unabhängig davon, auf welcher Basis die Übertragung erfolgt, nach allgemeinen steuerlichen Grundsätzen erst einmal zu einer Realisierung der in dem übertragenen Betriebsvermögen enthaltenen stillen Reserven und zu deren Besteuerung beim übertragenden Rechtsträger führt. Das UmwStG sieht zwar für übertragenes Betriebsvermögen als Grundfall auch eine Bewertung zum gemeinen Wert vor, lässt jedoch unter bestimmten Voraussetzungen einen Ansatz mit dem steuerlichen Buchwert und somit eine steuerneutrale Durchführung der Umwandlung zu. Daneben ist auch der Ansatz eines Zwischenwertes möglich, der zu einer teilweisen Gewinnrealisierung führt, wobei die entstehenden Gewinne beispielsweise mit vorhandenen Verlusten verrechnet werden können. Das UmwStG ist insoweit *lex specialis* zu den allgemeinen steuerrechtlichen Normen.

3 Regelungen für andere Bereiche des Steuerrechts, wie zum Beispiel das Erbschaftsteuerrecht, das Grunderwerbsteuerrecht oder das Umsatzsteuerrecht, enthält das UmwStG jedoch nicht. Insoweit verbleibt es bei den dort getroffenen Regelungen. Damit kann eine Umwandlung zwar ertragsteuerneutral sein, aber gleichwohl eine Belastung mit Erbschaft-, Grunderwerb- oder Umsatzsteuer auslösen.

4 Neben dem nationalen Recht im UmwG und UmwStG sind für Umwandlungen europäische Rechtsnormen von zentraler Bedeutung. Dabei handelt es sich aus gesellschaftsrechtlicher Sicht insbesondere um die Richtlinie zur Verschmelzung von Aktiengesellschaften (RL 2011/35/EU vom 05.04.2011, ABl. L 110 vom 29.04.2011, 1), die Richtlinie zur Verschmelzung von Kapitalgesellschaften (RL 2005/56/EG vom 26.10.2005, ABl. L 310 vom 25.11.2005, 1) sowie die SE-Verordnung (VO (EG) Nr. 2157/2001 vom 08.10.2001, ABl. L 294 vom 10.11.2001, 1). Aus steuerlicher Sicht ist insbesondere die Fusionsrichtlinie (RL 2009/133/EG vom 19.10.2009, ABl. L 310 vom 25.11.2009, 34) von

Bedeutung. Während die gesellschaftsrechtlichen Richtlinien die Möglichkeiten für grenzüberschreitende Umwandlungen bzw. Sitzverlegungen schaffen, enthält die Fusionsrichtlinie für bestimmte Maßnahmen die Vorgabe, dass diese unter bestimmten Voraussetzungen steuerneutral möglich sein müssen.

Die Fusionsrichtlinie existiert in vergleichbarer Fassung bereits seit 1990. Während der deutsche 5
Gesetzgeber bis 2006 mit der Umsetzung der europarechtlichen Vorgaben teilweise zurückhaltend war, ist mit Inkrafttreten des Gesetzes über steuerliche Begleitmaßnahmen zur Einführung der Europäischen Gesellschaft und zur Änderung weiterer steuerrechtlicher Vorschriften (**SEStEG** vom 07.12.2006, BGBl. I 2006, 2782, ber. BGBl. I 2007, 68) eine weitgehende Gleichstellung von nationalen und grenzüberschreitenden Umwandlungen im Bereich der EU und des EWR erfolgt. Dies beruht darauf, dass solche grenzüberschreitenden Umwandlungen im Vergleich zu rein nationalen Umwandlungen steuerlich nicht schlechter gestellt werden dürfen (europarechtliches Diskriminierungsverbot).

Während das SEStEG generell für grenzüberschreitende Umwandlungen beachtliche Verbesserungen 6
gebracht hat, haben sich für rein nationale Umwandlungen gewisse Verschlechterungen ergeben. So ist beispielsweise die Übertragbarkeit von Verlustvorträgen bei bestimmten Umstrukturierungsvorgängen weggefallen, weil diese ansonsten auch bei grenzüberschreitenden Vorgängen und somit auch für ausländische Rechtsträger gewährt werden hätte müssen. Die Finanzverwaltung hat erst im November 2011 ein umfassendes Anwendungsschreiben, den sog. Umwandlungssteuererlass 2011 (**UmwStE**, BMF-Schreiben v. 11.11.2011 – IV C 2 – S 1978-b/08/10001, BStBl. I 2011, 1314) herausgegeben. Während der UmwStE an vielen Stellen eine notwendige und begrüßenswerte Klärung bringt, enthält der UmwStE aber auch zahlreiche kontroverse Aussagen der Finanzverwaltung. Es ist davon auszugehen, dass erst der BFH einige der offenen Streitfragen des UmwStG entscheiden wird. Bis dahin ist den Steuerpflichtigen nur zu raten, sich im Vorfeld einer Umwandlung umfassende Beratung zur Gestaltung der Sachverhalte und zur steuerrechtlichen Behandlung der geplanten Maßnahme einzuholen. Soweit möglich und mit Blick auf die drohende Steuerbelastung sinnvoll, sollten offene steuerliche Fragen durch eine verbindliche Auskunft der Finanzverwaltung abgeklärt werden. Dadurch lassen sich oftmals zeitraubende und in bestimmten Fällen sogar existenzbedrohende Streitigkeiten mit der Finanzverwaltung vermeiden.

II. Aufbau des UmwStG

1. Anwendungsbereich. Das UmwStG war bis zum Jahr 2006 in weiten Teilen ein sog. Annexgesetz 7
zum UmwG und erlaubte es, die dort geregelten Umwandlungen weitgehend steuerneutral durchzuführen. Vorgänge, die nicht unter das UmwG fielen, wurden auch nicht vom Umwandlungssteuergesetz begünstigt. Lediglich im Bereich der sog. Einbringungen in Kapital- und Personengesellschaften begünstigte das UmwStG auch Vorgänge, die nicht nach dem UmwG, sondern im Wege der Einzelrechtsnachfolge durchgeführt wurden.

Durch das SEStEG ist der **Anwendungsbereich** des UmwStG in dessen § 1 wesentlich erweitert wor- 8
den. Der Anwendungsbereich wurde geöffnet für sämtliche Umwandlungsvorgänge und Gesellschaftsrechtsformen, die dem Recht eines EU/EWR-Staates unterliegen.

Voraussetzung für die Anwendbarkeit des deutschen Umwandlungssteuerrechts auf nach auslän- 9
dischem Recht vorzunehmende Umstrukturierungen ist allerdings, dass Deutschland durch den Umwandlungsvorgang überhaupt berührt ist, sei es aufgrund der Ansässigkeit eines der an der Umwandlung beteiligten Rechtsträger, der Ansässigkeit von Gesellschaftern oder aufgrund der Belegenheit von Betriebsvermögen in Deutschland.

Das UmwStG erfasst daher die folgenden Vorgänge: 10
– Umstrukturierung (Verschmelzung, Auf-/Abspaltung, Ausgliederung) unter Beteiligung von zwei inländischen Rechtsträgern. Diese können entweder nur über inländisches Betriebsvermögen oder auch über ausländische Betriebsstätten verfügen. Außerdem können an den beteiligten Rechtsträgern sowohl unbeschränkt als auch beschränkt steuerpflichtige Gesellschafter beteiligt sein.
– Umstrukturierung (Verschmelzung, Auf-/Abspaltung, Ausgliederung) unter Beteiligung eines inländischen und eines EU/EWR-ausländischen Rechtsträgers. Hierbei ist wiederum danach zu unterscheiden, ob Vermögen aus dem Ausland in das Inland übertragen wird (z. B. durch eine sog. Herein-

verschmelzung) oder ob Vermögen von einem inländischen auf einen ausländischen Rechtsträger übergeht (z. B. durch eine sog. Hinausverschmelzung).
– Umstrukturierung (Verschmelzung, Auf-/Abspaltung, Ausgliederung) von zwei EU/EWR-ausländischen Rechtsträgern, wenn mindestens ein Gesellschafter des übertragenden Rechtsträgers im Inland unbeschränkt steuerpflichtig ist oder wenn der übertragende Rechtsträger über eine inländische Betriebsstätte verfügt.
– Formwechsel eines inländischen oder im EU/EWR-Ausland ansässigen Rechtsträgers, der entweder über eine inländische Betriebsstätte verfügt oder dessen Gesellschafter im Inland ansässig sind.

11 a) **Rechtsformen und Ansässigkeitserfordernis.** Das UmwStG definiert seinen Anwendungsbereich in § 1 Abs. 1 UmwStG über die Aufzählung bestimmter Umwandlungsvorgänge des deutschen UmwG und erweitert den so definierten Anwendungsbereich um mit diesen Umwandlungsvorgängen vergleichbare ausländische Vorgänge. Der zweite bis fünfte Teil des UmwStG befasst sich mit der Verschmelzung, Auf- und Abspaltung sowie dem Formwechsel von Körperschaften auf Personengesellschaften bzw. auf andere Körperschaften. Der sechste bis achte Teil des UmwStG hingegen befasst sich mit der Einbringung und dem Anteilstausch in Kapitalgesellschaften, der Einbringung in Personengesellschaften sowie der Verschmelzung, Auf- und Abspaltung sowie dem Formwechsel von Personengesellschaften auf Körperschaften bzw. auf andere Personengesellschaften.

12 Darüber hinaus grenzt § 1 Abs. 2 UmwStG den Anwendungsbereich insoweit ein, als natürliche Personen ihren Wohnsitz oder gewöhnlichen Aufenthaltsort innerhalb der EU/EWR haben müssen bzw. Gesellschaften in der EU/EWR gegründet sein und in diesem Gebiet den Ort ihrer Geschäftsleitung unterhalten müssen (sog. **doppeltes Ansässigkeitserfordernis**).

13 Die unter das UmwStG fallenden Rechtsformen werden somit über das deutsche UmwG und die UmwG der jeweiligen Länder bestimmt. Die dort enthaltenen Regelungen über mögliche beteiligte Rechtsträger und die dargestellte Begrenzung durch das doppelte Ansässigkeitserfordernis geben den Rahmen für die möglicherweise unter das UmwStG fallenden Rechtsträger vor.

14 Das deutsche UmwG lässt für rein nationale Umwandlungen die folgenden Rechtsformen zu (§ 3 UmwG):
– Kapitalgesellschaften,
– Personenhandelsgesellschaften,
– Partnerschaftsgesellschaften,
– Einzelunternehmer,
– eingetragene Genossenschaften,
– eingetragene Vereine, wirtschaftliche Vereine, genossenschaftliche Prüfungsverbände,
– Versicherungsvereine auf Gegenseitigkeit, sowie
– Körperschaften und Anstalten des öffentlichen Rechts.

15 Um bei einer Umstrukturierung unter Beteiligung ausländischer Gesellschaften entscheiden zu können, welche Vorschriften des UmwStG einschlägig sind, ist zu prüfen, ob die ausländische Gesellschaft als Personen- oder als Kapitalgesellschaft einzustufen ist (**Typenvergleich**, vgl. Randnr. 01.27 UmwStE). Diese Beurteilung ist aus Sicht und unter Anwendung der Kriterien des deutschen Steuerrechts vorzunehmen. Für die Einordnung einer ausländischen Gesellschaft sind die von der Rechtsprechung des RFH und des BFH entwickelten Grundsätze eines zweistufigen Rechtstypenvergleichs anzuwenden. Diese Grundsätze stellen darauf ab, ob ein nach ausländischem Recht errichtetes Gebilde einer inländischen Körperschaft im Sinne des § 1 Abs. 1 Nr. 1 KStG oder einer sonstigen juristischen Person im Sinne des § 1 Abs. 1 Nr. 4 KStG gleicht (RFH v. 12.02.1930, RStBl. 1930, 444; BFH-Urteil v. 17.07.1968 – I 121/64, BStBl. II 1968, 695; v. 03.02.1988 – I R 134/84, BStBl. II 1988, 588; v. 23.06.1992 – IX R 182/87, BStBl. II 1992, 972; v. 16.12.1992 – I R 32/92, BStBl. II 1993, 399). Ein ausländisches Gebilde ist hiernach als Körperschaft einzuordnen, wenn sich bei einer Gesamtbetrachtung der einschlägigen ausländischen Bestimmungen und der getroffenen Vereinbarungen über die Organisation und die Struktur des Gebildes ergibt, dass dieses rechtlich und wirtschaftlich einer inländischen Körperschaft oder sonstigen juristischen Person gleicht. Für den Vergleich sind alle Elemente heranzuziehen, die nach deutschem Recht die wesentlichen Strukturmerkmale einer Körperschaft ausmachen (vgl. BMF v. 19.03.2004 – IV B 4 – S 1301 USA 22/04, Tz. IV).

Die Öffnung des deutschen Umwandlungssteuerrechts für grenzüberschreitende Umstrukturierungen **16**
hat wohl die größte Relevanz für grenzüberschreitende Umstrukturierungen von Kapitalgesellschaften,
denn sowohl die Fusionsrichtlinie als auch die Verschmelzungsrichtlinie gelten nur für Kapitalgesellschaften. Für eine grenzüberschreitende Umwandlung unter Beteiligung von Personengesellschaften
gibt es auf europarechtlicher Ebene weder eine gesellschaftsrechtliche Regelung noch eine konkrete Anforderung an Steuerneutralität. Letztere könnte sich allenfalls unmittelbar aus der Niederlassungsfreiheit ergeben. Allerdings wurde der Anwendungsbereich der Fusionsrichtlinie im Jahr 2005 auch auf die
sog. »**transparenten Gesellschaften**« ausgedehnt. Es handelt sich hierbei um solche Gesellschaften, die
zwar nach dem Recht ihres Gründungsstaates als selbstständiges Körperschaftsteuersubjekt angesehen
werden, jedoch aufgrund ihrer gesellschaftsrechtlichen Ausgestaltung von anderen Staaten für Zwecke
der Besteuerung als Personengesellschaft qualifiziert werden. Diese Gesellschaften werden auch als sog.
hybride Gesellschaften bezeichnet. Zur Beurteilung der Frage, welche Regelungen des UmwStG
auf Umstrukturierungen anzuwenden sind, an denen hybride Gesellschaften beteiligt sind, kommt
es daher – unabhängig von der zivilrechtlichen Würdigung – auf das Ergebnis der Typenvergleichsprü-
fung an.

b) Anwendbarkeit des UmwG oder vergleichbarer ausländischer Regelungen. Auch das **17**
UmwStG in der Fassung nach dem SEStEG knüpft grundsätzlich an die im UmwG geregelten Umstrukturierungsvorgänge an. Während nach der bis 2006 geltenden Rechtslage allerdings nur die im
deutschen UmwG geregelten Umstrukturierungsvorgänge Verschmelzung, Spaltung, Vermögensübertragung und Formwechsel die Fälle der steuerlich begünstigten Umstrukturierungen definierten, werden seither auch Vorgänge nach ausländischem Recht, die mit einer Verschmelzung, Aufspaltung und
Abspaltung im Sinne der §§ 2, 123 Abs. 1 und 2 UmwG vergleichbar sind, sowie grenzüberschreitende
Umstrukturierungsvorgänge (z. B. nach § 122a UmwG oder vergleichbaren ausländischen Regelungen) erfasst. Auch die Umwandlungsvorgänge zur Errichtung einer europäischen AG (SE; Art. 17
der Verordnung [EG] Nr. 2157/2001) oder zur Errichtung einer europäischen Genossenschaft (SCE;
Art. 19 der Verordnung [EG] Nr. 1435/2003) können unter die begünstigenden Regelungen des Umwandlungssteuergesetzes fallen (vgl. Randnr. 01.42 UmwStE).

Der UmwStE enthält in den Randnr. 01.20 ff. ausführliche Ausführungen, wie die Vergleichbarkeit **18**
eines ausländischen Umwandlungsvorgangs zu prüfen ist. Der Vergleich betrifft dabei insbesondere
– die beteiligten Rechtsträger,
– die Rechtsnatur bzw. Rechtsfolgen des Umwandlungsvorgangs (Strukturmerkmale) und
– sonstige Vergleichskriterien.

Die Finanzverwaltung verlangt, dass der ausländische Vorgang im Grundsatz auch nach dem UmwG **19**
wirksam abgewickelt werden könnte (vgl. Randnr. 01.25 UmwStE). Wird beispielsweise bei einer Verschmelzung nach ausländischem Recht zulässiger Weise eine bare Zuzahlung von 50 % vereinbart, fällt
dieser Vorgang wegen eines Verstoßes gegen die im UmwG vorgesehene Begrenzung der baren Zuzahlung auf 10 % mangels Vergleichbarkeit mit einer inländischen Umwandlung nicht unter das UmwStG.
Das Schwergewicht der Vergleichbarkeitsprüfung liegt auf den Strukturmerkmalen der jeweiligen Umwandlung. Hierzu werden für die Umwandlungsarten Verschmelzung, Auf- und Abspaltung sowie
Formwechsel von der Finanzverwaltung recht detaillierte Prüfungskataloge aufgestellt (vgl. Randnr.
01.30–01.32 für die Verschmelzung, Randnr. 01.33–01.38 für die Auf- und Abspaltung und Randnr.
01.39 für den Formwechsel). Insoweit ist jedem steuerlichen Berater zu empfehlen, für die Vergleichbarkeitsprüfung ggf. Unterstützung bei einem Notar oder im UmwG versierten Anwalt einzuholen.

Ein teilweise kritischer Punkt ist erfahrungsgemäß insbesondere die Frage, ob die ausländische Um- **20**
wandlung eine Gesamtrechtsnachfolge nach deutschem Vorbild beinhaltet. Die Finanzverwaltung verweist zwar im UmwStE lediglich darauf, dass ein vergleichbarer ausländischer Umwandlungsvorgang
einen Vermögensübergang »kraft Gesetzes« beinhalten muss (vgl. Randnr. 01.30 UmwStE), so dass eine
Gesamtrechtsnachfolge nach deutschem Vorbild nicht zwingend erscheint. Dies wird allerdings insoweit relativiert, als nach expliziter Aussage der Finanzverwaltung eine Vermögensübertragung durch
Einzelübertragungen nicht ausreichend sein soll, um einen vergleichbaren Vorgang anzunehmen (vgl.
Randnr. 01.31 UmwStE). Insoweit muss eine detaillierte Prüfung des ausländischen Umwandlungsvorganges auch in seinen technischen Details erfolgen. Soweit nach ausländischer Umwandlungspraxis zu-

sätzlich zum möglicherweise vorhandenen Vermögensübergang kraft Gesetzes noch eine Einzelübertragung vorgenommen wird, ist darauf zu achten, dass diese nicht die Vergleichbarkeitsprüfung in Deutschland torpediert. Insbesondere eine dem gesetzlichen Vermögensübergang vorgelagerte Einzelübertragung könnte insoweit eine unzulässige Abweichung vom deutschen UmwG darstellen.

21 Die Ausführungen im UmwStE zur Vergleichbarkeitsprüfung enthalten noch einige weitere wichtige Punkte. Eine Erleichterung ist die Feststellung, dass bei der Vergleichbarkeit des ausländischen Rechts nicht auf die Rechtsvorschriften als solche, sondern auf den konkret ausgestalteten Umwandlungsvorgang abgestellt wird (vgl. Randnr. 01.25 UmwStE). Wird also der konkrete Umwandlungsvorgang so ausgestaltet, dass er in dieser Form auch nach den nationalen Rechtsvorschriften hätte durchgeführt werden können, dann ist dieser Umwandlungsvorgang vergleichbar. Die Tatsache, dass das ausländische Recht auch die Möglichkeit eingeräumt hätte, den Umwandlungsvorgang so auszugestalten, dass er mit den nationalen Vorschriften nicht mehr vergleichbar gewesen wäre, ist dann unschädlich. Positiv ist auch, dass die Finanzverwaltung die Regelungen des ausländischen Rechts zur gesellschaftsrechtlichen Rückwirkungsdauer für die Vergleichbarkeit mit deutschem Recht nicht für relevant hält (vgl. Randnr. 01.41 UmwStE). Maßgeblich ist daher im konkreten Einzelfall, dass die im deutschen Recht vorgesehene Frist von acht Monaten für die Rückwirkung nicht überschritten wird. Unberührt bleibt die Vorschrift des § 2 Abs. 3 UmwStG zur Vermeidung weißer Einkünfte bei unterschiedlichen steuerlichen Rückbeziehungen in verschiedenen Staaten. Demgegenüber verbreitet die Auffassung der Finanzverwaltung zu einem dritten Punkt überwiegend Unsicherheit, und dies betrifft die gesellschaftsrechtliche Zulässigkeit eines Umwandlungsvorgangs nach dem jeweils geltenden Recht. Zwar erkennt die Finanzverwaltung grundsätzlich an, dass die gesellschaftsrechtliche Zulässigkeit des Umwandlungsvorgangs von der Entscheidung der ausländischen Registerbehörden abhängt. Das bedeutet, dass eine Umwandlung wohl zulässig ist, wenn sie eingetragen wird. Allerdings macht die Finanzverwaltung dann jedoch in Randnr. 01.23 UmwStE die Einschränkung, dass dies nicht gelten soll, wenn die Umwandlung an »gravierenden Mängeln« leidet. Es erschließt sich dem Rechtsanwender nicht, was ein »gravierender Mangel« sein soll und wie das von einem deutschen Finanzamt überhaupt geprüft werden soll, wenn noch nicht einmal das ausländische Registergericht den »gravierenden Mangel« erkannt hat.

22 **c) Schematische Darstellung.** Im Einzelnen sind die Regelungen des UmwStG somit auf folgende Vorgänge nach dem UmwG, nach anderen Vorschriften und vergleichbare ausländische Vorgänge anwendbar, wenn für die betreffenden Umwandlungsvorgänge und die beteiligten Rechtsträger die bereits dargestellten Voraussetzungen erfüllt sind:

Verschmelzung von Körperschaften auf natürliche Personen (Einzelunternehmer) oder Personengesellschaften	2. Teil, §§ 3 bis 8 UmwStG
Formwechsel einer Körperschaft in eine Personengesellschaft	2. Teil, § 10 in Verbindung mit §§ 3 bis 8 UmwStG
Verschmelzung von Körperschaften	3. Teil, §§ 11 bis 13 UmwStG
Aufspaltung und Abspaltung von Körperschaften auf Körperschaften	4. Teil, § 15 in Verbindung mit §§ 11 bis 13 UmwStG
Aufspaltung und Abspaltung von Körperschaften auf natürliche Personen oder Personengesellschaften	4. Teil, § 16 in Verbindung mit §§ 3 bis 10 UmwStG
Einbringung (im Wege der Ausgliederung nach dem UmwG oder außerhalb des UmwG durch Einzelrechtsübertragung) von Unternehmensteilen in eine Kapitalgesellschaft oder Genossenschaft	6. Teil, §§ 20 bis 23 UmwStG
Anteilstausch von Anteilen an Kapitalgesellschaften in Anteile einer Kapitalgesellschaft	

Einbringung (im Wege der Ausgliederung nach dem UmwG oder außerhalb des UmwG durch Einzelrechtsübertragung) eines Betriebs, Teilbetriebs oder Mitunternehmeranteils in eine Personengesellschaft Verschmelzung, Aufspaltung und Abspaltung von Personengesellschaften	7. Teil, § 24 UmwStG
Formwechsel einer Personengesellschaft in eine Kapitalgesellschaft	8. Teil, § 25 in Verbindung mit §§ 20 bis 23 UmwStG

2. Zeitliche Anwendbarkeit des UmwStG. Gem. § 27 Abs. 1 Satz 1 UmwStG ist die durch das SE- 23
StEG vorgenommene Neufassung des UmwStG erstmals auf Umwandlungen und Einbringungen
anzuwenden, bei denen die Anmeldung zur Eintragung in das für die Wirksamkeit des jeweiligen Vorgangs maßgebende öffentliche Register nach dem 12.12.2006 erfolgt ist. Diese Regelung betrifft naturgemäß nur solche Umwandlungen, die nach den einschlägigen inländischen oder ausländischen Rechtsvorschriften in ein öffentliches Register einzutragen sind.

Für Einbringungen, deren Wirksamkeit keine Eintragung in ein öffentliches Register voraussetzt – dies 24
ist z. B. bei Einbringungen in eine Personengesellschaft der Fall – ist die Neufassung des Gesetzes nach
§ 27 Abs. 1 Satz 2 UmwStG erstmals anzuwenden, wenn das wirtschaftliche Eigentum an den eingebrachten Wirtschaftsgütern nach dem 12.12.2006 übergegangen ist.

Daher ist das Umwandlungssteuergesetz a. F. letztmals auf Vorgänge anzuwenden, die vor dem 25
12.12.2006 zur Eintragung in ein öffentliches Register angemeldet worden sind oder bei denen das
wirtschaftliche Eigentum an den eingebrachten Wirtschaftsgütern bis zum 12.12.2006 übergegangen
ist (§ 27 Abs. 2 UmwStG).

Jedoch sind einige Ausnahmen zu beachten: 26
– Für die Fälle der Vermögensübertragung von Körperschaften auf Personengesellschaften oder natürliche Personen gab es in § 5 Abs. 4 UmwStG a. F. eine Regelung, die die Einlagefiktion von nach
altem Recht entstandenen **einbringungsgeborenen Anteilen** betraf. Diese Regelung wurde abgeschafft, da das neue System der rückwirkenden Besteuerung nach § 22 UmwStG eine solche Regelung überflüssig gemacht hat. Gleichwohl gibt es aber natürlich noch die nach altem Recht entstandenen einbringungsgeborenen Anteile. Wird eine Kapitalgesellschaft, deren Anteile nach altem
Recht einbringungsgeboren sind, in eine Personengesellschaft umgewandelt, dann gilt die in § 5
Abs. 4 UmwStG a. F. geregelte Einlagefiktion auch im neuen Recht. Dies stellt § 27 Abs. 3 Nr. 1
UmwStG klar.
– Außerdem gelten für die nach altem Recht entstandenen einbringungsgeborenen Anteile auch für die
Zukunft die Realisationstatbestände des bisherigen § 21 UmwStG a. F. weiter (§ 27 Abs. 3 Nr. 3
UmwStG).
– Soweit einbringungsgeborene Anteile alten Rechts veräußert werden, gelten auch die Regelungen des
§ 8b Abs. 4 KStG a. F. und des § 3 Nr. 40 Sätze 3 und 4 EStG a. F. weiter. Das bedeutet, dass die
Gewinne aus der Veräußerung derartiger Anteile innerhalb von 7 Jahren nach dem Einbringungsvorgang der vollen Veräußerungsgewinnbesteuerung unterliegen und nicht von der Steuerbefreiung
bzw. dem Teileinkünfteverfahren begünstigt sind. Diese Siebenjahresfrist lief somit unverändert weiter. Im Fall der Veräußerung solcher Anteile gelten daher die Neuregelungen der §§ 22, 23 und 24
Abs. 5 UmwStG nicht. Dies stellt § 27 Abs. 4 UmwStG klar.

Bedeutsame zwischenzeitliche Ergänzungen finden sich insbesondere in § 2 Abs. 4 UmwStG (Ein- 27
schränkung der Verlustnutzung bei rückwirkender Umwandlung). Für diese Regelungen gelten jeweils
eigene Anwendungsvorschriften in § 27 Abs. 9 ff. UmwStG.

B. Verschmelzung von Körperschaften auf Personengesellschaften oder natürliche Personen

I. Einleitung

28 Kapital- und Personengesellschaften unterliegen im deutschen Steuerrecht einem unterschiedlichen Besteuerungsregime. Während Kapitalgesellschaften für alle Steuerarten grundsätzlich eigenständige Steuersubjekte sind und daher mit ihren eigenen Gewinnen selbst der Körperschaft- und Gewerbesteuer unterliegen, sind Personengesellschaften für Zwecke der Einkommen- und Körperschaftsteuer transparent, d. h. die Gewinne von Personengesellschaften werden unabhängig davon, ob diese Gewinne tatsächlich ausgeschüttet werden oder nicht, auf Ebene der jeweiligen Gesellschafter versteuert. Für Gewerbesteuerzwecke ist die Personengesellschaft hingegen selbst Steuersubjekt.

29 Dieses unterschiedliche Besteuerungsregime hat allerdings nicht zur Folge, dass jede Verschmelzung einer Körperschaft auf eine Personengesellschaft zwingend gewinnrealisierend ist. Es besteht auch insoweit unter bestimmten Voraussetzungen ein Wahlrecht, abweichend vom gesetzlichen Regelfall des Ansatzes zum gemeinen Wert für das anlässlich der Verschmelzung von der Körperschaft auf die Personengesellschaft übergehende Vermögen den Buchwert oder einen Zwischenwert anzusetzen.

30 Allerdings werden Verschmelzungen von Körperschaften auf Personengesellschaften dennoch häufig nicht ohne eine Steuerbelastung möglich sein. Dies beruht darauf, dass der Gesellschafter einer Personengesellschaft Gewinne aus der Gesellschaft entnehmen kann, ohne dass dies eine Besteuerung auslöst, während die Gewinne einer Kapitalgesellschaft bei Ausschüttung von den Gesellschaftern zu versteuern sind. Diese Besteuerung erfolgt nach den Regeln des Teileinkünfteverfahrens bzw. der Abgeltungsteuer, soweit es sich bei den Gesellschaftern um natürliche Personen handelt und nach den Regeln des § 8b KStG, soweit es sich bei den Gesellschaftern um Körperschaften handelt. Da mit der Verschmelzung einer Kapitalgesellschaft auf eine Personengesellschaft die Besteuerung von Ausschüttungen wegfällt, muss es anlässlich dieser Umwandlung zu einer Besteuerung der noch nicht ausgeschütteten Gewinne der Körperschaft kommen, damit diese Gewinne nicht nachfolgend ohne weitere Besteuerung aus der Personengesellschaft entnommen werden können.

31 Vor diesem Hintergrund können die steuerlichen Konsequenzen der Verschmelzung einer inländischen Kapital- auf eine inländische Personengesellschaft im Überblick wie folgt beschrieben werden:
- Die übertragende Kapitalgesellschaft kann bei Vorliegen bestimmter Voraussetzungen ihr Betriebsvermögen in ihrer steuerlichen Schlussbilanz mit den **Buchwerten** ansetzen. Diese Wertansätze sind von der übernehmenden Personengesellschaft fortzuführen. Hierdurch wird eine Aufdeckung der bei der Kapitalgesellschaft vorhandenen stillen Reserven vermieden. Zur Versteuerung dieser stillen Reserven kommt es erst bei der das Vermögen übernehmenden Personengesellschaft bzw. der natürlichen Person bei Realisierung der stillen Reserven. Damit besteht für die stillen Reserven eine Steuerstundung.
- Werden die Wirtschaftsgüter der übertragenden Körperschaft in der steuerlichen Schlussbilanz mit einem über dem Buchwert liegenden Wert – max. dem gemeinen Wert – angesetzt, so führt diese Buchwertaufstockung zur Entstehung eines **Übertragungsgewinns**, welcher der Körperschaftsteuer und der Gewerbesteuer unterliegt, soweit er nicht durch laufende steuerliche Verluste oder Verlustvorträge ausgeglichen werden kann.
- Neben dem Übertragungsgewinn kommt es zu einer Besteuerung der Gewinnrücklagen der übertragenden Kapitalgesellschaft, obwohl tatsächlich keine Ausschüttung stattgefunden hat (**Vollausschüttungsfiktion**). Es kommt diesbezüglich zu einer Besteuerung auf Anteilseignerebene, soweit die Ausschüttung nicht aus einem ggf. vorhandenen steuerlichen Einlagekonto finanziert wird und dies auch entsprechend bescheinigt wird.
- Bei der übernehmenden Personengesellschaft ergibt sich entweder ein (nur mit der fiktiven Dividende verrechenbarer) Übernahmeverlust oder ein Übernahmegewinn, der den normalen Regelungen zu Besteuerung von Gewinnen aus der Veräußerung von Anteilen an Kapitalgesellschaften unterliegt.

Insgesamt ergeben sich die **steuerlichen Folgen einer Umwandlung somit auf drei Ebenen:** bei der 32
übertragenden Kapitalgesellschaft, bei der übernehmenden Personengesellschaft bzw. natürlichen Person und bei den Gesellschaftern der übertragenden Kapitalgesellschaft.

Die dargestellten Grundsätze gelten sowohl für rein inländische als auch für ausländische oder grenz- 33
überschreitende Umwandlungsvorgänge, soweit in Deutschland steuerpflichtiges Betriebsvermögen und somit das deutsche Besteuerungsrecht von dem Umstrukturierungsvorgang betroffen ist.

II. Wertansätze in der steuerlichen Schlussbilanz der übertragenden Körperschaft

1. Einleitung. Das aktuelle UmwStG geht für die Wertansätze in der steuerlichen Schlussbilanz der 34
Überträgerin von einem Regel-Ausnahme-Prinzip aus, bei dem die Aufdeckung der stillen Reserven die Regel und die Buchwertfortführung die Ausnahme darstellt.

Regel:

Gem. § 3 Abs. 1 UmwStG hat der übertragende Rechtsträger eine steuerliche Schlussbilanz zu erstellen 35
und die übergehenden Wirtschaftsgüter in seiner steuerlichen Schlussbilanz grundsätzlich mit dem gemeinen Wert anzusetzen und sämtliche stillen Reserven zu versteuern.

Ausnahme:

§ 3 Abs. 2 UmwStG erlaubt auf Antrag, die übergehenden Wirtschaftsgüter einheitlich mit dem Buch- 36
wert oder einem höheren Wert, höchstens jedoch mit dem gemeinen Wert anzusetzen, soweit die folgenden Voraussetzungen kumulativ erfüllt sind:

(1) Die übergehenden Wirtschaftsgüter müssen Betriebsvermögen der übernehmenden Personenge- 37
sellschaft oder natürlichen Person werden und es muss sichergestellt sein, dass sie später der Besteuerung mit Einkommen- oder Körperschaftsteuer unterliegen.
Bei einer rein inländischen Umstrukturierung ist diese Voraussetzung immer dann erfüllt, wenn die übernehmende Personengesellschaft gewerblich tätig oder gewerblich geprägt ist bzw. die übergehenden Wirtschaftsgüter bei einer übernehmendem natürlichen Person zum Betriebsvermögen ihres Einzelunternehmens gehören. Die Steuerverhaftung muss sich nach dem ausdrücklichen Wortlaut des Gesetzes nur auf die Einkommen- bzw. Körperschaftsteuer, nicht jedoch auf die Gewerbesteuer beziehen.
Die Vorschrift verlangt aber nicht, dass es sich um ein inländisches Betriebsvermögen handeln muss. Das Betriebsvermögen kann auch im Ausland belegen sein (Randnr. 03.15 UmwStE) und bei der geforderten künftigen Besteuerung mit Einkommen- oder Körperschaftsteuer kann es sich auch um eine vergleichbare ausländische Steuer handeln (Randnr. 03.17 UmwStE).
Handelt es sich bei der Übernehmerin um eine vermögensverwaltende Personengesellschaft, geht das übergehende Vermögen nicht in ein Betriebsvermögen über. Dies gilt nach Ansicht der Finanzverwaltung gleichermaßen, wenn es sich um eine sog. **Zebragesellschaft** handelt, die zwar nicht selbst gewerblich tätig oder geprägt ist, deren Anteile jedoch sämtlich von den Gesellschaftern in einem Betriebsvermögen gehalten werden (Randnr. 03.16 UmwStE). Diese Ansicht ist nicht recht nachvollziehbar und wird daher in der Literatur auch kritisiert (vgl. z. B. Schmitt in: Schmitt/Hörtnagl/Stratz, UmwG/UmwStG, § 3 UmwStG Rn. 139).

(2) Das Recht Deutschlands zur Besteuerung des Gewinns aus der Veräußerung der übertragenen 38
Wirtschaftsgüter darf bei den Gesellschaftern der übernehmenden Personengesellschaft oder bei der übernehmenden natürlichen Person nicht ausgeschlossen oder beschränkt werden.

Bei einer rein innerdeutschen Umstrukturierung, bei der die beteiligten Rechtsträger im Inland ansässig sind, keine ausländische Betriebsstätte unterhalten oder begründen und auch keine ausländischen Mitunternehmer beteiligt sind, ist diese Voraussetzung regelmäßig erfüllt.

Eine solche Einschränkung bzw. ein solcher Verlust des deutschen Besteuerungsrechts ist allenfalls dann denkbar, wenn die Umwandlung auf eine ausländische Personengesellschaft oder auf eine Personengesellschaft mit ausländischen Mitunternehmern erfolgt. Selbst in diesen Fällen besteht jedoch für alle Wirtschaftsgüter, die einer inländischen gewerblichen Betriebsstätte der Personengesellschaft zuzuordnen sind, das deutsche Besteuerungsrecht nach § 49 Abs. 1 Nr. 2 Buchst. a EStG weiter. Die von Deutschland abgeschlossenen Doppelbesteuerungsabkommen ändern hieran nichts, da gewerbliche Gewinne einer Personengesellschaft auch nach diesen Regeln in Deutschland steuerpflichtig sind.

Etwas anderes kann jedoch dann gelten, wenn die Umwandlung nicht auf eine gewerblich tätige, sondern auf eine nur gewerblich geprägte Personengesellschaft erfolgt. Nach einem Urteil des BFH begründet eine nur gewerblich geprägte, jedoch nicht gewerblich tätige Personengesellschaft in Deutschland für abkommensrechtliche Zwecke keine Betriebsstätte, d. h. die daraus erwirtschafteten Gewinne sind in Deutschland nur dann steuerpflichtig, wenn die Doppelbesteuerungsabkommen für die spezielle Einkunftsart Deutschland das Besteuerungsrecht zuweisen (vgl. Urteil v. 28.04.2010 – I R 81/09, BStBl. II 2014, 754 und BMF vom 26.09.2014, BStBl. I 2014, 1258). Dies ist insbesondere bei Veräußerungsgewinnen aus Anteilen an Kapitalgesellschaften regelmäßig nicht der Fall, so dass diese Gewinne bei einer nur gewerblich geprägten Personengesellschaft aus abkommensrechtlicher Sicht regelmäßig im Ansässigkeitsstaat des Mitunternehmers besteuert werden, d. h. Deutschland würde insoweit das Besteuerungsrecht verlieren. Die Verschmelzung einer nur Anteile an anderen Kapitalgesellschaften haltenden Kapitalgesellschaft auf eine nur gewerblich geprägte Personengesellschaft, die auch nach der Verschmelzung nicht gewerblich tätig wird, wäre somit nicht steuerneutral zu Buchwerten möglich (vgl. auch Nitzschke, IStR 2011, 838; anders noch Randnr. 03.15 UmwStE).

Die Finanzverwaltung verweist in Randnr. 03.18 UmwStE zur Interpretation dieser Vorschrift auf die Entstrickungstatbestände in § 4 Abs. 1 Satz 3 EStG und § 12 Abs. 1 KStG. Insbesondere wird ausdrücklich auf das Regelbeispiel des § 4 Abs. 1 Satz 4 EStG bzw. § 12 Abs. 1 Satz 2 KStG verwiesen, wonach ein Ausschluss oder eine Beschränkung des Besteuerungsrechts hinsichtlich des Gewinns aus der Veräußerung eines Wirtschaftsguts insbesondere dann vorliegen soll, wenn ein bisher einer inländischen Betriebsstätte des Steuerpflichtigen zuzuordnendes Wirtschaftsgut nunmehr einer ausländischen Betriebsstätte zuzuordnen ist. In diesem Zusammenhang ist allerdings zu berücksichtigen, dass die hier zitierten Vorschriften nach der Rechtsprechung des BFH (Urteil v. 17.07.2008 – I R 77/06, BStBl. II 2009, 464 und vom 28.10.2009 – I R 99/08, BStBl. II 2011 II, 1019)) sowie der herrschenden Meinung in der Literatur (vgl. beispielhaft Stadler/Elser/Bindl, DB Beilage 1 zu Heft 2/2012, 14 [18]; Gosch, BFH/PR 2008, 499) regelmäßig gerade nicht geeignet sind, anlässlich einer Überführung von Wirtschaftsgütern in eine ausländische Betriebsstätte eine Besteuerung auszulösen, denn Deutschland verliert in derartigen Überführungsfällen i. d. R. das Besteuerungsrecht für die in der Vergangenheit bis zum Zeitpunkt der Überführung angesammelten stillen Reserven nicht und das Besteuerungsrecht an diesen bereits vorhandenen stillen Reserven wird auch nicht eingeschränkt. Die Tatbestandsmerkmale der Entstrickungsvorschrift sind damit nach dieser Auffassung zum Überführungszeitpunkt nicht erfüllt, die Vorschrift läuft »ins Leere«.

Darüber hinaus soll es in den Fällen einer »Hinausverschmelzung«, mittels derer anstelle der bisherigen inländischen Kapitalgesellschaft lediglich eine inländische Betriebsstätte einer ausländischen Personengesellschaft verbleibt, zu einer »Zwangsüberführung« kommen können. Diese beruht auf der sogenannten »Attraktionskraft des Stammhauses«, die von der Finanzverwaltung in Tz. 2.4 der Betriebsstättenverwaltungsgrundsätze (BMF-Schreiben v. 24.12.1999, BStBl. I 1999, 1076, zuletzt geändert durch BMF-Schreiben v. 25.08.2009, BStBl. I 2009, 888) begründet wird. Der Grundgedanke dabei ist, dass verschiedene Wirtschaftsgüter, insbesondere Beteiligungen und originäre immaterielle Wirtschaftsgüter, regelmäßig dem Stammhaus eines Unternehmens zuzuordnen sind. Wenn es zu einer solchen »automatischen« Zuordnung von Wirtschaftsgütern zu dem nunmehr in Ausland belegenen Stammhaus kommt, könnte weiterhin gefolgert werden, dass ein daraus resultierender Entstrickungsgewinn auch unter die Rückwirkung des § 2 UmwStG fällt und demgemäß bereits am steuerlichen Übertragungsstichtag entsteht. Diesen Überlegungen tritt die Finanzverwaltung jedoch in Randnr. 03.20 UmwStE entgegen. Hier wird zunächst klargestellt, dass sich durch eine grenzüberschreitende Umwandlung per se nicht die abkommensrechtliche Zuordnung von Wirtschaftsgütern zu einer in- oder ausländischen Betriebsstätte ändert. Vielmehr muss es anlässlich der Umwandlung auch zu einer Änderung der maßgeblichen betriebswirtschaftlichen Verhältnisse kommen, die für die Zuordnung des jeweiligen Wirtschaftsguts maßgeblich sind. Wurde

z. B. die Beteiligungsverwaltung vor der Umwandlung von dem inländischen Stammhaus ausgeübt und wird diese inländische Tätigkeit nach der Umwandlung nicht geändert, sodass die entstandene inländische Betriebsstätte weiterhin die aktive Beteiligungsverwaltung durchführt, so sollten die Beteiligungen auch weiterhin dieser Betriebsstätte zugeordnet werden können und es käme zu keiner Zwangsüberführung (vgl. Beinert/Benecke, FR 2010, 1018; Rautenstrauch/Seitz, Ubg 2012, 14 [17]; zur Zuordenbarkeit von Beteiligungen zu Betriebsstätten vgl. ebenfalls BFH-Urteil v. 19.12.2007 – I R 66/06, BStBl. II 2008, 510).

Wird ein Entstrickungsgewinn erst durch die tatsächliche Veränderung betriebswirtschaftlicher Gegebenheiten ausgelöst, entsteht er auch erst in dem Zeitpunkt, in dem es zu der maßgeblichen Veränderung der betriebswirtschaftlichen Abläufe kommt, und nicht bereits rückwirkend am steuerlichen Übertragungsstichtag.

Leider enthält weder das Gesetz noch der UmwStE eine Regelung zu dem umgekehrten Fall, in dem es anlässlich einer Umwandlung zu einer erstmaligen Verstrickung von Wirtschaftsgütern im Inland kommt. Unklar ist hier, ob die allgemeinen Regelung des § 4 Abs. 1 Satz 8 Halbs. 2 EStG Anwendung finden, wonach eine Verstrickung mit dem gemeinen Wert erfolgt, oder ob die Regelungen des UmwStG vorrangig sind, wonach eine Buchwertfortführung bzw. ein Zwischenwertansatz einheitlich für alle Wirtschaftsgüter auszuüben ist. Im letzteren Fall käme es zu einer Verstrickung von stillen Reserven, die vor der Überführung des Wirtschaftsguts in die inländische Steuerpflicht entstanden sind (Hruschka, DStR Beiheft zu Heft 2/2012, 4 [7]).

(3) Eine Gegenleistung für die Vermögensübertragung darf nicht gewährt werden oder nur in Gesell- **39** schaftsrechten bestehen.

Diese Voraussetzung führt dazu, dass die Umstrukturierungen, in denen z. B. ein Spitzenausgleich zu zahlen ist, nicht vollständig steuerneutral durchgeführt werden können.

Zu beachten ist, dass Zahlungen an ausscheidende Anteilseigner aufgrund Barabfindung nach §§ 29, 125 oder 207 UmwG keine schädlichen Gegenleistungen im Sinne des § 3 Abs. 2 Satz 1 Nr. 3 UmwStG darstellen (Randnr. 03.22 UmwStE).

Wird eine schädliche Gegenleistung gewährt, sind die Buchwerte der übergehenden Wirtschaftsgüter in der steuerlichen Schlussbilanz der übertragenden Körperschaft insoweit mindestens mit dem Wert der Gegenleistung anzusetzen und es ergibt sich ein steuerpflichtiger Übertragungsgewinn (Randnr. 03.23 UmwStE).

2. Steuerliche Schlussbilanz. Die Finanzverwaltung hat im UmwStE auch zum Charakter der steu- **40** erlichen Schlussbilanz und ihrem Verhältnis zur »normalen« Steuerbilanz zum Ende eines Wirtschaftsjahres Stellung genommen. Gemäß Randnr. 03.01 UmwStE ist die steuerliche Schlussbilanz im Sinne des § 3 Abs. 1 Satz 1 UmwStG eine eigenständige Bilanz, die von der Gewinnermittlungsbilanz im Sinne des § 4 Abs. 1, § 5 Abs. 1 EStG zu unterscheiden ist.

Die steuerliche Schlussbilanz ist völlig unabhängig von der Handelsbilanz und den dortigen Wertansät- **41** zen (vgl. Randnr. 03.10 UmwStE). Die in § 3 Abs. 1 UmwStG vorgesehenen Bewertungswahlrechte können somit – bei Vorliegen der dort geregelten Voraussetzungen – unabhängig von der Bilanzierung in der Handelsbilanz vorgenommen werden. Auch die früher von der Finanzverwaltung vertretene Auffassung (vgl. Randnr. 03.02 UmwStE 1998), dass bei einer umwandlungsbedingten Aufstockung der Handelsbilanzwerte auf den Zeitwert auch in der ersten folgenden Steuerbilanz die Werte gewinnrealisierend und somit steuerpflichtig aufzustocken sind, wird von der Finanzverwaltung nicht mehr vertreten.

Da die steuerliche Schlussbilanz im Sinne des § 3 UmwStG eine eigenständige Bilanz ist, gelten bei **42** einer Aufstockung der Buchwerte auf Zwischen- oder gemeine Werte auch die steuerlichen Bewertungsvorbehalte des EStG für die steuerliche Schlussbilanz nicht (vgl. Randnr. 03.06 UmwStE).

3. Fortführung der Buchwerte/Ansatz von Zwischenwerten. Sofern die genannten Voraussetzun- **43** gen vorliegen, können in der Schlussbilanz der Überträgerin die Buchwerte angesetzt werden. Es kommt bei dem übertragenden Rechtsträger zu keiner Aufdeckung stiller Reserven.

44 Das Vorliegen der Voraussetzungen für die Ausübung des Bewertungswahlrechts ist für jedes überge-hende Wirtschaftsgut gesondert zu prüfen. Werden z. B. einzelne Wirtschaftsgüter anlässlich einer grenzüberschreitenden Umstrukturierung in das Ausland verbracht (z. B. aufgrund der von der Finanz-verwaltung angenommen »Attraktionskraft des Stammhauses«) und dort in einem ausländischen Be-triebsvermögen weiterhin zur Einkünfteerzielung genutzt, dann wird hierdurch das Besteuerungsrecht Deutschlands entweder vollständig beendet oder zumindest der Höhe nach beschränkt. Diese Wirt-schaftsgüter können dann nicht mit den Buchwerten oder Zwischenwerten angesetzt werden, sondern sind mit ihrem gemeinen Wert zu bewerten. Die übrigen, im Inland verbleibenden Wirtschaftsgüter können jedoch weiterhin mit dem Buchwert angesetzt werden. Das Wort »soweit« in § 3 Abs. 2 Satz 1 UmwStG macht deutlich, dass nur die Wirtschaftsgüter, bei denen die zitierten Voraussetzungen nicht gegeben sind, mit dem gemeinen Wert anzusetzen sind, während für alle anderen Wirtschaftsgüter, bei denen die genannten Voraussetzungen erfüllt sind, das Bewertungswahlrecht weiterhin ausgeübt wer-den kann (Randnr. 03.13 UmwStE).

45 Sofern die Voraussetzungen für die Ausübung des Bewertungswahlrechts erfüllt sind, ist neben einer Buchwertfortführung wahlweise auch der Ansatz höherer Werte möglich. Sofern ein Ansatz zu Zwi-schenwerten gewählt wird, stellt sich die Frage, wie die Aufstockung vorzunehmen ist. Da in der steu-erlichen Schlussbilanz im Fall der Buchwertaufstockung nicht nur die bilanzierten, sondern auch die originären immateriellen Wirtschaftsgüter zu bilanzieren sind, könnte eine Buchwertaufstockung gleichmäßig für alle vorhandenen Wirtschaftsgüter vorgenommen werden oder es könnte nach der vom BFH entwickelten 3-Stufen-Theorie vorgegangen werden (vgl. Dötsch/Pung, DB 2006, 2709). Hiernach wären zunächst die bilanzierten Wirtschaftsgüter bis zu ihrem gemeinen Wert aufzustocken, danach die originären immateriellen Wirtschaftsgüter und erst zum Schluss der Firmenwert. Die An-wendung der 3-Stufen-Theorie liegt bereits aus praktischen Gründen nahe, da ansonsten selbst für eine geringe Aufstockung auf Zwischenwerte bereits eine Unternehmensbewertung durchgeführt werden müsste, um berechnen zu können, in welchem Umfang es zum Ansatz eines anteiligen Firmenwertes kommt. Diese Vorgehensweise entspricht denn auch langjähriger Praxis und war bisher auch die von der Finanzverwaltung bevorzugte Methode (vgl. Randnr. 04.33 UmwStE 1998). Aus nicht ersichtlichen Gründen ist die Finanzverwaltung im UmwStE jedoch von dieser langjährigen Praxis abgewichen und verlangt nunmehr in Randnr. 03.25 UmwStE, dass die übergehenden aktiven und passiven Wirtschafts-güter einschließlich nicht entgeltlich erworbener und selbst geschaffener immaterieller Wirtschafts-güter einheitlich mit einem Zwischenwert angesetzt werden müssen. Der einzige Grund für diese Änderung kann nur darin gesehen werden, den Ansatz von Zwischenwerten zur Nutzung von Verlust-vorträgen des übertragenden Rechtsträgers zu erschweren. Allerdings ist positiv zu erwähnen, dass die Finanzverwaltung nunmehr auch das vereinfachte Ertragswertverfahren zur Ermittlung des Unterneh-menswerts des übertragenden Rechtsträgers anerkennt (vgl. 03.07 UmwStE). Es muss also nicht unbe-dingt ein IDW S1-Gutachten erstellt werden, nur um für steuerliche Zwecke einen Zwischenwert an-setzen zu können.

46 Liegt der gemeine Wert der Sachgesamtheit des übergehenden Vermögens unter dem Buchwert, ist nach Auffassung der Finanzverwaltung ein Ansatz zu Buchwerten oder Zwischenwerten nicht zulässig. Vielmehr ist zwingend der niedrigere gemeine Wert anzusetzen (Randnr. 03.12 UmwStE; kritisch hierzu Schumacher/Neitz/Hackstein, Ubg 2011, 409 [411]). Dieser Fall ist immer dann gegeben, wenn die vorhandenen stillen Lasten die stillen Reserven übersteigen. Kann ein entstehender Übertra-gungsverlust nicht mit laufenden Gewinnen verrechnet werden, geht er im Zuge der Umwandlung un-ter. Handelt es sich bei dem übertragenden Rechtsträger um eine Organgesellschaft, so ist besonders zu beachten, dass ein Übertragungsgewinn oder -verlust in der steuerlichen Schlussbilanz nach Ansicht der Finanzverwaltung nicht in die Gewinnabführung an den Organträger einzubeziehen ist, wenn es sich bei der Umwandlung um eine Verschmelzung bzw. eine Aufspaltung handelt (vgl. Randnr. Org. 27 UmwStE; zum Formwechsel einer Organgesellschaft in eine Personengesellschaft wird hier keine Aus-sage getroffen, aber es ist davon auszugehen, dass die Finanzverwaltung den Formwechsel insoweit einer Verschmelzung gleichsetzt). Folgt man der Auffassung der Finanzverwaltung, bleibt ein Übertragungs-verlust in diesen Fällen regelmäßig ungenutzt. Bogenschütz (Ubg 2011, 393 [399]) empfiehlt in diesen Fällen, einen vorherigen asset deal zu prüfen, um etwaige Veräußerungsverluste für den Organträger nutzbar zu machen. In der Literatur wird die Auffassung der Finanzverwaltung zur Behandlung der Übertragungsergebnisse bei Organgesellschaften auch überwiegend kritisiert und die Auffassung vertreten, dass diese Ergebnisse an den Organträger abzuführen wären, und zwar i. d. R. als steuerliche Mehrabführung (vgl. z. B. Käshammer/Schümmer, Ubg 2011, 244 ff.; Rödder, DStR 2011, 1053 [1058]).

4. Ansatz zum gemeinen Wert. Grundsätzlich sind die einzelnen Wirtschaftsgüter nach § 3 Abs. 1 **47** Satz 1 UmwStG mit dem gemeinen Wert anzusetzen. Dies gilt nicht nur für die regulär bilanzierungsfähigen Wirtschaftsgüter, sondern auch für die normalerweise nicht bilanzierungsfähigen originären immateriellen Wirtschaftsgüter, wie z. B. den Firmenwert. Hierdurch kommt es zu einer Aufdeckung und Versteuerung sämtlicher in dem übergehenden Vermögen ruhenden stillen Reserven bei dem übertragenden Rechtsträger.

Der gemeine Wert ist nicht separat für die einzelnen Wirtschaftsgüter, sondern für das gesamte überge- **48** hende Vermögen als Sachgesamtheit zu ermitteln (Randnr. 03.07 UmwStE).

Bei einem Ansatz des übergehenden Vermögens zu gemeinen Werten kommt es allerdings nach Ansicht **49** der Finanzverwaltung nicht nur zu einer Aufdeckung stiller Reserven, sondern auch zu einer Aufdeckung stiller Lasten. Die steuerlichen Ansatzverbote des § 5 EStG sollen insoweit für die steuerliche Schlussbilanz nicht gelten (vgl. Randnr. 03.06 UmwStE). Es sind somit insbesondere Drohverlustrückstellungen, Jubiläumsrückstellungen und Altersteilzeitrückstellungen mit ihren tatsächlichen Werten anzusetzen. Nur für die Pensionsrückstellungen gilt eine Sonderregelung, dass diese gleichwohl mit dem nach § 6a EStG ermittelten Wert anzusetzen sind. Die Rechtsauffassung zur Nichtgeltung der Bilanzierungsverbote ist allerdings umstritten, denn das UmwStG ist ein Spezialgesetz zum EStG/KStG und der Gesetzeswortlaut nennt lediglich die selbst geschaffenen immateriellen Wirtschaftsgüter und den selbst geschaffenen Firmenwert als ausdrückliche Durchbrechung der Bilanzierungsverbote des § 5 EStG (vgl. Schumacher/Neitz-Hackstein, Ubg 2011, 409; Stadler/Elser/Bindl, DB Beilage 1 zu Heft 2/2012, 14 [16]; Rödder in: Rödder/Herlinghaus/van Lishaut, UmwStG, § 11 Rn. 66a; a. A. Benecke in: PwC, Reform des UmwSt-Rechts, 150). Durch die Pflicht zur Aufdeckung der stillen Lasten wird das Verlustnutzungspotenzial, welches ansonsten dem Betrag der aufzudeckenden stillen Reserven entsprochen hätte, entsprechend gemindert.

Durch die Aufdeckung der stillen Lasten kommt es auf der Aktivseite der steuerlichen Schlussbilanz bei **50** Ansatz gemeiner Werte zu einem entsprechend höheren Ausweis eines Geschäfts- oder Firmenwerts, denn der Wert der Aktiva ergibt sich aus dem Wert des Eigenkapitals (= Unternehmenswert) zuzüglich der zu bilanzierenden Passiva. Dieser Betrag wird zunächst auf die aktiven Einzelwirtschaftsgüter verteilt und ein verbleibender Betrag entfällt auf den Firmenwert.

Die beschriebene Unanwendbarkeit des § 5 EStG soll aber nur für die steuerliche Schlussbilanz des **51** übertragenden Rechtsträgers, nicht hingegen für die nächste reguläre Gewinnermittlungsbilanz des übernehmenden Rechtsträgers gelten. In dieser soll es vielmehr zu einer ertragswirksamen Auflösung der entsprechenden Passivposten kommen (vgl. Randnr. 04.16 UmwStE). Dies widerspricht jedoch der vom Gesetz in § 4 Abs. 2 Satz 1 UmwStG angeordneten steuerlichen Rechtsnachfolge sowie der vom BFH (Urteil v. 16.12.2009 – I R 102/08, DStR 2010, 265 sowie BFH-Urteil v. 14.12.2011 – I R 72/10, DStR 2012, 452) zum Erwerb nicht passivierungsfähiger Rückstellungen entwickelten Rechtsprechung und sollte demgemäß in der Praxis nicht akzeptiert werden (vgl. A. Bogenschütz, Ubg 2011, 393 [402]; Kröner/Momen, DB 2012, 71 [74]; Schumacher/Neitz-Hackstein, Ubg 2011, 409 [413]).

Der durch Buchwertaufstockungen in der steuerlichen Schlussbilanz entstehende Gewinn unterliegt **52** der regulären Besteuerung. Allerdings sind auch die sonst geltenden Steuerbefreiungsvorschriften anzuwenden, z. B. soweit der Aufstockungsgewinn auf Beteiligungen an Kapitalgesellschaften entfällt (**Steuerbefreiung** nach § 8b Abs. 2 KStG) oder soweit ein einschlägiges DBA für im Ausland befindliches Vermögen die Freistellung von der inländischen Besteuerung anordnet.

Befindet sich im Betriebsvermögen der übertragenden Körperschaft ein Mitunternehmeranteil, ist der **53** steuerliche Bilanzansatz immer identisch mit dem auf diese Beteiligung entfallenden anteiligen Kapitalkonto bei der Personengesellschaft einschließlich etwaiger Sonder- oder Ergänzungsbilanzen (sog. **Spiegelbildtheorie**) (vgl. Randnr. 03.10 UmwStE). Dies gilt auch im Fall der **Buchwertaufstockung**. Wird also der Beteiligungsansatz in der Bilanz der übertragenden Kapitalgesellschaft auf einen Zwischenwert oder den gemeinen Wert aufgestockt, so ist bei der Personengesellschaft eine entsprechende Ergänzungsbilanz zu erstellen, die diese Buchwertaufstockung widerspiegelt.

54   Für den Fall des Ansatzes der Wirtschaftsgüter mit dem gemeinen Wert in der steuerlichen Schlussbilanz hat der Gesetzgeber in § 3 Abs. 1 Satz 2 UmwStG für die Bewertung der **Pensionsrückstellungen** eine Sonderregelung getroffen und festgeschrieben, dass diese nicht wie die anderen aktiven Wirtschaftsgüter mit ihrem gemeinen Wert, sondern nur mit dem nach § 6a EStG maßgebenden Betrag anzusetzen sind. Dieser Wert liegt jedoch regelmäßig unter der tatsächlich bestehenden Pensionslast. Fraglich ist, wie sich diese Regelung auf die Ermittlung des Unternehmenswerts bzw. den Ausweis eines etwaigen Geschäfts- oder Firmenwerts auswirkt. Die Finanzverwaltung ist der Auffassung, dass sich durch die Verpflichtung zum Ansatz einer Pensionsrückstellung mit einem unter dem gemeinen Wert liegenden Wert nach § 6a EStG der Firmenwert nicht verringern darf. Das bedeutet, dass schon bei der Ermittlung des Unternehmenswerts die Pensionslast nicht mit dem tatsächlichen Wert, sondern nur mit dem § 6a EStG-Wert berücksichtigt werden darf. Damit wäre die gesetzliche Regelung des § 3 Abs. 1 Satz 2 UmwStG nicht lediglich eine Bilanzierungsregel, die sich erst bei der Verteilung des Unternehmenswerts auf die einzelnen zu bilanzierenden Aktiva und Passiva auswirkt, sondern bereits eine bewertungsrelevante Vorschrift (vgl. hierzu Randnr. 03.08 UmwStE). Zur Erreichung dieses Ziels wird in der Literatur vorgeschlagen, bei einer Bewertung nach einem Ertragswertverfahren den Equity Value vor Berücksichtigung des Pensionsaufwands zu ermitteln und von diesem dann die Pensionsrückstellung nach § 6a EStG abzuziehen (vgl. Bogenschütz, Umwandlung von Kapital- in Personengesellschaften, Ubg 2011, 393 [399]). Der UmwStE geht in Randnr. 03.08 im Ergebnis wohl ebenfalls davon aus, dass ein Unternehmenswert faktisch um die in den Pensionsrückstellungen ruhenden stillen Lasten zu erhöhen ist. Die Auffassung der Finanzverwaltung wird von der herrschenden Meinung in der Literatur kritisiert (vgl. z.B. Schumacher/Neitz/Hackstein, Ubg 2011 S. 409 [410]; Oppen/Polatzky, GmbHR 2012, 263 [267]; Rödder, DStR 2011, 1059 [1061]; Schneider/Ruoff/Sistermann, FR 2012, 1 [2]). Hier wird regelmäßig die Auffassung vertreten, dass der Unternehmenswert zunächst nach allgemeinen Grundsätzen der Unternehmensbewertung zu ermitteln ist, also unter Berücksichtigung des tatsächlichen Wertes der Pensionslast. Erst anschließend, nämlich bei der Verteilung des Unternehmenswerts auf die Aktiva und Passiva, ist die Pensionsrückstellung mit ihrem niedrigeren Wert nach § 6a EStG anzusetzen. Das hat zur Folge, dass sich der Firmenwert um den Betrag der Unterbewertung der Pensionsrückstellung vermindert. Es kommt demnach nach dieser Auffassung in der steuerlichen Schlussbilanz durch das Verbot zu Aufdeckung einer stillen Last zu einer entsprechend geringeren Aufdeckung stiller Reserven. Damit wäre das Ziel der Finanzverwaltung, bei Ansatz gemeiner Werte einen Übertragungsgewinn zu versteuern, der um die in der Pensionsrückstellung ruhende stille Last erhöht ist, nicht erreicht.

55   **5. Keine Maßgeblichkeit der Handelsbilanz für die Steuerbilanz.** Während früher im Umwandlungssteuerrecht streitig war, ob bei der Erstellung der steuerlichen Schlussbilanz des übertragenden Rechtsträgers die **Maßgeblichkeit** der Handelsbilanz für die Steuerbilanz zu beachten ist, hat das aktuelle UmwStG die Bindung der Steuerbilanz an die Handelsbilanz aufgegeben. Der übertragende Rechtsträger kann vielmehr die Bilanzierungswahlrechte des UmwStG völlig unabhängig von den handelsbilanziellen Wertansätzen ausüben.

56   Der übernehmende Rechtsträger ist hinsichtlich des Wertansatzes der Wirtschaftsgüter an die Werte in der steuerlichen Schlussbilanz der Übertragerin gebunden (**steuerliche Wertverknüpfung**).

57   Die steuerlichen Wertansätze sind damit unabhängig davon, welche Werte in der handelsrechtlichen Schlussbilanz des übertragenden Rechtsträgers und in der handelsrechtlichen Übernahmebilanz des übernehmenden Rechtsträgers angesetzt werden. Es gibt insoweit weder eine Maßgeblichkeit, noch eine umgekehrte Maßgeblichkeit.

58   Für die Handelsbilanz verbleibt es bei den bisher geltenden Regelungen. In der handelsrechtlichen Schlussbilanz der Übertragerin sind die Wirtschaftsgüter nach § 17 Abs. 2 UmwG mit den fortgeführten Buchwerten anzusetzen. Die Übernehmerin hat gem. § 24 UmwG dagegen ein Bilanzierungswahlrecht, die übergehenden Wirtschaftsgüter entweder mit ihren Buchwerten zu übernehmen, oder sie mit den Anschaffungskosten anzusetzen. Kommt es bei der Übernehmerin aufgrund einer unterschiedlichen Ausübung der bestehenden Wahlrechte zu einem Auseinanderfallen von handels- und steuer-

rechtlichen Buchwerten, ergeben sich hierdurch regelmäßig aktive oder passive latente Steuern. Ein weiteres Bilanzierungswahlrecht besteht bei dem Gesellschafter der Überträgerin, der im Gegenzug für die Vermögensübertragung neue Anteile an der Übernehmerin erhält. Hier besteht ein handelsrechtliches Bilanzierungswahlrecht, die neuen Anteile mit dem Buchwert oder mit dem Zeitwert der hingegebenen Anteile anzusetzen (Tauschgrundsätze). Auf dieser Ebene besteht somit ebenfalls die Möglichkeit, handelsrechtlich stille Reserven aufzudecken, ohne dass dies entsprechende steuerliche Konsequenzen nach sich zieht.

6. Antragstellung. Der Antrag zur Buchwertfortführung bzw. zum Ansatz von Zwischenwerten ist 59 vom übertragenden Rechtsträger bzw. von dem übernehmenden Rechtsträger als steuerlichem Rechtsnachfolger (§ 4 Abs. 2 Satz 1 UmwStG) spätestens bis zur erstmaligen Abgabe der steuerlichen Schlussbilanz zu stellen (vgl. Randnr. 03.28 UmwStE). Damit ist nicht die steuerliche Gewinnermittlungsbilanz im Sinne der § 4 Abs. 1, § 5 Abs. 1 EStG gemeint, sondern die in § 3 UmwStG vorgesehene steuerliche Schlussbilanz. Ein separater förmlicher Antrag ist nicht erforderlich, aber gleichwohl ratsam, wenn bereits sicher ist, dass die Buchwerte oder ein Zwischenwert angesetzt werden soll. Wird nur eine »normale« Steuerbilanz im Sinne des § 4 Abs. 1, § 5 Abs. 1 EStG eingereicht, bedarf es einer ausdrücklichen Erklärung, dass diese Steuerbilanz auch die steuerliche Schlussbilanz im Sinne des § 3 UmwStG sein soll. Diese Erklärung enthält den konkludenten Antrag auf Buchwertfortführung (vgl. Randnr. 03.29 UmwStE).

Der Antrag ist bedingungsfeindlich und unwiderruflich (vgl. Randnr. 03.29 UmwStE). Aus der Tatsa- 60 che, dass die steuerliche Schlussbilanz eine von der regulären Gewinnermittlungsbilanz zu unterscheidende eigenständige Bilanz ist, ergibt sich, dass durch die Einreichung von regulären Jahresbilanzen und -steuererklärungen das Wahlrecht noch nicht unwiderruflich ausgeübt worden ist (ebenso Kröner/Momen, Neuerungen des UmwSt-Erlasses 2011 – Ein Überblick, DB 2012, 71 [73]). Lediglich dann, wenn zusammen mit der Gewinnermittlungsbilanz eine Erklärung abgegeben worden ist, dass diese auch die steuerliche Schlussbilanz für die Umwandlung sein soll, gilt der Antrag als gestellt (vgl. Randnr. 03.01; 03.29 UmwStE).

Wird zusammen mit der Abgabe der normalen Steuerbilanz kein Antrag gestellt, sind von Amts wegen 61 die gemeinen Werte anzusetzen. Allerdings ist dem Steuerpflichtigen nach § 91 Abs. 1 Satz 2 AO vorab rechtliches Gehör zu gewähren. Der Steuerpflichtige kann dann den Antrag bis zur Bestandskraft des Steuerbescheids für den Veranlagungszeitraum, in den der steuerliche Übertragungsstichtag fällt, noch nachholen (vgl. Hruschka, Umwandlung von Kapital- auf Personengesellschaften (§§ 3 ff. UmwStG) in: Der neue Umwandlungssteuer-Erlass, DStR Beihefter zu Heft 2/2012, 4 [5]).

Sind die gesetzlichen Voraussetzungen erfüllt, hat das Finanzamt keinen Ermessensspielraum, den An- 62 trag abzulehnen.

Aus dem Antrag muss sich eindeutig ergeben, ob Buchwerte oder Zwischenwerte angesetzt werden sol- 63 len. Im Fall von Zwischenwerten muss sich ausdrücklich ergeben, in welcher Höhe oder zu welchem Prozentsatz die stillen Reserven aufzudecken sind (Randnr. 03.29 UmwStE). Es ist zu empfehlen, von der Angabe eines Prozentsatzes abzusehen, da dieser immer abhängig ist von einem – ggf. in der Höhe streitanfälligen – gemeinen Wert. Daher ist in der Praxis die Angabe eines fixen Aufstockungsbetrags vorzugswürdig.

Der Antrag kann nicht auf einzelne Wirtschaftsgüter beschränkt werden. Er gilt immer umfänglich für 64 den Ansatz des gesamten übergehenden Vermögens (vgl. Randnr. 03.28 UmwStE).

Der Antrag ist bei dem für die Besteuerung der übertragenden Körperschaft nach §§ 20, 26 AO zustän- 65 digen Finanzamt zu stellen (Randnr. 03.27 UmwStE). Handelt es sich bei dem übertragenden Rechtsträger um eine ausländische Kapitalgesellschaft, für deren Besteuerung bisher kein inländisches Finanzamt zuständig war, ist das Finanzamt zuständig, das nach der Umwandlung die gesonderte und einheitliche Feststellung der Einkünfte der übernehmenden Personengesellschaft durchführen wird (vgl. hierzu ebenfalls Randnr. 03.27 UmwStE).

7. Kriterien für die Ausübung des Bilanzierungswahlrechts bei der übertragenden Kapitalge- 66 sellschaft. Sofern die Voraussetzungen des § 3 UmwStG erfüllt sind und der übertragende Rechtsträger ein Bilanzierungs- und Bewertungswahlrecht hat, stellt sich die Frage, nach welchen Kriterien er dieses ausüben sollte. Insbesondere ist zu überlegen, bei welchen Fallkonstellationen es sich lohnen kann, bereits in der steuerlichen Schlussbilanz der übertragenden Kapitalgesellschaft die Wirtschaftsgüter mit Zwischenwerten oder gemeinen Werten anzusetzen.

67 Setzt der übertragende Rechtsträger die Wirtschaftsgüter in seiner steuerlichen Schlussbilanz mit über den Buchwerten liegenden Werten an, so entsteht durch diese Buchwertaufstockung ein Übertragungsgewinn, der in der Regel vollumfänglich der Körperschaftsteuer und der Gewerbesteuer unterliegt. Daher kann festgehalten werden, dass eine **Buchwertaufstockung** immer dann **nachteilig** ist, wenn der entstehende Gewinn nicht mit laufenden steuerlichen Verlusten oder Verlustvorträgen verrechnet werden kann.

68 Verfügt die übertragende Körperschaft allerdings noch über **Verlustvorträge**, so ist zu beachten, dass diese Verlustvorträge **nicht** auf die übernehmende Personengesellschaft bzw. das übernehmende Einzelunternehmen übergehen können (§ 4 Abs. 2 UmwStG). Sie gehen vielmehr unter. Dasselbe gilt nach § 4 Abs. 2 Satz 2 UmwStG für vom übertragenden Rechtsträger nicht ausgeglichene negative Einkünfte. Diese Klarstellung hat der Gesetzgeber wohl aufgrund des etwas verwirrenden Urteils des BFH v. 31.05.2005 (I R 68/03, BStBl. II 2006, 380) aufgenommen, in dem dieser bezüglich der Nutzbarkeit des im letzten Jahr vor der Verschmelzung bei dem übertragenden Rechtsträger eingetretenen Fehlbetrages danach unterschieden hat, ob der steuerliche Übertragungsstichtag mit dem Ende des Veranlagungszeitraums übereinstimmte (in diesem Fall war der Fehlbetrag Bestandteil des Verlustvortrages und nur unter den Voraussetzungen des § 12 Abs. 3 Satz 2 UmwStG a. F. übertragbar) oder ob er davor lag (in diesem Fall sollte der Fehlbetrag von der Übernehmerin in jedem Fall genutzt werden können) (vgl. zu diesem Urteil Anmerkung von Dötsch, Der Konzern 2005, 512 ff.). Nunmehr ist klargestellt, dass weder der laufende Verlust des Wirtschaftsjahres der Umstrukturierung noch ein gesondert festgestellter Verlustvortrag durch die Übernehmerin nutzbar ist.

69 Vor diesem Hintergrund des Untergangs von Verlustvorträgen kann überlegt werden, durch den **Ansatz von Zwischenwerten oder gemeinen Werten** den Verlustvortrag teilweise oder vollständig auszunutzen. Das durch die Aufstockung gewonnene Abschreibungsvolumen geht auf die übernehmende Personengesellschaft oder natürliche Person über, denn diese tritt bezüglich der Abschreibungen in die Stellung der Kapitalgesellschaft ein.

70 Allerdings ist bei Buchwertaufstockungen zum Zweck der Verrechnung des entstehenden Aufstockungsgewinns mit vorhandenen Verlustvorträgen die **Mindestbesteuerung** nach § 10d EStG zu beachten. Diese besagt, dass ein Gewinn nur bis zu einem Betrag von 1 Mio. € unbeschränkt mit einem vorhandenen Verlustvortrag verrechnet werden darf. Ein diesen Betrag übersteigender Gewinn ist nur zu 60 % mit dem noch vorhandenen Verlustvortrag verrechenbar, der Restbetrag ist steuerpflichtig. Die Frage, in welchem Umfang Buchwertaufstockungen freiwillig vorgenommen werden sollten, ist also u. a. abhängig von dem laufenden Ergebnis des letzten Wirtschaftsjahres des übertragenden Rechtsträgers. Wenn dieses bereits den Betrag von 1 Mio. € übersteigt, führt eine Buchwertaufstockung in der steuerlichen Schlussbilanz des übertragenden Rechtsträgers trotz noch nicht verbrauchter Verlustvorträge aufgrund der Mindestbesteuerung i. H. v. 40 % zu einem steuerpflichtigen Ertrag. Daher wird es in vielen Fällen wohl nur in dem Umfang zu Buchwertaufstockungen kommen, in dem der Aufstockungsgewinn zusammen mit dem laufenden Gewinn des letzten Geschäftsjahres 1 Mio. € beträgt. Bei einer darüber hinausgehenden Buchwertaufstockung ist eine steuerliche Vorteilhaftigkeitsanalyse durchzuführen, bei der die durch die Mindestbesteuerung hervorgerufene Steuerbelastung mit dem Barwert der sich aus den künftig erhöhten Abschreibungen ergebenden Steuerersparnis verglichen wird. Im Zusammenhang mit der Mindestbesteuerung ist allerdings darauf hinzuweisen, dass die Verfassungsmäßigkeit des § 10d Abs. 2 EStG in Fällen, in denen es nachfolgend zu einem Untergang nicht genutzter Verlustvorträge kommt (sog. »Definitiveffekt«), derzeit vom BVerfG in dem Verfahren 2 BvL 19/14 (Vorlagebeschluss des BFH vom 26.02.2014 – I R 59/12, BStBl. II 2014, 1016) überprüft wird. Ist beim übertragenden Rechtsträger eine Mindestbesteuerung berücksichtigt worden, sollten die Bescheide insoweit offen gehalten werden.

71 Außerdem ist die Regelung in § 2 Abs. 4 UmwStG zu berücksichtigen. Danach ist die Verrechnung eines Übertragungsgewinnes mit steuerlichen Verlusten bei der Übertragerin nur dann möglich, wenn der Übertragerin die Nutzung dieser Verluste auch ohne die steuerliche Rückwirkung auf den steuerlichen Übertragungsstichtag noch möglich gewesen wäre. Damit sollen insbesondere Fälle, in denen es im Rückwirkungszeitraum zu einem Verlustuntergang bei der Übertragering nach § 8c KStG gekommen ist, von einer rückwirkenden Verlustnutzung durch die Umwandlung ausgeschlossen werden. Es soll somit nicht mehr möglich sein, beispielsweise am 1. März alle Anteile an einer Verlust-Körperschaft zu erwerben und diese dann rückwirkend auf den 31. Dezember zu gemeinen Werten auf eine Personengesellschaft zu verschmelzen, den Übertragungsgewinn mit den ansonsten untergehenden steuerlichen Verlusten zu verrechnen und zukünftig die erhöhte Abschreibung steuerlich geltend zu machen.

Bei Prüfung der Frage, ob eine Buchwertaufstockung durch die übertragende Körperschaft vorteilhaft **72** ist, muss der Steuerplaner aber nicht nur die steuerliche Situation der Übertägerin, sondern auch die der Gesellschafter im Blick haben. Die Aufstockung des Vermögens auf Ebene der übertragenden Körperschaft führt ggf. zu höheren Gewinnrücklagen, die anschließend im Rahmen der **Vollausschüttungsfiktion** von den Gesellschaftern zu versteuern sind. Führt die Buchwertaufstockung bei der Übernehmerin daher nicht zu einer Verminderung eines etwaigen Bilanzverlustes, sondern zur Entstehung oder Erhöhung eines Bilanzgewinns, so erhöht dies die steuerpflichtigen Einkünfte der Gesellschafter.

▶ **Hinweis:** **73**

Eine Aufstockung in der Schlussbilanz der Überträgerin kann also durchaus sinnvoll sein, wenn
– die Überträgerin über laufende steuerliche Verluste oder Verlustvorträge verfügt, wobei zu beachten ist, dass die körperschaftsteuerlichen und die gewerbesteuerlichen Verluste und Verlustvorträge unterschiedlich hoch sein können,
– eine Verlustnutzung wegen steuerlich rückwirkender Umwandlung nicht wegen § 2 Abs. 4 UmwStG ausgeschlossen ist und
– die höhere fiktive Dividende bei den Gesellschaftern mit einem etwaigen Übernahmeverlust verrechnet werden kann und/oder auf Ebene des Gesellschafters keine signifikante Steuerbelastung zu erwarten ist, z. B. wenn der Gesellschafter durch § 8b KStG begünstigt ist.

Auf dieselbe Weise wie der Ansatz von Zwischenwerten wirkt im Ergebnis ein Verkauf von Einzelwirt- **74** schaftsgütern an den übernehmenden Rechtsträger vor Durchführung der Umwandlung. Allerdings kann hier gezielt gesteuert werden, von welchen Wirtschaftsgütern die stillen Reserven aufgedeckt werden, sodass das Abschreibungspotenzial ggf. schneller genutzt werden kann, als wenn es zu einer anteiligen Aufstockung sämtlicher Wirtschaftsgüter des übertragenden Rechtsträgers kommt.

III. Besteuerung der übernehmenden Personengesellschaft sowie der Gesellschafter der übertragenden Körperschaft

1. Einleitung. Damit offene Gewinnrücklagen bei der Vermögensübertragung von einer Kapital- auf **75** eine Personengesellschaft aufgrund des steuerlichen Systemwechsels nicht der Besteuerung auf Ebene der Gesellschafter entzogen werden, sind diese anlässlich des Umwandlungsvorgangs der Besteuerung zu unterwerfen.

Diese Besteuerung der offenen Reserven/Gewinnrücklagen der übertragenden Körperschaft wird da- **76** durch sichergestellt, dass eine Vollausschüttung dieser Erträge an die Gesellschafter der übertragenden Körperschaft fingiert und die fiktive Dividende den Gesellschaftern als Einkünfte im Sinne des § 20 EStG zugerechnet wird. Das bedeutet aber nicht, dass diese fiktive Dividende auch in jedem Fall bei den Gesellschaftern der Besteuerung unterliegt. Vielmehr wird – wie im Folgenden detailliert erläutert wird – bei der übernehmenden Personengesellschaft auch noch ein Übernahmegewinn/-verlust ermittelt. Ergibt sich ein Übernahmeverlust, kann dieser bei dem betroffenen Gesellschafter unter bestimmten Voraussetzungen direkt mit der fiktiven Dividende verrechnet werden, was zu einer entsprechenden Minderung des steuerpflichtigen Ertrags auf der Ebene des Gesellschafters führt.

2. Beteiligungskorrekturgewinn. Als erster Schritt ist bei den Gesellschaftern der übertragenden **77** Gesellschaft, die ihre Beteiligung in einem Betriebsvermögen halten, der Bilanzansatz der Anteile an der Überträgerin zu prüfen. Hierbei ist es zunächst unerheblich, ob sich diese Anteile im Betriebsvermögen der übernehmenden Personengesellschaft oder in einem anderen Betriebsvermögen eines der Gesellschafter befinden.

78 Sind diese Anteile mit ihren ursprünglichen Anschaffungskosten aktiviert, so ergeben sich keine Besonderheiten.

79 Waren die Anteile jedoch in der Vergangenheit in ihrem Wert gemindert, ist aufgrund dessen eine Teilwertabschreibung vorgenommen worden und ist der Wert der Anteile zwischenzeitlich wieder angestiegen, so ist der Buchwert durch entsprechende Zuschreibungen wieder zu erhöhen (**Wertaufholung**). Soweit die Werterhöhung im letzten Wirtschaftsjahr vor der Umwandlung stattgefunden hat, ist eine solche Zuschreibung gem. § 4 Abs. 1 Satz 2 bzw. § 5 Abs. 3 Satz 1 UmwStG bei den Gesellschaftern der Überträgerin noch unmittelbar vor der Umwandlung vorzunehmen. Der gemeine Wert der Anteile darf jedoch nicht überschritten werden. Dasselbe gilt für Anteile, deren Buchwert aufgrund von Abzügen nach § 6b EStG (Reinvestitionsrücklage) unter ihren ursprünglichen Anschaffungskosten liegt. Auch diese Buchwertminderung ist in der Bilanz zum steuerlichen Übertragungsstichtag durch entsprechende Zuschreibungen rückgängig zu machen.

80 Kommt es zur Wertaufholung einer Teilwertabschreibung, die sich in der Vergangenheit (vor dem Systemwechsel im Körperschaftsteuerrecht, d. h. grob gesagt vor 2001 bzw. vor 2002) voll steuermindernd ausgewirkt hat, so gelten für die Besteuerung des Zuschreibungsgewinns (sog. Beteiligungskorrekturgewinn) die Regelungen des § 8b Abs. 2 Satz 4 und 5 KStG sowie § 3 Nr. 40 Buchst. a) Satz 2 und 3 EStG. Das bedeutet, dass diese Zuschreibungsgewinne in vollem Umfang steuerpflichtig sind. Eine Steuerfreistellung oder die Anwendung des Teileinkünfteverfahrens ist nicht vorgesehen.

81 Wurde die Teilwertabschreibung allerdings erst nach dem Systemwechsel im Körperschaftsteuerrecht zu einem Zeitpunkt vorgenommen, in dem sie sich entweder nach § 8b Abs. 3 KStG gar nicht oder nach § 3c Abs. 2 EStG im Rahmen des Halb-/Teileinkünfteverfahrens nur anteilig steuermindernd ausgewirkt hat, ist der Zuschreibungsertrag ebenfalls nicht bzw. nur im Rahmen des Teileinkünfteverfahrens zu erfassen. Zu beachten ist allerdings, dass der Zuschreibungsertrag bei Körperschaften in Höhe von 5 % als fiktive nicht abzugsfähige Betriebsausgabe gem. § 8b Abs. 3 KStG der Besteuerung unterworfen wird. Abhängig vom Volumen des Zuschreibungsertrages können sich selbst dadurch signifikante Steuerbelastungen ergeben. Jedenfalls im Anwendungsbereich des § 8b Abs. 3 KStG macht es daher regelmäßig keinen Sinn, eine nicht steuerwirksame Teilwertabschreibung auf Anteile an anderen Körperschaften vorzunehmen, wenn ein eventueller späterer Wertaufholungsgewinn gleichwohl zu 5 % besteuert wird. Die steuerlichen Wahlrechte zur Vornahme von Teilwertabschreibungen in § 6 Absatz 1 Nr. 1 Satz 2 und Nr. 2 Satz 2 EStG können unabhängig von der Handelsbilanz ausgeübt werden (vgl. BMF vom 12.03.2010, BStBl. I 2010, 239 Tz. 15).

82 Sind in der Vergangenheit sowohl steuerwirksame als auch nicht steuerwirksame Teilwertabschreibungen vorgenommen worden und ist zum Umwandlungsstichtag nur eine teilweise Wertaufholung eingetreten, so sollen nach Randnr. 04.07 Satz 3 UmwStE die steuerwirksamen vor den steuerunwirksamen Teilwertabschreibungen hinzuzurechnen sein. Diese Auffassung der Finanzverwaltung widerspricht jedoch der BFH-Rechtsprechung (vgl. BFH-Urteil v. 19.08.2009 – I R 2/09, BStBl. II 2010, 760). Es ist zu hoffen, dass die Finanzverwaltung bei Anwendung der vorrangigen allgemeinen Wertaufholungsregeln nach Randnr. 04.07 Satz 2 UmwStE die BFH-Rechtsprechung berücksichtigen wird, so dass für die missliche Regelung in Satz 3 kaum ein Anwendungsbereich verbleiben würde (vgl. auch van Lishaut, in Rödder/Herlinghaus/van Lishaut, UmwStG, § 4 Rn. 45).

83 Durch die Festlegung einer Bewertungsobergrenze i. H. d. gemeinen Wertes wird sichergestellt, dass nur solche Wertminderungen der Vergangenheit nachversteuert werden, die durch eine zwischenzeitlich eingetretene Wertsteigerung wieder kompensiert worden sind. In Bezug auf die in der Vergangenheit vorgenommenen Teilwertabschreibungen wird der Anwendungsbereich dieser Vorschriften daher auch recht gering sein, denn aufgrund des steuerlichen Zuschreibungsgebotes ist ohnehin in jedem Wirtschaftsjahr, in dem eine entsprechende Werterhöhung eintritt, eine Zuschreibung vorzunehmen. Der größere Anwendungsbereich dürfte daher auf die durch § 6b-Rücklagen geminderten Beteiligungsansätze entfallen.

Vor dem Hintergrund des geringen Anwendungsbereichs dieser Vorschriften und der Komplexität ihrer   84
Ausgestaltung stellt sich die Frage, ob es nicht der Steuervereinfachung gedient hätte, diese Regelungen
wegzulassen und auf die Nachversteuerung dieser Beträge zu verzichten. Wahrscheinlich hatte der Gesetzgeber hier aber ganz bestimmte Branchen im Visier, die in besonders großem Ausmaß in der Vergangenheit § 6b-Rücklagen auf Beteiligungen übertragen haben, wie z. B. Wohnungsbaugesellschaften.
Diese könnten sich ansonsten durch eine gezielte Umwandlung einer künftigen Nachversteuerung dieser Veräußerungsgewinne entziehen.

Der Beteiligungskorrekturgewinn fällt eine logische Sekunde vor der Vermögensübertragung an.   85

3. Einlage- bzw. Überführungsfiktion. Die Grundkonzeption des § 4 UmwStG geht davon aus,   86
dass die übernehmende Personengesellschaft vor der Verschmelzung alle Anteile an der übertragenden
Kapitalgesellschaft hält. Der Vermögensübergang führt in diesem Fall bei der übernehmenden Personengesellschaft zu einem Aktivtausch, denn die Anteile an der Kapitalgesellschaft gehen unter und
an ihre Stelle tritt das übergehende Vermögen. Dieser Aktivtausch führt bei der Personengesellschaft
zu einem Gewinn oder Verlust, da der untergehende Buchwert der Beteiligung und die zu übernehmenden Werte der übergehenden Wirtschaftsgüter i. d. R. nicht identisch sind. Da eine Personengesellschaft zwar Gewinnermittlungsobjekt, jedoch kein Steuersubjekt der Einkommen- bzw. Körperschaftsteuer ist, kann dieser Gewinn oder Verlust sich einkommensteuerlich nur auf der Ebene ihrer
Gesellschafter auswirken.

Auch wenn diese Konstellation zwar in einigen Fällen unmittelbar vor der Verschmelzung so bestehen   87
mag, gibt es naturgemäß zahlreiche Fälle, in denen diese Beteiligungsstruktur so nicht gegeben ist, sondern der übertragende Rechtsträger nur oder auch andere Gesellschafter hat. Ziel des Gesetzes ist es
jedoch, für all diejenigen Gesellschafter des übertragenden Rechtsträgers, deren Anteile steuerverhaftet
sind, das Übernahmeergebnis auf dieselbe Weise zu ermitteln, und zwar auf der Ebene der übernehmenden Personengesellschaft. Aus diesem Grund enthält das Gesetz in **§ 5 Abs. 2 UmwStG** eine Einlagefiktion und in **§ 5 Abs. 3 UmwStG** eine Überführungsfiktion:
– Anteile an der übertragenden Körperschaft, die im Privatvermögen gehalten werden und nach § 17
  EStG steuerverstrickt sind, gelten als mit ihren Anschaffungskosten in das Betriebsvermögen der
  Übernehmerin eingelegt. Zu dieser Kategorie von Anteilen gehören:
  – Beteiligungen, wenn der Inhaber oder ein unentgeltlicher Rechtsvorgänger innerhalb der letzten 5
    Jahre mittelbar oder unmittelbar zu mindestens 1 % am Kapital der Gesellschaft beteiligt war
  – Beteiligungen, die durch eine Einbringung nach § 20 UmwStG unter dem gemeinen Wert ent-
    standen sind (§ 17 Abs. 6 Nr. 1 EStG)
  – Beteiligungen von weniger als 1 %, wenn diese durch einen Einbringungsvorgang entstanden ist
    und der Gesellschafter zuvor am übertragenden Rechtsträger eine Beteiligung von mehr als 1 %
    innehatte (§ 17 Abs. 6 Nr. 2 EStG).
– Anteile an der übertragenden Körperschaft, die in einem Betriebsvermögen gehalten werden, gelten
  als zum Buchwert in das Betriebsvermögen der übernehmenden Personengesellschaft überführt (§ 5
  Abs. 3 UmwStG). Anzusetzen ist hier der Buchwert, der sich nach Anwendung der Regelungen über
  den Beteiligungskorrekturgewinn (d. h. Rückgängigmachung früherer Teilwertabschreibungen oder
  Abzüge nach § 6b EStG).

Abweichend von dem Grundsatz des § 6 Abs. 1 Nr. 5 EStG, dass Einlagen in ein Betriebsvermögen stets   88
zum Teilwert erfolgen, sind nach § 6 Abs. 1 Nr. 5 Buchst. b) EStG bei der Einlage einer Beteiligung im
Sinne des § 17 Abs. 1 oder Abs. 6 EStG in ein Betriebsvermögen stets die **Anschaffungskosten** anzusetzen. Dieser Ansatz mit den Anschaffungskosten ist auch in § 5 Abs. 2 UmwStG für die nicht tatsächliche, sondern nur fingierte Einlage der Anteile vor der Verschmelzung vorgesehen.

Liegt der **Teilwert der Beteiligung über den Anschaffungskosten**, so führt der Ansatz der Beteiligung   89
mit den Anschaffungskosten dazu, dass die vor der Einlage gebildeten stillen Reserven im Privatvermögen nicht realisiert werden, aber nach der Einlage im Betriebsvermögen steuerverhaftet sind. Diese
Regelung ist sachgerecht, denn auch ohne die Einlage wären die stillen Reserven im Privatvermögen
nach § 17 EStG steuerverhaftet gewesen.

90 Liegt der **Teilwert der Beteiligung unter den Anschaffungskosten** (wertgeminderte Beteiligung), so sind nach der gesetzlichen Regelung des § 5 Abs. 2 EStG gleichwohl die Anschaffungskosten maßgeblich für den Einlagewert, denn § 5 Abs. 2 EStG bestimmt die Anschaffungskosten nicht als Bewertungsobergrenze, sondern legt die Anschaffungskosten ohne Wahlrecht als Einlagewert fest (vgl. Schmitt/Hörtnagl/Stratz, UmwG/UmwStG, § 5 UmwStG Rn. 31; Rödder/Herlinghaus/van Lishaut, § 5 UmwStG, Rn. 26; Widmann/Mayer, § 5 UmwStG, Rn. 385).

91 Die Einlagefiktion findet eine logische Sekunde vor der Verschmelzung statt.

92 Durch die Einlagefiktion wird erreicht, dass die übernehmende Personengesellschaft – soweit die Anteile an der Einlagefiktion teilnehmen – als Gesellschafterin (Muttergesellschaft) der übertragenden Kapitalgesellschaft gilt und sich daher bei ihr anlässlich der nun folgenden Vermögensübertragung ein steuerlich relevantes Übernahmeergebnis (Übernahmegewinn oder Übernahmeverlust) ermitteln lässt. Die Mitunternehmerstellung erlangen die Anteilseigner der übertragenden Körperschaft jedoch nicht durch die fingierte Einlage, sondern durch die Verschmelzung der übertragenden Körperschaft auf die übernehmende Personengesellschaft.

93 Die Einlagefiktion gilt nicht für Anteile, die nicht die Voraussetzungen des § 17 EStG erfüllen, es sich also um Anteile von weniger als 1 % handelt, die in einem Privatvermögen gehalten werden und die nicht durch einen Einbringungsvorgang entstanden sind. Für diese Gesellschafter ist somit kein Übernahmeergebnis zu ermitteln, vielmehr findet ausschließlich § 7 UmwStG Anwendung.

94 Bei der Anwendung der Einlagefiktion ist es unerheblich, ob es sich um einen unbeschränkt oder einen beschränkt steuerpflichtigen Anteilseigner handelt, der sowohl innerhalb als auch außerhalb der EU ansässig sein kann.

95 ▶ **Beispiel: Inlandsverschmelzung einer Kapital- auf eine Personengesellschaft**

Die CD-GmbH soll auf die A-KG verschmolzen werden. Im Gegenzug erhalten die Gesellschafter C-GmbH und D Mitunternehmeranteile an der A-KG. D hält die 0,5 %ige Beteiligung an der CD-GmbH im Privatvermögen; die Beteiligung ist nicht durch einen anderen Einbringungsvorgang entstanden.

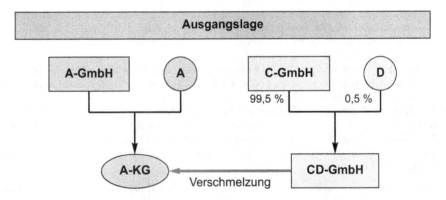

Die Überführungsfiktion gilt für die C-GmbH, nicht jedoch für D, denn seine Beteiligung beträgt weniger als 1 %.

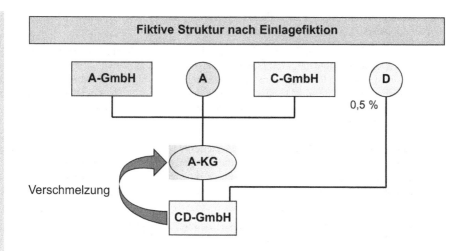

Die Beteiligung der C-GmbH an der CD-GmbH gilt somit eine logische Sekunde vor der Verschmelzung als in die übernehmende A-KG überführt. Für D findet demgegenüber der Austausch der Beteiligungen erst im Zuge der tatsächlichen Verschmelzung statt. Für ihn gilt insoweit auch nicht die steuerliche Rückwirkung.

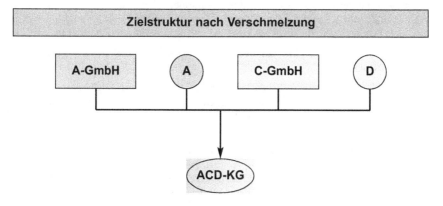

4. Ermittlung des Übernahmeergebnisses und Vollausschüttungsfiktion. In einem zweiten **96** Schritt ist bei der Übernehmerin ein Übernahmegewinn bzw. -verlust zu ermitteln, der sich buchhalterisch dadurch ergibt, dass die Anteile an der Überträgerin wegfallen und stattdessen deren Betriebsvermögen mit den in ihrer steuerlichen Schlussbilanz enthaltenen Werten übernommen wird.

Die Ermittlung eines Übernahmeergebnisses wird nur für die Anteile durchgeführt, die sich zum steu- **97** erlichen Übertragungszeitpunkt tatsächlich oder aufgrund der beschriebenen Einlage- bzw. Überführungsfiktion im Betriebsvermögen der Übernehmerin befinden. Gleichwohl wird das Übernahmeergebnis rechnerisch für jeden dieser Gesellschafter individuell ermittelt und ergibt sich – abgesehen von bestimmten Korrekturen – als Unterschiedsbetrag zwischen dem Buchwert des anteilig auf diesen Gesellschafter entfallenden Betriebsvermögens der der übertragenden Körperschaft und dem Buchwert/den Anschaffungskosten seiner untergehenden Beteiligung an der übertragenden Körperschaft.

Maßgebliche Grundlage der Ermittlung des Übernahmeergebnisses ist der Wert, mit dem das überge- **98** hende Vermögen von der übernehmenden Personengesellschaft anzusetzen ist. Dies ist der Wert (Buch-, Zwischen- oder gemeiner Wert), mit dem das Vermögen in der steuerlichen Schlussbilanz der übertragenden Körperschaft angesetzt wurde. Es gilt eine zwingende Wertverknüpfung gem. § 4 Abs. 1 UmwStG (vgl. hierzu eingehender Teil 7 Rdn. 143 ff.).

99 Das Übernahmeergebnis ist grundsätzlich in zwei Schritten zu ermitteln. Zunächst ist nach § 7 UmwStG vorrangig und unabhängig vom Übernahmeergebnis nach §§ 4 und 5 UmwStG eine fiktive Vollausschüttung der offenen Rücklagen (im Grundsatz: steuerliches Eigenkapital abzüglich Nennkapital und steuerliches Einlagekonto), d. h. eine fiktive Dividende an die Anteilseigner der übertragenden Körperschaft, anzunehmen. Erst dann ist das danach »verbleibende Übernahmeergebnis« nach §§ 4 und 5 UmwStG zu ermitteln.

100 **a) Vollausschüttungsfiktion.** Nach den Regelungen des UmwStG gilt für sämtliche offenen Reserven der Überträgerin eine Vollausschüttungsfiktion (§ 7 UmwStG). Hiernach wird das gesamte ausschüttungsfähige Eigenkapital abzüglich des Bestands des steuerlichen Einlagekontos den Gesellschaftern der Überträgerin anteilig als Einkünfte aus Kapitalvermögen im Sinne des § 20 EStG zugerechnet.

101 Die fiktive Ausschüttung gilt als mit Ablauf des steuerlichen Übertragungsstichtages der Umwandlung zugeflossen (vgl. Randnr. 07.07 UmwStE). Die Ausschüttungsfiktion greift allerdings erst nach Berücksichtigung des Wertansatzes bei der übertragenden Körperschaft. Wenn dort also die übergehenden Wirtschaftsgüter mit dem gemeinen Wert oder einem Zwischenwert anzusetzen sind und es somit zu einem Übertragungsgewinn bei der übertragenden Körperschaft kommt, erfasst die Ausschüttungsfiktion auch die hierdurch entstandenen offenen Rücklagen.

102 Für die steuerliche Erfassung der fiktiven Ausschüttung ist zu unterscheiden, ob die Anteile an der übertragenden Körperschaft im Betriebsvermögen der übernehmenden Personengesellschaft sind (tatsächlich oder aufgrund der Einlage- bzw. Überführungsfiktion, vgl. § 5 Abs. 2 und 3 UmwStG) oder ob die Anteile an der übertragenden Körperschaft im Privatvermögen verblieben sind (im Wesentlichen: unter 1 %ige Beteiligungen, die nicht aus einer steuerneutralen Umwandlung stammen).

103 Für Anteile, die tatsächlich oder fiktiv zum Betriebsvermögen der übernehmenden Personengesellschaft gehören, gilt das Folgende:

104 Sofern die fiktive Dividende natürlichen Personen bzw. Personengesellschaften mit natürlichen Personen als Gesellschafter zugerechnet wird, erfolgt eine Besteuerung nach dem Teileinkünfteverfahren gem. § 3 Nr. 40 EStG, d. h. im Ergebnis werden 40 % der fiktiven Dividende freigestellt und 60 % besteuert.

105 Sofern die fiktive Dividende unmittelbar oder mittelbar über eine Personengesellschaft einem körperschaftsteuerpflichtigen Gesellschafter (Körperschaft, Personenvereinigung oder Vermögensmasse) als Empfänger zugerechnet wird, ist § 8b KStG anzuwenden. Soweit die Körperschaft seit Beginn des Kalenderjahres zu mindestens 10 % an der übertragenden Körperschaft beteiligt war oder im Laufe des Kalenderjahres eine mindestens 10 %ige Beteiligung in einem Schritt erworben hat, werden nach § 8b Abs. 1 und 5 KStG im Ergebnis 95 % der fiktiven Dividende freigestellt und 5 % der fiktiven Dividende erhöhen als fiktive nicht abzugsfähige Betriebsausgaben das steuerliche Ergebnis. Soweit die Körperschaft zu Beginn des Kalenderjahres eine geringere Beteiligung gehalten bzw. im Laufe des Kalenderjahres erworben hat (zu den Details der Mindestbeteiligungsquote von 10 % vgl. OFD Frankfurt am Main vom 02.12.2013, DStR 2014, 426 aus Sicht der Finanzverwaltung), ist die 95 %ige Steuerbefreiung nach § 8b Abs. 4 KStG ausgeschlossen und die fiktive Dividende voll steuerpflichtig.

106 Handelt es sich bei der Körperschaft, der die fiktive Dividende zugerechnet wird, jedoch um ein Kreditinstitut, ein Finanzdienstleistungsinstitut, ein Finanzunternehmen oder eine Lebens- bzw. Krankenversicherung, auf deren Anteile nach § 8b Abs. 7 und Abs. 8 Satz 1 KStG die Steuerbefreiung des § 8b Abs. 1 KStG keine Anwendung findet, ist die fiktive Dividende bei diesen in voller Höhe steuerpflichtig.

107 Die fiktive Dividende wird im Rahmen der einheitlichen und gesonderten Feststellung für die übernehmende Personengesellschaft erfasst (vgl. 07.07 UmwStE). Die fiktive Dividende unterliegt daher grundsätzlich auch der Gewerbesteuer, soweit nicht die Kürzungen nach § 9 Nr. 2a GewStG (Beteiligung mindestens 15 % zu Beginn des Erhebungszeitraumes) bzw. nach § 9 Nr. 7 GewStG (Beteiligung mindestens 15 % während des gesamten Erhebungszeitraumes) eingreifen. Soweit die fiktive Dividende auf Anteile entfällt, die nur aufgrund der Einlagefiktion des § 5 Abs. 2 UmwStG zum Betriebsvermögen der

übernehmenden Personengesellschaft gehören, unterliegt die fiktive Dividende nicht der Gewerbesteuer (vgl. § 18 Abs. 2 Satz 2 UmwStG).

Allerdings ist diese Dividende nicht in jedem Fall auch tatsächlich von dem Gesellschafter zu versteuern, **108** sondern kann ggf. mit einem sich ergebenden Umwandlungsverlust verrechnet werden.

Bei Anteilen, die im Privatvermögen verbleiben (im Wesentlichen: unter 1 %ige Beteiligungen, die **109** nicht aus einer Umwandlung stammen), unterliegt die fiktive Dividende der Abgeltungsteuer nach §§ 32d, 43 Abs. 5 EStG. Insoweit kommt es ebenfalls nicht zu einer Belastung mit Gewerbesteuer.

b) Kapitalertragsteuer. Für die fiktive Ausschüttung der offenen Rücklagen hat die Überträgerin **110** 25 % Kapitalertragsteuer plus Solidaritätszuschlag einzubehalten und an das Finanzamt abzuführen. Soweit die fiktive Dividende bei den Gesellschaftern in eine Veranlagung einbezogen wird, kann die einbehaltene Steuer angerechnet oder erstattet werden.

Die Vollausschüttungsfiktion erlaubt es, die offenen Reserven einer umzuwandelnden Kapitalgesell- **111** schaft umfassend der Kapitalertragsteuer zu unterwerfen. Nach der Gesetzesbegründung dient dies der Sicherung deutscher Besteuerungsrechte an den offenen Rücklagen. Damit soll die Vollausschüttungsfiktion also insbesondere Steuerausländer treffen, bei denen die Kapitalertragsteuer im Inland nicht angerechnet bzw. erstattet wird. Flankiert wird diese Maßnahme durch eine Regelung in § 43b Abs. 1 Satz 4 EStG, wonach die von der EU-Mutter-Tochter-Richtlinie angeordnete Kapitalertragsteuerbefreiung für Dividenden einer inländischen Tochtergesellschaft an ihre im EU-Ausland ansässige Muttergesellschaft in derartigen Umwandlungsfällen nicht anwendbar ist. Die Kapitalertragsteuer ist somit auf sämtliche offenen Reserven der Überträgerin mit Ausnahme des steuerlichen Einlagekontos und des Nennkapitals einzubehalten und abzuführen.

Für die fiktive Dividende gilt die Rückwirkungsfiktion des § 2 Abs. 1, 2 UmwStG. Das bedeutet, dass **112** die fiktive Dividende als mit Ablauf des steuerlichen Übertragungsstichtags bezogen gilt. Wird eine Umwandlung handelsrechtlich mit Wirkung zum 01.01. eines Jahres durchgeführt, so ist der steuerliche Übertragungsstichtag gem. § 2 Abs. 1 UmwStG der 31.12. des Vorjahres. Denn auf diesen Stichtag ist die Schlussbilanz der übertragenden Körperschaft zu erstellen. Die fiktive Dividende gilt also als im bereits abgelaufenen Veranlagungszeitraum bezogen. Allerdings entsteht die Kapitalertragsteuer erst im Zeitpunkt des zivilrechtlichen Wirksamwerdens der Umwandlung, also mit Eintragung der Umwandlung in das Handelsregister (vgl. Randnr 07.08 UmwStE). Damit fallen die Versteuerung der fiktiven Dividende und die Entstehung der Kapitalertragsteuer in verschiedene Veranlagungszeiträume. Dies steht einer Anrechnung der Kapitalertragsteuer in dem Veranlagungszeitraum, in dem der steuerliche Übertragungsstichtag liegt, jedoch nicht entgegen, denn Voraussetzung für die Anrechnung der Kapitalertragsteuer ist gem. § 36 Abs. 2 Nr. 2 EStG nur, dass die durch Steuerabzug erhobene Steuer auf die bei der Veranlagung erfassten Einkünfte entfällt.

Zu beachten ist, dass die fiktive Dividende nach der Konzeption der §§ 4 und 7 UmwStG nicht etwa als **113** letzter Akt der Überträgerin zuzuordnen ist. Vielmehr ist sie als Bestandteil des bei der Übernehmerin anfallenden Übernahmeergebnisses anzusehen. Damit ist die Kapitalertragsteuer nicht von der übertragenden Körperschaft, sondern von der übernehmenden Personengesellschaft bzw. dem übernehmenden Einzelunternehmen abzuführen. Die Kapitalertragsteuer ist nicht aufwandswirksam, sondern als Entnahme über das Kapitalkonto des jeweiligen Gesellschafters zu verbuchen.

c) Ermittlung des »verbleibenden Übernahmeergebnisses«. In einem nächsten Schritt ist auf der **114** Ebene der Übernehmerin das Übernahmeergebnis zu ermitteln. Das Gesetz (§ 4 Abs. 4 und 5 UmwStG) sieht hierfür folgendes Schema vor:

Wert, mit dem die übergegangenen Wirtschaftsgüter zu übernehmen sind

+ Zuschlag für neutrales Vermögen (§ 4 Abs. 4 Satz 2 UmwStG; vgl. Teil 7 Rdn. 162)

./. (korrigierter) Wert der Anteile an der übertragenden Körperschaft

./. Umwandlungskosten

= **Übernahmeergebnis (erster Stufe)**

+ Sperrbetrag nach § 50c EStG

./. Bezüge nach § 7 UmwStG (fiktive Dividende)

= **Übernahmeergebnis (zweiter Stufe)**

115 Das Übernahmeergebnis der ersten Stufe wird also gemindert durch die dem Gesellschafter bereits zugerechnete fiktive Dividende (§ 4 Abs. 5 Satz 2 UmwStG). Hierdurch kann aus einem Übernahmegewinn auf der ersten Stufe ein Übernahmeverlust zweiter Stufe werden.

116 Die Feststellung des Übernahmeergebnisses erfolgt verfahrensrechtlich im Rahmen der **einheitlichen und gesonderten Gewinnfeststellung** der Personengesellschaft. Dabei ist die Berechnung für jeden einzelnen Gesellschafter gesondert vorzunehmen. Das Übernahmeergebnis ist zwar einheitlich auf der Ebene der Personengesellschaft festzustellen, die Ermittlung selbst erfolgt aber gesondert für jeden Gesellschafter (vgl. Dötsch/Pung, DB 2006, 2710). Das bedeutet, dass gemäß der o. g. Berechnung bei jedem einzelnen Gesellschafter der Buchwert der von ihm gehaltenen Anteile dem anteilig auf ihn entfallenden Betriebsvermögen gegenüberzustellen ist.

117 ▶ **Hinweis:**

Bei der Ermittlung des Übernahmeergebnisses ist somit maßgeblich, wie hoch die Anschaffungskosten der Anteile waren bzw. mit welchem Wert die Anteile bilanziert sind. Da diese Werte für jeden Gesellschafter unterschiedlich hoch sein können, ergibt sich für jeden Gesellschafter auch ein unterschiedlich hohes Übernahmeergebnis.

118 **d) Sperrbetrag nach § 50c EStG.** Soweit die Anteile an der übertragenden Körperschaft bei einem der Gesellschafter mit einem Sperrbetrag nach § 50c EStG behaftet sind, ist auch dieser Sperrbetrag dem Übernahmeergebnis dieses Gesellschafters hinzuzurechnen (§ 4 Abs. 5 UmwStG).

119 Ein Sperrbetrag nach § 50c EStG konnte letztmals in dem Jahr entstehen, in dem noch das KStG a. F. galt, d. h. letztmals in 2001 (mit kalenderjahrgleichem Wirtschaftsjahr) bzw. letztmals in 2001/2002 (mit abweichendem Wirtschaftsjahr). Der Sperrbetrag nach § 50c EStG entstand insbesondere dann, wenn nicht zur Körperschaftsteuer-Anrechnung berechtigte Anteilseigner (d. h. Steuerausländer) ihre Anteile an Anrechnungsberechtigte (d. h. Steuerinländer) übertragen haben oder wenn nicht wesentlich beteiligte Anteilseigner ihre Anteile aus dem Privatvermögen in ein Betriebsvermögen übertragen haben.

120 Der einmal entstandene Sperrbetrag nach § 50c EStG wirkte längstens für zehn Jahre fort, so dass sich mit Ablauf des Jahres 2011 bzw. 2011/2012 aus dem Sperrbetrag nach § 50c EStG keine Auswirkungen mehr ergeben. Der Sperrbetrag nach § 50c EStG kann sich somit aktuell nur noch im Rahmen von Betriebsprüfungen auswirken.

121 **e) Körperschaftsteuerguthaben.** Verfügt die übertragende Körperschaft aus der Zeit des Anrechnungsverfahrens noch über ein Körperschaftsteuerguthaben, so ist dieses nach § 37 Abs. 4 Satz 1 KStG letztmalig zum 31.12.2006 zu ermitteln und gesondert festzustellen. In Umwandlungsfällen, die nach dem 12.12.2006 zur Eintragung in das Handelsregister angemeldet worden sind, wird das Körperschaftsteuerguthaben bei der übertragenden Körperschaft letztmalig auf den vor dem 31.12.2006 liegenden steuerlichen Übertragungsstichtag ermittelt.

122 Gem. § 37 Abs. 5 KStG hat die Körperschaft innerhalb eines Auszahlungszeitraums von 2008 bis 2017 einen Anspruch auf Auszahlung des Körperschaftsteuerguthabens in 10 gleichen Jahresbeträgen. Diese Neuregelung hat dazu geführt, dass das Körperschaftsteuerguthaben abgezinst zum 31.12.2006 in den Schlussbilanzen der betroffenen Körperschaften als Erstattungsanspruch ggü. dem Finanzamt zu aktivieren war. Überträgt eine Kapitalgesellschaft im Wege der Gesamtrechtsnachfolge durch Verschmelzung oder Spaltung Vermögen auf eine Personengesellschaft, tritt diese in die Rechtsstellung der Überträgerin ein und erhält dementsprechend nach der Umwandlung die jährlichen Erstattungsbeträge. Anlässlich einer solchen Umwandlung kommt es daher – entgegen der bis zum 13.12.2006 geltenden

Rechtslage – nicht mehr zu einer sofortigen Realisation des noch vorhandenen Körperschaftsteuerguthabens.

5. Steuerliche Behandlung eines Übernahmeverlustes (§ 4 Abs. 6 UmwStG). Ein Übernahme- **123** verlust bleibt außer Ansatz, soweit er auf eine körperschaftsteuerpflichtige Person (Körperschaft, Personenvereinigung oder Vermögensmasse) als Mitunternehmerin der übernehmenden Personengesellschaft entfällt. Dies erscheint sachgerecht, da insoweit auch ein Veräußerungsverlust nach § 8b Abs. 3 KStG steuerlich nicht zu berücksichtigen gewesen wäre.

Entfällt der Übernahmeverlust jedoch auf ein Kreditinstitut, ein Finanzdienstleistungsinstitut, ein Fi- **124** nanzunternehmen oder einen Lebens- bzw. Krankenversicherer, auf deren Anteile nach § 8b Abs. 7 und Abs. 8 Satz 1 KStG die Steuerbefreiungen des § 8b Abs. 1 und 2 KStG keine Anwendung finden, so ist der Übernahmeverlust bis zur Höhe der diesem Gesellschafter zugerechneten fiktiven Dividende (Bezüge nach § 7 UmwStG) steuerlich zu berücksichtigen. Ein die fiktive Dividende übersteigender Übernahmeverlust ist steuerlich unwirksam.

Eine natürliche Person kann einen auf sie entfallenden anteiligen Übernahmeverlust zu 60 %, höchstens **125** jedoch i. H. v. 60 % der dieser Person zugerechneten fiktiven Dividende geltend machen. Ein darüber hinausgehender Übernahmeverlust bleibt außer Ansatz.

Ein Veräußerungsverlust bleibt hingegen nach § 4 Abs. 6 Satz 6 UmwStG stets außer Ansatz, soweit **126**
– bei Veräußerung der Anteile an der übertragenden Körperschaft ein Veräußerungsverlust nach § 17 Abs. 2 Satz 6 EStG nicht zu berücksichtigen wäre oder
– die Anteile innerhalb der letzten 5 Jahre vor dem steuerlichen Übertragungsstichtag entgeltlich erworben worden sind.

Durch die erste Alternative des Satz 6 soll vermieden werden, dass nicht von § 17 EStG erfasste Anteile **127** des Privatvermögens kurzfristig vor der Umwandlung »zusammengelegt« werden, um einen Übernahmeverlust geltend machen zu können. Für unentgeltlich erworbene Anteile kommt es daher darauf an, ob der Rechtsvorgänger seinerseits den Verlust geltend machen hätte können. Für entgeltlich erworbene Anteile ist grundsätzlich eine Haltefrist von fünf Jahren zu berücksichtigen, für die es allerdings gewisse Ausnahmen gibt (vgl. § 17 Abs. 2 Satz 6 Buchst. b) EStG).

Durch die zweite Alternative des Satz 6 wird allgemein eine Mindesthaltefrist von fünf Jahren für die **128** Geltendmachung des Übernahmeverlustes vorgesehen. Diese Regelung kann zu sachlich nicht gerechtfertigten und deutlich überschießenden Ergebnissen führen, was auch von Vertretern der Finanzverwaltung eingeräumt wird (vgl. van Lishaut, in: Rödder/Herlinghaus/van Lishaut, UmwStG, § 4 Rn. 122). Für die Berechnung dieser Fünfjahresfrist kommt es auf den steuerlichen Übertragungsstichtag an (vgl. van Lishaut, in: Rödder/Herlinghaus/van Lishaut, UmwStG, § 4 Rn. 122).

Nach Auffassung der Finanzverwaltung findet die Regelung des § 4 Abs. 6 Satz 6 UmwStG auch An- **129** wendung, wenn die Anteile erst nach dem steuerlichen Übertragungsstichtag angeschafft wurden (Randnr. 04.43 UmwStE; a. A. Widmann in Widmann/Mayer, § 4 UmwStG Rn. 629.17).

Für die Gesellschafter der Überträgerin, die entweder an der Einlagefiktion gar nicht erst teilnehmen, **130** oder zwar teilnehmen, aber einen sich möglicherweise ergebenden Übernahmeverlust nach § 4 Abs. 6 Satz 6 UmwStG nicht verwerten können, stellt sich die Frage, ob sie ihre Situation dadurch verbessern können, dass sie ihre Beteiligung vor der Umwandlung tatsächlich in ein Betriebsvermögen einlegen. In Betracht käme hier zunächst eine Einlage in das Betriebsvermögen der übernehmenden Personengesellschaft bzw. des übernehmenden Einzelunternehmens. Möglich wäre aber auch die Einlage in ein anderes Betriebsvermögen des Steuerpflichtigen. Bei einer anschließenden Umwandlung greift dann § 5 Abs. 3 Satz 1 UmwStG, wonach die Anteile als zu Buchwerten in das Betriebsvermögen der übernehmenden Personengesellschaft bzw. des übernehmenden Einzelunternehmens überführt gelten.

Ob eine solche Einlage die steuerliche Situation des Gesellschafters im Hinblick auf die Ermittlung des **131** Übernahmeergebnisses tatsächlich verbessert, ist allerdings fraglich und im Wesentlichen davon abhängig, zu welchem Wert die Einlage der Beteiligung zu erfolgen hat bzw. mit welchem Wert sie dann an der Ermittlung des Umwandlungsergebnisses teilnimmt. **Beteiligungen des Privatvermögens, die nicht**

unter § 17 EStG fallen, werden nach § 6 Abs. 1 Nr. 5 Buchst. c) EStG mit den Anschaffungskosten in ein Betriebsvermögen eingelegt. Die Einlage von **Beteiligungen im Sinne des § 17 EStG** erfolgt ebenfalls mit den Anschaffungskosten. In beiden Fällen ist daher einerseits zu prüfen, ob sich unter diesen Umständen überhaupt ein Umwandlungsverlust ergibt bzw. ob dieser nach den Voraussetzungen des § 4 Abs. 6 UmwStG verwertbar ist.

132 Die steuerliche Geltendmachung des Übernahmeverlustes i. H. d. zugerechneten fiktiven Dividende führt – sofern der Übernahmeverlust hierfür ausreicht – dazu, dass die zugerechnete fiktive Dividende bei dem Anteilseigner im Ergebnis nicht besteuert wird.

133 **6. Steuerliche Behandlung eines Übernahmegewinns (§ 4 Abs. 7 UmwStG).** Soweit der Übernahmegewinn auf ein körperschaftsteuerpflichtiges Steuersubjekt (Körperschaft, Personenvereinigung oder Vermögensmasse) als Mitunternehmerin der Personengesellschaft entfällt, ist § 8b Abs. 2 KStG anzuwenden. Der Übernahmegewinn ist somit steuerfrei, es erfolgt jedoch der Ansatz einer fiktiven 5 %igen nicht abzugsfähigen Betriebsausgabe nach § 8b Abs. 3 KStG, die der Besteuerung zu unterwerfen ist.

134 Entfällt der Übernahmegewinn hingegen anteilig auf eine natürliche Person, ist er nach Maßgabe des Teileinkünfteverfahrens zu 60 % zu versteuern.

7. Darstellung anhand von Beispielen

135 ▶ **Beispiel: Besteuerung des Übernahmegewinns**

Die T-GmbH wird auf ihre Muttergesellschaft – die M-KG – verschmolzen. Am Vermögen der M-KG sind die A-GmbH und die natürliche Person B zu je 50 % beteiligt. Die M-KG hatte die T-GmbH vor 6 Jahren bar gegründet. Das Nominalkapital der T-GmbH i. H. v. 50.000 € entspricht somit dem Buchwert der Beteiligung in der Bilanz der M-KG. Darüber hinaus hat die T-GmbH in den vergangenen 2 Jahren Gewinne erwirtschaftet, die nur z. T. ausgeschüttet und z. T. thesauriert worden sind. Der hieraus resultierende Gewinnvortrag beträgt 100.000 €. Die Aktiva der T-GmbH enthalten keine stillen Reserven.

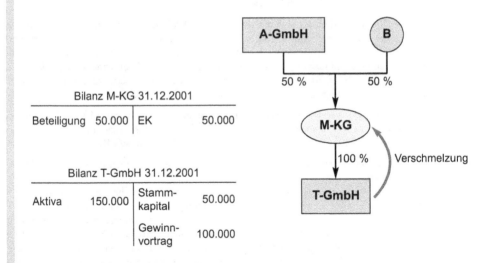

Die Ermittlung des Übernahmeergebnisses erfolgt gesellschafterbezogen.

Steuerliche Konsequenzen für die A-GmbH:

Der A-GmbH ist eine fiktive Dividende von 50.000 € zuzurechnen, die nach § 8b Abs. 1 KStG steuerfrei ist, allerdings erfolgt eine Hinzurechnung i. H. v. 5 % der Dividende nach § 8b Abs. 5 KStG.

Ermittlung des Übernahmeergebnisses:

Wert, mit dem die übergegangenen Wirtschaftsgüter zu übernehmen sind	75.000 €
./. Umwandlungskosten	
./. anteiliger Buchwert der Anteile an der übertragenden Körperschaft	25.000 €
= **Übernahmeergebnis (erster Stufe)**	**50.000 €**
+ Sperrbetrag nach § 50c EStG	
./. Bezüge nach § 7 UmwStG	50.000 €
= **Übernahmeergebnis (zweiter Stufe)**	**0 €**

Es ergibt sich somit weder ein Übernahmegewinn noch ein Übernahmeverlust.

Steuerliche Konsequenzen für B:

Auch B ist eine fiktive Dividende von 50.000 € zuzurechnen, die nach dem Teileinkünfteverfahren zu besteuern ist. Demgemäß sind 60 % der Dividende (30.000 €) steuerpflichtig.

Die Ermittlung des Übernahmeergebnisses ist identisch zu der Berechnung der A-GmbH, weil die M-KG in dem hier vorliegenden Sachverhalt die T-GmbH selbst gegründet hat zu einem Zeitpunkt, als beide Gesellschafter bereits Mitunternehmer waren. Daher ist für beide Gesellschafter bei der Ermittlung des Übernahmeergebnisses der auf sie entfallende anteilige Buchwert der Beteiligung betragsmäßig identisch und es ergibt sich dasselbe Übernahmeergebnis.

▶ **Beispiel: Steuerliche Behandlung eines Übernahmeverlustes** 136

Es wird eine Aufwärtsverschmelzung wie in Beispiel 5 angenommen, jedoch hat die M-KG die Anteile an der T-GmbH in Abwandlung des Sachverhalts 6 Jahre vor der Verschmelzung zu einem Preis von 500.000 € erworben.

Steuerliche Konsequenzen für die A-GmbH:

Auch in diesem Fall ist der A-GmbH eine fiktive Dividende von 50.000 € zuzurechnen, die nach § 8b Abs. 1 KStG steuerfrei ist bei gleichzeitiger Hinzurechnung i. H. v. 5 % der Dividende nach § 8b Abs. 5 KStG zum Einkommen der Gesellschaft.

Ermittlung des Übernahmeergebnisses:

Wert, mit dem die übergegangenen Wirtschaftsgüter zu übernehmen sind	75.000 €
./. Umwandlungskosten	
./. anteiliger Buchwert der Anteile an der übertragenden Körperschaft	250.000 €
= **Übernahmeergebnis (erster Stufe)**	**– 175.000 €**
+ Sperrbetrag nach § 50c EStG	
./. Bezüge nach § 7 UmwStG	50.000 €
= **Übernahmeergebnis (zweiter Stufe)**	**– 225.000 €**

Der Übernahmeverlust zweiter Stufe ist steuerlich unwirksam.

Steuerliche Konsequenzen für B:

B ist wiederum eine fiktive Dividende von 50.000 € zuzurechnen, die nach dem Teileinkünfteverfahren zu besteuern ist. Demgemäß sind 60 % der Dividende (30.000 €) steuerpflichtig.

Darüber hinaus ergibt sich auch für ihn ein anteiliger Übernahmeverlust zweiter Stufe von 225.000 €. Dieser Übernahmeverlust ist steuerlich wirksam in Höhe von 60 % der fiktiven Dividende von 50.000, € – also i. H. v. € 30.000.

Im Ergebnis kommt es somit zu einer Verrechnung des anteiligen Übernahmeverlustes mit dem steuerpflichtigen Teil der fiktiven Dividende. Es kommt daher bei B unter dem Strich nicht zu positiven Einkünften aus dieser Umwandlung.

137 **8. Gewerbesteuer.** § 18 Abs. 1 Satz 1 UmwStG sieht vor, dass die für die einkommensteuerliche bzw. körperschaftsteuerliche Gewinnermittlung aufgestellten Regelungen zur Besteuerung der Umwandlung einer Kapital- in eine Personengesellschaft auch für die Gewerbesteuer gelten. Dieser Verweis bezieht sich insbesondere auf die Besteuerung eines etwaigen Übertragungsgewinns bei der Überträgerin sowie die Regelungen zur steuerlichen Wertverknüpfung.

138 § 18 Abs. 1 Satz 2 UmwStG stellt klar, dass die in § 4 Abs. 2 Satz 2 UmwStG getroffene Regelung zum Untergang der von der Überträgerin erwirtschafteten körperschaftsteuerlichen Fehlbeträge und Verlustvorträge auch für die gewerbesteuerlichen Verluste und Fehlbeträge gilt (vgl. hierzu auch Teil 7 Rdn. 68).

139 Nach § 18 Abs. 2 Satz 1 UmwStG ist ein Übernahmegewinn oder -verlust, der sich bei der übernehmenden Personengesellschaft ergibt, gewerbesteuerlich nicht zu erfassen. Diese Regelung ist systemgerecht, denn obwohl das Übernahmeergebnis steuertechnisch auf der Ebene der übernehmenden Personengesellschaft ermittelt wird, handelt es sich doch nicht um von ihr erwirtschaftetes Einkommen.

140 Zu beachten ist die Regelung des § 18 Abs. 2 Satz 2 UmwStG, wonach in den Fällen des § 5 Abs. 2 UmwStG ein Gewinn nach § 7 UmwStG nicht zu erfassen ist. Betroffen von dieser Regelung ist die fiktive Dividende nach § 7 UmwStG, soweit sie auf im Privatvermögen befindliche Anteile im Sinne des § 17 EStG entfällt, die nach § 5 Abs. 2 UmwStG der Einlagefiktion unterliegen und damit an der Ermittlung des Übernahmeergebnisses teilnehmen. Diese Regelung soll sicherstellen, dass der nicht als Teil des Übernahmegewinns geltende Gewinn nach § 7 UmwStG bei der aufnehmenden Personengesellschaft nicht der Gewerbesteuer unterliegt, soweit er auf diese Anteile entfällt. Diese Vorschrift hat neben ihrer Bedeutung für die Gewerbebesteuerung der fiktiven Dividende auch noch eine klarstellende Bedeutung für die Systematik der Behandlung der fiktiven Dividende. Die Regelung macht deutlich, dass die fiktive Dividende auf der Ebene der Personengesellschaft anfällt und nicht den betreffenden Gesellschaftern direkt als fiktive Einkünfte in das Privatvermögen zuzurechnen ist.

141 Außerdem enthält der § 18 UmwStG darüber hinaus in Abs. 3 eine Missbrauchsvorschrift für den Fall eines Veräußerungs- oder Entnahmevorgangs innerhalb der ersten 5 Jahre nach der Umwandlung.

142 Nach § 18 Abs. 2 UmwStG unterliegt ein beim übernehmenden Rechtsträger entstehender Übernahmegewinn nicht der **Gewerbesteuer**. Wird die übernehmende Personengesellschaft bzw. das Einzelunternehmen nach der Umwandlung aufgegeben oder veräußert, so unterläge ein hierdurch entstehender Veräußerungs- bzw. Aufgabegewinn nach den allgemeinen Grundsätzen auch nicht der Gewerbesteuer, soweit er auf eine natürliche Person als unmittelbar beteiligter Mitunternehmer entfällt. Die Steuerbefreiung des § 18 Abs. 2 UmwStG würde daher für sich gesehen ermöglichen, dass eine von natürlichen Personen gehaltene Kapitalgesellschaft durch vorbereitende Umwandlung in eine Personengesellschaft gewerbesteuerfrei liquidiert oder veräußert werden konnte. Um dies zu verhindern, wurde die Vorschrift des § 18 Abs. 3 UmwStG konzipiert (vgl. Schmitt, in: Schmitt/Hörtnagl/Stratz, UmwG/UmwStG, § 18 UmwStG Rn. 31). Hiernach unterliegt ein Auflösungs- oder Veräußerungsgewinn der Gewerbesteuer, wenn der Betrieb der Personengesellschaft oder der natürlichen Person innerhalb von 5 Jahren nach dem Vermögensübergang aufgegeben oder veräußert wird. Dasselbe gilt entsprechend, soweit ein Teilbetrieb oder ein Anteil an der Personengesellschaft aufgegeben oder veräußert wird. Durch das Jahressteuergesetz 2008 wurde in der Regelung außerdem die zuvor äußerst umstrittene Auffassung der Finanzverwaltung (vgl. Randnr. 18.07 UmwStE 1998; zur Kritik vgl. z. B. Schmitt: in: Schmitt/Hörtnagl/Stratz, UmwG/UmwStG, 6. Aufl., § 18 UmwStG Rn. 37, Schaumburg, FR 1995, 211, 217) kodifiziert, dass der Gewerbesteuer auch der Teil des Aufgabe- oder Veräußerungsgewinns unterliegt, der auf Betriebsvermögen entfällt, das bereits vor der Umwandlung im Betrieb der übernehmenden Personengesellschaft oder der natürlichen Person vorhanden war. Nach § 18 Abs. 3 UmwStG wird nicht die bereits abgeschlossene Umwandlung rückwirkend besteuert, sondern es wird die ansonsten gewerbesteuerfreie Veräußerung bzw. Aufgabe eines Betriebes, Teilbetriebes oder Mitunternehmer-

anteils insgesamt und unabhängig vom Umfang des durch die Umwandlung zugeführten Betriebsvermögens der Gewerbesteuer unterworfen. Dabei unterliegen auch die nach der Umwandlung neu gebildeten stillen Reserven der Gewerbesteuer.

9. Steuerliche Wertverknüpfung und steuerliche Rechtsnachfolge. Nach § 4 Abs. 1 UmwStG hat **143** die Personengesellschaft die von der übertragenden Körperschaft übernommenen Wirtschaftsgüter mit den Werten zu übernehmen, mit denen sie in der steuerlichen Schlussbilanz der übertragenden Körperschaft ausgewiesen sind.

Dies soll auch gelten, wenn es sich bei dem übertragenden Rechtsträger um eine steuerbefreite oder eine **144** ausländische Körperschaft handelt (Randnr. 04.01 UmwStE).

Als **Folge der Wertverknüpfung** bestimmt § 4 Abs. 2 UmwStG, dass die übernehmende Personenge- **145** sellschaft bzw. natürliche Person hinsichtlich der Absetzungen für Abnutzung, der erhöhten Absetzungen, der Sonderabschreibungen, der Inanspruchnahme eines Bewertungswahlrechts oder eines Bewertungsabschlags, der den steuerlichen Gewinn mindernden Rücklagen sowie der Anwendung des § 6 Abs. 1 Nr. 2 Satz 2 und 3 EStG in die Rechtsstellung der übertragenden Körperschaft eintritt. Auch der Zeitraum der Zugehörigkeit einzelner Wirtschaftsgüter zum Betriebsvermögen der übertragenden Körperschaft wird gem. § 4 Abs. 2 UmwStG bei der übernehmenden Personengesellschaft bzw. natürlichen Person angerechnet, was z. B. Bedeutung für eine vorhandene Rücklage nach § 6b EStG hat.

Dementsprechend regelt § 4 Abs. 3 UmwStG, dass die **Absetzungen für Abnutzung** (AfA) bei der über- **146** nehmenden Personengesellschaft bzw. natürlichen Person wie folgt zu bemessen sind:
– In den Fällen des § 7 Abs. 4 Satz 1 und Abs. 5 EStG ist die AfA nach der bisherigen Bemessungsgrundlage, vermehrt um den Unterschiedsbetrag zwischen dem Buchwert der Gebäude und dem Wert, mit dem die Körperschaft die Gebäude in der Übertragungsbilanz angesetzt hat und dem geltenden Vomhundertsatz zu bemessen. Wird in den Fällen des § 7 Abs. 4 Satz 1 EStG die volle Absetzung innerhalb der tatsächlichen Nutzungsdauer nicht erreicht, kann die Absetzung für Abnutzung nach der Restnutzungsdauer der Gebäude bemessen werden (vgl. Randnr. 04.10 UmwStE).
– In allen anderen Fällen hat die Ermittlung der AfA nach dem Buchwert vermehrt um den Unterschiedsbetrag zwischen dem Buchwert der einzelnen Wirtschaftsgüter und dem Wert, mit dem die Körperschaft die Wirtschaftsgüter in der Übertragungsbilanz angesetzt hat und der Restnutzungsdauer der Wirtschaftsgüter zu erfolgen.

Damit ergibt sich für die Abschreibung von Gebäuden folgendes: Aufgrund der steuerlichen Rechts- **147** nachfolge hat die übernehmende Personengesellschaft die **Abschreibungsmethode** (linear oder degressiv) der übertragenden Kapitalgesellschaft fortzuführen. Bei einer Vermögensübertragung zu Zwischenwerten oder gemeinen Werten ist für die weitere Berechnung der Gebäude-AfA nicht der Buchwert des Gebäudes maßgebend. Vielmehr ist die ursprüngliche Bemessungsgrundlage um den auf das Gebäude entfallenden Aufstockungsbetrag zu erhöhen. Eine weitere Abschreibung mit dem geltenden Vomhundertsatz führt dann dazu, dass nach Ablauf der ursprünglich zugrunde gelegten Nutzungsdauer ein nicht abgeschriebener Restbetrag verbleibt. Die Nutzungsdauer verlängert sich somit. Nur wenn die **tatsächliche Nutzungsdauer** hierdurch überschritten wird, ist eine Bemessung der AfA nach der Restnutzungsdauer der Gebäude möglich. Eine Auslegung des § 4 Abs. 3 UmwStG dahin, dass die neue Bemessungsgrundlage **auf die im Vergleich zur ursprünglichen Nutzungsdauer angenommene Restnutzungsdauer** zu verteilen ist, ist zwar vom Gesetzeswortlaut selbst, nicht jedoch von der Gesetzesbegründung gedeckt, die bei Gebäuden die Anwendung des geltenden Vomhundertsatzes besonders betont.

Der UmwStE hat in den Randnr. 04.10 diese Regelungen übernommen. Die dargestellten Regelungen **148** sollen aber nach der dort von der Finanzverwaltung vertretenen Ansicht nicht für einen in der steuerlichen Schlussbilanz bereits ausgewiesenen derivativen Firmenwert gelten. Hier soll die Abschreibung nicht nach Maßgabe der noch verbleibenden Restnutzungsdauer fortgeführt werden, sondern es soll eine neue Abschreibungsdauer von weiteren 15 Jahren beginnen. Diese Rechtsauffassung ist zumindest für die Fälle der Buchwertfortführung zu kritisieren. Bei einer Buchwertfortführung kommt es anlässlich der Umwandlung nicht zu einer Aufdeckung eines originären Firmenwerts des übertragenden

Rechtsträgers. Der bisher als derivativ ausgewiesene Firmenwert geht also nicht in einem originären Firmenwert auf, sondern wird vollständig separat weitergeführt. Es ist kein sachlicher Grund ersichtlich, warum hier die steuerliche Rechtsnachfolge bezüglich der noch verbleibenden Rechtsnutzungsdauer nicht gelten soll. Anders liegt der Fall allerdings zu beurteilen, wenn der übertragende Rechtsträger Zwischenwerte oder gemeine Werte angesetzt hat und es hierdurch zu einem vollständigen oder anteiligen Ansatz des originären Firmenwerts des übertragenden Rechtsträgers kommt. Ein bisher bilanzierter derivativer Firmenwert ist dann nicht mehr separat zu bilanzieren, sondern geht in einem einheitlichen Firmenwert des übertragenden Rechtsträgers auf. In einem solchen Fall wäre daher auch die Rechtsauffassung begründbar, diesen einheitlichen Firmenwert nach der Umwandlung bei dem übernehmenden Rechtsträger wieder auf 15 Jahre abzuschreiben.

IV. Gewinnerhöhung durch Vereinigung von Forderungen und Verbindlichkeiten (sog. Konfusionsgewinn/-verlust)

149   Im Fall einer Verschmelzung gehen zivilrechtlich die zwischen dem übertragenden und dem übernehmenden Rechtsträger bestehenden gegenseitigen Forderungen und Schulden infolge **Konfusion** unter. Evtl. bestehende Rückstellungen für Ansprüche des anderen Rechtsträgers gehen ebenso unter. Wenn sich die Forderungen und Verbindlichkeiten bzw. aktivierten Ansprüche und passivierten Rückstellungen nicht in gleicher Höhe gegenüberstehen, entsteht ein Gewinn oder Verlust. Im Regelfall entsteht ein **Konfusionsgewinn**, weil die Forderung in der Vergangenheit teilwertberichtigt wurde und dementsprechend mit einem geringeren Wert zu Buche steht als die entsprechende Verbindlichkeit.

150   Während ein **Konfusionsverlust** sofort steuerlich relevant wird, kann der Gewinn durch eine Rücklage zunächst neutralisiert werden (§ 6 Abs. 1 Satz 1 UmwStG). Die Rücklage ist in den auf ihre Bildung folgenden 3 Wirtschaftsjahren mit mindestens je einem Drittel gewinnerhöhend aufzulösen (§ 6 Abs. 1 Satz 2 UmwStG).

151   Nach § 6 Abs. 2 UmwStG kann eine Rücklage gebildet werden, wenn bei einem Gesellschafter der Übernehmerin ein Gewinn entsteht, weil bspw. eine Forderung oder Verbindlichkeit von der Überträgerin auf die Übernehmerin übergeht oder weil anlässlich der Umstrukturierung eine Rückstellung aufzulösen ist.

152   Die Finanzverwaltung macht in Randnr. 06.02 UmwStE deutlich, dass ein Konfusionsgewinn immer steuerpflichtig sein soll, und zwar auch dann, wenn er aufgrund einer Vereinigung von Forderung und Verbindlichkeit entsteht und die Abschreibung der Forderung sich wegen § 8b Abs. 3 Satz 4 ff. KStG gar nicht ausgewirkt hat. Diese Rechtsauffassung ist nicht systemgerecht, denn es handelt sich hierbei um nichts anderes als die Rückgängigmachung einer Teilwertabschreibung, die – separat vorgenommen – nach § 8b Abs. 3 Satz 8 KStG ja auch keine Steuerpflicht auslösen würde. In der Praxis sollte das Problem dadurch umgangen werden, dass in der Steuerbilanz vom Wertbeibehaltungswahlrecht des § 6 Abs. 1 Nr. 1 EStG Gebrauch gemacht und auf die Teilwertabschreibung verzichtet wird, wenn diese ohnehin steuerlich irrelevant ist. Sollte hingegen eine steuerliche Teilwertabschreibung gebucht worden sein, besteht wohl auch die Möglichkeit, das Bewertungswahlrecht des § 6 Abs. 1 Nr. 1 EStG dahin gehend auszuüben, dass in der regulären Gewinnermittlungsbilanz auf den steuerlichen Übertragungsstichtag eine entsprechende Zuschreibung vorgenommen wird. Wenn es möglich ist, eine wertgeminderte Forderung in der Steuerbilanz weiterhin mit einem höheren Wert auszuweisen, dann sollte es auch möglich sein, eine solche Forderung – steuerneutral – wieder zuzuschreiben, obwohl die Wertminderung noch andauert.

153   Zu beachten ist, dass die **Anwendbarkeit** des § 6 Abs. 1, 2 UmwStG gem. § 6 Abs. 3 UmwStG – unter Änderung bereits erteilter Bescheide – rückwirkend **entfällt**, wenn die Übernehmerin den auf sie übergegangenen Betrieb innerhalb von 5 Jahren nach dem steuerlichen Übertragungsstichtag in eine Kapitalgesellschaft einbringt oder ohne triftigen Grund veräußert oder aufgibt. Die Nichtanwendbarkeit der Abs. 1 und 2 bedeutet, dass ein Konfusionsgewinn in dem Wirtschaftsjahr, in das der steuerliche Übertragungsstichtag fällt, sofort und in voller Höhe zu versteuern ist. Die zunächst zulässigerweise gebildete steuerfreie Rücklage wird nachträglich gestrichen. Die Veräußerung oder Aufgabe des Betriebes innerhalb von 5 Jahren nach der Umwandlung ist insoweit ein rückwirkendes Ereignis, welches

eine Änderung des ursprünglichen Steuerbescheides der übernehmenden Personengesellschaft ermöglicht.

V. Umwandlung von einer Kapital- in eine Personengesellschaft beim Unternehmenskauf?

Bei der Veräußerung von Unternehmen, die von Kapitalgesellschaften geführt werden, haben die Veräußerer aus rein steuerlicher Sicht in der Regel ein Interesse, die Anteile zu verkaufen und die daraus resultierenden Gewinne im Teileinkünfteverfahren zu versteuern (natürliche Personen) bzw. weitgehend steuerfrei zu vereinnahmen (Kapitalgesellschaften). Der Erwerber wird hingegen ein Interesse haben, die Wirtschaftsgüter zu erwerben (asset deal), um das daraus resultierende Abschreibungspotential nutzen zu können. Der Grund hierfür liegt darin, dass der Erwerber einer Kapitalbeteiligung keine Möglichkeit hat, die Anschaffungskosten der Beteiligung in Abschreibungspotenzial umzuwandeln. Die Interessen des Verkäufers stehen somit denen des Erwerbers diametral entgegen. **154**

Unter Berücksichtigung dieser steuerlichen Situation ist es sehr schwierig, beim Verkauf eines Unternehmens in der Rechtsform einer Kapitalgesellschaft einen für beide Parteien akzeptablen Kompromiss zu finden. Besteht der Veräußerer auf einer Veräußerung seiner Kapitalbeteiligung, so hat der Erwerber eine schlechte steuerliche Position. Insbesondere die aus Sicht des Erwerbers »fehlenden« Abschreibungsbeträge und die damit einhergehende Steuermehrbelastung in der Zukunft wird der Erwerber durch eine Minderung des Kaufpreises auf den Veräußerer »abzuwälzen« versuchen. Setzt sich demgegenüber der Erwerber in den Verhandlungen mit seiner Forderung durch, einen asset deal durchzuführen, so wird der Veräußerer versuchen, seine steuerliche Mehrbelastung durch eine Erhöhung des Kaufpreises ganz oder zumindest teilweise zu kompensieren. **155**

Die zuvor erläuterten Regelungen insbesondere zur Ermittlung und steuerlichen Unbeachtlichkeit von Übernahmeverlusten zielen darauf ab, in früheren Jahren häufig genutzte Modelle zur Transformation des Kaufpreises für Kapitalgesellschaftsanteile in Abschreibungsvolumen zu torpedieren. Nach dem sogenannten Umwandlungsmodell konnte der Erwerber einer Kapitalgesellschaft durch deren Verschmelzung auf eine Personengesellschaft seine Anschaffungskosten für die Anteile an der Kapitalgesellschaft in Anschaffungskosten der Wirtschaftsgüter der Personengesellschaft transformieren. Diese steuerneutrale Aufstockung der Wirtschaftsgüter ist bereits seit geraumer Zeit nicht mehr möglich (vgl. zu diesem und anderen Modellen van Lishaut, in: Rödder/Herlinghaus/van Lishaut, UmwStG, § 4 Rn. 127). **156**

Aktuell ist festzuhalten, dass eine Umwandlung nicht mehr genutzt werden kann, um Anschaffungskosten für Anteile an einer Kapitalgesellschaft in steuerlich berücksichtigungsfähiges Abschreibungsvolumen beim Erwerber zu transformieren. **157**

VI. Vermögensübertragung von einer Kapital- auf eine Personengesellschaft mit Auslandsberührung

Die Regelungen der §§ 3 bis 10 UmwStG sind auch bei grenzüberschreitenden Sachverhalten anwendbar. Allerdings existieren bisher keine gesellschaftsrechtlichen Regelungen zur grenzüberschreitenden Umstrukturierung unter Beteiligung von Personengesellschaften. Sowohl die Möglichkeiten zur grenzüberschreitenden Umstrukturierung mit dem Ziel der Errichtung einer SE als auch die durch die Verschmelzungsrichtlinie geschaffenen Möglichkeiten beziehen sich ausschließlich auf Kapitalgesellschaften. Dasselbe gilt für die bisherigen europarechtlichen Regelungen zur Sitzverlegung von Gesellschaften. Grundsätzlich überrascht dies, weil Personengesellschaften keine geringeren Rechte z. B. in Bezug auf die Niederlassungsfreiheit haben als Kapitalgesellschaften. Außerdem hat der EuGH in seinem Urteil zur Rechtssache SEVIC die Möglichkeit einer grenzüberschreitenden Verschmelzung sämtlichen Gesellschaften im Sinne der Art. 49, 54 AEKV eingeräumt und hierzu gehören auch Personengesellschaften. Es ist somit davon auszugehen, dass es rein rechtlich möglich ist, eine deutsche Kapitalgesellschaft auf eine ausländische Personengesellschaft oder eine ausländische Kapital- auf eine inländische Personenhandelsgesellschaft zu verschmelzen. **158**

Außerdem schließt die EU-Fusionsrichtlinie in ihrer neuen Fassung auch sog. hybride Gesellschaften in ihren Anwendungsbereich ein. Hierbei handelt es sich um Gesellschaften, die nach dem Recht ihres Gründungslandes als Kapitalgesellschaften anzusehen sind, aufgrund ihrer spezifischen gesellschafts- **159** rechtlichen Ausgestaltung aus deutscher Sicht für Zwecke der Besteuerung jedoch als Personengesell-schaften behandelt werden. Wird eine deutsche Kapitalgesellschaft auf eine solche ausländische hybride Gesellschaft verschmolzen, dann handelt es sich für die Anwendung des deutschen Umwandlungssteu-errechts um eine grenzüberschreitende Verschmelzung einer inländischen Kapital- auf eine auslän-dische Personengesellschaft.

160   Eine Umstrukturierung mit Auslandsberührung ist aber nicht nur dann gegeben, wenn die an der Um-strukturierung beteiligten Rechtsträger nach dem Recht verschiedener Mitgliedsstaaten oder nur eines anderen ausländischen Mitgliedsstaates gegründet wurden. Auch bei rein inländischen Vorgängen er-geben sich besondere Komplikationen, wenn der übertragende Rechtsträger über im Ausland belegenes Vermögen verfügt.

1. Verschmelzung einer inländischen Kapitalgesellschaft mit ausländischer Betriebsstätte auf
161   **eine inländische Personengesellschaft.**   Soweit sich in dem anlässlich der Verschmelzung einer inlän-dischen Kapital- auf eine inländische Personengesellschaft übergehenden Betriebsvermögen eine aus-ländische Betriebsstätte befindet, stellt sich die Frage, ob sich hierdurch besondere steuerliche Kon-sequenzen ergeben. Dies könnte auf der Ebene des übertragenden Rechtsträgers nach § 3 Abs. 1 und 2 UmwStG insbesondere dann der Fall sein, wenn das Besteuerungsrecht Deutschlands bezüglich die-ses Vermögens ausgeschlossen oder beschränkt würde. I. d. R. wird dies jedoch nicht der Fall sein, weil sich bei der hier vorliegenden Sachverhaltskonstellation das Besteuerungsrecht der Bundesrepublik be-züglich des ausländischen Betriebsstättenvermögens nicht ändern kann. Es ist vielmehr vor und nach der Umwandlung dasselbe DBA einschlägig.

162   Allerdings können sich gleichwohl steuerliche Besonderheiten bei der Ermittlung des Übernahme-gewinns ergeben, denn in einem solchen Fall ist das ausländische Betriebsstättenvermögen bei der Er-mittlung des Übernahmeergebnisses mit dem gemeinen Wert und nicht mit dem Buchwert oder einem Zwischenwert anzusetzen, wenn es in einem Land belegen ist, mit dem Deutschland ein DBA mit Frei-stellungsmethode für Betriebsstätteneinkünfte abgeschlossen hat (sog. »neutrales Vermögen«). Der Grund hierfür liegt in der Tatsache, dass die stillen Reserven trotz der im DBA geregelten Freistellungs-methode im Inland steuerverhaftet waren, und zwar in den Anteilen an der übertragenden Körperschaft. Wären diese Anteile vor der Umwandlung veräußert worden, dann hätte der Erwerber in dem Kaufpreis die in der ausländischen Betriebsstätte ruhenden stillen Reserven mit vergütet. Diese mittelbare Steuer-verhaftung der stillen Reserven geht durch die Umwandlung verloren, denn im Fall einer späteren Ver-äußerung der Mitunternehmeranteile an der übernehmenden Personengesellschaft darf der anteilig auf die ausländische Betriebsstätte entfallende Veräußerungsgewinn nicht mehr der inländischen Besteue-rung unterworfen werden, weil Deutschland insoweit nach dem DBA kein Besteuerungsrecht mehr hat. Aus diesem Grund regelt § 4 Abs. 4 Satz 2 UmwStG, dass die der ausländischen Betriebsstätte zuzuord-nenden Wirtschaftsgüter bei der Ermittlung des Übernahmeergebnisses mit dem gemeinen Wert anzu-setzen sind. Rein technisch erfolgt die Berücksichtigung der in dem neutralen Vermögen ruhenden stillen Reserven durch einen Zuschlag bei der Ermittlung des Übernahmeergebnisses i. H. d. Differenz zwischen dem gemeinen Wert des Auslandsvermögens und dessen Wert in der steuerlichen Schluss-bilanz des übertragenden Rechtsträgers (Randnr. 04.29 UmwStE).

163 ▶ **Beispiel:**

Die deutsche A-GmbH wird auf ihre Gesellschafterin, die deutsche M-KG verschmolzen. Die A-GmbH unterhält eine ausländische Betriebsstätte. Diese Betriebsstätte geht naturgemäß im Rah-men der Verschmelzung mit auf die M-KG über und ist ihr damit künftig zuzurechnen.

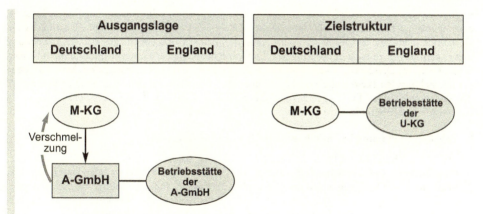

Der übertragende Rechtsträger kann die Wirtschaftsgüter in seiner steuerlichen Schlussbilanz zu Buchwerten ansetzen, und zwar unabhängig davon, ob mit dem Betriebsstättenstaat ein DBA besteht oder nicht bzw. ob ein DBA die Freistellungmethode vorsieht oder die Anrechnungsmethode.

Das im Inland belegene Betriebsvermögen der A-GmbH geht auf die M-KG über und gehört nach der Umwandlung zu dessen inländischem Betriebsvermögen. Es bleibt somit unverändert im Inland steuerlich verhaftet.

Auch bezüglich der ausländischen Betriebsstätte ändert sich das deutsche Besteuerungsrecht grundsätzlich nicht. Wenn kein DBA besteht oder ein DBA die Anrechnungsmethode vorsieht, wird sich hieran durch die Umwandlung nichts ändern. Besteht ein DBA mit Freistellungsmethode, so hatte Deutschland bereits vor der Umstrukturierung kein Besteuerungsrecht. Ein solches kann daher durch die Umwandlung auch nicht ausgeschlossen oder beschränkt werden. Einem Buchwertansatz in der steuerlichen Schlussbilanz des übertragenden Rechtsträges steht somit nichts entgegen. Ein Übertragungsgewinn entsteht nicht.

Bei der Ermittlung des Übernahmeergebnisses ist das ausländische Betriebsstättenvermögen jedoch nach § 4 Abs. 4 Satz 2 UmwStG mit gemeinen Werten anzusetzen. Ein Buchwertansatz ist nicht zulässig. Dieser Ansatz führt zu einer Erhöhung eines Übernahmegewinns bzw. zu einer Verminderung eines Übernahmeverlustes und kann bei einer Zurechnung zu natürlichen Personen – je nach Fallgestaltung – zu einer Teileinkünftebesteuerung führen.

2. Besteuerung beschränkt steuerpflichtiger Gesellschafter der übertragenden Kapitalgesellschaft. Verfügt der übertragende Rechtsträger über einen oder mehrere ausländische Gesellschafter, **164** so stellt sich die Frage, ob sich für diesen Gesellschafterkreis besondere steuerliche Konsequenzen ergeben. Dies ist von der Besteuerungssystematik her jedoch nicht der Fall, denn ein Ziel der Neufassung des Umwandlungssteuergesetzes war es, grenzüberschreitende Vorgänge im Vergleich zu den rein nationalen weitgehend gleich zu behandeln.

Der ausländische Gesellschafter der Überträgerin wird durch die Verschmelzung Mitunternehmer der **165** übernehmenden Personengesellschaft. Das Übernahmeergebnis wird für ihn in der gleichen Weise ermittelt wie bei den inländischen Gesellschaftern. Sofern Deutschland allerdings nach dem einschlägigen DBA kein Besteuerungsrecht bezüglich der Gewinne aus einer Veräußerung der Anteile an der übertragenden Kapitalgesellschaft hatte, bleibt das auf diesen Gesellschafter entfallende Übernahmeergebnis bei der gesonderten und einheitlichen Feststellung außer Ansatz, weil nur steuerpflichtige Einkünfte festzustellen sind (vgl. das Beispiel in Randnr. 04.27 UmwStE).

Die auf den ausländischen Gesellschafter entfallende fiktive Dividende ist allerdings in die Feststellung **166** einzubeziehen, da Deutschland diesbezüglich regelmäßig ein Quellensteuerrecht hat (vgl. auch insoweit Randnr. 04.27 UmwStE). Das gilt selbst dann, wenn der Gesellschafter in der EU ansässig ist und normalerweise die Vergünstigungen der Mutter-Tochter-Richtlinie in Anspruch nehmen könnte, da diese Vergünstigungen für Umwandlungsfälle gem. § 43b EStG keine Anwendung finden. Es ist daher regelmäßig Kapitalertragsteuer einzubehalten. Ist ein DBA einschlägig, so findet auf die fiktive Dividende die dem Art. 10 OECD-MA entsprechende Vorschrift des einschlägigen DBA Anwendung und es kommt ggf. zu einer entsprechenden Reduktion der Kapitalertragsteuer (Randnr. 07.02 UmwStE). Die fiktive Dividende ist gem. Randnr. 04.27 UmwStE in das Feststellungsverfahren auf Ebene der übernehmenden Personengesellschaft einzubeziehen und führt für den beschränkt Steuerpflichtigen zu entsprechenden Einkünften aus Gewerbebetrieb. Auf die sich daraus ergebende Einkommen- bzw. Körperschaftsteuer ist die einbehaltene Kapitalertragsteuer anzurechnen.

167 ▶ **Beispiel: Beteiligung beschränkt steuerpflichtiger Gesellschafter**

Die inländische CD-GmbH, die sich je zur Hälfte im Anteilsbesitz von C und D befindet, wird auf die inländische A-KG verschmolzen. D ist im Ausland ansässig und daher im Inland nur beschränkt steuerpflichtig. Das Eigenkapital der CD-GmbH beträgt 600.000 € und setzt sich zusammen aus einem Stammkapital von 200.000 € und einem Gewinnvortrag von 400.000 €. C und D haben ihre Anteile vor mehr als 5 Jahren erworben zu einem Kaufpreis von je 1.000.000 €.

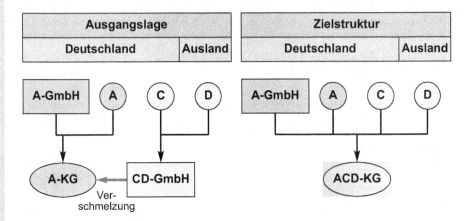

Steuerliche Konsequenzen für den übertragenden Rechtsträger:

Die CD-GmbH kann in ihrer steuerlichen Schlussbilanz die Wirtschaftsgüter mit ihren Buchwerten ansetzen, denn das Besteuerungsrecht Deutschlands an diesen stillen Reserven wird durch die Vermögensübertragung weder ausgeschlossen noch beschränkt, weil das Betriebsvermögen bei der übernehmenden A-KG auch künftig steuerverhaftet ist. Die inländische Personengesellschaft begründet für alle an ihr beteiligten Gesellschafter am Ort ihrer Geschäftsleitung eine Betriebsstätte. Das gilt auch für den ausländischen beschränkt steuerpflichtigen Mitunternehmer, dessen Gewinnanteil folglich als inländische gewerbliche Einkünfte gem. § 49 Abs. 1 Nr. 2a EStG der inländischen Besteuerung unterliegt. Das gilt auch unter Berücksichtigung etwaiger DBA, denn diese sehen regelmäßig das Betriebsstättenprinzip vor.

Etwas anderes gilt jedoch nach neuer Rechtsprechung des BFH, wenn die übernehmende Personengesellschaft nicht selbst gewerblich tätig, sondern nur gewerblich geprägt ist. In diesem Fall vermittelt die Personengesellschaft in Deutschland für abkommensrechtliche Zwecke keine (gewerblich tätige) Betriebsstätte. Die von der Personengesellschaft erwirtschafteten Gewinne sind in Deutschland nur dann steuerpflichtig, wenn die Doppelbesteuerungsabkommen für die spezielle Einkunftsart Deutschland das Besteuerungsrecht zuweisen (vgl. Urteil v. 28.04.2010 – I R 81/09, BStBl. II 2014, 754 und BMF vom 26.09.2014, BStBl. I 2014, 1258). Dies ist bei Veräußerungsgewinnen aus Anteilen an Kapitalgesellschaften regelmäßig nicht der Fall. Solche Gewinne werden bei einer nur gewerblich geprägten Personengesellschaft aus abkommensrechtlicher Sicht regelmäßig im Ansässigkeitsstaat des Mitunternehmers besteuert. Deutschland würde insoweit das Besteuerungs-

recht verlieren und die Verschmelzung einer nur Anteile an anderen Kapitalgesellschaften haltenden Kapitalgesellschaft auf eine nur gewerblich geprägte Personengesellschaft wäre nicht steuerneutral zu Buchwerten möglich (vgl. auch Nitzschke, IStR 2011, 838; anders noch Randnr. 03.15
UmwStE).

Steuerliche Konsequenzen für C:

C ist eine fiktive Dividende von 200.000 € zuzurechnen, für die Kapitalertragsteuer einzubehalten
ist und die grundsätzlich nach dem Teileinkünfteverfahren der ESt unterliegt.

C unterliegt der Einlagefiktion und nimmt an der Ermittlung des Übernahmeergebnisses teil. Sein
Übernahmeergebnis ermittelt sich wie folgt:

Anteiliger Wert, mit dem die übergegangenen Wirtschaftsgüter zu übernehmen sind	300.000 €
./. Umwandlungskosten	
./. (korrigierter) Wert der Anteile an der übertragenden Körperschaft	1.000.000 €
= **Übernahmeergebnis (erster Stufe)**	– 700.000 €
+ Sperrbetrag nach § 50c EStG	
./. Bezüge nach § 7 UmwStG n. F.	200.000 €
= **Übernahmeergebnis (zweiter Stufe)**	– 900.000 €

C kann den Übernahmeverlust geltend machen bis zur Höhe der Hälfte der fiktiven Dividende, also
i. H. v. 100.00 €, denn seine Beteiligung beträgt mindestens 1 % und befindet sich seit mehr als 5
Jahren in seinem Anteilsbesitz. Der restliche Betrag des Übernahmeverlustes ist steuerlich unwirksam. Im Ergebnis kommt es dazu, dass er aus dieser Umwandlung keine positiven Einkünfte zu versteuern hat und die Kapitalertragsteuer im Rahmen der Einkommensteuerveranlagung erstattet
wird.

Steuerliche Konsequenzen für D:

Für D als beschränkt steuerpflichtigen Gesellschafter gilt ebenso wie für C die Einlagefiktion. Auch
er nimmt also an der Ermittlung des Übernahmeergebnisses teil.

Da die Beteiligungshöhe, die Höhe der Anschaffungskosten der Anteile und der Zeitpunkt der Anschaffung der Anteile für beide Gesellschafter identisch sind, ergibt sich für D in derselben Höhe
eine fiktive Dividende und ein Übernahmeverlust. Der Übernahmeverlust bleibt mangels inländischen Besteuerungsrechts außer Ansatz. Die fiktive Dividende ist hingegen in die einheitliche
und gesonderte Feststellung bei der übernehmenden Personengesellschaft einzubeziehen. Die einbehaltene Kapitalertragsteuer ist anzurechnen.

Die fiktive Dividende ist auch abkommensrechtlich als solche einzuordnen, sodass Deutschland auch **168**
im Fall eines DBA das Recht hat, Quellensteuer einzubehalten (vgl. Randnr. 07.02 UmwStE). Durch
die Einlagefiktion des § 5 UmwStG ist die fiktive Dividende für Zwecke der inländischen Besteuerung
dem inländischen Betriebsvermögen der übernehmenden Personengesellschaft zuzurechnen und daher
auch in die gesonderte und einheitliche Feststellung auf dieser Ebene einzubeziehen (vgl. Randnr. 05.07
UmwStE). Damit hat die Kapitalertragsteuer gem. § 50 Abs. 2 Nr. 1 EStG keine Abgeltungswirkung,
sondern ist im Rahmen der Veranlagung auch bei beschränkt Steuerpflichtigen anrechenbar.

Das Übernahmeergebnis fällt im Nicht-DBA-Fall als inländische Einkünfte aus Gewerbebetrieb unter **169**
§ 49 Abs. 1 Nr. 2a EStG. Im Beispielsfall ergibt sich ein Übernahmeverlust. Seine Verrechenbarkeit mit
der fiktiven Dividende ist aber nur dann gegeben, wenn diese als Folge der Einlagefiktion als von der
übernehmenden Personengesellschaft bezogen gilt. Dies ist im Nicht-DBA-Fall gegeben, denn die
Bundesrepublik hat dann ein Besteuerungsrecht, welches durch die Regelungen des UmwStG zur Ermittlung des Übernahmeergebnisses wahrgenommen wird. Ein sich ergebender Übernahmegewinn ist
daher nach den allgemeinen Regelungen zur Besteuerung von Gewinnen aus der Veräußerung von Ka-
pitalgesellschaftsbeteiligungen steuerpflichtig. Ein Übernahmeverlust ist mit einer fiktiven Dividende
verrechenbar.

170 Im DBA-Fall hat Deutschland an dem Übernahmeergebnis grundsätzlich kein Besteuerungsrecht, denn es handelt sich abkommensrechtlich um einen Gewinn aus der Veräußerung einer Beteiligung, für den das Besteuerungsrecht gem. Art. 13 Abs. 5 OECD-MA regelmäßig dem Ansässigkeitsstaat des Gesellschafters und nicht Deutschland zusteht. Daher kann für die beschränkt steuerpflichtigen Gesellschafter im DBA-Fall kein Übernahmeergebnis ermittelt werden. Insbesondere dann, wenn diesem Gesellschafter eine fiktive Dividende aufgrund der Existenz offener Rücklagen zugerechnet wird und sich ein mit dieser fiktiven Dividende verrechenbarer Übernahmeverlust ergeben hätte, wirkt sich das DBA zulasten des betroffenen Steuerpflichtigen aus. Darüber hinaus ist die Europarechtskonformität dieser Regelungen fraglich, wenn der beschränkt Steuerpflichtige in einem EU-Staat ansässig ist, mit dem Deutschland ein DBA abgeschlossen hat, welches eine dem Art. 13 Abs. 5 OECD-MA entsprechende Regelung enthält – was in den meisten dieser DBA der Fall ist.

VII. Steuerliche Rückwirkung

171 Einer Umwandlung nach dem UmwG kann gem. § 17 UmwG eine Bilanz zugrunde gelegt werden, die auf einen Stichtag bis zu 8 Monate vor der Anmeldung zum Handelsregister aufgestellt ist. In den Umwandlungsverträgen ist gem. § 5 Abs. 1 Nr. 6 UmwG ein handelsrechtlicher Umwandlungsstichtag festzulegen, der den Zeitpunkt festlegt, ab dem die Handlungen des übertragenden Rechtsträgers für Rechnung des übernehmenden Rechtsträgers ausgeführt gelten. Es handelt sich hierbei um eine rein schuldrechtliche Rückwirkung des Umwandlungsvorgangs auf den Umwandlungsstichtag, der regelmäßig einen Tag nach dem Stichtag der Schlussbilanz liegt (d. h. Stichtag der Schlussbilanz 31.12.01 = handelsrechtlicher Umwandlungsstichtag 01.01.02).

172 Für Zwecke der Besteuerung ist die Rückwirkungsfiktion des § 2 UmwStG zu beachten. Nach § 2 Abs. 1 UmwStG sind das Einkommen und das Vermögen der übertragenden Körperschaft sowie der Übernehmerin so zu ermitteln, als ob das Vermögen der Körperschaft mit Ablauf des Stichtages der Bilanz, die dem Vermögensübergang zugrunde liegt (steuerlicher Übertragungsstichtag) ganz oder teilweise auf die Übernehmerin übergegangen wäre. Das gleiche gilt für die Ermittlung der Bemessungsgrundlage bei der Gewerbesteuer. Ist die Übernehmerin eine Personengesellschaft, so gilt dasselbe für das Einkommen und das Vermögen der Gesellschafter (§ 2 Abs. 2 UmwStG).

173 Wurde eine Umwandlung z. B. im März 2015 beschlossen und als handelsrechtlicher Umwandlungsstichtag der 01.01.2015 gewählt, so wird dem Umwandlungsvorgang die handelsrechtliche Schlussbilanz zum 31.12.2014 zugrunde gelegt. Der 31.12.2014 ist somit nach § 2 Abs. 1 UmwStG der steuerliche Übertragungsstichtag. Alle ertragsteuerlichen Konsequenzen der Umwandlung treten zu diesem Stichtag ein. Sowohl ein eventueller Übertragungsgewinn als auch das Übernahmeergebnis der übernehmenden Personengesellschaft/des übernehmenden Einzelunternehmens entstehen daher an diesem Stichtag. Die übernehmende Personengesellschaft/das übernehmende Einzelunternehmen hat daher zum 31.12.2014 eine Steuerbilanz zu erstellen, die das übergegangene Vermögen bereits ausweist. Der Übernahmegewinn/-verlust sowie die fiktive Dividende gelten als zum steuerlichen Übertragungsstichtag entstanden und sind daher bereits im Veranlagungszeitraum 2014 der Besteuerung zu unterwerfen.

174 Die Steuerpflicht der Überträgerin endet somit am steuerlichen Übertragungsstichtag. Sämtliche Geschäftsvorfälle der übertragenden Körperschaft, die nach dem steuerlichen Übertragungsstichtag vorgenommen wurden, werden der Übernehmerin zugerechnet. Dies gilt auch dann, wenn diese am steuerlichen Übertragungsstichtag zivilrechtlich noch gar nicht bestand (vgl. Randnr. 02.11 UmwStE). Im Einzelnen gilt Folgendes:

175 **Laufende Geschäftsvorfälle** mit nicht an der Verschmelzung beteiligten Dritten werden direkt dem übernehmenden Rechtsträger zugerechnet.

176 **Lieferungs- und Leistungsbeziehungen** zwischen der übertragenden Körperschaft und der übernehmenden Personengesellschaft, die erst nach dem steuerlichen Übertragungsstichtag begründet werden, sind als sog. »Innenumsätze« anzusehen und wirken sich auf das Einkommen der beiden Rechtsträger nicht mehr aus. Wurde der Geschäftsvorfall allerdings bereits vor dem steuerlichen Übertragungsstichtag durchgeführt, sind die hierdurch entstandenen Forderungen/Verbindlichkeiten in der steuerlichen

Schlussbilanz der übertragenden Körperschaft auszuweisen. Im Zeitpunkt der Verschmelzung erlöschen diese Schuldverhältnisse durch Konfusion.

Durch den übertragenden Rechtsträger im Rückwirkungszeitraum gezahlte Aufsichtsratsvergütungen **177** gelten steuerlich nach § 2 Abs. 1 UmwStG als durch die übernehmende Personengesellschaft/das übernehmende Einzelunternehmen geleistet und unterliegen daher nicht mehr dem teilweisen Abzugsverbot des § 10 Nr. 4 KStG.

Für die Gesellschafter der übertragenden Körperschaft gilt die Rückwirkungsfiktion nur insoweit, als **178** diese an der Verschmelzung teilnehmen (vgl. Randnr. 02.18 UmwStE). Scheiden die Gesellschafter der übertragenden Körperschaft jedoch im Rückwirkungszeitraum ganz oder teilweise aus, so gilt die Rückwirkungsfiktion für sie nicht. Die Gesellschafter veräußern in diesem Fall auch nach dem steuerlichen Übertragungsstichtag eine Beteiligung an der übertragenden Körperschaft und nicht an der übernehmenden Personengesellschaft. Für den Erwerber des Anteils gilt jedoch die Rückwirkungsfiktion. Er erwirbt hiernach auf den steuerlichen Übertragungsstichtag eine Beteiligung an der übertragenden Körperschaft. An ihre Stelle tritt im Rahmen der Umwandlung die Beteiligung an der übernehmenden Personengesellschaft.

Ähnliche Differenzierungen sind vorzunehmen, wenn **nach dem steuerlichen Übertragungsstichtag** **179** noch **Gewinnausschüttungen** vorgenommen werden. Hier sind folgende Fälle zu unterscheiden:
- Gewinnausschüttungen, die bereits vor dem steuerlichen Übertragungsstichtag beschlossen, jedoch erst danach ausgezahlt werden, sind vollumfänglich noch bei der übertragenden Körperschaft zu erfassen. Dasselbe gilt für verdeckte Gewinnausschüttungen, die sich vor dem steuerlichen Übertragungsstichtag auf das Einkommen der übertragenden Körperschaft bereits ausgewirkt haben, jedoch noch nicht ausbezahlt worden sind. Die übertragende Körperschaft hat den Ausschüttungsbetrag als Schuldposten auszuweisen (Randnr. 02.27 UmwStE).
  Handelt es sich bei den Dividendenempfängern um Gesellschafter, für die die Rückwirkungsfiktion gilt, gelten diese Ausschüttungen dem Anteilseigner nach § 2 Abs. 2 UmwStG bereits als am steuerlichen Übertragungsstichtag zugeflossen. Bei den übrigen Gesellschaftern sind die Ausschüttungen nach den allgemeinen Grundsätzen im Zeitpunkt der Fälligkeit zu erfassen (Randnr. 02.28 UmwStE).
  Bei der übernehmenden Personengesellschaft stellt der Abfluss der Gewinnausschüttung im Rückwirkungszeitraum grundsätzlich eine erfolgsneutrale Erfüllung einer Ausschüttungsverbindlichkeit dar (Randnr. 02.30 UmwStE).
- Bei Gewinnausschüttungen, die erst nach dem steuerlichen Übertragungsstichtag beschlossen wurden, ist danach zu unterscheiden, ob die empfangenden Gesellschafter an der Verschmelzung teilnehmen oder nicht.
  1. Soweit die Ausschüttung auf an der Verschmelzung teilnehmende Gesellschafter entfällt, gilt die Rückwirkungsfiktion und dieser Vorgang ist bereits dem übernehmenden Rechtsträger zuzurechnen. Bei dem hier vorliegenden Vermögensübergang auf eine Personengesellschaft bzw. ein Einzelunternehmen handelt es bei diesem somit um eine Entnahme (Randnr. 02.32 UmwStE).
  2. Soweit die Ausschüttung allerdings auf im Rückwirkungszeitraum ganz oder teilweise ausscheidende Gesellschafter entfällt, ist sie diesen Gesellschaftern als Einnahmen nach § 20 Abs. 1 Nr. 1 EStG zuzurechnen und nach den allgemeinen Grundsätzen zu besteuern (Randnr. 02.33 UmwStE). In der steuerlichen Übertragungsbilanz ist i. H. d. erst nach dem steuerlichen Übertragungsstichtag begründeten Ausschüttungsverbindlichkeit ein passiver Korrekturposten einzustellen.
  3. Ist der Empfänger einer solchen Gewinnausschüttung allerdings der übernehmende Rechtsträger, so ist dieser Vorgang i. d. R. insoweit nicht als Gewinnausschüttung, sondern als Vorwegübertragung von Vermögen anzusehen (Randnr. 02.35 UmwStE). Die Kapitalertragsteueranmeldung kann insoweit berichtigt werden.

Für grenzüberschreitende Umstrukturierungen ist die Regelung des § 2 Abs. 3 UmwStG zu beachten, **180** wonach die Rückwirkungsregelungen keine Anwendung finden, soweit Einkünfte aufgrund abweichender Regelungen zur Rückbeziehung in einem anderen Staat der Besteuerung entzogen werden. Es handelt sich hierbei um eine »Auffangvorschrift«, falls es durch das Zusammentreffen mit abweichenden Rückwirkungsregelungen anderer beteiligter Länder zu weißen Einkünften kommen sollte.

181 § 2 Abs. 4 UmwStG enthält verschiedene Regelungen, welche die Nutzbarkeit steuerlicher Verluste des übertragenden und des übernehmenden Rechtsträgers durch rückwirkende Umwandlungen beschränken. Während § 2 Abs. 4 Satz 1 und 2 UmwStG die Nutzbarkeit von steuerlichen Verlusten des übertragenden Rechtsträgers betreffen, behandeln § 2 Abs. 4 Satz 3 bis 6 UmwStG die Nutzbarkeit von steuerlichen Verlusten des übernehmenden Rechtsträgers. Über Verweisungen in § 9 Satz 3 UmwStG und § 20 Abs. 6 Satz 4 UmwStG gilt § 2 Abs. 4 UmwStG auch für den Formwechsel in eine Personengesellschaft und die Einbringung in Kapitalgesellschaften.

182 § 2 Abs. 4 Satz 1 und Satz 2 UmwStG setzen als ungeschriebenes Tatbestandsmerkmal einen Untergang steuerlicher Verluste nach § 8c KStG bei einem an der Umwandlung beteiligten Rechtsträger voraus (vgl. van Lishaut, in: Rödder/Herlinghaus/van Lishaut, Umwandlungssteuergesetz, § 2, Rn. 116).

183 § 2 Abs. 4 Satz 1 UmwStG versagt es einer übertragenden Körperschaft zunächst, bei einer Umwandlung durch den Ansatz des gemeinen Wertes oder von Zwischenwerten anfallende Übertragungsgewinne mit Verlusten zu verrechnen, soweit die Verlustnutzung nicht auch ohne die Rückwirkung möglich gewesen wäre. Diese Regelung betrifft Fälle, in denen beispielsweise im März 2015 ein schädlicher Anteilserwerb nach § 8c KStG zum vollständigen Untergang aller steuerlichen Verluste bei der übertragenden Körperschaft geführt hat. Wird nun im April 2015 eine steuerlich auf den 31.12.2014 rückwirkende Verschmelzung der Verlust-Körperschaft beschlossen, so könnte man grundsätzlich auf die Idee kommen, anlässlich der Verschmelzung den gemeinen Wert für die übergehenden Wirtschaftsgüter anzusetzen. Auf diesem Wege könnten mit Ablauf des 31.12.2014 die ansonsten im März 2015 untergehenden steuerlichen Verluste im Rahmen der Mindestbesteuerung genutzt werden. § 2 Abs. 4 Satz 1 UmwStG untersagt jedoch eine solche Verlustnutzung, weil die übertragende Körperschaft im April 2015 aufgrund des im März 2015 eingetretenen Verlustuntergangs die Verluste ohne die Rückwirkung nicht mehr nutzen hätte können. Der mit Ablauf des 31.12.2014 entstehende Übertragungsgewinn wäre somit voll steuerpflichtig.

184 § 2 Abs. 4 Satz 2 UmwStG will hingegen die Nutzung eines laufenden steuerlichen Verlustes, der im Rückwirkungszeitraum entstanden ist, beim übernehmenden Rechtsträger ausschließen. Die Regelung ist sprachlich nicht unbedingt eindeutig und lässt insbesondere die Frage offen, ob der gesamte im Rückwirkungszeitraum entstandene Verlust oder nur der bis zum Eintritt des nach § 8c KStG schädlichen Ereignisses eingetretene Verluste steuerlich nicht nutzbar sein soll (für eine Begrenzung der Anwendung des § 2 Abs. 4 Satz 2 UmwStG auf den bis zum schädlichen Ereignis entstandenen Verlust vgl. van Lishaut, in: Rödder/Herlinghaus/van Lishaut, Umwandlungssteuergesetz, § 2, Rn. 113).

185 Schließlich sieht § 2 Abs. 4 Satz 3 UmwStG auch noch ein Verrechnungsverbot für die beim übernehmenden Rechtsträger angefallenen Verluste mit den beim übertragenden Rechtsträger angefallenen Gewinnen vor (vgl. Mückl, GmbHR 2014, 1084 und Behrendt/Klages, BB 2013, 1815). Entsteht also im Rückwirkungszeitraum bei der übertragenden Körperschaft ein positives Ergebnis, bei der übernehmenden Personengesellschaft jedoch ein negatives Ergebnis, so können diese Ergebnisse nicht verrechnet werden. Eine Rückausnahme gilt nach § 2 Abs. 4 Satz 6 UmwStG allerdings dann, wenn der übertragende und der übernehmende Rechtsträger vor Ablauf des steuerlichen Übertragungsstichtages bereits verbundene Unternehmen i. S. v. § 271 Abs. 2 HGB sind.

186 Die Regelungen des § 2 Abs. 4 UmwStG erfordern eine intensive Überprüfung der Ergebnissituation vor dem steuerlichen Übertragungsstichtag und auch im Rückwirkungszeitraum sowohl beim übertragenden als auch beim übernehmenden Rechtsträger.

C. Verschmelzung von Körperschaften auf Körperschaften

187 Bei einer Verschmelzung von Körperschaften geht das gesamte Vermögen einer oder mehrerer Körperschaften im Wege der Gesamtrechtsnachfolge auf eine bereits bestehende Körperschaft (Verschmelzung zur Aufnahme) oder auf eine neugegründete Körperschaft (Verschmelzung zur Neugründung) über. Die übertragende Körperschaft wird im Zuge der Verschmelzung ohne Abwicklung aufgelöst. Sie hört somit auf zu existieren.

Im UmwStG bildet die Verschmelzung von Körperschaften den 3. Teil, der die §§ 11 bis 13 UmwStG   **188**
umfasst. § 11 UmwStG regelt die steuerlichen Konsequenzen der Verschmelzung für die übertragende
Körperschaft, § 12 UmwStG beinhaltet die Auswirkungen für die übernehmende Körperschaft und
§ 13 UmwStG die für die Gesellschafter der übertragenden Körperschaft.

Die Regelungen in §§ 11 bis 13 UmwStG gelten sowohl für die Aufwärtsverschmelzung einer Tochter-   **189**
auf die Muttergesellschaft (mit 100 %iger oder geringerer Beteiligung der Mutter an der Tochter) als
auch für Verschmelzungen von Gesellschaften, zwischen denen kein Beteiligungsverhältnis besteht.

Für das UmwStG a. F. ging die Finanzverwaltung davon aus, dass die Abwärtsverschmelzung einer Mut-   **190**
ter- auf die Tochtergesellschaft von den §§ 11 bis 13 UmwStG a. F. grundsätzlich nicht erfasst sei. Trotzdem ließ die Finanzverwaltung (vgl. Randnr. 11.24 UmwStE 1998) die Anwendung der §§ 11 bis 13
UmwStG auch auf diesen Fall aus Billigkeitsgründen unter bestimmten Voraussetzungen zu. Mit dem
seit Ende 2006 geltenden UmwStG wurde diese Unsicherheit beseitigt. Für die Abwärtsverschmelzung
wird nämlich nunmehr in § 11 Abs. 2 Satz 2 UmwStG der Wertansatz von Anteilen an der übernehmenden Körperschaft in der Schlussbilanz der übertragenden Körperschaft geregelt. Damit ist gesetzlich
klargestellt, dass auch die Abwärtsverschmelzung unter die §§ 11 bis 13 UmwStG fällt.

Die §§ 11 bis 13 UmwStG sind nicht nur auf Verschmelzungen inländischer Körperschaften, sondern   **191**
auch auf Verschmelzungen unter Beteiligung ausländischer Körperschaften anwendbar. Voraussetzung
ist wiederum, dass der Sitz und der Ort der Geschäftsleitung der Körperschaften innerhalb des Hoheits-
gebietes eines der EU/EWR-Staaten liegt (§ 1 Abs. 2 Nr. 2 UmwStG) und deutsche Besteuerungsinteressen durch diese Verschmelzung berührt sind. Dies ist regelmäßig der Fall, wenn entweder einer der
beteiligten Rechtsträger, ein Gesellschafter oder übergehendes Betriebsvermögen in Deutschland steuerpflichtig bzw. steuerverhaftet ist.

Von den §§ 11 bis 13 UmwStG werden somit die folgenden Fälle erfasst, auf die nachstehend näher   **192**
eingegangen werden soll:
– Verschmelzung von zwei inländischen Kapitalgesellschaften ohne Auslandsberührung,
– Verschmelzung von zwei inländischen Kapitalgesellschaften mit Auslandsberührung,
– Verschmelzung von zwei ausländischen Kapitalgesellschaften mit Inlandsvermögen,
– Hinausverschmelzung einer inländischen auf eine ausländische Kapitalgesellschaft,
– Hereinverschmelzung einer ausländischen auf eine inländische Kapitalgesellschaft.

I. Verschmelzung von zwei inländischen Kapitalgesellschaften ohne Auslandsberührung

1. Einleitung. Bei einer Verschmelzung von Kapitalgesellschaften kommt es nicht zu einer Änderung   **193**
des Besteuerungssystems auf der Ebene der beteiligten Gesellschaften oder bei den Gesellschaftern. Daher ist die Systematik der Besteuerungsfolgen wesentlich einfacher ausgestaltet als bei der Vermögensübertragung von einer Kapital- auf eine Personengesellschaft.

Eine Verschmelzung von zwei inländischen Kapitalgesellschaften kann bei Vorliegen bestimmter Vo-   **194**
raussetzungen zu Buchwerten vorgenommen werden. Eine Versteuerung stiller Reserven oder eine fiktive Ausschüttung offener Reserven findet dann nicht statt. Auch bei den Gesellschaftern kann der Anteilstausch daher regelmäßig steuerneutral durchgeführt werden.

Lediglich soweit die übernehmende Kapitalgesellschaft an der übertragenden beteiligt ist und sich in   **195**
Höhe der Differenz zwischen dem steuerlichen Buchwert der untergehenden Beteiligung und dem anteiligen steuerlichen Buchwert des übergehenden Vermögens ein sog. »Übernahmegewinn« ergibt, wird
auf diesen Übernahmegewinn § 8b KStG angewendet, d. h. der Übernahmegewinn ist grundsätzlich
nach § 8b Abs. 2 Satz 1 KStG steuerbefreit, es werden aber nach § 8b Abs. 3 Satz 1 KStG 5 % des Übernahmegewinns als fiktive nicht abzugsfähige Betriebsausgaben hinzugerechnet (vgl. Randnr. 12.06
UmwStE).

Die übernehmende Körperschaft tritt zwar grundsätzlich in die steuerliche Rechtsstellung der übertra-   **196**
genden Körperschaft ein. Dies gilt allerdings nicht für steuerliche Verlustvorträge der übertragenden
Körperschaft. Diese gehen nicht von der übertragenden Körperschaft auf die übernehmende Körperschaft über, sondern fallen mit der Verschmelzung weg. Insoweit besteht dieselbe Situation wie bei

der Verschmelzung einer Kapital- auf eine Personengesellschaft, bei der steuerliche Verluste der übertragenden Körperschaft ebenfalls nicht übergehen.

2. Steuerliche Konsequenzen bei der übertragenden und der übernehmenden Körperschaft.

197 **a) Schlussbesteuerung des übertragenden Rechtsträgers.** Mit der Eintragung einer Verschmelzung in das Handelsregister hört der übertragende Rechtsträger auf zu existieren. Für ihn ist daher eine Schlussbesteuerung durchzuführen. Maßgeblicher Stichtag für diese Schlussbesteuerung ist jedoch nicht der Tag der Handelsregistereintragung, an dem die Körperschaft untergeht, sondern der steuerliche Übertragungsstichtag (§ 2 UmwStG).

198 Der steuerliche Übertragungsstichtag entspricht nach § 2 UmwStG dem Stichtag der Bilanz, die dem Vermögensübergang zugrunde liegt. Es handelt sich hierbei um die handelsrechtliche Übertragungsbilanz, die nach § 17 Abs. 2 UmwG der Handelsregisteranmeldung beizufügen ist. Diese Bilanz muss auf einen höchstens 8 Monate vor der Anmeldung zum Handelsregister liegenden Stichtag aufgestellt worden sein.

199 § 2 Abs. 1 UmwStG enthält eine **Rückwirkungsfiktion.** Obwohl die Verschmelzung zivilrechtlich erst mit der später stattfindenden Handelsregistereintragung erfolgt, sind das Einkommen und das Vermögen der übertragenden Körperschaft sowie der Übernehmerin für die Zwecke der Besteuerung so zu ermitteln, als ob das Vermögen der Körperschaft mit Ablauf des steuerlichen Übertragungsstichtages auf die Übernehmerin übergegangen wäre. Dies gilt auch für die Ermittlung der **Bemessungsgrundlage bei der Gewerbesteuer.** Es wird also fingiert, die Verschmelzung sei bereits am steuerlichen Übertragungsstichtag erfolgt. Damit hört der übertragende Rechtsträger aus ertragsteuerlicher Sicht bereits mit Ablauf des steuerlichen Übertragungsstichtages auf zu existieren. Alle nach diesem Zeitpunkt erfolgten laufenden Geschäftsvorfälle werden steuerlich bereits dem übernehmenden Rechtsträger zugerechnet (vgl. hierzu Teil 7 Rdn. 171 ff.).

200 Für den übertragenden Rechtsträger markiert der steuerliche Übertragungsstichtag somit das Ende des letzten Wirtschaftsjahres. Auf diesen Stichtag ist daher eine steuerliche Schlussbilanz zu erstellen, aus der sich ein steuerpflichtiger Übertragungsgewinn ergeben kann. Ob ein solcher entsteht, ist abhängig von dem Ansatz des Betriebsvermögens in dieser Schlussbilanz des übertragenden Rechtsträgers.

201 **b) Ansatz in der steuerlichen Schlussbilanz.** Der übertragende Rechtsträger hat auf den steuerlichen Übertragungsstichtag eine steuerliche Schlussbilanz zu erstellen. In dieser Bilanz muss das übergehende Vermögen grundsätzlich mit dem gemeinen Wert angesetzt werden, kann aber unter bestimmten Voraussetzungen auch zu Buchwerten oder Zwischenwerten angesetzt werden.

202 Die steuerliche Schlussbilanz der übertragenden Körperschaft ist eine von der regulären steuerlichen Gewinnermittlungsbilanz unabhängige Bilanz. Nach Auffassung der Finanzverwaltung sollen im Fall des Ansatzes von Zwischenwerten oder gemeinen Werten die steuerlichen Bilanzierungsverbote des § 5 Abs. 2 EStG nicht gelten (Randnr. 11.03 in Verbindung mit Randnr. 03.04 bis 03.06 UmwStE; vgl. hierzu auch die entsprechenden Ausführungen zur steuerlichen Schlussbilanz in den Fällen der Verschmelzung von Kapital- auf Personengesellschaften in Teil 7 Rdn. 49 ff.). Die Pensionsrückstellungen sind auch bei der Verschmelzung von Körperschaften nur mit dem Wert nach § 6a EStG anzusetzen, so dass sich auch hier die Frage stellt, ob der darüber hinausgehende tatsächliche Wert der Pensionsrückstellungen den zu aktivierenden Geschäfts- bzw. Firmenwert mindert.

203 Die übertragende Körperschaft hat das übergehende Vermögen in ihrer steuerlichen Schlussbilanz grundsätzlich gem. § 11 Abs. 1 UmwStG mit dem gemeinen Wert anzusetzen.

204 Auf Antrag können die übergehenden Wirtschaftsgüter gem. § 11 Abs. 2 UmwStG jedoch einheitlich mit dem Buchwert oder einem höheren Wert angesetzt werden, soweit
(1) sichergestellt ist, dass sie später bei der übernehmenden Körperschaft der Besteuerung mit Körperschaftsteuer unterliegen und
(2) das Recht Deutschlands hinsichtlich der Besteuerung der übertragenen Wirtschaftsgüter bei der übernehmenden Körperschaft nicht beschränkt oder ausgeschlossen wird und
(3) eine Gegenleistung nicht gewährt wird oder in Gesellschaftsrechten besteht.

aa) Steuerpflicht der übernehmenden Körperschaft. Für die **erste Voraussetzung** nach § 11 Abs. 2 **205** Nr. 1 UmwStG gilt: War die übertragende Körperschaft vor der Verschmelzung steuerpflichtig, so kann auf die Besteuerung der in dem Betriebsvermögen ruhenden stillen Reserven nur dann verzichtet werden, wenn die spätere steuerliche Erfassung sichergestellt ist. Dies ist gewährleistet, wenn auch die übernehmende Körperschaft körperschaftsteuerpflichtig ist.

Nicht sichergestellt ist die Besteuerung hingegen, wenn die übernehmende Körperschaft grundsätzlich **206** nicht körperschaftsteuerpflichtig oder aber von der Körperschaftsteuer befreit ist (vgl. hierzu Randnr. 11.07 UmwStE). In einem solchen Fall hat der übertragende Rechtsträger in seiner steuerlichen Schlussbilanz sämtliche Wirtschaftsgüter – einschließlich nicht entgeltlich erworbener oder selbst geschaffener immaterieller Wirtschaftsgüter (insbesondere eines originären Geschäfts- oder Firmenwertes) – mit den gemeinen Werten anzusetzen. Es kommt zu einer **Aufdeckung aller stillen Reserven** des übertragenden Rechtsträgers. Der hierbei entstehende Gewinn unterliegt bei der übertragenden Körperschaft der Körperschaftsteuer und der Gewerbesteuer.

Darüber hinaus hat die Finanzverwaltung in Randnr. 11.08 UmwStE einen weiteren Fall dargestellt, in **207** dem nach ihrer Meinung eine Besteuerung mit Körperschaftsteuer nicht sichergestellt sein soll, nämlich bei einer Verschmelzung der Körperschaft auf eine Organgesellschaft. Infolge der Zurechnung des Einkommens an den Organträger soll eine Besteuerung mit Körperschaftsteuer bei der übernehmenden Körperschaft nur insoweit sichergestellt sein, wie das zugerechnete Einkommen beim Organträger der Besteuerung mit Körperschaftsteuer unterliegt. Soweit das zugerechnete Einkommen bei dem Organträger bzw. seinen Gesellschaftern jedoch der Einkommensteuer unterliegt, soll ein steuerneutraler Buchwertansatz lediglich aus Billigkeitsgründen möglich sein. Eine weitere Voraussetzung für diese Billigkeitsmaßnahme ist, dass sich alle an der Verschmelzung Beteiligten übereinstimmend schriftlich damit einverstanden erklären, dass auf die aus der Verschmelzung resultierenden Mehrabführungen § 14 Abs. 3 Satz 1 KStG anzuwenden ist. Diese Regelung im UmwStE wird in der steuerlichen Literatur zu Recht massiv kritisiert. Denn nach zutreffender Auffassung kann es nur darauf ankommen, ob die stillen Reserven bei der übernehmenden Körperschaft grundsätzlich der Körperschaftsteuer unterliegen (vgl. beispielsweise Rödder in Rödder/Herlinghaus/van Lishaut, UmwStG, § 11 Rn. 106 ff. und Schmitt in: Schmitt/Hörtnagl/Stratz, UmwG/UmwStG, § 11 UmwStG Rn. 104). Die auch schon im UmwStG a. F. enthaltene Voraussetzung der Körperschaftsteuerpflicht der Übernehmerin wurde in der Vergangenheit rein abstrakt verstanden. Es reichte daher aus, wenn die Übernehmerin nicht subjektiv körperschaftsteuerbefreit war. Diese bisherige Rechtsauffassung hat die Finanzverwaltung ohne ersichtlichen Grund und insbesondere ohne Änderung des Gesetzeswortlauts mit der Regelung im UmwStE erheblich verschärft. Ebenfalls zu Recht kritisiert wird auch die Billigkeitsregelung, die voraussetzt, dass sich die Beteiligten mit einer Anwendung des § 14 Abs. 3 Satz 1 KStG auf mögliche organschaftliche Mehrabführungen einverstanden erklären. § 14 Abs. 3 Satz 1 KStG hat zur Folge, dass die Mehrabführungen als sog. vororganschaftliche Mehrabführungen behandelt werden. Diese werden wie Gewinnausschüttungen behandelt und führen somit bei natürlichen Personen zu einer Besteuerung im Teileinkünfteverfahren. Die Anwendbarkeit des § 14 Abs. 3 Satz 1 KStG auf Mehrabführungen, die durch eine Umwandlung einer Gesellschaft auf eine Organgesellschaft aufgelöst werden, ist allerdings fraglich. Außerdem ist fraglich, welche Rechtsnatur die für den Billigkeitsantrag erforderliche Zustimmungserklärung der Beteiligten hat und ob es sich dabei nicht um einen unzulässigen »Steuervertrag« handelt (vgl. z. B. Hageböke/Stangl, GmbHR 2011, 744 ff.; Blumenberg/Lechner, DB Beilage 1 zu Heft 2/2012, 57 [69]; a. A. Dötsch, GmbHR 2012, 175 [178]).

Für den Bereich der **Gewerbesteuer** existiert keine gesonderte steuerliche Entstrickungsvorschrift. Von **208** den beiden im Gesetz genannten Voraussetzungen ist das Kriterium »Sicherstellung der Besteuerung« vielmehr nur für den Bereich der Körperschaftsteuer formuliert. Sind beide Voraussetzungen erfüllt, kann das Bewertungswahlrecht nach der herrschenden Meinung frei ausgeübt werden und entfaltet dann auch für den Bereich der Gewerbesteuer Gültigkeit. Die Buchwertfortführung kann daher auch dann gewählt werden, wenn die übertragende Körperschaft gewerbesteuerpflichtig und die übernehmende Körperschaft gewerbesteuerfrei ist, die stillen Reserven in der Zukunft also nicht mehr der Gewerbesteuer unterliegen (so auch Randnr. 18.01 UmwStE).

209 **bb) Sicherstellung des deutschen Besteuerungsrechts.** Zweite Voraussetzung für die Möglichkeit einer Buchwertfortführung bzw. eines Zwischenwertansatzes ist gem. § 11 Abs. 2 Nr. 2 UmwStG, dass das Recht Deutschlands hinsichtlich der Besteuerung der übertragenen Wirtschaftsgüter bei der übernehmenden Körperschaft nicht beschränkt oder ausgeschlossen wird.

210 Diese Voraussetzung ist bei rein nationalen Verschmelzungsvorgängen immer erfüllt und ist daher nur zu beachten bei grenzüberschreitenden Vorgängen (s. hierzu ausführlich Teil 7 Rdn. 295 ff.).

211 **cc) Gegenleistung.** Für die **dritte Voraussetzung** gem. § 11 Abs. 2 Nr. 3 UmwStG gilt: In Verschmelzungsfällen wird immer dann **keine Gegenleistung** gewährt, wenn eine Tochtergesellschaft auf ihre alleinige Muttergesellschaft verschmolzen wird. In diesem Fall geht die Beteiligung, welche die Muttergesellschaft an der Tochtergesellschaft gehalten hat, im Zuge der Verschmelzung unter und an ihre Stelle tritt das Betriebsvermögen der übertragenden Tochtergesellschaft. Diese Voraussetzung des Bewertungswahlrechts ist daher bei einer solchen Aufwärtsverschmelzung immer erfüllt (vgl. Randnr. 11.10 in Verbindung mit Randnr. 03.21 UmwStE). Nach den Vereinfachungsregelungen der §§ 54 Abs. 1 Satz 3, 68 Abs. 1 Satz 3 UmwG besteht außerdem die Möglichkeit, auf die Gewährung von Anteilen an der übernehmenden Körperschaft auch in anderen Fällen zu verzichten. Diese Möglichkeit wird insbesondere bei der Verschmelzung von Schwestergesellschaften, die zu jeweils 100 % von einer gemeinsamen Muttergesellschaft gehalten werden, genutzt.

212 Eine **Gegenleistung** ist hingegen grundsätzlich zu gewähren, wenn neben der übernehmenden Kapitalgesellschaft auch noch andere Gesellschafter an der übertragenden Kapitalgesellschaft beteiligt sind oder wenn die übernehmende Kapitalgesellschaft selbst gar nicht an der übertragenden beteiligt ist. In einem solchen Fall ist die übernehmende Gesellschaft gem. § 20 Abs. 1 Nr. 3 UmwG grundsätzlich verpflichtet, den an der Verschmelzung teilnehmenden Gesellschaftern der übertragenden Kapitalgesellschaft Gesellschaftsrechte zu gewähren. Diese Gesellschaftsrechte können in Form vorhandener eigener Anteile oder aber in Form neu geschaffener Anteile aus einer Kapitalerhöhung gewährt werden. Hierin muss sich die Gewährung einer Gegenleistung aber nicht erschöpfen. Das UmwG ermöglicht vielmehr zusätzlich die Leistung sog. »barer Zuzahlungen« bis zu einer Höhe von 10 % des Gesamtnennbetrags der gewährten Anteile. Außerdem sind Gesellschafter, die an der Verschmelzung nicht teilnehmen möchten, in bar abzufinden (§ 29 UmwG).

213 Soweit **ausschließlich** Gesellschaftsrechte als Gegenleistung gewährt werden, sind die Voraussetzungen des § 11 Abs. 2 UmwStG erfüllt und die übertragende Körperschaft kann das Bewertungswahlrecht ausüben. In der Regel werden in Verschmelzungsfällen **neue** Anteile gewährt, die durch eine Kapitalerhöhung geschaffen werden. Es ist aber steuerrechtlich unschädlich, wenn bei der Verschmelzung von Körperschaften – entsprechend der zivilrechtlichen Möglichkeiten – keine neuen, sondern bereits vorhandene eigene Anteile der übernehmenden Körperschaft gewährt werden, denn § 11 UmwStG setzt **keine Gewährung neuer Anteile** voraus (im Gegensatz zu § 20 UmwStG, der bei Einbringungen in Kapitalgesellschaften, zu denen auch die Verschmelzung einer Personengesellschaft auf eine Kapitalgesellschaft gehört, ausdrücklich die Gewährung **neuer** Anteile durch die übernehmende Kapitalgesellschaft fordert).

214 Macht der übernehmende Rechtsträger jedoch von der durch das UmwG eröffneten Möglichkeit Gebrauch, den Gesellschaftern der übertragenden Körperschaft neben Gesellschaftsrechten auch noch eine **bare Zuzahlung oder andere Gegenleistungen** zu gewähren, so hat dies zur Konsequenz, dass die übertragende Körperschaft das Bewertungswahlrecht des § 11 Abs. 2 UmwStG nicht mehr uneingeschränkt ausüben darf, denn die unter c) genannte Voraussetzung für dieses Wahlrecht ist dann nicht mehr erfüllt (vgl. Randnr. 11.10 in Verbindung mit Randnr. 03.22 f. UmwStE). Insbesondere hat die Überträgerin dann nicht mehr die Möglichkeit, den Buchwertansatz zu wählen. Dasselbe gilt, wenn die übernehmende Körperschaft den Gesellschaftern der Überträgerin zusätzlich zu Gesellschaftsrechten Darlehensforderungen oder Anteile an anderen, an der Umwandlung nicht beteiligten Körperschaften, gewährt.

215 In diesen Fällen liegt ein **teilentgeltlicher Erwerb** vor und es kommt zu einer **quotalen Aufdeckung der stillen Reserven.** Zu diesem Zweck muss zunächst ermittelt werden, in welchem Verhältnis die schädliche Gegenleistung (bare Zuzahlung, etc.) zur unschädlichen Gegenleistung (Gewährung von Gesellschaftsrechten) steht, bezogen auf den Gesamtwert des übergehenden Vermögens. Soweit dem übergehenden Vermögen als Gegenleistung die Gewährung von Gesellschaftsrechten gegenübersteht, besteht das Bewertungswahlrecht des § 11 Abs. 2 UmwStG und die Überträgerin hat das Recht, die Wirtschaftsgüter in ihrer Schlussbilanz mit dem Buchwert anzusetzen. Soweit dem übergehenden Vermögen jedoch eine andere (schädliche) Gegenleistung gegenübersteht, sind die Wirtschaftsgüter in der steuerlichen Schlussbilanz gem. § 11 Abs. 2 UmwStG mit dem gemeinen Wert (§ 9 Abs. 2 BewG) dieser Gegenleistung anzusetzen. Die Finanzverwaltung geht davon aus, dass bei einer solchen quotalen Aufdeckung der stillen Reserven anteilig sämtliche stillen Reserven und stillen Lasten in allen Wirtschaftsgütern aufzudecken sind (vgl. Randnr. 11.10 in Verbindung mit Randnr. 03.23). Damit sind stets auch bislang nicht aktivierte (immaterielle) Wirtschaftsgüter und ein bislang nicht aktivierte originärer Geschäfts- oder Firmenwert anteilig aufzudecken. Durch die quotale Aufdeckung stiller Reserven kommt es bei der übertragenden Körperschaft zur Entstehung eines steuerpflichtigen Übertragungsgewinns.

▶ **Beispiel:** 216

Die AB-GmbH soll auf die CD-GmbH verschmolzen werden. Die Schlussbilanz der AB-GmbH weist die folgenden steuerlichen Buchwerte aus:

Schlussbilanz der AB-GmbH

	TEUR		TEUR
Anlagevermögen	500	Stammkapital	300
Umlaufvermögen	400	Gewinnvortrag	100
		Verbindlichkeiten	500
	900		900

Folgende stille Reserven sind vorhanden:

	TEUR
Anlagevermögen	300
Umlaufvermögen	100
Firmenwert	200
	600

Die übernehmende CD-GmbH erhöht ihr Stammkapital nominal um 400.000. Zusätzlich zu diesen neu geschaffenen Anteilen gewährt sie den Gesellschaftern der AB-GmbH eine bare Zuzahlung von insgesamt 30.000.

Der Gesamtwert des übergehenden Vermögens beträgt 1.000.000 (bilanzielles Eigenkapital von 300.000 + 100.000 zuzüglich stille Reserven von 600). Die bare Zuzahlung (30.000) als schädliche Gegenleistung beträgt hiervon 3 %. Dem übergehenden Vermögen steht also zu 97 % eine unschädliche Gegenleistung gegenüber. In diesem Umfang kann das Bewertungswahlrecht ausgeübt werden, sodass auch der Buchwertansatz gewählt werden kann.

I. H. v. 3 % liegt ein entgeltlicher Vorgang vor. Sämtliche vorhandenen stillen Reserven sind daher quotal i. H. v. 3 % aufzudecken. Es ergibt sich ein Übertragungsgewinn, der sich wie folgt ermittelt:

	TEUR
bare Zuzahlung	30
hierauf entfallender Anteil der Netto-Buchwerte	− 12
(3 % von 400.000)	
aufzudeckende stille Reserven	18

Es ergibt sich unter Berücksichtigung der baren Zuzahlung folgende Schlussbilanz für die AB-GmbH:

Schlussbilanz der AB-GmbH

	TEUR		TEUR
Anlagevermögen	509	Stammkapital	300
Umlaufvermögen	403	Gewinnvortrag	100

Firmenwert	6	Übertragungsgewinn vor Steuern	18
		Verbindlichkeiten	500
	918		918

217 Keine schädliche Gegenleistung ist gem. Randnr. 11.10 in Verbindung mit Randnr. 03.22 UmwStE gegeben, wenn gem. §§ 29, 125 oder 207 UmwG eine Barabfindung an ausscheidende Gesellschafter gezahlt wird. Nachdem die Finanzverwaltung noch in Randnr. 11.05 UmwStE 1998 die Gegenauffassung vertreten und solche Barabfindungen als schädliche Gegenleistungen eingestuft hatte, folgt die Finanzverwaltung nunmehr der systematisch zutreffenden Auffassung. Denn das Umwandlungsgesetz geht davon aus, dass die an einer Verschmelzung teilnehmenden Gesellschafter des übertragenden Rechtsträgers identisch Gesellschafter des übernehmenden Rechtsträger werden, d. h. ein Ausscheiden von Gesellschaftern im Rahmen des Verschmelzungsvorganges selbst gibt es nicht. Gesellschafter, die an der Verschmelzung nicht teilnehmen möchten, scheiden daher nicht im Zeitpunkt der Verschmelzung aus, sondern davor oder danach. Für einen gegen Barabfindung ausscheidenden Gesellschafter stellt die Barabfindung somit eine Gegenleistung für eine Anteilsübertragung dar, die nach allgemeinen steuerlichen Grundsätzen zu beurteilen ist. Die übernehmende Körperschaft erwirbt hierbei Anteile an der Überträgerin und der ausscheidende Gesellschafter erzielt einen Veräußerungsgewinn, der nur dann der Besteuerung unterliegt, wenn die Anteile steuerlich verhaftet waren.

218 Leistet die **übertragende Körperschaft** vor der Verschmelzung irgendwelche Zahlungen an ihre Gesellschafter, so hat dies auf die Verschmelzung selbst keine Auswirkungen. Es handelt sich hier im Fall der baren Zuzahlung um normale Gewinnausschüttungen, bzw. im Fall der Abfindung eines ausscheidenden Gesellschafters um den Erwerb eigener Anteile. Diese Geldleistungen werden also von der Regelung des § 11 Abs. 2 UmwStG nicht erfasst.

219 Des Weiteren ist es auch möglich, dass die Gesellschafter des übernehmenden Rechtsträgers an die des übertragenden Rechtsträgers Zahlungen leisten. Auch in diesen Fällen ist eine schädliche Gegenleistung nicht gegeben. Es liegen vielmehr Veräußerungsvorgänge vor, die nach allgemeinen steuerlichen Grundsätzen zu behandeln sind.

220 **dd) Besteuerung des Übertragungsgewinns / Kriterien für die Wahlrechtsausübung.** Sind die in § 11 Abs. 2 Nr. 1 bis 3 UmwStG genannten Voraussetzungen erfüllt, hat der übertragende Rechtsträger somit die Möglichkeit, das Betriebsvermögen in seiner steuerlichen Schlussbilanz entweder mit Buchwerten, mit Zwischenwerten oder mit gemeinen Werten anzusetzen.

221 Für die Verschmelzung von Körperschaften gelten die zur Verschmelzung von Körperschaften auf Personengesellschaften gemachten Ausführungen zum Charakter der steuerlichen Schlussbilanz entsprechend (vgl. Teil 7 Rdn. 40). Darüber hinaus gilt ebenfalls entsprechend, dass die Finanzverwaltung für diese steuerliche Schlussbilanz die Bilanzierungsverbote des § 5 Abs. 2 EStG nicht anwenden und somit im gleichen Verhältnis wie die stillen Reserven auch die stillen Lasten aufdecken will (vgl. hierzu Teil 7 Rdn. 49).

222 Wählt die übertragende Gesellschaft einen Ansatz zu Buchwerten, so entsteht kein Übertragungsgewinn und die Verschmelzung ist insoweit **steuerneutral**. Wird das Betriebsvermögen hingegen mit einem höheren Wert, max. jedoch mit dem gemeinen Wert angesetzt, so kommt es durch die Aufdeckung der stillen Reserven zu einem **Übertragungsgewinn**.

223 Dieser ermittelt sich nach folgendem **Schema**:

Schlussbilanzwerte der übergehenden Wirtschaftsgüter (Buchwert, Zwischenwert, gemeine Werte)
- Buchwert der übergehenden Wirtschaftsgüter
= Buchgewinn
- Verschmelzungskosten
= steuerpflichtiger Übertragungsgewinn

224 In Randnr. 11.03 UmwStE wird gesondert betont, dass bei einem Ansatz zu Zwischenwerten oder gemeinen Werten ein etwaiger Geschäfts- oder Firmenwert auch dann (anteilig) anzusetzen ist, wenn der

Betrieb der übertragenden Körperschaft nicht fortgesetzt wird. Diese Regelung soll wohl ganz gezielt auf die Fälle gerichtet sein, in denen eine Verschmelzung zum Zweck der stillen Liquidation des übertragenden Rechtsträgers durchgeführt wird. Fraglich ist, jedoch, ob es tatsächlich korrekt ist, in einem solchen Fall noch den Ansatz eines Firmenwerts zu fordern (kritisch hierzu Schaflitzl/Götz, DB 2012, Beilage 1 zu Heft 2, 25 [26] mit Hinweis auf BFH-Urteil v. 26.07.1989 – I R 49/85, BFH/NV 1990, 442).

Bezüglich der Verschmelzungskosten sind nur diejenigen Kosten bei der Ermittlung des Übertragungs- **225** gewinns zu berücksichtigen, die dem übernehmenden Rechtsträger zuzuordnen sind. In diesem Zusammenhang sind nach Auffassung der Finanzverwaltung (vgl. Randnr. 12.05 in Verbindung mit Randnr. 04.34 UmwStE) aufgrund der Rückwirkungsfiktion solche Umwandlungskosten, die zwar grundsätzlich dem übertragenden Rechtsträger zuzurechnen sind, aber nach dem steuerlichen Übertragungsstichtag angefallen sind, dem übernehmenden Rechtsträger zuzuordnen. Eine steuermindernde Berücksichtigung beim übertragenden Rechtsträger ist insoweit daher nicht möglich. Bzgl. weiterer Ausführungen zu den Verschmelzungskosten vgl. eingehend Teil 7 Rdn. 248.

Der Übertragungsgewinn unterliegt ungemildert der Körperschaftsteuer und der Gewerbesteuer (§ 19 **226** Abs. 1 UmwStG).

Eine **Aufstockung der Buchwerte** bietet sich insbesondere dann an, wenn die übertragende Körper- **227** schaft am steuerlichen Übertragungsstichtag noch über steuerliche Verlustvorträge verfügt, die nicht auf die Übernehmerin übergehen. Soweit der durch die Aufstockung entstehende Übertragungsgewinn mit den Verlustvorträgen verrechnet werden kann, entsteht keine Steuerbelastung. Soweit die Buchwertaufstockung abnutzbare Wirtschaftsgüter betrifft, wird hierdurch für die Zukunft neues Abschreibungsvolumen generiert. Wegen der Mindestbesteuerung wird es jedoch bei Übertragungsgewinnen von mehr als € 1 Mio. regelmäßig zu einer Besteuerung kommen. Ob die Mindestbesteuerung zulässig ist, wenn die Verlustnutzung bei der Verlust-Körperschaft nachfolgend nicht mehr möglich ist (z. B. weil die Verlust-Körperschaft auf eine andere Körperschaft verschmolzen wurde und dabei der Verlust nicht übergeht), wird wohl zukünftig vom BVerfG geklärt werden (vgl. BFH-Beschluss v. 26.02.2014 – I R 59/12, BStBl. II 2014, 106 zur Verfassungswidrigkeit der Mindestbesteuerung bei nachfolgendem Verlustuntergang).

Soweit die Voraussetzungen vorliegen, kann das **Bewertungswahlrecht** für das gesamte übertragene **228** Vermögen nur einheitlich ausgeübt werden, eine Beschränkung auf einzelne Wirtschaftsgüter ist unzulässig (so auch Randnr. 11.11 in Verbindung mit Randnr. 03.25 UmwStE; Dötsch/Pung/Möhlenbrock, Die Körperschaftsteuer, § 11 UmwStG, Tz. 39). Dies soll nach Ansicht der Finanzverwaltung wohl auch für die Wirtschaftsgüter der übertragenden Körperschaft gelten, die sich am steuerlichen Übertragungsstichtag in einer ausländischen Betriebsstätte befinden. Ein hierdurch entstehender Übertragungsgewinn unterliegt jedoch nicht der inländischen Besteuerung, wenn es sich um eine sog. Freistellungsbetriebsstätte handelt.

Handelt es sich bei der übertragenden Körperschaft um eine Organgesellschaft, so ist besonders zu be- **229** achten, dass ein etwaiger Übertragungsgewinn nach Auffassung der Finanzverwaltung (Randnr. Org. 27 UmwStE) von der Organgesellschaft selbst zu versteuern und nicht an den Organträger abzuführen sein soll. Diese Rechtsauffassung der Finanzverwaltung ist nicht neu, stößt aber in der Literatur nach wie vor auf Kritik (vgl. zu dieser Diskussion Blumenberg/Lechner, DB 2012, Beilage 1, 57 [65]; Dötsch, GmbHR 2012, 175 [178]; eingehend Käshammer/Schümmer, Ubg 2011, 244 ff.).

Die Ausübung des Bewertungswahlrechts in der steuerlichen Schlussbilanz hat nicht nur Konsequen- **230** zen für die Besteuerung des übertragenden Rechtsträgers, sondern auch auf die Bilanzansätze des übernehmenden Rechtsträgers, der diese nach § 4 Abs. 1 UmwStG zu übernehmen hat.

▶ **Beispiel:** **231**

Mutter-GmbH

	TEUR		TEUR
Beteiligung Tochter GmbH	1.000	Eigenkapital	800
sonstige Aktiva	1.100	Verbindlichkeiten	1.300
	2.100		2.100

Tochter-GmbH

	TEUR		TEUR
Aktiva	500	Eigenkapital	300
		Verbindlichkeiten	200
	500		500

In den Aktiva sind stille Reserven i. H. v. 700.000 € enthalten. Die Beteiligung an der Tochtergesellschaft wurde kurz vor der Verschmelzung zum gemeinen Wert von 1.000.000 € erworben.

232 ▶ **Beispiel: Verschmelzung Tochter-GmbH auf Mutter-GmbH**

Alternative 1: Buchwertfortführung

Bilanz nach Verschmelzung Mutter-GmbH

	TEUR	TEUR		TEUR	TEUR
sonstige Aktiva bisher	1.100		Eigenkapital	800	
von Tochter-GmbH	500	1.600	Verschmelzungsverlust	– 700	100
			Verbindlichkeiten		1.500
		1.600			1.600

Alternative 2: Zwischenwerte

Bilanz nach Verschmelzung Mutter-GmbH

	TEUR	TEUR		TEUR	TEUR
sonstige Aktiva bisher	1.100		Eigenkapital	800	
von Tochter-GmbH	600	1.700	Verschmelzungsverlust	– 600	200
			Verbindlichkeiten		1.500
		1.700			1.700

Alternative 3: Ansatz gemeiner Werte

Bilanz nach Verschmelzung Mutter-GmbH

	TEUR	TEUR		TEUR	TEUR
sonstige Aktiva bisher	1.100		Eigenkapital	800	
von Tochter-GmbH	1.200	2.300			800
			Verbindlichkeiten		1.500
Steuerliche Folgen:		2.300			2.300

Alternative 1:
– kein steuerpflichtiger Gewinn bei Tochter-GmbH durch Verschmelzung
– Verschmelzungsverlust bei Mutter-GmbH von 700.000 € steuerlich irrelevant

Alternative 2:
– körperschaft- und gewerbesteuerpflichtiger Gewinn von 100.000 € bei Tochter-GmbH
– Verschmelzungsverlust bei Mutter-GmbH von 600.000 € steuerlich irrelevant
– höheres Abschreibungsvolumen bei Mutter-GmbH, wenn stille Reserven bei Tochter- GmbH in abschreibbaren Wirtschaftsgütern

Alternative 3:
- körperschaft- und gewerbesteuerpflichtiger Gewinn von 700.000 € bei Tochter-GmbH
- ein Verschmelzungsgewinn/-verlust entsteht bei der Mutter-GmbH nicht, da der gemeine Wert des übergehenden Betriebsvermögens dem Buchwert der Beteiligung entspricht
- höheres Abschreibungsvolumen bei Mutter-GmbH, wenn stille Reserven bei Tochter-GmbH in abschreibbaren Wirtschaftsgütern

Wenn handelsrechtlich ein Verschmelzungsverlust vermieden werden soll (beispielsweise um die daraus   233
resultierende Minderung des handelsrechtlichen Eigenkapitals zu vermeiden), können für handelsrechtliche Zwecke anlässlich der Verschmelzung die Zeitwerte, für steuerliche Zwecke aber gleichwohl die
Buchwerte angesetzt werden. Eine Wertverknüpfung oder Maßgeblichkeit zwischen der Handels- und
Steuerbilanz besteht insoweit nicht.

c) Bilanzierung des Vermögensübergangs bei der übernehmenden Körperschaft. Bezüglich des   234
Wertansatzes in der Steuerbilanz der Übernehmerin verweist § 12 Abs. 1 Satz 1 UmwStG auf § 4 Abs. 1
UmwStG. D. h., dass die übernehmende Körperschaft die auf sie übergegangenen Wirtschaftsgüter mit
dem in der steuerlichen Schlussbilanz der übertragenden Körperschaft enthaltenen Wert zu übernehmen hat (Buchwertverknüpfung). Durch diese Regelung schlägt die Ausübung des Bewertungswahlrechts in der Schlussbilanz der übertragenden Körperschaft auf die Bilanzierung der übernehmenden
Körperschaft durch.

In den Fällen der Verschmelzung zur Aufnahme auf eine bereits bestehende übernehmende Körper-   235
schaft ist die Vermögensübernahme für diese ein laufender Geschäftsvorfall. Grundsätzlich ist daher
keine gesonderte Übernahmebilanz zu erstellen. Aufgrund der Rückwirkung nach § 2 UmwStG ist
für die Zwecke der Besteuerung davon auszugehen, dass das Vermögen bereits am steuerlichen Übertragungsstichtag übernommen wird. Das bedeutet, dass die Übernehmerin in ihrer Steuerbilanz das
übergegangene Vermögen auch bereits am steuerlichen Übertragungsstichtag auszuweisen hat, wenn
dieser Tag mit dem Schluss ihres eigenen Geschäftsjahres zusammenfällt. Demgegenüber geht das Vermögen handelsrechtlich erst später über, und zwar mit dem Übergang des wirtschaftlichen Eigentums
(vgl. hierzu eingehend Teil 7 Rdn. 617 ff.).

▶ **Beispiel:**   236

Im März 2015 beschließen die Gesellschafter der A-GmbH und der B-GmbH, die beiden Kapitalgesellschaften mit Wirkung zum 01.01.2015 zu verschmelzen. Bei beiden Gesellschaften stimmt das
Geschäftsjahr mit dem Kalenderjahr überein.

Lösung:

Der Verschmelzung wird die Bilanz zum 31.12.2014 zugrundegelegt. Dieses Datum markiert nach
§ 2 Abs. 1 UmwStG gleichzeitig den steuerlichen Übertragungsstichtag. Der übernehmende
Rechtsträger hat daher in seiner Steuerbilanz zum 31.12.2014 das übergehende Vermögen bereits
auszuweisen. In der Handelsbilanz wird das übergegangene Vermögen hingegen erstmals in der Bilanz zum 31.12.2015 ausgewiesen, denn der Übergang des wirtschaftlichen Eigentums ist erst im
Jahr 2015.

Erwirbt die übernehmende Körperschaft im Rückwirkungszeitraum Anteile an der übertragenden Kör-   237
perschaft oder findet sie einen Anteilseigner ab, so ist ihr Übernahmegewinn so zu ermitteln, als hätte
sie die Anteile bereits am steuerlichen Übertragungsstichtag angeschafft (§ 12 Abs. 2 Satz 3 in Verbindung mit § 5 Abs. 1 UmwStG).

Nach § 12 Abs. 3 Satz 1 UmwStG tritt die übernehmende Körperschaft in die Rechtsstellung der über-   238
tragenden Körperschaft ein, insbesondere bezüglich der Bewertung der übernommenen Wirtschaftsgüter, der **Absetzung für Abnutzung** und der den Gewinn mindernden Rücklagen. Bezüglich weiterer
Details der Konsequenzen dieser steuerlichen Rechtsnachfolge verweist § 12 Abs. 3 Satz 2 UmwStG auf
§ 4 Abs. 2, 3 UmwStG (vgl. hierzu Teil 7 Rdn. 143 ff.).

239   Im Fall des **Vermögensübergangs von einer steuerfreien auf eine steuerpflichtige Körperschaft** war bis
Ende 2006 in § 12 Abs. 1 Satz 2 UmwStG geregelt, dass die übergegangenen Wirtschaftsgüter mit dem
Teilwert anzusetzen sind. Diese Regelung war lediglich deklaratorisch und daher hat der Gesetzgeber
bei der Änderung des UmwStG darauf verzichtet. Hierdurch hat sich aber an der Rechtslage nichts geändert. Allerdings ist nunmehr auf gemeine Werte und nicht auf die Teilwerte abzustellen. Auf den
Wertansatz in der Schlussbilanz der übertragenden Körperschaft kommt es nicht an. Die Steuerfreiheit
der untergehenden Körperschaft bleibt gewahrt, der übernehmenden Körperschaft steht das den gemeinen Werten entsprechende Abschreibungsvolumen zur Verrechnung mit dem steuerpflichtigen Einkommen zur Verfügung.

240   Durch die Verschmelzung erlöschen gegenseitige Forderungen und Verbindlichkeiten, sodass bei unterschiedlichem Ansatz **Konfusionsgewinne** entstehen, die entsprechend der Regelung des § 6 Abs. 1 bis 5
UmwStG einer den steuerlichen Gewinn mindernden Rücklage zugeführt werden können, die in den
folgenden drei Wirtschaftsjahren gewinnerhöhend aufzulösen ist. Zur Steuerpflicht dieses Konfusionsgewinns trotz steuerlicher Unwirksamkeit der vorangegangenen Forderungsabschreibung sowie zur
Sperrfrist des § 6 Abs. 3 UmwStG vgl. Teil 7 Rdn. 149 ff.

241   Kommt es zu entsprechenden **Konfusionsverlusten** (z. B. durch vorherige Abzinsung der Verbindlichkeit), sind diese sofort steuerlich wirksam. Insofern werden zu hohe Gewinnrealisierungen der Vergangenheit korrigiert.

242   **aa) Ermittlung eines Übernahmegewinns/-verlustes.**   Gem. § 12 Abs. 2 UmwStG bleibt bei der
übernehmenden Körperschaft ein Gewinn oder ein Verlust in Höhe des Unterschieds zwischen dem
Buchwert der Anteile an der übertragenden Körperschaft und dem Wert, mit dem die übergegangenen
Wirtschaftsgüter zu übernehmen sind, abzüglich der Kosten für den Vermögensübergang, außer Ansatz.
Allerdings ist § 8b KStG anzuwenden, soweit sich ein Übernahmegewinn ergibt, der anteilig der Betei-
ligung der übernehmenden Körperschaft an der übertragenden Körperschaft entspricht.

243   Die Formulierung des § 12 Abs. 2 UmwStG deutet eigentlich darauf hin, dass sich ein Übernahmeergebnis überhaupt nur dann und insoweit ergeben kann, wie der übernehmende Rechtsträger vor
der Verschmelzung selbst am übertragenden Rechtsträger beteiligt ist. Demgegenüber dürfte sich z. B.
bei der Verschmelzung von Schwestergesellschaften bei der Übernehmerin kein Übernahmeergebnis im
Sinne des § 12 Abs. 2 UmwStG ergeben (vgl. Fuhrmann, NZG 2013, 857). Zu dieser Frage vertritt die
Finanzverwaltung allerdings eine abweichende Auffassung. Gemäß Randnr. 12.05 UmwStE soll ein
Übernahmeergebnis in allen Fällen der Auf-, Ab- und Seitwärtsverschmelzung zu ermitteln sein, und
zwar ungeachtet der Beteiligung der übernehmenden an der übertragenden Körperschaft. Der BFH
hat diese Auffassung zwischenzeitlich bestätigt (vgl. BFH-Urteil vom 09.01.2013 – I R 24/12,
DStR 2013, 582). Dies hat u. a. Bedeutung für die steuerliche Behandlung von Verschmelzungskosten
(vgl. unten). Allerdings soll § 8b KStG nur insoweit Anwendung finden, wie bei einer Aufwärtsverschmelzung die Übernehmerin an der Überträgerin beteiligt ist (Randnr. 12.06 UmwStE). Darüber hinaus geht aus dem Beispiel in Randnr. 12.06 UmwStE hervor, dass die Finanzverwaltung sich bei der
Ermittlung des Übernahmeergebnisses nicht an dem bilanziell ergebenden Übernahmeergebnis orientiert, sondern eine reine Differenzrechnung anstellt zwischen dem Buchwert der untergehenden Anteile
und dem Buchwert des übergehenden Vermögens. Dies ist jedoch in den Fällen, in denen außer dem
übernehmenden Rechtsträger noch weitere Gesellschafter am übertragenden Rechtsträger beteiligt
sind, nicht sachgerecht, wie das folgende Beispiel zeigt.

244   ▶ **Beispiel:**

Die M-GmbH ist zu 10 % an der T-GmbH beteiligt. Im März 2015 wird eine Verschmelzung der
T-GmbH auf die M-GmbH zum 01.01.2015 beschlossen. Die 10 %ige Beteiligung an der
T-GmbH steht bei der M-GmbH mit einem Beteiligungsbuchwert von 100.000 € zu Buche. Die
M-GmbH nimmt im Zuge der Verschmelzung eine Kapitalerhöhung von 100.000 € vor. Der Buch-
wert des steuerlichen Reinvermögens der T-GmbH beträgt 2.000.000 €.

Lösung:

Bilanziell stellt eine Verschmelzung auf einen zu weniger als 100 % beteiligten Rechtsträger einen sog. Mischfall zwischen einer Aufwärts- und einer Seitwärtsverschmelzung dar. Die M-GmbH hat den übrigen Gesellschaftern der T-GmbH im Zuge der Verschmelzung Anteile zu gewähren. Insoweit ist daher eine Kapitalerhöhung bei der M-GmbH durchzuführen. Soweit das anteilig auf die übrigen Gesellschafter entfallende übergehende Buchvermögen den Betrag der Nominalkapitalerhöhung übersteigt, erfolgt eine Dotierung der Kapitalrücklagen nach § 272 Abs. 2 Nr. 1 HGB. Ein Gewinn entsteht insoweit nicht.

Kapitalerhöhung	100.000
Buchwert des übergehenden Reinvermögens	1.900.000
übersteigender Betrag = Kapitalrücklage	1.800.000

Lediglich in dem Umfang, in dem die Übernehmerin an der Überträgerin beteiligt ist, wird die Verschmelzung erfolgswirksam abgebildet.

Anteiliger Buchwert des übergehenden Reinvermögens (10 % von 2.000)	200.000
abzüglich Buchwert der untergehenden Beteiligung	100.000
Übernahmegewinn	100.000
Hierauf berechnete nicht abzugsfähige Betriebsausgabe von 5 %	5.000

Bei richtiger Auslegung dürfte nur der Übernahmegewinn von 100 der Besteuerung nach § 8b KStG unterliegen. Damit würde »nur« eine fiktive nicht abzugsfähige Betriebsausgabe nach § 8b Abs. 3 KStG i. H. v. 5.000 € dem Gewinn der Übernehmerin hinzugerechnet werden.

Demgegenüber ermittelt die Finanzverwaltung das Übernahmeergebnis wie folgt:

Buchwert des übergehenden Reinvermögens	2.000.000
abzüglich Buchwert der untergehenden Beteiligung	100.000
Übernahmegewinn	1.900.000
Davon entfallen auf den übernehmenden Rechtsträger 10 %	190.000
Hierauf berechnete nicht abzugsfähige Betriebsausgabe von 5 %	8.000

Es ist erkennbar, dass die Berechnungsweise der Finanzverwaltung sich zuungunsten des Steuerpflichtigen auswirkt.

245 Bei der Ermittlung des Übernahmeergebnisses sind die Anteile an der übertragenden Körperschaft bei der Übernehmerin zum steuerlichen Übertragungsstichtag mit dem Buchwert, erhöht um Abschreibungen, die in früheren Jahren steuerwirksam vorgenommen worden sind, sowie um Abzüge nach § 6b EStG und ähnliche Abzüge, höchstens mit dem gemeinen Wert anzusetzen (§ 12 Abs. 1 Satz 2 in Verbindung mit § 4 Abs. 1 Satz 2 UmwStG). Vgl. bzgl. eines etwaigen Beteiligungskorrekturgewinns auch Teil 7 Rdn. 77 ff.). Der Beteiligungskorrekturgewinn unterliegt der laufenden Besteuerung. Eine Verrechnung des Hinzurechnungsbetrages mit einem nach § 12 Abs. 2 Satz 1 UmwStG außer Ansatz gelassenen Übernahmeverlust ist nicht zulässig, Randnr. 12.03 in Verbindung mit Randnr. 04.08 UmwStE.

246 Soweit sich ein Übernahmegewinn ergibt, bleibt dieser nach § 12 Abs. 2 Satz 2 UmwStG in Verbindung mit § 8b Abs. 2 KStG außer Ansatz. Allerdings ist nach § 8b Abs. 3 KStG bei der Übernehmerin i. H. v. 5 % des Übernahmegewinns eine fiktive nicht abzugsfähige Betriebsausgabe dem Gewinn hinzuzurechnen.

247 Ergibt sich ein Übernahmeverlust, bleibt dieser vollständig außer Ansatz.

248 **bb) Verschmelzungskosten.** Die anlässlich einer Verschmelzung anfallenden Kosten können nach der Rechtsprechung des BFH (Urteil v. 22.04.1998 – I R 83/96, BStBl. II 1998, 698) nicht zwischen der übertragenden und der übernehmenden Körperschaft frei zugeordnet werden. Die Zuordnung dieser Kosten auf die an der Verschmelzung beteiligten Gesellschaften hat vielmehr nach dem objektiven Veranlassungsprinzip zu erfolgen. Als Verschmelzungskosten sind daher von der übertragenden Körperschaft alle Aufwendungen zu tragen, die mit ihrer Rechtsform in Zusammenhang stehen. Dies sind u. a.

die Kosten des Verschmelzungsbeschlusses, der Anmeldung und Eintragung des Beschlusses in das Handelsregister, Löschungskosten, Kosten für Beratungen, die sich auf den Verschmelzungsbeschluss und die Verschmelzungsbilanz beziehen sowie die Kosten der Hauptversammlung, auf der dem Verschmelzungsvertrag zugestimmt wird.

249 § 12 Abs. 2 Satz 1 UmwStG enthält eine gesetzliche Regelung zur steuerlichen Behandlung der Verschmelzungskosten. Nach dieser Regelung sind die Kosten des Vermögensübergangs bei der Ermittlung des Übernahmeergebnisses als Abzugsposten zu berücksichtigen. Diese Regelung klärt eine in der Vergangenheit streitige Rechtsfrage zur steuerlichen Abzugsfähigkeit dieser Kosten zu Ungunsten der Steuerpflichtigen. Denn durch die Einbeziehung in das außer Ansatz bleibende Übernahmeergebnis sind die Kosten des Vermögensübergangs steuerlich nicht abzugsfähig. In der Vergangenheit war die wohl herrschende Meinung mit Blick auf das Urteil des BFH v. 22.04.1998 (I R 83/96, BStBl. II 1998, 698) davon ausgegangen, dass derartige Kosten als laufender Aufwand steuerlich abzugsfähig sind.

250 Die Kosten des Vermögensübergangs umfassen nach Verwaltungsauffassung (nur) die nicht objektbezogenen Kosten des übernehmenden Rechtsträgers sowie die nach dem steuerlichen Übertragungsstichtag angefallenen nicht objektbezogenen Kosten des übertragenen Rechtsträgers (vgl. Randnr. 12.06 in Verbindung mit Randnr. 04.36 UmwStE). Die nicht objektbezogenen Kosten fallen im Ergebnis dem Abzugsverbot des § 12 Abs. 2 Satz 1 UmwStG anheim. Die objektbezogenen Kosten sind hingegen nach Auffassung der Finanzverwaltung zu aktivieren. Die Finanzverwaltung qualifiziert also die Verschmelzung als Anschaffungsvorgang, der zu einer Aktivierung von zusätzlichen Anschaffungskosten führen kann. Dies steht in Einklang mit der Grundsatzentscheidung der Finanzverwaltung, alle Umwandlungen als Veräußerungs- bzw. Anschaffungsvorgänge zu qualifizieren (vgl. Randnr. 00.02 UmwStE). Wegen der Anordnung, dass die übernehmende Gesellschaft in die steuerlichen »Fußstapfen« der übertragenden Gesellschaft tritt (vgl. §§ 12 Abs. 3, 4 Abs. 2 UmwStG) könnte man insoweit jedoch auch zu einem anderen Ergebnis kommen (vgl. Rödder, in Rödder/Herlinghaus/van Lishaut, UmwStG, § 12 Rn. 77). Die Grunderwerbsteuer auf im Rahmen der Verschmelzung übergehende Grundstücke ist nach dieser Verwaltungsauffassung als zusätzliche Anschaffungskosten zu aktivieren. Anders soll dies nach Auffassung der Finanzverwaltung für die nach § 1 Abs. 3 GrEStG anfallende Grunderwerbsteuer auf verschmelzungsbedingte Anteilsvereinigungen sein. Hier folgt die Finanzverwaltung der Auffassung des BFH (vgl. Urteil v. 20.04.2011 – I R 2/10, BStBl. II 2011, 761), dass diese Grunderwerbsteuer nicht als zusätzliche Anschaffungskosten auf die vereinigten Anteile zu aktivieren ist, sondern grundsätzlich eine Betriebsausgabe darstellt. Bei Verschmelzungen verkehrt sich diese an sich positive Auffassung jedoch wiederum ins Negative, da die Anteilsvereinigungs-Grunderwerbsteuer in diesem Fall zu den steuerlich nicht abzugsfähigen Verschmelzungskosten gehört (vgl. Rödder, in Rödder/Herlinghaus/van Lishaut, UmwStG, § 12 Rn. 78).

251 **cc) Steuerliche Behandlung barer Zuzahlungen bei der übernehmenden Körperschaft.** Soweit die Übernehmerin neben der Gewährung von Gesellschaftsrechten auch bare Zuzahlungen leistet, sind die Buchwerte des übergehenden Vermögens bereits in der Schlussbilanz der Überträgerin aufzustocken (vgl. hierzu Teil 7 Rdn. 214 ff.). Da die Übernehmerin an diese Werte gebunden ist, kommt sie daher zukünftig in den Genuss der erhöhten Abschreibungen. Aus Sicht der übernehmenden Körperschaft führt die bare Zuzahlung somit zu zusätzlichen Anschaffungskosten für das übergehende Vermögen.

252 **d) Untergang des Verlustvortrages des übertragenden Rechtsträgers.** Durch das SEStEG ist die Möglichkeit, Verlustvorträge des übertragenden Rechtsträgers im Wege einer Verschmelzung auf eine andere Kapitalgesellschaft zu übertragen, abgeschafft worden.

253 Für alle Verschmelzungen von Kapitalgesellschaften, die nach dem 12.12.2006 zur Eintragung in das Handelsregister angemeldet wurden, gilt somit, dass nicht genutzte Verluste des übertragenden Rechtsträgers bei der Verschmelzung untergehen. Damit ist die Rechtslage derjenigen angepasst, die bei Verschmelzungen von Kapital- auf Personengesellschaften schon seit Jahren galt. Es ist daher im Vorfeld einer Verschmelzung zu klären, ob und wie dieser Verlust der Überträgerin vor der Verschmelzung noch ganz oder teilweise genutzt werden kann (vgl. daher auch Teil 7 Rdn. 66). Allerdings setzen die Regelungen zur Mindestbesteuerung der Vorteilhaftigkeit etwaiger Verlustnutzungsstrategien enge Grenzen. Es bleibt zu hoffen, dass das BVerfG die Verfassungsmäßigkeit der Mindestbesteuerung

nach § 10d EStG bei einem endgültigen Ausschluss der Möglichkeit zur zukünftigen Verlustnutzung kritisch überprüfen und hier für eine Korrektur sorgt (vgl. BFH-Beschl. v. 26.02.2014 – I R 59/12, BStBl. II 2014, 1016 und das Verfahren unter dem Az. 2 BvL 19/14 beim BVerfG). Zu erwägen ist hier insbesondere eine Vermögensübertragung zu Zwischenwerten oder ein Vorabverkauf einzelner Wirtschaftsgüter zu Zeitwerten an die Übernehmerin.

e) Nutzbarkeit steuerlicher Verluste des übernehmenden Rechtsträgers. Bei einer Verschmel- 254 zung mit Gewährung von Anteilen an der übernehmenden Körperschaft kommt es zu einer Kapital-erhöhung, welche die Voraussetzungen des § 8c Abs. 1 KStG erfüllen und somit zum Untergang der steuerlichen Verluste bei der übernehmenden Körperschaft führen kann.

Gem. § 8c KStG kommt es zu einem anteiligen bzw. vollständigen Untergang des steuerlichen Verlust- 255 vortrags sowie laufender steuerlicher Verluste (und anderer »verlustähnlicher« Positionen, wie z. B. Zins-vorträgen), wenn durch die Verschmelzung auf die Verlustgesellschaft oder andere Anteilserwerbe inner-halb von 5 Jahren mehr als 25 % bzw. 50 % der Anteile oder der Stimmrechte an der Verlustgesellschaft unmittelbar oder mittelbar erworben werden. Als Erwerber kommen einzelne Personen, einander nahe stehende Personen oder eine Gruppe von Erwerbern mit gleichgerichteten Interessen in Betracht (BMF-Schreiben v. 04.07.2008, BStBl. I 2008, 736 Tz. 7). Die Tatsache, dass der schädliche »Über-gang von Anteilen« nicht durch eine Übertragung bestehender Anteile, sondern durch die Schaffung neuer Anteile mittels Kapitalerhöhung erfolgt, ist nach § 8c Abs. 1 Satz 4 KStG irrelevant (vgl. BMF aaO., Tz. 9). Maßgeblich ist nur, dass sich durch den Umwandlungsvorgang die Beteiligungsverhält-nisse entsprechend verschieben.

Sehr schwierig ist die Definition des Begriffs »Gruppe von Erwerbern mit gleichgerichteten Interessen«. 256 Die Finanzverwaltung legt diesen Begriff sehr weit aus und hält es für die Begründung einer solchen Gruppe bereits für ausreichend, wenn eine »Abstimmung« zwischen den Erwerbern stattgefunden hat, wobei kein Vertrag vorliegen muss (vgl. BMF aaO., Tz. 27).

Zu den schädlichen Übertragungen zählt nicht nur der unmittelbare Erwerb der Beteiligung bzw. der 257 Stimmrechte, sondern auch der mittelbare Übergang.

Erleichterungen können in diesem Zusammenhang allerdings die mit Wirkung zum VZ 2010 einge- 258 führte Konzernklausel sowie die »stille Reserven-Klausel« bringen.

Nach der Konzernklausel des § 8c Abs. 1 Satz 5 KStG liegt ein schädlicher Erwerb von Beteiligungen 259 oder Stimmrechten nicht vor, wenn an dem übertragenden und an dem übernehmenden Rechtsträger dieselbe Person zu jeweils 100 % mittelbar oder unmittelbar beteiligt ist. Soweit bei der Verschmelzung von 100 %igen Schwestergesellschaften überhaupt Anteile gewährt werden, würde diese Anteilsgewäh-rung nicht zu einem schädlichen Erwerb im Sinne des § 8c KStG führen. Auch eine Auf-/Abspaltung oder eine Ausgliederung im Konzern ist in bestimmten Fällen aufgrund der Konzernklausel ohne schäd-lichen Erwerb im Sinne des § 8c KStG möglich. Sobald jedoch die Konzern-Obergesellschaft in die Anteilserwerbe einbezogen wird und diese mehrere Gesellschafter hat, kommt es aufgrund der Auf-fassung der Finanzverwaltung, dass die Konzernobergesellschaft in diesem Fall kein von der Kon-zernklausel begünstigter Erwerber sein soll, doch zu einem schädlichen Erwerb (z. B. bei der Aufwärts-verschmelzung einer Tochtergesellschaft, die Anteile an einer Verlust-Enkelgesellschaft hält, auf die Muttergesellschaft). Aktuell wird eine gesetzliche Neuregelung der Konzernklausel in § 8c Abs. 1 Satz 5 KStG diskutiert, die insoweit – wohl sogar rückwirkend – für eine Klärung im Sinne der Steuerpflich-tigen sorgen soll (vgl. Gesetzentwurf der Bundesregierung vom 27.03.2015, BR-Drs. 121/15, 7.). Nach der Neufassung wären auch Erwerbe durch die Konzernspitze und unter Beteiligung von natürlichen Personen an der Spitze einer Unternehmensgruppe von der Konzernklausel begünstigt. Die nach der Konzernklausel erforderliche 100 %ige Beteiligung muss im Zeitpunkt des schädlichen Anteilserwer-bes gegeben sein. Da die Finanzverwaltung die Auffassung vertritt, dass der schädliche Anteilserwerb bei Umwandlungen nicht am steuerlichen Übertragungsstichtag, sondern erst bei Übergang des wirt-schaftlichen Eigentums (vgl. BMF vom 04.07.2008, BStBl. I 2008, 736, Rn. 15) und somit frühestens mit der Beschlussfassung über die Umwandlung bzw. spätestens dem Wirksamwerden der Umwand-lung erfolgt, wäre eine 100 %ige Beteiligung am steuerlichen Übertragungsstichtag für die Anwendung der Konzernklausel gar nicht erforderlich. Soweit der nach § 8c KStG potentiell schädliche Anteilserwerb bei den Gesellschaftern der übernehmenden Körperschaft erfolgt (Beispiel: Aufgrund der Verschmelzung erwirbt ein neuer Gesellschafter durch die Verschmelzungs-Kapitalerhöhung mehr als 25 % bzw. mehr als 50 % an der übernehmenden Körperschaft, die über steuerliche Verluste verfügt), wird dies auch dadurch bestätigt, dass die Rückwirkung nach § 2 UmwStG zwar für die übertragende und die übernehmende Körperschaft, aber nicht für die Anteilseigner der übertragenden und der übernehmenden Körperschaft gilt. Soweit der nach § 8c KStG potentiell schädliche Anteilserwerb jedoch bei der übernehmenden Körperschaft selbst erfolgt (Beispiel: Aufgrund der Verschmelzung gehen von der übertragenden Körperschaft gehaltene Anteile an einer Verlust-Körperschaft auf die übernehmende Körperschaft über), könnte man durchaus zu dem Ergebnis kommen, dass § 2 UmwStG in diesem Fall auch für Zwecke des § 8c KStG Anwendung findet und somit auch die 100 %ige Beteiligung schon am steuerlichen Übertragungsstichtag bestanden haben muss. Die Finanzverwaltung bleibt aber auch insoweit dabei, dass eine Rückbeziehung nicht erfolgen könne (vgl. Lang in: Ernst & Young, KStG, § 8c Rn. 53.4).

260   Eine weitere Erleichterung bietet seit dem VZ 2010 die sog. »Stille Reserven-Klausel« des § 8c Abs. 1 Satz 6 KStG. Nach dieser Regelung können ansonsten nach § 8c KStG untergehende steuerliche Verluste trotz schädlichen Anteils- bzw. Stimmrechtsübergangs weiterhin genutzt werden, soweit diese die anteiligen bzw. gesamten zum Zeitpunkt des schädlichen Beteiligungserwerbs bei der Verlust-Körperschaft vorhandenen und im Inland steuerpflichtigen stillen Reserven nicht übersteigen. Bei der Ermittlung dieser stillen Reserven ist allerdings gem. § 8c Abs. 1 Satz 9 KStG nur das Betriebsvermögen zu berücksichtigen, dass bei der Verlust-Körperschaft ohne steuerliche Rückwirkung vorhanden ist. Ist eine Verlust-Körperschaft übernehmende Körperschaft einer Verschmelzung mit steuerlicher Rückwirkung auf den 31.12.2014 und erfolgt der schädliche Anteilserwerb mit Wirksamwerden der Umwandlung beispielsweise am 01.08.2015, wird das Betriebsvermögen des übertragenden Rechtsträgers, das der übernehmenden Körperschaft eigentlich schon seit Ablauf des 31.12.2014 steuerlich zuzurechnen ist, für die Anwendung der Stille Reserven-Klausel nicht berücksichtigt. Es ist insoweit nur das Betriebsvermögen der übernehmenden Körperschaft mit den darin ggf. enthaltenen stillen Reserven zu berücksichtigen.

261   § 8c KStG ist allerdings in Umwandlungsfällen nicht nur einschlägig für den übernehmenden Rechtsträger und seine Tochtergesellschaften. Es kann auch eine Anwendbarkeit für die Tochtergesellschaften des übertragenden Rechtsträgers geben. Gehört also eine mehr als 25 %ige bzw. mehr als 50 %ige Beteiligung an einer weiteren Gesellschaft zu dem übergehenden Vermögen oder werden die genannten Grenzen zusammen mit weiteren Anteilsübertragungen an diesen Gesellschaften innerhalb eines 5-Jahres-Zeitraums überschritten, ist der Untergang von Verlustvorträgen bei diesen Gesellschaften oder weiteren mittelbaren Beteiligungen ebenfalls nach den oben dargestellten Grundsätzen zu überprüfen. Auch insoweit gilt, dass die Beteiligungen zum übergehenden Vermögen gehören, für das die Rückwirkungsfiktion des § 2 UmwStG grundsätzlich anzuwenden ist.

f) Zusammenfassendes Beispiel zu den Konsequenzen bei übertragender Körperschaft und übernehmender Körperschaft

262 ▶   Die T-GmbH soll auf ihre 100 %ige Muttergesellschaft, die M-GmbH, verschmolzen werden (sog. Aufwärtsverschmelzung).

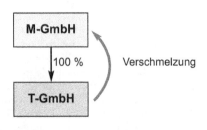

Variante a)

Die historischen AK der Beteiligung an der T-GmbH entsprechen dem Buchwert der Beteiligung in der Bilanz der M-GmbH und betrugen 1 Mio. €.

Das Eigenkapital der T-GmbH beträgt inklusive thesaurierter Gewinne 4 Mio. €. Ein Verlustvortrag besteht nicht.

Lösung:
– **Steuerliche Behandlung der übertragenden T-GmbH**

Die T-GmbH hat das übergehende Vermögen in ihrer steuerlichen Schlussbilanz grundsätzlich gem. § 11 Abs. 1 UmwStG mit dem gemeinen Wert anzusetzen.

Auf Antrag können die übergehenden Wirtschaftsgüter gem. § 11 Abs. 2 UmwStG jedoch einheitlich mit dem Buchwert angesetzt werden, soweit
a) sichergestellt ist, dass sie später bei der übernehmenden Körperschaft der Besteuerung mit Körperschaftsteuer unterliegen und
b) das Recht Deutschlands hinsichtlich der Besteuerung der übertragenen Wirtschaftsgüter bei der übernehmenden Körperschaft nicht beschränkt oder ausgeschlossen wird und
c) eine Gegenleistung nicht gewährt wird oder in Gesellschaftsrechten besteht.

In dem hier vorliegenden Fall wird das Besteuerungsrecht des deutschen Fiskus durch die Verschmelzung nicht beschränkt, da das Betriebsvermögen in einem inländischen Betriebsvermögen verbleibt und somit weiterhin der Besteuerung mit Körperschaftsteuer unterliegt. Die unter b) genannte Voraussetzung ist aufgrund der Erfassung grenzüberschreitender Sachverhalte in das Gesetz aufgenommen worden und ist bei Inlandsverschmelzungen ohnehin erfüllt. Der Antrag auf Buchwertfortführung kann somit gestellt werden.

– **Steuerliche Behandlung der übernehmenden M-GmbH**

Bei der Übernehmerin ergibt sich i. H. d. Differenz zwischen dem Buchwert der untergehenden Beteiligung (1 Mio. €) und dem Buchwert des übergehenden Vermögens (4 Mio. €) ein Übernahmegewinn i. H. v. 3 Mio. €. Grundsätzlich bleibt dieser Gewinn steuerlich außer Ansatz. Allerdings ist nach § 12 Abs. 2 UmwStG in dem Umfang, in dem der Gewinn dem Anteil der übernehmenden Körperschaft an der übertragenden Körperschaft entspricht, § 8b KStG anzuwenden, mit der Folge, dass 5 % dieses Betrages als fiktive nicht abzugsfähige Betriebsausgabe außerbilanziell dem steuerlichen Ergebnis hinzuzurechnen und der Besteuerung zu unterwerfen ist.

In dem hier vorliegenden Fall war die Übernehmerin vor der Verschmelzung zu 100 % an der Überträgerin beteiligt. Der gesamte Übernahmegewinn entfällt somit auf diese Beteiligung, sodass 150.000 € (5 % von 3 Mio. €) außerbilanziell dem steuerlichen Ergebnis der M-GmbH hinzuzurechnen sind.

Hätte die M-GmbH hingegen an der T-GmbH nur eine Beteiligung von 50 % gehalten, so wäre die 5 %ige Hinzurechnung nur auf den Übernahmegewinn berechnet worden, der sich als Unterschiedsbetrag zwischen dem Buchwert der untergehenden Beteiligung und 50 % des Buchwerts des übergehenden Betriebsvermögens ergibt.

Die Entstehung eines Übernahmegewinns ist somit abhängig von der Beteiligungsstruktur vor der Verschmelzung und auch von der Verschmelzungsrichtung. Wäre die T-GmbH in dem obigen Beispiel nicht auf die M-GmbH, sondern z. B. auf eine Schwestergesellschaft verschmolzen worden, hätte sich kein Übernahmegewinn ergeben, von dem 5 % als fiktive nicht abzugsfähige Betriebsausgabe der Besteuerung unterliegen, denn die Schwestergesellschaft war vor der Verschmelzung nicht an der T-GmbH beteiligt.

Variante b)

Die ursprünglichen Anschaffungskosten der Beteiligung an der T-GmbH betrugen 10 Mio. €. Im Jahr 1998 hatte die M-GmbH die Beteiligung an der T-GmbH aufgrund der schlechten Ertragslage dieser Gesellschaft jedoch (damals noch steuerwirksam) auf den 5 Mio. € entsprechenden DM-Betrag abgeschrieben. Der Wert der T-GmbH ist auch zum Verschmelzungsstichtag noch auf diesen Betrag gemindert. Eine Wertaufholung hat nicht stattgefunden. Die T-GmbH verfügt über ein Stammkapital von 4 Mio. € und einen handelsrechtlichen sowie steuerlichen Verlustvortrag von 2 Mio. €, d. h. das handelsrechtliche und steuerliche Eigenkapital beläuft sich auf 2 Mio. €. Die stillen Reserven im Betriebsvermögen der T-GmbH belaufen sich dementsprechend auf 3 Mio. €.

Lösung:

– Steuerliche Behandlung bei der übertragenden T-GmbH

Auch in dieser Variante ist eine Buchwertübertragung möglich. Ein Aufstockungsgewinn bei der T-GmbH kann daher vermieden werden.

Der steuerliche Verlustvortrag der übertragenden T-GmbH geht nicht auf die übernehmende M-GmbH über, sondern geht im Zuge der Verschmelzung unter und kann nicht mehr genutzt werden (§ 12 Abs. 3 UmwStG).

In dem hier vorliegenden Fall hat die T-GmbH zwar grundsätzlich die Möglichkeit, ihren Verlustvortrag kurz vor der Verschmelzung noch zumindest anteilig zu nutzen, indem sie das Bilanzierungswahlrecht des § 11 UmwStG dahingehend ausübt, das übergehende Betriebsvermögen nicht mit den Buchwerten, sondern mit den gemeinen Werten anzusetzen. Allerdings führt dies nicht zu einem steuerneutralen step-up, weil hier die Regelung der sog. Mindestbesteuerung zu berücksichtigen ist, wonach Gewinne mit steuerlichen Verlustvorträgen nur bis zu einer Höhe von 1.000.000 € vollständig verrechnet werden können. Übersteigende Gewinne können nur zu 60 % mit Verlustvorträgen verrechnet werden, der Differenzbetrag ist zu versteuern. Diese Regelung führt dazu, dass eine Aufdeckung der stillen Reserven bei dem übertragenden Rechtsträger einen steuerpflichtigen Gewinn auslöst, der körperschaftsteuer- und gewerbesteuerpflichtig ist. Daher könnte der Ansatz eines Zwischenwertes steuerlich optimal sein. So kann wenigstens ein Teil des Verlustvortrags durch Aufstockung genutzt werden, ohne dass es zu einer Steuerbelastung kommt. Dabei ist anzugeben, in welcher Höhe oder zu welchem Prozentsatz stille Reserven realisiert werden sollen. Die Angabe, dass stille Reserven »in Höhe des Verlustvortrages« realisiert werden sollen, ist jedoch nicht zulässig.

– Steuerliche Behandlung bei der übernehmenden M-GmbH

Bei dieser Verschmelzung erleidet die übernehmende M-GmbH in Höhe der Differenz zwischen dem Buchwert der Anteile (5 Mio. €) und dem Netto-Buchwert des übergehenden Vermögens (2 Mio. €) einen Verschmelzungsverlust i. H. v. 3 Mio. €. Dieser Verlust bleibt steuerlich außer Ansatz (§ 12 Abs. 2 UmwStG).

Gem. § 12 Abs. 1 Satz 2 in Verbindung mit § 4 Abs. 1 Satz 2 und 3 UmwStG sind die Anteile an der übertragenden Körperschaft in der steuerlichen Schlussbilanz des übernehmenden Rechtsträgers mit dem Buchwert, erhöht um Abschreibungen, die in früheren Jahren steuerwirksam vorgenommen worden sind, sowie um Abzüge nach § 6b EStG und ähnliche Abzüge, höchstens jedoch mit dem gemeinen Wert anzusetzen. In dem hier vorliegenden Fall war in der Vergangenheit zwar eine steuerwirksame Teilwertabschreibung auf die Anteile an der Überträgerin vorgenommen worden. Allerdings ist zwischenzeitlich keine Wertaufholung eingetreten. Die Anteile sind somit immer noch wertgemindert und der Buchwert entspricht dem gemeinen Wert. Eine Zuschreibung findet somit nicht statt.

Variante c)

Bei dieser Variante ändern sich die Angaben über die beteiligten Rechtsträger nicht. Lediglich die Verschmelzungsrichtung wird geändert, denn nunmehr soll die M-GmbH auf die T-GmbH verschmolzen werden (sog. Abwärtsverschmelzung).

Lösung:

Die Abwärtsverschmelzung wird vom UmwStG als möglich angesehen, denn § 11 Abs. 2 Satz 2 UmwStG enthält hierfür eine Sonderregelung, die sich auf die Bewertung der Anteile bezieht, die der übertragende an dem übernehmenden Rechtsträger hält. Soweit die übrigen Voraussetzungen erfüllt sind, kann somit auch im Rahmen einer Abwärtsverschmelzung das Betriebsvermögen zu Buchwerten übergehen.

3. Besteuerung der Anteilseigner der übertragenden Körperschaft. Der vom Gesetz als Standard- 263 fall vorgesehene Aufwärtsverschmelzung ist nicht geeignet, die steuerlichen Konsequenzen zu beschreiben, die das UmwStG für die Anteilseigner der übertragenden Körperschaft vorsieht, denn in einem solchen Fall ist die übernehmende Körperschaft vor der Umstrukturierung zugleich auch alleinige Gesellschafterin der übertragenden Körperschaft.

Daher sollen die steuerlichen Konsequenzen für die Anteilseigner anhand des folgenden Beispiels ver- 264 anschaulicht werden.

▶ **Beispiel: Besteuerung der Gesellschafter** 265

Die A-GmbH soll auf die B-GmbH verschmolzen werden. Gesellschafter der A-GmbH sind die natürliche Person A sowie die X-AG je zur Hälfte. Beide erhalten im Zuge der Verschmelzung Gesellschaftsrechte an der übernehmenden B-GmbH.

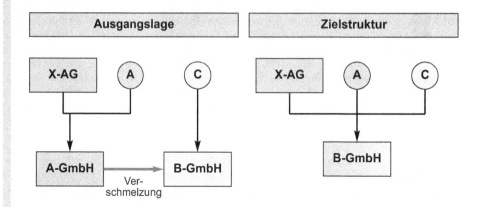

a) Gesellschafter erhalten ausschließlich Gesellschaftsrechte an der übernehmenden Gesellschaft. Die steuerlichen Konsequenzen der Verschmelzung für die Gesellschafter der übertragenden 266 Körperschaft, die durch die Verschmelzung Gesellschafter der übernehmenden Körperschaft werden, sind in § 13 UmwStG geregelt.

§ 13 Abs. 1 UmwStG regelt als Grundfall, dass die Anteile an der übertragenden Körperschaft als zum 267 gemeinen Wert veräußert und die an ihre Stelle tretenden Anteile an der übernehmenden Körperschaft als mit diesem Wert angeschafft gelten. Nach diesem Grundsatz kommt es also auf der Ebene der Anteilseigner zu einer Aufdeckung und Versteuerung der in den Anteilen an der Übertragerin ruhenden stillen Reserven.

268 Allerdings sieht § 13 Abs. 2 UmwStG von diesem Grundsatz abweichend unter bestimmten Voraussetzungen die Möglichkeit vor, die Anteile an der Übernehmerin auf Antrag mit dem Buchwert der Anteile an der Überträgerin anzusetzen, wenn die folgenden Voraussetzungen erfüllt sind:

    1. Das Recht Deutschlands hinsichtlich der Besteuerung des Gewinns aus der Veräußerung der Anteile an der übernehmenden Körperschaft darf nicht ausgeschlossen oder beschränkt werden (§ 13 Abs. 2 Nr. 1 UmwStG).
    Diese Vorschrift dient ausschließlich der Sicherung des deutschen Besteuerungsrechts an den Anteilen der Überträgerin und soll sicherstellen, dass dem deutschen Fiskus durch die Verschmelzung kein Besteuerungssubstrat verloren geht. Diese Voraussetzung ist bei einer reinen Inlandsverschmelzung, bei der neben dem übertragenden und übernehmenden Rechtsträger auch die Gesellschafter im Inland ansässig sind, stets erfüllt, weil die Gesellschafter immer mit ihren Anteilen an inländischen Kapitalgesellschaften denselben steuerlichen Vorschriften unterliegen. Zur steuerlichen Behandlung beschränkt steuerpflichtiger Gesellschafter vgl. Teil 7 Rdn. 283 ff. Zur Behandlung unbeschränkt steuerpflichtiger Gesellschafter bei einer ausländischen oder grenzüberschreitenden Verschmelzung vgl. Teil 7 Rdn. 309).
    2. § 13 Abs. 2 Nr. 2 UmwStG regelt bestimmte Fälle der grenzüberschreitenden Verschmelzung, bei denen es trotz einer Einschränkung oder eines Ausschlusses des deutschen Besteuerungsrechts zunächst im Zeitpunkt der Verschmelzung auf der Ebene der Gesellschafter nicht zu einer Versteuerung der in den Anteilen ruhenden stillen Reserven kommt. Diese Vorschrift ist daher bei reinen Inlandsverschmelzungen mit inländischen Gesellschaftern nicht einschlägig.

269 Es kann somit festgehalten werden, dass bei reinen Inlandsverschmelzungen unter Beteiligung inländischer Gesellschafter die Voraussetzungen des § 13 Abs. 2 UmwStG regelmäßig erfüllt sind und die betroffenen Anteilseigner der übertragenden Körperschaft den Antrag stellen können, dass die Verschmelzung hinsichtlich ihrer Anteile an der übertragenden und an der übernehmenden Körperschaft steuerneutral zu Buchwerten durchgeführt wird.

270 Eine Buchwertfortführung ist daher möglich, aber nicht zwingend. Die Gesellschafter haben vielmehr die Möglichkeit, den Antrag nicht zu stellen und den Anteilstausch zu gemeinen Werten der Besteuerung zu unterwerfen. Der hierbei entstehende Veräußerungsgewinn unterliegt bei den Gesellschaftern den normalen Vorschriften zur Besteuerung von Veräußerungsgewinnen. Bei einem Gesellschafter in der Rechtsform einer Kapitalgesellschaft käme somit § 8b KStG zur Anwendung und der Veräußerungsgewinn wäre steuerfrei (§ 8b Abs. 2 KStG), allerdings unter Hinzurechnung einer fiktiven nicht abzugsfähigen Betriebsausgabe i. H. v. 5 % des Gewinns (§ 8b Abs. 3 KStG). Bei natürlichen Personen hingegen käme das Teileinkünfteverfahren nach § 3 Nr. 40 Satz 1 Buchst. c) EStG zur Anwendung. Es ist daher nahe liegend, dass natürliche Personen regelmäßig die Buchwertfortführung wählen werden. Kapitalgesellschaften hingegen könnten einen solchen Vorgang dazu nutzen, die Buchwerte der Beteiligungen – zur Vorbereitung auf eine mögliche Abschaffung der Steuerfreiheit auf Veräußerungsgewinne in der Zukunft – aufzustocken und müssten dafür die Versteuerung der fiktiven nicht abzugsfähigen Betriebsausgabe in Kauf nehmen.

271 § 13 UmwStG ist unabhängig davon anzuwenden, ob die Verschmelzung bei der übertragenden Gesellschaft zu einer Aufdeckung von stillen Reserven führt oder nicht. Es ist also diesbezüglich ohne Bedeutung, ob die Voraussetzungen für eine steuerneutrale Buchwertfortführung nach § 11 Abs. 1 UmwStG überhaupt erfüllt sind bzw. wie das Bewertungswahlrecht bei Vorliegen der Voraussetzungen ausgeübt wurde.

272 Durch die Anschaffungsfiktion des § 13 UmwStG kann eine Verschmelzung ggf. auch dazu genutzt werden, die Rückgängigmachung einer in der Vergangenheit steuerwirksam vorgenommenen Teilwertabschreibung zu verhindern.

▶ **Beispiel:** 273

Die Muttergesellschaft M-AG hält Beteiligungen an der T1-GmbH und an der T2-GmbH. Auf die Beteiligung an der T1-GmbH wurde in der Vergangenheit steuerwirksam eine Teilwertabschreibung i. H. v. 100.000 vorgenommen, wodurch der Buchwert dieser Beteiligung von 900.000 auf 800.000 gesunken ist. Mittlerweile erzielt die T1-GmbH aber wieder Gewinne, sodass der Grund für die Teilwertabschreibung entfallen wird und eine Zuschreibung vorgenommen werden müsste.

Aufgrund des sog. Wertaufholungsgebotes wäre die M-AG nunmehr gezwungen, auf die Beteiligung an der T1-GmbH eine Zuschreibung vorzunehmen i. H. v. 100.000. Die M-AG stellt sich daher nun die Frage, ob sie dieser Zuschreibungspflicht dadurch entgehen kann, dass sie die T1-GmbH vor Ablauf des Wirtschaftsjahres auf die T2-GmbH verschmilzt.

Lösung:

§ 13 UmwStG unterscheidet in dieser Frage danach, ob der Anteilstausch zu Buchwerten oder zu gemeinen Werten erfolgt.

Wird der Anteilstausch nach § 13 Abs. 1 UmwStG zu gemeinen Werten durchgeführt, so ist der Vorgang als echtes Anschaffungsgeschäft zu werten. Die Anteile an der T1-GmbH gehen im Zuge der Verschmelzung unter und an ihre Stelle treten neue Anteile an der T2-GmbH. Nach § 13 Abs. 1 UmwStG gelten die Anteile an der T1-GmbH als zum gemeinen Wert veräußert und die neuen Anteile an der T2-GmbH als zu diesem Preis angeschafft. Beläuft sich der gemeine Wert der Anteile an der T1-GmbH noch auf 800.000, wäre dieser Wert als fiktiver Veräußerungspreis und als Anschaffungskosten für die neuen Anteile an der übernehmenden Körperschaft T2-GmbH anzusetzen. Die Anschaffungskosten der Anteile an der Übernehmerin betragen dann 800.000. Da die Anschaffungskosten immer die Bewertungsobergrenze darstellen, kommt eine Zuschreibung dieser neuen Anteile nicht mehr in Betracht. Eine Regelung wie in § 13 Abs. 2 Satz 2 UmwStG, dass die neuen Anteile »in die Rechtsstellung« der bisherigen Anteile eintreten, gibt es beim Ansatz des gemeinen Wertes nicht. Die Gefahr einer zukünftigen Wertaufholung wäre dann gebannt. Diese Vorgehensweise führt jedoch dann nicht zum gewünschten Ergebnis, wenn der gemeine Wert der Anteile an der T1-GmbH bereits wieder auf 900.000 angestiegen ist. Dann führt der Ansatz dieses gemeinen Wertes als Veräußerungspreis selbstverständlich dazu, dass die in der Vergangenheit vorgenommene steuerwirksame Teilwertabschreibung steuerwirksam wieder aufgeholt werden muss.

Erfolgt der Anteilstausch hingegen auf Antrag nach § 13 Abs. 2 UmwStG zu Buchwerten, so treten die Anteile an der Übernehmerin steuerlich in die Rechtsstellung der Anteile an der übertragenden Körperschaft (§ 13 Abs. 2 Satz 2 UmwStG). Das hat zur Folge, dass etwaige frühere Teilwertabschreibungen auf die Altanteile ggf. bei den Neuanteilen wieder steuerwirksam aufzuholen sind (Gesetzesbegründung SEStEG zu § 13 Abs. 2 UmwStG, BT-Drucks. 16/2710 v. 25.09.2006).

Für die Fälle einer Wertaufholung nach vorangegangener steuerwirksamer Teilwertabschreibung bedeutet dies also, dass die Verschmelzung vorgenommen werden muss, bevor die Werterholung eintritt. In diesem Fall kann der Anteilstausch zu gemeinen Werten vollzogen werden, denn der gemeine Wert stimmt mit dem (geminderten) Buchwert der Anteile überein. Hierdurch kann der (geminderte) Buchwert in Anschaffungskosten umgewandelt werden. Ist aber erst einmal eine Werterholung eingetreten, dann kann dieses Ziel durch die Ausübung des Wahlrechts zur Fortführung der Buchwerte nicht mehr erreicht werden. Vielmehr sind dann die Anteile an der Übernehmerin entsprechend steuerwirksam zuzuschreiben.

Gehören die Anteile an der übertragenden Körperschaft **nicht zu einem Betriebsvermögen** und sind die 274 Voraussetzungen des § 17 oder des § 23 EStG erfüllt, treten an die Stelle des Buchwerts die Anschaffungskosten (§ 13 Abs. 2 Satz 3 UmwStG). Auch in diesem Fall ist hierdurch die Gewinnneutralität des Tauschvorgangs sichergestellt.

275 Hatte ein Gesellschafter an der übertragenden Gesellschaft eine Beteiligung im Sinne des § 17 EStG (mindestens 1 %), so gelten die im Zuge der Verschmelzung gewährten Anteile an der übernehmenden Gesellschaft bei einer Buchwertfortführung auf Antrag ebenso als Anteile im Sinne des § 17 EStG, auch wenn sie die Voraussetzungen des § 17 EStG nicht erfüllen (wenn also die Beteiligung z. B. nur weniger als 1 % umfasst) (Randnr. 13.11 UmwStE). Demgegenüber sind die neuen Anteile in einem solchen Fall keine Anteile im Sinne des § 17 EStG, wenn der Anteilstausch zu gemeinen Werten stattfindet, denn in diesem Fall erfolgt kein »Eintritt in die Rechtsstellung«.

276 Für Gesellschafter, deren Beteiligung weniger als 1 % beträgt, gilt hingegen § 20 Abs. 4a EStG. Danach erfolgt der Anteilstausch zwingend zu Buchwerten, wenn das Besteuerungsrecht Deutschlands nicht ausgeschlossen oder beschränkt wird. Ein Wahlrecht zum Ansatz von gemeinen Werten besteht für diese Gesellschafter nicht. Wird zusätzlich zur Gewährung von Anteilen am übernehmenden Rechtsträger noch eine bare Gegenleistung gezahlt, führt diese nach dem Gesetzeswortlaut nicht zu einem anteiligen Veräußerungsgewinn, sondern zu laufenden Kapitalerträgen.

277 Auch für den Fall, dass der Anteilseigner im Fall der Verschmelzung einbringungsgeborene Anteile im Sinne des § 21 UmwStG a. F. bzw. die sperrfristbehafteten Anteile des § 22 UmwStG an der übertragenden Körperschaft besitzt, treten die erworbenen Anteile bei einer Buchwertfortführung an die Stelle der hingegebenen Anteile. Die durch die Verschmelzung gewährten Anteile gelten weiterhin als Anteile im Sinne des § 21 UmwStG a. F. (vgl. Randnr. 13.11 UmwStE) bzw. als sperrfristbehaftete Anteile nach neuem Recht (letzteres gilt nach Ansicht der Finanzverwaltung nur, wenn dem Billigkeitsantrag nach Randnr. 22.23 Beispiel 2 UmwStE stattgegeben wird).

278 **b) Gesellschafter erhalten zusätzlich oder ausschließlich andere Gegenleistungen.** Scheidet ein Gesellschafter gegen **Barabfindung** aus der übertragenden Körperschaft aus, liegt bei ihm eine Anteilsveräußerung vor, die nach den allgemeinen Grundsätzen der Besteuerung unterliegt.

279 Gewährt die übernehmende Körperschaft den Gesellschaftern der übertragenden Körperschaft **neben Gesellschaftsrechten** noch eine **bare Zuzahlung**, ist § 13 UmwStG insoweit nicht anwendbar. Es liegt vielmehr ein Veräußerungserlös für einen Teilanteil vor, der den üblichen Regelungen zur Versteuerung von Beteiligungsveräußerungsgewinnen unterliegt (Randnr. 13.02 UmwStE).

280 **c) Gesellschafter erhalten überhaupt keine Gegenleistung.** Nach § 54 Abs. 1 Satz 3 UmwG besteht seit 2007 die Möglichkeit, bei Verschmelzungen auf die Gewährung von Anteilen am übernehmenden Rechtsträger zu verzichten. Der Gesetzgeber betrachtet diese Regelung als Vereinfachung insbesondere für den Fall der Verschmelzung von beteiligungsidentischen Gesellschaften, da in diesen Fällen ansonsten regelmäßig an die Gesellschafter der übertragenden Gesellschaft Anteile in demselben Verhältnis ausgegeben werden, in dem sie bereits sowohl an der Überträgerin als auch an der Übernehmerin beteiligt waren. Allerdings ist § 54 Abs. 1 Satz 3 UmwG nicht auf diese Fälle beschränkt. Vielmehr eröffnet die Regelung in allen Verschmelzungsfällen die Möglichkeit, bei entsprechender Einverständniserklärung aller Beteiligten auf die Gewährung von Anteilen zu verzichten.

281 Das Umwandlungssteuergesetz erwähnt in § 11 Abs. 2 Satz 1 Nr. 3 UmwStG die Verschmelzung ohne Anteilsgewährung explizit und lässt diese (neben der Verschmelzung mit ausschließlicher Anteilsgewährung) auf Ebene der übertragenden Körperschaft als steuerneutral zu. Für die Gesellschafterebene sieht § 13 UmwStG keine explizite Regelung vor. Ohne Anteilsgewährung durch die übernehmende Körperschaft findet beim Gesellschafter der übertragenden Körperschaft jedenfalls kein Tausch seiner Anteile in Anteile an der übernehmenden Körperschaft statt. Gleichwohl sind beide Absätze des § 13 UmwStG jedenfalls bei Gesellschafteridentität zwischen der übertragenden und der übernehmenden Körperschaft auch auf die Verschmelzung ohne Anteilsgewährung anzuwenden, da andererseits von der Norm auch nicht explizit eine Anteilsgewährung verlangt wird. Die Anteile an der übertragenden Körperschaft gelten entweder nach § 13 Abs. 1 UmwStG als zum gemeinen Wert veräußert und der Buchwert der bereits vorhandenen Anteile an der übernehmenden Körperschaft erhöht sich um diesen Betrag oder der Buchwert der bereits vorhandenen Anteile an der übernehmenden Körperschaft erhöht sich nach § 13 Abs. 2 UmwStG um den Buchwert der untergehenden Anteile an der übertragenden Körperschaft (so auch Randnr 13.09 UmwStE).

Bestehen hingegen keine identischen Beteiligungen an der übertragenden und der übernehmenden Kör- **282** perschaft, wird aber gleichwohl auf die Gewährung wertkongruenter Anteile an der übertragenden Körperschaft verzichtet, kommt es zu Wertverschiebungen zwischen den Gesellschaftern. Insoweit ist § 13 UmwStG dann nicht anwendbar und gelten die allgemeinen steuerlichen Regelungen (vgl. Randnr. 13.09 in Verbindung mit Randnr. 13.03 UmwStE unter Verweis auf BFH-Urt. v. 09.11.2010 – IX R 24/09, BStBl. II 2011, 799; Neumann in Rödder/Herlinghaus/van Lishaut, UmwStG, § 13 Rn. 9e und 9f). Diese Konstellation ist insbesondere in mehrstufigen Konzernen denkbar, wo beispielsweise die Konzernobergesellschaft M an den Tochtergesellschaften T1 und T2 und diese wiederum an den Enkelgesellschaften E1 und E2 beteiligt sind. Wird E1 nun ohne Anteilsgewährung auf E2 verschmolzen, ist dies aus Sicht der M wirtschaftlich kein Problem, da sich ihre Beteiligung an der T2 entsprechend im Wert erhöht. Die T1 ist jedoch um den Wert ihrer Anteile an der E1 entreichert. Diese Entreicherung ist aus Sicht der T1 eine verdeckte Gewinnausschüttung an die M, da ein ordentlicher und gewissenhafter Geschäftsleiter der T1 einer Verschmelzung der E1 auf die E2 ohne wertkongruente Anteilsgewährung nicht zugestimmt hätte. Andererseits leistet die M eine verdeckte Einlage in die T2, die um den Wert der E1-Anteile bereichert wird. Darüber hinaus sind mögliche schenkungsteuerliche Konsequenzen zu prüfen, wobei u. a. § 7 Abs. 8 ErbStG zu berücksichtigen ist (vgl. hierzu auch Viskorf, ZEV 2014, 633; Schaden/Ropohl, BB-Special 1/2011, 11; Heurung/Engel/Schröder, GmbHR 2011, 617).

II. Inlandsverschmelzung von zwei inländischen Kapitalgesellschaften mit Auslandsberührung

1. Behandlung beschränkt steuerpflichtiger Gesellschafter. Sind an der übertragenden Körper- **283** schaft beschränkt steuerpflichtige Gesellschafter beteiligt, so hat dies zunächst einmal auf die steuerlichen Konsequenzen bei der Überträgerin und bei der Übernehmerin keine Auswirkungen.

Auf der Ebene des beschränkt steuerpflichtigen Gesellschafters ist allerdings zu prüfen, ob die Voraus- **284** setzungen des § 13 Abs. 2 UmwStG erfüllt sind, um auf Antrag die Buchwerte bzw. Anschaffungskosten der Anteile an der übertragenden Körperschaft für die neuen Anteile an der übernehmenden Körperschaft fortzuführen und dadurch eine Aufdeckung stiller Reserven auf Gesellschafterebene zu vermeiden.

Bei einer Verschmelzung von zwei inländischen Kapitalgesellschaften dürften sich jedoch keine Beson- **285** derheiten ergeben. Unabhängig davon, ob der betreffende Gesellschafter innerhalb oder außerhalb der EU, in einem DBA-Staat oder einem Nicht-DBA-Staat ansässig ist, ändert sich durch die Verschmelzung das Besteuerungsrecht Deutschlands nicht. Es sind nach wie vor dieselben innerstaatlichen Regelungen und dasselbe DBA anwendbar. Hatte Deutschland vor der Verschmelzung ein Besteuerungsrecht an den Anteilen der Überträgerin, so wird an den neuen Anteilen an der Übernehmerin dasselbe Besteuerungsrecht bestehen.

Eine Besonderheit kann sich ergeben, wenn die dem ausländischen Gesellschafter zuzurechnenden An- **286** teile am übertragenden Rechtsträger steuerverhaftet sind nach § 21 UmwStG a. F. bzw. nach § 22 UmwStG, denn die Verschmelzung ist hinsichtlich seiner Anteile als Veräußerungsgeschäft zu würdigen. Es kann dann – ebenso wie bei inländischen Gesellschaftern – ein Realisierungstatbestand vorliegen. Vgl. hierzu Teil 7 Rdn. 277.

2. Verschmelzung von zwei inländischen Kapitalgesellschaften mit Auslandsvermögen. Verfügt **287** im Fall einer Verschmelzung von zwei inländischen Kapitalgesellschaften die übertragende Gesellschaft über eine ausländische Betriebsstätte, so gelten diesbezüglich keine Besonderheiten. Die Verschmelzung kann steuerneutral vorgenommen werden.

Der Grund hierfür liegt darin, dass sich das Besteuerungsrecht Deutschlands an der ausländischen Be- **288** triebsstätte in einem solchen Fall nicht ändert. Regelmäßig ist in den DBA zwischen EU-Staaten dem Betriebsstättenstaat das Besteuerungsrecht für die Betriebsstätte zugewiesen und im Sitzstaat des Stammhauses die Freistellungsmethode anzuwenden. Das bedeutet, dass der deutsche Fiskus bezüglich einer solchen Betriebsstätte weder vor noch nach der Verschmelzung ein Besteuerungsrecht hat und ihm dieses daher durch die Verschmelzung auch nicht entzogen werden kann.

289 Dasselbe gilt im Ergebnis für die wenigen Fälle, in denen ein DBA dem Land des Stammhauses bezüglich der Betriebsstättengewinne auch ein Besteuerungsrecht einräumt und die Beseitigung der Doppelbesteuerung durch die Anrechnung der im Ausland erhobenen Steuer regelt. Auch in diesem Fall geht dem deutschen Fiskus kein Besteuerungssubstrat verloren, weil die ausländische Betriebsstätte im Zuge der Verschmelzung nur von einer inländischen Körperschaft auf eine andere übergeht.

III. Verschmelzung von zwei ausländischen Kapitalgesellschaften mit Inlandsvermögen

290 Zunächst einmal stellt sich die Frage, ob das deutsche Umwandlungssteuerrecht auf diesen Vorgang anwendbar ist. Dies ist abhängig davon, ob der nach ausländischem Recht stattfindende Vorgang einer Verschmelzung nach deutschem Recht vergleichbar ist (§ 1 Abs. 1 Nr. 1 UmwStG; vgl. hierzu Teil 7 Rdn. 17 ff.) und ob es sich bei den beteiligten Gesellschaften aus unserer Sicht um Kapitalgesellschaften handelt, die in der EU/EWR gegründet wurden und in diesem Gebiet auch ihren Sitz und den Ort ihrer Geschäftsleitung haben (§ 1 Abs. 2 Nr. 1 UmwStG). Sind diese Voraussetzungen gegeben, sind die §§ 11 bis 13 UmwStG anwendbar, soweit das deutsche Besteuerungsrecht betroffen ist.

291 Verfügt die übertragende Kapitalgesellschaft im Fall einer Verschmelzung zweier im EU-Ausland ansässiger Gesellschaften über eine inländische Betriebsstätte, so wird diese Betriebsstätte durch die Verschmelzung zu einer solchen des übernehmenden Rechtsträgers. Gleichwohl darf Deutschland diesen Übertragungsvorgang nicht zum Anlass nehmen, die in der deutschen Betriebsstätte vorhandenen stillen Reserven zu versteuern, denn das deutsche Besteuerungsrecht an diesen stillen Reserven wird durch die Verschmelzung regelmäßig nicht tangiert. Es kann somit – bezogen auf die deutsche Betriebsstätte – das Bilanzierungswahlrecht des § 11 Abs. 2 UmwStG ausgeübt werden, wonach die Wirtschaftsgüter in der steuerlichen Schlussbilanz (der Betriebsstätte) des übertragenden Rechtsträgers mit den Buchwerten angesetzt werden können. Etwas anderes gilt, wenn sich verschmelzungsbedingt die Zuordnung von Wirtschaftsgütern zwischen Betriebsstätten ändert (z. B. ein bisher der inländischen Betriebsstätte zuzuordnendes Wirtschaftsgut wird aus rechtlichen Gründen aufgrund der Verschmelzung der ausländischen Betriebsstätte zugeordnet). Soweit das deutsche Besteuerungsrecht dadurch ausgeschlossen wird, ist der Buchwertansatz nicht möglich.

292 Bei der Verschmelzung von zwei ausländischen Körperschaften ist als Besonderheit zu berücksichtigen, dass unter bestimmten Voraussetzungen auch Verschmelzungen von Drittstaaten-Kapitalgesellschaften aus deutscher Sicht steuerneutral durchgeführt werden können. Dies ist dann von Bedeutung, wenn die zu verschmelzenden Drittstaaten-Kapitalgesellschaften im Inland beschränkt steuerpflichtig sind (sei es aufgrund einer Betriebsstätte oder aufgrund einer sonstigen Aktivität) oder wenn der Gesellschafter der Drittstaaten-Kapitalgesellschaften im Inland ansässig ist. Die entsprechenden Regelungen befinden sich jedoch nicht im Umwandlungssteuergesetz, sondern in § 12 Abs. 2 KStG. Begünstigt sind grundsätzlich nur Verschmelzungen von zwei Drittstaaten-Kapitalgesellschaften, die in demselben ausländischen Staat ansässig sind. Die ausländische Verschmelzung muss außerdem mit einer Verschmelzung im Sinne des § 2 UmwG vergleichbar sein. Eine weitere Voraussetzung ist, dass der übernehmende und der übertragende Rechtsträger nicht die Voraussetzungen des § 1 Abs. 2 Satz 1 und 2 UmwStG erfüllen dürfen, d. h. nicht im Inland oder in der EU/EWR ansässig sein dürfen. Für das Betriebsvermögen der übertragenden Körperschaft, welches im Inland steuerpflichtig ist, regelt § 12 Abs. 2 Satz 1 KStG die Voraussetzungen für den Buchwertansatz. Für den Gesellschafter der ausländischen übertragenden Körperschaft, der im Inland ansässig ist, regelt § 12 Abs. 2 Satz 2 KStG die Voraussetzungen für den Buchwertansatz.

293 Die Wirtschaftsgüter der übertragenden Körperschaft, welche bei der Drittstaaten-Verschmelzung auf die übernehmende Körperschaft übergehen, können grundsätzlich unter denselben Voraussetzungen wie bei einer inländischen oder einer EU-Verschmelzung zu Buchwerten angesetzt werden. Der Buchwertansatz ist möglich, soweit
- sichergestellt ist, dass die stillen Reserven auch bei der übernehmenden Körperschaft der Besteuerung mit Körperschaftsteuer unterliegen,
- das Recht der Bundesrepublik Deutschland zur Besteuerung der übergehenden Wirtschaftsgüter bei der übernehmenden Körperschaft nicht beschränkt wird, und
- eine Gegenleistung nicht gewährt wird oder ausschließlich in Gesellschaftsrechten besteht.

Für den im Inland ansässigen Gesellschafter einer Drittstaaten-Kapitalgesellschaft, die eine Ka- **294** pitalgesellschaft in denselben Drittstaat verschmolzen wird, sieht § 12 Abs. 2 Satz 2 KStG vor, dass bei ihm § 13 UmwStG entsprechend gilt. Das bedeutet, dass der inländische Gesellschafter im Grundsatz den gemeinen Wert für die Anteile an der übertragenden Körperschaft anzusetzen hat (vgl. § 13 Abs. 1 UmwStG), aber auf Antrag den Buchwert der Anteile an der übertragenden Körperschaft beim Buchwert der (neuen) Anteile an der übernehmenden Körperschaft fortführen kann. Voraussetzung dafür ist, dass das Steuerungsrecht Deutschlands an den neuen Anteilen an der übernehmenden Körperschaft nicht ausgeschlossen oder beschränkt wird (vgl. § 13 Abs. 2 Satz 1 Nr. 1 UmwStG). Die Finanzverwaltung vertritt außerdem die m. E. nicht zutreffende Auffassung, dass § 12 Abs. 2 Satz 2 KStG nur dann Anwendung findet, wenn die übertragende Drittstaaten-Kapitalgesellschaft im Inland beschränkt steuerpflichtig ist. Dies leitet die Finanzverwaltung aus dem Verweis in § 12 Abs. 2 Satz 2 KStG auf Satz 1 der Vorschrift her. Da in Satz 2 jedoch nur auf einen »Vorgang im Sinne des Satzes 1« verwiesen wird, ist die beschränkte Steuerpflicht der Drittstaaten-Körperschaft nicht erforderlich, um dem inländischen Anteilseigner der übertragenden Drittstaaten-Kapitalgesellschaft die Möglichkeit zur Buchwertfortführung nach § 13 Abs. 2 UmwStG zu eröffnen (vgl. Benecke/Staats in Dötsch/Patt/Möhlenbrock, Die Körperschaftsteuer, § 12 KStG Rn. 413; anderer Auffassung Entwurf der KStR 2015 vom 18. Mai 2015 R12).

IV. Hinausverschmelzung einer inländischen Körperschaft auf eine ausländische Körperschaft

Bei einer Hinausverschmelzung einer deutschen auf eine ausländische Kapitalgesellschaft hört die Über- **295** trägerin auf zu existieren und wird aufgelöst ohne Abwicklung. Ihr Vermögen geht auf die ausländische Übernehmerin über.

Auch auf eine Hinausverschmelzung einer inländischen Körperschaft auf eine ausländische sind die **296** §§ 11 bis 13 UmwStG anwendbar, wenn der Umwandlungsvorgang mit einer Verschmelzung nach deutschem UmwG vergleichbar ist und der ausländische übernehmende Rechtsträger eine Kapitalgesellschaft ist, die in der EU/EWR gegründet wurde und den Sitz sowie den Ort der Geschäftsleitung in diesem Gebiet hat (§ 1 UmwStG). Es ergeben sich dann die folgenden steuerlichen Konsequenzen:

1. Steuerliche Konsequenzen bei der inländischen übertragenden Körperschaft. Die Überträge- **297** rin hat grundsätzlich nach § 11 Abs. 1 UmwStG das übergehende Vermögen mit gemeinen Werten anzusetzen. Ein Antrag auf Fortführung der Buchwerte oder Ansatz von Zwischenwerten kann nach § 11 Abs. 2 UmwStG nur insoweit gestellt werden, wie
- das übergehende Betriebsvermögen bei der Übernehmerin weiterhin der Besteuerung mit Körperschaftsteuer unterliegt,
- das Besteuerungsrecht Deutschlands hinsichtlich der Besteuerung des Gewinns aus der Veräußerung der übertragenen Wirtschaftsgüter bei der übernehmenden Körperschaft nicht ausgeschlossen oder beschränkt wird und
- eine Gegenleistung nicht gewährt wird oder in Gesellschaftsrechten besteht.

Die dritte Voraussetzung ist in der Regel gestaltbar und dürfte daher regelmäßig erfüllt sein. Die erste **298** Voraussetzung ist in der Regel bei Körperschaften als aufnehmendem Rechtsträger ebenfalls erfüllt. Bei der zweiten Voraussetzung kommt es hingegen darauf an, ob das Betriebsvermögen der übertragenden Körperschaft weiterhin in Deutschland steuerverstrickt bleibt. Dies wird regelmäßig nur dann der Fall sein, wenn das Betriebsvermögen einer deutschen Betriebsstätte der ausländischen übernehmenden Körperschaft zuzuordnen ist. Wechselt das Betriebsvermögen der übertragenden Körperschaft hingegen in eine ausländische Betriebsstätte der ausländischen übernehmenden Körperschaft, findet regelmäßig eine Entstrickung statt und es ist insoweit der gemeine Wert anzusetzen. Dies beruht darauf, dass mit der Entstrickung das deutsche Besteuerungsrecht endet und daher im letzten Moment die im Betriebsvermögen enthaltenen stillen Reserven zu versteuern sind.

Die Finanzverwaltung prüft die Voraussetzungen des § 11 Abs. 2 UmwStG zum steuerlichen Über- **299** tragungsstichtag (vgl. Randnr. 11.09 in Verbindung mit Randnr. 03.18 ff. UmwStE). Zu diesem Zeitpunkt hat sich die Verschmelzung jedoch häufig noch nicht in tatsächlichen Änderungen der betrieblichen Organisation ausgewirkt, die übertragende Körperschaft war eine »normale« deutsche Kapitalgesellschaft mit Geschäftsführung und allen weiteren notwendigen Funktionen. Zum steuerlichen Übertragungsstichtag kann es daher allenfalls aus Rechtsgründen zu einem Ausschluss des deutschen Besteuerungsrechts kommen, nicht jedoch aus tatsächlichen Gründen. Nur dieser Ausschluss des deutschen Besteuerungsrechts bereits zum steuerlichen Übertragungsstichtag ist für § 11 Abs. 2 UmwStG maßgeblich. Eine nach Wirksamwerden der Verschmelzung erfolgende tatsächliche Verlagerung von Betriebsteilen ins Ausland wird hingegen nach den »normalen« Entstrickungsregeln der §§ 12 Abs. 1 KStG, 4 Abs. 1 und 4g EStG besteuert. Auch der Wegfall der inländischen Geschäftsleitung der übertragenden Körperschaft erfolgt erst mit dem tatsächlichen Wirksamwerden der Verschmelzung. Wirtschaftsgüter, die der Geschäftsleitungs-Betriebsstätte zuzuordnen sind (z. B. bestimmte Beteiligungen an Tochtergesellschaften), dürften daher ebenfalls erst mit dem tatsächlichen Wegfall der inländischen Geschäftsleitung und nicht bereits rückwirkend zum steuerlichen Übertragungsstichtag entstrickt werden.

300 Die Frage, ob die Entstrickung nach den Regelungen des UmwStG oder nach den allgemeinen Regelungen besteuert wird, ist nicht nur akademischer Natur. Im Gegensatz zu den allgemeinen Entstrickungsregeln enthält das UmwStG keine explizite Stundungsregelung. Vor dem Hintergrund der Entscheidung des EuGH in der Rechtssache National Grid Indus (EuGH v. 29.11.2011, Rs. C-371/10, HFR 2012, 226) ist fraglich, ob die anlässlich der Hinausverschmelzung anfallende Steuer tatsächlich sofort in vollem Umfang erhoben werden darf. Vielmehr ist davon auszugehen, dass auf Antrag eine Stundung zu erfolgen hat (vgl. zu Stundungsmöglichkeiten Rödder in Rödder/Herlinghaus/van Lishaut, UmwStG, § 11 Rn. 130 ff.).

Eine Einschränkung des deutschen Besteuerungsrechts liegt nach Verwaltungsauffassung auch dann vor, wenn das Besteuerungsrecht zwar grundsätzlich erhalten bleibt, aber nach der Verschmelzung ausländische Steuern anzurechnen sind (Randnr. 11.09 in Verbindung mit Randnr. 03.19 UmwStE)

301 ▶ **Beispiel: Hinausverschmelzung einer inländischen auf eine ausländische Kapitalgesellschaft**

Die deutsche A-GmbH, deren Anteile vollumfänglich von der ebenfalls in Deutschland ansässigen B-GmbH gehalten werden, soll auf die französische B-S. A. verschmolzen werden.

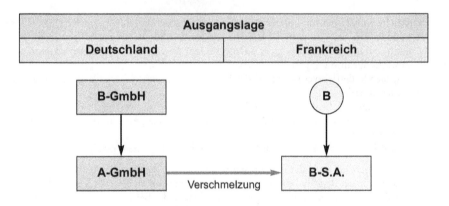

Variante a)

Das Betriebsvermögen der A-GmbH verbleibt in Deutschland und bildet künftig eine Betriebsstätte der AB-S. A.

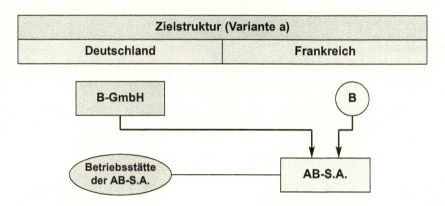

Lösung:

Ob nach der Verschmelzung das in Deutschland belegene Vermögen eine Betriebsstätte bildet, ist nach den Kriterien des jeweils einschlägigen DBA auszulegen und nicht nach der nationalen Vorschrift des § 12 AO, denn der Betriebsstättenbegriff nach DBA ist häufig enger als die Definition des § 12 AO. So bildet z. B. ein Warenlager bereits eine Betriebsstätte nach § 12 AO, während Art. 5 Abs. 4a OECD-MA darin noch keine Betriebsstätte sieht. Für die Frage, ob das deutsche Besteuerungsrecht weiterhin besteht, sind jedoch die DBA maßgeblich, so dass es auch auf die dortigen Kriterien ankommen muss.

Unterstellt, die in Deutschland ausgeübte Tätigkeit der Überträgerin erfüllt nach der Verschmelzung **302** nach dem einschlägigen DBA die Voraussetzungen für die Anerkennung als deutsche Betriebsstätte, dann ist diese grenzüberschreitende Verschmelzung grundsätzlich zu Buchwerten oder wahlweise zu Zwischenwerten möglich, denn nach den Regelungen des DBA Deutschland/Frankreich hat Deutschland das Recht zur Besteuerung der Gewinne der in Deutschland belegenen Betriebsstätte. Das Besteuerungsrecht Deutschlands an dem Veräußerungsgewinn des übergehenden Vermögens wird somit nicht beschränkt oder ausgeschlossen und das Vermögen unterliegt auch künftig weiterhin der deutschen Körperschaftsteuer. Dies gilt allerdings nur für das Betriebsvermögen, welches tatsächlich der Betriebsstätte zuzuordnen ist. Soweit einzelne Wirtschaftsgüter der übertragenden Körperschaft zukünftig dem Stammhaus der AB-S. A. in Frankreich zuzuordnen sein sollten, ist insoweit der Ansatz des gemeinen Werts erforderlich, weil insoweit das deutsche Besteuerungsrecht ausgeschlossen wird. Es kommt zur Entstrickung.

Voraussetzung für eine derartige steuerneutrale Verschmelzung ist jedoch, dass das Betriebsvermögen **303** der A-GmbH überhaupt geeignet ist, eine Betriebsstätte zu bilden. Dies dürfte immer dann kein Problem sein, wenn die übertragende Gesellschaft in Deutschland eine aktive Tätigkeit ausgeübt hat. Sofern sie aber z. B. nur eine funktionslose Holdinggesellschaft war, kann ihr Vermögen nach der Verschmelzung in Deutschland keine Betriebsstätte bilden. Die Beteiligungen sind vielmehr nach allgemeinen Grundsätzen der Einkunftsabgrenzung dem Stammhaus zuzuordnen. Anders kann dies bei einer sogenannten »geschäftsleitenden Holding« sein, die in erheblichem Umfang mit eigenen personellen und sachlichen Mitteln in die Verwaltung und Geschäftsleitung ihrer Tochtergesellschaften involviert ist und Dienstleistungen an diese erbringt. In solchen Fällen kann weiterhin eine Betriebsstätte anzunehmen sein. Die Finanzverwaltung wird solche Fälle, in denen es auf den Fortbestand des inländischen Besteuerungsrechts ankommt, aber regelmäßig besonders intensiv und kritisch prüfen.

304 Liegt eine inländische Betriebsstätte vor, kann es im Zuge der innerbetrieblichen Umsetzung der Verschmelzung durch betriebswirtschaftliche Umorganisationen allerdings gleichwohl nach allgemeinen Betriebsstättengrundsätzen zu Entstrickungen durch Überführung von Wirtschaftsgütern in das ausländische Stammhaus kommen. Derartige spätere Entstrickungsvorgänge sind dann aber nicht mehr unmittelbare Folge des Umwandlungsvorgangs und werden daher nach den allgemeinen Entstrickungsregeln besteuert (vgl. hierzu auch Teil 7 Rdn. 38).

305 ▶ **Variante b)**

Das Betriebsvermögen der A-GmbH wird nicht nur rechtlich, sondern auch physisch auf die B-S. A. übertragen und künftig in Frankreich als Betriebsvermögen weiterhin genutzt.

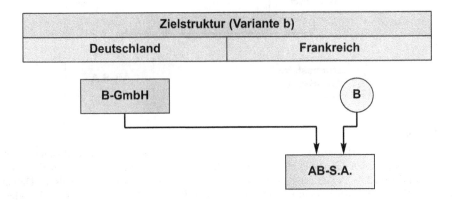

Lösung:

Die Besonderheit dieser Variante besteht darin, dass das Betriebsvermögen der A-GmbH tatsächlich aus Deutschland wegverlagert wird und dem deutschen Staat dadurch nicht mehr als Besteuerungssubstrat zur Verfügung steht. Eine solche Verlagerung wird jedoch faktisch nicht aus Rechtsgründen im Rahmen der Verschmelzung, sondern vielmehr nach Wirksamwerden der Verschmelzung erfolgen. Der Betriebsvermögenstransfer stellt für den deutschen Fiskus die letzte Möglichkeit dar, die in Deutschland gebildeten stillen Reserven zu besteuern. In diesen Fällen kommt es zu einer Aufdeckung sämtlicher stillen Reserven und die Wirtschaftsgüter sind in der steuerlichen Schlussbilanz mit ihren gemeinen Werten anzusetzen. Diese Besteuerung ist grundsätzlich auch EU-rechtskonform, denn die EU-Fusionsrichtlinie räumt dem Wegzugsstaat in einem solchen Fall das Recht ein, die zu diesem Zeitpunkt vorhandenen stillen Reserven zu versteuern.

306 **2. Steuerliche Konsequenzen bei der ausländischen Übernehmerin.** Mit der Überführung der Wirtschaftsgüter in das ausländische Betriebsvermögen und der Versteuerung der stillen Reserven endet das Besteuerungsrecht Deutschlands.

307 Verbleibt jedoch in Deutschland eine Betriebsstätte der übernehmenden ausländischen Körperschaft, gilt insoweit § 12 UmwStG. Für die Zwecke der künftigen inländischen steuerlichen Betriebsstätten-Gewinnermittlung sind die übernommenen Wirtschaftsgüter mit dem in der steuerlichen Schlussbilanz der übertragenden Körperschaft enthaltenen Wert im Sinne des § 11 UmwStG zu übernehmen. Auch für die Berechnung der Abschreibungen nach der Verschmelzung gelten bezogen auf das inländische Betriebsstättenvermögen dieselben Grundsätze, die auch bei rein inländischen Verschmelzungen Anwendung finden (§ 12 Abs. 1 UmwStG; vgl. hierzu auch Teil 7 Rdn. 238 und Rdn. 145 ff.).

308 Darüber hinaus dürfte die Regelung des § 12 Abs. 2 UmwStG betreffend die steuerliche Behandlung eines etwaigen Übernahmeergebnisses in den meisten Fällen auf einen ausländischen Rechtsträger keine Anwendung finden. Zwar kann bei der ausländischen Übernehmerin ein Übernahmeergebnis entstehen, wenn diese vor der Verschmelzung an der Überträgerin beteiligt war. Da die Anteile an der Überträgerin

im Zuge der Verschmelzung untergehen, ist ein etwaiger Übernahmegewinn für die Übernehmerin jedoch eine Art Veräußerungsgewinn. Für den Gewinn aus der Veräußerung von Anteilen an einer deutschen Kapitalgesellschaft hat Deutschland jedoch nach den in den meisten DBA enthaltenen Regelungen kein Besteuerungsrecht. Dieses steht vielmehr regelmäßig dem Sitzstaat des Gesellschafters zu. Aus diesem Grund kann Deutschland auch den sich bei einem ausländischen übernehmenden Rechtsträger ergebenden Übernahmegewinn regelmäßig nicht besteuern, obwohl dieser in Deutschland mit der im Zuge der Verschmelzung entstehenden Betriebsstätte beschränkt steuerpflichtig ist. Soweit hingegen nach einzelnen DBA das Besteuerungsrecht nicht ausschließlich dem Sitzstaat des Gesellschafters, sondern auch dem Sitzstaat der Gesellschaft (und damit Deutschland als Quellenstaat) zusteht, kommt es aufgrund der Anwendbarkeit des § 8b Abs. 2 und Abs. 3 KStG gleichwohl zu einer weitgehenden Steuerbefreiung.

3. Steuerliche Konsequenzen für die Gesellschafter der übertragenden Körperschaft. Bei den 309 Gesellschaftern der Überträgerin findet anlässlich der Verschmelzung ein Anteiltausch statt. Sie verlieren ihre Anteile an der Überträgerin und erhalten im Gegenzug Anteile an der Übernehmerin.

Auch bei der Hinausverschmelzung gilt, dass dieser Tauschvorgang grundsätzlich zu gemeinen Werten 310 und damit unter Aufdeckung der stillen Reserven vorzunehmen ist, dass aber ein Antrag auf Ansatz von Buchwerten oder Zwischenwerten gestellt werden kann, wenn durch die Hinausverschmelzung das Besteuerungsrecht Deutschlands nicht ausgeschlossen oder beschränkt wird. Da in den meisten DBA das ausschließliche Besteuerungsrecht an dem Gewinn aus der Veräußerung der Anteile an einer Kapitalgesellschaft dem Wohnsitzstaat des Gesellschafters zugewiesen wird, dürfte die Voraussetzung der Buchwertfortführung auf Gesellschafterebene bei Hinausverschmelzungen regelmäßig erfüllt sein.

In dem in Teil 7 Rdn. 301 dargestellten Beispiel findet der Anteiltausch bei der im Inland ansässigen 311 B-GmbH statt. Vor der Verschmelzung hatte die B-GmbH Anteile an der A-GmbH und Deutschland hatte bezüglich dieser Anteile ein Besteuerungsrecht. Nach der Verschmelzung hat die B-GmbH Anteile an der AB-S. A. Auch bezüglich dieser Anteile hat Deutschland nach dem DBA Deutschland/Frankreich das alleinige Besteuerungsrecht. Die stillen Reserven brauchen somit nicht aufgedeckt zu werden.

Allerdings gibt es auch DBA, die einen derartigen Gewinn aus Anteilsveräußerung nicht dem Wohn- 312 sitzstaat, sondern (auch) dem Staat des Sitzes der Gesellschaft zuweisen. In der EU handelt es sich z. B. um die DBA mit der Slowakei und mit Zypern. Wird also eine deutsche GmbH auf eine ausländische Gesellschaft verschmolzen und ist ein Gesellschafter der übertragenden GmbH in der Slowakei ansässig, so hat Deutschland vor der Verschmelzung ein Besteuerungsrecht an den Gewinnen aus der Veräußerung dieser Beteiligung und dieses Besteuerungsrecht geht durch die Hinausverschmelzung verloren oder wird zumindest eingeschränkt. Der Anteiltausch wäre hiernach nicht zu Buchwerten möglich. Allerdings kann ein Antrag nach § 13 Abs. 2 Nr. 2 UmwStG auf Anwendung des Art. 8 der Fusionsrichtlinie gestellt werden, wenn es sich bei dem Sitzstaat der Übernehmerin um einen EU-Staat handelt. Lediglich dann, wenn es sich um einen EWR-Staat handelt, kann dieser Antrag mangels Anwendbarkeit der Fusionsrichtlinie nicht gestellt werden. Kommt es zu einer Anwendung des Art. 8 Fusionsrichtlinie, hat Deutschland weiterhin ein uneingeschränktes Besteuerungsrecht im Fall einer späteren Veräußerung der erhaltenen Anteile, ungeachtet eines etwaig ebenfalls gegebenen Besteuerungsrechts des Sitzstaates der Übernehmerin.

Die Anwendung des § 13 UmwStG ist unabhängig von der Frage, ob die Verschmelzung auf der Ebene 313 der Gesellschaften ebenfalls steuerneutral war, oder ob es hier zwingend oder durch Ausübung des Bewertungswahlrechts zu einer Aufdeckung stiller Reserven kam.

V. Hereinverschmelzung

Im Rahmen der Hereinverschmelzung ergeben sich für die übertragende ausländische Gesellschaft keine 314 Besonderheiten im Vergleich zu einer reinen Inlands- bzw. Auslands- oder Hinausverschmelzung. Vielmehr kommen die Regelungen des § 11 UmwStG auch für den »hereinverschmelzenden« Rechtsträger zur Anwendung. Dies gilt allerdings nur insoweit, wie der übertragende Rechtsträger schon vor der Verschmelzung über inländisches und damit steuerverstricktes Betriebsvermögen verfügte. Unter den Voraussetzungen des § 11 Abs. 2 UmwStG kann ein Übertragungsgewinn im Hinblick auf das im Inland steuerverstrickte Vermögen vermieden werden. Die Voraussetzungen des § 11 Abs. 2 UmwStG sollten grundsätzlich auch erfüllt sein, da Deutschland auch nach der Verschmelzung ein uneingeschränktes Besteuerungsrecht an dem inländischen Betriebsvermögen der dann inländischen Körperschaft behält.

315 Voraussetzung für die Ausübung des Bewertungswahlrechts des § 11 Abs. 1 UmwStG ist jedoch, dass der ausländische übertragende Rechtsträger auf den steuerlichen Übertragungsstichtag eine steuerliche Schlussbilanz erstellt, denn in dieser Schlussbilanz schlägt sich die Ausübung des Bilanzierungswahlrechts nieder. Fraglich ist, was in dieser steuerlichen Schlussbilanz zu erfassen ist. Grundsätzlich wäre ausreichend, in dieser »steuerlichen Schlussbilanz« nur das in Deutschland auch steuerlich verhaftete Vermögen auszuweisen. Aus Randnr. 03.01 UmwStE ist jedoch zu entnehmen, dass der übertragende Rechtsträger wohl für sein gesamtes Vermögen eine steuerliche Schlussbilanz nach den Regelungen des deutschen Steuerrechts zu erstellen hat, denn auf das Vorhandensein inländischen Betriebsvermögens soll es für die Erforderlichkeit der Erstellung einer steuerlichen Schlussbilanz gar nicht ankommen. Diese Anforderung geht über das Ziel hinaus. Der übertragende Rechtsträger muss vor der Verschmelzung für Zwecke der inländischen Besteuerung für die deutsche Betriebsstätte bereits eine eigenständige Gewinnermittlung gemacht haben. Es müsste daher auch ausreichend sein, für dieses inländische Vermögen eine steuerliche Schlussbilanz zu erstellen.

316 Die übertragende ausländische Gesellschaft unterliegt bei der Verschmelzung ohnehin nur dem deutschen Steuerrecht, wenn sie bereits vor der grenzüberschreitenden Umstrukturierung über eine inländische Betriebsstätte oder sonstiges im Inland steuerpflichtiges Vermögen verfügt. Im Hinblick auf dieses bereits vor der Verschmelzung im Inland steuerverstrickte Vermögen der übertragenden Gesellschaft (z. B. inländische Betriebsstätte) kann bei Vorliegen der entsprechenden Voraussetzungen auf Antrag der übertragenden ausländischen Gesellschaft der Buchwert bei der übernehmenden inländischen Gesellschaft angesetzt werden.

317 Fraglich ist, mit welchen Werten Wirtschaftsgüter anzusetzen sind, für die anlässlich einer Hereinverschmelzung erstmals das deutsche Besteuerungsrecht begründet wird. Diese Frage betrifft zwar nicht solches Betriebsvermögen, das in einer ausländischen Betriebsstätte der inländischen Körperschaft verbleibt, deren Gewinne nach dem einschlägigen DBA freizustellen sind. Es betrifft aber solches Betriebsvermögen, das anlässlich der Verschmelzung aus Rechtsgründen in die deutsche Besteuerungshoheit wechselt. Eine erstmalige Begründung des deutschen Besteuerungsrechts aus Rechtsgründen unmittelbar bei der Verschmelzung ist gegeben, wenn das übergehende Vermögen in einem ausländischen Staat belegen ist, mit dem Deutschland kein DBA oder ein DBA mit Anrechnungsmethode für Betriebsstättengewinne abgeschlossen hat.

318 Es besteht hier ein Spannungsverhältnis zwischen den allgemeinen Verstrickungsregeln in §§ 4 Abs. 1 Satz 8, 6 Abs. 1 Nr. 5a EStG und der Wertverknüpfung nach § 12 Abs. 1 UmwStG. Dabei wird die Auffassung vertreten, dass die allgemeinen Verstrickungsregelungen der Regelung in § 12 Abs. 1 UmwStG vorgehen (vgl. Rödder/Schumacher, DStR 2006, 1525, 1528; Hagemann/Jakob/Ropohl/Viebrock, NWB-Sonderheft 1/2007, 32) und gemeine Werte anzusetzen sind. Andererseits wird auch argumentiert, dass die Regelungen des UmwStG insoweit abschließend seien (vgl. van Lishaut in Rödder/Herlinghaus/van Lishaut, UmwStG, § 4 Rn. 30), wobei dies auch als nicht sachgerecht erkannt wird (vgl. Dötsch in Dötsch/Pung/Möhlenbrock, Die Körperschaftsteuer, § 11 UmwStG Rn. 39).

319 Misslich ist die Situation, wenn beim übertragenden Rechtsträger sowohl inländisches steuerverstricktes als auch ausländisches nicht steuerverstricktes Betriebsvermögen vorhanden sind. Da die Finanzverwaltung grundsätzlich einen einheitlichen Wertansatz für das übergehende Vermögen des übertragenden Rechtsträgers verlangt (vgl. Randnr. 03.28 UmwStE), ist der übertragende Rechtsträger hier im Grunde »zwischen Baum und Borke«, d. h. er kann entweder einheitlich den gemeinen Wert ansetzen und die stillen Reserven im inländischen Betriebsvermögen realisieren oder einheitlich den Buchwert ansetzen und damit in Kauf nehmen, dass im Inland bisher nicht steuerpflichtige stille Reserven hier steuerverstrickt werden. Hier kann es wieder von Vorteil sein, wenn die Verstrickung nicht unmittelbar aufgrund der Verschmelzung aus Rechtsgründen, sondern erst nachfolgend durch tatsächliche Maßnahmen erfolgt. In diesem Fall gelten dann nämlich unzweifelhaft die allgemeinen Verstrickungsregelungen (vgl. im Detail Rödder in Rödder/Herlinghaus/van Lishaut, UmwStG, § 11 Rn. 159). Auch bei einer originär verschmelzungsbedingten Verstrickung sollte die Finanzverwaltung jedoch eine Verstrickung

zum gemeinen Wert anerkennen, um die nicht gerechtfertigte Verlagerung von Steuersubstrat nach Deutschland zu vermeiden.

VI. Steuerliche Rückwirkung

Zivilrechtlich besteht die übertragende Körperschaft bis zur Eintragung der Verschmelzung im Handels- **320** register fort. Gem. § 5 Abs. 1 Nr. 6 UmwG gelten jedoch die Handlungen der Überträgerin ab dem Umwandlungsstichtag als für die übernehmende Körperschaft vorgenommen. Die Steuerpflicht der Überträgerin endet am steuerlichen Übertragungsstichtag. Sämtliche Geschäftsvorfälle der übertragenden Körperschaft, die nach dem steuerlichen Übertragungsstichtag vorgenommen wurden, werden daher der übernehmenden Körperschaft zugerechnet. Dies gilt auch dann, wenn diese am steuerlichen Übertragungsstichtag zivilrechtlich noch gar nicht bestand (vgl. Randnr. 02.08 UmwStE). Im Übrigen kann hier auf die Ausführungen in Teil 7 Rdn. 171 ff. über die Rückwirkung in den Fällen der Vermögensübertragung von Körperschaften auf Personengesellschaften/Einzelunternehmen verwiesen werden. Bei der Vermögensübertragung zwischen Körperschaften ergeben sich lediglich folgende **Besonderheiten:**

Die durch den übertragenden Rechtsträger im Rückwirkungszeitraum gezahlten Aufsichtsratsvergütun- **321** gen werden zwar faktisch weiterhin von diesem geleistet, aber nach § 2 Abs. 1 UmwStG rückwirkend dem übernehmenden Rechtsträger als Betriebsausgaben zugerechnet. Sie unterliegen auch beim übernehmenden Rechtsträger dem teilweisen Abzugsverbot des § 10 Nr. 4 KStG (Randnr. 02.37 UmwStE). Eine eventuell bestehende Verpflichtung zum Steuerabzug geht auf den übernehmenden Rechtsträger über.

Gewinnausschüttungen, die erst nach dem steuerlichen Übertragungsstichtag beschlossen wurden, **322** bleiben steuerlich – trotz der Rückwirkungsfiktion – Ausschüttungen des übertragenden Rechtsträgers und sind in seiner steuerlichen Schlussbilanz durch Bildung eines passiven Ausgleichspostens zu berücksichtigen (vgl. Randnr. 02.34 in Verbindung mit Randnr. 02.31 UmwStE). Für Zwecke der Anwendung des § 27 KStG gelten diese Ausschüttungen spätestens im Zeitpunkt der zivilrechtlichen Wirksamkeit der Umwandlung als abgeflossen, sind aber bereits in der gesonderten Feststellung des steuerlichen Einlagekontos zum steuerlichen Übertragungsstichtag als Abgang zu berücksichtigen (Randnr. 02.32 UmwStE). Eine unterschiedliche Behandlung je nachdem, ob die betreffenden Gesellschafter im Rückwirkungszeitraum ausscheiden oder nicht, wird nicht mehr vorgenommen.

D. Spaltung

Der fünfte Teil des UmwStG, Aufspaltung, Abspaltung und Vermögensübertragung (Teilübertragung) **323** besteht nur aus zwei Paragrafen. § 15 UmwStG regelt die Aufspaltung und Abspaltung auf andere Körperschaften, § 16 UmwStG die Aufspaltung oder Abspaltung auf eine Personengesellschaft. Beide Vorschriften gelten gem. § 18 Abs. 1, § 19 Abs. 1 UmwStG auch für die Gewerbesteuer.

Diese erfreuliche Kürze liegt daran, dass der Gesetzgeber an die Regeln über die Verschmelzung von **324** Kapitalgesellschaften anknüpft und weithin auf diese verweisen konnte.

Hintergrund dieser Anknüpfung ist die Tatsache, dass es sich bei der Verschmelzung und der Auf- oder **325** Abspaltung um ihrem Wesen nach ähnliche Vorgänge handelt. Sowohl bei der Verschmelzung als auch bei der Auf- oder Abspaltung geht Vermögen von einem übertragenden Rechtsträger auf einen oder bei der Auf- oder Abspaltung auch mehrere übernehmende Rechtsträger über, d. h. der übertragende Rechtsträger erleidet einen **Vermögensabgang**, der oder die übernehmenden Rechtsträger erfährt einen **Vermögenszugang**. Während bei der Verschmelzung und der Aufspaltung jeweils das gesamte Vermögen des übertragenden Rechtsträgers betroffen ist und der übertragende Rechtsträger erlischt, wird bei der Abspaltung regelmäßig nur ein Teil oder mehrere Teile des Vermögens des übertragenden Rechtsträgers bewegt, der übertragende Rechtsträger bleibt jedoch bestehen. Die Auf- oder Abspaltung ist daher im Grunde eine **Teil-Verschmelzung** des übertragenden Rechtsträgers auf einen oder mehrere übernehmende Rechtsträger. Vor diesem Hintergrund macht es Sinn, die steuerlichen Regelungen für solche Teil-Verschmelzungen eng an die steuerlichen Regelungen über die Verschmelzung anzulehnen.

Steuerrechtlich wird unter »Spaltung« nur die Aufspaltung, die Abspaltung oder die Teilübertragung **326** von Vermögen verstanden. Die Ausgliederung ist handelsrechtlich zwar auch eine Form der Spaltung, wird steuerrechtlich aber als Einbringungsvorgang (§ 20 bzw. § 24 UmwStG) behandelt.

327 Das **UmwG** hat die Möglichkeit zur Spaltung von Kapitalgesellschaften im Wege der Sonderrechtsnachfolge allgemein eröffnet. Im Ergebnis eröffnen die Regelungen im UmwG der Kapitalgesellschaft ein Wahlrecht, bestimmte Wirtschaftsgüter durch Veräußerung per Einzelrechtsnachfolge oder durch Ab- oder Aufspaltung per partieller Gesamtrechtsnachfolge zu übertragen.

328 Das **UmwStG** lässt Auf- oder Abspaltungen zwar prinzipiell in demselben Umfang zu wie das UmwG. Wegen des steuerrechtlichen Grundsatzes, dass stille Reserven bei einem Übertragungsvorgang grundsätzlich bei demjenigen Rechtsträger zu realisieren sind, bei dem sie entstanden sind, ist eine steuerneutrale Auf- oder Abspaltung jedoch nur unter bestimmten zusätzlichen Voraussetzungen möglich. Eine Grundvoraussetzung ist dabei, dass im Rahmen einer Auf- oder Abspaltung sowohl ein umwandlungssteuerrechtlicher Teilbetrieb auf den übernehmenden Rechtsträger übertragen werden muss als auch mindestens ein solcher Teilbetrieb bei dem übertragenden Rechtsträger zurückbleiben muss. Neben »echten« Teilbetrieben werden unter bestimmten Voraussetzungen auch sogenannte fiktive Teilbetriebe – Mitunternehmeranteile und 100 %ige Beteiligungen an Kapitalgesellschaften – als Teilbetriebe anerkannt. Einzelne Wirtschaftsgüter können hingegen durch eine Auf- oder Abspaltung nur gewinnrealisierend, jedoch nicht steuerneutral übertragen werden.

329 Nach § 1 UmwStG sind die Regelungen über die Spaltungen in §§ 15 f. UmwStG nicht nur auf die Spaltungen anwendbar, bei denen sowohl der übertragende als auch der bzw. die übernehmenden Rechtsträger inländische Kapitalgesellschaften sind. Vielmehr fallen auch Spaltungsvorgänge unter diese Regelungen, bei denen in anderen EU-Staaten ansässige Kapitalgesellschaften gespalten werden bzw. EU-Kapitalgesellschaften als übernehmende Rechtsträger beteiligt sind (vgl. § 1 Abs. 2 Nr. 1 UmwStG). Soweit der Vorgang ausländischem Recht unterliegt, ist allerdings zu prüfen, ob die anwendbaren Spaltungsvorschriften den deutschen Spaltungsvorschriften vergleichbar sind (§ 1 Abs. 1 Nr. 1 UmwStG). Allerdings gibt es derzeit in Deutschland keine gesellschaftsrechtlichen Regelungen zur grenzüberschreitenden Spaltung. Eventuell sind solche Vorgänge aber möglich unter Berufung auf die europäischen Grundfreiheiten. Außerdem können deutsche Besteuerungsinteressen auch bei rein ausländischen Spaltungsvorgängen betroffen sein, bei denen also sowohl der übertragende als auch der übernehmende Rechtsträger in einem anderen EU-Staat ansässig sind, wenn der übertragende Rechtsträger über in Deutschland belegenes Vermögen (Grundvermögen oder Betriebsstätte) verfügt oder aber Gesellschafter des übertragenden Rechtsträgers in Deutschland ansässig sind. Die §§ 11 bis 13 UmwStG sind dann – wie bei der Verschmelzung – insoweit anwendbar, wie deutsche Besteuerungsinteressen berührt sind. Demgegenüber sind die §§ 11 bis 13 UmwStG nicht anwendbar bei Spaltungen unter Beteiligung von Drittstaatengesellschaften. Dies ist in Bezug auf § 13 UmwStG gesondert zu erwähnen, weil diese Norm nach der Regelung in § 12 Abs. 2 Satz 2 KStG auch bei **Verschmelzungen** unter Beteiligung von Drittstaatengesellschaften Anwendung findet. Für die Fälle der Spaltung fehlt jedoch eine entsprechende Regelung (vgl. Winkeljohann/Fuhrmann, Handbuch Umwandlungssteuerrecht, 801; Benecke/Schnittger, IStR 2007, 22 [25]; Dötsch/Pung, DB 2006, 2648 [2650]).

330 Für die Spaltung gilt ebenfalls die Rückwirkung des § 2 UmwStG. Bei der Auf- oder Abspaltung besteht insoweit die Besonderheit, dass durch die Trennung des bisher einheitlichen Betriebsvermögens eines Rechtsträgers Leistungs- und Vertragsbeziehungen neu entstehen können. Der übernehmende Rechtsträger kann beispielsweise für den übertragenen Teilbetrieb weiterhin bestimmte Leistungen beim übertragenden Rechtsträger »einkaufen«. Die Finanzverwaltung sieht in Randnr. 02.13 UmwStE vor, dass in diesen Fällen im Rückwirkungszeitraum keine Liefer- und Leistungsbeziehungen fingiert werden, d. h. es wird bis zum Wirksamwerden der Spaltung nicht nach Marktpreisen abgerechnet, sondern es werden allenfalls entstandene Kosten dem abzuspaltenden Betriebsteil belastet. Da die Rückwirkungsfiktion des § 2 UmwStG umfassend ist, erscheint diese Sichtweise nicht zwingend, d. h. es kommt auch in Betracht, bereits mit Wirkung ab dem steuerlichen Übertragungsstichtag zunächst nur interne Liefer- und Leistungsbeziehungen zu definieren, die dann bei Wirksamwerden der Spaltung zu echten externen Liefer- und Leistungsbeziehungen erstarken. Eine abweichende Preisgestaltung im Rückwirkungszeitraum und danach erscheint dabei mit Blick auf die Rückwirkungsfiktion nicht konsequent.

I. Aufspaltung, Abspaltung und Teilübertragung auf andere Körperschaften

1. Spaltungsvoraussetzungen. Eine steuerneutrale Spaltung ist möglich, wenn folgende **Vorausset-** 331
zungen kumulativ erfüllt sind:
- Das übergehende Betriebsvermögen muss auch nach der Spaltung weiterhin der deutschen Körper-
schaftsteuer unterliegen (§ 15 Abs. 1 Satz 1 in Verbindung mit § 11 Abs. 2 Nr. 1 UmwStG, vgl. Teil 7
Rdn. 205 ff.).
- Das Besteuerungsrecht Deutschlands an dem übergehenden Vermögen darf nicht ausgeschlossen
oder beschränkt werden (§ 15 Abs. 1 Satz 1 in Verbindung mit § 11 Abs. 2 Nr. 2 UmwStG, vgl.
Teil 7 Rdn. 209 ff.).
- Für die Vermögensübertragung wird entweder keine Gegenleistung gewährt oder die Gegenleistung
besteht ausschließlich in Gesellschaftsrechten (§ 15 Abs. 1 Satz 1 in Verbindung mit § 11 Abs. 2
Nr. 3 UmwStG, vgl. Teil 7 Rdn. 211 ff.).
- Das übergehende Vermögen muss die Voraussetzungen für einen Teilbetrieb erfüllen (§ 15 Abs. 1
Satz 2 UmwStG, vgl. Teil 7 Rdn. 334 ff.).
- Das im Fall der Abspaltung bei der übertragenden Körperschaft verbleibende Vermögen muss eben-
falls einen Teilbetrieb bilden (§ 15 Abs. 1 UmwStG).
- Mitunternehmeranteile und 100 %ige Beteiligungen an Kapitalgesellschaften gelten zwar als »fiktive
Teilbetriebe«, dürfen aber nicht innerhalb eines Zeitraums von 3 Jahren vor der Spaltung durch Über-
tragung von Wirtschaftsgütern, die keinen Teilbetrieb darstellen, erworben oder aufgestockt worden
sein (Missbrauchsklausel des § 15 Abs. 2 Satz 1 UmwStG, vgl. Teil 7 Rdn. 376 ff.).
- Durch die Spaltung darf nicht die Veräußerung an außenstehende Personen vollzogen oder die Voraussetzung für eine Veräußerung geschaffen werden (Missbrauchsklausel des § 15 Abs. 2 Satz 2 und
3 UmwStG, vgl. Teil 7 Rdn. 379 ff.).

Sind alle genannten Voraussetzungen erfüllt, hat die übertragende Kapitalgesellschaft nach § 15 Abs. 1 332
in Verbindung mit § 11 Abs. 1 UmwStG das **Wahlrecht**, das übergehende Betriebsvermögen entweder
mit Buchwerten, mit Zwischenwerten oder mit gemeinen Werten anzusetzen. Der übernehmende
Rechtsträger ist dann gem. § 15 Abs. 1 in Verbindung mit § 12 Abs. 1 UmwStG an diese Bilanzwerte
gebunden. Übt die übertragende Körperschaft ihr Bewertungswahlrecht zugunsten des Buchwertansat-
zes aus, so ist der Spaltungsvorgang steuerneutral, denn es entsteht kein Übertragungsgewinn. Werden
hingegen Zwischenwerte oder gemeine Werte angesetzt, so entsteht ein Übertragungsgewinn, der bei
der übertragenden Körperschaft der Körperschaftsteuer und auch der Gewerbesteuer unterliegt.

Von den aufgeführten Voraussetzungen entsprechen die ersten drei denen im Fall der Verschmelzung 333
von Körperschaften auf andere Körperschaften. Es wird daher insoweit nur auf die Ausführungen in den
angeführten Textziffern verwiesen. Die übrigen Voraussetzungen sind hingegen spezielle Zusatzvoraus-
setzungen, die nur für die Fälle der Spaltung gelten. Auf sie soll daher im Folgenden näher eingegangen
werden.

a) Begriff des Teilbetriebs.

a) Begriff des Teilbetriebs. Der Begriff des Teilbetriebs ist im deutschen Steuerrecht gesetzlich nicht 334
definiert. Die Rechtsprechung und das Schrifttum haben jedoch zu § 16 EStG eine Begriffsbestimmung entwickelt, die bis zur Einführung des SEStEG auch für das Umwandlungssteuerrecht galt (vgl.
Randnr. 15.02 UmwStE 1998). Mit der Einführung des SEStEG und der Öffnung des deutschen Umwandlungssteuerrechts für grenzüberschreitende Vorgänge nach Maßgabe der EU-Fusionsrichtlinie ist
nach Auffassung der Finanzverwaltung nunmehr sowohl für rein nationale als auch für grenzüberschreitende Umwandlungen nicht mehr der deutsche, sondern der europäische Teilbetriebsbegriff anzuwenden (vgl. Randnr. 15.02 UmwStE). Diese Ausdehnung des europarechtlichen Teilbetriebsbegriffs auf
rein nationale Umwandlungen wird von der Literatur allerdings für nicht zwingend gehalten (vgl. z. B.
Neumann, GmbHR 2012, 141 [143]; Rogall, NGZ 2011, 811; Schumacher/Neitz-Hackstein, Ubg
2011, 409 [415]). Stattdessen sollte für Inlandsfälle der nationale Teilbetriebsbegriff weiter gelten,
aber richtlinienkonform ausgelegt werden, d. h. Abweichungen vom Teilbetriebsbegriff der EU-Fusionsrichtlinie zu Ungunsten des Steuerpflichtigen wären nicht zulässig (vgl. Schumacher in: Rödder/
Herlinghaus/van Lishaut, UmwStG, § 15 Rn. 125 f.).

Nach der Fusionsrichtlinie ist ein Teilbetrieb »die Gesamtheit der in einem Unternehmensteil einer Ge- 335
sellschaft vorhandenen aktiven und passiven Wirtschaftsgüter, die in organisatorischer Hinsicht einen

selbstständigen Betrieb, d. h. eine aus eigenen Mitteln funktionsfähige Einheit, darstellen«, vgl. Art. 2 Buchst. j) RL 2009/133/EG.

336 Demgegenüber ist ein Teilbetrieb nach der in langjähriger Rechtsprechung des BFH verwendeten Definition ». . . ein mit einer gewissen Selbstständigkeit ausgestatteter Teil des Gesamtbetriebs, der für sich lebensfähig ist.« (vgl. BFH-Urteil v. 24.04.1969 – IV R 202/68, BStBl. II 1969, 397).

337 Während der deutsche Teilbetriebsbegriff über einen langen Zeitraum durch eine Vielzahl von Urteilen entwickelt worden ist, gibt es für den europarechtlichen Teilbetriebsbegriff bisher kaum Interpretationshilfen.

338 In der Literatur wird vertreten, dass der europarechtliche Teilbetriebsbegriff zumindest in Bezug auf die Anforderung der »organisatorischen Selbstständigkeit« und die »Unterscheidbarkeit« vom Rest des Unternehmens weniger restriktiv sei als der nationale (vgl. z. B. Menner in: Haritz/Menner, UmwStG, § 20 Rn. 93). Darüber hinaus soll es für die Übertragung eines Teilbetriebs nach der Fusionsrichtlinie ausreichend sein, wenn die zum Teilbetrieb gehörenden Wirtschaftsgüter lediglich zur Nutzung überlassen und nicht zu Eigentum übertragen werden (vgl. z. B. Blumers, DB 2001, 722, 725). Diese Auffassung wird jedoch in der Literatur nicht geteilt (vgl. Schumacher in: Rödder/Herlinghaus/van Lishaut, UmwStG, § 15 Rn. 145) und auch der BFH hat dies – wenn auch in einem obiter dictum – bereits abgelehnt (BFH-Urteil v. 07.04.2010 – I R 96/08, BStBl. II 2011, 467). Die beiden Teilbetriebsbegriffe scheinen sich vor diesem Hintergrund dem Grunde nach gar nicht wesentlich zu unterscheiden (vgl. hierzu auch Bilitewski, in: Lange, Personengesellschaften im Steuerrecht, 607, Rn. 2896 ff.). Ob und wenn ja, welche Unterschiede zwischen den bieden Teilbetriebsbegriffen bestehen, ist aus heutiger Sicht nicht verlässlich zu beantworten und wird sich allenfalls durch die künftige Rechtsprechung des BFH und des EuGH klären.

339 Maßgebliche Unterschiede bestehen allerdings nach Auffassung der Finanzverwaltung bei der Bestimmung des Umfangs des Teilbetriebs. Während es nach dem nationalen Teilbetriebsbegriff ausreichend ist, wenn die wesentlichen Betriebsgrundlagen des Teilbetriebs übertragen werden, interpretiert die Finanzverwaltung den Umfang der zum Teilbetrieb nach europäischer Definition gehörenden Wirtschaftsgüter wesentlich weiter. Aus dem Wortlaut der Teilbetriebsdefinition der Fusionsrichtlinie wird gefolgert, dass zum Teilbetrieb nicht nur die wesentlichen Betriebsgrundlagen, sondern zusätzlich sämtliche nach wirtschaftlichen Zusammenhängen zuordenbaren Wirtschaftsgüter gehören. Die Interpretation der Finanzverwaltung führt zu einer erheblichen Verschärfung des Teilbetriebsbegriffs in der Praxis. Die Verschärfung ergibt sich daraus, dass – würde man dies wörtlich nehmen – die Wirtschaftsgüter eines Unternehmens bis hinab zum Bleistift dahingehend überprüft werden müssten, ob sie zu einem abzuspaltenden Teilbetrieb gehören. Bei einem Verstoß würde die Teilbetriebseigenschaft im schlimmsten Falle abgelehnt und die Spaltung wäre steuerpflichtig. Die Literatur wendet sich gegen diese Interpretation, die so aus dem Wortlaut der Fusionsrichtlinie nicht herauslesbar ist, und verlangt auch beim Teilbetriebsbegriff der EU-Fusionsrichtlinie, dass nur die wesentlichen Betriebsgrundlagen zuzuordnen sind (vgl. Schumacher in Rödder/Herlinghaus/van Lishaut, UmwStG, § 15 Rn. 150 ff.; Förster, GmbHR 2012, 237 [241]; Schmitt, DStR 2011, 1108 [1109]).

340 Bezüglich der Beurteilung des Vorliegens eines Teilbetriebs sowie der Zuordnung der Wirtschaftsgüter zu einzelnen Teilbetrieben ist nach Auffassung der Finanzverwaltung auf den Zeitpunkt des steuerlichen Übertragungsstichtags abzustellen (vgl. Randnr. 15.03 UmwStE). Bis einschließlich 2011 stellte die Finanzverwaltung hingegen auf den Zeitpunkt des Spaltungsbeschlusses ab (vgl. Randnr. 15.10 UmwStE 1998). Aufgrund der zeitlichen Vorverlagerung müssen eventuell notwendige Organisations- oder Separierungsmaßnahmen nunmehr bereits am steuerlichen Übertragungsstichtag abgeschlossen sein. Die Finanzverwaltung qualifiziert auch den »Teilbetrieb im Aufbau« nicht mehr als Teilbetrieb im Sinne des § 15 UmwStG (befürwortend Neumann, GmbHR 2012, 141 [143 f.]; kritisch Rogall, NZG 2011, 810 [811]). Verändert sich die wirtschaftliche Zugehörigkeit eines Wirtschaftsguts zu einem Teilbetrieb nach dem steuerlichen Übertragungsstichtag, so kann nach Randnr. 15.09 UmwStE auf die Zuordnung zum steuerlichen Übertragungsstichtag abgestellt werden. Das bedeutet, dass der neue Nutzungszusammenhang dieses Wirtschaftsguts unberücksichtigt bleibt. Da diese Regelung eine Vereinfachungsregelung ist, besteht hier ein Wahlrecht. Das Wirtschaftsgut kann also auch gemäß dem geänderten Nutzungszusammenhang zugeordnet werden. Darüber hinaus kann eine erforderliche

Realteilung von zu den wesentlichen Betriebsgrundlagen gehörigen Grundstücken noch bis zum Spaltungsbeschluss vollzogen werden (Randnr. 15.08 UmwStE).

Neben »echten« **Teilbetrieben** definiert § 15 UmwStG auch noch sog. **fiktive Teilbetriebe**. Hierbei handelt es sich um Mitunternehmeranteile sowie um 100 %ige Beteiligungen an Kapitalgesellschaften. Zu einem fiktiven Teilbetrieb in Form eines Mitunternehmeranteils gehört nicht nur der Mitunternehmeranteil selbst, sondern auch das dieser Beteiligung zugeordnete Sonderbetriebsvermögen (Randnr. 15.04 UmwStE; BFH-Urteil v. 13.01.1994 – IV R 117/92, BStBl. II 1994, 454). Mit der Einbeziehung der fiktiven Teilbetriebe geht der Teilbetriebsbegriff des § 15 UmwStG über den in Art. 2 Buchst. j) der Fusionsrichtlinie hinaus. Die von der Finanzverwaltung aus dem europarechtlichen Teilbetriebsbegriff abgeleitete Notwendigkeit, dass nicht nur die wesentlichen Betriebsgrundlagen, sondern alle wirtschaftlich zuordenbaren Wirtschaftsgüter dem betreffenden Teilbetrieb auch zugeordnet werden müssen, kann daher für Mitunternehmeranteile und die Bestimmung des Umfangs des diesen zuzuordnenden Sonderbetriebsvermögens nicht gelten. Hier muss es daher immer noch ausreichend sein, wenn die im Sonderbetriebsvermögen befindlichen wesentlichen Betriebsgrundlagen mit dem Mitunternehmeranteil übertragen werden bzw. zurückbleiben (Heurung/Engel/Schröder, GmbHR 2012, 273 [275]). Bei der Zuordnung von Wirtschaftsgütern des Sonderbetriebsvermögens stellt sich häufig die Frage nach der Behandlung von Forderungen auf Auszahlung von Gewinnanteilen, die in der Vergangenheit nicht abgerufen wurden und in der Gesamthandsbilanz als Verbindlichkeiten ausgewiesen sind. Wenn die Finanzmittel deswegen nicht ausbezahlt worden sind, weil die Personengesellschaft die Gelder zur Finanzierung ihres laufenden Geschäftsbetriebs benötigt, könnten diese Forderungen des Sonderbetriebsvermögens als wesentliche Betriebsgrundlagen anzusehen sein. **341**

In Bezug auf die Qualifikation von 100 %igen Beteiligungen an Kapitalgesellschaften als fiktive Teilbetriebe ist jedoch zu beachten, dass hier eine Ausnahme gelten soll, wenn die 100 %ige Beteiligung an einer Kapitalgesellschaft als wesentliche Betriebsgrundlage notwendiger Bestandteil eines echten Teilbetriebes ist. In diesem Fall verneint die Finanzverwaltung in Randnr. 15.06 UmwStE das Vorliegen eines eigenständigen fiktiven Teilbetriebes. Ob dies nach der neuen Rechtslage auch gilt, wenn eine 100 %ige Beteiligung zwar keine wesentliche Betriebsgrundlage eines anderen Teilbetriebs ist, einem solchen aber gleichwohl wirtschaftlich zuzuordnen ist, wird in der Literatur zumindest diskutiert (vgl. Heurung/Engel/Schröder, GmbHR 2012, 273 [274]). M. E. ist davon jedoch nicht auszugehen, denn Randnr. 15.06 UmwStE benennt eindeutig nur die Qualifikation als wesentliche Betriebsgrundlage als Ausnahmefall. **342**

Demgegenüber wird bei einem Mitunternehmeranteil nicht geprüft, ob dieser eine wesentliche Betriebsgrundlage eines echten Teilbetriebs sein kann. **343**

Darüber hinaus ist bei diesen fiktiven Teilbetrieben besonders zu beachten, dass eine steuerneutrale Spaltung nicht möglich ist, wenn der Mitunternehmeranteil oder die 100 %ige Beteiligung an einer Kapitalgesellschaft innerhalb der letzten 3 Jahre vor dem steuerlichen Übertragungsstichtag durch die Übertragung von Wirtschaftsgütern, die keinen Teilbetrieb darstellen, erworben oder aufgestockt worden sind (vgl. hierzu eingehend Teil 7 Rdn. 376 ff.). **344**

Aufgrund der Änderungen des Teilbetriebsbegriffes sieht Randnr. S. 05 UmwStE bei Spaltungen, für die der Spaltungsbeschluss bis zum 31.12.2011 gefasst worden ist, als Übergangsregelung vor, dass es ausreichend ist, wenn ein Teilbetrieb nach dem BMF-Schreiben v. 16.08.2000 (BStBl. I 2000, 1253) bzw. dem UmwStE 1998 vorlag. **345**

b) Zuordnung von Wirtschaftsgütern zu den einzelnen Teilbetrieben. Eine der wesentlichsten Maßnahmen im Vorfeld einer Spaltung ist die Einteilung des Betriebes in mehrere Teilbetriebe sowie die Zuordnung sog. neutraler Wirtschaftsgüter zu den einzelnen Teilbetrieben. Nach Ansicht der Finanzverwaltung dürfen nur Teilbetriebe übertragen werden und es dürfen auch nur Teilbetriebe bei der übertragenden Körperschaft zurückbleiben (sog. »doppeltes Teilbetriebserfordernis« bzw. »Ausschließlichkeitserfordernis«, vgl. Randnr. 15.01 UmwStE). Das bedeutet nach der Interpretation der Finanzverwaltung, dass die Existenz von weder einem übergehenden noch einem verbleibenden Teilbetrieb zuordenbaren Wirtschaftsgütern ein Spaltungshindernis darstellt, da eben nicht **nur** ein Teilbetrieb zurückbleibt. In der Literatur wird die Regelung in § 15 Abs. 1 UmwStG jedoch teilweise so **346**

interpretiert, dass **zumindest** ein Teilbetrieb zurückbleiben muss und darüber hinaus nicht zuordenbare Wirtschaftsgüter zurückbleiben können (vgl. z. B. Förster, GmbHR 2012, 237 [241 f.]; Schumacher/Neitz-Hackstein, Ubg 2011, 409 [415]; Neumann, GmbHR 2012, 141 [142]).

347   Zur Definition des Umfangs eines Teilbetriebs sind zunächst seine wesentlichen Betriebsgrundlagen zu definieren. Werden einzelne wesentliche Betriebsgrundlagen, wie z. B. Produktionsanlagen, von mehreren Teilbetrieben genutzt, so stellt dies ein **Spaltungshindernis** dar, denn eine Zuordnung zu dem einen Teilbetrieb führt gleichzeitig dazu, dass dem anderen Teilbetrieb eine wesentliche Betriebsgrundlage fehlt. Eine Trennung der beiden Teilbetriebe in einem solchen Fall ist somit nicht möglich.

348   Dient ein **Grundstück** mehreren Teilbetrieben als wesentliche Betriebsgrundlage, so muss dieses Grundstück nach Ansicht der Finanzverwaltung zum Zwecke der Zuordnung grundsätzlich real geteilt werden. Lediglich dann, wenn eine reale Teilung des Grundstücks nicht zumutbar ist, erkennt die Finanzverwaltung aus Billigkeitsgründen eine lediglich ideelle Teilung in der Form von Bruchteilseigentum an (Randnr 15.08 UmwStE).

349   Wirtschaftsgüter, die keine wesentliche Betriebsgrundlage darstellen, sind nach Auffassung der Finanzverwaltung nach wirtschaftlichen Kriterien den Teilbetrieben zuzuordnen. Dabei handelt es sich im Grundsatz um eine Zuordnung nach funktionalen Kriterien, d. h. entsprechend der bisherigen Verwendung oder Genese der Wirtschaftsgüter.

350   Zu den Wirtschaftsgütern eines Teilbetriebs gehören nach der Definition der Fusionsrichtlinie nicht nur Aktiva, sondern auch Passiva. Es ist daher davon auszugehen, dass auch Verbindlichkeiten nicht frei zuordenbar, sondern dem Teilbetrieb zuzuordnen sind, zu dessen Finanzierung sie eingegangen worden sind oder aus dessen betrieblicher Tätigkeit sie entstanden sind (vgl. Schumacher in: Rödder/Herlinghaus/van Lishaut, UmwStG, § 15 Rn. 154; Förster GmbHR 2012, 237 [241]; Heurung/Engel/Schröder, GmbHR 2012, 273 [274]). Diese Bedeutung der »Finanzierungsseite« des Teilbetriebs wird aus dem einzigen bisher zum Teilbetriebsbegriff ergangenen EuGH-Urteil (Andersen og Jensen ApS, Urteil v. 15.01.2002 – C-43/00, EuGHE I S. 379) abgeleitet, in dem der EuGH betont, dass Verbindlichkeiten dem Teilbetrieb zuzuordnen sind, dem auch die mit der Eingehung dieser Verbindlichkeit aufgenommenen Finanzmittel zugeordnet werden. Hieraus kann man schließen, dass Verbindlichkeiten zur Anschaffung von Wirtschaftsgütern ebenfalls dem Teilbetrieb zugeordnet werden müssen, dem die betreffenden Wirtschaftsgüter zuzuordnen sind. Die Herstellung eines Wertausgleichs zwischen mehreren Teilbetrieben durch freie Zuordnung der vorhandenen Verbindlichkeiten ist daher nur insoweit zulässig, wie die betreffenden Verbindlichkeiten keinem noch vorhandenen Aktivvermögen zugeordnet werden können.

351   Bei der Zuordnung von Wirtschaftsgütern dürfen neben den bilanzierten aktiven und passiven Wirtschaftsgütern die originären immateriellen Wirtschaftsgüter (z. B. Warenzeichen, Marken, Namen, etc.) des zu spaltenden Unternehmens nicht vergessen werden. Diese können nach der Rechtsprechung des BFH (Urteil v. 16.12.2009 – I R 97/08, BStBl. II 2010, 808) sogar wesentliche Betriebsgrundlage sein, und zwar unabhängig von der Frage, ob diese Rechte durch Eintragung geschützt sind oder nicht.

352   Das Erfordernis der »Zuordenbarkeit nach wirtschaftlichen Zusammenhängen« bringt weitere Unklarheiten in die Definition des Teilbetriebsbegriffs und macht seine Handhabung für die Praxis schwieriger, denn die Kriterien, nach denen diese Zuordnung vorgenommen werden sollen, sind vollkommen unklar (vgl. hierzu auch Drüen/Hruschka/Kaeser/Sistermann, DStR Beihefter zu Heft 2/2012, 1 [12]; Förster, GmbHR 2012, 237 [241]; Heurung/Engel/Schröder, GmbHR 2012, 273 f.). Offensichtlich sind sämtliche aktiven und passiven Wirtschaftsgüter nunmehr in eine der drei Kategorien »wesentliche Betriebsgrundlage«, »wirtschaftlich zuordenbar« und »nicht zuordenbar« einzuteilen. Ein Wirtschaftsgut, das zwar keine wesentliche Betriebsgrundlage ist, aber gleichwohl mehreren Teilbetrieben wirtschaftlich zuordenbar ist, muss wohl dem Teilbetrieb zugeordnet werden, zu dem die engste wirtschaftliche Verbindung besteht (vgl. Heurung/Engel/Schröder, GmbHR 2012, 273 [274]).

353   Unklar ist auch die Rechtsfolge, die sich ergibt, wenn ein nach wirtschaftlichen Kriterien zuordenbares Wirtschaftsgut gar nicht oder falsch zugeordnet wurde. Es steht zu befürchten, dass dann die Spaltung bezüglich des gesamten übergehenden Vermögens nicht steuerneutral ist. Allerdings wird in der Litera-

tur dafür plädiert, dass in einem solchen Fall lediglich die stillen Reserven des nicht oder falsch zugeordneten Wirtschaftsguts aufzudecken sind (so z. B. Rogall, NZG 2011, 810 [811]).

Neutrales Vermögen, das weder wesentliche Betriebsgrundlage noch nach wirtschaftlichen Kriterien **354** einem Teilbetrieb zuordenbar ist, kann nach Randnr. 15.09 UmwStE jedem (also sowohl dem übergehenden als auch dem zurückbleibenden) Teilbetrieb zugeordnet werden. Dies gilt aber grundsätzlich nur für **originäre Teilbetriebe**.

Bei **fiktiven Teilbetrieben** ist die Zuordnung von einzelnen Wirtschaftsgütern hingegen problematisch. **355** Die Finanzverwaltung will es nach Randnr. 15.11 UmwStE zulassen, einer 100 %igen Beteiligung oder einem Mitunternehmeranteil die Wirtschaftsgüter einschließlich Schulden zuzuordnen, die in unmittelbarem wirtschaftlichem Zusammenhang mit der Beteiligung oder dem Mitunternehmeranteil stehen. Diese Aussage ist im Fall eines Mitunternehmeranteils wohl ohne erhebliche praktische Bedeutung. Denn Wirtschaftsgüter, die in unmittelbarem wirtschaftlichem Zusammenhang mit dem Mitunternehmeranteil stehen, sind regelmäßig auch Sonderbetriebsvermögen im Zusammenhang mit dem Mitunternehmeranteil und daher ohnehin mit diesem verbunden. Anders ist dies jedoch bei einer Beteiligung an einer **Kapitalgesellschaft**. Hier ist eine Zuordnung von Wirtschaftsgütern nach Verwaltungsauffassung nur in sehr eingeschränktem Umfang zulässig. Der UmwStE nennt hier in Randnr. 15.11 die Wirtschaftsgüter, die für die Verwaltung der Beteiligung erforderlich sind, wie z. B. Ertragniskonten oder Einrichtung. Diese restriktiven Regelungen führen im Ergebnis dazu, dass die Spaltung von Holdinggesellschaften in der Praxis häufig nicht möglich sein wird, denn in den meisten Fällen ist doch zumindest in geringem Umfang neutrales Vermögen vorhanden, das nicht den abzuspaltenden oder verbleibenden fiktiven Teilbetrieben zugeordnet werden kann.

Bezüglich sämtlicher Wirtschaftsgüter gilt allerdings gemäß Randnr. 15.07 UmwStE, dass nicht unbe- **356** dingt die Übertragung des zivilrechtlichen Eigentums erforderlich ist. Vielmehr ist die Übertragung des wirtschaftlichen Eigentums ausreichend. Diese Auffassung der Finanzverwaltung eröffnet für ansonsten nicht »transportable« Wirtschaftsgüter Gestaltungsmöglichkeiten, die dann doch eine steuerneutrale Spaltung zulassen können.

Es stellt sich die Frage nach **Gestaltungsmöglichkeiten**, wenn spaltungshindernde Wirtschaftsgüter er- **357** kannt werden. Zum einen besteht natürlich die Möglichkeit, neutrales Vermögen vor der Spaltung zu veräußern (beachte aber Heurung/Engel/Schröder, GmbHR 2012, 273 [276], wonach eine Veräußerung nach dem steuerlichen Übertragungsstichtag schädlich sein soll). Die Veräußerung müsste dann also vor dem steuerlichen Übertragungsstichtag erfolgen. Eine weitere Gestaltungsmöglichkeit besteht in dem Zukauf eines originären Teilbetriebes, dem dann ansonsten nicht zuordenbares neutrales Vermögen zugeordnet werden kann (vgl. Wassermeyer, DStR 1993, 592; Herzig/Momen, DB 1994, 2157, 2160). Ist neutrales Vermögen in Form einer Beteiligung an einer Kapitalgesellschaft vorhanden, die zwar weniger als 100 %, jedoch mehr als 50 % beträgt, so könnte diese Beteiligung zunächst steuerneutral nach § 21 UmwStG in eine bereits bestehende oder auch neu zu gründende Kapitalgesellschaft eingebracht werden. Hierdurch wird diese Beteiligung, die für sich gesehen keinen fiktiven Teilbetrieb bildet, in einen fiktiven Teilbetrieb umgewandelt. Zwischen dieser Einbringung und der darauf folgenden Spaltung müssen dann aber mindestens 3 Jahre liegen, denn durch die Einbringung der Beteiligung wurde die Beteiligung an der übernehmenden Kapitalgesellschaft erworben oder aufgestockt (vgl. § 15 Abs. 3 Satz 1 UmwStG). Eine weitere Gestaltungsmöglichkeit kann sein, wesentliche Betriebsgrundlagen, die nicht mit übertragen werden sollen, vorher zu »separieren« und nach § 6 Abs. 5 EStG zu Buchwerten in eine andere Personengesellschaft zu überführen. Die Finanzverwaltung beurteilt dies gern als Gestaltungsmissbrauch (vgl. z. B. Randnr. 20.07 UmwStE). Der BFH hat im Urteil v. 25.11.2009 (I R 72/08, BStBl. II 2010, 471, Tz. 23) jedoch klargestellt, dass er in dieser Vorgehensweise keinen Gestaltungsmissbrauch sieht, wenn die Übertragung auf Dauer erfolgt und deshalb andere wirtschaftliche Folgen auslöst als die Einbeziehung des betreffenden Wirtschaftsguts in den Einbringungsvorgang. Es ist jedoch davon auszugehen, dass die Finanzverwaltung diese Rechtsprechung des BFH nicht anerkennt und weiterhin in derartigen Fällen die Gesamtplanrechtsprechung anwendet (vgl. auch Vfg. SH FinMin v. 22.12.2010 – VI 308-S 1978c-006).

Außerdem stellt sich die Frage, ob zum Transfer eventuell übersehener funktional wesentlicher Betriebs- **358** grundlagen oder nach wirtschaftlichen Kriterien zuordenbarer Wirtschaftsgüter entsprechende »Auffangklauseln« in den Spaltungsvertrag aufgenommen werden. Diese könnten beispielsweise regeln, dass neben den explizit genannten übergehenden Wirtschaftsgütern auch alle nicht genannten funktional wesentlichen Betriebsgrundlagen und nach wirtschaftlichen Kriterien zuordenbaren Wirtschaftsgüter übergehen sollen und dass die Parteien sich so stellen werden, als seien diese bereits am steuerlichen Übertragungsstichtag übergegangen (vgl. Rothenfußer/Schell, GmbHR 2014, 1083). Ob die Finanzverwaltung solche Klauseln schlussendlich akzeptieren wird, ist offen und kann möglicherweise durch eine verbindliche Auskunft geklärt werden. In keinem Fall entbindet eine solche Klausel jedoch den Steuerpflichtigen davon, den Teilbetrieb und die zugehörigen Wirtschaftsgüter sorgfältig zu definieren.

2. Konsequenzen bei Vorliegen der Spaltungsvoraussetzungen. a) Bei der übertragenden Körperschaft.

359 Die übertragende Körperschaft hat der Spaltung gem. § 17 Abs. 2 Satz 2 in Verbindung mit § 125 UmwG eine handelsrechtliche Schlussbilanz zugrunde zu legen. In dieser Schlussbilanz sind die Wirtschaftsgüter zwingend mit ihren Buchwerten anzusetzen.

360 Der Stichtag der handelsrechtlichen Schlussbilanz ist gem. § 2 UmwStG gleichzeitig der steuerliche Übertragungsstichtag. Auf diesen Stichtag hat die übertragende Körperschaft auch eine steuerliche Schlussbilanz aufzustellen. Mit welchen Werten die einzelnen Wirtschaftsgüter in dieser steuerlichen Schlussbilanz anzusetzen sind, richtet sich nach den Regelungen der §§ 11, 15 UmwStG. Sind die dort genannten Voraussetzungen erfüllt, besteht im Ergebnis ein **Bewertungswahlrecht**.

361 § 15 Abs. 1 UmwStG verweist auf die Regelungen der §§ 11 bis 13, sodass zusätzlich zu den bereits erörterten Voraussetzungen des § 15 auch die des § 11 Abs. 1 UmwStG erfüllt sein müssen. Das bedeutet, dass die in dem übergegangenen Vermögen enthaltenen stillen Reserven später bei der übernehmenden Körperschaft der Körperschaftsteuer unterliegen müssen. Außerdem darf eine eventuelle Gegenleistung für die Vermögensübertragung nur in Gesellschaftsrechten bestehen (vgl. hierzu eingehend Teil 7 Rdn. 211 ff.). Sind all diese Voraussetzungen erfüllt, so steht der abspaltenden Körperschaft das Bewertungswahlrecht zu, das übergehende Vermögen in der steuerlichen Schlussbilanz mit den Buchwerten, Zwischenwerten oder max. den gemeinen Werten anzusetzen. Wird der Buchwertansatz gewählt, entsteht bei der übertragenden Körperschaft **kein Übertragungsgewinn**. Nur bei Ansatz höherer Werte, maximal des gemeinen Wertes, entsteht ein körperschaftsteuer- und gewerbesteuerpflichtiger Übertragungsgewinn, weshalb dies i. d. R. nicht sinnvoll ist.

362 Der **Ansatz höherer Werte** führt zwar bei der übernehmenden Körperschaft zu einem höheren Abschreibungsvolumen, das zur Verrechnung mit den laufenden Ergebnissen zur Verfügung steht, der Abschreibungszeitraum wird sich jedoch i. d. R. über mehr als ein Jahr erstrecken, sodass hier erhebliche Zinsnachteile entstehen können. Der zum Barwert angesetzte Vorteil dieser zusätzlichen Abschreibungen wird jedoch in keinem Verhältnis zur sofort anfallenden Steuer auf den Übertragungsgewinn stehen. Eine Ausnahme besteht nur dann, wenn die übertragende Körperschaft Verlustvorträge hat, die – unter Berücksichtigung der Mindestbesteuerung – ganz oder teilweise genutzt werden können.

363 Das Bewertungswahlrecht des § 11 Abs. 1 UmwStG bezieht sich nur auf das im Zuge der Spaltung auf eine andere Körperschaft übergehende Vermögen. Das Bewertungswahlrecht kann hingegen nicht für das bei der übertragenden Kapitalgesellschaft verbleibende Vermögen ausgeübt werden. Hier bleibt es bei den bisherigen Buchwerten.

364 Werden **mehrere echte oder fiktive Teilbetriebe** auf eine oder mehrere verschiedene übernehmende Körperschaften auf- bzw. abgespalten, kann das Wahlrecht für jede Spaltungseinheit gesondert ausgeübt werden (vgl. Schumacher in: Rödder/Herlinghaus/van Lishaut, UmwStG, § 15 Rn. 178 m. w. N.).

365 **b) Bei der übernehmenden Körperschaft.** Bei der übernehmenden Körperschaft ergeben sich durch den Verweis des § 15 auf § 12 UmwStG dieselben bilanziellen und steuerlichen Konsequenzen wie bei der übernehmenden Körperschaft in Verschmelzungsfällen. Es kann daher insgesamt auf die Ausführungen in den Teil 7 Rdn. 234 ff. verwiesen werden.

366 Zusammengefasst bedeutet dies, dass die Übernehmerin bezüglich der Wertansätze des übergehenden Vermögens an die Wertansätze der Überträgerin gebunden ist. Ein bei der übernehmenden Körperschaft sich ergebender Übernahmegewinn (die Abspaltung aus einer Tochter- auf die Muttergesellschaft

ist möglich) unterliegt nach § 15 in Verbindung mit § 12 Abs. 2 Satz 2 UmwStG der Besteuerung nach § 8b Abs. 2 und 3 KStG, ein Übernahmeverlust bleibt bei der Besteuerung außer Ansatz. Durch die Verweisung in § 15 Abs. 1 UmwStG auf die §§ 11 bis 13 UmwStG gilt auch § 12 Abs. 3 UmwStG bezüglich der Absetzung für Abnutzung, sowie der sonstigen steuerlichen Rechtspositionen. Nach § 15 Abs. 3 UmwStG gehen steuerliche Verluste der übertragenden Körperschaft bei einer Abspaltung anteilig entsprechend dem Wertverhältnis des übergehenden und des zurückbleibenden Vermögens unter. Bei der Aufspaltung fallen steuerliche Verluste der übertragenden Körperschaft dementsprechend vollständig weg.

c) Bei den Gesellschaftern der übertragenden Körperschaft. Die Anteile an der übertragenden 367 Körperschaft gelten gem. § 15 Abs. 1 in Verbindung mit § 13 Abs. 1 UmwStG bei den Anteilseignern anteilig als zum gemeinen Wert veräußert und die an ihre Stelle tretenden Anteile als zum gleichen Wert angeschafft.

Sofern allerdings das doppelte Teilbetriebserfordernis erfüllt ist, das Besteuerungsrecht Deutschlands 368 hinsichtlich der Besteuerung des Gewinns aus der Veräußerung der Anteile an der Übernehmerin nicht ausgeschlossen oder beschränkt wird oder die Voraussetzungen des Art. 8 der Fusionsrichtlinie vorliegen, kann auf Antrag nach § 15 Abs. 1 in Verbindung mit § 13 Abs. 2 UmwStG der Buchwert bzw. die Anschaffungskosten der alten Anteile als deren Veräußerungspreis und als Anschaffungskosten der neuen Anteile angesetzt werden. Die Frage, ob das doppelte Teilbetriebserfordernis erfüllt wird, hat somit nicht nur Auswirkungen auf die Besteuerung der übertragenden Körperschaft, sondern auch auf deren Anteilseigner. Eine abweichende Ausübung des Bewertungswahlrechts (die übertragende Gesellschaft setzt die Buchwerte an, die Gesellschafter realisieren) ist dabei zulässig.

Soweit es sich um eine wesentliche Beteiligung im Sinne des § 17 EStG an der übertragenden Körper- 369 schaft gehandelt hat, gelten auch die neu ausgegebenen Anteile an der übernehmenden Körperschaft als solche im Sinne des § 17 EStG. Beträgt die Beteiligung an der übernehmenden Körperschaft allerdings weniger als 1 %, so gilt diese Beteiligung gleichwohl als eine solche des § 17 EStG (vgl. Teil 7 Rdn. 275).

War der Gesellschafter an der Überträgerin nicht wesentlich beteiligt, so gilt für ihn immer § 20 Abs. 4a 370 EStG, und zwar unabhängig davon, ob er an der Übernehmerin eine Beteiligung im Sinne des § 17 EStG erhält oder nicht. Der Anteilstausch ist demnach immer steuerneutral, wenn das deutsche Besteuerungsrecht uneingeschränkt bestehen bleibt (vgl. Teil 7 Rdn. 276)

Handelte es sich bei den untergehenden Anteilen an der Überträgerin um einbringungsgeborene An- 371 teile alten Rechts, so sind auch die neuen Anteile an der Übernehmerin einbringungsgeboren (vgl. Teil 7 Rdn. 277).

Bei einer Auf- oder Abspaltung sind die Anschaffungskosten bzw. die Buchwerte der Anteile an der 372 übertragenden Körperschaft nach Randnr. 15.43 UmwStE unter Zugrundelegung des Umtauschverhältnisses laut Spaltungsplan/-vertrag auf die Beteiligungen an der übertragenden und der übernehmenden Körperschaft aufzuteilen. Ist eine Aufteilung nach dem Verhältnis im Spaltungsplan/-vertrag nicht möglich, soll die Aufteilung nach dem Verhältnis der gemeinen Werte der übergehenden Vermögensteile zu dem vor der Spaltung vorhandenen Vermögen vorgenommen werden.

Im Fall der Abspaltung eines Teilbetriebes auf die Muttergesellschaft ist der bisherige Buchwert der Be- 373 teiligung an der Tochtergesellschaft ebenfalls im Verhältnis des gemeinen Wertes des übergegangenen Vermögens zum gesamten Vermögen der Tochtergesellschaft aufzuteilen (Dötsch/Pung in:Dötsch/ Pung/Möhlenbrock, Die Körperschaftsteuer, § 15 UmwStG Rn. 396).

3. Konsequenzen bei Nichtvorliegen der Spaltungsvoraussetzungen nach § 15 Abs. 1 UmwStG. 374 Liegen die Voraussetzungen des § 15 Abs. 1 UmwStG nicht vor, ist also insbesondere die Teilbetriebsvoraussetzung nicht erfüllt, kommt es in Bezug auf das übergehende Vermögen zur Aufdeckung der stillen Reserven sowohl bei der übertragenden Körperschaft als auch bei den Anteilseignern (vgl. Randnr. 15.12 UmwStE). Konkret regelt § 15 Abs. 1 Satz 2 UmwStG für diesen Fall, dass § 11 Abs. 2 UmwStG, der das Wahlrecht zum Ansatz von Buchwerten oder Zwischenwerten auf Antrag regelt, nicht anwendbar ist. Bei der übertragenden Körperschaft sind die zu übertragenden Wirtschaftsgüter – sowohl die bilanzierten als auch die nicht bilanzierten originären immateriellen Wirtschaftsgüter sowie der Geschäfts- und Firmenwert, nicht jedoch die Pensionsrückstellungen – mit dem gemeinen Wert anzusetzen (§ 15 Abs. 1 Satz 1 in Verbindung mit § 11 Abs. 1 UmwStG). Bei den Pensionsrückstellungen gilt als Höchstbetrag der Wert nach § 6a EStG. Die übernehmende Körperschaft ist an diese Wertansätze gebunden (§ 15 Abs. 1 Satz 1 in Verbindung mit § 12 Abs. 1 Satz 1 UmwStG). Bei den Anteilseignern ist die Anwendung des § 13 Abs. 2 UmwStG ausgeschlossen, d. h. es findet ein gewinnrealisierender Tausch statt, bei dem die Anteile an der übertragenden Körperschaft ganz oder anteilig als zum gemeinen Wert veräußert und die gewährten Anteile an der Übernehmerin als zum gemeinen Wert angeschafft gelten (§ 15 Abs. 1 Satz 1 in Verbindung mit § 13 Abs. 1 UmwStG). Für das im Fall der Abspaltung bei der übertragenden Körperschaft verbleibende Vermögen ergeben sich jedoch keine steuerlichen Konsequenzen.

375   Trotz Nichtvorliegens der Teilbetriebseigenschaft gilt gleichwohl die Möglichkeit der steuerlichen Rückwirkung nach § 2 Abs. 1 UmwStG. Die Auf- oder Abspaltung wird auch bei Nichtvorliegen der Teilbetriebsvoraussetzungen nicht in eine verdeckte Gewinnausschüttung an die Gesellschafter der übertragenden Körperschaft mit anschließender Wieder-Einlage des ausgeschütteten Vermögens in die übernehmende Körperschaft umgedeutet.

4. Missbrauchsklausel nach § 15 Abs. 2 UmwStG. a) Erwerb oder Aufstockung von Beteili-
376   **gungen durch die Einbringung von Einzelwirtschaftsgütern.** Nach § 15 Abs. 2 Satz 1 UmwStG ist § 11 Abs. 2 UmwStG nicht anwendbar und kann daher die Auf- oder Abspaltung bei der übertragenden Körperschaft nicht steuerneutral stattfinden, wenn ein fiktiver Teilbetrieb innerhalb der letzten 3 Jahre vor der Spaltung durch die Einbringung von Wirtschaftsgütern, die keinen Teilbetrieb bilden, erworben oder aufgestockt worden ist. Diese Regelung bezieht sich sowohl auf einen übertragenden als auch auf einen verbleibenden fiktiven Teilbetrieb.

377   Durch diese Missbrauchsklausel wird vermieden, dass das für einzelne Wirtschaftsgüter bestehende steuergesetzliche Abspaltungs- oder Zurückbehaltungsverbot dadurch umgangen wird, dass diese Wirtschaftsgüter kurz vor der Spaltung in eine Mitunternehmerschaft oder in eine 100 %ige Beteiligung an einer Kapitalgesellschaft eingebracht werden.

378   Der **Erwerb** bzw. die Aufstockung eines Mitunternehmeranteils oder einer 100 %igen Beteiligung an einer Kapitalgesellschaft innerhalb dieser 3-Jahres-Frist ist nach dem Wortlaut der Vorschrift nur dann schädlich, wenn der Erwerb **durch die Einbringung von Einzelwirtschaftsgütern** erfolgt. Darüber hinaus stellt Randnr. 15.16 UmwStE klar, dass der Vorgang nur dann schädlich ist, wenn in den übertragenen Einzelwirtschaftsgütern stille Reserven ruhten, die anlässlich der Übertragung nicht oder nicht in vollem Umfang aufgedeckt worden sind. Diese Abgrenzung macht deutlich, dass sowohl der entgeltliche oder unentgeltliche Erwerb einer Beteiligung innerhalb dieser Frist (Randnr. 15.20 UmwStE) als auch die **verdeckte Einlage** von Einzelwirtschaftsgütern in eine Kapitalgesellschaft, die nicht zu Buchwerten möglich ist, unschädlich sind.

379   **b) Anteilsveräußerungen im Anschluss an eine Spaltung.** Die Buchwertfortführung ist bei der Aufspaltung, Abspaltung oder Teilübertragung auch dann nicht möglich, wenn durch die Spaltung die **Veräußerung** an außen stehende Personen vollzogen wird oder die Voraussetzungen für eine Veräußerung geschaffen werden (§ 15 Abs. 2 Sätze 2 und 3 UmwStG). Die stillen Reserven in allen anlässlich der Spaltung übertragenen Wirtschaftsgütern müssen dann (rückwirkend) versteuert werden. Analog § 11 Abs. 1 Satz 1 UmwStG sind die Wirtschaftsgüter in diesem Fall mit ihrem gemeinen Wert anzusetzen.

380   Die Vorbereitung einer Veräußerung durch die Spaltung ist nach der unwiderlegbaren Vermutung in § 15 Abs. 2 Satz 4 UmwStG gegeben, wenn innerhalb von **5 Jahren** nach dem steuerlichen Übertragungsstichtag insgesamt Anteile an einer an der Spaltung beteiligten Körperschaft veräußert werden, die **mehr als 20 % der vor Wirksamwerden der Spaltung an der Körperschaft bestehenden Anteile** ausmachen. Mit dieser 20 %-Regelung wird den Anforderungen der Praxis Rechnung getragen, indem vermieden wird, dass z. B. bei Publikumsgesellschaften oder beim Vorhandensein mehrerer Gesellschafterstämme die Veräußerung einzelner Anteile innerhalb von 5 Jahren nach der Spaltung zum rückwirkenden Verlust der Steuerneutralität führt. Nachdem § 15 UmwStG seit der »Europäisierung des Umwandlungssteuerrechts« im Lichte der Grundfreiheiten und des europäischen Sekundärrechts aus-

zulegen ist, stellt sich die Frage, ob eine solche unwiderlegliche Vermutung europarechtskonform ist. Denn der EuGH verlangt in seiner Rechtsprechung regelmäßig für Missbrauchsvermeidungsvorschriften, dass diese eine Einzelfallprüfung vorsehen und ansonsten unverhältnismäßig sind (vgl. z. B. EuGH-Urt. v. 10.11.2011 – Rs. C-126/10 – Foggia, Slg. I 2011, 10926 Rn. 37). Eine unwiderlegliche Missbrauchsvermutung wäre demnach europarechtswidrig (vgl. auch Schumacher in Rödder/Herlinghaus/van Lishaut, UmwStG, § 15 Rn. 209).

Nach dem Gesetz bezieht sich die 20 %-Grenze auf die **vor Wirksamwerden der Spaltung** an der über- **381** tragenden Körperschaft bestehenden Anteile. Die Quote ergibt sich aus dem Verhältnis der übergehenden Vermögensteile zu dem bei der übertragenden Gesellschaft vor der Spaltung vorhandenen Vermögen, wie es i. d. R. im Umtauschverhältnis der Anteile im Spaltungs- und Übernahmevertrag oder im Spaltungsplan zum Ausdruck kommt. Auf die absolute Höhe des Nennkapitals der an der Spaltung beteiligten alten und neuen Gesellschafter sowie auf die Wertentwicklung der Beteiligungen kann es nicht ankommen (Randnr. 15.29 UmwStE).

Zu beachten ist, dass sich die Wertgrenze von 20 % auf jede an der Spaltung beteiligte Körperschaft **382** bezieht. Demnach kann im Fall der Abspaltung sowohl durch eine Veräußerung der Anteile an der Übertragerin als auch durch eine Veräußerung der Anteile an der Übernehmerin die Wertgrenze des § 15 Abs. 2 Satz 4 UmwStG verletzt werden (BFH-Urteil v. 03.08.2005 – I R 62/04, BFH/NV 2006, 691). Allerdings muss es sich grundsätzlich um eine unmittelbare Übertragung handeln. Eine nur mittelbare Übertragung dieser Anteile ist hingegen unschädlich.

Die Finanzverwaltung ging in der Vergangenheit davon aus, dass die Regelung in § 15 Abs. 2 Satz 3 **383** UmwStG keinen eigenen Anwendungsbereich hat und nur die Grundlage für die unwiderlegliche Vermutung in § 15 Abs. 2 Satz 4 UmwStG, nämlich die 20 Prozent-Grenze, schafft. Dies bedeutete, dass die Steuerneutralität einer Spaltung nur dann wegfiel, wenn innerhalb des fünfjährigen Beobachtungszeitraums Anteile im Wert von mehr als 20 Prozent der vor Wirksamwerden der Spaltung an der übertragenden Körperschaft bestehenden Anteile veräußert wurden. Diese Rechtsauffassung, die für den Steuerpflichtigen eine verlässliche Beurteilungsgrundlage geschaffen hatte, wurde in 2014 aufgegeben. Nach nunmehr wohl bundeseinheitlich abgestimmter Auffassung hat die Regelung in § 15 Abs. 2 Satz 3 UmwStG einen eigenen Anwendungsbereich. Damit kann es auch bei Veräußerungen, die nicht die 20 Prozent-Grenze überschreiten, zum Wegfall der Steuerneutralität der Spaltung kommen. Dies soll nach Auffassung der Finanzverwaltung der Fall sein, wenn aus anderen Gründen der Schluss gezogen werden kann, dass mit der Spaltung die Voraussetzungen für eine Veräußerung der Anteile geschaffen werden sollten. Hierfür soll eine (streitanfällige) Einzelfallprüfung notwendig sein. Anhaltspunkte für eine Spaltung zur Vorbereitung der Veräußerung sollen sich nach Auffassung der Finanzverwaltung bspw. aus einem Antrag auf Erteilung einer verbindlichen Auskunft oder aus sonstigen Unterlagen wie bspw. Verträgen ergeben (vgl. FinMin Brandenburg vom 16.07.2014 – Az. 35-S 1978b-2014#001, DStR 2014, 2180). Die Abkehr der Finanzverwaltung von ihrer langjährig geübten Praxis, Veräußerungen nur bei Überschreiten der Wertgrenze von 20 Prozent als schädlich anzusehen, wird voraussichtlich in der Zukunft zu zahlreichen Diskussionen mit der Finanzverwaltung Anlass geben und erfordert insbesondere im Vorfeld einer Spaltung eine sorgfältige Dokumentation der bestehenden Absichten. Der steuerpflichtige sieht sich hier jedoch der Schwierigkeit gegenüber, das Nicht-Vorliegen einer Veräußerungsabsicht zu dokumentieren, was schlichtweg unmöglich erscheint.

Die Missbrauchsvorschrift des § 15 Abs. 2 Satz 4 UmwStG greift nur, wenn durch die Spaltung die Ver- **384** äußerung an **außen stehende** Personen vollzogen oder vorbereitet wird. Da das Gesetz von außen stehenden Personen spricht, muss eine Veräußerung von Anteilen innerhalb des bisherigen Gesellschafterkreises unschädlich sein. Die Finanzverwaltung lässt darüber hinaus Umstrukturierungen innerhalb verbundener Unternehmen im Sinne des § 271 Abs. 2 HGB als unschädlich zu. In beiden Fällen gilt, dass nachfolgend keine unmittelbare oder mittelbare Veräußerung an außenstehende Personen erfolgen darf (vgl. Randnr. 15.25 UmwStE).

Als schädliche Veräußerung ist grundsätzlich auch eine Anteilsübertragung im Rahmen einer (steuer- **385** neutralen) Umwandlung anzusehen (Randnr. 15.24 UmwStE).

Es ist somit zu beachten, dass für die Spaltgesellschafter hinsichtlich dieser **Veräußerungssperre** nach **386** der Spaltung noch 5 Jahre eine »**Schicksalsgemeinschaft**« besteht, denn jeder Einzelne Spaltgesellschafter kann zulasten aller Beteiligten die Steuerfreiheit der Spaltung nachträglich zerstören. Daher sind im Spaltungs- und Übernahmevertrag die Rechtsfolgen einer derartigen Handlung zu regeln. I. d. R. werden diejenigen Gesellschafter sämtliche Steuern zu tragen haben, die die Besteuerung verursacht haben.

387 Fraglich ist, welche Konsequenzen sich ergeben, wenn mehrere Teilbetriebe auf verschiedene übernehmende Körperschaften abgespalten werden und innerhalb von 5 Jahren nach der Spaltung die Anteile **an einer** dieser übernehmenden Körperschaften veräußert werden und diese Anteile mehr als 20 % der gesamten Anteile der übertragenden Körperschaft **vor der Spaltung** ausmachen. Eindeutig zu beantworten ist dies, wenn die Teilbetriebe in mehreren separaten Spaltungsvorgängen übertragen wurden, denn dann kann nur der jeweilige Spaltungsvorgang betroffen sein. Wurden die Teilbetriebe jedoch in einem einheitlichen Spaltungsvorgang übertragen, ist es mit Blick auf den Wortlaut des § 15 Abs. 2 Satz 2 bis 4 UmwStG, wo schlicht die Unanwendbarkeit des § 11 Abs. 2 UmwStG geregelt ist, durchaus vertretbar, dass dann für alle übertragenen Teilbetriebe die Steuerneutralität wegfällt (vgl. Dötsch/Pung in: Dötsch/Pung/Möhlenbrock, Die Körperschaftsteuer, § 15 UmwStG Rn. 324). Dies spricht dafür, eine Spaltung mit mehreren Teilbetrieben in separaten Spaltungsvorgängen durchzuführen, wenn nicht vollständig ausgeschlossen werden kann, dass die Nachspaltungs-Veräußerungssperre für eine der übernehmenden Gesellschaften verletzt wird. Dabei ist allerdings zu berücksichtigen, dass sich mit jedem Spaltungsvorgang der Wert der übertragenden Körperschaft vermindert, so dass für die weiteren Spaltungen nur noch von einer geringeren Bemessungsgrundlage für die 20 %-Grenze ausgegangen werden kann. Dies kann wiederum dazu führen, dass die Nachspaltungs-Veräußerungssperre eher verletzt wird als wenn nur ein einheitlicher Spaltungsvorgang durchgeführt worden wäre.

388 **c) Steuerliche Konsequenzen der Missbrauchsklauseln.** Liegen die in § 15 Abs. 2 UmwStG genannten Voraussetzungen für eine steuerneutrale Spaltung nicht vor (weil ein fiktiver Teilbetrieb innerhalb der letzten 3 Jahre durch Einlage von Einzelwirtschaftsgütern erworben oder aufgestockt wurde oder weil innerhalb von 5 Jahren nach der Spaltung zu viele Anteile an einer der beteiligten Körperschaften veräußert werden), so führt dies zur Nichtanwendung des § 11 Abs. 2 UmwStG. Das bedeutet, dass die übertragende Körperschaft in Bezug auf das übergehende Vermögen nicht die Möglichkeit der Buchwertfortführung oder zum Ansatz von Zwischenwerten hat, sondern zwingend gemeine Werte ansetzen muss, was zur Aufdeckung der stillen Reserven führt.

389 Weitere Konsequenzen ergeben sich jedoch nach überwiegender Literaturmeinung nicht (vgl. Dötsch/Pung in: Dötsch/Pung/Möhlenbrock, Die Körperschaftsteuer, § 15 UmwStG Rn. 325). Das bedeutet insbesondere, dass das in Abspaltungsfällen bei der Überträgerin verbleibende Betriebsvermögen weiterhin mit den Buchwerten anzusetzen ist. Außerdem ergeben sich keine nachteiligen Auswirkungen für die Anteilseigner der übertragenden Körperschaft. Bei ihnen ist der Erwerb der Anteile an der Übernehmerin vielmehr steuerneutral möglich, wenn die Voraussetzungen des § 13 Abs. 2 UmwStG erfüllt sind.

390 **d) Trennung von Gesellschafterstämmen.** Bei der **Trennung von Gesellschafterstämmen** setzt die Anwendung der **Steuerneutralität** zusätzlich voraus, dass die Beteiligungen an der übertragenden Körperschaft mindestens **5 Jahre** vor dem steuerlichen Übertragungsstichtag bestanden haben, § 15 Abs. 2 Satz 5 UmwStG. Zu beachten ist aber, dass Zeiten, in denen eine aus einer Umwandlung hervorgegangene Kapitalgesellschaft als Personengesellschaft mit den gleichen Gesellschafterstämmen bestanden hat, auf die Vorbesitzzeit im Sinne des § 15 Abs. 2 Satz 5 UmwStG angerechnet werden (vgl. Randnr. 15.40 UmwStE).

391 **e) Verlustabzug, Zinsvortrag und EBITDA-Vortrag.** Ein **verbleibender Verlustabzug** im Sinne des § 10d Abs. 3 Satz 2 EStG geht wie bei der Verschmelzung von Körperschaften auf Körperschaften nach neuer Rechtslage anlässlich einer Aufspaltung unter. In den Fällen der Abspaltung mindert sich ein verbleibender Verlustvortrag der übertragenden Körperschaft in dem Verhältnis, in dem bei Zugrundelegung des gemeinen Wertes das Vermögen auf eine andere Körperschaft übergeht. Dieser Teil des Verlustvortrages geht somit unter und kann weder von der Übernehmerin noch von der Überträgerin nach der Spaltung noch genutzt werden. Der bei der Überträgerin verbleibende Verlustvortrag kann demgegenüber nach den allgemeinen Regeln weiterhin genutzt werden.

Dasselbe gilt für einen bei der übertragenden Körperschaft festgestellten Zinsvortrag bzw. EBITDA- **392** Vortrag im Rahmen der Zinsschranke des § 4h EStG.

II. Aufspaltung oder Abspaltung auf eine Personengesellschaft

Der Vermögensübergang durch Aufspaltung oder Abspaltung von einer Körperschaft auf eine Personen- **393** gesellschaft ist in § 16 UmwStG geregelt. Die Vorschrift bezieht sich auf Körperschaften als übertragende und auf Personengesellschaften als übernehmende Rechtsträger, sodass neben den Personenhandelsgesellschaften auch Personengesellschaften in der Rechtsform der GbR betroffen sind. Nicht in § 16 UmwStG geregelt ist die Ausgliederung i. S. v. §§ 152 bis 173 UmwG, sondern nur die Aufspaltung oder Abspaltung.

Geht das Vermögen einer Körperschaft durch Aufspaltung oder Abspaltung auf eine Personengesell- **394** schaft über, gelten die §§ 3 bis 8 und 10 UmwStG entsprechend (s. die Ausführungen unter Teil 7 Rdn. 28 ff.). Auch insoweit ist also das Grundkonzept, die Spaltung als Teil-Verschmelzung zu behandeln, umgesetzt worden.

Die in § 15 UmwStG genannten Voraussetzungen (s. Erläuterungen unter Teil 7 Rdn. 331) sind auch **395** im Fall der Aufspaltung oder Abspaltung auf eine Personengesellschaft zu beachten.

Auch bei der Aufspaltung oder Abspaltung auf eine Personengesellschaft gilt die **steuerliche Rückwir-** **396** **kung**, sodass ab dem Spaltungsstichtag die Einkünfte für die Ertragsbesteuerung nach den Grundsätzen der Besteuerung einer Personengesellschaft zu ermitteln sind. Damit sind z. B. Vergütungen für den Gesellschafter-Geschäftsführer der übertragenden Kapitalgesellschaft nicht mehr als Betriebsausgaben abzugsfähig, § 15 Abs. 1 Nr. 2 Satz 1 EStG. Die Vergütungen stellen vielmehr Vorweggewinn dar.

Bezüglich der Behandlung von Gewinnausschüttungen, die erst nach dem steuerlichen Übertragungs- **397** stichtag vorgenommen werden vgl. Teil 7 Rdn. 179.

III. Gewerbesteuer

Nach §§ 18 Abs. 1 und 19 Abs. 1 UmwStG gelten die Grundsätze der §§ 3 bis 9, 14, 16 und 17 sowie 11 **398** bis 13, 15 und 17 UmwStG auch für die Ermittlung des Gewerbeertrages.

Ein Übernahmegewinn oder Übernahmeverlust ist bei der Ermittlung des Gewerbeertrags der Über- **399** nehmerin nicht zu erfassen (§ 18 Abs. 2 UmwStG).

Vortragsfähige Fehlbeträge der übertragenden Körperschaft können nicht vom maßgebenden Gewer- **400** beertrag der übernehmenden Körperschaft abgezogen werden (vgl. hierzu Teil 7 Rdn. 138 ff.). Auch bei der Aufspaltung oder Abspaltung auf eine Personengesellschaft geht ein vortragsfähiger Fehlbetrag im Sinne des § 10a GewStG nicht über.

Bei einer Spaltung von einer Kapitalgesellschaft auf eine Personengesellschaft ist insbesondere die Miss- **401** brauchsregelung des § 18 Abs. 3 UmwStG zu beachten (vgl. hierzu eingehend Teil 7 Rdn. 137 ff.).

E. Einbringungsvorgänge

I. Einbringung von Betrieben, Teilbetrieben oder Mitunternehmeranteilen in Kapitalgesellschaften

1. Allgemeines. Eine Einbringung in eine Kapitalgesellschaft oder Genossenschaft im Sinne der **402** §§ 20 ff. UmwStG liegt vor, wenn bestimmte betriebliche Einheiten, nämlich Betriebe, Teilbetriebe oder Mitunternehmeranteile, auf eine Kapitalgesellschaft übertragen werden und aufnehmende Gesellschaft dafür im Gegenzug neue Anteile an den Einbringenden gewährt.

Der Begriff der **Einbringung** ist gesetzlich nicht explizit definiert; er umfasst nach h. M. sowohl den **403** Übergang des zivilrechtlichen Eigentums als auch die bloße Verschaffung wirtschaftlichen Eigentums an übertragenen Wirtschaftsgütern des Betriebsvermögens (vgl. Herlinghaus in: Rödder/Herlinghaus/van Lishaut, UmwStG, § 20 Rn. 127).

404 Die Einbringung von Unternehmensteilen (Betrieben, Teilbetrieben oder Mitunternehmeranteilen) in eine andere Gesellschaft gegen Gewährung von Gesellschaftsrechten ist mit Abstand die häufigste Form der Umstrukturierung im Konzern. Die Regelungen des UmwStG ermöglichen es bei Vorliegen bestimmter Voraussetzungen, betriebliche Einheiten steuerneutral z. B. auf eine Tochterkapitalgesellschaft zu übertragen und damit rechtlich zu separieren. Außerdem ist die Einbringung regelmäßig ein geeignetes Instrument zur Gründung von Joint Ventures.

405 Die Regelungen in §§ 20 ff. UmwStG gelten nach § 1 Abs. 3 UmwStG insbesondere für
- Sacheinlagen durch Übertragung von Betriebsvermögen im Wege der Einzelrechtsnachfolge (»Einbringungsvertrag«),
- Sacheinlagen durch Ausgliederung von Betriebsvermögen mit partieller Gesamtrechtsnachfolge,
- Verschmelzungen von Personen- auf Kapitalgesellschaften mit Gesamtrechtsnachfolge, und
- Auf- oder Abspaltungen von Personen- auf Kapitalgesellschaften mit partieller Gesamtrechtsnachfolge.

406 Einbringungen in Kapitalgesellschaften waren bereits vor der grundlegenden Reform des UmwStG in 2006 und der damit verwirklichten »Europäisierung des Umwandlungssteuerrechts« nicht auf rein inländische Vorgänge beschränkt. Bereits unter dem UmwStG a. F. war z. B. die Einbringung eines Betriebes oder eines Teilbetriebes in eine EU-Kapitalgesellschaft gegen Gewährung von Gesellschaftsrechten steuerneutral möglich, wenn das übertragene Vermögen anschließend zu einer deutschen Betriebsstätte gehörte und das deutsche Besteuerungsrecht somit gewahrt blieb.

407 Gleichwohl wurden die Regelungen über die Einbringungen in Kapitalgesellschaften in 2006 einer grundlegenden Änderung unterzogen. Dabei wurden auch erhebliche konzeptionelle Änderungen für die nach der Einbringung zu beachtenden Sperrfristen vorgenommen. Außerdem wurde der Anteilstausch, d. h. die Einbringung von Anteilen an Kapitalgesellschaften in andere Kapitalgesellschaften gegen Gewährung neuer Anteile, in § 21 UmwStG eigenständig geregelt.

408 **2. Persönlicher Anwendungsbereich.** Nach § 1 Abs. 3 und Abs. 4 UmwStG können folgende Personen Einbringende im Sinne des § 20 UmwStG sein:
- eine Kapitalgesellschaft, die nach den Vorschriften eines Mitgliedsstaats der EU bzw. des EWR gegründet wurde und deren Sitz und Ort der Geschäftsleitung sich innerhalb des Hoheitsgebiets eines dieser Staaten befindet, sog. doppeltes Ansässigkeitserfordernis (§ 1 Abs. 4 Nr. 2a) aa) in Verbindung mit § 1 Abs. 2 Satz 1 Nr. 1 UmwStG),
- eine natürliche Person, deren Wohnsitz oder gewöhnlicher Aufenthalt sich innerhalb des Hoheitsgebiets eines der Staaten der EU/EWR befindet und die nicht aufgrund eines DBA mit einem dritten Staat als außerhalb des Hoheitsgebiets dieser Staaten ansässig angesehen wird (§ 1 Abs. 4 Nr. 2a) bb) in Verbindung mit § 1 Abs. 2 Satz 1 Nr. 2 UmwStG),
- eine Personengesellschaft, wenn und soweit ihre Gesellschafter eine der beiden vorgenannten Voraussetzungen erfüllen (Randnr. 01.53 UmwStE).

409 Übernehmender Rechtsträger muss eine Kapitalgesellschaft oder Genossenschaft sein, die auch das doppelte Ansässigkeitserfordernis nach § 1 Abs. 2 Satz 1 Nr. 1 UmwStG (Recht der Gründung, Sitz und Ort der Geschäftsleitung innerhalb der EU/des EWR) erfüllt.

410 Für das einzubringende Vermögen enthält das UmwStG keine Ansässigkeitserfordernisse, d. h. der einzubringende Betrieb oder Teilbetrieb kann sowohl im Inland, im EU-/EWR-Ausland als auch im Drittland belegen sein.

411 **3. Gegenstand der Einbringung.** Nach § 20 Abs. 1 Satz 1 UmwStG ist die Einbringung von Betrieben, Teilbetrieben und Mitunternehmeranteilen Gegenstand der Regelung. Demgegenüber fällt der sog. Anteilstausch, d. h. die Einbringung von Anteilen an Kapitalgesellschaften in andere Kapitalgesellschaften gegen Gewährung neuer Anteile, unter § 21 UmwStG (vgl. hierzu Teil 7 Rdn. 523 ff.).

412 Anders als bei der Verschmelzung oder Spaltung, die per se unter die Regelungen des UmwStG fallen und bei denen bestimmte Voraussetzungen nur für den Buchwertansatz zu beachten sind, gelten die Regelungen in § 20 ff. UmwStG nur dann, wenn ein Betrieb, Teilbetrieb oder Mitunternehmeranteil in eine Kapitalgesellschaft gegen Gewährung neuer Anteile eingebracht wird. Die Einbringung anderer

Gegenstände oder die Einbringung ohne Gewährung neuer Anteile ist von den Regelungen nicht umfasst. Das bedeutet unter anderem, dass bei der Einbringung von Einzelwirtschaftsgütern keine steuerliche Rückwirkung nach § 20 Abs. 5 und 6 UmwStG erreichbar ist und auch die Regelungen über sonstige Gegenleistungen in § 20 Abs. 2 Satz 4 UmwStG keine Anwendung finden. Auch die Regelungen in § 23 UmwStG finden keine Anwendung, wenn keine von § 20 UmwStG erfasste Sachgesamtheit bzw. kein Mitunternehmeranteil übertragen wird.

Bei jedem Einbringungsvorgang muss sehr genau untersucht werden, ob tatsächlich ein Betrieb, Teil- **413** betrieb oder Mitunternehmeranteil im Sinne dieser Vorschrift gegeben ist. »Betrieb« ist dabei jede organisatorische Zusammenfassung von personellen, sachlichen oder sonstigen Mitteln, die eine selbständige Einheit bilden, auf die Erreichung eines wirtschaftlichen Zwecks gerichtet sind und der Erzielung von gewerblichen Gewinnen im Sinne des § 2 Abs. 2 Nr. 1 EStG dienen. Neben den originären gewerblichen Betrieben fallen unter § 20 UmwStG auch der vermögensverwaltende Betrieb einer Kapitalgesellschaft sowie der freiberufliche Betrieb, der land- und forstwirtschaftliche Betrieb, der Betrieb gewerblicher Art bei Körperschaften des öffentlichen Rechts sowie wirtschaftliche Geschäftsbetriebe von Körperschaften (vgl. Herlinghaus in: Rödder/Herlinghaus/van Lishaut, UmwStG, § 20 Rn. 28).

Bezüglich des Begriffs und des Umfangs des Teilbetriebs gilt im gesamten UmwStG eine einheitliche **414** Definition. Damit gilt auch in Einbringungsfällen künftig der europarechtliche Teilbetriebsbegriff und die von der Finanzverwaltung vorgenommene Interpretation dieses Begriffs. Es kann daher auf die Darstellung in Teil 7 Rdn. 334 ff. verwiesen werden.

Bei der Einbringung von Betrieben, Teilbetrieben und Mitunternehmeranteilen ist besonders darauf zu **415** achten, dass die Einbringung sämtliche zu dieser Einheit gehörenden wesentlichen Betriebsgrundlagen und auch die wirtschaftlich dieser Einheit zuordenbaren Wirtschaftsgüter umfassen muss. Bei der Einbringung von **Mitunternehmeranteilen** gehören hierzu auch die wesentlichen Betriebsgrundlagen, die sich im Sonderbetriebsvermögen des einbringenden Mitunternehmers befinden (Randnr. 20.06 UmwStE). Sonstige dem Sonderbetriebsvermögen zugehörige Wirtschaftsgüter dürften hingegen nicht zwingend umfasst sein (vgl. hierzu auch Teil 7 Rdn. 341). Bringen nicht die Mitunternehmer ihre Mitunternehmeranteile, sondern die Mitunternehmerschaft selbst ihren Betrieb ein, kann dies als Ausgliederung nach dem UmwG erfolgen. Dabei ist besonders zu beachten, dass bei einer solchen Ausgliederung das Sonderbetriebsvermögen der Mitunternehmer nicht im Wege der Ausgliederung mit übertragen werden kann, da es nicht im zivilrechtlichen Eigentum der ausgliedernden Mitunternehmerschaft steht. Das Sonderbetriebsvermögen muss vielmehr zeitgleich durch Einzelrechtsübertragung in die übernehmende Gesellschaft eingebracht werden. Wird diese gesonderte Übertragung unterlassen, fällt die Einbringung des Betriebes für die Mitunternehmerschaft und somit im Ergebnis für sämtliche Mitunternehmer nicht unter § 20 UmwStG, d. h. es ist nicht nur der Mitunternehmer betroffen, dem das Sonderbetriebsvermögen zuzurechnen war (vgl. Kaeser, DStR Beihefter zu Heft 2/2012, 13 [14]). Anders ist dies bei der Einbringung von Mitunternehmeranteilen durch die Mitunternehmer selbst. Bringt hier ein Mitunternehmer in seinem Sonderbetriebsvermögen befindliche wesentliche Betriebsgrundlagen nicht mit ein, führt dies nur bei ihm zum Ausschluss der §§ 20 ff. UmwStG, nicht jedoch bei anderen einbringenden Mitunternehmern.

Bei der Einbringung von Teil-Mitunternehmeranteilen ist – als Folge des BFH-Urteils v. 24.08.2000 **416** (IV R 51/98, BStBl. II 2005, 173) – davon auszugehen, dass im Sonderbetriebsvermögen befindliche wesentliche Betriebsgrundlagen zumindest **anteilig** mit übertragen werden müssen, um das Bewertungswahlrecht des § 20 UmwStG in Anspruch nehmen zu können. Dies entspricht auch der Auffassung der Finanzverwaltung (vgl. Randnr. 15.04 UmwStE). Dies kann bei im Sonderbetriebsvermögen gehaltenen Grundstücken bedeuten, dass das Grundstück real geteilt werden muss. Unter Verweis auf Randnr. 15.08 UmwStE kommt evtl. auch die Begründung einer Buchteilsgemeinschaft mit der aufnehmenden Kapitalgesellschaft in Betracht.

Gehört eine Beteiligung an einer Kapitalgesellschaft als wesentliche Betriebsgrundlage zu einem Be- **417** trieb/Teilbetrieb, muss diese zusammen mit dem Betrieb/Teilbetrieb übertragen werden. Darüber hinaus sollen Beteiligungen auch dann mit übertragen werden müssen, wenn sie bei einer Teilbetriebseinbringung zu den nach wirtschaftlichen Zusammenhängen diesem Teilbetrieb zuzuordnenden Wirtschaftsgütern gehören (vgl. Randnr. 20.06 UmwStE).

418   Wird eine Beteiligung mit eingebracht, die gem. § 21 UmwStG a. F. einbringungsgeboren ist, dann gelten die erhaltenen Anteile ebenfalls als einbringungsgeboren im Sinne des § 21 UmwStG a. F. (§ 20 Abs. 3 Satz 4 UmwStG). Die neuen Anteile treten insoweit in die aufgrund der früheren Einbringung laufende Siebenjahresfrist ein, es beginnt also keine neue Frist zu laufen (vgl. Randnr. 20.39 UmwStE). Dieser Vorrang des alten Rechts gilt allerdings nur so lange, wie die Siebenjahresfrist des § 8b Abs. 4 KStG a. F. bzw. des § 3 Nr. 40 Satz 3 und 4 EStG a. F. noch läuft. Nach Ablauf dieser Frist findet auch in Bezug auf diese erhaltenen Anteile der neue § 22 UmwStG in vollem Umfang Anwendung (vgl. Randnr. 20.40 UmwStE).

419   Handelt es sich jedoch bei der als wesentliche Betriebsgrundlage eigentlich mit einzubringenden Beteiligung um eine Beteiligung an der übernehmenden Kapitalgesellschaft, so gewährt die Finanzverwaltung die Möglichkeit, diese Anteile steuerunschädlich zurückzubehalten (Randnr. 20.09 UmwStE). Erforderlich ist hierzu jedoch ein unwiderruflicher Antrag des Einbringenden und eine Einverständniserklärung, dass diese Anteile künftig in vollem Umfang als Anteile zu behandeln sind, die durch eine Sacheinlage erworben wurden (erhaltene Anteile). Im Fall einer Veräußerung dieser Anteile innerhalb der 7-jährigen Sperrfrist ergeben sich somit die Rechtsfolgen des § 22 Abs. 1 UmwStG.

420   **4. Definition des Einbringenden.** Gemäß Randnr. 20.02 UmwStE ist Einbringender, wem die Gegenleistung – also insbesondere die im Gegenzug für die Einbringung gewährten neuen Anteile an der aufnehmenden Kapitalgesellschaft – zusteht. Bei natürlichen Personen und bei Kapitalgesellschaften als Einbringende ist diese Aussage nicht überraschend. Bei einer Personengesellschaft als Einbringende ging die Finanzverwaltung in der Vergangenheit davon aus, dass immer nur die Mitunternehmer selbst Einbringende im Sinne des § 20 UmwStG sein können. Nunmehr unterscheidet die Finanzverwaltung auch bei Personengesellschaften danach, wer Empfänger der Gegenleistung ist. Gliedert also eine Personengesellschaft einen Betrieb oder Teilbetrieb aus und erhält sie selbst als Gegenleistung für diese Vermögensübertragung neue Anteile an der aufnehmenden Kapitalgesellschaft, dann ist die Personengesellschaft auch der Einbringende im Sinne des § 20 UmwStG (zu den Auswirkungen im Rahmen des § 22 UmwStG siehe Teil 7 Rdn. 466). Geht die Personengesellschaft durch die Umwandlung allerdings unter – z. B. bei einer Aufspaltung oder bei einem Formwechsel – so erhalten die Mitunternehmer die Gegenleistung und daher sind sie auch als die Einbringenden anzusehen. Dasselbe gilt, wenn einzelne oder alle Mitunternehmer ihre Mitunternehmeranteile in eine Kapitalgesellschaft einbringen.

421   **5. Gewährung neuer Anteile und sonstige Gegenleistung. Voraussetzung** für die Anwendung der Regelungen in §§ 20 ff. UmwStG ist, dass der Einbringende für die Sacheinlage **neue Anteile** an der übernehmenden Kapitalgesellschaft erhält. Dabei ist es notwendig, dass mindestens ein neuer Anteil mit einem Stammkapitalbetrag von € 1 ausgegeben wird. Es ist unschädlich, wenn darüber hinaus durch die Sacheinlage in beliebigem Umfang die Kapitalrücklage nach § 272 Abs. 2 Nr. 1 HGB dotiert wird. Außerdem ist es für eine Sacheinlage nach § 20 UmwStG auch zulässig, eine Barkapitalerhöhung mit einem sogenannten »Sachagio« durchzuführen. Dabei wird beispielsweise das Stammkapital einer bestehenden GmbH um € 1 erhöht, wobei die Stammkapitalerhöhung als Bareinlage zu leisten ist. Über die Stammkapitalerhöhung hinaus wird vereinbart, dass als Sachagio ein Betrieb, Teilbetrieb oder Mitunternehmeranteil einzubringen ist, dessen (Buch-) Wert vollständig der Kapitalrücklage nach § 272 Abs. 2 Nr. 1 HGB zugeführt wird. Obwohl hier die Anteilsgewährung streng genommen nicht für die Einbringung des Betriebes, Teilbetriebes oder Mitunternehmeranteils erfolgt, hat der BFH dies als Anwendungsfall des § 20 UmwStG angesehen (vgl. BFH-Urteil v. 07.04.2010 – I R 55/09, BStBl. II 2010, 1094). Eine solche Vorgehensweise hat den Vorteil, dass die Werthaltigkeit des einzubringenden Betriebes, Teilbetriebes oder Mitunternehmeranteils nicht durch ein Wertgutachten nachgewiesen werden muss, da lediglich die (unzweifelhafte) Werthaltigkeit der Barkapitalerhöhung nachzuweisen ist.

422   Werden keine neuen Anteile gewährt, sind die §§ 20 ff. UmwStG nicht anwendbar. Keine Anteilsgewährung liegt beispielsweise vor, wenn
  – die Sacheinlage lediglich den Rücklagen zugeführt wird,

- ausschließlich eine dem gemeinen Wert der Sacheinlage entsprechende oder auch niedrigere Gegenleistung, die nicht in Gesellschaftsrechten besteht (z. B. eine Forderung gegen die aufnehmende Gesellschaft), gewährt wird, oder
- eine Bareinlage geleistet und diese zum Kauf des Betriebes, Teilbetriebes oder Mitunternehmeranteils verwendet wird.

Auch das sog. **einfache Anwachsungsmodell** (z. B. Ausscheiden des einzigen Kommanditisten aus einer **423** GmbH & Co. KG und Anwachsung des Gesellschaftsvermögens bei der verbleibenden Komplementär-GmbH) ist kein Fall des § 20 UmwStG, denn die Kommanditisten erhalten hier keine neuen Anteile an der Komplementär-GmbH (so auch Randnr. E 20.10 UmwStE). Demgegenüber ist das sog. **erweiterte Anwachsungsmodell**, bei dem alle Kommanditisten ihre Kommanditanteile gegen Gewährung von Gesellschaftsrechten in die Komplementär-GmbH einbringen, wodurch anschließend automatisch die Anwachsung des Gesellschaftsvermögens der KG bei der GmbH erfolgt, als Anwendungsfall des § 20 UmwStG anzusehen.

Im Anwendungsbereich des § 20 UmwStG ist es auch zulässig, dass zusätzlich zu den neuen Anteilen **424** eine sogenannte »**sonstige Gegenleistung**« an den Einbringenden gewährt wird. Die sonstige Gegenleistung kann beispielsweise in Bargeld, einer Gutschrift auf einem Bankkonto des Einbringenden oder der Einräumung einer Forderung gegen die aufnehmende Kapitalgesellschaft bestehen. (vgl. Randnr. E 20.11 UmwStE). Die sonstige Gegenleistung ist grundsätzlich auf den gemeinen Wert des einzubringenden Vermögens abzüglich der Stammkapitalerhöhung begrenzt. Wenn jedoch das Wahlrecht des § 20 UmwStG zur steuerneutralen Einbringung genutzt werden soll, ist als zusätzliche Begrenzung der steuerliche Netto-Buchwert des eingebrachten Vermögens (wiederum abzüglich der Stammkapitalerhöhung) zu berücksichtigen. Die Anschaffungskosten der neuen Anteile werden jeweils um den Wert der sonstigen Gegenleistung gekürzt.

▶ **Beispiel: Einbringung mit sonstiger Gegenleistung** **425**

Die Kapitalgesellschaft M-GmbH möchte einen Teilbetrieb in ihre Tochtergesellschaft T-GmbH steuerneutral nach § 20 UmwStG einbringen. Der Teilbetrieb umfasst Aktiva mit einem steuerlichen Buchwert von 500 und Passiva mit einem steuerlichen Buchwert von 300. Die Kapitalerhöhung bei der T-GmbH soll 50 betragen. Der gemeine Wert des einzubringenden Teilbetriebes beläuft sich auf 1.000.

Lösung:

Grundsätzlich könnte die M-GmbH nunmehr von der T-GmbH eine sonstige Gegenleistung in Höhe von 950 (gemeiner Wert 1.000 ./. Kapitalerhöhung 50 = sonstige Gegenleistung 950) erhalten.

Da die Einbringung jedoch steuerneutral erfolgen soll, darf die sonstige Gegenleistung maximal 150 (Buchwert der Aktiva 500 ./. Buchwert der Passiva 300 ./. Kapitalerhöhung 50 = sonstige Gegenleistung 150) betragen. Bei einer höheren sonstigen Gegenleistung müsste die T-GmbH das eingebrachte Vermögen mit einem höheren Wert ansetzen, um sowohl die Stammkapitalerhöhung als auch die sonstige Gegenleistung bilanziell abbilden zu können. Dann wäre die Einbringung nicht mehr steuerneutral möglich, weil ein den Buchwert übersteigender Wert angesetzt werden müsste.

Es ist geplant, die Möglichkeiten zur Gewährung sonstiger Gegenleistungen bei Einbringungen in Kapi- **426** talgesellschaften zu begrenzen. Nach dem »Entwurf eines Gesetzes zur Umsetzung der Protokollerklärung zum Gesetz zur Anpassung der Abgabenordnung an den Zollkodex der Union und zur Änderung weiterer steuerlicher Vorschriften« vom 13.05.2015 (BT-Drs. 18/4902), das zwischenzeitlich in »Steueränderungsgesetz 2015« umbenannt wurde (BT-Drs. 18/6094), soll eine steuerneutrale Einbringung nur noch dann möglich sein, wenn die sonstige Gegenleistung (i) nicht mehr als 25 % des Netto-Buchwerts des eingebrachten Vermögens oder (ii) 500.000 €, höchstens jedoch den Netto-Buchwert des eingebrachten Vermögens erreicht. Damit sollen unerwünschte Gestaltungen vermieden werden, bei denen im Extremfall nur ein neuer Anteil mit einem Wert von 1 € gewährt wird und der gesamte darüber hinausgehende Wert des eingebrachten Betriebsvermögens durch die sonstige Gegenleistung an den Einbringenden ausgekehrt wird (vgl. BT-Drs. 18/4902, 55 ff.). Diese Änderungen sollen bereits ab dem 01.01.2015 gelten.

427 Hilfreich ist die Möglichkeit der Gewährung sonstiger Gegenleistungen insbesondere bei der Gründung von **Joint Ventures**, bei denen ein Partner Betriebsvermögen und der andere Barmittel überträgt. Um eine paritätische Beteiligungshöhe zu erreichen, kann dabei dem Partner, der das (ggf. höher zu bewertende) Betriebsvermögen einbringt zum Ausgleich eine Darlehensforderung ggü. der gemeinsamen Tochtergesellschaft eingeräumt werden.

6. Bewertung des übergehenden Betriebsvermögens und der Gegenleistung beim übernehmen-
428 **den Rechtsträger. a) Ausübung des Bewertungswahlrechts.** Während bei der Verschmelzung von Kapitalgesellschaften auf Personengesellschaften oder Kapitalgesellschaften sowie bei der Spaltung von Kapitalgesellschaften die übertragende Gesellschaft ein eventuell bestehendes Wertansatzwahlrecht ausübt, ist dieses Wertansatzwahlrecht bei Einbringungen von Betrieben, Teilbetrieben oder Mitunternehmeranteilen in Kapitalgesellschaften nach § 20 Abs. 2 Satz 1 und 2 UmwStG der aufnehmenden Kapitalgesellschaft zugewiesen. Der Wert, mit denen die aufnehmende Kapitalgesellschaft das eingebrachte Vermögen ansetzt, gilt für den Einbringenden als Veräußerungspreis des Vermögens und als Anschaffungskosten der neuen Anteile an der aufnehmenden Kapitalgesellschaft. Diese Wertverknüpfung kann es erforderlich machen, dass zwischen dem Einbringenden und der aufnehmenden Gesellschaft Vereinbarungen getroffen werden, mit welchem Wert das einzubringende Vermögen anzusetzen ist und welche Rechtsfolgen sich bei einem Verstoß gegen den vereinbarten Wertansatz ergeben.

429 Die Regelungen zur Bewertung des übergehenden Vermögens und damit zu der Frage, ob die Vermögensübertragung ertragsteuerneutral ist oder nicht, folgen auch bei den Einbringungen in Kapitalgesellschaften der Grundkonzeption des UmwStG, wonach grundsätzlich der Ansatz des gemeinen Wertes erfolgt, aber auf Antrag und soweit das deutsche Besteuerungsrecht gewahrt bleibt der Buchwert bzw. Zwischenwerte angesetzt werden können.

430 Beim Ansatz des gemeinen Wertes für das eingebrachte Vermögen sollen wiederum Pensionsrückstellungen nicht mit dem gemeinen Wert, sondern mit dem sich nach § 6a EStG ergebenden Teilwert angesetzt werden (§ 20 Abs. 1 Satz 1 Halbs. 2 UmwStG). Nach Auffassung der Finanzverwaltung sollen für das übergehende Vermögen im Einbringungszeitpunkt die Ansatzverbote des § 5 EStG nicht gelten. Vielmehr soll der übernehmende Rechtsträger im Zeitpunkt des Vermögensübergangs zunächst auch die normalerweise nicht bilanzierungsfähigen Passiva, also beispielsweise Drohverlustrückstellungen, ausweisen. In der nächsten steuerlichen Jahresbilanz sollen diese normalerweise nicht bilanzierungsfähigen Passiva dann aber wieder gewinnerhöhend auszubuchen sein (vgl. Randnr. 20.20 UmwStE). Die Finanzverwaltung wendet in Einbringungsfällen für den übernehmenden Rechtsträger also dieselben Grundsätze an, wie sie in anderen Umwandlungsfällen für den übertragenden Rechtsträger gelten sollen. Bezüglich der Auswirkungen und der Kritik zu dieser Rechtsauffassung vgl. eingehend Teil 7 Rdn. 49.

431 Allerdings kann die übernehmende Kapitalgesellschaft auf Antrag das Vermögen mit den bisherigen Buchwerten oder mit Zwischenwerten übernehmen, wenn die folgenden Voraussetzungen erfüllt sind:
(1) Das übernommene Vermögen muss später bei der übernehmenden Körperschaft der Besteuerung mit Körperschaftsteuer unterliegen.
Für die Erfüllung dieses Kriteriums gelten die Ausführungen unter Teil 7 Rdn. 205 ff. entsprechend. Insbesondere die dortigen Aussagen für den Fall, dass es sich bei dem übernehmenden Rechtsträger um eine Organgesellschaft handelt, sind nach Ansicht der Finanzverwaltung auch in Einbringungsfällen zu beachten (vgl. Randnr. 20.19 UmwStE).
(2) Das übernommene Betriebsvermögen darf keinen negativen Buchwert ausweisen. Die Buchwerte der übergehenden Passiva dürfen daher die Buchwerte der übergehenden Aktiva nicht übersteigen. Ist dies gleichwohl der Fall, sind die Buchwerte der Aktiva so weit aufzustocken, bis die Buchwerte der Passiva zuzüglich der Stammkapitalerhöhung erreicht sind. Der daraus resultierende Aufstockungsgewinn unterliegt beim Einbringenden der laufenden Besteuerung.
(3) Das Besteuerungsrecht Deutschlands darf nicht ausgeschlossen oder beschränkt werden. Hatte Deutschland also vor der Einbringung an dem übergehenden Betriebsvermögen das Recht, die künftigen Veräußerungsgewinne zu besteuern und geht dieses Recht durch die Einbringung verloren bzw. kann nur noch unter der Voraussetzung der Anrechnung ausländischer Steuer ausgeübt werden, so ist der Vermögensübergang insoweit nicht zu Buchwerten möglich, sondern die überge-

henden stillen Reserven sind durch den Ansatz der gemeinen Werte aufzudecken und der Versteuerung zu unterwerfen.

Der Grundsatz der Maßgeblichkeit der Handels- für die Steuerbilanz gilt in Umwandlungsfällen nicht. **432**
Das steuerliche Bewertungswahlrecht kann daher – bei Vorliegen der genannten Voraussetzungen –
völlig unabhängig von den handelsbilanziellen Wertansätzen ausgeübt werden (vgl. Randnr. 20.20
UmwStE).

Der **Buchwert** ist der Wert, mit dem der Einbringende das eingebrachte Betriebsvermögen im Zeit- **433**
punkt der Sacheinlage nach den steuerrechtlichen Vorschriften über die Gewinnermittlung anzusetzen
hat (vgl. Randnr. 01.57 UmwStE).

Weist der eingebrachte Betrieb, Teilbetrieb oder Mitunternehmeranteil ein **negatives Kapital** auf, so **434**
muss die aufnehmende Kapitalgesellschaft das eingebrachte Betriebsvermögen mindestens so ansetzen,
dass sich Aktiva und Passiva decken, das negative Kapitalkonto also ausgeglichen wird (§ 20 Abs. 2
Satz 2 Nr. 2 UmwStG). Dies gilt nach Ansicht der Finanzverwaltung (Randnr. 20.19 UmwStE)
auch dann, wenn das Betriebsvermögen erst durch Entnahmen im Rückwirkungszeitraum negativ
wird. Eine Buchwertfortführung ist daher in einem solchen Fall nicht möglich (kritisch dazu Herlinghaus in: Rödder/Herlinghaus/van Lishaut, UmwStG, § 20 Rn. 162b). Die gemeinen Werte der einzelnen Wirtschaftsgüter dürfen jedoch nicht überschritten werden. Der durch die Buchwertaufstockung
entstehende Einbringungsgewinn unterliegt bei dem einbringenden Rechtsträger der laufenden Besteuerung. Soweit jedoch bei dem einbringenden Rechtsträger ein laufender steuerlicher Verlust oder
Verlustvortrag vorhanden ist, kann dieser (der Verlustvortrag jedoch nur im Rahmen der Mindestbesteuerung) mit einem etwaigen Einbringungsgewinn verrechnet werden. Dies gilt jedoch nur vorbehaltlich der Regelung in § 2 Abs. 4 UmwStG, d. h. wenn dem Einbringenden die Verlustnutzung
auch ohne die rückwirkende Entstehung des Einbringungsgewinnes noch möglich gewesen wäre. Damit wird die Verrechnung des Einbringungsgewinnes insbesondere ausgeschlossen, wenn im Rückwirkungszeitraum beim Einbringenden ein Verlustuntergang nach § 8c KStG stattgefunden hat.

Ein laufender steuerlicher Verlust oder Verlustvortrag geht bei der Einbringung **nicht** auf die aufneh- **435**
mende Kapitalgesellschaft über (vgl. auch Randnr. 23.02 UmwStE), sondern verbleibt bei dem Einbringenden. Ein einkommensteuerlicher oder körperschaftsteuerlicher Verlustvortrag kann dann von dem
Einbringenden weiterhin genutzt werden. Der gewerbesteuerliche Verlustvortrag einer Personengesellschaft geht jedoch unter, soweit er auf das eingebrachte Betriebsvermögen entfällt, da bei dem Einbringenden insoweit die Unternehmensidentität im Sinne des § 10a GewStG nicht länger gegeben ist. Es
könnte daher in diesen Fällen überlegt werden, ob es nicht sogar sinnvoll ist, die einzubringenden Wirtschaftsgüter bei der aufnehmenden Kapitalgesellschaft mit einem über dem Buchwert liegenden Wert
anzusetzen und den entstehenden Einbringungsgewinn mit dem vorhandenen Verlustvortrag zu verrechnen. Auf diese Weise würde auch der gewerbesteuerliche Verlustvortrag noch genutzt und in zukünftiges
Abschreibungsvolumen – allerdings bei der aufnehmenden Kapitalgesellschaft – transferiert.

Ist der Buchwert des übergehenden steuerlichen Reinvermögens geringer als der Betrag der Nennkapi- **436**
talerhöhung bei der aufnehmenden Gesellschaft (z. B. weil zur zutreffenden Abbildung der Beteiligungsverhältnisse unter Gesellschaftern der aufnehmenden Gesellschaft, die sich als fremde Dritte
gegenüberstehen, eine Nennkapitalerhöhung erforderlich ist, die den steuerlichen Buchwert des eingebrachten Vermögens übersteigt) steht dies gleichwohl einer Buchwertfortführung nicht im Wege. Ggf.
ist zum Bilanzausgleich ein aktiver Ausgleichsposten zu bilden (vgl. Randnr. 20.20 UmwStE).

Wird dem Einbringenden neben den neuen Anteilen an der aufnehmenden Kapitalgesellschaft auch **437**
noch eine **sonstige Gegenleistung** in Form anderer Wirtschaftsgüter (z. B. Darlehensforderung gegen
die aufnehmende Kapitalgesellschaft, Bargeld, Grundstück) gewährt, steht dies dem Buchwertansatz
unter den in Teil 7 Rdn. 424 ff. genannten Voraussetzungen nicht entgegen. Die als Gegenleistung
für die Einbringung gewährten neuen Anteile an der aufnehmenden Kapitalgesellschaft sind beim
Einbringenden mit dem steuerlichen Buchwert des eingebrachten Vermögens abzüglich des gemeinen
Wertes der sonstigen Gegenleistung anzusetzen. Übersteigt die sonstige Gegenleistung die für eine
Buchwertfortführung zulässigen Grenzen, ist ein Zwischenwert bzw. maximal der gemeine Wert für
das eingebrachte Vermögen anzusetzen. Es ergibt sich aufgrund des erhöhten Wertansatzes ein Einbringungsgewinn, der vom Einbringenden zu versteuern ist.

438 Eine Pensionszusage gegenüber einem Mitunternehmer, die als Teil des einzubringenden Vermögens von einer Personengesellschaft in die aufnehmende Kapitalgesellschaft eingebracht wird, ist zwischenzeitlich ein normaler Passivposten, der – ebenso wie andere Verbindlichkeiten – auf den übernehmenden Rechtsträger übergeht und keine sonstige Gegenleistung darstellt (vgl. Randnr. 20.29 UmwStE). Lediglich dann, wenn die Mitunternehmer die im BMF-Schreiben vom 29.01.2008 (BStBl. I 2008, 317) eingeräumte Möglichkeit genutzt haben, eine alte Pensionszusage weiterhin als Gewinnverteilungsabrede zu behandeln, dann gelten die Regelungen in Randnr. 20.41 ff. UmwStE 1998 insoweit fort und die Übernahme der Pensionsverpflichtung ist als sonstige Gegenleistung zu werten (vgl. Randnr. 20.29 UmwStE).

439 Besonders zu beachten sind weitere Konsequenzen für die Mitunternehmer, wenn eine Personengesellschaft, die in eine Kapitalgesellschaft umgewandelt wird, zugunsten eines oder mehrerer Mitunternehmer Pensionszusagen ausgesprochen hatte. Hier bestehen für Altfälle mehrere Möglichkeiten der Berücksichtigung im Sonderbetriebsvermögen, die in dem genannten BMF-Schreiben v. 29.01.2008 dargestellt sind. Hat nur der begünstigte Mitunternehmer eine entsprechende Forderung ausgewiesen, wird diese anlässlich der Einbringung entnommen und der Entnahmegewinn ist zu versteuern. Allerdings gewährt die Finanzverwaltung in Randnr. 20.28 UmwStE die Möglichkeit, einen Antrag zu stellen, dass diese Forderung sog. »Rest-Betriebsvermögen« des ehemaligen Mitunternehmers bleibt. Künftige Erträge aus den Pensionszusagen sind dann als Sonderbetriebseinnahmen nach § 15 EStG zu versteuern. Wurde die Pensionsanwartschaft teilweise vor und teilweise nach der Umwandlung der Personengesellschaft in eine Kapitalgesellschaft erdient, dann sind die künftigen Pensionszahlungen jeweils entsprechend aufzuteilen (vgl. Randnr. 20.32 UmwStE). Hatten hingegen alle Mitunternehmer anteilige Forderungen in ihrem Sonderbetriebsvermögen ausgewiesen, erleiden die nicht begünstigten Mitunternehmer durch die Ausbuchung der Forderung einen laufenden Verlust, während der begünstigte Mitunternehmer in seinem Restbetriebsvermögen eine über 15 Jahre ratierlich aufzulösende Rückstellung bilden kann (vgl. hierzu eingehend Benz/Rosenberg, DB 2012, Beilage 1, 38 [43 f.]).

440 Bei Ansatz mit **Zwischenwerten** sind die Buchwerte der bilanzierten Wirtschaftsgüter grundsätzlich gleichmäßig aufzustocken, und zwar inklusive der originären immateriellen Wirtschaftsgüter und eines etwaigen Geschäfts- oder Firmenwerts (Abschaffung der sog. Stufentheorie, Randnr. 20.18 in Verbindung mit Randnr. 03.25 UmwStE; vgl. hierzu auch Teil 7 Rdn. 45).

441 Ist eine Einbringung zu **gemeinen Werten** beabsichtigt, dann sollte diese Absicht in den Erläuterungen der Bilanz der aufnehmenden Kapitalgesellschaft deutlich zum Ausdruck gebracht werden. Fehlt ein deutlicher Hinweis auf den Ansatz des gemeinen Wertes und stellt sich z. B. im Rahmen einer späteren Betriebsprüfung heraus, dass der Wertansatz – wenn auch nur geringfügig – zu niedrig gewählt wurde, dann besteht die Gefahr, dass die Finanzverwaltung den Ansatz bei der aufnehmenden Kapitalgesellschaft in einen Zwischenwertansatz umdeutet mit der Folge, dass die im Gegenzug der Einbringung ausgegebenen Anteile sperrfristbehaftet im Sinne des § 22 UmwStG sind.

442 b) **Maßgebliche Bilanzen.** Gemäß Randnr. 20.21 UmwStE ist das übergehende Vermögen bei der übernehmenden Gesellschaft erstmals zum steuerlichen Übertragungsstichtag anzusetzen. Der Antrag auf Ausübung des Bewertungswahlrechts ist dann spätestens bis zur erstmaligen Abgabe dieser Bilanz bei dem für die Besteuerung örtlich zuständigen Finanzamt zu stellen (§ 20 Abs. 3 Satz 3 UmwStG).

443 Die Finanzverwaltung unterstellt mit dieser Regelung, dass der übernehmende Rechtsträger zum steuerlichen Übertragungsstichtag eine Schlussbilanz zu erstellen hat. Dies ist auch der Fall, wenn beide Rechtsträger ein identisches Wirtschaftsjahr haben und der steuerliche Übertragungsstichtag mit dem Schluss des regulären Geschäftsjahrs übereinstimmt.

444 ▶ **Beispiel:**

Die A-GmbH gliedert mit Wirkung zum 01.01.2015 einen Teilbetrieb auf die B-GmbH aus. Sowohl der übertragende als auch der übernehmende Rechtsträger haben ein dem Kalenderjahr entsprechendes Wirtschaftsjahr.

Lösung

Die A-GmbH erstellt gem. § 17 UmwG zum 31.12.2014 eine handelsrechtliche Schlussbilanz sowie eine steuerliche Schlussbilanz. Der steuerliche Übertragungsstichtag ist der 31.12.2014 (§ 20 Abs. 6 UmwStG). Die Übernehmerin (B-GmbH) erstellt ebenfalls zum 31.12.2014 ihre reguläre Handels- und Steuerbilanz. Aufgrund der steuerlichen Rückwirkung hat die B-GmbH das übergegangene Vermögen in dieser Steuerbilanz zum 31.12.2014 bereits auszuweisen und dementsprechend ist mit der Abgabe der Steuererklärung 2014 von der B-GmbH der Antrag auf Ansatz der Buchwerte bzw. Ansatz von Zwischenwerten zu stellen.

Gleichwohl ist es nicht zwingend, dass die Übernehmerin auf den steuerlichen Übertragungsstichtag **445** eine Steuerbilanz erstellt.

▶ **Beispiel:** **446**

Die A-GmbH bringt einen Teilbetrieb im Wege der Einzelrechtsnachfolge (keine Ausgliederung) in die B-GmbH ein. Beide Rechtsträger haben wieder ein mit dem Kalenderjahr übereinstimmendes Wirtschaftsjahr. Die Einbringung wird im Oktober 2015 beschlossen. Als steuerlicher Übertragungsstichtag wird der 30.06.2015 festgelegt.

Lösung:

Die Einbringung stellt für beide Rechtsträger handelsrechtlich einen laufenden Geschäftsvorfall dar. Die B-GmbH hat keine Verpflichtung zur Erstellung einer Steuerbilanz auf den 30.06.2015, aus der sich die Wahlrechtsausübung ergibt. Zwar ist das übergehende Vermögen bei der Übernehmerin mit Wirkung zum steuerlichen Übertragungsstichtag steuerlich einzubuchen, bilanziell wird dieses Vermögen jedoch erst in der nächsten steuerlichen Jahresbilanz ausgewiesen. Die steuerliche Schlussbilanz, mit deren Einreichung der Antrag (spätestens) zu stellen ist, ist also die Steuerbilanz zum 31.12.2015.

c) **Beispiele**

▶ **Beispiel: Einbringung eines Betriebs in eine inländische Kapitalgesellschaft** **447**

Die B-GmbH bringt ihren Teilbetrieb 2 in die A-GmbH gegen Gewährung von Gesellschaftsrechten ein. Zusätzlich zu den Gesellschaftsrechten wird eine sonstige Gegenleistung in Form einer Kapitalforderung i. H. v. 375 € gewährt.

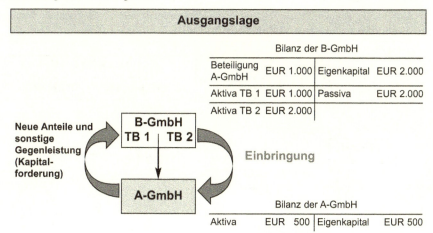

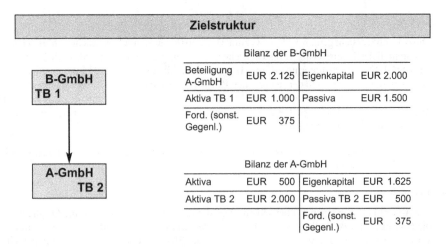

Zielstruktur

| B-GmbH TB 1 | | | |

Bilanz der B-GmbH

Beteiligung A-GmbH	EUR 2.125	Eigenkapital	EUR 2.000
Aktiva TB 1	EUR 1.000	Passiva	EUR 1.500
Ford. (sonst. Gegenl.)	EUR 375		

Bilanz der A-GmbH

Aktiva	EUR 500	Eigenkapital	EUR 1.625
Aktiva TB 2	EUR 2.000	Passiva TB 2	EUR 500
		Ford. (sonst. Gegenl.)	EUR 375

Lösung:

Die A-GmbH hat grundsätzlich die übergehenden Wirtschaftsgüter mit ihren gemeinen Werten anzusetzen. Da der Teilbetrieb 2 bei der A-GmbH weiterhin der Körperschaftsteuer unterliegt, das übergehende Buchvermögen ein positives Kapital ausweist und das Besteuerungsrecht Deutschlands an den stillen Reserven nicht eingeschränkt wird, muss das übergehende Vermögen nicht zwingend mit gemeinen Werten angesetzt werden, sondern die A-GmbH hat auf Antrag ein Bewertungswahlrecht, die übergehenden Wirtschaftsgüter mit Buchwerten, Zwischenwerten oder gemeinen Werten anzusetzen. Eine Aufdeckung stiller Reserven kann somit vermieden werden. Die sonstige Gegenleistung in Höhe von 375 € übersteigt nicht den Netto-Buchwert des eingebrachten Vermögens von 1.500 €, so dass sich auch daraus keine Pflicht zum Ansatz eines höheren Wertes als des Buchwertes ergibt. Auch nach der geplanten Änderung des § 20 UmwStG ist die Buchwertfortführung zulässig, da die Grenze von 25 % des steuerlichen Buchwertes (25% x 1.500 € = 375 €) eingehalten wird. Die neuen Anteile an der A-GmbH sind bei der B-GmbH mit dem Netto-Buchwert des eingebrachten Vermögens abzüglich der sonstigen Gegenleistung, also mit 1.125 €, anzusetzen.

448 ▶ **Beispiel: Einbringung eines Betriebs in eine EU-Kapitalgesellschaft**

In Abwandlung zum vorherigen Beispiel ist die Übernehmerin nicht in Deutschland ansässig, sondern es handelt sich um eine französische S. A.

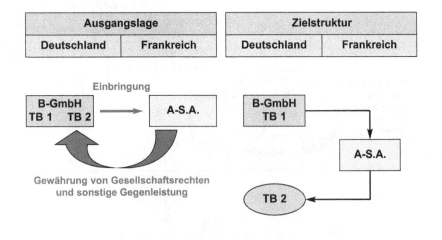

Ausgangslage		Zielstruktur	
Deutschland	Frankreich	Deutschland	Frankreich

Einbringung

B-GmbH TB 1 TB 2 → A-S.A.

Gewährung von Gesellschaftsrechten und sonstige Gegenleistung

B-GmbH TB 1

A-S.A.

TB 2

Lösung:

Verbleibt das gesamte übertragene Betriebsvermögen im Inland und bildet nach der Einbringung eine deutsche Betriebsstätte der übernehmenden A-S. A., so besteht auch in diesem Fall das Bewertungswahlrecht und die Übertragung kann zu Buchwerten vorgenommen werden, denn Deutschland hat nach den Regelungen des DBA Deutschland/Frankreich das Besteuerungsrecht bezüglich der Gewinne aus der Veräußerung der Vermögensgegenstände der Betriebsstätte. Das Besteuerungsrecht Deutschlands an diesem Vermögen wird also weder ausgeschlossen noch beschränkt.

Soweit allerdings einzelne Wirtschaftsgüter auf das Stammhaus der A-S. A. übergehen und damit nach Frankreich überführt werden sollten, ist insoweit eine Buchwertfortführung nicht möglich. Dies gilt auch, wenn es sich bei den übergehenden Wirtschaftsgütern um immaterielle Wirtschaftsgüter (wie z. B. Patente, etc.) handelt.

Nicht unbedingt erforderlich ist, dass das übergehende Betriebsvermögen vor der Einbringung im Inland belegen ist. Es ist auch möglich, eine ausländische Betriebsstätte in eine EU-Kapitalgesellschaft einzubringen. In diesen Fällen ist aber besonders genau zu prüfen, ob das Besteuerungsrecht Deutschlands ausgeschlossen oder beschränkt wird. Regelmäßig hat Deutschland an einer ausländischen Betriebsstätte kein Besteuerungsrecht, sodass ein solches auch nicht ausgeschlossen oder beschränkt werden kann. Dementsprechend sind solche Einbringungsvorgänge aus rein nationaler Sicht grundsätzlich steuerneutral möglich. Es gibt aber auch einige DBA, die Deutschland bezüglich einer ausländischen Betriebsstätte ein Besteuerungsrecht mit Anrechnungsverpflichtung gewähren. Wird eine solche Anrechnungs-Betriebsstätte in eine andere deutsche Kapitalgesellschaft eingebracht, ändert sich an dem deutschen Besteuerungsrecht nichts. Erfolgt die Einbringung aber in eine in einem anderen EU-Land ansässige Kapitalgesellschaft, so wird Deutschland sein Besteuerungsrecht an dieser Betriebsstätte verlieren und der Einbringungsvorgang kann nicht steuerneutral vollzogen werden.   **449**

7. Besteuerung des Einbringenden. a) Anschaffungskosten der neuen Anteile und Besteuerung des Einbringungsgewinns. Der **Ansatz der Sacheinlage** ist nicht nur für die Besteuerung der   **450** aufnehmenden Kapitalgesellschaft, sondern auch für den Einbringenden von zentraler Bedeutung. Vom Ansatz der Sacheinlage bei der aufnehmenden Kapitalgesellschaft hängt einerseits der vom Einbringenden anlässlich der Einbringung erzielte Veräußerungspreis, andererseits der Anschaffungswert der erworbenen Anteile ab. Diese Bedeutung des Ansatzes der Sacheinlage ergibt sich aus § 20 Abs. 3 Satz 1 UmwStG. Soweit neben den Gesellschaftsanteilen andere Wirtschaftsgüter gewährt werden, ist deren gemeiner Wert bei der Bemessung der Anschaffungskosten der Gesellschaftsanteile von dem Wert abzuziehen, mit dem die Kapitalgesellschaft das eingebrachte Betriebsvermögen angesetzt hat (§ 20 Abs. 3 Satz 3 UmwStG).

Die Auswirkungen der Einbringung auf die Besteuerung des Anteilseigners ergeben sich aus § 20 Abs. 4   **451** UmwStG. Erfolgt die Sacheinlage zum Buchwert, dann ist die Einlage für den Einbringenden steuerneutral. Ein steuerpflichtiger Einbringungsgewinn entsteht jedoch dann, wenn die Wirtschaftsgüter von der übernehmenden Kapitalgesellschaft mit Zwischenwerten oder gemeinen Werten angesetzt werden. Der **Einbringungsgewinn** ermittelt sich in diesen Fällen durch Gegenüberstellung des von der übernehmenden Kapitalgesellschaft gewählten Wertansatzes und dem Buchwert der Sacheinlage.

Ist der Einbringende eine natürliche Person, setzt die aufnehmende Kapitalgesellschaft das eingebrachte   **452** Vermögen mit dem gemeinen Wert an und handelt es sich nicht um die Einbringung von Teil-Mitunternehmeranteilen, wird nach § 20 Abs. 4 Satz 1 UmwStG der Freibetrag des § 16 Abs. 4 EStG gewährt. Außerdem wird in diesen Fällen nach § 20 Abs. 4 Satz 2 UmwStG auf einen bei der Sacheinlage entstehenden Veräußerungsgewinn der **ermäßigte Steuersatz** des § 34 Abs. 1 EStG bzw. – soweit die übrigen Voraussetzungen erfüllt sind – nach § 34 Abs. 3 EStG der reduzierte Steuersatz in Höhe von 56 % des durchschnittlichen Steuersatzes gewährt. Befinden sich im übergehenden Betriebsvermögen Beteiligungen an Kapitalgesellschaften, findet insoweit § 3 Nr. 40 Anwendung. Auf diesen Teil des Einbringungsgewinns ist dann aber der reduzierte Steuersatz nicht anwendbar. Handelt es sich bei den Anteilen um sog. einbringungsgeborene Anteile alten Rechts, war § 21 UmwStG a. F. weiter anwendbar (§ 27 Abs. 3 Nr. 3 UmwStG). Innerhalb der Siebenjahresfrist des § 8b Abs. 4 KStG a. F. bzw. § 3 Nr. 40 Satz 3 und 4 EStG a. F. unterlag der Einbringungsgewinn dann insoweit der vollen Versteuerung (vgl. auch Randnr. 20.38 UmwStE).

453   **b) Behandlung von Einbringungskosten.** Bei der Ermittlung des Einbringungsergebnisses sind auch die Einbringungskosten zu berücksichtigen. Dazu gehören alle Aufwendungen, die bei objektiver Betrachtung durch die Einbringung veranlasst sind und vom Einbringenden zu tragen sind. Eine willkürliche Zuordnung der Kosten zwischen dem Einbringenden und der aufnehmenden Gesellschaft ist nicht zulässig. Typische Einbringungskosten des Einbringenden sind diejenigen Aufwendungen, die bei der Vorbereitung der Einbringung entstehen. Dazu gehören bspw. Aufwendungen für die Rechts- und Steuerberatung des Einbringenden sowie die Kosten für die Gestaltung des Einbringungsvertrages und der eventuell notwendigen Beschlüsse. Diese Kosten mindern das Einbringungsergebnis. Bei einer Einbringung zum Buchwert entsteht daher für den Einbringenden regelmäßig ein Einbringungsverlust. Dessen Berücksichtigung richtet sich nach den allgemeinen Vorschriften des Steuerrechts. Eine § 12 Abs. 2 UmwStG entsprechende Regelung, wonach die Verschmelzungskosten das steuerlich nicht berücksichtigungsfähige Übernahmeergebnis mindern, enthält § 20 UmwStG nicht. Bei der aufnehmenden Kapitalgesellschaft sind im Zusammenhang mit der Einbringung stehende Aufwendungen grundsätzlich laufende Betriebsausgaben. Dabei handelt es sich bspw. um die Kosten für die Erstellung des Antrages auf Buchwertfortführung. Etwas anderes gilt für Aufwendungen, die im Zusammenhang mit dem Erwerb bestimmter Wirtschaftsgüter stehen. So ist bspw. die Grunderwerbsteuer, die aufgrund der Einbringung eines Grundstückes in die aufnehmende Kapitalgesellschaft entsteht, als zusätzliche Anschaffungskosten dieses Grundstückes zu aktivieren.

454   **c) Rückwirkende Besteuerung des Einbringungsgewinns I.** Die Anschaffungskosten der als Gegenleistung für die Einbringung erhaltenen Anteile entsprechen dem Wert, mit dem das übergehende Vermögen bei der Übernehmerin angesetzt wird (steuerliche **Wertverknüpfung**), jedoch abzüglich des gemeinen Wertes etwaiger sonstiger Gegenleistungen. Würden keine weiteren Regelungen bestehen, könnte der Einbringende eine betriebliche Einheit (also einen Betrieb, Teilbetrieb oder Mitunternehmeranteil) steuerneutral in eine Kapitalgesellschaft einbringen und die daraus resultierenden Anteile sofort verkaufen. Das hätte zur Folge, dass ein voll steuerpflichtiger Gewinn aus der Veräußerung der betrieblichen Einheit in einen nach dem Teileinkünfteverfahren nur zu 60 % (Einbringender ist eine natürliche Person) oder einen nach § 8b Abs. 2 und 3 KStG nur zu 5 % (Einbringender ist eine Kapitalgesellschaft) steuerpflichtigen Gewinn umgewandelt werden könnte. Eine solche Transformation von voll steuerpflichtigen Gewinnen in nur teilweise steuerpflichtige Gewinne ist vom Gesetzgeber nicht gewünscht.

455   Um solche Gestaltungen zu verhindern, hat der Gesetzgeber in § 22 UmwStG die Regelungen über **sperrfristbehaftete Anteile** vorgesehen. Die als Gegenleistung für die Einbringung von Betriebsvermögen unter dem gemeinen Wert (d. h. zu Buchwerten oder Zwischenwerten) gewährten neuen Anteile sind nach § 22 Abs. 1 UmwStG während sieben Jahren nach dem steuerlichen Übertragungsstichtag sperrfristbehaftet. Im Gegensatz dazu sind »einbringungsgeborene Anteile« die nach dem bis Ende 2006 geltenden UmwStG a. F. aus einer solchen Einbringung entstandenen Anteile, für die das alte Recht weiter gilt.

456   Werden sperrfristbehaftete Anteile im Sinne des § 22 Abs. 1 UmwStG innerhalb der Siebenjahresfrist veräußert, wird die Einbringung rückwirkend steuerpflichtig, d. h. es ist anlässlich der Einbringung nicht mehr der Buch- oder Zwischenwert, sondern der gemeine Wert für das eingebrachte Vermögen anzusetzen. Die Veräußerung ist insoweit ein rückwirkendes Ereignis im Sinne des § 175 Abs. 1 Satz 1 Nr. 2 AO (vgl. § 22 Abs. 1 Satz 2 UmwStG). Die im Einbringungszeitpunkt vorhandenen stillen Reserven werden damit rückwirkend besteuert.

457   Der sogenannte »**Einbringungsgewinn I**« ist die Differenz zwischen dem gemeinen Wert und dem steuerlichen Buchwert des eingebrachten Vermögens im Einbringungszeitpunkt (abzüglich Einbringungskosten). Der Einbringungsgewinn I reduziert sich für jedes volle Jahr, das seit dem steuerlichen Übertragungsstichtag vergangen ist, gemäß §§ 22 Abs. 1 Satz 3 UmwStG um $1/7$. Je länger also der Zeitraum zwischen der steuerbegünstigten Einbringung und der schädlichen Anteilsveräußerung ist, desto geringer ist der zu versteuernde Einbringungsgewinn I.

Der versteuerte Einbringungsgewinn I erhöht die Anschaffungskosten der veräußerten Anteile an der 458
aufnehmenden Kapitalgesellschaft. Der nach Berücksichtigung der zusätzlichen Anschaffungskosten
noch verbleibende Veräußerungsgewinn wird dann nach den allgemeinen Regeln versteuert. Werden
die erhaltenen Anteile von einer natürlichen Person gehalten, dann fallen diese Anteile – unabhängig
von der Beteiligungsquote – immer unter § 17 EStG (vgl. § 17 Abs. 6 EStG). Diese Qualifikation
der Anteile gilt unabhängig von der Sperrfrist des § 22 UmwStG dauerhaft (vgl. Randnr. 22.06 Umw-
StE).

Im Ergebnis werden somit die im Einbringungszeitpunkt vorhandenen stillen Reserven rückwirkend 459
auf den Einbringungszeitpunkt voll versteuert (vermindert pro vollem seither vergangenen Jahr um
$1/_7$), wohingegen die seither entstandenen stillen Reserven dem Teileinkünfteverfahren bzw. dem
§ 8b Abs. 2 und 3 KStG unterliegen.

Für die Ermittlung des Einbringungsgewinnes I ist zunächst der gemeine Wert des übergegangenen Ver- 460
mögens zum Zeitpunkt der Einbringung zu ermitteln. Der Steuerpflichtige ist hier also aufgerufen, zum
Zeitpunkt der schädlichen Anteilsveräußerung den gemeinen Wert zu ermitteln, den das übergegangene Betriebsvermögen zum Zeitpunkt der Einbringung hatte. Da die Einbringung ggf. schon mehrere
Jahre zurückliegt, dürfte dies in der Praxis eine nur sehr schwer zu erfüllende Anforderung sein. Es ist
daher ratsam, bereits zum Zeitpunkt der Einbringung detaillierte Aufzeichnungen über den gemeinen
Wert des übergehenden Vermögens aufzustellen. Dabei dürften weniger die Substanzwerte der überge-
henden Wirtschaftsgüter, als vielmehr der Unternehmenswert der übertragenen Sachgesamtheit bzw.
Mitunternehmerschaft von Bedeutung sein.

Es liegt auf der Hand, dass diese Bewertung zu Konfliktpotenzial mit dem zuständigen Finanzamt füh- 461
ren kann. Die Finanzverwaltung wird versuchen, etwaige stille Reserven, die im Zeitpunkt der Veräußerung realisiert werden, so zu behandeln, als ob diese bereits im Zeitpunkt der Einbringung vorhanden
waren. Der Einbringende wird im Gegenzug argumentieren, dass Wertsteigerungen erst nach der Einbringung entstanden sind. Zu berücksichtigen ist dabei, dass die Finanzverwaltung ihre Berechnungen
erst im Rahmen einer Jahre später stattfindenden Betriebsprüfung vornehmen wird und damit bereits
Kenntnisse über die tatsächlich eingetretene Wertentwicklung des Unternehmens hat.

Aus dem Einbringungsgewinn I auszuscheiden sind allerdings die **stillen Reserven**, die auf zusammen 462
mit dem Betrieb, Teilbetrieb oder Mitunternehmeranteil eingebrachte Anteile an Kapitalgesellschaften
entfallen, wenn das Besteuerungsrecht Deutschlands an dem Gewinn aus der Veräußerung der erhaltenen Anteile nicht ausgeschlossen oder beschränkt wird (§ 22 Abs. 1 Satz 5 UmwStG). Die stillen Reserven in mit eingebrachten Anteilen an Kapitalgesellschaften unterfallen stattdessen der Regelung des
§ 22 Abs. 2 UmwStG. Dort kommt es nicht darauf an, ob die als Gegenleistung für die Einbringung
gewährten Anteile an der aufnehmenden Gesellschaft veräußert wurden, sondern ob die mit eingebrachten Anteile veräußert wurden. Hat Deutschland hingegen an der Besteuerung der erhaltenen Anteile nur ein eingeschränktes bzw. gar kein Besteuerungsrecht, gehören die in den mit eingebrachten
Anteilen ruhenden stillen Reserven doch zum Einbringungsgewinn I (vgl. hierzu Randnr. 22.11 Umw-
StE mit erläuterndem Beispiel).

Der steuerpflichtige Einbringungsgewinn I unterliegt der **ESt/Körperschaftsteuer** sowie ggf. der **Ge-** 463
werbesteuer nach § 7 Satz 2 GewStG. § 16 Abs. 4 und § 34 EStG sind jedoch nicht anzuwenden.

▶ **Beispiel: Einbringung eines Teilbetriebs in eine inländische Kapitalgesellschaft** 464

Die M-GmbH gliedert zum steuerlichen Übertragungsstichtag 31. Dezember 01 einen Teilbetrieb
(TB) zur Neugründung nach § 123 Abs. 3 UmwG auf die T-GmbH aus. Der Wert des übertragenen
Betriebsvermögens beträgt:

Buchwert	12 Mio. €.
gemeiner Wert	19 Mio. €.

Steuerlich lag eine Einbringung nach § 20 Abs. 1 UmwStG vor, die auf Antrag zu Buchwerten erfolgt ist. Daher wurde bei der T-GmbH als übernehmendem Rechtsträger das übernommene Vermögen im Saldo mit 12 Mio. € angesetzt. Die M-GmbH weist entsprechende Anschaffungskosten
für den Geschäftsanteil an der T-GmbH i. H. v. 12 Mio. € aus. Der im Rahmen der Einbringung an

die M-GmbH gewährte Anteil ist als erhaltener Anteil im Sinne des § 22 Abs. 1 UmwStG zu qualifizieren.

Variante a)

Die M-GmbH veräußert die sperrfristbehafteten Anteile im Jahr 07 für einen Kaufpreis von 20 Mio. €.

Lösung:

Aufgrund der schädlichen Anteilsveräußerung innerhalb der Siebenjahresfrist besteht zunächst die Notwendigkeit, die Höhe der im Zeitpunkt der Einbringung übergegangenen stillen Reserven (sog. Einbringungsgewinn I) zu ermitteln. Dieser Gewinn beträgt 7 Mio. € und ergibt sich aus der Differenz zwischen dem gemeinen Wert des übergegangenen Vermögens zum Zeitpunkt der Einbringung (hier 19 Mio. €) und dem Wert, mit dem die Wirtschaftsgüter bei der übernehmenden T-GmbH angesetzt worden sind, in dem hier vorliegenden Fall also dem Buchwert i. H. v. 12 Mio. €.

Dieser Einbringungsgewinn I mindert sich nun um $^1/_7$ für jedes seit der Einbringung abgelaufene volle Jahr, in dem hier vorliegenden Fall also um $^5/_7$.

fiktiver Einbringungsgewinn	7 Mio. €.
Verringerungsbetrag $^5/_7$	– 5 Mio. €.
steuerpflichtiger Einbringungsgewinn I	2 Mio. €.

Der so ermittelte Einbringungsgewinn I unterliegt bei der M-GmbH der vollen Besteuerung mit Körperschaft- und Gewerbesteuer. Die schädliche Anteilsveräußerung stellt nach § 22 Abs. 2 Satz 2 UmwStG in Bezug auf die Steuerfestsetzung beim Einbringenden im Einbringungsjahr ein rückwirkendes Ereignis im Sinne des § 175 Abs. 1 Satz 1 Nr. 2 AO dar.

In einem zweiten Schritt ist der verbleibende Veräußerungsgewinn zu ermitteln. Hierbei wird unterstellt, die Ausgliederung wäre damals nicht zum Buchwert erfolgt, sondern zu einem Zwischenwert unter Aufdeckung stiller Reserven i. H. d. nunmehr nachträglich zu versteuernden Einbringungsgewinns I. Die Anschaffungskosten der aus dem Einbringungsvorgang hervorgegangenen Anteile sind somit um 2 Mio. € zu erhöhen.

Anschaffungskosten aus 01	12 Mio. €.
Einbringungsgewinn aus 07	+ 2 Mio. €.
korrigierte Anschaffungskosten	14 Mio. €.

Daraus ergibt sich wiederum für die Ermittlung des verbleibenden Veräußerungsgewinns folgende Berechnung:

Veräußerungspreis in 07	20 Mio. €.
abzüglich der korrigierten Anschaffungskosten	– 14 Mio. €.
Veräußerungsgewinn	6 Mio. €.

Der Veräußerungsgewinn wird nach § 8b Abs. 2 KStG besteuert. Er ist also in dem hier vorliegenden Fall steuerfrei, nur i. H. v. 5 % wird nach § 8b Abs. 3 KStG eine fiktive nichtabziehbare Betriebsausgabe angesetzt. Handelte es sich bei dem Veräußerer um eine natürliche Person, unterläge der Veräußerungsgewinn der Teileinkünftebesteuerung.

Die Fiktion, die Einbringung sei nachträglich zu Zwischenwerten erfolgt, hat auch Auswirkungen auf die Wertansätze der übergegangenen Wirtschaftsgüter, denn auch diese werden bei der Übernehmerin rückwirkend um den Betrag aufgestockt, der als Einbringungsgewinn I anlässlich der schädlichen Veräußerung innerhalb der Siebenjahresfrist zu versteuern ist, in dem hier vorliegenden Beispiel also um 2 Mio. €.

Variante b)

Die A-GmbH veräußert den Anteil an der B-GmbH innerhalb des Jahres 07 für einen Kaufpreis von 10 Mio. €.

Lösung:

In diesem Fall ergibt sich insgesamt ein Veräußerungsverlust. Der eingebrachte Betrieb hat also offensichtlich seit dem Zeitpunkt seiner Einbringung erheblich an Wert verloren.

Trotzdem ist im Fall einer schädlichen Veräußerung innerhalb der Siebenjahresfrist ebenso wie in der Variante a) ein Anteil von $^2/_7$ der demnach übergegangenen stillen Reserven nachzuversteuern.

Für die Berechnung des durch die Veräußerung entstehenden Veräußerungsverlustes ist wieder von einer damaligen Zwischenwerteinbringung und damit von um den nun nachzuversteuernden Einbringungsgewinn korrigierten Anschaffungskosten von 14 Mio. € auszugehen.

Veräußerungspreis in 07	10 Mio. €.
abzüglich der korrigierten Anschaffungskosten	– 14 Mio. €.
Veräußerungsverlust	– 4 Mio. €.

Der Veräußerungsverlust kann nach § 8b Abs. 3 Satz 3 KStG nicht steuerlich geltend gemacht werden. Insbesondere ist eine Verrechnung mit dem zuvor errechneten Einbringungsgewinn I nicht möglich. Eine natürliche Person als Veräußerer hätte den so ermittelten Veräußerungsverlust zu 60 % mit anderen Einkünften verrechnen können.

Trotz einer Veräußerung unter dem Buchwert kommt es somit zu einer Nachversteuerung eines anteiligen Einbringungsgewinns.

Wird nur ein Teil der sperrfristbehafteten Anteile veräußert, so erfolgt nur eine anteilige rückwirkende **465** Einbringungsbesteuerung (vgl. Randnr. 22.04 UmwStE).

Grundsätzlich führt nur eine schädliche Anteilsübertragung »durch den Einbringenden« zu einer rück- **466** wirkenden Besteuerung des Einbringungsgewinns I. Handelt es sich bei dem Einbringenden jedoch um eine Personengesellschaft, so ist aufgrund des Transparenzprinzips nicht nur die schädliche Veräußerung der Anteile durch die Personengesellschaft selbst relevant, sondern auch die Veräußerung der Mitunternehmeranteile durch die Mitunternehmer (vgl. Randnr. 22.02 UmwStE; vgl. hierzu auch Bilitewski, in: Haritz/Menner, UmwStG, § 22 Rn. 75). Dies ergibt sich zwar nicht unbedingt aus dem Wortlaut des Gesetzes, der nur von einer Veräußerung durch den »Einbringenden« spricht, erscheint aber jedenfalls systematisch korrekt. Im Ergebnis kommt es in beiden Fällen zu einer Erfassung des Einbringungsgewinns I für Zwecke der Einkommen-/Körperschaftsteuer auf Ebene der Mitunternehmer. Darüber hinaus kann auf der Ebene der Personengesellschaft eine Gewerbesteuerbelastung gem. § 7 Satz 2 GewStG entstehen.

d) Ersatzrealisationstatbestände. Zu einer rückwirkenden Besteuerung des Einbringungsgewinns I **467** kommt es nicht nur im Fall einer Veräußerung der erhaltenen Anteile innerhalb der Siebenjahresfrist, sondern auch dann, wenn innerhalb der Sperrfrist einer der in § 22 Abs. 1 Satz 6 UmwStG abschließend aufgezählten Ersatzrealisationstatbestände einschlägig ist.

aa) Unentgeltliche Übertragung der erhaltenen Anteile auf eine Kapitalgesellschaft oder eine Genossenschaft. Nach § 22 Abs. 1 Satz 6 Nr. 1 UmwStG liegt ein Sperrfristverstoß vor, wenn der Ein- **468** bringende die erhaltenen Anteile innerhalb der Sperrfrist unmittelbar oder mittelbar unentgeltlich auf eine Kapitalgesellschaft oder eine Genossenschaft überträgt.

Eine unentgeltliche Übertragung von Anteilen findet statt in den Fällen der verdeckten Einlage oder der **469** verdeckten Gewinnausschüttung, der Realteilung oder in den Fällen der §§ 6 Abs. 3 oder Abs. 5 EStG (Randnr. 22.20 UmwStE).

Auch die mittelbare unentgeltliche Übertragung ist schädlich. Da aber auch diese Übertragungsvor- **470** gänge nur schädlich sind, wenn sie »durch den Einbringenden« erfolgen, kann es sich hier z. B. um mittelbare Übertragungen nach Durchführung einer Ketteneinbringung handeln (vgl. hier Bilitewski, in: Haritz/Menner, UmwStG, § 22 Rn. 158 f.). Eine mittelbare Übertragung der sperrfristbehafteten Anteile durch eine in der Gesellschafterkette weiter oben angesiedelte Person, die aber selbst nicht Einbringender war, fällt nicht unter diesen Tatbestand.

471 Ein weiterer Fall der mittelbaren Übertragung auf eine Kapitalgesellschaft dürfte gegeben sein, wenn nach § 6 Abs. 3 bzw. Abs. 5 EStG eine Übertragung sperrfristbehafteter Anteile auf eine Personengesellschaft erfolgt, bei deren weiteren Mitunternehmern es sich u. a. um Kapitalgesellschaften handelt.

472 Zu betonen ist allerdings, dass eine unentgeltliche Übertragung nur dann schädlich ist, wenn sie auf eine Kapitalgesellschaft oder Genossenschaft erfolgt. Ist hingegen Empfänger der unentgeltlichen Übertragung z. B. eine natürliche Person (z. B. bei einer verdeckten Gewinnausschüttung an eine natürliche Person), so ist dies kein schädlicher Vorgang, sondern eine unentgeltliche Rechtsnachfolge nach § 22 Abs. 6 UmwStG (vgl. insoweit Teil 7 Rdn. 496).

473 **bb) Entgeltliche Übertragung.** Nach § 22 Abs. 1 Satz 6 Nr. 2 UmwStG wird eine rückwirkende Besteuerung des Einbringungsgewinns I ausgelöst, wenn der Einbringende die erhaltenen Anteile entgeltlich überträgt, es sei denn er weist nach, dass die Übertragung durch einen Vorgang im Sinne des § 20 Abs. 1 oder § 21 Abs. 1 UmwStG oder aufgrund vergleichbarer ausländischer Vorgänge zu Buchwerten erfolgte.

474 Von diesem Ersatzrealisationstatbestand sollen alle Übertragungsvorgänge erfasst werden, die keine »normale« Veräußerung darstellen, aber gleichwohl entgeltlich sind. Das sind insbesondere die sog. **tauschähnlichen Vorgänge**, die auf gesellschaftsrechtlicher Grundlage gegen Gewährung von Gesellschaftsrechten und ggf. andere Gegenleistung erfolgen. Solche Vorgänge sind insbesondere gegeben im Fall der Verschmelzung, Auf- oder Abspaltung sowie Einbringung in eine Kapitalgesellschaft nach § 20 oder § 21 UmwStG oder im Fall der Einbringung in eine Personengesellschaft nach § 6 Abs. 5 EStG oder nach § 24 UmwStG. In all diesen Fällen gibt der Einbringende die erhaltenen Anteile hin und erhält hierfür im Gegenzug neue Gesellschaftsrechte an der Übernehmerin.

475 Von diesen schädlichen Tauschvorgängen nimmt der Gesetzgeber allerdings ausdrücklich die Einbringungsfälle nach § 20 UmwStG oder nach § 21 UmwStG bzw. vergleichbare Vorgänge nach ausländischem Recht aus, wenn diese zu Buchwerten erfolgen. Diese stellen also keinen Ersatzrealisationstatbestand dar und können daher vorgenommen werden, ohne die Steuerneutralität der ursprünglichen Einbringung rückwirkend zu gefährden. Wird bei der Folgeeinbringung eine sonstige Gegenleistung gewährt, deren gemeiner Wert den Buchwert des eingebrachten Betriebsvermögens übersteigt, ist gem. § 20 Abs. 2 Satz 4 UmwStG eine Buchwertfortführung nicht möglich und es kommt zum Ansatz von Zwischenwerten. Damit ist die Voraussetzung des § 20 Abs. 1 Satz 6 Nr. 2 UmwStG nicht erfüllt und es kommt in vollem Umfang zur rückwirkenden Besteuerung des Einbringungsgewinns I. Die Regelung in § 20 Abs. 1 Satz 6 Nr. 2 UmwStG entfaltet insoweit einen »Fallbeilcharakter«, d. h. wenn die Weiter-Einbringung nicht zu Buchwerten erfolgt, ist der Einbringungsgewinn I nicht nur anteilig, sondern vollständig zu versteuern.

476 Fraglich ist, ob es ausreicht, wenn der Einbringende die erhaltenen Anteile zu Buchwerten ansetzt oder ob auch erforderlich ist, dass die Übernehmerin die Buchwerte fortführt. Bei reinen Inlandseinbringungen, bei denen sowohl der Einbringende als auch die Übernehmerin im Inland ansässig sind, stellt sich diese Frage aufgrund der Wertverknüpfung zwischen der aufnehmenden Gesellschaft und dem Einbringenden nicht. Bei grenzüberschreitenden Anteilstauschvorgängen nach § 21 UmwStG in eine EU/EWR-Kapitalgesellschaft hat der Gesetzgeber jedoch die Wertverknüpfung aufgegeben. In diesen Fällen kann der Einbringende auf Antrag die Buchwerte fortführen, wenn das Besteuerungsrecht Deutschlands bezüglich der erhaltenen Anteile nicht eingeschränkt oder ausgeschlossen wird. Demgegenüber ist es für eine steuerneutrale Behandlung des Einbringungsvorgangs irrelevant, wie die im EU-Ausland ansässige Übernehmerin das übergehende Vermögen bilanziert. Der Ersatzrealisationstatbestand des § 22 Abs. 1 Satz 6 Nr. 2 UmwStG stellt allerdings wesentlich darauf ab, ob der Übertragungsakt der erhaltenen Anteile bei dem Einbringenden zu einer Gewinnrealisierung führt und damit im wirtschaftlichen Ergebnis einer Veräußerung gleichzustellen ist. Aus diesem Grund ist für die Vermeidung einer rückwirkenden Besteuerung des Einbringungsgewinns I ausschließlich auf die Buchwertfortführung bei dem Einbringenden und nicht auf den Wertansatz der übertragenen

Anteile bei der Übernehmerin abzustellen. Solange der Einbringende die erhaltenen Anteile mit dem Buchwert der hingegebenen Anteile ansetzt, dürfte daher der Ersatzrealisationstatbestand des § 22 Abs. 1 Satz 6 Nr. 2 UmwStG nicht erfüllt sein (vgl. Randnr. 22.22 UmwStE; a. A. Pung, GmbHR 2012, 158 [162]).

Nicht explizit als unschädlich erwähnt § 22 Abs. 1 Satz 6 Nr. 2 UmwStG andere Umwandlungsvor- **477** gänge wie beispielsweise Verschmelzungen. Im Zusammenspiel mit der Grundaussage der Finanzverwaltung, dass alle Umwandlungen Veräußerungs- bzw. Anschaffungsvorgänge sind (vgl. Randnr. 00.03 UmwStE), wird daraus geschlossen, dass grundsätzlich alle anderen Umwandlungsvorgänge Sperrfristverstöße sind. Die Einstufung sämtlicher Umwandlungsvorgänge als Sperrfristverstöße im Sinne des § 22 Abs. 1 UmwStG, soweit es durch die Umwandlung zu einer Übertragung sperrfristbehafteter Anteile kommt, wird in der Literatur kritisch diskutiert. Einerseits wird argumentiert, dass das UmwStG für Umwandlungsvorgänge mit Buchwertfortführung regelmäßig eine steuerliche Rechtsnachfolge (Fußstapfentheorie) anordnet, was die Annahme eines Anschaffungsvorgangs ausschließt (Bogenschütz, Ubg 2011, 393 [394]). Andere Autoren plädieren zumindest für eine einschränkende Auslegung des Tatbestands der entgeltlichen Vorgänge dergestalt, dass Buchwertumwandlungen hiervor nicht erfasst werden (vgl. z. B. Heß/Schnitger, Reform des Umwandlungssteuerrechts, 2007, Rn. 1661 sowie Rn. 1664).

Auch die Finanzverwaltung hat erkannt, dass die Einstufung sämtlicher Folgeumwandlungen als **478** schädliche Ereignisse zu unakzeptablen Ergebnissen führt. Aus diesem Grund wurde in Randnr. 22.23 UmwStE eine Billigkeitsregelung geschaffen, nach der auf Antrag Folgeumwandlungen als unschädlich für die vorherige Einbringung anzusehen sind, wenn folgende Voraussetzungen kumulativ erfüllt sind:
– es darf keine steuerliche Statusverbesserung eintreten (d. h. die Besteuerung eines Einbringungsgewinns I bzw. II darf nicht verhindert werden),
– es dürfen sich keine stillen Reserven von den sperrfristbehafteten Anteilen auf Anteile eines Dritten verlagern,
– das deutsche Besteuerungsrecht darf nicht ausgeschlossen oder eingeschränkt werden,
– die Antragsteller erklären sich damit einverstanden, dass auf alle unmittelbaren oder mittelbaren Anteile an einer an der Umwandlung beteiligten Gesellschaft § 22 Abs. 1 und 2 UmwStG entsprechend anzuwenden ist, wobei Anteile am Einbringenden regelmäßig nicht einzubeziehen sind.

Grundsätzlich ist natürlich zu befürworten, dass die Finanzverwaltung durch Schaffung dieser Billig- **479** keitsregelung versucht, die durch die Einstufung von Folgeumwandlungen als Sperrfristverstöße entstehende Situation zu Gunsten der Steuerpflichtigen zu entschärfen. Allerdings werden mit dieser Regelung viele neue Fragen aufgeworfen, die die Anwendung des UmwStG nicht gerade erleichtern. Es ergibt sich daraus eine Vielzahl neuer und überaus komplexer Rechtsfragen, die von der Frage nach der generellen Zulässigkeit solcher Billigkeitsregelungen über die konkrete Ausgestaltung bis hin zu den Rechtsfolgen und formalen Fragen bei der Erteilung verbindlicher Auskünfte reichen (vgl. umfassend Stangl in: Rödder/Herlinghaus/van Lishaut, UmwStG, § 22 Rn. 48 ff.).

Die Finanzverwaltung hat im Umwandlungssteuererlass durch die Skizzierung verschiedener Beispiele **480** versucht, den Inhalt der Billigkeitsregelung zu erläutern. Diese Beispiele führen zu folgenden Ergebnissen:
– Beispiel 1: Eine Seitwärtsverschmelzung einer einbringenden Kapitalgesellschaft auf eine andere Kapitalgesellschaft zu Buchwerten ist unschädlich, eine Seitwärtsverschmelzung der einbringenden Kapitalgesellschaft auf eine Personengesellschaft ist demgegenüber schädlich.
– Beispiel 2: Wird die Übernehmerin seitwärts auf eine andere Kapitalgesellschaft verschmolzen und erfolgt der Anteilstausch auf Ebene des Gesellschafters zu Buchwerten, ist dies i. d. R. unschädlich. Demgegenüber soll eine solche Seitwärtsverschmelzung auf eine Personengesellschaft wiederum schädlich sein.
– Beispiel 3: Wird die Übernehmerin wieder auf die den Einbringenden verschmolzen (sog. Rückumwandlung) soll dies ein schädlicher Vorgang sein (vgl. hierzu kritisch Benz/Rosenberg, DB Beilage 1 zu Heft 2/2012, 38 [49]).

481 Obwohl die Beispiele deutlich machen, dass eine Folgeumwandlung auf eine Personengesellschaft grundsätzlich als schädlich anzusehen ist, gilt dies nur für entgeltliche Übertragungen. Wird die Übertragung von sperrfristbehafteten Anteilen hingegen unentgeltlich gestaltet, dann ist dies ein unschädlicher Vorgang (ebenso Pung, GmbHR 2012, 158 [163]); bezüglich der Frage, welche Vorgänge als unentgeltlich anzusehen sind, vgl. BMF-Schreiben v. 11.07.2011, BStBl. I 2011, 713; Tz. II.b)). Die Grundaussage, dass Folgeumwandlungen auf Personengesellschaften schädlich sein sollen, beruht darauf, dass im Gesetz nur Folgeumwandlungen auf Kapitalgesellschaften als unschädlich angesehen werden und daher nach Verwaltungsauffassung auch im Billigkeitswege keine Erstreckung auf Personengesellschaften möglich sein soll. Nach dieser Auffassung der Finanzverwaltung ist auch die Weiter-Einbringung sperrfristbehafteter Anteile in eine Personengesellschaft gegen Gewährung neuer Anteile zu Buchwerten ein Sperrfristverstoß.

482 **cc) Auflösung oder Kapitalherabsetzung bei der Übernehmerin.** Nach § 22 Abs. 1 Satz 6 Nr. 3 UmwStG kommt es zu einer rückwirkenden Besteuerung des Einbringungsgewinns I, wenn die Kapitalgesellschaft, an der die erhaltenen Anteile bestehen – also die Übernehmerin des übertragenen Betriebs, Teilbetriebs, Mitunternehmeranteils – aufgelöst und abgewickelt wird oder das Kapital dieser Gesellschaft herabgesetzt und an die Anteilseigner zurückgezahlt wird oder Beträge aus dem steuerlichen Einlagekonto im Sinne des § 27 KStG ausgeschüttet oder zurückgezahlt werden.

483 Die Regelung zur Einbeziehung der Verwendung des steuerlichen Einlagekontos in diesen Ersatzrealisationstatbestand ist sehr weitgehend und wird in der Literatur kritisiert (z. B. Schönherr/Lemaitre, GmbHR 2007, 459 [466]; Förster/Wendland, BB 2007, 631 [637]). Vor diesem Hintergrund ist zu begrüßen, dass die Finanzverwaltung im Umwandlungssteuererlass eine Interpretation dieses Tatbestands vornimmt, die den Wortlaut in zweierlei Hinsicht einschränkt. Gemäß Randnr. 22.24 UmwStE kommt es nur insoweit zu einer rückwirkenden Einbringungsgewinnbesteuerung,

– als der tatsächlich aus dem steuerlichen Einlagekonto i. S. v. § 27 KStG ausgekehrte Betrag den Buchwert bzw. die Anschaffungskosten der sperrfristbehafteten Anteile im Zeitpunkt der Einlagenrückgewähr übersteigt.
– Der übersteigende Betrag gilt dabei unter Anwendung der Siebtelregelung als Einbringungsgewinn, wenn dieser den tatsächlichen Einbringungsgewinn (§ 22 Abs. 1 Satz 3 und Abs. 2 Satz 3 UmwStG) nicht übersteigt.

484 Zu beachten ist, dass ein Sperrfristverstoß nach Nr. 3 nicht nur durch eine gezielte Einlagenrückgewähr ausgelöst werden kann, sondern auch durch die Verwendung des Einlagekontos für Mehrabführungen im Sinne des § 14 Abs. 3 oder 4 KStG. In den Fällen organschaftlicher Mehrabführungen ist dabei der Buchwert der sperrfristbehafteten Anteile im Zeitpunkt der Mehrabführung um aktive und passive Ausgleichsposten i. S. v. § 14 Abs. 4 KStG zu korrigieren (Randnr. 22.24 UmwStE).

485 Mit dieser Regelung ist daher sichergestellt, dass Verwendungen des steuerlichen Einlagekontos so lange unschädlich sind, wie sie als Einlagenrückgewähr mit den steuerlichen Anschaffungskosten/dem steuerlichen Buchwert der Anteile verrechnet werden können. Erst wenn die Ausschüttungen aus dem steuerlichen Einlagekonto diesen Betrag übersteigen, entsteht ein Einbringungsgewinn I i. H. d. übersteigenden Betrags. Kommt es also in verschiedenen Jahren zu einer sukzessiven Ausschüttung des steuerlichen Einlagekontos, so kann es hierdurch sein, dass ab dem Zeitpunkt, in dem der Buchwert/die Anschaffungskosten der Anteile erstmals überschritten sind, regelmäßig zu einer anteiligen Entstehung eines rückwirkend zu besteuernden Einbringungsgewinns I kommt. Allerdings darf die Summe des so zu versteuernden Einbringungsgewinnes I den Betrag der tatsächlich zum Einbringungszeitpunkt vorhandenen stillen Reserven nicht übersteigen.

486 Trotz der für den Steuerpflichtigen günstigen Interpretation durch die Finanzverwaltung bleibt an der Regelung zu bemängeln, dass sie nicht auf den anlässlich einer Einbringung nach § 20 UmwStG gebildeten Betrag des steuerlichen Einlagekontos begrenzt ist, sondern auch die Verwendung solcher Beträge mit einbezieht und als schädlich erklärt, die bereits vor der Einbringung nach § 20 UmwStG bestanden haben (vgl. Förster/Wendland, BB 2007, 631 [637]; a. A. Pung, GmbHR 2012, 158 [163]).

487 Hält der Anteilseigner neben den sperrfristbehafteten Anteilen auch nicht sperrfristbehaftete Anteile, so sind die Rückzahlungen aus dem steuerlichen Einlagekonto aufzuteilen. Pung (GmbHR 2012, 158

[163]) plädiert hier für eine Aufteilung nach dem Verhältnis der Nennwerte, weil sich nach der Nominalbeteiligung i. d. R. auch die Gewinnberechtigung richtet.

dd) Ketteneinbringung. Nach § 22 Abs. 6 Satz 6 Nr. 4 UmwStG ist es schädlich, wenn der Einbringende die erhaltenen Anteile zum Buchwert in eine Kapitalgesellschaft oder Genossenschaft eingebracht hat und diese übernehmende Gesellschaft die erhaltenen Anteile anschließend unmittelbar oder mittelbar veräußert oder sie ihrerseits wiederum in eine andere Gesellschaft einbringt, es sei denn, der Gesellschafter weist nach, dass diese Einbringung wiederum zu Buchwerten erfolgte (sog. Ketteneinbringung). 488

▸ **Beispiel:** 489

A bringt seinen Betrieb (Buchwert 500, gemeiner Wert 1.000) im VZ 01 zu Buchwerten gegen Gewährung von Gesellschaftsrechten nach § 20 Abs. 1 UmwStG in die A-GmbH ein. Im VZ 02 bringt A die erhaltenen Anteile zu Buchwerten gegen Gewährung von Gesellschaftsrechten in die C-GmbH ein. Der gemeine Wert beträgt zu diesem Zeitpunkt 1.100. Die C-GmbH veräußert dann ihrerseits die übernommenen Anteile an der A-GmbH im VZ 03 zum Preis von 1.200.

Lösung:

Die Einbringung der erhaltenen Anteile an der A-GmbH in die C-GmbH zu Buchwerten löst keine rückwirkende Besteuerung des Einbringungsgewinns I bei A aus. Die darauf folgende Veräußerung der Anteile an der A-GmbH durch die C-GmbH ist allerdings ein schädlicher Vorgang und erfüllt die Voraussetzungen des § 22 Abs. 1 Satz 6 Nr. 4 UmwStG. Es kommt zu einer rückwirkenden Besteuerung der ursprünglichen Betriebseinbringung bei A. Der Einbringungsgewinn I beträgt 500. Zwischen dem Einbringungsstichtag und dem Tag der schädlichen Veräußerung sind 2 volle Zeitjahre abgelaufen. Daher ist ein Betrag i. H. v. 5/7 × 500 = 357 nachträglich zu versteuern.

ee) Ketteneinbringung mit anschließender schädlicher Verfügung über die erhaltenen Anteile. 490
§ 22 Abs. 1 Satz 6 Nr. 5 UmwStG definiert als weiteren Ersatzrealisationstatbestand, wenn der Einbringende die erhaltenen Anteile wiederum zu Buchwerten in eine andere Kapitalgesellschaft oder Genossenschaft einbringt und dann anschließend die aus diesem Anteilstausch hervorgegangenen erhaltenen Anteile unmittelbar oder mittelbar veräußert oder durch einen Vorgang im Sinne der Nr. 1 oder 2 des § 22 Abs. 1 Satz 6 unmittelbar oder mittelbar überträgt, es sei denn, er weist nach, dass die Einbringung zu Buchwerten erfolgte.

Findet im Rahmen der Ketteneinbringung auch eine grenzüberschreitende Einbringung statt, so ist es für das Kriterium der Buchwertfortführung ausreichend, wenn der Einbringende die erhaltenen Anteile mit dem Buchwert des hingegebenen Vermögens ansetzt. Auf den Ansatz eingebrachten Vermögens bei der ausländischen Übernehmerin kommt es hingegen nicht an. 491

▸ **Beispiel:** 492

A bringt sein Einzelunternehmen zu Buchwerten gegen Gewährung von Gesellschaftsrechten nach § 20 Abs. 1 UmwStG in die A-GmbH ein. Anschließend bringt er die erhaltenen Anteile an der A-GmbH in die C-GmbH ein. Noch innerhalb der ersten 7 Jahre nach der ersten Einbringung entschließt er sich, die Anteile an der C-GmbH zu veräußern.

Lösung:

Während die Betriebseinbringung nach § 20 Abs. 1 UmwStG und die anschließende Einbringung der erhaltenen Anteile nach § 21 Abs. 1 UmwStG zu Buchwerten zunächst steuerneutral möglich waren, erfüllt die Veräußerung der Anteile an der C-GmbH die Voraussetzungen des § 22 Abs. 1 Satz 6 Nr. 5 UmwStG und führt damit zu einer rückwirkenden Versteuerung des Einbringungsgewinns I.

493 **ff) Wegfall der Ansässigkeitsvoraussetzung.** Nach § 22 Abs. 1 Satz 6 Nr. 6 UmwStG ist ein Ersatz-realisationstatbestand gegeben, wenn entweder der Einbringende oder die übernehmende Gesellschaft die Voraussetzungen des § 1 Abs. 4 UmwStG nicht mehr erfüllt.

494 Handelt es sich bei dem Einbringenden ebenso wie bei der Übernehmerin um eine **Kapitalgesellschaft**, sind die Voraussetzungen des § 1 Abs. 4 UmwStG dann erfüllt, wenn die Gesellschaft ihren Sitz und den Ort ihrer Geschäftsleitung innerhalb der EU bzw. des EWR hat (doppelte Ansässigkeit). Damit ist die Sitzverlegung oder die Verlegung des Ortes der Geschäftsleitung einer Kapitalgesellschaft vom Inland in einen anderen EU/EWR-Staat unschädlich.

495 Handelt es sich bei dem Einbringenden um eine **natürliche Person**, so ist nach § 1 Abs. 4 in Verbindung mit § 1 Abs. 2 Nr. 2 UmwStG Voraussetzung, dass sie ihren Wohnsitz oder gewöhnlichen Aufenthalts-ort innerhalb des Hoheitsgebiets eines EU/EWR-Staats hat.

496 **e) Unentgeltliche Rechtsnachfolge (§ 22 Abs. 6 UmwStG).** Gem. § 22 Abs. 6 UmwStG sind un-entgeltliche Übertragungen auf natürliche Personen bzw. auf Personengesellschaften, soweit die übrigen Mitunternehmer ebenfalls natürliche Personen sind, unschädlich. Der Begünstigte tritt vielmehr in die Rechtsstellung des Überträgers ein. Die übergehenden Anteile bleiben sperrfristbehaftet und die 7-jäh-rige Sperrfrist läuft unverändert weiter. Fortan gilt der Begünstigte als »Einbringender« im Sinne des § 22 Abs. 2 UmwStG. Er ist also als neuer Inhaber der sperrfristbehafteten Anteile die Person, die durch ent-sprechende Verfügungen ein schädliches Ereignis auslösen kann. Tritt allerdings tatsächlich ein schäd-liches Ereignis ein, dann trifft die rückwirkende Besteuerung nicht den unentgeltlichen Rechtsnachfol-ger, sondern den Einbringenden selbst (vgl. Randnr. 22.41 UmwStE mit Beispiel). Dies ist der Tatsache geschuldet, dass die Entstehung eines Einbringungsgewinns I ein rückwirkendes Ereignis ist, das auf den ursprünglichen Einbringungszeitpunkt zurückwirkt. Vor diesem Hintergrund ist es angebracht, mit dem unentgeltlichen Rechtsnachfolger eine Regelung zu treffen, wer die rückwirkend entstehende Steu-erlast zu tragen hat, wenn der unentgeltliche Rechtsnachfolger einen Sperrfristverstoß auslöst.

497 **f) Mitverstrickung (§ 22 Abs. 7 UmwStG).** Bei Gründung einer Gesellschaft oder bei späteren Ka-pitalerhöhungen durch die Gesellschafter kann es zu einer Verlagerung stiller Reserven zwischen den jeweiligen Gesellschaftern kommen, wenn durch den neue Anteile übernehmenden Gesellschafter ein zu geringes Agio eingezahlt wird. Handelt es sich bei den bereits bestehenden Anteilen an dieser Gesellschaft ganz oder z. T. um sperrfristbehaftete Anteile, so verlagern sich stille Reserven von diesen auf die neuen Anteile. Dieser Tatbestand führt nach § 22 Abs. 7 UmwStG zu einer **Mitverstrickung** der neuen Anteile. Als Folge dieser Mitverstrickung kann der Inhaber dieser mitverstrickten Anteile durch eine schädliche Verfügung gleichfalls eine rückwirkende Besteuerung des Einbringungsgewinns I oder II auslösen. Auch in diesem Fall trifft die schädliche Rechtsfolge durch die Rückwirkung ausschließlich den ursprünglich Einbringenden und nicht den Inhaber der mitverstrickten Anteile.

498 **g) Nachweis der Zuordnung der sperrfristbehafteten Anteile.** Nach Durchführung einer steuer-begünstigten Einbringung nach § 20 UmwStG hat der Einbringende innerhalb der Sperrfrist von 7 Jah-ren – berechnet ab dem Einbringungszeitpunkt (steuerlicher Übertragungsstichtag) – jährlich späte-stens bis zum 31. Mai nachzuweisen, dass die Anteile noch von ihm gehalten werden. Darüber hinaus verlangt die Finanzverwaltung in Randnr. 22.30 UmwStE eine Bestätigung der übernehmenden Gesell-schaft über die Gesellschafterstellung des Einbringenden.

499 Wird dieser Nachweis nicht erbracht, gelten die jeweiligen Anteile als veräußert und der entsprechende Einbringungsgewinn I ist von Amts wegen nach § 22 Abs. 1 UmwStG zu besteuern.

500 **8. Auswirkungen bei der übernehmenden Kapitalgesellschaft. a) Ermittlung der Abschrei-bungen und Behandlung von Konfusionsgewinnen.** § 23 UmwStG betrifft die Auswirkungen des Vermögensübergangs bei der übernehmenden Kapitalgesellschaft.

501 Für die Fälle der **Buchwertfortführung** wird auf § 4 Abs. 2 Satz 3 und § 12 Abs. 3 UmwStG verwiesen, wonach die Besitzzeit der Überträgerin angerechnet wird, wenn es für die Besteuerung auf die Dauer der Zugehörigkeit eines Wirtschaftsguts zum Betriebsvermögen ankommt. Die übernehmende Körper-schaft tritt bezüglich der Bewertung der übernommenen Wirtschaftsgüter, der Absetzungen für Abnut-

zung und der den steuerlichen Gewinn mindernden Rücklagen in die Rechtsstellung der Überträgerin ein.

Setzt die Kapitalgesellschaft das eingebrachte Betriebsvermögen mit einem **über dem Buchwert, aber** 502 **unter dem gemeinen Wert** liegenden Wert an, gilt zwar gem. § 23 Abs. 3 UmwStG auch die Regelung über den Eintritt in die Rechtsstellung der Überträgerin gem. § 12 Abs. 3 UmwStG, allerdings mit der Maßgabe, dass sich die ursprünglichen Anschaffungskosten als Bemessungsgrundlage für die lineare Abschreibung beweglicher Wirtschaftsgüter nach § 7 Abs. 1 EStG bzw. für die Abschreibung von Gebäuden um den Aufstockungsbetrag erhöhen (§ 23 Abs. 3 Nr. 1 UmwStG). In den Fällen der degressiven Abschreibung nach § 7 Abs. 2 EStG gilt der von der übernehmenden Kapitalgesellschaft angesetzte Zwischenwert als Bemessungsgrundlage für die Abschreibung (§ 23 Abs. 3 Nr. 2 UmwStG).

Setzt die Kapitalgesellschaft das eingebrachte Betriebsvermögen mit **gemeinen Werten** an, handelt es 503 sich für den Fall der Einbringung des Betriebsvermögens im Wege der Einzelrechtsnachfolge um eine Anschaffung, § 23 Abs. 4 UmwStG. Bei Einbringungen des Betriebsvermögens im Wege der Gesamtrechtsnachfolge nach den Vorschriften des UmwG gilt § 23 Abs. 3 UmwStG entsprechend.

Die Vorschriften über die Gewinnerhöhung durch Vereinigung von Forderungen und Verbindlichkei- 504 ten (Konfusion) sowie die gewerbesteuerlichen Vorschriften für übergegangene Renten und dauernde Lasten in § 6 Abs. 1 und 3 UmwStG sind nach § 23 Abs. 6 UmwStG entsprechend anzuwenden. Insoweit kann hier auf Teil 7 Rdn. 149 ff. verwiesen werden.

Ein bei dem einbringenden Rechtsträger vorhandener einkommensteuerlicher, körperschaftsteuerlicher 505 oder gewerbesteuerlicher Verlustvortrag geht **nicht** mit auf die übernehmende Kapitalgesellschaft über. Bei dem übernehmenden Rechtsträger ist darüber hinaus § 8c KStG zu beachten, sodass es auch auf dieser Ebene ggf. zu einem Wegfall von Verlustvorträgen kommen kann (vgl. hierzu eingehend Teil 7 Rdn. 254 ff.).

b) Behandlung von Kapitalerhöhungskosten. Die Einbringung von Betriebsvermögen in eine Ka- 506 pitalgesellschaft nach § 20 UmwStG stellt nach Ansicht der Finanzverwaltung einen veräußerungs- bzw. tauschähnlichen Vorgang dar. Hieraus wird gefolgert, dass die Einbringungsnebenkosten – soweit sie einzelnen Wirtschaftsgütern direkt zuordenbar sind (wie z. B. die Grunderwerbsteuer) – auf der Ebene der übernehmenden Gesellschaft als Anschaffungsnebenkosten zu aktivieren sind (vgl. Randnr. 22.01 UmwStE). Nicht aktivierungspflichtig sind hingegen vorgelagerte Aufwendungen der Entscheidungsfindung sowie einzelnen Wirtschaftsgütern nicht direkt zuordenbare Aufwendungen. Die von der aufnehmenden Gesellschaft zu tragenden Beratungskosten sowie etwaige Kosten einer Unternehmensbewertung sind daher als laufender Aufwand zu behandeln und auch steuerlich abzugsfähig. Dasselbe gilt nach dem Urteil des BFH v. 19.01.2000 (I R 24/99, BStBl. II 2000, 546) auch für die von der aufnehmenden Gesellschaft getragenen Kapitalerhöhungskosten (wie z. B. Notariatskosten etc.). Einer besonderen Satzungsregelung für die Übernahme dieser Aufwendungen bedarf es nicht.

c) Buchwertaufstockung bei rückwirkender Besteuerung des Einbringungsgewinns. Kommt es 507 zu einer schädlichen Anteilsveräußerung innerhalb der Siebenjahresfrist oder zu einer Verwirklichung eines der Ersatzrealisationstatbestände des § 22 Abs. 1 Satz 6 Nr. 1 bis 6 UmwStG und damit zu einer rückwirkenden Besteuerung des Einbringungsvorgangs nach § 22 Abs. 1 UmwStG, so kann sich hieraus eine entsprechende Aufstockung der übergegangenen Wirtschaftsgüter bei der übernehmenden Kapitalgesellschaft ergeben, was in der Folgezeit bei abnutzbaren Wirtschaftsgütern zu höheren Abschreibungen führt.

Für die Buchwertaufstockung gelten die folgenden Voraussetzungen (§ 23 Abs. 2 UmwStG): 508
– Es muss zu einer rückwirkenden Besteuerung des Einbringungsgewinnes kommen.
– Für die Buchwertaufstockung muss ein entsprechender Antrag gestellt werden.
– Der Einbringende muss die auf den Einbringungsgewinn entfallende Steuer entrichtet haben und dies durch Vorlage einer Bescheinigung des zuständigen Finanzamtes nachweisen (vgl. hierzu § 22 Abs. 5 UmwStG).

Allerdings ist diese Aufstockung nicht rückwirkend zum Einbringungszeitpunkt vorzunehmen, son- 509 dern erst zum Zeitpunkt der schädlichen Anteilsveräußerung. Die Aufstockung ist wirtschaftsgutbezogen. Voraussetzung für die Buchwertaufstockung ist daher, dass sich die betreffenden Wirtschaftsgüter im Zeitpunkt der Anteilsveräußerung noch im Betriebsvermögen der Übernehmerin befinden. Soweit das eingebrachte Betriebsvermögen in der Zwischenzeit zum gemeinen Wert veräußert wurde, stellt der darauf entfallende Aufstockungsbetrag im Zeitpunkt der Anteilsveräußerung sofort abziehbaren Aufwand dar. Soweit das eingebrachte Betriebsvermögen jedoch zum Buchwert weiter übertragen wurde, soll der Aufstockungsbetrag »ins Leere« laufen und nicht berücksichtigt werden.

510 Erfolgt also die rückwirkende Besteuerung des Einbringungsvorgangs innerhalb des ersten Jahres nach der Einbringung und werden damit sämtliche übergegangenen stillen Reserven ungemildert der Besteuerung unterworfen, führt die Buchwertaufstockung bei der Übernehmerin dazu, dass diese im Ergebnis so gestellt ist, als wäre die Einbringung zu gemeinen Werten durchgeführt worden.

511 Ist zwischen der Einbringung und der schädlichen Anteilsveräußerung schon mehr als ein Jahr vergangen, so wird die Übernehmerin im Ergebnis so gestellt, als habe die Einbringung zu Zwischenwerten stattgefunden.

512 **9. Grenzüberschreitende Einbringungsvorgänge.** Bringt ein inländischer übertragender Rechtsträger einen Betrieb, Teilbetrieb oder Mitunternehmeranteil in eine ausländische Kapitalgesellschaft ein, so fällt dieser Vorgang gem. § 1 Abs. 4 UmwStG unter § 20 UmwStG, wenn die übernehmende Kapitalgesellschaft Sitz und Ort der Geschäftsleitung in einem EU/EWR-Staat hat und nach dem Recht eines dieser Staaten gegründet wurde (doppelte Ansässigkeit nach § 1 Abs. 2 Nr. 1 UmwStG). Grundsätzlich sind die übergehenden Wirtschaftsgüter zu gemeinen Werten anzusetzen. Ein Buchwertansatz oder ein Ansatz von Zwischenwerten ist jedoch auf Antrag möglich, wenn die in Teil 7 Rdn. 431 aufgeführten Voraussetzungen erfüllt sind. Insbesondere muss das Betriebsvermögen weiterhin der Körperschaftsteuer unterliegen und das Besteuerungsrecht Deutschlands an dem übergehenden Vermögen darf nicht ausgeschlossen oder beschränkt werden. Diese Voraussetzung wird regelmäßig dann erfüllt, wenn das übergehende Vermögen nach der Einbringung eine inländische **Betriebsstätte** der Übernehmerin bildet, für die Deutschland nach dem einschlägigen DBA ein Besteuerungsrecht hat. Gehen jedoch einzelne Wirtschaftsgüter im Zuge der Einbringung auf das ausländische Stammhaus über und sind nicht der deutschen Betriebsstätte zuzuordnen, kommt es insoweit zu einem Ansatz des gemeinen Wertes und zu einer Aufdeckung stiller Reserven.

513 Kommt es innerhalb der nächsten 7 Jahre nach dem Einbringungsvorgang zu einer schädlichen Anteilsveräußerung, so ergeben sich in den Fällen der grenzüberschreitenden Einbringung dieselben Konsequenzen wie bei vergleichbaren inländischen Vorgängen. Insbesondere kommt es zu einer rückwirkenden Besteuerung des Einbringungsvorgangs nach § 22 Abs. 1 UmwStG, wobei sich der jeweils nachzuversteuernde Einbringungsgewinn für jedes seit der Einbringung bis zum Zeitpunkt der schädlichen Anteilsveräußerung bereits abgelaufene Zeitjahr um jeweils $1/7$ verringert.

514 Einen Sonderfall bildet die Einbringung einer im Ausland belegenen Betriebsstätte in eine ausländische Kapitalgesellschaft, wenn es sich hierbei um eine sog. »**Anrechnungsbetriebsstätte**« handelt. Eine »Anrechnungsbetriebsstätte« ist gegeben, wenn Deutschland mit dem Betriebsstättenstaat entweder kein DBA abgeschlossen hat, oder ein existierendes DBA Deutschland als Stammhausstaat ein Besteuerungsrecht unter Anrechnung der ausländischen Steuern zusteht. Darüber hinaus sehen viele Länder die Freistellungsmethode mit Aktivitätsvorbehalt vor. Die Freistellungsmethode kann dann nur für Betriebsstätten mit aktiven Einkünften in Anspruch genommen werden, während für Betriebsstätten mit passiven Einkünften die Anrechnungsmethode gilt.

515 Kommt es also anlässlich einer grenzüberschreitenden Einbringung zur Übertragung einer solchen Anrechnungsbetriebsstätte und verliert Deutschland insoweit durch die Einbringung sein Besteuerungsrecht, werden die stillen Reserven der Anrechnungsbetriebsstätte der Besteuerung unterworfen. Allerdings rechnet Deutschland auf die sich hieraus ergebende Steuer eine fiktive ausländische Steuer an, die nach den Rechtsvorschriften des Betriebsstättenstaates erhoben worden wäre, wenn die übertragenen Wirtschaftsgüter zum gemeinen Wert veräußert worden wären (vgl. § 20 Abs. 7 in Verbindung mit § 3 Abs. 3 UmwStG).

10. Rückwirkung. Das bei der Einbringung auf die aufnehmende Gesellschaft zu übertragende Ver- 516
mögen geht grundsätzlich zu dem im Einbringungsvertrag bestimmten Zeitpunkt bzw. bei einer Einbringung durch eine Umwandlung im Sinne des UmwG mit Eintragung der Umwandlung im Handelsregister über. Für steuerliche Zwecke würde es ohne weitere Regelungen darauf ankommen, wann das
wirtschaftliche Eigentum am zu übertragenden Vermögen übergeht. Dies wird – soweit der Einbringungsvertrag keine abweichenden Regelungen enthält – häufig mit Abschluss des Einbringungsvertrages bzw. mit Eintritt der darin ggf. vorgesehenen Bedingungen der Fall sein.

Nach § 20 Abs. 5 und Abs. 6 UmwStG ist es jedoch auf Antrag der aufnehmenden Gesellschaft auch 517
möglich, den Vermögensübergang für ertragsteuerliche Zwecke bis zu acht Monate rückwirkend zu ge-
stalten. Die in § 2 UmwStG vorgesehene Rückwirkung für andere Umwandlungen ist somit auch im
Bereich der Einbringungen nach § 20 UmwStG möglich. Der ggf. bis zu acht Monate zurückliegende
Zeitpunkt ist dann der **steuerliche Übertragungsstichtag** der Einbringung nach § 20 UmwStG.

Erfolgt die Einbringung durch eine Umwandlung nach dem UmwG (z. B. durch eine Ausgliederung 518
oder eine Verschmelzung einer Personengesellschaft auf eine Kapitalgesellschaft), kann die Rückbeziehung auf einen Zeitpunkt, der nicht mehr als acht Monate vor der Anmeldung der Umwandlung zum
Handelsregister liegt, erfolgen.

Erfolgt die Einbringung durch Einzelrechtsnachfolge aufgrund eines Einbringungsvertrages, kann die 519
Rückbeziehung auf einen Zeitpunkt, der nicht mehr als acht Monate vor Abschluss des Einbringungsvertrages und dem Übergang des wirtschaftlichen Eigentums liegt, erfolgen (§ 20 Abs. 6 Satz 3
UmwStG, vgl. Randnr. 20.14 UmwStE). Wird beispielsweise eine Einbringung am 31.08. beurkundet,
ist somit grundsätzlich eine Rückwirkung auf den 31.12. des Vorjahres möglich. Falls aber der Einbringungsvertrag eine Bedingung enthält, die erst am 15.09. eintritt und bis dahin den Übergang des wirtschaftlichen Eigentums verhindert, kann die Rückwirkung nicht auf den 31.12. des Vorjahres, sondern
nur auf den 15.01. erfolgen.

Die steuerliche Rückwirkung hat zur Folge, dass für die Zwecke der Besteuerung davon auszugehen ist, 520
die Einbringung sei bereits zum Ablauf des steuerlichen Übertragungsstichtages erfolgt. Die im Rückwirkungszeitraum angefallenen Geschäftsvorfälle sind somit bereits dem übernehmenden Rechtsträger
zuzurechnen. Es kommt jedoch nicht zu einer Rückbeziehung von Verträgen, die tatsächlich erst später
abgeschlossen worden sind, auf den steuerlichen Übertragungsstichtag. Die Zuordnungsregelung betrifft also nur tatsächlich angefallene Geschäftsvorfälle. Darüber hinaus gilt die Rückwirkung nicht
für Entnahmen und Einlagen, die nach dem steuerlichen Übertragungsstichtag erfolgt sind (§ 20 Abs. 5
Satz 2 UmwStG). Für Entnahmen und Einlagen sind daher weiterhin die Rechtsfolgen anzuwenden, die
sich auch ohne die Rückwirkung ergeben hätten.

Die steuerliche Rückwirkung gilt auch für die Berechnung der siebenjährigen Sperrfrist in § 22 521
UmwStG. Im Fall der Einbringung des Betriebes einer Personengesellschaft in eine Kapitalgesellschaft
gilt die Rückwirkungsfiktion jedoch nicht für im Rückwirkungszeitraum aus der Personengesellschaft
ausscheidende Mitunternehmer (vgl. Randnr. 20.16 UmwStE).

Für die steuerliche Rückwirkung nach § 20 Abs. 5 und Abs. 6 UmwStG gelten die Regelungen in § 2 522
Abs. 3 und Abs. 4 UmwStG entsprechend. Das bedeutet, dass es auch bei Einbringungen nach § 20
UmwStG durch die Rückwirkung nicht zu »weißen« Einkünften kommen darf und dass die Verrechnung von Übertragungsgewinnen mit Verlusten bzw. die Nutzung von Verlusten im Rückwirkungszeitraum eingeschränkt wird (vgl. näher Teil 7 Rdn. 180 ff.)

II. Anteilstausch

1. Einbringung im Wege des Anteilstausches nach § 21 UmwStG. § 21 UmwStG regelt die steu- 523
erlichen Folgen der Einbringung von Anteilen an einer Kapitalgesellschaft in eine andere Kapitalgesellschaft gegen Gewährung neuer Anteile (Anteilstausch). Die Regelung gilt unabhängig davon, welche
Beteiligungsquote die einzubringenden Anteile vermitteln. Ein steuerneutraler Anteilstausch ist jedoch
nur dann möglich, wenn die aufnehmende Gesellschaft nach dem Anteilstausch unmittelbar die Mehrheit der Stimmrechte an der eingebrachten Gesellschaft hält.

524 Einbringender im Sinne des § 21 UmwStG kann sowohl eine Kapitalgesellschaft als auch eine natürliche Person sein. Bei Personengesellschaften gelten die Gesellschafter als Einbringende. Unerheblich ist, wo der Einbringende seinen Sitz bzw. Wohnsitz hat. Im Gegensatz zur Einbringung nach § 20 UmwStG ist somit für einen Anteilstausch nicht erforderlich, dass der Einbringende steuerlich innerhalb der EU bzw. des EWR ansässig ist.

525 Auch bezüglich der Kapitalgesellschaft, deren Anteile übertragen werden, gibt es keine besonderen Ansässigkeitserfordernisse. Diese Gesellschaft kann somit auch in einem Drittstaat außerhalb der EU/ EWR ansässig sein.

526 Die übernehmende Kapitalgesellschaft muss jedoch Sitz und Ort der Geschäftsleitung in der EU/EWR haben (§ 1 Abs. 4 Satz 1 Nr. 1 UmwStG).

527 Der Anteilstausch nach § 21 UmwStG ist nicht rückwirkend möglich, da eine § 20 Abs. 5 und Abs. 6 UmwStG vergleichbare Regelung fehlt und diese Regelungen auch nicht entsprechend anwendbar sind.

528 ▶ **Beispiel: Einbringung eines Anteils in eine inländische Kapitalgesellschaft**

Die X-Holding und die Y-Holding wollen ein Joint Venture gründen, indem die X-Holding die Anteile an ihrer Tochtergesellschaft gegen Gewährung von Gesellschaftsrechten in die Y-Tochter GmbH einbringt.

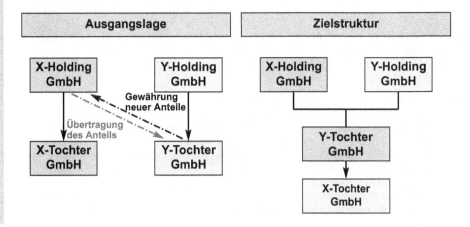

529 a) **Bewertung der übergehenden Anteile bei der Übernehmerin.** Bezüglich der steuerlichen Behandlung des Einbringungsvorgangs unterscheidet das Gesetz zwischen
– einem »qualifizierten« Anteilstausch, bei dem die übernehmende Kapitalgesellschaft (erwerbende Gesellschaft; hier: Y-Tochter) nach der Einbringung – ggf. zusammen mit bereits vorher im Anteilsbesitz der Übernehmerin befindlichen Anteilen – unmittelbar die Mehrheit der Stimmrechte an der erworbenen Gesellschaft (X-Tochter) hält und
– einem »einfachen« Anteilstausch, bei dem diese Voraussetzung nicht erfüllt ist (§ 21 Abs. 1 UmwStG).

530 Ist ein »einfacher« Anteilstausch gegeben, hat dieser zwingend zu gemeinen Werten zu erfolgen. Die Möglichkeit einer Buchwertfortführung besteht nicht. Der einfache Anteilstausch ist daher wie eine Veräußerung der eingebrachten Anteile zu behandeln.

531 Handelt es sich jedoch um einen »qualifizierten« Anteilstausch, besteht auf Antrag der aufnehmenden Kapitalgesellschaft die Möglichkeit, anstelle des gemeinen Werts der übergehenden Beteiligung die Buchwerte fortzuführen oder Zwischenwerte anzusetzen. Das Gesetz stellt zwar die zusätzliche Anforderung, dass Deutschland durch den Einbringungsvorgang kein Besteuerungssubstrat entzogen werden darf, diese Voraussetzung ist aber immer erfüllt, wenn die übernehmende Kapitalgesellschaft im

Inland ansässig ist. Auf diese Voraussetzung wird daher bei der Beschreibung des grenzüberschreitenden Anteilstauschs näher eingegangen (vgl. Teil 7 Rdn. 547 ff.).

Ebenso wie bei der Einbringung nach § 20 UmwStG ist es auch im Fall des Anteilstauschs möglich, dass **532** die erwerbende Gesellschaft dem Einbringenden zusätzlich zu neuen Anteilen auch noch eine sonstige Gegenleistung gewährt. Übersteigt der Wert der sonstigen Gegenleistung den steuerlichen Buchwert der eingebrachten Anteile, hat die übernehmende Gesellschaft die eingebrachten Anteile mindestens mit dem gemeinen Wert der sonstigen Gegenleistung anzusetzen und es kommt zu einer teilweisen oder sogar vollständigen Realisierung der stillen Reserven in den eingebrachten Anteilen.

Auch insoweit ist geplant, die sonstige Gegenleistung beim Anteilstausch einzuschränken. Die Be- **533** schränkungen würden – wie auch bei der Einbringung nach § 20 UmwStG – dazu führen, dass die sonstige Gegenleistung (i) nicht mehr als 25 % des Netto-Buchwerts des eingebrachten Vermögens oder (ii) 500.000 €, höchstens jedoch den Netto-Buchwert des eingebrachten Vermögens betragen darf und es ansonsten zu einer anteiligen Gewinnrealisierung kommen würde (vgl. Teil 7 Rdn. 426).

b) Bewertung der erhaltenen Anteile bei dem Einbringenden. Der Wert, mit dem die über- **534** nehmende Gesellschaft die eingebrachten Anteile ansetzt, gilt beim Einbringenden grundsätzlich als Veräußerungspreis und zugleich als Anschaffungskosten des neu gewährten Anteils (steuerliche Wertverknüpfung), vgl. § 21 Abs. 2 Satz 1 UmwStG. Daher kann beim Einbringenden aufgrund der Übertragung kein Gewinn entstehen, wenn die übernehmende Gesellschaft die eingebrachten Anteile mit dem Buchwert des Einbringenden ansetzt. Die neu gewährten Anteile erhalten den Buchwert der eingebrachten Anteile.

Werden bei einem Anteilstausch einbringungsgeborene Anteile alten Rechts übertragen, so sind die er- **535** haltenen Anteile gem. §§ 21 Abs. 2 Satz 6, 20 Abs. 3 Satz 4 UmwStG ebenfalls als einbringungsgeboren im Sinne des § 21 UmwStG a. F. § 8b Abs. 4 KStG a. F. zu qualifizieren.

c) Veräußerung der erhaltenen Anteile durch den Einbringenden. Auch bei einem Anteilstausch **536** zu Buch- oder Zwischenwerten kann es zur Entstehung einer siebenjährigen Sperrfrist kommen. Insoweit gilt jedoch nicht die Regelung des § 22 Abs. 1 UmwStG, sondern eine eigene Regelung in § 22 Abs. 2 UmwStG. Die für den Anteilstausch nach § 21 UmwStG geltende Sperrfristregelung in § 22 Abs. 2 UmwStG kann auch dann gelten, wenn bei einer Einbringung nach § 20 UmwStG Anteile an Kapitalgesellschaften mit eingebracht werden. Die Sperrfrist nach § 22 Abs. 2 UmwStG weist gegenüber der Sperrfrist nach § 22 Abs. 1 UmwStG einige Unterschiede auf.

Die Sperrfrist nach § 22 Abs. 2 UmwStG soll verhindern, dass natürliche Personen von ihnen gehaltene **537** Anteile an Kapitalgesellschaften zunächst steuerneutral in eine von ihnen gehaltene Kapitalgesellschaft einbringen und die eingebrachten Anteile dann aus der aufnehmenden Kapitalgesellschaft heraus unter Anwendung der Steuerbefreiung des § 8b KStG veräußert werden. Eine solche Verschiebung von zu realisierenden stillen Reserven aus dem Teileinkünfteverfahren in den Anwendungsbereich des § 8b KStG soll innerhalb der ersten sieben Jahre nicht ohne Besteuerung bei der einbringenden natürlichen Person möglich sein.

Dies bedeutet aber auch, dass **keine Sperrfrist** nach § 22 Abs. 2 UmwStG entsteht, wenn der Einbrin- **538** gende eine Kapitalgesellschaft ist, bei der die einzubringenden Anteile bereits nach § 8b Abs. 2 und Abs. 3 KStG weitgehend steuerfrei veräußert werden hätten können. Andererseits entsteht auch bei der Einbringung von Anteilen durch Kapitalgesellschaften eine Sperrfrist, wenn die eingebrachten Anteile nach § 8b Abs. 7 oder Abs. 8 KStG nicht weitgehend steuerfrei veräußert werden hätten können.

Die Sperrfrist nach § 22 Abs. 2 UmwStG lastet im Gegensatz zur Sperrfrist nach § 22 Abs. 1 UmwStG **539** daher nicht auf den als Gegenleistung für den Anteilstausch gewährten Anteile, sondern auf den beim Anteilstausch in die aufnehmende Kapitalgesellschaft eingebrachten Anteilen. Die als Gegenleistung für den Anteilstausch gewährten Anteile kann der Einbringende grundsätzlich nach denselben Regeln wie die eingebrachten Anteile veräußern (d. h. bei natürlichen Personen gilt jeweils das Teileinkünfteverfahren), so dass für diese Anteile keine Sperrfrist erforderlich ist. Veräußert die aufnehmende Kapitalgesellschaft die eingebrachten Anteile innerhalb von sieben Jahren nach dem Übergang des wirtschaftlichen Eigentums an diesen Anteilen, wird der Anteilstausch rückwirkend für den Einbringenden steuerpflichtig. Es entsteht ein **Einbringungsgewinn II**. Dies ist insofern besonders hervorzuheben, als der Einbringende auf die spätere Veräußerung des Anteils ggf. keinen Einfluss mehr hat. Trotzdem kann es bei ihm zu einer nachträglichen Besteuerung kommen. Diese Tatsache ist daher bereits bei der Ausgestaltung des Vertrages über den Anteiltausch entsprechend zu berücksichtigen.

540 Auch bei der Sperrfrist nach § 22 Abs. 2 UmwStG reduziert sich der Einbringungsgewinn II für jedes volle Jahr, das seit dem steuerlichen Wirksamwerden des Anteilstauschs mit Übergang des wirtschaftlichen Eigentums an den Anteilen vergangen ist, um $^1/_7$.

541 Der Einbringungsgewinn II entsteht nicht, soweit der Einbringende die als Gegenleistung für die Einbringung erhaltenen Anteile bereits veräußert hat (vgl. § 22 Abs. 2 Satz 5 UmwStG). In diesem Fall sind die stillen Reserven in den eingebrachten Anteilen beim Einbringenden mit versteuert worden und es besteht selbst im Falle einer nachfolgenden Veräußerung der eingebrachten Anteile durch die aufnehmende Gesellschaft keine Notwendigkeit, den Anteilstausch rückwirkend zu besteuern. Wenn sich der Wert der eingebrachten Anteile seit dem Anteilstausch reduziert hat, kann es daher sinnvoll sein, die Anteile an der aufnehmenden Gesellschaft an Stelle der Anteile an der eingebrachten Gesellschaft zu veräußern.

542 ▶ **Beispiel: Anteilstausch mit einer natürlichen Person als Einbringendem**

A bringt die Anteile an seiner Tochtergesellschaft A-GmbH in die Y-Tochter GmbH gegen Gewährung von Gesellschaftsrechten ein. Der gemeine Wert der A-GmbH zu diesem Zeitpunkt betrug 8 Mio. €, der Buchwert 1 Mio. €. Nach 5 Jahren veräußert Y-Tochter GmbH die Anteile an der A-GmbH zu einem Preis von 8 Mio. €.

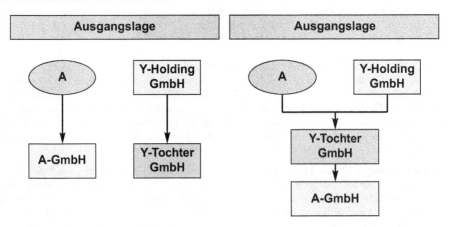

Die Einbringung kann zu Buchwerten erfolgen, denn die erwerbende Y-Tochter GmbH erhält die Mehrheit der Stimmrechte an A-GmbH. Es handelt sich also um einen qualifizierten Anteilstausch. Außerdem wird das Besteuerungsrecht Deutschlands an den erworbenen und auch den neu geschaffenen Anteilen weder beschränkt noch ausgeschlossen.

Allerdings findet eine schädliche Anteilsveräußerung der im Zuge der Einbringung gewährten neuen Anteile durch die Y-Tochter GmbH innerhalb der Siebenjahresfrist statt. Aus diesem Grund erfolgt eine anteilige nachträgliche Versteuerung der zum Zeitpunkt des Anteilstauschs in den Anteilen an der A-GmbH ruhenden und auf die Y-Tochter GmbH übergegangenen stillen Reserven (sog. Einbringungsgewinn II) bei A.

Der nachzuversteuernde Einbringungsgewinn II ermittelt sich wie folgt:

gemeiner Wert der von A eingebrachten Anteile an der A-GmbH im Zeitpunkt der Einbringung	8 Mio. €
abzüglich des Wertes, mit dem A die an der Y-Tochter GmbH erhaltenen Anteile angesetzt hat	– 1 Mio. €

Höhe der stillen Reserven zum Zeitpunkt der Einbringung	7 Mio. €.
Minderung für 5 Zeitjahre ($^5/_7$):	– 5 Mio. €.
Einbringungsgewinn II	2 Mio. €.

A hat somit nachträglich einen Einbringungsgewinn II i. H. v. 2 Mio. € unter Anwendung des Teileinkünfteverfahrens zu versteuern. In gleicher Höhe entstehen nachträgliche Anschaffungskosten auf die von A gehaltenen Anteile an der Y-Tochter GmbH. Ein künftiger Gewinn aus der Veräußerung dieser Anteile wird also um den Betrag von 2 Mio. € geringer ausfallen.

Hätte nicht die Y-Tochter GmbH die Anteile an der A-GmbH, sondern der A seine Anteile an der Y-Tochter GmbH veräußert, würde § 22 Abs. 2 UmwStG nicht zu Anwendung kommen. In diesem Fall liegt bereits originär eine Veräußerung von Anteilen an einer Kapitalgesellschaft vor, die dem Teileinkünfteverfahren unterliegt. Da die Y-Tochter GmbH die Anteile an der A-GmbH noch nicht veräußert hat, sind die darin verhafteten stillen Reserven noch bei der Y-Tochter GmbH vorhanden und werden bei der Übertragung der Anteile an der Y-Tochter GmbH mit vergütet. Sie unterliegen daher bereits einer Besteuerung. Für diesen Fall bedurfte es daher keiner Missbrauchsregelung. Nach § 22 Abs. 2 Satz 5 UmwStG löst eine nachfolgende Veräußerung der Anteile an der A-GmbH dann auch keinen Einbringungsgewinn II mehr aus.

543 Neben der Veräußerung der eingebrachten Anteile durch die aufnehmende Kapitalgesellschaft löst auch die Verwirklichung der sog. »Ersatzrealisationstatbestände« den Sperrfristverstoß und somit die Besteuerung des Einbringungsgewinnes II aus. Ersatzrealisationstatbestände sind – wie schon bei der Sperrfrist nach § 22 Abs. 1 UmwStG – insbesondere die verdeckte Einlage in eine Kapitalgesellschaft, die Weiter-Einbringung gegen Gewährung neuer Anteile es sei denn, diese erfolgt zu Buchwerten, die Auflösung oder Kapitalherabsetzung oder Einlagenrückgewähr bei der eingebrachten Gesellschaft oder wiederum bestimmte Fälle der Ketten-Einbringungen, es sei denn diese erfolgen zu Buchwerten. Die Ersatzrealisationstatbestände sind näher bei der Sperrfrist nach § 22 Abs. 1 UmwStG in Teil 7 Rdn. 467 ff. erläutert. Dabei ist insbesondere zu berücksichtigen, dass die Sperrfrist nach § 22 Abs. 2 UmwStG und somit auch die Ersatzrealisationstatbestände sich nicht auf die erhaltenen Anteile an der aufnehmenden Gesellschaft, sondern auf die eingebrachten Anteile beziehen. Daher ist eine Einlagenrückgewähr der aufnehmenden Kapitalgesellschaft grundsätzlich nicht geeignet, einen Einbringungsgewinn II für die eingebrachten Anteile auszulösen, sondern die Einlagenrückgewähr müsste auf Ebene der eingebrachten Kapitalgesellschaft erfolgen, um einen Einbringungsgewinn II auslösen zu können.

544 Soweit zu einem eingebrachten Betrieb oder Teilbetrieb Anteile an Kapitalgesellschaften gehören, findet nicht die Sperrfrist nach § 22 Abs. 1 UmwStG, sondern die Sperrfrist nach § 22 Abs. 2 UmwStG Anwendung. Das bedeutet, dass bei einer Einbringung eines Betriebes oder Teilbetriebes, die nach § 20 UmwStG zu Buchwerten oder Zwischenwerten erfolgt, sowohl eine Sperrfrist nach § 22 Abs. 1 UmwStG auf den als Gegenleistung für die Einbringung erhaltenen Anteilen an der aufnehmenden Kapitalgesellschaft lastet, als auch eine Sperrfrist nach § 22 Abs. 2 UmwStG auf den als Teil des Betriebes oder Teilbetriebes in die aufnehmende Kapitalgesellschaft eingebrachten Anteilen an einer anderen Kapitalgesellschaft lastet. Diese doppelte Sperrfrist ist bei Einbringungen von Betrieben oder Teilbetrieben unbedingt zu beachten, um nicht zu einer rückwirkenden (teilweisen) Steuerpflicht der Einbringung zu kommen.

545 Auch bei der Einbringung eines Mitunternehmeranteils, bei dem im Gesamthandsvermögen der Mitunternehmerschaft oder im Sonderbetriebsvermögen des einbringenden Mitunternehmers Anteile an Kapitalgesellschaften vorhanden sind, entsteht grundsätzlich sowohl eine Sperrfrist nach § 22 Abs. 1 UmwStG auf den als Gegenleistung für die Einbringung erhaltenen Anteilen als auch eine Sperrfrist nach § 22 Abs. 2 UmwStG auf den zum Gesamthandsvermögen oder zum Sonderbetriebsvermögen gehörenden Anteilen an Kapitalgesellschaften. Dies bedeutet, dass innerhalb der 7-jährigen Sperrfrist sowohl die Veräußerung der zum Gesamthandsvermögen gehörenden Kapitalgesellschaftsanteile durch die Personengesellschaft als auch die Veräußerung der zum Sonderbetriebsvermögen gehörenden Anteile durch die aufnehmende Kapitalgesellschaft einen Sperrfristverstoß nach § 22 Abs. 2 UmwStG auslösen. Als Besonderheit ist zu beachten, dass nach § 22 Abs. 2 Satz 1 UmwStG die unmittelbare und die mittelbare Veräußerung der sperrfristbehafteten Anteile einen Sperrfristverstoß auslöst. Damit löst auch die Veräußerung des Mitunternehmeranteils durch die aufnehmende Kapitalgesellschaft den Sperrfristverstoß nach § 22 Abs. 2 UmwStG hinsichtlich der zum Gesamthandsvermögen gehörenden Kapitalgesellschaftsanteile aus. Dies erscheint sachgerecht, da ansonsten doch die stillen Reserven in den sperrfristbehafteten Anteilen durch die aufnehmende Kapitalgesellschaft realisiert werden könnten.

546 Als Besonderheit bei Mitunternehmerschaften ist schließlich noch zu berücksichtigen, dass die Aufnahme eines neuen Gesellschafters in eine bestehende Mitunternehmerschaft bzw. die quotenverändernde Kapitalerhöhung bei einer Mitunternehmerschaft fiktive Vorgänge nach § 24 UmwStG sind. Dabei wird angenommen, dass die bisherigen Mitunternehmer ihre Mitunternehmeranteile in eine neue Mitunternehmerschaft, an der auch der neu beitretende bzw. der seinen Anteil erhöhende Mitunternehmer beteiligt sind, ggf. steuerneutral nach § 24 UmwStG eingebracht haben (vgl. BFH-Urteil v. 25.04.2006 – VIII R 52/04, BStBl. II 2006, 847; Randnr. 01.47 UmwStE). Gehören zum Gesamthandsvermögen der Mitunternehmerschaft sperrfristbehaftete Anteile an Kapitalgesellschaften, so wäre nach Auffassung der Finanzverwaltung die Weiter-Einbringung dieser Anteile in eine andere Mitunternehmerschaft ein Sperrfristverstoß, da das UmwStG im Rahmen der Definition der Ersatzrealisierungstatbestände ausschließlich die Weiter-Einbringung in eine Kapitalgesellschaft zu Buchwerten als unschädlich ansieht (vgl. Teil 7 Rdn. 481). Die Finanzverwaltung sieht auch fiktive Vorgänge nach § 24 UmwStG, die bei der Aufnahme eines neuen Mitunternehmers bzw. bei der quotenveränderten Kapitalerhöhung bei einer Mitunternehmerschaft stattfinden, als schädliche Weiter-Einbringungen der sperrfristbehafteten Anteile in eine neue Mitunternehmerschaft an und würde daher einen Sperrfristverstoß nach § 22 Abs. 2 UmwStG annehmen. Sollte sich die Finanzverwaltung mit dieser Auffassung auch vor den Finanzgerichten bzw. dem BFH durchsetzen, dann würde jede Einbringung von Mitunternehmeranteilen in Kapitalgesellschaften, soweit zum Betriebsvermögen der Mitunternehmerschaft Anteile an anderen Kapitalgesellschaften gehören und bei diesen durch die Einbringung eine Sperrfrist nach § 22 Abs. 2 UmwStG entsteht, für 7 Jahre nach der Einbringung die Aufnahme neuer Mitunternehmer bzw. quotenverändernde Kapitalerhöhungen bei der Mitunternehmerschaft ausschließen.

547 **2. Anteilstausch mit im EU-Ausland ansässiger übernehmender Kapitalgesellschaft.** Neben inländischen Kapitalgesellschaften können beim Anteilstausch auch ausländische Kapitalgesellschaften aufnehmende Rechtsträger sein, soweit diese ihren Sitz und ihre Geschäftsleitung in einem EU-/EWR-Staat haben (vgl. § 1 Abs. 4 Satz 1 Nr. 1 in Verbindung mit Abs. 2 Satz 1 Nr. 1 UmwStG). Auch insoweit ist zunächst wiederum die Gewährung neuer Anteile an der aufnehmenden Gesellschaft erforderlich, um den Anwendungsbereich des § 21 UmwStG zu eröffnen.

548 Während aber bei der Einbringung von Betrieben, Teilbetrieben oder Mitunternehmeranteilen in ausländische Kapitalgesellschaften häufig noch ein deutsches Besteuerungsrecht am eingebrachten Betriebsvermögen fortbestehen wird, scheiden die eingebrachten Anteile regelmäßig mit dem Anteilstausch aus der deutschen Besteuerungshoheit aus. Dies beruht darauf, dass die meisten Doppelbesteuerungsabkommen das Besteuerungsrecht für Anteile an Kapitalgesellschaften regelmäßig dem Ansässigkeitsstaat des Anteilseigners, hier also nach dem Anteilstausch dem ausländischen Staat, zuweisen.

▶ **Beispiel:** 549

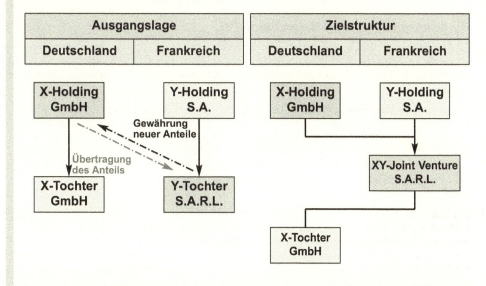

Grundsätzlich fordert das Gesetz, dass für den Einbringenden der gemeine Wert der eingebrachten Anteile 550
als Veräußerungspreis und als Anschaffungskosten der erhaltenen Anteile gilt, wenn für die eingebrachten
Anteile nach der Einbringung das Recht Deutschlands hinsichtlich der Besteuerung des Gewinns aus der
Veräußerung dieser Anteile ausgeschlossen oder beschränkt ist (§ 21 Abs. 2 Satz 2 UmwStG).

Das wäre in dem hier gezeigten Beispiel der Fall, denn für die eingebrachten Anteile an der X-Tochter 551
hätte Deutschland nach der Einbringung kein Besteuerungsrecht, weil das DBA Deutschland/Frankreich
dem Sitzstaat Frankreich der Anteilseignerin XY-Joint Venture S. A. R. L. das Recht zuweist, den Gewinn
aus der Veräußerung dieser Anteile zu versteuern. Hiernach müsste also die X-Holding die Anteile an der
X-Tochter zum gemeinen Wert übertragen und die darin ruhenden stillen Reserven aufdecken.

Nach § 21 Abs. 2 Satz 3 UmwStG kann jedoch auf Antrag der Buchwert oder ein Zwischenwert als 552
Veräußerungspreis der eingebrachten Anteile und als Anschaffungskosten der erhaltenen Anteile angesetzt werden können, wenn
– das Besteuerungsrecht Deutschlands hinsichtlich der Veräußerung der erhaltenen Anteile an der aufnehmenden Kapitalgesellschaft nicht ausgeschlossen oder beschränkt ist oder
– das Besteuerungsrecht hinsichtlich der Veräußerung der erhaltenen Anteile an der aufnehmenden
Kapitalgesellschaft zwar ausgeschlossen oder beschränkt ist, aber der Gewinn aus dem Anteiltausch
aufgrund der Regelungen der Fusionsrichtlinie nicht besteuert werden darf; in diesen Fällen unterliegt der Gewinn aus der späteren Veräußerung der Anteile ungeachtet entgegenstehender DBA-Re-
gelungen der Besteuerung in Deutschland (treaty override).

Eine Beschränkung des Besteuerungsrechts an den erhaltenen Anteilen an der Y-Tochter S. A. R. L. ist 553
in dem obigen Beispiel nicht gegeben, denn bezüglich dieser Anteile hat Deutschland das uneingeschränkte Besteuerungsrecht.

Hätte es sich bei der aufnehmenden Gesellschaft jedoch nicht um eine französische, sondern z. B. um 554
eine tschechische Gesellschaft gehandelt, so wäre eine Beschränkung des deutschen Besteuerungsrechts
auch hinsichtlich dieser Anteile eingetreten, denn nach dem DBA Deutschland/Tschechien hat Tsche-
chien ein Quellensteuerrecht und Deutschland hat diese Quellensteuer bei der inländischen Besteuerung anzurechnen. Gleichwohl kann diese Übertragung zunächst zu Buchwerten vorgenommen werden, denn Art. 8 Abs. 1 der Fusionsrichtlinie verbietet in einem solchen Fall innerhalb der EU eine
Besteuerung des Anteiltauschs. Allerdings wird die spätere Veräußerung der Anteile an der tsche-

chischen Gesellschaft in Deutschland versteuert, und zwar ohne Anrechnung der tschechischen Quellensteuer. Es kommt dann insoweit zu einer echten Doppelbesteuerung.

III. Einbringung in eine Personengesellschaft

555 **1. Allgemeines.** § 24 UmwStG regelt die Einbringung von Betriebsvermögen in eine Personengesellschaft, die als Mitunternehmerschaft zu qualifizieren ist. Auch insoweit ist Voraussetzung für die Anwendung des § 24 UmwStG, dass die Einbringung gegen Gewährung von Anteilen an der Mitunternehmerschaft erfolgt.

556 **Gegenstand der Einbringung** nach § 24 UmwStG kann ein Betrieb, ein Teilbetrieb oder ein Mitunternehmeranteil sein. Die entsprechenden Begriffe haben bei der Einbringung nach § 24 UmwStG grundsätzlich dieselbe Bedeutung wie bei der Einbringung nach § 20 UmwStG, so dass insoweit auf Teil 7 Rdn. 411 ff. verwiesen wird. Bei der Einbringung von Mitunternehmeranteilen ist zu prüfen, ob auch das Sonderbetriebsvermögen mit eingebracht werden muss. Außerdem ist bei der Einbringung in Mitunternehmerschaften auch zu prüfen, ob durch die Einbringung möglicherweise Sonderbetriebsvermögen neu entsteht.

557 Die Einbringung von Anteilen an einer Kapitalgesellschaft wird hingegen in § 24 UmwStG nicht explizit erwähnt. Nach Ansicht der Finanzverwaltung ist als Teilbetrieb im Sinne des § 24 Abs. 1 UmwStG jedoch auch eine **100 %ige Beteiligung** an einer Kapitalgesellschaft anzusehen (Randnr. 24.02 UmwStE). Zu beachten ist jedoch, dass der BFH diese Auffassung nicht teilt (vgl. BFH-Urteil v. 17.07.2008 – I R 77/06, BStBl. II 2009, 464). Steuerpflichtige, die sich auf diese Verwaltungsauffassung stützen wollen, sollten sich die Anwendung des § 24 UmwStG auf den Einbringungsvorgang daher durch eine verbindliche Auskunft im Sinne des § 89 AO absichern lassen. Wenn der Einbringungsvorgang ansonsten dennoch aus ganz anderen Gründen Gegenstand eines Urteils wird, ist nicht auszuschließen, dass das Finanzgericht oder der BFH am Ende das Klagebegehren mit dem Argument abweisen wird, dass ohnehin kein Anwendungsfall des § 24 UmwStG vorliege. Bei Einbringungen von 100 %igen Beteiligungen an Kapitalgesellschaften ist allerdings § 24 Abs. 5 UmwStG zu beachten (vgl. insoweit Teil 7 Rdn. 581).

558 Voraussetzung für die Anwendung der Vorschriften des § 24 UmwStG ist, dass der Einbringende **Mitunternehmer** der Gesellschaft wird.

559 Unter § 24 UmwStG fällt auch die Aufnahme eines Gesellschafters in ein Einzelunternehmen. Es entsteht dann eine Personengesellschaft und der bisherige Einzelunternehmer bringt in diese seinen Betrieb ein (vgl. Randnr. 01.47 UmwStE). Dasselbe gilt für die Aufnahme eines weiteren Gesellschafters in eine bereits bestehende Personengesellschaft. Es wird hier unterstellt, dass die bisherigen Mitunternehmer den Betrieb ihrer bisherigen Personengesellschaft in die mit dem neuen Gesellschafter entstehende Personengesellschaft einbringen. Schließlich fällt unter § 24 UmwStG auch die nicht quotenwahrende Kapitalerhöhung durch einen bereits beteiligten Mitunternehmer (vgl. Randnr. 01.47 UmwStE). Auch insoweit handelt es sich um eine fiktive Einbringung aller bereits beteiligten Mitunternehmer in eine neue Mitunternehmerschaft mit geänderten Beteiligungsquoten. Die quotenwahrende Kapitalerhöhung und die Auswechslung des nicht am Vermögen beteiligten Komplementärs fallen hingegen nicht unter § 24 UmwStG.

560 § 24 UmwStG umfasst nicht die Fälle der **Realteilung.** Hier ist § 16 Abs. 3 EStG vorrangig, und zwar auch dann, wenn ausschließlich Teilbetriebe, Mitunternehmeranteile oder 100 %ige Beteiligungen an Kapitalgesellschaften übertragen werden. Als Realteilung nach § 16 Abs. 3 EStG gelten allerdings nur Aufspaltungen, bei denen die übertragende Personengesellschaft untergeht und ihr Gesamthandsvermögen jeweils in das Betriebsvermögen der Mitunternehmer übergeht (vgl. BMF-Schreiben v. 28.02.2006, BStBl. I 2006, 228, Tz. I). Es muss sich nach Ansicht der Finanzverwaltung allerdings um einen Übergang in das Betriebsvermögen jedes einzelnen Mitunternehmers handeln. Ein Übergang in das Vermögen einer weiteren Personengesellschaft, an der ausschließlich Mitunternehmer beteiligt sind, die auch an der aufspaltenden Personengesellschaft beteiligt sind, soll kein Vorgang der steuerbegünstigten Realteilung sein (vgl. zu dieser Abgrenzung auch Bilitewski, in: Lange, Personengesellschaften im Steuerrecht, 554 ff.). Diese Fälle der Auf- bzw. Abspaltung auf eine andere Personengesellschaft fällt stattdessen unter § 24 UmwStG, wenn es sich bei dem übergehenden Vermögen jeweils um begünstigtes Vermögen handelt.

Für die Anwendung des § 24 UmwStG ist es unerheblich, ob der jeweilige Übertragungsakt im Wege 561 der Gesamtrechtsnachfolge nach dem UmwG, oder im Wege der Einzelrechtsnachfolge durchgeführt wird (vgl. Randnr. 01.47 UmwStE).

Die atypisch stille Beteiligung an einem Gewerbetrieb ist ebenfalls eine Mitunternehmerschaft. Betei- 562 ligt sich ein atypisch stiller Gesellschafter an einem bestehenden Gewerbebetrieb, fällt auch dieser Vorgang nach der Rechtsprechung des BFH unter § 24 UmwStG (vgl. BFH-Urteil vom 24.04.2014 – IV R 34/10, BFHE 245, 253). Der bisherige Inhaber des Gewerbebetriebes bringt seinen Betrieb in die neue Mitunternehmerschaft in Form der atypisch stillen Gesellschaft ein und dieser Vorgang fällt unter § 24 UmwStG. Die Finanzverwaltung hat dieses Urteil bislang nicht im Bundessteuerblatt veröffentlicht, so dass nicht gesichert ist, dass die Finanzverwaltung ebenfalls § 24 UmwStG auf die Begründung der atypisch stillen Gesellschaft anwenden würde. Insoweit empfiehlt sich die Einholung einer verbindlichen Auskunft.

Im Zuge der Einbringung in eine Personengesellschaft ist nicht erforderlich, dass das zu übertragende 563 Vermögen in das Gesamthandsvermögen der übernehmenden Personengesellschaft übergeht. Vielmehr ist eine Zuführung zum Sonderbetriebsvermögen dieser Personengesellschaft ausreichend (vgl. Randnr. 24.05 UmwStE). Allerdings kann auch nicht das gesamte Vermögen lediglich in das Sonderbetriebsvermögen übertragen werden, denn unabdingbare Voraussetzung einer steuerneutralen Einbringung ist die Gewährung von Gesellschaftsrechten (vgl. Teil 7 Rdn. 565), was nur dann möglich ist, wenn auch ein Zugang zum Gesamthandsvermögen erfolgt, der dann zur Gewährung von Gesellschaftsrechten führt.

Ist Einbringender eine Personengesellschaft und gehören funktional wesentliche Betriebsgrundlagen 564 nicht zum Gesamthandsvermögen der einbringenden Personengesellschaft, sondern zum Sonderbetriebsvermögen eines Mitunternehmers, so stellt sich die Frage, wie die Übertragung auf die übernehmende Personengesellschaft zu erfolgen hat. Da es ausreichend ist, wenn das Betriebsvermögen auch bei der Übernehmerin wiederum nur Sonderbetriebsvermögen wird, könnte man auf die Idee kommen, dass der Mitunternehmer der Obergesellschaft das Nutzungsverhältnis zu der einbringenden Personengesellschaft einfach löst und ein neues Nutzungsverhältnis zu der übernehmenden Personengesellschaft begründet, denn bei doppelstöckigen Personengesellschaften können ja auch die mittelbaren Mitunternehmer Sonderbetriebsvermögen bei der das Wirtschaftsgut nutzenden Unter-Personengesellschaft unterhalten. Allerdings ist hier zu beachten, dass Randnr. 24.05 UmwStE fordert, dass das Wirtschaftsgut Sonderbetriebsvermögen »des Einbringenden« bei der übernehmenden Personengesellschaft wird. Bei einer Einbringung durch eine Personengesellschaft, bei der die einbringende Personengesellschaft selbst fortbesteht, gilt aber die Personengesellschaft als Einbringende und nicht deren Mitunternehmer. Bei einer Nutzungsüberlassung wäre das Wirtschaftsgut damit streng genommen nicht Sonderbetriebsvermögen des Einbringenden, sondern nur eines mittelbaren Mitunternehmers. Um hier sicher zu gehen, könnte der Mitunternehmer das Wirtschaftsgut zunächst auf die einbringende Personengesellschaft übertragen, die es dann der übernehmenden Personengesellschaft zur Nutzung überlässt. Ist das nicht gewünscht, sollte zunächst eine verbindliche Auskunft eingeholt werden, ob die Nutzungsüberlassung durch den mittelbaren Mitunternehmer als ausreichend angesehen wird, um die Voraussetzungen des § 24 UmwStG zu erfüllen.

Wichtig ist, dass dem Einbringenden Gesellschaftsrechte gewährt werden. Dies ist dann gegeben, wenn 565 der Einbringende eine Mitunternehmerstellung erwirbt oder eine solche erweitert. Eine solche **Gewährung von Gesellschaftsrechten** ist immer dann gegeben, wenn eine Erhöhung des die Beteiligung widerspiegelnden Kapitalkontos erfolgt. Es muss jedoch nicht die gesamte Einlage derartigen Kapitalkonten zugewiesen werden. Vielmehr ist z. B. die teilweise Verbuchung auf einem gesamthänderisch gebundenen Rücklagenkonto unschädlich. Zur Abgrenzung zwischen den verschiedenen Kapitalkonten sowie den Darlehenskonten verweist Randnr. 24.07 UmwStE auf das BMF-Schreiben v. 30.05.1997, BStBl. I, 713.

Wird bei der Einbringung in eine Personengesellschaft neben Gesellschaftsrechten auch eine **sonstige** 566 **Gegenleistung** an den Einbringenden gewährt (z. B. ein Darlehen), so ist nach Auffassung der Finanzverwaltung der Einbringungsvorgang in einen zu Buchwerten möglichen Vorgang nach § 24 UmwStG und in einen zu gemeinen Werten durchzuführenden Veräußerungsvorgang aufzuteilen (vgl. Randnr.

24.07 UmwStE). Die Aufteilung erfolgt im Verhältnis des Wertes der sonstigen Gegenleistung bzw. des Wertes der Gesellschaftsrechte zum gesamten Wert des eingebrachten Betriebsvermögens.

567   Der BFH hat hingegen entschieden, dass auch im Bereich der Einbringungen nach § 24 UmwStG eine sonstige Gegenleistung bis zur Höhe des steuerlichen Buchwertes des eingebrachten Vermögens unschädlich für die Buchwertfortführung ist (vgl. BFH-Urteil vom 18.09.2013 – X R 42/10, DStR 2013, 2380). Auch wenn dies im Wortlaut des § 24 UmwStG nicht explizit angelegt ist, stellt der BFH hier die Einbringung in Personengesellschaften mit der Einbringung in Kapitalgesellschaften und dem Anteilstausch gleich. Die Finanzverwaltung hat auch dieses Urteil bislang nicht im BStBl. veröffentlicht, so dass die allgemeine Anwendung fraglich ist.

568   Derzeit ist auch insoweit geplant, durch eine gesetzliche Regelung die Gewährung sonstiger Gegenleistungen bei Einbringungen nach § 24 UmwStG auf (i) nicht mehr als 25 % des Netto-Buchwerts des eingebrachten Vermögens oder (ii) 500.000 €, höchstens jedoch den Netto-Buchwert des eingebrachten Vermögens zu begrenzen (vgl. den Entwurf eines Steueränderungsgesetzes 2015, BT-Drs. 18/6094).

569   **2. Bewertung des eingebrachten Betriebsvermögens.** Die aufnehmende Personengesellschaft hat das eingebrachte Betriebsvermögen grundsätzlich mit dem gemeinen Wert anzusetzen. Auf Antrag können jedoch die Buchwerte oder Zwischenwerte angesetzt werden, soweit das Recht Deutschlands hinsichtlich der Besteuerung des eingebrachten Betriebsvermögens nicht ausgeschlossen oder beschränkt wird. Bei Einbringung einer 100 %igen Beteiligung an einer Kapitalgesellschaft, die sich im Privatvermögen befindet, treten an die Stelle des Buchwertes die Anschaffungskosten.

570   Bezüglich der Wahrung des deutschen Besteuerungsrechts vgl. Teil 7 Rdn. 38.

571   Der Wertansatz ergibt sich aus dem Ansatz in der Gesamthandsbilanz einschließlich positiver und negativer Ergänzungsbilanzen für die Mitunternehmer. D. h. auch dann, wenn die Mitunternehmerschaft in ihrer Gesamthandsbilanz das übernommene Vermögen mit gemeinen Werten ansetzt, kann durch negative Ergänzungsbilanzen der Buchwertansatz erreicht werden (vgl. ausführlich Schmitt/Keuthen, DStR 2013, 1565).

572   Sowohl bei einem Ansatz von Zwischenwerten als auch von gemeinen Werten sind die Aufstockungen gleichmäßig für alle bilanzierten und nicht bilanzierten Wirtschaftsgüter vorzunehmen. Darüber hinaus sollen bei der Übernehmerin zum Zeitpunkt der Einbuchung des übergehenden Vermögens die Bilanzierungsverbote des § 5 EStG nicht gelten, sodass es – in dem Verhältnis der Aufdeckung stiller Reserven – auch zu einer Aufdeckung der übergehenden stillen Lasten kommt. In diesem Zusammenhang erstmals bilanzierte Passivposten sollen dann aber in der ersten regulären Jahresbilanz gewinnerhöhend wieder aufzulösen sein (vgl. Randnr. 24.03 in Verbindung mit Randnr. 20.20 UmwStE). Es gelten insoweit dieselben Grundsätze und auch die gegen diese Rechtsauffassung vorzubringenden Einwände wie bei Einbringungen in Kapitalgesellschaften (vgl. Teil 7 Rdn. 430).

573   Die **Mindestansatzvorschriften** des § 20 Abs. 2 Satz 2 Nr. 2 UmwStG (vgl. Teil 7 Rdn. 431), also die Fälle, in denen die Passivposten (ohne Eigenkapital) die Aktivposten des eingebrachten Betriebsvermögens übersteigen, gelten bei der Einbringung in eine Personengesellschaft nicht. Es ist somit auch dann der Buchwertansatz möglich, wenn das eingebrachte Betriebsvermögen zu Buchwerten negativ ist (vgl. Randnr. 24.04 UmwStE).

574   **3. Besteuerung des Einbringenden.** Der von der aufnehmenden Personengesellschaft gewählte Wert gilt für den Einbringenden als **Veräußerungspreis** (§ 24 Abs. 3 Satz 1 UmwStG).

575   Die **Steuervergünstigungen** der §§ 16 Abs. 4 und 34 Abs. 1 EStG werden nur bei Ansatz des eingebrachten Betriebsvermögens mit seinem gemeinen Wert gewährt. Weitere Voraussetzung ist, dass es sich bei dem Einbringungsvorgang nicht um die Übertragung eines Teil-Mitunternehmeranteils handelt, § 24 Abs. 3 Satz 2 UmwStG. Die Steuersatzvergünstigung des § 34 EStG wird jedoch nur insoweit gewährt, als in dem Einbringungsgewinn nicht nach § 3 Nr. 40 EStG teilweise steuerbefreite Einkünfte enthalten sind.

Durch die in § 24 Abs. 3 Satz 3 UmwStG eingefügte Verweisung auf § 16 Abs. 2 Satz 3 EStG wer- **576** den die steuerlichen Vergünstigungen darüber hinaus dahingehend eingeschränkt, dass bei einer Einbringung zum gemeinen Wert der Einbringungsgewinn insoweit als laufender Gewinn und damit nicht steuerbegünstigter Gewinn anzusehen ist, wie auf der Seite des Erwerbers und des Veräußerers dieselben Personen Unternehmer oder Mitunternehmer sind (vgl. hierzu auch Randnr. 24.16 UmwStE).

Die Problematik wird an folgendem **Beispiel** deutlich (entnommen aus Wochinger/Dötsch, Beilage **577** Nr. 14/94 zu DB 1994, 34 f.):

An einer OHG sind zwei Gesellschafter zu je 50 % beteiligt. Das Betriebsvermögen der OHG wird auf eine andere OHG übertragen, an der die beiden bisherigen Gesellschafter und ein weiterer Gesellschafter zu jeweils einem Drittel beteiligt sind. Jeder der bisherigen Gesellschafter behält demnach zwei Drittel seiner Beteiligung. Er veräußert mithin – wirtschaftlich betrachtet – zu zwei Dritteln = 66,66 % »an sich selbst«. Dementsprechend ergäbe sich im Beispielsfall nach § 16 Abs. 2 Satz 3 EStG für den Fall einer Veräußerung des Betriebsvermögens, dass 66,66 % des Gewinns nicht begünstigt sind. Im Sinne von § 16 Abs. 2 Satz 3 EStG stehen nämlich die beiden bisherigen Gesellschafter zu zwei Dritteln = 66,66 % zugleich »auf der Seite des Veräußerers und auf der Seite des Erwerbers«. Durch die Regelung in § 24 Abs. 3 UmwStG sollte klargestellt werden, dass sich dieses Ergebnis auch für den Fall der Einbringung zu gemeinen Werten und die Qualifizierung des (anteiligen) Einbringungsgewinns nach § 24 Abs. 3 Satz 3 UmwStG als laufender, nicht tarifbegünstigter Gewinn ergibt. Dieser Gewinn unterliegt im Übrigen auch der Gewerbesteuer (vgl. auch Randnr. 24.17 UmwStE).

Damit besteht nicht die Möglichkeit, durch die Gestaltung eines »Eigengeschäfts« die stillen Reserven **578** zum ermäßigten Steuersatz zu besteuern und auf der anderen Seite im Betrieb der Personengesellschaft Abschreibungsvolumen zu erhalten.

Da der Gesetzgeber nur die Veräußerung an sich selbst von den Begünstigungen der §§ 16 und 34 EStG **579** ausnehmen wollte, wäre es sinnvoll gewesen, wenn der Einbringende hinsichtlich des an sich selbst veräußerten Anteils den Buchwert fortführen könnte und nur bezüglich des an Dritte veräußerten Anteils den Einbringungsgewinn steuerbegünstigt realisieren könnte. Möglich würde dies, wenn der Einbringungsgewinn im Rahmen einer Ergänzungsbilanz insoweit kompensiert werden könnte, als er den Einbringenden selbst betrifft. Dem steht aber entgegen, dass die Einbringung ein einheitlicher Vorgang ist, für den das Wahlrecht der Buchwertfortführung oder -aufstockung nur einheitlich ausgeübt werden kann. Diese Einheitlichkeit führt somit zu einer faktischen Beschränkung, da entweder nur die Buchwerte fortgeführt werden können oder beim Ansatz gemeiner Werte ein laufender Gewinn bezüglich des an sich selbst veräußerten Anteils entsteht (Breidenbach, DB 1995, 296).

Setzt die aufnehmende Personengesellschaft das eingebrachte Betriebsvermögen mit dem gemeinen **580** Wert an und kommt es zur Neutralisierung des Einbringungsgewinns durch eine negative Ergänzungsbilanz für den Einbringenden, hat dieser eine ggf. gewährte **Ausgleichszahlung** als laufenden Gewinn zu versteuern (vgl. Wochinger/Dötsch, Beilage Nr. 14/94 zu DB 1994, 35).

Kommt es anlässlich der Einbringung zu einer Übertragung von Anteilen an einer Körperschaft unter **581** dem gemeinen Wert, kann es zu einer Steuerverhaftung der eingebrachten Anteile nach § 24 Abs. 5 in Verbindung mit § 22 Abs. 2 UmwStG kommen (zur Kritik an der Norm vgl. Müller-Etienne/Doster, DStR 2013, 1924). Dies ist der Fall, wenn es sich bei dem Einbringenden nicht um eine nach § 8b Abs. 2 KStG begünstigte Person handelt, die also die unmittelbare Veräußerung der Anteile nicht steuerfrei hätte vornehmen können. Kommt es dann innerhalb der nächsten 7 Jahre zu einer schädlichen Veräußerung dieser Anteile oder zur Verwirklichung eines der Ersatzrealisationstatbestände des § 22 Abs. 1 Satz 6 Nrn. 1 bis 5 UmwStG, erfolgt insoweit die rückwirkende Besteuerung eines Einbringungsgewinns II durch analoge Anwendung des § 22 Abs. 2 UmwStG, wie der Gewinn aus der Veräußerung der eingebrachten Anteile auf einen von § 8b Abs. 2 KStG begünstigten Mitunternehmer entfällt. Durch diese Regelung soll vermieden werden, dass eine Einbringung in eine Personengesellschaft genutzt wird, um die Besteuerung des Gewinns aus der Veräußerung von Kapitalgesellschaftsanteilen von natürlichen Personen auf Kapitalgesellschaften zu verlagern.

582 **4. Auswirkungen bei der übernehmenden Personengesellschaft.** § 24 Abs. 4 UmwStG verweist bezüglich der Berechnung der Absetzungen für Abnutzung und der Sonderabschreibungen nach der Einbringung, der Inanspruchnahme einer Bewertungsfreiheit oder eines Bewertungsabschlags, der den Gewinn mindernden Rücklagen auf § 23 UmwStG, sodass auf die Ausführungen unter Teil 7 Rdn. 500 ff. verwiesen werden kann.

583 Die Übertragung eines **gewerbesteuerlichen Verlustvortrages** ist bei der Einbringung eines Betriebs, Teilbetriebs oder Mitunternehmeranteils allerdings abweichend geregelt. Die bisherigen Mitunternehmer werden nämlich Mitunternehmer der übernehmenden Personengesellschaft.

584 Voraussetzungen für die Möglichkeit der Übertragung des gewerbesteuerlichen Verlustabzugs sind Unternehmensidentität und Unternehmeridentität (Großer Senat des BFH, Beschl. v. 03.05.1993, GrS 3/92, BStBl. II 1993, 616).

585 Die **Unternehmensidentität** ist bei der Einbringung gegeben, wenn die Identität des bisherigen Betriebs innerhalb der Gesamttätigkeit des aufnehmenden Betriebs gewahrt bleibt. Davon kann ausgegangen werden, wenn die bisherigen unternehmerischen Aktivitäten mit zumindest im Wesentlichen unveränderten sachlichen und personellen Mitteln im Rahmen des aufnehmenden Betriebs fortgeführt werden (BFH-Urteil v. 27.01.1994 – IV R 137/91, BStBl. II 1994, 477; v. 14.09.1993 – VIII R 84/90, BStBl. II 1994, 764; Bordewin, DStR 1995, 317).

586 Die **Unternehmeridentität** richtet sich nach der Identität der an der Gesellschaft beteiligten Mitunternehmer. Sie ist in vollem Umfang gewahrt, wenn an der übernehmenden Personengesellschaft und am eingebrachten Betrieb, Teilbetrieb oder Mitunternehmeranteil dieselben Personen als Mitunternehmer beteiligt sind. Waren nicht dieselben Personen beteiligt, liegt ein partieller Unternehmerwechsel vor. Die einbringenden Mitunternehmer können den vor der Einbringung erwirtschafteten und auf sie entfallenden Fehlbetrag dann zwar in vollem Umfang, jedoch nur insoweit verrechnen, als der Gewerbeertrag sie selbst entsprechend der Gewinnverteilung betrifft (Bordewin, DStR 1995, 317 f.).

587 **5. Rückwirkung.** § 24 Abs. 4 UmwStG verweist für die steuerliche Rückwirkung auf § 20 Abs. 5 und Abs. 6 UmwStG, so dass auch die Einbringung in eine Personengesellschaft steuerlich rückwirkend erfolgen kann. Abweichend von der Situation bei der Einbringung in Kapitalgesellschaften nach § 20 UmwStG gilt dies jedoch im Bereich des § 24 UmwStG nur dann, wenn die Einbringung durch Gesamtrechtsnachfolge – also beispielsweise im Wege der Ausgliederung auf eine Personengesellschaft – erfolgt. Eine Einbringung im Wege der Einzelrechtsnachfolge in eine Personengesellschaft ist hingegen nicht mit Rückwirkung möglich (vgl. Randnr. 24.06 UmwStE). Soweit im Rahmen einer Einbringung durch Gesamtrechtsnachfolge auch noch eine Einzelrechtsnachfolge zur Einbringung von Sonderbetriebsvermögen notwendig ist, nehmen allerdings auch die per Einzelrechtsnachfolge übertragenen Wirtschaftsgüter an der Rückwirkung teil.

IV. Formwechsel einer Personengesellschaft in eine Kapitalgesellschaft

588 Im UmwG besteht die Möglichkeit zur Umwandlung einer Personenhandelsgesellschaft in eine Kapitalgesellschaft durch Formwechsel, § 190 UmwG. Dabei bleibt die **Identität des Rechtsträgers** erhalten, **steuerlich** liegt jedoch ein Wechsel des Besteuerungssystems (sogenannter »kreuzender Formwechsel«) und somit ertragsteuerlich ein **Rechtsträgerwechsel** vor. Die übertragende Personengesellschaft hat daher nach § 25 Satz 2 UmwStG eine **Steuerbilanz** auf den **steuerlichen Übertragungsstichtag** aufzustellen.

589 Nach § 25 Satz 1 UmwStG gelten die §§ 20 bis 23 UmwStG entsprechend. Das bedeutet, dass auch beim Formwechsel unter den in § 20 UmwStG genannten Voraussetzungen ein Wahlrecht besteht, die Wirtschaftsgüter mit Buchwerten, Zwischenwerten oder gemeinen Werten anzusetzen.

590 Besonderes Augenmerk ist bei einem Formwechsel einer Personen- in eine Kapitalgesellschaft auf das Sonderbetriebsvermögen der Personengesellschaft zu legen. Während das Gesamthandsvermögen durch den Formwechsel ohne zivilrechtliche Übertragung automatisch Betriebsvermögen der Kapitalgesellschaft wird, muss zur Anwendbarkeit des § 20 UmwStG auch das notwendige Sonderbetriebsvermögen auf die Kapitalgesellschaft übergehen. Hierzu bedarf es gesonderter zivilrechtlicher Über-

tragungsakte durch den Einbringenden, auf die die zivilrechtlichen Erfordernisse einer Sacheinlage anzuwenden sind.

F. Grunderwerbsteuer

Intention des Umwandlungs(steuer)rechts war und ist es, die Umstrukturierung von Unternehmen zu **591** erleichtern und steuerliche Hemmnisse abzubauen. Als ein solches Hemmnis ist die Grunderwerbsteuererbelastung bei **Grundbesitz des umzuwandelnden Unternehmens** anzusehen. Der Steuerfachausschuss des Instituts der Wirtschaftsprüfer hat deshalb bereits in seinem Schreiben v. 11.04.1994 zum Entwurf eines Gesetzes zur Änderung des Umwandlungssteuerrechts (BR-Drucks. 132/94 v. 19.02.1994) konsequent gefordert, eine Grunderwerbsteuerbefreiung der Umwandlung, Verschmelzung und Einbringung einzuführen (WPg 1994, 285 [286]). Seither hat es zahlreiche Bemühungen gegeben, eine solche umfassende grunderwerbsteuerliche Regelung zu erreichen. Abgesehen von einzelnen Regelungen in §§ 5 und 6 GrEStG sowie Regelung in § 6a GrEStG (vgl. nachfolgend Rdn. 597 f.) gibt es jedoch keine umfassende Grunderwerbsteuerbefreiung für vom UmwStG begünstigte Umwandlungen.

Daher muss bei jeder Umstrukturierung insbesondere geprüft werden, ob durch die Umstrukturierung **592**
– unmittelbar Grundbesitz übergeht (§ 1 Abs. 1 Nr. 1 oder Nr. 3 GrEStG),
– unmittelbar oder mittelbar innerhalb von fünf Jahren mindestens 95 % der Anteile am Vermögen von grundbesitzenden Personengesellschaften auf neue Gesellschafter übergehen (§ 1 Abs. 2a GrEStG),
– unmittelbar oder mittelbar mindestens 95 % der Anteile an grundbesitzenden Gesellschaften vereinigt werden (§ 1 Abs. 3 ggf. in Verbindung mit Abs. 4 GrEStG),
– unmittelbar oder mittelbar mindestens 95 % der Anteile an grundbesitzenden Gesellschaften wirtschaftlich vereinigt werden (§ 1 Abs. 3a GrEStG), oder
– in der Vergangenheit in Anspruch genommene Steuerbefreiungen nach § 5 Abs. 3 GrEStG, § 6 Abs. 3 S. 2 GrEStG, § 6 Abs. 4 GrEStG oder § 6a GrEStG wegfallen.

Der Formwechsel löst grundsätzlich keine Grunderwerbsteuer aus, da der umwandelnde Rechtsträger **593** vor und nach dem Formwechsel identisch ist (vgl. Ministerium für Finanzen und Energie des Landes Schleswig-Holstein, 29.03.2000, VI 316-S 4520–006, FMNR028550000, Tz. I, zitiert nach juris). Der Formwechsel einer Personengesellschaft in eine Kapitalgesellschaft kann jedoch bei vorhergehenden Übertragungen von Grundbesitz innerhalb der Fünfjahresfrist zum Wegfall der Steuerbegünstigungen nach §§ 5 und 6 GrEStG führen.

Da bei übertragenden Umwandlungen und Einbringungsvorgängen mit **inländischem Grundbesitz** **594** ungeachtet dessen häufig Grunderwerbsteuer anfällt, stellt sich die Frage der **Bemessungsgrundlage**. Nach § 8 Abs. 2 Nr. 2 GrEStG wird die Steuer in allen Fällen der übertragenden Umwandlung oder der Einbringung nach dem Bedarfswert gem. § 138 Abs. 2 oder 3 BewG bemessen. Insoweit wird es zukünftig zu einer Änderung kommen, da das BVerfG dies mit Beschluss vom 23.06.2015 (Az. 1 BvL 14/11) für verfassungswidrig erklärt und eine Anknüpfung an den gemeinen Wert verlangt hat.

Bei der Verschmelzung von Personengesellschaften wird die Grunderwerbsteuer nach § 6 Abs. 3 in Ver- **595** bindung mit § 6 Abs. 1 GrEStG anteilig nicht erhoben, sodass bei jeweiliger Beteiligungsidentität keine Grunderwerbsteuer anfällt.

Bei Einbringungen in Personengesellschaften – nicht in Kapitalgesellschaften – wird die Grunderwerb- **596** steuer anteilig insoweit nicht erhoben, als der Einbringende selbst an der übernehmenden Personengesellschaft beteiligt ist (§ 5 Abs. 2 GrEStG).

Eine teilweise Lösung für das Problem, dass ertragsteuerneutrale Umwandlungen gleichwohl Grund- **597** erwerbsteuer auslösen können, ist zwischenzeitlich durch die Einführung des § 6a GrEStG gefunden worden. Die Regelung befreit bestimmte Umstrukturierungen im Konzern von der Grunderwerbsteuer. Von § 6a GrEStG begünstigt sein können grunderwerbsteuerbare Vorgänge nach
– § 1 Abs. 1 Nr. 3 Satz 1 GrEStG (Grundstückserwerb kraft Gesetzes insbesondere bei Umwandlungen nach dem UmwG),
– § 1 Abs. 2 GrEStG (Erwerb der Verwertungsbefugnis an Grundbesitz),

– § 1 Abs. 2a GrEStG (Anteilseignerwechsel bei grundbesitzenden Mitunternehmerschaften),
– § 1 Abs. 3 GrEStG (Anteilsvereinigung bei grundbesitzenden Gesellschaften) oder
– § 1 Abs. 3a GrEStG (wirtschaftliche Anteilsvereinigung bei grundbesitzenden Gesellschaften).

Der grunderwerbsteuerbare Vorgang muss darüber hinaus durch eine Umwandlung im Sinne des § 1 Abs. 1 Nr. 1 bis 3 UmwG, durch eine Einbringung oder einen anderen Vorgang auf gesellschaftsrechtlicher Grundlage bewirkt worden sein. Entsprechendes gilt für vergleichbare EU-/EWR-Vorgänge (§ 6a Satz 2 GrEStG). Nicht begünstigt, weil nicht in § 6a GrEStG genannt, ist die nach § 1 Abs. 1 Nr. 1 GrEStG steuerbare Grundstücksübertragung bei Einbringungen in Kapital- oder Personengesellschaften.

598 Voraussetzung für die Begünstigung ist nach § 6a Satz 3 GrEStG, da an dem Vorgang lediglich ein herrschendes Unternehmen und ein oder mehrere von diesem herrschenden Unternehmen abhängige Gesellschaften oder mehrere von einem herrschenden Unternehmen abhängige Gesellschaften beteiligt sind. Weitere Voraussetzung ist, dass das herrschende Unternehmen innerhalb von 5 Jahren vor und 5 Jahren nach der Umwandlung unmittelbar oder mittelbar zu mindestens 95 % ununterbrochen beteiligt ist. Mit diesen Voraussetzungen sind zumindest einige Vorgänge von der Grunderwerbsteuer befreit. Die Regelungen und ihre Auslegung durch die Finanzverwaltung (vgl. koordinierte Ländererlasse vom 09.10.2013, BStBl. I 2013, 1375 und vom 19.06.2012, BStBl. I 2012, 662) sind äußerst komplex, erfordern sorgfältige Prüfung und Strukturierung und die Anwendbarkeit des § 6a GrEStG sollte möglichst durch eine verbindliche Auskunft abgesichert werden.

Kapitel 2: Bilanzrecht

A. Allgemeines

I. Einleitung

Mit der Einführung des UmwG zum 01.01.1995 haben sich im Bereich der handelsrechtlichen Bilanzierung in Umwandlungsfällen ggü. dem bis dahin geltenden Recht erhebliche Veränderungen ergeben. Während nach dem bis Ende 1994 geltenden Recht die Buchwertfortführung in nahezu allen Umwandlungsfällen der einzig mögliche Bilanzansatz war, hat das UmwG 1995 neben der weiterhin zulässigen Buchwertfortführung die Möglichkeit geschaffen, bei dem übernehmenden Rechtsträger das übergehende Vermögen nach der Anschaffungswertmethode zu bilanzieren. Durch diese Gesetzesänderung haben sich erhebliche handelsbilanzielle Gestaltungsspielräume eröffnet. **599**

Weitere Veränderungen, die sich auch auf die Bilanzierung auswirken, wurden im Jahr 2007 (Zweites Gesetz zur Änderung des UmwG v. 19.04.2007, BGBl. I 2007, S. 532) durch die Vereinfachungsregelungen der §§ 54 Abs. 1 Satz 3, 68 Abs. 1 Satz 3 UmwG geschaffen, wonach in Fällen der übertragenden Umwandlung die Anteilsinhaber des bzw. der übertragenden Rechtsträger auf die Gewährung von Anteilen verzichten können (vgl. hierzu Teil 7 Rdn. 692). **600**

Zeitgleich wurde auch die Möglichkeit zur Durchführung einer grenzüberschreitenden Verschmelzung in das UmwG eingefügt (vgl. §§ 122a ff. UmwG). Bzgl. der Bilanzierung der beteiligten Rechtsträger sind diese Vorgänge insb. bei Hereinverschmelzungen interessant, bei denen ein ausländischer Rechtsträger auf eine inländische Kapitalgesellschaft verschmolzen wird (vgl. hierzu eingehend Teil 7 Rdn. 841 ff.). **601**

II. Erforderliche Bilanzen

602 Die wesentlichen gesetzlichen Regelungen, die die Bilanzierung betreffen, sind im 2. Buch des UmwG geregelt, das die Verschmelzung betrifft. Es handelt sich hier um die §§ 17, 24 UmwG, die unabhängig von der Rechtsform der an der Verschmelzung beteiligten Rechtsträger die Bilanzierung beim übertragenden und beim übernehmenden Rechtsträger regeln. Die Regelungen zur Spaltung und Vermögensübertragung ordnen eine analoge Anwendung dieser Vorschriften an, sodass die §§ 17, 24 UmwG grds. für alle Arten der **übertragenden** Umwandlung gelten.

603 Der übertragende Rechtsträger hat nach § 17 Abs. 2 Satz 1 UmwG eine Schlussbilanz aufzustellen, die der Registeranmeldung der Verschmelzung beizufügen ist. Der **Stichtag dieser Schlussbilanz** darf nicht mehr als 8 Monate vor dem Tag der Handelsregisteranmeldung liegen.

604 Ist an der Umwandlung eine AG beteiligt und wurden die Schlussbilanzen der beteiligten Rechtsträger auf einen Zeitpunkt aufgestellt, der zum Zeitpunkt der Aufstellung des Verschmelzungsvertrages oder der Aufstellung des Entwurfs länger als 6 Monate zurückliegt, ist grundsätzlich gem. § 63 Abs. 1 Nr. 3 UmwG die Aufstellung einer Zwischenbilanz erforderlich. Allerdings kann in den folgenden Fällen auf eine solche Zwischenbilanz verzichtet werden:
- wenn alle Anteilsinhaber aller beteiligten Rechtsträger auf die Aufstellung verzichten (§ 63 Abs. 2 Satz 5 i. V. m. § 8 Abs. 3 Satz 1 erste Alt. UmwG),
- wenn die Gesellschaft seit dem letzten Jahresabschluss einen Halbjahresfinanzbericht veröffentlicht hat (§ 63 Abs. 2 Satz 6 UmwG).

605 Erfolgt die Vermögensübertragung auf einen bereits bestehenden Rechtsträger, braucht dieser auf den Verschmelzungsstichtag keine Übernahmebilanz aufzustellen. Der Verschmelzungsvorgang ist als laufender Geschäftsvorfall während des Geschäftsjahres zu erfassen. Das Bewertungswahlrecht des § 24 UmwG wird vom übernehmenden Rechtsträger im Zeitpunkt der Einbuchung des übergehenden Vermögens ausgeübt und ist für den externen Bilanzleser erst in der ersten auf die Verschmelzung folgenden Jahresbilanz erkennbar.

606 Erfolgt die Vermögensübertragung hingegen zur Neugründung, hat der neu entstehende Rechtsträger eine **Eröffnungsbilanz** zu erstellen. Für den Ausweis des übergehenden Vermögens in dieser Eröffnungsbilanz gelten die allgemeinen Grundsätze (vgl. eingehend Teil 7 Rdn. 636 (Beispiel)).

607 Es ist regelmäßig erforderlich, bis zur Eintragung der Verschmelzung eine eigene Buchführung des untergehenden Rechtsträgers aufrechtzuerhalten. Hierzu besteht eine gesetzliche Verpflichtung, die im Fall der Eintragung der Verschmelzung vor dem nächsten Bilanzstichtag sozusagen rückwirkend ihre Bedeutung verliert (so auch Kallmeyer/Müller, Umwandlungsgesetz, § 17 Rn. 16; Budde/Zerwas in Budde/Förschle/Winkeljohann, Sonderbilanzen, H 50; IDW RS HFA 42, Rn. 22; a. A. Semler/Stengel/Moszka, UmwG, § 24 Rn. 15, wonach die Rechnungslegungspflicht bereits mit Übergang des wirtschaftlichen Eigentums am Vermögen und an den Schulden enden soll). Kommt die Verschmelzung **nicht** zustande, ist andernfalls die Trennung einer bereits zusammengefassten Buchhaltung nur sehr aufwendig wieder herzustellen. Außerdem gibt es für die Aufrechterhaltung der Buchführung auch noch eine steuerliche Notwendigkeit, denn der übertragende Rechtsträger bleibt bis zur Eintragung der Verschmelzung selbstständig umsatzsteuerpflichtig.

III. Relevante Stichtage im Handels- und Steuerrecht

608 **1. Relevante Stichtage im Handelsrecht.** Handelsrechtlich gibt es 4 Stichtage bzw. Zeitpunkte, die den Werdegang einer übertragenden Umwandlung (Verschmelzung, Spaltung, Vermögensübertragung, nicht jedoch Formwechsel) kennzeichnen. Es handelt sich hierbei um:
- den Schlussbilanzstichtag,
- den Umwandlungsstichtag,
- den Zeitpunkt des Übergangs des wirtschaftlichen Eigentums,
- den Zeitpunkt des Übergangs des zivilrechtlichen Eigentums.

609 Nach § 17 Abs. 2 UmwG ist der Handelsregisteranmeldung am Sitz des übertragenden Rechtsträgers eine **Schlussbilanz** dieses Rechtsträgers beizufügen. Diese Schlussbilanz ist auf einen höchstens 8 Monate vor der Anmeldung liegenden Stichtag aufzustellen. Als Schlussbilanz kann die letzte ordentliche

Jahresbilanz verwendet werden, wenn diese nicht älter als 8 Monate ist. Liegt jedoch der Stichtag der letzten ordentlichen Jahresbilanz länger als 8 Monate vor der Anmeldung zum Handelsregister (wobei jede kleine Fristüberschreitung ausreicht), so muss eine besondere Schlussbilanz auf einen innerhalb der 8-Monate-Frist liegenden **Schlussbilanzstichtag** aufgestellt werden. In diesem Fall entsteht handelsrechtlich jedoch kein Rumpfgeschäftsjahr auf den abweichenden Stichtag der Schlussbilanz (vgl. auch Teil 7 Rdn. 643 m. w. N.). Wird die Umwandlung allerdings eingetragen, obwohl die 8-Monate-Frist bei Einreichung der Unterlagen zum Handelsregister überschritten war, so ist die Umwandlung trotz Fristüberschreitung wirksam, § 20 Abs. 2 UmwG (Widmann/Mayer/Widmann, Umwandlungsrecht, § 24 UmwG, Rn. 78 m. w. N.). Zu erwähnen ist, dass nicht zwingend erforderlich ist, dass die Schlussbilanz zusammen mit der Handelsregisteranmeldung eingereicht werden muss. Vielmehr können auch nach der eigentlichen Anmeldung der beschlossenen Umwandlung noch Unterlagen beim Handelsregister nachgereicht werden, wozu auch die Schlussbilanz gehört (Lutter/Decher, UmwG, § 17 Rn. 13 f.). Der Stichtag der Schlussbilanz darf dann aber nicht mehr als 8 Monate vor der bereits erfolgten Anmeldung liegen. Eine Überschreitung der Frist bei der Anmeldung zum Handelsregister des übernehmenden Rechtsträgers ist demgegenüber unschädlich (Widmann/Mayer/Widmann, Umwandlungsrecht, § 24 UmwG, Rn. 73).

Im Verschmelzungsvertrag ist gem. § 5 Abs. 1 Nr. 6 UmwG der sog. Umwandlungsstichtag (**Ver-** **610** **schmelzungsstichtag**) festzulegen. Von diesem Tag an gelten die Handlungen des übertragenden Rechtsträgers als für Rechnung des übernehmenden Rechtsträgers vorgenommen. Das bedeutet, dass der übertragende Rechtsträger ab diesem Umwandlungsstichtag nur noch als Treuhänder für den übernehmenden Rechtsträger tätig wird (Müller-Gattermann, WPg 1996, 871).

Das zeitliche Verhältnis zwischen dem Schlussbilanzstichtag und dem Umwandlungsstichtag ist in der **611** Literatur streitig. Nach der einen Meinung ist der Schlussbilanzstichtag mit dem Umwandlungsstichtag identisch (so z. B. Pohl, Handelsbilanzen bei der Verschmelzung von Kapitalgesellschaften, S. 21; Sagasser/Luke in Sagasser/Bula/Brünger, § 9 Rn. 153). Andere Autoren vertreten die Auffassung, dass es keine zwingende zeitliche Verbindung zwischen diesen beiden Stichtagen gibt, der Umwandlungsstichtag vielmehr von dem Schlussbilanzstichtag um Tage oder Wochen abweichen kann (vgl. z. B. Widmann/Mayer/Mayer, Umwandlungsrecht, § 5 Rn. 160; Kallmeyer/Müller, Umwandlungsgesetz, § 17 Rn. 14 für den Fall, dass **nicht** die Buchwerte fortgeführt werden; ebenso Sauter, in FS für Widmann, S. 108 sowie Semler/Stengel/Moszka, UmwG, § 24 Rn. 12). Die inzwischen wohl herrschende Ansicht geht hingegen davon aus, dass der Schlussbilanzstichtag immer unmittelbar vor dem Umwandlungsstichtag liegt (vgl. IDW RS HFA 42, Rn. 11; Stratz in Schmitt/Hörtnagl/Stratz, UmwG, § 5 Rn. 75; Budde/Zerwas in Budde/Förschle/Winkeljohann, Sonderbilanzen, 402; Kallmeyer/Müller, UmwG, § 17 Rn. 15 für den Fall der Buchwertfortführung). Diese letztgenannte Auffassung ist auf jeden Fall die praktischste und damit auch die in der Praxis regelmäßig vorkommende Konstellation (so auch Gassner in FS für Widmann, 344 f.). Damit ist die Schlussbilanz die unmittelbar nach dem letzten auf eigene Rechnung stattfindenden Geschäftsvorfall aufgestellte Bilanz.

▶ **Beispiel:** **612**
  – Umwandlungsstichtag 01.01.2012 (0.00 Uhr)
  – Schlussbilanzstichtag 31.12.2011 (24.00 Uhr)

Diese Sicht entspricht auch der Auffassung der Finanzverwaltung. Hiernach folgt der handelsrechtliche **613** Umwandlungsstichtag zwingend direkt dem steuerlichen Übertragungsstichtag und dieser wiederum ist gem. § 2 UmwStG immer identisch mit dem handelsrechtlichen Schlussbilanzstichtag (vgl. BMF-Schreiben v. 11.11.2011, BStBl. 2011, S. 1314, Rn. 02.02).

Die Schlussbilanz dient damit sowohl der Abgrenzung des Ergebnisses, das der übertragende Rechts- **614** träger für eigene Rechnung bzw. für Rechnung des übernehmenden Rechtsträgers erwirtschaftet (IDW, RS HFA 42, Rn. 10), als auch als Grundlage für die Einbuchung der übertragenen Vermögensgegenstände und Schulden bei der Übernehmerin. Außerdem dient diese Bilanz den Gläubigern als Entscheidungsgrundlage, ob sie gem. § 22 UmwG Sicherheit verlangen sollten (Lutter/Decher, UmwG, § 17 Rn. 7).

615 Zu beachten ist allerdings, dass die Schlussbilanz nach § 17 UmwG eine eigenständige Bilanz ist, die mit dem regulären Jahresabschluss nicht identisch ist, und zwar auch dann nicht, wenn sie auf denselben Stichtag erstellt wird (s. hierzu eingehend Teil 7 Rdn. 644).

616 Besonders zu betonen ist, dass der Umwandlungsstichtag **nicht** den Zeitpunkt des Vermögensübergangs fixiert, sondern nur den Zeitpunkt des Wirksamwerdens einer schuldrechtlichen Vereinbarung zwischen den an der Umwandlung teilnehmenden Rechtsträgern, sich untereinander so stellen zu wollen, als sei das Vermögen am Umwandlungsstichtag bereits übergegangen.

617 Das **zivilrechtliche Eigentum** an den zu übertragenden Gegenständen geht erst mit der Eintragung der Umwandlung in das Handelsregister des übernehmenden Rechtsträgers auf diesen über. Spätestens ab diesem Zeitpunkt ist das Vermögen daher bei dem übernehmenden und nicht mehr bei dem übertragenden Rechtsträger zu bilanzieren. Soweit jedoch der Übergang des **wirtschaftlichen Eigentums** zeitlich vor dem Übergang des zivilrechtlichen Eigentums liegt, ist dieser frühere Zeitpunkt für die handelsrechtliche Bilanzierung maßgeblich.

618 ▶ **Hinweis:**

In der Praxis wird dies insbesondere dann wichtig, wenn nach dem Übergang des wirtschaftlichen Eigentums aber vor der Eintragung der Umwandlung in das Handelsregister ein regulärer Bilanzstichtag liegt.

619 Nach dem IDW (RS HFA 42, Rn. 29) kann von einem **Übergang des wirtschaftlichen Eigentums** unter folgenden, **kumulativ zu erfüllenden Voraussetzungen** ausgegangen werden:
(1) Bis zum Abschlussstichtag muss der Verschmelzungsvertrag formwirksam abgeschlossen sein; außerdem müssen ggf. die Verschmelzungsbeschlüsse sowie die Zustimmungserklärungen der Anteilsinhaber nach den Bestimmungen des UmwG (z. B. §§ 13, 50 UmwG) formwirksam erfolgt sein.
Steht die Erfüllung einer dieser Voraussetzungen am Abschlussstichtag noch aus, liegt – unabhängig vom festgelegten Verschmelzungsstichtag – das wirtschaftliche Eigentum am Abschlussstichtag weiter beim übertragenden Rechtsträger. Die Beschlussfassung im neuen Geschäftsjahr ist ein wertbegründendes Ereignis, dem keine wertaufhellende Bedeutung über die Verhältnisse zum Abschlussstichtag beizumessen ist.
(2) Der vereinbarte Verschmelzungsstichtag muss vor dem Abschlussstichtag liegen oder mit diesem zusammenfallen.
(3) Die Verschmelzung muss bis zur Beendigung der Aufstellung des Jahresabschlusses bereits eingetragen sein oder es muss mit an Sicherheit grenzender Wahrscheinlichkeit davon ausgegangen werden können, dass die Eintragung erfolgen wird. Insbesondere dürfen bei Bilanzaufstellung keine Gründe bekannt sein, die einer Eintragung der Verschmelzung entgegenstehen könnten. Der erforderliche Sicherheitsgrad der zu erwartenden Eintragung wird bei der Verschmelzung von im alleinigen Anteilsbesitz stehenden Tochtergesellschaften auf die Muttergesellschaft regelmäßig erfüllt sein.
(4) Es muss faktisch oder durch eine entsprechende Regelung im Umwandlungsvertrag sichergestellt sein, dass der übertragende Rechtsträger nur noch im Rahmen eines ordnungsgemäßen Geschäftsgangs oder mit Einwilligung des übernehmenden Rechtsträgers über die Vermögensgegenstände verfügen kann.

620 Der Übergang des wirtschaftlichen Eigentums hat zur Folge, dass die Vermögensgegenstände und Schulden des übertragenden Rechtsträgers beim übernehmenden Rechtsträger zu bilanzieren sind, und dass Aufwendungen und Erträge aus den dem übernehmenden Rechtsträger zurechenbaren Handlungen unmittelbar in der Gewinn- und Verlustrechnung des übernehmenden Rechtsträgers zu erfassen sind.

621 Die Erfolgswirkungen, die noch vor dem Übergang des wirtschaftlichen Eigentums liegen, sind grds. als originäre Aufwendungen und Erträge in der Gewinn- und Verlustrechnung des übertragenden Rechtsträgers zu erfassen (Rödder, DStR 1997, 1354).

Rein **schuldrechtlich** (im Innenverhältnis) sind diese Aufwendungen und Erträge des übertragenden 622
Rechtsträgers jedoch bereits ab dem **Verschmelzungsstichtag** nach § 5 Abs. 1 Nr. 6 UmwG dem übernehmenden Rechtsträger zuzurechnen. Diesem Umstand ist grds. bilanziell Rechnung zu tragen, wobei
allerdings gesetzlich keine spezielle Handhabung vorgeschrieben ist. Es bestehen die im Folgenden dargestellten Möglichkeiten.

Liegt zwischen dem Umwandlungsstichtag und dem Zeitpunkt des Übergangs des wirtschaftlichen 623
Eigentums für den übertragenden Rechtsträger ein regulärer Bilanzstichtag und hat der übertragende
Rechtsträger in diesem Zeitraum einen Gewinn erwirtschaftet, so ist nach (geänderter) Auffassung
des IDW (RS HFA 42, Rn. 31) die Bildung einer Rückstellung in Höhe dieses Gewinns aufgrund der
schuldrechtlichen Berechtigung des übernehmenden Rechtsträgers nicht zulässig, wenn der Verschmelzungsbeschluss erst nach dem Bilanzstichtag gefasst wurde, da es sich bei dem Beschluss um ein wertbegründendes Ereignis handelt. Allerdings ist im Anhang zu erläutern, dass der ausgewiesene Gewinn
nicht für Ausschüttungen zur Verfügung steht, da er für Rechnung des übernehmenden Rechtsträgers
erwirtschaftet wurde (demgegenüber eine Rückstellungsbildung befürwortend: Lutter/Priester, UmwG,
§ 24 Rn. 28; Kallmeyer/Müller, Umwandlungsgesetz, § 17 Rn. 24; Budde/Zerwas in Budde/Förschle/
Winkeljohann, Sonderbilanzen, H 57; Schmidt/Hörtnagl/Stratz/Hörtnagl, UmwG/UmwStG, § 17
Rn. 80). Der übertragende Rechtsträger hat aufgrund der wirtschaftlichen Zugehörigkeit auch den
auf diesen Gewinn entfallenden **Steueraufwand** zu verbuchen, wodurch sich das »für fremde Rechnung
erwirtschaftete Ergebnis« entsprechend mindert. Hieran ändert auch die Tatsache nichts, dass aufgrund
der steuerlichen Rückwirkung bzgl. dieses Gewinns der übernehmende Rechtsträger und nicht der übertragende Rechtsträger der Steuerschuldner ist. Gleichermaßen darf in der handelsrechtlichen Schlussbilanz noch keine Steuerrückstellung gebildet werden für etwaige durch die Verschmelzung selbst entstehende steuerpflichtige Gewinne, die aufgrund der steuerlichen Rückwirkung in dem Wirtschaftsjahr
entstehen, welches mit dem Schlussbilanzstichtag endet. Ein solcher Steueraufwand belastet daher handelsbilanziell erst den übernehmenden Rechtsträger (IDW, RS HFA 42, Rn. 20).

Erstellt der übernehmende Rechtsträger in dem Interimszeitraum zwischen dem Umwandlungsstich- 624
tag und dem Zeitpunkt des Übergangs des wirtschaftlichen Eigentums noch einen regulären Jahresabschluss, darf dieser ebenfalls für einen vom übertragenden Rechtsträger in diesem Zeitraum
erwirtschafteten Gewinn keinen korrespondierenden Ertrag verbuchen. Mit dem Übergang des wirtschaftlichen Eigentums – spätestens jedoch bei Erstellung des ersten regulären Jahresabschlusses
nach Übergang des wirtschaftlichen Eigentums – kann der übernehmende Rechtsträger dann aber
die vom übertragenden Rechtsträger seit dem Umwandlungsstichtag erwirtschafteten Aufwendungen
und Erträge aggregiert in seine Buchhaltung übernehmen (bspw. unter der Bezeichnung »Vom übertragenden Rechtsträger für fremde Rechnung erwirtschaftetes Ergebnis«, vgl. IDW, RS HFA 42, Rn. 33;
Semler/Stengel/Moszka, UmwG, § 24, Rn. 16).

Ergibt sich bei dem übertragenden Rechtsträger in dem besagten Zeitraum insgesamt ein Verlust, darf 625
dieser mangels Realisation (§ 252 Abs. 1 Nr. 4 HGB) zu diesem Zeitpunkt keine entsprechende Forderung ggü. dem übernehmenden Rechtsträger ausweisen, weil das wirtschaftliche Eigentum noch nicht
übergegangen ist (Budde/Zerwas in Budde/Förschle/Winkeljohann, Sonderbilanzen, H 57). Ebenso
darf der übernehmende Rechtsträger nach geänderter Auffassung des IDW (RS HFA 42, Rn. 31)
in einer in diesem Interimszeitraum zu erstellenden regulären Bilanz für die Verpflichtung zur Übernahme dieses Verlustes noch keine entsprechende Rückstellung bilden, da die erst nach dem Bilanzstichtag stattfindende Beschlussfassung der Verschmelzung auch diesbezüglich ein wertbegründendes
Ereignis darstellt (gl.A. SagasserBula, S. 383 f.; demgegenüber eine Rückstellungsbildung befürwortend Schmidt/Hörtnagl/Stratz/Hörtnagl, UmwG/UmwStG, § 17 Rn. 82; Kallmeyer/Müller, Umwandlungsgesetz, § 24 Rn. 24).

Soweit zwischen dem Umwandlungsstichtag und dem Übergang des wirtschaftlichen Eigentums **kein** 626
Bilanzstichtag liegt, ist nach Ansicht des IDW (RS HFA 42, Rn. 31) für den übernehmenden Rechtsträger – abweichend von den oben dargestellten Grundsätzen – eine weitere **wichtige Vereinfachungs-**
regelung anwendbar. Der übernehmende Rechtsträger kann die übergehenden Vermögensgegenstände
und Schulden nach den Verhältnissen am Verschmelzungsstichtag einbuchen und sämtliche mit diesem
Vermögen zusammenhängenden Aufwendungen und Erträge seit dem Verschmelzungsstichtag wie eigene Geschäftsvorfälle abbilden.

627 Im Ergebnis gehen die zwischen dem Umwandlungsstichtag und dem Übergang des wirtschaftlichen Eigentums bei dem übertragenden Rechtsträger noch anfallenden Aufwendungen und Erträge, die schuldrechtlich bereits dem übernehmenden Rechtsträger zuzurechnen sind, immer in die Gewinn- und Verlustrechnung des übernehmenden Rechtsträgers ein, sei es unmittelbar oder über die Bildung entsprechender Ausgleichsposten.

628 Handelt es sich bei dem übertragenden Rechtsträger um eine Organgesellschaft und wird der Ergebnis-abführungsvertrag (EAV) nicht angesichts der bevorstehenden Verschmelzung zum Schluss des vorangehenden Wirtschaftsjahres gekündigt oder aufgehoben, so bleibt er bis zur Eintragung der Verschmelzung in das Handelsregister bestehen und geht dann zusammen mit dem übertragenden Rechtsträger unter. Grds. muss der EAV bei unterjähriger Beendigung zum Stichtag der Beendigung noch einmal abgerechnet werden. In der Phase ab dem Verschmelzungsstichtag, in der der übertragende Rechtsträger nur noch für Rechnung des übernehmenden Rechtsträgers tätig wird und dem übernehmenden Rechtsträger die erwirtschafteten Ergebnisse zustehen, kann bei dem übertragenden Rechtsträger jedoch kein Ergebnis mehr entstehen, welches bei Beendigung des EAV abzuführen bzw. auszugleichen wäre. Der Verschmelzungsvertrag geht daher insoweit »dem EAV vor« (vgl. eingehend Gelhausen/Heinz, NZG 2005, 775 ff.). Wird hingegen nach Ablauf eines Wirtschaftsjahres eine Verschmelzung beschlossen und als Verschmelzungsstichtag wird ein Tag bestimmt, der **vor** dem Schluss des letzten Wirtschaftsjahres liegt (Bsp: Wirtschaftsjahr ist das Kalenderjahr; im März 2012 wird eine Verschmelzung beschlossen mit Verschmelzungsstichtag 01.12.2011), dann kann der Verschmelzungsvertrag nach Auffassung von Gelhausen/Heinz (NZG 2005, 775, 779) nicht mehr in den bereits rechtswirksam entstandenen Anspruch aus dem EAV eingreifen. Das zwischen dem Verschmelzungsstichtag und dem Schluss des regulären Wirtschaftsjahres erwirtschaftete Ergebnis steht dann noch dem Organträger und nicht dem übernehmenden Rechtsträger zu.

629 Der übertragende Rechtsträger hat grundsätzlich bis zur Eintragung der Verschmelzung im Handelsregister seiner Rechnungslegungspflicht nachzukommen. Die **Pflicht zur Jahresabschlusserstellung entfällt** für den übertragenden Rechtsträger allerdings, wenn ein Abschlussstichtag zwar vor der Eintragung liegt, der Jahresabschluss bis zur Eintragung aber noch nicht aufgestellt ist, denn mit dem Erlöschen des übertragenden Rechtsträger erlischt auch dessen Bilanzierungspflicht (IDW RS HFA 42, Rn. 23; a. A. Widmann/Mayer/Widmann, Umwandlungsrecht, § 24, Rn. 13). Etwas differenzierter sehen dies Budde/Zerwas (in Budde/Förschle/Winkeljohann, Sonderbilanzen, H 56), die nur dann von einem rückwirkenden Wegfall der Bilanzierungspflicht ausgehen, wenn die Verschmelzung noch vor dem Ende des **Aufstellungszeitraums** des Jahresabschlusses wirksam wird. Wird also die Verschmelzung erst zu einem Zeitpunkt eingetragen, zu dem der Aufstellungszeitraum bereits abgelaufen war, müsste nach dieser Auffassung für den übertragenden Rechtsträger noch ein Jahresabschluss erstellt werden. Theoretisch ist dieser Auffassung zuzustimmen. Wird aber im konkreten Einzelfall der Jahresabschluss nicht innerhalb des Aufstellungszeitraums aufgestellt, so kann diese Pflicht nach Eintragung der Verschmelzung auch nicht mehr erzwungen werden, denn auf den übernehmenden Rechtsträger geht diese Pflicht nicht über. Damit können die Organe des übertragenden Rechtsträgers de facto die Erstellung eines solchen Jahresabschlusses vermeiden, indem sie diesen über den Ablauf des Aufstellungszeitraums hinaus bis zur Eintragung der Verschmelzung verzögern. In der Praxis entfällt damit in den Fällen der Verschmelzung und der Aufspaltung i. d. R. eine Bilanzierung des übertragenden Rechtsträgers nach dem Umwandlungsstichtag. Eine Ausnahme gilt jedoch, wenn die Verschmelzung – z. B. wegen Anfechtung des Verschmelzungsbeschlusses – noch nicht eingetragen werden kann (IDW, RS HFA 42, Rn. 22). In diesen Fällen wird aber i. d. R. auch das wirtschaftliche Eigentum an den Vermögensgegenständen noch nicht übergegangen sein, denn es kann in einem solchen Fall wohl nicht mit an Sicherheit grenzender Wahrscheinlichkeit davon ausgegangen werden, dass die Eintragung erfolgen wird (vgl. Teil 7 Rdn. 619, Voraussetzung 3). In diesen Fällen der **schwebenden Verschmelzung** ist das Vermögen daher weiterhin bei dem übertragenden Rechtsträger auszuweisen. Dasselbe gilt – mangels Übergangs des wirtschaftlichen Eigentums – für die hier noch anfallenden Aufwendungen und Erträge (vgl. Teil 7 Rdn. 621 ff.).

630 Sollte es unter Berücksichtigung dieser Kriterien notwendig sein, für den übertragenden Rechtsträger vor der Eintragung der Umwandlung in das Handelsregister noch eine Bilanz zu erstellen, obwohl das wirtschaftliche Eigentum bereits übergegangen ist, so gilt für die Bilanzierung Folgendes: Da das wirtschaftliche Eigentum der Vermögensgegenstände und Schulden bereits auf die Übernehmerin übergegangen ist, kommt eine Bilanzierung der Vermögensgegenstände und Schulden beim übertragenden Rechtsträger nicht mehr in Betracht (IDW, RS HFA 42, Rn. 30). Bezüglich des Schuldenausweises ist zu betonen, dass sich die Auffassung des IDW insoweit geändert hat. Während in dem nunmehr überholten Standard HFA 2/97 Zweifelsfragen der Rechnungslegung bei Verschmelzung, Tz. 21 noch die Auffassung vertreten wurde, dass auf eine Bilanzierung der Verbindlichkeiten beim übertragenden Rechtsträger nur dann verzichtet werden kann, wenn der übernehmende Rechtsträger vor dem Abschlussstichtag der Überträgerin für diese Verbindlichkeiten eine gesamtschuldnerische Mithaftung – z. B. durch eine entsprechende Bestimmung im Verschmelzungsvertrag – übernommen hat, ist diese Auffassung nunmehr zu Recht aufgegeben worden, da der Abschluss des Verschmelzungsvertrages genau diese gesamtschuldnerische Mithaftung auslöst und sich daher eine weitere gleichlautende Verpflichtung des übernehmenden Rechtsträgers erübrigt. Im Ergebnis weist der übertragende Rechtsträger dann also nur noch sein Eigenkapital aus. Ein erforderlicher Bilanzausgleich ist durch Bildung eines aktiven Ausgleichspostens herzustellen (Kallmeyer/Müller, Umwandlungsgesetz, § 17 Rn. 23).

Der Tatsache, dass rein schuldrechtlich bzgl. des übergehenden Vermögens auf den Umwandlungs- **631** stichtag und damit auf den in der Schlussbilanz abgebildeten Stand der Vermögensgegenstände und Schulden des übertragenden Rechtsträgers abgestellt wird, tatsächlich aber das Vermögen übergeht, dass zum Zeitpunkt des Übergangs des wirtschaftlichen Eigentums bzw. spätestens zum Zeitpunkt der Eintragung der Umwandlung in das Handelsregister tatsächlich vorhanden ist, ist auch bei der Gestaltung der Umwandlungsverträge Rechnung zu tragen. Bei der Verschmelzung ist hier keine besondere Obacht vonnöten, da ohnehin alles Vermögen des übertragenden Rechtsträgers übergeht. In Spaltungsfällen – bei denen es auf eine genaue Bezeichnung des übergehenden Vermögens ankommt – ist jedoch zu beachten, dass viele Vermögensgegenstände in dem Interimszeitraum aus dem BV ausscheiden und andere hinzukommen. Dieser Tatsache ist durch eine Surrogationsklausel Rechnung zu tragen, die besagt: »Soweit einzelne VG nach dem Spaltungsstichtag veräußert wurden, tritt an dessen Stelle das Surrogat« (vgl. Klingberg in Budde/Förschle/Winkeljohann, Sonderbilanzen, I 69).

Häufig ergeben sich bei der Einbuchung der Vermögensgegenstände und Schulden Fragen bzgl. der **632** praktischen Umsetzung. In der Literatur wird häufig die Auffassung vertreten, dass – zumindest in Fällen der Buchwertfortführung – die Werte aus der Schlussbilanz des übertragenden Rechtsträgers eins zu eins beim übernehmenden Rechtsträger einzubuchen sind. Die Schlussbilanz soll die Grundlage für die bilanzielle Überleitung der infolge der Verschmelzung übergehenden Vermögensgegenstände und Schulden sein, um so eine vollständige Erfassung des übergehenden Vermögens sicherzustellen (Naraschewski, Stichtage und Bilanzen bei der Verschmelzung, S. 14). Dies soll dadurch erreicht werden, dass zunächst das in der Schlussbilanz des übertragenden Rechtsträgers ausgewiesene übergehende Vermögen beim übernehmenden Rechtsträger eingebucht wird, und zwar quasi als erster Geschäftsvorfall des auf den Schlussbilanzstichtag folgenden Umwandlungsstichtags (Beck'scher Bilanz-Kommentar, § 268, Rn. 39). Anschließend sollen die einzelnen Buchungen für sämtliche seit dem Umwandlungsstichtag für Rechnung des übernehmenden Rechtsträgers angefallenen Geschäftsvorfälle auf den Bestandskonten des übertragenden Rechtsträgers zum Stichtag der Schlussbilanz auf die entsprechenden Bestandskonten beim übernehmenden Rechtsträger übertragen werden (vgl. Naraschewski, Stichtage und Bilanzen bei der Verschmelzung, S. 16 und S. 19). Wirtschaftlich gesehen ist dies auch richtig, denn die Schlussbilanz dient in erster Linie der Abgrenzung des Ergebnisses, welches der übertragende Rechtsträger für eigene Rechnung bzw. ab dem Schlussbilanzstichtag für Rechnung des übernehmenden Rechtsträgers erwirtschaftet. Aus der praktischen Sicht eines Buchhalters ist eine reine »Übernahme« dieser Buchwerte hingegen nur in den Fällen möglich, in denen die in Teil 7 Rdn. 626 beschriebene Vereinfachungsregelung in Anspruch genommen werden soll. Ist dies hingegen nicht der Fall, dann ist die Schlussbilanz nur bzgl. der Bewertung der zum Zeitpunkt des Übergangs des wirtschaftlichen Eigentums noch vorhandenen Vermögensgegenstände und Schulden maßgeblich, nicht jedoch hinsichtlich des Mengengerüsts des übergehenden Vermögens. Ansonsten kann es ggf. zu einer Doppel- bzw. Nichterfassung von Geschäftsvorfällen kommen, die im Interimszeitraum zwischen dem Umwandlungsstichtag und dem Stichtag des Übergangs des wirtschaftlichen Eigentums erfolgt sind. Dies soll hier anhand der nachfolgenden Beispiele erläutert werden:

633 ▶ **Beispiel:**

Im Mai des Jahres 2012 wird die Verschmelzung der A-GmbH auf die B-GmbH beschlossen. Umwandlungsstichtag soll der 01.01.2012 sein. Es sollen die Buchwerte fortgeführt werden.

In der Praxis wird in einem solchen Fall regelmäßig von der in Teil 7 Rdn. 626 beschriebenen Vereinfachungsregelung Gebrauch gemacht. Das bedeutet, dass sämtliche Vermögensgegenstände und Schulden, die sich aus der Schlussbilanz des übertragenden Rechtsträgers ergeben, mit diesen Buchwerten zum Zeitpunkt des Übergangs des wirtschaftlichen Eigentums (dieser Zeitpunkt entspricht i. d. R. dem Tag der Beschlussfassung) in die Buchhaltung des übernehmenden Rechtsträgers eingebucht werden. Außerdem wird die gesamte Buchhaltung mit jedem einzelnen im Rückwirkungszeitraum gebuchten Geschäftsvorfall in die Buchhaltung des übernehmenden Rechtsträgers übernommen. Hierdurch werden lückenlos alle in der Zwischenzeit erfolgten Veränderungen des Mengengerüsts (Abgänge und Zugänge) sowie die sich daraus ergebenden Erfolgsauswirkungen in die Buchhaltung des übernehmenden Rechtsträgers übernommen und es gibt auch keine Doppelerfassungen oder Nichterfassungen.

634 Insb. in Spaltungsfällen bietet sich demgegenüber häufig die Nutzung der beschriebenen Vereinfachungsregelung nicht an, wenn die zu trennenden Sachgesamtheiten vorher in einem gemeinsamen Buchungskreis geführt wurden.

635 ▶ **Beispiel:**

Am 01.08. des Jahres 2012 wird die Abspaltung eines Teilbetriebs von der A-GmbH auf die B-GmbH beschlossen. Spaltungsstichtag soll der 01.01.2012 sein. Die übernehmende B-GmbH soll die Buchwerte fortführen. Die Teilbetriebe sind bis zum Zeitpunkt des Spaltungsbeschlusses in einem gemeinsamen Buchungskreis geführt worden.

Der übernehmende Rechtsträger entscheidet sich aus Praktikabilitätsgründen dafür, nicht sämtliche im Interimszeitraum durchgeführten Geschäftsvorfälle, die wirtschaftlich dem übergehenden Vermögen zuzuordnen sind, bei dem übernehmenden Rechtsträger nachzubuchen. Vielmehr soll das Ergebnis sämtlicher Geschäftsvorfälle lediglich als Saldo als »für den übernehmenden Rechtsträger erwirtschaftetes Ergebnis« gebucht werden.

Werden in einem solchen Fall gleichwohl sämtliche Vermögensgegenstände und Schulden des übertragenden Rechtsträgers mit den dort ausgewiesenen Buchwerten in die Bilanz des übernehmenden Rechtsträgers eingebucht, kommt es zu Doppel- bzw. Nichterfassungen, denn mit dem im Interimszeitraum für Rechnung des übernehmenden Rechtsträgers erwirtschafteten Ergebnis haben zwischenzeitlich umfangreiche Veränderungen in den Beständen stattgefunden, die in der Schlussbilanz des übertragenden Rechtsträgers naturgemäß nicht abgebildet sind. Dies betrifft insb. den Bestand des Umlaufvermögens sowie die Debitoren und Kreditoren, aber natürlich auch die Geldkonten und viele andere Aktiva und Passiva. Wirtschaftsgüter, die am Umwandlungsstichtag vorhanden waren, zum Zeitpunkt des Übergangs des wirtschaftlichen Eigentums aber nicht mehr da sind, gehen natürlich gegenständlich auch nicht mehr auf den übernehmenden Rechtsträger über.

Stattdessen ist nur noch das zum Zeitpunkt des Übergangs des wirtschaftlichen Eigentums vorhandene Vermögen, also die auf diesen Zeitpunkt aktualisierten Bestandskonten, beim übernehmenden Rechtsträger einzubuchen (so wohl auch Naraschewski, Stichtage und Bilanzen bei der Verschmelzung, S. 17). Die finanziellen Ergebnisse von im Interimszeitraum abgewickelten Forderungen und Verbindlichkeiten können dem übernehmenden Rechtsträger in einem Saldo übertragen werden. Bei konzerninternen Spaltungsfällen ist es i. d. R. unproblematisch möglich, die Bestände zu diesem Stichtag überzuleiten. Bei Übertragung zwischen fremden Dritten stellt sich dann das praktische Problem, wie das an diesem Stichtag maßgebliche Mengengerüst an den übernehmenden Rechtsträger übermittelt wird, da eine Bilanz zu diesem Stichtag ja nicht erstellt wird. In der Literatur wird für derartige Fälle als Lösungsansatz diskutiert, das Mengengerüst aus der Schlussbilanz zu übernehmen und alle Zugänge im Interimszeitraum, die zum Zeitpunkt des Übergangs des wirtschaftlichen Eigentums noch vorhanden sind, gesondert nachzubuchen. Damit hätte man aber noch nicht die Abgänge des Interimszeitraums erfasst. Diese würden sich dann quasi zum Ablauf des Wirtschaftsjahres als Inventurdifferenz ergeben.

Erfolgt eine Verschmelzung zur Neugründung, so liegt der Verschmelzungsstichtag regelmäßig vor der zivilrechtlichen Entstehung des übernehmenden Rechtsträgers. Es stellt sich die Frage, auf welchen Stichtag dieser seine Eröffnungsbilanz zu erstellen hat.

▶ **Beispiel:**   636

Die A-GmbH wird im Jahr 2012 auf die B-GmbH verschmolzen. Umwandlungsstichtag ist der 01.01.2012. Die übernehmende B-GmbH wird durch die Verschmelzung gegründet (Verschmelzung zur Neugründung).

In der Literatur wird für einen solchen Fall die Auffassung vertreten, dass die Eröffnungsbilanz des übernehmenden Rechtsträgers auf den Stichtag der Schlussbilanz der Überträgerin zu erstellen ist, um eine lückenlose Bilanzierung zu gewährleisten (vgl. Naraschewski, Stichtage und Bilanzen bei der Verschmelzung, S. 16; Widmann/Mayer/Widmann, § 24, Rn. 225; Gasser in FS für Widmann, 343, 349; ähnlich Priester (in Lutter, UmwG, § 24 Rn. 22), der den Verschmelzungsstichtag als den für die Erstellung der Eröffnungsbilanz maßgeblichen Stichtag ansieht.). Dies ergebe sich aus § 24 UmwG, denn der vom Gesetzgeber gewollte Zusammenhang zwischen den beiden Bilanzen – insb. im Fall der Buchwertfortführung – lasse sich nur dadurch erreichen, dass Schlussbilanz und Eröffnungsbilanz aneinander anknüpfen. Diese Vorgehensweise wird in den meisten Verschmelzungsfällen auch praktiziert und ist auch nicht zu beanstanden, wenn von der in Teil 7 Rdn. 626 dargelegten Vereinfachungsregelung Gebrauch gemacht wird, die nach dem Verschmelzungsstichtag anfallenden Geschäftsvorfälle bereits bei dem übernehmenden Rechtsträger als eigene Geschäftsvorfälle zu erfassen. Liegen die Voraussetzungen für die Vereinfachungsregelung allerdings nicht vor, so ist zu beachten, dass eine Eröffnungsbilanz gem. § 242 Abs. 1 HGB grds. erst auf den Zeitpunkt des Beginns des Handelsgewerbes zu erstellen ist und dass auch in einer solchen Eröffnungsbilanz das übergehende Vermögen nur dann ausgewiesen werden kann, wenn das wirtschaftliche Eigentum bereits übergegangen ist (vgl. IDW, RS HFA 42, Rn. 40; Förschle/Hoffmann in Budde/Förschle/Winkeljohann, Sonderbilanzen, K 14). Im Fall einer Verschmelzung zur Neugründung bedeutet dies i. d. R., dass der übernehmende Rechtsträger am Tag der notariellen Beurkundung des Verschmelzungsvertrages sowie des Gesellschaftsvertrages des neu entstehenden übernehmenden Rechtsträgers als sog. Vor-Gesellschaft entsteht und dass an diesem Tag – bei Vorliegen der übrigen Voraussetzungen – das wirtschaftliche Eigentum an den Vermögensgegenständen übergeht. Das übergehende Vermögen ist dann in dieser Eröffnungsbilanz bereits auszuweisen.

2. Relevante Stichtage im Steuerrecht. Zusätzlich zu den handelsrechtlichen Stichtagen definiert 637
das Steuerrecht den sog. **steuerlichen Übertragungsstichtag**. Es handelt sich hierbei um den Stichtag der dem Vermögensübergang zugrunde liegenden Bilanz (§ 2 Abs. 1 UmwStG). Einkommen und Vermögen der beteiligten Rechtsträger sind für Zwecke der Ertragsbesteuerung des übertragenden und des übernehmenden Rechtsträgers so zu ermitteln, als ob das Vermögen mit Ablauf des Stichtages der Bilanz, die dem Vermögensübergang zugrunde liegt, auf die Übernehmerin übergegangen wäre (sog. steuerliche Rückwirkung). Der steuerliche Übertragungsstichtag liegt somit immer einen Tag vor dem handelsrechtlichen Umwandlungsstichtag (BMF-Schreiben v. 11.11.2011, BStBl. 2011, S. 1314, Rn. 02.02).

Für die Steuerbilanzen der beteiligten Rechtsträger bedeutet diese Regelung, dass auf den Tag vor dem 638
Umwandlungsstichtag nicht nur die steuerliche Übertragungsbilanz des übertragenden Rechtsträgers, sondern auch die steuerliche Übernahmebilanz des übernehmenden Rechtsträgers aufzustellen ist. Sowohl ein etwaiger Übertragungsgewinn als auch ein etwaiger Übernahmegewinn entstehen steuerlich in demselben Wirtschaftsjahr (Müller-Gattermann, WPg 1996, 871 mit Hinweis auf Goutier/Knopf/Tulloch, Umwandlungsrecht, § 2 UmwStG, Rn. 15).

3. **Beispiele für das Verhältnis der Stichtage im Handels- und Steuerrecht**

639 ▶ **Beispiel 1: Verschmelzung der A-GmbH auf die B-GmbH**

Verschmelzungsvertrag und erforderliche Beschlüsse	September 2011
Verschmelzungsstichtag	01.01.2012
Eintragung im Handelsregister	Februar 2012

Handelsrecht:
- Die Schlussbilanz der A-GmbH ist auf den 31.12.2011 aufzustellen.
- Die Buchführungspflicht der A-GmbH besteht fort bis zur Eintragung der Verschmelzung in das Handelsregister. Eigene Aufwendungen und Erträge entstehen jedoch im Wirtschaftsjahr 2012 nicht mehr, weil das wirtschaftliche Eigentum schon übergegangen ist.
- Der Übergang des wirtschaftlichen Eigentums erfolgt zum 01.01.2012. Zu diesem Zeitpunkt erfolgt daher auch die Einbuchung des übergehenden Vermögens bei der B-GmbH. Ab diesem Zeitpunkt sind alle anfallenden Aufwendungen und Erträge unmittelbar bei der B-GmbH zu erfassen.
- Der Übergang des zivilrechtlichen Eigentums im Februar 2012 hat keine bilanziellen Konsequenzen mehr.

Steuerrecht:
- Auch steuerlich ist die Schlussbilanz der A-GmbH zum 31.12.2011 aufzustellen.
- Des Weiteren ist zum 31.12.2011 auch die steuerliche Übernahmebilanz der B-GmbH aufzustellen, in der das übergehende Vermögen bereits auszuweisen ist.

Folge: Steuerlich wird das Vermögen des übertragenden Rechtsträgers zum 31.12.2011 sowohl beim übertragenden Rechtsträger als auch beim übernehmenden Rechtsträger ausgewiesen. In der Steuerbilanz des übernehmenden Rechtsträgers wird die Verschmelzung also ein Jahr früher gezeigt als in der Handelsbilanz.

640 ▶ **Beispiel 2: Verschmelzung der A-GmbH auf die B-GmbH**

Verschmelzungsvertrag und erforderliche Beschlüsse	01.04.2012
Verschmelzungsstichtag	01.01.2012
Eintragung im Handelsregister	01.08.2012

Handelsrecht:
- Die Schlussbilanz der A-GmbH wird zum 31.12.2011 erstellt. Für die Zeit vom 01.01.2012 bis 31.03.2012 müsste grds. eine normale Rechnungslegung beim übertragenden Rechtsträger erfolgen, in der Aufwendungen und Erträge als eigene zu erfassen, jedoch als für Rechnung der Übernehmerin getätigt kenntlich zu machen sind. Aus Vereinfachungsgründen können diese Aufwendungen und Erträge jedoch bereits bei dem übernehmenden Rechtsträger erfasst werden.
- Der Übergang des wirtschaftlichen Eigentums auf den übernehmenden Rechtsträger erfolgt am 01.04.2012. Aufwendungen und Erträge entstehen daher ab diesem Zeitpunkt originär bei der B-GmbH. In der Praxis erfolgt daher bei dem übertragenden Rechtsträger nach dem Übergang des wirtschaftlichen Eigentums keine Rechnungslegung mehr, auch wenn die Buchführungspflicht der übertragenden A-GmbH grds. bis zur Eintragung in das Handelsregister fortbesteht.
- Der Übergang des zivilrechtlichen Eigentums erfolgt am 01.08.2012 mit der Eintragung im Handelsregister

Steuerrecht:

wie Beispiel 1

641 ▶ **Beispiel 3: Verschmelzung der A-GmbH auf die B-GmbH**

Die übertragende A-GmbH hat ein abweichendes Wirtschaftsjahr vom 01.11. bis zum 31.10.

Die übernehmende B-GmbH hat ein mit dem Kalenderjahr übereinstimmendes Wirtschaftsjahr vom 01.01. bis zum 31.12.

Verschmelzungsvertrag und -beschlüsse: 01.03.2012
Verschmelzungsstichtag 01.11.2011
Eintragung im Handelsregister Mai 2012

Handelsrecht:

– Der Übergang des wirtschaftlichen Eigentums erfolgt in diesem Beispiel am 01.03.2012.
– Für die Zeit vom 01.11.2011 bis zum 01.03.2012 fallen die Aufwendungen und Erträge originär weiterhin bei dem übertragenden Rechtsträger, jedoch für Rechnung des übernehmenden Rechtsträgers an. Da die Beschlussfassung der Verschmelzung am 01.03.2012 jedoch ein wertbegründendes Ereignis darstellt, kann die bevorstehende Verschmelzung in der Bilanz der übernehmenden B-GmbH zum 31.12.2011 noch nicht berücksichtigt werden. Insbesondere ist nach geänderter Auffassung des IDW (vgl. Teil 7, Rdn. 623) für einen vom übertragenden Rechtsträger erwirtschafteten Verlust noch keine Rückstellung zu bilden. Eine Anwendung der Vereinfachungsregelung, die bei dem übertragenden Rechtsträger nach dem Umwandlungsstichtag angefallenen Aufwendungen und Erträge direkt beim übernehmenden Rechtsträger zu zeigen, kommt nicht in Betracht, denn zwischen dem Umwandlungsstichtag und dem Übergang des wirtschaftlichen Eigentums liegt ein Bilanzstichtag (vgl. Teil 7 Rdn. 626).

Steuerrecht:

wie Beispiel 1, nur dass der steuerliche Übertragungsstichtag der 31.10.2011 ist.

B. Bilanzierungs- und Bewertungsvorschriften

I. Handelsrechtliche Schlussbilanz des übertragenden Rechtsträgers nach § 17 UmwG

1. Pflicht zur Erstellung einer Schlussbilanz. In den Fällen einer übertragenden Umwandlung 642 (Verschmelzung, Spaltung, Vermögensübertragung) ist der **Handelsregisteranmeldung** eine Schlussbilanz des übertragenden Rechtsträgers beizufügen, die auf einen höchstens 8 Monate vor der Anmeldung liegenden Stichtag aufgestellt worden ist (§ 17 Abs. 2 Satz 1 UmwG). Seit dem 01.01.2007 hat die Anmeldung elektronisch zu erfolgen (§ 12 Abs. 2 Satz 1 HGB). Die Pflicht zur Erstellung einer Schlussbilanz tritt nicht nur dann ein, wenn der übertragende Rechtsträger erlischt (Verschmelzung, Aufspaltung, Vollübertragung), sondern auch dann, wenn er weiterexistiert (Abspaltung, Teilübertragung). Ggf. ist hier jedoch die **Erstellung einer Teilbilanz** ausreichend (vgl. hierzu Teil 7 Rdn. 848.

Wird die Schlussbilanz auf einen Stichtag erstellt, der von dem regulären Bilanzstichtag des übertragen- 643 den Rechtsträgers abweicht, so entsteht zum Stichtag der Schlussbilanz handelsrechtlich kein **Rumpfgeschäftsjahr** (Lutter/Priester, UmwG, § 24 Rn. 13; Widmann/Mayer/Widmann, Umwandlungsrecht, § 24 UmwG, Rn. 48; Kallmeyer/Müller, Umwandlungsgesetz, § 17 Rn. 18; Sauter in FS für Widmann, S. 106; a. A. Budde/Zerwas, in: Budde/Förschle/Winkeljohann, Sonderbilanzen, F 70; Naraschewski, Stichtage und Bilanzen bei der Verschmelzung, S. 82). Auf Basis dieser Bilanz können daher keine Gewinnausschüttungen beschlossen werden. Handelt es sich bei dem übertragenden Rechtsträger um eine Organgesellschaft, so kommt auf Basis einer vom Schlussbilanzstichtag abweichenden Schlussbilanz auch keine Gewinnabführung in Betracht (Gelhausen/Heinz, NZG 2005, 775, 779).

Wird die Umwandlung innerhalb der ersten 8 Monate nach Abschluss eines Geschäftsjahres zur Ein- 644 tragung in das Handelsregister angemeldet, so kann der übertragende Rechtsträger die Jahresbilanz des letzten Geschäftsjahres als Schlussbilanz i. S. d. § 17 UmwG verwenden (IDW, RS HFA 42, Rn. 8; Kallmeyer/Müller, Umwandlungsgesetz, § 17 Rn. 17; a. A. Budde/Zerwas, in Budde/Förschle/Winkeljohann, Sonderbilanzen, H 106, die ggf. eine Änderung des regulären Jahresabschlusses fordern). Gleichwohl ist die Schlussbilanz nach § 17 UmwG nach dem Wortlaut dieser Vorschrift eine nach den für die Jahresbilanz geltenden Regelungen aufzustellende Bilanz, sie ist aber keine »Jahresbilanz«. Bedeutsam wird diese Frage, wenn die Umwandlung erst nach Erstellung des regulären Jahresabschlusses beschlossen wird und der übertragende Rechtsträger gern in seiner Schlussbilanz nach § 17 UmwG von den in der entsprechenden Jahresbilanz angesetzten Buchwerten abweichende Wertansätze wählen möchte, was in Ausnahmefällen möglich ist (vgl. hierzu Teil 7 Rdn. 672). Eine solche abweichende Bilanzierung erfolgt dann zum gleichen Stichtag in der gesonderten Schlussbilanz nach § 17 UmwG und nicht in der Jahresbilanz. Es muss also nach der hier vertretenen Ansicht nicht eine bereits aufgestellte und ggf. schon veröffentlichte Bilanz geändert werden, sondern es wird auf denselben Stichtag eine weitere Bilanz, nämlich die Schlussbilanz i. S. d. § 17 UmwG, aufgestellt, die der Umwandlung zugrunde gelegt und mit den übrigen Unterlagen zur Eintragung der Umwandlung in das Handelsregister eingereicht wird. Es gibt dann auf denselben Bilanzstichtag zwei verschiedene Handelsbilanzen, nämlich eine »Jahresbilanz« und eine Schlussbilanz nach § 17 UmwG. Die Existenz von zwei Handelsbilanzen auf denselben Stichtag wirkt zunächst merkwürdig, aber die Schlussbilanz nach § 17 UmwG ist eben keine »Jahresbilanz« und dient nicht der Gewinnermittlung eines abgelaufenen Wirtschaftsjahres. Auch die Tatsache, dass in einem solchen Fall die sich aus einer möglichen Umbewertung der Vermögensgegenstände und Schulden ergebenden Ertragsauswirkungen trotz Buchwertfortführung weder in der Erfolgsrechnung des übertragenden noch in der des übernehmenden Rechtsträgers auftauchen, spricht nicht gegen diese Rechtsauffassung. Denn dieses Phänomen tritt auch dann ein, wenn der Schlussbilanzstichtag vom regulären Jahresabschlussstichtag abweicht und in der Schlussbilanz eine Umbewertung der Vermögensgegenstände vorgenommen wird. Sollte es zu demselben Stichtag sowohl einen regulären Jahresabschluss als auch eine Schlussbilanz i. S. d. § 17 UmwG geben, deren Bilanzwerte voneinander abweichen, so ist dies allerdings im Testat der Schlussbilanz klarzustellen (Kallmeyer/Müller, Umwandlungsgesetz, § 17 Rn. 35).

645 Das Gesetz verlangt lediglich die Vorlage einer Schlussbilanz. Nicht erforderlich ist hingegen die Vorlage einer **Gewinn- und Verlustrechnung** (IDW, RS HFA 42, Rn. 7; Widmann/Mayer/Widmann, Umwandlungsrecht, § 24 UmwG, Rn. 35; Budde/Zerwas in Budde/Förschle/Winkeljohann, Sonderbilanzen, H 77). Auch die Einreichung eines Anhangs (Kallmeyer/Müller, Umwandlungsgesetz, § 17 Rn. 20; Lutter/Decher, § 17 Rn. 8) bzw. eines Lageberichts (Widmann/Mayer/Widmann, § 24, Rn. 104) ist nach herrschender Meinung nicht erforderlich. Wird auf die Einreichung eines Anhangs verzichtet, sind allerdings sämtliche **Wahlpflichtangaben**, die ansonsten wahlweise in der Bilanz oder im Anhang zu machen sind, in der Bilanz selbst auszuweisen oder in einer Anlage zur Bilanz zum Handelsregister einzureichen (IDW, RS HFA 42, Rn. 7; Kallmeyer/Müller, Umwandlungsgesetz, § 17 Rn. 20).

646 Kann der übertragende Rechtsträger aufgrund einer Einbeziehung in einen Konzernabschluss bzgl. seines handelsrechtlichen Jahresabschlusses von den Vereinfachungsregelungen des § 264 Abs. 3, 4, § 264b HGB Gebrauch machen, so gelten diese Vereinfachungsregelungen auch für die Schlussbilanz i. S. d. § 17 UmwG (ebenso Scheunemann, DB 2006, 797; Budde/Zerwas in Budde/Förschle/Winkeljohann, Sonderbilanzen, H 132).

647 Die Schlussbilanz braucht nicht bekannt gemacht zu werden. Ist der übertragende Rechtsträger prüfungspflichtig, so ist auch die Schlussbilanz nach § 17 UmwG zu prüfen und der Bestätigungsvermerk zur Schlussbilanz ist mit einzureichen (IDW, RS HFA 42, Rn. 7; Lutter/Decher, § 17 Rn. 9; zweifelnd Scheunemann, DB 2006, 797, 798). Wird als Schlussbilanz der reguläre Jahresabschluss verwendet, aber gleichwohl nur die Bilanz (ohne GuV und Anhang) eingereicht, dann ist ein gesonderter Bestätigungsvermerk nur zur Bilanz zu erteilen (Budde/Zerwas in Budde/Förschle/Winkeljohann, Sonderbilanzen, H 132). Bzgl. der Formulierung eines solchen Bestätigungsvermerks vgl. IDW, PH 9.490.1, Rn. 22.

648 Fehlt der Bestätigungsvermerk, ist der Registerrichter an einer Eintragung gehindert (Budde/Zerwas in Budde/Förschle/Winkeljohann, Sonderbilanzen, H 132). Strittig ist, ob dies auch gilt, wenn ein Versagungsvermerk erteilt wurde (zustimmend Budde/Zerwas in Budde/Förschle/Winkeljohann, Sonderbilanzen, H 132; Lutter/Decher, UmwG, § 17 Rn. 9; a. A. Hörtnagl in Schmitt/Hörtnagl/Stratz, § 17 UmwG, Rn. 23). Die Einschränkung eines Bestätigungsvermerks ist dagegen für die Anerkennung der Schlussbilanz in jedem Fall unschädlich. Wird allerdings die Verschmelzung trotz fehlenden Bestätigungsvermerks eingetragen, wird die Verschmelzung dadurch nicht nichtig.

649 Unklar ist, ob die Schlussbilanz auch festgestellt werden muss. Bejaht wird dies beispielsweise von Widmann (in Widmann/Mayer, Umwandlungsrecht, § 24 UmwG, Rn. 51), Hörtnagl (in Schmitt/Hörtnagl/Stratz, UmwG § 17 Rn. 18) sowie Priester (in Lutter, UmwG § 24 Rn. 12), verneint wird es von Müller (WPg 1996, 857, 861), Budde/Zerwas (in Budde/Förschle/Winkeljohann, Sonderbilanzen, H 112), Müller (in Kallmeyer, Umwandlungsgesetz, § 17 Rn. 19) sowie vom IDW, RS HFA 42, Rn. 13. Decher (in Lutter, UmwG, § 17 Rn. 10) weist darauf hin, dass in der Praxis viele Registerrichter eine festgestellte Bilanz fordern. Bejaht man die **Notwendigkeit einer Feststellung**, so bedeutet dies bei

Personenhandelsgesellschaften und GmbH, dass eine Feststellung durch die Gesellschafterversammlung erfolgen muss (für die Personengesellschaft vgl. BGH, NJW 1996, 1678, für die GmbH vgl. § 46 Nr. 1 GmbHG). Bei einer AG gilt die Schlussbilanz als festgestellt, wenn der Aufsichtsrat die Schlussbilanz billigt (§ 172 Satz 1 AktG). Eine Offenlegung ist hingegen unstrittig nicht erforderlich (IDW, RS HFA 42, Rn. 13).

Der Schlussbilanz ist ebenfalls ein **Inventar** (Anlagenspiegel) beizufügen. Gleichwohl ist die Durchführung einer Inventur bei Erstellung einer Schlussbilanz zu einem abweichenden Stichtag nicht erforderlich, wenn gesichert ist, dass der Bestand der Vermögensgegenstände nach Art, Menge und Wert auch ohne körperliche Bestandsaufnahme auf den Stichtag der Schlussbilanz festgestellt werden kann (IDW, RS HFA 42, Rn. 14; Kallmeyer/Müller, Umwandlungsgesetz, § 17 Rn. 18; Gassner in FS für Widmann, 343, 345 f.). 650

Die Schlussbilanz ist beim **Registergericht** des **übertragenden Rechtsträgers** einzureichen. Beim Registergericht des übernehmenden Rechtsträgers ist die Schlussbilanz nach der gesetzlichen Regelung nicht einzureichen. Das bedeutet aber nicht, dass dieses Registergericht die Vorlage nicht verlangen kann, wenn z. B. der übernehmende Rechtsträger eine Kapitalgesellschaft ist und geprüft werden muss, ob der Wert des übergehenden Vermögens den Nennwert der gewährten Gesellschaftsrechte erreicht (Widmann/Mayer/Widmann, Umwandlungsrecht, § 24 UmwG, Rn. 155). 651

Besonders komplex sind sog. **Kettenumwandlungen**, bei denen zu demselben Umwandlungsstichtag mehrere Umwandlungen hintereinander stattfinden, wobei der übernehmende Rechtsträger der ersten Umwandlung an der gleich darauffolgenden Umwandlung als übertragender Rechtsträger teilnimmt. 652

▶ **Beispiel:** 653

Mit Wirkung zum 01.01.2012 wird die A-GmbH auf die B-GmbH und anschließend die B-GmbH auf die C-GmbH verschmolzen.

Bei derartigen Kettenumwandlungen sind also sowohl die A-GmbH als auch die B-GmbH – bezogen auf die jeweilige Umwandlung – übertragende Rechtsträger und haben daher gem. § 17 UmwG zum 31.12.2011 – also auf denselben Stichtag – eine Schlussbilanz zu erstellen (vgl. IDW, RS HFA 42, Rn. 12). Fraglich ist hierbei insb. bzgl. der von der B-GmbH aufzustellenden Schlussbilanz, ob diese das Vermögen der A-GmbH, welches zunächst auf die B-GmbH übergeht, mit ausweisen muss. Dies ist jedoch nicht der Fall. Die B-GmbH darf das Vermögen der A-GmbH erst dann ausweisen, wenn das wirtschaftliche Eigentum dieses Vermögens auf sie übergegangen ist. In dem oben genannten Beispiel wäre diese Voraussetzung jedoch zum Schlussbilanzstichtag 31.12.2011 (vgl. IDW, RS HFA 42, Rn. 29) noch nicht erfüllt. Das bedeutet allerdings, dass die Schlussbilanz der B-GmbH nicht das gesamte Vermögen ausweist, welches im Zuge der zweiten Verschmelzung auf die C-GmbH übergeht. Die insgesamt auf die C-GmbH übergehenden Vermögensgegenstände und Schulden ergeben sich daher in Summe aus den Schlussbilanzen beider übertragender Rechtsträger (vgl. IDW, RS HFA 42, Rn. 21; Lutter/Priester, UmwG, § 24 Rn. 13). In der Praxis wird in derartigen Fällen für den »mittleren« Rechtsträger (hier: B-GmbH) sehr häufig eine sog. **3-Spalten-Bilanz** aufgestellt und zum Handelsregister mit eingereicht. In dieser 3-Spalten-Bilanz wird das Vermögen der A-GmbH und das Vermögen der B-GmbH in einer »dritten Spalte« zu einer Einheit zusammengefügt, sodass für alle Beteiligten erkennbar ist, welches Vermögen denn nun schlussendlich auf die C-GmbH übergeht. Diese 3-Spalten-Bilanz ist aber keine offizielle Schlussbilanz und bedarf daher keiner Prüfung und keiner weiter gehenden Wahlpflichtangaben.

2. Für die Schlussbilanz geltende Bilanzierungs- und Bewertungsvorschriften. Nach § 17 Abs. 2 Satz 2 UmwG gelten für die Erstellung der Schlussbilanz die Vorschriften über die Jahresbilanz und deren Prüfung entsprechend. Das bedeutet, dass die Schlussbilanz wie eine Jahresbilanz unter Fortführung der Buchwerte aufzustellen ist. Es gelten die allgemeinen Bilanzierungs- und Bewertungsvorschriften der §§ 242 ff. HGB. Hieraus ergibt sich, dass die Schlussbilanz **keine Vermögensbilanz** darstellt, in der die Vermögensgegenstände mit Zeitwerten anzusetzen wären. 654

a) Bilanzierung dem Grunde nach. Für die Frage, welche Vermögensgegenstände in der Schlussbilanz zwingend angesetzt werden müssen, welche Vermögensgegenstände wahlweise angesetzt werden 655 dürfen und für welche Vermögensgegenstände ein Ansatzverbot besteht, gelten die **allgemeinen Ansatz-vorschriften** der §§ 246 bis 251 HGB und die speziellen Ansatzvorschriften für Kapitalgesellschaften gem. §§ 270 bis 274 HGB.

656 Der **übertragende Rechtsträger ist jedoch** bei der **Ausübung von Bilanzierungswahlrechten** nicht völlig frei. Es gibt zwar kein Stetigkeitsgebot bei der Ausübung von Ansatzwahlrechten, es ist aber das sog. **Willkürverbot** zu beachten (Winkeljohann/Büssow in Beck'scher Bilanz-Kommentar, § 252, Rn. 68). Danach dürfen Ansatzwahlrechte für mehrere art- und funktionsgleiche Bewertungsobjekte nicht nach unterschiedlichen Methoden ausgeübt werden, denn die Ausübung des Wahlrechts ist eine unternehmerische Entscheidung, die auf nachprüfbaren Gesichtspunkten beruhen muss. Hat der übertragende Rechtsträger z. B. von dem Bilanzierungswahlrecht zur Aktivierung selbst geschaffener immaterieller Wirtschaftsgüter oder der Aktivierung latenter Steuern bisher keinen Gebrauch gemacht, wird er dies daher willkürfrei erstmalig in der Schlussbilanz nach § 17 UmwG nur dann tun können, wenn er darauf verweisen kann, dass er sich hiermit bereits den Bilanzierungsmethoden des übernehmenden Rechtsträgers anpasst (vgl. Kallmeyer/Müller, Umwandlungsgesetz, § 17 Rn. 30).

657 Führt der übernehmende Rechtsträger nach der Vermögensübertragung gem. § 24 UmwG die Buchwerte des übertragenden Rechtsträgers fort, so hat der übertragende Rechtsträger bei der Ausübung von Bilanzierungswahlrechten in seiner Schlussbilanz nicht nur die Auswirkungen auf sein eigenes Jahresergebnis, sondern auch die Auswirkungen auf die künftigen Jahresergebnisse des übernehmenden Rechtsträgers zu beachten. So führt z. B. die Aktivierung eines originären immateriellen Wirtschaftsguts in der Schlussbilanz des übertragenden Rechtsträgers zu einem Ertrag und damit zu einem höheren Jahresüberschuss. Gleichzeitig kann das höhere Aktivvermögen in der Übernahmebilanz des übernehmenden Rechtsträgers bei ertragswirksam abzubildenden Verschmelzungen (z. B. up-stream merger) zu einem höheren Übernahmegewinn bzw. zu einem geringeren Übernahmeverlust führen (das jeweilige Übernahmeergebnis ergibt sich im Fall der Buchwertfortführung aus der Differenz zwischen dem Buchwert des übergehenden Reinvermögens und dem Wert der Gegenleistung, vgl. ausführlich Teil 7 Rdn. 751). Anschließend belastet die aufwandswirksame Auflösung des Aktivpostens dann die künftigen Jahresergebnisse des übernehmenden Rechtsträgers (vgl. Oelmann, S. 71 ff.). Diese Auswirkungen der Wahlrechtsausübung des übertragenden Rechtsträgers auf die Bilanz und die Gewinn- und Verlustrechnung des übernehmenden Rechtsträgers sind insb. bei der **Jahresabschlussanalyse** zu beachten. In vielen Fällen dürfte es sich anbieten, die Wahlrechtsausübung bereits mit dem übernehmenden Rechtsträger abzustimmen (Budde/Zerwas in Budde/Förschle/Winkeljohann, Sonderbilanzen, H 98). Entscheidet sich der übernehmende Rechtsträger hingegen, das übergehende Vermögen nicht mit den Schlussbilanzwerten des übertragenden Rechtsträgers, sondern mit den tatsächlichen Anschaffungskosten neu zu bewerten, so hat die Ausübung von Bilanzierungswahlrechten in der Schlussbilanz des übertragenden Rechtsträgers keine Auswirkung auf die Bilanzierung beim übernehmenden Rechtsträger. Eine Abweichung von bisherigen Bilanzierungs- oder Bewertungsmethoden kommt dann für den übertragenden Rechtsträger nicht in Betracht, da das Argument, sich bereits an die Methoden des Übernehmers anzupassen, nicht zieht.

658 Bei der Erstellung der Schlussbilanz können Veränderungen, die erst durch die bevorstehende Umwandlung eintreten, noch nicht abgebildet werden. So sind z. B. ausstehende Einlagen auch dann zu aktivieren bzw. vom Posten »Gezeichnetes Kapital« offen abzusetzen (§ 272 Abs. 1 Satz 3 HGB), wenn sie sich gegen den übernehmenden Rechtsträger richten. Ihr Wegfall durch Konfusion ist erst in der Übernahmebilanz zu verbuchen. Auch sonstige Forderungen und Verbindlichkeiten zwischen den an der Umwandlung beteiligten Rechtsträgern sind in der handelsrechtlichen Schlussbilanz weiterhin auszuweisen und erst in der Übernahmebilanz auszubuchen (Budde/Zerwas in Budde/Förschle/Winkeljohann, Sonderbilanzen, H 94). **Eigene Anteile des übertragenden Rechtsträgers** sind in der Schlussbilanz grds. noch bilanziell zu berücksichtigen und vom gezeichneten Kapital abzusetzen (Widmann/Mayer/Widmann, Umwandlungsrecht, § 24 UmwG, Rn. 108; Budde/Zerwas in Budde/Förschle/Winkeljohann, Sonderbilanzen, H 95).

659 Hält der übertragende Rechtsträger Anteile am übernehmenden Rechtsträger, so sind auch diese in der Schlussbilanz unverändert auszuweisen (Budde/Zerwas in Budde/Förschle/Winkeljohann, Sonderbilanzen, H 96). Handelt es sich bei dem übernehmenden Rechtsträger um eine Personengesellschaft, so gehen die Anteile erst im Zuge des Vermögensübergangs unter. Ist der übernehmende Rechtsträger eine Kapitalgesellschaft und gehen diese Anteile ganz oder teilweise mit auf den übernehmenden

Rechtsträger über, so sind sie erst in dem der Umwandlung folgenden regulären Jahresabschluss als eigene Anteile gem. § 272 Abs. 1a HGB vom Eigenkapital abzusetzen.

Soweit vor der Aufstellung der Schlussbilanz noch **Gewinnausschüttungen** beschlossen werden, dürfen 660 diese nach § 268 Abs. 1 HGB berücksichtigt werden (Budde/Zerwas, in Budde/Förschle/Winkeljohann, Sonderbilanzen, H 99). Es gelten insoweit die allgemeinen Regelungen der Aufstellung der Bilanz unter Berücksichtigung der vollständigen oder teilweisen Verwendung des Jahresergebnisses. Erfolgt der Gewinnverwendungsbeschluss hingegen erst nach der Aufstellung der Schlussbilanz, so ist eine Berücksichtigung nicht mehr möglich (vgl. auch IDW, RS HFA 42, Rn. 18). In diesem Fall weist die Schlussbilanz noch Vermögen aus, das nicht auf den übernehmenden Rechtsträger übergehen wird. Vielmehr ist die Vermögensminderung erst bei dem übernehmenden Rechtsträger erfolgsneutral zu berücksichtigen.

Erfolgen nach dem Verschmelzungsstichtag noch **Einlagen in den übertragenden Rechtsträger**, kann 661 dies in dessen Schlussbilanz nicht mehr erfasst werden, sondern wird erstmals beim übernehmenden Rechtsträger berücksichtigt (IDW, RS HFA 42, Rn. 19).

Handelt es sich bei dem übertragenden Rechtsträger um eine **abhängige Gesellschaft im Rahmen einer** 662 **Organschaft** und wird die handelsrechtliche Schlussbilanz auf einen vom Schluss des Wirtschaftsjahres abweichenden Stichtag erstellt, so kann zu diesem Stichtag eine Abrechnung des EAV nicht stattfinden, denn die handelsrechtliche Schlussbilanz i. S. d. § 17 UmwG ist keine reguläre Schlussbilanz und beendet kein Wirtschaftsjahr. Gleichwohl sind die Ansprüche und Verpflichtungen aus einem EAV auch im Verlauf des Wirtschaftsjahres bereits latent vorhanden und in der Schlussbilanz ist kenntlich zu machen, dass das bis zum Schlussbilanzstichtag erwirtschaftete Ergebnis nicht der abhängigen, sondern der herrschenden Gesellschaft zusteht. Ein in diesem Zeitraum erwirtschafteter Gewinn ist daher als Verbindlichkeit oder Rückstellung zu passivieren und für einen etwaig erwirtschafteten Verlust ist ein Anspruch auf Verlustausgleich zu aktivieren (vgl. eingehend Gelhausen/Heinz, NZG 2005, 797, 780).

Handelt es sich bei dem übertragenden Rechtsträger um das **herrschende Unternehmen einer Organ-** 663 **schaft**, entspricht der Stichtag der Schlussbilanz nicht dem Schluss des Wirtschaftsjahres der Organgesellschaft und ist erkennbar, dass die Organgesellschaft einen Verlust erwirtschaftet hat, so hat der Organträger auch unterjährig nach dem Vorsichtsprinzip eine Rückstellung für diese Verlustausgleichsverpflichtung einzustellen. Ein anteiliger Anspruch auf Gewinnabführung kann nach den allgemeinen Grundsätzen unter Beachtung des Realisationsprinzips eigentlich nicht erfasst werden. Gelhausen/Heinz (NZG 2005, 797, 780 f.) plädieren jedoch unter Hinweis auf die Zwecksetzung der Schlussbilanz nach § 17 UmwG, die insb. der Ergebnisabgrenzung dient und keine reguläre Gewinnermittlungsbilanz darstellt, für die Möglichkeit, einen vorsichtig geschätzten Ertrag aktivieren zu können.

Beim übertragenden Rechtsträger bisher ausgewiesene **aktive latente Steuern** auf Verlustvorträge sind 664 in der handelsrechtlichen Schlussbilanz nicht mehr auszuweisen, wenn die Verlustvorträge durch den Umwandlungsakt untergehen. Dies ergibt sich aus § 274 Abs. 1 Satz 4 HGB, der einen Ausweis aktiver latenter Steuern auf Verlustvorträge nur in der Höhe zulässt, in der innerhalb der nächsten 5 Jahre eine Verlustverrechnung zu erwarten ist. Eine Verlustverrechnung ist in einem solchen Fall aber weder beim übertragenden noch beim übernehmenden Rechtsträger noch möglich.

Handelt es sich bei dem übernehmenden Rechtsträger um eine Personengesellschaft, so kann eine über- 665 tragende Kapitalgesellschaft – wenn die Schlussbilanz in Kenntnis der bevorstehenden Umwandlung aufgestellt wird – latente Steuern für die Körperschaftsteuer nicht mehr ausweisen, da sich diese bei der Personengesellschaft künftig nicht mehr ausgleichen können (Widmann/Mayer/Widmann, Umwandlungsrecht, § 24, Rn. 117).

Werden sowohl handels- als auch steuerlich anlässlich der Umwandlung die bisherigen Buchwerte fort- 666 geführt, so bleiben bisher bestehende Differenzen zwischen Handels- und Steuerbilanz erhalten und der Umwandlungsakt führt als solcher zu keiner Steuerbelastung. In einem solchen Fall sind keine weiteren Steuerrückstellungen zu bilden und die bisher ausgewiesenen latenten Steuern (mit Ausnahme solcher auf steuerliche Verlustvorträge, vgl. Teil 7 Rdn. 664) sind unverändert auszuweisen.

Kommt es anlässlich der Umwandlung zu einer **Aufstockung der Buchwerte** in der **steuerlichen** 667 Schlussbilanz und damit zu einer rückwirkenden Entstehung eines entsprechenden Steueraufwands, so stellt sich die Frage, ob der hieraus entstehende **Steueraufwand** auch in der handelsrechtlichen Schlussbilanz zurückzustellen ist. Für die handelsrechtliche Schlussbilanz gilt das Realisationsprinzip mit seinen allgemeinen Grundsätzen zur Berücksichtigung von nach dem Bilanzstichtag eingetretenen Ereignissen. Hiernach können grds. nur wertaufhellende, nicht jedoch wertbegründende nachträgliche Ereignisse berücksichtigt werden. Die Durchführung des Umwandlungsbeschlusses nach dem Bilanzstichtag ist ein wertbegründendes Ereignis. Daher kann die kurz bevorstehende Umwandlung bei der Erstellung der Schlussbilanz grds. nicht zu berücksichtigen werden, was auch den hier unter Teil 7 Rdn. 658 bis 661 dargestellten Grundsätzen entspricht vgl. auch Bilitewski/Roß/Weiser, WPg 2014, 13 (17). Hieraus ergibt sich für die Berücksichtigung des Steueraufwands folgendes:

– Wird die Umwandlung vor dem Bilanzstichtag beschlossen, muss ein etwaiger anlässlich der Umwandlung entstehender Steueraufwand durch Bildung entsprechender Steuerrückstellungen berücksichtigt werden. Ebenso sind latente Steuern zu bilden, wenn die Bewertungswahlrechte in handelsrechtlicher und steuerlicher Schlussbilanz unterschiedlich ausgeübt werden und diese Differenzen durch Buchwertfortführung vom übernehmenden Rechtsträger übernommen werden und sich dort in der Zukunft wieder ausgleichen.

– Wird die Umwandlung erst zu einem Zeitpunkt beschlossen, an dem der Jahresabschluss des vorangegangenen Wirtschaftsjahres bereits erstellt ist und soll die Bilanz dieses Jahresabschlusses als Schlussbilanz i. S. d. § 17 UmwG gelten, so wird diese Bilanz durch die rückwirkende Entstehung einer Steuerlast nicht nachträglich falsch und ist nicht zu berichtigen, denn das Ereignis der Umwandlung ist erst nach Aufstellung der Bilanz eingetreten. Eine Steuerrückstellung für die aus der Umwandlung resultierende Steuerbelastung ist in dieser Bilanz nicht möglich.

– Streitig ist in der Literatur allerdings der Fall, dass die Umwandlung zeitlich erst nach dem Schlussbilanzstichtag, jedoch vor dem Tag der Aufstellung der Bilanz beschlossen wird. Nach Auffassung des IDW (RS HFA 42, Rn. 20) kann eine Steuerrückstellung gleichwohl nicht gebildet werden, da der Umwandlungsbeschluss ein wertbegründendes Ereignis darstellt (gl.A. Budde/Zerwas in Budde/Förschle/Winkeljohann, Sonderbilanzen H 100; a. A. Widmann/Mayer/Widmann, UmwG § 24, Rn. 93; Hörtnagl in Schmitt/Hörtnagl/Stratz, UmwG § 17 Rn. 29; Kallmeyer/Müller, Umwandlungsgesetz, § 17 Rn. 41)

668 Ein gesondertes Problem ergibt sich, wenn die **handelsrechtliche Schlussbilanz zeitlich wesentlich früher als die steuerliche Schlussbilanz** erstellt wird und die beabsichtigte Art der Ausübung des steuerlichen Bewertungswahlrechts in der steuerlichen Schlussbilanz nicht ausdrücklich im Vorhinein geregelt wurde. Das Steuerrecht geht von dem Grundsatz aus, dass in der steuerlichen Schlussbilanz gemeine Werte anzusetzen und damit sämtliche stillen Reserven und stillen Lasten aufzudecken sind (§§ 3 Abs. 1, 11 Abs. 1, 20 Abs. 2, 24 Abs. 2 UmwStG). Nur bei Vorliegen bestimmter Voraussetzungen – zu denen auch eine Antragstellung des übertragenden Rechtsträgers gehört – können Buchwerte oder Zwischenwerte angesetzt werden. Der Antrag wird regelmäßig erst mit Einreichung der Steuererklärungen und damit zeitlich zumeist nach Eintragung der Umwandlung in das Handelsregister beim zuständigen Finanzamt gestellt. Zum Zeitpunkt der Aufstellung der handelsrechtlichen Schlussbilanz liegt dieser Antrag daher regelmäßig noch nicht vor. Vor diesem Hintergrund stellt sich die Frage, ob der übertragende Rechtsträger – wenn keine entsprechende Festlegung in dem Umwandlungsvertrag existiert – die Berechnung etwaiger Steuerrückstellungen sowie der latenten Steuern unter Berücksichtigung der Tatsache vornehmen darf, dass er beabsichtigt, einen solchen Antrag zu stellen. In der Literatur wird diese Frage – soweit ersichtlich – diskutiert, aber nicht beantwortet (vgl. z. B. Kallmeyer/Müller, Umwandlungsgesetz, § 17 Rn. 41, der eine entsprechende Regelung im Umwandlungsvertrag anrät). Aus meiner Sicht hat der übertragende Rechtsträger die Möglichkeit, bei der Erstellung seiner handelsrechtlichen Schlussbilanz seine künftige steuerliche Wahlrechtsausübung bereits zu antizipieren. Es macht wenig Sinn, handelsrechtlich eine Steuerrückstellung zu berücksichtigen, die sich bei Aufdeckung sämtlicher stiller Reserven ergäbe, nur weil der Antrag auf Buchwertansatz beim Finanzamt noch nicht gestellt wurde, es aber allen Beteiligten klar ist, dass dieser Antrag gestellt werden wird. Zudem führte dieses Vorgehen zu einer Beeinträchtigung der Darstellung der Ertragslage des übernehmenden Rechtsträgers, welcher – Buchwertfortführung vorausgesetzt – diese Steuerrückstellung dann ertragswirksam wieder auflösen müsste. Allerdings sollte der übertragende Rechtsträger in einem solchen Fall kenntlich machen, dass die Steuerrückstellung unter der Annahme ermittelt wurde, dass ein solcher Antrag auf Buchwertfortführung gestellt werden wird.

Auch bzgl. der Bildung **latenter Steuern** in der handelsrechtlichen Schlussbilanz stellt sich regelmäßig 669
das Problem, dass die steuerliche Schlussbilanz i. d. R. wesentlich später erstellt wird und damit etwaige
steuerliche Bilanzierungs- und Bewertungswahlrechte noch nicht ausgeübt sind. Hier ist auf die oben
zu den Rückstellungen getroffenen Erwägungen zu verweisen. M. E. kann der übertragende Rechtsträger hier bereits bei Erstellung der Schlussbilanz antizipieren, wie er seine steuerlichen Wahlrechte ausüben wird und die latenten Steuern auf dieser Grundlage berechnen. Demgegenüber ist die Ausübung
handelsrechtlicher Bilanzierungswahlrechte des übernehmenden Rechtsträgers nach § 24 UmwG bei
der Bildung latenter Steuern in der Schlussbilanz des übertragenden Rechtsträgers grds. nicht zu berücksichtigen. Sollte allerdings in der steuerlichen Schlussbilanz eine Buchwertaufstockung geplant
sein und steht bereits fest, dass der übernehmende Rechtsträger nach § 24 UmwG dem Anschaffungskostenprinzip folgend diese Buchwertaufstockung auch handelsrechtlich nachvollzieht, sollte von der
Bildung aktiver latenter Steuern beim übertragenden Rechtsträger abgesehen werden.

Die zu den Steuerrückstellungen getätigten Erwägungen zur Berücksichtigungsfähigkeit bzw. -pflicht 670
ergeben sich gleichermaßen für etwaige Rückstellungen für Verschmelzungskosten.

b) Bilanzierung der Höhe nach. Die einzelnen Vermögensgegenstände sind grds. mit ihren fort- 671
geführten **Buchwerten** anzusetzen.

Bei der Erstellung der handelsrechtlichen Schlussbilanz ist der **Grundsatz der Bewertungsstetigkeit** zu 672
beachten. Das bedeutet, dass die auf den vorhergehenden Jahresabschluss angewandten Bewertungsmethoden auch bei der Aufstellung der Schlussbilanz beibehalten werden müssen (Kallmeyer/Müller,
Umwandlungsgesetz, § 17 Rn. 30). Ziel dieser Regelung ist, die Vergleichbarkeit aufeinanderfolgender
Jahresabschlüsse sicherzustellen und Einflüsse auf die Ertragslage durch eine Änderung der Bewertungsmethoden zu vermindern (Claussen/Korth, DB 1988, 922). Vom Grundsatz der Bewertungsstetigkeit darf allerdings in begründeten Ausnahmefällen abgewichen werden (§ 252 Abs. 2 HGB, ggf.
i. V. m. § 246 Abs. 3 Satz 2 HGB). Eine unmittelbar bevorstehende Verschmelzung, Spaltung oder Vermögensübertragung stellt nach der herrschenden Meinung einen solchen Ausnahmefall dar, wenn nach
§ 24 UmwG eine Buchwertverknüpfung vorgesehen ist und der übertragende Rechtsträger bereits in
seiner Schlussbilanz eine Anpassung an die Bewertungsmethoden des übernehmenden Rechtsträgers
vornehmen will (vgl. IDW, RS HFA 42, Rn. 17; Bilitewski/Roß/Weiser, WPg 2014, 13 (16); Wid-
mann/Mayer/Widmann, Umwandlungsrecht, § 24 UmwG, Rn. 97 m. w. N.; Kallmeyer/Müller,
Umwandlungsgesetz, § 17 Rn. 30; Semler/Stengel/Moszka, UmwG, § 24 Rn. 9). Aufwendungen
und Erträge, die durch eine abweichende Bewertung entstehen, fließen in das laufende Ergebnis des
übertragenden Rechtsträgers ein.

Auswirkungen auf die steuerliche Schlussbilanz des übertragenden Rechtsträgers ergeben sich bei der 673
Ausübung dieser Bewertungswahlrechte nicht, denn für die steuerliche Schlussbilanz gilt in Umwandlungsfällen keine Maßgeblichkeit des Handels- – für die Steuerbilanz.

Für eine **Abweichung vom Grundsatz der Bewertungsstetigkeit** besteht hingegen keine Veranlassung, 674
wenn der übernehmende Rechtsträger das übergehende Vermögen nach § 24 UmwG mit den tatsächlichen Anschaffungskosten bilanziert. In diesem Fall haben die in der Schlussbilanz des übertragenden
Rechtsträgers angesetzten Buchwerte keine Auswirkung auf die Bilanzierung des übernehmenden
Rechtsträgers. Eine Anpassung an dessen Bewertungsgrundsätze wäre daher sinnlos und kann als Anlass für die Abweichung vom Grundsatz der Bewertungsstetigkeit nicht herangezogen werden.

Trotz der grundsätzlichen Verpflichtung zur Fortführung der Buchwerte ist auch in der handelsrecht- 675
lichen Schlussbilanz das sog. Zuschreibungsgebot nach § 253 Abs. 5 S. 1 HGB zu beachten (IDW, RS
HFA 42, Rn. 15). Nach dieser Regelung müssen in der Handelsbilanz Vermögensgegenstände, die in
der Vergangenheit wegen Wertminderung auf einen niedrigeren Wert abgeschrieben worden sind, in
einem späteren Wirtschaftsjahr wieder zugeschrieben werden, wenn der Grund für die Wertminderung
zwischenzeitlich entfallen ist. **Bewertungsobergrenze** sind dabei die – fortgeführten – Anschaffungs-
oder Herstellungskosten. Eine darüber hinausgehende Aufdeckung stiller Reserven kann in der Schlussbilanz des übertragenden Rechtsträgers jedoch grds. nicht erfolgen (Sagasser/Bula/Brünger/Bula/Per-
negger, Umwandlungen, § 5 Rn. 6; Widmann/Mayer/Widmann, Umwandlungsrecht, § 24 UmwG,
Rn. 98 m. w. N.).

676 Die Bewertung in der Schlussbilanz des übertragenden Rechtsträgers erfolgt grds. nach dem **Going-Concern-Prinzip** (§ 252 Abs. 1 Nr. 2 HGB). Die Vermögensübernahme durch den übernehmenden Rechtsträger steht dem nicht entgegen (Widmann/Mayer/Widmann, Umwandlungsrecht, § 24 UmwG, Rn. 96 m. w. N.). Eine **Abweichung** vom Going-Concern-Prinzip ist nur dann geboten, wenn die Fortführung des Unternehmens oder eines Unternehmensteils in Frage steht. Eine bevorstehende Verschmelzung, Spaltung oder Vermögensübertragung ist hierzu allein noch kein Anlass. Aus den Verhandlungen kann sich aber ergeben, dass das Unternehmen oder ein Unternehmensteil von dem übernehmenden Rechtsträger nicht fortgeführt wird. Das ist vor allem dann der Fall, wenn die Unternehmensumwandlung als eine vereinfachte Form der Liquidation eingesetzt wird. Sind für eine Stilllegung bzw. den Verkauf eines Unternehmens oder eines Unternehmensteils objektive Anhaltspunkte vorhanden, so ist von § 252 Abs. 1 Nr. 2 HGB abzuweichen (Pohl, Handelsbilanzen bei der Verschmelzung von Kapitalgesellschaften, S. 27). Die Vermögensgegenstände wären dann mit dem Einzel- oder Gesamtveräußerungswert (evtl. Schrottwert) zu bilanzieren.

677 **3. Bilanzierung in Fällen der Hinausverschmelzung.** Wird eine im Inland ansässige Kapitalgesellschaft auf eine im EU-Ausland ansässige Kapitalgesellschaft verschmolzen, so gelten für die Schlussbilanz nach § 122k Abs. 1 S. 2 i. V. m. § 17 Abs. 2 UmwG keine Besonderheiten. Insb. ist eine Anpassung an ggf. abweichende ausländische Rechnungslegungsvorschriften in der Schlussbilanz nicht möglich, soweit dies zu Wertansätzen führt, die mit den handelsrechtlichen Vorschriften unvereinbar sind (IDW, RS HFA 42, Rn. 84).

678 Sollte es anlässlich der Hinausverschmelzung zu einer steuerlichen Entstrickung von inländischem Betriebsvermögen kommen, so ist sehr genau zu prüfen, ob in der Schlussbilanz bereits entsprechende Steuerrückstellungen berücksichtigt werden können. In den meisten Fällen dürfte dies nicht der Fall sein, denn eine Hinausverschmelzung an sich führt regelmäßig zu keiner Entstrickung (so auch BMF-Schreiben vom 11.11.2011, Rn. 03.20). Eine Entstrickung geschieht vielmehr anschließend faktisch im Rahmen der tatsächlichen betriebswirtschaftlichen Umsetzung der Hinausverschmelzung und daher regelmäßig frühestens im Jahr der Beschlussfassung und Umsetzung der Verschmelzung und ist damit nicht auf den steuerlichen Übertragungsstichtag zurückzubeziehen.

II. Handelsbilanz des übernehmenden Rechtsträgers nach § 24 UmwG

679 **1. Bewertungswahlrecht des § 24 UmwG.** Regelungen über die bilanzielle Behandlung von Umwandlungsvorgängen in der Handelsbilanz des übernehmenden Rechtsträgers finden sich ausschließlich in § 24 UmwG. Diese Vorschrift befindet sich im zweiten Abschnitt des zweiten Buches des UmwG, welches die Verschmelzung zur Aufnahme regelt. Aufgrund der im UmwG vorhandenen Verweisungen findet § 24 UmwG jedoch auch auf die Verschmelzung zur Neugründung (§ 36 Abs. 1 UmwG), auf alle Formen der Spaltung (§ 125 UmwG) und z. T. auch auf die Vermögensübertragung Anwendung. Auf den Formwechsel findet § 24 UmwG keine Anwendung, denn an dieser Form der indentitätswahrenden Umwandlung ist nur ein einziger Rechtsträger beteiligt, und es findet keine Vermögensübertragung statt.

680 Neben der Geltung für alle übertragenden Umwandlungen ist § 24 UmwG außerdem **rechtsformneutral**, gilt also sowohl für natürliche Personen und Personengesellschaften als auch für Kapitalgesellschaften als übernehmende Rechtsträger. Bei der Kommentierung des § 24 UmwG braucht daher im Folgenden nach unterschiedlichen Rechtsformen grds. nicht getrennt zu werden. Soweit rechtsformspezifische Regelungen zu beachten sind, wird dies besonders genannt.

681 Gegenstand der Regelung in § 24 UmwG ist, mit welchen Werten der übernehmende Rechtsträger das übergehende Vermögen in seiner Bilanz anzusetzen hat.

682 Aus der Formulierung des § 24 UmwG leitet die herrschende Meinung ab, dass es sich bei allen übertragenden Umwandlungen aus der Sicht des übernehmenden Rechtsträgers um einen Anschaffungsvorgang (Sacheinlage oder Tauschvorgang) handelt (Semler/Stengel/Moszka, UmwG, § 24, Rn. 2; IDW, RS HFA 42, Rn. 3). Daher ist das übergehende Vermögen bei dem übernehmenden Rechtsträger auch grds. mit den Anschaffungskosten anzusetzen, die diesem in der Vergangenheit durch den Erwerb der Anteile an dem übertragenden Rechtsträger entstanden sind oder im Zeitpunkt der Umwandlung

durch die Gewährung von Anteilen oder Mitgliedschaften an die Gesellschafter des übertragenden Rechtsträgers entstehen (BT-Drucks. 12/6699, S. 93 zu § 24 UmwG). Daneben räumt § 24 UmwG das **Wahlrecht** ein, dass als Anschaffungskosten auch die Buchwerte des übertragenden Rechtsträgers angesetzt werden können. Damit bestehen für die Bilanzierung beim übernehmenden Rechtsträger zwei Möglichkeiten, die Anschaffungskosten für das übergehende Vermögen zu bestimmen:
– die Übernahme der Buchwerte als fiktive Anschaffungskosten,
– die Bilanzierung mit tatsächlichen Anschaffungskosten.

Der übernehmende Rechtsträger hat sein Wahlrecht zwischen diesen beiden Methoden einheitlich für 683 das gesamte übergehende Vermögen eines Rechtsträgers auszuüben. Finden mehrere Verschmelzungen gleichzeitig statt, kann der Übernehmer allerdings sein Bilanzierungswahlrecht für jedes übergehende Vermögen selbstständig ausüben (IDW, RS HFA 42, Rn. 35).

Das **Anschaffungswertprinzip** zeichnet sich dadurch aus, dass es grds. eine erfolgsneutrale Erfassung 684 des Anschaffungsvorganges gewährleistet. Die Bilanzierung des übergehenden Vermögens mit dem Wert der von dem übernehmenden Rechtsträger aufgewendeten Gegenleistungen verhindert grds. die Entstehung positiver oder negativer Ergebnisauswirkungen.

Aus dem Wortlaut des § 24 UmwG könnte der Eindruck entstehen, dass der Gesetzgeber die Bilanzie- 685 rung mit den Anschaffungskosten als die bessere Lösung ansieht und die Buchwertfortführung nur ersatzweise zulassen will. Aus dieser Formulierung kann aber keine Einschränkung des Wahlrechts abgeleitet werden. Die Möglichkeit zur Fortführung der Buchwerte steht als echtes Bilanzierungs- und Bewertungswahlrecht gleichwertig neben der Möglichkeit zur Bilanzierung mit den Anschaffungskosten (Küting/Weber, Handbuch der Rechnungslegung, § 255 HGB, Rn. 87).

Für den übernehmenden Rechtsträger stellt die Vermögensübernahme im Zuge einer Umwandlung 686 einen **laufenden Geschäftsvorfall** dar. Eine besondere Bilanz ist daher beim übernehmenden Rechtsträger zumindest dann nicht zu erstellen, wenn es sich um eine Verschmelzung oder Spaltung zur Aufnahme handelt, der übernehmende Rechtsträger also bereits vor der Vermögensübernahme existent war. Anders ist dies bei einer Verschmelzung oder Spaltung zur Neugründung. In diesen Fällen hat der übernehmende Rechtsträger auf den Beginn seines Handelsgewerbes nach § 242 Abs. 1 HGB eine Eröffnungsbilanz zu erstellen (vgl. hierzu auch Teil 7 Rdn. 636).

▶ **Hinweis:** 687

Soweit im Folgenden die bilanziellen Konsequenzen einer »handelsrechtlichen Übernahmebilanz« besprochen werden, ist hiermit in den Fällen der Verschmelzung oder Spaltung zur Aufnahme lediglich eine hypothetische Bilanz gemeint. In der Praxis zeigen sich in diesen Fällen die entsprechenden bilanziellen Konsequenzen erst in der nächsten Jahresbilanz des übernehmenden Rechtsträgers.

2. Definition der Gegenleistung. Geht man mit der herrschenden Meinung davon aus, dass der Ver- 688 mögensübergang im Rahmen einer Umwandlung ein Anschaffungsgeschäft darstellt, dann muss der übernehmende Rechtsträger eine Gegenleistung für den Vermögensübergang erbringen. In den Fällen der Verschmelzung, Aufspaltung und Abspaltung wird diese Gegenleistung direkt den Gesellschaftern des übertragenden Rechtsträgers gewährt (§§ 2, 123 Abs. 1 und 2 UmwG). Lediglich im Fall der Ausgliederung erhält der übertragende Rechtsträger selbst die Gegenleistung (§ 123 Abs. 3 UmwG).

Als Gegenleistung für das übergehende Vermögen kommen 689
– die Gewährung von Anteilen am übernehmenden Rechtsträger,
– die Gewährung barer Zuzahlungen, sowie
– die »Hingabe« (bzw. der Untergang) bestehender Anteile am übertragenden Rechtsträger

in Betracht. Zu beachten ist jedoch, dass der Gesetzgeber im Jahr 2007 mit dem Zweiten Gesetz zur Änderung des UmwG (v. 19.04.2007, BGBl. I 2007, S. 532) durch eine entsprechende Ergänzung der §§ 54 Abs. 1 Satz 3, 68 Abs. 1 Satz 3 UmwG auch die Möglichkeit geschaffen hat, auf die Gewährung einer Gegenleistung in Form Anteilen gänzlich zu verzichten.

Im Einzelnen gilt Folgendes:

690 **a) Gewährung von Anteilen am übernehmenden Rechtsträger.** Im Fall einer Verschmelzung oder Spaltung erleiden die Anteilsinhaber des übertragenden Rechtsträgers durch die Vermögensübertragung eine Vermögenseinbuße. So gehen bei einer Verschmelzung oder einer Aufspaltung die Anteile am übertragenden Rechtsträger unter, weil dieser nicht mehr besteht. Bei der Abspaltung verlieren die Anteile am übertragenden Rechtsträger entweder an Wert oder ein Teil von ihnen geht infolge einer Kapitalherabsetzung unter. Als Gegenleistung für diese Vermögensminderung werden die Anteilseigner des übertragenden Rechtsträgers dadurch entschädigt, dass sie Anteile am übernehmenden Rechtsträger erhalten.

691 Wird eine Kapitalerhöhung vorgenommen oder erfolgt der Umwandlungsvorgang zur Neugründung, dann entspricht der Umwandlungsvorgang aus der Sicht des übernehmenden Rechtsträgers einer Sachgründung/Sachkapitalerhöhung (Förschle/Hoffmann in Budde/Förschle/Winkeljohann, Sonderbilanzen, K 41).

692 **aa) Pflicht zur Gewährung von Anteilen am übernehmenden Rechtsträger.** In den Fällen der Verschmelzung und Spaltung besteht grds. eine **Anteilsgewährungspflicht.** Dies geht aus § 20 Abs. 1 Nr. 3 UmwG hervor, wonach die Anteilsinhaber des übertragenden Rechtsträgers zu Anteilsinhabern des übernehmenden Rechtsträgers werden. Nur in bestimmten Fällen gibt es nach §§ 54 Abs. 1 Satz 2, 68 Abs. Satz 2 UmwG ein Kapitalerhöhungsverbot bzw. nach §§ 54 Abs. 1 Satz 2, 68 Abs. 2 Satz 2 UmwG ein Wahlrecht, auf eine Gewährung von Anteilen zu verzichten. Die Leistung barer Zuzahlungen ist lediglich in bestimmtem Umfang erlaubt. Nach der gesetzlichen Regelung ist es aber nicht zulässig, den Gesellschaftern des übertragenden Rechtsträgers als Gegenleistung für die Vermögensübertragung anstelle von Gesellschaftsrechten am übernehmenden Rechtsträger andere Gegenleistungen, wie z. B. Anteile an anderen Unternehmen oder Entschädigungen in Geld oder durch Sachleistungen zu gewähren.

693 Mit der Änderung des UmwG durch das Zweite Gesetz zur Änderung des UmwG vom 19.04.2007 wurde darüber hinaus die Möglichkeit geschaffen, dass der übernehmende Rechtsträger von der Gewährung von Geschäftsanteilen absehen kann, wenn alle Anteilsinhaber eines übertragenden Rechtsträgers darauf verzichten und die Verzichtserklärungen notariell beurkundet werden (§ 54 Abs. 1 UmwG). Diese Regelung soll eine Vereinfachungsregelung für die Fälle der Verschmelzung beteiligungsidentischer Gesellschaften sein und trägt der bisher in der Literatur vorgetragenen Kritik Rechnung, die eine Anteilsgewährungspflicht in diesen Fällen als überflüssig ansah.

694 Damit dürfte nun auch die Diskussion obsolet sein, ob verlangt werden kann, dass die Übernehmerin mindestens eine Kapitalerhöhung i. H. d. Stamm- bzw. Grundkapitals der Überträgerin vornehmen muss. Entsprechende **Einwände der Registergerichte** konnten bisher ggf. auf die Gesetzesbegründung zur Anteilsgewährungspflicht (Regierungsbegründung zu § 54 UmwG, BR-Drucks. 75/94, S. 101) gestützt werden. Hier führte der Gesetzgeber aus, dass bei einer Verschmelzung **ganz ohne Kapitalerhöhung** die Verschmelzung einer GmbH mit einem verhältnismäßig hohen Stammkapital auf eine GmbH mit einem verhältnismäßig niedrigen Stammkapital dazu führen würde, dass das Rückzahlungsverbot des § 30 Abs. 1 GmbHG nach der Verschmelzung nur für das niedrige Stammkapital der übernehmenden GmbH gelte, während die Summe des alten hohen Stammkapitals der übertragenden GmbH nicht mehr unter § 30 Abs. 1 GmbHG fiele, also für eine Auszahlung an die Gesellschafter zur Verfügung stünde und damit den Gläubigern als Haftungsmasse entzogen würde. Dieses Problem besteht natürlich gleichermaßen, wenn das Stamm- oder Grundkapital einer übernehmenden Kapitalgesellschaft nur i. H. d. satzungsmäßigen oder gesetzlichen Mindestbetrages und nicht i. H. d. Stammkapitals des übertragenden Rechtsträgers erhöht wird. Rodewald (GmbHR 1997, 19) leitete aus der Gesetzesbegründung sogar her, dass bei einer Verschmelzung von Schwestergesellschaften bei der aufnehmenden Gesellschaft eine Kapitalerhöhung i. H. d. Stammkapitals der übertragenden Gesellschaft zwingend sei, während bei allen anderen Verschmelzungsvorgängen der Betrag der Kapitalerhöhung frei ermittelt werden könne. Die herrschende Meinung ging allerdings auch unter der vor 2007 geltenden Rechtslage davon aus, dass es für die Kapitalerhöhung **keinen Mindestbetrag** gibt. Nunmehr ist durch die Einführung der Möglichkeit eines kompletten Verzichts auf eine Kapitalerhöhung auch klar, dass es

anlässlich einer Verschmelzung zu einer vollständigen »Vernichtung« des Grund- bzw. Stammkapitals der Überträgerin kommen kann.

Anteilsgewährung bedeutet, dass die Gesellschafter des übertragenden Rechtsträgers Gesellschafter des **695** übernehmenden Rechtsträgers werden. Bei Kapitalgesellschaften als übernehmendem Rechtsträger kann eine Gesellschafterstellung nur durch Gewährung einer **Kapitalbeteiligung** erfolgen. Dies ist bei Personengesellschaften anders. Hier ist die Einräumung einer Gesellschafterstellung auch ohne Kapitalbeteiligung möglich (Widmann/Mayer/Mayer, Umwandlungsrecht, § 5 UmwG, Rn. 24.3).

Auf eine Gewährung von Anteilen konnte bis zur Einführung der Möglichkeit eines Verzichts auf die **696** Gewährung von Anteilen selbst dann nicht verzichtet werden, wenn das übergehende Vermögen negativ war (vgl. eingehend Teil 7 Rn. 718 ff.). Damit waren viele Umwandlungen in solchen Fällen nach der alten Rechtslage gar nicht durchführbar. Seit der entsprechenden Änderung des UmwG im Jahr 2007 kann in derartigen Fällen durch eine entsprechende Verzichtserklärung eine Kapitalerhöhung entbehrlich gemacht werden, wodurch für überschuldete Rechtsträger eine Möglichkeit geschaffen wurde, bei Vorliegen der übrigen Voraussetzungen an einer Umwandlung als übertragender Rechtsträger teilzunehmen.

Der übernehmende Rechtsträger braucht bzw. darf dann keine Anteile gewähren, wenn er selbst vor der **697** Umwandlung sämtliche Anteile am übertragenden Rechtsträger hält. Diese Konstellation kann nur dann gegeben sein, wenn der übertragende Rechtsträger eine **Kapitalgesellschaft** ist. Handelt es sich hingegen um eine **Personengesellschaft**, ist diese Situation nicht denkbar, denn eine Personengesellschaft mit nur einem Gesellschafter kann es nicht geben. Ist z. B. eine Mutter-Kapitalgesellschaft an einer Tochter-Personengesellschaft mit 100 % und ein weiterer Gesellschafter mit 0 % beteiligt, so hält diese Mutter-Kapitalgesellschaft trotzdem nicht »alle Anteile« i. S. d. § 20 Abs. 1 Nr. 3 UmwG an der Tochter-Personengesellschaft. Im Fall der Verschmelzung der Tochtergesellschaft auf die Muttergesellschaft müsste diese daher grundsätzlich dem mit 0 % beteiligten anderen Gesellschafter als Gegenleistung grds. zumindest einen Anteil gewähren, der ggf. im Wege der Kapitalerhöhung zu schaffen ist. Allerdings kann nunmehr auch in diesen Fällen durch entsprechenden Verzicht eine Anteilsgewährung an den Komplementär unterbleiben, sodass dieser im Zuge der Verschmelzung einfach ausscheiden kann.

In allen anderen Fällen, in denen die Anteilseigner der beteiligten Rechtsträger verschiedene Personen **698** sind oder sie zumindest in unterschiedlichen Verhältnissen Beteiligte sind, wird es jedoch regelmäßig dabei bleiben, dass es zu einer entsprechenden Anteilsgewährung an die Gesellschafter der Überträgerin kommt. Ist der übernehmende Rechtsträger eine Personengesellschaft und war der Gesellschafter des übertragenden Rechtsträgers vor der Umwandlung bereits Gesellschafter der übernehmenden Personengesellschaft, so ist allerdings wegen des **Verbots der Mehrfachbeteiligung** an einer Personengesellschaft die Gewährung eines weiteren Anteil nicht möglich (Widmann/Mayer/Mayer, Umwandlungsrecht, § 5 UmwG, Rn. 24.2). In diesen Fällen erfolgt die **Gewährung von Gesellschaftsanteilen** durch eine Erhöhung der Festkapitalkonten, der laufenden Kapitalkonten oder durch eine Buchung auf Rücklagenkonten. Eine Erhöhung der im Handelsregister eingetragenen Haftsumme der einzelnen Kommanditisten ist nicht erforderlich.

bb) Mögliche Varianten der Anteilsgewährung. Ist der übernehmende Rechtsträger eine **Kapital-** **699** **gesellschaft**, so können die zu gewährenden **Anteile aus vier verschiedenen Quellen kommen:**
– I. d. R. werden die zu gewährenden Anteile durch eine Kapitalerhöhung beim übernehmenden Rechtsträger neu geschaffen (= Vermögensübertragung mit Kapitalerhöhung).
– Soweit der übernehmende Rechtsträger eigene Anteile hält, können auch diese gewährt werden (Vermögensübertragung ohne Kapitalerhöhung, § 54 Abs. 1 Satz 2 Nr. 1 UmwG).
– Verfügt der übertragende Rechtsträger über Anteile an einem übernehmenden Rechtsträger in der Rechtsform einer Kapitalgesellschaft (sog. down-stream merger), so gehen diese Anteile entweder im Zuge der Umwandlung als eigene Anteile auf die übernehmende Kapitalgesellschaft über oder sie gehen im Wege des Direkterwerbs als Gegenleistung auf die Gesellschafter des übertragenden Rechtsträgers über. Eine Schaffung neuer Anteile im Wege der Kapitalerhöhung braucht daher insoweit nicht vorgenommen zu werden (§ 54 Abs. 1 Satz 2 Nr. 2 UmwG). Soweit die Anteile des übertragenden Rechtsträgers am übernehmenden Rechtsträger noch nicht voll einbezahlt sind, unterliegt

der übernehmende Rechtsträger sogar einem Kapitalerhöhungsverbot (§ 54 Abs. 1 Satz 1 Nr. 3 UmwG, Vermögensübertragung ohne Kapitalerhöhung).

Ist der übernehmende Rechtsträger hingegen eine Personengesellschaft, so gehen Anteile, die der übertragende Rechtsträger an der übernehmenden Personengesellschaft gehalten hat, im Zuge des Vermögensübergangs unter, denn eine Personengesellschaft kann keine eigenen Anteile halten. Rein formal kann diese Personengesellschaftsbeteiligung wohl auch nicht im Wege des Direkterwerbs unmittelbar auf die Gesellschafter des übertragenden Rechtsträgers übergehen. Vielmehr ist diesen Gesellschaftern eine neue Kapitalbeteiligung einzuräumen. Buchhalterisch wird in der Praxis aber natürlich gleichwohl das bisher dem übertragenden Rechtsträger zustehende Kapitalkonto bei der übernehmenden Personengesellschaft auf die Gesellschafter des übertragenden Rechtsträgers umgebucht (vgl. auch Fall 2, Teil 7 Rdn. 907).

– Auch die bisherigen Anteilsinhaber des übernehmenden Rechtsträgers können den Gesellschaftern des übertragenden Rechtsträgers Anteile am übernehmenden Rechtsträger gewähren. Diese Anteilsgewährung kann auf jeden Fall auf dem Wege erfolgen, dass die Gesellschafter der übernehmenden Gesellschaft jeweils einen Teilanteil an die übernehmende Gesellschaft abtreten, die dann diese Anteile den Gesellschaftern des übertragenden Rechtsträgers gewährt. Fraglich ist allerdings, ob die Anteilsinhaber des übernehmenden Rechtsträgers die zu gewährenden Anteile auch durch schlichte Abtretungserklärung direkt auf die Anteilsinhaber des übertragenden Rechtsträgers übertragen können (bejahend Widmann/Mayer/Mayer, Umwandlungsrecht, § 5 UmwG, Rn. 56.5; Lutter/Winter, UmwG, § 54 Rn. 61 f.). Es handelt sich hier aber in jedem Fall um eine Vermögensübertragung ohne Kapitalerhöhung.

700 cc) **Umfang der Anteilsgewährungspflicht.** Wie viele Anteile den Gesellschaftern des übertragenden Rechtsträgers zu gewähren sind, ist im Gesetz nicht geregelt. Sofern an den an der Umwandlung beteiligten Rechtsträgern fremde Dritte beteiligt sind, ergibt sich das Ausmaß der zu gewährenden Anteile regelmäßig aus dem **Umtauschverhältnis.** Im Ergebnis sollten die den Gesellschaftern des übertragenden Rechtsträgers zu gewährenden Anteile den Wert erreichen, der den untergehenden Anteilen an dem übertragenden Rechtsträger vor der Umwandlung beizulegen war. Hierdurch wird gleichzeitig sichergestellt, dass sich auch der Wert der bereits vor der Umwandlung bestehenden Anteile an dem übernehmenden Rechtsträger durch die Vermögensübernahme weder positiv noch negativ verändert.

701 Das **Umtauschverhältnis** gibt das Verhältnis an, zu dem die Gesellschafter des übertragenden Rechtsträgers ihre Anteile gegen Anteile an dem übernehmenden Rechtsträger eintauschen können. Es wird im Regelfall nach dem Verhältnis der Ertragswerte oder der Börsenkurse der beteiligten Unternehmen bestimmt.

702 Das Gesetz enthält allerdings keine Regelungen über das Ausmaß der Kapitalerhöhung. Soweit die **Kapitalaufbringungsgrundsätze** nicht verletzt werden, kann der Kapitalerhöhungsbetrag von den beteiligten Rechtsträgern nach freiem **Ermessen** festgesetzt werden (Widmann/Mayer/Mayer, Umwandlungsrecht, § 5 UmwG, Rn. 46 ff.; Kowalski, GmbHR 1996, 158, 161).

703 Es stellt sich allerdings auch die Frage, wie der Gläubigerschutz gewährleistet werden kann, wenn es anlässlich einer Verschmelzung zu einer Vernichtung von Haftkapital kommt. Wenn es z. B. möglich ist, eine GmbH 1 mit einem Stammkapital von 1.000.000,– € auf ihre Schwestergesellschaft GmbH 2 zu verschmelzen, ohne dass die Übernehmerin eine Kapitalerhöhung vornimmt und neue Anteile gewährt, dann ist der Gesamtbetrag des Stammkapitals der Überträgerin bei der Übernehmerin in die Kapitalrücklage einzustellen. Fraglich ist, ob diese Kapitalrücklage unmittelbar nach der Verschmelzung an die Gesellschafter der übernehmenden Gesellschaft ausgekehrt werden kann. In der Literatur wird dies sehr kritisch gesehen und es wird nach Wegen gesucht, den Gläubigern in diesem Punkt zusätzlich zu der Gläubigerschutzbestimmung des § 22 UmwG weiteren Schutz zu bieten. Diskutiert wird hier insb., ob es nicht sachgerecht wäre, auf die Auskehrung dieser Kapitalrücklagen die Vorschriften des AktG bzw. GmbHG analog anzuwenden, die für die Auskehrung von Rücklagen gelten, die durch eine Kapitalherabsetzung geschaffen worden sind (vgl. Naraschewski, GmbHR 1998, 360).

704 dd) **Ausstehende Einlagen beim übertragenden Rechtsträger.** Sofern die Gesellschafter einer übertragenden Kapitalgesellschaft ihre Anteile nicht voll einbezahlt haben, besteht diese Verpflichtung fort und bezieht sich nach dem Anteilstausch auf die erhaltenen Anteile am übernehmenden Rechtsträger, wenn es sich bei diesem auch um eine Kapitalgesellschaft handelt. Das Umtauschverhältnis ändert sich hierdurch nicht (Lutter/Drygala, UmwG, § 5 Rn. 22; Centrale-Gutachtendienst der GmbHR, GmbHR 1997, 693). Anders ist dies jedoch, wenn es sich bei dem übernehmenden Rechtsträger um eine Personengesellschaft handelt (z. B. bei der Verschmelzung einer GmbH auf eine OHG). In einem solchen Fall wird in die Ermittlung des Umtauschverhältnisses nur das tatsächlich eingezahlte Stamm-/ Grundkapital der übertragenden Kapitalgesellschaft einbezogen und die Einlageverpflichtung erlischt in dem Zeitpunkt, in dem die übertragende Kapitalgesellschaft aufhört zu existieren (bei Verschmelzung, Aufspaltung).

b) Gewährung barer Zuzahlungen. Zusätzlich zu der Gewährung von (alten oder neuen) Anteilen 705 kann der übernehmende Rechtsträger an die Anteilseigner des übertragenden Rechtsträgers auch noch bare Zuzahlungen leisten. Hauptanwendungsfall der baren Zuzahlungen ist die Gewährung eines sog. **Spitzenausgleichs.**

▶ **Beispiel:** 706

Die Berechnung des Umtauschverhältnisses ergibt ein Wertverhältnis für die Anteile von Übernehmerin und Überträgerin von 1:3,1. Dies kann dann auf 1:3 festgesetzt werden. Der Nachteil für die Anteilsinhaber der Überträgerin wird dadurch ausgeglichen, dass sie vom übernehmenden Rechtsträger bare Zuzahlungen erhalten (sog. Spitzenausgleich).

Die Notwendigkeit eines Spitzenausgleichs ist allerdings nicht Voraussetzung für die Gewährung barer 707 Zuzahlungen.

Unter »baren Zuzahlungen« ist ausschließlich die **Hingabe von Geld** zu verstehen. Andere Vermögens- 708 gegenstände kommen für einen Barausgleich nicht in Betracht.

Personengesellschaften als übernehmende Rechtsträger können bare Zuzahlungen in unbegrenzter 709 Höhe leisten. Für Kapitalgesellschaften als übernehmende Rechtsträger ist die Möglichkeit der Gewährung barer Zuzahlungen jedoch begrenzt auf ein Zehntel des Gesamtnennbetrages der gewährten Anteile (§ 54 Abs. 4, § 68 Abs. 3 UmwG). Hierbei ist es unerheblich, ob es sich bei den gewährten Anteilen um bereits bestehende Anteile oder um – im Wege der Kapitalerhöhung geschaffene – neue Anteile handelt (Pohl, Handelsbilanzen bei der Verschmelzung von Kapitalgesellschaften, S. 9 f.).

Zur **Berechnung des max. zulässigen Betrages** der baren Zuzahlung ist ausschließlich auf den Nenn- 710 betrag der insgesamt gewährten Anteile abzustellen. Ein ggf. im Kapitalerhöhungsbeschluss festgelegtes **Agio** ist hier nicht berücksichtigungsfähig.

Wird die gesetzliche Begrenzung der baren Zuzahlungen nicht eingehalten, so liegt keine Verschmel- 711 zung i. S. d. UmwG vor. Es handelt sich dann vielmehr um eine Vermögensübertragung nach § 361 AktG (so bereits zum alten Recht Oelmann, Handels- und steuerrechtliche Bilanzierungsprobleme bei Verschmelzungen, S. 32). Sollte die Verschmelzung allerdings trotz dieses Verstoßes in das Handelsregister eingetragen werden, dann treten die Verschmelzungswirkungen gleichwohl ein (§ 20 Abs. 2 UmwG).

Bei der Gewährung barer Zuzahlungen ist darauf zu achten, dass es aufgrund der Barleistung nicht zu 712 einer **versteckten Unterpariemission** kommt. Dies ist der Fall,
– wenn der innere Wert der Anteile des übernehmenden Rechtsträgers unter ihrem Nennwert liegt und die Differenz durch Barleistung ausgeglichen wird,
– wenn neben pari ausgegebenen Anteilen (= Anteile, deren Nennwert dem Zeitwert des übergehenden Vermögens entspricht) Zuzahlungen erbracht werden oder
– wenn die Zuzahlungen höher sind als der über pari liegende Wert des übergehenden Vermögens (Simon in: KK-UmwG, § 68 Rn. 68; Oelmann, Handels- und steuerrechtliche Bilanzierungsprobleme bei Verschmelzungen, S. 32 f.). Aus diesem Grund muss das auf die kapitalerhöhende Gesellschaft übergehende Vermögen über den Nenn- oder Ausgabebetrag der neuen Anteile hinaus auch die Summe der zugesagten baren Zuzahlungen abdecken (Ihrig, GmbHR 1995, 622, 641).

713 **c) Untergang der Anteile am übertragenden Rechtsträger.** War der übernehmende Rechtsträger vor der Vermögensübertragung bereits am übertragenden Rechtsträger beteiligt, besteht insoweit keine Pflicht zur Gewährung von Anteilen am übernehmenden Rechtsträger (§ 20 Abs. 1 Nr. 3 UmwG). Dasselbe gilt, wenn ein Dritter im eigenen Namen, jedoch für Rechnung des übernehmenden Rechtsträgers Anteile am übertragenden Rechtsträger hält. Die Gegenleistung besteht in dem Verzicht/Untergang auf die untergehenden Anteile am übertragenden Rechtsträger. Handelt es sich bei dem übernehmenden Rechtsträger um eine Kapitalgesellschaft, besteht insoweit sogar ein Kapitalerhöhungsverbot (§§ 54 Abs. 1 Nr. 1, 68 Abs. 1 Satz 1 Nr. 1 und Nr. 2 UmwG).

714 **3. Anschaffungswertprinzip. a) Bilanzierung dem Grunde nach.** Hat sich der übernehmende Rechtsträger für eine Bilanzierung des übergehenden Vermögens mit den Anschaffungskosten entschieden, so ist zunächst zu prüfen, welche **Vermögensgegenstände** überhaupt zu bilanzieren sind. Es gelten hier die allgemeinen Grundsätze des § 246 Abs. 1 HGB, wonach alle Vermögensgegenstände, Schulden und Rechnungsabgrenzungsposten mit Vermögens- und Verbindlichkeitscharakter zu erfassen sind (vgl. auch IDW, RS HFA 42, Rn. 36). Das gilt unabhängig davon, ob die Vermögensgegenstände in der Bilanz des übertragenden Rechtsträgers angesetzt waren oder nicht. Daher sind alle immateriellen Einzelwirtschaftsgüter des übertragenden Rechtsträgers beim übernehmenden Rechtsträger zu aktivieren. § 248 Abs. 2 HGB findet keine Anwendung, da aus Sicht des übernehmenden Rechtsträgers alle Vermögensgegenstände entgeltlich erworben werden (IDW, RS HFA 42, Rn. 36; Naumann in FS für Ludewig, 696; Kallmeyer/Müller, Umwandlungsgesetz, § 24 Rn. 6; Lutter/Priester, UmwG § 24 Rn. 35; Förschle/Hoffmann in Budde/Förschle/Winkeljohann, Sonderbilanzen, K 22). Dasselbe gilt für den Ansatz eines originären Firmenwertes des übertragenden Rechtsträgers beim übernehmenden Rechtsträger, denn für diesen ist der Firmenwert nicht mehr originär, sondern derivativ (Lutter/Priester, UmwG, § 24 Rn. 35; Widmann/Mayer/Widmann, Umwandlungsrecht, § 24 UmwG, Rn. 299). Hatte der übertragende Rechtsträger seinerseits aus einer anderen Transaktion bereits einen derivativen Firmenwert aktiviert, so vereinigt sich dieser mit dem originären Firmenwert des übertragenden Rechtsträgers zu einem einheitlichen – vom übernehmenden Rechtsträger zu aktivierenden – derivativen Geschäftswert. Eine separate Bilanzierung und Bewertung dieser beiden Firmenwerte beim übernehmenden Rechtsträger ist nicht möglich (Förschle/Hoffmann in Budde/Förschle/Winkeljohann, Sonderbilanzen, K 20; IDW, RS HFA 42, Rn. 36; a. A. Kallmeyer/Müller, Umwandlungsgesetz, § 24 Rn. 6 für den Fall, dass sich für die beiden Firmenwerte unterschiedliche Nutzungsdauern feststellen lassen).

715 **Aktive RAP** des übertragenden Rechtsträgers sind – obwohl es sich nicht um Vermögensgegenstände handelt – nach herrschender Meinung beim übernehmenden Rechtsträger ebenfalls zu aktivieren (vgl. IDW, RS HFA 42, Fn. 3; Semler/Stengel/Moszka, UmwG, § 24 Rn. 24; Förschle/Hoffmann, in Budde/Förschle/Winkeljohann, Sonderbilanzen, K 27).

716 Hat der **übertragende Rechtsträger** vor der Umwandlung **eigene Anteile** gehalten, so gehen diese nicht als eigene Anteile auf den übernehmenden Rechtsträger über, sondern gehen im Zuge des Vermögensübergangs unter (IDW, RS HFA 42, Rn. 38; Förschle/Hoffmann in Budde/Förschle/Winkeljohann, Sonderbilanzen, K 75). Obwohl diese Anteile in der Schlussbilanz des übertragenden Rechtsträgers noch zu bilanzieren sind, werden sie nicht Bestandteil des auf den übernehmenden Rechtsträger übergehenden Vermögens. Aus diesem Grund ist ggf. zu überlegen, ob der übertragende Rechtsträger eigene Anteile nicht kurz vor einer Verschmelzung veräußern sollte, wobei als Erwerber grds. auch der übernehmende Rechtsträger in Betracht kommt.

717 Gehen infolge der Verschmelzung **Pensionsverpflichtungen** aus vor dem 01.01.1987 gegebenen Altzusagen über, so kann der übernehmende Rechtsträger nicht (unter Hinweis auf Art. 28 Abs. 1 EGHGB) auf eine Passivierung verzichten, da aus seiner Sicht die Übernahme der Pensionsverpflichtung eine Gegenleistung für die Übernahme der Vermögensgegenstände des übertragenden Rechtsträgers darstellt (so auch Widmann/Mayer/Widmann, UmwG, § 24, Rn. 391; Naumann, in: FS für Rainer Ludewig, S. 683, 697; IDW, RS HFA 42, Rn. 37 mit Verweis auf IDW, RS HFA 30, Rn. 97). Förschle/Hoffmann (in Budde/Förschle/Winkeljohann, Sonderbilanzen, K 28) vertreten allerdings die Auffassung, dass der übernehmende Rechtsträger für weitere Zuführungen zu auf derartigen »Altzusagen« beruhenden Pensionsrückstellungen das Passivierungswahlrecht des Art. 28 Abs. 1 EGHGB

wieder in Anspruch nehmen könne, weil er insoweit die Rechtsnachfolge des übertragenden Rechtsträgers antrete.

Gegenseitige Forderungen und **Verbindlichkeiten** sind beim übernehmenden Rechtsträger ebenfalls **718** nicht mehr auszuweisen. Sie erlöschen durch Konfusion (IDW, RS HFA 42, Rn. 38).

Vom übertragenden Rechtsträger bilanzierte **latente Steuern** sind vom übernehmenden Rechtsträger **719** nicht zu übernehmen, da es sich nicht um Vermögensgegenstände handelt (vgl. auch IDW, RS HFA 42, Rn. 39; ebenso zur Rechtslage vor BilMoG Förschle/Hoffmann in Budde/Förschle/Winkeljohann, Sonderbilanzen, K 36; Schmitt/Hörtnagl/Stratz/Hörtnagl, UmwG/UmwStG § 24 UmwG Rn. 25). Der latente Steuervor-/nachteil geht im Firmenwert auf. Der übernehmende Rechtsträger hat die latenten Steuern nach § 274 HGB neu zu bilden. In Bezug auf das im Wege der Verschmelzung übernommene Vermögen führt das gerade im Fall der handelsrechtlichen Bilanzierung zu Anschaffungskosten regelmäßig zu einem Ausweis passiver latenter Steuern, wenn das steuerliche Bewertungswahlrecht zugunsten einer Fortführung der (geringeren) Buchwerte ausgeübt wurde. Weist der übernehmende Rechtsträger bzgl. des übergegangenen Vermögens auch einen Firmenwert aus, kann allerdings gem. IDW, RS HFA 42, Rn. 59 bei der Ermittlung latenter Steuern im Rahmen einer Gesamtdifferenzenbetrachtung eine temporäre Differenz zwischen dem handelsrechtlichen und dem steuerlichen Wertansatz des Geschäfts- oder Firmenwerts unberücksichtigt bleiben. Ist der Verschmelzungsvorgang erfolgsneutral (side-stream-merger oder down-stream-merger), so erfolgt die Bildung aktiver oder passiver latenter Steuern in Bezug auf die übernommenen Vermögensgegenstände und Schulden erfolgsneutral zugunsten bzw. zulasten des Geschäfts- oder Firmenwerts bzw. des Eigenkapitals (vgl. IDW, RS HFA 42, Rn. 39). Erfolgt die Verschmelzung hingegen erfolgswirksam (das ist i. d. R. beim up-stream-merger der Fall), sind auch die latenten Steuern insoweit erfolgswirksam zu bilden.

Existierten bei dem übertragenden Rechtsträger ausschüttungsgesperrte bzw. abführungsgesperrte Be- **720** träge nach § 268 Abs. 8 HGB, so verliert diese Ausschüttungssperre mit dem Vermögensübergang ihre Berechtigung und ist nicht länger fortzuführen. Der übernehmende Rechtsträger tätigt einen Anschaffungsvorgang, der bei ihm regelmäßig erfolgsneutral bleibt. Es gibt hier somit keine Gewinne, die einer Ausschüttungssperre unterliegen könnten. Ein übergehender Geschäfts- oder Firmenwert ist bei dem übernehmenden Rechtsträger nach der Anschaffungswertmethode ohnehin zu aktivieren, und zwar unabhängig davon, ob dieser auch beim übertragenden Rechtsträger bereits aktiviert war. Auch der Ausweis aktiver latenter Steuern – sofern sich dieser aus der Vermögensübernahme ergibt, erfolgt regelmäßig erfolgsneutral, so dass auch hier kein Gewinn entsteht, der Gegenstand einer Ausschüttungssperre sein könnte. Selbst im Fall eines up-stream-mergers, der bei dem übernehmenden Rechtsträger zur Entstehung eines Übernahmegewinns führt, kommt die Übernahme oder eine Neubildung einer Ausschüttungssperre m. E. nicht in Betracht. Der in diesen Fällen ggf. entstehende Gewinn wird nicht verursacht durch die Aktivierung des übergehenden Vermögens, sondern durch die »Hingabe« der Anteile am übertragenden Rechtsträger und ein solcher Gewinn fällt nicht in den Anwendungsbereich des § 268 Abs. 8 HGB.

Wird die letzte Jahresbilanz des übertragenden Rechtsträgers als Schlussbilanz i. S. d. § 17 UmwG ver- **721** wendet und ist eine vom übertragenden Rechtsträger vor Eintragung der Verschmelzung noch beschlossene **Gewinnausschüttung** in dieser Bilanz nicht durch eine entsprechende Rückstellung berücksichtigt, weil die Beschlussfassung nach Bilanzaufstellung erfolgte, so muss für den zur Gewinnausschüttung beschlossenen Betrag anlässlich der Vermögensübernahme bei dem übernehmenden Rechtsträger eine Verbindlichkeit eingebucht werden. So bleibt die Auszahlung des Gewinns beim Übernehmer erfolgsneutral (vgl. Förschle/Hoffmann in Budde/Förschle/Winkeljohann, Sonderbilanzen, K 31; Lutter/Priester, UmwG, § 24 Rn. 35; IDW, RS HFA 42, Rn. 17; Kallmeyer/Müller, Umwandlungsgesetz, § 24 Rn. 15).

Haben die Anteilseigner des übertragenden Rechtsträgers diesem nach dem Schlussbilanzstichtag noch **722** weiteres Eigenkapital zugeführt, z. B. durch Einlagen oder Kapitalerhöhungen, so sind diese unmittelbar beim übernehmenden Rechtsträger zu erfassen, da sie in der »Für-Rechnung-Phase« bereits diesem Rechtsträger zuzurechnen sind. Eine Abbildung in der Schlussbilanz des übernehmenden Rechtsträgers kommt hingegen nicht in Betracht (IDW, RS HFA 42, Rn. 19).

723 **b) Ermittlung der Anschaffungskosten.** § 24 UmwG statuiert eine Bilanzierung nach dem sog. **Anschaffungswertprinzip.** In der Literatur besteht jedoch Uneinigkeit darüber, was genau unter einer »Bilanzierung nach dem Anschaffungswertprinzip« zu verstehen ist. Der Begriff der Anschaffungskosten ist in § 253 HGB definiert. Die Bilanzierung nach dem Anschaffungswertprinzip bedeutet daher, dass das übergehende Vermögen mit dem Wert der Gegenleistung der übernehmenden Gesellschaft anzusetzen ist. Welche Gegenleistungen theoretisch in Betracht kommen, wurde bereits in Teil 7 Rdn. 699 ff. eingehend dargelegt.

724 Steht die **Art der Gegenleistung** fest, so ergibt sich hieraus jedoch noch nicht unmittelbar die Höhe der maßgeblichen Anschaffungskosten, denn in der Literatur ist umstritten, welche Wertansätze durch das Anschaffungswertprinzip gedeckt sind. Einig ist man sich nur darüber, dass ein Ansatz über dem Zeitwert des übergehenden Vermögens nicht in Betracht kommt. Unklar ist aber, ob ein Ansatz zum Zeitwert zwingend ist oder ob vielleicht ein anderer – niedrigerer – Ansatz zwingend ist, wie z. B. die Höhe des Nennbetrages oder des Ausgabebetrages der gewährten Gesellschaftsrechte, oder ob nicht auch ein Wahlrecht für einen beliebigen Zwischenwert besteht.

725 Die einzelnen Auffassungen sind unter anderem abhängig von der Art der gewährten Gegenleistung. Die wohl herrschende Meinung versucht, unter Berücksichtigung der jeweils gewährten Gegenleistung einen vergleichbaren Vorgang in anderen Anschaffungsfällen zu finden und hieraus eine Bewertung abzuleiten. So stellt die Vermögensübertragung gegen Gewährung neuer Anteile grds. eine Sacheinlage dar, während die Vermögensübertragung gegen Gewährung eigener Anteile oder mit Verzicht auf die Anteile am übertragenden Rechtsträger einen tauschähnlichen Vorgang bildet. Soweit man aber dieser – bereits nicht unumstrittenen – Vorgehensweise folgt, ergibt sich hieraus immer noch keine eindeutige Antwort auf die Frage, welcher Wert in dem jeweiligen Fall anzusetzen ist, denn sowohl die Bewertung einer Sacheinlage als auch die Bewertung in den Fällen des Tausches ist in der Literatur seit Jahren umstritten. Im Folgenden werden daher die für die einzelnen Umwandlungsvorgänge möglichen Wertansätze dargestellt und diskutiert.

c) Vermögensübertragung mit Kapitalerhöhung. aa) Schaffung neuer Anteile durch Kapital-
726 **erhöhung.** Gem. § 20 Abs. 1 Nr. 3 UmwG erhalten die Gesellschafter der übertragenden Gesellschaft als Gegenleistung für die Übertragung des Vermögens Anteile am übernehmenden Rechtsträger. Soweit die zu gewährenden Anteile nicht schon existieren (z. B. in der Form eigener Anteile beim übernehmenden Rechtsträger) müssen sie im Wege einer Kapitalerhöhung neu geschaffen werden. Die Anschaffungskosten der übergehenden Aktiva setzen sich dann zusammen aus diesen zu gewährenden Anteilen, den auf den übernehmenden Rechtsträger übergehenden Verbindlichkeiten sowie etwaigen Anschaffungsnebenkosten.

727 Handelt es sich bei dem übernehmenden Rechtsträger um eine **Personengesellschaft**, so haben die zu gewährenden Anteile keinen Nennbetrag. Die Gegenbuchung erfolgt auf einem Festkapitalkonto, einem variablen Kapitalkonto oder einem Rücklagenkonto (vgl. Fall 1, Rdn. 901 ff.). Die Anschaffungskosten für das übergehende Vermögen ergeben sich damit aus den vereinbarten Kapitalkonten, die den neu eintretenden Gesellschaftern eingeräumt werden sollen (Förschle/Hoffmann in Budde/Förschle/Winkeljohann, Sonderbilanzen, K 45). Soll der Zeitwert des übergehenden Vermögens angesetzt werden und übersteigt dieser die vereinbarten Gutschriften auf sämtlichen Kapitalkonten, kann der übersteigende Betrag entweder als Verbindlichkeit des übernehmenden Rechtsträgers oder als Verschmelzungsgewinn ausgewiesen werden. Ein Verschmelzungsgewinn ist bei Personenhandelsgesellschaften, die nicht dem § 272 Abs. 2 Nr. 1 HGB unterliegen, nach den jeweils geltenden Gewinnverteilungsregeln ausschüttbar (Lutter/Priester, UmwG, § 24 Rn. 49; Kallmeyer/Müller, § 24 UmwG, Rn. 26).

728 Ist der übernehmende Rechtsträger eine **Kapitalgesellschaft** (GmbH oder AG), so können neue Anteile nur durch eine förmliche Kapitalerhöhung mit Ausgabe neuer Anteile geschaffen werden.

729 Das Ausmaß der durchzuführenden Kapitalerhöhung ist im Gesetz nicht geregelt (vgl. Teil 7 Rdn. 700 ff.). Der Mindestbetrag ist festgelegt durch den gesetzlich oder satzungsmäßig definierten Mindest-Nennbetrag der Anteile. Eine **Obergrenze** ergibt sich bei Kapitalgesellschaften als übernehmendem Rechtsträger, denn aufgrund des Verbotes der Unter-pari-Emission darf der Nennbetrag der Kapitalerhöhung den Zeitwert des übergehenden Vermögens nicht überschreiten. Sollte dies

doch einmal der Fall sein, z. B. weil der Zeitwert zu hoch ermittelt wurde, besteht i. H. d. Differenzbetrages eine Einlageforderung des übernehmenden Rechtsträgers ggü. den Gesellschaftern des übertragenden Rechtsträgers.

bb) Bewertung des übergehenden Vermögens. Die herrschende Meinung geht davon aus, dass für die Bewertung in Verschmelzungs- und Spaltungsfällen auf die **Grundsätze der Bewertung von Sacheinlagen gegen Kapitalerhöhung** zurückgegriffen werden kann (so IDW, RS HFA 42, Rn. 41; Förschle/Hoffmann in Budde/Förschle/Winkeljohann, Sonderbilanzen, K 41; Hense, in: IDW Umwandlungssymposium 1992, S. 171, 184; Schulze-Osterloh, ZGR 1993, 428; Knop/Küting, BB 1995, 1023, 1024; Widmann/Mayer/Widmann, Umwandlungsrecht, § 24 UmwG, Rn. 363; Müller, WPg 1996, 857, 863). Zwar werden die Anteile am übernehmenden Rechtsträger nicht – wie in sonstigen Fällen der Sacheinlage – direkt dem übertragenden Rechtsträger, sondern dessen Gesellschaftern gewährt. Die Gleichstellung dieser beiden Sachverhalte wird jedoch dadurch gerechtfertigt, dass die Vermögensübertragung für Rechnung der Anteilsinhaber des übertragenden Rechtsträgers geschieht, die dafür Anteile an dem übernehmenden Rechtsträger erhalten (so z. B. Naumann, in: FS für Rainer Ludewig, S. 683, 690). **730**

Allerdings besteht in der Literatur keine Einigkeit über die Bewertung von Sacheinlagen gegen Kapitalerhöhung. Nach einer Meinung ergeben sich die Anschaffungskosten aus dem Buchwert der Gegenleistung (Ausgabebetrag der neuen Anteile), also der Festkapitalerhöhung zzgl. eines bezifferten oder unbezifferten Agios (vgl. IDW, RS HFA 42, Rn. 41). Nach anderer Auffassung besteht ein Wahlrecht zwischen einem Ansatz in Höhe des Ausgabebetrags der Anteile und dem Zeitwert des übergehenden Vermögens (vgl. Lutter/Priester, § 24 Rn. 54; Schubert/Gadek in: Beck'scher Bilanz-Kommentar, § 255 Rn. 146; Gassner in FS für Widmann, S. 350). **731**

Demgegenüber lehnen andere Autoren die Existenz eines Wahlrechts in Umwandlungsfällen ab und plädieren stattdessen entweder für den zwingenden Ansatz der Vermögensgegenstände mit ihren Zeitwerten, so z. B. Dutzi/Leuveld/Rausch, BB 2015, 2219 (2220) m.w.N., oder für den zwingenden Ansatz i. H. d. Ausgabebetrages der neuen Anteile (vgl. Schulze-Osterloh, ZGR 1993, 429 f.; Fischer, DB 1995, 485, 486; Widmann/Mayer/Widmann, Umwandlungsrecht, § 24 UmwG, Rn. 289). Begründet wird der zwingende Ansatz mit dem Zeitwert damit, dass es im Fall der Sacheinlage gegen Gewährung neuer Gesellschaftsrechte keine echte Gegenleistung des übernehmenden Rechtsträgers und damit auch keine Anschaffungskosten gäbe. Der Zeitwert sei daher der einzige zuverlässige Wertmaßstab. Moszka (Semler/Stengel/Moszka, UmwG, § 24 Rn. 35 f.) plädiert für eine Bewertung der zu gewährenden Anteile im Wege einer Unternehmensbewertung des nach der Verschmelzung entstehenden Gesamtunternehmens des übernehmenden Rechtsträgers, ersatzweise für einen Ansatz des Zeitwerts des übergehenden Vermögens, wobei dieses dann nicht alleinstehend zu bewerten sei, sondern wiederum als Anteil am Ertragswert des übernehmenden Rechtsträgers. **732**

Folgt man der herrschenden Meinung und nimmt ein Wahlrecht zwischen dem Buchwert der Gegenleistung und dem Zeitwert des übergehenden Vermögens bzw. eine Möglichkeit zur Bildung eines unbezifferten Agios an, so ergeben sich hieraus folgende **Bewertungsansätze:** **733**

(1) Bewertung mit dem Buchwert der Gegenleistung. Besteht die Gegenleistung lediglich in einer Festkapitalerhöhung, repräsentiert der Nennbetrag der neu geschaffenen Anteile die Anschaffungskosten des übergehenden Vermögens. Der Nennbetrag der Kapitalerhöhung darf jedoch nicht höher sein, als der Zeitwert des übergehenden Vermögens. Dies folgt aus den Vorschriften zur Kapitalaufbringung (§§ 55 ff. GmbHG, §§ 182 ff. AktG). **734**

Enthält der Kapitalerhöhungsbeschluss gleichzeitig eine konkret bezifferte Erhöhung der Rücklagen (bei Kapitalgesellschaften Festsetzung eines Agios, bei Personengesellschaften Dotierung der gesamthänderisch gebundenen Rücklagen), so setzen sich die Anschaffungskosten zusammen aus der Festkapitalerhöhung zuzüglich der Rücklagenerhöhung (IDW, RS HFA 42, Rn. 43; Förschle/Hoffmann in Budde/Förschle/Winkeljohann, Sonderbilanzen, K 44; Naumann in FS für Rainer Ludewig, S. 690). Das übergehende Vermögen muss in diesem Fall – einen entsprechenden Zeitwert vorausgesetzt – mindestens in Höhe dieses Ausgabebetrages angesetzt werden. Werden allerdings zusätzlich bare Zuzahlungen nach § 5 Abs. 1 Nr. 3 UmwG gezahlt, so erhöhen auch diese die Anschaffungskosten (IDW, RS **735**

HFA 42, Rn. 43). Soweit die so ermittelten Anschaffungskosten unter dem Zeitwert des übergehenden Vermögens liegen, kommt es bei dieser Bewertungsmethode zu einer Übertragung von stillen Reserven auf den übernehmenden Rechtsträger.

736 Wird im Kapitalerhöhungsbeschluss hingegen bestimmt, dass eine Differenz zwischen dem Zeitwert der übernommenen Vermögensgegenstände und Schulden und dem Nennbetrag/geringsten Ausgabebetrag der neuen Anteile (unbeziffertes Agio) in die Kapitalrücklage nach § 272 Abs. 2 Nr. 1 HGB einzustellen ist, so ergibt sich hieraus zwingend ein Ansatz zum Zeitwert und es kommt nicht zu einem Übergang stiller Reserven. Der Ausgabebetrag der neuen Anteile setzt sich in diesem Fall zusammen aus dem Nennbetrag/geringsten Ausgabebetrag der Anteile und dem diesen Betrag übersteigenden Teil des Zeitwerts.

737 Zur Ausübung des Bewertungswahlrechts, falls im Kapitalerhöhungsbeschluss weder eine Aussage zum Wertansatz des übergehenden Vermögens noch zur Bildung eines Agios eine Aussage getroffen worden ist vgl. Teil 7, Rdn. 824.

738 ▶ **Hinweis:**

Bei der Wahl eines solchen Bilanzansatzes sind die Konsequenzen für die kommenden Wirtschaftsjahre zu beachten. So führt eine Unterbewertung von Sacheinlagen zu niedrigeren Abschreibungen in den kommenden Jahren. Die Folge ist, dass ein höheres Ergebnis ausgewiesen wird, als tatsächlich erwirtschaftet wurde. Dies führt im Fall einer entsprechenden Gewinnverwendung zur Ausschüttung von Scheingewinnen (Hügel, Verschmelzung und Einbringung, S. 225). Aus der Sicht der Anteilseigner – insb. der Minderheitsgesellschafter – kann eine solche Situation erstrebenswert sein, aus Sicht der Unternehmensleitung ggf. nicht. Hier kann es also einen Interessengegensatz und damit Konfliktpotenzial in der Gesellschafterversammlung/Hauptversammlung des übernehmenden Rechtsträgers geben.

739 Die **Bewertung mit dem Buchwert der Gegenleistung** ist grds. erfolgsneutral. Im Einzelnen sind folgende **Fallgestaltungen** denkbar:

- Übersteigt der Ausgabebetrag der neuen Anteile (Nennbetrag der Festkapitalerhöhung zuzüglich der festgelegten Erhöhung der Rücklagen) den Buchwert des übergehenden Vermögens, so werden diese Buchwerte bis zur Höhe der Gegenleistung, max. jedoch bis zum Zeitwert des übergehenden Vermögens (einschließlich originärer immaterieller Wirtschaftsgüter und eines Geschäfts- oder Firmenwertes) aufgestockt. Zur Verteilung der Anschaffungskosten auf die einzelnen Vermögensgegenstände vgl. Teil 7 Rdn. 791.
- Liegt der Ausgabebetrag der gewährten Anteile über dem Zeitwert des übergehenden Vermögens, so entsteht i. H. d. Differenzbetrages nicht ein Verschmelzungsverlust, sondern eine Einlageforderung (Widmann/Mayer/Widmann, Umwandlungsrecht, § 24 UmwG, Rn. 378). Die Gesellschafter unterliegen insoweit der sog. Differenzhaftung nach § 36a Abs. 2 AktG (Hügel, Verschmelzung und Einbringung, S. 224).
- Entspricht der Ausgabebetrag der neuen Anteile dem buchmäßigen Reinvermögen des übertragenden Rechtsträgers, so kommt es in der Summe nicht zu einer Erhöhung dieses buchmäßigen Reinvermögens. Trotzdem gleicht dieser Fall nicht der Buchwertfortführung, denn bei der Anschaffungswertmethode erfolgt eine Aufteilung der Anschaffungskosten auf die einzelnen Vermögensgegenstände des übergehenden Vermögens völlig unabhängig von den Buchwerten in der Schlussbilanz des übertragenden Rechtsträgers. Maßgebend für die Verteilung der Anschaffungskosten ist vielmehr das Verhältnis der Zeitwerte der übergehenden Vermögensgegenstände, wobei auch die beim übernehmenden Rechtsträger nicht bilanzierten originären immateriellen Wirtschaftsgüter zu berücksichtigen sind (s. im Einzelnen zur Aufteilung der Anschaffungskosten Teil 7 Rdn. 791).
- Unterschreitet der Ausgabebetrag der neuen Anteile den Buchwert des übergehenden Vermögens, so ist streitig, ob eine Bilanzierung zu Anschaffungskosten erfolgen darf oder ob nicht die Buchwerte des übertragenden Rechtsträgers für die Bewertung beim übernehmenden Rechtsträger die Untergrenze darstellen.

Nach der wohl herrschenden Meinung ist eine Buchwertabstockung möglich (vgl. hierzu Fall 2, Teil 7 Rdn. 910). Auch das IDW (RS HFA 42, Rn. 42) macht bei der Einräumung des Bewertungswahlrechts für diese Sachverhaltskonstellation keine Einschränkungen. So hat das IDW in seiner Stellungnahme zum RefE eines Gesetzes zur Bereinigung des Umwandlungsrechts v. 23.09.1992 (WPg 1992, 615, Rn. 4b) ausgeführt, dass ein Unterschreiten der Buchwerte aus der Schlussbilanz (nur) dann gestattet sein sollte, wenn die Gegenleistung den Buchwert des übergehenden Vermögens abzüglich der übernommenen Schulden in der Schlussbilanz des untergehenden Rechtsträgers unterschreitet. Priester (in Lutter, UmwG, § 24 Rn. 51) stellt grundsätzlich klar, dass der Buchwertansatz beim übertragenden Rechtsträger für die Bewertung beim übernehmenden Rechtsträger keine Untergrenze darstellt, sondern es zu einer Buchwertabstockung kommen kann. Gleichzeitig plädiert er jedoch dafür, eine derartige Abstockung durch Ausübung des Bewertungswahlrechts zugunsten der Buchwertfortführung zu vermeiden, da der Gesetzgeber doch den Buchwert regelmäßig als nicht zu unterschreitende Bewertungsuntergrenze ansieht, solange dieser unter dem Zeitwert liegt (Lutter/Priester, UmwG, § 24 Rn. 85). Die Möglichkeit einer Buchwertabstockung wird ebenso eingeräumt von Widmann/Mayer/ Widmann (Umwandlungsrecht, § 24 UmwG, Rn. 383) sowie von Pohl, (Handelsbilanzen bei der Verschmelzung von Kapitalgesellschaften, S. 67).

Andere Autoren sehen eine Buchwertabstockung jedoch als nicht möglich oder zumindest als bedenklich an. Nach Bacmeister (DStR 1996, 123) ist das Bewertungswahlrecht des § 24 UmwG im Wege der teleologischen Reduktion dahin gehend einzuschränken, dass nur entweder die Buchwerte des übertragenden Rechtsträgers fortzuführen sind oder das übergehende Vermögen mit den **höheren** Anschaffungskosten anzusetzen ist. Eine Wahl darunterliegender Anschaffungskosten würde es erlauben, durch die Verschmelzung neue Reserven zu legen, was der 4. und 7. handelsrechtlichen EG-Richtlinie widerspräche. Folgt man dieser Ansicht, so entstünde im Zuge der Umwandlung ein (positiver) Differenzbetrag i. H. d. Differenz zwischen dem Ausgabebetrag der neuen Anteile und dem Buchwert des übergehenden Vermögens.

Zu der Entstehung eines derartigen (positiven) Differenzbetrages kann es aber auch dann kommen, wenn man – gemäß der oben dargestellten Auffassung – eine Buchwertabstockung grds. für möglich hält. Dies kann dann der Fall sein, wenn der Ausgabebetrag der neuen Anteile durch eine Abstockung der nicht monetären Vermögensgegenstände nicht erreicht werden kann, weil monetäre Vermögenswerte vorhanden sind, deren Abstockung auf keinen Fall zulässig sein kann.

Entsteht ein derartiger (positiver) Differenzbetrag, so stellt sich die Frage, wie dieser bilanziell zu behandeln ist. In Betracht kommt entweder die Dotierung der Kapitalrücklage oder die Passivierung eines negativen Unterschiedsbetrags. Diese Entscheidung ist danach zu treffen, ob die Anschaffungskosten (= Ausgabebetrag der neuen Anteile) dem Zeitwert des übergehenden Vermögens entsprechen – in diesem Fall sollte der Differenzbetrag in die Kapitalrücklage nach § 272 Abs. 2 Nr. 1 HGB bzw. bei Personengesellschaften in die gesamthänderisch gebundene Rücklage eingestellt werden – oder ob die Anschaffungskosten über dem Zeitwert des übergehenden Vermögens liegen – in diesem Fall kommt die Bildung eines negativen Unterschiedsbetrags in Betracht (vgl. Förschle/Hoffmann in Budde/Förschle/ Winkeljohann, Sonderbilanzen, K 49). Letzteres ist allerdings nur dann denkbar, wenn ein übertragender Rechtsträger über so viele stille Lasten verfügt, dass der Gesamt-Zeitwert des Unternehmens geringer ist als die Summe der nicht abstockbaren monetären Vermögengegenstände.

Aus meiner Sicht bestehen gegen eine Bilanzierung des übergehenden Vermögens mit dem niedrigeren Nennbetrag bzw. Ausgabebetrag der neuen Anteile zumindest dann keine Bedenken, wenn der Ermittlung des für die Kapitalerhöhung maßgeblichen Umtauschverhältnisses eine nach anerkannten Methoden erfolgte Unternehmensbewertung der beiden beteiligten Rechtsträger zugrunde liegt. Des weiteren muss feststehen, dass es tatsächlich dem Willen aller Beteiligten entspricht, das Vermögen insgesamt mit einem unter dem Wert der Schlussbilanz liegenden Wert anzusetzen, denn hier kommt es zur Bildung zusätzlicher stiller Reserven. Der Wille der Beteiligten ist zumindest immer dann deutlich, wenn in dem Kapitalerhöhungsbeschluss nicht nur die Nennkapitalerhöhung, sondern auch ein Agio in einer bestimmten Höhe beschlossen wurde und der Gesamtausgabebetrag der Anteile trotzdem noch unter dem Buchwert des übergehenden Vermögens liegt. Wurde hingegen im Kapitalerhöhungsbeschluss lediglich eine Festkapitalerhöhung beschlossen, so ist zunächst durch Auslegung zu ermitteln, ob die Anschaffungskosten durch den Nominalbetrag bestimmt sind, oder ob ein Agio i. H. d. Differenz zwischen dem Betrag der Festkapitalerhöhung und dem Buchwert des übergehenden Vermögens in die Kapitalrücklage einzustellen ist (vgl. IDW, RS HFA 42, Rn. 43; vgl. hierzu auch die Ausführungen in Teil 7, Rdn. 824).

Bedenken gegen eine Buchwertabstockung könnten sich hingegen in den Fällen der **Vermögensübertragung zwischen verbundenen Unternehmen** ergeben. Das Ausmaß der Kapitalerhöhung wird hier häufig nicht wie zwischen fremden Dritten unter Zugrundelegung der Unternehmenswerte der beiden Gesellschaften ausgehandelt. Da es keine gesetzliche Vorschrift über das Ausmaß der Kapitalerhöhung gibt, ist es in einem solchen Fall ausreichend, wenn jedem Gesellschafter als Gegenleistung für die Vermögensübertragung lediglich ein Zwerganteil i. H. d. satzungsmäßigen oder gesetzlichen Mindestbetrages gewährt wird (vgl. hierzu Teil 7 Rdn. 702). Würde man es in einem solchen Fall zulassen, das übergehende Vermögen mit dem Buchwert der Gegenleistung zu bilanzieren, so würde dies zu einer fast vollständigen Abstockung der Buchwerte des übertragenden Rechtsträgers und damit zu einer willkürlichen Bildung stiller Reserven führen, was nach der 4. und 7. handelsrechtlichen EG-Richtlinie zumindest für Kapitalgesellschaften nicht erlaubt ist. In all den Fällen, in denen ein – aus der Sicht des übertragenden Rechtsträgers – zu geringes Umtauschverhältnis nicht durch entsprechende Wertermittlungen belegt werden kann, sollte daher davon ausgegangen werden, dass die Buchwerte des übergehenden Vermögens nicht unterschritten werden dürfen.

Ihre Stütze findet diese Rechtsauffassung auch in der Auffassung des IDW zur Bilanzierung in den Fällen, in denen gem. §§ 54 Abs. 1 Satz 3, 68 Abs. 1 Satz 3 UmwG vollständig auf eine Anteilsgewährung verzichtet wird. In einem solchen Fall kommt es nicht in Betracht, das übergehende Vermögen »auf Null abzustocken«, sondern es ist – mangels Gegenleistung – eine Bilanzierung i. H. d. vorsichtig ermittelten Zeitwerte vorzunehmen (vgl. IDW, RS HFA 42, Rn. 47).

740 (2) **Bewertung mit dem höheren Zeitwert des übergehenden Vermögens.** Wird das übergehende Vermögen mit seinem – vorsichtig ermittelten – Zeitwert angesetzt, erfolgt hierdurch eine Aufdeckung aller vorhandenen stillen Reserven, einschließlich des Geschäfts- oder Firmenwertes (Widmann/Mayer/Widmann, Umwandlungsrecht, § 24 UmwG, Rn. 290 und 299). Übersteigt dieser Zeitwert in der Summe den Nennbetrag der Festkapitalerhöhung zuzüglich einer vorher festgelegten Erhöhung der Rücklagen und einer evtl. geleisteten Zuzahlung, so ist der Mehrbetrag bei einer Kapitalgesellschaft nach § 272 Abs. 2 Nr. 1 HGB in die Kapitalrücklage (vgl. Fall 4, Teil 7 Rdn. 923 und Fall 5, Teil 7 Rdn. 929; IDW, RS HFA 42, Rn. 43; Widmann/Mayer/Widmann, Umwandlungsrecht, § 24 UmwG, Rn. 376) und bei Personengesellschaften in die gesamthänderisch gebundene Rücklage einzustellen bzw. beteiligungsproportional den Kapitalanteilen aller Gesellschafter gutzuschreiben (IDW, RS HFA 42, Rn. 69; vgl. auch Fall 1, Teil 7 Rdn. 903 und Fall 2, Teil 7 Rdn. 909).

741 Fraglich ist, welches der **Bewertungsstichtag** ist, zu dem der Zeitwert des übergehenden Vermögens zu ermitteln ist. Nach Ansicht des IDW (RS HFA 42, Rn. 42 und Rn. 46) ist dies der Verschmelzungsstichtag gem. § 5 Abs. 1 Nr. 6 UmwG. Demgegenüber vertreten Förschle/Hoffmann (in Budde/Förschle/Winkeljohann, Sonderbilanzen, K 46) die Auffassung, dass der Zeitwert des übergehenden Vermögens auf den Zeitpunkt des Übergangs des wirtschaftlichen Eigentums festzustellen ist und nicht bereits auf den Umwandlungsstichtag. Waren die Vermögensgegenstände bereits in der Schlussbilanz des übertragenden Rechtsträgers mit ihren Zeitwerten ausgewiesen, weil sie gerade erst angeschafft worden sind oder auf ihren Zeitwert abgeschrieben wurden, so ist nach dieser Ansicht zu prüfen, ob dieser Zeitwert zum Zeitpunkt des Übergangs des wirtschaftlichen Eigentums noch vorhanden ist. Ist in der Zwischenzeit eine Wertminderung eingetreten, dann bildet der niedrigere Zeitwert zum Zeitpunkt des Übergangs des wirtschaftlichen Eigentums die Bewertungsobergrenze. Da eine Wertminderung nach dem Umwandlungsstichtag aber ohnehin immer bereits für Rechnung des übernehmenden Rechtsträgers zu verbuchen ist, führen beide Ansätze im Ergebnis zu dem richtigen Bilanzausweis beim übernehmenden Rechtsträger. Die Ermittlung des Zeitwerts zum Umwandlungsstichtag entspricht der Vorgehensweise in der Praxis, denn bezogen auf den Umwandlungsstichtag erfolgt ggf. auch die Bewertung der beteiligten Rechtsträger zur Ermittlung des Umtauschverhältnisses. Der hierfür ermittelte Unternehmenswert kann dann auf die einzelnen Wirtschaftsgüter des übertragenden Rechtsträgers zur Ermittlung der Zeitwerte verteilt werden. Demgegenüber wird auf den Stichtag des Übergangs des wirtschaftlichen Eigentums weder eine Bilanz erstellt noch eine (zweite) Bewertung durchgeführt. Es gibt also regelmäßig keine Erkenntnis über abweichende Zeitwerte zu diesem Stichtag.

(3) Sonderproblem: Übertragung negativen Vermögens. Fraglich ist die Bewertung in den Fällen, **742** in denen das im Zuge der Umwandlung zu übertragende Vermögen negativ ist. Dies ist z. B. dann der Fall, wenn bei einer Verschmelzung der übertragende Rechtsträger bilanziell überschuldet ist. Die Übertragung negativen Vermögens kann aber auch in allen Fällen der Spaltung vorkommen.

Ist der übertragende Rechtsträger eine Kapitalgesellschaft, ist die Teilnahme an einer Verschmelzung **743** nur dann möglich, wenn noch keine **Insolvenzantragspflicht** besteht (§ 64 Abs. 1 GmbHG). Insolvenzantragspflicht ist gegeben, wenn das Vermögen der Gesellschaft bei dem Ansatz von Liquidationswerten, d. h. unter Einbeziehung der stillen Reserven, die bestehenden Verbindlichkeiten nicht deckt und die Finanzkraft der Gesellschaft nach überwiegender Wahrscheinlichkeit mittelfristig nicht zur Fortführung des Unternehmens ausreicht (Überlebens- oder Fortbestehensprognose; BGHZ 119, 201, 213 f. m. w. N.). Eine Insolvenzantragspflicht ist daher selbst bei rechnerischer Überschuldung dann zu verneinen, wenn die **aufnehmende** Gesellschaft über entsprechende Reserven verfügt und durch den Vermögensübergang die rechnerische Überschuldung der übertragenden Gesellschaft beseitigt wird, denn in diesem Fall ist von einer **positiven Fortbestehensprognose** auszugehen. Eine solche Gesellschaft kann daher prinzipiell als übertragender Rechtsträger an einer Verschmelzung teilnehmen (Widmann/Mayer/Widmann, Umwandlungsrecht, § 24 UmwG, Rn. 161; Kallmeyer/Müller, Umwandlungsgesetz, § 17 Rn. 44; Budde/Zerwas in Budde/Förschle/Winkeljohann, Sonderbilanzen, H 18).

Nach der bis 2007 geltenden Rechtslage war in diesen Fällen allerdings eine Verschmelzung – trotz der **744** **positiven Fortbestehensprognose** – nicht möglich, wenn der übernehmende Rechtsträger eine Kapitalgesellschaft war, die aufgrund der Pflicht zur Anteilsgewährung an die Gesellschafter des übertragenden Rechtsträgers eine Kapitalerhöhung vorzunehmen hatte. Der Grund hierfür lag darin, dass bzgl. der vorzunehmenden Kapitalerhöhung bei der übernehmenden Kapitalgesellschaft die allgemein bei einer Kapitalerhöhung gegen Sacheinlage geltenden Kapitalaufbringungsvorschriften zu beachten waren. Da eine Überbewertung des Vermögens der übertragenden Gesellschaft bzw. eine **unter-pari-Emission** verboten ist, musste selbst bei einer Kapitalerhöhung i. H. d. gesetzlich vorgesehenen Mindestbetrages von 1,– € die übertragende Gesellschaft doch zumindest über so viele stille Reserven verfügen, dass der Zeitwert des übergehenden Vermögens 1,– € erreichte. War das Vermögen der übertragenden Gesellschaft jedoch nicht nur buchmäßig, sondern auch unter Einbeziehung der stillen Reserven negativ, so waren die für die Durchführung der Kapitalerhöhung benötigten Werte nicht vorhanden. Aus diesem Grund konnte nach damaliger Rechtslage eine solche Umwandlung nicht durchgeführt werden. Das im Zuge der Umwandlung übergehende Vermögen des übertragenden Rechtsträgers musste vielmehr vor der Umwandlung durch Einlagen so weit aufgestockt werden, dass der Zeitwert den Nennbetrag der bei dem übernehmenden Rechtsträger vorzunehmenden Kapitalerhöhung erreichte. Bei einer GmbH bestand nach §§ 58a ff. GmbHG auch noch die Möglichkeit, die Überschuldung durch eine sanierende Kapitalherabsetzung mit anschließender Kapitalerhöhung zu beseitigen (Heckschen, in: FS für Widmann, S. 36 m. w. N.). Durch die neu eingeführte Möglichkeit eines Verzichts auf eine Anteilsgewährung (§ 54 Abs. 1 UmwG) ist es nunmehr jedoch möglich, eine materiell überschuldete Gesellschaft auf eine Kapitalgesellschaft zu verschmelzen.

Damit ist auch die bisher kontrovers diskutierte Frage obsolet, ob es bei zeitgleicher Verschmelzung **745** mehrerer Unternehmen auf eine übernehmende Kapitalgesellschaft schädlich ist, wenn einer der übertragenden Rechtsträger zwar materiell überschuldet ist, das gesamte Vermögen aller übertragenden Rechtsträger hingegen **positiv** ist. Die herrschende Meinung ging schon bisher davon aus, dass einer Verschmelzung in einer solchen Situation nichts im Wege steht (vgl. Widmann/Mayer/Mayer, Umwandlungsrecht, 3. Aufl., § 5 UmwG, Rn. 56.2 ff.; Heckschen, in: FS für Widmann, S. 38; a. A. OLG Frankfurt am Main, ZIP 1998, 1191 zur Rechtslage vor 2007, das davon ausgeht, es müsse i. R. d. Kapitalerhöhung für jede der untergehenden Beteiligungen zumindest eine Stammeinlage bei dem aufnehmenden Rechtsträger geschaffen werden).

d) Vermögensübertragung ohne Kapitalerhöhung. Die Durchführung einer Kapitalerhöhung er- **746** übrigt sich für den übernehmenden Rechtsträger, wenn entweder keine Anteilsgewährungspflicht besteht oder aber die zur Erfüllung der Anteilsgewährungspflicht benötigten Anteile bereits existieren, oder von den Gesellschaftern des übertragenden Rechtsträgers auf eine Anteilsgewährung verzichtet wird.

747 Im Einzelnen kommen hierbei **fünf verschiedene Sachverhaltskonstellationen** in Betracht:

aa) Übernehmender Rechtsträger hält Anteile am übertragenden Rechtsträger (up-stream mer-
748 **ger). (1) Grundsätzliches.** Ist der übernehmende Rechtsträger an dem übertragenden Rechtsträger beteiligt, so besteht die Gegenleistung für die Vermögensübertragung in dem Verlust dieser Anteile (vgl. IDW, RS HFA 42, Rn. 45). Eine Gewährung von Anteilen durch den übernehmenden Rechtsträger erübrigt sich, denn soweit dieser die Anteile am übertragenden Rechtsträger selbst gehalten hat, gibt es keine dritte Person, die aufgrund des Vermögensübergangs eine Vermögenseinbuße erleidet und daher als Gegenleistung für die Vermögensübertragung Anteile am übernehmenden Rechtsträger erhalten müsste. Besonders deutlich wird dies, wenn der übernehmende Rechtsträger alle Anteile des übertragenden Rechtsträgers hält. In diesem Fall findet überhaupt keine Kapitalerhöhung statt, denn der übernehmende Rechtsträger könnte nur sich selbst Anteile gewähren. Aus diesem Grund besteht gem. § 54 Abs. 1 Satz 1 Nr. 1, § 68 Abs. 1 Satz 1 Nr. 1 UmwG sogar ein **Kapitalerhöhungsverbot**, wenn der übernehmende Rechtsträger eine Kapitalgesellschaft ist, denn eine Kapitalerhöhung zur Zeichnung eigener Anteile ist nicht zulässig. Hält der übernehmende Rechtsträger nicht alle Anteile an dem übertragenden Rechtsträger, so bezieht sich das Kapitalerhöhungsverbot nur auf die bestehende Beteiligung.

749 Aus demselben Grund ist eine Kapitalerhöhung auch insoweit verboten, wie der übertragende Rechtsträger eigene Anteile hält (§ 54 Abs. 1 Satz 1 Nr. 2, § 68 Abs. 1 Satz 1 Nr. 2 UmwG). Auch in diesem Fall gibt es keinen anderen Gesellschafter, dem Anteile zu gewähren wären (vgl. § 20 Abs. 1 Nr. 3 UmwG). Die übernehmende Kapitalgesellschaft müsste im Wege der Kapitalerhöhung geschaffene neue Anteile vielmehr sich selbst, als Rechtsnachfolgerin des übertragenden Rechtsträgers, gewähren.

750 Für **Personengesellschaften** als übernehmende Rechtsträger gibt es kein Kapitalerhöhungsverbot. Sie können somit zusätzlich zu dem Untergang der Anteile an dem übertragenden Rechtsträger auch noch eine Kapitalerhöhung vornehmen.

751 **(2) Ermittlung der Anschaffungskosten und Behandlung von Differenzbeträgen.** Soweit der übernehmende Rechtsträger am übertragenden Rechtsträger beteiligt ist, gehen diese Anteile im Zeitpunkt der Umwandlung ganz (bei Verschmelzung, Aufspaltung) oder anteilig (bei Abspaltung, Ausgliederung) unter. Die Vermögensübertragung stellt daher aus der Sicht des übernehmenden Rechtsträgers einen tauschähnlichen Vorgang dar, weil ein Vermögensgegenstand zum Erwerb anderer Vermögensgegenstände hingegeben wird (Hense, in: IDW Umwandlungssymposium 1992, S. 171, 185; Schulze-Osterloh, ZGR 1993, 435; Müller, WPg 1996, 857, 863; Förschle/Hoffmann in Budde/Förschle/Winkeljohann, Sonderbilanzen, K 52). Aus diesem Grund sollen auch die allgemein für Tauschfälle anerkannten Bilanzierungsgrundsätze Anwendung finden (IDW, RS HFA 42, Rn. 45; zu anderen Ansichten vgl. Teil 7 Rdn. 757 ff.).

752 Bei Tauschvorgängen wird grds. ein dreifaches Bewertungswahlrecht zur Bestimmung der Anschaffungskosten des eingetauschten Vermögensgegenstandes anerkannt (IDW, RS HFA 42, Rn. 46; Förschle/Hoffmann in Budde/Förschle/Winkeljohann, Sonderbilanzen, K 54).
– **erfolgsneutral mit dem Buchwert der Gegenleistung:**

753 Die »eingetauschten« Wirtschaftsgüter können mit dem Buchwert des hingegebenen Gegenstandes, also mit dem Buchwert der untergehenden Anteile am übertragenden Rechtsträger, angesetzt werden. Hieraus können sich folgende bilanzielle Konsequenzen ergeben:
– Liegt der Buchwert der untergehenden Beteiligung über dem Buchwert des übergehenden Vermögens, so erfolgt beim übernehmenden Rechtsträger eine entsprechende Aufstockung der Schlussbilanzwerte des übertragenden Rechtsträgers (vgl. Fall 3, Teil 7 Rdn. 916). Da es sich aus der Sicht des übernehmenden Rechtsträgers um einen Anschaffungsvorgang handelt, sind neben den Vermögensgegenständen aus der Schlussbilanz des übertragenden Rechtsträgers auch die nicht bilanzierten immateriellen Vermögensgegenstände einschließlich eines Geschäfts- oder Firmenwertes zu erfassen. Soweit jedoch der Zeitwert des übergehenden Vermögens unter dem Buchwert der Anteile

liegt, ist das übergehende Vermögen von dem übernehmenden Rechtsträger nicht höher als mit dem Zeitwert anzusetzen. (Widmann/Mayer/Widmann, Umwandlungsrecht, § 24 UmwG, Rn. 383). In diesem Fall kommt es somit zu einem Übernahmeverlust, der gewinnwirksam als außerordentlicher Aufwand zu erfassen ist. Begründet ist dieser Verlust durch eine Überbewertung der Beteiligung beim übernehmenden Rechtsträger.

– Ist der Buchwert der untergehenden Beteiligung genauso groß wie der Buchwert des übergehenden Vermögens, so ergibt sich aufgrund der Erfassung bisher nicht bilanzierter immaterieller Vermögensgegenstände trotzdem ein anderer Bilanzansatz als bei der Wahl der Buchwertfortführung. Lediglich das buchmäßige Reinvermögen bleibt im Ergebnis unverändert (vgl. hierzu auch Teil 7 Rdn. 739, 3. Spiegelstrich).

– Liegt der Buchwert der Beteiligung unter dem Buchwert des übergehenden Vermögens, so kommt es im Ergebnis zu einer Abstockung der Buchwerte des übertragenden Rechtsträgers (strittig: Zum Meinungsstand bzgl. der Frage, ob eine Bilanzierung nach der Anschaffungswertmethode zulässig ist, wenn dies zu einer Abstockung der Buchwerte des übertragenden Rechtsträgers führt vgl. Teil 7 Rdn. 739 sowie Mujkanovic, BB 1995, 1735, 1738; vgl. auch Fall 6, Teil 7 Rdn. 936). Zu einer solchen Sachverhaltskonstellation kann es z. B. kommen, wenn der übertragende Rechtsträger nach dem Erwerb der Anteile durch den übernehmenden Rechtsträger Gewinne erzielt und thesauriert hat, die die beim Erwerb der Anteile mitbezahlten stillen Reserven übersteigen.

– **gewinnrealisierend mit dem vorsichtig geschätzten Zeitwert der Gegenleistung:**

Bei dieser Bewertungsmethode wird der Tausch in ein Verkaufs- und ein Ankaufsgeschäft zerlegt. Die   **754** »angekauften« Vermögensgegenstände werden mit dem höheren Zeitwert der Gegenleistung, also der Anteile am übertragenden Rechtsträger, angesetzt. Hierbei ist jedoch zu beachten, dass der Zeitwert des übergehenden Vermögens (inkl. Geschäfts- oder Firmenwert) zum Umwandlungsstichtag nicht überschritten werden darf. (Zum maßgeblichen Stichtag vgl. eingehend Teil 7 Rdn. 741).

Soweit dieser Zeitwert der Beteiligung über dem Buchwert des übergehenden Vermögens liegt, führt   **755** dieser Wertansatz zu einer Aufstockung der Buchwerte (vgl. Fall 3, Teil 7 Rdn. 917). Bei dem übernehmenden Rechtsträger ergibt sich dann i. H. d. Differenz zwischen dem Buchwert der Beteiligung und seinem vorsichtig geschätzten Zeitwert ein Gewinn, der als außerordentlicher Ertrag in der Gewinn- und Verlustrechnung auszuweisen ist (IDW, RS HFA 42, Rn. 46; Hense, in: IDW Umwandlungssymposium 1992, S. 171, 186; Widmann/Mayer/Widmann, Umwandlungsrecht, § 24 UmwG, Rn. 380; Lutter/Priester, UmwG, § 24 Rn. 58; (vgl. auch Fall 6, Teil 7 Rdn. 937). Eine erfolgsneutrale Einstellung dieses Betrages in die Kapitalrücklage kommt nicht in Betracht.

– **erfolgsneutral mit einem Zwischenwert:**

Soweit der Umwandlungsvorgang eine Steuerbelastung auslöst, gibt es noch die Möglichkeit, das über-   **756** gehende Vermögen mit einem erfolgsneutralen Zwischenwert anzusetzen. Dieser erfolgsneutrale Zwischenwert ergibt sich aus dem Buchwert der hingegebenen Anteile zuzüglich der Ertragsteuerbelastung. Ein anderer beliebig gewählter Zwischenwert ist nicht zulässig (Förschle/Hoffmann in Budde/Förschle/Winkeljohann, Sonderbilanzen, K 54).

– **Wahlrechtseinschränkungen**

Nach Ansicht einiger Autoren ist die Anwendung der Tauschgrundsätze grds. abzulehnen, weil in dem   **757** Untergang der Anteile an dem übertragenden Rechtsträger keine »Gegenleistung« liege, die der übernehmende Rechtsträger willentlich aufwende. Damit gibt es nach dieser Ansicht auch kein Bewertungswahlrecht. Das übergehende Vermögen ist hiernach vielmehr immer erfolgsneutral mit dem Buchwert der Gegenleistung anzusetzen, denn nur diese Bewertung führt zu einer erfolgsneutralen Bewertung und entspricht daher dem Anschaffungswertprinzip (so z. B. Pohl, Handelsbilanzen bei der Verschmelzung von Kapitalgesellschaften, S. 72 f.; Bachmeister, DStR 1996, 121, 122).

Andere Autoren erkennen grds. die Anwendung der Tauschgrundsätze an, halten die Möglichkeit eines   **758** gewinnrealisierenden Ansatzes jedoch dann für bedenklich, wenn der übernehmende Rechtsträger mehr als 75 % oder sogar 100 % der Anteile am übertragenden Rechtsträger hält. Bedenken gegen eine Buchwertaufstockung erheben Schulze-Osterloh (ZGR 1993, 438 f.), Naumann (in: FS für Rainer Ludewig, S. 693) und Korn (KÖSDI 1995, 10344, 10347) mit der Begründung, dass es in einem solchen Fall nicht zu einem Aushandeln des Übernahmewertes zwischen fremden Dritten komme, sodass es gänzlich an dem für Anschaffungsgeschäfte charakterisierenden Markttest fehle. Aufgrund der Beteiligungsverhältnisse könne der übernehmende Rechtsträger den Vermögensübergang allein beschließen. Es bestehe daher die Gefahr, dass der übernehmende Rechtsträger die Umwandlung ausschließlich zum Zweck der Ergebnisverbesserung vornimmt. Aus diesem Grund sollte es nach dieser Auffassung nicht möglich sein, in entsprechenden Fällen einen Bilanzansatz zu wählen, der bei dem übernehmenden Rechtsträger zu einem Gewinnausweis führt.

759   Moszka (in Semler/Stengel, UmwG, § 24 Rn. 45), der ebenfalls einen tauschähnlichen Vorgang verneint und ein Bewertungswahlrecht ablehnt, vertritt demgegenüber die Auffassung, dass nur eine Bewertung in Höhe des Zeitwerts der untergehenden Anteile in Betracht kommt. Damit käme es immer zu einer Aufdeckung sämtlicher stiller Reserven, was den Bedenken der anderen zitierten Autoren konträr entgegensteht.

760   Aus der Darstellung des IDW (RS HFA 42, Rn. 46) ist hingegen keine Einschränkung des Wahlrechts ersichtlich. Auch Widmann (Widmann/Mayer, Umwandlungsrecht, § 24 UmwG, Rn. 371) hat nichts gegen eine Aufstockung bis zum Zeitwert der Gegenleistung. Allerdings ist die Ermittlung des Zeitwertes vorsichtig vorzunehmen, insb. wenn es zu einem Ausweis eines Geschäfts- oder Firmenwerts kommt (so auch Gassner in FS für Widmann, S. 351 sowie im Ergebnis Lutter/Priester, UmwG, § 24, Rn. 56 f.).

761   Die Art der Ausübung des Bewertungswahlrechts ist bei Kapitalgesellschaften und bei Kapital- und Co-Gesellschaften im Anhang als Bewertungsmethode angabepflichtig (Förschle/Hoffmann in Budde/Förschle/Winkeljohann, Sonderbilanzen, K 54).

762   **bb) Übernehmender Rechtsträger hält eigene Anteile. (1) Grundsätzliches.** Sofern es sich bei der aufnehmenden Gesellschaft um eine Kapitalgesellschaft handelt, die eigene Anteile hält, können diese Anteile als Gegenleistung für das übergehende Vermögen hingegeben werden. Die **Durchführung einer Kapitalerhöhung** kann dann insoweit unterbleiben (§ 54 Abs. 1 Satz 2 Nr. 1, § 68 Abs. 1 Satz 2 Nr. 1 UmwG), ist jedoch nicht verboten. Die übernehmende Kapitalgesellschaft hat somit die Wahl, die eigenen Anteile als Gegenleistung zu verwenden oder aber neue Anteile im Wege der Kapitalerhöhung zu schaffen. Beides ist auch **kumulativ** möglich, sofern die so ausgestaltete Gegenleistung nicht den Zeitwert des übergehenden Vermögens übersteigt.

763   Führt der übernehmende Rechtsträger zusätzlich zu der Gewährung eigener Anteile noch eine Kapitalerhöhung durch, so ist bzgl. der Kapitalaufbringung zu beachten, dass die Gewährung der eigenen Anteile eine gegenläufige Gesellschaftsleistung darstellt. Sie führt bei einer übernehmenden Kapitalgesellschaft zu einem Vermögensabfluss, der bei der Kapitaldeckungskontrolle von dem übergehenden Vermögen abgezogen werden muss, denn per saldo ist der Vermögenszuwachs um den Wert dieser Anteile gemindert. Hieran hat sich auch durch den mit Einführung des BilMoG geänderten bilanziellen Ausweis eigener Anteile nichts geändert, denn die Kapitalaufbringungskontrolle einer beabsichtigten Kapitalerhöhung durch das Registergericht richtet sich nach tatsächlichen Wertveränderungen und nicht nach dem bilanziellen Ausweis. Die erforderliche Kapitaldeckung ist damit nur dann erbracht, wenn das übergehende Vermögen den Kapitalerhöhungsbetrag um den Wert der hingegebenen eigenen Anteile übersteigt (Ihrig, GmbHR 1995, 622, 641 f.).

764   Ist der übernehmende Rechtsträger eine **Personengesellschaft**, ist diese Form der Gegenleistung nicht denkbar, weil eine Personengesellschaft keine eigenen Anteile halten kann.

765   Zusätzlich zur Gewährung eigener Anteile können auch noch bare **Zuzahlungen** geleistet werden.

766   **(2) Ermittlung der Anschaffungskosten und Behandlung von Differenzbeträgen.** Nach der herrschenden Meinung liegt auch bei der Vermögensübertragung gegen Hingabe eigener Anteile ein tauschähnlicher Umsatz vor (Förschle/Hoffmann in Budde/Förschle/Winkeljohann, Sonderbilanzen, K 53; Kallmeyer/Müller, Umwandlungsgesetz, § 24 Rn. 31 ff; Schmitt/Hörtnagl/Stratz/Hörtnagl UmwG § 24 Rn. 36; Lutter/Priester, Umwandlungsgesetz, § 24 Rn. 53 f.; a. A. Semler/Stengel/Moszka, UmwG, § 24 Rn. 39). Es besteht daher auch hier die Möglichkeit, das übergehende Vermögen
    – mit dem Buchwert der Gegenleistung,
    – mit dem – vorsichtig geschätzten – Zeitwert der Gegenleistung, oder

– mit einem erfolgsneutralen Zwischenwert anzusetzen.

Hierbei ist zu beachten, dass der Zeitwert des übergehenden Vermögens immer die Bewertungsober- 767
grenze darstellt, die nicht überschritten werden darf (Goutier/Knopf/Tulloch, Umwandlungsrecht,
§ 24 Satz 256; Mujkanovic, BB 1995, 1735, 1739).

Das hier beschriebene Bewertungswahlrecht besteht auch weiterhin, obwohl wegen des mit dem Bil- 768
MoG eingeführten Aktivierungsverbots für eigene Anteile ein »Buchwert« eigentlich gar nicht mehr besteht. An die Stelle des Buchwerts treten daher nun die Anschaffungskosten der eigenen Anteile, mit
denen diese gem. § 272 Abs. 1a HGB vom Eigenkapital bzw. den frei verfügbaren Rücklagen der Gesellschaft abgesetzt worden sind.

Das gesonderte Bewertungswahlrecht, das übergehende Vermögen mit einem »erfolgsneutralen Zwi- 769
schenwert« anzusetzen, dürfte im Ergebnis ins Leere laufen, da diese Vorgehensweise lediglich die zusätzliche Berücksichtigung etwaig entstehender Ertragsteuerbelastungen ermöglicht. Da jedoch die
Hingabe eigener Anteile ertragsteuerlich keinen Veräußerungsvorgang darstellt, sondern als Kapitalerhöhung einzuordnen ist (vgl. BMF-Schreiben v. 26.11.2013, DStR 2013, 2700), kann sich eine
Ertragsteuerlast aus diesem Vorgang nicht ergeben. Damit entsprechen die beiden dann noch verbleibenden Bewertungsalternativen denen, die auch bei einer Kapitalerhöhung und Ausgabe neuer Anteile
bestanden hätten (vgl. hierzu Rdn. 726 ff.). Dies entspricht auch der Auffassung des Hauptfachaus-
schusses des IDW (vgl. RS HFA 42, Rn. 53).

Wird der Ansatz mit dem Buchwert der Gegenleistung, also mit dem »Buchwert« bzw. den historischen 770
Anschaffungskosten der zu gewährenden eigenen Anteile gewählt, so kann es zu einer Aufstockung oder
auch zu einer Abstockung der Buchwerte des übergehenden Vermögens bis zum Buchwert der eigenen
Anteile kommen (Widmann/Mayer/Widmann, Umwandlungsrecht, § 24 UmwG, Rn. 385). Diese Bewertungsmethode ist daher erfolgsneutral.

Bei der Einbuchung des übernommenen Vermögens ist § 272 Abs. 1b HGB zu beachten. Der Vorgang 771
ist somit handelsrechtlich wie eine Kapitalerhöhung zu verbuchen (IDW, RS HFA 42, Rn. 53; Kallmey-
er/Müller, Umwandlungsgesetz, § 24 Rn. 31 ff; Schmitt/Hörtnagl/Stratz/Hörtnagl UmwG § 24
Rn. 36). Es erfolgt zunächst eine Verbuchung im Nominalkapital gegen den wegfallenden Sonder-
ausweis für die eigenen Anteile. Kam es anlässlich des Erwerbs der eigenen Anteile zu einer Kürzung von
frei verfügbaren Rücklagen, sind diese nun ebenfalls entsprechend wieder aufzufüllen.

Wird das übergehende Vermögen, welches auf die eigenen Anteile als Gegenleistung entfällt, mit einem 772
höheren Wert angesetzt, so entsteht bzgl. der Hingabe der eigenen Anteile wirtschaftlich ein Veräußerungsgewinn, der gem. § 272 Abs. 1b HGB in die Kapitalrücklage nach § 272 Abs. 2 Nr. 1 HGB einzustellen ist. Ein erfolgswirksamer Ausweis kommt daher – entgegen der früher geltenden Rechtslage –
nicht mehr in Betracht.

**cc) Übertragender Rechtsträger hält Anteile am übernehmenden Rechtsträger (down-stream-
merger). (1) Grundsätzliches.** Bei Verschmelzungen oder Spaltungen kommt es nicht selten vor, 773
dass der übertragende Rechtsträger vor der Umwandlung an dem übernehmenden Rechtsträger beteiligt ist (vgl. Fall 2, Teil 7 Rdn. 907). Liegt sogar eine **100 %ige Beteiligung** vor, handelt es sich um eine
Vermögensübertragung von der Muttergesellschaft auf die Tochtergesellschaft (im Verschmelzungsfall
sog. down-stream merger; vgl. Fall 6, Teil 7 Rdn. 933). Ob die Anteile am übernehmenden Rechtsträger
bei einer solchen Verschmelzung Bestandteil des auf diesen übergehenden Vermögens sind, hängt davon ab, ob sie vom übernehmenden Rechtsträger als eigene Anteile übernommen oder den Gesellschaftern des übertragenden Rechtsträgers gewährt werden.

Grds. hat eine übernehmende Kapitalgesellschaft die Möglichkeit, diese eigenen Anteile als Gegenleis- 774
tung zu verwenden, indem sie sie den Gesellschaftern des übertragenden Rechtsträgers gewährt. Auf die
Durchführung einer **Kapitalerhöhung** kann in einem solchen Fall verzichtet werden (§ 54 Abs. 1 Satz 2
Nr. 2; § 68 Abs. 1 Satz 1 Nr. 2 UmwG). Soweit die Anteile voll einbezahlt sind, besteht jedoch keine
Pflicht, diese Anteile den übrigen Gesellschaftern des übertragenden Rechtsträgers zu gewähren.
Eine übernehmende Kapitalgesellschaft kann die Anteile vielmehr auch als eigene Anteile übernehmen
und den übrigen Gesellschaftern des übertragenden Rechtsträgers neue Anteile gewähren, die sie durch

eine Kapitalerhöhung schafft. Unter Beachtung der Kapitalaufbringungsgrundsätze darf die Kapitalerhöhung jedoch nur i. H. d. Nettovermögens des übertragenden Rechtsträgers abzüglich des Wertes der übernommenen eigenen Anteile vorgenommen werden.

775 Anders ist die Rechtslage, wenn die **Anteile** des übertragenden Rechtsträgers an der übernehmenden Kapitalgesellschaft **nicht voll eingezahlt** sind. In diesem Fall besteht gem. § 54 Abs. 1 Satz 1 Nr. 3, § 68 Abs. 1 Satz 1 Nr. 3 UmwG ein **Kapitalerhöhungsverbot**, sodass der übernehmende Rechtsträger keine andere Möglichkeit hat, als seine eigenen – bisher vom übertragenden Rechtsträger gehaltenen – Anteile als Gegenleistung zu verwenden. Soll trotzdem eine Kapitalerhöhung durchgeführt werden, müssen die ausstehenden Einlagen vor der Umwandlung noch eingezahlt werden oder der übertragende Rechtsträger muss seine Anteile am übernehmenden Rechtsträger vorher veräußern (Fischer, DB 1995, 485, 490).

776 Plant der übernehmende Rechtsträger, die vom übertragenden Rechtsträger gehaltenen Anteile als Gegenleistung zu verwenden, so stellt sich die Frage, auf welchem Wege diese **Anteile zu den Gesellschaftern des übertragenden Rechtsträgers gelangen**. Die absolut herrschende Meinung geht hier davon aus, dass diese Anteile direkt kraft Gesetzes (§ 20 Abs. 1 Nr. 3 UmwG) auf die Gesellschafter des übertragenden Rechtsträgers übergehen, beim übernehmenden Rechtsträger also kein Durchgangserwerb stattfindet (vgl. z. B. Müller, WPg 1996, 857, 865; Fischer, DB 1995, 485, 490; IDW, RS HFA 42, Rn. 47; Wassermeyer, JbFfStR 1996/97, 381). Das Vermögen des übertragenden Rechtsträgers geht also ohne die Anteile am übernehmenden Rechtsträger auf diesen über, wobei die h. M. keinen Unterschied macht, ob es sich um eine 100 %ige Beteiligung oder einen geringeren Anteil am übernehmenden Rechtsträger handelt (Widmann/Mayer/Mayer, § 5, Rn. 38).

777 Gehen die Anteile also direkt vom übertragenden Rechtsträger auf dessen Gesellschafter über, so leistet der übernehmende Rechtsträger insoweit gar keine Gegenleistung für das übergehende Vermögen. Ist das übergehende Reinvermögen positiv (bewertet zu Zeitwerten), stellt dieser Vorgang daher eine unentgeltliche Gesellschafterleistung dar (IDW, RS HFA 42, Rn. 47). Ist es negativ, ist eine Sachentnahme gegeben (IDW, RS HFA 42, Rn. 49).

778 Soweit die Anteile des übertragenden Rechtsträgers am übernehmenden Rechtsträger vor der Verschmelzung nicht voll eingezahlt waren, geht auch diese Einlageverpflichtung auf die Gesellschafter des übertragenden Rechtsträgers über.

779 ▶ **Hinweis:**

Dies führt jedoch dazu, dass nicht voll eingezahlte Geschäftsanteile an der übernehmenden Kapitalgesellschaft in der Praxis nur dann zum Anteilstausch verwendet werden können, wenn die Anteilsinhaber des übertragenden Rechtsträgers ihre Anteile ebenfalls nicht voll eingezahlt hatten. Andernfalls werden viele Anteilseigner selbst dann nicht bereit sein, ihre voll eingezahlten Anteile am übertragenden Rechtsträger einzutauschen gegen nicht voll eingezahlte Anteile am übernehmenden Rechtsträger, wenn der nicht eingezahlte Betrag bei der Ermittlung des Umtauschverhältnisses berücksichtigt worden ist.

780 Ist der **übernehmende Rechtsträger** eine **Personengesellschaft**, so kann die vom übertragenden Rechtsträger an ihr gehaltene Beteiligung nicht auf die übernehmende Personengesellschaft übergehen, weil diese keine eigenen Anteile halten kann. Die Beteiligung geht daher im Zuge des Vermögensübergangs unter. Das Kapitalkonto, das bisher bei der Personengesellschaft auf den übertragenden Rechtsträger entfiel, ist aufzulösen. Es wird regelmäßig auf die Einlage der Gesellschafter des übertragenden Rechtsträgers bei der übernehmenden Personengesellschaft umgebucht (Widmann/Mayer/Widmann, Umwandlungsrecht, § 24 UmwG, Rn. 351, sowie Fall 2, Teil 7 Rdn. 907).

781 Soll eine Muttergesellschaft auf ihre eigene Tochter-Kapitalgesellschaft verschmolzen werden, bestehen aus gesellschaftsrechtlicher Sicht hiergegen Bedenken, wenn eine solche Verschmelzung zu einer unzulässigen Einlagenrückgewähr an die Gesellschafter der Muttergesellschaft führt (IDW, RS HFA 42, Rn. 49). Dies kann z. B. der Fall sein, wenn die Muttergesellschaft ausschließlich zum fremdfinanzierten Erwerb oder zur fremdfinanzierten Durchführung einer Kapitalerhöhung bei der Tochtergesellschaft gegründet wurde. In derartigen Fällen einer Übertragung negativen Reinvermögens (bewertet

zu Zeitwerten) ist die Verschmelzung nur dann als gesellschaftsrechtlich unbedenklich anzusehen, wenn der übernehmende Rechtsträger die Rechtsform einer GmbH hat und ein entstehender Verschmelzungsverlust mit ungebundenen Eigenkapitalteilen verrechnet werden kann (IDW, RS HFA 42, Rn. 49). Handelt es sich bei der Übernehmerin um eine AG, dann stellt eine solche Verschmelzung eine unzulässige Einlagenrückgewähr dar und ist daher nach § 57 Abs. 1 AktG regelmäßig unzulässig (Förschle/Hoffmann in Budde/Förschle/Winkeljohann, Sonderbilanzen, K 68).

Nach Ansicht von Widmann/Mayer/Widmann (Umwandlungsrecht, § 24 UmwG, Rn. 388, Fn. 177) **782** ist die Gefahr einer Einlagenrückgewähr auch bei der Entstehung eines Verschmelzungsverlustes hingegen nicht gegeben, weil die Muttergesellschaft untergeht und die Gesellschafter der Muttergesellschaft nicht mehr erhalten, als sie vorher hatten (ebenso Ennekin/Heckchen, DB 2006, 1099, 1100). Die Anteile an der Tochtergesellschaft entsprechen vielmehr dem Wert der Anteile an der Muttergesellschaft. Die Fremdfinanzierung mindert den Wert der Anteile vor und nach der Verschmelzung, weil sie auf die Tochtergesellschaft als Verbindlichkeiten übergeht. Diese Auffassung lehnt also das Vorliegen einer Einlagenrückgewähr ab, weil bei den Gesellschaftern den übertragenden Rechtsträgers tatsächlich keine Vermögensmehrung eintritt. Sie vernachlässigt jedoch die Tatsache, dass das Eigenkapital des übernehmenden Rechtsträgers dem Schutz der §§ 30 GmbHG/§ 57 AktG unterliegt und dieser Schutz durch eine solche Verschmelzung ggf. verletzt wird. Den Bedenken des IDW ist daher zuzustimmen. Ein solcher down-stream-merger ist daher nur dann möglich, wenn der entstehende **Umwandlungsverlust die ungebundenen Eigenkapitalteile des übernehmenden Rechtsträgers nicht übersteigt.** Wird ein down-stream-merger, der bei der übernehmenden Kapitalgesellschaft zu einer bilanziellen Überschuldung führt, gleichwohl im Handelsregister eingetragen, treten insoweit die Rechtsfolgen des § 31 GmbHG ein.

(2) Ermittlung der Anschaffungskosten und Behandlung von Differenzbeträgen. Aus den obi- **783** gen Ausführungen folgt, dass die Anteile des übertragenden Rechtsträgers an dem übernehmenden Rechtsträger, die den Gesellschaftern des übertragenden Rechtsträgers als Gegenleistung für die Vermögensübertragung gewährt werden, unmittelbar auf diese übergehen, also ohne Durchgangserwerb beim übernehmenden Rechtsträger. Bei dieser Fallgestaltung wendet der übernehmende Rechtsträger für das noch auf ihn übergehende Restvermögen des übertragenden Rechtsträgers neben der Übernahme der Verbindlichkeiten des übertragenden Rechtsträgers somit keine weitere Gegenleistung auf (vgl. auch Förschle/Hoffmann in Budde/Förschle/Winkeljohann, Sonderbilanzen, K 67).

Das IDW hat seine Auffassung zur bilanziellen Darstellung dieses Sachverhalts geändert. Während im **784** Standard HFA 2/1997, WPg 1997, 235, 239, Rn. 32212 noch die Auffassung vertreten wurde, dass gleichwohl ein Tauschvorgang fingiert werden könne, geht das IDW in RS HFA 42, Rn. 47 von einer unentgeltlichen Gesellschafterleistung aus, die mit dem vorsichtig geschätzten Zeitwert zu bewerten ist. Bei einem Übergang positiven Reinvermögens ist der positive Differenzbetrag unmittelbar in die Kapitalrücklage nach § 272 Abs. 2 Nr. 4 HGB einzustellen (IDW, RS HFA 42, Rn. 48; ebenso Förschle/ Hoffmann in Budde/Förschle/Winkeljohann, Sonderbilanzen, K 67). Ein anhand vorsichtig geschätzter Zeitwerte ermitteltes negatives Reinvermögen ist als Sachentnahme unmittelbar, d. h. ohne Berührung der Gewinn- und Verlustrechnung, mit dem Eigenkapital zu verrechnen (IDW, RS HFA 42, Rn. 49).

Die Auffassung des IDW sowohl bzgl. der Bewertung als auch bzgl. der Erfassung etwaiger Differenz- **785** beträge ist in der Literatur jedoch strittig. So argumentieren manche Autoren, dass ein Ansatz zum (vorsichtig geschätzten) Zeitwert nicht zwingend sei, sondern der übernehmende Rechtsträger auch das Wahlrecht habe, die ankommenden Vermögensgegenstände mit dem Wert der gleichfalls übernommenen Schulden anzusetzen (so z. B. Lutter/Priester, UmwG, § 24 Rn. 61; Förschle/Hoffmann in Budde/Förschle/Winkeljohann, Sonderbilanzen, K 67). Bzgl. der Art und Weise der Erfassung etwaiger Differenzbeträge wird die vom IDW favorisierte erfolgsneutrale Erfassung ebenfalls nicht von allen befürwortet. So plädieren z. B. Lutter/Priester (UmwG, § 24 Rn. 61), Förschle/Hoffmann (in Budde/Förschle/Winkeljohann, Sonderbilanzen, K 67) sowie Kallmeyer/Müller (Umwandlungsgesetz, § 24 Rn. 39) für eine erfolgswirksame Erfassung als Verschmelzungsgewinn/-verlust.

786 **dd) Anteilsgewährung durch fremde Dritte. (1) Grundsätzliches.** Den Gesellschaftern des übertragenden Rechtsträgers müssen die Anteile nicht vom übernehmenden Rechtsträger selbst gewährt werden. Es ist auch möglich, dass sie Anteile am übernehmenden Rechtsträger von den Alt-Gesellschaftern des übernehmenden Rechtsträgers erhalten. Strittig ist allerdings auch hier, auf welchem Wege diese Anteilsübertragung stattzufinden hat (vgl. hierzu Teil 7 Rdn. 699).

787 **(2) Ermittlung der Anschaffungskosten.** Geht man davon aus, dass die direkte Übertragung der Anteile von Dritten (also von Gesellschaftern des übernehmenden Rechtsträgers) an die Gesellschafter des übertragenden Rechtsträgers möglich ist, so stellt sich die Frage, wie in diesem Fall die Anschaffungskosten des übergehenden Vermögens zu ermitteln sind, denn mangels Gewährung von Anteilen durch den übernehmenden Rechtsträger wendet dieser für das auf ihn übergehende Vermögen nichts auf. Die Situation ist daher mit dem down-stream-merger vergleichbar. Dementsprechend ist aus der Sicht des übernehmenden Rechtsträgers auch hier – folgt man der Auffassung des IDW zum down-stream-merger – kein fiktiver Tausch, sondern ein unentgeltlicher Erwerb gegeben (so bereits Fenske, BB 1997, 1247, 1249). Die Bilanzierung und Bewertung erfolgt daher nach den in Teil 7 Rdn. 783 bis 885 dargelegten Grundsätzen.

788 **ee) Verzicht auf Anteilsgewährung.** Von einer Gewährung von Geschäftsanteilen bzw. Aktien darf gem. §§ 54 Abs. 1 Satz 3, 68 Abs. 1 Satz 3 UmwG abgesehen werden, wenn alle Anteilsinhaber eines übertragenden Rechtsträgers auf die Anteilsgewährung in notariell beurkundeter Form verzichten. Nach der Intention des Gesetzgebers sollte diese Verzichtsmöglichkeit die Verschmelzung von Schwestergesellschaften ermöglichen. Allerdings wurde die Regelung nicht auf diesen konkreten Fall beschränkt, sondern ist generell und rechtsformunabhängig in allen Verschmelzungsfällen anwendbar.

789 Der übernehmende Rechtsträger erhält in diesen Fällen somit Vermögen, ohne hierfür eine Gegenleistung aufbringen zu müssen. Aus seiner Sicht ist daher seine Situation mit der eines übernehmenden Rechtsträgers im Rahmen eines down-stream-mergers vergleichbar (IDW, RS HFA 42, Rn. 50). Für die Bilanzierung und die Bewertung beim übernehmenden Rechtsträger gelten daher die in den Teil 7 Rdn. 783 bis 785 erläuterten Grundsätze entsprechend.

Kommt es in Konzernsituationen bei Verschmelzungen von verbundenen Unternehmen, die keine unmittelbaren Schwestergesellschaften desselben Anteilseigners sind, zu einem Verzicht auf eine Anteilsgewährung, so kommt es bei dem Gesellschafter des übertragenden Rechtsträgers zu einer Vermögensminderung, weil er die Anteile am übertragenden Rechtsträger verliert und keine Gegenleistung in Form neuer Anteile am übernehmenden Rechtsträger erhält. Aus seiner Sicht kommt diese Situation einer Abspaltung der Beteiligung am übertragenden Rechtsträger gleich, weshalb für die bilanzielle Abbildung dieser Vermögensminderung auf die Regelungen zur Abspaltung verwiesen werden kann (so auch IDW, RS HFA 42, Rn. 51; zur Bilanzierung beim übertragenden Rechtsträger in Abspaltungsfällen vgl. Teil 7, Rdn. 848 ff.).

790 **ff) Sonderproblem: Übertragung negativen Vermögens.** Im Gegensatz zu den Fällen der Vermögensübertragung mit Kapitalerhöhung sind bei der Vermögensübertragung ohne Kapitalerhöhung die Grundsätze der Kapitalaufbringung unbeachtlich. Aus diesem Grund kann z. B. eine überschuldete Gesellschaft auf ihre 100 %ige Muttergesellschaft verschmolzen werden. Das gilt nicht nur, wenn der übertragende Rechtsträger rein bilanziell überschuldet ist, sondern auch dann, wenn nach den Verkehrswerten eine Überschuldung vorliegt. Allerdings ist auch in diesem Fall zu prüfen, ob eine Umwandlung nicht dadurch verhindert wird, dass für den übertragenden Rechtsträger bereits eine Insolvenzantragspflicht besteht (vgl. Teil 7 Rdn. 742 ff.).

791 **e) Verteilung der Anschaffungskosten.** Der Gesamtbetrag der ermittelten Anschaffungskosten ist aufgrund des **Einzelbewertungsgrundsatzes** (§ 252 Abs. 1 Nr. 3 HGB) auf die einzelnen Vermögensgegenstände aufzuteilen. Dabei dürfen die Zeitwerte der aktivierten Vermögensgegenstände nicht überschritten und die passivierten Schulden nicht unterschritten werden. Für die Aufteilung der Anschaffungskosten ist ein »**sachgerechtes Verteilungsverfahren**« anzuwenden, welches im Anhang zu erläutern ist (IDW, RS HFA 42, Rn. 56). I. d. R. erfolgt die Aufteilung gleichmäßig nach dem Verhältnis der Zeitwerte.

Die Anschaffungskosten sind unter Zugrundelegung des gewählten **Verteilungsschlüssels** auf alle über- 792
gegangenen Vermögensgegenstände zu verteilen. Zu den aktivierungspflichtigen Vermögensgegenständen gehören nicht nur die in der Schlussbilanz des übertragenden Rechtsträgers ausgewiesenen, sondern auch die nicht bilanzierten originären immateriellen Vermögensgegenstände. Da es sich bei einer
Vermögensübernahme im Wege der Verschmelzung/Spaltung um einen Anschaffungsvorgang handelt,
sind alle übergehenden Vermögensgegenstände aus der Sicht des übernehmenden Rechtsträgers entgeltlich erworben, unabhängig davon, ob sie beim übertragenden Rechtsträger bilanziert waren oder nicht.
Das Aktivierungsverbot des § 248 Abs. 2 HGB findet somit keine Anwendung, diese Vermögensgegenstände sind vielmehr nach § 246 Abs. 1 HGB aktivierungspflichtig. Vermögensgegenstände, die beim
übertragenden Rechtsträger zu einer Bewertungseinheit zusammengefasst waren, sind ebenfalls in das
Verteilungsverfahren einzubeziehen. Der übernehmende Rechtsträger kann dann nach der Vermögensübernahme – bei Vorliegen der übrigen Voraussetzungen – neue Bewertungseinheiten bilden (IDW, RS
HFA 42, Rn. 57). Rückstellungen sind mit dem nach vernünftiger kaufmännischer Beurteilung notwendigen Erfüllungsbetrag (§ 253 Abs. 1 Satz 2 und 3, Abs. 2 HGB) anzusetzen. Soweit i. R. d. Umwandlung bisher nicht bilanzierte Vermögensgegenstände auf den übernehmenden Rechtsträger übergehen,
ergibt sich aufgrund der Aktivierungspflicht dieser Vermögensgegenstände beim übernehmenden
Rechtsträger vom Ergebnis her selbst dann keine Buchwertfortführung, wenn die Anschaffungskosten
genauso hoch sind wie das Reinvermögen der übertragenden Gesellschaft. In dem Umfang, in dem bisher nicht bilanzierte Vermögensgegenstände nunmehr erfasst werden, kommt es dann vielmehr zu einer
Abstockung der Buchwerte der bisher bereits bilanzierten Vermögensgegenstände (vgl. Fall 5, Teil 7
Rdn. 930).

Sind die Anschaffungskosten insgesamt niedriger als die Summe der Zeitwerte aller übergehenden Ver- 793
mögensgegenstände, so erfolgt die Verteilung des Differenzbetrages auf die einzelnen Vermögensgegenstände i. d. R. im Verhältnis ihrer Zeitwerte. Es sind somit quotal entsprechende Abschläge vorzunehmen. Hierbei ist jedoch zu beachten, dass **Nominalwerte** (Kasse, Bank) immer mit ihrem Nennwert
anzusetzen sind. Ein Abschlag kommt hier nicht in Betracht. Neben einer rein quotalen Ermittlung
der vorzunehmenden Abschläge ist es auch möglich, bei langlebigen Vermögensgegenständen, deren
Wertentwicklung nur schwierig abschätzbar ist, einen höheren **Abschlag** vorzunehmen (Küting/Weber,
Handbuch der Rechnungslegung, § 255 HGB, Rn. 24). Des Weiteren kann ein sich ergebender Min-
derbetrag auch i. R. d. Bewertung von Schulden ausgeglichen werden. Dies ist z. B. der Fall, wenn der
übertragende Rechtsträger gem. Art. 28 Abs. 1 EGHGB Pensionsrückstellungen gar nicht oder nur
z. T. passiviert hat. Den übernehmenden Rechtsträger trifft diesbezüglich hingegen eine **Passivierungspflicht** (vgl. Teil 7 Rdn. 717).

Sind die Anschaffungskosten insgesamt höher als die Summe der Zeitwerte der einzelnen übergehen- 794
den Vermögensgegenstände und Schulden, so stellt der Differenzbetrag den Geschäfts- oder Firmenwert dar, der gem. § 246 Abs. 1 S. 4 HGB zu aktivieren ist (IDW, RS HFA 42, Rn. 58).

▶ **Beispiel:**　　　　　　　　　　　　　　　　　　　　　　　　　　　　　　　　　　　　　795

Die A-GmbH wird auf die B-GmbH verschmolzen. Die B-GmbH nimmt zu diesem Zweck eine
Kapitalerhöhung mit einem Nominalbetrag von 1.000 TEUR vor. Außerdem wird eine Kapitalrücklage von 200 dotiert. Die A-GmbH verfügt vor der Verschmelzung über ein buchmäßiges Reinvermögen von 900, das sich wie folgt verteilt:

Anlagevermögen	800.000 € (stille Reserven 500.000 €)
Kasse/Bank	+ 300.000 €
Aktivvermögen	1.100.000 €
Verbindlichkeiten	− 200.000 €
buchmäßiges Reinvermögen	900.000 €

Bei einer Bilanzierung mit dem Buchwert der Gegenleistung werden die Anschaffungskosten für das
übergehende Vermögen definiert durch den Ausgabebetrag der Anteile i. H. v. 1.200.000 €. Die zu
bilanzierenden Werte ermitteln sich wie folgt:

Die Verbindlichkeiten sind aufgrund des Imparitätsprinzips mit ihrem Nennwert anzusetzen. Die Nominalwerte (Kasse/Bank) sind ebenfalls mit ihren Nennwerten anzusetzen. Für das Anlagevermögen ergibt sich daraufhin folgende Ermittlung der Anschaffungskosten:

Ausgabebetrag der Anteile	1.200.000 €
Übernahme von Verbindlichkeiten	+ 200.000 €
Anschaffungskosten für das gesamte Anlagevermögen	1.400.000 €
hierauf entfallen auf die Nominalwerte Kasse/Bank	– 300.000 €
verbleiben für das übrige Anlagevermögen	1.100.000 €

Die Buchwerte des übrigen Anlagevermögens sind somit von bisher 800.000 € auf 1.100.000 € aufzustocken. Diese Aufstockung erfolgt i. d. R. quotal nach dem Verhältnis der Zeitwerte der einzelnen Anlagegegenstände.

796 **4. Buchwertfortführung. a) Bilanzierung dem Grunde nach.** Nach § 24 UmwG können als Anschaffungskosten auch die Buchwerte aus der Schlussbilanz angesetzt werden. Mit dieser Möglichkeit der Buchwertfortführung wurde das bis zum Jahr 1995 in Verschmelzungsfällen geltende Recht in das neue Umwandlungsrecht übernommen, und ist nun auch in Spaltungsfällen anwendbar.

797 Die **Buchwertverknüpfung** bezieht sich grds. auf alle in der Schlussbilanz des übertragenden Rechtsträgers enthaltenen Bilanzansätze. Unstrittig ist dies in Bezug auf die **aktiven und passiven Vermögensgegenstände** des übertragenden Rechtsträgers die bei diesem nach den Vorschriften des Handelsrechts zwingend zu bilanzieren waren. Daneben hat der übernehmende Rechtsträger aber auch die vom übertragenden Rechtsträger in Anspruch genommenen Bilanzierungshilfen fortzuführen, und zwar auch dann, wenn der übernehmende Rechtsträger die Bilanzierungshilfe selbst nicht hätte bilden dürfen, wie dies z. B. bei der Verschmelzung einer Kapitalgesellschaft auf eine Personengesellschaft, der Fall ist (vgl. Widmann/Mayer/Widmann, Umwandlungsrecht, § 24 UmwG, Rn. 320).

798 Strittig ist hingegen die **Behandlung von Pensionsverpflichtungen**, die vor dem 01.01.1987 entstanden und vom übertragenden Rechtsträger nach Art. 28 Abs. 1 EGHGB nicht bilanziert worden sind. Nach der mittlerweile wohl herrschenden Meinung (IDW, RS HFA 42, Rn. 60; Naumann, in: FS für Rainer Ludewig, S. 683, 706) tritt der übernehmende Rechtsträger in das Wahlrecht des übertragenden Rechtsträgers ein und ist daher ebenfalls nicht gezwungen, diese Pensionsverpflichtungen in seiner Übernahmebilanz auszuweisen. A. A. ist hier jedoch Widmann/Mayer/Widmann (Umwandlungsrecht, § 24 UmwG, Rn. 358), wonach dem übernehmenden Rechtsträger das Wahlrecht des Art. 28 Abs. 1 EGHGB nicht zustehe und er daher auch im Fall der Buchwertfortführung die Verpflichtung habe, diese Pensionsrückstellung zu passivieren. Die Passivierung erfolge zulasten des Gewinns des übernehmenden Rechtsträgers.

799 Die Bindung des übernehmenden Rechtsträgers an die Wertansätze in der Schlussbilanz des übertragenden Rechtsträgers hat aber auch zur Konsequenz, dass der übernehmende Rechtsträger keine Möglichkeit hat, vom übertragenden Rechtsträger selbst erstellte immaterielle Vermögensgegenstände des Anlagevermögens zu aktivieren (IDW, RS HFA 42, Rn. 65). Auch die **Aktivierung** eines **Geschäfts- oder Firmenwertes** kommt nicht in Betracht. Der übernehmende Rechtsträger tritt hier also in das für den übertragenden Rechtsträger geltende **Aktivierungsverbot** des § 248 Abs. 2 HGB ein.

800 Bei dem übertragenden Rechtsträger ausgewiesene latente Steuern sind auch bei der Buchwertfortführung vom übernehmenden Rechtsträger nicht ungeprüft zu übernehmen, sondern neu zu bewerten. Eine Übernahme kommt also nur insoweit in Betracht, wie die beim übertragenden Rechtsträger bereits vorhandenen Differenzen zwischen Handels- und Steuerbilanz aufgrund der Buchwertfortführung bei dem übernehmenden Rechtsträger weiterhin bestehen (ebenso IDW, RS HFA 42, Rn. 61; Lutter/Priester, UmwG, § 24 Rn. 65; a. A. Förschle/Hoffmann in Budde/Förschle/Winkeljohann, Sonderbilanzen, K 80; Kallmeyer/Müller Umwandlungsgesetz, § 24 Rn. 15;). Die Buchwertfortführung kann nicht so weit gehen, dass der übernehmende Rechtsträger Bilanzposten übernimmt, die keine Wirtschaftsgüter sind und bei ihm jeglicher Grundlage entbehren, um sie dann sofort nach der Übernahme gewinnwirksam auszubuchen. Hat z. B. der übertragende Rechtsträger in seiner Schlussbilanz noch in nennenswerter Höhe aktive latente Steuern auf Verlustvorträge ausgewiesen und gehen diese Verlustvorträge anläss-

lich der Verschmelzung unter, so wäre es nicht sachgerecht, wenn der übernehmende Rechtsträger die aktiven latenten Steuern bei sich noch einbucht, um sie dann unmittelbar danach zulasten des eigenen Gewinns aufzulösen. Dies führt nur zu einer verfälschten Darstellung der Ertragslage des übernehmenden Rechtsträgers.

Im Fall der Umwandlung einer Kapitalgesellschaft auf eine Personengesellschaft oder eine natürliche **801** Person sind in der Übernahmebilanz auch die beim übertragenden Rechtsträger gebildeten latenten Steuern für die Körperschaftsteuer nicht zu übernehmen, da diese ebenfalls im folgenden Jahresabschluss bereits wieder aufzulösen wären.

Haben die Gesellschafter des übertragenden Rechtsträgers nach Aufstellung der Schlussbilanz noch **802** eine Gewinnausschüttung beschlossen, so hat der übernehmende Rechtsträger insoweit eine Verbindlichkeit einzustellen (vgl. auch Teil 7 Rdn. 721 sowie Förschle/Hoffmann in Budde/Förschle/Winkeljohann, Sonderbilanzen, K 79).

b) Bilanzierung der Höhe nach. Wird das Wahlrecht des § 24 UmwG zugunsten der Buchwertfort- **803** führung ausgeübt, so gelten die in der Schlussbilanz des übertragenden Rechtsträgers angesetzten Werte für den übernehmenden Rechtsträger als Anschaffungskosten i. S. d. § 253 Abs. 1 HGB. Bei der Aufstellung seiner Schlussbilanz hatte der übertragende Rechtsträger wiederum gem. § 17 Abs. 2 Satz 2 UmwG die Vorschriften über die Jahresbilanz zu beachten. Soweit der übertragende Rechtsträger Bewertungswahlrechte ausgeübt hat, ist der übernehmende Rechtsträger an diese Wertansätze gebunden (IDW, RS HFA 42, Rn. 60). Das gilt auch dann, wenn dem übernehmenden Rechtsträger rechtsformabhängig die Vornahme entsprechender Wahlrechte gar nicht zugestanden hätte.

Aus der Formulierung des § 24 UmwG, dass die Buchwerte aus der Schlussbilanz des übertragenden **804** Rechtsträgers für den übernehmenden Rechtsträger als **Anschaffungskosten** gelten, ist zu entnehmen, dass der Gesetzgeber auch in den Fällen der **Buchwertfortführung** davon ausgeht, dass der Vermögensübergang im Rahmen eines Anschaffungsgeschäftes erfolgt. Aus bilanzrechtlicher Sicht folgt daraus, dass der übernehmende Rechtsträger über die Buchwertfortführung hinaus **nicht** in vollem Umfange in die Rechtsstellung des übertragenden Rechtsträgers eintritt (vgl. Widmann/Mayer/Widmann, Umwandlungsrecht, § 24 UmwG, Rn. 357; Förschle/Hoffmann in Budde/Förschle/Winkeljohann, Sonderbilanzen, K 86). Der übernehmende Rechtsträger unterliegt daher hinsichtlich der Ansatz- und Bewertungsmethoden des übertragenden Rechtsträgers für künftige Jahresabschlüsse nicht dem Stetigkeitsgrundsatz nach §§ 246 Abs. 3 Satz 1, 252 Abs. 1 Nr. 6 HGB (IDW, RS HFA 42, Rn. 60). Des weiteren hat die **Anschaffungskostenfiktion** zur Folge, dass die Buchwerte des übergehenden Vermögens für den übernehmenden Rechtsträger nicht – wie für den übertragenden Rechtsträger – als fortgeführte Anschaffungskosten übernommen werden. Die Buchwerte gelten für den übernehmenden Rechtsträger vielmehr als reguläre Anschaffungskosten i. S. d. § 253 Abs. 1 HGB und stellen als solche die absolute Bewertungsobergrenze dar, die durch künftige Zuschreibungen nicht überschritten werden kann. Eine **Wertaufholung** beim übernehmenden Rechtsträger ist daher selbst dann nicht möglich, wenn der übertragende Rechtsträger außerplanmäßige Abschreibungen vorgenommen hatte (vgl. Widmann/Mayer/Widmann, Umwandlungsrecht, § 24 UmwG, Rn. 316 und Rn. 358; IDW, RS HFA 42, Rn. 64; Semler/Stengel/Moszka, UmwG, § 24 Rn. 56). Diese Buchwerte sind daher auch als Zugangswerte im Anlagenspiegel des übernehmenden Rechtsträgers auszuweisen. Nach Auffassung des IDW dürfen die ursprünglichen Anschaffungskosten und die kumulierten Abschreibungen des übertragenden Rechtsträgers allerdings zu statistischen Zwecken in einer Sonderspalte des Anlagengitters des übernehmenden Rechtsträgers weiterhin ausgewiesen werden. Die Darstellung ist im Anhang zu erläutern (IDW, RS HFA 42, Rn. 64).

Vom übertragenden Rechtsträger gebildete Bewertungseinheiten nach § 254 HGB sind vom übernehmenden Rechtsträger fortzuführen (IDW, RS HFA 42, Rn. 66). **805**

Eine weitere Konsequenz dieser Anschaffungskostenfiktion ist, dass der übernehmende Rechtsträger **806** nicht die Abschreibungen des übertragenden Rechtsträgers fortführen muss. Er kann vielmehr eine andere **Abschreibungsmethode** wählen. Die Nutzungsdauern der Wirtschaftsgüter sind neu festzulegen (Förschle/Hoffmann in Budde/Förschle/Winkeljohann, Sonderbilanzen, K 86).

807 Fraglich ist, ob das Wahlrecht zur Buchwertfortführung auch dann uneingeschränkt gilt, wenn der Zeitwert des übergehenden Vermögens unter dem Buchwert liegt. Förschle/Hoffmann (in Budde/Förschle/Winkeljohann, Sonderbilanzen, K 89) sehen dies zumindest dann als zweifelhaft an, wenn die Überbewertung auch nicht durch Vermögenssteigerungen im Interimszeitraum gedeckt werden kann. Zwar wird grds. anerkannt, dass das Gesetz keine Einschränkung der Buchwertfortführung für diesen Fall vorsieht, aber gleichwohl wird für eine Abstockung nicht monetärer Aktiva, bzw. (falls dies nicht ausreicht) für die Passivierung einer »Schuld« plädiert (Priester in Lutter, UmwG, § 24, Rn. 72). M. E. ist diese Vorgehensweise nicht konsequent. Soweit die einzelnen Vermögensgegenstände nicht überbewertet sind (was bereits in der Schlussbilanz des übertragenden Rechtsträgers zu korrigieren wäre), kann der Grund für eine Überbewertung der Sachgesamtheit nur in der Existenz stiller Lasten liegen (z. B. nicht passivierte Pensionsrückstellungen). Wenn Bedenken gegen eine Übernahme der Buchwerte trotz eines geringeren Zeitwerts der Sachgesamtheit bestehen, dann sollte man die Buchwertfortführungsmöglichkeit für diesen Fall verneinen und für den zwingenden Übergang zur Anschaffungswertmethode plädieren, denn hier kommt es weitgehend zu einem Ausweis der betreffenden stillen Lasten. Aber in einem ersten Schritt die Buchwertfortführung zu ermöglichen und die damit verbundene Nichtberücksichtigung stiller Lasten zunächst hinzunehmen, um dann in einem zweiten Schritt die Buchwerte durch eine Abstockung der nicht monetären Aktiva zu »modifizieren«, kann nicht die richtige Vorgehensweise sein. Dieser Ansicht ist daher m. E. nicht zuzustimmen. Die Buchwertfortführung ist vielmehr auch in diesen Fällen uneingeschränkt möglich, sofern der Zeitwert des übergehenden Vermögens den Nennbetrag einer ggf. vorzunehmenden Kapitalerhöhung noch deckt.

808 **c) Vermögensübertragung mit Kapitalerhöhung.** I. d. R. werden die den Gesellschaftern des übertragenden Rechtsträgers zu gewährenden Anteile am übernehmenden Rechtsträger durch eine Kapitalerhöhung geschaffen. Die Gegenleistung für das übergehende Vermögen setzt sich in diesem Fall zusammen aus dem Betrag der Nennkapitalerhöhung zuzüglich eines festgelegten Aufgeldes, insgesamt also dem Ausgabebetrag der neuen Anteile (vgl. eingehen Teil 7, Rdn. 690 ff.). Soweit bare Zuzahlungen geleistet werden, gehören auch diese zur Gegenleistung. Das Ausmaß der Kapitalerhöhung steht in keinem Zusammenhang mit dem Buchwert des übergehenden Vermögens, sondern es errechnet sich aus dem Verhältnis des Ertragswertes des übergehenden Vermögens zu dem Ertragswert des Vermögens des übernehmenden Rechtsträgers vor der Umwandlung. Aus diesem Grund stimmen der Nennbetrag der Kapitalerhöhung und der Buchwert des übergehenden Vermögens betragsmäßig regelmäßig nicht überein, sondern es ergeben sich positive oder negative Differenzen.

809 Ein **positiver Differenzbetrag** entsteht, wenn der Buchwert des übergehenden Reinvermögens größer ist als der Buchwert der Gegenleistung (Festkapitalerhöhung zuzüglich Aufgeld und ggf. barer Zuzahlungen). Dieser positive Differenzbetrag wird häufig als Verschmelzungs- bzw. Übernahmegewinn bezeichnet. Die Entstehung des positiven Differenzbetrages macht aus Sicht der Übernehmerin deutlich, dass der wahre Wert der von ihr gewährten neuen Anteile über deren Ausgabebetrag liegt (Pohl, Handelsbilanzen bei der Verschmelzung von Kapitalgesellschaften, S. 102).

810 Ist die Übernehmerin eine Kapitalgesellschaft, so ist dieser Differenzbetrag gem. § 272 Abs. 2 Nr. 1 HGB in die **Kapitalrücklage** einzustellen (IDW, RS HFA 42, Rn. 68). Ist die Übernehmerin eine Personengesellschaft, so sollte die Behandlung des übersteigenden Betrages durch Gesellschaftsvertrag geregelt werden (so auch IDW, RS HFA 42, Rn. 69). In der Praxis erfolgt i. d. R. eine Einstellung in die **gesamthänderisch gebundenen Rücklagen gem. § 264 c Abs. 2 Satz 1 II HGB** (vgl. Fall 2, Teil 7 Rdn. 912). Möglich ist aber auch eine beteiligungsproportionale Zuschreibung zu den Kapitalanteilen aller Anteilsinhaber.

811 Ein **negativer Differenzbetrag** entsteht, wenn der Ausgabebetrag der Anteile (Nennbetrag zuzüglich Aufgeld) den Buchwert des übergehenden Reinvermögens übersteigt. Häufig wird dieser Betrag als Verschmelzungs- oder Übernahmeverlust bezeichnet (vgl. Fall 1, Teil 7 Rdn. 906). Der Sache nach beruht der Differenzbetrag auf den stillen Reserven, die in den Buchwerten des übergehenden Vermögens ruhen. Diese stillen Reserven werden wegen der Buchwertverknüpfung nicht aufgedeckt, sondern in der Übernahmebilanz fortgeführt.

812 Soweit es sich bei dem aufnehmenden Rechtsträger um eine Kapitalgesellschaft handelt, die i. R. d. Verschmelzung eine Kapitalerhöhung durchführt, ist jedoch streitig, ob es überhaupt zulässig ist, die Buch-

wertfortführung zu wählen, wenn dadurch ein Übernahmeverlust entsteht, bzw. ob nicht in diesen Fällen die Bilanzierung mit den tatsächlichen Anschaffungskosten zwingend ist. Es werden hier verschiedene Ansichten vertreten.

Nach einer Ansicht darf das Bewertungswahlrecht des § 24 UmwG nicht zugunsten der Buchwertfort- 813
führung ausgeübt werden, wenn hierdurch ein Übernahmeverlust entsteht (so z. B. Müller, WPg 1996, 857, 864; Pohl, Handelsbilanzen bei der Verschmelzung von Kapitalgesellschaften, S. 128 f.; Fischer, DB 1995, 485, 487; Müller in FS für Clemm, S. 254). Nach den Grundsätzen der Kapitalaufbringung dürfen hiernach bei einer Sacheinlage gegen Kapitalerhöhung der bilanzielle Ansatz des übergehenden Vermögens und der Ausgabebetrag der Anteile nicht in der Weise auseinanderklaffen, dass sich ein Verschmelzungsverlust ergibt. Dies führte nämlich dazu, dass jedenfalls bilanziell das Kapital erst aus zukünftigen Gewinnen aufgebracht würde. Daher soll eine Buchwertverknüpfung nur dann zulässig sein, wenn der Buchwertsaldo den Kapitalausgabebetrag mindestens erreicht. Die Buchwerte des übergehenden Vermögens sind hiernach bis zum Nennbetrag der ausgegebenen Anteile aufzustocken.

Nach der wohl herrschenden Meinung besteht jedoch das **Wahlrecht zur Buchwertfortführung** unein- 814
geschränkt auch dann, wenn der Buchwert des übergehenden Reinvermögens unter dem Nennbetrag der Kapitalerhöhung liegt (vgl. Widmann/Mayer/Widmann, Umwandlungsrecht, § 24 UmwG, Rn. 332; IDW, RS 42, Rn. 70; Förschle/Hoffman in Budde/Förschle/Winkeljohann, Sonderbilanzen, K 91; Semler/Stengel/Moszka, UmwG, § 24 Rn. 60); im Ergebnis so wohl auch Lutter/Priester, UmwG, § 24 Rn. 69, 86, der aber aufgrund der durch den Verschmelzungsverlust eintretenden Schmälerung des Ausschüttungsvolumens für die Wahl der Buchwertfortführung einen besonderen Rechtfertigungsbedarf ggü. den Gesellschaftern sieht. Soweit allerdings durch diesen Verlust die Darstellung der zutreffenden Vermögens-, Finanz- und Ertragslage beeinträchtigt wird, sind gem. § 264 Abs. 2 Satz 2 HGB zusätzliche Anhangsangaben zu machen (vgl. Widmann/Mayer/Widmann, Umwandlungsrecht, § 24 UmwG, Rn. 333). Der Übernahmeverlust ist aufwandswirksam in der Gewinn- und Verlustrechnung unter den außerordentlichen Aufwendungen zu erfassen. Eine Kompensierung durch Ansatz eines Geschäftswertes kommt nicht in Betracht (Widmann/Mayer/Widmann, Umwandlungsrecht, § 24 UmwG, Rn. 331; IDW, RS HFA 42, Rn. 70).

Soweit es sich bei dem aufnehmenden Rechtsträger nicht um eine Kapitalgesellschaft, sondern um eine 815
Personengesellschaft handelt, ist die Möglichkeit der Buchwertfortführung auch bei Entstehung eines Übernahmeverlustes unbestritten, denn bei einer Personengesellschaft sind keine besonderen Kapitalaufbringungsgrundsätze zu beachten.

d) Vermögensübertragung ohne Kapitalerhöhung. Eine Vermögensübertragung ohne Kapital- 816
erhöhung erfolgt, wenn und soweit der übernehmende Rechtsträger am übertragenden Rechtsträger beteiligt ist, bzw. wenn der übernehmende Rechtsträger eigene Anteile hält, die er den Gesellschaftern des übertragenden Rechtsträgers als Gegenleistung gewährt, wenn die »Altgesellschafter« des übernehmenden Rechtsträgers Anteile an die Gesellschafter des übertragenden Rechtsträgers abtreten oder wenn nach § 54 Abs. 1 UmwG auf eine Kapitalerhöhung durch alle Gesellschafter verzichtet wird.

Beim sog. up-stream-merger entsteht ein Differenzbetrag (Verschmelzungsgewinn bzw. -verlust), wenn 817
der Buchwert des übergehenden Reinvermögens den Buchwert der vom übernehmenden Rechtsträger gewährten Gegenleistung übersteigt (vgl. Fall 6, Teil 7 Rdn. 938) bzw. unterschreitet. Als Gegenleistung gelten hier die untergehenden Anteile am übertragenden Rechtsträger. Aus Sicht der Übernehmerin beruht ein Übernahmegewinn darauf, dass im Buchwert der Gegenleistung stille Reserven enthalten sind, die durch den Buchwert des übernommenen Vermögens teilweise aufgedeckt werden (Pohl, Handelsbilanzen bei der Verschmelzung von Kapitalgesellschaften, S. 104). Der positive oder negative Differenzbetrag ist erfolgswirksam in der GuV zu erfassen (IDW, RS HFA 42, Rn. 72). Vgl. auch Fall 3, Teil 7 Rdn. 918. Wird ein side-stream-merger durchgeführt und gewährt der übernehmende Rechtsträ- 818
ger als Gegenleistung eigene Anteile, so entsteht eine (positiver oder negativer) Differenzbetrag i. H. d. Differenz zwischen den vom Eigenkapital bzw. den freien Rücklagen nach § 272 Abs. 1a HGB gekürzten Anschaffungskosten der eigenen Anteile und dem Buchwert des übergehenden Reinvermögens. Die bilanzielle Abbildung dieses Veräußerungsvorgangs eigener Anteile erfolgt nach § 272 Abs. 1b HGB. Es ist daher zunächst der offen vom gezeichneten Kapital abgesetzte Betrag sowie ein ggf. mit frei verfügbaren Rücklagen verrechneter Betrag rückgängig zu machen. Ein diesen Betrag übersteigender positiver

Differenzbetrag ist in die Kapitalrücklage gem. § 272 Abs. 2 Nr. 1 HGB einzustellen. Der Vorgang ist somit bilanziell erfolgsneutral (IDW, RS HFA 42, Rn. 73; Semler/Stengel/Moszka, UmwG, § 24 Rn. 62; Lutter/Priester, UmwG, § 24 Rn. 71).

819   Bei einem **down-stream-merger** erscheint es sachgerecht, einen positiven Differenzbetrag unmittelbar in die Kapitalrücklage nach § 272 Abs. 2 Nr. 4 HGB einzustellen. Ein negativer Differenzbetrag ist unmittelbar mit frei verfügbaren Eigenkapitalteilen zu verrechnen (vgl. IDW, RS HFA 42, Rn. 74).

820   Verzichten sämtliche Anteilseigner auf die Gewährung von Anteilen, so ist ein entstehender Differenzbetrag analog der Vorgehensweise beim down-stream-merger zu behandeln (IDW, RS HFA 42, Rn. 75).

821   **5. Teilweise Ausübung des Wahlrechts.** Fraglich ist, ob die beiden **Bewertungsmethoden** des § 24 UmwG durch eine teilweise Ausübung des Wahlrechts **verbunden** werden dürfen, um so den Ansatz eines Zwischenwertes zu erreichen. Dies könnte entweder dadurch erreicht werden, dass bestimmte Vermögensgegenstände mit den tatsächlichen Anschaffungskosten und andere mit dem Buchwert aus der Schlussbilanz des übertragenden Rechtsträgers bewertet werden, oder dadurch, dass sich der Wert eines einzelnen Vermögensgegenstandes teilweise aus den tatsächlichen Anschaffungskosten und teilweise aus dem Buchwert der Schlussbilanz zusammensetzt.

822   Beide Vorgehensweisen sind jedoch abzulehnen. Probleme würden hier bereits bei der Bilanzierung dem Grunde nach auftreten. So sind z. B. originäre immaterielle Wirtschaftsgüter des übertragenden Rechtsträgers von dem übernehmenden Rechtsträger zwingend zu aktivieren, wenn er die Anschaffungswertmethode wählt und auf keinen Fall zu aktivieren, wenn er die Buchwertfortführung wählt. Würden beide Bilanzierungsmethoden gemischt auf die Bilanzierung eines einzigen Vermögensgegenstandes angewendet, so wäre die Ansatzfrage nicht lösbar. Könnte man das Wahlrecht für jeden einzelnen Vermögensgegenstandes neu ausüben, dann hätte der übernehmende Rechtsträger z. B. bei jedem einzelnen übergehenden originären immateriellen Wirtschaftsgut die Wahl, ob er es nach der Anschaffungswertmethode ansetzt oder ob er es nach der Methode der Buchwertfortführung gar nicht aktiviert. Das Bilanzbild könnte durch derartige Bilanzierungsmöglichkeiten erheblich verzerrt werden. Die **Mischung der beiden Bewertungsmethoden** ist daher **unzulässig** (so auch Pohl, Handelsbilanzen bei der Verschmelzung von Kapitalgesellschaften, S. 124; Widmann/Mayer/Widmann, Umwandlungsrecht, § 24 UmwG, Rn. 311). Sie widerspräche dem Willkürverbot und dem Grundsatz der Methodenbestimmtheit (Naumann, in: FS für Rainer Ludewig, S. 683, 710).

823   Der **Ansatz eines Zwischenwertes** lässt sich auch nicht damit rechtfertigen, dass die Bewertung mit den tatsächlichen Anschaffungskosten und die Bewertung mit dem Buchwert lediglich die Bewertungsober- und -untergrenze darstellen und dazwischen jeder Bilanzansatz möglich sei. Der Gesetzgeber hat keinen Bewertungsspielraum vorgesehen, sondern zwei Bewertungsmethoden. Hierbei beruht die Buchwertfortführung auf dem Gedanken der Bilanzkontinuität und die Anschaffungskostenbilanzierung auf dem Gedanken der Erfolgsneutralität des Anschaffungsvorgangs (Pohl, Handelsbilanzen bei der Verschmelzung von Kapitalgesellschaften, S. 126). Der Ansatz von Zwischenwerten widerspräche jedoch der Zielsetzung beider Methoden.

824   **6. Zuständigkeit für die Wahlrechtsausübung.** Grds. kann der übernehmende Rechtsträger nach der h. M. zwischen einem Ansatz des übergehenden Vermögens mit dem Buchwert der Gegenleistung oder dem Zeitwert frei wählen. Das Wahlrecht wird hierbei letztlich konkludent ausgeübt durch Einbuchung bestimmter Wertansätze beim übernehmenden Rechtsträger. Da jedoch die Ausübung des Wahlrechts aufgrund unterschiedlich hoher Abschreibungen zumindest in den ersten Jahren nach der Vermögensübernahme erhebliche Auswirkungen auf die Ertragssituation des übernehmenden Rechtsträgers haben kann, stellt sich die Frage, welche Instanz des übernehmenden Rechtsträgers letztlich über den konkreten Wertansatz zu entscheiden hat. Bei einer GmbH wird dies die Gesellschafterversammlung sein. Bei einer AG wird der konkrete Wertansatz wohl in den meisten Fällen vom Vorstand entschieden. Es stellt sich allerdings gerade bei einer AG die Frage, ob der Vorstand vollständige Entscheidungsfreiheit hat oder nicht. Soweit die Hauptversammlung der AG lediglich dem ermittelten Umtauschverhältnis zugestimmt hat, aus dem sich eine bestimmte Kapitalerhöhung ergibt, ohne eine Aussage zur Bildung eines Agios zu treffen, hat der Vorstand wohl die Entscheidungsfreiheit darüber, ob die Vermögensgegenstände mit diesem Nennwert oder mit einem höheren Wert angesetzt werden, mit

der Folge, dass im letzteren Fall der übersteigende Betrag in die Kapitalrücklage einzustellen ist. Anders ist es hingegen, wenn die Hauptversammlung zusammen mit der Kapitalerhöhung auch ein Agio in bestimmter Höhe beschlossen hat bzw. ganz ausdrücklich kein Agio dotiert hat. In einem solchen Fall kann davon ausgegangen werden, dass die Gesellschafterversammlung mit diesem Beschluss auch den konkreten Wertansatz für das übergehende Vermögen bestimmt hat. Es ist sehr fraglich, ob der Vorstand in einem solchen Fall das übergehende Vermögen doch noch mit einem höheren Wert ansetzen kann mit der Folge, dass die Dotierung der Kapitalrücklage letztlich höher ausfällt, als von der Hauptversammlung beschlossen wurde und mit der weiteren Folge, dass die aus dem höheren Bilanzansatz folgenden höheren Abschreibungen in den nächsten Jahren das Ausschüttungspotenzial vermindern. Bedenken gegen ein solches Vorgehen äußert auch Naumann (in: FS für Rainer Ludewig, S. 683, 691), der für eine zusätzliche Einstellung in die Kapitalrücklage eine ausdrückliche Ermächtigung durch die Hauptversammlung verlangt; Förschle/Hoffmann (in: Budde/Förschle/Winkeljohann, K 44) wollen durch Auslegung des Kapitalerhöhungsbeschlusses ermitteln, ob die Hauptversammlung mit dem Kapitalerhöhungsbeschluss auch gleichzeitig eine Bestimmung der Anschaffungskosten vorgesehen hat oder nicht. Das IDW (RS HFA 42, Rn. 43) plädiert ebenfalls für eine Auslegung des Kapitalerhöhungsbeschlusses, wobei der Bilanzierungsspielraum des übernehmenden Rechtsträgers dahingehend eingeschränkt ist, dass entweder auf die Bildung einer Kapitalrücklage ganz verzichtet wird und sich die Anschaffungskosten des übergehenden Reinvermögens damit aus dem Nennbetrag der Kapitalerhöhung ergeben oder aber eine Kapitalrücklage in Höhe des Unterschiedsbetrags zwischen dem Zeitwert des übergehenden Vermögens und dem Nennbetrag der Kapitalerhöhung gebildet wird, so dass es zu einem Zeitwertansatz des übergehenden Vermögens kommt. Die Zuführung eines geringeren Betrags zur Kapitalrücklage mit dem Ziel, einen Bilanzansatz des übergehenden Vermögens mit einem Zwischenwert zwischen dem Betrag der Nennkapitalerhöhung und dem Zeitwert zu erreichen, kommt damit nicht in Betracht. Dies kann also nur dann erreicht werden, wenn der Kapitalerhöhungsbeschluss ein betragsmäßig ein Agio bestimmt.

7. Mischfälle. Ein sog. Mischfall liegt vor, wenn bei einer Umwandlung anteilig sowohl eine **Sacheinlage gegen Kapitalerhöhung** als auch ein **tauschähnlicher Umsatz** vorliegt. Ein solcher Fall ist immer dann gegeben, wenn der übernehmende Rechtsträger zwar bereits über einen Teil der Gegenleistung verfügt, dies jedoch allein noch nicht ausreicht. Der noch fehlende Teil der Gegenleistung muss daher in neuen Anteilen bestehen, die durch eine Kapitalerhöhung geschaffen werden müssen.   825

Es sind hier folgende **Konstellationen** denkbar: 826

– Der übernehmende Rechtsträger ist an dem übertragenden Rechtsträger beteiligt, hält aber nicht 100 % der Anteile, sondern es sind noch weitere Personen an dem übertragenden Rechtsträger beteiligt.

In diesem Fall besteht die Gegenleistung aus der Sicht des übernehmenden Rechtsträgers zunächst in der Hingabe der Anteile an dem übertragenden Rechtsträger. Insoweit liegt ein tauschähnlicher Umsatz vor. Zum anderen müssen den übrigen Gesellschaftern des übertragenden Rechtsträgers Anteile am übernehmenden Rechtsträger gewährt werden. Diese werden durch eine Kapitalerhöhung geschaffen. Insoweit stellt die Vermögensübertragung daher eine Sacheinlage gegen Kapitalerhöhung dar.

– Der übertragende Rechtsträger hält Anteile am übernehmenden Rechtsträger, die als Gegenleistung verwendet werden sollen (tauschähnlicher Umsatz). Der andere Teil der Gegenleistung wird wiederum durch Gewährung neuer Anteile erbracht (Sacheinlage).

In diesen sog. Mischfällen liegt eine Kombination einer Verschmelzung mit und ohne Kapitalerhöhung vor und jeder dieser Teilvorgänge ist nach den hierfür jeweils geltenden Grundsätzen abzubilden (IDW, RS HFA 42, Rn. 55). In diesem Zusammenhang stellen sich mehrere Fragen. Zunächst ist zu prüfen, ob eine Umwandlung mit einer derart kombinierten Gegenleistung dazu führt, dass in Bezug auf jede Gegenleistung das Wahlrecht des § 24 UmwG getrennt ausgeübt werden kann, also z. B. insoweit, wie eine Sacheinlage gegen Kapitalerhöhung vorliegt, eine Bilanzierung mit den Anschaffungskosten und soweit ein tauschähnlicher Umsatz vorliegt, eine Buchwertfortführung gewählt werden kann. Dies ist abzulehnen. Auch wenn zwei unterschiedliche Gegenleistungen vorliegen, handelt es sich bei einer Vermögensübertragung im Rahmen einer Unternehmensumwandlung trotzdem um einen einheitlichen Vorgang. Der übernehmende Rechtsträger muss daher das Wahlrecht des § 24 UmwG für das gesamte überge-   827 hende Vermögen einheitlich ausüben (Förschle/Hoffmann in Budde/Förschle/Winkeljohann, Sonderbilanzen, K 65; Naumann, in: FS für Rainer Ludewig, S. 683, 709 und wohl auch Pohl, Handelsbilanzen bei der Verschmelzung von Kapitalgesellschaften, S. 124 ff.; a. A. Widmann/Mayer/Widmann, Umwandlungsrecht, § 24 UmwG, Rn. 339; zur teilweisen Ausübung des Wahlrechts vgl. auch Teil 7 Rdn. 821).

828 Soweit sich der übernehmende Rechtsträger jedoch zugunsten der **Bilanzierung mit den tatsächlichen Anschaffungskosten** entschieden hat, können die – entsprechend der jeweiligen Gegenleistung – zur Verfügung stehenden Ansatzwahlrechte unabhängig voneinander ausgeübt werden. Soweit also eine Sacheinlage gegen Kapitalerhöhung vorliegt, hat der übernehmende Rechtsträger die Möglichkeit, das auf diese Gegenleistung entfallende Vermögen mit dem Ausgabebetrag der neuen Anteile oder mit seinem Zeitwert anzusetzen. Soweit jedoch ein tauschähnlicher Umsatz vorliegt, kann das Vermögen mit dem Buchwert der Gegenleistung, mit dem Zeitwert der Gegenleistung oder mit einem erfolgsneutralen Zwischenwert angesetzt werden (ebenso Förschle/Hoffmann in Budde/Förschle/Winkeljohann, Sonderbilanzen, K 66 mit ausführlichem Beispiel; vgl. auch Fall 7, Teil 7 Rdn. 941). Es besteht also z. B. keine Verpflichtung, das im Wege der Sacheinlage übergehende Vermögen mit dem Zeitwert anzusetzen, nur weil das im Wege des tauschähnlichen Umsatzes übergehende Vermögen mit dem Zeitwert angesetzt wird.

829 Kein Mischfall i. d. S. liegt dagegen vor, wenn z. B. als Gegenleistung sowohl die Beteiligung am übertragenden Rechtsträger als auch eigene Anteile des übernehmenden Rechtsträgers hingegeben werden. Beide Gegenleistungen erfolgen im Rahmen eines tauschähnlichen Umsatzes. Positive oder negative Differenzbeträge sind daher immer gleich zu behandeln. Für eine Aufteilung besteht kein Bedarf.

830 **8. Konfusionsgewinn.** Bestehen zwischen dem übertragenden und dem übernehmenden Rechtsträger Forderungen und Verbindlichkeiten, so kommt es anlässlich des Vermögensübergangs im Betriebsvermögen des übernehmenden Rechtsträgers insoweit zu einer Konfusion. Hierbei kann für den übernehmenden Rechtsträger ein Differenzbetrag entstehen, wenn Forderung und Verbindlichkeit unterschiedlich bewertet waren. Dies kann insb. dann der Fall sein, wenn die Forderung in der Vergangenheit wertberichtigt wurde, während die Verbindlichkeit weiterhin mit ihrem Nennbetrag zu Buche stand. In diesem Fall entsteht ein sog. Konfusionsgewinn, der je nach Wahl der Bewertungsmethode unterschiedlich zu bilanzieren ist.

831 Wählt der übernehmende Rechtsträger die Anschaffungskostenmethode, so ist der Differenzbetrag als Anschaffungsnebenkosten zu behandeln und entsprechend zu aktivieren (Lutter/Priester, UmwG, § 24 Rn. 48). Bei einem down-stream merger plädiert das IDW – mangels Aufwendung einer Gegenleistung – für eine Einstellung des Differenzbetrages in die Kapitalrücklage nach § 272 Abs. 2 Nr. 4 HGB. Entsprechendes gilt bei einem side-stream merger.

832 Demgegenüber ist der Konfusionsgewinn bei Wahl der Buchwertfortführung als außerordentlicher Ertrag erfolgswirksam in der **Gewinn- und Verlustrechnung** zu erfassen (Lutter/Priester, UmwG, § 24 Rn. 73; vgl. auch Fall 4, Teil 7 Rdn. 926).

833 **9. Bilanzielle Behandlung von Umwandlungskosten.** Bei den an einer Unternehmensumwandlung beteiligten Rechtsträgern fallen häufig in erheblichem Umfang Umwandlungskosten an. Hierzu gehören z. B. Notargebühren, Beratungskosten, Prüfungskosten, Gerichtsgebühren, Grunderwerbsteuer, etc.

834 Umwandlungskosten des übertragenden Rechtsträgers sind bei diesem als **Aufwand** zu behandeln und in der Schlussbilanz als **Rückstellungen oder Verbindlichkeiten** auszuweisen, wenn sie bereits vor dem Bilanzstichtag entstanden sind. Bei einer Entstehung nach dem Umwandlungsstichtag, aber vor dem Zeitpunkt des Übergangs des wirtschaftlichen Eigentums sind die Umwandlungskosten grds. noch als Aufwand bei dem übertragenden Rechtsträger zu erfassen, allerdings belasten sie bereits als »für Rechnung des übernehmenden Rechtsträgers« getätigte Aufwendungen dessen Ergebnis (vgl. Teil 7 Rdn. 610 ff.).

Bzgl. der **bei dem übernehmenden Rechtsträger anfallenden Umwandlungskosten** ist zunächst danach 835
zu trennen, ob es sich um reine Vorbereitungskosten bzw. Kosten der Entscheidungsfindung (z. B. Beratungskosten) oder um Anschaffungsnebenkosten i. S. d. § 255 Abs. 2 HGB handelt, die nach der Entscheidung zur Durchführung der Verschmelzung entstehen.

Die **reinen Vorbereitungskosten** sind generell als laufender Aufwand zu behandeln. Eine Aktivierung 836
kommt nicht in Betracht.

Die Anschaffungsnebenkosten sind wiederum zu unterteilen in solche, die keinem bzw. anteilig allen 837
übergehenden Vermögensgegenständen zuzuordnen sind (wie z. B. Gerichtskosten, Prüfungskosten)
und solchen, die unmittelbar einem bestimmten Vermögensgegenstand zugeordnet werden können
(wie z. B. die Grunderwerbsteuer). Die auf alle Vermögensgegenstände entfallenden Anschaffungsnebenkosten sind als laufender Aufwand zu behandeln (Orth, GmbHR 1998, 511, 513 mit Hinweis
auf Widmann/Mayer/Widmann, Umwandlungsrecht, § 24 UmwG, Rn. 406; a. A. Förschle/Hoffmann in Budde/Förschle/Winkeljohann, Sonderbilanzen, K 55, die dafür plädieren, diese Aufwendungen als Anschaffungsnebenkosten der Sachgesamtheit zu den Anschaffungskosten hinzuaddieren und
auf die Vermögensgegenstände und Schulden zu verteilen). Bzgl. der Anschaffungsnebenkosten, die einzelnen Vermögensgegenständen zugeordnet werden können, ist danach zu unterscheiden, ob der übernehmende Rechtsträger die übergehenden Vermögensgegenstände mit dem Buchwerten des übertragenden Rechtsträgers oder mit den auf sie entfallenden Anschaffungskosten bilanziert.

Im Fall der **Buchwertübernahme nach § 24 UmwG** kommt eine Aktivierung dieser Kosten nach der 838
herrschenden Meinung nicht in Betracht, sondern sind aufwandswirksam zu erfassen (IDW, RS
HFA 42, Rn. 62; Lutter/Priester, UmwG, § 24 Rn. 41; Naumann, in: FS für Rainer Ludewig, S. 683,
704; Förschle/Hoffmann in Budde/Förschle/Winkeljohann, Sonderbilanzen, K 86).

Setzt der übernehmende Rechtsträger hingegen die Vermögensgegenstände mit ihren **Anschaffungs-** 839
kosten an, so sind die den einzelnen Vermögensgegenständen zuordenbaren Anschaffungskosten als solche zu aktivieren (Naumann, in: FS für Rainer Ludewig, S. 683, 704, Fn. 48; Widmann/Mayer/Widmann, Umwandlungsrecht, § 24 UmwG, Rn. 406). Die übrigen Kosten stellen laufenden Aufwand dar.
Dies gilt insb. für Kosten der Beurkundung der Gesellschafterbeschlüsse etc., die in Fällen der Verschmelzung mit Kapitalerhöhung ggf. auch als Nebenkosten der Kapitalbeschaffung einzustufen
sind (vgl. Förschle/Hoffmann in Budde/Förschle/Winkeljohann, K 43).

Zur steuerlichen Behandlung der Umwandlungskosten s. Teil 7 Rdn. 225. 840

10. Hereinverschmelzung. Gem. § 122l Abs. 1 Satz 3 UmwG ist § 17 UmwG auf die ausländische 841
übertragende Gesellschaft nicht anwendbar. Das gilt auch bei einer Hereinverschmelzung einer ausländischen AG auf eine deutsche AG zur Gründung einer SE (Empt, NZG 2010, 1013 ff.). Ob und ggf.
nach welchen Regelungen der ausländische übertragende Rechtsträger eine Schlussbilanz zu erstellen
hat, ergibt sich somit aus dem ausländischen nationalen Recht.

Allerdings findet § 24 UmwG Anwendung auf die Bilanzierung bei dem inländischen übernehmenden 842
Rechtsträger. Bzgl. der Ermittlung der Gegenleistung und damit der Anschaffungskosten gelten die zu
den nationalen Verschmelzungsvorgängen gemachten Ausführungen entsprechend.

Fraglich ist allerdings, ob das in § 24 UmwG eröffnete Wahlrecht, als Anschaffungskosten auch die 843
Buchwerte aus der (ausländischen) Schlussbilanz des übertragenden Rechtsträgers zu übernehmen, ausgeübt werden kann. Die herrschende Meinung bejaht diese Möglichkeit (Kallmeyer/Müller, Umwandlungsgesetz, § 24 Rn. 62; Bilitewski/Roß/Weiser, WPg 2014, 73 (83); ebenso IDW, RS HFA 42, Rn. 87
unter der Voraussetzung, dass der übertragende Rechtsträger nach seinem nationalen Recht oder nach
den Regelungen im Verschmelzungsplan eine Schlussbilanz zu erstellen hat). Dafür spricht, dass an einer
grenzüberschreitenden Hereinverschmelzung nur EU-Kapitalgesellschaften teilnehmen können, deren
Sitzstaaten alle die 4. gesellschaftsrechtliche Richtlinie umgesetzt haben müssten. Die für die Schlussbilanz geltenden Bilanzierungsvorschriften müssten sich also einigermaßen gleichen. Ob dies in der Praxis tatsächlich so ist, ist allerdings fraglich, für die Ausübung des Bewertungswahlrechts jedoch auch
nicht relevant. Wird die Buchwertfortführung gewählt, so sind die übernommenen Buchwerte fortzuführen. Eine Anpassung der einzelnen übernommenen Buchwerte in der ersten regulären Bilanz des über-

nehmenden Rechtsträgers hat nur dann und insoweit zu erfolgen, als die Buchwerte der Aktiva deren Zeitwerte am Stichtag der Schlussbilanz überschreiten bzw. die Buchwerte der Schulden zu diesem Stichtag niedriger sind als deren Zeitwerte (IDW, RS HFA 42, Rn. 90; Müller (in Kallmeyer Umwandlungsgesetz, § 24 Rn. 63). Eine Anpassungspflicht besteht nach Ansicht des IDW ebenfalls, wenn die Schlussbilanz Posten enthält, die nach den deutschen handelsrechtlichen Vorschriften nicht angesetzt werden dürfen. Die genannten ggf. erforderlichen Anpassungen sind nach Auffassung des IDW (RS HFA 42, Rn. 91) auch nicht erst in der nächsten regulären Bilanz des übernehmenden Rechtsträgers, sondern bereits bei Einbuchung der Vermögensgegenstände und Schulden vorzunehmen. Damit ist sichergestellt, dass diese Abweichungen von der gewählten Buchwertfortführung zumindest dann erfolgsneutral erfolgen, wenn die Verschmelzung selbst erfolgsneutral vonstatten geht bzw. direkt in einen sich ggf. ergebenden Verschmelzungsgewinn/-verlust eingeht. Eine Beeinträchtigung der Aussagekraft des Jahresabschlusses über die Ertragslage des übernehmenden Rechtsträgers wird damit weitgehend vermieden.

III. Besondere Bilanzierungsprobleme in Spaltungsfällen

844 **1. Allgemeines.** Die Spaltung bildet spiegelbildlich das Gegenstück zur Verschmelzung. Die enge Verknüpfung dieser Umwandlungsarten wird durch § 125 UmwG deutlich, der für den Bereich der Spaltung die Regelungen über die Verschmelzung für entsprechend anwendbar erklärt.

845 Das Gesetz unterscheidet drei verschiedene Arten der Spaltung: die Aufspaltung, die Abspaltung und die Ausgliederung. Bei der **Aufspaltung** geht der übertragende Rechtsträger ohne Liquidation unter und das Vermögen geht auf mindestens zwei andere Rechtsträger über. Bei der **Abspaltung** und der **Ausgliederung** bleibt der übertragende Rechtsträger hingegen weiterhin bestehen. Die übernehmenden Rechtsträger müssen den Gesellschaftern des übertragenden Rechtsträgers bzw. bei der Ausgliederung dem übertragenden Rechtsträger selbst, als Gegenleistung für die Vermögensübertragung Gesellschaftsrechte gewähren (§ 123 Abs. 1 und Abs. 2 UmwG). Hierbei kann es sich entweder um bereits existierende Gesellschaftsrechte oder um im Wege der Kapitalerhöhung neu geschaffene Anteile handeln (vgl. Teil 7 Rdn. 690 ff.).

846 Die Frage der **Anteilsgewährungspflicht** (vgl. hierzu Teil 7 Rdn. 692) wurde bereits nach der alten Rechtslage in Spaltungsfällen besonders kontrovers diskutiert. Das Gesetz sieht in Spaltungsfällen ausdrücklich die Möglichkeit einer »nicht verhältniswahrenden Spaltung« vor. Strittig war nun, ob es im Rahmen einer solchen »nicht verhältniswahrenden Spaltung« auch möglich ist, einem oder mehreren Gesellschaftern des übertragenden Rechtsträgers am übernehmenden Rechtsträger »Null« Anteile zu gewähren (befürwortend LG Konstanz, Beschl. v. 13.02.1998, DB 1998, 1177 m. w. N.). Nach der seit April 2007 geltenden Rechtslage dürfte diese Streitfrage inhaltslos sein, denn durch den Verweis des § 125 UmwG gilt § 54 Abs. 1 UmwG in Fällen der Auf- und Abspaltung entsprechend, sodass offiziell bei entsprechendem Einverständnis der Gesellschafter auf eine Anteilsgewährung durch die Übernehmerin verzichtet werden kann.

847 Bilanziell gelten in Spaltungsfällen ggü. der Verschmelzung nur wenige Besonderheiten. Hierbei handelt es sich überwiegend um Bilanzierungsprobleme des übertragenden Rechtsträgers nach der Spaltung. Im Gegensatz zur Verschmelzung ist der übertragende Rechtsträger zumindest bei der Abspaltung und der Ausgliederung nach der Vermögensübertragung noch existent. Hier muss daher sehr genau untersucht werden, wie sich die Vermögensübertragung auf seine Bilanzierung auswirkt. Darüber hinaus ergibt sich noch ein Bilanzierungsproblem aufgrund der in allen Spaltungsfällen geltenden gesamtschuldnerischen Haftung für die vor der Spaltung begründeten Verbindlichkeiten des übertragenden Rechtsträgers.

848 **2. Bilanzierung beim übertragenden Rechtsträger. a) Aufstellung einer Schlussbilanz.** Der übertragende Rechtsträger hat nach § 125 i. V. m. § 17 Abs. 2 UmwG beim Handelsregister eine Schlussbilanz einzureichen. Für diese Schlussbilanz gelten die Vorschriften über die Jahresbilanz entsprechend. Zu näheren Einzelheiten vgl. Teil 7 Rdn. 642 ff. Stellt der übertragende Rechtsträger zum Schlussbilanzstichtag eine Schlussbilanz für sein gesamtes Unternehmen auf, so kann nicht gefordert werden, dass für den im Zuge der Spaltung übergehenden Vermögensteil zusätzlich eine gesonderte **Teilbilanz** erstellt wird (IDW, RS HFA 43, Rn. 7). In den Fällen der Abspaltung und Ausgliederung ist es nach Ansicht des IDW (RS HFA 43, Rn. 8) jedoch auch ausreichend, wenn anstelle einer Gesamt-

bilanz geprüfte Teilbilanzen für das zu übertragende Vermögen und das verbleibende Vermögen beim Handelsregister eingereicht werden. Ist das zu übertragende Vermögen im Verhältnis zum Gesamtvermögen des übertragenden Rechtsträgers unwesentlich, soll es in Fällen der Abspaltung nach dieser Ansicht sogar ausreichen, wenn nur eine geprüfte Teilbilanz für das zu übertragende Vermögen eingereicht wird (IDW RS HFA 43, Rn. 8); Semler/Stengel/Schwanna, UmwG, § 17 Rn. 23; Kallmeyer, § 125 Rn. 23). Bei Ausgliederungen soll regelmäßig die Einreichung einer geprüften Teilbilanz für das zu übertragende Vermögen ausreichen, da das Vermögen des übertragenden Rechtsträgers durch die Ausgliederung nicht gemindert wird. Die Frage, ob die Einreichung von Teilbilanzen ausreichend ist, wird in der Literatur jedoch sehr kontrovers diskutiert und in der Praxis eher restriktiv gehandhabt. Nach Ansicht von Müller (WPg 1996, 857, 865), ist in allen Spaltungsfällen als Schlussbilanz die Erstellung einer Gesamtbilanz erforderlich. Die Erstellung von zusätzlichen Teilbilanzen sei zwar möglich und wünschenswert, könne aber eine Gesamtbilanz nicht ersetzen. Sauter (in: FS für Siegfried Widmann, S. 111 f.) weist darauf hin, dass in der Praxis der Meinung des IDW, statt Gesamt-Schlussbilanzen lediglich Teil-Schlussbilanzen der Anmeldung beizufügen, regelmäßig aufgrund des entgegenstehenden Gesetzeswortlauts nicht gefolgt wird. Er empfiehlt daher, auf die Einreichung einer Gesamt-Schlussbilanz nur nach Vorabsprache mit dem Handelsregister zu verzichten.

Die **Aufstellung einer »Spaltungsbilanz«** des übertragenden Rechtsträgers unmittelbar nach erfolgter   **849**
Spaltung, die ausschließlich das beim übertragenden Rechtsträger verbliebene Vermögen ausweist, ist nach herrschender Meinung nicht erforderlich. Der übertragende Rechtsträger berücksichtigt daher den Vermögensabgang aufgrund der Abspaltung bzw. Ausgliederung erstmals in dem auf die Handelsregistereintragung folgenden Jahresabschluss (Küting/Hayn/Hütten, BB 1997, 565, 567).

▶ **Hinweis:**   **850**

In der Praxis ist die Erstellung einer 3-Spalten-Bilanz für den übertragenden Rechtsträger zu empfehlen, welches das Vermögen vor der Spaltung, das zu übertragende Vermögen und das nach der Spaltung noch verbleibende Vermögen ausweist, denn insb. in den Fällen der Abspaltung von Kapitalgesellschaften stellt sich für den übertragenden Rechtsträger die Frage, ob das verbleibende Vermögen wertmäßig das Grund- bzw. Stammkapital der Gesellschaft deckt.

b) Kapitalerhaltung in den Fällen der Abspaltung. Ist der übertragende Rechtsträger eine Per-   **851**
sonengesellschaft, so sind keine besonderen Bilanzierungsregeln zu beachten. Der buchmäßige Vermögensabgang ist erfolgsneutral über die Kapitalkonten der beteiligten Gesellschafter abzubilden. Handelt es sich bei dem übertragenden Rechtsträger jedoch um eine Kapitalgesellschaft, so sind bei einer Spaltung die Grundsätze der Kapitalerhaltung zu beachten. Relevant ist dieser Aspekt jedoch ausschließlich für die Fälle der Abspaltung, denn bei der Aufspaltung geht der übertragende Rechtsträger unter, sodass sich eine Kapitalerhaltung erübrigt. Bei der Ausgliederung ist aufgrund der Tatsache, dass lediglich ein Aktivtausch stattfindet, die Kapitalerhaltung i. d. R. nicht gefährdet (zur Ausnahme vgl. Teil 7 Rdn. 863 f.).

Wie viel Gewicht der Gesetzgeber der Einhaltung der **Gläubigerschutzvorschriften** bei dem übertragen-   **852**
den Rechtsträger beigemessen hat, ist § 140 UmwG zu entnehmen. Nach dieser Vorschrift haben die Organe des übertragenden Rechtsträgers zu erklären, dass bei diesem nach der Abspaltung die Voraussetzungen für die Gründung dieser Gesellschaft vorliegen. Diese Erklärung beinhaltet insb. die Versicherung, dass die Kapitalaufbringungsvorschriften nach der Abspaltung weiterhin erfüllt sind. Die Erklärung nach § 140 UmwG ist strafbewehrt.

Bei einer Abspaltung von positivem Reinvermögen gibt der übertragende Rechtsträger Vermögen hin,   **853**
ohne dass er dafür selbst eine Gegenleistung erhält. Die Gegenleistung erhalten vielmehr die Gesellschafter des übertragenden Rechtsträgers in Form von Anteilen am übernehmenden Rechtsträger. Rechtlich gesehen ist diese Anteilsgewährung als Einlagenrückgewähr an die Gesellschafter des übertragenden Rechtsträgers anzusehen (Schöne, Die Spaltung unter Beteiligung von GmbH, S. 66, mit Hinweis auf Priester, in: FS für Schippel, S. 487, 488). Es handelt sich somit um einen gesellschaftsrechtlichen Vorgang und nicht um einen laufenden Geschäftsvorfall des abspaltenden Rechtsträgers. Daher dürfen sich hieraus keine das Jahresergebnis beeinflussenden Aufwendungen oder Erträge ergeben

(IDW, RS HFA 43, Rn. 11). Der **Bilanzausgleich** aufgrund des Abgangs positiven oder negativen Buchvermögens ist daher erfolgsneutral im Eigenkapital abzubilden. Der Ausweis eines Abspaltungsgewinns oder Abspaltungsverlustes kommt somit nicht in Betracht.

854 Ist das übergehende Buchvermögen positiv, muss der übertragende Rechtsträger zum Bilanzausgleich sein **Eigenkapital verringern** (Schöne, Die Spaltung unter Beteiligung von GmbH, S. 66 und Mayer, DB 1995, 865). Soweit genügend frei verfügbare Eigenkapitalteile vorhanden sind, ist der Betrag der Vermögensminderung zunächst mit diesen zu verrechnen (IDW, RS HFA 43, Rn. 12, 14). Bei Aktiengesellschaften ist eine bestimmte Reihenfolge der Rücklagenauflösung zu beachten. Als erstes sind die jederzeit verfügbaren Rücklagen aufzulösen. Erst wenn diese nicht ausreichen, sind die Kapitalrücklagen nach § 272 Abs. 2 Nr. 1–3 HGB und die gesetzliche Rücklage nach § 150 AktG aufzulösen, letztere allerdings nur, soweit die gesetzliche Rücklage und die Kapitalrücklagen nach § 272 Abs. 2 Nr. 1–3 HGB zusammen den Betrag von 10 % des nach der Spaltung verbleibenden Grundkapitals übersteigen (vgl. IDW, RS HFA 43, Rn. 14). Bei einer GmbH ist grds. keine bestimmte Reihenfolge bei der Auflösung von Rücklagen einzuhalten. Allerdings kann auch hier gem. § 58a Abs. 2 GmbHG von einer Auflösung der Kapital- und Gewinnrücklagen i. H. v. 10 % des nach der Spaltung verbleibenden Stammkapitals abgesehen werden. Von der Auflösung ausgenommen sind lediglich die Rücklage für Anteile an einem herrschenden oder mehrheitlich beteiligten Unternehmen gem. § 272 Abs. 4 HGB sowie Rücklagenteile, die nach § 268 Abs. 8 HGB für Ausschüttungen gesperrt sind, soweit die mit der Rücklage in wirtschaftlichem Zusammenhang stehenden Vermögensgegenstände beim übertragenden Rechtsträger verbleiben (IDW, RS HFA 43, Rn. 14).

855 Reicht die Auflösung der Kapitalrücklagen nicht aus, um den Abgang des positiven Buchvermögens bilanziell auszugleichen, so ist eine Kapitalherabsetzung vorzunehmen. Nach §§ 139, 145 UmwG kann eine vereinfachte Kapitalherabsetzung durchgeführt werden, wenn sie für die Durchführung der Spaltung erforderlich ist. Bei einer **vereinfachten Kapitalherabsetzung** entfällt – im Gegensatz zur ordentlichen Kapitalherabsetzung – die Pflicht zur Sicherheitsleistung bzw. Befriedigung der Gläubiger (§ 58 Abs. 1 Nr. 2 GmbHG), der dreimalige Gläubigeraufruf (§ 58 Abs. 1 Nr. 1 GmbHG) und das sog. Sperrjahr nach § 58 Abs. 1 Nr. 3 GmbHG.

856 Nach der herrschenden Meinung ist eine **vereinfachte Kapitalherabsetzung** dann und auch nur insoweit zur Durchführung einer Spaltung »erforderlich«, als die Auflösung aller sonstigen – nicht für Ausschüttungen gesperrten – Kapitalrücklagen (nach herrschender Meinung ohne Auflösung der gesetzlichen Rücklage bei der AG und der 10 %igen Rücklage bei der GmbH nach § 58a Abs. 2 GmbHG) für die vorzunehmende Eigenkapitalminderung nicht ausreicht, sodass durch die Abspaltung des positiven Buchvermögens eine **Unterbilanz** entstünde (Müller, WPg 1996, 857, 866; Schöne, Die Spaltung unter Beteiligung von GmbH, S. 68, Fn. 213; Bula/Pernegger in Sagasser/Bula/Brünger, § 19, Rn. 55; Widmann/Mayer, Umwandlungsrecht, § 139 UmwG, Rn. 34). Allerdings sind bei der Bemessung des erforderlichen Kapitalherabsetzungsbetrages nicht nur die in der Schlussbilanz ausgewiesenen Eigenkapitalbestände zu berücksichtigen. Vielmehr sind zusätzlich alle Eigenkapitalmaßnahmen zu berücksichtigen, die in der Zeit nach dem Spaltungsstichtag bis zur Beschlussfassung über die Spaltung beschlossen oder ohne Beschluss vorgenommen wurden (IDW, RS HFA 43, Rn. 15). Und weiterhin können darüber hinaus auch die Gewinne berücksichtigt werden, die in der Zeit zwischen dem Stichtag der Schlussbilanz und der Anmeldung zum Handelsregister aus dem verbleibenden Vermögen erzielt worden und durch eine Zwischenbilanz nachgewiesen sind (IDW, RS HFA 43, Rn. 16).

857 Eine Unterbilanz wäre dann gegeben, wenn das nach der Spaltung verbleibende bilanzielle Reinvermögen (keine Einbeziehung stiller Reserven) geringer ist als das im Handelsregister eingetragene Stammkapital. Da die Vermögensübertragung gegen Gewährung von Gesellschaftsrechten an die Gesellschafter des übertragenden Rechtsträgers rechtlich eine Einlagenrückgewähr darstellt, verstieße die Entstehung einer Unterbilanz bei einer GmbH gegen § 30 GmbHG, wonach das zur Erhaltung des Stammkapitals erforderliche Vermögen der Gesellschaft nicht an die Gesellschafter ausgezahlt werden darf (vgl. hierzu auch Schöne, Die Spaltung unter Beteiligung von GmbH, S. 66; Mayer, DB 1995, 861, 865). Die Folge eines solchen Verstoßes regelt § 31 GmbHG, wonach die Gesellschafter ggü. der Gesellschaft eine Erstattungspflicht haben. Um dies zu verhindern bleibt nur die Möglichkeit der Kapitalzuführung oder der Kapitalherabsetzung.

Soweit eine Kapitalherabsetzung zur Durchführung einer Abspaltung erforderlich ist, darf die Abspal- **858** tung erst dann im **Handelsregister** eingetragen werden, wenn zuvor die Durchführung der Kapital- herabsetzung im Handelsregister eingetragen worden ist (§ 139 Satz 2 UmwG). Durch diese Regelung soll sichergestellt werden, dass die Tatsache der Kapitalherabsetzung nicht erst nach der tatsächlichen Vermögensminderung durch die Spaltung, sondern vorher offengelegt wird (Regierungsbegründung zu § 139 UmwG, BR-Drucks. 75/94, S. 125).

Aktiengesellschaften haben bei der Abspaltung positiven Buchvermögens die eingetretene Vermögens- **859** minderung in Ergänzung der Gewinn- und Verlustrechnung nach dem Posten »Jahresüberschuss/Jah- resfehlbetrag« gesondert als »Vermögensminderung durch Abspaltung« auszuweisen (§ 158 Abs. 1 Satz 1 AktG i. V. m. § 240 AktG; IDW, RS HFA 43, Rn. 17). Des Weiteren ist an dieser Stelle die Auf- lösung von Kapitalteilen gesondert auszuweisen. Nach Ansicht des IDW (RS HFA 43, Rn. 18) ist es sachgerecht, auch bei einer GmbH als übertragendem Rechtsträger eine diesen aktienrechtlichen Vor- schriften entsprechende Ergänzung der Gewinn- und Verlustrechnung vorzunehmen.

Ist bei einer Abspaltung der **Buchwertsaldo** des übergehenden Vermögens negativ, tritt beim übertra- **860** genden Rechtsträger eine Vermögensmehrung ein. Diese ist im weitesten Sinne als andere Zuzahlung der Gesellschafter des übertragenden Rechtsträgers in dessen Gesellschaftsvermögen anzusehen, die gem. § 272 Abs. 2 Nr. 4 HGB in die Kapitalrücklage einzustellen ist (Bula/Pernegger in Sagasser/Bula/ Brünger, Umwandlungen, § 19, Rn. 60; IDW, RS HFA 43, Rn. 19).

c) Bilanzierung des übertragenden Rechtsträgers im Fall der Ausgliederung. Anders als bei der **861** Abspaltung werden bei einer Ausgliederung die Anteile des übernehmenden Rechtsträgers nicht den Gesellschaftern des übertragenden Rechtsträgers, sondern jenem selbst gewährt. Auf eine solche An- teilsgewährung kann auch nicht verzichtet werden, denn nach § 125 UmwG ist § 54 UmwG in Ausglie- derungsfällen nicht anwendbar. Die als Gegenleistung erhaltenen Anteile sind nach den für **Tausch- grundsätze** entwickelten Regeln zu bewerten. Das bedeutet, dass die Anteile mit dem Buchwert oder dem Zeitwert des übergegangenen Vermögens angesetzt werden können. Der bei einem Zeitwert- ansatz entstehende Gewinn ist ertragswirksam in der Gewinn- und Verlustrechnung des übertragenden Rechtsträgers zu erfassen (IDW, RS HFA 43, Rn. 21; Küting/Hayn/Hütten, BB 1997, 565, 567). Bula/ Pernegger (in: Sagasser/Bula/Brünger, Umwandlungen, § 19, Rn. 63) halten hingegen die Möglichkeit eines gewinnrealisierenden Ansatzes der Anteile mit dem Verkehrswert der hingegebenen Wirtschafts- güter für fraglich, weil eine Ausgliederung keine Umsetzung am Markt darstelle.

Ist bei einer Ausgliederung der Buchwert des übergehenden Vermögens negativ, so sind die als Gegen- **862** leistung erhaltenen Anteile jedoch mindestens mit einem Merkposten anzusetzen. Auch der hierbei ent- stehende Ertrag ist in der **Gewinn- und Verlustrechnung** zu erfassen (IDW, RS HFA 43, Rn. 21; Küting/Hayn/Hütten, BB 1997, 565, 568; a. A. Bula/Pernegger in Sagasser/Bula/Brünger, Umwand- lungen, § 19, Rn. 66, die den in diesem Fall entstehenden Unterschiedsbetrag auch in die Kapitalrück- lage einstellen wollen).

Probleme mit den **Kapitalerhaltungsgrundsätzen** gibt es in Ausgliederungsfällen im Regelfall nicht, **863** weil der übertragende Rechtsträger als Gegenleistung für die Vermögensübertragung die Anteile am übernehmenden Rechtsträger erhält.

▸ **Hinweis:** **864**

Ausnahmsweise ist jedoch dann Vorsicht geboten, wenn die Ausgliederung zur Aufnahme erfolgt und der übernehmende Rechtsträger bislang überschuldet war, denn in einem solchen Fall ist es möglich, dass die im Zuge der Ausgliederung gewährten Anteile an dem übernehmenden Rechts- träger nicht voll werthaltig sind. Bei dem übertragenden Rechtsträger kann sich dann ausnahms- weise auch im Ausgliederungsfall die Notwendigkeit einer vereinfachten Kapitalherabsetzung erge- ben, wenn nicht genügend sonstige Eigenkapitalbestandteile vorhanden sind, diesen Wertabgang auszugleichen (vgl. Bula/Pernegger in Sagasser/Bula/Brünger, Umwandlungen, § 19, Rn. 67).

3. Bilanzierung beim übernehmenden Rechtsträger. a) Bilanzierungswahlrecht. Der überneh- **865** mende Rechtsträger hat nach § 125 i. V. m. § 24 UmwG das Wahlrecht, das übergehende Vermögen entweder mit den Buchwerten aus der Schlussbilanz des übertragenden Rechtsträgers oder mit den An-schaffungskosten anzusetzen. Zur Beantwortung der Frage, was genau unter diesen Begriffen zu verste-hen ist und wie sie sich ermitteln lassen, kann auf die Ausführungen zur Verschmelzung (Teil 7 Rdn. 679 ff.) verwiesen werden, denn es ergeben sich hier speziell für die Spaltung keine Besonderhei-ten. Die Bilanzierung beim übernehmenden Rechtsträger ist auch völlig unabhängig davon, ob eine Auf-spaltung, eine Abspaltung oder eine Ausgliederung gegeben ist (vgl. auch Fall 8, Teil 7 Rdn. 946).

866 **b) Vermögensübernahme gegen Kapitalerhöhung.** Übernehmende Rechtsträger haben in Spal-tungsfällen auch im Fall der Kapitalerhöhung im Vergleich zur Verschmelzung keine bilanziellen Beson-derheiten zu beachten. Es kann daher hier bzgl. sämtlicher Bilanzierungsprobleme auf die Ausführun-gen zur Verschmelzung (Teil 7 Rdn. 726 ff.) verwiesen werden.

867 Insb. bei **Kapitalgesellschaften** als übernehmendem Rechtsträger ist – ebenso wie bei der Verschmel-zung – zu beachten, dass im Fall der Schaffung neuer Anteile bei einer Spaltung zur Neugründung die allgemeinen Gründungsvorschriften und bei einer Spaltung zur Aufnahme die jeweiligen Kapitalauf-bringungsvorschriften zu erfüllen sind. Hieraus ergibt sich, dass in den Fällen der Neugründung oder Kapitalerhöhung der Verkehrswert des übergehenden Vermögens (Buchwerte zuzüglich stiller Reser-ven) positiv sein muss. Selbst wenn die übernehmende Kapitalgesellschaft nur eine minimale Kapital-erhöhung zur Schaffung eines einzigen Anteils durchführen will, ist dies nur möglich, wenn der Verkehrswert des übergehenden Vermögens mindestens den Nennbetrag dieser Kapitalerhöhung er-reicht.

868 Strittig ist in der Literatur die Frage, ob das im Zuge der Spaltung bei der übernehmenden Kapitalgesell-schaft zu schaffende neue gezeichnete Kapital betragsmäßig mindestens so groß sein muss wie die »Ver-nichtung« von gezeichnetem Kapital beim übertragenden Rechtsträger (durch Kapitalherabsetzung bei der Abspaltung oder durch Auflösung des übertragenden Rechtsträgers bei der Aufspaltung; so z. B. Naraschewski, GmbHR 1995, 697, 701). Analog zu der entsprechenden Diskussion in Verschmelzungs-fällen (vgl. Teil 7 Rdn. 692 ff., 700) war dies jedoch schon bisher abzulehnen und ist durch die Abschaf-fung der Anteilsgewährungspflicht in § 54 UmwG wohl vollständig obsolet geworden. Das UmwG ent-hält keine Regelung für einen solchen gesellschaftsübergreifenden Kapitalerhaltungsgrundsatz (vgl. auch Müller, WPg 1996, 857, 866). Vielmehr hat der Gesetzgeber durch die Gläubigerschutzvorschrif-ten der §§ 125 i. V. m. 22 und 133 UmwG die Interessen der Altgläubiger ausreichend berücksichtigt (Rodewald, GmbHR 1997, 19, 21). Für den Fall der Abspaltung mit vereinfachter Kapitalherabsetzung wird dem Gläubigerschutz darüber hinaus durch die Anwendung der in den §§ 58a ff. GmbHG, §§ 229 bis 236 AktG geregelten Gläubigerschutzvorschriften genüge getan (Regierungsbegründung zu § 139 UmwG, BR-Drucks. 75/94, S. 125; vgl. hierzu auch Fall 8, Teil 7 Rdn. 946).

869 Problematisch könnte hingegen der **Gläubigerschutz** in den Fällen der Aufspaltung sein, denn hier fin-det keine vereinfachte Kapitalherabsetzung statt und daher fehlen den §§ 58a ff. GmbHG entspre-chende – zusätzlich zu den Gläubigerschutzvorschriften des UmwG – anwendbare Regelungen. Nach Ansicht von Schöne (Die Spaltung unter Beteiligung von GmbH, S. 72) stellt auch das im UmwG geregelte Recht auf Sicherheitsleistung für diesen Fall keinen ausreichenden Gläubigerschutz dar, denn Sicherheitsleistung kann erst nach Bekanntmachung der Eintragung der Spaltung verlangt werden. Bis dahin könnten die nunmehr nicht mehr als Stammkapital gebundenen Finanzmittel aber schon ausgeschüttet worden sein (vgl. Schöne, Die Spaltung unter Beteiligung von GmbH, S. 72). Als Lösung dieses Gläubigerschutzproblems schlägt Schöne die analoge Anwendung des § 30 Abs. 1 GmbHG (bzw. des § 225 Abs. 2 AktG) für die in § 22 Abs. 1 Satz 1 UmwG genannte Zeitdauer von 6 Monaten vor. Das würde bedeuten, dass der Betrag, um den die Summe des gezeichneten Kapitals aller an der Spaltung beteiligten Rechtsträger geringer ist als die Summe der Stammkapitalien der betei-ligten Rechtsträger vor der Spaltung, innerhalb eines Zeitraums von 6 Monaten nach Eintragung der Spaltung in das Handelsregister nicht an die Gesellschafter ausgeschüttet werden darf. Geschieht dies trotzdem, soll dies die Rechtsfolge des § 31 GmbHG auslösen (a. A. Rodewald, GmbHR 1997, 19, 21, der die analoge Anwendung der § 30 GmbHG, § 225 Abs. 2 AktG ablehnt, weil im Bereich des § 22 UmwG eine entsprechende Regelungslücke fehle).

c) Vermögensübernahme ohne Kapitalerhöhung. Ein Sonderfall, bei dem der übernehmende 870
Rechtsträger keine Pflicht zur Anteilsgewährung hat, ist die Abspaltung von Vermögen einer Tochtergesellschaft auf ihre eigene Muttergesellschaft. Es gilt hier sogar ein **Kapitalerhöhungsverbot** (§ 125
i. V. m. § 68 Abs. 1 Nr. 1 UmwG), denn die Muttergesellschaft könnte als Gegenleistung für die Vermögensübernahme nur sich selbst Anteile gewähren. Als »Gegenleistung« für die Vermögensübernahme muss die Muttergesellschaft vielmehr eine Wertminderung ihrer Beteiligung an der Tochtergesellschaft hinnehmen. Sofern die Tochtergesellschaft anlässlich der Spaltung eine Kapitalherabsetzung
durchführt, wird hierdurch ein Teil der von der Muttergesellschaft gehaltenen Beteiligung vernichtet.
Führt die Tochtergesellschaft keine Kapitalherabsetzung durch, so bleibt die Beteiligung der Muttergesellschaft nominal zwar bestehen, es verringert sich jedoch ihr innerer Wert. Diese Wertminderung
könnte in der Bilanz der Muttergesellschaft nach den allgemeinen Bilanzierungsregeln nur durch die
Vornahme einer Teilwertabschreibung abgebildet werden. In Fällen der Spaltung ist es jedoch sachgerecht, in jedem Fall einen mengenmäßigen Abgang an den Anteilen, die an dem übertragenden Rechtsträger bestehen, anzunehmen, und zwar unabhängig davon, ob bei der Abspaltung eine Kapitalherabsetzung vorgenommen wird oder nicht (IDW, RS HFA 43 Rn. 33). Es kommt somit zu einer Minderung
des Buchwertes der Anteile in dem Verhältnis der Verkehrswerte des abgespaltenen Vermögens zum
ursprünglichen Vermögen.

Die Ermittlung der Anschaffungskosten des übergehenden Vermögens erfolgt nach Tauschgrundsätzen 871
mit dem Buchwert bzw. Zeitwert der Anteile am übertragenden Rechtsträger, die dem Verhältnis der
Verkehrswerte des abgespaltenen zum ursprünglichen Vermögen entsprechen. Positive oder negative
Differenzbeträge sind als Verschmelzungsgewinn/-verlust erfolgswirksam zu vereinnahmen.

4. Bilanzielle Abbildung der gesamtschuldnerischen Haftung. Das UmwG enthält keine Vor- 872
schriften darüber, wie im Fall einer Spaltung das Vermögen auf die beteiligten Rechtsträger zu verteilen
ist. Hierüber können die Organe der an der Spaltung Beteiligten vielmehr frei entscheiden. So kann es
z. B. sein, dass überwiegend Aktivvermögen abgespalten wird und bei dem übertragenden Rechtsträger
alle Verbindlichkeiten verbleiben. Es kann aber auch genau andersherum so sein, dass verhältnismäßig
viele Verbindlichkeiten abgespalten werden, während ein Großteil des Aktivvermögens zurückbehalten
wird. Bei einer derart weitgehenden **Entscheidungsfreiheit über die Zuordnung der Aktiva und Passiva**
im Rahmen einer Spaltung stellt sich natürlich die Frage nach dem **Gläubigerschutz**. Der Gesetzgeber
hat sich dazu entschieden, den Gläubigerschutz durch eine gesamtschuldnerische Haftung aller an der
Spaltung beteiligten Rechtsträger zu gewährleisten (§ 133 Abs. 1 UmwG).

Von der **gesamtschuldnerischen Haftung** erfasst werden alle Verbindlichkeiten des übertragenden 873
Rechtsträgers, die vor dem Wirksamwerden der Spaltung begründet worden sind. Nicht erfasst werden
hingegen Verbindlichkeiten des übernehmenden Rechtsträgers sowie Verbindlichkeiten des übertragenden Rechtsträgers, die nach dem Wirksamwerden der Spaltung begründet werden. Unter dem Wirksamwerden der Spaltung ist der Zeitpunkt der Eintragung in das Handelsregister des übertragenden
Rechtsträgers zu verstehen (Schöne, Die Spaltung unter Beteiligung von GmbH, S. 77). Die gesamtschuldnerische Haftung gilt damit auch für solche Verbindlichkeiten, die nach dem Spaltungsbeschluss, aber vor der Eintragung der Spaltung in das Handelsregister des übertragenden Rechtsträgers
begründet worden sind. Eine Verbindlichkeit ist begründet, wenn die Rechtsgrundlage des Anspruchs
entstanden ist. Unmaßgeblich ist hingegen der Zeitpunkt der Fälligkeit des Anspruchs. Gesamtschuldnerische Haftung bedeutet, dass sich der Gläubiger zum Zeitpunkt der Fälligkeit des Anspruchs an jeden Gesamtschuldner wenden kann. Der Gläubiger ist nicht verpflichtet, sich zuerst an den Gesamtschuldner zu wenden, dem die Verbindlichkeit im Zuge der Spaltung zugeordnet worden ist.

Unproblematisch ist für jeden Rechtsträger die Bilanzierung der Verbindlichkeiten, die ihm im Zuge 874
der Spaltung zugeordnet wurden. Sie sind in jedem Fall ganz normal als Verbindlichkeiten auszuweisen,
denn selbst wenn im Außenverhältnis ein anderer Gesamtschuldner von einem Gläubiger in Anspruch
genommen wird, ist der Rechtsträger, dem die Verbindlichkeit zugeordnet worden ist, im Innenverhältnis zur Leistung verpflichtet. Nicht ganz so unstreitig ist hingegen die Bilanzierung der Mithaftung für
die nicht übernommenen Verbindlichkeiten.

Nach herrschender Ansicht kommt eine Passivierung des Haftungsverhältnisses als Rückstellung oder 875
Verbindlichkeit nicht in Betracht (Bula/Pernegger in Sagasser/Bula/Brünger, Umwandlungen, § 19,

Rn. 106; Küting/Hayn/Hütten, BB 1997, 565, 568). Erst wenn sich das **Risiko der Inanspruchnahme** konkretisiert, dann ist – bei Quantifizierbarkeit – die Verpflichtung als Rückstellung oder Verbindlichkeit zu passivieren (Bula/Pernegger in Sagasser/Bula/Brünger, Umwandlungen, § 19, Rn. 107). Zur gleichen Zeit ist dann aber auch eine Forderung ggü. dem Rechtsträger zu aktivieren, dem die betreffende Verbindlichkeit i. R. d. Spaltung zugeordnet wurde, denn im Innenverhältnis besteht hier im Fall der Inanspruchnahme ein Ausgleichsanspruch. Der Aktivposten unterliegt bzgl. seiner Bewertung dem Vorsichtsprinzip und muss sich daher nicht unbedingt mit der passivierten Rückstellung bzw. Verbindlichkeit decken (Schulze-Osterloh, ZGR 1993, 438, 450).

876   Sofern eine Inanspruchnahme für fremde Verbindlichkeiten nicht konkret absehbar ist, ist die Haftung für fremde Verbindlichkeiten bei Gesellschaften, die zur Erstellung eines Anhangs verpflichtet sind, nach § 285 Nr. 3a HGB angabepflichtig, wenn dies für die Beurteilung der Finanzlage von Bedeutung ist. Eine Pflicht zur Angabe unter der Bilanz nach § 251 HGB besteht nach (geänderter) Auffassung des IDW nicht, da es sich hier um ein gesetzliches Haftungsverhältnis handelt, während § 251 HGB lediglich schuldrechtliche Haftungsverhältnisse erfasst (IDW, RS HFA 43, Rn. 30).

IV. Besonderheiten in den Fällen des Formwechsels

877   **1. Allgemeines.** Der Formwechsel ist im UmwG im 5. Buch in den §§ 190 bis 304 UmwG geregelt. Nach diesen handelsrechtlichen Vorschriften findet anlässlich eines Formwechsels keine Vermögensübertragung von einem auf einen anderen Rechtsträger statt. Der formwechselnde Rechtsträger behält vielmehr seine rechtliche Identität und wechselt nur seine Rechtsform (§ 202 Abs. 1 Nr. 1 UmwG). Mangels Vermögensübertragung ist es auch nicht erforderlich, **Übertragungs- oder Übernahmebilanzen** zu erstellen. Der Formwechsel ist vielmehr ein laufender Geschäftsvorfall, dem keine besondere Bilanz zugrunde zu legen ist.

878   Das bis zum Jahr 2007 noch geregelte Erfordernis, dem Umwandlungsbericht eine Vermögensaufstellung beizufügen, in der die Wirtschaftsgüter zu Zeitwerten auszuweisen waren, wurde durch das 2. UmwÄndG vom 19.04.2007 (BGBl. I 542) abgeschafft.

879   **2. Bilanzielle Besonderheiten nach dem Formwechsel. a) Buchwertfortführung.** Durch den Formwechsel wird die Identität des Rechtsträgers nicht berührt. Aus dieser Tatsache ergibt sich, dass unter Berücksichtigung der allgemeinen Bilanzierungsregeln die Buchwerte durch den formwechselnden Rechtsträger fortzuführen sind (IDW, RS HFA 41 Rn. 5; Widmann/Mayer/Widmann, Umwandlungsrecht, § 24 UmwG Rn. 483, im Ergebnis wohl auch Korn, KÖSDI 8/95, 10344, 10350). Da kein Anschaffungsgeschäft vorliegt, hat der formwechselnde Rechtsträger keine Möglichkeit, die Buchwerte um etwa vorhandene stille Reserven aufzustocken. Er ist vielmehr an die (fortgeführten) Anschaffungskosten/Herstellungskosten gebunden. Auch die bisher gewählten Abschreibungsmethoden sind weiter fortzuführen.

880   Die Buchwertfortführung im Fall des Formwechsels unterscheidet sich von der Buchwertfortführung in Verschmelzungs- und Spaltungsfällen nach § 24 UmwG. Zwar werden in beiden Fällen genau die vor der Umwandlung in der Bilanz ausgewiesenen Buchwerte übernommen. In den Verschmelzungs- und Spaltungsfällen werden diese Buchwerte jedoch als Anschaffungskosten fingiert, während dieselben Buchwerte beim Formwechsel weiterhin nur als **fortgeführte Buchwerte** gelten. In den Verschmelzungs- und Spaltungsfällen hat die Anschaffungskostenfiktion zur Folge, dass die übernommenen Buchwerte für die Zukunft die Bewertungsobergrenze darstellen, die durch Zuschreibungen nicht mehr überschritten werden können. Außerdem ist die betriebsgewöhnliche Nutzungsdauer der Vermögensgegenstände neu zu schätzen und es kann nach der Vermögensübertragung eine neue Abschreibungsmethode gewählt werden. Dies alles ist beim Formwechsel anders. Insb. stellen die fortzuführenden Buchwerte nach dem Formwechsel nicht die Bewertungsobergrenze dar. Der formwechselnde Rechtsträger hat daher z. B. auch die **Verpflichtung, vor dem Formwechsel** vorgenommene außerplanmäßige Abschreibungen **nach dem Formwechsel** durch Zuschreibungen wieder rückgängig zu machen, wenn eine entsprechende Wertaufholung eintritt. Trotzdem besteht aber keine **Pflicht**, in der Vergangenheit vorgenommene außerplanmäßige Abschreibungen **anlässlich** des Formwechsels rückgängig zu machen, und zwar selbst dann nicht, wenn sie nach den für die neue Rechtsform geltenden Bilanzierungs- und Bewertungsregelungen gar nicht hätten vorgenommen werden dürfen, wie dies z. B. bei

einem Formwechsel einer Personengesellschaft in eine Kapitalgesellschaft der Fall sein kann. Ein solcher **Zwang zur Zuschreibung** würde dem Grundsatz der Buchwertfortführung entgegenstehen (IDW, RS HFA 41, Rn. 5; Widmann/Mayer/Widmann, Umwandlungsrecht, § 24 UmwG Rn. 487).

▶ **Hinweis:** 881

Trotz der zwingenden Buchwertfortführung können anlässlich eines Formwechsels auch bilanzielle Probleme entstehen, denn der Rechtsträger nimmt durch den Formwechsel eine andere Rechtsform an und für diese Rechtsform gelten ggf. andere Bilanzierungsregeln. Der Rechtsträger muss seine Bilanzierung somit nach dem Formwechsel ggf. an die Bilanzierungsregeln der nunmehr angenommenen neuen Rechtsform anpassen.

b) Formwechsel einer Kapitalgesellschaft in eine Personengesellschaft. Bei einem Formwechsel 882 einer Kapitalgesellschaft in eine Personengesellschaft gibt es nur wenige Besonderheiten. Entsteht durch den Formwechsel eine KG, ist nach § 234 UmwG in dem Umwandlungsbeschluss festzulegen, welche Gesellschafter Kommanditisten werden und wie hoch ihre Kommanditeinlage ist. Die Höhe der Kommanditeinlage kann hierbei unabhängig von dem bisher auf diese Gesellschafter entfallenden Anteil am gezeichneten Kapital festgelegt werden (IDW, RS HFA 41 Rn. 14).

Bilanziell stellt sich bei einem solchen Formwechsel lediglich die Frage, wie bestimmte Bilanzpositionen 883 in der Bilanz der bisherigen Kapitalgesellschaft, die es bei einer Personengesellschaft unter normalen Umstände gar nicht geben könnte, nach dem Formwechsel zu behandeln sind. Es handelt sich hierbei insb. um die Körperschaftsteuerrückstellungen, bilanzierte latente Steuern sowie eigene Anteile der Kapitalgesellschaft. Aufgrund des Zwanges zur Buchwertfortführung sind von der Kapitalgesellschaft gebildete **Körperschaftsteuerrückstellungen** fortzuführen, solange die Steuerschuld noch besteht (IDW, RS HFA 41 Rn. 34; Widmann/Mayer/Widmann, Umwandlungsrecht, § 24 Rn. 489).

Bilanzierte latente Steuern können von der Personengesellschaft insoweit fortgeführt werden, als die 884 Steuerlatenz weiterhin besteht (IDW, RS HFA 41 Rn. 32; Widmann/Mayer/Widmann, Umwandlungsrecht, § 24 Rn. 491). Das kann bei einer Personengesellschaft jedoch nur in Bezug auf die Gewerbeertragsteuer der Fall sein, denn Körperschaftsteuer kann bei ihr nicht mehr entstehen und eine etwaige Einkommensteuerbelastung trifft nicht die Personengesellschaft, sondern deren Gesellschafter. Soweit die latenten Steuern also die Körperschaftsteuer betreffen, sind sie erfolgswirksam aufzulösen.

Eigene Anteile gehen im Zuge des Formwechsels unter, denn eine Personengesellschaft kann keine ei- 885 genen Anteile halten. Auswirkungen auf die Höhe des Eigenkapitals hat dies jedoch seit der Geltung des BilMoG nicht mehr, da die eigenen Anteile bereits bei der Kapitalgesellschaft vor dem Formwechsel vom Eigenkapital offen abgesetzt waren.

c) Formwechsel einer Personengesellschaft in eine Kapitalgesellschaft. Entsteht durch einen 886 Formwechsel eine Kapitalgesellschaft, so sind gem. § 197 UmwG die für diese neue Rechtsform geltenden Gründungsvorschriften zu beachten. Es ist ein **Sachgründungsbericht** zu erstellen, in dem über den üblichen Inhalt hinaus auch der bisherige Geschäftsverlauf und die Lage der formwechselnden Gesellschaft darzulegen ist (§ 220 Abs. 2 UmwG). Des Weiteren sind die **Grundsätze der Kapitalaufbringung** zu beachten. Zu diesem Zweck ist der Nachweis zu erbringen, dass der Nennbetrag des ausgewiesenen Grund- oder Stammkapitals durch das Vermögen des formwechselnden Rechtsträgers gedeckt ist (§ 220 UmwG).

Strittig ist in der Literatur, ob die Regelung des § 220 UmwG dahin gehend zu verstehen ist, dass der 887 Nennbetrag des ausgewiesenen Grund- oder Stammkapitals durch das **Buchvermögen** des formwechselnden Rechtsträgers gedeckt sein muss, oder ob es ausreicht, dass die **Zeitwerte** des Vermögens das ausgewiesene Grund- oder Stammkapital decken. Nach den allgemeinen Grundsätzen der Kapitalaufbringung ist in den Fällen der Kapitalerhöhung gegen Sacheinlage zu fordern, dass die **Zeitwerte** den Nennbetrag der Kapitalerhöhung erreichen. Die herrschende Meinung geht daher zu Recht davon aus, dass auch in den Fällen des Formwechsels die vorhandenen stillen Reserven bei der Prüfung der Kapitalaufbringung mit einzubeziehen sind. Bei dieser Kapitalaufbringungsprüfung sind nicht nur die bilanzierten Vermögensgegenstände mit den Zeitwerten anzusetzen, sondern es sind alle vorhandenen Vermögenswerte und Rechte mit einzubeziehen (IDW, RS HFA 41 Rn. 9; Widmann/Mayer/Vossius, Umwandlungsrecht, § 220 UmwG Rn. 12 ff.; S. Timmermanns, DB 1999, 948 ff.; Limmer, in: FS für Siegfried Widmann, S. 60 m. w. N.).

888 A. A. ist hier Joost (in: Lutter, Kölner Umwandlungsrechtstage 1995, S. 257 f.), der den § 220 Abs. 1 UmwG dahin gehend interpretiert, dass die **Buchwerte** des vorhandenen Vermögens den Nennbetrag des gezeichneten Kapitals erreichen müssen. Folgt man dieser Ansicht, so könnte z. B. eine Personengesellschaft mit einem buchmäßigen Reinvermögen von 15.000,– € und stillen Reserven von 100.000,– € nicht im Wege des Formwechsels in eine GmbH umgewandelt werden, obwohl mit demselben Vermögen eine Neugründung einer GmbH jederzeit möglich wäre. In einem solchen Fall müsste also entweder vor dem Formwechsel eine Einlage getätigt werden, oder es müsste ein anderer Weg für diese Umwandlung gewählt werden. So könnte z. B. die GmbH erst gegründet und dann eine Verschmelzung zur Aufnahme durchgeführt werden, denn im Zuge der Verschmelzung könnten die vorhandenen stillen Reserven nach § 24 UmwG aufgedeckt und damit die Entstehung einer Unterbilanz vermieden werden. Dieses umständliche Vorgehen zur Erreichung desselben Zieles kann aber nicht Sinn und Zweck der Regelung sein.

889 Ein Formwechsel ist daher auch dann möglich, wenn **das Reinvermögen zu Buchwerten geringer** ist als das für die entstehende Kapitalgesellschaft festgesetzte nominale gezeichnete Kapital oder wenn das Reinvermögen zu Buchwerten sogar negativ ist. Voraussetzung ist lediglich, dass mindestens stille Reserven i. H. d. Differenzbetrages zwischen dem nominalen gezeichneten Kapital und dem buchmäßigen Reinvermögen vorhanden sind. Nach der wohl herrschenden Meinung ist in diesen Fällen der Ausweis eines Sonderpostens nach § 265 Abs. 5 Satz 2 HGB als zulässig anzusehen (Breuninger, in: FS für Siegfried Widmann, S. 211).

890 Durch die bei einem Formwechsel zwingende Buchwertfortführung entsteht somit immer dann eine **Unterbilanz**, wenn das gezeichnete Kapital der entstehenden Kapitalgesellschaft das buchmäßige Reinvermögen übersteigt.

891 Der formwechselnde Rechtsträger muss in diesen Fällen den **Beweis** antreten, dass die Werte der vorhandenen Vermögensgegenstände einschließlich aller stillen Reserven den Nennbetrag des gezeichneten Kapitals erreichen. Dieser Beweis kann durch eine **Unternehmensbewertung** nach IDW S1 i. d. F. 2008 und die Ausstellung einer Werthaltigkeitsbescheinigung erbracht werden (IDW, RS HFA 41 Rn. 16, 19). Von dem formwechselnden Rechtsträger zu tragende Umwandlungskosten sind bei der Werthaltigkeitsprüfung nach § 220 Abs. 1 UmwG entsprechend den bei der Gründung geltenden Regeln nicht mit einzubeziehen (IDW, RS HFA 41, Rn. 18).

892 Bei dem Formwechsel einer Personengesellschaft in eine Kapitalgesellschaft ergibt sich aus der zwingenden Buchwertfortführung als logische Konsequenz, dass das bilanzielle Eigenkapital der Personengesellschaft als Differenz zwischen den Buchwerten der aktiven und passiven Vermögensgegenstände insgesamt zu Eigenkapital der Kapitalgesellschaft wird. In Abhängigkeit von der Höhe des gezeichneten Kapitals ergeben sich jedoch bei der entstehenden Kapitalgesellschaft mehrere Varianten, dieses Eigenkapital zu bilanzieren:
– Unproblematisch ist der in der Praxis selten vorkommende Fall, dass das gezeichnete Kapital nach dem Formwechsel genau dem Eigenkapital der Personengesellschaft vor dem Formwechsel entspricht.
– Ist das gezeichnete Kapital geringer als das Eigenkapital der Personengesellschaft, so ist der übersteigende Betrag den Kapital- und Gewinnrücklagen gem. § 272 Abs. 2 und 3 HGB zuzuordnen. Wurde keine besondere Regelung getroffen, ist der gesamte übersteigende Betrag der Kapitalrücklage nach § 272 Abs. 2 Nr. 4 HGB zuzuweisen. Eine Zuweisung zur Kapitalrücklage nach § 272 Abs. 2 Nr. 1 HGB ist jedoch bei entsprechender Regelung im Formwechselbeschluss ebenfalls zulässig (IDW, RS HFA 41, Rn. 8). Die Zuordnung zu den Gewinnrücklagen kommt für nachweislich thesaurierte Gewinne in Betracht, die auf bestimmten Gesellschafterkonten geführt oder der gesamthänderisch gebundenen Rücklagen der Personengesellschaft zugeführt worden sind (IDW, RS HFA 41 Rn, 8; nach Ansicht von Widmann/Mayer/Widmann, Umwandlungsrecht, § 24 UmwG Rn. 486 erfolgt hingegen immer eine Einstellung in die Kapitalrücklage).

– Es kann aber auch sein, dass das gezeichnete Kapital das buchmäßige Reinvermögen übersteigt. In einem solchen Fall ist nachzuweisen, dass ausreichende stille Reserven vorhanden sind, um wertmäßig das gezeichnete Kapital zu belegen (vgl. Teil 7 Rdn. 887 ff.). Fraglich ist, wie die sich in einem solchen Fall ergebende negative Differenz zwischen höherem gezeichnetem Kapital und niedrigerem buchmäßigen Reinvermögen bilanziell zu behandeln ist. Das IDW (RS HFA 41 Rn. 9) schlägt hierzu vor, den Differenzbetrag, soweit er auf einen Verlust der Personengesellschaft zurückzuführen ist, als Verlustvortrag, andernfalls in einem gesonderten Abzugsposten innerhalb des bilanziellen Eigenkapitals, z. B. als »Fehlbetrag zum gesetzlichen Mindest- Grund- bzw. Stammkapital« auszuweisen (vgl. auch Bula/Pernegger in Sagasser/Bula/Brünger, Umwandlungen, § 27 Rn. 23). Dieser Abzugsbetrag soll in der Folgezeit wie ein Verlustvortrag getilgt werden. Eine Gläubigergefährdung ist nach Ansicht des IDW durch die Bildung des Sonderpostens bzw. Verlustvortrags nicht zu erkennen, wenn das festgesetzte Grund- bzw. Stammkapital zum Umwandlungszeitpunkt unter Berücksichtigung der vorhandenen stillen Reserven wertmäßig belegt ist (§ 220 Abs. 1 UmwG) und der passivierte Abzugsbetrag wie ein Verlustvortrag durch künftige Gewinne getilgt wird. Für den Ausweis als Verlustvortrag plädiert auch Vossius (in: Widmann/Mayer, Umwandlungsrecht, § 220 UmwG, Rn. 27).

Grds. stellt sich bei dem Formwechsel einer Personen- in eine Kapitalgesellschaft die Frage, ob es im Rahmen eines solchen Vorgangs möglich ist, dem Unternehmen Haftkapital zu entziehen. Ist das **Haftkapital** der Personengesellschaft vor dem Formwechsel höher als das Stamm- oder Grundkapital der entstehenden Kapitalgesellschaft, so ist – wie oben dargelegt – der übersteigende Betrag bei der Kapitalgesellschaft in die Rücklagen einzustellen. Das könnte bedeuten, dass dieser Betrag nach dem Formwechsel an die Gesellschafter ausgekehrt werden könnte, ohne dass es hier zu einer persönlichen Haftung käme, was jedoch bei einer Entnahme des Geldes aus der Personengesellschaft vor dem Formwechsel der Fall gewesen wäre. In der Literatur wird daher – wie in den entsprechenden Verschmelzungsvorgängen – die Frage diskutiert, ob für die Auskehrung der auf diesem Wege entstandenen Rücklagen die Vorschriften über die Ausschüttung von infolge einer Kapitalherabsetzung freigewordenem Eigenkapital analog anzuwenden sind (vgl. hierzu auch Teil 7 Rdn. 703 ff.). **893**

d) Formwechsel einer Kapitalgesellschaft in eine andere Kapitalgesellschaft. Bei einem Formwechsel von einer Kapitalgesellschaft in eine andere Kapitalgesellschaft, also von einer GmbH in eine AG oder umgekehrt, ergeben sich in den meisten Fällen keine wesentlichen Veränderungen. Bei dem Formwechsel einer AG in eine GmbH wird das bisherige Grundkapital der AG zum Stammkapital der GmbH. Bei einem Formwechsel einer GmbH in eine AG gilt dasselbe umgekehrt (vgl. § 247 Abs. 1 UmwG). Auch vor dem Formwechsel ausgewiesene Kapital- und Gewinnrücklagen werden nach dem Formwechsel in der anderen Rechtsform fortgeführt (IDW, RS HFA 41, Rn. 10). Zu beachten ist jedoch, dass eine AG nach § 7 AktG mindestens ein Grundkapital von 50.000,– € aufweisen muss. Wird also eine GmbH mit einem Stammkapital von bisher 25.000,– € in eine AG formgewechselt, dann muss **vor dem Formwechsel** zunächst eine Kapitalerhöhung durchgeführt werden (IDW, RS HFA 41 Rn. 11). Für Veränderungen des gezeichneten Kapitals anlässlich eines Formwechsels gelten die Regelungen des GmbHG und des AktG für eine ordentliche Kapitalherauf- oder auch -herabsetzung. **894**

Auch bei einem Formwechsel von einer GmbH in eine AG oder eine KGaA ist nachzuweisen, dass das gezeichnete Kapital nach dem Formwechsel das nach Abzug der Schulden verbleibende Vermögen der formwechselnden Gesellschaft nicht übersteigt (§ 245 Abs. 1 i. V. m. § 220 UmwG). Wie bereits dargelegt (vgl. Teil 7 Rdn. 887) ist das Vermögen bei diesem Werthaltigkeitsnachweis mit den Zeitwerten anzusetzen. Verfügt die Kapitalgesellschaft vor dem Formwechsel über einen Bilanzverlust, so hindert dieser den Formwechsel nicht, sofern mindestens i. H. d. Bilanzverlustes stille Reserven vorhanden sind. Der **Bilanzverlust** wird nach dem Formwechsel fortgeführt. **895**

V. Bilanzierung in der Handelsbilanz der Gesellschafter

Eine Verschmelzung geht beim Gesellschafter i. d. R. einher mit einem Verlust der Anteile am übertragenden Rechtsträger und einem Erhalt von Anteilen am übernehmenden Rechtsträger. Es handelt sich um einen Tauschvorgang (Bula/Pernegger in Sagasser/Bula/Brünger, Umwandlungen, § 10 Rn. 315; **896**

Budde/Zerwas in Budde/Förschle/Winkeljohann, Sonderbilanzen, H 125; IDW, RS HFA 42, Rn. 77). Dasselbe gilt im Fall der Aufspaltung (IDW, RS HFA 43 Rn. 32).

897 Gemäß den allgemeinen Grundsätzen zur Bilanzierung von Tauschvorgängen hat der Gesellschafter ein Wahlrecht, die Anteile an der Übernehmerin entweder mit dem Buchwert oder dem Zeitwert der untergehenden Anteile an der Überträgerin oder einem erfolgsneutralen Zwischenwert zu bilanzieren. Werden die Anteile an der Übernehmerin mit dem über dem Buchwert liegenden Zeitwert der Anteile an der Überträgerin angesetzt, ergibt sich bei dem Gesellschafter hierdurch ein Gewinn i. H. d. in den Anteilen an der Überträgerin ruhenden stillen Reserven.

898 Haben die Anteilseigner des übertragenden Rechtsträgers rechtswirksam auf eine Anteilsgewährung verzichtet, weil sie bereits Anteile am übernehmenden Rechtsträger innehaben, liegt zwar tatsächlich kein Tauschvorgang vor, wirtschaftlich ist die Situation jedoch mit einem Tausch vergleichbar, da der innere Wert der bisherigen Anteile am übernehmenden Rechtsträger durch die Verschmelzung steigt. Aus diesem Grund erscheint es angemessen, den Vorgang auch bilanziell vergleichbar abzubilden und somit auch hier die sog. Tauschgrundsätze zur Anwendung zu bringen (so auch IDW, RS HFA 42, Rn. 78).

899 In Fällen der Abspaltung bleibt der übertragende Rechtsträger bestehen. Wird aufgrund des Vermögensabgangs eine vereinfachte Kapitalherabsetzung vorgenommen, mindert sich die Beteiligung am übertragenden Rechtsträger nominal. Wird keine Kapitalherabsetzung vorgenommen, mindert sich gleichwohl der innere Wert der Beteiligung im Verhältnis des Verkehrswerts des übergehenden Vermögens zum Verkehrswert des übertragenden Rechtsträgers vor der Abspaltung. In beiden Fällen ist es nach Ansicht des IDW (RS HFA 43 Rn. 33) sachgerecht, buchhalterisch einen mengenmäßigen Abgang der Beteiligung am übertragenden Rechtsträger zu erfassen. Es ist daher eine Minderung des Buchwerts der Anteile in dem genannten Verhältnis zu erfassen. Bzgl. der Ermittlung der Anschaffungskosten der Anteile am übernehmenden Rechtsträger ist insoweit dann auch in diesen Fällen von einem tauschähnlichen Vorgang auszugehen, der – anteilig – genauso zu erfassen ist wie in den Fällen der Verschmelzung bzw. Aufspaltung (IDW, RS HFA 43 Rn. 34).

900 Beim Formwechsel bleiben die Gesellschafter unverändert an der formwechselnden Gesellschaft beteiligt. Es erfolgt kein Anteilsteilstausch. Die Buchwerte der Beteiligung sind daher fortzuführen (IDW, RS HFA 41, Rn. 35).

Anhang: Fallbeispiele

I. Verschmelzung von Kapitalgesellschaften auf Personengesellschaften

1. Verschmelzung mit Kapitalerhöhung

901 **Fall 1:**

– Die übertragende Kapitalgesellschaft hält eigene Anteile, die zum Nominalwert erworben wurden
– Der Nennbetrag der Kapitalerhöhung ist größer als der Buchwert des übergehenden Vermögens.

902 **Sachverhalt:**

A ist Alleingesellschafter der A-GmbH. A hat mit den Gesellschaftern der BC-OHG vereinbart, die beiden Unternehmen dergestalt zu vereinigen, dass die A-GmbH auf die BC-OHG verschmolzen wird.

Vor der Verschmelzung haben die Bilanzen der beteiligten Rechtsträger folgendes Aussehen:

Bilanz der BC-OHG

	Buchwert	stille Reserven				
Aktiva	350.000 €	160.000 €	Festkapital	B	150.000 €	
				C	150.000 €	300.000 €
			Verbindlichkeiten			50.000 €
	350.000 €					350.000 €

Bilanz der A-GmbH

	Buchwert	stille Reserven		
Aktiva	130.000 €	100.000 €	Stammkapital	100.000 €
			Eigene Anteile – 40.000 €	
			Stammkapital	60.000 €
			Gewinnrücklage	30.000 €
			Rücklage für eigene Anteile	40.000 €
	130.000 €			130.000 €

Bei der übertragenden A-GmbH besteht die Besonderheit, dass sie eigene Anteile hält, deren Anschaffungskosten von 40.000 € dem Nominalbetrag dieser Anteile entsprechen. Die eigenen Anteile wurden gem. § 272 Abs. 1a HGB offen vom gezeichneten Kapital abgesetzt.

a) Verschmelzung zu Anschaffungskosten 903

Nach § 24 UmwG ist die Verschmelzung aus Sicht des übernehmenden Rechtsträgers ein **Anschaffungsgeschäft**. Das übergehende Vermögen ist daher grds. mit den Anschaffungskosten anzusetzen, die dem übernehmenden Rechtsträger durch die Gewährung von Anteilen oder Mitgliedschaften entstehen.

Laut Sachverhalt ist die übernehmende Personengesellschaft vor der Verschmelzung nicht an der übertragenden Kapitalgesellschaft beteiligt. Die Gegenleistung für die Vermögensübertragung besteht somit in der Gewährung von Gesellschaftsrechten durch die übernehmende Personengesellschaft an den Gesellschafter der übertragenden A-GmbH. Bilanziell erfolgt die Gewährung neuer Anteile an einer Personengesellschaft dadurch, dass dem Gesellschafter des übertragenden Rechtsträgers bei der Personengesellschaft ein entsprechendes Festkapitalkonto eingeräumt wird (vgl. Teil 7 Rdn. 698 und Rdn. 727). Der **Umfang** der zu diesem Zweck vorzunehmenden Kapitalerhöhung ergibt sich aus dem Verhältnis der Unternehmenswerte der beiden an der Verschmelzung beteiligten Gesellschaften.

Grds. sind die Unternehmenswerte in der Praxis durch eine Unternehmensbewertung nach einem anerkannten Bewertungsverfahren zu ermitteln. In den folgenden Beispielen wird vorausgesetzt, dass eine solche Unternehmensbewertung erfolgt ist, woraus sich die jeweils angegebenen stillen Reserven ergeben haben.

Unternehmenswert BC-OHG		Unternehmenswert A-GmbH		
Aktiva	350.000 €	Aktiva		130.000 €
stille Reserven	160.000 €	stille Reserven		100.000 €
Verbindlichkeiten	– 50.000 €			
Unternehmenswert	460.000 €	Unternehmenswert		230.000 €
Unternehmenswert der BC-OHG:			460.000 €	66,67 %
Unternehmenswert A-GmbH			230.000 €	33,33 %
Unternehmenswert der ABC-OHG nach der Verschmelzung			690.000 €	100 %

Der Gesellschafter A muss durch die Kapitalerhöhung eine Beteiligung i. H. v. 33,33 % an der aufnehmenden Personengesellschaft bekommen. Die bisherigen Anteile der Gesellschafter B und C von nominal 300.000 € werden daher nach der Verschmelzung nicht mehr 100 %, sondern nur noch 66,67 % der Anteile repräsentieren. Aus diesem Verhältnis ergibt sich folgendes Gesamtkapital nach der Verschmelzung:

$$\frac{300.000 \text{ €} \times 100}{66,67} = 450.000 \text{ €}$$

Das Eigenkapital der ABC-OHG nach der Verschmelzung muss 450.000 € betragen, wovon wie bisher jeweils 150.000 € auf B und C und die Kapitalerhöhung von 150.000 € auf den neuen Gesellschafter A entfallen. Nur wenn dem neuen Gesellschafter A bei der OHG nach der Verschmelzung ein Festkapitalkonto in dieser Höhe eingeräumt wird, entspricht seine Beteiligung am gesamten Gesellschaftsvermögen der OHG wertmäßig seiner Einlage, die er durch die Verschmelzung erbracht hat.

Die **von der übertragenden Kapitalgesellschaft gehaltenen eigenen Anteile** haben das gleiche Schicksal wie alle anderen Anteile an der übertragenden Gesellschaft. Sie gehen im Zuge des Vermögensübergangs unter, weil die übertragende Kapitalgesellschaft im Zeitpunkt der Verschmelzung aufhört zu existieren. Die eigenen Anteile sind daher auch gar nicht als übergegangenes Vermögen zu betrachten. Die Tatsache, dass der Erwerb der eigenen Anteile das Reinvermögen der übertragenden Kapitalgesellschaft gemindert hat, wird durch den durch das BilMoG eingeführten Ausweis – der offenen Absetzung vom gezeichneten Kapital – gut deutlich.

Für die Ermittlung der Anschaffungskosten ist auf die Grundsätze der Bewertung von Sacheinlagen gegen Kapitalerhöhung zurückzugreifen (vgl. Teil 7 Rdn. 730 ff.). Hiernach ergibt sich ein Bewertungswahlrecht, das übergehende Vermögen entweder mit dem Buchwert der Gegenleistung oder mit dem Zeitwert anzusetzen.

904 **aa) Bewertung mit dem Buchwert der Gegenleistung**

Bei einer Bewertung mit dem Buchwert der Gegenleistung ergeben sich die Anschaffungskosten für das übergehende Vermögen aus dem Nennbetrag der Kapitalerhöhung.

Die **Festkapitalerhöhung** stellt grds. den Mindestbetrag der Anschaffungskosten dar. Jede vorher festgelegte Einstellung in die gesamthänderisch gebundene Rücklage bzw. Erhöhung der Kapitalkonten führt zu einer Erhöhung dieser Anschaffungskosten und damit zu einer Aufstockung der Buchwerte des übergehenden Vermögens. Die Zeitwerte des übergehenden Vermögens dürfen jedoch nicht überschritten werden.

Im hier vorliegenden Fall wurde keine Einstellung in die gesamthänderisch gebundene Rücklage bzw. keine über die Festkapitalerhöhung hinausgehende Erhöhung der Kapitalkonten beschlossen. Die Anschaffungskosten betragen daher 150.000 €. Da der Buchwert des übergehenden Reinvermögens 130.000 € beträgt, kommt es zu einer Aufstockung der in den übergehenden Aktiva ruhenden stillen Reserven i. H. v. 20.000 €.

Es ergibt sich folgende **Übernahmebilanz bei der ABC-OHG:**

Bilanz der ABC-OHG nach der Verschmelzung

eigene Aktiva		350.000 €	Festkapital	A	150.000 €	
übernommene Aktiva				B	150.000 €	
Buchwert	130.000 €			C	150.000 €	450.000 €
Aufstockung	20.000 €	150.000 €	Verbindlichkeiten			50.000 €
		500.000 €				**500.000 €**

905 **bb) Bewertung mit dem Zeitwert des übergehenden Vermögens**

Wird das übergehende Vermögen mit seinem Zeitwert angesetzt, so kann der die Festkapitalerhöhung übersteigende Betrag in die gesamthänderisch gebundene Rücklage eingestellt oder beteiligungsproportional den Kapitalkonten sämtlicher Gesellschafter zugeschrieben werden. Diese Behandlung ist jedoch bei Personengesellschaften nicht zwingend. Es hätte auch eine Buchung anteilig auf den Kapitalkonten der Gesellschafter erfolgen können.

Es ergibt sich folgende Übernahmebilanz für die ABC-OHG:

Bilanz der ABC-OHG nach der Verschmelzung

eigene Aktiva		350.000 €	Festkapital	A	150.000 €	
übernommene Aktiva				B	150.000 €	
Buchwert	130.000 €			C	150.000 €	
Aufstockung	100.000 €	230.000 €	gesamthänd. Rückl.		80.000 €	
			Eigenkapital insges.			530.000 €
			Verbindlichkeiten			50.000 €
		580.000 €				**580.000 €**

b) Verschmelzung zu Buchwerten

Die Höhe des dem A einzuräumenden Festkapitalkontos ermittelt sich auch bei einer Buchwertfortführung nach dem Verhältnis der Unternehmenswerte der beiden beteiligten Unternehmen, denn das Verhältnis der Festkapitalkonten zueinander soll die Beteiligungsverhältnisse am Vermögen der ABC-OHG nach der Verschmelzung korrekt wiederspiegeln.

Das im Zuge der Verschmelzung übergehende Vermögen wird nun bei der übernehmenden Personengesellschaft mit den Buchwerten aus der Schlussbilanz der übertragenden A-GmbH übernommen. Da die nach dem Verhältnis der Unternehmenswerte vorzunehmende Festkapitalerhöhung jedoch höher ist als der Buchwert des übergehenden Vermögens, entsteht ein negativer Differenzbetrag (Verschmelzungsverlust). Dieser Verlust ist in der Gewinn- und Verlustrechnung aufwandswirksam zu erfassen und unter den außerordentlichen Aufwendungen auszuweisen (vgl. Teil 7 Rdn. 814).

Die eigenen Anteile der übertragenden A-GmbH sind hier genauso zu behandeln wie bei der Bilanzierung mit den Anschaffungskosten. Sie gehen im Zuge der Verschmelzung unter.

Bilanz der ABC-OHG nach Verschmelzung

Eigene Aktiva	350.000 €	Festkapital	A	150.000 €
			B	150.000 €
			C	150.000 €	450.000 €
übernommene Aktiva	130.000 €	Verschmelzungsverlust		(20.000) €
		Verbindlichkeiten		50.000 €
	480.000 €			480.000 €

Fall 2:

– Die übertragende Kapitalgesellschaft hält Anteile an der übernehmenden Personengesellschaft.
– Der Nennbetrag der Kapitalerhöhung ist geringer als der Buchwert des übergehenden Vermögens.

Sachverhalt:

Wie im 1. Fall soll auch hier die A-GmbH auf die BC-OHG verschmolzen werden. Die A-GmbH ist hier jedoch vor der Verschmelzung bereits mit 25 % an der aufnehmenden BC-OHG beteiligt.

Vor der Verschmelzung haben die Bilanzen der beteiligten Rechtsträger folgendes Aussehen:

Bilanz der BC-OHG

	Buchwert	stille Reserven				
Aktiva	350.000 €	160.000 €	Festkapital	B	120.000 €	
				C	120.000 €	
				A-GmbH	80.000 €	320.000 €
			Verbindlichkeiten			30.000 €
	350.000 €					350.000 €

Bilanz der A-GmbH

	Buchwert	st. Res.		
Aktiva	100.000 €	10.000 €	Stammkapital	100.000 €
Beteiligung an BC-OHG	80.000 €	40.000 €	Gewinnrücklage	80.000 €
	180.000 €			180.000 €

a) Verschmelzung zu Anschaffungskosten

Im Zuge der Verschmelzung müssen dem Gesellschafter der übertragenden A-GmbH Gesellschaftsrechte an der aufnehmenden Personengesellschaft gewährt werden (§ 20 Abs. 1 Nr. 3 UmwG). Die Gesellschaftsrechte, die die A-GmbH vor der Verschmelzung an der BC-OHG gehalten hat, können hierfür nicht direkt verwendet werden. Die Beteiligung ist Bestandteil des auf die Personengesellschaft übergehenden Vermögens. Da eine Personengesellschaft jedoch keine eigenen Anteile halten kann, geht diese Beteiligung im Zuge der Verschmelzung unter. Die Gegenleistung für die Vermögensübertragung besteht daher zwangsläufig in der Gewährung neuer Anteile. Es ist eine Kapitalerhöhung durchzuführen.

Das **Ausmaß der Kapitalerhöhung** ist wiederum nach dem Verhältnis der Unternehmenswerte zu ermitteln. Hierbei ist jedoch zu berücksichtigen, dass ein Teil des Unternehmenswertes der BC-OHG vor der Verschmelzung der A-GmbH und damit bereits mittelbar dem Gesellschafter A zustand. Zur Ermittlung der zukünftigen Beteiligungsquoten wird dem A daher – über den Unternehmenswert der A-GmbH – bereits sein mittelbarer Anteil an der BC-OHG zugerechnet. Den Gesellschaftern B und C ist der Unternehmenswert der BC-OHG dagegen nur anteilig nach Maßgabe ihrer Beteiligung zuzurechnen.

Unternehmenswert BC-OHG		Unternehmenswert A-GmbH		
Aktiva	350.000 €	Aktiva		180.000 €
stille Reserven	160.000 €	stille Reserven		50.000 €
Verbindlichkeiten	– 30.000 €			
Unternehmenswert	480.000 €	Unternehmenswert		230.000 €
		davon entfal-		
Unternehmenswert BC-OHG	480.000 €	len auf B und C	360.000 €	61,02 %
Unternehmenswert A-GmbH			230.000 €	38,98 %
Gesamtwert des Unternehmens nach der Verschmelzung			590.000 €	100 %

Die Beteiligung der Gesellschafter B und C von nominal 240.000 € soll nach der Verschmelzung somit zusammen einer Beteiligungsquote von 61,02 % entsprechen. Hieraus lässt sich das nach der Verschmelzung benötigte Haftkapital wie folgt ermitteln:

$$\frac{240.000 \, € \times 100}{61,02} = 393.000 \, €$$

Das **Gesamtkapital** nach der Verschmelzung wird somit 393.000 € betragen. Hiervon entfallen wie bisher 240.000 € auf die Gesellschafter B und C. Der verbleibende Betrag von 153.000 € entfällt auf den Gesellschafter A. Dies stellt die Gegenleistung für das gesamte Vermögen der A-GmbH, also einschließlich der darin enthaltenen Beteiligung an der BC-OHG dar. Auf die im Zuge der Verschmelzung untergehende Beteiligung an der BC-OHG entfallen davon 80.000 €. Der überschießende Betrag von 73.000 € entfällt somit auf das übergehende Restvermögen der A-GmbH. Buchungstechnisch gesehen wird das Kapitalkonto der A-GmbH einfach auf das neue Kapitalkonto des Gesellschafters A umgebucht und darüber hinaus wird noch eine Kapitalerhöhung von 73.000 € vorgenommen.

Nach den Grundsätzen der Bewertung von Sacheinlagen gegen Kapitalerhöhung besteht ein Bewertungswahlrecht, das übergehende Restvermögen mit dem Buchwert der Gegenleistung oder mit dem vorsichtig geschätzten Zeitwert anzusetzen.

910 **aa) Bewertung mit dem Nominalwert der Festkapitalerhöhung**

Sofern keine weiteren Eigenkapitalkonten der übernehmenden ABC OHG dotiert werden, ergeben sich die **Anschaffungskosten** in dem hier vorliegenden Fall ausschließlich aus der Festkapitalerhöhung von 153.000 €. Wie bereits erläutert, entfällt hiervon auf das übergehende Restvermögen nur noch 73.000 €. Es ergibt sich hier also die Besonderheit, dass die **Anschaffungskosten niedriger sind als der Buchwert des übergehenden Restvermögens** von 100.000 €. Die Lösung dieses Falles ist in der Literatur streitig (eingehend hierzu vgl. Teil 7 Rdn. 739). Einige Autoren sind der Ansicht, dass die Buchwerte aus der Schlussbilanz des übertragenden Rechtsträgers nicht unterschritten werden dürfen. Nach der anderen – auch hier vertretenen – Ansicht ist die Bilanzierung beim aufnehmenden Rechtsträger im Fall einer Bilanzierung mit den Anschaffungskosten jedoch unabhängig von den Wertansätzen in der Schlussbilanz des übertragenden Rechtsträgers.

Bilanz der ABC-OHG nach der Verschmelzung

eigene Aktiva		350.000 €	Festkapital	A	153.000 €	
übernommene Aktiva				B	120.000 €	
Buchwert	100.000 €			C	120.000 €	393.000 €
			Verbindlichkei-			
Abstockungsbetrag	27.000 €	73.000 €	ten			30.000 €
		423.000 €				423.000 €

bb) Bewertung mit dem Zeitwert des übergehenden Vermögens

Der Zeitwert des übergehenden Restvermögens beträgt 110.000 €. Die Beteiligung an der BC-OHG geht im Zeitpunkt des Vermögensübergangs unter. Das dem Gesellschafter A einzuräumende Kapitalkonto beträgt auch bei einer Bilanzierung des Vermögens mit seinem Zeitwert 153.000 €, denn der Umfang der Kapitalerhöhung ist abhängig von dem Verhältnis der Unternehmenswerte der beiden Gesellschaften. Die Wahl der Bewertungsmethode hat hierauf keinen Einfluss.

Das übergehende Vermögen wird also mit 110.000 € bilanziert, während die auf dieses Restvermögen entfallende Kapitalerhöhung – wie oben erläutert – nur 73.000 € beträgt. Es entsteht hier ein **positiver Unterschiedsbetrag** i. H. v. 37.000 €, der von der übernehmenden Personengesellschaft in die gesamthänderisch gebundene Rücklage eingestellt werden oder beteiligungsproportional den Kapitalkonten aller Gesellschafter zugeschrieben werden kann.

Bilanz der ABC-OHG nach der Verschmelzung

eigene Aktiva		350.000 €	Festkapital	A	153.000 €	
übernommene Aktiva	100.000 €			B	120.000 €	
Aufstockungsbetrag	10.000 €			C	120.000 €	
		110.000 €	Rücklage		37.000 €	430.000 €
			Verbindlichkeiten			30.000 €
		460.000 €				460.000 €

b) Verschmelzung zu Buchwerten

Auch bei einer Verschmelzung mit Buchwertfortführung wird die vorzunehmende Kapitalerhöhung ebenfalls nach dem **Verhältnis der Unternehmenswerte** berechnet und beträgt daher auch in diesem Fall 153.000 €. Hiervon entfallen auf das bei der BC-OHG zu bilanzierende Restvermögen 73.000 €. Die Buchwerte des übergehenden Restvermögens betragen 100.000 €. Der die Kapitalerhöhung übersteigende Betrag der Buchwerte i. H. v. 27.000 € ist auch in diesem Fall in die gesamthänderisch gebundene Rücklage einzustellen. Die Übernahmebilanz der ABC-OHG hat somit nach der Verschmelzung folgendes Aussehen:

Bilanz der ABC-OHG nach der Verschmelzung

eigene Aktiva		350.000 €	Festkapital	A	153.000 €	
übernommene Aktiva	100.000 €			B	120.000 €	
				C	120.000 €	
			Rücklage		27.000 €	420.000 €
			Verbindlichkeiten			30.000 €
		450.000 €				450.000 €

2. Verschmelzung ohne Kapitalerhöhung

Fall 3:

– Die übernehmende Personengesellschaft hält alle Anteile an der übertragenden Kapitalgesellschaft (up-stream-merger).
– Der Buchwert der untergehenden Beteiligung ist größer als der Buchwert des übergehenden Vermögens.

Sachverhalt:

Die XY-OHG hält als Muttergesellschaft 100 % der Anteile an der Z-GmbH. Die Z-GmbH wird nun auf die XY-OHG verschmolzen.

Die XY-OHG ist eine reine Holdinggesellschaft. Sie hat die Beteiligung an der Z-GmbH einige Zeit vor der Verschmelzung zu einem Kaufpreis von 300.000 € erworben. Mit diesem Kaufpreis wurden das derzeit vorhandene buchmäßige Reinvermögen sowie stille Reserven vergütet.

Die Z-GmbH stellt eine Schlussbilanz auf nach den Regelungen über die Jahresbilanz (§ 17 UmwG). Bilanzielle Besonderheiten aufgrund der bevorstehenden Verschmelzung, wie z. B. Anpassungen an die

Bewertungsmethoden des übernehmenden Rechtsträgers, sind in dem hier vorliegenden Fall nicht zu beachten.

Die **Bilanzen** der beiden beteiligten Rechtsträger haben **vor der Verschmelzung** folgendes Aussehen:

Bilanz der XY-OHG vor der Verschmelzung

Beteiligung Z-GmbH	300.000 €	Festkapital X	150.000 €	
		Festkapital Y	150.000 €	300.000 €
	300.000 €			**300.000 €**

Schlussbilanz der Z-GmbH

	Buchwerte	stille Reserven		
AV	160.000 €	140.000 €	Stammkapital	100.000 €
UV	60.000 €		Rücklagen	80.000 €
			Verbindlichkeiten	40.000 €
	220.000 €			**220.000 €**

915   a) Verschmelzung zu Anschaffungskosten

Die XY-OHG hält 100 % der Anteile an der Z-GmbH. Bilanziell findet bei der XY-OHG im Zuge der Verschmelzung ein Aktivtausch statt. Die Anteile an der übertragenden Z-GmbH gehen unter und an ihre Stelle tritt das übergehende Betriebsvermögen der Z-GmbH.

Da die XY-OHG alle Anteile an der Z-GmbH hält, gibt es keine weiteren Anteilseigner der übertragenden Kapitalgesellschaft, denen als Gegenleistung für die Vermögensübertragung im Zuge der Verschmelzung Gesellschaftsrechte oder andere Vermögensvorteile zu gewähren wären (§ 20 Abs. 1 Nr. 3 UmwG). Als »Gegenleistung« ergibt sich hier also nur der Verzicht auf die untergehende Beteiligung. Für die Bilanzierung des übergehenden Vermögens finden die **Tauschgrundsätze** Anwendung (vgl. Teil 7 Rdn. 752 ff.). Hiernach hat die übernehmende XY-OHG das Wahlrecht, das übergehende Vermögen mit dem Buchwert der Gegenleistung oder mit dem Zeitwert des übergehenden Vermögens zu bilanzieren.

916   aa) Bewertung mit dem Buchwert der Gegenleistung

Der Buchwert der untergehenden Anteile stellt aus Sicht der XY-OHG somit die Anschaffungskosten für das übergehende Vermögen der Z-GmbH dar. Soweit die Anschaffungskosten die Buchwerte des übergehenden Vermögens überschreiten, erfolgt eine Aufstockung dieser Buchwerte bis zu den **Anschaffungskosten**.

Die Anschaffungskosten betragen insgesamt 300.000 €. Außerdem wurden Verbindlichkeiten i. H. v. 40.000 € übernommen. Die Buchwerte des übergehenden Aktivvermögens sind daher auf 340.000 € aufzustocken. Diese Aufstockung stellt lediglich eine Aufdeckung vorhandener stiller Reserven dar. Höchstwert ist für jedes Wirtschaftsgut der Teilwert. Dieser Wert darf nicht überschritten werden. Reichen die vorhandenen stillen Reserven einschließlich der Aktivierung eines Geschäfts- oder Firmenwertes für die Aufstockung bis zu den Anschaffungskosten nicht aus, dann war die Beteiligung bei der XY-OHG vor der Verschmelzung überbewertet. Sie hätte zunächst abgeschrieben werden müssen. Der übersteigende Betrag wäre daher als laufender Aufwand zu behandeln.

Nach der Verschmelzung **hat die** Übernahmebilanz **der XY-OHG folgendes Aussehen:**

Bilanz der XY-OHG nach der Verschmelzung

AV der Z-GmbH	160.000 €		Festkapital X	150.000 €	
Aufstockungsbetrag	120.000 €	280.000 €	Festkapital Y	150.000 €	
UV der Z-GmbH		60.000 €			300.000 €
			Verbindlichkeiten		40.000 €
		340.000 €			**340.000 €**

bb) Bewertung mit dem Zeitwert der Gegenleistung 917

Der Zeitwert des übergehenden Reinvermögens beträgt 320.000 €. Es gehen Verbindlichkeiten i. H. v. 40.000 € über. Der Zeitwert des übergehenden Aktivvermögens beträgt somit 360.000 €. In der Schlussbilanz des übertragenden Rechtsträgers stand dieses Aktivvermögen jedoch nur mit einem Wert von 220.000 € zu Buche. Bei der Bewertung mit dem Zeitwert kommt es also zu einer Aufstockung der Buchwerte des Aktivvermögens um 140.000 €.

Der **Zeitwert des übergehenden Reinvermögens** i. H. v. 320.000 € liegt außerdem um 20.000 € über dem Buchwert der untergehenden Beteiligung. Durch den Vermögensübergang im Zuge der Verschmelzung kommt es in dieser Höhe zu einem positiven Differenzbetrag. Es handelt sich um einen Verschmelzungsgewinn, der als außerordentlicher Ertrag bei der übernehmenden XY-OHG zu erfassen ist (vgl. Teil 7 Rdn. 755).

Die **Übernahmebilanz** der XY-OHG hat dann **nach der Verschmelzung** folgendes Aussehen:

Bilanz der XY-OHG nach der Verschmelzung

AV	160.000 €		Festkapital X	150.000 €
Aufstockungsbetrag	140.000 €	300.000 €	Festkapital Y	150.000 €
UV		60.000 €		300.000 €
			Verschmelzungsgewinn	20.000 €
			Verbindlichkeiten	40.000 €
		360.000 €		360.000 €

b) Verschmelzung zu Buchwerten 918

Durch die Verschmelzung entfällt bei der XY-OHG die untergehende Beteiligung an der B-GmbH i. H. v. 300.000 €. An ihre Stelle treten die Buchwerte des übergehenden Vermögens i. H. v. 220.000 €. Es ergibt sich bei der übernehmenden XY-OHG ein negativer Differenzbetrag (**Verschmelzungsverlust**) i. H. v. 80.000 €, der erfolgswirksam in der **Gewinn- und Verlustrechnung** auszuweisen ist.

Bilanz der XY-OHG nach der Verschmelzung

AV der Z-GmbH	160.000 €	Festkapital X	150.000 €	
UV der Z-GmbH	60.000 €	Festkapital Y	150.000 €	300.000 €
		Verschmelzungsverlust		− 80.000 €
	220.000 €			220.000 €

Wirtschaftlich gesehen entsteht der Verschmelzungsverlust dadurch, dass die XY-OHG beim Erwerb der GmbH-Beteiligung im Kaufpreis der Anteile die stillen Reserven der Z-GmbH mitvergütet hat, die durch die Methode der Buchwertfortführung nicht aufgedeckt, sondern auf die XY-OHG übertragen werden.

II. Verschmelzung von Kapitalgesellschaften auf Kapitalgesellschaften

Auch bei der Verschmelzung von Kapitalgesellschaften gelten für die Bilanzierung der beteiligten 919 Rechtsträger die §§ 17, 24 UmwG. Die übertragende Gesellschaft hat nach § 17 Abs. 2 UmwG eine Schlussbilanz nach den Vorschriften über die Jahresbilanz zu erstellen. Die übernehmende Gesellschaft hat die übernommenen Vermögensgegenstände in ihrer Jahresbilanz auszuweisen, wobei sie ein Bewertungswahlrecht hat, das übernommene Vermögen mit seinen Buchwerten aus der Schlussbilanz der übertragenden Gesellschaft oder mit den Anschaffungskosten anzusetzen. Zusätzlich zu diesen – bereits bei der Verschmelzung auf Personengesellschaften dargestellten Vorschriften – sind bei einer Verschmelzung auf eine Kapitalgesellschaft die Grundprinzipien des Gläubigerschutzes und der Kapitalaufbringung zu beachten.

1. Verschmelzung mit Kapitalerhöhung. Gem. § 20 Abs. 1 Nr. 3 UmwG werden die Anteilsinha- 920 ber des übertragenden Rechtsträgers durch die Verschmelzung zu Anteilsinhabern des übernehmenden Rechtsträgers. Mit Ausnahme der ausdrücklich gesetzlich geregelten Fälle besteht eine Pflicht zur Anteilsgewährung. Die hierfür benötigten Anteile werden in den meisten Fällen durch eine Kapitalerhöhung neu geschaffen. Es handelt sich um eine **Kapitalerhöhung gegen Sacheinlage**.

921 **Fall 4:**

- Buchwert der Gegenleistung ist größer als der Buchwert des übergehenden Vermögens.
- Entstehung eines Konfusionsgewinns.

922 **Sachverhalt:**

A und B halten jeweils 100 % der Anteile an einer GmbH. A und B haben beschlossen, die A-GmbH auf die B-GmbH zu verschmelzen.

Die Bilanzen der beteiligten Rechtsträger haben vor der Verschmelzung folgendes Aussehen:

Schlussbilanz der A-GmbH vor der Verschmelzung

	Buchwerte	stille Reserven			
AV	1.500.000 €	1.700.000 €	Stammkap.	300.000 €	
UV	1.000.000 €		Kapitalrücklage	400.000 €	
			Eigenkapital		700.000 €
			Verbindlichkeiten		1.300.000 €
			Verbl. ggü.		
			B-GmbH		500.000 €
	2.500.000 €			2.500.000 €	

Bilanz der B-GmbH vor der Verschmelzung

	Buchwerte	stille Reserven			
AV	2.000.000 €	1.000.000 €	Stammkap.	1.000.000 €	
UV	600.000 €		Kapitalrücklage	500.000 €	
Ford. ggü.			Eigenkapital		1.500.000 €
A-GmbH	400.000 €		Verbindlichkeiten		1.500.000 €
Geschäftswert		500.000 €			
	3.000.000 €	1.500.000 €		3.000.000 €	

923 **a) Verschmelzung zu Anschaffungskosten**

Als Gegenleistung für die Vermögensübertragung sind dem Gesellschafter der A-GmbH Geschäftsanteile an der B-GmbH zu gewähren. Hierzu ist zunächst zu ermitteln, welche Beteiligung der A an der B-GmbH erhalten muss, damit diese der von ihm geleisteten Einlage entspricht. Zu diesem Zweck sind die Unternehmenswerte der beiden beteiligten Gesellschaften zueinander ins Verhältnis zu setzen.

Unternehmenswert A-GmbH		Unternehmenswert B-GmbH	
Eigenkapital	700.000 €	Eigenkapital	1.500.000 €
stille Reserven	1.700.000 €	stille Reserven	1.500.000 €
Unternehmenswert	2.400.000 €	Unternehmenswert	3.000.000 €
Unternehmenswert A-GmbH		2.400.000 €	44,44 %
Unternehmenswert B-GmbH		3.000.000 €	55,56 %
		5.400.000 €	100 %

Damit A am Gesellschaftsvermögen der AB-GmbH nach der Verschmelzung entsprechend seiner Einlage beteiligt ist, muss er also eine Beteiligung am Gesamtkapital von 44,44 % erhalten. B hält vor und nach der Verschmelzung eine Beteiligung von nominal 1.000.000 €. Diese Beteiligung soll nach der Verschmelzung einer Beteiligung von 55,56 % entsprechen. Das angestrebte Beteiligungsverhältnis wird hergestellt, wenn eine **Stammkapitalerhöhung** i. H. v. 800.000 € auf 1.800.000 € durchgeführt wird.

Berechnung:
$$\frac{1.000.000 \, € \times 100}{55,56} = 1.800.000 \, €$$

Die aufnehmende B-GmbH hat gem. § 24 UmwG das Wahlrecht, das übergehende Vermögen mit dem Buchwert der Gegenleistung oder mit dem Zeitwert des übergehenden Vermögens anzusetzen.

aa) Bewertung mit dem Buchwert der Gegenleistung 924

Da ein Agio nicht beschlossen wurde, stellt die Stammkapitalerhöhung i. H. v. 800.000 € den Buchwert der Gegenleistung bzw. den Ausgabebetrag der neuen Anteile dar.

Dieser Betrag bildet die Anschaffungskosten für das übergehende Vermögen, modifiziert um den durch die Konfusion von Forderung und Verbindlichkeit entstehenden Konfusionsgewinn.

Dieser Gewinn entsteht dadurch, dass vor der Verschmelzung zwischen den beiden beteiligten Rechtsträgern ein Schuldverhältnis bestanden hat. Die B-GmbH hatte in der Vergangenheit ihre Forderung ggü. der A-GmbH um 100.000 € auf 400.000 € abgeschrieben. Aufgrund der Bewertung nach dem Vorsichtsprinzip steht die Verbindlichkeit bei der A-GmbH demgegenüber noch mit 500.000 € in der Bilanz. Im Zuge der Verschmelzung tritt nun eine Konfusion der Forderung und der Verbindlichkeit ein. Aufgrund der unterschiedlichen Bewertung entsteht der Konfusionsgewinn, der als Anschaffungsnebenkosten erfolgsneutral in die Kapitalrücklage nach § 272 Abs. 2 Nr. 4 HGB einzustellen ist.

Die Anschaffungskosten für das übrige übergehende Vermögen liegen damit bei 800.000 € und damit um 100.000 € über dem Buchwert des übergehenden Vermögens. Es kommt daher zu einer anteiligen Aufdeckung der in dem übergehenden Vermögen vorhandenen stillen Reserven.

Bei einem Ansatz des übergehenden Vermögens mit dem Buchwert der Gegenleistung hat die Bilanz der AB-GmbH nach der Verschmelzung folgendes Aussehen:

Übernahmebilanz der AB-GmbH

AV der				
A-GmbH	1.500.000 €		Stammkapital	1.800.000 €
Aufstockung	100.000 €	1.600.000 €	Kapitalrücklage	600.000 €
AV der				
B-GmbH		2.000.000 €		
UV der A-GmbH		1.000.000 €	Eigenkapital	2.300.000 €
UV der B-GmbH		600.000 €	Verbindlichkeiten A	1.300.000 €
			Verbindlichkeiten B	1.500.000 €
		5.200.000 €		5.200.000 €

bb) Bewertung mit dem Zeitwert des übergehenden Vermögens 925

Wird das **Ansatzwahlrecht** dahin gehend ausgeübt, das übergehende Vermögen mit seinem Zeitwert anzusetzen, werden zusätzlich stille Reserven i. H. v. 1.600.000 € aufgedeckt worden. Dieser Betrag ist nach § 272 Abs. 1 Nr. 2 HGB in die **Kapitalrücklage** einzustellen.

Übernahmebilanz der AB-GmbH

AV der A-GmbH	1.500.000 €		Stammkapital	1.800.000 €
Aufstockung	1.700.000 €	3.200.000 €	Kapitalrücklage	2.200.000 €
AV der B-GmbH		2.000.000 €		
UV der A-GmbH		1.000.000 €	Eigenkapital	4.000.000 €
UV der B-GmbH		600.000 €	Verbindlichkeiten A	1.300.000 €
			Verbindlichkeiten B	1.500.000 €
		6.800.000 €		6.800.000 €

b) Verschmelzung zu Buchwerten 926

Auch bei einer Verschmelzung zu Buchwerten müssen dem Gesellschafter A als Gegenleistung für die Vermögensübertragung Anteile gewährt werden, die ihm eine Beteiligung am Gesellschaftsvermögen verschaffen, welche dem von ihm eingebrachten Vermögen wertmäßig entspricht. Der Betrag der durchzuführenden Kapitalerhöhung beträgt daher auch hier 800.000 €. Die Buchwerte des übergehenden Vermögens betragen hingegen nur 700.000 €. Bei einer **Fortführung der Buchwerte** entsteht somit in der Bilanz der aufnehmenden B-GmbH ein negativer Differenzbetrag (Verschmelzungsverlust). Es ist in der Literatur stark umstritten, ob in einem solchen Fall, in dem die Buchwerte unter dem Nennbetrag der Kapitalerhöhung liegen, überhaupt eine Buchwertfortführung möglich ist (vgl. hierzu Teil 7

Rdn. 811 ff.). Nach der hier vertretenen Ansicht ist die Ausübung des Wahlrechts zur Buchwertfortführung jedoch auch in einem solchen Fall uneingeschränkt möglich. Der entstehende Verschmelzungsverlust ist als außerordentlicher Aufwand in der Gewinn- und Verlustrechnung zu erfassen.

Der Konfusionsgewinn ist bei Fortführung der Buchwerte erfolgswirksam über die Gewinn- und Verlustrechnung zu buchen.

Übernahmebilanz der AB-GmbH

AV der A-GmbH	1.500.000 €	Stammkapital	1.800.000 €
AV der B-GmbH	2.000.000 €	Kapitalrücklage	500.000 €
UV der A-GmbH	1.000.000 €	Konfusionsgewinn	100.000 €
UV der B-GmbH	600.000 €	Verschmelzungsverlust	(– 100.000 €)
			2.300.000 €
		Verbindlichkeiten A	1.300.000 €
		Verbindlichkeiten B	1.500.000 €
	5.100.000 €		5.100.000 €

927 **Fall 5:**

– Der Buchwert der Gegenleistung entspricht dem Buchwert des übergehenden Vermögens.
– Als Gegenleistung wird auch eine bare Zuzahlung geleistet.
– Der übertragende Rechtsträger verfügt über originäre immaterielle Wirtschaftsgüter.

928 **Sachverhalt:**

A und B sind jeweils Alleingesellschafter eines Handwerksbetriebes in der Rechtsform einer GmbH. Zum Zweck der Nutzung von Synergieeffekten haben A und B beschlossen, die beiden Unternehmen zusammenzufassen, indem die A-GmbH auf die B-GmbH verschmolzen wird. Der Unternehmenswert der B-GmbH ist nach vorläufigen Schätzungen ca. dreimal so groß wie der Unternehmenswert der A-GmbH. Aus diesem Grund erhebt B i. R. d. Verhandlungen über den Verschmelzungsvertrag den Anspruch, dass er an der gemeinsamen Gesellschaft nach der Verschmelzung mit mindestens 75 % beteiligt sein möchte. A hingegen soll max. 25 % erhalten. Soweit das Verhältnis der Unternehmenswerte eine Beteiligung des A von weniger als 25 % ergibt, wird dieses Verhältnis dann auch als Umtauschverhältnis zugrunde gelegt. Sollte sich hiernach jedoch eine Beteiligung des A von mehr als 25 % ergeben, so soll A genau 25 % erhalten und die sich hierdurch ergebende vermögensmäßige Benachteiligung durch eine bare Zuzahlung ausgeglichen werden.

Die Bilanzen der beteiligten Rechtsträger haben vor der Verschmelzung folgendes Aussehen:

Schlussbilanz der A-GmbH vor der Verschmelzung

	Buchwert	stille Reserven			
			Stammkapital	80.000 €	
Aktiva	136.000 €	19.000 €	Gewinnvortrag	26.000 €	
eigenes Patent	–	50.000 €			106.000 €
			Verbindlichkeiten		30.000 €
	136.000 €				136.000 €

Bilanz der B-GmbH

	Buchwert	stille Reserven		
Aktiva	300.000 €	200.000 €	Stammkapital	300.000 €
Kasse/Bank	50.000 €		Verbindlichkeiten	50.000 €
	350.000 €			350.000 €

Ermittlung des Kapitalerhöhungsbetrages und der zu zahlenden baren Zuzahlung:

Das Ausmaß der Kapitalerhöhung ermittelt sich wie folgt:

	Eigenkapital	stille Reserven	Unternehmenswert	
A-GmbH	106.000 €	69.000 €	175.000 €	25,93 %
B-GmbH	300.000 €	200.000 €	500.000 €	74,07 %
			675.000 €	100 %

Gemessen an dem Wert ihrer Beteiligungen vor der Verschmelzung müssten die Gesellschafter A und B an der übernehmenden Gesellschaft nach der Verschmelzung in dem Verhältnis 25,93 % zu 74,07 % beteiligt sein. Im Verschmelzungsvertrag ist jedoch vereinbart worden, dass der Gesellschafter A max. eine Beteiligung von 25 % erhalten soll. Der übersteigende Einlagewert soll durch eine bare Zuzahlung an A ausgeglichen werden.

Bei einem angestrebten Beteiligungsverhältnis von 25 %/75 % muss also die Beteiligung des B von nominal 300.000 € nach der Verschmelzung eine Beteiligung von 75 % repräsentieren. Hieraus ergibt sich folgendes Stammkapital nach der Verschmelzung

$$\frac{300.000 \text{ €} \times 100}{75} = 400.000 \text{ €}$$

Es ist somit eine Kapitalerhöhung von 100.000 € vorzunehmen.

A hätte grds. eine Beteiligung von 25,93 % erhalten müssen. Er bekommt aber nur 25 %. A und B einigen sich darauf, für den Differenzbetrag eine bare Zuzahlung von 6.000 € zu leisten.

a) Verschmelzung zu Anschaffungskosten 929

Bei einer Bilanzierung des übergehenden Vermögens zu Anschaffungskosten finden die Bilanzierungsregeln für die Fälle der Sacheinlage Anwendung. Es besteht daher die Möglichkeit, das Vermögen mit dem Buchwert der Gegenleistung oder mit dem Zeitwert des übergehenden Vermögens zu bewerten.

aa) Bewertung mit dem Buchwert der Gegenleistung 930

Entscheidet sich die B-GmbH für eine Bewertung mit dem Buchwert der Gegenleistung, so ergibt sich Folgendes: Der Buchwert der Gegenleistung setzt sich zusammen aus dem Nennbetrag der Stammkapitalerhöhung i. H. v. 100.000 € sowie der baren Zuzahlung von 6.000 €, und beträgt damit insgesamt 106.000 €. Dies entspricht genau dem **Buchwert des übergehenden Reinvermögens**. Trotzdem kommt es im Zusammenhang mit der Anschaffungswertmethode im Ergebnis nicht zu einer Buchwertfortführung, denn im Fall der Anschaffung gilt für den übernehmenden Rechtsträger das Aktivierungsverbot des § 248 Abs. 2 HGB nicht, da alle Vermögensgegenstände entgeltlich erworben wurden. Die übernehmende B-GmbH hat daher auch die bei der A-GmbH nicht bilanzierten Patente zu aktivieren. Die Anschaffungskosten i. H. v. 106.000 € sind daher auf alle übergehenden Vermögensgegenstände nach dem Verhältnis ihrer Zeitwerte zu verteilen. Dies führt im Ergebnis zu einer Abstockung der Buchwerte der bislang bereits bilanzierten nicht monetären Vermögensgegenstände genau in dem Umfang, in dem bisher nicht bilanzierte immaterielle Wirtschaftsgüter erstmals angesetzt werden (vgl. auch Teil 7 Rdn. 739).

Zeitwerte Aktiva:	155.000 €	75,61 %
Zeitwert Patent:	50.000 €	24,39 %
	205.000 €	100 %
Anschaffungskosten:	106.000 €	
zzgl. übergehende Verbindlichkeiten	30.000 €	

136.000 € × 75,61 % = 103.000 € Ansatz Aktiva
136.000 € × 24,39 % = 33.000 € Ansatz Patent

Es ergibt sich folgende **Übernahmebilanz:**

Übernahmebilanz der AB-GmbH nach der Verschmelzung

Aktiva B-GmbH		300.000 €	Stammkapital	400.000 €
Aktiva A-GmbH				
Buchwerte	136.000 €			
Abstockung	33.000 €	103.000 €	Verbindlichkeiten	80.000 €
Patent		33.000 €		
Kasse/Bank		44.000 €		
		480.000 €		**480.000 €**

931 **bb) Bewertung mit dem Zeitwert des übergehenden Vermögens**

Bei einem Ansatz zum Zeitwert des übergehenden Vermögens sind alle vorhandenen stillen Reserven des übergehenden Vermögens aufzudecken. Der den Buchwert der Gegenleistung i. H. v. 106 übersteigende Betrag ist in die **Kapitalrücklage** nach § 272 Abs. 2 Nr. 1 HGB einzustellen (vgl. Teil 7 Rdn. 740).

Übernahmebilanz der AB-GmbH nach der Verschmelzung

Aktiva B-GmbH		300.000 €	Stammkapital	400.000 €
Aktiva A-GmbH			Kapitalrücklage	69.000 €
Buchwerte	136.000 €			
Aufstockung	19.000 €	155.000 €	Verbindlichkeiten	80.000 €
Patent		50.000 €		
Kasse/Bank		44.000 €		
		549.000 €		**549.000 €**

932 **b) Verschmelzung zu Buchwerten**

Bei einer Verschmelzung zu Buchwerten hat die übernehmende B-GmbH nicht die Möglichkeit, die originären immateriellen Wirtschaftsgüter der A-GmbH in ihrer Bilanz auszuweisen. Sie ist vielmehr in jeglicher Hinsicht an die Buchwerte des übertragenden Rechtsträgers gebunden. Da in dem hier vorliegenden Fall der Buchwert der Gegenleistung genauso groß ist wie der Buchwert des übergehenden Vermögens, ergibt sich durch die Verschmelzung bei der aufnehmenden B-GmbH weder ein positiver noch ein negativer Differenzbetrag. Die Übernahmebilanz stellt sich dann wie folgt dar.

Übernahmebilanz der AB-GmbH nach der Verschmelzung

Aktiva B-GmbH	300.000 €	Stammkapital	400.000 €
Aktiva A-GmbH	136.000 €		
Kasse/Bank	44.000 €	Verbindlichkeiten	80.000 €
	480.000 €		**480.000 €**

2. Verschmelzung ohne Kapitalerhöhung

933 **Fall 6:**

- Die übernehmende Kapitalgesellschaft hält alle Anteile an der übertragenden Kapitalgesellschaft (up-stream-merger).
- Der Buchwert der Beteiligung ist kleiner als der Buchwert des übergehenden Vermögens.

Sachverhalt: 934

Die M-GmbH hält 100 % der Anteile an der T-GmbH. Die T-GmbH soll auf die M-GmbH verschmolzen werden.

Schlussbilanz der T-GmbH

	Buchwert	stille Reserven			
Anlagevermögen	700.000 €	300.000 €	Stammkapital	700.000 €	
Umlaufvermögen	400.000 €		Rücklagen	200.000 €	
					900.000 €
			Verbindlichkeiten		200.000 €
	1.100.000 €				**1.100.000 €**

Bilanz der M-GmbH vor der Verschmelzung

Anlagevermögen	1.000.000 €	Stammkapital	800.000 €	
Beteiligung				
T-GmbH	600.000 €	Rücklagen	200.000 €	
				1.000.000 €
Umlaufvermögen	200.000 €	Verbindlichkeiten		800.000 €
	1.800.000 €			**1.800.000 €**

a) Verschmelzung zu Anschaffungskosten 935

Die Verschmelzung der T-GmbH auf die M-GmbH führt bei der aufnehmenden Muttergesellschaft zum Wegfall der Beteiligung an der Tochtergesellschaft und zum Übergang des Vermögens der Tochtergesellschaft auf die Muttergesellschaft. Gem. § 54 Abs. 1 Satz 1 Nr. 1 UmwG besteht für die aufnehmende Muttergesellschaft als GmbH ein **Kapitalerhöhungsverbot**. Dasselbe würde gem. § 68 Abs. 1 Satz 2 Nr. 1 UmwG auch für eine aufnehmende AG gelten. Die Gegenleistung für den Vermögensübergang besteht aus Sicht der aufnehmenden Muttergesellschaft somit nur in dem Untergang der Anteile an der Tochtergesellschaft.

Es handelt sich um einen tauschähnlichen Vorgang. Die M-GmbH hat daher das Wahlrecht, das übergehende Vermögen entweder mit dem Buchwert der Gegenleistung (600) oder mit dem Zeitwert (1.000) anzusetzen (vgl. Teil 7 Rdn. 752 ff.).

aa) Bewertung mit dem Buchwert der Gegenleistung 936

Bei dem hier vorliegenden Fall besteht jedoch die Besonderheit, dass das übergehende Vermögen einen Buchwert hat, der über dem Buchwert der untergehenden Beteiligung liegt. Eine – erfolgsneutrale – Bewertung mit dem niedrigeren Buchwert der Gegenleistung führt daher dazu, dass die Buchwerte des übergehenden Vermögens abzustocken sind (diese Handhabung ist jedoch strittig, vgl. hierzu Teil 7 Rdn. 753).

Die Bilanzierung erfolgt – vollkommen unabhängig von den Buchwerten in der Schlussbilanz des übertragenden Rechtsträgers – wie bei einem normalen Unternehmenskauf. Die Anschaffungskosten betragen 600.000 €. Zusätzlich werden Verbindlichkeiten i. H. v. 200.000 € übernommen. Der Gesamtbetrag von 800.000 € ist nach dem Verhältnis der Zeitwerte auf das Anlagevermögen und das Umlaufvermögen aufzuteilen.

Zeitwert Anlagevermögen	1.000.000 €	71,43 %
Zeitwert Umlaufvermögen	400.000 €	28,57 %
Gesamtwert	1.400.000 €	100 %

Verteilt man die Anschaffungskosten von 800.000 € in diesem Verhältnis, ergeben sich folgende Werte:

Anlagevermögen (800.000 € × 71,43 %)	571.000 €
Umlaufvermögen (800.000 € × 28,57 %	229.000 €
	800.000 €

Danach ergibt sich folgende Übernahmebilanz bei der M-GmbH:

Übernahmebilanz der M-GmbH

AV M-GmbH		1.000.000 €	Stammkapital	800.000 €	
AV T-GmbH	700.000 €		Rücklagen	200.000 €	
Abstockung	− 129.000 €				1.000.000 €
		571.000 €			
UV M-GmbH		200.000 €	Verbindlichkeiten M-GmbH		800.000 €
UV T-GmbH	400.000 €		Verbindlichkeiten T-GmbH		200.000 €
Abstockung	− 171.000 €				
		229.000 €			
		2.000.000 €			**2.000.000 €**

937 **bb) Bewertung mit dem Zeitwert der Gegenleistung**

Die Gegenleistung besteht in dem hier vorliegenden Fall einer 100 %igen Beteiligung der übernehmenden Muttergesellschaft an der übertragenden Tochtergesellschaft ausschließlich in dem Untergang der Anteile an der Tochtergesellschaft. Der **Zeitwert dieser Beteiligung** ist wiederum zwingend identisch mit dem Zeitwert des gesamten übergehenden Vermögen. Aus diesem Grund kommt es bei einer Bewertung mit dem Zeitwert der Gegenleistung zu einer Aufdeckung aller bei der Tochtergesellschaft vorhandenen stillen Reserven. In dem Umfang, in dem der Zeitwert der Beteiligung die Buchwerte des übergehenden Vermögens übersteigt, werden daher die Buchwerte des übergehenden Vermögens aufgestockt.

Bei der übernehmenden Muttergesellschaft entsteht i. H. d. Differenz zwischen dem Zeitwert und dem Buchwert der untergehenden Beteiligung ein Verschmelzungsgewinn, der als außerordentlicher Ertrag in der **Gewinn- und Verlustrechnung** auszuweisen ist.

Insgesamt ergibt sich hieraus folgende Übernahmebilanz:

Übernahmebilanz der M-GmbH

AV M-GmbH		1.000.000 €	Stammkapital	800.000 €	
AV T-GmbH	700.000 €		Rücklagen	200.000 €	
Aufstockung	300.000 €		Verschmelzungsgewinn	600.000 €	
		1.000.000 €			1.600.000 €
UV M-GmbH		200.000 €	Verbindlichkeiten M-GmbH		800.000 €
UV T-GmbH		400.000 €	Verbindlichkeiten T-GmbH		200.000 €
		2.600.000 €			**2.600.000 €**

938 **b) Buchwertfortführung**

Im Fall einer Buchwertfortführung ergibt sich bei der übernehmenden Muttergesellschaft ein Verschmelzungsgewinn i. H. d. Differenz zwischen dem Buchwert der Beteiligung an der M GmbH und dem Buchwert des übergehenden Vermögens. Dieser **Verschmelzungsgewinn** ist als außerordentlicher Ertrag in der Gewinn und Verlustrechnung auszuweisen.

Übernahmebilanz der M-GmbH

AV M-GmbH	1.000.000 €	Stammkapital	800.000 €	
AV T-GmbH	700.000 €	Rücklagen	200.000 €	
		Verschmelzungsgewinn	300.000 €	
UV M-GmbH	200.000 €			1.300.000 €
UV T-GmbH	400.000 €	Verbindlichkeiten M-GmbH		800.000 €
		Verbindlichkeiten T-GmbH		200.000 €
	2.300.000 €			**2.300.000 €**

3. Mischfälle

Fall 7:

– Die übernehmende Kapitalgesellschaft ist zu weniger als 100 % an der übertragenden Kapitalgesellschaft beteiligt.
– Es erfolgt eine Kapitalerhöhung.
– Leistung einer baren Zuzahlung.

Sachverhalt:

Die M-GmbH hält 75 % der Anteile an der T-GmbH mit einem Nominalwert von 750.000 €. Die Anschaffungskosten der Beteiligung betrugen 1.000.000 €. In dem Beteiligungswert sind somit stille Reserven i. H. v. 250.000 € gebunden. Die verbleibenden 25 % der Anteile an der T-GmbH werden von dem Dritten D gehalten. Es wurde beschlossen, die T-GmbH auf die M-GmbH zu verschmelzen.

Schlussbilanz der T-GmbH vor der Verschmelzung

	Buchwert	stille Reserven		
AV	700.000 €	500.000 €	Stammkapital	1.000.000 €
Kasse/Bank	*300.000 €*			
	1.000.000 €			**1.000.000 €**

Bilanz der M-GmbH vor der Verschmelzung

	Buchwert	stille Reserven		
AV	3.000.000 €	1.375.000 €	Stammkapital	5.000.000 €
Beteiligung				
T-GmbH	1.000.000 €	125.000 €		
UV	1.000.000 €		Verbindlichkeiten	1.000.000 €
Kasse	*1.000.000 €*			
	6.000.000 €	1.500.000 €		**6.000.000 €**

a) Verschmelzung zu Anschaffungskosten

Die M-GmbH ist an der T-GmbH vor der Verschmelzung zu 75 % beteiligt. Dem übergehenden Vermögen steht also zu 75 % als Gegenleistung der Verzicht auf diese untergehende Beteiligung gegenüber. Insoweit liegt ein tauschähnlicher Umsatz vor und die M-GmbH hat das Wahlrecht, das übergehende Vermögen mit dem Buchwert der Gegenleistung (= Buchwert der untergehenden Anteile) oder mit dem höheren Zeitwert der Gegenleistung anzusetzen.

I. H. v. 25 % war vor der Verschmelzung der Gesellschafter D an der T-GmbH beteiligt. Dieser Gesellschafter muss gem. § 20 Abs. 1 Nr. 3 UmwG als Gegenleistung für die Vermögensübertragung eine Beteiligung an der M-GmbH erhalten. Da die M-GmbH nicht über eigene Anteile verfügt, müssen die zu gewährenden Anteile durch eine Kapitalerhöhung neu geschaffen werden. Dem übergehenden Vermögen steht also zu 25 % eine Kapitalerhöhung gegenüber. Insoweit sind bzgl. der Bewertung die Grundsätze der Kapitalerhöhung gegen Sacheinlage zu beachten. Die M-GmbH hat die Möglichkeit, das übergehende Vermögen entweder mit dem Buchwert der Gegenleistung (= Ausgabebetrag der neuen Anteile) oder mit dem höheren Zeitwert anzusetzen. Die vorzunehmende Kapitalerhöhung ermittelt sich wie folgt:

Die M-GmbH hat nach der Verschmelzung einen Unternehmenswert i. H. v. 9.000.000 €.

Unternehmenswert der M-GmbH vor der Verschmelzung (Buchwert 6.000.000 €, stille Reserven 1.500.000 €)	7.500.000 €
Unternehmenswert der T-GmbH (Buchwert 1.000.000 €, stille Reserven 500.000 €)	*1.500.000 €*
	9.000.000 €

Der Gesellschafter D war an der T-GmbH zu 25 % beteiligt. Gemessen am Unternehmenswert der T-GmbH i. H. v. 1.500.000 € hatte diese Beteiligung somit einen Wert von 375.000 €. Dem Gesellschafter D muss also an der aufnehmenden M-GmbH eine Beteiligung gewährt werden, die einen Wert von 375.000 € hat. Dies entspricht einer Beteiligung von 4,16 %.

Der Gesellschafter A, der bisher mit nominal 5.000.000 € eine 100 %ige Beteiligung an der M-GmbH gehalten hat, wird somit nach der Verschmelzung an der M-GmbH nur noch mit (100 %–4,16 %) 95,84 % beteiligt sein.

Es ergibt sich daher folgende **Stammkapitalerhöhung** bei der M-GmbH:

$$\frac{5.000.000 \,€ \times 100}{95,84} = 5.217.000 \,€$$

Grds. müsste somit das Stammkapital um 217.000 € erhöht werden. Da es sich hierbei um einen krummen Betrag handelt, wird im Gesellschaftsvertrag vereinbart, dass die Kapitalerhöhung 200.000 € betragen wird und dass i. H. v. 17.000 € eine bare Zuzahlung an den Gesellschafter D geleistet wird.

942 **aa) Bewertung des übergehenden Vermögens mit dem Buchwert der jeweiligen Gegenleistung**

Entscheidet sich die M-GmbH dafür, das übergehende Vermögen mit dem Buchwert der Gegenleistung zu bewerten, so ergibt sich folgendes: Soweit die Gegenleistung in der Hingabe der Beteiligung an der T-GmbH besteht, liegt ein **tauschähnlicher Umsatz** vor.

Untergehende Beteiligung an der T-GmbH	1.000.000 €
hierauf entfallender Buchwert des übergehenden Vermögens (= 75 %)	*750.000 €*
Differenzbetrag	250.000 €

Die **Anschaffungskosten** sind um 250.000 € höher als der Buchwert des übergehenden Vermögens. Die Buchwerte sich daher um diesen Betrag aufzustocken (vgl. Teil 7 Rdn. 739).

Soweit die Gegenleistung in der Kapitalerhöhung zuzüglich barer Zuzahlung besteht, liegt eine **Kapitalerhöhung gegen Sacheinlage** vor. Der Buchwert der Gegenleistung ergibt sich aus dem Ausgabebetrag der neuen Anteile, der hier – mangels Dotierung eines Agios – dem Nominalbetrag der Kapitalerhöhung entspricht, zuzüglich der baren Zuzahlung.

Kapitalerhöhung zuzüglich barer Zuzahlung	217.000 €
Buchwert des übergehenden Vermögens (25 %)	*250.000 €*
Differenzbetrag	– 33.000 €

Es entsteht ein negativer Differenzbetrag i. H. v. 33.000 €. Nach der hier vertretenen Auffassung ist eine Bilanzierung mit dem Buchwert der Gegenleistung auch in diesem Fall möglich. Es kommt insoweit zu einer Buchwertabstockung (vgl. Teil 7 Rdn. 739). Der Aufstockungsbetrag von 250.000 € vermindert sich somit um 33.000 €, sodass es insgesamt zu einer Aufdeckung von stillen Reserven i. H. v. 217.000 € kommt.

Der **Aufstockungsbetrag** entfällt vollständig auf das Anlagevermögen der T-GmbH, weil das Umlaufvermögen ausschließlich aus monetären Mitteln besteht, die immer mit ihrem Nennwert zu bewerten sind.

Übernahmebilanz der M-GmbH nach der Verschmelzung

AV M-GmbH		3.000.000 €	Stammkapital	5.200.000 €
AV T-GmbH	700.000 €			
Aufstockung	*217.000 €*	917.000 €		
			Verbindlichkeiten	
UV M-GmbH		1.000.000 €	M-GmbH	1.000.000 €
Kasse M-GmbH		983.000 €		
UV T-GmbH		*300.000 €*		
		6.200.000 €		**6.200.000 €**

bb) Bewertung des übergehenden Vermögens mit dem Zeitwert der Gegenleistung   943

Soweit die Gegenleistung in der Hingabe der Beteiligung an der T-GmbH besteht, liegt ein tauschähnlicher Umsatz vor. Die M-GmbH hat die Möglichkeit, das übergehende Vermögen mit dem Zeitwert der Gegenleistung anzusetzen. Die Gegenleistung besteht in einer 75 %igen Beteiligung an der T-GmbH, der Nominalkapitalerhöhung von 200.000 € sowie der baren Zuzahlung i. H. v. 17.000 €. Es ist allerdings eine größtmögliche Aufdeckung stiller Reserven beabsichtigt, so dass beschlossen wurde, im Zusammenhang mit der Kapitalerhöhung ein unbeziffertes Agio in Höhe der Differenz zwischen dem anteiligen Zeitwert des übergehenden Vermögens und dem Betrag der Nominalkapitalerhöhung zuzüglich Barzuzahlung zu dotieren.

Die T-GmbH hat einen Unternehmenswert i. H. v. 1.500.000 €. Die Beteiligung der M-GmbH an der T-GmbH hat damit einen Zeitwert von 1.125.000 €.

Zeitwert der Beteiligung an der T-GmbH	1.125.000 €
hierauf entfallender Buchwert des übergehenden Vermögens (75 %)	*750.000 €*
Differenzbetrag	375.000 €

In Bezug auf den tauschähnlichen Vorgang sind die **Anschaffungskosten** um 375.000 € höher als der Buchwert des übergehenden Vermögens, sodass es insoweit zu einer Buchwertaufstockung kommt.

Bei der aufnehmenden M-GmbH entsteht durch den tauschähnlichen Vorgang außerdem ein positiver Differenzbetrag i. H. d. Differenz zwischen dem Buchwert und dem Zeitwert der untergehenden Beteiligung, also i. H. v. 125.000 €. es handelt sich hier um einen Verschmelzungsgewinn, der als außerordentlicher Ertrag in der Gewinn- und Verlustrechnung auszuweisen ist.

Soweit die Gegenleistung in der Kapitalerhöhung zuzüglich barer Zuzahlungen besteht, liegt eine **Kapitalerhöhung gegen Sacheinlage** vor. Die übernehmende M-GmbH hat insoweit die Möglichkeit, dass übergehende Vermögen mit dem Zeitwert anzusetzen.

Zeitwert des übergehenden Vermögens (25 % von 1.500.000 €)	375.000 €
Nominalkapitalerhöhung zuzüglich Barzuzahlung	*250.000 €*
Differenzbetrag	125.000 €

Der Zeitwert dieses Teiles des übergehenden Vermögens liegt um 125.000 € über dem anteiligen Buchwert. In dieser Höhe erfolgt eine Buchwertaufstockung. Insgesamt kommt es somit zu einer Buchwertaufstockung i. H. v. 500.000 €. Damit ist das Ziel, alle stillen Reserven der T-GmbH aufzudecken, erreicht.

In der Bilanz der M-GmbH ergibt sich i. R. d. Kapitalerhöhung gegen Sacheinlage durch die Übernahme des Vermögens mit dessen Zeitwert ein positiver Differenzbetrag, soweit der Zeitwert des übergehenden Vermögens die vorgenommene Kapitalerhöhung zuzüglich barer Zuzahlung übersteigt.

Kapitalerhöhung zzgl. barer Zuzahlung	217.000 €
Zeitwert des übergehenden Vermögens (25 % von 1.500.000 €)	*375.000 €*
Differenzbetrag	158.000 €

Der Differenzbetrag i. H. v. 158.000 € ist als Aufgeld gem. § 272 Abs. 2 Nr. 1 HGB in die **Kapitalrücklage** einzustellen.

Es ergibt sich damit folgende Übernahmebilanz der M-GmbH:

Übernahmebilanz der M-GmbH nach der Verschmelzung

AV M-GmbH		3.000.000 €	Stammkapital	5.200.000 €
AV T-GmbH	700.000 €		Kapitalrücklage	158.000 €
Aufstockung	*500.000 €*	1.200.000 €	Verschmelzungsgewinn	*125.000 €*
UV M-GmbH		1.000.000 €		5.483.000 €
Kasse M-GmbH		983.000 €	Verbindlichkeiten M-GmbH	1.000.000 €
UV T-GmbH		*300.000 €*		
		6.483.000 €		**6.483.000 €**

944 cc) Angestrebt ist ein Mittelwert zwischen den Varianten aa) und bb)

Der übernehmende Rechtsträger hat mehrere Möglichkeiten, einen Mittelwert zu erreichen. Die Verschmelzung der T-GmbH besteht anteilig aus einer Sacheinlage gegen Kapitalerhöhung und einem tauschähnlichen Umsatz. Für beide Vorgänge bestehen jeweils verschiedene Möglichkeiten, die Anschaffungskosten zu bestimmen. Diese **Wahlrechte** können nach der hier vertretenen Ansicht unabhängig voneinander ausgeübt werden. Wichtig ist nur, dass es sich jeweils um Werte handelt, die nach dem für den jeweiligen Vorgang geltenden Grundsätzen als Anschaffungskosten anerkannt sind. Nicht möglich ist es hingegen, bei demselben Umwandlungsvorgang z. B. in Bezug auf die Sacheinlage die Buchwertfortführung zu wählen und in Bezug auf den tauschähnlichen Umsatz einen Ansatz mit den Anschaffungskosten oder umgekehrt. Die Verschmelzung an sich ist ein einheitlicher Vorgang, bei dem sich der übernehmende Rechtsträger einheitlich für das gesamte übergehende Vermögen entscheiden muss, ob er die Buchwertfortführung oder die Bilanzierung zu Anschaffungskosten wählt. Soweit er sich jedoch für eine Bilanzierung zu Anschaffungskosten entschieden hat, bestehen immer noch in erheblichem Umfang Möglichkeiten, Bilanzpolitik zu betreiben.

Zum einen kann – soweit eine Kapitalerhöhung gegen Sacheinlage vorliegt – über eine unterschiedlich hohe Dotierung der Kapitalrücklage ein beliebiger Ansatz erreicht werden zwischen dem Nennbetrag der Kapitalerhöhung und dem Zeitwert des übergehenden Vermögens. Eine Aufdeckung der in dem übergehenden Vermögen ruhenden stillen Reserven auf diesem Wege ist immer erfolgsneutral.

In Bezug auf den **tauschähnlichen Umsatz** (Vermögensübergang gegen Hingabe der Beteiligung an der T-GmbH) ist der Bewertungsspielraum nicht so groß. Hier muss der übernehmende Rechtsträger wählen zwischen einem erfolgsneutralen Ansatz mit dem Buchwert der Gegenleistung oder einem Ansatz mit dem Zeitwert der Gegenleistung, wobei ein Ansatz über dem Buchwert der Gegenleistung bei der aufnehmenden Gesellschaft zu einem entsprechenden Gewinn führt.

Wie der Ansatz nun im Einzelnen erfolgen wird, hängt von der Interessenlage der aufnehmenden Gesellschaft ab. So kann es z. B. sein, dass die stillen Reserven aufgedeckt werden sollen, soweit dies erfolgsneutral möglich ist, um in der Zukunft höhere Abschreibungen zu generieren. Die Entstehung eines Verschmelzungsgewinns ist jedoch nicht gewünscht. In diesem Fall kann das übergehende Vermögen, soweit es auf die Sacheinlage gegen Kapitalerhöhung entfällt, mit dem Zeitwert i. H. v. 375.000 € angesetzt werden. Der Buchwert von 250.000 € ist daher um 125.000 € aufzustocken. Der die Kapitalerhöhung (200.000 €) zzgl. barer Zuzahlung (17.000 €) übersteigende Betrag i. H. v. 158.000 € ist in die Kapitalrücklage einzustellen.

In Bezug auf den tauschähnlichen Umsatz wird hingegen ein erfolgsneutraler Ansatz mit dem Buchwert der untergehenden Beteiligung i. H. v. 1.000.000 € gewählt. Da der auf diese Gegenleistung entfallende Buchwert des übergehenden Vermögens 750.000 € beträgt, kommt es zu einer erfolgsneutralen Buchwertaufstockung i. H. v. 250.000 €.

Insgesamt kommt es somit zu einer Buchwertaufstockung von 375.000 €.

Die Übernahmebilanz der M-GmbH hat dann folgendes Aussehen:

Übernahmebilanz der M-GmbH nach der Verschmelzung

AV M-GmbH		3.000.000 €	Stammkapital	5.200.000 €
AV T-GmbH	700.000 €		Kapitalrücklage	*158.000 €*
Aufstockung	*375.000 €*	1.075.000 €		5.358.000 €
UV M-GmbH		1.000.000 €		
Kasse M-GmbH		983.000 €	Verbindlichkeiten M-GmbH	1.000.000 €
UV T-GmbH		*300.000 €*		
		6.358.000 €		6.358.000 €

Die bilanzpolitischen Ziele der übernehmenden Gesellschaft hätten aber auch anders aussehen können. Wenn es z. B. das Ziel ist, immer einen möglichst hohen Gewinn auszuweisen, dann wird der Ausweis eines möglichst hohen Verschmelzungsgewinns angestrebt. In Bezug auf den tauschähnlichen Umsatz wird das übergehende Vermögen daher mit dem Zeitwert i. H. v. 1.125.000 € angesetzt. Die Buchwerte des übergehenden Vermögens werden um 375.000 € aufgestockt und es entsteht ein Verschmelzungsgewinn von 125.000 €.

In Bezug auf die **Sacheinlage gegen Kapitalerhöhung** wird hingegen nur ein Ansatz mit dem Buchwert der Gegenleistung i. H. v. 217.000 € angestrebt. Ein höherer Ansatz wäre im Zeitpunkt der Verschmelzung erfolgsneutral, würde aber die zukünftigen Ergebnisse aufgrund der höheren Abschreibungen belasten. Verglichen mit dem Buchwert des übergehenden Vermögens von 250.000 € kommt es zu einer Buchwertabstockung i. H. v. 33.000 €.

Insgesamt ergibt sich somit nur noch eine Buchwertaufstockung i. H. v. 342.000 €.

Es ergibt sich dann folgende Übernahmebilanz der M-GmbH:

Übernahmebilanz der M-GmbH nach der Verschmelzung

AV M-GmbH		3.000.000 €	Stammkapital	5.200.000 €
AV T-GmbH	700.000 €		Verschmelzungsgewinn	125.000 €
Aufstockung	*342.000 €*	1.042.000 €		5.325.000 €
UV M-GmbH		1.000.000 €		
Kasse				
M-GmbH		983.000 €	Verbindlichkeiten M-GmbH	1.000.000 €
UV T-GmbH		*300.000 €*		
		6.325.000 €		**6.325.000 €**

b) Buchwertfortführung

945

Auch bei der Verschmelzung zu Buchwerten steht dem übergehenden Vermögen zu 75 % die bisherige Beteiligung an der T-GmbH sowie zu 25 % eine Gewährung neuer Anteile an den Gesellschafter D i. H. v. nominal 200.000 € sowie eine bare Zuzahlung i. H. v. 17.000 € gegenüber.

Stellt man die jeweilige Gegenleistung dem entsprechenden anteiligen Buchwert des übergehenden Vermögens gegenüber., so ergeben sich zunächst die gleichen positiven (+ 250.000 €) und negativen (- 33.000 €) Differenzbeträge wie bei der Bilanzierung mit dem Buchwert der Gegenleistung. Da bei einer Buchwertfortführung eine anteilige Aufdeckung der stillen Reserven jedoch nicht in Betracht kommt, ist der Differenzbetrag von 250.000 € (untergehende Beteiligung 1.000.000 € abzüglich Buchwert des übergehenden Vermögens 750.000 €) als **Verschmelzungsverlust** zu behandeln. Da der Differenzbetrag von 33.000 € (Kapitalerhöhung 200.000 € zzgl. bare Zuzahlung 17.000 € abzüglich Buchwert des übergehenden Vermögens 250.000 €) einen Verschmelzungsgewinn darstellt, ergibt sich insgesamt ein Verschmelzungsverlust von 217.000 €. Dieser ist als außerordentlicher Aufwand in der Gewinn- und Verlustrechnung zu verbuchen.

Übernahmebilanz der M-GmbH nach der Verschmelzung

AV M-GmbH	3.000.000 €	Stammkapital	5.200.000 €	
AV T-GmbH	700.000 €	Verschm.verlust	*(- 217.000 €)*	
UV M-GmbH	1.000.000 €			4.983.000 €
Kasse M-GmbH	983.000 €	Verbindlichkeiten M-GmbH		1.000.000 €
UV T-GmbH	*300.000 €*			
	5.983.000 €			**5.983.000 €**

4. Abspaltung von einer Kapitalgesellschaft auf eine andere Kapitalgesellschaft

946

Fall 8:

– Die übertragende Kapitalgesellschaft führt eine vereinfachte Kapitalherabsetzung durch.
– Bei der übernehmenden Kapitalgesellschaft erfolgt eine Kapitalerhöhung.
– Der Buchwert der gesamten Gegenleistung ist geringer als der Buchwert des übergehenden Vermögens.

947 **Sachverhalt:**

A ist Alleingesellschafter der A-GmbH. Sein Sohn S ist Alleingesellschafter der S-GmbH. A möchte sich an dem Unternehmen des S beteiligen. Seine Gesellschaftereinlage soll darin bestehen, dass er ein im Betriebsvermögen der A-GmbH befindliches unbebautes Grundstück (Buchwert 400.000 €, Verkehrswert 600.000 €) einschließlich der dazugehörigen Verbindlichkeiten (100.000 €) auf die S-GmbH gegen Gewährung von Gesellschaftsrechten abspaltet. Die bei der S-GmbH durchzuführende Kapitalerhöhung soll 10.000 € betragen.

Schlussbilanz der A-GmbH vor der Abspaltung

	Buchwert	stille Reserven			
Anlagevermögen	800.000 €	400.000 €	Stammkapital	450.000 €	
			Kapitalrücklage	50.000 €	500.000 €
			Verbindlichkeiten		300.000 €
	800.000 €				**800.000 €**

Bilanz der S-GmbH vor der Abspaltung

	Buchwert	stille Reserven		
AV	60.000 €	0.000 €	Stammkapital	50.000 €
			Verbindlichkeiten	10.000 €
	60.000 €			**60.000 €**

948 **a) Bilanzielle Behandlung beim übertragenden Rechtsträger**

Die A-GmbH überträgt zu Buchwerten folgendes Vermögen:

	€	
Grundstück	400.000	
Verbindlichkeiten	100.000	
übergehendes Reinvermögen zu Buchwerten		300.000

Dieser Vermögensabgang zu Buchwerten von 300.000 € ist erfolgsneutral durch eine entsprechende Verringerung des Eigenkapitals auszugleichen. Zu diesem Zweck sind zunächst die vorhandenen Kapitalrücklagen i. H. v. 50.000 € aufzulösen. Da dieser Betrag jedoch nicht ausreicht, den Vermögensabgang von 300.000 € abzudecken, ist gem. § 139 UmwG eine vereinfachte Kapitalherabsetzung i. H. v. 250.000 € durchzuführen.

Bei der Aufstellung der nächsten regulären Bilanz des übertragenden Rechtsträgers ist außerdem die Regelung des § 133 Abs. 1 UmwG zu beachten, wonach alle an der Spaltung beteiligten Rechtsträger für die bis zum Zeitpunkt der Eintragung der Spaltung in das Handelsregister des übertragenden Rechtsträgers entstandenen Verbindlichkeiten gesamtschuldnerisch haften. Die A-GmbH hat somit in der Zukunft nicht nur für die bei ihr verbleibenden Verbindlichkeiten i. H. v. 200.000 € einzustehen, sondern ggf. auch für die auf die S-GmbH übergegangene Grundschuld i. H. v. 100.000 €. Soweit jedoch für die A-GmbH keine konkreten Anhaltspunkte dafür bestehen, dass sie für diese auf die S-GmbH übergegangene Verbindlichkeit in Anspruch genommen werden könnte, ist die Mithaftung für diese Verbindlichkeit lediglich gem. § 251 HGB unter der Bilanz als Haftungsverbindlichkeit auszuweisen.

Unter Außerachtlassung aller übrigen Geschäftsvorfälle innerhalb des Wirtschaftsjahres nach der Abspaltung hat die nächste reguläre Schlussbilanz des übertragenden Rechtsträgers somit folgendes Aussehen:

Schlussbilanz der A-GmbH nach der Abspaltung

	Buchwert	stille Reserven		
AV	400.000 €	200.000 €	Stammkapital	200.000 €
			Verbindlichkeiten	200.000 €
	400.000 €			400.000 €
			Haftungsverbindlichkeiten	100.000 €

b) Bilanzielle Behandlung beim übernehmenden Rechtsträger

949

Beim übernehmenden Rechtsträger gibt es ggü. den Fällen der Verschmelzung kaum Besonderheiten. Die S-GmbH führt eine Kapitalerhöhung um 10.000 € durch. Es handelt sich um eine Kapitalerhöhung gegen Sacheinlage. Als Sacheinlage geht ein buchmäßiges Reinvermögen von 300.000 €, das einen Verkehrswert von 500.000 € aufweist, über. Die Regelungen der **Kapitalaufbringung** sind damit unzweifelhaft erfüllt.

aa) Bilanzierung zu Anschaffungskosten

950

(1) Bewertung des übergehenden Vermögens mit dem Buchwert der Gegenleistung

In dem hier vorliegenden Fall besteht der Buchwert der Gegenleistung lediglich aus einer Nennkapitalerhöhung i. H. v. 10.000 €, während der Buchwert des übergehenden Vermögens mit 300.000 € wesentlich höher liegt. Es ist in der Literatur absolut strittig, ob sich der übernehmende Rechtsträger in einem solchen Fall überhaupt dazu entscheiden kann, das übergehende Vermögen mit dem Buchwert der Gegenleistung anzusetzen, denn dies führt zu einer entsprechenden Buchwertabstockung (zum Meinungsstand vgl. Teil 7 Rdn. 739 sowie Fall 2). Zusammen mit der wohl herrschenden Meinung wird hier davon ausgegangen, dass diese Möglichkeit der Bilanzierung mit dem Buchwert der Gegenleistung auch in einem solchen Fall uneingeschränkt besteht.

Das gesamte übergehende Reinvermögen ist somit insgesamt mit einem Wert von 10.000 € anzusetzen. Zu den Anschaffungskosten den Grundstücks gehört aus der Sicht der S-GmbH zum einen die Hingabe von Anteilen i. H. v. 10.000 € und zum anderen die Übernahme der Verbindlichkeiten i. H. v. 100.000 €. Die Anschaffungskosten des Grundstücks betragen somit insgesamt 110.000 €. Da dieses Grundstück bei der übertragenden A-GmbH vor der Spaltung mit 400.000 € zu Buche stand, ergibt sich hierdurch somit eine Buchwertabstockung i. H. v. 290.000 €. Die Verbindlichkeiten sind mit ihrem Nennbetrag i. H. v. 100.000 € anzusetzen.

Übernahmebilanz der S-GmbH nach der Abspaltung

AV S-GmbH		60.000 €	Stammkapital	60.000 €
AV T-GmbH	400.000 €			
Abstockung	290.000 €	110.000 €	Verbindlichkeiten M-GmbH	110.000 €
		170.000 €		170.000 €
			Haftungsverbindlichkeiten	300.000 €

(2) Bewertung des übergehenden Vermögens mit dem Zeitwert

951

Im Rahmen der Bilanzierung zu Anschaffungskosten hat die übernehmende S-GmbH auch die Möglichkeit, das übergehende Vermögen mit seinem Zeitwert anzusetzen. Soweit dieser Zeitwert den Nennbetrag der Kapitalerhöhung übersteigt, ist der Differenzbetrag in die Kapitalrücklage nach § 272 Abs. 2 Nr. 1 HGB einzustellen.

Übernahmebilanz der S-GmbH nach der Abspaltung

AV S-GmbH		60.000 €	Stammkapital	60.000 €
AV T-GmbH	400.000 €		Kapitalrücklage	490.000 €
Aufstockung	200.000 €	600.000 €	Verbindlichkeiten M-GmbH	110.000 €
		660.000 €		660.000 €
			Haftungsverbindlichkeiten	300.000 €

952 bb) Bilanzierung zu Buchwerten

Das Bewertungswahlrecht des § 24 UmwG ist für den übernehmenden Rechtsträger auch in Spaltungsfällen anwendbar. Dementsprechend hat die übernehmende S-GmbH auch die Möglichkeit, das übergehende Vermögen mit den Buchwerten aus der Schlussbilanz der übertragenden A-GmbH zu übernehmen. Soweit die Buchwerte des übergehenden Vermögens die Nennkapitalerhöhung übersteigen, ist der Differenzbetrag in die **Kapitalrücklage** nach § 272 Abs. 2 Nr. 1 HGB einzustellen.

Es ergibt sich im Fall der Buchwertfortführung folgende Übernahmebilanz:

Übernahmebilanz der S-GmbH nach der Abspaltung

AV S-GmbH	60.000 €	Stammkapital	60.000 €
AV T-GmbH	400.000 €	Kapitalrücklage	290.000 €
		Verbindlichkeiten M-GmbH	110.000 €
	460.000 €		460.000 €
		Haftungsverbindlichkeiten	300.000 €

Teil 8: Kostenrechtliche Behandlung von Umwandlungsvorgängen nach dem UmwG

Kapitel 1: Verschmelzung

A. Verschmelzung durch Aufnahme

1 Die Verschmelzung durch Aufnahme ist ein **Austauschvertrag nach § 97 Abs. 3 GNotKG**, sofern den Anteilsinhabern des übertragenden Rechtsträgers als Gegenleistung Gesellschafts- oder Mitgliedsrechte oder Aktien am Vermögen des aufnehmenden Rechtsträgers gewährt werden (Tiedtke, in: Korintenberg, § 107 Rn. 41; Schmidt/Sikora/Tiedtke, Praxis des Handelsregister- und Kostenrechts, Rn. 3311 ff.; BayObLG, DNotZ 1975, 676 = Rpfleger 1975, 268; BayObLG, DNotZ 1993, 273 = JurBüro 1993, 44 = MittBayNot 1992, 417).

2 Der Geschäftswert richtet sich nach dem **Aktivvermögen der Verschmelzungsbilanz** gem. § 38 GNotKG ohne Abzug der Schulden. Ist jedoch die Gegenleistung höher, ist diese als Geschäftswert maßgebend (Ausnahmefall).

3 Bei **Verschmelzungen ohne Gegenleistungen** ist der Geschäftswert nach § 97 Abs. 1 GNotKG zu bestimmen (BayObLG, MittBayNot 1997, 252 = GmbHR 1997, 506 = ZNotP 1997, 38; BayObLG, MittBayNot 1999, 398 = GmbHR 1999, 720 = ZNotP 1999, 414; OLG Karlsruhe, Rpfleger 2001, 321 = ZNotP 2002, 121). Maßgebend ist dann ausschließlich das Aktivvermögen des übertragenden Rechtsträgers nach der Verschmelzungsbilanz, gem. § 38 GNotKG ohne Schuldenabzug. Das Aktivvermögen ist auch dann als Geschäftswert anzunehmen, wenn zwischen den verschmelzenden Rechtsträgern ein Treuhandverhältnis besteht, das die Beteiligung des übertragenden Rechtsträgers an einer Gesellschaft im Auftrag und für Rechnung des übernehmenden Rechtsträgers zum Gegenstand hat (OLG Karlsruhe, Rpfleger 2001, 321 = ZNotP 2002, 121).

4 Werden mehrere Rechtsträger auf einen bestehenden oder neu gegründeten Rechtsträger verschmolzen, werden die Aktivvermögen der übertragenden Rechtsträger zusammengerechnet. Die Gesamtsumme bildet den Geschäftswert. Zur Frage, ob ggf. der Höchstwert gem. § 107 Abs. 1 GNotKG von 10 Mio. € mehrfach anzusetzen ist, s. Teil 8 Rdn. 15 ff.

5 Eine vertragliche Verschmelzung liegt auch vor, wenn der Alleingesellschafter einer Kapitalgesellschaft deren Vermögen übernimmt (§ 3 Abs. 2 Nr. 2 UmwG; vgl. Tiedtke, in: Korintenberg, § 107 Rn. 43; Schmidt/Sikora/Tiedtke, Praxis des Handelsregister- und Kostenrechts, Rn. 3313; PfälzOLG Zweibrücken, MittRhNotK 2000, 80 = ZNotP 1999, 415 für den vergleichbaren Fall der Ausgliederung aus dem Vermögen eines Einzelkaufmanns auf einen bestehenden Rechtsträger).

6 Die **Anpassung/Änderung des Gesellschaftsvertrages/der Satzung** des aufnehmenden Rechtsträgers ist gegenstandsgleich mit der Verschmelzung, es sei denn, die Änderung erfolgt durch Beschluss (z. B. bei Verschmelzung durch Aufnahme einer bestehenden GmbH). In diesem Fall liegen zwischen Verschmelzungsvertrag und Beschluss über die Satzungsänderung verschiedene Beurkundungsgegenstände vor (§ 86 Abs. 2, § 110 Nr. 1 GNotKG). Die beiden Geschäftswerte sind jedoch gem. § 35 Abs. 1 GNotKG zu addieren, daraus ist eine einheitliche 2,0-Gebühr nach KV-Nr. 21100 GNotKG zu erheben. Wird der Satzungsänderungsbeschluss in einer Niederschrift mit dem Zustimmungsbeschluss beurkundet, liegen verschiedene Beurkundungsgegenstände vor. Der Zustimmungsbeschluss hat einen bestimmten Geldwert, Geschäftswert ist also der Wert des übergehenden Aktivvermögens ohne Schuldenabzug (§ 108 Abs. 2 GNotKG). Dagegen hat der Beschluss über die Satzungsänderung keinen bestimmten Geldwert, der Geschäftswert ist daher nach § 108 Abs. 1 i. V. m. § 105 Abs. 4 Nr. 1 GNotKG zu bestimmen. Die Werte sind zusammenzurechnen (§ 35 Abs. 1 GNotKG).

B. Verschmelzung durch Neugründung

7 Auch die Verschmelzung durch Neugründung ist **Austauschvertrag nach § 97 Abs. 3 GNotKG** (Tiedtke in: Korintenberg, § 107 Rn. 41; Schmidt/Sikora/Tiedtke, Praxis des Handelsregister- und Kostenrechts, Rn. 3317).

8 Der Wert der den Anteilsinhabern des übertragenden Rechtsträgers an dem neu gegründeten Rechtsträger gewährten Anteile ist dem **Aktivwert des Vermögens des übertragenden Rechtsträgers gegenüberzustellen**, wobei Verbindlichkeiten nach § 38 GNotKG nicht abgezogen werden dürfen. Die hö-

here Wert ist als Geschäftswert maßgebend (BayObLG, DNotZ 1975, 676 = Rpfleger 1975, 268). Bei Verschmelzung mehrerer Rechtsträger ist das Aktivvermögen eines jeden übertragenden Rechtsträgers maßgebend; der Gesamtwert der übertragenen Vermögen bildet den Geschäftswert. Zur Frage, ob ggf. der Höchstwert gem. § 107 Abs. 1 GNotKG von 10 Mio. € mehrfach anzusetzen ist, s. Teil 8 Rdn. 15 ff.

Die Festlegung der Satzung des neu errichteten Rechtsträgers ist gem. § 109 Abs. 1 GNotKG **derselbe** **9** **Gegenstand** mit dem Verschmelzungsvertrag und daher nicht zusätzlich zu bewerten (BayObLG, DNotZ 1975, 676 = Rpfleger 1975, 268).

C. Bilanz

Der kostenrechtliche Wert des Vermögens des übertragenden Rechtsträgers ist nach der **Verschmel-** **10** **zungsbilanz** zu ermitteln. Dabei ist grds. von der Aktivsumme der Bilanz, gem. § 38 GNotKG ohne Abzug der Schulden, auszugehen (BayObLG, MittBayNot 1997, 252). Das Schuldenabzugsverbot verstößt nicht gegen Verfassungsrecht (BayObLG, MittBayNot 1997, 252 = GmbHR 1997, 506 = ZNotP 1997, 38). Allerdings ist die Bilanz dahin zu überprüfen, ob die Kostenordnung für bestimmte Bilanzposten eine andere Bewertung vorsieht als nach dem in der Bilanz ausgewiesenen Buchwert. Das gilt auch für das Anlagevermögen (Grundstücke, Gebäude, grundstücksgleiche Rechte, Schiffe, Schiffsbauwerke, Finanzanlagen). Anstelle des Buchwerts ist der nach den allgemeinen Vorschriften des GNotKG maßgebliche Wert einzusetzen (s. Teil 8 Rdn. 11). Unterlässt der Notar eine diesbezügliche Prüfung, kann dies als Verstoß gegen § 125 GNotKG angesehen werden (Lappe/Schulz, NotBZ 1997, 54 ff.; Tiedtke, MittBayNot 1997, 211). Hierbei muss es in aller Regel genügen, wenn die in Rechtsprechung und Literatur normierten Anforderungen erfüllt werden. Weiter gehende Bilanzprüfungen sind nach der hier vertretenen Auffassung nicht erforderlich.

Die **folgenden Bilanzposten** sind vom Notar auf jeden Fall auf ihre Korrekturbedürftigkeit **zu überprü-** **11** **fen:**
- **Grundstücke und Gebäude** sind gem. § 46 GNotKG mit dem Verkehrswert (Marktwert) anzusetzen. Der Notar hat somit zu überprüfen, ob für die Grundstücke und/oder die Gebäude ein über dem Buchwert liegender Verkehrswert in Betracht kommt. Ein etwaiger Mehrwert ist hinzuzurechnen. Mindestens ist jedoch der Buchwert maßgeblich.
- Grundstücksgleiche Rechte sind mit dem nach § 49 Abs. 2 GNotKG, der auf die Vorschriften für die Bewertung von Grundstücken verweist, zu bewerten. Für Erbbaurechte beträgt der Wert gem. § 49 Abs. 2 80 % der Summe der Werte für das Grundstück einschl. darauf errichteter Gebäude.
- Schiffe und Schiffsbauwerke sind nach ihrem Verkehrswert nach § 46 GNotKG zu bewerten.
- **Finanzanlagen** (z. B. Beteiligungen an anderen Unternehmen) sind nach den allgemeinen Vorschriften zu bewerten (s. Teil 8 Rdn. 57). Für Geschäftsanteile an einer GmbH und für Kommanditanteile regelt § 54 GNotKG eine konkrete Wertbestimmung. Maßgeblich ist der auf den Gesellschaftsanteil oder Kommanditanteil entfallende Anteil am Eigenkapital nach § 266 Abs. 3 HGB. Soweit zum Vermögen der Gesellschaft Grundstücke, grundstücksgleiche Rechte, Schiffe, Schiffsbauwerke und auch Finanzanlagen gehören, sind deren Buchwerte bei der Berechnung des Eigenkapitals mit dem Verkehrswert (z. B. Grundstücke) oder dem nach § 54 GNotKG maßgeblichen Wert (z. B. bilanzierte Finanzanlagen) zu ersetzen. Soweit aber die im Anlagevermögen enthaltenen Beteiligungen Gesellschaften betreffen, die überwiegend vermögensverwaltend tätig sind, wie z. B. Immobilienverwaltungs-, Objekt-, Holding-, Besitz- oder Beteiligungsgesellschaften, ist die auf den Anteil entfallende Quote am Aktivvermögen der Gesellschaft (gem. § 38 GNotKG ohne Schuldenabzug) maßgeblich (Tiedtke, in: Korintenberg, § 54 Rn. 9; Bormann, in: Bormann/Diehn/Sommerfeldt, § 107 Rn. 24; Leiß, in: Fackelmann/Heinemann, § 54 Rn. 32 ff.).Der Posten »**angefangene, noch nicht abgerechnete Arbeiten**« auf der Aktivseite ist i. H. d. passivierten »erhaltenen Anzahlungen« zu saldieren, wenn diese Positionen einer Wertberichtigung gleichkommen (LG Zweibrücken, MittBayNot 1979, 39; MittBayNot 1982, 84; Streifzug Rn. 1185). Dies ist regelmäßig der Fall bei Unternehmen, die ihre Tätigkeit überwiegend auf fremdem Grund und Boden durchführen wie z. B. Bauunternehmen, Zimmereiunternehmen, Heizungsbauunternehmen usw. (OLG Hamm, Rpfleger 1965, 374; LG Zweibrücken, MittBayNot 1979, 39; Prüfungsabteilung der Notarkasse München, MittBayNot 1982, 54; Streifzug Rn. 1185).

– Der Aktivposten »**nicht durch Eigenkapital gedeckter Fehlbetrag**« ist ebenfalls in Abzug zu bringen. Es handelt sich hierbei um ein Minuskapital (§ 268 Abs. 3 HGB), also um eine Kapitalunterdeckung (Tiedtke, in: Korintenberg, § 54 Rn. 6;; Diehn, in: Bormann/Diehn/Sommerfeldt, § 54 Rn. 22; Leiß, in: Fackelmann/Heinemann, § 54 Rn. 38; Prüfungsabteilung der Notarkasse München, Mitt-BayNot 1982, 54; Streifzug durch das GNotKG, Rn. 1175).

Gleiches gilt auch für negative Gesellschafterkonten (zumeist bei KG), die überwiegend auf Verlusten der Gesellschaft beruhen (Streifzug durch das GNotKG, Rn. 1184).

12 Nicht abzuziehen sind **Rechnungsabgrenzungen**. In der Handelsbilanz ist nur der berichtigte, abgeschriebene Wert enthalten (Lappe, NotBZ 1997, 59; Streifzug Rn. 1177), darüber hinausgehende Wertberichtigungen sind nicht mehr in der Bilanz ausgewiesen.

13 Bei einer **Mutter-Tochter-Verschmelzung** ergibt sich bei der Festsetzung des Geschäftswertes auch keine Reduzierung daraus, dass durch die Verschmelzung Forderungen, welche der übertragende Rechtsträger gegen den aufnehmenden Rechtsträger hat, in Wegfall geraten (OLG Düsseldorf, Mitt-BayNot 1998, 464 = BB 1998, 2495 = ZNotP 1998, 471 = NJW-RR 1999, 399).

D. Höchstwert

14 Gem. § 107 Abs. 2 GNotKG beträgt der Höchstwert für den Verschmelzungsvertrag **10 Mio. €**. Dieser Höchstwert ist auf andere Vorgänge, die ähnliche Umwandlungseffekte bewirken wie Maßnahmen nach dem UmwG, auch nicht analog anwendbar (BayObLG, MittBayNot 1999, 95 = JurBüro 1999, 100). Das Gericht argumentiert mit Recht, dass aufgrund der Bezugnahme auf das UmwG die Vorschrift des § 107 Abs. 2 GNotKG nur die Übertragung von Vermögen »als Ganzes« umfasst. Demgemäß kann die Privilegierung nicht für solche Übertragungen gewährt werden, die lediglich einzelne Vermögensgegenstände betreffen, also gerade nicht die Übertragung von Vermögen »als Ganzes«. Fraglich ist damit die Anwendung des § 107 Abs. 2 GNotKG für die »**Bestandteilsübertragungen**« nach § 14 VAG. Einerseits spricht das Verbot der Analogieanwendung von § 107 Abs. 2 GNotKG gegen die Ausdehnung auf Vorgänge nach § 14 VAG, andererseits bewirkt auch eine Übertragung nach § 14 VAG eine Vermögensübertragung als Ganzes bzw. eine teilweise Gesamtrechtsnachfolge, wie das z. B. für eine Übertragung des Versicherungsbestandes eines VVaG nach § 14 VAG zutrifft.

In der **Literatur** wird für Übertragungsvorgänge nach § 14 VAG die Auffassung vertreten, dass es sich gerade nicht um eine Einzelübertragung handelt (z. B. Lutter/Hübner, UmwG, Anh. 1 zu § 189 Rn. 8). Daraus folgert die Literatur, dass sich sowohl mit der Vermögensübertragung nach § 14 VAG wie auch mit einer Vermögensübertragung nach §§ 174 ff. UmwG wirtschaftlich dieselben Ergebnisse erreichen lassen. Rechtlich hängt das Ergebnis lediglich davon ab, welche Bezeichnung die Rechtsträger für den Vorgang wählen, ob also im Ergebnis eine Teilbestandteilsübertragung als »Spaltung« i. S. d. §§ 123 ff. UmwG oder eine Bestandteilsübertragung i. S. d. §§ 14, 44 VAG vorliegt (Lutter/Hübner, UmwG, Anh. 1 zu § 189 Rn. 6 ff., 14 für die Teilvermögensübertragung nach §§ 174 ff. UmwG).

Ein **Versicherungsbestand** oder ein Teil davon i. S. v. § 14 VAG stellt immer einen Vermögenswert dar und erfüllt damit den Tatbestand der Vermögensübertragung nach §§ 174 ff. UmwG, vorausgesetzt, dass eine Gegenleistung i. S. d. Vorschriften gewährt wird. Da Kostenrecht Folgerecht ist, muss nach hier vertretener Auffassung der zivilrechtlichen Gleichbehandlung auch eine kostenrechtliche Gleichbehandlung erfolgen. Auch für die kostenrechtliche Einordnung kann es daher keinen Unterschied machen, ob die beteiligten Rechtsträger den Weg der Bestandteilsübertragung nach § 14 VAG oder die Vermögensübertragung nach §§ 174 ff. UmwG wählen. Damit findet nach hier vertretener Auffassung auch bei einer Bestandteilsübertragung nach § 14 VAG die Höchstwertvorschrift des § 107 Abs. 2 GNotKG Anwendung.

15 Werden **mehrere Rechtsträger** auf einen Rechtsträger verschmolzen, liegen stets verschiedene Beurkundungsgegenstände vor. Dieser Grundsatz wird durch § 86 GNotKG neu geprägt. In § 86 Abs. 1 GNotKG ist der Beurkundungsgegenstand als das Rechtsverhältnis definiert, auf das sich die Erklärungen beziehen, bei Tatsachenbeurkundungen die beurkundete Tatsache oder der beurkundete Vorgang. § 86 Abs. 2 GNotKG bestimmt darüber hinaus, dass mehrere Rechtsverhältnisse, Tatsachen oder Vorgänge verschiedene Beurkundungsgegenstände sind, soweit § 109 GNotKG nichts anderes bestimmt.

Als Rechtsverhältnis in diesem Sinne ist somit der einzelne Verschmelzungsvorgang zu sehen. Die Beurkundungsgegenstände dieses Rechtsverhältnisses sind jedoch als ein Gegenstand anzusehen, soweit sie die Voraussetzungen des § 109 GNotKG erfüllen (wie z. B. die Verschmelzung und die hierzu abgegebenen Verzichtserklärungen der Anteilsinhaber).

Gegenstandsverschieden sind auch **Kettenverschmelzungen** (vgl. OLG Düsseldorf, MittBayNot 1998, **16** 464 = BB 1998, 2495 = ZNotP 1998, 471). Für jede Verschmelzung innerhalb der Kette bestimmt sich der Geschäftswert nach dem jeweiligen Aktivvermögen des übertragenden Rechtsträgers, nach der Bilanz ohne Schuldenabzug (§ 38 GNotKG). Ab dem zweiten Rechtsträger innerhalb der Kette ist das zuvor erworbene Vermögen noch nicht in der konkreten Verschmelzungsbilanz enthalten. Dies hat auf den Wert der folgenden Verschmelzungen keine Auswirkungen. Das durch die vorherige Verschmelzung erworbene Vermögen wird bei der darauf folgenden Verschmelzung nicht hinzugerechnet (Vermeidung eines mehrfachen Vermögensansatzes vorausgegangener Verschmelzungen). Gem. § 96 GNotKG gilt der Grundsatz: Wert im Zeitpunkt der Beurkundung. Eine vorausgegangene Verschmelzung innerhalb der in einer Urkunde niedergelegten Verkettung wird erst mit Vollzug im Register wirksam. Damit geht auch das Vermögen einer vorausgegangenen Verschmelzung erst mit Vollzug der Verschmelzung über. Dies rechtfertigt jeweils den Wertansatz nur mit dem »derzeitigen« Aktivvermögen der Gesellschaft, ohne Berücksichtigung des erworbenen Vermögens aus einer vorausgegangenen Verschmelzung.

▶ **Beispiel:** **17**

GmbH A wird mit GmbH B verschmolzen, danach GmbH B mit GmbH C.

Der **Geschäftswert für den Verschmelzungsvertrag jeder einzelnen Verschmelzung** ist auf 10 Mio. € **18** begrenzt. Der Höchstwert kommt somit bei Zusammenbeurkundung mehrerer Verschmelzungen mehrfach zum Ansatz. Gem. § 35 Abs. 1 GNotKG sind die Werte jedoch zu addieren; aus dem Gesamtwert ist eine 2,0-Gebühr zu erheben. Zu beachten ist jedoch § 93 Abs. 2 GNotKG. Danach ist bei Zusammenbeurkundung mehrerer Verschmelzungen zu prüfen, ob ein Sachzusammenhang oder eine Rechtsverknüpfung vorliegt oder nicht. Zur Vermeidung einer missbräuchlichen Zusammenfassung mehrerer sachlich und rechtlich nicht zusammengehöriger Rechtsverhältnisse ist darauf zu achten, dass Erklärungen, die nicht denselben Beurkundungsgegenstand betreffen, in der Regel nur dann zusammen beurkundet werden sollten, wenn hierfür ein sachlicher Grund besteht (§ 93 Abs. 2 GNotKG). Es soll vermieden werden, dass nicht zusammengehörige Rechtsgeschäfte allein wegen der Erlangung eines Gebührenvorteils durch die Degressionswirkung sachwidrig zusammengefasst werden. Bei Zusammenbeurkundung mehrerer Beurkundungsgegenstände ohne sachlichen Grund, gilt das Beurkundungsverfahren hinsichtlich jedes dieser Beurkundungsgegenstände als besonderes Verfahren (Diehn, in: Korintenberg, § 93 Rn. 23). Dies führt dazu, dass der Höchstwert gem. § 107 Abs. 2 GNotKG für jeden Beurkundungsgegenstand ggf. gesondert anzusetzen ist, die Gebühren für Vollzug und Betreuung für jeden dieser Gegenstände gesondert anfallen und die Begünstigung durch die Gebührendegression entfällt (Diehn, in: Korintenberg, § 35 Rn. 20, Bormann, in: Bormann/Diehn/Sommerfeldt, § 93 Rn. 12; Streifzug durch das GNotKG, Rn. 1614 ff.).

E. Gebühr

Für den Verschmelzungsvertrag fällt eine **2,0-Gebühr** gem. KV-Nr. 21100 GNotKG an (sowohl für die **19** Verschmelzung zur Aufnahme, als auch für die Verschmelzung zur Neugründung).

F. Zustimmungsbeschluss (Verschmelzungsbeschluss)

Der Zustimmungsbeschluss bei dem übertragenden und dem aufnehmenden Rechtsträger ist jeweils **20** ein **Beschluss mit bestimmtem Geldwert**. Nach § 108 Abs. 3 GNotKG bestimmt sich der Geschäftswert für Beschlüsse nach dem Umwandlungsgesetz nach dem Wert des Vermögens des übertragenden oder formwechselnden Rechtsträgers. Verbindlichkeiten werden gem. § 38 GNotKG nicht abgezogen, maßgeblich ist somit das Bruttovermögen. Bei Mitbeurkundung eines überflüssigen Beschlusses der übertragenden Gesellschaft, z. B. bei Verschmelzung einer 100 %igen Tochtergesellschaft auf die Muttergesellschaft (§ 62 Abs. 4 UmwG) liegt unrichtige Sachbehandlung gem. § 21 GNotKG vor.

21 Wird beim aufnehmenden Rechtsträger eine Erhöhung des Kapitals beschlossen, ist der Wert dieser Kapitalerhöhung mit dem Nennbetrag der Erhöhung zuzurechnen (Tiedtke, in: Korintenberg, § 108 Rn. 90; Tiedtke, MittBayNot 1997, 209; Schmidt/Sikora/Tiedtke, Praxis des Handelsregister- und Kostenrechts, Rn. 3326; Streifzug durch das GNotKG, Rn. 1304). Einer Übernahmeerklärung bedarf es nicht (z. B. § 55 Abs. 1 UmwG für die GmbH). Eine vorsorglich mitbeurkundete Übernahmeerklärung darf wegen unrichtiger Sachbehandlung gem. § 21 GNotKG nicht bewertet werden (OLG Hamm, MittBayNot 2002, 210 = FGPrax 2002, 86).

22 ▶ **Hinweis:**

> Für die Beurkundung des Beschlusses ist eine 2,0-Gebühr gem. KV-Nr. 21100 GNotKG zu erheben. Die 2,0-Gebühr ist auch dann zu erheben, wenn der Beschluss durch den Alleingesellschafter gefasst wird. Auch z. B. bei einer Einpersonen-GmbH liegt keine einseitige Willenserklärung vor, sondern ein organschaftlicher Beschluss, der KV-Nr. 21100 GNotKG unterfällt (s. hierzu Teil 2, Hauptabschnitt 1 Abschnitt 1 – Überschrift –).

23 Werden **die Zustimmungsbeschlüsse** (übertragender/aufnehmender Rechtsträger) zu einem Verschmelzungsvertrag in einer Urkunde zusammengefasst, liegt derselbe Beurkundungsgegenstand gem. § 109 Abs. 2 Nr. 4g) GNotKG vor. Bei Aufnahme der Zustimmungsbeschlüsse in getrennten Urkunden kann eine unrichtige Sachbehandlung nach § 21 GNotKG vorliegen (Tiedtke, in: Korintenberg, § 21 Rn. 84; Schmidt/Sikora/Tiedtke, Praxis des Handelsregister- und Kostenrechts, Rn. 3329; BayObLG, MittBayNot 1990, 1 ff.).

24 Bei Zusammenbeurkundung mehrerer Zustimmungsbeschlüsse zu gegenstandsverschiedenen Verschmelzungen **in einer Urkunde**, sind die Werte gem. § 35 Abs. 1 GNotKG zusammenzurechnen. Zu erheben ist eine einheitliche Gebühr nach KV- Nr. 21100 GNotKG. Werden die Beschlüsse mit den Verschmelzungsvorgängen in einer Niederschrift beurkundet, sind alle Werte zu addieren. Gem. § 108 Abs. 5 GNotKG beträgt der Wert höchstens 5 Mio. €, auch wenn mehrere Beschlüsse mit verschiedenen Gegenständen in einer Niederschrift zusammengefasst werden. Gesonderte Gebühren können trotz Zusammenfassung in einer Niederschrift dann entstehen, wenn ein Fall des § 93 Abs. 2 GNotKG vorliegen sollte (s. hierzu die Ausführungen zum Verschmelzungsvertrag unter Rdn. 16). Liegen kein Sachzusammenhang und auch keine Rechtsverknüpfung vor, sind die Gebühren für die gegenstandsverschiedenen Beschlüsse so zu berechnen, als wären gesonderte Urkunden errichtet worden.

25 Bei der **Verschmelzung auf den Alleingesellschafter** ist ebenfalls gem. §§ 13 und 17 UmwG die Zustimmung aller Anteilsinhaber der an der Verschmelzung beteiligten Rechtsträger durch Beschluss erforderlich. Damit ist ein Gesellschafterbeschluss bei der übertragenden Kapitalgesellschaft durch deren Alleingesellschafter in jedem Fall erforderlich.

26 Ein Zustimmungsbeschluss des übernehmenden Alleingesellschafters ist nicht erforderlich (LG Dresden vertritt mit Beschl. v. 14.11.1996 (45 T 60/96, JurionRS 1996, 23167; ebenso Widmann/Mayer/Mayer, Umwandlungsrecht, § 2 UmwG Rn. 14; Begründung zum UmwG, BT-Drucks. 75/94) und hätte ohnehin wegen Gegenstandsgleichheit (§ 109 Abs. 2 Nr. 4g) GNotKG) kostenrechtlich keine Auswirkungen.

27 Werden die Verschmelzungsbeschlüsse mit dem Verschmelzungsvertrag in einer Urkunde zusammengefasst, liegt zwar bei den Beschlüssen untereinander derselbe Beurkundungsgegenstand vor (§ 109 Abs. 2 Nr. 4g) GNotKG), im Verhältnis zum Verschmelzungsvertrag handelt es sich jedoch um verschiedene Beurkundungsgegenstände (§ 110 Nr. 1 GNotKG). Die Werte des Verschmelzungsvertrages und der Zustimmungsbeschlüsse sind gem. § 35 Abs. 1 GNotKG zu addieren.

G. Verzichtserklärungen, Zustimmungserklärungen

28 **Notariell zu beurkunden** sind die Verzichtserklärungen auf den Verschmelzungsbericht nach § 8 Abs. 3 UmwG und den Prüfungsbericht nach § 9 Abs. 3 i. V. m. § 12 Abs. 3 UmwG. Gleiches gilt für die Zustimmungserfordernisse in besonderen Fällen.

▶ **Beispiele:** 29

§§ 13, 50, 51 UmwG.

Werden diese Verzichts- und/oder Zustimmungserklärungen im Verschmelzungsvertrag mitbeurkundet, liegen Beurkundungsgegenstände mit demselben Gegenstand i. S. v. § 109 Abs. 1 GNotKG vor, da diese in einem Abhängigkeitsverhältnis zur Verschmelzung stehen. Sie dienen der Durchführung der Verschmelzung (Diehn, in: Korintenberg, § 109 Rn. 224).

Der Verschmelzungsvertrag wird durch die Vertretungsorgane der an der Verschmelzung beteiligten 30
Rechtsträger beurkundet. Liegt eine **Personenidentität** zwischen organschaftlichem Vertreter und dem Anteilsinhaber vor, ist es ohne Weiteres möglich, die Verzichts- und/oder Zustimmungserklärungen mit dem Verschmelzungsvertrag zusammen zu beurkunden, weil dies der kostengünstigste Weg ist. Beurkundet der Notar bspw. bei Verschmelzung zweier GmbH ohne sachlichen Grund die Verzichtserklärungen der Anteilsinhaber nach §§ 8 Abs. 3, 9 Abs. 3 und 16 Abs. 2 UmwG nicht in gemeinsamer Urkunde mit dem Verschmelzungsvertrag, sondern zusammen mit den Zustimmungsbeschlüssen, so liegt, wenn die Beteiligten dies nicht ausdrücklich verlangen, darin eine unrichtige Sachbehandlung i. S. v. § 21 GNotKG (PfälzOLG Zweibrücken, ZNotP 2002, 450 m. zust. Anm. Tiedtke). Ein sachlicher Grund für die getrennte Beurkundung besteht nicht bereits dann, wenn keine Personenidentität zwischen dem organschaftlichen Vertreter der Gesellschaft und den Anteilsinhabern vorliegt. Jeder Einzelfall muss individuell entschieden werden. Haben die Beteiligten eine besondere Rechtskunde und bereiten den Verschmelzungsvorgang selbst vor, liegt kein Fall des § 21 GNotKG vor, wenn die Verzichtserklärungen in der Beschlussurkunde enthalten sind (LG Düsseldorf, JurBüro 2004, 98 = RNotZ 2004, 276).

Erfolgt aus sachlichen Gründen eine **Mitbeurkundung** bei den in getrennter Urkunde aufgenommenen 31
Zustimmungsbeschlüssen, findet § 109 GNotKG keine Anwendung, weil § 110 Nr. 1 GNotKG bei Zusammenbeurkundung von Beschlüssen und Willenserklärungen ausdrücklich Gegenstandsverschiedenheit anordnet. Die Verzichts- und/oder Zustimmungserklärungen sind dann gesondert zu bewerten (Streifzug durch das GNotKG, Rn. 1307; Tiedtke, MittBayNot 1997, 207, 212). Nach Inkrafttreten des Dritten Gesetzes zur Änderung des UmwG dürfen gem. § 62 Abs. 5 UmwG bei der Verschmelzung einer mindestens 90-%igen Tochtergesellschaft auf ihre Muttergesellschaft ein Verschmelzungsbericht (§ 8 UmwG), eine Verschmelzungsprüfung (§§ 9 bis 12 UmwG) und die Bereitstellung von Unterlagen für die Aktionäre nicht mehr verlangt werden. Voraussetzung ist, dass die außenstehenden Aktionäre der Tochtergesellschaft ihre Aktien von der Muttergesellschaft aufkaufen lassen können (Art. 28 Abs. 1 Buchst. a) der Richtlinie 78/855/EWG).

Zu erheben ist neben der 2,0-Gebühr nach KV-Nr. 21100 GNotKG für den Beschluss eine 1,0-Gebühr 32
nach KV-Nr. 21200 GNotKG, bei mehreren Verzichts- und/oder Zustimmungserklärungen aus dem zusammengerechneten Wert (§ 35 Abs. 1 GNotKG). Danach muss allerdings der Gebührenvergleich nach § 94 Abs. 1 GNotKG vorgenommen werden: Der Berechnung gesonderter Gebühren ist die Berechnung der höchsten Gebühr (2,0-Gebühr) aus dem Gesamtwert gegenüberzustellen. Das für die Beteiligten günstigere Ergebnis ist maßgeblich.

Zu beachten ist die Wertvorschrift für Zustimmungserklärungen. Für sie gilt nach § 98 Abs. 1 33
GNotKG der halbe Wert des Geschäfts, zu dem die Zustimmung erteilt wird, hier der halbe Wert des Verschmelzungsvertrages oder, wenn nur einer von mehreren Gesellschaftern die Zustimmungserklärung erteilt, die Hälfte des Anteils am Vertrag, der seiner Beteiligungsquote entspricht. Der Höchstwert einer Zustimmungserklärung beträgt zudem gem. 98 Abs. 4 GNotKG 1 Mio. €.

§ 98 Abs. 1 GNotKG gilt allerdings nicht für den Zustimmungsbeschluss. Dessen Wert bestimmt sich 34
nach § 108 Abs. 2 GNotKG nach dem Wert des übertragenden Rechtsträgers. Es findet keine Halbierung des Wertes statt. Der Höchstwert für Beschlüsse beträgt gem. § 108 Abs. 5 GNotKG 5 Mio. € und gilt auch für Zustimmungsbeschlüsse zu Verschmelzungen.

Werden **nur Verzichtserklärungen beurkundet**, ist der Geschäftswert nach § 36 Abs. 1 GNotKG nach 35
billigem Ermessen zu bestimmen (Tiedtke, MittBayNot 1997, 211; Schmidt/Sikora/Tiedtke, Praxis des Handelsregister- und Kostenrechts, Rn. 3335). Etwa 10 % des Anteils des Anteilsinhabers an

dem übertragenden Rechtsträger dürften in diesen Fällen auch unter der Geltung des GNotKG angemessen sein.

36 Werden Verzichte und/oder Zustimmungen **in einer Urkunde** erklärt, betreffen sie denselben Beurkundungsgegenstand, sowohl untereinander als auch im Verhältnis zum Verschmelzungsvertrag (§ 109 Abs. 1 GNotKG).

H. Nebentätigkeiten

I. Grundsätze

37 § 93 Abs. 1 GNotKG bestimmt, dass Gebühren für eine Verfahren, sowie Vollzugs- und Betreuungsgebühren in demselben Verfahren jeweils nur einmal erhoben werden. Das Gebot der einmaligen Erhebung der Gebühren für den Vollzug und die Betreuung gilt auch im Zusammenhang mit der Fertigung eines Entwurfs. Gesondert entstehen jedoch (Ausnahme vom Grundsatz der einmaligen Gebührenerhebung des § 93 Abs. 1 GNotKG) ggfls. neben einer bereits anderweitig entstandenen Vollzugsgebühr eine Vollzugsgebühr für die Erstellung eines XML-Datensatzes zur Einreichung von Anträgen an das Grundbuchamt oder Registergericht (KV-Nr. 22114 bzw. 22125) und für die Übernahme von Treuhandtätigkeiten zur Beachtung einer Auflage Dritter (KV-Nr. 22201 GNotKG). Ergänzend regelt § 94 Abs. 1 GNotKG einen Gebührenvergleich für die Gebühr des Beurkundungsverfahrens oder die Fertigung eines Entwurfs, wenn bei Zusammenbeurkundung verschiedener Beurkundungsgegenstände unterschiedliche Gebührensätze in Betracht kommen (hier Berechnung von Einzelgebühren [die Werte mehrerer Erklärungen, die demselben Gebührensatz unterliegen, werden jedoch zusammengerechnet], max. jedoch die Berechnung der höchsten in Betracht kommenden Gebühr aus den zusammengerechneten Werten). Nach § 94 Abs. 2 GNotKG ist, wenn die Beurkundungsgegenstände denselben Gegenstand betreffen, die höchste in Betracht kommende Gebühr aus dem Wert des Hauptgegenstandes zu berechnen, jedoch in der Summe nicht mehr, als bei getrennter Beurkundung des einzelnen Beurkundungsgegenstände entstanden wären. Neben der Gebühr für das Beurkundungsverfahren oder der Fertigung eines isolierten Entwurfs können jedoch Vollzugsgebühren entstehen. Voraussetzung ist, dass dem Notar ein besonderer Auftrag zur Durchführung der Vollzugstätigkeit erteilt worden ist (Vorbem. 2.2 Abs. 1 KV GNotKG) und einer der Tatbestände gem. Vorbem. 2.2.1.1 Abs. 1 Nr. 1–11 KV GNotKG erfüllt ist (für die Erstellung von XML-Datensätzen ist jedoch keine Beauftragung erforderlich, vgl. Vorbem. 2.2 Abs. 1, Hs. 2 KV GNotKG). Abs. 2 und 3 der Vorbem. ergänzen die Tatbestände dahingehend, dass Zustimmungsbeschlüsse Zustimmungserklärungen gleichstehen (Abs. 2) und für Vollzugstätigkeiten unter Beteiligung eines ausländischen Gerichts oder einer ausländischen Behörde die Vollzugsgebühr nach Unterabschnitt 2. zu bestimmen sind. Komplettiert wird das Gebührensystem durch die Betreuungsgebühren, die sowohl neben der Gebühr für das Beurkundungsverfahren oder die Fertigung eines Entwurfs sowie Vollzugsgebühren zusätzlich entstehen können. Es muss jedoch zumindest einer der Gebührentatbestände der Anm. 1. bis 7. der KV-Nr. 22200 GNotKG erfüllt sein. Auch zur Durchführung von Betreuungstätigkeiten muss der Notar beauftragt worden sein, ausgenommen im Fall der Nr. 6 der Anm. zu KV-Nr. 22200 GNotKG (Wirksamkeitsbescheinigung nach § 40 Abs. 2 GmbHG, s. Vorbem. 2.2 Abs. 1, Hs. 2 KV GNotKG).

II. Gebührenfreie Nebentätigkeiten

38 Mit der Gebühr für das Beurkundungsverfahren sind gem. Vorbem. 2.1 KV GNotKG neben der Beurkundung selbst und der Beschaffung aller zur Beurkundung erforderlichen Informationen auch abgegolten. Gebührenfreie Nebentätigkeiten sind damit solche Tätigkeiten, die das Hauptgeschäft fördern, ohne selbst als eigenständiges Geschäft in Erscheinung zu treten. Ausdrücklich regelt Vorbem. 2.1 Abs. 2 in vier **Unterziffern**, dass der Notar neben der Gebühr für das Beurkundungsverfahren keine zusätzliche Gebühr erhält **für die folgenden Nebengeschäfte:**

Vorbem. 2.1 Abs. 2 Nr. 1 GNotKG	Für die Übermittlung von Anträgen an das Grundbuchamt (z. B. wegen Berichtigung des Grundbuchs) oder an das Registergericht, wenn der Antrag mit einer anderen gebührenpflichtigen Tätigkeit im Zusammenhang steht. Dies ist z. B. für die Übermittlung der Registeranmeldung an das Registergericht der Fall, wenn der Notar die Registeranmeldung für die Eintragung der Verschmelzung beurkundet oder entworfen hat.
Vorbem. 2.1 Abs. 2 Nr. 2 GNotKG	Für die Stellung von Anträgen im Namen der Beteiligten beim Grundbuchamt (z. B. zum Vollzug eines Grundbuchberichtigungsantrages) oder beim Registergericht aufgrund gesetzlicher Ermächtigung. Gebührenfrei ist somit die Vorlage des Verschmelzungsvertrages mit der Anmeldung an das Registergericht samt sonstiger Unterlagen (z. B. Bilanz).
Vorbem. 2.1 Abs. 2 Nr. 3 GNotKG	Für die Erledigung von Beanstandungen, einschließlich des Beschwerdeverfahrens, soweit die zugrunde liegende Urkunde (hier Verschmelzung einschl. Registeranmeldung) vom Notar aufgenommen, entworfen oder geprüft wurden. Eingeschlossen in den Bereich der gebührenfreien Tätigkeiten ist somit auch der damit verbundene Schriftverkehr.

Zu den **gebührenfreien Nebengeschäften** gehören auch Grundbucheinsichten, wenn der Notar einen Grundbuchberichtigungsantrag mitbeurkundet. Die Grundbucheinsicht gehört zur gebührenfreien Informationsbeschaffung zum Verschmelzungsvertrag (Vorbem. 2.1 Abs. 1 GNotKG). Die gleichen Grundsätze gelten auch für eine zur Vorbereitung eines Verschmelzungsvertrages notwendige Registereinsicht. Auch diese ist somit gebührenfrei. Erteilt der Notar jedoch Vertretungsbescheinigungen, fällt hierfür die Gebühr nach KV-Nr. 25200 GNotKG an. Die dem Notar vom Gericht in Rechnung gestellten Gebühren für die Einsichtnahme in das elektronische Grundbuch oder in das elektronische Registerblatt (hierbei handelt es sich um nach dem JVKostG für den Abruf von Daten im automatisierten Abrufverfahren zu zahlende Beträge) sind Auslagen gem. KV-Nr. 32011 GNotKG und sind an den Kostenschuldner weiterzugeben. Die Abrufgebühren unterliegen der Umsatzsteuer (vgl. KV-Nr. 32014 GNotKG). 39

III. Gebührenpflichtige Vollzugs- und Betreuungstätigkeiten, Beratungs- und Entwurfstätigkeiten

Nebentätigkeiten, die **über den Kreis der vorgenannten gebührenfreien Tätigkeiten hinausgehen**, sind gebührenpflichtig, wenn sie entweder als Vollzugstätigkeit einen der in Vorbem. 2.2.1.1 KV GNotKG geregelten Gebührentatbestand erfüllen oder die vom Notar durchzuführende Tätigkeit als Betreuungstätigkeit einzustufen ist und ein Gebührentatbestand der Anm. 1–7 zu KV-Nr. 22200 KV vorliegt. **Gebührenpflichtige Nebentätigkeiten** sind bspw.: 40

– **Mitwirkung bei der Vorbereitung einer Hauptversammlung** für den Beschluss über die Zustimmung der AG zum Verschmelzungsvertrag. Für sie bestimmt KV-Nr. 24203 GNotKG einen eigenständigen Gebührentatbestand. Für diese Tätigkeiten entsteht eine Beratungsgebühr, wenn der Notar die Gesellschaft über die im Rahmen eines Beurkundungsverfahrens bestehenden Amtspflichten berät. Bei Beschlüssen hat der Notar die von der Hauptversammlung gefassten Beschlüsse wiederzugeben. Das entspricht seiner Amtspflicht bei Beschlussfassungen. Darüber hinausgehende Mitwirkungen sind gebührenpflichtig und lösen aus der Summe der gefassten Beschlüsse (§ 120 GNotKG, Höchstwert 5 Mio. €) eine 0,5–2,0-Gebühr aus. Der Notar bestimmt den Gebührensatz gem. § 92 Abs. 1 GNotKG im Einzelfall nach billigem Ermessen unter Berücksichtigung des Umfangs der von ihm erbrachten Leistungen.

– **Entwerfen von Anträgen einzelner Aktionäre.** Geschäftswert auch hier nach § 36 Abs. 1 GNotKG zu schätzen. Ausgangswert ist der für den Antrag in Betracht kommende Wert, Teilwert ca. 5–30 %; Gebühr: 1,0 gem. KV-Nr. 24101 GNotKG, wenn der Antrag vom Notar auftragsgemäß vollständig entworfen wird, sonst Festlegung des Gebührensatzes zwischen 0,3 und 1,0 gem. KV-Nr. 24101 GNotKG unter Beachtung der Vorgaben in § 92 Abs. 1 GNotKG.

– **Fertigung des Teilnehmerverzeichnisses.** Ausgangswert ist der für den Beschluss in Betracht kommende Wert, Teilwert ca. 5–30 %; Gebühr: 1,0 gem. KV-Nr. 24101 GNotKG, wenn der Antrag

Tiedtke

vom Notar auftragsgemäß vollständig entworfen wird, sonst Festlegung des Gebührensatzes zwischen 0,3 und 1,0 gem. KV-Nr. 24101 GNotKG unter Beachtung der Vorgaben in § 92 Abs. 1 GNotKG.

– **Überprüfung der Ermittlung des Abstimmungsergebnisses und der dabei verwendeten Geräte und Hilfsmittel**, insb. bei Großveranstaltungen. Diese Tätigkeit gehört zu den Beratungstätigkeiten gem. KV-Nr. 24203 GNotKG. Zur Bewertung s. erster Spiegelstrich (Mitwirkung bei der Vorbereitung der Hauptversammlung).

– **Beratung des Versammlungsleiters.** Auch hier liegt keine gebührenfreie das Hauptgeschäft fördernde oder vorbereitende Nebentätigkeit vor. Auch diese Tätigkeit gehört zu den Beratungstätigkeiten gem. KV-Nr. 24203 GNotKG. Zur Bewertung s. erster Spiegelstrich (Mitwirkung bei der Vorbereitung der Hauptversammlung).**Der Entwurf der Gesellschafterliste** ist nunmehr unter der Geltung des GNotKG als Vollzugstätigkeit eingestuft, vgl. Vorbem. 2.2.1.1 Abs. 1 Nr. 3 GNotKG. Danach handelt es sich bei der Erstellung einer Gesellschafterliste nicht mehr, wie noch unter dem Regime der KostO, um eine Betreuungstätigkeit (war zudem streitig), es fällt trotz Fertigung des Entwurfs auch keine Entwurfsgebühr an (weder zusätzlich, noch ausschließlich, vgl. Vorbem. 2.2 Abs. 2 KV GNotKG). Es handelt sich bei einem Verschmelzungsvorgang um eine Vollzugstätigkeit zum Verschmelzungsvertrag und nicht zum Zustimmungsbeschluss, auch nicht zur Registeranmeldung (vgl. für den Fall der Gründung einer GmbH, vgl. Tiedtke, in: Korintenberg, KV-Nr. 22113 Rn. 5; Harder, in: Leipziger Kommentar, Nr. 22110–22114 KV, Rn. 21; Macht, in: Heinemann/Fackelmann, KV-Nr. 22110–22114 KV, Rn. 22). Aus dem Wert des Verschmelzungsvertrags (§ 112 GNotKG) fällt eine 0,5-Vollzugsgebühr nach KV-Nr. 22110 GNotKG an, max. jedoch 250,00 €; werden mehrere Listen erstellt, max. 250,00 € für jede Liste. Werden Verschmelzungsvertrag und Zustimmungsbeschluss in einer Niederschrift zusammengefasst (bei Zusammenbeurkundung der Beschlüsse des übertragenden Rechtsträgers und des übernehmenden Rechtsträgers liegt im Verhältnis der Beschlüsse derselbe Beurkundungsgegenstand vor [§ 109 Abs. 2 Nr. 4g] GNotKG), ist die Vollzugsgebühr aus dem Gesamtwert (§ 35 Abs. 1 GNotKG) zu erheben. Zur kostenrechtlichen Behandlung einer Wirksamkeitsbescheinigung nach § 40 Abs. 2 GmbHG s. Teil 8 Rdn. 50.

– **Entwurf von Zeichnungsscheinen.** Ein Zeichnungsschein bedarf keiner Form, weder der notariellen Beurkundung, noch der öffentlichen Beglaubigung. Dennoch wird in kostenrechtlicher Hinsicht der Zeichnungsschein mit einer Übernahmeerklärung bei Kapitalerhöhung einer GmbH verglichen. Der Geschäftswert bestimmt sich nach § 97 Abs. 1 GNotKG nach dem Wert der gezeichneten Aktien (Nennbetrag, oder wenn höher, der Ausgabebetrag). Zu erheben ist eine 1,0-Gebühr nach KV-Nr. 24101 GNotKG, wenn der Entwurf vollständig gefertigt wird, was dem Regelfall entsprechen dürfte (sonst Gebührensatz innerhalb des vorgegebenen Ermessensrahmens unter Beachtung von § 92 Abs. 1 GNotKG). Der Zeichnungsschein wird zwar als Vertragsangebot des Zeichners angesehen – die Annahme erfolgt durch Bestätigung der Zeichnung (KK-AktG/Lutter, § 185 Rn. 2). Ein Angebot eines Teils zu einem nicht formbedürftigen Vorgang ist jedoch kostenrechtlich als einseitige Erklärung nach KV-Nr. 21200 GNotKG (Beurkundung) oder KV-Nr. 24101 GNotKG (Entwurf) zu bewerten.

– **Einholung von Stellungnahmen bei der IHK:** Diese Tätigkeit unterfällt der Vorbem. 2.2.1.1 Abs. 1 Nr. 11 KV GNotKG und löst eine 0,5-Vollzugsgebühr aus (Tiedtke, in: Korintenberg, Vorbem. 2.2.1.1 Rn. 49; zur Einordnung s. auch BT-Drs. 17/11471 [neu], S. 221).

– **Beratung in steuerrechtlicher Hinsicht** (Fackelmann, in: Korintenberg, KV-Nr. 24200–24202 Rn. 31). Auch wenn in aller Regel Verschmelzungen unter Beteiligung von Steuerberatern und Rechtsabteilungen der von der Verschmelzung betroffenen Rechtsträger erfolgen, werden Notare nicht selten beauftragt, den Verschmelzungsvorgang auch in steuerlicher Hinsicht prüfen oder zumindest Hinweise auf etwaige steuernachteilige Gestaltungen geben. Obwohl für den Notar keine Pflicht zur steuerlichen Prüfung und Beratung besteht, hat die Praxis gerade im Hinblick auf Umwandlungsvorgänge gezeigt, dass eine steuerliche Begleitung auch vom Notar erwartet und gewünscht wird. Erfolgt demzufolge im Auftrag der Beteiligten eine begleitende Beratung in steuerrechtlicher Hinsicht, handelt es sich um eine gebührenpflichtige Tätigkeit, die weder mit der Gebühr für den Verschmelzungsvertrag noch mit der Gebühr für den Verschmelzungsbeschluss oder der Anmeldung abgegolten ist. Es fällt hierfür – ggf. neben weiteren Gebühren – eine zusätzliche Gebühr nach KV-Nr. 24200 GNotKG an. Die Gebühr ist eine Rahmengebühr von 0,3 bis 1,0. Gem. § 92 Abs. 1 GNotKG bestimmt der Notar den Gebührensatz innerhalb des Gebührenrahmens unter Berücksichtigung des Umfangs der von ihm erbrachten Beratungsleistung. Für Beratungsleistungen sieht das Gesetz keine besondere Geschäftswertvorschrift vor. Der Wert ist daher nach § 36 Abs. 1 GNotKG nach billigem Ermessen zu bestimmen. Der Teilwert richtet sich nach dem Wert des Beratungsgegenstands. Der Umfang der erbrachten Beratungsleistung ist jedenfalls bei der Wertbestimmung nicht einzubeziehen, weil er bereits bei der Bestimmung des Gebührensatzes berücksichtigt ist. Andernfalls läge eine doppelte Berücksichtigung dieses Kriteriums vor (Fackelmann, in: Korintenberg, KV-Nr. 24200–24202 Rn. 62). Bei umfangreichen Beratungen kann auch der volle Wert des zugrundeliegenden Rechtsgeschäfts sachgerecht sein.

– **Beratungen im Zusammenhang mit Beschlüssen.** Hierfür sieht KV-Nr. 24203 GNotKG einen eigenen Gebührentatbestand vor. Eine Beratung bei der Vorbereitung oder Durchführung einer Hauptversammlung oder Gesellschafterversammlung löst eine 0,5 bis 2,0-Gebühr aus. Die Gebühr entsteht allerdings nur, soweit der Notar die Gesellschaft über die im Rahmen eines Beurkundungsverfahrens bestehenden Amtspflichten hinaus berät. Die beiden Tatbestandsmerkmale »vor« der Haupt- oder Gesellschafterversammlung und »bei« der Durchführung verdeutlichen eine zeitliche und inhaltliche Verbindung zwischen Beratung und Versammlung. Vorbereitende Beratungstätigkeiten sind z. B. (Fackelmann, in: Korintenberg, KV-Nr. 24203 Rn. 11) Beratung zu Tagesordnung und Leitfaden des Versammlungsleiters, Einladung der Versammlung, Besprechung zu einzelnen Beschlussvorlagen mit dem Registergericht, Beratung zur Fassung von Beschlussvorlagen, Beratung bei der Generalprobe usw. Beispiele für Beratungstätigkeiten im Zusammenhang mit der Durchführung einer Versammlung sind Überwachung der Ein- und Austrittskontrolle, Erstellen und Führung eines Teilnehmerverzeichnisses, Überwachung der Stimmauszählung einschl. Ermittlung des Abstimmungsergebnisses, Überprüfung der Vollständigkeit und des Inhalts von Beschlussvorlagen und anderen Unterlagen, die während der Versammlung ausliegen.

– Der Gebührensatz ist gem. § 92 Abs. 1 GNotKG vom Notar nach billigem Ermessen innerhalb des vorgegebenen Gebührensatzrahmens zu bestimmen.

– Entwürfe, die der Notar im Auftrag zu fertigen hat, lösen ggfls. neben der Beratungsgebühr Entwurfsgebühren nach KV-Nr. 24100 ff. GNotKG aus, da die Beratungsgebühr nur die Beratungstätigkeit abgilt (Fackelmann, in: Korintenberg, KV-Nr. 24203 Rn. 13).

– **Entwurf des Verschmelzungsberichts.** Der Entwurf eines Verschmelzungsberichtes fällt weder unter die Vollzugs- noch unter die Betreuungstätigkeiten. Es liegt vielmehr eine Entwurfstätigkeit gem. Hauptabschnitt 4 KV GNotKG vor. Zu erheben ist eine 1,0-Gebühr gem. KV-Nr. 24101 GNotKG (bei vollständigem Entwurf, s. § 92 Abs. 2 GNotKG) aus einem nach § 36 Abs. 1 GNotKG zu schätzenden Teilwert (ca. 20 bis 30 % des Wertes des Verschmelzungsvertrages).

– **Entwurf des Prüfungsberichts.** Hier gelten die Grundsätze für den Entwurf des Verschmelzungsberichts sinngemäß.

– **Auftragsgemäße Überwachung der Vorlage des Antrags auf Grundbuchberichtigung** (Vorlage erst, wenn die Verschmelzung wirksam geworden ist), nicht jedoch die bloße Übermittlung des Antrages an das Grundbuchamt. Vollzugsüberwachungen sind, wenn sie nicht im Anwendungsbereich des § 53 BeurkG durchzuführen sind, gebührenpflichtige Betreuungstätigkeiten nach Anm. 3 zu KV-Nr. 22200 GNotKG. Zu erheben ist eine 0,5-Gebühr aus dem Wert des Verschmelzungsvertrags (§ 113 Abs. 1 GNotKG). Es liegt eine einheitliche Tätigkeit vor, auch wenn der Grundbesitz in mehreren Grundbuchbezirken liegt. Insgesamt fällt nur eine Betreuungsgebühr an (§ 93 Abs. 1 GNotKG).

– **Einholung von Genehmigungserklärungen** (Vollmachtsbestätigungen) nicht erschienener Beteiligter. Diese Tätigkeit ist Vollzugstätigkeit gem. Vorbem. 2.2.1.1 Abs. 1 Nr. 5 KV GNotKG. Bei dieser Gebühr bleibt es auch dann, wenn der Notar einen von ihm gefertigten Entwurf erstellt und diesen an den Genehmigenden mitübersendet. Entwürfe im Rahmen des Vollzugs lösen neben der Vollzugsgebühr keine Entwurfsgebühr aus (Vorbem. 2.2 Abs. 2 KV GNotKG i. V. m. Vorbem. 2.4.1 Abs. 1 S. 2 KV GNotKG). Beglaubigt der Beurkundungsnotar auf dem von ihm im Rahmen des Vollzugs gefertigten Entwurf die Unterschrift des Genehmigenden, fällt neben der Vollzugsgebühr die 0,2-Beglaubigungsgebühr gemäß KV-Nr. 25100 KV an. Die Gebühr beträgt 0,2 aus dem nach § 98 Abs. 1 GNotKG zu bestimmenden Wert, max. 70 €. Da es sich nicht um eine Entwurfstätigkeit nach Hauptabschnitt 4 des KV handelt und auch nicht auf Vollzugsentwürfe anwendbar ist (Vorbem. 2.4.1 abs. 1 S. 2 KV), gilt auch nicht die Gebührenfreiheit für die demnächst erfolgende erste Unterschriftsbeglaubigung (LG Bielefeld, ZNotP 2015, 38 m. zustimmender Anm. Tiedtke, bestätigt durch OLG Hamm, Beschluss v. 16.07.2015, 15 W 152/15; Sikora, in: Korintenberg, KV-Nr. 25100 Rn. 10; Streifzug, Rn. 2296b).

– **Die Belehrung des Geschäftsführers** nach § 51 Abs. 2 BZRG ist gebührenfrei, wenn der Notar die Registeranmeldung entworfen hat. Die Belehrung ist notwendiger Erklärungsinhalt und das Teil der Registeranmeldung. Erfolgt jedoch durch den Notar lediglich die Beglaubigung der Unterschrift oder des Handzeichens, wird die Belehrung von der Gebühr nach KV-Nr. 25100 nicht erfasst. In diesem Fall kommt neben der Beglaubigungsgebühr eine Beratungsgebühr nach KV-Nr. 24202 (0,3-Gebühr) in Betracht (Diehn, in: Korintenberg, KV-Nr. 24202 Rn. 3; Streifzug Rn. 965).

– **Fertigung des Antrags auf Bestellung eines Nachgründungsprüfers** (§ 67 UmwG i. V. m. § 52 Abs. 4 AktG). Der Geschäftswert bestimmt sich nach § 36 Abs. 1 GNotKG. Angemessen sind ca. 10 % des Wertes für den Verschmelzungsvertrag. Zu erheben ist eine 1,0-Gebühr nach KV-Nr. 24101 GNotKG (Streifzug durch das GNotKG, Rn. 1411).

– **Entwurf des Nachgründungsberichts** (§ 67 UmwG i. V. m. § 52 Abs. 3 AktG). Die Bewertung kann nach den Grundsätzen der Bewertung eines Sachgründungsberichts erfolgen (Streifzug, Rn. 1409). Geschäftswert gem. § 36 Abs. 1 GNotKG 20 bis 30 % des Wertes für den Verschmelzungsvertrag. Zu erheben ist gem. KV-Nr. 24101 GNotKG eine 1,0-Gebühr (bei vollständigem Entwurf, s. § 92 Abs. 2 GNotKG).

– **Treuhänderische Verwahrung von Aktien** nach § 71 Abs. 1 UmwG. § 71 Abs. 2 UmwG verweist auf § 26 Abs. 4 UmwG. Danach hat der Notar als Treuhänder Anspruch auf Ersatz angemessener barer Auslagen und auf Vergütung für seine Tätigkeit. Nach welchem Maßstab sich die Vergütung des Treuhänders richtet, wird bei den Kommentierungen zum UmwG nicht ausdrücklich beantwortet. Nach Lutter (Lutter/Lutter, UmwG, § 26 Rn. 17) und Demharter (UmwG, § 26 Rn. 8) ist die Vergütung eines RA als Treuhänder auf der Grundlage des RVG zu berechnen – so auch OLG Düsseldorf noch zur BRAGO (BB 1984, 2188). Die Entscheidung des OLG Düsseldorf erging zu einem Fall, in dem ein RA als gemeinsamer Vertreter gem. § 306 AktG eine vergleichbare Tätigkeit ausgeübt hatte. In diesem Zusammenhang war es für das OLG Düsseldorf unerheblich, ob es sich um anwaltliche oder sonstige Tätigkeiten i. S. d. § 1 Abs. 2 RVG handelt. In jedem Fall müsse sich die Ermittlung der angemessenen Vergütung am RVG orientieren. In ähnlicher Weise hat sich das BayObLG (DB 1979, 2172) zu § 306 AktG geäußert. Auch wenn es sich bei einer derartigen Tätigkeit nicht um eine Berufstätigkeit i. S. d. § 1 Abs. 1 RVG handele, könne die angemessene Vergütung des Anwalts unter Anwendung der Grundsätze der RVG-Sätze ermittelt werden. Überträgt man diese Aussagen der beiden vorgenannten Entscheidungen auf die treuhänderische Tätigkeit eines Notars gem. § 71 UmwG, so ist für die Ermittlung der angemessenen Vergütung das GNotKG heranzuziehen. Die Treuhandtätigkeit des Notars ist eine gewöhnliche Verwahrungstätigkeit nach § 23 BNotO. Aus kostenrechtlicher Sicht ist diese Tätigkeit mit der Inverwahrungnahme von Wertpapieren gem. KV-Nr. 25301 GNotKG gleichzusetzen. Der Grund liegt darin, dass durch die Zwischenschaltung des Treuhänders gem. § 71 UmwG sichergestellt werden soll, dass die Gesellschafter der übertragenden Gesellschaft mit Vollzug der Verschmelzung Inhaber der neuen Aktien werden. Insoweit kommt es entscheidend auf die Mitwirkung des Notars für die Übertragung der Rechte an den Aktien an (vgl. Kommentierung bei Lutter/Grunewald, UmwG, § 71 Rn. 2). Die Festsetzung der Vergütung des Treuhänders erfolgt gem. § 71 Abs. 2 i. V. m. § 26 Abs. 4 Satz 2 UmwG durch das Gericht. Zuständig ist das Gericht, an welches die Anzeige über die Bestellung des Treuhänders gem. § 71 Abs. 1 Satz 2 UmwG ergangen ist. Für die Berechnung der Hinterlegungsgebühr ist der Wert der auszuhändigenden Aktien (Kurswert, nicht Nominalwert) maßgebend. Werden Aktien an verschiedene Aktionäre ausgehändigt, sind die Verwahrungsgebühren gesondert zu berechnen.

– **Zusammenstellung (nicht nur Prüfung) der aktuellen Satzung einer GmbH.** Nach § 54 GmbHG und § 181 AktG ist der Anmeldung über eine Satzungsänderung eine Bescheinigung über den neuen vollständigen Wortlaut der Satzung beizufügen. Das GNotKG sieht für diese Tätigkeit keine Gebühr vor, sodass es sich um eine gebührenfreie Tätigkeit handelt. Eine Dokumentenpauschale nach KV-Nr. 32000 GNotKG ist jedoch zu erheben.

– **Gründungsprüfung:** Durch § 33 Abs. 3 AktG (Gesetz zur weiteren Reform des Aktien- und Bilanzrechts, zu Transparenz und Publizität – sog. TransPuG –) wurde die Gründungsprüfung neu gestaltet. Danach erlaubt das AktG in einem bestimmten Umfang die Prüfung des Hergangs der Gründung einer AG durch den Notar anstelle eines gerichtlich bestellten Gründungsprüfers. Über die Prüfung ist gem. § 34 Abs. 2 AktG schriftlich zu berichten. Der Bericht hat alle Umstände zu beinhalten, die Gegenstand der Prüfung waren.

Der gerichtlich bestellte Gründungsprüfer hat gem. § 35 Abs. 3 AktG Anspruch auf eine Vergütung für 41 seine Tätigkeit und auf Ersatz angemessener Auslagen. Die Höhe der Vergütung wird durch das Gericht festgesetzt. Im Antrag besteht die Möglichkeit, die Vergütung und Auslagen zu beziffern. Die Festlegung liegt aber im pflichtgemäßen Ermessen des Gerichts (Hüffer, AktG, § 35 Rn. 6; GK-AktG/Röhricht, § 35 Rn. 15). Anhaltspunkte können die Gebührenordnungen, die für den Berufsstand der Wirtschaftsprüfer und der vereidigten Buchprüfer erlassen wurden, sein. An den dort geregelten Sätzen soll sich das Gericht orientieren. Dies gilt auch dann, wenn der Prüfer keinem dieser Berufsstände angehört (Hüffer, AktG, § 35 Rn. 6 für den Wirtschaftsprüfer als Gründungsprüfer).

Wie die Gründungsprüfung durch den Notar kostenrechtlich einzuordnen ist, ist mit Inkrafttreten des GNotKG konkret geregelt worden. Gem. KV-Nr. 25206 GNotKG erhält der Notar eine 1,0-Gebühr, mindestens jedoch 1.000,00 €. Der Geschäftswert einer Gründungsprüfung gem. § 33 Abs. 3 AktG ist die Summe aller Einlagen. Der Geschäftswert beträgt höchstens 10 Mio. € (§ 123 GNotKG).

Checkliste zur Bewertung von Verschmelzungen 42
- [ ] Liegt ein Austauschvertrag vor? Wenn ja, ist der Wert der höheren Leistung maßgebend. Dies ist im Regelfall das Vermögen des übertragenden Rechtsträgers.
- [ ] Liegt die Verschmelzungsbilanz vor?
- [ ] Bilanz dahin gehend überprüfen, ob Abzugs- oder Zurechnungsposten enthalten sind.
- [ ] Bereinigte Aktiva der Bilanz ist Geschäftswert, es sei denn, die als Gegenleistung gewährten Anteile haben einen höheren Wert (Ausnahme).
- [ ] **Wichtig:** Schulden dürfen nach § 38 GNotKG nicht abgezogen werden.
- [ ] **Beachten:** Höchstwert 10 Mio. € (§ 107 Abs. 1 GNotKG).
- [ ] Bei Verschmelzung mehrerer Rechtsträger auf einen Rechtsträger prüfen, liegen gem. § 86 Abs. 2 GNotKG stets verschiedene Gegenstände vor. Der Höchstwert jeder Verschmelzung beträgt 10 Mio. €. Nach Wertbestimmung für die einzelne Verschmelzung sind die Werte gem. § 35 Abs. 1 GNotKG zu addieren, danach ist der allgemein Höchstwert von 60 Mio. € (§ 35 Abs. 2 GNotKG) zu beachten. Der Höchstwert jeder Verschmelzung beträgt 10 Mio. €. Nach Wertbestimmung für die einzelne Verschmelzung sind die Werte gem. § 35 Abs. 1 GNotKG zu addieren, danach ist der allgemein Höchstwert von 60 Mio. € (§ 35 Abs. 2 GNotKG) zu beachten. Zusätzlich ist zu prüfen, ob die Voraussetzungen des § 93 Abs. 2 GNotKG vorliegen.
- [ ] Gebühr ist immer eine 2,0-Gebühr gem. KV-Nr. 21100 GNotKG, da immer Vertrag, auch bei Verschmelzung auf den alleinigen Gesellschafter.

I. Registeranmeldungen

Die Verschmelzung ist sowohl beim übertragenden als auch beim aufnehmenden Rechtsträger anzu- 43 melden. Wird der **aufnehmende Rechtsträger neu gegründet**, ist dieser erstmals zur Eintragung anzumelden. Im Einzelnen gilt Folgendes:

I. Übertragender Rechtsträger

Beim übertragenden Rechtsträger liegt eine **Anmeldung ohne bestimmten Geldwert** vor, der Ge- 44 schäftswert bestimmt sich daher gem. § 105 Abs. 4 Nr. 1 bis Nr. 4 GNotKG, je nachdem, um welchen Rechtsträger es sich handelt (z. B. bei einer GmbH 1 % des eingetragenen Stammkapitals, mindestens 30.000,00 € und höchstens 1 Mio. €).

II. Aufnehmender (bestehender) Rechtsträger

Beim (bestehenden) aufnehmenden Rechtsträger liegt **ebenfalls eine Anmeldung ohne bestimmten** 45 **Geldwert** vor; Geschäftswert also ebenfalls nach § 105 Abs. 4 Nr. 1 bis Nr. 4 GNotKG (bspw. bei einer GmbH 1 % des eingetragenen Stammkapitals, mindestens 30.000,00 € und höchstens 1 Mio. €; Tiedtke, in: Korintenberg, § 105 Rn. 104; Tiedtke, MittBayNot 1997, 21, noch zur KostO).

Wird bei einer Kapitalgesellschaft **gleichzeitig eine Kapitalerhöhung** angemeldet, liegt eine gegen- 46 standsverschiedene Anmeldung vor. Der Nennbetrag der Erhöhung (Unterschiedsbetrag) ist dem nach § 105 Abs. 4 Nr. 1 GNotKG ermittelten Wert zuzurechnen. Der Höchstwert beträgt aber auch in diesem Fall gem. § 106 GNotKG 1 Mio. €.

III. Aufnehmender (neu gegründeter) Rechtsträger

47 **Geschäftswert** ist beim neu gegründeten Rechtsträger, wenn es sich handelt um:

eine **GmbH** oder **AG**, **KGaA**	Anmeldung mit bestimmtem Geldwert, gem. § 105 Abs. 1 Nr. 1 GNotKG das einzutragende Stammkapital oder das einzutragende Grundkapital, bei AG oder KGaA ggf. unter Hinzurechnung eines genehmigten Kapitals;
eine **OHG**	Erstanmeldung ohne bestimmten Geldwert, nach § 105 Abs. 3 Nr. 2 GNotKG bei zwei Gesellschaftern 45.000,00 €, bei mehr als zwei Gesellschaftern 45.000,00 € zuzüglich 15.000,00 € für jeden weiteren Gesellschafter;
eine **KG**	Erstanmeldung mit bestimmtem Geldwert, nach § 105 Abs. 1 Nr. 5 GNotKG Summe der Kommanditeinlagen zuzüglich 30.000,00 € für den ersten und 15.000,00 € für jeden weiteren persönlich haftenden Gesellschafter;
einen **e. V.**	Schätzwert gem. § 36 Abs. 2 GNotKG. Handelt es sich um kleinere Vereine (Idealvereine), kann vom Auffangwert (5.000,00 €) ausgegangen werden, bei wirtschaftlich orientierten Vereinen (z. B. Postsparverein) und solchen, die sich mittlerweile zu wirtschaftlichen Vereinen entwickelt haben (z. B. Fußballverein im Profifußball), ist ein Abweichen nach oben u. U. bis zum Höchstwert von 1 Mio. € (§ 106 GNotKG) € angebracht (Tiedtke, Mitt-BayNot 1997, 21; Schmidt/Sikora/Tiedtke, Praxis des Handelsregister- und Kostenrechts, Rn. 3337; Tiedtke, in: Korintenberg, § 105 Rn. 108).

J. Höchstwert

48 Der **Höchstwert für Registeranmeldungen** beträgt 1 Mio. € €, auch dann, wenn mehrere Anmeldungen enthalten sind, z. B. Anmeldung der Verschmelzung und einer Kapitalerhöhung (§ 106 GNotKG).

49 Zu erheben ist eine 0,5-Gebühr gem. KV-Nr. 21201 GNotKG, bei Entwurffertigung gem. KV-Nr. 24102 GNotKG, wenn der Entwurf, wie im Regelfall, vollständig erstellt wird (§ 92 Abs. 2 GNotKG). Bei Erstellung von Teilentwürfen hat der Notar den Gebührensatz innerhalb des vorgegebenen Ermessensrahmens (0,3 bis 0,5) nach billigem Ermessen zu bestimmen. Die erste Unterschriftsbeglaubigung von einer oder mehrerer Unterschriften oder Handzeichen in einem Vermerk unter dem vom Notar gefertigten Entwurf ist gebührenfrei (Vorbem. 2.4.1 Abs. 2 KV GNotKG), wenn die Beglaubigung demnächst erfolgt, für weitere Beglaubigungen werden die Gebühren nach KV-Nr. 25100 GNotKG gesondert erhoben.

K. Bescheinigte Gesellschafterliste gem. § 40 Abs. 2 GmbHG

50 § 40 GmbHG regelt die Mitwirkungspflicht des Notars bei der Erstellung der Gesellschafterliste. Ist bei einem Verschmelzungsvorgang eine GmbH aufnehmender Rechtsträger, liegt eine Mitwirkung des Notars an einer Veränderung des Gesellschafterkreises vor, da sowohl der Verschmelzungsvertrag wie auch der Gesellschafterbeschluss beurkundungspflichtig sind (§§ 6, 13 Abs. 3 Satz 1 UmwG). Hierdurch ist § 40 Abs. 2 GmbHG anwendbar, was den Notar verpflichtet, die Gesellschafterliste anstelle des Geschäftsführers zu unterschreiben.

Der Notar hat zudem, soweit er an Veränderungen im Umfang des Gesellschafterbestandes oder bei Veränderungen im Umfang der Beteiligungen mitgewirkt hat, die **Wirksamkeit der Veränderung zu prüfen**. Dies bezieht sich insb. auf die Feststellungen, ob Bedingungen oder Befristungen, von denen die Wirksamkeit abhängt, eingetreten sind. Dem Notar steht kein Auskunftsrecht gegen die Beteiligten zu. Er wird demgemäß die Beteiligten darauf hinweisen, dass eine veränderte Gesellschafterliste dann einzureichen ist, wenn ihm der Eintritt der Bedingungen mitgeteilt wurde oder sonstige für die Beurteilung der Wirksamkeit erforderliche Unterlagen vorgelegt oder ihm anderweitig bekannt werden (vgl. Mayer, DNotZ 2008, 403, 409). Kostenrechtlich gilt folgendes:

a) Gesellschafterliste

Hat der Notar an Veränderungen nach § 40 Abs. 1 S. 1 GmbHG mitgewirkt, hat er unverzüglich nach deren Wirksamwerden ohne Rücksicht auf etwaige später eintretende Unwirksamkeitsgründe die Liste anstelle der Geschäftsführer zu unterzeichnen, dem Registergericht einzureichen, eine Abschrift der Gesellschaft zu übermitteln und mit der Bescheinigung nach § 40 Abs. 2 S. 2 GmbHG zu versehen. Für den Entwurf der Liste durch den Notar entsteht keine Entwurfsgebühr nach Hauptabschnitt 4, da es sich hierbei um eine Vollzugstätigkeit handelt (Vorbem. 2.2.1.1 Abs. 1 S. 2 Nr. 3 KV GNotKG). Da die Listenerstellung im Regelfall durch den Notar erfolgt, der die Veränderung beurkundet hat, kommt eine Vollzugsgebühr nach KV-Nr. 22110 ff. GNotKG in Betracht.

Der Geschäftswert für diese Vollzugstätigkeit ist nach § 112 GNotKG mit dem Wert des Beurkundungsverfahrens gem. § 35 Abs. 1 i. V. m. § 86 Abs. 2 GNotKG zu bestimmen. Der Gebührensatz beträgt für die Tätigkeit 0,5 (KV-Nr. 22110 GNotKG) im Zusammenhang mit der Beurkundung von Beschlüssen oder Geschäftsanteilsabtretungen. Eine 0,3-Vollzugsgebühr nach KV-Nr. 22111 GNotKG kommt nur in Betracht, wenn die zugrundeliegende Beurkundung eine geringere Gebühr als 2,0 auslöst, wie bspw. die Errichtung einer Ein-Personen-GmbH, Beurkundung eines Spaltungsplans oder einer Abspaltung zur Neugründung, für die jeweils eine 1,0-Gebühr nach KV-Nr. 21200 GNotKG anfällt. Enthält die Niederschrift gleichzeitig auch Beschlussfassungen hierzu, ist wieder die 0,5-Vollzugsgebühr nach KV-Nr. 22110 GNotKG einschlägig.

Die Gebühr ist auf 250 € je Gesellschafterliste begrenzt, die der Notar auftragsgemäß fertigt (KV-Nr. 22113 GNotKG). Fertigt der Notar z. B. bei einer Kapitalerhöhung sowohl die Liste der Übernehmer (§ 57 Abs. 3 Nr. 2 GmbHG) als auch die neue Liste der Gesellschafter (§§ 8 Abs. 1 Nr. 3, 40 GmbHG), kommt der Ansatz der Höchstgebühren zweimal in Betracht, wenn die Summe dieser Höchstgebühren geringer ist als die 0,5-Vollzugsgebühr nach KV-Nr. 22110 GNotKG (oder die 0,3-Gebühr nach KV-Nr. 22111 GNotKG, soweit einschlägig).

Wird eine Vollzugsgebühr bereits durch andere Tätigkeiten als die Erstellung der Gesellschafterlisten nach der Vorbem. 2.2.1.1 Abs. 1 S. 2 KV GNotKG ausgelöst, kann insgesamt nur eine Vollzugsgebühr erhoben werden (§ 93 Abs. 1 GNotKG).

b) Geschäftswert

Der Geschäftswert für die Vollzugstätigkeit (Gesellschafterliste) bestimmt sich gem. § 112 GNotKG nach dem vollen Wert des zugrunde liegenden Beurkundungsverfahrens, also z. B. nach dem Wert der Verschmelzung einschl. mitbeurkundeter Beschlüsse.

c) Wirksamkeitsvoraussetzungen und Notarbescheinigung (vgl. Streifzug, Rn. 1144 ff.)

Gem. der Anm. 6 zu KV-Nr. 22200 GNotKG erhält der Notar eine Betreuungsgebühr für die Erteilung einer Bescheinigung über Veränderungen hinsichtlich der Personen der Gesellschafter oder des Umfangs ihrer Beteiligung (§ 40 Abs. 2 GmbHG), wenn Umstände **außerhalb der Urkunde** zu prüfen sind. Klargestellt ist damit, dass nicht jede Wirksamkeitsbescheinigung des Notars nach § 40 Abs. 2 GmbHG kostenpflichtig ist. Ist beispielsweise eine Geschäftsanteilsabtretung sofort wirksam (z. B. unentgeltliche Übertragung, Kaufpreis ist bereits bezahlt usw.), muss der Notar ebenfalls eine Gesellschafterliste erstellen und diese mit seiner Bescheinigung nach § 40 Abs. 2 GmbHG versehen. Er muss die aktuelle Liste unter Berücksichtigung der Veränderungen, an denen er mitgewirkt hat, bescheinigen. Die neue Liste führt somit die alte Liste unter Einarbeitung der aktuellen Veränderungen fort. Obwohl auch hier eine Bescheinigung zu erteilen ist, liegt noch keine kostenpflichtige Tätigkeit nach der Anm. 6 zu KV-Nr. 22200 Nr. 6 GNotKG vor.

Die Gebühr für die Wirksamkeitsbescheinigung wird damit erst ausgelöst, wenn der Notar in tatsächlicher Hinsicht Voraussetzungen zu prüfen hat, die außerhalb der Urkunde liegen und von deren Eintritt die Wirksamkeit der Beurkundung über die Veränderung i. S. v. § 40 Abs. 2 GmbHG abhängt. Hier nennt der Gesetzgeber (BT-Drs. 17/11471 (neu), S. 225) die Prüfung von Kaufpreiszahlungen oder das Vorliegen kartellrechtlicher Genehmigungen, die Befreiung aus Bürgschaften, der Eintritt aufschiebender Bedingungen, wie z. B. bei einem »Closing«. Beim Closing muss aber unterschieden werden, ob der Notar tatsächlich Prüfungstätigkeiten durchzuführen hat (s. Streifzug, Rn. 1147). Nur bei tatsächlichen Prüfungstätigkeiten ist der Gebührentatbestand erfüllt. Die Gebühr fällt daher nicht an, wenn der Notar keine außerhalb der Urkunde liegenden Wirksamkeitsvoraussetzungen zu prüfen hat oder die Urkunde bedingungslos wirksam ist (z. B. unentgeltliche Übertragung eines Geschäftsanteils). Die Gebühr dürfte auch dann nicht anfallen, wenn der Notar lediglich Rechtsänderungen zu prüfen hat, die durch ihn selbst ausgelöst sind, wie z. B. Überwachung des Vorvollzugs einer von ihm selbst beurkundeten Kapitalerhöhung bei einer GmbH oder eines Verschmelzungsvorgangs. Die Gebühr muss jedoch gem. § 17 Abs. 1 BNotO, § 125 GNotKG erhoben werden, wenn die von KV-Nr. 22200 Anm. 6 KV GNotKG geforderten Voraussetzungen vorliegen.

d) Geschäftswert

Der Geschäftswert für eine Wirksamkeitsbescheinigung als Betreuungstätigkeit gem. KV-Nr. 22200 Anm. 6 GNotKG bestimmt sich nach § 113 Abs. 1 GNotKG nach dem Wert des Beurkundungsverfahrens, also beispielsweise nach dem Wert der Verschmelzung einschl. mitbeurkundeter Beschlüsse (Diehn/Sikora/Tiedtke Rn. 560 ff.; Ländernotarkasse, Leipziger Kostenspiegel, Teil 13, Rn. 20: Teilwert von ca. 30 % aus dem Reinvermögen der GmbH; Teil 22, Rn. 15: Wert des Beurkundungsverfahrens).

L. Fall: Verschmelzung durch Aufnahme mit Zustimmungsbeschlüssen

51 Sachverhalt:

Die A-GmbH (Stammkapital 50.000,00 €, Gesellschafter G und H jeweils mit einem Geschäftsanteil von 25.000,00 €) überträgt ihr Vermögen als Ganzes unter Auflösung der Gesellschaft ohne Abwicklung im Wege der Verschmelzung durch Aufnahme gem. § 2 Nr. 1, § 20 Nr. 1 und § 55 Abs. 1 UmwG auf die B-GmbH (übernehmende Gesellschaft Stammkapital 1 Mio. €). Das Aktivvermögen der übertragenden Gesellschaft beträgt laut Bilanz 12.150.000,00 €.

Als Gegenleistung gewährt die aufnehmende Gesellschaft den Gesellschaftern der übertragenden Gesellschaft Geschäftsanteile im Nennbetrag von insgesamt 500.000,00 €.

Die Gesellschafter der B-GmbH fassen folgende Beschlüsse:
– Dem Verschmelzungsvertrag wird zugestimmt.
– Das Stammkapital wird um 500.000,00 € erhöht.

Die Gesellschafter der A-GmbH fassen folgenden Beschluss:
– Dem Verschmelzungsvertrag wird zugestimmt.

Die Gesellschafter der beiden an der Verschmelzung beteiligten Gesellschaften geben die Verzichtserklärungen gem. §§ 8 Abs. 4, 9 Abs. 3 i. V. m. § 12 UmwG ab.

Alle Erklärungen und Beschlüsse sind in **einer** Urkunde enthalten.

Sodann fertigt der Notar gesondert die Entwürfe der Registeranmeldungen (vollständig) für beide Gesellschaften. Die Unterschriften der Geschäftsführer werden darunter beglaubigt.

Bewertung:
– **Verschmelzungsvertrag**

Geschäftswert gem. § 97 Abs. 3 GNotKG, hier höherwertigeres Aktivvermögen der übertragenden Gesellschaft, gem. § 38 GNotKG ohne Schuldenabzug, jedoch gem. § 107 Abs. 1 GNotKG

Höchstwert =   10.000.000,00 €,

– **Beschlüsse, Zustimmungsbeschlüsse beider Gesellschaften derselbe Beurkundungsgegenstand gem. § 109 Abs. 2 Nr. 4g) GNotKG**

Geschäftswert, § 108 Abs. 3 GNotKG = Wert des Vermögens des übertragenden Rechtsträgers, gem. § 38 GNotKG ohne Schuldenabzug + 500.000,00 € für den Beschluss über die Kapitalerhöhung,

hier jedoch Höchstwert gem. § 108 Abs. 4 GNotKG	5.000.000,00 €

Gesamtwert gem. § 35 Abs. 1 GNotKG =	15.000.000,00 €,
Gebühr: 2,0-Gebühr gem. KV-Nr. 21100 GNotKG =	28.770,00 €.
Vollzugsgebühr für die Erstellung der Gesellschafterliste, 0,5-Gebühr nach KV-Nr. 22110 und 22113 GNotKG (Höchstgebühr)	250,00 €.

– **Verzichtserklärungen**

Diese sind gegenstandsgleich mit dem Verschmelzungsvertrag gem. § 109 Abs. 1 GNotKG, da sie der Durchführung der Verschmelzung dienen, daher keine zusätzliche Bewertung.

– **Registeranmeldung, Anmeldung der Verschmelzung bei der übertragenden A-GmbH, Anmeldung ohne bestimmten Geldwert**

Geschäftswert, § 105 Abs. 4 Nr. 1 GNotKG = 1 % des eingetragenen Stammkapitals = 500, 00 €, aber Mindestwert	30.000,00 €,
Gebühr: 0,5-Gebühr gem. KV-Nr. 24102 GNotKG, Höchstsatz, da vollständiger Entwurf durch den Notar (§ 92 Abs. 2 GNotKG) =	62,50 €.
0,3-Gebühr gem. KV-Nr. 22114, Vollzug, XML-Datensatz, Geschäftswert gem. § 112 GNotKG wie für die Registeranmeldung	37,50 €.

– **Registeranmeldung bei der B-GmbH (aufnehmende Gesellschaft)**
- **Anmeldung der Verschmelzung,**

Anmeldung ohne bestimmten Geldwert, Geschäftswert, § 105 Abs. 4 Nr. 1 GNotKG = 1 % des Stammkapitals = 10.000,00 €, aber Mindestwert =	30.000,00 €,

- **Anmeldung der Kapitalerhöhung,**

Geschäftswert, § 105 Abs. 1 Nr. 3 GNotKG = Nennbetrag der Erhöhung =	500.000,00 €,
Gesamtwert, § 35 Abs. 1 GNotKG	530.000,00 €,

Gebühr: 0,5-Gebühr gem. KV-Nr. 24102 GNotKG, Höchstsatz, da vollständiger Entwurf durch den Notar (§ 92 Abs. 2 GNotKG) =	507,50 €.
0,3-Gebühr gem. KV-Nr. 22114, Vollzug, XML-Datensatz, Geschäftswert gem. § 112 GNotKG wie für die Registeranmeldung, jedoch Höchstgebühr =	250,00 €.

Hinzu kommen jeweils etwaige Nebengebühren, Dokumentenpauschalen, sonstige Auslagen und USt.

Getrennte Verzichtserklärungen:

Unterstellt, der Gesellschafter G der übertragenden A-GmbH würde seine Verzichtserklärung zu einem späteren Zeitpunkt in einer gesonderten Urkunde abgeben, käme folgende Bewertung für die Verzichtserklärung in Betracht:

Geschäftswert, § 36 Abs. 1 GNotKG, Ausgangswert = Wert der Beteiligung des G am Vermögen der übertragenden Gesellschaft = Aktivsumme von 12.150.000,00 €,

Höchstwert gem. § 107 Abs. 1 GNotKG = 10.000.000,00 € (Höchstwert Verschmelzungsvertrag), hiervon 50 %, (Beteiligung) = 5.000.000,00 €, hieraus Teilwert ca. 10 % = 500.000,00 €.

Gebühr: 1,0-Gebühr gem. KV-Nr. 21200 GNotKG = 935,00 €, zuzüglich Auslagen und USt.

– **Bescheinigung nach § 40 Abs. 2 GmbHG:**

Die Wirksamkeitsbescheinigung löst hier keine Gebühr aus, da der Notar lediglich den Vorvollzug seiner eigenen Urkunde zu überwachen hat (s. i. Ü. Rn. 46).

M. Checkliste für die Bewertung der Registeranmeldungen

52   Zu den Kosten für den elektronischen Rechtsverkehr s. Teil 8 Rdn. 117 ff.

☐ **Übertragender Rechtsträger:**
– Es liegt **immer** eine Anmeldung **ohne bestimmten Geldwert** vor. Es ist lediglich zu prüfen, unter welche Unterziffer des § 105 Abs. 4 GNotKG der Rechtsträger einzuordnen ist; bei Kapitalgesellschaft Nr. 1 = 1 % des eingetragenen Stamm- oder Grundkapitals, mindestens 30.000,00 €, höchstens 1 Mio. €; VVaG Nr. 2, Geschäftswert immer 60.000,00 €; Personenhandelsgesellschaft Nr. 3, Geschäftswert immer 30.000,00 €, bei KG auch dann, wenn durch die Übertragung des Vermögens die Gesellschaft erlischt; Einzelkaufmann, Genossenschaft oder juristische Person (§ 33 HGB) Nr. 4, Geschäftswert immer 30.000,00 €.

☐ **Aufnehmender Rechtsträger:**
– Prüfen, ob nur Verschmelzung angemeldet wird, oder zusätzlich auch eine Kapitalerhöhung, oder noch weitere Anmeldungen (z. B. Geschäftsführer),
– Geschäftswert für die Anmeldung der Verschmelzung ermitteln: handelt es sich um einen bestehenden Rechtsträger, Geschäftswert in gleicher Weise wie beim übertragenden Rechtsträger, handelt es sich um einen neu gegründeten Rechtsträger, Geschäftswert nach § 105 Abs. 1 oder nach Abs. 3 GNotKG; bei GmbH das einzutragende Stammkapital, bei AG oder KGaA das einzutragende Grundkapital unter Hinzurechnung eines genehmigten Kapitals; bei Versicherungsverein a. G. der mit anzumeldende Gründungsstock, mindestens jedoch 30.000,00 € (Tiedtke, MittBayNot 1997, 14; Tiedtke, in: Korintenberg, GNotKG, § 105 Rn. 64); in die Kapitalspalte des Handelsregisters Abt. B wird der Gründungsstock eingetragen (§ 32 Abs. 1 Satz 1 VAG); bei KG die Summe der Kommanditeinlagen unter Hinzurechnung von 30.000,00 € für den ersten und 15.000,00 € für jeden weiteren persönlich haftenden Gesellschafter; bei Einzelkaufmann 30.000,00 €; bei offener Handelsgesellschaft mit zwei Gesellschaftern 45.000,00 €, bei mehr als zwei Gesellschaftern für den dritten und jeden weiteren Gesellschafter 30.000,00 € zurechnen; bei einer Genossenschaft 60.000,00 €; bei juristischer Person (§ 33 HGB) 60.000,00 € – solche können sein: rechtsfähige Vereine (§§ 21 ff. BGB), die ein Vollhandelsgewerbe betreiben, sowie wirtschaftliche Vereine (§ 22 BGB) und Idealvereine mit kaufmännischem Betrieb, privatrechtliche Stiftungen (§§ 80 ff. BGB), öffentlich-rechtliche Körperschaften, Stiftungen und Anstalten (vgl. § 89 BGB; Tiedtke, MittBayNot 1997, 14, 18).
– Prüfen, ob gebührenpflichtige Vollzugs-, Betreuungstätigkeiten oder Entwurffertigungen vorzunehmen sind, wie z. B.
  – Entwurf der Gesellschafterliste (Vollzugstätigkeit, s. Rn. 46),
  – Entwurf des Sachgründungsberichts (Entwurfstätigkeit), 1,0-Gebühr nach KV-Nr. 24101 GNotKG (bei vollständigem Entwurf, bei Teilentwurf Gebührensatz innerhalb des vorgegebenen Rahmens nach billigem Ermessen), Geschäftswert nach § 36 Abs. 1 GNotKG 20–30 % des Werts der Sacheinlage, Streifzug Rn. 1409,
  – Einholung einer Stellungnahme der IHK. Hierbei handelt es sich um eine Vollzugstätigkeit nach Vorbem. 2.2.1.1 Abs. 1 S. 2 Nr. 1 KV GNotKG (Erklärung nach öffentlich-rechtlichen Vorschriften). Die Vollzugsgebühr beträgt max. 50,00 €.
  – Einholung von Genehmigungen oder Vollmachtsbestätigungen vertretener Beteiligter. Hier liegt eine Vollzugstätigkeit vor (vgl. Vorbem. 2.2.1.1 Abs. 1 S. 2 Nr. 5 KV GNotKG). Es entsteht eine 0,5-Gebühr nach KV-Nr. 22110 GNotKG aus dem vollen Wert des Beurkundungsverfahrens (§ 112 GNotKG). Mehrere Vollzugstätigkeiten lösen nur eine Vollzugsgebühr aus.
  – Überwachung von Anweisungen an den Notar, z. B. die Registeranmeldung nur unter bestimmten Voraussetzungen, die der Notar zu prüfen hat, an das Registergericht einzureichen. Es handelt sich um eine Betreuungstätigkeit nach KV-Nr. 22200 GNotKG. Zu erheben ist eine 0,5-Gebühr nach KV-Nr. 22200 GNotKG aus dem vollen Wert des Beurkundungsverfahrens.
  – Gründungsprüfung bei AG (zur Bewertung s. Rn. 37).

N. Besonderheiten bei grenzüberschreitenden Verschmelzungen

Durch das am 20.04.2007 in Kraft getretene Zweite Gesetz zur Änderung des UmwG (BGBl. I 2007, **53** S. 542) wurden grenzüberschreitende Verschmelzungen zugelassen und zwar nur für Kapitalgesellschaften. Diese erfordert, dass mindestens eine der beteiligten Gesellschaften einem anderen Mitgliedstaat der EU oder eines anderen Vertragsstaates des Abkommens über den Europäischen Wirtschaftsraum unterliegt. Wesentlicher Unterschied zur herkömmlichen Verschmelzung ist gem. § 122c UmwG, dass das Vertretungsorgan einer beteiligten Gesellschaft zusammen mit den Vertretungsorganen der übrigen beteiligten Gesellschaften einen Verschmelzungsplan aufstellt. Dieser muss den in § 122c Abs. 2 UmwG geregelten Inhalt haben und bedarf der notariellen Urkunde (§ 122c Abs. 4 UmwG). Über diesen Regelungsumfang hinaus ergeben sich keine Besonderheiten. Auch bei einer grenzüberschreitenden Verschmelzung handelt es sich gem. § 122b Abs. 1 UmwG um eine Verschmelzung zur Aufnahme oder zur Neugründung. Es gelten die allgemeinen Grundsätze. Es handelt sich immer um einen Vertrag und nicht um einen einseitigen Rechtsakt (Forsthoff, DStR 2006, 614; Vetter, AG 2006, 617). Der Verschmelzungsvertrag, der zugleich auch den Verschmelzungsplan beinhaltet, ist ein Vertrag, der eine 2,0-Gebühr nach KV-Nr. 21100 GNotKG auslöst.

Kapitel 2: Spaltung

A. Aufspaltung/Abspaltung zur Aufnahme

Der Geschäftswert ist in gleicher Weise zu bestimmen wie bei der Verschmelzung durch Aufnahme. Die **54** Aufspaltung oder Abspaltung zur Aufnahme erfolgt **durch Vertrag** (§ 126 UmwG).

Auch hier handelt es sich um einen **Austauschvertrag gem. § 97 Abs. 3 GNotKG**, wenn den Anteils- **55** inhabern des übertragenden Rechtsträgers Anteilsrechte am aufnehmenden Rechtsträger gewährt werden (BayObLG, MittBayNot 1997, 54). Bei Spaltungen ohne Gegenleistungen ist § 97 Abs. 1 GNotKG einschlägig. Maßgebend ist der Aktivwert des aufgespaltenen Vermögens bzw. des abgespaltenen Vermögensteils gem. § 38 GNotKG ohne Abzug von Verbindlichkeiten. Grundlage ist die für den Spaltungs- und Übernahmevertrag zugrunde liegende Bilanz. Ist der Wert der den Anteilsinhabern des übertragenden Rechtsträgers gewährten Anteilsrechte höher, ist dieser als Geschäftswert maßgebend.

Ein Vertrag liegt auch dann vor, wenn ein Einzelkaufmann ein von ihm betriebenes Einzelunternehmen **56** auf einen bestehenden Rechtsträger, z. B. GmbH, deren alleiniger Gesellschafter er ist, durch Ausgliederung überträgt. Auch in diesem Fall bedarf es eines Ausgliederungs- und Aufnahmevertrages (OLG Zweibrücken, MittBayNot 1999, 402 = JurBüro 1999, 488 = FGPrax 1999, 191 = ZNotP 1999, 415).

Bei Abspaltung von Gesellschaftsbeteiligungen (z. B. Geschäftsanteil an GmbH oder Kommanditbetei- **57** ligung) ist deren nach den Bestimmungen des GNotKG in Betracht kommender Wert maßgebend. Es muss in die Wertermittlung eingetreten werden, da die Beteiligungen in der Spaltungsbilanz nur mit Buchwerten enthalten sind. Im Einzelnen kommt **folgende Wertermittlung** in Betracht:

Geschäftsanteile an GmbH – operative Gesellschaft	Der Geschäftswert bestimmt sich, wenn keine genügenden Anhaltspunkte für einen höheren Wert vorliegen, nach § 54 GNotKG, nach dem Eigenkapital i. S. von § 266 Abs. 3 HGB, das auf den jeweiligen Anteil oder die Beteiligung entfällt. Grundstücke, Gebäude, grundstücksgleiche Rechte, Schiffe oder Schiffsbauwerke sind dabei nach den allgemeinen Bewertungsvorschriften zu berücksichtigen (Verkehrswert). Als Wertmaßstab ist das Eigenkapital i. S. von § 266 Abs. 3 HGB, das auf den jeweiligen Anteil oder die Beteiligung entfällt, festgelegt. Einzusetzen sind demnach in die Bewertung: – das gezeichnete Kapital, – die Kapitalrücklage, – Gewinnrücklagen, nämlich

– die gesetzliche Rücklage
– die Rücklage für eigene Anteile an einem herrschenden oder mehrheitlich beteiligten Unternehmen,
– satzungsmäßige Rücklagen,
– andere Gewinnrücklagen,
– Gewinnvortrag/Verlustvortrag und
– Jahresüberschuss/Jahresfehlbetrag.

Berechnungsschema:

Bilanzielles Eigenkapital = ...,.. €

zuzüglich Verkehrswert des Grundstücks mit Gebäuden + ...,.. €

abzüglich Buchwert Grundstück und Gebäude ./. ...,.. €

Endsumme (bilanzielles Reinvermögen/Eigenkapital) ...,.. €

Ist ein Gesellschafter z. B. mit 50 % beteiligt, beträgt der Wert der Beteiligung damit 50 % der Endsumme.

Geschäftsanteile an GmbH – überwiegend vermögensverwaltende Gesellschaft

Hier ist die Quote am Vermögen der Gesellschaft, die auf den Geschäftsanteil entfällt, maßgeblich. Die Verbindlichkeiten werden jedoch nicht abgezogen (§ 38 GNotKG). Der Wert bestimmt sich nicht nach dem Wert des Anteils am Eigenkapital, sondern nach dem auf den Anteil entfallenden, nach den sonst geltenden Wertvorschriften zu ermittelnden Wert des Gesellschaftsvermögens, da sonst eine Ungleichbehandlung gegenüber den Rechtsgeschäften entstünde, mit denen z. B. Grundbesitz übertragen wird. § 54 Satz 3 GNotKG lautet: »sofern die betreffenden Gesellschaften überwiegend vermögensverwaltend tätig sind, insbesondere als Immobilienverwaltungs-, Objekt-, Holding-, Besitz- oder sonstige Beteiligungsgesellschaft, ist der auf den jeweiligen Anteil oder die Beteiligung entfallende Wert des Vermögens der Gesellschaft maßgeblich; die Sätze 1 und 2 sind nicht anzuwenden«. Bei derartigen vermögensverwaltend tätigen Gesellschaften findet damit kein Schuldenabzug statt. Ist Grundbesitz in der jeweiligen Bilanz enthalten, sind deren Buchwerte durch die Verkehrswerte zu ersetzen. Gleiches gilt für die Bewertung von in der Bilanz enthaltenen Finanzanlagen.

Berechnungsschema nach der Bilanz:

Aktiva ...,.. €

Abzüglich Buchwert Grundstück und Gebäude ./. ...,.. €

Zwischensumme ...,.. €

Zuzüglich Verkehrswert des Grundstücks mit Gebäuden+ ...,.. €

Zwischensumme ...,.. €

Abzüglich nicht durch Eigenkapital gedeckter Fehlbetrag ./. ...,.. €

Endsumme (korrigierte Aktiva) ...,.. €

Hiervon ist die der Beteiligung entsprechende Quote als Geschäftswert maßgebend.

Kommanditanteile	Für die Bewertung von Kommanditanteilen gelten die Bewertungsgrundsätze wie für die Bewertung von Geschäftsanteilen an einer GmbH. Auch hier ist zu unterscheiden, ob es sich um eine operative Gesellschaft handelt oder um eine überwiegend vermögensverwaltende Gesellschaft. Es ergeben sich keine Besonderheiten.
Gesellschaftsanteil eines persönlich haftenden Gesellschafters	Für die Bewertung eines Anteils eines persönlich haftenden Gesellschafters an einer Personenhandelsgesellschaft (KG, OHG) ist die Quote der Beteiligung am Aktivvermögen maßgebend. Schulden werden gem. § 38 GNotKG nicht abgezogen (Streifzug Rn. 1170 ff.). Im Übrigen gelten die gleichen Bewertungsgrundlagen wie für Geschäftsanteile an einer überwiegend vermögensverwaltenden GmbH oder KG.

B. Aufspaltung/Abspaltung zur Neugründung

Bei der Spaltung zur Neugründung tritt der **Spaltungsplan** an die Stelle des Spaltungs- und Übernahmevertrages (§ 136 UmwG). Es handelt sich um eine **einseitige Erklärung**, für die eine 1,0-Gebühr nach KV-Nr. 21200 GNotKG anfällt (anders beim Spaltungs- und Übernahmevertrag, dort 2,0-Gebühr nach KV-Nr. 21100 GNotKG). **58**

Geschäftswert ist der Wert des auf den oder die neu gegründeten Rechtsträger übergehenden Aktivvermögens; bei Abspaltung mehrerer Rechtsträger ist die Gesamtsumme der übergehenden Aktivvermögen maßgebend. **59**

Die im Spaltungsplan enthaltene Satzung des neu gegründeten Rechtsträgers betrifft gem. § 109 Abs. 1 GNotKG denselben Beurkundungsgegenstand mit dem Spaltungsplan (BayObLG, MittBayNot 1997, 54; Tiedtke, MittBayNot 1997, 209; ders., ZNotP 2001, 226; Schmidt/Sikora/Tiedtke, Praxis des Handelsregister- und Kostenrechts, Rn. 3347; Streifzug Rn. 1327). Eine zusätzliche Bewertung kommt daher nicht in Betracht. **60**

C. Höchstwert

Gem. § 107 Abs. 1 GNotKG beträgt der **Höchstwert** eines Spaltungsplans und eines Spaltungsvertrages 10 Mio. €. **61**

D. Mehrheit von Rechtsträgern

Zu prüfen ist, ob der **Höchstwert mehrfach anzusetzen** ist oder ob es beim einmaligen Höchstwert verbleibt. Zur Klärung der Frage, ob eine Spaltung als rechtliche Einheit anzusehen ist (nur einmal 10 Mio. €) oder es sich um mehrere gegenstandsverschiedene Spaltungen (Höchstwert ggf. mehrfach) handelt, ist wie folgt zu unterscheiden: **62**

I. Aufspaltung

Bei der Aufspaltung handelt es sich um den **gesetzlichen Normaltypus**. Die Eintragung der Aufspaltung in das Register bewirkt gem. § 131 Abs. 1 Nr. 2 UmwG das Erlöschen des übertragenden Rechtsträgers. Daraus folgt, dass es sich bei einer Aufspaltung und damit Erlöschen des übertragenden Rechtsträgers immer um einen **einheitlichen Rechtsvorgang** handelt, unabhängig davon, ob die Aufspaltung zur Aufnahme oder Neugründung auf (mindestens) zwei oder mehr bestehende oder neu gegründete Rechtsträger erfolgt. In diesem Fall ist der Geschäftswert insgesamt auf 10 Mio. € (§ 107 Abs. 1 GNotKG) begrenzt (Schmidt/Sikora/Tiedtke, Praxis des Handelsregister- und Kostenrechts, Rn. 3349). **63**

Wird jedoch die Spaltung mehrerer Rechtsträger in einer Niederschrift zusammengefasst, liegen verschiedene Beurkundungsgegenstände vor. **64**

II. Abspaltung

65 Werden **mehrere Vermögensteile** des übertragenden Rechtsträgers auf mehrere bestehende oder neu gegründete Rechtsträger abgespalten, liegen stets mehrere Abspaltungen vor, die verschiedene Beurkundungsgegenstände betreffen. Der Höchstwert von 10 Mio. € gilt für jede Abspaltung gesondert. Danach sind die Werte zu addieren und der allgemeine Höchstwert von 60 Mio. € zu beachten.

III. Kettenspaltungen

66 Kettenspaltungen, z. B. Abspaltung von A auf B, danach Abspaltung von B auf C sind immer gegenstandsverschieden (§ 86 Abs. 2 GNotKG; OLG Düsseldorf, MittBayNot 1998, 464 = BB 1998, 2495 = ZNotP 1998, 471 für den vergleichbaren Fall der Kettenverschmelzung). Die Einzelwerte, diese für jeden Spaltungsvorgang nach § 107 Abs. 1 GNotKG auf 10 Mio. € begrenzt, sind zu addieren (§ 35 Abs. 1 GNotKG).

E. Gebühr

67 Bei einer **Spaltung zur Aufnahme,** also auf einen bereits bestehenden Rechtsträger, liegt ein Vertrag vor, für den eine 2,0-Gebühr nach KV-Nr. 21100 GNotKG zu erheben ist. Auch bei der Spaltung in Form der **Ausgliederung** eines von einem **Einzelkaufmann betriebenen Unternehmens** auf eine **bestehende GmbH,** deren Alleingesellschafter dieser Einzelkaufmann ist, bedarf es eines Spaltungs- und Übernahmevertrages, der eine 2,0-Gebühr nach KV-Nr. 21100 GNotKG auslöst (PfälzOLG Zweibrücken, MittBayNot 1999, 402 = JurBüro 1999, 488 = ZNotP 1999, 415 = FGPrax 1999, 191).

68 Für den **Spaltungsplan** bei Spaltung zur Neugründung fällt eine 1,0-Gebühr nach KV-Nr. 21200 GNotKG an; es handelt sich um eine einseitige Erklärung. Eine einseitige Erklärung liegt auch dann vor, wenn mit dem Spaltungsplan z. B. eine GmbH mit mehreren Personen gegründet wird.

F. Zustimmungsbeschluss (Spaltungsbeschluss)

69 Als Geschäftswert ist nach § 108 Abs. 3 GNotKG das **Aktivvermögen des übertragenden Rechtsträgers** maßgebend. Die Gründung des neuen Rechtsträgers ist Teil des Spaltungsbeschlusses und löst keine zusätzlichen Gebühren aus (Tiedtke, MittBayNot 1997, 209 u. ZNotP 2001, 226 ff.).

70 Wird bei dem aufnehmenden Rechtsträger das Kapital erhöht, ist der Nennbetrag der Erhöhung zuzurechnen (§ 108 Abs. 1, § 35 Abs. 1 GNotKG). Ist zur Durchführung der Abspaltung eine Herabsetzung des Stammkapitals einer übertragenden GmbH (§ 139 UmwG) oder des Grundkapitals einer übertragenden AG oder KGaA (§ 145 UmwG) beschlossen, ist auch dieser Beschluss gegenstandsverschieden zum Zustimmungsbeschluss. Geschäftswert ist der Nennbetrag der Kapitalherabsetzung. Die Werte für den Zustimmungsbeschluss und den Beschluss über die Kapitalherabsetzung sind gem. § 35 Abs. 1 GNotKG zusammenzurechnen.

71 Werden **mehrere Zustimmungsbeschlüsse** zu einer Auf- oder Abspaltung in einer Urkunde zusammengefasst, liegt auch für die Beschlüsse Gegenstandsgleichheit nach § 109 Abs. 2 Nr. 4g) GNotKG vor, weil sie denselben Beschlussgegenstand betreffen.

72 Bei Zusammenbeurkundung mehrerer Zustimmungsbeschlüsse zu gegenstandsverschiedenen Abspaltungen **in einer Urkunde,** muss gem. § 35 Abs. 1 GNotK die Beschlussgebühr aus dem zusammengerechneten Gesamtwert erhoben werden. Die Gebühr des KV-Nr. 21100 GNotKG bezieht sich nach allgemeinem Verständnis auf die Beschlussniederschrift als Ganzes. Der Höchstwert von 5 Mio. € § 108 Abs. 5 GNotKG bildet somit für die gesamte Niederschrift die Obergrenze. Die Aufnahme der Zustimmungsbeschlüsse zu gegenstandsverschiedenen Abspaltungen in getrennten Niederschriften ist allerdings auch keine unrichtige Sachbehandlung nach § 21 GNotKG (so auch Lappe, NotBZ 2000, 332 noch zur KostO). Bei einer Zusammenbeurkundung der Zustimmungsschlüsse zu gegenstandsverschiedenen Abspaltungen in einer Niederschrift muss zumindest ein innerer Zusammenhang gegeben sein. Bei Zusammenbeurkundung ohne rechtlichen oder sachlichen Grund kann § 93 Abs. 2 GNotKG einschlägig sein. Danach gilt das Beurkundungsverfahren hinsichtlich jedes Beurkundungsgegenstan-

des als besonderes Verfahren, wenn kein sachlicher Grund für die Zusammenbeurkundung vorliegt und auch keine Rechtsverknüpfung in der Urkunde erfolgt.

G. Verzichtserklärungen, Zustimmungserklärungen

Die Verzichts- und Zustimmungserklärungen sind in gleicher Weise zu bewerten wie bei der Ver- **73** schmelzung. S. hierzu Ausführungen Teil 8 Rdn. 28–36.

H. Registeranmeldungen

Die Registeranmeldungen sind in gleicher Weise zu bewerten wie bei der Verschmelzung (Teil 8 **74** Rdn. 43 ff.).

Wird bei einer Abspaltung beim bestehen bleibenden Rechtsträger **gleichzeitig eine Kapitalherabsetzung** angemeldet, liegen gegenstandsverschiedene Anmeldungen vor. Dem Wert für die Anmeldung der Spaltung ist der Nennbetrag der Kapitalherabsetzung gem. § 35Abs. 1 GNotKG zuzurechnen.

I. Bescheinigte Gesellschafterliste gem. § 40 Abs. 2 GmbHG

Soweit der Notar im Auftrag der Beteiligten eine Gesellschafterliste entwirft und diese mit der nach § 40 **75** Abs. 2 GmbHG erforderlichen Wirksamkeitsbescheinigung versieht, gelten die kostenrechtlichen Grundsätze gem. Teil 8 Rdn. 50.

J. Fall: Spaltungsplan

Sachverhalt: **76**

a) Beurkundet wird der Spaltungsplan, wonach aus dem Vermögen der A-GmbH (Stammkapital 100.000,00 €) ein Vermögensteil abgespalten wird. Die Abspaltung erfolgt auf eine im Spaltungsplan errichtete B-GmbH mit Stammkapital 50.000,00 €. Die Satzung der neuen GmbH wird festgelegt. Die beiden Gesellschafter der A-GmbH übernehmen je einen Geschäftsanteil von 25.000,00 € an der neu errichteten B-GmbH. In dem Spaltungsplan verzichten die Gesellschafter gem. § 127 Satz 2 i. V. m. § 8 Abs. 3 UmwG auf Vorlage des Spaltungsberichts und ferner auf Vorlage des Prüfungsberichts gem. § 125 i. V. m. § 9 Abs. 3 UmwG.

Das Aktivvermögen des abgespaltenen Vermögens beträgt laut Bilanz 12.950.710,00 €.

b) Die Gesellschafter der A-GmbH halten eine Gesellschafterversammlung ab und beschließen:
– Das Stammkapital der A-GmbH wird um 50.000,00 € herabgesetzt. Das Stammkapital beträgt künftig 50.000,00 €.
– Dem Spaltungsplan wird zugestimmt.

c) Die Gesellschafter der B-GmbH bestellen durch Beschluss den ersten Geschäftsführer.

d) Die Registeranmeldungen werden vom Notar entworfen.

Bewertung:
– **Spaltungsplan, Verzichtserklärungen**

Geschäftswert, § 97 Abs. 1, Aktivwert des abgespaltenen Vermögens,
gem. § 38 GNotKG ohne Schuldenabzug, aber im vorliegenden Fall
Höchstwert nach § 107 Abs. 1 GNotKG = 10.000.000,00 €
Gebühr: 1,0-Gebühr gem. KV-Nr. 21200 GNotKG 11.385,00 €

Die Verzichtserklärungen sind gegenstandsgleich mit dem Spaltungsplan gem. § 109 Abs. 1 GNotKG und daher nicht gesondert zu bewerten, da eine Durchführungserklärung vorliegt.

Gleiches gilt für die Satzung der neu errichteten B-GmbH, da diese Inhalt des Spaltungsplans ist.

Hinweis:

Würde die Abspaltung auf eine bereits bestehende GmbH erfolgen, wäre die Bewertung in gleicher Weise vorzunehmen, jedoch mit dem Unterschied, dass anstelle der 1,0-Gebühr nach KV-Nr. 21200 GNotKG für den Spaltungsplan eine 2,0-Gebühr nach KV-Nr. 21100 GNotKG für den Spaltungsvertrag anzusetzen wäre.

– Zustimmungsbeschluss (Spaltungsbeschluss) mit Kapitalherabsetzung

Geschäftswert, § 108 Abs. 3 GNotKG

• Kapitalherabsetzung, Beschluss mit bestimmtem Geldwert, Geschäftswert entsprechend Nennbetrag der Herabsetzung =	50.000,00 €
• Zustimmungsbeschluss zum Spaltungsplan, bestimmter Geldwert, Geschäftswert entsprechend Wert des übergehenden Aktivvermögens ohne Schuldenabzug gem. § 38 GNotKG =	12.950.710,00 €
• Beschluss über die Bestellung des Geschäftsführers der B-GmbH, Geschäftswert gem. § 108 Abs. 1 i. V. m. § 105 Abs. 4 Nr. 1 GNotKG (unbestimmter Geldwert) = 1 % des Stammkapitals, hier Mindestwert	30.000,00 €

Gesamtwert gem. § 35 Abs. 1 GNotKG =	13.030.710,00 €
aber Geschäftswert für die Beschlüsse gem. § 108 Abs. 5 GNotKG = Höchstwert	5.000.000,00 €
Gebühr: 2,0-Gebühr gem. KV-Nr. 21100 GNotKG =	16.270,00 €.

Hinweis:

Gem. § 94 Abs. 1 GNotKG muss ein Gebührenvergleich vorgenommen werden, nämlich Gesamtwert 15 Mio. €, daraus die höchste angewandte Gebühr von 2,0 = 28.770,00 €. Diese Gebühr ist im Ergebnis höher, sodass die getrennte Berechnung der Gebühren für den Spaltungsplan und die Beschlüsse maßgeblich ist.

Vollzugsgebühr für die Erstellung der Gesellschafterliste, 0,5-Gebühr nach KV-Nr. 22110 und 22113 GNotKG (Höchstgebühr) = Die Wirksamkeitsbescheinigung löst hier keine Gebühr aus, da der Notar lediglich den Vorvollzug seiner eigenen Urkunde zu überwachen hat (s. i. Ü. Rn. 46).	250,00 €

– Registeranmeldung – A-GmbH
• Anmeldung der Abspaltung bei der A-GmbH,

unbestimmter Geldwert, Geschäftswert gem. § 105 Abs. 4 Nr. 1 GNotKG = 1 % des Stammkapitals = 1.000,00 €, aber Mindestwert =	30.000,00 €

• Anmeldung der Kapitalherabsetzung bei der A-GmbH,

bestimmter Geldwert, gem. § 105 Abs. 1 Nr. 3 GNotKG, Betrag der Herabsetzung =	50.000,00 €
Gesamtwert, gem. § 35 Abs. 1, § 119 Abs. 1 GNotKG =	80.000,00 €
Gebühr: 0,5-Gebühr gem. KV-Nr. 24102 GNotKG (höchster Gebührensatz innerhalb des vorgegebenen Rahmens, wenn – wie regelmäßig – der Entwurf vom Notar vollständig erstellt wird) =	109,50 €
0,3-Gebühr gem. KV-Nr. 22114, Vollzug, XML-Datensatz, Geschäftswert gem. § 112 GNotKG wie für die Registeranmeldung =	65,70 €

– Registeranmeldung – B-GmbH

Anmeldung der neuen B-GmbH, bestimmter Geldwert, gem. § 105 Abs. 1 Nr. 1 GNotKG, Nennbetrag das einzutragende Stammkapital =	50.000,00 €

Gebühr: 0,5-Gebühr gem. KV-Nr. 24102 GNotKG (höchster Gebührensatz innerhalb des vorgegebenen Rahmens, wenn – wie regelmäßig – der
Entwurf vom Notar vollständig erstellt wird)   82,50 €
0,3-Gebühr gem. KV-Nr. 22114, Vollzug, XML-Datensatz, Geschäftswert
gem. § 112 GNotKG wie für die Registeranmeldung =   49,50 €

Kapitel 3: Ausgliederung

A. Allgemeines

Die Ausgliederung ist eine Unterform der Spaltung. Für die Ausgliederung gelten somit die **kosten-**   **77**
rechtlichen Grundsätze zur Spaltung in gleicher Weise (BayObLG, MittBayNot 1997, 253; Tiedtke,
in: Korintenberg, § 107 Rn. 57). Eine Ausgliederung zur Neugründung löst somit ebenso eine 1,0-Ge-
bühr nach KV-Nr. 21200 GNotKG-Gebühr aus, wie eine Spaltung zur Neugründung und eine 2,0-Ge-
bühr nach KV-Nr. 21100 GNotKG bei einer Ausgliederung zur Aufnahme, da in diesem Fall Vertrag.
Die Ausgliederung aus dem Vermögen eines Einzelkaufmannes auf eine bestehende GmbH ist auch
dann ein Vertrag (2,0-Gebühr nach KV-Nr. 21100 GNotKG), wenn der Einzelkaufmann alleiniger Gesellschafter der GmbH ist (PfälzOLG Zweibrücken, MittBayNot 1999, 402 = JurBüro 1999, 488 =
ZNotP 1999, 415).

Dagegen ist die Ausgliederung eines Vermögensteils aus dem Vermögen eines Einzelkaufmanns auf   **78**
eine neu gegründete Kapitalgesellschaft **einseitige Erklärung nach KV-Nr. 21200 GNotKG** (1,0-Ge-
bühr). Ein Zustimmungsbeschluss ist in diesem Fall nicht notwendig, weder durch den Einzelkaufmann, noch durch die Gesellschafterversammlung der neu gegründeten GmbH (Widmann/Mayer/
Mayer, Umwandlungsrecht, § 152 UmwG Rn. 94). Für einen vorsorglich mitbeurkundeten Beschluss
dürfen gem. § 21 GNotKG (unrichtige Sachbehandlung) keine Gebühren erhoben werden.

Bei der **Ausgliederung von Regie- und Eigenbetrieben der öffentlichen Hand** (§§ 168 ff. UmwG) stellt   **79**
sich die Frage der Ermäßigung gem. § 91 GNotKG, da es sich bei den Gebietskörperschaften um Bund,
Land, Gemeinde, Landkreise und Bezirke handelt, also die nach § 91 Abs. 1 Nr. 1 und Nr. 2 GNotKG
privilegierten Kostenschuldner.

Die Gebühren sind zu ermäßigen, wenn es sich bei dem ausgegliederten Regie- oder Eigenbetrieb nicht   **80**
um ein wirtschaftliches Unternehmen handelt. **Zu ermäßigen** ist daher z. B. die Ausgliederung
– eines Alten-, Altenwohn- und Pflegeheimes,
– eines Kindergartens,
– eines Wertstoffhofes (Schwarz, in: Korintenberg, § 91 Rn. 26),
– einer Tierkörperbeseitigungsanlage (BayObLG, MittBayNot 1996, 129).

Dagegen sind die Gebühren **nicht zu ermäßigen** z. B. bei Ausgliederung   **81**
– eines Verkehrsbetriebes,
– eines Parkhauses (BFH, NVwZ 1994, 414),
– eines Betriebes der Stadtwerke (Strom-, Wasserversorgung),
– eines Krankenhauses. Die Einordnung von Krankenhäusern hat sich geändert. Diese werden nach
  kaufmännischen und wirtschaftlichen Gesichtspunkten mit dem Anspruch auf Gewinnerzielung betrieben, auch wenn sie kommunal oder karitativ getragen werden (OLG Düsseldorf, ZNotP 2004,
  32; Schwarz, in: Korintenberg, § 91 Rn. 16),
– eines Betriebes der Abwasserentsorgung (OLG Naumburg, ZNotP 2008, 423 m. Anm. Tiedtke =
  NotBZ 2007, 220 m. Anm. Wudy = JurBüro 2008, 155 = RNotZ 2007, 425; dass., NotBZ 2009,
  235 = notar 2009, 171),
– eines Schlachthofes,
– einer Müllverbrennungs- und Müllverwertungsanlage,
– eines Bäderbetriebes.

B. Registeranmeldungen

82   Die Registeranmeldungen sind in gleicher Weise zu bewerten wie bei der Verschmelzung (Teil 8 Rdn. 43 ff.) und der Spaltung.

Wird bei einer Ausgliederung beim bestehen bleibenden Rechtsträger **gleichzeitig eine Kapitalherabsetzung** angemeldet, liegen gegenstandsverschiedene Anmeldungen vor. Dem Wert für die Anmeldung der Ausgliederung ist der Nennbetrag der Kapitalherabsetzung gem. § 35 Abs. 1 i. V. m. § 119 Abs. 1 GNotKG zuzurechnen.

C. Nebentätigkeiten (Spaltungen, Ausgliederungen)

I. Grundsätze

83   Es gelten die gleichen Grundsätze wie für die Verschmelzung (vgl. dazu Teil 8 Rdn. 37).

II. Gebührenfreie Nebentätigkeiten

84   Es gelten die gleichen Grundsätze wie für die Verschmelzung (vgl. dazu Teil 8 Rdn. 38 und Teil 8 Rdn. 39).

III. Gebührenpflichtige Nebentätigkeiten

85   Es gelten die gleichen Grundsätze wie für die Verschmelzung (vgl. dazu Teil 8 Rdn. 40 und Teil 8 Rdn. 41).

D. Checkliste für die Bewertung einer Spaltung oder Ausgliederung

86   ☐ Liegt ein Austauschvertrag vor? Wenn ja, ist der Wert der höheren Leistung maßgebend. Dies ist im Regelfall das Vermögen des übertragenden Rechtsträgers.

☐ Liegt kein Austauschvertrag vor, ist immer der Wert des ab- oder aufgespaltenen oder ausgegliederten Vermögens maßgebend.

☐ Liegt die Spaltungs-/Ausgliederungsbilanz vor?

☐ Bilanz dahin gehend überprüfen, ob Abzugs- oder Zurechnungsposten enthalten sind.

☐ Bereinigte Aktiva der Bilanz ist Geschäftswert, es sei denn, die als Gegenleistung gewährten Anteile haben einen höheren Wert (Ausnahme).

☐ **Wichtig:** Schulden dürfen nach § 38 GNotKG nicht abgezogen werden.

☐ **Beachten:** Höchstwert 10 Mio. € (§ 107 Abs. 1 GNotKG).

☐ Bei Abspaltung mehrerer Vermögensteile prüfen, ob gegenstandsverschiedene Abspaltungen gegeben sind oder ein gegenstandsgleicher Abspaltungsvorgang vorliegt (Teil 8 Rdn. 62 – Teil 8 Rdn. 66).

☐ Gebühr 2,0 gem. KV-Nr. 21100 GNotKG, wenn ein Vertrag vorliegt. Dies ist der Fall, wenn die Auf- oder Abspaltung auf einen bestehenden Rechtsträger erfolgt. Gleiches gilt für die Ausgliederung, auch für die Ausgliederung aus dem Vermögen eines Einzelkaufmanns (PfälzOLG Zweibrücken, MittBayNot 1999, 402 = JurBüro 1999, 488 = ZNotP 1999, 415).

☐ Gebühr 1,0-Gebühr gem. KV-Nr. 21200 GNotKG, wenn die Auf- oder Abspaltung oder Ausgliederung auf einen neu gegründeten Rechtsträger erfolgt, da dann an die Stelle des Vertrages der Spaltungs- oder Ausgliederungsplan tritt.

☐ Prüfen, ob gebührenpflichtige Nebentätigkeiten zu erledigen sind, wenn ja, Bewertung nach den Grundsätzen gem. Teil 8 Rdn. 40 und Teil 8 Rdn. 41 ff.

Kapitel 4: Vermögensübertragung

Anwendung finden 87
- bei Vollübertragung die **Verschmelzungsvorschriften** (§ 176 UmwG),
- bei Teilübertragung die **Spaltungsvorschriften** (§ 177 UmwG).

Die kostenrechtlichen Ausführungen zur Verschmelzung und Spaltung gelten daher sinngemäß.

Kapitel 5: Formwechsel

A. Umwandlungsbeschluss

Gem. § 108 Abs. 3 GNotKG liegt bei allen Formwechselbeschlüssen ein **Beschluss mit bestimmtem** 88
Geldwert vor, der Geschäftswert richtet sich zwingend nach dem Wert des **Aktivvermögens des form-**
wechselnden Rechtsträgers, gem. § 38 GNotKG ohne Abzug der Verbindlichkeiten. Grundlage für die
Wertbestimmung ist die Umwandlungsbilanz, die auf den Stichtag des Formwechsels erstellt wurde.
Abzuziehen sind allerdings solche Positionen, die das Vermögen des formwechselnden Rechtsträgers
unmittelbar mindern, z. B. Verlustvorträge auf der Aktivseite; solche, die keinen Vermögensposten darstellen (nicht durch Eigenkapital gedeckter Fehlbetrag); bilanzierte Grundstücke, Gebäude, grundstücksgleiche Rechte, Schiffe, Schiffsbauwerke müssen mit dem Verkehrswert berücksichtigt werden,
die Differenz zwischen Buchwert und Verkehrswert ist also hinzuzurechnen (vgl. hierzu z. B. Lappe/
Schulz, NotBZ 1997, 54 ff., 59; Tiedtke, MittBayNot 1997, 209, 211); Gleiches gilt für Finanzanlagen
und Wertpapiere. Zur Bilanz s. i. Ü. Teil 8 Rdn. 10 – Teil 8 Rdn. 14. Wird im Formwechselbeschluss
ein Geschäftsführer bestellt, liegt ein verschiedener Gegenstand gem. § 86 Abs. 2 GNotKG vor. Gleiches gilt bei Bestellung des Vorstandes oder des Aufsichtsrates.

Diese Wertbestimmung nach dem Aktivvermögen gilt auch bei Umwandlung eines **rechtsfähigen Ver-**
eins und einer **eingetragenen Genossenschaft.**

Für Beschlüsse ist immer eine 2,0-Gebühr nach KV-Nr. 21100 GNotKG zu erheben und zwar auch 89
dann, wenn das beschlussfassende Organ nur aus einer Person besteht.

B. Verzichtserklärungen, Zustimmungserklärungen

I. R. d. **Formwechselbeschlusses** werden im Regelfall Verzichtserklärungen auf Klageerhebung nach 90
§ 195 UmwG, auf Vorlage des Umwandlungsberichts gem. § 192 Abs. 3 UmwG, auf Vorlage eines Abfindungsangebots nach § 207 UmwG und u. U. Zustimmungserklärungen nach §§ 193 Abs. 1, 233,
241 und 303 UmwG, mitbeurkundet. Diese Verzichts- oder Zustimmungserklärungen sind neben
dem Formwechselbeschluss zusätzlich zu bewerten und zwar ohne Rücksicht darauf, ob diese Erklärungen in der gleichen Urkunde mit dem Formwechselbeschluss beurkundet oder in getrennten Erklärungen abgegeben werden.

Bei **Zusammenbeurkundung** von Beschlüssen und rechtsgeschäftlichen Erklärungen liegen gem. § 110 91
Nr. 1 GNotKG stets verschiedene Beurkundungsgegenstände vor. .

Für die **Verzichtserklärungen** ist eine 1,0-Gebühr gem. KV-Nr. 21200 GNotKG zu erheben. Werden 92
Verzichtserklärungen mehrerer Anteilsinhaber in einer Urkunde beurkundet, sind die Werte der Verzichtserklärungen gem. § 35 Abs. 1 GNotKG zusammenzurechnen.

Werden Beteiligte vorbehaltlich **Genehmigung oder durch mündlich erteilte Vollmacht** vertreten, ent- 93
steht gem. Vorbem. 2.2.1.1 Abs. 1 Nr. 5 KV GNotKG eine Vollzugsgebühr gem. KV-Nr. 22110
GNotKG aus dem Wert des Beurkundungsverfahrens (§ 112 GNotKG), wenn der Notar die Genehmi-
gungserklärung oder die Vollmachtsbestätigung im Auftrag der Beteiligten einholt. Fertigt der Notar
hierüber einen Entwurf, wird neben der Vollzugsgebühr keine Entwurfsgebühr erhoben (Vorbem.
2.2 Abs. 2 KV GNotKG, 2.4.1 Abs. 1 S. 2 KV GNotKG). Beglaubigt der Beurkundungsnotar auf
dem Vollzugsentwurf eine oder mehrere Unterschriften oder Handzeichen, entstehen hierfür jedoch
die Gebühren nach KV-Nr. 25100 GNotKG (LG Bielefeld, ZNotP 2015, 38 mit zust. Anm. Tiedtke

= NotBZ 2015, 276, bestätigt durch OLG Hamm, Beschluss v. 16.07.2015, 15 W 152/15). Der Geschäftswert für die Unterschriftsbeglaubigung ist nach § 98 GNotKG zu bestimmen.

94   Der Geschäftswert für die Verzichtserklärungen auf Klageerhebung, auf Vorlage des Umwandlungsberichts und/oder eines Abfindungsangebots ist ein geringer Teilwert nach § 36 Abs. 1 GNotKG anzunehmen, wobei Beziehungswert der Anteil des Verzichtenden am Vermögen des formwechselnden Rechtsträgers ist. Im Regelfall ist ein Teilwert von 10–20 % des Anteils des verzichtenden Anteilsinhabers angemessen.

C. Ermäßigung bei Umwandlung nach §§ 301 ff. UmwG

95   Bei der **formwechselnden Umwandlung** einer nach dem Haushaltsplan des Bundes oder eines Landes für Rechnung des Bundes oder eines Landes verwalteten Körperschaft oder Anstalt, welche unter § 91 Abs. 1 GNotKG fallen, stellt sich das Problem der Ermäßigung der Gebühren. Hierzu ist wie folgt zu verfahren:

96   Beim **Formwechsel** einer nach dem Haushaltsplan des Bundes oder eines Landes für Rechnung des Bundes oder Landes verwalteten Körperschaft oder Anstalt ist die öffentliche Hand Kostenschuldner. Es handelt sich um die nach § 91 Abs. 1 Nr. 1 und Nr. 2 GNotKG privilegierten Kostenschuldner. Die Gebühren sind daher zu ermäßigen, wenn es sich bei der formwechselnden Körperschaft oder Anstalt nicht um ein wirtschaftliches Unternehmen handelt (s. hierzu Tiedtke, MittBayNot 1997, 209, 214 und ZNotP 2001, 226 ff., 260 ff.). S. hierzu auch Teil 8 Rdn. 80 und Teil 8 Rdn. 81. Zu Abgrenzungsfragen s. Teil 8 Rdn. 79 ff.

D. Vorvertragliche Verpflichtungen zu Umwandlungsmaßnahmen

97   Verpflichten sich bspw. die Gesellschafter einer GmbH in einem Vorvertrag, die GmbH in eine KG formwechselnd umzuwandeln, liegt eine **gesellschaftsrechtliche Vereinbarung zur Erreichung eines gemeinsamen Zwecks** vor. Diese Vereinbarung erfüllt die Voraussetzungen des § 705 BGB (GbR). Damit hat die Bewertung nach den kostenrechtlichen Grundsätzen für gesellschaftsrechtliche Vorgänge zu erfolgen. Für die vorvertragliche Verpflichtung zur Umwandlung ist daher als Geschäftswert wie für einen Gesellschaftsvertrag zu bestimmen, hier also nach dem Aktivvermögen des formwechselnden Rechtsträgers, gem. § 38 GNotKG ohne Abzug der Schulden (vgl. Tiedtke, in: Korintenberg, § 107 Rn. 73). Die gegenseitigen Verpflichtungen zur Umwandlung dienen der Erfüllung eines gemeinsamen Zwecks, vergleichbar wie bei der GbR, wodurch auch die Anwendung des § 107 Abs. 1 GNotKG (Höchstwert für Gesellschaftsverträge 10 Mio. €) für zutreffend erachtet wird (vgl. Tiedtke, in: Korintenberg, § 107 Rn. 73).

Gegenstandsgleich mit der Umwandlungsverpflichtung sind **alle Rahmenvereinbarungen**, die mit dem beabsichtigten Formwechsel zusammenhängen. Darüber hinausgehende Vereinbarungen betreffen einen verschiedenen Gegenstand gem. § 86 Abs. 2 GNotKG, wie z. B. Vereinbarungen über Entnahmen, Verpflichtungen zum Ausgleich von negativen Kapitalkonten, Verpflichtung zur Gewährung von Darlehen.

Für diese Zusatzvereinbarungen gilt v. a. auch die Höchstwertvorschrift gem. § 107 Abs. 1 GNotKG nicht.

Die vorgenannten Bewertungsgrundsätze gelten gleichermaßen für vorvertragliche Verpflichtungen zur Verschmelzung, Spaltung/Ausgliederung.

E. Grenzüberschreitende Sitzverlegung gem. Art. 8 SE-VO

98   Art. 8 SE-VO (Rechtsgrundlage ist die aufgrund Art. 308 EG erlassene Verordnung (EG) Nr. 2157/2001 des Rates v. 08.10.2001, ABl. EG Nr. L 294 v. 10.11.2001) sieht für die SE die **Möglichkeit einer identitätswahrenden Sitzverlegung** in einen anderen Mitgliedstaat vor. Die SE unterliegt dabei in weitem Umfang den nationalen aktienrechtlichen Vorschriften des jeweiligen Sitzstaates, sodass die Sitzverlegung regelmäßig den Charakter eines Rechtsformwechsels hat. Es liegt ein Formwech-

selbeschluss vor (s. zum Ganzen Wicke, MittBayNot 2006, 196, 204 mit Hinweis auf die Rspr. und Lit., BayObLG, GmbHR 2004, 490; EuGH, GmbHR 2004, 504; Wälzholz, RNotZ 2004, 410). Der **Geschäftswert** ist nach dem Aktivvermögen des betroffenen Rechtsträgers gem. § 108 Abs. 3 GNotKG zu bestimmen, gem. § 38 GNotKG ohne Abzug der Verbindlichkeiten. Es gelten die **kostenrechtlichen Ausführungen zum Formwechsel** entsprechend (s. Teil 8 Rdn. 88 ff.). Bei Mitbeurkundung der Verpflichtungs- und Verzichtserklärungen der Aktionäre (Zustimmung zur Verlegung, Verzicht auf Widerspruch gegen den Verlegungsbeschluss, Verzicht auf die Unterbreitung eines Barabfindungsangebotes gem. Art. 8 Abs. 5 SE-VO i. V. m. § 12 Abs. 1 SEAG) gelten die kostenrechtlichen Ausführungen zu den vergleichbaren Verzichtserklärungen beim Formwechselbeschluss entsprechend (s. Teil 8 Rdn. 90).

F. Beschluss und gebührenpflichtige Betreuungstätigkeiten, Beratungstätigkeiten

Teil des Umwandlungsbeschlusses ist auch das **Statut des neuen Rechtsträgers** in dem nach dem UmwG erforderlichen Umfang. Dieses Statut (Satzung) ist aber Teil des Formwechselbeschlusses und löst keine zusätzliche Gebühr aus (Ausnahmen jedoch bei KG, OHG, GbR, Partnerschaftsgesellschaft, s. nachfolgend Teil 8 Rdn. 105).   **99**

Bei einem Formwechsel einer Personengesellschaft in eine Kapitalgesellschaft oder in eine Genossenschaft müssen auch der Gesellschaftsvertrag bzw. die Satzung mitbeurkundet werden. Dieser ist dann Teil des Beschlusses. Beim Formwechsel einer Kapitalgesellschaft in eine Personengesellschaft muss gem. § 234 Nr. 3 UmwG der Gesellschaftsvertrag der Personengesellschaft enthalten sein. Die Mitbeurkundung im Formwechselbeschluss ist damit ebenfalls gegenstandsgleich mit dem Beschluss und löst keine zusätzlichen Kosten aus (s. hierzu auch Bormann, in: Bormann/Diehn/Sommerfeldt, § 109 Rn. 68; Diehn, Notarkostenberechnungen, Rn. 1034; Tiedtke, in: Korintenberg, § 108 Rn. 99).   **100**

▶ **Hinweis:**   **101**

Häufig wird es in der Praxis so sein, dass der Notar – gleich um welche Umwandlung es sich handelt – den Beteiligten bei der Formulierung sachliche Hinweise gibt, bei der Formulierung der Satzung mitwirkt und die vorgelegte Fassung überprüft.   **102**

Diese Tätigkeit geht über die mit Beschlussbeurkundungen entstehende Gebühr nach KV-Nr. 21100 GNotKG abgegoltenen Tätigkeiten hinaus. Inhalt und Umfang der Amtstätigkeit des Notars, soweit er bei der Beurkundung über Willenserklärungen tätig wird, ergeben sich aus den §§ 8 ff. BeurkG. Nach § 17 BeurkG hat der Notar Belehrungs- und Prüfungspflichten; die Erfüllung dieser Pflichten ist mit der Beurkundungsgebühr abgegolten, es kann also auch keine zusätzliche Gebühr hierfür angesetzt werden.   **103**

Dies gilt aber nicht bei der Beurkundung von Beschlüssen, da die §§ 36 ff. BeurkG keine den §§ 8 ff. BeurkG vergleichbaren Tätigkeitsvorschriften des Notars enthalten (Eylmann/Vaasen/Limmer, BNotO, BeurkG, § 36 Rn. 13; Winkler, BeurkG, § 37 Rn. 11; Armbrüster/Preuß/Renner/Preuß, BeurkG, DONot, § 36 Rn. 14).   **104**

Für die über die Beschlussbeurkundung hinausgehenden Tätigkeiten entsteht gem. KV-Nr. 24203 GNotKG eine Beratungsgebühr. Der Auftrag an den Notar, eine Niederschrift der Haupt- oder Gesellschafterversammlung bzw. der dort gefassten Beschlüsse zu fertigen, verpflichtet ihn nicht, die Gesellschaft auch hinsichtlich der zu fassenden Beschlüsse zu beraten (Priester, DNotZ 2001, 661, 669; Faßbender, RNotZ 2009, 425, 431). Soll der Notar beispielsweise Einzelheiten hinsichtlich Voraussetzungen und Rechtsfolgen einzelner Beschlüsse prüfen, Fragen der Einberufung der Hauptversammlung (z. B. Überprüfung der Einladung), bzgl. Vertretungsbefugnissen, Beschlüssen in vergangenen Hauptversammlungen und deren Auswirkungen etc. klären, sich mit dem Registerrichter besprechen, Anträge entwerfen, den Versammlungsleiter beraten, ein Teilnehmerverzeichnis fertigen oder die Ermittlung des Abstimmungsergebnisses prüfen, ist dies eine mit einer separaten Gebühr versehene Tätigkeit außerhalb des Beurkundungsverfahrens (Vgl BT-Drucks. 17/11471 (neu) S. 232). KV-Nr. 24203 GNotKG unterwirft diese Fälle einer besonderen Beratungsgebühr, die isoliert oder zusätzlich zur Gebühr für ein Beurkundungsverfahren anfallen kann. Nach frühe-   **105**

rem Recht (KostO) wurde für solche Leistungen i. d. R. eine Gebühr nach § 147 Abs. 2 KostO berechnet, was aber nicht zu befriedigenden Ergebnissen führte (BT-Drucks. 17/11471 (neu) S. 233).

Die für die Beratung entstehende Gebühr KV-Nr. 24203 GNotKG ist eine Rahmengebühr (0,5 bis
2,0). Der individuelle Gebührensatz bestimmt sich nach § 92 Abs. 1 GNotKG unter Berücksichtigung des Umfangs der erbrachten Leistung nach billigem Ermessen.

Anders als für die Gebühren zur allgemeinen Beratung sieht das GNotKG in § 120 GNotKG eine
spezielle Geschäftswertvorschrift zu KV-Nr. 24203 GNotKG vor: Gemäß § 120 S. 1 GNotKG bestimmt sich der Geschäftswert nach der Summe der Geschäftswerte für die Beurkundung der in der
Haupt- oder Gesellschafterversammlung zu fassenden Beschlüsse, wobei nach S. 2 der Höchst-
geschäftswert 5 Mio. € beträgt.

Zur **Zusammenstellung typischer Nebentätigkeiten** s. Teil 8 Rdn. 41.

G. Checkliste für die Bewertung von Umwandlungsbeschlüssen

106 ☐ Bilanz beschaffen und hinsichtlich etwaiger Abzugs- oder Zurechnungsposten prüfen und ggf. berichtigen (s. Teil 8 Rdn. 11).

☐ **Beachten**: Geschäftswert ist nach dem Aktivvermögen laut Bilanz (ggf. berichtigt) zu bestimmen.
Der Höchstwert für Beschlüsse beträgt jedoch gem. § 108 Abs. 3 GNotKG 5 Mio. €. Jeder Beschluss löst eine 2,0-Gebühr aus, auch wenn der formwechselnde Rechtsträger nur aus einer Person
besteht (Ein-Personen-GmbH oder Ein-Personen-AG).

☐ Prüfen, ob weitere werterhöhende Beschlüsse neben dem Formwechselbeschluss zu berechnen sind
(z. B. Bestellung und/oder Abberufung von Verwaltungsorganen – Geschäftsführer, Vorstand, Aufsichtsrat, Prokuren). Die Werte der mehreren Beschlüsse sind gem. § 35 Abs. 1 GNotKG zu addieren, zu berechnen ist nur **eine** Beschlussgebühr;

☐ Prüfen, ob rechtsgeschäftliche Erklärungen enthalten sind, wie z. B.

– Verzichtserklärungen (z. B. Anfechtungsverzicht, Verzicht auf Vorlage eines Formwechselberichts);
diese lösen eine zusätzliche 1,0-Gebühr nach KV-Nr. 21200 GNotKG aus. Im Verhältnis zur Beschlussgebühr (2,0) und zu einseitigen Erklärungen (1,0) muss allerdings die Vergleichsberechnung
nach § 94 Abs. 1 GNotKG vorgenommen werden (getrennte Berechnung der Gebühren, jedoch,
wenn für den Kostenschuldner günstiger, 2,0-Gebühr aus dem Gesamtwert; Zustimmungserklärungen (z. B. §§ 13, 50, 51 UmwG); diese sind nach den Grundsätzen gem. Teil 8 Rn. 25 zu bewerten.

– Grundbuchberichtigungsanträge; neben der Beschlussgebühr und ggf. neben einer Gebühr nach
KV-Nr. 21200 GNotKG, ist eine 0,5-Gebühr gem. KV-Nr. 21201 GNotKG zu erheben; Geschäftswert nach § 36 Abs. 1 GNotKG, Teilwert ca. 20–30 % aus dem Verkehrswert nach § 46 GNotKG
(jedoch Vergleich der Gebührenberechnungen nach § 94 Abs. 1 GNotKG);

☐ Prüfen, ob gebührenpflichtige Beratungstätigkeitenkeiten abzurechnen sind (s. Teil 8 Rdn. 41).

H. Registeranmeldungen

107 Nach § 198 Abs. 1 UmwG ist die neue Rechtsform des Rechtsträgers zur **Eintragung in das Register**
anzumelden, in dem der formwechselnde Rechtsträger eingetragen ist. Bei Formwechsel z. B. von einer
Kapitalgesellschaft in eine Personenhandelsgesellschaft ist somit die neue Personenhandelsgesellschaft
anzumelden. Es handelt sich um das gleiche Register, hier Handelsregister (die unterschiedlichen Abteilungen A bzw. B haben hierauf keine Auswirkungen).

108 **Geschäftswert** für die nach § 198 Abs. 1 UmwG vorzunehmende Anmeldung ist somit der für die erstmalige Anmeldung oder Eintragung maßgebliche Wert des neuen Rechtsträgers nach § 105 Abs. 1 oder
Abs. 3 GNotKG.

Geschäftswert damit z. B. bei

GmbH	das einzutragende Stammkapital, ggf. unter Hinzurechnung eines genehmigten Kapitals, mindestens 30.000,00 €, höchstens 1 Mio. €;
AG oder KGaA	das einzutragende Grundkapital ggf. unter Hinzurechnung eines genehmigten Kapitals, höchstens 1 Mio. €;
KG	Summe der Kommanditeinlagen unter Hinzurechnung eines Betrages von 30.000,00 € für den ersten und 15.000,00 € für jeden weiteren persönlich haftenden Gesellschafter, höchstens 1 Mio. €;
OHG	bei zwei Gesellschaftern 45.000,00 €; hat die neue OHG mehr als zwei Gesellschafter, erhöht sich der Wert für den dritten und jeden weiteren Gesellschafter um jeweils 15.000,00 €, höchstens 1 Mio. €;
Genossenschaft	60.000,00 €.

§ 198 Abs. 2 Satz 1 UmwG regelt weiter, dass der Rechtsträger neuer Rechtsformen bei dem **zuständigen Gericht** zur Eintragung in das für die neue Rechtsform maßgebende Register anzumelden ist, wenn der formwechselnde Rechtsträger bisher nicht in ein Register eingetragen war. **109**

Für die Anmeldung des neuen Rechtsträgers gelten dann die Ausführungen zu Teil 8 Rdn. 47 in gleicher Weise. **110**

Gem. § 198 Abs. 2 Satz 2 UmwG gelten die Ausführungen zu Teil 8 Rdn. 107 sinngemäß, wenn sich durch den Formwechsel die **Art des Registers ändert** (z. B. Umwandlung einer Genossenschaft in eine AG) oder durch eine mit dem Formwechsel verbundene Sitzverlegung die Zuständigkeit eines anderen Registergerichts begründet wird. In diesen Fällen muss die Umwandlung auch zur Eintragung in das Register angemeldet werden, in dem der formwechselnde Rechtsträger eingetragen ist. **111**

Für die Anmeldung der Eintragung des durch den Formwechsel gegründeten neuen Rechtsträgers gelten ebenfalls die Ausführungen zu Teil 8 Rdn. 108. **112**

Die hier aber erforderliche **zusätzliche Anmeldung des Formwechsels** beim bereits eingetragenen formwechselnden Rechtsträger ist stets eine Anmeldung ohne bestimmten Geldwert. Der Geschäftswert ist zu bestimmen nach § 105 Abs. 4 GNotKG. Danach beträgt der Geschäftswert, wenn es sich z. B. handelt um **113**

eine **GmbH**	1 % des eingetragenen Stammkapitals, mindestens 30.000,00 €, höchstens 1 Mio. €,
eine **AG** oder eine **KGaA**	1 % des eingetragenen Grundkapitals, mindestens 30.000,00 €, höchstens 1 Mio. €,
eine **KG**	30.000,00 €,
eine **OHG**	30.000,00 €,
Genossenschaft	30.000,00 €.

Handelt es sich bei dem formwechselnden Rechtsträger um einen **rechtsfähigen Verein**, ist der Wert nicht nach § 105 GNotKG zu bestimmen, sondern nach § 36 Abs. 2 GNotKG: **114**

In aller Regel handelt es sich bei Idealvereinen um nichtvermögensrechtliche Angelegenheiten. In diesen Fällen ist der Geschäftswert nach § 36 Abs. 2 GNotKG unter Berücksichtigung aller Umstände des Einzelfalles, insbesondere des Umfangs und der Bedeutung der Angelegenheit sowie der Vermögenslage des Vereins nach billigem Ermessen zu bestimmen. Für alle durchschnittlichen Fälle (einschließlich der Erstanmeldung des Vereins) ist als Geschäftswert der Auffangwert des § 36 Abs. 3 GNotKG mit 5.000,00 € anzunehmen. Diese Grundsätze sind auch auf Beschlüsse anwendbar, sofern deren Gegenstand keinen bestimmten Geldwert betrifft. In Ausnahmefällen z. B. bei wirtschaftlich orientierten Vereinen, kann der Geschäftswert für die Anmeldung höher angenommen werden, jedoch nicht höher als 1 Mio. € (Höchstwert nach § 36 Abs. 2 GNotKG bzw. nach § 106 GNotKG für Registeranmeldungen überhaupt). Ist die Vermögenslage überdurchschnittlich oder hat der Zweck des Vereins eine besondere Bedeutung (z. B. Betrieb eines Wohnstifts, wenn auch gemeinnützig und nicht unbedingt kostendeckend), kann vom Auffangwert des § 36 Abs. 3 GNotKG (5.000,00 €) angemessen nach oben abgewichen werden. Werden mehrere Veränderungen zur Eintragung angemeldet, liegen Anmeldungen mit verschiedenem Gegenstand vor (OLG Hamm JurBüro 2009, 435), wobei bei Idealvereinen mit wenig oder gar keinem Vermögen und nur einer geringen Anzahl von Mitgliedern für die einzelne Anmeldung auch vom Auffangwert nach unten abgewichen werden kann (z. B. Wertansatz 1.000,00 € –5.000,00 € pro Veränderung).

115 Der **Höchstwert für alle Registeranmeldungen** beträgt nach § 106 GNotKG 1 Mio. €.

I. Fall: Bewertung von Formwechselbeschluss, Verzichtserklärungen

116 **Sachverhalt:**

Die XY-GmbH mit Stammkapital 100.000,00 € wird formwechselnd umgewandelt in die XY-OHG. Die Gesellschafter der YX-GmbH, nämlich A, B und C, sind an der XY-OHG künftig zu gleichen Teilen, also zu je 1/3, beteiligt.

Als Teil des Formwechselbeschlusses wird der vollständige Gesellschaftsvertrag der OHG mitbeurkundet. Der Notar gibt den Beteiligten bei der Errichtung des Gesellschaftsvertrages sachdienliche Hinweise und prüft die vorgenommenen Formulierungen.

Die Gesellschafter A, B und C verzichten auf Vorlage des Umwandlungsberichts nach § 192 Abs. 2 UmwG, auf Klageerhebung nach § 195 UmwG und ein Abfindungsangebot nach § 207 UmwG und die Zustimmungen nach §§ 193 Abs. 2, 233, 241 und 303 UmwG.

Der Gesellschafter A war bei der Beurkundung nicht anwesend und wurde aufgrund mündlich erteilter Vollmacht durch den Gesellschafter B vertreten. Der Notar wird beauftragt, die Vollmachtsbestätigung von B einzuholen und übersendet B mit dem Anforderungsschreiben einen Entwurf der Vollmachtsbestätigung. Nach einer Woche erscheint B beim Beurkundungsnotar und lässt seine Unterschrift auf dem ihm übersandten Entwurf der Vollmachtsbestätigung beglaubigen.

Das Aktivvermögen des formwechselnden Rechtsträgers beträgt laut Umwandlungsbilanz nach Berücksichtigung der Abzugsposten (vgl. Teil 8 Rdn. 10) 3.150.300,00 €. Grundstücke, Gebäude, grundstücksgleiche Rechte, Schiffe, Schiffsbauwerke, Finanzanlagen und Wertpapiere sind nicht im Anlagevermögen enthalten.

Bewertung:

a) Beschluss

Geschäftswert, § 108 Abs. 3 GNotKG = Aktiva des formwechselnden Rechtsträgers laut Bilanz, gem. § 38 GNotKG ohne Abzug der Verbindlichkeiten	3.150.300,00 €
Gebühr: 2,0 gem. KV-Nr. 21100 GNotKG =	10.510,00 €

b) Verzichtserklärungen

– Gesellschafter A, Wert seiner Beteiligung = 1/3 am Vermögen der GmbH = 1.050.100,00 €, hiervon gem. § 36 Abs. 1 GNotKG ca. 10 % =	105.010,00 €,
– Gesellschafter B, Wert seiner Beteiligung = 1/3 am Vermögen der GmbH = 1.050.100,00 €, hiervon gem. § 36 Abs. 1 GNotKG ca. 10 % =	105.010,00 €
– Gesellschafter C, Wert seiner Beteiligung = 1/3 am Vermögen der GmbH = 1.050.100,00 €, hiervon gem. § 36 Abs. 1 GNotKG ca. 10 % =	105.010,00 €
Gesamtwert gem. § 35 Abs. 1 GNotKG =	315.030,00 €
Gebühr: 1,0-Gebühr gem. KV-Nr. 21200 GNotKG =	635,00 €

Gem. § 94 Abs. 1 GNotKG ist eine Vergleichsberechnung vorzunehmen, nämlich der getrennten Berechnung der Gebühren für Beschluss und Verzichtserklärungen ist die 2,0-Gebühr nach KV-Nr. 21100 GNotKG aus dem Gesamtwert gegenüberzustellen. Die getrennte Berechnung ist im vorliegenden Fall günstiger und daher vorzunehmen.

Vollzug, Einholung der Vollmachtsbestätigung, Vorbem. 2.2.1.1 Abs. 1 Nr. 5 KV GNotKG, 0,5-Gebühr gem. KV-Nr. 22110 GNotKG aus Wert des Beurkundungsverfahrens gem. § 112 GNotKG (Gesamtwert aller Beurkundungsgegenstände), hier 3.465.330,00 €	2.867,50 €

Beratungsgebühr nach KV-Nr. 24203 GNotKG für Beratungen zur Erstellung des Gesellschaftsvertrages, Gebührensatz entsprechend Umfang der Tätigkeit (Rahmen von 0,5 bis 2,0), hier angenommen mit 1,0 aus dem Wert der gefassten Beschlüsse (§ 120 GNotKG), hier Geschäftswert Wert des Formwechselbeschlusses 3.150.300,00 €

5.255,00 €

Beglaubigung der Unterschrift von B auf dem Vollzugsentwurf, Geschäftswert §§ 121, 98 Abs. 1, 2 GNotKG, Verfahrenswert 3.465.330,00 €, hiervon Anteil der Mitberechtigung = 1/3 = 1.155.110,00 €, davon die Hälfte = 577.555,00 €, hieraus 0,2-Gebühr nach KV-Nr. 25100 GNotKG

70,00 €

Die nach § 233 Abs. 1 UmwG erforderliche Zustimmung aller Gesellschafter ist für die Gesellschafter, die bei der Beschlussfassung anwesend oder durch Vollmacht vertreten sind, konkludent im Beschluss enthalten. Eine zusätzlich zu beurkundende Zustimmung dürfte entbehrlich sein.

c) Registeranmeldung

Anzumelden ist gem. § 198 Abs. 1 UmwG nur die neue Rechtsform des Rechtsträgers. Die neue Rechtsform ist durch das Vertretungsorgan, hier Geschäftsführer, des formwechselnden Rechtsträgers anzumelden (§ 235 Abs. 2 UmwG). Der Notar hat den Entwurf vollständig erstellt.

Geschäftswert gem. § 105 Abs. 3 Nr. 2 GNotKG, für zwei Gesellschafter 45.000,00 € + 15.000,00 € für den weiteren Gesellschafter =

60.000,00 €

Gebühr: 0,5-Gebühr gem. KV-Nr. 24102 GNotKG =

96,00 €

Vollzug, XML-Datei, 0,3-Gebühr gem. KV-Nr. 22114 GNotKG aus dem Wert der Anmeldung (§ 112 GNotKG)

57,60 €.

Kapitel 6: Kosten der elektronischen Registeranmeldung

Anmeldungen zur Eintragung in das Handelsregister sind elektronisch in öffentlich beglaubigter Form vorzunehmen. Wie die Tätigkeiten des Notars im elektronischen Rechtsverkehr nach dem GNotKG abzurechnen sind, wird nachfolgend dargelegt.

117

A. Fertigen elektronisch beglaubigter Abschriften (§ 39a BeurkG)

I. Einscannen und Dokumentenpauschale

1. Dateipauschale. Zunächst regelt KV-Nr. 32002 GNotKG, dass für die Überlassung von elektronisch gespeicherten Dateien oder deren Bereitstellung zum Abruf anstelle der in den KV-Nr. 32000 und 32001 GNotKG genannten Dokumente ohne Rücksicht auf die Größe der Vorlage je Datei 1,50 € zu erheben ist. Diese Dateipauschale hat insbesondere für die elektronische Übermittlung von Dokumenten (z. B. Registeranmeldung, sonstige Eintragungsunterlagen) als Anhang der XML-Datei Bedeutung.

118

2. Übermittlung mehrerer Dateien. Werden der XML-Datei mehrere Dateien angehängt, liegt ein und derselbe Arbeitsgang vor. Die Summe der Dateipauschale beträgt dann höchstens 5,00 €.

119

3. Vergleich der Dateipauschale mit den eingescannten Seiten. Die Anm. zu KV-Nr. 32002 GNotKG regelt eine Vergleichsberechnung wie folgt: Werden zum Zweck der Überlassung von elektronisch gespeicherten Dateien die Dokumente zuvor auf Antrag (in dem Antrag auf elektronische Übermittlung ist dieser Antrag enthalten) von der Papierform in die elektronische Form übertragen (durch einscannen), beträgt die Dokumentenpauschale nicht weniger, als die Dokumentenpauschale im Fall der KV-Nr. 32000 GNotKG für eine schwarz-weiß-Kopie betragen würde. Hängt der Notar somit einer XML-Datei vier Dateianhänge an, beträgt die Pauschale pro Datei 1,50 €, insgesamt ergeben sich dann 6,00 €. Hier greift aber die Obergrenze von 5,00 €, da ein einheitlicher Arbeitsgang vorliegt. Hat der Notar aber vorher für diese vier Dateianhänge insgesamt 20 Seiten eingescannt, wird die Pauschale von max. 5,00 € durch die Dokumentenpauschale nach KV-Nr. 32000 GNotKG ersetzt und beträgt pro S. 0,50 € × 20 Seiten = 10,00 €.

120

121 **4. Beglaubigungsgebühr für die elektronische Beglaubigung?** Gem. KV-Nr. 25102 GNotKG beträgt die Gebühr für die Beglaubigung eines Dokumentes, auch eines elektronischen Dokumentes pro S. 1,00 €, mindestens jedoch 10,00 €. Neben der Gebühr wird keine Dokumentenpauschale erhoben (Anm. 1. zu KV-Nr. 25102 GNotKG). Die Gebühr wird jedoch nicht erhoben, für die Erteilung beglaubigter Kopien oder Ausdrucke der vom Notar aufgenommenen oder entworfenen oder in Urschrift in seiner dauernden Verwahrung befindlichen Urkunden (zuletzt geändert durch das am 4.7.2015 teilweise und am 17.8.2015 teilweise in Kraft getretene Gesetz zum Internationalen Erbrecht und zur Änderung von Vorschriften zum Erbschein sowie zur Änderung sonstiger Vorschriften, Art. 13, BGBl. I, 2015, S. 1042). Beglaubigte Ablichtungen von eigenen Urkunden oder von eigenen Entwürfen lösen daher die Gebühr nach KV-Nr. 25102 GNotKG nicht aus. Die Anm. 3 zu KV-Nr. 25102 GNotKG bestimmt, dass einer Kopie im Sinne des Abs. 2 ein in elektronischer Form übertragenes Schriftstück gleich.

B. Erzeugen von XML-Strukturdaten

122 Anmeldungen sind i. d. R. mit den **vom Notar zu erzeugenden Datensätzen** (XML-Strukturdaten, i. d. R. mittels der Software XNotar) einzureichen (vgl. zur Pflicht, XML-Strukturdaten einzureichen, etwa die Internetbekanntmachung der Bayerischen Justiz unter www.justiz.bayern.de/buergerservice/ rechtsverkehr/register/v. 19.03.2007, die auf Grundlage von § 3 ERVV erfolgt ist). Das GNotKG ordnet die XML-Strukturdatei als Vollzugstätigkeit ein. Hat der Notar z. B. die Registeranmeldung beurkundet oder entworfen, entsteht eine 0,3-Vollzugsgebühr nach KV-Nr. 22114 GNotKG aus dem vollen Wert der Anmeldung. Hat der Notar die Registeranmeldung weder beurkundet, noch entworfen, beträgt die Vollzugsgebühr hierfür 0,6 (KV-Nr. 22125 GNotKG. In beiden Fällen beträgt die Höchstgebühr 250,00 €. Für Vollzugstätigkeiten ist gem. Vorbem. 2.2 Abs. 1 KV GNotKG ein besonderer Auftrag der Beteiligten erforderlich. Dies gilt jedoch nicht für die Gebühren nach KV-Nr. 22114 und 22125 GNotKG. Zudem legt die jeweilige Anm. zu KV-Nr. 22114 und 22125 GNotKG jeweils fest, dass die Vollzugsgebühr für die XML-Datei neben anderen Vollzugsgebühr zusätzlich anfällt. Dies bedeutet eine Durchbrechung des in § 93 Abs. 1 GNotKG verankerten Grundsatzes der einmaligen Gebührenerhebung.

Kapitel 7: Abrufarten und Gebühren

123 Jeder Abruf aus dem elektronischen Register kostet nunmehr 4,50 €. Die früher erhobene Jahresgrundgebühr besteht nicht mehr (Apfelbaum, DNotZ 2007, 166).

Die Kosten sind je nach Zugangsmöglichkeit zu den Registerdokumenten wie folgt strukturiert (Nedden-Boeger, FGPrax 2007, 1 ff.):

A. Zugang zu den Eintragungen des Registerblatts

124 Art der Übermittlung	Qualität	Gebühren	Grundlage
Elektronischer Abruf	Einfach oder signiert	4,50 €	Nr. 400 GV JVKostG
Registerausdruck in Papierform	a) Einfach (nur bei Verzicht auf Beglaubigung)	a) 10,00 €	a) KV-Nr. 25210 GNotKG
	b) Beglaubigt (= Standard)	b) 15,00 €	b) KV-Nr. 25211 GNotKG
Registerauszug als elektronische Datei übermittelt	a) Einfach (= Standard)	a) 5,00 €	a) KV-Nr. 25212 GNotKG
	b) Signiert	b) 10,00 €	b) KV-Nr. 25213 GNotKG
Einsicht vor Ort bei Registergericht	Nur Bildschirmanzeige	Kostenlos	

B. Zugang zu den Dokumenten des Registerordners

Art der Übermittlung	Qualität	Gebühren	Grundlage	125
Elektronischer Abruf	Einfach oder signiert	4,50 € je Dokument	Nr. 401 GV JVKostG	
Schriftlicher Dokumentenausdruck	a) Einfach (nur bei Verzicht auf Beglaubigung) b) Beglaubigt (= Standard)	a) Dokumentenpauschale (für die ersten 50 Seiten 0,50 € je Seite, für jede weitere Seite 0,15 € b) Dokumentenpauschale wie a) zuzüglich evtl. Beglaubigungsgebühr (zweifelhaft)	a) §§ 4 JVKostG, b) §§ 4 JVKostG, evtl. Nr. 102 GV JVKostG	
Elektronische Übermittlung von Dokumenten, die bisher nur in Papierform vorliegen	Signiert	2,00 € je Seite, mindestens jedoch 25,00 € für die Dokumente eines Registerblattes	Nr. 5007 GV HRegGebV	
Einsicht vor Ort bei Registergericht	Nur Bildschirmanzeige	Kostenlos		

Kapitel 8: Grundbuchberichtigungsanträge

Grundbuchberichtigungen sind im gesellschaftsrechten Bereich insbesondere durch **Firmenänderungen** veranlasst. Nach einer Entscheidung des BayObLG v. 25.06.1998 (JurBüro 1998, 602 = BB 1998, 2232 – Grundbuchgebühren noch nach § 60 Abs. 1 KostO – neuer Eigentümer, daher volle Gebühr – oder § 67 Abs. 1 KostO – kein Identitätswechsel, daher 1/4-Gebühr) ist zwar grds. nach dem äußeren Erscheinungsbild der Eintragung zu entscheiden, ob ein neuer Eigentümer oder nur eine andere Bezeichnung des Eigentümers (ohne Identitätswechsel) eingetragen wird, jedoch ist im Einzelfall zu prüfen, ob tatsächlich ein neuer Eigentümer einzutragen ist oder ob lediglich eine Namensberichtigung vorliegt. Das hat sich auch durch das Inkrafttreten des GNotKG nicht geändert. Gem. KV-Nr. 14110 GNotKG beträgt die Gebühr für die Eintragung eines Eigentümers 1,0. **126**

Die Gebühr nach KV-Nr. 14110 GNotKG entsteht jedoch nicht, wenn der Rechtsträger in einer anderen Rechtsform derselbe bleibt, mithin beim Formwechsel nach § 190 UmwG. Die Identität des Eigentümers ändert sich nicht, nur seine Firma. Die Firmenänderung sei im öffentlichen Interesse an der Richtigkeit des Grundbuchs (BT-Drs. 17/11471 (neu), 210). Das GNotKG enthält für derartige Berichtigungen keinen Gebührentatbestand, sodass keine Gebühr entsteht (Hey'l, in: Korintenberg, KV-Nr. 14110 GNotKG). **127**

Beurkundet der Notar einen Grundbuchberichtigungsantrag in einem Verschmelzungs- oder Spaltungsvertrag oder Spaltungsplan mit, liegt derselbe Gegenstand nach § 109 Abs. 1 vor. Der Berichtigungsantrag löst dann keine weiteren Gebühren aus. **128**

Wird der Antrag auf Grundbuchberichtigung jedoch in der Niederschrift über einen Formwechselbeschluss mitbeurkundet, liegen zwischen Beschluss und Berichtigungsantrag verschiedene Beurkundungsgegenstände vor (§ 110 Nr. 1 GNotKG). Für den Antrag auf Grundbuchberichtigung entsteht in diesem Falle neben der 2,0-Gebühr für den Beschluss eine 0,5-Gebühr nach KV-Nr. 21201 GNotKG. Der Geschäftswert ist nach § 36 Abs. 1 GNotKG zu bestimmen. Nach einer Entscheidung des BayObLG (MittBayNot 1995, 325) ist für die formwechselnde Umwandlung einer KG in eine GbR ein Teilwert von ca. 10 % des Grundstückswertes angemessen und vertretbar (so auch bereits BayObLG, MittBayNot 1994, 248 = BayObLGZ 1993, 314 ff.; Streifzug Rn. 273, 274: 10–30 %). **129**

Kapitel 9: Berichtigung des Handelsregisters

130 Gehört zum Vermögen des übertragenden oder formwechselnden Rechtsträgers eine **Beteiligung an einer Personenhandelsgesellschaft** (OHG, KG) **oder an einer Partnerschaftsgesellschaft**, muss das betreffende Register berichtigt werden. Die Bewertung der entsprechenden Registeranmeldung hat nach den Grundsätzen des § 105 Abs. 1 Nr. 6 GNotKG (KG), § 105 Abs. 4 Nr. 3 GNotKG (OHG, PartSchG) zu erfolgen. Soweit eine Rechtsnachfolge eingetreten ist (z. B. bei Verschmelzung, Auf- oder Abspaltung, Ausgliederung), liegt eine Anmeldung ohne bestimmten Geldwert vor. Bei einem Formwechsel bleibt die Identität des Form wechselnden Rechtsträgers gewahrt. Die Anmeldung betrifft somit nicht eine Rechtsnachfolge, sondern nur eine Namensberichtigung, die nach § 105 Abs. 5 GNotKG (Anmeldung ohne wirtschaftliche Bedeutung) vorzunehmen ist; Geschäftswert ist also immer 5.000,00 €. Im Einzelnen gilt Folgendes:

131 Zum **Vermögen eines übertragenden Rechtsträgers** gehört:

eine **Kommanditbeteiligung**	Geschäftswert für die Anmeldung zum Handelsregister nach § 105 Abs. 1 Nr. 6 GNotKG nach dem Nennbetrag der Kommanditeinlage (Ausscheiden des übertragenden Rechtsträgers und Eintritt des aufnehmenden Rechtsträgers an dessen Stelle betrifft einen einheitlichen Vorgang);
eine **Beteiligung an einer offenen Handelsgesellschaft**	Geschäftswert für die Anmeldung zum Handelsregister nach § 105 Abs. 4 Nr. 3 GNotKG 30.000,00 €;
eine **Beteiligung an einer Partnerschaftsgesellschaft**	Geschäftswert für die Anmeldung zum Partnerschaftsregister nach § 105 GNotKG 4 Nr. 3 GNotKG 30.000,00 €.

132 Dagegen ist der Antrag auf Berichtigung des Handelsregisters oder Partnerschaftsregisters aufgrund eines Formwechsels, in allen Fällen Anmeldung **ohne wirtschaftliche Bedeutung**. Die Identität des Inhabers der Beteiligung bleibt gewahrt. Es erfolgt somit nur eine Namensberichtigung (Geschäftswert 5.000,00 € gem. § 105 Abs. 6 GNotKG).

Kapitel 10: Umschreibung von Vollstreckungsklauseln

A. Allgemein

133 Für die **Umschreibung einer Vollstreckungsklausel** ist nach KV-Nr. 23803 GNotKG eine 0,5-Gebühr zu erheben, wenn der Eintritt einer Tatsache oder einer Rechtsnachfolge zu prüfen ist (§§ 726 bis 729 ZPO). Für das Verfahren über die Erteilung einer weiteren Ausfertigung entsteht gem. KV-Nr. 23804 GNotKG eine Fertgebühr von 20,00 €. In allen anderen Fällen ist die Erteilung gebührenfrei. Sind bei der Erteilung einer vollstreckbaren Ausfertigung mehrere Tatsachen bzw. Rechtsnachfolgen zu prüfen, ist nur einmal die Gebühr nach KV-Nr. 23803 GNotKG zu erheben (Hey'l, in: Korintenberg, KV-Nr. 23803 Rn. 15; KG, DNotZ 1980, 771 = Rpfleger 1980, 123 = JurBüro 1980, 426).

134 Wird nach einer Verschmelzung die Vollstreckungsklausel vom übertragenden Rechtsträger auf den aufnehmenden oder neu gegründeten Rechtsträger umgeschrieben, ist ebenfalls eine Rechtsnachfolge **nach § 727 ZPO** festzustellen. Für diese Umschreibung fällt somit eine 0,5-Gebühr nach KV-Nr. 23803 GNotKG an (Hey'l, in: Korintenberg, KV-Nr. 23803 Rn. 13; Prüfungsabteilung der Notarkasse München, MittBayNot 1970, 98). Der Geschäftswert bestimmt sich nach § 118 GNotKG nach dem vollen Nennbetrag des Grundpfandrechts, wenn die Klausel über den vollen Betrag umgeschrieben wird.

135 ▶ **Hinweis:**

Die gleichen Grundsätze sind anzuwenden für die Umschreibung einer Vollstreckungsklausel im Zuge von Spaltungen oder Ausgliederungen auf den aufnehmenden oder neu gegründeten Rechtsträger.

B. Formwechsel

Wird bei fortbestehender Identität des Schuldners oder Gläubigers nur dessen geänderter Name einge- **136** setzt, handelt es sich nicht um eine Tatsachenfeststellung oder Rechtsnachfolge; die Berichtigung der Vollstreckungsklausel ist gebührenfrei zu erteilen (BayObLG, DNotZ 1979, 55 = MittBayNot 1978, 238; 1987, 276; KG, DNotZ 1979, 436; Pfeiffer, in: Bormann/Diehn/Sommerfeld, KV-Nr. 23803 Rn. 3; Streifzug Rn. 2456; a. A. OLG Düsseldorf, DNotZ 1990, 678; Hey'l, in: Korintenberg, KV-Nr. 23803). Eine gebührenfreie Namensberichtigung und keine Rechtsnachfolge liegt auch vor bei formwechselnder Umwandlung des Gläubigers oder Schuldners. Es findet kein Identitätswechsel statt, der formwechselnde Rechtsträger besteht in der in dem Umwandlungsbeschluss bestimmten Rechtsform gem. § 202 Abs. 1 Nr. 1 UmwG weiter.

Kapitel 11: Gebühren für die Eintragung in das Handelsregister

Die Eintragungsgebühren richten sich nach der Verordnung über die Gebühren in Handels-, Partner- **137** schaft- und Genossenschaftsregistersachen – Handelsregistergebührenverordnung (HRegGebV) v. 30.09.2004 (BGBl. I, S. 2562), zuletzt geändert durch Art. 4 des am 1.8.2013 in Kraft getretenen 2. KostRMoG v. 23.7.2013 (BGBl. I, S. 2586). Danach sind für die Eintragungen in das Handels- und Genossenschaftsregister aufwandsbezogene Gebühren geregelt.

Bspw. fallen für die Eintragung aufgrund einer Umwandlung nach dem UmwG an: **138**
- Eintragungen in das **Handelsregister Abteilung A** und das **Partnerschaftsregister**:
  a) eines Einzelkaufmanns 150,00 € (Gebührenverzeichnis – HRegGebV Nr. 1103),
  b) einer Gesellschaft mit bis zu 3 einzutragenden Gesellschaftern oder einer Partnerschaft mit bis zu 3 einzutragenden Partnern 180,00 € (Gebührenverzeichnis – HRegGebV Nr. 1104),
  c) einer Gesellschaft mit mehr als 3 einzutragenden Gesellschaftern oder einer Partnerschaft mit mehr als 3 einzutragenden Partnern: 180,00 € zuzüglich 70,00 € für jeden weiteren einzutragenden Gesellschafter oder Partner (Gebührenverzeichnis – HRegGebV Nr. 1105),
  d) in das Register des übertragenden oder formwechselnden Rechtsträgers 180,00 € (Gebührenverzeichnis – HRegGebV Nr. 1400),
  e) in das Register des übernehmenden Rechtsträgers 180,00 €, wobei für Eintragungen über den Eintritt der Wirksamkeit keine besonderen Gebühren erhoben werden (Gebührenverzeichnis – HRegGebV Nr. 1401),
- Eintragungen in das **Handelsregister Abteilung B**:
  a) einer GmbH 260,00 € (Gebührenverzeichnis – HRegGebV Nr. 2104),
  b) einer AG oder einer KG auf Aktien 660,00 € (Gebührenverzeichnis – HRegGebV Nr. 2105),
  c) eines Versicherungsvereins auf Gegenseitigkeit 460,00 € (Gebührenverzeichnis – HRegGebV Nr. 2106),
  d) in das Register des übertragenden oder formwechselnden Rechtsträgers 240,00 €, (Gebührenverzeichnis – HRegGebV Nr. 2402),
  e) in das Register des übernehmenden Rechtsträgers 240,00 €, wobei für Eintragungen über den Eintritt der Wirksamkeit keine besonderen Gebühren erhoben werden (Gebührenverzeichnis – HRegGebV Nr. 2403),
  f) der Eingliederung oder des Endes der Eingliederung einer AG 210,00 € (Gebührenverzeichnis – HRegGebV Nr. 2404),
  g) des Übertragungsbeschlusses im Fall des Ausschlusses von Minderheitsaktionären (§ 327e AktG) 210,00 € (Gebührenverzeichnis – HRegGebV Nr. 2405),
- Eintragungen in das **Genossenschaftsregister**:
  a) in das Register des übertragenden oder formwechselnden Rechtsträgers 300,00 € (Gebührenverzeichnis – HRegGebV Nr. 3400),
  b) in das Register des übernehmenden Rechtsträgers 300,00 €, wobei für Eintragungen über den Eintritt der Wirksamkeit keine besonderen Gebühren erhoben werden (Gebührenverzeichnis – HRegGebV Nr. 3401).

Verzeichnis der Muster

Stichwortverzeichnis

Die Zahlen in Fettdruck verweisen auf die Teile, die Zahlen in Normaldruck verweisen auf die Randnummern.